Ettinger / Jaques

Beck'sches Handbuch
Unternehmenskauf im Mittelstand

Beck'sches Handbuch Unternehmenskauf im Mittelstand

Herausgegeben von

Dr. Jochen Ettinger

Rechtsanwalt, Steuerberater,
Fachanwalt für Steuerrecht
München

Dr. Henning Jaques

Rechtsanwalt,
M&A-Berater
Hamburg

Bearbeitet von

Prof. Dr. Stefan Behringer, Luzern; *Dominik Demisch,* RA, Hamburg; *Dr. Jochen Ettinger,* RA, Stb, FAStR, München; *Dr. David Haubner,* Berlin; *Dr. Henning Jaques,* RA, Hamburg; *Dr. Stephanie Pautke,* LL.M. (Stellenbosch), RAin, Frankfurt; *Dr. Kai-Uwe Plath,* LL.M. (New York), RA, Hamburg; *Christoph Weinert,* LL.M. (Wellington), RA, Frankfurt a.M.; *Dr. Andreas Wolff,* RA, FAArbR, München

3., neubearbeitete Auflage 2021

C.H.BECK

Zitierweise: *Verf.* in: Ettinger/Jaques, Unternehmenskauf im Mittelstand

www.beck.de

ISBN 978 3 406 75123 3

© 2021 Verlag C. H. Beck oHG
Wilhelmstr. 9, 80801 München
Druck und Bindung: Beltz Bad Langensalza GmbH,
Neustädter Straße 1–4, 99947 Bad Langensalza
Satz: Druckerei C. H. Beck Nördlingen

Umschlaggestaltung: Martina Busch, Grafikdesign
Homburg Saar

CO_2
neutral

chbeck.de/nachhaltig

Gedruckt auf säurefreiem, alterungsbeständigem Papier
(hergestellt aus chlorfrei gebleichtem Zellstoff).

Vorwort zur 3. Auflage

In der heutigen Zeit ist angesichts der hohen Zahl von Käufen und Verkäufen von Unternehmen der Begriff Mergers & Acquisitions („M&A") längst kein unbekannter mehr, auch nicht im deutschen Mittelstand. Unternehmer, Geschäftsführer, Vorstände und Aufsichtsräte von Unternehmen aller Größenordnungen werden damit entweder von außen konfrontiert oder sind selbst im Rahmen von Zukäufen von Unternehmen und Beteiligungen aktiv, was spätestens dann – zum Teil notgedrungen – der Fall ist, wenn die Nachfolge im eigenen Unternehmen ansteht und kein Nachfolger aus der Familie nachrücken kann oder will. Auch nimmt der Druck auf alle Unternehmen zu, kreative Köpfe und sonstiges qualifiziertes Personal zu finden, weshalb immer häufiger nur für diesen Zweck ganze Unternehmen oder Mitarbeiterteams erworben werden („Acqui-Hire"). Darüber hinaus ist gerade im Mittelstand die Transformation von der analogen in die digitale Welt nicht nur im Hinblick auf interne Geschäftsprozesse in vollem Gange. Vielmehr sind die Entwicklung innovativer Produkte und/oder die Nutzung neuer (Online-)Vertriebskanäle gleichermaßen wie der Faktor Personal von erfolgskritischer Bedeutung und können oft nur durch Zukauf von Unternehmen oder Unternehmensteilen gestaltet werden.

Dieses Buch soll insbesondere Rechtsanwälten, Steuerberatern und Wirtschaftsprüfern, Notaren, Corporate-Finance- und M&A-Beratern für die Beratung beim Kauf bzw. Verkauf von Unternehmen Arbeitshilfe und Leitfaden sein. Aber auch der Inhaber und die Gesellschafter, Geschäftsführer und kaufmännischen Leiter mittelständischer Unternehmen können sich mithilfe dieses Buches einen raschen und gezielten Überblick über die Abläufe eines Unternehmenskaufs/-verkaufs sowie die sich dabei stellenden Fragen verschaffen, wobei auch die für sie damit verbundenen persönlichen Sorgfaltspflichten und schlimmstenfalls Haftungsrisiken erläutert werden.

Die Einteilung des Werkes in einen chronologischen Ablauf gibt einen optimalen Überblick und ermöglicht dem Leser einen schnellen Einstieg in die für ihn gerade relevante Phase der Transaktion. In einer Einführung werden die Arten von Unternehmensnachfolgen und Verkaufskonstellationen sowie die unterschiedlichen Transaktionsmodelle dargestellt (Teil A.). In Teil B. des Buches finden sich alle für die Vorbereitungsphase des eigentlichen Verkaufsprozesses relevanten Überlegungen, z.B. Strukturierung als Projekt, Unternehmensbewertung sowie die sehr praxiswichtige steuerliche Optimierung der Transaktion.

Als eine zentrale Problemstellung des Unternehmenskaufs erweist sich das Thema der vorvertraglichen Informationsgewährung durch den Verkäufer sowie die käuferseitig erlangte Kenntnis über Mängel. Die Aufklärungspflichtverletzung haben wir mit ihren vielschichtigen Implikationen einschließlich der Zurechnung des Verhaltens und von Kenntnissen der auf Verkäuferseite wie auch auf Käuferseite tätigen Personen herausgearbeitet und in der vorliegenden Auflage umfassend vertieft. Mit diesem Rüstzeug sind eine gezielte Gestaltung des Verkaufsprozesses sowie des Kaufvertrages und damit eine Optimierung von Chancen und eine Reduzierung von Risiken möglich – sowohl auf Verkäufer- wie auch auf Käuferseite.

Datenschutzrechtliche Fragestellungen werden in einem Umfeld, das Daten als das „neue Gold" deklariert, immer relevanter und wurden in der vorliegenden 3. Auflage vertieft berücksichtigt.

Aufgrund der stark gewachsenen Bedeutung von Private Equity auch im Mittelstand wird diesem Themenkomplex ein eigener Teil (Teil E.) gewidmet. In Bezug auf den Unternehmenskauf in Krise und Insolvenz werden die jeweiligen Besonderheiten zentral in Teil F. dargestellt. Die im Teil G. zur Abrundung des Werkes enthaltenen Mustertexte sind nicht primär käufer- oder verkäuferfreundlichen Formulare, sondern verdeutlichen exemplarisch im Zuge tatsächlicher Transaktionen anzutreffende typische Praxiskonstellationen.

Vorwort

Durch eine Vielzahl von deutlich herausgestellten Praxishinweisen, Beispielen, „Warnhinweisen" und Formulierungsvorschlägen wird sowohl der im Gebiet des Unternehmenskaufs eher Unerfahrene als auch der erfahrene Berater auf etwaige Fallstricke und Gestaltungsmöglichkeiten gezielt hingewiesen.

Die Autoren danken ihrer Lektorin, Frau *Dr. Susanne Fischer,* für die vorbildliche und kompetente verlagsseitige Begleitung auch dieser 3. Auflage. Dank gilt des Weiteren Frau *Dora Carli* für ihre engagierte Unterstützung bei der Zusammenstellung des Stichwortverzeichnisses.

München/Hamburg u. a., im November 2020   *Herausgeber und Autoren*

Vorwort zur 1. Auflage

In heutiger Zeit ist angesichts der in den letzten Jahren stark gestiegenen Anzahl von Käufen und Verkäufen von Unternehmen der Begriff Mergers & Acquiitions („M&A") längst kein unbekannter mehr, auch nicht in deutschen Mittelstand. Unternehmer, Geschäftsführer, Vorstände und Aufsichtsräte von Unternehmen aller Größenordnungen werden damit entweder von außen konfrontiert oder sind selbst im Rahmen von Zukäufen von Unternehmen und Beteiligungen aktiv, was spätestens dann – zum Teil notgedrungen – der Fall ist, wenn die Nachfolge im eigenen Unternehmen ansteht und kein Nachfolger aus der Familie nachrücken kann oder will.

Dieses Buch soll insbesondere Rechtsanwälten, Steuerberatern und Wirtschaftsprüfern, Notaren, Corporate-Finance- und M&S-Beratern für die Beratung beim Kauf bzw. Verkauf von Unternehmen Arbeitshilfe und Leitfaden sein. Aber auch der Inhaber und die Gesellschafter, Geschäftsführer und kaufmännischen Leiter mittelständischer Unternehmen können sich mithilfe dieses Buches einen raschen und gezielten Überblick über die Abläufe eines Unternehmenskaufs/-verkaufs sowie die sich dabei stellenden Fragen verschaffen, wobei auch die für sie damit verbundenen persönlichen Sorgfaltspflichten und Haftungsrisiken erläutert werden.

Die Einteilung des Werkes in einen chronologischen Ablauf gibt einen optimalen Überblick und ermöglicht dem Leser einen schnellen Einstieg in die für ihn gerade relevante Phase der Transaktion. In einer kurzen Einführung werden die Arten von Unternehmensnachfolgen und Verkaufskonstellationen sowie die unterschiedlichen Transaktionsmodelle dargestellt (Teil A.). In Teil B. des Buches finden sich alle für die Vorbereitungsphase des eigentlichen Verkaufsprozesses relevanten Überlegungen, z.B. Strukturierung als Projekt, Unternehmensbewertung sowie die steuerliche Strukturierung der Transaktion.

Als eine zentrale Problemstellung des Unternehmenskaufs erweist sich vor allem das Thema der vorvertraglichen Informationsgewährung durch den Verkäufer sowie die käuferseitig erlangte Kenntnis über Mängel. Die Aufklärungspflichtverletzung haben wir mit ihren vielschichtigen Implikationen einschließlich der Zurechnung des Verhaltens und von Kenntnissen der auf Verkäuferseite tätigen Personen herausgearbeitet. Mit diesem Rüstzeug sind eine gezielte Gestaltung des Verkaufsprozesses sowie des Kaufvertrages und damit eine Optimierung von Chancen und eine Reduzierung von Risiken möglich – sowohl auf Verkäufer – wie auch auf Käuferseite.

Aufgrund der stark gewachsenen Bedeutung von Private Equity beim Unternehmenskauf im Mittelstand sowie dem Unternehmenskauf in Krise und Insolvenz werden die jeweiligen Besonderheiten in Teil E. dargestellt. Die im Teil F. enthaltenen Vertragsbeispiel sind keine käufer- oder verkäuferfreundlichen Muster, sondern im Zuge tatsächlicher Transaktionen entstanden und bilden somit auch das Ergebnis von Kompromissen. Durch eine Vielzahl von deutlich herausgestellten Praxishinweisen, Beispielen, „Warnhinweisen" und Formulierungsvorschlägen wird sowohl der im Gebiet des Unternehmenskaufs eher Unerfahrene als auch der erfahrene Berater auf etwaige Fallstricke und Gestaltungsmöglichkeiten gezielt hingewiesen.

Die Autoren danken Herrn RA/StB *Dr. Adrian Hans,* Leiter des Lektorats Steuerrecht bei C. H. Beck sowie unserer Lektorin Frau *Dr. Susanne Fischer* für die vorbildliche und kompetente verlagsseitige Begleitung des Projekts. Dank gilt des Weiteren Frau *Babette Franzl* sowie Frau *Benita Schleger* für die jeweils ausdauernde und aufmerksame Unterstützung beim Schreiben des Manuskripts. Herrn *Alexander Karst* danken wir für seine engagierte Mitarbeit bei der Erstellung des kartellrechtlichen Teils und der steuerlichen Teile. Ferner danken wir Herrn RA/StB *Dr. Arne Friese,* Partner bei Dissmann Orth für seine wertvollen Anregungen zu den steuerlichen Teilen des Manuskripts, Herrn StB/WP *Karl-*

Vorwort

Heinz Klinner, Partner bei der Dr. Schreiber & Partner Treuhand GmbH, Hamburg, für seine wertvollen Hinweise zur Unternehmensbewertung sowie Herrn RA/FArbR *Dr. Malte Masloff,* Partner bei Arends Hofert Bergemann, Hamburg, für die Prüfung der arbeitsrechtlichen Teile des Buches.

München/Hamburg, im Juli 2012   *Jochen Ettinger / Henning Jaques*

Inhaltsübersicht

Inhalt

X

Abkürzungsverzeichnis

Abkürzungsverzeichnis

Abkürzungsverzeichnis

MoMiG	Gesetz zur Modernisierung des GmbH-Rechts und zur Bekämpfung von Missbräuchen
MoRaKG	Gesetzes zur Modernisierung der Rahmenbedingungen für Kapitalbeteiligungen
MOU	Memorandum of Understanding
Mrd.	Milliarden
NDA	Non Disclosure Agreement
n. F.	neue Fassung
OECD-MA	OECD-Musterabkommen
oHG	offene Handelsgesellschaft
OLG	Oberlandesgericht
PatG	Patentgesetz
pVV	Positive Vertragsverletzung
Rev.	Revision
rkr.	rechtskräftig
Rn.	Randnummer
S.	Seite
SEStEG	Gesetz über steuerliche Begleitmaßnahmen zur Einführung der Europäischen Gesellschaft und zur Änderung weiterer steuerrechtlicher Vorschriften
sog.	so genannt
SolZ	Solidaritätszuschlag
SPA	Share Purchase Agreement
StGB	Strafgesetzbuch
StSenkG	Steuersenkungsgesetz
Tax-CAPM	Tax Capital Asset Pricing Modell
Tz.	Textziffer
u. a.	unter anderem/und andere
UBGG	Unternehmensbeteiligungsgesellschaften-Gesetz
u. E.	unseres Erachtens
UMAG	Gesetz zur Unternehmensintegrität und Modernisierung des Anfechtungsrechts
UmwG	Umwandlungsgesetz
UmwStG	Umwandlungssteuergesetz
UmwStE	Umwandlungssteuererlass
UrhG	Urhebergesetz
US-GAAP	United States – Generally Accepted According Principles
UStAE	Umsatzsteueranwendungserlass
UStG	Umsatzsteuergesetz
u. U.	unter Umständen
vGA	verdeckte Gewinnausschüttung
VVG	Versicherungsvertragsgesetz
VZ	Veranlagungszeitraum
WACC	Weighted Average Costs of Capital
WG	Wechselgesetz
WKBG	Wagniskapitalbeteiligungsgesetz
WpHG	Wertpapierhandelsgesetz
WpÜG	Wertpapiererwerbs- und Übernahmegesetz

Abkürzungsverzeichnis

z. B. .... zum Beispiel
ZPO .... Zivilprozessordnung
z. T. .... zum Teil

Literaturverzeichnis

Amann/Brambring/Hertel, Die Schuldrechtsreform in der Vertragspraxis, 1. Aufl., München 2002

Arens/Tepper (Hrsg.) Praxishandbuch Gesellschaftsrecht, 2. Aufl., Berlin 2013

Ballwieser/Hachmeister, Unternehmensbewertung, 5. Aufl., Wiesbaden 2016

Bauer/Haußmann/Krieger, Umstrukturierung, Handbuch für die arbeitsrechtliche Praxis, 3. Aufl., Köln 2015

Baumbach/Hopt, Handelsgesetzbuch, 39. Aufl., München 2020

Baumbach/Hueck, GmbH-Gesetz, 22. Aufl., München 2019

Bechtold/Bosch, Gesetz gegen Wettbewerbsbeschränkungen, 9. Aufl., München 2018

Bechtold/Bosch/Brinker, EU-Kartellrecht, 4. Aufl., München 2020

Beck, Unternehmensbewertung bei Akquisitionen, Wiesbaden 1996

Becker/Ulrich (Hrsg.), BWL im Mittelstand, Stuttgart 2015

Becker/Ulrich, Mittelstandsforschung, Stuttgart 2011

Behringer (Hrsg.), Compliance kompakt, 4. Aufl., Berlin 2018

Behringer, Unternehmenstransaktionen, 2. Aufl., Berlin 2020

Behringer, Unternehmensbewertung der Mittel- und Kleinbetriebe, 5. Aufl., Berlin 2012

Behringer/Gleißner, Die Eignung der Planung als Entscheidungsgrundlage: Eine empirische Studie, WPg 2018, S. 312

Beisel/Andreas, Beck'sches Mandatshandbuch Due Diligence, 3. Aufl., München 2017

Beisel/Klumpp, Der Unternehmenskauf, 7. Aufl., München 2016

Berens/Brauner/Strauch/Knauer, Due Diligence bei Unternehmensakquisitionen, 8. Aufl., Stuttgart 2019

Bernsau/Höpfner/Rieger/Wahl, Handbuch der übertragenden Sanierung, Neuwied/Kriftel 2002

Binz/Sorg, Die GmbH & Co. KG, 12. Aufl., München 2018

Birk (Hrsg.), Transaktionen/Vermögen/Pro Bono, Festschrift zum zehnjährigen Bestehen von P +P Pöllath + Partners, München 2008

Bitz/Ewert/Terstege, Investition, 3. Aufl., Wiesbaden 2018

Bisle, Steuerklauseln in Unternehmenskaufverträgen, SteuK 2013, 204

Boerger/Macke/Hauser, Die größten Familienunternehmen in Deutschland, Institut für Mittelstandsforschung Bonn, IfM-Materialien Nr. 192, Februar 2010

Boruttau, Grunderwerbsteuergesetz, 19. Aufl., München 2019

Braun, Insolvenzordnung, 8. Aufl., München 2020

Breuer, Investition I: Entscheidungen bei Sicherheit, 4. Aufl., Wiesbaden 2012

Brösel/Kasperzak, Internationale Rechnungslegung, Prüfung und Analyse, München 2004

Brück/Sinewe (Hrsg.), Steueroptimierter Unternehmenskauf, 2. Aufl., Wiesbaden 2010

Burger, Jahresabschlussanalyse, München 1995

Bussche v. d./Voigt, Konzerndatenschutz, 2. Aufl., München 2019

Buschbacher, Wertschöpfung mit Big Data Analytics, Controlling & Management, Review Sonderheft 1, 2016,40

Busse von Colbe, Der Zukunftserfolg, Wiesbaden 1957

Damodaran, Damodaran on Valuation, 2. Aufl., Hoboken 2006

Denkhaus/Ziegenhagen, Unternehmenskauf in Krise und Insolvenz, 3. Aufl., Köln 2016

Dörschell et al., Kapitalkosten und Multiplikatoren für die Unternehmensbewertung, 4. Aufl., Düsseldorf 2016

Diem/Jahn, Akquisitionsfinanzierungen: Kredite für Unternehmenskäufe, 4. Aufl., München 2019

Dreier/Schulze, Urheberrechtsgesetz, 6. Aufl., München 2018

Drukarczyk/Schüler, Unternehmensbewertung, 7. Aufl., München 2016

Drygala/Staake/Szalai, Kapitalgesellschaftsrecht, Berlin/Heidelberg 2012

Drygala/Wächter, Bilanzgarantien bei M&A Transaktionen, München 2015

Drygala/Wächter, Kaufpreisanpassungs- und Earnout-Klauseln bei M&A Transaktionen, München 2016

Ebenroth/Boujong/Joost/Strohn, Handelsgesetzbuch, Band 1, 4. Aufl., München 2020

Ehmann/Selmayr, Datenschutz-Grundverordnung, 2. Aufl., München 2018

Eilers/Koffka/Mackensen/Paul, Private Equity, 3. Aufl., München 2018

Literaturverzeichnis

Eilers/Rödding/Schmalenbach, Unternehmensfinanzierung, 2. Aufl., München 2014

Emmerich/Lange, Kartellrecht, 14. Aufl., München 2018.

Emmerich/Habersack, Aktien- und GmbH-Konzernrecht, 9. Aufl., München 2019

Englert, Die Bewertung von Wirtschaftsprüfer- und Steuerberaterpraxen, Düsseldorf 1996

Ettinger/Schmitz, Umstrukturierungen im Bereich mittelständischer Unternehmen. 4. Aufl., Herne 2017

Feldhaus/Veith (Hrsg.), Frankfurter Kommentar zu Private Equity, 1. Aufl., Frankfurt 2009

Forgó/Helfrich/Schneider, Betrieblicher Datenschutz: Rechtshandbuch, 3. Aufl., München 2019

Franken/Schulte/Brunner/Dörschell, Kapitalkosten und Multiplikatoren für die Unternehmensbewertung, 5. Aufl., Düsseldorf 2018

Gebhardt/Gerke/Steiner, Handbuch des Finanzmanagements, München 1993

Geltinger, Wertorientierte Steuerung im Mittelstand, 1. Aufl., Stuttgart 2007

Glanegger/Güroff, GewStG, 9. Aufl. München 2017

Glaum/Hutzschenreuter, Mergers & Acquisitions, Stuttgart 2010

Gleißner, Einige Anmerkungen zur Unternehmensbewertung in der „Corona-Krise“, Corporate Finance 2020, 134

Göpfert/Schöne (Hrsg), Handbuch Arbeitsrecht in Restrukturierung und Insolvenz, 2. Auflage, Köln 2019

Goette, Einführung in das neue GmbH-Recht, München 2008

Gola, Datenschutz-Grundverordnung, 2. Aufl., München 2018

Gosch (Hrsg.), Körperschaftsteuergesetz: Kommentar, 4. Aufl., München 2020

Göthel (Hrsg.), Grenzüberschreitende M&A Transaktionen, 5. Aufl., Köln 2020

Götze, Kostenrechnung und Kostenmanagement, 5. Aufl., Wiesbaden 2010

Gottwald (Hrsg.), Insolvenzrechts-Handbuch, 5. Aufl., München 2015

Grottel/Schmidt/Schubert/Störk (Hrsg.), Beck'scher Bilanz-Kommentar, 12. Aufl., München 2020

Haase (Hrsg.), Außensteuergesetz, Doppelbesteuerungsabkommen, 3. Aufl., Heidelberg 2016

Hachmeister/Ruthardt, Kapitalmarktorientierte Ermittlung des Kapitalisierungszinssatzes zur Beteiligungsbewertung: Basiszinssatz, Controlling & Management, Heft 3, Juni 2012, 180

Haunschild/Wolter, Volkswirtschaftliche Bedeutung von Familien- und Frauenunternehmen, Institut für Mittelstandsforschung Bonn, IfM-Materialien Nr. 199, September 2010

Hausch, Corporate Governance im deutschen Mittelstand, Wiesbaden 2004

Hauser/Kay/Boerger, Unternehmensnachfolgen in Deutschland 2010 bis 2014, Institut für Mittelstandsforschung Bonn, IfM-Materialien Nr. 198, August 2010

Haritz/Menner/Bilitewski, Umwandlungssteuergesetz, 5. Aufl. München 2019

Hau/Poseck, Beck'scher Online-Kommentar BGB, Edition 54, Stand 01.05.2020

Helms, Basiszinssatzermittlung in der Bewertungspraxis-Kritische Analyse vor dem Hintergrund von Theorie und IDW-Empfehlungen, WiSt-Wirtschaftswissenschaftliches Studium 2019, 18

Herrmann/Heuer/Raupach, Einkommensteuer- und Körperschaftsteuergesetz: Kommentar, Loseblatt, Stand Juli 2020

Hettler/Stratz/Hörtnagl, Beck'sches Mandatshandbuch Unternehmenskauf, 2. Aufl., München 2013

Ho/Lee, Oxford Guide to Financial Modeling, Oxford 2004

Hoffelner, Verfahren zur Bewertung mittelständischer Unternehmen aus Sicht eines Finanzinvestors, Band 13, Frankfurt am Main u. a. 2011 (Dissertation Universität Leipzig 2010)

Hölters (Hrsg.), Handbuch Unternehmenskauf, 9. Aufl., Wiesbaden 2019

Holzapfel/Pöllath, Unternehmenskauf in Recht und Praxis, 15. Aufl., Köln 2017

Hüffer/Koch, Aktiengesetz, 14. Aufl., München 2020

Hügel, Beck'scher Online-Kommentar GBO, 39. Edition, Stand 01.06.2020

IDW (Hrsg.), Fachausschuss für Unternehmensbewertung und Betriebswirtschaft: Auswirkungen der Ausbreitung des Coronavirus auf Unternehmensbewertungen vom 25. März 2020, https://www.idw.de/blob/122884/2316fb82457e82143445b8d0740a3e89/down-corona-faub-fachlhinw-data.pdf (abgerufen am 10.06.2020)

IDW (Hrsg.), WP-Handbuch, 16. Auflage, Düsseldorf 2019

Ihlau/Duscha, Besonderheiten bei der Bewertung von KMU, 2. Aufl., Wiesbaden 2019

Immenga/Mestmäcker (Hrsg.), Wettbewerbsrecht, Band 2, 6. Aufl., München 2020

Jesch/Striegel/Boxberger (Hrsg.), Rechtshandbuch Private Equity, 2. Aufl., München 2020

Kallmeyer, Umwandlungsgesetz, 7. Aufl., Köln 2020

Kappenberg, Unternehmensbewertung im Erbschaftsteuerrecht, Wiesbaden 2012

Kiem, Kaufpreisregelungen beim Unternehmenskauf, München 2015

Literaturverzeichnis

Kirchhof, Einkommensteuergesetz, 19. Aufl., Köln 2020

Klein, Abgabenordnung, 15. Aufl., München 2020

Knauer/Brück/Nikiforow, Plausibilisierung von Unternehmensplanungen im Rahmen der Bewertung, Controlling 2019, 4

Kneip/Jänisch, Tax Due Diligence, 2. Aufl., München 2010

Knott (Hrsg.), Unternehmenskauf, 6. Aufl., Köln 2019

Krag/Kasperzak/Mölls, Grundzüge der Unternehmensbewertung, 2. Aufl., München 2009

Krieger/Schneider (Hrsg.), Handbuch Managerhaftung, 3. Aufl., Köln 2017

Kuhner/Maltry, Unternehmensbewertung, 2. Aufl., Berlin 2017

Langen/Bunte (Hrsg.), Kartellrecht Kommentar, Band 1, Deutsches Kartellrecht, 13. Aufl., Köln 2018

Loewenheim/Meessen/Riesenkampff/Kersting/Meyer-Lindemann (Hrsg.), Kartellrecht – Europäisches und Deutsches Recht, 4. Aufl., München 2020

Löhr, Die Grenzen des Ertragswertverfahrens, Frankfurt 1994

Lorz/Kirchdörfer, Unternehmensnachfolge: rechtliche und steuerliche Gestaltungen, 2. Aufl., München 2011

Lutter/Hommelhoff, GmbH-Gesetz, 20. Aufl., Köln 2020

Mandl/Rabel, Unternehmensbewertung, Wien 1997

Matschke/Brösel, Unternehmensbewertung 4. Aufl., Wiesbaden 2013

Mäger (Hrsg.), Europäisches Kartellrecht, 2. Auflage, Baden-Baden 2011

Mehrbrey, Handbuch Streitigkeiten beim Unternehmenskauf, Köln 2018

Metz, Der Kapitalisierungszinssatz bei der Unternehmensbewertung, Wiesbaden 2007

Meyer (Hrsg.), Planung in kleinen und mittleren Unternehmen, Lohmar 2007

Meyer-Sparenberg/Jäckle (Hrsg.), Beck'sches M&A Handbuch, München 2017

Möller/Pieper, Predictive Analytics im Controlling, IM+ io Fachzeitschrift für Innovation, Organisation und Management Heft 4, 2015, 40–45

Moxter, Grundsätze ordnungsgemäßer Unternehmensbewertung, 2. Aufl., Wiesbaden 1983

Münchener Handbuch des Gesellschaftsrechts, Band 1, 5. Aufl., München 2019

Münchener Handbuch des Gesellschaftsrechts, Band 2, 5. Aufl., München 2019

Münchener Handbuch des Gesellschaftsrechts, Band 3, 5. Aufl., München 2018

Münchener Handbuch des Gesellschaftsrechts, Band 4, 5. Aufl., München 2020

Münchener Kommentar zum AktG, Band 1, 5. Aufl., München 2019

Münchener Kommentar zum AktG, Band 2, 5. Aufl., München 2019

Münchener Kommentar zum AktG, Band 4, 4. Aufl., München 2016

Münchener Kommentar zum BGB, Band 2, 8. Aufl., München 2019

Münchener Kommentar zum BGB, Band 3, 8. Aufl., München 2019

Münchener Kommentar zum BGB, Band 4, 8. Aufl., München 2019

Münchener Kommentar zum BGB, Band 5, 8. Aufl., München 2020

Münchener Kommentar zum GWB, Band 2, 3. Aufl., München 2020

Münchener Kommentar zum HGB, Band 1, 4. Aufl., München 2016

Münchener Kommentar zum HGB, Band 2, 4. Aufl., München 2016

Münchener Kommentar zum HGB, Band 3, 4. Aufl., München 2019

Münchener Kommentar zur Insolvenzordnung, Band 2, 4. Aufl., München 2019

Münchener Vertragshandbuch, Band 2, Wirtschaftsrecht I, 8. Aufl., München 2020

Nägele/Apel (Hrsg.), Beck'sche Online-Formulare IT- und Datenrecht, 3. Edition, München 2020

Nerlich/Römermann, Insolvenzordnung, Loseblatt, Stand April 2020

Nerlich/Kreplin, Münchener Anwaltshandbuch Insolvenz und Sanierung, 3. Aufl., München 2019

Oppenländer/Trölitzsch (Hrsg.), Praxishandbuch der GmbH-Geschäftsführung, 3. Aufl., München 2020

Pahlke/Franz, Grunderwerbsteuergesetz, 6. Aufl., München 2018

Palandt, Bürgerliches Gesetzbuch, 79. Aufl., München 2020

Peemöller (Hrsg.), Praxishandbuch der Unternehmensbewertung, 7. Aufl., Herne 2019

Perridon/Steiner/Rathgeber, Finanzwirtschaft der Unternehmung, 17. Aufl., München 2017

Pfohl (Hrsg.), Betriebswirtschaftslehre der Mittel- und Kleinbetriebe, 5. Aufl., Berlin 2013

Picot, Unternehmenskauf und Restrukturierung, 4. Aufl., München 2013

Plath, DSGVO/BDSG, 3. Aufl., Köln 2018

Reker/Götzen, Mergers und Acquisitions im Mittelstand, Düsseldorf 2012

Reul/Heckschen/Wienberg, Insolvenzrecht in der Gestaltungspraxis, 2.. Aufl., München 2018

Rödder/Hötzel/Müller-Thuns, Unternehmenskauf, Unternehmensverkauf, München 2003

Römermann, Münchener Anwaltshandbuch GmbH-Recht, 4. Aufl., München 2018

Literaturverzeichnis

Rössler/Troll, Bewertungsgesetz, Loseblatt, Stand Mai 2020

Reichert, GmbH & Co. KG, 7. Aufl., München 2015

Rotthege/Wassermann, Unternehmenskauf bei der GmbH, 2. Aufl., Heidelberg 2019

Schmidt, Der Sachzeitwert als Übernahmepreis bei der Beendigung von Konzessionsverträgen, Kiel 1991

Schmidt, Einkommensteuergesetz, 39. Aufl., München 2020

Schmidt, K., Gesellschaftsrecht, Unternehmensrecht II, 4. Auflage, Köln 2002

Schmidt (Hrsg.), Hamburger Kommentar zum Insolvenzrecht, 7. Aufl., Köln 2019

Schmidt (Hrsg.), Sanierungsrecht. 2. Auflage, Köln 2019

Schmidt, Insolvenzordnung, 19. Aufl., München 2016

Schneider, Geschichte betriebswirtschaftlicher Theorie, München u. a. 1981

Schricker/Loewenheim, Urheberrecht, 6. Aufl., München 2020

Schulte/Just, Kartellrecht, 2. Auflage, Köln 2016

Schultze (Hrsg.), Compliance-Handbuch Kartellrecht, , Frankfurt 2014

Schütte-Biastoch, Unternehmensbewertung von KMU, Wiesbaden 2011

Seibt (Hrsg.), Beck'sches Formularbuch Mergers & Acquisitions, 3. Aufl., München 2018

Sieben/Schildbach, Betriebswirtschaftliche Entscheidungstheorie, 4. Aufl., Düsseldorf 1994

Simitis/Hornung/Spiecker gen. Döhmann (Hrsg.), Datenschutzrecht, 1. Aufl., Baden-Baden 2019

Sölch/Ringleb, Umsatzsteuergesetz, Loseblatt, Stand Juni 2020

Spahlinger/Wegen, Internationales Gesellschaftsrecht in der Praxis, München 2005

Spindler/Stilz (Hrsg., Gesamtherausgeber Henssler), Beck Online Großkommentar zum AktG, München, Stand 15.1.2020,

Spremann, Finance, 5. Aufl., Berlin/Boston 2019

Strunk/Kaminski/Köhler, Außensteuergesetz – Doppelbesteuerungsabkommen, Loseblatt, Stand März 2020

Sydow, Europäische Datenschutzgrundverordnung, 2. Aufl., Baden-Baden 2018

Taleb, Der schwarze Schwan, 3. Aufl., München 2020

Thierhoff/Müller (Hrsg.), Unternehmenssanierung, 2. Aufl., Heidelberg 2016

Uhlenbruck (Hrsg.), Insolvenzordnung Band 1, 15. Aufl., München 2019

Uhlenbruck (Hrsg.), Insolvenzordnung Band 2, 15. Aufl., München 2020

Wächter, M&A Litigation, 3. Aufl., Köln 2017

Weth/Herberger/Wächter/Sorge, Daten- und Persönlichkeitsrechtsschutz im Arbeitsverhältnis, 2. Aufl., München 2019

Wiedemann (Hrsg.), Handbuch des Kartellrechts, 4. Aufl., München 2020

Willemsen/Hohenstatt/Schweibert/Seibt, Umstrukturierung und Übertragung von Unternehmen, 5. Aufl., München 2016

Wimmer (Hrsg.), Frankfurter Kommentar zur Insolvenzordnung, 9. Aufl., Köln 2018

Woeckener, Volkswirtschaftslehre, 3. Aufl., Berlin 2019

Wolff/Brink (Hrsg.), Beck'scher Online-Kommentar Datenschutzrecht, 32. Edition, Stand 01.05.2020

Wollny, Der objektivierte Unternehmenswert, 3. Aufl., Herne 2018

Zwirner/Zimny, Unternehmensbewertung, Steuern und Bilanzen, Ausgabe 22, Beilage, 2018, 1

Liste der enthaltenen Formulierungsvorschläge

A. Einführung und Überblick
über den Ablauf eines Unternehmensverkaufs

Gliederung

I. Einleitung und Überblick

Deutschlandweit steht nach Schätzungen des IfM Bonn aus dem Jahre 2018 in den Jahren **1** 2018 bis 2022 bei rund 150 000 Familienunternehmen mit 2,4 Mio. Beschäftigten die Regelung der Nachfolge an. Aufgrund Einschätzung des IfM ist dabei für die Frage der Übernahmewürdigkeit eines Unternehmens nicht mehr lediglich auf einen *Mindestjahresumsatz* von 50 000 € abzustellen, sondern einen *Mindestgewinn* von 58 442 € plus Mindestverzinsung des eingesetzten Eigenkapitals.[1] Frühere Schätzungen des IfM zur Anzahl der Unternehmensnachfolgen, bei denen die bloße *Absicht* des Unternehmers, sein Unternehmen übergeben zu wollen, zu Grunde gelegt wurde, sind hingegen als nicht zielführend verworfen worden. Der Ertragswert eines zu übernehmenden Unternehmens muss gemäß dem obigen Verständnis von Übernahmewürdigkeit mindestens dem diskontierten Zahlungsstrom entsprechen, den ein potenzieller Übernehmer aus der Alternative „abhängige Beschäftigung plus Kapitalanlage" zu erwarten hätte.[2] Damit Familienmitglieder oder Dritte bereit sind, das Unternehmen und die Geschäftsführung zu übernehmen, muss das Unternehmen also vor allem über-

---

[1] *Kay/Suprinovic/Schlömer-Laufen/Rauch*, Studie Institut für Mittelstandsforschung Bonn „Unternehmensnachfolgen in Deutschland 2018 bis 2022", Daten und Fakten Nr. 18, Dezember 2018, S. III sowie 9.

[2] *Kay/Suprinovic/Schlömer-Laufen/Rauch*, Studie Institut für Mittelstandsforschung Bonn „Unternehmensnachfolgen in Deutschland 2018 bis 2022", Daten und Fakten Nr. 18, Dezember 2018, S. 4.

haupt erst einmal wirtschaftlich attraktiv sein. Somit entscheidet nicht nur die Existenz von zur Nachfolge bereiten und geeigneten Kindern, sondern auch die (potenzielle) Ertragskraft des Unternehmens darüber, welche Art der Nachfolge realisiert wird.[3] In welche Hände die zur Übergabe anstehenden Familienunternehmen gehen werden, hängt dann freilich auch von verschiedenen anderen Faktoren ab.

2   Indessen kommt **Familienunternehmen,** gemessen an der Anzahl, dem Umsatz und den Beschäftigten, eine bedeutende Stellung in der Gesamtwirtschaft zu. 93,6% aller deutschen Unternehmen sind Familienunternehmen; auf sie entfallen 41,1% aller Umsätze und 61,2% aller sozialversicherungspflichtigen Beschäftigungsverhältnisse.[4] Die Fachliteratur bietet dabei eine große Vielfalt an Vorschlägen zur Definition des Begriffes „Familienunternehmen" an. Im Gegensatz zu der Unterteilung in kleine und mittlere Unternehmen (KMU) sowie Großunternehmen werden Familienunternehmen nach qualitativen und nicht nach quantitativen Kriterien definiert. Familienunternehmen können sowohl KMU als auch Großunternehmen sein.[5] Nach dem Verständnis des IfM Bonn sind Familienunternehmen (auch als eigentümer- und familiengeführte Unternehmen bezeichnet) durch die **Einheit von Eigentum und Leitung** bestimmt, d. h. ein Eigentümer oder eine Gruppe von Eigentümern, die maßgebliche Anteile am stimmberechtigten Kapital oder an den Kontrollrechten halten, leitet/leiten sein bzw. ihr Unternehmen selbst oder gemeinsam mit Fremdmanagern.

Um ein Familienunternehmen handelt es sich laut **Definition** des IfM Bonn somit, wenn
– bis zu zwei natürliche Personen oder ihre Familienmitglieder mindestens 50% der stimmberechtigten Anteile eines Unternehmens halten und
– diese natürlichen Personen der Geschäftsführung angehören.[6]

Nicht unter den Begriff Familienunternehmen fallen demnach alle diejenigen Unternehmen, die von Fremdmanagern geleitet werden sowie alle Unternehmen, bei denen die geschäftsführenden Eigentümer bzw. deren Familien keinen maßgeblichen Anteil am Kapital oder entsprechende Kontrollrechte innehaben. Da bei Familienunternehmen Eigentum und Leitung in einer Hand liegen, fallen keine Verhandlungs- und Entscheidungsfindungsprozesse zwischen Eigentümer und Leitung an und das Unternehmen kann in seinen Entscheidungen sehr flexibel agieren. Prinzipal-Agenten-Probleme, die bei Trennung von Eigentums- und Leitungsrechten auftreten, sind damit ausgeschlossen.[7]

2a   Im Rahmen der schnell voranschreitenden **Digitalisierung** ergeben sich zunehmend neue Chancen und Herausforderungen durch die stärkere Verlagerung unternehmerischer Tätigkeiten mehr und mehr weg vom analogen/physischen Bereich zum digitalen/immateriellen Bereich, wie z. B. beim Erwerb von Unternehmen im Bereich des Online-Handels und von Unternehmen mit aufwendigen Homepages mit dem dazu gehörigen Content, dem Erwerb von Software-Unternehmen bzw. Apps sowie Kundendaten; auch der Bereich Datenschutz spielt sowohl bei der Due Diligence selbst, sowie mit Blick auf

---

[3] *Schlömer*, Studie Institut für Mittelstandsforschung Bonn „Familienexterne Nachfolge im Freistaat Sachsen: „Das Zusammenfinden von Übergebern und Übernehmern", IfM-Materialien Nr. 187, April 2009, S. 1.

[4] *Haunschild/Wolter*, Studie Institut für Mittelstandsforschung Bonn „Volkswirtschaftliche Bedeutung von Familien- und Frauenunternehmen", IfM-Materialien Nr. 199, September 2010, S. 26.

[5] *Boerger/Macke/Hauser*, Studie Institut für Mittelstandsforschung Bonn „Die größten Familienunternehmen in Deutschland", IfM-Materialien Nr. 192, Februar 2010, S. 3.

[6] *Wolter/Sauer*, Studie Institut für Mittelstandsforschung Bonn „Die Bedeutung der eigentümer- und familiengeführten Unternehmen in Deutschland", IfM-Materialien Nr. 253, Juni 2017, S. 5.

[7] *Wolter/Sauer*, Studie Institut für Mittelstandsforschung Bonn „Die Bedeutung der eigentümer- und familiengeführten Unternehmen in Deutschland", IfM-Materialien Nr. 253, Juni 2017, S. 4.

die bisherige Einhaltung des Datenschutzes im zu erwerbenden Unternehmen ein immer wichtigere Rolle.[8]

Eine weitere bedeutsame Entwicklung, die auch vor mittelständischen Unternehmen nicht Halt macht, ist die zunehmende **Verknappung der „Ressource qualifiziertes Personal".** Wie internationale Studien anschaulich belegen, ist es daher auch bei einem Unternehmenskauf für den dauerhaften Erfolg des Deals essenziell, durch zielgerichtete und strategisch ausgestaltete **Retention-Maßnahmen** die Leistungsträger im Unternehmen zu binden[9]. Dies gilt umso mehr angesichts der in den letzten Jahren verstärkt auftretenden Strategie von Unternehmen, sich das notwendige Spezial-Know-How und die Innovationskraft für den digitalen Wandel gezielt durch Übernahme von Startups mit entsprechenden Mitarbeitern, die über diese besonders relevanten Skills verfügen, zu verschaffen (sog. **„Acqui-Hire"**)[10].

Die Bindung von Schlüsselmitarbeitern stellt dabei eine große Herausforderung dar. Der Planung und Umsetzung von Retention-Maßnahmen sollte daher sowohl in der Due-Diligence-Phase als auch der späteren Post-Merger-Integration besondere Beachtung geschenkt werden, um zu vermeiden, dass die erfolgskritischen Mitarbeiter das Unternehmen frühzeitig wieder verlassen.

Die finanziellen Maßnahmen bestehen dabei vorrangig aus sogenannten **Retention-Boni,** bei denen der Mitarbeiter eine „Bleibeprämie" erhält, wenn er bis zu einem bestimmten Stichtag im Unternehmen bleibt, gefolgt von der Aufstellung **virtueller Aktienprogramme** und reinen Gehaltserhöhungen. Dabei steigt gerade im digitalen Startup Umfeld die Bereitschaft der Schlüsselpersonen, sich längerfristig an das Unternehmen zu binden, wenn statt der Zahlung reiner Retention-Boni nach Ablauf einer bestimmten Zeitdauer, eine anteilsbasierte Vergütung am Unternehmen erfolgt.

Dabei ist es wichtig, mit den erfolgskritischen Mitarbeitern bereits zu einem sehr frühen Zeitpunkt die Kommunikation aufzunehmen und Retention-Vereinbarungen bereits vor dem Signing abzuschließen.

Um langfristige Bindungen der Schlüsselmitarbeiter zu erzielen, ist es wichtig, den Mitarbeitern neben finanziellen Anreizen, Zukunftsvisionen und Entwicklungsmöglichkeiten aufzuzeigen und sie dadurch an das neue Unternehmen und die neue Kultur zu binden. Vor allem bei der Übernahme von Startups sollte vor einer vollständigen Integration in die bestehenden Unternehmensstrukturen genau überlegt werden, wie weit das Startup hierdurch seine Innovationskraft und die Mitarbeiter ihre Motivation und Kreativität verlieren könnten.

II. Familien-interne Nachfolge

Bei statistisch gesehen rd. 50% der Unternehmen erfolgt eine Nachfolgelösung innerhalb der Familie. Dies kann zum einen durch unentgeltliche Übertragungen im Schenkungswege, zum anderen aber auch durch Übertragungen gegen wiederkehrende Leistungen, Vorbehalt von Nutzungsrechten (z.B. Nießbrauch) oder im Einzelfall auch durch einen Verkauf wie unter fremden Dritten erfolgen.

Vorliegend sollen nur die Fälle von **entgeltlichen Übertragungen behandelt werden,** d.h. der reine Verkauf, der in bestimmten Situationen auch innerhalb der Familie Sinn machen kann. Unentgeltliche Übertragungen sowie die Übertragung gegen Leibrente („Vermögensübergabe gegen Versorgungsleistungen") im Rahmen einer vorweggenommenen Erbfolge, die mitunter einkommen- und erbschaft- bzw. schenkungsteuerliche Vorteile bieten können, sollen hier nicht näher beleuchtet werden.

---

[8] Vgl. hierzu auch *Grub/Krispenz*, BB 2018, 235; *Plath/Struck/Enno ter Hazeborg*, CR 2020, 9; *Tribess/Spitz*, GWR 2019, 261; *Baranowski/Glaßl*, BB 2017, 199; *Bach*, EuZW 2020,175.

[9] Global M&A Retention Studien von Willis Towers Watson.

[10] *Grub/Krispenz*, BB 2018, 235 sowie Teil → D., Rn. 386.

III. Familien-externe Nachfolge

4   In den letzten Jahren ist eine Zunahme familien-externer Nachfolgelösungen zu beobachten.[11] In die Kategorie familien-externe Nachfolge[12] fällt der Verkauf des Unternehmens
– an einen oder mehrere Mitarbeiter (Management-Buy-Out),
– an externe Führungskräfte/Manager (Management-Buy-In),
– an einen strategischen Investor (häufig Kunden, Lieferanten oder Wettbewerber) oder
– an einen Finanzinvestor.
Der Verkauf eines Unternehmens kann verschiedene Gründe haben. In allen Fallkonstellationen stellt er für den oder die Unternehmensinhaber aber immer eine Sondersituation dar. Wird das Unternehmen z. B. vom mittelständischen Inhaber aus Altersgründen verkauft, wird das wirtschaftliche Lebenswerk des Unternehmers durch den Unternehmensverkauf realisiert. Der im Tagesgeschäft seines Unternehmens erfahrene Inhaber erlebt die Verkaufssituation in der Regel zum ersten und einzigen Mal und ist – anders als professionelle Berater – dementsprechend unerfahren und evtl. unsicher, welche Entscheidungen er treffen soll.

> **Praxishinweis:** Der Unternehmer, der den Verkauf seines Unternehmens anstrebt, sollte sich rechtzeitig ausreichenden externen Sachverstand und Erfahrung „zukaufen". Ein Unternehmensverkauf, der nicht professionell vorbereitet und durchgeführt wird, löst nahezu zwangsläufig massive Probleme auf operativer Ebene und im privaten Bereich aus. So kann eine fehlende oder mangelhafte Nachfolgelösung zu operativen Risiken für das Unternehmen führen, zur Vernichtung von Werten bzw. deren mangelhafter Realisierung, zu Steuer- und Haftungsrisiken und schließlich zu Familienstreitigkeiten. Aus diesen Gründen ist es unerlässlich, sich als Unternehmer schon frühzeitig im Vorfeld der eigentlichen Verkaufstransaktion professionellen Rat einzuholen.

Die Realisierung einer familien-externen Nachfolge bedarf auch anderer Vorbereitungsmaßnahmen als die Realisierung einer familien-internen Nachfolge – insbesondere in der Phase des sog. Matchings[13] (d. h. dem Finden eines Kaufinteressenten), das wohl in den meisten Fällen ein Hauptproblem für den verkaufswilligen mittelständischen Unternehmer darstellt.

IV. Typische Verkaufskonstellationen

5   Je nach Situation und je nach den beteiligten Akteuren sind verschiedene Verkaufskonstellationen zu unterscheiden. Die jeweiligen Besonderheiten sind für die Gestaltung des Unternehmenskaufvertrags ebenso zu beachten wie für die damit zusammenhängenden Finanzierungsfragen, aber auch für die steuerliche Strukturierung und Haftungsfolgen.

1. Verkauf an Wettbewerber/strategischen Investor

6   Der Verkauf an einen Wettbewerber oder einen strategischen Investor sind wohl die typischen Fälle des Verkaufs eines mittelständischen Unternehmens.[14] Ein Wettbewerber er-

---

[11] *Schlömer*, Studie Institut für Mittelstandsforschung Bonn „Familienexterne Nachfolge im Freistaat Sachsen: „Das Zusammenfinden von Übergebern und Übernehmern", IfM-Materialien Nr. 187, April 2009, S. 1.

[12] Vgl. auch *Göthel*, BB 2012, 726.

[13] Vgl. *Schlömer*, Studie Institut für Mittelstandsforschung Bonn „Familienexterne Nachfolge im Freistaat Sachsen: „Das Zusammenfinden von Übergebern und Übernehmern", IfM-Materialien Nr. 187, April 2009, S. 1.

[14] Vgl. auch *Göthel*, BB 2012, 726, 727.

wirbt das Unternehmen meist mit dem Ziel der Expansion – z. B. Ausweitung der Produktionskapazitäten oder des Vertriebsnetzes, Hinzuerwerb von Marktanteilen – zum Teil aber auch zum Zwecke der Zerschlagung (Beseitigung eines Konkurrenten). Ferner kommt ein Verkauf an ein anderes – häufig größeres – Unternehmen aus verwandten Branchen in Betracht, das sich als strategischer Investor durch die Erweiterung außerhalb des Kernbereichs seines eigenen Geschäfts Synergieeffekte oder eine Verlängerung seiner Wertschöpfungskette erhofft. Diese operativen und strategischen Aspekte sind bei Struktur und Durchführung des Unternehmensverkaufs zu berücksichtigen.

2. Erwerb durch internes/externes Management (MBO, MBI)

Die typische Konstellation eines **Management-Buy-Out** (MBO) ist, dass sich der 7
Unternehmensinhaber z. B. aus Altersgründen zurückziehen will und innerhalb der Familie kein Nachfolger vorhanden ist.[15] Dann kommt außer dem Verkauf an einen Wettbewerber oder einen strategischen Investor ein Nachfolger aus der Management-Ebene des Unternehmens selbst in Betracht, z. B. ein Mitgeschäftsführer oder Prokurist, der das Unternehmen aus jahrelanger Mitarbeit kennt und dem der Inhaber vertraut. Auch ist der Verkauf des Unternehmens an ein Team aus mehreren Führungsmitarbeitern denkbar.

> **Praxishinweis:** Für den Regelfall, dass das Management selbst nicht über genügend Eigenkapital verfügt, um auch die erforderliche Fremdfinanzierung zu erhalten, wird häufig gemeinsam mit einem Private Equity-Investor eine Käufergesellschaft gegründet, die sodann die Fremdfinanzierung aufnimmt und auch das Unternehmen erwirbt. Es sollte in dieser Konstellation vermieden werden, dass das Management sowohl im Zielunternehmen auf Verkäuferseite als auch in der Erwerbergesellschaft für die Käufer tätig ist.

Bei einem **Management-Buy-In** (MBI) handelt es sich um – meist branchenerfahrene, 8
aber von außerhalb des zu verkaufenden Unternehmens kommende – Manager, die sich nach einer Führungs- bzw. Geschäftsführungsposition im Angestelltenverhältnis nun durch einen MBI unternehmerisch selbstständig machen möchten. Im Markt gibt es derzeit einen deutlichen Überhang an Nachfragen von solchen Führungskräften, die an einem Unternehmenserwerb im Wege des MBI interessiert sind.

MBO und MBI weisen eine Reihe von Besonderheiten auf, namentlich hinsichtlich 9
der Frage der **Finanzierung** des Ankaufs. Eigene wie fremde Manager sind meist nicht in der Lage, den Kaufpreis selbst aufzuwenden. Neben der Kaufpreisfinanzierung durch Banken spielt hier eine Kaufpreisfinanzierung durch den Verkäufer in Form von Stundungen (**„Vendor-Loans"**) oder sog. **„Earn-Out-Gestaltungen"** (d. h. Verdienen des Kaufpreises aus den zukünftigen Erträgen des Unternehmens) eine große Rolle.[16] Um den Eigenkapitalanteil darstellen zu können, bedarf der MBO- oder MBI-Kandidat häufig der Unterstützung von **Private Equity-Investoren.**[17] Durch die strukturellen Besonderheiten einer solchen Private Equity Transaktion wird es bei MBO und MBI meist erforderlich, dass die Aktiva der Gesellschaft selbst zur **Absicherung der Kaufpreisfinanzierung** herangezogen werden.[18]

---

[15] Vgl. dazu auch *Rempp* in: Hölters, Handbuch Unternehmenskauf, Kap. 1 Rn. 1.71 ff.

[16] Siehe dazu Teil ⟶ D., Rn. 180 ff. und 200 ff.

[17] Siehe zu Private Equity mit seinen strukturellen Besonderheiten sowie möglichen Angeboten an solchem Kapital Teil ⟶ E., Rn. 1 ff. und 13 ff.

[18] Siehe dazu Teil ⟶ E., Rn. 36 ff.

> **Praxishinweis:** Die Absicherung von (Bank-)Verbindlichkeiten, die vom Käufer zur Finanzierung des Anteilserwerbs an der Zielgesellschaft aufgenommen werden, durch Aktiva der Zielgesellschaft kann im Hinblick auf den Grundsatz der Kapitalerhaltung (§§ 30, 31 GmbHG, §§ 57 ff. AktG) zu Erstattungsansprüchen gegenüber Geschäftsführern und Gesellschaftern sowie im Einzelfall zu Schadensersatzansprüchen wegen existenzvernichtenden Eingriffs führen.[19]

Zur Finanzierung eines MBO oder MBI kommen unter Umständen auch innovative Finanzierungsinstrumente wie der Einsatz von **Sale-and-Lease-Back-Gestaltungen** oder der Verkauf des Forderungsbestands im Rahmen einer **Factoring-Transaktion** in Betracht. Beides wird zunehmend auch für kleinere Unternehmen angeboten.

3. Private Equity/LBO

10 Von einem **Leveraged-Buy-Out** (LBO)[20] spricht man bei einem überwiegend fremdfinanzierten, vollständigen Aufkauf des Unternehmens durch einen Finanzinvestor (in der Regel Private Equity-Fonds).[21] Hier müssen Investor und Zielgesellschaft nicht nur vom Branchenfokus des Investors, sondern auch von der Unternehmensgröße her zusammenpassen. Bei derartigen Transaktionen geht es wieder insbesondere um Fragen der Kaufpreisfinanzierung. Sodann wird hier typischerweise das Management im Rahmen eines **Management-Beteiligungsmodells** eingebunden (d. h. das Management erwirbt tatsächliche oder „virtuelle" Gesellschaftsanteile).

11 Neben den großen bekannten Fonds/Investoren (z. B. InvestCorp, Apax, Carlyle, KKR etc.) gibt es auch mittlere und kleinere Fondsgesellschaften, die sich auf den Ankauf von mittelständischen Unternehmen (sog. „Mid Caps" und „Small Caps") spezialisiert haben. Zum Teil wird hier durch Ankauf mehrerer Unternehmen aus derselben oder verwandten Branche(n) eine Art „Mittelstands-Holding" geschaffen. Eine Vielzahl von Fondsgesellschaften sind im Bundesverband der Kapitalbeteiligungsgesellschaften (BVK) organisiert (vgl. Website des BVK: www.bvkap.de).

> **Praxishinweis:** Für die „breite Masse" mittelständischer Unternehmen und auch den Unternehmenskäufer sind vor allem auch die Angebote (teil-)staatlicher Stellen sowie von Sparkassen und (Landes-)Banken interessant, die sowohl im Hinblick auf Branchen als auch auf notwendige Beteiligungshöhen nicht denselben restriktiven Anlagekriterien unterliegen wie reine Finanzinvestoren.[22]

4. Verkauf in Krise und Insolvenz

12 Gerade in den letzten Jahren kam und kommt im Zuge der Finanzmarktkrise und infolge der Corona-Pandemie dem Thema Unternehmensverkauf in Krise und Insolvenz verstärkte Bedeutung zu.[23] Zu nennen sind zum einen der Verkauf des Unternehmens in wirtschaftlich schwierigen Zeiten, in denen der Unternehmer nicht mehr die nötige Neuausrichtung bewerkstelligen kann oder will oder der Verkauf eines bereits insolventen Unternehmens durch den Insolvenzverwalter. Auch andere Sanierungslösungen, insbesondere die Errichtung von Auffanggesellschaften und der Verkauf des Unternehmens im Insolvenzplanverfahren sind mögliche Alternativen.

---

[19] Siehe dazu ausführlich Teil → E., Rn. 40 ff.

[20] Siehe dazu ausführlich Teil → E., Rn. 5 ff.

[21] Vgl. hierzu *Rempp* in: Hölters, Handbuch Unternehmenskauf, Kap. 1 Rn. 1.71 ff.; *Weber* in: Hölters, Handbuch Unternehmenskauf, Kap. 9 Rn. 9.268; zu den Vor- und Nachteilen eines LBO siehe *Diem*, Akquisitionsfinanzierungen, § 1 Rn. 14 ff.

[22] Siehe zu Private Equity mit seinen strukturellen Besonderheiten sowie möglichen Angeboten an solchem Kapital Teil → E., Rn. 1 ff.

[23] Siehe dazu ausführlich Teil → F., Rn. 1 ff.

5. Übernahme börsennotierter Unternehmen nach WpÜG

Sodann ist als eine typische Variante des Erwerbs eines Unternehmens der sog. Un- **13** friendly Takeover (z. B. feindliche Vodafone/Mannesmann-Übernahme) zu nennen.[24] Diese Möglichkeit bzw. Verpflichtung besteht nur für die Übernahme von börsennotierten Gesellschaften und ist im Wertpapierübernahmegesetz (WpÜG) geregelt. Für mittelständische Unternehmen spielen der Takeover sowie die diesbezüglichen spezialgesetzlichen Regelungen des WpÜG im Allgemeinen keine Rolle, weshalb auf die damit verbundenen Fragestellungen in diesem Buch nicht weiter eingegangen wird.

V. Überblick: Arten und chronologische Phasen des Unternehmensverkaufs

1. Unterschiedliche Verkaufsverfahren und Transaktionsmodelle

Angesichts der Vielschichtigkeit der persönlichen und unternehmerischen (Lebens-) **14** Situationen gibt es „den" typischen Unternehmensverkauf nicht. Gleichwohl ist eine strukturierte Herangehensweise empfehlenswert, die den Erfolg des „Projektes Unternehmensverkauf" nicht nur zu optimieren hilft, sondern den *Verkauf an sich* zum Teil erst ermöglicht.[25]

Ist der verkaufswillige Unternehmer in der glücklichen Situation, mehrere Kaufinteres- **15** senten für sein Unternehmen bzw. seine Beteiligung daran zu finden, empfiehlt sich ein Verkauf im Wege eines **Bieterverfahrens**. Denn in diesem Fall besteht eine gute Chance, aufgrund des käuferseitigen Wettbewerbs einen bestmöglichen Preis zu erzielen. Vielfach wird es jedoch – gerade im kleineren Mittelstand – aufgrund der mangelnden Ertragsfähigkeit des zu verkaufenden Unternehmens auf allenfalls einen Kaufinteressenten hinauslaufen, sodass sich in diesem Falle lediglich ein Käufer und ein Verkäufer gegenüber stehen (sog. **Trade-Sale**).

Sowohl für den Veräußerer als auch den Erwerber macht es einen erheblichen Unter- **16** schied, was genau **Kaufgegenstand**[26] ist und auf welchem Wege der Unternehmensverkauf erfolgt. Dabei entscheiden diverse Faktoren über die zu wählende Transaktionsstruktur und das Verfahren des Verkaufs bzw. Kaufs, vor allem (aber nicht ausschließlich) aus den Bereichen Steuerbelastungen bei Käufer und Verkäufer, zivilrechtliche Wirksamkeit und Klarheit über die Übertragung von zu dem Unternehmen gehörenden Rechtspositionen einschließlich des Übergangs von Arbeitsverhältnissen und Pensionslasten sowie Finanzierungsfragen, Transaktionskosten und die Zuordnung von (Rest-)Risiken.

2. Bieterverfahren oder Trade-Sale?

Nachfolgend soll zunächst der Ablauf eines Unternehmensverkaufs mit seinen wesent- **17** lichen Schritten im Überblick dargestellt werden. Zwischen der Entscheidung des Unternehmers, sein Unternehmen oder eine Beteiligung daran zu verkaufen, und dem rechtsverbindlichen Abschluss des Kaufvertrags vergehen auch bei guter Planung und Koordination des Transaktionsprozesses regelmäßig mehrere Monate. Transaktionsdauern zwischen sechs und neun Monaten sind durchaus „normal". Schlechte Planung (insbesondere: keine oder unzureichende Ermittlung der persönlichen Verhältnisse und/oder der Vermögensverhältnisse) oder unvorhergesehene Wendungen (z. B. ein Kaufinteressent springt ab) können auch dazu führen, dass sich der Transaktionsprozess verzögert oder dass die Transaktion insgesamt nicht mehr stattfinden kann.

---

[24] Dazu näher *Hölters* in: Hölters, Handbuch Unternehmenskauf, Kap. 1 Rn. 1.88 ff.
[25] Vgl. zum Unternehmenskauf im Mittelstand auch *Schönhaar*, GWR 2014, 273.
[26] Siehe zum Kaufgegenstand noch näher Teil → D., Rn. 4 ff.

18   Der Verkaufsprozess ist sowohl beim Bieterverfahren als auch beim Verkauf an nur einen Interessenten zumeist in **drei Phasen** aufgeteilt, wobei sich in der Regel noch als **vierte Phase die Integration** a) des Käufers und in der Regel dann auch neuen Geschäftsführers in das gekaufte Unternehmen bzw. b) des gekauften Unternehmens in das Unternehmen bzw. die Unternehmensgruppe des Käufers anschließt. Gerade wenn noch gar kein Kaufinteressent vorhanden ist, mag der Verkaufsprozess auch durchaus als Bieterverfahren starten, bei dem dann letztlich aber nur ein Kaufinteressent übrig bleibt, mit dem die finalen Verhandlungen geführt werden.

19   Für die **Entscheidung des Verkäufers,** ob ein Bieterverfahren oder ein Trade-Sale für ihn günstiger ist, sollten vor allem auch folgende Parameter Berücksichtigung finden:
–   Ist – wie beim Trade-Sale – nur ein Kaufinteressent vorhanden, hat dieser eine stärkere **Verhandlungsposition** als beim Wettbewerb im Bieter-Verfahren mit mehreren Kaufinteressenten;
–   Eine **Due-Diligence-Prüfung** wird im weiteren Verfahren durch den oder die Käufer eingefordert, sodass die Aufgabe der Informationsaufbereitung und -zusammenstellung ohnehin auf den Verkäufer mit einem nicht unerheblichem Aufwand zukommt. Sicherlich bedeuten die Erstellung eines Information-Memorandums sowie eine gründliche Verkäufer-Due-Diligence zusätzlichen Aufwand. Dieser wird allerdings durch die **Chance auf einen höheren Kaufpreis** im Bieterverfahren sowie die **Reduzierung des Risikos, wegen arglistiger Täuschung unbeschränkt zu haften,** in aller Regel kompensiert.[27]

> **Praxishinweis:** Die Frage, ob es Sinn macht, bei dem vorliegenden Angebot eines attraktiven „indikativen Kaufpreises" noch das aufwändigere Bieterverfahren durchzuführen, sollte nicht allein anhand der Kaufpreishöhe beurteilt werden. Vielmehr sollte der Verkäufer in seine Überlegungen auch einbeziehen, ob der potenzielle Käufer umfassende Garantien verlangen wird.[28] So kann es durchaus im Einzelfall aus wirtschaftlichen Überlegungen interessant sein, einen oder mehrere Geschäftsführer, die bislang nicht an einem Kauf interessiert waren, für einen Erwerb im Rahmen eines MBO anzusprechen, weil der Verkäufer in diesem Fall nahezu keinerlei Garantien abgeben müsste. Denn die Geschäftsführer des zu verkaufenden Unternehmens kennen dieses selbst am besten. Zudem ist bei einem Verkauf an einen oder mehrere Geschäftsführer oder aber auch sonstige Personen der Führungsebene des Unternehmens eine Kontinuität auf Ebene des Unternehmens am ehesten gewährleistet, was für den Erfolg der Unternehmensnachfolge eine große Bedeutung hat.

20   Da primärer Gegenstand der vorliegenden Ausführungen die rechtliche und steuerliche Seite des Unternehmens- und Beteiligungsverkaufs und nicht die Frage der Optimierung der Ertragspotenziale des Unternehmens sowie der Kaufpreisoptimierung ist, soll im weiteren Verlauf nicht nach dem Verkauf im Wege des Bieterverfahrens und des Trade-Sales unterschieden werden, zumal die rechtlichen und steuerlichen Ausprägungen in beiden Verfahrensarten in weiten Teilen identisch sind.

a) Verkauf durch Bieterverfahren mit mehreren Kaufinteressenten

Der Verkauf durch ein Bieterverfahren verläuft typischerweise in drei Phasen (mit der Phase der Integration des gekauften Unternehmens sind es sogar vier):[29]

---

[27] Vgl. auch *Weilep/Dill*, BB 2008, 1946, 1947.

[28] Vgl. auch *Hasselbach/Ebbinghaus*, DB 2012, 216 sowie *Ulrich/Schlichting* in: Rotthege/Wassermann, Unternehmenskauf bei der GmbH, Kap. 6 Rn. 1 ff., der zutreffend auf den Gesamtzusammenhang von Kaufpreishöhe, Übernahme von Verbindlichkeiten, Garantien, Freistellungen, potentieller Kaufpreisanpassung und ggf. variablen Kaufpreis hinweist.

[29] Vgl. zum Ablauf eines Bieterverfahrens auch *Göthel* in: Göthel, Grenzüberschreitende M&A Transaktionen, § 2 Rn. 11 ff.; *Matzen* in: Knott, Unternehmenskauf, Rn. 13 ff.; *Picot* in: Picot, Unternehmenskauf und Restrukturierung, § 1 Rn. 91 ff.

Phase 1: Planungsphase und Konzeptionierung   21

☑ Auswahl des **Beraterteams** (Rechtsanwälte und Steuerberater, ggf. auch M & A-Berater und/oder Unternehmensberater sowie Wirtschaftsprüfer)

☑ Präzise Ermittlung der **persönlichen und sachlichen Verhältnisse** beim Verkäufer, seiner Familie sowie im Unternehmen

☑ Definition der **Transaktionsziele** für den Unternehmer und das Unternehmen

☑ Ggf. **Verkäufer-Due-Diligence** zum Aufspüren von Risiken, Mängeln und Ertrags-optimierungspotenzialen (im Mittelstand bislang eher die Ausnahme)

☑ Steuerliche Strukturierung und Optimierung des Verkaufs

☑ Falls erforderlich: operative **Restrukturierung** des Unternehmens, ggf. auch der Rechtsform

☑ **Unternehmensbewertung** und Grenzpreisfindung

☑ Falls erforderlich: Umstrukturierung der Vermögenspositionen innerhalb der Unternehmerfamilie

☑ Beginn der Erstellung eines Verkaufsexposés/Information-Memorandums sowie eines Teasers/Kurzprofils

☑ Vorbereitung der **Vertraulichkeitsvereinbarung** sowie des 1. Procedure-Letters

Phase 2: Vorvertragliche Phase mit Käufersuche und –auswahl   22

☑ Erstellen einer **Long-List,** d.h. einer Liste mit den potenziellen Kaufinteressenten, die auf ein etwaiges Kaufinteresse hin angesprochen werden sollen

☑ Versenden des **1. Procedure-Letters** nebst Teaser und Entwurf der Vertraulichkeits-vereinbarung

☑ Erstellen einer **Short-List,** d.h. einer Liste mit den potenziellen Kaufinteressenten, denen das Information-Memorandum zugeschickt wird

☑ Vorbereitung des **Kaufvertragsentwurfs**

☑ Abschluss der **Vertraulichkeitsvereinbarungen**

☑ Versendung des **2. Procedure-Letters** nebst **Information-Memorandum**

☑ **Vorbereitung des** (virtuellen oder physischen) **Datenraums** zu Zwecken der Due-Diligence-Prüfung der Kaufinteressenten sowie Entwurf des 3. Procedure-Letters

☑ **Auswertung der indikativen Kaufangebote**

☑ Versendung des **3. Procedure-Letters** nebst **Kaufvertragsentwurf** und Öffnung des Datenraumes für die **Due-Diligence-Prüfung** des Kaufobjektes durch die Kauf-interessenten

☑ Einholung und **Auswertung der „bindenden" Angebote** der einzelnen Kaufinteressenten zu Kaufpreis und Änderungswünschen zum Kaufvertragsentwurf

☑ Entscheidung über die **Zulassung von Kaufinteressenten** zur weiteren Verhandlung in Phase 3 über den Verkauf (ggf. mit vertiefender Due Diligence)

☑ Ggf. Abschluss eines **Letter of Intent mit Exklusivität** für einen Kaufinteressenten, ansonsten u.U. auch Verhandlungen mit mehreren Interessenten gleichzeitig

Phase 3: Due Diligence, Verhandlung und Abschluss des Kaufvertrages   23

☑ Beginn der **Due Diligence,** ggf. mit mehreren Interessenten gleichzeitig

☑ ergänzende **Management Präsentationen** und Gespräche mit Q&A Sessions

☑ (Finale) Verhandlung des **Kaufvertrages,** ggf. mit mehreren Interessenten gleichzeitig

☑ Unterzeichnung des Kaufvertrages

☑ Ggf. separates **Closing,** also Durchführung weiterer Schritte zur finalen Umsetzung/Erfüllung des Kaufvertrages

b) Verkauf bei einem Kaufinteressenten (Trade-Sale)

24   Der Verkaufsprozess bei Verkauf an nur einen Kaufinteressenten ist freilich einfacher gelagert, schöpft aber auf der anderen Seite nicht das volle Potenzial hinsichtlich der Kaufpreishöhe sowie verkäuferfreundlicher Regelungen beim Kaufvertrag aus. Der Verkäufer sollte sich auf jeden Fall im Vorwege überlegen, ob er strukturierte Informationen in einer ansprechenden Aufmachung nutzen und die damit verbundenen Kosten aufwenden möchte, um überhaupt einen oder vielleicht auch mehrere Kaufinteressenten zu finden.

Phase 1: Planungsphase und Konzeptionierung

> ☑ Auswahl des **Beraterteams** (Rechtsanwälte und Steuerberater, ggf. auch M & A Berater und/oder Unternehmensberater sowie Wirtschaftsprüfer)
> ☑ Präzise Ermittlung der **persönlichen und sachlichen Verhältnisse** beim Verkäufer, seiner Familie sowie im Unternehmen
> ☑ Definition der **Transaktionsziele** für den Unternehmer und das Unternehmen
> ☑ Ggf. **Verkäufer-Due Diligence** zum Aufspüren von Risiken, Mängeln und Ertragsoptimierungspotenzialen (im Mittelstand bislang eher die Ausnahme)
> ☑ **Steuerliche Strukturierung und Optimierung** des Verkaufs
> ☑ Falls erforderlich: operative **Restrukturierung** des Unternehmens, ggf. auch der Rechtsform
> ☑ **Unternehmensbewertung** und Grenzpreisfindung
> ☑ Falls erforderlich: Umstrukturierung der Vermögenspositionen innerhalb der Unternehmerfamilie
> ☑ Vorbereitung der **Vertraulichkeitsvereinbarung** (und ggf. Teaser/Kurzprofil sowie Information-Memorandum, wenn der Verkäufer die damit verbundenen Vorteile nutzen möchte)

Sofern bereits ein Kaufinteressent vorhanden ist und feststeht, dass kein Bieter-Verfahren durchgeführt werden soll, entfallen hier im Vergleich zum Bieter-Verfahren vor allem die aufwändige und kostenintensive Erstellung des Information-Memorandum sowie des Procedure-Letters.

25   **Phase 2: Falls Käufer nicht vorhanden: Käufersuche und –auswahl**

> ☑ Erstellen einer **Long-List,** d. h. einer Liste mit den potenziellen Kaufinteressenten, die auf ein etwaiges Kaufinteresse hin angesprochen werden sollen
> ☑ Versenden des **1. Procedure-Letters** (ggf. nebst Teaser) und Entwurf der Vertraulichkeitsvereinbarung
> ☑ Erstellen einer **Short-List,** d. h. den potenziellen Kaufinteressenten, denen das Information-Memorandum zugeschickt wird
> ☑ Vorbereitung des **Kaufvertragsentwurfs**
> ☑ Abschluss der **Vertraulichkeitsvereinbarung(en)**
> ☑ Falls erstellt: Versendung des **2. Procedure-Letters nebst Information-Memorandum**
> ☑ **Vorbereitung des** (virtuellen oder physischen) **Datenraums** zu Zwecken der Due-Diligence-Prüfung des Kaufinteressenten sowie Entwurf des 3. Procedure-Letters

Gibt es dann am Ende nur einen Interessenten oder bleibt nur einer übrig:

> ☑ Versendung des **3. Procedure-Letters** nebst **Kaufvertragsentwurf** und Öffnung des Datenraumes für die **Due-Diligence-Prüfung** des Kaufobjektes durch den Kaufinteressenten
> ☑ **Entscheidung über weitere Verhandlungen** mit dem Kaufinteressenten in Phase 3 über den Verkauf (ggf. mit vertiefender Due Diligence)

Phase 3: Due Diligence, Verhandlung und Abschluss des Kaufvertrages   26

☑ Beginn der **Due Diligence**
☑ ergänzende **Management Präsentationen** und Gespräche mit Q&A Sessions
☑ (Finale) Verhandlung des **Kaufvertrages**
☑ Unterzeichnung des Kaufvertrages
☑ Ggf. separates **Closing,** also Durchführung weiterer Schritte zur finalen Umsetzung/ Erfüllung des Kaufvertrages

3. Asset Deal oder Share Deal?

a) Begriffe Share Deal und Asset Deal

Bei einem sog. **Share Deal** werden **Gesellschaftsanteile** am Unternehmensträger ver- 27
äußert.[30] Das betriebene Unternehmen bleibt in diesem Fall als rechtliche Einheit unverändert bestehen, und durch Abtretung der Anteile erhält das Unternehmen lediglich einen neuen Eigentümer. Wurde das verkaufte Unternehmen z.B. in der Rechtsform einer GmbH geführt, werden beim Share Deal GmbH-Geschäftsanteile verkauft und an den Erwerber abgetreten. Handelt es sich dagegen beim verkauften Unternehmen um eine GmbH & Co. KG, werden die Kommanditbeteiligung(en) an der Kommanditgesellschaft sowie ggf. auch die Geschäftsanteile an der Komplementär-GmbH auf den Erwerber übertragen.

Beispiel: A ist Inhaber eines Automobilzuliefererunternehmens, das in der Rechtsform einer GmbH geführt wird. Diese A-GmbH hat zwei ausländische Töchter, die in der Rechtsform ausländischer Kapitalgesellschaften geführt werden und mitverkauft werden sollen. Hier wird A grundsätzlich anstreben, seine Gesellschaftsanteile an der A-GmbH durch einen Share Deal zu veräußern, wodurch automatisch auch beide Tochterunternehmen mit übertragen werden.

Beim **Asset Deal** werden hingegen eine **Vielzahl einzelner (passiver wie aktiver)** 28
Vermögensgegenstände im Wege der Individualsukzession (Einzelrechtsnachfolge) verkauft und übertragen, die zusammen sämtliche oder doch wesentliche Aktiva und Passiva des verkauften Unternehmens ausmachen.[31] Wird das verkaufte Unternehmen in der Rechtsform eines Einzelunternehmens geführt, kommt nur ein Asset Deal in Betracht, wenn nicht vorher das Unternehmen in eine Gesellschaft eingebracht wird. Wird das Unternehmen vor dem Verkauf als GmbH, AG oder auch als GmbH & Co. KG geführt und soll die Transaktion als Asset Deal gestaltet werden, tritt in diesem Fall die **Gesellschaft als Verkäufer** auf und der Gesellschafter hält – wenn sämtliche Vermögenswerte übertragen wurden – sodann Gesellschaftsanteile an der Verkäufergesellschaft als „leerer Hülle", in der sich am Ende dann oft nur noch der Kaufpreis befindet.

Beispiel: Die V-GmbH betreibt eine mittelständische Bauunternehmung. Daneben bietet die V-GmbH Facility Management-Leistungen an; dieser Bereich ist im Unternehmen verselbstständigt und soll aufgrund einer beabsichtigten Konzentration auf das Kerngeschäft veräußert werden. Hier kommt grundsätzlich die Veräußerung des Teilbereichs Facility Management durch einen Asset Deal in Betracht. Alternativ könnte sich die Geschäftsleitung der V-GmbH auch dazu entschließen, den Teilbereich zunächst steuerneutral nach § 20 UmwStG in eine Tochter-GmbH auszugliedern, um durch diese vorbereitende Maßnahme einen anschließenden Share Deal zu ermöglichen.[32]

---

[30] Zur Abgrenzung von Share Deal und Asset Deal siehe u.a. auch *Göthel* in: Göthel, Grenzüberschreitende M&A-Transaktionen, § 1 Rn. 13 ff.; *Weber* in: Hölters, Handbuch Unternehmenskauf, Kap. 9 Rn. 9.6; *Holzapfel/Pöllath*, Unternehmenskauf in Recht und Praxis, Rn. 5 ff.

[31] *Weigl*, BB 2001, 2188.

[32] Siehe zur steuerlichen Strukturierung Teil ⟶ B., Rn. 110 ff.

b) Wesentliche Unterschiede zwischen Asset Deal und Share Deal

29   Asset Deal und Share Deal unterscheiden sich in ihren rechtlichen Rahmenbedingungen und damit auch in der praktischen Abwicklung in verschiedenen Punkten.[33] Aus praktischer/organisatorischer Sicht ist ohne Zweifel für den *Unternehmensverkäufer* der Share Deal vorzugswürdig.[34] Beim Share Deal muss der Verkäufer dem Erwerber nämlich nur die Gesellschaftsanteile an dem Unternehmensträger verkaufen und übertragen. Dadurch wird der Erwerber automatisch rechtlicher und wirtschaftlicher Inhaber des Unternehmens einschließlich sämtlicher Aktiva, Passiva und der sonstigen mit dem Gesellschaftsvermögen verbundenen Risiken und Chancen. Für den *Unternehmenskäufer* ist einerseits positiv, dass er sämtliche dem Unternehmensträger zuzuordnenden und auch zukünftig für den Betrieb des Unternehmens notwendigen Vermögenswerte erhält. Andererseits übernimmt er dabei auch automatisch sämtliche bekannten und unbekannten (!) Risiken. Der Unternehmenskäufer ist infolgedessen beim Share Deal stärker als der Erwerber beim Asset Deal auf die Abgabe werthaltiger Garantien durch den Verkäufer angewiesen.[35] Zudem sollte der Unternehmenskäufer beim Share Deal sehr darauf achten, dass er auch tatsächlich dinglich Anteilsinhaber wird, was im Rahmen der Due-Diligence-Prüfung genauestens zu untersuchen und durch (werthaltige) Garantien und eine ausreichend lange Verjährungsfrist sicherzustellen ist.[36]

30   **aa) Voraussetzungen und Folgen des Share Deals.** Ein wirksamer Unternehmensverkauf setzt beim Share Deal aufgrund der damit verbundenen Universalsukzession (Gesamtrechtsnachfolge) eigentlich nur voraus, dass der Unternehmensverkäufer dem Erwerber seine Geschäftsanteile wirksam verkauft und abtritt. Der Erwerber erhält damit wirtschaftlich das gesamte Unternehmen mit allen Chancen und Risiken. Wesentliche rechtliche Folgen des Share Deals sind beispielsweise:

– Es muss nicht auf eine Auflistung und präzise Bezeichnung der zu übertragenden **materiellen und immateriellen Wirtschaftsgüter, Forderungen und Verbindlichkeiten** geachtet werden, wie dies beim Asset Deal durch Beifügung umfangreicher Anlagen zum Vertrag der Fall ist.

– Sämtliche bei der Gesellschaft bestehenden **Arbeits- und Anstellungsverträge** (und zwar – anders als beim Asset Deal – einschließlich der Verträge mit Geschäftsführern) samt allen daraus resultierenden Rechten und Pflichten gehen bei einem Share Deal auf den Erwerber über.

– Sämtliche sonstigen **Vertragsverhältnisse und Verbindlichkeiten,** die zwischen der veräußerten Gesellschaft und Dritten bestehen, gehen ebenfalls grundsätzlich unverändert auf den Erwerber über, und zwar ohne dass eine Zustimmung des Vertragspartners bzw. Gläubigers erforderlich ist.

Beispiel: Hat die übertragene Gesellschaft Geschäftsräume gemietet oder Verträge mit Zulieferern und Kunden geschlossen, bestehen diese grundsätzlich unverändert mit der Gesellschaft fort; einer Übertragung und einer Zustimmung der jeweils anderen Vertragsparteien bedarf es im Gegensatz zum Asset Deal nicht, da für Dritte die Gesellschaft Vertragspartei ist und bleibt.

---

[33] Vgl. ausführlich zur Gesamtbetrachtung Asset Deal versus Share Deal *Beck/Klar*, DB 2007, 2819; *Rotthege* in: Rotthege/Wassermann, Unternehmenskauf bei der GmbH, Kap. 1 Rn. 48 ff.; *Göthel* in: Göthel, Grenzüberschreitende M&A-Transaktionen, § 1 Rn. 18 ff.; *Becker/Voß* in: Knott, Unternehmenskauf, Rn. 145 ff.; speziell zu den steuerlichen Unterschieden siehe unten Teil → B., Rn. 110 ff.

[34] Zu den Vor- und Nachteilen eines Asset bzw. Share Deal siehe *Buchta* in: Hölters, Handbuch Unternehmenskauf, Kap. 14 Rn. 14.34 ff.; ferner *Stiller*, BB 2002, 2619, 2619 ff.

[35] Vgl. zur vertraglichen Gestaltung der Gewährleistung und Haftung ausführlich Teil → D., Rn. 505 ff.

[36] Vgl. zur Due Diligence Teil → C., Rn. 200 ff. sowie zum dinglichen Anteilserwerb ausführlich Teil → D., Rn. 345 ff.

Ausnahme: In Verträgen mit Dritten (z. B. Mietverträge, Kreditverträge, Kooperations-verträge, Vertragshändlerbeziehungen) können sog. **„Change-of-Control-Klauseln"**[37] enthalten sein, d. h. Klauseln, die bei Wechsel der Mehrheit der Anteilsinhaberschaft und/oder einem Wechsel der Leitungsmacht zu einem außerordentlichen Kündigungsrecht der anderen Vertragspartei oder zu einem Zustimmungsvorbehalt etc. führen.

– Bei der Übertragung von Anteilen an einer Kapitalgesellschaft bleibt die **Firma** des Zielunternehmens grundsätzlich erhalten, bei der Übertragung von Personengesell-schaftsanteilen hingegen nur, wenn der Veräußerer einwilligt (§ 22 Abs. 1 HGB).[38]

– Wichtig für Verkäufer wie Käufer ist schließlich auch, dass beim Share Deal etwaige Ver-pflichtungen/Risiken bezüglich der Betriebssteuern der Gesellschaft **(Umsatz-steuer, Gewerbesteuer)** sowie bei Kapitalgesellschaften auch ertragsteuerliche **Kör-perschaftsteuer** grundsätzlich in der Gesellschaft verbleiben und damit wirtschaftlich auf den Erwerber übergehen, wenn keine abweichenden Vereinbarungen getroffen wer-den.

bb) Voraussetzungen und Folgen beim Asset Deal. Beim Asset Deal sind die Vor- **31** aussetzungen und Folgen des Kaufs und der Übertragung des Unternehmens ungleich vielschichtiger, weil hier **jede einzelne Rechtsposition** in einer schuldrechtlichen Verein-barung geregelt und nach näherer Maßgabe der für die dingliche Übertragung des Vermö-genswertes jeweils geltenden Vorschrift übertragen werden muss.[39] Beim Asset Deal ist bei den einzelnen Aktiv- und Passivwerten u. a. Folgendes zu berücksichtigen:

– Sämtliche zu übertragenden Vermögensgegenstände müssen nach dem **sachenrecht-lichen Bestimmtheitsgrundsatz**[40] genau bezeichnet werden, weil sonst die Übertra-gung unwirksam ist. Die genaue Bestimmung erfolgt in der Regel durch detaillierte Anlagen zum Kaufvertrag, in denen sämtliche übergehenden Vermögensgegenstände (Anlagevermögen, Umlaufvermögen, Forderungs- und Rechtsverhältnisse, etc.) einzeln aufgelistet werden.[41] Die entsprechenden Listen stammen meist aus der Buchhaltung des Veräußerers.

– **Arbeitsverhältnisse** (nicht jedoch der Geschäftsführer-Anstellungsvertrag) einschließ-lich sämtlicher Rechte und Pflichten (auch Versorgungsanwartschaften, nicht jedoch Ruhestandsverhältnisse)[42] gehen gemäß § 613a BGB kraft Gesetzes auf den Erwerber über, sodass sich auf den ersten Blick im Vergleich zum Share Deal kein Unterschied er-gibt.[43] Allerdings haben die Arbeitnehmer beim Asset Deal gemäß § 613a Abs. 6 BGB ein **Widerspruchsrecht** und sind ordnungsgemäß über den Betriebsübergang zu unter-richten, sodass sich der Personalübergang beim Asset Deal als deutlich komplexer erweist und zudem mit einer erhöhten Rechtsunsicherheit belastet ist.[44] Für den Verkäufer kann das Widerspruchsrecht dazu führen, dass einzelne oder mehrere Mitarbeiter trotz Über-tragung des Unternehmens oder ihres Teilbetriebs bei ihm mit den damit verbundenen Kostenbelastungen verbleiben, sodass zum Schutz des Unternehmensverkäufers im Un-ternehmenskaufvertrag entsprechende Regelungen aufzunehmen sind. Allerdings ist die Wahrscheinlichkeit, dass ein Arbeitnehmer dem Übergang seines Arbeitsverhältnisses wi-derspricht, zumeist als eher gering einzuschätzen, da er damit rechnen muss, dass ihm aufgrund Wegfalls seines Arbeitsplatzes bei der zurückbleibenden (Mantel-)Gesellschaft eine betriebsbedingte Kündigung ausgesprochen wird.[45] **Anstellungsverhältnisse von**

---

[37] Vgl. dazu *Maidl*, NZG 2018, 726.
[38] Vgl. *Beck/Klar*, DB 2007, 2819, 2820.
[39] BGH vom 30.1.2013 – XII ZR 38/12, NZG 2013, 430.
[40] Siehe dazu Teil ⟶ D., Rn. 313.
[41] Vgl. hierzu insb. *Stiller*, BB 2002, 2619, 2622 f.
[42] Siehe dazu auch Teil ⟶ D., Rn. 275.
[43] Siehe dazu ausführlich Teil ⟶ D., Rn. 270 ff.
[44] *Beck/Klar*, DB 2007, 2819, 2820; siehe auch noch Teil ⟶ D., Rn. 295.
[45] Siehe dazu auch Teil ⟶ D., Rn. 299.

Fremdgeschäftsführern werden nach bislang einhelliger Auffassung hingegen nicht von § 613a BGB erfasst, da es sich hierbei nicht um Arbeitsverhältnisse handelt. Diese Rechtsauffassung wird im Nachgang zu der Entscheidung des EuGH in der Rechtssache „Balkaya"[46] in der Literatur zwar teilweise in Zweifel gezogen[47]. Die Betriebsübergangs-Richtlinie 2001/23/EG stellt in Art. 2 Buchst. d allerdings klar und deutlich auf den einzelstaatlichen Arbeitnehmerbegriff ab, so dass eine Anwendung des § 613a BGB auf Fremdgeschäftsführer auch in Zukunft voraussichtlich nicht zu erwarten ist.

– Etwaige **Pensionsverpflichtungen,**[48] für die häufig in mittelständischen Unternehmen zugunsten des oder der (Inhaber-)Geschäftsführer(s) erhebliche Rückstellungen gebildet wurden, will der Unternehmenskäufer typischerweise nicht mit erwerben; sie können beim Asset Deal bei dem Veräußerer verbleiben. Auch die unterschiedlichen **Durchführungswege betrieblicher Altersvorsorge** – sowohl auf Ebene des Zielunternehmens als auch auf Ebene des kaufenden Unternehmens – sind bei der Strukturierung der Transaktion zu beachten.[49]

– **Sonstige Vertragsverhältnisse** (z. B. Mietverhältnisse über die Geschäftsräume, Verträge mit wichtigen Kunden und wichtigen Lieferanten) müssen auf den Käufer explizit übertragen werden. Eine solche Vertragsübertragung ist nur mit Zustimmung des anderen Vertragspartners möglich.[50]

> **Praxishinweis:** Aus Käufersicht besteht für die Überleitung von Vertragsverhältnissen ein entsprechendes Absicherungsbedürfnis, dem auf verschiedene Weise Rechnung getragen werden kann. Der Käufer kann zum einen darauf dringen, dass der Verkäufer vorher entsprechende Zustimmungen der Vertragspartner einholt und dass diese vor Vertragsunterzeichnung vorliegen müssen. Der Käufer kann des Weiteren die Vorlage der Zustimmungen zur Closing-Bedingung machen, wenn der Verkäufer erst nach „Spruchreife" des Unternehmensverkaufs an die entsprechenden Vertragspartner herantreten will. Die Zustimmungserklärungen der Vertragspartner muss der Verkäufer dann nach schuldrechtlichem Abschluss des Unternehmenskaufvertrags und vor dessen Wirksamwerden in dinglicher Hinsicht dem Käufer präsentieren.

– Die Vertragspartner müssen bereits entstandene **Forderungen** aus z. B. Kundenbeziehungen sowie **Verbindlichkeiten** gegenüber Gläubigern einschließlich latenter Verbindlichkeiten wegen Gewährleistung, Schadensersatz etc. einer gesonderten Regelung zuführen und abgrenzen. Dies kann mitunter rechtlich und tatsächlich sehr schwierig sein, will doch z. B. der Kunde nicht zwei Ansprechpartner für Leistung, Gewährleistung und Rechnungstellung haben.[51]

– Die betriebsbezogenen **Steuern** (Körperschaft-, Umsatz- und Gewerbesteuer) verbleiben zwar grundsätzlich bei der die Assets verkaufenden (Mantel-)Gesellschaft. Doch kann der Erwerber als Übernehmer des Betriebs nach **§ 75 AO** für diese Steuern haften, vorausgesetzt, dass die Steuern seit dem Beginn des letzten, vor der Übereignung liegenden Kalenderjahrs entstanden sind und bis zum Ablauf von einem Jahr nach Anmeldung des Betriebs durch den Erwerber festgesetzt oder angemeldet werden.[52]

---

[46] EuGH vom 9.7.2015 – Rs. C-229/14 (Balkaya), BB 2015, 2554.

[47] *Fuhlrott*, ArbRAktuell 2015, 437.

[48] Siehe dazu Teil → D., Rn. 696 sowie ausführlich zur steuerlichen Behandlung Teil → B., Rn. 350 ff.

[49] Vgl. ausführlich zur betrieblichen Altersversorgung bei M&A-Transaktionen *Paul/Daub*, BB 2011, 1525; vgl. auch *Becker/Voß* in: Knott, Unternehmenskauf, Rn. 154 f.; vgl. speziell zur Ausfinanzierung der Pensionsverbindlichkeiten durch Contractual Trust Arrangements und deren Schicksal bei M&A Transaktionen *Louven*, BB 2015, 2283.

[50] *Grüneberg* in: Palandt, BGB, § 398 BGB, Rn. 41 ff.

[51] Siehe zur Abgrenzung beim Asset Deal Teil → D., Rn. 230.

[52] Siehe dazu Teil → D. Rn. 155, 413.

B. Phase 1: Vorbereitung des Unternehmensverkaufs

Gliederung

I. Projekt Unternehmensverkauf: Systematische Herangehensweise

Anders als die laufende operative Tätigkeit des mittelständischen Unternehmers, die ihm **1** vertraut ist und routiniert von der Hand geht, ist der geplante oder gegebenenfalls auch unerwartet anstehende Unternehmensverkauf in aller Regel völliges Neuland. Zudem handelt es sich um eine komplexe Materie, bei der die auftretenden Fragestellungen, vor allem in den Bereichen

- Vertragsrecht
- Gesellschaftsrecht
- Finanzierungen
- Immobilienrecht
- Arbeitsrecht
- Recht des gewerblichen Rechtschutzes
- Datenschutzrecht
- Erbrecht
- Einkommensteuerrecht und Gewerbesteuer
- Umsatzsteuerrecht
- Erbschaft- und Schenkungssteuerrecht
- ggf. auch Insolvenzrecht
- Unternehmensbewertung
- Finanzierung
- Überleitung des operativen Geschäfts

untrennbar ineinander verwoben sind. Es wäre daher ein folgenschwerer Fehler, zu glauben, eine Unternehmensnachfolge oder ein Unternehmensverkauf ließe sich „mit eigenen Bordmitteln" neben dem operativen Geschäft vernünftig bewerkstelligen.

Praxishinweis: Dem verkaufswilligen Unternehmer muss klar werden, dass er seine persönlichen, unternehmerischen und finanziellen Ziele nur dann erfolgreich realisieren kann, wenn er den Unternehmensverkauf als Projekt versteht, das am besten mithilfe externer Spezialisten zu strukturieren und umzusetzen ist.

---

1. Sachverhaltsermittlung

In vielen Fällen liegt es so, dass der Unternehmer den Verkauf allein oder allenfalls mit **2** einem Berater (zumeist dem Steuerberater) in einem schleichenden Prozess startet. Dabei liegt es in der Natur der Sache, dass sowohl der Unternehmer als auch der jeweils beteiligte Berater den Verkauf von ihrer jeweiligen Fachrichtung her betrachten. Auf dieser Grundlage werden dann einzelne Schritte in die Wege geleitet, die sich später möglicherweise zumindest als unglücklich, wenn nicht sogar als untauglich oder fatal herausstellen.

Begreift man hingegen den Unternehmensverkauf als eigenständiges, komplexes Projekt, **3** ist es nahe liegend, zunächst mit einer umfassenden Sachverhaltsermittlung zu beginnen, die unter anderem folgende Aspekte umfassen sollte:

Checkliste: Sachverhaltsermittlung Teil 1 – Unternehmensebene

---

- ☑ letzte 3–5 Jahresabschlüsse
- ☑ Gesellschaftsvertrag bzw. -verträge (bei mehreren Gesellschaften)
- ☑ Management und Personal
- ☑ Betriebsnotwendiges Anlagevermögen (z. B. Immobilien sowie Produktionsanlagen etc. zu Eigentum oder Miete bzw. Leasing)

- ☑ Immaterialgüterrechte: Patente, gewerbliche Schutzrechte, Urheberechte, Domains
- ☑ Umlaufvermögen
- ☑ Fremdfinanzierungs- und Kapitalstruktur (z. B. Darlehensverträge einschließlich Gesellschafterdarlehen, Rangrücktrittserklärungen, Sicherheitenbestellungen einschließlich Bürgschaftsgemeinschaften und Förderbanken)
- ☑ bestehende Pensionszusagen und Rückdeckung
- ☑ laufende oder drohende Rechtsstreitigkeiten
- ☑ Rechnungswesen sowie Unternehmensplanung
- ☑ Steuern
- ☑ wichtige Verträge, insbesondere mit Lieferanten und Kunden
- ☑ Informationen über eigene Produkte, den Markt und Wettbewerber
- ☑ Identifikation von (Haftungs-)Risiken, die durch den Käufer aufgegriffen und zu einer Reduzierung des Kaufpreises führen könnten
- ☑ Informationstechnologie (Hard- und Software sowie Systemintegration)

Praxishinweis: Will der Unternehmer als Verkäufer einen möglichst hohen Verkaufspreis erzielen und auch die sogenannten – möglicherweise einen Arglistvorwurf begründenden – „Angaben ins Blaue hinein"[1] vermeiden, empfiehlt sich eine sog. Verkäufer-Due-Diligence, also eine grundlegende (Vorab-)Prüfung des Unternehmens durch die Verkäuferseite selbst, um Ertragssteigerungspotenziale und sonstige Chancen bzw. Risiken zu identifizieren, welche sich letztlich auf den Unternehmenskaufpreis auswirken und von daher möglichst vor Beginn des eigentlichen Verkaufsprozesses optimiert werden sollten.[2] Es wäre in diesem Fall i. d. R. Sache eines Unternehmensberaters bzw. spezialisierten M&A-Beraters, gemeinsam mit spezialisierten M&A-Anwälten und -Steuerberatern auf Grundlage eines umfangreichen Fragenkataloges das zu verkaufende Unternehmen zu durchleuchten.

Von nicht zu unterschätzender Tragweite für das Gelingen eines Verkaufs ist auch das **Problem der Betriebsmittelfinanzierung.** Will der Verkäufer noch „seine" Gewinne aus den Vorjahren vor dem Verkauf oder im Zuge des Verkaufs realisieren, führte eine Ausschüttung der häufig in den Vorräten oder anderen Aktiva gebundenen Liquidität zu einem massiven Entzug von Eigenkapital. Dies wiederum würde zunächst eine höhere Fremdfinanzierung erfordern, was sich sodann auch im **Rating** für das Unternehmen niederschlagen könnte, ja schlimmstenfalls sogar in einer Ablehnung der Finanzierung des Käufers durch die Bank.

Praxishinweis: Will der Verkäufer im Zuge des Verkaufs Eigenkapital abziehen, sollte er sich bereits vor dem Verkauf mit seinen Banken darüber abstimmen, welche Konsequenzen dies für einen geplanten Verkauf hat. Besser könnte es möglicherweise (auch) aus diesem Grund sein, die Gewinne mit zu verkaufen.[3]

---

4   Zudem können bei einem Unternehmensverkauf im Mittelstand die persönlichen familiären Verhältnisse sowie die Vermögensverhältnisse bei Verkäufer und Käufer nicht ausgeblendet werden. Auch sie bedürfen daher einer sorgfältigen Ermittlung und Berücksichtigung für die weitere Planung.

---

[1] Siehe zur Haftung wegen Vorsatz/Arglist in Teil ⟶ C., Rn. 24 ff.

[2] Vgl. auch *Hasselbach/Ebbinghaus,* DB 2012, 216, 220; speziell zur Vendor-Due-Diligence bei Beteiligung von Private-Equity Unternehmen *Weilep/Dill,* BB 2008, 1946; *Rasner,* WM 2006, 1425, 1432; *Weißhaupt,* WM 2013, 782; *Bergjan/Burgic* in: Drygala/Wächter, Verschuldenshaftung und Wissenszurechnung bei M&A Transaktionen, S. 19, 28; vgl. auch zu Organisations- und Regelungsvorschlägen *Bank* in: Drygala/Wächter, Verschuldenshaftung und Wissenszurechnung bei M&A Transaktionen, S. 92, 121.

[3] Siehe zur Verteilung der Gewinne und zu deren Verkauf Teil ⟶ D., Rn. 204 ff.

Checkliste: Sachverhaltsermittlung Teil 2 – Privatebene

☑ Übersicht zu den familiären Verhältnissen (Angaben zu den Ehegatten sowie den Kindern jeweils mit Alter und Güterstand)
☑ Vermögensübersicht zu sonstigem (nicht zum Verkauf stehendem) Vermögen, z. B.
   – inländisches und ausländisches Betriebsvermögen
   – nicht börsennotierte Anteile an Kapitalgesellschaften
   – Fondsanteile im Privatvermögen
   – Guthaben/Wertpapiere/Aktien(-depots)
   – Immobilienvermögen
   – Kapital- und Risikolebensversicherungen
   – sonstiges Vermögen
   – Verbindlichkeiten
   – Bürgschaften, Garantien etc.
☑ Testament, Erbvertrag
☑ Schenkungen des Unternehmers an den Ehegatten, Kinder oder Dritte, falls es welche innerhalb der letzten 10 Jahre gab
☑ Ehevertrag
☑ Vorsorgevollmacht/Generalvollmacht/Patientenverfügung

Im Zuge der Sachverhaltsermittlungen sollten auch sogleich die Verflechtungen des Unternehmens mit der Privatebene des Unternehmers und seiner Familie transparent gemacht werden. Dies betrifft vor allem folgende Bereiche:
– Welche Gegenstände des Privatvermögens (z. B. Immobilien, gewerbliche Schutzrechte und Urheberrechte) werden für das Unternehmen genutzt?
– Hat der Unternehmer oder haben Familienmitglieder dem Unternehmen Darlehen gewährt oder Sicherheiten für Fremdkapital Dritter gestellt, die abgelöst werden müssen?
– Gibt es Anstellungsverträge oder sonstige Verträge des Unternehmers sowie seiner Familienangehörigen mit dem Unternehmen, die beendet werden müssen?

2. Zieldefinition

Es ist von besonderer Bedeutung, dass der oder die Verkäufer vorab die für sie wesentlichen Ziele definieren, denn nur so können die beteiligten Berater im Interesse des Unternehmers optimale Ergebnisse erzielen. Angesichts der Unterschiedlichkeit mittelständischer Unternehmer und Unternehmen, angefangen von der Organisationsform (Einzelunternehmen, Personengesellschaft, Kapitalgesellschaft), über den Unternehmensgegenstand (Dienstleistung, Handel, Produktion etc.), die Unternehmensgrößenklassen (Umsatzgrößen, Anzahl der Mitarbeiter, etc.), die Stellung im Markt und Wettbewerb usw. bis hin zu völlig unterschiedlichen familiären und sonstigen wirtschaftlichen Verhältnissen, wäre eine Aufzählung möglicher Ziele von mittelständischen Unternehmern nicht nur ein fragwürdiges Unterfangen, sondern würde auch den falschen Eindruck erwecken, ein Unternehmensverkauf könne quasi lehrbuchartig geplant und in die Tat umgesetzt werden. **5**

Gleichwohl gibt es sicherlich **Grobziele,** die die meisten Inhaber mittelständischer Unternehmen typischerweise verfolgen. So ist in aller Regel jedem Verkäufer daran gelegen, einen **optimalen Verkaufserlös** zu erzielen, zumal dieser oft gleichzeitig die einzige Altersversorgung des Unternehmers ist oder zumindest in nicht unerheblichem Maße dazu beitragen soll. Beim Verkauf des Unternehmens aus einer **Krisensituation** heraus wird es regelmäßig auch ein Ziel des Unternehmers sein, sich zu entschulden und insbesondere aus persönlichen Bürgschaften etc. entlassen zu werden, um ggf. einen wirtschaftlichen Neuanfang vornehmen oder seinen Lebensunterhalt nach dem Verkauf aus verbliebenen privaten Einkunftsquellen bestreiten zu können. Ferner wird dem Verkäufer in aller Regel daran **6** gelegen sein, seinen Ausstieg **steuerlich zu optimieren,** wobei dieses Ziel typischerweise an Bedeutung gewinnt, je höher der zu erwartende Gewinn ist.[4] Schließlich ist dem Unternehmer meist auch daran gelegen, das Unternehmen in „gute Hände" zu legen, d. h. den „richtigen Käufer" in dem Sinne zu finden, dass das Unternehmen in Zukunft erfolgreich weitergeführt werden kann, beispielsweise aus sozialer Verantwortung gegenüber der Belegschaft, Kunden und Lieferanten oder auch zum Erhalt der über Jahre durch ihn aufgebauten (eigenen) Reputation.

7 Angesichts der Komplexität des Projektes Unternehmensverkauf und der zahlreichen möglichen Zielvorstellungen ist die Zieldefinition nicht immer ganz einfach, zumal der Unternehmer am Anfang notwendigerweise allenfalls eine laienhafte Vorstellung davon hat, „was er wollen soll". So hat freilich jeder verkaufende Unternehmer auch das Ziel, dass nach Abzug aller Kosten und Steuern unter dem Strich ein möglichst hoher Netto-Verkaufserlös für ihn dabei herauskommt. Sinnvolle Zielvorgaben kann der Unternehmer den beteiligten Beratern aber erst dann liefern, wenn ihm der steuerliche Berater Handlungsoptionen mit den jeweiligen steuerlichen Konsequenzen aufgezeigt hat, was wiederum erst geht, wenn der zu beurteilende Sachverhalt weitgehend feststeht. Es ist freilich davor zu warnen, bei der Zieldefinition lediglich eindimensional auf steuerliche Aspekte zur Kaufpreisoptimierung zu schielen, ohne etwaige damit verbundene rechtliche (Haftungs-)Risiken oder sonstige Nachteile (sei es auf Unternehmensebene oder auf privater Ebene) hinreichend zu berücksichtigen.

> **Praxishinweis:** Die Zieldefinition sollte idealer Weise in mehreren Schritten – quasi wie in einem Pingpongspiel – erfolgen, indem der Unternehmer zunächst umfassend die relevanten Sachverhalte offen legt und seine ersten Grobziele skizziert. Sodann sollten nach eingehender Sachverhaltsanalyse sämtliche beteiligten Rechts-, Steuer-, und sonstigen Berater dem Unternehmer erste Handlungsoptionen und ggf. auch -empfehlungen aufzeigen, damit er mit diesem zusätzlichen Fachwissen seine Ziele weiter spezifizieren kann. Je nach Komplexität der zu lösenden Fragestellungen müssen mit diesem Verfahren auch manchmal „mehrere Runden gedreht" werden.

Erst wenn danach die Ziele des Unternehmers in ihren wesentlichen Eckpunkten feststehen, kann mit der konkreten weiteren Strukturierung und Umsetzung der Verkaufstransaktion fortgefahren werden. Haben nämlich erst einmal die Gespräche mit Kaufinteressenten begonnen und sind die steuerlichen Berechnungen, das Verkaufs-Exposé, der Letter-of-Intent, der Gesellschaftsvertrag sowie der Kaufvertrag erstellt und hat der Verkäufer womöglich vorab eine Restrukturierung durchgeführt, ist nicht nur im Verhältnis zu den potentiellen Käufern ein „Zurückrudern" schwierig, sondern für den verkaufswilligen Unternehmer auch mit erheblichen Mehrkosten verbunden.

3. Teambildung und Teamsteuerung sowie Informationsfluss und Informationsdokumentation

8 Führt man sich die oben bereits näher dargestellte Vielschichtigkeit eines Unternehmensverkaufs vor Augen, ist es aus Sicht des Unternehmers, der die Übertragung des von ihm i. d. R. über Jahrzehnte aufgebauten Vermögenswertes Unternehmen bestmöglich realisieren möchte, unumgänglich, spezialisierte Berater hinzuzuziehen, und zwar insbesondere aus den Bereichen Recht, Steuern, Unternehmensbewertung sowie Unternehmenswertsteigerung. Allerdings sollte die Einbeziehung von Spezialisten nicht getreu dem Motto „viel hilft viel" erfolgen, denn auch hier gilt die alte Binsenweisheit, dass „viele Köche den Brei verderben". Vielmehr ist es hier von erfolgskritischer Bedeutung, dass
– von Anfang an die jeweiligen Experten ins Team und bei den Gesprächen einbezogen werden,

---

[4] Siehe zu den einzelnen steuerlichen Zielen Teil B., $\longrightarrow$ Rn. 111 ff.

– das Team zentral gesteuert wird und
– der Informationsfluss innerhalb des Projektteams gewährleistet und der Zugang von Informationen bei der Gegenseite dokumentiert werden.

> **Praxishinweis:** In der Regel fühlen sich mittelständische Unternehmer, die anders als Großunternehmen nicht regelmäßig mit größeren Teams von Rechts- und Steuerabteilungen zu tun haben, bei einer Vielzahl von Beratern überfordert, zumal der typische Mittelständler auch verständlicherweise sehr kostensensibel ist. Es sollte daher versucht werden, den Kreis der zu beteiligenden Berater möglichst klein zu halten, was am Ehesten dann gelingen dürfte, wenn es sich um erfahrene Praktiker handelt, deren Erfahrungsschatz möglichst mehrere Themenbereiche des Projektes Unternehmensverkauf abdeckt.

Auf der **Käuferseite** gelten diese Überlegungen zum Ablauf und zur Strukturierung des Projekts Unternehmenskauf sowie den damit verbundenen Anforderungen an Organisation und Informationsfluss entsprechend.[5]

> **Praxishinweis:** Vor dem Hintergrund der mit einer Wissen- und Verhaltenszurechnung (siehe dazu ausführlich Teil → C., Rn. 29 ff.) verbundenen Haftungsrisiken empfiehlt es sich, (i) schon vor Beginn des eigentlichen Projektes Unternehmens(ver)kauf die Notwendigkeiten für den Deal nebst personellem Staffing sorgfältig zu analysieren, (ii) das Projekt entsprechend mit Rollenverteilungen zu strukturieren[6] und (iii) dabei idealerweise das Team im jeweiligen Lager möglichst klein zu halten.[7] Ferner ist (iv) in allen vorvertraglichen und vertraglichen Dokumenten darauf zu achten, möglichst umfassend eine Zurechnung des Verhaltens etwaiger Erfüllungsgehilfen nach § 278 S. 2 BGB auszuschließen und den Kreis derer, auf deren Kenntnisse es für „nach bestem Wissen" abzugebende subjektive Garantien bzw. von Mängeln (§ 442 Abs. 1 BGB) ankommt, eng zu definieren.[8]

a) Wesentliche „Player" einer M&A-Transaktion

Welche Berater bei einer M&A-Transaktion erforderlich sind, kann nicht für jede Fallgestaltung gleich beantwortet werden. Vielmehr hängt die Bildung des Expertenteams von verschiedenen Faktoren ab, wie beispielsweise:

   9

– Welche rechtlichen, steuerlichen und operativen Themen müssen vermutlich strukturiert und geregelt werden?
– Welches Know-how zur Beantwortung der vorstehenden Fragen steht dem Unternehmer bislang (auch in Form seiner bisherigen Berater) zur Verfügung?
– Gibt es bereits Kaufinteressenten?
– Möchte der verkaufswillige Unternehmer die Chancen des Wettbewerbs im Rahmen des Verkaufs durch ein Bieter-Verfahren nutzen und – andersherum – macht ein solches angesichts der Unternehmensgröße Sinn?
– Welches Budget ist der Unternehmer bereit, für Beratungskosten zur Verfügung zu stellen (auch unter Berücksichtigung des zu erwartenden Mehrwerts durch die zu beauftragenden Berater)?

Beim mittelständischen Unternehmer bzw. den Gesellschaftern des mittelständischen Unternehmens, der bzw. die das Unternehmen verkaufen möchte(n), ist meist der **Steuerberater** als langjährige Vertrauensperson der primäre Ansprechpartner. Er kennt das

---

[5] Vgl. dazu im Hinblick auf die Due Diligence *Beisel* in: Beisel/Andreas, Beck'sches Mandatshandbuch Due Diligence, § 8 Rn. 1 ff. sowie nachfolgend Teil → C., Rn. 200 ff.

[6] Siehe dazu auch *Weißhaupt* in: Drygala/Wächter, Verschuldenshaftung und Wissenszurechnung bei M&A Transaktionen, S. 150 ff.

[7] Vgl. auch *Bank* in: Drygala/Wächter, Verschuldenshaftung und Wissenszurechnung bei M&A Transaktionen, S. 92, 122.

[8] Siehe dazu auch *Schuberth* in: Drygala/Wächter, Verschuldenshaftung und Wissenszurechnung bei M&A Transaktionen, S. 188 ff.

Unternehmen und dessen Tagesgeschäft am besten. Er ist aber nicht immer mit den Besonderheiten eines Unternehmensverkaufs vertraut. Seine Aufgabe ist es dann, dem Unternehmer auch insoweit Hilfestellung zu leisten, als es um die Auswahl und die rechtzeitige Hinzuziehung spezialisierter und passender Berater geht.

> **Praxishinweis:** Der Steuerberater des Unternehmers, oft aber auch die Hausbank sind in aller Regel die Ersten, die von einer etwaigen Veräußerungsabsicht des Unternehmers erfahren bzw. diesen auf die Notwendigkeit der Regelung der Unternehmensnachfolge hinweisen. Es ist daher an ihnen, den Unternehmer entsprechend weiter zu sensibilisieren und ihm bei der Auswahl geeigneter Berater zu helfen.

10   Zu nennen sind hier zum einen **M&A-Berater** sowie (im Falle kleiner und mittlerer Unternehmen eher selten anzutreffen) **Investmentbanken.** Während nämlich Investmentbanken wie Goldman Sachs meist bestimmte Mindesttransaktionsvolumina im Fokus haben und daher für kleinere oder mittelgroße Transaktionen nicht in Frage kommen, gibt es zahlreiche M&A-Berater, die gerade auf den Verkauf mittelständischer Unternehmen spezialisiert sind.[9] Sie verfügen im Idealfall über das notwendige organisatorische und wirtschaftliche Know-how, um den Ablauf der Transaktion zu optimieren, bei der Auswahl von vorhandenen Interessenten zu helfen, aber auch um potentielle Käufer und Verkäufer überhaupt erst zusammenzubringen. Allerdings gibt es in diesem Bereich auch erhebliche qualitative Unterschiede, weshalb ein genauerer Blick zu empfehlen ist. Ob die Einschaltung eines M&A-Beraters sinnvoll ist, muss im Einzelfall entschieden werden.

> **Beachte:** Einige M&A-Berater vermitteln ausschließlich wie ein Makler Kauf- bzw. Verkaufsinteressenten, während andere ausschließlich beratend und wiederum Dritte sowohl bei der Suche eines Kauf- oder Verkaufsinteressenten als auch der Beratung der gesamten Transaktion tätig sind.

11   Für die rechtliche und steuerliche Strukturierung des Unternehmensverkaufs ist sodann die Hinzuziehung **spezialisierter Rechtsanwalts- und Steuerkanzleien** erforderlich. Diese müssen mit den organisatorischen, vertrags- und gesellschaftsrechtlichen sowie transaktionssteuerlichen Fragen vertraut sein und insbesondere auch über die nötige Erfahrung verfügen, um bei den späteren Vertragsverhandlungen mit dem Käufer beurteilen zu können, was sich innerhalb der Bandbreite des „Marktstandards" bewegt und was nicht.

> **Praxishinweis:** Häufig hat der „Haus-und-Hof-Steuerberater" die Befürchtung, das Mandat zu verlieren, sei es infolge des Verkaufs des bislang beratenen Unternehmens oder sei es aufgrund dann möglicherweise unterstellter mangelnder fachlicher Expertise. Es ist jedoch kein Zeichen von Schwäche, sondern von Stärke, für den Mandanten das komplexe Thema Unternehmensnachfolge anzupacken und organisatorisch sowie inhaltlich mitzugestalten. Denn in aller Regel ist der langjährige Steuerberater die zentrale Figur für eine sorgfältige Sachverhaltsermittlung sowohl auf der Unternehmensebene als auch auf der privaten Ebene sowie bei der ganzheitlichen Verzahnung dieser beiden Bereiche. Auch gilt die Regel: Je stärker die hinzugezogenen Berater auf die Gebiete der Unternehmensnachfolge und des Unternehmensverkaufs spezialisiert sind, umso geringer ist das Risiko, ein laufendes Mandat an diese zu verlieren.

b) Mandatsvertrag M&A-Berater – Investmentbank

12   Bei größeren mittelständischen Verkaufstransaktionen ist es üblich, auf Seiten des Verkäufers eine Investmentbank oder einen M&A-Berater hinzuzuziehen. Deren Hauptfunktion besteht darin, zu Zwecken der Kaufpreiserhöhung **Wettbewerb herzustellen** oder zumindest durch ihr bloßes auftreten Interessenten den Eindruck zu vermitteln, dass es weite-

---

[9] Siehe hierzu *Rempp* in: Hölters, Handbuch Unternehmenskauf, Kap. 1 Rn. 1.115a f.

re Interessenten für das zum Verkauf stehende Unternehmen gebe.[10] Des Weiteren führt die Einschaltung eines M&A-Beraters zu einem kontrollierten und disziplinierten Ablauf des Verkaufsprozesses, was nicht nur bei größeren Verkaufstransaktionen, sondern auch gerade beim Verkauf durch einen mittelständischen Unternehmer eine nicht unerhebliche Gelingensbedingung darstellen kann. Das gilt umso mehr, wenn die beteiligten Rechts- und Steuerberater auf dem Gebiet des Unternehmensverkaufs noch unerfahren sind. Von besonderer Bedeutung für den Mittelstand mag schließlich auch die Wahrung der **Anonymität** sein, die durch Einschaltung von M&A-Beratern über längere Zeit gewährleistet werden kann.

Auf der **Leistungsseite** enthält der Vertrag mit dem M&A-Berater unter anderem folgende Punkte,[11] die freilich nicht abschließend sind und auch nicht immer vollständig mit angeboten bzw. benötigt werden: **13**

– Erstellung einer Unternehmensbewertung
– Erarbeitung einer Liste von potenziellen Erwerbsinteressenten sowie Kontaktaufnahme zu den Entscheidungsträgern dieser Interessenten
– finanzielle Analyse und Bewertung der einzelnen möglichen Erwerber
– Unterstützung bei der Erstellung eines Informations-Memorandums/Verkaufs-Exposés
– Beratung im Zusammenhang mit der Strukturierung und Durchführung der Veräußerung
– Organisation und Durchführung der Due Diligence
– Beratung im Zusammenhang mit dem Abschluss von Absichtserklärungen (Letter auf Intent) sowie Exklusivitätsvereinbarungen
– Beratung hinsichtlich Strategie und Taktik der Vertragsverhandlungen
– Beratung im Zusammenhang mit und Verhandlung des Kaufvertrages.

Die vorstehenden Leistungen sind als Dienstleistungen Gegenstand eines **Geschäfts-** **14** **besorgungsvertrags** gemäß §§ 675, 611 BGB. Tritt hingegen schwerpunktmäßig auch die Verpflichtung hinzu, dem Verkäufer Kaufinteressenten zu vermitteln, handelte es sich insoweit um einen **Maklervertrag** im Sinne von § 652 BGB.[12] Zu beachten ist dabei, dass nach der Rechtsprechung des Bundesgerichtshofes für den Vergütungsanspruch lediglich der Nachweis einer wirtschaftlichen Identität zwischen angestrebtem und abgeschlossenem Hauptvertrag erforderlich ist.[13]

Die **Vergütung** des M&A-Beraters als Gegenleistung besteht zumeist aus einem **Er-** **15** **folgshonorar (Success-Fee),** das sich bei größeren Transaktionsvolumina zwischen 0,5% und 2% bewegt und das bei kleineren Transaktionsvolumina im Einzelfall auch bis zu 10%[14] des Transaktionswertes erreichen kann. Alternativ kommt die Vereinbarung einer erfolgsabhängigen **festen Vergütung** in Betracht, insbesondere auch dann, wenn es sich um ein Kaufmandat handelt oder ein Verkauf in der Krise erfolgt und der Unternehmenswert entsprechend niedrig zu bemessen ist. Besonderes Augenmerk ist sodann auf die Definition der das Erfolgshonorar auslösenden „Veräußerung" sowie die Festlegung der Berechnungsbasis zu legen, was häufig Schwierigkeiten bereitet, weil zum Zeitpunkt des Abschlusses des Beratervertrages zumeist die genaue Transaktionsstruktur noch nicht feststeht.[15] Neben dem Erfolgshonorar oder der Festvergütung erhalten M&A-Berater üblicherweise eine sog. **Retainer-Gebühr,** die der Auftraggeber auch bei Nichtdurchführung des geplanten Verkaufs

---

[10] Vorsicht: Das Vortäuschen höherer Gebote oder nicht vorhandener Wettbewerber ist strafrechtlich relevant und kann zivilrechtlich zur Anfechtung des Vertrages und zu Schadensersatzpflichten führen, vgl. *Louven/Böckmann,* ZIP 2004, 445, 448.

[11] Vgl. Leistungskatalog von *Seibt* in: Beck'sches Formularbuch Mergers & Acquisitions, B. II.2 des Formulars.

[12] Vgl. dazu auch *Beisel/Klumpp,* Der Unternehmenskauf, § 1 Rn. 41.

[13] BGH vom 16.12.2004 – III ZR 119/04, NJW 2005, 753, 754 f.; vgl. auch *Beisel/Klumpp,* Der Unternehmenskauf, § 1 Rn. 42.

[14] So z.B. in einem vom BGH entschiedenen Fall, BGH vom 15.3.1995 – IV ZR 25/94, NJW 1995, 1738, wobei die Vertragsparteien die Provision später von 10% auf 7% herabgesetzt haben.

[15] Vgl. *Seibt* in: Beck'sches Formularbuch Mergers & Acquisitions, B. II. Anm. 4.

zahlen muss. Bei dem Retainer handelt es sich um eine feste monatliche Pauschale (oder manchmal auch eine Vergütung nach Zeitaufwand), die z. B. für die Erstellung des Information-Memorandums, die Suche und Vorauswahl potentieller Käufer, die Organisation der Due Diligence und des Datenflusses sowie die Begleitung bei den Vertragsverhandlungen bis hin zur Abwicklung des Verkaufs gezahlt wird. Der Auftraggeber schuldet den Retainer dann entweder über die gesamte Tätigkeitsdauer oder für einen bestimmten Zeitraum von z. B. sechs Monaten ab Aufnahme der Tätigkeit.

> **Praxishinweis:** Die Höhe eines solchen Retainers sowie die Dauer (in Monaten), für welche der Retainer gezahlt werden muss, ist Verhandlungssache. Je nach Größe der Transaktion dürfte die Bandbreite der Retainer-Gebühr bei dem Verkauf mittelständischer Unternehmen zwischen schätzungsweise EUR 5 000 und EUR 25 000 pro Monat liegen (dies auch abhängig von der Anzahl der für die Transaktion eingesetzten Mitarbeiter). Der Auftraggeber sollte auch klären, ob und inwieweit ein Retainer auf eine ggf. vom M&A-Berater verdiente Success-Fee angerechnet wird.

16   Des weiteren finden sich im Beratervertrag vielfach Regelungen zum Thema **Haftung und Haftungsfreistellung.** Die Haftung des M&A-Beraters wird zumeist auf Vorsatz und grobe Fahrlässigkeit begrenzt, wobei jedoch zu beachten ist, dass eine formularmäßige Freizeichnung als Allgemeine Geschäftsbedingungen zu qualifizieren und von daher ggf. unwirksam sein kann.[16]

c) Sonderfall: Übernahme von Beraterkosten des Verkäufers durch den Käufer

17   Häufig begleiten die „altgedienten" Berater des Unternehmens, das verkauft werden soll, auch den Verkaufsprozess auf Verkäuferseite (z. B. Rechtsanwälte, Steuerberater, Wirtschaftsprüfer). Kommt es zu einem Asset Deal, ist dies zivilrechtlich und steuerlich unproblematisch, weil dann die Kosten beim Verkäufer verbleiben. Wird dagegen das Unternehmen im Wege des Share Deals verkauft, kommt es regelmäßig zu Missstimmigkeiten, wenn der Erwerber nach dem Closing feststellt, dass das Unternehmen Beratungsleistungen von Beratern bezahlt hat, die jedenfalls auch die Verkäufer (= Gesellschafter des verkauften Unternehmens) beraten haben. Wenn eine solche Personenidentität auf Beraterseite anzutreffen ist, muss nach der Art der Tätigkeit differenziert werden: Kosten für Umstrukturierungen (auch im Vorfeld eines Unternehmensverkaufs), die Zusammenstellung des Datenraums und die Begleitung der Due Diligence, die Beratung der Geschäftsführung des Zielunternehmens können der Gesellschaft durchaus zugeordnet und berechnet werden. Hingegen erfolgen der Entwurf und die Verhandlung des Share Deal-Kaufvertrags allein im Interesse der verkaufenden Gesellschafter und sollten daher auch diesen berechnet werden.

> **Praxishinweis:** Die Kostenzuordnung gilt auch entsprechend für die steuerrechtliche Frage, ob in der gewählten Kostenverteilung eine verdeckte Gewinnausschüttung liegt, sodass es sich empfiehlt, die Beratung im Interesse der Gesellschaft bzw. Gesellschafter durch klare Auftragsbeziehungen deutlich abzugrenzen und zu dokumentieren.

> **Beachte:** Verlagert der Verkäufer solche Kosten ohne Abstimmung mit dem Erwerber auf die Zielgesellschaft, können diesem ggf. aufgrund der Verletzung von Garantien bzw. einer vorvertraglichen Aufklärungspflichtverletzung vertragliche (Gewährleistungs-)Ansprüche gegen den Verkäufer zustehen, und zudem u. U. sogar deliktsrechtliche Ansprüche gemäß § 823 Abs. 2 BGB, § 263 StGB.[17]

---

[16] Vgl. *Seibt* in: Beck'sches Formularbuch Mergers & Acquisitions, B. II. Anm. 5.

[17] Vgl. OLG Düsseldorf vom 16.8.2008, besprochen von *Grothaus*, BB 2008, 2364; die Entscheidung des OLG ist problematisch und kritisch zu sehen, da sie die Beratung im Zusammenhang mit der Übertragung einer Pensionszusage im Vorfeld der Transaktion auf eine Unterstützungskasse betraf, was durchaus auch im Interesse der Gesellschaft lag.

Ein Streit über die Kostentragung sowie eine vermeintliche Täuschungshandlung des Verkäufers kann am besten durch **Offenlegung** gegenüber dem Erwerber und eine **klare Trennung der Mandate** und Abrechnungen in transparenter, für den Erwerber nachvollziehbarer Form vermieden werden.

4. Strukturierung und Konzept

Ist das Team der zu beteiligenden Berater gebildet und sind die Verantwortlichkeiten definiert, geht es darum, eine abgestimmte Verkaufsstruktur bzw. Kaufstruktur zu entwerfen, in der sowohl die Notwendigkeiten auf operativer Ebene als auch die Frage der Unternehmensbewertung,[18] die Chancen und Risiken (rechtliche und andere)[19] sowie die steuerlichen Aspekte[20] der Verkaufstransaktion bzw. des Erwerbsvorgangs berücksichtigt und idealerweise in einem ganzheitlichen Konzept gebündelt werden. Damit das funktioniert, sollte eine klare Zuständigkeit zur Koordinierung der beteiligten Spezialisten sowie des Unternehmens und den auf seiner Seite tätigen Mitarbeitern festgelegt werden. **18**

Im Rahmen der Strukturierung wird der **Verkäufer** bei seiner Chancen- und Risiken-Analyse vor allem folgende Aspekte berücksichtigen: **19**
– Unternehmensbewertung und Kaufpreisermittlung (i. d. R. ertragswertbasiert);
– gegebenenfalls **Kaufpreisanpassung** auf Grundlage einer Eigenkapitalgarantie (substanzwertbasiert) oder auf Basis von „cash and debt free";[21]
– Zuweisung des **Gewinnanspruchs** für das laufende Geschäftsjahr an den Verkäufer oder Berücksichtigung im Kaufpreis (einmaliger Ertrag, der sich in der Stichtagsbilanz als Substanz manifestiert);
– Prüfung der aktuellen **Finanzierung des Unternehmens** vor Verkauf und der voraussichtlichen Situation nach dem Verkauf sowie Klärung mit den beteiligten Banken, ob diese überhaupt bereit sind, mit den geänderten Voraussetzungen den Käufer bzw. das gekaufte Unternehmen weiterhin zu finanzieren;
– **Steuerbelastung** auf den Verkaufserlös sowie gegebenenfalls den laufenden Gewinn und Möglichkeiten der Optimierung;
– Art und Umfang der Übernahme einer **Haftung** gegenüber dem Käufer, insbesondere auf Grundlage von Garantien, aber auch Freistellungen und Covenants unter Berücksichtigung der Eintrittswahrscheinlichkeit und maximalen Höhe einer etwaigen Schadensersatz- bzw. Freistellungsverpflichtung des Verkäufers;
– **Maßnahmen zur Entflechtung** der Unternehmensebene von der Privatebene sowie deren steuerliche Auswirkungen, z.B. bei Herauslösung von **Pensionszusagen,** Ablösung von **Gesellschafterdarlehen** sowie Übertragung von **Vermögen** auf das zu verkaufende Unternehmen;
– Berücksichtigung der **Transaktionskosten.**

Auch der **Käufer** wird die vorstehenden Punkte bei der Beurteilung der für ihn mit dem Erwerb verbundenen Chancen und Risiken als Grundlage für seine Kaufentscheidung berücksichtigen müssen. Dabei muss er freilich primär das Risiko prüfen und beurteilen, ob ein Kauf schon aufgrund bestimmter *bekannter* oder im Rahmen der Due-Diligence-Prüfung zu Tage tretender operativer, finanzieller, steuerlicher, rechtlicher oder sonstiger Risiken von vornherein ausscheidet oder ob gleichwohl ein Erwerb erfolgen kann und sodann die Risiken über eine Reduzierung des Kaufpreises berücksichtigt werden. Ist hingegen ein Risiko dem Grunde nach bekannt, jedoch die Eintrittswahrscheinlichkeit und Höhe des potenziellen Schadens unklar, wird der Käufer im Rahmen der gebotenen wirt-

---

[18] Siehe dazu Teil B., ⟶ Rn. 25 ff.
[19] Siehe dazu ausführlich Phase 2 Teil ⟶ C., Rn. 5 ff. (vorvertragliche Haftungsrisiken) und Phase 3 Teil ⟶ D., Rn. 137 ff. (Haftung des Käufers) sowie Rn. 390 ff. (Haftung des Verkäufers).
[20] Siehe dazu ausführlich Phase 1 Teil B., ⟶ Rn. 110 ff.
[21] Siehe dazu ausführlich *Weißhaupt*, BB 2013, 2947.

schaftlichen Gesamtbetrachtung den Erwerb so strukturieren müssen, dass solche Risiken – ebenso wie sonstige unbekannte Risiken – durch belastbare Garantien entsprechend dotiert werden.

20   Sowohl auf der Käufer- als auch der Verkäuferseite sollten die sich **bei Familienunternehmen ergebenden Besonderheiten** berücksichtigt werden:[22]
   – das eventuell über Jahrzehnte **gewachsene Wertesystem** des Unternehmens spielt häufig eine zentrale Rolle und sollte daher auch beim Verkauf erhalten bleiben oder zumindest mit der „Kultur" beim Käufer kompatibel und integrierbar sein;
   – die langfristige Sicherung des Unternehmens hat besondere Bedeutung;
   – sowohl beim Unternehmer als auch bei den Schlüsselmitarbeitern besteht häufig eine **starke Identifikation** mit dem Unternehmen sowie eine **starke emotionale Bindung;**
   – **Unabhängigkeit und Verschwiegenheit** haben einen höheren Stellenwert als bei größeren Unternehmen.

5. Finden eines Käufers bzw. Verkäufers

a) Erste Kontaktaufnahme und Auswahl von Interessenten

21   Manchmal wird der Unternehmer selbst den ersten Kontakt zum potentiellen Käufer hergestellt haben und auch nur mit diesem einen Interessenten verhandeln wollen. Häufig liegt es aber auch so, dass der Unternehmer verkaufen will, aber von sich aus zunächst nicht über geeignete Interessenten verfügt oder diese zwar kennt, aber nicht offen kontaktieren will. Gerade in solchen Fällen bietet sich u. U. die **Einschaltung eines M&A-Beraters** an, der den Interessentenmarkt sondieren und durch persönlich bestehende Kontakte in der „M&A-Szene" eine Auswahl von möglichen Interessenten ansprechen kann und zwar auch ohne sofortige Benennung des zum Verkauf stehenden Unternehmens.[23]

22   Für diesen Zweck ist es empfehlenswert, zunächst eine mehr oder weniger ausführliche **Informationsbroschüre („Teaser"/Kurzprofil)** über das Unternehmen zu erstellen. Diese Informationen können zunächst auch neutralisiert, d. h. anonym sein. Das Kurzprofil sollte aber bereits alle notwendigen Informationen über das Unternehmen bieten, die es dem potentiellen Käufer erlauben, sich ein ungefähres Bild über den Kaufgegenstand, die Branche, Mitarbeiterzahl, Unternehmenskennzahlen der letzten drei Jahre (Umsatz, Jahresüberschuss, EBIT), die geografische Lage sowie den Zeitplan und darauf aufbauend eine zumindest grobe Kaufpreisvorstellung machen zu können. Verbleiben nach dieser ersten Kontaktphase mehrere Interessenten (es sollte dann grundsätzlich eine **„Short List"** erstellt werden, in der nur noch die aussichtsreichsten Kaufkandidaten enthalten sind), ist über das weitere Vorgehen zu entscheiden.

> **Praxishinweis:** Der Vorteil eines anonymisierten Kurzprofils liegt darin, dass die Suche stärker ausgeweitet werden kann, ohne dabei schon detaillierte Informationen über das Unternehmen breit im Markt streuen zu müssen.

b) Zunehmend vertiefende Informationsgewährung durch den Verkäufer

23   Nach Sichtung des Rücklaufs von Kaufinteressenten aufgrund des Kurzprofils entscheidet der Verkäufer gemeinsam mit dem Beraterteam, welchen Kaufinteressenten nun im nächsten Schritt das **Information-Memorandum/Verkaufs-Exposé** nebst einem so

---

[22] Vgl. dazu auch *PwC*, Studie „Transaktionen im Mittelstand – Bestandsaufnahme und Ausblick", August 2011, S. 26 f.
[23] Vgl. zu Möglichkeiten der Suche nach potentiellen Käufern *Stratz/Hettler* in: Hettler/Stratz/Hörtnagel, Beck'sches Mandatshandbuch Unternehmenskauf, § 1 Rn. 56 ff.

genannten **Procedure-Letter** übermittelt wird, in dem der weitere Ablauf des Bieter-Verfahrens erläutert wird.

> **Praxishinweis:** Die Verkäuferseite nimmt regelmäßig bereits im Information-Memorandum umfassende Haftungsausschlüsse in Form eines so genannten Disclaimers auf. Dies geschieht vor dem Hintergrund, dass weder der Verkäufer noch seine Berater für die von ihnen den potentiellen Käufern durch das Information-Memorandum und auch sonst gewährten Informationen haften wollen, weil sie in aller Regel diese Informationen nicht selbst im Wege einer Verkäufer-Due-Diligence verifiziert haben. Da solche (bereits nur einseitig und nur im vorvertraglichen Stadium erklärten) Haftungsausschlüsse allerdings möglicherweise nach AGB-Recht unwirksam sein können,[24] sollte der Verkäufer den Ausschluss der Haftung nach Möglichkeit individualvertraglich im Rahmen des Procedure-Letters in der Weise mit den jeweiligen Kaufinteressenten vereinbaren, dass diese eine Version des Procedure-Letters gegenzeichnen und an den Verkäufer zurücksenden bevor weitere Informationen verfügbar gemacht werden. Dabei ist darauf zu achten, dass nicht die Regelungen des Procedure-Letters mit dem darin enthaltenen Haftungsausschluss selbst AGB werden, indem die Verhandlung über die Haftungsfrage dokumentiert wird.

> **Formulierungsvorschlag:** *„In dem Information-Memorandum, das wir Ihnen nach Gegenzeichnung der Vertraulichkeitsvereinbarung übermitteln dürfen, ist auf Seite … ein Disclaimer mit Haftungsausschlüssen enthalten, dessen Geltung mit Annahme der Informationen als vereinbart gilt, worauf wir hiermit ausdrücklich hinweisen. So geben z. B. weder das zu verkaufende Unternehmen oder deren Gesellschafter noch deren Berater eine Gewährleistung, Garantie oder sonstige Erklärung über „Projekt …“ ab. Jegliche vorvertragliche Haftung des zum Verkauf stehenden Unternehmens sowie eine Haftung von dessen Gesellschaftern oder Beratern ist ausgeschlossen. Der Erwerb von Rechten und Ansprüchen im Zusammenhang mit dem „Projekt …“ durch Sie, insbesondere Rechte auf Erwerb einer Beteiligung, sowie die Regelung einer Haftung, werden ausschließlich in einem etwaigen Kaufvertrag geregelt.*
> *Wir stellen diese Haftungsausschlüsse zur Diskussion, behalten uns aber vor, dann ggf. die Informationen nicht zu übermitteln. Sollten Sie mit den Haftungsausschlüssen einverstanden sein, möchten wir Sie bitten, zum Zeichen Ihres Einverständnisses eine Version dieses Schreibens zu unterzeichnen und uns im Original zurückzusenden.“*

Je nach Situation wird der Verkäufer nach Abschluss erfolgreicher Vorverhandlungen nur **24** einem, zuweilen auch einigen wenigen Interessenten parallel die detaillierte Unternehmensprüfung **(Due-Diligence-Prüfung)**[25] ermöglichen. Man muss sich aber bewusst sein, dass dem im Bieter-Verfahren entstehenden Wettbewerb und der damit verbundenen Aussicht auf einen höheren Kaufpreis auch ein erhöhter Zeitaufwand und Kostenrisiken gegenüberstehen. So binden parallele Verhandlungsrunden mit mehreren Interessenten interne Managementressourcen, es fallen deutlich höhere Kosten für Anwälte sowie ggf. M&A-Berater an und institutionelle Kaufinteressenten könnten versuchen, ihre durch einen eventuell letztlich erfolglosen Kaufversuch entstanden Kosten auf den Verkäufer abzuwälzen (sog. **„Cost Coverage"** oder **Break-up-Fees**).[26] Zu bedenken ist auch, dass bei Verhandlungen mit mehreren Kaufinteressenten das Risiko steigt, dass Unternehmens- und Betriebsgeheimnisse in falsche Hände geraten (insbesondere an Wettbewerber!).

---

[24] Siehe dazu noch Teil → C., Rn. 177 ff.

[25] Siehe zu den rechtlichen Rahmenbedingungen, den Implikationen für sowohl Käufer als auch Verkäufer, den einzelnen Prüfungsgegenständen und persönlichen Haftungsrisiken der Handelnden Teil → C., Rn. 200 ff.

[26] Siehe dazu OLG München vom 19.9.2012 – 7 U 736/12, NZG 2013, 257; *Bergjan/Schwarz,* GWR 2013, 4; *Hilgard,* BB 2008, 286; *Stratz/Hettler* in: Hettler/Stratz/Hörtnagel, Beck'sches Mandatshandbuch Unternehmenskauf, § 1 Rn. 96 ff.; vgl. auch zu aktienrechtlichen Rahmenbedingungen von Break-Fee-Vereinbarungen *Haßler/Wittgens,* BB 2018, 2178.

Wird mit mehreren Interessenten geredet, wird i. d. R. spätestens nach Abschluss der Due Diligence auf der Grundlage vor oder spätestens nach der Due Diligence von den Kaufinteressenten abzugebender indikativer Kaufangebote entschieden, mit wem exklusive Verhandlungen weitergeführt werden. Kaufinteressenten werden dabei naturgemäß versuchen, für den Zeitraum der Due-Diligence-Prüfung und Verhandlung des Kaufvertrages **(Verhandlungs- und Abschluss-)Exklusivität** zu vereinbaren, so dass der Verkäufer in dieser Phase mit keinem anderen Erwerbsinteressenten Gespräche führen oder über den Abschluss eines Kaufvertrages verhandeln darf. Im Gegensatz dazu führt der Verkäufer das Bieter-Verfahren freilich mit dem Ziel durch, sich erst möglichst spät für einen Kaufinteressenten entscheiden zu müssen, nämlich denjenigen, der ihm das „beste Gesamtpaket" offeriert, so dass ihm zu empfehlen ist, möglichst keinerlei Exklusivität zugunsten des Käufers zu akzeptieren, allenfalls dann eine Abschluss-Exklusivität und nur, wenn besonderer Verhandlungsdruck für ihn besteht, zur Not auch eine Verhandlungs- und Abschluss-Exklusivität zu akzeptieren. In allen Varianten sollte der Verkäufer dann darauf achten, dass eine Exklusivität zeitlich möglichst kurz bemessen ist, damit er ggf. noch die Gespräche mit anderen Interessenten fortführen oder (wieder) aufnehmen kann.

II. Unternehmensbewertung und Kaufpreisfindung

1. Unterschiedliche Wertkonzeptionen

25 Die Unternehmensbewertung ist im Rahmen des Verkaufs- und Kaufprozesses eines Unternehmens ein ganz wesentliches Element. Sie folgt normalerweise der Due Diligence und verarbeitet die Informationen, die in dieser Phase gesammelt worden sind. Es schließt sich die Preisverhandlung an, deren Grundlage die Ergebnisse der Unternehmensbewertung sind.[27]

Die Unternehmensbewertung führt zu **subjektiven Ergebnissen.** Ihr Ergebnis ist ein Unternehmenswert. Diese Kategorie ist vom Preis, also dem Ergebnis der Verhandlung, zu unterscheiden. Ein Unternehmenswert berücksichtigt die subjektiven Möglichkeiten (welche Unternehmen kann ich erwerben, wie kann ich mein Geld alternativ zum Unternehmenserwerb anlegen etc.) und Ziele (will ich mich unbedingt selbständig machen, möchte ich mein Lebenswerk in bestimmten Händen sehen). Aus diesen Überlegungen folgt zwangsläufig, dass das Ergebnis der Unternehmensbewertung unterschiedlich sein wird, je nachdem für welches Individuum sie durchgeführt wird. Darüber hinaus ergeben sich zusätzlich unterschiedliche Werte je nachdem in welcher Funktion die Bewertung durchgeführt werden kann. So unterscheidet die *Kölner Funktionenlehre*[28] drei Hauptfunktionen der Unternehmensbewertung, in denen eine Unternehmensbewertung durch Gutachter durchgeführt werden kann:

– **Beratungsfunktion:** Der Bewertungsgutachter wird im Auftrag einer Partei tätig. Das Ergebnis des Gutachtens beschreibt einen individuellen Grenzpreis, der nur für diese eine Partei bestimmt ist. Er darf in keinem Falle der Gegenseite bekannt werden, da er gleichzeitig die Grenze der Kompromissbereitschaft darstellt.[29] Wäre der Entscheidungswert der jeweiligen Gegenseite bekannt, wäre es einfach direkt das bestmögliche Verhandlungsergebnis zu erreichen, da dann die Einigung auf diesen Wert erfolgt.

– **Schiedsfunktion:** Der Bewertungsgutachter wird im Auftrag beider Parteien (Käufer und Verkäufer) tätig. Das Ergebnis des Bewertungsgutachtens ist ein fairer Einigungspreis. Dabei müssen die individuellen Grenzpreise der Parteien berücksichtigen werden. Der Einigungspreis muss höher sein als der Grenzpreis des Verkäufers und niedriger als der

---

[27] Vgl. *Behringer,* Unternehmenstransaktionen, 136.

[28] Vgl. *Sieben/Schildbach,* Betriebswirtschaftliche Entscheidungstheorie, 162 ff.; *Sieben,* Unternehmensbewertung, HwB Teilband 5, 4316; *Matschke/Brösel,* Unternehmensbewertung, 132.

[29] Vgl. *Sieben,* BFuP 1976, 497; *Sieben,* WISU 1983, 539 ff.

Grenzpreis des Käufers. Ansonsten kann ein Gutachter keinen gerechten Einigungspreis vorschlagen.[30]

– **Argumentationsfunktion:** Hier erstellt der Gutachter eine Bewertung, die die Verhandlungsposition einer Seite unterstützen soll.[31] Die Argumente werden zweckmäßig, aber nicht objektiv gewählt. Es zählt dasjenige, was der eigenen Partei nützt.

Daneben gibt es noch andere Funktionen der Unternehmensbewertung, z. B. diejenige zur Steuerbemessung (Erbschaft- und Schenkungsteuer) oder zur Entscheidungsunterstützung der Unternehmensführung (Shareholder Value).[32] Sehr wichtig geworden ist die Unternehmensbewertung auch für die Feststellung von Werten für das Rechnungswesen, insbesondere für Konzernabschlüsse, bei denen die Bewertung von Beteiligungen zum Fair Value erfolgen muss.[33] Hier müssen die Regeln des jeweils anzuwendenden Rechnungslegungsstandards erfüllt sein.

Damit ergibt sich, dass eine Unternehmensbewertung nicht nur für jede Person unterschiedliche Werte ergeben kann. Sie kann darüber hinaus auch für die gleiche Person je nach Funktion, die erfüllt werden soll, zu einem unterschiedlichen Ergebnis führen.

Der Wert eines Unternehmens bestimmt sich danach, welchen Beitrag das Unternehmen **26** zur Zielerfüllung des Entscheidungsträgers leistet. Die Ziele eines Menschen realisieren sich in der Zukunft. Daraus folgt, dass ausschließlich zukünftige Erträge relevant sind. Diese sind aber ihrer Natur nach unsicher. Sie können zu optimistisch, zu pessimistisch, unter falschen Annahmen oder schlicht und einfach bewusst falsch geschätzt werden. Dieses Prognoseproblem der Unternehmensbewertung hat auch zur Folge, dass errechnete Unternehmenswerte unsicher sind. Es wäre aber falsch die vermeintliche Sicherheit einer vergangenheitsorientierten Bewertung als besser anzusehen. Dies sei an einem plakativen Beispiel erläutert:[34] Wird eine Goldmine bewertet, deren Erzbestände zur Neige gehen, wäre es falsch, die Bewertung anhand vergangener Erfolge zu berechnen.

> **Praxishinweis:** „Den" Unternehmenswert eines Unternehmens gibt es nicht. Der Wert unterscheidet sich nach Bewertungsadressat, Zweck der Bewertung und Annahmen über die Zukunft. Unternehmenswerte sind keine objektiven Eigenschaften eines Unternehmens. Darüber hinaus basieren Bewertungsgutachten auf Annahmen über zukünftige Entwicklungen, die ihrer Natur nach unsicher sind. Aus diesem Grund werden in vielen Bewertungsgutachten auch Wertspannen angegeben. Kein Bewertungsgutachten ist objektiv. Professionelle Unternehmensbewerter können (fast) jeden gewünschten Unternehmenswert gutachterlich ermitteln. Die Überbewertung ist dabei schwerer zu bewerkstelligen als die Unterbewertung.

Eine andere Kategorie als die Unternehmenswerte sind die **Unternehmenspreise.** **27** Preise sind Ergebnisse eines Marktprozesses bzw. bei Unternehmenskäufen meist eines individualisierten Verhandlungsprozesses. Bei Unternehmen, die komplexe Gesamtheiten materieller und immaterieller Güter darstellen, gibt es in der Regel keine Marktpreise. Ausnahmen stellen nur börsennotierte Unternehmen dar, bei denen es aber auch lediglich Marktpreise für einzelne Anteile an dem Unternehmen gibt und keinesfalls für das Unternehmen als Ganzem. Preise lassen sich nicht analytisch ermitteln, sie sind Ergebnisse komplexer Prozesse in die auch psychologische, taktische und ökonomische Elemente eingehen.[35] Es ist eine „Anmaßung von Wissen",[36] wenn ein Gutachten behauptet, dass es

---

[30] Vgl. *Matschke,* BFuP 1981, 115 ff.

[31] Vgl. *Matschke,* BFuP 1976, 517 ff.; *Wagenhofer,* ZfbF 1998, 341.

[32] Diese Funktionen werden in der Literatur als Nebenfunktionen bezeichnet. Vgl. *Brösel,* BFuP 2006, 128 ff.

[33] Vgl. ausführlich *Küting,* DStR 2009, 1864; *Brösel/Müller,* KoR 2007, 36; *Behringer,* Konzerncontrolling, 51 ff.

[34] Vgl. *Behringer,* DStR 2001, 719.

[35] Vgl. *Behringer,* Unternehmenstransaktionen, 2013, 177.

[36] *Hayek,* Ordo 1973, 12 ff.

einen Unternehmenspreis ermittelt hat. Dies ist ein untrügliches Zeichen für ein unseriöses Gutachten.

> **Praxishinweis:** In einem guten Gutachten wird dargestellt, für
> – Wen das Gutachten erstellt worden ist (Bewertungsadressat)
> – In welcher Funktion der Gutachter tätig wurde
> – Welche Annahmen dem Gutachten zugrunde liegen.

28   Zu beachten ist aber sehr wohl, dass es einen engen Zusammenhang zwischen Kaufpreis und Unternehmenswert gibt. Man kann davon ausgehen, dass professionelle Käufer und Verkäufer eines Unternehmens, eine Unternehmensbewertung anfertigen, die Grundlage des Verhandlungsprozesses ist. In einem Umfeld mit rationalen Entscheidungen wird ein Käufer nur einen Preis akzeptieren, der unter seinem **Entscheidungswert** – also seinem Grenzpreis – liegt. Umgekehrt wird der Verkäufer nur einen Preis akzeptieren, der über seinem Entscheidungswert liegt. Ergeben sich divergierende Wertvorstellungen, bei denen der Wert, den der potentielle Käufer dem Unternehmen zumisst, niedriger ist als der Preis, den der Verkäufer haben will, kommt der Unternehmenskauf nicht zustande, es sei denn es handelt sich um eine dominierte Situation.

2. Bewertungsanlässe und –zwecke

29   Konkret gibt es diverse Bewertungsanlässe, die sich im Laufe der Existenz eines Unternehmens ergeben. Gemeinsam haben alle diese Anlässe, dass sie zumeist an entscheidenden Weichenstellungen des Unternehmens eine wichtige Rolle spielen.[37] Die nachfolgende Tabelle gibt einen Überblick über einige konkrete Anlässe:

Bewertungsanlässe		
Mit Eigentumsänderung		Ohne Eigentumsänderung
Nicht dominiert	dominiert	
z.B. • Kauf • Verkauf • Gründung • Eintritt in eine Gesellschaft	z.B. • Ausscheiden eines Gesellschafters • Erbschaft oder andere familienrechtliche Auseinandersetzung	z.B. • Ermittlung eines Bilanzansatzes • Wertorientierte Unternehmenssteuerung (Shareholder Value) • Kreditwürdigkeitsprüfung

Tabelle: Systematisierung ausgewählter Bewertungsanlässe[38]

Die Kategorien unterscheiden sich zunächst dadurch, dass sich durch den Bewertungsanlass das Eigentum an dem Unternehmen ändert oder nicht. Bei solchen Anlässen, die zu einer Eigentumsänderung führen, kann man weiterhin danach unterteilen, ob die Eigentumsänderung durch eine Seite erzwungen werden kann (dominierte Bewertungsanlässe). Im nicht-dominierten Fall muss eine Einigung vorausgehen, die auch das Bewertungsergebnis bzw. die daraus abgeleiteten Verhandlungen umfasst. Im Fall der dominierten Bewertungssituation wird ein Gutachter gezwungen auch dann einen Wert vorzuschlagen, wenn die Grenzpreise eigentlich ein Zustandekommen einer Einigung untersagen. Hierzu bedarf es in einem Rechtsstaat gesetzlicher Regeln und des Rechtswegs.[39]

---

[37] Vgl. *Behringer,* Unternehmensbewertung der Mittel- und Kleinbetriebe, 27.
[38] Eigene Erstellung in Anlehnung an *Schütte-Biastoch,* Unternehmensbewertung von KMU, 11.
[39] Vgl. *Sieben,* HWB, Teilband 5, 4318.

> **Praxishinweis:** Im Hinblick auf die steuerliche Unternehmensbewertung ist zu beachten, dass der Anwendungsbereich der durch das Erbschaftsteuerreformgesetz vom 24.12.2008[40] eingeführten Bewertung zum gemeinen Wert (also dem Verkehrswert), der mit dem vereinfachten Ertragswertverfahren[41] ermittelt wird, nach § 11 Abs. 2 BewG durch modifizierte Erlasse vom 17.5.2011[42] nunmehr auch für Zwecke der Ertragssteuern bei allen nichtbörsennotierten Unternehmen gilt.[43]

3. Verfahren zur Unternehmensbewertung im Mittelstand

Bewertungsverfahren sind Rechenregeln, die aus den Zielen und den objektiv vorhan- **30** denen Möglichkeiten eines Entscheidungsträgers einen Wert ableiten. Ziel aller Rechenregeln ist die Ableitung eines Unternehmenswertes, nicht eines Preises, der aus o.g. Gründen nicht analytisch zu berechnen ist. Die folgende Abbildung gibt einen Überblick über verschiedene Verfahren, die in der Praxis Anwendung finden.

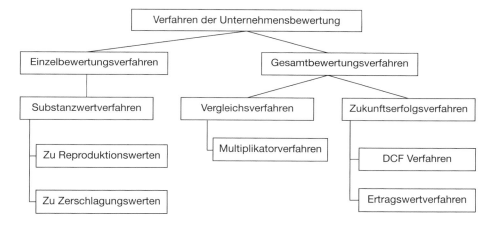

Abbildung 1: Verfahren zur Unternehmensbewertung[44]

Grundsätzlich können drei Arten von Bewertungsverfahren unterschieden werden: Verfahren, die die einzelnen Vermögensgegenstände abzüglich der Schulden als Unternehmenswert ansetzen **(Substanzwertverfahren), Zukunftserfolgsverfahren,** bei denen eine künftige Gewinngröße auf ihren Gegenwartswert diskontiert wird und **Vergleichsverfahren,** die einen Unternehmenswert aus anderen Unternehmenstransaktionen ableiten, die am Markt in der Vergangenheit vollzogen worden sind.

Im Rahmen des vorliegenden Handbuchs würde eine ausführliche Befassung mit der betriebswirtschaftlichen theoretischen Ableitung dieser Modelle zu weit führen. Im Folgenden sollen daher die Verfahren nur kurz dargestellt werden und insbesondere darauf eingegangen werden, inwiefern sie geeignet sind, die Besonderheiten von KMU zu erfassen und wie sich ihre Anwendung auf spätere Regeln für Kaufpreise in Kaufverträgen auswirken. Für

---

[40] BGBl. I 2008, 3018.

[41] Vgl. *Kappenberg,* Unternehmensbewertung im Erbschaftsteuerrecht; *Watrin/Kappenberg,* DBW 2012, 573 ff. Zu beachten ist bei der Bewertung von KMU auch der Praxishinweis des Instituts der Wirtschaftsprüfer. Vgl. *Möller,* BB 2014, 983 ff.

[42] BStBl. I 2011, 606.

[43] Vgl. dazu ausführlich *Eisele,* NWB 2011, 2782.

[44] Vgl. *Behringer* in Pfohl, Betriebswirtschaftslehre der Mittel- und Kleinbetriebe, 457.

eine detaillierte analytische Behandlung der Bewertungsverfahren sei auf die betriebswirtschaftliche Literatur verwiesen.[45]

> **Praxishinweis:** Zu beachten ist, dass die Angehörigen des Berufsstands der Wirtschaftsprüfer bei der Methodenwahl nicht frei sind, sondern sich an die im IDW Standard 1 „Grundsätze ordnungsmäßiger Durchführung von Unternehmensbewertung" typisierten Funktionen halten müssen. Nicht statthaft ist es für Wirtschaftsprüfer in der Argumentationsfunktion tätig zu werden, in der es darum geht die Verhandlungsposition einer Partei mit Gutachten zu stützen. Vertraglich können aber sehr wohl bestimmte Verfahren vereinbart werden.[46] Häufig werden die Gutachten von Wirtschaftsprüfern dennoch in der Argumentationsfunktion eingesetzt. Insbesondere, wenn die Gutachter einen guten – sprich bekannten – Namen haben, werden ihre Gutachten auch zur Durchsetzung von Verhandlungspositionen eingesetzt.

a) Substanzwertverfahren

31   Substanzwertverfahren sind **Einzelbewertungsverfahren,** bei denen der Unternehmenswert als Addition der Werte der einzelnen Vermögensgegenstände, die sich im Eigentum des Unternehmens befinden, berechnet wird. Der traditionelle Substanzwert bezeichnet den Betrag, der aufzuwenden wäre, wenn das Unternehmen auf der „grünen Wiese" wiedererrichtet werden würde (Substanzwert zu Reproduktionswerten).

Dabei wird das Alter der vorhandenen Vermögensgegenstände durch Abschreibungen auf den Anschaffungswert berücksichtigt.[47] Die Abschreibungen können planmäßig aus dem Rechnungswesen abgeleitet werden. Von der Summe der Buchwerte aller Vermögensgegenstände werden dann die Schulden abgezogen. In die Rechnung werden nur betriebsnotwendige Vermögensgegenstände und Schulden einbezogen, die zur Erreichung des Sachziels des Unternehmens (Erstellung eines Produkts oder einer Dienstleistung) unabdingbar sind. Dabei wird aus Gründen der Praktikabilität nur ein Teilrekonstruktionswert ermittelt, d. h. nur Vermögensgegenstände, die einzeln bewertbar sind, finden Berücksichtigung.[48] Ausgangspunkt ist das Inventar, in dem alle materiellen Vermögensgegenstände enthalten sind. Damit ist der Substanzwert die Summe der Werte der einzelnen Vermögensgegenstände des betriebsnotwendigen Vermögens, sofern sie einzeln bewertbar sind, abzüglich der Schulden. Auszuschließen sind beim Substanzwert also Dienstwagen, die nicht angemessen sind oder Immobilien, die nicht betrieblich genutzt werden. Selbstverständlich haben aber auch diese Vermögensgegenstände einen Wert, der durch den Ansatz der Veräußerungserlöse berücksichtigt werden soll. Unberücksichtigt bleiben jedoch die nicht einzeln bewertbaren Vermögensgegenstände, die aber zum Teil einen hohen Wert aufweisen. Dies umfasst selbsterstellte Patente, Markenrechte, den Kundenstamm etc. Ebenso gehört das Personal, seine Kenntnisse und Fähigkeiten in diesen Bereich.

Die Befürworter des Substanzwertes sehen den größten Vorteil in der Umgehung des Prognoseproblems. Ihrer Meinung nach ist die Substanz in vielen Fällen „diejenige Basisgröße des Unternehmenswertes, die er (der Gutachter) erfassen, fixieren und damit sichern kann."[49] Es ist zwar möglich, den Substanzwert relativ einfach zu berechnen, es ist jedoch fraglich, ob dieser Wert Relevanz hat.

---

[45] Vgl. die folgenden ausgewählten betriebswirtschaftlichen Lehrbücher zur Unternehmensbewertung *Behringer,* Unternehmensbewertung der Mittel- und Kleinbetriebe; *Kuhner/Maltry,* Unternehmensbewertung; *Ballwieser/Hachmeister,* Unternehmensbewertung; *Matschke/Brösel,* Unternehmensbewertung; *Drukarczyk/Schüler,* Unternehmensbewertung; *Hering,* Unternehmensbewertung.

[46] Vgl. *IDW* S 1,Tz. 1 f.

[47] Vgl. *Schmidt,* Der Sachzeitwert als Übernahmepreis bei der Beendigung von Konzessionsverträgen, 26 f.

[48] Vgl. *Serfling/Pape,* WISU 1995, 815.

[49] *Hosterbach,* DB 1987, 902.

So verstößt der Substanzwert gegen den **Grundsatz der Bewertungseinheit,** da nur 32 einzelne Vermögenswerte addiert werden. Dieser elementare Verstoß führt leicht zu unkorrekten Wertansätzen. Maschinen und Anlagen haben nur eine Bedeutung in Verbindung mit der Kenntnis der Menschen, die an ihnen arbeiten, den Vertriebswegen für die mit ihnen produzierten Güter, dem vorhandenen Kundenstamm etc. Diese Zusammenhänge werden durch den Substanzwert nicht erfasst. Die Umgehung des Prognoseproblems wird nur durch Verstoß gegen den Grundsatz der Zukunftsbezogenheit der Unternehmensbewertung erreicht. Vergangenheitsdaten, wie sie in der Substanz des Unternehmens zum Ausdruck kommen, sind aber irrelevant für die Möglichkeit, mit dem Unternehmen eigene Ziele zu realisieren. Daher ist der traditionelle Substanzwert für die Entscheidung „Kauf bzw. Verkauf des Unternehmens" von keiner Bedeutung. Außerdem fehlen wesentliche Erfolgspotenziale von Unternehmen wie Marken, selbsterstellte Patente oder Betriebsgeheimnisse, die aber ganz wesentlich für den Erfolg sind. Man denke nur an das Rezept der Coca-Cola, welches nicht Teil des Substanzwertes wäre, da es ein nicht im Anlagenverzeichnis erscheinendes Betriebsgeheimnis darstellt.

Neben Hilfsfunktionen bei der Unternehmensbewertung kann der traditionelle Substanzwert dann zu relevanten Werten führen, wenn die Zielerreichung von der Erlangung der Unternehmenssubstanz abhängt. Dies ist z. B. beim erwünschten Aufkauf von Warenbeständen, Produktionsmitteln oder Immobilien der Fall.

Eine andere Wertkonzeption ist der Substanzwert zu Zerschlagungswerten, der auch als 33 **Liquidationswert** bezeichnet wird. Unter der Liquidation versteht man die Zerschlagung eines Unternehmens, bei der alle bestehenden rechtlichen Beziehungen abgewickelt und die Schulden zurückgezahlt werden. Der Liquidationserlös steht den Gesellschaftern zu.[50]

Um den Wert eines Unternehmens in der Liquidation ermitteln zu können, muss man die Going-Concern-Prämisse aufgeben, welche die Fortführung des Unternehmens unterstellt. Daher werden bei der Liquidationsbewertung die Vermögensgegenstände zu Veräußerungserlösen bewertet. Als Wertmaßstab wird nicht mehr der Beschaffungswert der Substanz, sondern der Absatzwert der Substanz herangezogen.[51] Von der Summe der zu Veräußerungserlösen bewerteten Vermögensgegenstände müssen dann die Verbindlichkeiten abgezogen werden.[52] Außerdem müssen noch die Kosten der Liquidation Berücksichtigung finden, wie Sozialplanverpflichtungen, Abbruch- und Sanierungskosten und Steuerbelastungen durch die Auflösung von stillen Reserven. Dauert die Liquidation mehr als ein Jahr, so sind die Werte derjenigen Güter auf den Gegenwartswert abzuzinsen, die erst nach einem Jahr zu Zahlungseingängen führen.

Der Liquidationswert hat für die Unternehmensbewertung eine besondere Bedeutung, da er für den rational handelnden Entscheidungsträger die absolute Wertuntergrenze darstellt. Ist der Liquidationswert größer als der Fortführungswert, muss das Unternehmen von einem rational handelnden Entscheidungsträger liquidiert werden.[53] Gerade bei mittelständischen Unternehmen können aber Überlegungen wie Sicherung des Lebenswerks oder Erhalt von Arbeitsplätzen deutlich überwiegen.

Zusammenfassend kann man die Wertkonzeption des Substanzwerts als veraltet bezeich- 34 nen. Die scheinbare Einfachheit steht im Widerspruch zu der Aussagelosigkeit, die durch den Verstoß gegen elementare Bewertungsgrundsätze entsteht. Allerdings hat der Liquidationswert bei der Bewertung mit allen gängigen Verfahren der Unternehmensbewertung eine enorme Bedeutung, da er die **absolute Wertuntergrenze** für einen rationalen Entscheidungsträger darstellt. Die Rechtsprechung bejaht diese Eigenschaft für erbschaft- und schenkungsteuerliche Zwecke einheitlich. Anders wird es im Einzelfall bei aktien- oder

---

[50] Vgl. *Drygala/Staake/Szalai,* Kapitalgesellschaftsrecht, 335.
[51] Vgl. *Schütte-Biastoch,* Unternehmensbewertung von KMU, 19.
[52] Vgl. *Serfling/Pape,* WISU 1995, 815.
[53] Vgl. *Sieben,* DB 1992, 2044.

umwandlungsrechtlichen Fragen gesehen, wo die Relevanz der Wertuntergrenze teilweise nicht anerkannt wird.[54]

35   In der Bewertungspraxis unter Entscheidungsträgern, die vor der Frage stehen, ob sie ein Unternehmen erwerben oder veräußern wollen, spielt das Substanzwertverfahren keine Rolle mehr. Lediglich der Liquidationswert sollte als absolute Wertuntergrenze eine Rolle spielen.

Eine gewisse Renaissance bekommt der Substanzwert durch den Gesetzgeber, der ihm im BewG eine Rolle als Mindestwert zubilligt. Dahinter steckt die Überlegung, dass auch ein ertragsschwaches Unternehmen noch einen hohen Substanzwert haben kann. Dieser wäre vor dem Hintergrund eines Zuwachses an Leistungsfähigkeit bei der Festlegung der Erbschaftsteuer zu berücksichtigen.[55] § 11 Abs. 2 Satz 3 BewG bestimmt, dass der Substanzwert als Mindestwert angesetzt werden soll. In dieser Definition umfasst er allerdings auch selbsterstellte immaterielle Vermögenswerte, lediglich der Geschäfts- oder Firmenwert ist nicht anzusetzen. Dies führt zu sehr aufwändigen Bewertungen.[56] Allerdings überzeugt diese Regelung nicht, da nur der tatsächliche Liquidationswert unter Einbeziehung von Kosten der Liquidation betriebswirtschaftlich relevant sein kann.[57]

b) Zukunftserfolgsverfahren

36   **aa) Ertragswertverfahren. (1) Prämissen des Verfahrens.** Das Ertragswertverfahren hat seine Wurzel in der Theorie der Investitionsrechnung. Es war über Jahrzehnte der betriebswirtschaftliche Standard zur Unternehmensbewertung in Deutschland.[58] Auch im aktuellen IDW Standard 1: „Grundsätze zur Durchführung von Unternehmensbewertungen" aus dem Jahr 2000[59] ist das Ertragswertverfahren gemeinsam mit dem Discounted Cashflow-Verfahren, was im Folgenden noch eingehend vorgestellt wird, als angemessen beurteilt.

Die investitionstheoretisch fundierten Bewertungsverfahren verfolgen eine individuelle, nicht direkt auf Märkte bezogene Herangehensweise. Es gelten die Prämissen des **vollkommenen Kapitalmarkts.** Dieser ist insbesondere durch drei Annahmen gekennzeichnet:[60]

– Alle Marktteilnehmer handeln rational und streben eine Maximierung ihres in Geld bemessenen Vermögens an.

– Es herrscht vollkommene Konkurrenz, so dass alle Marktteilnehmer Mengenanpasser sind, d. h. die Preise hinnehmen müssen ohne sie selber beeinflussen zu können. Ihre einzige Möglichkeit zur Reaktion auf Preisänderung ist, die angebotene Menge zu verändern.

– Es gibt keine Kosten, die das Handeln am Kapitalmarkt beeinflussen (d. h. Abwesenheit von Transaktionskosten und Steuern).

Implizit ergibt sich aus diesen drei Annahmen, dass es nur einen Zinssatz gibt, zu dem sowohl Geld aufgenommen als auch angelegt werden kann. Würde es unter den obigen Voraussetzungen auf einem Kapitalmarkt zwei Zinssätze in unterschiedlicher Höhe geben, könnte ein Marktteilnehmer einen Kredit zum niedrigen Zinssatz aufnehmen und diesen zum höheren Zinssatz anlegen. Aufgrund der Voraussetzung, dass es keine Transaktionskosten gibt, werden alle Marktteilnehmer diese Möglichkeiten kennen und sich entsprechend verhalten, da alle mehr Geld erstreben. Insofern würden ungleiche Zinssätze dazu führen,

---

[54] Vgl. *Ihlau/Duscha* 2015, S. 810 ff.

[55] Vgl. *Rössler/Troll,* BewG, § 95 Rn. 17.

[56] Vgl. *Ihlau/Duscha* 2019, S. 65.

[57] Vgl. auch *Eisele,* NWB 2011, 2787 ff.

[58] Vgl. zur Etablierung des Standards in Rechtsprechung und Unternehmenspraxis *Münstermann,* BFuP 1980, 114 ff.

[59] Vgl. *IDW,* WPg 2000, 825 ff.

[60] Vgl. *Breuer,* Investition I: Entscheidungen unter Sicherheit, 39 f.

dass eine unbegrenzte Nachfrage an Krediten zum niedrigen Zinssatz keinem Angebot gegenüberstehen würde. Daher ergibt sich als Konsequenz im Gleichgewicht die Identität von Soll- und Habenzins.

Diese offensichtlich unrealistischen Annahmen sind notwendig, um dafür zu sorgen, dass eine Entscheidung isoliert betrachtet werden kann.[61] Es stehen jedem Investor in der Praxis eine unendliche Menge von Investitionsobjekten zur Verfügung. Diese in einem Bewertungsmodell miteinander zu vergleichen ist allein aufgrund der Datenbeschaffung unmöglich. Insofern dienen die unrealistischen Annahmen dazu, ein praktisch handhabbares Entscheidungskalkül zu erhalten.[62] Für den mittelständischen Unternehmer und dessen Berater ist es wichtig, diese restriktiven Annahmen zu kennen. Mathematisch zwingend ist, dass bei Anwendung der Methode ein Betrag herauskommt, der bis zum Centbetrag ausgewiesen wird. Das Bewusstsein über die unrealistischen Annahmen hilft dabei, dass das „scheingenaue" Ergebnis richtig eingeordnet werden kann.

Dennoch hat sich das Ertragswertverfahren in der Praxis als Instrument zur Entscheidungsunterstützung bewährt. Empirische Studien zeigen, dass die Ertragswertverfahren in vielen Unternehmen weltweit als Standard für Investitionsentscheidungen eingesetzt werden.[63]

37 Das Ertragswertverfahren der Unternehmensbewertung hat sich direkt aus der Investitionsrechnung, deren Voraussetzungen oben erläutert wurden, entwickelt. Es ist eine Umformulierung des **Kapitalwertkriteriums,** mit dem die Betriebswirtschaftslehre die Vorteilhaftigkeit von Investitionen berechnet, für die Zwecke der Feststellung eines Unternehmenswertes. Dabei werden die Einzahlungsüberschüsse, die ein Unternehmen erzielt auf ihren Gegenwartswert diskontiert. Diskontierungsfaktor ist der Zins der risikoadäquaten optimalen Alternativanlage zu einer Investition in das Unternehmen. Formal ergibt sich der folgende Term:

$$W = \sum_{t=1}^{T} \frac{E_t}{(1 + i)^t}$$

Mit:
W = Wert des Unternehmens
E = Einzahlungsüberschüsse
i = Kalkulationszinsfuß
t = Periodenindex (mit t = 1, …, T)

38 Dieser Term ist die **Grundformel des Ertragswertverfahrens.** In der Formel kommt bereits die Zweistufigkeit der Methode zum Ausdruck. Die Einzahlungsüberschüsse E sind die Zahlungen aus dem Unternehmen an die Eigentümer, also den Verkäufer (der die Alternative betrachtet, das Unternehmen zu behalten) oder den Käufer (der die Alternative betrachtet, das Unternehmen zu erwerben). Die durch die Einzahlungsüberschüsse generierten Mittel stehen den Eigentümern zur Verfügung, um sie in privaten Konsum bzw. zur Erfüllung anderer Ziele einzusetzen. E ist mithin Ausdruck des Beitrags des Unternehmens zur individuellen Zielerreichung. Das zweite Element des Ertragswertverfahrens ist der Kalkulationszinsfuß i. Dieser hat zunächst die mathematische Funktion Zahlungsströme unterschiedlicher Breite, die zu unterschiedlichen Zeitpunkten fließen, vergleichbar zu machen. Diese Funktion erfüllt jeder beliebige Zinssatz. Der theoretisch richtige Kalkulationszinsfuß wird jedoch aus den Möglichkeiten zur Investition, die dem Individuum offenstehen, abgeleitet und zwar in Form der optimalen alternativen Möglichkeit, die der

---

[61] Vgl. *Bitz et al.,* Investition, 35 f.

[62] Vgl. *Schneider,* Geschichte betriebswirtschaftlicher Theorie, 345 f.

[63] Vgl. u. a. *Arnold/Hatzopoulos,* Journal of Business, Finance and Accounting 2000, 603 ff.; *Graham/ Harvey,* Journal of Applied Corporate Finance 2002, Heft Spring, 8 ff.; *Pike,* Journal of Business Finance & Accounting 1996, 79 ff.

Verkäufer im Vergleich zum Halten des Unternehmens und der Käufer im Vergleich zum Kauf des Unternehmens, hat.[64] Damit kommen in dem Kalkulationszinsfuß die Möglichkeiten, die dem Entscheidungsträger gegeben sind, zum Ausdruck.

Die Unternehmensbewertung mit dem Ertragswertverfahren ist daher nichts anderes als ein Vergleich der Unternehmenstransaktion mit der optimalen Alternative, die den potentiellen Käufern und Verkäufern offenstehen.

39   **(2) Die Einzahlungsüberschüsse.** Die Einzahlungsüberschüsse geben an, welche finanziellen Mittel für eine Ausschüttung an den Eigentümer des Unternehmens künftig vorhanden sind. Die Ausschüttungen stehen dann dem Investor zur Umsetzung in Konsum zur Verfügung, so dass sie einen Ausdruck der Erreichung der mit dem Eigentum des Unternehmens verbundenen Ziele darstellen. Hier findet bereits eine erste Komplexitätsreduktion statt: Man geht davon aus, dass nur Einzahlungen interessant sind. Dies ist gerade bei kleinen und mittleren Unternehmen aber nicht immer der Fall, da insbesondere Verkäufer wünschen, dass ihr Eigentum in „guten Händen" ist z.B. dass die Arbeitsplätze erhalten bleiben.

Der Begriff „Ertragswertverfahren" ist missverständlich, da keine Erträge sondern **Cashflows** betrachtet werden.[65] Es handelt sich um künftige Cashflows, die unsicher sind. Es ist daher notwendig mehrwertige Prognosen zu erstellen, die verschiedene Umweltzustände berücksichtigen,[66] d.h. verschiedene Szenarien zu betrachten und diese in die Unternehmensbewertung einzubeziehen. Die folgende Tabelle zeigt ein Ermittlungsschema für die Einzahlungsüberschüsse bei der Unternehmensbewertung.

	Jahresüberschuss
+/–	Aufwendungen/Erträge aus Anlagenabgängen
+/–	Abschreibungen/Zuschreibungen
+/–	Veränderungen langfristiger Rückstellungen
+/–	Veränderungen des Netto-Umlaufvermögens (ohne liquide Mittel und kurzfristige Bankverbindlichkeiten)
	Cashflow aus der Betriebstätigkeit
+/–	Cashflow aus der Investitionstätigkeit
+/–	Veränderungen von (kurz- und langfristigen) Finanzierungsschulden
	Einzahlungsüberschuss des Unternehmens

Tabelle: Ermittlungsschema zur Berechnung der Einzahlungsüberschüsse eines Unternehmens[67]

Die Ermittlung der künftigen Einzahlungsüberschüsse ist bei KMU ungleich schwerer als bei Großunternehmen. Häufig fehlen formalisierte Planungsrechnungen aus dem laufenden Geschäftsbetrieb,[68] die einen ersten Aufschluss über die künftigen Einzahlungsüberschüsse geben könnten. Zudem sind die Vergangenheitsdaten häufiger steuerlich geprägt bzw. mit Vorgängen, die eigentlich der unternehmerischen Privatsphäre zuzurechnen sind, verquickt (z.B. das Auto, das privat genutzt wird aber aus steuerlichen Gründen im Betriebsvermögen gehalten wird). Die Jahresabschlüsse sind um diese Punkte zu bereinigen und dann als Basis für die Prognose zu verwenden.[69]

---

64 Vgl. *Löhr,* Die Grenzen des Ertragswertverfahrens, 332.
65 Vgl. *Beck,* Unternehmensbewertung bei Akquisitionen, 84.
66 Vgl. *Ballwieser/Hachmeister,* Unternehmensbewertung, 49 f.
67 Vgl. *Mandl/Rabel,* Unternehmensbewertung, 116.
68 Vgl. *Rabbe/Schulz* in: Meyer, Planung in kleinen und mittleren Unternehmen, 17.
69 Vgl. ausführlich zu Anpassungen des Jahresabschlusses bei KMU *Behringer,* DStR 2001, 720.

Eine moderne Möglichkeit zur Prognose von Einzahlungsüberschüssen ist der Einsatz **40**
von **Predictive Analytics.** Predictive Analytics beschreibt Modelle, die in großen Daten-
mengen (Big Data) nach Korrelationen suchen und die so erkannten Muster auf die Zukunft übertragen.[70] Noch ist es allerdings nicht möglich, komplexe Vorhersagen, wie die
Einzahlungsüberschüsse eines ganzen Unternehmens, vollständig mit Predictive Analytics
zu treffen. Bislang lassen sich eher einfache Zusammenhänge erfassen wie beispielsweise
eine Vorhersage der Mitarbeiterfluktuation auf Basis von Zahlen zur Mitarbeiterzufrieden-
heit.[71] Außerdem ist es erforderlich, dass die Datenbestände eine hohe Qualität haben. Die
Beurteilung der aufgezeigten Zusammenhänge ist zudem wichtig und erfordert jenseits
der Verwendung von Algorithmen eine gute Kenntnis des Geschäftsmodells, um nicht auf
Scheinkorrelationen hereinzufallen. Weitere zwingende Voraussetzung ist eine zurück-
reichende Datenhistorie. Ohne ausreichende Vergangenheitswerte lässt sich keine hinreichend sichere prognostische Aussage treffen.[72] Auch wenn die Technik des Predictive
Analytics derzeit noch nicht so ausgereift ist, dass sie bei Unternehmensbewertungen insbesondere im Mittelstand zur Anwendung kommen kann, so ist eine weitere Entwicklung
in diese Richtung zu erwarten. Gerade für kleine und mittlere Unternehmen kann sich
dadurch die Chance ergeben, dass aufwändige Prognoserechnungen maschinell unterstützt
werden können, was die Qualität von Bewertungen verbessert und gleichzeitig die Kosten
senkt.

Aktuell ist zu klären, ab welchem Zeitpunkt die Auswirkungen der **Corona-Pandemie** **40a**
zu berücksichtigen sind.[73] Dies ist insbesondere dann besonders relevant, wenn die Bewertung zu einem bestimmten Stichtag gelten soll. Die Börse begann Ende Februar 2020 im
Zuge der Corona-Pandemie ins Rutschen zu kommen. Dies wäre der früheste Zeitpunkt
für eine Berücksichtigung. Ab diesem Zeitpunkt vergrößerten sich die Befürchtungen, dass
es zu einer Pandemie auch in Europa kommen würde. Der späteste Zeitpunkt, die negativen Auswirkungen ins Bewertungskalkül zu integrieren, ist sicherlich der 11. März 2020.
Dies ist der Tag, an dem die Weltgesundheitsorganisation (WHO) die COVID-19-Ver-
breitung offiziell von einer Epidemie zu einer Pandemie hochstufte. Im Ermessen des Be-
werters verbleibt mithin lediglich die Zeitspanne zwischen Mitte Februar und Mitte März.

Das **Institut der Wirtschaftsprüfer** hat in einer Stellungnahme Hinweise zu Auswirkungen der Corona-Krise auf die Unternehmensbewertung gegeben.[74] Unmittelbar werden sich die Inputvariablen so ändern, dass durch die finanzielle Krise insbesondere die
prognostizierten Einzahlungsüberschüsse zu Beginn der Detailprognosephase reduziert sein
werden. Dies betrifft die Cashflows zu Beginn der Periode. Durch den Abzinsungseffekt,
der bei diesen direkt naheliegenden Perioden am geringsten ist, erhalten diese Perioden ein
überdurchschnittliches Gewicht. Daher werden sich die Unternehmenswerte zunächst reduzieren. In Branchen, in denen es zu Nachholeffekten kommen wird, wird dieser Effekt
vergleichsweise gering sein. Bei Branchen, in denen die Nachfrage nicht aufgeholt werden
kann (beispielsweise in der Gastronomie) wird es sich demgegenüber um größere Effekte
handeln. Abhängig sind die Folgen auch davon, inwiefern Folgekrisen durch die Covid-19
Krise entstehen. Geht man beispielsweise davon aus, dass es durch die großen Summen, die
in Hilfsprogramme gesteckt werden, zu einer Wiederholung der Staatsschuldenkrise
kommt, verstärken sich die genannten Effekte. Wird die Krise wie ein «V» verlaufen, d. h.
steiler Abstieg mit steilem Wiederaufstieg, sind die Effekte aus der Corona-Krise eher ge-

---

[70] Vgl. *Möller/Pieper,* IM + io 2015, Heft 4, 41.

[71] Vgl. *Buschbacher* 2016, Controlling & Management Review, Sonderheft 1, 42 f.

[72] *Knauer/Brück/Nikiforow,* Controlling 2019, S. 6.

[73] Vgl. *Gleißner,* CF 2020, 134.

[74] Vgl. *Fachausschuss für Unternehmensbewertung und Betriebswirtschaft:* Auswirkungen der Ausbreitung
des Coronavirus auf Unternehmensbewertungen vom 25. März 2020, https://www.idw.de/blob/
122884/2316fb82457e82143445b8d0740a3e89/down-corona-faub-fachlhinw-data.pdf (abgerufen am
10.6.2020).

ring. Für einzelne Unternehmen kann der Verlauf der Corona-Krise auch dann zu langandauernden Folgen führen, wenn insgesamt die Volkswirtschaft eine Erholung nach einem «V» erreicht. Diese «L»-förmigen Folgen können z. B. durch Zahlungsschwierigkeiten bei Kunden entstehen, die durch die Pandemie entstehen und dazu führen, dass das Überleben des Unternehmens infrage steht.

41   Da eine unendliche, die gesamte Laufzeit des Unternehmens abdeckende Prognose der Einzahlungsüberschüsse praktisch nicht leistbar ist, wird in der Praxis zumeist nur der Zeitraum von 3 bis maximal 5 Jahre nach dem Bewertungsstichtag detailliert geplant. Die Berechnungsformel geht jedoch von einer unendlichen Laufzeit aus, wobei Trends und Durchschnitte für die nicht mehr detailliert geplanten Zeiträume angesetzt werden. Insbesondere bei jungen Unternehmen, bei denen es kaum Vergangenheitsdaten gibt, auf denen eine Prognose basieren kann, sind dadurch schwer zu bewerten. Bei Start-Ups kann die Phase der ewigen Rente **(Terminal Value oder Residualwert)** durchaus mehr als 100 % des Gesamtwertes ausmachen,[75] da die detailliert geplanten Zeiträume noch Verluste bringen. Erst später führen die Investitionen zu positiven Rückflüssen.

> **Praxishinweis:** Für eine korrekte Planung der künftigen Einzahlungsüberschüsse ist es wichtig, zu beachten, ob sich das Unternehmen in einer Phase mit hohem Investitionsbedarf befindet oder eher in einer Phase der Stagnation.[76] So kann durch den Verzicht auf eigentlich notwendige (Ersatz-)investitionen der laufende Cashflow und damit vermeintlich der Unternehmenswert gesteigert werden. Eine detaillierte auch mit technisch versierten Unternehmern bzw. Beratern durchgeführte Unternehmensanalyse inklusive einer Begehung vor Ort kann diese Taktik aber leicht entlarven und zu korrekten Wertansätzen führen.

42   Ein Problem der Bemessung der Einzahlungsüberschüsse ist die Festlegung der Lebensdauer des Unternehmens. Nur die wenigsten Unternehmen überleben einen langen Zeitraum. Allerdings gehen viele Unternehmen durch den kompletten oder teilweisen Verkauf wieder in anderen Unternehmen auf, so dass zumindest ein Teil auch weiterhin fortbesteht. Ist ein Zeitpunkt für die Unternehmensbeendigung vorgesehen, so stellt dieser Termin auch das Ende des Prognosezeitraums dar. Ist dies nicht der Fall, so kann man von der unbegrenzten Lebensdauer ausgehen, muss aber auch i. S. d. IDW S 1 das Szenario der Insolvenz betrachten. Die Insolvenz führt zu einer Rendite von −100 % im Jahr ihres Eintritts und anschließend zu Einzahlungsüberschüssen von 0 (sofern die Insolvenz vollständig abgewickelt worden ist).

43   **(3) Kalkulationszinsfuß.** Der Kalkulationszinsfuß des Ertragswertverfahrens soll die beste alternative Investition, die durch die Unternehmenstransaktion verdrängt wird, berücksichtigen. Es ist diejenige Verzinsung, die die optimale Alternative zum Eigentum an dem Unternehmen darstellt. Der Kalkulationszinsfuß übernimmt folglich die Funktion, einen Vergleich zwischen den Alternativen „Eigentum an dem Unternehmen" und „Investition in andere Vermögensgegenstände" vorzunehmen.

44   Seit einigen Jahren ist die anhaltende **Niedrigzinsphase** für die Unternehmensbewertung eine besondere Herausforderung. Niedrige Zinssätze führen durch den mathematischen Diskontierungseffekt zu hohen Unternehmenswerten ohne, dass sich die wirtschaftliche Lage des Bewertungsobjekts verändert hat. Die Niedrigzinsphase spielt also den potentiellen Unternehmensverkäufern in die Hände. Zu berücksichtigen bleibt aber, dass ein Ansteigen des Zinsniveaus auf die historischen Normalniveaus umgekehrt zu niedrigeren Unternehmenswerten bei gleicher betriebswirtschaftlicher Situation führt. Die Auswirkungen für die Unternehmen sind also groß, die eigenen Handlungsmöglichkeiten sich den niedrigen Zinsen zu entziehen sind gering. Die Basiszinssätze müssen auf Basis der Daten

---

[75] Vgl. *Caumaans* in: Kiem, Kaufpreisregelungen beim Unternehmenskauf, Rn. 36.
[76] Vgl. *Niehus,* BB 1993, 2243.

der Deutschen Bundesbank ermittelt werden.[77] Die Implikationen der Niedrigzinsphase, deren Ende noch nicht absehbar ist, müssen aber in jedem Fall von dem Bewertungsgutachter berücksichtigt werden.

Logische Voraussetzung, dass der Vergleich zwischen Unternehmen und optimaler Alternative vorgenommen werden kann, ist, dass die beiden Vergleichsobjekte gleichnamig sind, d.h. **gleiche Wirkungen auf die Zielerreichung** des Entscheidungsträgers haben. Ausgangspunkt der praktischen Bestimmung des Kalkulationszinsfußes ist regelmäßig die Verzinsung einer Staatsanleihe. Das Risiko einer Investition in ein Unternehmen ist allerdings deutlich größer als die Investition in eine Staatsanleihe.[78] Staatsanleihen sind – wie beispielsweise die Griechenlandkrise gezeigt hat – auch nicht vollständig sicher. Allerdings ist die Ausfallwahrscheinlichkeit deutlich geringer als die von Unternehmen, insbesondere von kleinen und mittleren Unternehmen, bei denen es kein öffentliches Stützungsinteresse durch staatliche Stellen gibt. Daneben ergibt sich bei Anleihen eine andere Rechtsstellung des Investors als bei Eigenkapitalinvestoren. Der Eigenkapitalgeber haftet (bei allen Personengesellschaften mit Ausnahme der Kommanditisten) mit seinem kompletten Privatvermögen. Bei Kapitalgesellschaften wird das investierte Eigenkapital zur Haftung herangezogen. Dieses erhöhte Risiko muss durch einen Risikozuschlag zu dem Zins einer Anleihe der öffentlichen Hand berücksichtigt werden.[79] **45**

Zu diskutieren ist auch, ob die Risiken der **Corona-Krise** schon vor ihrem Eintritt zu berücksichtigen waren. Pandemien gibt es regelmäßig und die Risikoforschung weist ebenso regelmäßig auf ihre Bedeutung hin. Ein „schwarzer Schwan"[80] ist eine Pandemie folglich nicht. Allerdings handelt es sich um ein **Extremszenario,** dessen Eintrittswahrscheinlichkeit so gering ist, dass die Risiken so lange sie nicht eingetreten sind, vernachlässigt werden können. Insofern müssen sie jetzt explizit berücksichtigt werden.[81] **46**

Die Ermittlung des Risikozuschlags im Ertragswertverfahren ist umstritten und Gegenstand vielfacher juristischer und wissenschaftlicher Auseinandersetzungen. Allerdings herrscht heute in der Rechtsprechung die Ansicht vor, dass eine Risikoprämie notwendig ist.[82] Die Ermittlung ist nicht exakt zu leisten, da qualitative Kriterien, die das Risiko ausdrücken, quantifiziert werden müssen. Damit ergeben sich vielfältige Gestaltungsspielräume in der Bewertung. Es sind verschiedene Methoden entwickelt worden, um den Spielraum zu begrenzen.[83] Die **Methode des pragmatischen Risikozuschlags**[84] bietet die Möglichkeit, anhand von Eigenschaften der Zahlungsreihe der prognostizierten Einzahlungsüberschüsse den Ermessensspielraum wesentlich zu reduzieren. Formal ergibt sich der pragmatische Risikozuschlag z_{prag} wie folgt: **47**

$$z_{prag} = \frac{EW\ (E) - E_{min}}{EW\ (E)} \cdot i$$

Dabei bezeichnet EW (E) den Erwartungswert der mehrwertig prognostizierten Einzahlungsüberschüsse und E_{min} den minimalen Wert dieser Zahlungsreihe. Diese Methode

---

[77] Vgl. *Zwirner/Zimny,* StuB Beilage 2018, 6.

[78] Vgl. m. w. N. *Metz,* Der Kapitalisierungszinssatz bei der Unternehmensbewertung, 77.

[79] Alternativ können anstatt der unsicheren prognostizierten Einzahlungsüberschüsse deren Sicherheitsäquivalente angesetzt werden. Vgl. *Ballwieser/Hachmeister,* Unternehmensbewertung, 67 ff. Diese Vorgehensweise hat aber in der Praxis nur eine untergeordnete Bedeutung.

[80] Der Begriff geht auf Taleb zurück. Vgl. *Taleb,* Der schwarze Schwan, 2020.

[81] Vgl. *Gleißner,* CF 2020, 134.

[82] Vgl. *Metz,* Der Kapitalisierungszinssatz bei der Unternehmensbewertung, 88 f. m. w. N.

[83] Vgl. für eine Übersicht der wesentlichen quantitativen insbesondere kapitalmarkttheoretischen Modelle *Metz,* Der Kapitalisierungszinssatz bei der Unternehmensbewertung, 125 ff. und für intuitive mit qualitativen Elementen arbeitenden Verfahren *Behringer,* Unternehmensbewertung der Mittel- und Kleinbetriebe, 123 ff.

[84] Vgl. *Ballwieser* in: Gebhardt/Gerke/Steiner, Handbuch des Finanzmanagements, 161.

führt zu unmittelbar einleuchtenden Ergebnissen: So führt ein sicheres Ergebnis, bei dem der Erwartungswert gleich der minimalen Einzahlung ist, zu einem Risikozuschlag von 0. Desto größer die Spannweite zwischen minimaler Einzahlung und Erwartungswert ist, umso höher wird der Risikozuschlag.

48   Mit der Reform der Erbschaftsteuer[85] ist das **vereinfachte Ertragswertverfahren** für steuerliche Zwecke gesetzlich kodifiziert worden. Für Zwecke der Besteuerung ist es notwendig, dass Gestaltungsspielräume reduziert werden. Folglich finden sich detaillierte Vorgaben im Gesetz (§ 203 Abs. 3 BewG) wie der Kalkulationszinsfuß festzulegen ist. Dieses „vereinfachte" Ertragswertverfahren soll insbesondere KMU die Möglichkeit geben, steuerliche Bemessungsgrundlagen auf einfache und damit kostengünstige Weise zu ermitteln.[86] **Der Kalkulationszinsfuß wird nach dem BewG in einem zweistufigen Verfahren festgelegt:**

– Durch die Staatsschuldenkrise, in der Deutschland als Hort der Stabilität gilt, haben sich die Zinsen für deutsche Staatsanleihen auf einem historisch niedrigen Stand eingependelt. Dies hat bei dem vorgesehenen gesetzlichen Bewertungsverfahren zwangsläufig die Folge von hohen Unternehmenswerten.[87] Inzwischen sehen auch Politik und Unternehmensverbände die so resultierenden Werte als unrealistisch hoch an, da die errechneten Werte viel zu weit weg liegen von realistischen Marktpreisen. Nach dem Urteil des Bundesverfassungsgerichts zur Verfassungsmäßigkeit der Erbschaftsteuer reagierte der Gesetzgeber auf das Problem und schrieb einen Kapitalisierungsfaktor fest vor. Die ursprüngliche Vorgehensweise bei der ein von der Deutschen Bundesbank jährlich zu bestimmender Basiszins um einen typisierten Risikozuschlag zu erhöhen war, wurde aufgegeben. Stattdessen wurde der Kapitalisierungsfaktor in § 203 Abs. 1 BewG fest mit 13,75 vorgegeben. Dieser Kapitalisierungsfaktor ist der Kehrwert des Diskontierungsfaktors. Dieser liegt folglich bei 7,27%.

– Implizit ergibt sich aus dem vorgegebenen Zinssatz bei einem von der Bundesbank für das Jahr 2016 veröffentlichten Basiszinssatz von 1,10% ein Risikozuschlag von 6,17%. Der feste Zinssatz ist für Bewertungen ab dem Stichtag 1.1.2016 anzuwenden. Die Anwendung ist rückwirkend für Erbschaften und Schenkungen vorgesehen, was in der Literatur als Verstoß gegen das gesetzliche Rückwirkungsgebot angesehen wird.

– Für Erbschaftsfälle vor dem 1.1.2016 sind die Zinssätze nach der alten Fassung des Bewertungsgesetzes anzuwenden. Diese sind in nachfolgender Tabelle dargestellt.

Jahr	Basiszinssatz
2007	4,02%
2008	4,58%
2009	3,61%
2010	3,98%
2011	3,43%
2012	2,44%
2013	2,04%
2014	2,59%
2015	0,99%

Tabelle: Zinssätze nach § 203 BewG a. F. für die Jahre 2007 bis 2015

---

[85] Rechtsstand: Juni 2020.
[86] Vgl. *Watrin/Kappenberg,* DBW 2012, 574.
[87] Vgl. z. B. *Kaminski,* StB 2015, 296 ff.; andere Meinung *Schilling/Kandells,* DB 2013, 599 ff.

Mit dem vereinfachten Ertragswertverfahren hat der Gesetzgeber einen steuerlichen **49** Standard geschaffen. Allerdings hat dieser Standard auch Ausstrahlungswirkung auf andere Bewertungen. So ist vorstellbar, dass auch für Kaufverträge und Abfindungsregeln in Gesellschaftsverträgen vermehrt das vereinfachte Ertragswertverfahren vereinbart wird. Zumindest galt dies für das bis 2009 vorgesehene steuerliche Verfahren – das Stuttgarter Verfahren[88] –, das sich noch heute in vielen Gesellschaftsverträgen findet.

(4) Behandlung nicht-betriebsnotwendigen Vermögens. In der Unternehmensbe- **50** wertung wird das nicht-betriebsnotwendige Vermögen gesondert erfasst. Es umfasst diejenigen Vermögensgegenstände, die veräußert werden könnten, ohne dass davon die Erfüllung des Sachziels des Unternehmung berührt wird (funktionales Konzept).[89] Beispiele können Überkapazitäten, überdimensionierte Verwaltungsgebäude oder ungenutzte Grundstücke sein.[90] Eine eingehende Unternehmensanalyse muss ergeben, welche Vermögensgegenstände als nicht-betriebsnotwendig klassifiziert werden können. Entscheidend sind dabei die subjektiven Vorstellungen des potentiellen Unternehmenskäufers bzw. -verkäufers.[91] Im Rahmen einer Unternehmensbewertung muss jedoch die Fortführungskonzeption des präsumtiven Käufers beachtet werden. Aus Käufersicht können nur diejenigen Vermögensgegenstände wie nicht-betriebsnotwendiges Vermögen behandelt werden, die tatsächlich liquidiert werden sollen, da auch nur sie zu tatsächlichen Liquiditätszuflüssen führen. Häufig basiert die Finanzierung eines Unternehmenskaufs auf dem Verkauf nicht benötigter Vermögensgegenstände. Sollte sich der Käufer also dazu entscheiden, dass überdimensionierte Verwaltungsgebäude behalten zu wollen, so darf dies nicht zu einer besonderen Behandlung führen.

Seltener wird die wertbezogene Abgrenzung für das nicht-betriebsnotwendige Vermögen **51** herangezogen. Danach umfasst das nicht betriebsnotwendige Vermögen, Vermögensgegenstände ohne die, sich die Einzahlungsüberschüsse des Unternehmens gar nicht oder nur sehr gering ändern würden.[92] Der IDW S 1 geht davon aus, dass die wertbezogene Konzeption nur hilfsweise herangezogen werden soll, sofern die funktionale Konzeption nicht zu eindeutigen Ergebnissen führt.[93]

Das nicht-betriebsnotwendige Vermögen wird immer dann gesondert behandelt, wenn der Ertragswert unter dem Veräußerungspreis liegt. Dann muss ein Ansatz zum Nettoveräußerungserlös vorgenommen werden.[94] Die gesonderte Bewertung von Vermögensgegenständen hat große praktische Relevanz. Werden Übernahmen mit einem großen Fremdkapitalanteil finanziert, werden durch die Veräußerung von nicht-betriebsnotwendigen Aktiva, z. B. nicht betrieblich genutzten Immobilien, Mittel zur Verfügung gestellt, die zum Abtragen der Verbindlichkeiten eingesetzt werden können.

In gerichtlichen Auseinandersetzungen werden die Zuordnungen, wie sie die Beteiligten vornehmen, zumeist akzeptiert.[95] Das OLG Frankfurt hat den Gesellschaftern des Unternehmens große Freiräume gelassen bei der Zuordnung der Vermögensgegenstände. Die Abgrenzung müsse schon „offenkundig unwirtschaftlich oder sogar vorgeschoben"[96] sein, um sie gerichtsseitig korrigieren zu können.

Das nicht-betriebsnotwendige Vermögen ist nach dem **Grundsatz der bestmöglichen** **52** **Verwertung zu Veräußerungserlösen** zu bewerten. Dabei sind Kosten der Veräußerung

---

[88] Vgl. *Behringer,* Unternehmensbewertung der Mittel- und Kleinbetriebe, 83 ff.

[89] Vgl. *Behringer,* Unternehmensbewertung der Mittel- und Kleinbetriebe, 143 f.

[90] Vgl. *Helbling,* Die Unternehmung 1989, 176.

[91] Vgl. *Busse von Colbe,* Der Zukunftserfolg, 93; *Löhr,* Die Grenzen des Ertragswertverfahrens, 286.

[92] Vgl. *Hachmeister/Ruthart,* BB 2014, 875.

[93] Vgl. *IDW,* WP Handbuch 2014, Bd. II, Rn. 138, 42.

[94] Vgl. *Behringer,* Unternehmensbewertung der Mittel- und Kleinbetriebe, 114.

[95] Vgl. mwN *Hachmeister/Ruthart,* BB 2014, 876.

[96] OLG Frankfurt a. M. vom 17.12.2012 – 21 W 39/11, juris Rn. 56.

abzuziehen. Schulden, die nicht-betriebsnotwendig sind, sind mit ihrem Rückzahlungsbetrag anzusetzen und vom Unternehmenswert abzuziehen. Dieser Abzug ist nur dann möglich, wenn ein direkter Zusammenhang zwischen der Aufnahme der Schulden und den nicht-betriebsnotwendigen Vermögensgegenständen besteht. Dies bedeutet, dass die Inanspruchnahme von allgemeinen Betriebsmittelkrediten nicht in Abzug gebracht werden kann, vielmehr muss das Fremdkapital direkt für die Anschaffung oder anderer in Zusammenhang mit den nicht-betriebsnotwendigen Gegenständen stehenden Aufwendungen aufgenommen worden sein.[97] Außerdem muss die Steuerlast auf die Veräußerungserlöse in Abzug gebracht werden.

> **Praxishinweis:** Eine häufige Fehlerquelle bei Bewertungen ist, dass Vermögensgegenstände als nicht-betriebsnotwendiges Vermögen separat bewertet wurde, aber vergessen wurde, die laufenden Einzahlungen bei den Einzahlungsüberschüssen zu korrigieren. Außerdem darf nicht übersehen werden,[98] dass teilweise nicht-betriebsnotwendige Vermögensgegenstände eine Funktion als Kreditsicherheit hatten (z. B. Grundstücke, die als Sicherheit für Hypothekardarlehen fungieren). Deren Veräußerung führt zu steigenden Kreditkosten, die dann wiederum den Ertragswert beeinflussen.

53   **bb) Discounted Cashflow-Verfahren.** Die Discounted Cashflow-Verfahren haben ihren Ursprung in der **Kapitalmarkttheorie,** die sich mit Börsen und an ihnen gehandelten Wertpapieren befasst. Es gelten hier die gleichen Voraussetzungen wie beim Ertragswertverfahren, nämlich diejenigen des vollkommenen Kapitalmarkts, der die separate Betrachtung einer einzelnen Investition ermöglicht. Der wesentliche Unterschied zwischen den beiden Zukunftserfolgsverfahren liegt in der Ableitung des Kapitalisierungszinsfußes, auch wenn der Namensunterschied zwischen Erträgen und Cashflows etwas Anderes vermuten lassen könnte. Die Discounted Cashflow-Verfahren leiten den Diskontierungsfaktor aus dem **Capital Asset Pricing Model (CAPM)** ab.

54   Die „Discounted Cashflow-Verfahren" – abgekürzt auch als „DCF-Verfahren" bezeichnet sind in diversen Ausprägungen gebräuchlich. Die folgende Tabelle zeigt die verschiedenen Varianten dieses Verfahrens mit ihren Hauptunterschieden.

	Bruttorechnung		Nettorechnung
	APV-Ansatz	WACC-Ansatz	Equity-Ansatz
Bewertungsrelevanter Cashflow	Fingierte vollständige Eigenfinanzierung	Fingierte vollständige Eigenfinanzierung	Tatsächliche Finanzierungsstruktur
Relevanter Kapitalkostensatz	CAPM-Eigenkapitalkostensatz bei vollständiger Eigenfinanzierung	Durchschnittlicher Kapitalkostensatz	CAPM-Eigenkapitalkostensatz bei Mischfinanzierung
Marktwert des Eigenkapitals	Indirekte Ermittlung	Indirekte Ermittlung	Direkte Ermittlung

Tabelle: Unterschiede in den Varianten der DCF-Verfahren[99]

> **Beachte:** Bei gleichen Annahmen müssen die verschiedenen Varianten des DCF-Verfahrens zu übereinstimmenden Ergebnissen kommen. Dies gilt auch für das Ertragswertverfahren sowie die DCF-Verfahren.[100] Dass diese Verfahren in der Praxis dennoch zu un-

---

[97] Vgl. *Eisele,* in: Rössler/Troll, BewG, § 200 Rn. 3–5.
[98] Vgl. *Hachmeister/Ruthart,* BB 2014, 877.
[99] Vgl. *Krag/Kasperzak,* Grundzüge der Unternehmensbewertung, 111.
[100] Vgl. *Hering* in: Brösel/Kasperzak, Internationale Rechnungslegung, Prüfung und Analyse, 510.

terschiedlichen Werten führen, liegt demnach an der anderen Handhabung, die teilweise durch die Erfordernisse der Methoden bedingt sind. Theoretisch lassen sich also alle Zukunftserfolgsverfahren ineinander überführen.

Die Discounted Cashflow-Verfahren werden in mehreren Ausprägungen verwendet.[101] **55** Bei dem Bruttoansatz (Entity-Approach) wird ein Unternehmensgesamtwert aus der Summe der Werte des Eigen- und Fremdkapitals ermittelt und die Zahlungsströme, die Eigen- und Fremdkapitalgeber erhalten, diskontiert. Hierbei wird zwischen zwei Unterarten unterschieden. Zum einen werden als Diskontierungsfaktor die gewichteten durchschnittlichen Kapitalkosten **(Weighted Average Costs of Capital – WACC),** die sich aus den tatsächlich gezahlten Fremdkapitalkosten und den Renditeerwartungen der Unternehmenseigner zusammensetzen (WACC-Approach), herangezogen. Die Renditeerwartungen der Eigentümer werden auf Basis des CAPM geschätzt. Zum anderen wird die **Adjusted Present Value Methode** (Methode des angepassten Barwerts) ebenfalls im Brutto-Ansatz angewendet. Sie teilt den Unternehmenswert in verschiedene Komponenten. Als dritte Variante gibt es den Equity-Approach, der lediglich die Einzahlungen an die Eigentümer betrachtet.

Im Folgenden wird allein auf den WACC-Approach im Entity-Approach abgestellt, der auch in der Praxis am weitesten verbreitet ist. Dieser resultiert direkt aus den obigen theoretischen Überlegungen. Die Grundformel dieser Methodik ist:

$$Wert = \sum_{t=1}^{T} \frac{Cashflow_t}{(1 + WACC)^T} - FK$$

Abstrahiert man von Steuern und Mischformen der Finanzierung, lassen sich die WACC **56** gemäß folgender Formel berechnen.

$$WACC = k_{FK} \cdot \frac{FK}{GK} + k_{EK} \cdot \frac{EK}{GK}$$

Es gilt: GK = FK + EK

mit: k_{FK} = Fremdkapitalkosten des zu bewertenden Unternehmens
       GK   = Marktwert des Gesamtkapitals
       k_{EK} = Eigenkapitalkosten des zu bewertenden Unternehmens
       EK   = Marktwert des Eigenkapitals

Die gewichteten Kapitalkosten werden also als Summe der mit dem Anteil ihrer Marktwerte (Beachte: nicht den Buchwerten) am Gesamtkapital des Unternehmens gewichteten Kosten berechnet.

Das CAPM[102] bestimmt die Preise für risikobehaftete Anlageformen im Kapitalmarkt- **57** gleichgewicht. Rationale Investoren haben nach dem CAPM eine Renditeerwartung r_{EK} an ein Wertpapier, die sich aus dem risikolosen Zinssatz i* und einer Risikoprämie RP zusammensetzt:

$$r_{EK} = i\star + RP$$

Die Risikoprämie ergibt sich zum einen aus der Risikoprämie, die bei Investitionen in das risikobehaftete Marktportefeuille (z.B. einen den Markt nachbildenden Aktienindex – als pragmatische Näherung wird in vielen Fällen der DAX verwendet) fällig wird. Diese entspricht der Differenz der erwarteten Rendite des Marktportefeuilles rM und dem

---

[101] Vgl. *Ballwieser,* WPg 1998, 81 ff.
[102] Vgl. *Hillier et al.,* Corporate Finance, 256 ff.; zur Kritik *Roll,* Journal of Financial Economics 1977, 129 ff.

risikolosen Zinssatz $i^\star$. Neben dem unsystematischen Risiko, das allein durch Investition in das risikobehaftete Marktportefeuille entsteht und im Marktgleichgewicht nicht vergütet wird, ist das systematische Risiko von Bedeutung, das die Relation der betrachteten Anlage mit dem Marktportefeuille benennt. Dies berechnet das CAPM durch den β-Faktor. Der β-Faktor ist das Maß der Sensitivität zwischen der erwarteten Rendite des einzelnen Wertpapiers und der erwarteten Rendite des Marktportefeuilles.[103] Es zeigt die relative Schwankungsanfälligkeit eines Wertpapiers im Vergleich zu einem anderen Wertpapier oder Index.

Multipliziert man den β-Faktor der Anlage j mit der Risikoprämie für die Investition in das risikobehaftete Marktportefeuille, ergibt sich die Risikoprämie, die ein rationaler Investor für ein bestimmtes Wertpapier j verlangen wird:[104]

$$r_{EK} = i^\star + \beta_j \cdot (r_M - i^\star)$$

58   Die Aussage dieses Terms ist, dass eine risikobehaftete Anlage im Kapitalmarktgleichgewicht, eine Risikoprämie proportional zu ihrem systematischen Risiko hat. Wichtig dabei ist zu bemerken, dass es sich um ein Modell für das Marktgleichgewicht handelt. Ein Markt ist dann im Gleichgewicht, wenn der Markt geräumt ist, also es kein weiteres Angebot oder Nachfrage gibt.[105] Von daher ist das CAPM eigentlich nicht geeignet, um bei Unternehmenstransaktionen, die eine Situation Kauf/Verkauf beinhalten, angewendet zu werden. In der Praxis wird dies jedoch ständig getan. Des Weiteren sind die Daten, die zur weiteren Berechnung der Inputfaktoren verwendet werden, naturgemäß aus der Vergangenheit. In den allermeisten Bewertungsgutachten werden diese Faktoren einfach in die Zukunft fortgeschrieben, was eine Verkürzung des Problems ist.

59   Um den **risikolosen Zinsfuß** $i^\star$ zu ermitteln, bedarf es in der Praxis einiger Annahmen, da dieser annahmegemäß keinerlei Risiken im Hinblick auf Ausfall (Insolvenz), Termin (Zahlungszeitpunkt) und Währung aufweisen darf. Zudem sollte die Laufzeit der Staatsanleihe äquivalent zur weiteren Existenz des Unternehmens sein. Dies ist insbesondere bei einer zumeist implizit unterstellten unendlichen Lebensdauer des Unternehmens unrealistisch. In der Praxis werden daher die Zero-Bond-Sätze von Staatsanleihen herangezogen.[106] Um die Laufzeitäquivalenz herzustellen, wäre die Verwendung von historischen Zinssätzen fehlerhaft. Dies wäre insbesondere in der jetzigen Niedrigzinsphase falsch, da das derzeitige Zinsniveau deutlich unter dem historischen Zinsen liegt.[107]

60   In der Praxis wird zur Schätzung des Zinssatzes mit Hilfe der **Svensson-Methode** vorgenommen.[108] Diese Methode wird sowohl von der betriebswirtschaftlichen Literatur akzeptiert als auch von der Deutschen Bundesbank bei der Ableitung der Zinsstrukturkurve angewendet.

Des Weiteren ist die **Marktrisikoprämie** zu schätzen. In der Praxis wird in der aktuellen Niedrigzinsphase der Spielraum für die Marktrisikoprämie r_M häufig voll ausgenutzt bzw. sogar überschritten. Im Jahr 2019 hat der Fachausschuss Unternehmensbewertung (FAUB) des Instituts der Wirtschaftsprüfer beschlossen den Spielraum für die Bemessung der Marktrisikoprämie vor persönlichen Steuern auf 6–8 % von vorher 5,5–7 % zu erhöhen.[109] Bei Berücksichtigung von persönlichen Steuern ergibt sich dabei eine Bandbreite von 5–6,5 %. Es ist allerdings fraglich, ob es sich bei der vom FAUB beschlossenen Anstieg tatsächlich um einen Anstieg der Marktrisikoprämie handelt oder lediglich um eine Reaktion auf die anhaltend niedrigen Marktzinsen, um zu niedrigeren Unternehmenswerten zu

---

[103] Vgl. *Perridon/Steiner/Rathgeber*, Finanzwirtschaft der Unternehmung, 267.
[104] Vgl. *Ballwieser*, WPg 1995, 122.
[105] Vgl. *Woeckener*, Volkswirtschaftslehre, 66.
[106] Vgl. *Zwirner/Zirmny*, StuB Beilage, 2018, S. 3.
[107] Vgl. *Hachmeister/Ruthardt* Controlling & Management, 2012, 181.
[108] Vgl. *Helms*, WiSt 2019, 18 ff.
[109] IDW aktuell, Neue Kapitalkostenempfehlung des FAUB, www.idw.de (Stand: 25.10.2019).

gelangen.[110] Geht man davon aus, dass Investoren langfristig stabile Renditen erwarten, ist es plausibel, die Marktrisikoprämie bei einer Schwankung des risikolosen Zinses anzupassen.[111] Allerdings kann man überlegen – da durch die oben dargestellte Formel die Anpassung der Marktrisikoprämie eine höhere Wirkung hat, als eine Anpassung des risikolosen Zinses – immer dann, wenn das Unternehmen ein hohes individuelles Risiko hat (ausgedrückt durch einen hohen β-Faktor), die stabilisierende Wirkung der Anpassung zu nutzen.

Auch in der **Rechtsprechung** ist die Bemessung der Marktrisikoprämie umstritten. So **61** haben Gerichte für einen Bewertungsstichtag im Jahr 2013 einmal einen Wert von 5,0%[112] und einmal einen Wert von 5,5%[113] (jeweils nach persönlichen Steuern) für angemessen gehalten. Da es sich um Werte für den gesamten Kapitalmarkt handelt, die unabhängig von der konkreten Bewertungssituation gelten, ist dieser Dissens nicht erklärbar.

Während $i^\star$ und r_M allgemein gültige Werte darstellen, drückt der β-Faktor die indi- **62** viduelle Risikosituation des Bewertungsobjekts aus. Bei börsennotierten Unternehmen lässt sich dieser Wert einfach anhand der Kursentwicklung der Aktie im Verhältnis zum Gesamtmarkt berechnen. Bei mittelständischen Unternehmen, die keinen Zugang zum organisierten Kapitalmarkt haben, ist das nicht möglich. Man behilft sich dann durch den Rückgriff auf Vergleichswerte, also, dass man eine Peer Group von vergleichbaren Unternehmen zur Ableitung des β-Faktors heranzieht. In der Logik des CAPM ist es wichtig, dass die Unternehmen bezüglich des systematischen Risikos vergleichbar sind. Dies bedeutet, dass das Geschäftsmodell ähnlich sein muss. Gerade beim Vergleich von KMU und Großunternehmen taucht dabei in der Praxis häufig das Problem auf, dass große Unternehmen mehrere Geschäftsbereiche haben, während kleine Unternehmen nur in einem Bereich tätig sind. Hinzu kommt, dass der deutsche Kapitalmarkt relativ klein ist und man daher zum Vergleich auf internationale Kapitalmärkte ausweichen muss. In der Praxis wird dem häufig begegnet, in dem man die Vergleichbarkeit an gleichen Beschaffungsmärkten oder sonstigen Näherungen an das Geschäftsmodell festmacht.[114] Daneben werden β-Faktoren eingesetzt, die sich auf die gesamte Branche erstrecken. Dadurch werden einzelne Ausreißer aufgefangen. Allerdings ist fraglich, ob die Branche als alleiniger Maßstab für die Vergleichbarkeit ein ausreichendes Kriterium ist.[115]

Aus den bisherigen Ausführungen ergeben sich zwei zusätzliche **Kritikpunkte** bei der **63** Anwendung der Discounted Cashflow-Verfahren auf mittelständische Unternehmen.[116] Zusätzlich deshalb, weil die engen Prämissen des vollkommenen Kapitalmarkts genauso für diese Verfahren gelten, wie für das Ertragswertverfahren.

1. Die Kapitalmarkttheorie gilt für Wertpapiere und nicht für Unternehmen, die nicht an der Börse notiert sind.
2. Das CAPM befasst sich mit der Situation im Marktgleichgewicht, also mit einem Zustand, wo es zu keinen weiteren Transaktionen mehr kommt. Daher ist die Anwendung auf Unternehmenstransaktionen problematisch.

Für Eigentümer von kleinen und mittleren Unternehmen gilt zudem, dass sie kein **64** wohldiversifiziertes Portfolio in ihrem Vermögen aufweisen. Der Regelfall ist, dass sie all ihr Finanzvermögen inklusive ihres Humankapitals (also ihrer Fähigkeiten und Arbeitsleistung) in ihrem Unternehmen gebunden haben. Durch die Diversifikation des Portfolios in verschiedene Anlagen ist es möglich bei der Analyse das individuelle Risiko einer Anlage

---

[110] Vgl. *Dönch/Mayer-Friedrich,* DB 2019, 377 ff.
[111] So auch *Gleißner,* WPg 2014, 263.
[112] OLG München vom 26.6.2018 – 31 Wx 382/15, NZG 2018, 1104.
[113] OLG Düsseldorf vom 30.4.2018 – I-26 W 4/16, AG 2018, 679.
[114] Vgl. *Dörschell et al.* 2016, 416 f.
[115] Vgl. *Ihlau/Duscha* 2019, 219.
[116] Vgl. ausführlich zu den Kritikpunkten *Behringer,* Unternehmensbewertung der Mittel- und Kleinbetriebe, 165 f.

nicht zu betrachten, da es durch Diversifikation unbeachtlich wird.[117] Diese Voraussetzung ist bei kleinen und mittleren Unternehmen, deren Wohl und Wehe gleichzeitig Wohl und Wehe der Eigentümerfamilie ausmacht, nicht gegeben.[118]

Aus diesen Gründen wird insbesondere die Anwendung dieser Verfahren auf kleine und mittlere Unternehmen, die nicht mit Wertpapieren an einer Börse notiert sind, als kritisch angesehen.[119]

65 Die verfügbaren Cashflows des Unternehmens werden mit den WACC auf ihren Gegenwartswert diskontiert. Die Cashflows verstehen sich dabei als eine Größe vor Zinsen, da die Kapitalgeber gleichbehandelt werden sollen, unabhängig davon, ob sie Eigen- oder Fremdkapital zur Verfügung stellen. Daraus folgt aber auch, dass der (Markt-)wert des Fremdkapitals vom so errechneten Gesamtwert abgezogen werden muss. Nur der Wert des Eigenkapitals ist entscheidungsrelevant für den Käufer und den Verkäufer des Unternehmens.[120]

66 Das DCF Verfahren ist gemäß **IDW Standard 1** „Grundsätze zur Durchführung von Unternehmensbewertungen" als Bewertungsmethode vom Berufsstand der Wirtschaftsprüfer anerkannt. Insbesondere die amerikanische Praxis wendet dieses Verfahren an. Durch amerikanische Unternehmensberatungsgesellschaften und Investmentbanken hat sich das DCF Verfahren zum „State of the Art" in Deutschland entwickelt.

c) Multiplikatorverfahren

67 Die Multiplikatorverfahren der Unternehmensbewertung beziehen sich auf einen einfachen ökonomischen Grundsatz: Das gleiche Gut muss den gleichen Preis haben. Ansonsten würde sich die Möglichkeit zur Arbitrage ergeben. Die Möglichkeit zur Arbitrage entsteht durch falsche Preisbildung auf Märkten:[121] Der Preis ist beispielsweise auf einem Markt zu niedrig. Der Arbitrageur nutzt den zu niedrigen Preis, indem er das Gut kauft und es auf dem Markt mit höherem Preis verkauft. Es steigt die Nachfrage auf dem zu niedrig bepreisten Markt, was dazu führt, dass der Preis dort steigt. Diese Gesetzmäßigkeit[122] gilt immer dann, wenn homogene Güter auf verschiedenen Märkten gehandelt werden. Die Frage ist allerdings, ob es sich bei Unternehmen um homogene Güter handelt.

Unternehmen sind individuelle und komplexe Gesamtheiten. Die **Gleichheit von zwei Unternehmen** ist dann gegeben, wenn sie zu gleichen Zahlungsströmen führen, die in Konsum umgesetzt werden können. Da für die Unternehmensbewertung nach dem Grundsatz der Zukunftsbezogenheit nur zukünftige Zahlungsströme relevant sind, würde Gleichheit bedeuten, dass zwei Unternehmen bis zu ihrer Liquidation genau die gleichen Zahlungsüberschüsse produzieren würden. Dies ist ein theoretischer Sonderfall, der praktisch so niemals eintreten wird.

68 In der Praxis werden gleichartige Unternehmen (gleiche Branche) gesucht. Meist sind es die direkten Wettbewerber des zu bewertenden Unternehmens, die die **Peer Group**, also die Gruppe, die zur Bewertung herangezogenen Unternehmen, bilden. Bei der Auswahl der Vergleichsunternehmen sollte neben der Branche insbesondere auch auf eine finanzwirt-

---

117 Vgl. *Peemöller*, Praxishandbuch Unternehmensbewertung, 382.

118 Vgl. grundlegend *Jonas*, WPg 2011, S. 300; *Vos*, Journal of Small Business Finance 1991/92, 265 f. Möglichkeiten der Berücksichtigung der speziellen Risikosituation von Eigentümern kleiner und mittlerer Unternehmen finden sich bei *Behringer*, Unternehmensbewertung der Mittel- und Kleinbetriebe, 262 ff.

119 Vgl. hierzu ausführlich *Behringer* in: Becker/Ulrich, BWL im Mittelstand, 645 f.

120 Vgl. grundlegend *Busse von Colbe*, Der Zukunftserfolgswert, 100.

121 Vgl. *Spremann*, Finance, 316.

122 Dieses ökonomische Gesetz wird als „Law of one Price" bezeichnet und geht auf den britischen Ökomom Jevons zurück. Vgl. ausführlich zu dem Modell *Ho/Lee*, Oxford Guide to Financial Modelling, 54.

schaftliche Ähnlichkeit abgestellt werden.[123] Hintergrund dieser Forderung ist, dass für gleiche Zahlungsströmen auf vollkommenen Märkten gleiche Preise gezahlt werden müssen.

Gründe für die Anwendung von Multiplikatoren sind insbesondere:[124]   **69**
- Eine Multiplikatorbewertung erfordert deutlich weniger Zeit und andere Ressourcen als vergleichsweise komplizierte Zukunftserfolgsverfahren.
- Eine Multiplikatorbewertung ist sehr eingängig und lässt sich damit den Bewertungsadressaten deutlich besser vermitteln.
- Dies gilt auch für die Verhandlung. Hier lassen sich Einwände schneller entkräften, da Marktwerte, die hinter dem Multiplikator stehen, die objektivsten verfügbaren Werte sind.
- Kurzfristige Schwankungen an den Märkten werden besser berücksichtigt, wodurch Multiplikatorbewertungen zu näher am Preis liegenden Werten führen.

> **Praxishinweis:** Der Multiplikator stellt den reziproken Wert des um einen Risikozuschlag erhöhten Kalkulationszinsfuß dar.[125] Das bedeutet, dass ein Multiplikator von 5 äquivalent ist zu einem Kalkulationszinsfuß von 20 %. In der Praxis ist ersterer häufiger, letzterer aber so gut wie nie anzutreffen.[126] Es kommt also sehr auf die Darstellungsform der Bewertung an.

Trotz der ausgeführten theoretischen Bedenken haben die Multiplikatorverfahren eine   **70** überragende praktische Bedeutung. Viele Unternehmer berechnen den von ihnen erwarteten Kaufpreis mit Hilfe der Multiplikatoren, die auch bei vielen Unternehmern untereinander ausgetauscht werden. Insbesondere bei Investmentbanken finden sie ebenfalls stark Verwendung, was man auf die schnelle Berechnung und leichte Kommunizierbarkeit zurückführen kann.[127] In vielen Verhandlungen konzentrieren sich daher die Verkäufer darauf die Profitabilität des zu verkaufenden Unternehmens zu unterfüttern, um einen hohen Faktor in der Multiplikation zu erzielen. In jedem Fall ist es wichtig, dass sich die Verhandlungsparteien mit einem Multiplikator auseinandersetzen, da er zumeist den Ausgangspunkt einer Verhandlung darstellt.

Die Daumenregeln haben eine „versteckte Intelligenz".[128] Danach kommen in dem Multiplikator die aktuellen am Markt verlangten Kapitalkosten, der marktübliche Risikozuschlag und das aktuelle Verhältnis von Angebot und Nachfrage auf dem Markt für Unternehmen der Branche zum Ausdruck.

In der Praxis werden eine Vielzahl von Multiplikatoren und deren Bezugsgrößen disku-   **71** tiert.[129] Normalerweise wird dabei die Bezugsgröße als Durchschnitt der letzten drei bis fünf Jahre zugrunde gelegt. Die Bemessungsgrundlage wird dabei um außerordentliche Ereignisse bereinigt. Grundsatz sollte sein, dass nur die nachhaltigen, sprich regelmäßig wiederkehrenden, Umsätze bzw. Gewinne in die Bewertung einfließen. Dies bedeutet beispielsweise, dass sich der Ansatz von Schwarzgeldern, wie sie in einigen Branchen häufiger anfallen, verbietet.

Die Bewertung findet häufig auf Basis von Umsätzen statt.[130] Insbesondere bei freien Berufen wird diese Größe präferiert, da in dem Umsatz die tatsächliche Inanspruchnahme des Freiberuflers zum Ausdruck kommt.[131] Ähnliche Überlegungen treffen auf Dienstleistungen zu. Zudem werden als Vorteile des Umsatzes genannt, dass er einfach und schnell zu

---

[123] Vgl. *Caumanns* in: Kiem, Kaufpreisregelungen beim Unternehmenskauf, § 1 Rn. 89.
[124] Vgl. *Damodaran,* Damodaran on Valuation, 235 f.
[125] Vgl. *Behringer,* Unternehmensbewertung der Mittel- und Kleinbetriebe, 170.
[126] Vgl. *Niehues,* BB 1993, 2247.
[127] Vgl. *Ballwieser/Hachmeister,* Unternehmensbewertung, 215.
[128] *Bretzke,* ZfbF 1988, 818.
[129] Vgl. *Barthel,* FB 2007, 666.
[130] Vgl. *Schwetzler,* FB 2000, 86.
[131] Vgl. *Barthel,* DB 1996, 1454.

ermitteln ist und zudem nur wenige Gestaltungen möglich sind, was bei einer Gewinngröße anders wäre.[132]

72 Eine andere Bezugsgröße, die in der Praxis Verwendung findet, sind Gewinngrößen. Hiermit wird der Kritik der geringen Aussagekraft begegnet. Auch hier ist Ausgangspunkt wiederum die Bereinigung der vergangenen Gewinne von außerordentlichen Erfolgen. Der bereinigte Gewinn wird dann mit dem Multiplikator, der vom Markt gewonnen wird, multipliziert. Zu beachten ist hier insbesondere:
– Multiplikatoren sind Marktwerte aus kürzlich vergangenen Unternehmenstransaktionen. Aus diesem Grund unterliegen sie einem stetigen Wandel. Es ist darauf zu achten, dass tatsächlich aktuelle Multiplikatoren Verwendung finden.
– Es gibt verschiedene Gewinngrößen. Es ist bei der Bewertung zu beachten, welche Ergebnisgröße die Basis der Bewertung sein soll. So knüpfen Multiplikatoren am Jahresüberschuss, am EBIT oder am EBITDA an. Es ist darauf zu achten, welche Ergebnisgröße dem verwendeten Multiplikator zugrunde liegt. In vielen Fällen wird auch nur die Gewinngröße im Kaufvertrag vereinbart. Erst später kommen dann die konkreten Berechnungen hinzu.

73 Gegen die Multiplikatorverfahren wird zusätzlich zu ihrer Zielsetzung, Marktwerte und nicht Unternehmenswerte zu berechnen, eingewandt, dass sie statisch und vergangenheitsbezogen sind. So können positive oder negative Entwicklungen der Zukunft in einem Multiplikator nicht berücksichtigt werden.[133]

d) Fazit: Verfahren zur Bewertung im Mittelstand

74 Die Bewertung von Unternehmen ist zweckabhängig. Es gibt verschiedene Verfahren, die einsetzbar sind. Alle haben ihre Berechtigung und ihre spezifischen Vor- und Nachteile. Die Multiplikatorverfahren haben aufgrund ihres ausgeprägten Marktbezugs einen besonderen Nutzen, wenn es darum geht Marktpreisen nahe zu kommen. Marktpreise zu berechnen ist allerdings logisch unmöglich. Die Discounted Cashflow-Verfahren erscheinen besonders nutzbringend einsetzbar zu sein, um in Verhandlungen die argumentative Position einer Seite zu unterstützen, insbesondere gegenüber unerfahrenen Käufern und Verkäufern, da sie mit einem großen theoretisch fundierten Apparat daherkommen.[134] Die Ertragswertverfahren mit ihrem individuellen Herangehen an die Bewertung scheinen besonders geeignet zu sein, um individuelle Entscheidungswerte für Käufer und Verkäufer zu berechnen. Eine Bewertung mit dem Ertragswertverfahren sollte daher Startpunkt einer jeden Bewertung gerade im Mittelstand sein. Der Discounted Cashflow scheidet aufgrund seiner kapitalmarkttheoretischen Prägung und seinem darin begründeten Bezug auf börsennotierte Unternehmen aus. Die Marktwertverfahren haben theoretische Schwächen, die sie problematisch machen. Außerdem sind tatsächlich vergleichbare Multiplikatoren schwer zu ermitteln. Sobald sie ermittelt sind, sind sie zudem häufig veraltet, da die Märkte für Unternehmen volatil sind.[135]

> **Beachte:** Der IDW S 1 erkennt insbesondere das Ertragswertverfahren und die Discounted Cashflow-Verfahren als relevant für die Unternehmensbewertung an. Dem Substanzwertverfahren werden lediglich Hilfsfunktionen zugebilligt z. B. bei der Bewertung des nichtbetriebsnotwendigen Vermögens. Die Multiplikatorverfahren sollen zur Plausibilisierung von mit analytischen Gesamtbewertungsverfahren berechneten Unternehmenswerten herangezogen werden.

---

[132] Vgl. *Englert,* Die Bewertung von Wirtschaftsprüfungs- und Steuerberatungskanzleien, 146.
[133] Vgl. *Bausch,* FB 2000, 453.
[134] Vgl. *Schildbach* in: Matschke/Schildbach, FS Sieben, 319.
[135] Auch können unterschiedliche Effekte entstehen, ob der Multiplikator von einem euphorischen oder von einem pessimistischen Markt abgeleitet wurde. Vgl. *Coenenberg/Schultze,* FB 2002, 699.

4. Besonderheiten der Unternehmensbewertung bei kleinen und mittleren Unternehmen

Im Folgenden wird ausgehend von einer Bewertung mit dem Ertragswertverfahren dis- **75** kutiert, welche Besonderheiten bei kleinen und mittleren Unternehmen auftreten. Kleine und mittlere Unternehmen können dabei sehr heterogen definiert werden.[136] Die EU definiert kleine und mittlere Unternehmen als Unternehmen mit weniger als 250 Mit- arbeitern, EUR 50 Mio. Umsatz und EUR 43 Mio. Bilanzsumme. Zusätzlich lassen sich die folgenden drei qualitativen Kriterien ableiten:[137]
– Wirtschaftliche und rechtliche Selbständigkeit des Unternehmens. Dies bedingt eine Unabhängigkeit von Konzernverbünden (rechtlich) aber auch eine wirtschaftliche Un- abhängigkeit, was z. B. dazu führt, dass reine Franchisenehmer ausgeschlossen werden, da sie wirtschaftlich vom Franchisegeber abhängig sind.
– Einheit von Eigentum, Kontrolle und Leitung.
– Personenbezogenheit der Unternehmensführung. Dies kommt z. B. in der Wahl der Rechtsform einer Personengesellschaft zum Ausdruck, zeigt sich aber auch in einer GmbH bei der Eigentum und Leitung zusammenfallen.

a) Personenbezogenheit der Bewertung

aa) Unternehmer. Nach oben genannter Definition ergibt sich, dass der Unternehmer **76** die bestimmende Person bei mittelständischen Unternehmen ist. Er prägt wesentlich die Unternehmensführung. Damit ist der Erfolg des Unternehmens entscheidend abhängig von den unternehmerischen Fähigkeiten des Unternehmers. Diese Fähigkeiten müssen daher bei der Prognose der Einzahlungsüberschüsse des Bewertungsobjekts berücksichtigt wer- den. Das damit zusammenhängende Problem wird bei Bewertungsanlässen mit Eigentü- merwechsel verschärft: Hier wird eine zentrale Figur (der Verkäufer) durch eine andere zentrale Figur (den Käufer) ersetzt. Daher müssen bei einem solchen Bewertungsanlass zwei Personen und ihre unternehmerischen Fähigkeiten berücksichtigt werden. Wird der Ver- käufer, der vielleicht durch Alter oder Krankheit nicht mehr vollständig in der Lage ist, die unternehmerische Leistung zu bringen, durch einen neuen agileren Eigentümer er- setzt, so hat dies einen positiven Einfluss auf die künftig erzielbaren Einzahlungsüberschüsse. Auf der anderen Seite kann die Übernahme des Unternehmens durch einen wenig erfah- renen neuen Eigentümer dazu führen, dass zu Beginn nur unterdurchschnittliche Einzah- lungsüberschüsse erzielbar sind.

Die Personenbezogenheit von Unternehmen kann dazu führen, dass das Unterneh- **77** men im Extremfall nur zum Liquidationswert zu bewerten ist, insbesondere, wenn spe- zifische Kenntnisse und Fähigkeiten oder besondere Kundenbeziehungen den Wert des Unternehmens ausmachen, diese aber nicht übertragbar sind. Bei vielen kleinen und mitt- leren Unternehmen führt die Personenbezogenheit dazu, dass ein Abschlag von den histori- schen Einzahlungsüberschüssen vorgenommen werden muss. Der Wechsel der zentra- len Figur führt zu Turbulenzen und kann zur Folge haben, dass bestimmte Geschäfte, die auf persönlichen Kenntnissen oder Fähigkeiten beruhen, nicht mehr weitergeführt werden. Es muss aber auch geprüft werden, ob der Eigentümerwechsel nicht zu einem Zuschlag führen soll, da der neue Unternehmensleiter dynamischer oder strukturierter vorgehen wird.

bb) Kunden/Geschäftspartner. Viele kleine und mittlere Unternehmen sind durch **78** personenbezogene Geschäftsbeziehungen geprägt. So basieren Erfolge nicht selten auf fami- liären oder anderen persönlichen Beziehungen. In der Ertragsvorschau ist es Aufgabe des

---

[136] Vgl. für eine Übersicht zu verschiedenen Definitionen *Becker/Ulrich,* Mittelstandsforschung, 18 ff.

[137] Vgl. *Hausch,* Corporate Governance im deutschen Mittelstand, 14 f.

Bewertungsgutachters, diejenigen Geschäftsbeziehungen zu erfassen, die nachhaltig erzielbar sind. Dies bedingt, dass nur diejenigen Geschäftsbeziehungen als zukünftig erzielbar angesetzt werden, die unabhängig von den Eigentümern weiter zu erzielen sind. Dabei muss auch beachtet werden, wie lange bestimmte Kundenbeziehungen noch aufrechterhalten werden können. Der Zeitpunkt bis zur Abschmelzung ist abhängig von der Region, der Branche und der Art der Verbindung zu dem Kunden.

> **Praxishinweis:** Für die Planung der Einzahlungsüberschüsse empfiehlt es sich die Annahme zu machen, dass ein Fremdgeschäftsführer das Unternehmen führt. Nur diejenigen Geschäftsbeziehungen, die unter dieser Voraussetzung zu erzielen sind, dürfen in die Unternehmensbewertung einfließen.[138] Hierbei kann es sinnvoll sein, die Kundenbeziehungen mit Hilfe der ABC-Analyse zu clustern.[139] Besondere Aufmerksamkeit bei der weiteren Unternehmensanalyse erhalten dann nur diejenigen Kundenbeziehungen, die eine große Bedeutung für das Bewertungsobjekt haben. Die B-Kunden werden mit Hilfe von summarischen Verfahren analysiert und die C-Kunden nur noch pauschal betrachtet.

79 Ob eine **Kundenbeziehung** nachhaltig oder flüchtig ist, kann insbesondere an den folgenden Kriterien festgemacht werden:[140]
  – Vertragslaufzeiten und die Wahrscheinlichkeit von Vertragsverlängerungen,
  – Rechtliche, regulatorische, wirtschaftliche und technologische Aspekte, die zu einer Abhängigkeit der Kunden führen können oder nicht
  – Typische Produktlebenszyklen, die den Kunden über einen gewissen Zeitraum halten oder nicht,
  – Stabilität der Branche, Üblichkeit von Kunden- und Lieferantenwechseln
  – Voraussichtliche Handlungen von Wettbewerbern und potenziellen Konkurrenten,
  – Zeitraum der Abhängigkeit des Kunden (wirtschaftlich, rechtlich, technisch),
  – Abhängigkeit der Kundenbeziehungen von der Reputation des Unternehmens bzw. insbesondere des Unternehmers.

Personenbezogene Einflüsse	Anpassung in der Prognose der Einzahlungsüberschüsse
Beziehungen zu Kunden und Lieferanten	Anpassung der Beschaffungs- und Absatzpreise an das Marktniveau ohne persönliche Beziehung
Spezialwissen, Know-how	Ansatz von Lizenz- und Patentgebühren; Avalprovisionen für Kreditsicherheiten
Führungsqualitäten	Abschläge der Einzahlungsüberschüsse durch Friktionen, Ausbildungskosten für Nachbesetzungen
Geschäfte mit Nahestehenden	Ansatz von marktüblichen Konditionen

Abbildung: Personenbezogene Einflüsse und ihre Auswirkungen auf die Prognose der Einzahlungsüberschüsse[141]

80   **cc) Unternehmerlohn.** Ein zweiter Aspekt, durch den die Personenbezogenheit von KMU ihre Berücksichtigung in der Unternehmensbewertung erfährt, ist der **Unternehmerlohn.** Dieser spielt in vielen betriebswirtschaftlichen Fragestellungen eine Rolle. Das Erfordernis für den Ansatz eines Unternehmerlohns ergibt sich unmittelbar bei Personengesellschaften: Hier darf der tätige Eigentümer im externen Rechnungswesen kein Gehalt

---

[138] Vgl. *Zwirner,* DB 2013, 1798.
[139] Vgl. *Nagel/Mieke,* BWL-Methoden, 106 ff.
[140] Vgl. *Ihlau/Duscha* 2019, S. 132 f.; IDW S 5 2015 Tz. 99.
[141] Eigene Erstellung in Anlehnung an *Ihlau/Duscha,* Besonderheiten bei der Bewertung von KMU, 132.

für seine eigenen Leistungen ansetzen. Er erhält seine Vergütung vielmehr durch die Gewinnausschüttung.[142] Damit ist die Vergütung für die Tätigkeit des Unternehmers in seinem Unternehmen nicht Bestandteil der Einzahlungsüberschüsse. Dies wiederum führt zu einem Ungleichgewicht zwischen dem Bewertungsobjekt und der Bewertungsalternative (im Ertragswertverfahren): Die Zinsen einer Anleihe werden ohne nennenswerten Arbeitseinsatz erzielt, während der Unternehmer gerade unmittelbar nach der Übernahme eines neuen Unternehmens große Arbeitsleistung erbringen muss. Um dieses Ungleichgewicht zu korrigieren, muss bei der Bewertung von Personengesellschaften zwingend ein Unternehmerlohn angesetzt werden. Bei Kapitalgesellschaften, bei denen der Eigentümer auch im Unternehmen tätig ist, muss die tatsächlich gewährte Vergütung auf ihre Angemessenheit hin überprüft werden.[143] Sie kann zu hoch sein, sehr wohl aber auch zu niedrig sein, so dass man von Liebhaberei[144] sprechen kann.

Nach *Moxter*[145] muss der angesetzte Unternehmerlohn die **Opportunitätskosten** ab- **81** bilden. Danach muss der Betrag angesetzt werden, den der Unternehmer selbst in einer anderen angestellten Tätigkeit bei gleichem Arbeitseinsatz erlösen würde. Neuerdings wird häufiger eine andere, verwandte Herangehensweise gewählt: Es wird derjenige Lohn (inklusive aller Nebenkosten) angesetzt, den ein Fremdgeschäftsführer für die Führung des zu bewertenden Unternehmens erhalten würde.[146] Allerdings ist dabei immer zu beachten, dass der Unternehmer anders als ein angestellter Geschäftsführer diverse persönliche Risiken tragen muss. Dies betrifft zum einen Vermögensrisiken, die aus der unsicheren Geschäftsentwicklung des zu bewertenden Unternehmens resultieren. Bei Personengesellschaften und Einzelunternehmen erstreckt sich die Haftung auch auf das Privatvermögen. Dies ist zwar bei allen Kapitalgesellschaften nicht der Fall. Gläubiger sichern sich hier aber über Bürgschaften auch den Zugriff auf bestimmte Gegenstände des Privatvermögens der Unternehmer. Zum anderen sind darüber hinausgehende Haftungsrisiken zu nennen, die sich aus der Pflicht das Unternehmen, mit der Sorgfalt eines ordentlichen und gewissenhaften Geschäftsführers zu leiten, ergibt.[147] Diese Pflichten – zu denen auch strafrechtliche Sanktionen gehören können – treffen auch den angestellten Unternehmensleiter, allerdings ist bei Kapitalgesellschaften die Ausdehnung auf das Privatvermögen deutlich komplizierter und – es sei denn es handelt sich um strafrechtlich relevante Tatbestände – im Ermessen der Gesellschafter. Aus diesen Gründen ist es angemessen, zu dem nach dem Opportunitätskostengedanken ermittelten Unternehmerlohn einen Zuschlag zu berücksichtigen, der dem besonderen Risiko eines Eigentümer-Unternehmers im Verhältnis zu angestellten Geschäftsführern Rechnung trägt. Allerdings ist darauf zu achten, dass das genannte Risiko nicht doppelt z. B. im Risikozuschlag und im Unternehmerlohn seinen Niederschlag findet.

> **Praxishinweis:** Der mittelständische Unternehmer hat nicht nur das Risiko zu tragen, dass er seine finanziellen Anlagen verliert wie z. B. der Eigentümer eines Portfolios mit Anlagen. Darüber hinaus wird der Käufer eines mittelständischen Unternehmens – anders als der Erwerber von Wertpapieren – für die persönliche Finanzierung Sicherheiten stellen und ggf. Nachschüsse leisten müssen.[148]

Praktisch muss die **Geschäftsführervergütung** immer dann angepasst werden, wenn **82** sie nicht marktgerecht ist. Beispielhaft sollen die folgenden Gründe für eine nicht markt-

---

[142] Vgl. *Götze*, Kostenrechnung und Kostenmanagement, 38.
[143] Vgl. *Ballwieser/Hachmeister*, Unternehmensbewertung, 92.
[144] Vgl. *Sauer*, Rechtsprechungs-ABC Handels- und Steuerbilanz.
[145] Vgl. *Moxter*, Grundsätze ordnungsmäßiger Unternehmensbewertung, 176 f.
[146] Vgl. *Knief*, DB 2010, 290.
[147] Vgl. *Uhlig* in: Behringer: Compliance kompakt, 35 ff.
[148] Vgl. *Schütte-Biastoch*, Unternehmensbewertung von KMU, 167 ff.

gerechte Vergütung angeführt werden, die zu einer Änderung der tatsächlich gebuchten Geschäftsführergehälter führen können:[149]

– Der Geschäftsführer ist vertraglich gar nicht im Zielunternehmen angestellt, arbeitet aber für dieses. Es erfolgt keine Weiterbelastung bzw. die Weiterbelastung entspricht nicht einer marktüblichen Vergütung.

– Ein Eigentümer arbeitet nicht für einen angemessenen Betrag, sondern nur für einen symbolischen Betrag. Tendenziell ist der Eigentümer-Unternehmer höher zu entlohnen, da er nicht nur aufgrund seiner Organstellung haftet (dies tun auch vergleichbare angestellte Geschäftsführer bzw. Vorstände), sondern auch mit seinem gesamten Vermögen. Dies manifestiert sich bei der Personengesellschaft durch die unbeschränkte Haftung aber auch bei Kapitalgesellschaften durch zusätzlich durch Banken oder andere Gläubiger verlangte Sicherheiten.

– Eine Anpassung nach unten kann insbesondere dann notwendig sein, wenn sich in den Vorjahren Einmaleffekte in den Vergütungen niedergeschlagen haben z.B. durch einen Bonus für besondere Leistungen oder ein spezielles Projekt.

Die Betrachtung der Angemessenheit muss sich auch auf die Pensionszusagen, Jubiläumsgratifikationen und andere Sozialleistungen in ihrer Gesamtheit erstrecken.

Praxishinweis: Im Rahmen der allgemeinen Lehre der Unternehmensbewertung wird zumeist davon ausgegangen, dass die Risiken des Unternehmens im Risikozuschlag zum Kapitalisierungszinsfuß erfasst werden. Bei der Erfassung der Personenbezogenheit von KMU hat sich jedoch aufgrund der besseren Handhabbarkeit bewährt, diese Risiken im Zähler bei den Einzahlungsüberschüssen zu berücksichtigen. Hier muss man aufpassen, dass es nicht zu einer Doppelzählung der Risiken durch Abschläge zu den prognostizierten Einzahlungsüberschüssen und Zuschlägen zum Kapitalisierungszinsfuß für den gleichen Sachverhalt kommt.

---

83   Ein besonderes Problem entsteht in der Kaufsituation zusätzlich. Die flachen Hierarchien gelten als ein wichtiger Erfolgsfaktor der mittelständischen Unternehmen, da dadurch schnelle Entscheidungen mit großer Marktnähe getroffen werden können.[150] In der besonderen Situation eines Unternehmenskaufs wird das Top-Management aber aus den operativen Prozessen herausgerissen, da es sich mit dem Kauf befassen muss. Damit können sich Entscheidungen im operativen Bereich verzögern. Es kommt zu Schwierigkeiten, die auch zu einem Ertragseinbruch führen können. Dieser Faktor kann auch in der Unternehmensbewertung durch einen **Abschlag im ersten Jahr der Ertragsvorschau** berücksichtigt werden. Die Berechtigung für den Ansatz eines solchen Abschlags steigt insbesondere dann, wenn Unternehmen unterschiedlicher Größe oder unterschiedlicher Kultur zusammenkommen. Da die Probleme der Integration meist unterschätzt werden,[151] sollte der Käufer insbesondere direkt nach der Transaktion auf Probleme gefasst sein.

84   In der höchstrichterlichen **Rechtsprechung** ist die Frage des **Unternehmerlohns** nur selten thematisiert worden. Insbesondere im Familienrecht widmet sich die Rechtsprechung dieser Frage, da hier eine Konkurrenz zwischen dem Unterhalt und dem Zugewinnausgleich bestehen kann.[152] Der BGH[153] gibt dabei vor, dass ein pauschaler Ansatz nicht vorgenommen werden soll, sondern sich der Unternehmerlohn nach den individuellen Gegebenheiten richten muss. Weiter wird ausgeführt, dass der Gewinn keinen Aufschluss über die korrekte Höhe des Unternehmerlohns gibt, da der Gewinn nicht allein vom Unternehmer, sondern auch von allen Mitarbeitern erwirtschaftet worden ist. Vielmehr konstatiert auch der BGH eine Orientierung an dem Verdienst eines angestellten Geschäftsleiters,

---

[149] Vgl. *Koesling* in: Kiem, Kaufpreisregelungen beim Unternehmenskauf, § 2 Rn. 75.

[150] Vgl. *Schmitt/Mayerhöfer* in: Becker/Ulrich, BWL im Mittelstand, 616 f.

[151] Vgl. *Reker/Götzen,* Mergers und Acquisitions im Mittelstand.

[152] Vgl. *Schlimpert,* DStR 2019, 30.

[153] BGH vom 2.2.2011 – XII ZR 185/08, DStRE 2011, 1553.

der dann auf den konkreten Einzelfall anzuwenden ist. Die Individualisierung bedeutet, dass ein reiner Rückgriff auf Gehaltsstudien nicht korrekt ist. Vielmehr müssen individuelle Faktoren wie die Region, die Branche, der Umsatz, die Rendite, die Zahl der Arbeitnehmer über das Bewertungsobjekt in die Kalkulation inkludiert werden. Zusätzlich müssen persönliche Faktoren über den Unternehmer einbezogen werden wie Alter, Berufserfahrung, Arbeitszeit etc. Im Familienrecht wird dem Unternehmer zugebilligt bis zu 20% seines Bruttogehalts für die Altersversorgung auszugeben, zusätzlich können noch weitere 4% für weitere Vorsorgeleistungen aufgewendet werden.[154] Auch wenn sich die Ausführungen des BGH auf das Familienrecht beziehen, so ist doch davon auszugehen, dass diese Kriterien auch auf andere betriebswirtschaftliche Fragestellungen bei gerichtlichen Auseinandersetzungen übertragbar sind.

dd) Nahe Angehörige. In vielen kleinen Unternehmen wird ein Teil der Arbeitsleistung durch **mithelfende Familienangehörige** teilweise unentgeltlich erbracht. Wird durch einen Verkauf des Unternehmens diese Arbeitsleistung zukünftig nicht mehr auf diesem Weg erbracht, so muss in der Planung der Einzahlungsüberschuss Personalaufwand in der Höhe angesetzt werden, die notwendig ist, um die Arbeitsleistung entsprechend am Markt einzukaufen. **85**

b) Datengrundlage – Mangelnde Unternehmensplanung

Aus dem Grundsatz der Zukunftsbezogenheit der Unternehmensbewertung folgt, dass zukünftige Geschäftserfolge für die Bewertung relevant sind. Folglich braucht man als Grundlage der betriebswirtschaftlichen Unternehmensbewertung eine **Unternehmensplanung.** Bei der Unternehmensplanung lassen sich zwei verbundene Teilaufgaben unterscheiden: **86**
- Zu erstellen sind möglichst erwartungstreue Planungen (Prognosen).
- Zu identifizieren und zu quantifizieren sind jene Chancen und Gefahren (Risiken), die Abweichungen vom Planwert verursachen können, um den Umfang von möglichen Planabweichungen beurteilen zu können.

In mathematischer Sprache formuliert sollten Planwerte erwartungstreu sein, also den wahren Wert für den zu schätzenden Parameter darstellen. In der Praxis bedeutet dies, dass bestmögliche und unverzerrte Vorhersagen getroffen werden können, die in vielen Fällen zu richtigen Vorhersagen führen. Allerdings zeigen empirische Studien,[155] dass – sofern Planungen in Unternehmen überhaupt vorhanden sind – diese eine andere Aussage intendieren. So sollen sie Zielwerte abbilden oder besonderen Ansporn für die Unternehmenssteuerung darstellen. Solche Planungen sind für die Unternehmensbewertung nicht verwendbar.

Am realistischsten und einfachsten ist es, die **für andere Zwecke erstellte Unternehmensplanung** zu verwenden. Diese fehlt aber bei vielen kleinen und mittleren Unternehmen, da sie sich mehr auf die Leistungsfelder des Unternehmens als auf die finanzwirtschaftlichen Querschnittsfunktionen konzentrieren.[156] Das Rechnungswesen wird zumeist nicht selbst im Unternehmen geführt, sondern ist an einen Steuerberater oder sonstigen Dienstleister ausgelagert. Eine formale Unternehmensplanung fehlt in vielen Fällen ganz, sie muss gesondert für die Unternehmensbewertung erstellt werden. Dies führt aber dazu, dass der Verkäufer diese Planung häufig zielorientiert auf einen bestimmten Unternehmenswert hin ausrichtet und nicht aus dem laufenden operativen Geschäft heraus entwickelt. Die Datengrundlage hat sich allerdings in letzter Zeit durch Anforderungen der Banken (Basel II und Basel III) verbessert.[157] Hinzu kommt, dass die Planungen – wie ausgeführt – zur Unternehmenssteuerung nicht erwartungstreu sind, sondern eher den **87**

---

[154] Vgl. *Schlimpert*, DStR 2019, 33.
[155] Vgl. *Behringer/Gleißner*, WPg 2018, 312 ff.
[156] Vgl. *Schmitt/Mayerhöfer* in: Becker/Ulrich: BWL im Mittelstand, 619.
[157] Vgl. *DIHK*, Finanzierung, 2013.

Charakter von Zielgrößen haben. Gerade nach der Corona-Pandemie sind die vorher erstellten Unterlagen infrage zu stellen und kritisch zu hinterfragen.

88   Das Rechnungswesen ist in vielen kleinen und mittleren Unternehmen stark von steuerlichen Einflüssen geprägt.[158] Diese müssen aufgrund der anderen Zielrichtung der Besteuerung (z. B. ihrer volkswirtschaftlichen Lenkungsfunktion) für die Unternehmensbewertung eliminiert werden. Daneben sind bei kleinen Unternehmen azyklische Effekte häufiger und stärker in den Zahlen des Rechnungswesens enthalten als bei Großunternehmen. So hat z. B. die Anschaffung einer neuen Maschine einen größeren Effekt als bei einem Großunternehmen, da Maschinen unteilbar sind und die Investition in einem erfolgen muss, während der Nutzen durch den gewinnbringenden Einsatz der Maschine erst nach und nach entsteht. Auch diese Effekte müssen herausgefiltert werden.[159]

89   Das Informationsproblem ist besonders zu Beginn des Bewertungsprozesses virulent. Aufgrund der nicht vorhandenen bzw. geringen Publizitätsanforderungen an Personengesellschaften bzw. kleinen Kapitalgesellschaften, ist es für einen potentiellen Käufer kaum möglich, sich eine fundierte Preisvorstellung mittels analytischer Bewertungsverfahren ex ante zu bilden.[160] Nähern sich Käufer und Verkäufer im Laufe des weiteren Prozesses an, stellt der Verkäufer sukzessive mehr Informationen zur Verfügung, womit sich die asymmetrische Informationsverteilung auflöst. Analytische Bewertungsverfahren können daher erst in späteren Phasen des Prozesses eingesetzt werden. Allerdings ist eine Senkung der Preisvorstellung seitens des Käufers nur noch schwierig durchsetzbar.[161] Diese Beobachtung fördert den Gedanken, zu Beginn der Verhandlung tendenziell nur eine niedrige Bewertung aufzurufen, ohne jedoch mit einer zu niedrigen Preisvorstellung den potentiellen Verkäufer sofort zu verprellen.

c) Berücksichtigung von Steuern

90   Um eine **konsistente Unternehmensbewertung** sicherzustellen, ist es notwendig, sich mit drei steuerlichen Ebenen zu befassen:[162]
- Es müssen die Steuern berücksichtigt werden, die das *Unternehmen* (als juristische Person in der Rechtsform einer Kapitalgesellschaft) zahlt.
- Es müssen diejenigen Steuern berücksichtigt werden, die der *Gesellschafter* unmittelbar (je nachdem ob dieser Käufer oder Verkäufer ist) zahlt.
- Es müssen steuerliche Effekte berücksichtigt werden, die mittelbar durch den Bewertungsanlass *sowohl auf Ebene des Unternehmens als auch auf Ebene der Gesellschafter* ausgelöst werden.

In der Diskussion steht insbesondere, ob der zweite Effekt für die Bewertung überhaupt relevant ist. Dies ist uneingeschränkt bei Personengesellschaften zu bejahen, da diese über die persönliche Einkommensteuer des Gesellschafters besteuert werden. Bei Kapitalgesellschaften ist die Berücksichtigung dann nicht notwendig, wenn sich keine (größeren) Abweichungen zwischen Vorsteuer- und Nachsteuerrechnung ergeben würden. Die deutsche Bewertungspraxis der Berücksichtigung von Steuern auf Gesellschafterebene steht dabei im Gegensatz zur internationalen Praxis.[163] Man kann allerdings davon ausgehen, dass im Zuge der Internationalisierung der Bewertungslehre die deutsche Praxis auch wieder ver-

---

[158] Vgl. *Helbling* in: Peemöller: Praxishandbuch der Unternehmensbewertung, 716.

[159] Vgl. *Burger,* Jahresabschlussanalyse, 257.

[160] Vgl. *Klein/Jona*s in: Berens/Strauch/Knauer, Due Diligence bei Unternehmensakquisitionen, 151 f.

[161] Vgl. *Klein/Jonas* in: Berens/Strauch/Knauer, Due Diligence bei Unternehmensakquisitionen, 167.

[162] Vgl. *Behringer* in: Pfohl, Betriebswirtschaftslehre der Klein- und Mittelbetriebe, 472 f.

[163] Vgl. *Glaum/Hutzschenreuther,* Mergers & Acquisitions, 138.

stärkt zur Vorsteuerrechnung zurückkehren wird,[164] insbesondere auch weil amerikanischstämmige Investmentbanken und Wirtschaftsprüfungsgesellschaften einen außerordentlich hohen Einfluss auf die deutsche Bewertungspraxis ausüben.

Bei der Berücksichtigung von Steuern ist für kleine und mittlere Unternehmen insbe-　**91** sondere die **Veräußerung des Unternehmens aus Altersgründen** relevant. Der Fiskus fördert die Nachfolgeregelungen und die Altersversorgung von ausscheidenden Unternehmern mit steuerlichen Ermäßigungen. Bei einer Betriebsveräußerung unterliegt der Veräußerungsgewinn als außerordentliche Einkunft der Einkommensteuer. Das zu versteuernde Einkommen liegt bei dem Fünffachen der Differenz der Einkommensteuer ohne Berücksichtigung des Veräußerungsgewinns und der Einkommensteuer zuzüglich einem Fünftel des Veräußerungsgewinns. Dadurch wird erreicht, dass eine Verteilung des Veräußerungsgewinns auf fünf Jahre fingiert wird. Für Steuerpflichtige, die das 55. Lebensjahr vollendet haben oder im sozialversicherungsrechtlichen Sinne dauernd berufsunfähig sind, gibt es die Möglichkeit auf eine Ermäßigung, die auf Antrag gewährt wird. Diese gilt für Veräußerungsgewinne bis zu EUR 5 Mio. und ist damit insbesondere für KMU relevant. Dann ermäßigt sich der Steuersatz auf 56 % des durchschnittlichen Steuersatzes, jedoch mindestens 15 % (vgl. § 34 Abs. 3 EStG). Diese Ermäßigung wird nur einmal im Leben einer Person gewährt.[165] Sind die oben genannten Voraussetzungen erfüllt, so erhält der abgebenden Unternehmer einen einmaligen Freibetrag von EUR 45 000, der sich um denjenigen Betrag verringert, um den der Veräußerungsgewinn die Freibetragsgrenze von EUR 136 000 übersteigt. Zweck dieser Regelung ist die starke Förderung von Kleinunternehmern und der Sicherung ihrer Nachfolge. Stehen diese Ermäßigungen für den Veräußerer zur Verfügung, so sinkt ceteris paribus der errechnete Grenzpreis. Er ist bereit, dem Verkauf auch zu einem geringeren Preis zuzustimmen, da er eine niedrigere Steuerlast als ohne Ermäßigung tragen muss. Damit entsteht – dem steuerlichen Lenkungszweck dieser Regelung entsprechend – eine höhere Wahrscheinlichkeit, dass sich ein Käufer für ein Unternehmen findet, mit allen dazu gehörenden positiven volkswirtschaftlichen Folgen, wie z. B. dem Erhalt von Arbeitsplätzen.

Die Ebenen 1 und 2 der Besteuerung haben nur dann einen Einfluss auf den Unter-　**92** nehmenswert, wenn die steuerliche Behandlung zwischen Zähler (Einzahlungsüberschüsse aus der Investition in das Unternehmen) und Nenner (Investition am Kapitalmarkt) unterschiedlich ist. Da die Unterschiede in der Besteuerung auf Unternehmen und Vergleichsobjekt durch die **Abgeltungssteuer** geringer geworden sind, wird man sich wieder mehr der anglo-amerikanischen Praxis zuwenden, die auf die Einbeziehung der Besteuerung auf Anteilseignerebene verzichtet.[166] Allerdings kann die persönliche Besteuerung bei besonderen Fällen mit Gestaltungsspielräumen oder im internationalen Kontext sehr wohl beachtlich sein.

d) Abgrenzung des Bewertungsobjekts

Bei vielen mittelständischen Unternehmen stellt sich die Frage, welche Vermögens-　**93** gegenstände zu dem Unternehmen gehören, und welche eher dem **Privatvermögen** zuzurechnen sind. Häufig findet sich bei KMU im Privatbesitz eine Vermischung von Unternehmens- und Privatsphäre, die insbesondere beim Bewertungsanlass „Kauf“ und „Verkauf“ aufgelöst werden muss. Das Privatvermögen muss aus dem Unternehmen vor einer Unternehmenstransaktion herausgelöst werden. Für Bewertungszwecke ohne Eigentumswechsel müssen diese Vermögensgegenstände ebenfalls aus der Bewertung herausgenommen werden oder (z. B. im Falle eines überdimensionierten Dienstwagens) als zusätzliche Ausschüttung behandelt werden, die die bewertungsrelevanten Einzahlungsüberschüsse erhöht hat.

---

[164] Vgl. *Hachmeister/Kühnle/Lampenius,* WPg 2009, 1246.

[165] Vgl. *Juchum,* DB 2000, 343 ff.

[166] Vgl. *Gräfer/Ostmeier,* BBK 2000, 678 f.

Zudem gibt es häufig den Wunsch bestimmte Vermögensgegenstände, z. B. Gebäude oder Patente, bewusst ins Privatvermögen zu nehmen, um auch bei Schwierigkeiten des Unternehmens bis hin zur Insolvenz weiterhin über dieses Vermögen verfügen zu können. Im Falle eines Verkaufs müssen solche Vermögensgegenstände in die Vorschau der Einzahlungsüberschüsse mit den dann tatsächlich notwendigen Zahlungen, z. B. Mieten oder Lizenzzahlungen einfließen. Problematisch wird die Zuordnung von einzelnen Vermögensgegenständen immer dann, wenn sie sowohl privat als auch betrieblich genutzt werden können. Die private Nutzung muss bei diesem steuerlich als „gewillkürt" bezeichneten Vermögensgegenständen, die entweder der einen oder der anderen Sphäre zuzuordnen sind, wie ein Entgelt aus unternehmerischer Tätigkeit behandelt werden. Dabei ist darauf zu achten, dass die hier tatsächlich angesetzten Nutzungsentgelte vollständig, angemessen und marktüblich sind. Ist das nicht der Fall, so muss im Zuge der Unternehmensbewertung eine Anpassung erfolgen.[167]

94   In der Praxis wird das Problem der Abgrenzung des Bewertungsobjekts meist derart gelöst, dass eine **Stichtagsbilanz** auf den Tag der Übernahme aufgestellt wird. Ziel ist es, dass alle Chancen und Risiken des zu bewertenden Unternehmens darin enthalten sind und Klarheit besteht, was übertragen wird und was nicht. Problematischer ist die Abgrenzung des Bewertungsobjekts im Falle eines Asset Deals, bei dem nur die einzelnen Vermögensgegenstände eines Unternehmens übergehen. Beim Share Deal gehen dahingegen die Anteile des Unternehmens über, so dass die rechtliche Einheit des Unternehmens erhalten bleibt.[168] Schwierig ist die Übertragung auch immer dann, wenn zwischen dem Bewertungsstichtag und dem tatsächlichen Übergang des Unternehmens ein zeitlicher Abstand liegt. In diesem Falle liegt das Risiko nachteiliger Veränderungen beim Erwerber des Unternehmens. Insofern bedarf es eindeutiger und engmaschiger Regelungen für die Unternehmensführung und deren Kontrolle in dieser Zwischenzeit, um den Erwerber zu schützen.

95   Bei vielen Unternehmensübernahmen wird eine sog. *Cash-free / Debt-free*-Klausel vereinbart. Dies hat grundsätzlich keine Auswirkungen auf die Unternehmensbewertung, da diese nicht die einzelnen Vermögensgegenstände bewertet, sondern die gesamthafte Fortführung des Unternehmens. Veränderungen der Barmittel bzw. der Schulden zum Stichtag müssen aber zu Anpassungen des Unternehmenswerts führen, wenn dadurch Zuführungen von Cash durch den neuen Eigentümer notwendig sind.

e) Die Finanzierung von KMU und ihr Niederschlag in der Bewertung

96   Nach Berechnungen der Kreditanstalt für Wiederaufbau lag die durchschnittliche **Eigenkapitalquote** (Eigenkapital dividiert durch das Gesamtkapital des Unternehmens) 2018 bei 31,2 %.[169] Größere mittelständische Unternehmen haben dabei tendenziell höhere Eigenkapitalquoten. Es ist strittig, wo eine „richtige" oder „optimale" Eigenkapitalquote eines Unternehmens liegt. Auf der einen Seite bietet das Eigenkapital als Haftungskapital einen Risikoschutz, auf der anderen Seite kann man durch den Leverage-Effekt die Gesamtrendite eines Unternehmens durch die Aufnahme von Fremdkapital steigern.[170] Sollte ein Unternehmen eine zu geringe Eigenkapitalquote haben, so muss in der Bewertung berücksichtigt werden, dass nicht alle Mittel, die das Unternehmen als Einzahlungsüberschüsse erwirtschaftet auch tatsächlich für Ausschüttungen zur Verfügung stehen. Vielmehr müssen diese Mittel thesauriert werden bis zu dem Punkt, wo eine angemessene Ausstattung mit Eigenkapital erreicht wird. Dies mindert den Unternehmenswert.

---

[167] Vgl. *Zieger / Schütte-Biastoch,* FB 2008, 599.
[168] Vgl. *Behringer,* Unternehmenstransaktionen, 106 ff.
[169] Vgl. *KfW,* KfW Mittelstandspanel 2019.
[170] Vgl. zum Leverage-Effekt *Behringer,* Unternehmenstransaktionen, 37.

5. Die besondere Komplexität der Unternehmensbewertung bei kleinen und mittleren Unternehmen

Bei der Bewertung von kleinen und mittleren Unternehmen taucht ein besonderes **97** praktisches Problem auf. **Das Budget,** das ein potentieller Käufer oder Verkäufer für die Bewertung eines kleineren Unternehmens zur Verfügung hat, ist i. d. R. viel geringer als bei einem Großunternehmen.[171] Aus diesem Grund ist der Gutachter gehalten, die Bewertung möglichst kostengünstig zu gestalten. Die Komplexität der Bewertung muss folglich in der Praxis soweit wie möglich, d. h. ohne die Bewertungsergebnisse stark zu verfälschen, reduziert werden. Die untenstehende Abbildung zeigt den Zusammenhang schematisch auf: Der Buchwert lässt sich mit einem Blick aus der Bilanz ablesen, sagt aber wenig aus. Der Multiplikator ist ein schnelles aber ungenaues Verfahren mit Mängeln (siehe oben). Der Ertragswert erfordert eine umfassende Unternehmensanalyse und ist insoweit kostenintensiv in der Erstellung. Dabei muss darauf geachtet werden, dass nicht jeder Bewertungsanlass eine ausführliche Bewertung mit dem Ertragswertverfahren erfordert. Es gibt auch Situationen, z. B. wenn der Eigentümer lediglich eine Wertindikation haben will, in denen eine Bewertung mit dem Multiplikatorverfahren angemessen ist.[172]

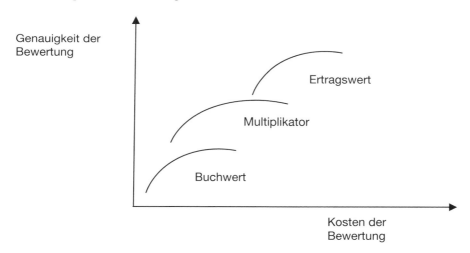

Abbildung: Zusammenhang zwischen der Genauigkeit und den Kosten der Bewertung[173]

Das Komplexitätsproblem wird noch dadurch verschärft, dass in kleinen und mittle- **98** ren Unternehmen oft grundlegende betriebswirtschaftliche Rechenwerke und Planungen, auf die sich ein Gutachter stützen könnte, fehlen bzw. nur mangelhaft vorhanden sind. Um eine gute Datenbasis für die Bewertung zu erhalten, müssten eigentlich sowohl ein Planungsinstrumentarium als auch ein betriebswirtschaftlichen Ansprüchen genügendes Rechnungswesen in dem Bewertungsobjekt implementiert werden. Dies würde den Rahmen einer Unternehmensbewertung – sowohl in finanzieller als auch in zeitlicher Hinsicht – sprengen. Daher steht der Gutachter in der Praxis vor der Situation, mit einer nur sehr geringen Datenbasis arbeiten zu müssen. Zur Prognose der Einzahlungsüberschüsse kann er eventuell auf Markt- und Branchenstudien aus öffentlich zugänglichen Quellen – Kammern, Branchenverbände, Banken, Wirtschaftsforschungsinstitute, Statistische Ämter

---

[171] Vgl. auch *Bremer* in: Rieper et al., FS Adam, 51.
[172] Vgl. *Jonas,* WPg 2011, 300.
[173] Vgl. *Jonas,* WPg 2011, 300.

des Bundes und der Länder etc. – zurückgreifen. Die Bemessung des angemessenen Unternehmerlohnes kann mit Gehaltsstudien, wie sie von Gewerkschaften, Personalberatern und Arbeitsämtern veröffentlicht werden, vereinfacht werden. Der Rückgriff auf Sekundäruntersuchungen beinhaltet aber das Problem, dass beim Bewertungsobjekt durchaus andere Entwicklungen als auf dem Gesamtmarkt möglich sind. Denkbar ist auch der Einsatz von Gutachtern, die auf bestimmte Branchen spezialisiert sind und aus diesem Grund einige Vorarbeiten – volkswirtschaftliche und branchenspezifische Entwicklungslinien – auf die nächste Bewertung übertragen können.

Da die Eigner von kleinen Unternehmen häufig technisch orientiert sind und wie schon ausgeführt das betriebswirtschaftliche Methodenwissen nicht immer sehr verbreitet ist, ergibt sich auch die Schwierigkeit, die Methode der Unternehmensbewertung zu kommunizieren. Wie gezeigt ist das Ertragswertverfahren ein investitionstheoretisch fundiertes Verfahren. Die Prämissen und die Logik der Investitionsrechnung sind aber nicht leicht an mit der betriebswirtschaftlichen Theorie nicht vertraute Personen zu kommunizieren.[174]

99 **Vereinfachungen,** die aus Budgetgründen vorgenommen werden, dürfen allerdings nicht zu erheblichen Abweichungen vom Wert, der bei voller Anwendung geeigneter Bewertungsverfahren für kleine und mittlere Unternehmen errechnet worden wäre, führen. Wäre dies der Fall, hätte dies unter Umständen erhebliche ökonomische Nachteile für den Mandanten zur Folge, die die Ersparnis bei der Bewertung übertreffen würden. Aus diesem Grund scheiden die Praktikerverfahren als alleiniges Bewertungsinstrument für Unternehmen – trotz ihrer schnellen und damit kostengünstigen Anwendung – aus. Die Bewertung bei kleinen und mittleren Unternehmen steht also vor einer ganz besonderen Problematik: Die für die Bewertung verfügbaren Geldmittel sind i. d. R. sehr gering. Die Bedingungen für die Bewertung in den Unternehmen sind allerdings so, dass sie eine besonders umfassende – und damit teure – Bewertung erfordern würden. Dieses Dilemma ist nicht vollständig aufzulösen. Vorsichtige Vereinfachungen, z. B. durch Rückgriff auf Marktstudien und ähnliches, sind notwendig. Allerdings muss sich der Gutachter dieser Vereinfachungen bewusst sein. Das Ertragswertverfahren und seine Modifikationen für kleine und mittlere Unternehmen stellen selbst schon erhebliche Vereinfachungen der Bewertung dar. Weitere Komplexitätsreduktionen erfordern daher große Vorsicht.

6. Verhältnis von Unternehmensbewertung, Kaufpreis und Preisberechnungsklauseln

100 Im Folgenden soll zunächst der auf der Hand liegende formale Zusammenhang zwischen Unternehmensbewertung und Kaufpreisfindung dargestellt werden. Anschließend wird auf Implikationen der Unternehmensbewertung auf die Kaufpreisfindung, wie sie in Kaufverträgen durch Klauseln vorgegeben wird, eingegangen werden.

101 Wenn auch Wert und Preis unterschiedliche Kategorien bezeichnen, so gibt es dennoch einen Zusammenhang zwischen beiden. Ein rationaler Verkäufer eines Unternehmens ist nur bereit, dem Verkauf zuzustimmen, wenn er den ausgehandelten Preis höher bewertet als das Eigentum an dem Unternehmen. Umgekehrt ist ein rationaler Käufer nur bereit, die Transaktion einzugehen, wenn er das Eigentum an dem Gut höher bewertet als den vereinbarten Preis.[175] Lässt man die Kosten der Transaktion (Berater, Notar etc.) außer Acht, lautet die Bedingung für einen Kauf:

$$W(K) \geq P$$

mit: $W(K)$ = Wert, den der Käufer dem Unternehmen zumisst
      P = Preis des Unternehmens

---

[174] Vgl. *Zieger/Schütte-Biastoch,* FB 2008, 592.
[175] Vgl. *Kraus-Grünewald,* BB 1995, 1839.

Umgekehrt ist die Bedingung für den Verkauf eines Unternehmens:

$$W(V) \leq P$$

mit: $W(V)$ = Wert, den der Verkäufer dem Unternehmen zumisst

Ein rational handelndes Wirtschaftssubjekt muss sich also vor der Transaktion über den Wert, den er einem Gut beimisst, klarwerden. Der Wert stellt den Grenzpreis dar, bei dem sich die Transaktion gerade noch lohnt. Wird der Wert durch den vereinbarten Preis unterschritten (aus Verkäufersicht) bzw. überschritten (aus Käufersicht), darf ein rational handelnder Entscheidungsträger die Transaktion nicht durchführen. Eine Transaktion wird nur stattfinden, wenn der Wert, den der Verkäufer dem Gut zumisst, nicht über dem Wert aus Sicht des Käufers liegt.[176]

Formal lautet die Bedingung für das Zustandekommen einer Transaktion: **102**

$$W(V) \leq W(K).$$

Der Wert ist zwar ein Faktor, der in die Preisbildung eingeht. Er ist aber regelmäßig vom Preis verschieden, wenn sie übereinstimmen, ist es Zufall. Ein gutes Verhandlungsergebnis liegt möglichst weit unter (aus Käufersicht) bzw. über dem Wert (aus Verkäufersicht), der die Grenze der Kompromissbereitschaft darstellt. Ziel einer Verhandlung muss es daher sein, möglichst nahe an den Wert zu kommen, den der Kontrahent dem Gut beimisst und damit seinen eigenen Vorteil zu maximieren.

Liegt ein Transaktionsbereich vor, so ist es für den potentiellen Verkäufer von großem Interesse Wettbewerb zwischen den möglichen Käufern herzustellen und damit den Preis für das Unternehmen nach oben zu treiben.[177]

Die Unternehmensbewertung ist Grundlage der Preisverhandlungen. Eine gute Mög-   **103** lichkeit ist es, die Annahmen, die der Bewertung zugrunde liegen, im Kaufvertrag abzusichern. Normalerweise werden die Vereinbarungen über den Kaufvertrag deutlich vor dem eigentlichen Vollzug der Unternehmenstransaktion durchgeführt. Es ergibt sich die Gefahr, dass beim Vollzug die Annahmen der Bewertung nicht mehr erfüllt sind. Die Bewertung muss, um sachgerecht zu sein, die Bedingungen zum Zeitpunkt des tatsächlichen Übergangs reflektieren.[178] Gerade ein Interregnum zwischen Bewertung und Vollzug eröffnet aber Möglichkeiten, dass sich die Grundlagen der Bewertung ändern, da Abläufe und anderes nicht mehr unter der „normalen" Managementkontrolle stehen. Hier empfiehlt sich vertragliche Vorsorge, die z. B. durch sog. **„Conditions Precedent"** – also an bestimmte Voraussetzungen geknüpfte Vollzugsbedingungen ergeben.[179] Daneben geben sogenannte MAC (Material Adverse Changes)-Klauseln Sicherheit. Bei diesen werden Vollzugsbedingungen (Erfüllung bestimmter finanzieller Kriterien, die Basis der Unternehmensbewertung waren) vereinbart oder die Möglichkeit zum Rücktritt bestimmt, wenn sich z. B. Bilanzrelationen oder andere Kennzahlen verändert haben.[180]

Eine andere Möglichkeit die Bewertung in die tatsächliche Kaufpreisfindung einzube-   **104** ziehen ist es, sich auf einzelne Komponenten oder Kategorien zu einigen. So kann der Marktzins oder ein Beta-Faktor eines Vergleichsunternehmens zugrunde gelegt werden. Der konkrete Wert für die Preisermittlung wird erst zum Stichtag der eigentlichen Übergabe berechnet. Gleiches gilt für die Zählergröße. Hier können Szenarien an die tatsächliche Erfüllung von Kennzahlen geknüpft werden. Wird beispielsweise eine bestimmte Eigenkapitalquote zum Bilanzstichtag vor der Übertragung erreicht, wird ein vorher defi-

---

[176] Vgl. *Schmidt,* Der Sachzeitwert als Übernahmepreis bei der Beendigung von Konzessionsverträgen, 9.

[177] Vgl. *Caumanns* in: Kiem, Kaufpreisregelungen beim Unternehmenskauf, § 2 Rn. 5.

[178] Vgl. *Kiem* in: Kiem: Kaufpreisregelungen beim Unternehmenskauf, Rn. 2.

[179] Vgl. z. B. *Holzapfel/Pöllath,* Unternehmenskauf in Recht und Praxis, Rn. 59.

[180] Vgl. *Duggal/Picot,* DB 2003, 2635 ff.; *Kiem* in: Kiem: Kaufpreisregelungen beim Unternehmenskauf, Rn. 9 ff.

niertes Szenario für die Bewertung zugrunde gelegt. Diese Vorgehensweise kann helfen, unüberbrückbare Gegensätze in der Verhandlung aufzulösen und ins Stocken geratene Verhandlungsprozesse wieder flott zu kriegen.

105–109   *(frei)*

III. Steuerliche Optimierung durch frühzeitige Strukturierung

1. Überblick über die Besteuerung des Unternehmensverkaufs

a) Steuerliche Unterscheidung zwischen Asset Deal und Share Deal

110   Die zivilrechtliche Unterscheidung zwischen Asset Deal und Share Deal[181] deckt sich nur teilweise mit der steuerlichen Sichtweise: Aus ertragsteuerlicher Sicht zu unterscheiden sind zum einen der Kauf bzw. Verkauf von Anteilen an Kapitalgesellschaften (= **„steuerlicher Share Deal"**), sodann der Kauf bzw. Verkauf einer Gesamtheit von Wirtschaftsgütern des steuerlichen Betriebsvermögens (= **„steuerlicher Asset Deal"**) sowie als dritte Variante der Kauf bzw. Verkauf von Anteilen an einer Personengesellschaft (steuerliche Mitunternehmerschaft, z. B. OHG, KG, GmbH & Co. KG). Insbesondere für den Unternehmenskäufer stellt sich der Kauf von Mitunternehmeranteilen an einer Personengesellschaft ertragsteuerlich als Kauf von Einzelwirtschaftsgütern dar, ist also dem „Asset Deal" eher vergleichbar als dem „Share Deal".[182] Denn der Erwerber von Anteilen an einer steuerlichen Mitunternehmerschaft erwirbt steuerlich gesehen (ggf. anteilig) die einzelnen Wirtschaftsgüter des Gesellschaftsvermögens (Transparenzprinzip).[183]

b) Steuerliche Zielsetzungen beim Unternehmenskauf

111   **aa) Steuerliche Ziele des Verkäufers.** Der Verkäufer möchte primär eine **Optimierung hinsichtlich der Versteuerung des Veräußerungsgewinns** erreichen. Soweit wie möglich soll aus Sicht des Verkäufers der Veräußerungsgewinn ganz oder teilweise steuerfrei vereinnahmt werden können.[184] Wenn dies nicht möglich ist, möchte der Verkäufer innerhalb der grundsätzlich in Betracht kommenden Besteuerungsregimes seinen Veräußerungsgewinn jedenfalls nicht zum vollen persönlichen Steuersatz (oder bei Kapitalgesellschaften als Verkäufer: nicht voll körperschaft- und gewerbesteuerpflichtig) vereinnahmen, sondern er möchte von Vergünstigungen wie etwa dem durchschnittlichen halben Steuersatz,[185] dem Teileinkünfteverfahren[186] oder, soweit der Verkäufer eine Kapitalgesellschaft ist, von der Quasi-Steuerfreistellung des § 8b Abs. 2 und 3 KStG[187] profitieren. Ggf. möchte der Verkäufer einen steuerbaren Veräußerungsgewinn steuerneutral auf eine Reinvestition übertragen. Wird ein **Veräußerungsverlust** erzielt, soll ein entstehender Verlust möglichst steuerlich nutzbar sein. Ein weiteres Ziel des Verkäufers ist die steuerliche Abziehbarkeit von Veräußerungskosten (Beratungskosten etc.). Soweit **Verkehrssteuern** in Bezug auf die Unternehmenskauftransaktion in Betracht kommen – was in Bezug auf die Umsatzsteuer grundsätzlich der Fall ist, in Bezug auf die Grunderwerbsteuer dagegen nur dann, wenn Grundstücke mitverkauft werden – ist der Verkäufer, ebenso wie der Käufer, an einer Minimierung solcher „steuerlicher Transaktionskosten" interessiert.[188]

---

[181] Siehe dazu Teil → A., Rn. 27 bis 31.

[182] *Kneip/Bagel* in: Kneip/Jänisch, Tax Due Diligence, S. 472.

[183] *Holzapfel/Pöllath,* Unternehmenskauf in Recht und Praxis, Rn. 235.

[184] Zu den steuerlichen Zielen des Unternehmensverkäufers siehe auch *Rödder/Hötzel/Mueller-Thuns,* Unternehmenskauf/Unternehmensverkauf, § 22 Rn. 2 f.

[185] Dazu unten → Rn. 117 ff.

[186] Dazu unten → Rn. 131 ff.

[187] Dazu unten → Rn. 173 ff.

[188] Dazu unten → Rn. 235 ff. und → Rn. 255 ff.

Gerade beim Verkauf mittelständischer Unternehmen finden sich häufig Konstellationen, in denen der Verkäufer oder die verkaufende Inhaberfamilie ein Interesse daran hat, bestimmte Teilbereiche oder Teilaktivitäten, oder auch nur bestimmte Assets wie insbesondere Immobilien, zurückzubehalten, d.h. nicht mit zu veräußern. Diese Zielsetzung aus Verkäufersicht führt oft zur Notwendigkeit von **Gestaltungen mit zeitlichem Vorlauf** vor Durchführung der Transaktion.[189] Sodann wird beim Verkauf des mittelständischen Unternehmens häufig die Frage relevant, wie mit einer in der Vergangenheit zugunsten des Betriebsinhabers von der verkauften Gesellschaft eingeräumten Pensionszusage zu verfahren ist; aus Sicht des Unternehmensverkäufers besteht die steuerliche Zielsetzung hierzu darin, eine typischerweise vom Käufer verlangte „Bereinigung" der Pensionszusage in steuerschonender Weise herbeizuführen.[190]

bb) Steuerliche Ziele des Käufers. Hauptziel des Käufers ist es, seine **Anschaf-** **112** **fungskosten** für das gekaufte Unternehmen in möglichst großem Umfang und in einem möglichst kurzen Zeitraum steuerlich abzusetzen, insbesondere durch steuerlich wirksame Abschreibungen.[191] Beim steuerlichen Asset Deal können die Anschaffungskosten grundsätzlich in steuerlich nutzbares Abschreibungsvolumen transformiert werden.[192] Beim steuerlichen Share Deal ist dies regelmäßig nicht der Fall.[193] Weiteres Ziel des Unternehmenskäufers ist es, seinen **Finanzierungsaufwand** steuerlich nutzbar zu machen, d.h. Zinsen, die er zur Kaufpreisfinanzierung zahlen muss, steuerlich abziehen zu können.[194] Weitere steuerliche Überlegung des Käufers ist es, ggf. beim gekauften Unternehmen vorhandene Verlustvorträge wenn möglich auch in Zukunft zu nutzen.[195] Sodann ist es Ziel des Käufers, durch die Schaffung entsprechender Erwerbsstrukturen von Anfang an einer Steueroptimierung eines späteren Exit zu arbeiten.[196] Schließlich ist auch der Käufer daran interessiert, **Verkehrssteuern** wie Grunderwerbsteuer und Umsatzsteuer auszuschalten bzw. zu minimieren.[197] Hat der Käufer bereits unternehmerische Aktivitäten, die durch die Akquisition erweitert werden, hat er im Rahmen seiner laufenden Steuerplanung ggf. auch ein Interesse daran, zukünftige Ergebnisse (Gewinne und Verluste) des akquirierten Unternehmens möglichst nahtlos mit Ergebnissen seines bestehenden Unternehmens verrechnen zu können.[198]

Auch aus Sicht des Verkäufers sollte der Steuerstatus des Käufers analysiert und in **113** die Überlegungen mit einbezogen werden. Zum einen gibt es in der Praxis häufig Konstellationen, in denen die Transaktion nur deshalb zustande kommt, weil der Verkäufer sich gedanklich auch „auf den Stuhl des Käufers setzt" und diesem durch geschickte Strukturvorschläge den Erwerb auch steuerlich schmackhaft macht. Sodann sind die **Steuerstruktur der Transaktion** und die absehbaren steuerlichen Folgen aus Sicht des Käufers ein **Teil der wert- und damit preisbestimmenden Faktoren.** Konkret bedeutet dies, dass eine für den Käufer günstige steuerliche Strukturierung unter Umständen zu einem höheren Netto-Kaufpreis für den Verkäufer führt. Die Praxis zeigt in der Tat, dass **Steuervor- bzw. Nachteile bei der Kaufpreisbemessung eine Rolle spielen.** In welchem Umfang dies der Fall ist, hängt von verschiedenen Faktoren ab,

---

[189] Dazu unten → Rn. 276 ff.

[190] Siehe zur Behandlung von Pensionszusagen beim Unternehmenskauf unten → Rn. 350 ff.

[191] Vgl. *Kneip/Bagel* in Kneip/Jänisch, Tax Due Diligence, S. 472; *Rödder/Hötzel/Mueller-Thuns,* Unternehmenskauf/Unternehmensverkauf, § 23 Rn. 1 f.

[192] *Stiller,* BB 2002, 2619, 2620; ferner unten → Rn. 187 ff.

[193] Vgl. dazu unten → Rn. 198 ff.

[194] *Rödder/Hötzel/Mueller-Thuns,* Unternehmenskauf/Unternehmensverkauf, § 23 Rn. 3; dazu auch unten → Rn. 196 und → Rn. 199 ff.

[195] Vgl. *Rödder/Hötzel/Mueller-Thuns,* Unternehmenskauf/Unternehmensverkauf, § 22 Rn. 4; siehe ferner unten → Rn. 220 ff.

[196] Siehe dazu unten → Rn. 416 ff.

[197] Dazu unten → Rn. 235 ff. und → Rn. 255 ff.

[198] *Kneip/Bagel* in Kneip/Jänisch, Tax Due Diligence, S. 472 sowie unten → Rn. 390 ff.

u. a. davon, wie konkret die eine Partei alternative Gestaltungen und damit einhergehende Steuervorteile der anderen Partei aufzeigen kann und mit welchen steuerlichen oder sonstigen Risiken der Eintritt dieser Steuervorteile verbunden ist.

Holzapfel/Pöllath weisen zu Recht darauf hin, dass die Kaufpreisauswirkungen von Steuerunterschieden sich bei der Preisfindung eines Unternehmenskaufs jedoch **meist nicht in voller Höhe** auswirken.[199] Hierzu können keine generellen Regelungen, aber zumindest folgende Tendenzen festgestellt werden:

– je „technisierter" der Verhandlungsprozess der Transaktion und je professioneller die Vertragsparteien sind, desto eher wird ein Unterschied in der Steuergestaltung auf die Kaufpreisbemessung durchschlagen;

– je konkreter die eine Partei der jeweils anderen Partei den Eintritt eines Steuervorteils darlegen kann, und je weniger Risiken die aufgezeigte Alternativgestaltung aufweist, desto höher wird die Kaufpreisauswirkung sein;

– steht der Transaktionsprozess unter besonderem Zeitdruck oder ist ein Kaufinteressent (z. B. strategischer Investor) unabhängig von steuerlicher Detailoptimierung am Kauf interessiert, kann ein Veräußerer eher eine für ihn individuell günstigere Gestaltung durchsetzen, ohne von den für ihn daraus entstehenden Steuervorteilen etwas an den Käufer „abgeben" zu müssen.

> **Praxishinweis:** Da insbesondere im Bereich des Verkaufs mittelständischer Unternehmen die Kaufpreisauswirkung von steuerlichen Gestaltungsalternativen tendenziell unvollkommen und unscharf ist, sollte u. E. jede Partei bzw. der Berater jeder Partei primär an der Verbesserung der eigenen Steuerposition arbeiten, und nur sekundär versuchen, über eine Kaufpreisauswirkung aufgezeigte Steuervorteile für die andere Partei zu monetarisieren.

2. Grundsätzliche Besteuerung des Unternehmensverkäufers

a) Verkauf von Betrieben, Teilbetrieben und Mitunternehmeranteilen

114   Der Verkauf von (steuerlichen) Betrieben, Teilbetrieben oder Mitunternehmeranteilen ist zum einen beim Verkauf des (gesamten) Einzelunternehmens, sodann beim Verkauf eines selbständigen, abgrenzbaren Unternehmensteils (Teilbetriebs) sowie schließlich beim Verkauf von Mitunternehmeranteilen an einer Personengesellschaft (OHG, KG, GmbH & Co. KG) gegeben. Verkauft werden hier aus steuerlicher Sicht **Wirtschaftsgüter des Betriebsvermögens bzw. steuerliche Mitunternehmeranteile.**

Für die steuerliche Behandlung im Weiteren muss danach unterschieden werden, ob der Unternehmer den Betrieb, Teilbetrieb oder Mitunternehmeranteil direkt gehalten hat, oder ob nicht er selbst, sondern eine von ihm beherrschte (Holding-)Kapitalgesellschaft das Unternehmen gehalten hat und dementsprechend diese beim Unternehmensverkauf als Verkäufer auftritt. Werden dagegen von vornehrein die Anteile an der Holding-Kapitalgesellschaft mit den darunter hängenden operativen (Personen-)Gesellschaften veräußert, handelt es sich um einen steuerlichen Share Deal.[200]

115   **aa) Veräußerer ist eine natürliche Person.** Nachfolgend wird die steuerliche Behandlung des Verkaufs von **Betrieben, Teilbetrieben oder Mitunternehmeranteilen** durch **natürliche Personen als Veräußerer** dargestellt. Siehe dazu die nachfolgende Abbildung:

---

[199] *Holzapfel/Pöllath*, Unternehmenskauf in Recht und Praxis, Rn. 237.

[200] Dazu unten → Rn. 146 ff. sowie *Rödder/Hötzel/Mueller-Thuns*, Unternehmenskauf/Unternehmensverkauf, § 22 Rn. 35 ff.

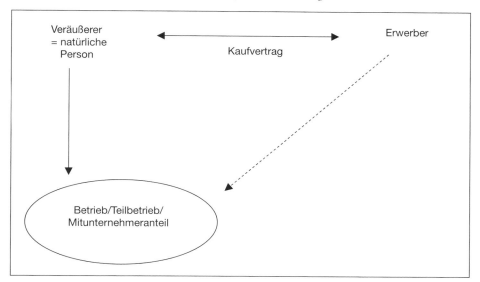

(1) Grundsatz: Volle Einkommensteuerpflicht. Grundsätzlich ist ein Veräußerungs- **116** gewinn voll einkommensteuerpflichtig, da steuerliches Betriebsvermögen veräußert wird.[201] Es ergibt sich grundsätzlich eine Einkommensteuerbelastung als laufender Gewinn entsprechend der Einkommensteuerprogression (Spitzensteuersatz 42%, ggf. „Reichensteuer" von weiteren 3%, zzgl. Solidaritätszuschlag und ggf. Kirchensteuer). Es werden Einkünfte aus Gewerbetrieb gemäß § 16 Abs. 1 Nr. 1 bzw. 2 EStG erzielt.

Wurde in der Vergangenheit die **Thesaurierungsbegünstigung** des § 34a EStG in Anspruch genommen, löst die Veräußerung die **Nachversteuerung** aus (§ 34a Abs. 6 Nr. 1 EStG).[202]

(2) Halber Steuersatz des § 34 Abs. 3 EStG. Wenn der Veräußerer das 55. Lebens- **117** jahr vollendet hat bzw. dauernd berufsunfähig[203] ist, gilt unter bestimmten Voraussetzungen der sog. **„halbe Steuersatz"** (präzise: 56% des durchschnittlichen Steuersatzes für das gesamte zu versteuernde Einkommen zuzüglich Progressionsvorbehalt) nach §§ 16, 34 Abs. 3 EStG.[204]

Dieser ermäßigte Steuersatz wird nur **für einen einzigen Veräußerungsvorgang im** **118** **Leben** gewährt,[205] und auch nur für einen Veräußerungsgewinn von **bis EUR 5 Mio. (Betragsgrenze).** Ein über die Betragsgrenze hinaus erzielter Veräußerungsgewinn unterliegt dagegen grundsätzlich dem vollen Steuersatz.[206]

Sodann kann die Tarifermäßigung des § 34 Abs. 3 EStG auch für solche Transaktionen, **119** bei denen **mehrere Betriebe oder Teilbetriebe oder Mitunternehmeranteile** in einem Veranlagungszeitraum oder sogar mit einem Unternehmenskaufvertrag veräußert werden, nur einmal (d.h. nur für einen Betrieb, einen Teilbetrieb oder einen Mitunternehmeranteil) in Anspruch genommen werden (§ 34 Abs. 3 Satz 5 EStG). Der Steuerpflichtige hat jedoch ein **Wahlrecht,** auf welchen Veräußerungsgewinn er die Begünstigung anwenden

---

[201] *Rödder/Hötzel/Mueller-Thuns,* Unternehmenskauf/Unternehmensverkauf, § 22 Rn. 13 ff.

[202] Siehe dazu *Reiß* in: Kirchhof, EStG, § 34a EStG, Rn. 78 ff.; *Wacker* in: Schmidt, EStG, § 34a EStG Rn. 60 ff.

[203] Zur Definition der Berufsunfähigkeit in diesem Sinne siehe Verfügung der OFD Niedersachsen vom 20.12.2011 – S 2242 94-St 221/St 222, DB 2012, 377.

[204] Vgl. *Rödder/Hötzel/Mueller-Thuns,* Unternehmenskauf/Unternehmensverkauf, § 22 Rn. 16 ff.

[205] *Wacker* in: Schmidt, EStG, § 34 EStG Rn. 55; *Mellinghoff* in: Kirchhof, EStG, § 34 EStG Rn. 45.

[206] *Wacker* in: Schmidt, EStG, § 34 EStG Rn. 60.

möchte.[207] Die Veräußerung des Mitunternehmeranteils an der Obergesellschaft bei einer **doppelstöckigen Personengesellschaft** wird nach herrschender Auffassung als ein einheitlicher Vorgang behandelt, auf den insgesamt die §§ 16 Abs. 4 bzw. 34 Abs. 3 EStG anzuwenden sind, ohne Rücksicht darauf, inwieweit der Veräußerungsgewinn wertmäßig auf die Ober- und inwieweit auf die Untergesellschaft entfällt.[208]

Praxishinweis: Im Rahmen der der Veräußerung vorangehenden Steuerplanung kann hier ggf. gestaltet werden. Klar ist, dass der Veräußerer in solchen Fällen z. B. bei der Veräußerung von Anteilen an mehreren Schwester-Kommanditgesellschaften die Tarifermäßigung des § 34 Abs. 3 EStG für die Veräußerung desjenigen Mitunternehmeranteils beantragen wird, auf den der relativ gesehen höchste Kaufpreis entfällt. Daneben ist dann noch zu prüfen, inwieweit im Vorfeld der Veräußerung eine Zusammenführung der Mitunternehmerschaften zu „einem" Mitunternehmeranteil erreicht werden kann; siehe hierzu unten Rn. 188.

Gehört dagegen ein **Mitunternehmeranteil zum Betriebsvermögen eines Einzelunternehmers,** wird dieser Vorgang nach Auffassung der Finanzverwaltung so beurteilt, als dass es sich im Falle der Veräußerung des Einzelunternehmens mit samt dem Mitunternehmeranteil steuerlich um zwei getrennt voneinander zu beurteilende Rechtsakte handeln soll, für die die Anwendbarkeit der § 16 Abs. 4 bzw. § 34 Abs. 3 EStG jeweils gesondert zu prüfen ist.[209]

120   **(a) Grundvoraussetzungen.** Grundvoraussetzung für die Nutzung von § 34 Abs. 3 EStG ist, dass eine Betriebsveräußerung nach § 16 Abs. 1 EStG gegeben ist, also die Veräußerung des ganzen Betriebs oder eines Teilbetriebs oder die Veräußerung des gesamten Mitunternehmeranteils. Dies ist bei Unternehmensverkäufen im Ganzen grundsätzlich gegeben.

Klärungsbedürftig ist jedoch der Begriff des **Teilbetriebs.** Dem § 16 Abs. 1 Nr. 1 EStG liegt der **nationale Teilbetriebsbegriff** zugrunde, nicht der nach Auffassung der Finanzverwaltung im Umwandlungssteuerrecht geltende EU-Teilbetriebsbegriff gemäß Art. 2j der Fusionsrichtlinie.[210] Der Begriff des Teilbetriebs ist abzugrenzen von bloßen **unselbständigen Betriebsteilen, einzelnen Betriebsmitteln oder betrieblichen Funktionen.** Teilbetrieb im Sinne des § 16 Abs. 1 Nr. 1 EStG – und dieser Begriff ist auch für die Frage der Anwendbarkeit des § 34 Abs. 3 EStG maßgeblich – ist ein mit einer gewissen Selbständigkeit ausgestatteter, organisch geschlossener Teil des Gesamtbetriebs, der für sich allein lebensfähig ist.[211] Ein Teilbetrieb umfasst daher regelmäßig mehrere Wirtschaftsgüter, während nur einzelne Wirtschaftsgüter i. d. R. bloße Betriebsmittel darstellen, deren Veräußerung zu laufendem Gewinn führt. Allein lebensfähig ist ein Teil des Gesamt-betriebs, wenn mit ihm seiner Struktur nach eigenständig eine betriebliche Tätigkeit ausgeübt werden kann.[212] Notwendig sind für das Vorliegen eines Teilbetriebs regelmäßig ein eigener Kundenstamm und eigene Einkaufsbeziehungen. Wichtige Indizien sind eine örtliche Trennung

---

[207] *Wacker* in: Schmidt, EStG, § 34 EStG Rn. 55; *Horn* in: Herrmann/Heuer/Raupach, EStG/KStG, § 34 EStG Rn. 81.

[208] R 16 Abs. 13 Satz 8 EStR; OFD Koblenz vom 28.2.2007, aktualisiert am 15.3.2007 – S 2243 A – St 31 3, DStR 2007, 992; OFD Frankfurt am Main vom 16.9.2014 – S 2241 A – 99 – St 213, DStR 2014, 2180; *Kobor* in: Herrmann/Heuer/Raupach, EStG/KStG, § 16 EStG Rn. 730; *Rödder/Hötzel/Mueller-Thuns,* Unternehmenskauf/Unternehmensverkauf, § 24 Rn. 102; *Förster* DB 2002, 1394, 1396; a. A. *Wacker* in: Schmidt, EStG, § 16 EStG Rn. 582. Rechtsprechung des BFH zu dieser Thematik fehlt bislang.

[209] So OFD Frankfurt am Main vom 16.9.2014 – S 2241 A – 99 – St 213, DStR 2014, 2180.

[210] *Wacker* in: Schmidt, EStG, § 16 EStG Rn. 141 m. w. N.

[211] *Wacker* in: Schmidt, EStG, § 16 EStG Rn. 143 m. w. N.; *Reiß* in: Kirchhof, EStG, § 16 EStG Rn. 54.

[212] BFH vom 19.2.1976 – IV R 179/72, BStBl. II 1976, 415, 416.

(z. B. eigene Räumlichkeiten), der Einsatz eigenen Personals sowie eine gesonderte Buchführung oder Kostenrechnung und eine selbständige Preisgestaltung.

> **Praxishinweis:** Den einzelnen Merkmalen für die Abgrenzung, ob ein Teilbetrieb vorliegt oder nicht, kommt nicht jeweils für sich gesehen absolute Bedeutung zu. Vielmehr ist eine Gesamtschau vorzunehmen, bei der es auch auf die Art des Betriebs und seiner Tätigkeit ankommt.[213]

Als **Teilbetrieb gilt** eine im Betriebsvermögen des Veräußerers gehaltene **100%ige Beteiligung an einer Kapitalgesellschaft** (§ 16 Abs. 1 Nr. 1 Satz 2 EStG). Das Gesetz stellt eine solche Beteiligung für Zwecke der Anwendung der §§ 16, 34 EStG kraft Fiktion einem echten Teilbetrieb gleich.

(b) Aufdeckung stiller Reserven. Weiter ist erforderlich, dass alle stillen Reserven ins-   **121** gesamt und in einem Akt realisiert werden, d. h. alle **wesentlichen Betriebsgrundlagen des Betriebsvermögens** müssen an den Erwerber mitübertragen werden. Werden wesentliche Betriebsgrundlagen dagegen als Betriebsvermögen des Veräußerers zurückgehalten, liegt insgesamt keine (Teil-)Betriebsveräußerung i. S. d. §§ 16, 34 EStG vor.[214] In diesen Fällen erzielt der Veräußerer stattdessen laufenden Gewinn aus der Veräußerung einzelner Wirtschaftsgüter des Betriebsvermögens. Die „**Wesentlichkeit**" bestimmt sich dabei zum einen funktional (z. B. nicht kurzfristig wiederbeschaffbares Anlagevermögen), zum anderen aber auch quantitativ (Wirtschaftsgüter, die erhebliche stille Reserven enthalten) **(kombiniert funktional–quantitative Betrachtungshinweise).**[215] Speziell bei der Veräußerung von steuerlichen Mitunternehmeranteilen (z. B. Veräußerung einer Kommanditbeteiligung) ist weitere Voraussetzung für die Vergünstigung nach § 34 Abs. 3 EStG, dass vorhandenes **Sonderbetriebsvermögen** dann mitveräußert werden muss, wenn es sich um wesentliches Sonderbetriebsvermögen handelt.[216]

Wesentliche Betriebsgrundlagen in diesem Sinne sind in funktionaler Hinsicht   **122** i. d. R. die bedeutenden Wirtschaftsgüter des **Anlagevermögens** wie insbesondere Betriebsgrundstücke, Maschinen- und Betriebsvorrichtungen als solche, nicht dagegen kurzfristig wiederzubeschaffende einzelne Wirtschaftsgüter des Anlagevermögens, jedenfalls dann nicht, wenn sie von relativ geringem Wert sind.[217] Wesentliche Betriebsgrundlagen können auch **immaterielle Wirtschaftsgüter** wie z. B. öffentlich-rechtliche Genehmigungen, Namensrechte oder wichtige Verträge wie z. B. ein Bezirkshändlervertrag sein.[218] **Umlaufvermögen** ist dagegen grundsätzlich kurzfristig wieder beschaffbar und stellt daher meist keine wesentliche Betriebsgrundlage dar. Anders kann dies jedoch im Einzelfall bei einem nicht ohne weiteres leicht wieder zu beschaffenden Warenbestand eines Produktionsunternehmens sein, oder bei Einzelhandelsunternehmen, bei denen das Warenlager nach der Rechtsprechung des BFH sogar i. d. R. zu den wesentlichen Betriebsgrundlagen gehört.[219]

Beispiel: Teppichgroßhändler X veräußert sein Einzelunternehmen. Er hat mit wertvollen Orientteppichen gehandelt, und zwar sowohl mit Neuware wie auch mit antiquarischen bzw. gebrauchten Teppichen. Werden hier die Teppiche, die bilanziell zum Umlaufvermögen zählen, im

---

[213] Siehe zur umfangreichen Kasuistik zum Teilbetrieb das „ABC des Teilbetriebs" bei *Wacker* in: Schmidt, EStG, § 16 EStG Rn. 160.

[214] BFH vom 17.3.2010 – IV R 41/07, DStR 2010, 922, 924; *Wacker* in: Schmidt, EStG, § 16 EStG Rn. 94.

[215] Ständige Rechtsprechung, vgl. nur BFH vom 2.10.1997 – IV R 84/96, BStBl. II 1998, 104; BFH vom 25.2.2010 – IV R 49/08, BStBl. II 2010, 726, 727.

[216] Zu weiteren Details siehe *Prinz*, DB 2010, 972.

[217] *Wacker* in: Schmidt, EStG, § 16 EStG Rn. 103 m. w. N. aus der kasuistisch geprägten Rechtsprechung des BFH zu diesem Themenkomplex.

[218] *Wacker* in: Schmidt, EStG, § 16 EStG Rn. 104 m. w. N.

[219] Vgl. z. B. BFH vom 29.11.1988 – VIII R 316/82, BStBl. II 1989, 602, 604.

Rahmen der Unternehmensveräußerung im Ganzen zurückbehalten, liegt grundsätzlich ein schädliches Zurückhalten wesentlicher Betriebsgrundlagen vor.[220]

Wird wesentliches Sonderbetriebsvermögen aufgrund des Verkaufs des Mitunternehmeranteils zu steuerlichem Privatvermögen (z. B. Zurückbehalten des Sonderbetriebsvermögens in Form eines vermieteten Grundstücks beim Veräußerer als Privatvermögen), führt dies dazu, dass **insgesamt die Aufgabe eines Mitunternehmeranteils** angenommen wird.[221] Da aber auch dann sämtliche stillen Reserven, auch die im Sonderbetriebsvermögen, in einem einheitlichen Vorgang aufgedeckt werden, ist dies nicht steuerschädlich, d. h. dann ist auf den entstehenden Gewinn – freilich als Aufgabegewinn – insgesamt der begünstigte Steuersatz anzuwenden.

> **Praxishinweis:** Soll das Sonderbetriebsvermögen vom Verkäufer weitergeführt werden, aber steuerliches Betriebsvermögen bleiben, weil eine Realisierung der darin bestehenden stillen Reserven nicht gewollt ist, sind gestaltende Maßnahmen im Vorfeld des Verkaufs erforderlich.[222]

Das „Ausgliedern" von Mitunternehmeranteilen, Teilbetrieben oder fiktiven Teilbetrieben i. S. d. § 16 Abs. 1 Nr. 1 Satz 2 EStG aus dem zu verkaufenden Betrieb, Teilbetrieb oder Mitunternehmeranteil stellt dagegen auch bei engem zeitlichem Zusammenhang zur Veräußerung keine schädliche Maßnahme dar.[223]

123   Die wesentlichen Betriebsgrundlagen müssen an den Erwerber **veräußert** werden.[224] Werden sie an ihn **nur zur Nutzung überlassen** (z. B. aufgrund von Miet- oder Pachtverträgen), liegt **keine Veräußerung** im Ganzen vor und kann damit die Tarifvergünstigung nach § 34 Abs. 3 EStG nicht erreicht werden.[225] Insbesondere Sonderbetriebsvermögen in Form von Betriebsgrundstücken, die typischerweise wesentliche Betriebsgrundlagen darstellen, kann daher nicht einfach nach der Veräußerung des Einzelunternehmens/ Mitunternehmeranteils vom Veräußerer im Betriebsvermögen zurückbehalten und dann pachtweise an den Erwerber weiterüberlassen werden. Hier sind vielmehr entsprechende Gestaltungen im Vorfeld der Veräußerung anzustreben; siehe dazu unten → Rn. 234 ff.

124   Werden **Wirtschaftsgüter, die nicht zu den wesentlichen Betriebsgrundlagen gehören,** zurückbehalten, schadet dies für die Anwendbarkeit des § 34 Abs. 3 EStG nicht. Solche Wirtschaftsgüter können sowohl zu Buchwerten vorab in ein anderes Betriebsvermögen des Veräußerers überführt werden (z. B. nach § 6 Abs. 5 EStG), sie können des Weiteren auch ins Privatvermögen überführt werden (was ohnehin nie schädlich ist, weil dann ggf. insgesamt eine Betriebsaufgabe vorliegt, siehe oben → Rn. 92). Werden solche Wirtschaftsgüter ins Privatvermögen übernommen, ist ihr gemeiner Wert dem Veräußerungspreis hinzuzurechnen und der sich hieraus ergebende Teil des Gewinns ist Teil des begünstigten Veräußerungsgewinns.[226] Werden vom Veräußerer Wirtschaftsgüter, die ihrer Art nach grundsätzlich nur betrieblich genutzt werden können, zurückbehalten (z. B. Waren), handelt es sich dabei um sog. **Zwangs-Restbetriebsvermögen;** dieses Zwangs-Restbetriebsvermögen kann nicht in das Privatvermögen überführt werden, sondern bleibt Betriebsvermögen. Eine spätere Veräußerung führt zu nachträglichen gewerblichen Einkünften nach § 24 Nr. 2 EStG.[227] Wirtschaftsgüter, die dagegen auch privat genutzt werden

---

[220] Vgl. *Wacker* in: Schmidt, EStG, § 16 EStG Rn. 106 m. w. N.

[221] *Wacker* in: Schmidt, EStG, § 16 EStG Rn. 414.

[222] Siehe dazu → Rn. 276 ff.

[223] BFH vom 25.2.2010 – IV R 49/08, DStR 2010, 1025.

[224] *Reiß* in: Kirchhof, EStG, § 16 EStG Rn. 48 ff.

[225] Vgl. dazu den Fall BFH vom 24.10.2001 – X R 118/98, BFH/NV 2002, 1130 sowie *Wacker* in: Schmidt, EStG, § 16 EStG Rn. 120.

[226] BFH vom 29.10.1987 – IV R 93/85, BStBl. II 1988, 374, 376.

[227] *Wacker* in: Schmidt, EStG, § 16 EStG Rn. 123.

können (sog. **Wahl-Restbetriebsvermögen**), kann der Steuerpflichtige auch im Zusammenhang mit der Betriebsveräußerung zum gemeinen Wert ins Privatvermögen überführen (§ 16 Abs. 3 Satz 7 EStG); auch insoweit ist der sich daraus ergebende Gewinn Teil des begünstigten Veräußerungsgewinns.[228]

(c) **Zeitliche Vorgaben** für das Eintreten der Voraussetzungen des § 34 Abs. 3 EStG: In **125** zeitlicher Hinsicht gilt, dass § 34 Abs. 3 EStG nach Auffassung der Finanzverwaltung und h. L. nur dann erfüllt ist, wenn die Voraussetzungen „Vollendung des 55. Lebensjahres" oder „dauernde Berufsunfähigkeit" schon bei Betriebsveräußerung (und nicht erst mit Ablauf des Veranlagungszeitraums der Veräußerung) erfüllt sind.[229] Aufgrund des Wortlauts der Vorschrift, verbunden mit dem allgemeinen Prinzip, dass die Einkommensteuer jährlich mit Ablauf des Kalenderjahres entsteht (§§ 2 Abs. 7, 36 Abs. 1 EStG), reicht es nach der Gegenauffassung aus, wenn mit Ablauf desjenigen Veranlagungszeitraums/Kalenderjahres, in dem der Veräußerungsgewinn erzielt wird, das 55. Lebensjahr vom Veräußerer vollendet wird oder dieser dauernd berufsunfähig geworden ist.[230]

> **Praxishinweis:** In solchen Fällen sollte in der Gestaltungspraxis daher entweder gewartet werden oder entsprechend Rn. 325 ff. unten gestaltet werden. In Fällen der Abwehrberatung sollte versucht werden, im Einspruchs- und Klagewege ggf. eine gerichtliche Klärung gegen die Auffassung der Finanzverwaltung zu erreichen.

(d) **Beendigung der bisherigen gewerblichen Tätigkeit.** Weitere Voraussetzung für **126** die Anwendbarkeit der Tarifermäßigung nach § 34 Abs. 3 EStG ist die Beendigung der bisherigen gewerblichen Tätigkeit. Der Veräußerer muss dafür *die* Tätigkeit, die er mit dem veräußerten Betrieb ausgeübt hat, einstellen. Die Voraussetzung des Einstellens der bisherigen gewerblichen Tätigkeit setzt voraus, dass diese in dem bisherigen örtlichen Wirkungskreis endgültig oder jedenfalls wenigstens **„für eine gewisse Zeit"** eingestellt wird und die wesentlichen vermögensmäßigen Betriebsgrundlagen wie insbesondere der Kundenstamm entgeltlich und definitiv auf einen anderen übertragen werden (Betriebsveräußerung) oder alternativ zerschlagen werden (Betriebsaufgabe durch Betriebseinstellung).[231] Wann eine „definitive" Übertragung der wesentlichen Betriebsgrundlagen vorliegt, hängt jeweils von den Umständen des Einzelfalls ab; eine starre zeitliche Grenze, nach der die Tätigkeit steuerunschädlich wieder aufgenommen werden kann, besteht nicht.[232] Dies bedeutet insbesondere, dass der Veräußerer nicht mit dem als Teil des Betriebs veräußerten Kundenstamm im wesentlichen Umfang *auf eigene Rechnung* Geschäfte machen darf, wobei in Anlehnung an die Rechtsprechung zu § 18 EStG hier nach h. M. ein Rückbehalt von **bis zu 10 %** der bestehenden Kundenbeziehungen unschädlich ist (und gleiches auch für die Hinzugewinnung neuer Kunden im Rahmen dieser Geringfügigkeitsgrenze gilt).[233] Die „definitive" Übertragung der wesentlichen vermögensmäßigen Betriebsgrundlagen wie z. B. des Kundenstamms lässt sich in der Praxis regelmäßig erst nach einem gewissen Zeitablauf abschließend beurteilen. Sie hängt von den objektiven Umständen des Einzelfalls ab. Schädlich kann z. B. je nach Einzelfall die Wiederaufnahme der Tätigkeit unter Fortführung wesentlicher Teile des verkauften Mandantenstamms in

---

[228] *Wacker* in: Schmidt, EStG, § 16 EStG Rn. 124.
[229] BMF vom 20.12.2005 – S 2242-18/05-IV B 2, DB 2006, 17; ebenso *Wacker* in: Schmidt, EStG, § 16 EStG Rn. 579; *Mellinghoff* in: Kirchhof, EStG, § 34 EStG Rn. 48.
[230] So *Rödder/Hötzel/Mueller-Thuns*, Unternehmenskauf/Unternehmensverkauf, § 24 Rn. 163.
[231] BFH vom 21.8.2018 –VIII R 2/15, DStR 2018, 2519.
[232] BFH vom 11.2.2020 – VIII B 131/19, DStR 2020, 486; FinMin Sachsen-Anhalt vom 14.5. 2020 – 45-S 2242-85, DB 2020, 1372.
[233] *Wacker* in: Schmidt, EStG, § 16 EStG Rn. 98 m. w. N.; BFH vom 11.2.2020 – VIII B 131/19, DStR 2020, 486; FinMin Sachsen-Anhalt vom 14.5.2020 – 45-S 2242-85, DB 2020, 1372.

einem überschaubaren zeitlichen Zusammenhang nach Betriebsveräußerung sein.[234] Nicht schädlich ist dagegen eine anderweitige (z. B. branchenverschiedene) gewerbliche Tätigkeit.[235] Auch die freie Mitarbeit des Veräußerers im veräußerten Betrieb ist unschädlich.[236] Generell stellt eine weitere Tätigkeit des Veräußerers *für Rechnung des Erwerbers* keine schädliche Weiterbetätigung dar.

Häufig verlangt der Erwerber vom Veräußerer, dass dieser für eine bestimmte Zeit übergangsweise und mit dem Ziel der geordneten Überleitung des Unternehmens noch weiter tätig bleibt. Wird eine solche Tätigkeit als Beratervertrag oder als befristetes Anstellungsverhältnis (z. B. Weiterführung des alten Geschäftsführervertrags für eine Nachlauffrist von einem Jahr) ausgestaltet, so wird der Veräußerer jeweils für Rechnung des Erwerbers tätig; eine Gefährdung der Tarifermäßigung nach § 34 Abs. 3 EStG droht in solchen Fällen grundsätzlich nicht.

127 Eine Betriebsveräußerung im Ganzen liegt nicht vor, wenn der **Veräußerer den Betrieb** anschließend **vom Erwerber zurückpachtet**; in diesem Fall liegt laufender Gewinn vor.[237]

Beispiel: Unternehmer U ist 56 Jahre alt. Er veräußert seine als Einzelunternehmen geführte Gaststätte mit samt Immobilie an den Erwerber E. Mit E wird jedoch ein Vertrag über eine Zurückverpachtung der Gaststätte für einen Zeitraum von 10 Jahren geschlossen. Danach erst will E die Gaststätte selbst betreiben bzw. einen anderen Pächter als Betreiber einsetzen. Hier liegt keine Betriebsveräußerung im Ganzen vor, weil U seine gewerbliche Tätigkeit nicht endgültig einstellt.

128 **(3) Nichtanwendbarkeit des § 34 Abs. 3 EStG.** In den folgenden Fällen kommt die Tarifermäßigung nach **§ 34 Abs. 3 EStG** dagegen **nicht zur Anwendung**:

- Veräußerung eines Teil-Mitunternehmeranteils (vgl. § 16 Abs. 1 Satz 2 EStG);
- *soweit* außerordentliche Einkünfte dem Teileinkünfteverfahren unterliegen (§ 34 Abs. 2 Nr. 1, § 3 Nr. 40 Buchst. b, § 3c Abs. 2 EStG);
- *soweit* auf der Seite des Veräußerers und auf der Seite des Erwerbers dieselbe Person Unternehmer oder Mitunternehmer ist, da der Veräußerungsgewinn insoweit nach § 16 Abs. 2 Satz 3 EStG laufender Gewinn ist und es sich damit nicht um außerordentliche Einkünfte handelt;[238]
- *sofern* der Veräußerer die Tätigkeit, die er mit dem veräußerten Betrieb ausgeübt hat, nicht endgültig bzw. wenigstens „für eine gewisse Zeit" einstellt;[239]
- *sofern* der Fall einer Aufnahme eines weiteren Gesellschafters in ein Einzelunternehmen gegen Zuzahlung (auch) in das Privatvermögen des bisherigen Einzelunternehmers vorliegt, da die Teilveräußerung eines Einzelunternehmens nicht von §§ 34 Abs. 2 Nr. 1, 16 Abs. 1 Nr. 1 EStG erfasst ist;[240]
- *sofern* der Steuerpflichtige auf den Veräußerungsgewinn § 6b EStG (bzw. § 6c EStG für § 4 Abs. 3 EStG-Rechner) anwendet (§ 34 Abs. 1 Satz 4 und Abs. 3 Satz 6 EStG);

---

[234] Siehe dazu BFH vom 21.8.2018 – VIII R 2/15, DStR 2018, 2519 für die Wiederaufnahme der Tätigkeit eines Freiberuflers, der seine Tätigkeit nach der Praxisveräußerung als freier Mitarbeiter für den Praxiserwerber fortgesetzt hatte, unter Mitnahme wesentlicher Teile des verkauften Mandantenstamms 22 Monate nach Betriebsveräußerung. Der Grundgedanke der Entscheidung ist auf Gewerbetreibende übertragbar. Eine starre Frist gebt es aber insoweit nicht, dementsprechend ist auch keine feste „Wartezeit" von mindestens drei Jahren einzuhalten (BFH vom 11.2.2020 – VIII B 131/19, DStR 2020, 486).

[235] Vgl. *Scheifele* in: Meyer-Sparenberg/Jäckle, Beck'sches M&A-Handbuch, § 26 Rn. 10.

[236] BFH vom 17.7.2008 – X R 40/07, BStBl. II 2009, 43, 44.

[237] BFH vom 2.9.1992 – XI R 26/91, BFH/NV 1993, 161, 162; *Schießl*, DStZ 2007, 113.

[238] Dazu siehe *Stahl* in: Korn, EStG, § 16 Rn. 220 ff. und *Kobor* in: Herrmann/Heuer/Raupach, EStG/KStG, § 16 EStG Rn. 455 ff.

[239] Siehe oben → Rn. 126.

[240] Vgl. *Stahl* in: Korn, EStG, § 16 Rn. 49.

– *sofern* die Veräußerung gegen Leib- bzw. Zeitrentenzahlung erfolgt und der Veräußerer *insgesamt* die Zuflussbesteuerung wählt.[241]

(4) Fünftel-Regelung des § 34 Abs. 1 EStG. Kommt der halbe durchschnittliche **129** Steuersatz z. B. wegen Unterschreiten der Altersgrenze nicht in Betracht, kann die **Fünftel-Regelung nach § 34 Abs. 1 EStG** zumindest eine Progressionsmilderung bewirken, relevant ist dies aber nur bei kleineren Transaktionen.[242] Die Fünftel-Regelung fällt im Ergebnis nämlich nur dann ins Gewicht, wenn die übrigen Einkünfte des Verkäufers, zuzüglich eines Fünftels des Veräußerungsgewinns, unterhalb der oberen Proportionalzone des Steuertarifs („Spitzensteuersatz") liegen.[243]

> **Praxishinweis:** Der steuerliche Effekt der Fünftel-Regelung kann dadurch erhöht werden, dass in dem Jahr, in dem die außerordentlichen Einkünfte erzielt werden, die übrigen Einkünfte des Verkäufers möglichst reduziert werden (z. B. Verlustzuweisungen oder auch Wahl des Übertragungsstichtags „1.1.", wenn die aktive Tätigkeit des Veräußerers mit wesentlichen laufenden Einkünften im alten Jahr endet).[244]

Vorteil der Fünftel-Regelung ist es jedoch, dass sie auch mehrmals im Leben eines Steuerpflichtigen anwendbar ist, insoweit also kein „Verbrauch" eintritt.[245]

(5) Freibetrag des § 16 Abs. 4 EStG. Neben der Begünstigung des „halben Steuersat- **130** zes" nach § 34 Abs. 3 EStG oder der Fünftel-Regelung nach § 34 Abs. 1 EStG erhält der Veräußerer einen **Freibetrag nach § 16 Abs. 4 EStG** in Höhe von bis zu EUR 45 000, der jedoch je nach Höhe des Veräußerungsgewinns eine wirtschaftlich kleine bzw. gar keine Rolle spielt, weil der Freibetrag bei Veräußerungsgewinnen von mehr als EUR 136 000 ratierlich abgeschmolzen wird (und damit im Ergebnis ab einem Veräußerungsgewinn von EUR 181 000 nicht mehr gewährt wird).[246]

Beispiel: A ist 60 Jahre alt. Er veräußert seinen gesamten Gewerbebetrieb im VZ 2020 an Käufer K. Der Veräußerungsgewinn beträgt EUR 100 000. Der Freibetrag wird hier insgesamt gewährt, denn der Veräußerungsgewinn überschreitet nicht die Freigrenze. Auch eine ratierliche Kürzung des Freibetrags erfolgt hier nicht. Es wird der volle Freibetrag von EUR 45 000 gewährt.

Auch der Freibetrag nach § 16 Abs. 4 EStG wird, wie der „halbe Steuersatz" nach § 34 Abs. 3 EStG, nur einmal im Leben und auch nur für einen Veräußerungsvorgang gewährt.[247]

(6) Mitveräußerte Kapitalgesellschaftsanteile als Teil des veräußerten steuer- 131 lichen Betriebsvermögens. Werden beim ertragsteuerlichen Asset Deal durch die veräußernde natürliche Person **als Teil des steuerlichen Betriebsvermögens Kapitalgesellschaftsanteile** veräußert (z. B. Anteile von Tochtergesellschaften), ist der Veräußerungsgewinn *insoweit* nach dem **Teileinkünfteverfahren** begünstigt. Das Teileinkünfteverfahren gilt nach § 3 Nr. 40 Buchst. a und b EStG nämlich auch für die Veräußerung von Anteilen an Kapitalgesellschaften aus einem steuerlichen Betriebsvermögen (Einzelunternehmer/Mitunternehmerschaft).

Beispiel: U verkauft seinen als Einzelunternehmen geführten Kfz-Handelsbetrieb. Zum Unternehmen gehört eine als Anlagevermögen bilanzierte Beteiligung an einer Vertragshändler-

---

[241] *Wacker* in: Schmidt, EStG, § 16 EStG Rn. 221, 248.

[242] Vgl. zur Fünftel-Regelung *Rödder/Hötzel/Mueller-Thuns,* Unternehmenskauf/Unternehmensverkauf, § 22 Rn. 16 ff.

[243] Zu Berechnungsbeispielen siehe EStH 34.2 sowie *Wendt,* FR 2000, 1199, 1204.

[244] *Brück* in: Brück/Sinewe, Steueroptimierter Unternehmenskauf, S. 130.

[245] *Brück* in: Brück/Sinewe, Steueroptimierter Unternehmenskauf, S. 130.

[246] Zu § 16 Abs. 4 siehe näher *Kobor* in: Herrmann/Heuer/Raupach, EStG/KStG, § 16 EStG Rn. 707 ff.

[247] *Wacker* in: Schmidt, EStG, § 16 EStG Rn. 581; BFH vom 27.10.2015 – X R 44/13, DStR 2016, 459.

Einkaufsgesellschaft in der Rechtsform einer GmbH. U hält – durch sein Einzelunternehmen – hieran eine Beteiligung von 0,8 %. U möchte sein Unternehmen mit allen Aktiva und Passiva an K veräußern. Soweit der vom Käufer K für das Unternehmen des U gezahlte Kaufpreis anteilig auf die Beteiligung entfällt, gilt das Teileinkünfteverfahren.

132   Das Teileinkünfteverfahren gilt in solchen Fällen jedoch nicht, *soweit* frühere steuerwirksame Teilwertabschreibungen zu einer Gewinnminderung geführt haben und keine zwischenzeitliche Wertaufholung erfolgt ist (§ 3 Nr. 40 Buchst. a Satz 2 EStG). Werden Anteile an Kapitalgesellschaften im Rahmen der Veräußerung eines Betriebs, Teilbetriebs oder Mitunternehmeranteils mitveräußert, ist der Kaufpreis entsprechend aufzuteilen (es gilt grundsätzlich die Teilwertmethode).

> **Praxishinweis:** Hier bietet es sich für den Verkäufer an, im Unternehmenskaufvertrag eine entsprechende Aufteilung des Gesamtkaufpreises festzulegen.[248] Das Finanzamt muss eine solche Kaufpreisaufteilung der Vertragsparteien grundsätzlich anerkennen. Dies gilt nur dann nicht, wenn ein Scheingeschäft oder ein Gestaltungsmissbrauch vorliegt oder wenn die vertragliche Kaufpreisaufteilung die realen Wertverhältnisse in grundsätzlicher Weise verfehlt und wirtschaftlich nicht haltbar erscheint.[249] Käufer und Verkäufer haben hier allerdings den Interessengegensatz, dass der Käufer grundsätzlich einen möglichst kleinen Anteil des Kaufpreises auf die erworbenen, für ihn nicht steuerlich AfA-relevanten Kapitalgesellschaftsanteile angesetzt sehen will.

Soweit der Veräußerungsgewinn, nach angemessener Aufteilung, auf Kapitalgesellschaftsanteile entfällt, die als Teil des Betriebsvermögens mitveräußert werden, ist der Veräußerungsgewinn bereits nach dem Teileinkünfteverfahren begünstigt; insoweit greifen – auch bei Vorliegen der entsprechenden Voraussetzungen – nicht noch zusätzlich die Tarifermäßigungen nach § 34 EStG ein (§ 34 Abs. 2 Nr. 1 EStG).

133   **(7) Re-Investition bzw. Re-Investitionsrücklage nach § 6b EStG.** Schließlich kann bei der Veräußerung eines Betriebs oder Teilbetriebs der Veräußerungsgewinn partiell durch eine steuerbegünstigte **Re-Investition nach § 6b EStG** „neutralisiert" werden. Es darf jedoch nicht vergessen werden, dass § 6b EStG die Versteuerung der durch den Veräußerungsvorgang im Grundsatz aufgedeckten stillen Reserven nur weiter hinausschiebt, aber nicht beseitigt.[250]

134   § 6b EStG ist in **sachlicher Hinsicht** auf bestimmte Gewinne aus der Veräußerung von Grund und Boden und Gebäuden (Abs. 1) sowie in seiner derzeitigen Fassung auch wieder auf Gewinne aus der Veräußerung von Kapitalgesellschaftsanteilen durch natürliche Personen als Veräußerer (Abs. 10) anwendbar. Die Vorschrift kommt also dann in Betracht, wenn der Verkäufer den Kaufpreis für das veräußerte Unternehmen jedenfalls zum Teil wieder in bestimmte Wirtschaftsgüter reinvestieren kann und will und er als Teil der verkauften Wirtschaftsgüter auch Grund und Boden oder Gebäude oder (Tochter-)Kapitalgesellschaftsanteile mitveräußert.[251] Die weiteren Voraussetzungen des § 6b Abs. 4 EStG sind zu beachten (insbesondere **vorangehende Haltefrist von sechs Jahren**).[252] Die Gewinnübertragungsmöglichkeit hinsichtlich des Veräußerungsgewinns aus der Veräußerung von

---

[248] Vgl. *Levedag* in: Schmidt, EStG, § 3 EStG, Rn. 138.

[249] BFH vom 29.10.2019 – IX R 38/17, DStR 2020, 1033; BFH vom 16.9.2015 – IX R 12/14, DStR 2016, 33; FG Rheinland-Pfalz vom 23.2.2011 – 2 K 1903/09, DStRE 2012, 854 (rkr.); BFH vom 1.4.2009, IX R 35/08, BFHE 224, 533; BFH vom 4.12.2008 – IX B 149/08, BFH/NV 2009, 365.

[250] *Loschelder* in: Schmidt, EStG, § 6b EStG Rn. 1 a. E.

[251] Zu den Begünstigungsvoraussetzungen siehe näher *Schießl* in Blümich, EStG, § 6b EStG Rn. 41 ff.

[252] Siehe § 6b Abs. 4 Nr. 2 EStG; *Rödder/Hötzel/Mueller-Thuns,* Unternehmenskauf/Unternehmensverkauf, § 24 Rn. 40.

Kapitalgesellschaftsanteilen nach § 6b Abs. 10 EStG ist zudem auf einen Höchstbetrag von **EUR 500 000** begrenzt.[253]

> **Praxishinweis:** Die Nutzung von § 6b EStG bei der Veräußerung von Kapitalgesellschafts- anteilen ergibt sich meist nicht für den Fall der Veräußerung z. B. von sämtlichen GmbH- Anteilen durch einen Unternehmensinhaber, der sein Unternehmen in der Rechtsform einer GmbH betrieben hat, weil solche Kapitalgesellschaftsbeteiligungen typischerweise im steuerlichen Privatvermögen gehalten werden. Der von § 6b Abs. 10 EStG begünstigte Fall ist nur der, dass aus dem steuerlichen Betriebsvermögen heraus (Tochter-)Kapital- gesellschaftsbeteiligungen veräußert werden, z. B. im Rahmen der Veräußerung eines Teil- betriebs eines Einzelunternehmens oder einer Mitunternehmerschaft, in dem sich neben anderen Wirtschaftsgütern des Betriebsvermögens auch Kapitalgesellschaftsanteile be- finden.

In **persönlicher Hinsicht** ist zu beachten, dass es sich bei § 6b EStG um eine **perso- 135 nenbezogene Steuervergünstigung** handelt. Veräußerer und reinvestierender Steuer- pflichtiger müssen identisch sein.[254] Tritt eine Personengesellschaft im Rahmen eines Asset Deals als Veräußerer auf und veräußert ihren gesamten Betrieb oder einen Teilbetrieb, in dem nach § 6b EStG begünstigte Wirtschaftsgüter enthalten sind, so gilt eine **gesellschaf- terbezogene Betrachtungsweise**, d. h. die Voraussetzungen des § 6b EStG sind für jeden Gesellschafter individuell und gesondert zu prüfen.[255]

Grenzüberschreitende Sachverhalte. Reinvestiert der Steuerpflichtige in ein Wirt- 136 schaftsgut, das nicht zu einer inländischen Betriebsstätte gehört, sind gemäß § 6b Abs. 4 Satz 1 Nr. 3 EStG weder ein Abzug nach § 6b Abs. 1 EStG noch eine Rücklagenbildung nach § 6b Abs. 3 zulässig.[256] Dies verstößt gegen EU/EWR-Recht[257]. Darum hat der Gesetzgeber mit § 6b Abs. 2a ein Wahlrecht zur Verteilung der anfallenden Steuer auf fünf Jahre geschaffen.[258]

(8) Einkommensteuerliche Behandlung eines Veräußerungsverlusts (natürliche 137 Personen als Veräußerer). Entsteht ein Veräußerungsverlust, ergeben sich daraus folgende einkommensteuerliche Konsequenzen: Bei der natürlichen Person als Veräußerer von **Be- trieben oder Teilbetrieben** können die daraus entstehenden Verluste aus Gewerbebetrieb im Rahmen der **allgemeinen Vorschriften zum Verlustabzug nach § 10d EStG** mit anderen Einkünften des Veräußerers verrechnet werden (horizontaler Verlustausgleich). Kann der horizontale Verlustausgleich mit anderen Einkünften des Steuerpflich- tigen in dem Veranlagungszeitraum, in dem der Veräußerungsgewinn realisiert wird, nicht vollständig zum Ausgleich des Verlusts im Entstehungsjahr führen, wird der Verlust nach § 10d EStG entweder im Rahmen des Verlustrücktrags oder Verlustvortrags in anderen Ver- anlagungszeiträumen als dem Verlustentstehungsjahr genutzt. Ein Verlustrücktrag ist nach § 10d Abs. 1 Satz 1 EStG auf einen Betrag von EUR 1 Mio.[259] (bei Ehegatten, die nach §§ 26, 26b EStG zusammen veranlagt werden, auf einen Betrag von EUR 2 Mio.[260]) be- schränkt. Beim Verlustvortrag ist bis zu einer Höhe von EUR 1 Mio. (bzw. EUR 2 Mio. bei Ehegatten, die nach §§ 26, 26b EStG zusammen veranlagt werden) eine unbeschränk-

---

[253] *Rödder/Hötzel/Mueller-Thuns,* Unternehmenskauf/Unternehmensverkauf, § 22 Rn. 40.

[254] *Loschelder* in: Schmidt, EStG, § 6b EStG Rn. 3.

[255] *Loschelder* in: Schmidt, EStG, § 6b EStG Rn. 12.

[256] *Loschelder* in: Schmidt, EStG, § 6b EStG Rn. 54.

[257] EuGH vom 16.4.2015 – C-591/13, DStR 2015, 870; mit Anmerkungen *Kanzler,* FR 2015, 465, und *Hruschka,* IStR 2015, 368.

[258] Zur Neuregelung siehe *Loschelder,* DStR 2016, 9.

[259] Bzw. EUR 5 Mio. für die VZ 2020 und 2021 (§§ 10d Abs. 1 Satz 1, 52 Abs. 18b EStG in der Fassung des Gesetzes vom 29.6.2020, BGBl. I 2020, 1512 (Zweites Corona-Steuerhilfegesetz).

[260] Bzw. EUR 10 Mio. für die VZ 2020 und 2021 (§§ 10d Abs. 1 Satz 1, 52 Abs. 18b EStG in der Fassung des Gesetzes vom 29.6.2020, BGBl. I 2020, 1512 (Zweites Corona-Steuerhilfegesetz).

te Verlustverrechnung möglich, darüber hinaus nach der Mindestbesteuerung nur beschränkt auf 60% des EUR 1 Mio. übersteigenden Gesamtbetrags der Einkünfte (§ 10d Abs. 2 EStG).

Wird nicht ein Einzelunternehmen oder der Teilbetrieb eines Einzelunternehmens veräußert, sondern ein **Mitunternehmeranteil,** gelten die vorstehenden Grundsätze entsprechend für den veräußernden Mitunternehmer; der auf ihn entfallende Anteil am einkommensteuerlichen Verlust wird im Rahmen der einheitlichen und gesonderten Gewinnfeststellung bei der Personengesellschaft, deren Anteile veräußert wurden, festgestellt.

Folgende **Besonderheiten** bestehen jedoch, wenn ein Mitunternehmer einer Personengesellschaft, deren Anteile veräußert werden, ein **negatives Kapitalkonto** hat:

– Scheidet ein **unbeschränkt haftender Gesellschafter** aus, **ohne einen Ausgleich** für das negative Kapitalkonto leisten zu müssen, weil sein Anteil an den stillen Reserven höher oder gleich dem negativen Kapitalkonto ist, muss entweder dem Barkaufpreis das negative Kapitalkonto hinzugerechnet werden[261] oder, was rechnerisch identisch ist, auch die übernommenen Betriebsschulden müssen als Veräußerungserlös, verbunden mit einer entsprechenden Erhöhung des Buchwerts des veräußerten Mitunternehmeranteils, erfasst werden.[262] Dasselbe gilt, unabhängig ob und in welcher Höhe stille Reserven vorhanden sind, wenn ein unbeschränkt haftender Gesellschafter, der zivilrechtlich für das negative Kapitalkonto haften würde, ohne Gegenleistung von den Schulden der Gesellschaft durch die in der Gesellschaft verbleibenden Gesellschafter freigestellt wird.[263]

– Muss der ausscheidende unbeschränkt haftende Gesellschafter eine **Ausgleichszahlung** leisten, die **geringer** als sein negatives Kapitalkonto ist, ist dem Barkaufpreis der um die Ausgleichszahlung verminderte Teil des negativen Kapitalkontos hinzuzurechnen. Die Ausgleichszahlung ist die erfolgsneutrale Tilgung einer betrieblichen Schuld.[264]

– Leistet der unbeschränkt haftende Gesellschafter den **vollen,** dem negativen Kapitalkonto entsprechenden **Ausgleich,** entsteht weder Gewinn noch Verlust.[265]

– Handelt es sich um einen **beschränkt haftenden Gesellschafter** (Kommanditist, atypischer stiller Gesellschafter oder Unterbeteiligter), dem das negative Kapitalkonto zuzurechnen ist, ist zu unterscheiden, ob ihm insoweit zivilrechtlich eine Ausgleichspflicht trifft oder nicht.

– Trifft den beschränkt haftenden Gesellschafter zivilrechtlich eine **Ausgleichspflicht,** weil z.B. rückzahlungspflichtige Überentnahmen der Grund dafür sind, dass das Kapitalkonto negativ ist, greifen entsprechende Wertungen wie für den unbeschränkt haftenden Gesellschafter ein.[266]

– Ist das Kapitalkonto des beschränkt haftenden Gesellschafters dagegen deshalb negativ, weil Verlustanteile darauf gebucht wurden, besteht für den ausscheidenden Gesellschafter zivilrechtlich **keine Ausgleichspflicht,** denn nur im Falle zukünftiger Gewinnanteile wäre das negative Kapitalkonto wieder ausgeglichen worden, ohne dass insoweit eine Nachschusspflicht besteht. Steuerlich wird der veräußernde Gesellschafter bei zivilrechtlicher Haftungsbeschränkung aufgrund § 15a Abs. 1 Satz 1 EStG die Verluste, soweit dadurch ein negatives Kapitalkonto entstanden ist oder sich erhöht hat, nicht mehr genutzt haben (wenn nicht z.B. einer der Ausnahmetatbestände nach § 15a Abs. 1 Sätze 2 oder 3 EStG vorliegt). Dessen ungeachtet führt der nicht ausgeglichene Wegfall des negativen Kapitalkontos auch insoweit nach der Sondervorschrift des § 52 Abs. 24 Satz 3 EStG zu einer Erhöhung des Veräußerungsgewinns des ausscheidenden Gesell-

---

[261] Vgl. BFH vom 16.12.1992 – XI R 34/92, BStBl. II 1993, 436.

[262] *Wacker* in: Schmidt, EStG, § 16 EStG Rn. 470.

[263] BFH vom 19.3.1991 – VIII R 214/85, BStBl. II 1991, 633.

[264] BFH vom 30.11.1977 – I R 27/75, BStBl. II 1978, 149.

[265] BFH vom 16.4.2010 – IV B 94/09, BFH/NV 2010, 1272.

[266] *Wacker* in: Schmidt, EStG, § 16 EStG Rn. 473; *Rödder/Hötzel/Mueller-Thuns,* Unternehmenskauf/Unternehmensverkauf, § 24 Rn. 140.

schafters.[267] Auch ein nicht durch Verluste, sondern durch Liquiditätsentnahmen des beschränkt haftenden Gesellschafters negativ gewordenes Kapitalkonto, das von ihm nicht ausgeglichen werden muss, führt zu einer Erhöhung des Veräußerungsgewinns.[268]

Bezüglich des Zeitpunkts der Realisierung eines durch Wegfalls eines negativen Kapitalkontos entstehenden Veräußerungsgewinn gilt das Realisationsprinzip. D. h. die Erfassung erfolgt auf den Zeitpunkt, zu dem feststeht, dass der ausscheidende Mitunternehmer nicht (mehr) zum Ausgleich verpflichtet ist (d. h. bei einer Anteilsveräußerung ist das regelmäßig der VZ, in dem das rechtliche bzw. wirtschaftliche Eigentum übergeht).[269]

Der durch den Wegfall eines negativen Kapitalkontos, das der ohne Abfindung ausscheidende Kommanditist nicht ausgleichen muss, entstehende Aufgabegewinn führt zu gleich hohen (laufenden) Verlusten bei den verbleibenden Gesellschaftern, auf die das negative Kapitalkonto des Ausgeschiedenen zu verteilen ist.[270]

(9) Gewerbesteuerliche Behandlung der Veräußerung (natürliche Personen als **138** **Veräußerer).** Der Gewinn aus der Veräußerung von Betrieben, Teilbetrieben und gesamten Mitunternehmeranteilen ist **für natürliche Personen als Verkäufer grundsätzlich nicht gewerbesteuerpflichtig** (§ 7 Satz 2 GewStG).[271]

(a) Eine Gewerbesteuerbelastung ergibt sich abweichend von diesem Grundsatz jedoch in den folgenden Fällen:
- Nach Auffassung der Finanzverwaltung *insoweit,* als auf Seiten des Erwerbers und des Verkäufers **dieselbe Person Unternehmer oder Mitunternehmer** ist.[272] Dies ist durch die Rechtsprechung bestätigt;[273]
- Fälle, in denen ein Einzelunternehmen oder ein Teilbetrieb innerhalb der **letzten fünf Jahre** vor der Veräußerung **durch Umwandlung aus einer Kapitalgesellschaft** entstanden ist (§ 18 Abs. 3 UmwStG).[274] Gleiches gilt für die Veräußerung von Mitunternehmeranteilen, wenn die Veräußerung innerhalb von fünf Jahren nach der Umwandlung einer Kapitalgesellschaft in eine Personengesellschaft erfolgt. Nach § 18 Abs. 3 Satz 3 UmwStG kommt in diesen Fällen die Gewerbesteueranrechnung nach § 35 EStG jeweils nicht zur Anwendung;
- Gewerbesteuerpflicht greift auch ein für den Fall der Veräußerung nur eines **Teils eines Mitunternehmeranteils** durch eine natürliche Person, weil die Regelung in § 16 Abs. 1 Satz 2 EStG nach Auffassung der Finanzverwaltung[275] wie auch der Rechtsprechung[276] auch für Zwecke der Gewerbesteuer durchschlägt;

---

[267] *Rödder/Hötzel/Mueller-Thuns,* Unternehmenskauf/Unternehmensverkauf, 2003, § 24 Rn. 141; BFH vom 30.3.2017 – IV R 9/15, DB 2017, 1622.

[268] BFH vom 9.7.2015 – IV R 19/12, DB 2015, 1874.

[269] Vgl. BFH vom 30.3.2017 – IV R 9/15, DB 2017, 1622 zur Sondersituation bei Auflösung der Mitunternehmerschaft.

[270] BFH vom 19.9.2019 – IV R 50/16, DStR 2019, 2635.

[271] Zur Verfassungsmäßigkeit des § 7 Satz 2 GewStG vgl. BFH vom 22.7.2010 – IV R 29/07, DB 2010, 2259, 2259 f.

[272] Siehe H 7.1 Abs. 3 GewStR, Stichwort „Veräußerungs- und Aufgabegewinne".

[273] BFH vom 15.6.2004 – VIII R 7/01, BFH/NV 2004, 1189. Siehe auch *Drüen* in Blümich, GewStG, § 7 GewStG Rn. 128.

[274] Aufgrund entgegenstehender Rechtsprechung des BFH – siehe BFH vom 20.11.2006 – VIII R 47/05, BFH/NV 2007, 637 – wurde § 18 Abs. 3 UmwStG durch Gesetz vom 20.12.2007, BGBl. I 2007, 3150, entsprechend der vorherigen Auffassung der Finanzverwaltung geändert. Für alle Umwandlungen, bei denen die Anmeldung zur Eintragung ins Handelsregister nach dem 31.12.2007 erfolgt ist, unterliegt der gesamte Veräußerungsgewinn der Gewerbesteuer, d. h. unabhängig davon, ob und inwieweit die bei der Veräußerung versteuerten stillen Reserven ggf. schon vor der Umwandlungsmaßnahme im aufnehmenden Rechtsträger vorhanden waren.

[275] Vgl. R 7.1 Abs. 3 S. 6 GewStR.

[276] Vgl. BFH vom 15.6.2004 – VIII R 7/01, BStBl. II 2004, 754. Siehe auch *Drüen* in Blümich, GewStG, § 7 GewStG Rn. 128.

– speziell für den Fall der **Veräußerung eines Betriebs oder Teilbetriebs durch eine gewerbliche Personengesellschaft** ist nach § 7 Satz 2 GewStG zu beachten, dass Gewerbesteuerpflicht besteht, *soweit* der Veräußerungsgewinn nicht auf eine natürliche Person als unmittelbar beteiligten Mitunternehmer entfällt. Hier ist zu beachten, dass die Gewerbesteuer von der Personengesellschaft als Steuerschuldner und damit wirtschaftlich von allen Mitunternehmern getragen wird (§ 5 Abs. 1 Satz 3 GewStG). Dies führt bei der Veräußerung von Mitunternehmeranteilen durch natürliche Personen als Veräußerer immer dann zu Problemen, wenn andere, ebenfalls mitverkaufende Gesellschafter nicht gewerbesteuerfrei verkaufen, weil es sich bei den Mitgesellschaftern um Kapitalgesellschaften handelt. Hier sollte, wenn nicht schon im Gesellschaftsvertrag eine entsprechende Regelung besteht,[277] im Anteilskaufvertrag eine entsprechende Regelung vorgesehen werden, die eine verursachungsgerechte Verteilung der entsprechenden Gewerbesteuer vorsieht;
– Spezialfall der **doppelstöckigen Personengesellschaften:** Veräußert die Obergesellschaft ihren Anteil an der Untergesellschaft, unterliegt der Veräußerungsgewinn auch insoweit der Gewerbesteuer, als an der Obergesellschaft natürliche Personen als Mitunternehmer beteiligt sind.[278] Wird dagegen der Anteil an der Obergesellschaft selbst durch natürliche Personen veräußert, sollte nach u. E. zutreffender und wohl herrschender Auffassung der Veräußerungsgewinn auch insoweit nicht gewerbesteuerpflichtig sein, als er rechnerisch auf die Anteile an der Untergesellschaft entfällt;[279] auch die Finanzverwaltung sieht hierin einen einheitlichen Vorgang und scheint sich daher dieser Auffassung anschließen zu wollen (R 7.1 Abs. 3 Satz 5 GewStR).

> **Praxishinweis:** Die vorstehenden Fallgruppen, in denen – teilweise – trotz Veräußerung durch natürliche Personen Gewerbesteuerpflicht entstehen kann, führen oftmals zu komplexen Beurteilungsfragen. Hier sollte im Einzelfall geprüft werden, ob vorab eine verbindliche Auskunft einzuholen ist.

139 **(b)** Für den Fall, dass bei der Transaktion Gewerbesteuer anfällt, stellt sich die Frage nach der Anwendbarkeit der **einkommensteuerlichen Anrechnungsvorschrift des § 35 EStG.**[280] Nach dieser Vorschrift ermäßigt sich die tarifliche Einkommensteuer, soweit sie anteilig auf im zu versteuernden Einkommen enthaltene gewerbliche Einkünfte entfällt, um das Vierfache des für den dem Veranlagungszeitraum entsprechenden Erhebungszeitraum festgesetzten Gewerbesteuermessbetrags, wobei die Einkommensteuerermäßigung auf die tatsächlich gezahlte Gewerbesteuer begrenzt ist (§ 35 Abs. 1 Satz 5 EStG).[281]

> **Beachte:** Die Begrenzung der Gewerbesteueranrechnung auf die tatsächlich gezahlte Gewerbesteuer wurde durch die Unternehmenssteuerreform 2008 eingeführt. Vormals bestehende Modelle, die vorsahen, je nach geltendem Hebesatz unter Umständen „freiwillig"

---

[277] Zu solchen gesellschaftsvertraglichen Ausgleichsregelungen siehe *Blaum/Schulz* in: Beck'sches Formularbuch Bürgerliches, Handels- und Wirtschaftsrecht, Formular VIII. D7 (dort § 12).

[278] Vgl. BFH vom 22.7.2010 – IV R 29/07, DB 2010, 2259, 2260 und BFH vom 19.7.2018 – IV R 39/10, DB 2018, 2477; *Neumayer/Obser*, EStB 2008, 445; *Füger/Rieger*, DStR 2002, 935; *Fuhrmann/Urbach*, KÖSDI 2011, 17630, 17633 f.

[279] Nicht gerichtlich geklärt, vgl. *Drüen* in Blümich, GewStG, § 7 Rn. 129; *Kutt/Möllmann*, DB 2010, 1662 (dort Fn. 1); *Suchanek*, GmbHR 2007, 248; *Neumayer/Bader*, EStB 2005, 386, 389; *Fuhrmann/Urbach*, KÖSDI 2011, 17630, 17634; *Ludwig*, BB 2007, 2152 (letztgenannter Autor ist Finanzbeamter – er vertritt die Auffassung, dass der Gesamtgewinn insoweit, als er auf stille Reserven bei der Untergesellschaft entfällt, gewerbesteuerpflichtig ist).

[280] Dazu *Rödder/Hötzel/Mueller-Thuns*, Unternehmenskauf/Unternehmensverkauf, § 24 Rn. 195 ff. und BMF vom 24.2.2009 IV C 6 – S 2296 – a/08/10002, DStR 2009, 481.

[281] *Wacker* in: Schmidt, EStG, § 35 EStG Rn. 9 und 17.

eine Gewerbesteuerpflicht herbeizuführen, um dann von einem Anrechnungsüberhang profitieren zu können,[282] sind daher nicht mehr sinnvoll.

Bei der Anwendbarkeit der Anrechnungsvorschrift ist zu unterscheiden, ob ein Betrieb (Einzelunternehmen) oder ein Mitunternehmeranteil veräußert wird: Wird ein **Einzelunternehmen** veräußert, ist die Anwendbarkeit des § 35 EStG unproblematisch, denn der Gewerbeertrag, soweit der Verkauf überhaupt gewerbesteuerpflichtig ist, fällt ausschließlich in die Sphäre des veräußernden Einzelunternehmers, dessen Gewerbebetrieb nach § 2 Abs. 5 Satz 1 GewStG mit der Veräußerung endet. Der für das unterjährig eingestellte Einzelunternehmen und für den dadurch entstehenden abgekürzten Erhebungszeitraum (§ 14 Satz 3 GewStG) festgesetzte Gewerbesteuermessebetrag entfällt in vollem Umfang für die Berechnung der pauschalierten Gewerbesteueranrechnung auf den Einzelunternehmer (§ 35 Abs. 1 Nr. 1 EStG). Es ergibt sich ein personeller Gleichlauf zwischen dem einkommensteuerpflichtigen Veräußerungsgewinn und der anrechenbaren Gewerbesteuer.[283]

Problematischer ist dies dagegen bei der Veräußerung von **Mitunternehmeranteilen:** Wird **zum Jahreswechsel** und damit zum Ende eines vollen Erhebungszeitraums veräußert, können die oder der veräußernden Gesellschafter, auch wenn es zu einem vollständigen Gesellschafterwechsel und damit einem gewerbesteuerlichen Unternehmerwechsel kommt, die Gewerbesteuer unproblematisch auf ihre jeweilige Einkommensteuer anrechnen.[284]

Erfolgt eine **unterjährige** Veräußerung von Mitunternehmeranteilen, so dürfte die Anrechenbarkeit nach § 35 EStG in der Person eines Veräußerers ebenfalls unproblematisch sein, wenn insgesamt ein *vollständiger* Gesellschafterwechsel (Unternehmerwechsel)[285] und damit ein gewerbesteuerlicher Unternehmerwechsel vorliegt, weil dann der Veräußerungszeitpunkt mit dem Ablauf eines im Sinne von § 14 Satz 3 GewStG abgekürzten Erhebungszeitraums zusammenfällt, der zum Veräußerungszeitpunkt endet.[286] Die Entlastungswirkung des § 35 EStG wird hier für den gewerbesteuerlich als eingestellt geltenden Gewerbebetrieb einheitlich und gesondert ermittelt.[287]

Komplizierter sind dagegen die Fälle, in denen nur ein Teil der Gesellschafter der Mitunternehmerschaft unterjährig ihre Beteiligung veräußert, während andere Gesellschafter in der Gesellschaft verbleiben. In diesen Fällen kommt es nur zu einem *partiellen* Gesellschafterwechsel und damit nicht zu einem gewerbesteuerlichen Unternehmerwechsel.[288] Die Gewerbesteuer entsteht jedoch – weil in diesem Fall die Personengesellschaft als ewerbesteuersubjekt als solche ja fortbesteht und mangels vollständigen Gesellschafterwechsels auch nicht als gewerbesteuerlich eingestellt gilt – am Ende des Kalenderjahres als regulärem Erhebungszeitraum. Nach Auffassung des BFH[289] bedeutet dies, dass eine Anrechnung der Gewerbesteuer deshalb auch nur zugunsten der Gesellschafter erfolgen kann, die zu diesem Zeitpunkt noch Gesellschafter der Mitunternehmerschaft sind (= verbliebene Gesellschafter sowie Erwerber). Dies sind jedoch, aufgrund des unterjährigen Verkaufs nur eines oder mancher Gesellschafter, nicht dieselben Gesellschafter, wie vor der (teilweisen)

---

[282] Siehe dazu noch *Rödder/Hötzel/Mueller-Thuns,* Unternehmenskauf/Unternehmensverkauf, § 24 Rn. 196.

[283] Dazu *Rödder/Hötzel/Mueller-Thuns,* Unternehmenskauf/Unternehmensverkauf, § 24 Rn. 200.

[284] *Neumayer/Obser,* EStB 2008, 445, 448.

[285] Dabei ist zu beachten, dass bei einer GmbH & Co. KG ein vollständiger Unternehmerwechsel nur dann vorliegt, wenn nicht nur 100 % der Kommanditanteile veräußert werden, sondern zusätzlich noch die Komplementärin ausgetauscht wird (selbst wenn diese wie üblich nicht am Vermögen oder Ergebnis der Kommanditgesellschaft beteiligt ist, vgl. BFH vom 19.12.2019 – IV R 8/17, DB 2020, 991, 992).

[286] *Hautkappe/Linnemann,* DB 2018, 1178. 1180.

[287] *Neumayer/Obser,* EStB 2008, 445, 448.

[288] Vgl. BFH vom 19.12.2019 – IV R 8/17, DB 2020, 991, 992.

[289] BFH vom 14.1.2016 – IV R 5/14, DStR 2016, 1094 und BFH vom 14.1.2016 – IV R 48/12 (NV), BeckRS 2016, 94685. Dazu kritisch *Hautkappe/Linnemann,* DB 2018, 1178.

Veräußerung von Anteilen. Die Finanzverwaltung ist dem gefolgt.[290] Diese Sichtweise hat zur Folge, dass es zu Anrechnungsüberhängen bzw. zur Verpuffung von Anrechnungspotential kommen kann, weil in diesem Fall die einkommensteuerliche Zurechnung der Einkünfte (einschließlich des Veräußerungsgewinns) und die Zurechnung des anteiligen Gewerbesteuermessbetrags als Ermäßigungsbasisbetrag auseinanderlaufen. Auf Basis dieser Auffassung kann ein unterjährig ausgeschiedener Gesellschafter keine Anrechnung einer Gewerbesteuer auf den Veräußerungsgewinn und ihm bis zum Ausscheiden zuzurechnenden Gewinnanteilen nach § 35 EStG auf seine persönliche Einkommensteuer erreichen.[291] Ob stattdessen der Erwerber des veräußerten Anteils, oder weitere in der Gesellschaft verbliebene Mitunternehmer die Gewerbesteueranrechnung nutzen können, hängt von deren Rechtsform ab (natürliche Personen: ja, Kapitalgesellschaften: nein).

Praxishinweis: Sowohl der Veräußerer wie auch der Erwerber wie auch etwaige in der Gesellschaft verbleibende Gesellschafter haben ein Interesse daran, anlässlich der Veräußerung die vorstehend beschriebenen, oft zufällig wirkenden Rechtsfolgen vertraglich zu regeln, sei es ad-hoc im Unternehmenskaufvertrag oder sei es grundsätzlich/vorausschauend gesellschaftsvertraglich oder sei es dadurch, dass etwaige nach Gesellschaftsvertrag oder Gesetz bestehende Zustimmungspflichten zur Anteilsveräußerung konkret vom Abschluss einer entsprechenden Regelung abhängig gemacht werden.
Entsprechende Vereinbarungen können allerdings nur dann direkte Auswirkung auf die Steuerermäßigung nach § 35 EStG haben, wenn sie den allgemeinen Gewinnverteilungsschlüssel als solchen ändern. Denn der allgemeine Gewinnverteilungsschlüssel der Mitunternehmerschaft zum Ablauf des Wirtschaftsjahres ist auch für § 35 EStG maßgeblich.
Die Frage, ob – wie dies in der Vergangenheit versucht wurde – zivilvertraglich Gewerbesteuermessbeträge z. B. bezüglich des Veräußerungsgewinns dem Veräußerer mit steuerlicher Wirkung zugewiesen können, ist nach BFH vom 14.1.2016[292] zu verneinen.
Jedoch können die wirtschaftlichen Folgen der Wirkungsweise des § 35 EStG durch zivilrechtliche Ausgleichsvereinbarungen wirtschaftlich je nach Einzelfall, aber längst nicht immer,[293] im „Innenverhältnis" der Parteien abweichend von der steuerlichen Behandlung das Finanzamt im „Außenverhältnis" zugewiesen werden.[294] Solche Ausgleichszahlungen unterliegen u. E. auch nicht dem Abzugsverbot des § 4 Abs. 5b EStG.[295]
Des Weiteren kann in Einzelfällen daran gedacht werden, unter Mitwirkung aller Beteiligten durch einen (ggf. „künstlich" bewirkten) gewerbesteuerlichen Unternehmerwechsel, d. h. zeitgleichen Wechsel aller[296] Gesellschafter, einen abgekürzten Erhebungszeitraum und dadurch einen Gleichlauf zwischen ertragsteuerlicher Einkünfte-Allokation und Aufteilung des GewSt-Messbetrags im Sinne des § 35 Abs. 2 Satz 1 EStG herbeizuführen.[297]

---

[290] BMF vom 3.11.2016 – IV C 6 – S 2296-a/08/10002 :003, DOK 2016/0944407, BStBl. I 2016, 1187.
[291] *Neumayer/Obser*, EStB 2008, 445, 448.
[292] BFH vom 14.1.2016 – IV R 5/14, DStR 2016, 1094 und BFH vom 14.1.2016 – IV R 48/12 (NV), BeckRS 2016, 94685.
[293] So besteht in Fällen eines steuerlich verpuffenden Anrechnungsüberhangs keine Manövriermasse für die Verteilung von Steuervorteilen, vgl. *Hautkappe/Linnemann*, DB 2018, 1178. 1181.
[294] So kann z. B. je nach Fallkonstellation in einem Bieterverfahren eine erwerbende natürliche Person aufgrund des technisch bei ihr eintretenden Steuervorteils der Anrechnungsmöglichkeit nach § 35 EStG einen höheren Kaufpreis bieten und so ebenfalls wirtschaftlich eine Art von Ausgleich schaffen; siehe dazu *Geiger*, DStR 2019, 850, 851.
[295] BFH vom 7.3.2019 – IV R 18/17, DB 2019, 1062; *Hautkappe/Linnemann*, DB 2018, 1178. 1181.
[296] Dabei ist zu beachten, dass bei einer GmbH & Co. KG ein vollständiger Unternehmerwechsel nur dann vorliegt, wenn nicht nur 100 % der Kommanditanteile veräußert werden, sondern zusätzlich noch die Komplementärin ausgetauscht wird (selbst wenn diese wie üblich nicht am Vermögen oder Ergebnis der Kommanditgesellschaft beteiligt ist, vgl. BFH vom 19.12.2019 – IV R 8/17, DB 2020, 991, 992).
[297] *Hautkappe/Linnemann*, DB 2018, 1178, 1181; *Geiger*, DStR 2019, 850, 851.

Eine weitere denkbare Gestaltung wäre es, im Rahmen der hierfür geltenden Grenzen[298] in geeigneten Fällen das steuerliche Wirksamwerden des Veräußerungsvorgangs (d. h. Übergang des rechtlichen bzw. wirtschaftlichen Eigentums) entweder im Rahmen der hierfür geltenden Grenzen auf den Beginn eines bei Vertragsunterzeichnung laufenden Geschäftsjahres (z. B. 1.1. 00 Uhr) zurückzubeziehen oder umgekehrt auf den Ablauf des laufenden Geschäftsjahres (z. B. 31.12., 24 Uhr) aufzuschieben.[299]

Ein **Veräußerungsverlust** ist dann gewerbesteuerlich relevant, wenn auch ein Veräußerungsgewinn gewerbesteuerpflichtig gewesen wäre,[300] und hat folgende **gewerbesteuerliche Auswirkungen:** Kommt es zu einem gewerbesteuerlichen Unternehmerwechsel (z. B. der Einzelunternehmer verkauft sein gesamtes Einzelunternehmen), kann der Veräußerungsverlust mit einem etwaigen laufenden Gewerbeertrag verrechnet werden, der bis zur Veräußerung beim Veräußerer entstanden ist; insoweit gelten keine Besonderheiten. Erfolgt dagegen kein gewerbesteuerlicher Unternehmerwechsel (z. B. bei einer Personengesellschaft verkaufen nicht alle Mitgesellschafter), muss unterschieden werden.[301] Erfolgt die Veräußerung zum Jahreswechsel, ist der Veräußerungsverlust unproblematisch mit dem laufenden gewerbesteuerlichen Ergebnis des Erhebungszeitraums verrechenbar. Erfolgt dagegen eine Veräußerung während des Jahres, wird der Veräußerungsverlust zum Ende des Kalenderjahres in den Gewerbeertrag des gesamten Erhebungszeitraums einbezogen, ohne dass aufgrund des Fortbestehens des gewerbesteuerlichen Unternehmers ein abgekürzter Erhebungszeitraum gebildet wird. In der Folge bedeutet dies, dass vor wie nach dem teilweisen Gesellschafterwechsel entstehende laufende gewerbesteuerliche Gewinne oder Verluste des Erhebungszeitraums mit dem Veräußerungsverlust verrechnet werden. **140**

(10) Verkauf durch Steuerausländer. Veräußert eine im Ausland ansässige natürliche Person einen im Inland gelegenen **Betrieb, Teilbetrieb oder Mitunternehmeranteil,** ist dieser Vorgang im Rahmen der **beschränkten Einkommensteuerpflicht** nach § 49 Abs. 1 Nr. 2 Buchst. a EStG nach nationalem Recht in Deutschland steuerpflichtig, wenn hierfür in der Bundesrepublik Deutschland eine **Betriebsstätte** i. S. v. § 12 AO unterhalten wird oder ein ständiger Vertreter i. S. v. § 13 AO bestellt ist. Unter dieser Voraussetzung besteht insoweit auch regulär eine Gewerbesteuerpflicht (§ 2 Abs. 1 Satz 3 GewStG). Aufgrund der steuerlichen Transparenz von Personengesellschaften kann auch die zivilrechtlich nur mittelbare Veräußerung deutschen Betriebsvermögens in Deutschland beschränkt steuerpflichtig sein.[302] **141**

Beispiel: V ist in Monaco steuerlich ansässig. Einen deutschen Wohnsitz oder gewöhnlichen Aufenthalt unterhält er nicht. Er hält 100 % der Anteile an der X LP, einer amerikanischen Personengesellschaft, die aus deutscher Sicht einer KG entspricht. Die X LP wiederum unterhält eine deutsche Betriebsstätte. Veräußert V nun seine Beteiligung an der X LP, veräußert er steuerlich gesehen zugleich die ihm zu 100 % zuzuordnende deutsche Betriebsstätte der X LP und wird mit diesem Veräußerungsvorgang in Deutschland beschränkt einkommensteuerpflichtig.[303]

Gehören Anteile an in- und ausländischen Kapitalgesellschaften zu diesem inländischen Betriebsvermögen, gelten die Grundsätze der Rn. 131 ff. entsprechend, d. h. insoweit unterliegt der im Inland steuerpflichtige Veräußerungsgewinn für Zwecke der Einkommensteuer sowie für die Gewerbesteuer dem Teileinkünfteverfahren.

---

[298] Vgl. dazu Teil → D., Rn. 655.

[299] *Geiger,* DStR 2019, 850, 851.

[300] *Drüen* in Blümich, GewStG, § 7 GewStG Rn. 125; *Behrens/Schmitt,* BB 2002, 860.

[301] *Neumayer/Obser,* EStB 2008, 445, 446.

[302] Vgl. BMF vom 26.9.2014 – IV B 5 – S 1300/09/10003 betreffend die Anwendung der DBA auf Personengesellschaften, BStBl. I S. 1258, Tz. 2.2.3.

[303] Vgl. *Hörtnagl/Hoheisel* in Hettler/Stratz/Hörtnagl, Beck'sches Mandatshandbuch Unternehmenskauf, § 8 Rn. 202.

Die Tarifermäßigungen des § 34 Abs. 1 und 3 EStG gelten auch in Fällen der beschränkten Einkommensteuerpflicht.[304]

Die Anrechnungsmöglichkeit der Gewerbesteuer nach § 35 EStG gilt ebenfalls auch in Fällen der beschränkten Einkommensteuerpflicht.[305]

142   Handelt es sich um einen **DBA-Fall,** d. h. besteht zwischen der Bundesrepublik Deutschland und dem Ansässigkeitsstaat des Veräußerers ein Doppelbesteuerungsabkommen, wird nach den insoweit in aller Regel auf dem OECD-Musterabkommen basierenden Regelungen des DBA der Veräußerungsgewinn aus der Veräußerung von im Inland belegenem Betriebsvermögen unverändert der Bundesrepublik Deutschland zugewiesen (Art. 7 Abs. 1, 13 Abs. 2, 23 A des OECD-Musterabkommens).[306]

Wird im Rahmen der Unternehmensveräußerung jedoch Betriebsvermögen veräußert, das **keiner inländischen Betriebsstätte zuzuordnen ist,** gilt die beschränkte deutsche Einkommensteuerpflicht nach § 49 Abs. 1 Nr. 2 Buchst. a EStG insoweit nicht, d. h. *insoweit* unterliegt der Veräußerungsgewinn keiner deutschen Steuerpflicht (ist aber ggf. im ausländischen Belegenheitsstaat – beschränkt – steuerpflichtig).

Im **DBA-Fall** wird jedoch die Behandlung des Veräußerungsvorgangs komplizierter, wenn über das inländische Betriebsvermögen **Kapitalgesellschaftsbeteiligungen** gehalten werden.

Beispiel: V ist in der Schweiz steuerlich ansässig. Einen deutschen Wohnsitz unterhält er nicht. Er hält 100 % der Kommanditanteile sowie 100 % der Anteile an der zugehörigen Komplementär-GmbH der deutschen X GmbH & Co. KG, Sitz München. Diese Kommanditgesellschaft hält verschiedene, jeweils in der Rechtsform einer Kapitalgesellschaft strukturierte Beteiligungen an Tochtergesellschaften in verschiedenen Ländern der EU. V möchte die Beteiligung an der X GmbH & Co. KG vollständig veräußern und fragt nach seiner inländischen Steuerpflicht.

Im vorstehenden Beispiel wäre der Veräußerungsgewinn im Nicht-DBA-Fall nach den vorstehend beschriebenen Grundsätzen grundsätzlich im Inland beschränkt einkommensteuerpflichtig; soweit der Veräußerungsgewinn auf die ausländischen Kapitalgesellschaftsbeteiligungen der deutschen Kommanditgesellschaft entfällt, unterliegt er der deutschen Besteuerung nach dem Teileinkünfteverfahren. Da es sich im Beispiel jedoch um einen DBA-Fall handelt, und das DBA Deutschland-Schweiz auf dem Gebiet der Ertragsteuern das Veräußerungsrecht in Bezug auf die Veräußerung von Kapitalgesellschaftsanteilen grundsätzlich der Schweiz als dem Ansässigkeitsstaat des Veräußerers zuweist (vgl. Art. 13 Abs. 3 DBA Deutschland-Schweiz Ertragsteuern), ist für die Prüfung, inwieweit die Bundesrepublik Deutschland im Beispiel ein Besteuerungsrecht auch für den Teil des Veräußerungsgewinns, der auf diese Beteiligungen entfällt, hat, maßgeblich, inwieweit die Kapitalgesellschaftsbeteiligungen nicht nur zivilrechtlich, oder aus Sicht des nationalen deutschen Einkommensteuerrechts, sondern auch **DBA-rechtlich der deutschen Betriebsstätte tatsächlich zuzuordnen** sind.[307]

> **Praxishinweis:** Zu beachten ist, dass beim Verkauf durch Steuerausländer generell (d. h. DBA-Fall ebenso wie Nicht-DBA-Fall) vom Finanzamt ein Steuerabzug durch den Käufer gemäß § 50a Abs. 7 Satz 1 EStG angeordnet werden kann (sog. Sicherungseinbehalt).[308] Zuständig ist das Finanzamt des beschränkt steuerpflichtigen ausländischen Vergütungs-

---

[304] Vgl. *Lindberg* in Blümich, EStG, § 34 EStG Rn. 18; *Rödder/Hötzel/Mueller-Thuns,* Unternehmenskauf/Unternehmensverkauf, § 24 Rn. 286.

[305] *Wacker* in: Schmidt, EStG, § 35 EStG Rn. 1.

[306] Vgl. dazu näher *Niehaves* in: Haase, AStG/DBA, Art. 7 MA Rn. 21 ff.; *Schütte* in: Haase, AStG/DBA, Art. 13 MA Rn. 36 ff. sowie *Wagner* in: Haase, AStG/DBA, Art. 23A MA Rn. 6 ff.

[307] Vgl. *Schütte* in: Haase, AStG/DBA, 2009, Art. 13 MA, Rn. 45; *Gradel/Kleinhans* in Strunk/Kaminski/Köhler, AStG/DBA, Art. 13 MA, Rn. 18.

[308] Dazu *Loschelder* in: Schmidt, EStG, § 50a EStG Rn. 43.

gläubigers (§§ 19 Abs. 2 Satz 2, 20 Abs. 4 AO). Die Entscheidung über die Anordnung steht im Ermessen des Finanzamts. Nicht ermessensgerecht ist es i.d.R., einen Steuerabzug anzuordnen, wenn nach einem anwendbaren DBA eindeutig kein deutsches Besteuerungsrecht besteht.[309] Für bereits gezahlte Vergütungen, d.h. nach Closing = Kaufpreiszahlung der Transaktion, darf der Steuerabzug nicht mehr angeordnet werden, für noch ausstehende Teilzahlungen (z.B. Vendor Loan, Earn-Out) hingegen schon. In der Praxis ist daher regelmäßig relevant, wann das Finanzamt von dem Kaufvertrag überhaupt Kenntnis erlangt. Gemäß § 50a Abs. 7 Satz 2 EStG beträgt der Steuersatz bei natürlichen Personen als Veräußerer 25 % des Kaufpreises. Entsprechende Regelungen im Kaufvertrag sind ratsam.

bb) Verkauf durch Kapitalgesellschaften als Veräußerer. Für den Fall des Verkaufs von Betrieben, Teilbetrieben und Mitunternehmeranteilen durch Kapitalgesellschaften als Verkäufer ergibt sich die im nachfolgenden Schaubild skizzierte Ausgangskonstellation:

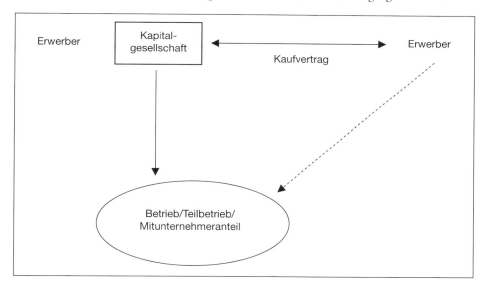

(1) Körperschaftsteuerliche Behandlung. Die Vergünstigungen nach den §§ 16, 34 **143** Abs. 1 und 3 EStG („halber" durchschnittlicher Steuersatz bzw. Fünftel-Regelung bzw. Freibetrag) gelten für Kapitalgesellschaften als Verkäufer nicht. Es liegt **grundsätzlich ein laufender, voll körperschaftsteuerpflichtiger Ertrag,** erzielt durch die Veräußerung von Betriebsvermögen, vor.[310] Dabei spielt es keine Rolle und „nützt" steuerlich auch grundsätzlich nichts, wenn das verkaufte Betriebsvermögen die Begriffsvoraussetzungen eines steuerlichen Teilbetriebs erfüllen würde.[311]

---

[309] *Loschelder* in: Schmidt, EStG, § 50a EStG Rn. 43; *Reimer* in Blümich, EStG, § 50a EStG Rn. 143. Anders jedoch, wenn und soweit im konkreten Sachverhalt noch nicht eindeutig feststeht, ob und inwieweit aufgrund von DBA-Normen materiell kein oder nur ein geringerer Steueranspruch des deutschen Fiskus besteht (FG Münster vom 24.5.04 – 9 K 5096/99, EFG 2004, 1777, rkr.).

[310] Vgl. *Adolf* in: Brück/Sinewe, Steueroptimierter Unternehmenskauf, S. 150.

[311] *Scheifele* in: Meyer-Sparenberg/Jäckle, Beck'sches M&A-Handbuch, § 26 Rn. 40. Wenn das verkaufte Betriebsvermögen jedoch einen steuerlichen Teilbetrieb darstellt, kann an der Veräußerung mit zeitlichem Vorlauf vorausgehende Gestaltungen zur Verbesserung der steuerlichen Situation gedacht werden (nämlich Einbringung des Teilbetriebs in eine Tochter-Kapitalgesellschaft, vgl. → Rn. 286 ff.).

Steuerbefreiungen bzw. Steuervergünstigungen können sich **nur partiell** ergeben, nämlich über **§ 6b Abs. 1, 3 EStG** (Reinvestition oder Rücklagenbildung hinsichtlich des Teils des Veräußerungsgewinns, der auf Grund und Boden bzw. Gebäude entfällt).[312] § 6b Abs. 10 EStG (Reinvestition von Gewinnen aus der Veräußerung von Anteilen an Kapitalgesellschaften) gilt für Kapitalgesellschaften als Veräußerer dagegen nicht.[313]

Soweit sich im veräußerten Betrieb, Teilbetrieb oder Mitunternehmeranteil Beteiligungen an anderen Kapitalgesellschaften (z.B. Tochtergesellschaften) befinden, gilt grundsätzlich **§ 8b Abs. 2 KStG,** d.h. im Ergebnis Steuerfreiheit des Veräußerungsgewinns in Höhe von 95% (§§ 8b Abs. 2 und 3 KStG).[314] Ausnahmsweise besteht dagegen volle Körperschaftsteuerpflicht auch für solche Veräußerungsgewinne (§ 8b Abs. 7 KStG, vgl. dazu unten → Rn. 136).

Der bei der Veräußerung von Betrieben, Teilbetrieben und Mitunternehmeranteilen entstehende körperschaftsteuerliche Ertrag kann ggf. zu einer **Verlustnutzung bei der veräußernden Kapitalgesellschaft** mit bei dieser vorhandenen Verlustvorträgen verwendet werden, wobei aber die Auswirkungen der Mindestbesteuerung nach § 10d Abs. 2 EStG i.V.m. § 8 Abs. 1 Satz 1 KStG zu beachten sind (d.h. unbegrenzte Verrechnung eines bestehenden Verlustvortrags nur bis zur Höhe von EUR 1 Mio. und darüber hinaus begrenzt auf maximal 60% des Einkommens der Kapitalgesellschaft).

Ergibt sich dagegen bei der Veräußerung von Betrieben, Teilbetrieben und Mitunternehmeranteilen ein **Veräußerungsverlust,** so kann dieser mit etwaigen anderen, positiven Bestandteilen des körperschaftsteuerlichen Einkommens der veräußernden Kapitalgesellschaft verrechnet werden. Kann der entstehende Veräußerungsverlust danach im Veranlagungszeitraum, in dem die Veräußerung steuerlich realisiert wird, nicht vollständig verrechnet werden, ergibt sich ein im zukünftigen, der Veräußerung nachfolgenden Veranlagungszeiträumen nutzbarer Verlustvortrag. Dieser verbleibt bei der veräußernden Körperschaft und kann im Rahmen der Mindestbesteuerung nach § 10d Abs. 2 EStG i.V.m. § 8 Abs. 1 Satz 1 KStG genutzt werden. Die Beschränkungen des § 8c KStG gelten für diesen zurückbleibenden Verlustvortrag der veräußernden Körperschaft nicht.

144 **(2) Gewerbesteuerliche Behandlung.** Gewinne, die Kapitalgesellschaften als Veräußerer aus der Veräußerung von Betrieben, Teilbetrieben und Mitunternehmeranteilen erzielen, **unterliegen voll der Gewerbesteuer** (Gegenschluss zu § 7 Satz 2 GewStG).[315] Gemäß § 7 Satz 1 GewStG i.V.m. **§ 8b Abs. 2 und 3 KStG** gilt jedoch zumindest die Freistellung von Veräußerungsgewinnen in Höhe von 95% **insoweit,** als sich im veräußerten Betrieb, Teilbetrieb oder Mitunternehmeranteil Beteiligungen an anderen Kapitalgesellschaften befinden, auch für die Gewerbesteuer.[316]

Beachte: Das „Durchschlagen" der Regelungen des § 8b Abs. 2 und 3 KStG auch für die Gewerbesteuer gilt unabhängig von der Höhe der Beteiligung, die veräußert wird. Anders als bei Ausschüttungen ist hier gerade kein „Schachtelprivileg" zu erfüllen, sondern auch eine Beteiligung von beispielsweise 5% einer Kapitalgesellschaft an einer anderen Kapitalgesellschaft kann zu 95% körperschaft- und gewerbesteuerfrei veräußert werden (sofern nicht ausnahmsweise § 8b Abs. 7 KStG eingreift).

---

[312] Dazu *Loschelder* in: Schmidt, EStG, § 6b EStG Rn. 35 ff. und 56 ff.

[313] Vgl. *Scheifele* in: Meyer-Sparenberg/Jäckle, Beck'sches M&A-Handbuch, § 26 Rn. 40.

[314] Vgl. dazu *Rödder/Hötzel/Mueller-Thuns,* Unternehmenskauf/Unternehmensverkauf, § 22 Rn. 43 ff.

[315] Vgl. *Rödder/Hötzel/Mueller-Thuns,* Unternehmenskauf/Unternehmensverkauf, § 24 Rn. 206; *Scheifele* in: Meyer-Sparenberg/Jäckle, Beck'sches M&A-Handbuch, § 26 Rn. 44.

[316] Vgl. OFD Koblenz vom 22.12.2005 – G 1421 A, DB 2006, 18.

Die aus der Veräußerung von **Betrieben und Teilbetrieben** resultierende Gewerbesteuer kann im Falle eines Veräußerungsgewinns – wiederum im Rahmen der Mindestbesteuerung nach § 10a Sätze 1 und 2 GewStG – **mit bestehenden gewerbesteuerlichen Verlustvorträgen** der veräußernden Kapitalgesellschaft **verrechnet** werden.

Wird von einer Kapitalgesellschaft ein **Mitunternehmeranteil,** also ein Gesellschaftsanteil an der gewerblichen oder gewerblich geprägten Personengesellschaft veräußert, ist zu beachten, dass die Gewerbesteuer nach § 5 Abs. 1 Satz 3 GewStG **auf Ebene der Personengesellschaft** anfällt und von dieser geschuldet wird.[317] Bei der veräußernden Kapitalgesellschaft unterliegt der Veräußerungsgewinn dagegen nicht mehr erneut der Gewerbesteuer (er wird vielmehr nach § 9 Nr. 2 GewStG gekürzt).[318] Dadurch wird eine Doppelbelastung mit Gewerbesteuer auf Ebene der Personengesellschaft, deren Anteile veräußert werden, und der veräußernden Kapitalgesellschaft vermieden.

> **Praxishinweis:** Hat die Personengesellschaft mehrere Gesellschafter und veräußern nicht alle Gesellschafter oder veräußern natürliche Personen und Kapitalgesellschaften als Veräußerer, besteht ein Bedürfnis nach entsprechenden vertraglichen Regelungen zwischen den Parteien, um sicherzustellen, dass die Gewerbesteuerbelastung verursachungsgerecht von dem jeweiligen „Veranlasser", also z. B. der veräußernden Kapitalgesellschaft, getragen wird. Enthält nicht bereits der Gesellschaftsvertrag der Personengesellschaft, deren Anteile veräußert werden, entsprechende Regelungen, können solche Regelungen im Unternehmenskaufvertrag, ggf. als echter Vertrag zugunsten Dritter (§ 328 BGB) vorgesehen werden. Nicht veräußernde Mitgesellschafter sollten ggf. ihre Zustimmung zu der Veräußerung, soweit diese nach Gesetz oder Gesellschaftsvertrag erforderlich ist, von einer solchen Regelung abhängig machen.

Wird aus der Veräußerung dagegen ein **Verlust** erzielt, kann dieser für Gewerbesteuerzwecke mit etwaigen anderen, positiven Bestandteilen des Gewerbeertrags i. S. d. §§ 7 ff. GewStG verrechnet werden.[319] Ist der Veräußerungsverlust so groß, dass die übrigen Bestandteile des steuerpflichtigen Gewerbeertrags, im Rahmen der Mindestbesteuerung, zur Verrechnung nicht ausreichen, entsteht aus dem Veräußerungsvorgang ein nach § 10a GewStG vortragsfähiger **gewerbesteuerlicher Verlustvortrag,** der dann künftig im Rahmen der Mindestbesteuerung nach § 10a Sätze 1 und 2 GewStG genutzt werden kann. Dieser Verlustvortrag bleibt von der Veräußerung des Betriebsvermögens durch die veräußernde Kapitalgesellschaft unberührt; § 10a Satz 10 GewStG i. V. m. § 8c KStG gilt hierfür nicht.

(3) Verkauf durch Steuerausländer. Verkauft eine **ausländische Kapitalgesell-** **145** **schaft**[320] **Betriebe, Teilbetriebe oder Mitunternehmeranteile,** die im Inland belegen sind, ergeben sich über §§ 2 Nr. 1, 8 Abs. 1 KStG i. V. m. § 49 Abs. 1 Nr. 2 Buchst. a EStG im Prinzip dieselben Steuerfolgen wie oben unter Rn. 110 beschrieben. Die Veräußerung führt zu einem im Inland beschränkt körperschaftsteuerpflichtigen Vorgang. Für die Gewerbesteuerpflicht des Veräußerungsgewinns ist entscheidend, ob eine inländische Betriebsstätte i. S. d. § 2 Abs. 1 Satz 3 GewStG, § 12 AO unterhalten wurde.

Im **DBA-Fall** ist das Besteuerungsrecht nach den Regelungen des OECD-Musterabkommens wiederum der Bundesrepublik Deutschland zugewiesen.[321]

---

[317] Siehe zu § 5 Abs. 1 S. 3 GewStG näher *Selder* in: Glanegger/Güroff, GewStG, § 5 GewStG Rn. 6.

[318] Dazu *Güroff* in: Glanegger/Güroff, GewStG, § 9 Nr. 2 GewStG Rn. 5.

[319] *Scheifele* in: Meyer-Sparenberg/Jäckle, Beck'sches M&A-Handbuch, § 26 Rn. 44.

[320] Eine ausländische Kapitalgesellschaft ist eine Kapitalgesellschaft, deren Satzungssitz und Ort der Geschäftsleitung sich nicht im Inland befinden, vgl. § 1 Abs. 1 Nr. 1 KStG.

[321] Art. 7 Abs. 1, 13 Abs. 2, 23 A OECD-Musterabkommen.

> **Praxishinweis:** Zu beachten ist, dass in solchen Konstellationen vom Finanzamt generell (d. h. DBA-Fall ebenso wie Nicht-DBA-Fall) ein Steuerabzug durch den Käufer gemäß § 50a Abs. 7 Satz 1 EStG angeordnet werden kann (sog. Sicherungseinbehalt).[322] Zuständig ist das Finanzamt des beschränkt steuerpflichtigen ausländischen Vergütungsgläubigers (§§ 19 Abs. 2 Satz 2, 20 Abs. 4 AO). Die Entscheidung über die Anordnung steht im Ermessen des Finanzamts. Nicht ermessensgerecht ist es i. d. R., einen Steuerabzug anzuordnen, wenn nach einem anwendbaren DBA eindeutig kein deutsches Besteuerungsrecht besteht.[323] Für bereits gezahlte Vergütungen, d. h. nach Closing = Kaufpreiszahlung der Transaktion, darf der Steuerabzug nicht mehr angeordnet werden, für noch ausstehende Teilzahlungen (z. B. Vendor Loan, Earn-Out) hingegen schon. In der Praxis ist daher regelmäßig relevant, wann das Finanzamt von dem Kaufvertrag überhaupt Kenntnis erlangt. Gemäß § 50a Abs. 7 Satz 2 EStG beträgt der Steuersatz bei Kapitalgesellschaften als Veräußerer 15 % des Kaufpreises. Entsprechende Regelungen im Kaufvertrag sind ratsam.

b) Verkauf von Anteilen an Kapitalgesellschaften

146   Der Verkauf von Anteilen an Kapitalgesellschaften ist der „ertragsteuerliche Share Deal".[324] Es muss unterschieden werden, ob der Verkäufer eine natürliche Person ist oder ob eine Kapitalgesellschaft verkauft (z. B. weil der Unternehmer eine oder mehrere operative Kapitalgesellschaften durch eine Kapitalgesellschafts-Holding hält).

147   **aa) Verkäufer ist eine natürliche Person.** Ist der Veräußerer eine natürliche Person, muss für die steuerliche Behandlung noch einmal danach unterschieden werden, ob der Veräußerer die Anteile an der verkauften Kapitalgesellschaft in einem Betriebsvermögen oder im steuerlichen Privatvermögen hält. **(1) Anteile im steuerlichen Betriebsvermögen.** Veräußert eine natürliche Person aus ihrem Betriebsvermögen Anteile an einer Kapitalgesellschaft, dann liegt die in der nachfolgenden Übersicht skizzierte Ausgangskonstellation vor:

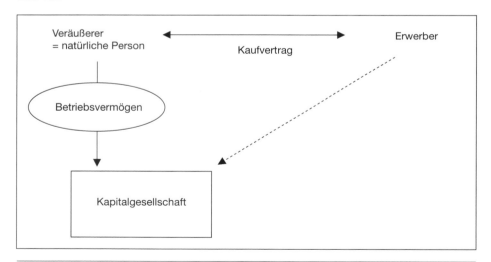

---

[322] Dazu *Loschelder* in: Schmidt, EStG, § 50a EStG Rn. 43.

[323] *Loschelder* in: Schmidt, EStG, § 50a EStG Rn. 43; *Reimer* in Blümich, EStG, § 50a Rn. 143. Anders jedoch, wenn und soweit im konkreten Sachverhalt noch nicht eindeutig feststeht, ob und inwieweit aufgrund von DBA-Normen materiell kein oder nur ein geringerer Steueranspruch des deutschen Fiskus besteht (FG Münster vom 24.5.2004 – 9 K 5096/99, EFG 2004, 1777, rkr.).

[324] Dazu überblicksweise *Rödder/Hötzel/Mueller-Thuns,* Unternehmenskauf/Unternehmensverkauf, § 22 Rn. 35 ff.

(a) Geltung des Teileinkünfteverfahrens. Werden Anteile an einer Kapitalgesellschaft, **148** die eine natürliche Person im Betriebsvermögen hält, veräußert, so unterliegt der Veräußerungsgewinn dem **Teileinkünfteverfahren** nach § 3 Nr. 40 Buchst. a EStG.[325] Der Veräußerungspreis ist danach nur zu 60 % anzusetzen, während im Gegenzug Veräußerungskosten einschließlich der bilanzierten Anschaffungskosten der Kapitalgesellschaftsbeteiligung nach § 3c Abs. 2 EStG ebenfalls nur zu 60 % abgezogen werden dürfen.[326]

Beispiel: X betreibt einen Automobilhandel in der Rechtsform eines Einzelunternehmens. Zum Betriebsvermögen gehört die Beteiligung an einer GmbH, die verschiedene Vertragshändler gemeinsam zur Bündelung ihrer Einkaufsinteressen in Bezug auf Öl und Schmierstoffe gegründet haben. X möchte seine Beteiligung an dieser Gesellschaft, die 3 % des Stammkapitals beträgt, veräußern. Er war Gründungsgesellschafter, und hat neben einem Stammkapital von EUR 300 einen Einschuss in die Rücklagen in Höhe von EUR 20 000 geleistet. Die Beteiligung soll für EUR 100 000 verkauft werden. Im Beispiel erzielt X einen Veräußerungsgewinn in Höhe von EUR 79 700, der nach dem Teileinkünfteverfahren zu 60 %, d. h. in Höhe von EUR 47 820 nach dem persönlichen Steuersatz des X bei diesem einkommensteuerpflichtig ist.

Dieselbe steuerliche Behandlung, nämlich Besteuerung des Veräußerungsgewinns nach dem Teileinkünfteverfahren, gilt auch, wenn eine **Mitunternehmerschaft** (steuerlich gewerbliche Personengesellschaft wie z. B. oHG, KG oder GmbH & Co. KG) aus dem Betriebsvermögen heraus eine Kapitalgesellschaftsbeteiligung veräußert.[327]

Die Regelungen des einkommensteuerlichen Teileinkünfteverfahrens schlagen über § 7 Satz 1 GewStG auch auf die **Gewerbesteuer** durch, d. h. der Veräußerungsgewinn unterliegt im Ergebnis nur zu 60% der Gewerbesteuer. Nach § 35 Abs. 1 EStG erfolgt sodann die Gewerbesteueranrechnung.

In Betracht kommt hier zu einer teilweisen Minderung des Veräußerungsgewinns die **149** **Re-Investitionsmöglichkeit nach § 6b Abs. 10 EStG.**[328] Veräußerungsgewinne aus der Veräußerung von Kapitalgesellschaftsanteilen können **bis zu EUR 500 000** ganz oder anteilig von den Anschaffungs- bzw. Herstellungskosten anderer Anteile an Kapitalgesellschaften bzw. abnutzbarer beweglicher Wirtschaftsgüter bzw. Gebäude im gleichen Jahr abgezogen werden bzw. die Gewinne können durch die Bildung einer § 6b EStG-Rücklage zunächst neutralisiert werden.[329] Die Grenze von EUR 500 000 bildet dabei einen Jahreshöchstbetrag für alle Anteilsveräußerungen in einem Veranlagungszeitraum, und zwar *vor* Anwendung des Teileinkünfteverfahrens.[330] Wesentlich bei Mitunternehmerschaften als Veräußerer ist, dass im Rahmen des § 6b EStG eine **gesellschafterbezogene Betrachtungsweise** gilt, woraus folgt, dass der Höchstbetrag von EUR 500 000 sich nach der Anzahl der Gesellschafter vervielfacht.[331] Aus der gesellschafterbezogenen Betrachtungsweise ergibt sich die Möglichkeit, dass die aufgedeckten stillen Reserven auch zwischen verschiedenen Betriebsvermögen übertragen werden können.[332] Voraussetzung für die Anwendbarkeit von § 6b Abs. 10 EStG ist allerdings, dass die Kapitalgesellschaftsanteile vor der Veräußerung mindestens **sechs Jahre** im Betriebsvermögen als Anlagevermögen **gehalten** wurden.[333]

---

[325] *Levedag* in: Schmidt, EStG, § 3 EStG Rn. 138; *Rödder/Hötzel/Mueller-Thuns,* Unternehmenskauf/Unternehmensverkauf, § 25 Rn. 74, 76.

[326] *Rödder/Hötzel/Mueller-Thuns,* Unternehmenskauf/Unternehmensverkauf, § 25 Rn. 74; *Levedag* in: Schmidt, EStG, § 3 EStG Rn. 13 ff.

[327] *Wacker* in: Schmidt, EStG, § 15 EStG Rn. 438.

[328] Dazu ausführlich *Rödder/Hötzel/Mueller-Thuns,* Unternehmenskauf/Unternehmensverkauf, § 25 Rn. 110 ff.; *Schießl* in Blümich § 6b EStG Rn. 291 ff.

[329] *Rödder/Hötzel/Mueller-Thuns,* Unternehmenskauf/Unternehmensverkauf, § 22 Rn. 111.

[330] *Loschelder* in: Schmidt, EStG, § 6b EStG Rn. 98.

[331] *Loschelder* in: Schmidt, EStG, § 6b EStG Rn. 98.

[332] *Loschelder* in: Schmidt, EStG, § 6b EStG Rn. 12.

[333] *Schießl* in Blümich, EStG § 6b Rn. 296.

Wird nicht im selben Wirtschaftsjahr, in dem die Anteile veräußert werden, eine Übertragung der stillen Reserven in eine Re-Investition vorgenommen, sondern wird eine **§ 6b EStG-Rücklage** gebildet, muss diese innerhalb der Re-Investitionsfrist auf ein begünstigtes Re-Investitionswirtschaftsgut übertragen werden; andernfalls ist die Rücklage aufzulösen, mit der Folge, dass der Auflösungsgewinn seinerseits mit dem Teileinkünfteverfahren besteuert wird, und noch mit 6 % p. a. zu verzinsen ist.[334]

150   **(b) Nachbesteuerung bei der Veräußerung von aus Einbringungsvorgängen herrührenden Anteilen.** Vor einer Anteilsveräußerung müssen sich die veräußerungswillige natürliche Person bzw. deren steuerliche Berater über die Entstehungshistorie der zu verkaufenden Kapitalgesellschaftsbeteiligung Klarheit verschaffen. Sind die Anteile aus einem Einbringungsvorgang mit **Wertansätzen unter dem gemeinen Wert** (d. h. Buch- oder Zwischenwertansatz) entstanden (= Fälle des § 20 Abs. 2 Satz 2 UmwStG, z. B. aus einem Einzelunternehmen wurde ein Teilbetrieb durch Sachgründung oder Ausgliederung in eine Tochter-GmbH überführt), wird bei einem Verkauf dieser Anteile nach § 22 Abs. 1 UmwStG rückwirkend auf den Einbringungszeitpunkt der sog. **„Einbringungsgewinn I"** besteuert.[335] Einbringungsgewinn I ist dabei die Differenz zwischen dem gemeinen Wert des damals eingebrachten Betriebsvermögens und dem damals angesetzten (Buch- oder Zwischen-)Wert, vermindert um jeweils ein Siebtel pro vollem Zeitjahr, das seit dem Einbringungszeitpunkt abgelaufen ist.[336] Wirtschaftlich wachsen also ratierlich über sieben Jahre die in einem Betriebsvermögen enthaltenen stillen Reserven aus dem Besteuerungsregime der Vollversteuerung in das des Teileinkünfteverfahrens. §§ 16 Abs. 4 und 34 EStG sind auf die Besteuerung des Einbringungsgewinns I nicht anzuwenden (§ 22 Abs. 1 Satz 1 2. Halbsatz UmwStG). Der Einbringungsgewinn I führt steuerlich zu nachträglichen Anschaffungskosten auf die Beteiligung (§ 22 Abs. 1 Satz 4 UmwStG).[337] Der Anteilsveräußerungsvorgang als solcher unterliegt „regulär" dem Teileinkünfteverfahren.

151   Hierbei stellt sich vor dem Hintergrund der **Corona-Krise** die Frage, was passiert, wenn es innerhalb der siebenjährigen Sperrfrist z. B. wegen einem „Fire-Sale" zu einem Sperrfristverstoß kommt. Hier werden wegen der Krise Fälle auftreten, in denen ein nachträglicher Einbringungsgewinn zu besteuern ist, obwohl in einer wirtschaftlichen Gesamtbetrachtung ein Verlust erzielt wird. In diesen Fällen droht die Versteuerung ehemals vorhandener stiller Reserven, die sich eigentlich verflüchtigt haben.[338] In Betracht kommt eine Corona-bedingte Stundung der Steuer nach BMF-Schreiben vom 19.3.2020 betreffend steuerliche Maßnahmen zur Berücksichtigung der Auswirkungen des Coronavirus.[339] Sodann wären eine abweichende Steuerfestsetzung aus Billigkeitsgründen (§ 163 AO) oder ein Steuererlass aus sachlichen Billigkeitsgründen als auch aus persönlichen Billigkeitsgründen (§ 227 AO) zu erwägen.[340] Nach *Bron* wäre ggf. zu überlegen, ob ein Corona-bedingter Notverkauf überhaupt wertungsmäßig einen Sperrfristverstoß darstellt (wobei der Gesetzeswortlaut dies mangels Differenzierung/konkreter Entlastungsmöglichkeit grundsätzlich so nahelegt).[341]

152   Ergibt sich ein **Veräußerungsverlust,** so kommt es nach dem Teileinkünfteverfahren im Ergebnis nur zu einer 60%igen Berücksichtigung (§ 3 Nr. 40 Buchst. a), § 3c Abs. 2 EStG). Dies gilt für Veranlagungszeiträume ab einschließlich 2011 unabhängig davon, ob die ver-

---

[334] *Schießl* in Blümich, EStG § 6b Rn. 313; *Loschelder* in: Schmidt, EStG, § 6b EStG Rn. 62.

[335] *Ettinger/Schmitz,* Umstrukturierungen im Bereich mittelständischer Unternehmen Rn. 407 ff.; *Schmitt* in: Schmitt/Hörtnagl/Stratz, UmwG/UmwStG, § 22 UmwStG Rn. 50 f.

[336] Vgl. *Reiß* in: Kirchhof, EStG, § 16 EStG Rn. 18.

[337] Dazu *Schmitt* in: Schmitt/Hörtnagl/Stratz, UmwG/UmwStG, § 22 UmwStG Rn. 58.

[338] *Bron,* DStR 2020, 1009, 1012 f.

[339] BMF vom 19.3.2020 – IV A 3 – S 0336/19/10007:002 betreffend steuerliche Maßnahmen zur Berücksichtigung der Auswirkungen des Coronavirus (COVID-19/SARS-CoV-2), DStR 2020, 663.

[340] So *Bron,* DStR 2020, 1009, 1012 f.

[341] So *Bron,* DStR 2020, 1009, 1012 f. unter Berufung auf die Fusionsrichtlinie.

äußerte Beteiligung tatsächlich jemals positive, nach dem Teileinkünfteverfahren steuerpflichtige Einkünfte vermittelt hat, denn nach § 3c Abs. 2 Satz 2 EStG ist allein die Absicht zur Erzielung von Betriebsvermögensmehrungen nach § 3 Nr. 40 EStG ausreichend, damit § 3c Abs. 2 EStG Anwendung findet.[342]

§ 3c Abs. 2 EStG galt dabei bis einschließlich Veranlassungszeitraum 2014 nicht für **Wertminderungen/Verluste bzgl. Gesellschafterdarlehen,** selbst wenn das Darlehen nicht zu fremdüblichen, sondern begünstigten Konditionen gewährt wurde.[343] Seit dem Veranlassungszeitraum 2015[344] gilt § 3c Abs. 2 EStG nach den neueingefügten Sätzen 2 ff.[345] für Wertminderungen/Verluste bzgl. Gesellschafterdarlehen eines zu mehr als 25 % beteiligten Gesellschafters, außer wenn das Darlehen nachweislich zu fremdüblichen Konditionen gewährt wurde oder auch ein fremder Dritter es noch nicht zurückgefordert hätte. Die Vorschrift gilt für im Betriebsvermögen gehaltene Beteiligungen und Darlehensforderungen.[346]

> **Praxishinweis:** Der von der Vorschrift ermöglichte Gegenbeweis wird in der Praxis nur schwierig zu führen sein. Die Fremdüblichkeit muss sowohl im Hinblick auf die Verzinsung als auch auf die Besicherung nachgewiesen werden.[347]

(c) Verkauf durch Steuerausländer. Veräußert eine **im Ausland ansässige natürliche Person** Anteile an einer **Kapitalgesellschaft, die in einem Betriebsvermögen** gehalten werden, ist wie folgt zu differenzieren: 153
– Die Veräußerung von Anteilen an in- und ausländischen Kapitalgesellschaften und unabhängig von der prozentualen Beteiligung des Veräußerers am Kapital der Gesellschaft ist im Rahmen der beschränkten Einkommensteuerpflicht nach § 49 Abs. 1 Nr. 2 Buchst. a EStG (i. V. m. § 15 EStG) nach nationalem Recht in Deutschland steuerpflichtig, wenn vom Veräußerer eine Betriebsstätte in der Bundesrepublik Deutschland i. S. v. § 12 AO unterhalten wird und die Anteile diesem **inländischen Betriebsvermögen** steuerlich zuzuordnen sind. Unter dieser Voraussetzung besteht insoweit auch regulär eine Gewerbesteuerpflicht (§ 2 Abs. 1 Satz 3 GewStG). Der danach im Inland steuerpflichtige Veräußerungsgewinn unterliegt für Zwecke der Einkommensteuer sowie für die Gewerbesteuer dem Teileinkünfteverfahren. Handelt es sich um einen **DBA-Fall,** d. h. besteht zwischen der Bundesrepublik Deutschland und dem Ansässigkeitsstaat des Veräußerers ein Doppelbesteuerungsabkommen, wird nach den insoweit in aller Regel auf dem OECD-Musterabkommen basierenden Regelungen des DBA der Veräußerungsgewinn aus der Veräußerung von im Inland belegenem Betriebsvermögen unverändert der Bundesrepublik Deutschland zugewiesen (Art. 7 Abs. 1, 13 Abs. 2, 23A des OECD-Musterabkommens).[348]

---

[342] Diese Neuregelung erfolgte durch das Jahressteuergesetz 2010. Für Veräußerungsvorgänge, die bis einschließlich Veranlagungszeitraum 2010 verwirklicht wurden, gilt die Rechtsprechung des BFH zur vorhergehenden Fassung des § 3c EStG, vgl. BFH vom 25.6.2009 – IX R 42/08, BStBl. II 2010, 220; BFH vom 14.7.2009 – IX R 8/09, BFH/NV 2010, 399; *Bron/Seidel,* DStZ 2009, 859.

[343] BFH vom 18.4.2012 – X R 7/10, DStRE 2012, 1105; BMF vom 23.10.2013 – IV C 6 – S 2128/07/10001, BStBl. I 2013, 1269.

[344] § 52 Abs. 5 Satz 2 EStG.

[345] Eingefügt durch das Gesetzes zur Anpassung der AO an den EU-Zollkodex.

[346] Nicht unter die Neuregelung fallen Gesellschafter mit Anteilen an Kapitalgesellschaften im steuerlichen Privatvermögen i. S. v. § 17 EStG, selbst wenn diese Gesellschafter gemäß § 32d Abs. 2 Nr. 3 EStG für die laufenden Gewinnausschüttungen zum Teileinkünfteverfahren optiert haben, vgl. *Levedag* in: Schmidt, EStG, § 3c EStG Rn. 16. Es liegen in solchen Fällen aber ggf. nachträgliche Anschaffungskosten vor, siehe unten → Rn. 162 ff.

[347] *Levedag* in: Schmidt, EStG, § 3c EStG Rn. 16.

[348] Vgl. dazu näher *Niehaves* in: Haase, AStG/DBA, Art. 7 MA Rn. 21 ff.; *Schütte* in: Haase, AStG/DBA, Art. 13 MA Rn. 36 ff. sowie *Wagner* in: Haase, AStG/DBA, Art. 23A MA Rn. 6 ff.

– Die Veräußerung von Anteilen an Kapitalgesellschaften, die in einem **ausländischen Betriebsvermögen** gehalten werden, ist bei Anteilen im Sinne des § 17 EStG (d. h. grundsätzlich[349] mindestens 1 % Beteiligung am Gesellschaftskapital) im Rahmen der beschränkten Einkommensteuerpflicht nach § 49 Abs. 1 Nr. 2 Buchst. e EStG (i. V. m. § 17 EStG) nach nationalem Recht in Deutschland steuerpflichtig, wenn es sich um Anteile mit einem bestimmten Inlandsbezug handelt.[350] Der Umstand, dass die Anteile sich in einem ausländischen Betriebsvermögen befinden, ist wegen der isolierenden Betrachtung steuerlich irrelevant.[351] Der dabei vorausgesetzte „Inlandsbezug" ist gegeben, wenn entweder (i) die Kapitalgesellschaft, an der Anteile veräußert werden, Sitz oder Geschäftsleitung im Inland hat (§ 49 Abs. 1 Nr. 2 Buchst. e Buchst. aa EStG) oder (ii) es sich um bestimmte z. B. nach dem UmwStG sperrfristbehaftete Anteile handelt (§ 49 Abs. 1 Nr. 2 Buchst. e Buchst. bb EStG) oder (iii) die Kapitalgesellschaft, an der Anteile veräußert werden, Sitz und Geschäftsleitung zwar nicht im Inland hat, es sich aber um eine Immobiliengesellschaft[352] handelt (§ 49 Abs. 1 Nr. 2 Buchst. e Buchst. cc EStG). Handelt es sich um einen **DBA-Fall,** d. h. besteht zwischen der Bundesrepublik Deutschland und dem Ansässigkeitsstaat des Veräußerers ein Doppelbesteuerungsabkommen, wird nach den insoweit in aller Regel auf dem OECD-Musterabkommen basierenden Regelungen des DBA der Veräußerungsgewinn aus der Veräußerung von Anteilen an Kapitalgesellschaften grundsätzlich dem Ansässigkeitsstaat des Veräußerers zugewiesen (d. h. dann resultiert im Ergebnis keine deutsche Steuer auf den Veräußerungsvorgang) (Art. 13 Abs. 5 des OECD-Musterabkommens).[353] Anders kann dies je nach DBA für Immobiliengesellschaften sein, wenn das anwendbare DBA eine dem Art. 13 Abs. 4 des OECD-Musterabkommens entsprechende Regelung enthält.[354]

– Hält der Veräußerer dagegen Anteile ohne Inlandsbezug (z. B. Anteile an ausländischen Kapitalgesellschaften, die keine Immobiliengesellschaften sind und auch nicht nach dem UmwStG sperrfristbehaftet sind) in seinem **ausländischen Betriebsvermögen,** unterfällt deren Veräußerung unabhängig von der prozentualen Beteiligung des Veräußerers am Kapital der Gesellschaft nicht der beschränkten Einkommensteuerpflicht.

Praxishinweis: Zu beachten ist, dass in solchen Konstellationen vom Finanzamt generell (d. h. DBA-Fall ebenso wie Nicht-DBA-Fall) ein Steuerabzug durch den Käufer gemäß § 50a Abs. 7 Satz 1 EStG angeordnet werden kann (sog. Sicherungseinbehalt).[355] Zuständig ist das Finanzamt des beschränkt steuerpflichtigen ausländischen Vergütungsgläubigers (§§ 19 Abs. 2 Satz 2, 20 Abs. 4 AO). Die Entscheidung über die Anordnung steht im Ermessen des Finanzamts. Nicht ermessensgerecht ist es i. d. R., einen Steuerabzug anzuordnen, wenn nach einem anwendbaren DBA eindeutig kein deutsches Besteuerungsrecht besteht.[356] Für bereits gezahlte Vergütungen, d. h. nach Closing = Kaufpreiszahlung der Transaktion, darf der Steuerabzug nicht mehr angeordnet werden, für noch ausstehende Teilzahlungen (z. B. Vendor Loan, Earn-Out) hingegen schon. In der Praxis ist daher regel-

---

[349] Ausnahmen in § 17 EStG für ebenfalls erfasste Beteiligungen unter der 1 %-Beteiligungsschwelle sind zu beachten, z. B. Beteiligung des Rechtsvorgängers im Fünf-Jahreszeitraum (§ 17 Abs. 1 Satz 4 EStG) oder bestimmte Anteile, die aus Vorgängen nach dem UmwStG entstanden sind (§ 17 Abs. 6 EStG).

[350] *Loschelder* in: Schmidt, EStG, § 49 EStG Rn. 49.

[351] *Loschelder* in: Schmidt, EStG, § 49 EStG Rn. 48.

[352] Siehe zur Veräußerung von Immobiliengesellschaften durch Steuerausländer z. B. *Junkers,* DStR 2019, 660.

[353] Vgl. dazu näher *Schütte* in: Haase, AStG/DBA, Art. 13 MA Rn. 87 ff.

[354] Vgl. dazu näher *Schütte* in: Haase, AStG/DBA, Art. 13 MA Rn. 70 ff.

[355] Dazu *Loschelder* in: Schmidt, EStG, § 50a EStG Rn. 43.

[356] *Loschelder* in: Schmidt, EStG, § 50a EStG Rn. 43; *Reimer* in Blümich, EStG, § 50a Rn. 143. Anders jedoch, wenn und soweit im konkreten Sachverhalt noch nicht eindeutig feststeht, ob und inwieweit aufgrund von DBA-Normen materiell kein oder nur ein geringerer Steueranspruch des deutschen Fiskus besteht (FG Münster vom 24.5.04 – 9 K 5096/99, EFG 2004, 1777, rkr.).

mäßig relevant, wann das Finanzamt von dem Kaufvertrag überhaupt Kenntnis erlangt. Gemäß § 50a Abs. 7 Satz 2 EStG beträgt der Steuersatz bei natürlichen Personen als Veräußerer 25 % des Kaufpreises. Entsprechende Regelungen im Kaufvertrag sind ratsam.

(2) Anteile des steuerlichen Privatvermögens. Hält der Veräußerer als natürliche **154** Person die Anteile am zu veräußernden Kapitalgesellschaftsunternehmen unmittelbar, stellen sie **grundsätzlich steuerliches Privatvermögen** dar.[357] Es ergibt sich hier folgende Ausgangskonstellation:

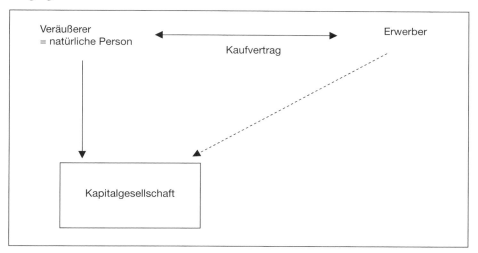

(a) Allgemeines. Die Veräußerung ist dann nach **§ 17 Abs. 1 Satz 1 EStG (Ver-** **155** **äußerungen von „wesentlichen" Beteiligungen an Kapitalgesellschaften)** steuerpflichtig, wenn innerhalb der letzten fünf Jahre eine mindestens **1%ige Beteiligung** vorlag oder es sich um eine Beteiligung i. S. d. Sonderregel des § 17 Abs. 6 EStG handelt.[358]

Durch die **schrittweise Absenkung der Wesentlichkeitsschwelle**[359] sind jeweils zuvor nicht wesentliche Beteiligungen mit ihren historischen Anschaffungskosten in den steuerlich relevanten Bereich „hineingerutscht", sodass auch in der Steuerfreiheit gebildete Reserven dadurch nachträglich steuerverstrickt wurden. Der BFH hatte mit Urteil vom 1.3.2005[360] die Auffassung angenommen, dass diese Behandlung nicht verfassungswidrig sei und trotz des „Hineinrutschens" einer vormals nicht steuerverhafteten Beteiligung in die abgesenkten Wesentlichkeitsschwellen bei der Berechnung des Veräußerungsgewinns die historischen Anschaffungskosten maßgeblich seien (und nicht etwa der gemeine Wert im Zeitpunkt der Steuerverstrickung).[361] Das **Bundesverfassungsgericht** hat dagegen mit Beschluss vom 7.7.2010[362] entschieden, dass die Absenkung der relevanten Beteiligungs-

---

[357] Ausnahme z. B. Sonderbetriebsvermögen, und Vorsicht bei „Unternehmensgruppen"; siehe dazu *Prinz,* DB 2010, 972 und BFH vom 12.6.2019 – X R 38/17, DB 2019, 1879 zur Frage, wann die Beteiligung an einer Kapitalgesellschaft notwendiges Betriebsvermögen darstellt (im Entscheidungssachverhalt eines Einzelunternehmens, Grundaussagen aber verallgemeinerbar).

[358] Dazu *Weber-Grellet* in: Schmidt, EStG, § 17 EStG Rn. 245 f.

[359] Wesentlichkeitsschwelle bis 31.12.1998: Beteiligung zu mehr als 25 %; Wesentlichkeitsschwelle ab 1.1.1999 bis 31.12.2001: Beteiligung zu mindestens 10 %. Wesentlichkeitsschwelle ab 1.1.2002: Beteiligung zu mindestens 1 %.

[360] BFH vom 1.3.2005 – VIII R 92/03, DB 2005, 917.

[361] Siehe zu diesem Problemkreis *Schmidt/v.Busekist/Drescher,* FR 2007, 1.

[362] BVerfG vom 7.7.2010 – 2 BvR 748/05, 2 BvR 753/05, 2 BvR 1738/05, BGBl. I 2010, 1296; sowie BFH vom 24.2.2012 – IX B 146/11, BStBl. II 2012, 335; *Heuermann,* StBp 2012, 142.

quote von mehr als 25% (bis Ende 1998) auf 10% (ab dem Veranlagungszeitraum 1999) durch das Steuerentlastungsgesetz 1999/2000/2002 insoweit verfassungswidrig ist, als in einem Veräußerungsgewinn Wertsteigerungen steuerlich erfasst werden, die bis zur Verkündung des Steuerentlastungsgesetzes 1999/2000/2002 am 31.3.1999 entstanden sind und die entweder – bei einer Veräußerung bis zu diesem Zeitpunkt – nach der zuvor geltenden Rechtslage steuerfrei realisiert worden sind oder – bei einer Veräußerung nach Verkündung des Gesetzes – sowohl zum Zeitpunkt der Verkündung als auch zum Zeitpunkt der Veräußerung nach der zuvor geltenden Rechtslage steuerfrei hätten veräußert werden können.[363] In solchen Fällen gilt dann als „Ersatzwert" an Stelle der historischen Anschaffungskosten der gemeine Wert der veräußerten Anteile per 31.3.1999.[364] Noch weitergehend als das BVerfG hat der BFH sodann mit Urteil vom 11.12.2012[365] zur Absenkung der Wesentlichkeitsschwelle von 25% auf 10% schließlich eine **zeitraumbezogene Auslegung der Wesentlichkeitsschwelle** als maßgeblich angesehen, und sah sich an dieser neuen Auslegung auch durch das BVerfG-Urteil (und dessen Gesetzeskraft!) nicht gehindert. Im Nachgang hat das FG Köln mit Urteil vom 28.8.2013[366] für die Absenkung der Wesentlichkeitsschwelle von 10% auf 1% ebenfalls im Sinne der zeitraumbezogenen Auslegung geurteilt.

In **Zuzugsfällen** (d. h. der Veräußerer ist aus dem Ausland ins Inland gezogen, und ihm waren die zu veräußernden Anteile zum Zuzugszeitpunkt bereits steuerlich zuzurechnen) sind bei einer Veräußerung ebenfalls die historischen Anschaffungskosten anzusetzen, egal ob Anteile an in- oder ausländischen Kapitalgesellschaften verkauft werden. Nur dann, wenn vor dem Zuzug im Ausland eine der deutschen Wegzugssteuer nach § 6 AStG entsprechende Besteuerung erfolgt ist, kann der dort besteuerte Wert, maximal jedoch der gemeine Wert im Zuzugszeitpunkt, zugrunde gelegt werden (§ 17 Abs. 2 Satz 3 EStG).

156 Ein nach den § 17 EStG entstehender steuerbarer **Veräußerungsgewinn** ist nach dem **Teileinkünfteverfahren** zu besteuern (§ 3 Nr. 40 Buchst. c EStG). Danach ist der Veräußerungspreis nur zu 60% anzusetzen. Andererseits sind die mit der Veräußerung wirtschaftlich zusammenhängenden Aufwendungen und insbesondere auch die den Veräußerungserlös mindernden Anschaffungskosten der Anteile auch nur zu 60% abziehbar (§ 3c Abs. 2 EStG).[367]

Maßgeblich für die Bestimmung des Veräußerungsgewinns ist nach § 17 Abs. 2 EStG der **Veräußerungspreis** abzüglich Veräußerungs- und Anschaffungskosten. Der Veräußerungspreis ist regelmäßig die im Unternehmenskaufvertrag festgelegte Geldzahlung. Unabhängig davon, wann der Veräußerungspreis nach Zuflussgesichtspunkten gezahlt wird, ist der Veräußerungsvorgang beim Veräußerer in dem Jahr steuerpflichtig, in dem der Veräußerungsgewinn durch Vollzug der Übertragung des (zumindest) wirtschaftlichen Eigentums an den Anteilen erzielt wird.[368] Fällt der Veräußerer mit seiner Kaufpreisforderung später ganz oder teilweise aus oder wird diese z. B. wegen Gewährleistungsansprüchen des Erwerbers herabgesetzt, führt dies zu einer rückwirkenden Änderung des Veräußerungspreises, die verfahrensrechtlich nach § 175 Abs. 1 Satz 1 Nr. 2 AO (rückwirkendes Ereignis) behandelt wird.[369] Wird die Kaufpreisforderung gestundet und verzinst, sind die sich daraus ergebenden Zinsen ebenso wie etwaige Verzugszinsen wegen verspäteter Kaufpreiszahlung nicht

---

[363] Vgl. ausführlich und mit Beispielen *Heuermann,* DB 2011, 551.

[364] BMF vom 20.12.2010 – IV C 6-S 2244/10/10001-(2010/1006836), dort unter Abschnitt C. II.1., BStBl. I 2011, 14; sowie BFH vom 24.2.2012 – IX B 146/11, BStBl. II 2012, 335.

[365] BFH vom 11.12.2012 – IX R 7/12, BStBl II 2013, 372.

[366] FG Köln vom 28.8.2013 – 5 K 2072/11, EFG 2013, 2000.

[367] Vgl. *Rödder/Hötzel/Mueller-Thuns,* Unternehmenskauf/Unternehmensverkauf, § 22 Rn. 37 ff. sowie § 24 Rn. 71 ff.; *Levedag* in: Schmidt, EStG, § 3c EStG Rn. 13.

[368] *Weber-Grellet* in: Schmidt, EStG, § 17 EStG Rn. 96.

[369] BFH vom 19.8.2009 – I R 3/09, BStBl. II 2010, 249; BFH vom 19.7.1993 – GrS 2/92, BStBl. II 1993, 897.

Einkünfte nach § 17 EStG, sondern Einkünfte aus Kapitalvermögen nach § 20 EStG.[370] Ist die Kaufpreisforderung dagegen zinslos gestundet, ist Veräußerungspreis der nach § 12 Abs. 3 BewG abgezinste Wert.

Abzuziehen von dem Veräußerungspreis sind zum einen die **Veräußerungskosten.** Dies sind Aufwendungen, die in unmittelbarer sachlicher Beziehung zu dem Veräußerungsgeschäft stehen.[371] Veräußerungskosten sind z. B. Anwalts- und Notarkosten oder Provisionen für M&A-Berater.

Nachträgliche Werbungskosten wie insbesondere nachträgliche **Zinsen,** die vom Veräußerer noch nach der Veräußerung auf Finanzierungsverbindlichkeiten, die im Zusammenhang mit der veräußerten Beteiligung bestanden, zu zahlen sind, waren vor Einführung des Systems der Abgeltungsteuer als Werbungskosten nach § 20 EStG nach Wegfall der Beteiligung i. S. v. § 17 EStG abziehbar, soweit der Veräußerungserlös nicht zur Rückführung der im Zusammenhang mit dem Anteilserwerb stehenden Kredite ausreichte.[372] Seit dem Veranlagungszeitraum 2009 gilt dies jedoch selbst für Beteiligungen i. S. v. § 17 EStG aufgrund des Abzugsverbots des § 20 Abs. 9 Satz 1 2. Halbsatz EStG nur noch dann, wenn die Voraussetzungen des § 32d Abs. 2 Nr. 3 Satz 1 EStG vorliegen (Option zur Regelbesteuerung).[373] Die Finanzverwaltung bejaht den Werbungskostenabzug für nachträgliche Schuldzinsen, die im Veranlagungszeitraum der Veräußerung der Beteiligung (oder der Auflösung der Gesellschaft) anfallen, wobei sie es genügen lässt, dass die Voraussetzungen des § 32d Abs. 2 Nr. 3 Satz 1 EStG zu irgendeinem Zeitpunkt im Veranlagungszeitraum der Antragstellung vorgelegen haben.[374] Dies ist für Veranlagungszeiträume nach dem Veranlagungszeitraum der kompletten Anteilsveräußerung jedoch nicht mehr der Fall.[375] Anders wird dies u. E. bei einem Teilverkauf zu beurteilen sein, wenn die Voraussetzungen des § 32d Abs. 2 Nr. 3 EStG aufgrund der zurückbehaltenen Beteiligung noch erfüllt werden können. | **157**

(b) Anschaffungskosten. Den Veräußerungsgewinn mindern gemäß § 17 Abs. 2 EStG des Weiteren die Anschaffungskosten des Veräußerers. Zu den Anschaffungskosten gehört alles, was der Veräußerer als Erwerber seinerzeit aufgewendet hatte, um die Beteiligung zu erlangen, aber auch das, was er während seiner Gesellschafterstellung aufgewendet hat, um die Beteiligung zu erhalten.[376] Zu den Anschaffungskosten gehören insbesondere die bei Gründung der Gesellschaft übernommene Einlageverpflichtung (Nennwert einer Bareinlage, gemeiner Wert von Sacheinlagen, etwaige Zuzahlungen in die Kapitalrücklagen), einschließlich vom Gesellschafter selbst getragene Beratungs- und Notarkosten; diese Kosten sind Anschaffungsnebenkosten. Dieser Anschaffungskostenbegriff wurde durch § 17 Abs. 2a Sätze 1 und 2 EStG[377] nunmehr gesetzlich kodifiziert (insoweit ohne materielle Änderung). | **158**

(c) Nachträgliche Anschaffungskosten. Des Weiteren gehören auch nachträgliche Anschaffungskosten zu den Anschaffungskosten, die den Veräußerungsgewinn mindern. Dazu zählen zum einen weitere Mittelzuführungen, wie z. B. bei **Kapitalerhöhungen** der Gesellschaft (= offene Einlage), deren Anteile später veräußert werden oder **Einzahlungen in die Kapitalrücklage** ohne Ausgabe neuer Anteile (= verdeckte Einlage). Auch dies | **159**

---

[370] *Weber-Grellet* in: Schmidt, EStG, § 17 EStG Rn. 136.

[371] BFH vom 1.12.1992 – VIII R 43/90, BFH/NV 1993, 520; EStR 17 VI.

[372] Siehe BFH vom 16.3.2010 – VIII R 20/08, BStBl. II 2010, 787.

[373] Dazu *Weber-Grellet* in: Schmidt, EStG, § 32d EStG Rn. 12 und OFD Nordrhein-Westfalen Kurzinformation Einkommensteuer Nr. 13/2015 vom 22.4.2015, BeckVerw 298396.

[374] Vgl. BMF vom 22.12.2009 – IV C 1 – S 2252/08/10004, BStBl. I 2010, S. 94, BStBl. I 2010, S. 94, Rz. 139.

[375] BFH vom 1.7.2014 – VIII R 53/12, BStBl. II 2014, 975; BFH vom 21.10.2014 – VIII R 48/12, BStBl. II 2015, 270.

[376] *Weber-Grellet* in: Schmidt, EStG, § 17 EStG Rn. 156.

[377] In der Fassung des Gesetzes zur weiteren steuerlichen Förderung der Elektromobilität und zur Änderung weiterer steuerlicher Vorschriften vom 12.12.2019, BGBl. I 2019, 2451.

wurde durch § 17 Abs. 2a Satz 3 Nr. 1 EStG[378] nunmehr gesetzlich kodifiziert (insoweit ebenfalls ohne materielle Änderung).[379]

In § 17 Abs. 2a Satz 5 EStG[380] wird bestimmt, dass Einzahlungen des Steuerpflichtigen in das Kapital der Gesellschaft, die über das Nennkapital hinausgehen (insbesondere freiwillige Zuzahlungen in die Kapitalrücklage), bei der Ermittlung der Anschaffungskosten **gleichmäßig auf alle Anteile** an der betreffenden Kapitalgesellschaft, die derselbe Steuerpflichtige hält, zu verteilen sind.[381] Die Regelung dient der Missbrauchsbekämpfung. Anlass hierfür haben offenbar Fälle geboten, in denen die Zahlung eines Aufgeldes im Rahmen einer Kapitalerhöhung bzw. die Zahlung eines Nachschusses auf einen konkret bezeichneten Geschäftsanteil zur gezielten Generierung eines späteren Veräußerungsverlustes genutzt wurden.[382]

160   Der durch das Gesellschaftsverhältnis veranlasste **Verzicht auf Gesellschafterforderungen** im Wege der Einlage führt, soweit diese *werthaltig* sind, in Höhe des gemeinen Werts zum Zeitpunkt des Verzichts steuerlich zu einer verdeckten Einlage und dadurch ebenfalls (unverändert)[383] zu nachträglichen Anschaffungskosten beim Gesellschafter.[384] Nach BFH vom 6.8.2019[385] gilt bei *teilweise wertgeminderten* Gesellschafterforderungen ein Verzicht als zunächst auf den nicht werthaltigen Teil einer Gesellschafterforderung geleistet (= Fiktion). Diese Grundsätze gelten z. B. für Verzichte auf werthaltige Gesellschafterdarlehensforderungen oder Verzichte auf werthaltige Gehaltsforderungen eines Gesellschafters.[386] In gleicher Weise führt ein durch das Gesellschaftsverhältnis veranlasster **Debt-Equity-Swap** zu nachträglichen Anschaffungskosten des Gesellschafters, soweit die Gesellschafterdarlehensforderungen werthaltig sind. Daneben kommt für Verluste aus Verzichten, die **bis zum 31.12.2019** entstanden sind, bzgl. des *nicht werthaltigen* Teils nach der einschlägigen BFH-Rechtsprechung wie einem Forderungsausfall eine Berücksichtigung nach § 20 Abs. 2 EStG in Betracht,[387] wenn die entsprechende Forderung der Abgeltungsteuer unterfällt.[388] Für Verluste, die **nach dem 31.12.2019**[389] entstanden sind, wurde die besagte BFH-Rechtsprechung durch rechtsprechungsbrechende Gesetzesänderung[390] kassiert. Die für Verluste, die nach zum 31.12.2019 entstanden sind, geltende Neuregelung in § 20 Abs. 6 Satz 6 EStG erlaubt u. a. eine Verlustverrechnung bei Verlusten aus

---

[378] In der Fassung des Gesetzes zur weiteren steuerlichen Förderung der Elektromobilität und zur Änderung weiterer steuerlicher Vorschriften vom 12.12.2019, BGBl. I 2019, 2451.

[379] *Graw*, DB 2020, 690, 693.

[380] In der Fassung des Gesetzes zur weiteren steuerlichen Förderung der Elektromobilität und zur Änderung weiterer steuerlicher Vorschriften vom 12.12.2019, BGBl. I 2019, 2451.

[381] Diese Regelung hat laut Gesetzesbegründung lediglich deklaratorischen Charakter, da sie inhaltlich der bisherigen Verwaltungsauffassung entspricht (so der Regierungsentwurf des Gesetztes zur weiteren Förderung der Elektromobilität und zur Änderung weiterer steuerlicher Vorschriften vom 31.7.2019, BR-Drucksache 356/19, 123).

[382] Regierungsentwurf des Gesetztes zur weiteren Förderung der Elektromobilität und zur Änderung weiterer steuerlicher Vorschriften vom 31.7.2019, BR-Drucksache 356/19, 123.

[383] *Graw*, DB 2020, 690, 693; *Weber-Grellet* in: Schmidt, EStG, § 17 EStG Rn. 166.

[384] BFH vom 1.6.1997 – GrS 1/94, BStBl. II 1998, 307; BFH vom 6.8.2019 – VIII R 18/16, DStR 2019, 2411.

[385] BFH vom 6.8.2019 – VIII R 18/16, DStR 2019, 2411. Diese Sichtweise kann u. E. auch auf die Kodifizierung des Einlagenbegriffs in § 17 Abs. 2a EStG übertragen werden.

[386] *Ott*, StuB 2019, 649.

[387] BFH von 6.8.2019 – VIII R 18/16, DStR 2019, 2411; BFH von 24.10.2017 – VIII R 13/15, DStR 2017, 2801.

[388] Die Forderung unterfällt der Abgeltungsteuer, wenn sie nach dem 31.12.2008 erworben wurde (§ 52 Abs. 28 Satz 16 EStG). Der Ausfall zuvor erworbener Forderungen ist ein unbeachtlicher Verlust in der Privatsphäre (*Förster/von Cölln/Lentz*, DB 2020, 353, 354).

[389] Vgl. § 52 Abs. 28 Satz 24 EStG.

[390] Gesetz zur Einführung einer Pflicht zur Mitteilung grenzüberschreitender Steuergestaltungen vom 21.12.2019, BGBl. 2019 I, 2875.

ganzer oder teilweiser Uneinbringlichkeit einer privaten Kapitalforderung nur mit Einkünften aus Kapitalvermögen, und auch das nur bis zu EUR 10 000 pro Jahr. Danach nicht verrechnete Verluste können zeitlich unlimitiert in Folgejahre vorgetragen werde und dann jeweils mit bis zu EUR 10 000 pro Jahr verrechnet werden Die Neuregelung des § 20 Abs. 6 Satz 6 EStG ist verfassungsrechtlich kritisch zu sehen, weil damit Gewinne und Verluste eklatant unterschiedlich behandelt werden und eine effektive Verlustnutzung ggf. faktisch vereitelt wird.[391] Hat ein Steuerpflichtiger z.B. einen Verlust in Höhe von EUR 1 Mio. aus dem Ausfall einer privaten Darlehensforderung erlitten, wird er nicht lang genug leben, um den Verlust nutzen zu können. Zu beachten ist, dass das spezielle Verlustverrechnungsregime des § 20 Abs. 6 Satz 6 EStG nicht für Anteilseigner gilt, die mit **mindestens 10 % beteiligt** sind (§ 32d Abs. 2 Nr. 1 Satz 1 Buchst. b EStG).[392]

Im Einzelfall ist bei der Frage, ob eine Gesellschaftereinlage steuerlich zu berücksichtigen ist, **§ 42 AO (Missbrauch von Gestaltungsmöglichkeiten)** zu prüfen.

In der Fallkonstellation des BFH-Urteils vom 20.7.2018[393] („**Cash-Einlagen in letzter**   **161** **Minute**" vor Anteilsveräußerung oder Liquidation) hat der BFH keinen Gestaltungsmissbrauch angenommen (im Entscheidungssachverhalt erfolgten abgestimmte Zuführungen von Liquidität in die Kapitalrücklage durch mehrere Gesellschafter im Rahmen einer stillen Liquidation und anschließende Bedienung von betrieblichen Verbindlichkeiten gegenüber verschiedenen Gläubigern, und dabei auch Enthaftung eines Gesellschafters, der eine Bürgschaft gegeben hatte und dessen Regressanspruch zu diesem Zeitpunkt mutmaßlich bereits wertgemindert gewesen wäre).

> **Praxishinweis:** In Fallkonstellationen von „Cash-Einlagen in letzter Minute" ist darauf zu achten, dass solche Maßnahmen rechtzeitig (also vor Eröffnung eines Insolvenzverfahrens) getroffen werden.[394]

Noch ungeklärt sind in dem Zusammenhang Fälle von Gesellschaftereinlagen und anschließender Tilgung von (mutmaßlich wertgeminderten) Gesellschafterdarlehen („**Cash-Zirkel**" bzw. „**Hin- und Herzahlen**").[395]

> **Praxishinweis:** Ggf. sollten Fälle des „Cash-Zirkels" bzw. des „Hin- und Herzahlens" so gestaltet werden, dass der Finanzverwaltung ein pauschaler Missbrauchsvorwurf schwerer fällt bzw. u. E. nicht durchgreift: So könnten die Einlagen auf ein Konto („Konto 1") bezahlt werden, von dem nur laufende Betriebsausgaben oder Investitionen getätigt werden, und ausstehende Gesellschafterdarlehen sollten mit Zeitversatz von einem anderen Konto („Konto 2"), auf das Forderungen aus Lieferungen und Leistungen eingezogen werden, und nur aus auf diese Weise nachweisbar von Kunden eingehenden Geldern, bedient werden.[396]

(d) Ausfall von Gesellschafterfinanzierungshilfen. Komplex ist die Frage, unter   **162** welchen Voraussetzungen der **Ausfall von Gesellschafterfinanzierungshilfen** wie Ge-

---

[391] *Geberth/Bartelt*, DB 2019, 2603, 2604.

[392] *Graw*, DB 2020, 690, 696.

[393] BFH vom 20.7.2018 – XI R 5/15, DB 2018, 1911; siehe dazu *Gragert*, NWB 2019 Nr. 39, 2842, 2843.

[394] *Gragert*, NWB 2019 Nr. 39, 2842, 2845.

[395] Dazu FG Niedersachsen vom 26.9.2012 – 2 K 13510/10, GmbHR 2013, 613: Die Berücksichtigung nach bereits begonnener Liquidation zugeführter finanzieller Mittel als nachträgliche Anschaffungskosten auf die Beteiligung scheidet wegen Gestaltungsmissbrauchs (§ 42 AO) aus, soweit die neu zugeführten Gelder nur dazu dienen, Darlehen oder andere Fremdkapitalmittel abzulösen, die der auch die neuen Finanzmittel zuführende Gesellschafter der Gesellschaft vor Erwerb seiner Gesellschafterstellung gewährt hatte. Dazu OFD Frankfurt am Main vom 6.12.2017 – S 2244 A-61-St 215, DB 2018, 97 sowie dazu kritisch *Ott*, StuB, 2019, 649 und *Neyer*, DB 2019, 1640, 1642.

[396] So *Neyer*, DB 2019, 1640, 1642.

sellschafterdarlehen oder Gesellschaftersicherheiten zu nachträglichen Anschaffungskosten führen kann, wenn diese im Zusammenhang mit der Veräußerung nicht vollständig, sondern nur gemindert zurückgeführt werden (oder gar ganz ausfallen).

Nach dem Grundsatzurteil des BFH vom 11.7.2017[397] ist hierzu in zeitlicher Hinsicht zunächst danach zu differenzieren, ob eine Finanzierungshilfen *vor oder nach dem 27.9.2017* (= Veröffentlichungsdatum des BFH-Urteils) gewährt oder bis zu diesem Stichtag nach altem Rechtsverständnis eigenkapitalersetzend geworden ist. Sodann ist weiter danach zu unterscheiden, ob eine Veräußerung im Sinne des § 17 EStG *vor oder nach dem 31.7.2019* (= Inkrafttreten der Neuregelung des § 17 Abs. 2a EStG) erfolgte.

163   Hat ein Gesellschafter **vor dem 27.9.2017** eigenkapitalersetzende Finanzierungshilfen gewährt oder ist eine Finanzierungshilfe bis zu diesem Stichtag eigenkapitalersetzend geworden, kann sich der Steuerpflichtige im Wege des Vertrauensschutzes noch auf die hergebrachten Grundsätze zur steuerlichen Berücksichtigung des Ausfalls von Gesellschafterfinanzierungshilfen, die auch für steuerliche Zwecke an das **gesellschaftsrechtliche Eigenkapitalersatzrecht** angeknüpft hatten, berufen. Danach lag eine zur Berücksichtigung als Anschaffungskosten nötige Veranlassung durch das Gesellschaftsverhältnis dann vor, wenn der Gesellschafter der Gesellschaft eine Finanzierungshilfe zu einem Zeitpunkt gewährt, zu dem ein ordentlicher Kaufmann Eigenkapital zugeführt hätte (Krise), statt dessen z. B. ein Darlehen oder eine Bürgschaft gewährt, oder eine solche Finanzierungshilfe in der Krise stehengelassen wurde.[398] Zur Bewertung der ausgefallenen Forderungen hat der BFH nach altem Rechtsverständnis zwischen Darlehen und Bürgschaften, die in der Krise der Gesellschaft hingegeben oder von vornherein in die Finanzplanung der Gesellschaft einbezogen waren und solchen Finanzierungshilfen unterschieden, die erst aufgrund des Eintritts der Krise, z. B. i. V. m der Nichtausübung der Rechte nach § 775 Absatz 1 Nr. 1 BGB, den Status einer eigenkapitalersetzenden Finanzierungshilfe erlangt haben.[399] Fiel der Gesellschafter mit einer von vornherein eigenkapitalersetzenden Finanzierungshilfe aus, führte dies zu nachträglichen Anschaffungskosten in Höhe des Nennwerts des ausgefallenen Anspruchs. Im anderen Fall war nur der im Zeitpunkt des Eintritts der Krise beizulegende Wert steuerlich als nachträgliche Anschaffungskosten zu berücksichtigen.[400]

164   Hat ein Gesellschafter **nach dem 27.9.2017 und bis zum 31.7.2019** eigenkapitalersetzende Finanzierungshilfen gewährt oder ist eine Finanzierungshilfe in dieser Zeit eigenkapitalersetzend geworden, gelten nach BFH vom 11.7.2017 aufgrund des gesellschaftsrechtlichen Entfallens des Eigenkapitalersatzrechts durch das MoMiG neue Grundsätze.[401] Es gilt laut BFH der handelsrechtliche Anschaffungskostenbegriff nach dem § 255 Abs. 1 Satz 1 HGB auch für das Steuerrecht. Den (nachträglichen) Anschaffungskosten der Beteiligung können danach grundsätzlich nur solche Aufwendungen des Gesellschafters zugeordnet werden, die nach handels- und bilanzsteuerrechtlichen Grundsätzen zu einer offenen oder verdeckten Einlage in das Kapital der Gesellschaft führen. Unter den handelsrechtlichen Anschaffungskostenbegriff fallen insbesondere Nachschüsse i. S. d. § 26 ff. GmbHG, sonstige Zuzahlungen nach § 272 Abs. Absatz 2 Nr. 4 HGB wie Bareinzahlungen in die Kapitalrücklage. Auch sonstige Zuführungen in die Kapitalrücklage z. B. durch den Erlass eines Gesellschafterdarlehens fallen unter diesen handelsrechtlichen Anschaffungskostenbegriff und führen steuerlich, soweit diese werthaltig sind, beim Gesellschafter in Höhe des gemeinen Werts der Forderung bei Verzicht zu einer verdeckten Einlage und dadurch ebenfalls zu nachträglichen Anschaffungskosten. Aufwendungen aus Finanzierungshilfen

---

[397] BFH vom 11.7.2017 – IX R 36/15, DB 2017, 2330. Siehe dazu BMF vom 5.4.2019 – IV C 6 – S 2244/08/10001, DOK 2010/0810418, BStBl. 2019 I, 257.

[398] Vgl. z. B. BFH vom 23.5.2000 – VIII R 3/99, BFH/NV 2001, 23.

[399] Siehe dazu BMF vom 21.10.2010 – IV C 6 – S 2244/08/10001, DStR 2010, 2191.

[400] Vgl. BFH vom 10.11.1998 – VIII R 6–96, BFHE 187, 480.

[401] Siehe dazu BMF vom 5.4.2019 – IV C 6 – S 2244/08/10001, DOK 2010/0810418, BStBl. 2019 I, 257.

wie der Ausfall eines vormals „krisenbedingten", „krisenbestimmten" oder „in der Krise stehen gelassenen" Darlehens oder der Ausfall mit einer Bürgschaftsregressforderung führen hingegen nach dieser BFH-Rechtsprechung grundsätzlich nicht mehr zu Anschaffungskosten auf die Beteiligung i. S. v. § 17 EStG.[402]

Im Übrigen sollte dann, wenn eine Berücksichtigung als nachträgliche Anschaffungskos- **165** ten nach dieser BFH-Rechtsprechung ausscheidet, der **Ausfall von Gesellschafterdarlehen** jedoch grundsätzlich zu **Verlusten aus Einkünften aus Kapitalvermögen** nach § 20 Abs. 2 Satz 1 Nr. 7 EStG führen.[403] Denn der endgültige Ausfall eines Darlehens i. S. d. § 20 Absatz 1 Nr. 7 EStG in der privaten Vermögenssphäre führt nach Einführung der Abgeltungsteuer zu einem steuerlich anzuerkennenden Verlust nach § 20 Abs. 2 Satz 1 Nr. 7, Satz 2, Abs. 4 EStG.[404] Und dies gilt auch für nach dem 31.12.2008 entstandene Gesellschafterdarlehen.[405] Die grundsätzliche Sperrwirkung des § 20 Abs. 8 EStG dürfte hier wohl nicht entgegenstehen.[406] Hält der Steuerpflichtige als Gesellschafter mindestens 10%, wäre ein Verlust aus § 20 EStG voll mit anderen positiven Einkünften zu verrechnen, bei allen anderen Steuerpflichtigen beschränkt sich der Steuerminderungseffekt auf 25% (§ 32d Abs. 2 Nr. 1 Buchst. b EStG). Ungeklärt ist dabei freilich, was dann für ausgefallene Sicherheiten d. h. Ausfall von Regressforderungen bei Gesellschaftersicherheiten gilt.

(e) Günstigerprüfung nach § 52 Abs. 25a Satz 2 EStG. In Altfällen (Veräußerun- **166** gen **vor dem 31.7.2019**) ist je nach Einzelfall zu prüfen, ob ein Antrag nach § 52 Abs. 25a Satz 2 EStG, d. h. ein Berufen auf eine vorgezogene Geltung von § 17 Abs. 2a EStG, für den Steuerpflichtigen günstiger als die für die Zeit vom 27.9.2017 und bis zum 31.7.2019 geltende BFH-Rechtsprechung gemäß BFH-Urteil vom 11.7.2017 ist.[407]

Wenn die Veräußerung im Sinne des § 17 EStG **nach dem 31.7.2019** erfolgt ist oder erfolgt, gilt ausschließlich die Neuregelung des § 17 Abs. 2a Satz 3 Nrn. 2 und 3 EStG.[408] Nach der Neuregelung führen Darlehensverluste und Verluste aus dem Ausfall von Regressforderungen bei Gesellschaftersicherheiten dann zu nachträglichen Anschaffungskosten auf Beteiligungen im Sinne von § 17 EStG, wenn die Gewährung des Darlehens oder das Stehenlassen des Darlehens in der Krise der Gesellschaft gesellschaftsrechtlich veranlasst war bzw. die Hingabe oder das Stehenlassen der betreffenden Sicherheit gesellschaftsrechtlich veranlasst war. Die frühere Herausnahme von **Kleinbeteiligungen** von 10% oder weniger aus dem steuerlichen Eigenkapitalersatzrecht wurde aufgegeben; die Neuregelung findet

---

[402] Ausnahme: Etwas anderes kann sich nur noch ergeben, wenn die vom Gesellschafter gewährte Finanzierungshilfen aufgrund der vertraglichen Abreden mit der Zuführung einer Einlage in das Gesellschaftsvermögen wirtschaftlich vergleichbar war. Dies kann der Fall sein bei einem Gesellschafterdarlehen, dessen Rückzahlung auf Grundlage der von den Beteiligten getroffenen Vereinbarungen – wie beispielsweise der Vereinbarung eines Rangrücktritts i. S. d. § 5 Abs. 2a EStG – im Wesentlichen denselben Voraussetzungen unterliegt wie die Rückzahlung von Eigenkapital (BFH vom 11.7.2017 – IX R 36/15, DB 2017, 2330).

[403] So z. B. *Ott*, StuB 2019, 649 sowie FG Düsseldorf vom 28.1.2020 – 10 K 2166/16 E, EFG 2020, 444 (Revision BFH IX R 5/20).

[404] BFH vom 24.10.2017 – VIII R 13/15, DStR 2017, 2801.

[405] BFH vom 6.8.2019 – VIII R 18/16, NZI 2019, 980; vom 14.1.2020 – IX R 9/18, DStR 2020, 1489. Eine rein formelle Veräußerung z. B. zu einem Euro ist nach BFH zur Verlustrealisierung nicht nötig; der Ausfall steht einer Abtretung (zum Kaufpreis von 0 EUR) wertungsmäßig gleich.

[406] So die überwiegende Literatur, vgl. z. B. *Ott*, StuB 2019, 649; *Desens*, DStR 2019, 1071; *Jachmann-Michel*, BB 2018, 2329; FG Düsseldorf vom 28.1.2020 – 10 K 2166/16E, EFG 2020, 444.

[407] Diese gesetzliche optionale rückwirkende Anwendung des § 17 Abs. 2a EStG ersetzt die Vertrauensschutzregelung gemäß BFH-Urteil vom 11.7.2017– IX R 36/15, DB 2017, 2330 und BMF-Schreiben vom 5.4.2019 – IV C 6 – S 2244/08/10001, DOK 2010/0810418, BStBl. 2019 I, 257. Zu gestalterischen Überlegungen in dem Zusammenhang siehe *Förster/von Cölln/Lentz*, DB 2020, 353, 358 f.

[408] § 52 Abs. 25a Satz 1 EStG. Maßgeblich ist der Übergang des rechtlichen oder zumindest wirtschaftlichen Eigentums an den Anteilen vor oder nach dem Stichtag, vgl. *Graw*, DB 2020, 690, 695.

---

auf alle Beteiligungen ab 1 % Beteiligungsquote Anwendung.[409] Die nötige **gesellschafts-rechtliche Veranlassung** ist nach § 17 Abs. 2a Satz 4 EStG regelmäßig dann gegeben, wenn ein fremder Dritter das Darlehen oder die Sicherheit bei sonst gleichen Umständen zurückgefordert oder nicht gewährt hätte. Im Zweifel wird man zur Frage der gesellschaftsrechtlichen Veranlassung und der Höhe der sich daraus ergebenden nachträglichen Anschaffungskosten wohl auf das BMF-Schreiben vom 21.10.2010[410] bzw. die darin zusammengefassten hergebrachten Rechtsprechungsgrundsätze abstellen können.[411] Denn der Gesetzgeber wollte offenkundig den Rechtszustand vor MoMiG wiederherstellen.[412] D. h. **Finanzplandarlehen** und **krisenbestimmte Darlehen** sollten ebenfalls erfasst sein.[413]

Im Anwendungsbereich der Neuregelung des § 17 Abs. 2a Satz 3 Nrn. 2 und 3 EStG dürfte aber ein Rückgriff auf § 20 Abs. 2 EStG durch § 20 Abs. 8 EStG **(Sperrwirkung)** grundsätzlich gesperrt sein.[414] Sprich: Liegen im Anwendungsbereich der Neuregelung die Voraussetzungen für eine Berücksichtigung als nachträgliche Anschaffungskosten nach § 17 Abs. 2a EStG nicht vor, sind ein Darlehensausfall bzw. der Ausfall einer Gesellschaftersicherheit steuerlich irrelevant. Die Sperrwirkung sollte aber nicht Ausfälle von Gesellschafterfinanzierungshilfen erfassen, die *dem Grunde nach* schon gar nicht gesellschaftsrechtlich veranlasst sind und daher nicht unter § 17 Abs. 2a Satz 3 Nrn. 2 und 3 EStG fallen. Und sie sollte auch Ausfälle von Gesellschafterfinanzierungshilfen *insoweit* nicht erfassen, als sie nicht unter § 17 Abs. 2a Satz 3 Nrn. 2 und 3 EStG fallen (d. h. z. B. für den nicht werthaltigen Teil eines ausgefallenen Gesellschafterdarlehens, das in der Krise stehengelassen wurde, wäre der Rückgriff auf § 20 Abs. 2 EStG möglich).[415]

167 **(f) Veräußerungsverlust.** Ergibt sich ein Veräußerungsverlust, so kommt es nach dem Teileinkünfteverfahren im Ergebnis nur zu einer 60%igen Berücksichtigung (§ 3 Nr. 40 Buchst. c, § 3c Abs. 2 EStG). Dies gilt für Veranlagungszeiträume ab einschließlich dem VZ 2011 unabhängig davon, ob die veräußerte Beteiligung tatsächlich jemals positive, nach dem Teileinkünfteverfahren steuerpflichtige Einkünfte vermittelt hat, denn nach § 3c Abs. 2 Satz 2 EStG ist allein die Absicht zur Erzielung von Betriebsvermögensmehrungen i. S. v. § 3 Nr. 40 EStG ausreichend, damit § 3c Abs. 2 EStG Anwendung findet.[416]

Zusätzlich sind die **Verlustnutzungsbeschränkungen** des § 17 Abs. 2 Satz 6 EStG zu berücksichtigen.[417] Ein Verlustabzug ist danach ausgeschlossen, soweit nicht die veräußerten Anteile seit mindestens fünf Jahren zu einer wesentlichen Beteiligung gehört haben oder der Erwerb zur Begründung einer wesentlichen Beteiligung geführt hat oder eine solche auch durch die jetzt veräußerten Anteile aufgestockt wurde. Hat der Veräußerer die Anteile

---

[409] *Weber-Grellet* in: Schmidt, EStG, § 17 EStG Rn. 169; *Ott*, StuB 2019, 649; *Graw*, DB 2020, 690, 694 f.; Regierungsentwurf des Gesetzes zur weiteren Förderung der Elektromobilität und zur Änderung weiterer steuerlicher Vorschriften vom 31.7.2019, BR-Drucksache 356/19, 122 f.

[410] BMF-Schreiben vom 21.10.2010 – IV C 6 – S 2244/08/10001, DStR 2010, 2191.

[411] *Weber-Grellet* in: Schmidt, EStG, § 17 EStG Rn. 164; *Ott*, StuB 2019, 649; *Förster/von Cölln/Lentz*, DB 2020, 353, 355 f.

[412] Vgl. Regierungsentwurf des Gesetzes zur weiteren Förderung der Elektromobilität und zur Änderung weiterer steuerlicher Vorschriften vom 31.7.2019, BR-Drucksache 356/19, 122; *Jachmann-Michel/Grunow*, jM 2019, 471, 473.

[413] *Förster/von Cölln/Lentz*, DB 2020, 353, 355; *Graw*, DB 2020, 690, 694.

[414] *Ott*, StuB 2019, 649. Und diese Aussage dürfte unabhängig von der mit Wirkung ab dem 1.1.2020 geltenden Neuregelung in § 20 Abs. 6 Satz 5 EStG zutreffen.

[415] *Graw*, DB 2020, 690, 697; *Krumm*, FR 2020, 197, 205.

[416] Diese Neuregelung erfolgte durch das Jahressteuergesetz 2010. Für Veräußerungsvorgänge, die bis einschließlich des Veranlagungszeitraums 2010 verwirklicht wurden, gilt die Rechtsprechung des BFH zur vorhergehenden Fassung des § 3c EStG, vgl. BFH vom 25.6.2009 – IX R 42/08, BStBl. II 2010, 220; BFH vom 14.7.2009 – IX R 8/09, BFH/NV 2010, 399; *Bron/Seidel*, DStZ 2009, 859.

[417] Vgl. *Gosch* in: Kirchhof, EStG, § 17 EStG Rn. 113 ff.; *Weber-Grellet* in Schmidt, EStG, § 17 EStG Rn. 197 ff.

innerhalb von fünf Jahren von einem Anteilseigner, der seinerzeit einen Veräußerungsverlust nicht hätte geltend machen können, unentgeltlich erworben ist, ist der Verlustabzug gleichfalls ausgeschlossen.

(g) Nachbesteuerung bei der Veräußerung von aus Einbringungsvorgängen 168 **herrührenden Anteilen.** Vor einer Anteilsveräußerung müssen sich die veräußerungswillige natürliche Person bzw. deren steuerliche Berater über die Entstehungshistorie der zu verkaufenden Kapitalgesellschaftsbeteiligung Klarheit verschaffen. Sind die **Anteile aus einem Einbringungsvorgang** mit Wertansätzen unter dem gemeinen Wert (d.h. Buch- oder Zwischenwertansatz) **entstanden** (= Fälle des § 20 Abs. 2 Satz 2 UmwStG, z.B. ein Einzelunternehmen war in der Vergangenheit durch Sachgründung in eine GmbH überführt worden), wird bei einem Verkauf dieser Anteile nach § 22 Abs. 1 UmwStG rückwirkend auf den Einbringungszeitpunkt der sog. **„Einbringungsgewinn I"** besteuert.[418] Einbringungsgewinn I ist dabei die Differenz zwischen dem gemeinen Wert des damals eingebrachten Betriebsvermögens und dem angesetzten (Buch- oder Zwischen-)Wert, vermindert um jeweils ein Siebtel pro vollem Zeitjahr, das seit dem Einbringungszeitpunkt abgelaufen ist.[419] Wirtschaftlich wachsen also ratierlich über sieben Jahre die in einem Betriebsvermögen enthaltenen stillen Reserven aus dem Besteuerungsregime der Vollversteuerung in das des Teileinkünfteverfahrens. §§ 16 Abs. 4 und 34 EStG sind auf die Besteuerung des Einbringungsgewinns I nicht anzuwenden. Der Einbringungsgewinn I führt steuerlich zu nachträglichen Anschaffungskosten auf die Beteiligung (§ 22 Abs. 1 Satz 4 UmwStG). Der Anteilsveräußerungsvorgang als solcher unterliegt „regulär" dem Teileinkünfteverfahren. Zu Besonderheiten, die sich aus der Corona-Krise in Bezug auf die Nachbesteuerung des Einbringungsgewinns ergeben, siehe oben → Rn. 151.

Alt-einbringungsgeborene Anteile. Für Anteile an Kapitalgesellschaften, die aus bis 169 zum 12.12.2006 durchgeführten Betriebseinbringungen herrühren (sog. „alteinbringungsgeborene Anteile"), gelten nach § 27 Abs. 3 Nr. 3 UmwStG die vor dem SEStEG geltenden Vorschriften fort.[420] Einbringungsgeboren im Sinne der Altregelung sind Anteile, die aus der Einbringung von Betrieben, Teilbetrieben oder Mitunternehmeranteilen in Kapitalgesellschaften herrühren, wenn eine Einbringung unter Teilwert erfolgte (z.B. steuerneutrale Einbringung eines Einzelunternehmens zu Buchwerten in eine GmbH nach § 20 Abs. 1 Satz 1 UmwStG a.F.).[421] Hier kommt es dann unabhängig von der Beteiligungshöhe und unabhängig von der Haltedauer ggf. zu einem steuerpflichtigen Veräußerungsgewinn. Zu beachten ist, dass das Halbeinkünfteverfahren bei der Veräußerung alteinbringungsgeborener Anteile grundsätzlich erst nach Verstreichen der siebenjährigen Sperrfrist gilt (§ 3 Nr. 40 Sätze 3 und 4 EStG a.F.).[422] In teleologischer Reduktion des Wortlauts des § 3 Nr. 40 Satz 4 Buchst. a EStG a.F. kann dann, wenn sich in dem eingebrachten Betrieb, Teilbetrieb oder Mitunternehmeranteil wiederum eine Beteiligung an einer anderen Kapitalgesellschaft befand, die außerhalb der Sperrfrist lag, insoweit trotzdem das Halbeinkünfteverfahren angewendet werden, wenn bestimmte weitere Voraussetzungen erfüllt sind.[423] Bei Veräußerungen innerhalb der Sieben-Jahres-Sperrfrist unterliegt der Veräußerungserlös in vollem Umfang der Besteuerung. Betriebsausgaben, Werbungs-, Veräußerungs- oder Anschaffungskosten können in diesem Fall gemäß § 3c Abs. 2 EStG dennoch nur zur Hälfte abgezogen werden. Auch innerhalb der Sperrfrist kann aber bei Erfüllung der weiteren Voraussetzungen ggf. die **Tarifermäßigung des § 34 Abs. 3 EStG**

---

[418] *Ettinger/Schmitz,* Umstrukturierungen im Bereich mittelständischer Unternehmen, Rn. 407 ff.; *Schmitt* in: Schmitt/Hörtnagl/Stratz, UmwG/UmwStG, § 22 UmwStG Rn. 50.

[419] Siehe *Schmitt* in: Schmitt/Hörtnagl/Stratz, UmwG/UmwStG, § 22 UmwStG Rn. 52.

[420] Siehe zur „Langlebigkeit" alt-einbringungsgeborener Anteile ausführlich *Haritz,* GmbHR 2007, 169.

[421] Vgl. *Rödder/Hötzel/Mueller-Thuns,* Unternehmenskauf/Unternehmensverkauf, § 25 Rn. 139.

[422] Vgl. *Rödder/Hötzel/Mueller-Thuns,* Unternehmenskauf/Unternehmensverkauf, § 25 Rn. 100.

[423] OFD Berlin, Vfg. vom 21.4.2004 – St 122 – S 1978c – 2/03, DB 2004, 1291.

zur Anwendung kommen, da sich auch bei der Veräußerung von einbringungsgeborenen Anteilen um Veräußerungsgewinne nach § 16 EStG und damit prinzipiell um außerordentliche Einkünfte nach § 34 EStG handeln kann (z. B. Veräußerung einer 100%-Beteiligung an einer Kapitalgesellschaft, deren Anteile alt-einbringungsgeboren sind, durch den 56-jährigen Alleingesellschafter).

170   Als Steuervergünstigung ist im Falle der Veräußerung von Kapitalgesellschaftsanteilen durch natürliche Personen grundsätzlich die **Reinvestitionsmöglichkeit nach § 6b Abs. 10 EStG** zu prüfen.[424] Veräußerungsgewinne aus der Veräußerung von Kapitalgesellschaftsanteilen können bis zu EUR 500 000 ganz oder anteilig von den Anschaffungs- bzw. Herstellungskosten anderer Anteile an Kapitalgesellschaften bzw. abnutzbarer beweglicher Wirtschaftsgüter bzw. Gebäude im gleichen Jahr abgezogen werden bzw. die Gewinne können durch die Bildung einer § 6b EStG-Rücklage zunächst neutralisiert werden. Voraussetzung dafür ist allerdings, dass die Kapitalgesellschaftsanteile vor der Veräußerung mindestens sechs Jahre in einem steuerlichen Betriebsvermögen als Anlagevermögen gehalten wurden.[425] Für den Unternehmer, der sein Unternehmen in Form einer Kapitalgesellschaft betreibt, **scheidet diese Möglichkeit daher regelmäßig aus,** weil der Unternehmer die GmbH-Anteile grundsätzlich **im steuerlichen Privatvermögen** hält. § 6b Abs. 10 EStG kann dann eine Rolle spielen, wenn der Verkäufer sein Unternehmen als Einzelunternehmen geführt hat und im Rahmen eines Asset Deals auch Kapitalgesellschaftsanteile mitverkauft, oder aber in dem Fall, dass Kapitalgesellschaftsanteile im Sonderbetriebsvermögen gehalten werden. Siehe zur Anwendung des § 6b Abs. 10 EStG im Detail oben → Rn. 134.

171   **(h) Anteile an Kapitalgesellschaften unter 1%.** Veräußert eine natürliche Person Anteile unter 1% aus dem steuerlichen Privatvermögen heraus („Streubesitzanteile"), gilt seit dem 1.1.2009 die Abgeltungsteuer, d. h. unabhängig von der Haltefrist wird der Gewinn aus einer solchen Veräußerung mit 25% ESt zzgl. Soli und ggf. Kirchensteuer besteuert (§§ 20 Abs. 2 Nr. 1, 32d Abs. 1 EStG). Für vor dem 1.1.2009 angeschaffte Streubesitzanteile **(Altanteile)** gilt noch die alte Spekulationsfrist des § 23 EStG, sodass hier im Gewinnfall noch weiterhin steuerfrei veräußert werden kann. Werden solche Altanteile mit Verlust veräußert, gilt das Halbeinkünfteverfahren (d. h. nur hälftige Verlustberücksichtigung).[426]

Besteuert wird im Regime der Abgeltungsteuer der **Gewinn** i. S. v. § 20 Abs. 4 EStG, d. h. der Unterschied zwischen den Einnahmen aus der Veräußerung nach Abzug der Aufwendungen, die im unmittelbaren sachlichen Zusammenhang mit der Veräußerung stehen, und den historischen Anschaffungskosten; ein weitergehender Abzug von Werbungskosten ist ausgeschlossen (§ 20 Abs. 9 Satz 1 2. Halbsatz EStG). Werden derartige Anteile mit **Verlust** verkauft, greifen die Verlustverrechnungsbeschränkungen nach § 20 Abs. 6 Sätze 1 ff. EStG.[427] Unter diesen Voraussetzungen war nach der Rechtsprechung des BFH ein Veräußerungsverlust bei der Veräußerung von Streubesitzanteilen in der Zeit bis **zum 31.12.2019** auch dann – und im Rahmen der Verlustverrechnungsbeschränkungen des § 20 Abs. 6 Sätze 1 ff. EStG betragsmäßig unlimitiert – relevant, wenn Anteile zur Verlustrealisierung zu eher symbolischen Verkaufspreisen (im Streitfall für EUR 6 bzw. 8) an einen Dritten (z. B. Bank) veräußert werden; dies galt selbst dann, wenn in gleicher Höhe Transaktionskosten anfielen und stellt keinen Gestaltungsmissbrauch dar.[428] Eine entgeltliche, verlustrealisierende Anteilsveräußerung in diesem Sinne liegt auch bei der Veräußerung wertloser Anteile zwischen fremden Dritten für EUR 0

---

[424] Vgl. dazu *Rödder/Hötzel/Mueller-Thuns,* Unternehmenskauf/Unternehmensverkauf, § 25 Rn. 110 ff.; *Loschelder* in: Schmidt, EStG, § 6b EStG Rn. 93 ff.

[425] *Loschelder* in: Schmidt, EStG, § 6b EStG Rn. 95.

[426] BFH vom 3.11.2015 – VIII R 37/13, DB 2016, 747.

[427] Dazu *von Beckerath* in: Kirchhof, EStG, § 20 EStG Rn. 168 ff.

[428] BFH vom 12.6.2018 – VIII R 32/16, DB 2018, 2278.

vor.[429] Gleiches gilt für Verlustrealisierungen ohne Veräußerung (z. B. Insolvenz).[430] Für Verluste aus der Veräußerung von Streubesitzanteilen, die **nach dem 31.12.2019**[431] entstanden sind, wurde die besagte BFH-Rechtsprechung durch rechtsprechungsbrechende Gesetzesänderung[432] kassiert. Die für Verluste, die nach zum 31.12.2019 entstanden sind, geltende Neuregelung in § 20 Abs. 6 Satz 5 EStG erlaubt u. a. eine Verlustverrechnung bei Verlusten aus dem Ausfall mit einem Wirtschaftsgut im Sinne des § 20 Abs. 1 EStG (also z. B. Streubesitzanteile aber auch ggf. gewährte Gesellschafterdarlehen) wie gehabt nur mit (bestimmten) Einkünften aus Kapitalvermögen, und auch das nur bis zu EUR 10 000 pro Jahr.[433] Danach nicht verrechnete Verluste können zeitlich unlimitiert in Folgejahre vorgetragen werde und dann jeweils mit bis zu EUR 10 000 pro Jahr verrechnet werden Die Neuregelung des § 20 Abs. 6 Satz 5 EStG ist verfassungsrechtlich kritisch zu sehen, weil damit Gewinne und Verluste eklatant unterschiedlich behandelt werden und eine effektive Verlustnutzung ggf. faktisch vereitelt wird.[434] Hat ein Steuerpflichtiger z. B. einen Verlust in Höhe von EUR 1 Mio. aus der Insolvenz einer Streubesitzbeteiligung erlitten, wird er nicht lang genug leben, um den Verlust nutzen zu können.

(i) Verkauf durch Steuerausländer. Veräußert eine im Ausland ansässige **natürliche   172 Person** Anteile an einer Kapitalgesellschaft, die steuerlich im **Privatvermögen** gehalten werden, ist wie folgt zu differenzieren:
– Die Veräußerung von Anteilen an Kapitalgesellschaften, die im steuerlichen Privatvermögen gehalten werden, ist bei Anteilen im Sinne des § 17 EStG (d. h. grundsätzlich[435] mindestens 1% Beteiligung am Gesellschaftskapital) im Rahmen der beschränkten Einkommensteuerpflicht nach § 49 Abs. 1 Nr. 2 Buchst. e EStG (i. V. m. § 17 EStG) nach nationalem Recht in Deutschland steuerpflichtig, wenn es sich um Anteile mit einem bestimmten Inlandsbezug handelt.[436] Der dabei vorausgesetzte „Inlandsbezug" ist gegeben, wenn entweder (i) die Kapitalgesellschaft, an der Anteile veräußert werden, Sitz oder Geschäftsleitung im Inland hat (§ 49 Abs. 1 Nr. 2 Buchst. e Buchst. aa EStG) oder (ii) es sich um bestimmte z. B. nach dem UmwStG sperrfristbehaftete Anteile handelt (§ 49 Abs. 1 Nr. 2 Buchst. e Buchst. bb EStG) oder (iii) die Kapitalgesellschaft, an der Anteile veräußert werden, Sitz und Geschäftsleitung zwar nicht im Inland hat, es sich aber um eine Immobiliengesellschaft handelt (§ 49 Abs. 1 Nr. 2 Buchst. e Buchst. cc EStG). Handelt es sich um einen DBA-Fall, d. h. besteht zwischen der Bundesrepublik Deutschland und dem Ansässigkeitsstaat des Veräußerers ein Doppelbesteuerungsabkommen, wird nach den insoweit in aller Regel auf dem OECD-Musterabkommen basierenden Regelungen des DBA der Veräußerungsgewinn aus der Veräußerung von Anteilen an Kapitalgesellschaften grundsätzlich dem Ansässigkeitsstaat des Veräußerers zugewiesen (d. h. dann resultiert im Ergebnis keine deutsche Steuer auf den Veräußerungsvorgang) (Art. 13 Abs. 5 des OECD-Musterabkommens).[437] Anders kann dies je nach DBA für Immobiliengesellschaften sein, wenn das anwendbare DBA eine dem Art. 13 Abs. 4 des OECD-Musterabkommens entsprechende Regelung enthält.[438]

---

[429] BFH vom 1.10.2014 – IX R 13/13, BFH/NV 2015, 198

[430] *Jachmann,* DB 2018, 2777, 2778.

[431] Vgl. § 52 Abs. 28 Satz 24 EStG.

[432] Gesetz zur Einführung einer Pflicht zur Mitteilung grenzüberschreitender Steuergestaltungen vom 21.12.2019, BGBl. 2019 I, 2875.

[433] Siehe zu weiteren Details *Dinkelbach/Briesemeister,* DB 2020, 579, 583.

[434] *Geberth/Bartelt,* DB 2019, 2603, 2604.

[435] Ausnahmen in § 17 EStG für ebenfalls erfasste Beteiligungen unter der 1%-Beteiligungsschwelle sind zu beachten, z. B. Beteiligung des Rechtsvorgängers im 5-Jahreszeitraum (§ 17 Abs. 1 Satz 4 EStG) oder bestimmte Anteile, die aus Vorgängen nach dem UmwStG entstanden sind (§ 17 Abs. 6 EStG).

[436] *Loschelder* in: Schmidt, EStG, § 49 EStG Rn. 49.

[437] Vgl. dazu näher *Schütte* in: Haase, AStG/DBA, Art. 13 MA Rn. 87 ff.

[438] Vgl. dazu näher *Schütte* in: Haase, AStG/DBA, Art. 13 MA Rn. 70 ff.

– Die Veräußerung von im Privatvermögen gehaltenen Anteilen an Kapitalgesellschaften ohne Inlandsbezug (z. B. Anteile an ausländischen Kapitalgesellschaften, die keine Immobiliengesellschaften sind und auch nicht nach dem UmwStG sperrfristbehaftet sind), unterfällt unabhängig von der prozentualen Beteiligung des Veräußerers am Kapital der Gesellschaft nicht der beschränkten Einkommensteuerpflicht.

Praxishinweis: Zu beachten ist, dass in solchen Konstellationen vom Finanzamt generell (d. h. DBA-Fall ebenso wie Nicht-DBA-Fall) ein Steuerabzug durch den Käufer gemäß § 50a Abs. 7 Satz 1 EStG angeordnet werden kann (sog. Sicherungseinbehalt).[439] Zuständig ist das Finanzamt des beschränkt steuerpflichtigen ausländischen Vergütungsgläubigers (§§ 19 Abs. 2 Satz 2, 20 Abs. 4 AO). Die Entscheidung über die Anordnung steht im Ermessen des Finanzamts. Nicht ermessensgerecht ist es i. d. R., einen Steuerabzug anzuordnen, wenn nach einem anwendbaren DBA eindeutig kein deutsches Besteuerungsrecht besteht.[440] Für bereits gezahlte Vergütungen, d. h. nach Closing = Kaufpreiszahlung der Transaktion, darf der Steuerabzug nicht mehr angeordnet werden, für noch ausstehende Teilzahlungen (z. B. Vendor Loan, Earn-Out) hingegen schon. In der Praxis ist daher regelmäßig relevant, wann das Finanzamt von dem Kaufvertrag überhaupt Kenntnis erlangt. Gemäß § 50a Abs. 7 Satz 2 EStG beträgt der Steuersatz bei natürlichen Personen als Veräußerer 25 % des Kaufpreises. Entsprechende Regelungen im Kaufvertrag sind ratsam.

---

173   **bb) Kapitalgesellschaften als Verkäufer. (1) Grundsätzliche körperschaftsteuerliche Behandlung.** Die steuerliche Behandlung der Veräußerung von Kapitalgesellschaftsanteilen ist vollkommen anders, wenn nicht natürliche Personen, sondern **Kapitalgesellschaften als Verkäufer** auftreten.[441] Dies kann z. B. dann der Fall sein, wenn der mittelständische Unternehmer eine oder mehrere Beteiligungen an operativen Gesellschaften über eine Zwischen-Holding in Form einer Kapitalgesellschaft gehalten hat und nun aus dieser Holding heraus Kapitalgesellschaftsbeteiligungen veräußert. Es ergibt sich folgende Ausgangskonstellation:

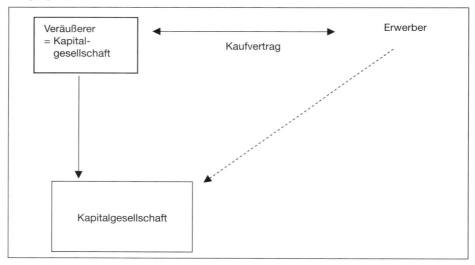

---

[439] Dazu *Loschelder* in: Schmidt, EStG, § 50a EStG Rn. 43.

[440] *Loschelder* in: Schmidt, EStG, § 50a EStG Rn. 43; *Reimer* in Blümich, EStG, § 50a Rn. 143. Anders jedoch, wenn und soweit im konkreten Sachverhalt noch nicht eindeutig feststeht, ob und inwieweit aufgrund von DBA-Normen materiell kein oder nur ein geringerer Steueranspruch des deutschen Fiskus besteht (FG Münster vom 24.5.2004 – 9 K 5096/99, EFG 2004, 1777, rkr.).

[441] Siehe dazu näher *Rödder/Hötzel/Mueller-Thuns,* Unternehmenskauf/Unternehmensverkauf, § 22 Rn. 43 ff.

Der auf Ebene der veräußernden Kapitalgesellschaft entstehende Veräußerungsgewinn ist nach § 8b Abs. 2 i. V. m. Abs. 3 KStG grundsätzlich **im Ergebnis zu 95 % körperschaftsteuerfrei.** Ob die von der Kapitalgesellschaft veräußerten Beteiligungsgesellschaften in- oder ausländische Kapitalgesellschaften sind oder welche Höhe die veräußerte Beteiligung hat, spielt dabei keine Rolle.

> **Beachte:** Es ist jedoch nicht sicher, ob es dauerhaft bei diesem Regime bleibt; entsprechende politische (Änderungs-)Bestrebungen gab es immer wieder, Zuletzt war im Diskussionsentwurf des Gesetzes zur Reform der Investmentbesteuerung (InvStRefG) vorgesehen, dass ab dem 1.1.2018 Veräußerungsgewinne in Bezug auf Streubesitzbeteiligungen (= Anteilsbesitz von weniger als 10 % des Grund- bzw. Stammkapitals zu Beginn des Kalenderjahres) steuerpflichtig werden (§ 8b Abs. 4 Sätze 1 und 6 KStG-E des Diskussionsentwurfs).[442] Politisch gab es damals aber auch Widerstand gegen die geplante Einführung der Streubesitzgewinnbesteuerung (Verbände, Arbeitsgruppe Finanzen der Union). Die im Diskussionsentwurf vorgesehenen Elemente der Einführung einer Steuerpflicht für Veräußerungsgewinne aus Streubesitzbeteiligungen wurden aus dem Referentenentwurf zum InvStRefG vom 18.12.2015 daher wieder eliminiert. Das Thema dürfte aber kurz- bis mittelfristig erneut auf die Tagesordnung kommen. Passiert dies, muss beraterseitig geprüft werden, stille Reserven rechtzeitig vor dem Greifen einer Neuregelung noch quasi-steuerbefreit zu realisieren. Ggf. muss eine Übertragung auf zugründende in- oder ausländische Holding Gesellschaften geprüft werden.

Zwischengeschaltete Mitunternehmerschaft. Nach § 8b Abs. 6 KStG gelten die   **174** Regelungen der § 8b Abs. 1 bis 5 KStG auch in den Fällen, in denen eine Kapitalgesellschaft über eine **zwischengeschaltete Personengesellschaft** an einer anderen Kapitalgesellschaft beteiligt ist.[443] Gemeint ist folgende Konstellation:

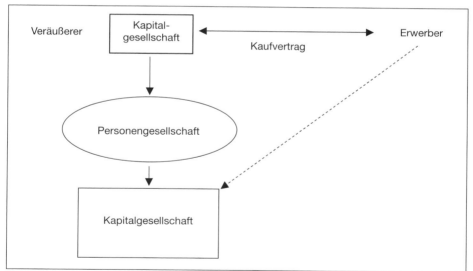

Die im Ergebnis zu 95 % gegebene körperschaftsteuerfreie Veräußerung kann hier zum einen dadurch erfolgen, dass die zwischengeschaltete Personengesellschaft ihre Beteiligungen an der nachgeschalteten Kapitalgesellschaft veräußert, zum anderen aber auch dadurch,

---

[442] Siehe dazu *Kotten/Heinemann,* DStR 2015, 1889; *Haselmann/Albrecht,* DStR 2015, 2212.
[443] Vgl. *Binnewies* in: Streck, KStG, § 8b KStG Rn. 172 ff.; *Gosch* in: Gosch, KStG, § 8b KStG Rn. 520 ff.; ferner *Rödder/Hötzel/Mueller-Thuns,* Unternehmenskauf/Unternehmensverkauf, § 25 Rn. 159 ff.

dass die Kapitalgesellschaft den Mitunternehmeranteil an der Personengesellschaft veräußert, so dass der Teil des Veräußerungsgewinns an der Mitunternehmerschaft, der rechnerisch auf die nachgeschaltete Kapitalgesellschaft entfällt, nach § 8b Abs. 2 KStG zu behandeln ist.

175   **Die Steuerfreiheit** zu 95% nach § 8b Abs. 2 KStG entfällt aber, soweit der Kapitalgesellschaftsanteil in früheren Jahren steuerwirksam auf einen niedrigeren Teilwert abgeschrieben worden ist und die Gewinnminderung nicht zwischenzeitlich durch den Ansatz eines höheren Teilwerts wieder ausgeglichen wurde (§ 8b Abs. 2 Satz 4 KStG).[444] Fällt eine zunächst nach § 8b Abs. 2, 3 KStG behandelte Kaufpreisforderung später aus, wirkt dies auf den Veräußerungszeitpunkt, in dem der Veräußerungsgewinn zu ermitteln war, zurück; es ist § 175 Abs. 1 Satz 1 Nr. 2 AO anzuwenden.[445]

176   **(2) Nachbesteuerung bei der Veräußerung von aus Einbringungsvorgängen herrührenden Anteilen.** Sind die **Anteile aus einem Einbringungsvorgang** bzgl. steuerlichem Betriebsvermögens mit Wertansätzen unter dem gemeinen Wert (d. h. Buch- oder Zwischenwertansatz) entstanden (= Fälle des § 20 Abs. 2 Satz 2 UmwStG; z. B. der Teilbetrieb einer AG wurde steuerneutral in eine Tochter-GmbH ausgegliedert, deren Anteile nun verkauft werden sollen), wird bei einem Verkauf dieser Anteile nach § 22 Abs. 1 UmwStG rückwirkend auf den Einbringungszeitpunkt der Einbringungsgewinn I besteuert.[446] Der **Einbringungsgewinn I** führt steuerlich zu nachträglichen Anschaffungskosten der veräußernden Kapitalgesellschaft auf die Beteiligung an der zu verkaufenden Kapitalgesellschaft (§ 22 Abs. 1 Satz 4 UmwStG). Der Anteilsveräußerungsvorgang als solcher unterliegt dessen ungeachtet „regulär" dem Freistellungsverfahren (§ 8b Abs. 2 KStG).

Sind die Kapitalgesellschaftsanteile, die von der veräußernden Gesellschaft verkauft werden, durch Anteilstausch i. S. v. § 21 Abs. 1 UmwStG unter Übertragung von stillen Reserven auf die verkaufende Gesellschaft übergegangen (z. B. in dem Fall, dass Familienmitglieder als Gesellschafter mehrerer Schwester-GmbHs ihre Geschäftsanteile steuerneutral in eine Familien-Holding-GmbH eingebracht haben, und später die Holding als Verkäuferin eine der eingebrachten Beteiligungen verkaufen will), führt die Veräußerung der eingebrachten Anteile durch die aufnehmende Gesellschaft innerhalb einer Frist von sieben Zeitjahren seit dem Einbringungszeitpunkt dazu, dass die Einbringenden wiederum rückwirkend auf den Einbringungszeitpunkt einen Einbringungsgewinn (sog. **Einbringungsgewinn II**) zu versteuern haben (§ 22 Abs. 2 UmwStG).[447] Auch beim Anteilstausch erfolgt ein Übergang vomTeileinkünfteverfahren hin zum Freistellungsverfahren ratierlich über sieben Jahre.

177   **Alt-einbringungsgeborene Anteile.** Auch für alt-einbringungsgeborene Anteile, die nach altem Recht in der Hand einer später verkaufenden Kapitalgesellschaft entstanden sind,[448] gelten nach § 27 Abs. 3 Nr. 3 UmwStG die vor dem SEStEG geltenden Vorschriften des § 8b Abs. 4 KStG a. F. fort.[449] Es gilt insoweit noch die alte siebenjährige „Alles oder Nichts" Sperrfrist nach § 8b Abs. 4 KStG. Veräußerungen von bestimmten Kapitalgesellschaftsanteilen unterliegen danach der vollen Besteuerung. Dies betrifft zum einen alt-

---

[444] Vgl. *Gosch* in: Gosch, KStG, § 8b KStG Rn. 235; *Binnewies* in: Streck, KStG, § 8b KStG Rn. 72 ff.

[445] BFH vom 22.12.2010 – I R 58/10, GmbHR 2011, 378.

[446] *Ettinger/Schmitz,* Umstrukturierungen im Bereich mittelständischer Unternehmen, Rn. 406 ff.; *Schmitt* in: Schmitt/Hörtnagl/Stratz, UmwG/UmwStG, § 22 UmwStG Rn. 50 f.

[447] *Ettinger/Schmitz,* Umstrukturierungen im Bereich mittelständischer Unternehmen, Rn. 486 ff.; *Schmitt* in: Schmitt/Hörtnagl/Stratz, UmwG/UmwStG, § 22 UmwStG Rn. 121 ff.

[448] Alt-einbringungsgeborene Anteile entstanden aus Einbringungsvorgängen, bei denen die Handelsregisteranmeldung bis zum 12.12.2006 einschließlich erfolgt ist (§ 27 Abs. 2 Satz 1 UmwStG), bzw., wenn für den Vorgang keine Handelsregisteranmeldung notwendig ist, für Vorgänge, bei denen das wirtschaftliche Eigentum an den eingebrachten Wirtschaftsgütern bis einschließlich zum 12.12.2006 übergegangen ist (§ 27 Abs. 2 Satz 2 UmwStG).

[449] *Haritz,* GmbHR 2007, 169.

einbringungsgeborene Anteile nach § 21 UmwStG a. F.[450] und zum anderen den Fall, dass die veräußernde Kapitalgesellschaft die veräußerten Anteile zu einem Wert unter Teilwert unmittelbar oder mittelbar von einem Einbringenden erworben hatte, der selbst nicht zu den von § 8 Abs. 2 KStG begünstigten Steuerpflichtigen (= Kapitalgesellschaften) gehörte. Dieser Fall war insbesondere gegeben, wenn eine natürliche Person zum Zwecke der späteren steuerfreien Veräußerung eine von ihr unmittelbar gehaltene Kapitalgesellschaft in eine von ihr gehaltene Holding-Kapitalgesellschaft eingebracht hatte, um dann durch diese später eine steuerfreie Veräußerung zu erreichen. Nach § 8b Abs. 4 Satz 2 Nr. 2 KStG a. F. besteht eine Rückausnahme für den Fall, dass die Kapitalgesellschaft zwar alt-einbringungsgeborene Anteile veräußert, diese aber nicht unmittelbar oder mittelbar durch einen Einbringungsvorgang nach § 20 Abs. 1 Satz 1 UmwStG a. F., sondern durch einen Einbringungsvorgang nach § 20 Abs. 1 Satz 2 UmwStG a. F. (= Einbringung einer mehrheitsvermittelnden Beteiligung an einer Kapitalgesellschaft) entstanden waren. Grund: Diese Anteile hätten bereits vor der Einbringung nach § 8b Abs. 2 KStG zu 95% steuerfrei veräußert werden können.

(3) Ausschlussvorschrift des § 8b Abs. 7 KStG (Eigenhandel bei Finanzunter- **178** **nehmen).** Sodann ist schließlich die **Ausschlussvorschrift des § 8b Abs. 7 KStG** zu beachten.[451] § 8b Abs. 7 KStG schränkt die Anwendung des § 8b Abs. 1 bis 6 KStG für Kredit- und Finanzdienstleistungsinstitute sowie sonstige Finanzunternehmen ein, um die Unternehmen der Finanzwirtschaft vor steuerlichen Wettbewerbsnachteilen durch das Abzugsverbot für Veräußerungsverluste und Teilwertabschreibungen zu schützen.[452] § 8b Abs. 7 KStG ist aber für alle Branchen bedeutsam, weil die Vorschrift im Grundsatz auch für „normale" **Holding-Gesellschaften** gilt, wenn auch heute nur noch eingeschränkt.[453] Zu differenzieren ist die Rechtslage bis VZ 2016 einschließlich sowie die Rechtslage ab VZ 2017.

(a) Rechtslage bis einschließlich VZ 2016. Besonders relevant ist, dass die Rege- **179** lung auch sog. **Finanzunternehmen** i. S. v. § 1 Abs. 3 KWG erfasst. Darunter versteht man Unternehmen, die zwar keine Kredit- oder Finanzdienstleistungsinstitute sind, deren Haupttätigkeit aber darin besteht, Beteiligungen zu erwerben. Die Finanzverwaltung[454] und die mittlerweile gefestigte Rechtsprechung[455] verstehen diesen Begriff sehr weit. Auch der Erwerb einer einzelnen Beteiligung kann in diesem Sinne zur Begründung eines Finanzunternehmens führen.[456] Finanzberatungs-, Private Equity- Industrie-Holding und sonstige Holding-Gesellschaften sowie ebenso sonstige vermögensverwaltende Kapitalgesellschaften können danach ein solches Finanzunternehmen darstellen. Maßgeblich war für die Anwendung des § 8b Abs. 7 KStG a. F. dabei, ob der Anteilserwerb im Einzelfall mit dem Ziel der kurzfristigen Erzielung eines Eigenhandelserfolges erfolgt. Nach Auffassung der Finanzverwaltung und des BFH war dieses Merkmal grundsätzlich dann erfüllt, wenn die Anteile dem **Umlaufvermögen** zuzurechnen waren.[457] Dies bedeutet, dass – sofern man die Aus-

---

[450] Vgl. *Schmitt* in: Schmitt/Hörtnagl/Stratz, UmwG/UmwStG, § 22 UmwStG Rn. 123.

[451] Vgl. *Binnewies* in: Streck, KStG, § 8b KStG Rn. 180 f.

[452] Vgl. Finanzausschuss-Bericht BT-Drucksache 14/4626, 3, 7; *Ebel,* FR 2014, 500.

[453] *Rengers* in: Blümich, KStG, § 8b KStG Rn. 430.

[454] BMF vom 25.7.2002 – IV A 2 – S 2750a – 6/02, BStBl. II 2002, 712.

[455] Vgl. z. B. BFH vom 12.10.2011 – I R 4/11, BFH/NV 2012, 453; BFH vom 12.10.2010 – I B 82/10, BFH/NV 2011, 69; BFH vom 14.1.2009 – I R 36/08, BStBl. II 2009, 271; BFH vom 12.10.2011 – I R 4/11, BFH/NV 2012, 453.

[456] *Gosch* in: Gosch, KStG, § 8b KStG Rn. 563.

[457] Während das BMF bei Verbuchung im Umlaufvermögen generell von einer Eigenhandelsabsicht ausgeht – siehe BMF-Schreiben vom 25.7.2002 – IV A 2 – S 2750a – 6/02, BStBl. II 2002, 712, stellt die Verbuchung im Umlaufvermögen für den BFH ein wesentliches Indiz dar, bei dessen Vorliegen der Steuerpflichtige die Feststellungslast dafür trägt, dass diese Buchung von Anfang an unrichtig war oder dass ausnahmsweise doch keine Eigenhandelsabsicht vorlag – BFH vom 12.10.2011 – I R 4/11, BFH/NV 2012, 453.

schlussvorschrift des § 8b Abs. 7 KStG vermeiden mochte – die Anteile an der Tochter-Kapitalgesellschaft jedenfalls als **Anlagevermögen** zu behandeln waren. Es kam jedoch darauf an, dass die Anteile auch tatsächlich zum Anlagevermögen gehörten, denn so, wie eine unzutreffende Deklarierung als Umlaufvermögen irrelevant war, konnte auch eine fälschliche Bilanzierung als Anlagevermögen nicht ausreichen.[458]

> **Praxishinweis:** Ausschlaggebend ist die objektive Zweckbestimmung, mit der ein Vermögensgegenstand im Betrieb eingesetzt wird. Ob eine Beteiligung zum Anlagevermögen zählt, bestimmt sich bei Holdinggesellschaften danach, ob die betreffende Beteiligung den Charakter einer langfristigen Kapitalanlage hat (z. B. indiziert durch Wahrnehmung von Aufsichtsratsmandanten oder durch Vorhandensein von Leistungsbeziehungen zur Beteiligungsgesellschaft).[459] Es war hilfreich, beim Kauf der Anteile bereits im Kaufvertrag die Zielsetzung für den Anteilserwerb festzuhalten (Strategieplan, Budget, Businessplan oder andere Dokumente).[460]

180   Erfolgte die Verbuchung im Anlagevermögen aber nicht zeitnah mit dem Erwerb, sondern vielmehr erst in unmittelbarem Anschluss an einen späteren Verkauf der Anteile, konnte die Erfassung als Anlagevermögen im Einzelfall doch keine Indizwirkung gegen die Anwendung von § 8b Abs. 7 KStG entfalten.[461] Obwohl der BFH festgestellt hatte, dass die Absicht, einen kurzfristigen Eigenhandelserfolg zu erzielen, sich auf den Zeitpunkt des Erwerbs der Anteile bezieht, und damit nicht entscheidend war, ob später tatsächlich ein kurzfristiger Verkauf der Anteile erfolgt,[462] wurden in der Praxis im Ergebnis die Fälle, in denen de facto eine Veräußerung in kurzer Zeit nach der Anschaffung erfolgt, von der Finanzverwaltung kritisch hinterfragt. **Wie lange die Anteile gehalten werden mussten,** damit die Annahme, der Erwerb sei mit dem Ziel der kurzfristigen Erzielung eines Eigenhandelserfolges vorgenommen worden, widerlegt werden kann, ist derzeit **nicht geklärt.** Zum Teil wird im Ergebnis die Jahresfrist des § 23 EStG herangezogen.[463] Im Sachverhalt der BFH-Entscheidung vom 14.1.2009 wurde § 8b Abs. 7 KStG auf die Veräußerung solcher Anteile angewendet, die sowohl im Umlaufvermögen bilanziert wurden, wie auch innerhalb einer Frist von unter zwei Monaten weiterveräußert wurden. Klar ist, dass die Rechtsprechung in jedem Fall eine Gesamtabwägung aller Umstände anstellen wird, und als „innere Tatsache" unterliegt die Eigenhandelsabsicht der tatrichterlichen Würdigung der Finanzgerichte.[464]

> **Praxishinweis:** U.E. waren die Anteile, wenn das Eingreifen des § 8b Abs. 7 KStG a. F. sicher vermieden werden sollte, mindestens einen, besser jedoch mehrere Bilanzstichtage und mindestens ein bzw. besser mehrere Jahre vor einer etwaigen Veräußerung zu halten.

181   **In Mittelstandsstrukturen** wird man oft den Fall antreffen, dass die gesellschaftsrechtliche Struktur einer mittelständischen Unternehmensgruppe mit der Zeit „wächst". Handelt es sich also etwa um eine Konstellation, bei der die Obergesellschaft einer mittelständischen Unternehmensgruppe eine Tochterkapitalgesellschaft nicht (z. B. im Rahmen einer M&A-Transaktion) erworben hat, sondern sie selbst gegründet hat, stellt sich die Frage, ob bei

---

[458] Vgl. FG Hamburg vom 26.2.2008 – 2 K 54/07, EFG 2008, 1142; *Hagedorn/Matzke,* GmbHR 2009, 970, 976.

[459] *Gosch* in: Gosch, KStG, § 8b KStG Rn. 588.

[460] *Gosch* in: Gosch, KStG, § 8b KStG Rn. 588; *Sterner/Balmes,* FR 2002, 993, *Müller,* BB 2003, 1309, 1312.

[461] BFH vom 26.10.2011 – I R 17/11, GmbHR 2012, 349.

[462] *Hagedorn/Matzke,* GmbHR 2009, 970, 975.

[463] *Eilers/Schmidt,* GmbHR 2003, 613, 641; *Bogenschütz/Tibo,* DB 2001, 8, 10.

[464] Vgl. FG Hamburg vom 31.1.2011 – 2 K 6/10, EFG 2011, 1091; BFH vom 26.10.2011 – I R 17/11, GmbHR 2012, 349; FG München vom 30.9.2014 – 6 K 1766/11, BeckRS 2014, 100242.

eigener Gründung ebenfalls die Problematik des § 8b Abs. 7 KStG eingreifen kann. Aus dem Urteil des BFH vom 3.5.2006[465] muss man u. E. folgern, dass die Gründung einer Gesellschaft grundsätzlich nicht als Erwerb von Anteilen i. S. d. § 8b Abs. 7 KStG zu werten ist, und in der geschilderten Beispielskonstellation damit, unabhängig von der Haltedauer, die Beschränkungen des § 8b Abs. 7 KStG nicht eingreifen konnten.[466] Ob auch ein Anteilserwerb im Rahmen von **Kapitalerhöhungsmaßnahmen** den Erwerbstatbestand begründen kann, ist umstritten.[467]

(b) Rechtslage ab VZ 2017. Der Gesetzgeber hat den Anwendungsbereich der Norm **182** verengt und bankenspezifisch ausgerichtet. § 8b Abs. 7 *Satz 1* KStG in der Fassung des BEPS-UmsG vom 20.12.2016[468] erfasst nur noch Kreditinstitute und Finanzdienstleistungsinstitute, bei denen die fraglichen Anteile zum Handelsbestand zählen. § 8b Abs. 7 *Satz 2* KStG erfasst zwar noch unverändert Finanzunternehmen i. S. v. § 1 Abs. 3 KWG (d. h. unverändert Finanzberatungs-, Private-Equity- und Industrie-Holding-Gesellschaften, sonstige **Holding-Gesellschaften** sowie sonstige vermögensverwaltende Kapitalgesellschaften), dies jedoch nur noch, wenn an ihnen **Kreditinstitute oder Finanzdienstleistungsinstitute zu mehr als 50 % beteiligt** sind, und wenn (zugleich d. h. kumulativ) die fraglichen Anteile beim Erwerb durch diese Finanzunternehmen im Umlaufvermögen ausgewiesen werden. § 8b Abs. 7 S. 2 KStG n. F. (d. h. i. d. F. des BEPS-UmsG) gilt nur für Anteile, die nach dem 31.12.16 dem Betriebsvermögen zugegangen sind (§ 34 Abs. 5 S. 2 KStG i. d. F. des BEPS-UmsG) **(Neuanteile)**. Für Anteile, die bis zum 31.12.2016 dem Betriebsvermögen zugegangen sind **(Altanteile)**, gilt die alte Fassung des § 8b Abs. 7 KStG dagegen auch nach dem 31.12.2016 fort.[469]

> **Praxishinweis:** Für Holding-Gesellschaften privater oder mittelständischer Investoren oder Firmengruppen spielt die Vorschrift damit für heute erworbene Anteile keine Rolle mehr. Nach der Übergangsvorschrift ist aber für solche Unternehmen auf vor dem 1.1.2017 erworbene Anteile noch die alte Fassung anzuwenden.

(4) Gewerbesteuerliche Behandlung. Auch für die **Gewerbesteuer** gilt über § 7 **183** Satz 1 GewStG die Steuerfreiheit des Gewinns aus der Veräußerung von Kapitalgesellschaftsanteilen durch Kapitalgesellschaften in Höhe von 95 % (§ 8b Abs. 2 und 3 KStG).

(5) Veräußerungsverlust. Werden **Anteile an einer Kapitalgesellschaft** durch eine **184** **andere Kapitalgesellschaft als Veräußerer** veräußert, bleibt nach § 8b Abs. 3 Satz 3 KStG ein Veräußerungsverlust außer Ansatz. Seit dem VZ 2009 sind auch Wertverluste im Zusammenhang mit **Gesellschafterdarlehen** oder aus der Inanspruchnahme aus Sicherheiten bei einer Beteiligung der Kapitalgesellschaft an einer anderen Kapitalgesellschaft von mehr als 25 % grundsätzlich steuerlich nicht zu berücksichtigen (§ 8b Abs. 3 Sätze 4 ff. KStG).[470] Über § 7 Satz 1 GewStG schlägt die vorstehend beschriebene Behandlung auch auf die Gewerbesteuer durch.

(6) Verkauf durch Steuerausländer. Veräußert eine im Ausland ansässige **Kapital-** **185** **gesellschaft** Anteile an einer **anderen Kapitalgesellschaft,** ist wie folgt zu differenzieren:
– Die Veräußerung von Anteilen an in- und ausländischen Kapitalgesellschaften und unabhängig von der prozentualen Beteiligung des Veräußerers am Kapital der Gesellschaft ist

---

[465] BFH vom 3.5.2006 – I R 100/05, BStBl. II 2007, 60.

[466] Vgl. *Hagedorn/Matzke,* GmbHR 2009, 970, 975; *Schwedhelm/Olbing/Binnewies,* GmbHR 2011, 1233, 1246.

[467] Dafür z. B. *Gosch* in: Gosch, KStG, § 8b KStG Rn. 5861; dagegen z. B. *Breuninger/Winkler,* Ubg 2011, 13, 16 f.

[468] BEPS-UmsG vom 20.12.2016, BGBl I 16, 3000.

[469] Vgl. *Rengers* in: Blümich, KStG, § 8b KStG Rn. 451; BT-Drucksache 18/9536, 57 zu § 34 Abs. 5 S. 2 KStG und § 52 Abs. 4 S. 7 EStG; *Höreth/Stelzer,* DStZ 2017, 62.

[470] Vgl. hierzu *Gosch* in: Gosch, KStG, § 8b KStG Rn. 279a ff.

im Rahmen der beschränkten Körperschaftsteuerpflicht nach §§ 2 Nr. 1, 8 Abs. 1 Satz 1 KStG i. V. m. § 49 Abs. 1 Nr. 2 Buchst. a EStG nach nationalem Recht in Deutschland steuerpflichtig, wenn vom Veräußerer eine Betriebsstätte in der Bundesrepublik Deutschland i. S. v. § 12 AO unterhalten wird und die Anteile diesem **inländischen Betriebsvermögen** (und der Betriebsstätte) steuerlich zuzuordnen sind. Unter dieser Voraussetzung besteht insoweit auch regulär eine Gewerbesteuerpflicht (§ 2 Abs. 1 Satz 3 GewStG). Der danach der im Inland steuerpflichtige Veräußerungsgewinn unterliegt für Zwecke der Körperschaftsteuer sowie für die Gewerbesteuer dem Regime des § 8b Abs. 2 und 3 KStG (d. h. Quasi-Freistellung)[471]. Handelt es sich um einen **DBA-Fall,** d. h. besteht zwischen der Bundesrepublik Deutschland und dem Ansässigkeitsstaat des Veräußerers ein Doppelbesteuerungsabkommen, wird nach den insoweit in aller Regel auf dem OECD-Musterabkommen basierenden Regelungen des DBA der Veräußerungsgewinn aus der Veräußerung von im Inland belegenem Betriebsvermögen unverändert der Bundesrepublik Deutschland zugewiesen (Art. 7 Abs. 1, 13 Abs. 2, 23A des OECD-Musterabkommens).[472]

– Die Veräußerung von Anteilen an Kapitalgesellschaften, die von der veräußernden ausländischen Kapitalgesellschaft in deren **ausländischen Betriebsvermögen** gehalten werden, ist bei Anteilen im Sinne des § 17 EStG (d. h. grundsätzlich[473] mindestens 1 % Beteiligung am Gesellschaftskapital) im Rahmen der beschränkten Körperschaftsteuerpflicht nach §§ 2 Nr. 1, 8 Abs. 1 Satz 1 KStG i. V. m. § 49 Abs. 1 Nr. 2 Buchst. e EStG nach nationalem Recht in Deutschland körperschaftsteuerpflichtig, wenn es sich um Anteile mit einem bestimmten Inlandsbezug handelt.[474] Der Umstand, dass die Anteile sich in einem ausländischen Betriebsvermögen befinden, ist wegen der isolierenden Betrachtung steuerlich irrelevant.[475] Der dabei vorausgesetzte „Inlandsbezug" ist gegeben, wenn entweder (i) die Kapitalgesellschaft, an der Anteile veräußert werden, Sitz oder Geschäftsleitung im Inland hat (§ 49 Abs. 1 Nr. 2 Buchst. e Buchst. aa EStG) oder (ii) es sich um bestimmte z. B. nach dem UmwStG sperrfristbehaftete Anteile handelt (§ 49 Abs. 1 Nr. 2 Buchst. e Buchst. bb EStG) oder (iii) die Kapitalgesellschaft, an der Anteile veräußert werden, Sitz und Geschäftsleitung zwar nicht im Inland hat, es sich aber um eine Immobiliengesellschaft[476] handelt (§ 49 Abs. 1 Nr. 2 Buchst. e Buchst. cc EStG). Der Veräußerungsgewinn ist aber nicht gewerbesteuerpflichtig, wenn der Veräußerer keine inländische Betriebsstätte unterhält[477] Handelt es sich um einen **DBA-Fall,** d. h. besteht zwischen der Bundesrepublik Deutschland und dem Ansässigkeitsstaat des Veräußerers ein Doppelbesteuerungsabkommen, wird nach den insoweit in aller Regel auf dem OECD-Musterabkommen basierenden Regelungen des DBA der Veräußerungsgewinn aus der Veräußerung von Anteilen an Kapitalgesellschaften grundsätzlich dem Ansässigkeitsstaat des Veräußerers zugewiesen (d. h. dann resultiert im Ergebnis keine deutsche Steuer auf den Veräußerungsvorgang) (Art. 13 Abs. 5 des OECD-

---

[471] Die Reglungen des § 8b KStG gelten auch für beschränkt steuerpflichtige ausländische Körperschaftsteuersubjekte, d. h. insbesondere nach ausländischem Gesellschaftsrecht errichtete Kapitalgesellschaften, die nach dem Typenvergleich einem Körperschaftsteuersubjekt i. S. d. § 1 Abs. 1 KStG entsprechen, vgl. *Rengers* in: Blümich, KStG, § 8b KStG Rn. 60 und § 1 KStG Rn. 143.

[472] Vgl. dazu näher *Niehaves* in: Haase, AStG/DBA, Art. 7 MA Rn. 21 ff.; *Schütte* in: Haase, AStG/DBA, Art. 13 MA Rn. 36 ff. sowie *Wagner* in: Haase, AStG/DBA, Art. 23A MA Rn. 6 ff.

[473] Ausnahmen in § 17 EStG für ebenfalls erfasste Beteiligungen unter der 1 %-Beteiligungsschwelle sind zu beachten, z. B. Beteiligung des Rechtsvorgängers im Fünf-Jahreszeitraum (§ 17 Abs. 1 Satz 4 EStG) oder bestimmte Anteile, die aus Vorgängen nach dem UmwStG entstanden sind (§ 17 Abs. 6 EStG).

[474] *Loschelder* in: Schmidt, EStG, § 49 EStG Rn. 49.

[475] *Loschelder* in: Schmidt, EStG, § 49 EStG Rn. 48.

[476] Siehe zur Veräußerung von Immobiliengesellschaften durch Steuerausländer z. B. *Junkers,* DStR 2019, 660.

[477] BFH vom 31.5.2017 – I R 37/15, BStBl. II 2018, 144.

Musterabkommens).[478] Anders kann dies je nach DBA für Immobiliengesellschaften sein, wenn das anwendbare DBA eine dem Art. 13 Abs. 4 des OECD-Musterabkommens entsprechende Regelung enthält.[479]

– Hält der Veräußerer dagegen **Anteile ohne Inlandsbezug** (z. B. Anteile an ausländischen Kapitalgesellschaften, die keine Immobiliengesellschaften sind und auch nicht nach dem UmwStG sperrfristbehaftet sind) in seinem ausländischen Betriebsvermögen, unterfällt deren Veräußerung unabhängig von der prozentualen Beteiligung des Veräußerers am Kapital der Gesellschaft nicht der beschränkten Körperschaftsteuerpflicht und ist auch nicht gewerbesteuerpflichtig.

Praxishinweis: Zu beachten ist, dass in solchen Konstellationen vom Finanzamt generell (d. h. DBA-Fall ebenso wie Nicht-DBA-Fall) ein Steuerabzug durch den Käufer gemäß § 50a Abs. 7 Satz 1 EStG angeordnet werden kann (sog. Sicherungseinbehalt).[480] Zuständig ist das Finanzamt des beschränkt steuerpflichtigen ausländischen Vergütungsgläubigers (§§ 19 Abs. 2 Satz 2, 20 Abs. 4 AO). Die Entscheidung über die Anordnung steht im Ermessen des Finanzamts. Nicht ermessensgerecht ist es i. d. R., einen Steuerabzug anzuordnen, wenn nach einem anwendbaren DBA eindeutig kein deutsches Besteuerungsrecht besteht.[481] Für bereits gezahlte Vergütungen, d. h. nach Closing = Kaufpreiszahlung der Transaktion, darf der Steuerabzug nicht mehr angeordnet werden, für noch ausstehende Teilzahlungen (z. B. Vendor Loan, Earn-Out) hingegen schon. In der Praxis ist daher regelmäßig relevant, wann das Finanzamt von dem Kaufvertrag überhaupt Kenntnis erlangt. Gemäß § 50a Abs. 7 Satz 2 EStG beträgt der Steuersatz bei Kapitalgesellschaften als Veräußerer 15 % des Kaufpreises. Entsprechende Regelungen im Kaufvertrag sind ratsam.

---

c) Behaltensfristen

Hat der Veräußerer oder das Unternehmen, das veräußert wird, **Fördermittel, Zu-** **186**
schüsse oder andere Vergünstigungen erhalten, sind deren jeweilige gesetzlichen Grundlagen bzw. die entsprechenden Förderbescheide dahingehend zu prüfen, ob die Veräußerung zu einem Entfallen bzw. zu einer rückwirkenden Versagung der Fördermittel bzw. zu einer Nachversteuerung führt.

Sodann sind ggf. die **erbschaftsteuerlichen Fristen** der §§ 13a Abs. 1 und 6 bzw. 7 und 8 sowie 19a Abs. 5 ErbStG zu beachten, wonach bei einer Veräußerung[482] innerhalb von fünf bzw. sieben Jahren nach einer unentgeltlichen Übertragung die erbschafts- bzw. schenkungssteuerlichen Vorteile einer Übertragung von Betriebsvermögen (Regelverschonung bzw. Optionsverschonung) anteilig entfallen.

Schließlich ist bei einer Veräußerung von Einzelunternehmen und Mitunternehmeranteilen hinsichtlich der **Gewerbesteuerpflicht § 18 Abs. 3 UmwStG** zu beachten, wenn die Veräußerung innerhalb von einer Frist von fünf Jahren nach der Umwandlung aus einer Kapitalgesellschaft erfolgt.

---

[478] Vgl. dazu näher *Schütte* in: Haase, AStG/DBA, Art. 13 MA Rn. 87 ff.

[479] Vgl. dazu näher *Schütte* in: Haase, AStG/DBA, Art. 13 MA Rn. 70 ff.

[480] Dazu *Loschelder* in: Schmidt, EStG, § 50a EStG Rn. 43.

[481] *Loschelder* in: Schmidt, EStG, § 50a EStG Rn. 43; *Reimer* in Blümich, EStG, § 50a EStG Rn. 143. Anders jedoch, wenn und soweit im konkreten Sachverhalt noch nicht eindeutig feststeht, ob und inwieweit aufgrund von DBA-Normen materiell kein oder nur ein geringerer Steueranspruch des deutschen Fiskus besteht (FG Münster vom 24.5.2004 – 9 K 5096/99, EFG 2004, 1777, rkr.).

[482] Wobei dies nach Auffassung der Finanzverwaltung, die aber u. E. nicht im Gesetz ableitbar ist, nicht gelingen soll, weil nämlich die Finanzverwaltung hinsichtlich des Zeitpunktes der Verwirklichung des Behaltensfristenverstoßes auf den Abschluss des obligatorischen Rechtsgeschäftes („Signing") (nicht aber auf den Zeitpunkt des dinglichen Übergangs oder des Übergangs des wirtschaftlichen Eigentums) („Closing") abstellen will, vgl. R E 13a.13 Abs. 1 Satz 2; 13a.14 Abs. 1 Satz 2; 13a.16 Abs. 1 Satz 2 ErbStR 2019.

Des Weiteren sind die Fristen des § 6 Abs. 5 Sätze 4 und 5 EStG (sieben Jahre) zu beachten, wenn der Veräußerung **Umstrukturierungsvorgänge gestützt auf § 6 Abs. 5 EStG** vorangegangen sind.

Sind der Veräußerung **Einbringungsvorgänge nach dem UmwStG** vorausgegangen, ist ggf. die ratierlich abschmelzende Siebenjahresfrist des § 22 UmwStG zu beachten.

Praxishinweis: Vom Veräußerer bzw. dessen Beratern ist vor Abschluss des rechtsverbindlichen Unternehmenskaufvertrages zu prüfen, inwieweit (i) durch die Transaktion selbst und/oder (ii) durch etwaige Maßnahmen, die der Erwerber möglicherweise nach Übergang des Unternehmens auf ihn durchführen kann oder wird, Behaltensfristen der vorstehend beschriebenen Art verletzt werden. Drohen aus einer solchen Verletzung steuerliche oder sonstige Nachteile noch für den Veräußerer – sei es durch rückwirkende Belastung des Veräußerers z.B. nach § 22 UmwStG –, muss geprüft werden, inwieweit entsprechende Regelungen in der Steuerklausel aufzunehmen sind.[483]

187–199 *(frei)*

3. Grundsätzliche Besteuerung des Unternehmenskäufers

a) Kauf von Betrieben, Teilbetrieben und Mitunternehmeranteilen

200   **aa) Verteilung des Kaufpreises nach der Stufentheorie. (1) Allgemeine Grundsätze.** Der Erwerb von Einzelwirtschaftsgütern bzw. der Erwerb von Personengesellschaftsanteilen führt für den Käufer grundsätzlich ohne weiteres zu entsprechendem Abschreibungsvolumen auf die Anschaffungskosten. Nach § 6 Abs. 1 Nr. 7 EStG und der entsprechenden Rechtsprechung des BFH ist ein für das Unternehmen gezahlter Kaufpreis, der über dem Buchwert des Eigenkapitals des erworbenen Betriebs/Betriebsteils/Mitunternehmeranteils liegt, für steuerliche Zwecke auf die einzelnen Wirtschaftsgüter zu verteilen.

(a) Kaufpreisaufteilung. Soweit der Unternehmenskaufvertrag selbst eine vertraglich vereinbarte Kaufpreisaufteilung enthält, ist diese grds. auch für steuerliche Zwecke maßgeblich d.h. bindend. Dies gilt jedenfalls, u.E. aber nicht nur dann, wenn – wie im Regelfall[484] – ein Interessengegensatz zwischen Verkäufer und Käufer bezüglich der Kaufpreisaufteilung besteht.[485] Dies gilt jedoch nicht, wenn ein Scheingeschäft oder ein Gestaltungsmissbrauch vorliegt oder wenn die vertragliche Kaufpreisaufteilung die realen Wertverhältnisse in grundsätzlicher Weise verfehlt und wirtschaftlich nicht haltbar erscheint.[486]

Praxishinweis: Aus steuerlicher Sicht sollte je nach Interessenlage des Einzelfalls erwogen werden, im Rahmen der bestehenden Bewertungsspielräume eine Kaufpreisaufteilung im Unternehmenskaufvertrag oder dessen Anlagen vorzusehen.

---

[483] Vgl. zu Steuerklauseln im Unternehmenskaufvertrag Teil → D., Rn. 650 ff.

[484] Enthält das veräußerte Betriebsvermögen mitübertragene Anteile an (Tochter-)Kapitalgesellschaften, die dem Teileinkünfteverfahren unterliegen, hat der Veräußerer grundsätzlich das Interesse, auf diese einen möglichst hohen Kaufpreisanteil anzusetzen, während der Erwerber, der derart mitgekaufte Beteiligungen nicht wie andere Wirtschaftsgüter regulär abschreiben kann, das Interesse hat, dass der hierauf entfallende Teil seiner Anschaffungskosten möglichst niedrig ausfällt.

[485] FG Rheinland-Pfalz vom 23.2.2011 – 2 K 1903/09, DStRE 2012, 854 (rkr.).

[486] BFH vom 29.10.2019 – IX R 38/17, DStR 2020, 1033; BFH vom 16.9.2015 – IX R 12/14, DStR 2016, 33; FG Rheinland-Pfalz vom 23.2.2011 – 2 K 1903/09, DStRE 2012, 854 (rkr.); BFH vom 1.4.2009, IX R 35/08, BFHE 224, 533; BFH vom 4.12.2008 – IX B 149/08, BFH/NV 2009, 365.

(b) Ohne Kaufpreisaufteilung. Sweit der Unternehmenskaufvertrag keine vertrag- **201** lich vereinbarte Kaufpreisaufteilung enthält oder diese nicht anzuerkennen ist, erfolgt die Kaufpreisaufteilung der Transaktion nachgelagert durch den Käufer nach der sog. **Stufentheorie**[487] herkömmlicherweise wie folgt:[488]

– Zunächst werden die übernommenen, schon beim Verkäufer bilanzierten aktiven Wirtschaftsgüter bis hin zu ihrem jeweiligen Teilwert aufgestockt (Stufe 1);
– Sodann werden immaterielle Wirtschaftsgüter, die der Verkäufer im Falle von selbst geschaffenen immateriellen Wirtschaftsgütern (steuerlich) nicht bilanziert hatte (§ 5 Abs. 2 EStG), als nunmehr entgeltlich erworbene immaterielle Wirtschaftsgüter bis hin zu ihrem Teilwert angesetzt (Stufe 2);
– Ein danach verbleibender Betrag ist grundsätzlich als Geschäfts- oder Firmenwert zu aktivieren (Stufe 3).

Eine Aktivierung in der zweiten Stufe als immaterielle Wirtschaftsgüter ist wegen den entsprechenden Nutzungsdauern solcher Wirtschaftsgüter aus Erwerbersicht meist günstiger als eine Aktivierung auf den Firmenwert, der nur über 15 Jahre abgeschrieben werden kann (§ 7 Abs. 1 Satz 3 EStG).[489] Derartige immaterielle Wirtschaftsgüter der zweiten Stufe sind z.B. vom Verkäufer selbst geschaffene Patente und selbst erstellte EDV-Software, bestehende Auftragsbestände etc.[490]

> **Praxishinweis:** Im Hinblick auf nachfolgende Betriebsprüfungen sollte bereits im Zuge des Kaufs eine Dokumentation der Bewertung der einzelnen Wirtschaftsgüter erfolgen.

(c) Firmenwert. Die Bilanzierung des Firmenwerts auf der dritten Stufe ist eine **Resi-** **202** **dualgröße,** die sich rein rechnerisch ergibt.[491] Nur soweit der Käufer nachweislich die Existenz eines Firmenwerts ausschließen kann, scheidet eine Aktivierung aus, und es ist weiter zu prüfen, wofür der Mehrpreis gezahlt wird und ob ggf. ein Sofortabzug zulässig ist. Der Sofortabzug ist jedoch der Ausnahmefall. Ein Sofortabzug ist z.B. dann zulässig, wenn ein Mehrkaufpreis aufgrund des **Ausscheidens eines lästigen Gesellschafters** gezahlt wird.[492] Sodann ist der Fall denkbar, dass der Verkäufer das gekaufte Unternehmen nicht weiterführen, sondern zerschlagen und somit einen **Konkurrenten ausschalten** will.[493] Wird hier ein über die Teilwerte der übernommenen Wirtschaftsgüter hinausgehender Mehrbetrag bezahlt, stellt dies letztlich einen Aufwand auf den eigenen Firmenwert des Käufers dar, so dass auch hier ein Sofortabzug durch den Käufer möglich ist.[494] Des Weiteren ist ein sofortiger Betriebsausgabenabzug grundsätzlich zulässig für **Abfindungen** für das vorzeitige Ausscheiden eines Geschäftsführers oder anderer Angestellter des übernommenen Unternehmens, oder für Zahlungen, die für die Entlassung aus einem nachteiligen Vertrag geleistet werden.[495]

Nach einer anderen Meinung gilt statt der „klassischen" Stufentheorie nach → Rn. 140 **203** die **„modifizierte Stufentheorie".** Bei der modifizierten Stufentheorie erfolgt die Verteilung der im Kaufpreis widergespiegelten stillen Reserven zunächst gleichmäßig und proportional oder im Verhältnis der Teilwerte auf sämtliche bilanzierten materiellen und immateriellen Wirtschaftsgüter und nichtbilanzierten immateriellen Einzelwirtschaftsgü-

---

[487] Zur Stufentheorie ausführlich *Meyering*, DStR 2008, 1008, *Frey/Fichtner* in: Beck'sches Handbuch der Personengesellschaften, *Prinz/Kahle*, § 27 Rn. 104 ff. sowie *Bisle*, SteuK 2016, 451, 452.

[488] Siehe *Rödder/Hötzel/Mueller-Thuns*, Unternehmenskauf/Unternehmensverkauf, § 27 Rn. 21 ff.

[489] Dazu *Kulosa* in: Schmidt, EStG, § 7 EStG Rn. 110 und *Möller-Gosoge/Rupp*, BB 2019, 215.

[490] Siehe dazu ausführlich *Holzapfel/Pöllath*, Unternehmenskauf in Recht und Praxis, Rn. 302.

[491] *Rödder/Hötzel/Mueller-Thuns*, Unternehmenskauf/Unternehmensverkauf, § 23 Rn. 9; *Ehmcke* in: Blümich, EStG, § 6 EStG Rn. 363.

[492] Vgl. dazu BFH vom 7.6.1984 – IV R 79/82, BStBl. II 1984, 584.

[493] Vgl. *Holzapfel/Pöllath*, Unternehmenskauf in Recht und Praxis, Rn. 297.

[494] Vgl. BFH vom 25.1.1979 – IV R 21/75, BStBl. II 1979, 369.

[495] *Gröger* in: Hölters, Handbuch Unternehmenskauf, Rn. 4.109.

ter (Stufe 1). Sodann ist erst ein darüber hinaus ggf. noch verbleibender Betrag als Geschäfts- oder Firmenwert zu aktivieren (2. Stufe).[496] Bei der modifizierten Stufentheorie werden also die Stufen 1 und 2 der „klassischen Stufentheorie" zu einer Stufe zusammengefasst.[497]

204   Schließlich wird vertreten, das neuere Verständnis der Finanzverwaltung aus dem UmwStE,[498] das man verdeutlichend mit den Schlagworten **„Gießkannenmethode"** oder **„Gleichverteilungsmethode"** bezeichnen könnte, auch auf den Unternehmenskauf zu übertragen, d.h. einen vom Käufer bezahlten Mehrbetrag als in gleicher Weise für stille Reserven in bilanzierten materiellen und immateriellen Wirtschaftsgütern und für das Vorhandensein nicht bilanzierter immaterieller Wirtschaftsgüter einschließlich eines Firmenwerts zu verstehen.[499] Der Mehrbetrag ist nach diesem Verständnis gleichberechtigt und wohl im Verhältnis der Teilwerte auf alle Wirtschaftsgüter zu verteilen.

> **Praxishinweis:** Wesentliches Gestaltungspotenzial besteht – unabhängig davon, nach welchen der vorstehend beschriebenen Varianten der Erwerber den Kaufpreis verteilt – somit in der Praxis für den Erwerber hinsichtlich der Identifikation von immateriellen Wirtschaftsgütern wie z.B. Kundenstamm, Auftragsbestand, Patente, Marken, sonstige Schutzrechte sowie Know-how, die bislang von Verkäuferseite wegen § 5 Abs. 2 EStG nicht aktiviert werden durften, denn diese vom Veräußerer selbst geschaffenen immateriellen Wirtschaftsgüter haben in der Regel eine kürzere Abschreibungsdauer als der Firmenwert, der nach § 7 Abs. 1 Satz 5 EStG steuerlich zwingend über 15 Jahre abzuschreiben ist.[500]

205   **(d) Wertermittlung.** Von großer praktischer Bedeutung ist des Weiteren – und ebenfalls egal welche Variante der Kaufpreisverteilung Anwendung findet – die Durchführung der **Wertermittlung der erworbenen Wirtschaftsgüter.** Es gilt insoweit der Grundsatz der Einzelbewertung mit dem Ziel einer Teilwertermittlung.[501] Bei Wirtschaftsgütern des Sachanlagevermögens wie Grundstücken oder größeren Maschinen bietet sich eine Wertermittlung durch Sachverständigengutachten, das Einholen von fundierten Maklereinschätzungen oder – bei geringeren Werten – auch eine pragmatische Wertermittlung durch Internetrecherchen auf geeigneten Plattformen an. Bei Wirtschaftsgütern des Umlaufvermögens wie insbesondere Vorräten wird üblicherweise von dem erzielbaren Kaufpreis abzgl. der noch anfallenden Kosten (z.B. Vertriebskosten) ausgegangen.[502] Bei den immateriellen Wirtschaftsgütern sind Auftragsbestände zu bewerten, weil sich auch hier stille Reserven befinden können.[503] Des Weiteren sind Patente, Marken, sowie nicht-anmeldefähiges Know-how einer Einzelbewertung zugänglich.[504] Die Abgrenzung solcher einzelnen immateriellen, vom Veräußerer nicht bilanzierten Wirtschaftsgüter zu einem vom Veräußerer nicht bilanzierten, originären Geschäftswert/Firmenwert ist im Einzelfall fließend; es bestehen Gestaltungsspielräume.[505] Ein **Wettbewerbsverbot,** wie es typischerweise in den meisten Unternehmenskaufverträgen zu Lasten des Veräußerers vereinbart wird, um eine ordnungsgemäße Überleitung des Unternehmens auf den Erwerber sicherzustel-

---

[496] Vgl. *Gröger* in: Hölters, Handbuch Unternehmenskauf, Rn. 4.105; *Rödder/Hötzel/Mueller-Thuns,* Unternehmenskauf/Unternehmensverkauf, § 27 Rn. 23; *Holzapfel/Pöllath,* Unternehmenskauf in Recht und Praxis, S. 153.

[497] *Meyering,* DStR 2008, 1008, 1013.

[498] Vgl. UmwStE Tz. 20.18 i. V. m. 03.25: „einheitlich".

[499] *Wacker* in: Schmidt, EStG, § 16 EStG Rn. 490; *Beisel/Klumpp,* Der Unternehmenskauf, § 15 Rn. 128.

[500] *Bisle,* SteuK 2016, 451, 452.

[501] *Gröger* in: Hölters, Handbuch Unternehmenskauf, Rn. 4.106.

[502] *Gröger* in: Hölters, Handbuch Unternehmenskauf, Rn. 4.106.

[503] Vgl. *Holzapfel/Pöllath,* Unternehmenskauf in Recht und Praxis, Rn. 302.

[504] Vgl. *Holzapfel/Pöllath,* Unternehmenskauf in Recht und Praxis, Rn. 302; *Rödder/Hötzel/Mueller-Thuns,* Unternehmenskauf/Unternehmensverkauf, § 27 Rn. 26.

[505] *Gröger* in: Hölters, Handbuch Unternehmenskauf, Rn. 4.107.

len, ist meist keiner gesonderten Bewertung zugänglich; nur im Einzelfall kann dies anders sein, wenn dem Wettbewerbsverbot ausnahmsweise eine eigenständige wirtschaftliche Bedeutung zukommt.[506]

Liegt der Kaufpreis für ein Unternehmen (Betrieb, Teilbetrieb) unter der Summe der   **206** Teilwerte der einzelnen Wirtschaftsgüter, liegt rechnerisch ein sog. **negativer Firmenwert** („Bad Will") vor. Nach der Rechtsprechung des BFH ist die Bilanzierung eines negativen Firmenwerts als Passivum aber nicht möglich.[507] Hier erfolgt vielmehr eine entsprechende Bewertung der einzelnen erworbenen Wirtschaftsgüter aus Erwerbersicht in Höhe des anteilig darauf entfallenden Kaufpreises, zu Werten unterhalb der Teilwerte, so dass sich die Abschreibungsbasis für den Käufer entsprechend verringert.[508] Verglichen mit den vom Veräußerer angesetzten Buchwerten kann dies u. U. zu einer „Abstockung" („Step-down") führen (auch wenn die Buchwerte des Veräußerers rechtlich nicht für den Erwerber maßgeblich sind). Eine derartige Konstellation kann sich auch durch vertraglich vorgesehene Kaufpreisanpassungen ergeben oder in Situationen, in denen der Veräußerer sogar noch eine Zahlung an den Erwerber (sog. Zuzahlung des Veräußerers oder **negativer Kaufpreis**) leistet.[509] Ein Abschlag ist jedoch dann nicht möglich, wenn es dadurch zu einer unzulässigen Unterbewertung einzelner Wirtschaftsgüter kommt (z. B. im gekauften Unternehmen vorhandenes Cash).[510] Liegt der Gesamtkaufpreis unter der Summe dieser Werte, z. B. im Falle von Zuzahlungen des Verkäufers, bei denen sich rechnerisch „negative Anschaffungskosten" des Erwerbers ergeben würden, sind die erworbenen Wirtschaftsgüter zu Erinnerungswerten anzusetzen; auf der Passivseite ist dann ein **passiver Ausgleichsposten** zu bilden, der dann mit zukünftigen Verlusten zu verrechnen ist.[511]

(e) „Mitgekaufte" schuldrechtliche Verpflichtungen. Betriebliche Verbindlichkei-   **207** ten, die beim Verkäufer aufgrund von steuerlichen Ansatz- und Bewertungsbeschränkungen (z. B. für **Drohverluste** aus schwebenden Geschäften nach § 5 Abs. 4a Satz 1 EStG) nicht oder nicht vollständig passiviert werden durften, sind beim Erwerber,[512] der im Unternehmenskaufvertrag entsprechende Verbindlichkeiten im Wege der Schuldübernahme oder durch eine schuldrechtliche Freistellungsverpflichtung übernommen hat, aufgrund der Erfolgsneutralität des darin liegenden Anschaffungsvorgangs zunächst auch steuerlich und in voller Höhe zu passivieren.[513] Nach § 5 Abs. 7 Satz 1 EStG[514] hat der Erwerber diese jedoch in der ersten, nach der Übernahme aufzustellenden regulären Steuerbilanz unter

---

[506] Vgl. BFH vom 26.7.1972 – I R 146/70, BStBl. II 1972, 937; *Holzapfel/Pöllath,* Unternehmenskauf in Recht und Praxis, Rn. 317; *Gröger* in: Hölters, Handbuch Unternehmenskauf, Rn. 4.108; *Bisle,* SteuK 2016, 451, 453.

[507] BFH vom 12.12.1996 – IV R 77/93, BStBl. II 1998, 180.

[508] *Rödder/Hötzel/Mueller-Thuns,* Unternehmenskauf/Unternehmensverkauf, § 23 Rn. 12 f.

[509] *Wacker* in: Schmidt, EStG, § 16 EStG Rn. 511; *Frey/Fichtner* in: Beck'sches Handbuch der Personengesellschaften, Prinz/Kahle, § 27 Rn. 107.

[510] BFH vom 12.12.1996 – IV R 77/93, BStBl. II 1998, 180.

[511] BFH vom 19.2.1981 – IV R 41/78, BStBl. II 1981, 730; BFH vom 21.4.1994 – IV. R 70/92 BB 1994, 1602; *Gröger* in: Hölters, Handbuch Unternehmenskauf, Rn. 4.114; *Holzapfel/Pöllath,* Unternehmenskauf in Recht und Praxis, Rn. 318. Zur Behandlung des passiven Ausgleichspostens in den Folgeperioden siehe auch FG Düsseldorf vom 15.12.2010 – 15 K 2784/09, DStR 2011, 112.

[512] Beim Veräußerer ist nach § 4f EStG der nichtbilanzierte Teilbetrag der „stillen Last" grds. nur verteilt über 15 Jahre steuerlich abzugsfähig; diese Beschränkung gilt jedoch nicht im Fall der Veräußerung oder Aufgabe eines gesamten Betriebs oder eines gesamten Mitunternehmeranteils (und nur eingeschränkt im Fall der Teilbetriebsveräußerung).

[513] BFH vom 16.12.2009 – I R 102/08, DB 2010, 309 zur Rechtslage vor AIFM-StAnpG.

[514] Die Gesetzesänderung zu mitgekauften schuldrechtlichen Verpflichtungen erfolgte durch das AIFM-StAnpG, mit dem die § 4f EStG und § 5 Abs. 7 EStG mit zeitlicher Wirkung für nach dem 28.11.2013 endende Wirtschaftsjahre eingeführt wurden (§ 52 Abs. 9 EStG). Siehe zur Anwendung der neugefassten Regelungen durch die Finanzverwaltung BMF- vom 30.11.2017 – IV C 6 – S 2133/14/10001, DB 2017, 3029.

Anwendung der steuerlichen Bewertungsvorbehalte zu bilanzieren. Ein sich daraus beim Erwerber ergebender Erwerbsfolgegewinn kann über die Bildung einer Rücklage auf 15 Jahre verteilt werden (§ 5 Abs. 7 Satz 5 EStG).

208 **(2) Besonderheiten bei Mitunternehmerschaften.** Der Erwerb von Personengesellschaftsanteilen wird für die Frage der Kaufpreisverteilung im Grundsatz nach denselben Grundsätzen behandelt wie der Erwerb von Einzelwirtschaftsgütern, etwa im Wege des Erwerbs eines Einzelunternehmens oder eines Teilbetriebs.[515] Es bestehen jedoch auch Besonderheiten:

Bei dem Erwerb von Anteilen an einer bestehenden Mitunternehmerschaft (z.B. Übernahme eines 50%-Kommanditanteils einer KG) ergibt sich die Besonderheit, dass die anteilige Aufstockung der Buchwerte durch die Verteilung der Anschaffungskosten des Erwerbs nicht in der Gesamthandbilanz, sondern in einer für den Erwerber zu erstellenden **Ergänzungsbilanz** erfolgt.[516] Eine positive Ergänzungsbilanz ist dabei zur Bilanzierung zusätzlicher Anschaffungskosten (stiller Reserven), eine negative Ergänzungsbilanz zur Darstellung etwaiger Minderwerte gedacht. Auf- und Abstockungsbeträge sind dabei nicht nach den in der Hauptbilanz (Gesamthandsbilanz) angewandten plan- und außerplanmäßigen Bewertungsgrundsätzen fortzuführen, sondern der Anteilserwerb ist steuerlich soweit wie möglich dem Erwerb von Wirtschaftsgütern durch einen Einzelunternehmer nachzuempfinden.[517] Somit ist für die AfA in diesem Fall auf die (Rest-)Nutzungsdauern im Zeitpunkt des Anteilserwerbs abzustellen, und jedem Anteilserwerber steht das Recht zur Wahl zwischen verschiedenen im Zeitpunkt des Anteilserwerbs in Betracht kommenden Abschreibungsmethoden zu.[518] Offen ist derzeit jedoch, ob sich die vorstehende Methodik nur auf die Mehrwerte in der Ergänzungsbilanz bezieht[519] oder auch die anteiligen Gesamthandsbilanzwerte mitumfasst.[520]

> **Praxishinweis:** Die Zusatzabschreibungen aus einer Ergänzungsbilanz mindern die Gewerbesteuer der Gesellschaft, da die Gesellschaft Gewerbesteuersubjekt ist. Insofern kommt es dann, wenn nicht 100 % der Anteile an einer Mitunternehmerschaft erworben werden, sondern z.B. nur ein 50 %-Kommanditanteil einer KG, für die verbleibenden Gesellschafter zu zufälligen Vorteilen. Der Erwerber könnte hier auf die Aufnahme entsprechender Ausgleichsregeln im Gesellschaftsvertrag drängen, die auch berücksichtigen müssen, dass eine Minderung des Gewerbeertrags der Mitunternehmerschaft auch das Anrechnungspotential nach § 35 EStG mindert.[521]

Wurde bei Erwerb eines Mitunternehmeranteils vom Erwerber eine Ergänzungsbilanz gebildet, ist diese spätestens zum Zeitpunkt einer späteren **(Weiter-)Veräußerung des Mitunternehmeranteils** aufzulösen. Im Fall der späteren Veräußerung nur eines Teil-Mitunternehmeranteils ist die Ergänzungsbilanz korrespondierend in Höhe des veräußerten Bruchteils des Anteils anteilig aufzulösen und das Mehr- oder Minderkapital insoweit in das anteilige Buchkapital des veräußerten Teilanteils einzubeziehen.[522]

Bei Wirtschaftsgütern, die ein Mitunternehmer der Mitunternehmerschaft zur Nutzung überlässt, erfolgt der Ausweis in einer **Sonderbilanz** zu Gunsten des überlassenden Mitunternehmers. Handelt es sich um negatives Sonderbetriebsvermögen wie Verbindlich-

---

[515] BFH vom 20.11.2014 – IV R 1/11, DB 2015, 348.

[516] *Holzapfel/Pöllath*, Unternehmenskauf in Recht und Praxis, Rn. 340.

[517] BFH vom 20.11.2014 – IV R 1/11, DB 2015, 348, 349.

[518] BFH vom 20.11.2014 – IV R 1/11, DB 2015, 348, 349.

[519] So z.B. *Wendt*, FR 2015, 554, 555.

[520] So die Interpretation der Finanzverwaltung, siehe BMF vom 19.12.2016 – IV C 6 – S 2241/15/10005 BStBl. I 2017, 34.

[521] *Prinz/Keller*, DB 2017, 1607, 1611 f.; *Gröger* in: Hölters, Handbuch Unternehmenskauf, Rn. 4.135.

[522] BFH vom 6.8.2019 – VIII R 12/16, DStR 2019, 2404.

keiten, die ein Mitunternehmer zur Finanzierung des Erwerbs des Anteils an der Mitunternehmerschaft aufgenommen hat, stellen diese notwendiges Sonderbetriebsvermögen bei der Mitunternehmerschaft dar und sind ebenfalls in einer Sonderbilanz zugunsten dieses Mitunternehmers zu bilanzieren.[523]

Unterschreitet beim Kauf von Mitunternehmeranteilen der Kaufpreis für den Gesell- **209** schaftsanteil den Buchwert des anteiligen steuerlichen Kapitalkontos in der steuerlichen Gesamthandsbilanz (Fälle des **negativen Firmenwerts bzw. negativen Kaufpreises**), gelten die vorstehend in → Rn. 193 dargestellten Grundsätze entsprechend; der Minderbetrag ist technisch in einer negativen Ergänzungsbilanz auf die abstockungsfähigen Wirtschaftsgüter zu verteilen und ein entsprechendes Minderkapital zu bilden.[524]

bb) Steuerwirksamkeit von Finanzierungsaufwendungen. Beim steuerlichen Asset **210** Deal, also dem Erwerb von Betriebsteilen, Einzelunternehmen oder Personengesellschaftsanteilen, sind die aus der Finanzierung des Erwerbs durch den Käufer resultierenden Aufwendungen **grundsätzlich ohne Weiteres steuerlich abziehbare Betriebsausgaben** (für Zwecke der Einkommen- oder Körperschaftsteuer).[525]

Es gelten jedoch die allgemeinen Abzugsbeschränkungen für Finanzierungsaufwendungen nach der Zinsschranke gemäß § 4h EStG (i. V. m. § 8a KStG). Im Bereich mittelständischer Transaktionen hat die Bedeutung der Zinsschranke durch die Erhöhung der Freigrenze durch das Wachstumsbeschleunigungsgesetz auf EUR 3 Mio. jedoch stark an Bedeutung verloren (vgl. § 4h Abs. 2 Satz 1 Buchst. a EStG). Siehe zur Zinsschranke auch Teil → E., Rn. 52 ff.

Gewerbesteuerlich liegt allerdings meist eine Dauerschuldzinshinzurechnung vor (§ 8 Nr. 1 GewStG). Die Einkommenserhöhung nach § 4h EStG durch ein etwaiges Eingreifen der Zinsschranke gilt auch für die Gewerbesteuer.

cc) Sonstiges. Bislang nicht geklärt ist die steuerliche Behandlung von der Akquisition **211** nachlaufenden **Integrationskosten** beim Erwerber. Integrationskosten im Rahmen von Unternehmenserwerben werden aufgrund des rein zeitlichen Zusammenhangs mit dem Erwerb insbesondere in Betriebsprüfungen oftmals seitens der Finanzverwaltung vorschnell den Anschaffungskosten zugeordnet. Hierfür ist jedoch nach u. E. zutreffender Auffassung[526] ein bloßer zeitlicher Zusammenhang mit dem Unternehmenserwerb nicht ausreichend. Es müssen vielmehr die Voraussetzungen des insoweit auf die steuerliche Beurteilung durchschlagenden § 255 HGB erfüllt sein.[527] Dabei ist insbesondere festzustellen, dass der „betriebsbereite Zustand" z. B. einer erworbenen Kommanditbeteiligung mit Erwerb der Beteiligung und Erwerb der Gesellschafterrechte im Grundsatz erfüllt wird und Integrationsleistungen auf die Betriebsbereitschaft keine Auswirkung haben.[528] Anders kann sich dies bei Leistungen in die erworbene Gesellschaft darstellen (z. B. Sach- oder Geldmittel die zur Wachstumsfinanzierung in die erworbene Gesellschaft eingelegt werden können zu nachträglichen Anschaffungskosten führen).

b) Kauf von Kapitalgesellschaftsanteilen

aa) Abschreibung des Kaufpreises. Bis zur Unternehmenssteuerreform 2001 konnte **212** der Käufer von Kapitalgesellschaftsanteilen die aufgewendeten Anschaffungskosten durch verschiedene Umstrukturierungsmodelle in steuerlich verwertbares Abschreibungsvolumen transformieren. In der Praxis am häufigsten wurde das sog. Umwandlungsmodell angewandt. Daneben wurde das sog. Kombinationsmodell und das sog. Mitunternehmerschafts-

---

[523] Siehe *Gröger* in: Hölters, Handbuch Unternehmenskauf, Rn. 4.136.
[524] *Frey/Fichtner* in: Beck'sches Handbuch der Personengesellschaften, Prinz/Kahle, § 27 Rn. 107.
[525] *Rödder/Hötzel/Mueller-Thuns,* Unternehmenskauf/Unternehmensverkauf, § 23 Rn. 31.
[526] *Geils,* DB 2019, 2705, 2708.
[527] *Geils,* DB 2019, 2705, 2708.
[528] *Geils,* DB 2019, 2705, 2708.

modell verwendet.[529] Durch das StSenkG vom 23.10.2000[530] wurde diesen Modellen zur Schaffung von Abschreibungsvolumen die gesetzliche Grundlage entzogen. In der Folge wurden zwar verschiedene neue Modelle diskutiert, nämlich insbesondere das KGaA-Modell sowie das Organschaftsmodell.[531] Im Ergebnis lässt sich jedoch festhalten, dass ein steuerlich wirksamer „Step-up" nur noch in seltenen Ausnahmefällen möglich ist und mit entsprechendem Zeit- und Kostenaufwand für entsprechend komplexe Umstrukturierungen verbunden ist. Auch die Unwägbarkeiten und Risiken solcher Konstruktionen liegen auf der Hand.

> **Praxishinweis:** Jedenfalls im mittelständischen Bereich muss regelmäßig davon abgeraten werden zu versuchen, derartige Modelle zu implementieren. Vielmehr ist davon auszugehen, dass postakquisitorische Maßnahmen zur Schaffung von AfA-Volumen für den Erwerber nach derzeitigem Rechtsstand nicht mehr gegeben sind, und dass ausschließlich Umstrukturierungsmaßnahmen auf Seiten des Veräußerers im Vorfeld der Veräußerung zielführend sind.[532]

213   **bb) Kaufpreisfinanzierungsaufwendungen. (1) Erwerb durch natürliche Personen.** Ist der Käufer eine **natürliche Person,** ist zu differnzieren:

Wenn die Beteiligung im **steuerlichen Betriebsvermögen,** insbesondere über eine gewerblich geprägte Personengesellschaft erworben wird, ist steuerlich der Abzug des Finanzierungsaufwands möglich. Dies wird sich jedoch nur im Einzelfall steuerlich rechnen wird, nämlich dann, wenn der Kaufpreis in hohem Maße fremdfinanziert wird. Denn die Besteuerung von Ausschüttungen erfolgt dann nach dem Teileinkünfteverfahren und damit leicht ungünstiger als im Rahmen der Abgeltungsteuer.

Dagegen gilt das Abzugsverbot des § 20 Abs. 9 Satz 1 EStG auch für Finanzierungsaufwendungen, wenn die Beteiligung im **steuerlichen Privatvermögen** erworben wird.[533] Abziehbar sind Finanzierungsaufwendungen dann nur bei einem Antrag nach § 32d Abs. 2 Nr. 3 EStG (Option zum Teileinkünfteverfahren bei Beteiligung im Privatvermögen von mindestens 25 % oder mindestens 1 % und berufliche Tätigkeit für die Gesellschaft, die „maßgeblichen unternehmerischen Einfluss" vermittelt); auch in diesen Fällen gilt § 20 Abs. 9 Satz 1 EStG nicht.

> **Praxishinweis:** Beim Erwerb von Beteiligungen im Privatvermögen von mindestens 1 % kann im Einzelfall ggf. über die Aufnahme einer „beruflichen Tätigkeit" durch den Erwerber gestaltet werden. Die Rechtsprechung stellte insoweit keine hohen Anforderungen; insbesondere war in der bis VZ 2016 einschließlich geltenden Gesetzesfassung nicht erforderlich, dass der beteiligte Gesellschafter auf Grund seiner beruflichen Tätigkeit einen maßgeblichen Einfluss auf die Geschäftsführung ausüben kann.[534] Nach der ab dem VZ 2017 einschließlich geltenden Gesetzesfassung muss ein maßgeblicher unternehmerischer Einfluss ausgeübt werden können; die großzügigere Rechtsprechung zur Vorgängerfassung ist überholt.[535]

214   **(2) Erwerb durch Kapitalgesellschaften als Käufer.** Für **Kapitalgesellschaften** als Käufer sind Finanzierungsaufwendungen rechtstechnisch im vollem Maße abzugsfähig, da Dividendenausschüttungen von der erworbenen Kapitalgesellschaft an die erwerbende

---

[529] Vgl. dazu *Rödder/Hötzel/Müller-Thuns,* Unternehmenskauf/Unternehmensverkauf, § 23 Rn. 15 ff.

[530] BGBl. I 2000, 1433.

[531] Vgl. dazu *Rödder/Hötzel/Müller-Thuns,* Unternehmenskauf/Unternehmensverkauf, § 23 Rn. 26.

[532] Vgl. *Gröger* in: Hölters, Handbuch Unternehmenskauf, Rn. 4.170.

[533] Vgl. dazu *von Beckerath* in: Kirchhof, EStG, § 20 EStG Rn. 186.

[534] BFH vom 25.8.2015 – VIII R 3/14, NZG 2015, 1287.

[535] Vgl. *Levedag* in: Schmidt, EStG, § 32d EStG Rn. 13.

(Holding-)Kapitalgesellschaft nach § 8b Abs. 5 KStG nicht zu 100% steuerfrei, sondern im Ergebnis zu 5% steuerpflichtig sind (vgl. § 8b Abs. 5 S. 2 KStG, durch den die Anwendbarkeit von § 3c Abs. 1 EStG explizit ausgeschlossen wird).[536]

In der Praxis problematisch sind aber die Fälle, in denen die erwerbende Kapital- **215** gesellschaft selbst keinen operativen Geschäftsbetrieb unterhält, was insbesondere bei reinen Holdinggesellschaften oder speziell gegründeten Erwerber-Gesellschaften der Fall sein kann. Die grundsätzlich gegebene steuerliche Abzugsfähigkeit des Finanzierungsaufwands würde dann – mangels positiven Einkommen, mit dem der Finanzierungsaufwand verrechnet werden kann – leerlaufen und es würden sich bei der Ober-Gesellschaft Verlustvorträge aufbauen. Hier hilft zum einen das Herstellen einer **Organschaft** zwischen der erwerbenden (Holding-)Kapitalgesellschaft und der erworbenen operativen Kapitalgesellschaft. Vgl. dazu ausführlich → Rn. 390 ff.

Zum anderen erfolgt in der Praxis häufig auch die **Verschmelzung** der erworbenen Zielgesellschaft auf die Erwerber-Zweckgesellschaft, die die Fremdfinanzierung aufgenommen hat (handelsrechtliches Ansatzwahlrecht seit SEStEG unabhängig von steuerlicher Buchwertfortführung möglich). Vgl. → Rn. 396 ff.

Beim Abzug von Finanzierungsaufwand ist die **Zinsschranke** zu beachten (§ 4h EStG i. V. m. § 8a KStG), die im mittelständischen Bereich aufgrund der durch das Wachstumsbeschleunigungsgesetz auf EUR 3 Mio. erhöhten Freigrenze an Bedeutung verloren hat. Siehe zur Zinsschranke auch Teil → E., Rn. 52 ff.

Gewerbesteuerlich führt die Akquisitionsfremdfinanzierung zur Hinzurechnung nach § 8 Nr. 1 Buchst. a) GewStG.

cc) Sonstiges. Bislang nicht geklärt ist die steuerliche Behandlung von der Akquisition **216** nachlaufender **Integrationskosten** beim Erwerber. Integrationskosten im Rahmen von Beteiligungserwerben werden aufgrund des rein zeitlichen Zusammenhangs mit dem Erwerb insbesondere in Betriebsprüfungen seitens der Finanzverwaltung oftmals vorschnell den Anschaffungskosten zugeordnet. Hierfür ist jedoch nach zutreffender Auffassung[537] ein bloßer zeitlicher Zusammenhang mit dem Unternehmenserwerb nicht ausreichend. Es müssen vielmehr die Voraussetzungen des insoweit auf die steuerliche Beurteilung durchschlagenden § 255 HGB erfüllt sein.[538] Dabei ist insbesondere festzustellen, dass der „betriebsbereite Zustand" einer Beteiligung mit Erwerb der Beteiligung und Erwerb der Gesellschafterrechte im Grundsatz erfüllt wird und Integrationsleistungen auf die Betriebsbereitschaft keine Auswirkung haben.[539] Anders kann sich dies bei Leistungen in die erworbene Gesellschaft darstellen (z.B. Sach- oder Geldmittel die zur Wachstumsfinanzierung in die erworbene Gesellschaft eingelegt werden können zu nachträglichen Anschaffungskosten führen).

(frei) **217–219**

4. Übergang von Verlustvorträgen u. ä. auf den Käufer

a) Veräußerung von Anteilen an Kapitalgesellschaften

aa) Verlust von körperschaftsteuerlichen Verlustvorträgen nach § 8c KStG. 220
(1) Werden Anteile an **Kapitalgesellschaften,** die über Verlustvorträge verfügen, veräußert, ist § 8c KStG einschlägig für die Frage, ob bis zum Beteiligungsübergang nicht ausgeglichene oder abgezogene negative Einkünfte, einschließlich laufende Verluste (verkürzt im Folgenden auch insgesamt als Verlustvorträge bezeichnet) übergehen oder inwiefern solche

---

[536] § 8b Abs. 5 KStG ist lex specialis zu § 3c Abs. 1 EStG, siehe *Binnewies* in: Streck, KStG, § 8b KStG Rn. 162.
[537] *Geils,* DB 2019, 2705, 2708.
[538] *Geils,* DB 2019, 2705, 2708.
[539] *Geils,* DB 2019, 2705, 2708.

Verlustvorträge untergehen.[540] Je nach Umfang des Übergangs von Anteilen gehen die vorhandenen **körperschaftsteuerlichen Verlustvorträge** wie folgt unter:

- Bis zum schädlichen Beteiligungserwerb nicht genutzte Verluste gehen **vollständig** unter, d. h. sind vollständig nicht mehr abziehbar, wenn innerhalb von fünf Jahren mittelbar oder unmittelbar **mehr als 50 %** des gezeichneten Kapitals, der Mitgliedschaftsrechte, Beteiligungsrechte oder Stimmrechte der Kapitalgesellschaft an einen Erwerber oder diesem nahe stehende Personen übertragen werden oder wenn ein vergleichbarer Sachverhalt vorliegt.

- Die frühere Regelung des **anteiligen** Verlustuntergangs bei Anteilsübertragungen von **mehr als 25 % aber weniger als 50 %** wurde durch Gesetz vom 11.12.2018[541] mit (Rück-)Wirkung ab dem VZ 2008 bzw. für Anteilsübertragungen nach dem 31.12.2007 aufgrund der Entscheidung des BVerfG vom 29.3.2017[542] abgeschafft (§ 34 Abs. 6 Satz 1 KStG).

221   **(2)** In Bezug auf einen Verlustabzug **bei unterjährigem schädlichen Beteiligungserwerb** kann nach der Rechtsprechung des BFH[543] ein bis zu diesem Zeitpunkt in diesem Wirtschaftsjahr erzielter *Gewinn* noch mit bisher nicht genutzten Verlusten verrechnet werden. Dem hat sich auch die Finanzverwaltung angeschlossen.[544] Das Ergebnis des gesamten Wirtschaftsjahres ist nach wirtschaftlichen Kriterien aufzuteilen; dies kann durch einen Zwischenabschluss auf den Stichtag des schädlichen Beteiligungserwerbs erfolgen.[545] Sofern ein Zwischenabschluss nicht erstellt wird, ist die Aufteilung des Ergebnisses sachlich und wirtschaftlich begründet zu schätzen (z. B. anhand der betriebswirtschaftlichen Auswertungen (BWAs/Management Accounts) oder pauschalierend als lineare zeitanteilige Aufteilung).[546] Ein Zwang zur Erstellung eines Zwischenabschlusses ist daraus aber nicht abzuleiten, sondern es besteht de facto zugunsten der übertragenen Körperschaft ein „Wahlrecht" für die Art der Darlegung der – jedoch stets an wirtschaftlichen Kriterien zu orientierenden – Ergebnisaufteilung.[547] Wurde insoweit für den Zeitraum bis zum schädlichen Beteiligungserwerb ein positives Ergebnis ermittelt, kann dieses noch vor der Anwendung des § 8c KStG mit einem Verlustvortrag verrechnet werden.[548] Wurde zeitanteilig bis zum Zeitpunkt des schädlichen Erwerbs ein *Verlust* erzielt, kann dieses noch mit einem etwaigen Verlustausgleichsvolumen der Vorjahre verrechnet werden.[549]

222   **(3)** Tatbestandsauslösend ist die Überschreitung der 50 %-Schwelle im fünfjährigen Betrachtungszeitraum durch Anteilsübertragungen **an einen Erwerber**. Anteilsübertragungen an verschiedene, unabhängige Erwerber werden dagegen auch unabhängig gewürdigt und lösen unabhängige Betrachtungszeiträume aus.[550] Als „ein Erwerber" gilt dabei zum einen

---

[540] Zu den Voraussetzungen des § 8c KStG im Detail siehe *Olbing* in: Streck, KStG, § 8c KStG Rn. 6 ff. sowie *Roser* in: Gosch, KStG, § 8c KStG Rn. 11 ff.

[541] „Jahressteuergesetz 2018" vom 11.12.2018, BGBl. I 2018, 2338.

[542] BVerfG vom 29.3.2017 – 2 BvL 6/11, BStBl II 2017, 1082.

[543] Vgl. BFH vom 30.11.2011 – I R 14/11, BStBl. II 2012, 360.

[544] BMF vom 28.11.2017 – IV C 2 – S 2745-a/09/10002 :004, BStBl I 2017, 1645, Tz. 33 ff.

[545] BMF vom 28.11.2017 – IV C 2 – S 2745-a/09/10002 :004, BStBl I 2017, 1645, Tz. 35.

[546] BMF vom 28.11.2017 – IV C 2 – S 2745-a/09/10002 :004, BStBl I 2017, 1645, Tz. 35.

[547] *Brandis* in Blümich, § 8c KStG Rn. 56; *Adrian/Hahn,* StuB 2018, 125; *Gläser/Zöller,* BB 2018, 90.

[548] Vgl. BFH vom 30.11.2011 – I R 14/11, BStBl. II 2012, 360; *Brandis* in Blümich, § 8c KStG Rn. 56; BMF vom 28.11.2017 – IV C 2 – S 2745-a/09/10002 :004, BStBl I 2017, 1645, Tz. 34 mit Beispielsrechnung.

[549] *Brandis* in Blümich, § 8c KStG Rn. 56 mit weiteren Nachweisen und folgender Argumentation: Denn auch wenn der Rücktragsmechanismus des § 10d EStG, der sich nur auf negative Einkünfte bezieht, die bei der Ermittlung des Gesamtbetrags der Einkünfte nicht ausgeglichen wurden, für diesen zeitanteiligen Verlust nicht zu aktivieren sei, gehe es doch um die (zweckbezogene) Ausdeutung des Begriffs „nicht genutzter Verlust".

[550] *Roser* in: Gosch, KStG, § 8c KStG Rn. 71b.

ein Erwerber unter Zurechung von diesem nahe stehenden Personen,[551] und zum anderen nach § 8c Abs. 1 Satz 2 KStG auch eine „Gruppe von Erwerbern mit gleichgerichteten Interessen".[552]

(4) Neben der klassischen Anteilsübertragung, die im Rahmen von Unternehmenstrans- **223** aktionen der typische Fall der Anwendung des § 8c KStG sein wird, erfasst die Vorschrift jedoch auch **Kapitalerhöhungen,** soweit es durch die Kapitalerhöhung zu einer entsprechenden Veränderung der Beteiligungsquoten kommt (§ 8c Abs. 1 Satz 3 KStG).[553]

> **Praxishinweis:** Im Rahmen von Transaktionen im Venture Capital- bzw. Private Equity-Umfeld ist nicht selten eine Kombination aus Anteilserwerb und Kapitalerhöhungen anzutreffen, die dann in der Zusammenschau unter dem Aspekt des § 8c KStG zu würdigen ist.

(5) Wichtig für die Praxis sind die **Ausnahmevorschriften,** in denen der vollständige **224** oder teilweise Untergang der Verlustvorträge unterbleibt:
- Für Veranlagungszeiträume seit dem VZ 2010[554] gibt es mit dem § 8c Abs. 1 Satz 4 KStG eine Ausnahmevorschrift für bestimmte **Konzernsachverhalte,** die in ihrem Anwendungsbereich durch das Jahressteuergesetz 2015,[555] rückwirkend ab dem VZ 2010, erheblich erweitert wurde.[556] Für die hier interessierenden Fälle der Veräußerung mittelständischer Unternehmen oder Unternehmensgruppen an Dritte lässt sich diese Ausnahmeregelung grundsätzlich nicht fruchtbar machen.
- Sodann wurde mit Wirkung ab dem VZ 2008[557] mit § 8c Abs. 1a KStG eine Ausnahmeregelung für **Sanierungsfälle** eingeführt, nach der ein Beteiligungserwerb zum Zwecke der Sanierung des Geschäftsbetriebs der Körperschaft, deren Anteile erworben werden, in Bezug auf die Verlustvorträge unschädlich ist. Als Sanierung wird nach dem Gesetzeswortlaut dabei eine Maßnahme verstanden, die darauf gerichtet ist, die Zahlungsunfähigkeit oder Überschuldung der Zielgesellschaft bei Erhalt der wesentlichen Betriebsstrukturen zu verhindern oder zu beseitigen. Diese Vorschrift wurde in der Literatur aufgrund ihres engen, zeitlich sehr spät einsetzenden Anwendungsbereichs vielfältig kritisiert.[558] Sie konnte aufgrund von Zweifeln an der Vereinbarkeit mit EU-Beihilferecht zunächst nicht angewendet werden.[559] Die Rechtslage ist insoweit jedoch mittlerweile geklärt[560] und § 8c Abs. 1a KStG ist rückwirkend ab dem Veranlagungszeit-

---

[551] Zum Begriff der „nahe stehenden Personen" siehe BMF vom 28.11.2017 – IV C 2 – S 2745-a/09/10002 :004, BStBl I 2017, 1645, Tz. 26 mit Verweis auf H 8.5 KStH 2015 sowie *Brandis* in Blümich, § 8c KStG Rn. 52.

[552] Zum Begriff der „gleichgerichteten Interessen" siehe FG Köln vom 17.5.2018 – 10 K 2695/15, DB 2020, 1148, rkr., mit Anmerkung *Hennigfeld;* BFH vom 22.11.2016 – I R 30/15, DStR 2017, 1318; BMF vom 28.11.2017 – IV C 2 – S 2745-a/09/10002 :004, BStBl I 2017, 1645, Tz. 26 mit Verweis auf H 8.5 KStH 2015 sowie *Brandis* in Blümich, § 8c KStG Rn. 51.

[553] Siehe BMF vom 28.11.2017 – IV C 2 – S 2745-a/09/10002 :004, BStBl I 2017, 1645, Tz. 9 f sowie *Olbing* in: Streck, KStG, § 8c KStG Rn. 50 f.

[554] Vgl. § 34 Abs. 7b Satz 1 KStG.

[555] Steueränderungsgesetz 2015 vom 2.11.2015, BGBl. I 2015, 1834.

[556] Siehe dazu *Ritzer/Stangl,* DStR 2015, 849; *Gohr/Richter,* DB 2016, 127.

[557] Vgl. § 34 Abs. 7c Satz 1 KStG.

[558] Vgl. etwa *Brendt* in: Erle/Sauter, KStG, § 8c KStG Rn. 98.

[559] BMF vom 30.4.2010 – IV C2-S2745a/08/10005: 002, BStBl. I 2010, 482, sowie gesetzliche Suspendierung des § 8c Abs. 1a KStG durch § 34 Abs. 7c Sätze 3 f. KStG i. d. F. das BeitrRLUmsG (BGBl. I 2011, 2592) bis zum Ergehen einer rechtskräftigen gerichtlichen Entscheidung über die Nichtigkeitsklage der Bundesrepublik Deutschland und einiger deutscher Unternehmen gegen den Beschluss der Kommission (Beschluss K[2011] 275 vom 26.1.2011).

[560] Siehe dazu die Parallelentscheidungen EuGH vom 28.6.2018 – C-203/16 P, *Heitkamp BauHolding GmbH/Kommission,* IStR 2018, 552 und EuGH vom 28.6.2018 – C-219/16 P, *Lowell Financial Services GmbH, vormals GFKL Financial Services AG:* Der Beschluss 2011/527/EU der Kommission v. 26.1.2011 über die staatliche Beihilfe Deutschlands durch die Sanierungsklausel wurde für nichtig

raum 2008 „wieder" anwendbar,[561] natürlich nur soweit entsprechende Steuerbescheide noch nicht bestandskräftig geworden sind.[562]

– Ein nicht abziehbarer nicht genutzter Verlust kann nach § 8c Abs. 1 Satz 5 KStG weiterhin genutzt werden, soweit er bei einem schädlichen Beteiligungserwerb im Sinne des § 8c Abs. 1 Satz 1 KStG die gesamten, zum Zeitpunkt des schädlichen Beteiligungserwerbs vorhandenen **stillen Reserven** des inländischen Betriebsvermögens der Körperschaft nicht übersteigt. Diese Ausnahmevorschrift gilt für Beteiligungserwerbe ab dem VZ 2010 einschließlich.[563] Von diesem Befreiungstatbestand können z. B. junge Technologieunternehmen profitieren, die aufgrund einer hohen „Cash Burn Rate" typischerweise hohe Verlustvorträge ansammeln, die aber planmäßig auch zu entsprechend hohen stillen Reserven (z. B. in Patenten) führen. Die Vorschrift ist jedoch hierauf nicht beschränkt; auch in allen sonstigen Fällen ist zu fragen, warum ein über die Buchwerte des Eigenkapitals hinausgehender Kaufpreis gezahlt wird und auf welche Arten von stillen Reserven dieser entfällt. „Stille Reserven" i. S. d. § 8c Abs. 1 Satz 5 KStG sind der Unterschiedsbetrag zwischen dem in der steuerlichen Gewinnermittlung ausgewiesenen Eigenkapital und dem auf dieses Eigenkapital jeweils entfallenden gemeinen Wert der Anteile an der Körperschaft (§ 8c Abs. 1 Satz 6 KStG). Die Darlegungs- und Beweislast für das Vorhandensein stiller Reserven hat die Verlustkörperschaft.[564] Bei Unternehmenskauftransaktionen wird der gemeine Wert der übergehenden Anteile vorrangig durch den vom Erwerber bezahlten Kaufpreis bestimmt;[565] der Nachweis eines höheren Werts durch Vorlage einer vom Kaufpreis abweichenden Unternehmensbewertung ist zugunsten der Verlustgesellschaft grundsätzlich nicht möglich.[566] Jedoch hält es sich die Finanzverwaltung offen, bei unangemessen hohen Anteilskaufpreisen auf eine (niedrigere) Unternehmensbewertung abzustellen.[567] In Sondersituationen kann generell mangels Vorliegen eines Kaufpreises eine Unternehmensbewertung erforderlich werden.[568] Zu berücksichtigen sind nach dem Wortlaut der Stille-Reserven-Klausel nur „im Inland steuerpflichtige" stille Reserven.[569] Somit sind z. B. die stillen Reserven aus Beteiligungsbesitz (d. h. stille Reserven in aktivierten Beteiligungen an Tochterkapitalgesellschaften) wegen § 8b Abs. 2 KStG grundsätzlich[570] nicht zu berücksichtigen.[571] Wie stille

---

erklärt. In der Literatur – siehe z. B. *Kessler/Egelhof/Probst,* DStR 2018, 1945, 1948 ff. – anschließend zum Teil geäußerte Befürchtungen, wonach die Kommission ggf. ein weiteres Verfahren anstrengen könnte, sind mittlerweile erledigt, da die Kommission nunmehr ausdrücklich die Auffassung angenommen hat, dass die deutsche Vorschrift des § 8c Abs. 1a KStG doch keine staatliche Beihilfe darstelle (EU-Kommission, Pressemitteilung vom 22.1.2020, PIStB 2020, 31).

[561] § 34 Abs. 6 KStG in der Fassung des Gesetzes zur Vermeidung von Umsatzsteuerausfällen beim Handel mit Waren im Internet und zur Änderung weiterer steuerlicher Vorschriften (UStAVermG) vom 11.12.2018 (BGBl I 2018, 2338). Siehe auch *Uhländer,* DB 2020, 17, 20.

[562] Siehe dazu auch OFD Nordrhein-Westfalen vom 20.12.2018, S 2745 a-2015/0011-St 135, BeckVerw 445611.

[563] Vgl. § 34 Abs. 7b Satz 2 KStG.

[564] *Brandis* in Blümich, § 8c KStG Rn. 61.

[565] Siehe BMF vom 28.11.2017 – IV C 2 – S 2745-a/09/10002 :004, BStBl. I 2017, 1645, Tz. 50.

[566] FG Köln vom 31.8.2016 – 10 K 85/15, BeckRS 2016, 95717 (rkr.). Kritisch *Suchanek/Rüsch,* DStZ 2014, 419.

[567] Siehe BMF vom 28.11.2017 – IV C 2 – S 2745-a/09/10002 :004, BStBl. I 2017, 1645, Tz. 50.

[568] So z. B. beim mehrstufigen Beteiligungserwerb, wenn sich sonst wie aus dem Kaufpreis für die Obergesellschaft ein anteiliger Kaufpreis für eine Verlust-Untergesellschaft ableiten lässt (vgl. BMF vom 28.11.2017 – IV C 2 – S 2745-a/09/10002 :004, BStBl. I 2017, 1645, Tz. 58), oder in den beim Unternehmenskauf eher nicht relevanten Situationen „vergleichbarer Sachverhalte" bzw. bei schädlichen Stimmrechtsvereinbarungen (siehe *Scheipers/Linn,* Ubg 2010, 13).

[569] Siehe BMF vom 28.11.2017 – IV C 2 – S 2745-a/09/10002 :004, BStBl. I 2017, 1645, Tz. 51.

[570] Anders in Fällen des § 8b Abs. 7 KStG; vgl. *Brandis* in Blümich, § 8c KStG Rn. 61.

[571] FG Niedersachsen vom 26.2.2015 – 6 K 424/13, EFG 2015, 1297; *Brandis* in Blümich, § 8c KStG Rn. 61.

Reserven in nachgeordneten Beteiligungsgesellschaften beim Übergang von Anteilen an der Obergesellschaft zu berücksichtigen sind, ist im Gesetz nicht geregelt.[572] Nach Auffassung der Finanzverwaltung hat bei mehrstufigen Beteiligungserwerben eine gesonderte Prüfung der Tatbestandsmerkmale der Stille-Reserven-Klausel für jede Stufe bzw. jede Beteiligungsebene, sofern es sich um Verlustgesellschaften handelt, separat zu erfolgen.[573] § 8c Abs. 1 Satz 7 KStG sieht eine abweichende Ermittlung der stillen Reserven vor, wenn das Eigenkapital der Körperschaft negativ ist. Maßgeblich ist dann zur Vermeidung von missbräuchlichem Handel mit Verlustmänteln der Unterschiedsbetrag zwischen dem gemeinen Wert des Betriebsvermögens der Körperschaft und deren steuerlichen Eigenkapital.[574]

– Mit § 8d KStG[575] wurde mit Wirkung für Beteiligungserwerbe nach dem 31.12.2015 eine weitere Ausnahmeregelung geschaffen (sog. **fortführungsgebundener Verlustvortrag**). Voraussetzung für die Anwendung der Vorschrift ist, dass der Steuerpflichtige einen Antrag nach § 8d Abs. 1 Satz 1 KStG stellt.[576] In diesem Fall bewegt sich der Steuerpflichtige dann in einem nach § 8d KStG speziell definierten Verlustverrechnungsregime (und § 8c KStG wird grundsätzlich nicht mehr angewandt). Durch Stellen des Antrags ergibt sich die Chance, die Verluste zu erhalten, wenn ansonsten die vorstehend bereits beschriebenen Ausnahmetatbestände des § 8c KStG nicht erfüllt werden könnten. Durch Erstellen des Antrags ergibt sich jedoch das Risiko, dass der fortführungsgebundene Verlustvortrag steuerlich nicht mehr genutzt werden kann, soweit er nicht durch stille Reserven gedeckt ist, wenn der Geschäftsbetrieb irgendwann (theoretisch „unendlicher" Überwachungszeitraum) wegfällt oder ein zusätzlicher Geschäftsbetrieb aufgenommen wird oder andere der in § 8d Abs. 2 Satz 2 KStG aufgeführten schädlichen Ereignisse eintreten. Anders als § 8c KStG knüpft § 8d KStG nicht punktgenau an den zum Zeitpunkt des schädlichen Beteiligungserwerbs bestehenden Verlustvortrag an, sondern stellt auf den – gesamten – Verlustvortrag ab, der zum Schluss des VZ, in den der schädliche Beteiligungserwerb fällt, vorhanden ist. Damit werden ggf. auch weitere, sich erst nach dem (an sich schädlichen) Beteiligungserwerb entstandene Verluste dieses VZ einbezogen.[577] Die Nutzung des fortführungsgebundenen Verlustvortrags kann erfolgen, solange der konkrete Geschäftsbetrieb[578] der Verlustgesellschaft als solcher („derselbe" Geschäftsbetrieb) aufrechterhalten wird. Von der Vorschrift vorausgesetzt wird ein aktiver Geschäftsbetrieb, der schon eine gewisse Zeitdauer ohne Eintritt eines schädlichen Ereignisses i. S. d. § 8d Abs. 2 KStG bestand. Nach der Mechanik der Regelung sind somit bis zu (bei unterjährigem schädlichem Erwerb) vier Zeiträume relevant:[579] Zum einen der Zeitraum vor dem VZ des schädlichen Beteiligungserwerbs (seit Gründung der Körperschaft oder alternativ, der kürzere Zeitraum entscheidet, seit dem Beginn des dritten VZ, der dem VZ des schädlichen Beteiligungserwerbs vorausgeht – § 8d Abs. 1 Satz 1

---

[572] *Roser* in: Gosch, KStG, § 8c KStG Rn. 167 ff.

[573] BMF vom 28.11.2017 – IV C 2 – S 2745-a/09/10002 :004, BStBl. I 2017, 1645, Tz. 58.

[574] In diesen Fällen verlangt die Finanzverwaltung (BMF vom 28.11.2017 – IV C 2 – S 2745-a/09/10002 :004, BStBl. I 2017, 1645, Tz. 56) stets eine Unternehmensbewertung; zustimmend *Neumann*, GmbHR 2014, 679; *Dube/Schilling*, DB 2019, 212, 213 f.; kritisch *Suchanek/Rüsch*, DStZ 2014, 426. Es wird damit gedanklich „eine Ebene tiefer" auf die in den einzelnen Wirtschaftsgütern des Betriebsvermögens der Verlustgesellschaft, inklusive immaterieller Wirtschaftsgüter und eines Firmenwertes, vorhandenen „rein betriebswirtschaftlichen" stillen Reserven abgestellt.

[575] Vorschrift eingefügt durch das Gesetz zur Weiterentwicklung der steuerlichen Verlustverrechnung bei Körperschaften vom 20.12.2016, BGBl. I 2016, 2998; siehe dazu z. B. *Ortmann-Babel/Bolik*, DB 2016, 2984.

[576] Zu Details der Antragstellung siehe *Brandis* in Blümich, § 8d KStG Rn. 41.

[577] *Förster/von Cölln*, DStR 2017, 14; *Brandis* in Blümich, KStG, § 8d KStG Rn. 42.

[578] Dazu *Brandis* in Blümich, KStG, § 8d KStG Rn. 39; *Röder*, DStR 2017, 1740; *Kusch*, NWB 2018, 930.

[579] *Brandis* in Blümich, KStG, § 8d KStG Rn. 35.

KStG), zum zweiten der VZ des schädlichen Beteiligungserwerbs bis zu diesem Zeitpunkt, sodann drittens im VZ des schädlichen Beteiligungserwerbs der Zeitraum nach diesem Zeitpunkt und bis zum 31.12. dieses VZ – § 8d Abs. 1 Satz 1 KStG, sowie schließlich der zeitlich unbegrenzte Zeitraum bis zum vollständigen Ausgleich des fortführungsgebundenen Verlustvortrags – § 8d Abs. 2 KStG.[580]

Praxishinweis: Die für den Bereich Unternehmenskauf/Unternehmensverkauf für die Praxis bedeutsamste Regelung, nach der in vielen Fällen ein Untergang der Verlustvorträge jedenfalls teilweise verhindert werden kann, ist die Stille-Reserven-Klausel.

Beachte: Die Vorschrift des § 8c KStG hat im Ergebnis die Wirkung, dass der Fiskus tatsächlich erlittene, reale Verluste in bestimmten Situationen einseitig aberkennt, sich also nicht im gleichen Umfang an der Verlusttragung beteiligt, wie er das im Gewinnfall tut oder gar bei ein und derselben Körperschaft in Gewinnjahren getan hat. Die Frage der **Verfassungskonformität** der Vorschrift in Bezug auf den vollständigen Verlustuntergang bei Überschreiten der **50 % Schelle** ist noch ungeklärt. Das FG Hamburg hat mit Beschluss vom 29.8.2017[581] das Verfahren nach § 100 Abs. 1 Satz 1 GG ausgesetzt, um die Entscheidung des Bundesverfassungsgerichts auch insoweit einzuholen. Bis zum Ergehen dieser Entscheidung sollten derartige Fälle offengehalten werden. Die Frage, welche Bedeutung der neu eingeführte § 8d KStG und die Wiederanwendung der Sanierungsklausel in diesem Zusammenhang haben, ist offen.[582]

---

225   **bb) Gewerbesteuerliche Verlustvorträge.** Für den **gewerbesteuerlichen Verlustvortrag (Fehlbetrag) einer Kapitalgesellschaft** gilt § 8c KStG über § 10a Satz 10 GewStG entsprechend.[583] § 8c KStG gilt auch für den gewerbesteuerlichen Fehlbetrag einer Mitunternehmerschaft, wenn dieser einer Körperschaft unmittelbar oder über eine andere Mitunternehmerschaft zuzurechnen ist (§ 10a Satz 10 2. Halbsatz GewStG). Der zweite Halbsatz der Vorschrift wurde durch Gesetz vom 19.12.2008[584] eingeführt; vormals mögliche Strukturierungen mit dem Ziel, gewerbesteuerliche Fehlbeträge durch Ausgliederung von Betrieben aus einer Körperschaft auf eine Tochter-Mitunternehmerschaft im Vorfeld eines Unternehmensverkaufs vor dem (teilweisen) Untergang durch schädliche Anteilsübertragung hinsichtlich der Anteile der (Mutter-)Körperschaft zu bewahren,[585] sind seitdem nicht mehr möglich.

226   **cc) Zinsvorträge und EBITDA-Vorträge nach § 4h EStG i. V. m. § 8a KStG.** Werden Anteile an Kapitalgesellschaften veräußert, die über einen nicht verbrauchten Zinsvortrag sowie einen nicht genutzten EBITDA-Vortrag verfügen, findet § 8c KStG auf den **Zinsvortrag** der Gesellschaft entsprechende Anwendung (§ 8a Abs. 1 Satz 3 KStG).

Eine entsprechende Anwendung des § 8c KStG auf den **EBITDA-Vortrag** ist jedoch nicht vorgesehen, sodass dieser vom Beteiligungserwerb, auch wenn der grundsätzlich nach § 8c KStG „schädlich" wäre, unberührt bleibt und wirtschaftlich vom Erwerber weiterhin genutzt werden kann. Wesentlich ist, dass nach § 8a Abs. 1 Satz 3 KStG auch für den Zinsvortrag die Ausnahmevorschrift der „Stille-Reserven-Klausel" des § 8c Abs. 1 Sätze 5 ff. KStG gilt, so dass in Höhe von übergehenden stillen Reserven auch der Zinsvortrag ent-

---

[580] *Brandis* in Blümich, KStG, § 8d KStG Rn. 35; *Suchanek/Rüsch,* Ubg 2017, 7 ff.

[581] FG Hamburg vom 29.8.2017 – 2 K 245/17, DStR 2017, 2377 mit Anmerkung *Kessler/Probst;* anhängig beim BVerfG unter dem Az. 2 BvL 19/17.

[582] Siehe *Uhländer,* DB 2020, 17, 21.

[583] Vgl. *Güroff* in: Glanegger/Güroff, GewStG, § 10a GewStG Rn. 46 ff.

[584] Gesetz vom 19.12.2008, BGBl. I, 2794; zur erstmaligen Anwendung siehe § 36 Abs. 9 Satz 10 GewStG.

[585] Siehe dazu *Behrendt/Arjes/Nogens,* BB 2008, 367 ff.

sprechend aufrechterhalten werden kann.[586] Dies gilt jedoch nach § 8a Abs. 1 Satz 3 KStG mit der einschränkenden Maßgabe, dass stille Reserven insoweit nur zu berücksichtigen sind, als sie die nach § 8c Abs. 1 Satz 5 KStG abziehbaren nicht genutzten Verluste übersteigen.

b) Veräußerung von Anteilen an Personengesellschaften

Geht es dagegen um die Veräußerung von **Anteilen an einer Personengesellschaft,**   227 ist hinsichtlich der Frage des Übergangs von Verlustvorträgen zu differenzieren. Aufgrund der Transparenz einer Personengesellschaft für Zwecke der Einkommen- und Körperschaftsteuer verbleiben in der Vergangenheit aufgelaufene, aus der Beteiligung herrührende **einkommen- bzw. körperschaftsteuerliche** Verluste bzw. Verlustvorträge beim veräußernden Gesellschafter zurück, und können dort nach den allgemeinen Regeln mit positiven Einkünften bzw. Einkommensteilen verrechnet werden, ggf. im Wege des Verlustvor- und -rücktrags.

Gewerbesteuerliche Verluste auf Ebene der Personengesellschaft gehen dagegen im   228 Rahmen der Anteilsübertragung entsprechend der Übertragungsquote ganz oder anteilig verloren, da es dadurch zu einem Verlust der Unternehmeridentität (§ 10a Satz 8 i. V. m. § 2 Abs. 5 GewStG) kommt.[587] Im Falle einer vollständigen Übertragung sämtlicher Anteile an einer Personengesellschaft auf einen neuen Gesellschafter gehen demnach 100% der gewerbesteuerlichen Verlustvorträge verloren. Wird nur ein Teil der Gesellschaftsanteile veräußert, tritt nur insoweit, als ein neuer Gesellschafter eintritt, ein Verlust des Verlustvortrags ein.[588]

Bestehen bei der Mitunternehmerschaft, deren Anteile veräußert werden, ein nicht genutzter **Zinsvortrag** oder ein nicht verbrauchter **EBITDA-Vortrag,** gehen auch diese   229 nach § 4h Abs. 5 Satz 2 EStG in dem Umfang unter, in dem ein Gesellschafterwechsel bei der Personengesellschaft stattfindet.

(frei)   230–233

5. Umsatzsteuer

a) Umsatzsteuer beim Asset Deal

aa) Grundsätzliche umsatzsteuerliche Behandlung. Werden Wirtschaftsgüter des   234 umsatzsteuerlichen Unternehmensvermögens entgeltlich veräußert, unterliegt der entsprechende Vorgang grundsätzlich nach § 1 Abs. 1 Nr. 1 UStG als Lieferung der Umsatzsteuer. Der Verkauf eines **gesamten Unternehmens** oder eines in der Gliederung des Unternehmens **gesondert geführten Betriebs** im Ganzen als Asset Deal ist jedoch unter den Voraussetzungen des § 1 Abs. 1a UStG **nicht umsatzsteuerbar;** die Vorschrift soll die Übertragung von Unternehmen oder Unternehmensteilen erleichtern und vereinfachen.[589] Rechtsfolge ist dann, dass der Veräußerer keine Rechnung mit Umsatzsteuerausweis stellen muss und dies auch nicht darf; aus einer fehlerhaft gestellten Rechnung hätte der Erwerber keinen Anspruch auf Vorsteuererstattung und es gilt § 14c Abs. 1 UStG.

Damit der Vorgang unter § 1 Abs. 1a UStG fällt, muss das ganze Unternehmen über-   235 gehen, das **Zurückbleiben wesentlicher Betriebsgrundlagen ist schädlich,** während es unschädlich ist, wenn nur einzelne, unwesentliche Wirtschaftsgüter ausgenommen sind (vgl. Abschnitt 1.5 Abs. 3 Satz 1 UStAE). Hier bestehen zum Teil Abgrenzungsschwierigkeiten und Unsicherheiten. Wesentlich für die Praxis ist, dass nach der Rechtsprechung des

---

[586] Vgl. dazu *Schwedhelm* in: Streck, KStG, § 8a KStG Rn. 15 ff.; *Förster* in: Gosch, KStG, § 8a KStG Rn. 32.

[587] Näher *Güroff* in: Glanegger/Güroff, GewStG, § 10a GewStG Rn. 90 ff.

[588] Vgl. *Carlé*, KÖSDI 2006, 15096, 15100.

[589] *Oelmaier* in: Sölch/Ringleb, UStG, § 1 UStG Rn. 172; *Wiesbrock/Wübbelsmann,* GmbHR 2005, 519, 524, Fn. 58.; *Weigl,* BB 2001, 2188, 2190 f.

EuGH die Annahme einer nicht steuerbaren Geschäftsveräußerung im Ganzen nicht dadurch ausgeschlossen wird, dass der Veräußerer die vom veräußerten Unternehmen genutzte Betriebsimmobilie nicht mitveräußert, sondern zurückbehält, vorausgesetzt sie wird an den Erwerber weitervermietet, sodass dieser mit dem erworbenen Unternehmen eine selbständige wirtschaftliche Tätigkeit dauerhaft fortführen kann.[590] Die Überlassung der Betriebsimmobilie muss dabei nicht zwingend durch den Veräußerer selbst erfolgen, sie kann auch z.B. auf dessen Veranlassung durch eine Immobilienverwaltungsgesellschaft erfolgen, auf die der Betriebsveräußerer die Betriebsimmobilie zuvor übertragen hat.[591] Eine langfristige Vermietung auf einen festen Zeitraum, etwa von acht Jahren, ist nach der jüngeren EuGH-Rechtsprechung, anders als nach der älteren BFH-Rechtsprechung, somit nicht mehr erforderlich.[592] In Fällen, in denen der Erwerber selbst über eine geeignete Immobilie zur Fortführung des Geschäftsbetriebs verfügt, muss er Betriebsräumlichkeiten, die zum veräußerten Unternehmen gehörten, weder anmieten noch erwerben; es liegt auch dann ein nicht steuerbarer Vorgang i.S.d. § 1 Abs. 1a UStG vor.[593] Ausreichend ist, wenn die übertragenen Gegenstände dazu ausreichen, dass der Erwerber eine im umsatzsteuerlichen Sinne unternehmerische Tätigkeit fortführen kann.[594]

236 Die **Begriffe „Unternehmen"** und **„gesondert geführter Betrieb"** entsprechen in der Praxis häufig, theoretisch aber nicht immer den ertragsteuerlichen Begriffen „Betrieb" und „Teilbetrieb". Abschnitt 1.5 Abs. 6 Satz 4 UStAE verweist bzgl. der Veräußerung eines gesondert geführten Betriebs jedoch auf Abschnitt 16 Abs. 3 EStR, sodass die Praxis jedenfalls im ersten Zugriff auf die einkommensteuerliche Teilbetriebsdefinition zurückgreifen kann.

237 Sodann setzt die Vorschrift des § 1 Abs. 1a UStG voraus, dass **Erwerber** ein umsatzsteuerlicher **Unternehmer** ist.[595] Hier reicht es, wenn der Erwerber mit dem Unternehmenskauf seine unternehmerische Tätigkeit beginnt (vgl. Abschnitt 1.5 Abs. 1 Satz 1 UStAE).

Hingegen kommt es nicht darauf an, ob bei dem Veräußerer schon vorher eine eigenständige betriebliche Organisation vorlag.[596] Auch setzt § 1 Abs. 1a UStG keine Beendigung der unternehmerischen Betätigung seitens des Veräußerers voraus.[597] Schließlich ist es nicht Voraussetzung, dass mit dem Unternehmen oder mit dem in der Gliederung des Unternehmens gesondert geführten Teil in der Vergangenheit bereits Umsätze erzielt wurden; die Absicht, Umsätze erzielen zu wollen, muss jedoch anhand objektiver, vom Unternehmer nachzuweisender Anhaltspunkte spätestens im Zeitpunkt der Übergabe bestanden haben.[598]

238 Das Unternehmen oder der gesondert geführte Betrieb müssen von **einem Veräußerer auf einen Erwerber,** der das Unternehmen bzw. den Unternehmensteil **fortführt,** übertragen werden. Sprich: Eine Übertragung durch mehrere Veräußerer und/oder eine Übertragung an verschiedene Erwerber führen nicht zu einer Geschäftsveräußerung im Ganzen.[599]

---

[590] EuGH vom 10.11.2011, Rs. C-444/10 – *Christel Schriever,* DStR 2011, 2196.

[591] Vgl. BFH vom 3.12.2015 – V R 36/13, DB 2016, 318.

[592] Der BFH hatte vor der Vorabentscheidung durch den EuGH in der Rechtssache Christel Schriever eine langfristige Nutzungsüberlassung gefordert (BFH vom 28.11.2002 – V R 3/01, BStBl. II 2004, 665 sowie BFH vom 23.8.2007 – V R 14/05, BStBl. II 2008, 165).

[593] *Zugmaier/Salder,* DStR 2011, 2199, 2200, in Anmerkung zu EuGH vom 10.11.2011, Rs. C-444/10 – *Christel Schriever,* DStR 2011, 2196.

[594] Vgl. BFH vom 18.1.2012 – XI R 27/08, DStR 2012, 516: Die Übereignung des Warenbestands nebst der Geschäftsausstattung eines Einzelhandelsgeschäfts unter Verpachtung des Ladenlokals auf unbestimmte Zeit stellt einen Fall des § 1 Abs. 1a UStG dar, selbst wenn der Mietvertrag kurzfristig kündbar ist.

[595] Zu den Voraussetzungen des § 1 Abs. 1a UStG siehe ausführlich *Oelmaier* in: Sölch/Ringleb, UStG, § 1 UStG Rn. 181 ff.

[596] Abschnitt 1.5 Abs. 6 Satz 2 UStAE; *Beisel/Klumpp,* Der Unternehmenskauf, § 15 Rn. 1.

[597] Abschnitt 1.5 Abs. 1a Satz 4 UStAE.

[598] Abschnitt 1.5 Abs. 6 Satz 3 UStAE.

[599] *Peltner* in BeckOK UStG, § 1 UStG Rn. 185; *Robisch* in Bunjes, UStG, § 1 UStG Rn. 121a.

Eine Geschäftsveräußerung im Ganzen nach § 1 Abs. 1a UStG ist deshalb nicht gegeben, wenn wesentliche Betriebsgrundlagen aus einer unternehmerischen Hand in mehrere unternehmerische Hände (mehrere Erwerber) wechseln, auch wenn auf Erwerberseite im Zeitpunkt der Übertragung sichergestellt oder beabsichtigt ist, den bisherigen Betrieb in seiner Gesamtheit fortzuführen.[600] Je nach Konstellation kann dann zumindest teilweise eine Geschäftsveräußerung im Ganzen vorliegen.[601] Allerdings können bei einer Übertragung von Teilunternehmen eines aufteilbaren Unternehmensvermögens auf mehrere selbstständige Erwerber, die das jeweilige Teilunternehmen fortführen, gegebenenfalls mehrere Geschäftsveräußerungen vorliegen.[602]

Kritisch sind in der Praxis des Unternehmenskaufs die Fälle, in denen aufgrund der Abgrenzungsschwierigkeiten fraglich ist, ob der Vorgang des Unternehmenskaufs überhaupt als Geschäftsveräußerung im Ganzen i. S. v. § 1 Abs. 1a UStG qualifiziert oder nicht. In solchen Fällen sind entsprechende Regelungen im Unternehmensverkauf vorzusehen. Vgl. dazu Teil → D., Rn. 662 f. **239**

Durch den Unternehmensverkauf im Wege des Asset Deals **tritt der Käufer in die umsatzsteuerliche Situation des Verkäufers ein** (§ 1 Abs. 1a Satz 3 UStG).[603] Er übernimmt die laufenden **Berichtigungsfristen** des Verkäufers (§ 15a Abs. 10 UStG). **240**

bb) Vorsteuerabzug für Transaktionskosten. Nach wohl überwiegender, auch von der Finanzverwaltung geteilter Auffassung richtet sich beim Asset Deal der **Vorsteuerabzug des Verkäufers** bzgl. seiner Transaktionskosten nach der der Veräußerung vorangehenden Nutzung der veräußerten Wirtschaftsgüter in Form des Verhältnisses „USt-pflichtig zu USt-frei";[604] maßgeblich sind nach dieser Auffassung also die von dem veräußernden Unternehmer mit dem veräußerten Unternehmensvermögen im Jahr der Veräußerung getätigten Ausgangsumsätze. Nach der Gegenansicht[605] besteht dagegen generell ein voller Vorsteuerabzug für den Unternehmensverkäufer (Argument: Wortlaut § 15 Abs. 2 Satz 1 Nr. 1 UStG, denn nach § 1 Abs. 1a UStG wird der Vorgang ja als nicht umsatzsteuerbar, nicht aber umsatzsteuerfrei behandelt). **241**

Aus Sicht des **Erwerbers** eines Unternehmens im Asset Deal gilt für die Frage, inwieweit er die Vorsteuer aus Transaktionskosten ziehen kann, der Maßstab des § 15 Abs. 1 Satz 1 Nr. 1, Abs. 4 UStG.[606] Der Erwerber kann daher die Vorsteuer in dem Umfang geltend machen, wie er im Rahmen des erworbenen Unternehmens steuerbare und nicht abzugsschädliche Umsätze ausführt.[607] **242**

b) Umsatzsteuer beim Share Deal

aa) Grundsätzliche umsatzsteuerliche Behandlung. (1) Vorprüfung. Für die Frage, wie ein Share Deal (Veräußerung von Anteilen an Personen- oder Kapitalgesellschaften) umsatzsteuerlich zu behandeln ist, ist zunächst die **Vorprüfung** erforderlich, ob die verkauften Anteile umsatzsteuerlich im **unternehmerischen oder im nichtunternehmerischen Bereich** gehalten wurden. Das bloße Halten und Verwalten von Gesellschaftsbeteiligungen stellt nach Abschnitt 2.3 Abs. 2 Satz 1 UStAE sowie nach der einschlägigen Rechtsprechung des EuGH[608] keine unternehmerische Betätigung dar; selbst Kapitalgesell- **243**

---

[600] *Peltner* in BeckOK UStG, § 1 UStG Rn. 185.

[601] BFH vom 3.12.2015 – V R 36/13, DStR 2016, 236.

[602] *Peltner* in BeckOK UStG, § 1 UStG Rn. 185.

[603] Vgl. dazu *Rödder/Hötzel/Müller-Thuns*, Unternehmenskauf/Unternehmensverkauf, § 27 Rn. 113 f.

[604] Vgl. OFD Münster vom 6.11.2006 – S 7100b – 132 – St 44-32, UR 2007, 196; *Slapio* in: Kneip/Jänisch, Tax Due Diligence, S. 513 f.; *Oelmaier* in: Sölch/Ringleb, UStG, § 1 UStG Rn. 199; *Peltner* in BeckOK UStG, § 1 UStG Rn. 205.

[605] Vgl. *Rödder/Hötzel/Müller-Thuns*, Unternehmenskauf/Unternehmensverkauf, § 24 Rn. 256.

[606] *Slapio* in: Kneip/Jänisch, Tax Due Diligence, S. 513 f.

[607] *Wienands/Bahns*, UR 1999, 265 f.

[608] Siehe z. B. EuGH vom 8.11.2018 – Rs. C-502/17, *C&D Foods Acquisitions*, DStR 2018, 2425 oder EuGH vom 29.10.2009, Rs. C-29/08 – *SKF*, DB 2009, 2695.

schaften als Gesellschafter können umsatzsteuerlich einen nichtunternehmerischen Bereich haben, dem solche Beteiligungen zuzuordnen sind. Eine reine Finanz-Holding – egal in welcher Rechtsform und unabhängig davon, ob die von ihr gehaltenen Beteiligungen ertragsteuerlich Betriebsvermögen sind – ist also kein umsatzsteuerlicher Unternehmer i. S. d. § 2 UStG (Abschnitt 2.3 Abs. 3 Satz 2 UStAE). Anders verhält es sich dagegen, wenn es sich um eine **Führungs- bzw. Funktions-Holding** handelt, die als umsatzsteuerlicher **„Eingriff-Gesellschafter"** Beteiligungen zum Zweck des aktiven Eingreifens in die unternehmerische Verwaltung durch das entgeltliche Erbringen z. B. von administrativen, finanziellen, kaufmännischen und technischen Dienstleistungen hält, was eine unternehmerische Tätigkeit im Sinne der Umsatzsteuer darstellt.[609] Der Begriff des „Eingriffs" ist dabei weit zu verstehen und erfasst alle Umsätze, die eine wirtschaftliche Tätigkeit darstellen und von der Holding an ihre Tochtergesellschaft erbracht werden (wie z. B. die entgeltliche Vermietung einer Betriebsimmobilie von der Holding an die Tochtergesellschaft).[610] Wird eine Holding jedoch nur gegenüber einigen Tochtergesellschaften in diesem Sinne geschäftsleitend tätig, während sie Beteiligungen an anderen Tochtergesellschaften lediglich hält und verwaltet (sog. **„gemischte Holding"**), hat sie im umsatzsteuerlichen Sinn sowohl einen unternehmerischen als auch einen nicht-unternehmerischen Bereich.[611]

244 **(2) Behandlung im Regelfall.** Wird eine Beteiligung **aus dem nichtunternehmerischen Bereich** veräußert, ist der Vorgang **nicht umsatzsteuerbar.**[612]

245 Wird dagegen eine Beteiligung **aus dem unternehmerischen Bereich** veräußert, ist der Vorgang umsatzsteuerbar.[613] Die Veräußerung von Anteilen an Personen- und Kapitalgesellschaften ist jedoch **umsatzsteuerfrei** nach § 4 Nr. 8 Buchst. f UStG.[614] Zu einer Umsatzsteuerpflicht kann der Verkäufer hier jedoch grundsätzlich durch **Option** nach § 9 Abs. 1 UStG gelangen.[615] Der Erwerber wird hieran naturgemäß kein Interesse haben, er ist daraus jedenfalls liquiditätsmäßig belastet. Auch würde sich der zivilrechtliche Kaufpreis ja um die Umsatzsteuer erhöhen, was aus Käufersicht ggf. eine spürbare Erhöhung des Finanzierungsbedarfs nach sich ziehen würde.[616] Außerdem trägt der Erwerber das Risiko, dass die Finanzverwaltung den Vorgang später umsatzsteuerlich anders beurteilt und ihm den Vorsteuerabzug aus der Rechnung des Veräußerers aberkennt.

> **Praxishinweis:** Aus Sicht des Erwerbers empfiehlt es sich daher, in den Unternehmenskaufvertrag ein Verbot für den Veräußerer aufzunehmen, von der Optionsmöglichkeit Gebrauch zu machen bzw. klarzustellen, dass sich der Kaufpreis inklusive Umsatzsteuer versteht, sollte der Veräußerer dem Verbot der Optionsausübung zuwiderhandeln. Typischerweise ist es in der Praxis für einen Unternehmensveräußerer nicht möglich, eine Regelung durchzusetzen, die es ihm erlaubt, von der Optionsmöglichkeit Gebrauch zu machen.[617]

---

[609] Vgl. Abschnitt 2.3 Abs. 3 Sätze 3 und 5 UStAE und BFH vom 1.6.2016 – XI R 17/11, DStR 2016, 1668 in Folge von EuGH vom 16.7.2015, Rs. C-108/14 und C-109/14 – *Larentia + Minerva*, DStR 2015, 1673.

[610] Vgl. BFH vom 12.2.2020 – XI R 24/18, DB 2020, 1267,1269; BFH vom 18.9.2019 – XI R 33/18, DStR 2020, 273, 275; EuGH vom 5.7.2018, Rs. C-320/17, *Marle Participations*, DStR 2018, 1713.

[611] Abschnitt 2.3 Abs. 3 Satz 4 UStAE; BFH vom 9.2.2012 – V R 40/10, DB 2012, 614. Generell zum Vorsteuerabzug von Holding-Gesellschaften siehe z. B. BFH vom 12.2.2020 – XI R 24/18, DStR 2020, 1190 mit Anmerkung *Treiber* sowie EuGH vom 11.3.2020, Rs. C-94/19 – *San Domenico Vetraria*, DStR 2020, 643.

[612] Abschnitt 15.22 Abs. 2 Satz 1 UStAE.

[613] Abschnitt 15.22 Abs. 2 Satz 2 UStAE.

[614] *Wäger* in: Sölch/Ringleb, UStG, § 4 Nr. 8 UStG Rn. 170 ff.; vgl. zudem *Wiesbrock/Wübbelsmann*, GmbHR 2005, 519, 524, Fn. 58; *Weigl*, BB 2001, 2188, 2195.

[615] Vgl. *Rödder/Hötzel/Müller-Thuns*, Unternehmenskauf/Unternehmensverkauf, § 28 Rn. 130.

[616] *Zugmaier*, DStR 2009, 882, 885.

[617] Vgl. *Eggers/Korf*, DB 2009, 2685, 2689; vgl. auch Teil → D., Rn. 661.

(3) Ausnahme: Behandlung als GiG. In bestimmten Fällen, in denen eigentlich zivil- **246** rechtlich ein Share Deal vorliegt, bei dem eine im umsatzsteuerlichen Unternehmensvermögen gehaltene Beteiligung veräußert wird, kann nach der Rechtsprechung des EuGH die **Veräußerung einer Beteiligung,** obwohl es sich um einen Share Deal handelt, bei wertender Betrachtung als eine **Geschäftsveräußerung im Ganzen nach § 1 Abs. 1a UStG (GiG)** anzusehen sein, mit der Folge, dass schon gar keine Umsatzsteuerbarkeit eintritt.[618]

Die Finanzverwaltung hat in Reaktion auf die Entwicklung der EuGH-Rechtsprechung **247** in einem neugefassten Abschnitt 1.5 Abs. 9 UStAE überarbeitete Kriterien hierfür aufgestellt. Es gelten für diesen Bereich folgende Grundsätze:

– Die Veräußerung eines Gesellschaftsanteils stellt nur dann einen Vorgang i. S. v. § 1 Abs. 1a UStG dar, wenn der Gesellschaftsanteil Teil einer eigenständigen Einheit ist, die eine selbständige wirtschaftliche Tätigkeit ermöglicht, und diese Tätigkeit vom Erwerber fortgeführt wird; dies gilt grundsätzlich unabhängig von der Höhe der übertragenen Beteiligung. Ein Anwendungsfall hiervon kann namentlich dann vorliegen, wenn der Veräußerer entgeltliche Leistungen (z. B. im Rahmen von Service- oder Umlageverträgen aber auch Darlehensgewährung[619] oder Vermietung von Betriebsimmobilien[620]) an eine Beteiligungsgesellschaft, deren Anteile er unternehmerisch hält, erbringt, und er neben den Gesellschaftsanteilen auch diese entgeltlichen Leistungsbeziehungen bzw. deren Grundlagen (z. B. Mitübertragung von Service- oder Umlageverträgen, Gesellschafterdarlehen oder Betriebsimmobilien) auf den Erwerber überträgt[621]; ein solcher Fall kann z. B. die Übertragung von Beteiligungen einer Management-Holding zusammen mit dem Personal und den sonstigen Ressourcen der Beteiligungsverwaltung sein.
– Eine bloße Veräußerung von Anteilen ohne gleichzeitige Übertragung von sonstigen Vermögenswerten reicht dafür nicht.
– Eine Geschäftsveräußerung im Ganzen nach § 1 Abs. 1a UStG kann auch dann vorliegen, wenn der Anteilserwerber – wie zuvor der Anteilsveräußerer – mit der veräußerten Gesellschaft eine umsatzsteuerrechtliche Organschaft bildet.[622]

bb) Vorsteuerabzug von Transaktionskosten. (1) Veräußerer. Für den Vorsteuer- **248** abzug in Bezug auf die Transaktionskosten beim Veräußerer ist von Bedeutung, ob diese in direktem und unmittelbarem Zusammenhang mit der Anteilsveräußerung stehen, was z. B. bei Rechts- oder Steuerberatungskosten in Bezug auf die Transaktion regelmäßig der Fall sein dürfte. Für Transaktionskosten ergibt sich in Bezug auf den Vorsteuerabzug folgendes Bild:
– Handelt es sich um eine Beteiligungsveräußerung aus dem **nichtunternehmerischen Bereich,** ist der Vorsteuerabzug aus den Transaktionskosten des Veräußerers auf der Grundlage neuerer Rechtsprechung des BFH wohl ausgeschlossen, und nach Auffassung des BFH verbietet sich in solchen Fällen eines direkten und unmittelbaren Zusammenhangs der Eingangsleistungen mit einem Ausgangsumsatz, der mangels wirtschaftlicher Tätigkeit nicht dem Anwendungsbereich der Umsatzsteuer unterliegt, auch der Rückgriff auf die wirtschaftliche Gesamttätigkeit des Veräußerers.[623] Dies entspricht auch der Auffassung der Finanzverwaltung.[624]
– Handelt es sich um eine Beteiligung aus dem umsatzsteuerlich **unternehmerischen Bereich,** und erfolgt für den Vorgang eine **Option zur Umsatzsteuerpflicht,** kann der Veräußerer den Vorsteuerabzug auf seine Transaktionskosten, die in direktem und

---

[618]Vgl. EuGH vom 29.10.2009, Rs. C-29/08 – *SKF,* DB 2009, 2695 und EuGH vom 30.5.2013, Rs. C-651/11 – *X,* DStR 2013, 1166.

[619] Vgl. *Streit,* DStR 2020, 273, 279.

[620]Vgl. BFH vom 18.9.2019 – XI R 33/18, DStR 2020, 273, 275; EuGH vom 5.7.2018, Rs. C-320/17, *Marle Participations,* DStR 2018, 1713.

[621] Vgl. *Streit,* DStR 2020, 273.

[622]Vgl. BFH vom 18.9.2019 – XI R 33/18, DStR 2020, 273 (mit Anmerkung *Streit*).

[623] BFH vom 9.2.2012 – V R 40/10, DB 2012, 614, 615.

[624] Abschnitt 15.22 Abs. 2 Satz 4 UStAE.

unmittelbarem Zusammenhang mit der steuerpflichtigen Anteilsveräußerung stehen, geltend machen.[625]

– Handelt es sich um eine Beteiligung aus dem umsatzsteuerlich **unternehmerischen Bereich,** und wird für diesen Vorgang **nicht zur Umsatzsteuerpflicht optiert,** führt dies grundsätzlich zu einem steuerbaren Vorgang, der aber steuerfrei ist, weshalb der Vorsteuerabzug des Veräußerers in Bezug auf seine Transaktionskosten insoweit ausgeschlossen ist, als Kosten in direktem und unmittelbarem Zusammenhang mit der steuerfreien Anteilsveräußerung stehen.[626] Nach der EuGH-Rechtsprechung kann es in solchen Fällen aber als **Ausnahmefall** doch zu einem Vorsteuerabzug kommen, wenn der aus der Anteilsveräußerung erzielten Veräußerungserlös direkt für die umsatzsteuerliche Tätigkeit der veräußernden Muttergesellschaft oder deren Unternehmensgruppe verwendet wird.[627]

– Wurde eine Beteiligung aus dem **unternehmerischen Bereich** veräußert, die nach der neueren EuGH-Rechtsprechung (X BV und SKF) – trotz zivilrechtlicher Strukturierung der Transaktion als Share Deal – ausnahmsweise als **Geschäftsveräußerung im Ganzen** anzusehen ist, sollte der Abzug der Transaktionskosten des Veräußerers nach der Abbey-National-Entscheidung des EuGH[628] als allgemeine Kosten des veräußernden Unternehmers grundsätzlich möglich sein, und zwar nach dem allgemeinen Verhältnis der steuerpflichtigen zu den steuerfreien Umsätzen beim veräußernden Unternehmen.[629]

> **Praxishinweis:** Es wird deutlich, dass bezüglich des Vorsteuerabzugs des Veräußerers beim Share Deal je nach Sachverhaltskonstellation große Unterschiede in der umsatzsteuerlichen Behandlung bestehen. Kann die Veräußerung als Unternehmensveräußerung im Ganzen gestaltet werden, ergibt sich für einen Veräußerer, der nach seiner wirtschaftlichen Gesamttätigkeit umsatzsteuerpflichtige Umsätze erbringt, auch der Vorsteuerabzug in Bezug auf die Transaktionskosten, vorausgesetzt, die Beteiligung gehörte zum umsatzsteuerlichen Unternehmensvermögen.

249 **(2) Erwerber.** Der Vorsteuerabzug für den Erwerber richtet sich nach folgenden Grundsätzen:[630]

– Vorsteuern sind nur abzugsfähig im Zusammenhang mit Beteiligungen, die für den umsatzsteuerlichen **unternehmerischen Bereich** erworben werden, nicht aber insoweit, als die Beteiligungen dem nichtunternehmerischen Bereich zugeordnet werden;

– es kommt also insbesondere darauf an, ob der Erwerber die betreffende Beteiligung mit dem Ziel erwirbt, als **Eingriffs-Gesellschafter** administrative Dienstleistungen oder sonstige umsatzsteuerlich relevante Leistungen zu erbringen, weil dann ein Erwerb für das umsatzsteuerliche Unternehmensvermögen vorliegt. In diesem Fall kann der Erwerber nach den allgemeinen Voraussetzungen des § 15 UStG im Grundsatz den Vorsteuerabzug aus den Transaktionskosten vornehmen.[631] Auch dann, wenn grund-

---

[625] BFH vom 9.2.2012 – V R 40/10, DB 2012, 614, 615.

[626] Vgl. BFH vom 9.2.2012 – V R 40/10, DB 2012, 614, 615; Abschnitt 15.22 Abs. 2 Satz 5 UStAE.

[627] EuGH vom 8.11.2018 – Rs. C-502/17, *C&D Foods Acquisitions,* DStR 2018, 2425.

[628] EuGH vom 22.2.2001, Rs. C-408/98 – *Abbey-National,* Slg. 2001, I-1361.

[629] Die BFH-Entscheidung vom 9.2.2012 – V R 40/10, DB 2012, 614, 615 sollte dem u. E. nicht entgegenstehen. Die BFH-Entscheidung vom 18.9.2019 – XI R 33/18, DStR 2020, 273 spricht dagegen u. E. für dieses Verständnis.

[630] BMF vom 26.1.2007 – IV A 5 – S 7300-10/07, DStR 2007, 257; Abschnitt 15.22 Abs. 1 UStAE; *Zugmaier,* DStR 2009, 882. Diese Grundsätze gelten auch nach EuGH-Entscheidungen vom 16.7.2015, Rs. C 108/14 – *Larentia + Minerva* sowie Rs. C-109/14 – *Marenave,* DStR 2015, 1673 fort, vgl. BFH vom 1.6.2016 – XI R 17/11, DStR 2016, 1668.

[631] *Zugmaier,* DStR 2009, 882, 883, 884; Abschnitt 15.22 Satz 2 UStAE; BFH vom 1.6.2016 – XI R 17/11, DStR 2016, 1668; *Möller-Gosoge/Rupp,* BB 2019, 215, 218.

sätzlich ein Erwerb für das umsatzsteuerliche Unternehmensvermögen vorliegt, kann **im Ausnahmefall** dennoch der Vorsteuerabzug aus den Transaktionskosten ausgeschlossen sein, wenn der erforderliche umsatzsteuerliche Zusammenhang der Kosten des Beteiligungserwerbs zum Beteiligungserwerb fehlt.[632]

(frei) 250–254

6. Grunderwerbsteuer

a) Asset Deal

Werden im Rahmen eines Asset Deals auch **inländische Grundstücke** mitverkauft,[633] 255 unterliegt der anteilige Kaufpreis der Grunderwerbsteuer (Grunderwerbsteuersatz grundsätzlich 3,5 %, es besteht eine abweichende Steuersatzfestlegungskompetenz der Bundesländer, z. B. Berlin 6 %, Baden-Württemberg 5 %, Nordrhein-Westfalen 6,5 %, vgl. § 1 Abs. 1 Nr. 1, § 8 Abs. 1, § 9 Abs. 1 Nr. 1, § 11 Abs. 1 GrEStG).[634] Wird ein Verlustunternehmen zu einem **symbolischen Kaufpreis** (EUR 1) verkauft, ist nach wohl überwiegender Auffassung ebenfalls von der tatsächlich bezahlten Gegenleistung (ggf. unter Einbeziehung übernommener Verbindlichkeiten) und nicht etwa von den steuerlichen Grundbesitzwerten auszugehen,[635] denn das Wertverhältnis von Kaufpreis und Kaufgegenstand hat auf die grunderwerbsteuerliche Bemessungsgrundlage, auch bei einem außergewöhnlich niedrigen Kaufpreis, grundsätzlich keinen Einfluss.[636] In diesen Fällen ist aber zu prüfen, inwieweit der Erwerber im Zusammenhang mit der Kaufpreisbemessung weitere Leistungen zu erbringen hat, die dann ggf. grunderwerbsteuerlich gesehen dem eigentlich ausgewiesenen Kaufpreis als Gegenleistung hinzugeschlagen werden.

Wird – wie häufig – im Unternehmenskaufvertrag nur ein einheitlicher Gesamtkaufpreis vereinbart, ist der Kaufpreis nicht nach der ansonsten im Grunderwerbsteuerrecht geltenden Boruttau'schen Formel aufzuteilen; beim Erwerb eines Unternehmens im Ganzen zur Fortführung durch den Erwerber erfolgt die Aufteilung der erworbenen Wirtschaftsgüter vielmehr **nach Teilwerten,** um den auf das mitverkaufte Grundstück entfallenden Kaufpreisteil zu ermitteln.[637]

> **Praxishinweis:** Die Höhe der Grunderwerbsteuer kann – im Rahmen des Vertretbaren – durch ausdrückliche Zuweisung von Einzelkaufpreisen gestaltet werden. Das Finanzamt muss eine solche Kaufpreisaufteilung der Vertragsparteien grundsätzlich anerkennen. Dies gilt nur dann nicht, wenn ein Scheingeschäft oder ein Gestaltungsmissbrauch vorliegt oder wenn die vertragliche Kaufpreisaufteilung die realen Wertverhältnisse in grundsätzlicher Weise verfehlt und wirtschaftlich nicht haltbar erscheint.[638]

---

[632] So BFH vom 6.4.2016 – V R 6/14, DStR 2016, 1366 und Abschnitt 15.22 Abs. 1 Satz 4 UStAE für den Fall der USt auf Vermittlungskosten für eingeworbenes Kommanditkapital, wo das eingeworbene Kapital in keinem Verhältnis zu dem Nennkapital der neugeschaffenen Kommanditeinlage steht, u. E. aber nicht auf die echten Fälle des Beteiligungserwerbs im Rahmen einer M&A-Transaktion übertragbar.

[633] Zum Begriff des Grundstücks i. S. d. GrEStG siehe § 2 GrEStG.

[634] Vgl. *Viskorf* in: Boruttau, GrEStG, § 11 GrEStG Rn. 17.

[635] Vgl. *Rödder/Hötzel/Müller-Thuns,* Unternehmenskauf/Unternehmensverkauf, § 27 Rn. 96.

[636] *Pahlke* in: Pahlke/Franz, Grunderwerbsteuergesetz, § 9 Rn. 77.

[637] *Beisel/Klumpp,* Der Unternehmenskauf, § 15 Rn. 14; *Loose* in Boruttau, GrEStG, § 9 Rn. 113; BFH vom 22.11.1995 – II R 26/92, BStBl. II 1996, 162.

[638] BFH vom 29.10.2019 – IX R 38/17, DStR 2020, 1033; BFH vom 16.9.2015 – IX R 12/14, DStR 2016, 33; FG Rheinland-Pfalz vom 23.2.2011 – 2 K 1903/09, DStRE 2012, 854 (rkr.); BFH vom 1.4.2009, IX R 35/08, BFHE 224, 533; BFH vom 4.12.2008 – IX B 149/08, BFH/NV 2009, 365.

b) Share Deal

256   **aa) Geltende Rechtslage.** Grunderwerbsteuerlich wird unter Share Deal sowohl die Veräußerung von Anteilen an Kapitalgesellschaften wie auch die Veräußerung von Anteilen an Personengesellschaften verstanden; im Rahmen der Grunderwerbsteuer gelten nämlich Personengesellschaften als selbständige Rechtspersonen.[639]

Die Fälle (i) Übertragung von mindestens 95 % der Anteile an einer grundbesitzenden Personengesellschaft an neue Gesellschafter innerhalb von fünf Jahren (§ 1 Abs. 2a GrEStG), (ii) Anteilsvereinigung in Höhe von mindestens 95 % an einer Personen- oder Kapitalgesellschaft, die Grundstücke hält, in der Hand eines Erwerbers (§ 1 Abs. 3 GrEStG) und (iii) wirtschaftliche Anteilsvereinigung (§ 1 Abs. 3a GrEStG) unterliegen jeweils bzgl. inländischen Grundvermögens der Grunderwerbsteuer. Bemessungsgrundlage ist in diesen Fällen allerdings nicht der anteilig auf die inländischen Grundstücke entfallende Teil des Kaufpreises oder der gemeine Wert der Grundstücke; insoweit sind insoweit sind vielmehr die **erbschaftsteuerlichen Grundbesitzwerte** maßgeblich (§ 8 Abs. 2 Satz 1 Nr. 3 GrEStG i. V. m. § 157 Abs. 1 bis 3 BewG). Diese gelten aufgrund des Steueränderungsgesetzes 2015[640] mit Rückwirkung ab dem 1.1.2009 anstelle der durch das BVerfG[641] für verfassungswidrig erklärten steuerlichen Bedarfswerte.[642]

> **Praxishinweis:** Grunderwerbsteuer kann vermieden werden, wenn weniger als 95 % übertragen werden, d. h. wenn der Veräußerer mehr als 5 % zurückbehält (z. B. 6 %, daher auch „94/6-Modell" genannt). Dem Erwerber kann eine Kaufoption über die restlichen Anteile gewährt werden; die Einräumung einer solchen Call-Option löst noch keine GrESt aus.[643] Auch die Vereinbarung **wechselseitiger Call- und Put-Optionen** ist als solche grundsätzlich unschädlich, solange dem Veräußerer dadurch nicht bereits nur noch eine bloße Treuhänderstellung zukommt oder die vertragliche Konstruktion schon vor Optionsausübung im Ergebnis zu einem Anteilsübertragungsanspruch des Erwerbers führt.[644]

Handelt es sich bei der grundbesitzenden Zielgesellschaft um eine **Personengesellschaft,** wird dann, wenn nach Ablauf der Fünf-Jahres-Frist des § 1 Abs. 2a GrEStG die restlichen Anteile durch Optionsausübung auf den Erwerber übergehen, im Rahmen der dann eintretenden Anteilsvereinigung nach § 1 Abs. 3 GrEStG zumindest nur Grunderwerbsteuer bezogen auf 6 % des Grundbesitzwertes fällig (§ 6 Abs. 2 GrEStG).[645]

257   **bb) Reformvorhaben.** Die in der Praxis üblichen Gestaltungen zur Vermeidung der GrESt beim Share Deal (wie insbesondere das „94/6-Modell") sind dem Gesetzgeber seit langem ein Dorn im Auge. Eine von der Finanzministerkonferenz eingesetzte Bund-Länder-Arbeitsgruppe hatte deshalb Ansatzpunkte für eine Reform der Grunderwerbsteuer in diesem Bereich entwickelt und ihre Ergebnisse im Rahmen der Finanzministerkonferenz am 21.6.2018 vorgestellt.[646] Das vorgeschlagene Konzept mündete in ein Gesetzgebungsverfahren. Der Regierungsentwurf zu einem „Gesetz zur Änderung des Grunderwerbsteuergesetzes" wurde am 31.7.2019 vom Bundeskabinett beschlossen. Das Gesetzesvorhaben sollte planmäßig bis Ende November 2019 umgesetzt werden und nach Art. 2 des Gesetzentwurfs zum 1.1.2020 in Kraft treten. Die Koalitionsfraktionen haben die Reform nun

---

[639] BFH vom 13.11.1974 II R 26/74, BStBl. II 1975, 249; *Heine,* GmbHR 2003, 453, 455.

[640] Steueränderungsgesetz 2015 vom 2.11.2015, BGBl. I 2015, 1834.

[641] BVerfG vom 23.6.2015 – 1 BvL 13/11, BeckRS 2015, 48572.

[642] Zur Neuregelung siehe z. B. *Korn,* SteuK 2015, 435.

[643] *Beisel/Klumpp,* Der Unternehmenskauf, § 15 Rn. 15; *Meßbacher-Hönsch* in Boruttau, GrEStG, § 1 Rn. 285.

[644] *Kloster/Reckordt* in: Brück/Sinewe, Steueroptimierter Unternehmenskauf, S. 177. Hier sind ähnliche Überlegungen anzustellen wie bei der ertragsteuerlichen Beurteilung wechselseitiger Call- und Put-Optionen, vgl. hierzu unten → Rn. 315 ff.

[645] *Kloster/Reckordt* in: Brück/Sinewe, Steueroptimierter Unternehmenskauf, S. 177.

[646] *Broemel/Mörwald,* DStR 2018, 1521.

jedoch auf das erste Halbjahr 2020 verschoben.[647] Die Beratungen im Bundestag hätten gezeigt, dass der Entwurf einer eingehenderen Prüfung bedarf. Der Entwurf enthält insbesondere Verschärfungen hinsichtlich der Besteuerung von Share Deals. Geplante Maßnahmen sind insbesondere die Senkung der Beteiligungsgrenze von 95 % auf 90 % für neue Gesellschafter (Gesellschafter, deren fünfjährige Haltefrist zum Inkrafttreten des Gesetzes noch nicht abgelaufen ist), die Verlängerung der Behaltefrist von fünf auf zehn Jahre sowie die Einführung eines § 1 Abs. 2b (Anteilseignerwechsel bei Kapitalgesellschaften).[648]

(frei) **258–269**

7. Steuerliche Gestaltungsmöglichkeiten

a) Allgemeines

Die nachfolgend dargestellten Gestaltungsmöglichkeiten sind vom steuerlichen und **270** rechtlichen Berater der jeweils betroffenen Partei **im konkreten Einzelfall** auf ihre Sinnhaftigkeit zu überprüfen. Selbstverständlich können hier keine allgemeingültigen Aussagen getroffen werden. Natürlich können im konkreten Fall auch verschiedene der nachfolgenden Gestaltungsmöglichkeiten miteinander kombiniert oder zeitlich hintereinandergeschaltet durchgeführt werden. Die nachfolgende Darstellung differenziert dabei nicht zwischen Gestaltungsmöglichkeiten des Veräußerers einerseits und Gestaltungsmöglichkeiten des Erwerbers andererseits; zum einen ist der Übergang hier oft fließend,[649] und zum anderen ist Gestaltung beim Unternehmensverkauf auch gemeinsame Angelegenheit beider Parteien bzw. muss sich jede Partei gedanklich „auf den Stuhl der jeweils anderen Partei setzen", was das Thema Steuerplanung angeht.[650]

In der nachfolgenden Tabelle sind die Gestaltungsmöglichkeiten jedoch so geordnet, dass sie entweder als Gestaltungsmöglichkeit primär im Veräußererinteresse oder als Gestaltungsmöglichkeit im Erwerberinteresse, oder als Gestaltungsmöglichkeit im Interesse (oder unter Beteiligung) beider Parteien klassifiziert werden:

Rn.	Gestaltungsmöglichkeit	Primär im Veräußerer-interesse	Primär im Erwerber-interesse	Im Interesse beider Parteien
271 ff.	Einbeziehung von Kindern und Familienangehörigen	×		
276 ff.	Behandlung von Sonderbetriebsvermögen	×		
281 ff.	Behandlung von Betriebsaufspaltungen	×		
286 ff.	Frühzeitige Umwandlung von zu veräußerndem Betriebsvermögen in Anteile an einer Kapitalgesellschaft	×		
292 f.	Veräußerung von Teil-Mitunternehmeranteilen	×		
294 ff.	Veräußerung von mehreren Betrieben oder Mitunternehmeranteilen	×		
295	Beraterverträge			×
300 ff.	Verkauf gegen wiederkehrende Bezüge bzw. Leibrenten			×

---

[647] Pressemitteilung der CDU/CSU-Bundestagsfraktion und der SPD-Bundestagsfraktion vom 24.10.2019. das Gesetzesvorhaben wurde bislang Corona-bedingt noch nicht weitergeführt.

[648] Siehe zum Gesetzesentwurf *Broemel/Mönwald,* DStR 2018, 1521; *Wagner,* DB 2019, 1286.

[649] Siehe z. B. die Gestaltungsmöglichkeiten unter → Rn. 276 ff. und → Rn. 350 ff.

[650] Vgl. dazu oben → Rn. 113.

Rn.	Gestaltungsmöglichkeit	Primär im Veräußerer-interesse	Primär im Erwerber-interesse	Im Interesse beider Parteien
315 ff.	Vereinbarung von variablen Kaufpreisteilen wie insbesondere Earn-Out-Gestaltungen			×
325 ff.	Verkauf auf Termin			×
330 f.	Optionsvereinbarungen			×
332 ff.	Gesellschafterdarlehen			×
350 ff.	Behandlung von Pensionszusagen		×	
380 ff.	Gestalterischer Umgang mit den Vorschriften zum Verlust von Verlustvorträgen, Zinsvorträgen und EBITDA-Vorträgen		×	
383	Verlustzuweisungen im Veräußerungs-jahr	×		
384 f.	Kaufpreisaufteilung			×
390 ff.	Optimierte Ergebnisverrechnung nach Closing aus Erwerbersicht		×	
405 ff.	Veräußererumwandlungsmodell		×	
410 ff.	Kirchensteuer	×		
413 ff.	Wegzug ins Ausland	×		
416 ff.	Steueroptimierte Erwerbsstruktur		×	

b) Einbeziehung von Kindern und Familienangehörigen

271   An die frühzeitige **Einbeziehung von Kindern, Ehegatten und sonstigen Angehörigen** des Unternehmers (= späteren Verkäufers) muss von Beraterseite rechtzeitig gedacht werden.

Durch die Beteiligung von Familienmitgliedern am Unternehmen können zum einen die bekannten **„laufenden" steuerlichen Vorteile** erzielt werden, die häufig Motivation für vorweggenommene Erbfolgen im unternehmerischen Bereich sind:[651]

– Durch die Einräumung einer Unternehmensbeteiligung wird regelmäßig auch eine Verlagerung von Einkunftsquellen erreicht.
– Durch die Verlagerung von Einkunftsquellen vervielfältigen sich Freibeträge (Grundfreibetrag von EUR 9408 gemäß § 32a Abs. 1 Satz 1 Nr. 1 EStG, Sparerpauschbetrag in Höhe von EUR 801 gemäß § 20 Abs. 9 Satz 1 EStG und Vorsorgeaufwendungen gemäß § 10 Abs. 3 EStG).
– Die Verlagerung von Einkunftsquellen führt zu einer Progressionsminderung bezogen auf das Gesamtfamilieneinkommen, sodass faktisch eine Art „Familiensplitting" erreicht werden kann.
– Schenkungsteuerlich können die bestehenden Freibeträge aufgrund des Zehn-Jahres-Konzeptes des § 14 Abs. 1 Satz 1 ErbStG optimal genutzt werden.
– Schenkungsteuerlich erfolgt bei Schenkungen im Zehn-Jahres-Rhythmus wegen § 14 Abs. 1 Satz 1 ErbStG auch eine Progressionsminderung.
– Betriebsvermögen gemäß §§ 13a, b ErbStG kann unter Ausnutzung der derzeit geltenden Begünstigungen ganz oder anteilig schenkungsteuerfrei übertragen werden (Sonderregelungen gelten jedoch für Großerwerbe).

---

[651] Vgl. zum Nachfolgenden *Spiegelberger*, Vermögensnachfolge, S. 59 ff. und 67 ff.

– Weitere Wertsteigerungen, und damit einhergehend „neue" steuerliche stille Reserven, entstehen nach erfolgter Übertragung von Beteiligungen an Familienangehörige insoweit direkt bei diesen.

Wird das Unternehmen dann später veräußert, verteilt sich entsprechend auch der Veräußerungsgewinn steuerlich „auf mehrere Schultern", was wiederum Progressionsvorteile sowie ggf. mehrfaches Ausnutzenkönnen von personenbezogenen Steuervorteilen möglich macht. So kann eine frühzeitige Einbindung von Familienmitgliedern **auch spezifische, auf die Transaktion selbst bezogene Steuervorteile** bewirken: Geht es etwa um die Veräußerung von Einzelunternehmen oder Mitunternehmeranteilen und würden bei Ehegatten beide nach ihrem Lebensalter die Voraussetzungen des „halben" Steuersatzes nach § 34 Abs. 3 EStG erfüllen, beträgt der zu erwartende Gewinn jedoch mehr als EUR 5 Mio., so kann es sich anbieten, durch Vorabübertragung von Anteilen auf den anderen Ehegatten die EUR 5 Mio.-Grenze zu verdoppeln. Diese ist nämlich personen- und nicht unternehmensbezogen.[652] Hierfür ist rechtzeitig vor der Veräußerung eine Beteiligung an dem Unternehmen unentgeltlich auf den Ehegatten zu übertragen. Dies ist ertragsteuerlich nach § 6 Abs. 3 Satz 1 EStG zu Buchwerten ohne Aufdeckung stiller Reserven möglich.[653] Will man nicht die fünfjährige Behaltensfrist nach § 6 Abs. 3 Satz 2 EStG auslösen, muss bei der Übertragung eines Teils eines Mitunternehmeranteil das dazugehörige funktional wesentliche Sonderbetriebsvermögen zumindest wertmäßig quotal mitübertragen werden.[654] Die Gesamtplanrechtsprechung gilt in diesem Bereich aber nicht mehr.[655]

> **Praxishinweis:** Das Risiko solcher Konstruktionen besteht darin, dass die Finanzbehörden die Gestaltung nicht anerkennen und den Veräußerungsgewinn nach wie vor dem übertragenden Ehegatten bzw. Elternteil zurechnen (§ 42 AO; Grundsätze über die steuerliche Anerkennung von Rechtsgeschäften unter nahen Angehörigen). Es ist darauf zu achten, dass die Verträge zivilrechtlich wirksam sind und tatsächlich durchgeführt werden und die beschenkten Angehörigen auch tatsächlich als echte (Mit-)Gesellschafter behandelt werden. Des Weiteren ist darauf zu achten, dass die Anteile auch im steuerlichen Sinne (wirtschaftliches Eigentum nach § 39 Abs. 2 Nr. 1 AO) auf den erwerbenden Familienangehörigen übertragen werden; insbesondere bei Nießbrauchvorbehalt kann dies je nach Ausgestaltung scheitern.[656] Außerdem muss die Mitunternehmerstellung zwischen deren Erwerb und deren (Weiter-)Veräußerung grundsätzlich eine gewisse Zeit bestehen, um nicht den Missbrauchsvorwurf heraufzubeschwören.[657]

Bei jeder Maßnahme mit dem Ziel, rechtzeitig im Vorfeld einer Transaktion Familienmitglieder in das Unternehmen einzubeziehen, sind die **schenkungsteuerlichen Auswirkungen** zu prüfen. Hier sind insbesondere die Begünstigungen bei der Übertragung von Betriebsvermögen zu beachten.

---

[652] *Mellinghoff* in: Kirchhof, EStG, § 34 EStG Rn. 47.

[653] Vgl. *Kulosa* in: Schmidt, EStG, § 6 EStG Rn. 645.

[654] BMF vom 20.11.2019 – IV C 6 – S 2241/15/10003, DOK 2019/0964762, DStR 2019, 2482, Tz. 20 ff.

[655] Siehe BFH vom 2.8.2012 – IV R 41/11, DB 2012, 2375 und BFH vom 12.5.2016 – IV R 12/15, DStR 2016, 1518 und BMF vom 20.11.2019 – IV C 6 – S 2241/15/10003, DOK 2019/ 0964762, DStR 2019, 2482, Tz. 10 ff., wonach die zeitgleiche Übertragung nach § 6 Abs. 5 EStG steuerlich unschädlich ist, solange das nach der Auslagerung von Betriebsvermögen/Sonderbetriebsvermögen gemäß § 6 Abs. 5 EStG noch verbleibende „Restbetriebsvermögen" für sich gesehen wirtschaftlich lebensfähig ist und dieses weiterhin alle Merkmale eines Betriebs oder Teilbetriebs i. S. d. § 16 EStG erfüllt (es also nicht zu einer Betriebszerschlagung gekommen ist).

[656] Vgl. den Sachverhalt BFH vom 24.1.2012 – IX R 51/10, BStBl. II 2012, 308, wo aufgrund der Ausgestaltung des Nießbrauchs alle mit der Beteiligung verbundenen wesentlichen Vermögens- und Verwaltungsrechte noch beim Vorbehalts-Nießbraucher verblieben waren.

[657] Vgl. dazu den Sachverhalt BFH vom 22.6.2017 – IV R 42/13, DB 2017, 2907 sowie generell *Kestler/Schoch*, DStR 2019, 1489, 1496.

274   Hierbei sind die §§ 13a, b ErbStG und die darin vorgesehenen Begünstigungen für die
unentgeltliche Übertragung von Unternehmensvermögen bedeutsam. Danach gelten folgende Grundsätze:[658]

- Verschonungsabschlag von 85% (Regelverschonung) bzw. 100% (Optionsverschonung);
- Behaltensfrist von fünf Jahren bei der Regelverschonung bzw. sieben Jahren bei der Optionsverschonung;
- Verwaltungsvermögensgrenzen: Nach § 13b Abs 2 Satz 2 ErbStG kann auch für den begünstigten Teil des begünstigungsfähigen Vermögens keine (Regel- oder Options-)Verschonung in Anspruch genommen werden, wenn – vereinfacht – das Verwaltungsvermögen mindestens 90% des gemeinen Werts des begünstigungsfähigen Vermögens ausmacht.[659] Die Optionsverschonung wird nach § 13a Abs 10 Satz 2 ErbStG nur gewährt, wenn das begünstigungsfähige Vermögen nicht zu mehr als 20% aus Verwaltungsvermögen besteht;[660]
- Lohnsummenregelung von grundsätzlich 400% über fünf Jahre bei der Regelverschonung bzw. grundsätzlich 700% über sieben Jahre bei der Optionsverschonung.[661]

Begünstigungsfähiges Vermögen nach § 13b Abs. 1 ErbStG sind dabei Betriebe, Teilbetriebe und Mitunternehmeranteile, sowie unmittelbare Beteiligungen von mehr als 25% an Kapitalgesellschaften, wobei jeweils nicht nur inländisches, sondern auch EU- und EWR-Unternehmensvermögen von der Begünstigung miterfasst ist.

Für sog. **Großerwerbe** (Schwellenwert von EUR 26 Mio.) gelten gemäß § 13c ErbStG Sonderregelungen.[662]

Wesentlich ist, dass in den Fällen, in denen die Fünf- bzw. Sieben-Jahres-Frist zum Zeitpunkt der späteren Unternehmensveräußerungen nicht ganz abgelaufen ist, nach § 13a Abs. 6 Satz 2 ErbStG die schenkungsteuerlichen Vergünstigungen nicht im Sinne einer „Fallbeil-Lösung" komplett entfallen, sondern dass der **Wegfall des Verschonungsabschlags** sich nur **zeitanteilig** auf den Teil beschränkt, der dem Verhältnis der im Zeitpunkt der schädlichen Verfügung (= Unternehmensverkauf) verbleibenden Behaltensfrist, einschließlich des Jahres, in dem die Verfügung erfolgt, zur gesamten Behaltensfrist entspricht.[663]

Praxishinweis: Dies bedeutet, dass die Einbeziehung von Familienmitgliedern im Hinblick auf die erbschaftsteuerlichen Begünstigungen auch noch dann erwogen werden kann, wenn ein Unternehmensverkauf bereits mittelfristig, also z.B. auf einen Horizont von zwei oder drei Jahren, absehbar ist.

---

[658] *Hannes/Holtz* in: Meincke/Hannes/Holtz, ErbStG, § 13a ErbStG Rn. 1 ff.

[659] *Hannes/Holtz* in: Meincke/Hannes/Holtz, ErbStG, § 13b ErbStG Rn. 44.

[660] *Hannes/Holtz* in: Meincke/Hannes/Holtz, ErbStG, § 13a ErbStG Rn. 119.

[661] Wobei die Lohnsummenregelung nicht gilt, wenn der erworbene Betrieb eine Ausgangslohnsumme von EUR 0 oder nicht mehr als 5 Beschäftigte hat (§ 13a Abs. 3 Satz 3 ErbStG). Und wobei bei Betrieben mit geringer Beschäftigtenzahl Erleichterungen bei der Mindestlohnsumme als Zielvorgabe gelten (§ 13a Abs. 3 Satz 4 bzw. Abs. 10 ErbStG). So beträgt bei Betrieben mit mehr als fünf und bis zu zehn Mitarbeitern die in der 5-jährigen Lohnsummenfrist zu erbringende Mindestlohnsumme 250% der Ausgangslohnsumme. Bei Betrieben mit mehr als 10 aber nicht mehr als 15 Beschäftigten beträgt die Mindestlohnsumme 300%. Bei der Optionsverschonung mit einer Lohnsummenfrist von 7 Jahren sind es bei den Betrieben mit bis zu 10 Beschäftigten 500% und bei den Betrieben mit bis zu 15 Beschäftigten 565% der Ausgangslohnsumme.

[662] *Jülicher* in:Troll/Gebel/Jülicher/Gottschalk, ErbStG, § 13c ErbStG Rn. 1 ff.

[663] Vgl. *Hannes/Holtz* in: Meincke/Hannes/Holtz, ErbStG, § 13a ErbStG Rn. 59. Beim Unternehmensverkauf ist nämlich der zeitanteilige Wegfall des Verschonungsabschlags nach § 13a Abs. 6 Satz 1 Nr. 1 bzw. 4 ErbStG maßgeblich; nach § 13a Abs. 6 Satz 2 ErbStG gilt die „Fallbeil-Methode" nur bei § 13a Abs. 6 Satz 1 Nr. 3 ErbStG (schädliche Überentnahmen).

Außerdem kommt insbesondere bei Unternehmensveräußerungen im Einzelfall eine **275** **Re-Investition** des Veräußerungserlöses nach § 13a Abs. 6 Sätze 3 und 4 ErbStG in Betracht, um der Nachversteuerung zu entgehen.[664]

c) Behandlung von Sonderbetriebsvermögen

Eine weitere vorbereitende Maßnahme betrifft das im Mittelstand häufig vorhandene **276** Sonderbetriebsvermögen bei Mitunternehmerschaften (z. B. GmbH & Co. KG). Wie unter → Rn. 91 f. dargestellt, ist Voraussetzung für die Anwendbarkeit der Vergünstigungen der §§ 16, 34 EStG, dass auch das zugehörige Sonderbetriebsvermögen mitverkauft wird, sofern es als wesentliche Betriebsgrundlage anzusehen ist. Die einfache Alternative zur Mitübertragung besteht darin, dieses Sonderbetriebsvermögen – ebenfalls unter Aufdeckung der darin enthaltenen stillen Reserven – ins Privatvermögen zu übernehmen. Auch dann bestehen insgesamt die genannten Steuervergünstigungen; die Transaktion wird dann aus Sicht des Verkäufers insgesamt als Aufgabe des Mitunternehmeranteils/Betriebsaufgabe gewertet.[665] Unter Umständen kann dies aber nicht gewollt oder zu teuer sein. Will der Käufer das Sonderbetriebsvermögen (z. B. teure Immobilie) nicht erwerben und möchte der Veräußerer die darin ruhenden stillen Reserven nicht versteuern, muss eine Gestaltung gefunden werden, die es ermöglicht, das bisherige Sonderbetriebsvermögen auch nach der Veräußerung als Betriebsvermögen weiterzuführen.

Um dies zu erreichen bietet es sich an, das Sonderbetriebsvermögen vor der Veräußerung **277** des Mitunternehmeranteils **nach § 6 Abs. 5 EStG in ein anderes Betriebsvermögen zu überführen**[666] (z. B. in eine gewerblich geprägte GmbH & Co. KG; die Überführung aus einem Sonderbetriebsvermögen in das Gesamthandvermögen einer anderen Mitunternehmerschaft ist von § 6 Abs. 5 Satz 3 Nr. 2 EStG gedeckt).[667]

Es muss jedoch ein **ausreichender zeitlicher Vorlauf** zum Unternehmensverkauf gewahrt sein. Andernfalls besteht die Gefahr, dass ein einheitlicher Gesamtplan angenommen **278** wird und die Finanzbehörden die Strukturierung nicht anerkennen. Die durch die Rechtsprechung des BFH entwickelte und von der Finanzverwaltung in diesem Bereich (anders als im Verhältnis § 6 Abs. 3 zu 5 EStG) unverändert angewendete[668] **Gesamtplanrechtsprechung** führt hier zu einer erheblichen Planungsunsicherheit.[669] Wann ein derartiger enger zeitlicher Zusammenhang vorliegt, ist nach wie vor nicht geklärt.[670] Die Meinungen reichen hier von einigen Monaten bis hin zu mehreren Jahren. Zutreffend wird wohl von der überwiegenden Mehrheit der Literatur befürwortet, dass ein Zeitraum von zwei oder drei Jahren jedenfalls ausreicht, damit ein schädlicher enger Zusammenhang grundsätzlich nicht mehr angenommen werden kann.[671]

Beachte: Für die Schwester-KG, die dann das ehemalige Sonderbetriebsvermögen hält, ist die dreijährige Sperrfrist nach § 6 Abs. 5 Satz 4 EStG zu beachten.

---

[664] Vgl. *Hannes/Holtz* in: Meincke/Hannes/Holtz, ErbStG, § 13a ErbStG Rn. 96 ff.

[665] Siehe oben Rn. 92 sowie BFH vom 31.8.1995 – VIII B 21/93, BStBl. II 1995, 890 m. w. N. zur insoweit ständigen Rechtsprechung des BFH.

[666] Vgl. hierzu *Fischer* in: Kirchhof, EStG, § 6 EStG Rn. 205 ff.

[667] Vgl. dazu *Kulosa* in: Schmidt, EStG, § 6 EStG Rn. 681 ff.

[668] BMF vom 20.11.2019 – IV C 6 – S 2241/15/10003, DOK 2019/0964762, DStR 2019, 2482, Tz. 16.

[669] Vgl. z. B. BFH vom 10.3.2016 – IV R 22/13, BFH/NV 2016, 1438; BFH vom 9.12.2014 – IV R 36/13, DStR 2015, 404; BFH vom 17.12.2014 – IV R 57/11, DStR 2015, 407; BFH vom 6.9.2000 – IV R 18/99, BStBl. II 2001, 229; BFH vom 19.1.2011 – X B 43/10, BFH/NV 2011, 636; FG Köln vom 18.3.2009 – 4 K 2555/06, EFG 2011, 319.

[670] Vgl. BFH vom 30.8.2012 – IV R 44/10, BFH/NV 2013, 376, wonach ein enger zeitlicher Zusammenhang jedenfalls bei einem zeitlichen Abstand zwischen der Auslagerung des Wirtschaftsguts und der Anteilsveräußerung von „nur" 17 Monaten noch vorliegt.

[671] Vgl. *Carlé*, KÖSDI 2006, 15096, 15098.

279 Zu beachten ist, dass die Rechtsprechung einen schädlichen Gesamtplan nur dann annimmt, wenn in den hier relevanten Fällen im engen zeitlichen und wirtschaftlichen Zusammenhang mit einer späteren, nach §§ 16, 34 EStG tarifbegünstigten Veräußerung wesentliche Betriebsgrundlagen zu Buchwerten in ein anderes Betriebsvermögen „ausgegliedert" werden.[672] Es geht hier also um solche wesentlichen Betriebsgrundlagen, die bei wertender Betrachtung **Teil des veräußerten Betriebsvermögens** sind, d. h. die einen integralen aber unselbständigen Teil einer steuerlich begünstigten Einheit des Betriebsvermögens darstellen. Die Gesamtplanrechtsprechung will in diesem Zusammenhang vermeiden, dass begünstigte Einheiten des Betriebsvermögens künstlich unter teilweiser Buchwertfortführung aufgesplittet werden, weil Sinn und Zweck der Regelungen der §§ 16, 34 EStG gerade darin besteht, die zusammengeballte Realisierung *aller* stiller Reserven zu begünstigen.[673]

280 Dies bedeutet – folgerichtig –, dass es möglich ist, und zwar auch unmittelbar vor einer Transaktion, Unternehmensteile von dem zu veräußernden Betriebsvermögen zu separieren, die **eigenständige betriebliche Sachgesamtheiten** (d. h. Betriebe, Teilbetriebe, Mitunternehmeranteile, 100%-Beteiligungen an Kapitalgesellschaften als fingierte Teilbetriebe) darstellen, welche selbst bei einer Veräußerung (unter den Voraussetzungen der §§ 16, 34 EStG und unter der Annahme, dass noch kein Objektverbrauch eingetreten ist) begünstigungsfähig wären.[674] Oder anders ausgedrückt: Nach der Rechtsprechung des BFH ist die Frage der Tarifbegünstigung bezogen auf die jeweils betroffene Sachgesamtheit zu prüfen und es ist im Sinne einer segmentierten Betrachtung die Aufdeckung der in den wesentlichen Wirtschaftsgütern vorhandenen stillen Reserven nur im Hinblick auf die jeweils veräußerte oder aufgegebene Sachgesamtheit zu untersuchen.[675]

> **Beachte:** Die Gesamtplanrechtsprechung ist auch nach den liberaleren Urteilen des BFH zu Fällen des § 6 Abs. 3 EStG[676] und zu Umstrukturierungssituationen[677] für Veräußerungsvorgänge aufgrund der speziellen Ratio Legis der §§ 16, 34 EStG nach wie vor anwendbar.[678]

d) Behandlung von Betriebsaufspaltungen

281 **aa) Überblick.** Die im Mittelstand häufig anzutreffende Betriebsaufspaltung ergibt sich regelmäßig in der Form, dass das **Betriebsunternehmen als Kapitalgesellschaft** (z. B. GmbH) organisiert ist, während das Besitzunternehmen, das dem Betriebsunternehmen wesentliche Betriebsgrundlagen wie z. B. Erfindungen, Firmenwerte oder Gebäude überlässt, typischerweise als **Einzelunternehmen oder Personengesellschaft** (z. B. GbR) ausgestaltet ist.[679] Zur Begründung einer Betriebsaufspaltung muss sowohl die **sachliche wie auch personelle Verflechtung** gegeben sein.[680] Liegt eine Betriebsaufspaltung vor,

---

[672] Vgl. z. B. FG Köln vom 18.3.2009 – 4 K 2555/06, EFG 2011, 319.

[673] Vgl. BFH vom 18.10.1999 – GrS 2/98, BFHE 189, 465.

[674] Vgl. BFH vom 28.5.2015 – IV R 26/12, NZG 2015, 966; BFH vom 25.2.2010 – IV R 49/08, BStBl. II 2010, 726 sowie *Schumacher*, DStR 2010, 1606.

[675] BFH vom 28.5.2015 – IV R 26/12, NZG 2015, 966.

[676] BFH vom 2.8.2012 – IV R 41/11, DStR 2012, 2118; BFH vom 9.12.2014 – IV R 29/14, ZEV 2015, 179.

[677] BFH vom 25.11.2009 – I R 72/08, BStBl. II 2010, 471; BFH vom 9.11.2011 – X R 60/09, BStBl. II 2012, 638.

[678] Siehe z. B. BFH vom 9.12.2014 – IV R 36/13, DStR 2015, 404; BFH vom 17.12.2014 – IV R 57/11, DStR 2015, 407. Auch in BMF vom 20.11.2019 – IV C 6 – S 2241/15/10003, DOK 2019/0964762, DStR 2019, 2482 zu den Zweifelsfragen des Verhältnisses von § 6 Abs. 3 zu § 6 Abs. 5 EStG hat die Finanzverwaltung in Tz. 16 ausgeführt, dass die Gesamtplandoktrin bei den §§ 16 Abs. 4, 34 EStG anwendbar bleibt.

[679] Vgl. *Wacker* in: Schmidt, EStG, § 15 Rn. 800 ff.

[680] Vgl. *Wacker* in: Schmidt, EStG, § 15 Rn. 808 ff. und 820 ff.

betreibt nicht nur die eigentliche Betriebsgesellschaft, sondern auch das Besitzunternehmen einen Gewerbebetrieb, wobei es sich hier um grundsätzlich zwei selbständige Unternehmen, und zwar auch im steuerlichen Sinne, handelt.[681] Die Anteile an der Betriebskapitalgesellschaft gehören jedoch zum notwendigen Betriebsvermögen des Besitzunternehmens.[682]

bb) Beendigung einer Betriebsaufspaltung im Zuge der Transaktion. Werden **282** im Rahmen eines Unternehmensverkaufs nur die **Anteile an der Betriebskapitalgesellschaft** an Dritte verkauft, endet aufgrund Wegfalls der persönlichen Verflechtung die Betriebsaufspaltung; es folgt eine Betriebsaufgabe nach § 16 Abs. 3 EStG in Bezug auf das Besitzunternehmen mit der Konsequenz einer vollen Gewinnrealisierung aller dort befindlicher stiller Reserven.[683]

Wird das **Besitzunternehmen dagegen mitverkauft,** weil z. B. der Unternehmenskäufer eine vom Besitzunternehmen gehaltene Immobilie miterwerben will, handelt es sich insoweit um eine Betriebsveräußerung in Bezug auf das Besitzunternehmen (§ 16 Abs. 1 EStG).

In gestalterischer Hinsicht kann eine Betriebsaufgabe/Betriebsveräußerung beim **283** Besitzunternehmen auf folgende Weise **steuerneutral** vermieden werden, wenn die überlassenen Betriebsgrundlagen nicht mitveräußert werden sollen:[684]
- Die Überlassung der wesentlichen Betriebsgrundlagen auch nach Veräußerung der Anteile an der Betriebsgesellschaft erfüllt die Voraussetzungen einer **Betriebsverpachtung,** sodass keine Betriebsaufgabe vorliegt, sondern weiterhin gewerbliche Einkünfte erzielt werden;[685]
- Das Besitzunternehmen hat vor Beendigung der Betriebsaufspaltung eine **eigene gewerbliche Tätigkeit** im Sinne des § 15 Abs. 1 Satz 1 Nr. 1 EStG aufgenommen;[686]
- Das Besitzunternehmen ist kraft Rechtsform gewerblich im Sinne des Steuerrechts (insbesondere durch **gewerbliche Prägung nach § 15 Abs. 3 Nr. 2 EStG**) bzw. wurde vor Vollzug der Transaktion so strukturiert.

Praxishinweis: Insbesondere die letztgenannte Möglichkeit der Herbeiführung einer gewerblichen Prägung nach § 15 Abs. 3 Nr. 2 EStG ist eine praxistaugliche Gestaltung, da sie aufgrund der klaren gesetzlichen Anordnung (Fiktion der Gewerblichkeit) mehr Gestaltungssicherheit bringt. War das Besitzunternehmen vorher als Einzelunternehmen oder GbR, als oHG oder „normale" KG organisiert, kann gesellschaftsrechtlich ohne Weiteres durch Beitritt einer GmbH als Komplementärin und Anmeldung einer KG nach §§ 105 Abs. 2, 161 Abs. 2 HGB eine gewerblich geprägte GmbH & Co. KG errichtet werden. Weiterer Vorteil: Gesellschaftsrechtlich sind auch sog. Einmann-GmbH & Co. KGs möglich,[687] was bedeutet, dass auch aus einem Einzel-Besitzunternehmen eine gewerblich geprägte GmbH & Co. KG gemacht werden kann.

---

cc) Beendigung der Betriebsaufspaltung schon im Vorfeld einer Transaktion. **284** Soll schon mit zeitlichem Vorlauf im Hinblick auf eine später geplante Unternehmensveräußerung eine Betriebsaufspaltung beendet werden, bietet sich zum einen die Beendigung durch **Einbringung der Anteile an der Besitzgesellschaft** in die Betriebskapitalgesellschaft nach **§ 20 UmwStG** an.

---

[681] BFH vom 19.3.2002 – VIII R 57/99, BStBl. II 2002, 662.

[682] Vgl. *Wacker* in: Schmidt, EStG, § 15 Rn. 873.

[683] Vgl. *Wacker* in: Schmidt, EStG, § 15 Rn. 865; *Strahl/Bauschatz,* NWB 2002, 11921, 11945.

[684] Vgl. *Wacker* in: Schmidt, EStG, § 15 Rn. 865.

[685] BFH vom 23.4.1996 – VIII R 13/95, BStBl. II 1998, 325; BFH vom 30.11.2005 – X R 37/05, BFH/NV 2006, 1451; *Wacker* in: Schmidt, EStG, § 15 Rn. 865.

[686] *Strahl/Bauschatz,* NWB 2002, 11921, 11946.

[687] Vgl. nur *Liebscher* in Reichert, GmbH & Co. KG, § 3 Rn. 7.

Die Anteile an der Besitzgesellschaft sind aufgrund von deren Qualifizierung als Betriebsvermögen ja Mitunternehmeranteile (oder, wenn Besitzunternehmen ein Einzelunternehmen ist, Betriebsvermögen eines Einzelunternehmens), während die Betriebskapitalgesellschaft tauglicher übernehmender Rechtsträger der Einbringung nach § 20 Abs. 1 UmwStG ist.[688]

Diese Form der Beendigung der Betriebsaufspaltung stellt einen Fall des § 20 UmwStG dar, auch wenn die Anteile der aufnehmenden Kapitalgesellschaft, die steuerlich ja zum Betriebsvermögen des Besitzunternehmens gehören, gesellschaftsrechtlich gerade nicht in die aufnehmende Kapitalgesellschaft (weil nicht „in sich selbst") eingebracht werden können.[689] Diese Form der Beendigung der Betriebsaufspaltung ist auch durch den neuen Umwandlungssteuererlass abgedeckt;[690] jedoch ist ein spezieller Antrag des Einbringenden erforderlich, dessen Rechtsfolge es nach Auffassung der Finanzverwaltung ist, dass auch die bereits bestehenden Anteile an der Übernehmerin als erhaltene Anteile i.S.d. § 22 Abs. 1 UmwStG gelten (und ggf. der Nachversteuerung unterliegen).

Etwaige **Verlustvorträge** der Betriebskapitalgesellschaft werden – vorbehaltlich von § 8c KStG in Abhängigkeit vom Umfang der bei der Betriebskapitalgesellschaft durchzuführenden Kapitalerhöhung[691] – nicht berührt.

Der Vorgang ist grundsätzlich **grunderwerbsteuerpflichtig,** wenn das Besitzunternehmen inländischen Grundbesitz hält, vgl. § 1 Abs. 1 Nr. 3 bzw. Abs. 2a bzw. Abs. 3 GrEStG; es ist im Einzelfall die Anwendbarkeit von § 6a GrEStG zu prüfen.[692]

Zivilrechtlich besteht zum anderen die umgekehrte Möglichkeit, nämlich die **Überführung der Betriebskapitalgesellschaft auf das Besitzunternehmen.** Der Vorgang kann zivilrechtlich als Verschmelzung der Betriebskapitalgesellschaft auf das Besitzunternehmen gestaltet werden (§§ 3 ff. UmwG). Ist das Besitzunternehmen eine GbR, ist es jedoch als solches nicht verschmelzungsfähig (§ 3 Abs. 1 UmwG). Es ist also zunächst eine Eintragung der GbR nach § 105 Abs. 2 Satz 1 HGB als vermögensverwaltende eingetragene Handelsgesellschaft zu bewirken.

Steuerlich sind bei dieser Strukturierungsrichtung die **§§ 3 ff. UmwStG** einschlägig.[693] Sofern die Betriebsgesellschaft nicht über eigene inländische Grundstücke verfügt, ist der Vorgang nicht grunderwerbsteuerbar.

Sind in der Betriebsgesellschaft jedoch Verlustvorträge vorhanden, gehen diese durch die Verschmelzung der Betriebsgesellschaft auf das Besitzunternehmen unter, d.h. sie können nur noch ggf. im Rahmen eines Zwischenwertansatzes genutzt werden.[694]

285   **dd) Mitunternehmerische Betriebsaufspaltung.** Eine mitunternehmerische Betriebsaufspaltung liegt vor, wenn die **Betriebsgesellschaft eine Mitunternehmerschaft** und die Besitzgesellschaft ebenfalls eine Personengesellschaft ist, und wesentliche Betriebsgrundlagen von der Besitz-Personengesellschaft an die Betriebs-Personengesellschaft zur Nutzung überlassen werden, und zugleich personelle Verflechtung zwischen den Gesellschaftern beider Schwester-Personengesellschaften besteht.[695] Es gilt in dieser Konstellation der **Vorrang** der Rechtsgrundsätze der mitunternehmerischen Betriebsaufspaltung **vor**

---

[688] Siehe *Herlinghaus* in: Rödder/Herlinghaus/van Lishaut, UmwStG, § 20 UmwStG Rn. 116.

[689] *Ettinger/Schmitz,* Umstrukturierungen im Bereich mittelständischer Unternehmen, Rn. 388; *Menner* in Haritz/Menner, Umwandlungssteuergesetz, § 20 Rn. 79.

[690] BMF vom 11.11.2011 – IV C 2 – S 1978-b/08/10001 (Umwandlungssteuererlass), BStBl. I 2011, 1314, dort Tz. 20.9.

[691] *Roser* in: Gosch, KStG, § 8c KStG Rn. 57.

[692] Dazu *Ettinger/Schmitz,* Umstrukturierungen im Bereich mittelständischer Unternehmen, Rn. 1016 ff.

[693] *Ettinger/Schmitz,* Umstrukturierungen im Bereich mittelständischer Unternehmen, Rn. 85 ff.

[694] *Bohnhardt* in Haritz/Menner, Umwandlungssteuergesetz, § 20 Rn. 200 ff.; *Ettinger/Schmitz,* Umstrukturierungen im Bereich mittelständischer Unternehmen, Rn. 97, 107.

[695] BFH vom 23.4.1996 – VIII R 13/95, BStBl. II 1998, 325; BMF-Schreiben vom 28.4.1998 – IV B 2 – S 2241-42/98, BStBl. I 1998, 583.

der Qualifikation als Sonderbetriebsvermögen bei der Betriebsgesellschaft nach § 15 Abs. 1 Satz 1 Nr. 2 Satz 1 2. Halbsatz EStG.[696] Voraussetzung für das Vorliegen einer mitunternehmerischen Betriebsaufspaltung ist nach der Finanzverwaltung des Weiteren, dass die Besitz-Personengesellschaft mit Gewinnerzielungsabsicht tätig wird, was jedenfalls bei einer vollentgeltlichen Überlassung der wesentlichen Betriebsgrundlagen an die Betriebs-Personengesellschaft der Fall ist.[697]

Liegt nach den vorgenannten Grundsätzen eine mitunternehmerische Betriebsaufspaltung vor, ist wiederum vor einer Unternehmensveräußerung genau zu prüfen, welche steuerlichen Folgen eintreten. Wird an den Erwerber sowohl **die Betriebs-Personengesellschaft wie auch die Besitz-Personengesellschaft veräußert,** handelt es sich um die Veräußerung zweier selbständiger Mitunternehmeranteile, so dass auch zwei getrennte Veräußerungsgewinne zu ermitteln sind.[698] Eine **Veräußerung nur der Anteile an der Betriebs-Personengesellschaft** würde hingegen auch hier eine Betriebsaufgabe nach § 6 Abs. 3 EStG auslösen, wenn die Besitz-Personengesellschaft erst aufgrund der personellen und sachlichen Verflechtung mit der Betriebs-Personengesellschaft gewerblich war, sodass auch in diesem Fall an vorgeschaltete Maßnahmen entsprechend vorstehender → Rn. 284 gedacht werden muss.

> **Beachte:** Die mitunternehmerische Betriebsaufspaltung ist von der Überlassung von Sonderbetriebsvermögen genau zu unterscheiden. Überlässt nämlich nicht die Besitz-Personengesellschaft selbst die wesentliche Betriebsgrundlage an die Betriebs-Personengesellschaft, sondern überlassen die (beteiligungsidentischen) *Gesellschafter* der Besitz-Personengesellschaft die wesentliche Betriebsgrundlage *direkt* an die Betriebs-Personengesellschaft, so führt dies zu Sonderbetriebsvermögen bei der Betriebs-Personengesellschaft nach § 15 Abs. 1 Satz 1 Nr. 2 Satz 1 2. Halbsatz EStG.[699] In diesem Fall muss vor einer Veräußerung der Anteile an der Betriebsgesellschaft überlegt werden, was mit dem Sonderbetriebsvermögen passieren soll (siehe dazu → Rn. 276 ff.).

e) Frühzeitige Umwandlung von zu veräußerndem Betriebsvermögen in Anteile an einer Kapitalgesellschaft

aa) Überblick. Aus Sicht des Veräußerers ist es grundsätzlich günstiger, Anteile an **286** einer Kapitalgesellschaft im Wege des Share Deals zu veräußern, weil dies für Kapitalgesellschaften als Veräußerer zur Quasi-Steuerbefreiung nach § 8b Abs. 2 und 3 KStG führt, während natürliche Personen vom Teileinkünfteverfahren (bei Anteilen im Betriebsvermögen bzw. Anteilen i.S.v. § 17 EStG) bzw. der Abgeltungsteuer (bei Streubesitzanteilen Privatvermögen) profitieren können.[700] Dies gilt insbesondere dann, wenn der Veräußerer als natürliche Person wegen „Objektverbrauchs" oder Nichterfüllens der Altersgrenze ohnehin nicht die Vergünstigungen des § 34 Abs. 3 EStG erwarten kann.

Liegen dagegen für einen Veräußerer, der eine natürliche Person ist, die Voraussetzungen für die Tarifbegünstigung des §§ 34 Abs. 3 EStG vor, muss auch im Rahmen einer mehrjährigen, vorausschauenden Steuerplanung kalkuliert werden: Ist ein Veräußerungsgewinn zu erwarten, der voraussichtlich zu einem **Veräußerungsgewinn von nicht viel mehr als EUR 5 Mio.** führt, macht es aus Sicht des Veräußerers tendenziell Sinn, keine Umwandlung/Einbringung in die Kapitalgesellschaft vorzunehmen, und statt dessen mit der

---

[696] Vgl. *Wacker* in: Schmidt, EStG, § 15 EStG Rn. 858.

[697] BMF vom 28.4.1998 – IV B 2 – S 2241-42/98, BStBl. I 1998, 583. Ebenso *Wacker* in: Schmidt, EStG, § 15 EStG Rn. 858.

[698] FG Baden-Württemberg vom 29.1.1998 – 1 K 142/05, EFG 2008, 795, rechtskräftig.

[699] *Brandenberg,* DB 1998, 2488, 2489.

[700] Siehe dazu oben → Rn. 146 ff.

Tarifermäßigung des § 34 Abs. 3 EStG zu arbeiten, um gleichzeitig zu versuchen, die dadurch beim Erwerber anfallende Vorteile aus der Abschreibbarkeit des Kaufpreises[701] in einen erhöhten Kaufpreis umzumünzen.

Sodann kann es auch Konstellationen geben, in denen der Veräußerer – natürliche Person oder Kapitalgesellschaft – über entsprechende **Verlustvorträge** verfügt, so dass sich aus der Veräußerung eines Betriebs oder Teilbetriebs auch nach Berücksichtigung der Mindestbesteuerung nach § 10d Abs. 2 EStG (i. V. m. § 8 Abs. 1 Satz 1 KStG) kein substantieller Veräußerungsgewinn zu erwarten ist.

Beachte: Vor Umwandlungsmaßnahmen mit dem Ziel, eine geplante Unternehmensveräußerung steuerlich zu optimieren, ist daher ein genauer Steuerbelastungsvergleich bezüglich der unterschiedlichen Gestaltungsalternativen durchzuführen.[702] Und es sind die jeweils ausgelösten steuerlichen Sperrfristen in die Überlegungen einzubeziehen.[703]

---

287   **bb) Einbringung von Betriebsvermögen in eine Kapitalgesellschaft.** Die Ausgangskonstellation dieser Gestaltungsvariante ist die, dass eine natürliche Person oder eine Kapitalgesellschaft Betriebsvermögen (gesamter Betrieb oder Teilbetrieb im steuerlichen Sinne, sonstige Wirtschaftsgüter, die keinen Teilbetrieb im steuerlichen Sinne darstellen) veräußern möchte, und zur Optimierung der steuerlichen Behandlung des Veräußerungsvorgangs eine Einbringung in eine Kapitalgesellschaft erfolgen soll.[704]

Zivilrechtlich bietet sich hier eine Ausgliederung nach § 123 Abs. 3 UmwG mit dem Vorteil der Gesamtrechtsnachfolge an. Alternativ kommt eine Sachgründung bzw. Sachkapitalerhöhung mit der Folge der Einzelrechtsnachfolge in Betracht, und zwar jeweils in der Gestalt, dass das Betriebsvermögen, das später veräußert werden soll, zunächst auf eine Tochterkapitalgesellschaft übertragen wird.[705] Ist die Ausgangskonstellation dagegen so, dass Anteile an einer Personengesellschaft (steuerliche Mitunternehmerschaft) mitveräußert werden sollen, und auch hier vorab eine Umwandlung in eine Kapitalgesellschaft vorgenommen werden soll, bietet sich zivilrechtlich ein Formwechsel in eine Kapitalgesellschaft nach den §§ 190 ff. UmwG an.

288   **Ertragsteuerlich** stellt sich bei allen vorgenannten Maßnahmen jeweils die Frage, inwieweit diese steuerneutral durchgeführt werden können. Alle vorgenannten zivilrechtlichen Umstrukturierungsmaßnahmen können jeweils dann ertragsteuerneutral durchgeführt werden, wenn ein **Betrieb, Teilbetrieb oder Mitunternehmeranteil** übertragen wird und der Einbringende (also die übertragende Gesellschaft oder die übertragende Person) als Gegenleistung jedenfalls auch neue Anteile an der aufnehmenden Gesellschaft erhält (§ 20 Abs. 1 UmwStG).[706] Auch der Formwechsel wird nach § 25 UmwStG den Regelungen über die Einbringungen nach § 20 UmwStG unterstellt.[707] Wenn das zu übertragende Betriebsvermögen als Betrieb, Teilbetrieb oder Mitunternehmeranteil einen tauglichen Einbringungsgegenstand im Sinne des § 20 Abs. 1 EStG darstellt, kann die Umwandlung im

---

[701] Siehe dazu oben → Rn. 187 ff.

[702] *Gröger* in: Hölters, Handbuch Unternehmenskauf, Rn. 4.45.

[703] *Möller-Gosoge/Rupp*, BB 2019, 215, 216. Siehe z. B. die Sperrfristen nach § 15 Abs. 2 UmwStG für Spaltungen, nach § 18 Abs. 3 UmwStG für Verschmelzungen auf Personengesellschaften, nach den § 22 und im Einzelfall § 24 UmwStG für Einbringungen, nach § 6 Abs. 5 EStG für Einbringungen von Einzelwirtschaftsgütern sowie nach § 6 GrEStG bzgl. Grundvermögens.

[704] Vgl. dazu *Kneip/Bagel* in: Kneip/Jänisch, Tax Due Diligence, S. 527 f.; *Rödder/Hötzel/Müller-Thuns*, Unternehmenskauf/Unternehmensverkauf, § 26 Rn. 27 ff.

[705] Zur Ausgliederung siehe *Hörtnagl* in: Schmitt/Hörtnagl/Stratz, UmwG/UmwStG, § 123 UmwG Rn. 11 f.

[706] Siehe auch *Kneip/Bagel* in: Kneip/Jänisch, Tax Due Diligence, S. 528.

[707] Vgl. *Ettinger/Schmitz*, Umstrukturierungen im Bereich mittelständischer Unternehmen, Rn. 383.

Inlandsfall grundsätzlich ertragsteuerneutral erfolgen, weil damit die nötigen Voraussetzungen des § 20 Abs. 2 UmwStG im Grundsatz erfüllt sind.[708]

> **Beachte:** Nach der Gesetzestechnik kann Buchwertneutralität auch bei Erfüllung der materiellen Voraussetzungen von § 20 UmwStG nur auf Antrag erreicht werden (§ 20 Abs. 2 Sätze 2 und 3 UmwStG).[709]

Für die im Rahmen der Steuerplanung aus Sicht des Veräußerers zu stellende Frage, in **289** welchen Konstellationen sich eine solche Umwandlung im Vorfeld zur Veräußerung lohnt, sind folgende Überlegungen relevant:
- Zum einen gilt nach heutiger Rechtslage nicht mehr das „Alles-oder-Nichts"-Prinzip, welches vor dem SEStEG bestand, sondern nach der Regelung des § 22 Abs. 1 UmwStG wird **ratierlich** jedes Jahr ein Siebtel der stillen Reserven in das günstigere Besteuerungsregime überführt. Damit ergibt sich ein steuerlicher Vorteil bereits dann, wenn die Veräußerung der durch Umwandlung entstandenen Anteile an der aufnehmenden Kapitalgesellschaft nach Ablauf von mindestens einem Zeitjahr nach dem Einbringungsstichtag erfolgt.[710]
- Zum anderen besteht ein weiterer Vorteil des Konzepts der Nachbesteuerung des Einbringungsgewinns I darin, dass unabhängig davon, wie viele volle Zeitjahre nach der Umwandlungsmaßnahme „durchgehalten" werden, jedenfalls maximal die im Einbringungszeitpunkt vorhandenen stillen Reserven des eingebrachten Betriebsvermögens im Rahmen der abschmelzenden Siebenjahresfrist steuerverhaftet bleiben. **Neue stille Reserven,** die ab dem steuerlichen Einbringungszeitpunkt entstehen, unterfallen steuerlich gesehen von Anfang an dem günstigeren Besteuerungsregime der Quasi-Freistellung (bei Kapitalgesellschaften als Einbringenden) bzw. dem Teileinkünfteverfahren/der Abgeltungssteuer (bei natürlichen Personen als Einbringenden).[711]

> **Praxishinweis:** Je früher eine solche Umwandlungsmaßnahme getroffen wird, desto höher sind die steuerlichen Vorteile, die dann im Veräußerungsfall ggf. erzielt werden können. Insbesondere dann, wenn das veräußerte Unternehmen bzw. der veräußerte Unternehmensteil stark wachsend ist und eine Steigerung des Unternehmenswerts anzunehmen ist, macht eine solche Umwandlungsmaßnahme selbst dann Sinn, wenn die Veräußerung bereits in einigen Jahren erfolgen soll. Gerade in solchen Fällen ist es wesentlich, den Unternehmenswert im Einbringungszeitpunkt durch eine Unternehmensbewertung zu dokumentieren, um festzuhalten, welche stillen Reserven im Einbringungszeitpunkt bereits vorhanden waren und der anteiligen Nachversteuerung unterliegen.

cc) Abspaltung von Betriebsvermögen auf eine Kapitalgesellschaft. Als Variante **290** zur Einbringung in eine Kapitalgesellschaft kommt die Abspaltung in Betracht, nämlich dann, wenn der **Teilbetrieb einer Kapitalgesellschaft** veräußert werden soll und diese Veräußerung mit zeitlichem Vorlauf vorbereitet und steuerlich optimiert werden soll.[712] Das wirtschaftliche Ergebnis einer solchen, zivilrechtlich nach § 123 Abs. 1 oder 2 UmwG möglichen Maßnahme besteht darin, dass die Gesellschafter der Kapitalgesellschaft, deren Betriebsvermögen teilweise veräußert werden soll, aufgrund der an sie erfolgenden Anteilsgewährung im Rahmen der Abspaltung beim späteren Veräußerungsvorgang jeweils einen direkten Zufluss des auf sie entfallenden Teils des Veräußerungserlöses haben.

---

[708] Zu den Voraussetzungen des § 20 UmwStG siehe näher *Schmitt* in: Schmitt/Hörtnagl/Stratz, UmwG/UmwStG, § 20 UmwStG Rn. 12 ff.

[709] Vgl. *Ettinger/Schmitz,* Umstrukturierungen im Bereich mittelständischer Unternehmen, Rn. 393.

[710] Vgl. *Gröger* in: Hölters, Handbuch Unternehmenskauf, Rn. 454.

[711] Vgl. *Gröger* in: Hölters, Handbuch Unternehmenskauf, Rn. 454.

[712] *Gröger* in: Hölters, Handbuch Unternehmenskauf, Rn. 455 ff.

Ertragssteuerneutral kann die Spaltung auf eine Kapitalgesellschaft nur unter den restriktiven Voraussetzungen des § 15 UmwStG durchgeführt werden.[713] Notwendig ist hier die Beachtung des **doppelten bzw. mehrfachen (Nur-)Teilbetriebserfordernisses**, d.h. es muss sich sowohl bei dem Unternehmensvermögen, das im Wege der Spaltung auf die Kapitalgesellschaft übertragen wird als auch bei dem Betriebsvermögen, das in der Ausgangsstruktur zurück bleibt, um mindestens jeweils einen **Teilbetrieb** i.S.d. Umwandlungssteuergesetzes[714] und ausschließlich um (echte bzw. fiktive) Teilbetriebe handeln.[715] Daneben sind die weiteren Voraussetzungen des § 11 Abs. 2 UmwStG zu erfüllen, was bei Inlandsfällen wiederum grundsätzlich unproblematisch der Fall ist.[716] Auch hier wird die Steuerneutralität nur **auf Antrag** gewährt (§ 15 Abs. 1 Satz 2 i.V.m. § 11 Abs. 2 Satz 1 UmwStG).

291   Gerade in solchen Fällen, in denen die Abspaltung der Verbesserung der Veräußerungsstruktur dient, sind die **Missbrauchsvorschriften des § 15 Abs. 2 UmwStG** zu beachten. Nach § 15 Abs. 2 Satz 2 UmwStG ist die steuerneutrale Abspaltung vom Betriebsvermögen nicht möglich, wenn durch die Spaltung die Veräußerung an außenstehende Personen vollzogen wird oder die Voraussetzungen hierfür geschaffen werden. Davon ist nach § 15 Abs. 2 Satz 4 UmwStG jedenfalls auszugehen, wenn innerhalb von fünf Jahren nach dem steuerlichen Übertragungsstichtag Anteile an einer der vor der Spaltung beteiligten Körperschaften, die mehr als 20% der vor Wirksamwerden der Spaltung an der gespaltenen Körperschaft bestehenden Anteile ausmachen, veräußert werden. Die Vorschrift des § 15 Abs. 2 Satz 4 UmwStG ist dabei grundsätzlich als eine abschließende und unwiderlegbare Vermutung ausgestaltet.[717] Daraus folgt aber eigentlich auch, dass in den Fällen, in denen die Veräußerung nach Ablauf der Fünf-Jahres-Frist erfolgt, oder in den Fällen, in denen die veräußerten Anteile nicht mehr als 20% der vor Wirksamwerden der Spaltung an der Körperschaft bestehenden Anteile ausmachen, die Veräußerung vollzogen werden kann, ohne die Steuerneutralität der vorausgehenden Abspaltung zu gefährden.[718] Offen ist dabei aber derzeit, ob dann, wenn die 20%- bzw. die Fünf-Jahres-Grenze eingehalten sind, noch Raum für einen Rückgriff auf die allgemeine Missbrauchsprüfung des § 15 Abs. 2 Satz 3 UmwG ist.[719] Während die Einhaltung der Fünf-Jahres-Frist grundsätzlich zweifelsfrei erreicht werden kann, ist die 20%-Grenze des § 15 Abs. 2 Satz 4 UmwStG mit gewissen Unschärfen behaftet.[720]

Praxishinweis: Es muss in solchen Fällen eine Bewertung des Unternehmens vor der Spaltung sowie eine Bewertung des abgespaltenen Betriebsvermögens zum Übertragungsstichtag vorgenommen werden, um die Werte später ggf. entsprechend dokumentieren zu können.[721]

---

[713] Siehe zu den Voraussetzungen des § 15 UmwStG näher *Ettinger/Schmitz*, Umstrukturierungen im Bereich mittelständischer Unternehmen, Rn. 211 ff. sowie *Hörtnagl* in: Schmitt/Hörtnagl/Stratz, UmwG/UmwStG, § 15 UmwStG Rn. 44 ff.

[714] Zum Teilbetriebsbegriff vgl. *Ettinger/Schmitz*, Umstrukturierungen im Bereich mittelständischer Unternehmen, Rn. 214 ff.

[715] BMF vom 11.11.2011 – IV C 2 – S 1978-b/08/10001 (Umwandlungssteuererlass), BStBl. I 2011, 1314, Tz. 15.01; *Hörtnagl* in: Schmitt/Hörtnagl/Stratz, UmwG/UmwStG, § 15 UmwStG Rn. 104 ff.; *Ettinger/Schmitz*, Umstrukturierungen im Bereich mittelständischer Unternehmen, Rn. 213.

[716] Siehe zu den Voraussetzungen des § 11 Abs. 2 UmwStG näher *Schmitt* in: Schmitt/Hörtnagl/Stratz, UmwG/UmwStG, § 11 UmwStG Rn. 5 ff., 92 ff.

[717] *Hörtnagl* in: Schmitt/Hörtnagl/Stratz, UmwG/UmwStG, § 15 UmwStG Rn. 151.

[718] Vgl. *Dötsch/Pung* in: Dötsch/Patt/Pung/Möhlenbrock, UmwStG, § 15 UmwStG Rn. 161 f. und 171.

[719] Nach FG Hamburg vom 18.9.2018 – 6 K 77/16, NZG 2019, 437 hat § 15 Abs. 2 Satz 3 UmwStG einen eigenständigen Regelungsgehalt und kann im Einzelfall auch dann angewendet werden, wenn die 20%- bzw. Fünf-Jahres-Grenze jeweils eingehalten wurden (Rev. anhängig unter Az. I R 39/18).

[720] Vgl. *Hörtnagl* in: Schmitt/Hörtnagl/Stratz, UmwG/UmwStG, § 15 UmwStG Rn. 188 ff.

[721] Vgl. *Gröger* in: Hölters, Handbuch Unternehmenskauf, Rn. 461.

f) Veräußerung von Teil-Mitunternehmeranteilen

Die Tarifermäßigung nach § 34 Abs. 3 EStG kommt bei der nur teilweisen Veräußerung **292** von Mitunternehmeranteilen (im Folgenden: Teil-Mitunternehmeranteil) aufgrund § 16 Abs. 1 Satz 2 EStG nicht in Betracht. Hier könnte man im Einzelfall darüber nachdenken, den nicht zu veräußernden Teilanteil zunächst zu Buchwerten nach **§ 24 UmwStG** in eine andere Personengesellschaft einzubringen. Denn auch ein Teil-Mitunternehmeranteil ist tauglicher Einbringungsgegenstand i. S. d. § 24 Abs. 1 UmwStG.[722] Der vom Veräußerer zurückbehaltene Teil-Mitunternehmeranteil wird dann nach dieser Umstrukturierung durch eine Schwester-Personengesellschaft gehalten. Der beim Veräußerer direkt zurückbleibende, zu veräußernde Teilanteil stellt dann jedenfalls auf den ersten Blick den gesamten Mitunternehmeranteil des Veräußerers dar, den dieser direkt und persönlich hält.

Diese Gestaltung erscheint aber im Hinblick auf § 15 Abs. 1 Satz 1 Nr. 2 Satz 2 EStG riskant, da der Veräußerer auch nach dieser Umstrukturierung noch weiterhin als Mitunternehmer auch hinsichtlich des zurückbehaltenden Mitunternehmeranteils anzusehen ist. Auch ist bei solchen Umstrukturierungen die Gesamtplanrechtsprechung zu beachten.[723]

Alternativ kann es sich im Einzelfall anbieten, den zurückzubehaltenden Teil-Mit- **293** unternehmeranteil **nach § 20 UmwStG** steuerneutral in eine Kapitalgesellschaft einzubringen.[724] § 20 UmwStG erlaubt auch nach dem SEStEG die steuerneutrale Einbringung eines *Teil*-Mitunternehmeranteils in eine Kapitalgesellschaft.[725]

g) Veräußerung von mehreren Betrieben oder mehreren Mitunternehmeranteilen

Die Tarifermäßigung nach § 34 Abs. 3 EStG kann nur einmal im Leben, aber auch dabei **294** nur für *einen Veräußerungsfall* in Anspruch genommen werden. Sollen, auch wenn dies im selben Veranlagungszeitraum oder sogar aufgrund eines einheitlichen Unternehmenskaufvertrags erfolgt, z. B. mehrere Betriebe oder z. B. mehrere Mitunternehmeranteile an parallel als Schwestergesellschaften gehaltene Kommanditgesellschaften verkauft werden, muss sich der Steuerpflichtige entscheiden, für welchen Veräußerungsvorgang er die Tarifermäßigung erhalten will.

Hier kann es sich anbieten, rechtzeitig vor der geplanten Veräußerung die Betriebe oder Mitunternehmeranteile so **zusammenzuführen,** dass danach steuerlich nur noch ein einheitlicher Betrieb oder Mitunternehmeranteil vorliegt. Dies kann z. B. durch Einbringung mehrerer Mitunternehmeranteile nach **§ 24 UmwStG** in eine neu zu errichtende (Holding-)Personengesellschaft oder durch Verschmelzungsvorgänge erreicht werden.[726] Die **Gesamtplanrechtsprechung** des BFH ist auch hier zu beachten.[727]

h) Beraterverträge

Dies ist ein Gestaltungsinstrument, das häufig **der Käufer** in die Verhandlungen einfüh- **295** ren wird. Aus Käufersicht ist es steuerlich interessant, einen Teil des Kaufpreises möglichst

---

[722] *Ettinger/Schmitz,* Umstrukturierungen im Bereich mittelständischer Unternehmen, Rn. 508.

[723] *Rödder/Hötzel/Müller-Thuns,* Unternehmenskauf/Unternehmensverkauf, § 24 Rn. 97 f. Vgl. zur Gesamtplanrechtsprechung ausführlich oben Rn. 173.

[724] Siehe zu den Einbringungstatbeständen näher *Schmitt* in: Schmitt/Hörtnagl/Stratz, UmwG/UmwStG, § 20 UmwStG Rn. 186 ff.

[725] Vgl. seine gesetzliche Erwähnung in § 20 Abs. 4 Satz 1 UmwStG sowie BT-Drs. 16/2710, 42; *Ettinger/Schmitz,* Umstrukturierungen im Bereich mittelständischer Unternehmen, Rn. 385.

[726] *Rödder/Hötzel/Müller-Thuns,* Unternehmenskauf/Unternehmensverkauf, § 24 Rn. 169. Zu solchen Einbringungen in eine andere Personengesellschaft siehe *Schmitt* in: Schmitt/Hörtnagl/Stratz, UmwG/UmwStG, § 24 UmwStG Rn. 108 ff.

[727] Siehe ausführlich oben → Rn. 235 f.

als steuerlich sofort uneingeschränkt abziehbaren Aufwand darzustellen. Während Anschaffungskosten für Kapitalgesellschaftsanteile steuerlich überhaupt nicht abschreibbar sind und die Anschaffungskosten beim Asset Deal nur auf die einzelnen Gegenstände verteilt und entsprechend den AfA-Sätzen und Nutzungsdauern abgeschrieben werden dürfen, können Zahlungen an den verkaufenden ehemaligen Geschäftsinhaber in Form von Beraterverträgen grundsätzlich als **laufender Aufwand** des Käufers bzw. der Zielgesellschaft behandelt werden.

Aus **Verkäufersicht** ist dies dagegen **ungünstiger** als eine Zahlung als echter Kaufpreisteil (verbunden mit der nicht separat entgoltenen Verpflichtung, vorübergehend bei der Überleitung des Unternehmens beratend tätig zu werden), da Beratervergütungen voll versteuert werden müssen (§§ 15, 18, 19 EStG), während für den Kaufpreis ggf. Begünstigungen bestehen (Teileinkünfteverfahren bei Kapitalgesellschaftsanteilen; ggf. Vergünstigungen nach den §§ 16, 34 EStG bei Einzelunternehmen/Mitunternehmeranteilen).

> **Beachte:** Einer steuerlichen Überprüfung hält eine solche Gestaltung nur Stand, wenn auch tatsächlich entsprechende Beraterleistungen erbracht und im Rahmen des Vertretbaren wie unter fremden Dritten abgerechnet werden.

296–299 *(frei)*

i) Verkauf gegen wiederkehrende Bezüge bzw. Leibrenten

300   **aa) Überblick.** In manchen Situationen möchten die Parteien die Kaufpreiszahlung über einen langfristigen Zeitraum strecken, und damit zwei Ziele erreichen: Der Veräußerer hat auch seine eigene **Versorgung** im Sinn, der Erwerber dagegen möchte den Kaufpreis letztlich **aus dem mit dem erworbenen Unternehmen zu erwirtschaftenden Liquidität** bezahlen. Für den hier behandelten Fall eines Unternehmensverkaufs unter Dritten, der vollentgeltlich erfolgt, kann sich in solchen Situationen ein Unternehmensverkauf gegen wiederkehrende Bezüge anbieten. Zu diesem Themenkomplex haben der BFH und die Finanzverwaltung unter bestimmten Voraussetzungen ein **Wahlrecht** zwischen der **Sofortversteuerung** zum Zeitpunkt der Veräußerung oder einer **Versteuerung nachträglicher Einkünfte** im Zuflusszeitpunkt geschaffen, wobei eine explizite gesetzliche Rechtsgrundlage hierfür letztlich fehlt.[728]

301   **Abzugrenzen** ist der Verkauf gegen wiederkehrende Bezüge in diesem Sinne von folgenden anderen Gestaltungen:
- Stundung des Kaufpreises in Kaufpreisraten (also Situation eines **„Vendor Loans"** = **„Verkäuferdarlehens"**). Hier hat der Veräußerer sowohl beim Verkauf von Betrieben und Teilbetrieben wie auch bei der Veräußerung von Anteilen an Kapitalgesellschaften i. S. d. § 17 EStG jeweils in dem Zeitpunkt, zu dem die Veräußerung steuerlich realisiert wurde, den vollen Kaufpreis zu versteuern.[729] Ein Wahlrecht auf „Zuflussbesteuerung" besteht in solchen Fällen der Vereinbarung „normale Kaufpreisraten" daher nicht;
- Unternehmensübergaben im Rahmen der – typischerweise innerhalb der Familie erfolgenden – **Vermögensnachfolge gegen Versorgungsleistungen.** Für diesen Bereich gilt § 10 Abs. 1a Nr. 2 EStG;[730] das vormals durch BFH-Rechtsprechung und Rentenerlasse der Finanzverwaltung geschaffene Sonderrecht der Besteuerung wiederkehrender Versorgungsleistungen wurde mit Wirkung ab dem Veranlagungszeitraum 2008 auf einen so bezeichneten „betrieblichen Kernbereich" beschränkt, nämlich die Übertragung von Mitunternehmeranteilen, Betrieben oder Teilbetrieben sowie Kapitalgesellschaftsanteilen (bei einer Übertragung von mindestens 50 % des Stammkapitals einer

---

[728] Vgl. *Wacker* in: Schmidt, § 16 EStG Rn. 222.

[729] *Weber-Grellet* in Schmidt, EStG, § 17 EStG Rn. 131.

[730] Vormals § 10 Abs. 1 Nr. 1a EStG (Nummerierung umgestellt durch das Zollkodexanpassungsgesetz vom 22.12.2014, BGBl. I 2014, S. 2417).

Kapitalgesellschaft, und unter der weiteren Voraussetzung, dass der Übergeber als Geschäftsführer der Kapitalgesellschaft tätig war und der Übernehmer diese Tätigkeit – unter Aufgabe der Geschäftsführertätigkeit des Übertragenden – übernimmt;[731]
- Vereinbarung **gewinn- und umsatzabhängiger,** variabler Kaufpreise (bzw. Kaufpreisteile). Mangels feststehender Gewinnrealisation im Veräußerungszeitpunkt ist das Entgelt hier – jedenfalls insoweit – zwingend nachträglich zu erfassen.[732] Ob die Begünstigungen der §§ 16, 34 EStG dann zumindest für einen von Anfang an feststehenden Kaufpreisteil gelten, ist nicht geklärt (siehe dazu unten → Rn. 317).

bb) Veräußerung eines ganzen Gewerbebetriebs gegen wiederkehrende Bezüge. **302**
(1) Voraussetzungen für das Bestehen des Wahlrechts. Veräußert ein Steuerpflichtiger, der eine natürliche Person ist, seinen ganzen Gewerbebetrieb vollentgeltlich gegen wiederkehrende Bezüge bzw. Leistungen, hat er nach der Rechtsprechung und Verwaltungspraxis unter bestimmten Voraussetzungen ein Wahlrecht zwischen einer **Sofortversteuerung** eines ggf. nach den §§ 16, 34 EStG begünstigten Veräußerungsgewinns im Zeitpunkt der Veräußerung oder einer **nachgelagerten Versteuerung** nicht begünstigter, nachträglicher Einkünfte aus Gewerbebetrieb im Zuflusszeitpunkt nach den §§ 15 Abs. 1 i. V. m. 24 Nr. 2 EStG, sobald und soweit diese in der Summe den Buchwert i. S. d. § 16 Abs. 2 Satz 2 EStG zuzüglich Veräußerungskosten übersteigen.[733]

Das **Wahlrecht** zwischen Sofortversteuerung und Zuflussbesteuerung besteht nach Rechtsprechung und Verwaltungspraxis **in den folgenden Fallgruppen:**
- Der Betrieb wird gegen eine **Leibrente** veräußert, d. h. eine auf Lebenszeit des Veräußerers vereinbarte und nicht abänderbare laufende Rentenzahlung;[734]
- Kaufpreisraten über einen Zeitraum von **mehr als zehn Jahren** sind vereinbart, die eindeutig der **Versorgung des Veräußerers** dienen sollen;[735]
- Betriebsveräußerung erfolgt gegen Zeitrente mit **nicht mehr überschaubarer Laufzeit** (z. B. 25 Jahre), und hat zumindest den **Nebenzweck der Versorgung** des Veräußerers.[736]

Wird nicht der gesamte Betrieb eines Einzelunternehmers, sondern der **gesamte Gewerbebetrieb einer Personengesellschaft** veräußert, hat jeder Mitunternehmer, der eine natürliche Person ist, für seinen Anteil am Veräußerungspreis ein individuell ausübbares Wahlrecht auf Zufluss- oder Sofortbesteuerung.[737] Zum Wahlrecht bei Veräußerung von Mitunternehmeranteilen siehe sogleich unter → Rn. 199.

In formaler Hinsicht ist zu beachten, dass das Wahlrecht zur Zuflussbesteuerung **aus-** **303** **drücklich mit Abgabe der Einkommensteuererklärung** für den VZ, in dem die Veräußerung realisiert wird, ausgeübt werden muss; es besteht bis zur Bestandskraft der Veranlagung – und mithin auch bis zum Schluss der mündlichen Verhandlung in einem FG-Verfahren oder in dem durch eine Änderungsnorm eröffneten Änderungsrahmen (§ 351 AO) – fort.[738]

---

[731] Vgl. *Heinicke* in: Schmidt, EStG, § 10 EStG Rn. 139 ff.; *Wälzholz,* DStR 2008, 273; *Wälzholz,* DStR 2010, 383; *Götzenberger,* BB 2010, 1890; *Risthaus,* DB 2010, 744 und 803; BFH vom 20.3.2017 – X R 35/16, DB 2017, 2004.

[732] *Wacker* in: Schmidt, EStG, § 16 EStG Rn. 229, siehe dazu auch Rn. 206.

[733] *Wacker* in: Schmidt, EStG, § 16 EStG Rn. 221.

[734] R 16 Abs. 11 Satz 1 EStR.

[735] H 16 Abs. 11 EStH Stichwort „Ratenzahlungen"; FG Düsseldorf vom 25.8.2005 – 15 K 2016/03 E, EFG 2005, 1862; BFH vom 12.6.1968 – IV 254/62, BStBl. II 1968, 653; *Wacker* in: Schmidt, EStG, § 16 EStG Rn. 224.

[736] H 16 Abs. 11 EStH Stichwort „Zeitrente"; BFH vom 26.6.1984 – IV R 137/82, BStBl. II 1984, 829; *Wacker* in: Schmidt, EStG, § 16 EStG Rn. 224; BFH vom 5.11.2019 – X R 12/17, DB 2020, 429.

[737] *Wacker* in: Schmidt, EStG, § 16 EStG Rn. 227.

[738] BFH vom 26.4.2018 – III R 12/17, NV, DStRE 2018, 1385, 1387; *Wacker* in: Schmidt, EStG, § 16 EStG Rn. 226; *Kobor* in: Herrmann/Heuer/Raupach, EStG/KStG, § 16 EStG Rn. 408; *Schallmoser* in Blümich, EStG, § 16 EStG Rn. 312.

304 **Wahlrecht bei Kombination aus festem Kaufpreis und wiederkehrenden Leistungen:** Wird der ganze Gewerbebetrieb gegen wiederkehrende Bezüge *und* ein festes Entgelt veräußert, besteht ein Wahlrecht nur – aber immerhin – hinsichtlich der wiederkehrenden Bezüge, und zwar unabhängig vom betragsmäßigen Verhältnis zwischen Einmalbetrag und Barwert der Bezüge.[739]

305 **(2) Rechtsfolgen der Wahlrechtsausübung beim Veräußerer.** Entscheidet sich der Unternehmensveräußerer für eine **Sofortbesteuerung** im Zeitpunkt der Veräußerung, besteht der Veräußerungspreis im ggf. zu schätzenden **Kapitalwert des Stammrechts** auf die wiederkehrenden Bezüge; es erfolgt hier eine Abzinsung mit dem steuerlichen Regelzinssatz von 5,5 %.[740] Dieser Veräußerungspreis ergibt nach Abzug des Buchwerts des veräußerten Betriebsvermögens und der Veräußerungskosten den Gewinn des Unternehmensverkäufers, der unter den Voraussetzungen der §§ 16, 34 EStG ggf. steuerlich tarifbegünstigt ist. Daneben sind die wiederkehrenden Bezüge dann nur noch in Bezug auf die darin enthaltenen, ggf. zu schätzenden Zins- bzw. Ertragsanteile einkommensteuerpflichtig, und zwar, je nachdem, ob das Stammrecht als fortbestehendes Betriebsvermögen oder als Privatvermögen zu bewerten ist,[741] nach § 24 Nr. 2 EStG oder nach § 20 Abs. 1 Nr. 7 EStG bzw. § 22 Nr. 1 EStG.[742] Wird später, z. B. aufgrund von Zahlungsunfähigkeit oder Insolvenz des Unternehmenserwerbers, ein Teil der Bezüge **uneinbringlich,** stellt dies ein rückwirkendes Ereignis nach § 175 Abs. 1 Nr. 2 AO dar, das auf den Zeitpunkt der Veräußerung zurückwirkt.[743]

306 Entscheidet sich der Unternehmensveräußerer dagegen für eine **nachgelagerte Besteuerung** bei Zufluss, entsteht ein als nachträgliche gewerbliche Einkünfte zu versteuernder Gewinn, *sobald und soweit* die Summe der zugeflossenen Jahresbeträge den Buchwert des Betriebsvermögens bei Veräußerung nebst Veräußerungskosten übersteigt; dieser sich mit den laufenden Zahlungen schrittweise erhöhende Gewinn des Veräußerers ist im jeweiligen Zuflussjahr in voller Höhe nach § 24 Nr. 2 EStG **ohne Anwendbarkeit von Tarifbegünstigungen**[744] zu erfassen. Der sukzessive zu versteuernde Gewinn unterliegt jedoch grundsätzlich nicht der Gewerbesteuer.[745] Dabei sind die Rentenzahlungen bei der Zuflussbesteuerung nach Auffassung der Finanzverwaltung, die der BFH implizit bestätigt hat,[746] von Anfang an in einen Zins- und Tilgungsanteil aufzuteilen.[747] Die Zinsanteile stellen nach Auffassung der Finanzverwaltung, die der BFH bestätigt hat,[748] im Jahr des Zuflusses in Höhe der Zinsen nachträgliche Einkünfte aus Gewerbebetrieb nach den §§ 15, 24 Nr. 2 EStG dar, während die Tilgungsanteile, wie beschrieben, erst dann zu entsprechenden Gewinnen führen, wenn die Summe der Tilgungsanteile den Buchwert des veräußerten Betriebsvermögens zuzüglich der Veräuße-

---

[739] Vgl. dazu BFH vom 26.4.2018 – III R 12/17, NV, DStRE 2018, 1385, 1387; BFH vom 10.7.1991 – X R 79/90 BB 1991, 2353; FG Münster vom 25.4.2001 – 8 K 4427/98 E, EFG 2001, 1275; R 16 Abs. 11 Satz 9 EStR; *Wacker* in: Schmidt, EStG, § 16 EStG Rn. 248.

[740] R 16 Abs. 11 Satz 10 EStR; *Wacker* in: Schmidt, EStG, § 16 EStG Rn. 240.

[741] Nach BFH vom 5.11.2019 – X R 12/17, DB 2020, 429, 430, *obiter dictum,* dürfte die Kaufpreisforderung in diesem Fall grundsätzlich (z. B. Fall der Veräußerung des gesamten Betriebs durch eine natürliche Person) ins Privatvermögen übergehen.

[742] *Wacker* in: Schmidt, EStG, § 16 EStG Rn. 241 m. w. N. zur entsprechenden BFH-Rechtsprechung.

[743] BFH vom 19.7.1993 – GrS 2/92, BStBl. II 1993, 897.

[744] BFH vom 24.1.1996 – X R 14/94, BStBl. II 1996, 287; *Wacker* in: Schmidt, EStG, § 16 EStG Rn. 245.

[745] *Wacker* in: Schmidt, EStG, § 16 EStG Rn. 245.

[746] BFH vom 5.11.2019 – X R 12/17, DB 2020, 429, 430.

[747] BMF vom 3.8.2004 – IV A 6 – S 2244-4/03, BStBl. I 2004, 1187. Bisher offengelassen von der Rechtsprechung, vgl. BFH vom 18.11.2014 – IX R 4/14, DB 2015, 898.

[748] BFH vom 5.11.2019 – X R 12/17, DB 2020, 429, 430.

rungskosten übersteigt.[749] Die Kaufpreisforderung des Veräußerers bleibt hier Rest-Betriebsvermögen.[750]

(3) Rechtsfolgen beim Erwerber. Der Unternehmenskäufer, der den Betrieb erwirbt, hat den versicherungsmathematischen **Barwert** der gegenüber dem Veräußerer übernommenen Verpflichtung zur Zahlung der wiederkehrenden Bezüge zum Erwerbszeitpunkt und den folgenden Bilanzstichtagen **zu passivieren;** die durch die sukzessiven Zahlungen erfolgende Barwertminderung ist Ertrag, die laufenden Zahlungen sind Aufwand.[751] Diese Behandlung beim Erwerber ist unabhängig davon, wie der Veräußerer sein Wahlrecht ausübt.[752] In Höhe des Barwerts der Zahlungsverpflichtung hat der Erwerber **Anschaffungskosten** für das erworbene Betriebsvermögen.[753]

cc) Veräußerung eines Teilbetriebs gegen wiederkehrende Bezüge. Bei Veräußerung eines **Teilbetriebs gegen wiederkehrende Bezüge** sollte ebenso wie bei der Veräußerung des ganzen Gewerbebetriebs, unter denselben Voraussetzungen, ein Wahlrecht zwischen begünstigter Sofortversteuerung und nicht begünstigter nachträglicher Zuflussbesteuerung bestehen.[754] Insofern wird auf → Rn. 302 ff. verwiesen.

dd) Veräußerung eines Mitunternehmeranteils gegen wiederkehrende Bezüge. Bei Veräußerung eines **Mitunternehmeranteils** – einschließlich eines **Teil-Mitunternehmeranteils** – **gegen wiederkehrende Bezüge** sollte ebenso wie bei der Veräußerung des ganzen Gewerbebetriebs, unter denselben Voraussetzungen, ein Wahlrecht zwischen begünstigter Sofortversteuerung und nicht begünstigter nachträglicher Zuflussbesteuerung bestehen.[755] Insofern wird auf → Rn. 302 ff. verwiesen. Zur Veräußerung des gesamten Gewerbebetriebs einer Personengesellschaft siehe oben → Rn. 302 a. E.

ee) Veräußerung von Anteilen an Kapitalgesellschaften gegen wiederkehrende Bezüge. (1) Voraussetzungen für das Bestehen eines Wahlrechts. Werden Anteile i. S. v. § 17 EStG vollentgeltlich gegen wiederkehrende Bezüge veräußert, besteht **ebenfalls ein Wahlrecht zwischen Sofortbesteuerung und nachgelagerter Besteuerung.**[756] In diesem Fall ist Veräußerungspreis, in gleicher Weise wie bei § 16 EStG, der ggf. zu schätzende gemeine Wert (Barwert) des Rechts auf die wiederkehrenden Bezüge im Zeitpunkt der Veräußerung.[757]

(2) Rechtsfolgen der Wahlrechtsausübung beim Veräußerer. Wählt der Veräußerer die **Sofortbesteuerung,** ergibt sich bei ihm ein Gewinn in Höhe des Barwerts der Zusage auf die wiederkehrenden Bezüge, vermindert um die Veräußerungskosten und den Buchwert der Anteile/deren historische Anschaffungskosten. Daneben sind die laufenden Bezüge im Jahr des Zuflusses mit dem Ertragsanteil nach § 22 Nr. 1 Satz 3 Buchst. a Buchst. bb oder mit dem darin enthaltenen Zinsanteil nach § 20 Abs. 1 Nr. 7 EStG einkommensteuerpflichtig.[758]

Wählt der Veräußerer dagegen die **Zuflussbesteuerung,** sind die Rentenzahlungen in einen Zins- und einen Tilgungsanteil aufzuteilen. Der Zinsanteil unterfällt § 22 Nr. 1 Satz 3 Buchst. a EStG, der Tilgungsanteil ist nach Verrechnung mit den Anschaffungskosten

---

[749] BMF vom 3.8.2004 – IV A 6 – S 2244-4/03, BStBl. I 2004, 1187.
[750] BFH vom 5.11.2019 – X R 12/17, DB 2020, 429, 430.
[751] BFH vom 30.7.2003 – X R 12/01, BStBl. II 2004, 211; *Wacker* in: Schmidt, EStG, § 16 EStG Rn. 230.
[752] *Wacker* in: Schmidt, EStG, § 16 EStG Rn. 230.
[753] BFH vom 23.2.1984 – IV R 128/81, BStBl. II 1984, 516.
[754] *Wacker* in: Schmidt, EStG, § 16 EStG Rn. 250; *Richter,* DStR 1994, 92.
[755] *Wacker* in: Schmidt, EStG, § 16 EStG Rn. 454.
[756] *Weber-Grellet* in: Schmidt, EStG, § 17 EStG Rn. 143; R 17 Abs. 7 Satz 2 EStR.
[757] *Weber-Grellet* in: Schmidt, EStG, § 17 EStG Rn. 143; R 17 Abs. 7 Satz 2 EStR.
[758] *Weber-Grellet* in: Schmidt, EStG, § 17 EStG Rn. 205.

und den Veräußerungskosten gemäß § 17 i. V. m. § 24 Nr. 2 EStG steuerpflichtig; wobei zu beachten ist, dass das Teileinkünfteverfahren nur auf den Tilgungsanteil anzuwenden ist.[759]

313   **(3) Rechtsfolgen beim Erwerber.** Der Erwerber von Anteilen i. S. d. § 17 EStG hat **Anschaffungskosten** in Höhe des Barwerts der Bezüge; hier kann nach oben auf → Rn. 307 verwiesen werden.

314   *(frei)*

j) Vereinbarung von variablen Kaufpreisteilen wie insbesondere Earn-Out-Gestaltungen

315   **aa) Überblick.** Earn-Out-Gestaltungen und ähnliche, zu einem variablen Kaufpreis führende Gestaltungsüberlegungen werden häufig dann gewählt, wenn zwischen den Parteien **unterschiedliche Vorstellungen über den Wert des Unternehmens** bestehen, die im Verhandlungswege nicht abschließend geklärt werden können. Über variable, an Kenngrößen wie Umsatz, EBITDA, EBIT oder ähnlichem anknüpfende Kaufpreisbestandteile kann jede Vertragspartei, unter der Annahme, dass die von ihr jeweils angenommene Bewertung des Unternehmens und dessen zukünftige Entwicklung zutreffend ist, für sich die Chance auf das Erzielen eines dem Wert des Unternehmens angemessenen Kaufpreises (Veräußerer) bzw. auf das Bezahlenmüssen nur eines dem nachhaltigen Wert des Unternehmens adäquaten Kaufpreises (Erwerber) sichern.[760]

316   Bei Earn-Out-Gestaltungen wird typischerweise ein **fester Grundkaufpreis** vereinbart, zu dem ein **variabler Kaufpreisteil hinzukommt.** I. d. R. steht die konkrete Höhe dieses variablen Kaufpreisteiles im Zeitpunkt der steuerlichen Realisation des Veräußerungsvorgangs (= Übergang des rechtlichen oder wirtschaftlichen Eigentums) noch nicht fest.

317   **bb) Steuerliche Behandlung beim Veräußerer.** Veräußert der Unternehmensverkäufer einen **Betrieb, Teilbetrieb** oder **Mitunternehmeranteil** gegen einen variablen Kaufpreis (bzw. variablen Kaufpreisteil), wird der variable Teil nur dann und auch erst dann, wenn und soweit er auch tatsächlich realisiert wird, versteuert.[761] Ein so aus dem Earn-Out realisierter Mehrbetrag ist bei reiner Anknüpfung der Earn-Out Vereinbarungen an künftige Umsätze oder Gewinne (z. B. Zusatzkaufpreis in Höhe von 5 % des Umsatzes oder 20 % des EBITDAs des Targets, der in den ersten 24 Monaten nach dem wirtschaftlichen Übertragungsstichtag erzielt wird) steuerlich nach § 24 Nr. 2 EStG erst für dem VZ zu erfassen, in dem er entsteht.[762] Wird dagegen ein betragsmäßig im Grundsatz mehr oder weniger bestimmter (Ziel-)Betrag der Earn-Out-Komponente vereinbart, der nur unter bestimmten Bedingungen erst fällig wird (z. B. Zusatzkaufpreis in Höhe von EUR 5 Mio. unter der Bedingung des Erreichens bestimmter Ziele wie z. B. eine erfolgreiche Produkteinführung), wirkt dies u. E. nach allgemeinen Grundsätzen der Realisation steuerlich auf den VZ des Übertragungsstichtags (Übergang des wirtschaftlichen bzw. rechtlichen Eigentums) zurück.[763]

Ob steuerlich ein Veräußerungsgewinn oder -verlust entsteht, hängt davon ab, wieviel der Veräußerer insgesamt als Kaufpreis realisiert. Von der Summe des ursprünglich vereinbarten Festkaufpreises und der variablen Kaufpreiszahlung (oder den variablen Kaufpreiszahlungen) ist der Buchwert des Eigenkapitals, zuzüglich der Veräußerungskosten, abzuziehen.[764]

---

[759] *Weber-Grellet* in: Schmidt, EStG, § 17 EStG Rn. 206.

[760] *Gröger* in: Hölters, Handbuch Unternehmenskauf, Rn. 4.98.

[761] *Gröger* in: Hölters, Handbuch Unternehmenskauf, Rn. 4.99; *Werner,* DStR 2012, 1662, 1667; BFH vom 14.5.2002 – VIII R 8/01, BStBl. II 2002, 532; H 16 Abs. 11 EStH „Gewinn- oder umsatzabhängiger Kaufpreis".

[762] *Wacker* in: Schmidt, EStG, § 16 EStG Rn. 229.

[763] Vgl. *Ettinger/Schmitz,* GmbHR 2016, 966, 970 f.; BFH Großer Senat vom 19.7.1993 – GrS 2/92, BFHE 172, 66; BFH vom 27.10.2015 – VIII R 47/12, DStR 2016, 292.

[764] *Gröger* in: Hölters, Handbuch Unternehmenskauf, Rn. 499; BFH vom 14.5.2002 – VIII R 8/01, BStBl. II 2002, S. 532.

Soweit laufende nachträgliche Betriebseinnahmen nach § 24 Nr. 2 EStG anzunehmen **318** sind, entfällt für natürliche Personen als Veräußerer bei Earn-Out-Gestaltungen jedenfalls *insoweit* die Anwendbarkeit des Freibetrags nach § 16 Abs. 4 EStG und der Tarifermäßigungen nach § 34 EStG.[765] Ungeklärt ist, ob in diesem Fall **Freibetrag und Tarifbegünstigungen nach §§ 16 und 34 EStG** wenigstens auf einen ggf. bereits feststehenden Gewinnanteil, der bereits im Zeitpunkt der Veräußerung realisiert wird, anzuwenden sind. Dafür spricht u. E., dass dieser Fall mit der Situation vergleichbar ist, dass gegen einen Festkaufpreis und gegen wiederkehrende Bezüge veräußert wird, wo hinsichtlich des Festkaufpreises die Begünstigungen gewährt werden.[766] Dagegen könnte jedoch angeführt werden, dass die variablen, künftigen Kaufpreisteile – anders als versprochene Leibrentenzahlungen – nicht im Zeitpunkt des Veräußerungsvorgangs dem Grunde und der Höhe nach feststehen und berechnet werden können.

> **Praxishinweis:** Es könnte in solchen Fällen u. E. überlegt werden, statt einer Earn-Out-Gestaltung einen Festkaufpreis zu vereinbaren, der sich dann z. B. aufgrund von vereinbarten Garantien verringert, wenn bestimmte operative Ziele (z. B. laut beigefügtem Businessplan der Zielgesellschaft) nicht erreicht werden. Eine solche, nachträgliche Minderung eines von Anfang an feststehenden Festkaufpreises hindert die Anwendung der §§ 16, 34 EStG grundsätzlich nicht.

Im Falle der Veräußerung von **Anteilen an Kapitalgesellschaften** wird der variable **319** Teil ebenfalls nur dann, wenn und soweit er auch tatsächlich realisiert wird, versteuert. Kommt es zu Zahlungen aus dem Earn-Out, wirkt dies steuerlich grundsätzlich auf den VZ, in dem das rechtliche bzw. wirtschaftliche Eigentum an den veräußerten Anteilen übertragen wurde, zurück.[767] Wird dagegen in den Earn-Out Vereinbarungen rein an die künftige Umsatz- oder Gewinnentwicklung angeknüpft, erfolgt die Besteuerung des Earn-Out u. E. auch hier im VZ der Entstehung (= VZ des zivilrechtlichen Fälligwerdens).[768]

cc) Behandlung beim Erwerber. Der Erwerber von **Betriebsvermögen,** der – wie **320** bei einer Earn-Out-Gestaltung typisch – zu einem festen (Grund-)Kaufpreis erwirbt, der sich später ggf. nochmals erhöht, hat als Anschaffungskosten auf die erworbenen Wirtschaftsgüter des Betriebsvermögens zunächst gemäß → Rn. 187 ff. (Stufentheorie) den festen Kaufpreis zu aktivieren; in dem Zeitpunkt, in dem feststeht, ob und in welcher Höhe sich der Kaufpreis durch die Earn-Out-Gestaltung erhöht, entstehen beim Erwerber **nachträgliche Anschaffungskosten,** die bei den erworbenen Wirtschaftsgütern zusätzlich zu aktivieren sind.[769]

Beim Erwerber von **Kapitalgesellschaftsbeteiligungen** führt das Entstehen des variab- **321** len Kaufpreisteils ebenfalls zu nachträglichen Anschaffungskosten des Erwerbers auf die Beteiligung.[770] Wann der Erwerber diese nachträglichen Anschaffungskosten jeweils aktivieren muss, ist ungeklärt. In Betracht kommt einerseits eine nachträgliche Aktivierung im Zeitpunkt ihres Entstehens, und andererseits eine rückwirkende Aktivierung auf den Zeitpunkt des Anteilserwerbs. U. E. muss dies jeweils – beim Erwerb von Betriebsvermögen wie

---

[765] *Gröger* in: Hölters, Handbuch Unternehmenskauf, Rn. 499.

[766] Vgl. BFH vom 10.7.1991 – X R 79/90 BB 1991, 2353; FG Münster vom 25.4.2001 – 8 K 4427/98 E, EFG 2001, 1275; *Wacker* in Schmidt, EStG, § 16 Rn. 248.

[767] BFH vom 12.3.2014 – I R 55/13, BStBl. II 2015 658; *Gröger* in Hölters, Handbuch Unternehmenskauf, Rn. 4.100; *Werner,* DStR 2012, 1662, 1667.

[768] *Ettinger/Schmitz,* GmbHR 2016, 966, 972; BFH vom 19.12.2018 – I R 71/16, DB 2019, 1478, 1480.

[769] *Gröger* in Hölters, Handbuch Unternehmenskauf, Rn. 499.

[770] *Gröger* in Hölters, Handbuch Unternehmenskauf, Rn. 4.100; *Werner,* DStR 2012, 1662, 1667.

beim Erwerb von Kapitalgesellschaftsbeteiligungen – spiegelbildlich zur Besteuerung des Veräußerers erfolgen.[771]

322–324 *(frei)*

k) Verkauf auf Termin

325 Ein Terminverkauf[772] kann als Gestaltungsinstrument dazu dienen, **Halte- und andere Fristen zu überbrücken,** aber schon vorab eine rechtliche Bindung zwischen Veräußerer und Erwerber in Bezug auf den Unternehmensverkauf zu erzielen. Derartige Fristen, deren Nichteinhaltung negative steuerliche oder außersteuerliche Folgen hätte, können sich etwa aus der in der Vergangenheit erfolgten Gewährung von Fördermitteln, Zuschüssen oder ähnlichem, aus den erbschaftsteuerlichen Fristen der §§ 13a Abs. 1 und 6 bzw. 10 und 8 sowie 19a Abs. 5 ErbStG[773] oder auch aus umwandlungssteuerrechtlichen Vorschriften wie den § 18 Abs. 3, § 15 Abs. 4 und § 22 UmwStG ergeben.[774]

Eine andere Fallgruppe, in der ein Terminverkauf überlegt werden muss, sind Konstellationen, in denen positive steuerliche oder außersteuerliche Effekte bei sofortiger Übertragung des Unternehmens noch nicht erzielt werden könnten, weil **zeitbezogene Vorrausetzungen noch nicht erfüllt sind.** Sollen etwa die Vergünstigungen der §§ 16, 34 Abs. 3 EStG in einer Situation in Anspruch genommen werden, in der die Vollendung des 55. Lebensjahres des Veräußerers kurzfristig bevorsteht, kann es sich ebenfalls anbieten, die Zwischenphase durch einen Terminverkauf zu überbrücken.

Eine dritte Fallgruppe, in der mit Terminverkäufen gestaltet werden kann, ist der Umgang mit den **zeitlichen Anwendungs- und Übergangsvorschriften zu gesetzlichen, häufig steuerlichen Neuregelungen.**[775] Ein Beispiel hierfür war etwa der Übergang vom Halb- zum Teileinkünfteverfahren durch § 52a Abs. 3 EStG, wo auf den Übergang des wirtschaftlichen Eigentums vor bzw. nach dem Stichtag 31.12.2008 abgestellt wurde.

326 Nach der Rechtsprechung des BFH ist jedenfalls dann vom Vollzug der Veräußerung auszugehen, wenn das **wirtschaftliche Eigentum** nach § 39 Abs. 2 Nr. 1 Satz 1 AO an den Gesellschaftsanteilen oder an dem Unternehmen auf den Erwerber übergeht, was dann der Fall ist, wenn der Käufer aufgrund des bürgerlich-rechtlichen Rechtsgeschäfts bereits eine rechtlich geschützte, auf den Erwerb gerichtete Position erworben hat, die ihm gegen seinen Willen nicht mehr einseitig entzogen werden kann, und die mit den Anteilen/dem Unternehmen verbundenen wesentlichen Rechte sowie das Risiko einer Wertminderung und die Chance einer Wertsteigerung auch schon auf ihn übergegangen sind.[776] Diese Kriterien gelten dabei sowohl für die Veräußerung von **Kapitalgesellschaftsbeteiligungen**

---

[771] *Ettinger/Schmitz,* GmbHR 2016, 966, 973.

[772] Vgl. zum Terminverkauf detailliert *Rödder/Hötzel/Müller-Thuns,* Unternehmenskauf/Unternehmensverkauf, § 26 Rn. 1 ff.

[773] Wobei dies nach Auffassung der Finanzverwaltung, die aber u. E. nicht im Gesetz ableitbar ist, nicht gelingen soll, weil nämlich die Finanzverwaltung hinsichtlich des Zeitpunktes der Verwirklichung des Behaltensfristverstoßes auf den Abschluss des obligatorischen Rechtsgeschäftes („Signing") (nicht aber auf den Zeitpunkt des dinglichen Übergangs oder des Übergangs des wirtschaftlichen Eigentums) („Closing") abstellen will, vgl. R E 13a.13 Abs. 1 Satz 2; 13a.14 Abs. 1 Satz 2; 13a.16 Abs. 1 Satz 2 ErbStR 2019.

[774] Siehe oben → Rn. 186.

[775] Vgl. *Kleinheisterkamp/Schell,* DStR 2010, 833.

[776] BFH vom 10.3.1988 – IV R 226/85, BStBl. II 1988, 832; BFH vom 17.2.2004 – VIII R 26/01 BB 2004, 1257; BFH vom 9.10.2008 – IX R 73/06, BStBl. II 2009, 140; BFH vom 11.5.2010 – IX R 26/09, BFH/NV 2010, 2067; BFH vom 20.7.2010 – IX R 38/09, BFH/NV 2011, 41; BFH vom 25.5.2011 – IX R 23/10, DStR 2011, 1895; FG Hamburg vom 2.2.2015 – 6 K 277/12, BFH vom 1.3.2018 – IV R 15/15, DStRE 2018, 1032; ferner *Rödder/Hötzel/Müller-Thuns,* Unternehmenskauf/Unternehmensverkauf, § 26 Rn. 2 f. sowie *Kneip/Bagel* in: Kneip/Jänisch, Tax Due Diligence, S. 529 f., *Heuermann,* DB 2011, 551, 556.

wie auch für die Veräußerung von **Personengesellschaftsbeteiligungen** und anderem Betriebsvermögen.[777]

Ist also z. B. im Unternehmenskaufvertrag vorgesehen, dass der Veräußerer nach Abschluss   **327** des schuldrechtlichen Kaufvertrags seine Stimmrechte bereits nach Weisung des Erwerbers wahrnehmen muss, dass der Veräußerer keinerlei Gewinnausschüttungen mehr vornehmen darf, dass sämtliche Gewinne für die Zeit zwischen Abschluss des schuldrechtlichen Kaufvertrags und späterem dinglichen Übergang der Anteile/des Unternehmens bereits dem Erwerber zustehen und im Unternehmenskaufvertrag bereits die dinglichen Abtretungserklärungen, aufschiebend bedingt bzw. befristet, nach den §§ 158 Abs. 1, 163 BGB enthalten sind, so wäre das wirtschaftliche Eigentum bereits durch Abschluss des schuldrechtlichen Kaufvertrags auf den Erwerber übergegangen und die Gestaltung als Terminverkauf wäre gescheitert.

Soll ein Terminverkauf dagegen steuerlich anerkannt werden, sind **je nach Einzelfall**[778] und dessen Besonderheiten möglichst folgende Regelungen zu treffen:
- Verzicht auf eine aufschiebend bedingte oder befristete dingliche Abtretung/Übereignung im Unternehmenskaufvertrag, so dass § 161 BGB nicht gilt;
- ausdrückliche Regelung im Unternehmenskaufvertrag, wonach dem Verkäufer bis zum Eintritt des Termins seine Stimmrechte uneingeschränkt und weisungsfrei zur Verfügung stehen;
- zeitgerechte Abgrenzung des Gewinns/Verlusts auf den festgelegten Termin;
- Verzicht auf jegliche Zahlungen des Erwerbers an den Veräußerer in der Zeit bis zum Termineintritt wie Darlehen etc., die als Kaufpreiszahlung interpretiert werden könnten.

Beachte: Die Absicherung der Parteien gegen Maßnahmen und Ereignisse in der Zeit bis zum Eintritt des Termins, die das wirtschaftlich Gewollte in Frage stellen könnten, kann durch Kaufpreisanpassungsklauseln, Vereinbarung von Covenants oder Rücktrittsklauseln erfolgen. Es muss aber allen Beteiligten klar sein, dass derartige Gestaltungen immer Kompromisscharakter haben, weil nämlich meist ein Zielkonflikt zwischen dem wirtschaftlich/zivilrechtlich Gewollten einerseits und den steuerlichen Anforderungen andererseits bestehen wird.

(frei)   **328, 329**

l) Optionsvereinbarungen

Ähnlichen Zielen wie die Vereinbarung eines Verkaufs auf Termin kann es dienen, wenn   **330** die Parteien Optionsvereinbarungen treffen.[779] Die **isolierte** Vereinbarung einer **Put-Option** des Veräußerers oder einer **Call-Option** des Erwerbers führt regelmäßig noch nicht zum Übergang des wirtschaftlichen Eigentums.[780] Hier stellt sich aber das Problem der zivilrechtlichen/wirtschaftlichen Absicherung der Parteien. Faktische Maßnahmen, die einen wirtschaftlichen Druck im Hinblick auf die Ausübung der Option bewirken, können z. B. die Vereinbarungen einer Optionsprämie sein, die ansonsten verfallen würde. Ein anderes Mittel kann sein, dass der Erwerber dem späteren Veräußerer ein Darlehen gewährt und zugleich festgelegt wird, dass der Veräußerer das Darlehen nach Ablauf eines bestimmten Termins nach seiner Wahl in bar zurückführen kann oder an Erfüllung statt die Anteile an dem Unternehmen übertragen kann.

---

[777] BFH vom 25.6.2009 – IV R 3/07, DStR 2009, 2304; BFH vom 1.3.2018 – IV R 15/15, DStRE 2018, 1032; *Kleinheisterkamp/Schell,* DStR 2010, 833, 834; *Kestler/Schoch,* DStR 2019, 1489, 1493.

[778] Auf den es nach der BFH-Rechtsprechung immer ankommt, siehe z. B. BFH vom 9.10.2008 – IX R 73/06, BStBl. II 2009, 140. Unklar und ggf. streitanfällig ist die Gewichtung der einzelnen vom BFH aufgestellten Kriterien innerhalb der im Einzelfall jeweils anzustellenden Gesamtbetrachtung, vgl. *Kleinheisterkamp/Schell,* DStR 2010, 833, 834.

[779] Dazu näher *Rödder/Hötzel/Müller-Thuns,* Unternehmenskauf/Unternehmensverkauf, § 26 Rn. 4 ff. sowie *Kneip/Bagel* in: Kneip/Jänisch, Tax Due Diligence, S. 530 f.

[780] Dazu *Rödder/Hötzel/Müller-Thuns,* Unternehmenskauf/Unternehmensverkauf, § 26 Rn. 4 f.

331   Problematischer aus steuerlicher Sicht, aber praktikabler im Hinblick auf die Absicherung der Parteien, kann der Abschluss von **kombinierten Put- und Call-Optionen** (auch „Cross Options" genannt) bezogen auf die Gesellschaftsanteile/das Unternehmen sein.[781] Auch hier muss vermieden werden, dass ein sofortiger Übergang des wirtschaftlichen Eigentums angenommen wird. Für die beiden Optionen sollten hierzu unterschiedliche Zeitfenster vereinbart werden, die möglichst weit auseinander liegen; ferner sollten auch die Optionspreise für Käufer und Verkäufer unterschiedlich sein oder zum Teil von in der Zukunft liegenden Variablen abhängen.[782] Sodann kann es sich, z.B. wenn Erwerber ein größerer Konzern mit Auslandsgesellschaften ist, anbieten, dass die Optionsvereinbarungen zwischen verschiedenen Parteien getroffen werden.

> **Beachte:** Ähnlich wie vorstehend in → Rn. 327 für den Fall des Terminverkaufs beschrieben, muss auch hier vermieden werden, dass die mit dem Unternehmen/den Anteilen verbundenen Rechte wie Stimmrecht und Gewinnbezugsrecht bereits im Zeitpunkt des Abschlusses der Optionsvereinbarungen auf den Erwerber übergehen.

m) Behandlung von Gesellschafterdarlehen

332   **aa) Überblick.** Mittelständische Unternehmen werden häufig durch Gesellschafterdarlehen finanziert. Bei der Unternehmensveräußerung ist zu prüfen, was mit den Gesellschafterdarlehen passieren soll und welche steuerlichen Folgen dies hat.[783] In Betracht gezogen werden in der Praxis meist **folgende Möglichkeiten:**
- Rückführung des Gesellschafterdarlehens im Zuge der Transaktion;
- Mitverkauf des Gesellschafterdarlehens;
- Verzicht auf das Gesellschafterdarlehen;
- Umwandlung des Gesellschafterdarlehens in Eigenkapital.

333   **bb) Rückführung von Gesellschafterdarlehen.** Die Rückführung von Gesellschafterdarlehen vor Unternehmensveräußerung führt dazu, dass der Gesellschafter die Darlehensvaluta von der Gesellschaft zurückerhält, was **grundsätzlich ein steuerneutraler Vorgang** ist. Dies gilt zum einen dann, wenn der Gesellschafter eine natürliche Person ist und die zu verkaufenden Gesellschaftsanteile als Kapitalgesellschaftsanteile in seinem steuerlichen Privatvermögen gehalten hatte (Anteile i.S.v. § 17 bzw. Streubesitz i.S.v. § 20 EStG); das Darlehen stellt dann – vorbehaltlich von Fällen der Betriebsaufspaltung[784] – ein Wirtschaftsgut des Privatvermögens dar. War das Gesellschafterdarlehen Betriebsvermögen des finanzierenden Gesellschafters, ergibt sich für diesen durch die Rückführung im Grundsatz ebenfalls keine Gewinnauswirkung. Etwas anderes gilt hier jedoch, soweit der Gesellschafter auf das im Betriebsvermögen gehaltene Darlehen zuvor eine steuerlich wirksame Teilwertabschreibung auf das Darlehen vorgenommen hatte.[785]

334   **cc) Mitverkauf von Gesellschafterdarlehen.** Wird das Gesellschafterdarlehen vom Unternehmensveräußerer **zum Nennwert** an den Erwerber übertragen, ergeben sich hieraus grundsätzlich keine besonderen steuerlichen Probleme. Steuerfolgen ergeben sich jedoch dann, wenn die Darlehensveräußerung **unter dem Nennwert** erfolgt.

---

[781] Vgl. BFH vom 11.7.2006 – VIII R 32/04, DStR 2006, 2163; ferner *Rödder/Hötzel/Müller-Thuns,* Unternehmenskauf/Unternehmensverkauf, § 26 Rn. 6; *Kneip/Bagel* in: Kneip/Jänisch, Tax Due Diligence, S. 531; *Kestler/Schoch,* DStR 2019, 1489, 1495.

[782] Differenzierter *Kleinheisterkamp/Schell,* DStR 2010, 833, 835.

[783] Siehe zu den zivil- und gesellschaftsrechtlichen Möglichkeiten, mit Gesellschafterdarlehen umzugehen, Teil → D., Rn. 697ff.

[784] Die Hingabe von Gesellschafterdarlehen an Kapitalgesellschaften, an denen der Steuerpflichtige unmittelbar oder mittelbar beteiligt ist, führt per se zu keiner sachlichen Verflechtung und begründet keine Betriebsaufspaltung, BFH vom 9.7.2019 – X R 9/17, DStR 2019, 2626.

[785] Zur Möglichkeit von Teilwertabschreibungen auf Gesellschafterdarlehensforderungen siehe *Kulosa* in: Schmidt, EStG, § 6 EStG Rn. 305ff.

Beispiel: A ist alleiniger Gesellschafter der A-GmbH. Er hat ihr Gesellschafterdarlehen in Höhe von EUR 5 Mio. gewährt. Die Gesellschaft ist in Schwierigkeiten. A muss auf Drängen der Banken das Unternehmen verkaufen. Er veräußert seine Anteile an der A-GmbH an den Erwerber E. Zusätzlich zu den Geschäftsanteilen überträgt er auch die Forderung aus dem Gesellschafterdarlehen an E. Hierfür wird ein Kaufpreis von EUR 1 festgesetzt, weil das Darlehen überhaupt nicht mehr werthaltig ist. Alternative: Es wird entsprechend der verminderten Werthaltigkeit für das Darlehen ein Kaufpreis von EUR 2,5 Mio. angesetzt.

Aus Sicht des **Veräußerers** interessiert hier steuerlich die Frage, inwieweit der teil- **335** weise Ausfall der Darlehensforderung steuerlich zu berücksichtigen ist. Ist der Veräußerer eine **natürliche Person,** die die veräußerten Geschäftsanteile an einer Kapitalgesellschaft als Anteile i. S. v. § 17 EStG im **Privatvermögen** gehalten hat, gelten die oben in → Rn. 162 ff. dargestellten Grundsätze (d. h. nach aktueller Rechtslage ggf. Berücksichtigung des Verlusts im Rahmen nachträglicher Anschaffungskosten bei § 17 Abs. 2a EStG). War der Veräußerer dagegen mit weniger als 1 % an der Gesellschaft beteiligt, kann der Verlust aus der Darlehensveräußerung nach aktueller Rechtslage im Rahmen der Verlustverrechnungsbeschränkungen des § 20 Abs. 6 Satz 5 EStG u. U. jedenfalls eingeschränkt bei den Einkünften aus Kapitalvermögen nach § 20 Abs. 2 Satz 1 Nr. 7, Abs. 4 EStG als privater Veräußerungsverlust berücksichtigt werden (siehe oben → Rn. 171).

Für Anteile im **Betriebsvermögen natürlicher Personen** gilt § 3c Abs. 2 Sätze 2 ff. EStG für Wertminderungen/Verluste bzgl. Gesellschafterdarlehen eines zu mehr als 25 % beteiligten Gesellschafters, außer wenn das Darlehen nachweislich zu fremdüblichen Konditionen gewährt wurde oder auch ein fremder Dritter es noch nicht zurückgefordert hätte (siehe dazu oben → Rn. 152).

Handelt es sich beim Veräußerer um eine **Kapitalgesellschaft,** die an die nun zu veräußernde (Tochter-)Kapitalgesellschaft ein Gesellschafterdarlehen gewährt hatte, wird die steuerliche Abzugsfähigkeit je nach Beteiligungshöhe ggf. durch § 8b Abs. 3 Sätze 4 ff. KStG eingeschränkt (siehe dazu oben → Rn. 184).

Für den **Erwerber** stellt der Ankauf der Darlehensforderung unter Nennwert zunächst **336** einen erfolgsneutralen Anschaffungsvorgang dar. Kann die erworbene Zielgesellschaft die Forderung später wieder in voller Höhe zurückzahlen, führt dies für den Erwerber nach allgemeinen Grundsätzen zu einem steuerpflichtigen Ertrag, wenn er die Darlehensforderung im **Betriebsvermögen** erworben hat. Wird die erworbene Darlehensforderung dagegen zu steuerlichem **Privatvermögen** (z. B. eine natürliche Person als Käufer übernimmt sämtliche Geschäftsanteile einer GmbH sowie ein vom Veräußerer gewährtes Gesellschafterdarlehen), führt die Rückzahlung der Forderung gemäß § 20 Abs. 2 Satz 1 Nr. 7 i. V. m. § 20 Abs. 2 Satz 2 EStG zu einem Gewinn aus der Veräußerung sonstiger Kapitalforderungen. Veräußerungsgewinn ist hier der Unterschiedsbetrag zwischen der Tilgungssumme, abzüglich etwaiger Aufwendungen, und den Anschaffungskosten für die Forderung (§ 20 Abs. 4 EStG).[786]

Für die **Gesellschaft selbst** hat die Veräußerung einer gegen sie gerichteten Gesellschaf- **337** terdarlehensforderung unter Nennwert als solche keine Steuerfolgen.

Umsatzsteuerliche Probleme wirft die Mitveräußerung von Gesellschafterdarlehen **338** unter Nennwert in solchen Konstellationen in der Regel nicht auf. Insbesondere erbringt der Unternehmenskäufer durch die bloße Veräußerung keine entgeltliche sonstige Leistung im Sinne der Umsatzsteuer an den Veräußerer.[787]

---

[786] Vgl. *Schwetlik,* GmbHR 2008, 358, 360. Strittig ist, wie in diesem Zusammenhang Altfälle zu behandeln sind, also Fälle, bei denen die Tilgung in den Jahren ab 2009 erfolgt, während die Darlehensforderung bereits vor dem Jahr 2009 erworben wurde. Siehe dazu *Schwetlik,* GmbHR 2008, 358, 361 sowie *Schwetlik,* GmbHR 2008, 587.

[787] Siehe BMF vom 2.12.2015 – III C 2 – S 7100/08/10010, BStBl. I 2015, 1012 und EuGH vom 27.10.2011 – C-93/10, *GFKL,* BStBl. 2015 II 978; *Robisch* in: Bunjes, UStG, § 1 UStG Rn. 58 Stichwort „Factoring".

339   **dd) Verzicht auf das Gesellschafterdarlehen.** Befindet sich das zu veräußernde Unternehmen in wirtschaftlich schlechter Lage, kommt es vor, dass der Erwerber vom Veräußerer verlangt, dass dieser auf bestehende Gesellschafterdarlehen vor Durchführung der Veräußerung verzichtet, um die Bilanz entsprechend zu bereinigen. Hinsichtlich der steuerlichen Folgen ist danach zu unterscheiden, ob die zu veräußernde Zielgesellschaft (also der Darlehensnehmer) eine Kapitalgesellschaft oder eine Personengesellschaft ist.

340   **(1) Kapitalgesellschaft.** Handelt es sich bei der Zielgesellschaft um eine **Kapitalgesellschaft,** hat ein vor Veräußerung durchgeführter Darlehensverzicht durch den Gesellschafter, der als **Privatperson** i. S. v. § 17 EStG an der Kapitalgesellschaft beteiligt war, folgende Steuerwirkungen:

– Auf Ebene der **Gesellschaft** liegt bei unterstellter gesellschaftsrechtlicher Veranlassung des Verzichts[788] eine verdeckte Einlage vor, die nicht mit dem Nennwert, sondern mit dem Teilwert der Darlehensforderung zu bewerten ist. Wenn die erlassene Forderung im Zeitpunkt des Verzichts nicht mehr voll werthaltig ist, entsteht bei der Gesellschaft per Saldo in Höhe des nicht werthaltigen Teils ein steuerpflichtiger Ertrag.[789]

– Beim verzichtenden **Gesellschafter** erhöhen sich, und zwar grundsätzlich in Höhe des werthaltigen Teils,[790] seine Anschaffungskosten auf die Beteiligung an der Gesellschaft.

> **Praxishinweis:** Stellt sich die Lage der zu veräußernden Zielgesellschaft objektiv als kritisch dar, dürfte es in der Praxis oft schwerfallen, auch nur eine teilweise Werthaltigkeit der Darlehensforderung nachzuweisen. Es ergibt sich dann in Bezug auf den nicht werthaltigen Teil beim Verzicht eine – derartige Gestaltungen störende – Gewinnauswirkung bei der Zielgesellschaft, soweit nicht vorhandene Verlustvorträge – im Rahmen der Mindestbesteuerung – genutzt werden können.[791] Stört die Mindestbesteuerung, sollte in geeigneten Fällen über einen Verzicht in Raten über die Zeit nachgedacht werden, um jedes Jahr die uneingeschränkte Verrechnungsmöglichkeit in Höhe von EUR 1 Mio. auszunutzen.[792]

341   Wenn jedoch die Voraussetzungen des **§ 3a EStG (Sanierungserträge)** vorliegen, können Betriebsvermögensmehrungen oder Betriebseinnahmen aus einem Schuldenerlass zum Zwecke einer unternehmensbezogenen Sanierung im Sinne des § 3a Abs. 2 EStG) unter bestimmten Voraussetzungen einkommensteuerfrei sein.[793] § 3a EStG gilt über § 8 Abs. 1 KStG auch für die Körperschaftsteuer.[794] Für die Gewerbesteuer gilt die Parallelvorschrift des § 7b GewStG.[795]

---

[788] Der Verzicht eines Gesellschafters auf ein Gesellschafterdarlehen ist grundsätzlich gesellschaftsrechtlich veranlasst; anders ist dies nur in Ausnahmefällen wie etwa im Falle eines allgemeinen Gläubigerverzichts, vgl. *Dörner,* INF 9/1993, 201, 206.

[789] BFH vom 9.6.1997 – GrS 1/94, BStBl. II 1998, 307; BFH vom 6.8.2019 – VIII R 18/16, DStR 2019, 2411.

[790] Siehe zur Frage der Werthaltigkeit und zur Bewertungsmethodik *Baumgartner/Geiling,* DB 2015, 2476.

[791] Vgl. *Behrendt/Lingscheidt* in: Kneip/Jänisch, Tax Due Diligence, S. 133.

[792] *Rogge,* DB 2015, 2837, 2840.

[793] Siehe dazu *Levedag* in: Schmidt, EStG, § 3a EStG Rn. 1. § 3a EStG wurde als Reaktion auf den Beschluss des großen Senats des BFH vom 28.11.2016 – GrS 1/15, BStBl. II 2017, 393 eingeführt. Der BFH hatte in dieser letzten Entscheidung die Steuerbefreiung von Sanierungserträgen nach dem Sanierungserlass als Verstoß gegen den Grundsatz der Gesetzmäßigkeit der Verwaltung beurteilt. Die Vorschrift trat nach Abschluss der beihilferechtlichen Prüfung der EU-Kommission gemäß Art. 19 des „JStG 2018" (BGBl. I 2018, 2338) zum 5.7.2017 (BT-Drs. 19/5595, 92) in Kraft, und zwar mit Wirkung ab dem VZ 2017 (§ 52 Abs. 4a Satz 1 EStG).

[794] *Levedag* in: Schmidt, EStG, § 3a EStG Rn. 9.

[795] Siehe dazu *Drüen* in: Blümich, GewStG, § 7b GewStG Rn. 1 ff.; *Uhländer,* DB 2018, 2788.

Verzichtet der veräußernde Gesellschafter **gegen Besserungsschein,**[796] führt auch diese **342** Art des Forderungsverzichts steuerlich zunächst zu einem Erlöschen der Forderung mit der Folge, dass hinsichtlich des nicht werthaltigen Teils auf Ebene der Zielgesellschaft ein steuerpflichtiger Ertrag generiert wird, der ggf. im Rahmen der Mindestbesteuerung mit entsprechenden Verlustvorträgen verrechnet werden kann.[797] Auch in diesem Fall kommen ggf. § 3a EStG (i. V. m. § 8 Abs. 1 KStG) und § 7b GewStG zum Tragen.[798] Auf Ebene des gegen Besserungsabrede verzichtenden Gesellschafters führt der Forderungsverzicht ebenfalls zu nachträglichen Anschaffungskosten auf seine Beteiligung, soweit das Gesellschafterdarlehen werthaltig war.[799] Der Eintritt des in der Besserungsabrede definierten Besserungsfalls führt dann zum Wiederaufleben der Darlehensforderung des veräußernden Ex-Gesellschafters; diese ist bei der Zielgesellschaft ertragswirksam einzubuchen.

Für den Fall, in dem es zwischen dem Verzicht gegen Besserungsschein und dem späteren Wiederaufleben der Forderung zur Veräußerung der Anteile an der Gesellschaft und der Darlehensforderung kommt, könnte man daran denken, es handele sich hierbei um Gestaltungsmissbrauch i. S. v. § 42 AO; denn wirtschaftlich gesehen geht es dabei um eine die Übertragungsbeschränkungen des § 8c KStG überwindende Übertragung von Verlusten. Nach der BFH-Rechtsprechung stellt dies jedoch keinen Fall des § 42 AO dar.[800]

> **Praxishinweis:** Das Gestaltungsmodell „Forderungsverzicht gegen Besserungsvereinbarung" ist somit auch bei Weitergabe des Rechtstitels auf potentielles Wiederaufleben der Forderung an einen neuen Gesellschafter im Einzelfall eine tragfähige Gestaltung.[801]

Hat der veräußernde Gesellschafter als Privatperson **Anteile von weniger als 1 %** an **343** der veräußerten Ziel-Kapitalgesellschaft gehalten, ist der Forderungsverzicht als Verlust aus Kapitalvermögen nach § 20 Abs. 2, 4 EStG im Rahmen der Beschränkungen des § 20 Abs. 6 Satz 5 EStG nach aktueller Rechtslage nur sehr eingeschränkt steuerrelevant, d. h. als Verlustverrechnung bei Verlusten aus ganzer oder teilweiser Uneinbringlichkeit einer privaten Kapitalforderung nur mit Einkünften aus Kapitalvermögen, und auch das nur bis zu EUR 10 000 pro Jahr. Danach nicht verrechnete Verluste können zeitlich unlimitiert in Folgejahre vorgetragen werde und dann jeweils mit bis zu EUR 10 000 pro Jahr verrechnet werden.

(2) Personengesellschaft. Handelt es sich bei der Zielgesellschaft dagegen um eine **344** **Personengesellschaft (Mitunternehmerschaft),** gilt Folgendes:

– Gesellschafterdarlehen stellen in dieser Konstellation Sonderbetriebsvermögen I des Gesellschafters dar.[802]
– Verzichtet der Gesellschafter vor der Veräußerung auf das Gesellschafterdarlehen, und ist der Verzicht gesellschaftsrechtlich veranlasst,[803] ist der Verzicht wie die unentgeltliche Übertragung eines Wirtschaftsguts aus dem Sonderbetriebsvermögen in das Gesamthandsvermögen zu betrachten, mit der Folge, dass der Vorgang erfolgsneutral ist.[804]

---

[796] Vgl. zur zivil- und gesellschaftsrechtlichen Seite eines Darlehensverzichts gegen Besserungsschein z. B. *Becker/Pape,* DStR 2010, 506.

[797] Vgl. BFH vom 12.7.2012 – I R 23/11, BFH/NV 2012, 1901; *Schwedhelm/Olbing/Binnewies,* GmbHR 2011, 1233, 1242.

[798] *Levedag* in: Schmidt, EStG, § 3a EStG Rn. 13.

[799] Vgl. *Schwedhelm/Olbing/Binnewies,* GmbHR 2011, 1233, 1242.

[800] BFH vom 12.7.2012 – I R 23/11, BFH/NV 2012, 1901.

[801] *Hoffmann,* DStR 2012, 2058; *Frey,* SteuK 2012, 468; *Brill,* GWR 2012, 502.

[802] *Wacker* in: Schmidt, EStG, § 15 EStG Rn. 540.

[803] Auch hier ist dies der Regelfall, vgl. FG Münster vom 1.9.2009 – 1 K 3384/06 F, EFG 2010, 52, 53.

[804] *Wacker* in: Schmidt, EStG, § 15 EStG Rn. 550.

– Dies gilt unabhängig davon, inwieweit die Forderung aus dem Gesellschafterdarlehen werthaltig war oder nicht.[805]

Das Kapital in der Steuerbilanz der Personengesellschaft (Gesamthandsbilanz) erhöht sich **erfolgsneutral** um den Nennwert der ehemaligen Schuld aus dem Gesellschafterdarlehen, und korrespondierend vermindert sich das Kapital in der Sonderbilanz des Gesellschafters erfolgsneutral um den gleichen Betrag; sofern die Gesellschafter nichts anderes vereinbaren, ist dies Erhöhung allein dem verzichtenden Gesellschafter zuzurechnen und erhöht dessen Kapitalkonto in der Steuerbilanz der Personengesellschaft.[806]

345 **ee) Umwandlung des Gesellschafterdarlehens in Eigenkapital (Debt Equity Swap).** Im Rahmen eines sog. Debt Equity Swaps werden **Gesellschafterdarlehen in Eigenkapital umgewandelt.** Da hierdurch Verbindlichkeiten reduziert werden und die Eigenkapitalquote der zu veräußernden Zielgesellschaft verbessert wird, kommt dieses Vorgehen insbesondere dann in Betracht, wenn das Zielunternehmen in eine Schieflage geraten ist und der Erwerber vor Durchführung der Transaktion eine finanzielle Restrukturierung erwartet. Steuerlich entsteht bei Durchführung des Debt Equity Swap regelmäßig ein **steuerpflichtiger Ertrag** auf Ebene der Zielgesellschaft, und zwar ähnlich wie beim Darlehensverzicht in Höhe des nicht werthaltigen Teils der im Rahmen des Debt Equity Swap eliminierten Darlehensforderung.[807] Ähnlich wie beim Forderungsverzicht können im Rahmen der Mindestbesteuerung vorhandene Verlustvorträge genutzt werden bzw. können ggf. die Regelungen der § 3a EStG (i. V. m. § 8 Abs. 1 KStG) und § 7b GewStG[808] die steuerlichen Folgen bei der Zielgesellschaft abmildern.

346–349 *(frei)*

n) Behandlung von Pensionszusagen

350 **aa) Überblick.** In den Bilanzen mittelständischer Kapitalgesellschaften, zumeist in der Rechtsform einer GmbH strukturiert, finden sich häufig Pensionszusagen zu Gunsten des oder der Gesellschafter-Geschäftsführer(s). Kommt es zum Unternehmensverkauf, erweisen sich Pensionszusagen **typischerweise als „Störfaktor".**[809] Der Unternehmenskäufer wird regelmäßig darauf drängen, dass die Zusage vor Vollzug der Transaktion durch die Altgesellschafter bereinigt wird.[810]

Hierfür kommen im Wesentlichen **folgende Maßnahmen** in Betracht:
– Der pensionsberechtigte Gesellschafter-Geschäftsführer verzichtet auf die Pension, ohne dafür eine Abfindung zu erhalten;
– der Verzicht erfolgt gegen eine Abfindung;
– der Verzicht erfolgt auf die Weise, dass unter Aufhebung der Pensionszusage von der Gesellschaft ein Einmalbetrag an eine Versicherung zum Abschluss eines Rentenversicherungsvertrags zugunsten des Gesellschafter-Geschäftsführers gezahlt wird;
– es erfolgt eine Übertragung der Pensionsversicherung auf einen Pensionsfonds;
– es erfolgt die Übertragung der Pensionszusage auf eine Unterstützungskasse;

---

[805] *Wacker* in: Schmidt, EStG, § 15 EStG Rn. 550.

[806] *Wacker* in: Schmidt, EStG, § 15 EStG Rn. 550; anderer Ansicht *Ley,* KÖSDI 2005, 14815, 14823.

[807] *Ebbinghaus/Neu/Hinz,* NZI 2014, 729, 734; *Oelke/Wöhlert/Degen,* BB 2010, 299; *Scheunemann/Hoffmann,* DB 2009, 983; *Krumm* in: Blümich, EStG, § 5 EStG Rn. 957 f.

[808] *Levedag* in: Schmidt, EStG, § 3a EStG Rn. 16. Von § 3a EStG sind dabei nach h. M. in technischer Umsetzung des Debt Equity Swap sowohl (i) der Weg über den Erlass der Forderung wie auch (ii) deren Einbringung und Erlöschen durch Konfusion erfasst, vgl. *Levedag* in: Schmidt, EStG, § 3a EStG Rn. 16; *Kahlert/Schmidt,* DStR 2017, 1897, 1900; *Förster/Hechtner,* DB 2017, 1536, 1538.

[809] Gerade aus älteren Pensionszusagen erwachsen oft bilanzielle und steuerliche Risiken bzw. sie bergen „Sprengstoff" (*Weißflog,* DStR 2016, 2543).

[810] Vgl. z. B. *Feldgen,* StuB 2015, 416; *Wehner,* DB 2020, 2017.

- die Pensionszusage verbleibt trotz Unternehmensverkaufs in der Gesellschaft, und wird bei Strukturierung des Unternehmensverkaufs als Share Deal daher vom Unternehmenserwerber fortgeführt;
- die Pensionszusage verbleibt trotz Unternehmensverkaufs in der Gesellschaft, der Unternehmensverkauf wird jedoch als Asset Deal strukturiert, unter Zurückbehaltung der Pensionszusage in der verkaufenden Gesellschaft;
- die Pensionszusage wird im Zusammenhang mit dem Unternehmensverkauf auf eine neu gegründete „Rentner-Gesellschaft" übertragen, sodass die eigentliche operative Gesellschaft im Share Deal und „ohne" die Pensionszusage übertragen werden kann.

Die vorgenannten Maßnahmen werden **zivilrechtlich** allesamt durch entsprechende **351** mehrseitige Vereinbarungen umgesetzt, an der die betroffene Gesellschafter-Geschäftsführer mitwirkt. Im Rahmen der Vertragsfreiheit sind diese im Grundsatz unproblematisch. **Arbeitsrechtliche Einschränkungen** ergeben sich jedoch ggf. aus **§ 3 BetrAVG.** Danach ist die Abfindung **unverfallbarer Pensionsanwartschaften** von Arbeitnehmern oder bereits pensionsberechtigten Pensionisten grundsätzlich verboten; das Verbot erstreckt sich auch auf unentgeltliche (= abfindungslose) Verzichte.[811] Verbotswidrige Absprachen sind nach § 134 BGB zivilrechtlich **unwirksam,** mit der Folge, dass die Pensionsanwartschaft auf der einen und die entsprechende Pensionsverbindlichkeit auf der anderen Seite bestehen bleiben.[812] **Zulässig ist** dagegen die Abfindung von noch **nicht unverfallbaren Pensionsanwartschaften.**[813] Zulässig ist des Weiteren nach überwiegender Meinung die Abfindung von Pensionsanwartschaften von Arbeitnehmern, die nicht ausscheiden, sondern weiterbeschäftigt werden.[814] Auf die hier primär interessierenden **Gesellschafter-Geschäftsführer** ist das Abfindungsverbot nach BGH-Rechtsprechung überhaupt grundsätzlich nicht anwendbar.[815]

Weitere, theoretisch denkbare Möglichkeiten sollen hier nicht näher behandelt werden, insbesondere weil sie im Bereich mittelständischer Unternehmensverkäufe eher nicht sinnvoll sind.[816]

bb) Verzicht auf die Pensionszusage ohne Abfindung. (1) Grundsätzliche Be- 352 handlung des abfindungslosen Pensionsverzichts. Verzichtet ein Gesellschafter-Geschäftsführer auf die ihm von „seiner" GmbH eingeräumte Pensionszusage, muss in Bezug auf die steuerlichen Folgen unterschieden werden, ob der Verzicht **betrieblich oder gesellschaftsrechtlich veranlasst** ist.[817] Sodann muss danach unterschieden werden, inwieweit die Pensionsanwartschaft im Verzichtszeitpunkt aus Sicht des pensionsberechtigten Gesellschafter-Geschäftsführers **voll werthaltig oder wertgemindert** ist.[818] Schließlich

---

[811] *Meyer,* NZA 2002, 246, 254; *Paul/Daub,* BB 2011, 1525, 1531; *Steinmeyer* in Erfurter Kommentar zum Arbeitsrecht, § 3 Rn. 15.

[812] *Paul/Daub,* BB 2011, 1525, 1531; *Seel,* MDR 2009, 1260, 1262 f.; *Steinmeyer* in Erfurter Kommentar zum Arbeitsrecht, § 3 Rn. 10.

[813] *Paul/Daub,* BB 2011, 1525, 1531.

[814] *Paul/Daub,* BB 2011, 1525, 1531; *Seel,* MDR 2009, 1260, 1262; *Steinmeyer* in Erfurter Kommentar zum Arbeitsrecht, § 3 Rn. 8.

[815] BGH vom 23.5.2017 – II ZR 6/16, DB 2017, 1769. Im Detail ist der Umfang der Beteiligungsrechte relevant, vgl. *Wehner,* DB 2020, 2017 f.

[816] Hierzu zählt insbesondere das sog. CTA-Modell, das eine Übertragung der Pensionsverpflichtung auf einen Treuhänder vorsieht, um in einer nach IFRS aufgestellten Bilanz der Gesellschaft eine Verbesserung des Bilanzbilds zu erreichen. Steuerlich hingegen bleibt die Gesellschaft aus der erteilten Pensionszusage verpflichtet (§ 39 Abs. 1 Nr. 1 Satz 2 AO, vgl. *Wellisch/Quirig/Bleckmann,* NWB 2006, 2027, 2035).

[817] *Feldgen,* StuB 2015, 416, 417; *Grögler/Urban,* DStR 2006, 1389, 1390; *Weißflog,* DStR 2016, 2543, 2546; *Weber-Grellet* in Schmidt, EStG, § 6a EStG Rn. 70 f.

[818] *Grögler/Urban,* DStR 2006, 1389, 1390; *Rengers* in Blümich, KStG, § 8 KStG Rn. 756a. Zur Berechnung der Werthaltigkeit der Pensionszusage im Falle des Verzichts siehe ausführlich *Harle,* BB 2010, 1963, 1964 f.

muss danach unterschieden werden, ob die Pensionsanwartschaft im Verzichtszeitpunkt **verfallbar oder unverfallbar** war.[819]

353   **(a) Betriebliche Veranlassung.** In dem Fall, dass der Verzicht auf die Pensionszusage nachweislich betrieblich veranlasst[820] ist, ist die Pensionsrückstellung bei der Gesellschaft unter entsprechender Gewinnerhöhung aufzulösen. Eine steuerliche Folge beim verzichtenden Gesellschafter-Geschäftsführer ergibt sich in diesem Fall jedoch nicht (d. h. kein fingierter Zufluss von Arbeitslohn und auch keine Erhöhung seiner Anschaffungskosten).[821] Dies gilt u. E. für verfallbare ebenso wie für unverfallbare Pensionsanwartschaften.

354   **(b) Gesellschaftsrechtliche Veranlassung.** Erfolgt der Verzicht auf die Pensionszusage dagegen aus gesellschaftsrechtlicher Veranlassung,[822] fließt dem verzichtenden Gesellschafter-Geschäftsführer einkommensteuerlich gesehen in Höhe des zum Verzichtszeitpunkts zeitanteilig erdienten (sog. „Past Service")[823] Teilwerts der Pensionsanwartschaft[824] im Verzichtszeitpunkt Arbeitslohn i. S. v. § 19 EStG zu,[825] wenn die Pensionsanwartschaft bereits unverfallbar ist.[826] und soweit sie werthaltig ist.[827] Es kommt dabei die Fünftel-Regelung des § 34 Abs. 1, Abs. 2 Nr. 4 EStG in Betracht.[828] In Höhe dieses selben Betrags erhöhen sich sodann die Anschaffungskosten des Gesellschafter-Geschäftsführers auf seine Gesellschaftsanteile (nachträgliche Anschaffungskosten).[829] Bei der Gesellschaft erfolgt wiederum eine gewinnwirksame Auflösung der Pensionsrückstellung. Bei ihr erfolgt aber im Gegenzug eine außerbilanzielle Verringerung des körperschaft- und gewerbesteuerlichen Ein-

---

[819] Das muss u. E. aus der BFH-Entscheidung vom 8.6.2011 – I R 62/10, GmbHR 2011, 1171 gefolgert werden. Ebenso *Felten*, BB 2011, 2674 und *Weber-Grellet* in Schmidt, EStG, § 6a EStG Rn. 74 sowie *Rengers* in Blümich, KStG, § 8 KStG Rn. 756a.

[820] Betrieblich veranlasst kann dann sein, wenn (i) sich die Pensionszusage im Zeitpunkt des Verzichts als nicht finanzierbar darstellt oder (ii) der Verzicht der Vermeidung einer drohenden Überschuldung der Gesellschaft im insolvenzrechtlichen Sinne dienen soll und im Zusammenhang mit weiteren, die Überschuldung vermeidenden Maßnahmen steht, und auch ein Fremdgeschäftsführer in dieser Situation zu einem Verzicht bereit gewesen wäre (*Weißflog*, DStR 2016, 2543, 2546; Bayerisches Landesamt für Steuern vom 15.2.2007 – S 2742-26 St31N, DStR 2007, 993). Die betriebliche Veranlassung ist die „Ausnahme".

[821] *Feldgen*, StuB 2015, 416, 418; *Grögler/Urban*, DStR 2006, 1389, 1391; *Weißflog*, DStR 2016, 2543, 2547; *Selig-Kraft*, BB 2017, 159; *Weber-Grellet* in Schmidt, EStG, § 6a EStG Rn. 71.

[822] Der Verzicht durch den Gesellschafter-Geschäftsführer ist regelmäßig als gesellschaftsrechtlich veranlasst anzusehen (Bayerisches Landesamt für Steuern vom 15.2.2007 – S 2742-26 St31N, DStR 2007, 993); dies ist der „Normalfall" (*Weißflog*, DStR 2016, 2543, 2547).

[823] Soweit der Verzicht sich auf künftige, noch nicht erdiente Pensionsansprüche („Future Service") erstreckt, ist er rechtsfolgenlos, vgl. BMF vom 14.8.2012 – IV C 2 – S 2743/10/10001 :001, BStBl. I 2012, S. 874.

[824] Teilwert der Pensionsanwartschaft ist dabei nicht der Wert i. S. d. § 6a EStG, sondern die Wiederbeschaffungskosten der Pensionsanwartschaft (*Rengers* in Blümich, KStG, § 8 KStG Rn. 756; BFH vom 23.8.2017 – VI R 4/16, DStR 2017, 2534, 2536). Die Wiederbeschaffungskosten sind die Netto-Einmalprämie, die eine Versicherung zur Erlangung einer identischen Pensionsanwartschaft zu zahlen wären (*Weißflog*, DStR 2016, 2543, 2548).

[825] Vgl. *Harle*, BB 2010, 1963, 1963; *Altendorf*, GmbH-StB 2008, 334, 335; *Förster*, Stbg 2006, 520, 522.

[826] Das muss u. E. aus der BFH-Entscheidung vom 8.6.2011 – I R 62/10, GmbHR 2011, 1171 gefolgert werden und wird vom BFH auch in der Entscheidung BFH vom 23.8.2017 – VI R 4/16, DStR 2017, 2534, 2536 unterstellt. Ebenso *Felten*, BB 2011, 2674 und *Feldgen*, StuB 2015, 416, 417. Ist die Pensionsanwartschaft im Verzichtszeitpunkt dagegen noch nicht unverfallbar, liegt u. E. kein Zufluss von Arbeitslohn beim Verzichtenden vor und ergibt sich korrespondierend auch keine verdeckte Einlage bei der Gesellschaft.

[827] BFH vom 23.8.2017 – VI R 4/16, DStR 2017, 2534, 2537; *Weißflog*, DStR 2016, 2543, 2549.

[828] So BFH vom 23.8.2017 –VI R 4/16, DStR 2017, 2534, 2537.

[829] *Grögler/Urban*, DStR 2006, 1389, 1390; *Förster*, Stbg 2006, 520, 522.

kommens um den Teil der Pensionsanwartschaft, der zum Verzichtszeitpunkt werthaltig war (verdeckte Einlage).[830]

(2) Steuerliche Behandlung des abfindungslosen Verzichts beim Unternehmensverkauf. Der Verzicht durch den Gesellschafter-Geschäftsführer auf die Pensionszusage, der **aufgrund der Veräußerung der GmbH** erfolgt, ist nach Auffassung der Finanzverwaltung grundsätzlich **durch das Gesellschaftsverhältnis veranlasst.**[831] Eine betriebliche Veranlassung des Verzichts könnte dagegen je nach Einzelfall dann angenommen werden, wenn der Verzicht im Vorfeld einer Veräußerung deswegen erfolgt, etwa weil (i) die Pensionszusage im Zeitpunkt des Verzichts nicht finanzierbar ist[832] oder (ii) der Verzicht der Vermeidung einer drohenden Überschuldung der Gesellschaft im insolvenzrechtlichen Sinne dienen soll und im Zusammenhang mit weiteren, die Überschuldung vermeidenden Maßnahmen steht, und auch ein Fremdgeschäftsführer in dieser Situation zu einem Verzicht bereit gewesen wäre.[833]

> **Beachte:** Man sollte in der Praxis regelmäßig davon ausgehen, dass der Nachweis einer betrieblichen Veranlassung gegenüber dem Finanzamt sehr schwer fallen dürfte bzw. misslingt.

(a) Unverfallbare Anwartschaft. Geht man davon aus, dass beim Unternehmensverkauf der abfindungslose Verzicht grundsätzlich durch das Gesellschaftsverhältnis veranlasst ist, hat der auf eine unverfallbare Pensionsanwartschaft verzichtende Gesellschafter-Geschäftsführer daher Arbeitslohn i. S. v. § 19 EStG zu versteuern, obwohl ihm tatsächlich nichts zufließt. Auf diesen – wenn auch fiktiven – Lohnzufluss hat die Gesellschaft von anderweitigen Barlohnbezügen des verzichtenden Gesellschafter-Geschäftsführers die Lohnsteuer einzubehalten; andernfalls besteht zur Vermeidung der Lohnsteuerhaftung der Gesellschaft nach § 42d EStG eine Anzeigepflicht der Gesellschaft bei dem für sie zuständigen Betriebsstättenfinanzamt (§ 38 Abs. 4 Satz 2 EStG).[834] Es kommt jedoch zumindest die Tarifermäßigung der sog. Fünftel-Regelung nach § 34 Abs. 1 EStG zur Anwendung.[835]

Beispiel: Die G-GmbH hat ihren Gesellschafter-Geschäftsführer A eine Pensionszusage im Wege der Direktzusage eingeräumt. Diese ist bereits unverfallbar geworden; sie ist in der Bilanz der Gesellschaft mit EUR 800 000 zurückgestellt. Der tatsächliche (und zum Verzichtszeitpunkt nach den Grundsätzen des BMF-Schreibens zum Future Service[836] zeitanteilig erdiente) Teilwert der Pensionsanwartschaft beträgt EUR 1,2 Mio.[837] Die Gesellschaft soll nun an den Konzern K verkauft werden, der verlangt, dass vor Durchführung einer Transaktion die Pensionszusage bereinigt wird. In Folge dessen verzichtet A vor dem Unternehmensverkauf auf die Pensions-

[830] *Feldgen,* StuB 2015, 416, 417; *Altendorf,* GmbH-StB 2008, 334, 335; *Grögler/Urban,* DStR 2006, 1389, 1390; *Weißflog,* DStR 2016, 2543, 2548.

[831] Verfügung des Bayerischen Landesamts für Steuern vom 15.2.2007 – S 2742 – 26 St31N, DStR 2007, 993; *Feldgen,* StuB 2015, 416, 417; *Grögler/Urban,* DStR 2006, 1389, 1390.

[832] Vgl. *Grögler/Urban,* DStR 2006, 1389, 1391 sowie *Heeg,* DStR 2009, 567, 568 f.; Verfügung des Bayerischen Landesamts für Steuern vom 15.2.2007 – S 2742 – 26 St31N, DStR 2007, 993 (str.).

[833] Vgl. Verfügung des Bayerischen Landesamts für Steuern vom 15.2.2007, S 2742-26 St31N, DStR 2007, 993; *Heeg,* DStR 2009, 567, 569.

[834] *Feldgen,* StuB 2015, 416, 418.

[835] Siehe z. B. *Ott,* DStR 2015, 2262, 2263; *Altendorf,* GmbH-StB 2008, 334, 334 f.; *Förster,* Stbg 2006, 520, 523; BFH vom 23.8.2017 – VI R 4/16, DStR 2017, 2534, 2537.

[836] BMF vom 14.8.2012 – IV C 2 – S 2743/10/10001 :001, BStBl. I 2012, 874.

[837] Teilwert ist der Wiederbeschaffungswert der Pensionszusage, d. h. der Betrag, der am Markt als Versicherungsprämie an eine Versicherungsgesellschaft bezahlt werden müsste, um eine Pension mit demselben Inhalt zu „kaufen", vgl. BMF vom 14.8.2012 – IV C 2 – S 2743/10/10001 :001, BStBl. I 2012, 874, Rn. 1 sowie *Grögler/Urban,* DStR 2006, 1389, 1392. Typischerweise ist der Teilwert einer Pensionszusage deutlich höher als die Pensionsrückstellung nach § 6a EStG. Von dem so ermittelten Wert ist bei schlechter Bonität der Gesellschaft als dem Schuldner der Pensionszusage noch ein Abschlag vorzunehmen.

zusage. Aufgrund der guten Ertragslage der Gesellschaft ist die Pensionszusage im Verzichts-zeitpunkt voll werthaltig.

Es ergeben sich im Beispiel folgende Steuerfolgen:
- Steuerfolgen bei der Gesellschaft: Bei der Gesellschaft entsteht per Saldo ein Verlust i. H. v. EUR 400000 (Ertrag EUR 800000 abzgl. außerbilanzielle Korrektur aus verdeckter Einlage i. H. v. EUR 1,2 Mio.). Das steuerliche Einlagekonto der Gesellschaft i. S. v. § 27 Abs. 1 Satz 1 KStG ist um EUR 1,2 Mio. zu erhöhen.
- Steuerfolgen bei A: A hat steuerlichen Arbeitslohn i. S. v. § 19 EStG i. H. v. EUR 1,2 Mio. zu versteuern. Er hat in gleicher Höhe nachträgliche Anschaffungskosten auf seine Beteiligung an der G-GmbH, die sich nach § 3c Abs. 2 EStG jedoch nur zu 60 % steuerlich auswirken.
- Schenkungsteuerfolgen: Sind neben dem verzichtenden Gesellschafter-Geschäftsführer noch weitere Gesellschafter an der G-GmbH beteiligt, ist des Weiteren § 7 Abs. 8 Satz 1 ErbStG zu prüfen, da anzunehmen ist, dass sich der Ertragswert der Gesellschaft durch den abfindungslosen Verzicht erhöht.[838] Die Begünstigungen der §§ 13a, b ErbStG sind für die fiktive Schenkung nach § 7 Abs. 8 Satz 1 ErbStG nicht einschlägig.[839]

In Fällen, in denen die Pensionsanwartschaft aus Sicht des verzichtenden Gesellschafter-Geschäftsführers im Verzichtszeitpunkt **nicht vollständig werthaltig** ist, fließt dem Gesellschafter-Geschäftsführer nur in Höhe des werthaltigen Teils (= Teilwert) der zeitanteilig bereits erdienten[840] Pensionsanwartschaft Arbeitslohn zu, und auch nur in dieser Höhe liegt eine außerbilanziell bei der Gesellschaft zu korrigierende verdeckte Einlage vor.[841] Dies aber u. E. wiederum nur dann, wenn die Pensionsanwartschaft bereits unverfallbar ist.[842] Der durch den Wegfall des Passivums „Pensionsrückstellung" entstehende Ertrag auf Ebene der Gesellschaft entspricht aber nach wie vor der bilanziellen Höhe der Pensionsrückstellung i. S. v. § 6a EStG.

Beispiel: Die G-GmbH hat ihrem Gesellschafter-Geschäftsführer A eine Pensionszusage eingeräumt. Diese ist bereits unverfallbar geworden; sie ist in der Bilanz der Gesellschaft mit EUR 800000 zurückgestellt. Der zum Verzichtszeitpunkt nach den Grundsätzen des BMF-Schreibens zum Future Service[843] zeitanteilig erdiente Teilwert der Pensionsanwartschaft beträgt EUR 1,2 Mio. Die Gesellschaft soll verkauft werden. Wiederum verlangt der Erwerbsinteressent, dass die Pensionszusage bereinigt wird. In Folge dessen verzichtet A vor dem Unternehmensverkauf auf die Pensionszusage. Die Gesellschaft hat in den Vorjahren vor dem Verkauf jedoch hohe Verluste erzielt, weshalb die Banken der Gesellschaft den Gesellschafter zum Verkauf gedrängt haben. Die Pensionszusage ist nur noch zu 50 % werthaltig.

Es ergeben sich im Beispiel folgende Steuerfolgen:
- Steuerfolgen bei der Gesellschaft: Bei der Gesellschaft entsteht per Saldo ein Ertrag i. H. v. EUR 200000 (Ertrag EUR 800000 abzüglich außerbilanzielle Korrektur aus verdeckter Einlage i. H. v. EUR 600000). Der Ertrag kann im Rahmen der Mindestbesteuerung mit ggf. vorhandenen Verlustvorträgen verrechnet werden.

---

[838] So *Ott*, DStR 2015, 2262, 2263.

[839] Gleichlautender Erlass der obersten Finanzbehörden der Länder betreffend Schenkungen unter Beteiligung von Kapitalgesellschaften oder Genossenschaften vom 14.3.2012, BStBl. I 2012, S. 331, Tz. 3.5.

[840] BMF vom 14.8.2012 – IV C 2 – S 2743/10/10001 :001, BStBl. I 2012, S. 874; BFH vom 23.8.2017 – VI R 4/16, DStR 2017, 2534, 2537; *Weißflog*, DStR 2016, 2543, 2549.

[841] *Altendorf*, GmbH-StB 2008, 334, 335; *Grögler/Urban*, DStR 2006, 1389, 1390; *Förster*, Stbg 2006, 520, 523; *Weißflog*, DStR 2016, 2543, 2548.

[842] Das muss u. E. aus der BFH-Entscheidung vom 8.6.2011 – I R 62/10, GmbHR 2011, 1171 gefolgert werden und wird vom BFH auch in der Entscheidung BFH vom 23.8.2017 – VI R 4/16, DStR 2017, 2534, 2536 unterstellt. Ebenso *Felten*, BB 2011, 2674. Ist die Pensionsanwartschaft im Verzichtszeitpunkt dagegen noch nicht unverfallbar, liegt u. E. kein Zufluss von Arbeitslohn beim Verzichtenden vor und ergibt sich korrespondierend auch keine verdeckte Einlage bei der Gesellschaft.

[843] BMF vom 14.8.2012 – IV C 2 – S 2743/10/10001 :001, BStBl. I 2012, S. 874.

– Steuerfolgen bei A: A hat steuerlichen Arbeitslohn i. S. v. § 19 EStG i. H. v. EUR 600 000 zu versteuern. Wiederum erhöhen sich seine nachträglichen Anschaffungskosten um den gleichen Betrag.
– Schenkungsteuerfolgen: Sind neben dem verzichtenden Gesellschafter-Geschäftsführer noch weitere Gesellschafter an der G-GmbH beteiligt, ist des Weiteren § 7 Abs. 8 Satz 1 ErbStG zu prüfen, da anzunehmen ist, dass sich der Ertragswert der Gesellschaft durch den abfindungslosen Verzicht erhöht.[844] Die Begünstigungen der §§ 13a, b ErbStG sind für die fiktive Schenkung nach § 7 Abs. 8 Satz 1 ErbStG nicht einschlägig.[845]

(b) Verfallbare Anwartschaft. Ist die Pensionsanwartschaft im Verzichtszeitpunkt da- **357** gegen **noch nicht unverfallbar,** liegt u. E. kein Zufluss von Arbeitslohn beim Verzichtenden vor und ergibt sich korrespondierend auch keine verdeckte Einlage bei der Gesellschaft.[846]

Beispiel: Die G-GmbH hat ihrem Gesellschafter-Geschäftsführer A eine Pensionszusage im Wege der Direktzusage eingeräumt. Diese ist bereits unverfallbar geworden; sie ist in der Bilanz der Gesellschaft mit EUR 800 000 zurückgestellt. Der tatsächliche zum Verzichtszeitpunkt nach den Grundsätzen des BMF-Schreibens zum Future Service[847] zeitanteilig erdiente Teilwert der Pensionsanwartschaft beträgt EUR 1,2 Mio.[848] Die Gesellschaft soll nun an den Konzern K verkauft werden, der verlangt, dass vor Durchführung einer Transaktion die Pensionszusage bereinigt wird. In Folge dessen verzichtet A im Unternehmenskaufvertrag unter Hinweis auf die noch nicht eingetretene Unverfallbarkeit nach dem BetrAVG auf die Pensionszusage. Aufgrund der guten Ertragslage der Gesellschaft ist die Pensionszusage im Verzichtszeitpunkt voll werthaltig.

Es ergeben sich im Beispiel folgende Steuerfolgen:
– Steuerfolgen bei der Gesellschaft: Bei der Gesellschaft entsteht ein Ertrag i. H. v. EUR 800 000. Eine außerbilanzielle Korrektur aus verdeckter Einlage erfolgt nicht.[849]
– Steuerfolgen bei A: A hat keinen steuerlichen Arbeitslohn i. S. v. § 19 EStG zu versteuern.[850] Er hat dem entsprechend auch nachträgliche Anschaffungskosten auf seine Beteiligung.
– Schenkungsteuerfolgen: Sind neben dem verzichtenden Gesellschafter-Geschäftsführer noch weitere Gesellschafter an der G-GmbH beteiligt, ist des Weiteren § 7 Abs. 8 Satz 1 ErbStG zu prüfen.[851] U. E. sollte jedoch die ertragsteuerliche Wertung in Fällen des Verzichts auf noch nicht unverfallbare Pensionsanwartschaften auch auf die Schenkungsteuer durchschlagen (d. h. im Ergebnis u. E. keine Schenkungssteuer).

cc) Pensionsverzicht gegen Abfindung. Ein Pensionsverzicht gegen Abfindung **358** kann zum einen so gestaltet werden, dass die die Pensionszusage gewährende Gesellschaft den pensionsberechtigten Gesellschafter-Geschäftsführer durch eine **Barzahlung** abfindet. Zum anderen kommt die **Übertragung der Ansprüche der Gesellschaft aus der Rückdeckungsversicherung** in Betracht für den praxisrelevanten Fall, dass die Gesell-

---

[844] So *Ott,* DStR 2015, 2262, 2263.
[845] Gleichlautender Erlass der obersten Finanzbehörden der Länder betreffend Schenkungen unter Beteiligung von Kapitalgesellschaften oder Genossenschaften vom 14.3.2012, BStBl. I 2012, 331, Tz. 3.5.
[846] *Felten,* BB 2011, 2674.
[847] BMF vom 14.8.2012 – IV C 2 – S 2743/10/10001 :001, BStBl. I 2012, 874.
[848] Teilwert ist der Wiederbeschaffungswert der Pensionszusage, d. h. der Betrag, der am Markt als Versicherungsprämie an eine Versicherungsgesellschaft bezahlt werden müsste, um eine Pension mit demselben Inhalt zu „kaufen", vgl. *Grögler/Urban,* DStR 2006, 1389, 1392. Typischerweise ist der Teilwert einer Pensionszusage deutlich höher als die Pensionsrückstellung nach § 6a EStG. Von dem so ermittelten Wert ist bei schlechter Bonität der Gesellschaft als dem Schuldner der Pensionszusage noch ein Abschlag vorzunehmen.
[849] Vgl. BFH vom 8.6.2011 – I R 62/10, GmbHR 2011, 1171.
[850] *Felten,* BB 2011, 2674.
[851] So *Ott,* DStR 2015, 2262, 2263.

schaft eine Rückdeckungsversicherung abgeschlossen hat.[852] Schließlich kommt auch die **Übertragung des Aktivvermögens** (Wertpapierdepot, Fondsanteile etc.) an den Gesellschafter-Geschäftsführer in Betracht, das die Gesellschaft ggf. aus der durch die jährlichen Zuführungen zur Pensionsrückstellung freiwerdenden Liquidität aufgebaut hat.

359   Für die steuerlichen Folgen ist **zu unterscheiden, ob eine betriebliche oder gesellschaftsrechtliche Veranlassung** vorliegt. Des Weiteren ist relevant, ob die Pensionsanwartschaft im Abfindungszeitpunkt bereits **unverfallbar** ist oder nicht, und ob die Pensionsanwartschaft im Abfindungszeitpunkt **werthaltig** ist oder nicht.[853] Schließlich ist zu ermitteln, in welcher Höhe die Pensionsanwartschaft zum Verzichtszeitpunkts zeitanteilig bereits **erdient** ist.[854]

360   **(1) Gesellschaftsrechtliche Veranlassung.** Bei einer gesellschaftsrechtlich veranlassten Abfindung führt die Abfindung zu einer verdeckten Gewinnausschüttung an den Gesellschafter-Geschäftsführer.[855] Daraus ergibt sich für diesen eine Versteuerung nach der Abgeltungsteuer (§§ 20 Abs. 1 Nr. 1, 32d EStG, Gesamthöhe inkl. Solidaritätszuschlag 26,375%). Die Gesellschaft hierauf Kapitalertragsteuer abzuführen.

Sodann liegt in dem Vorgang nach Auffassung des BFH zusätzlich ein getrennt von der verdeckten Gewinnausschüttung zu beurteilender Verzicht des Gesellschafter-Geschäftsführers auf seine Pensionszusage;[856] dieser Verzicht führt beim verzichtenden Gesellschafter-Geschäftsführer, wenn es sich um eine unverfallbare Pensionsanwartschaft handelt, in der Höhe zu Arbeitslohn i. S. v. § 19 EStG, in der die Pensionszusage bereits zeitanteilig erdient und werthaltig war.[857] Auf diesen − wenn auch fiktiven − Lohnzufluss hat die Gesellschaft von anderweitigen Barlohnbezügen des verzichtenden Gesellschafter-Geschäftsführers die Lohnsteuer einzubehalten; andernfalls besteht zur Vermeidung der Lohnsteuerhaftung der Gesellschaft nach § 42d EStG eine Anzeigepflicht der Gesellschaft bei dem für sie zuständigen Betriebsstättenfinanzamt (§ 38 Abs. 4 Satz 2 EStG).[858] Es kommt die Tarifermäßigung der sog. Fünftel-Regelung nach § 34 Abs. 1 EStG zur Anwendung.[859] In Höhe des werthaltigen Teils des vom BFH angenommenen Verzichts erhöhen sich sodann die Anschaffungskosten des Gesellschafter-Geschäftsführers auf seine Gesellschaftsanteile (nachträgliche Anschaffungskosten).[860] Bei der Gesellschaft erfolgt eine gewinnwirksame Auflösung der Pensionsrückstellung. Bei ihr erfolgt aber im Gegenzug eine außerbilanzielle Verringerung des körperschaft- und gewerbesteuerlichen Einkommens um den Teil der Pensionsanwartschaft, der zum Verzichtszeitpunkt werthaltig war (verdeckte Einlage).[861]

361   Eine gesellschaftsrechtliche Veranlassung der Abfindung liegt **insbesondere in folgenden Fällen** vor:

---

[852] Vgl. *Feldgen*, StuB 2015, 416, 418; *Altendorf*, GmbH-StB 2008, 334, 335; *Weißflog*, DStR 2016, 2600.

[853] Entsprechend → Rn. 356 bis → Rn. 357.

[854] Soweit der Verzicht sich auf künftige, noch nicht erdiente Pensionsansprüche („Future Service") erstreckt, ist er rechtsfolgenlos, vgl. BMF vom 14.8.2012 − IV C 2 − S 2743/10/10001 :001, BStBl. I 2012, S. 874.

[855] *Altendorf*, GmbH-StB 2008, 334, 335 f.; *Grögler/Urban*, DStR 2006, 1389, 1392; sowie *Weißflog*, DStR 2016, 2600, 2603.

[856] BFH vom 11.9.2013 − I R 28/13, BStBl. 2014 II, S. 726; *Feldgen*, StuB 2015, 416, 418; *Ott*, DStR 2015, 2262, 2265; *Briese*, BB 2014, 1567, 1569.

[857] Kritisch gegenüber dieser steuerlichen Doppelbelastung des Gesellschafter-Geschäftsführers *Weißflog*, DStR 2016, 2600, 2603.

[858] *Feldgen*, StuB 2015, 416, 418.

[859] So *Altendorf*, GmbH-StB 2008, 334, 334 f.; *Förster*, Stbg 2006, 520, 523; BFH vom 23.8.2017 − VI R 4/16, DStR 2017, 2534, 2537.

[860] *Grögler/Urban*, DStR 2006, 1389, 1390; *Förster*, Stbg 2006, 520, 522; *Weißflog*, DStR 2016, 2600, 2603.

[861] *Feldgen*, StuB 2015, 416, 417; *Altendorf*, GmbH-StB 2008, 334, 335; *Grögler/Urban*, DStR 2006, 1389, 1390.

– Die Pensionsanwartschaft, die abgefunden wird, ist **noch nicht unverfallbar.**[862]
– Eine verdeckte Gewinnausschüttung liegt auch dann vor, wenn die Abfindung allein im Interesse des Gesellschafter-Geschäftsführers gezahlt wird, weil dafür keine betriebliche Notwendigkeit nachgewiesen werden kann, d.h. die Abfindung letztlich **allein auf Wunsch des Gesellschafter-Geschäftsführers** erfolgt.[863]
– Eine verdeckte Gewinnausschüttung liegt insoweit vor, als die von der Gesellschaft geleistete Abfindung **höher ist als der Wert** der Pensionsanwartschaft.[864] Dies kommt insbesondere im Fall der Barabfindung in Betracht, während Ansprüche gegen die Versicherung oder bei der Gesellschaft zur Hinterlegung der Pensionszusage angesammeltes Aktivvermögen im Regelfall nicht den Wert der Pensionsanwartschaft erreichen werden.
– Die Abfindung **verstößt gegen das Ablösungsverbot** des § 3 BetrAVG.[865]

Steuerlich fatal ist, dass in dem Fall, dass eine gesellschaftsrechtlich veranlasste Abfindung als verdeckte Gewinnausschüttung angesehen wird, vom Gesellschafter-Geschäftsführer nicht nur eine Versteuerung der Abfindung als Ausschüttung im Rahmen der Abgeltungsteuer erfolgt, sondern *zusätzlich* der Zufluss von Arbeitslohn in Höhe des zeitanteilig erdienten Teilwerts der Pensionsanwartschaft angenommen wird.[866]

(2) Betriebliche Veranlassung. Bei einer betrieblich veranlassten Abfindung erzielt der   362
Gesellschafter-Geschäftsführer in Höhe der ihm zufließenden Abfindung Arbeitslohn i. S. v. § 19 EStG. Es kommt die Tarifermäßigung der sog. Fünftel-Regelung nach § 34 Abs. 1 EStG zur Anwendung.[867] Bei der Gesellschaft sind die Pensionsrückstellung sowie etwaige an den Gesellschafter-Geschäftsführer zur Abfindung übertragene Aktiva (Ansprüche aus einer Rückdeckungsversicherung oder Depotwerte) erfolgswirksam auszubuchen.

Wesentlich für den Bereich des Unternehmensverkaufs ist, dass die Abfindung einer Pensionszusage, die im Zusammenhang mit grundlegenden gesellschaftsrechtlichen Veränderungen wie insbesondere **Anteilsübertragungen** bei der zusagenden Gesellschaft erfolgt, als **betrieblich veranlasst** anzusehen sein kann;[868] insbesondere ist die Abfindung von Pensionszusagen auf Verlangen des Käufers anlässlich des Verkaufs der Gesellschaftsanteile jedenfalls bei nicht beherrschenden Gesellschafter-Geschäftsführern grundsätzlich betrieblich veranlasst.[869] Ob dies auch bei beherrschenden Gesellschafter-Geschäftsführern gelten kann, ist bislang nicht abschließend geklärt.[870]

Besonderheiten ergeben sich dann, wenn es sich um einen **beherrschenden Gesell-**   363
schafter-Geschäftsführer[871] handelt. Entsprechend den allgemeinen Grundsätzen zu

---

[862] *Förster,* DStR 2006, 2149, 2151; *Rengers* in Blümich, KStG, § 8 KStG Rn. 756 f.

[863] *Rupp* in: Dötsch/Jost/Pung/Witt, Die Körperschaftsteuer, § 8 KStG Rn. 692.

[864] *Förster,* DStR 2006, 2149, 2151.

[865] Für nicht beherrschende Gesellschafter-Geschäftsführer oder bei individualvertraglicher Vereinbarung der Geltung des BetrAVG wurde früher grundsätzlich von der Geltung des Abfindungsverbots des § 3 BetrAVG angenommen (z.B. *Briese,* DB 2019, 2346); diese Sichtweise ist aber wohl überholt, weil der BGH nunmehr für jeden Gesellschafter, der auch Geschäftsführer ist, von § 3 BetrAVG abweichende Vereinbarungen zulässt (BGH vom 23.5.2017 – II ZR 6/16, DStR 2017, 1838).

[866] *Feldgen,* StuB 2015, 416, 418; *Förster,* DStR 2006, 2149, 2153 f.

[867] BFH vom 23.8.2017 – VI R 4/16, DStR 2017, 2534, 2537.

[868] Vgl. *Förster,* DStR 2006, 2149, 2151; *Gosch,* FR 1997, 443; *Rengers* in Blümich, KStG, § 8 KStG Rn. 756h.

[869] BFH vom 28.4.2010 – I R 78/08, DStRE 2010, 204; FG Münster vom 23.3.2009 – 9 K 319/02, EFG 2009, 1779, rechtskräftig.

[870] Vgl. BFH vom 11.9.2013 – I R 28/13, BStBl. II 2014, 726; *Rengers* in Blümich, KStG, § 8 KStG Rn. 756h.

[871] Von einer beherrschenden Stellung geht die Rechtsprechung des BFH zum einen aus, wenn der Gesellschafter die Mehrheit der Stimmrechte besitzt, also grundsätzlich über mehr als 50 % der Stimmrechte verfügt. Jedoch kann auch dann, wenn mehrere, jeweils mit weniger als 50 % beteiligte Gesellschafter zusammen gleichgerichtete Interessen verfolgen, jeder von diesen beherrschender Gesellschafter sein, vgl. BFH vom 13.3.2006 – I R 38/05, BFH/NV 2006, 1515.

beherrschenden Gesellschafter-Geschäftsführern liegt bei Leistungen der Gesellschaft an solche Personen eine verdeckte Gewinnausschüttung schon dann vor, wenn es an einer zivilrechtlich wirksamen, klaren, eindeutigen und im Voraus abgeschlossenen und auch tatsächlich durchgeführten Vereinbarung fehlt.[872] Die ohne vorherige klare und eindeutige Vereinbarung erfolgende **„Spontanzusage"** einer Kapitalabfindung stellt beim beherrschenden Gesellschafter-Geschäftsführer regelmäßig eine verdeckte Gewinnausschüttung dar.[873] Hier stellt sich die Frage, ob bereits in der ursprünglichen Pensionszusage eine klare Regelung zur Abfindbarkeit, zu entsprechenden Abfindungsanlässen und zur Höhe der Abfindung enthalten sein muss, oder ob es ausreicht, dass jedenfalls unmittelbar oder mit gewissem zeitlichen Vorlauf *vor der eigentlichen Leistung* der Abfindung eine schriftliche Abfindungsvereinbarung getroffen wird.[874] Des Weiteren ist beim beherrschenden Gesellschafter-Geschäftsführer – wie bereits ausgeführt – nach wie vor die Frage ungeklärt, ob eine Abfindung der Pensionszusage auf Verlangen des Käufers anlässlich des Verkaufs der Gesellschaftsanteile betrieblich veranlasst sein kann.

364   Schenkungsteuerfolgen: Sind neben dem verzichtenden Gesellschafter-Geschäftsführer noch weitere Gesellschafter an der G-GmbH beteiligt, ist des Weiteren § 7 Abs. 8 Satz 1 ErbStG zu prüfen, da sich der Ertragswert der Gesellschaft durch den Verzicht u. U. erhöht,[875] wenn die Abfindung unter dem Teilwert der Pensionsanwartschaft liegt. Die Begünstigungen der §§ 13a, b ErbStG sind für die fiktive Schenkung nach § 7 Abs. 8 Satz 1 ErbStG nicht einschlägig.[876]

365   **dd) Verzicht auf die Pensionszusage gegen Einräumung einer Rentenversicherung.** Die Idee dieser Gestaltungsüberlegung ist es, dass die Gesellschaft mit einer Lebensversicherungsgesellschaft einen Rentenversicherungsvertrag abschließt, der in Form einer Leibrentenversicherung der von der Gesellschaft zugesagten Pension strukturell entspricht.

Dabei wird wie folgt vorgegangen:[877] Die Gesellschaft bezahlt an die Versicherungsgesellschaft einen Einmalbetrag, um die Rentenversicherung zu Gunsten des Gesellschafter-Geschäftsführers – und auf dessen Leben – abzuschließen. Sodann heben die Gesellschaft und der Gesellschafter-Geschäftsführer die Pensionszusage gegen Übertragung der Ansprüche aus der Rentenversicherung auf den Gesellschafter-Geschäftsführer auf.

Ziel dieser Gestaltung ist es, die Bilanz der Gesellschaft von der Pensionszusage zu bereinigen, dem Gesellschafter-Geschäftsführer ein gleichwertiges Surrogat zu verschaffen und den Zufluss von Arbeitslohn beim Gesellschafter-Geschäftsführer zu verhindern. Ob dies wirklich gelingt, ist jedoch nicht geklärt, denn immerhin erhält der Gesellschafter-Geschäftsführer an Stelle seiner bisher bestehenden Anwartschaft, gerichtet auf den zukünftigen Zufluss von Arbeitslohn („Deferred Compensation") nun einen eigenständigen Vermögenswert in Form eines Anspruchs gegen einen Dritten.[878]

---

[872] R 8.5 Abs. 2 Satz 1 KStR.

[873] BFH vom 11.9.2013 – I R 28/13, BStBl. II 2014, 726.

[874] Offengelassen vom BFH, vgl. BFH vom 11.9.2013 – I R 28/13, BStBl. II 2014, 726. Nach *Feldgen*, StuB 2015, 416, 419, soll auch eine nachträgliche Vereinbarung der Kapitalabfindungsmöglichkeit mit einer Vorfrist von 5 bis 7 Jahre vor der eigentlichen Abfindung ausreichen.

[875] So *Ott*, DStR 2015, 2262, 2263.

[876] Gleichlautender Erlass der obersten Finanzbehörden der Länder betreffend Schenkungen unter Beteiligung von Kapitalgesellschaften oder Genossenschaften vom 14.3.2012, BStBl. I 2012, 331, Tz. 3.5.

[877] *Daragan*, DStR 2003, 1870.

[878] Nach *Daragan*, DStR 2003, 1870 sowie *Wacker* in: Schmidt, EStG, § 24 EStG Rn. 27, Stichwort „Gesellschafter-Geschäftsführer", soll hier der Zufluss von Arbeitslohn zunächst vermieden werden können. Diese Gestaltung könnte u. E. auch auf die Entscheidung des BFH vom 18.6.2016 –VI R 18/13, BStBl. II 2017, 730 gestützt werden.

> **Praxishinweis:** Da diese Gestaltung bisher nicht direkt finanzgerichtlich geklärt ist, sollte vor einer solchen Strukturierung versucht werden, eine verbindliche Auskunft einzuholen.[879]

ee) Übertragung der Pensionszusage auf einen Pensionsfonds. Eine Pensionszu- **366** sage kann auch durch Übertragung auf einen Pensionsfonds aus der Bilanz der Gesellschaft entfernt werden.[880] Die Übertragung erfolgt **gegen Einmalzahlung** der Gesellschaft **an den Pensionsfonds,** die folgende steuerliche Auswirkungen **auf Ebene der Gesellschaft** hat:

– Bei der Gesellschaft fällt die Pensionsverpflichtung weg, und es ergibt sich in Höhe der vormals bestehenden Pensionszusage nach § 6a EStG ein **Ertrag;**
– die Einmalzahlung (Beitragszahlung) an den Pensionsfonds stellt einen betrieblichen **Aufwand** der Gesellschaft dar.

> **Beachte:** Da Pensionsfonds regelmäßig von deutlich niedrigeren Abzinsungssätzen als dem gesetzlichen Abzinsungssatz i.H.v. 6 % des § 6a Abs. 3 Satz 3 EStG ausgehen,[881] stellt sich hier meist das Problem, dass eine deutlich höhere Abfindungszahlung als die gebildete Pensionsrückstellung nötig ist. Diese Möglichkeit der Bilanzbereinigung ist daher aus Sicht der übertragenden Gesellschaft „teuer".

Die Übertragung der Pensionszusage auf einen Pensionsfonds hat beim **Pensionsbe- 367 rechtigten** folgende Steuerfolgen:[882]
– Grundsätzlich stellt dieser Vorgang wiederum **Arbeitslohn** i.S.v. § 19 EStG dar, da der Gesellschafter-Geschäftsführer anstelle der Anwartschaft auf zukünftige Rentenzahlungen gegen seinen Arbeitgeber nun einen eigenständigen Rechtsanspruch gegen den Pensionsfonds als Dritten erhält;[883]
– dieser Arbeitslohn ist jedoch nach § 3 Nr. 66 EStG **steuerfrei,** wenn die Gesellschaft beantragt, dass die von ihr an den Pensionsfonds zu erbringende Zahlung, soweit sie die aufzulösende Pensionsrückstellung übersteigt, nur auf die folgenden 10 Jahre verteilt als Betriebsausgaben bei der Gesellschaft abgezogen werden (§ 4e Abs. 3 Satz 1 EStG).[884]

Im Ergebnis kann daher die Pensionszusage aus Sicht des pensionsberechtigten Gesellschafter-Geschäftsführers grundsätzlich **steuerneutral** auf einen Pensionsfonds ausgelagert werden, wenn dafür die Gesellschaft als sein Arbeitgeber die entsprechenden Zahlungen an den Pensionsfonds nur zeitlich gestreckt als Betriebsausgaben geltend macht.

Dies gilt jedoch mit folgender Einschränkung: § 3 Nr 66 EStG erfasst nach sei- **368** nem Wortlaut („bestehenden") nur solche Zahlungen, die für die Übernahme bis zum Übertragungszeitpunkt erdienter Versorgungsanwartschaften („Past Service") an den Pensionsfonds geleistet werden.[885] Zahlungen für noch zu erdienende Anwartschaften („Future Service") sind dagegen ausschließlich gemäß § 3 Nr. 63 EStG mit dessen Höchstbeträgen befreit.[886]

---

[879] Wobei LStR 40b.1 Abs. 3 Satz 3 diese Gestaltung jedenfalls bei Umwandlung einer bestehenden Rückdeckungsversicherung in eine Direktversicherung als Zufluss von Arbeitslohn ansieht.

[880] *Feldgen,* StuB 2015, 416, 421; *Bredebusch/Großmann,* DStR 2010, 1441; *Altendorf,* GmbH-StB 2008, 334, 336; *Höfer,* DB 2007, 1365; *Rengers* in Blümich, KStG, § 8 KStG Rn. 756k.

[881] Vgl. *Ververs,* DB 2007, 1365 sowie *Förster,* Stbg 2006, 520, 525.

[882] Vgl. *Feldgen,* StuB 2015, 416, 421; *Briese,* DB 2006, 2424, 2425.

[883] *Förster,* Stbg 2006, 520, 525; BMF vom 4.7.2017 – IV C 5 – S 2333/16/10002, DOK 2017/0581849, BStBl. I 2017, 883.

[884] BMF vom 26.10.2006 – IV B 2 – S 2144-57/06, BStBl. I 2006, 709; *Altendorf,* GmbH-StB 2008, 334, 336; *Briese,* DB 2006, 2424; *Förster,* Stbg 2006, 520, 525.

[885] *Levedag* in: Schmidt, EStG, § 3 EStG Rn. 223, BMF vom 26.10.2006 – IV B 2 – S 2144 – 57/06, BStBl I 2006, 709 Rn. 2.

[886] BMF vom 26.10.2006 – IV B 2 – S 2144 – 57/06, BStBl I 2006, 709 Rn. 3.

> **Praxishinweis:** Vor diesem Hintergrund kann in der Praxis die Übertragung von Pensions-
> verpflichtungen gegenüber bereits **ausgeschiedenen Mitarbeitern,** die bereits Pensions-
> leistungen erhalten, vollumfänglich steuerfrei nach § 3 Nr. 66 EStG gestaltet werden. Für die
> Übertragung von Pensionsverpflichtungen gegenüber **aktiven Mitarbeitern** wird in der
> Praxis auch ein kombiniertes Auslagerungsmodell gewählt, bei dem die bereits erdienten
> Anwartschaften gegen Zahlung einer Einmalprämie auf einen Pensionsfonds ausgelagert
> werden, während der Future Service wertgleich auf eine kongruent rückgedeckte Unterstüt-
> zungskasse übertragen wird.[887] Allerdings hat der BFH[888] die Auslagerung (nur) des Future
> Service wie eine Verfügung über die Altzusage und den Erwerb einer Neuzusage (gegen-
> über einem anderen Vertragspartner) gewertet, so dass die Neuzusage wieder alle Voraus-
> setzungen für eine steuerliche Anerkennung (z. B. Erdienbarkeit) erfüllen müsste.[889]

369   Handelt es sich bei dem Pensionsberechtigten um einen beherrschenden **Gesellschafter-Geschäftsführer,** ist zu beachten, dass dann, wenn die auf den Pensionsfonds übertragene Anwartschaft teilweise wertgemindert ist, die Übertragung der insoweit wertlosen
Verpflichtung gesellschaftsrechtlich veranlasst ist und eine **verdeckte Gewinnausschüttung** darstellt.[890]

370   **ff) Übertragung der Pensionszusage auf eine Unterstützungskasse.** Anstelle der
Übertragung auf einen Pensionsfonds kommt die Übertragung auf eine sog. Unterstützungskasse in Betracht.[891] Diese Strukturierungsmaßnahme hat jedoch einen anderen Effekt als die Übertragung auf einen Pensionsfonds. Nach § 1b Abs. 4 Satz 1 BetrAVG erhält der Inhaber der Pensionszusage nämlich – anders als bei der Übertragung auf einen
Pensionsfonds – **keinen eigenständigen Anspruch** gegen die Unterstützungskasse.

Für die **Gesellschaft** ergibt sich hieraus nach § 4d EStG die steuerliche Folge, dass der
Betriebsausgabenabzug für die an die Unterstützungskasse zu leistende Ausgleichszahlung
stark beschränkt wird.[892] Ein steuerlicher Zufluss von Arbeitslohn nach § 19 EStG beim
Berechtigten der Pensionszusage erfolgt jedoch nicht.[893]

> **Praxishinweis:** Meist wird dieser Weg aufgrund der steuerlichen Nachteile für die Ge-
> sellschaft als Arbeitgeber wenig interessant sein.[894] Sodann ist in einer Unternehmens-
> verkaufssituation diese Gestaltung auch aus Sicht des Unternehmensverkäufers, wenn
> dieser der Pensionsberechtigte ist, nicht attraktiv: Er erhält ja gerade keinen eigenstän-
> digen Anspruch gegen die Unterstützungskasse, und bleibt daher dem Risiko der späteren
> wirtschaftlichen Entwicklung der Gesellschaft unter der Ägide des neuen Inhabers aus-
> gesetzt.

371   **gg) Weiterführung der Pensionsverpflichtungen durch den Erwerber.** Erfolgt der
Unternehmensverkauf im Rahmen des Share Deals, geht die Pensionszusage dann, wenn
keine anderweitige Gestaltung getroffen wird, „automatisch" mit der verkauften Gesellschaft auf den Erwerber über.

Aus **Sicht des Unternehmenskäufers** ist bei dieser Gestaltung zu beachten, dass er
dadurch das Risiko der „Langlebigkeit" des Pensionsberechtigten trägt, sodass in wirtschaftlicher Hinsicht zumindest durch Abschluss entsprechender Versicherungen dieses Risiko ausgeschlossen werden sollte.[895] Andererseits hat der Unternehmenskäufer den Vorteil,

---

[887] *Feldgen,* StuB 2015, 416, 421.
[888] BFH vom 20.7.2016 – I R 33/15, BStBl II. 2017, 66.
[889] *Rengers* in Blümich, KStG, § 8 KStG Rn. 756k.
[890] *Briese,* DB 2006, 2424, 2427.
[891] *Wellisch/Quirig/Bleckmann,* NWB 2006, 2027, 2029; *Powietzka,* DB 2008, 2593.
[892] *Weber-Grellet* in: Schmidt, EStG, § 4d EStG Rn. 2.
[893] *Feldgen,* StuB 2015, 416, 421; *Grögler/Urban,* DStR 2006, 1389, 1394.
[894] *Grögler/Urban,* DStR 2006, 1389, 1394.
[895] *Grögler/Urban,* DStR 2006, 1389, 1394.

dass die Übernahme der Pensionsverpflichtung durch einen entsprechenden Kaufpreisabschlag berücksichtigt wird, sodass sich der Finanzierungsbedarf beim Erwerber insoweit reduziert.

Aus **Sicht des Verkäufers** ist diese Gestaltung zwar steuerlich besser bzw. risikoärmer **372** als sonstige Varianten; zivilrechtlich/wirtschaftlich gedacht, überwiegen aber wohl aus Sicht des Verkäufers die Nachteile: Zum einen stellt sich dann das Bonitätsthema der verkauften Gesellschaft für einen unüberschaubar langen Zeitraum, und zum anderen muss aus Sicht des Verkäufers befürchtet werden, dass im Falle späterer Streitigkeiten – etwa über Gewährleistungsansprüche aus dem Unternehmensverkauf – der Erwerber dazu verleitet werden könnte, durch Einbehalten von Pensionszahlungen Drohpotenzial aufzubauen.

hh) Strukturierung des Unternehmensverkaufs als Asset Deal. Eine weitere **373** Möglichkeit, die Problematik der Pensionszusage zu umschiffen, stellt die Strukturierung der Transaktion als Asset Deal dar. Verkauft werden dann sämtliche sonstigen betrieblichen Aktiva und Passiva der Gesellschaft, unter Zurückbehaltung der Pensionszusage zu Gunsten des Gesellschafter-Geschäftsführers.[896] Die Pensionszusage bleibt dann, neben dem Veräußerungserlös, in der im Rahmen des Asset Deal-Kaufvertrags als Veräußerer auftretenden Gesellschaft zurück. Die Pensionszahlungen können in diesem Fall aus dem Veräußerungserlös dargestellt werden, der Erwerber ist nicht mit der Abwicklung der Pensionszusage befasst. Ob allein aufgrund der „Pensionszusagenproblematik" die Struktur eines Asset Deals gewählt werden soll, ist im Einzelfall genau zu prüfen.[897]

ii) Übertragung der Pensionszusage im Zusammenhang mit dem Unterneh- 374 mensverkauf auf eine „Rentner-GmbH". Eine weitere Möglichkeit besteht darin, die die Pensionszusage im Zusammenhang mit dem Unternehmensverkauf auf eine „Rentner-GmbH" zu übertragen, sodass die eigentliche operative Gesellschaft im Share Deal und „ohne" die Pensionszusage übertragen werden kann.[898] Zur Übertragung einer Pensionsverpflichtung auf eine andere Gesellschaft bedarf es grundsätzlich der Zustimmung des Pensionsberechtigten (§ 415 BGB, § 4 BetrAVG).[899] Erfolgt die Übertragung gegen ein angemessenes Entgelt (Teilwert der Pensionszusage im Übertragungszeitpunkt, i. d. R. höher als die steuerliche Rückstellung nach § 6a EStG), ist die Pensionsrückstellung bei der zu veräußernden Gesellschaft aufzulösen. Dabei ist jedoch zu beachten, dass der sich aus der Übertragung i. d. R. ergebende Aufwand bei der übertragenden Gesellschaft nach § 4f EStG grundsätzlich nur auf 15 Jahre verteilt abzugsfähig ist. Die übernehmende Gesellschaft hat hinsichtlich der Pensionsübernahme nach § 5 Abs. 7 EStG gestreckt auf 15 Jahre einen Gewinn zu versteuern. Es verbleibt allerdings ein Restrisiko wegen der Frage, ob der vorgenannte bilanzielle Aufwand mit den vorgenannten bilanziellen Einschränkungen auch steuerlich anzuerkennen ist oder als Abfindung der Altzusage durch den bisherigen Pensionsverpflichteten und Begründung einer Neuzusage durch den neuen Pensionsverpflichteten zu werten ist und damit zu einer verdeckten Gewinnausschüttung führen könnte.[900] Bei dem (auch ggf. beherrschenden) Gesellschafter-Geschäftsführer führt die Übertragung seiner Pensionszusage dann nicht zum Zufluss von Arbeitslohn nach § 19 EStG, wenn ihm kein Wahlrecht zustand, den Ablösungsbetrag alternativ an sich auszuzahlen zu lassen; dabei kann ein Zufluss auch dann vermieden werden, wenn der beherrschende Gesellschafter-Geschäftsführer auch die aufnehmende GmbH beherrscht[901] und diese als Rentner-GmbH eigens zum Zwecke der Pensionsübernahme und Verwaltung des Übertra-

---

[896] *Förster*, DStR 2006, 2149, 2157; *Rengers* in Blümich, KStG, § 8 KStG Rn. 756k.

[897] Siehe dazu oben unter 80 ff.

[898] *Oenings/Altenburg*, DStR 2017, 538; *Neufang/Schäfer/Stahl*, BB 2017, 1559; *Rengers* in Blümich, KStG, § 8 KStG Rn. 756k.

[899] *Rengers* in Blümich, KStG, § 8 KStG Rn. 756k.

[900] So *Rengers* in Blümich, KStG, § 8 KStG Rn. 756k unter Hinweis auf BFH vom 20.7.16 – I R 33/15, BStBl. II 2017, 66.

[901] BFH vom 18.8.2016 –VI R 46/13, BFH/NV 2017, 16.

gungswerts gegründet wurde.[902] Die Finanzverwaltung hat sich dieser Sichtweise grundsätzlich angeschlossen, jedoch mit der Maßgabe, dass dies nur gilt, wenn dabei nicht der Durchführungsweg verändert wird.[903]

375–379   *(frei)*

o) Gestalterischer Umgang mit den Vorschriften zum Verlust von Verlustvorträgen, Zinsvorträgen und EBITDA-Vorträgen

380   Wie oben in → Rn. 220 ff. gezeigt, droht in der typischen Unternehmensverkaufssituation, soweit Verlustvorträge etc. nicht ohnehin personenbezogen beim Unternehmensverkäufer verbleiben, ein **Wegfall derartiger latenter Steuervorteile** als Folge des Veräußerungsvorgangs. Aus gestalterischer Perspektive stellt sich die Frage, welche Möglichkeiten es gibt, die in Verlustvorträgen, Zinsvorträgen und EBITDA-Vorträgen liegenden latenten Steuervorteile entweder letztmalig beim Veräußerer zu nutzen oder, in welcher Form auch immer, auf den Unternehmenskäufer zu übertragen.[904]

381   Die klassische Form der Übertragung dieser Steuervorteile in wirtschaftlicher Hinsicht, trotz ihres formalen Wegfalls, ist der **Transfer in Abschreibungsvolumen** im Rahmen von der Unternehmensveräußerung vorgelagerten Umstrukturierungen bzw. internen Veräußerungsvorgängen, um die stillen Reserven in abschreibungsfähigen Wirtschaftsgütern zu heben. Für den Veräußerer ist dies mit der Überlegung verbunden, sich entsprechende Steuervorteile durch einen höheren Kaufpreis vom Erwerber vergüten zu lassen. Nachteil solcher Gestaltungsvorgänge ist jedoch die den Veräußerer treffende **Mindestbesteuerung** nach § 10d Abs. 2 EStG (i. V. m. § 8 Abs. 1 KStG).[905] Im Rahmen kleinerer Transaktionen kann unter Umständen jedoch die unbeschränkte Verrechnung von nicht genutzten Verlustvorträgen, laufenden Verlusten, Zinsvorträgen und EBITDA-Vorträgen in Höhe von bis zu EUR 1 Mio. im Veranlagungszeitraum ausreichend sein; andernfalls ergibt sich jedoch durch die Beschränkung des darüber hinausgehenden Abzugs auf 60 % des EUR 1 Mio. übersteigenden Gesamtbetrags der Einkünfte (bzw. des körperschaftsteuerlichen Einkommens) grundsätzlich eine Steuerbelastung beim Veräußerer, die im Allgemeinen nicht durch entsprechende, vom Erwerber tatsächlich vergütete Steuervorteile aufgrund zukünftiger Abschreibungen ausgeglichen werden wird.

> **Beachte:** Möglicherweise ändert sich die vorstehend beschriebene Bestandsaufnahme künftig bei einer Rückführung des Anwendungsbereichs der Mindestbesteuerung auf ein verfassungsrechtlich gebotenes Maß. Der BFH hat am 26.8.2010 entschieden, dass es ernstlich zweifelhaft ist, ob die Mindestbesteuerung verfassungsrechtlichen Anforderungen auch dann Stand hält, wenn eine Verlustverrechnung in späteren Veranlagungszeiträumen endgültig ausgeschlossen ist; der BFH-Fall betraf konkret den Untergang von Verlustvorträgen nach § 8c KStG.[906] Ferner hat der BFH die Frage der Verfassungsmäßigkeit der Mindestbesteuerung bei Definitiveffekten mit Beschluss vom 26.2.2014 dem BVerfG vorgelegt.[907]

---

[902] BFH vom 18.8.2016 – VI R 18/13, BStBl. II 2017, 730.

[903] BMF vom 4.7.2017 – IV C 5 – S 2333/16/10002, DOK 2017/0581849, BStBl. I 2017, 883.

[904] Vgl. zum Folgenden *Gröger* in: Hölters, Handbuch Unternehmenskauf, Rn. 4.84 ff.

[905] Zur Durchführung siehe *Lambrecht* in: Kirchhof, EStG, § 10d EStG Rn. 15 f.; vgl. ferner *Heinicke* in: Schmidt, EStG, § 10d EStG Rn. 32 ff.

[906] BFH vom 26.8.2010 – I B 49/10, BStBl. II 2011, 826; vgl. hierzu BMF vom 19.10.2011 – IV C 2-S 2741/10/10002, BStBl. I 2011, 974, wonach auf Antrag Aussetzung der Vollziehung gewährt wird in den Fällen, in denen es aufgrund des Zusammenwirkens der Anwendung der Mindestbesteuerung und eines tatsächlichen oder rechtlichen Grundes, der zum endgültigen Ausschluss der Verlustnutzungsmöglichkeit führt, zu einem Definitiveffekt kommt, namentlich: schädliche Beteiligungserwerbe nach § 8c KStG, Umwandlungen beim übertragenden Rechtsträger, Liquidation einer Körperschaft sowie Beendigung der persönlichen Steuerpflicht durch Tod.

[907] BFH vom 26.2.2014 – I R 59/12, DStR 2014, 1761; anhängig beim BVerfG unter dem Az. BVerfG – 2 BvL 19/14.

Zu berücksichtigen ist jedoch, dass seit der Einführung der **Stille-Reserven-Klausel** 382
in § 8c Abs. 1 Satz 6 KStG in geeigneten Fällen eine prä-akquisitorische Umstrukturierung zur Transformierung stiller Reserven in AfA-Volumen nicht mehr erforderlich ist;
die Stille-Reserven-Klausel enthält auch keine betragsmäßige Begrenzung.

> **Praxishinweis:** In Fällen, in denen stille Reserven, die im Inland steuerpflichtig sind, nach-
> gewiesen werden können, erscheint es im Grundsatz angezeigt, tendenziell eher mit der
> Stille-Reserven-Klausel des § 8c Abs. 1 Satz 5 KStG oder alternativ mit der Regelung zum
> fortführungsgebundenen Verlustvortrag nach § 8d KStG zu arbeiten als zu versuchen, wirt-
> schaftlich vergleichbare Ergebnisse durch prä-akquisitorische Umstrukturierungen her-
> beizuführen. Daneben sind die Entwicklung der Mindestbesteuerung und deren Anwen-
> dungsbereichs in Fällen des Unternehmenskaufs und die Entwicklung des § 8c KStG genau
> zu beobachten.

p) Verlustzuweisungen im Veräußerungsjahr

Da die Veräußerung des Unternehmens im Jahr ihrer steuerlichen Wirksamkeit beim 383
Veräußerer häufig eine Spitzenprogressions-Steuerbelastung bewirkt, ist an deren Minderung durch Verlustzuweisung z.B. aus Immobilienbeteiligungen oder Schiffs- oder Windanla-
gen-Fondsbeteiligungen etc. zu denken. Es sind für vorgefertigte Modelle (Konzepte)
jedoch die Beschränkungen des § 15b EStG zu beachten, welche die steuerlichen Vorteile
stark beschnitten haben.[908]

> **Praxishinweis:** Wirklich empfehlenswert erscheinen solche Gestaltungen nur nach genauer
> Prüfung auch der wirtschaftlichen Sinnhaftigkeit sowie der damit verbundenen „weichen"
> Kosten.

q) Kaufpreisaufteilung

Sowohl für die Besteuerung des Verkäufers wie auch für die des Käufers ist in verschie- 384
denen Punkten der auf einen bestimmten verkauften Gegenstand entfallende Kaufpreisanteil maßgeblich.[909] Dies ist z.B. dann der Fall, wenn Veräußerer eine Kapitalgesellschaft ist,
die einen Betrieb oder Teilbetrieb veräußert, der neben sonstigen Aktiva und Passiva auch
Beteiligungen an anderen Kapitalgesellschaften enthält. Aus **Sicht des Veräußerers** sollte
hier ein tendenziell möglichst großer Kaufpreisanteil auf die nach § 8b Abs. 2 KStG begünstigten Anteile an Kapitalgesellschaften entfallen sowie ein tendenziell geringerer Kaufpreisanteil auf die übrigen Wirtschaftsgüter, die zu einem laufenden Veräußerungsgewinn
führen. Ein anderes Beispiel ist die Veräußerung eines Einzelunternehmens durch einen
Veräußerer, der die Voraussetzung der Tarifermäßigung nach § 34 Abs. 3 EStG erfüllt, der
aber einen über EUR 5 Mio. hinausgehenden Gewinn erwartet. Da nach § 34 Abs. 2 Nr. 1
EStG der Teil des Veräußerungsgewinns, der dem Teileinkünfteverfahren unterfällt, nicht
unter die außerordentlichen Einkünfte fällt, wird der Veräußerer auch hier daran interessiert
sein, Veräußerungsgewinnanteile über EUR 5 Mio. auf solche Anteile entfallen zu lassen.
Ein weiteres Beispiel wäre die Veräußerung von mehreren Schwester-Kommanditgesellschaften durch einen Veräußerer, der die Voraussetzungen des halben durchschnittlichen Steuersatzes erfüllt. Können nicht ausreichend vor der Veräußerung Maßnahmen zur
Zusammenführung der Gesellschaften ergriffen werden, kann die Tarifermäßigung nach
§ 34 Abs. 3 EStG auch bei mehreren Veräußerungen in einem Veranlagungszeitraum oder
auch aufgrund eines Unternehmenskaufvertrags nur einmal beansprucht werden, d.h. für
einen Mitunternehmeranteil.[910] Auch hier hat der Veräußerer ein Interesse daran, wenigs-

---

908 Hierzu näher *Seeger* in: Schmidt, EStG, § 15b EStG Rn. 3 ff.
909 Zur Kaufpreisaufteilung siehe näher oben → Rn. 132.
910 Siehe oben → Rn. 118.

tens einen möglichst hohen Anteil des Gewinns auf eine der Kommanditgesellschaftsanteile entfallen zu lassen.

385   Die vorstehenden Beispiele zeigen eine bestimmte Interessenlage des Veräußerers, die mit der **Interessenlage des Erwerbers,** der den Kaufpreis möglichst auf abschreibbare Wirtschaftsgüter angesetzt sehen will, **konträr** sein kann.

> **Praxishinweis:** Man darf sich nicht der Illusion hingeben, dass eine im Unternehmenskaufvertrag willkürlich vorgenommene Kaufpreisaufteilung am Ende hilfreich ist. Gestalterisch kann es sich hier nur anbieten, das bestehende Ermessen bei der angemessenen Verteilung des Kaufpreises zu einer nachvollziehbaren und vernünftigen Aufteilung, die dann auch im Kaufvertrag niedergelegt ist, zu nutzen und dieses zu dokumentieren. Ist die von den Parteien angenommene Aufteilung plausibel, ist sie auch für steuerliche Zwecke maßgeblich. Dies gilt jedenfalls, u. E. aber nicht nur dann, wenn – wie im Regelfall[911] – ein Interessengegensatz zwischen Verkäufer und Käufer bzgl. der Kaufpreisaufteilung besteht.[912] Dies gilt jedoch nicht, wenn ein Scheingeschäft oder ein Gestaltungsmissbrauch vorliegt oder wenn die vertragliche Kaufpreisaufteilung die realen Wertverhältnisse in grundsätzlicher Weise verfehlt und wirtschaftlich nicht haltbar erscheint.[913]

386   In bestimmten Situationen kann es für den Erwerber steuerlich lohnenswert sein, einen Teil des Kaufpreises – getrennt ausgewiesen – für ein **eigenständiges Wettbewerbsverbot** zu vereinbaren.[914] Dieser Teil des Kaufpreises kann dann über die Laufzeit des Wettbewerbsverbots (also typischerweise z. B. zwei oder drei Jahre!) abgeschrieben werden. Voraussetzung dafür, dass dies steuerlich anerkannt wird, ist aber, dass das Wettbewerbsverbot nicht als Teil des Geschäftswerts anzusehen ist, sondern dass das Wettbewerbsverbot ein selbständiges Wirtschaftsgut ist, weil es im konkreten Einzelfall nachweislich eine besondere wirtschaftliche Bedeutung hat, die es als eigenständigen Vermögensgegenstand erscheinen lässt.[915] Zu beachten ist, dass dies nur ausnahmsweise möglich sein wird (beispielsweise in Konstellationen, in denen sich eine an einer verkaufenden Gesellschaft beteiligte Person selbständig gegenüber dem Käufer einem Wettbewerbsverbot unterwirft). Regelmäßig ist den in Unternehmenskaufverträgen enthaltenen üblichen Wettbewerbsverboten zu Lasten der Veräußerer nämlich keine eigenständige wirtschaftliche Bedeutung beizumessen, d. h. auch ein hierfür entrichtetes Entgelt ist steuerlich als Teil des Gesamtkaufpreises anzusehen[916] (und geht nach der Stufentheorie damit regelmäßig im Firmenwert auf).

387–389   *(frei)*

r) Optimierte Ergebnisverrechnung nach Closing aus Erwerbersicht

390   **aa) Ausgangssituation.** Typische Ausgangssituation ist bei dieser Gestaltung der **Erwerb einer Kapitalgesellschaft** durch einen Erwerber, der selbst unternehmerische Akti-

---

[911] Enthält das veräußerte Betriebsvermögen mitübertragene Anteile an (Tochter-)Kapitalgesellschaften, die dem Teileinkünfteverfahren unterliegen, hat der Veräußerer grundsätzlich das Interesse, auf diese einen möglichst hohen Kaufpreisanteil entfallen zu lassen, während der Erwerber, der derart mitgekaufte Beteiligungen nicht wie andere Wirtschaftsgüter regulär abschreiben kann, das Interesse hat, dass der hierauf entfallende Teil seiner Anschaffungskosten möglichst niedrig ausfällt.

[912] FG Rheinland-Pfalz vom 23.2.2011 – 2 K 1903/09, DStRE 2012, 854 (rkr.); *Bisle,* SteuK 2016, 451.

[913] BFH vom 29.10.2019 – IX R 38/17, DStR 2020, 1033; BFH vom 16.9.2015 – IX R 12/14, DStR 2016, 33; FG Rheinland-Pfalz vom 23.2.2011 – 2 K 1903/09, DStRE 2012, 854 (rkr.); BFH vom 1.4.2009, IX R 35/08, BFHE 224, 533; BFH vom 4.12.2008 – IX B 149/08, BFH/NV 2009, 365.

[914] Vgl. *Gröger* in: Hölters, Handbuch Unternehmenskauf, Rn. 4.108; *Holzapfel/Pöllath,* Unternehmenskauf in Recht und Praxis, Rn. 317.

[915] Vgl. hierzu *Rödder/Hötzel/Müller-Thuns,* Unternehmenskauf/Unternehmensverkauf, § 27 Rn. 41; *Holzapfel/Pöllath,* Unternehmenskauf in Recht und Praxis, Rn. 316; *Bisle,* SteuK 2016, 451, 453.

[916] Vgl. BFH vom 29.8.2012 – XI R 1/11, DStR 2013, 304; *Gröger* in: Hölters, Handbuch Unternehmenskauf, Rn. 4.108.

vitäten entfaltet (im Gegensatz zu einem Investor, der die erworbene Beteiligung vermögensverwaltend im Privatvermögen hält). In Betracht kommt z.B. der Fall, dass eine mittelständische Unternehmensgruppe einen kleineren Wettbewerber übernimmt, der bisher in der Rechtsform einer Kapitalgesellschaft strukturiert war. In steuerlicher Hinsicht ist immer dann, wenn nicht auszuschließen ist, dass eine von mehreren Kapitalgesellschaften der Unternehmensgruppe einen steuerlichen Gewinn erzielt, während andere einen steuerlichen Verlust erzielen, die Frage nach der steuerlichen Ergebnisverrechnung (**steuerliche Ergebniskonsolidierung**) zu stellen.[917]

Beim **Erwerb von Betriebsvermögen** (z.B. Kauf eines Einzelunternehmens durch **391** einen unternehmerisch tätigen Erwerber, der z.B. selbst in der Rechtsform einer Kapitalgesellschaft organisiert ist) stellt sich diese Frage dagegen nicht in dieser Intensität, weil automatisch eine steuerliche Ergebnisverrechnung ab dem Zeitpunkt des Übergangs des wirtschaftlichen Eigentums an dem erworbenen Betriebsvermögen erfolgt. Gleiches gilt für den Erwerb einer mitunternehmerischen Beteiligung jedenfalls für Zwecke der Ertragsteuer, während für Zwecke der Gewerbesteuer die Personengesellschaft jedoch eigenständiges Steuersubjekt bleibt (§§ 2 Abs. 1, 5 Abs. 1 Satz 3 GewStG).[918]

bb) Begründung einer Organschaft zwischen der Zielgesellschaft und der 392 Erwerbergesellschaft. Die klassische Möglichkeit der steuerlichen Konsolidierung einer erworbenen Zielgesellschaft durch den Erwerber ist die Begründung einer ertragsteuerlichen Organschaft. Hierfür sind nach § 14 KStG (i.V.m. § 2 Abs. 2 Satz 2 GewStG) die **finanzielle Eingliederung** der Zielgesellschaft und der Abschluss eines **Ergebnisabführungsvertrages** mit der Mindestlaufzeit von fünf Zeitjahren erforderlich.[919] Organträger kann nach § 14 Abs. 1 Nr. 2 KStG jede nicht steuerbefreite Körperschaft, aber auch jede unbeschränkt steuerpflichtige natürliche Person sein. Die Herstellung einer Organschaft zu einer natürlichen Person (Einzelunternehmer) als Organträger ist in der Praxis jedoch sehr selten anzutreffen, was an der auch für die steuerliche Anerkennung zwingenden Vereinbarung einer Verlustübernahmeverpflichtung entsprechend § 302 AktG liegt. Eine Personengesellschaft kann nur dann Organträger sein, wenn sie selbst eine originäre gewerbliche Tätigkeit nach § 15 Abs. 1 Nr. 1 EStG ausübt.[920]

Rechtsfolge der steuerlichen Organschaft ist nach § 14 Abs. 1 KStG eine Zu- **393** rechnung des Einkommens der Organgesellschaft zum Organträger, sodass Gewinne und Verluste beider Gesellschaften verrechnet werden können.[921] Für die Zwecke der Anwendung der **Zinsschranke** werden der Organträger und die Organgesellschaft als ein Betrieb behandelt, sodass das verrechenbare EBITDA des gesamten Organkreises für die Begrenzung des abzugsfähigen Nettozinsaufwandes maßgeblich ist (§ 15 Nr. 3 KStG).[922] Dies bedeutet, dass sich durch die Herstellung einer Organschaft grundsätzlich auch die steuerliche Abzugsfähigkeit der Finanzierungsaufwendungen der den Unternehmenskauf tätigenden Akquisitionsgesellschaft verbessert.[923]

Vororganschaftliche Verlustvorträge sind aber für die Dauer der Organschaft nicht für den Organträger nutzbar; gleiches gilt für vororganschaftliche Zinsvorträge und EBITDA-Vorträge.[924]

---

[917] Hierzu ausführlich *Kneip/Bagel* in: Kneip/Jänisch, Tax Due Diligence, S. 641 ff.

[918] Siehe auch *Kneip/Bagel* in: Kneip/Jänisch, Tax Due Diligence, S. 641.

[919] *Kneip/Bagel* in: Kneip/Jänisch, Tax Due Diligence, S. 646 f. (finanzielle Eingliederung der Organgesellschaft) u. S. 649 ff. (Ergebnisabführungsvertrag).

[920] Siehe *Kneip/Bagel* in: Kneip/Jänisch, Tax Due Diligence, S. 645; *Olbing* in: Streck, KStG, § 14 KStG Rn. 22.

[921] Siehe zu den Rechtsfolgen näher *Olbing* in: Streck, KStG, § 14 KStG Rn. 130 ff.

[922] Näher hierzu *Neumann* in: Gosch, KStG, § 15 KStG, Rn. 33.

[923] *Gröger* in: Hölters, Handbuch Unternehmenskauf, Rn. 4.187.

[924] Vgl. *Geimer*, EStB 2008, 407, 411; *Herzig/Liekenbrock*, DB 2007, 2387, 2391.

394   In Unternehmenstransaktionen ist regelmäßig die **zeitliche Komponente der finanziellen Eingliederung** besonders zu prüfen und ggf. durch Gestaltung zu optimieren. Die zur Begründung der Organschaft notwendige finanzielle Eingliederung der Zielgesellschaft in den Organträger erfordert, dass die Erwerbergesellschaft, die später Organträger werden soll, an der Zielgesellschaft, die Organgesellschaft werden soll, vom Beginn des Wirtschaftsjahres der Zielgesellschaft an ununterbrochen mehrheitlich beteiligt ist.[925] Wird im Rahmen eines „**Mitternachtsgeschäfts**" auf den Bilanzstichtag der Zielgesellschaft erworben, ist dies ohne weitere Gestaltung erfüllt.[926]

Beispiel: V verkauft 100 % der Anteile an der V-GmbH an die E-GmbH, Obergesellschaft der mittelständischen E-Gruppe. Der notarielle Anteilskaufvertrag wird Ende November 2020 beurkundet; es wird festgelegt, dass das rechtliche und wirtschaftliche Eigentum an den Anteilen zum 31.12.2020, 24:00 Uhr/1.1.2021, 00:00 Uhr übergehen soll. Mit dieser Formulierung ist sichergestellt, dass der Erwerber ab dem Veranlagungszeitraum 2021 eine Organschaft mit der V-GmbH als Organgesellschaft darstellen kann.

395   In den Fällen, in denen unterjährig erworben werden soll, muss das Wirtschaftsjahr der Zielgesellschaft **auf ein abweichendes Wirtschaftsjahr umgestellt** werden. Dies bedarf nach § 7 Abs. 4 Satz 3 KStG der Zustimmung des Finanzamts, die jedoch in solchen Situationen regelmäßig gewährt wird.[927]

Beispiel: Im vorstehenden Beispiel wird die Veräußerung Anfang Mai 2021 beurkundet, und es wird festgelegt, dass der dingliche und wirtschaftliche Übergang der Anteile zum Ablauf des 30.6.2021 erfolgen soll. Im Kaufvertrag wird geregelt, dass V verpflichtet ist, das Wirtschaftsjahr der V-GmbH unverzüglich auf ein am 30.6.2021 endendes Rumpfwirtschaftsjahr umzustellen. Erforderlich ist, dass diese Satzungsänderung vor dem 30.6.2021 im Handelsregister eingetragen ist. Die erwerbende E-Gruppe kann daher, mit der erwerbenden E-GmbH als Organträgerin, mit Wirkung ab dem 1.7.2021 die Voraussetzungen der finanziellen Eingliederung erfüllen und mit sofortiger Wirkung einen Ergebnisabführungsvertrag abschließen.

Zur weiteren Optimierung der Ergebnisverrechnung zwischen Organträger und Organgesellschaft wird in der Praxis dann meist das Wirtschaftsjahr der Organgesellschaft wieder **auf das Kalenderjahr rückumgestellt,** was nicht mehr der Zustimmung des Finanzamts bedarf.

Beispiel: Im vorstehenden Beispiel würde die E-GmbH als neue Gesellschafterin dann z. B. im September 2021 mit notariellem Gesellschafterbeschluss eine Rückumstellung des Wirtschaftsjahres der V-GmbH auf das Kalenderjahr beschließen und dafür sorgen, dass die Satzungsänderung bis spätestens zum 31.12.2021 im Handelsregister eingetragen ist.

396   **cc) Gesellschaftsrechtliche Zusammenführung von Zielgesellschaft und Erwerbergesellschaft. (1) Verschmelzung von Zielgesellschaft und Erwerbergesellschaft.** Wesentlichstes Instrument der gesellschaftsrechtlichen Zusammenführung von Zielgesellschaft und Erwerbergesellschaft ist die **Verschmelzung.**[928] Gesellschaftsrechtlich wird dies typischerweise durch einen sog. **Up-Stream-Merger** strukturiert,[929] also als Verschmelzung der von der Erwerbergesellschaft übernommenen Zielgesellschaft „nach oben" auf diese. Grundsätzlich kann eine solche Verschmelzung in Bezug auf die Wirtschaftsgüter der Zielgesellschaft als dem übertragenden Rechtsträger **buchwertneutral** durchgeführt werden (vgl. § 11 Abs. 1 und 2 UmwStG).[930] Ein bei der Erwerbergesellschaft als überneh-

---

[925] *Kneip/Bagel* in: Kneip/Jänisch, Tax Due Diligence, S. 646 f.

[926] *Gröger* in: Hölters, Handbuch Unternehmenskauf, Rn. 4.190; R 14.4 Abs. 2 Satz 2 KStR; *Kußmaul/Klank,* DB 2020, 1754, 1756.

[927] Vgl. R 14.4 Abs. 3 Satz 2 KStR.

[928] Siehe hierzu näher *Sinewe/Witzel* in: Brück/Sinewe, Steueroptimierter Unternehmenskauf, § 6 Rn. 27 f.

[929] Vgl. zum Up-Stream-Merger *Gröger* in: Hölters, Handbuch Unternehmenskauf, Rn. 4.176 ff.

[930] Zu Details siehe *Ettinger/Schmitz,* Umstrukturierungen im Bereich mittelständischer Unternehmen, Rn. 131 ff.; ferner *Gröger* in: Kneip/Jänisch, Tax Due Diligence, S. 549.

mender Rechtsträger ggf. entstehender Übernahmegewinn ist im Ergebnis zu 95% steuerfrei, wenn sowohl die Zielgesellschaft wie auch das Erwerber-Vehikel Kapitalgesellschaften sind (§ 12 Abs. 2 Sätze 1 und 2 UmwStG).[931] Oft wird in solchen Konstellationen aber ein **Übernahmeverlust** entstehen, weil typischerweise mit dem Kaufpreis stille Reserven oder künftig erwartete Gewinn- und Ertragspotenziale der Zielgesellschaft gekauft werden, so dass der Kaufpreis typischerweise höher als das buchmäßige Eigenkapital der Zielgesellschaft ist.[932] Ein solcher Verschmelzungsverlust bleibt nach § 12 Abs. 2 Satz 1 UmwStG steuerlich außer Ansatz, d. h. ist steuerlich irrelevant. Eine solche Verschmelzung führt daher steuerlich zur Vernichtung von Anschaffungskosten, was aber dann, wenn ein späterer Veräußerungsvorgang dem Regime des § 8b Abs. 2, 3 KStG unterliegt, von wirtschaftlich geringerer Bedeutung ist.

Nachteilig ist jedoch, dass etwaige **Verlustvorträge** der Zielgesellschaft, ebenso wie etwaige Zins- und EBITDA-Vorträge, bei einer solchen Verschmelzung **verloren gehen** (§ 12 **397** Abs. 3 i. V. m. § 4 Abs. 2 Satz 2 UmwStG).[933] Sodann ist zu beachten, dass in den Fällen, in denen die Zielgesellschaft über Grundbesitz verfügt, der Up-Stream-Merger nach § 1 Abs. 3 GrEStG **Grunderwerbsteuer** auslöst, sofern kein Fall des § 6a GrEStG vorliegt.[934]

> **Praxishinweis:** In solchen Fällen sollte ein Down-Stream-Merger in Betracht gezogen werden, weil die Erwerbergesellschaft nicht über Grundbesitz verfügt, und so vermieden wird, den Grundbesitz steuerlich „zu bewegen".[935]

Zu beachten ist, dass beim Up-Stream-Merger **für handelsrechtliche Zwecke** der **398** **Verkehrswertansatz** gewählt und in einer abweichenden Steuerbilanz die Verschmelzung zu Buchwerten durchgeführt werden kann.[936] Gerade dann, wenn die Akquisition zu einem substanziellem Teil fremdfinanziert ist und mit dem Kaufpreis erhebliche stille Reserven der Zielgesellschaft bezahlt worden sind, kann durch den handelsrechtlichen Ansatz der Verkehrswerte der Vermögensgegenstände der Zielgesellschaft als übertragendem Rechtsträger, einschließlich der nicht bilanzierten Vermögensgegenstände und des Firmenwerts, ein „schöneres" Bilanzbild bei der Erwerbergesellschaft gezeigt werden, da sich das handelsbilanzielle Eigenkapital entsprechend erhöht.[937]

> **Beachte:** Zu beachten ist jedoch, dass dieser positive „Einmaleffekt" auf das Eigenkapital der Bilanz der Erwerbergesellschaft sich in den Folgejahren umkehrt, weil Abschreibungen auf immaterielle Vermögensgegenstände sowie Abschreibungen auf den Firmenwert das handelsrechtliche Ergebnis beeinträchtigen. Es ist daher der Vorteil, bilanziell ein hohes Eigenkapital zeigen zu können, gegen den Nachteil einer Belastung der GuV in den Folgejahren abzuwägen.

(2) Anwachsung der Zielgesellschaft auf die Erwerbergesellschaft. Handelt es **399** sich bei der Zielgesellschaft um eine **Personenhandelsgesellschaft**, kommt auch eine **Anwachsung** nach § 738 BGB in Betracht.[938]

---

[931] Vgl. *Ettinger/Schmitz*, Umstrukturierungen im Bereich mittelständischer Unternehmen, Rn. 136.

[932] *Gröger* in: Hölters, Handbuch Unternehmenskauf, Rn. 4.178.

[933] *Ettinger/Schmitz*, Umstrukturierungen im Bereich mittelständischer Unternehmen, Rn. 137; *Schmitt* in: Schmitt/Hörtnagl/Stratz, UmwG/UmwStG, § 12 UmwStG Rn. 93; vgl. auch *Gröger* in: Kneip/Jänisch, Tax Due Diligence, S. 549 f.

[934] Vgl. BFH vom 22.8.2019 – II R 18/19, DStR 2020, 337.

[935] *Eilers* in: Eilers/Koffka/Mackensen, Private Equity, Teil IV Rn. 55.

[936] Vgl. *Ettinger/Schmitz*, Umstrukturierungen im Bereich mittelständischer Unternehmen, Rn. 134. Zu beachten ist, dass bei nur handelsrechtlicher Aufdeckung stiller Reserven latente Steuern entstehen können (§§ 274, 306 HGB).

[937] Vgl. *Gröger* in: Hölters, Handbuch Unternehmenskauf, Rn. 4.179.

[938] *Eilers* in: Eilers/Koffka/Mackensen, Private Equity, Teil IV Rn. 58; *Gröger* in: Hölters, Handbuch Unternehmenskauf, Rn. 4.185.

Beispiel: Die X-Holding-GmbH, Obergesellschaft der mittelständischen X-Handelsgruppe, erwirbt von dem Veräußerer V 100 % der Kommanditanteile an der Y GmbH & Co. KG sowie 100 % an der der Y-Verwaltungs-GmbH, der zugehörigen Komplementär-GmbH, die, wie üblich, am Vermögen und Ertrag der Kommanditgesellschaft nicht beteiligt ist. Veranlasst die X-Holding nach Vollzug des Erwerbs, dass die Komplementär-GmbH aus der Kommanditgesellschaft als Gesellschafterin austritt, wächst deren Vermögen automatisch auf die X-Holding-GmbH an.

Es handelt sich im vorstehenden Beispielsfall um eine Anwachsung in Form der sog. klassischen (= einfachen) Anwachsung.[939] Diese Variante der Anwachsung führt dazu, dass im vorstehenden Beispiel die X-Holding-GmbH nach der Anwachsung – zwingend – die Buchwerte der Zielgesellschaft fortführt.[940]

400 Hält die Zielgesellschaft im Fall der Anwachsung Grundbesitz, fällt dennoch **keine Grunderwerbsteuer** an (§ 6 Abs. 2 GrEStG).

401–404 *(frei)*

s) Veräußererumwandlungsmodell

405 Das Veräußererumwandlungsmodell ist eine in eng umgrenzten Einzelfällen nach wie vor mögliche Gestaltung zur **Transformation von Anschaffungskosten in Abschreibungsvolumen** bei Zielgesellschaften in der Rechtsform der Kapitalgesellschaft, jedoch verbunden mit Vor- und Nachteilen, die im Einzelfall genau gegeneinander abgewogen werden müssen.[941]

> **Beachte:** Das Veräußererumwandlungsmodell ist nicht mit dem sog. „Erwerberumwandlungsmodell" zu verwechseln, dem durch die Regelung des § 4 Abs. 6 UmwStG in der Fassung des Gesetzes vom 23.10.2000[942] der Boden entzogen wurde.

Das Veräußererumwandlungsmodell basiert auf der Überlegung, dass der Veräußerer von Kapitalgesellschafts-Anteilen vor der Veräußerung die zum Verkauf vorgesehene **Kapitalgesellschaft in eine Personengesellschaft umwandelt** (z.B. in eine GmbH & Co. KG), und zwar gesellschaftsrechtlich durch einen Formwechsel nach § 190 UmwG.[943]

406 Steuerlich führt der **auf Ebene der Gesellschaft steuerneutral** mögliche Formwechsel auf Gesellschafterebene nach den § 4 Abs. 4 bis 7 UmwStG zu einem **Übernahmegewinn** oder einem **Übernahmeverlust** und zu einer fingierten **Ausschüttung der offenen Rücklagen** nach § 7 UmwStG.[944] Ein Übernahmeverlust bleibt nach § 4 Abs. 6 UmwStG außer Betracht bzw. darf maximal mit den Ausschüttungen nach § 7 UmwStG verrechnet werden.[945] Ein Übernahmegewinn wird bei einer natürlichen Person als Gesellschafter nach dem Teileinkünfteverfahren besteuert und führt daher insoweit zu

---

[939] Vgl. *Ettinger/Schmitz*, Umstrukturierungen im Bereich mittelständischer Unternehmen, Rn. 551.

[940] Aufgrund des Umstandes, dass die Komplementärin mit 0 % am Vermögen und Ertrag der Kommanditgesellschaft beteiligt war, waren die Wirtschaftsgüter der Kommanditgesellschaft durch die Bruchteilsbetrachtung vor der Anwachsung steuerlich bereits der AkquiCo GmbH zuzurechnen, vgl. *Eilers* in: Eilers/Koffka/Mackensen, Private Equity, Teil IV Rn. 58; *Gröger* in: Hölters, Handbuch Unternehmenskauf, Rn. 4.185. Rechtsgrundlage ist das ertragsteuerliche Transparenzprinzip der Personengesellschaft bzw. der Rechtsgedanke des § 6 Abs. 3 EStG.

[941] Vgl. *Rödder/Hötzel/Müller-Thuns*, Unternehmenskauf/Unternehmensverkauf, § 28 Rn. 17; *Bisle*, SteuK 2016, 546, 547.

[942] BGBl. I 2000, 1433.

[943] Siehe dazu *Ettinger/Schmitz*, Umstrukturierungen im Bereich mittelständischer Unternehmen, Rn. 283 f.

[944] Vgl. *Ettinger/Schmitz*, Umstrukturierungen im Bereich mittelständischer Unternehmen, Rn. 291 i.V.m. Rn. 85 ff.

[945] *Ettinger/Schmitz*, Umstrukturierungen im Bereich mittelständischer Unternehmen, Rn. 114.

einer Steuerbelastung des Veräußerers.[946] Die Nichtberücksichtigung eines entstehenden Übernahmeverlustes hat zu Folge, dass es durch die Umwandlung zu einer **Vernichtung von Anschaffungskosten** kommen kann.[947] Dies führt dann bei der späteren Veräußerung von Mitunternehmeranteilen (an Stelle von Kapitalgesellschafts-Anteilen) zu einem erhöhten Veräußerungsgewinn beim Veräußerer. Der Veräußerer hat daneben auch die steuerlichen Nachteile des Anfalls **definitiver Gewerbesteuer** zu beachten (vgl. § 18 Abs. 3 UmwStG).

Der **Erwerber** hat nach Durchführung des Formwechsels dann allerdings den steuerlichen Vorteil, dass er die Personengesellschaftsanteile **steuerlich im Wege eines Asset Deals** erwirbt und daher eine steuerlich optimale Transformation seines Kaufpreises in Abschreibungsvolumen erzielt.[948]   **407**

Generell kommt das Veräußererumwandlungsmodell **nur im Einzelfall in Betracht,**   **408**
nämlich wenn der Veräußerer für den „halben" durchschnittlichen Steuersatz nach § 34 Abs. 3 EStG in Frage kommt und der Gewinn EUR 5 Mio. nicht (wesentlich) übersteigt, und wenn der Aspekt „Vernichtung von Anschaffungskosten" nach den Verhältnissen des Einzelfalls, insbesondere bei Gründungsgesellschaftern, keine Rolle spielt.[949] In jedem Fall ist eine Berechnung der steuerlichen Nachteile für den Veräußerer anzustellen. Sodann sind überschlägig die Steuervorteile des Erwerbers (Steuerminderung durch AfA-Effekte) zu ermitteln und zu diskontieren. Der Veräußerer wird den Schritt einer solchen Umwandlung nur dann vornehmen, wenn er an den positiven steuerlichen Effekten, die diese Transaktion für den späteren Erwerber hat, durch eine Kaufpreiserhöhung angemessen beteiligt wird.

(frei)   **409**

t) Kirchensteuer

Ein Steuerberater kann sich u. U. gegenüber seinem Mandanten haftbar machen, wenn er   **410**
den Mandanten nicht ungefragt auf die steuerlichen Möglichkeiten eines Kirchenaustritts hinweist.[950] Diese zur **Hinweispflicht des Steuerberaters** vor Durchführung einer größeren Gewinnausschüttung ergangene Rechtsprechung lässt sich ohne Weiteres auf die Situation eines Unternehmensverkaufs übertragen.

> **Beachte:** Der Mandant ist daher rechtzeitig vor Durchführung des Unternehmensverkaufs auf die Möglichkeit eines Kirchenaustritts hinzuweisen; der steuerliche Berater ist somit von Rechts wegen verpflichtet, die „Gretchenfrage" zu stellen.

Die Kirchensteuerpflicht endet beim Austritt mit Beginn bzw. Ablauf des Monats, in dem   **411**
der Steuerpflichtige den Austritt erklärt.[951] Hier sind die **Regelungen des jeweiligen Bundeslandes** zu beachten. Die Regelung in Bayern z. B. ist so ausgestaltet, dass ein — wenn auch nur proportionales — Durchschlagen des Veräußerungsgewinns auf die Höhe der Kirchensteuer eines Veranlagungszeitraums nur vermieden werden kann, wenn der Austritt bereits im Kalenderjahr *vor* Durchführung des Unternehmensverkaufs erfolgt (vgl. § 5 Bay-AVKirchStG).

---

[946] *Ettinger/Schmitz,* Umstrukturierungen im Bereich mittelständischer Unternehmen, Rn. 291 i. V. m. Rn. 113.

[947] Vgl. BFH vom 12.7.2012 – IV R 39/09, BStBl. II 2012, 728. Dies ist laut BFH auch nicht verfassungswidrig, vgl. BFH vom 22.10.2015 – IV R 37/13, DB 2016, 445.

[948] Siehe dazu oben → Rn. 188 ff.

[949] Vgl. *Rödder/Hötzel/Müller-Thuns,* Unternehmenskauf/Unternehmensverkauf, § 28 Rn. 19.

[950] BGH vom 18.5.2006 – IX ZR 53/05, DB 2006, 2004 ff.; OLG Düsseldorf vom 20.12.2002 – 23 U 39/02, OLGR Düsseldorf 2003, 106 ff.; vgl. ferner *Weigl,* BB 2001, 2188, 2192 und *Zugehör,* DStR 2003, 1124.

[951] *Fleischmann,* NWB 2003, Fach 12, 1477 f.

> **Praxishinweis:** Da die Frage, ob man zur Steueroptimierung vor einem Unternehmensverkauf aus der Kirche austreten möchte, letztlich eine sehr persönliche Frage ist, muss der Berater auch damit rechnen, dass der Mandant von dieser Möglichkeit keinen Gebrauch machen will. In diesem Fall sollte der Berater, und auch dies möglichst rechtzeitig vor dem Unternehmensverkauf, versuchen, im Gespräch mit dem zuständigen Kirchensteueramt zumindest eine teilweise Ermäßigung der grundsätzlich anfallenden Kirchensteuer zu erreichen. Die Praxis zeigt, dass auch in Bundesländern wie Bayern, in denen es anders als in anderen Bundesländern keine Kappungssätze oder ähnliches gibt, im Einzelfall zuweilen eine Reduzierung der Kirchensteuer erreicht werden kann. Ein Rechtsanspruch hierauf besteht jedoch nicht.

412   *(frei)*

u) Wegzug ins Ausland

413   Bei „mobilen" Veräußerern ist bei entsprechendem Planungshorizont ein dem Unternehmensverkauf vorangehender Wegzug ins Ausland zu überlegen. **§ 6 AStG (Wegzugssteuer)** sieht allerdings eine Sofortversteuerung der stillen Reserven in Kapitalgesellschaftsanteilen im Wegzugszeitpunkt vor.[952] Dies jedoch zum gemeinen Wert der Anteile im *Wegzugszeitpunkt;* spätere Wertsteigerungen in den Anteilen sind grundsätzlich nicht mehr in Deutschland steuerpflichtig, wenn ein dem OECD-MA entsprechendes Doppelbesteuerungsabkommen (DBA) das Besteuerungsrecht am Veräußerungsgewinn dem neuen Wohnsitzstaat zuweist und kein deutscher Wohnsitz mehr besteht. Das jeweilige DBA ist im Detail zu prüfen (Sonderregeln bestehen insbesondere im DBA-Schweiz).[953]

414   Ein Wegzug ins **EU-Ausland bzw. in einen EWR-Staat** führt nach § 6 Abs. 5 AStG derzeit noch[954] zu einer nur gestundet festgesetzten deutschen Wegzugssteuer und damit wirtschaftlich zu einem **Einfrieren des deutschen Besteuerungswerts.**[955] Im Vorfeld solcher Gestaltungen ist zu klären, ob der ins Auge gefasste Zuzugsstaat den späteren Veräußerungsgewinn ggf. günstiger besteuert. Des Weiteren ist der Frage nachzugehen, welchen Wert der Zuzugsstaat zu Grunde legt.[956]

> **Praxishinweis:** Aufgrund der Tatsache, dass diese Gestaltung grundsätzlich einen kompletten Wegzug des Steuerpflichtigen ins Ausland voraussetzt, d. h. die vollständige Aufgabe des deutschen Wohnsitzes, sind solche Überlegungen nur in wenigen Einzelfällen durchführbar und benötigen auch einen entsprechenden Vorlauf. Zudem ist sicherzustellen,

---

[952] Vgl. zu § 6 AStG *Häck* in: Haase, AStG/DBA, § 6 AStG, Rn. 1 ff.; *Ettinger/Beuchert,* IWB 2014 Heft 4, 126 – 13.

[953] Vgl. *Burki* in Ettinger, Steuerlich motivierter Wegzug natürlicher Personen, steuerliche Folgen und Gestaltungsmöglichkeiten, Wegzugsbesteuerung, S. 109; *Flick/Wassermeyer/Kempermann,* DBA Deutschland-Schweiz, Art. 1 ff.

[954] Mit Datum vom 10.12.2019 hat das BMF den Entwurf eines Gesetzes zur Umsetzung der Anti-Steuervermeidungsrichtlinie (ATADUmsG) veröffentlicht. Der Referentenentwurf sieht eine weitgehende Reformierung des AStG, bei der auch § 6 AStG neugefasst werden soll. Siehe dazu *Heurung/Ferdinand/Kremer,* IStR 2020, 90. Unter der Geltung der Neuregelung soll zukünftig nicht mehr differenziert, ob der Steuerpflichtige EU-/EWR Staatsangehöriger ist und in einen dieser Staaten oder in einen Drittstaat wie z. B. die Schweiz wegzieht. Unabhängig vom zukünftigen Wohnsitzstaat des Steuerpflichtigen wird die Wegzugsteuer nunmehr ratierlich über den Zeitraum von sieben Jahren verteilt gestundet („One-Fits-All-Lösung").

[955] Nämlich des gemeinen Werts der Anteile im Zeitpunkt des Wegzugs. Vgl. dazu auch *Hecht/Gallert,* BB 2009, 2396, 2398.

[956] So legt z. B. Österreich beim Zuzügler im Sinne eines „Step-Up" den gemeinen Wert von im Zuzugszeitpunkt bereits gehaltenen Anteilen zugrunde, vgl. *Fugger* in Ettinger, Steuerlich motivierter Wegzug natürlicher Personen, steuerliche Folgen und Gestaltungsmöglichkeiten, Wegzugsbesteuerung, S. 136 f.

dass der Wegzug auch tatsächlich und gegenüber dem Finanzamt nachweisbar erfolgt und entsprechend dokumentiert wird.[957]

(frei)   415

v) Steueroptimierte Erwerbsstruktur

Der Erwerber sollte bereits im Erwerbszeitpunkt an eine spätere Veräußerung des gesam-   416
ten Unternehmens oder einzelner, zu seinem Unternehmen hinzuakquirierter Teilbereiche
oder Beteiligungen denken. Eine zweckmäßige Möglichkeit ist es hierbei, wenn natürliche
Personen als Erwerber von Kapitalgesellschaftsanteilen diese von Anfang an[958] nicht selbst,
sondern durch **zwischengeschaltete Holding-Kapitalgesellschaften** erwerben, um bei
einer späteren Veräußerung die 95%ige Steuerfreiheit nach § 8b Abs. 2 und 3 KStG[959] nutzen zu können.

> **Beachte:** Ein – hinnehmbares – Risiko dieser Gestaltung liegt darin, dass nicht absehbar
> ist, ob und in welchem Umfang dieses Steuerregime dauerhaft erhalten bleibt.[960]

Des Weiteren ist zu bedenken, dass eine spätere Ausschüttung des Veräußerungsgewinns
durch die Holding-Kapitalgesellschaft an natürliche Personen in diesem Zeitpunkt zu seiner
Besteuerung nach dem Teileinkünfteverfahren führt. Die Gestaltung kann aber insbesondere
dann interessant sein, wenn ein späterer Veräußerungsgewinn nicht sofort ausgeschüttet, sondern durch die Holding-Kapitalgesellschaft als „**Spardosengesellschaft**" reinvestiert werden soll. Auf diese Weise können dann Thesaurierungseffekte genutzt werden.

Nachteilhaft an dieser Struktur ist aber, dass für laufende **Gewinnausschüttungen** aus   417
der operativen Tochter-Kapitalgesellschaft, die über die Holding-Kapitalgesellschaft an
natürliche Personen als Anteilsinhaber weiter ausgeschüttet werden sollen, aufgrund § 8b
Abs. 5 KStG (Steuerpflichtigkeit von 5% der Dividenden als fiktive, nicht abzugsfähige
Betriebsausgaben) Nachteile bei der laufenden Besteuerung entstehen können. Denn wenn
die von der Holding-Kapitalgesellschaft zu 95% steuerfrei vereinnahmten Dividenden an
natürliche Personen weiter ausgeschüttet werden, unterliegen diese noch einmal der Besteuerung nach der Abgeltungsteuer und es kommt im Ergebnis zu einer leichten Mehr-
besteuerung im Vergleich zu der Situation, dass natürliche Personen die Anteile an der operativen Kapitalgesellschaft direkt halten. Hier kann die Herstellung einer Organschaft für
Körperschaft- und Gewerbesteuerzwecke helfen.

> **Beachte:** Die Herstellung einer ertragsteuerlichen Organschaft führt zwingend zur zivil-
> rechtlichen Verlustübernahmeverpflichtung entsprechend § 302 AktG. Daher ist in concreto
> eine Abwägung zwischen steuerlichen Vorteilen und etwaigen zivilrechtlichen Haftungs-
> risiken zu treffen.

In größeren, international tätigen Unternehmensgruppen werden häufig **ausländi-**   418
sche Holdinggesellschaften verwendet, die dann u. a. auch Anteile an deutschen Unternehmen halten. Beliebte Standorte solcher Auslands-Holdinggesellschaften sind Belgien,
die Niederlande und Luxemburg.[961] Interessant sind aber beispielsweise auch Malta[962],

---

[957] *Ettinger,* PIStB 2006, 127.

[958] Wird dagegen erst später, insbesondere im Vorfeld eines bereits mittelfristig geplanten Unternehmensverkaufs, daran gedacht, eine solche Kapitalgesellschafts-Holdingstruktur herzustellen, sind die
oben unter Rn. 270 dargestellte Gestaltungsüberlegungen maßgeblich.

[959] Siehe dazu im Detail oben → Rn. 173 ff.

[960] Siehe dazu oben → Rn. 173.

[961] Vgl. z. B. *Eggeling,* Ubg 2011, 676, 686; *Jacobs/Endres/Spengel,* Internationale Unternehmensbesteuerung, S. 1015 ff.

[962] *Götzenberger,* IStR 2001, 30.

Zypern[963] und Estland.[964] Immer wieder wird jedoch vom Steuerpflichtigen selbst oder von Beraterseite her die Errichtung einer ausländischen Holdinggesellschaft auch im mittelständischen, oft gar rein nationalen Kontext vorgeschlagen, die dann die (inländischen) (Kapitalgesellschafts-)Anteile erwerben soll. Hier ist der **Einzelfall kritisch zu prüfen,** insbesondere die tatsächliche Steuerbelastung bezüglich laufender Einkünfte und Veräußerungserlöse sowie die Strukturkosten und die entstehenden operativen Kosten am ausländischen Standort. Steuerlich problematisch ist bei derartigen Konstruktionen oft schon die Vermeidung eines Orts der Geschäftsleitung im Inland,[965] sodann stellt sich die Frage nach einem Missbrauch von Gestaltungsmöglichkeiten im Sinne des § 42 AO, wenn die ausländische Holding-Gesellschaft „substanzlos" ist (Basisgesellschafts-Rechtsprechung).[966] Daneben sind die §§ 7 ff. AStG (Hinzurechnungsbesteuerung) zu prüfen;[967] das Erzielen von Dividenden und von Veräußerungsgewinnen aus der Veräußerung von Anteilen an anderen Kapitalgesellschaften ist jedoch grundsätzlich „aktiv" (§ 8 Abs. 1 Nr. 8 und Nr. 9 AStG). Schließlich ist noch die Anti-Treaty-Shopping-Vorschrift des § 50d Abs. 3 EStG zu prüfen.[968]

Praxishinweis: Von der Herstellung grenzüberschreitender, nur der (vermeintlichen) Steuerersparnis dienender Strukturen in den Fällen, in denen als Ausgangskonstellation eine rein nationale operierende Einheit vorliegt, ist abzuraten. Wenn andererseits eine mittelständische Unternehmensgruppe bereits internationalisiert ist, und die steuerlich nötige Substanz im Ausland bereits geschaffen ist, kann es durchaus interessant sein, künftige Unternehmenszukäufe über eine steuerlich optimierte Auslandsholdingstruktur zu tätigen. Interessant sind insbesondere EU-Standorte mit zum Teil günstigeren Schachtelprivilegien (z. B. Ersparnis der 5 % nach § 8b Abs. 3 KStG),[969] sodann kann dadurch je nach „persönlicher Einschätzung" mehr Rechtssicherheit erkauft werden (politisches Änderungsrisiko des § 8b KStG).

---

[963] *Oellerich* in Wassermeyer, DBA, DBA Zypern, Anhang Überblick über das Steuerrecht Zyperns, Rn. 1 ff.

[964] *Brandis* in Wassermeyer, DBA, DBA Estland, Anhang Überblick über das Steuerrecht Estlands, Rn. 1 ff.

[965] *Jacobs / Endres / Spengel,* Internationale Unternehmensbesteuerung, S. 1032. Werden alle die Gesellschaft betreffenden Entscheidungen von Inländern im Inland getroffen, hat die „ausländische" Gesellschaft ihre Geschäftsleitung i. S. v. § 11 AO in Deutschland und ist damit in Deutschland unbeschränkt körperschaft- und gewerbesteuerpflichtig (§ 1 Abs. 1 Nr. 1 KStG, § 2 Abs. 1 GewStG).

[966] BFH vom 19.1.2000 – I R 94/97, BStBl. II 2001, 222; BFH vom 5.3.1986 – I R 201/82, BStBl. II 1986, 496; BFH vom 25.2.2004 – I R 42/02, BStBl. II 2005, 14. Vgl. auch *Jacobs / Endres / Spengel,* Internationale Unternehmensbesteuerung, S. 1029 und 1033 ff.

[967] Siehe dazu. z. B. *Eggeling,* Ubg 2011, 676, 679 ff.; *Jacobs / Endres / Spengel,* Internationale Unternehmensbesteuerung, S. 1041.

[968] Siehe dazu z. B. *Jacobs / Endres / Spengel,* Internationale Unternehmensbesteuerung, S. 1044 ff. Siehe zum Verstoß des § 50d Abs. 3 EStG 2007 (in der Fassung des JStG 2007 vom 13.12.2006, BGBl. I 2006, 2878) gegen das EG-Recht EuGH vom 20.12.2017 – C-504/16, *Deister / Juhler Holding,* IStR 2018, 197 sowie zum Verstoß des § 50d Abs. 3 EStG in der heutigen, durch das BeitrRLUmsG vom 7.12.2011, BGBl. I 2011, 2592 modifizierten Fassung gegen das EG-Recht EuGH vom 14.6.2018 – C-440/17, *GS,* DStR 2018, 1479 mit Anmerkung *Wittkowski,* DStR 2018, 233 sowie *Geiger,* DStR 2019, 850, 853 f.

[969] So haben derzeit z. B. Belgien, die Niederlande, Luxemburg und Estland eine echte 100%-Freistellung von Veräußerungsgewinnen in Kapitalgesellschafts-Holdingstrukturen, siehe dazu z. B. *Eggeling,* Ubg 2011, 676, 686.

C. Phase 2: Vorvertragliche Phase

Gliederung

Vorbemerkung

Im Zeitraum nach Abschluss der verkäuferseitigen, internen Sachverhaltsermittlung, **1**
Zieldefinition, Teambildung sowie der Strukturierung des Verkaufs einschließlich der Un-
ternehmensbewertung und steuerlicher Optimierung (vgl. dazu vorstehend im einzelnen
Teil → B.) sind die nächsten Schritte in Phasen 2 und 3[1] der Verkaufstransaktion:

☑ Erstellen einer **Long-List,** d.h. einer Liste mit den potenziellen Kaufinteressenten, die
   auf ein etwaiges Kaufinteresse hin angesprochen werden sollen;
☑ Versendung des **1. Procedure-Letters nebst Teaser/Kurzprofil** und Entwurf der Vertraulichkeitsvereinbarung;

---

[1] Siehe auch die Übersicht zum Gesamtablauf eines Unternehmens(ver)kaufs in Teil → A.,
Rn. 21 ff.

☑ Auswertung des Rücklaufs sowie Abstimmung innerhalb des Teams zur **Short-List,** also einer Liste mit den möglichen Kaufinteressenten, die mit dem Information-Memorandum detaillierte Informationen erhalten sollen;

☑ Vorbereitung des Kaufvertragsentwurfs;

☑ Abschluss der Vertraulichkeitsvereinbarung(en);

☑ Versenden des 2. **Procedure-Letters** und Übermittlung des **Information-Memorandums** an die Interessenten auf der Short-List;

☑ **Vorbereitung des** (virtuellen oder physischen) **Datenraums** für die Due-Diligence-Prüfungen der Kaufinteressenten sowie **Entwurf des 3. Procedure Letters;**

☑ Im Bieter-Verfahren: **Auswertung der indikativen Kaufangebote** und Auswahl derjenigen Kaufinteressenten, die zur Due-Diligence-Prüfung zugelassen werden;

☑ Im Bieterverfahren: ggf. Abschluss eines **Letter of Intent mit (Verhandlungs-/Abschluss-)Exklusivität** zu Gunsten eines Kaufinteressenten, ansonsten u. U. auch Verhandlungen mit mehreren Kaufinteressenten parallel;

☑ Alternativ zum Letter of Intent: Vereinbarung von **Optionsrechten** oder eines **Vorvertrages;**

☑ Versenden des 3. **Procedure-Letters** nebst **Kaufvertragsentwurf** sowie **Öffnung des Datenraums** zu Zwecken der Prüfung des Unternehmens durch die Kaufinteressenten;

☑ Einholung und **Auswertung der „bindenden Angebote"** sowie der Änderungswünsche zum Kaufvertragsentwurf;

☑ Entscheidung über die **Zulassung** der (oder im Falle des Trade-Sale des einen) Kaufinteressenten **zu Vertragsverhandlungen** über den Verkauf;

☑ **Due Diligence Prüfungen** einschließlich **Gesprächen mit dem Management** und ggf. auch **Key-Expert-Treffen** sowie Besuche des Unternehmens und Besichtigung von Anlagen etc. (**„Site Visits"**).

I. Rechtliche Rahmenbedingungen der vorvertraglichen Phase

1. Überblick

2   Mit Beginn der Phase 2 der Verkaufstransaktion, welche nahtlos in Phase 3 übergeht, nimmt die Verkäuferseite Kontakt mit potentiellen Käufern auf, wobei sich das Bieter-Verfahren und der Verkauf an nur einen Interessenten (Trade-Sale) sicherlich in den Details unterscheiden, aber sich ansonsten in den rechtlichen Ausprägungen so stark ähneln, dass hier auf eine differenzierte Darstellung beider Verfahrenstypen verzichtet wird.

3   Anders als im anglo-amerikanischen Kaufrecht, dessen Denkmuster und vertragliche Regelungsmechanismen stark die deutsche Praxis des Unternehmenskaufs beeinflussen, gilt im deutschen Kaufrecht der sog. „**Caveat-Emptor-Grundsatz**" nicht.[2] Nach diesem Grundsatz haftet der redliche Verkäufer grundsätzlich nicht für Mängel der Kaufsache; es ist vielmehr Sache des Käufers, sich durch eingehende Prüfung des Kaufgegenstandes über dessen Zustand zu informieren und sich auf dieser Grundlage beim Anteils- wie beim Sachkauf durch vertragliche Gewährleistungsregeln und Garantien abzusichern.[3] Im deutschen Kaufrecht liegt es hingegen so, dass der durch einen verborgenen Mangel des Kaufgegenstandes geschaffene **Interessenkonflikt zwischen Käufer und Verkäufer mittels gesetzlich vorgesehener Gewährleistungsansprüche gelöst** wird, die – bis zum In-Kraft-Treten der Schuldrechtsreform im Jahre 2002 – mit einer kurzen Verjährung von sechs Monaten (vgl. § 477 BGB a. F.) gekoppelt waren, um eine sichere und schnelle Abwicklung des Kaufs zu erreichen.[4] Die Verjährung von Gewährleistungsansprüchen hat der

---

[2] RG vom 15.11.1907, RGZ 67, 86, 88; *Schiffer/Bruß,* BB 2012, 847, 848; anders *Hasselbach/Ebbinghaus,* DB 2012, 216, 218; *Palzer,* JURA 2011, 917, 927.

[3] *Fleischer/Körber,* BB 2001, 841, 842; *Palzer,* JURA 2011, 917, 927.

[4] RG vom 15.11.1907, RGZ 67, 86, 88 mit Nachweisen aus dem römischen Recht; BGH vom 16.3.1973 – V ZR 118/71, NJW 1973, 1234, 1235.

Gesetzgeber allerdings mit der Schuldrechtsreform 2002 zum Nachteil des Verkäufers auf zwei Jahre verlängert.

> **Beachte:** Anglo-amerikanisches Denken, das auf dem Caveat-Emptor-Grundsatz basiert und daher geradezu zwingend eine Due-Diligence-Prüfung erfordert, verträgt sich daher an sich nicht mit dem Gewährleistungsrecht des BGB und den daraus resultierenden Denkstrukturen deutscher Prägung.

Allerdings gilt der Ausschluss des Caveat-Emptor-Grundsatzes im deutschen Recht nicht **4** strikt. So schadet dem Käufer gemäß § 442 BGB positive Kenntnis sowie ggf. auch grob fahrlässige Unkenntnis von Mängeln der Kaufsache.[5] Soweit *Bergjan/Burgic* davon ausgehen, dass der Caveat-Emptor-Grundsatz auch für Unternehmenstransaktionen im deutschen Raum „weitgehend etabliert" sei[6], kann davon – wie insbesondere die von der Rechtsprechung entschiedenen Fälle im auch kleineren Mittelstand – nach Ansicht des Verfassers nicht die Rede sein. So wie im Hinblick auf die Frage einer etwaig grob fahrlässigen Unkenntnis des Käufers vom Mangel bei § 442 Abs. 1 Satz 2 BGB eine „Verkehrssitte" nicht feststellbar ist[7], lässt sich mit Blick auf Vielgestaltigkeit von Unternehmensverkäufen nicht ein etablierter Caveat-Emptor-Grundsatz konstatieren, der dem deutschen Recht im Kern so jedenfalls nicht entspricht.

2. Vorvertragliche Haftungsrisiken kennen und vermeiden

In der vorvertraglichen Phase, also bereits vor Unterzeichnung des eigentlichen Kaufver- **5** trages, kommt es freilich aufgrund der Ansprache von potenziellen Kaufinteressenten und dem damit verbundenen Austausch von Informationen im Rahmen der Due Diligence zu rechtlichen Beziehungen, die gemäß **§ 311 Abs. 2 und Abs. 3 BGB ein gesetzliches Schuldverhältnis** begründen, aus dem bereits Pflichten zur Rücksichtnahme auf die Rechte, Rechtsgüter und Interessen des anderen Teils als Verhaltenspflichten erwachsen.[8] Vor allem folgende Fallgruppen einer möglichen **vorvertraglichen Haftung** können im Rahmen des Projektes Unternehmensverkauf haftungsrelevant werden:[9]
– **Körper- und Eigentumsschäden** (denkbar z.B. bei Besichtigung des Unternehmens durch Kaufinteressenten oder deren Berater);
– **Abbruch der Vertragsverhandlungen ohne triftigen Grund**[10] (das günstigere Angebot eines anderen Interessenten kann ein triftiger Grund sein);

> **Praxishinweis:** Zwar sind die Vertragsparteien bis zum endgültigen Vertragsschluss in ihren Entschließungen grundsätzlich frei und zwar auch dann, wenn der andere Teil in Erwartung des Vertrages bereits Aufwendungen gemacht hat.[11] Auch ist gerade beim Bieter-Verfahren das Vertrauen in einen erfolgreichen Abschluss der Transaktion von vornherein eingeschränkt, da alle Bieter wissen, dass nur einer von ihnen den Zuschlag

---

[5] Siehe zu den sich im Hinblick auf § 442 BGB ergebenden Fragestellungen im Zusammenhang mit einer Haftung aus culpa in contrahendo → Rn. 140f. sowie im Zusammenhang mit Kaufrecht Teil → D., Rn. 445 ff.; vgl. ferner LG Hamburg vom 13.3.2015 – 315 O 89/13, BeckRS 2015, 07608 mit Besprechung *Broichmann/Makos,* GWR 2015, 279 sowie *Findeisen,* BB 2015, 2700.

[6] *Bergjan/Burgic* in: Drygala/Wächter, Verschuldenshaftung und Wissenszurechnung bei M&A Transaktionen, S. 19, 31.

[7] Siehe dazu → Rn. 217.

[8] *Grüneberg* in: Palandt, BGB, § 311 Rn. 27; siehe auch ausführlich zur möglichen vorvertraglichen Haftung beim Letter of Intent *Bergjan,* ZIP 2004, 395.

[9] Vgl. *Grüneberg* in: Palandt, BGB, § 311 Rn. 29 ff.

[10] Vgl. dazu auch *Picot* in: Picot, Unternehmenskauf und Restrukturierung, § 2 Rn. 46; *Beisel/Klumpp,* Der Unternehmenskauf, § 1 Rn. 60.

[11] BGH vom 7.12.2000 – VII ZR 360/98, NJW-RR 2001, 381; vgl. auch OLG Düss. vom 3.7.2017 – I-4 U 146/14, BeckRS 2017, 130307 Tz. 109.

erhalten kann. Doch sind gerade bei mittelständischen Unternehmensverkäufen Fälle denkbar, in denen der Verkäufer aus nicht nachvollziehbaren (privaten) Gründen den gesamten Verkaufsprozess abbricht, wobei sodann für einen Schadensersatzanspruch ein Verschulden nicht erforderlich ist; es genügt vielmehr, wenn das enttäuschte Vertrauen in zurechenbarer Weise erweckt worden ist.[12]

- beim Information-Memorandum:[13] **Ausschreibung durch Privatperson**[14] und Gewährung fehlerhafter Information (im Falle des Unternehmensverkaufs denkbar durch Aufstellung von Verfahrensregularien für den weiteren Verkaufsprozess im Bieterverfahren);
- Verletzung von **Aufklärungspflichten** oder **Mitteilung unrichtiger oder unvollständiger Informationen**[15] über den Kaufgegenstand (hinsichtlich der Beschaffenheiten des Kaufgegenstandes bilden die §§ 434–441 BGB zwar nach herrschender Meinung grundsätzlich eine abschließende Sonderregelung,[16] doch kommt bei anderen wertbildenden Merkmalen, wie beispielsweise Angaben über den Gewinn oder Umsatz eine Haftung nach §§ 311 Abs. 2, 241 Abs. 2, 280 Abs. 1 BGB in Betracht)[17];
- Verletzung von Sorgfalts- und Schutzpflichten.

6   Vor diesem Hintergrund sollte der **Verkäufer** darauf bedacht sein, die Rechte und Pflichten der Parteien aus und im Zusammenhang mit der vorvertraglichen Phase klar zu regeln, weil sich andernfalls für ihn nicht nur das *Risiko* der Verbreitung und Nutzung von Informationen über sein Unternehmen zu Wettbewerbszwecken ergibt, sondern sich auch seine Haftungsrisiken aus einer vorvertraglichen Haftung erhöhen. Macht hingegen der **Käufer** Fehler in der vorvertraglichen Phase, erhöht sich sein *Risiko,* ein marodes Unternehmen zu erwerben; zugleich reduziert sich seine *Chance,* für den Fall der durchgeführten Transaktion bei etwaigen Mängeln des gekauften Unternehmens Schadensersatz oder sonstige Rechte geltend zu machen.

> **Praxishinweis:** Von besonderer praktischer Relevanz mit zum Teil erheblichen wirtschaftlichen Auswirkungen sowohl beim Verkäufer als auch beim Käufer ist insofern eine professionell organisierte und dokumentierte Due-Diligence-Prüfung sowie deren Verzahnung mit den Regelungen des Kaufvertrages.[18] Dies gilt insbesondere auch mit Blick auf die umfangreiche Zurechnung von Wissen und Verschulden von sog. Erfüllungsgehilfen, also im Grunde allen auf Verkäufer- wie Käuferseite im Rahmen der Transaktion tätigen Geschäftsführer, Mitarbeiter, Berater, etc.

7   Je nach Art und Ausmaß der Verletzung vorvertraglicher Pflichten kommen als **Anspruchsgrundlagen** (vor allem des Käufers) in Betracht:
- §§ 311 Abs. 2, 241 Abs. 2, 280 Abs. 1 BGB („**culpa in contrahendo**" – Verschulden bei Vertragsschluss, und zwar insbesondere auch bei Arglist und Zurechnung des Verhaltens Dritter über §§ 278, 166 BGB) mit der Rechtsfolge Schadensersatz einschließlich ggf. einer Rückgängigmachung des Kaufvertrages;[19]

---

[12] Vgl. *Grüneberg* in: Palandt, BGB, § 311 Rn. 33.
[13] Siehe dazu → Rn. 177 ff.
[14] Vgl. BGH vom 21.2.2006 – X ZR 39/03, NJW-RR 2006, 963 sowie OLG München vom 17.1.2007 – 7 U 2759/06, BeckRS, 04689.
[15] Vgl. dazu speziell auch im Hinblick auf Bieterverfahren *Louven/Böckmann,* ZIP 2004, 445.
[16] Vgl. *Grüneberg* in: Palandt, BGB, § 311 Rn. 41.
[17] Vgl. insbesondere im Hinblick auf fehlerhafte Angaben zu Umsatz und Gewinn BGH vom 18.3.1977 – I ZR 132/75, NJW 1977, 1538; vgl. dazu auch *Grüneberg* in: Palandt, BGB, § 311 Rn. 41 sowie ausführlich zur Abgrenzung der culpa in contrahendo zur kaufrechtlichen Gewährleistung → Rn. 115 ff. sowie Teil → D., Rn. 481 ff.
[18] Siehe dazu ausführlich unten → Rn. 260 ff.
[19] Siehe dazu → Rn. 10 ff. sowie den Fall OLG Düss. vom 16.6.2016 – I-6 U 20/15, NZG 2017, 152; generell dazu auch BGH vom 26.9.1997 – V ZR 29/96, NJW 1998, 302, 303.

– §§ 434 ff. BGB (**gesetzliche Gewährleistung** beim Kauf, die zum Vertragsinhalt wird, wenn sie nicht ausdrücklich ausgeschlossen wird);[20]
– § 280 Abs. 1 BGB (**positive Vertragsverletzung**);[21]
– § 311 Abs. 1 i. V. m. §§ 280, 281 BGB (aus **vertraglich vereinbarter Garantie**);[22]
– §§ 123, 142, 812 ff. BGB (**Anfechtung wegen Arglist**).[23]

Als **Rechtsfolgen** können sich dann ergeben:[24]   8
– **Schadens- und Aufwendungsersatz** (verschuldensabhängig)[25] aus kaufrechtlicher Gewährleistung;
– **Rücktritt oder Minderung** (verschuldens<u>un</u>abhängig)[26] aufgrund kaufrechtlicher Gewährleistung;
– **Schadensersatz** (verschuldens<u>un</u>abhängig)[27] bei Vereinbarung selbständiger Garantien gemäß § 311 Abs. 1 BGB oder von Beschaffenheitsgarantien gemäß § 443 BGB;
– **Ersatz des Vertrauensschadens** bei Haftung aus culpa in contrahendo (ggf. auch wegen Abstandname von einem anderen Geschäft im Vertrauen auf das Zustandekommen des Vertrages)[28] sowie Rücktritt vom Vertrag nebst Rückabwicklung des Kaufvertrages;[29]
– **bereicherungsrechtliche Rückabwicklung**[30], z. B. bei Anfechtung des Kaufvertrages wegen arglistiger Täuschung oder Nichtigkeit des Vertrages (z. B. nach §§ 138, 134 BGB)[31];

Allerdings bestehen hier zahlreiche **Konkurrenzen** der einzelnen Regelungssysteme, vor allem zwischen den Spezialregelungen der kaufrechtlichen Gewährleistung gemäß §§ 434 ff. BGB *einerseits* und den aus den dadurch grundsätzlich verdrängten Ansprüchen aus culpa in contrahendo, dem Eigenschaftsirrtum nach § 119 Abs. 2 BGB, dem Wegfall der Geschäftsgrundlage nach § 313 BGB[32] sowie der positiven Vertragsverletzung nach § 280 Abs. 1 BGB *andererseits*.[33]

Vorstände und Geschäftsführer sowohl von Käufer und Verkäufer als auch gegebe- 9
nenfalls des zu verkaufenden Zielunternehmens müssen zudem prüfen,
– ob sie im Rahmen ihrer Sorgfaltspflichten aus § 43 Abs. 1 GmbHG, § 93 Abs. 1 AktG eine Verpflichtung zur Durchführung einer Due-Diligence-Prüfung trifft,[34]
– welche Haftungsrisiken sich für ihr Unternehmen ergeben sowie
– welche Haftungsrisiken sie gegebenenfalls dabei persönlich eingehen.[35]

---

[20] Siehe dazu ausführlich Teil → D., Rn. 394 ff.
[21] Siehe dazu Teil → D., Rn. 488.
[22] Siehe dazu ausführlich Teil → D., Rn. 505 ff.
[23] Siehe dazu → Rn. 24 ff.
[24] Vgl. dazu auch *Weber* in: Hölters, Handbuch Unternehmenskauf, Kap. 9 Rn. 9.16 m. w. N.
[25] Siehe dazu Teil → D., Rn. 439 ff.
[26] Siehe dazu Teil → D., Rn. 432 ff.
[27] Siehe dazu Teil → D., Rn. 570 ff.
[28] BGH vom 17.4.1984 – VI ZR 191/82, NJW 1984, 1950.
[29] BGH vom 4.4.2001 – VIII ZR 32/00, NJW 2001, 2163, 2165; OLG Düss. vom 16.6.2016 – I-6 U 20/15, NZG 2017, 152, 159 Tz. 74.
[30] Siehe dazu auch Teil → D., Rn. 492 ff.
[31] Siehe zur bereicherungsrechtlichen Rückabwicklung eines Unternehmenskaufs (Steuerberaterpraxis) BGH vom 5.7.2006 – VIII ZR 172/05, NJW 2006, 2847.
[32] Siehe hierzu vor allem die grundlegende Entscheidung des BGH vom 26.9.2018 – VIII 187/17, MittBayNot 2019, 376 Tz. 15 ff., in welcher er seine jahrzehntelange Rechtsprechung aus Zeiten auch vor der Schuldrechtsreform ausdrücklich fortführt sowie BGH vom 8.2.2006 – VIII ZR 304/04, NJW-RR 2006, 1037 zum Wegfall der Geschäftsgrundlage durch Aufnahme einer Konkurrenztätigkeit nach Verkauf.
[33] Siehe dazu Teil → D., Rn. 480 ff. sowie Teil C. → Rn. 135 f.
[34] Siehe dazu ausführlich → Rn. 214 ff.
[35] Vgl. dazu noch ausführlich unten → Rn. 223 ff.

3. (Vorvertragliche) Pflichten des Verkäufers und Haftung aus c. i. c.

10   Beim Unternehmenskauf im Vorfeld des eigentlichen Vertragsschlusses geht es um Informationsgewährung (*Huber* bezeichnet dies als das zentrale Problem des Unternehmenskaufs).[36] Obwohl nach der Auffassung des Bundesgerichtshofes die kaufrechtlichen Gewährleistungsvorschriften grundsätzlich eine abschließende Sonderregelung bilden,[37] und zwar insbesondere im Falle der **Nichtangabe oder Angabe von Sacheigenschaften betreffend den Kaufgegenstand** durch den Verkäufer,[38] erlegt die Rechtsprechung dem Verkäufer in der vorvertraglichen Phase auch Aufklärungspflichten auf, die sowohl für diese Phase als auch den Inhalt des Vertragsschlusses selbst gelten und somit quasi phasenübergreifend in die kaufvertraglichen Rechte und Pflichten der Vertragsparteien hineinwirken und für den Verkäufer im Hinblick auf eine fahrlässige oder vorsätzliche culpa in contrahendo potenziell haftungsrelevant sind.[39]

a) Fahrlässige Aufklärungspflichtverletzung und Falschangaben

11   **aa) Grundsätze der Rechtsprechung zu Aufklärungspflichten.** Ausgangspunkt ist das Prinzip Eigenverantwortung.[40] Im Grundsatz besteht daher nach der Rechtsprechung des BGH regelmäßig keine Pflicht einer Partei, von sich aus ungefragt einen anderen vor oder bei Vertragsschluss über das damit verbundene Risiko zu unterrichten. Vielmehr darf jedermann grundsätzlich davon ausgehen, dass sich sein künftiger Vertragspartner selbst über die Umstände, die für dessen Vertragsentscheidung maßgeblich sind, sowie über Art und Umfang seiner Vertragspflichten im eigenen Interesse Klarheit verschafft hat.[41]

> **Beachte:** Diesen Grundsatz zur vorvertraglichen Haftung darf man allerdings im Hinblick auf eine etwaige Haftung des Verkäufers nicht fehlinterpretieren: Der Verkäufer haftet nämlich grundsätzlich (Ausnahme: § 442 Abs. 1 S. 2 BGB) unabhängig von einer etwaigen vorvertraglichen Haftung nach der gesetzlichen Gewährleistung völlig losgelöst von einer etwaigen Aufklärungspflicht oder einer Untersuchung des Kaufgegenstandes durch den Käufer. Nur bei einem beiderseitigen Handelskauf und erst bei Übergabe des Kaufgegenstandes muss der Käufer den Kaufgegenstand gemäß § 377 HGB untersuchen und etwaige Mängel rügen.

12   Ob und gegebenenfalls in welchem Umfang den Verkäufer Aufklärungspflichten treffen, kann nicht generell beantwortet werden.[42] Die Rechtsprechung entscheidet auf Grundlage der Umstände des Einzelfalles.[43] Gleichwohl können **Leitlinien** aufgezeigt werden, anhand

---

[36] Vgl. *Huber*, AcP Bd. 202 (2002), 179, 180.

[37] Siehe zum Konkurrenzverhältnis der kaufrechtlichen Gewährleistung zur culpa in contrahendo ausführlich → Rn. 115 ff. sowie Teil → D., Rn. 481 ff.

[38] BGH vom 16.3.1973 – V ZR 118/71, NJW 1973, 1234.

[39] Vgl. auch zur vorvertraglichen Pflichtverletzung *Hasselbach/Ebbinghaus*, DB 2012, 216 sowie allgemeiner und sehr detailliert zu den dogmatischen Grundlagen der Aufklärungspflicht *Drygala* in: Drygala/Wächter, Verschuldenshaftung und Wissenszurechnung bei M&A Transaktionen, S. 2 ff.

[40] *Arnold*, JuS 2013, 865, 867; *Koppmann*, BB 2014, 1673, 1674; *Drygala* in: Drygala/Wächter, Verschuldenshaftung und Wissenszurechnung bei M&A Transaktionen, S. 8.

[41] BGH vom 24.3.2010 – VIII ZR 122/08, NJW-RR 2010, 1436, 1437.

[42] Vgl. zu den (Aufklärungs-)Pflichten aus § 311 Abs. 2 BGB ausführlich *Drygala* in: Drygala/Wächter, Verschuldenshaftung und Wissenszurechnung bei M&A Transaktionen, S. 2 ff. sowie speziell im Zusammenhang mit dem Letter of Intent *Bergjan*, ZIP 2004, 395; ferner speziell bei der Veräußerung von Altlastengrundstücken *Lang/Hunke*, NJOZ 2009, 2508.

[43] BGH vom 13.7.1983 – 1 VIII ZR 142/82, NJW 1983, 2493, 2494; vgl. auch die umfangreiche Zusammenstellung von Urteilen zur Haftung wegen Aufklärungspflichtverletzungen bei *Wächter*, M&A Litigation, Rn. 6.36 ff. sowie 6.102 ff.

derer ein Verkäufer seine Haftungsrisiken zu reduzieren vermag.[44] Nach der Rechtsprechung bestehen für den Verkäufer bei einem Verkauf – also unabhängig vom Kaufgegenstand Unternehmen – **Aufklärungspflichten,** wenn
- der **Käufer** im Hinblick auf einen Sachverhalt Fragen stellt,[45]
- bei Umständen, die **offensichtlich für den Käufer von ausschlaggebender Bedeutung** sind,[46] wobei den **Verkäufer eines Unternehmens gesteigerte Aufklärungspflichten** treffen[47] und der BGH für die Frage der Wesentlichkeit des Mangels (dann Aufklärungspflicht des Verkäufers) nicht auf die subjektiven Vorstellungen des Käufers abstellt, sondern **rein objektiv** darauf, ob ein verständiger Verkäufer damit rechnen muss, dass der verschwiegene Mangel Einfluss auf die Entscheidung des Käufers hat[48] oder
- der Verkäufer **besonderes Vertrauen** in Anspruch genommen hat.

Bezogen auf den Unternehmenskauf haben sich der Bundesgerichtshof sowie einige **13** Obergerichte wiederholt mit der Fallgruppe der offensichtlich für den Käufer wesentlichen Umstände befasst, also mit Fällen, in denen den Verkäufer auch **ohne Fragen des Käufers Aufklärungspflichten** treffen:
- Fehlen einer wesentlichen behördlichen Genehmigung;[49]
- den Verkäufer eines Computerunternehmens trifft eine Aufklärungspflicht, wenn kurz vor Vertragsschluss 40 % des vorher üblichen Wartungsumsatzes durch Kündigungen entfallen ist;[50]
- Offenlegung sämtlicher Verbindlichkeiten bei finanziell angespannter Lage einer GmbH, insbesondere dann, wenn diese erst in ihrer Gesamtheit die Insolvenzreife der Gesellschaft begründen;[51]
- Aufklärungspflicht darüber, dass das Zielunternehmen in den vergangenen Geschäftsjahren Verluste erwirtschaftet hat;[52]
- Schwierigkeiten hinsichtlich der Ertragslage bzw. drohende oder bereits eingetretene Zahlungsunfähigkeit oder Überschuldung des Zielunternehmens,[53] und zwar insbesondere auch dann, wenn die bilanzielle Überschuldung durch eine Patronatserklärung (und

---

[44] Vgl. zum Umfang der Aufklärungspflichten beim Unternehmenskauf auch *Elfring,* JuS-Beilage 2007, 3, 13 ff.; *Koppmann,* BB 2014, 1673 sowie zu verschiedenen Gestaltungsempfehlungen für Käufer und Verkäufer auch ; *Schaefer/Ortner,* DStR 2017, 1710.

[45] BGH vom 15.7.2011 – V ZR 171/10, NJW 2011, 3640, 3641; BGH vom 27.3.2009 – V ZR 30/08, NJW 2009, 2120; OLG Düss. vom 16.6.2016 – I-6 U 20/15, NZG 2017, 152, 155 Tz. 36; vgl. auch *Elfring,* JuS-Beilage 2007, 3; *Drygala* in: Drygala/Wächter, Verschuldenshaftung und Wissenszurechnung bei M&A Transaktionen, S. 7.

[46] Vgl. dazu BGH vom 5.10.1988 – VII ZR 222/87, NJW-RR 1989, 306; BGH vom 28.11.2001 – VIII ZR 37/01, NJW 2002, 1042.

[47] BGH vom 4.4.2001 – VIII ZR 32/00, NJW 2001, 2163; BGH vom 28.11.2001 – VIII ZR 37/01, NJW 2002, 1042; OLG Düss. vom 16.6.2016 – I-6 U 20/15, NZG 2017, 152, 155 Tz. 36 sowie OLG Düss. vom 3.7.2017 – I-4 U 146/14, BeckRS 2017, 130307 Tz. 109. Das LG Hamburg hat hingegen mit Urt. vom 13.3.2015 – 315 O 89/13, BeckRS 2015, 07608, in eine andere Richtung argumentiert, wonach der Käufer wegen grober Fahrlässigkeit seine Rechte nach § 442 BGB verliert, wenn er Anlass zu konkreten Nachfragen hat und nicht darauf drängt, Klauseln in den Vertrag aufzunehmen, die ein derartiges Risiko des Käufers berücksichtigen; Urteils-Besprechung LG Hamburg *Broichmann/Makos,* GWR 2015, 279 sowie *Findeisen,* BB 2015, 2700; *Bergjan/Burgic* in: Drygala/Wächter, Verschuldenshaftung und Wissenszurechnung bei M&A Transaktionen, S. 19 ff.

[48] BGH vom 15.7.2011 – V ZR 171/10, NJW 2011, 3640, 3641; vgl. auch die Anmerkung dazu von *Weber,* NJW 2011, 3642.

[49] BGH vom 8.12.1989 – V ZR 259/87, NJW 1990, 1661.

[50] BGH vom 6.12.1995 – VIII ZR 192/94, NJW-RR 1996, 429.

[51] BGH vom 4.3.1998 – VIII ZR 378/96, NZG 1998, 506.

[52] BGH vom 28.11.2001 – VIII ZR 37/01, NJW 2002, 1042.

[53] BGH vom 4.4.2001 – VIII ZR 32/00, NJW 2001, 2163; OLG Düss. vom 3.7.2017 – I-4 U 146/14, BeckRS 2017, 130307 Tz. 109; OLG Düss. vom 16.6.2016 – I-6 U 20/15, NZG 2017, 152, 154 f. Tz. 35 ff.; vgl. dazu auch die ausführliche Besprechung von *Schaefer/Ortner,* DStR 2017, 1710.

dann wohl ebenso durch qualifizierten Rangrücktritt und vergleichbare Maßnahmen) in-
solvenzrechtlich ausgeglichen worden sein sollte;[54]
– darüber hinaus nach einem Urteil des OLG Düsseldorf vom 3.7.2017 auch ungefragt
über Umstände, die für die Werthaltigkeit sowie die weitere wirtschaftliche Entwicklung
des erworbenen Unternehmens einschließlich einer dabei insgesamt miterworbenen Unternehmensgruppe von zentraler Bedeutung sind.[55]

Den Verkäufer trifft allerdings **keine uneingeschränkte Aufklärungspflicht** über alle
für den Käufer erheblichen Umstände, schon weil dies mit Rücksicht auf die stets widerstreitenden Interessen zwischen Käufer und Verkäufer nicht verlangt werden kann.[56]

14   Des Weiteren differenziert der Bundesgerichtshof – bei Aufklärungspflichten ganz allgemein – danach, ob bei einer Besichtigung **ohne weiteres erkennbare Mängel** auch dem
Käufer ins Auge springen (dann keine gesonderte Aufklärung erforderlich) und den Konstellationen, in denen dem Käufer auf andere Weise die Möglichkeit gegeben wird, sich
Kenntnis von einem Mangel des Kaufobjekts zu verschaffen. Mit Blick auf **übergebene
Unterlagen**, aus denen sich die Mangelhaftigkeit der Sache ergibt, ist nach Auffassung
des Bundesgerichtshofs eine Gleichstellung mit den ohne weiteres erkennbaren Mängeln
nur dann gerechtfertigt, wenn ein Verkäufer aufgrund der Umstände die **berechtigte
Erwartung haben kann, dass der Käufer die Unterlagen als Grundlage seiner
kaufmännischen Entscheidung durchsehen wird.**[57] Diese – zum Erwerb eines Haus-
grundstücks ergangene – Entscheidung könnte für einen Unternehmenskauf durchaus dahingehend aufzufassen sein, dass der Verkäufer mit Offenlegung der für die Kaufentscheidung relevanten Unterlagen an den Käufer **im Rahmen einer Due-Diligence-Prüfung
seine Aufklärungspflichten erfüllt**[58], vorausgesetzt freilich, dass er keine wesentlichen
Umstände verheimlicht oder den Käufer aktiv täuscht.[59] Auch finden sich in der Rechtsprechung Aussagen dazu, dass bei einem **sachkundig unterstützten Käufer** (also bei
M&A Transaktionen dann z.B. Rechtsanwälte, Steuerberater, M&A-Berater) Aufklärungspflichten des Verkäufers entfallen oder zumindest aber reduziert sein können.[60] In der Literatur wird zudem noch darauf hingewiesen, dass eine „Offenlegung in vielen Fällen keine
ausreichende „Aufklärung" ist[61]; der Käufer müsse so deutlich informiert werden, dass sich
ihm die (ggf. operative) Tragweite und der mögliche Schaden erschließe.[62]

15   Das OLG Düsseldorf hat in seinem Urteil vom 16.6.2016 („Masterflex") (→ Rn. 84) indessen ausgeführt, dass sich – für den Verkäufer erkennbar – der Kaufinteressent eines Unternehmens ein einigermaßen zutreffendes Bild von den wertbildenden Faktoren in erster
Linie nur anhand der Bilanzen, der laufenden betriebswirtschaftlichen Auswertungen, sonstiger Buchführungsunterlagen und ergänzender Auskünfte des Inhabers oder Geschäftsführers machen kann. Dies – so das OLG Düsseldorf – gelte auch für den sachkundigen

---

[54] OLG Düss. vom 3.7.2017 – I-4 U 146/14, BeckRS 2017, 130307 Tz. 117.

[55] OLG Düss. vom 3.7.2017 – I-4 U 146/14, BeckRS 2017, 130307 Tz. 110 und 127.

[56] BGH vom 12.11.1969 – I ZR 93/67, NJW 1970, 653, 655.

[57] BGH vom 12.11.2010 – V ZR 181/09, MittBayNot 2011, 133; BGH vom 11.11.2011 – V ZR
245/10, NJW 2012, 846 Tz. 7.

[58] Die Übertragbarkeit auf M&A Fälle bezweifelnd *Bergjan/Burgic* in: Drygala/Wächter, Verschuldenshaftung und Wissenszurechnung bei M&A Transaktionen, 19, 29.

[59] Vgl. dazu auch ausführlich unter Differenzierung zwischen den kaufvertraglichen Offenlegungs-
konzepten einerseits und dem Kenntnis-Konzept des § 442 BGB andererseits *Möller*, NZG 2012, 841;
siehe zu einer etwaigen Pflicht zur Due-Diligence-Prüfung bzw. der Pflicht, eine solche zu ermöglichen → Rn. 215.

[60] OLG Koblenz vom 18.11.2009 – 1 U 159/09, BeckRS 2010, 18844 zum Erwerb eines Haus-
grundstücks.

[61] *Swoboda* in: Drygala/Wächter, Verschuldenshaftung und Wissenszurechnung bei M&A Transaktionen, S. 52, 55.

[62] *Swoboda* in: Drygala/Wächter, Verschuldenshaftung und Wissenszurechnung bei M&A Transaktionen, S. 52, 57.

Kaufinteressenten, da dieser als Außenstehender besonders abhängig ist von der Richtigkeit und Vollständigkeit der ihm erteilten Informationen zur Umsatz- und Ertragslage des Unternehmens.[63] Zu beachten ist allerdings in diesem Zusammenhang, worauf *Möller* zutreffend hinweist,[64] dass eine **Offenlegung seitens des Verkäufers zur Erfüllung seiner Aufklärungspflichten** einerseits von der möglicherweise eine Haftung des Verkäufers ausschließenden **Kenntnis des Käufers** (vgl. § 442 BGB) über offengelegte oder auch nicht offengelegte Umstände zu unterscheiden ist. Zudem können Offenlegungen des Verkäufers (z.B. in Form von Anlagen zu den jeweiligen Garantieaussagen im Kaufvertrag) einerseits die Reichweite von Garantieversprechen des Verkäufers begrenzen,[65] und andererseits auch eine Haftung wegen einer vorvertraglichen Aufklärungspflichtverletzung ausschließen.[66]

Macht der Verkäufer oder eine Person, derer er sich zur Erfüllung seiner vorvertrag- **16** lichen Pflichten bedient,[67] Angaben (und zwar ggf. auch ohne dazu verpflichtet gewesen zu sein),[68] die für den Kaufentschluss des anderen Teils von Bedeutung sein können, müssen darüber hinaus die **erteilten Auskünfte** des Verkäufers, gleich ob freiwillig oder auf Nachfragen erteilt, auch in jedem Fall **zutreffen;** anderenfalls verletzt der Verkäufer Sorgfalts- und Aufklärungspflichten.[69] Zudem müssen die Auskünfte **vollständig** sein.[70]

Die vorstehenden Maßstäbe der Richtigkeit und Vollständigkeit gelten also auch dann, wenn der Verkäufer – z.B. im Rahmen der Due Diligence – ungefragt und **freiwillig Angaben macht,** wobei er sich später dann nicht darauf berufen kann, er sei ja gar nicht zur Aufklärung verpflichtet gewesen.[71] Freiwillige Angaben des Verkäufers erhöhen damit sein Haftungsrisiko.

> **Praxishinweis:** Aus Sicht des **Käufers** empfiehlt sich auch eine Garantieerklärung dahingehend, dass alle gewährten Auskünfte „richtig, vollständig und nicht irreführend" sind, weil dadurch für einen etwaigen Schadensersatzanspruch das Verschuldenserfordernis entfällt. Ist eine solche Regelung nicht im Kaufvertrag enthalten, könnte sich der Verkäufer gegebenenfalls gemäß § 280 Abs. 1 S. 2 BGB von einer Haftung befreien, wenn er nachweist, dass er die Pflichtverletzung nicht zu vertreten hat. Andererseits kann eine solche Garantie für den Verkäufer zu einer nicht unerheblichen und nur schwer kontrollierbaren Ausweitung seiner Haftung führen, weil diese generalklauselartige Erklärung für ihn das Risiko mit sich bringt, die an anderer Stelle verhandelte Eingrenzung der Garantieversprechen zu konterkarieren.[72]

---

[63] OLG Düss. vom 16.6.2016 – I-6 U 20/15, NZG 2017, 152, 155 Tz. 36; vgl. dazu auch die ausführliche Besprechung von *Schaefer/Ortner*, DStR 2017, 1710.

[64] *Möller*, NZG 2012, 841.

[65] Vgl. zum möglichen Haftungsausschluss wegen Kenntnis des Käufers → Rn. 140 f. und → D., Rn. 445 ff., 551 ff. sowie zur inhaltlichen Ausgestaltung selbständiger Garantien Teil → D., Rn. 520 ff.

[66] OLG Düss. vom 16.6.2016 – I-6 U 20/15, NZG 2017, 152, 154 Tz. 30.

[67] Siehe zur Zurechnung nach §§ 278, 166 BGB → Rn. 29 ff.

[68] BGH vom 20.9.1996 – V ZR 173/95, NJW-RR 1997, 144, 145; BGH vom 22.3.1979 – VII ZR 258/77, NJW 1979, 1449.

[69] BGH vom 15.7.2011 – V ZR 171/10, NJW 2011, 3640, 3641; BGH vom 26.9.1997 – V ZR 29/96, NJW 1998, 302 m.w.N. aus der Rechtsprechung; vgl. auch zur Haftung des Verkäufers für falsche Auskünfte über den Wert des Unternehmens *Müller*, ZIP 2000, 817; *Picot* in: Picot, Unternehmenskauf und Restrukturierung, § 2 Rn. 65.

[70] BGH vom 27.3.2009 –V ZR 30/08, NJW 2009, 2120.

[71] BGH vom 20.9.1996 – V ZR 173/95, NJW-RR 1997, 144, 145; BGH vom 22.3.1979 – VII ZR 258/77, NJW 1979, 1449.

[72] Vgl. auch *Brück/Sinewe*, Steueroptimierter Unternehmenskauf, § 5 Rn. 235; vgl. dazu auch *Huber*, AcP Bd. 202 (2002), 179, 209.

> **Formulierungsvorschlag (Käufersicht):** *„Alle dem Käufer und seinen Beratern seitens des Verkäufers vor der Unterzeichnung dieses Vertrages zur Verfügung gestellten Informationen sind in jeder Hinsicht richtig, vollständig und nicht irreführend. Sie verschweigen keine Tatsachen in Bezug auf den Kaufgegenstand oder die übernommenen Verbindlichkeiten, Eventualverbindlichkeiten, Verpflichtungen, sonstigen Risiken oder Vertragsverhältnisse, die für die konkret gegebene Information bedeutsam sind oder die der Käufer für seine Kaufentscheidung kennen sollte. Es liegen nach bestem Wissen des Verkäufers sowie von Herrn [...] und Frau [...] keine wesentlichen Tatsachen oder Umstände vor, die in Zukunft einen wesentlichen nachteiligen Einfluss auf den Kaufgegenstand haben könnten, mit Ausnahme von allgemeinen konjunktur- oder marktbedingten Entwicklungen."*

Werden Aufklärungspflichten verletzt oder Falschangaben gemacht, bedarf es für einen Schadensersatzanspruch des Käufers eines **Verschuldens** des Verkäufers oder eines seiner Erfüllungsgehilfen. Hierfür genügt bereits einfache Fahrlässigkeit.

> **Praxishinweis:** Werden im Unternehmens- bzw. Anteilskaufvertrag keine selbständigen (verschuldensunabhängigen) Garantien vereinbart, sondern lediglich Beschaffenheitsvereinbarungen getroffen, sollte der Verkäufer versuchen, § 280 Abs. 1 Satz 2 BGB abzubedingen oder als abgemilderten (rein subjektiven) Verschuldensmaßstab die „eigenübliche Sorgfalt" i. S. v. § 277 BGB zu vereinbaren.

17   Hinsichtlich der Beweislastverteilung ist aus Verkäufersicht zu beachten, dass zwar der Käufer die **Darlegungs- und Beweislast** für etwaige Falschangaben des Verkäufers trägt, dass aber er bei einer vom Käufer behaupteten unterlassen Aufklärung die sekundäre Darlegungslast für die konkrete räumliche, zeitliche und inhaltliche Aufklärung des Käufers trägt.[73] Diese Beweislastverteilung hat somit erhebliche Auswirkungen auf die Frage der Organisation und Dokumentation der Due Diligence.[74]

18   **bb) Grundsätzlich keine Pflicht zur umfassenden Prüfung und rechtlichen Bewertung durch den Verkäufer.** Neben den oben dargestellten Grundsätzen stellt sich allerdings gerade im Bereich des Unternehmenskaufs (ebenso bei vergleichbaren Transaktionen im Immobilienbereich) die Frage, ob die Aufklärungspflichten eines Verkäufers auch so weit gehen, dass er hinsichtlich aller einem Kaufinteressenten übermittelten Informationen auch im Vorwege jegliche Information im Hinblick auf ihre tatsächliche und rechtliche Verlässlichkeit geprüft habe. Dies würde dann für die Praxis bedeuten, dass ein Verkäufer im Grunde stets vor Herausgabe von Informationen und Unterlagen eine eigene Due Diligence-Prüfung durchführen müsste. In dieser Allgemeinheit kann der Rechtsverkehr jedoch sicherlich nicht den Pflichtenkanon eines Verkäufers im Rahmen der Aufklärung verstehen.

Man sollte daher für die Frage der Aufklärungspflichten und deren Verletzung zweckmäßigerweise verschiedene Schichten von Information sowie den Erklärungsgehalt des Verkäuferverhaltens unter Berücksichtigung der Verkehrssitte (§§ 133, 157 BGB) wie folgt unterscheiden:

19   **(1) Informationen auf Sachverhaltsebene.** Eine Information kann sich einmal auf die reine Sachverhaltsebene beziehen und durch mündliche oder schriftliche Erklärungen sowie Übergabe von Unterlagen durch den Verkäufer an den Käufer kommuniziert oder bei Unterlassen auch nicht kommuniziert werden.

> **Beispiele:** Angaben zu Altlasten oder Zahlungen auf die Stammeinlage sowie die Übergabe von Unterlagen zur Anteilshistorie bei Erwerb von GmbH-Anteilen und gewerblichen Schutzrechten. Während die Angabe des Verkäufers zu Altlasten „keine" keiner weiteren rechtlichen Bewertung (aber ggf. weiterer Sachverhaltsuntersuchungen) bedarf, ist die Übergabe einer Gründungs-

---

[73] BGH vom 15.7.2011 – V ZR 171/10, NJW 2011, 3640, 3641 f. sowie unten → Rn. 107 ff.
[74] Siehe dazu ausführlich unten → Rn. 260 ff.

urkunde sowie von Anteilsabtretungen nicht per se mit der Erklärung verbunden, die zu verkaufenden Geschäftsanteile bestünden wirksam und seien lastenfrei.

(2) Bewertungs-/Prüfebene bei Informationen. Während bei einem Unterlassen **20** bereits die Information über den Sachverhalt fehlt, kann eine dem Käufer aktiv übermittelte Information auch den weitergehenden Erklärungsgehalt haben, die Information sei auch in tatsächlicher und rechtlicher Hinsicht umfassend geprüft, so dass der Vertragsgegenstand dergestalt „umfassend rechtlich abgesichert" sei, dass z. B. der Verkäufer uneingeschränkt Inhaber des Rechts oder der Sache und diese nicht mit Rechten Dritter belastet sei, dass alle Genehmigungen für den Betrieb des Unternehmens wirksam bestehen oder ein Betriebsgebäude im Einklang mit allen bauordnungsrechtlichen Vorschriften errichtet wurde. Dieser Erklärungsgehalt einer vorherigen zutreffenden Prüfung und juristischen Bewertung durch den Verkäufer kann m. E. allerdings nicht einfach in die Übergabe von Informationen/Unterlagen hineininterpretiert werden.[75] Vielmehr soll ja der Kaufinteressent Gelegenheit erhalten, sich ein eigenes Bild vom Kaufgegenstand zu machen, wozu er regelmäßig dann eigene qualifizierte Berater hinzuzieht, die die gewährten Informationen nicht nur in rechtlicher Hinsicht, sondern ggf. auch in tatsächlicher Hinsicht durch Site-Visits, Teilnahme an der Inventur oder Gespräche mit Behörden oder Mitarbeitern verifizieren. Das Prüfungs- und Bewertungsrisiko ist also grundsätzlich beim Käufer, vorausgesetzt natürlich, der Verkäufer hat die Unterlagen und Sachverhaltsinformationen vollständig und richtig übergeben.

Beispiel 1:[76] Der Verkäufer eines Grundstücks nebst durch Grunddienstbarkeit gesicherter Zuwegung hatte den Käufer nicht darüber aufgeklärt, dass für das Grundstück nur eine – nicht übertragbare – *beschränkt persönliche* Dienstbarkeit bestand, obwohl dies aus den Akten aufgrund der Eintragungsbewilligung erkennbar war. Der Verkäufer – so das OLG Hamm – sei aber bei der Zurechnung des verfügbaren Aktenwissens nicht gehalten, dieses Wissen auch juristisch zu analysieren, und zwar selbst dann nicht, wenn es sich bei dem Verkäufer um eine Behörde mit juristischer Fachkunde handele, weil der Verkäufer bei diesem Zurechnungs-Wertungsmodell des BGH *auch nicht schlechter* stehen solle als die verkaufende natürliche Person, von der man eine solche juristische Prüfung auch nicht erwarte.

Beispiel 2:[77] Der BGH hat für den – besonders praxisrelevanten – Fall der Übergabe von Jahresabschlüssen selbst durch einen Minderheitsgesellschafter entschieden, dass dieser für Buchungsfehler des Steuerberaters nach c. i. c. i. V. m. § 278 BGB hafte, wenn er diese Informationen zum Gegenstand der Verhandlungen mache. Und das OLG Düsseldorf hat in seinem Urteil vom 16.6.2016 auf die „besondere Abhängigkeit des Käufers" von diesen Informationen hingewiesen und ebenfalls eine Haftung des Verkäufers nach c. i. c. bejaht.[78]

Geht man aber zum Ausgangspunkt der Rechtsprechung für die Frage der Aufklärungs- **21** pflichten zurück, nämlich dem **Prinzip der Eigenverantwortung,** und misst der Übergabe (oftmals ja gar nicht vom Verkäufer selbst erstellter) Jahresabschlussinformationen den tatsächlichen Erklärungsgehalt bei, nämlich „hier ist der von unserem Steuerberater erstellte Jahresabschluss – schau ihn dir an und prüfe ihn", wäre es doch an dem Käufer, auf die Abgabe einer entsprechenden Garantie zu bestehen, zumal der BGH in ständiger Rechtsprechung Angaben zu Umsätzen, Erträgen und Bilanz im Grundsatz noch nicht einmal als Beschaffenheit des Unternehmens ansieht, sondern nur bei Angaben über einen längeren Zeitraum, weil erst diese einigermaßen verlässlich seien.[79] Die mit § 278 S. 1 BGB verbundene Garantiehaftung des Verkäufers ist nach hier vertretener Auffassung im Rahmen der vorvertraglichen Informationsgewährung zu streng, wenn nicht der Verkäufer gegenüber dem Käufer ausnahmsweise die weitergehende Erklärung des Inhalts „zusichernd"

---

[75] Vgl. dazu auch OLG Hamm vom 9.12.2010 – 22 U 83/10, NJW-RR 2011, 1146, 1147.
[76] Fall des OLG Hamm vom 9.12.2010 – 22 U 83/10, NJW-RR 2011, 1146.
[77] BGH vom 4.6.2003 – VIII ZR 91/02, BB 2003, 1695, 1697.
[78] OLG Düss. vom 16.6.2016 – I-6 U 20/15, NZG 2017, 152, 155 Tz. 36.
[79] Siehe dazu noch ausführlich → Rn. 124.

(garantiemäßig) abgibt, der Käufer könne sich auf die Richtigkeit der übergebenen Bilanz(en) verlassen. Diese verstärkende Zusicherung hat der BGH in ständiger Rechtsprechung im Übrigen auch immer verlangt, damit die unsicheren Angaben über bisherige Umsätze und Erträge überhaupt einer Beschaffenheit des Unternehmens „rechtlich gleichgestellt" werden können. Es wäre nur konsequent, diese Anforderungen an die Qualität des Erklärungsgehaltes gleichermaßen auch für solche Angaben der vorvertraglichen Phase zu stellen, die dann ohnehin im Falle des Vertragsschlusses quasi nahtlos in den Kaufvertrag „überführt" werden und im Wege der Konkurrenz bei nur fahrlässiger Aufklärungspflichtverletzung ausgeschlossen sind. Es passt auch nicht zusammen, den Verkäufer bei bloßer Übergabe von Jahresabschlüssen dann im Ergebnis schärfer nach c. i. c. haften zu lassen, wohingegen der die Richtigkeit zusätzlich versichernde Verkäufer „nur" nach kaufrechtlicher Gewährleistung haften würde.

22   **(3) Informationen/Erklärungen auf Kaufvertragsebene.** Ungeachtet der vorvertraglichen Informationsgewährung und Aufklärung durch den Verkäufer übernimmt der Verkäufer mit Abschluss des Kaufvertrages im deutschen Recht nach §§ 434 ff. BGB die Gewährleistungsrisiken dafür, dass (i) die Kaufsache ausdrücklich die mit dem Käufer vereinbarten Beschaffenheiten hat oder (ii) die Eignung der Kaufsache für die nach dem Vertrag vorausgesetzte oder (iii) übliche Verwendung gegeben ist. Will der Verkäufer dieses Risiko nicht ungeprüft übernehmen, kann er von sich aus selbst den Kaufgegenstand detaillierter Prüfungen und rechtlicher Bewertungen mit dem damit verbundenen Aufwand unterziehen. Verpflichtet ist er aber dazu nicht.

23   **(4) Informationen/Erklärungen auf Garantieebene.**[80] Gerade bei hochpreisigen und/oder komplexen Kaufgegenständen wie beim Unternehmenskauf erwartet der Käufer zumeist – trotz eigener Prüfungen – „harte" Garantieaussagen zu den wesentlichen tatsächlichen und rechtlichen Umständen des Kaufgegenstandes. Will oder kann der Käufer im obigen Beispiel die Jahresabschlussangaben auch im Rahmen der Due Diligence nicht näher prüfen, ist diese Form der Garantie für ihnen passend. Sieht sich der Verkäufer nicht in der Lage, eine solche verschuldensabhängige Garantie abzugeben, kann es sich anbieten, diese nur „nach Kenntnis" oder – etwas stärker – „nach bestem Wissen" abzugeben. Dabei sollte idealerweise auch definiert werden, was die Parteien unter dieser subjektiven Fassung der Garantie genau verstehen. Ist nichts weiter dazu geregelt, liegt bei einer Garantie „nach bestem Wissen" die Auslegung nahe, der Verkäufer habe sich sorgfältig bei denjenigen Dritten erkundigt, die zu dem relevanten Sachverhalt nähere Kenntnis haben (also z. B. beim Steuerberater). Wollte man im Gegensatz dazu noch weitergehend in diese Erklärung des Verkäufers hineinlesen, er habe dann auch alle Sachverhalte sowie die umfassende rechtliche Wirksamkeit geprüft, käme dies im Ergebnis der harten, objektiven Garantie gleich, was dem Zweck der Versubjektivierung und Abschwächung der Garantie zuwider liefe.

b) Vorsätzliche culpa in contrahendo/arglistige Täuschung gemäß § 123 BGB

24   Im Hinblick auf das an sich abgeschlossene Haftungssystem eines Unternehmenskaufvertrages erscheint folgender Aspekt für das Haftungsrisiko des Verkäufers bzw. die Chance des Käufers, sich beim Verkäufer später doch noch schadlos zu halten, von großer praktischer Bedeutung: Während eine Haftung des Verkäufers aus einer fahrlässigen culpa in contrahendo (§§ 311 Abs. 2, 241 Abs. 2, 280 Abs. 1 BGB) grundsätzlich im Kaufvertrag ausgeschlossen werden kann, greift ein solcher Haftungsausschluss für eine etwaige vorsätzliche Aufklärungspflichtverletzung oder vorsätzliche bzw. arglistige Täuschung im Sinne von § 123 BGB – ebenso wie bei der vorsätzlichen culpa in contrahendo – grundsätzlich nicht (vgl. § 276 Abs. 3 BGB).[81] Der Übergang von der fahrlässigen zur vorsätzlichen Verletzung

---

[80] Siehe hierzu noch ausführlich → Rn. 95 sowie → D., Rn. 520 ff.
[81] BGH vom 17.1.2007 – VIII ZR 37/06, NJW 2007, 1058; vgl. auch zum Ganzen *Jaques,* BB 2002, 417 sowie *Hasselbach/Ebbinghaus,* DB 2012, 216.

von Aufklärungspflichten lässt sich allerdings nur schwer definieren, was wegen der zwingenden Haftung bei Vorsatz gravierende Konsequenzen hat. Häufig wird dabei selbst von erfahrenen Praktikern übersehen, dass die Grenze zur arglistigen Täuschung bzw. zum Vorsatzvorwurf weit schneller überschritten ist als in den meisten Fällen angenommen.[82]

> **Praxishinweis:** Es ist von zentraler Bedeutung für den gesamten Prozess des Unternehmensverkaufs, sowohl in organisatorischer Hinsicht als auch in der rechtlichen Ausgestaltung der vorvertraglichen Phase sowie des Kaufvertrages das Risiko des Arglistvorwurfes möglichst einzugrenzen.

Umgekehrt: Der Käufer dürfte regelmäßig daran interessiert sein, den Kaufprozess so zu organisieren und den Kaufvertrag so zu gestalten, dass er im Ernstfall „alle Register" gegenüber dem Verkäufer ziehen kann, also sich bei Bedarf auch vom Kaufvertrag aufgrund des Vorwurfs arglistiger Täuschung lösen oder trotz Ablaufs der kaufvertraglichen Verjährungsfristen doch noch Schadensersatz auf Grundlage eines Anspruchs aus culpa in contrahendo verlangen kann.

Im juristischen Schrifttum wird daher inzwischen zunehmend auch auf die Haftungsgefahren einer arglistigen Täuschung als „Einfallstor" für die gesetzliche Haftung in das von den Vertragspartnern eigentlich als abgeschlossen und abschließend angesehene vertragliche Regelungssystem hingewiesen.[83]

Die Verletzung von Aufklärungspflichten geht häufig mit einer Haftung des Verkäufers **25** für arglistiges Verhalten einher. Dies hat im Hinblick auf die **Unterschiede bei den Rechtsfolgen sowie der Verjährung** besondere Bedeutung, zumal die Haftung bei Vorsatz/Arglist des Verkäufers durch die kaufrechtliche Gewährleistung nicht ausgeschlossen wird und im Falle vertraglich vereinbarter Haftungsausschlüsse diese unwirksam sind.[84] Der BGH geht in ständiger Rechtsprechung davon aus, dass der durch Irreführung oder mangelnde Aufklärung zum Abschluss eines Vertrages bestimmte Vertragspartner neben einer möglichen Anfechtung wegen arglistiger Täuschung auch die Rückgängigmachung des Vertrages unter den Voraussetzungen der culpa in contrahendo oder einer deliktsrechtlichen Anspruchsnorm verlangen kann.[85] Einen Vorrang des Anfechtungsrechts vor einer auf Schadensersatz gerichteten Haftung verneint der BGH. Das gilt auch dann, wenn im Einzelfall eine Anfechtung nicht in Betracht kommt, weil die Frist versäumt ist.[86]

Während die Verletzung von Aufklärungspflichten regelmäßig von einem Unterlassen des **26** Verkäufers gekennzeichnet ist, kann sich eine vorsätzliche bzw. arglistige Täuschung **sowohl aus einem aktiven Tun als auch aus einem Unterlassen** ergeben.[87]

> **Beachte:** In der Rechtsprechung sowie im Schrifttum werden die Begriffe „Vorsatz" und „Arglist" – nach hier vertretener Auffassung zu Unrecht – identisch verwand.[88] Auch ist für eine Haftung wegen Arglist – anders als der Begriff erwarten lässt – nach der Rechtsprechung des BGH kein zusätzliches Unwerturteil nötig. Hinzu kommt, dass der Verkäufer seine Aufklärungspflichten regelmäßig erheblich unterschätzt.[89]

---

[82] Vgl. *Jaques,* BB 2002, 417; *Hübner,* BB 2010, 1483.

[83] Vgl. *Jaques,* BB 2002, 417; *Hübner,* BB 2010, 1483; *Hasselbach/Ebbinghaus,* DB 2012, 216, 217; *Möller,* NZG 2012, 841; *Weißhaupt,* WM 2013, 782; *Hoenig/Klingen,* NZG 2013, 1046; *Hilgard,* BB 2013, 963; *Ehling/Kappel,* BB 2013, 2955; *Koppmann,* BB 2014, 1673; *Risse,* NZG 2020, 856.

[84] Vgl. dazu *Jaques,* BB 2002, 417, 418 f.

[85] BGH vom 26.9.1997 – V ZR 29/96, NJW 1998, 302; siehe zur Anfechtung wegen Arglist auch OLG München vom 13.6.2012 – 20 U 5102/11, BeckRS 2013, 07076.

[86] BGH vom 26.9.1997 – V ZR 29/96, NJW 1998, 302.

[87] Vgl. auch allgemein zu Grundfragen der arglistigen Täuschung im BGB *Arnold,* JuS 2013, 865.

[88] BGH vom 17.10.1952 – V ZR 139/51, NJW 1953, 141, 142; BGH vom 13.6.2007 – VIII ZR 236/06, NJW 2007, 3057, 3059; *Koppmann,* BB 2014, 1673, 1674.

[89] Vgl. *Hübner,* BB 2010, 1483; *Koppmann,* BB 2014, 1673, 1674.

Der **objektive Tatbestand** des arglistigen Verhaltens kann zum einen durch die Entstellung von Tatsachen erfüllt werden, wie z. B. falsche Bilanzangaben oder falsche Informationen zu den Ertragsaussichten. In einer Entscheidung des OLG Düsseldorf vom 3.7.2017 ist eine – durchaus pikante – Ergänzung haftungsrelevanter Täuschung durch den Verkäufer dergestalt hinzugefügt worden, dass über den Vorwurf *unterlassener* Aufklärung über bilanzrelevante Angaben in der vorvertraglichen Phase hinaus **die Abgabe üblicher Garantien im Kaufvertrag** (hier: zum insolvenzrechtlichen Status der Zielgesellschaft) zusätzlich **ein *aktives* Täuschungsverhalten des Verkäufers gesehen wird.**[90] Damit erhalten die kaufvertraglichen Garantieaussagen, die nach beiderseitigem Parteiverständnis einerseits eine klare, verschuldensunabhängige Haftungsgrundlage liefern sollen, aber auch für den Verkäufer grundsätzlich die einzige und hinten raus begrenzte Haftung, freilich einen völlig anderen Stellenwert, weil infolgedessen diese Haftungsbegrenzungen wegen § 276 Abs. 3 BGB dann auch hierfür nicht greifen.

> **Beachte:** Nicht nur die vorvertragliche Aufklärungspflichtverletzung – sei es durch Tun oder Unterlassen –, sondern auch eine falsche Garantieaussage im Kaufvertrag kann demnach dazu führen, dass der Arglistvorwurf durchgreift und die Haftungsbegrenzungen am Ende ins Leere gehen. Dies zwingt noch mehr dazu, die Mandanten intensiv aufzuklären und anzuhalten, die Aussagen im Garantiekatalog gewissenhaft zu prüfen und – wo nötig – durch Offenlegungen in Anlagen oder noch vor dem Vertragsabschluss den wahren Gegebenheiten anzupassen.

Ähnlich liegt es bei der Täuschung durch Unterlassen: Zwar ist es **grundsätzlich Sache einer jeden Partei, ihre eigenen Interessen selbst wahrzunehmen.**[91] So ist es auch grundsätzlich Sache des Käufers, sich vom Verkäufer auf Grundlage expliziter Nachfragen verbindliche Angaben über solche Eigenschaften (bzw. Umstände und Verhältnisse) des zu erwerbenden Unternehmens machen zu lassen, die zwar keinen Fehler im objektiven Sinne ausmachen, aber für die Kaufentscheidung sowie die persönliche Preiskalkulation des Käufers von Bedeutung sind.[92] Zudem begründet Schweigen bereits dann ein arglistiges Verhalten, wenn eine Aufklärungspflicht angenommen werden kann.[93]

27 Ein wenig überraschend ist dann selbst für den Juristen, dass die Rechtsprechung in **subjektiver Hinsicht** – anders als es der herkömmliche Sprachgebrauch möglicherweise vermuten lässt – keine Täuschungsabsicht im engeren Sinne noch ein gesteigertes (moralisches) Unwerturteil fordert.[94] Nach ständiger Rechtsprechung ist **bereits bedingter Vorsatz genügend,** wofür es ausreichend ist, dass ein insoweit offenbarungspflichtiger Verkäufer das Vorliegen des Mangels für möglich hält, diesen aber in Kauf nimmt und schweigt.[95] Auch genügen sogar die sog. **„Angaben ins Blaue hinein"** für den Arglistvorwurf, wenn also der Verkäufer auf unsicherer Tatsachengrundlage Angaben macht und diese sich hinterher als falsch herausstellen.[96]

Beispiel: Der Käufer übermittelt dem Verkäufer einen Due-Diligence-Fragenkatalog. Der Verhandlungsführer des Verkäufers macht daraufhin zu verschiedenen Punkten Angaben, ohne

---

[90] OLG Düss. vom 3.7.2017 – I-4 U 146/14, BeckRS 2017, 130307 Tz. 139 ff.

[91] *Picot* in: Picot, Unternehmenskauf und Restrukturierung, § 2 Rn. 56.

[92] OLG Hamburg vom 3.6.1994 – 11 U 90/92, DStR 1994, 1019; vgl. aber auch OLG München vom 26.7.2006 – 7 U 2128/06, Beck RS 2006, 09207 = DNotZ 2007, 712.

[93] BGH vom 27.3.2009 – V ZR 30/08, NJW 2009, 2120.

[94] BGH vom 28.6.2016 – VI ZR 536/15, NJW 2017, 250 Tz. 23; BGH vom 8.12.1989 – V ZR 246/87, NJW 1990, 975, 976; vgl. auch *Drygala* in: Drygala/Wächter, Verschuldenshaftung und Wissenszurechnung bei M&A Transaktionen, S. 17; *Karampatzos,* NZG 2012, 852.

[95] Vgl. nur BGH vom 10.7.1987 – V ZR 152/86, NJW-RR 1987, 1415 = WM 1987, 1285; BGH vom 13.6.2007 – VIII ZR 236/06, NJW 2007, 3057, 3059.

[96] Vgl. nur BGH vom 26.9.1997 – V ZR 29/96, NJW 1998, 302; sowie BGH vom 7.11.2008 – V ZR 138/07, BeckRS 2008, 25321 m. w. N. aus der Rechtsprechung; BGH vom 14.6.2019 – V ZR 73/18, NJOZ 2020, 440; *Weißhaupt,* WM 2013, 782.

diese (z. B. in einer Verkäufer-Due-Diligence oder durch gezielte Nachfragen in den Fachabteilungen) näher überprüft zu haben. Nach der Rechtsprechung begründen solche „Angaben ins Blaue hinein", die also ohne sorgfältige Ermittlung der Tatsachengrundlagen abgegeben werden, einen bedingten Täuschungsvorsatz, der für Arglist des Verkäufers als ausreichend angesehen wird.

Nun besteht allerdings beim Unternehmenskauf die Besonderheit, dass sich in aller Regel sowohl verkäufer- als auch käuferseitig nicht Einzelpersonen gegenüberstehen, für die die vorstehenden subjektiven (bereits abgesenkten) Tatbestandsvoraussetzungen normalerweise gelten. Die Rechtsprechung nimmt aus Verkehrsschutzüberlegungen eine **Wissenszusammenrechnung** der auf der Verkäuferseite tätigen Personen vor, so dass beim Unternehmenskauf faktisch überhaupt kein subjektives Tatbestandselement erforderlich ist.[97]

> **Praxishinweis:** Aufgrund der Rechtsprechung zur Haftung wegen arglistiger Täuschung bzw. vorsätzlicher Aufklärungspflichtverletzung im Falle von Unternehmen und anderen Vertragsparteien (z. B. Gemeinden), bei denen es aufgrund ihrer Struktur zu einer Wissensaufspaltung kommt, ist bei Schweigen des Verkäufers im Falle einer Aufklärungspflicht oder der Weitergabe falscher Angaben an den Käufer der Tatbestand der Arglist erfüllt, wenn das korrekte Wissen auf Verkäuferseite verfügbar war. Weiterer subjektiver Elemente bedarf es dann nicht; der BGH verzichtet ausdrücklich auf ein Wollenselement oder moralisches Unwerturteil in Fällen der Wissenszusammenrechnung.[98]

Der Verfasser hat ferner bereits an anderer Stelle darauf hingewiesen, dass sich der Verkäufer nach der sehr ausufernden Rechtsprechung zur Arglist auch durch die Abgabe umfangreicher Garantien einem erhöhten Risiko aussetzt, dass diese ebenfalls später als **„Angaben ins Blaue"** hinein interpretiert werden.[99]

Sofern es nicht nur um eine fehlende Aufklärung geht, sondern eine aktive Täuschung des Käufers durch den Verkäufer im Raume steht, obliegt es dem Verkäufer, die Vermutung der Richtigkeit und Vollständigkeit der Vertragsurkunde zu widerlegen; ihn trifft die **Darlegungs- und Beweislast**[100] dafür, dass er den Käufer aufgeklärt hat.[101]

Für die Beurteilung der jeweiligen **Auswirkungen** von Arglist des Verkäufers und **28 Kenntnis des Käufers** vom Mangel ist nach der Rechtsprechung des Reichsgerichts und Bundesgerichtshofs[102] einerseits auf den Zeitpunkt des Vertragsschlusses und andererseits auf den Zeitpunkt der Erfüllung wie folgt zu unterscheiden: **bei Abschluss des Kaufvertrages** wird die Erheblichkeit der Arglist durch Kenntnis des Käufers schlechthin ausgeschlossen; die Erklärung des Käufers, den Vertrag abzuschließen unter Vorbehalt seiner Rechte aus dem Mangel ist nach Auffassung des Reichsgerichts rechtlich bedeutungslos. Dagegen führt Arglist des Verkäufers **bei Erfüllung des Kaufvertrages** und Kenntnis des Käufers bei Annahme der Kaufsache nicht zum Verlust seiner Rechte, wenn er sich seine Rechte bei Annahme vorbehält.

---

[97] Siehe zur Haftung wegen Arglist sogleich im Rahmen der Zurechnung von Wissen gemäß § 166 BGB → Rn. 29 ff.

[98] BGH vom 28.6.2016 – VI ZR 536/15, NJW 2017, 250 Tz. 23; BGH vom 8.12.1989 – V ZR 246/87, NJW 1990, 975, 976; vgl. auch *Drygala* in: Drygala/Wächter, Verschuldenshaftung und Wissenszurechnung bei M&A Transaktionen, S. 17.

[99] *Jaques*, BB 2002, 417. So auch explizit OLG Düss. vom 3.7.2017 – I-4 U 146/14, BeckRS 2017, 130307 Tz. 139 ff.

[100] Siehe dazu ausführlich → Rn. 107 ff.

[101] OLG München vom 13.6.2012 – 20 U 5102/11, BeckRS 2013, 07076 und Verweis auf BGH vom 5.7.2002 – V ZR 143/01, NJW 2002, 3164, 3165 und BGH vom 5.2.1999 – V ZR 353-97, NJW 1999, 1702.

[102] Vgl. RG vom 26.6.1903, RGZ 55, 210, 214; BGH vom 27.3.2009, V ZR 30/08, NJW 2009, 2120, 2122.

> **Beachte:** Das an vielen Stellen hier angesprochene Risiko des Verkäufers, dem Käufer aufgrund eines bloßen Organisationsverschuldens wegen Arglist (grundsätzlich zwingend, vgl. § 276 Abs. 3 BGB) zu haften, betrifft auch die vereinbarten Verjährungsregeln. Infolgedessen ist der Verkäufer im Falle von Arglist einer Verjährung von bis zu 30 Jahren ausgesetzt, wenn der Mangel bei richtiger Organisation entdeckt worden wäre.[103]

c) Zurechnung von Informationen, Wissen und Verschulden, §§ 31, 278, 166 BGB sowie ggf. dadurch unterstellte Arglist

29   Das nachfolgend behandelte Thema der Zurechnung ist nach Ansicht des Verfassers *das zentrale Thema* des Unternehmenskaufs.[104] Allerdings – und dies ist ein grundlegendes Problem für die M&A-Praxis – sind die hier behandelten Zurechnungsfragen nicht nur beim Unternehmenskauf von besonderer Bedeutung, sondern grundlegend für das gesamte (Zivil-)Recht. Wir können daher gar nicht anders, als den Blick im ersten Schritt weit für die Grundlagen der Zurechnung allgemein zu öffnen, dabei womöglich in die Irre führende Begriffe (wie insbesondere den der „Wissenszurechnung" und den des „Wissensvertreters") auf den Prüfstand zu stellen, um anschließend Lösungsansätze (auch) für die M&A-Praxis zu entwickeln. Nach *Grigoleit* gibt es nur wenige Probleme des Zivilrechts, die gleichermaßen grundlegend wie die „Wissenszurechnung" und doch nicht einmal annähernd befriedigend gelöst sind.[105] Und *Spindler* konstatiert (wie zahlreiche andere Autoren), dass es für die Organisationspflicht im Rahmen der Wissenszurechnung im Prinzip keine Rechtsgrundlage gebe.[106] Gerade für den Bereich M&A mit ja oftmals erheblichen Investitionswerten ist *Risse* darin zuzustimmen (was wohl ausnahmsweise einheiliger Ansicht von M&A-Anwälten entsprechen dürfte), dass die Rechtslage „erschreckend unklar" ist, weil sich im Falle der Übersetzung der – ja durchaus im jeweiligen Einzelfall ergangenen – Judikate des BGH in die M&A-Praxis möglicherweise am Ende herausstellt, dass alle Bemühungen der Verkäuferseite zur Eingrenzung sonst unübersehbarer Haftungsrisiken von Vornherein zum Scheitern verurteilt sind.[107]

30   Eine erste Phase der intensiven Auseinandersetzung mit dem Thema der Wissenszurechnung fand ab Ende der Achtzigerjahre aufgrund einer wohl insbesondere im „Karlsruher Forum" von *Taupitz*[108] und *Medicus*[109] mit geprägten Diskussion statt, die in einer Vielzahl von BGH-Entscheidungen[110] mündete, in denen der BGH die diesbezüglichen Grundsteine gelegt und auf denen er in den Folgejahren ein ganzes Gebäude errichtet hat. Das Konzept des BGH zur Wissenszurechnung ist indessen seinerseits in mehreren Monographien um die Jahrtausendwende untersucht worden.[111] Während der Verfasser bereits im Jahr 2002 auf die Problematik der nachfolgend dargestellten BGH-Rechtsprechung zur Zurechnung von Wissen und Verschulden speziell bei M&A-Transaktionen hingewiesen und die-

---

[103] So zum Werkvertragsrecht BGH vom 11.10.2007 – VII 99/06, NJW 2008, 145.

[104] Schon *Huber*, AcP Bd. 202 (2002), 179, 180 hat die Informationsgewährung als das zentrale Thema des Unternehmenskaufs ausgemacht, dabei allerdings eher den Blick auf die nach extern zum Käufer wirkenden Aufklärungspflichten gerichtet.

[105] *Grigoleit*, ZHR 181 (2017), 160, 162.

[106] *Spindler*, ZHR 181 (2017), 311, 314; ebenso *Armbrüster/Kosich*, ZIP 2020,1494, 1497 mit ausführlicher Darstellung der verschiedenen Lösungsansätze: vgl. auch zu den bemühten Wertungsmodellen *Koch*, ZIP 2015, 1757, 1759.

[107] *Risse*, NZG 2020, 856, 857, 859.

[108] *Taupitz*, Wissenszurechnung nach englischem und deutschem Recht, Karlsruher Forum 1994 (1995), 16 ff.

[109] *Medicus*, Probleme der Wissenszurechnung, Karlsruher Forum 1994 (1995), 4 ff.

[110] Siehe dazu noch ausführlich → Rn. 56 ff.

[111] *Faßbender/Neuhaus*, WM 2002, 1253 haben allein 14 Monographien aus der zweiten Hälfte der 1990er Jahre gezählt.

se durchaus gerade mit Blick auf den damit regelmäßig verbundenen Arglistvorwurf und § 276 Abs. 3 BGB als zu weitgehend kritisiert hatte[112], dieses Thema dann jedoch jahrelang ein Schattendasein fristete, erleben wir nunmehr im Bereich M&A insbesondere auch nach dem Urteil des OLG Düsseldorf vom 16.6.2016 („Masterflex")[113] im juristischen Schrifttum geradezu eine Renaissance[114], was sich in der Vielzahl von Publikationen[115] und Fach-Konferenzen[116] wiederspiegelt. Im Kern geht es dabei für die M&A-Praxis vor allem um die Frage, ob und inwieweit im Rahmen der Zurechnungsnormen §§ 278 S. 1 BGB sowie 166 Abs. 1 BGB die Regelungen der §§ 276 Abs. 3, 444 BGB zwingend sind oder auf Grundlage der Vertragsfreiheit ganz oder zum Teil abdingbar oder sonst wie gestaltbar sind.[117] Zu beachten sind hierbei sicherlich auch die Grenzen von §§ 138, 242 BGB.[118]

Aber auch im allgemeinen zivil- und gesellschaftsrechtlichen Bereich ist die Anzahl der **31** Urteile und Publikationen in jüngster Zeit „explodiert"[119]. Anlass dafür waren prominente Gerichtsverfahren, wie die Verfahren zur gescheiterten Übernahme der VW AG durch die Porsche SE sowie dem Abgas-Skandal, bei denen vor allem Fragen der Zurechnung zwischen Konzerngesellschaften[120] (z. B. zwischen der Konzernmutter VW AG und der Tochter Skoda[121]) zu klären waren. Ferner ging es im Fall Daimler/Schrempp um die Frage der Zurechnung von Insiderwissen von Aufsichtsratsmitgliedern[122] sowie die Frage der (vom BGH verneinten) Anwendung der „mosaikartigen Zusammenrechnung" von Wissen im Rahmen deliktischer Ansprüche nach § 826 BGB.[123]

---

[112] *Jaques*, BB 2002, 417 mit deutlicher Kritik zur Begründung von Arglist unter Verzicht auf eine Wollenselement mit Ersetzung durch das Organisationsverschulden als rein fahrlässiges Verhalten (Ziff. III.5. S. 421).

[113] OLG Düss. vom 16.6.2016 – I-6 U 20/15, NZG 2017, 152.

[114] *Buck-Heeb* in: Drygala/Wächter, Verschuldenshaftung und Wissenszurechnung bei M&A Transaktionen, S. 64, 65.

[115] Vgl. z. B. *Jaques*, BB 2002, 417, *Rasner*, WM 2006, 1425; *Hasselbach/Ebbinghaus*, DB 2012, 216, 220; *Karampatzos*, NZG 2012, 852; *Weißhaupt*, WM 2013, 782; *ders.* ZIP 2016, 2447, 2453; *Hoenig/Klingen*, NZG 2013, 1046; *Hilgard*, BB 2013, 963; *Ehling/Kappel*, BB 2013, 2955; *Koppmann*, BB 2014, 1673; *Schwarzfischer*, GWR 2016, 422; *Hoenig/Klingen*, EWiR 2017, 9; *Levering/Rubner*, NJW-Spezial 2017, 16; *Schaefer/Ortner*, DStR 2017, 1710; *Göb/Nebel*, NZI 2017, 10; *Wächter/Wollny*, NZG 2019, 801; *Koch-Schulte*, BB 2020, 1131; *Risse*, NZG 2020, 856 sowie insbesondere die zahlreichen Beiträge in dem in der folgenden Fn. genannten Tagungsband.

[116] Siehe hierzu vor allem den sehr lesenswerten im Beck-Verlag erschienenen Tagungsband „Verschuldenshaftung, Aufklärungspflichten, Wissens- und Verhaltenszurechnung bei M&A-Transaktionen" mit den Beiträgen zur 4. Leipziger Konferenz Mergers & Acquisitions am 28. und 29.9.2018.

[117] Siehe zu den verschiedenen Organisations- und Gestaltungsvorschlägen insbesondere → Rn. 93 ff. sowie zu Formulierungsvorschlägen zur Vertragsgestaltung Teil → D., Rn. 505 ff. Vgl. ferner zum Contract Drafting und *Verhaltenszurechnung Schuberth* in: Drygala/Wächter, Verschuldenshaftung und Wissenszurechnung bei M&A Transaktionen, S. 188 ff. und ferner zum Contract Drafting und *Wissenszurechnung Bank* in: Drygala/Wächter, Verschuldenshaftung und Wissenszurechnung bei M&A Transaktionen, S. 92 ff.

[118] Ebenso *Bank* in: Drygala/Wächter, Verschuldenshaftung und Wissenszurechnung bei M&A Transaktionen, S. 92, 110; *Armbrüster/Kosich*, ZIP 2020, 1494, 1496.

[119] Vgl. nur z. B. *Schwintowski*, ZIP 2015, 617; *Koch*, ZIP 2015, 1757; *Gasteyer/Goldschmidt*, AG 2016, 116; *Grigoleit*, ZHR 181 (2017), 160; *Spindler*, ZHR 181 (2017), 311; *Schürnbrand*, ZHR 181 (2017), 357; *Reuter* ZIP 2017, 310; *Wagner*, ZHR 181 (2017), 203; *Schwab*, JUS 2017, 481; *Thomale*, NZG 2018, 1007; *Liebscher*, ZIP 2019, 1837; *Armbrüster/Kosich*, ZIP 2020, 1494, 1503; *Guski*, ZHR 184 (2020), 363; *Seidel*, ZIP 2020, 1506.

[120] Vgl. *Spindler*, ZHR 181 (2017), 311 sowie → Rn. 68.

[121] OLG Frankfurt a. M. vom 4.9.2019 – 13 U 136/18, ZIP 2020, 123.

[122] Vgl. dazu u. a. *Schwintowski*, ZIP 2015, 617; *Koch*, ZIP 2015, 1757.

[123] BGH vom 28.6.2016 – VI ZR 536/15, NJW 2017, 250; vgl. dazu auch *Grigoleit*, ZHR 181 (2017), 160.

Hinweis: Im Folgenden werde ich die Grundlagen und Wertungsmodelle des BGH darlegen und einen Vorschlag entwickeln, sich von den – eher irreführenden – Begriffen der „Wissenszurechnung" und des „Wissensvertreters" zu verabschieden und – in Abgrenzung zur externen Aufklärungspflichtverletzung – durch den Oberbegriff der internen „Informationspflichtverletzung" mit einer Zurechnung nach § 31 BGB analog[124] zu ersetzen, der die – den Vorsatz/Arglist begründende – Zurechnung (allein) auf die Organisationspflichtverletzung der Geschäftsleitung einer juristischen Person (oder auch einer natürlichen Person) daraus ableitet, dass diese nicht – wie vom Rechtsverkehr nach Treu und Glauben von ihr erwartet wird – dafür gesorgt hat, dass Informationen ordnungsgemäß gespeichert sowie bei entsprechendem Anlass abgefragt und an den nach außen handelnden Repräsentanten weitergeleitet werden. Auf ein sonstiges Handeln, Verschulden oder tatsächliches Wissen von Erfüllungsgehilfen oder Organen kommt es daher vom Grundgedanken her überhaupt nicht mehr zusätzlich an.[125] Dies deckt sich im Ergebnis vom Grundsatz her auch mit dem Wertungsmodell des BGH[126], wobei allerdings nach hier vertretener Auffassung die Wissenszurechnung (oder genauer: einfache Informationspflichtverletzung des Geschäftsleiters) nicht per se stets zur Arglist führen sollte, sondern nur im Falle eines Mindest-Wollenselements des Verkäufers, das sich in besonderen (Garantie-)Erklärungen oder Angaben auf unsicherer Tatsachengrundlage (insgesamt sowohl für die vorvertragliche Aufklärungspflicht als auch vertragliche Garantiezusagen dann „Erklärungen ins Blaue hinein") ausdrückt. Im Ergebnis stellt der BGH nämlich ohne Not jegliche – auch nur fahrlässige – Organisationspflichtverletzung beim Geschäftsherrn demjenigen nicht auf Grundlage ordnungsgemäßer Information handelnden Verkäufer gleich, der auf unsicherer Tatsachengrundlage „Angaben ins Blaue hinein" macht und dabei eine Täuschung des Käufers billigend in Kauf nimmt.

32   Die deutsche Wirtschaft mit seinem Zivilrecht, Gesellschaftsrecht und Steuerrecht steht insbesondere im Bereich M&A sowie bei sonstigen internationalen Entwicklungs- und Projekt-Verträgen im **Wettbewerb mit anderen Rechtsordnungen.** Um ein zunehmendes Ausweichen auf ausländische Gesellschaftsformen wie Ltd. oder LLP zu begegnen, waren die Einführung eines reduzierten Körperschaftsteuersatzes sowie von § 8b KStG oder auch der PartGmbB sowie der UG hier wichtige Schritte, um ein Ausbluten deutscher Gesellschaftsformen zu verhindern und unternehmerische Aktivitäten in Deutschland attraktiv zu halten.

Die Rechtsprechung des BGH zur Gleichsetzung des fahrlässigen Organisationsverschuldens mit Arglist sowie die damit verbundenen Risiken für die Verkäuferseite sind ausländischen Investoren, Vertragspartnern und Mandanten kaum vermittelbar und gleichermaßen bedrohlich für den Rechtsstandort Deutschland. Ein vermehrtes Ausweichen auf ein anderes Recht durch Vereinbarung nach Art. 3 Abs. 1 Rom I-VO, das den privatautonomen Vorstellungen der Parteien und den Besonderheiten großer Transaktionen besser Rechnung trägt, könnte hier die Folge sein.

33   **aa) Überblick zu Grundfragen der Zurechnung bei Rechtsgeschäften.** *Alles was ist, ist Information.* Und Information ohne Kommunikation ist nicht existent. Wollen also zwei Rechtssubjekte rechtsgeschäftlich interagieren, bedarf es der Kommunikation und Willensübereinstimmung beim Vertragsschluss. Ausgehend von der allgemeinen Handlungsfreiheit[127] und **Privatautonomie** sind die Vertragsparteien dabei weitestgehend frei, die

---

[124] Offen gelassen von BGH vom 12.11.1998 – IX ZR 145/98, NJW 199, 284, 286; für eine analoge Anwendung von § 31 BGB u. a. auch *Fleischer* in: Beck OGK AktG, § 78 Rn. 53 m. w. N.; ders. NJW 2006, 3239, 3243 f.; *K. Schmidt*, Gesellschaftsrecht, 10 V 2b; *Koch* in: Hüffer/Koch, AktG § 78 Rn. 24 m. w. N.; vgl. auch die Darstellung zu den dogmatischen Grundlagen der Wissenszurechnung in der Literatur *Armbrüster/Kosich*, ZIP 2020, 1494, 1496 ff. und speziell zu § 31 BGB analog S. 1498 m. w. N.

[125] Entscheidend auf die Organisationspflichtverletzung abstellend auch *Koch*, ZIP 2015, 1757, 1761.

[126] Siehe zum BGH-Konzept noch ausführlich → Rn. 56 ff.

[127] BGH vom 25.5.2020 („Dieselskandal") – VI ZR 252/19, NJW 2020, 1962 Tz. 47.

wechselseitigen Chancen und Risiken ihres Handelns zu regeln, wobei der Eigennutz des Individuums grundsätzlicher Natur ist und von der Rechtsordnung gebilligt wird. Damit korrespondierend steht das Prinzip der **Eigenverantwortung** und damit auch die eigene Informationsbeschaffung, welche Grundlage der Entscheidung einer jeden Partei ist. Grenzen bestehen vor allem dort, wo ein Gemeinwesen – präventiv[128] wie repressiv – bestimmte Verhaltensweisen der Rechtssubjekte zu unterbinden sucht, z. B. in Form der Anordnung der Nichtigkeit von sittenwidrigen Geschäften oder Schadensersatz bei einer – i. d. R. schuldhaften – Schädigung des Vertragspartners bzw. betroffenen Partei. Das (eigene) Verschulden des Schädigers ist u. a. dann verzichtbar, wenn (i) er sich Dritter bedient, deren Verhalten ihm dann zugerechnet wird und/oder (ii) er eine Garantie/Zusicherung (§§ 276 Abs. 1, 311 Abs. 1, 443 Abs. 1 BGB) abgibt und damit dem Vertragspartner unter Einwirkung auf dessen Entschließungsfreiheit erklärt, verschuldensunabhängig für das (Nicht-) Vorhandensein bestimmter Umstände, Zustände oder eines Erfolgs einzustehen.

Weitere Grenzen und Vorgaben für die in einem Gemeinwesen interagierenden Indivi- **34** duen folgen aus dem **Grundsatz von Treu und Glauben.** Hat eine Vertragspartei vor ihrer Entscheidung über das „Ob" und „Wie" der Abgabe ihrer Willenserklärung(en) für den Vertragsschluss noch Informationsbedarf, werden (i) durch entsprechende Fragen an die Vertragsgegenseite und (ii) hinsichtlich erkennbar bedeutsamer Risiken der Gegenseite (also einer bedeutsamen Reduzierung des erwarteten Gegenwertes der Leistung z. B. bei einem Käufer aufgrund gewichtiger Mängel) Aufklärungspflichten des Verkäufers ausgelöst. Macht der Verkäufer zum Kaufgegenstand indes auf unsicherer Tatsachengrundlage „Angaben ins Blaue hinein", täuscht er den Käufer über den – belastbaren – Wahrheitsgehalt der gewährten Information, die der Käufer nun seiner Kaufentscheidung mit zugrunde legt – der Verkäufer täuscht hier den Käufer vorsätzlich/arglistig, so dass wegen § 276 Abs. 3 BGB Haftungsausschlüsse unwirksam sind. Einen vergleichbaren Erklärungsgehalt hat eine Garantieerklärung des Verkäufers „nach bestem Wissen" (und erst Recht bei einer objektiven „harten" Garantie), wenn auch hier eine solche Erklärung auf unsicherer Tatsachengrundlage dazu führt, dass der Käufer auf die Richtigkeit der Information für seine Kaufentscheidung vertraut.[129]

Kern des im Bereich M&A offenbar erst jetzt in der Praxis zunehmend realisierten **35** Problems ist die mögliche und dann im Kaufvertrag wegen § 276 Abs. 3 BGB **nicht im Vorwege ausschließbare Haftung** für Vorsatz/Arglist des Verkäufers, wenn und soweit die Reichweite der Zurechnung von Wissen und Verschulden auch im Rahmen einer M&A-Transaktion mit voller Wucht durchschlägt und die vom Verkäufer mühsam verhandelten Haftungsbegrenzungen (Caps, Baskets, de-minimis, Verjährung, etc.) zunichtemacht.

Indessen ist die Thematik der **vorvertraglichen Aufklärungspflichten**[130] und deren **36** (vorsätzliche) Verletzung mehr als vielschichtig und komplex: Schon die Frage der *Reichweite* **der Aufklärungspflichten** eines (Unternehmens-)Verkäufers „lässt sich nicht mit logisch-begrifflicher Stringenz erfassen"[131]; sie ist zwangsläufig stets eine Frage des Einzelfalles und schon auf dieser Ebene verwoben mit der Frage der Zurechnung von auf der Verkäuferseite wie auf der Käuferseite verfügbarem Wissen und Informationen.[132] So kann beispielsweise ein Käufer, der die Information über einen Mangel der Kaufsache hat, nach § 442 Abs. 1 BGB nicht mehr arglistig getäuscht werden: eine Aufklärungspflicht-

---

[128] BGH vom 25.5.2020 („Dieselskandal") – VI ZR 252/19, NJW 2020, 1962 Tz. 67.

[129] Vgl. hierzu auch OLG Düss. vom 3.7.2017 – I-4 U 146/14, BeckRS 2017, 130307 Tz. 106, 139.

[130] Siehe dazu bereits oben → Rn. 10 ff.

[131] BGH vom 8.12.1989 – V ZR 246/87, NJW 1990, 975, 976; zustimmend *Fleischer*, NJW 2006, 3239, 3243.

[132] Vgl. auch zur Dogmatik der Aufklärungspflichten *Drygala* in: Drygala/Wächter, Verschuldenshaftung und Wissenszurechnung bei M&A Transaktionen, S. 2 ff.

verletzung scheidet bereits tatbestandlich aus.[133] Und umgekehrt besteht auch keine Aufklärungspflicht des Verkäufers hinsichtlich solcher Informationen, die er trotz ordnungsgemäßer Organisation seines Unternehmens ebenfalls nicht hat oder jedenfalls nicht mit zumutbarem Aufwand erlangen konnte.

37 Doch selbst wenn diese Frage des Umfangs der Aufklärungspflicht für den konkreten Einzelfall geklärt und bejaht ist, stellen sich die gleichermaßen komplizierten Fragen der *Erfüllung* **und Zurechnung,** weil im Wirtschaftsleben und insbesondere auch bei M&A-Projekten nahezu regelmäßig eine „Aufspaltung" des Verkäufers als Rechtssubjekt von bloß einer natürlichen/juristischen Person auf mehrere Handelnde oder Wissende erfolgt. Bei all diesen Fragen haben Rechtsprechung und Wissenschaft den Zurechnungsradius in den letzten Jahrzehnten signifikant erweitert.[134]

38 Der BGH hat hier ebenso wie die Fachliteratur kein Pauschalrezept, sondern flexible Formeln und Regelungsmuster etabliert, die es in dieser komplexen Gemengelage ermöglichen (sollen), dem jeweiligen Einzelfall gerecht zu werden. Ohne bereits an dieser Stelle ins Detail zu gehen, sollen nachfolgend einige der tragenden Ideen für den Problemaufriss sowie die Lösungsansätze als Überblick zusammengefasst werden. Indes: Es ist ganz herrschende Meinung im Spezial-Schrifttum zu M&A, dass zahlreiche Überlegungen der allgemeinen zivil- und gesellschaftsrechtlichen Rechtsprechung und Literatur zur Zurechnung von Informationen, Wissen und Verschulden aufgrund der Besonderheiten eines Unternehmensverkaufs nicht oder nur eingeschränkt Anwendung finden können, und zwar u. a. auch aufgrund der nahezu schon „obligatorischen" Due-Diligence-Prüfung des Käufers, der aufwendig verhandelten und vereinbarten Zuweisung für insbesondere auch unbekannte Risiken sowie die zielgerichtete Definition derjenigen Personen, auf deren Wissen und Handeln es sowohl auf Verkäufer- wie auch auf Käuferseite ankommen soll.

39 **bb) Die „Informationspflichtverletzung": Thesen zu Fragen der Zurechnung von Informationen, Wissen und Verhalten.** Damit die schier unübersehbare Anzahl von Entscheidungen und Stellungnahmen in der Literatur zu zum Teil völlig anders gelagerten Fällen als dem eines Unternehmenskaufs uns bei unserem Thema M&A nicht den Blick verstellen, anderseits aber auch die zugrunde liegenden Wertungsmodelle des BGH von immenser Praxisrelevanz auch für die M&A-Beratung sind, sollen nachfolgend als „Leitplanken" einige **Parameter für die Frage der Zurechnung** von Wissen/Informationen sowie einem Verschulden/Tun/Unterlassen in Form von Thesen vorangestellt werden, die mir bei der Zurechnungsfrage gerade auch für das Spezial-Gebiet M&A besonders hilfreich erscheinen und welche nach Darstellung der Rechtsprechung des BGH zur Wissenszurechnung nebst einiger Literaturstimmen am Ende diese Teils in ein Fazit mit eigenem Lösungsvorschlag münden:

40 (1) Mit dem BGH sowie der ganz herrschenden Meinung im Schrifttum ist davon auszugehen, dass sich bei der Einordnung von Zurechnungsfragen jede schematische Lösung verbietet; nach BGH sind diese Fragen nicht mit „logisch-begrifflicher Stringenz" zu lösen.[135] Es muss vielmehr zunächst mit Blick auf den jeweiligen Normkontext[136] sowie dann unter Berücksichtigung der Besonderheiten des Einzelfalles gefragt werden, ob unter Differenzierung nach dem jeweiligen internen und externen Pflichtenrahmen einer natürlichen oder juristischen Person unter Berücksichtigung von Treu und Glau-

---

[133] Vgl. RG vom 26.6.1903, RGZ 55, 210, 214; BGH vom 27.3.2009, V ZR 30/08, NJW 2009, 2120, 2122.

[134] *Guski,* ZHR 184 (2020), 363, 367; vgl. auch speziell mit Blick auf das Gebiet M&A *Risse,* NZG 2020, 856, 858 ff.

[135] BGH vom 8.12.1989 – V ZR 246/87, NJW 1990, 975, 976; zustimmend *Fleischer,* NJW 2006, 3239, 3243.

[136] Vgl. auch zur Ausrichtung von Fragen der Wissenszurechnung am jeweiligen Normkontext *Spindler,* ZHR 181 (2017), 311, 319 f.; *Gasteyer/Goldschmidt,* AG 2016, 116, 117; *Guski,* ZHR 184 (2020), 363 365; *Liebscher,* ZIP 2019, 1837, 1841.

ben sowie Verkehrsschutzgesichtspunkten eine Zurechnung von einem Tun, Unterlassen, Wissen sowie sonst verfügbarer oder gar (pflichtwidrig) nicht verfügbarer Informationen gerechtfertigt ist.

(2) Der Kaufvertrag und damit untrennbar verbunden die vorvertraglichen Aufklärungspflichten des Verkäufers bewegen sich im Spanungsfeld von privatautonomen Entscheidungen und **Vertragsfreiheit** einerseits sowie den **Grenzen nach §§ 242, 138, § 276 Abs. 3 BGB** (Treu und Glauben sowie Sittenwidrigkeit als Ausprägung des im Grundgesetz verkörperten Wertesystems) andererseits (letztlich auch im Sinne von Recht und Gerechtigkeit als Fairness verstanden). **41**

(3) Freie (ohne Willensmängel), **wirtschaftlich sinnvolle Entscheidungen** können sowohl der Käufer, aber auch der Verkäufer nur auf Grundlage von angemessenen (und zutreffenden) Informationen treffen. Tun sie dies nicht, verletzen sie interne und/oder externe Pflichten. Dabei ist hinsichtlich der verbandsinternen Informationspflichten und externen Aufklärungspflichten zu unterscheiden: **42**

(a) **Stufe 1 der** *allgemeinen* **Organisationspflicht jedes Geschäftsleiters:** Jeder Geschäftsleiter hat auch schon im Vorwege – unabhängig vom Anlass eines Unternehmens(ver)kaufs – ganz allgemein die Sorgfaltspflicht nach der **Business Judgement Rule**[137], die für Entscheidungen des Unternehmens relevanten Informationen sowie deren ordnungsmäße Kommunikation zu organisieren, indem er für eine angemessene Speicherung sowie – typischerweise anlassbezogene – Abfrage und Weiterleitung sorgt. Nötig ist ggf. auch die Einrichtung eines Risikofrüherkennungs- und -managementsystems (vgl. § 91 Abs. 2 AktG);

(b) **Stufe 2 der** *anlass-/projektbezogenen* **(Organisations-)Pflichten der Käufer-Geschäftsleiter:** Das Käufer-Management verstößt gegen seine intern gegenüber seinem eigenen Verband nach der Business Judgement Rule (§ 93 Abs. 1 Satz 2 AktG) bestehenden Pflichten, wenn es eine Entscheidung (wie z.B. dem „Ob" und „Wie" eines Unternehmenskaufs) ohne angemessene Information trifft.[138] Die Geschäftsleitung des Käufers muss wegen der besonderen wirtschaftlichen Bedeutung grundsätzlich die nötigen Fragen an den Verkäufer richten und Informationen anfordern.

(c) **Stufe 2 der** *anlass-/projektbezogenen* **Organisationspflichten des Verkäufer-Geschäftsleiters:** Beim Unternehmensverkauf besteht für die Geschäftsleitung des Verkäufers regelmäßig ein konkreter Anlass zur Nachforschung[139] (i) hinsichtlich der ggf. auch ungefragt gegenüber dem Käufer zu offenbarenden Informationen und (ii) hinsichtlich der vom Käufer gestellten Fragen, weil diese bekanntlich beim Verkäufer entsprechende Aufklärungspflichten auslösen. Gibt das Management oder ein sonstiger Repräsentant (i) nun vorvertraglich und/oder im Kaufvertrag (Garantie-)Erklärungen ab, ohne zuvor die nötigen Erkundigungen zu den relevanten Informationen einzuholen und für ihre Weiterleitung an das Verhandlungsteam zu sorgen oder (ii) wird eine nötige Aufklärung unterlassen, werden alle diejenigen Informationen dem Verkäufer in Form von Vorsatz/Arglist zugerechnet, die mit angemessenem Aufwand und bei pflichtgemäßer Organisation an den Käufer hätten gelangen können. Wie beim bedingten Vorsatz in Form der „Angaben ins Blaue hinein" erscheint dies in einer solchen Fallkonstellation mit Blick darauf gerechtfertigt, dass der Verkäufer auch hier eine Täuschung bzw. einen Irrtum des Käufers für möglich hält und trotz möglicher Aufklärung den Täuschungserfolg dann billigend in Kauf nimmt.

---

[137] Vgl. zu dieser nur internen Pflicht *Spindler,* ZHR 181 (2017), 311, 320 f.
[138] Siehe dazu noch ausführlich → Rn. 223 ff.
[139] Vgl. auch *Bank* in: Drygala/Wächter, Verschuldenshaftung und Wissenszurechnung bei M&A Transaktionen, S. 92, 103.

(d) Die Informationspflichtverletzung ist also zunächst nur interne Pflichtverletzung, die sich anschließend extern in einer (je nach Einzelfall) fahrlässigen oder sogar vorsätzlichen/arglistigen Aufklärungspflichtverletzung manifestiert.

43 (4) Der vom BGH für den Organisationspflichtenrahmen benutzte **Begriff der „verfügbaren Informationen"** birgt schon im Kern das Risiko des Uferlosen (und damit auch unwirtschaftlicher Obliegenheiten), weshalb der BGH bereits die einschränkenden Kriterien (i) der **Zumutbarkeit** zur Eindämmung überzogener Sorgfaltspflichten bei der Organisation des „regelmäßigen Informationsfundus" sowie (ii) der etwa **anlassbezogenen** Informationspflichten im Rahmen spezieller Rechtsgeschäfte eingeführt hat.[140] Schon heute hat jede Privatperson Unmengen von Informationen verfügbar (bzw. kann sie anlassbezogen ohne nennenswerten Aufwand einholen), und Unternehmen investieren aus betriebswirtschaftlichen Gründen zum Zweck der Kostensenkung und Gewinnoptimierung schon heute in umfassende SAP-Software zur Erfassung und Organisation der Informationsströme sowie zur Steuerung von Geschäftsprozessen; dabei zwingt der Einsatz des „Rohstoffs Daten" zu weiteren massiven Investitionen in „Big Data". Nur: All dies geschieht nicht aus Gründen des Verkehrsschutzes noch darf der Rechtsverkehr – auch von jedem kleineren Unternehmen mit „nur" 500 Mitarbeitern – dies im Sinne dann ja verfügbarer Informationen erwarten. Andernfalls würde diejenige juristische Peron in Zurechnungsfragen im Ergebnis schlechter stehen, die viel in ihren Informationsfundus investiert, als diejenige, die wenig bzw. nur das Nötigste getan hat. M. E. muss daher auch die Zurechnungsfrage dahingehend gestellt werden, ob und inwieweit perspektivisch (und vielleicht im Ansatz schon heute) (i) die bloße – vorerst interne – *Möglichkeit* der Datenspeicherung, -gewinnung und -nutzung für betriebliche Belange **bei der Bestimmung des externen (!) Pflichtenrahmens einzuschränken** ist und (ii) ob nicht Informationsasymmetrien zwischen interagierenden (Vertrags-)Parteien bedingt durch die schon in absehbarer Zeit bei jedem Marktteilnehmer gleichermaßen verfügbaren Informationen tendenziell abnehmen, weil beide Seiten „Big Data" nutzen (müssen).[141] Dasjenige Unternehmen, das sich in Sachen IT hochgerüstet hat und Super-Computer wie „Watson" (oder zukünftig Quanten-Computer) bezahlen und nutzen kann, würde damit sonst im Rechtsverkehr schlechter behandelt als kleine Unternehmen oder die Privatperson, die nur einige wenige Erfüllungsgehilfen hinzuzieht. Die einschränkenden Kriterien der Zumutbarkeit sind zwar in vielen Fällen hilfreich zur Korrektur offensichtlich unbilliger Ergebnisse, helfen aber gerade bei Fällen nicht weiter, in denen ja nicht zum Schutze des Geschäftsverkehrs große Investitionen in IT getätigt wurden, die die Anforderungen an die Informationsgewinnung und -weiterleitung deutlich optimieren und nach Treu und Glauben nicht dazu führen dürfen, dass damit ein nachteiliger Haftungsrahmen für diese Person/dieses Unternehmen verbunden ist.

44 (5) **Chancen und Risiken:** Grundsätzlich muss jede Partei sich nach dem Prinzip der Eigenverantwortung selbst informieren.[142] Beim Unternehmenskauf gelten jedoch **erhöhte Aufklärungspflichten.** Gerade beim (größeren) Unternehmensverkauf werden allerdings durch den umfangreichen Due-Diligence-Prozess sowie einen akribisch verhandelten Kaufvertrag der Umfang der Informationsbedürfnisse des Käufers und damit die Aufklärungspflichten fast lückenlos von den Parteien definiert und die Informationsrisiken für die verbliebenen unbekannten Risiken im Kaufvertrag detailliert der einen oder anderen Vertragspartei zugewiesen. Vorbehaltlich tatsächlich gezielter

---

[140] BGH vom 2.2.1996 – V ZR 239/94, NJW 1996, 1339, 1341.

[141] Für den Bereich des Unternehmenskaufs gilt dies jedoch nur bedingt, weil gerade die nur intern beim Verkäufer bzw. Zielunternehmen verfügbaren Informationen vielfach nicht öffentlich und damit selbst im Falle der Nutzung von Big-Data und KI leichter zugänglich sein dürften.

[142] BGH vom 24.3.2010 – VIII ZR 122/08, NJW-RR 2010, 1436, 1437.

Täuschung und etwaiger Erklärungen des Verkäufers „ins Blaue hinein" sollte hierbei § 276 Abs. 3 BGB hinter den Grundsatz der Privatautonomie zurücktreten. M. E. denkbar wäre es sogar, auch darüber hinaus im Einzelfall Vereinbarungen der Parteien dergestalt zuzulassen, dass auch für diesen Fall die Haftungsbeschränkungen auf der Rechtsfolgenseite wirksam sein sollen.[143]

(6) **Due Diligence:** Die vom Verkäufer übermittelten Informationen enthalten – wenn **45** nicht anders von den Parteien vorvertraglich im Hinblick auf die Aufklärungspflichten vereinbart – **nicht per se** auch den Erklärungsgehalt, die **Informationen seien auch in tatsächlicher und rechtlicher Hinsicht umfassend (juristisch) geprüft,**[144] so dass der Vertragsgegenstand dergestalt „umfassend rechtlich abgesichert" sei, dass z. B. der Verkäufer uneingeschränkter Inhaber des Rechts oder der Sache und diese nicht mit Rechten Dritter belastet sei.[145] Wollte man das anders sehen, würde man jedem Verkäufer automatisch auch die Pflicht – und damit die Kosten – aufbürden, jedenfalls anlässlich eines Unternehmensverkaufs selbst zu allen Informationen umfassende Due-Diligence-Prüfungen vorab durchzuführen. Dieses Grundprinzip muss auch für sonstige Informationen eines Unternehmens gelten, die im geschäftlichen Verkehr Dritten übermittelt werden, denn andernfalls müsste jedes Unternehmen im Hinblick auf seinen Informationsfundus (die „verfügbaren Informationen") permanent rollierende Due-Diligence-Prüfungen durchführen. Dies erwartet aber der Rechtsverkehr nicht und darf er bei verständiger Würdigung auch nicht.

(7) Wer seine Aktivitäten im geschäftlichen Verkehr durch Einbindung Dritter erweitert, **46** eröffnet eine latente Gefahrenquelle, so dass er für deren Tun oder Unterlassen im Sinne einer **Verkehrspflicht** grundsätzlich einstehen muss.[146] Bei einem (Fehl-)Verhalten des Dritten, wird dem Geschäftsherrn daher dieses grundsätzlich in Form einer Garantiehaftung als eigenes Fehlverhalten zugerechnet, bei Organen und sog. „Repräsentanten" nach § 31 BGB analog, bei Erfüllungsgehilfen nach § 278 S. 1 BGB, und zwar nach der Ratio des § 278 S. 1 BGB dann grundsätzlich auch für solche Arbeitnehmer, die nicht unmittelbar zum Projektteam gehören, wenn sich nicht für die Vertragsgegenseite geradezu aufdrängt, dass der Erfüllungsgehilfe seine betrieblichen Befugnisse überschreitet oder rein privat handelt, ohne dass dem Geschäftsherrn ausnahmsweise privates Verhalten/Wissen zuzurechnen ist.[147]

(8) Vorhandene Kenntnisse (oder genauer gesagt: **verfügbare Informationen,** gleich **47** ob in einer Akte oder auf Datenträgern befindlich) sowie ggf. auch nicht verfügbare „potentielle" Informationen[148] werden juristischen Person nach der hier vertretenen Auffassung analog § 31 BGB (nach wohl bislang herrschender Meinung und BGH hingegen nach § 166 Abs. 1 BGB analog) zugerechnet, soweit diese Informationen bei pflichtgemäßer Organisation hätten gespeichert, abgefragt und an die den Vertrag abschließende Person weitergeleitet werden müssen, damit diese die Vertragsgegenseite entsprechend aufklären kann.

(9) § 242 BGB: Die Informationsbeschaffung und -weitergabe braucht nach zutreffender **48** Ansicht des BGH allerdings einen **Anlass,** muss **möglich, rechtlich zulässig** und **zumutbar** sein.

---

[143] Siehe dazu noch → Rn. 94 und 98.

[144] Vgl. dazu den Fall OLG Hamm vom 9.12.2010 – 22 U 83/10, NJW-RR 2011, 1146.

[145] Siehe dazu ausführlich oben → Rn. 18 f.

[146] Vgl. auch *Schwab,* JUS 2017, 481, 485; *Armbrüster/Kosich,* ZIP 2020, 1494, 1496; *Guski,* ZHR 184 (2020), 363, 372.

[147] Siehe dazu z. B. den Fall BGH vom 14.1.2016 („Facebook") – I ZR 65/14, NJW 2016, 3445 Tz. 61.

[148] Vgl. auch *Risse,* NZG 2020, 856, 859; *Armbrüster/Kosich,* ZIP 2020, 1494, 1498; *Gasteyer/ Goldschmidt,* AG 2016, 116, 118.

49 (10) Die Zurechnung sowie damit verbunden der **Vorwurf von Vorsatz/Arglist** basieren im Ergebnis auf der Überlegung des BGH, der Geschäftsleiter habe dann nicht die nötigen organisatorischen Maßnahmen getroffen und pflichtwidrig gehandelt. Der BGH fordert für „Arglist" ausdrücklich weder ein moralisches Unwerturteil noch ein Wollenselement.[149] Auf ein **Wollenselement** *kann* (wegen der dann überschießenden Wirkung von § 276 Abs. 3 BGB) aber *muss* bei Licht betrachtet (entgegen BGH) aber nicht verzichtet werden, da auch für diese Fälle die gleiche Wertung wie bei den „Angaben ins Blaue hinein" fruchtbar gemacht werden kann.[150]

50 (11) Aufgrund der **Zurechnung nach § 31 BGB analog**[151] (nach BGH bislang § 166 Abs. 1 BGB analog[152]) *grundsätzlich aller* in einem **Unternehmen verfügbaren Informationen** (und damit auch der Kenntnisse der Geschäftsleitung und Mitarbeiter) mit der (je nach Einzelfall) möglichen Rechtsfolge Vorsatz/Arglist (hier ohne Möglichkeit der Anwendung von § 278 S. 2 BGB) verbleiben m. E. im Ergebnis für eine **Zurechnung nach § 278 S. 1 BGB** vor allem noch Anwendungsfälle (i) für solche Informationen eines Erfüllungsgehilfen, die *nicht* schon als Wissen/Information im Unternehmen verfügbar sind oder hätten verfügbar sein müssen, sondern durch eigene (fahrlässige oder sogar vorsätzlich falsche Informationen) durch Erklärungen des Erfüllungsgehilfen gegenüber dem Käufer **neu kreiert** werden sowie (ii) durch sonstiges **Tun oder Unterlassen außerhalb von Aufklärung.** Der Verkäufer muss sich hier im Grundsatz vor allem auch etwaige Exzesse zurechnen lassen, wie z. B. die Fälschung von Bilanzen.[153]

51 (12) Die vom Gesetzgeber in vielen Normen genutzten **Begriffe der (positiven) Kenntnis** sowie des **(fahrlässigen) Kennenmüssens** erfüllen nicht per se einen eigenen Tatbestand und führen auch nicht stets zu denselben Rechtsfolgen, sondern sind **abhängig vom Kontext der Norm.**[154]

(a) Im Rahmen der auf **Vorsatz/Arglist** abstellenden Normen (wie z. B. §§ 123, 202, 276 Abs. 3, 444 und 826 BGB) verlangt der Gesetzgeber regelmäßig ein **„Handeln trotz Kenntnis",** was bei Organen und Repräsentanten über § 31 BGB zur Zurechnung des Wissens und damit verknüpften Handelns in Form einer aktiven Täuschung oder Unterlassen der Aufklärung führt.[155] Die Rechtsordnung verbindet damit klar ein ethisches Unwerturteil in Form von „anstößig, missbräuchlich oder gar strafbar", und zwar bei sittenwidriger Schädigung gemäß § 826 BGB gleichermaßen wie bei Arglist i. S. v. § 123 BGB.[156] Das Unwerturteil bezieht sich auf das „Handeln trotz Kenntnis", welches zwangsläufig auch ein Wollenselement in sich trägt.

(b) Stellt die relevante Norm zusätzlich zur Kenntnis auf ein **Kennenmüssen** ab, also die fahrlässige Unkenntnis, liegt es insbesondere innerhalb juristischer Personen

---

[149] BGH vom 28.6.2016 – VI ZR 536/15, NJW 2017, 250 Tz. 23; BGH vom 8.12.1989 – V ZR 246/87, NJW 1990, 975, 976; vgl. auch *Drygala* in: Drygala/Wächter, Verschuldenshaftung und Wissenszurechnung bei M&A Transaktionen, S. 17.

[150] Siehe dazu noch die Stellungnahme in → Rn. 93 ff.

[151] Für die dogmatische Einordnung unter § 31 BGB analog auch *Fleischer* in: Beck OGK AktG, § 78 Rn. 53 m. w. N.; *ders.* NJW 2006, 3239, 3243 f.; *K. Schmidt*, Gesellschaftsrecht, 10 V 2b; *Koch* in: Hüffer/Koch, AktG § 78 Rn. 24 m. w. N.; vgl. auch die Darstellung zu den dogmatischen Grundlagen der Wissenszurechnung in der Literatur *Armbrüster/Kosich*, ZIP 2020, 1494, 1496 ff. und speziell zu § 31 BGB analog S. 1498 m. w. N.

[152] Allerdings offengelassen, ob § 166 Abs. 1 BGB analog oder § 31 BGB analog als Grundlage heranzuziehen ist in BGH vom 12.11.1998 – IX ZR 145/98, NJW 1999, 284, 286.

[153] So z. B. im Falle des OLG Düss. vom 16.6.2016 – I-6 U 20/15, NZG 2017, 152.

[154] Vergleiche auch *Gasteyer/Goldschmidt*, AG 2016, 116, 117 sowie die zivilrechtlichen Grundlagen der Wissenszurechnung grundlegend *Grigoleit*, ZHR 181 (2017), 160, 166.

[155] *Grigoleit*, ZHR 181 (2017), 160, 169.

[156] *Grigoleit*, ZHR 181 (2017), 160, 165.

und Verbänden hingegen so, dass bei einem Verstoß gegen die damit verbundenen informationellen Sorgfaltspflichten der Vorwurf gegenüber der Geschäftsleitung verbunden ist, sie habe (i) entweder (vorerst nur) *interne* Pflichten und/oder (ii) in Bezug auf ein Handeln der juristischen Person auch *externe* Aufklärungs- und Schutzpflichten verletzt. Werden die für eine positive Kenntnis des Geschäftsleiters erforderlichen Informationen durch dessen fahrlässige Geschäftsführung ihm nicht verfügbar, ist dies zwar für den Vertragspartner „unerfreulich"; das Verhalten erreicht aber nicht per se die Qualität des für den Normkontext bei Arglist erforderliche Maß, welches die dafür angeordneten Rechtsfolgen rechtfertigen könnte. Entscheidend für eine Abgrenzung der nur fahrlässigen Unkenntnis zur Arglist (den „Angaben ins Blaue hinein") ist vielmehr, ob über die vorerst bloß interne Sorgfaltspflichtverletzung hinaus den Handelnden auch im Außenverhältnis überhaupt eine Aufklärungspflicht trifft, etwa weil der Käufer nach der relevanten Information gefragt hat. Besteht keine Aufklärungspflicht, sollten auch Vereinbarungen über das Maß der Sorgfalt der juristischen Person uneingeschränkt zulässig sein; § 276 Abs. 3 BGB sollte dann keine Anwendung finden.

(c) Anders liegt es vom Ausgangspunkt her bei den anerkanntermaßen dem Vorwurf von Vorsatz/Arglist gleichgestellten **„Angaben ins Blaue hinein"**, bei denen die juristische Person im Außenverhältnis Aufklärungspflichten hat (entweder weil Informationen für den Vertragspartner von erkennbar wichtiger Bedeutung sind oder dieser Nachfragen gestellt hat) und der Geschäftsleiter nicht dafür gesorgt hat, dass die zur **Erfüllung einer Aufklärungspflicht** (an sich beim Verkäufer verfügbaren) Informationen auch dem Käufer verfügbar gemacht werden. Auch hier ist der Vorwurf von Vorsatz/Arglist anerkanntermaßen gerechtfertigt, weil der Rechtsverkehr es als anstößig und rechtsmissbräuchlich ansieht (*Grigoleit* verweist hier zu Recht für die Arglistnormen auf die Sanktionierung eines „rechtsethischen Minimalstandards"[157]), wenn ein Verkäufer „Handelt trotz der Kenntnis, dass er die vom Käufer erkennbar benötigte Information möglicherweise hat, aber auf eine Prüfung verzichtet". § 276 Abs. 3 BGB würde im Grundsatz eingreifen, falls nicht – wie hier vertreten – **Parteivereinbarungen zum Umfang der Aufklärungspflichten** (§§ 241 Abs. 2, 311 Abs. 2 BGB) möglich sind, wofür nicht nur die Regelung dieser Pflichten in § 311 BGB – der Grundnorm der Vertragsfreiheit – spricht, sondern auch die Formulierung in § 444 BGB mit „soweit" (siehe sogleich → Rn. 24).[158] Die so beim Verkäufer zwar möglicherweise verfügbaren, aber für den Käufer nicht über den Verkäufer „als eigene Prüfstelle" verfügbar zu machenden Informationen sind dann kein „erwartbares Verbandswissen mehr". Die generelle Erwartung des Rechtsverkehrs, dass jeder seinen „Informationsfundus" pflichtgemäß pflegt und verfügbar hat, ist im konkreten Fall und anlassbezogen durch den Käufer verzichtbar.

(d) Und schließlich ist im Grundsatz auch der Fall einem arglistigen Verhalten in Form eigener positiver Kenntnis der Geschäftsleitung gleichzusetzen, wenn diese **sich der Kenntnis gezielt verschließt,** indem sie z.B. dafür sorgt, dass die für einen (Unternehmen-)Verkauf relevanten Informationen ihm möglichst nicht zur Kenntnis gelangen.[159]

(13) Soweit die Parteien keine abweichenden Vereinbarungen über Art und Umfang der Aufklärungspflichten des Verkäufers treffen, verstößt der Verkäufer bei dem gesetzlichen Grundmodell bei **„Angaben ins Blaue hinein"** (auf unsicherer Tatsachengrundlage, also ohne vorherige Prüfung) oder – dem vergleichbar – Garantieerklärungen „ins   **52**

---

[157] *Grigoleit,* ZHR 181 (2017), 160, 171.
[158] Siehe dazu noch die Stellungnahme → Rn. 93 ff.
[159] Vgl. dazu auch *Gasteyer/Goldschmidt,* AG 2016, 116, 117; *Grigoleit,* ZHR 181 (2017), 160, 178 ff. u. 196.

Blaue hinein" in verstärktem Maße gegen Treu und Glauben und verlagert dadurch das Risiko bedingt vorsätzlich auf die Gegenseite. Dies missbilligt die Rechtsordnung, so dass in diesen Fällen nach BGH Vorsatz/Arglist vorliegt.

Beachte: M. E. handelt es sich auch bei den eine Arglist begründenden „Angaben ins Blaue hinein" um eine von der Rechtsordnung (stärker) zu missbilligende Variante des Organisationsverschuldens des Verkäufers, nämlich mit dem – entscheidenden – Unterschied im Vergleich des zunächst auf einem Fahrlässigkeitsvorwurf gründenden Zurechnungsmodells analog § 166 Abs. 1 BGB, dass der Verkäufer *trotz konkretem Anlass* und *trotz Möglichkeit der Informationseinholung* (und damit Aufklärung des Käufers) dies in einer treuwidrigen Art und Weise unterlässt und damit den Käufer täuscht und dies billigend in Kauf nimmt.
Hat eine Geschäftsleitung schon keinen konkreten Anlass, über die allgemeine Organisation von Informationen im normalen Geschäftsverlauf hinaus „tiefer zu bohren", sollte eine Vorsatzhaftung ausscheiden. Gleiches sollte gelten, wenn die Verkäufer-Geschäftsleitung wegen des Projekts Unternehmensverkauf (z. B. auch aufgrund der Fragen des Käufers) zwar einen konkreten Anlass hat[160], tiefer zu bohren, sich daraufhin ordnungsgemäß erkundigt, dann aber und trotz Verfügbarkeit im Unternehmen aufgrund eines Mitarbeiterfehlers nicht die relevante Information über spezielle Risiken erhält (z. B. weil dieser die relevanten Information nicht weiterleitet). Der Verkäufer handelt dann nach hier vertretener Auffassung *nicht* zwingend arglistig; der an den Verkäufer zu richtende Vorwurf ist nur auf Fahrlässigkeit gerichtet (der Zurechnungszusammenhang von § 278 S. 1 BGB endet hier zwar nicht, doch ist die Schwelle von der bloßen Fahrlässigkeit zum Vorsatz nicht überschritten).
Genau hier liegt m. E. der Grenzverlauf mit dem Übergang einer Zurechnung wegen fahrlässigen Organisationsverschuldens zu dem wegen § 276 Abs. 3 BGB ungleich schwerer wiegenden und durchaus auch mit einem Unwerturteil „Handeln trotz Wissenmüssen" verbundenen Vorwurf der Arglist, der dann auch zugleich den – für Vorsatz nun einmal notwendigen – Mindestanteil eines Wollenselements enthält. M. E. nicht gerechtfertigte Unterschiede könnten sich auch im Hinblick auf § 278 S. 2 BGB ergeben, der nämlich bei einer Zurechnung nach § 166 Abs. 1 BGB anwendbar wäre, bei „Angaben ins Blaue hinein" durch einen Erfüllungsgehilfen i. S. v. § 278 S. 1 BGB hingegen schon, bei Handeln eines Organs/Repräsentanten mit Zurechnung nach § 31 BGB analog dann wieder nicht. Darauf kommt es aber dann nicht an, wenn die Parteien schon den Pflichtenumfang des Verkäufers im Hinblick auf seine Aufklärungspflichten – wie hier vertreten – privatautonom vereinbaren und in diesem Zuge auch festlegen, auf wessen Verhalten und Kenntnisse es bei Aufklärung und Abgabe de Garantien ankommt.[161]

53   (14) **Abgabe objektiver „harter" Garantien, „Wissenszurechnung" und §§ 276 Abs. 3, 444 BGB:** Hat der Verkäufer – wie ganz üblich – im Hinblick auf das Unternehmen objektiv einen Umstand, Zustand oder Erfolg „i. S. v. § 311 Abs. 1 BGB verschuldensunabhängig garantiert", geht der darin enthaltene, gegenüber dem Käufer nachdrücklich versicherte Erklärungsinhalt dahin „Du kannst Dich uneingeschränkt darauf verlassen, dass das so (nicht) ist, ich habe sämtliche Informationen dazu bzw. den Sachverhalt sorgfältig geprüft (jedenfalls übernehme ich das Risiko dafür, wenn es nicht so ist)". Damit läuft die harte Garantie ebenfalls darauf hinaus, dass jegliche Haftungsbeschränkungen (und damit die auf der Rechtsfolgenseite enthaltenen Caps, Baskets etc.) gem. § 276 Abs. 3 BGB nach der Grundintention des Gesetzgebers unwirksam sein müssten. § 444 BGB ist allerdings insoweit die speziellere Vorschrift, bezieht sich ihrerseits jedoch dem Wortlaut nach nur auf „Mängel", also nur Umstände, die auch „Beschaffenheiten" der Kaufsache sein können, was aber nach traditioneller Auffassung des BGH gerade bei Angaben zu Umsatz und Ertrag i. d. R. nicht der Fall sein soll.[162] Nach ursprünglicher Formulierung des § 444 BGB mit „wenn" der Ver-

---

[160] *Bank* in: Drygala/Wächter, Verschuldenshaftung und Wissenszurechnung bei M&A Transaktionen, S. 92, 103.
[161] Siehe dazu auch → Rn. 93 ff.
[162] Siehe dazu noch ausführlich → Rn. 118 ff.

käufer den Mangel arglistig verschwiegen oder eine Garantie übernommen hat, wären jegliche Haftungsbeschränkungen auf der Rechtsfolgenseite unwirksam gewesen, weshalb der Gesetzgeber nach lautem Protest der Literatur und M&A-Praxis das „wenn" durch die „verkäuferfreundlichere" Einschränkung „soweit" modifiziert hat.

> **Hinweis:** Interessanterweise ist trotz der Formulierung in § 444 BGB mit „soweit" bislang – soweit ersichtlich – nicht die Auffassung vertreten worden, dann könnten auch im Falle von Arglist die Rechtfolgen durch Caps, Baskets, Verjährungsverkürzung gleichermaßen wie bei Abgabe von Garantien entgegen § 276 Abs. 3 BGB wirksam vereinbart werden, und das, obwohl das Gesetz auch sonst immer die arglistige Täuschung oder Abgabe eine Garantie „in einem Atemzug" gleichbedeutend verwendet (vgl. z. B. § 442 Abs. 1 Satz 2 BGB).

Ungeachtet dessen bleibt allerdings die Kernaussage einer Verkäufer-Garantie, um den Käufer zum „Ob" des Kaufs zu bewegen, er könne sich auf die Richtigkeit der Erklärung und darin enthaltenen Informationen verlassen, was dann wie bei den „Angaben ins Blaue hinein" und der Garantie nach bestem Wissen „erst Recht" bei der eine stärkere Haftung intendierenden „harten/objektiven" Garantie gelten müsste. Wenn aber bei letzterer nach § 444 BGB die Rechtsfolgen der Garantieverletzung beschränkt werden können, müsste dies – der Wortlaut von § 444 BGB ließe dies jedenfalls zu – gleichermaßen für die Aufklärungspflichtverletzung und dieser vorgeschaltet der Informationspflichtverletzung gelten. Auch hier muss dann im Rahmen der Haftung nach c. i. c. ein „soweit" hineingelesen werden, dass der Verkäufer zwar sorgfältig alle verfügbaren Informationen gespeichert hat, abfragt und sich weiterleiten lässt, dass aber im Falle von Defiziten (insbesondere bei menschlichem Versagen) der Vertrag an sich bestehen bleiben soll, dass aber die Risikoverteilung wie auf der Rechtsfolgenseite mit Caps, Baskets und Verkürzung der Verjährung vereinbart zum Tragen kommen soll.

(15) Wenn man nicht wie vorstehend ausgeführt das Wort „soweit" in § 444 BGB auch auf **54** die Arglist bezieht und somit eine Gestaltung der Aufklärungspflichten sowie der Rechtsfolgen zuließe, würde sich das folgende **Garantie-c. i. c.-Paradoxon** bei Haftungsbeschränkungen ergeben:

- Bei **subjektiven Garantien** erklärt der Verkäufer „nach bestem Wissen" ausdrücklich, er habe sich sorgfältig erkundigt, was dann bei pflichtwidriger Informationsabfrage und -weiterleitung einem c. i. c. Fall der „Angaben ins Blaue hinein" vergleichbar ist und dazu führte, dass wegen § 276 Abs. 3 BGB sämtliche Haftungsbeschränkungen unwirksam wären.
- Bei den **objektiven Garantien,** die an sich eine stärkere Haftung begründen sollen, erklärt der Verkäufer nicht nur implizit, er habe sich sorgfältig erkundigt, sondern er stehe *unabhängig davon* für *jeglichen* Schaden ein, was jedoch wegen der Formulierung in § 444 BGB mit „soweit" durch Parteivereinbarung nach ganz herrschender Meinung abdingbar/modifizierbar ist.
- Für den Bereich der **vorvertraglichen Aufklärungspflichtverletzung** und den Anspruch aus c. i. c. gibt es keine dem § 444 BGB vergleichbare Regelung, bei der mit dem Wörtchen „soweit" die Haftung durch Parteivereinbarung relativiert werden könnte. An sich widerspräche es normalerweise auch dem Grundsatz von Treu und Glauben, wenn der Verkäufer den Käufer durch Arglist oder auch nur „Angaben ins Blaue hinein" bei Abschluss des Kaufvertrages täuschte und/oder durch Abgabe von objektiven oder auch nur subjektiven Garantien dazu bewegt, die nötigen Grundlagen der jeweiligen Garantie aber gar nicht näher durch Abfrage und Weiterleitung der verfügbaren Informationen ermittelt, sich dann aber auf der Rechtsfolgenseite durch zahlreiche Haftungsbeschränkungen etwaiger Risiken entledigt, die er sowohl auf Basis von § 276 Abs. 3 BGB als auch von § 444 BGB a. F. zu tragen hätte. Die Modifikation durch den Gesetzgeber in § 444 BGB von dem Wort „wenn" auf „soweit" bietet hingegen nach hier vertretener Auffassung zusammen mit §§ 241

Abs. 2, 311 Abs. 2 BGB eine Rechtsgrundlage, nicht nur die Art und den Umfang von Garantieversprechen privatautonom zu vereinbaren, sondern auch die Reichweite von Aufklärungspflichten nebst Verschuldensmaßstab nach § 276 Abs. 1 BGB.[163]

> **Praxis- und Gestaltungshinweis:** Im Ergebnis kann der Verkäufer dem Risiko des § 276 Abs. 3 BGB m. E. vor allem dadurch begegnen, dass er sowohl (i) im Hinblick auf die Haftung nach c. i. c. als auch (ii) im Hinblick auf objektive wie subjektive Garantien alle dazu verfügbaren Informationen von Relevanz abfragt und für deren Weiterleitung an das Verhandlungsteam und den Verkäufer sorgt. Vor diesem Hintergrund ist eine Verkäufer-Due-Diligence sehr zu empfehlen. Zudem könnte der Verkäufer versuchen, den – eher unüblichen – Weg der bloßen Beschaffenheitsvereinbarungen zu gehen, bei denen das die Haftung verstärkende Zusicherungselement nicht enthalten ist.

55   **Beispiel:** Der Käufer von GmbH-Anteilen lässt sich üblicherweise im Rahmen der Due Diligence sämtliche Unterlagen der Gründung, Anteilsabtretungen und Kapitalmaßnahmen etc. zur Prüfung vorlegen. Die Parteien vereinbaren hier – was eher unüblich wäre, aber zugunsten des Ziels der Enthaftung des Verkäufers unterstellt werden soll -, das volle Informationsrisiko solle der Käufer tragen, nur er solle eine Due Diligence durchführen. Entdeckt der – meist sogar fachlich durch Anwälte beratene – Käufer dabei z. B. nicht, dass die Geschäftsanteile der Ziel-Gesellschaft nicht existent oder belastet sind, und gibt der Verkäufer die ganz üblichen Title-Garantien über Existenz und unbelastete Inhaberschaft als harte (oder auch subjektive) Garantie ab, haftet er gleichwohl wegen dieses Informationsdefizits. Er ist also gut beraten, alle den Garantien zugrunde liegenden und bei gehöriger Sorgfalt verfügbaren Informationen gewissenhaft zu prüfen, andernfalls ihn der Vorwurf der Arglist treffen könnte.

cc) Allgemeines Konzept des BGH zur Wissenszurechnung bei Rechtsgeschäften analog § 166 Abs. 1 BGB.

56   **(1) Verkehrsschutz und Gleichstellungsargument sowie „typischerweise verfügbares Aktenwissen".** Über eine Zurechnung nach §§ 31, 278 BGB hinaus hat der Bundesgerichtshof schon seit Ende der 80er Jahre eine auf Gründen des Verkehrsschutzes sowie Treu und Glauben basierende Rechtsprechung zur Zurechnung von Kenntnissen **im Bereich des rechtsgeschäftlichen Verkehrs** (also dies gilt nicht für das Deliktsrecht[164]) entwickelt und in den Jahrzehnten danach konsequent weiter verfeinert, die als ständige Rechtsprechung etabliert und wegen ihrer immensen Auswirkungen in den letzten Jahren – gerade auch im Bereich M&A – zunehmend ins Visier des juristischen Schrifttums geraten ist. Indes: Wer angesichts der Vielschichtigkeit und Reichweite dieser umfassenden Rechtsprechung die Hoffnung hegt, der BGH werde hier grundlegend von seiner Linie abweichen, sollte nicht zu viel erwarten. Betroffen sind ja u. a. Fragen der rechtsgeschäftlichen Zurechnung von Wissen ganz allgemein bei Täuschungen des Vertragspartners, der Kenntnis für den Verjährungsbeginn, insolvenzrechtliche Fragen, Insider-Wissen etc., und es geht ja auch nicht nur um Zurechnungsfragen im Bereich M&A, sondern alle sonstigen Rechtsgeschäfte des Wirtschaftslebens.[165] Bei der ganzen Diskussion ist m. E. dabei allerdings noch zu wenig in den Blick genommen bzw. realisiert worden, wie grundsätzlich der BGH sein Konzept der Zurechnung von Wissen (besser gesagt: der durch Organisationsverschulden der Geschäftsleitung pflichtwidrig nicht verfügbaren Information), aber auch der Zurechnung von einem Verhalten von Erfüllungsgehilfen angelegt hat. Wegen der besonderen Bedeutung dieser Ausführungen des BGH zu seiner konzeptionellen Grundlage

---

[163] Siehe dazu auch noch die Stellungnahme in → Rn. 93 ff.

[164] BGH vom 28.6.2016 – VI ZR 536/15, NJW 2017, 250 Tz. 23; BGH vom 28.2.2012 – VI ZR 9/11, NJW 1990, 975, 976; vgl. auch *Drygala* in: Drygala/Wächter, Verschuldenshaftung und Wissenszurechnung bei M&A Transaktionen, S. 17.

[165] Vgl. auch zur Ausrichtung von Fragen der Wissenszurechnung am jeweiligen Normkontext *Spindler*, ZHR 181 (2017), 311, 319 f.; *Gasteyer/Goldschmidt*, AG 2016, 116, 117; *Guski*, ZHR 184 (2020), 363 365; *Liebscher*, ZIP 2019, 1837, 1841.

der Wissenszurechnung, soll die folgende Passage aus einem Urteil des BGH vom 14.5.2004 hier im Wortlaut wiedergegeben werden[166]:

> *„Die Zurechnung kraft allgemeiner Aufgabenübertragung ist aber nicht an das Vorliegen einer Organisation geknüpft. Auch der als Einzelperson ohne, etwa kaufmännische, Organisationspflichten im Rechtsverkehr Auftretende kann zu dessen Schutz gehalten sein, sich das Wissen eines Dritten, der seine Angelegenheiten an seiner Stelle und mit seinem Willen dauernd erledigt, zurechnen zu lassen. So wenig wie in seinem ursprünglichen Anwendungsbereich ist § 166 BGB bei seiner entsprechenden Heranziehung an eine bestimmte Organisation des Geschäftsherrn geknüpft. Der Gesichtspunkt der arbeitsteiligen Organisation als Zurechnungsgrund (BGHZ 132, 30 = NJW 1996, 1339) ergänzt oder ersetzt den Ansatzpunkt der Aufgabenzuweisung für den von ihm erfassten Bereich (juristische Personen und Organisationen). Außerhalb dieses Bereichs vermag er den Anknüpfungspunkt der eigenverantwortlichen Aufgabenübertragung nicht zu verdrängen.“*

In ständiger Rechtsprechung stützt der BGH insbesondere auch (aber eben nicht nur **57** hier, sondern generell auch bei jeder Privatperson, die ihre Angelegenheiten/Aufgaben von einem Dritten erledigen lässt[167]) bei einer „organisationsbedingten Wissensaufspaltung" die Frage der Zurechnung von Wissen und Kenntnissen auf den Gedanken des **Verkehrsschutzes** und die daran anknüpfende **Pflicht des Verkäufers zur ordnungsgemäßen Organisation und Kommunikation.**[168] Derjenige Vertragspartner, der einer juristischen Person/einem Verband gegenübersteht, soll nicht schlechter (aber auch nicht besser) stehen, als derjenige, der es mit einer natürlichen Person zu tun hat (sogenanntes **„Gleichstellungsargument"**).[169] Der Wissensvertreter braucht nach Auffassung der Rechtsprechung weder als solcher ausdrücklich bestellt, noch rechtsgeschäftlicher Vertreter zu sein.[170] Es genügen dem BGH z.B. als Anknüpfungspunkt diejenigen Informationen , die **„typischerweise aktenmäßig oder in elektronischen Daten festgehalten"** werden.[171] Ausgangspunkt der Überlegungen ist die Vermeidung eines Wissensverlusts bzw. einer Wissensverlagerung, welche mit der arbeitsteiligen Organisation bzw. Verlagerung von Aufgaben und Tätigkeiten auf Dritte verbunden sein kann.[172] Daraus leitet der BGH sodann eine **Informationsspeicherungspflicht** (wohl insbesondere bei arbeitsteiligen Organisationen), eine **Informationsweiterleitungspflicht** der Wissenden und eine **Informationsabfragepflicht** für die nach außen (für den privaten Geschäftsherrn wie für das Unternehmen) Handelnden ab.[173]

---

[166] BGH vom 14.5.2004 –V ZR 120/03, NJW-RR 2004, 1196, 1197 f.

[167] Vgl. auch *Koch,* ZIP 2015, 1757, 1759.

[168] BGH vom 8.12.1989 – V ZR 246/87, BGHZ 109, 327 = NJW 1990, 975; BGH vom 24.1.1992 – V ZR 262/90, NJW 1992, 1099; BGH vom 2.2.1996 – V ZR 239/94, NJW 1996, 1340; BGH vom 12.11.1998 – IX ZR 145/98, NJW 1999, 284; BGH vom 13.10.2000 – V ZR 349/99, NJW 2001, 359; vgl. auch zur Kritik an dieser bis dahin ergangenen Rechtsprechung *Jaques,* BB 2002, 417; vgl. weiter aus der Rspr. danach; BGH vom 27.3.2001 – VI ZR 12/00, NJW 2001, 2535, 2536; BGH vom 14.5.2004 – V ZR 120/03, NJW-RR 2004, 1196, 1197 f.; BGH vom 15.12.2005 – IX ZR 227/04, NJW-RR 2006, 771; BGH vom 16.7.2009 – IX ZR 118/08, NZI 2009, 680; BGH vom 15.4.2010 – IX ZR 62/09, NJW 2010, 1806; BGH vom 10.12.2010 –V ZR 203/09, BeckRS 01685; BGH vom 30.6.2011 – Az. IX ZR 155/08, NJW 2011, 2791; OLG Schleswig vom 7.4.2009 – 3 U 159/07, BeckRS 2010, 02702; OLG München vom 21.11.2011 – 19 U 2039/09, BeckRS 2011, 26625; OLG Stuttgart vom 25.4.2017 – 6 U 146/16, BeckRS 2017, 108210.

[169] BGH vom 2.2.1996 – V ZR 239/94, NJW 1996, 1339, 1340; siehe dazu mit kritischer Analyse z.B. *Jaques,* BB 2002, 417, 421; *Risse,* NZG 2020, 856, 859; ferner den Gleichstellungsgedanken für die dogmatisch richtige Grundlage der Zurechnung haltend *Armbrüster/Kosich,* ZIP 2020, 1494, 1500.

[170] Vgl. dazu auch *Ehling/Kappel,* BB 2013, 2955, 2956.

[171] BGH vom 2.2.1996 – V ZR 239/94, NJW 1996, 1339, 1340; BGH vom 10.12.2010 –V ZR 203/09, BeckRS 01685 Tz. 16.

[172] *Schubert* in: Münchener Kommentar zum BGB, § 166 Rn. 52.

[173] Vgl. insoweit die „Auflagen" des BGH für eine ordnungsgemäße bankeninterne Organisation des Informationsaustauschs BGH vom 15.12.2005 – IX ZR 227/04, NJW-RR 2006, 771, 772 sowie

58   Auf dieser Linie liegt auch eine Entscheidung des BGH zur Verjährung werkvertraglicher Gewährleistungsansprüche, nach der ein Werkunternehmer, der ein Bauwerk *arbeitsteilig* herstellen lässt, die organisatorischen Voraussetzungen schaffen muss, um sachgerecht beurteilen zu können, ob das Bauwerk bei Ablieferung mangelfrei ist. Unterlässt er dies, muss er sich nach Auffassung des BGH – wie bei arglistigem Verschweigen eines Mangels – so behandeln lassen, als ob der Mangel bei richtiger Organisation entdeckt worden wäre.[174]

Der Bundesgerichtshof beschränkt die Wissenszurechnung auch nicht auf ein bestimmtes Rechtsgebiet oder bestimmte Organisationen, sondern erstreckt dieses Wertungsmodell ausdrücklich auf **alle am Rechtsverkehr teilnehmenden Organisationsformen.**[175] So hat er die Wissenszurechnung neben dem Bereich des Immobilienerwerbs u. a. auch ausdrücklich auf den **Bankenbereich**[176] sowie den **Versicherungsbereich**[177] angewandt.

59   **(2) BGH: Entbehrlichkeit eines Unwerturteils und Wollenselements.** Die Haftung für Vorsatz/Arglist bei Wissenszurechnung (genauer: Informationspflichtverletzung) erschöpft sich also genau genommen für den Zweck des Verkehrsschutzes lediglich in dem Vorwurf, der Verkäufer habe – fahrlässig – seine Sorgfalts- und Organisationspflichten im Hinblick auf Informationen verletzt.[178] Diese Rechtsprechung eliminiert somit nicht nur faktisch jegliches Unwerturteil und die subjektiven Tatbestandsvoraussetzungen aus dem Arglisttatbestand[179], sondern verzichtet inzwischen auch ausdrücklich auf ein Wollenselement[180] (was dogmatisch nicht nur unhaltbar, sondern auch nicht nötig ist). Damit steht aber nach der Rechtsprechung des BGH fest, dass Bezugspunkt der Wissenszurechnung nicht die formale Stellung der handelnden Erfüllungsgehilfen im Unternehmen oder ein mit einer natürlichen Person verbundenes „Wissen" ist, sondern die **Information und ihre Verfügbarkeit als solche.**[181] *Grigoleit* kritisiert daher völlig zu Recht, diese Konzeption ebne die positivrechtliche Unterscheidung zwischen Wissen und Wissenmüssen ein, ohne dass dafür eine stichhaltige Begründung geliefert wird, und *Gastayer/Goldschmidt* schelten diese Gleichstellung als „den eigentlichen Skandal der Wissenszurechnung".[182]

Beachte: Der Verkäufer haftet somit in den Fällen der „mosaikartigen Wissenszusammenrechnung" für Arglist ohne Vorsatz als subjektives Element,[183] was sich freilich nicht mit anderen Entscheidungen des BGH zur Arglist deckt, in denen neben der Kenntnis des Verkäu-

---

BGH vom 10.12.2010 – V ZR 203/09, BeckRS 01685 Tz. 16. Vgl. dazu auch *Armbrüster/Kosich,* ZIP 2020, 1494, 1496 ff.

[174] BGH vom 12.3.1992 – VII ZR 5/91, NJW 1992, 1754; BGH vom 20.12.1973 – VII ZR 184/72, NJW 1974, 553; BGH vom 11.10.2007 – VII ZR 99/06, NJW 2008, 145; BGH vom 27.11.2008 – VII ZR 206/06, NZBau 2009, 185, 186.

[175] Vgl. zur Wissenszurechnung von Behörden im Insolvenzrecht BGH vom 30.6.2011 – IX ZR 155/08, NJW 2011, 2791; *Bork,* DB 2012, 33.

[176] BGH vom 15.12.2005 – IX ZR 227/04, NJW-RR 2006, 771.

[177] BGH vom 16.7.2009 – IX ZR 118/08, NZI 2009, 680; BGH vom 15.4.2010 – IX ZR 62/09, NJW 2010, 1806.

[178] Vgl. auch *Wächter,* M&A Litigation, Rn. 8.87 ff.; *Hoenig/Klingen,* NZG 2013, 1046, 1050; *Drygala* in: Drygala/Wächter, Verschuldenshaftung und Wissenszurechnung bei M&A Transaktionen, S. 17.

[179] Ebenso *Weißhaupt,* WM 2013, 782; *Karampatzos,* NZG 2012, 852 weist darauf hin, dass die Ratio über die Sanktionierung von Arglist nicht in der moralisch vorwerfbaren Gesinnung des Täuschenden, sondern dem Schutz der Entschließungsfreiheit des Getäuschten liege, wohingegen *Hoenig/Klingen,* NZG 2013, 1046, 1050, für „Arglist" aus dem Duden und einer allgemeinsprachlichen Ableitung das Erfordernis eines Unwertelements ableiten.

[180] BGH vom 28.6.2016 – VI ZR 536/15, NJW 2017, 250 Tz. 23 ff. Vgl. auch zu den einzelnen Entwicklungsstufen der BGH-Rechtsprechung *Risse,* NZG 2020, 856.

[181] Vgl. *Armbrüster/Kosich,* ZIP 2020, 1494, 1496 m. w. N.

[182] *Gasteyer/Goldschmidt,* AG 2016, 116, 118.

[183] Vgl. BGH vom 8.12.1989 – V ZR 246/87, NJW 1990, 975; vgl. auch die Nachweise zur Entwicklung der Rechtsprechung zur Wissenszurechnung nach § 166 BGB bei *Wächter,* M&A Litigation, Rn. 8.44 ff.

fers vom Mangel verlangt wird, dass dieser weiß oder doch damit rechnet und billigend in Kauf nimmt, dass der Käufer den Fehler nicht kennt und bei Offenbarung den Vertrag nicht oder nicht mit dem vereinbarten Inhalt geschlossen hätte.[184]

Anders als im Falle der vorsätzlich sittenwidrigen Schädigung nach § 826 BGB bei der **60** Prüfung des Schädigungsvorsatzes stellt der Bundesgerichtshof für den Arglistvorwurf auf Seiten des Verkäufers insbesondere auch **nicht auf ein moralisch vorwerfbares Verhalten** ab.[185] Ein Mindest-Wollenselement des Verkäufers nebst Missbilligung der vertraglichen Vereinbarungen von der Rechtsordnung (§ 242 BGB) ist m. E. aber die notwendige rechtsethische Voraussetzung für den Eingriff des Gesetzgebers durch § 276 Abs. 3 BGB in die grundgesetzlich garantierte Handlungsfreiheit und damit der entscheidende Punkt für die Grenzziehung zwischen privatautonom verhandelten – wirksamen – Verträgen und der – unabdingbaren – Beschränkung bei Arglist nach § 276 Abs. 3 BGB.

Beachte: Wenngleich der Rechtsverkehr ebenso wie die im Rahmen einer M&A-Transaktion Beteiligten von den hergebrachten Denkmustern ausgehen, mit dem Arglistvorwurf müsse doch ein Unwerturteil, jedenfalls aber ein Wollenselement eines Geschäftsleiters oder Erfüllungsgehilfen vorliegen, welcher für die Verkäufergesellschaft etwas tut, unterlässt oder zumindest positiv weiß, sind diese nach der Konzeption der Wissenszurechnung des BGH für die Zurechnungsnormen der §§ 278 S. 1 BGB wie § 166 Abs. 1 BGB überkommene Anknüpfungspunkte. Der zentrale Punkt ist beim BGH vielmehr (nur noch) ein „erwartbares Verbandswissen"[186], das – mit Ausnahme des Organisationsverschuldens der Geschäftsleitung[187] – nicht mehr ein Wissen oder Verhalten einer oder mehrerer Personen abstellt, welches „mosaikartig" zusammengefügt wird, sondern nur noch auf die Verfügbarkeit der relevanten Information bei pflichtgemäßer Speicherung, Abfrage durch die einen Vertrag verhandelnden Repräsentanten und deren Weiterleitung. Jeder auf einem Organisationsverschulden der Geschäftsleitung beruhende Fehler in dieser „Informationskette" wird dem Verband zugerechnet. *Guski* verweist hier auf den Gedanken, was der Verband selbst „weiß" i. S. v. *„systemintern verfügbarer Information".*[188]

(3) Eigene Sachverhaltsprüfung und zutreffende juristische Bewertung durch **61** **den Verkäufer?** Das OLG Hamm ist in einer Entscheidung aus dem Jahr 2010 von dieser Linie abgewichen und hat die vom BGH aufgestellten Grundsätze über die Zurechnung von so genanntem Aktenwissen innerhalb arbeitsteilig organisierter juristischer Personen und Unternehmen dahingehend eingeschränkt, dass dem als wissend zu behandelnden Rechtsträger nicht **auch eine zutreffende juristische Bewertung des Wissens** zu unterstellen ist, weshalb in solchen Fällen dann lediglich Fahrlässigkeit und nicht Arglist vorliege.[189] Ob dem der BGH folgen und seine bisherige weite Rechtsprechung neu justieren wird, ist allerdings noch offen.

Beachte: Für Frage der Zurechnung von Wissen und Verschulden sollten für die vorgelagerte Frage des Umfangs der konkreten Aufklärungspflichten und deren Verletzung zweckmäßigerweise verschiedene Schichten von Information sowie des Erklärungsgehalts des Verkäuferverhaltens unter Berücksichtigung der Verkehrssitte (§§ 133, 157 BGB) unterschieden werden.[190] Ein Käufer kann nach der Verkehrssitte nicht erwarten, ein Verkäufer

---

[184] Vgl. z. B. BGH vom 8.12.2006 – V ZR 249/05, NJW 2007, 835, 836.

[185] BGH vom 28.6.2016 – VI ZR 536/15, NJW 2017, 250 Tz. 23; BGH vom 8.12.1989 – V ZR 246/87, NJW 1990, 975, 976; vgl. auch *Drygala* in: Drygala/Wächter, Verschuldenshaftung und Wissenszurechnung bei M&A Transaktionen, S. 17.

[186] Vgl. *Guski,* ZHR 184 (2020), 363, 376.

[187] Vgl. *Koch,* ZIP 2015, 1757, 1761.

[188] Vgl. *Guski,* ZHR 184 (2020), 363, 377.

[189] OLG Hamm vom 9.12.2010 – 22 U 83/10, NJW-RR 2011, 1146, 1147.

[190] Siehe dazu ausführlich oben → Rn. 18 f.

> hätte seinerseits *sämtliche* verfügbaren Informationen in tatsächlicher und juristischer Hinsicht umfassend selbst geprüft, zumal nach dem Gleichstellungsargument des BGH eine juristische Person als Organisation auch nicht schlechter stehen solle als eine natürliche Person, von der man diese Prüfungen auch nicht erwartet. Dies gilt insbesondere auch dann, wenn es nicht um unmittelbar eigene Informationen auf Ebene des Verkäufers, sondern solche der Ziel-Gesellschaft geht.

62 **(4) Einschränkungen durch BGH nach Treu und Glauben sowie bei Verstößen gegen das Gesetz.** Prägend für eine Wissenszurechnung ist indessen auch der Grundsatz von Treu und Glauben. Denn – so der BGH[191] – die Zurechnung dürfe auch nicht zu einer Fiktion entarten; vielmehr müsse eine **reale Möglichkeit, aber auch ein Anlass** bestehen, sich das Wissen aus dem eigenen Gedächtnis, aus Speichermedien oder von anderen zu beschaffen. Ob die Informationen über den maßgeblichen Umstand überhaupt gespeichert werden mussten, hängt davon ab, **mit welcher Wahrscheinlichkeit sie später rechtserheblich werden könnten.** Schließlich kann man als Wissen den Inhalt von Speichermedien nur zurechnen, soweit ein besonderer Anlass besteht, sich seiner in der konkreten Situation (noch) zu vergewissern. Auch das richtet sich nach der **Zumutbarkeit;** maßgeblich sind die Bedeutung des Anlasses und die Schwierigkeit der Sache.[192]

63 Ist die Weitergabe rechtlich untersagt, z. B. aufgrund einer **Verpflichtung zur Verschwiegenheit** (im entschiedenen Fall eine solche nach § 116 i. V. m. § 93 Abs. 1 Satz 3 AktG)[193], bei **Insiderwissen** oder **datenschutzrechtlichen Beschränkungen** schließt dies eine Wissenszurechnung möglicherweise aus.[194]

64 **(5) Gesteigerte Aufklärungspflicht des Unternehmensverkäufers sowie wachsende Möglichkeiten der IT.** Die „gesteigerte Aufklärungspflicht des Unternehmensverkäufers"[195] erhöht dabei im Ergebnis gleichermaßen den Pflichtenrahmen des Verkäufers zur Organisation der Aufklärung bei der Due Diligence des Käufers, wobei beim Share Deal Verkäufer-Gesellschaft und Ziel-Gesellschaft im Rahmen rechtlich zulässiger und zumutbarer Möglichkeiten zu einer Handlungs- und Organisationseinheit verschmelzen können.[196]

Praxishinweis: Due Diligence bei typischer M&A-Transaktion. Der Prüfungsaufwand und die damit verbundenen Kosten für sowohl Verkäufer wie auch Käufer belaufen sich oft auf 6stellige Beträge und mehr, ohne dass am Ende „alle verfügbaren Informationen" und eine 100%ige Sicherheit erreicht werden könnten. Auch wenn also hier ein konkreter Anlass zur Prüfung durch den Käufer sowie die Erfüllung von Aufklärungspflichten für den Verkäufer besteht, sollten die Anforderungen an die Aufklärung von Sachverhalten sowie die Informationssammlung auch unter Kosten-/Nutzen-Aspekten sowie der diesbezüglichen Vereinbarungen der Parteien betrachtet werden.[197]

---

[191] BGH vom 10.12.2010 – V ZR 203/09, BeckRS 01685 Tz. 16.

[192] BGH vom 2.2.1996 – V ZR 239/94, NJW 1996, 1339, 1341; BGH vom 10.12.2010 – V ZR 203/09, BeckRS 01685 Tz. 16. Vgl. auch *Reuter,* ZIP 2017, 310, der darauf hinweist, dass auch der Vertragspartner eines Verbands bei der nötigen wertenden Betrachtung angemessen darauf einstellen müsse, dass er es nicht mit einer natürlichen Person, sondern einem komplexen Gebilde mit vielen Entscheidungs- und Wissensträgern zu tun habe (S. 313).

[193] BGH vom 26.4.2016 XI ZR 108/15, NJW 2016, 2569 Tz. 29.

[194] Siehe dazu auch *Armbrüster/Kosich,* ZIP 2020, 1494, 1497; *Guski,* ZHR 184 (2020), 363, 374; *Spindler,* ZHR 181 (2017), 311, 320.

[195] BGH vom 4.4.2001 – VIII ZR 32/00, NJW 2001, 2163.

[196] Siehe zur Zurechnung im Konzern und speziell der in der Ziel-Gesellschaft verfügbaren Informationen → Rn. 68.

[197] Siehe dazu auch → Rn. 94.

Auch ist es z. B. einer arbeitsteiligen Organisation nach Treu und Glauben verwehrt, sich auf Unkenntnis zu berufen, wenn sie sich eines Wissensvertreters mit entsprechendem Aufgabenkreis bedient und dann aber dem Vertragspartner die interne Geschäftsverteilung als Einwand (im entschiedenen Fall fehlende Kenntnis für Verjährungsbeginn nach § 199 BGB) entgegenhalten will.[198]

Besondere Probleme für den Unternehmensverkäufer können sich auch dort stellen, wo – an sich pflichtwidrig – Informationen typischerweise zu speichern wären, jedoch von einzelnen Personen der Geschäftsleitung gezielt verschwiegen und demzufolge auch nicht gespeichert werden, z. B. bei **Compliance-Verstößen.**[199]

Interessant ist in diesem Zusammenhang auch, dass der Bundesgerichtshof sogar bereits **65** in Erwägung gezogen hat, unter neuzeitlichen Verhältnissen höhere Anforderungen an die Informationsgewinnung zu stellen, als sie mit früheren Zumutbarkeitsschranken vereinbar gewesen wären.[200] In einer anderen Entscheidung stellt der BGH auf den „Stand der modernen Büro- und Kommunikationssysteme" ab, woraus er nicht nur eine kürzere Zeitspanne für die nötige Kommunikation für die Messung des effizienten internen Informationssystems zugrunde legt, sondern zugleich das dann beim Entscheidungsträger verfügbare Wissen fingiert.[201] Diesen „Trend" bestätigen auch neuere Publikationen zu Fragen der **Veränderung von Organisationspflichten und -strukturen** durch die „zweite Welle der **Digitalisierung**" (Stichworte: Big Data, KI und Blockchain): durch Big Data wird in Unternehmen nahezu jede Information gespeichert (ist damit „typischerweise aktenmäßig festgehalten" und objektiv verfügbar), was in der Kombination mit KI zu einer erweiterten Zurechnung führen könnte.[202] Aus Verkäufersicht ist also durchaus auch damit zu rechnen, dass der BGH an die Zumutbarkeit der Ermittlung von Informationen im eigenen Unternehmen sowie im Zielunternehmen für Zwecke eines Unternehmensverkaufs tendenziell keine hohen, sondern perspektivisch eher reduzierte Anforderungen stellt. Auch mit Blick auf diese Veränderungen empfiehlt sich m. E. der hier vorgeschlagene Perspektivwechsel weg von der „Wissenszurechnung", die zu sehr dem Dogma analogen menschlichen Denkens und eines Bewusstseins verhaftet ist, hin zur Informationspflichtverletzung als einem (aber nicht dem einzigen) Anknüpfungspunkt für die Zurechnung.

Praxishinweis: Die vorstehend dargestellte Konzeption des BGH – so kritikwürdig sie bei einigen Punkten gerade im Spezial-Gebiet M&A auch sein mag [203] – hat freilich Auswirkungen einerseits auf die Organisation der gesamten Transaktikon und die Gestaltung des Kaufvertrages, aber andererseits auch die Fragen der Haftung des Verkäufers und damit in der Folge auch der beteiligten Berater, wenn über diese Punkte sowie die damit verbundenen Risiken nicht oder nur unzureichend aufgeklärt wird.[204]

---

[198] BGH vom 21.1.2014 – III ZR 436/12, NJW 2014, 1294 Tz. 16 ff. Siehe dazu auch *Buck-Heeb* in: Drygala/Wächter, Verschuldenshaftung und Wissenszurechnung bei M&A Transaktionen, S. 64, 78 f.

[199] Vgl. *Risse,* NZG 2020, 856, 859.

[200] BGH vom 15.4.2010 – IX ZR 62/09, NJW 2010, 1806, 1807; vgl. dazu auch *Bork,* DB 2012, 33 sowie *Buck-Heeb* in: Drygala/Wächter, Verschuldenshaftung und Wissenszurechnung bei M&A Transaktionen, S. 64, 89 f.

[201] BGH vom 16.7.2009 – IX ZR 118/08, ZIP 2009, 1726 Tz. 16.

[202] Vgl. dazu *Noack,* ZHR 2019, 105, 133 f.; ebenso *Buck-Heeb* in: Drygala/Wächter, Verschuldenshaftung und Wissenszurechnung bei M&A Transaktionen, S. 64, 90 sowie *Guski,* ZHR 184 (2020), 363; vgl. auch zu digitalen Prozessen als Erfüllungsgehilfen *Weißhaupt* in: Drygala/Wächter, Verschuldenshaftung und Wissenszurechnung bei M&A Transaktionen, S. 150, 167.

[203] Siehe dazu auch die Thesen in → Rn. 39 ff. sowie die Stellungnahme in → Rn. 93 ff. sowie bereits *Jaques,* BB 2002, 417.

[204] Vgl. auch zu Organisations- und Regelungsvorschlägen *Bank* in: Drygala/Wächter, Verschuldenshaftung und Wissenszurechnung bei M&A Transaktionen, S. 92, 112 ff.

66 **(6) Keine Wissenszurechnung bei Delikt.** Anders als bei den für den rechtsgeschäftlichen Verkehr entwickelten Grundsätzen der vorstehend beschriebenen Wissenszusammenrechnung kommen diese Überlegungen **im Rahmen von deliktischen Ansprüchen (z. B. nach § 826 BGB) nicht in Betracht,** weil hierfür nach der Rechtsprechung des BGH Schädigungsvorsatz mit Wissen und Wollen der handelnden Person einschließlich des moralischen Unwerturteils erforderlich sind.[205] *Grigoleit* hat indessen dieses Urteil zu § 826 BGB im Vergleich zur Entscheidung des BGH zum Grundstückkauf-Urteil vom 10.12.2010[206] näher untersucht und kommt zu dem Schluss, dass zweifellos eines der beiden Urteile falsch sein müsse, weil die Begründungen sich wechselseitig ausschließen würden.[207] Wie noch in der Stellungahme (unten → Rn. 93) näher ausgeführt wird, ist im Ergebnis der Verzicht des BGH auf ein Mindest-Wollenselement und die Gleichstellung von fahrlässiger Organisationspflichtverletzung mit Arglist der nicht zu akzeptierende „Knackpunkt", welcher nicht nur zu deutlicher Kritik im Schrifttum führt, sondern auch bei dogmatisch zutreffender Ableitung der nötigen Zurechnung ohne Not erfolgt.

67 **(7) Vorschlag zur Einführung der „Informationspflichtverletzung" sowie der „Business Information Rule".** Da die Frage der Zurechnung bislang von dem zu engen Begriff des „Wissens" ausgeht, dann über den zu weiten Terminus des „typischerweise verfügbaren Aktenwissens" auf Basis der eventuell nur fahrlässigen Organisationspflichtverletzung zur Vorsatzhaftung gelangt, wird hier als Zwischenergebnis der Vorschlag unterbreitet, den Blick jedenfalls für die auf Vorsatz/Arglist abstellenden Tatbestände mehr auf die sich im Außenverhältnis realisierende Aufklärungspflichtverletzung zu richten. Wie oben dargelegt, verwenden Rechtsprechung und Lehre für die hier behandelte Frage der Zurechnung von verfügbarem Aktenwissen, welches dem Verkäufer bei ordnungsgemäßer Organisation und Kommunikation der Informationsströme für eine Aufklärung des Käufers hätte verfügbar sein können, bislang die missverständlichen **Begriffe der „Wissenszurechnung" und des „Wissensvertreters".** Diese Begriffe rufen jedoch nicht nur leicht falsche Assoziationen hervor, sondern gehen auch inhaltlich am Kern des eigentlichen Vorwurfs und Zurechnungstatbestands vorbei. Denn der dem Verkäufer zu machende Vorwurf besteht ja darin, er habe aufgrund pflichtwidriger Organisation und/oder Kommunikation der ihm an sich verfügbaren und für den Käufer relevanten Informationen *dessen Aufklärung versäumt.* Der besser passende Begriff zur Beschreibung des Anknüpfungspunktes des Geschäftsleiterpflichtverletzung ist daher **die *interne* „Informationspflichtverletzung",** an die sich erst die zum Schadensersatz verpflichtende *externe* Aufklärungspflichtverletzung anschließt. Für diese Pflichtverletzung ist dann nach hier vertretener Auffassung die besser passende Zurechnungsnorm nicht – wie bislang vom BGH zugrunde gelegt – § 166 Abs. 1 BGB analog, sondern **§ 31 BGB analog.**[208]

> **Hinweis:** Ausgehend von den internen Pflichten eines Geschäftsleiters nach der Business Judgement Rule könnte man im Sinne einer Komplementarität auch für das externe Tun oder Unterlassen von natürlichen wie juristischen Personen als Pflichtenmaßstab in Form einer „Business Information Rule" die zu weit geratene Organisationspflichtverletzung

---

[205] BGH vom 28.6.2016 – VI ZR 536/15, NJW 2017, 250 Tz. 23; BGH vom 28.2.2012 – VI ZR 9/11, NJW 1990, 975, 976; vgl. auch *Drygala* in: Drygala/Wächter, Verschuldenshaftung und Wissenszurechnung bei M&A Transaktionen, S. 17.

[206] BGH vom 10.12.2010 – V ZR 203/09, BeckRS 01685.

[207] *Grigoleit,* ZHR 181 (2017), 160, 166 sowie 178 ff.

[208] Für die dogmatische Einordnung unter § 31 BGB analog auch *Fleischer* in: Beck OGK AktG, § 78 Rn. 53 m. w. N.; ders. NJW 2006, 3239, 3243 f.; *K. Schmidt,* Gesellschaftsrecht, 10 V 2b; *Koch* in: Hüffer/Koch, AktG § 78 Rn. 24 m. w. N.; vgl. auch die Darstellung zu den dogmatischen Grundlagen der Wissenszurechnung in der Literatur *Armbrüster/Kosich,* ZIP 2020, 1494, 1496 ff. und speziell zu § 31 BGB analog S. 1498 m. w. N.

eingrenzen: Soweit (zukünftige) Vertragspartner zur vorvertraglichen Verteilung der sich im konkreten Fall ergebenden Informations-Risiken keine abweichenden Vereinbarungen getroffen haben, haben sowohl natürliche wie juristische Personen als am Rechtsverkehr im Außenverhältnis teilnehmende Einheit die *„Sorgfalt eines ordentlichen und gewissenhaften Teilnehmers am Rechtsverkehr anzuwenden. Eine Pflichtverletzung liegt nicht vor, wenn die natürliche oder juristische Person bei einer Teilnahme am Rechtsverkehr vernünftigerweise nach Treu und Glauben annehmen durfte, angemessen informiert zu sein und angemessen informiert zu haben."* **(Formulierungsvorschlag)**

dd) Sonderfälle der Wissenszurechnung/Informationspflichtverletzung. (1) Zu- 68 rechnung von Wissen im Konzern. Ob auch eine konzernweite Zurechnung von Wissen (genauer: Informationen) in Betracht kommt, wird in der Literatur nicht einheitlich beurteilt.[209] Das OLG Frankfurt hat insoweit in seinem Urteil vom 4.9.2019 den bloßen Umstand der Konzernverbindung als nicht ausreichend angesehen und demzufolge das Wissen der Konzernobergesellschaft VW AG nicht dem Skoda-Importeur als Enkelgesellschaft zugerechnet.[210] Entscheidend für eine etwaige Wissenszurechnung im Konzern sei vielmehr − so das OLG Frankfurt − ob und inwieweit ein Konzernunternehmen im Sinne einer sog. **Wissensorganisationspflicht** Zugriff auf die in einem anderen Konzernunternehmen vorhandenen Informationen hat, den es **vorwerfbar nicht nutzt.** Eine derartige Verantwortung könne sich etwa aus den Pflichten der Konzernobergesellschaft in Bezug auf den Konzern ergeben, mit der Folge, dass ihr das Wissen der Tochtergesellschaften zuzurechnen ist, soweit sie es nach diesen Pflichten organisieren muss.[211]

Der **BGH** entscheidet auch diese Frage anhand der Umstände des Einzelfalles, geht dabei allerdings von dem Regel-Ausnahme-Prinzip aus, dass die Grundsätze über die **Wissenszurechnung grundsätzlich nicht geeignet** sind, „Wissen" eines personenidentischen Organs einer anderen juristischen Person oder eines personenidentischen Mitglieds einer Gesamthandsgesellschaft **außerhalb derjenigen Struktureinheit** zu begründen, deren Aufgaben wahrzunehmen waren, wohingegen eine Zurechnung in Betracht kommt, wenn die Wahrnehmung der Aufgaben der juristischen Person oder Gesamthandsgesellschaft so organisiert ist, dass ein **Teil ihres Aufgabenbereichs** auf eine natürliche Person oder eine selbstständige juristische Einheit ausgegliedert ist.[212] In einer weiteren Entscheidung hat der BGH klargestellt, dass eine Zusammenrechnung auch über die Organisationseinheit hinaus vorzunehmen ist, wenn **„faktisch eine aufgabenbezogene neue Handlungs- und Informationseinheit"** gebildet wird; innerhalb dieser Einheit müsse sichergestellt werden − so der BGH −, dass alle bekannten oder zugehenden rechtserheblichen Informationen unverzüglich an die entscheidenden Personen der Handlungseinheit in den anderen Organisationseinheiten weitergeleitet und von diesen zur Kenntnis genommen werden.[213]

---

[209] Nach *Ehling/Kappel,* BB 2013, 2955, 2957 kann bei der wertenden Betrachtung der Rechtsprechung unter Logik- und Billigkeitserwägungen die Frage der Zurechnung von Wissen über die Unternehmensgrenzen hinaus auch im Konzern nicht anders bewertet werden, da auch insoweit der Verkehrsschutz gelten müsse. Dagegen *Hoenig/Klingen,* NZG 2013, 1046, 1049; für möglich haltend *Bork,* DB 2012, 33, 40, wenn beispielsweise ein Konzernunternehmen das Wissen eines anderen abfragt und dadurch eine „einzelfallbezogene Handlungs- und Informationseinheit" hergestellt werde; eine Zurechnung im Konzern für möglich haltend ebenfalls *Weißhaupt,* WM 2013, 782; *ders.* ZIP 2016, 2447, 2453 sowie *Schürnbrand,* ZHR 181 (2017), 357, 361 ff. Vgl. ferner *Armbrüster/Kosich,* ZIP 2020, 1494, 1503; *Guski,* ZHR 184 (2020), 363, 385 ff.

[210] OLG Frankfurt a. M. vom 4.9.2019 − 13 U 136/18, ZIP 2020, 123, 124.

[211] OLG Frankfurt a. M. vom 4.9.2019 − 13 U 136/18, ZIP 2020, 123, 124.

[212] BGH vom 13.10.2000 − V ZR 349/99, NJW 2001, 359, 360; vgl. auch BGH vom 30.6.2011 − IX ZR 155/08 , NJW 2011, 2791, 2792.

[213] BGH vom 30.6.2011 − IX ZR 155/08 , NJW 2011, 2791, 2792; vgl. auch *Bank* in: Drygala/Wächter, Verschuldenshaftung und Wissenszurechnung bei M&A Transaktionen, S. 92, 105.

Beachte: Es spricht also mit Blick auf diese Wertungen des BGH sowie des OLG Frankfurt alles dafür, dass bei einem als Share Deal strukturierten „Projekt Unternehmensverkauf" beim Verkäufer eine Zurechnung im Grundsatz über seine eigene Struktureinheit hinaus im Wege der Erstreckung auch auf die Ziel-Gesellschaft und das dort (bei ordnungsgemäßer Organisation) verfügbare (Akten-)Wissen des Geschäftsführers sowie von Mitarbeitern der Ziel-Gesellschaft erfolgen kann und vermutlich wird (z. B. über § 51a GmbHG und/oder kraft Weisungsrechts).[214]

69 **(2) Zurechnung des Wissens von Gesellschaftern.** Geht es – wie so oft bei dem Verkauf von Unternehmen und Beteiligungen im Mittelstand – um die Frage der Zurechnung des Wissens bzw. Verhaltens des Gesellschafters der zu verkaufenden Ziel-Gesellschaft, stellt sich diese Frage nur, wenn nicht der Gesellschafter selbst schon als Verkäufer handelt, sondern eine von ihm (meist aus steuerlichen) Gründen dazwischen geschaltete Gesellschaft (meist eine GmbH). Ist – wie im Regelfall – der Handelnde nicht nur gesellschaftsrechtlich mehrheitlich beteiligt, sondern zugleich Geschäftsführer dieser verkaufenden Holding, ist die Zurechnung seines Wissens/Verhaltens nach § 31 BGB unproblematisch möglich.

Anders könnte es liegen, wenn Geschäftsführung und Gesellschaftereigenschaft bei einer solchen verkaufenden Holding-Gesellschaft auseinanderfallen, z. B. wenn in einer MBO-Struktur die Privat-Equity-Gesellschaft (oder der sonstige Investor) nicht selbst Geschäftsführer ist, aber für den Verkauf relevantes Wissen hat, zu dem der Käufer entweder gezielt Fragen gestellt hat oder hinsichtlich dessen aufgrund der erkennbar großen Bedeutung für den Käufer eine Aufklärungspflicht der Verkäufer-Holding besteht.

70 Während einige Stimmen in der Literatur und auch das OLG Frankfurt a. M. in einem Urteil vom 4.9.2019 eine Zurechnung des Wissens der Gesellschafter unter Hinweis darauf grundsätzlich ablehnen, die juristische Person habe keinerlei Auskunftsrecht gegenüber dem Gesellschafter (und zwar auch nicht aufgrund einer Treuepflicht)[215], hat der BGH in einer Entscheidung zur GbR aus dem Jahr 1998 auf eine „interne Weiterleitungsobliegenheit" abgestellt.[216] Für diesen Gedanken des BGH spricht auch das Grundkonzept der Zurechnung, nämlich das Interesse am Verkehrsschutz: wenn eine Rechtsfigur wie die juristische Person oder ein sonstiger Verband im Rechtsverkehr auftritt, muss er nicht nur seinen Informationsfundus sorgfältig verwalten und für eine sorgfältige interne wie externe Kommunikation sorgen, sondern sich nach Treu und Glauben auch solches Wissen und Verhalten zurechnen lassen, das von anderen Organen als den Geschäftsführern im inneren sachlichen Zusammenhang bei der Teilnahme der juristischen Peron/des Verbandes im Rechtsverkehr auf Rechte und Rechtsgüter Dritter einwirkt.[217]

Beispiel: Ein Private-Equity Investor hat im Jahr 01 zusammen mit einem Geschäftsführer über ein Akquisitionsvehikel (Holding-GmbH) ein mittelständisches Unternehmen (Ziel-GmbH) erworben und beabsichtigt nun, im Jahr 06 diese Beteiligung zu verkaufen. Die Verhandlungen nebst Information des Käufers bei der Due Diligence erfolgen durch den mit 20 % beteiligten Gesellschafter-Geschäftsführer; der schuldrechtliche Vertragsschluss sowie die Anteilsabtretung bedürfen – wie üblich in solchen Fällen – noch der vorherigen Zustimmung des 80 %igen Mehrheitsgesellschafters. Dieser (nicht jedoch der Geschäftsführer und Mitgesellschafter der Holding-GmbH) hat Kenntnis davon, dass der wichtigste Kunde der Ziel-GmbH

---

[214] Ebenso *Schürnbrand,* ZHR 181 (2017), 357, 367; *Risse,* NZG 2020, 856, 860; *Spindler,* ZHR 181 (2017), 311, 339, 343; ebenso *Schöne/Uhlendorf* in: Mehrbrey, Hdb. Streitigkeiten beim Unternehmenskauf, § 2 Rn. 431 ff.

[215] *Gasteyer/Goldschmidt,* AG 2016, 116,123; OLG Frankfurt a. M. vom 4.9.2019 – 13 U 136/18, ZIP 2020, 123, 124.

[216] BGH vom 12.11.1998 – IX ZR 145/98, NJW 1999, 284.

[217] Für privat erlangtes Wissen von Geschäftsführern in eine ähnliche Richtung argumentierend *Fleischer,* NJW 2006, 3239, 3242.

in Kürze seine sämtlichen Verträge (insgesamt 40 % des Umsatzes der Ziel-GmbH) kündigen wird.[218]

Wenn in einem solchen Fall ein Holding-Gesellschafter, der konkret an einem solchen Geschäft (nur im Innenverhältnis) mitwirkt – auch wenn er nur mittelbar gesellschaftsrechtlich und ohne Auskunftsanspruch des Geschäftsführers oder der Gesellschaft ihm gegenüber selbst beteiligt ist – nicht ungefragt eine solche Information an den die Verhandlung führenden Geschäftsführer weitergibt, erscheint eine Zurechnung der unterlassenen Aufklärung über diese Information sachgerecht. Ob man diese Zurechnung dann auf eine erweiterte Auslegung des § 166 Abs. 1 BGB (zur wirksamen Vertretung bzw. Vollzug des Rechtsgeschäfts gehört wegen der Vinkulierung auch die Zustimmung des Gesellschafters) oder § 31 BGB analog den Gesellschafter in einem solchen Ausnahmefall wie einen „anderen verfassungsgemäß berufenen Vertreter" behandelt, ist dogmatisch nicht leicht zu beantworten, wobei als ergänzender Rechtsgrund auch **§ 242 BGB** in Betracht kommt[219]: die „Rechtsfigur juristische Person" kann in einem solchen Fall der Vinkulierung von Anteilen oder Zustimmungsvorbehalten bei Veräußerung des gesamten Unternehmens wirksam i.d.R. nur mit Zustimmung der dahinter stehenden und wirtschaftlich profitierenden Gesellschafter handeln. Vor allem sie sind die Profiteure des Verkaufs, und bei einer massiven Störung des Äquivalenzinteresses ist es ein Gebot von Treu und Glauben, sich nicht hinter formalen gesellschaftlichen Grenzen zu verschanzen. Die in besonderen Fällen des Haftungsdurchgriffs von Rechtsprechung und Literatur zum „piercing of the corporate veil" (bei der GmbH zu § 13 GmbHG entwickelten Kriterien) könnten möglicherweise auch im Hinblick auf einen **„Informationsdurchgriff"** fruchtbar gemacht werden. Denkbar ist zudem eine Zurechnung im Falle einer Weisung des Gesellschafters nach § 166 Abs. 2 BGB.[220]

(3) Zurechnung des Wissens von Aufsichtsräten/Beiräten. Im Hinblick auf pro- **71** minente Fälle des Insiderwissens ist in jüngerer Zeit im Schrifttum auch vermehrt die Frage der Wissenszurechnung im Konzern und von Aufsichtsratsmitgliedern untersucht worden.[221] Auch hier wird im Schrifttum die Auffassung vertreten, das Wissen von Beirats- oder Aufsichtsratsmitgliedern könne einer juristischen Person mangels dogmatischer Begründungsmöglichkeit *grundsätzlich nicht* zugerechnet werden, denn weder Treuepflichten noch Überlegungen der arbeitsteiligen Organisation sowie der Gleichstellungsgedanke rechtfertigten dies.[222]

Wie schon ausgeführt, verbietet sich bei der Einordnung von Zurechnungsfragen jede schematische Lösung. Vielmehr muss mit Blick auf den jeweiligen Normkontext[223] sowie die Besonderheiten des Einzelfalles gefragt werden, ob nach dem jeweiligen externen Pflichtenrahmen einer natürlichen oder juristischen Person unter Berücksichtigung von Treu und Glauben sowie Verkehrsschutzgesichtspunkten eine Zurechnung von einem Tun, Unterlassen, Wissen, verfügbarer oder (pflichtwidrig) nicht verfügbarer Informationen zuzurechnen ist.

Da eine Zurechnung von Wissen und Verhalten nach § 31 BGB oder § 166 Abs. 1 BGB in den meisten Fällen mangels einer Pflicht von Aufsichtsräten zur Geschäftsführung oder Vertretung nicht in Betracht kommt, ist der Zurechnungskreis zunächst vergleichsweise eng

---

[218] Hierüber ist ungefragt aufzuklären nach BGH vom 6.12.1995 – VIII ZR 192/94, NJW-RR 1996, 429.

[219] Vgl. dazu auch *Spindler*, ZHR 181 (2017), 311, 331.

[220] OLG Frankfurt a. M. vom 4.9.2019 – 13 U 136/18, ZIP 2020, 123, 124.

[221] Vgl. z. B. *Schwintowski*, ZIP 2015, 617; *Koch*, ZIP 2015, 1757; *Gasteyer/Goldschmidt*, AG 2016, 116; *Spindler*, ZHR 181 (2017), 311; *Schürnbrand*, ZHR 181 (2017), 357.

[222] *Gasteyer/Goldschmidt*, AG 2016, 116, 123.

[223] Vgl. auch zur Ausrichtung von Fragen der Wissenszurechnung am jeweiligen Normkontext *Spindler*, ZHR 181 (2017), 311, 319 f.; *Gasteyer/Goldschmidt*, AG 2016, 116, 117; *Guski*, ZHR 184 (2020), 363 365; *Liebscher*, ZIP 2019, 1837, 1841.

gezogen. Gleichwohl erscheint der kategorische Ausschluss einer jeglichen Wissenszurechnung a priori hingegen nicht sachgerecht. Im Schrifttum wird für die Frage der Zurechnung u. a. darauf abgestellt, dass es sich jedenfalls um Wissen im Bereich des Aufsichtsrats handelt und der konkrete Zuständigkeitsbereich Außenwirkung entfalten kann[224] oder, enger formuliert, nur Fälle, bei denen das Wissen „innerhalb des originären gesetzlichen Aufgabenbereichs entstanden ist"[225]. Auch im Hinblick auf Aufsichtsräte bzw. Beiräte ist daher insbesondere ausgehend von ihren speziellen – zunächst nur internen – Pflichten im Einzelfall genau zu prüfen, ob und unter welchen Voraussetzungen eine Zurechnung des Wissens zur Erreichung des wertungsmäßig erstrebten Gleichlaufs der Behandlung von natürlichen und juristischen Personen in Betracht kommt.[226] Zu denken ist hier u. a. an eine erweiternde Zurechnung nach § 31 BGB analog i. V. m. § 242 BGB.[227] Der BGH hat insoweit schon einmal im Kontext des § 626 Abs. 2 BGB zur Kenntnis der Ausschlussfrist für die Kündigung ausgeführt, dass das Ziel der Ausschlussfrist „durch die Aufteilung von Aufgaben und Befugnisse zwischen den Organen der Genossenschaft nicht unterlaufen werden darf".[228] Der Gedanke der Zusammenrechnung ist also grundsätzlich auch hier in der Welt.

Beispiel: Eine Holding-GmbH/AG („Verkäuferin") mit obligatorischem Aufsichtsrat hält zu 100 % eine Beteiligung an einem industriellen mittelständischen Unternehmen und verkauft dieses unter Abgabe einer selbständigen, verschuldensunabhängigen Garantie: „Das Grundstück ist frei von Altlasten." Der Verkauf bedarf der Zustimmung des Aufsichtsrats. Später stellt sich heraus, dass sich Altlasten auf dem Grundstück befinden, was der Aufsichtsratsvorsitzende wusste. Die Verkäuferin haftet hier, ohne dass es auf irgendeine Kenntnis der Geschäftsführung oder des Aufsichtsrates ankäme. Allerdings: Der Aufsichtsratsvorsitzende verletzt hier seine Pflicht zur Überwachung der Geschäftsleitung, die gerade auch den Zweck hat, Schaden von der Gesellschaft abzuwenden. Hätte er sein Wissen mitgeteilt, wäre es nicht zur Haftung (und freilich eventuell auch nicht zum Verkauf) gekommen.

Abwandlung: Die selbständige Garantie lautet wie folgt: „Das Grundstück ist *nach bestem Wissen der Verkäuferin* frei von Altlasten." Dem Aufsichtsrat wird der Kaufvertrag zur Zustimmung vorgelegt, und der Aufsichtsratsvorsitzende teilt sein Wissen weder mit den anderen Aufsichtsratsmitgliedern noch der Geschäftsführung. Rechnet man der Verkäuferin das Wissen des Aufsichtsrates nicht zu, scheidet eine Haftung der Verkäuferin – mit Verlagerung des Schadens auf den Käufer – aus. Erkennt man hingegen die (Überwachungs-)Pflicht des Aufsichtsrates erweiternd auch für die Fälle an, in denen er – ggf. nur vorbereitend und intern – an dem Rechtsgeschäft beteiligt ist, kommt man über die Zurechnung auch dieses Wissens zu sachgerechten Ergebnissen.

72   **(4) Zurechnung von Wissen/Informationen beim Unternehmens*käufer*.** Wenngleich es in diesem Abschnitt der vorvertraglichen Phase vor allem um die Haftungsrisiken des Verkäufers aufgrund einer etwa ihn treffenden Informations- und Aufklärungspflichtverletzung geht, sollte auch der Käufer nicht unterschätzen, dass auch er seine dem Grunde nach bestehenden Ansprüche womöglich verliert, wenn er selbst Kenntnis oder auch nur grob fahrlässige Unkenntnis von den anspruchsbegründenden Umständen bei Abschluss des Kaufvertrages hatte (vgl. § 442 Abs. 1 BGB) oder ihm die Kenntnis der für ihn im Rahmen der Transaktion tätigen Erfüllungsgehilfen über § 166 BGB analog zugerechnet wird.[229] Besonders interessant für die M&A-Praxis ist auch hier die Entscheidung des OLG Düsseldorf vom 16.6.2016[230], wonach neben der Zurechnung des Verhaltens und Wissens des Ma-

---

[224] Vgl. *Rickert/Heinrichs*, GWR 2017, 112, 114.

[225] Vgl. *Spindler*, ZHR 181 (2017), 311, 328; *Koch*, ZIP 2015, 1757, 1758 m. w. N.

[226] Vgl. auch *Koch*, ZIP 2015, 1757, 1760.

[227] Vgl. zu § 626 Abs. 2 BGB BGH vom 18.6.1984 – II ZR 221/83, NJW 1984, 2689, 2690; *Koch*, ZIP 2015, 1757, 1766; *Rickert/Heinrichs*, GWR 2017, 112,114.

[228] BGH vom 18.6.1984 – II ZR 221/83, NJW 1984, 2689, 2690.

[229] Siehe zur Anwendung von §§ 442 und 254 BGB unten → Rn. 140 f.

[230] OLG Düss. vom 16.6.2016 – I-6 U 20/15, NZG 2017, 152.

nagements der Zielgesellschaft *beim Verkäufer* auch eine Zurechnung des Wissens des Managements *beim Käufer* unter dem **„Aspekt vorzeitig übergegangener Loyalität"**[231] grundsätzlich angenommen wurde, wobei nicht allein die fortdauernde Stellung als Geschäftsführer als ausreichend angesehen wurde. Entscheidend war, dass in diesem Fall darüber hinaus der beim MBO typische Anteilserwerb durch die Geschäftsführer der Zielgesellschaft schon ab Beginn der Transaktion längst beabsichtigt gewesen war und – dies ist nach Auffassung des OLG Düsseldorf besonders prägend für die Wissenszurechnung beim Käufer – die Käuferseite **ohne Kenntnis und Zustimmung des Verkäufers unmittelbare Gespräche mit den Geschäftsführern der Zielgesellschaft geführt hatte**, und zwar nicht in deren Eigenschaft als Auskunftsperson, sondern als Mandanten des Käufers mit dem Ziel der Begleitung der Geschäftsführer bei dem beabsichtigten eigenen Erwerb der Anteile.[232] Dem Käufer sei es – so das OLG Düsseldorf – nach den Grundsätzen von Treu und Glauben (§ 242 BGB) auch verwehrt, sich darauf zu berufen, dass der Geschäftsführer der Zielgesellschaft zum Zeitpunkt der Due Diligence und dem Abschluss des Kaufvertrages noch nicht Geschäftsführer und Gesellschafter des gekauften Unternehmens gewesen sei.[233] Die mit der Klage geltend gemachten Ansprüche gegen den Verkäufer entfielen nach Auffassung des OLG Düsseldorf im Ergebnis nur deshalb nicht, weil das Gericht die Regelungen des Kaufvertrages dahingehend ausgelegt und es als erwiesen angesehen hat, dass **die vertraglich vereinbarte Zurechnung des Wissens** der Geschäftsführer **nur auf den Garantiekatalog des Verkäufers bezogen** gewesen sei und nicht auf sonstige Ansprüche wie denen aus culpa in contrahendo.[234] Diese schon etwas überraschende Kehrtwende des OLG Düsseldorf vermag aber im Ergebnis nicht wirklich zu überzeugen, denn wenn dem Käufer das Wissen der Geschäftsführer über die Bilanzfälschungen zugerechnet wird, scheidet tatbestandlich bereits eine Aufklärungspflichtverletzung des Verkäufers aus: über einen Sachverhalt, den der Käufer kennt, muss ihn der Verkäufer nicht mehr aufklären.[235] Dieses Prinzip, dass ein Käufer keine auf den Arglistvorwurf gestützten Ansprüche gegen den Verkäufer geltend machen kann, wenn er die Umstände bei Vertragsschluss kennt, ist schon seit Zeiten des Reichsgerichts anerkannt und sollte auch in Fällen wie dem vom OLG Düsseldorf entschiedenen zur Anwendung kommen.[236] Der Grund dafür ist ein ganz einfacher: wenn der Käufer die wahren Umstände tatsächlich bei Vertragsschluss kennt und damit nicht (mehr) getäuscht ist, ist davon auszugehen, dass er (i) diese Umstände entweder schon von Anfang an bei seiner Kaufpreisbemessung berücksichtigt hat[237], oder (ii) er den Kaufpreis bei späterer Kenntnis der Umstände jedenfalls noch anpassen kann und mangels Anpassung weiterhin für angemessen hält oder (iii) von dem Kauf insgesamt Abstand nehmen konnte und dies gleichwohl nicht getan hat, so dass im Ergebnis die Grundsätze von privatautonomer Entscheidung und Äquivalenz des Kaufs gewahrt sind.

> **Beachte:** Mit Blick auf das Urteil des OLG Düsseldorf vom 16.6.2016[238], welches sich wohl als erstes Obergericht detailliert mit Fragen der Wissens- und Verhaltenszurechnung sowohl

---

[231] Siehe zu den Konstellationen auch *Weißhaupt,* ZIP 2016, 2447, 2454 f., der den „faktischen Loyalitätsübergang" eines Geschäftsführers der Zielgesellschaft nicht für eine Wissenszurechnung beim Käufer ausreichen lässt, sondern nur dann, wenn dieser als Repräsentant der Käuferseite auftritt oder in die M&A-Projektstruktur der Käuferseite einbezogen wird.

[232] OLG Düss. vom 16.6.2016 – I-6 U 20/15, NZG 2017, 152, 158 Tz. 60 ff.

[233] OLG Düss. vom 16.6.2016 – I-6 U 20/15, NZG 2017, 152, 157 Tz. 59.

[234] OLG Düss. vom 16.6.2016 – I-6 U 20/15, NZG 2017, 152, 157 Tz. 63.

[235] Vgl. auch *Weißhaupt,* ZIP 2016, 2447, 2455.

[236] Siehe dazu RG vom 26.6.1903, RGZ 55, 210, 214; BGH vom 27.3.2009, V ZR 30/08, NJW 2009, 2120, 2122 sowie bereits oben → Rn. 28.

[237] Vgl. hierzu auch mit Blick auf das Urteil des OLG Düsseldorf vom 16.6.2016, NZG 2017, 152 sie sehr überzeugenden Hinweise von *Weißhaupt,* ZIP 2016, 2447, 2455.

[238] OLG Düss. vom 16.6.2016 – I-6 U 20/15, NZG 2017, 152.

auf Seite des Verkäufers wie des Käufers befasst hat, sollte aus Käufersicht in Fällen einer geplanten Beteiligung des Managements am Zielunternehmen (MBO) (i) dieses weder bei der Strukturierung noch der Verhandlungsführung auf Käuferseite beteiligt und (ii) eine Zurechnung dieses Wissens beim Käufer für alle in Betracht kommenden Anspruchsgrundlagen ausdrücklich ausgeschlossen werden.[239]

73 **ee) Zurechnung des Verhaltens der Organe und Repräsentanten nach § 31 BGB analog.** Neben des bisher von Rechtsprechung und überwiegender Lehre nach § 166 Abs. 1 BGB analog zugerechneten Verbandswissens (genauer: Zurechnung der bei pflichtgemäßer Organisation verfügbaren Informationen) kommt die Zurechnung eines sonstigen Verhaltens (Tun oder Unterlassen) von Organen und Erfüllungsgehilfen in Betracht. Eine Zurechnung des Verschuldens der Organe eines Verbandes/einer juristischen Person erfolgt nicht nach § 278 BGB, sondern in analoger Anwendung von **§ 31 BGB als lex specialis.**[240]

Nach hier vertretener Auffassung ist unter § 31 BGB analog (und nicht § 166 Abs. 1 BGB analog) auch die pflichtwidrig unterlassene oder fehlerhafte Organisation des Geschäftsleiters zu subsumieren, für eine ordnungsgemäße Speicherung, Abfrage und Weiterleitung der unternehmensrelevanten Informationen zu sorgen (die **„Informationspflichtverletzung"**), die allerdings auch extern „anlassbezogen" infolge unterlassener Aufklärung und/oder fehlerhafter Garantien einen Schaden etc. beim Käufer geführt haben muss.[241]

Darüber hinaus wendet der BGH § 31 BGB auch auf **„Repräsentanten"** analog an, also solchen Personen, denen „durch die allgemeine Betriebsregelung und Handhabung bedeutsame, wesensmäßige Funktionen der juristischen Person zur selbständigen, eigenverantwortlichen Erfüllung zugewiesen sind, so dass sie die juristische Person im Rechtsverkehr repräsentieren", ohne dass diese Personen eine organschaftliche oder rechtsgeschäftliche Vertretungsmacht haben müssten.[242]

> **Beachte:** Denkbar ist also, dass im Kontext eines speziell aufgesetzten Projektes Unternehmensverkauf die „an vorderster Front" stehenden Rechtsanwälte und M&A-Berater (aber auch Angestellte der Führungsebene oder sonstige Dritte) zusammen mit oder anstelle der Geschäftsleitung bzw. organschaftlichen Vertreter der juristischen Person den Deal verhandeln und/oder als Bevollmächtigte unterzeichnen und sie damit infolge der ersetzenden/ergänzenden Funktion den Status eine „Repräsentanten" i.S.v. § 31 BGB erhalten. Eine Zurechnung des Verhaltens (und Wissens) als Repräsentant ist dann u.a. auch bei dem Geschäftsführer der Ziel-Gesellschaft denkbar, wenn er in dem Deal eine führende Rolle übernimmt.[243]
> Geriert sich eine Person hingegen ohne Wissen und Wollen der juristischen Person in einer Art und Weise als Verhandlungsführer des Verkäufers, bei der er besonderes persönliches Vertrauen der Gegenseite in Anspruch nimmt, kommt daneben auch eine Eigenhaftung dieser Person nach c.i.c. (§§ 241, 311 Abs. 3 BGB) in Betracht.

---

[239] Vgl. auch *Schwarzfischer,* GWR 2016, 422; *Schaefer/Ortner,* DStR 2017, 1710, 1714 sowie 1717.

[240] BGH vom 2.2.1984 – I ZR 228/81, NJW 1984, 2087; BGH vom 5.3.1998 – III ZR 183/96, NJW 1998, 1854, 1856; vgl. auch *Bachmann* in: Drygala/Wächter, Verschuldenshaftung und Wissenszurechnung bei M&A Transaktionen, S. 124, 128.

[241] Für die dogmatische Einordnung unter § 31 BGB analog auch *Fleischer* in: Beck OGK AktG, § 78 Rn. 53 m.w.N.; ders. NJW 2006, 3239, 3243 f.; *K. Schmidt,* Gesellschaftsrecht, 10 V 2b; *Koch* in: Hüffer/Koch, AktG § 78 Rn. 24 m.w.N.; vgl. auch die Darstellung zu den dogmatischen Grundlagen der Wissenszurechnung in der Literatur *Armbrüster/Kosich,* ZIP 2020, 1494, 1496 ff. und speziell zu § 31 BGB analog S. 1498 m.w.N.

[242] BGH vom 5.3.1998 – III ZR 183/96, NJW 1998, 1854, 1856; BGH vom 25.5.2020 („Dieselskandal") – VI ZR 252/19, NJW 2020, 1962 Tz. 33; ebenso OLG Frankfurt a.M. vom 4.9.2019 – 13 U 136/18, ZIP 2020, 123, 124.

[243] Vgl. auch *Risse,* NZG 2020, 856, 860.

Bei dem **Konzept der Organisationspflichtverletzung** ergeben sich dann allerdings im Hinblick auf den intendierten Verkehrsschutz Unstimmigkeiten, wenn der Geschäftsleiter seine eigenen Sorgfaltspflichten im Hinblick auf die Organisation der Speicherung, Abfrage und Weiterleitung der relevanten Informationen erfüllt hat, dann aber einzelne Personen (oder Computer) die Vorgaben der Geschäftsleitung nicht befolgen und die Ursache dafür sind, dass relevante Informationen dennoch am Ende der für die juristische Person nach außen Handelnden nicht verfügbar sind.[244] Bei konsequenter Lesart des Verkehrsschutzes müsste die Organisation gleichwohl haften, wofür die in § 278 S. 1 BGB angelegte Garantiehaftung sprechen würde.[245] Auf der anderen Seite muss man bei Begründung einer Zurechnung auf Basis des Gleichstellungsarguments wohl auch zumindest eine reale und rechtlich zulässige Möglichkeit des Zugriffs und damit der **Steuerbarkeit/Beherrschbarkeit** der Informationsorganisation in Form einer Organisationsmacht verlangen.[246]

Für die M&A-Praxis ist insbesondere auch der Unterschied beim Haftungsausschluss bedeutsam: während bei einem bloßen Erfüllungsgehilfen ein Ausschluss der Haftung nach § 278 S. 2 BGB selbst bei Vorsatz in Betracht kommt, gilt dies bei Organen und Repräsentanten grundsätzlich nicht, so dass hier die Haftung strikter ist.[247]

ff) Zurechnung des Verhaltens von Erfüllungsgehilfen nach § 278 BGB. Sowohl **74** Käufer als auch Verkäufer „bedienen" sich bei einem so komplexen Projekt wie dem Unternehmenskauf typischerweise einer Vielzahl von Personen, die (i) einerseits *intern* im eigenen Unternehmen entweder als Organ oder Arbeitnehmer beschäftigt sind und dann speziell für das Projekt Unternehmens(ver)kauf einbezogen werden sowie (ii) andererseits solchen, die *extern* als Berater (wie insbesondere Anwälte, Steuerberater, Investmentbanker/ M&A Berater), Organ oder Arbeitnehmer des zum Verkauf stehenden Ziel-Unternehmens beschäftigt sind und dann ebenfalls speziell für das Projekt eingebunden werden.

Neben dem **„Sich-Bedienen" von Personen** gelten vergleichbare Grundsätze nach BGH auch schon dann, wenn sich ein Verkäufer nur der von einem Dritten stammenden **Informationen bedient,** indem er diese dem Käufer übergibt und sich damit „zueigen macht" (was dann freilich gleichermaßen gilt, wenn er diese Informationen im Kaufvertrag garantiert). Auch für diese Fallkonstellation sollte die M&A-Praxis also den Blick schärfen. Vor diesem Hintergrund sollte (auch) der Verkäufer solche Informationen (insbesondere Jahresabschlüsse und Bilanzen des Steuerberaters der Zielgesellschaft) sorgfältig (über-)prüfen lassen.

> **Praxishinweis:** Von großer praktischer Bedeutung dürfte für den Verkäufer insofern auch eine Entscheidung des Bundesgerichtshofes aus dem Jahre 2003 sein, wonach (sogar) der Verkäufer eines Gesellschaftsanteils (also nicht einmal des ganzen Unternehmens!) unter dem Gesichtspunkt des Verschuldens bei Vertragsverhandlungen auch für das Fehlverhalten der für die Gesellschaft tätigen Personen nach §§ 276, 278 BGB haftet. So waren im entschiedenen Fall durch Buchungsfehler überhöhte Gewinne in der Bilanz bzw. GuV ausgewiesen und zum Gegenstand der Vertragsverhandlungen gemacht worden. Nach Auffassung des BGH kommt es auch nicht darauf an, ob der Verkäufer die unrichtigen Verbuchungen gekannt hat oder hätte kennen müssen.[248]

---

[244] Vgl. auch *Spindler,* ZHR 181 (2017), 311, 315 m. w. N.

[245] Vgl. dazu auch *Guski,* ZHR 184 (2020), 363, 373.

[246] BGH vom 2.2.1996 – V ZR 239/94, NJW 1996, 1339, 1341; vgl. auch *Koch,* ZIP 2015, 1757, 1761; zustimmend *Spindler,* ZHR 181 (2017), 31, 317

[247] *Grüneberg* in: Palandt, BGB, § 278 BGB, Rn. 6, 42; *Bachmann* in: Drygala/Wächter, Verschuldenshaftung und Wissenszurechnung bei M&A Transaktionen, S. 124, 128.

[248] BGH vom 4.6.2003 – AZ VIII ZR 91/02, BB 2003, 1695, 1697; vgl. auch sehr ausführlich zur Entwicklung der Rechtsprechung zur Verschuldenszurechnung bei falschen Bilanzangaben *Wächter,* M&A Litigation, Rn. 8.173 ff.

Während eine Zurechnung des **Verschuldens der Organe** nicht nach § 278 BGB, sondern in analoger Anwendung von **§ 31 BGB** erfolgt[249], kommt eine Zurechnung der Verhaltensweisen (gleich ob aktives Tun oder Unterlassen) sowohl im Hinblick auf vorvertragliche (Aufklärungs-)Pflichten als auch aus und im Zusammenhang mit dem Kaufvertrag erst einmal grundsätzlich in Betracht, wobei freilich auch hier keine schematische Lösung passt, sondern die genauen Umstände des Einzelfalles zu beleuchten sind.

> **Praxishinweis:** Wie an mehreren Stellen dieses Buches betont, stellt es sich für den Verkäufer als besonders haftungsrelevant dar, dass ihm im Kaufvertrag gemäß § 276 Abs. 3 BGB (möglicherweise aber auf Basis von § 444 BGB)[250] für vorsätzliches/arglistiges Verhalten grundsätzlich keinerlei Haftung erlassen werden kann, sei es dem Grunde nach, der Höhe nach oder auch im Blick auf die Verjährung, weshalb solche begrenzenden Absprachen unwirksam wären.[251] Gemäß § 278 S. 2 BGB findet allerdings § 276 Abs. 3 BGB auf Erfüllungsgehilfen keine Anwendung, so dass für diese (nicht aber für die Organe der verkaufenden juristischen Person)[252] auch eine Enthaftung für Vorsatz kaufvertraglich in Betracht kommen kann.[253] Die häufig anzutreffende Formulierung „Die vorstehenden Haftungsausschlüsse gelten nicht bei Vorsatz" geht daher aus Verkäufersicht unnötig weit.

> **Formulierungsvorschlag:** *„Die in diesem Vertrag enthaltenen Haftungsausschlüsse und -begrenzungen gelten nicht, soweit gesetzlich eine Haftung zwingend vorgeschrieben ist."* Oder noch deutlicher: *„Die in diesem Vertrag enthaltenen Haftungsausschlüsse und -begrenzungen gelten auch im Falle von Vorsatz von Erfüllungsgehilfen des Verkäufers."* Oder: *„Die Vertragspartner sind sich einig, dass alle der Käuferin aus und im Zusammenhang mit dem Erwerb des Kaufgegenstandes zustehenden Rechte und Ansprüche unabhängig von ihrem Rechtsgrund, ihrer Entstehung und ihrem Umfang allein in diesem Vertrag geregelt und im Übrigen im Rahmen des gesetzlich Zulässigen (einschließlich Anwendung von § 278 S. 2 BGB) ausgeschlossen sind."*

75   **(1) Grundsätze nach der Rechtsprechung.**[254] Gemäß § 278 S. 1 BGB hat der Schuldner (Verkäufer oder Käufer) ein Verschulden seines gesetzlichen Vertreters und der Personen, derer er sich zur Erfüllung seiner Verbindlichkeiten bedient, in gleichem Umfang zu vertreten wie eigenes Verschulden. Nach der Definition der Rechtsprechung ist **Erfüllungsgehilfe,** wer nach den tatsächlichen Gegebenheiten des Falles mit dem Willen des Schuldners bei der Erfüllung einer diesem obliegenden Verbindlichkeit als seine Hilfsperson tätig wird;[255] das OLG Düsseldorf subsumiert dabei unter den Begriff „Verbindlichkeit" ausdrücklich nicht nur alle Haupt- und Nebenleistungspflichten, sondern auch **alle dem Schuldner obliegenden Verhaltenspflichten.**[256] Für die Frage, ob jemand Erfüllungs-

---

[249] Siehe zu § 31 BGB oben → Rn. 73; BGH vom 2.2.1984 – I ZR 228/81, NJW 1984, 2087; BGH vom 5.3.1998 – III ZR 183/96, NJW 1998, 1854, 1856; vgl. auch *Bachmann* in: Drygala/Wächter,Verschuldenshaftung und Wissenszurechnung bei M&A Transaktionen, S. 124, 128.

[250] Siehe dazu auch → Rn. 93 ff.

[251] Vgl. auch *Hasselbach/Ebbinghaus*, DB 2012, 216.

[252] *Grüneberg* in: Palandt, BGB, § 278 BGB, Rn. 6, 42; *Bachmann* in: Drygala/Wächter, Verschuldenshaftung und Wissenszurechnung bei M&A Transaktionen, S. 124, 128.

[253] Vgl. dazu auch die Überlegungen des OLG Düss. vom 16.6.2016 – I-6 U 20/15, NZG 2017, 152, 156 Tz. 44.

[254] Siehe auch allgemein zur Dogmatik von § 278 BGB *Bachmann* in: Drygala/Wächter, Verschuldenshaftung und Wissenszurechnung bei M&A Transaktionen, S. 124 ff. sowie speziell zur Haftung für Erfüllungsgehilfen bei M&A-Transaktionen *Weißhaupt* in: Drygala/Wächter, Verschuldenshaftung und Wissenszurechnung bei M&A Transaktionen, S. 150 ff.

[255] BGH vom 27.3.1968 – VIII ZR 10/66, NJW 1968, 1569; vgl. auch *Grüneberg* in: Palandt, BGB, § 278 Rn. 7.

[256] BGH vom 27.3.1968 – VIII ZR 10/66, NJW 1968, 1569; vgl. auch *Grüneberg* in: Palandt, BGB, § 278 Rn. 7. OLG Düss. vom 16.6.2016 – I-6 U 20/15, NZG 2017, 152, 155 Tz. 41.

gehilfe ist, kommt es daher auf die zwischen ihm und dem Schuldner bestehenden Rechtsbeziehungen nicht an.[257] Nach Auffassung des BGH liegt der Grund für die Erweiterung der Haftung des Schuldners nach § 278 BGB – im entschiedenen Fall die Haftung für einen Notar – darin, dass er sich **rein tatsächlich bei Erbringung seiner Leistung der Hilfe eines Dritten „bedient"**; nicht ausschlaggebend ist, ob er bei der Auswahl, Anleitung, Unterweisung oder Beaufsichtigung des Dritten die erforderliche Sorgfalt außer Acht lässt. Damit begründet die Zurechnung nach § 278 S. 1 BGB eine Erfolgshaftung[258] bzw. **Garantiehaftung**[259], bei der für die Frage des Verschuldensmaßstabs auf die „Grundsätze ordnungsgemäßer gewerblicher Leistung nach der Personengruppe des Meisters" (= Schuldner)[260], ggf. aber auch auf den Gehilfen abgestellt und dann seine etwaige besondere Fachkunde zugrunde gelegt wird.[261] Der Verkäufer muss also das Risiko eines fehlerhaften Verhaltens seines Gehilfen deshalb tragen, **weil dieser objektiv eine Aufgabe/Pflicht übernimmt, die im Verhältnis zum Gläubiger ihm, dem Schuldner, selbst obliegt.**[262] Die Parallele zu den Wertungen des oben in → Rn. 39 ff. dargestellten Konzeptes der Zurechnung der Informationspflichtverletzung (in der Terminologie des BGH bislang „Wissenszurechnung") liegt hier also offen auf dem Tisch. Im Rahmen von § 278 S. 1 BGB wird der BGH m. E. im Ergebnis dieselben oder doch vergleichbare Argumente wie bei der Informationspflichtverletzung/Wissenszurechnung zur Anwendung bringen, nämlich die der **Aufgabenübertragung und des Verkehrsschutzes**.[263]

> **Beachte:** Während der BGH bei § 278 S. 1 BGB auf das tatsächliche Tun oder Unterlassen des Erfüllungsgehilfen abstellt, knüpft die Informationspflichtverletzung (analog § 31 BGB bzw. bislang analog § 166 BGB) nicht notwendig am *tatsächlichen Wissen* einer Person als Informationsträger an, sondern am Vorwurf einer mangelnden Organisation (gleichsam als Verletzung einer Verkehrspflicht[264]) der Informations*speicherung*, Informations*abfrage* und Informations*weiterleitung,* so dass nicht nur die *bloße Verfügbarkeit von Daten* in einem arbeitsteiligen Verband für die Zurechnung ausreicht, sondern mangels pflichtgemäßer Speicherung sogar *keinerlei verfügbare Information* über einen Sachverhalt ausreichen könnte, um ein „arglistiges Verhalten" des Verkäufers zu begründen.[265]

Aufgrund der in § 278 S. 1 BGB verankerten Garantiehaftung ist eine Einstandspflicht **76** des Geschäftsherrn für den Erfüllungsgehilfen auch nicht durch den Umstand ausgeschlos-

---

[257] BGH vom 27.3.1968 – VIII ZR 10/66, NJW 1968, 1569; BGH vom 8.2.1974 – V ZR 21/72, NJW 1974, 692, 693.

[258] So *Grüneberg* in: Palandt, BGB, § 278 Rn. 1; *Schöne/Uhlendorf* in: Mehrbrey, Hdb. Streitigkeiten beim Unternehmenskauf, § 2 Rn. 408.

[259] So *Bachmann* in: Drygala/Wächter, Verschuldenshaftung und Wissenszurechnung bei M&A Transaktionen, S. 124, 126.

[260] BGH vom 15.12.1959 –VI ZR 222/58, NJW 1960, 669, 671.

[261] So *Bachmann* in: Drygala/Wächter, Verschuldenshaftung und Wissenszurechnung bei M&A Transaktionen, S. 124, 126 f.

[262] BGH vom 8.2.1974 –V ZR 21/72, NJW 1974, 692, 693.

[263] Vgl. nur BGH vom 14.5.2004 – V ZR 120/03, NJW-RR 2004, 1196 f.; *Bachmann* in: Drygala/Wächter, Verschuldenshaftung und Wissenszurechnung bei M&A Transaktionen, S. 124, 138 hält eine solche Anlehnung der Auslegung von § 278 BGB auch für möglich,

[264] Vgl. auch *Schwab*, JUS 2017, 481, 485; *Armbrüster/Kosich*, ZIP 2020, 1494, 1496; *Guski*, ZHR 184 (2020), 363, 372.

[265] Vgl. BGH vom 24.11.2009 – XI ZR 260/08, NJW 2010, 602, 603 zur Pflicht einer Organisation, dafür zu sorgen, dass das für spätere Geschäftsvorfälle relevante Wissen an die für sie handelnden Personen weiter gegeben wird; vgl. auch *Armbrüster/Kosich,* ZIP 2020, 1494, 1501 zur Bejahung der Wissenszurechnung auch bei einem Verstoß gegen die Informationsspeicherungspflicht sowie *Guski,* ZHR 184 (2020), 363, 373.

sen, dass dieser eine **vorsätzliche unerlaubte Handlung** oder sogar eine **Straftat** begeht. Die Haftung de Schuldners kann auch Handlungen erfassen, die sein Erfüllungsgehilfe unter **Missbrauch** der ihm anvertrauten Stellung zu seinem eigenen Nutzen vornimmt.[266] Auch ein Abweichen des Erfüllungsgehilfen von ausdrücklichen **Weisungen des Geschäftsherren** unterbricht den Zurechnungszusammenhang nicht.[267] Den damit insgesamt recht weit gezogenen Kreis der Zurechnung für ein Tun oder Unterlassen von Erfüllungsgehilfen grenzt der BGH durch das Erfordernis des **„inneren sachlichen Zusammenhangs"** im Gegensatz zum bloßen „Tätigwerden bei Gelegenheit" ein.[268] Der Arbeitgeber muss danach nicht nach § 278 BGB für Handlungen eines Arbeitnehmers einstehen, die dieser ohne sachlichen Zusammenhang mit seinem Aufgabenkreis zum Nachteil des Auftraggebers vornimmt.[269] Dies könnte dafür sprechen, ein Tätigwerden von zum Projekt-Team gehörenden Personen „nur bei Gelegenheit" aus dem Zurechnungskreis auszuscheiden, was zudem insbesondere auch dann in Betracht kommt, wenn – ohne dass die Parteien nähere Vereinbarungen dazu getroffen haben – der Käufer hinreichend Kenntnis davon hat, dass die betreffende Person nicht befugt ist, Auskünfte/Informationen zu einem speziellen Thema zu geben.

77   Im Hinblick auf eine Zurechnung des Verhaltens Dritter beim Verkäufer ist schließlich noch auf die Frage des **„Zurechnungsabbruchs"** einzugehen.[270] So hat z.B. das OLG Düsseldorf in seinem Urteil vom 16.6.2016 Überlegungen dazu angestellt, ob die Zurechnung des Verhaltens der Geschäftsführer des Zielunternehmens den **Verkäufer „in nicht hinnehmbarer Weise belastet"**, also unangemessen sei, weil der Verkäufer der Geschäftsführung der Zielgesellschaft schutzlos ausgeliefert ist, z.B. weil er zur Erfüllung seiner vorvertraglichen Aufklärungspflichten keine Möglichkeit gehabt hätte, sich über die wirtschaftlichen Verhältnisse des Zielunternehmens ein eigenes Bild zu verschaffen.[271] Dieser Gedanke könnte also dann ggf. denjenigen Verkäufer schützen, der (z.B. wegen eines Beschlusses nach § 51a Abs. 2 GmbHG zur Verweigerung der Herausgabe von Informationen an einen Wettbewerber) keinerlei Möglichkeit zur eigenen Information hatte.

78   **(2) Eigene Mitarbeiter des Verkäufers als Erfüllungsgehilfen.** Soweit sich also Verkäufer oder Käufer im Rahmen eines „Projekts Unternehmensverkauf" der jeweils **eigenen im Unternehmen Beschäftigten „bedienen"**, ist deren Verhalten ohne weiteres dem Verkäufer bzw. auch dem Käufer über § 278 BGB zuzurechnen.[272] Die diesbezüglichen Ausführungen in der 2. Auflage dieses Buches sind indessen dahingehend (fehl-)interpretiert worden, das Verhalten generell aller Mitarbeiter solle nach hier vertretener Auffassung „ohne Wenn und Aber" unter § 278 S. 1 BGB subsumiert werden.[273] Insoweit ist klarzustellen, dass es nach der Rechtsprechung des BGH – und um diese

---

[266] BGH vom 17.12.1992 – III ZR 133/91, NJW 1993, 1704, 1705; BGH vom 19.7.2001 – IX ZR 62/00, NJW 2001, 3190.

[267] BGH vom 15.12.1959 – VI ZR 222/58, NJW 1960, 669, 671; BGH vom 19.7.2001 – IX ZR 62/00, NJW 2001, 3190, 3191; BGH vom 14.5.2012 – II ZR 69/12, DStR 2012, 1521, 1522.

[268] BGH vom 17.12.1992 – III ZR 133/91, NJW 1993, 1704, 1705; BGH vom 19.7.2001 – IX ZR 62/00, NJW 2001, 3190, 3191; BGH, Urteil vom 15.12.1959 – VI ZR 222/58, NJW 1960, 669, 671; *Bachmann* in: Drygala/Wächter, Verschuldenshaftung und Wissenszurechnung bei M&A Transaktionen, S. 124, 135 f.; vgl. auch allgemein ohne Bezug auf Wissenszurechnung BGH vom 30.10.1967 – VII ZR 82/65, NJW 1968, 391, 392.

[269] BGH vom 30.9.2003 – XI ZR 232/02, NJW-RR 2004, 45, 46.

[270] Vgl. dazu *Wächter*, M&A Litigation, Rn. 8.228 ff.

[271] OLG Düss. vom 16.6.2016 – I-6 U 20/15, NZG 2017, 152, 156 Tz. 43.

[272] Vgl. auch zur Zurechnung insgesamt *Hasselbach/Ebbinghaus*, DB 2012, 216, 220; *Rasner*, WM 2006, 1425; *Koppmann*, BB 2014, 1673, 1675.

[273] *Weißhaupt* in: in: Drygala/Wächter, Verschuldenshaftung und Wissenszurechnung bei M&A Transaktionen, S. 150, 163.

geht es maßgeblich für die Beratungspraxis – für die Frage der Zurechnung nach § 278 S. 1 BGB entscheidend auf das „Sich-Bedienen"[274] des Mitarbeiters (oder auch sonstigen Dritten) durch den Geschäftsherrn (also den Verkäufer oder Käufer) ankommt. Mit anderen Worten: Soweit der Verkäufer oder auch Käufer eigene Mitarbeiter im Rahmen der Transaktion einsetzt (sich ihrer also „bedient") und diese „im Rahmen des allgemeinen Umkreises jenes Aufgabenbereichs"[275] (hier also der Transaktion) etwas tun oder unterlassen, das beim Vertragspartner zu einem Schaden führt, spricht die Analyse der zu § 278 BGB ergangenen Rechtsprechung sehr dafür, dass diese Personen nach Ansicht des BGH grundsätzlich Erfüllungsgehilfen des Geschäftsherrn sind, und zwar speziell mit Blick auf den fraglichen Unternehmensverkauf, für den er ihnen eine – ggf. nur einzelne – Aufgabe übertragen hat (und nicht schon qua Arbeitsvertrag allgemein). Die Überlegungen in der Literatur, die an der Transaktion beteiligten Personen sollten nicht als „Repräsentant" des Verkäufers, sondern nur „unterstützend" eingebunden werden[276], helfen hier m. E. nicht weiter, weil bereits die niedrige Schwelle der Unterstützung ausreichen dürfte, um ein „Sich-Bedienen" dieser Personen und damit deren Tun oder Unterlassen aus und im Zusammenhang mit der Transaktion als Erfüllungsgehilfen zu qualifizieren. Natürlich lässt sich auch der Standpunkt vertreten, die Schwelle für eine Zurechnung nach § 278 S. 1 BGB sei erst dann erreicht, wenn ein Mitarbeiter, der grundsätzlich zum Projektteam gehört, im sachlichen Zusammenhang mit dem Unternehmens(ver)kauf der ihm **konkret übertragenen Aufgabe** tätig wird.[277] Dieses Verständnis dürfte aber womöglich mit Blick auf das Konzept der Garantiehaftung des § 278 BGB zu eng sein.

Im Übrigen ist auch zu bedenken, dass der BGH auf **„Repräsentanten"**, also solchen Personen, denen durch die allgemeine Betriebsregelung und Handhabung bedeutsame, wesensmäßige Funktionen der juristischen Person zur selbständigen, eigenverantwortlichen Erfüllung zugewiesen sind, so dass sie die juristische Person im Rechtsverkehr repräsentieren, schon die striktere Zurechnung des § 31 BGB ohne Entlastungsmöglichkeit (und nicht §§ 278 S. 1, 831 BGB) anwendet, ohne dass diese Personen eine organschaftliche oder rechtsgeschäftliche Vertretungsmacht haben müssten.[278] Eine Anwendung von § 278 BGB scheidet für diese Personen dann aus.

Entgegen einer Auffassung im **Schrifttum**[279] dürfte damit m. E. der BGH im Ergebnis im Grundsatz erst einmal jedes Mitglied des Projektteams als Erfüllungsgehilfen einstufen.[280] Soweit *Weißhaupt* auf die jeweilige einem Mitglied des Projekt-Teams – einseitig vom Verkäufer durch **„Widmung"** und ohne Empfangsbedürftigkeit beim Käufer – zugewiesene Rolle abstellen will[281], überspannt dies mit Blick auf den Verkehrsschutz sowie die mit einer Aufgabenübertragung an Dritte verbundene Garantiehaftung wohl die Anforderungen des § 278 BGB, die der BGH dafür aufgestellt hat.

[274] Kritisch zum Begriff des „Sich-Bedienens" mit Vorschlag der Ersetzung durch „Widmung" *Weißhaupt* in: in: Drygala/Wächter, Verschuldenshaftung und Wissenszurechnung bei M&A Transaktionen, S. 150, 160.

[275] Vgl. BGH vom 15.12.1959 – VI ZR 222/58, NJW 1960, 669, 671.

[276] So z.B. *Bank* in: Drygala/Wächter, Verschuldenshaftung und Wissenszurechnung bei M&A Transaktionen, S. 92, 101.

[277] Vgl. *Schöne/Uhlendorf* in: Mehrbrey, Hdb. Streitigkeiten beim Unternehmenskauf, § 2 Rn. 411; ähnlich *Meyer-Sparenberg* in: Meyer-Sparenberg/Jäckle, Beck'sches M&A Handbuch, § 44 Rn. 143.

[278] BGH vom 5.3.1998 – III ZR 183/96, NJW 1998, 1854, 1856; ebenso OLG Frankfurt a.M. vom 4.9.2019 – 13 U 136/18, ZIP 2020, 123, 124.

[279] *Weißhaupt* in: Drygala/Wächter, Verschuldenshaftung und Wissenszurechnung bei M&A Transaktionen, S. 150, 163.

[280] Ebenso *Schaefer/Ortner*, DStR 2017, 1710, 1711 sowie im Hinblick auf die Wissenszurechnung von Mitgliedern des Projekt-Teams *Bank* in: Drygala/Wächter, Verschuldenshaftung und Wissenszurechnung bei M&A Transaktionen, S. 92, 100.

[281] *Weißhaupt* in: Drygala/Wächter, Verschuldenshaftung und Wissenszurechnung bei M&A Transaktionen, S. 150, 164.

Beachte: Auch im Kontext von § 278 S. 1 BGB geht es m. E. wie bei dem Konzept der Informationspflichtverletzung mit einer Zurechnung nach § 31 BGB analog (bislang Wissenszurechnung analog § 166 Abs. 1 BGB) im Kern um die Frage der Zurechnung bei der Verletzung von Aufklärungspflichten durch den Verkäufer und damit um eine Zurechnung von entweder *nicht gespeicherten* (somit Wissenszurechnung ggf. auch bei pflichtwidrig gar nicht vorhandenen Informationen), *nicht abgefragten* oder *nicht weitergeleiteten* Informationen, die bei ordnungsgemäßer Organisation der geschäftlichen Abläufe beim Verkäufer typischerweise nach der Auffassung des Rechtsverkehrs in Akten oder auf Datenträgern hätten gespeichert werden müssen. Im Rahmen des typischerweise speziell aufgesetzten Projektes „Verkauf der Ziel-Gesellschaft" werden dann alle diejenigen Informationen (und nicht nur Verhaltensweisen) zugerechnet, (i) die der Verkäufer in seiner eigenen Struktureinheit hat/hätte haben müssen (z. B. zur lastenfreien Anteilsinhaberschaft und Veräußerbarkeit) und vor allem solche Informationen, die der Käufer (ii) auch in der Ziel-Gesellschaft bei ordnungsgemäßer Unternehmens- und Projektorganisation erwarten darf. Bei Licht betrachtet begnügt sich also die Rechtsprechung aus Gründen des Verkehrsschutzes für die Frage einer Aufklärungspflichtverletzung einschließlich des für Arglist erforderlichen Vorsatzes des Verkäufers mit dem Vorwurf der (fehlenden) Verfügbarkeit von für den Käufer relevanten Informationen, ohne dass darüber hinaus noch ein Tun, Unterlassen oder Wissen einer Person, sei sie nun Erfüllungsgehilfe oder nicht, als erforderlich erachtet werden dürfte[282]; es bleibt – soweit auf personales Tun oder Unterlassen abgestellt wird – dann im Ergebnis ganz zentral die Zurechnung wegen einer Organisationspflichtverletzung der Geschäftsleitung maßgeblich.[283] Eine Abschirmung von „Sonderwissensbelasteten" bzw. „Knowledge Governance" wird vermutlich vor dem Hintergrund der BGH-Rechtsprechung zur Wissenszurechnung ins Leere gehen.[284] Der Aufklärungspflichtige Unternehmer – so der BGH – könne sich nicht dadurch seiner Offenbarungspflicht entziehen, dass er sich unwissend hält oder sich keiner Gehilfen bei der Erfüllung der Pflicht bedient.[285]

81   Es ist mit *Weißhaupt* allerdings davon auszugehen, dass im Rahmen der Gesamtbetrachtung bei einer **klaren Erkennbarkeit für den Käufer,** dass ein Erfüllungsgehilfe Angaben zu Fachthemen macht, die ersichtlich nicht in seinen Zuständigkeitsbereich fallen, eine Zurechnung dieser Informationen/dieses Verhaltens nach § 242 BGB entfallen kann. Dies folgt wertungsmäßig auch aus dem Rechtsgedanken des § 442 Abs. 1 BGB, nach dessen Abs. 1 Satz 1 eine Haftung des Schuldners nicht in Betracht kommt, wenn der Gläubiger den wahren Sachverhalt kennt oder gemäß Abs. 1 Satz 2 grob fahrlässig nicht kennt, wenn nicht der Schuldner eine Garantie abgegeben hat. Macht der Verkäufer also seine Projekt-Team-Verantwortlichkeiten und Kompetenzen nicht gegenüber dem Käufer bekannt, erhöht er sein Risiko, dass ein Tun oder Unterlassen seiner Team-Mitglieder ihm insgesamt aus und im Zusammenhang mit dem Deal als Erfüllungsgehilfen zugerechnet wird.

82   **(3) Berater des Verkäufers als Erfüllungsgehilfen.** Neben dem eigenen Management und Mitarbeitern sind bei beiden Vertragsparteien verschiedene Berater (zum Beispiel Rechtsanwälte, Steuerberater, Investmentbanker, Wirtschaftsprüfer usw.) unmittelbar im Projekt tätig, soweit eine Partei sich dafür ihrer „bedient". Die Erfüllungsgehilfeneigenschaft wird dann regelmäßig gegeben sein.[286] Ausnahmen sind hier u. a. dann denkbar,

---

[282] BGH vom 1.6.1989 – III ZR 261/87, NJW 1989, 2879, 2881 zum möglichen und naheliegenden Informationsaustausch zwischen Bankfilialen einer Großbank; BGH vom 12.3.1992 – VII ZR 5/91, NJW 1989, 1754.

[283] Vgl. *Koch,* ZIP 2015, 1757, 1761.

[284] Vgl. dazu BGH vom 12.3.1992 – VII ZR 5/91, NJW 1989, 1754; BGH vom 1.6.1989 – III ZR 261/87, NJW 1989, 2879, 2881; vgl. auch *Guski,* ZHR 184 (2020), 363, 372.

[285] BGH vom 12.3.1992 – VII ZR 5/91, NJW 1989, 1754 zum Werkunternehmer.

[286] Siehe dazu den Fall BGH vom 17.1.2007 – VIII ZR 37/06, NJW 2007, 1058 sowie *Jaques,* BB 2002, 417, 420; vgl. auch *Beisel/Klumpp,* Der Unternehmenskauf, § 17 Rn. 15; *Koppmann,* BB 2014, 1673, 1675.

wenn z. B. ein Anwalt einer im Projekt mandatierten Kanzlei Stellungnahmen/Erklärungen abgibt, ohne dass er – klar erkennbar für die Gegenseite – dazu ermächtigt ist.

Ein Steuerberater, der maßgebliche Jahresabschlüsse und/oder Bilanzen im regulären Geschäftsverlauf für den Verkäufer erstellt und der keinerlei Bezug zum speziellen Anlass „Projekt Unternehmensverkauf" hat, kann m. E. danach nicht Erfüllungsgehilfe sein. Vielmehr sind (nur) die von ihm erstellten Informationen, die der Verkäufer sich zu eigen macht, Gegenstand der Zurechnung (dann nach § 31 BGB analog).

(4) Geschäftsführer, Mitarbeiter und Berater der Ziel-Gesellschaft als Erfül- 83 lungsgehilfen. Soweit sich der Verkäufer oder auch Käufer[287] beim Share Deal für das Projekt Unternehmenskauf der Geschäftsführung und gegebenenfalls auch der Mitarbeiter oder Berater des Zielunternehmens „bedient" (insbesondere zur Vorbereitung und Durchführung der Due Diligence sowie ggf. auch für Kaufvertragsverhandlungen und -abschluss), befinden auch diese sich – jedenfalls im Zeitraum von der Due-Diligence-Prüfung bis zur Verhandlung und zum Abschluss des Kaufvertrages – im „Lager" des Verkäufers, die dann allerdings womöglich – man muss schon sagen pikanterweise – mit Übertragung des Unternehmens in das Lager des Käufers wechseln und fortan diesem verpflichtet sein können.

Nach den vom Bundesgerichtshof aufgestellten Maßstäben ist jedenfalls dann kein Grund ersichtlich, warum sich der Verkäufer – jedenfalls nicht ohne weitere Vereinbarungen dazu mit dem Käufer[288] – das Verhalten von Personen der Zielgesellschaft nicht grundsätzlich zurechnen lassen soll, wenn er die Geschäftsführung des Zielunternehmens und dessen Mitarbeiter oder Berater im Rahmen des Verkaufs anweist oder auch nur faktisch einbindet, entsprechende Informationen zu Zwecken der Due-Diligence-Prüfung und sonstigen Information des Kaufinteressenten für ihn zusammenzustellen, aufzubereiten und ggf. auch dem Kaufinteressenten verfügbar zu machen.[289] Genau damit macht der Verkäufer sie zu seinen Erfüllungsgehilfen in Bezug auf seine Offenbarungspflichten gegenüber dem Käufer, was nach der Rechtsprechung des Bundesgerichtshofs ein entscheidendes Kriterium ist, den Verkäufer sogar für Arglist haften zu lassen, und zwar auch dann, wenn der Vorwurf sich in mangelhafter Organisation erschöpft.[290]

> **Beachte:** Denkbar erscheint es mir aber, die Vertragsparteien im Rahmen der Privatautonomie Vereinbarungen darüber treffen zu lassen, welche von ihnen das Informationsrisiko der vorvertraglichen Phase (und damit auch die mit einer Due Diligence verbundenen Kosten) tragen soll, und zwar insbesondere auch dann, wenn keine Asymmetrie des Informations-Standes gegeben ist, weil z. B. (nahezu) alle Informationen nur das Ziel-Unternehmen hat. In diesem Fall darf dann nur der Verkäufer nicht anschließend den „Fehler" machen, gegenüber dem Käufer durch Garantieerklärungen das Risiko wieder zu übernehmen.

(5) Urteil des OLG Düsseldorf vom 16.6.2016 („Masterflex"). Der Entscheidung 84 des OLG Düsseldorf[291] lag die Konstellation eines dem sog. *Management-Buy-Out* ver-

---

[287] Siehe dazu bereits oben → Rn. 72.

[288] Siehe dazu noch → Rn. 93 ff. sowie die Formulierungsvorschläge in → Rn. 187.

[289] Zustimmend *Koppmann*, BB 2014, 1673, 1675; *Schöne/Uhlendorf* in: Mehrbrey, Hdb. Streitigkeiten beim Unternehmenskauf, § 2 Rn. 413 ff.; gegen eine Zurechnung des in der Zielgesellschaft vorhandenen Wissens wegen der strikten Trennung zwischen den verschiedenen juristischen Personen (Verkäufer- und Zielgesellschaft) und in jedem Fall gegen eine Zurechnung des Wissens von Mitarbeitern der Zielgesellschaft, die nicht auf Seiten des Verkäufers aktiv an der Transaktion mitgewirkt haben, *Hoenig/Klingen*, NZG 2013, 1046, 1049; *Weißhaupt*, ZIP 2016, 2447, 2452; *ders.* in: Drygala/Wächter, Verschuldenshaftung und Wissenszurechnung bei M&A Transaktionen, S. 150 ff.; grundsätzlich ablehnend auch *Meyer-Sparenberg* in: Meyer-Sparenberg/Jäckle, Beck'sches M&A Handbuch, § 44 Rn. 144.

[290] Vgl. zum Werkvertragsrecht BGH vom 12.3.1992 – VII ZR 5/91, NJW 1992, 1754; BGH vom 20.12.1973 – VII ZR 184/72, NJW 1974, 553.

[291] OLG Düss. vom 16.6.2016 – I-6 U 20/15, NZG 2017, 152.

gleichbaren Falls zugrunde.[292] Die börsennotierte Verkäuferin hatte sich entschlossen, sich von einer bestimmten Geschäftssparte zu trennen. Im Rahmen der Kaufvertragsverhandlungen mit der späteren Käuferin, einer Private-Equity-Gesellschaft, traten maßgeblich die Geschäftsführer der beiden Zielgesellschaften auf. Diese Geschäftsführer machten objektiv unzutreffende Angaben in Bezug auf bilanzrelevante Sachverhalte und legten dabei der Käuferin manipulierte Bilanzen vor; hierdurch wurde die bei Vertragsschluss bereits bestehende finanzielle Überschuldung der Zielgesellschaften verschleiert. Beim Vertragsschluss wurden – typisch für einen Management-Buy-Out – auch die beiden Geschäftsführer Mitanteilsinhaber des Erwerbervehikels. Bereits sechs Monate nach Durchführung der Transaktion wurde bezüglich beider Zielgesellschaften Antrag auf Eröffnung eines Insolvenzverfahrens gestellt. Die Käuferin verlangte daraufhin Rückabwicklung des Kaufvertrags.

Das OLG Düsseldorf hat der Klage stattgegeben und es in der speziellen Fall-Konstellation für grundsätzlich richtig erachtet, die Kenntnisse bzw. das Verhalten des Managements der Ziel-Gesellschaft *sowohl* der Verkäuferseite für eine Fehlinformation der Käuferseite zuzurechnen *als auch* (im Grundsatz) der Käuferseite im Hinblick auf das Wissen des zum Käufer wechselnden Managements des Zielunternehmens.[293] Das OLG Düsseldorf führt im Hinblick auf die Zurechnung des Verhaltens von Geschäftsführern und Mitarbeitern des Zielunternehmens im Rahmen der Due Diligence nach § 278 BGB aus:

> „Entscheidend ist, dass die verrichtete Tätigkeit im Bereich des vom Schuldner geschuldeten Gesamtverhaltens liegt, wobei unschädlich ist, wenn die Leistung von der Hilfsperson schon vor dem (die Verbindlichkeit auslösenden) Vertragsschluss hergestellt oder vorbereitet wurde. Bei Offenbarungspflichten hängt die Anwendung von § 278 BGB davon ab, welche Aufgaben der Hilfsperson zugewiesen sind. Ohnehin muss die schuldhafte Handlung des Erfüllungsgehilfen in innerem sachlichem Zusammenhang mit den Aufgaben stehen, die der Schuldner dem Erfüllungsgehilfen hinsichtlich der Vertragserfüllung zugewiesen hat. [...] Schaltet der Verkäufer von Geschäftsanteilen bei der von ihm geschuldeten Auskunftserteilung, etwa im Rahmen einer Due Diligence, andere Personen ein, zu denen häufig auch Manager und/oder Mitarbeiter des Zielunternehmens gehören und stammen die dem Käufer überlassenen Informationen vom Management der Zielgesellschaft oder deren Mitarbeitern, sind diese regelmäßig auch als Erfüllungsgehilfen des Verkäufers zu qualifizieren. Soweit eine solche Person eine falsche Auskunft erteilt, haftet der Verkäufer daher, wie wenn er die Auskunft selbst erteilt hätte".[294]

85   **(6) Die Figur der „bloßen Auskunftsperson".** Soweit in der Literatur die Auffassung vertreten wird, es gebe im Rahmen von § 278 S. 1 BGB auch sogenannte „**Auskunftspersonen**", die bei Tätigkeit nur in ihrem Aufgabenbereich keine Erfüllungsgehilfen seien, geht diese Überlegung m. E. wegen der bereits umfassenden Zurechnung der Informationspflichtverletzung des Geschäftsleiters analog § 31 BGB (BGH: § 166 Abs. 1 BGB), die bei ordnungsgemäßem Geschäftsleiterhandeln verfügbar wären, jedenfalls in diesem Bereich ins Leere.

Beispiel (nach *Weißhaupt*[295]): Täuscht die IT-Chefin der Verkäuferin den IT-Chef der Käuferseite am Rande einer Fachkonferenz wahrheitswidrig über die angeblich „vorbildliche IT-Infrastruktur", sind m. E. (entgegen der Auffassung von *Weißhaupt*) deren Äußerungen nach § 278 S. 1 BGB zurechenbar. Zum einen ist hier nicht einsehbar, warum der Zurechnungszusammenhang des § 278 S. 1 BGB unterbrochen werden soll (und dazu noch durch einseitige „Widmung" von Mitarbeitern der Verkäuferseite zu „speziellen Erfüllungsgehilfen"), denn auch solche Exzesse von Erfüllungsgehilfen sollen ja dem Geschäftsherrn wie sonstige Pflichtverletzungen bei der Erfül-

---

[292] Zusammenfassung von *Schaefer/Ortner*, DStR 2017, 1710.

[293] Gegen ein solches „Lager-Denken" *Weißhaupt*, ZIP 2016, 2447. Zur Zurechnung des Wissens (auch) bei der Käuferseite siehe oben → Rn. 72.

[294] OLG Düss. vom 16.6.2016 – I-6 U 20/15, NZG 2017, 152, 155 Tz. 41.

[295] *Weißhaupt* in: Drygala/Wächter, Verschuldenshaftung und Wissenszurechnung bei M&A Transaktionen, S. 150, 163.

lung eines Vertrages nach dem gläubigerschützenden Gedanken des § 278 S. 1 BGB zugerechnet werden.[296] Zum anderen dürften wohl auch im umgekehrten Fall, dass der IT-Leiter der Käuferseite von etwaigen Mängeln des IT-Systems „privat" auf einer solchen Konferenz Kenntnis erlangt, diese dann ja eine beim Käufer verfügbare Information und nach § 442 I BGB dem Käufer zuzurechnen sein mit der Folge, dass er diesbezüglich keine Ansprüche geltend machen kann (eventuell kommt auch hier eine Informationspflichtverletzung der Geschäftsleitung des Käufers mit Zurechnung nach § 31 BGB analog in Betracht). Dies sind m. E. zwei Seiten derselben Medaille bzw. eine „kommunizierende Röhre". Allerdings: Der Verkäufer kann ja solche Verhaltensweisen mit „neu kreierten Informationen durch Mitarbeiter oder Berater", also solchen, die nicht zum pflichtgemäßen Informationsfundus des Verkäufers und der Ziel-Gesellschaft gehören über § 278 S. 2 BGB ausschließen und umgekehrt der Käufer für die Anwendung von § 442 Abs. 1 BGB Kenntnisse des IT-Chefs ausschließen.

Soweit hinsichtlich der **Erfüllungsgehilfeneigenschaft der Geschäftsführung und** **86** **Mitarbeiter des Zielunternehmens** ungeachtet der Zurechnung bereits über die „Wissenszurechnung" vertreten wird, es sei anhand der Umstände des Einzelfalles zu klären, ob diese Personen tatsächlich für den Verkäufer in dessen Pflichtenkreis gegenüber dem Käufer oder als „bloße Auskunftsperson" tätig werden[297], sind sowohl nach der grundlegenden Definition des Begriffs „Erfüllungsgehilfe" durch den BGH (s. o.) als auch nach den obigen Ausführungen im Urteil des OLG Düsseldorf durchaus Zweifel angebracht, ob man sich als vorsichtiger anwaltlicher/steuerlicher Berater auf eine solche Unterscheidung einlassen sollte. In der Regel liegen die Fälle in der Praxis nämlich nicht so, dass der Verkäufer den Käufer lediglich an die Zielgesellschaft mit dem Hinweis verweist, er solle sich selbst informieren (allenfalls dann käme überhaupt der Typus „bloße Auskunftsperson" mit Anwendung des § 123 Abs. 2 BGB in Betracht).[298] Vielmehr ist in der Praxis des Unternehmenskaufs im Gegensatz dazu regelmäßig der Verkäufer Adressat der Due Diligence und sonstiger Anfragen des Käufers, die zu einer originären Auskunftspflicht des Verkäufers führen und die der Verkäufer – oft unter Einsatz des Managements und der Mitarbeiter des Zielunternehmens – zu erfüllen sucht. Insoweit ist auch zu beachten, dass der BGH schon sehr frühzeitig ganz allgemein die „Marschroute" vorgegeben hat, dass die Zurechnung nach § 278 BGB immer dann zur Anwendung kommt, wenn eine Person objektiv eine Aufgabe übernimmt, die im Verhältnis zum Gläubiger ihm, dem Schuldner, selbst obliegt.[299] Soweit im Schrifttum bei der Frage der Zurechnung nach § 278 BGB zur Begründung einer „widerlegbaren Vermutung der bloßen Auskunftsperson" darauf verwiesen wird, der Verkäufer sei beim Share Deal auf die Informationszulieferungen der Zielgesellschaft angewiesen, und er könne diese Informationen meist nicht selbst bereit stellen[300], ist dem entgegen zu halten, dass dies nun einmal in seine Risikosphäre fällt und im Übrigen der Verkäufer – auch als Minderheitsgesellschafter – gemäß **§ 51a GmbHG** jedenfalls grundsätzlich ein nahezu uneingeschränktes Recht auf Einsicht (ergänzt um ein Auskunftsrecht) in alle Unterlagen der Zielgesellschaft hat und diese kopieren darf, so dass er tatsächlich ohne weiteres seine Aufklärungspflichten gegenüber dem Käufer selbst erfüllen könnte.[301] Darüber hinaus hat **erst Recht ein Verkäufer, der Mehrheitsgesellschafter ist** (was beim Unternehmenskauf der Regelfall ist) die Möglichkeit, dem Geschäftsführer **Weisungen** zu erteilen[302]

---

[296] Siehe dazu noch ausführlich → Rn. 74 ff.

[297] Vgl. *Huber*, AcP Bd. 202 (2002), S. 179, 198 f.; *Schaefer/Ortner*, DStR 2017, 1710; *Weißhaupt*, ZIP 2016, 2447, 2452.

[298] So lagen meist die Verkaufsfälle der Treuhandanstalt, die dann nach der Rechtsprechung nicht für das Verhalten der Mitarbeiter der Zielgesellschaft nach § 278 BGB einstehen musste, vgl. z. B. KG vom 2.2.1995 – 2 U 7876/93, DStR 1995, 1517.

[299] BGH vom 8.2.1974 – V ZR 21/72, NJW 1974, 692, 693.

[300] *Weißhaupt*, ZIP 2016, 2447, 2452; *ders.* in: Drygala/Wächter, Verschuldenshaftung und Wissenszurechnung bei M&A Transaktionen, S. 150 ff.

[301] Ebenso *Schürnbrand*, ZHR 181 (2017), 357, 367.

[302] Vgl. auch *Schürnbrand*, ZHR 181 (2017), 357, 366.

und im Hinblick auf etwaige Pflichtverletzungen ihm gegenüber nach § 43 Abs. 2 GmbHG Schadensersatz geltend zu machen, was insbesondere in dem vom OLG Düsseldorf („Masterflex")[303] entschiedenen Fall wegen der Bilanzmanipulationen in Betracht käme. Das **Argument des möglichen Rückgriffs** bei dem Erfüllungsgehilfen (insbesondere beim Geschäftsführer bzw. Vorstand der Ziel-Gesellschaft, der fehlerhafte Informationen an den Käufer gibt), welcher bis zum Closing nur dem Verkäufer und erst nach Anteilsübergang dem Käufer zusteht, darf hierbei nicht unberücksichtigt bleiben. Dem Verkäufer steht es ja frei, hier entweder Regelungen in den Kaufvertrag aufzunehmen, dass eine Haftung nur in Betracht kommt, wenn der Käufer keinen Anspruch gegenüber dem Management der Ziel-Gesellschaft nach § 43 Abs. 2 GmbHG geltend machen kann, oder sich den Anspruch aufschiebend bedingt auf den Anteilsübergang abtreten lassen.[304]

Des Weiteren ist auch kein Grund ersichtlich, warum dann der allgemein für Aufklärungspflichten geltende Grundsatz, dass Auskünfte – selbst wenn ohne bestehende Aufklärungspflicht freiwillig erteilt –, diese auch vollständig und richtig sein müssen[305] (s. o. → Rn. 16), nicht auch für die Einbindung einer bloßen Auskunftsperson gelten soll: wenn die Verkäufer-Entity (bzw. ihre Organe oder Mitarbeiter) tatsächlich Auskünfte über eine bloße Auskunftsperson einholt und anschließend diese gegenüber dem Käufer *selbst* erteilt, haftet dieser Verkäufer bereits unmittelbar wegen Informationspflichtverletzung nach § 276 BGB (ggf. i. V. m. §§ 278, 31 BGB); lässt er die Auskünfte/Informationen über die „bloße Auskunftsperson" direkt an den Käufer erteilen, geschieht dies wiederum im (Aufklärungs-)Pflichtenkreis des Verkäufers und das Verhalten wird – wenn nicht schon über §§ 31, 166 Abs. 1 BGB analog – ebenfalls über § 278 Satz 1 Var. 2 BGB zuzurechnen sein.

Sollte am Ende streitig sein, ob die fragliche Person Erfüllungsgehilfe des Verkäufers war, trifft die **Beweislast** für die ihn entlastende negative Behauptung den Verkäufer.[306]

87   Ein Ausweg aus diesem Dilemma des Verkäufers scheint mir tatsächlich vor allem die – allerdings eher praxisferne – **Verweigerung von Auskünften** mit der mutmaßlichen Folge, dass der Käufer dann entweder „ganz von der Fahne geht" oder aber deutlich mehr Garantieversprechen einfordern wird, welche dann freilich verletzt sind, wenn nicht im Rahmen von Anlagen zum Kaufvertrag die fraglichen Sachverhalte doch noch vollständig offengelegt werden.

Gestaltungshinweis: Denkbar erscheint ferner – insbesondere auch bei einer vergleichbar „dünnen" Informationslage von sowohl Verkäufer wie Käufer über das Ziel-Unternehmen – eine vorvertragliche Vereinbarung der Parteien zur Risikoallokation und den Aufklärungspflichten sowie der Due Diligence (mit Bestätigung oder Modifizierung im finalen Kaufvertrag) zu treffen, dass (i) den Verkäufer keine gesteigerten Aufklärungspflichten treffen sollen und/oder (ii) der Käufer unmittelbar selbst zur Prüfung des Ziel-Unternehmens an den Geschäftsführer der Ziel-Gesellschaft herantritt, wobei (iii) dessen Verhalten dem Verkäufer nicht zugerechnet werden soll (vgl. § 278 S. 2 BGB). Grenzen einer solchen grundsätzlich der Privatautonomie unterliegenden Vereinbarung ergeben sich dann vor allem aus §§ 138, 242 BGB[307], möglicherweise aber auch daraus, dass § 278 S. 2 BGB im Rahmen einer Zurechnung von Pflichtwidrigkeiten nach §§ 31 und 166 Abs. 1 BGB nicht gilt.[308]

Für die Zulässigkeit einer solchen Gestaltung spricht m. E. auch, dass im Bereich der Aufklärung (c. i. c.) keine den „Angaben ins Blaue hinein" vergleichbare Situation für das Verkäufermanagement und damit den Verkäufer entsteht, was allerdings bei einer Abgabe von

---

[303] OLG Düss. vom 16.6.2016 – I-6 U 20/15, NZG 2017, 152.

[304] Siehe dazu ausführlich mit Formulierungsvorschlag Teil → D., Rn. 622.

[305] BGH vom 27.3.2009 – V ZR 30/08, NJW 2009, 2120, 2122.

[306] *Grüneberg* in: Palandt, BGB § 278 Rn. 41.

[307] Ebenso *Bank* in: Drygala/Wächter, Verschuldenshaftung und Wissenszurechnung bei M&A Transaktionen, S. 92, 10.

[308] Siehe dazu auch die Formulierungsvorschläge in → Rn. 187.

objektiven wie subjektiven Garantien durch den Verkäufer konterkariert würde, wenn der Verkäufer dann die den Garantien zugrunde liegenden Informationen nicht seinerseits sorgfältig geprüft hat.

Bei alledem spielt auch die Frage der **Risiko-Allokation** eine Rolle: Das Risiko einer **88** Aufklärungspflichtverletzung ist nach Auffassung der Rechtsprechung über § 278 BGB kraft Gesetzes nun einmal grundsätzlich dem Unternehmensverkäufer auch im Hinblick auf das Management sowie der Mitarbeiter der Zielgesellschaft zugewiesen, soweit diese objektiv Aufgaben der Informationsbeschaffung und -weitergabe an den Käufer für den Verkäufer übernehmen, und sei es auch nur als „Abkürzung des Informationsweges". Diese Risiko-Allokation kann m. E. auch nicht der Verkäufer durch *einseitige Erklärung* außer Kraft setzen[309], denn nach § 311 Abs. 1 BGB kann die Änderung eines Schuldverhältnisses (hier: das vorvertragliche Schuldverhältnis mit entsprechenden Aufklärungspflichten des Verkäufers) nur durch Vertrag bewirkt werden (arg. auch § 278 S. 2 BGB). Hingegen ist eine einseitige Erklärung des Verkäufers dergestalt zur Zerstörung des Rechtsscheins denkbar, dass er sich eine unterlassene Aufklärung durch Mitarbeiter der Zielgesellschaft nicht zurechnen lassen wolle, wenn er, der Verkäufer, tatsächlich selbst die Informationen beibringt und Verhandlungen führt und nicht (zusätzlich) die Geschäftsführung/Mitarbeiter der Zielgesellschaft (ggf. auch nur faktisch im Außenverhältnis) einbindet.

Mit Blick auf die Bedeutung der Privatautonomie könnte aber der Verkäufer eine *Vereinbarung* **mit dem Käufer über das Ausmaß der** vom Käufer erwarteten **Aufklärung sowie die Zurechnung** des Verhaltens und des Wissens von Geschäftsführung/Mitarbeitern der Zielgesellschaft sowie eigener Mitarbeiter und Berater treffen.[310] Allerdings ist hier auch zu bedenken, dass es dann ein widersprüchliches Verhalten des Verkäufers sein könnte und ihm damit wohl eine Berufung auf eine solche Nicht-Zurechnungs-Vereinbarung nach § 242 BGB verwehrt wäre, wenn er einerseits vorvertraglich (z. B. im LoI) hierzu Vereinbarungen trifft, dann aber weiterhin faktisch Mitarbeiter der Zielgesellschaft zur Informationsgewährung gegenüber dem Käufer einsetzt.[311]

Ein **Zurechnungsausschluss** kommt schließlich auch im Kaufvertrag – also nach Ab- **89** schluss der Phase der geschuldeten Aufklärung – in Betracht, und zwar auch für vorsätzliches Verhalten von Erfüllungsgehilfen gemäß § 278 S. 2 BGB (nicht jedoch für Organe, bei denen eine Zurechnung von Verschulden über § 31 BGB analog erfolgt)[312].

> **Beachte:** Der bei Einsatz von Erfüllungsgehilfen mögliche Haftungsausschluss für Vorsatz nach § 278 S. 2 BGB wäre vom Wortlaut und der Systematik im Hinblick auf die schon originäre Informationspflicht der Geschäftsführer des Verkäufers bei deren Verletzung (gleich ob man die Verletzung unter § 166 Abs. 1 oder § 31 BGB subsumiert) nicht anwendbar. Mit Blick auf den Gleichstellunggedanken des BGH, nach dem eine juristische Person als Verkäufer zwar nicht besser, aber auch nicht schlechter stehen soll als eine natürliche Person als Verkäufer, spricht wertungsmäßig allerdings einiges dafür, § 278 S. 2 BGB auch im Rahmen von § 31 BGB/§ 166 Abs. 1 BGB analog für Verschulden von Erfüllungsgehilfen für anwendbar zu erklären.

Für eine analoge Anwendung von § 278 S. 2 BGB im Rahmen von § 31 BGB bei einer Informationspflichtverletzung spricht m. E. auch, dass der Käufer nach Abschluss der Due Diligence nun nämlich selbst entscheiden kann, ob die ihm gewährte Aufklärung für seine

---

[309] So aber *Weißhaupt,* ZIP 2016, 2447, 2452. Eine Beseitigung der Erfüllungsgehilfeneigenschaft durch nur einseitige Erklärung des Schuldners bezweifelnd ebenfalls *Bachmann* in: Drygala/Wächter, Verschuldenshaftung und Wissenszurechnung bei M&A Transaktionen, S. 124, 139.

[310] Siehe dazu auch den Formulierungsvorschlag in → Rn. 187.

[311] So zutreffend *Bachmann* in: Drygala/Wächter, Verschuldenshaftung und Wissenszurechnung bei M&A Transaktionen, S. 124, 138.

[312] *Bachmann* in: Drygala/Wächter, Verschuldenshaftung und Wissenszurechnung bei M&A Transaktionen, S. 124, 128.

Kaufentscheidung genügt, und ob er mit Blick auf die Ergebnisse der Due Diligence und die dabei übernommene Rolle der Ziel-Gesellschaft und ihrer Mitarbeiter auf den Schutz des § 278 BGB verzichtet oder diesen für wichtig erachtet.

90　　Im Ergebnis besonders bedeutsam für die M&A-Praxis ist somit auf Grundlage der zitierten Entscheidung des OLG Düsseldorf vom 16.6.2016 auch die Erkenntnis, dass der Verkäufer im Streitfall damit rechnen muss, dass ihm im Rahmen des vorvertraglichen Schuldverhältnisses, welches bei Anbahnung eines Unternehmens- und Beteiligungsvertrages entsteht, eine etwaige Fehlinformation des Käufers über die wirtschaftlichen Verhältnisse des Zielunternehmens durch dessen Geschäftsführer (und auch durch dessen Mitarbeiter) gemäß § 278 BGB zugerechnet werden kann und vermutlich wird[313] – freilich stets abhängig von den konkreten Umständen des Einzelfalles.

91　　**(7) Spezialfall: Steuerberater, der die maßgeblichen Abschlüsse der Ziel-Gesellschaft erstellt hat.** In vielen Fällen liegt es so, dass der Verkäufer der Ziel-Gesellschaft die Jahresabschlüsse der vergangenen Jahre sowie die aktuellen BWAs beim Geschäftsführer der Ziel-Gesellschaft anfordert, ohne dass er eigenen Kontakt zum Steuerberater der Ziel-Gesellschaft hat oder dieser überhaupt Kenntnis davon hat, dass die Jahresabschlüsse schon zu Zwecken der Unternehmensbewertung durch den Käufer weitergegeben und später im Kaufvertrag vom Verkäufer garantiert werden. „Bedient" sich der Verkäufer nicht des Steuerberaters der Ziel-Gesellschaft (weil er ihm im Projekt keinerlei Aufgabe überträgt), sondern benutzt er **lediglich die vom Steuerberater erstellten Informationen in Form der Jahresabschlüsse,** ist davon auszugehen, dass der Steuerberater zwar nicht Erfüllungsgehilfe des Verkäufers nach § 278 S. 1 BGB ist, dass ihm aber gleichwohl die an den Käufer übermittelten Informationen im Falle der Fehlerhaftigkeit nach § 31 BGB analog zugerechnet werden. Für diese Sicht spricht auch, dass in aller Regel mangels eigener Vertragsbeziehung des Verkäufers zum Steuerberater (diese besteht nur mit der Ziel-Gesellschaft) auch grundsätzlich keine eigenen Ansprüche wegen Falschberatung in Betracht kommen, wenn nicht etwa der Ausnahmefall eines Vertrages mit Schutzwirkung zugunsten Dritter vorliegt, etwa weil die Ziel-Gesellschaft dies so mit dem Steuerberater vereinbart hat.

> **Beachte:** Ungeachtet der vorstehenden Überlegungen zur dogmatischen Begründung der Haftung des Verkäufers ist der vom BGH entschiedene Fall von besonderer Praxisrelevanz, wonach der Verkäufer (selbst einer mit nur einer Minderheitsbeteiligung), der Jahresabschlüsse/Bilanzen an den Käufer übergibt und sich diese damit „zu eigen macht", für darin enthaltene Fehler nach § 278 S. 1 BGB haftet (er „bedient" sich dieser Informationen).[314]

92　　**(8) Zurechnung auch beim bloßen Gründungs-/Altgesellschafter.** Die Frage einer Haftung durch Zurechnung des Verhaltens von Erfüllungsgehilfen nach § 278 S. 1 BGB stellt sich nach einer Entscheidung des BGH vom 4.7.2017 schließlich auch für einen **Gründungs-/Altgesellschafter** (häufig z. B. im Bereich von Schiffsfonds, Immobilienfonds aber auch im Bereich Private Equity in Form von Kommanditbeteiligungen anzutreffen), der sich zu den vertraglichen Verhandlungen über einen Beitritt von Investoren eines Vertriebs bedient und diesem oder von diesem eingeschalteten Untervermittlern die geschuldete Aufklärung der Beitrittsinteressenten überlässt.[315] Eine solche Zurechnung dürfte dann gleichermaßen in dem typischen Fall einer Venture-Capital- oder Wachstums-Finanzierungsrunde gelten, bei der ein Gründer als (Mehrheits-)Gesellschafter und Geschäftsführer mit neuen Kapitalgebern zu deren Beitritt federführend verhandelt, wohinge-

---

313 OLG Düss. vom 16.6.2016 – I-6 U 20/15, NZG 2017, 152, 154 f. Tz. 35 ff.; vgl. dazu auch die ausführliche Besprechung von *Schaefer/Ortner,* DStR 2017, 1710.
314 BGH vom 4.6.2003 – VIII ZR 91/02, BB 2003, 1695, 1697.
315 BGH vom 4.7.2017 – II ZR 358/16, NJW-RR 2017, 1117.

gen die bisherigen Kapitalgeber als Altgesellschafter sich im Hintergrund halten und an den Verhandlungen mit den Kapitalgebern gar nicht oder nur punktuell teilnehmen.

gg) Fazit und Herleitung eines Lösungsvorschlags. Wie sich gezeigt hat, ist das **93** Thema der Zurechnung von Informationen/Wissen, Verhalten und Verschulden gerade auch im Bereich von M&A mehr als komplex und die bisher zu diesen Fragen ergangene Rechtsprechung des BGH gibt mehr als Anlass, die hiermit verbundenen Rechtsfragen genauestens zu analysieren und daraus für die Praxis möglichst belastbare und interessengerechte Lösungen zu entwickeln. Die seinerzeitigen Ausführungen in meinem Aufsatz aus dem Jahr 2002 zur Rechtsprechung des BGH zur Wissenszurechnung sind indessen teilweise dahingehend (fehl-)interpretiert worden, ich würde die sehr weitreichende Rechtsprechung des BGH zur möglichen Zurechnung von Wissen der Geschäftsleitung der Ziel-Gesellschaft – auch mit Blick auf den Arglistvorwurf – womöglich in allen ihren Facetten und Auswirkungen teilen.[316] Insoweit ist klarzustellen, dass es mir nach wie vor auf Grundlage der BGH-Rechtsprechung vorrangig um die praxisnahe Einschätzung der Risiken von Verkäufer und Käufer geht, ohne dabei aber auf die nötige kritische Auseinandersetzung mit der Rechtsprechung zu verzichten, welche durchaus bereits im Jahr 2002[317] wie auch im vorliegenden Buch bereits ab der 1. Auflage in 2012 erfolgt ist. Ganz allgemein lässt sich im Rahmen der jeweils nötigen Gesamtbetrachtung konstatieren, dass das vom BGH zugrunde gelegte „Wertungsmodell Verkehrsschutz" lediglich einseitig die Perspektive des vom Rechtsverkehr **„erwartbaren Verbandswissens"** einnimmt, ohne dabei jedoch die andere Perspektive des Verkäufers und des Rechtsverkehrs nach der bei einem (Unternehmens-)Kauf **„erwartbaren Haftung"** gegenüber stellen. Die nur einseitig aus Verkehrsschutzerwägungen fingierte und damit ohne Rechtsgrundlage unterstellte Arglist bei einer bloß fahrlässigen Organisationspflichtverletzung wird bei wohl keinem Teilnehmer des Rechtsverkehrs erwartet und löst damit nicht nur für den Bereich M&A Erstaunen aus, sondern ist für einen Unternehmensverkäufer schlicht und ergreifend mit unkalkulierbaren Haftungsrisiken verbunden, die ihn im Ernstfall die gesamte Existenz kosten können.

Eine rechtsvergleichende Untersuchung zeigt indessen, dass Fragen der Wissenszurechnung im französischen, englischen und US-Amerikanischen Recht bestenfalls ein Schattendasein führen, weil dort der juristischen Person das (deliktische) Verhalten – nicht Wissen – sämtlicher Mitarbeiter jedweder Hierarchiestufe strikt zugerechnet wird.[318] Der Deutsche Weg ist offenbar ein anderer.

Bevor man für das Thema der Zurechnung von Wissen und Verschulden Dritter sich vorschnell für die eine oder andere Lösung entscheidet (und derer gibt es inzwischen eine beachtliche Vielzahl), ist es wichtig und hilfreich, sowohl im speziellen Kontext von M&A, aber auch für das allgemeine Kaufrecht sich die eigentlichen Primär-, Sekundär- und Neben(Schutz-)pflichten nach Maßgabe der im BGB verankerten gestuften Abschichtung von Risikozuweisungen vorzunehmen.

(1) Grundaussagen des BGB und BGH zur Risikoverteilung bezüglich Infor- **94** **mationen *vor* Vertragsschluss. (a)** Grundsätzlich gilt im deutschen Zivilrecht das **Prinzip der Eigenverantwortung,** d. h. jeder muss selbst entscheiden, welche Informationen für seine Kaufentscheidung relevant sind.

(b) Im deutschen Kauf- und Sachmängelgewährleistungsrecht gilt der im anglo-amerikanischen Rechtsdenken verankerte **Caveat-Emptor-Grundsatz,** bei dem das Risiko unbekannter, aber bei sorgfältiger Prüfung erkennbarer Mängel auf den Käufer verlagert ist,

---

[316] *Bank* in: Drygala/Wächter, Verschuldenshaftung und Wissenszurechnung bei M&A Transaktionen, S. 92, 101.

[317] *Jaques,* BB 2002, 417 mit deutlicher Kritik zur Begründung von Arglist unter Verzicht auf eine Wollenselement mit Ersetzung durch das Organisationsverschulden als rein fahrlässiges Verhalten (Ziff. III.5. S. 421).

[318] Siehe dazu die ausführliche Untersuchung von *Wagner,* ZHR 181 (2017) 203.

weshalb dieser zweckmäßigerweise umfangreiche Prüfungen vor dem Kauf durchführt, **grundsätzlich nicht**[319] (Ausnahmen: § 442 Abs. 1 Satz 2 BGB, § 377 BGB); vielmehr muss ein Käufer die Kaufsache nicht prüfen, und im Grundfall eines „normalen" Kaufs weist das BGB das (Informations-)Risiko für unbekannte Mängel der Kaufsache für die Dauer der Gewährleistung dem Verkäufer zu; nach Ablauf der Gewährleistungsfrist „shifted" das Risiko zum Käufer.

(c) Sind dem Käufer schon **bei Vertragsschluss Mängel positiv bekannt,** kann er gemäß § 442 Abs. 1 Satz 1 BGB keine Rechte geltend machen[320] (er hat sie mutmaßlich mit eingepreist). Über bekannte Mängel kann der Verkäufer den Käufer auch nicht täuschen, und Arglist scheidet aus.

(d) Sind dem Käufer die **Mängel grob fahrlässig** (also solche Umstände, die ein Käufer wegen der besonderen wirtschaftlichen Bedeutung für den Kauf nicht ungeprüft lassen darf) **unbekannt geblieben,** kann er gemäß § 442 Abs. 1 S. 2 BGB nur dann Rechte geltend machen, wenn der Verkäufer den Mangel arglistig verschwiegen oder eine Garantie übernommen hat. Ein arglistiges/vorsätzliches Verschweigen des Verkäufers kommt einmal bei positiver Kenntnis des Verkäufers vom Mangel in Betracht. Zweitens kommt Arglist dann – korrespondierend mit der grob fahrlässigen Unkenntnis des Käufers, der zu den relevanten Informationen keine oder völlig unzureichende Fragen stellt – vor allem noch im Hinblick auf solche Mängel in Betracht, hinsichtlich derer der Käufer wegen ihrer Bedeutung nach Treu und Glauben redlicherweise auch **ungefragt Aufklärung erwarten darf** (und zwar auf gesicherter Tatsachengrundlage). Dann kommt eine bedingt vorsätzliche Täuschung durch den Verkäufer neben fehlerhaften Erklärungen vor allem auch durch Unterlassen in Betracht, wenn der Verkäufer dem Käufer im Hinblick auf die für eine Kaufentscheidung gewichtigen (potentiellen) Mängel erklärt oder nur suggeriert, es gebe keine Mängel, ohne dies hinreichend geprüft zu haben.

(e) Da den Verkäufer beim Unternehmensverkauf nach BGH **gesteigerte Aufklärungspflichten** treffen, kann mit Blick auf § 442 Abs. 1 Satz 2 BGB kein grundsätzlich anderer Maßstab beim Käufer für dessen grob fahrlässige Unkenntnis angelegt werden; hier erscheinen gleichermaßen **gesteigerte Prüfungspflichten des Käufers** sachgerecht. Auch die Geschäftsleitung des Käufers muss entsprechend der Größe und damit verbundenen wirtschaftlichen Bedeutung des Unternehmenskaufs eigene Prüfungen vornehmen bzw. die relevanten Fragen zur Gewinnung der für die Kaufentscheidung angemessenen Informationen stellen (vgl. dazu auch die – freilich nur intern im Verband wirkende – Business Judgement Rule § 93 Abs. 2 AktG[321]).

(f) Grundsätzlich Privatautonomie für die Informationsbeschaffung sowie Definition der Reichweite der Aufklärungspflicht des Verkäufers: Die aus §§ 241 Abs. 2, 242, 311 Abs. 2 BGB folgenden Aufklärungspflichten sind per se weder starr, sondern eine Frage des Einzelfalles, noch zwingender Natur, sondern letztlich als eine Ausprägung des Grundsatzes von Treu und Glauben zwischen den Parteien grundsätzlich im Rahmen der Vertragsfreiheit verhandelbar.[322] Gerade mit Blick auf die nicht untypische Fall-Gestaltung des Verkaufs einer Tochtergesellschaft mit nahezu symmetrischem Informationsstand von Verkäufer und Käufer sollte es im Bereich des Kennenmüssens – also der sorgfältigen Ermittlung der für den Vertragsschluss relevanten Informationen nicht zu einer – an sich wegen § 276 Abs. 3 BGB – zwingenden alleinigen Verlagerung dieses Informationsrisikos auf den Verkäufer kommen.

---

[319] RG vom 15.11.1907, RGZ 67, 86, 88.

[320] RG vom 26.6.1903, RGZ 55, 210, 214; BGH vom 27.3.2009 – V ZR 30/08, NJW 2009, 2120, 2122.

[321] Vgl. zu dieser nur internen Pflicht auch *Spindler,* ZHR 181 (2017), 311, 320 f.; siehe noch zu den gesellschaftsrechtlichen Pflichten ausführlich → Rn. 223 ff.

[322] Vgl. *Wächter,* M&A Litigation, Rn. 8.137 ff.; in dieselbe Richtung *Bank* in: Drygala/Wächter, Verschuldenshaftung und Wissenszurechnung bei M&A Transaktionen, S. 92, 110.

Beachte: Für Frage der Zurechnung von Wissen und Verschulden sollten für die vorgelagerte Frage des Umfangs der konkreten Aufklärungspflichten und deren Verletzung zweckmäßigerweise verschiedene Schichten von Information sowie des Erklärungsgehalts des Verkäuferverhaltens unter Berücksichtigung der Verkehrssitte (§§ 133, 157 BGB) unterschieden werden.[323] Ein Käufer kann nach der Verkehrssitte nicht erwarten, der Verkäufer hätte seinerseits sämtliche verfügbaren Informationen in tatsächlicher und juristischer Hinsicht umfassend selbst geprüft, zumal nach dem Gleichstellungsargument des BGH eine juristische Person als Organisation auch nicht schlechter stehen soll als eine natürliche Person, von der man diese Prüfungen auch nicht erwartet. Dies gilt insbesondere auch dann, wenn es nicht um unmittelbar eigene Informationen auf Ebene des Verkäufers, sondern solche der Ziel-Gesellschaft geht.

(2) Informationen/Erklärungen als Bestandteil des Kaufvertrages. (a) Einige der **95** Informationen, die der Käufer aufgrund seiner Fragen erwartet und/oder oder über die der Verkäufer auch ungefragt Aufklärung erwarten darf, werden aus der vorvertraglichen Aufklärungsphase ggf. nebst zusätzlicher Aussagen in den Kaufvertrag zur näheren Beschreibung des Kaufgegenstandes (Erfüllung) sowie für die Frage der Rechtsfolgen bei Nicht- oder Schlechterfüllung übernommen, und somit weiter „verrechtlicht". Dies geschieht entweder als Erklärung des Verkäufers in Form einer **Beschaffenheitsvereinbarung** i.S.v. § 434 BGB, einer **Zusicherung von Eigenschaften** (§ 463 S. 2 BGB a.F.), einem Versichern des Fehlens bestimmter Umstände/Zustände und/oder einem („nach Kenntnis" oder „nach bestem Wissen" qualifizierten oder in stärkster Form verschuldensunabhängigen) **Garantieversprechen.**[324]

(b) Dabei differenziert die Rechtsprechung schon seit Jahrzehnten traditionell nach Umständen/Informationen, die „Beschaffenheiten" sein können, solchen die durch das Element der Zusicherung der Beschaffenheit „rechtlich gleichgestellt" werden[325] (z.B. Angaben zu Umsätzen, Erträgen oder eine Bilanz) und solchen, die zwar nicht die Fähigkeit besitzen, durch Parteivereinbarung zur Beschaffenheit qualifiziert zu werden, die aber dann Gegenstand einer selbständigen Garantie sein können.[326]

(c) Der BGH hat für das nach dem Inkrafttreten der Schuldrechtsreform geltende Recht insoweit entschieden, dass auch (weiterhin) die Umstände, die bis zur Schuldrechtsreform *zusicherungsfähige Eigenschaften* sein und damit einen Mangel begründen konnten, nunmehr auch nach der Schuldrechtsreform als *Beschaffenheiten* vereinbart werden können.[327] Die bisherige Eigenschaftszusicherung im Sinne von § 459 Abs. 2 BGB a.F., § 463 BGB a.F. sieht er dabei als durch die Beschaffenheitsvereinbarung in Verbindung mit entweder einer Beschaffenheitsgarantie gemäß § 444 Alt. 2 BGB bzw. i.V.m. einer Garantie nach § 276 Abs. 1 BGB ersetzt an.[328]

(3) Verantwortlichkeit bei Informationsmängeln: Verschulden i.S.v. § 276 96 Abs. 1 BGB. Aufklärung ist somit eine etwa nötige Information des Käufers für das „Ob" seiner Kaufentscheidung, wohingegen das „Wie" des Kaufs durch die nähere Definition des Kaufgegenstandes, des Kaufpreises sowie der Voraussetzungen und Rechtsfolgen bei Nicht- oder Schlechterfüllung erfolgt.

Erst wenn also Art und Umfang der für die Aufklärung und Beschreibung des Kaufgegenstandes nötigen Informationen zwischen den Parteien festgelegt sind, stellt sich

---

[323] Siehe dazu ausführlich oben → Rn. 19 ff.

[324] Vgl. auch zu Aufklärungspflichten im Zusammenhang mit Garantien auch *Meyer-Sparenberg* in: Meyer-Sparenberg/Jäckle, Beck'sches M&A Handbuch, § 44 Rn. 118 ff.

[325] BGH vom 12.11.1969 – I ZR 93/67, NJW 1970, 653, 655; BGH vom 18.3.1977 – I ZR 132/75, NJW 1977, 1538, 1539; BGH vom 25.5.1977 – VIII ZR 186/75, NJW 1977, 1536, 1537.

[326] Siehe dazu noch ausführlich → Rn. 118 ff.

[327] BGH vom 5.11.2010 – V ZR 228/09, NJW 2011, 1217, 1218.

[328] BGH vom 29.11.2006 – VIII ZR 92/06, NJW 2007, 1346, 1348.

die Folgefrage, **welcher Verschuldensmaßstab** nach § 276 Abs. 1 BGB gilt, wenn Informationen/Aussagen des Verkäufers sich später als unzutreffend herausstellen. Dabei sind zweckmäßigerweise die beiden Bereiche der c.i.c.-Haftung für vorvertraglich fehlerhafte Information und Informationen/Erklärungen im Kaufvertrag auseinanderzuhalten:

✓ **Vorsatz** in Form von Wissen und Wollen bezogen auf eine Information setzt entweder (i) positive Kenntnis darüber voraus, dass diese Information falsch ist plus aktive Mitteilung oder Unterlassen der Aufklärung („Handeln/Unterlassen trotz Wissen"[329]) oder (ii) bei den „Angaben ins Blaue hinein" positive Kenntnis, dass eine Information auf unsicherer Tatsachengrundlage gleichwohl aktiv dem Käufer gegenüber erteilt wird, so dass eine (mögliche) Täuschung des Käufers billigend in Kauf genommen wird. Diese Fälle unterliegen – im Hinblick auf den vertraglich vereinbarten Umfang der Aufklärung – den Beschränkungen des § 276 Abs. 3 BGB.

✓ **Fahrlässigkeit** des Verkäufers im Hinblick auf solche Informationen, die er sorgfaltswidrig durch ein Tun als Falschinformation oder unvollständige Informationen erteilt oder ein sorgfaltspflichtwidriges Unterlassen nicht erteilt hat.

✓ **Übernahme einer Garantie** (§ 276 Abs. 1 1. Hs. BGB): Neben Vorsatz und Fahrlässigkeit als Verschuldensmaßstab können die Parteien darüber hinaus den Verschuldensmaßstab, der für das Schuldverhältnis gelten soll, durch Parteivereinbarung modifizieren, z.B. wie folgt:

  – **verschuldensunabhängige Garantie:** in ihrer stärksten Ausprägung (und damit am meisten käuferfreundlich) verspricht der Verkäufer dem Käufer, verschuldensunabhängig für das (Nicht-)Vorliegen definierter Umstände, Zustände, unbekannter Risiken etc. einzustehen;

  – **Garantie „nach Kenntnis des Verkäufers":** bei dieser Formulierung wird vom Wortlaut her bei juristischen Personen nur auf die Kenntnis des unmittelbar nach außen handelnden Organs abgestellt;

  – **Garantie „nach bestem Wissen":** bei dieser Formulierung wird dem Verkäufer – haftungserweiternd – auch die fahrlässige Unkenntnis der Fehlerhaftigkeit der Garantieaussage des Repräsentanten zugerechnet.[330] Der Verschuldensvorwurf umfasst dann auch die fehlende Abfrage und Organisation der Weiterleitung des verfügbaren Aktenwissens.

> **Beachte:** Das OLG Düsseldorf hat in einer Entscheidung vom 3.7.2017 eine haftungsrelevante Täuschung durch den Verkäufer darin gesehen, dass über den Vorwurf *unterlassener* Aufklärung über bilanzrelevante Angaben in der vorvertraglichen Phase hinaus die Abgabe üblicher Garantien im Kaufvertrag (hier: zum insolvenzrechtlichen Status der Zielgesellschaft) zusätzlich ein *aktives* Täuschungsverhalten des Verkäufers enthalten ist.[331]

97 **(4) Wissen/positive Kenntnis und Wissenmüssen im Kontext des Kaufrechts.** Es zeigt sich also im Ergebnis, dass der Verkäufer dem Käufer (nur) bei positiver Kenntnis einer Information plus (Nicht)Handeln sowie den Erklärungen ins Blaue hinein unabdingbar wegen Vorsatz verantwortlich ist, weil die Rechtsordnung ein solches Verhalten rechtsethisch als gravierenden Verstoß gegen Treu und Glauben missbilligt und deshalb der Privatautonomie entzieht.

Dies gilt **vorvertraglich** im Hinblick auf solche Aufklärungspflichten, die (i) der Verkäufer entweder – ohne Parteivereinbarung darüber – kraft Gesetz schuldet als auch (ii) für solche Informationen als Entscheidungsgrundlage über das „Ob" des Vertragsschlusses,

---

[329] Vgl. dazu auch *Guski*, ZHR 184 (2020), 363, 378; *Grigoleit,* ZHR 181 (2917), 160, 177 ff.

[330] Vgl. auch *Meyer-Sparenberg* in: Meyer-Sparenberg/Jäckle, Beck'sches M&A Handbuch, § 44 Rn. 44.

[331] OLG Düss. vom 3.7.2017 – I-4 U 146/14, BeckRS 2017, 130307 Tz. 139 ff.

hinsichtlich derer die Vertragspartner privatautonom die Frage des Informationsrisikos unter Reduzierung oder Ausweitung der Aufklärungspflichten des Verkäufers vereinbart haben.

Für im **Kaufvertrag** enthaltene Informationen/Erklärungen des Verkäufers gelten die vorstehenden Grundsätze mit der Maßgabe, dass es bei **verschuldensunabhängigen Garantien** auf keinerlei Kenntnis ankommt. Der Gesetzgeber stellt hier die Übernahme des Risikos einer für Vorsatz erforderlichen Kenntnis gleich.

Bei einer „Versubjektivierung" der Garantie (oder heute im Gesetz nicht mehr enthaltenen „Zusicherung/Versicherung") nur **„nach Kenntnis"** kommt es – wenn eine Auslegung nach §§ 133, 157 BGB keinen anderen Erklärungsgehalt ergibt – grundsätzlich nur auf die positive Kenntnis des handelnden Organs bzw. den Vertrag abschließenden Verhandlungsführers nach § 166 Abs. 1 BGB an.

Bei einer „Versubjektivierung" der Garantie (oder „Zusicherung/Versicherung") **„nach bestem Wissen"** ist grundsätzlich die weitergehende Erklärung und damit Übernahme der Verantwortlichkeit des Verkäufers verbunden, er habe unter Anwendung gehöriger Sorgfalt auch die für die Abgabe einer solchen Garantieerklärung relevanten Information aktiv abgefragt und für eine Weiterleitung an ihn, den Vertreter des Verkäufers (gleich ob als organschaftlicher oder rechtsgeschäftlicher Vertreter) gesorgt (auch hier mit dem Vorbehalt, dass nicht eine Auslegung einer solchen Garantieerklärung nach §§ 133, 157 BGB einen anderen Erklärungsgehalt ergibt).

> **Hinweis:** Eine automatische Wissenszurechnung oder Wissenszusammenrechnung *aller* beim Verkäufer verfügbaren Informationen, die stets zum Arglistvorsatz führt – steht jedenfalls nicht für das Kaufrecht im Einklang mit dem Wertungsmodell des Gesetzes und ist weder aus Verkehrsschutzgründen nötig noch gerechtfertigt.

(5) § 444 BGB als lex specialis zu § 276 Abs. 3 BGB und das Wort „soweit". 98
§ 444 BGB ist aufgrund seiner Stellung im Kaufrecht sowie des Wortlauts lex specialis zu § 276 Abs. 3 BGB. Diese Norm bezieht sich dabei ihrem Wortlaut nach nur auf „Mängel", also nur Umstände, die auch „Beschaffenheiten" der Kaufsache sein können, was aber nach traditioneller Auffassung des BGH (s. o.) gerade bei Angaben zu Umsatz und Ertrag i. d. R. nicht der Fall sein soll.[332] Nach ursprünglicher Formulierung des § 444 BGB mit *„wenn der Verkäufer den Mangel arglistig verschwiegen oder eine Garantie übernommen hat"*, wären jegliche Haftungsbeschränkungen auf der Rechtsfolgenseite unwirksam gewesen, weshalb der Gesetzgeber nach lautem Protest der Literatur und M&A-Praxis das „wenn" durch die „verkäuferfreundlichere" Einschränkung „soweit" modifiziert hat.

> **Hinweis:** Interessanterweise ist trotz der Formulierung in § 444 BGB mit „soweit" bislang – soweit ersichtlich – nicht die Auffassung vertreten worden, dann könnten auch im Falle von Arglist die Rechtsfolgen durch Caps, Baskets, Verjährungsverkürzung gleichermaßen wie bei Abgabe von Garantien entgegen § 276 Abs. 3 BGB wirksam vereinbart werden. Eine solche Gleichbehandlung dieser Fälle erscheint aber mit Blick auf den Wortlaut von § 444 BGB und die Interessenlage beim Unternehmenskauf gerechtfertigt, zumal das Gesetz auch sonst immer die arglistige Täuschung oder Abgabe eine Garantie „in einem Atemzug" gleichbedeutend verwendet (vgl. z. B. § 442 Abs. 1 Satz 2 BGB).

In einer der wenigen Entscheidungen zu § 444 BGB führt der BGH u. a. aus, dass diese Vorschrift den Käufer allein vor einer unredlichen Freizeichnung des Verkäufers von der Sachmängelhaftung schützen soll und dass eine solche unredliche Freizeichnung gegeben ist, wenn der Verkäufer arglistig handelt.[333] Es wäre aber nach diesem Maßstab nicht unred-

---

[332] Siehe dazu noch ausführlich → Rn. 118 ff.
[333] BGH vom 15.7.2011 – V ZR 171/10, NJW 2011, 3640, 3641.

lich, wenn Verkäufer und Käufer Vereinbarungen zum Umfang der Aufklärung sowie dem Verschuldensmaßstab treffen. Etwas anderes könnte aber dann gelten, wenn der Verkäufer tatsächlich in Abweichung davon unredlich aktiv täuscht und/oder objektive Garantien oder solche „nach bestem Wissen" abgibt, obwohl er positive Kenntnis davon hat, dass diese Garantien tatsächlich nicht zutreffen. Dafür spricht auch, dass § 242 BGB als „Grundgebot der Redlichkeit" zwar unabdingbar ist, dass die Parteien aber Regelungen treffen können, die für bestimmte Fallgestaltungen die an sich denkbare Anwendung des § 242 BGB ausschließen; auch können die Parteien Rechtsfolgen des § 242 BGB vertraglich mildern oder verschärfen.[334]

99   **(6) Anwendung von § 442 Abs. 1 S. 1 BGB auf selbständige Garantien bei positiver Kenntnis des Käufers.** Auch wenn der BGH bereits für den Bereich der c.i.c. entschieden hat, dass § 442 Abs. 1 Satz 1 BGB auch dort unmittelbar anwendbar ist[335], wird die Anwendbarkeit von § 442 Abs. 1 Satz 1 BGB auf selbständige Garantien im Schrifttum unterschiedlich beantwortet. Die vorstehenden geschilderten Zusammenhänge von Informationen, Aufklärungspflichten, Beschaffenheiten und Garantien offenbaren, dass die streitige Frage, ob § 442 Abs. 1 Satz 1 BGB auch bei Abgabe selbständiger Garantien kraft Gesetzes Anwendung findet, dahingehend zu beantworten ist, dass dem Käufer auch hier – wie im Falle von Arglist des Verkäufers – Kenntnis schadet, weil es im Ergebnis treuwidrig wäre, wenn der Käufer die Garantieerklärung des Verkäufers, von der (auch oder ggf. nur) der Käufer weiß, dass diese falsch ist, nun nutzt, um Rechte auf der Sekundärebene herzuleiten, obwohl er schon bei Vertragsschluss die Möglichkeit hatte, den Kaufpreis entsprechend zu mindern. Dem Verkäufer im Gegensatz dazu einen Willen zu unterstellen, er wolle für solche Umstände, die der Käufer doch schon bei Vertragsschluss kannte, ggf. schon einen Tag nach Unterzeichnung des Vertrages infolge der Garantie haften, überzeugt hingegen nicht.[336]

Anders liegt es bei nur grob fahrlässiger Unkenntnis des Käufers, weil dann die in der Garantie liegende Zusicherung des Verkäufers den Mangel an Sorgfalt des Käufers überwiegt.

100   **(7) Ableitungen für den „Normkontext M&A Praxis" und Zulässigkeit vertraglicher Einschränkungen der Zurechnung.** Die vorstehenden Grundsätze können jetzt quasi als **Leitplanken** genutzt werden, um im Normkontext des Kaufrechts einschließlich der Besonderheiten des Unternehmenskaufs die Zurechnung von Wissen und Verschulden klarer zu konturieren. Gerade beim Unternehmensverkauf gelten sowohl auf Verkäuferseite wie auf Käuferseite erhöhte Anforderungen an die Pflichten der Handelnden, weshalb sich schon seit langem in der M&A-Praxis nicht nur spezielle Verfahrensweisen der sorgfältigen Definition und Prüfung der relevanten Informationen für das „Ob und Wie des Kaufs" (Due Diligence), sondern auch vertragliche Regelungsmuster für die (vor-)vertraglichen Risikozuweisungen mit NDA, LoI, Garantien, Freistellungen und Haftungsbegrenzungen etabliert haben. Dem im Schrifttum zu Recht geäußerten Argument, es komme bei Anwendung der BGH-Rechtsprechung zu einer nicht gerechtfertigten Ungleichbehandlung der juristischen Person im **Vergleich zu einer natürlichen Einzelperson,**[337] ist bei Anwendung der obigen Leitplanken mit dogmatisch tragbarer Lösung Rechnung zu tragen.

---

[334] *Grüneberg* in: Palandt, BGB § 242 Rn. 20; *Schubert* in: Münchener Kommentar zum BGB, § 242 Rn. 92.

[335] BGH vom 27.3.2009 – V ZR 30/08, NJW 2009, 2120, 2122f.; *Bank* in: Drygala/Wächter, Verschuldenshaftung und Wissenszurechnung bei M&A Transaktionen, S. 92, 97. Vgl. zur Anwendung von § 442 BGB nach Abschluss des Kaufvertrages im Rahmen der kaufrechtlichen Gewährleistung Teil → D., Rn. 445ff.

[336] Siehe zur Frage der Anwendung von § 442 Abs. 1 BGB auf selbständige Garantien auch Teil → D., Rn. 551ff.

[337] So z.B. *Grigoleit,* ZHR 181 (2017), 160, 195f.

Das extensive Zurechnungsmodell der Rechtsprechung des Bundesgerichtshofs zur Wis- **101** senszurechnung als Grundlage auch einer Arglisthaftung auf Seiten des Verkäufers, bei der ausdrücklich auf ein **Wollenselement** verzichtet wird und die vorsätzliche Aufklärungspflichtverletzung des Verkäufers allein an einem fahrlässigen Organisationsverschulden der Geschäftsleitung festgemacht wird, ist jedenfalls für Fälle eines Unternehmenskaufs nach ganz herrschender Auffassung im Schrifttum weder von der dogmatischen Grundlage noch bei wertender Betrachtung haltbar; es gibt keine Rechtsgrundlage dafür im Gesetz. Auch die im Gegensatz zum Lösungsansatz des BGH bislang in der Literatur diskutierten Zurechnungsmodelle[338] überzeugen bislang – jedenfalls für die M&A-Praxis – nicht, weil entweder nur um die dogmatisch passende Rechtsgrundlage gerungen und/oder unter Hinweis auf den eigentlich bloßen Fahrlässigkeitsvorwurf völlige Vertragsfreiheit propagiert wird, ohne dabei aber die zwei zentralen Fragestellungen in den Fokus zu nehmen, nämlich (i) wann im Rahmen der Wissenszurechnung (genauer: der Informations- und Aufklärungspflichtverletzung) die Grenze von bloßer Fahrlässigkeit zum bedingten Vorsatz durch Erklärungen (der natürlichen/juristischen Person) ins Blaue hinein überschritten ist und (ii) ob in diesen Fällen trotz Annahme von Vorsatz/Arglist Haftungsbegrenzungen gleichwohl zulässig sein können, z. B. weil (i) der Umfang der Aufklärungspflichten nach §§ 241 Abs. 2, 311 Abs. 2 BGB grundsätzlich der Vertragsfreiheit unterliegt und zudem (ii) § 444 BGB sich vom Wortlaut mit der Formulierung „soweit" nicht nur auf die Abgabe von Garantien, sondern auch auf Arglist bezieht.

Die M&A-Praxis mit ihrem ausgefeilten Know-how zu umfangreichen vorvertrag- **102** lichen Aufklärungsprozessen sowie zur detaillierten Vertragsgestaltung, aber auch der Kenntnis der ökonomischen Bedürfnisse von Unternehmenskäufern und -verkäufern mag hier durchaus einen wertvollen Beitrag leisten, die Diskussion über die passende dogmatische Einordnung der Zurechnung im allgemeinen Zivilrecht auch über die Grenzen von M&A hinaus zu befruchten. So ist schon verbreitet zu Recht als weiterer gedanklicher Ansatzpunkt herausgearbeitet worden, dass **Wissenszurechnung immer im Kontext des konkreten Normgefüges** zu betrachten ist und dabei als „bloßes Wertungsmodell" auch stets die Besonderheiten des Einzelfalles (hier: das Spezialgebiet M&A) zu berücksichtigen hat.[339] Die generelle Erhöhung des bloß fahrlässigen Organisationsverschuldens zur Arglist steht jedenfalls beim Unternehmenskauf im Widerspruch zur typischen Interessenlage sowie den dort in der Praxis gefundenen vertraglichen Mechanismen zur Allokation von (bekannten wie unbekannten) Risiken des gekauften Unternehmens.[340] Der Kauf eines Unternehmens ist eben nicht mit dem Kauf einer bloßen Wohn-Immobilie oder eines Gebrauchtwagens vergleichbar.[341] So erhält der **Käufer beim Unternehmenskauf regelmäßig umfassende Gelegenheit,** bereits vor Unterzeichnung des Kaufvertrages den **Kaufgegenstand näher zu untersuchen,** und zwar in der Regel auch aufgrund spezifischer Informationen, die er gezielt anfordern und hinsichtlich derer er ergänzende Fragen stellen kann. Dabei wird der Käufer in aller Regel von Fachleuten unterstützt.[342] Zudem lässt sich der Käufer hinsichtlich der wertbildenden Faktoren sowie hinsichtlich der von ihm identifizierten oder auch nur vermuteten Risiken **umfassende Garantien** geben, die bereits zu einer verschuldensunabhängigen Haftung des Verkäufers führen. Somit hat der Käufer nach Übernahme der Leitungsmacht in dem gekauften Unternehmen – je nach Länge der vereinbarten Verjährung – in der Regel sechs Monate bis zu drei Jahre Zeit, etwaige Mängel des gekauften Unternehmens aufzu-

---

[338] Sie dazu im Einzelnen *Armbrüster/Kosich,* ZIP 2020, 1494, 1496 ff.
[339] Vgl. auch *Liebscher,* ZIP 2019, 1837, 1846.
[340] Vgl. bereits zum *Caveat-Emptor*-Grundsatz oben → Rn. 3 sowie zu dogmatischen Bedenken *Rasner,* WM 2006, 1425, 1429; *Altmeppen,* BB 1999, 746; für einen Vorrang der privatautonomen Parteivereinbarungen beim Unternehmenskauf auch *Karampatzos,* NZG 2012, 852.
[341] So auch *Hoenig/Klingen,* NZG 2013, 1046, 1049.
[342] So auch *Karampatzos,* NZG 2012, 852, 859.

spüren und sich beim Verkäufer schadlos zu halten. Eines Schutzes des Käufers über die (unlimitierte) Arglisthaftung des Verkäufers bedarf es daher unter dem Gesichtspunkt einer angemessenen Risikoverteilung zwischen den Vertragspartnern in Fällen eines nur fahrlässigen Organisationsverschuldens des Verkäufers grundsätzlich nicht; die mit dem Unternehmensverkauf verbunden Chancen und Risiken vereinbaren die Vertragsparteien vielmehr **auf Grundlage der Vertragsfreiheit regelmäßig autonom.**[343] Die Arglisthaftung des Verkäufers sollte m. E. daher – zumindest beim Unternehmenskauf – auf die Fälle der gezielten Täuschung des Käufers durch aktives Tun oder Unterlassen beschränkt bleiben und ein etwaiges (bloß fahrlässiges) Organisationsverschulden des Verkäufers ausklammern.[344] Es bleibt jedoch abzuwarten, wie sich die Rechtsprechung in diesem für die Praxis des Unternehmenskaufs äußerst relevanten Bereich fortentwickeln wird. Letztlich lautet die von der Rechtsprechung zu entscheidende Frage: Ist im speziellen Fall des Unternehmenskaufs der Vertragsfreiheit oder dem Verkehrsschutz Vorrang einzuräumen?[345] Der Grenzfall, bei dem es für die Frage des etwaigen Vorrangs der Vertragsfreiheit oder des § 276 Abs. 3 BGB „zum Schwur" kommt, sind die „Erklärungen ins Blaue hinein", die sowohl die vorvertragliche Information des Käufers durch den Verkäufer als insbesondere dann auch die Garantien im Kaufvertrag betreffen, bei denen der Verkäufer entweder objektiv „harte" Erklärungen oder zumindest nach **„bestem Wissen" im Rahmen subjektiver Garantien** abgibt (vgl. dazu bereits oben → Rn. 96 ff. sowie noch Teil → D., Rn. 528 ff.).

103   Hilfreich könnte hier auch ein ergänzender Blick auf das **Schutzgut von § 123 BGB** sein, das überwiegend in der rechtsgeschäftlichen Entschließungsfreiheit und nicht in einem **moralisch vorwerfbaren Verhalten** gesehen wird.[346] Wenn Recht als autonomes Regelungssystem von moralischen Wertungen weitest möglich zu trennen ist und dem Zivilrecht kein Strafcharakter zukommt, dann wäre es an sich für die Entschließungsfreiheit des Käufers unerheblich, ob der Verkäufer gutgläubig, fahrlässig oder vorsätzlich getäuscht oder die gebotene Aufklärung unterlassen hat. Anders als herkömmlich im Rahmen der §§ 276 Abs. 3, 123 BGB angenommen (mit der möglichen Zurechnung nach §§ 278, 166 BGB), sind diese Normen dann in dem hier entscheidenden Punkt „Vorsatz" und „Arglist" gerade nicht deckungsgleich.[347]

104   Wie oben schon im Rahmen der Thesen (→ Rn. 39 ff.) herausgearbeitet, besteht auch ein **„Garantie-c. i. c.-Paradoxon",** wenn man nicht das Wort „soweit" in § 444 BGB auch auf die Arglist bezieht und somit eine Gestaltung der Aufklärungspflichten sowie der Rechtsfolgen zulässt:

– Bei **subjektiven Garantien** erklärt der Verkäufer „nach bestem Wissen" ausdrücklich, er habe sich sorgfältig erkundigt, was dann bei pflichtwidriger Informationsabfrage und -weiterleitung einem c. i. c. Fall der „Angaben ins Blaue hinein" vergleichbar ist und dazu führte, dass wegen § 276 Abs. 3 BGB sämtliche Haftungsbeschränkungen unwirksam wären.

– Bei den **objektiven Garantien,** die an sich eine stärkere Haftung begründen sollen, erklärt der Verkäufer nicht nur implizit, er habe sich sorgfältig erkundigt, sondern er

---

[343] So auch *Karampatzos,* NZG 2012, 852, 859; *Weißhaupt,* WM 2013, 782; *ders.* ZIP 2016, 2447, 2453 f. und 2457; vgl. auch *Meyer-Sparenberg* in: Meyer-Sparenberg/Jäckle, Beck'sches M&A Handbuch, § 44 Rn. 55 f.

[344] Vgl. auch *Weißhaupt,* ZIP 2016, 2447, 2554; für eine Zulässigkeit vertraglicher Einschränkungen auch *Schöne/Uhlendorf* in: Mehrbrey, Hdb. Streitigkeiten beim Unternehmenskauf, § 2 Rn. 440 ff.

[345] Vgl. auch *Weißhaupt,* ZIP 2016, 2447, 2553.

[346] Vgl. dazu *Arnold,* JuS 2013, 865, 866; *Karampatzos,* NZG 2012, 852 jeweils m. w. N.; *Weißhaupt,* ZIP 2016, 2447, Fn. 33.

[347] Die Frage, ob § 123 BGB moralische Wertungen integriert, um beispielsweise das Verhalten von Privatrechtssubjekten präventiv zu lenken, erörtert *Arnold,* JuS 2013, 865, 866, und befürwortet dies auf Grundlage der Unterscheidung von Straf- und Präventivfunktion.

stehe *unabhängig davon* für *jeglichen* Schaden ein, was jedoch wegen der Formulierung in § 444 BGB mit „soweit" durch Parteivereinbarung abdingbar/modifizierbar ist.

– Für den Bereich der **vorvertraglichen Aufklärungspflichtverletzung** und den Anspruch aus c. i. c. gibt es keine dem § 444 BGB vergleichbare Regelung, bei der mit dem Wörtchen „soweit" die Haftung durch Parteivereinbarung relativiert werden könnte. An sich widerspräche es normalerweise auch dem Grundsatz von Treu und Glauben, wenn der Verkäufer den Käufer durch Arglist oder auch nur „Angaben ins Blaue hinein" bei Abschluss des Kaufvertrages täuschte und/oder durch Abgabe von objektiven oder auch nur subjektiven Garantien dazu bewegt, die nötigen Grundlagen der jeweiligen Garantie aber gar nicht näher durch Abfrage und Weiterleitung der verfügbaren Informationen ermittelt, sich dann aber auf der Rechtsfolgenseite durch zahlreiche Haftungsbeschränkungen etwaiger Risiken entledigt, die er sowohl auf Basis von § 276 Abs. 3 BGB als auch § 444 BGB a. F. zu tragen hätte. Die Modifikation durch den Gesetzgeber in § 444 BGB von dem Wort „wenn" auf „soweit" bietet hingegen nach hier vertretener Auffassung zusammen mit §§ 241 Abs. 2, 311 Abs. 2 BGB eine Rechtsgrundlage, nicht nur die Art und den Umfang von Garantieversprechen privatautonom zu vereinbaren, sondern auch die Reichweite von Aufklärungspflichten nebst Verschuldensmaßstab nach § 276 Abs. 1 BGB.

Nach alledem ist frei nach Brecht zu resümieren: Wir stehen selbst enttäuscht und sehn betroffen, den Vorhang zu und alle Fragen offen.

Lösungsvorschlag: Ich schlage daher hier zur Frage der Zurechnung von Wissen und Verschulden für den Bereich des Unternehmenskaufs vor:

(1) Die Rechtsprechung und Praxis sollte sich von den missverständlichen Begriffen der **„Wissenszurechnung" und des „Wissensvertreters" lösen** und durch Verwendung des **Begriffs der „Informationspflichtverletzung"** verdeutlichen, dass wegen der möglichen Zurechnung auf Grundlage eines solchen Organisationsverschuldens heute mehr denn je ein sorgfältiges Informationsmanagement als Teil unternehmerischer Tätigkeiten im Rechtsverkehr erforderlich ist.

(2) Es sollte klar zwischen den Fällen der zunächst nur **internen Informationspflichtverletzung** und einer anlassbezogenen (im Kaufrecht regelmäßig die Kontaktaufnahme vor Vertragsschluss), **externen Aufklärungspflichtverletzung** unterschieden werden, weil erst diese zu einer Täuschung des Käufers führen und auf seine freie Willensentschließung einwirken kann.

(3) Ausgehend von den internen Pflichten eines Geschäftsleiters nach der internen **Business Judgement Rule** könnte man – im Sinne einer Komplementarität die gleichen Maßstäbe auch für das externe Tun oder Unterlassen von natürlichen wie juristischen Personen als Pflichtenmaßstab in Form einer externen **„Business Information Rule"** anwenden, um die zu weit geratene Organisationspflichtverletzung einzugrenzen: soweit (zukünftige) Vertragspartner zur vorvertraglichen Verteilung der sich im konkreten Fall ergebenden Informations-Risiken keine abweichenden Vereinbarungen getroffen haben, haben sowohl natürliche wie juristische Personen als am Rechtsverkehr im Außenverhältnis teilnehmende Einheit die „Sorgfalt eines ordentlichen und gewissenhaften Teilnehmers am Rechtsverkehr" anzuwenden. Eine Pflichtverletzung liegt nur vor, wenn die natürliche oder juristische Person bei einer Teilnahme am Rechtsverkehr vernünftigerweise nach Treu und Glauben annehmen durfte, dafür angemessen informiert zu sein und angemessen informiert zu haben." Schon *Bohrer*, auf den auch der BGH sich in seiner grundlegenden Entscheidung vom 2.2.1996[348] zur Wissenszurechnung stützt, hat insoweit auf den Gedanken der **„Wissensverantwortung als ein selbständiges Strukturelement des privaten Rechtsverkehrs"** verwiesen, welcher – vergleichbar einer Verkehrssicherungspflicht – auf dem Gedanken beruht, dass jeder, der Gefahrenquellen schafft, die notwendigen Vorkehrungen zum Schutz Dritter zu treffen hat.[349]

---

[348] BGH vom 2.2.1996 – V ZR 239/94, NJW 1996, 1339, 1340.
[349] *Bohrer*, DNotZ, 1991, 124, 129, 131.

(4) Die aus der Business Information Rule folgende Pflicht könnte man **de lege ferenda** als Konkretisierung der Grundsätze von Treu und Glauben fassen, z. B. als Unterfall allgemeiner Schutzpflichten als **neuen § 241 Abs. 3 BGB**.[350]

(5) Nach §§ 241 Abs. 2, 311 Abs. 2, 276 Abs. 1 BGB sind **Vereinbarungen** von Verkäufer und Käufer sowohl **zum Umfang der Aufklärungspflichten** des Verkäufers sowie der von ihm (und ggf. auch dem Käufer) **anzuwendenden Sorgfalt** (Verschuldensmaßstab) möglich.

(6) Neben den klaren Fällen einer vorsätzlichen Täuschung (z. B. durch Bilanzmanipulationen oder gezielt unwahren Behauptungen) sollten Fälle einer bloß fahrlässigen Informations- und Aufklärungspflichtverletzung – wie bislang – zu einem Vorsatzvorwurf führen und § 276 III BGB keine Anwendung finden. **§ 444 BGB** ist hingegen die Norm, die speziell für das Kaufrecht ebenfalls *grundsätzlich* bei Vorsatz bzw. Arglist einen Haftungsausschluss für unwirksam erklärt, durch die Formulierung mit dem Wort „soweit" aber *ausnahmsweise* nicht nur im Bereich von Garantien privatautonom vereinbarte Abweichungen zulässt, sondern auch für den Bereich – der normalerweise Arglist begründenden – unterlassenen Aufklärung. Denn durch Parteivereinbarung kann das Informationsrisiko nebst Reichweite der Aufklärungspflichten des Verkäufers privatautonom vereinbart werden.

(7) Sowohl die vorvertraglichen **„Angaben ins Blaue hinein"** als auch die Garantieversprechen des Verkäufers (gleich ob objektiv oder nur „nach bestem Wissen" abgegeben) sind zunächst bedingt vorsätzlicher Natur, weil der Verkäufer sorgfaltswidrig nicht die relevanten Informationen abgefragt und weitergeleitet hat. Ob für diese Fälle die Formulierung in **§ 444 BGB mit „soweit"** hilft, nicht nur für die Garantieerklärung an sich, sondern auch dem bedingt vorsätzlichen Arglistfall die Haftung tatbestandlich und/oder auf der Rechtsfolgenseite einzugrenzen, ist offen, sollte aber vom Grundsatz her bejaht werden.

(8) Dabei erscheint mir dann auch eine **Zurechnung über § 31 BGB analog** passender zu sein als die in der Literatur vielfach zu Recht kritisierte Analogie zu § 166 Abs. 1 BGB.[351]

(9) Auch mag hier der Regelung in § 278 S. 2 BGB der Rechtsgedanke entnommen werden, dass eine Vereinbarung mit dem Gläubiger zum Ausschluss einer Haftung für sogar vorsätzliches Verhalten von Erfüllungsgehilfen grundsätzlich zulässig sein soll und man vor diesem Hintergrund den Vorwurf der (eigenen) Organisationspflichtverletzung des Geschäftsleiters nach § 31 BGB analog dahingehend restriktiv verstehen sollte, dass bei pflichtgemäßer Abfrage und Anordnung der Weiterleitung etwaige Fehler auf Mitarbeiterebene nicht mehr als Verschulden zugerechnet werden.[352]

105   Ob andere Lösungsansätze hier helfen können, die Gleichstellung von fahrlässigem Organisationsverschulden mit Arglist zu vermeiden, wie z. B. die jüngst von *Guski* entwickelte These, den Wissensbegriff sowie die Zurechnung nicht mehr auf die kognitiven Fähigkeiten von Menschen zu beziehen, sondern **die Organisation selbst als sich autonom steuerndes System** zu verstehen, bleibt abzuwarten.[353]

106   **(8) Praxis- und Gestaltungshinweise für die M&A-Beratung.** Vor dem Hintergrund der Rechtsprechung des BGH sowie den damit verbundenen Unsicherheiten für die M&A-Praxis kann versucht werden, mit verschiedenen organisatorischen Maßnahmen sowie Vereinbarungen in sowohl der vorvertraglichen Phase als auch im Kaufvertrag gegenzusteuern, um so insbesondere verkäuferseitig die Haftungsrisiken zu reduzieren, z. B.

---

[350] Im Ansatz mit einem Lösungsvorschlag über § 241 Abs. 2 de lege lata ähnlich *Risse*, NZG 2020, 856, 863 ff.

[351] Offengelassen von BGH vom 12.11.1998 – IX ZR 145/98, NJW 199, 284, 286; für eine analoge Anwendung von § 31 BGB u. a. auch *Fleischer* in: Beck OGK AktG, § 78 Rn. 53 m. w. N.; ders. NJW 2006, 3239, 3243 f.; *K. Schmidt*, Gesellschaftsrecht, 10 V 2b; *Koch* in: Hüffer/Koch, AktG § 78 Rn. 24 m. w. N.; vgl. auch die Darstellung zu den dogmatischen Grundlagen der Wissenszurechnung in der Literatur *Armbrüster/Kosich*, ZIP 2020, 1494, 1496 ff. und speziell zu § 31 BGB analog S. 1498 m. w. N.

[352] In die gleiche Richtung argumentierend *Risse*, NZG 2020, 856, 862.

[353] *Guski*, ZHR 184 (2020), 363, 376 ff.

- **Verkäufer-Due-Diligence** zur gezielten Suche nach Schwachstellen, um sodann den Käufer ungefragt bzw. auf Fragen des Käufers hin über aufklärungspflichtige Tatsachen vollständig und richtig aufklären zu können;[354]
- **Vereinbarungen** schon gleich zu Beginn der Transaktion (z. B. im LoI) zur Reichweite der **Aufklärungspflichten** sowie zum Kreis derjenigen **Personen,** deren Verhalten und Wissen dem Verkäufer (oder ggf. auch dem Käufer) zuzurechnen ist;[355]
- **sorgfältige Organisation und Dokumentation** des Verkaufsprozesses nebst Erfüllung der Aufklärungspflichten[356] bei sowohl der Zielgesellschaft als auch der Verkäufergesellschaft;
- Ausschluss der Haftung für vorsätzliches Verhalten der Erfüllungsgehilfen gemäß **§ 278 Satz 2 BGB;**
- präzise **Definition des Personenkreises,** auf dessen „Kenntnis" oder „bestes Wissen" es für die Abgabe von Garantien ankommt;[357]
- präzise Definition, was die Parteien genau unter „Kenntnis" bzw. „bestem Wissen" verstehen;
- präzise Vereinbarung einer **Wissensfiktion** hinsichtlich der Umstände, die in den im Datenraum sowie der sonst im Rahmen der Due Diligence verfügbar gemachten Unterlagen enthalten sind sowie Speicherung auf Datenträger und Beifügung zur Urkunde zu Beweiszwecken (Alt.: Dokumentenliste vom Käufer abzeichnen lassen).

> **Beachte:** Das Risiko des Verkäufers, dem Käufer aufgrund eines bloßen Organisations-verschuldens wegen Arglist (zwingend, vgl. § 276 Abs. 3 BGB) zu haften, betrifft auch die vereinbarten Verjährungsregeln. Infolgedessen ist der Verkäufer im Falle von Arglist einer Verjährung von bis zu 30 Jahren ausgesetzt, wenn der Mangel bei richtiger Organisation entdeckt worden wäre.[358]

d) Prozessuale Fragen: Darlegungs- und Beweislast, Kausalitätsvermutung, § 138 ZPO

Das Haftungsrisiko des Verkäufers erhöht sich zudem dadurch, dass der BGH ihm die **107** **sekundäre Darlegungslast** für die **Erfüllung seiner Aufklärungspflichten** (die an sich nach allgemeinen Beweisgrundsätzen beim Käufer liegen würde) auferlegt: Der Käufer kann zunächst eine fehlende Aufklärung schlicht behaupten, woraufhin der Verkäufer in räumlicher, zeitlicher und inhaltlicher Weise seine Aufklärung des Käufers spezifizieren und dabei darlegen und beweisen muss, dass der Schaden auch bei pflichtgemäßem Verhalten eingetreten wäre, der Geschädigte also den Hinweis unbeachtet gelassen und auch bei wahrheitsgemäßen Tatsachenangaben den Vertrag so wie geschehen geschlossen hätte.[359] Und auch soweit im Hinblick auf die Tatbestandsvoraussetzungen ein qualifiziertes Verschulden wie Arglist nötig und vom Käufer behauptet wird, trifft zwar ihn grundsätzlich die Darlegungs- und Beweislast, doch ist dies dadurch gemildert, dass den Verkäufer auch in Bezug auf die **Organisation seines Betriebs eine sekundäre Darlegungslast** trifft.[360]

---

[354] Vgl. speziell zu Maßnahmen für die Erfüllung der gesetzlichen Aufklärungspflichten *Koppmann,* BB 2014, 1673, 1677 f.

[355] Siehe dazu auch die Formulierungsvorschläge in → Rn. 187.

[356] Vgl. *Koppmann,* BB 2014, 1673, 1677 f.

[357] So auch *Hoenig/Klingen,* NZG 2013, 1046, 1051; *Weißhaupt,* WM 2013, 782, der bei Definition der Wissensträger in einer Anlage zum Kaufvertrag die analoge Anwendung von § 166 BGB von Vornherein für unanwendbar hält.

[358] So zum Werkvertragsrecht BGH vom 11.10.2007 – VII 99/06, NJW 2008, 145.

[359] BGH vom 12.11.2010 – V ZR 181/09, NJW 2011, 1280 f.; BGH vom 15.7.2016 – V ZR 168/15, NZG 2017, 542 Tz. 9; *Weidenkaff* in: Palandt, BGB, § 444 Rn. 4.

[360] BGH vom 20.9.2018 – I ZR 146/17, NJOZ 2019, 1338 Tz. 19.

Erst diesen spezifizierten Vortrag muss der Käufer sodann ausräumen.[361] Infolge des Urteils des **BGH im „Diesel–Abgas–Skandal" vom 25.5.2020**[362] kann auch nicht ausgeschlossen werden, dass sich im konkreten Fall für den Verkäufer weitere prozessuale Probleme und Nachteile daraus ergeben, dass der BGH aufgrund des in § 138 ZPO angelegten prozessualen „Wechselspiels von Vortrag und Gegenvortrag" die sekundäre Darlegungslast eines Verkäufers dahingehend auf negative (also auch dem Management des Verkäufers nicht bekannte) Tatsachen ausweitet, dass er sogar nachträglich **Nachforschungen anzustellen** und ggf. zur Organisationsstruktur, der Arbeitsorganisation, internen Zuständigkeiten und Verantwortlichkeiten, Berichtspflichten und etwa von ihm veranlassten internen Ermittlungen vorzutragen hat.[363] Da die beklagte VW AG (im M&A Fall dann der Verkäufer) dieser sekundären Darlegungslast nicht nachgekommen sei, sondern sich unzulässig auf pauschales Bestreiten mit Nichtwissen nach § 138 Abs. 4 ZPO beschränkt habe, gelte der Vortrag des Klägers nach § 138 Abs. 3 ZPO als zugestanden.[364]

108   Nach dem Urteil des OLG Düsseldorf vom 16.6.2016 darf der Verkäufer u. a. auch die – im Streitfall besonders praxisrelevante – objektive Fehlerhaftigkeit von Jahresabschlüssen und Bilanzen, die ggf. nicht einmal er selbst, sondern z.B. der Steuerberater erstellt und dem Käufer vorgelegt hat (oder auch der M&A Berater), schon deswegen nicht mit Nichtwissen i. S. v. § 138 Abs. 4 ZPO bestreiten, weil er gemäß § 46 Nr. 1 GmbHG an der Feststellung mitgewirkt hat.[365]

Ferner trägt der Verkäufer die Darlegungs- und Beweislast für die Behauptung, der Schaden sei auch bei pflichtgemäßem Verhalten eingetreten, der geschädigte Käufer also den Hinweis unbeachtet gelassen und auch bei wahrheitsgemäßen Angaben den Kaufvertrag so wie geschehen abgeschlossen hätte.[366]

> **Praxishinweis:** Mit Hinweis darauf, dass mit Übergabe des Unternehmens nicht nur sämtliche Mitarbeiter des Unternehmens (als potentielle Zeugen einschließlich der oftmals gegenüber dem bisherigen Geschäftsherrn schwindenden Loyalität) sowie das gesamte „verfügbare Aktenwissen" auf den Käufer übergehen, könnte der Verkäufer versuchen, mit dem Käufer eine Vereinbarung zur Beweislast dahingehend zu treffen, dass die primäre Darlegungs- und Beweislast grundsätzlich im vollen Umfang beim Käufer als Anspruchsteller liegt, wohingegen der Verkäufer nur entsprechenden Vortrag widerlegen muss.

109   Aufgrund der typischerweise umfangreichen **Haftungsausschlüsse** ist der Käufer im **Gewährleistungsprozess** auch geradezu gezwungen, sich auf Arglist/Vorsatz des Verkäufers zu berufen, was neben den zivilrechtlich unkalkulierbaren Risiken für den Verkäufer in letzter Konsequenz auch strafrechtliche Risiken wegen eines möglichen Betrugsverdachts begründen kann.[367] Werden staatsanwaltschaftliche Ermittlungen aufgenommen, ergeben

---

[361] Vgl. die Anmerkung von *Lorenz,* LMK 323580 zum BGH vom 15.7.2011.

[362] BGH vom 25.5.2020 („Dieselskandal") – VI ZR 252/19, NJW 2020, 1962.

[363] BGH vom 25.5.2020 („Dieselskandal") – VI ZR 252/19, NJW 2020, 1962 Tz. 37 und 41; vgl. dazu auch *Risse,* NZG 2020, 856, 861.

[364] BGH vom 25.5.2020 („Dieselskandal") – VI ZR 252/19, NJW 2020, 1962 Tz. 30.

[365] OLG Düss. vom 16.6.2016 – I-6 U 20/15, NZG 2017, 152, 155 Tz. 37. *Weißhaupt,* ZIP 2016, 2447, 2452 führt hierzu aus, das OLG hätte den Verkäufer aufgrund seiner Zuständigkeit für die Feststellung des Jahresabschlusses als „für die Bilanzmanipulationen mitverantwortlich" eingestuft und verweist dafür auf Tz. 25 des Urteils, in welcher das OLG jedoch lediglich den Inhalt der Replik zusammenfassend wiedergibt und wegen des prozessual nur in unzulässiger Weise bestrittenen Vortrags der Klägerseite diesen zugrunde gelegt.

[366] BGH vom 16.12.2009 – VIII ZR 38/09, NJW 2010, 858 Tz. 18; BGH vom Urteil vom 4.4.2001 – VIII ZR 32/00, NJW 2001, 2163, 2165; OLG Düss. vom 16.6.2016 – I-6 U 20/15, NZG 2017, 152, 159 Tz. 73.

[367] Hierauf weisen *Ehling/Kappel,* BB 2013, 2955 hin. Vgl. zur strafrechtlichen Verantwortlichkeit bei Täuschungen über Prognosen auch *Beckemper* in: Drygala/Wächter, Verschuldenshaftung und Wis-

sich daraus schon rein faktisch Nachteile für den Verkäufer, dass durch dieses Verfahren ein Imageverlust in der Öffentlichkeit eintritt und zudem der Käufer durch Akteneinsicht in die staatsanwaltschaftliche Ermittlungsakte wichtige Erkenntnisse für das Zivilverfahren erlangen könnte.[368]

Als problematisch für den Verkäufer erweist sich zudem, dass nach der Rechtsprechung des BGH bei einer Verletzung von Aufklärungspflichten eine **Kausalitätsvermutung** dafür gilt, dass die Aufklärungspflichtverletzung auch ursächlich für die Kaufentscheidung gewesen ist, was der Verkäufer durch Aufzeigen von Umständen beseitigen muss, die diese tatsächliche Vermutung entkräften. Die bisherige Einschränkung für diese Kausalitätsvermutung, wonach der Käufer darlegen musste, dass es für ihn vernünftigerweise nur eine bestimmte Reaktion auf die wahrheitsgemäße Aufklärung gibt und die Möglichkeit eines Entscheidungskonflikts ausscheidet, hat der 5. Zivilsenat des BGH ausdrücklich aufgegeben und sich insoweit der gleichlautenden Rechtsprechung des 2., 3. und 11. Senats angeschlossen.[369] Die „Beratung" durch den Verkäufer – beim Unternehmensverkauf z.B. durch Angaben im Info-Memo zu Ertragsprognosen, den Management-Präsentationen oder durch sonstige Informationen während der Due Diligence –, der gewöhnlich nicht verpflichtet ist, den Käufer über die Wirtschaftlichkeit des Erwerbs und seinen Nutzen aufzuklären oder zu beraten, dient vornehmlich dem Interesse des Verkäufers, den Verkauf seines Unternehmens zu fördern, so dass – so der BGH – nach der Lebenserfahrung davon auszugehen ist, dass diese – wie beabsichtigt – gewirkt hat und damit für den Vertragsentschluss des Käufers ursächlich gewesen ist. Der Verkäufer, der durch eine fehlerhafte Beratung (hier eher Informationsgewährung) in das Recht des Käufers eingewirkt hat, in eigener Entscheidung und Abwägung des Für und Wider über den Kauf zu befinden, hat die diese tatsächliche Vermutung entkräftenden Umstände aufzuzeigen.[370]

Ferner hat der BGH im Zusammenhang mit § 444 BGB entschieden, dass sich ein Verkäufer auf einen vereinbarten Gewährleistungsausschluss **trotz fehlender Kausalität der Arglist** für den Kaufentschluss des Käufers nicht berufen darf.[371] Für die Unwirksamkeit des Haftungsausschlusses im Rahmen der Gewährleistung genügt – anders als bei § 123 BGB – vielmehr eine aus der Sicht des Verkäufers **denkbare Kausalität.** Arglist liegt bereits dann vor, wenn es der Verkäufer zumindest für möglich hält, dass der Käufer den Fehler nicht kennt und er bei Offenbarung den Vertrag nicht oder nicht so geschlossen hätte.[372]

Beispiel: Der Käufer möchte den Verkäufer auf Schadensersatz in Anspruch nehmen; die vertragliche Haftung ist aber entweder verjährt oder der Höhe nach begrenzt etc. Der Käufer behauptet daraufhin, die kaufvertragliche Gewährleistung sei wegen arglistigen Verhaltens des Verkäufers nicht wirksam ausgeschlossen bzw. begrenzt. Der Verkäufer habe ihn, den Käufer, (i) über wesentliche Umstände nicht (auch ungefragt) aufgeklärt und/oder (ii) die von ihm im Rahmen der Due Diligence gestellten Fragen nicht, nicht wahrheitsgemäß oder nicht vollständig beantwortet. Dass dieser Umstand für den Kaufentschluss nicht ursächlich war, ist nach der oben genannten Entscheidung des BGH unerheblich. Der Verkäufer muss nun nach den modifizierten Darlegungs- und Beweislastgrundsätzen darlegen und beweisen, wann und wo er den Käufer über diese Umstände vollständig und wahrheitsgemäß aufgeklärt hat.

---

senszurechnung bei M&A Transaktionen, S. 32 ff. unter Hinweis auf das Urteil BGH vom 6.10.2009 – 4 StR 307/09, NStZ-RR, 2010, 146.

[368] Vgl. *Ehling/Kappel,* BB 2013, 2955, 2958.

[369] BGH vom 15.7.2016 – V ZR 168/15, NZG 2017, 542 Tz. 16 ff. unter Darstellung der Rechtsprechung der übrigen Senate des BGH; zustimmend *Podewils,* EWiR 2017, 239.

[370] BGH vom 15.7.2016 –V ZR 168/15, NZG 2017, 542 Tz. 21.

[371] BGH vom 15.7.2011 – V ZR 171/10, NJW 2011, 3640, 3641; vgl. auch die Urteilsbesprechungen von *Thies,* BB 2011, 2644 und *Faust,* JuS 2012, 354; *Hoenig/Klingen,* NZG 2013, 1046.

[372] Vgl. die Anmerkung von *Lorenz,* LMK 323580 zum BGH vom 15.7.2011.

e) Rechtsfolgen bei c. i. c.

110   Ist eine Aufklärungspflicht des Verkäufers zu bejahen, und sei es auch nur im Wege der
Zurechnung von Verhaltensweisen seiner Geschäftsführer, Mitarbeiter, Berater oder sonstiger für ihn im Rahmen der Transaktion tätig Gewordenen, und kann der darlegungs- und
beweisbelastete Verkäufer nicht nachweisen, wann und wo er auf welche Weise den Käufer
über die maßgeblichen Umstände aufgeklärt hat, kann der Käufer als Rechtsfolge entweder
am Kaufvertrag festhalten und lediglich Schadensersatz beanspruchen oder aber
Rückgängigmachung des Vertrages verlangen.[373] Wählt er – wie sowohl in dem vom
BGH im Urteil vom 4.4.2001 als auch im Urteil des OLG Düsseldorf vom 16.6.2016
entschiedenen Fällen – die letztere Möglichkeit, kann er Zug um Zug gegen (Rück-)Ab-
tretung der erworbenen Geschäftsanteile den Kaufpreis zurückfordern und zugleich Ersatz
derjenigen Aufwendungen verlangen, die ihm im ursächlichen Zusammenhang mit dem
beabsichtigten und/oder durchgeführten Erwerb der Geschäftsanteile entstanden sind. Dies
betrifft u. a. auch die außerhalb des Rechtsstreits entstandenen Anwaltsgebühren und Gerichtskosten sowie ggf. auch weitere Schäden, die dem Käufer auf Grund des Kaufs der
Geschäftsanteile bisher entstanden sind und künftig entstehen werden.[374]

Allerdings kann, wie das OLG Düsseldorf in seinem Urteil vom 16.6.2016 ausgeführt
hat, u. U. der **Zurechnungszusammenhang** fehlen, welcher durch den **Schutzzweck
der Norm** begrenzt ist, weshalb auch bei Aufklärungspflichtverletzungen entscheidend
ist, ob sich das aufklärungspflichtige Risiko verwirklicht hat.[375] Dies war z. B. im Hinblick
auf die von der Klägerin den erworbenen Gesellschaften gewährte Gesellschafterdarlehen
der Fall, welche erst in den Wochen nach Vollzug der Transaktion vereinbart und gewährt
worden waren, so dass insoweit eine freie Entschließung des Käufers vorlag und der Schutzzweck der culpa in contrahendo nicht verletzt war.[376]

111–114 *(frei)*

4. Konkurrenzen zwischen kaufrechtlicher Gewährleistung und culpa in contrahendo

115   Die Frage, ob und gegebenenfalls unter welchen Voraussetzungen der Verkäufer dem
Käufer bei einem (Unternehmens-)Kauf (auch) nach den Grundsätzen des Verschuldens bei
Vertragsschluss[377] haftet, ist nicht einfach zu beantworten, weil neben diesem Rechtsinstitut
auch die kaufrechtlichen Gewährleistungsvorschriften der §§ 434 ff. BGB sowie das Anfechtungsrecht der §§ 119 ff. BGB Regelungssysteme zum Interessenausgleich zwischen Käufer
und Verkäufer vorsehen. Für die Frage der Konkurrenzen gibt es **verschiedene Parameter,** die zu unterscheiden sind:

✓ Angaben des Verkäufers **außerhalb des sachlichen Anwendungsbereichs** der
  §§ 434 ff. BGB
  – Angaben zu Umständen, die keinen Sachmangel begründen können
  – Angaben zu Umständen, die (jedenfalls bis zur Schuldrechtsform 2002) nicht Ge-
    genstand einer zusicherungsfähigen Eigenschaft sein konnten
✓ Angaben des Verkäufers **innerhalb des sachlichen Anwendungsbereichs** der
  §§ 434 ff. BGB

---

[373] BGH vom 4.4.2001 – VIII ZR 32/00, NJW 2001, 2163, 2165; OLG Düss. vom 16.6.2016
– I-6 U 20/15, NZG 2017, 152, 159 Tz. 74.

[374] BGH vom 4.4.2001 – VIII ZR 32/00, NJW 2001, 2163, 2165; OLG Düss. vom 16.6.2016
– I-6 U 20/15, NZG 2017, 152, 159 Tz. 74.

[375] OLG Düss. vom 16.6.2016 – I-6 U 20/15, NZG 2017, 152, 159 Tz. 78; vgl. auch dazu BGH,
Urteil vom 6.4.2001 – V ZR 394/99, NJW 2001, 2875, 2877.

[376] Vgl. *Weißhaupt,* ZIP 2016, 2447, 2456.

[377] §§ 241 Abs. 2, 311 Abs. 2, 280 Abs. 1 BGB und vor der Schuldrechtsreform im Jahr 2002 durch
die Rechtsprechung als culpa in contrahendo anerkannt.

- ✓ Abgrenzung von **Beschaffenheiten, Eigenschaften und sonstigen Umständen**
- ✓ Angaben **vor Gefahrübergang** gemäß § 446 BGB
- ✓ Angaben **nach Gefahrübergang** gemäß § 446 BGB
- ✓ **fahrlässig** falsche Angaben
- ✓ **vorsätzlich** falsche Angaben/Arglist
- ✓ vertraglicher **Ausschluss der c. i. c.** (culpa in contrahendo)
- ✓ vertragliche **Vereinbarung von Garantien** nach § 311 BGB statt Gewährleistung nach §§ 434 ff. BGB.

Aus dem Umstand, dass bei einem Unternehmenskauf die Gewährleistungsvorschriften der §§ 434 ff. BGB über § 453 Abs. 1 BGB entsprechend anwendbar sind,[378] folgt noch nicht ohne Weiteres, dass eine Haftung (z. B. für unrichtige Angaben im Jahresabschluss) unter dem Gesichtspunkt des Verschuldens bei Vertragsschluss ausgeschlossen ist.[379] Die culpa in contrahendo findet aber nach bisheriger Rechtsprechung zur Rechtslage vor der Schuldrechtsreform nur dann Anwendung, wenn der Umstand nicht Gegenstand einer Beschaffenheit sein kann bzw. **mangels Zusicherung** der Umstand (im entschiedenen Fall der Reinertrag) **nicht zur Eigenschaft** des Unternehmens **geworden** ist.[380] Es bleibt abzuwarten, ob der BGH diese Frage auch weiterhin nach diesen Grundsätzen behandeln wird.

> **Beachte:** Der BGH hat nach dem bis zum Inkrafttreten der Schuldrechtsreform bisher geltenden Recht nur entschieden, dass auch die Umstände, die zusicherungsfähige Eigenschaften sein und damit einen Mangel begründen konnten, nunmehr auch nach der Schuldrechtsreform als Beschaffenheiten vereinbart werden können.[381] Ob das allerdings auch für sonstige Umstände – namentlich Umsätze, Erträge und Bilanzangaben – gilt (dann in Abweichung von der bisherigen Rechtsprechung vor der Schuldrechtsreform), ist weiterhin offen.[382]

a) Fahrlässige (Aufklärungs-)Pflichtverletzung

Es besteht weitest gehende Einigkeit darüber, dass eine Haftung aus culpa in contrahendo für fahrlässige Pflichtverletzungen des Verkäufers, die sich auf einen Umstand beziehen, der zugleich einen Sachmangel darstellt, **ab Gefahrübergang ausgeschlossen** ist.[383] Oder anders formuliert: Fehlerhafte oder unterlassene Informationen seitens des Verkäufers, die sich auf eine „Beschaffenheit" des Unternehmens beziehen, können, außer im Fall der Arglist, niemals zu Ansprüchen aus culpa in contrahendo führen.[384] Die Sperrwirkung der §§ 434 ff. BGB gegenüber der Haftung aus culpa in contrahendo begründet der Bundesgerichtshof anhand einer teleologischen Betrachtungsweise mit dem Umstand, dass der Gesetzgeber die Verletzung vorvertraglicher Verpflichtungen im Zusammenhang mit der Beschaffenheit der Kaufsache ausschließlich dem späteren Vertrag zugeordnet hat.[385]

116

Beispiele: Der Verkäufer macht gegenüber dem Verkäufer fahrlässig falsche Angaben zum Zustand des Anlagevermögens oder zu gewerblichen Schutzrechten. Nach Übergabe des Unternehmens und Ablauf der vertraglich verkürzten Verjährungsfrist stellt der Käufer die Mängel fest. Eine Haftung aus culpa in contrahendo scheidet aus, weil allein die §§ 434 ff. BGB anwendbar sind (es sei denn, es ist bereits die – sehr niedrige – Schwelle zur Arglist überschritten, s. u.).

---

[378] Siehe dazu noch ausführlich Teil → D., Rn. 398 ff.

[379] BGH vom 18.3.1977 – I ZR 132/75, NJW 1977, 1538 f.

[380] BGH vom 18.3.1977 – I ZR 132/75, NJW 1977, 1538, 1539.

[381] BGH vom 5.11.2010 – V ZR 228/09, NJW 2011, 1217, 1218.

[382] Dafür spricht sich z. B. *Redeker*, NJW 2012, 2471 aus. Vgl. insgesamt zur bisherigen Rechtsprechung vor der Schuldrechtsreform und nach der Schuldrechtsreform Richter am BGH a. D. G. *Müller*, WM 2017, 929 (Teil I) und *Müller*, WM 2017, 981 (Teil II).

[383] Z. B. BGH vom 30.3.1990 – V ZR 13/89, NJW 1990, 1658; *Lorenz*, Anm. zum Urteil des BGH vom 27.3.2009 – V ZR 30/08, LMK 2009, 282362.

[384] *Huber*, AcP Bd. 202 (2002), 179, 186 f.

[385] Vgl. BGH vom 27.3.2009 – V ZR 30/08, NJW 2009, 2120, 2122.

Macht der Verkäufer hingegen **Angaben zum Umsatz des letzten Jahres** vor Verkauf oder händigt er dem Käufer einen Jahresabschluss mit Bilanz aus, sind diese Angaben – da nicht von gewisser Dauer – keine Beschaffenheiten des Unternehmens. Die §§ 434 ff. BGB sind nicht anwendbar, sodass eine Haftung aus culpa in contrahendo in Betracht kommt. Diese Haftung für eine (fahrlässige) culpa in contrahendo wird in aller Regel im Kaufvertrag ausgeschlossen.

> **Praxishinweis:** Der häufig anzutreffende Haftungsausschluss „weitergehende Gewährleistungsansprüche sind ausgeschlossen" erfasst gerade nicht die vorvertraglichen Ansprüche aus culpa in contrahendo,[386] weshalb auch Ansprüche aus culpa in contrahendo ausdrücklich ausgeschlossen werden sollten.

b) Vorsätzliche (Aufklärungs-)Pflichtverletzung / arglistige Täuschung

117   Schon bislang bestand Einigkeit darüber, dass die Haftung aus culpa in contrahendo im Falle von Vorsatz neben der Gewährleistungshaftung uneingeschränkt zum Zuge kommt.[387] Der Bundesgerichtshof hat diese Sicht bestätigt und dahingehend entschieden, dass Ansprüche wegen Verschuldens bei Vertragsschluss im sachlichen Anwendungsbereich der §§ 434 ff. BGB **nach Gefahrübergang grundsätzlich ausgeschlossen** sind, was jedoch zumindest dann (also sind durchaus weitere Ausnahmen denkbar) **nicht gilt, wenn** der Verkäufer den Käufer über die Beschaffenheit der Sache **arglistig getäuscht** hat.[388]

Beispiel: Wie oben bei fahrlässiger Aufklärungspflichtverletzung, nur dass der Käufer gezielt danach gefragt hat und der Verkäufer antwortet, das Anlagevermögen sei in einem ordnungsgemäßen Zustand und die für den Geschäftsbetrieb erforderlichen gewerblichen Schutzrechte stünden dem Unternehmen (unangegriffen) zu, ohne dass der Verkäufer weitere Erkundigungen innerhalb des Unternehmens einholt. Solche „Angaben ins Blaue hinein" begründen den Vorwurf arglistigen Verhaltens.[389]

Arglist würde ebenfalls vorliegen, wenn der den Verkauf verhandelnde Geschäftsführer die entsprechenden Fragen an die Fachabteilungen weitergibt, und diese dann eine positive Rückmeldung geben, obwohl sich das relevante Wissen über den gegenteiligen Sachverhalt aus den Akten ergibt.

c) Beschaffenheiten, Eigenschaften und sonstige Umstände

118   Von erheblicher praktischer Relevanz ist indessen die von der Rechtsprechung entwickelte und sehr feinsinnige Differenzierung nach Beschaffenheiten, Eigenschaften und sonstigen Umständen des Kaufgegenstandes, die in der vertraglichen Praxis des Unternehmenskaufs nur vergleichsweise selten nachvollzogen wird. Ursächlich mag dafür sein, dass es zumindest in der jüngeren Zeit weitestgehend üblich geworden ist, die gesetzlichen Gewährleistungsansprüche auszuschließen und stattdessen selbstständige Garantien gemäß § 311 Abs. 1 BGB zu vereinbaren.[390]

119   **aa) Die Eckpfeiler der Rechtsprechung zur Abgrenzung der c. i. c. von §§ 434 ff. BGB.**[391] Die Unterscheidung der Rechtsprechung von Umständen im Hinblick

---

[386] OLG München vom 26.7.2006 – 7 U 2128/06, Beck RS 2006, 09207 = DNotZ 2007, 712.

[387] Vgl. nur *Lorenz,* Anm. zum Urteil des BGH vom 27.3.2009 – V ZR 30/08, LMK 2009, 282362; *Beisel/Klumpp,* Der Unternehmenskauf, § 1 Rn. 57.

[388] Vgl. BGH vom 27.3.2009 – V ZR 30/08, NJW 2009, 2120, 2122; BGH vom 16.12.2009, NJW 2010, 858 Tz. 20; BGH vom 3011.2012, NJW 2013, 1671 Tz. 22; OLG Düss. vom 16.6.2016 – I-6 U 20/15, NZG 2017, 152, 154 Tz. 30.

[389] Siehe dazu → Rn. 24 ff.

[390] Vgl. auch *Hübner,* BB 2010, 1483.

[391] Vgl. insgesamt zur bisherigen Rechtsprechung *vor* der Schuldrechtsreform und *nach* der Schuldrechtsreform Richter am BGH a. D. G. *Müller,* WM 2017, 929 (Teil I) und *Müller,* WM 2017, 981 (Teil II).

auf den Kaufgegenstand lässt sich nur anhand der bereits vor der Schuldrechtsmodernisierung geltenden Rechtslage nachvollziehen,[392] ist aber bis heute genauso relevant, weil eine abschließende höchstrichterliche Entscheidung fehlt. Häufig waren die von der Rechtsprechung entschiedenen Fälle so gelagert, dass der Verkäufer keine selbständigen Garantieversprechen, sondern kaufrechtliche Gewährleistungen, zum Teil in der gesteigerten Form der Zusicherung von Eigenschaften abgegeben hatte. Sodann stellte sich in den meisten Haftungsfällen heraus, dass die **Gewährleistungsansprüche des Käufers bereits verjährt** waren, weil diese Ansprüche einer sechsmonatigen Verjährungsfrist unterlagen (§ 477 BGB a. F.), wohingegen Ansprüche aus culpa in contrahendo in 30 Jahren verjährten (seit 2002 nur noch 3 Jahre ab Kenntnis, §§ 195, 199 BGB). Zwar konnte bei einer vorsätzlichen/arglistigen Verletzung von Aufklärungspflichten die Haftung aus culpa in contrahendo neben die Haftung aus der kaufrechtlichen Gewährleistung treten; bei einer **bloß fahrlässigen Aufklärungspflichtverletzung** war jedoch eine Haftung aus culpa in contrahendo wegen des Vorrangs des Kaufrechts ausgeschlossen.[393] Auch konnte der Käufer nach den kaufrechtlichen Gewährleistungsansprüchen lediglich Ersatz des Nichterfüllungsschadens verlangen, wohingegen nach den Grundsätzen der culpa in contrahendo **Ersatz des Vertrauensschadens** zugesprochen werden konnte, der der Höhe nach *nicht* durch das Erfüllungsinteresse des Käufers begrenzt ist.[394]

Um dem Käufer gleichwohl in dieser Konstellation zu helfen (der BGH empfand offenbar insbesondere die kurze Verjährungsfrist von sechs Monaten bei einem Unternehmenskauf unangemessen kurz), hat die Rechtsprechung die Umstände, die Gegenstand einer kaufrechtlichen **Beschaffenheit und einer (zusicherungsfähigen) Eigenschaft** sein konnten, **begrifflich eng gefasst,** um damit entsprechend Raum für eine weite Haftung des Verkäufers aus culpa in contrahendo zu schaffen.[395]

Nach Auffassung der Rechtsprechung können zwar neben den **physischen Eigenschaf-** **120** **ten** des Kaufgegenstandes auch solche tatsächlichen, wirtschaftlichen, sozialen oder rechtlichen **Beziehungen des Kaufgegenstandes zu seiner Umwelt** Eigenschaften sein, die für dessen Brauchbarkeit und Wert bedeutsam sind.[396] Diese „Beziehungen" müssen aber ihren Grund in der Beschaffenheit der Kaufsache selbst haben, von ihr ausgehen, ihr auch für eine gewisse Dauer anhaften und nicht lediglich durch Heranziehung von Umständen in Erscheinung treten, die außerhalb der Sache liegen.[397] In der Gesetzesbegründung zum Schuldrechtsmodernisierungsgesetz wurde indessen ausdrücklich offen gelassen, ob zukünftig auch solche Umstände Gegenstand einer Beschaffenheitsvereinbarung sein können, die außerhalb der Kaufsache selbst liegen und bislang als Eigenschaft definiert wurden.[398] Die **Bedeutsamkeit eines Umstandes für den Wert oder die Brauchbarkeit** der Kaufsache ist nach Auffassung des Bundesgerichtshofes Voraussetzung sowohl dafür, dass er *Gegenstand einer Eigenschaftszusicherung* sein kann, als auch dafür, dass er als *Beschaffenheitsmerkmal* in Frage kommt.[399]

In einer **Entscheidung aus dem Jahre 2010** hat der Bundesgerichtshof nunmehr entschieden, dass an der Definition des Eigenschaftsbegriffes und den Umständen, die der Verkäufer garantieren kann, auch nach der Schuldrechtsmodernisierung festzuhalten ist.[400] Da die Unterschiede im früheren Recht zwischen den Fehlern (§ 459 Abs. 1 BGB a. F.) und den zusicherungsfähigen Eigenschaften (§ 459 Abs. 2 BGB a. F.) durch die Neurege-

---

[392] Vgl. dazu ausführlich *Emmerich* in: Münchener Kommentar zum BGB, § 311 Rn. 79 ff.
[393] Siehe oben → Rn. 116.
[394] BGH vom 25.5.1977 – VIII ZR 186/75, NJW 1977, 1536, 1537; BGH vom 3.7.1992 – V ZR 97/91, NJW 1992, 2564, 2565; BGH, Urteil vom 6.4.2001 – V ZR 394/99, NJW 2001, 2875, 2876.
[395] *Emmerich* in: Münchener Kommentar zum BGB, § 311 Rn. 79 ff.; *Palzer,* JURA 2011, 917, 921.
[396] Vgl. z. B. RG vom 24.6.1927, RGZ 117, 315, 317; vgl. auch den Überblick zur alten und neuen Rechtslage *Palzer,* JURA 2011, 917, 922.
[397] BGH vom 28.3.1990 – VIII ZR 169/89, NJW 1990, 1658, 1659.
[398] BT-Drs. 14/6040, 237, 240; vgl. dazu auch *Jaques,* BB 2002, 417, 418.
[399] BGH vom 3.7.1992 – V ZR 97/91, NJW 1992, 2564, 2565.
[400] BGH vom 5.11.2010 – V ZR 228/09, NJW 2011, 1217, 1218.

lung des Gewährleistungsrechts in der Schuldrechtsmodernisierung eingeebnet wurden und die Möglichkeiten für eine privatautonome Vereinbarung dessen, was der Verkäufer nach §§ 433, 434 BGB als Erfüllung des Vertrags schuldet, erweitert werden sollten,[401] kann **jedenfalls jede nach früherem Recht zusicherungsfähige Eigenschaft** einer Sache im Sinne des § 459 Abs. 2 BGB a. F. **nunmehr eine Beschaffenheit** im Sinne des § 434 Abs. 1 Satz 1 BGB sein.[402] Der abweichenden Ansicht,[403] nach der nur die körperlichen Eigenschaften der Sache und die dieser auf Dauer anhaftenden Umstände tatsächlicher, rechtlicher und wirtschaftlicher Art als Beschaffenheiten anzusehen sein sollen, ist der BGH ausdrücklich nicht gefolgt.

121   Danach differenziert die **Rechtsprechung wie folgt:**[404]
- **Beschaffenheiten** sind nur solche Umstände, die der Sache (oder dem Recht) unmittelbar (physisch oder dinglich) anhaften;
- **Eigenschaften** können über physische Eigenschaften hinaus auch alle sonstigen tatsächlichen, sozialen und rechtlichen Beziehungen des Kaufgegenstandes zu seiner Umwelt sein, wenn sie wegen ihrer Art und Dauer die Brauchbarkeit oder den Wert der Sache beeinflussen;[405] soweit sie nach bisherigem Recht zusicherungsfähig waren, können sie auch nach neuem Recht Gegenstand einer Beschaffenheitsvereinbarung sein;
- sonstige **Umstände,** die weder Beschaffenheit noch Eigenschaft sind, aber Gegenstand einer selbständigen Garantie sein können.

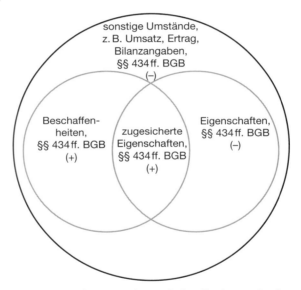

Abbildung: Umstände/Merkmale im Zusammenhang mit dem Kaufgegenstand

---

[401] BT-Drs. 14/6040, 212.

[402] Vgl. BGH vom 15.6.2016 VIII ZR 134/15, NJW 2016, 2874 Tz. 10; BGH vom 5.11.2010 – V ZR 228/09, NJW 2011, 1217, 1218; ausdrücklich anders noch BGH vom 3.7.1992 – V ZR 97/91, NJW 1992, 2564, 2565.

[403] *Huber,* AcP Bd. 202 (2002), 179, 225 f.; *Erman/Grunewald,* BGB, § 434 Rn. 3.

[404] Vgl. insgesamt zur bisherigen Rechtsprechung vor der Schuldrechtsreform und nach der Schuldrechtsreform Richter am BGH a. D. G. *Müller,* WM 2017, 929 (Teil I) und *Müller,* WM 2017, 981 (Teil II). Vgl. auch ausführlich zur Rechtsprechung *Müller,* ZIP 2000, 817 sowie *Huber,* AcP Bd. 202 (2002), 179, 184 ff. und *Palzer,* JURA 2011, 917, 922.

[405] BGH vom 3.7.1992 – V ZR 97/91, NJW 1992, 2564, 2565 (im entschiedenen Fall der schlechte Ruf mit seinen Auswirkungen auf die Ertragsfähigkeit der gekauften Raststätte); BGH vom 28.3.1990 –VIII ZR 169/89, NJW 1990, 1659; so im Grundsatz schon RG vom 24.6.1927, RGZ 117, 315, 317.

Ob zukünftig auch solche Umstände als „Beschaffenheit" angesehen und damit Ge- **122**
genstand einer kaufrechtlichen Beschaffenheitsvereinbarung oder Beschaffenheitsgarantie
werden können, die bislang nicht unter den Eigenschaftsbegriff fielen (also insbesondere
Bilanzangaben, Umsatz- und Ertragsangaben sowie Angaben und Zusicherungen im Zusammenhang mit dem Erwerbsvorgang zusammenhängenden Steuern), ist damit allerdings
noch nicht durch die Rechtsprechung geklärt (siehe dazu sogleich). Bislang waren jedenfalls solche Umstände nicht zusicherungsfähig, sodass diese nur Inhalt einer selbständigen
Garantie sein können.[406]

Praxishinweis: Angaben über Umsätze, Erträge und Bilanzen sowie (steuerliche) Verhältnisse in der Person des Erwerbers unterfielen bislang nach der Rechtsprechung des BGH
nicht dem Eigenschaftsbegriff, sondern lediglich die sich im Regelfall erst nach einer längeren Geschäftsperiode ergebende *Ertragsfähigkeit* oder *Ertragskraft*,[407] so dass mangels
höchstrichterlicher Rechtsprechung zur neuen Rechtslage bis auf Weiteres davon auszugehen ist, dass diese Umstände nach wie vor nicht als Beschaffenheit (worin die bisherige
Eigenschaftszusicherung aufgegangen ist) vereinbart werden können.[408] Sollen diese Umstände Gegenstand des Kaufvertrages werden, sollten auf jeden Fall selbständige Garantien i. S. v. § 311 Abs. 1 BGB vereinbart werden.[409]

Formulierungsvorschlag: *„Der Verkäufer garantiert dem Käufer verschuldensunabhängig
i. S. v. § 311 Abs. 1 BGB in den Grenzen der in diesem Vertrag enthaltenen Erklärungen und
Vereinbarungen und – soweit nicht ausdrücklich abweichend hierunter vereinbart – unter
Ausschluss einer jeglichen sonstigen vertraglichen, quasi-vertraglichen und gesetzlichen
Haftung (insbesondere auch des kaufrechtlichen Gewährleistungs- sowie des allgemeinen
Leistungsstörungsrechts[410]), dass die nachfolgenden Aussagen zum Zeitpunkt der Unterzeichnung dieses Vertrages („Beurkundungstag") sowie – soweit nicht ausdrücklich in einzelnen Garantien anders vermerkt – auch zum Übertragungszeitpunkt vollständig, richtig
und nicht irreführend sind (die „Garantien"). Die Berufung auf eine etwaige Unwirksamkeit
vertraglicher Vereinbarungen nach § 444 BGB ist ausdrücklich ausgeschlossen. Vielmehr
stellen die Parteien mit Blick auf die Formulierung in § 444 BGB und das darin enthaltene
Wort „soweit" hier klar, dass die Parteien sämtliche vorvertraglichen, vertraglichen sowie
gesetzlichen Rechte und Ansprüche hierunter ausschließlich privatautonom regeln wollen.
Die Parteien sind sich darüber einig, dass diese Garantien keine Beschaffenheitsvereinbarungen im Sinne von § 434 BGB und keine Beschaffenheitsgarantien im Sinne von § 443
Abs. 1 BGB darstellen."*

Ist keine selbständige Garantie vereinbart, kommt für solche Umstände, die nicht „Be- **123**
schaffenheit" sind, allenfalls eine Haftung aus **culpa in contrahendo** in Betracht,[411] wel-

---

[406] BGH vom 26.4.1991 – V ZR 165/89, NJW 1991, 2556; BGH vom 16.4.1997 – XII ZR
103/95, NJWE-MietR 1997, 150.
[407] BGH vom 12.11.1969 – I ZR 93/67, NJW 1970, 654, 655; vgl. auch *Jaques*, BB 2002, 417,
418.
[408] Es zeichnet sich allerdings recht deutlich ab, dass der BGH die im Rahmen der Schuldrechtsmodernisierung eingefügten Änderungen des Gewährleistungsrechts *nicht* zum Anlass nehmen wird,
seine bisherige Rechtsprechung zu ändern, vgl. vor allem BGH vom 26.9.2018 – VIII 187/17, Mitt-
BayNot 2019, 376 sowie die Anmerkung dazu von *Nassall*, NJW 2019, 150; ebenso *Müller*, WM 2017,
929 (Teil I) und *ders.* WM 2017, 981 (Teil II); *Schmitt*, WM 2019, 1871, 1872.
[409] So auch ausdrücklich die Empfehlung des BGH vom 25.5.1977 – VIII ZR 186/75, NJW 1977,
1536, 1537; vgl. auch BGH vom 12.11.1975 – VIII ZR 142/74, NJW 1976, 236; 237; BGH vom
16.4.1997 – XII ZR 103/95, NJWE-MietR 1997, 150.
[410] Wird die Anwendung der kaufrechtlichen Gewährleistung nicht ausdrücklich ausgeschlossen,
bedeutet die Vereinbarung selbständiger (wie unselbständiger) Garantien nur eine Verstärkung der
Haftung des Verkäufers, vgl. auch *Weidenkaff* in: Palandt, BGB, § 443 Rn. 12.
[411] Vgl. z. B. BGH vom 28.3.1990 – VIII ZR 169/89, NJW 1990, 1659.

che dann – anders als die kaufrechtliche Gewährleistungshaftung (Ausnahme: Schadensersatz gemäß § 437 Nr. 3 BGB i. V. m. § 280 Abs. 1 BGB) oder Garantiehaftung – auch ein **Verschulden** des Verkäufers voraussetzt, für das dieser sich aber gemäß § 280 Abs. 1 S. 2 BGB exkulpieren kann.

124 **bb) Insbesondere: Umsatz-, Ertrags- und Bilanzangaben.** Nach – jedenfalls für die Rechtslage bis zur Schuldrechtsreform 2002 – gefestigter Rechtsprechung des Bundesgerichtshofes begründeten unrichtige **Angaben über Umsätze und Erträge** *der Vergangenheit* eines Unternehmens regelmäßig keinen Sachmangel und stellten grundsätzlich auch keine zusicherungsfähigen Eigenschaften eines Unternehmens dar.[412] Etwas anderes konnte nur gelten, wenn diese sich über einen längeren, mehrjährigen Zeitraum erstreckten und (deshalb) einen verlässlichen Anhalt für die Bewertung der **Ertragsfähigkeit** und damit des Wertes des Unternehmens geben. Der Bundesgerichtshof hat die bis zum Verkauf auf längere Zeit erzielten bisherigen Umsätze und Erträge allerdings auch nur dann als eine Unternehmenseigenschaft angesehen, wenn sie **vertraglich zugesichert** wurden; sie seien dann – wie bereits das Reichsgericht ausgesprochen hat[413] – einer Eigenschaft des Unternehmens „**rechtlich gleichzustellen**".[414] Falsche Angaben zu (vergangenen) Unternehmenskennzahlen unterfielen im Grundsatz daher zumeist nicht dem Gewährleistungsrecht, sondern den Regelungen über die culpa in contrahendo.[415] Erst recht konnte der Umsatz für sich allein genommen nicht Gegenstand einer Eigenschaftszusicherung sein, weil er keinen Rückschluss auf die Ertragsfähigkeit zulässt.[416]

125 Im Gegensatz dazu sollen nach der Rechtsprechung *zukünftige* **Umsätze und Erträge** ohne Einschränkung zusicherungsfähig sein.[417] Insoweit könne der Verkäufer – so der BGH – den von außen auf die Ertragsfähigkeit des Unternehmens einwirkenden Einflüssen Rechnung tragen, indem er klarstellt, *unter welchen Voraussetzungen* die von ihm zugesicherten Umsätze und Erträge zu erzielen sein sollen.[418]

126 Auch **Bilanzen** sind nach Auffassung des Bundesgerichtshofes grundsätzlich einer Zusicherung *nicht* zugänglich, weil es sich insoweit lediglich um Umstände handele, die bei entsprechend langer Übersicht nicht für sich allein, sondern allenfalls zusammen mit anderen Faktoren – insbesondere der Person des Inhabers, von dessen Einsatz die Entwicklung des Unternehmens in erster Linie geprägt werde – Rückschlüsse auf die **Ertragsfähigkeit** des Unternehmens zuließen.[419] Dagegen könne – so der BGH – eine Bilanz ohnehin nur dann als eine der Zusicherung zugängliche Eigenschaft angesehen werden, wenn sich der aus ihr ergebende bisherige Ertrag des Unternehmens (Gewinn oder Verlust) auf die Feststellung eines längeren Zeitraum stütze; nur wenn durch diese Einschränkung kurzfristig schwankende Entwicklungen, die in Zufälligkeiten ihren Grund haben können, ausgeschaltet werden, könne – wenn überhaupt – von Umständen gesprochen werden, die „zufolge ihrer Beschaffenheit und vorausgesetzten Dauer nach den Verkehrsanschauungen einen Einfluss auf die Wertschätzung der Sache zu üben pflegen" und deswegen als Eigen-

---

[412] Vgl. insgesamt zur bisherigen Rechtsprechung vor der Schuldrechtsreform und nach der Schuldrechtsreform 3.7. Richter am BGH a. D. G. *Müller*, WM 2017, 929 (Teil I) und *Müller*, WM 2017, 981 (Teil II).

[413] RG vom 15.11.1907, RGZ 67, 86, 87.

[414] BGH vom 12.11.1969 – I ZR 93/67, NJW 1970, 653, 655; BGH vom 18.3.1977 – I ZR 132/75, NJW 1977, 1538, 1539; BGH vom 25.5.1977 –VIII ZR 186/75, NJW 1977, 1536, 1537.

[415] BGH vom 12.11.1969 – I ZR 93/67, NJW 1970, 653, 655; BGH vom 30.3.1990 – V ZR 13/89, NJW 1990, 1658; zustimmend aus der obergerichtlichen Rechtsprechung nach der Schuldrechtsreform beispielsweise OLG München, Urteil vom 26.7.2006 – 7 U 2128/06, BeckRS 2006, 09207 = DNotZ 2007, 712 m. w. N. aus der Rspr. des BGH.

[416] BGH vom 12.11.1969 – I ZR 93/67, NJW 1970, 653, 655.

[417] BGH vom 8.2.1995 – VIII ZR 8/94, NJW 1995, 1547, 1549; *Mennicke,* Anmerkung zum Urteil des BGH vom 24.5.2000 –VIII ZR 329/98, NZG 2000, 992, 996.

[418] BGH vom 8.2.1995 –VIII ZR 8/94, NJW 1995, 1547, 1549.

[419] BGH vom 25.5.1977 –VIII ZR 186/75, NJW 1977, 1536, 1537.

schaft eines Unternehmens – mit der für den Verkäufer weit reichenden Folgen einer garantieähnlichen Haftung ohne Verschulden – Gegenstand einer Zusicherung sein.[420]

Diese Rechtsprechung ist im juristischen Schrifttum zum Teil auf erhebliche Kritik gestoßen, die sich unter anderem daran entzündete, dass es bislang nie zweifelhaft gewesen sei, dass die zurückliegenden Jahresumsätze eines kaufmännischen Unternehmens, gleich welcher Art, eine Eigenschaft dieses Unternehmens darstellten.[421] Ein Fehler im Sinne von § 459 Abs. 2 BGB a. F. sollte nach dieser Auffassung darin liegen, dass das Geschäft jahrelang zu niedrige Umsätze aufwies, um eine geeignete Existenzgrundlage abzugeben, was regelmäßig – im Sinne des subjektiven Fehlerbegriffes – der vertraglich vorausgesetzte Gebrauch sein dürfte.[422] Auf derselben Linie liegen die Stimmen, die es befürworten, insbesondere seit der Schuldrechtsreform alle Umstände, die nach den subjektiven Vorstellungen der Parteien für die Werthaltigkeit des Unternehmens von Bedeutung sind, grundsätzlich auch zum Gegenstand von Beschaffenheitsvereinbarungen machen zu können.[423]

Im Hinblick auf **steuerliche Umstände** im Zusammenhang mit dem Erwerb einer Kaufsache differenziert die Rechtsprechung wie folgt: **128**

– Steuerumstände, die an die physische Beschaffenheit des **Kaufgegenstandes selbst** anknüpfen und damit dessen Handelswert beeinflussen (zum Beispiel Abschreibungsmöglichkeiten), können auch Gegenstand einer zusicherungsfähigen Eigenschaft sein;

– Steuerumstände, die **außerhalb des Kaufgegenstandes** liegen und die unabhängig von seiner Beschaffenheit nur aufgrund allgemeiner Kriterien, wie zum Beispiel der Modalitäten des Erwerbsvorgangs, (steuer-)rechtliche Folgen in Bezug auf den Kaufgegenstand auslösen, sind keine Eigenschaften im Sinne des Kaufrechts.[424]

Im Vergleich zu einem Unternehmenskauf, bei dem Umsätze und Erträge keine Eigenschaft des Kaufgegenstandes darstellen können,[425] sind nach ständiger Rechtsprechung des Bundesgerichtshofs beim Verkauf von Immobilien solche Angaben über **tatsächlich erzielte Mieterträge** möglicher Gegenstand einer Eigenschaftszusicherung, weil diese Angaben Aufschluss über die Ertragsfähigkeit gäben, und die Ertragsfähigkeit wiederum nach der Verkehrsanschauung für die Wertschätzung des Grundstücks bestimmend sei.[426] **129**

cc) Stellungnahme. Die Differenzierung der Rechtsprechung zwischen vergangenen Umsätzen und Erträgen einerseits und zukünftigen Umsätzen und Erträgen andererseits ist – in ihrer historischen Entwicklung und immer feinsinnigeren Ausdifferenzierung[427] – zwar nachvollziehbar, m. E. aber nicht mehr stringent.[428] Sie vermag genauso wenig zu überzeugen wie die unterschiedliche Beurteilung von Umsätzen und Erträgen bei Unternehmen (keine Eigenschaften des Unternehmens) und Mieterträgen bei Immobilien (Eigenschaft der Immobilie).[429] Ebenso wie beim Erwerb einer Immobilie sind nämlich die vertraglichen Beziehungen des Unternehmens und die sich daraus ergebenden Umsätze eine der **130**

---

[420] BGH vom 25.5.1977 – VIII ZR 186/75, NJW 1977, 1536, 1537.

[421] *Putzo,* Anm. zum Urteil des BGH vom 12.11.1969 – I ZR 93/67, NJW 1970, 653, 656 ff.

[422] Vgl. *Putzo,* Anm. zum Urteil des BGH vom 12.11.1969 – I ZR 93/67, NJW 1970, 653, 656 ff.

[423] So ausdrücklich *Hübner,* BB 2010, 1483, der allerdings wohl nicht ganz zutreffend hierfür auf *Weidenkaff* in: Palandt, BGB, § 434 Rn. 1 verweist; *Wolff/Kaiser,* DB 2002, 411; *Palzer,* JURA 2011, 917, 924.

[424] BGH vom 28.3.1990 – VIII ZR 169/89, NJW 1990, 1659; vgl. auch BGH vom 26.4.1991 – V ZR 165/89, NJW 1991, 2556.

[425] Vgl. nur BGH vom 12.11.1969 – I ZR 93/67, NJW 1970, 653, 655.

[426] BGH vom 8.2.1980 – V ZR 174/78, NJW 1980, 1456; bestätigend BGH vom 3.7.1992 – V ZR 97/91, NJW 1992, 2564, 2565; BGH vom 5.10.2001 – V ZR 275/00, NJW 2002, 208, 209 sowie BGH vom 5.11.2010 – V ZR 228/09, NJW 2011, 1217. Vgl. insgesamt zur bisherigen Rechtsprechung vor der Schuldrechtsreform und nach der Schuldrechtsreform Richter am BGH a. D. G. *Müller,* WM 2017, 929 (Teil I) und *Müller,* WM 2017, 981 (Teil II).

[427] Vgl. dazu auch *Schmitz,* RNotZ 2006, 561, 566.

[428] Vgl. zu den Wertungswidersprüchen kritisch auch *Redeker,* NJW 2012, 2471.

[429] Vgl. dazu auch *Redeker,* NJW 2012, 2471.

wichtigsten Grundlagen für die Ertragsfähigkeit und damit für die Wertschätzung eines Unternehmens. Ja sogar stärker noch als bei Immobilien, bei denen der Erwerb durchaus durch ein gewisses Affektionsinteresse motiviert sein kann, fußen Kaufpreisermittlung (regelmäßig aufgrund für die Zukunft prognosizierter Erträge) und Kaufentscheidung beim Unternehmenskauf auf den Unternehmenskennzahlen der Vergangenheit. Ferner entspricht es − sofern die Vertragsparteien bestimmte Umstände zum Gegenstand der Vereinbarung machen − nicht der Interessenlage beim Unternehmenskauf, bei ggf. fahrlässig falschen Angaben zu Unternehmenskennzahlen mit der Haftung aus culpa in contrahendo ein Haftungssystem außerhalb des eigentlichen Kaufrechts verfügbar zu machen. Vielmehr ist auch im Falle von Mängeln des Unternehmens und etwaigen sich dabei ergebenden widerstreitenden Interessen das Kaufrecht ein Regelungssystem, das auf Interessenausgleich gerichtet ist und Rechtssicherheit für beide Seiten verspricht.[430] Anders liegt es allerdings dann, wenn der Verkäufer dem Käufer vor Abschluss des Kaufvertrages Informationen verfügbar gemacht hat, die dann aber nicht Gegenstand des Kaufvertrages geworden sind. In diesen Fällen wäre die Haftung aus culpa in contrahendo an sich das passende Rechtsinstitut.[431]

131   Der Bundesgerichtshof begründet seine Rechtsprechung gerade auch damit, dass die bisher erzielten Umsätze und Erträge durch dem Unternehmen selbst nicht innewohnende Faktoren, wie dem Einsatz und Geschick des Unternehmers oder die konjunkturelle Entwicklung beeinflusst sein könnten. Im Gegensatz dazu gehe es bei der „Ertragsvorschau" nicht um bisherige Umsätze und Erträge, sondern um die Ertragsfähigkeit des Unternehmens als Grundlage für zukünftige Umsätze und Erträge, welche ohne Einschränkung zusicherungsfähig sei.[432] Sowohl bei Unternehmenskennzahlen der Vergangenheit als auch bei Planzahlen für die Zukunft haben jedoch etwaige Veränderungen im Markt gleichermaßen (potenziellen) Einfluss auf das Ergebnis, so dass **allein die Rolle des Unternehmers** selbst und sein Geschick als maßgebliches Unterscheidungskriterium verbleiben. In vielen größeren, stark arbeitsteilig organisierten Unternehmen gibt es jedoch gar keine zentrale Unternehmerpersönlichkeit, der diese Rolle zuteilwerden könnte, sodass dann der differenzierenden Betrachtungsweise der Rechtsprechung zu Umsätzen und Erträgen der Boden entzogen wäre. Allenfalls im Bereich mittelständischer Unternehmen (aber dort freilich ja auch längst nicht ausnahmslos, denn sonst ließen sich diese Unternehmen überhaupt nicht veräußern!) ließe sich argumentieren, der Erfolg des gekauften Unternehmens (anders als die Mieterträge bei einer Immobilie) hingen in so entscheidender Weise von Umständen ab, die weniger das veräußerte Geschäft als solches betreffen, sondern weit mehr mit der Person des Inhabers verbunden sind.[433]

Die Argumentationsbasis der Rechtsprechung ist aber auch aus einem anderen Grund vergleichsweise schwach (geworden). Denn letztlich ist, wie nunmehr die Gleichstellung des Unternehmenskaufs in § 453 Abs. 1 BGB zeigt,[434] auch das Unternehmen ein Kaufgegenstand, dem bestimmte Nutzungsmöglichkeiten innewohnen, welche allerdings in aller Regel in dem Ziel des Käufers kulminieren, Umsätze und damit Erträge zu erwirtschaften. Diese Sicht wird auch durch die Rechtsprechung des Bundesgerichtshofs bestätigt, wonach Kaufgegenstand gerade nicht die einzelnen zum Unternehmen gehörenden Sachen und Rechte sind, sondern das Unternehmen in seiner Gesamtheit.[435] Es drängt sich damit die

---

[430] Vgl. zum Sinn und Zweck der kaufrechtlichen Gewährleistung bereits RG vom 15.11.1907, RGZ 67, 86, 89 f.

[431] Siehe zur Abgrenzung der beiden Haftungssystem culpa in contrahendo und Sachmängelgewährleistungsrecht auch die Stellungnahme in Teil → D., Rn. 416 ff.

[432] BGH vom 8.2.1995 − VIII ZR 8/94, NJW 1995, 1547, 1548; ebenso für die neue Rechtslage *Gomille,* JA 2012, 487, 492.

[433] BGH vom 12.11.1969 − I ZR 93/67, NJW 1970, 653, 655.

[434] Siehe dazu ausführlich Teil → D., Rn. 398 ff.

[435] BGH vom 28.11.2001 − VIII ZR 37/01, NJW 2002, 1042, 1043; vgl. dazu auch noch Teil → D., Rn. 4 ff.

zentrale Frage auf, was, wenn nicht die aus diesem ganzheitlichen Kaufgegenstand fließenden Umsätze oder Erträge – und seien diese auch nur für einen bestimmten Zeitabschnitt mitgeteilt oder vereinbart worden – bei Abweichungen des vereinbarten Soll-Zustandes vom tatsächlichen Ist-Zustand eine Störung des Äquivalenzinteresses, deren Schutz die §§ 434 ff. BGB gerade dienen, beinhalten sollte.[436]

Seit der **Änderung des Gewährleistungsrechts im Jahre 2002** gab es zu dieser Thematik kaum Rechtsprechung. So hat sich in der jüngeren Zeit lediglich das Landgericht Berlin mit der Frage beschäftigt, inwieweit auch Umsatzzahlen der Vergangenheit sowie Umsatzprognosen Gegenstand von Beschaffenheitsvereinbarungen sein können und diese Frage im Ergebnis bejaht; solche Umstände, die den Markt und die allgemeinen Betätigungsvoraussetzungen des Unternehmens und seiner Konkurrenz betreffen, könnten hingegen nicht Gegenstand von Beschaffenheitsvereinbarungen sein.[437] **132**

dd) Potenzieller Sachmangel. Umstritten ist auch die Rechtslage, wenn noch kein **133** Gefahrübergang gemäß § 446 BGB eingetreten ist, namentlich die Frage, ob eine Haftung aus fahrlässiger culpa in contrahendo nur dann ausgeschlossen ist, wenn sie einen Umstand betrifft, der im konkreten Fall zugleich einen Sachmangel darstellt oder ob es ausreicht, dass der betreffende Umstand lediglich *potentieller* Gegenstand einer Beschaffenheitsvereinbarung sein konnte, im konkreten Fall aber mangels einer solchen Vereinbarung keinen Sachmangel darstellte.[438] Nach wohl herrschender Meinung ist ein Anspruch aus culpa in contrahendo in diesem Fall nicht ausgeschlossen.[439] In einem Urteil vom 30.9.2011 hat der BGH jedenfalls festgestellt, dass der Vorrang der kaufrechtlichen Gewährleistung nur insoweit besteht, als der maßgebliche Umstand überhaupt geeignet ist, Sachmängelgewährleistungsansprüche auszulösen, was z. B. dann nicht der Fall ist, wenn die Flächenangabe zu einem unvermessenen Grundstück im Text des Kaufvertrages von der Fläche auf einem mitbeurkundeten maßstabsgerechten Plan abweicht, weil sich dann die Sollbeschaffenheit des Grundstücks nach Lage, Zuschnitt und Größe allein nach der Zeichnung richtet und der Käufer mithin den Kaufgegenstand in der vereinbarten Beschaffenheit erhalte; ein Sachmangel liege dann gerade nicht vor. Allerdings kommen dann Ansprüche aus c. i. c. oder Wegfall der Geschäftsgrundlage gemäß § 313 in Betracht.[440]

(frei) **134**

5. Konkurrenzen bei selbständigen Garantien und culpa in contrahendo sowie § 313 BGB

Die Parteien eines Unternehmenskaufvertrages vereinbaren in den meisten Fällen aus- **135** schließlich selbstständige Garantien im Sinne von § 311 Abs. 1 BGB. Inhaltlich beziehen sich diese sowohl auf Umstände, die Beschaffenheiten im Sinne des kaufrechtlichen Gewährleistungsrechts sein können als auch auf sonstige Umstände wie Bilanz-, Umsatz- und Ertragsangaben etc. Die Frage der Konkurrenz zwischen Garantieansprüchen und anderen Rechtsinstituten wie der vorvertraglichen Haftung aus culpa in contrahendo sowie Ansprüchen aus Wegfall der Geschäftsgrundlage nach § 313 BGB stellte sich nach bisherigem Verständnis jedenfalls nicht, wenn diese ausdrücklich ausgeschlossen sind. Ist aber der Haftungsausschluss unvollständig oder (insbesondere wegen Arglist) unwirksam, wird die Konkurrenzfrage gleichermaßen wie bei der kaufrechtlichen Gewährleistung virulent. Durch

---

[436] Vgl. auch speziell zur Äquivalenzsicherung beim Unternehmenskauf *Weißhaupt,* BB 2013, 2947.

[437] LG Berlin vom 1.2.2005 – 5 O 176/04; juris, Tz. 155; zustimmend *Palzer,* JURA 2011, 917, 924; vgl. auch *Schmitz,* RNotZ 2006, 561, 564.

[438] Vgl. dazu *Lorenz,* Anm. zum Urteil des BGH vom 27.3.2009 – V ZR 30/08, NJW 2009, 2120, LMK 2009, 282362.

[439] Vgl. dazu OLG Hamm vom 3.3.2005 – 28 U 125/04, BeckRS 2005, 05915; *Seibt/Schwarz,* JuS 2012, 43, 48 m. w. N. zum Streitstand.

[440] BGH vom 30.9.2011 – V ZR 17/11, NJW 2012, 373 Tz. 13.

die folgenden Ausführungen des BGH in seinem Urteil vom 26.9.2018 stellen sich hier für die Praxis jedoch weitere Aufgaben, das vertragliche Haftungssystem „wasserdicht" zu machen:

> *„In diesem Zusammenhang weist der Senat außerdem darauf hin, dass vorliegend eine Anwendbarkeit des § 313 BGB auch nicht deshalb ausgeschlossen ist, weil die Parteien im streitgegenständlichen Kaufvertrag umfassend den Ausschluss gesetzlicher Gewährleistungsansprüche und stattdessen abschließend bestimmte Garantien betreffend die zu übertragenden Geschäftsanteile vereinbart haben."*[441]

Da die Vereinbarung selbständiger Garantien vor allem eine verschuldensunabhängige Haftung des Verkäufers zum Ziel hat und Unsicherheiten im Hinblick auf die Reichweite des Beschaffenheitsbegriffs vermeiden soll, ist offensichtlich keine Schlechterstellung des Käufers bezweckt. Allerdings darf auch der Verkäufer nicht im Wege einer erweiternden Auslegung schlechter gestellt werden als derjenige Verkäufer, der lediglich nach kaufrechtlicher Gewährleistung haftete. Denn auch bei Vereinbarung von selbständigen Garantien bleibt der Vertragstypus Kauf an sich unverändert, sodass m. E. dann ebenso wie im Falle der Konkurrenz mit den §§ 434 ff. BGB ab Gefahrübergang eine Haftung aus culpa in contrahendo wie nach § 313 BGB ausgeschlossen sein muss. Dieser Gleichlauf von Kaufrecht plus §§ 434 ff. BGB und Kaufrecht plus selbständige Garantien gilt dann auch für den Bereich der vorsätzlich schuldhaften Aufklärungspflichtverletzung/Arglist, sodass in diesem Fall die Haftung aus culpa in contrahendo uneingeschränkt neben die Haftung aus selbständigen Garantien tritt. Ein etwaiger Haftungsausschluss im Kaufvertrag ist bei Arglist des Verkäufers auch hier gemäß § 276 Abs. 3 BGB unwirksam.

136   Da der Vorrang der §§ 434 ff. BGB vor der culpa in contrahendo sowie § 313 BGB nach bisherigem Schuldrecht für sämtliche Beschaffenheiten der Kaufsache galt, und zwar auch ohne Rücksicht darauf, ob die Eigenschaften vom Verkäufer zugesichert waren oder nicht,[442] spricht einiges dafür, dass diese Wertung betreffend c. i. c. und § 313 BGB auch bei der Vereinbarung selbstständiger Garantien Geltung entfaltet. Allerdings hat der BGH in dem einen Tausch von Grundstücken betreffenden Urteil vom 30.9.2011 ausgeführt, dass auch der wechselseitige vertragliche Ausschluss der Sachmängelhaftung und einer Garantie für die Größe, Güte und Beschaffenheit der Grundstücke einem Anspruch wegen Störung der Geschäftsgrundlage nicht entgegen steht, wenn z. B. – wie im entschiedenen Fall – die **Annahme der Vertragsparteien sich nicht auf eine bestimmte Beschaffenheit** des einzelnen Grundstücks, sondern auf das Flächenverhältnis zueinander bezieht, also auf **das Wertverhältnis von Leistung und Gegenleistung.**[443] Diese Ausführungen dürften dann wohl gleichermaßen für Ansprüche aus c. i. c. gelten, so dass sich im Ergebnis insbesondere auch im Fall der typischerweise bei einem Unternehmens- oder Beteiligungskaufvertrag vereinbarten selbständigen Garantien gleichwohl ein Anwendungsbereich für c. i. c. und § 313 BGB ergeben könnte, wenn diese nicht ausdrücklich ausgeschlossen werden. Denn die selbständigen Garantieversprechen beziehen sich in aller Regel lediglich auf den Zeitpunkt des Signing und enthalten dann oft nur Angaben zur Bilanz (Bezugspunkt allerdings nur der Bilanzstichtag) und damit das darin zum Ausdruck kommende Reinvermögen (= *Substanz*) sowie einzelne Bilanzpositionen zum Signing, jedoch gerade nicht auch vereinbarte Beschaffenheiten im Hinblick auf die *zukünftige Ertragskraft,* welche für die Unternehmensbewertung und damit das Wertverhältnis von Leistung und Gegenleistung der entscheidende wertbildende Faktor ist.

137   In diesem Zusammenhang ist auch eine Entscheidung des 12. Senats des BGH zur Frage der Auswirkung einer **beiderseitigen Vorstellung und sicheren Erwartung einer**

---

[441] BGH vom 26.9.2018 – VIII 187/17, MittBayNot 2019, 376 Tz. 45; vgl. auch *Schmitt,* WM 1871, 1877, der diese Rspr. ebenfalls als „beachtlich" einstuft.

[442] Vgl. *Emmerich* in: Münchener Kommentar zum BGB, § 311 Rn. 80.

[443] BGH vom 30.9.2011 – V ZR 17/11, NJW 2012, 373 Tz. 15 f.

positiven Entwicklung eines Einkaufszentrums aufgrund der darin vorgesehenen Mieterstruktur und Vollvermietung für die M&A Praxis durchaus von Interesse.[444] In einem solchen Fall sei für eine Berücksichtigung von Störungen der Geschäftsgrundlage grundsätzlich insoweit kein Raum, als es um Erwartungen und Umstände geht, die nach den vertraglichen Vereinbarungen in den Risikobereich einer der Parteien fallen sollten. Eine solche vertragliche Risikoverteilung bzw. Risikoübernahme schließt für den Betroffenen nach dem Wortlaut des § 313 Abs. 1 BGB regelmäßig die Möglichkeit aus, sich bei Verwirklichung des Risikos auf den Wegfall der Geschäftsgrundlage zu berufen. Im Verhältnis zwischen Vermieter und Mieter trägt grundsätzlich der Mieter das Verwendungsrisiko bezüglich der Mietsache. Dazu gehört bei der gewerblichen Miete vor allem die Chance, mit dem Mietobjekt Gewinne erzielen zu können. Erfüllt sich die Gewinnerwartung des Mieters nicht, so verwirklicht sich damit ein typisches Risiko des gewerblichen Mieters, das dieser nicht nachträglich auf den Vermieter verlagern kann. Diese im Gewerberaummietrecht angelegte Risikoverteilung ändert sich nicht dadurch, dass das vermietete Geschäft in einem Einkaufszentrum liegt und nicht nur der Mieter, sondern auch der Vermieter erwartet, die notwendige geschäftsbelebende Funktion des Einkaufszentrums werde verwirklicht werden können. Wie auch in anderen Geschäftslagen fällt es in den Verantwortungsbereich des Mieters, als Unternehmer die Erfolgsaussichten eines Geschäfts in der gewählten Lage abzuschätzen.[445]

> **Praxishinweis:** Der Vorrang von selbstständigen Garantien im Verhältnis zur (fahrlässigen) culpa in contrahendo sowie § 313 BGB ist nach der angeführten Rechtsprechung des BGH keinesfalls gesichert, weshalb in jedem Fall Ansprüche aus culpa in contrahendo sowie nach § 313 BGB wegen eines Wegfalls der Geschäftsgrundlage auch für diesen Fall ausgeschlossen werden sollten.

Ferner empfehlen sich aus Sicht des Verkäufers ergänzende Klarstellungen, die z. B. unter **138** der Rubrik „Due Diligence und Gewährleistungen/Garantien" verortet werden könnten:

> **Formulierungsvorschlag:** *„Der Käufer bestätigt, dass er (bzw. seine Erfüllungsgehilfen) im Rahmen umfassender Due Diligence Prüfungen zu den Einzelheiten des Kaufgegenstandes (und dabei insbesondere auch hinsichtlich der Gesellschaft, des von ihr betriebenen Unternehmens sowie der Geschäftsanteile an der Gesellschaft) und den ihm für seine Kaufentscheidung sowie den Abschluss des vorliegenden Vertrages relevanten Umständen umfassend Gelegenheit hatte, alle für ihn relevanten Fragen zu stellen, dass deren Beantwortung durch den Verkäufer für ihn ausreichend war und dass er hierfür selbst alle ihm überlassenen Informationen mit der Sorgfalt eines gewissenhaften Kaufmanns geprüft und sich somit im Ergebnis ein eigenes, unabhängiges Urteil über den Kaufgegenstand gebildet und das Für und Wider abgewogen hat. Er hat in diesem Zuge insbesondere auch die Möglichkeit gehabt, die in der **Anlage ***** im Datenraumindex aufgeführten Dokumente im Rahmen der Due Diligence einzusehen und zu prüfen. Der Käufer hat die Ergebnisse seiner Prüfungen bei seiner Investitionsentscheidung sowie der Kaufpreisbemessung ebenso berücksichtigt wie die Möglichkeit unbekannter Risiken und erwirbt daher den Kaufgegenstand – mit Ausnahme der in diesem Kaufvertrag nachfolgend ausdrücklich von ihm zur Absicherung etwaiger Risiken verlangter und vom Verkäufer übernommener Gewährleistungen – „gekauft wie besehen".*

---

[444] BGH vom 21.9.2005 – XII ZR 66/03, NJW 2006, 899.
[445] BGH vom 21.9.2005 – XII ZR 66/03, NJW 2006, 899 Tz. 30.

6. Haftungsausschluss- und Haftungsminderungsgründe,
§§ 442, 254 BGB

140 Die Haftung des Verkäufers aus culpa in contrahendo kann nach der Rechtsprechung des BGH – ebenso wie bei der kaufrechtlichen Haftung für Mängel – wegen positiver Kenntnis des Käufers oder (nur grob?) fahrlässiger Unkenntnis über die haftungsbegründenden Umstände ausgeschlossen sein. Der BGH hat sich indessen für eine entsprechende Anwendung von **§ 442 BGB auch im Bereich der vorvertraglichen Haftung nach c. i. c.** ausgesprochen.[446] Allerdings besteht bei Licht betrachtet für eine analoge Anwendung von § 442 BGB keine Regelungslücke, denn die **Kenntnis bzw. fahrlässige Unkenntnis** von Umständen wird – dogmatisch passend[447] – **als mögliches Mitverschulden** bei der Schadensentstehung im Sinne von § 254 BGB erfasst. Soweit der BGH und Obergerichte § 254 BGB ab Zustandekommen des Kaufvertrags im Anwendungsbereich des § 442 BGB für unanwendbar erklären,[448] kann dies bei dogmatisch korrekter Abgrenzung der culpa in contrahendo (im Vorfeld des Kaufs) und dem Kauf selbst nicht gleichermaßen gelten.[449] Im Ergebnis können sich – je nach Anwendung von § 442 BGB oder § 254 BGB – Unterschiede daraus ergeben, dass bei § 442 BGB nur positive Kenntnis oder grob fahrlässige Unkenntnis von kaufrelevanten Umständen (ich spreche hier bewusst nicht von dem engeren Begriff der Beschaffenheit bzw. einem Sachmangel) die Ansprüche des Käufers schmälern oder ausschließen, wohingegen im Rahmen von § 254 BGB auch ein (leicht) fahrlässiges Mitverschulden des Käufers an der Schadensentstehung die Haftung des Verkäufers reduzierte. Auch bietet § 254 BGB ein flexibleres Instrument der Reaktion auf ein etwaiges haftungsrelevantes Verhalten oder Kenntnisse des Käufers als § 442 BGB, der durch die Formulierung mit „wenn" eine eher starre Reaktion vorgibt.

141 Soweit es um eine **positive Kenntnis des Käufers** von Mängeln oder anderen, nicht dem Sachmängelgewährleistungsrecht unterfallenden Umständen geht, verbliebe auch im Rahmen einer Haftung aus culpa in contrahendo kein Anwendungsbereich von § 442 Abs. 1 S. 1 BGB oder § 254 BGB, weil bei Kenntnis des Käufers bereits der Tatbestand der Aufklärungspflichtverletzung nicht erfüllt sein kann.

> **Beachte:** Bei positiver Kenntnis des Käufers über die Mangelhaftigkeit des Kaufgegenstandes oder einen sonstigen Umstand, der an sich die Haftung des Verkäufers begründen würde, ist die Haftung des Verkäufers ausgeschlossen, und zwar selbst dann, wenn dieser den Mangel arglistig verschwiegen hat.[450]

Ein möglicher Anwendungsbereich des § 442 BGB bzw. von § 254 BGB verbleibt aber, soweit man dem Verkäufer den Vorwurf **grob fahrlässiger Unkenntnis** über bestimmte

---

[446] BGH vom 27.3.2009 – V ZR 30/08, NJW 2009, 2120, 2122 f.; *Bank* in: Drygala/Wächter, Verschuldenshaftung und Wissenszurechnung bei M&A Transaktionen, S. 92, 97. Vgl. zur Anwendung von § 442 BGB nach Abschluss des Kaufvertrages im Rahmen der kaufrechtlichen Gewährleistung Teil → D., Rn. 445 ff.

[447] Vgl. *Huber,* AcP Bd. 202 (2002), 179, 201.

[448] BGH vom 28.6.1978 – VIII ZR 112/77, NJW 1978, 2240; OLG Stuttgart vom 24.1.2011 – 13 U 148/10, BeckRS 2011, 02131; zum Ausschluss von § 254 BGB auch bei fahrlässiger Unkenntnis von einem Rechtsmangel BGH vom 31.1.1990 – VIII ZR 314/88, NJW 1990, 1106, 1108; vgl. auch *Grüneberg* in: Palandt, BGB, § 254 Rn. 2.

[449] Siehe zur Abgrenzung der culpa in contrahendo von der kaufrechtlichen Gewährleistung noch die Stellungnahme in Teil → D., Rn. 416 ff.

[450] RG vom 26.6.1903 – Rev. II 4/03; RGZ 55, 210, 214; BGH vom 28.6.1978 – VIII ZR 112/77, NJW 1978, 2240; BGH vom 27.3.2009, V ZR 30/08, NJW 2009, 2120, 2122; vgl. auch *Weidenkaff* in: Palandt, BGB, § 442 Rn. 9.

kaufrelevante Umstände machen muss. Hier stellt sich vor allem die Frage, ob die unterlassene Due Diligence bereits den Vorwurf grober Fahrlässigkeit begründet.[451]

Soweit man mit der hier vertretenen Auffassung im Rahmen einer Haftung nach culpa in contrahendo § 254 BGB für anwendbar hält, käme sogar **fahrlässige Unkenntnis des Käufers** als haftungsmindernder Umstand in Betracht. Man darf hierbei nicht unbedacht lassen, dass dies ja nicht für alle Umstände des Unternehmenskaufes gilt, sondern nur für diejenigen, für die aufgrund der besonderen Bedeutung auch eine Aufklärungspflicht des Verkäufers besteht.

Beispiel 1: Hat der Käufer gezielt Fragen gestellt und damit Aufklärungspflichten des Verkäufers ausgelöst, ist es dem Käufer m.E. zuzumuten, deren Beantwortung im Hinblick auf Vollständigkeit oder offensichtliche Unrichtigkeiten sorgfältig zu prüfen. Gleiches gilt für die besonders bedeutsamen Umstände, die vom Verkäufer ungefragt zu offenbaren sind.

Beispiel 2: Hat der Verkäufer dem Käufer Unterlagen über Kontaminationen eines zum Unternehmen gehörenden Grundstücks unvollständig übermittelt (die relevanten Informationen über die Altlast finden sich auf einer offensichtlich bei der Telefaxsendung nicht mitübertragenen Seite), dann ist es durchaus sachgemäß, dem Käufer die Verpflichtung aufzuerlegen, den Verkäufer auf die fehlenden Seiten hinzuweisen.

Beispiel 3: Hat der Verkäufer dem Käufer eine Bilanz übermittelt, die offenbare Unrichtigkeiten enthält, ist es nicht angemessen, dieses Risiko einseitig dem Verkäufer zuzuweisen.[452]

Maßgeblicher Zeitpunkt für eine etwaige Arglist des Verkäufers sowie Kenntnis des **142** Käufers von Mängeln nach § 442 BGB ist indessen der Abschluss des Kaufvertrags.[453] Ergänzend wird auf die Darstellung des § 442 BGB im Zusammenhang mit der kaufrechtlichen Gewährleistung verwiesen.[454]

Die **Darlegungs- und Beweislast** für diese haftungsausschließenden bzw. haftungsmil- **143** dernden Umstände trägt der Verkäufer.[455] Hingegen trägt der Käufer die Darlegungs- und Beweislast für seine etwaige Behauptung, dass eine Zurechnung von Kenntnissen der Geschäftsführung der Zielgesellschaft nur im Hinblick auf die vorvertraglichen Pflichten des Verkäufers und dessen im Kaufvertrag enthaltenen Garantieversprechen gewollt gewesen sei und nicht auch für die Wissenszurechnung in anderen Fällen gelten sollte.[456]

Sowohl der Käufer wie der Verkäufer sollten aber bei Durchführung der Due Diligence **144** sowie der Verhandlung und dem Abschluss des Kaufvertrages bedenken, dass diese sehr feinsinnigen dogmatischen Überlegungen zur Anwendung von §§ 442, 254 BGB in der gerichtlichen Praxis oftmals – durchaus auch mal ergebnisorientiert – auf Grundlage einer **Auslegung des Kaufvertrages nach §§ 133, 157 BGB** weichen, weil dann das Gericht im Ergebnis einen „übereinstimmenden Parteiwillen" ermittelt.

(frei) **145–149**

---

[451] Siehe dazu ausführlich → Rn. 215 ff. sowie LG Hamburg vom 13.3.2015 – 315 O 89/13, BeckRS 2015, 07608, wonach der Käufer wegen grober Fahrlässigkeit seine Rechte nach § 442 BGB verliert, wenn er Anlass zu konkreten Nachfragen hat und nicht darauf drängt, Klauseln in den Vertrag aufzunehmen, die ein derartiges Risiko des Käufers berücksichtigen; Urteils-Besprechung LG Hamburg *Broichmann/Makos,* GWR 2015, 279 sowie *Schiffer/Mayer,* BB 2016, 2627.

[452] *Huber,* AcP Bd. 202 (2002), 179, 206 weist auf die sich in der Vertragspraxis findenden Denkstrukturen der culpa in contrahendo hin und empfiehlt z.B. dem Verkäufer, zur Vermeidung seiner Haftung den Käufer die Bilanz im Rahmen eines Due Diligence-Verfahrens überprüfen zu lassen, damit dieser sie nicht wegen Gründen angreife, die er bei Überprüfung hätte erkennen können (also leichte Fahrlässigkeit).

[453] BGH vom 21.2.1992 – V ZR 268/90, NJW 1992, 1500.

[454] Siehe Teil → D., Rn. 445 ff.

[455] OLG Düss. vom 16.6.2016 – I-6 U 20/15, NZG 2017, 152, 157 Tz. 57; *Weidenkaff* in: Palandt, BGB, § 444 Rn. 4.

[456] OLG Düss. vom 16.6.2016 – I-6 U 20/15, NZG 2017, 152, 159 Tz. 63.

II. Datenschutzrechtliche Fragen der vorvertraglichen Phase

150 In datenschutzrechtlicher Hinsicht stellen sich in der vorvertraglichen Phase vor allem folgende Herausforderungen:
– Verifikation bzw. Herstellung der datenschutzrechtlichen Compliance
– Vorbereitung und Durchführung der Due Diligence
– Strukturierung der Transaktion

1. Herstellung der datenschutzrechtlichen Compliance

151 Das Thema Datenschutz wurde – zumal im M&A Bereich – traditionell eher als Randthematik begriffen. Verstöße gegen datenschutzrechtliche Normen führten nur selten zu Bußgeldern und wenn, so waren diese kaum empfindlich. Seit Inkrafttreten der DSGVO am **25. Mai 2018** stellt sich die Rechtslage gänzlich anders dar. Es drohen **Bußgelder** von bis zu EUR 20 Millionen (vgl. Art. 83 Abs. 6 DSGVO). Insofern richten die Käufer von Unternehmen ihr Augenmerk zunehmend stärker auf die Frage, wie die Zielgesellschaft im Bereich des Datenschutzes aufgestellt ist. Gerade bei jüngeren Unternehmen fehlt es in der Frühphase der Unternehmensentwicklung häufig an Zeit, Geld und Mitteln, um alle erforderlichen Maßnahmen zu treffen. Diese Versäumnisse holen die Unternehmen dann regelmäßig in der Due Diligence und spätestens beim Abschluss des Unternehmenskaufvertrages wieder ein und führen z. B. zu **Kaufpreisabzügen, Freistellungen und anderen nachteiligen Regelungen für den Verkäufer.**

> **Praxishinweis:** Vor diesem Hintergrund lohnt es sich aus Sicht des Verkäufers, in Vorbereitung auf die Durchführung der Transaktion eine Verkäufer-**Due-Diligence** durchzuführen, um den Stand der Datenschutz-Compliance zu verifizieren. Im Anschluss daran sollten – gewichtet nach Priorität – die erforderlichen Maßnahmen nachgeholt werden, um ein Höchstmaß an Compliance zu erzielen. Entsprechende „Compliance Audits" können im Verkaufsprozess erfahrungsgemäß sehr förderlich sein.

Zu den typischen Versäumnissen im Bereich der Datenschutz Compliance zählen regelmäßig folgende Maßnahmen:[457]
– fehlende Bestellung eines Datenschutzbeauftragten, soweit erforderlich (Art. 37 DSGVO);
– fehlende Auftragsverarbeitungsverträge mit IT-Dienstleistern und sonstigen Dritten, die personenbezogenen Daten im Auftrag der Zielgesellschaft verarbeiten (Art. 28 DSGVO);
– fehlende Verarbeitungsverzeichnisse (Art. 20 DSGVO);
– fehlende Datenschutzhinweise, insbesondere gegenüber Mitarbeitern (Art. 13 DSGVO);
– Mängel bei der Website Privacy Policy bzw. Cookie-Policy (Art. 13 DSGVO).

2. Vorbereitung und Durchführung der Due Diligence

152 Über die vorstehend dargestellten Maßnahmen zur Herstellung der datenschutzrechtlichen Compliance hinaus sollte der Verkäufer die erforderlichen Maßnahmen treffen, um auch während der Due Diligence die Einhaltung des anwendbaren Datenschutzrechts zu gewährleisten.

Soweit also – wie üblich – im Rahmen der Due Diligence personenbezogene Daten offengelegt werden, hat der Verkäufer zunächst zu **klären, ob und in welchem Umfang solche Daten offengelegt werden dürfen.** Soweit dabei Daten offengelegt werden sollen, zu deren Offenlegung es der Einwilligung des Betroffenen (z. B. eines Mitarbeiters)

---

[457] Allgemein dazu auch: *Klausch/Mentzel,* BB 2020, 1610.

bedarf, hat sich der Verkäufer im Vorfeld der Due Diligence um die Einholung der entsprechenden Einwilligung zu bemühen. Wird diese Einwilligung – die zwingend freiwillig zu erfolgen hat – nicht erteilt, so hat die Offenlegung der betreffenden Daten zu unterbleiben. Aus diesem Grund ist für die Durchführung der Due Diligence dringend zu empfehlen, besondere personenbezogene Daten im Sinne des Art. 9 DSGVO zu filtern und nicht in den Datenraum einzustellen.[458] Für die Offenlegung von besonderen personenbezogenen Daten besteht – abgesehen von der Möglichkeit der Einholung einer Einwilligung – regelmäßig keine Rechtfertigungsmöglichkeit. Sowohl die in Art. 9 Abs. 2 DSGVO als auch die in § 26 Abs. 3 BDSG enthaltenen Erlaubnistatbestände greifen in der Regel nicht ein.[459]

Wichtig ist weiterhin die **datenschutzkonforme Ausgestaltung der Kooperation** **153** **mit dem Betreiber des Datenraums.** Soweit die für die Due Diligence benötigten Daten von dem Verkäufer einem entsprechenden Dienstleister zur Verfügung gestellt werden, der den Datenraum im Auftrag des Verkäufers betreibt, erfordert dies gemäß Art. 28 DSGVO den **Abschluss eines Auftragsverarbeitungsvertrages.** Dort ist zu regeln, dass der Anbieter die Daten des Auftraggebers nur in dessen Auftrag und nach dessen Weisung verarbeiten darf. Zu beachten sind dabei die Grundsätze von „privacy by design"[460] aus Art. 25 DSGVO sowie die Einhaltung **angemessener technischer und organisatorischer Maßnahmen** gemäß Art. 32 DSGVO. Für den Fall, dass die Verarbeitung in **Drittstaaten** außerhalb der EU/EWR stattfindet, ist darüber hinaus zu berücksichtigen, dass **Garantien für die Einhaltung angemessener Datenschutzstandards** nach Art. 44 ff. DSGVO zu schaffen sind.[461] Für die Durchführung der Due Diligence ist der Einsatz von Freeware wie Dropbox nach der hier vertretenen Ansicht nicht per se datenschutzrechtlich unzulässig, allerdings sollte sorgfältig geprüft werden, ob die eingesetzte Lösung den datenschutzrechtlichen Standards entspricht.[462]

Informationspflichten. Umstritten ist, ob die betroffenen Personen von der Offenlegung ihrer personenbezogenen Daten für die Zwecke der Due Diligence zu unterrichten **154** sind. Wenn also z. B. Daten von Arbeitnehmern offengelegt werden sollen, stellt sich die Frage, ob der Verkäufer seine Mitarbeiter zumindest über die beabsichtigte Offenlegung zu informieren hat. Die gesetzlichen Benachrichtigungspflichten sind in Art. 12 ff. DSGVO geregelt. Art. 13 DSGVO regelt den Fall, dass die personenbezogenen Daten direkt bei der betroffenen Person erhoben worden sind. Dies betrifft z. B. die Konstellation, dass ein Arbeitnehmer seinem Arbeitgeber die für die Gehaltsabrechnung erforderlichen Bankdaten selbst mitteilt. Auslöser für die Benachrichtigungspflicht des Verantwortlichen ist grundsätzlich der „Zeitpunkt der Erhebung" der Daten. Der Arbeitgeber ist also zur Benachrichtigung verpflichtet, sobald er die Daten erstmals bei dem Betroffenen, z. B. seinem Arbeitnehmer, erhebt. Vor diesem Hintergrund löst die Verwendung bereits bestehender Daten für die Zwecke der Due Diligence in der Regel keine Benachrichtigungspflicht aus, soweit die Verwendung durch den Verkäufer in Rede steht.[463] Allerdings findet sich in Art. 13 Abs. 3 DSGVO eine gesonderte Benachrichtigungspflicht, die eingreift, wenn der Verantwortliche beabsichtigt, die personenbezogenen Daten für einen anderen Zweck weiterzuverarbeiten als den, für den die Daten ursprünglich erhoben wurden (sog. **„Zweckänderung"**). Dies

---

[458] *Schmidt* in: Weth/Herberger/Wächter/Sorge, Daten- und Persönlichkeitsschutzrecht im Arbeitsverhältnis, Teil B, XIV Rn. 28.

[459] Siehe dazu auch: *Schröder* in: Forgó/Helfrich/Schneider, Betrieblicher Datenschutz, Teil VI, Kapitel 4 Rn. 20 f.

[460] „Privacy by design" bedeutet, dass die Verantwortlichen die Datenschutzrisiken durch die eingesetzte Technik und organisatorischen Entscheidungen nachhaltig reduzieren müssen, vgl. *Mantz* in: Sydow, Europäische Datenschutzgrundverordnung, Art. 25 Rn. 16.

[461] So auch: *Tribess/Spitz*, GWR 2019, 261, 263.

[462] Andere Ansicht: *Tribess/Spitz*, GWR 2019, 261, 263.

[463] So noch zum BDSG auch *Göpfert/Meyer*, NZA 2011, 486, 489; *Plath* in: Plath, DSGVO/BDSG, Art. 6 Rn. 116.

führt sodann zu der Frage, ob die Weiterverarbeitung der Daten für die Zwecke der Due Diligence zu einer solchen Zweckänderung führt. Ist dies der Fall, so löst die Verwendung der personenbezogenen Daten für diesen geänderten Zweck eine Benachrichtigungspflicht des Verantwortlichen aus. Aus Sicht des Praktikers ist dies ein kritischer Befund. Denn in der Praxis würde das bedeuten, dass ein Unternehmer seine Verkaufspläne gegenüber sämtlichen Personen offenzulegen hätte, deren personenbezogene Daten im Rahmen der Transaktion verarbeitet werden sollen.[464] Um das Interesse an der Geheimhaltung der Vertragsverhandlungen in der Praxis dennoch hinreichend gewährleisten zu können, werden in der Literatur zwei verschiedene Ansätze vertreten – nämlich eine analoge Anwendung von Art. 14 Abs. 5 Buchst. b) DSGVO sowie eine (zeitlich) weite Auslegung von Art. 13 Abs. 3 DSGVO. Gegen eine analoge Anwendung von Art. 14 Abs. 5 Buchst. b DSGVO spricht allerdings, dass tendenziell keine vergleichbare Interessenslage vorliegt. Vielmehr weisen Art. 13 DSGVO und Art. 14 DSGVO unterschiedliche Zielrichtungen auf und betreffen nicht vergleichbare Sachverhalte.[465] Da Art. 13 Abs. 3 DSGVO keinen zeitlichen Zusammenhang erfordert, ist es indes möglich, schon in einer Erstbenachrichtigung gegenüber den betroffenen Personen darauf hinzuweisen, dass personenbezogene Daten im Falle einer Transaktion an potenzielle Erwerber übermittelt werden können.[466]

> **Praxishinweis:** Insofern sollte im Rahmen eines anstehenden Unternehmensverkaufs sorgfältig geprüft werden, ob die beabsichtigen Verarbeitungszwecke im Zuge der Erstbenachrichtigung gegenüber den betroffenen Personen so weit gefasst worden sind, dass eine Zweckänderung vermieden werden kann. Ist das nicht der Fall, bleibt ansonsten nur die Möglichkeit, von der Offenlegung personenbezogener Daten im Rahmen der Due Diligence abzusehen, wenn eine Informationspflicht vermieden werden soll.

155   Art. 14 DSGVO regelt den weiteren Fall, dass die personenbezogenen Daten nicht direkt bei der betroffenen Person erhoben worden sind. Diese **Pflicht trifft grundsätzlich den Käufer bzw. den Kaufinteressenten,** dem die Daten im Rahmen der Due Diligence übermittelt werden. Der Empfänger der Daten hat die betroffene Person innerhalb einer angemessenen Frist nach Erlangung der personenbezogenen Daten, längstens jedoch innerhalb eines Monats zu informieren (Art. 14 Abs. 3 Buchst. a) DSGVO). Die Informationspflicht des Empfängers gilt jedoch dann nicht, wenn die betroffene Person bereits über die Informationen verfügt (Art. 14 Abs. 5 Buchst. a DSGVO). Will man also eine solche Benachrichtigungspflicht durch den Käufer vermeiden, so sollte bereits der Verkäufer die betroffene Person im Rahmen seiner eigenen Benachrichtigung nach Art. 13 DSGVO direkt entsprechend informieren.

3. Einsatz von Legal Tech bei der Due Diligence

156   Im Rahmen der Due Diligence wird **Legal Tech Software** teilweise für die **Massensichtung von Unternehmensdaten** eingesetzt. Der Einsatz von Legal Tech Software dient dem **Vorfiltern von Informationen** aus umfangreichen Datenbeständen, indem die Software relevante von irrelevanten Informationen trennt (auch: „Information Retrieval").[467] Der Einsatz von Legal Tech Software **erleichtert wesentliche Arbeitsschritte und begünstigt zeit- und kostensparende Prozesse.**[468] So sind nicht mehr große Teams von Rechtsanwälten einzusetzen, die zahlreiche Dokumente durchsuchen und be-

---

[464] Ausführlich dazu auch: *Bach,* EuZW 2020, 175 (177 f.).
[465] So auch: *Dix* in: Simitis/Hornung/Spiecker gen. Döhmann, Datenschutzrecht, Art. 13 Rn. 22.
[466] So auch: *Dzida,* BB 2019, 3060, 3064; *Maschmann,* BB 2019, 628, 634.
[467] *Levedag,* DStR 2018, 2094 (2096).
[468] So auch: *Grupp,* AnwBl 2014, 660 (663); *Grub/Krispenz,* BB 2018, 235 (237).

werten, da nur noch die mittels IT herausgefilterten Informationen zu beurteilen und auszuwerten sind.[469] Zudem ist durch den Einsatz von Legal Tech eine **geringere Fehleranfälligkeit** zu erreichen.[470] Wird für den Einsatz der Legal Tech Services ein Dienstleister eingeschaltet, so ist dieser im Rahmen einer Auftragsverarbeitung nach Art. 28 DSGVO zu beauftragen, um den Datentransfer an den Dienstleister zu legitimieren.

4. Strukturierung der Transaktion

Schließlich ist im Rahmen der vorvertraglichen Phase besonderes Augenmerk auf die **157** Strukturierung der Transaktion auch aus datenschutzrechtlicher Sicht zu legen. Dies gilt allerdings weniger für den Bereich der Share Deals. Denn ein Share Deal hat regelmäßig keinen direkten Einfluss auf die Datenverarbeitung durch die Zielgesellschaft. Beim Asset Deal hingegen kann sich das Thema Datenschutz schnell zum „Deal Breaker" entwickeln. Denn häufig stellen z. B. die Kundendaten eines Unternehmens das wesentliche Asset dar. Soweit aber das Datenschutzrecht eine Übertragung dieser Kundendaten erschwert oder gar unmöglich macht, ist der Verkäufer gut beraten, bereits frühzeitig die möglichen Optionen auszuloten, um die Transaktion entsprechend strukturieren zu können.

(frei) **158, 159**

III. Rechtsbeziehungen durch Informationsaustausch, Aufnahme von Verkaufsgesprächen etc.

Mit dem unter Ziffer I. erläuterten notwendigen Rüstzeug zu den Fragen der vorvertraglichen Pflichten des Verkäufers und den sich daraus für ihn ergebenden Haftungsrisiken können der Informationsaustausch sowie die Aufnahme von Verkaufsgesprächen in einem organisierten und koordinierten Prozess erfolgen. Dabei geht es auch ganz entscheidend darum, die Verantwortlichkeit für ein Fehlverhalten von Mitarbeitern und Beratern gemäß §§ 278, 166 BGB, ja sogar eine mögliche Arglisthaftung bei bloß „aktenmäßig verfügbarem Wissen" zu vermeiden, weil andernfalls womöglich jegliche Haftungsausschlüsse und -begrenzungen ins Leere gehen könnten.[471]

1. Vertraulichkeitsvereinbarung/NDA[472]: Zivil- und Wettbewerbsrechtliche Aspekte und Grenzen

a) Zivilrechtliche Aspekte

Ein Käufer wird typischerweise nicht „die Katze im Sack" kaufen wollen und daher in **160** aller Regel zahlreiche Informationen über das Kaufobjekt beim Verkäufer anfordern. Gerade wenn es sich bei dem Kaufinteressenten um einen Wettbewerber handelt, der möglicherweise gar nicht an einem Erwerb, sondern vorrangig an Informationen über seinen Konkurrenten interessiert ist, wird ein Verkäufer jedoch nur Informationen herausgeben wollen, ja können, wenn durch Abschluss einer Vertraulichkeitsvereinbarung sichergestellt ist, dass der Zugang zum Unternehmen, dessen Mitarbeitern sowie zahlreichen internen Informationen nur für Zwecke des Unternehmenskaufs genutzt wird.[473] Dies gilt umso

---

[469] *Wagner*, BB 2017, 989 (902).
[470] *Grupp*, AnwBl 2014, 660 (663).
[471] Siehe dazu → Rn. 24 ff.
[472] „Non-Disclosure-Agreement" oder manchmal auch „Confidentiality Agreement" genannt.
[473] Vgl. auch zu der unterschiedlichen Interessenlage *Beisel/Klumpp*, Der Unternehmenskauf, § 1 Rn. 57.

mehr in einem Bieter-Verfahren, bei dem der Kreis derer, die sensible Unternehmensinformationen erhalten, oftmals auch nicht mehr überschaubar und nur begrenzt kontrollierbar ist.[474] Denn diese Informationen gelangen außer an den Kaufinteressenten selbst auch an verschiedene Mitarbeiter im Unternehmen des Käufers, dessen Rechts- und Steuerberater, den oder die M&A-Berater bzw. Investmentbanker sowie etwaige Mitarbeiter der finanzierenden Bank(en).

> **Praxishinweis:** Je nach Fallgestaltung ist zu empfehlen, dass die Hergabe von Informationen lediglich an beruflich zur Verschwiegenheit verpflichtete Personen auf Käuferseite erfolgt, die sodann ihrem Mandanten lediglich eine neutralisierte Zusammenfassung der Prüfergebnisse zur Verfügung stellen dürfen.

Von praktischer Bedeutung ist auch immer wieder die Frage, inwieweit Geschäftsführer bzw. Vorstände Informationen über das verkaufende Unternehmen an den Käufer als gesellschaftsfremden Dritten herausgeben dürfen.[475]

161   **Typische Inhalte** einer Vertraulichkeitsvereinbarung sind beispielsweise:[476]

– Genaue Festlegung der Vertragsparteien, gerade auch bei Verkauf an strategische Investoren oder Finanzinvestoren[477] sowie der „Berechtigten Empfänger" des Käufers;
– präzise Definition der „Vertraulichen Informationen";
– Definition des Nutzungsumfanges/des Zwecks der gewährten Informationen, insbesondere Ausschluss der Nutzung für Wettbewerbszwecke;
– Erstellung von Kopien, Abschriften und Aufzeichnungen sowie deren Herausgabe, Vernichtung und Löschung im Falle der Beendigung der Vertragsverhandlungen;
– keine Gewährleistung des Verkäufers und seiner Berater für die Richtigkeit und Vollständigkeit der gewährten Informationen sowie Ausschluss einer jeglichen sonstigen Haftung;
– keine Verpflichtung des Verkäufers, die Informationen zu aktualisieren;
– Abwerbeverbot betreffend Mitarbeiter des Zielunternehmens sowie des Verkäufers;
– Kundenschutz;
– gegebenenfalls Absicherung über eine Vertragsstrafe/pauschalierten Schadensersatz;
– Beweislastregelung;
– Geltungsdauer;
– Einbeziehung des Ziel-Unternehmens in den Schutzbereich der Vertraulichkeitsvereinbarung;
– Verzicht auf den Zugang der Annahmeerklärung.

> **Praxishinweis:** Auch wenn der Abschluss von Vertraulichkeitsvereinbarungen eine Selbstverständlichkeit darstellt, ist gerade im Bieter-Verfahren das Risiko nicht zu unterschätzen, dass Wettbewerber oder sonstige Dritte auf recht einfache Weise umfassend Informationen erhalten, die für das Überleben des Unternehmens im Wettbewerb möglicherweise von erfolgskritischer Bedeutung sind. Auf der anderen Seite ist das Hauptproblem von Vertraulichkeitsvereinbarungen, die Ursächlichkeit des Käuferhandelns für eine Verschwiegenheitsverletzung zu beweisen sowie den daraus entstandenen Schaden zu quantifizieren, weshalb sich zum einen die Vereinbarung einer Vertragsstrafe und zum zweiten eine Beweislastregelung empfehlen.[478]

---

[474] *Brück/Sinewe*, Steueroptimierter Unternehmenskauf, § 1 Rn. 17.

[475] Siehe dazu noch ausführlich → Rn. 241 ff.

[476] Vgl. dazu im einzelnen *Seibt* in: Beck'sches Formularbuch Mergers & Acquisitions, B.I.1. sowie ausführlich zu Vertraulichkeitsvereinbarungen in der M&A Praxis, *von Werder/Kost,* BB 2010, 2903; *Linke/Fröhlich*, GWR 2014, 449.

[477] Vgl. ausführlich *von Werder/Kost*, BB 2010, 2903, 2904.

[478] Vgl. *Seibt* in: Beck'sches Formularbuch Mergers & Acquisitions, B.I.1. Rn. 16.

Im Zusammenhang mit dem Verbot der **Abwerbung von Mitarbeitern** des Ziel- **162** unternehmens ist allerdings auch § 75f HGB zu beachten,[479] wonach ein Prinzipal, der sich einem anderen Prinzipal gegenüber verpflichtet, einen Handlungsgehilfen, der bei diesem im Dienst ist oder gewesen ist, nicht oder nur unter bestimmten Voraussetzungen anzustellen, zum Rücktritt berechtigt ist.

In der Praxis findet vielfach nicht hinreichend Beachtung, dass eine bloß einseitige **163** Vertraulichkeits*erklärung* keine rechtlichen Bindungen erzeugt und unverbindlich ist,[480] weshalb beide Vertragsparteien das Dokument als **Vereinbarung** abschließen müssen.

> **Praxishinweis:** Es wird häufig übersehen, dass nach Rücksendung der Vertraulichkeits-vereinbarung durch den Kaufinteressenten der Verkäufer bzw. dessen M&A-Berater die Annahme gemäß §§ 147–152 BGB erklärt und den Zugang beim Käufer dokumentiert, wenn nicht der Verzicht gemäß § 151 BGB auf den Zugang der Annahmeerklärung in der Vertraulichkeitsvereinbarung enthalten ist.[481]

> **Formulierungsvorschlag:** *„Der Kaufinteressent verzichtet hiermit auf den Zugang der Annahmeerklärung durch [...] (einsetzen: M&A Berater oder sonstiger Berater des Ver-käufers).“*

Zu beachten ist ferner, dass häufig nicht das zu verkaufende Unternehmen selbst Ver-tragspartei der Vertraulichkeitsvereinbarung werden kann, weil in dieser Phase die Identität noch nicht offen gelegt werden soll, so dass das **Ziel-Unternehmen** im Wege eines echten Vertrages zugunsten Dritter in den Schutzbereich der Vertraulichkeitsvereinbarung ein-bezogen werden sollte.

> **Formulierungsvorschlag:** *„Diese Vertraulichkeitsvereinbarung gilt auch zugunsten des Ver-käufers sowie des Ziel-Unternehmens im Sinne eines echten Vertrages zugunsten Dritter (§ 328 BGB).“*

Um den etwaigen Kaufinteressenten die Geltendmachung von Haftungsansprüchen aus **164** und im Zusammenhang mit der Informationsgewährung für die bloß vorvertragliche Phase abzuschneiden, sollte bereits die Vertraulichkeitsvereinbarung einen entsprechenden **Haf-tungsausschluss** enthalten.

Der Haftungsausschluss sollte dabei klarstellen,

✓ dass weder der Verkäufer noch seine Berater mit der Vertraulichkeitsvereinbarung sowie mit der Verfügbarmachung von Informationen aus und im Zusammenhang mit der Transaktion eine Gewähr oder Garantie hinsichtlich der Richtigkeit oder Vollständig-keit der gewährten Informationen noch eine sonstige Haftung gegenüber dem Käufer übernehmen,

✓ dass die Gewährung von Informationen weder Rechte daran begründet, noch der Ver-käufer oder seine Berater verpflichtet sind, Informationen verfügbar zu machen oder diese zu aktualisieren und

✓ dass Grundlage und Umfang einer etwaigen Haftung des Verkäufers aus und im Zu-sammenhang mit der geplanten Verkaufstransaktion allein im Kaufvertrag geregelt werden und dass im Übrigen jegliche Haftung des Verkäufers und seiner Berater für

---

[479] Dazu *Wolf*, NZG 2004, 366, der im Ergebnis eine Anwendbarkeit von § 75f HGB verneint.
[480] Vgl. *Grüneberg* in: Palandt, BGB, § 311 Rn. 2.
[481] Es können aber eventuell auch die Grundsätze über ein kaufmännisches Bestätigungsschreiben (vgl. dazu *Hopt* in: Baumbach/Hopt, HGB, § 346 Rn. 17) zur Anwendung kommen, wonach mangels Widerspruch der Vertrag zustande kommt. Dies ist allerdings angesichts des häufigen Hin und Her mit zahlreichen Änderungsfassungen nicht rechtssicher in der Dokumentation des Vertragsschlusses und sollte daher möglichst vermieden werden.

die gesamte Phase bis zum Wirksamwerden eines etwaigen Kaufvertrages im Rahmen des gesetzlich Zulässigen ausgeschlossen ist.

165   Es ist allerdings zu beachten, dass die in der Vertraulichkeitsvereinbarung sowie dem Information-Memorandum enthaltenen Haftungsausschlüsse für den Fall, dass diese nicht im Einzelfall ausgehandelt, sondern standardmäßig an alle Bieter verschickt werden, mit dem Risiko behaftet sind, dass sie dem verschärften **Prüfungsmaßstab allgemeiner Geschäftsbedingungen** (§§ 305 ff. BGB) unterliegen.[482] Demzufolge könnte nicht nur ein Haftungsausschluss für vorsätzliches Handeln des Verkäufers und seiner Berater, sondern auch ein solcher für grob fahrlässig gegebene Falschinformationen sowie für den Fall der Verletzung vertragswesentlicher Pflichten sogar auch ein Haftungsausschluss für nur leicht fahrlässig falsche Informationen gemäß §§ 305 ff. BGB unwirksam sein.[483]

Soweit es um besonders sensible Wettbewerbsinformationen oder auch Know-How bzw. sonstige vertrauliche Entwicklungsarbeiten geht, kommt über die „normale" Vertraulichkeitsvereinbarung hinaus auch ein spezieller Mechanismus in Betracht, bei dem diese besonders vertraulichen Informationen nur extra hierfür eingerichteten **„Clean Teams"** (bestehend z. B. aus nicht operativ tätigen Mitarbeitern des Erwerbers und/oder Rechtsanwälten sowie Wirtschaftsprüfern etc.) verfügbar gemacht werden.[484] (siehe hierzu auch sogleich unter b)).

b) Kartellrechtliche Grenzen des Informationsaustauschs

166   Unabhängig von der Frage, ob ein Unternehmenskauf fusionskontrollrechtlich anzumelden ist oder nicht, müssen die Transaktionsparteien stets beachten, dass sie bis zum Vollzug des Kaufs nach den Regeln des Kartellrechts **unabhängige Unternehmen** bleiben und als solche selbstständig auf dem Markt agieren müssen.

167   Stehen die Transaktionsparteien in einem **aktuellen oder potentiellen Wettbewerbsverhältnis** zueinander, verbietet ihnen das Kartellrecht (§ 1 GWB, Art. 101 AEUV) auch im Vorfeld einer Transaktion den **Austausch bzw. die Offenlegung strategisch relevanter Informationen.** Die Kartellbehörden gehen davon aus, dass diese Informationen nach ihrem Austausch von einem rational handelnden Unternehmen als Grundlage für eine Verhaltensanpassung genutzt werden, ihr Austausch also zu einer **abgestimmten Verhaltensweise zwischen Wettbewerbern** und letztlich einem Verstoß gegen das deutsche und europäische Kartellverbot nach § 1 GWB bzw. Art. 101 AEUV führt.[485] Das bedeutet, dass die Zusammenschlussbeteiligten bestimmte Vorkehrungen treffen müssen, um einen Kartellrechtsverstoß in der Due-Diligence-Phase zu verhindern, die nahezu zwangsläufig auch strategisch relevante Informationen der Zielgesellschaft berührt.

168   Insbesondere das Bundeskartellamt hat in den letzten Jahren eine Reihe empfindlicher Bußgelder gegen Unternehmen wegen unzulässigen Informationsaustausches verhängt.[486]

---

[482] Vgl. auch *Louven/Böckmann*, ZIP 2004, 445; siehe auch zur Unwirksamkeit des Haftungsausschlusses in Allgemeinen Versteigerungsbedingungen BGH vom 5.11.2010 – V ZR 228/09, NJW 2011, 1217, 1218.

[483] Vgl. dazu auch noch *Holzapfel/Pöllath*, Unternehmenskauf in Recht und Praxis, Rn. 1336.

[484] Vgl. dazu *Brinker/Benedikt-Buckenleib* in: Jesch/Striegel/Boxberger, Rechtshandbuch Private Equity, § 23 Rn 441 ff.; *Lochen*, CCZ 2018, 234, 235; *Linke/Fröhlich*, GWR 2014, 449,450 f.; *Besen/Gronemeyer*, CCZ 2013, 137, 143 f

[485] Ausführlicher zu den kartellrechtlichen Grenzen des Informationsaustauschs, *Dreher/Hoffmann*, WuW 2011, 1181 ff.; *Auf'mkolk*, WuW 2011, 699 ff.

[486] Siehe z. B. Bußgeld gegen Nestlé Deutschland in Höhe von EUR 20 Mio., BKartA, Pressemitteilung vom 27.3.2013; Bußgelder gegen sechs Hersteller von Marken-Drogerieartikeln in Höhe von EUR 39 Mio., BKartA, Pressemitteilung vom 18.3.2013; Bußgelder gegen elf Markenhersteller von Süßwaren in Höhe von EUR 60,8 Mio. für Preisabsprachen und unzulässigen Informationsaustausch, BKartA, Pressemitteilung vom 31.1.2013; Bußgelder gegen Fernsehstudiobetreiber in Höhe von EUR 3,1 Mio. wegen der Beteiligung an einem kartellrechtlich unzulässigen Informationsaustausch, BKartA, Fallbericht vom 12.9.2016.

Gegenstand des bebußten Informationsaustausches waren dabei nicht nur Informationen zu Verkaufspreisen, sondern auch zu sonstigen strategischen Informationen wie insbesondere Kundenforderungen, aktuellen Marktanteils-, Absatz- oder Umsatzzahlen. 2018 verhängte die Europäische Kommission zudem eine Geldbuße in Höhe von EUR 124 Mio. gegen das Telekommunikationsunternehmen *Altice* wegen Verstoßes gegen das fusionskontroll-rechtliche Vollzugsverbot bei der Übernahme von PT Portugal. Dabei stellte die Kommission unter anderem fest, dass bereits vor Freigabe ein Austausch sensibler Informationen zwischen verschiedenen Führungskräften von PT Portugal und Altice stattgefunden habe, ohne dass Schutzmechanismen – wie Vertraulichkeitsvereinbarungen, Geheimhaltungs-vereinbarungen oder Clean-Team-Vereinbarungen – zum Einsatz kamen.[487]

Stehen die Transaktionsparteien nicht in einem aktuellen oder potentiellen Wettbe- **169** werbsverhältnis zueinander, stellt sich das Problem eines möglicherweise kartellrechtswidri-gen Informationsaustauschs im Transaktionskontext nicht. Die Parteien laufen durch die Offenlegung von Informationen in der Due Diligence dann grundsätzlich nicht Gefahr, gegen das Kartellrecht zu verstoßen.

„**Strategisch relevante Informationen**" in diesem Sinne sind solche, die **Rück-** **170** **schlüsse auf aktuelles oder künftiges Markt- und Wettbewerbsverhalten** eines Unternehmens zulassen und dadurch die strategische Ungewissheit auf dem Markt ver-ringern.[488] Zu strategischen und somit kartellrechtlich sensiblen Informationen zählen insbesondere aktuelle oder künftige, nicht öffentliche, unternehmensspezifische Angaben der **Preise, Rabatte, Kapazitäten, Kosten oder Kunden,** sowie Informationen zur geplanten **Geschäftsentwicklung,** z. B. **Marketingpläne** oder -strategien, sowie **For-schungsaktivitäten.** Die strategische Relevanz ist dabei nicht für jede Information ge-sondert, sondern in einer Gesamtschau mit den übrigen, im Rahmen der Due Diligence zur Verfügung gestellten Informationen zu prüfen. Sofern sich diese Angaben auf ver-gangene Zeiträume beziehen oder so **aggregiert** wurden, dass ein Rückschluss auf ak-tuelles und künftiges Marktverhalten nicht mehr möglich ist, können sie grundsätzlich ausgetauscht werden, wobei auch dieser Austausch strikt auf die Nutzung im Rahmen der Due Diligence beschränkt werden und nur gegenüber einer vorher definierten Per-sonengruppe erfolgen sollte, die sich entsprechenden Vertraulichkeitsverpflichtungen un-terworfen hat. Handelt es sich bei den Transaktionsparteien um aktuelle oder poten-tielle Wettbewerber, ist ein Austausch strategisch relevanter Informationen grundsätzlich bis zum Vollzug der Transaktion unzulässig. Bereits der einmalige, einseitige Austausch ist untersagt.

In der Praxis bedeutet dies, dass bei Transaktionen zwischen Wettbewerbern von vorn- **171** herein **Schutzvorkehrungen** zu treffen sind, um den unzulässigen Austausch sensibler Informationen zu verhindern.[489]

Die Unternehmen sollten in jedem Fall eine **Vertraulichkeitsvereinbarung**[490] schlie- **172** ßen, die nicht nur das Verbot der Weitergabe hinsichtlich der während des Due-Diligence-Prozesses offengelegten Geschäftsgeheimnisse beinhaltet, sondern auch und vor allem das Prozedere der Due Diligence so regelt, dass wettbewerblich sensible Informationen wäh-rend des gesamten Zeitraums der Vorbereitung und Umsetzung der Transaktion bis zu

---

[487] Europäische Kommission, Beschluss vom 24. April 2018, M.7993 – Altice/PT Portugal; siehe dazu auch die deutsche Zusammenfassung des Beschlusses der Kommission vom 24. April 2018, ABl. 2018 C 315/08, Rn. 19.

[488] Europäische Kommission, Leitlinien zur Anwendbarkeit von Art. 101 AEUV auf Vereinbarung über horizontale Zusammenarbeit, ABl. 2011 C 11/01, Rn. 86.

[489] *Peters* in: Schultze (Hrsg.), Compliance Handbuch Kartellrecht, Rn. 298 ff.; siehe dazu auch die Empfehlungen der US-amerikanischen *Federal Trade Commission, „Avoiding antitrust pitfalls during pre-merger"* hinsichtlich der im Rahmen einer Transaktion zu treffenden Vorkehrungen, verfügbar unter: https://www.ftc.gov/news-events/blogs/competition-matters/2018/03/avoiding-antitrust-pitfalls-during-pre-merger(zuletzt aufgerufen: 12.5.2020).

[490] Siehe → Rn. 160 ff.

ihrem Vollzug geschützt sind.[491] Jede Partei muss in die Pflicht genommen werden, die dafür erforderlichen Maßnahmen zu ergreifen.

173 Soweit zusätzlich zur Vertraulichkeitsvereinbarung der vor allem im Rahmen von Bieterverfahren übliche **Process Letter** verwendet wird, sollte dieser neben dem Aspekt der Fusionskontrolle auch den Informationsaustausch während der Due Diligence und ggf. in der Umsetzungsphase vor dem Closing vereinbaren.

174 Es sollte gleich von Beginn an klar sein, dass der **Austausch von geschäftsbezogenen Informationen nur streng kontrolliert** erfolgen kann. Dafür ist erforderlich, dass die auszutauschenden Informationen vorab daraufhin geprüft werden, ob bzw. inwieweit sie wettbewerblich sensibel sind. Wichtig ist zudem, sämtliche ausgetauschte Informationen auf das Maß zu begrenzen, dass für die Durchführung der Due Diligence im jeweiligen Stadium erforderlich ist.

Für die Bewertung der Zulässigkeit des Austausches einer Information ist auch Zeitpunkt von Bedeutung. Grundsätzlich gilt: Je kritischer eine Information unter kartellrechtlichen Gesichtspunkten ist, desto später sollte sie im Transaktionsprozess ausgetauscht werden. Je weiter der Transaktionsprozess vorangeschritten, d. h. je wahrscheinlicher der Vollzug der Transaktion ist, desto eher ist es kartellrechtlich vertretbar, zunächst noch als sensibel einzuordnende Daten, deren Kenntnis für die Bewertung der Transaktion durch den Erwerber jedoch unerlässlich ist, offenzulegen.

175 Um das kartellrechtliche Risiko eines im Rahmen der Due Diligence erfolgenden Austausches sensibler Informationen weiter zu reduzieren, sollte bei der **Erstellung des Datenraums** auf Verkäuferseite genau überlegt werden, welche Daten zu welchem Zeitpunkt in den Datenraum gegeben werden. Mit der Durchsicht des Datenraums durch den potentiellen Käufer dürfen grundsätzlich nur diejenigen Mitarbeiter betraut werden, die für die Vertragsverhandlungen zuständig und zumindest vorübergehend vom Tagesgeschäft im Vertrieb und Marketing in dem betroffenen Bereich abgekoppelt sind (unternehmensinternes „Clean Team“). Die Mitglieder dieses Clean Teams dürfen nicht mit der Ausarbeitung von Preisstrategien oder Kundenkonditionen des im Wettbewerb stehenden Erwerbsinteressenten betraut sein und keinen Berichtspflichten an eine Person mit derartigen Verantwortungen unterliegen. Sie sind zur Verschwiegenheit zu verpflichten und dürfen bei einem Fehlschlag der Transaktion erst nach einer Karenzzeit (in der das Wissen über den Wettbewerb veraltet) in das operative Geschäft zurückkehren.

176 Anstelle von Clean Teams kann es insbesondere für kleinere Unternehmen praktikabler sein, unabhängige Dritte (zum Beispiel eine Beratungsgesellschaft oder externe Anwälte) als „**Black Box**“ einzusetzen. Diese analysieren die besonders sensiblen Informationen vorab und erstellen eine wettbewerblich unkritische Einschätzung bzw. eine aggregierte und anonymisierte Fassung für die jeweilige Partei. Im Hinblick auf Akquisitionen ist der Käufer derjenige, der die sensiblen Informationen der Zielgesellschaft bewertet, so dass es in dessen Verantwortungsbereich liegt, ein Clean Team oder eine Black Box einzurichten. Eine entsprechende Verpflichtung des Käufers sollte in die Vertraulichkeitsvereinbarung (bzw. den Process Letter) aufgenommen und vereinbart werden (einseitige Briefe genügen hierfür nicht).

2. Information-Memorandum/Verkaufs-Exposé

177 Erfolgt der Verkauf in einem Bieter-Verfahren, wird nach Unterzeichnung der Vertraulichkeitsvereinbarung nunmehr das bereits in Phase 1 erstellte Information-Memorandum bzw. Verkaufs-Exposé den potenziellen Kaufinteressenten nebst einem Procedure-Letter übermittelt, aus dem sich der Rahmen sowie weitere Verlauf des Bieter-Verfahrens entnehmen lassen. Zum **Inhalt** eines Information-Memorandums gehören in der Regel[492]

---

[491] *Reysen/Jaspers,* WuW 2006, 602, 612.
[492] Vgl. auch die Übersicht bei *Seibt* in: Beck'sches Formularbuch Mergers & Acquisitions, B. III.

- Zusammenfassung (insbesondere Unternehmensgegenstand, Schlüsselkennzahlen, Mitarbeiterstruktur)
- Angaben zum Verkäufer, Kaufgegenstand und zur Transaktionsstruktur
- Unternehmenshistorie
- Produkte bzw. Dienstleistungen des Unternehmens
- Umsätze aufgeschlüsselt nach Umsatzgruppen
- Marktposition und Wettbewerb
- Kunden- und Lieferantenstruktur
- Management und Personal
- Unternehmenskennzahlen der Vergangenheit
- Planungszahlen für die Zukunft sowie deren Ableitung

Da bereits **fahrlässige und erst recht vorsätzlich falsche Angaben** über das Kaufob- **178** jekt im Information-Memorandum zu einer Haftung des Verkäufers gemäß §§ 311 Abs. 2, 280 Abs. 1, 241 Abs. 2 BGB führen,[493] sollte zumindest für fahrlässig falsche Angaben ein **Haftungsausschluss** mit den Kaufinteressenten vereinbart werden.[494] Vorsicht ist zudem auch im Hinblick auf eine möglicherweis sich ergebende strafrechtliche Verantwortlichkeit der Verkäuferseite geboten, wenn es womöglich zu Täuschungen des Käufers über Prognosen, Pläne etc. kommen sollte.[495]

Zum Teil wird allgemein nach den Grundsätzen der culpa in contrahendo auch eine **179** **Prospekthaftung** für möglich gehalten, die nicht auf persönlichem, sondern auf typisiertem Vertrauen basiert.[496] Für ein im Rahmen eines Bieter-Verfahrens erstelltes Information-Memorandum wird eine Prospekthaftung allerdings von der überwiegenden Auffassung in der Literatur mit der zutreffenden Begründung abgelehnt, dass dieses lediglich erste Informationen über den Kaufgegenstand enthält, die den Kaufinteressenten erst dazu veranlassen, ein vorläufiges Kaufangebot abzugeben, woraufhin dann das Zielunternehmen im Rahmen einer Due-Diligence-Prüfung näher untersucht wird.[497]

> **Praxishinweis:** Angesichts der möglichen Haftungsrisiken sollte bereits in der Vertraulichkeitsvereinbarung vereinbart werden, dass (i) sämtliche vor Vertragsabschluss gewährten Informationen keine Beschaffenheitserklärungen oder Garantien darstellen und dass (ii) der Käufer auf eine vorvertragliche Haftung des Verkäufers und seiner Berater verzichtet. Ein solcher Haftungsausschluss greift freilich nicht bei Vorsatz/Arglist, wobei zu beachten ist, dass die Rechtsprechung die Messlatte für Vorsatz bzw. Arglist sehr niedrig hängt.[498] Auch sollte (iii) zur Vermeidung der AGB-rechtlichen Inhaltskontrolle sowohl bei der Vertraulichkeitsvereinbarung als auch beim Information-Memorandum möglichst eine individualvertragliche Vereinbarung über den Haftungsausschluss getroffen werden, beispielsweise in einem einfachen Anschreiben oder einem Procedure-Letter mit Gegenzeichnung durch den jeweiligen Käufer.

Im Rahmen eines Bieter-Verfahrens könnte sich für den Verkäufer auch als problema- **180** tisch erweisen, dass nach einem Urteil des OLG Hamm aus dem Jahr 2010 jedenfalls das Verkaufs-Exposé eines vom Verkäufer betrauten Immobilien-Maklers eine **öffentliche Äußerung** eines Verkäufergehilfen im Sinne des **§ 434 Abs. 1 S. 3 BGB** darstellt mit der Folge, dass die darin enthaltenen Angaben eine zu erwartende Soll-Beschaffenheit be-

---

[493] Siehe zur vorvertraglichen Haftung bereits oben → Rn. 5 ff.; *Holzapfel/Pöllath,* Unternehmenskauf in Recht und Praxis, Rn. 673 ff.; *Louven/Böckmann,* ZIP 2004, 445.

[494] Vgl. auch *Seibt* in: Beck'sches Formularbuch Mergers & Acquisitions, B. III.

[495] Vgl. dazu *Beckemper* in: Drygala/Wächter, Verschuldenshaftung und Wissenszurechnung bei M&A Transaktionen, S. 32 ff. unter Hinweis auf das Urteil BGH vom 6.10.2009 – 4 StR 307/09, NStZ-RR, 2010, 146.

[496] Vgl. *Grüneberg* in Palandt, BGB, § 311 Rn. 19.

[497] *Louven/Böckmann,* ZIP 2004, 445, 446.

[498] Vgl. *Jaques,* BB 2002, 417 sowie ausführlich → Rn. 24 ff.

gründen.[499] In dem vom OLG Hamm entschiedenen Fall konnte auch nicht der – recht allgemein gehaltene – Haftungsausschluss, mit dem üblicherweise der Gewährleistungsausschluss und/oder das Fehlen von Beschaffenheitsvereinbarungen oder -garantien bekräftigt wird, diese Haftungsgrundlage beseitigen.[500]

181   Im Hinblick auf den Unternehmenskauf wurde § 434 Abs. 1 S. 3 BGB als Haftungsgrundlage beim Bieter-Verfahren schon nach der Schuldrechtsreform im juristischen Schrifttum diskutiert, jedoch überwiegend mit der Begründung abgelehnt, dass es sich bei dem Information-Memorandum des Verkäufers in einem kontrollierten Bieter-Verfahren vor allem nicht um eine „öffentliche Äußerung" handele.[501] Dass allerdings eine solche Haftung bereits aufgrund einer Klausel im Unternehmenskaufvertrag, nach der eine jegliche sonstige Haftung des Verkäufers ausgeschlossen sei, scheitern würde,[502] ist nach der oben dargestellten Rechtsprechung des OLG Hamm allerdings keinesfalls sicher.

> **Praxishinweis:** Um auch eine solche durch „öffentliche Äußerung" begründete Beschaffenheitserwartung zu beseitigen, empfiehlt sich im Kaufvertrag eine ausdrückliche Bezugnahme in der Haftungsausschlussklausel auf das Information-Memorandum und die darin enthaltenen Aussagen.

182   Zudem hat das OLG Hamm in dem entschiedenen Fall noch einmal klargestellt, dass bereits **Arglist** vorliegt, wenn der Verkäufer die Unrichtigkeit der von ihm gemachten Angaben im Sinne bedingten Vorsatzes billigend in Kauf nimmt, was bereits dann der Fall ist, wenn er **„Angaben ins Blaue hinein"** gemacht hat, das heißt ohne eine Tatsachengrundlage für sie zu haben.[503] Weil jedoch eine Haftung für Vorsatz/Arglist nicht im Unternehmenskaufvertrag ausgeschlossen werden kann, erhöht sich somit das Haftungsrisiko des Verkäufers deutlich.[504]

> **Praxishinweis:** Der Verkäufer sollte im Falle der Erstellung eines Information-Memorandums durch eine Investmentbank bzw. einen M&A -Berater genau darauf achten, dass die gegebenen Informationen eine hinreichende Tatsachengrundlage haben und dass gegebenenfalls im weiteren Verlauf der Due-Diligence-Prüfung sämtlichen Aufklärungspflichten Genüge getan wird.[505] Dies gilt auch für etwaige vom Steuerberater erstellte Jahresabschlüsse oder sonstige Kennzahlen des Unternehmens.[506]

3. Letter of Intent (LOI) und Exklusivitätsvereinbarung

183   Sind erste Vorgespräche erfolgreich verlaufen und gibt es einen Käufer, der auf Grundlage der vorhandenen Informationen Interesse bekundet hat und auch aus Sicht des Verkäufers in Betracht kommt, kann der Abschluss eines sog. Letter of Intent[507] (**„LOI"**, zuweilen auch **„Memorandum of Understanding"** – **„MOU"** – oder **„Heads of Agreement"** oder **„Term-Sheet"** genannt)[508] zum einen die Ernsthaftigkeit dieses Interesses unter-

---

[499] OLG Hamm vom 29.4.2010 – 22 U 127/09, NJW-RR 2010, 1643; vgl. auch *Weidenkaff* in: Palandt, BGB, § 434 Rn. 69.

[500] Vgl. auch OLG Hamm vom 29.4.2010 – 22 U 127/09, NJW-RR 2010, 1643.

[501] Vgl. *Louven/Böckmann*, ZIP 2004, 445, 446; *Seibt/Reiche*, DStR 2002, 1135, 1138.

[502] Vgl. *Louven/Böckmann*, ZIP 2004, 445, 446.

[503] OLG Hamm vom 29.4.2010 – 22 U 127/09, NJW-RR 2010, 1643, 1644.

[504] Vgl. dazu ausführlich → Rn. 24 ff.

[505] Vgl. dazu ausführlich → Rn. 11 ff.

[506] Vgl. zur Haftung des Verkäufers für Buchungsfehler beim Steuerberater BGH vom 4.6.2003 – VIII ZR 91/02, BB 2003, 1695, 1697.

[507] Vgl. das Muster eines Letter of Intent in Teil → G. I.

[508] Vgl. dazu auch *Picot* in: Picot, Unternehmenskauf und Restrukturierung, § 2 Rn. 29 ff.; *Weber* in: Hölters, Handbuch Unternehmenskauf, Kap. 9, Rn. 9.28 f.

streichen[509] und zum anderen wichtige **verhandlungspsychologische Wirkungen** entfalten.[510]

Der LOI ist nicht speziell gesetzlich geregelt, und in der Praxis gibt es jeweils auf die **184** Bedürfnisse des Einzelfalles zugeschnittene Varianten, die sich auf der Skala von rechtlich völlig unverbindlich bis hin zu rechtlich verbindlichen Vereinbarungen ähnlich einem Vorvertrag oder einer Optionsvereinbarung bewegen.[511] Käufer wie Verkäufer können den LOI einseitig – ggf. auch nur in Briefform – *erklären* oder auch als zweiseitige Erklärung *vereinbaren*. In den meisten Fällen erklären die Parteien dann aber bloße Absichten und begründen dabei keine rechtsgeschäftlichen Bindungen oder Verpflichtungen.[512] Auch entsteht dabei in der Regel keine Pflicht zur Durchführung der Transaktion.[513]

Sofern eine solche vorvertragliche Vereinbarung auf den Verkauf/die Übertragung von GmbH Anteilen abzielt, kann sich **unter Umständen eine Beurkundungspflicht** ergeben, wenn die darin getroffenen Regelungen (z. B. eine **Break-up Fee Vereinbarung**)[514] einen (faktischen) Zwang zum Abschluss des Vertrages begründen.[515]

> **Praxishinweis:** Obwohl noch keine vertragliche Bindung gewollt ist und explizit eine bloße Absicht erklärt wird, ist zu beachten, dass sich aufgrund von Aufklärungspflichten Haftungsrisiken insbesondere für den Verkäufer ergeben können.[516]

Typische Regelungen eines Letter of Intent sind:[517]   **185**
– Beschreibung des Zielunternehmens;
– Beschreibung der geplanten Transaktion und Transaktionsstruktur;
– gegebenenfalls indikativer Kaufpreis oder Festlegung eines Berechnungsmodus zur Ermittlung des Kaufpreises/der Unternehmensbewertung;
– Regelungen zur anstehenden Due-Diligence-Prüfung;
– Regelungen zu der für den Kaufvertrag geplanten Gewährleistung;
– Wirksamkeitsvoraussetzungen für den Kaufvertrag, insbesondere Zustimmungserfordernisse Aufsichtsrat etc.;
– Personal und Management: Abwerbeverbot/Tätigkeitspflichten/Wettbewerbsverbote;
– Exklusivität für den Käufer (Abschluss- und/oder Verhandlungsexklusivität);
– Zeitplan;
– sofern nicht bereits vorab vereinbart: Vertraulichkeitsvereinbarung;
– Kostenverteilung;
– Vertragsstrafen/Break-up Fees;
– Regelungen zur Verbindlichkeit des LOI.

---

[509] Vgl. *Weber* in: Hölters, Handbuch Unternehmenskauf, Kap. 9, Rn. 9.29.

[510] *Holzapfel/Pöllath*, Unternehmenskauf in Recht und Praxis, Rn. 662; *Rotthege* in: Rotthege/Wassermann, Unternehmenskauf bei der GmbH, Kap. 1 Rn. 146; *Seibt* in: Beck'sches Formularbuch Mergers & Acquisitions, B.VIII. Anm. 1.

[511] Siehe → Rn. 190 ff.

[512] *Beisel/Klumpp*, Der Unternehmenskauf, § 1 Rn. 83; *Holzapfel/Pöllath*, Unternehmenskauf in Recht und Praxis, Rn. 660 ff.; *Seibt* in: Beck'sches Formularbuch Mergers & Acquisitions, B.VIII. Anm. 2 f.

[513] *Rödder/Hötzel/Müller-Thuns*, Unternehmenskauf/Unternehmensverkauf, § 3 Rn. 17; *Weber* in: Hölters, Handbuch Unternehmenskauf, Kap. 9, Rn. 9.29.

[514] Siehe dazu sogleich unten → Rn. 186.

[515] Vgl. dazu OLG München vom 19.9.2012 – 7 U 736/12, NZG 2013, 257; BGH vom 1.7.1970 – IV ZR 1178/68, NJW 1970, 1915, 1916; BGH vom 3.11.1978 – V ZR 30/77, NJW 1979, 307, 308 unter Hinweis auf std. Rechtsprechung des IV. Zivilsenats; vgl. auch *Bergjan/Schwarz*, GWR 2013, 4, 6; *Wicke*, MittBayNot 2014, 13, 15.

[516] Siehe dazu bereits oben → Rn. 11 ff.; vgl. auch speziell zur Haftung aus culpa in contrahendo beim Letter of Intent *Bergjan*, ZIP 2004, 395.

[517] Vgl. auch *Brück/Sinewe*, Steueroptimierter Unternehmenskauf, § 1 Rn. 18 sowie das ausführliche Muster bei *Seibt* in: Beck'sches Formularbuch Mergers & Acquisitions, B.VIII.

> **Praxishinweis:** Aus verhandlungtaktischer Sicht ist zu beachten, dass es später umso schwieriger ist, von den im LOI zugestandenen Verhandlungspositionen sowie den Weichenstellungen wieder wegzukommen, je konkreter und präziser die Regelungen im LOI sind.[518]

186   Es ist allerdings zu beachten, dass die Parteien trotz der Überschrift „Absichtserklärung" häufig verschiedene Regelungspunkte **verbindlich** vereinbaren, und zwar insbesondere

– die Exklusivität;
– die Informationsgewährung im Rahmen einer Due Diligence;
– die Verschwiegenheit (sofern nicht bereits eine separate Vertraulichkeitsvereinbarung abgeschlossen wurde);
– etwaige Regelungen zur Kostenverteilung;
– ggf. Vertragsstrafe oder Break-up-Fees.

Hintergrund dafür ist, dass **ab jetzt die finanziellen und geschäftlichen Risiken für beide Seiten erheblich steigen,** weil zum einen der *Käufer* unter Einsatz personeller, zeitlicher und finanzieller Ressourcen bei Vorbereitung und Durchführung einer Due Diligence erheblichen Aufwand hat, andererseits der *Verkäufer* aufgrund der Offenlegung von nunmehr auch sensiblen Informationen einer erhöhten Gefahr ausgesetzt ist.[519]

> **Praxishinweis:** Aufgrund der steigenden Risiken sollte der Käufer auf Abschluss einer Exklusivitätsabrede dringen,[520] bei der der Verkäufer ihm zusagt, über einen gewissen Zeitraum nicht mit Dritten zu verhandeln (aus Sicht des Verkäufers wäre dann eine bloße Abschluss-Exklusivität vorteilhafter). Sowohl aus Käufersicht als auch aus Verkäufersicht können sich zudem Vertragsstrafen oder auch so genannte Break-up-Fee-Vereinbarungen[521] empfehlen, deren Inhalt darauf gerichtet ist, den durch den (schuldhaft/verschuldensunabhängig) verursachten Abbruch der Verhandlungen entstandenen (pauschalierten) Schaden oder den Ersatz der angemessenen/pauschalierten Aufwendungen der Gegenseite zu kompensieren.[522]

187   Mit Blick auf die besonderen Gefahren für einen Verkäufer, die nicht nur von einer etwaigen **Zurechnung des Wissens und Verhaltens** der von ihm im Rahmen der Transaktion eingesetzten Mitarbeiter und Berater ausgehen, sondern vor allem auch von der Rechtsprechung des Bundesgerichtshofes zur Arglisthaftung, welche der BGH auf den Vorwurf pflichtwidriger Organisation des Geschäftsleiters stützt, soweit dieser nicht hinreichend für eine Speicherung, Abfrage und Weiterleitung relevanter Informationen gesorgt hat[523], empfehlen sich **klarstellende Vereinbarungen** mit dem Käufer (i) zum **Umfang der Aufklärungspflichten**[524] einschließlich der Pflichten des Verkäufers zur Informationsabfrage- sowie Informationsweiterleitung und (ii) der **Zurechnung von Kenntnissen**

---

[518] Vgl. auch *Brück/Sinewe,* Steueroptimierter Unternehmenskauf, § 1 Rn. 19; *Seibt* in: Beck'sches Formularbuch Mergers & Acquisitions, B.VIII. Anm. 2.

[519] *Seibt* in: Beck'sches Formularbuch Mergers & Acquisitions, B.VIII. Anm. 4.

[520] Vgl. auch *Rotthege* in: Rotthege/Wassermann, Unternehmenskauf bei der GmbH, Kap. 1 Rn. 154; *Brück/Sinewe,* Steueroptimierter Unternehmenskauf, § 1 Rn. 21.

[521] Vgl. zu Break-up Fees OLG München vom 19.9.2012 – 7 U 736/12, NZG 2013, 257; *Hilgard,* BB 2008, 286; *Stratz/Hettler* in: Hettler/Stratz/Hörtnagel, Beck'sches Mandatshandbuch Unternehmenskauf, § 1 Rn. 96 ff.; *Bergjan/Schwarz,* GWR 2013, 4; vgl. auch zu aktienrechtlichen Rahmenbedingungen von *Break-Fee*-Vereinbarungen *Haßler/Wittgens,* BB 2018, 2178.

[522] *Seibt* in: Beck'sches Formularbuch Mergers & Acquisitions, B.VIII. Anm. 4; vgl. zu den unterschiedlichen Zwecken, zur rechtlichen Einordnung und zur Höhe von Break-up Fees *Hilgard,* BB 2008, 286; *Bergjan/Schwarz,* GWR 2013, 4.

[523] Siehe zu den diesbezüglichen Anforderungen des BGH → Rn. 56 ff.

[524] Vgl. dazu auch oben → Rn. 93 ff. sowie *Meyer-Sparenberg* in: Meyer-Sparenberg/Jäckle, Beck'sches M&A Handbuch, § 44 Rn. 138 f.

und Verhalten von Personen auf Verkäuferseite (ggf. auch der Käuferseite). Werden diese Vereinbarungen nicht im Vorwege getroffen und verkäuferseits die nötigen Maßnahmen zur Organisation der verfügbaren Informationen und Aufklärung des Käufers nicht ergriffen, besteht sowohl mit Blick auf die vorvertraglichen Aufklärungspflichten als auch hinsichtlich der objektiven wie subjektiven Garantien „nach Kenntnis" oder „nach bestem Wissen" das erhöhte Risiko für den Verkäufer, dass die im Kaufvertrag mühsam verhandelten Haftungsausschlüsse und -begrenzungen womöglich wegen einer – unterstellten – Arglist am Ende als unwirksam eingestuft werden.

Formulierungsvorschläge für den LoI:

„Verkäufer und Käufer sind sich einig, dass der Käufer die Gelegenheit erhalten soll, bei der Ziel-Gesellschaft eine Due Diligence Prüfung durchzuführen. Da der Verkäufer selbst nicht die dafür erforderlichen Unterlagen und Kenntnisse besitzt und keine eigene Verkäufer-Due-Diligence durchführen soll und will, sind sich die Parteien einig, dass (i) der Käufer sich die für seine Kaufentscheidung erforderlichen Informationen unmittelbar selbst bei der Geschäftsführung der Ziel-Gesellschaft einholt und der Verkäufer die Geschäftsführung der Ziel-Gesellschaft entsprechend anweist, dem Käufer sämtliche erbetenen Informationen vollständig und zutreffend verfügbar zu machen und dass (ii) die gesetzlichen (gesteigerten) Aufklärungspflichten des Verkäufers nicht zur Anwendung kommen, sondern die Entscheidung über das „Ob" und „Wie" des Unternehmenskauf allein in den Risikobereich des Käufers fällt und dass (iii) die Haftung des Verkäufers allein im Kaufvertrag über Garantien, Freistellungen und Covenants geregelt wird. Sofern nicht ausdrücklich anders im Kaufvertrag vereinbart, ist der Verkäufer nicht selbst zu einer Informationsabfrage bei der Ziel-Gesellschaft verpflichtet, noch wird ihm das dort „verfügbare Aktenwissen" i.S.d. BGH-Rechtsprechung zugerechnet."

„Sofern nicht ausdrücklich anders vereinbart, sind weder das Management noch Mitarbeiter noch Berater des Verkäufers oder des Unternehmens dazu ermächtigt oder ermächtigt gewesen, als Repräsentanten des Verkäufers zu handeln noch wird ein etwaiges Wissen oder Unterlassen dieser Personen dem Verkäufer zugerechnet, so dass diese Personen insbesondere auch nicht befugt waren und sind, Erklärungen mit Wirkung für den Verkäufer abzugeben und er sich daher deren Verhalten und Kenntnisse auch nicht zurechnen lassen muss."

---

4. Vorvertrag

Die Absichtserklärung (LOI) ist vom sog. **Vorvertrag** abzugrenzen.[525] Der Vorvertrag **188** ist ein schuldrechtlicher Vertrag, der die Verpflichtung zum späteren Abschluss eines Hauptvertrages begründet.[526] Im Gegensatz zum LOI ist ein Vorvertrag also rechtlich bindend und verpflichtet zur Durchführung der Transaktion. Nicht jedes Dokument, das als Vorvertrag bezeichnet wird, ist aber auch ein Vorvertrag in diesem Sinne. Die inhaltlichen Regelungen eines Vorvertrages müssen nämlich ein gewisses Maß an **Bestimmtheit** oder doch **zumindest Bestimmbarkeit** aufweisen, damit der Inhalt im Streitfalle gerichtlich festgestellt werden kann.[527] In einem Vorvertrag sollte daher zumindest als **Inhalt** geregelt werden:

– Kaufgegenstand,
– Kaufpreis sowie
– die von den Parteien als wesentlich angesehenen Punkte, also insbesondere die Regelungen zur Gewährleistung bzw. zu Garantien des Verkäufers.

---

[525] Vgl. dazu auch *Picot* in: Picot, Unternehmenskauf und Restrukturierung, § 2 Rn. 28, 99 ff.
[526] *Ellenberger* in: Palandt, BGB, Einf. vor § 145 Rn. 19.
[527] BGH vom 20.9.1989 – VIII ZR 143/88, NJW 1990, 1235; BGH vom 12.5.2006 – V ZR 97/05, NJW 2006, 2843; vgl. auch *Rotthege* in: Rotthege/Wassermann, Unternehmenskauf bei der GmbH, Kap. 1 Rn. 160; *Weber* in: Hölters, Handbuch Unternehmenskauf, Kap. 9 Rn. 9.36 f.

Ist die nötige Bestimmtheit oder Bestimmbarkeit nicht gegeben, besteht das Risiko eines offenen **Dissenses** mit der Folge, dass der Vorvertrag im Zweifel als nicht geschlossen gilt (§ 154 Abs. 1 BGB).[528] In Zweifelsfällen ist durch Auslegung zu ermitteln, ob wirklich schon eine Bindung gewollt ist und ob alle für eine solche Bindung wesentlichen Vertragsgegenstände im Vorvertrag überhaupt geregelt worden sind. Ist dies der Fall, würde bei einem späteren Streit ein damit befasstes Gericht die bestehenden Lücken durch sog. **ergänzende Vertragsauslegung** schließen.[529]

> **Praxishinweis:** Vom Abschluss eines Vorvertrages ist in aller Regel abzuraten, da zum einen das Risiko unzureichender Bestimmtheit besteht, sodass der Vorvertrag in diesem Fall überhaupt keine rechtsgeschäftliche Bindungswirkung entfaltet. Zum anderen erfolgte die inhaltliche Bestimmung der offen gebliebenen Punkte über §§ 315, 316 BGB durch das Gericht, was höchstwahrscheinlich nicht die individuellen Interessen der Vertragspartner zutreffend abbilden würde.[530] Will man dies vermeiden, ist es besser, entweder nur einen LOI oder aber gleich den Hauptvertrag mit allen Details selbst zu verhandeln und abzuschließen.[531]

189   Geht es um **formpflichtige Rechtsgeschäfte** wie die Übereignung von Grundstücken[532] bei einem Asset Deal oder die Übertragung von GmbH-Anteilen, so gelten diese Formvorschriften (notarielle Beurkundung) in aller Regel auch schon für den rechtlich bindenden Vorvertrag (insbesondere §§ 311b Abs. 1 S. 1 und 311b Abs. 3 BGB, § 15 Abs. 4 GmbHG).[533] Ohne die Einhaltung dieser **Formvorschriften** ist der Vorvertrag nicht wirksam.

5. Optionsvereinbarungen

190   Der Begriff des Optionsrechtes bzw. der Option ist gesetzlich nicht geregelt und findet in der Praxis zum Teil recht unterschiedliche Verwendung.[534] Optionsrechte können inhaltlich unterschiedlich ausgestaltet werden und unterscheiden sich von dem Letter of Intent insbesondere dadurch, dass bereits vertragliche Bindungen erzeugt werden.[535] In den meisten Fällen wird unter Option allerdings das Recht subsumiert, durch einseitige Erklärung einen Vertrag zu Stande zu bringen.[536] Es handelt sich somit um ein **Gestaltungsrecht,** das als einseitige Verfügung auf die Rechtsstellung des Erklärungsempfängers ohne dessen Zutun unmittelbar einwirkt.[537]

191   Zum Teil wird unter dem Begriff „Option" aber auch lediglich das Recht verstanden, von einem anderen den Abschluss eines Vertrages zu verlangen, wobei der Optionsberechtigte dann kein Gestaltungsrecht hat, sondern – ähnlich wie beim **Vorvertrag** – seinen Anspruch auf Abgabe einer Willenserklärung des Optionsverpflichteten durchsetzen muss.[538]

---

[528] BGH vom 12.5.2006 – V ZR 97/05, NJW 2006, 2843; *Rotthege* in: Rotthege/Wassermann, Unternehmenskauf bei der GmbH, Kap. 1 Rn. 160; *Picot* in: Picot, Unternehmenskauf und Restrukturierung, § 2 Rn. 100.

[529] *Holzapfel/Pöllath,* Unternehmenskauf in Recht und Praxis, Rn. 671 m. w. N. aus der Rechtsprechung; *Rotthege* in: Rotthege/Wassermann, Unternehmenskauf bei der GmbH, Kap. 1 Rn. 160.

[530] Vgl. auch *Weber* in: Hölters, Handbuch Unternehmenskauf, Kap. 9, Rn. 9.37.

[531] Vgl. ebenfalls abratend vom Vorvertrag: *Picot* in: Picot, Unternehmenskauf und Restrukturierung, § 2 Rn. 109; *Weber* in: Hölters, Handbuch Unternehmenskauf, Kap. 9, Rn. 9.37.

[532] Vgl. dazu BGH vom 12.5.2006 – V ZR 97/05, NJW 2006, 2843.

[533] Vgl. zu Ausnahmen *Rotthege* in: Rotthege/Wassermann, Unternehmenskauf bei der GmbH, Kap. 1 Rn. 161.

[534] Vgl. auch *Mülsch/Penzel,* ZIP 2004, 1987.

[535] Vgl. auch *Weber* in: Hölters, Handbuch Unternehmenskauf, Kap. 9 Rn. 9.31.

[536] So beispielsweise *Ellenberger* in: Palandt, BGB, Einf. vor § 145 Rn. 23.

[537] *Ellenberger* in: Palandt, BGB, Einf. vor § 104 Rn. 17.

[538] Vgl. auch *Weber* in: Hölters, Handbuch Unternehmenskauf, Kap. 9 Rn. 9.31; *Ellenberger* in: Palandt, BGB, Einf. vor § 145 Rn. 23 grenzt hingegen die Option vom Vorvertrag in der Form ab, dass

Danach lassen sich für die hier interessierenden Fälle des Unternehmens- oder Be-   **192** teiligungskaufs im Wesentlichen drei Grundformen der Option unterscheiden:[539]

– Optionsrecht in Form eines **bindenden Vertrags*angebotes* („Festofferte"),** einen Vertrag abzuschließen, das bei Ausübung entweder – dem Vorvertrag ähnlich – einen schuldrechtlichen Anspruch auf Abschluss eines Hauptvertrages gegenüber dem Optionsverpflichteten begründet oder bei dessen Ausübung auch bereits ein schuldrechtlicher und dinglicher Hauptvertrag zu Stande kommen kann; bei dieser Form der Option gelten die etwaigen Formvorschriften auch für die Annahmeerklärung, weil deren Schutzzweck im Hinblick auf den Optionsberechtigten noch nicht erfüllt ist;[540]

– Optionsrecht in Form eines **bindenden Angebots*vertrages*,** bei dem die Vertragsparteien einen Vertrag *über das Optionsrecht an sich* (und ggf. auch schon den Hauptvertrag) schließen, wobei nicht geklärt ist, ob die Rechtsprechung in diesem Fall ein Beurkundungserfordernis der Ausübungserklärung annehmen würde;[541]

– Optionsrecht in Form eines **aufschiebend bedingt abgeschlossenen Vertrages,** dessen Wirksamkeit von der Ausübung der Optionserklärung abhängt, wobei dann die etwaigen Formvorschriften nur für den bedingten Vertragsabschluss, nicht jedoch für die spätere Optionserklärung gelten.[542]

Die Übergänge zwischen diesen unterschiedlichen Optionsformen sind fließend.

Praxishinweis: Da die Rechtsprechung im Fall der Optionsgestaltung mit aufschiebender Bedingung eine Beurkundungspflicht der Ausübungserklärung verneint, hingegen in der Gestaltungsvariante der Festofferte die Annahmeerklärung für beurkundungspflichtig hält,[543] sollte aus Kostengründen die Option in Form der aufschiebenden Bedingung gewählt werden.

Bei der Option in Form des aufschiebend bedingten Vertrages als auch des Angebots-   **193** vertrages können die Vertragspartner ein hohes Maß an Rechtsklarheit erreichen, wenn sich aus dem Optionsvertrag der genaue Inhalt des bereits vollständig verhandelten Kauf- und Übertragungsvertrages ergibt (beim Angebotsvertrag z. B. in Form der Beifügung des Kaufvertrages als Anlage), sodass der Optionsberechtigte lediglich die Annahme des Angebotes oder im Fall des aufschiebend bedingten Vertrages die Ausübung der Option erklären muss.[544]

Praxishinweis: Da der Zeitpunkt des Angebotes nebst Kaufvertrag und Garantieerklärungen einerseits und der Zeitpunkt der Annahmeerklärung andererseits weit auseinander liegen können, ist sorgfältig darauf zu achten, (i) auf welchen Zeitpunkt die Garantieerklärungen abgegeben werden, (ii) ob und gegebenenfalls wann der Verkäufer als der aus der Garantie Verpflichtete diese Erklärungen aktualisieren kann[545] und (iii) welche Rechtsfolgen beim Eintritt etwaiger Verschlechterungen des Unternehmens in dieser Interimsphase gelten sollen.[546]

---

die Option keinen schuldrechtlichen Anspruch auf Abschluss des Hauptvertrages begründet, sondern ein Gestaltungsrecht ist.

[539] Vgl. eingehend zum Thema Optionen *Mülsch/Penzel,* ZIP 2004, 1987.

[540] BGH vom 12.5.2006 – V ZR 97/05, NJW 2006, 2843, 2844; vgl. auch *Ellenberger* in: Palandt, BGB, Einf. vor § 145 Rn. 23.

[541] Dieser Fall wird in BGH vom 12.5.2006 – V ZR 97/05, NJW 2006, 2843, 2844 nicht ausdrücklich angesprochen; vielmehr stellt der BGH auf den jeweiligen Einzelfall ab.

[542] BGH vom 12.5.2006 –V ZR 97/05, NJW 2006, 2843, 2844.

[543] BGH vom 12.5.2006 –V ZR 97/05, NJW 2006, 2843, 2844.

[544] Vgl. auch *Holzapfel/Pöllath,* Unternehmenskauf in Recht und Praxis, Rn. 666 ff.

[545] Siehe dazu Teil → D., Rn. 525 f.

[546] Siehe dazu noch Teil → D., Rn. 693 f.

194   Sowohl der Optionsvertrag nebst Angebot als auch die Annahmeerklärung können je nach Gegenstand des Vertrages und Ausgestaltung der Option **Formvorschriften** (notarielle Beurkundung) unterliegen.[547]

195   Ein möglicherweise im Ernstfall nicht ganz unbedeutender **Unterschied zwischen den beiden Optionsvarianten als Gestaltungsrecht** besteht jedoch darin, dass der Optionsverpflichtete im Falle des noch nicht vom Optionsberechtigten angenommenen Angebotes auch weiterhin über den Kaufgegenstand verfügen könnte (wenngleich er sich dann schadensersatzpflichtig machte), wohingegen bei dem aufschiebend bedingt abgeschlossenen Kauf- und Übertragungsvertrag etwaige Verfügungen des Optionsverpflichteten in der Schwebezeit gemäß § 161 Abs. 1 BGB im Falle des Eintritts der Bedingung unwirksam sind.[548] Sowohl bei der Optionsausübungserklärung beim aufschiebend bedingten Vertrag einerseits als auch bei dem unwiderruflich abgegebenen Angebotsvertrag liegt es indessen so, dass die Vertragsparteien bereits in der Optionsvereinbarung eine Einigung über sowohl den Kauf- als auch den Übertragungsvertrag erreicht haben, wobei die Wirksamkeit dieser Vereinbarung lediglich von der einseitigen Erklärung einer Partei abhängig sein soll. Da also in beiden Fällen der Optionsberechtigte durch einseitige (verfügende) Erklärung das Rechtsverhältnis zum Optionsverpflichteten einseitig gestalten und unmittelbar verändern kann, sollten auch beide Fälle sowohl im Hinblick auf das Beurkundungserfordernis als auch im Hinblick auf zwischenzeitliche Verfügungen gleich behandelt werden. Solange diese Fragen jedoch noch nicht von der Rechtsprechung geklärt sind, ist der sicherste Weg geboten.

> **Praxishinweis:** Aufgrund der Kostenvorteile im Hinblick auf die Beurkundung als auch aufgrund der Unwirksamkeit von Verfügungen in der Schwebezeit bis zum Wirksamwerden des Kauf- und Übertragungsvertrages empfiehlt es sich, das Optionsrecht in Form eines aufschiebend bedingten Vertrages zu vereinbaren.

> **Beachte:** Der Abschluss eines bloß schuldrechtlich verpflichtenden Kaufvertrages biete keinen Schutz vor Zwischenverfügungen, sondern nur der gleichzeitige Abschluss auch des dinglichen Übertragungsvertrages.[549]

196   Bei der (gleitenden) **Unternehmensnachfolge** in Gestalt eines MBO oder MBI mag es so gelagert sein, dass sich der verkaufende Unternehmer vorbehält, die Anteile von dem Erwerber zurückkaufen zu wollen. Dies kann beispielsweise dann sinnvoll sein, wenn der Unternehmer einen Geschäftsführer oder Mitarbeiter aus der zweiten Führungsebene als möglichen Nachfolger aufbauen möchte und ihm für diesen Zweck bereits erste Anteile an dem Unternehmen frühzeitig überträgt. Stellt sich später heraus, dass der Nachfolger nicht geeignet ist oder besteht ein sonstiger Grund, die Nachfolge in das Unternehmen anders als ursprünglich geplant zu gestalten, sind Rückerwerbsrechte in Form einer Option für den Unternehmer hilfreich, um den ursprünglichen Anteilsverkauf mit Rückübertragung gegebenenfalls auch gegen den Willen des Erwerbers, der nun ja bereits Gesellschafter ist, durchführen zu können.

> **Praxishinweis:** Wird einem Gesellschafter die Option eingeräumt, von einem anderen Gesellschafter dessen Anteile zu erwerben, kann eine solche Klausel aufgrund des „Hinauskündigungseffektes" unwirksam sein. Die Rechtsprechung fordert nämlich für die Wirksamkeit einer solchen Klausel einen sachlichen Grund.[550] Anders als bei den so genannten

---

[547] Vgl. zu Formerfordernissen ausführlich Teil → D., Rn. 140 ff.
[548] Vgl. auch *Weber* in: Hölters, Handbuch Unternehmenskauf, Kap. 9 Rn. 9.32.
[549] Vgl. *Weber* in: Hölters, Handbuch Unternehmenskauf, Kap. 9 Rn. 9.32.
[550] Vgl. zum „Manager-Modell" BGH vom 19.9.2005 – II ZR 173/04, NZG 2005, 968 sowie zum „Mitarbeiter-Modell" BGH vom 19.9.2005 – II ZR 342/03, NZG 2005, 971.

Manager- bzw. Mitarbeiter-Modellen, bei denen die Anteilsinhaberschaft an die Manage-
mentfunktionen gekoppelt und bei Verlassen des Unternehmens auch die Beteiligung zurück zu übertragen ist, liegt es bei den hier interessierenden Unternehmens- und Beteiligungskäufen allerdings meist so, dass das Management oder ein Dritter das Unternehmen
vollständig erwirbt.

(frei)   **197–199**

IV. Due Diligence

Innerhalb der Phase 2 kommt der Due Diligence eine zentrale Bedeutung zu. Im Rah-   **200**
men des Transaktionsablaufs[551] stehen dabei die folgenden Schritte an, wobei diese dann
mehr oder weniger nahtlos in die Phase 3 (Verhandlung und Abschluss des Kaufvertrages)
münden:

– **Vorbereitung** des (virtuellen oder physischen) **Datenraums** für die Due-Diligence-
  Prüfungen der Kaufinteressenten sowie Entwurf des 3. Procedure Letters;
– im Bieter-Verfahren: **Auswertung der indikativen Kaufangebote** und Auswahl derjenigen Kaufinteressenten, die zur Due-Diligence-Prüfung zugelassen werden;
– im Bieterverfahren: ggf. Abschluss eines **Letter of Intent mit (Abschluss-/Verhand-
  lungs-)Exklusivität** zu Gunsten eines Kaufinteressenten, ansonsten u. U. auch Verhandlungen mit mehreren Kaufinteressenten parallel;
– Versenden des **3. Procedure-Letters** (idealerweise schon nebst **Kaufvertragsentwurf**)
  sowie **Öffnung des Datenraums** zu Zwecken der Prüfung des Unternehmens durch
  die Kaufinteressenten;
– Einholung und **Auswertung der „bindenden Angebote"** sowie der Änderungswünsche der Kaufinteressenten zum Kaufvertragsentwurf;
– Entscheidung über die **Zulassung** der (oder im Falle des Trade-Sale des einen) Kaufinteressenten **zu Vertragsverhandlungen** über den Verkauf;
– Alternativ zum Letter of Intent (selten): Vereinbarung von **Optionsrechten** oder eines
  Vorvertrages.

Neben der richtigen steuerlichen Strukturierung der Verkaufstransaktion, der Unter-   **201**
nehmensbewertung zu Zwecken der Kaufpreisfindung und der richtigen Gestaltung des
Kaufvertrages ist die professionell durchgeführte Due-Diligence-Prüfung die vierte Säule
einer erfolgreichen Unternehmenskauf- bzw. -verkaufstransaktion.[552] Der **Begriff „Due
Diligence"** kommt aus dem anglo-amerikanischen Rechtskreis und bedeutet „erforderliche Sorgfalt" bei der Überprüfung eines Unternehmens als potenzielles Kaufobjekt.[553] Der
Sinn und Zweck einer Due-Diligence-Prüfung, die einzelnen Prüfungsgegenstände sowie
die Notwendigkeit organisatorischer Maßnahmen lassen sich erst verstehen, wenn man sich
die rechtlichen Rahmenbedingungen für Käufer und Verkäufer sowie für die handelnden
Personen vor Augen führt.[554]

---

[551] Siehe dazu die Gesamtübersicht in Teil → A., Rn. 21 ff.

[552] Vgl. hierzu und zum Folgenden auch *Rempp* in: Hölters, Handbuch Unternehmenskauf, Kap. 1,
Rn. 1.139 ff. sowie *Weber,* in: Hölters, Handbuch Unternehmenskauf, Kap. 9, Rn. 9.43 ff.

[553] Vgl. dazu ausführlich *Göthel* in: Göthel, Grenzüberschreitende M&A Transaktionen, § 2
Rn. 30 ff.; vgl. auch *Kolbeck* in: Rotthege/Wassermann, Unternehmenskauf bei der GmbH, Kap. 2
Rn. 1; *Seibt* in: Beck'sches Formularbuch Mergers & Acquisitions, B. VI.3. Anm. 1; *Palzer,* JURA 2011,
917, 927.

[554] Siehe zu vorvertraglichen Pflichten sowie einer Haftung aus culpa in contrahendo bereits ausführlich oben → Rn. 5 ff.

1. Rechtliche Rahmenbedingungen der Due Diligence

202   Der rechtliche Rahmen der Due-Diligence-Prüfung sowie deren Bedeutung für Käufer und Verkäufer können nicht isoliert betrachtet werden. Aufgrund der thematischen Verknüpfung mit sowohl den vorvertraglichen und kaufvertraglichen Verpflichtungen sowie den sich daraus jeweils ergebenden Rechten und Ansprüchen bedarf es vielmehr einer Gesamtbetrachtung des Beziehungsgeflechts, durch das die einzelnen Phasen der Unternehmenskauf-Transaktion miteinander verwoben sind. Maßgebliche Eckpfeiler sind dabei

– Verletzung vorvertraglicher (Aufklärungs-)Pflichten[555] und die damit verbundene Frage der Definition von Arglist/Vorsatz beim Verkäufer;[556]

– Abgrenzung der culpa in contrahendo (§ 311 Abs. 2, § 241 Abs. 2, § 280 BGB) bzw. deren Anwendbarkeit bei Fahrlässigkeit oder Vorsatz neben kaufvertraglichen Gewährleistungen nach §§ 434 ff. BGB und/oder den kaufvertraglich vereinbarten Garantien gemäß § 311 Abs. 1 BGB;[557]

– Auswirkungen positiver Kenntnis bzw. fahrlässiger Unkenntnis des Käufers auf seine Gewährleistungsrechte;[558]

– Sorgfaltspflichten der handelnden Personen und die bei Verletzung dieser Pflichten daraus resultierenden persönlichen Haftungsrisiken;[559]

– Verletzung vertraglicher Vertraulichkeitsvereinbarungen durch den Verkäufer bzw. das Zielunternehmen bei Weitergabe von Informationen an den Kaufinteressenten als Dritten.[560]

Im Ergebnis dient eine Due-Diligence-Prüfung also sowohl den Käufer- wie auch den Verkäuferinteressen.[561]

a) Datenschutzrechtliche Implikationen für Käufer und Verkäufer

203   Unter welchen Voraussetzungen die Offenlegung personenbezogener Daten im Rahmen der Due Diligence zulässig ist, richtet sich zunächst nach der konkreten Natur der jeweils betroffenen Daten.[562] Grundsätzlich stellt sich vorab jedoch die Frage, auf welcher Grundlage überhaupt eine Offenlegung personenbezogener Daten im Rahmen einer Due Diligence erfolgen kann.

Die Offenlegung personenbezogener Daten im Rahmen der Due Diligence gegenüber einem oder mehreren Kaufinteressenten und deren Beratern stellt eine datenschutzrechtlich relevante **„Verarbeitung"** von Daten iSd Art. 4 Nr. 2 DSGVO dar.[563] Gleiches gilt bereits für die der Offenlegung vorgeschaltete Aufbereitung des Datenraums sowie die anschließende Verwendung durch den Kaufinteressenten und dessen Berater. Die Verarbeitung der personenbezogenen Daten für die Zwecke der Due Diligence ist daher nur dann gestattet, wenn entweder der Betroffene eingewilligt hat oder eine gesetzliche Erlaubnis eingreift (Art. 6 Abs. 1 DSGVO).[564]

---

[555] Siehe dazu bereits ausführlich oben → Rn. 11 ff.

[556] Siehe dazu bereits oben ausführlich → Rn. 24 ff.

[557] Siehe dazu bereits oben → Rn. 115 ff. und nachfolgend Teil → D., Rn. 480 ff.

[558] Siehe dazu Teil → D., Rn. 445 ff.

[559] Siehe dazu → Rn. 223 ff.

[560] Vgl. dazu *Schiffer/Bruß*, BB 2012, 847; *Koppmann*, BB 2014, 1673, 1679.

[561] Vgl. auch *Westermann* in: Münchener Kommentar zum BGB, § 453 Rn. 54 ff.

[562] Zu den Besonderheiten einer Due Diligence-Prüfung im Bankbereich siehe mit Blick auf das Bankgeheimnis die Nachweise bei *Gola*, NJW 2000, 3749; *Abel/Djagani*, ZD 2017, 114, 115 ff.

[563] Vgl. noch zum BDSG *Braun/Wybitul*, BB 2008, 782, 783; *Plath* in: Plath, DSGVO/BDSG, Art. 6 Rn. 109.

[564] Sog. Verbot mit Erlaubnisvorbehalt, siehe dazu *Bussche v. d.* in: Bussche v. d./Voigt, Konzerndatenschutzrecht, Teil 3, Kapitel 3 Rn. 10; andere Ansicht: *Roßnagel*, NJW 2019, 1; zur Frage, ob auch die Normen des UmwG eine solche Erlaubnisnorm darstellen, siehe *Teichmann/Kiessling*, ZGR 2001, 33, 52; *Plath* in: Bussche v. d./Voigt, Konzerndatenschutzrecht, Teil 6 Rn. 66 ff.

Eine **Einwilligung** wird in der Praxis nur selten zu beschaffen sein. Bei größeren 204 Unternehmen scheitert dieser Weg in der Regel schon an den praktischen Herausforderungen. Denn es müssten z. B. sämtliche Mitarbeiter um die Erteilung einer entsprechenden Einwilligung gebeten werden, um die Offenlegung im Rahmen der Due Diligence auf eine solche Erklärung stützen zu können. Hinzu kommt, dass im Verhältnis zu den Mitarbeitern eines Unternehmens auch Bedenken hinsichtlich der Freiwilligkeit der Einwilligung bestehen können.[565] Es mag aber Einzelfälle geben, bei denen es sich anbietet, dass sich der Verkäufer um die Erteilung einer Einwilligung bemüht. Dies ist immer dann der Fall, wenn der Verkäufer zu dem Schluss kommt, dass die geplante Offenlegung bestimmter Daten von keiner sonstigen gesetzlichen Erlaubnisnorm gedeckt ist.

Fehlt es an einer Einwilligung, so ist die Offenlegung nur dann gestattet, wenn eine **gesetzliche Erlaubnisnorm** greift, welche die Offenlegung personenbezogener Daten gegenüber dem Käufer und dessen Beratern ermöglicht. Insoweit ist zwischen den verschiedenen Formen von M&A Transaktionen zu unterscheiden.

aa) Offenlegung personenbezogener Daten beim Asset Deal. Als Grundlage 205 für die Offenlegung der Daten kommt konkret die Erlaubnisnorm des Art. 6 Abs. 1 Buchst. f DSGVO in Betracht.[566] Diese Regelung erlaubt die Verarbeitung personenbezogener Daten, wenn sie zur **Wahrung der berechtigten Interessen** des Verantwortlichen oder eines Dritten erforderlich ist, sofern nicht die Interessen oder Grundrechte und Grundfreiheiten der betroffenen Person, die den Schutz personenbezogener Daten erfordern, überwiegen.

Im Rahmen des Asset Deals ist das erste Tatbestandsmerkmal des Art. 6 Abs. 1 Buchst. f DSGVO ohne weiteres erfüllt, denn der Verkäufer verfolgt mit der Offenlegung der Daten **berechtigte Interessen.**[567] Denn unter dieses Merkmal fällt jedes **von der Rechtsordnung gebilligte Interesse,** sei es rechtlicher, wirtschaftlicher oder sonstiger Natur,[568] so dass fraglos auch die Durchführung einer M&A-Transaktion von diesem Tatbestand erfasst ist.[569]

Darüber hinaus muss die Offenlegung der jeweiligen personenbezogenen Daten für die Wahrung dieser berechtigten Interessen auch **erforderlich** sein. Dieses Tatbestandsmerkmal wird so verstanden, dass dem Verantwortlichen kein weniger belastendes Mittel zur Verfügung stehen darf, das seine berechtigten Interessen mit gleichem Erfolg wahrt.[570] Da die Due Diligence-Prüfungen im Rahmen von M&A Transaktionen generell als Marktstandard

---

[565] So noch zum BDSG *Braun/Wybitul,* BB 2008, 782, 784; so auch bereits *Göpfert/Meyer,* NZA 2011, 486, 487, die zu Recht darauf hinweisen, dass die Einholung solcher Einwilligungen im Rahmen von Unternehmenstransaktionen aus Vertraulichkeitsgründen häufig wohl als „lebensfremd" anzusehen sein dürfte. Zur Frage der Freiwilligkeit der Einwilligung allgemein: *Bussche v. d.* in: Bussche v. d./Voigt, Konzerndatenschutzrecht, Teil 3, Kapitel 3 Rn 20 ff.

[566] *Plath* in Plath, DSGVO/BDSG, Art. 6 Rn. 120, 123; *Seifert* in: Simitis/Hornung/Spiecker gen. Döhmann, Datenschutzrecht, Art. 88 Rn. 182; *Göpfert/Meyer,* NZA 2011, 486, 488.

[567] So noch zum BDSG *Braun/Wybitul,* BB 2008, 782, 784.

[568] *Schulz* in: Gola, Datenschutz-Grundverordnung, Art. 6 Rn. 57; *Lorenz,* VUR 2019, 213, 215 f.; *Plath* in: Bussche v. d./Voigt, Konzerndatenschutzrecht, Teil 6 Rn. 19.

[569] Ausführlicher zum berechtigten Interesse nach Art. 6 Abs. 1 Buchst. f DSGVO bei Unternehmenstransaktionen: *Schmidt* in: Weth/Herberger/Wächter/Sorge, Daten- und Persönlichkeitsschutzrecht im Arbeitsverhältnis, Teil B, XIV Rn. 22 ff., demnach ist das Interesse des Veräußerers dem Käufer Einblick in die rechtlichen und tatsächlichen Verhältnisse des Zielunternehmens zu verschaffen, um einen angemessenen Kaufpreis zu erzielen, von Art. 14 GG geschützt. Das berechtigte Interesse des Käufers ergibt sich daraus, dass dieser die mit dem Erwerb des Unternehmens verbundenen Risiken abschätzen will, um so eine angemessene Entscheidungsgrundlage bilden zu können.

[570] Zur Auslegung des Merkmals der Erforderlichkeit: *Plath* in: Plath, DSGVO/BDSG, Art. 6 Rn. 111; *Heberlein* in: Ehmann/Selmayr, Datenschutz-Grundverordnung, Art. 6 Rn. 25 f.

etabliert sind, wird man allgemein davon ausgehen können, dass die Offenlegung jedenfalls bestimmter Informationen in der Tat zwingend geboten ist, um die Transaktion überhaupt durchführen zu können.[571] Von etwaigen Sonderkonstellationen abgesehen werden potentielle Käufer in der Regel nicht bereit sein, die Transaktion ohne die Offenlegung jedenfalls der wesentlichen Informationen durchzuführen. Auch wäre aus Verkäufersicht zu befürchten, dass die Zurückhaltung wesentlicher Informationen zu weitreichenderen Forderungen hinsichtlich der unter dem Unternehmenskaufvertrag zu gewährenden Garantien bzw. Freistellungen führen würde. Insofern wäre die Zurückhaltung der geforderten Informationen in der Regel mit deutlichen Nachteilen für den Verkäufer verbunden, was sich wiederum positiv auf die Interessenabwägung auswirkt.

Im Ergebnis kann man daher davon ausgehen, dass die Offenlegung personenbezogener Daten für den Zweck einer Due-Diligence-Prüfung durchaus als „erforderlich" angesehen werden kann. Und dennoch kann der Umfang dieses Rechts nur im Einzelfall anhand der jeweils konkret in Rede stehenden Daten beurteilt werden.[572] Insbesondere folgt ein Recht zur Offenlegung nicht schon automatisch aus dem Umstand, dass die Offenlegung im Rahmen einer „Request List"[573] angefordert worden ist.[574] Vielmehr ist insoweit jeweils genau zu prüfen, warum die Nennung bestimmter Personen, z. B. bestimmter Mitarbeiter, tatsächlich erforderlich ist bzw. ob der beabsichtigte Zweck nicht auch ohne Nennung der Personen, etwa über anonymisierte Listen, erreicht werden könnte. Darüber hinaus ist das Merkmal der Erforderlichkeit auch hinsichtlich des Kreises der Informationsempfänger zu berücksichtigen. Dieser sollte in der Regel auf einen begrenzten Kreis von Vertretern des Käufers und dessen Anwälten, Wirtschaftsprüfern und sonstigen Beratern begrenzt sein.[575]

206   Abschließend bedarf es einer **allgemeinen Interessenabwägung**. D. h. selbst bei Erfüllung der dargestellten Tatbestandsmerkmale ist die Offenlegung der personenbezogenen Daten nur dann zulässig, sofern nicht die Interessen oder Grundrechte und Grundfreiheiten der betroffenen Person überwiegen (Art. 6 Abs. 1 Buchst. f DSGVO). Dabei wird unterstellt, dass z. B. Mitarbeiter oder Kunden des Verkäufers grundsätzlich ein Interesse daran haben, dass ihre personenbezogenen Daten nicht ohne konkreten Anlass gegenüber Dritten offengelegt werden. Jedoch ist die Übermittlung nur dann ausgeschlossen, wenn diese Interessen der betroffenen Person gegenüber den Interessen des Verkäufers tatsächlich überwiegen. Auch insoweit bedarf es also einer Güterabwägung anhand der jeweils konkreten Fallkonstellation.

Relevant ist schließlich noch, ob die Verwendung personenbezogener Daten im Rahmen einer M&A-Transaktion zu einer **Zweckänderung** iSd Art. 6 Abs. 4 DSGVO führt. Denn in diesem Fall wären noch weitere Anforderungen an die Offenlegung solcher Daten im Rahmen der Due Diligence zu stellen. Wie vorstehend bereits erwähnt, richtet sich auch diese Frage nach den Umständen des Einzelfalles. Denn es lässt sich z. B. gut argumentieren, dass die Daten von Mitarbeitern des Verkäufers auch bei Offenlegung gegenüber einem potentiellen Käufer immer für Zwecke des Beschäftigtenverhältnisses genutzt werden. Gleichwohl spricht Einiges dafür, dass bei der Verwendung für den Zweck eines Unternehmensverkaufs ein neuer Zweck verfolgt wird. Wenn man also bei konservativer Betrachtung von einer Zweckänderung ausgeht, so fordert Art. 6 Abs. 4 DSGVO die „Vereinbarkeit" des alten mit dem neuen Zweck. Bei Wahrung der vorstehend dargestellten Anforderungen an die Offenlegung personenbezogener Daten ist diese sog. „Kompatibilität" nach der hier vertretenen Ansicht indes stets gegeben. Praktische Auswirkungen ergeben sich in dem Fall allein bei den Informationspflichten.

---

[571] Ähnlich noch zum BDSG *Braun/Wybitul*, BB 2008, 782, 785.
[572] Ähnlich noch zum BDSG *Göpfert/Meyer*, NZA 2011, 486, 488.
[573] Zur Begrifflichkeit vgl. *Hanke/Socher*, NJW 2010, 829.
[574] So noch zum BDSG *Braun/Wybitul*, BB 2008, 782, 785.
[575] Ähnlich noch zum BDSG *Braun/Wybitul*, BB 2008, 782, 785.

bb) Offenlegung personenbezogener Daten beim Share Deal. Die vorstehenden **207** Ausführungen zum Asset Deal gelten im Rahmen der Due Diligence Phase grundsätzlich auch für den Share Deal. Soweit die Anforderungen an die Interessenabwägung gewahrt sind, kann der Vorgang auch auf Art. 6 Abs. 1 Buchst. f DSGVO, also die Wahrung berechtigter Interessen, gestützt werden.

Dabei gelten in dogmatischer Hinsicht einige Besonderheiten: Fraglich ist nämlich zunächst, ob die Regelung des **Art. 6 Abs. 1 Buchst. f DSGVO (Wahrung berechtigter Interessen),** die – wie dargestellt – im Rahmen eines Asset Deals zur Legitimation der Offenlegung der Daten herangezogen wird, auch für den Share Deal greift. Fraglich ist dies deshalb, weil der Verkäufer beim Share Deal nicht die Zielgesellschaft ist, sondern deren Gesellschafter, also diejenige natürliche oder juristische Person, welche die Anteile an der Zielgesellschaft hält. Die für die Due Diligence maßgeblichen Daten, wie z. B. Mitarbeiter- und Kundendaten, dürften aber in aller Regel nicht von dem Gesellschafter, sondern von der Zielgesellschaft generiert worden sein. Damit ist zunächst auch nur diese insoweit Verantwortliche iSd Art. 4 Nr. 7 DSGVO. Wenn nun aber der Verkäufer, beim Share Deal also der Gesellschafter, personenbezogene Daten der Zielgesellschaft gegenüber dem Kaufinteressenten offenlegt, stellt sich die Frage, ob auch der Gesellschafter insoweit ein berechtigtes Interesse verfolgt. Denn letztlich sind es nicht „seine" Daten. Gleichwohl ist diese Frage im Ergebnis positiv zu beantworten, denn nach Art. 6 Abs. 1 Buchst. f DSGVO muss der Verantwortliche keine eigenen Interessen verfolgen, sondern kann sich ausdrücklich auch auf die **Interessen eines Dritten,** hier der Zielgesellschaft, stützen. In rechtlicher Hinsicht findet also ein Datentransfer von der Zielgesellschaft auf den Gesellschafter statt, um den Gesellschafter wiederum in die Lage zu versetzen, den Kaufinteressenten die Due Diligence zu ermöglichen. Soweit die Anforderungen an die Interessenabwägung gewahrt sind, kann dieser Vorgang auf Art. 6 Abs. 1 Buchst. f DSGVO, also die Wahrung berechtigter Interessen, gestützt werden.

cc) Offenlegung bei der Umwandlung. Für eine Offenlegung personenbezogener **208** Daten im Rahmen einer Umwandlung nach dem UmwG gelten die vorstehenden Ausführungen zum Share Deal entsprechend.

dd) Offenlegung „geschwärzter" Daten. Wie vorstehend dargestellt, kann es in bestimmten Konstellationen fraglich sein, ob der Verkäufer zur Offenlegung personenbezogener Daten im Rahmen der Due Diligence berechtigt ist.[576] In diesen Fällen stellt sich dann die Frage, ob es einer gesetzlichen Rechtfertigung unter der DSGVO auch dann bedarf, wenn die Daten lediglich in **pseudonymisierter Form** offengelegt werden. Konkret geht es dabei insbesondere um die Frage, ob „geschwärzte" Dokumente bzw. Listen in die Datenräume eingestellt werden dürfen, ohne dass dies an den Vorgaben der DSGVO zu messen wäre.

Der Begriff der „Pseudonymisierung" ist in Art. 4 Nr. 5 DSGVO legal definiert. Er bezeichnet die Verarbeitung personenbezogener Daten in einer Weise, dass die personenbezogenen Daten ohne Hinzuziehung zusätzlicher Informationen nicht mehr einer spezifischen betroffenen Person zugeordnet werden können, sofern diese zusätzlichen Informationen gesondert aufbewahrt werden und technischen und organisatorischen Maßnahmen unterliegen, die gewährleisten, dass die personenbezogenen Daten nicht einer identifizierten oder identifizierbaren natürlichen Person zugewiesen werden.

Beachte: Bei einer Pseudonymisierung bleibt die DSGVO anwendbar, jedenfalls für den Verkäufer. Hintergrund ist, dass der Personenbezug jedenfalls für den Verkäufer nicht gänzlich aufgehoben wird.

Gleichzeitig wird es dem Käufer unmöglich gemacht bzw. jedenfalls stark erschwert, die Person, auf die sich das Pseudonym bezieht, zu identifizieren. Im Ergebnis bedarf es

---

[576] Siehe oben → Rn. 205.

daher einer gesetzlichen Erlaubnis auch dann, wenn die Daten lediglich „geschwärzt" offengelegt werden. Ungeachtet der damit fortbestehenden Anwendbarkeit der DSGVO ist eine **Offenlegung pseudonymisierter Daten** im Rahmen einer Due Diligence allerdings **in aller Regel zulässig.** Denn solange die betreffende Person von dem Käufer praktisch nicht identifiziert werden kann, ist die Eingriffsschwelle denkbar gering. Überwiegende Interessen der betroffenen Personen sind grundsätzlich nicht zu erkennen.

210   **ee) Typische Anwendungsfälle im Rahmen der Due Diligence. (1) Daten von Organen.** Im Rahmen von Due-Diligence-Prüfungen werden üblicherweise diverse Dokumente offengelegt, bei denen es im Kern nicht um die Offenlegungen personenbezogener Daten geht, sondern vielmehr um die Bereitstellung geschäftlicher Informationen. Ein typisches Beispiel wäre ein Vertrag zwischen zwei Unternehmen, der naturgemäß die Unterschriften der Geschäftsführer der beteiligten Unternehmen beinhaltet. Dies führt damit (gewissermaßen „versehentlich") zur Offenlegung personenbezogener Daten und damit zu der Konsequenz, dass diese Offenlegung datenschutzrechtlich zu legitimieren ist.

In der Regel handelt es sich bei diesen Daten um Informationen, die ohnehin **öffentlich verfügbar** sind, wie etwa bei den Namen der jeweils handelnden Geschäftsführer. Insoweit wird die Interessenabwägung grundsätzlich dazu führen, dass die Offenlegung der Daten gestattet ist. Gleichwohl sind abweichende Konstellationen durchaus denkbar. Dies kann z. B. der Fall sein, wenn die Verträge Informationen über Dritte, d. h. Personen außerhalb des Unternehmens der Vertragsparteien beinhalten. Ein Beispiel wäre eine Liste mit Ansprechpartnern bei Dritten (z. B. Marketing-Leads), die dem offengelegten Vertrag beigefügt sein mag.

211   **(2) Daten von Mitarbeitern.** Im Rahmen von Due-Diligence-Prüfungen legen die Käufer regelmäßig besonderes Augenmerk auf die Aufklärung etwaiger Risiken im Bereich der Beschäftigungsverhältnisse der Zielgesellschaft. Und in der Tat hat der Käufer ein **berechtigtes Interesse** daran zu erfahren, wie sich die Vertragssituation im Bereich der Beschäftigungsverhältnisse darstellt. Im Umkehrschluss folgt daraus das **berechtigte Interesse** des Verkäufers an der Offenlegung der angefragten Informationen. Wie dargestellt, führt ein solches Interesse jedoch noch nicht unmittelbar zu einem Recht zur Offenlegung. Vielmehr ist dieses Interesse im Rahmen einer **Abwägung den Interessen der betroffenen Mitarbeiter** gegenüberzustellen. Denn die Mitarbeiter wollen regelmäßig nicht, dass ihre Vertragsdetails an Dritte weitergegeben werden.[577] Bei der Abwägung dieser gegenläufigen Interessen kommt es erneut auf die Situation im **jeweiligen Einzelfall** an.

Im Grundsatz gilt, dass bei Geschäftsführern und leitenden Angestellten eine Offenlegung der vollständigen Vertragsunterlagen eher möglich sein wird als bei **einfachen Arbeitnehmern.**[578] Bei Letzteren wird es häufig ausreichen, dem Käufer lediglich die standardmäßig verwendeten Vertragsmuster offenzulegen. Weitere Daten wie etwa die Anzahl der Mitarbeiter in bestimmten Abteilungen oder die Höhe der Gehälter, die für bestimmte Positionen gezahlt werden, sollten tendenziell eher nur aggregiert zur Verfügung gestellt werden.[579] Bei der erstgenannten Gruppe der Führungskräfte dürfte das Interesse an der Offenlegung auch solcher Daten hingegen in der Regel überwiegen, da diese Personen

---

[577] Zu weitgehend wohl *Göpfert/Meyer*, NZA 2011, 486, 480 noch zum BDSG, wonach die Arbeitnehmer „kein Interesse an der Verhinderung der Transaktion geltend machen" können. Maßgeblich dürfte weniger das Interesse an einer Verhinderung der Transaktion sein, als vielmehr das Interesse der Mitarbeiter an der Geheimhaltung ihrer personenbezogenen Daten.

[578] So noch zum BDSG auch bereits *Göpfert/Meyer*, NZA 2011, 486, 489; *Plath* in: Bussche v. d./Voigt, Konzerndatenschutzrecht, Teil 6 Rn. 33.

[579] Ähnlich noch zum BDSG *Göpfert/Meyer*, NZA 2011, 486, 489; *Braun/Wybitul*, BB 2008, 782, 785.

für den Erfolg des zum Verkauf stehenden Unternehmens von maßgeblicher Bedeutung sind.[580]

Ein weiterer maßgeblicher Faktor ist, in welcher **Phase der Due Diligence** die Offenlegung erfolgen soll. So ist in der Frühphase eines M&A Prozesses in besonderem Maße auf die Geheimhaltungsinteressen der Beschäftigten zu achten. Je weiter der Prozess jedoch fortschreitet, desto stärker müssen die Interessen der Betroffenen hinter den Interessen des Verkäufers an dem Abschluss der Transaktion zurückstehen, zumal wenn nur noch letzte kritische Punkte zu klären sind, die eine Offenlegung bestimmter Daten erfordern.[581] Dies gilt insbesondere im Rahmen von Asset Deals, soweit diese zu einem **Betriebsübergang** iSd § 613a BGB führen.[582] Denn dies hat zur Konsequenz, dass der Käufer des Betriebs in die Arbeitsverträge der betroffenen Mitarbeiter eintritt (vgl. § 613a Abs. 1 Satz 1 BGB). In solchen Fällen muss sich der Käufer zwingend ein umfassendes Bild davon verschaffen können, welche konkreten Verträge er insoweit übernimmt.[583]

Unter dem Gebot der „Datensparsamkeit" ist weiterhin von Relevanz, welche **Arten und Kategorien** von Daten offengelegt werden sollen. So begegnet beispielsweise die Offenlegung standardisierter und vielleicht sogar teilweise geschwärzter Arbeitsverträge weniger Bedenken als die Offenlegung umfassender Auszüge aus den Personalakten. Letzteres dürften nur in absoluten Ausnahmefällen zulässig sein und wird in aller Regel nicht ohne Einwilligung erfolgen können.

> **Beachte:** Sonderregelungen gelten, soweit besondere Kategorien personenbezogener Daten i. S. d. Art. 9 Abs. 1 DSGVO betroffen sind, sog. „sensible Daten". Die Übermittlung von sensiblen Daten ist im Rahmen einer Due Diligence nur in anonymisierten Form zulässig.[584]

Sensible Daten i. S. d. Art. 9 Abs. 1 DSGVO sind Daten, „aus denen die rassische und **212** ethnische Herkunft, politische Meinungen, religiöse oder weltanschauliche Überzeugungen oder die Gewerkschaftszugehörigkeit hervorgehen, sowie die Verarbeitung von genetischen Daten, biometrischen Daten zur eindeutigen Identifizierung einer natürlichen Person, Gesundheitsdaten oder Daten zum Sexualleben oder der sexuellen Orientierung einer natürlichen Person". Die Verarbeitung solcher Daten ist nach Art. 9 Abs. 1 DSGVO **grundsätzlich untersagt.** Eine Übermittlung solcher Daten an den Käufer ist nur unter den sehr engen Voraussetzungen des Art. 9 Abs. 2 DSGVO zulässig, die im Rahmen einer Unternehmenstransaktion in den seltensten Fällen erfüllt sein dürften. Art. 9 Abs. 2 DSGVO enthält einen Katalog an Ausnahmetatbeständen, welcher abschließend und aufgrund seines Ausnahmecharakters restriktiv auszulegen ist.[585] Auch insoweit sind die Verkäufer also auf eine Einwilligung ihrer Mitarbeiter angewiesen, falls sie im Einzelfall die Notwendigkeit sehen, auch solche sog. „sensiblen" Daten zu übermitteln.

(3) Kundendaten. Mit Blick auf die Offenlegung von Kundendaten ist das Thema Da- **213** tenschutz überhaupt nur dann relevant, wenn es sich dabei um personenbezogene Daten handelt.

> **Beachte:** Werden also lediglich Verträge mit Unternehmenskunden offengelegt, so ergeben sich in der Regel keine Probleme aus datenschutzrechtlicher Sicht.[586]

---

[580] So noch zum BDSG *Braun/Wybitul,* BB 2008, 782, 785.

[581] *Plath* in: Bussche v. d./Voigt, Konzerndatenschutzrecht, Teil 6 Rn. 34.

[582] Siehe dazu ausführlich Teil → D., Rn. 270 ff.

[583] Dazu auch: *Plath* in: Bussche v. d./Voigt, Konzerndatenschutzrecht, Teil 6 Rn. 35.

[584] Siehe dazu auch: *Klausch/Mentzel,* BB 2020, 1610, 1613.

[585] Vgl. dazu *Albers/Veit,* BeckOK Datenschutzrecht, Art. 9 Rn. 45 ff.

[586] Zu dem Ausnahmefall des sog. „Durchschlagens" personenbezogener Daten im Bereich juristischer Personen, z. B. bei der sog. Ein-Mann-GmbH, siehe *Klabunde* in: Ehmann/Selmayr, Datenschutz-

Relevant wird das Thema allerdings durchaus bei Unternehmen, die im **Verbraucherverkehr** tätig sind. So verfügt etwa ein Online-Händler häufig über enorme Mengen an Kundendaten.[587]

Hinsichtlich der Offenlegung solcher Kundendaten gelten ebenfalls die vorstehend genannten Maßstäbe, dh es ist im Rahmen einer **Interessenabwägung** zu ermitteln, ob die Offenlegung dieser Daten den Anforderungen des Art. 6 Abs. 1 Buchst. f DSGVO entspricht. Da die Kundenkontakte der Zielgesellschaft in der Regel ein wesentliches Asset darstellen, besteht grundsätzlich ein erhebliches Interesse der Käufer an der Offenlegung der entsprechenden Informationen. Gleichzeitig wird es den Käufern jedoch in der Regel weniger darauf ankommen, die konkreten Namen einzelner Kunden der Zielgesellschaft zu erfahren, als vielmehr darauf, sich ein Bild von der Werthaltigkeit des Kundenstammes verschaffen zu können. Vor diesem Hintergrund scheidet die Offenlegung der Namen der Kunden im Rahmen der Due Diligence regelmäßig aus.

> **Praxishinweis:** Als Alternative hat der Verkäufer grundsätzlich die Möglichkeit, die Kundenlisten entweder durch die Verwendung von Kundennummern zu pseudonymisieren oder dem potentiellen Käufer lediglich zusammenfassende Informationen, z. B. zur durchschnittlichen Dauer der Vertragsbeziehungen, zu überlassen.

Eine Ausnahme gilt jedoch im Rahmen von Asset Deals, bei denen die **Vertragsbeziehungen** des Verkäufers als „Verantwortlichem" i. S. d. DSGVO mit den jeweiligen Kunden jeweils auf den Käufer übertragen werden sollen. Im Rahmen solcher Transaktionen kann die Offenlegung der Namen der Kunden und bestimmter Vertragsinhalte geboten sein, um die Transaktion wirksam durchführen zu können. Zu den Einzelheiten siehe nachfolgend → Rn. 104 ff.

b) Kaufrechtliche Implikationen für den Käufer

214 **aa) Aufklärungspflichten auslösen.** Wie bereits oben in → Rn. 10 ff. näher dargestellt, treffen den Verkäufer Aufklärungspflichten, und zwar insbesondere dann, wenn der Käufer gezielt Fragen gestellt hat. Aus Käufersicht geht es daher darum, möglichst umfassend und gezielt Fragen an den Verkäufer zu adressieren, um damit Aufklärungspflichten auszulösen. Dies hat sodann folgende Konsequenzen:
- **beim redlichen und sorgfältigen Verkäufer:** der Käufer kann etwaige Mängel aufspüren und bereits bei der Kaufpreisbemessung berücksichtigen;[588]
- **beim redlichen, aber „unorganisierten" Verkäufer:** soweit der Käufer Mängel mangels Aufklärung durch den Verkäufer nicht entdeckt, ist entweder bereits eine Haftung nach dem Vertrag und/oder aber wegen arglistiger Täuschung nach c. i. c. oder §§ 123 Abs. 1, 812 ff. BGB gegeben; eine Haftungsbegrenzung greift dann u. U. nicht;
- **beim unredlichen Verkäufer:** der Verkäufer haftet in jedem Fall wegen vorsätzlicher Täuschung; eine Haftungsbegrenzung greift nicht.

215 **bb) Pflicht zur Durchführung einer Due Diligence?** Die Frage, ob den Käufer eine Pflicht zur Due-Diligence-Prüfung trifft, hat mehrere Facetten. Zunächst ist der Aspekt der *Vermeidung von Risiken* des Käufers relevant, die infolge einer Aufklärung durch den Verkäufer aufgedeckt und vom Käufer bewertet und adressiert werden können. Zweitens spielt die Due Diligence eine nicht unerhebliche Rolle bei der *Erhöhung der Chancen* des Käufers, den Verkäufer in Regress nehmen zu können, wenn dieser falsche oder un-

---

Grundverordnung, Art. 4 Rn. 14; *Karg* in: Simitis/Hornung/Spiecker gen. Döhmann, Datenschutzrecht, Art. 4 Rn. 43 ff.

[587] Bei der Gruppe der Telekommunikationsanbieter sind zusätzlich und ggf. vorrangig die Vorgaben des TKG zu berücksichtigen, soweit einschlägig.

[588] Vgl. auch *Huber*, AcP Bd. 202 (2002), 179, 197.

vollständige Angaben oder „Angaben ins Blaue hinein" macht. Daraus ergeben sich sodann quasi als Kehrseiten derselben Medaille zwei Fragestellungen, die zwar rechtlich zunächst auseinanderzuhalten, bei wertender Betrachtung aber an sich untrennbar miteinander verbunden sind: so ist einerseits zu überlegen, ob der Käufer gemäß **§ 442 Abs. 1 S. 2 BGB** seiner Gewährleistungsrechte verlustig wird, weil möglicherweise die vollständig unterlassene oder mangelhaft durchgeführte Prüfung des Kaufgegenstandes zu einer grob fahrlässigen Unkenntnis im Sinne dieser Vorschrift führt.

Je nach dem, um welche Art von Umständen im Hinblick auf den Kaufgegenstand es **216** sich handelt, wird man auch eine Anwendung des **§ 254 BGB** in Betracht ziehen müssen, in dessen Anwendungsbereich sodann auch eine leicht fahrlässige Unkenntnis des Käufers von Mängeln für den Verkäufer haftungsmindernd wirken kann.[589] Die Rechtsprechung grenzt allerdings die Anwendungsbereiche von kaufrechtlicher Gewährleistung und der Haftung aus culpa in contrahendo dogmatisch unscharf ab und wendet § 254 BGB im Rahmen des Anwendungsbereichs von § 442 BGB nicht an.[590]

Auf der anderen Seite kann den handelnden Personen (Geschäftsführer, Vorstand, Aufsichtsrat/Beirat) eine Verpflichtung zur Durchführung einer Due Diligence obliegen, weil sie andernfalls ihre (internen) Sorgfaltspflichten verletzten.[591]

Die erste Frage, nämlich ob sich der Käufer durch eine **unterlassene Diligence–Prü-** **217** **fung** dem **Vorwurf der groben Fahrlässigkeit** aussetzt, beantwortet die herrschende Meinung dahingehend, dass dies allein *nicht* zu einem Verlust der Gewährleistungsrechte des Käufers gemäß § 442 Abs. 1 Satz 2 BGB wegen grob fahrlässiger Unkenntnis führt.[592] Die Begründung geht überwiegend dahin, dass sich noch keine **„Verkehrssitte"** zur Durchführung einer Due Diligence gebildet habe.[593] Dem wird entgegengehalten, dass in den letzten Jahren die Anzahl der Unternehmenskäufe und –verkäufe nicht nur deutlich zugenommen habe, bei denen regelmäßig (mal mehr und mal weniger in die Tiefe gehende) Due-Diligence-Prüfungen stattfänden, weshalb man daher inzwischen durchaus eine entsprechende Verkehrssitte annehmen könne.[594] Die Frage der Ausbildung einer Verkehrssitte beim Unternehmenskauf kann m. E. jedenfalls nicht mit dem Hinweis darauf verneint werden, dass es aufgrund der Verschiedenartigkeit von Unternehmen keinen einheitlichen Maßstab für eine Due Diligence geben könne.[595] Mit diesem Argument würde es beim Unternehmenskauf (da sich dann zu keinem Zeitpunkt jemals eine Verkehrssitte ausbilden könnte) nie eine grob fahrlässige Unkenntnis des Käufers geben können.

Nach der hier vertretenen Auffassung ist die Frage nach der Verkehrssitte falsch gestellt **218** und führt in die Irre. Es sollte vielmehr auf die **allgemeine Definition grober Fahrlässigkeit** abgestellt werden, welche vorliegt, wenn die im Verkehr erforderliche Sorgfalt in

---

[589] Siehe dazu bereits oben → Rn. 140 ff.

[590] Siehe zur Kritik an der Rechtsprechung die Stellungnahme in Teil → D., Rn. 416 ff.

[591] Siehe dazu sogleich → Rn. 223 ff.

[592] Vgl. *Fleischer/Körber*, BB 2001, 841, 846; *Klein-Blenkers*, NZG 2006, 245, 252; *Müller*, NJW 2004, 2196; *Huber*, AcP Bd. 202 (2002), 179, 201; *Palzer*, JURA 2011, 917, 927; *Hilgard*, BB 2013, 963, 967 *Schiffer/Mayer*, BB 2016, 2627, 2629.

[593] Vgl. sehr ausführlich zur Problematik *Beisel/Andreas* in: Beck'sches Mandatshandbuch Due Diligence, § 2 Rn. 58 ff. sowie *Göthel* in: Göthel, Grenzüberschreitende M&A-Transaktionen, § 2 Rn. 104 ff.; *Picot* in: Picot, Unternehmenskauf und Restrukturierung, Teil I. Rn. 91; vgl. auch *Westermann* in: Münchener Kommentar zum BGB, § 453 Rn. 60; *Elfring*, JuS-Beil. 2007, 3, 12; *Fey* in: Beck'sches Steuer- und Bilanzrechtslexikon Edition 1/11, Rn. 16; *Weißhaupt*, WM 2013, 782; *Schiffer/Mayer*, BB 2016, 2627, 2629.

[594] So *Vogt*, DStR 2001, 2027, 2031; *Fey* in: Beck'sches Steuer- und Bilanzrechtslexikon Edition 1/11, Rn 16; speziell zur Prüfungspflicht bei Veräußerung von Altlastengrundstücken *Lang/Hunke*, NJOZ 2009, 2508.

[595] Hier müsste man sich nämlich die Frage stellen, wie es dann zu rechtfertigen ist, dass z. B. die ersten 1000 Käufer ihre Gewährleistungsrechte nicht verlieren und der 1001te dann schon, weil sich vielleicht eine Verkehrssitte gebildet hat.

besonders schwerem Maße verletzt wird und schon einfachste, ganz naheliegende Überlegungen nicht angestellt werden und das nicht beachtet wird, was im gegebenen Falle jedem einleuchten musste.[596] Dem Käufer eines so komplexen Kaufgegenstandes „Unternehmen" muss m. E. die Überlegung ganz nahe liegend sein, dass er nicht sorgfältig handelt, wenn er dieses völlig ungeprüft – also „die Katze im Sack" – kauft.[597] Dies gilt umso mehr, als derselbe strenge Maßstab ja auch im Zusammenhang mit der Haftung der handelnden Organe angelegt wird.[598] Hier wird die ARAG/Garmenbeck-Entscheidung zu sehr auf die Frage der Haftung der Handelnden reduziert, ohne die Zurechnung und Auswirkungen dieses Handelns im Außenverhältnis auf die Rechte des Käufers – hier also im Verhältnis zum Verkäufer – hinreichend zu würdigen. Wenn das Management nach Rechtsprechung und Gesetz zur Erfüllung seiner Sorgfaltspflichten dazu angehalten ist, das unternehmerische Handeln **„auf eine sorgfältige Ermittlung der Entscheidungsgrundlagen"** zu stützen, weil andernfalls beim Unternehmenskauf in unverantwortlicher Weise Risiken eingegangen werden,[599] muss zumindest das vollständige Unterlassen einer solchen Prüfung und eine fehlende Ermittlung von Entscheidungsgrundlagen als grob fahrlässig und eine mangelhaft oder nachlässig durchgeführte Due-Diligence-Prüfung zumindest als (leicht) fahrlässig eingestuft werden.[600] Für eine solche Sicht spricht ferner, dass die Rechtsprechung dem Verkäufer bei einem Unternehmenskauf eine **gesteigerte Aufklärungspflicht** auferlegt.[601] Dann muss aber vice versa eine entsprechend **gesteigerte Erkundigungspflicht** des Käufers angenommen werden, die typischerweise – und das kann sicherlich als Marktstandard angesehen werden – in Form einer Due-Diligence-Prüfung erfolgt, deren Detaillierungsgrad dann allerdings von den Umständen des Einzelfalls abhängt.[602] Art und Ausmaß einer Verpflichtung zur Due-Diligence-Prüfung des Käufers sollten – korrelierend mit den gesellschaftsrechtlichen Pflichten des Managements – davon bestimmt sein, welchen Zuschnitt das Unternehmen hat, das übernommen werden soll. So mag es bei kleineren mittelständischen Unternehmen durchaus zur Erfüllung der Käuferpflichten genügen, sich die letzten Jahresabschlüsse und aktuelle betriebswirtschaftliche Kennzahlen geben zu lassen.

219   Auch passt es systematisch nicht, einerseits die Gewährleistungshaftung des BGB beim Unternehmenskauf – und das ist die ganz herrschende Meinung – als nicht passend abzulehnen und das anglo-amerikanische geprägte Denken der Vertragsgestaltung mit selbständigen Garantien zu übernehmen, ohne zugleich auch die aus dem „Caveat-Emptor-Grundsatz"[603] folgende Pflicht zur Due-Diligence-Prüfung dem Käufer aufzuerlegen. Insbesondere erhält ja der Käufer aufgrund der Abgabe selbstständiger Garantien eine ver-

---

[596] BGH vom 11.5.1953 – IV ZR 170/52, NJW 1953, 1139; BGH vom 11.7.2007 – XII ZR 197/05, NJW 2007, 2988, 2989.

[597] Vgl. *Elfring,* JuS-Beil. 2007, 3, 12; *Lang/Hunke,* NJOZ 2009, 2508, 2516; für eine Pflicht zur Durchführung einer Due Diligence auch *Hasselbach/Ebbinghaus,* DB 2012, 216, 221.

[598] So insbesondere OLG Oldenburg vom 22.6.2006, NZG 2007, 434 = BB 2007, 66 (bestätigt durch BGH vom 14.5.2007 – II ZR 165/06, BeckRS 2007, 08874); vgl. auch zu den Pflichten des Managements nicht ausführlich → Rn. 223 ff.

[599] BGH vom 21.4.1997 – II ZR 175/95, NJW 1997, 1926, 1928 = BGHZ 135, 244, 253 sowie Begründung zum UMAG, ZIP 2004, 2455 ff.

[600] In diese Richtung auch die Tendenz des OLG Oldenburg vom 22.6.2006 – AZ 1 U 34/03, NZG 2007, 434; vgl. zur Haftung des Managements auch *Schwarz,* BB 2012, 136, der nach Einführung des UMAG die Frage des „Ob" einer Due Diligence nicht mehr von einer Verkehrssitte abhängig macht, sondern nur noch die Frage des „Wie", also zu Prüfungsumfang und Prüfungstiefe, für die Frage der Pflichtwidrigkeit als maßgeblich erachtet.

[601] BGH vom 4.4.2001 – VIII ZR 32/00, NJW 2001, 2163; vgl. dazu auch *Bergjan/Burgic* in: Drygala/Wächter, Verschuldenshaftung und Wissenszurechnung bei M&A Transaktionen, S. 19 ff.

[602] Vgl. auch allgemein zu diesem Verständnis zur Abgrenzung der culpa in contrahendo von der kaufrechtlichen Gewährleistung einerseits und der damit verbundenen Frage von Aufklärungspflichten des Verkäufers und Erkundigungspflichten des Käufers andererseits *Emmerich* in: Münchener Kommentar zum BGB, § 311 Rn. 79 ff.

[603] Siehe dazu → Rn. 2.

schuldensunabhängige Haftung des Verkäufers, wohingegen er im Falle gesetzlicher Gewährleistung Schadensersatz nur bei einem Verschulden des Verkäufers zu beanspruchen hätte.

> **Praxishinweis:** Die Streitfrage, ob das Unterlassen einer Due-Diligence-Prüfung zum Verlust der Gewährleistungsrechte des Käufers führt, spielt wegen § 442 Abs. 1 S. 2 BGB nur dann eine Rolle, wenn und soweit im Kaufvertrag keine selbständigen Garantien gemäß § 311 Abs. 1 BGB vereinbart werden.

Soweit *Hilgard* auf das angebliche Dilemma des Käufers hinweist, dass dieser sich bei **220** Durchführung einer sorgfältigen Due Diligence durch die Kenntniserlangung mehr schade, als wenn er die Prüfung ganz unterlassen hätte,[604] stellt sich dies bei näherer Betrachtung als Scheinproblem heraus, weil der Käufer ja dann aller Wahrscheinlichkeit nach die im Rahmen der Due Diligence zu Tage beförderten Mängel zu einer entsprechenden Reduzierung des (vorläufigen) Kaufpreises nutzen wird. In diesem Fall wird also die Äquivalenz von Leistung und Gegenleistung bereits auf der Primärebene (Kaufpreis) und nicht erst auf der Sekundärebene (Gewährleistung/Schadensersatz) wieder hergestellt.

c) Kaufrechtliche Implikationen für den Verkäufer: Erfüllung von Aufklärungspflichten durch Due Diligence?

Noch ungeklärt und von der Rechtsprechung nicht entschieden ist die Frage, ob der **221** Verkäufer die ihm obliegenden Aufklärungspflichten schlicht dadurch erfüllen kann, dass er dem Käufer die **Möglichkeit einräumt,** dass Zielunternehmen im Rahmen einer **Due-Diligence-Prüfung** näher zu untersuchen.[605]

> **Beachte:** Mit Blick auf übergebene Unterlagen, aus denen sich die Mangelhaftigkeit der Sache ergibt, ist nach Auffassung des Bundesgerichtshofs (bei Erwerb eines Hausgrundstücks) eine Gleichstellung mit den ohne weiteres erkennbaren Mängeln (nur) dann gerechtfertigt, wenn ein Verkäufer aufgrund der Umstände die berechtigte Erwartung haben kann, dass der Käufer die Unterlagen als Grundlage seiner kaufmännischen Entscheidung durchsehen wird.[606] Diese Voraussetzung könnte dann aber bei Übergabe von Unterlagen im Rahmen einer Due-Diligence-Prüfung ebenfalls erfüllt sein. Je ausgedehnter der Verkäufer dem Käufer eine Möglichkeit zur Prüfung einräumt, desto weniger bleibt daneben Raum für eine Aufklärungspflichtverletzung – jedenfalls solange der Käufer eine realistische Chance hat, den Mangel festzustellen.[607]

Allerdings wird auch trotz einer Due-Diligence-Prüfung die **Informationsasymmetrie** **222** zwischen Käufer und Verkäufer beim Unternehmensverkauf[608] nicht beseitigt, also der Umstand, dass der Verkäufer typischerweise das Kaufobjekt wesentlich besser kennt als der Käufer. Denn dieser kann den Kaufgegenstand trotz intensiver Due-Diligence-Prüfung in aller Regel nicht annähernd so gut kennen lernen wie der Verkäufer,[609] so dass weitergehende Aufklärungspflichten des Verkäufers jedenfalls nicht komplett entfallen können. Hinzu kommt, dass der **Käufer im Rahmen der Due Diligence nur das zu sehen bekommt, was ihm der Verkäufer auch zeigt.**

---

[604] *Hilgard,* BB 2013, 963, 967.

[605] Vgl. dazu und zum Meinungsstand *Elfring,* JuS-Beilage 2007, 3, 14; dagegen *Schiffer/Mayer,* BB 2016, 2627, 2628 f. sowie im Hinblick speziell bei der Veräußerung von Altlastengrundstücken *Lang/ Hunke,* NJOZ 2009, 2508, 2510.

[606] BGH vom 12.11.2010 – V ZR 181/09, MittBayNot 2011, 133.

[607] *Drygala* in: Drygala/Wächter, Verschuldenshaftung und Wissenszurechnung bei M&A Transaktionen, S. 13 f.

[608] Vgl. dazu auch *Reiche,* DStR 2000, 2056.

[609] So auch OLG München vom 26.7.2006 – 7 U 2128/06, BeckRS 2006, 09207.

> **Praxishinweis:** Gerade das Informationsdefizit des Käufers gibt in den Verhandlungen über den Unternehmensverkauf Anlass dazu, Regelungen über die Zuweisung von Restrisiken zu finden. Der Käufer wird typischerweise argumentieren, er könne die Restrisiken nicht tragen, weil er im Rahmen der Due Diligence nur zu sehen bekommen habe, was der Verkäufer ihm zeige, wohingegen der Verkäufer das Unternehmen besser kenne und etwaige Restrisiken besser einschätzen könne.

Zudem erfüllt der Verkäufer nur dann seine Aufklärungspflichten ordnungsgemäß, wenn er die Informationen **vollständig und wahrheitsgemäß** verfügbar macht. Richtigerweise führen daher nicht bereits das bloße Anbieten einer Due-Diligence-Prüfung und die Verfügbarmachung von Unterlagen als solche zur Erfüllung der den Verkäufer treffenden Aufklärungspflichten. Vielmehr ist im Einzelfall zu beurteilen, welche Umstände bereits ungefragt zu offenbaren sind und welche Umstände durch gezielte Fragen des Käufers offengelegt werden müssen.[610]

d) Gesellschaftsrechtliche Pflichten und Haftungsrisiken für Vorstände, Geschäftsführer, Aufsichtsräte

223   **aa) Überblick.** Mit dem Themenkomplex der kaufrechtlichen Implikationen einer Due Diligence sind die nachfolgenden (gesellschafts- und haftungsrechtlichen) Fragen eng verknüpft. Die Fälle in der Rechtsprechung zur persönlichen Haftung von Managern nehmen offensichtlich zu.[611] In der Beratungspraxis fällt dabei auf, dass die Meinung, die Haftung bei Verwendung einer GmbH, GmbH & Co. KG oder AG sei beschränkt, ebenso weit verbreitet wie falsch ist. Nicht nur aus diesem Grunde mangelt es an einem Problembewusstsein der handelnden Manager.[612] Richtig ist vielmehr, dass sowohl Geschäftsführer und Vorstände als auch Aufsichtsratsmitglieder und ggf. Beiräte bei pflichtwidrigem Verhalten unbeschränkt persönlich haften (vgl. § 43 Abs. 2 GmbHG, §§ 93 Abs. 2, 116 AktG). Im mittelstandstypischen Fall des Gesellschaftergeschäftsführers kann somit auch der Inhaber selbst in die Haftung geraten.

> **Praxishinweis:** Gerade der sein Unternehmen verkaufende Gesellschafter-Geschäftsführer sollte sich auf den Zeitpunkt des Anteilsübergangs Entlastung bzw. Generalquittung erteilen, und zwar auch für etwaige unbekannte Pflichtverletzungen. Andernfalls bestünde für ihn neben der kaufvertraglichen Haftung mit den darin vereinbarten Beschränkungen durch „Caps", „Baskets" sowie einer abgekürzten Verjährung das Risiko einer zusätzlichen unbeschränkten persönlichen Haftung für Managementfehler gemäß § 43 Abs. 2 GmbHG bzw. § 93 Abs. 2 AktG. Diesen Vorgang der Entlastung sollte er auch gegenüber dem Käufer offenlegen. Ergänzend dazu sollte der Verkäufer Regelungen in den Kaufvertrag zum Ausschluss von Ansprüchen der Gesellschaft nach § 43 Abs. 2 GmbHG gegen ihn als Geschäftsführer aufnehmen.[613]

Der Abschluss einer D&O-Versicherung kann insofern trügerisch sein, als zahlreiche Haftungsausschlüsse bestehen, zum Beispiel bei Vorsatz, dessen Schwelle zuweilen schneller als vermutet überschritten wird, oder auch grober Fahrlässigkeit. Auch bestehen regelmäßig Beschränkungen nach der Höhe der Versicherungssumme, wobei die Haftungshöchstbeträge gerade bei Unternehmenskäufen schnell überschritten sind.[614] Empfehlenswert ist es auch, dass sowohl der Verkäufer als auch der Käufer (und auch die für

---

[610] Vgl. zu den Aufklärungspflichten ausführlich oben → Rn. 11 ff.
[611] Vgl. auch *Nauheim/Goette*, DStR 2013, 2520.
[612] *Nauheim/Goette*, DStR 2013, 2520.
[613] Siehe dazu auch den Formulierungsvorschlag in Teil → D., Rn. 622.
[614] Siehe dazu noch → Rn. 248 f.

sie handelnden Manager) prüfen, welche Auswirkungen die Veräußerung des Unternehmens sowie der Wechsel zum Käufer bzw. das Ausscheiden oder der Eintritt in das Zielunternehmen haben, und zwar insbesondere dann, wenn es um ein größeres Transaktionsvolumen geht.[615]

Zwar gibt es nur wenige Fälle, in denen ein Manager einem Dritten (z. B. Vertragspartner, **224** Gläubiger, etc.) unmittelbar haftet (dies soll hier nicht weiter angesprochen werden). Vielmehr hat in der Regel zunächst nur die GmbH bzw. AG einen Anspruch gegen den Geschäftsführer bzw. Vorstand aus § 43 Abs. 2 GmbHG, § 93 Abs. 2 AktG.

Allerdings können bzw. müssen Insolvenzverwalter im Falle der **Insolvenz** Ansprüche **225** gegen den Geschäftsführer geltend machen, und es gibt wohl kaum Fälle einer Pleite, bei denen Haftungsansprüche gegen den Geschäftsführer nicht in Betracht kommen.[616] Zu entsprechenden Verfahren kommt es häufig nur deshalb nicht, weil der Insolvenzverwalter auf die Mitwirkung des Managements bei der Abwicklung angewiesen ist oder weil Schadensersatzansprüche gegen Ruhegeldansprüche des Geschäftsführers aufgerechnet werden.[617] Der Insolvenzverwalter kann jedoch u. U. selbst haften, wenn er nicht solche Ansprüche verfolgt, sodass das Management im Risiko bleibt.

Ungeachtet dessen kann aber auch jeder **einzelne Gesellschaftsgläubiger** die Ansprü- **226** che der GmbH gegen ihren Geschäftsführer pfänden und sich zur Einziehung überweisen lassen. Dadurch wird der Gläubiger in die Lage versetzt, den Anspruch gegen den Geschäftsführer selbst zu vollstrecken.

Schließlich können auch **Versicherer** Ansprüche gegen den Geschäftsführer geltend **227** machen, nämlich dann, wenn der Versicherer in einem Schadensfall Ersatz geleistet hat, den der Geschäftsführer zumindest mitverschuldet hat. In diesem Fall geht der Ersatzanspruch der GmbH gegen den Geschäftsführer aus § 43 Abs. 2 GmbHG auf den Versicherer kraft Gesetzes über (§ 67 VVG).

bb) Allgemeiner Haftungsrahmen für Manager. Für die Beurteilung der Haftungs- **228** risiken der bei einem Unternehmenskauf bzw. -verkauf handelnden Vorstände, Geschäftsführer und Aufsichtsräte sind insbesondere auch die gesetzlichen wie gerichtlichen Entwicklungen der letzten Jahre sowie die durch die Finanzmarktkrise 2008/2009 verstärkte öffentliche Stimmung im Hinblick auf Manager relevant.[618] So wird zutreffend darauf hingewiesen, dass sich zwar die Texte der Haftungsnormen für Organmitglieder im Laufe der letzten Jahrzehnte kaum geändert hätten, wohingegen sehr wohl die Pflichten der Organmitglieder stetig ausgeweitet wurden.[619] Aus Sicht von Geschäftsführern, Vorständen und Aufsichtsräten dürften diese neueren Entwicklungen negativ ins Gewicht fallen. Denn spätestens mit der **ARAG/Garmenbeck-Entscheidung**[620] wurde eine Entwicklung nicht nur in der Rechtsprechung eingeleitet, die die Verkrustungen der „Deutschland AG" aufzubrechen sucht und das Management mehr und mehr ins Blickfeld der Verantwortung für unternehmerische Fehlentwicklungen rückt.[621]

(1) Vorgaben der Rechtsprechung. Die Haftungsansprüche gegen Manager nehmen **229** unter anderem deshalb zu, weil nicht nur der Gesetzgeber die Sorgfaltspflichten ausweitet. In einem Urteil des Bundesgerichtshofes vom 4.11.2002[622] wurde in deutlicher Weise die

---

[615] Vgl. zur Gestaltung des D&O-Versicherungsschutzes in M&A Transaktionen *Bastuk/Stelmaszczyk*, NZG 2011, 241.

[616] Vgl. auch *Strohn*, CCZ 2013, 177.

[617] Vgl. *Schneider* in: Krieger/Schneider, Handbuch Managerhaftung, § 2 Rn. 2.4.

[618] Vgl. zu den aktuellen Entwicklungen im Bereich der Managerhaftung *Fleischer*, NJW 2009, 2337.

[619] *Lutter* in: Krieger/Schneider, Handbuch Managerhaftung, § 1 Rn. 1.10.

[620] BGH vom 21.4.1997 – II ZR 175/95, NJW 1997, 1926 = BGHZ 135, 244 = DStR 1997, 880.

[621] So auch *Hoor*, DStR 2004, 2104, 2105; *Buchta/Kann*, DStR 2003, 1665, 1668 mit Beispielen aus der erstinstanzlichen Rechtsprechung.

[622] BGH vom 4.11.2002 – II ZR 224/00, DStR 2003, 124 = NJW 2003, 358.

Beweislastverteilung bei Haftungsfällen zwischen Gesellschaft und Geschäftsführer herausgearbeitet.

Beispiel: In dem vom BGH entschiedenen Fall hatte es der Geschäftsführer pflichtwidrig unterlassen, auf die ungenügende Auslastung der beiden Produktionsstätten sachgerecht zu reagieren und – wie geboten – Kurzarbeit anzumelden. Dadurch war der Gesellschaft ein Schaden in Form zusätzlicher Lohnkosten i. H. v. DM 740 000 entstanden. Der BGH entschied, dass die Gesellschaft lediglich einen Schaden und dessen Verursachung durch ein Verhalten des Geschäftsleiters in seinem Pflichtkreis, das als pflichtwidrig überhaupt in Betracht komme, sich also insofern als „möglicherweise" pflichtwidrig darstellt, darlegen und beweisen muss.[623] Dabei können der Gesellschaft die Beweiserleichterungen des § 287 ZPO zugutekommen. Ebenso wie der Vorstand nach § 93 Abs. 2 Satz 2 AktG muss auch der Geschäftsführer einer GmbH sich dahingehend entlasten, dass er nach den Umständen, die er darzulegen und zu beweisen hat, seinen (mit § 93 Abs. 1 AktG gleichlautenden) Sorgfaltspflichten gemäß § 43 Abs. 1 GmbHG nachgekommen ist oder schuldlos nicht nachkommen konnte, oder dass der Schaden auch bei pflichtgemäßem Alternativverhalten eingetreten wäre. Das – so der BGH – schließt ggf. den Nachweis der Einhaltung seines – grundsätzlich weiten – unternehmerischen Ermessensspielraums ein, dass er seinen Sorgfaltspflichten nachgekommen ist, oder dass der von ihm mutmaßlich verursachte Schaden unvermeidlich war.[624]

Bedeutsam für Geschäftsführer ist auch die weitergehende Klarstellung des BGH, dass all dies auch dann gilt, wenn dem Geschäftsführer das **(pflichtwidrige) Unterlassen** einer bestimmten Maßnahme vorgeworfen wird.[625] Diese Beweislastverteilung kann inzwischen als gefestigte Rechtsprechung angesehen werden.[626]

> **Praxishinweis:** Die vom Bundesgerichtshof vorgenommene Beweislastverteilung zwingt die handelnden Vorstände, Geschäftsführer und Aufsichtsräte dazu, ihr pflichtgemäßes Handeln sorgfältig zu dokumentieren. Gerade beim Unternehmenskauf, der aufgrund des Volumens und Komplexitätsgrades erhebliche Haftungsrisiken birgt, sollte daher ein erhöhtem Maße darauf geachtet werden, die organisatorischen Maßnahmen sowie die Maßnahmen der Informationsbeschaffung zur Entscheidungsfindung möglichst lückenlos zu dokumentieren.

230 Nach Auffassung der Rechtsprechung ist für das **Maß der Sorgfaltspflicht** u. a. auf den Unternehmensgegenstand, die Branche und die Größe des Unternehmens sowie auf die konkrete Entscheidungssituation abzustellen.[627] Eine zusätzliche Konkretisierung der Pflichten eines Vorstands enthält § 91 Abs. 2 AktG, wonach der Vorstand geeignete Maßnahmen zu treffen hat, insbesondere ein Überwachungssystem einzurichten hat, damit den Fortbestand der Gesellschaft gefährdende Entwicklungen früh erkannt werden. Ferner liegt nach dem durch das UMAG[628] neu eingeführten § 93 Abs. 1 Satz 2 AktG eine Pflichtverletzung nicht vor, *„wenn das Vorstandmitglied bei einer unternehmerischen Entscheidung vernünftigerweise annehmen durfte, auf der Grundlage angemessener Informationen zum Wohle der Gesellschaft zu handeln"*. Eine dieser **„Business Judgement Rule"** vergleichbare gesetzliche Regelung hat der Gesetzgeber indessen bislang nicht ausdrücklich auch für Geschäftsführer mittelständischer Unternehmen eingeführt, weil er deren Anwendungsbereich

---

[623] BGH vom 4.11.2002 – II ZR 224/00, DStR 2003, 124, 125; ebenso BGH, Beschluss vom 18.2.2008 – II ZR 62/07, NZG 2008, 314.

[624] BGH vom 4.11.2002 – II ZR 224/00, DStR 2003, 124 f.

[625] BGH vom 4.11.2002 – II ZR 224/00, DStR 2003, 124 f.

[626] Vgl. grundlegend BGH vom 4.11.2002 – II ZR 224/00, NJW 2003, 358 BGH vom 18.2.2008 – II ZR 62/07, NZG 2008, 314 jeweils m. w. N.

[627] OLG Zweibrücken vom 22.12.1998 – 8 U 98/98, NZG 1999, 506.

[628] Gesetz zur Unternehmensintegrität und Modernisierung des Anfechtungsrechts v. 2.9.2005, BGBl. I 2005, 2802.

für allgemeinhin alle Gesellschaftsformen ohnehin als gegeben ansieht.[629] In der Begründung zum UMAG heißt es dazu:

> *„Der Grundgedanke eines Geschäftsleiterermessens im Bereich unternehmerischer Entscheidungen ist nicht auf den Haftungstatbestand des § 93 AktG beschränkt, sondern findet sich auch ohne positivrechtliche Regelung in allen Formen unternehmerischer Betätigung. Das für das Aktiengesetz zu § 93 gefundene Regelungsmuster und die Literatur und Rechtsprechung dazu können aber als Anknüpfungs- und Ausgangspunkt für die weitere Rechtsentwicklung dienen".*

Aufgrund der vielen Parallelen im Aktienrecht und GmbH-Recht wendet die Rechtsprechung den § 93 Abs. 1 Satz 2 AktG jedenfalls auf den GmbH-Geschäftsführer analog an.[630] Unterschiede können sich insbesondere daraus ergeben, dass der GmbH-Geschäftsführer weisungsgebunden ist.[631] Nach der Begründung zum UMAG hat die Business Judgement Rule des § 91 Abs. 1 Satz 2 AktG fünf bzw. sechs – teils implizite – **Voraussetzungen eines pflichtgemäßen Geschäftsleiterhandelns:**[632]
– unternehmerische Entscheidung
– Gutgläubigkeit
– Handeln ohne Sonderinteressen und sachfremde Einflüsse
– Handeln zum Wohle der Gesellschaft
– Handeln auf Grundlage angemessener Informationen und
– als ungeschriebenes Merkmal die Freiheit von Interessenkonflikten.[633]

Besondere Bedeutung in der gesamten Diskussion um den Wandel der Organinnen- **231** haftung (Vorstand und Aufsichtsrat) kommt der **ARAG/Garmenbeck-Entscheidung** des BGH vom 21.4.1997 zu.[634] Die Gesetzesbegründung nimmt mehrfach ausdrücklich auf diese Entscheidung Bezug. Es ist somit davon auszugehen, dass die Rechtsprechung – gerade mit Blick auf die zustimmende Gesetzesbegründung – auch zukünftig die Linie der ARAG/Garmenbeck-Entscheidung weiter verfolgen wird.[635] Die Entscheidung betraf zwar primär Fragen im Zusammenhang mit der Pflicht der Aufsichtsräte zur Geltendmachung von etwaigen Schadensersatzansprüchen der Gesellschaft gegen den Vorstand. Sie enthält aber auch fundamentale Ausführungen zu den Vorstands- und Geschäftsführerpflichten. Für das hier behandelte Thema ist vor allem folgende Passage von Interesse:

> *„Eine Schadenersatzpflicht [...] kann erst in Betracht kommen, wenn die Grenzen, in denen sich ein von Verantwortungsbewusstsein getragenes, ausschließlich am Unternehmenswohl orientiertes, auf sorgfältiger Ermittlung der Entscheidungsgrundlagen beruhendes unternehmerisches Handeln bewegen muss, deutlich überschritten sind, die Bereitschaft, unternehmerische Risiken einzugehen, in unverantwortlicher Weise überspannt worden ist oder das Verhalten des Vorstands aus anderen Gründen als pflichtwidrig gelten muss".*[636]

---

[629] Vgl. auch *Faßbender*, NZG 2015, 501.

[630] OLG Oldenburg vom 22.6.2006 – 1 U 34/03, NZG 2007, 434; vgl. auch *Fleischer*, NZG 2011, 521; auch *Elfring*, JuS-Beilage 2007, 3, 10; *Schneider* in: Krieger/Schneider, Handbuch Managerhaftung, § 2 Rn. 2.17.

[631] Vgl. dazu insbesondere *Fleischer*; NZG 2011, 521 sowie *Fleischer*, ZIP 2004, 685, 692; *Hoor*, DStR 2004, 2104, 2108; vgl. auch BGH vom 4.11.2002 – II ZR 224/00, DStR 2003, 124 f. zur Auswirkung der Weisung der Gesellschafter auf die Beweislastverteilung.

[632] Vgl. dazu auch im einzelnen *Nauheim/Goette*, DStR 2013, 2520, 2521 ff. sowie *Strohn*, CCZ 2013, 177.

[633] Vgl. *Bachmann*, BB 2015, 771, 772.

[634] BGH vom 21.4.1997 – II ZR 175/95, NJW 1997, 1926 = BGHZ 135, 244. Vgl. auch zum Diskussionsstand *Bachmann*, BB 2015, 771 sowie *Faßbender*, NZG 2015, 501

[635] Vgl. z.B. BGH vom 18.6.2013 – II ZR 86/11, NJW 2013, 3636; BGH vom 8.7.2014 – II ZR 174/13, NZG 2014, 1058.

[636] BGH vom 21.4.1997 – II ZR 175/95, NJW 1997, 1926, 1928 = BGHZ 135, 244, 253. Auf diese Passage nimmt die Gesetzesbegründung Bezug, um das Merkmal „vernünftigerweise" zu konkretisieren, welches wiederum der Maßstab dafür sein soll, ob der Vorstand auch „annehmen darf", seine

Welche Intensität der Informationsbeschaffung im Sinne der Business Judgement Rule „angemessen" ist, ist anhand

- des Zeitvorlaufs
- des Gewichts und der Art der zu treffenden Entscheidung
- unter Berücksichtigung anerkannter betriebswirtschaftlicher Verhaltensmaßstäbe
- ohne groben Pflichtenverstoß

zu entscheiden.[637]

232   Im Ergebnis ergibt sich daraus eine **zweistufige Prüfungsfolge:**[638]
(1) Nach der Rechtsprechung des BGH ist für die Ausübung unternehmerischen Ermessens erst dann Raum, wenn der Geschäftsführer/Vorstand die **Entscheidungsgrundlagen sorgfältig ermittelt** hat, wofür er alle in der konkreten Entscheidungssituation verfügbaren Informationsquellen tatsächlicher und rechtlicher Art auszuschöpfen hat.[639] Nach dem allgemeinen Sorgfaltsmaßstab des § 276 BGB hat er insoweit **bereits einfache Fahrlässigkeit** und nicht bloß grobe Fahrlässigkeit zu vertreten.[640] Kann der Vorstand diesen Sorgfaltsnachweis nicht führen, **hat er auch ohne weiteres sorgfaltswidrig** im Sinne von § 93 Abs. 1 S. 1 AktG **gehandelt.**

233   (2) Nur wenn der Vorstand, Geschäftsführer oder Aufsichtsrat die Entscheidungsgrundlagen für seine unternehmerische Entscheidung sorgfältig ermittelt hat, kommt man zur zweiten Prüfungsstufe, bei der das Management auf dieser Grundlage die **Vor- und Nachteile der bestehenden Handlungsoptionen sorgfältig** abzuschätzen und den erkennbaren Risiken Rechnung zu tragen hat, also das Für und Wider verschiedener Vorgehensweisen abwägen muss.[641] Tritt ein Schadensfall ein, muss der Vorstand bzw. Geschäftsführer oder Aufsichtsrat darlegen und beweisen, dass sich sein Handeln innerhalb oder zumindest nicht deutlich außerhalb der Grenzen bewegt hat, in denen sich ein von Verantwortungsbewusstsein getragenes, ausschließlich am Unternehmenswohl orientiertes unternehmerisches Handeln bewegen muss, und dass seine Bereitschaft, unternehmerische Risiken einzugehen, nicht in unverantwortlicher Weise überspannt worden ist.[642] Wollte man hier ungeachtet der zahlreichen Stimmen im juristischen Schrifttum leicht fahrlässiges Handeln aus dem Haftungstatbestand ausscheiden, würde dies die

---

unternehmerische Entscheidung auf der Grundlage angemessener Informationen getroffen zu haben. Das Merkmal „angemessene Information" wiederum stellt – so die Gesetzesbegründung – auf die vom Vorstandsmitglied vernünftigerweise als angemessen erachtete Information ab, auf deren Basis und nach deren freier Würdigung er dann eine unternehmerische Entscheidung fällt (vgl. Begründung zum UMAG, ZIP 2004, 2455 ff.).

[637] Begründung zum UMAG, ZIP 2004, 2455 ff. vgl. zu neueren Entwicklungen in der Praxis *Freund*, NZG 2015, 1419.

[638] Siehe auch *Kinzl*, DB 2004, 1653, 1654.

[639] BGH vom 14.7.2008 – II ZR 202/07, NZG 2008, 751, 752; BGH vom 3.11.2008 – II ZR 236/07, NJW-RR 2009, 332; OLG Brandenburg vom 15.2.2012 – 7 U 141/09, BeckRS 2012 11396 bei Fehlen einer Wirtschaftlichkeitsberechnung vor Beginn eines Neubauvorhabens; vgl. auch *Schneider* in: Krieger/Schneider, Handbuch Managerhaftung, § 3 Rn. 3.13; *Cobe/Kling*, NZG 2015, 48, 51.

[640] So auch *Schneider* in: Krieger/Schneider, Handbuch Managerhaftung, § 3 Rn. 3.14; *Ulmer*, DB 2004, 859, *Schäfer*, ZIP 2005, 1253, 1254, der unter Bezugnahme auf die ARAG/Garmenbeck-Entscheidung davon spricht, „dass der Vorstand dann seine Leitungspflicht verletze, wenn er […] entscheidungserhebliche Tatsachen nicht sorgfältig ermittele […]" und S. 1255 „[…] weil dieser das zu Recht kritisierte Merkmal der groben Fahrlässigkeit in Bezug auf die Ermittlung der Tatsachengrundlage […] jetzt aufgibt"; zweifelnd, ob der Gesetzgeber diese Konsequenz tatsächlich beabsichtigt hat auch *Wilsing*, ZIP 2004, 1082, 1089.

[641] BGH vom 14.7.2008 – II ZR 202/07, NZG 2008, 751, 752; BGH v. 3.11.2008 – II ZR 236/07, NJW-RR 2009, 332.

[642] BGH vom 21.4.1997 – II ZR 175/95, NJW 1997, 1926, 1928 = BGHZ 135, 244, 253 (ARAG/Garmenbeck).

gesamten rechtspolitischen Ziele der letzten Jahre zur Verstärkung der Transparenz und Kontrolle im Unternehmensbereich ad absurdum führen. Denn ein Kernanliegen all dieser Reformen war gerade die Verbesserung des Informationsstands von Vorstand und Aufsichtsrat.[643]

(2) Delegation von Funktionen und Verantwortung. Diese ist zwar Teil der **234** Leitungsaufgabe in einem Unternehmen,[644] und in einer GmbH gibt es auch – anders als bei der AG – keinen geschützten Bereich, der der eigenverantwortlichen Geschäftsleitung ausschließlich zugewiesen wäre.[645] Der zuständige Geschäftsführer kann sich jedoch nicht durch Delegation seiner Verantwortung entziehen;[646] vielmehr verbleibt aufgrund seiner Gesamtverantwortung stets eine **Überwachungspflicht** und zwar sowohl im Hinblick auf seine Mitgeschäftsführer als auch im Hinblick auf Mitarbeiter.[647] So hat die Geschäftsführung u. a. organisatorische Vorkehrungen zu treffen, damit – jedenfalls bei Geschäften, für die schon der Gesellschaftsvertrag eine Zustimmung der Gesellschafter vorsieht – Risiken und Schäden von der Gesellschaft abgewendet werden. Auch setzt die Delegation von Aufgaben neben der fachlichen Eignung und persönlichen Zuverlässigkeit auch die sorgfältige Auswahl und Einweisung der Personen voraus, an die die Aufgabe bzw. Aufgaben delegiert werden sollen.[648] Nach der Rechtsprechung haben diese **organisatorischen Anforderungen** maßgebliche Bedeutung für die Haftungsfrage, weil Bearbeitungsfehler häufig nicht auf der Ebene des letztverantwortlichen Entscheidungsträgers, sondern von den zuständigen Bearbeitern verursacht werden.[649] Eine mangelhafte Aufbau- oder Ablauforganisation begünstigt solche Fehlentwicklungen. Gleiches gilt dann auch für die mangelhafte Organisation der Prüfung des Zielunternehmens beim Unternehmenskauf.[650]

> **Praxishinweis:** Sowohl dem Management des Verkäufers als auch dem Management des zu verkaufenden Unternehmens ist dringend anzuraten, in allen Phasen eines Unternehmensverkaufs größtmögliche Sorgfalt walten zu lassen und dabei ihre Entscheidungsgrundlagen sowie die Fragen und Antworten einschließlich der gewährten Informationen lückenlos zu dokumentieren.[651] Denn bereits die fehlerhafte Organisation, die ja möglicherweise zum Arglistvorwurf mit den damit für das Verkäuferunternehmen verbundenen fatalen Folgen führen kann, können u. U. die persönliche Haftung der beteiligten Geschäftsführer, Vorstände, Aufsichtsräte und Beiräte gemäß § 43 Abs. 2 GmbHG, §§ 93 Abs. 2, 116 AktG auslösen.

Die auf Schadensersatz in Anspruch genommenen Organmitglieder der Gesellschaft sind **235** dafür **darlegungs- und beweispflichtig,** dass sie die Sorgfaltsanforderungen gemäß §§ 93 Abs. 2 Satz 2, 116 AktG, § 43 Abs. 1 GmbHG erfüllt haben, also insbesondere auch die Entscheidungsgrundlagen sorgfältig ermittelt sowie auf dieser Basis dann die Vor- und Nachteile sorgfältig abgewogen haben.[652] Die Gesellschaft trifft lediglich die Beweislast dafür, dass und inwieweit ihr durch ein möglicherweise pflichtwidriges Verhalten der Geschäftsführung

---

[643] So auch *Ulmer,* DB 2004, 859, 860.

[644] Vgl. *Vetter* in: Krieger/Schneider, Handbuch Managerhaftung, § 22 Rn. 22.73.

[645] Vgl. *Vetter* in: Krieger/Schneider, Handbuch Managerhaftung, § 22 Rn. 22.78; *Fleischer,* NZG 2001, 521.

[646] Vgl. OLG Koblenz vom 24.9.2007 – 12 U 1437/04, NZG 2008, 280.

[647] *Schneider* in: Krieger/Schneider, Handbuch Managerhaftung, § 2 Rn. 2.40 sowie ebendort *Vetter,* § 22 Rn. 22.73.

[648] *Vetter* in: Krieger/Schneider, Handbuch Managerhaftung, § 22 Rn. 22.74.

[649] Vgl. nur OLG Koblenz vom 24.9.2007 – 12 U 1437/04, NZG 2008, 280.

[650] Siehe dazu sogleich → Rn. 237.

[651] So auch *Weißhaupt,* WM 2013, 782.

[652] Grundlegend BGH vom 4.11.2002 – II ZR 224/00, NJW 2003, 358 f.; BGH vom 1.12.2008 – II ZR 102/07, NJW 2009, 850, 853.

in deren Pflichtenkreis ein Schaden entstanden ist, wobei der klagenden Gesellschaft Beweiserleichterungen gemäß § 287 ZPO zugutekommen.[653]

Beispiel: Im „Baustoff-Fall" hat der BGH einen Geschäftsführer wegen einer Eigentumsverletzung beim Vertragspartner der GmbH nach § 823 Abs. 1 BGB haften lassen, weil er es unterlassen hat, geeignete organisatorische Vorkehrungen (in Form von vertraglichen Regelungen) zu treffen.[654] In dem entschiedenen Fall war der Geschäftsführer noch nicht einmal selbst mit dem Abschluss der Verträge der GmbH mit dem Lieferanten und dem Bauherrn befasst gewesen.

236   Weitere Haftungsrisiken für die handelnden Vorstände, Geschäftsführer und Aufsichtsräte können sich beim Unternehmens- und Beteiligungs(ver)kauf auch aus und im Zusammenhang mit der Verletzung von Informationspflichten gegenüber den Gesellschaftern oder Aufsichtsgremien oder bei Kompetenzüberschreitungen ergeben, welche neben den gesetzlichen Vorgaben auch durch die jeweiligen Statuten der beteiligten Gesellschaften, wie z. B. Satzungen und Geschäftsordnungen folgen können.[655]

Beachte: Neben der (gesellschaftsrechtlich internen) Business Judgement Rule treffen den Geschäftsleiter zur Erfüllung der (kaufrechtlich externen) Aufklärungspflichten auch umfassende Organisationspflichten, weil er aus Gründen des Verkehrsschutzes dafür zu sorgen hat, dass schon im Vorwege eines Rechtsgeschäfts rechtserhebliche Informationen gespeichert, abgefragt und an die zuständige Stelle im Unternehmen weitergeleitet werden, damit anlassbezogen – hier insbesondere dann auch bei einem Unternehmensverkauf – die gegenüber den jeweiligen Kaufinteressenten bestehenden (Aufklärungs-)Pflichten erfüllt werden können und keine falschen Garantien im Kaufvertrag abgegeben werden. Hier wird vorgeschlagen, diese sich speziell auf den internen Informationsfundus einer juristischen Person beziehenden Organisationspflichten mit den sich daran orientierenden externen Aufklärungspflichten als „Business Information Rule" einzuordnen und ein etwaiges Organisationsverschulden der Geschäftsleitung unter § 31 BGB analog zu fassen.[656]

237   **cc) Unterlassene Due Diligence als Pflichtwidrigkeit des Managements.** Die vollständig unterlassene Due Diligence ist nach bislang herrschender Meinung (die m. E. nicht überzeugend ist)[657] mangels Ausbildung einer „Verkehrssitte" zur Due Diligence im kaufrechtlichen Zusammenhang nicht ohne weiteres grob fahrlässig im Sinne von § 442 Abs. 1 S. 2 BGB. Das Käuferunternehmen verliert damit seine Gewährleistungsrechte nicht, wenn es den Kaufgegenstand gar nicht erst prüft. Im Gegensatz zu dieser kaufrechtlichen Betrachtung handelt nach überwiegender Auffassung in Rechtsprechung und Schrifttum ein Vorstand oder Geschäftsführer aus dem gesellschaftsrechtlichen Blickwinkel jedoch grundsätzlich pflichtwidrig, wenn er keine Due-Diligence-Prüfung beim Zielunternehmen durchführt.[658]

Beispiel: Das OLG Oldenburg hat im Hinblick auf einen Unternehmenskauf entschieden, dass das dem Geschäftsführer bei unternehmerischen Entscheidungen zuzubilligende weite Ermes-

---

[653] BGH vom 4.11.2002 – II ZR 224/00, NJW 2003, 358; BGH vom 1.12.2008 – II ZR 102/07, NJW 2009, 850.

[654] BGH vom 5.12.1989 –VI ZR 335/88, NJW 1990, 976 = BGHZ 109, 297.

[655] Vgl. dazu den Fall OLG München vom 8.7.2015 – 7 U 3130/14, ZIP 2015, 2472, wo allerdings eine Haftung des beklagten Geschäftsführers im Ergebnis abgelehnt wurde, weil die klagende Muttergesellschaft die möglichen Pflichtverletzungen schon nicht hinreichend dargetan hatte.

[656] Siehe dazu bereits ausführlich oben → Rn. 39 ff. sowie → Rn. 93 ff.

[657] Siehe dazu → Rn. 223.

[658] OLG Oldenburg vom 22.6.2006 – 1 U 34/03, NZG 2007, 434; *Spindler* in: Münchener Kommentar zum AktG, Band 2, § 93 Rn. 69; *Böttcher*, NZG 2005, 49, 52; *Elfring*, JuS-Beilage 2007, 3, 10; *Kiethe*, NZG 1999, 976, 982; *Werner*, ZIP 2000, 989, 991; *Nauheim/Goette*, DStR 2013, 2520; *Busekist/Timmerbeil*, CCZ 2013, 225, 227; *Schwarz*, BB 2012, 136; a. A. *Bücker/von Bülow* in: Krieger/Schneider, Handbuch Managerhaftung, § 25 Rn. 60; differenzierend *Goette*, DStR 2014, 1776.

sen beim Erwerb eines anderen Unternehmens überschritten ist, wenn die Grundlagen, Chancen und Risiken der Investitionsentscheidung nicht ausreichend aufgeklärt worden sind. Zumindest dann, wenn nicht ausreichende, gesicherte Erkenntnisse über das zu erwerbende Unternehmen vorhanden sind oder wenn vorhandene Informationen Unklarheiten aufweisen, wird eine umfassende Due Diligence durchzuführen sein. Wird dies unterlassen, kommt bei einer zu erheblichen Verlusten führenden Fehlinvestition eine Geschäftsführerhaftung in Betracht.[659] Der BGH hat die hiergegen gerichtete Nichtzulassungsbeschwerde zurückgewiesen.[660]

Allerdings wird der Vorstand nicht immer zu einer derart intensiven Prüfung verpflichtet sein; Art und Ausmaß einer Due Diligence sowie die Zulässigkeit einer Delegation hängen davon ab, welchen Zuschnitt das Unternehmen hat, das übernommen werden soll.[661]

> **Praxishinweis:** Für Vorstände und Geschäftsführer der Käuferseite ist es in jedem Fall empfehlenswert, die wesentlichen Gründe ihrer Ermessensentscheidung, eine Due Diligence nicht oder nur in begrenztem Umfang durchzuführen, zu dokumentieren, um sich im Haftungsfalle entlasten zu können.[662]

Darüber hinaus kommt eine persönliche Haftung der handelnden Vorstände, Geschäfts-**238** führer und Aufsichtsräte unter anderem auch dann in Betracht, wenn beispielsweise die **Haftungszusagen des Verkäufers** oder die Kaufpreisverpflichtung **nicht belastbar** vereinbart werden.[663]

Beispiel: Der Geschäftsführer der kaufenden Gesellschaft vereinbart keine Garantien zu den Bilanzangaben sowie den bisherigen Umsätzen des Unternehmens; die Haftung für culpa in contrahendo wird ausgeschlossen. Stellen sich diese Zahlen hinterher als falsch heraus (ohne dass dem Verkäufer Arglist zum Vorwurf gemacht werden kann), hat der Käufer u. U. keine Ansprüche gegen den Verkäufer, obwohl diese Unternehmenskennzahlen zumeist auch Grundlage für die Kaufpreisbemessung waren.[664] Für den entstandenen Schaden haftet der Geschäftsführer nach § 43 Abs. 2 GmbHG dem Käuferunternehmen grundsätzlich unbeschränkt persönlich.

Ebenso haftet der Geschäftsführer u. U., wenn er zwar wirksam Garantien vereinbart, diese aber mangels Bonität des Verkäufers nicht werthaltig und durchsetzbar sind.[665]

Die Verpflichtung des Managements zur Durchführung einer Due-Diligence-Prüfung **239** endet freilich nicht mit dem Abschluss des Kaufvertrages. Da dem Käufer nämlich aufgrund des üblicherweise vereinbarten Garantiekataloges für die Zeit bis zur Verjährung daraus resultierende Ansprüche gegen den Verkäufer zustehen können, umfasst die Pflicht zur sorgfältigen Geschäftsführung auch die **Prüfung nach Erwerb des Unternehmens im Rahmen der Post-Merger-Integration,**[666] ob es Garantieverletzungen oder sonstige

---

[659] OLG Oldenburg vom 22.6.2006 – 1 U 34/03, NZG 2007, 434.

[660] BGH vom 14.5.2007 – II ZR 165/06, BeckRS 2007, 08874.

[661] *Spindler* in: Münchener Kommentar zum AktG, Band 2, § 93 Rn. 69; *Göthel* in: Göthel, Grenzüberschreitende M&A Transaktionen, § 2 Rn. 120; *Gunßer* in: Oppenländer/Trölitzsch, GmbH-Geschäftsführerhaftung, § 36 Rn. 16; *Goette,* DStR 2014, 1776, 1777.

[662] Vgl. auch *Elfring,* JuS-Beil. 2007, 3, 10.

[663] Vgl. BGH vom 16.2.1981 – II ZR 49/80, GmbHR 1981, 191 zum Verkauf von Waren an ein unbekanntes Unternehmen, ohne dessen Bonität zu prüfen und ohne die Gesellschaft entsprechend zu sichern; vgl. auch *Gunßer* in: Oppenländer/Trölitzsch, GmbH-Geschäftsführerhaftung, § 36 Rn. 18; *Schiffer/Bruß,* BB 2012, 847, 849; *Goette,* DStR 2014, 1776.

[664] Vgl. zum Verhältnis der kaufrechtlichen Gewährleistung und der Haftung aus culpa in contrahendo bei falschen Bilanz-, Umsatz- und Ertragsangaben → Rn. 124 ff.

[665] Vgl. zur Absicherung der Ansprüche des Käufers Teil → D., Rn. 615 ff.

[666] Vgl. zur Post M&A-Due Diligence *von Falkenhausen,* NZG 2015, 1209 sowie zum Post-Merger-Risikomanagement in den Bereichen Rechnungswesen, Steuern, Berichts- und Meldewesen sowie Corporate Governance *Zwirner/Boecker,* BB 2013, 2735.

Ansprüche gegen den Verkäufer gibt.[667] Dies gilt umso mehr, wenn aufgrund der Geheimhaltungsverpflichtung der Verkäuferseite eine nur eingeschränkte oder unter Umständen gar keine Due-Diligence-Prüfung stattgefunden hat.[668]

> **Praxishinweis:** Geschäftsführer und Vorstände der Käuferseite sollten im Zusammenhang mit einem Unternehmenskauf alle ihnen möglichen und unter Kostengesichtspunkten zumutbaren Maßnahmen ergreifen, um im Rahmen einer Due-Diligence-Prüfung die für eine sachgerechte Entscheidungsfindung benötigten Informationen über das Zielunternehmen zusammenzutragen und auszuwerten. In jedem Fall – das heißt unabhängig davon, in welchem Umfang eine Due-Diligence-Prüfung im Vorfeld des Unternehmenskaufvertrages durchgeführt werden konnte – empfiehlt es sich, nach Übernahme des Unternehmens eine gezielte Überprüfung des erworbenen Unternehmens im Hinblick auf Mängel durchzuführen.

240   Zu beachten ist schließlich auch, dass die Sorgfaltspflichten von Vorständen und Geschäftsführern auf die Sorgfaltspflichten von **Aufsichtsratsmitgliedern** gemäß § 116 AktG ausstrahlen, und zwar über § 52 Abs. 1 GmbHG gegebenenfalls auch für den fakultativen **Aufsichtsrat/Beirat** einer GmbH.[669] So hat der Bundesgerichtshof entschieden, dass der fakultative Aufsichtsrat einer GmbH, dem die Zustimmung zu bestimmten Geschäften der Geschäftsführung vorbehalten ist, seine zur Haftung führenden organschaftlichen Pflichten verletzt, wenn er ohne die gebotene Information und darauf aufbauender Chancen- und Risikoabschätzung seine Zustimmung zu nachteiligen Geschäften erteilt.[670]

> **Beachte:** Führt der Käufer *überhaupt keine Due Diligence* durch, ist das nach hier vertretener Auffassung regelmäßig grob fahrlässig und führt, falls nicht der Verkäufer eine Garantie abgegeben hat, sowohl zum Verlust der Gewährleistungsrechte des Käufers nach § 442 Abs. 1 S. 2 BGB als auch zum Ausschluss eines gutgläubigen Erwerbs von Geschäftsanteilen an einer GmbH (vgl. § 16 Abs. 3 GmbHG). Auch haften Geschäftsführer, Vorstände und Aufsichtsräte der kaufenden Gesellschaft für einen etwa daraus resultierenden Schaden, da hierfür die Business Judgement Rule mangels sorgfältiger Ermittlung der Entscheidungsgrundlagen von Vornherein nicht zur Anwendung kommt.[671]

Werden hingegen *im Rahmen der Definition der Prüfungsgegenstände* Fehler gemacht oder wird *im Rahmen der Due-Diligence-Prüfung selbst* nicht oder nur fehlerhaft geprüft, stellt dies in der Regel dann eher einfache Fahrlässigkeit dar, die zwar auch – soweit dem Management zurechenbar – zum Schadensersatz der Manager gegenüber ihrer Gesellschaft führen kann, nicht jedoch nach § 442 BGB zum Verlust von Rechten oder zum Ausschluss eines gutgläubigen Erwerbs von GmbH-Anteilen auf Ebene des Käuferunternehmens.

241   **dd) Recht bzw. Pflicht zur Informationsweitergabe an gesellschaftsfremde Dritte bei der AG.** Ist das **verkaufende Unternehmen eine Aktiengesellschaft** bzw. sollen **Aktien an einer Aktiengesellschaft veräußert** werden, stellt sich für den jeweiligen Vorstand der betroffenen Aktiengesellschaft die Frage, inwieweit eine solche Due Diligence, die eine Informationsweitergabe von (möglicherweise kursrelevanten Informationen) außerhalb der Hauptversammlung an Nicht-Aktionäre oder an Aktionäre zur Weitergabe an Nicht-Aktionäre darstellt, rechtlich zulässig ist.[672] Dabei bewegt sich dieser

---

[667] Vgl. auch *Werner,* ZIP 2000, 989, 995; *Gunßer* in: Oppenländer/Trölitzsch, GmbH-Geschäftsführerhaftung, § 36 Rn. 20; *Weißhaupt,* WM 2013, 782.

[668] *Werner,* ZIP 2000, 989, 995.

[669] *Elfring,* JuS-Beilage 2007, 3, 11.

[670] BGH vom 11.12.2006 – II ZR 243/05, NZG 2007, 187.

[671] Vgl. zur Haftung des Managements bei unterlassener Compliance Due Diligence auch *Blassl,* CCZ 2017, 37, 39.

[672] Vgl. dazu die ausführliche Darstellung bei *Beisel* in: Beisel/Andreas, Beck'sches Mandatshandbuch Due Diligence, § 7 Rn. 13 ff.; vgl. auch *Werner,* ZIP 2000, 989, 991.

Fragenkreis in dem Spannungsverhältnis zwischen den **Informations- und Auskunfts-rechten der Aktionäre** einerseits und den **Geheimhaltungspflichten des Vorstands bzw. Aufsichtsrats** andererseits. Hinzu kommen möglicherweise vertragliche Vertraulich-keitsvereinbarungen, die dritte Vertragspartner mit dem Zielunternehmen z. B. zum Schutz ihres Know-Hows, von Informationen über Kunden- und Lieferantenbeziehungen oder von Lizenzrechten abgeschlossen haben, und deren Verletzung zu empfindlichen Ver-tragsstrafen oder Schadensersatzansprüchen beim Zielunternehmen führen können.[673] Das den Aktionären zustehende, schmal gefasste **Auskunftsrecht aus § 131 AktG** ist schon mit Blick auf seine Verbindung mit der Hauptversammlung weder formell noch seinem Inhalt nach geeignet, einen Rechtsanspruch auf Zulassung einer Due-Diligence-Prüfung zu begründen. Ein – über die ohnehin jedermann zugängliche und von der Aktiengesell-schaft zu veröffentlichenden Informationen hinausgehender – Anspruch auf Informations-erteilung besteht grundsätzlich nicht.[674] Umfassende Informationsrechte können allerdings ausnahmsweise im (vertraglichen wie im faktischen) **Konzern** bestehen, wenn die Ziel-gesellschaft ein vom Veräußerer abhängiges Unternehmen ist, weil dann das herrschende Unternehmen der Zielgesellschaft nach **§ 308 AktG** eine Weisung zur Informations-übermittlung erteilen kann, soweit dies für die unternehmerische Konzernleitung erfor-derlich ist.[675]

Damit konzentriert sich die Fragestellung im Wesentlichen auf die **Zulässigkeit der** 242 **(freiwilligen) Weitergabe von Informationen** durch den Vorstand bzw. Aufsichtsrat. Während teilweise sogar die Informationsweitergabe als grundsätzlich unzulässig angesehen wird,[676] verweisen andere Stimmen im juristischen Schrifttum auf die Bedürfnisse der Praxis sowie die Erfordernisse im globalisierten Geschäftsverkehr.[677] Im Ergebnis ist die Weitergabe nicht-öffentlicher Gesellschaftsdaten bei der Aktiengesellschaft an folgenden Rechtsgrundsätzen zu messen:

- Verschwiegenheitsverpflichtung des Vorstands und des Aufsichtsrates gem. §§ 93 Abs. 1 S. 3, 404 AktG bzw. § 116 AktG;
- Pflicht des Aktionärs zur vertraulichen Behandlung gesellschaftsinterner Daten (gesell-schaftsrechtliche Treuepflicht);
- Gleichbehandlungsgebot für die Gesellschaft gegenüber den übrigen Aktionären gem. §§ 53a, 131 Abs. 4 AktG;
- bei börsennotierten Unternehmen: Insider-Regelungen nach Wertpapierhandelsgesetz.[678]

Vereinfacht kann gesagt werden, dass der Vorstand einem Kaufinteressenten der Gesell- 243 schaft oder eines Aktienpaketes eine Due Diligence dann ermöglichen darf, wenn er nach einer begründeten Abwägung davon ausgehen darf, dass das objektive Unternehmens-interesse eine Durchbrechung der aktienrechtlichen Verschwiegenheitspflichten sowie die Zugänglichmachung von Insidertatsachen rechtfertigt.[679] In den **Abwägungsprozess,** der sich an den **Vorgaben der Business-Judgement-Rule**[680] auszurichten hat,[681] sind bei-spielhaft folgende Gesichtspunkte einzubeziehen:

- Besteht zwischen dem Kaufinteressenten und der Gesellschaft eine **Wettbewerbssitua-tion?**

---

[673] *Schiffer/Bruß,* BB 2012, 847; *Koppmann,* BB 2014, 1673, 1679.

[674] *Körber,* NZG 2002, 263, 265; *Linker/Zinger,* NZG 2002, 497, 501; *Beisel* in: Beisel/Andreas, Beck'sches Mandatshandbuch Due Diligence, § 7 Rn. 9.

[675] *Körber,* NZG 2002, 263, 265.

[676] So z. B. *Lutter,* ZIP 1997, 613.

[677] *Zumbansen/Lachner,* BB 2006, 613; *Werner,* ZIP 2000, 989, 991.

[678] Zu den spezifischen Problemen bei börsennotierten Gesellschaften *Werner,* ZIP 2000, 989, 992; *Hasselbach,* NZG 2004, 1087; *Müller,* NJW 2000, 3452, 3455 f.

[679] Vgl. *Borsch,* DB 2005, 2175 ff.; *Müller,* NJW 2000, 3452.

[680] Siehe dazu bereits oben → Rn. 230 ff.

[681] Vgl. *Beisel* in: Beisel/Andreas, Beck'sches Mandatshandbuch Due Diligence, § 7 Rn. 15.

- Art und Umfang der nachgefragten Information, insbesondere **Sensibilität der Information?**
- **Ernsthaftigkeit** des Erwerbsinteresses des Kaufinteressenten?[682]
- Wie sind Ausmaß und Wahrscheinlichkeit der **Gefahr zweckwidriger Verwendung** der offenbarten Gesellschaftsinformationen zu beurteilen?
- Wie groß ist das **Interesse der Gesellschaft** an der Anteilsveräußerung?
- Wie sind Ausmaß und Wahrscheinlichkeit der durch die Anteilsveräußerung eintretenden **Vorteile für die Gesellschaft** zu bewerten?
- Was ist der Zeitpunkt der Informationsweitergabe und welche **Möglichkeiten des Geheimnisschutzes** gibt es?

244   In den Abwägungsprozess der Vorstandsentscheidung sind auch die **Möglichkeiten der Absicherung** des Gesellschaftsinteresses einzubeziehen und sodann entsprechende Maßnahmen wie folgt zu ergreifen:[683]
- die Entscheidung zur Informationsweitergabe sollte auf einem **Vorstandsbeschluss** beruhen;[684]
- vor Informationsweitergabe sollte eine **Absichtserklärung** des potenziellen Erwerbers abgeschlossen werden, in der die Ernsthaftigkeit des Erwerbsinteresses und die wesentlichen Vorteile des Erwerbs für die Gesellschaft umrissen werden;
- es sollte eine **Vertraulichkeitsvereinbarung** zwischen der Gesellschaft und dem potenziellen Erwerber abgeschlossen werden;[685]
- es sind **organisatorische Maßnahmen** zur Absicherung der Vertraulichkeit bei der Due Diligence zu treffen (z. B. Datenraumregeln, ständige Aufsicht, begrenzter Zugang zu Informationen, Protokollierung von Art und Umfang der weitergegebenen Informationen sowie der Personen, die Zugang zu den Informationen hatten);
- bei hoher Sensibilität der Daten sollten diese ggf. **nicht unmittelbar dem Erwerbsinteressenten,** sondern von diesem unabhängigen Sachverständigen (WP-Gesellschaften, Investmentbanken, Anwälte etc.) oder durch sog. **„Clean-Teams"**[686] weitergegeben werden, welche dem Erwerbsinteressenten die Informationen nur anonymisiert bzw. in Form eines Ergebnisberichts weitergeben dürfen.

> **Praxishinweis:** Zur Reduzierung von Haftungsrisiken empfiehlt es sich, den Vorstandsbeschluss sowie die entscheidungserheblichen Überlegungen sowie den Abwägungsprozess zu dokumentieren.[687] Auf dieser Basis hat das Management größere Chancen, sich zu Recht auf die Business Judgement Rule zu berufen. Des Weiteren sollte sich das Management zur Enthaftung bei Fehlen des relevanten Fachwissens qualifiziert beraten lassen.[688]

245   **ee) Recht bzw. Pflicht zur Informationsweitergabe an gesellschaftsfremde Dritte bei der GmbH und GmbH & Co.** Im mittelständischen Bereich sind die GmbH und die GmbH & Co. weit mehr verbreitet, für die im Hinblick auf die Informationsweitergabe im Rahmen einer Due Diligence andere Vorschriften gelten.[689] So enthält das GmbHG – anders als das Aktienrecht – keine explizite Regelung zur Verschwiegenheitspflicht für die Geschäftsführer. Doch ist auch der Geschäftsführer einer GmbH – schon

---

[682] Vgl. *Müller*, NJW 2000, 3452, 3455.

[683] Vgl. dazu auch *Müller*, NJW 2000, 3452, 3455; *Linker/Zinger*, NZG 2002, 497, 501.

[684] Vgl. auch *Körber*, NZG 2002, 263, 268.

[685] Siehe zu deren Inhalt ausführlich oben → Rn. 160 ff.

[686] Siehe dazu auch → Rn. 247.

[687] Vgl. *Geyrhalter/Zirngibl* in: Jesch/Striegel/Boxberger, Rechtshandbuch Private Equity, § 10 Rn. 15 ff.

[688] Vgl. dazu *Strohn*, CCZ 2013, 177, 179.

[689] Vgl. dazu die ausführliche Darstellung bei *Beisel* in: Beisel/Andreas, Beck'sches Mandatshandbuch Due Diligence, § 7 Rn. 6 ff.; *Koch-Schulte*, BB 2020, 1131.

aufgrund der Strafbewährung in § 85 GmbHG – im Rahmen seiner weitgehenden Treue-pflichten gegenüber der Gesellschaft verpflichtet, Geschäfts- und Betriebsgeheimnisse nicht unbefugt gegenüber Dritten offen zu legen.[690] Anders als beim Vorstand der Aktiengesell-schaft, dem aufgrund § 76 Abs. 1 AktG in eigener Verantwortung und weisungsungebunden weitreichende Entscheidungsbefugnisse zugewiesen sind, stellt die Gestattung einer Due-Diligence-Prüfung durch den Geschäftsführer der Ziel-Gesellschaft keine Angelegenheit der laufenden Geschäftsführung dar, die somit in die **Entscheidungskompetenz der Ge-sellschafter** fällt.[691] Umstritten und ungeklärt ist jedoch, mit welcher Mehrheit ein solcher Gesellschafterbeschluss zu fassen ist.[692] Angesichts eines Urteils des Landgerichts Köln aus dem Jahre 2008 empfiehlt es sich, über die Gestattung der Due Diligence einen einstimmi-gen Beschluss der Gesellschafterversammlung zu erwirken.[693]

> **Beachte:** Rechtsformunabhängig sind auch hier vertragliche Vertraulichkeitsvereinbarungen, die dritte Vertragspartner mit dem Zielunternehmen z. B. zum Schutz ihres Know-Hows, von Informationen über Kunden- und Lieferantenbeziehungen oder von Lizenz-rechten abgeschlossen haben, und deren Verletzung zu empfindlichen Vertragsstrafen oder Schadensersatzansprüchen beim Zielunternehmen führen können, vom Management zu berücksichtigen.[694]

Anders als dem Aktionär mit seinem vergleichsweise dürftigen Auskunftsrecht steht **246** dem GmbH-Gesellschafter nach **§ 51a Abs. 1 GmbHG** grundsätzlich ein **umfassen-des Auskunfts- und Einsichtsrecht** zu allen Angelegenheiten der Gesellschaft zu.[695] Dabei umfasst der Begriff der „Angelegenheiten der Gesellschaft" alle rechtlichen und tatsächlichen Vorgänge innerhalb der Gesellschaft und gegenüber Dritten,[696] so dass von daher grundsätzlich alle für die Durchführung einer Due-Diligence-Prüfung für den veräußerungswilligen Gesellschafter relevanten Informationen verfügbar gemacht werden könnten.

Ob der veräußerungswillige Gesellschafter die aufgrund eines Auskunftsrechts erlangten **247** Informationen dem oder den Erwerbsinteressenten weiterleiten darf, ist jedoch umstritten und hängt von der Frage ab, ob eine solche **Informationsweitergabe durch den ver-äußerungswilligen Gesellschafter** als „zu gesellschaftsfremden Zwecken" i. S. v. **§ 51a Abs. 2 GmbHG** anzusehen ist.[697] Diese vielschichtige Fragestellung lässt sich nicht sche-matisch beantworten, sondern muss – ähnlich wie bei der Entscheidungsfindung des Vor-stands zur Weitergabe von Informationen – im Rahmen eines **Abwägungsprozesses**[698] unter besonderer Berücksichtigung des Geheimhaltungsinteresses der Gesellschaft ent-schieden werden.[699] So sollte die Weitergabe von Informationen an einen ernsthaften Er-werbsinteressenten grundsätzlich zulässig sein, was insbesondere für solche Daten gilt, die ohnehin demnächst in den zu veröffentlichenden Jahresabschluss aufzunehmen sind oder mittelbar aus ihm hervorgehen werden.[700] Geht es hingegen um die Weitergabe **wettbe-**

---

[690] *Bremer,* GmbHR 2000, 176; *Rittmeister,* NZG 2004, 1032, 1036.

[691] *Bremer,* GmbHR 2000, 176; *Rittmeister,* NZG 2004, 1032, 1036; *Körber,* NZG 2002, 263, 268.

[692] Vgl. dazu *Beisel* in: Beisel/Andreas, Beck'sches Mandatshandbuch Due Diligence, § 7 Rn. 9.

[693] LG Köln: Urteil vom 26.3.2008 – 90 O 11/08, BeckRS 2008, 21808; GmbHR 2009, 261; *Beisel* in: Beisel/Andreas, Beck'sches Mandatshandbuch Due Diligence, § 7 Rn. 10 plädiert hingegen für eine einfache Mehrheit.

[694] *Schiffer/Bruß,* BB 2012, 847.

[695] *Körber,* NZG 2002, 263, 266; *Werner,* ZIP 2000, 989, 992.

[696] *Körber,* NZG 2002, 263, 266.

[697] Vgl. *Werner,* ZIP 2000, 989, 992 sowie *Bremer,* GmbHR 2000, 176, 177 jeweils m. w. N.

[698] Siehe hierzu bereits oben zu den Abwägungskriterien des Vorstands bei einer AG → Rn. 243 f.

[699] Vgl. auch *Rittmeister,* NZG 2004, 1032, 1036; *Körber,* NZG 2002, 263, 270.

[700] *Zöllner/Noack* in: Baumbach/Hueck, GmbHG, § 51a Rn. 37; *Werner,* ZIP 2000, 989, 992; *Bremer,* GmbHR 2000, 176, 178.

werbssensibler Informationen dürfte regelmäßig die Einschaltung neutraler Dritter (zum Beispiel Wirtschaftsprüfer, Rechtsanwälte und/oder Vertreter des Käufers aus den Bereichen Business Development, M&A, Legal/Compliance oder pensionierte Führungskräfte sowie aus der Finanzabteilung, der Buchhaltung, der Steuerabteilung sowie aus dem Controlling – sogenannte „**Clean Teams**"[701]) erforderlich sein, die die Bewertung vornehmen und nur deren Ergebnis weitergeben.[702] Als solche wettbewerbssensiblen Informationen kommen beispielsweise Informationen über Planungen, Unternehmensstrategie, Investitionen, Kostenkalkulationen, Zulieferer, Kunden, Vertrieb, Forschung, Produktentwicklung und Herstellungsverfahren in Betracht.[703] Eine Informationsweitergabe durch die Geschäftsführung der Zielgesellschaft an Gesellschafter bzw. deren Kaufinteressenten kann auch dann unzulässig sein, wenn die Zielgesellschaft Vertraulichkeitserklärungen abgeschlossen hat, die eine solche Weitergabe verbieten.[704]

> **Praxishinweise:** Der veräußerungswillige Gesellschafter muss sich ebenso wie der Geschäftsführer bzw. Vorstand zunächst über die Problemlage der Weitergabe von Informationen an gesellschaftsfremde Dritte im Rahmen eines umfassenden Abwägungsprozesses Klarheit verschaffen. Sodann sollte er einen (möglichst einstimmigen) Zustimmungsbeschluss der Gesellschafter herbeiführen. Auf dieser Basis sind dann im Rahmen einer Feinsteuerung für die Durchführung der Due-Diligence-Prüfung abgestufte Einzelfallentscheidungen darüber zu treffen, was, wem, wann und wie im Rahmen der jeweiligen Phase des Unternehmensverkaufs dem oder den Kaufinteressenten mitgeteilt bzw. zugänglich gemacht werden soll.[705] Ist dem Zielunternehmen die Informationsweitergabe aufgrund von Vertraulichkeitsvereinbarungen mit Dritten verboten, kommen vor allem eine Schwärzung vertraulicher Informationen in den relevanten Dokumenten, eine Weitergabe lediglich von Eckdaten an den Kaufinteressenten, insbesondere aufgrund einer Prüfung durch eine beruflich zur Verschwiegenheit verpflichtete Person, oder eine Verkäufer-Due Diligence mit gezielter Zusammenstellung nicht vertraulicher bzw. anonymisierter Informationen in Betracht.

248 **ff) D & O-Versicherung.** Geschäftsführer, Vorstände und Aufsichtsräte haben häufig zum Schutz vor persönlichen Haftungsrisiken eine sog. „Directors & Officers" – Versicherung abgeschlossen. Gemäß den allgemeinen Geschäftsbedingungen gewährt der D & O-Versicherer für den Fall Versicherungsschutz, dass die versicherte Person wegen einer Pflichtverletzung, die sie in ihrer Eigenschaft als Geschäftsführer bzw. Vorstand oder Aufsichtsrat begangen hat, aufgrund gesetzlicher Haftpflicht-Bestimmungen für einen Vermögensschaden in Anspruch genommen wird. Bei § 43 GmbHG, §§ 93, 116 AktG handelt es sich um solche gesetzlichen Haftpflichtbestimmungen, sodass bei Vorliegen der tatbestandlichen Voraussetzungen auch regelmäßig Versicherungsschutz besteht. Der Versicherer gewährt danach insbesondere einem Geschäftsführer, Vorstand und Aufsichtsrat Versicherungsschutz für den Fall, dass er für einen Vermögensschaden der Gesellschaft in Anspruch genommen wird.

249 Es ist allerdings zu beachten, dass die Versicherungsleistung häufig auf eine **Deckungssumme begrenzt** ist, die schon bei kleineren bis mittleren Unternehmenskäufen schnell überschritten sein dürfte. Auch greifen verschiedene Haftungsausschlüsse (z. B. bei Vorsatz),

---

[701] Vgl. dazu *Brinker/Benedikt-Buckenleib* in: Jesch/Striegel/Boxberger, Rechtshandbuch Private Equity, § 23 Rn 441 ff.; *Lochen*, CCZ 2018, 234, 235; *Linke/Fröhlich*, GWR 2014, 449, 450 f.; *Besen/Gronemeyer*, CCZ 2013, 137, 143 f.

[702] *Zöllner/Noack* in: Baumbach/Hueck, GmbHG, § 51a Rn. 37; *Werner*, ZIP 2000, 989, 992; *Lochen*, CCZ 2018, 234, 235; ebenso *Lutter* in: Lutter/Hommelhoff, GmbHG, § 51a Rn. 32, der allerdings darüber hinaus generell eine Informationsweitergabe durch den Gesellschafter unter dem Gesichtspunkt der Treuwidrigkeit als unzulässig ansieht.

[703] *Bremer*, GmbHR 2000, 176, 178.

[704] *Schiffer/Bruß*, BB 2012, 847, 850; *Koppmann*, BB 2014, 1673, 1679.

[705] Vgl. dazu auch sehr hilfreich der Leitfaden bei *Körber*, NZG 2002, 263, 270 f.

sodass die bei einem Unternehmenskauf Handelnden schnell in die unbeschränkte persönliche Haftung geraten können.

> **Praxishinweis:** Die an einem Unternehmenskauf bzw. -verkauf Beteiligten sollten nicht nur für die von ihnen vertretene Partei, sondern auch für sich persönlich in einer Art Staffelung die Haftungsrisiken minimieren:
> – sorgfältige Organisation, Durchführung und Dokumentation der Entscheidungen zur (Nicht-)Durchführung der Due Diligence sowie deren Ergebnisse;[706]
> – Regelungen im Kaufvertrag zum Ausschluss (auch) der persönlichen Haftung aus und im Zusammenhang mit der Due Diligence;
> – Ausschluss der sonstigen persönlichen Haftung der Handelnden im Kaufvertrag.

> **Formulierungsvorschlag:** *„Eine persönliche Haftung der auf Seiten des Verkäufers [und Käufers] tätigen Personen ist ausgeschlossen."*

2. Sinn und Zweck einer Due Diligence, Ziele

Für sowohl den Käufer als auch den Verkäufer ergeben sich beim Unternehmenskauf **250** unterschiedliche Chancen und Risiken, die neben den oben geschilderten rechtlichen Rahmenbedingungen auch aus anderen Umständen resultieren und in ihrer Summe bei der Zieldefinition und Entscheidungsfindung einfließen.

a) Bedeutung der Due Diligence aus Käufersicht

Aus Käufersicht bildet die aus der Due Diligence gewonnene Risiko- und Chancen- **251** Analyse nicht nur die zentrale Entscheidungsgrundlage für den Käufer für das „Ob" (Macht der Kauf überhaupt Sinn?), sondern bei grundsätzlich positiver Kaufentscheidung auch für das „Wie".[707] Ziel des Käufers (und seines Managements)[708] sollte es daher sein, nach Durchführung der Due Diligence insbesondere näher definieren und dokumentieren zu können:[709]

– Welcher **Kaufpreis** ist nach der Überprüfung des Kaufobjektes eine angemessene Gegenleistung?
– Welche **Transaktionsstruktur** ist zur Erreichung eines bestmöglich wirtschaftlichen Ergebnisses sinnvoll?
– Welche **weiteren Regelungen** (insbesondere Garantien, Freistellungen, Sicherheiten) sind zur Absicherung etwaiger Risiken des Käufers noch zu vereinbaren?
– Ggf.: Welche Maßnahmen mit welchen (wirtschaftlichen) Konsequenzen sind für die **Integration des Zielunternehmens** in die eigene Unternehmensgruppe erforderlich?
– Welche **Verbesserungsmöglichkeiten** ergeben sich nach Erwerb des Unternehmens?
– Im Falle eines Schadens: Hat der Verkäufer ggf. unzureichend über Risiken des Unternehmens aufgeklärt und kann der Käufer **Ansprüche geltend machen** oder den Vertrag rückabwickeln?

---

[706] Vgl. auch speziell zur Managerhaftung bei M&A-Transaktionen *Bücker/von Bülow* in: Krieger/Schneider, Handbuch Managerhaftung, § 25 Rn. 2 sowie *Freund*, NZG 2015, 1419, 1424, der für die Praxis auf die zwingende Notwendigkeit der Dokumentation hinweist.
[707] Vgl. auch zum Sinn und Zweck einer Due Diligence *Seibt* in: Mergers & Acquisitions, B. VI.3. Anm. 1.
[708] Siehe zur Haftung des Managements ausführlich → Rn. 223 ff.
[709] Vgl. auch *Holzapfel/Pöllath*, Unternehmenskauf in Recht und Praxis, Rn. 687; *Weber* in: Hölters, Handbuch Unternehmenskauf, Kap. 9, Rn. 9.43 ff.; *Hilgard*, BB 2013, 963.

– Wie sind die handelnden Organe ihren **Sorgfaltspflichten nachgekommen?**[710]

Wird die Due-Diligence-Prüfung unprofessionell durchgeführt, erhöht dies auf Seiten des Käufers das Risiko, ein marodes oder stellenweise mangelhaftes Unternehmen zu erwerben, ohne dass er sich – aufgrund der durchgeführten Due Diligence und entsprechender kaufvertraglicher Regelungen – beim Verkäufer dafür angemessen schadlos halten könnte.

Ferner verfolgen die auf Käuferseite **handelnden Organe** mit einer Due-Diligence-Prüfung zumeist den Zweck, ihren Sorgfaltspflichten nachzukommen, da sie andernfalls dem Risiko einer persönlichen Haftung ausgesetzt sind.[711]

252 Ist der Unternehmenskauf auf Seiten des Käufers (ggf. auch nur zum Teil) fremdfinanziert, verlangen meist auch die Banken als Teil der bei der **Kreditentscheidung** zu prüfenden Unterlagen die Vorlage von Due-Diligence-Berichten.

253 Die Möglichkeit des **gutgläubigen Erwerbs von GmbH-Anteilen** nach § 16 Abs. 3 GmbHG, die durch das MoMiG[712] zum 1.11.2008 eingeführt wurde, führt in der Praxis nicht zu wesentlichen Erleichterungen oder „Abkürzungsmöglichkeiten" bei der rechtlichen Due Diligence betreffend die Anteilsinhaberschaft des Anteilsverkäufers beim Share Deal („Chain of Title"), zumal Inhalt und Grenzen des gutgläubigen Anteilserwerbs nicht in allen Einzelheiten geklärt sind.[713]

b) Bedeutung der Due Diligence aus Verkäufersicht

254 Für den Verkäufer besteht zunächst einmal die Möglichkeit, während der **Phase 1** im Vorfeld der geplanten Verkaufstransaktion selbst eine Due-Diligence-Prüfung (sog. „**Vendor-Due-Diligence**")[714] durchzuführen, um beispielsweise

– **Defizite auf operativer Ebene** aufzuspüren, zu heilen und so anders als im Falle einer bloß käuferseitig durchgeführten Due Diligence „böse Überraschungen" zu vermeiden,[715]

– Parameter für die Herstellung einer **optimalen Verkaufsstruktur** ermitteln zu können,

– ein qualitativ hochwertiges **Info-Memorandum** erstellen zu können,

– rechtliche, steuerliche und sonstige **Haftungsrisiken** besser beurteilen und gegebenenfalls **heilen** zu können,

– den **Datenraum** für die Käufer-Due-Diligence vorzubereiten,

– den zur Arglist führenden Vorwurf, der Verkäufer habe sogenannte „**Angaben ins Blaue hinein**" gemacht, **widerlegen** zu können,

– das **Haftungssystem** im Kaufvertragsentwurf besser gestalten und überhaupt objektive wie subjektive Garantien „nach bestem Wissen" abgeben zu können und

– eine **persönliche Haftung** der handelnden Geschäftsführer, Vorstände und Aufsichtsräte zu vermeiden.

---

[710] Geschäftsführer, Vorstände und Aufsichtsräte bzw. Beiräte sind insofern beweisbelastet, dass sie ihre Sorgfaltspflichten erfüllt haben, vgl. nur BGH vom 4.11.2002 – II ZR 224/00, DStR 2003, 124 = NJW 2003, 358 sowie oben → Rn. 229.

[711] Siehe dazu bereits ausführlich → Rn. 223 ff.

[712] Gesetz zur Modernisierung des GmbH-Rechts und zur Bekämpfung von Missbräuchen vom 23.10.2008, BGBl. I, 2026 (Nr. 48).

[713] Siehe ausführlich zum gutgläubigen Anteilserwerb bei der GmbH Teil → D., Rn. 352 ff.; vgl. ferner *Reymann,* WM 2008, 2095.

[714] Vgl. auch *Becker/Voß* in: Knott, Unternehmenskauf, Rn. 72 ff; *Weber* in: Hölters, Handbuch Unternehmenskauf, Kap. 9 Rn. 9.43 ff.; *Holzapfel/Pöllath,* Unternehmenskauf in Recht und Praxis, Rn. 690; *Kolbeck* in: Rotthege/Wassermann, Unternehmenskauf bei der GmbH, Kap. 2 Rn. 6; speziell zur Vendor-Due-Diligence zur Beteiligung von Private-Equity-Unternehmen *Weilep/Dill,* BB 2008, 1946.

[715] Vgl. auch *Geyrhalter/Zirngibl* in: Jesch/Striegel/Boxberger, Rechtshandbuch Private Equity, § 10 Rn. 3.

> **Praxishinweis:** Gerade bei mittelständischen Unternehmen empfiehlt es sich in aller Regel, eine Verkäufer-Due-Diligence durchzuführen, da hier mangels entsprechender Ausstattung der jeweiligen Fachbereiche mit qualifiziertem Personal (i) zumeist erhebliche Defizite vorhanden sind, die bereits eine professionelle Unternehmensbewertung erschweren, (ii) Ertragspotenziale nicht ausgeschöpft werden und im Falle des Aufspürens solcher Defizite zu einer entsprechenden Kaufpreisminderung oder aber (iii) Schadensersatzansprüchen des Käufers gegenüber dem Verkäufer, ja sogar zu dem besonders haftungsträchtigen Arglistvorwurf führen können.[716]

Ist eine Verkäufer-Due-Diligence durchgeführt worden, könnte ein entsprechender Be- **255** richt auch dem Kaufinteressenten zur Verfügung gestellt werden, der sich dann seinerseits auf eine so genannte **Confirmatory-Due-Diligence** beschränken könnte.[717]

In **Phase 2 der Unternehmensverkaufstransaktion** eröffnet die Due Diligence dem **256** Verkäufer bei professioneller Durchführung die Chance, sich in weitem Umfang der mit dem Unternehmen verbundenen Risiken zu entledigen, was sich allerdings wirtschaftlich auch zumeist in einer entsprechenden Reduzierung des Kaufpreises niederschlägt.[718] Andererseits besteht bei unprofessioneller Durchführung der Due Diligence für den Verkäufer das erhöhte Risiko, dass ihm der **Arglistvorwurf,** also der Vorwurf einer vorsätzlichen Täuschung des Käufers gemacht wird, auf dessen Grundlage sich der Käufer – trotz Ausschluss jeglicher sonstiger Haftung im Kaufvertrag – beim Verkäufer schadlos hält oder sogar die Rückabwicklung des Kaufvertrages verlangt.[719] Sind dann noch die Regelungen des Kaufvertrages im Hinblick auf eine **Haftungsbegrenzung des Verkäufers** nicht belastbar gestaltet, drohen dem Verkäufer und auch den handelnden Organen persönlich mitunter Haftungsrisiken, die den erhaltenen Kaufpreis übersteigen können.

> **Praxishinweis:** Da es beim Verkauf des Unternehmens eines Mittelständlers um erhebliche Werte geht, mitunter ja zum Teil den einzigen substantiellen Vermögenswert der Familie, ist unbedingt darauf zu achten, dass zum einen die Haftungsrisiken im Zusammenhang mit der Due-Diligence-Prüfung auf ein möglichst geringes Maß reduziert und zum zweiten auch etwaige Haftungsansprüche des Käufers im Kaufvertrag auf ein für den Verkäufer erträgliches Maß beschränkt werden.

3. Prüfungsgegenstände der Due Diligence und Verfahren

Aus dem oben geschilderten Zweck sowie den Zielvorgaben leiten sich verschiedene **257** **Prüfungsfelder** einer Due Diligence ab,[720] wobei sich die einzelnen Felder überschneiden. Auch ergeben sich im Rahmen der Digitalisierung zunehmend neue Herausforderungen in den Bereichen Datenschutz bei der Due Diligence selbst und im Hinblick auf die bisherige Einhaltung des Datenschutzes im zu erwerbenden Unternehmen. Ferner ist eine stärkere Verlagerung des Kaufgegenstandes mehr und mehr weg vom analogen/physischen Bereich zum digitalen/immateriellen Bereich, wie z. B. bei einem Erwerb von Unternehmen im Bereich Online-Handel und Homepages mit dem dazu gehörigen Content, Software-Unternehmen und Apps sowie Kundendaten, zu verzeichnen.[721]

---

[716] Vgl. auch *Hasselbach/Ebbinghaus,* DB 2012, 216, 220; speziell zur Vendor-Due-Diligence zur Beteiligung von Private-Equity-Unternehmen *Weilep/Dill,* BB 2008, 1946; *Rasner,* WM 2006, 1425, 1432.
[717] Vgl. auch *Holzapfel/Pöllath,* Unternehmenskauf in Recht und Praxis, Rn. 691.
[718] Vgl. *Hasselbach/Ebbinghaus,* DB 2012, 216.
[719] Siehe zum Thema Arglist auch → Rn. 24 ff.
[720] Vgl. auch umfassend zu den einzelnen Prüfungsfeldern *Beisel/Andreas,* Beck'sches Mandatshandbuch Due Diligence Teil C ff. sowie im Hinblick auf die rechtliche Due Diligence *Seibt* in: Beck'sches Formularbuch Mergers & Acquisitions, B. VI.3.
[721] Vgl. hierzu auch *Grub/Krispenz,* BB 2018, 235; *Plath/Struck/Enno ter Hazeborg,* CR 2020, 9; *Tribess/Spitz,* GWR 2019, 261; *Baranowski/Glaßl,* BB 2017, 199.

(1) Prüfung der **tatsächlichen Gegebenheiten** im Unternehmen und der sich daraus ergebenden operativen Chancen (insbesondere Synergien) und Risiken,[722] z. B. im Hinblick auf

    a. Aufbau- und Ablauforganisation

    b. Management und Personal (bei dem immer stärker werdenden „War for Talent" zunehmend auch das Haupt-Interesse des Käufers, sicher zu stellen, dass er wichtige Programmierer oder sonst „wichtige Köpfe" als Key-Experts mit übernimmt und halten kann)

    c. Forschung und Entwicklung

    d. Markt, Produkt und Wettbewerber

    e. Produktionsmittel (materielles und immaterielles Anlagevermögen sowie Umlaufvermögen)

    f. Speziell bei fortschreitender Digitalisierung: Softwarerechte, Kundendaten, Know-How und sonstige Immaterialgüterrechte

    g. Marketing und Vertrieb

    h. Kunden- und Lieferantenbeziehungen

    i. Investitionen und Finanzierung

    j. Rechnungswesen und Steuern

    k. IT einschließlich Hardwaresystemen, Softwareintegration, Datenschutz und Cyberrisiken[723]

    l. Unternehmenssteuerung und Risikomanagement

    m. Compliance im Hinblick auf die Führung des Unternehmens im Einklang mit Recht und Gesetz[724], z. B. auf Kartellverstöße, aktive und passive Korruption, Geldwäsche, Zoll- und Exportkontrolle[725], Einhaltung des Datenschutzes, arbeitsrechtliche Gleichbehandlung etc.[726] Dieser Prüfungsteil gewinnt zunehmend an Bedeutung – auch mit Blick auf die strafrechtlichen Risiken[727] sowie persönliche Haftung des Managements.[728]

(2) Prüfung (einschließlich der Bestands- und Haftungsrisiken), ob die **internen und externen rechtlichen sowie steuerlichen Strukturen** für folgende Bereiche im Hinblick auf die tatsächlichen Gegebenheiten und Notwendigkeiten (i) einwandfrei begründet wurden, (ii) dem Verkäufer uneingeschränkt zustehen, (iii) rechtsfehlerfrei ausgeübt werden und schließlich (iv) auch käufer- bzw. verkäuferfreundliche Gestaltungen im Hinblick auf die Transaktionsstruktur zulassen, z. B.[729]

    a. Rechtsform und Anteilsinhaberschaft

    b. Genehmigungen

    c. Arbeitsrecht

    d. Inhaberschaft zu gewerblichen Schutzrechten und Urheberrecht sowie (Kunden-)Daten und Know-How, Content der (mit-)verkauften Homepages sowie Datenschutz[730]

---

[722] Dies wäre sodann nicht Sache der Rechts- und Steuerberater, sondern des Käufers selbst, ggf. unterstützt durch Unternehmensberater und andere Spezialisten.

[723] Vgl. speziell zur Versicherung gegen Cyber-Risiken *Wirth*, BB 2018, 200.

[724] Vgl. dazu *Schwarz*, BB 2012, 136; *Busekist/Timmerbeil*, CCZ 2013, 225; *Mayer*, IWRZ 2016, 147; *Blassl*, CCZ 2017, 37; *Lochen*, CCZ 2018, 234; *Hengeler/Müller*, BB 2019, 2090; *Knott/Zagrosek*, ZIP 2019, 2385.

[725] Vgl. dazu *Urso/Lachner*, BB 2018, 195.

[726] Vgl. auch *Mayer*, IWRZ 2016, 147, 148.

[727] Vgl. *Knott/Zagrosek*, ZIP 2019, 2385 zum (geplanten) „*Gesetz zur Sanktionierung von verbandsbezogenen Straftaten*" (VerSanG) sowie *Grunert*, CCZ 2020, 71.

[728] Vgl. dazu die Untersuchung *Hengeler/Mueller*, BB 2019, 2090 sowie www.hengeler.com/de/cdd-survey.

[729] Ausführliche rechtliche Due Diligence-Liste siehe Teil → G., IV.

[730] Siehe zu den datenschutzrechtlichen Fragen sowie den Implikationen für Verkäufer und Käufer auch → Rn. 150 ff. und → Rn. 203 ff.

(Prüfung der Rechteinhaberschaft, Integrierbarkeit in das Erwerberunternehmen etc.)[731]

e. Nutzungsrechte an dem materiellen und immateriellen Anlagevermögen

f. Produkthaftung

g. Kunden- und Lieferantenverträge

h. Finanzierungen und Sicherheiten

i. Steuern

j. Rechtsstreitigkeiten

k. Compliance

(3) Prüfung und Definition der Parameter zur **tatsächlichen und rechtlichen Integration** des Zielunternehmens in die Erwerbergruppe.

Die vorstehenden Prüfungsgegenstände werden dann in aller Regel auf **verschiedene Prüfer bzw. Prüfungsteams** mit den entsprechenden fachlichen Spezialisierungen verteilt:[732]

– Commercial Due Diligence (Prüfung der wirtschaftlichen und operativen Aspekte);

– Legal Due Diligence (Prüfung der rechtlichen Aspekte);

– Tax Due Diligence (Prüfung der steuerlichen Aspekte);

– Financial Due Diligence (Prüfung der finanziellen sowie bilanziellen Aspekte);

– Technical Due Diligence (Prüfung technischer Fragestellungen);

– Environmental Due Diligence (Prüfung von Umweltthemen)[733];

– IT Due Diligence (Prüfung der IT-Systeme, insbesondere auch hinsichtlich der Integrierbarkeit in das Erwerberunternehmen);

– Mitarbeiter Due Diligence speziell für „Key-Experts" und ganze Mitarbeiter-Teams: im Zuge der zunehmenden Digitalisierung sind Due Diligence Prüfungen vermehrt nötig zu den Mitarbeitern und den bei ihnen vorhandenen Immaterialgüterrechten (Urheber- und Softwarerechte sowie Know-How) sowie etwaige Wechselabsichten oder Möglichkeiten für den Erwerber, sie zu übernehmen und zu halten;[734]

– Cultural Due Diligence (Prüfung von Aspekten unterschiedlicher Unternehmenskulturen).

Meist führt der potentielle Käufer selbst eine **operative/wirtschaftliche/technische,** **258** **und finanzielle Due Diligence** durch.[735] Bei dieser Prüfung kommt dem Kaufinteressenten selbst und seinen Mitarbeitern eine besonders wichtige Rolle zu. Denn hier geht es darum, zunächst einmal das Geschäftsmodell des Unternehmens, die Vertriebskanäle, die Kundenbeziehungen sowie den organisatorischen Ablauf zu untersuchen, um mögliche Synergieeffekte oder auch Schwachpunkte (z.B. Investitionsstau) auszuloten. Dabei verlagert sich der Prüfungsschwerpunkt bei **fortschreitender Digitalisierung** zunehmend in den Bereich der immateriellen Wirtschaftsgüter (Kundendaten, Softwarerechte und Know-How, Datenschutz etc. und damit verbunden zu einer stärkeren Fokussierung auf talentierte Leistungsträger), wobei Start-ups noch gar nicht über – prüffähige – ausgereifte Geschäftsmodelle, eine fertige Technik, Vielzahl von Kundenbeziehungen und nachhaltige Umsätze verfügen, so dass **Management Präsentationen** und Analysen aus persönlichen Gesprächen auch mit wichtigen Mitarbeitern sowie **Site Visits** in diesen Fällen viel wichtiger für die Kaufentscheidung sowie die Bemessung des Unternehmenswertes sind als eine klas-

---

[731] Vgl. hierzu auch *Plath/Struck/Enno ter Hazeborg,* CR 2020, 9; *Grub/Krispenz,* BB 2018, 235; *Tribess/Spitz,* GWR 2019, 261; *Baranowski/Glaßl,* BB 2017, 199.

[732] Vgl. dazu auch *Seibt* in: Beck'sches Formularbuch Mergers & Acquisitions, B. VI.3. Anm. 1; *Weber,* in: Hölters, Handbuch Unternehmenskauf, Kap. 9 Rn. 9.43.

[733] Siehe zum Umgang mit Umweltrisiken und zur Versicherbarkeit *Kiesewetter/Hoffmann,* BB 2016, 1798.

[734] Vgl. im Hinblick auf Datenschutz auch *Plath* in: Bussche v. d./Voigt, Teil 6, Rn. 31.

[735] Vgl. auch *Fleischer/Körber,* BB 2001, 841.

sische Due Diligence.[736] Da der Datenraum typischerweise kaum Dokumente zu Compliance-Verstößen enthält, empfehlen sich solche (strukturierten) Gespräche mit dem Management, Expert Sessions und Werksbesichtigungen auch zur Ermittlung etwaiger Compliance Verstöße.[737]

259 Bei der **rechtlichen Due Diligence** wird die vertragliche Situation des zu verkaufenden Unternehmens untersucht, insbesondere, ob potenzielle Haftungsgefahren bestehen, ob arbeitsrechtliche Probleme bestehen und wie es um die vertraglichen Verpflichtungen des Zielunternehmens bestellt ist (Untersuchung von relevanten Verträgen z. B. mit wichtigen Kunden, wesentlichen Zulieferern, gesellschaftsrechtliche Verträge wie Gründung und Anteilsabtretungen, Umstrukturierungen). Bei der **Steuer-Due-Diligence** wird das Unternehmen auf mögliche Steuerrisiken untersucht (Bewertung der steuerlichen Situation, Identifizierung von steuerlichen Risiken aus vorangegangen Gestaltungen, Betriebsprüfungsberichte, Gespräche mit dem Steuerberater der Zielgesellschaft). Bei der **finanziellen Due Diligence** werden die Jahresabschlüsse und sonstigen Finanzdaten, zumeist mindestens der vorangehenden drei Wirtschaftsjahre untersucht und anhand von (Bilanz-)Kennzahlen analysiert.

> **Praxishinweis:** Der Verkäufer sollte vorsichtig sein, dem Kaufinteressenten in „kunstvollen Normalisierungsrechnungen" aus Verlusten der Vergangenheit (nach „harten" HGB-Zahlen) Gewinne bzw. Gewinnerwartungen für die Zukunft aufzumalen, die möglicherweise unrealistisch sind. Dies könnte der Käufer später möglicherweise als Grundlage für einen Arglistvorwurf nutzen.

4. Organisatorische Maßnahmen für die Due Diligence

260 Die Due-Diligence-Prüfung kann zwar auch durch Mitarbeiter von Verkäufer und Käufer mit entsprechender fachlicher Qualifizierung erfolgen. Da eine solche Prüfung aber regelmäßig mit einem sehr intensiven Prüfungsaufwand verbunden ist und zum Teil besondere Spezialkenntnisse erfordert, ziehen sowohl der Verkäufer als auch der Käufer in der Regel externe Steuerberater, Wirtschaftsprüfer und Rechtsanwälte hinzu. Aufgrund der Komplexität des Gegenstandes sowie der thematischen Überschneidungen kommt in jedem Fall einer **professionellen Organisation und Kommunikation** für den Prüfungserfolg eine bedeutsame Rolle zu.[738]

> **Praxishinweis:** Prüfungsgegenstand, Prüfungsumfang, Zuständigkeiten und Informationsaustausch nebst Dokumentation unter den beteiligten Beratern sollten sowohl bei dem Verkäufer als auch dem Käufer klar definiert und zentral gemanagt werden.

a) Organisation auf Verkäuferseite

261 Die Organisation umfasst auf Verkäuferseite unter anderem:
– Auswahl des **Verkäufer-Teams**
– Wer vom Management und welche Mitarbeiter der Fachabteilungen bei dem *verkaufenden Unternehmen*?
– Wer vom Management und welche Mitarbeiter der Fachabteilungen der zu verkaufenden *Zielgesellschaft*?

---

[736] *Grub/Krispenz*, BB 2018, 235, 237; speziell mit Blick auf die Compliance-Risikoanalyse auch *Mayer*, IWRZ 2016, 147, 148.

[737] *Lochen*, CCZ 2018, 234, 235; *Knott/Zagrosek*, ZIP 2019, 2385 zum (geplanten) „*Gesetz zur Sanktionierung von verbandsbezogenen Straftaten*" (VerSanG).

[738] Vgl. die ausführliche Darstellung bei *Beisel* in: Beisel/Andreas, Beck'sches Mandatshandbuch Due Diligence, § 8 Rn. 12 ff.

– M&A-Berater/Investmentbank?
– Rechtsanwälte (nebst Klärung, welche Spezialisierungen erforderlich sind)
– Steuerberater/Wirtschaftsprüfer
– Sonstige externe Spezialisten?
– Festlegungen zu dem **Verhandlungsteam,** also denjenigen Personen, die im Verhältnis zum Käufer die Kommunikation und Verhandlung führen;

> **Praxishinweis:** Das Verhandlungsteam sollte möglichst klein gehalten werden, um das Risiko der Zurechnung von Wissen und Verschulden beim Verkäufer zu minimieren.

– Festlegungen zur **Kommunikation** einschließlich Einbindung der Fachabteilungen bei Verkäufer sowie dem Zielunternehmen, einschließlich Dokumentation der vom Management diesbezüglich gegebenen Anweisungen;
– Ggf. **Verkäufer-Due-Diligence** zur Sachverhaltsklärung und Vorbereitung des Verkaufs (sowie zur Reduzierung des Risikos, wegen Arglist zu haften!);[739]

> **Praxishinweis:** Sowohl dem Management des Verkäufers als auch dem Management des zu verkaufenden Unternehmens ist dringend anzuraten, in allen Phasen eines Unternehmensverkaufs größtmögliche Sorgfalt walten zu lassen und dabei ihre Entscheidungsgrundlagen sowie die Fragen und Antworten einschließlich der gewährten Informationen lückenlos zu dokumentieren. Denn bereits eine fehlerhafte Organisation, die ja möglicherweise zum Arglistvorwurf mit den damit für das Verkäuferunternehmen verbundenen fatalen Folgen führen kann, können u.U. die persönliche Haftung der beteiligten Geschäftsführer, Vorstände, Aufsichtsräte und Beiräte gemäß § 43 Abs. 2 GmbHG, §§ 93 Abs. 2, 116 AktG auslösen.

– Sicherstellung, dass alles relevante **„verfügbare Aktenwissen"** zutage befördert wird und dem Verhandlungsteam zur Kenntnis gelangt;[740]
– Vorbereitung des (physischen oder virtuellen) **Datenraums** und Festlegung von diesbezüglichen Regularien;
– **Prüfung von Aufklärungspflichten** (auch wenn nicht vom Käufer erfragt) sowie der Fragenliste des Käufers;
– Prüfung von **Vertraulichkeitsvereinbarungen in Verträgen mit Dritten,** deren Verletzung Schadensersatzpflichten nach sich ziehen könnten und die zur Vermeidung einer Haftung z.B. Schwärzungen in diesen Verträgen oder andere Lösungsansätze erforderlich machen;[741]
– **Dokumentation** der gegebenen Antworten und eingesehenen Dokumente sowie **Archivierung.**[742]

> **Praxishinweise:** Der Verkäufer sollte sämtliche Fragen des Käufers und die vom Verkäufer übermittelten Antworten sowie verfügbar gemachten Dokumente und sonstigen Informationen beweissicher dokumentieren.[743]
>
> Ferner sollte er mit Blick auf ein Urteil des OLG Düsseldorf vom 16.6.2016[744] sehr frühzeitig (z.B. im NDA oder LoI) gegenüber der Käuferseite nicht nur „erklären", sondern für die nötige vertragliche Gestaltung auch eines vorvertraglichen Schuldverhältnisses (§ 311 Abs. 1

---

[739] Siehe ausführlich oben → Rn. 24 ff.
[740] Siehe zu dem damit für den Verkäufer verbundenen Risiko der zwingenden Haftung für Arglist → Rn. 24 ff.
[741] Ausführlich zu dieser Thematik sowie möglichen Maßnahmen *Schiffer/Bruß,* BB 2012, 847, 850.
[742] Vgl. dazu *Koffka* in: Eilers/Koffka/Mackensen, Private Equity, Teil I.3. Rn. 39 ff.
[743] Vgl. auch *Seibt* in: Beck'sches Formularbuch Mergers & Acquisitions, B. VI.3. Anm. 1. u. 5; *Weißhaupt,* WM 2013, 782.
[744] OLG Düss. vom 16.6.2016 – I-6 U 20/15, NZG 2017, 152.

BGB) darüber eine Bindungswirkung erzielen, „dass – sofern nicht dem Käufer ausdrücklich abweichend mitgeteilt – (i) weder das Management noch Mitarbeiter noch Berater des Verkäufers oder der Zielgesellschaft aus und im Zusammenhang mit der Transaktion Repräsentanten des Verkäufers sind, (ii) diese Personen daher nicht befugt sind, Erklärungen mit Wirkung für den Verkäufer abzugeben und ein etwaiges Unterlassen dieser Personen dem Verkäufer nicht zugerechnet wird, so dass er sich daher deren Verhalten und Kenntnisse nicht zurechnen lassen muss."

262   Sind diese organisatorischen Vorbereitungen getroffen, muss der Verkäufer zum einen entscheiden, ob bei mehreren Kaufinteressenten allen oder nur einem Interessenten eine Due-Diligence-Prüfung ermöglicht wird. Zum anderen muss das Verkäufer-Team sämtliche für den Kauf des Unternehmens relevanten Daten zusammenstellen, was traditionell physisch in Form von Kopien in einer Vielzahl von Ordnern in einem sogenannten **Datenraum** erfolgt(e), der sich entweder im zu verkaufenden Unternehmen selbst oder – wenn noch die Geheimhaltung insbesondere vor den Mitarbeitern des Unternehmens gewünscht ist – außerhalb des Unternehmens bei Beratern der Verkäuferseite befindet.

> **Praxishinweis:** Selbst eine sorgfältig ausgearbeitete und wirksam vereinbarte Vertraulichkeitsvereinbarung ist in der Praxis nur schwer durchsetzbar, schon aufgrund der Nachweisproblematik. Befürchtet der Unternehmensverkäufer den Missbrauch von Betriebsgeheimnissen und anderen sensiblen Informationen, muss daran gedacht werden, die den Kaufinteressenten zur Verfügung gestellten Unterlagen an den sensiblen Stellen (z. B. Preise oder Namen wichtiger Kunden und Lieferanten) zu schwärzen oder Dritte (z. B. Anwälte oder Wirtschaftsprüfer, die dann mit nicht operativ tätigen Mitarbeitern von Verkäufer oder Käufer Details prüfen und besprechen) damit zu beauftragen (sogenannte „Clean Teams").[745]

263   Physische Datenräume sind heutzutage allerdings – auch im Mittelstand – kaum noch anzutreffen. Vielmehr ist es inzwischen gängige Praxis – und zwar nicht nur bei größeren Unternehmensverkäufen – „**virtuelle Datenräume**" mit Internetzugang zu nutzen, bei denen der Verkäufer die Daten dem oder den Kaufinteressenten online verfügbar macht. Hierfür gibt es inzwischen eine Vielzahl von Anbietern, die sich auf den Aufbau, die Organisation und die Bereitstellung des unternehmensbezogenen Datenmaterials spezialisiert haben.[746] Die Einrichtung eines Datenraums hat auch den Vorteil, dass die Offenlegung der Informationen besser kontrolliert (und bei „Konservierung" der Datenrauminformationen ggf. bewiesen) werden kann.

> **Praxishinweis:** Virtuelle Datenräume bieten gegenüber dem herkömmlichen, physischen Datenraum den Vorteil, dass die Dienstleister die Zugriffsprotokolle „einfrieren" können.[747] Wenngleich der Verkäufer damit noch nicht die Kenntnis der Käuferseite von etwaigen Mängeln beweisen kann, so ist er hier einen wichtigen Schritt weiter mit diesem in der Praxis sonst nur schwer zu führenden Nachweis.

b) Organisation auf Käuferseite

264   Die Organisation umfasst auf Käuferseite unter anderem:
- Auswahl des **Käufer-Teams;**
- Wer vom Management und welche Mitarbeiter der Fachabteilungen bei dem kaufenden Unternehmen?

---

[745] Vgl. dazu auch *Brinker/Benedikt-Buckenleib* in: Jesch/Striegel/Boxberger, Rechtshandbuch Private Equity, § 23 Rn 441 ff.; *Lochen*, CCZ 2018, 234, 235; *Linke/Fröhlich*, GWR 2014, 449, 450 f.; *Besen/Gronemeyer*, CCZ 2013, 137, 143 f.

[746] Z. B. gängige Anbieter sind hier z. B. www.drooms.com, www.intralinks.com, www.imprima.com, u. a.

[747] Vgl. zu den Vor- und Nachteilen virtueller Datenräume auch *Rasner*, WM 2006, 1425, 1431.

- M&A-Berater/Investmentbank?
- Rechtsanwälte (nebst Klärung, welche Spezialisierungen erforderlich sind)
- Steuerberater/Wirtschaftsprüfer
- Sonstige externe Spezialisten?
- Festlegungen zur Kommunikation und Dokumentation;[748]
- Abstimmung des Prüfungsgegenstandes sowie des Prüfungsumfangs;
- Darauf basierend Erstellung der Fragenliste mit gezielter Auslösung von Aufklärungspflichten;
- **Prüfung im (virtuellen) Datenraum** mit Sicherstellung des Informationsflusses an das Verhandlungsteam;
- Welche Form eines **Due-Diligence-Berichts** ist gewünscht (nur Executive Summary, „Red-Flag-Report" oder ausführlicher Bericht)?
- **Dokumentation** der gestellten Fragen und der vom Verkäufer gegebenen Antworten und **Archivierung**.[749]

> **Praxishinweise:** Der Käufer sollte mit Blick auf ein Urteil des OLG Düsseldorf vom 16.6.2016[750] sehr frühzeitig (z.B. im NDA oder LoI) gegenüber der Verkäuferseite nicht nur „erklären", sondern für die nötige *vertragliche* Gestaltung auch eines *vorvertraglichen* Schuldverhältnisses (§ 311 Abs. 1 BGB) darüber eine Bindungswirkung erzielen, „dass – sofern nicht dem Verkäufer ausdrücklich abweichend mitgeteilt – (i) weder das Management noch Mitarbeiter des Käufers oder der Zielgesellschaft aus und im Zusammenhang mit der Transaktion Repräsentanten des Käufers sind, (ii) diese Personen daher nicht befugt sind, Erklärungen mit Wirkung für den Käufer abzugeben und ein etwaiges Unterlassen dieser Personen dem Käufer nicht zugerechnet wird, so dass er sich daher deren Verhalten und Kenntnisse nicht zurechnen lassen muss."
>
> Soweit solche Regelungen nicht vereinbart werden können, ist jedenfalls vom Tatsächlichen her auf eine klare Zuständigkeitsverteilung für die Verhandlungsführung und vor allem auch Distanzierung von dem Management der Zielgesellschaft zu achten.

Der Einsatz von **Legal Tech Software** zur (voll)automatisierten Auswertung von Dokumenten in Datenräumen ist zwar noch nicht so weit fortgeschritten, dass diese heute schon umfassend zum Einsatz kommen könnte, doch ist sicherlich auch dies nur noch eine Frage der Zeit, bis auch bei dem Erwerb mittelständiger Unternehmen zahlreiche Arbeitserleichterungen und Kosteneinsparungen zu erzielen sein werden.[751] **265**

5. Auswertung und Berücksichtigung der Ergebnisse der Due Diligence

Das Prüfungsteam wird häufig dem Verhandlungsteam bzw. Entscheider in einem konsolidierten Due-Diligence-Report die in den jeweiligen Fachbereichen entdeckten Risiken (**„Findings"**) zusammentragen und in einer **„Executive Summary"** die zentralen Punkte für die Kaufentscheidung sowie die weiteren Vertragsverhandlungen zusammenfassen. **266**

> **Beachte:** Als problematisch stellt sich in der Praxis des Unternehmenskaufs allerdings immer wieder heraus, dass die beteiligten Berater eigene Due-Diligence-Berichte verfassen, von denen das übrige Verhandlungsteam oder zum Teil auch nur der für die Vertragsverhandlungen verantwortliche Rechtsanwalt keine oder keine hinreichende Kenntnis erhält.[752]

---

[748] Vgl. zum Ablauf und Projektsteuerung *Beisel* in: Beisel/Andreas, Beck'sches Mandatshandbuch Due Diligence, § 8 Rn. 12 ff.

[749] Vgl. dazu *Koffka* in: Eilers/Koffka/Mackensen, Private Equity, Teil I.3. Rn. 39 ff.

[750] OLG Düss. vom 16.6.2016 – I-6 U 20/15, NZG 2017, 152.

[751] Vgl. *Grub/Krispenz*, BB 2018, 235, 237; *Buchholtz*, JuS 2017, 955.

[752] Vgl. ausführlich zur Auswertung und Entscheidungsfindung *Andreas* in: Beisel/Andreas, Beck'sches Mandatshandbuch Due Diligence, § 11 Rn. 1 ff.

> **Praxishinweis:** Die mit dem Kauf befassten Rechtsanwälte des Käufers sollten unbedingt von allen Prüfungsergebnissen und den zu Tage getretenen Risiken informiert werden. Nur so kann sichergestellt werden, dass diese Ergebnisse auch hinreichend bei der Kaufpreisbemessung und/oder im Kaufvertrag in Form angemessener Garantien und Freistellungen adressiert werden.

6. Besonderheiten im Mittelstand

267   Bei der oben beschriebenen Reduzierung von Risiken sowie Steigerung von Chancen infolge einer Due-Diligence-Prüfung sollte (und gegebenenfalls muss) bei Unternehmens- und Beteiligungskäufen eine Due-Diligence-Prüfung vorausgehen. Ob und in welchem Umfang die Due Diligence stattfindet, hängt von verschiedenen Faktoren und insbesondere auch von der Größe des zu verkaufenden Unternehmens sowie von Qualität und Inhalt etwaiger in den Vorgesprächen und sonst zur Verfügung gestellter Informationen ab. Gerade der mittelständische Unternehmer hat mitunter starke Hemmungen gegenüber einer solchen „Durchleuchtung" seines Unternehmens durch Fremde, die ja oft Wettbewerber sind. Es wird hier zuweilen versucht, sich auf folgende Vorgehensweise zu verständigen: Käufer und Verkäufer einigen sich im LOI auf den Kaufpreis, ggf. unter bestimmten Prämissen („Wenn der Umsatz der letzten drei Jahre tatsächlich x ist und die vorgelegten Abschlüsse der letzten drei Jahre stimmen, dann ist von einer Unternehmensbewertung von y auszugehen."). Sodann werden auch die weiteren Eckpunkte des Verkaufs bereits detailliert im LOI festgelegt. Schließlich wird die Due Diligence mit der Maßgabe durchgeführt, dass sie **allein der Richtigkeitskontrolle** der gewährten Vorabinformationen dienen soll.

268   Anders als im Bereich von Großtransaktionen unter Beteiligung von Konzernen (mit entsprechender Fremdverantwortlichkeit der Unternehmensleiter) kann es in unternehmergeführten Unternehmen im Ausnahmefall auch zu Transaktionen **ohne Due-Diligence-Prüfung** kommen; dann wird sich der Käufer aber i. d. R. stärker durch Gewährleistungen (insbesondere „harte" Bilanz- und Eigenkapitalgarantien sowie Garantien mit Blick auf die zukünftigen Cash-Flows) absichern wollen. Dies ist aber in der Praxis des Unternehmenskaufs die Ausnahme.

> **Praxishinweis:** Rechts- und Steuerberater sollten (auch zu ihrer eigenen Enthaftung), wenn sie einen mittelständischen Inhaber beim Verkauf seines Unternehmens beraten, umfassend über die Notwendigkeit der Due-Diligence-Prüfung sowie für den Fall der Nicht-Durchführung oder Schlecht-Durchführung die diesbezüglichen Haftungsrisiken (für sowohl das Unternehmen als auch ihn persönlich) aufklären. Auch sollte dem verkaufswilligen Unternehmer verdeutlicht werden, dass eine Due Diligence üblich ist und dass auch im Bereich mittelständischer Transaktionen regelmäßig ein Kaufinteressent auf die Durchführung einer Due Diligence bestehen wird.

D. Phase 3: Verhandlung und Abschluss des Kaufvertrags

Gliederung

Vorbemerkung

1   Spätestens wenn die Unternehmensprüfung durch den potentiellen Käufer abgeschlossen ist, beginnt die **Phase der eigentlichen Vertragsverhandlungen.** In dieser Phase werden ein Unternehmenskaufvertragsentwurf und gegebenenfalls diesen ergänzende Vertragsentwürfe (z. B. Beratervertrag, Mietvertrag, Dienstleistungsvertrag) erstellt. Ein etwa im Vorwege mit abgestimmten Eckpunkten vorhandener Letter of Intent, Memorandum of Understanding oder Termsheet sowie die Ergebnisse der Due Diligence bilden dafür die Basis. Im Zentrum der Vertragsverhandlungen stehen in aller Regel der Kaufpreis, sofern dieser noch nicht feststeht, sowie die Gewährleistungsrechte des Käufers und Regelungen zur Auflösung von Rechtsbeziehungen zwischen Verkäufer und Zielunternehmen (z. B. Rückzahlung von Gesellschafterdarlehen, Mietverträge über Betriebsgrundstücke, Beraterverträge). Während der Verkäufer möglichst wenige Gewährleistungen abgeben will und daher den Käufer auf die Möglichkeit der Unternehmensprüfung im Rahmen der Due Diligence verweist, ist es für den Käufer von erheblicher wirtschaftlicher Bedeutung, (i) sich gegen etwaige im Rahmen der Due-Diligence-Prüfung *aufgedeckte, konkrete Risiken* abzusichern (soweit dies nicht bereits im Kaufpreis Berücksichtigung gefunden hat) und (ii) sich auch vor *nicht aufgedeckten, abstrakten Risiken* zu schützen, und zwar möglichst auch für den Fall, dass diese selbst dem Verkäufer unbekannt sind.

> **Praxishinweis:** Aus Sicht des Verkäufers ist es wichtig, die Initiative hinsichtlich des Unternehmenskaufvertrags zu ergreifen und möglichst die „Vertragshoheit" zu behalten. Auch wenn dadurch möglicherweise Mehrkosten entstehen, sollte der Verkäufer daher selbst den ersten Vertragsentwurf erstellen lassen. Für die späteren Vertragsverhandlungen bedeutet dies eine wichtige Möglichkeit für den Verkäufer, „erste Pflöcke einzuschlagen" und zu zeigen, unter welchen Bedingungen er zum Verkauf bereit ist.

2   Im anglo-amerikanischen Rechtskreis und insbesondere bei größeren, internationalen Transaktionen hat sich eine Praxis herausgebildet, bei der die Vertragsunterzeichnung in zwei Schritte aufteilt, nämlich das sog. **„Signing"** und später dann das **„Closing"** (auch **„Completion"** genannt). Dies macht vor allem Sinn, wenn die Durchführung der Transaktion, auf die sich Käufer und Verkäufer geeinigt haben, noch von Genehmigungen Dritter (z. B. der Kartellbehörden oder Gremien von Käufer oder Verkäufer) abhängt.[1] Derartige Situationen können meist aber auch durch (aufschiebende oder auflösende) Bedingungen in einem Kaufvertrag abgebildet werden,[2] sodass eine zweistufige Transaktionsstruktur nicht zwingend ist.

3   Für den Bereich des **Verkaufs mittelständischer Unternehmen** ist eine Aufspaltung in Signing und Closing häufig nicht erforderlich, so dass Kaufvertrag und dinglicher Rechtsübergang an sich in einem Termin unterschrieben und vollzogen werden können.

---

[1] Siehe dazu nachstehend → Rn. 12 ff.
[2] Siehe dazu nachstehend → Rn. 132 ff.

Gleichwohl kann es auch in mittelständisch geprägten Transaktionen die Notwendigkeit für ein getrenntes Signing und Closing geben, z. B. wenn die das Unternehmen oder den Unternehmenskauf finanzierenden Banken noch zustimmen müssen und/oder hierfür Sicherheiten des Verkäufers abgelöst und durch den Käufer neu bestellt werden müssen.[3]

Infolge zunehmender Digitalisierung unserer Arbeitswelt zeichnen sich – nicht nur am entfernten Horizont – mit **„Smart Contracts"** sowie der **„Blockchain-Technologie"** neuere Entwicklungen im Bereich der Verhandlung und des Abschlusses von Verträgen ab, deren Einsatz für den Bereich M&A zwar noch etliche Jahre dauern wird, bis diese Lösungen für so komplexe Regelungswerke technisch brauchbar funktionieren und rechtlich auch vom Gesetzgeber für zulässig erklärt werden.[4] Die Beraterschaft sollte jedoch vor diesen Entwicklungen nicht die Augen verschließen, sondern diese gut im Blick behalten und – wo dies finanziell und den sonstigen personellen Kapazitäten her Sinn macht – die nötigen Investitionen in solche Entwicklungen tätigen.[5]

I. Kaufgegenstand

1. Unternehmen und Unternehmensträger

Im deutschen Recht ist der Kauf bzw. Verkauf eines Unternehmens **nicht ausdrücklich** **4** **geregelt.** Es findet sich lediglich in § 453 BGB eine Regelung, wonach die Vorschriften über den Kauf von Sachen auf den Kauf von Rechten und sonstigen Gegenständen entsprechende Anwendung finden. In der Begründung zum Gesetzentwurf zu § 453 BGB ist ferner der Hinweis enthalten, dass der Gesetzgeber den Unternehmenskauf als Kauf eines „sonstigen Gegenstandes" angesehen hat.[6] Während § 453 BGB ohne weiteres auf den bloßen **Beteiligungskauf** als reinen Rechtskauf passt, ist ein Unternehmen weder eine Sache noch ein Recht und auch keine Kombination von beidem, weshalb sich sowohl beim Asset Deal als auch beim Share Deal die Frage stellt, ab wann die Schwelle zum Unternehmenskauf überschritten ist.[7] Der Bundesgerichtshof ergänzt seine **Definition eines** **Unternehmens** als „Inbegriff von Sachen, Rechten und sonstigen Vermögenswerten" mit der Formel, dass sich die Frage, ob ein Unternehmenskauf vorliege, nicht abstrakt-formelhaft, sondern nur aufgrund einer wirtschaftlichen Gesamtbetrachtung beurteilen lasse.[8] Denn ein Unternehmen ist ein sich ständig veränderndes Zusammenspiel von u. a. materiellen und immateriellen Sachen und Rechten einschließlich Know-how, Verträgen und tatsächlichen (Kunden und Lieferanten-)Beziehungen, Marktanteilen im Wettbewerb, Managern und Arbeitnehmern, den zur Verfügung stehenden Finanzmitteln sowie sonstigen Ressourcen und den sich dabei letztlich zum Zwecke der Gewinnerzielung realisierenden Chancen und Risiken.[9]

> **Praxishinweis:** Da im Falle eines Unternehmenskauf die einzelnen zum Unternehmen gehörenden Sachen und Rechte nicht von selbst Kaufgegenstand sind und hinsichtlich dieser Gegenstände Rechts- und Sachmängel nur geltend gemacht werden können, wenn diese auf das Unternehmen „durchschlagen",[10] sollte der Käufer darauf achten, dass er bei der

---

[3] Siehe dazu nachstehend → Rn. 702 ff.
[4] Vgl. dazu auch *Grub/Krispenz,* BB 2018, 235, 237; *Heckelmann,* NJW 2018, 504; *Kaulartz,* DSRITB 2016, 1023; vgl. zu KI auch von *Graevenitz,* ZRP 2018, 238 sowie zu Legal Tech *Buchholtz,* JuS 2017, 955.
[5] Vgl. auch *Heckelmann,* NJW 2018, 504, 505.
[6] BT-Drs. 14/6040, 242.
[7] Siehe dazu ausführlich im Zusammenhang mit der Gewährleistung → Rn. 394 ff.
[8] BGH vom 28.11.2001 – VIII ZR 37/01, NJW 2002, 1042.
[9] *Thiessen* in: Münchener Kommentar zum HGB, Anhang zu § 25 Rn. 3 f.; vgl. auch *Faust* in: Bamberger/Roth/Hau/Poseck, Beck'scher Online-Kommentar BGB, § 453 Rn. 27.
[10] Siehe dazu → Rn. 413 f.

> Definition des Kaufgegenstandes auch neben dem Unternehmen in seiner Gesamtheit idealerweise auch die einzelnen Sachen und Rechte zum Kaufgegenstand macht.

> **Formulierungsvorschlag:** *„Der Verkäufer verkauft hiermit dem Käufer die vorstehend näher bezeichneten Anteile an dem Unternehmen sowie zudem die sämtlichen zu diesem Unternehmen gehörenden einzelnen Sachen, Rechte und Rechtspositionen (nachfolgend insgesamt der „Kaufgegenstand"). Nicht mitverkauft sind Sachen und Rechte, die im Eigentum Dritter stehen."*

5   Bedeutsam ist ferner die Unterscheidung zwischen dem **Unternehmen** als solchem und dem **Unternehmensträger.** Letzterer ist das Rechtssubjekt, das Eigentümer der dem Unternehmen zugeordneten Sachen, Inhaber der Rechte und Geschäftswerte sowie Träger der Verpflichtungen und Belastungen des Unternehmens ist.[11] Unternehmensträger können jede natürliche oder juristische Person sein, aber auch Personenvereinigungen oder Handelsgesellschaften, die nicht juristische Personen sind (zum Beispiel BGB-Gesellschaft, Erbengemeinschaft, oHG, KG, Partnerschaftsgesellschaft).[12] Während bei einer natürlichen Person als Unternehmensträger diese lediglich die einzelnen Wirtschaftsgüter, Verträge, Forderungen und Verbindlichkeiten, tatsächliche Beziehungen und Know-how im Wege eines Asset Deals auf den Erwerber übertragen bzw. überleiten kann, können bei juristischen Personen sowie Personengesellschaften auch alternativ Anteile an dem Unternehmensträger im Wege eines Share Deals an den Erwerber verkauft und übertragen werden.

2. Kaufgegenstand beim Share Deal: Unternehmen oder bloße Beteiligung

6   Die Frage, ob ein Unternehmenskauf oder ein bloßer Beteiligungskauf vorliegt,[13] ist vor allem auch im Hinblick auf den Umfang der (gesetzlichen) **Rechts- und Sachmängelhaftung** des Verkäufers bedeutsam.[14] Beim *Beteiligungskauf* sind nämlich auch nach der Schuldrechtsreform aus dem Jahre 2002 grundsätzlich nur die Vorschriften der Rechtsmängelhaftung im Hinblick auf die erworbenen Beteiligungsrechte anwendbar. Ob darüber hinaus auch auf Rechts- oder Sachmängel des durch die Beteiligung vermittelten unternehmensbezogenen Vermögens die gesetzliche Rechts- und Sachmängelgewährleistung analog angewendet werden kann, hängt davon ab, ob der Beteiligungskauf als bloßer Rechts- oder als *Unternehmenskauf* zu beurteilen ist.[15] Einigkeit besteht darin, dass jedenfalls der **Erwerb sämtlicher Anteile** an einem Unternehmen als Unternehmenskauf in Form des Erwerbs eines „sonstigen Gegenstandes" im Sinne von § 453 Abs. 1 BGB gilt und demzufolge auch die Vorschriften über die Sachmängelgewährleistung entsprechend anwendbar sind.[16] Wo allerdings die Grenze von Beteiligungskauf und Unternehmenskauf beim Share Deal verläuft, hat der Bundesgerichtshof noch nicht abschließend entschieden.[17] Die Frage hängt letztlich vom Einzelfall ab,[18] weil nicht lediglich die Höhe der Beteiligung ausschlag-

---

[11] *Weber* in: Hölters, Handbuch Unternehmenskauf, Kap. 9 Rn. 9.3.

[12] *Weber* in: Hölters, Handbuch Unternehmenskauf, Kap. 9 Rn. 9.3.

[13] Vgl. dazu auch *Rotthege* in: Rotthege/Wassermann, Unternehmenskauf bei der GmbH, Kap. 1 Rn. 53.

[14] Vgl. dazu ausführlich → Rn. 398 f.

[15] Vgl. dazu auch *Jaques*, BB 2002, 417.

[16] Siehe hierzu vor allem die grundlegende Entscheidung des BGH vom 26.9.2018 – VIII 187/17, MittBayNot 2019, 376 Tz. 20 und 25, in welcher er seine jahrzehntelange Rechtsprechung aus Zeiten auch vor der Schuldrechtsreform ausdrücklich fortführt; OLG Köln vom 29.1.2009 – 12 U 20/08, DB 2009, 2259, 2260; *Grunewald*, NZG 2003, 372.

[17] Vgl. Grundlegend BGH vom 12.11.1975 – VIII ZR 142/74, NJW 1976, 236 sowie neuerdings auch ebenso BGH vom 26.9.2018 – VIII 187/17, MittBayNot 2019, 376 Tz. 20 und 25 m. w. N. aus seiner bisherigen Rechtsprechung; *Fischer*, DStR 2004, 276, 280.

[18] *Grunewald*, NZG 2003, 372.

gebend ist, sondern vielmehr eine Gesamtbeurteilung der Situation unter Einbeziehung auch der Regelungen des Gesellschaftsvertrages erfolgt.[19] Der BGH hat in seinem Urteil vom 26.9.2018 klargestellt, dass die Sachmängelgewährleistung der §§ 434 ff. BGB anzuwenden ist, wenn Gegenstand des Kaufvertrags der Erwerb sämtlicher oder nahezu sämtlicher Anteile an dem Unternehmen ist und sich der Anteilskauf damit sowohl nach der Vorstellung der Vertragsparteien als auch objektiv bei wirtschaftlicher Betrachtungsweise als Kauf des Unternehmens selbst und damit als Sachkauf darstellt.[20] Ein solcher Erwerb eines Unternehmens – so der BGH – liegt entgegen der Auffassung der Vorinstanzen bei einem Anteilserwerb von 50% der Geschäftsanteile auch dann *nicht* vor, wenn der Erwerber bereits 50% der Geschäftsanteile an dem Unternehmen hält und sich somit nach Vollzug des Verkaufs 100% der Anteile bei ihm vereinigen. Soweit das OLG Karlsruhe als Vorinstanz[21] bei seiner gegenteiligen Entscheidung darauf abgestellt hat, dass sämtliche Anteile in der Hand des Käufers vereinigt worden seien und er als alleiniger Gesellschafter nunmehr die Geschicke der Gesellschaft allein bestimmt, hat der BGH dieser Auffassung unter Hinweis auf den tatsächlichen **„Kaufgegenstand 50% Geschäftsanteile"** eine klare Absage erteilt.[22] Damit steht auch fest, dass diejenigen Anteile, die ein Käufer bereits bei Abschluss eines Kauf- oder Beteiligungsvertrages hält, bei der Frage, ob ein Unternehmenskauf vorliegt, nicht mitgezählt werden dürfen, wohingegen der BGH in dieser Entscheidung offen gelassen hat, ob sich Abweichungen ergeben können, wenn mehrere Anteilskäufe als einheitliches Geschäft im Sinne von § 139 BGB anzusehen sind.[23]

Praxishinweis: Wird der Unternehmenskauf im Wege eines Share Deals gestaltet, bei dem nicht (nahezu) sämtliche Geschäftsanteile erworben werden, sollte der Käufer seine Interessen an einem mangelfreien Unternehmen auf jeden Fall über selbständige Garantien im Sinne von § 311 Abs. 1 BGB absichern, da andernfalls die Gefahr besteht, dass die gesetzliche Sachmängelgewährleistung nicht eingreift.

Beachte: Da nach der Rechtsprechung des BGH für die Frage, ob ein Anteilserwerb auch zugleich ein „Unternehmenskauf" ist, neben dem *subjektiven* Parteiwillen auch die *objektive* Betrachtung der wirtschaftlichen Verhältnisse maßgeblich ist, ist es nicht ausreichend, wenn die Parteien privatautonom einen Unternehmenskauf vereinbaren wollen, solange dem Erwerber z.B. objektiv noch die Entscheidungsgewalt über den Gegenstand des Unternehmens fehlt.[24] Auch hieran zeigt sich, dass der BGH der Privatautonomie Grenzen zieht, wenn bestimmte objektive Voraussetzungen fehlen, was sich m.E. auch bei der Frage der Reichweite des Beschaffenheitsbegriffs auswirkt, der voraussichtlich vom BGH ebenfalls nicht ausschließlich der subjektiven Parteivereinbarung freigegeben werden dürfte.

Der Käufer sollte bei der Planung des Anteilskaufes in den praktischen Auswirkungen **7** freilich auch nicht unterschätzen, dass er als Erwerber einer GmbH-Beteiligung von lediglich 50% oder weniger in der Regel in der **Gesellschafterversammlung** nicht die einfache Mehrheit erreicht, um Gesellschafterbeschlüsse (zum Beispiel zur Berufung und Abberufung von Geschäftsführern) durchsetzen zu können.

---

[19] *Von den Steinen* in: Rotthege/Wassermann, Unternehmenskauf bei der GmbH, Kap. 9 Rn. 10.

[20] BGH vom 26.9.2018 – VIII 187/17, MittBayNot 2019, 376 Tz. 19; zustimmend *Bochmann/ Cziupka*, EWiR 2018, 679, 680.

[21] OLG Karlsruhe vom 10.8.2017 – 13 U 44/15, BeckRS 2017, 152509 Tz. 87.

[22] BGH vom 26.9.2018 – VIII 187/17, MittBayNot 2019, 376 Tz. 27 f.

[23] BGH vom 26.9.2018 – VIII 187/17, MittBayNot 2019, 376 Tz. 29 unter Hinweis auf das Urteil des BGH vom 23.11.1979 – I ZR 166/77, WM 1980, 284 sowie OLG Hamm vom 20.1.1993 – 8 U 92/92, GmbHR 1994, 48, 49.

[24] BGH vom 2.6.1980 – VIII ZR 64/79, NJW 1980, 2408, 2409.

> **Praxishinweis:** Gerade in mittelständischen Unternehmen, die von zwei Gesellschaftern als „Partner" gemeinsam betrieben werden, wird häufig eine 50/50-Beteiligung gewählt, was im Streitfalle sowohl auf Gesellschafterebene als auch auf Geschäftsführungsebene zu Patt-Situationen führen kann, die rechtlich nur sehr schwer lösbar sind und somit ein Unternehmen operativ durchaus lahmlegen können. Ist der veräußerungswillige Unternehmer bestrebt, den Unternehmenskäufer als Gesellschafter zunächst nur mit einem bestimmten Anteil in das Unternehmen aufzunehmen, sollten idealerweise klare Mehrheitsverhältnisse geschaffen werden, indem einer der beiden Partner mindestens 51 % der Gesellschaftsanteile hält.

8   Im Falle der **Kommanditgesellschaft** einschließlich der **GmbH & Co. KG** kann sich die vorstehend geschilderte Problematik – je nach Gestaltung des Gesellschaftsvertrages – in gleicher Weise stellen, sodass auch hier sowohl auf Ebene der Gesellschafter als auch auf Ebene der Geschäftsführung darauf zu achten ist, dass keine Handlungsunfähigkeit eintreten kann.

3. Kaufgegenstand beim Asset Deal: Ganzes Unternehmen oder einzelne Assets

9   Nach der gefestigten Rechtsprechung des BGH ist ein Unternehmenskauf anzunehmen, wenn nicht nur einzelne Wirtschaftsgüter, sondern ein **Inbegriff von Sachen, Rechten und sonstigen Vermögenswerten** übertragen werden soll und der Erwerber dadurch in die Lage versetzt wird, das Unternehmen als solches weiterzuführen.[25] Auch beim Asset Deal handelt es sich demnach erst dann um einen Unternehmenskauf, wenn eine Gesamtheit von Sachen, Rechten und immateriellen Gütern wie Goodwill, Know-how, Geschäftsgeheimnissen, Kundenstamm, Lieferantenbeziehungen etc. an den Erwerber verkauft werden.[26] Die einzelnen zum Unternehmen gehörenden Wirtschaftsgüter werden nicht selbst Kaufgegenstand, sondern nur das Unternehmen in seiner Gesamtheit.[27] Dass die verschiedenen Gegenstände in dem Vertrag namentlich aufgeführt werden, führt ebenso wenig zum Ausschluss eines Unternehmenskaufs wie der Umstand, dass einzelne Güter von der Übertragung ausgeschlossen sein sollen. Ob nach diesen Kriterien ein Unternehmenskauf vorliegt oder nicht, lässt sich nicht abstrakt-formelhaft, sondern nur aufgrund einer wirtschaftlichen Gesamtbetrachtung beurteilen.[28]

10   Auch aus **Sicht des Verkäufers** ist ferner darauf zu achten, den Kaufgegenstand und damit den Umfang seiner Verpflichtungen genau zu definieren. Wer nämlich verpflichtet ist, ein Handelsgeschäft zu übertragen, hat dem Erwerber das Geschäft so zu verschaffen, dass dieser in die Lage versetzt wird, das Geschäft in gleicher Weise fortzuführen, wie es bisher von dem Veräußerer betrieben worden ist.[29] Deshalb erstreckt sich die Verpflichtung des Veräußerers im Zweifel auch auf alles, was nicht vertraglich besonders ausgenommen worden ist.[30]

> **Praxishinweis:** Will der Verkäufer bei einem Asset Deal bestimmte Vermögenswerte oder Verträge für sich zurückhalten, sollte dies explizit im Vertrag formuliert werden.

---

[25] BGH vom 28.11.2001 – VIII ZR 37/01, NJW 2002, 1042, 1043.

[26] Vgl. *Faust* in: Bamberger/Roth/Hau/Poseck, Beck'scher Online-Kommentar BGB, § 453 Rn. 27; *Picot* in: Picot, Unternehmenskauf und Restrukturierung, § 4 Rn. 27.

[27] BGH vom 28.11.2001 – VIII ZR 37/01, NJW 2002, 1042, 1043; *Hopt* in: Baumbach/Hopt, HGB, Einl. vor § 1 Rn. 44; vgl. zur Definition der Primärleistungspflicht auch *Gomille*, JA 2012, 487, 488.

[28] BGH vom 28.11.2001 – VIII ZR 37/01, NJW 2002, 1042, 1043.

[29] BGH vom 15.5.1990 – X ZR 82/88, NJW-RR 1990, 1251, 1252.

[30] BGH vom 15.5.1990 – X ZR 82/88, NJW-RR 1990, 1251, 1252; *Gomille*, JA 2012, 487, 488.

4. Einzelgegenstände als Kaufgegenstand und in der Gewährleistung

Da nach den oben dargestellten Grundsätzen Kaufgegenstand nur das Unternehmen als **11** solches ist, und zwar auch, wenn die Einzelgegenstände einzeln aufgeführt sind, bestehen aus Sicht des Käufers erhebliche Unwägbarkeiten und ein deutliches Risiko, dass er im Falle der Mangelhaftigkeit einzelner Gegenstände keinerlei Rechte gegen den Verkäufer geltend machen kann. Nach dem im Recht der Schuldverhältnisse geltenden Grundsatz der Vertragsfreiheit dürften aber keine Bedenken dagegen bestehen, neben dem Verkauf des Unternehmens als Gesamtheit von Sachen und Rechten usw. einzelne, für den Käufer **besonders wichtige Vermögenswerte** zusätzlich als individuellen Kaufgegenstand zu vereinbaren.[31]

> **Praxishinweis:** Aus Käufersicht ist zu überlegen, welche Gegenstände für ihn von besonderem Interesse sind. Diese sollten sodann – zusätzlich zum Unternehmen als solchem – ausdrücklich als weiterer Kaufgegenstand vereinbart werden.[32]

Liegt (nur) ein Unternehmenskauf vor, ohne dass die Einzelgegenstände Kaufgegenstand geworden sind, stellt sich die Frage, ob für die Gewährleistung auf eine **Mangelhaftigkeit des Gesamtunternehmens** oder den **mangelhaften Einzelgegenstand** abzustellen ist oder ob sogar der gleiche Umstand Gewährleistungsrechte sowohl hinsichtlich des Einzelgegenstands als auch hinsichtlich des Unternehmens begründen kann.[33]

> **Praxishinweis:** Da für den Käufer sowohl beim Asset Deal als auch beim Share Deal das Risiko besteht, dass etwaige Mängel einzelner Wirtschaftsgüter nicht „auf das Unternehmen durchschlagen" und demzufolge aus Sicht der Rechtsprechung keinen Mangel begründen, sollten auch hier die Käuferinteressen an einem mangelfreien Unternehmen auf jeden Fall über selbständige Garantien im Sinne von § 311 Abs. 1 BGB in der Form abgesichert werden, dass diese sich auch explizit auf das Vorhandensein und die Werthaltigkeit bestimmter (unbelasteter) Vermögenspositionen sowie das Nicht-Vorhandensein bestimmter Risiken beziehen.

II. Zustimmungserfordernisse, Erlaubnisse, Anzeigen

1. Überblick

Sowohl beim Asset Deal als auch beim Share Deal sind häufig unterschiedliche Zustim- **12** mungserfordernisse zu beachten, Erlaubnisse einzuholen oder Anzeigen bzw. Mitteilungen zu machen.[34] Es empfiehlt sich, vor Beginn der Vertragsverhandlungen diese Voraussetzungen zu prüfen, zu denen vor allem die folgenden gehören:

- **kartellrechtliche** (Zustimmungs-)Erfordernisse und Anzeigen
- **gesellschaftsrechtliche** (Zustimmungs-)Erfordernisse und Anzeigen
  - auf **Geschäftsführungsebene:** außergewöhnliche Geschäfte und Grundlagengeschäfte bzw. § 179a AktG sowie „Holzmüller/Gelatine-Rechtsprechung";
  - auf **Gesellschafterebene:** Zustimmung der einzelnen Gesellschafter, der Gesellschafterversammlung oder der Gesellschaft (Stichwort „Vinkulierung") sowie etwaige Vor-

---

[31] So auch *Gomille*, JA 2012, 487, 491.
[32] Siehe bereits den Formulierungsvorschlag oben bei → Rn. 4.
[33] So z.B. BGH vom 7.1.1970 – I ZR 99/68, NJW 1970, 556; wohl auch BGH vom 18.4.1984 – VIII ZR 46/82, DB 2004, 2292, 2293. Vgl. zur Gewährleistung bei Mangelhaftigkeit von Einzelgegenständen noch → Rn. 413 f.
[34] Vgl. auch *Weber* in: Hölters, Handbuch Unternehmenskauf, Kap. 9 Rn. 9.154 ff.

kaufsrechte und/oder Mitverkaufsrechte und -pflichten (so genannte „Tag-Along-" und „Drag-Along-Rechte");[35]
- gegebenenfalls Zustimmung des Verkäufers zur Fortführung der Firma, § 25 HGB;
- Anzeigen nach AktG und WpHG[36];
- **Zustimmungen Dritter** für die Übertragung einzelner Vermögenswerte
  - *schuldrechtliche Zustimmungen* zur Überleitung von Verträgen und schuldrechtlichen Verpflichtungen, insbesondere von Kunden, Lieferanten, Banken und Bürgschaftsgemeinschaften;
  - *dingliche Zustimmungserfordernisse* (zum Beispiel bei Eigentumsvorbehalten, Verpfändungen, Nießbrauchsrechten, Unterbeteiligungen, Abtretungsverboten oder Nutzungsrechten eines Urhebers);
- **Arbeitsrecht:** Informationspflichten des Arbeitgebers und Beteiligungsrechte der Arbeitnehmer;
- Zustimmungen nach Datenschutzrecht;
- **Familienrechtliche Zustimmungserfordernisse:**
  - Ehegattenzustimmung gemäß § 1365 BGB;
  - Beteiligung Minderjähriger, Betreuung oder Vormundschaft;
- diverse sonstige Zustimmungs- bzw. Genehmigungserfordernisse nach öffentlich-rechtlichen Vorschriften.

2. Fusionskontrolle und Transaktionskartellrecht

13   Bei jedem Unternehmenserwerb ist zu prüfen, ob der Zusammenschluss bei einer oder mehreren **Wettbewerbsbehörden zur Freigabe anzumelden** ist. Ist das der Fall, so dürfen die Beteiligten den Zusammenschluss in den meisten Jurisdiktionen, darunter Deutschland und die EU, vor Erteilung der Freigabe nicht vollziehen, § 41 Abs. 1 Satz 1 GWB bzw. Art. 7 Abs. 1 FKVO. Sämtliche gegen das Vollzugsverbot verstoßende Rechtshandlungen sind unwirksam. Zudem kann ein Verstoß gegen das Vollzugsverbot von den Behörden mit empfindlichen Bußgeldern geahndet werden.

Aber auch unabhängig von der fusionskontrollrechtlichen Anmeldepflicht sind die Vorgaben des Kartellrechts im Rahmen von Zusammenschlüssen zu befolgen. Insbesondere bei Transaktionen zwischen (aktuellen oder potentiellen) Wettbewerbern setzt das deutsche und europäische Kartellverbot nach § 1 GWB bzw. Art. 101 AEUV enge Grenzen hinsichtlich der Informationen, die zwischen den Beteiligten ausgetauscht werden dürfen. Dies wirkt sich unmittelbar auf die Prozesse im Rahmen der **Due Diligence** aus.[37] Darüber hinaus ist auch für die Zeit nach Vollzug der Transaktion ist zu beachten, dass das Zusammenschlussvorhaben nicht zu einer unzulässigen Koordinierung des Wettbewerbsverhaltens der Vertragsparteien führt, insbesondere dann, wenn das Vorhaben die Gründung eines Gemeinschaftsunternehmens beinhaltet.[38] Ferner sind auch die im Transaktionszusammenhang häufig vereinbarten **Wettbewerbsverbote** auf ihre Vereinbarkeit mit dem Kartellrecht zu untersuchen.[39]

a) Bedeutung der Fusionskontrolle für den Unternehmenskauf

14   Im Rahmen der **Fusionskontrolle** prüfen die Wettbewerbsbehörden die erwarteten Auswirkungen des Zusammenschlussvorhabens auf die Wettbewerbsstruktur der jeweils betroffenen Märkte. Ergibt die von den Behörden getroffene Prognose, dass durch den Zusammenschluss keine negativen Auswirkungen auf den Markt zu erwarten sind, ist das

---

[35] Vgl. dazu *Martinius/Stubert*, BB 2006, 1977.
[36] Vgl. dazu *Jüngst/Bünten*, ZIP 2019, 847.
[37] Siehe Teil → C., Rn. 166 ff.
[38] Hierzu eingehend *Ulshöfer*, NZKart 2018, 246 ff.
[39] Siehe dazu noch ausführlich → Rn. 704 ff.

Vorhaben freizugeben. Ist dagegen zu erwarten, dass der Zusammenschluss wirksamen Wettbewerb erheblich behindern würde, insbesondere durch die Entstehung oder Verstärkung einer marktbeherrschenden Stellung, kann das Vorhaben untersagt oder die Freigabe unter Bedingungen und Auflagen gestellt werden.

Die **Zuständigkeit der Behörden** richtet sich grundsätzlich nach den nationalen bzw. europa- und weltweiten Umsätzen der beteiligten Unternehmen.[40] Sind die landeseigenen Aufgreifschwellen überschritten, und fällt der Zusammenschluss unter einen Zusammenschlusstatbestand, ist dieser anmeldepflichtig. Mit der Ausnahme von Luxemburg ist die Fusionskontrolle in den nationalen Wettbewerbsgesetzen aller Mitgliedstaaten der EU verankert und auch außerhalb von Europa haben die meisten Jurisdiktionen zwischenzeitlich ein Fusionskontrollregime etabliert. Abhängig von der internationalen Tätigkeit der Parteien kommt daher in Betracht, dass der Zusammenschluss in mehreren Ländern parallel anzumelden ist (sog. **„Multi-jurisdictional Filings"**). Die Anzahl der einzureichenden Anmeldungen hat entscheidenden Einfluss auf die zeitliche Planung eines Zusammenschlussvorhaben. Die Prüfung der Anmeldepflichten sollte daher in einem möglichst frühen Stadium der Verhandlungen erfolgen. Die folgenden Ausführungen beschränken sich auf die Darstellung eines Überblicks über das deutsche und europäische Fusionskontrollverfahren.

Die **Europäische Kommission** ist für die Prüfung von Zusammenschlussvorhaben mit unionsweiter Bedeutung zuständig. Das ist dann der Fall, wenn die Umsatzschwellen der Europäischen Fusionskontrollverordnung **(FKVO)** überschritten sind, die deutlich über den nationalen, einschließlich den deutschen Schwellen liegen. Für diese Fälle statuiert Art. 21 Abs. 3 FKVO einen grundsätzlichen Vorrang der europäischen Fusionskontrolle vor dem Wettbewerbsrecht der Mitgliedstaaten der EU. Ein Zusammenschluss von unionsweiter Bedeutung ist damit nicht auf Ebene der Mitgliedstaaten, sondern innerhalb der EU allein bei der Kommission anzumelden (sog. **„One-stop-shop-Prinzip"**, siehe hierzu → Rn. 40).

aa) Vollzugsverbot. Das deutsche und europäische Fusionskontrollregime verfolgt einen präventiven Ansatz. Unterfällt ein Zusammenschluss der Anmeldepflicht, verbietet das Vollzugsverbot (§ 41 Abs. 1 Satz 1 GWB bzw. Art. 7 Abs. 1 FKVO) jedwede **Vollzugshandlung** vor Freigabe durch das Bundeskartellamt bzw. die Europäische Kommission (sogenanntes **„Gun Jumping"**). Es verfolgt den Zweck, nachträglich nur schwer oder nicht mehr zu korrigierende Verschlechterungen der Wettbewerbsbedingungen durch anmeldepflichtige Zusammenschlüsse bis zur Feststellung ihrer Unbedenklichkeit zu verhindern.[41] Bis zu dem von der Freigabe gedeckten Vollzug des Zusammenschlusses bleiben Erwerber und Zielgeschäft selbstständige Unternehmen und müssen als solche unabhängig auf dem Markt auftreten. Die Zusammenschlussbeteiligten haben grundsätzlich jegliches Verhalten zu unterlassen, das dazu führt, dass sie ihre Stellung als selbständig agierende Marktsubjekte bereits vor Erhalt der Freigabe ganz oder teilweise verlieren. Das Vollzugsverbot setzt dem Handeln der Zusammenschlussbeteiligten bei bestehender Anmeldepflicht enge Grenzen und steht damit während des gesamten *Pre-Closing*-Zeitraums in Konflikt zu den Interessen der Parteien, das Vorhaben schnellstmöglich voranzutreiben. **15**

Das Vollzugsverbot untersagt alle Rechtshandlungen, die die Vollendung des Zusammenschlusses herbeiführen. Hierunter fällt eindeutig die einen der Zusammenschlusstatbestände des § 37 Abs. 1 GWB vollendende **dingliche Erfüllung** des Unternehmenskaufvertrages vor Erhalt der Freigabe, sei es durch Übertragung der Geschäftsanteile oder Vermögensgegenstände. Nach deutschem Recht[42] fallen unter das Verbot zudem bereits

---

[40] Die Marktanteile spielen dagegen für die Frage der Anmeldepflicht in Deutschland wie auf EU-Ebene – wie auch in den allermeisten Jurisdiktionen – keine Rolle.

[41] BGH vom 14.10.2008 – KVR 30/08 – *Faber/Basalt*, BGHZ 178, 203 Rn. 11.

[42] Im Unterschied zur deutschen Rechtslage kommt ein Verstoß gegen das Vollzugsverbot der europäischen FKVO lediglich durch Maßnahmen in Betracht, die für sich betrachtet den Übergang der Kontrolle auf den Erwerber zu begründen geeignet sind: Europäische Kommission vom 24.4.2018, M.7993 – *Altice/PT Portugal*.

solche Handlungen, die zwar für sich genommen noch keinen Zusammenschlusstatbestand verwirklichen, in tatsächlicher Hinsicht aber die Wirkung des Zusammenschlussvorhabens zumindest teilweise vorwegnehmen (sog. **faktischer Vollzug**).[43] Erfasst sind Maßnahmen durch die der Erwerber zwar noch keine Kontrolle über das Zielgeschäft erlangt, aber bereits Befugnisse erhält, die er nur kraft seiner Stellung als Inhaber der Geschäftsanteile und Gesellschafterrechte ausüben könnte und solche Maßnahmen, die die mit dem Zusammenschluss erstrebte Integration der Unternehmen teilweise vorwegnehmen.[44] Hierunter kann beispielsweise die Einwirkung auf die Unternehmensführung der Zielgesellschaft oder die Einflussnahme auf die Ernennung oder Absetzung von Führungspersonal fallen.[45] Als Vorwegnahme der wirtschaftlichen Wirkungen eines Zusammenschlussvorhabens sind ferner grundsätzlich problematisch gemeinsame Kundenbesuche oder Messeauftritte, die Zusammenlegung oder Abstimmung der Produktion, der – nicht unilaterale – Rückzug aus bestimmten Geschäftsbereichen, die Integration der IT und der Austausch oder die Zusammenlegung personeller Ressourcen.

Das fusionskontrollrechtliche Vollzugsverbot steht in der Praxis zudem häufig in einem Spannungsverhältnis zu kaufvertraglichen Nebenpflichten, die die Fortführung des Geschäfts der Zielgesellschaft zwischen Unterzeichnung und Vollzug regeln und sicherstellen sollen, dass der Wert der Zielgesellschaft in diesem Zeitraum erhalten bleibt (sog. **„Business Covenants"**). Zu diesem Zweck ist es grundsätzlich zulässig, bestimmte wesentliche Maßnahmen der Zielgesellschaft während der Übergangszeit, die über den gewöhnlichen Geschäftsbetrieb (**„Ordinary Course of Business"**) hinausgehen zu beschränken bzw. von der Zustimmung des Erwerbers abhängig zu machen. Erforderlich ist dafür allerdings, dass die vertraglichen Beschränkungen im Sinne notwendiger Nebenabreden unmittelbar mit der Durchführung des Zusammenschlusses verbunden und für diesen notwendig sind.[46] Klauseln, die Beschränkungen auferlegen, die den gewöhnlichen Geschäftsbetrieb der Zielgesellschaft vor Freigabe und Vollzug betreffen, gelten nicht als notwendig und verstoßen gegen das Vollzugsverbot.

16   Zulässig sind dagegen bloße **Vorbereitungshandlungen.** Gemeinsame Überlegungen der beteiligten Unternehmen, etwa zu Synergiepotentialen oder Marketingplänen für die Zeit nach dem Vollzug, stellen keine Vollzugshandlungen dar. Voraussetzung dafür ist jedoch, dass vor Erhalt der Freigabe keine Anpassung des Marktverhaltens erfolgt und die Beteiligten – sofern sie aktuelle oder potentielle Wettbewerber sind – keine kartellrechtlich sensiblen Informationen bei den Gesprächen austauschen (siehe hierzu Teil → C., Rn. 166 ff.). Die Grenzen zwischen reinen Vorbereitungshandlungen und tatsächlichen Vollzugshandlungen sind fließend und in der Praxis nicht immer einfach zu ziehen. Grundsätzlich sollte jeder Kontakt mit der Gegenseite, der über die reine Vertragsverhandlung und das für die Due Diligence notwendige Maß hinausgeht, unterlassen werden.

Verstöße gegen das Vollzugsverbot ahnden die Wettbewerbsbehörden mit signifikanten Bußgeldern. Weitere Rechtsfolge ist die zivilrechtliche Unwirksamkeit sämtlicher gegen das Verbot verstoßender Rechtsgeschäfte, § 41 Abs. 1 Satz 3 GWB bzw. Art. 7 Abs. 4 FKVO.

> **Praxishinweis:** Ist der Zusammenschluss in einem oder mehreren Ländern anmeldepflichtig, müssen die Parteien jedenfalls die dingliche Übertragung der Assets bzw. der Gesellschaftsanteile unter die aufschiebende Bedingung stellen, dass die zuständigen

---

[43] BGH vom 14.11.2017 – KVR 57/16, NZKart 2018, 91, 94; *Mäger* in MüKo WettbR GWB, § 41 Rn. 8.

[44] BGH vom 14.11.2017 – KVR 57/16, NZKart 2018, 91, 94.

[45] OLG Düsseldorf vom 9.12.2015 –VI-Kart 1/15 (V), NZKart 2016, 30, 34.

[46] Bekanntmachung der Kommission über die Einschränkungen des Wettbewerbs, die mit der Durchführung von Unternehmenszusammenschlüssen unmittelbar verbunden und für diese notwendig sind, ABl. EU C-56/24 vom 5.3.2005 („Bekanntmachung Nebenabreden"), Rn. 14. Entscheidungen der Europäischen Kommission vom 30.1.1998 – M.1057 – *Terra Industries/ICI*, Rn. 16, und 9.4.1997 – M.861 – Textron/Kautex, Rn. 19, 22.

> Wettbewerbsbehörden die Freigabe erteilt haben. Der schuldrechtliche Teil des Unternehmenskaufvertrags kann dagegen grundsätzlich unbedingt abgeschlossen werden, ggf. mit Auflösungsklausel oder Rücktrittsvorbehalt bei Verbot des Zusammenschlusses.

Der **Vollzug** eines in Deutschland anmeldepflichtigen und freigegebenen Zusammen- **17** schlusses ist dem Bundeskartellamt **unverzüglich** anzuzeigen (§ 39 Abs. 6 GWB). Mit Umsetzung der 10. GWB-Novelle ist derzeit beabsichtigt, das Erfordernis der Vollzugsanzeige zu streichen.[47]

bb) Einfluss der Fusionskontrolle auf den zeitlichen Ablauf des Zusammen- 18 schlussvorhabens. Grundsätzlich sind drei Zeitfaktoren bei einem Zusammenschlussvorhaben aus fusionskontrollrechtlicher Sicht zu berücksichtigen: Anmeldefristen, die für die Erstellung der Anmeldung benötigte Vorbereitungszeit und die Prüfungsfristen.[48]

In einem möglichst frühen Stadium des Zusammenschlussvorhabens ist zu prüfen, ob und wo eine Anmeldepflicht besteht. Ist der Zusammenschluss beim Bundeskartellamt oder der Europäischen Kommission anzumelden, besteht **keine formelle Anmeldefrist,** bis zu der die Anmeldung einzureichen ist.[49] Aus dem Grundsatz „kein Vollzug ohne Freigabe" folgt jedoch, dass die Einreichung der Anmeldung rechtzeitig vor geplanter Implementierung des Zusammenschlusses zu erfolgen hat.

Die Dauer der für die Erstellung der Anmeldung benötigten **Vorbereitungszeit** ist abhängig von der Frage, wo der Zusammenschluss anzumelden ist und inwieweit dieser aus Sicht der Behörden wettbewerblichen Bedenken begegnen könnte. Ist eine Anmeldung bei der Europäischen Kommission erforderlich, so sind – auch in unproblematischen Fällen – umfangreiche Informationen von allen Beteiligten zusammenzutragen, was mit einem entsprechend hohen zeitlichen Aufwand verbunden ist. Anmeldungen beim Bundeskartellamt sind im Vergleich hierzu weit weniger aufwendig, insbesondere dann, wenn der Zusammenschluss keinen wettbewerblichen Bedenken begegnet. Jedoch ist auch hier ein vom Einzelfall abhängiger Zeitraum zur Vorbereitung der Anmeldung einzukalkulieren. Bei Transaktionen zwischen Wettbewerbern (horizontale Zusammenschlüsse) und Unternehmen, die auf vor- bzw. nachgelagerten Märkten (vertikale Zusammenschlüsse) tätig sind, sowie der Gründung von Gemeinschaftsunternehmen ist dieser Zeitraum deutlich länger, insbesondere wenn ein oder beide Parteien über eine gewisse Marktbedeutung verfügen.

Letztlich haben die **Prüfungsfristen** der Wettbewerbsbehörden Einfluss auf die zeitliche Planung einer Transaktion. Die Prüfung einer unproblematischen Transaktion dauert vom Zeitpunkt der Einreichung einer vollständigen Anmeldung bis zur Freigabe bis zu einem Monat beim Bundeskartellamt bzw. bis zu 25 Arbeitstagen bei der Europäischen Kommission. Ist das Vorhaben komplex und wirft es rechtliche Bedenken auf, wird ein **Hauptprüfverfahren** eingeleitet. In diesem Fall beträgt die Prüfungsfrist vier[50] Monate (Bundeskartellamt) bzw. 90 Arbeitstage (Kommission) ab Einreichung der vollständigen Anmeldung.[51] Nach dem Referentenentwurf zur 10. GWB-Novelle ist derzeit beabsichtigt, die Prüfungsfrist des Bundeskartellamtes innerhalb des Hauptprüfverfahrens auf fünf Monate zu verlängern.[52]

---

[47] Referentenentwurf eines Zehnten Gesetzes zur Änderung des Gesetzes gegen Wettbewerbsbeschränkungen für ein fokussiertes, proaktives und digitales Wettbewerbsrecht 4.0 (GWB-Digitalisierungsgesetz), Stand 24.1.2020, S. 13, 65.

[48] Siehe hierzu auch *Peter/Weinert* in: Arens/Tepper (Hrsg.), Praxishandbuch Gesellschaftsrecht, Kapitel 6, Rn. 18.

[49] Das gilt für sämtliche Mitgliedsstaaten der Europäischen Union gleichermaßen. In anderen Ländern existieren dagegen Fristen, bis zu denen die Anmeldung eingereicht sein muss.

[50] Mit Umsetzung der 10. GWB-Novelle ist beabsichtigt, diese Prüffrist auf insgesamt fünf Monate zu verlängern, siehe unten → Rn. 51.

[51] Siehe zum Verfahrensverlauf der deutschen und europäischen Fusionskontrolle ausführlich → Rn. 49 ff.

[52] Referentenentwurf zur 10. GWB-Novelle, Stand 24.1.2020, S. 13, 101.

Praxishinweis: Insbesondere im Bieterverfahren ist es oft ratsam, dass der Käufer in seinem Angebotsschreiben bereits eine erste Bewertung der Anmeldepflichten des geplanten Erwerbs vornimmt und die voraussichtliche Dauer des Zusammenschlusskontrollprozesses darlegt.

---

b) Anmeldepflicht nach deutscher Fusionskontrolle

19   Ein Zusammenschluss ist gemäß § 39 Abs. 1 Satz 1 GWB beim Bundeskartellamt anzumelden, sofern einer der Zusammenschlusstatbestände des § 37 Abs. 1 GWB erfüllt ist, die Umsätze der beteiligten Unternehmen über den Umsatzschwellen des § 35 Abs. 1 GWB liegen und der Zusammenschluss nicht in die Zuständigkeit der Europäischen Kommission fällt (siehe → Rn. 35 ff.).

20   **aa) Zusammenschlusstatbestand.** Der Zusammenschlussbegriff des GWB ist weiter als der der FKVO.[53] Nach deutschem Recht erfüllt bereits der Erwerb einer nicht-kontrollierenden Minderheitsbeteiligung von 25 % oder mehr des Kapitals oder der Stimmrechte eines Unternehmens den Zusammenschlusstatbestand. Sogar geringere Beteiligungen können die Anmeldepflicht auslösen, sofern damit der Erwerb wettbewerblich erheblichen Einflusses einhergeht.

Unter den Zusammenschlussbegriff nach § 37 Abs. 1 GWB fällt im Einzelnen:
– Erwerb des Vermögens eines anderen Unternehmens ganz oder zu einem wesentlichen Teil, § 37 Abs. 1 Nr. 1 GWB (Vermögenserwerb);
– Erwerb der unmittelbaren und mittelbaren Kontrolle über die Gesamtheit oder Teiles eines anderen Unternehmens, § 37 Abs. 1 Nr. 2 GWB (Kontrollerwerb);
– Erwerb einer Beteiligung von 25 % oder 50 % des Kapitals oder der Stimmrechte an einem anderen Unternehmen, § 37 Abs. 1 Nr. 3 GWB (Anteilserwerb);
– Erwerb sonstiger Unternehmensverbindungen, aufgrund derer ein wettbewerblich erheblicher Einfluss auf ein anderes Unternehmen ausgeübt werden kann, § 37 Abs. 1 Nr. 4 GWB.

21   Als **Vermögenserwerb** in diesem Sinne gilt jeder Erwerbsvorgang, der geeignet ist, die Stellung des Erwerbers im Markt zu verändern.[54] Als Vermögen im weitesten Sinne gelten alle geldwerten Güter und Rechte. Damit kann beispielsweise bereits die Übertragung eines Patents einen anmeldepflichtigen Vorgang begründen. Hinsichtlich des **Anteilserwerbs** stellen die Anteilsschwellen von 25 % und 50 % selbstständige Tatbestände dar, die jeweils eigenständig bei Erreichen eine Anmeldepflicht begründen. Dabei werden auch Anteilsänderungen in Folge von Kapitalerhöhungen, -herabsetzungen oder Anteilseinziehung erfasst.

22   Der **Kontrollerwerb** setzt die Möglichkeit voraus, einen (mit-)bestimmenden Einfluss auf die Tätigkeit des Zielunternehmens auszuüben, § 37 Abs. 1 Nr. 2 Satz 2 GWB. Der Zusammenschlusstatbestand kann durch den Erwerb von Rechten, Verträgen oder anderen Mitteln[55] erfolgen, sofern diese einzeln oder gemeinsam unter Berücksichtigung aller tatsächlichen oder rechtlichen Umstände die Möglichkeit gewähren, strategisch wichtige Entscheidungen der Zielgesellschaft durchzusetzen. Dabei kann zwischen positiver Kontrolle und negativer Kontrolle unterschieden werden. Positive Kontrolle übt aus, wer die Geschäftspolitik des Zielunternehmens aktiv gestalten kann, während bei negativer Kontrolle strategisch wichtige Entscheidungen zwar blockiert, eigene Entscheidungen aber nicht durchgesetzt werden können (z. B. aufgrund von Vetorechten). Beide Varianten der Kontrol-

---

[53] Siehe hierzu → Rn. 35.

[54] Ausführlich dazu *Riesenkampff/Steinbarth* in: Loewenheim/Meessen/Riesenkampff/Kersting/Meyer-Lindemann, Kartellrecht – Europäisches und Deutsches Recht, § 37 GWB Rn. 3 ff.

[55] Etwa im Falle einer faktischen Hauptversammlungsmehrheit einer börsennotierten AG (sog. faktische Kontrolle).

le erfüllen den Tatbestand. Ebenfalls unter den Kontrollbegriff fällt der Erwerb gemeinsamer Kontrolle (positiv und negativ). Voraussetzung hierfür ist, dass mehrere Unternehmen in einer Weise zusammenwirken, dass sie im Sinne einer gemeinsamen Unternehmenspolitik die eigenen Interessen im Verhältnis gegenüber dem abhängigen Unternehmen abstimmen und durchsetzen können.[56] Die bloße Möglichkeit, dass sich die Beteiligungen mehrerer Unternehmen zu einer Mehrheit addieren, reicht dagegen für sich genommen nicht. Letztlich erfasst § 37 Abs. 1 Nr. 2 GWB auch die Umwandlung von alleiniger Kontrolle in gemeinsame Kontrolle und umgekehrt.[57]

Eine deutsche Besonderheit ist der Zusammenschlusstatbestand des **wettbewerblich** **23** **erheblichen Einflusses.** Die Schwelle liegt deutlich unterhalb der des Kontrollerwerbs. In dem relevanten Fall des Erwerbs von weniger als 25 %, ist der Zusammenschlusstatbestand erfüllt, wenn der Erwerber aufgrund sonstiger rechtlicher oder faktischer Umstände über eine Stellung verfügt, die der eines Inhabers einer aktienrechtlichen Sperrminorität von 25 % entspricht.[58] Die Beurteilung erfolgt nicht schematisch, sondern anhand der individuellen Gegebenheiten des Einzelfalls. Entscheidend kommt es darauf an, dass durch den Zusammenschluss die Möglichkeit einer gesellschaftsrechtlich vermittelten Einflussnahme auf die Willensbildung und das Marktverhalten des Zielunternehmens einhergeht und der Erwerber tatsächlich in der Lage ist, seine Wettbewerbsinteressen zur Geltung zu bringen.

bb) Aufgreifschwellen. Die für die deutsche Fusionskontrolle gemäß § 35 Abs. 1 GWB **24** geltenden **Umsatzschwellen** sind überschritten, wenn:

– die beteiligten Unternehmen im letzten abgeschlossenen Geschäftsjahr insgesamt weltweit Umsatzerlöse von mehr als 500 Mio. EUR (§ 35 Abs. 1 Nr. 1 GWB) und
– im Inland mindestens ein beteiligtes Unternehmen Umsatzerlöse von mehr als 25 Mio. EUR und ein anderes beteiligtes Unternehmen Umsatzerlöse von mehr als EUR 5 Mio. (§ 35 Abs. 1 Nr. 2 GWB)

erzielt haben.

Mit Umsetzung der 9. GWB-Novelle wurde zudem eine **transaktionswertbezogene Aufgreifschwelle** eingeführt, nach der ein Zusammenschlussvorhaben anmeldepflichtig ist, wenn:

– die beteiligten Unternehmen im letzten abgeschlossenen Geschäftsjahr insgesamt *weltweit Umsatzerlöse von mehr als 500 EUR* erzielt haben (§ 35 Abs. 1a Nr. 1 GWB),
– ein beteiligtes Unternehmen *Umsatzerlöse in Deutschland von mehr als EUR 25 Mio.* (§ 35 Abs. 1a Nr. 2 Buchst. a GWB) und
– *kein anderes am Zusammenschluss beteiligtes Unternehmen* Umsatzerlöse in Deutschland von mehr als EUR 5 Mio. erzielt hat (§ 35 Abs. 1a Nr. 2 Buchst. b GWB),
– der *Wert der Gegenleistung* für den Zusammenschluss mehr als EUR 400 Mio. beträgt (§ 35 Abs. 1a Nr. 3 GWB) und
– das *Zielunternehmen* in erheblichem Umfang in Deutschland tätig ist (§ 35 Abs. 1a Nr. 4 GWB).

Mit Einführung der Transaktionsschwelle im Jahr 2017 plante der Gesetzgeber eine Lücke im System zu schließen, nach der der Erwerb von Unternehmen mit geringen Umsätzen, aber dennoch bedeutender Marktposition, unter dem Radar der Fusionskontrolle bleiben konnte.[59] Bei Einführung der Vorschrift hatte der Gesetzgeber den Fall Facebook/WhatsApp-Fall vor Augen, der aufgrund der seinerzeit geringen Umsätze von WhatsApp unterhalb der Umsatzschwellen der deutschen und europäischen Fusionskon-

---

[56] *Kalfaß* in: Langen/Bunte, Kartellrecht Kommentar, Band 1, Deutsches Kartellrecht, § 37 GWB Rn. 33.
[57] *Bosch* in: Bechtold/Bosch, Kommentar zum GWB, § 37 Rn. 15.
[58] *Zigelski,* WuW 2009, 1261, 1263 f.
[59] Begr. zum RegE, BR-Drs. 18/10207, S. 80 f.

trolle lag.[60] Die Transaktionsschwelle hat insbesondere Bedeutung für Zusammenschlüsse mit dem Mittelstand zuzuordnenden Start-ups der *digital economy* und potentiellen „Unicorns".[61] Zentraler Begriff der neuen transaktionswertbezogenen Schwelle ist der **Wert der Gegenleistung.** Dieser umfasst nach § 38 Abs. 4a GWB alle Vermögensgegenstände und sonstigen geldwerten Leistungen, die der Veräußerer vom Erwerber im Zusammenhang mit dem Zusammenschluss erhält. Liegt dieser oberhalb der Schwelle von EUR 400 Mio., ist weiter erforderlich, dass das zu erwerbende Unternehmen **in erheblichem Umfang im Inland tätig** ist. Wird ein ausschließlich oder im Wesentlichen im Inland tätiges Unternehmen übernommen, wird regelmäßig von einer erheblichen Inlandstätigkeit auszugehen sein. Im Übrigen hat eine durch den Erwerber vorzunehmende Prüfung der **marktbezogenen Tätigkeit** des Zielunternehmens zu erfolgen. Das Bundeskartellamt hat gemeinsam mit der österreichischen Bundeswettbewerbsbehörde einen Leitfaden erlassen, der den anzulegenden Maßstab konkretisiert.[62] Grundsätzlich ist auf anerkannte branchenübliche Größen zurückzugreifen, bei Internetunternehmen etwa auf die Zahl der Nutzer oder die Zugriffshäufigkeit einer Website.[63]

25 Mit **Umsetzung der 10. GWB-Novelle** ist beabsichtigt, die mit dem dritten Mittelstandsentlastungsgesetz eingeführte zweite Inlandsumsatzschwelle des § 35 Abs. 1 Nr. 1 GWB (bzw. § 35 Abs. 1a Nr. 2 Buchst. b GWB) von EUR 5 Mio. auf EUR 10 Mio. anzuheben.[64] Die Gesetzesänderung verfolgt das Anliegen einer Entlastung des Mittelstandes von Anmeldepflichten. Gleichzeitig wird dem aus der zunehmenden Digitalisierung und Globalisierung folgenden Interesse einer stärkeren Fokussierung der Kapazitäten des Bundeskartellamtes Rechnung getragen, indem Zusammenschlussvorhaben mit marginaler wettbewerblicher Auswirkung von der Fusionskontrolle ausgenommen werden.[65]

Vorgesehen im Zuge der 10. GWB-Novelle ist ferner die Einführung eines neuen Aufgreifinstruments, das dem Bundeskartellamt ein Tätigwerden ermöglichen soll, bevor in bestimmten Märkten eine marktbeherrschende Stellung großer Unternehmen entsteht.[66] Nach § 39a Abs. 1 GWB-E kann das Bundeskartellamt ein Unternehmen durch Verfügung auffordern, jeden Zusammenschluss in einem oder mehreren bestimmten Märkten anzumelden, sofern das Unternehmen im letzten Geschäftsjahr weltweit Umsatzerlöse von mehr als 250 Millionen Euro erzielt hat und Anhaltspunkte dafür bestehen, dass durch künftige Zusammenschlüsse der Wettbewerb im Inland in den genannten Wirtschaftszweigen eingeschränkt werden kann.[67] Das gilt wiederum nur dann, wenn das zu erwerbende Unternehmen im letzten abgeschlossenen Geschäftsjahr Umsatzerlöse von mehr als 2 Millionen Euro und mehr als zwei Drittel seiner Umsätze im Inland erzielt hat (§ 39a Abs. 2 GWB-E). Das neue Aufgreifinstrument soll verhindern, dass Unternehmen fusionskotrollfrei eine flächendeckende Marktkonzentration durch sukzessive Erwerbsvorgänge aufbauen können.[68]

26 **(1) Beteiligte Unternehmen.** Wer als beteiligtes Unternehmen qualifiziert, d. h. wessen Umsätze jeweils zu berücksichtigen sind, ist abhängig von dem verwirklichten Zusam-

---

[60] Einem Kaufpreis von rund USD 19 Mrd. standen lediglich geringe Umsätze von WhatsApp gegenüber (Deutschland < EUR 5 Mio.); erst über eine Verweisung gelangte der Fall zu der Europäischen Kommission (siehe Europäische Kommission vom 29.8.2014, M.7217 – *Facebook/WhatsApp*).

[61] *Wessely* in: MüKo WettbR GWB, § 35, Rn. 31; *Baranowski/Glaßl,* BB 2017, 199, 204 IV.

[62] Leitfaden Transaktionswert-Schwellen für die Anmeldepflicht von Zusammenschlussvorhaben (§ 35 Abs. 1a GWB und § 9 Abs. 4 KartG), Juli 2018, Rn. 64 ff.

[63] Leitfaden Transaktionswert-Schwellen, Rn. 67.

[64] Referentenentwurf zur 10. GWB-Novelle, Stand 24.1.2020, S. 12, 95.

[65] Referentenentwurf zur 10. GWB-Novelle, Stand 24.1.2020, S. 60; *Gröss/Mersch,* NZKart 2020, 119.

[66] Referentenentwurf zur 10. GWB-Novelle, Stand 24.1.2020, S. 13, 99.

[67] Referentenentwurf zur 10. GWB-Novelle, Stand 24.1.2020, S. 13.

[68] Vgl. *Gröss/Mersch,* NZKart 2020, 119, 123.

menschlusstatbestand. Als allgemeine Regel gilt, dass nur die Umsätze solcher Unternehmen zu berücksichtigen sind, zwischen denen nach Vollzug eine relevante Unternehmensverbindung im Sinne von § 37 Abs. 1 GWB besteht.

Im Einzelnen: Im Falle des **Vermögenserwerbs** (Asset Deal) sind beteiligt der Erwerber und der veräußerte Vermögensteil, nicht jedoch der Veräußerer. Dem veräußerten Vermögen sind die hiermit erzielten Umsätze zu diesem Zweck zuzurechnen, und zwar unabhängig davon, ob dem Vermögensteil eine eigene Rechtspersönlichkeit zukommt, § 38 Abs. 5 Satz 1 GWB.

Im Falle des **Kontrollerwerbs** sind die an der Kontrolle teilhabenden Unternehmen sowie das kontrollierte Unternehmen selbst beteiligt. Dies gilt auch für den Wechsel von alleiniger zu gemeinsamer Kontrolle oder des Hinzutretens oder der Auswechslung eines gemeinsam kontrollierenden Gesellschafters.

Beim **Anteilserwerb** (Share Deal) sind der Erwerber und das Zielunternehmen beteiligt, nicht jedoch der Veräußerer. Die Umsätze des Veräußerers sind allerdings ausnahmsweise dann miteinzuberechnen, wenn er mit mindestens 25 % beteiligt bleibt. Nach § 37 Abs. 1 Nr. 3 Satz 3 GWB gilt dies gleichermaßen für sämtliche Unternehmen, die nach Vollzug Anteile von mehr als 25 % an dem Zielunternehmen halten. Ist der Zusammenschlusstatbestand des **wettbewerblich erheblichen Einflusses** verwirklicht, gelten das beeinflussende und das beeinflusste Unternehmen als beteiligt. Üben mehrere Unternehmen wettbewerblich erheblichen Einfluss aus, ist von rechtlichen selbstständigen Zusammenschlüssen auszugehen, die jeweils einzeln zu beurteilen sind.[69]

Unternehmen, die beteiligte Unternehmen beherrschen oder von diesen beherrscht werden, gelten nicht als beteiligt. Gemäß § 36 Abs. 2 GWB sind deren Umsätze allerdings den beteiligten Unternehmen zuzurechnen (siehe unten).

(2) Umsatzberechnung. Ist eines der beteiligten Unternehmen ein abhängiges oder **27** herrschendes Unternehmen im Sinne des § 17 AktG oder ein Konzernunternehmen im Sinne des § 18 AktG, so gilt dieses unabhängig von der Rechtsform als einheitliches Unternehmen, § 36 Abs. 2 Satz 1 GWB (sog. **Verbundklausel**). Für die Berechnung der Umsatzerlöse bedeutet das, dass der Umsatz der gesamten Gruppe zu berücksichtigen ist. Üben mehrere Unternehmen gemeinsam beherrschenden Einfluss auf ein anderes Unternehmen aus, so gilt gemäß § 36 Abs. 2 Satz 2 GWB jedes von ihnen als herrschendes Unternehmen (sog. **Mehrmütterklausel**). Dem abhängigen Unternehmen sind folglich die Umsätze aller herrschenden Unternehmen zuzurechnen.

Bezüglich der Berechnung der Umsatzerlöse verweist § 38 Abs. 1 Satz 1 GWB auf § 277 Abs. 1 HGB, wonach Erlöse aus dem Verkauf und der Vermietung oder Verpachtung von Produkten sowie der Erbringung von Dienstleistungen nach Abzug von Erlösschmälerungen und der Umsatzsteuer zu berücksichtigen sind.[70] **Innenumsätze** zwischen den verbundenen Unternehmen sind nicht zu berücksichtigen. Nach § 38 Abs. 1 S. 2 GWB-E soll für Unternehmen, die für ihre regelmäßige Rechnungslegung ausschließlich einen anderen international anerkannten Rechnungslegungsstandard verwenden, dieser Standard für die Ermittlung der Umsatzerlöse maßgeblich sein.[71]

Maßgebend ist das **letzte abgeschlossene Geschäftsjahr** vor Vollzug des Zusammenschlusses. Strukturelle Veränderungen, etwa infolge von Unternehmensakquisitionen oder Veräußerungen oder Stilllegungen, die nach Abschluss des Geschäftsjahres, aber vor Vollzug des Zusammenschlussvorhabens erfolgen, sind zu berücksichtigen; es gelten ausschließlich die sog. **Pro-forma-Umsätze.** Das bedeutet, dass der Vorjahresumsatz eines Unterneh-

---

[69] *Schulte* in: Schulte/Just, Kartellrecht, § 35 GWB Rn. 30.
[70] Mit dem Bilanzrichtlinie-Umsetzungsgesetz (BilRUG) erfolgte eine Änderung des § 277 Abs. 1 HGB: In der Vergangenheit war hier der Umsatz aus der gewöhnlichen Geschäftstätigkeit maßgeblich, d. h. atypische Umsätze konnten außer Betracht bleiben. Nach der geänderten Regelung sind demgegenüber alle Erlöse mit Erzeugnissen und Waren zu berücksichtigen.
[71] Referentenentwurf zur 10. GWB-Novelle, Stand 24.1.2020, S. 12, 97.

mens, das im laufenden Geschäftsjahr erworben wurde, voll in den Gruppenumsatz des Vorjahres miteinzubeziehen ist. Gleichermaßen ist der noch im Vorjahresabschluss
berücksichtigte Umsatz eines Unternehmens, das zwischenzeitlich veräußert wurde, vom
Vorjahresumsatz abzuziehen.

Nach der deutschen Fusionskontrolle ergeben sich bezüglich der Umsatzberechnung
für folgende Wirtschaftsbereiche Besonderheiten: **Handelsumsätze** sind nur in Höhe
von drei Vierteln zu berücksichtigen, § 38 Abs. 2 GWB. Hierdurch wird dem Umstand Rechnung getragen, dass Umsätze von Handelsunternehmen aufgrund des hohen
Anteils an „Durchsatz" im Vergleich zu reinen Produktionsunternehmen relativ hoch
sind. Dagegen sind die Umsatzerlöse von **Presse- und Rundfunkunternehmen** zu ver-
achtfachen, § 38 Abs. 3 GWB, wodurch den wirtschaftlichen Rahmenbedingungen auf
den Pressemärkten Rechnung getragen werden soll. Mit Umsetzung der 10. GWB-Novelle
ist beabsichtigt, den Multiplikator nach § 38 Abs. 3 GWB auf den Faktor vier zu ver-
ringern.[72]

28   Bezüglich der **geografischen Zurechnung der Umsätze** ist auf den Ort abzustellen,
an dem der Wettbewerb mit alternativen Anbietern der jeweiligen Leistung stattfindet.
In der Regel ist das der Ort, an dem sich der Kunde befindet.[73]

29   **cc) Ausnahmeregelungen/de-minimis-Regel.** Fällt die Transaktion unter einen
Zusammenschlusstatbestand nach § 37 Abs. 1 Nr. 1 bis 4 GWB, kann die Anmeldepflicht
bei Überschreiten der Umsatzschwellen nach § 35 Abs. 1 GWB ausnahmsweise dann entfallen, wenn die Voraussetzungen der sog. de-minimis-Ausnahme gemäß § 35 Abs. 2 Nr. 1
GWB erfüllt sind. Hiernach unterliegt ein Zusammenschluss dann nicht der Fusionskontrolle, wenn ein Unternehmen, das nicht abhängig ist und im letzten Geschäftsjahr weniger als 10 Mio. EUR Umsatz erzielt hat, sich mit einem anderen Unternehmen zusam-
menschließt. Die Ausnahmeregelung wird ihrem Sinn und Zweck entsprechend erweiternd
dahingehend ausgelegt, dass auch der Erwerb eines abhängigen Unternehmens erfasst ist,
wenn der veräußernde „Kleinkonzern" insgesamt unterhalb der **Bagatellgrenze von
EUR 10 Mio. Umsatz** bleibt.[74] Mit Umsetzung der 10. GWB-Novelle ist beabsichtigt,
diese Ausnahme zu streichen, da sie durch die geplante Erhöhung der zweiten Inlandsumsatzschwelle des § 35 Abs. 1 Nr. 2 GWB von EUR 5 Mio. auf EUR 10 Mio. gegen-
standslos wird.[75]

30   Nach früherer Rechtslage waren nach der sog. **Bagatellmarktklausel** des § 35 Abs. 2
Satz 1 Nr. 2 GWB zudem solche Zusammenschlussvorhaben von der Fusionskontrolle aus-
genommen, die einen Markt betrafen, auf dem seit mindestens fünf Jahren Waren oder
Dienstleistungen angeboten werden, im letzten Geschäftsjahr jedoch weniger als 15 Mio.
EUR umgesetzt wurden. Mit Umsetzung der 8. GWB-Novelle zum 1. Juli 2013 wurde
die Regelung von der formellen in die materielle Fusionskontrolle verlagert. Das bedeutet,
dass ein Zusammenschluss, der einen Bagatellmarkt betrifft, zwar anmeldepflichtig ist, vom
Bundeskartellamt aber nicht untersagt werden kann. Die Änderung verfolgt den Zweck,
Unsicherheiten hinsichtlich der Anmeldepflicht, welche sich letztlich nach alter Rechts-
lage aus der in den formellen Teil vorgezogenen Marktabgrenzung ergaben, zu minimieren.
Mit Umsetzung der 10. GWB-Novelle ist beabsichtigt, die Bagatellmarktgrenze von
EUR 15 Mio. auf EUR 20 Mio. anzuheben.[76] Die geplante Änderung dient der Stärkung

---

[72] Referentenentwurf zur 10. GWB-Novelle, Stand 24.1.2020, S. 12, 97.

[73] Hierzu ausführlich: Konsolidierte Mitteilung der Kommission zu Zuständigkeitsfragen gemäß der
Verordnung (EG) Nr. 139/2004 des Rates über die Kontrolle von Unternehmenszusammenschlüssen
(ABl. C 43/9 vom 21.2.2009) („Konsolidierte Mitteilung zu Zuständigkeitsfragen"), Rn. 10.

[74] *Kalfaß* in: Langen/Bunte, Kartellrecht Kommentar, Band 1, Deutsches Kartellrecht, § 35 GWB
Rn. 39.

[75] Referentenentwurf zur 10. GWB-Novelle, Stand 24.1.2020, S. 12, 96.

[76] § 36 Abs. 1 Nr. 2 GWB-E, Referentenentwurf zur 10. GWB-Novelle, Stand 24.1.2020, S. 12,
96.

der Konsolidierungsmöglichkeiten zugunsten der häufig auf Bagatellmärkten tätigen mittelständischen Unternehmen.[77] Nach § 36 Abs. 1 Nr. 2 GWB-E soll zusätzlich die bislang einzelmarktbezogene Prüfung der Ausnahme zugunsten einer gebündelten Betrachtung mehrerer Märkte aufgegeben werden, d. h. die Schwelle von EUR 20 Mio. ist anhand der insgesamt betroffenen Märkte zu überprüfen.[78]

Die Anmeldepflicht kann ferner trotz Erfüllung der Umsatzschwellen entfallen, wenn der **31** Zusammenschluss keine **Inlandsauswirkung** entfaltet, § 130 Abs. 2 GWB.[79] Dies betrifft ausschließlich Transaktionen, an denen mehr als zwei Unternehmen beteiligt sind, also Fälle der Gründung eines **Gemeinschaftsunternehmen** oder des Erwerbs einer Beteiligung an einem solchen. Werden die Schwellen in Deutschland allein von den Muttergesellschaften erfüllt, und ist das Gemeinschaftsunternehmen nicht oder nur marginal in Deutschland aktiv, kann die Anmeldepflicht entfallen. Voraussetzung hierfür ist, dass das Gemeinschaftsunternehmen Umsätze von weniger als EUR 5 Mio. erzielt, auf keinem Inlandsmarkt[80] über einen Marktanteil von mehr als 5 % verfügt bzw. keine Unternehmensressourcen auf das Gemeinschaftsunternehmen übertragen werden sollen, aus denen eine solche Marktstellung folgen würde, und die Muttergesellschaften nicht Wettbewerber auf dem Produktmarkt des Gemeinschaftsunternehmens oder auf einem diesem Markt vor- oder nachgelagerten Markt tätig sind.[81] Sind die Muttergesellschaften auf einem vor- oder nachgelagerten Markt des Gemeinschaftsunternehmens tätig, kommt eine fehlende Inlandsauswirkung nur dann in Betracht, wenn der gemeinsame Marktanteil der Muttergesellschaften auf diesen Märkten unter 20 % liegt.[82]

(frei) **32–34**

c) Anmeldepflicht nach europäischer Fusionskontrolle

aa) Zusammenschlusstatbestand. Ein Zusammenschluss im Sinne der FKVO setzt **35** eine „dauerhafte Veränderung der Kontrolle voraus. Art. 3 Abs. 1 FKVO unterscheidet insoweit lediglich zwischen einer **Fusion** und dem **Kontrollerwerb.** Angesichts des Fehlens der deutschen Zusammenschlusstatbestände des Erwerbs einer 25 %-Beteiligung oder wettbewerblich erheblichen Einflusses erfordert die europäische im Vergleich zu der deutschen Fusionskontrolle den Erwerb einer deutlich höheren Einflussmöglichkeit auf das Zielunternehmen.

Eine **Fusion** in diesem Sinne liegt vor, wenn mehrere rechtlich zuvor selbständige **36** Unternehmen in einer neuen rechtlichen Einheit aufgehen.[83] Die Voraussetzungen des Kontrollerwerbs nach den Regeln der deutschen und europäischen Fusionskontrolle sind im Wesentlichen deckungsgleich, so dass auf die zuvor erläuterten Grundsätze Anwendung finden.[84] Im Unterschied zur deutschen Fusionskontrolle, ist die Gründung eines Gemeinschaftsunternehmens (gemeinsame Kontrolle) gemäß Art. 3 Abs. 4 FKVO jedoch nur dann anmeldepflichtig, wenn das Gemeinschaftsunternehmen auf Dauer alle Funktionen einer selbständigen wirtschaftlichen Einheit erfüllt (sog. **Vollfunktions-GU**).[85] Das erfordert, dass das Gemeinschaftsunternehmen nicht nur Hilfsfunktionen für die Muttergesellschaften ausübt (z.B. als reine Verkaufsagentur) und über ausreichende Ressourcen für eine eigene

---

[77] Referentenentwurf zur 10. GWB-Novelle, Stand 24.1.2020, S. 96.
[78] Kritisch hierzu *Gröss/Mersch,* NZKart 2020, 119, 120.
[79] Siehe hierzu eingehend Bundeskartellamt, Merkblatt Inlandsauswirkungen in der Fusionskontrolle, 30.9.2014.
[80] Als Inlandsmarkt in diesem Sinne gilt jeder Markt, der Deutschland ganz oder teilweise erfasst.
[81] Bundeskartellamt, Merkblatt Inlandsauswirkungen in der Fusionskontrolle, Rn. 13 ff.
[82] Bundeskartellamt, Merkblatt Inlandsauswirkungen in der Fusionskontrolle, Rn. 16.
[83] *Bechtold/Bosch/Brinker,* EU-Kartellrecht, Art. 3 FKVO, Rn. 10.
[84] Siehe hierzu oben unter → Rn. 22.
[85] Siehe Art. 3 Abs. 4 FKVO.

Marktpräsenz verfügt.[86] Nach einer Klarstellung durch den EuGH ist das Merkmal der Vollfunktionalität zu prüfen unabhängig von der Frage, ob das Gemeinschaftsunternehmen neu gegründet wird oder ein bereits operatives Unternehmen erst später dadurch zum Gemeinschaftsunternehmen wird, dass ein Wechsel von alleiniger zu gemeinsamer Kontrolle stattfindet.[87]

37   **bb) Umsatzschwellen.** Der europäischen Fusionskontrolle unterfallen lediglich Zusammenschlüsse von unionsweiter Bedeutung, Art. 1 Abs. 1 FKVO. **Unionsweite Bedeutung** liegt vor, wenn von den Zusammenschlussbeteiligten im letzten abgeschlossenen Geschäftsjahr folgende Umsätze erzielt wurden:

- ein weltweiter Gesamtumsatz aller beteiligten Unternehmen von zusammen mehr als 5 Mrd. EUR *und*
- ein unionsweiter Umsatz von mindestens zwei beteiligten Unternehmen von jeweils mehr als 250 Mio. EUR.

Ein Zusammenschluss, der die vorgenannten Schwellen nicht erreicht, hat dennoch unionsweite Bedeutung, wenn im letzten abgeschlossenen Geschäftsjahr:

- der weltweite Gesamtumsatz aller beteiligten Unternehmen zusammen mehr als 2,5 Mrd. EUR beträgt;
- der Gesamtumsatz aller beteiligten Unternehmen in mindestens drei Mitgliedstaaten jeweils 100 Mio. EUR übersteigt;
- in jedem von mindestens drei Mitgliedstaaten mit Gesamtumsätzen von mehr als 100 Mio. EUR der Gesamtumsatz von mindestens zwei beteiligten Unternehmen jeweils mehr als 25 Mio. EUR. beträgt *und*
- der unionsweite Umsatz von mindestens zwei beteiligten Unternehmen jeweils 100 Mio. EUR übersteigt.

Sofern jedoch die an dem Zusammenschluss beteiligten Unternehmen jeweils mehr als zwei Drittel ihres unionsweiten Gesamtumsatzes in ein und demselben Mitgliedstaat erwirtschaften (sog. **Zweidrittelklausel**), unterfällt das Zusammenschlussvorhaben trotz Erfüllung der Umsatzschwellen nicht der europäischen Fusionskontrolle.

38   Bezüglich der Fragen nach der **Beteiligteneigenschaft** und **Umsatzberechnung** gelten im Wesentlichen die im Rahmen der deutschen Fusionskontrolle erläuterten Grundsätze.[88] Im Unterschied zur deutschen Fusionskontrolle sind jedoch Umsätze, die mit dem Handel von Waren erzielt wurden, in voller Höhe anzusetzen.[89] Welche Unternehmen dem unmittelbar Beteiligten zuzurechnen sind, folgt aus Art. 5 Abs. 4 Buchst. b bis e FKVO.[90] Bezüglich gemeinsam mit Dritten kontrollierter Unternehmen gilt im Vergleich mit der deutschen Fusionskontrolle die Besonderheit, dass die Umsätze des Gemeinschaftsunternehmens den kontrollierenden Gesellschafter nicht voll, sondern „pro Kopf" zugerechnet werden.[91]

39   **cc) Ausnahmeregelungen.** Die europäische Fusionskontrolle kennt keine mit dem deutschen Recht vergleichbaren de-minimis-Ausnahmeregelungen. Allerdings unterfallen gemäß Art. 3 Abs. 5 FKVO bestimmte Vorhaben von vornherein nicht dem Zusammenschlusstatbestand. Beispiele hierfür sind der Erwerb von Unternehmensanteilen durch Kredit- und Finanzinstitute und Versicherungen, die diese nur vorübergehend zum Zwecke der Veräußerung innerhalb eines Jahres erwerben.[92] Eine weitere Ausnahme gilt für den

---

[86] Konsolidierte Mitteilung zu Zuständigkeitsfragen, Rn. 95.
[87] EuGH vom 7.9.2017 – C-248/16, NZG 2017, 1235 Rn. 15 ff.
[88] Siehe hierzu oben → Rn. 26 ff.
[89] Nach europäischer Fusionskontrolle erfolgt ferner kein Abzug von Umsätzen von Presse- und Rundfunkunternehmen.
[90] Zur Bestimmung der Unternehmen, deren Umsätze zu berücksichtigen sind, siehe Konsolidierte Mitteilung zu Zuständigkeitsfragen, Rn. 175 ff.
[91] Konsolidierte Mitteilung zu Zuständigkeitsfragen, Rn. 187.
[92] Art. 3 Abs. 5 Buchst. a FKVO, sog. Bankenklausel.

Erwerb der Kontrolle über ein Unternehmen durch den Träger eines öffentlichen Mandats, welcher auf Grundlage der Gesetzgebung eines Mitgliedstaates über die Insolvenz von Unternehmen erfolgt.[93] Letztlich liegt kein Zusammenschluss vor, soweit eine Beteiligungsgesellschaft ihre Kontrolle ausschließlich dazu nutzt, den Wert ihrer Investition zu erhalten und nicht etwa um unmittelbar oder mittelbar das Wettbewerbsverhalten des Unternehmens zu bestimmen.[94]

dd) Verhältnis der deutschen zur europäischen Fusionskontrolle. (1) Vorrang 40 der europäischen Fusionskontrolle. Ein Zusammenschlussvorhaben unterfällt nicht der deutschen Fusionskontrolle sobald die Umsatzschwellen der FKVO überschritten sind und somit von einem Zusammenschluss von unionsweiter Bedeutung auszugehen ist. Es gilt das sog. **One-stop-shop-Prinzip,** wonach lediglich solche Zusammenschlüsse in den Zuständigkeitsbereich der Wettbewerbsbehörden der EU-Mitgliedsstaaten fallen, die die Aufgreifschwellen der FKVO nicht erfüllen. Nur dann ist das Vorhaben, vorbehaltlich einer Verweisung an die Kommission, nach sämtlichen Fusionskontrollregimen der Mitgliedstaaten zu prüfen und gegebenenfalls in mehreren Staaten parallel anzumelden (multi-juris-dictional filings).

(2) Verweisungsregeln. Auch bei fehlender unionsweiter Bedeutung besteht die 41 Möglichkeit einer Verweisung an **die Europäische Kommission.** Voraussetzung hierfür ist, dass der Zusammenschluss in mindestens drei Mitgliedstaaten anmeldepflichtig[95] ist und die Zusammenschlussbeteiligten[96] beantragen, dass der Zusammenschluss von der Kommission geprüft wird, Art. 4 Abs. 5 FKVO.[97] Der Antrag (mittels des Formblatts RS, kurz „Form RS")[98] ist bei der Kommission zu stellen, bevor eine Anmeldung auf nationaler Ebene erfolgt ist. Nach Eingang des Antrags leitet die Kommission den Antrag unverzüglich an alle Mitgliedstaaten weiter. Widerspricht kein Mitgliedstaat binnen 15 Arbeitstagen der Verweisung, wird die unionsweite Bedeutung des Zusammenschlusses vermutet und die Zuständigkeit der Kommission begründet.[99]

Praxishinweis: Ob ein Antrag auf Verweisung an die Kommission zweckmäßig ist, hängt vom Einzelfall ab. Für eine Verweisung spricht prinzipiell, dass die Gefahr divergierender Entscheidungen auf nationaler Ebene ausgeschlossen wird. Was den zu leistenden Aufwand betrifft, kann nicht von vornherein gesagt werden, dass eine europäische Anmeldung (und vorgeschaltete Form RS) wirklich einfacher und schneller als der Aufwand für mehrere nationale Anmeldungen ist. Abhängig davon, welche Jurisdiktionen im Einfall betroffen sind, können die Verweisung und das anschließende Fusionskontrollverfahren der Kommission in zeitlicher Hinsicht von Nachteil sein.

---

[93] Art. 3 Abs. 5 Buchst b FKVO, sog. Insolvenzklausel.

[94] Art. 3 Abs. 5 Buchst. c FKVO, sog. Luxemburgische Klausel.

[95] Hierzu zählen auch solche Mitgliedstaaten, deren Fusionskontrollregime eine Anmeldung auf freiwilliger Basis vorsieht, sofern die nationalen Schwellen überschritten sind, beispielsweise Großbritannien.

[96] Daneben besteht für die nationalen Wettbewerbsbehörden der Mitgliedstaaten die Möglichkeit, nach erfolgter Anmeldung gemäß Art. 22 FKVO die Verweisung an die Kommission zu beantragen (sog. holländische Klausel); in der Praxis sind solche Fälle eher selten.

[97] Vgl. hierzu Art. 4 Abs. 2 FKVO.

[98] Die Form RS („Reasoned Submission") befindet sich in Anhang III der Verordnung (EG) Nr. 802/2004 der Kommission vom 21.4.2004 zur Durchführung der Verordnung (EG) Nr. 139/2004 des Rates über die Kontrolle von Unternehmenszusammenschlüssen (ABl. L 133/1 v. 30.4.2004, L 133/1) („Durchführungsverordnung").

[99] Verweisungsanträge nach Art. 4 Abs. 5 FKVO waren in der Vergangenheit überwiegend erfolgreich. Seit Einführung der Vorschrift im Jahr 2004 wurden bis April 2016 insgesamt 308 Verweisungsanträge gestellt, wovon lediglich 7 abgelehnt wurden, vgl. die auf der Webseite der Kommission unter Mergers/Statistics veröffentlichten Statistiken.

Auch ist zu berücksichtigen, dass die Untersuchung der Kommission den gesamten unionsweiten Markt betrifft und sich nicht, wie dies bei einer Prüfung durch die nationalen Wettbewerbsbehörden der Fall wäre, auf die Märkte einzelner Mitgliedstaaten konzentriert. So geraten ggf. Marktverhältnisse „in das Visier" der Behörde, die von nationalen Behörden mitunter nicht berücksichtigt worden wären.[100]

Letztlich können die Zusammenschlussbeteiligten[101] die **Verweisung an einen Mitgliedstaat** beantragen, Art. 4 Abs. 4 FKVO. Erforderlich ist, dass Anhaltspunkte dafür vorliegen, dass der grundsätzlich unter die FKVO fallende Zusammenschluss auf einen gesonderten Markt innerhalb eines Mitgliedstaates erhebliche Auswirkungen[102] hat. Der Antrag ist ebenfalls vor Anmeldung und unter Verwendung der Form RS zu stellen. Widerspricht kein Mitgliedstaat binnen 15 Arbeitstagen dem von der Kommission weitergeleiteten Antrag, hat diese binnen 25 Arbeitstagen über die Verweisung zu befinden.

42–44 *(frei)*

d) Materielle Beurteilung von Zusammenschlüssen

45 Der materielle Prüfungsmaßstab der deutschen und europäischen Fusionskontrolle ist der sogenannte **SIEC-Test**[103] (Significant Impediment of Effective Competition), § 36 Abs. 1 GWB, Art. 2 Abs. 3 FKVO. Hiernach ist ein Zusammenschluss, durch den wirksamer Wettbewerb erheblich behindert würde, zu untersagen. Als Regelbeispiel einer erheblichen Behinderung gilt die **Begründung oder Verstärkung einer marktbeherrschenden Stellung.**

46 **aa) Marktabgrenzung.** Bei der Prüfung der Auswirkungen eines Zusammenschlusses auf den Wettbewerb kommt der Abgrenzung des relevanten Marktes eine entscheidende Bedeutung zu.[104] Erst durch die Marktabgrenzung wird der Bereich definiert, der für die wettbewerbliche Würdigung maßgeblich ist. Dabei liegt der eigentliche Zweck der Marktabgrenzung in der Ermittlung der konkurrierenden Unternehmen, die tatsächlich in der Lage sind, dem Verhalten der beteiligten Unternehmen Schranken zu setzen.[105] Dabei gelten Marktanteile als Indikatoren der Marktmacht, welche wiederum in hohem Maße davon abhängig sind, ob eine enge oder weite Abgrenzung des Marktes vorzunehmen ist.

In **sachlicher Hinsicht** umfasst der Markt sämtliche Erzeugnisse und/oder Dienstleistungen, die von den Verbrauchern hinsichtlich ihrer Eigenschaften, Preise und ihres vorgesehenen Verwendungszwecks als austauschbar oder substituierbar angesehen werden (sog. **Nachfragesubstituierbarkeit**).[106] Auf Angebotsmärkten spricht man in diesem Zusammenhang vom sog. **Bedarfsmarktkonzept.**[107]

---

[100] Vgl. auch *Mäger* in: Mäger, Europäisches Kartellrecht, 8. Kap. Rn. 126.

[101] Daneben besteht auch für Mitgliedstaaten nach erfolgter Anmeldung die Möglichkeit, eine entsprechende Verweisung zu beantragen, vgl. Art. 9 FKVO (sog. deutsche Klausel).

[102] Eine erhebliche Beeinträchtigung des Wettbewerbs ist nicht erforderlich, vgl. Rn. 17 der Mitteilung der Kommission über die Verweisung von Fusionssachen, ABl. EU C 56/2 vom 5.3.2005.

[103] Der SIEC-Test wurde in das GWB mit Umsetzung der 8. GWB-Novelle im Juli 2013 übernommen.

[104] Ausführlich hierzu: BKartA, Leitfaden zur Marktbeherrschung in der Fusionskontrolle vom 29.3.2012, S. 1.

[105] *Mäger* in: Mäger, Europäisches Kartellrecht, 8. Kap., Rn. 175.

[106] Bekanntmachung der Kommission über die Definition des relevanten Marktes im Sinne des Wettbewerbsrechts der Gemeinschaft ABl. EU C 372/3 vom 9.12.1997) („Bekanntmachung relevanter Markt"), Rn. 8, 15.

[107] Dieses Konzept ist auf Nachfragemärkte (Fragestellung: Ist ein Handelsunternehmen gegenüber seinem Lieferanten aufgrund seiner Einkaufsmacht markbeherrschend?) spiegelbildlich zu übertragen. Aus Sicht des Anbieters kommt es hier im Wesentlichen darauf an, welche alternativen Absatzwege zur Verfügung stehen.

Ebenfalls von Bedeutung für die Definition des sachlich relevanten Marktes ist die sog. **Produktumstellungsflexibilität** potentieller Anbieter. Gemeint ist die Möglichkeit eines Unternehmens, in Reaktion auf die Veränderung des relativen Preises für ein Produkt seine Produktion kurzfristig und ohne spürbaren Kostenaufwand umzustellen und in den betreffenden Markt einzusteigen.[108] Sind diese Voraussetzungen erfüllt, üben auch diese Unternehmen disziplinierende Wirkung auf das Wettbewerbsverhalten der beteiligten Unternehmen aus, so dass die entsprechenden Produkte in den sachlich relevanten Markt mit einzubeziehen sind.

In **räumlicher Hinsicht** umfasst der Markt das Gebiet, in dem das betroffene Unternehmen wirksamen Wettbewerb ausgesetzt ist und die Wettbewerbsbedingungen hinreichend homogen sind.[109] Im Wesentlichen erfolgt die Abgrenzung des räumlich relevanten Marktes nach den gleichen Kriterien, die auch bei Abgrenzung des sachlich relevanten Marktes Anwendung finden. Ausschlaggebend ist die **funktionelle Austauschbarkeit eines Anbieters** aus Sicht der Marktgegenseite. Können die Abnehmer im Falle einer Preiserhöhung oder einer sonstigen Verschlechterung des Angebots auf andere Anbieter innerhalb des gleichen sachlich relevanten Marktes umsteigen, gehören sie einem räumlich relevanten Markt an. Von Bedeutung sind insbesondere Transportkosten, aber auch Nachfragemerkmale wie nationale Vorlieben, Sprache und Kultur.[110]

bb) Wettbewerbliche Würdigung. (1) Horizontale Zusammenschlüsse. Bei hori- **47** zontalen Zusammenschlüssen, d.h. in Fällen in denen die Zusammenschlussbeteiligten auf denselben sachlichen und räumlichen Märkten tätig sind, ist Dreh- und Angelpunkt der materiellen Fusionskontrolle die Frage, ob durch den Zusammenschluss auf einem relevanten Markt eine marktbeherrschende Stellung begründet oder verstärkt wird. Wesensmerkmal der **Marktbeherrschung** ist ein vom Wettbewerb nicht hinreichend kontrollierter Verhaltensspielraum, also die Befähigung des marktbeherrschenden Unternehmens, sich unabhängig von seinen Wettbewerbern und Abnehmern zu verhalten.[111] Nach der Definition des § 18 Abs. 1 GWB gilt das als erfüllt, wenn ein Unternehmen auf dem sachlich und räumlich relevanten Markt keinem wesentlichen Wettbewerb ausgesetzt ist oder wenn das Unternehmen eine im Verhältnis zu seinen Wettbewerbern überragende Marktstellung hat.

Ausgangspunkt der Prüfung sind die **Marktanteile** der Beteiligten und ihrer Wettbewerber. Nach den Regeln der deutschen Fusionskontrolle wird vermutet, dass ein Unternehmen marktbeherrschend ist, wenn es einen Marktanteil von mindestens 40 % hält, § 18 Abs. 4 GWB (Einzelmarktbeherrschung). Von kollektiver Marktbeherrschung spricht man dagegen, wenn die beteiligten Unternehmen zusammen mit einem nicht an dem Zusammenschluss beteiligten Unternehmen bei oligopolistischer Marktstruktur eine beherrschende Stellung halten. Eine derartige Gesamtheit von Unternehmen gilt nach deutschem Recht als marktbeherrschend, wenn sie aus drei oder weniger Unternehmen besteht, die zusammen einen Marktanteil von 50 % erreichen, oder bei fünf oder weniger Unternehmen, die zusammen einen Marktanteil von zwei Dritteln halten. Obwohl die europäische Fusionskontrolle derartige Vermutungstatbestände nicht kennt, gelten im Allgemeinen Marktanteile bis zu 25 % als Indiz, dass der Zusammenschluss mit dem Binnenmarkt vereinbar ist.[112]

Die Bedeutung der Marktanteile für die kartellrechtliche Bewertung kann aufgrund von **markt- und unternehmensbezogenen Faktoren** zu relativieren sein. So ist nicht nur

---

[108] Bekanntmachung relevanter Markt, Rn. 20.

[109] BKartA vom 19.12.1999, WuW/E DE-V 203 ff. – *Krautkrämer/Nutronik; Bechtold/Bosch,* § 18 GWB Rn. 25; vgl. auch Art. 9 Abs. 7 FKVO.

[110] Vgl. Bekanntmachung relevanter Markt, Rn. 46.

[111] Leitlinien horizontale Zusammenschlüsse, Rn. 8 f.

[112] Vgl. FKVO, Erwägungsgrund 32; im Ergebnis dürfte der kritische Bereich bei einem gemeinsamen Marktanteil von 40 % beginnen, vgl. *Mäger* in: Mäger, Europäisches Kartellrecht, Kap. 8 Rn. 180.

deren absolute Höhe, sondern vielmehr auch ihre Verteilung auf andere Marktteilnehmer und ihre zeitliche Entwicklung relevant. Folgende weitere mögliche Ausgleichsfaktoren sind denkbar (i) gegengewichtige Nachfragemacht der Abnehmer, (ii) geringe Marktzutrittsschranken (potentieller Wettbewerb), (iii) Effizienzgewinne oder (iv) Sanierungsfusionen.[113]

48 **(2) Vertikale und konglomerate Zusammenschlüsse.** Zu beachten ist, dass auch nichthorizontale Zusammenschlüsse, sprich Zusammenschlüsse zwischen Unternehmen, die nicht in einem Wettbewerbsverhältnis zueinanderstehen, den Wettbewerb beeinträchtigen können. In diesem Zusammenhang ist zwischen vertikalen und konglomeraten Zusammenschlüssen zu unterscheiden. Bei einem vertikalen Zusammenschluss sind die beteiligten Unternehmen aufeinander nachgelagerten Märkten tätig, also solchen, die über die Wertschöpfungskette eines Produkts verbunden sind. Eine derartige vertikale Integration kann zwar nicht zu einer Steigerung von Marktanteilen, wohl aber zu einer Marktabschottung führen, etwa indem ein marktstarkes Unternehmen seinen Wettbewerbern auf dem nachgelagerten Markt den Zugang zu einem Vorprodukt versperrt oder erschwert.[114] Von einem konglomeraten Zusammenschluss spricht man hingegen, wenn die beteiligten Unternehmen weder auf dem gleichen noch einander vor- oder nachgelagerten Märkten, sondern auf sachlich verschiedenen Märkten tätig sind. Problematisch sind derartige Zusammenschlüsse unter anderem dann, wenn die Produkte zwar untereinander nicht austauschbar sind, zusammen aber ein Sortiment bilden, das typischerweise nur in seiner Gesamtheit nachgefragt wird.

e) Verfahren/Dauer

49 **aa) Deutschland.** Die Anmeldepflicht trifft die am Zusammenschluss beteiligten Unternehmen.[115] Im Fall eines Vermögens- oder Anteilserwerbs nach § 37 Abs. 1 Nr. 1 bzw. Nr. 3 GWB ist zudem auch der Veräußerer zur Anmeldung verpflichtet, § 39 Abs. 2 Nr. 2 GWB. Im Gegensatz zur Europäischen Kommission schreibt das Bundeskartellamt nicht die Form der Anmeldung vor.[116] Sie kann formlos per Post, per Fax oder DE-Mail oder E-Mail mit qualifizierter elektronischer Signatur eingereicht werden, § 39 Abs. 1 Satz 2 GWB. Lediglich vollständige Anmeldungen setzen die Prüfungsfristen des § 40 Abs. 1 und 2 GWB in Gang. Welche Angaben eine Anmeldung enthalten muss, ist in § 39 Abs. 3 GWB geregelt. Dazu zählen u. a. Angaben über die beteiligten Unternehmen und die mit ihnen verbundenen Unternehmen,[117] die Form des Zusammenschlusses, die im letzten Geschäftsjahr im Inland, europa- und weltweit erzielten Umsatzerlöse sowie Angaben zu den Märkten, in denen die Beteiligten mehr als 20% Marktanteile in Deutschland

---

[113] Sowohl das Bundeskartellamt als auch die Kommission haben Leitfäden zur Beurteilung verschiedener Formen von Zusammenschlüssen veröffentlicht. Für die deutsche Fusionskontrolle ist insbesondere der Leitfaden zur Marktbeherrschung in der Fusionskontrolle vom 29.3.2012 („Leitlinien Marktbeherrschung") relevant. Auf europäischer Ebene existieren Leitlinien zur Bewertung horizontaler Zusammenschlüsse gemäß der Ratsverordnung über die Kontrolle von Unternehmenszusammenschlüssen, ABl. EU C 31/5 vom 5.2.2004 („Leitlinien horizontale Zusammenschlüsse"), und die Leitlinien zur Bewertung nichthorizontaler Zusammenschlüsse gemäß der Ratsverordnung über die Kontrolle von Unternehmenszusammenschlüssen, ABl. EU C 265/6 vom 18.10.2008, („Leitlinien nichthorizontale Zusammenschlüsse").

[114] Siehe hierzu im Einzelnen Leitlinien Marktbeherrschung Rn. 129 ff.; Leitlinien nichthorizontale Zusammenschlüsse Rn. 28 ff.

[115] Siehe hierzu oben → Rn. 26.

[116] Auf seiner Webseite hat das BKartA ein Formular zur Anmeldung eines Zusammenschlusses veröffentlicht, das jedoch nicht zwingend benutzt werden muss. Hilfreiche Erläuterungen zur Anmeldung finden sich in dem Merkblatt „Gliederung und Anmerkungen zum Anmeldeformular".

[117] Im Fall eines Vermögens- oder Anteilserwerb sind auch Angaben über den Veräußerer zu machen.

halten.[118] Die Angabe unrichtiger oder unvollständiger Informationen in einer Anmeldung verhindert nicht nur den Beginn der Prüfungsfrist, sondern ist zudem eine Ordnungswidrigkeit, die mit einer Geldbuße von bis zu 1% des in dem der Behördenentscheidung vorausgegangenen Geschäftsjahr erzielten Gesamtumsatzes des Unternehmens geahndet werden kann, § 81c Abs. 1 GWB-E[119].

Laufende Zusammenschlussverfahren werden unter Angabe der beteiligten Unternehmen, der betroffenen Produktbereiche und des Anmeldedatums auf der Webseite des Bundeskartellamtes **veröffentlicht.**

> **Praxishinweis:** In der Regel übernimmt einer der Beteiligten die Anmeldung, der sich die anderen Beteiligten und gegebenenfalls der Veräußerer anschließen. Um bei der Koordination der Anmeldung nicht gegen Art. 101 AEUV, § 1 GWB durch unzulässigen Informationsaustausch zu verstoßen (siehe hierzu ausführlich Teil → C., Rn. 166 ff.), sollten sensible Informationen nur über die mit der Anmeldung befassten Anwälte ausgetauscht werden. Mithilfe eines auf seiner Webseite veröffentlichten Organigramms des Bundeskartellamtes kann die für die betroffene Industrie jeweils zuständige Beschlussabteilung der Behörde identifiziert werden, an die die Anmeldung zu richten ist.

(1) Vorprüfverfahren (erste Phase). Das Bundeskartellamt muss nach Eingang einer **50** vollständigen Anmeldung innerhalb einer Frist von einem Monat entscheiden, den Zusammenschluss freizugeben (sogenannte **erste Phase**) oder, im Falle wettbewerblicher Bedenken, ein Hauptprüfverfahren einzuleiten, § 40 Abs. 1 GWB (sogenannter „**Monatsbrief**"). Verstreicht die Monatsfrist ohne entsprechende Mitteilung des Bundeskartellamtes, gilt das Zusammenschlussvorhaben als freigegeben.

(2) Hauptprüfverfahren (zweite Phase). Begegnet ein Zusammenschlussvorhaben **51** aus Sicht des Bundeskartellamtes wettbewerblichen Bedenken, die nicht innerhalb der Monatsfrist des Vorprüfverfahrens ausgeräumt werden können, leitet die Behörde ein förmliches Hauptprüfverfahren gemäß § 40 Abs. 2 GWB ein. Im Falle der Einleitung des Hauptprüfverfahrens (sogenannte **zweite Phase**) verlängert sich die Prüffrist des Bundeskartellamtes auf insgesamt vier Monate ab Einreichung der Anmeldung. Mit Umsetzung der 10. GWB-Novelle ist beabsichtigt, diese Prüffrist auf insgesamt fünf Monate zu verlängern.[120] Erlässt das Bundeskartellamt innerhalb dieser Frist keine das Verfahren abschließende Verfügung, so gilt der Zusammenschluss als freigegeben, § 40 Abs. 2 Satz 2 GWB. Die Prüfungsfrist innerhalb der zweiten Phase verlängert sich, wenn die Zusammenschlussbeteiligten einer Verlängerung zustimmen, unrichtige Angaben gemacht oder ein Auskunftsverlangen nicht rechtzeitig beantwortet haben, § 40 Abs. 2 Satz 4 und Satz 5 GWB.

Ergeben die Ermittlungen im Hauptprüfverfahren, dass der Zusammenschluss wirksamen Wettbewerb erheblich behindern würde, wird er durch das Bundeskartellamt untersagt (§ 36 Abs. 1 GWB) oder allenfalls unter Bedingungen und Auflagen freigegeben (§ 40 Abs. 3 GWB).

Förmliche Entscheidungen, die im Hauptprüfverfahren ergangen sind, werden im Bundesanzeiger bekannt gemacht und im Volltext – um Geschäftsgeheimnisse bereinigt – auf der Internetseite des Bundeskartellamtes veröffentlicht. Erfolgt (wie im Regelfall) die Freigabe innerhalb der ersten Phase, ist lediglich diese Tatsache innerhalb der Liste der „Laufenden Fusionskontrollverfahren" für einen kurzen Zeitraum auf der Internetseite des Bundeskartellamts öffentlich abrufbar. Zu wichtigen Entscheidungen – auch zu in-

---

[118] Deutsche Anmeldungen sind aufgrund des begrenzten Umfangs der erforderlichen Angaben oft sehr schlank. Das BKartA fordert ggf. im Wege eines Auskunftsersuchens nachträglich weitere Informationen an.
[119] Referentenentwurf zur 10. GWB-Novelle, Stand 24.1.2020, S. 45.
[120] Referentenentwurf zur 10. GWB-Novelle, Stand 24.1.2020, S. 13, 101.

nerhalb der ersten Phase freigegeben Zusammenschlüssen – verfasst das Bundeskartellamt regelmäßig Fallberichte, die auf der Webseite des Bundeskartellamtes veröffentlicht sind.

52   **(3) Bedingungen und Auflagen.** Gemäß § 40 Abs. 3 GWB kann eine Freigabe mit Bedingungen und Auflagen verbunden werden, wenn die Zusammenschlussbeteiligten Verpflichtungen eingegangen sind, um eine Untersagung abzuwenden.[121] Häufigster Anwendungsfall sind Veräußerungszusagen entweder zulasten des Erwerbers oder des Erwerbsobjekts. Verhaltenszusagen sind in Ausnahmefällen möglich, jedoch nur dann, wenn sie ebenso wie Zusagen struktureller Art geeignet sind, um das identifizierte Wettbewerbsproblem zu beseitigen. Bieten die Zusammenschlussbeteiligten Zusagen im Rahmen des Hauptprüfverfahrens an, verlängert sich die 4-Monats-Frist automatisch um einen weiteren Monat, § 40 Abs. 2, Satz 7 GWB.

> **Praxishinweis:** Das Bundeskartellamt hat verschiedene Merkblätter zur deutschen Fusionskontrolle auf seiner Webseite unter Fusionskontrolle/Merkblätter veröffentlicht. Sie geben einen guten Überblick über den Ablauf eines Zusammenschlussverfahrens nach dem GWB und über die Fallpraxis der Behörde.

53   **(4) Verwaltungsgebühren.** Die Durchführung des Fusionskontrollverfahren durch das Bundeskartellamt ist gebührenpflichtig. Die Höhe der Gebühren bestimmt sich nach dem personellen und sachlichen Aufwand des Bundeskartellamtes unter Berücksichtigung der wirtschaftlichen Bedeutung des Vorhabens, § 80 Abs. 2 Satz 1 GWB. Die Gebühr darf grundsätzlich EUR 50 000 nicht übersteigen, kann in Ausnahmefällen jedoch verdoppelt werden, § 80 Abs. 2 Satz 2 Nr. 1 i. V. m. Satz 3 GWB bzw. § 62 Abs. 2 Satz 2 Nr. 1 i. V. m. Satz 3 GWB-E[122].

> **Praxishinweis:** Die Gebühren für Standardanmeldungen ohne besonderen Prüfaufwand und ohne herausragende wirtschaftliche Bedeutung bewegen sich derzeit zwischen EUR 4000 und EUR 10 000.

54   **(5) Rechtsschutz.** Die beteiligten Unternehmen können eine Untersagungsverfügung des Bundeskartellamts gemäß § 63 GWB[123] vor dem hierfür zuständigen Oberlandesgericht Düsseldorf anfechten.

Neben dem Recht zur Beschwerde steht den Unternehmen parallel die Möglichkeit der **Ministererlaubnis** offen. Das wirtschaftspolitische Instrument ist eine Besonderheit der deutschen Fusionskontrolle: Gemäß § 42 Abs. 1 GWB kann der Bundeswirtschaftsminister auf Antrag der beteiligten Unternehmen die Erlaubnis zu einem untersagten Zusammenschluss erteilen, wenn die Wettbewerbsbeschränkungen von gesamtwirtschaftlichen Vorteilen des Zusammenschlusses aufgewogen werden oder[124] dieser durch ein überragendes Interesse der Allgemeinheit gerechtfertigt ist. Ist dies der Fall, besteht ein Rechtsanspruch auf Erteilung der Erlaubnis. In der Praxis wird die Ministererlaubnis nur in sehr wenigen Fällen erteilt.[125]

---

[121] Der BGH hat in dem Fall *Phonak/GN Store* deutlich gemacht, dass es nicht im pflichtgemäßen Ermessen des BKartA steht, einen Zusammenschluss zu untersagen oder unter Beifügung von Bedingungen und Auflagen freizugeben, wenn die von den Unternehmen angebotenen Zusagen die wettbewerblichen Bedenken des Amtes beseitigen, WuW/E DE-R 2905, 2920, Rn. 90.
[122] Referentenentwurf zur 10. GWB-Novelle, Stand 24.1.2020, S. 30.
[123] § 73 Abs. 1 GWB-E: Referentenentwurf zur 10. GWB-Novelle, Stand: 24.1.2020, S. 37.
[124] Nach Nr. 18 GWB-E: Referentenentwurf zur 10. GWB-Novelle, Stand: 24.1.2020, S. 13, müssen beide Kriterien künftig kumulativ erfüllt sein.
[125] So zuletzt am 19.8.2019 durch Bundeswirtschaftsminister Peter Altmeier bezüglich eines Vorhabens der beiden Mittelständler Miba und Zollern.

bb) EU. Zusammenschlüsse in Form einer Fusion oder der Begründung gemeinsamer **55** Kontrolle sind von den beteiligten Unternehmen gemeinsam anzumelden. In allen anderen Fällen ist die Anmeldung von dem Erwerber der Kontrolle einzureichen, Art. 4 Abs. 2 FKVO.

Ein Zusammenschlussvorhaben muss unter Verwendung des von der Kommission vorgegebenen **Formblatts** angemeldet werden. Die Anmeldung kann auf Deutsch verfasst werden und muss die in der sog. **Form CO**[126] verlangten Pflichtangaben enthalten. Der Informationsaufwand ist verglichen mit einer deutschen Anmeldung bedeutend höher. Neben Angaben zu den Beteiligten, der Art des Zusammenschlusses und der betroffenen Märkten besteht eine Vorlagepflicht für Analysen, Berichten, Studien und sonstige vergleichbare Unterlagen, die von einem Mitglied oder für ein Mitglied der Geschäftsführung oder der Aufsichtsorgane mit dem Ziel erstellt worden sind, den Zusammenschluss u.a. im Hinblick auf Marktanteile, Wettbewerbsbedingungen, Wettbewerber, Beweggründe etc. zu analysieren und zu bewerten.[127] Machen die Beteiligten vorsätzlich oder fahrlässig unrichtige, unvollständige oder irreführende Angaben in der Anmeldung, kann die Kommission Nachprüfungen vornehmen und gemäß Art. 14 Abs. 1 und 2 FKVO Bußgelder gegen die Anmelder in Höhe von bis zu 1 % des Gesamtumsatzes der Beteiligten verhängen.

Die Anmeldung eines Zusammenschlussvorhabens veröffentlich die Europäische Kommission auf der Internetseite der Generaldirektion Wettbewerb unter Angabe der Parteien, der Art des Zusammenschlusses und des betroffenen Wirtschaftszweiges, Art. 4 Abs. 3 FKVO.

> **Praxishinweis:** Praktische Hilfestellungen bei der Erstellung einer Anmeldung finden sich in der Mitteilung der Kommission über die Form einer Anmeldung (ABl. EU C 251/2 vom 17.10.2006) sowie auf der Webseite der Kommission unter Merger/Practical Information.

(1) Vorprüfverfahren (erste Phase). Im Unterschied zu dem deutschen Verfahren, **56** entspricht es auch bei in der Sache unproblematischen Anmeldungen der Standardpraxis, noch **vor Einreichung der Anmeldung,** Kontakt mit dem zuständigen Case Team[128] aufzunehmen (sog. **Pre-notification-Phase**). Die informelle Kontaktaufnahme ist freiwillig, jedoch ratsam, um frühzeitig Fragen der Zuständigkeit sowie des Umfangs der zur Prüfung durch die Kommission benötigten Unterlagen abzustimmen.[129] In zeitlicher Hinsicht sind für die pre notification phase jedenfalls 2–3 Wochen einzuplanen.

Mit Eingang einer vollständigen Anmeldung beginnt das Vorprüfverfahren. Innerhalb **57** von 25 Arbeitstagen[130] muss die Kommission den Zusammenschluss entweder genehmigen oder das Hauptprüfverfahren einleiten, Art. 10 Abs. 1 FKVO. Die Prüfungsfrist verlängert sich auf 35 Arbeitstage, wenn der Kommission ein Verweisungsantrag eines Mitgliedstaats gemäß Art. 9 Abs. 2 FKVO zugeht oder wenn die beteiligten Unternehmen Verpflichtungszusagen vorlegen. Ergeht innerhalb dieser Fristen keine Entscheidung der Europäischen Kommission, gilt der Zusammenschluss als freigegeben, Art. 10 Abs. 6 FKVO.

---

[126] Die Form CO („Concentration") ist abgedruckt in Anhang I der Durchführungsverordnung. Unter den in Anhang II aufgeführten Voraussetzungen können Anmeldungen in der dort beschriebenen Kurzfassung eingereicht werden.

[127] Vgl. Rn. 5.4. der Form CO.

[128] Die Zuweisung eines für die Bearbeitung des Falles zuständigen Case Teams erfolgt nach Einreichung eines „Case Team Allocation Requests"; ein Vorlage dieses Antrags findet sich auf der Internetseite der Generaldirektion Wettbewerb.

[129] Siehe hierzu auch: Europäische Kommission, Best Practices on the conduct of EC merger control proceedings, 20.1.2004, abrufbar auf der Internetseite der Generaldirektion Wettbewerb, Rn. 9 ff.

[130] Zur Fristberechnung siehe Art. 7–10 und 24 der Durchführungsverordnung.

58   **(2) Hauptprüfverfahren (zweite Phase).** Leitet die Europäische Kommission aufgrund wettbewerblicher Bedenken ein Hauptprüfverfahren ein,[131] muss sie innerhalb von 90 Arbeitstagen nach Eingang der vollständigen Anmeldung eine abschließende Entscheidung treffen, Art. 10 Abs. 3 FKVO. Bieten die beteiligten Unternehmen nach dem 55. Arbeitstag Verpflichtungszusagen an, erhöht sich die Frist auf 105 Arbeitstage. Weitere Möglichkeiten der Fristverlängerung auf Antrag oder mit Zustimmung der Zusammenschlussbeteiligten sind in Art. 10 Abs. 3 FKVO geregelt.

Die Kommission ist zur Beurteilung eines Zusammenschlusses ermächtigt, alle erforderlichen Auskünfte (auch bei Dritten) einzuholen und Nachprüfungen bei den beteiligten Unternehmen vorzunehmen.

Die Kommission veröffentlicht den wesentlichen Inhalt ihrer Entscheidungen im Amtsblatt der EU sowie eine nicht-vertrauliche Fassung der Entscheidung auf ihrer Webseite.

59   **(3) Bedingungen und Auflagen.** Die beteiligten Unternehmen können Verpflichtungszusagen vorschlagen, um wettbewerbliche Bedenken der Europäischen Kommission zu begegnen.[132] Bevor die Kommission Verpflichtungszusagen akzeptiert, wird den Mitgliedstaaten und betroffenen Dritten die Möglichkeit zur Stellungnahme gegeben.

Wird ein Zusammenschlussvorhaben unter Verstoß gegen eine Bedingung vollzogen, unter der es freigegeben wurde, so gilt der Zusammenschluss in der vollzogenen Form als nicht von der Kommission genehmigt. Handelt ein Unternehmen einer auferlegten Auflage zuwider, kann die Kommission ihre Genehmigung widerrufen.[133] In beiden Fällen können gegen die Unternehmen Sanktionen verhängt werden. Die Kommission ist befugt, Nachprüfungen vorzunehmen, wenn Gründe für die Annahmen vorliegen, dass gegen Bedingungen oder Auflagen verstoßen wird.

60   **(4) Verwaltungsgebühren.** Die Kommission erhebt keine Gebühren.

61   **(5) Rechtsschutz.** Gegen Verwaltungsentscheidungen der Kommission in Zusammenschlussverfahren steht der Rechtsweg vor den Europäischen Gerichten offen, Art. 263 AEUV. Für Beschwerden gegen Fusionsentscheidungen ist in erster Instanz das Gericht der Europäischen Union zuständig. Der EuGH entscheidet über Rechtsmittelverfahren und über Klagen von Mitgliedstaaten.

f) Mittelstandskartelle

62   Das deutsche Kartellrecht kennt mit § 3 GWB zwar einen Sondertatbestand für die Rechtfertigung von Mittelstandskooperationen. Dieser Sondertatbestand hat jedoch keine Relevanz für fusionskontrollpflichtige Zusammenschlüsse. Für rein vertragliche, d. h. nicht-strukturelle Kooperationen ist diese Vorschrift wegen des Vorrangs des Europäischen Kartellrechts zudem allein auf Absprachen zwischen kleinen und mittleren Unternehmen[134] anwendbar, die wegen ihrer rein lokalen Bedeutung keinerlei Potential für grenzüberschreitende Wirkungen haben oder den grenzüberschreitenden Handel nicht spürbar beeinträchtigen. Außerdem dürfen diese Kooperationen den „Wettbewerb nicht wesentlich beeinträchtigen" und müssen der Rationalisierung wirtschaftlicher Vorgänge dienen. In der

---

[131] In nur etwa 4 % aller Anmeldungen wird eine 2. Phase eingeleitet, vgl. die veröffentlichten Statistiken der Kommission (abrufbar auf der Internetseite der Generaldirektion Wettbewerb).

[132] Siehe Mitteilung der Kommission über nach der Verordnung (EG) Nr. 139/2004 des Rates und der Verordnung (EG) Nr. 802/2004 der Kommission zulässige Abhilfemaßnahmen (ABl. EU C 267/1 vom 22.10.2008).

[133] Siehe Mitteilung über zulässige Abhilfemaßnahmen, Rn. 67.

[134] Das GWB geht – anders als das europäische Kartellrecht – von einem relativen Begriff des Kleinen und Mittleren Unternehmens („KMU") aus, der sich weniger an den Konzernumsätzen als vielmehr an der Größe der Wettbewerber und sonstigen Marktteilnehmer orientiert. Ein KMU liegt zumindest dann vor, wenn ein Unternehmen weniger als EUR 25 Mio. Gesamtumsatz (einschließlich Konzernunternehmen) erzielt, *Bechtold/Bosch,* Kommentar zum GWB, § 3 Rn. 11.

Praxis bedeutet dies regelmäßig, dass die an der Absprache beteiligten kleinen und mittleren Unternehmen insgesamt auf den betroffenen Märkten einen Anteil von höchstens 10 bis 15% halten dürfen.[135] Absprachen über Preise oder Preisbestandteile werden auch innerhalb dieser Grenzen sehr kritisch gesehen und werden nur im Ausnahmefall für eine Ausnahme qualifizieren. Für Quotenabsprachen fehlt es nach Auffassung des Bundeskartellamtes bereits an der Eignung zur „Rationalisierung wirtschaftlicher Vorgänge". Sie sind von § 3 GWB daher grundsätzlich ausgeschlossen.

> **Praxishinweis:** In der Praxis werden die privilegierenden Wirkungen des Mittelstandskartells regelmäßig überschätzt: Eine vertragliche Zusammenarbeit kann unabhängigen Unternehmen nicht die gleiche Freiheit geben, wie eine strukturelle Zusammenarbeit. Die Grenzen einer rein vertraglichen Kooperation sind daher stets sorgfältig zu prüfen. Insbesondere gibt es keinen generellen „Freibrief" für den Mittelstand, der diesem die Last abnimmt, das eigene Verhalten der Einhaltung kartellrechtlicher Regeln zu unterwerfen.

(frei)   **63–65**

3. Gesellschaftsrechtliche (Zustimmungs-)Erfordernisse und Anzeigen

Gesellschaftsrechtliche Zustimmungserfordernisse und Anzeigen können sich zum einen auf die Geschäftsführung und Vertretung sowie zum anderen auf der Gesellschafterebene auf die Geschäftsanteile und deren Veräußerung beziehen.

a) Zustimmungserfordernisse für die Geschäftsführung und Vertretung

Die Zustimmungserfordernisse für die Geschäftsführung und den Vorstand sind von **66** verschiedenen Normen und Wertungsmodellen geprägt, die sich zum Teil ergänzen, zum Teil aber auch überlagern. Insbesondere mit Blick auf den Anwendungsbereich, die Voraussetzungen und die Rechtsfolgen der – gesetzlich nicht geregelten – Grundlagengeschäfte bei Personengesellschaften sowie des § 179a AktG bei der Aktiengesellschaft und dessen Ausstrahlungswirkung auf andere Gesellschaftsformen scheint eine klare Linie noch nicht gefunden zu sein. Allerdings hat der Bundesgerichtshof in einem durchaus zu Recht als Grundsatz-Entscheidung bezeichneten Urteil vom 8.1.2019 einige Grundsatzfragen zur Anwendung von § 179a AktG nun beantwortet und dabei u. a. eine analoge Anwendung auf die GmbH mangels planwidriger Regelungslücke im Gesetz abgelehnt, um im gleichen Atemzug die Grundsätze des Missbrauchs der Vertretungsmacht für anwendbar zu erklären, ohne allerdings weitere Praxisfragen final zu beantworten.[136] Dieses Urteil hat im Ergebnis für die M&A Praxis erhebliche Relevanz, was auch die Anzahl der hierzu bereits erschienenen Rezensionen zu dieser Entscheidung belegt.[137] Wichtig ist hierbei auch genau hinzuschauen, welche Rechtsfolgen eine fehlende Zustimmung hat: Entfall der – an sich im Außenverhältnis unbeschränkten (vgl. §§ 126 Abs. 2 HGB, 82 Abs. 1 AktG und 37 Abs. 2 GmbHG) – Vertretungsmacht mit der Folge, dass der Vertrag mit dem Dritten unwirksam ist

---

[135] Siehe Merkblatt des Bundeskartellamtes über Kooperationsmöglichkeiten für Kleine und Mittlere Unternehmen, März 2007, derzeit abrufbar unter: http://www.bundeskartellamt.de/wDeutsch/download/pdf/Merkblaetter/Merkblaetter_deutsch/07KMU-Merkblatt.pdf.

[136] BGH vom 8.1.2019 – II ZR 364/18, NZG 2019, 505; zustimmend: *Bungert/Evertz,* EWiR 2019, 263; *Henne/Dittert,* DStR 2019, 2371, 2373; *von Prittwitz,* DStR 2019, 1265 sowie grundsätzlich zustimmend auch *Müller,* NZG 2019, 807, 810; kritisch hingegen: *Heckschen,* GWR 2020, 63, 64.

[137] Vgl. nur *Berkefeld,* DNotZ 2020, 85; *Müller,* NZG 2019, 807; *Heinze,* NJW 2019, 1995; *Pfeiffer,* BB 2019, 1107; *Ulrich,* GmbHR 2019, 535; *Bungert/Evertz,* EWiR 2019, 263; *Heckschen,* GWR 2020, 63, 64; *Natterer,* ZIP 2019, 1796; *Henne/Dittert,* DStR 2019, 2371; *Götze,* NZG 2019, 695; *Giedinghagen/Keller,* NJW-Spezial 2019, 271; *Breschendorf,* GWR 2019, 145 sowie vor dem BGH-Urteil vom 8.1.2019 bereits u. a. *Widder/Feigen,* NZG 2018, 972; *Weitnauer,* GWR 2018, 1; *Eschwey,* MittBayNot 2018, 299.

(so bei fehlender Zustimmung in den Fällen des § 179a AktG sowie nach bislang herrschender Auffassung bei Grundlagengeschäften[138]) oder lediglich Pflichtverletzung der Geschäftsführung im Innenverhältnis mit Verpflichtung zum Schadensersatz.[139] Nach Auffassung des BGH ist der § 179a AktG eine „systemwidrige und daher nur schwer verallgemeinerungsfähige und jedenfalls nicht auf die GmbH übertragbare Ausnahme".[140] Besondere Bedeutung wird zukünftig auch vermehrt der vom BGH in seiner „Januar-Entscheidung" zugrunde gelegten Lösung über den Missbrauch der Vertretungsmacht zukommen.[141]

67 **aa) Außergewöhnliche Geschäfte und Grundlagengeschäfte bei Personengesellschaften.**[142] Sowohl beim Share Deal als auch beim Asset Deal wird regelmäßig aufgrund eines **Katalogs zustimmungspflichtiger Geschäfte** in der Satzung einer GmbH oder AG (oder einer etwaigen Gesellschaftervereinbarung) sowie im Gesellschaftsvertrag einer oHG oder KG für die Geschäftsführung ein Zustimmungsbeschluss der Gesellschafterversammlung notwendig sein. Die für einen Zustimmungsbeschluss erforderlichen Mehrheiten sowie das dafür zuständige Gremium (z. B. Gesellschafterversammlung, Beirat etc.) variieren von Fall zu Fall.

68 Ungeachtet eines solchen Zustimmungskataloges besteht **bei der oHG** regelmäßig für **Maßnahmen der Geschäftsführung** ein Zustimmungserfordernis der Gesellschafter für Geschäfte, die über den gewöhnlichen Betrieb des Handelsgewerbes hinausgehen (vgl. **§ 116 HGB**), so dass schon von daher für eine Unternehmensveräußerung ein zustimmender Gesellschafterbeschluss bei der veräußernden Gesellschaft notwendig ist.[143] Bei **Kommanditgesellschaften** sind Kommanditisten gemäß **§ 164 HGB** zwar – falls keine abweichende Vereinbarung im Gesellschaftsvertrag getroffen wurde – von der Geschäftsführung ausgeschlossen und haben im Grundsatz lediglich ein **Widerspruchsrecht.** Für den Verkauf (nahezu) sämtlicher Vermögensgegenstände durch eine KG oder oHG ist allerdings zu beachten, dass dies nach Auffassung der Rechtsprechung ein sog. **Grundlagengeschäft** darstellt, welches nicht mehr von der Vertretungsmacht des Vertretungsorgans gedeckt sein soll.[144]

Für die Wirksamkeit *des schuldrechtlichen Kaufvertrages* im Außenverhältnis (und nicht nur im Innenverhältnis mit einer etwaigen Schadensersatzpflicht der Geschäftsführung gegenüber den Gesellschaftern) ist daher ein Beschluss der Gesellschafter – also mangels abweichender Mehrheiten/Beschlusserfordernisse im Gesellschaftsvertrag auch die **Zustimmung der Kommanditisten** – notwendig.[145] Es besteht dann bereits entgegen der ansonsten nach den jeweiligen gesetzlichen Regelungen[146] grundsätzlich unbeschränkten Vertretungsmacht des Managements schon keine Vertretungsmacht (§ 164 BGB) und nicht lediglich eine Schadensersatzpflicht des Geschäftsführers. Wie insbesondere *Eschwey* ausgeführt hat, ist dieses Wertungsmodell des Entfalls der Vertretungsmacht bei Grundlagengeschäften allerdings bei den Personengesellschaften, die ja strukturell noch stärker als die GmbH von der Aktiengesellschaft abweichen, wenig überzeugend.[147]

---

[138] Vgl. zum Meinungsstand *Eschwey*, MittBayNot 2018, 299, 311 m. w. N.

[139] Vgl. auch *Müller*, NZG 2019, 807, 809.

[140] BGH vom 8.1.2019 – II ZR 364/18, NZG 2019, 505, Tz. 32. Das OLG Düsseldorf hat im Urteil vom 23.11.2017 – I-6 U 225/16, NZG 2018, 297, die analoge Anwendung von § 179a AktG auf Personengesellschaften ausdrücklich bejaht.

[141] Vgl. dazu BGH vom 8.1.2019 – II ZR 364/18, NZG 2019, 505, Tz. 39 ff.

[142] Sogenannte Grundlagengeschäfte betreffen das innere Verhältnis der Gesellschafter zueinander, vgl. auch *Eschwey*, MittBayNot 2018, 299, 311.

[143] Vgl. für die GmbH *Kleindiek* in: Lutter/Hommelhoff, GmbHG, § 37 Rn. 11.

[144] BGH vom 9.1.1995 – II ZR 24/94, NJW 1995, 596; BGH vom 8.1.2019 – II ZR 364/18, NZG 2019, 505 Tz. 41 f.; vgl. dazu auch *Eschwey*, MittBayNot 2018, 299, 311.

[145] Vgl. BGH vom 9.1.1995 – II ZR 24/94, NJW 1995, 596; *Roth* in: Baumbach/Hopt, HGB, § 126 HGB Rn. 3.

[146] §§ 126 Abs. 2, 161 Abs. 2 HGB, 37 Abs. 2 GmbHG, 82 Abs. 1 AktG und 27 Abs. 2 GenG.

[147] *Eschwey*, MittBayNot 2018, 299, 311; gleichfalls kritisch *Götze*, NZG 2019, 695.

Sofern die Gesellschafter im Falle der **oHG** das gesetzliche Zustimmungserfordernis nach § 116 HGB abgemildert haben, ist zu beachteten, dass trotzdem auch hier im Falle eines Grundlagengeschäfts zwingend die einstimmige Zustimmung aller Gesellschafter erforderlich sein kann.

Nach der **neueren Rechtsprechung des BGH** wird hierbei allerdings **nicht mehr 69 auf den Bestimmtheitsgrundsatz und die Kernbereichslehre zurückgegriffen,** sondern in einem zweistufigen Prüfungsverfahren geprüft, (i) ob bei einer Auslegung des Gesellschaftsvertrages die Gesellschafter das gesetzlich vorgesehene Einstimmigkeitsprinzip durch Mehrheitsabstimmungen – ganz oder teilweise – ersetzen wollen und ob (ii) im Rahmen einer richterlichen Abwägung der in Rede stehende Beschluss als Eingriff im Interesse der Gesellschaft geboten und dem davon betroffenen Minderheitsgesellschafter unter den gegebenen Umständen zumutbar oder aber ein Verstoß der Mehrheit gegen ihre gesellschaftsrechtliche Treupflicht ist.[148] In seinem Urteil vom 21.10.2014 hat der BGH dabei das **Mehrheitsprinzip** anstatt der bislang überwiegend angenommenen Einstimmigkeit ausdrücklich **auch für Grundlagengeschäfte** für anwendbar erklärt, wenn eine Auslegung des Gesellschaftsvertrages dies ergebe.[149] In einem Urteil vom 23.11.2017 hat das OLG Düsseldorf die analoge Anwendung von § 179a AktG auf Personengesellschaften indessen ausdrücklich bejaht und eine Dreiviertelmehrheit verlangt, wenn der Gesellschaftsvertrag zu den Mehrheitserfordernissen bei dem in Rede stehenden Beschlussgegenstand keine Regelung enthält.[150]

In einer anderen Entscheidung zu einer Personengesellschaft hat der Bundesgerichtshof unter Hinweis auf die Vorschrift des § 179a AktG (§ 361 AktG a. F.) indessen entschieden, dass aus Gründen der Sicherheit des Rechtsverkehrs die fehlende Zustimmung der Gesellschafter die *Wirksamkeit des Vollzugsgeschäfts,* also der dinglichen Übertragung, nicht berührt.[151] Im Ergebnis sind damit nach Auffassung der Rechtsprechung bei Geschäften der KG sowie oHG (und wohl auch der GbR) die Erfüllungsgeschäfte wirksam, wohingegen ihnen jedoch der Rechtsgrund fehlt, so dass sie nach **Bereicherungsrecht** rückabzuwickeln sind.[152]

> **Praxishinweis:** Ungeachtet dessen, ob man nun die Vertretungsmacht und Geschäftsführungsbefugnis der Geschäftsführer einer Personenhandelsgesellschaft aufgrund der Einordnung als Grundlagengeschäft als eingeschränkt ansieht oder § 179a AktG für analog anwendbar hält (dazu sogleich), scheint es im Falle eines Unternehmensverkaufes in jedem Fall geboten, den Mandanten über die Risiken eines fehlenden zustimmenden Gesellschafterbeschlusses aufzuklären und als ein „Gebot des sichersten Weges" die jeweils strengsten Vorgaben einzuhalten.[153]

Es erscheint aus dogmatischer Sicht nicht stimmig, einerseits bei einem Grundlagengeschäft bereits die Vertretungsbefugnis entfallen zu lassen, andererseits aber dann das dingliche Geschäft als wirksam anzusehen. Auch bei diesem Geschäft müsste dann konsequenterweise die Vertretungsmacht fehlen.

bb) AG: § 179a AktG, § 311b Abs. 3 BGB. Die größte Freiheit in der Führung der **70** Geschäfte hat der Vorstand der Aktiengesellschaft, der gemäß § 76 AktG die Gesellschaft in eigener Verantwortung zu leiten hat.

---

[148] BGH vom 21.10.2014 – II ZR 84/13, NJW 2015, 859, 862 Tz. 16 ff.; vgl. dazu auch *Goette/Goette*, DStR 2016, 74 sowie kritisch der neuen BGH-Rechtsprechung gegenüber *Altmeppen*, NJW 2015, 2065.

[149] BGH vom 21.10.2014 – II ZR 84/13, NJW 2015, 859 Tz. 12.

[150] OLG Düsseldorf vom 23.11.2017 – I- 6 U 225/16, NZG 2018, 297, 300 Tz. 35.

[151] BGH vom 8.7.1991 – II ZR 246/90, BB 1991, 1879, 1880.

[152] Vgl. auch *Brück/Sinewe*, Steueroptimierter Unternehmenskauf, § 5 Rn. 103; *Weber* in: Hölters, Handbuch Unternehmenskauf, Kap. 9 Rn. 9.164.

[153] So im Ergebnis auch *Eickelberg/Mühlen*, NJW 2011, 2476, 2481.

Gemäß § 179a AktG bedarf allerdings ein Vertrag, durch den sich eine Aktiengesellschaft zur Übertragung des ganzen Gesellschaftsvermögens verpflichtet, ohne dass die Übertragung unter die Vorschriften des Umwandlungsgesetzes fällt, eines **Beschlusses der Hauptversammlung**[154], der gemäß § 179 AktG einer Mehrheit von mindestens drei Viertel des vertretenen Grundkapitals bedarf und zu beurkunden ist (vgl. § 130 Abs. 1 Satz 1 AktG). Grund dafür ist, dass dies einer Einstellung des Geschäftsbetriebes gleichkommt, sodass nach der Rechtsprechung des Bundesgerichtshofes diese Erwägungen **gleichermaßen für die Personenhandelsgesellschaften** gelten.[155]

Wenngleich es zwischen **§ 311b Abs. 3 BGB** (Beurkundungspflicht bei Übertragung des gesamten Vermögens[156]) und **§ 179a AktG** starke tatbestandliche Übereinstimmungen gibt, ist ihr Anwendungsbereich dennoch nicht deckungsgleich.[157] So fällt beispielsweise eine Verpflichtung, die sich lediglich auf (einen) einzelne(n) namentlich bezeichnete(n) Vermögensgegenstand bzw. Vermögensgegenstände bezieht, nicht unter § 311b Abs. 3 BGB, wohingegen diese Fallgestaltung den Tatbestand des § 179a AktG erfüllen würde.[158] Auch darf die „Übertragung des ganzen Vermögens" bei § 179a AktG nicht wörtlich verstanden werden: **ausreichend** ist bereits, dass sich die Verpflichtung auf die **Übertragung des Aktiv-Vermögens** beschränkt.[159] Anders als im Falle des § 311b Abs. 3 BGB, dessen Verletzung zur unheilbaren Nichtigkeit des Rechtsgeschäfts führt ist, ist im Fall des § 179a AktG ein nichtiger Gesellschafterbeschluss auch lediglich schwebend unwirksam, so dass eine nachträgliche Genehmigung zur **Heilung** führen kann.[160]

71   **cc) GmbH: kein § 179a AktG, aber § 49 Abs. 2 GmbHG.** Sowohl im Hinblick auf Strukturmaßnahmen als auch für wichtige Einzelmaßnahmen (vgl. § 46 GmbHG)[161] gibt es **keine** dem § 116 HGB vergleichbare **ausdrückliche Vorschrift für ein Zustimmungserfordernis bei außergewöhnlichen Maßnahmen** der Geschäftsführung, so dass Geschäftsführer einer GmbH – vorbehaltlich abweichender gesellschaftsvertraglicher Vereinbarungen in der Satzung oder einer etwaigen Gesellschaftervereinbarung – in ihren Entscheidungen tendenziell freier sind als die geschäftsführenden Gesellschafter einer Personenhandelsgesellschaft.

Das personengesellschaftsrechtliche Verständnis der Einschränkung der Geschäftsführungs- und Vertretungsmacht bei ungewöhnlich bedeutsamen Geschäften wird – trotz des personalistischen Charakters auch der GmbH – im juristischen Schrifttum für die GmbH teilweise abgelehnt,[162] findet sich aber in vergleichbarer Weise in den Fällen des § 179a AktG sowie der „Holzmüller-/Gelatine-Doktrin" sinngemäß wieder (dazu → Rn. 72 ff.).

Langezeit unklar war die – von der bislang überwiegenden Auffassung im Schrifttum bejahte – Frage, ob § 179a AktG auch analog auf die GmbH anzuwenden ist. Der **BGH** hat diese Frage nun in aller Deutlichkeit unter **Hinweis auf die strukturellen Unterschiede von AG und GmbH,** in der es beispielsweise deutlich stärkere Mitwirkungs-, Kontroll- und Informationsrechte für die Gesellschafter gebe, verneint.[163] Für die notwen-

---

[154] Vgl. zur Anwendung von § 179a AktG *Brocker/Schulenburg,* BB 2015, 1993.

[155] Vgl. nur BGH vom 9.1.1995 – II ZR 24/94, NJW 1995, 596; ebenso *Stein* in: Münchener Kommentar zum AktG, Band 4, § 179a Rn. 14; *Kiem,* NJW 2006, 2363, 2366; *Eickelberg/Mühlen,* NJW 2011, 2476, 2480; *Klöckner,* DB 2008, 1083, 1086.

[156] Siehe dazu ausführlich unten → Rn. 148 ff.

[157] Vgl. zum Verhältnis dieser Vorschriften auch *Widder/Feigen,* NZG 2018, 972 sowie *Berkefeld,* DNotZ 2020, 85, 88.

[158] *Eickelberg/Mühlen,* NJW 2011, 2476, 2481; vgl. auch *Hermanns,* DNotZ 2013, 9, 11.

[159] *Eickelberg/Mühlen,* NJW 2011, 2476, 2480.

[160] Vgl. *Eickelberg/Mühlen,* NJW 2011, 2476, 2480.

[161] *Bayer* in: Lutter/Hommelhoff, GmbHG, § 46 Rn. 1.

[162] So z. B. *Beurskens* in: Baumbach/Hueck, GmbHG, § 37 Rn. 47.

[163] BGH vom 8.1.2019 – II ZR 364/18, NZG 2019, 505 Tz. 11 und 28 ff.

dige wertende Interessenabwägung der in einem Spannungsverhältnis stehenden Belange des Gesellschafterschutzes auf der einen und des Schutzes des redlichen Rechtsverkehrs auf der anderen Seite habe der erkennende Senat eine entsprechende Anwendung des § 361 AktG 1965 auf den Fall, dass ein wesentlicher oder sogar den Schwerpunkt der bisherigen Unternehmenstätigkeit bildender, aber das Betriebsvermögen nicht erschöpfender selbstständiger Vermögensteil ausgegliedert wird, mit der Begründung abgelehnt, dass die dann auftretenden Abgrenzungsschwierigkeiten zu einer Rechtsunsicherheit führen, die im Hinblick auf die durch § 361 AktG 1965 (jetzt § 179a AktG) eingeschränkte Vertretungsmacht des Vorstands untragbar wäre.[164]

Nach der „Januar-Entscheidung" des BGH findet allerdings **§ 49 Abs. 2 GmbHG** ggf. Anwendung, der das Schutzanliegen des § 179a AktG auch ohne dessen entsprechende Anwendung gewährleiste, weil auch nach dieser Vorschrift ein Geschäftsführer – losgelöst von etwaigen Zustimmungspflichten gemäß Gesellschaftsvertrag oder einer Beschlussweisung der Gesellschafterversammlung – bei besonders bedeutsamen Geschäften verpflichtet ist, die Zustimmung der Gesellschafterversammlung von sich aus einzuholen.[165]

Der weiter reichende Schutz des § 179a AktG (Durchschlagen einer fehlenden Zustimmung auf das Außenverhältnis) werde in manchen Fällen u. U. wegen eines **Missbrauchs der Vertretungsmacht** gleichermaßen erreicht, wenn nämlich der Geschäftspartner weiß oder es sich ihm aufdrängen muss, dass der Geschäftsführer nicht den nötigen Zustimmungsbeschluss eingeholt hat und somit seine Vertretungsmacht missbraucht.[166] Dies – so der BGH – wird man häufig annehmen können, wenn das gesamte Unternehmen als solches übertragen werden soll. Einem verständigen Vertragspartner müsse klar sein, dass der Geschäftsführer die GmbH nicht ohne Zustimmung der Gesellschafter unternehmenslos stellen könne.[167] Hier hält der BGH namentlich bei Veräußerung des ganzen Unternehmens eine **Erkundigungsobliegenheit des Käufers** für naheliegend; auch könnten einzelne Gesellschafter den Erwerber durch Mitteilung des fehlenden Gesellschafterbeschlusses bösgläubig machen und so die Unwirksamkeit des Geschäftes herbeiführen.[168]

Zu der **Frage der Beurkundungsbedürftigkeit** eines etwa nach § 49 Abs. 2 GmbHG oder der „Holzmüller-/Gelatine-Rechtsprechung" erforderlichen Zustimmungsbeschlusses hat sich der BGH indessen ebenso wenig geäußert wie zur Frage der erforderlichen Mehrheit. Hier ist davon auszugehen, dass es mit der Formvorschrift des § 311b Abs. 3 BGB (Veräußerung des Vermögens im Ganzen) sein Bewenden hat und in sonstigen Fällen keine Beurkundungspflicht besteht, und zwar auch nicht nach § 53 Abs. 2 GmbHG wegen einer „faktischen Satzungsänderung".[169]

dd) „Holzmüller/Gelatine-Rechtsprechung". Neben § 179a AktG hatte der BGH **72** in seiner grundlegenden **„Holzmüller-Entscheidung"** aus dem Jahre 1982 im Zusammenhang mit der Ausgliederung eines Betriebs, der den wertvollsten Teil des Gesellschaftsvermögens bildet, Grundsätze entwickelt, nach denen solche für die Rechtsstellung der

---

[164] BGH vom 8.1.2019 – II ZR 364/18, NZG 2019, 505 Tz. 11 und 29 unter Hinweis auf BGH vom 25.2.1982 „Holzmüller" – II ZR 174/80, BGHZ 83, 122 = NJW 1982, 1703.

[165] BGH vom 8.1.2019 – II ZR 364/18, NZG 2019, 505 Tz. 36 f.

[166] BGH vom 8.1.2019 – II ZR 364/18, NZG 2019, 505 Tz. 39 f.; vgl zur Frage des Missbrauchs der Vertretungsmacht auch das Urteil des BGH vom 1.2.2012 – VIII ZR 307/10, NJW 2012, 1718, 1718 Tz. 21. sowie *Schnorbus/Ganzer*, BB 2020, 451, 455.

[167] BGH vom 8.1.2019 – II ZR 364/18, NZG 2019, 505 Tz. 41.

[168] BGH vom 8.1.2019 – II ZR 364/18, NZG 2019, 505 Tz. 42 f.; kritisch zu den Folgeproblemen bei der Definition des Missbrauchs der Vertretungsmacht sowie der „besonderen Bedeutsamkeit des Geschäfts" *Natterer*, ZIP 2019, 1796, 1799 ff.

[169] Vgl. auch *Müller*, NZG 2019, 807, 811 f.; *Natterer*, ZIP 2019, 1796, 1799; wohl auch *Berkefeld*, DNotZ 2020, 85, 93; differenzierend *Prittwitz*, DStR 2019, 1265, 1268, je nachdem, ob das Gesamtvermögensgeschäft zu einer Änderung des Unternehmensgegenstands führt (dann Beurkundungspflicht) oder nicht.

Aktionäre besonderes bedeutsamen Entscheidungen der Hauptversammlung zur Zustimmung vorzulegen sind. Dies bezog der BGH auf alle Entscheidungen, „von denen der Vorstand vernünftigerweise nicht annehmen darf, er dürfe diese in ausschließlich eigener Verantwortung treffen".[170] Diese Rechtsprechung hat der BGH in seinen beiden **„Gelatine- Entscheidungen"**[171] im Jahr 2004 **restriktiv weiterentwickelt.**[172]

73 Die Diskussion in Rechtsprechung und Literatur zu ungeschriebenen Zuständigkeiten der Hauptversammlung bzw. Gesellschafterversammlung ist auch nach den beiden „Gelatine-Entscheidungen" noch nicht abgeschlossen, und viele Details sind trotz der „Januar-Entscheidung" des BGH weiterhin unklar.[173]

Im Ergebnis wird man (auch weiterhin) davon ausgehen müssen, dass die Gesellschafter immer dann (egal ob Gesellschafter einer Personengesellschaft, einer Aktiengesellschaft oder GmbH) zur Mitwirkung berufen sind, wenn infolge einer Veräußerung von Vermögen der satzungsmäßige Unternehmensgegenstand nicht mehr ausgefüllt und somit die Satzung verletzt wird.[174] Oder anders formuliert: Das Management muss einen Zustimmungsbeschluss der Gesellschafter einholen, wenn die Maßnahme des Vorstandes bzw. der Geschäftsführung an die Kernkompetenz der Hauptversammlung bzw. Gesellschafterversammlung, über die Verfassung der Gesellschaft zu bestimmen, rührt und in ihren Auswirkungen einem Zustand nahezu entspricht, der allein durch eine Satzungsänderung herbeigeführt werden kann.[175] Dies kann insbesondere bei Ausgliederungen und Umstrukturierungen der Fall sein. Im Falle der Veräußerung einer Tochtergesellschaft oder eines Betriebs verbleibt allerdings neben § 179a AktG kein eigenständiger Raum für eine Anwendung der „Holzmüller-Doktrin".[176]

Ist nicht das gesamte Vermögen der AG bzw. GmbH im Sinne von § 179a AktG betroffen, so kann es bei einem Asset Deal dennoch zu einer Verfügungsbeschränkung kommen, wenn die „Holzmüller/Gelatine-Doktrin" eingreift.

74 Zwar sind die Aussagen der Rechtsprechung zur **„Quantität" der veräußerten Vermögensgegenstände** noch nicht abschließend festgelegt, doch ist heute davon auszugehen, dass der Vorstand bzw. die Geschäftsführung erst bei einer Veräußerung von ca. 75–80 % des Vermögens oder von Unternehmensteilen, die 75–80 % des Umsatzes einer Gesellschaft ausmachen, die Zustimmung der Haupt- bzw. Gesellschafterversammlung einholen muss, wobei der Zustimmungsbeschluss dann **nur bei der Aktiengesellschaft** (vorbehaltlich abweichender Regelungen in Satzung, Gesellschaftsvertrag oder Gesellschaftervereinbarung auch einer GmbH, KG oder oHG) einer Mehrheit von drei Viertel des anwesenden Grund- bzw. Stammkapitals bedarf.[177] In sonstigen Fällen reicht für einen Zustimmungsbeschluss nach § 49 Abs. 2 GmbHG die einfache Mehrheit.[178]

---

[170] BGH vom 25.2.1982 – II ZR 174/80, BGHZ 83, 122 = NJW 1982, 1703.

[171] BGH vom 26.4.2004 – II ZR 155/02, BGHZ 159, 30 = NJW 2004, 1860 – Gelatine I; BGH vom 26.4.2004 – II ZR 154/02, NZG 2004, 575 – Gelatine II.

[172] Vgl. zur Entwicklung dieser Rechtsprechung *Goette*, DStR 2005, 603.

[173] Vgl. *Feldhaus*, BB 2009, 562, 569.

[174] Vgl. auch *Diekmann* in: Münchener Handbuch des Gesellschaftsrechts, Band 3 § 44 Rn. 58; *Kleindiek* in: Lutter/Hommelhoff, GmbHG, § 37 Rn. 11.

[175] *Goette*, DStR 2005, 603, 604.

[176] BGH vom 20.11.2006 – II ZR 226/05, DStR 2007, 586; OLG Stuttgart vom 13.7.2005 – 20 U 1/05, BeckRS 2005, 08092 mit ausführlicher Begründung; ebenso *Goette*, DStR 2005, 603, 604 f.

[177] *Brück/Sinewe*, Steueroptimierter Unternehmenskauf, § 5 Rn. 108; vgl. auch *Goette*, DStR 2005, 603, 604 „Größenordnung von rund 80%"; vgl. auch ausführlich zum Meinungsstand *Eschwey*, MittBayNot 2018, 299, 304 ff.; *Brocker/Schulenburg*, BB 2015, 1993, 1994 f. zur quantitativen und qualitativen Beurteilung.

[178] Ebenso *Müller*, NZG 2019, 807, 811 f.; *Natterer*, ZIP 2019, 1796, 1799; *Heinze*, NJW 2019, 1995, 1996 f. spricht sich hingegen ab Überschreitung der „Holzmüller-Fälle" für einen Zustimmungsbeschluss mit Dreiviertelmehrheit aus; ebenso *Henne/Dittert*, DStR 2019, 2371, 2373.

Für **Personengesellschaften** greifen hingegen in diesen Fällen die Grundsätze für　**75** **Grundlagenentscheidungen,** die allerdings wertungsmäßig § 179a AktG sehr ähneln, so dass die Rechtsprechung zu § 179a AktG auch bei Personengesellschaften wertungsmäßig durchaus herangezogen werden kann[179], wenngleich nach der „Januar-Entscheidung" des BGH berechtigte Zweifel im Raume stehen, ob der Wegfall der Vertretungsmacht bei Personengesellschaften als Rechtsfolge passt, wenn im Falle der GmbH diese bestehen bleibt und die Geschäftsführung lediglich zum Schadensersatz verpflichtet ist.[180] Soweit es sich um ein zustimmungspflichtiges Grundlagengeschäft handelt, wurde bislang als Beschlussmehrheit Einstimmigkeit gefordert, was jedoch nach der Stärkung des Mehrheitsprinzips durch die neuere Rechtsprechung des BGH auch nicht mehr ohne weiteres gilt. Hier wird man zukünftig im Rahmen der Prüfung der formellen Legitimation (Stufe 1) die Regelungen des Gesellschaftsvertrages auslegen müssen, ob die Gesellschafter auch für einen solchen Fall ggf. das Mehrheitsprinzip verankert haben, um auf Stufe 2 anschlie-ßend zu prüfen, ob die konkrete Beschlussfassung möglicherweise treuwidrig und damit unwirksam ist.[181]

> **Praxishinweis:** Ungeachtet der Rechtsform der das Unternehmen bzw. Vermögen übertra-genden Gesellschaft sollte ein zustimmender Gesellschafterbeschluss eingeholt werden. Bei der AG ist das Mehrheitserfordernis – ungeachtet eines etwa niedrigeren Quorums laut Regelungen in der Satzung – gemäß § 179a Abs. 1 Satz 2, § 179 Abs. 2 AktG mindestens drei Viertel des bei der Beschlussfassung vertretenen Kapitals[182]. Bei den anderen Gesell-schaftsformen sind die Mehrheiten gemäß Satzung, Gesellschaftsvertrag und ggf. Gesell-schaftervereinbarung zu beachten. Bei der Aktiengesellschaft ist zudem eine notarielle Be-urkundung dieses Beschlusses erforderlich, bei den übrigen Gesellschaftsformen nur dann, wenn die Voraussetzungen des § 311b Abs. 3 GmbHG erfüllt sind.

b) Zustimmungen auf Gesellschafterebene

Zudem wird es beim Share Deal in aller Regel auf Gesellschafterebene Zustimmungs-　**76** erfordernisse oder Erschwerungen der Übertragung (sog. **Vinkulierung**) gemäß § 15 Abs. 5 GmbHG bzw. bei Namensaktien gemäß § 68 Abs. 2 AktG geben.[183] Anders als diese Ausnahme von der eigentlich freien Übertragbarkeit im Recht der Kapitalgesellschaften mit optionaler Einschränkung, stellt die **Vinkulierung bei Personengesellschaften das gesetzliche Leitbild** dar, von dem die Gesellschafter im Gesellschaftsvertrag ausdrücklich eine abweichende Regelung getroffen haben müssen, wenn nicht das einstimmige Zustim-mungserfordernis für die Anteilsübertragung gelten soll.[184]

Je nach Regelungsinhalt in der Satzung bedarf die Übertragung der Mitgliedschaft dann z.B. der Zustimmung der *Gesellschafter,* der *Gesellschafterversammlung* oder aber der Zustim-mung der Geschäftsführung *der Gesellschaft,* die dann wiederum einen Zustimmungsbe-schluss der Gesellschafterversammlung oder aber die Zustimmung aller Gesellschafter ein-holen muss.

---

[179] Vgl. auch BGH vom 8.7.1991 – II ZR 246/90, BB 1991, 1879, 1880.

[180] Vgl. dazu auch mit überzeugenden Argumenten *Eschwey,* MittBayNot 2018, 299, 311 ff.

[181] Grundlegend BGH vom 15.1.2007 – II ZR 245/05, NZG 2007, 259, 260; BGH vom 16.10.2012 – II ZR 239/11, NZG 2013, 63, 65; BGH vom 21.10.2014 – II ZR 84/13, NJW 2015, 859 Tz. 12 ff., wo der BGH die Mehrheitsmacht anstatt Einstimmigkeit ausdrücklich auch für Grund-lagengeschäfte anspricht.

[182] Vgl. auch *Klöckner,* DB 2008, 1083, 1086.

[183] Bei Aktiengesellschaften sind vinkulierte Namensaktien eine Ausnahme von dem Grundsatz der freien Übertragbarkeit von Aktien, vgl. *Sailer-Coceani* in: Münchener Handbuch des Gesellschaftsrechts, Band 4, § 14 Rn. 14.

[184] Vgl. *K. Schmidt* in: Münchener Kommentar zum HGB, Band 2, § 105 Rn. 213; *Schulte/Hushahn* in: Münchener Handbuch des Gesellschaftsrechts, Band 1, § 10 Rn. 116 f.

Diese Zustimmungserfordernisse auf Gesellschafterebene haben **dingliche Wirkung,** so dass die Anteilveräußerung schwebend unwirksam ist, solange die Zustimmung nicht erteilt ist. Es sollte daher sehr sorgfältig geprüft werden, welche Art der Vinkulierung besteht und welche Zustimmungen im Einzelnen einzuholen sind.[185]

77 Ungeachtet dessen kann im Zuge der Anteilsabtretung eine **Teilung von Geschäfts-anteilen** erforderlich werden,[186] wofür gemäß § 46 Nr. 4 GmbHG die „Bestimmung der Gesellschafter" Voraussetzung ist, was – genauer gesagt – einen Gesellschafterbeschluss meint.[187]

78 Ferner können im Gesellschaftsvertrag oder in einer Gesellschaftervereinbarung **Vor-kaufsrechte sowie Mitverkaufsrechte und -pflichten** (sog. „Tag-Along-" und „Drag-Along-Rechte")[188] enthalten sein, die es zu beachten gilt und die zum Teil sogar mit quasi-dinglicher Wirkung ausgestaltet sein und somit einen Vollzug des Vertrages möglicherweise verhindern, jedenfalls aber erschweren können.

c) Zustimmung des Verkäufers zur Fortführung der Firma, § 25 HGB

79 Beim Asset Deal geht es gerade bei mittelständischen Unternehmen auch um die Frage der Fortführung der Firma, also des Namens, unter dem der Kaufmann seine Geschäfte betreibt (vgl. §§ 17 ff. HGB). Der Käufer eines Unternehmens darf die bisherige Firma, auch wenn sie den Namen des bisherigen Geschäftsinhabers enthält, mit oder ohne Beifügung eines das Nachfolgeverhältnis andeutenden Zusatzes fortführen, wenn der bisherige Geschäftsinhaber oder dessen Erben in die Fortführung der Firma ausdrücklich einwilligen (§ 22 Abs. 1 HGB). Erteilt der Verkäufer die Einwilligung zur Fortführung der Firma, gelten den Schuldnern gegenüber die **im Betrieb begründeten Forderungen** als auf den Erwerber übergegangen (§ 25 Abs. 1 Satz 2 HGB).[189] Zwischen Käufer und Verkäufer kann allerdings eine **abweichende Vereinbarung** getroffen werden, die dann aber nur durch **Eintragung in das Handelsregister** und Bekanntmachung oder durch Mitteilung gegenüber dem Dritten wirksam wird (vgl. § 25 Abs. 2 HGB).

80 **Andererseits haftet der Erwerber** eines Handelsgeschäfts bei Fortführung der bisherigen Firma gemäß § 25 Abs. 1 Satz 1 HGB **für alle im Betrieb des Geschäfts begründeten Verbindlichkeiten** des früheren Inhabers.[190]

d) Anzeigen nach AktG und WpHG

81 Sofern ein Unternehmens- bzw. Beteiligungskäufer **mehr als 25 % der Aktien** einer Aktiengesellschaft mit Sitz im Inland erworben hat, hat er dies gemäß § 20 Abs. 1 AktG der Gesellschaft unverzüglich schriftlich mitzuteilen. Hierbei sind auch besondere Zurechnungsvorschriften gemäß § 23 Abs. 2 AktG zu beachten.

82 Sollte das Zielunternehmen **börsennotiert** sein, wären zudem die besonderen Mitteilungspflichten gegenüber dem Bundesaufsichtsamt für den Wertpapierhandel zu erfüllen, z. B. bei Über- und Unterschreiten bestimmter Beteiligungsschwellen, bei kursrelevanten Insiderinformationen sowie bei Käufen und Verkäufen von Personen mit Führungsaufgaben.

83, 84 *(frei)*

---

[185] *Brück/Sinewe,* Steueroptimierter Unternehmenskauf, § 5 Rn. 101.
[186] *Jasper* in: Münchener Handbuch des Gesellschaftsrechts, Band 3, § 24 Rn. 6 ff.
[187] *Zöllner/Noack* in: Baumbach/Hueck, GmbHG, § 46 Rn. 1.
[188] Vgl. dazu *Martinius/Stubert,* BB 2006, 1977.
[189] Siehe zum Forderungsübergang auch noch ausführlich → Rn. 262 ff. sowie → Rn. 317 f.
[190] Siehe dazu sowie zu einer etwaigen Vertragsübernahme kraft Gesetzes ausführlich → Rn. 262 ff.

4. Zustimmungen Dritter für die Übertragung
einzelner Vermögenswerte[191]

a) Vertragsverhältnisse und schuldrechtliche Verpflichtungen

Beim Asset Deal ist die Zustimmung der jeweiligen Vertragspartner für die **Übertra- 85 gung von Vertragsverhältnissen** sowie von Verbindlichkeiten auf den Erwerber nötig. Das BGB regelt zwar die Abtretung einzelner Forderungen in §§ 398 ff. BGB sowie die Übernahme einzelner Schulden in §§ 415 ff. BGB, nicht jedoch die rechtsgeschäftliche Übertragung eines Vertrages im Ganzen.[192] Ungeachtet dessen ist aber anerkannt, dass die Übertragung eines ganzen Schuldverhältnisses zulässig ist.[193]

Für den Share Deal ist zu beachten, dass in den Verträgen der Gesellschaft, deren An- 86 teile erworben werden, besondere Kündigungsmöglichkeiten der Gegenseite enthalten sein können (sog. **Change-of-Control-Klauseln**).[194]

> **Praxishinweis:** Bei besonders wichtigen Dauerschuldverhältnissen sollte gegebenenfalls die Zustimmung des Vertragspartners bereits vor Abschluss des Unternehmenskaufvertrages eingeholt werden.

Gehen die Vertragsparteien davon aus, dass die Übertragung eines oder mehrerer wichtiger Verträge an der Zustimmung des bzw. der Vertragspartner(s) scheitern wird oder dass dieser die Vertragsübernahme dazu nutzen wird, Konditionen zum Nachteil des Erwerbers nachzuverhandeln, könnte eine **Gesamtrechtsnachfolge im Wege der umwandlungsrechtlichen Ausgliederung** (§§ 123 ff. UmwG) des betreffenden Geschäftsbereiches auf eine GmbH mit anschließender Anteilsveräußerung in Betracht gezogen werden.[195] In diesem Fall wäre nämlich dann eine Zustimmung des Vertragspartners entbehrlich. Ungeachtet dessen sind allerdings auch etwaige Change-of-Control-Klauseln zu beachten.

Bei dem Verkauf mittelständischer Unternehmen müssen die Vertragspartner auch klären, 87 ob der Verkäufer seine **Darlehensfinanzierung einschließlich Kontokorrentlinien** entweder beendet und der Käufer eine neue Finanzierung für das Unternehmen abschließt oder ob der Käufer die bestehende Finanzierung unter Zustimmung der Bank(en) vom Verkäufer übernimmt. Gleiches gilt – was gerade bei jüngeren mittelständischen Unternehmen anzutreffen ist – wenn **Förderbanken** oder **Bürgschaftsgemeinschaften** bei der Gründung eingebunden wurden, um die Finanzierung mit der Hausbank darstellen zu können. Auch hier sollten die Vertragspartner frühzeitig das Gespräch suchen, um eine entsprechende Ablösung bzw. Fortführung der Finanzierung des Unternehmens sicherzustellen. Denn häufig erfüllt der Käufer nicht (mehr) die Voraussetzungen für eine entsprechende Förderung.

Der Abschluss des Kaufvertrages als auch der Vollzug des dinglichen Rechtsübergangs stehen auch oft unter der aufschiebenden Bedingung der Zustimmung der das Unternehmen finanzierenden Banken einschließlich Förderbanken und Bürgschaftsgemeinschaften. Um die Transaktion nicht an einer fehlenden Zustimmung scheitern zu lassen bzw. diese auch nicht unnötig zu verzögern, sollten die Vertragspartner möglichst frühzeitig die beteiligten Banken einbinden und deren Zustimmung bzw. Versagung vorab ausloten.

Wird die Zustimmung zur Vertragsübernahme von dem dritten Vertragspartner verweigert, ist nach § 415 Abs. 3 Satz 2 BGB im Zweifel der Übernehmer dem Schuldner

---

[191] Vgl. dazu auch noch den → Rn. 332 ff.
[192] *Grüneberg* in: Palandt, BGB, § 398 Rn. 41.
[193] BGH vom 1.2.2012 – VIII ZR 307/10, NJW 2012, 1718 Tz. 33; BGH vom 20.6.1985 – IX ZR 173/84, NJW 1985, 2528.
[194] *Maidl,* NZG 2018, 726; vgl. dazu auch bereits oben Teil → A., Rn. 30.
[195] Vgl. dazu ausführlich *Schreier/Leicht,* NZG 2011, 121, 123 ff.

verpflichtet, den Gläubiger rechtzeitig zu befriedigen (Freistellung im Wege der Erfüllungs-übernahme gemäß § 329 BGB).[196]

b) Dingliche Zustimmungserfordernisse

88   Ferner sind Zustimmungsvorbehalte von Banken und Warenkreditgebern zu berücksichtigen, wenn **sicherungsübereignete** oder unter **Eigentumsvorbehalt** gelieferte Gegenstände übertragen werden sollen. Beim Share Deal gilt Gleiches für verpfändete Geschäftsanteile.

Zu beachten sind ferner etwaige Nießbrauchsrechte, Beteiligungen stiller Gesellschafter oder Unterbeteiligungen.

Ferner sind beim Asset Deal **Abtretungsverbote**[197] hinsichtlich der Abtretbarkeit von Kundenforderungen zu prüfen, die häufig auch nur in Kunden-AGBs vereinbart sind. Gemäß **§ 354a HGB** sind solche Vereinbarungen bei einem beiderseitigen Handelsgeschäft jedoch unwirksam.[198]

89   Gemäß § 34 Abs. 1 UrhG kann das **Nutzungsrecht eines Urhebers** nur mit Zustimmung des Urhebers übertragen werden, die dieser nicht wider Treu und Glauben verweigern darf. Geschieht die Übertragung des Urhebernutzungsrechts im Rahmen der Gesamtveräußerung eines Unternehmens oder der Veräußerung von Teilen eines Unternehmens kann dieses auch ohne Zustimmung des Urhebers übertragen werden (§ 34 Abs. 3 UrhG). Gleichwohl empfiehlt es sich, auch in diesen Fällen die Zustimmung des Urhebers für die Ausübung von Nutzungsrechten einzuholen, da dieser andernfalls nach § 34 Abs. 3 UrhG das Nutzungsrecht zurückrufen könnte, wenn ihm die Ausübung des Nutzungsrechts durch den Erwerber nach Treu und Glauben nicht zuzumuten ist, was auch dann gilt, wenn sich – wie beim Share Deal – die Beteiligungsverhältnisse am Unternehmen des Inhabers des Nutzungsrechts wesentlich ändern.

90–94 *(frei)*

5. Arbeitsrechtliche Informationspflichten, Beteiligungsrechte Arbeitnehmer

Je nach Fallgestaltung können den Verkäufer eines Unternehmens auch betriebsverfassungsrechtliche Informations- und Beratungspflichten gegenüber den Arbeitnehmervertretungen treffen und zudem Mitbestimmungsrechte der Arbeitnehmervertretungen bestehen.

a) Informations- und Beratungspflichten

95   Zunächst kann es für den Verkäufer die folgenden Informations- und Beratungspflichten geben:
– Nach § 106 Absatz 2 Satz 1 BetrVG hat der Unternehmer einen im Betrieb bestehenden **Wirtschaftsausschuss rechtzeitig** und **umfassend** über die **wirtschaftlichen Angelegenheiten** des Unternehmens unter Vorlage der erforderlichen Unterlagen zu unterrichten, soweit dadurch nicht die Betriebs- und Geschäftsgeheimnisse des Unternehmens gefährdet werden. Zu den wirtschaftlichen Angelegenheiten im Sinne dieser Vorschrift gehört dabei nach **§ 106 Abs. 3 Nr. 9a BetrVG** auch die **Übernahme des Unternehmens**, wenn hiermit der Erwerb der Kontrolle verbunden ist. Dies gilt nach **§ 106 Abs. 3 Nr. 10 BetrVG** entsprechend für Vorgänge und Vorhaben, welche die Belange der Arbeitnehmer wesentlich berühren können, wie die Veräußerung von Betrieben und Betriebsteilen.[199] Zu den in den Fällen des § 106 Abs. 3 Nr. 9a BetrVG vorzulegenden

---

[196] BGH vom 1.2.2012 – VIII ZR 307/10, NJW 2012, 1718 Tz. 32.

[197] Siehe dazu noch ausführlich → Rn. 319.

[198] *Hopt* in: Baumbach/Hopt, HGB, § 354a HGB, Rn. 1 ff.

[199] Vgl. auch *von Steinau-Steinrück/Thees* in: Hölters, Handbuch des Unternehmens- und Beteiligungskaufs, Kapitel 6 Rn. 308.

erforderlichen Unterlagen gehört dabei insbesondere die Angabe über den potentiellen Erwerber und dessen Absichten im Hinblick auf die künftige Geschäftätigkeit des Unternehmens sowie die sich daraus ergebenden Auswirkungen auf die Arbeitnehmer (§ 106 Abs. 2 Satz 2 BetrVG). Diese Informationspflicht gilt im gleichen Umfang, wenn im Vorfeld der Übernahme des Unternehmens ein Bieterverfahren durchgeführt wird. Fraglich ist, ob dem Wirtschaftsausschuss auch der notarielle Kaufvertrag zur Einsicht vorzulegen ist. Für den Fall eines Share Deals wurde diese Frage in der Rechtsprechung bislang verneint.[200] Bei einem Asset Deal dürfte hingegen eine Vorlagepflicht zu bejahen sein.[201] Äußerst umstritten und höchstrichterlich bislang nicht geklärt ist die Frage, zu welchem Zeitpunkt einer Übernahme eine Unterrichtung noch als „rechtzeitig" angesehen werden kann.[202] Besteht zwischen dem Unternehmen und dem Betriebsrat Streit darüber, ob eine Auskunft gegenüber dem Wirtschaftsausschuss über die wirtschaftlichen Angelegenheiten des Unternehmens i. S. d. § 106 BetrVG nicht, nicht rechtzeitig oder nur ungenügend erteilt wurde, entschiedet hierüber gemäß § 109 Sätze 1 und 2. BetrVG die Einigungsstelle durch Spruch.[203]

— Ein Wirtschaftsausschuss ist nach § 106 Abs. 1 BetrVG in allen Unternehmen mit in der Regel mehr als einhundert ständig beschäftigten Arbeitnehmern zu bilden. Ist in einem Unternehmen entgegen § 106 Abs. 1 BetrVG kein Wirtschaftsausschuss gebildet worden, so hat der Unternehmer bei einer der Übernahme des Unternehmens i. S. d. § 106 Abs. 3 Nr. 9a BetrVG gemäß **§ 109a BetrVG** den **Betriebsrat** (bzw. den Gesamtbetriebsrat) entsprechend § 106 Abs. 1 und 2 BetrVG zu beteiligen.

— In Unternehmen, in denen ein **Sprecherausschuss** für die leitenden Angestellten besteht, hat der Unternehmer den Sprecherausschuss gemäß **§ 32 Abs. 1 SprAuG** über die **wirtschaftlichen Angelegenheiten** i. S. d. § 106 Abs. 3 BetrVG mindestens einmal im Kalenderjahr zu unterrichten. Darüber hinaus hat der Unternehmer den Sprecherausschuss gemäß **§ 32 Abs. 2 SprAuG** rechtzeitig und umfassend über alle **geplanten Betriebsänderungen** i. S. d. § 111 BetrVG zu **informieren** und mit ihm Maßnahmen zum Ausgleich oder zur Milderung etwaiger wirtschaftlicher Nachteile für die leitenden Angestellten zu **beraten.**

— Im Falle einer **Umwandlung** durch **Verschmelzung** ist der Verschmelzungsvertrag bzw. dessen Entwurf gemäß **§ 5 Abs. 3 UmwG** spätestens einen Monat vor dem Tage der Versammlung der Anteilsinhaber jedes beteiligten Rechtsträgers, die gemäß § 13 Abs. 1 UmwG über die Zustimmung zum Verschmelzungsvertrag beschließen soll, dem zuständigen **Betriebsrat** (bzw. dem Gesamtbetriebsrat) zuzuleiten. Nach **§ 126 Abs. 3 UmwG** gilt dies entsprechend für den Spaltungs- und Übernahmevertrag im Falle einer Umwandlung durch **Spaltung.**

— In Unternehmen, die in verschiedenen Mitgliedstaaten der Europäischen Union tätig sind, hat deren zentrale Leitung den **Europäischen Betriebsrat** bei Angelegenheiten mit grenzüberschreitender Auswirkung zu unterrichten und anzuhören. Dabei unterscheidet das EBRG **(Gesetz über Europäische Betriebsräte)** zwischen Angelegenheiten, die der Unterrichtung und Anhörung **einmal im Kalenderjahr** unter rechtzeitiger Vorlage der erforderlichen Unterlagen unterliegen **(§ 29 EBRG)** und solchen

---

[200] BAG vom 22.1.1991 – 1 ABR 38/89, NZA 1991, 649; LAG Baden-Württemberg vom 9.10.2013 – 10 TaBV 2/13 (gegen diese Entscheidung wurde Rechtsbeschwerde beim BAG eingelegt (Az.: 1 ABR 10/14). Das BAG hat in seinem Beschluss am 22.3.2016 (NZA 2016, 969) diese Rechtsfrage aufgrund einer Insolvenz des Unternehmers offengelassen, a. A. *Annuß* in: Richardi, BetrVG, § 106 Rn. 57.

[201] *Bauer/Haußmann/Krieger,* Umstrukturierung, Handbuch für die arbeitsrechtliche Praxis, 3. Teil 4 A Rn. 19.

[202] *Schweibert* in: Willemsen/Hohenstatt/Schweibert/Seibt, Umstrukturierung und Übertragung von Unternehmen; *Löw,* DB 2008, 758; *Schröder/Falter,* NZA 2008, 1097.

[203] Zum Verfahren und zur Zuständigkeit der Einigungsstelle siehe BAG vom 17.12.2019 – 1 ABR 25/18, NZA 2020, 393 und BAG vom 12.2.2019 – 1 ABR 37/17, AP Nr. 20 zu § 106 BetrVG 1972.

Angelegenheiten, die eine rechtzeitige (unverzügliche) Unterrichtung des Europäischen Betriebsrats, und auf sein Verlangen eine Anhörung, über **außergewöhnliche Umstände** oder Entscheidungen, die erhebliche Auswirkungen auf die Interessen der Arbeitnehmer haben, erfordern **(§ 30 EBRG).** Letztes sind insbesondere die Verlegung oder Stilllegung von Unternehmen, Betrieben oder wesentlichen Betriebsteilen und Massenentlassungen. Zu beachten ist, dass die §§ 29 und 30 EBRG nur dann Anwendung finden, wenn ein Europäischer Betriebsrat kraft Gesetzes und nicht bereits aufgrund einer **Vereinbarung** gemäß §§ 1 Abs. 1, 17 EBRG errichtet wurde. Existiert eine solche Vereinbarung, so richtet sich das Verfahren der Unterrichtung und Anhörung des Europäischen Betriebsrats bzw. eines gemäß der Vereinbarung errichteten Gremiums ausschließlich nach dessen Regelungen.

b) Betriebsänderung, Interessenausgleich, Sozialplan, §§ 111 ff. BetrVG

96   Sofern der Unternehmens- oder Beteiligungsverkauf darüber hinaus zu einer Betriebsänderung führt, hat der Unternehmer gemäß **§ 111 BetrVG** in Unternehmen mit **in der Regel mehr als zwanzig wahlberechtigten Arbeitnehmern** den Betriebsrat über geplante Betriebsänderungen, die wesentliche Nachteile für die Belegschaft oder erhebliche Teile der Belegschaft zur Folge haben können, rechtzeitig und umfassend zu unterrichten und die geplanten Betriebsänderungen mit dem Betriebsrat zu beraten. Ein Unternehmensverkauf sowohl in der Form des Share Deals als auch in der Form des Asset Deals, also auch bei einem Betriebsübergang gemäß § 613a BGB stellt allerdings für sich genommen noch keine Betriebsänderung i. S. v. § 111 BetrVG dar.[204] Denn der bloße Wechsel des Inhabers lässt vielmehr die Organisationsebene „Betrieb" unberührt.[205] Von einer **Betriebsänderung** kann vielmehr nur dann gesprochen werden, wenn die organisatorische Einheit, die Betriebsmittel, der Betriebszweck oder die in der Belegschaft zusammengefassten Arbeitnehmer eine Änderung in quantitativer oder qualitativer Hinsicht erfahren, was insbesondere in den **Regelbeispielen des § 111 Satz 3 BetrVG** der Fall ist:

– Einschränkung und Stilllegung des ganzen Betriebs oder von wesentlichen Betriebsteilen,
– Verlegung des ganzen Betriebs oder von wesentlichen Betriebsteilen,
– Zusammenschluss mit anderen Betrieben oder die Spaltung von Betrieben,
– grundlegende Änderungen der Betriebsorganisation, des Betriebszwecks oder der Betriebsanlagen,
– Einführung grundlegend neuer Arbeitsmethoden und Fertigungsverfahren.

97   Erschöpft sich ein Betriebsübergang gemäß § 613a BGB daher nicht in dem bloßen Betriebsinhaberwechsel, sondern ist mit Maßnahmen verbunden, die einen der vorgenannten Tatbestände erfüllen, sind die Beteiligungsrechte des Betriebsrats nach §§ 111 ff. BetrVG zu beachten.[206] In der Praxis sind dabei vor allem folgende Betriebsänderungen relevant: Eine **Betriebsaufspaltung** i. S. v. § 111 Satz 3 Nr. 3 BetrVG in Folge einer Ausgliederung von einzelnen Betriebsteilen auf den Erwerber; ein **Zusammenschluss** von Betrieben i. S. v. § 111 Satz 3 Nr. 3 BetrVG durch die Zusammenlegung des bestehenden Betriebs mit Betrieben des Erwerbers; ein **Personalabbau** im Sinne von § 111 Satz 3 Nr. 1 BetrVG durch die Entlassung von Personal beim Veräußerer.

98   Im Falle einer Betriebsänderung besteht die Verpflichtung, über einen **Interessenausgleich** sowie einen Ausgleich oder die Milderung der wirtschaftlichen Nachteile, die den Arbeitnehmern infolge der geplanten Betriebsänderung entstehen **(Sozialplan),** zu verhandeln. Gegenstand des Interessenausgleichs ist dabei, ob, wann und in welcher Form die vom Unternehmen geplante Betriebsänderung durchgeführt werden soll. Der Interessen-

---

[204] BAG vom 25.1.2000 – 1 ABR 1/99, NZA 2000, 1069.
[205] Vgl. *von Steinau-Steinrück / Thees* in: Hölters, Handbuch des Unternehmens- und Beteiligungskaufs, Kapitel 6, Rn. 309.
[206] BAG vom 25.1.2000 – 1 ABR 1/99, NZA 2000, 1069.

ausgleich zielt darauf ab, die Entstehung von wirtschaftlichen Nachteilen für die betroffenen Arbeitnehmer möglichst zu verhindern, während der Sozialplan das Ziel verfolgt, die dennoch entstandenen Nachteile auszugleichen oder zu mildern. Der Interessenausgleich steht unabhängig neben dem Sozialplan, obgleich er in der Praxis zumeist zusammen mit dem Sozialplan abgeschlossen wird. Gerade wenn mehrere Betriebsräte und auch ein Gesamtbetriebsrat im Unternehmen bestehen, ist der Unternehmer gut beraten, vor Aufnahme der Verhandlungen zunächst den **zuständigen Verhandlungspartner** zu bestimmen.[207]

Können Unternehmer und Betriebsrat bei ihren Verhandlungen keine Einigung erzielen, kann jede Partei den Vorstand der Bundesagentur für Arbeit um Vermittlung ersuchen. Von dieser Möglichkeit wird in der Praxis jedoch nur selten Gebrauch gemacht. Erfolgt kein Vermittlungsersuchen oder bleibt der **Vermittlungsversuch** ergebnislos, so können der Unternehmer oder der Betriebsrat gemäß § 112 Abs. 2 BetrVG die **Einigungsstelle** anrufen. Die Einigungsstelle hat dann eine Einigung zu versuchen. Dabei ist zu beachten, dass der Interessenausgleich vom Betriebsrat nicht erzwungen werden kann, wohingegen dem Betriebsrat hinsichtlich des Sozialplans ein erzwingbares Mitbestimmungsrecht zusteht, soweit § 112a BetrVG nichts anderes bestimmt. Kommt auch im Rahmen der Einigungsstelle keine Einigung zustande, stellt die Einigungsstelle daher das Scheitern des Interessenausgleichs fest und entscheidet verbindlich über die Aufstellung eines Sozialplans (vgl. § 112 Abs. 4 BetrVG). Unterlässt es der Unternehmer, die Einigungsstelle bezüglich eines Interessenausgleichs vor der Umsetzung der Betriebsänderung anzurufen oder weicht er von einem abgeschlossenen Interessenausgleich ohne zwingenden Grund ab, so haben die betroffenen Arbeitnehmer Anspruch auf einen **Nachteilsausgleich** gemäß § 113 Abs. 1 und 3 BetrVG.

> **Praxishinweise:** Beginnt der Verkäufer mit der Betriebsänderung vor dem Versuch eines Interessenausgleichs bzw. vor einem (von der Einigungsstelle festzustellenden) Scheitern der Verhandlungen kann dies den Betriebsrat zu dem Versuch veranlassen, die weitere Umsetzung im Wege einer einstweiligen Verfügung auf Unterlassung zu verhindern. Ob dem Betriebsrat ein solcher Unterlassungsanspruch zusteht, ist äußerst umstritten und wird von den einzelnen Landesarbeitsgerichten unterschiedlich beurteilt.[208] Der Verkäufer ist daher gut beraten, sich bereits vor der Umsetzung einer Betriebsänderung mit der Rechtsprechung des örtlich zuständigen Landesarbeitsgerichts zum Bestehen eines Unterlassungsanspruches vertraut zu machen.

Der Unternehmensverkauf kann sich bei Vorliegen einer damit verbundenen Betriebsänderung durch die erforderliche Information des Betriebsrates und die mit dem Betriebsrat – gegebenenfalls in einer Einigungsstelle – durchzuführenden Verhandlungen **zeitlich erheblich verzögern.** Es kann sich daher für den Unternehmer anbieten, zum Zwecke des zügigen Abschlusses des Interessenausgleichs im Rahmen der Verhandlungen des Sozialplans finanzielle Zugeständnisse an die Arbeitnehmerseite zu machen. Diese Einigung sollte sodann unter der aufschiebenden Bedingung erfolgen, dass der Unternehmensverkauf – mit den dadurch bedingten Betriebsänderungen – vollzogen wird.[209] **99**

(frei) **100**

---

[207] Vgl. hierzu *von Steinau-Steinrück/Thees* in: Hölters, Handbuch des Unternehmens- und Beteiligungskaufs, Kapitel 6, Rn. 331a ff.

[208] Bejahend: LAG Hamm vom 17.2.2015 – 7 TaBVGa 1/15, NZA-RR 2015, 247; LAG Berlin-Brandenburg vom 19.6.2014 – 7 TaBVGa 1219/14, BB 2014, 2164; LAG Schleswig-Holstein vom 15.12.2010 – 3 TaBVGa 12/10, DB 2011, 714; Ablehnend: LAG Baden-Württemberg vom 21.10. 2009 – 20 TaBVGa 1/09, n. v.; LAG Köln vom 25.5.2009 – 2 TaBVGa 7/09, ZInsO 2010, 591; LAG Nürnberg vom 9.3.2009 – 6 TaBVGa 2/09, ZTR 2009, 554; LAG Rheinland-Pfalz vom 7.12.2017 – 5 TaBVGa 3/17, BeckRS 2017, 140037.

[209] Vgl. *Matthey* in: Rotthege/Wassermann, Unternehmenskauf bei der GmbH, Kap. 10 Rn. 112 und 122.

6. Zustimmung des Ehegatten, § 1365 BGB

101   Zum Schutze des Ehegatten setzt § 1365 BGB voraus, dass ein Ehegatte sich nur mit Einwilligung des anderen Ehegatten verpflichten kann, über sein Vermögen im Ganzen zu verfügen. Beim Verkauf eines mittelständischen Unternehmens dürfte in vielen Fällen eine Zustimmung des Ehegatten erforderlich sein.[210] Allerdings haben die Ehegatten auch häufig in Eheverträgen auf dieses Zustimmungserfordernis nach § 1365 BGB verzichtet. Außerdem ist § 1365 BGB nicht anwendbar, wenn zwischen den Ehegatten Gütertrennung vereinbart ist. **Bei kleinen Vermögen** ist der Tatbestand des § 1365 BGB grundsätzlich nicht erfüllt, wenn dem verfügenden Ehegatten Werte von mindestens **15 %** seines ursprünglichen Gesamtvermögens verbleiben.[211] **Bei größeren Vermögen** gilt eine niedrigere Grenze von mindestens **10 %** des ursprünglichen Gesamtvermögens des verfügenden Ehegatten.[212] Nach der Rechtsprechung findet die Vorschrift des § 1365 BGB auch dann Anwendung, wenn sich die Veräußerung **nur auf einen einzelnen Vermögensgegenstand** bezieht, sofern dieser im Wesentlichen das ganze Vermögen des Veräußerers darstellt und der Vertragspartner dies weiß oder zumindest die Verhältnisse kennt, aus denen sich dieses ergibt.[213]

7. Zustimmungserfordernisse nach Datenschutzrecht

102   Im Bereich der M&A-Transaktionen können der Bestand und die Nutzbarkeit der Kundendaten des Verkäufers einen maßgeblichen Faktor bei der Investitionsentscheidung des Käufers bilden. Fraglich ist daher, ob solche Kundendaten im Rahmen eines M&A Deals ohne weiteres übertragen werden dürfen oder ob dafür ggf. die Zustimmung jedes einzelnen Kunden erforderlich ist. Ziel der am Asset Deal beteiligten Unternehmen ist es, den Verkauf möglichst reibungslos vollziehen zu können. Aus Sicht der Parteien ist es daher wünschenswert, wenn die Durchführung des Deals – wenn überhaupt – lediglich eine Informationspflicht gegenüber den Kunden auslösen würde. Misslich wäre es hingegen, wenn die Unternehmen gezwungen wären, eine Einwilligung der Kunden einzuholen, denn dann hätten sie es nicht mehr selbst in der Hand, darüber zu bestimmen, welche Daten übergehen und welche nicht. Maßgebend für die datenschutzrechtliche Beurteilung ist auch insoweit wieder die konkrete Struktur der Unternehmenstransaktion, wobei zwischen Share Deal und Asset Deal zu unterscheiden ist:

a) Kundendaten im Share Deal

103   Bei einem Share Deal werden Geschäftsanteile veräußert, der Unternehmensträger bleibt bestehen. Dadurch verbleiben die Kundendaten bei einem Share Deal bei dem veräußerten Unternehmen. Es kommt folglich auch zu keiner Übermittlung der Kundendaten und damit zu keinem datenschutzrechtlich relevanten Verarbeitungsvorgang im Sinne des Art. 4 Nr. 2 DSGVO. Der Share Deal löst somit **kein datenschutzrechtliches Zustimmungsbedürfnis** aus; er ist datenschutzrechtlich „neutral".[214]

b) Kundendaten im Asset Deal

104   Soweit die Transaktion im Wege eines Asset Deals durchgeführt wird, führt dies zu einer Übermittlung der verkauften Kundendaten von dem Verkäufer auf den Käufer. Beim Asset

---

[210] Vgl. nur *Brudermüller* in: Palandt, BGB, § 1365, Rn. 4 ff.; *Weber* in: Hölters, Handbuch Unternehmenskauf, Kap. 9 Rn. 9.156.
[211] BGH vom 25.6.1980 – IVb ZR 516/80, NJW 1980, 2350.
[212] BGH vom 13.3.1991 – XII ZR 79/90, NJW 1991, 1739.
[213] BGH vom 21.3.1996 – III ZR 106/95, DStR 1996, 1903.
[214] Vgl. dazu auch *Schröder* in: Forgó/Helfrich/Schneider, Betrieblicher Datenschutz, Teil VI Kapitel 4 Rn. 37; *Häring,* CR 2017, 724 (725); *Plath* in: Plath, DSGVO/BDSG, Art. 6 Rn. 118; *Plath* in: Bussche v. d./Voigt, Konzerndatenschutz, Teil 6 Rn. 58 ff.

Deal wird der Käufer mithin zum neuen Verantwortlichen im Sinne des Art. 4 Nr. 7 DSGVO. Vor diesem Hintergrund ist eine **datenschutzrechtliche Rechtfertigung** dieses Übermittlungsvorgangs nach der DSGVO **notwendig.** Die Parteien benötigen eine einschlägige Rechtsgrundlage, auf die sich die Übermittlung stützen lässt.[215] Ob und in welchem Umfang die Kundendaten im Rahmen eines Asset Deals veräußert werden dürfen, hängt somit davon ab, ob die Übermittlung der Kundendaten von einem Erlaubnistatbestand des Art. 6 Abs. 1 DSGVO gedeckt ist.[216]

Lange Zeit galt − noch vor dem Inkrafttreten der DSGVO − eine Entscheidung des Bayerisches Landesamts für Datenschutzaufsicht aus dem Jahre 2015 als die maßgebliche Leitentscheidung. Damals hatte die Behörde die an einem Asset Deal beteiligten Unternehmen wegen Verstoßes gegen das Datenschutzrecht mit einem Bußgeld belegt, weil sie es aus Sicht der Behörde versäumt hatten, die datenschutzrechtlichen Vorgaben für die Übermittlung von Kundendaten einzuhalten.[217] Nach Inkrafttreten der DSGVO war zunächst fraglich, wie sich die Aufsichtsbehörde zu der Frage der Übermittlung von Kundendaten im Asset Deal positionieren würden. Im Mai 2019 hat sodann erfreulicherweise die Konferenz der unabhängigen Datenschutzaufsichtsbehörden des Bundes und der Länder (DSK) eine entsprechende Stellungnahme verfasst (im Folgenden „**DSK Beschluss Asset Deal**") und detailliert herausgearbeitet, welche Anforderungen aus Sicht der deutschen Aufsichtsbehörden für die Übertragung von Kundendaten im Rahmen von Asset Deals gelten.[218] Die nachfolgenden Ausführungen orientieren sich an dem DSK Beschluss Asset Deal und setzen sich kritisch mit den Anforderungen der Behörden auseinander.[219]

aa) Verkauf von Kundendaten zur Erfüllung des Vertrages mit dem Kunden. 105 Sollen Kundendaten im Rahmen eines Asset Deals übermittelt werden, stellt sich zunächst die Frage, ob die Übermittlung solcher Daten auf den **Erlaubnistatbestand der Vertragserfüllung** gestützt werden kann (vgl. Art. 6 Abs. 1 Satz 1 Buchst. b DSGVO).[220]

Nach Art. 6 Abs. 1 Satz 1 Buchst. b DSGVO bedarf es dazu zunächst eines Vertrages mit der betroffenen Person, also dem Kunden. Bei **laufenden Vertragsbeziehungen** zwischen dem Verkäufer und seinen Kunden ist dieses Merkmal zweifelsfrei gegeben. Ein Beispiel wäre etwa die Übertragung des Kundenbestands des Betreibers eines Fitness-Studios, der das Studio einschließlich der Kundendaten im Wege des Asset Deals an einen neuen Betreiber veräußern möchte.

Komplizierter ist die Situation allerdings, wenn der Kunde **nur einen einmaligen Vertrag** mit dem Verkäufer abgeschlossen hat, ohne dass die Parteien über ein Dauerschuldverhältnis oder eine Rahmenvereinbarung miteinander verbunden wären. Ein Beispiel wäre ein einmaliger Online-Kauf. In diesen Fällen fehlt es an einem noch laufenden Vertrag, so dass sich der Verkäufer beim Asset Deal in der Regel nicht darauf berufen kann, dass die Veräußerung der Kundendaten zur Erfüllung eines Vertrages zwischen dem Verkäufer und seinem (ehemaligen) Kunden erforderlich sei. Die Fallgruppe der Vertragserfüllung ist

---

[215] *Plath* in: Plath, DSGVO/BDSG, Art. 6 Rn. 119; *Plath* in: Bussche v. d./Voigt, Konzerndatenschutz, Teil 6 Rn. 60 ff.; so auch *Härting,* CR 2017, 724, 725.

[216] *Plath* in: Bussche v. d./Voigt, Konzerndatenschutz, Teil 6 Rn. 61.

[217] Vgl. dazu auch die Pressemitteilung des Bayerischen Landesamts für Datenschutzaufsicht vom 30. Juli 2015 abrufbar unter https://www.lda.bayern.de/media/pm2015_10.pdf (zuletzt abgerufen am 11. Juni 2020).

[218] Vgl. dazu auch den Beschluss der Konferenz der unabhängigen Datenschutzaufsichtsbehörden des Bundes und der Länder vom 24. Mai 2019 abrufbar unter https://www.datenschutzkonferenz-online.de/media/dskb/20190524_dskb_asset_deal.pdf (zuletzt abgerufen am 11. Juni 2020).

[219] Grundlegend zu dem Beschluss der Datenschutzkonferenz zum Asset Deal siehe auch: *Plath/Struck/ter Hazeborg,* CR 2020, 9.

[220] *Plath* in: Plath, DSGVO/BDSG, Art. 6 Rn. 120; *Plath* in: Bussche v. d./Voigt, Konzerndatenschutz, Teil 6 Rn. 62.

damit in der Praxis nur dann relevant, wenn zwischen dem Verkäufer und dem Kunden ein **laufendes Dauerschuldverhältnis** besteht.

Liegt so ein Dauerschuldverhältnis vor, führt dies allerdings keineswegs automatisch zur Legitimation des Verkaufs der Kundendaten. Denn solange der Vertrag zivilrechtlich bei dem Verkäufer „verbleibt", wird der Käufer im Rahmen des Asset Deals kaum begründen können, dass die Übermittlung der Kundendaten an ihn insoweit erforderlich sei.

> **Praxishinweis:** Für die Praxis bedeutet das, dass sich die Parteien des Asset Deals regelmäßig nur dann auf den Erlaubnistatbestand der Vertragserfüllung stützen können, wenn es auch in zivilrechtlicher Hinsicht zu einer Übernahme des bestehenden Kundenvertrages kommt.[221]

Da aber die Übernahme des Kundenvertrages nur mit Zustimmung des Kunden möglich ist, verliert diese Fallgruppe für die Praxis entscheidend an Bedeutung. Denn wenn der Verkäufer seinen Kunden ohnehin um eine Zustimmung zur Vertragsübertragung bitten muss, so kann er ihn – gewissermaßen als Annex – auch gleich um eine Einwilligung in die Übertragung seiner Kundendaten bitten.

Und eine solche ist nach § 415 BGB nur mit Zustimmung des Kunden möglich.

> **Praxishinweis:** Wenn der Kunde ohnehin aufgefordert wird, einer Vertragsübertragung zuzustimmen und eine entsprechende Erklärung erteilt, dann ist es nur folgerichtig, wenn in diesem Zuge auch seine Kundendaten übertragen werden können. In dem DSK Beschluss Asset Deal haben die Behörden eine entsprechende Auffassung vertreten.[222]

106   Nicht abschließend geklärt ist, ob sich aus dem Gesichtspunkt der „Erforderlichkeit" eine **Einschränkung hinsichtlich des Umfangs der zu übertragenden Kundendaten** ergeben kann. Bei konservativer Betrachtung könnte eingewandt werden, dass der Käufer keinen Zugriff auf die gesamte Kundenhistorie benötigt, um den übernommenen Vertrag fortführen zu können. Allerdings wird diese Einschränkung obsolet, soweit der Verkäufer den Kunden ohnehin um seine Zustimmung zur Vertragsübertragung bittet, denn insoweit bietet sich für den Verkäufer die Möglichkeit, diese Zustimmung direkt auch auf das Recht zur Übertragung der gesamten Kundenhistorie zu erstrecken.

107   **bb) Verkauf von Kundendaten zur Wahrung berechtigter Interessen.** Häufig geht es bei dem Verkauf von Kundendaten aber auch und gerade um **solche Daten, die sich außerhalb eines noch fortbestehenden (Dauer-)Schuldverhältnisses bewegen.** Dies betrifft z. B. Daten, die im Rahmen einer einmaligen Reisebuchung erhoben worden und anschließend noch in einer Kundendatenbank des Verkäufers gespeichert sind, etwa um sie für Marketingzwecke nutzen zu können.[223]

Die vorstehend dargestellte Erlaubnisnorm des Art. 6 Abs. 1 Satz 1 Buchst. b DSGVO findet auf diese Konstellation keine Anwendung. Vielmehr ist ein Rückgriff auf die Auffangnorm des Art. 6 Abs. 1 Satz 1 Buchst. f DSGVO, also die Wahrung berechtigter Interessen erforderlich.

Dass Verkäufer und Käufer eines Unternehmens ein **berechtigtes Interesse** verfolgen, steht außer Frage.[224] Der Verkäufer möchte seine Assets einschließlich der Kundendaten

---

[221] Siehe zur Vertragsübernahme beim Asset Deal → Rn. 85 ff.

[222] Siehe DSK Beschluss Asset Deal, Fallgruppe 1.

[223] In solchen Fällen wird im Rahmen der Due Diligence zunächst zu prüfen sein, ob der Veräußerer überhaupt noch zur Verarbeitung dieser Daten berechtigt ist.

[224] *Plath* in: Plath, DSGVO/BDSG, Art. 6 Rn. 120; *Plath* in: Bussche v. d./Voigt, Konzerndatenschutz, Teil 6 Rn. 63; *Glaser,* Übertragung von Kundendaten bei einem Asset Deal, Beck'sche Online-Formulare IT- und Datenrecht, 2.23 Rn. 3.2.b).

veräußern und einen möglichst hohen Kaufpreis erzielen. Der Käufer möchte die Daten erwerben, z. B. um die Kunden des Verkäufers als Neukunden zu gewinnen.

Fraglich ist dann weiter, ob die Übermittlung der Kundendaten zur Erreichung dieser Zwecke auch **„erforderlich"** ist. Auch dies dürfte in der Regel der Fall sein, denn selbstverständlich können die Parteien die genannten Ziele besser erreichen, wenn sie möglichst umfassende Datensätze übermitteln, als wenn sie bei der Übermittlung eingeschränkt wären.

Im Ergebnis ist damit im Rahmen einer umfassenden **Interessenabwägung** zu ermitteln, ob den Interessen der Parteien des Asset Deals ggf. überwiegende Interessen der Kunden, deren Daten übermittelt werden sollten, entgegenstehen. Um im Rahmen der vorzunehmenden Interessenabwägung zu möglichst verlässlichen und vorhersehbaren Ergebnissen zu kommen, ist es erforderlich, nach den einschlägigen **Datenkategorien zu unterscheiden.** Die Datenschutzbehörden haben diesen Punkt erkannt und sich in dem DSK Beschluss Asset Deal für eine Differenzierung nach Zeiträumen entschieden: Soweit der letzte Vertragsschluss mit dem Kunden länger als drei Jahre zurückliegt („Altkunden"), sei eine Übertragung nicht zulässig.[225] Soweit der letzte Vertragsschluss hingegen weniger als drei Jahre zurückliegt („Bestandskunden"), sei eine Übermittlung im Rahmen einer sog. Widerspruchslösung zulässig.

(1) „Bestandkunden". Die Kundendaten der Bestandskunden sollen nach dem DSK   **108** Beschluss Asset Deal gemäß Art. 6 Abs. 1 Satz 1 Buchst. f) DSGVO im Wege einer „**Widerspruchslösung**" (*Opt-out*-Modell)" übermittelt werden können. Dazu müsse den Kunden eine ausreichend bemessene Widerspruchsfrist gewährt werden, wobei die Behörden eine Frist von 6 Wochen vorgeschlagen haben. Zur Begründung führen die Behörden an, dass diese Vorgehensweise für die Unternehmen aufwandsschonend sei und durch die großzügige Widerspruchsfrist auch die Interessen der Kunden berücksichtige.

Die Einschätzung der Behörden hat in der Praxis zu einer gewissen Erleichterung geführt. Denn die Sorge war groß, dass die Behörden sich für ein Einwilligungsmodell aussprechen würden, wonach die Übermittlung von Kundendaten stets nur mit Einwilligung der Kunden möglich gewesen wäre. Mit der Widerspruchslösung haben sich die Behörden für ein vermittelndes Modell entscheiden, wobei anzumerken ist, dass dieses Konzept in der DSGVO keine dogmatische Stütze findet. Zwar ist in Art. 21 DSGVO ein Widerspruchsrecht vorgesehen. Allerdings betrifft diese Norm nicht die hier in Rede stehende Konstellation einer Interessenabwägung. Vielmehr regelt sie den Fall, dass der Kunde eine im Rahmen der Interessenabwägung zulässige Datenverarbeitung nachträglich untersagen möchte.

Gleichzeitig ist den Behörden zuzugestehen, dass es selbstverständlich einen Einfluss auf die Interessenabwägung haben kann, wenn den Kunden eine Widerspruchsmöglichkeit gewährt wird. Das Argument lautet insoweit, dass der Kunde gewissermaßen auf die Geltendmachung etwaiger überwiegender Interessen „verzichtet", wenn er davon absieht, das ihm gewährte Widerspruchsrecht auszuüben. Folgt man also der Auffassung der Behörden, so ist die Übermittlung von Kundendaten im Rahmen des Asset Deals grundsätzlich möglich, soweit den Kunden die Möglichkeit eines Widerspruchs gewährt wird. Dem ist im Ergebnis zuzustimmen.

Fraglich bleibt allerdings, ob es nicht auch zulässig sein müsste, die Kundendaten **ohne**   **109** **eine solche Widerspruchsmöglichkeit** zu übertragen. Nach der hier vertretenen Ansicht – die jedoch offenbar nicht von den Aufsichtsbehörden geteilt wird – kann es durchaus Konstellationen geben, die eine Übermittlung auch ohne Widerspruchsmöglichkeit legitim erscheinen lassen. Dazu muss man sich vor Augen führen, worum es den Kunden eigentlich geht, wenn auf deren schutzwürdige Interessen abgestellt wird. Klar ist, dass deren Interessen umso höher wiegen, je mehr ein klassischer „Datenhandel" im Raum steht. Wenn es aber darum geht, dass ein Unternehmen – z. B. der Betreiber

---

[225] Allenfalls zur Wahrung gesetzlicher Aufbewahrungspflichten.

eines Online-Shops – in einem weiteren Unternehmen „aufgeht", desto eher wird eine Übertragung von Kundendaten auch ohne Widerspruchsmöglichkeit zulässig sein. Zu denken wäre insoweit an eine Konstellation, z. B. bei einem Verkauf aus der Insolvenz, bei der sämtliche Assets des bisherigen Shop-Betreibers sowie sämtliche seiner Mitarbeiter auf eine neue Gesellschaft übergehen, die sodann den bisherigen Shop (nahezu) unverändert fortführt. In einer solchen Konstellation kommt es weder zu einer „Verdoppelung" der Datensätze des Kunden, noch werden seine Daten für andere Zwecke verwendet. Zwar bleibt es richtig, dass die Daten des Kunden in dieser Konstellation von einem neuen „Verantwortlichen" verarbeitet werden, jedoch sind damit für den Kunden in der Praxis kaum relevante Änderungen verbunden. Daher ist es nach der hier vertretenen Ansicht in bestimmten Konstellationen zulässig, sämtliche Kundendaten auch ohne *Opt-out* Möglichkeit zu veräußern.[226] Voraussetzung ist allerdings stets, dass der Kunde im Sinne der Art. 13 und 14 DSGVO über die Übermittlung seiner Daten informiert wird.

110 Fraglich bleibt darüber hinaus, welche **Frist** als angemessen gilt, um die Widerspruchsmöglichkeit den Vorgaben der Behörden entsprechend auszugestalten.

Beachte: Die Behörden haben sich für eine Frist von sechs Wochen ausgesprochen, wobei die Frist nur als Beispiel genannt ist.

Den Behörden ist insoweit zuzustimmen, dass die Frist selbstverständlich nicht so kurz ausfallen darf, dass den Kunden faktisch die Option genommen wird, rechtzeitig zu reagieren. Gleichzeitig wäre aber nicht ersichtlich weshalb ein Unternehmen ganze sechs Wochen warten sollte, bevor der Kunde seine Entscheidung für oder gegen eine Übermittlung getroffen hat. Eine **Frist von zwei bis vier Wochen** dürfte daher insoweit angemessen sein.

111 (2) **„Altkunden"**. Mit Blick auf die sog. „Altkunden" gehen die **Behörden** davon aus, dass eine Übermittlung der Daten dieser Kunden nicht über eine Interessenabwägung gerechtfertigt werden könne. Diese Wertung steht nach der hier vertretenen Ansicht nicht mit der DSGVO im Einklang, jedenfalls nicht in der von den Behörden angenommenen Pauschalität.

Zunächst erscheint es sehr zweifelhaft, ob überhaupt eine so starre Grenze gezogen werden kann. Zur Begründung, weshalb die Behörden gerade einen Zeitraum von drei Jahren gewählt haben, heißt es in dem DSGK Beschluss Asset Deal, dass sich diese an der regelmäßigen Anspruchsverjährung orientiere. Zudem seien nichtaktive Kundendaten älter als drei Jahre erfahrungsgemäß veraltet.

Und genau hier liegt der wesentliche Schwachpunkt der Argumentation der Behörden. Ob ein Datum „veraltet" ist oder nicht, richtet sich nicht in erster Linie danach, wann der letzte Vertragsschluss stattgefunden hat. Denn es ist z. B. weithin anerkannt, dass die fortlaufende Übersendung von – jederzeit abbestellbaren – Newslettern dazu führen kann, die Kundenbeziehung „am Leben zu halten". Gleiches gilt, wenn der Kunde z. B. fortlaufend Veranstaltungen des Unternehmens besucht hat. Der Parameter des Zeitpunkts des Vertragsschlusses greift also zu kurz, zumal es bei dieser Fallkonstellation nicht um die Erfüllung eines Vertrages geht, sondern um die Wahrung berechtigter Interessen nach Art. 6 Abs. 1 S. 1 Buchst. f) DSGVO.

Im Ergebnis bedeutet dies, dass – wie unter dem Regime der DSGVO üblich – auf den jeweiligen **Einzelfall** abzustellen ist, um zu ermitteln, wie weit die Daten zurückreifen dürfen. Erforderlich ist also eine Bewertung der Daten, die übertragen werden sollen, und aller weiteren Faktoren, die für die Interessenabwägung relevant sind. Der von den Behör-

---

[226] So wohl auch *Schröder* in: Forgó/Helfrich/Schneider, Betrieblicher Datenschutz, Teil VI Kapitel 4 Rn. 39; ebenso *Plath/Struck/ter Hazeborg,* CR 2020, 9, 13.

den vorgeschlagene Zeitraum von drei Jahren mag insoweit als Richtschnur gelten. Eine starre Grenze bildet er nach der hier vertretenen Ansicht jedoch nicht.

cc) Einwilligung *(Opt-in)*. Soweit dem Verkäufer keine der vorstehenden Optionen 112 zur Verfügung stehen, hat er stets die Möglichkeit, die Übertragung der Kundendaten auf eine Einwilligung der jeweiligen Kunden zu stützen (vgl. Art. 6 Abs. 1 S. 1 Buchst. a) DSGVO).[227] Eine solche Einwilligung *(Opt-in)* hat den Anforderungen des Art. 7 DSGVO zu genügen.[228]

Eine ebenso interessante wie praxisrelevante Frage ist in diesem Zusammenhang, ob auch **Werbeeinwilligungen** *(Opt-in)* im Rahmen eines Asset Deals „**übertragen**" werden können.

> **Praxishinweis:** Die typische Konstellation in diesem Zusammenhang ist Folgende: Der Kunde hat seinem Vertragspartner, z. B. einem Shop-Betreiber, eine Werbeeinwilligung erteilt. Dies ist, über das Datenschutzrecht hinaus, regelmäßig schon deshalb möglich, um eine unzumutbare Belästigung unter dem UWG zu vermeiden. Will sich nun aber auch der Käufer der Kundendaten auf eine solche Werbeeinwilligung stützen, so müsste diese Einwilligung „übertragbar" sein.

Sowohl die DSGVO als auch das UWG schweigen zu der Frage, ob Einwilligungen 113 übertragen werden können. Vor diesem Hintergrund hat man sich dieser Frage im Wege der Auslegung zu nähern. Der Wortlaut der Normen lässt eine solche Auslegung durchaus zu.[229] § 7 Abs. 2 Nr. 3 UWG verlangt lediglich, dass der Adressat der Werbung – hier also der Kunde – seine Einwilligung gegeben hat. Entsprechendes folgt für den Bereich der DSGVO aus Art. 6 Abs. 1 S. 1 Buchst. a) DSGVO. Hiernach ist es lediglich erforderlich, dass die betroffene Person ihre Einwilligung gegeben hat. Damit bleibt die Frage offen, gegenüber wem die Einwilligung abzugeben ist, also die Frage nach dem Adressaten der Einwilligungserklärung. Vor diesem Hintergrund ist es grundsätzlich möglich, dass die gegenüber einem Unternehmen (hier dem Verkäufer) erteilte Einwilligung auch gegenüber einem weiteren Unternehmen (hier dem Käufer) gilt. Allerdings führt dieser Befund noch keineswegs dazu, dass jede Einwilligung stets auch übertragbar wäre. Vielmehr ist im Einzelfall zu prüfen, ob die Einwilligung in der Weise ausgelegt werden kann, dass sie auch gegenüber einem weiteren Unternehmen gelten soll.[230]

Insofern führt eine lebensnahe Auslegung zu folgendem Befund: Ein Kunde, der einem Unternehmen eine Werbeeinwilligung erteilt, macht sich regelmäßig keine Gedanken darüber, welches konkrete Unternehmen für die Verarbeitung seiner Daten verantwortlich ist. Der Kunde setzt ggf. Vertrauen in eine bestimmte Marke. Unterhalb dieser Schwelle kommt es ihm aber in aller Regel nicht darauf an, ob seine Daten von der ABC Shop GmbH oder der ABC Marketing GmbH verarbeitet werden. Relevant ist für ihn vielmehr, dass er nicht am Ende Werbung erhält für Produkte einer ganz anderen Marke.

Die Kernfrage lautet also, ob die vom Kunden abgegebene Einwilligungserklärung 114 „**geschäftsbezogen**" oder „**personenbezogen**" erteilt worden ist. Nach der hier vertretenen Ansicht ist im Zweifel von einer geschäftsbezogenen Einwilligung auszugehen. Für diese Auslegung spricht vor allem auch der Abgleich mit der Konstellation beim Share Deal. Beim Share Deal ist allgemein anerkannt, dass eine solche Transaktion keine Auswirkungen auf die Wirksamkeit bestehender Einwilligungen hat, die gegenüber dem

---

[227] *Plath* in: Bussche v. d./Voigt, Konzerndatenschutz, Teil 6 Rn. 61.
[228] Wenn im Ausnahmefall auch Daten von Kindern übertragen werden sollen, hat die Einwilligung zudem den Anforderungen des Art. 8 DSGVO zu genügen.
[229] *Plath* in: Bussche v. d./Voigt, Konzerndatenschutz, Teil 6 Rn. 65.
[230] *Thode,* PinG 2016, 26, 29.

verkauften Unternehmen erteilt worden sind. Dieses Ergebnis ist, ungeachtet des Umstandes, dass es beim Share Deal nicht zu einer Übermittlung von Daten kommt, wertungsmäßig schon deshalb richtig, weil es dem Kunden grundsätzlich nicht darauf ankommt, welche Person oder Gesellschaft als neuer Anteilseigner hinter dem Unternehmen steht. Es ist daher nicht ersichtlich, weshalb man beim Asset Deal zu einem abweichenden Ergebnis gelangten sollte.[231] Natürlich kann es Ausnahmen geben, z.B. wenn es dem Kunden gerade auf die persönliche Beziehung zu dem Unternehmen ankommt, dem er seine Einwilligung erteilt hat.[232] In der Regel dürfte eine Einwilligung aber so auszulegen sein, dass sie tatsächlich „übertragbar" ist.

8. Beteiligung Minderjähriger, Betreuung, Vormundschaft, §§ 1821 bis 1823 BGB

115   Ist an einem Unternehmenskaufvertrag ein Minderjähriger oder ein unter Vormundschaft oder Betreuung Stehender beteiligt, sind die **familiengerichtlichen Genehmigungserfordernisse** der §§ 1821 bis 1823 BGB insbesondere für folgende Fälle zu beachten:[233]

– Grundstücksgeschäfte
– Verfügungen über das Vermögen im Ganzen
– entgeltlicher Erwerb oder Veräußerung eines Erwerbsgeschäfts, Abschluss eines Gesellschaftsvertrages zum Betrieb eines Erwerbsgeschäfts
– Pachtverträge
– Übernahme einer fremden Verbindlichkeit
– Schiedsvertrag.

> **Beachte:** Gerade in mittelständischen Unternehmen kommt es mitunter vor, dass an dem zu verkaufenden Unternehmen Minderjährige beteiligt sind oder im Zuge des Erwerbs beteiligt werden sollen, sodass hier die Genehmigungspflicht sowie die Genehmigungsfähigkeit vorab geprüft werden sollten.

9. Sonstige Zustimmungs- und Anzeigenerfordernisse, Erlaubnisse

116   Schließlich kommen diverse besondere **öffentlich-rechtliche Erfordernisse** zum Betrieb eines Unternehmens oder besondere **persönliche Voraussetzungen** des Inhabers oder Geschäftsführers in Betracht, wie zum Beispiel für den Güterkraftverkehr, das Bewachungsgewerbe, Makler, Bauträger, Gaststättenbetriebe, Personenbeförderung, Handwerksbetriebe, die es zu beachten gilt.[234]

In besonders gelagerten Fällen können sich auch weitere Zustimmungs- bzw. Anzeigenerfordernisse ergeben, zum Beispiel für Medienunternehmen nach den besonderen Vorgaben des Rundfunkstaatsvertrages oder des Außenwirtschaftsgesetzes.

117–119 *(frei)*

---

[231] *Plath* in: Bussche v. d./Voigt, Konzerndatenschutz, Teil 6 Rn. 65; *Plath/Struck/ter Hazeborg,* CR 2020, 9, 15.

[232] *Plath* in: Bussche v. d./Voigt, Konzerndatenschutz, Teil 6 Rn. 65.

[233] Vgl. zu den Einzelheiten *Weber* in: Hölters, Handbuch Unternehmenskauf, Kap. 9 Rn. 9.157 ff.

[234] Vgl. dazu ausführliche Checklisten bei *Seibt* in: Beck'sches Formularbuch Mergers & Acquisitions, A. sowie von *Lips* in: Hettler/Stratz/Hörtnagel, Beck'sches Mandatshandbuch Unternehmenskauf, § 3 Rn. 79; vgl. auch *Brück/Sinewe,* Steueroptimierter Unternehmenskauf, § 5 Rn. 118 ff.

III. Parteien des Kaufvertrages und Vollmachten/Genehmigungen

1. Vertragsparteien

Zunächst hängt die Frage der Parteien des Kaufvertrages davon ab, ob im Wege des Asset   **120**
Deals das Unternehmen selbst oder im Wege des Share Deals der Unternehmensträger
verkauft und übertragen werden soll.

Haben sich sowohl die Verkäuferseite als auch die Käuferseite Klarheit über etwaige Zustimmungserfordernisse verschafft, ergeben sich weitere Konsequenzen für die Frage, wer
alles Partei des Vertrages werden muss und wer ggf. lediglich eine bloße schriftliche Zustimmung erteilt, ohne dabei Vertragspartei zu werden. Ist beispielsweise eine Satzungsänderung bzw. eine Änderung des Gesellschaftsvertrages erforderlich, sind die übrigen
Gesellschafter auch Vertragspartner dieser Vertragsänderung. Sie müssen deshalb aber nicht
notwendigerweise auch Partei des Unternehmenskaufvertrages werden.

> **Praxishinweis:** Es ist empfehlenswert, möglichst wenige Vertragsparteien zu haben, weil
> dann zum einen die vertraglichen Regelungen tendenziell einfacher gehalten werden kön-
> nen, zum anderen aber auch der Abstimmungsaufwand bei den Vertragsverhandlungen
> nicht zu sehr ausufert. Wenn möglich, sollten daher etwa erforderliche Zustimmungen im
> Vorwege eingeholt und als Anlage zum Kaufvertrag genommen werden.

Hat der Käufer Zweifel, dass die vom Verkäufer gewährten Garantien auch mit Blick   **121**
auf eine eventuell zweifelhafte Bonität des Verkäufers belastbar sind, kommt ein **Schuldbeitritt** von Konzerngesellschaften oder – gerade im Mittelstand anzutreffen – des Unternehmers persönlich in Betracht. Diese werden dann auch Vertragspartei. Alternativ
sind auch **Patronatserklärungen** zur Absicherung der Verkäufer- bzw. Käuferpflichten
denkbar.[235]

2. Vollmachten und Genehmigung

a) Form der Vollmacht und Genehmigungserklärung

Handelt für den Verkäufer oder Käufer ein Bevollmächtigter, bedarf die Vollmacht grund-   **122**
sätzlich nicht der Form des Hauptgeschäfts (§ 167 Abs. 2 BGB).[236] Auch wenn danach im
Ausgangspunkt sogar ein bloß mündlich Bevollmächtigter den Vertrag abschließen könnte,
der dann nach Beurkundung eine Vollmachtsbestätigung beibringt, empfiehlt sich aber aus
Gründen der Rechtssicherheit und Rechtsklarheit beim Unternehmens- und Beteiligungskauf mindestens die schriftliche, besser noch **notariell beglaubigte Vollmacht.** Soll hingegen zu Zwecken des Anteilserwerbs auch eine **AG oder GmbH** gegründet werden,
bedarf die Vollmacht der notariellen Beurkundung oder Beglaubigung (§ 2 Abs. 2 GmbHG,
§ 23 Abs. 1 Satz 2 AktG).

Die **Zustimmung zu einem Rechtsgeschäft** (beim Unternehmenskauf insbesondere
die nachträgliche Genehmigung) bedarf ebenfalls nicht der für das Rechtsgeschäft bestimmten Form (§ 182 Abs. 2 BGB).[237]

Oft werden aus und im Zusammenhang mit einem Unternehmensverkauf weitere Erklä-   **123**
rungen der Vertragsparteien bzw. ihrer Bevollmächtigten abgegeben, wie z. B. im Rahmen

---

[235] Siehe zur Absicherung der Garantien und sonstigen Pflichten des Verkäufers auch → Rn. 615 f.
[236] Vgl. zu „Fallstricken" im Zusammenhang mit der Vollmachtserteilung *Bergjan/Klotz,* ZIP 2016,
2300.
[237] Vgl. so zum Grundstückserwerb BGH vom 25.2.1994 – V ZR 63/93, NJW 1994, 1344

von Beschlussfassungen zu Umstrukturierungen, einer Kapitalerhöhung nebst Übernahmeerklärungen oder Anmeldungen zum Handelsregister. Während bei Kapitalgesellschaften für die **Stimmrechtsvollmacht** die Textform nach § 126 b BGB gilt (§ 47 Abs. 3 GmbHG sowie § 134 Abs. 3 Satz 3, 4 AktG), bedarf die Stimmrechtsvollmacht bei Personen(handels)gesellschaften keiner Form, muss jedoch nach den Regelungen des Gesellschaftsvertrages *erlaubt* sein.[238] Empfehlenswert ist allerdings mit Blick auf die oftmals mit Beschlussfassungen (z. B. zur Bestellung und Abberufung von Geschäftsführern) verbundenen **Anmeldungen zum Handelsregister** gemäß § 12 Abs. 1 Satz 2 HGB eine zumindest öffentlich beglaubigte Vollmacht, was auch mit Blick auf eine etwaige mit beurkundete Kapitalerhöhung oder Umwandlungsvorgänge erforderlich sein kann.[239]

124   Sofern eine **Vollmacht für beurkundungspflichtige Grundstücksgeschäfte oder Umwandlungsvorgänge** (nicht jedoch bei bloßer Übertragung von GmbH-Anteilen und namentlicher Benennung des Bevollmächtigten[240]) als Teil der Transaktion **unwiderruflich** erteilt werden soll, ist § 167 Abs. 2 BGB teleologisch dahingehend zu reduzieren, dass diese Vollmacht dann **notariell** zu beurkunden ist, weil mit ihrer Erteilung andernfalls der Sinn und Zweck der Beurkundungspflicht, den Adressaten vor einer übereilten Entscheidung zu bewahren, unterlaufen würde.[241]

b) Auslandsgesellschaften als Beteiligte: Legalisation und Apostille

125   Bei dem Verkauf mittelständischer Unternehmen kann es im Zuge zunehmender Globalisierung durchaus vorkommen, dass Verkäufer, Käufer oder ein sonstiger Beteiligter (z. B. Muttergesellschaft für einen Schuldbeitritt, eine Patronatserklärung oder eine Bürgschaft) ihren Sitz im Ausland haben.[242] Soweit für die Beurkundung bestimmter gesellschaftsrechtlicher Akte durch Bevollmächtigte für die Vollmacht bzw. Genehmigung die Form der öffentlichen Beglaubigung vorgesehen ist, etwa bei Gründung einer AG oder GmbH (siehe oben), oder soweit § 12 HGB für die Anmeldung zum Handelsregister selbst oder die Vollmacht dazu öffentliche Beglaubigung vorsieht, ist anerkannt, dass auch im Ausland vorgenommene Beglaubigungen im deutschen Rechtsverkehr unter bestimmten Voraussetzungen Verwendung finden können.[243] Dies geschieht zumeist durch eine sogenannte **Legalisation,** worunter man die Bestätigung der Echtheit der Urkunde durch das Konsulat des Staates, in dem die Urkunde verwendet werden soll, versteht.[244] Für den Anteils- und Unternehmenskauf durch eine Auslandsgesellschaft geht es zumeist um eine Vorlegung von Urkunden über
– die rechtswirksame Gründung und das Bestehen der Gesellschaft als solche sowie
– die Vertretungsnachweise der für diese Gesellschaft handelnden Personen.

---

238 Vgl. *Bergjan/Klotz,* ZIP 2016, 2300, 2302.

239 *Bergjan/Klotz,* ZIP 2016, 2300, 2302 ff.

240 BGH vom 24.3.1954 – II ZR 23/53, NJW 1954, 1157; *Bergjan/Klotz,* ZIP 2016, 2300, 2304; *Leutner/Stenzel,* NZG 2012, 1406, 1410.

241 BGH vom 29.2.1996 – IX ZR 153/95, NJW 1996, 1467, 1468 m. w. N. aus der Rspr.; *Bergjan/ Klotz,* ZIP 2016, 2300, 2304; *Leutner/Stenzel,* NZG 2012, 1406, 1407.

242 Siehe zum internationalen Unternehmenskauf *Göthel,* Grenzüberschreitende M&A-Transaktionen sowie speziell zur Vollmacht bei internationalen M&A-Transaktionen *Seibold/Groner,* NZG 2009, 126.

243 *Schaub* in: Ebenroth/Boujong/Joost/Strohn, Handelsgesetzbuch, Anhang zu § 12 Handelsregisteranmeldungen mit Auslandsbezug, Rn. 125 ff.

244 Vgl. *Spahlinger/Wegen,* Internationales Gesellschaftsrecht, Rn. 696; *Schaub* in: Ebenroth/Boujong/ Joost/Strohn, Handelsgesetzbuch, Anhang zu § 12 Handelsregisteranmeldungen mit Auslandsbezug, Rn. 125 ff. sowie zur weiteren Differenzierung nach *Legalisation im engeren Sinn* und *Legalisation im weiteren Sinn: Zeiser* in: Hügel, Beck'scher Online-Kommentar GBO, Internationale Bezüge, Q. Rn. 117 f.; sehr ausführlich zu Legitimationsnachweisen sowie speziell zur Legalisation *Gebele* in: Göthel, Grenzüberschreitende M&A-Transaktionen, § 3 Rn. 45 ff.

Durch das multilaterale „**Haager Übereinkommen**"[245] sind durch dessen Vertrags- **126** staaten Erleichterungen für die Legalisation in Form der sog. **Apostille** vereinbart worden, welche als standardisierte, vereinfachte Form der Echtheitsbestätigung an die Stelle der Legalisation tritt. Zur Bestätigung dafür, dass die vorgelegte Urkunde echt ist, darf der Vorlegungsstaat nach Art. 3 Abs. 1 des Haager Übereinkommens statt der Legalisation nur die Apostille verlangen.[246]

Auch gibt es zwischen Deutschland und zahlreichen anderen Ländern **bilaterale Ab-** **127** **kommen,** nach denen die Urkunden des Vertragspartners entweder gänzlich von weiteren Formerfordernissen befreit sind oder nach denen lediglich eine Apostille erforderlich ist. Bilaterale Abkommen bestehen derzeit mit **Belgien, Dänemark, Griechenland, Frankreich, Italien, Österreich und der Schweiz.**[247]

> **Beachte:** Die Bundesrepublik hat hinsichtlich verschiedener Staaten Einspruch gegen den Beitritt zum Haager Abkommen erklärt, sodass zwischen Deutschland und diesen Ländern dann das Haager Abkommen keine Anwendung findet (zurzeit Albanien, Aserbaidschan, Dominikanische Republik, Indien, Liberia, Moldawien, Mongolei und Ukraine).[248]

Gänzlich befreit von der Legalisation und damit auch der Apostille sind notarielle Urkunden aus **Belgien, Dänemark, Frankreich, Italien und Österreich.**[249]

Welche Form der Legalisation ausländischer Urkunden erforderlich ist, ist somit von Land zu Land unterschiedlich und bedarf der sorgfältigen Prüfung. Dafür gibt es allerdings zur Erleichterung im Schrifttum bereits tabellarische Übersichten.[250]

> **Praxishinweis:** Sind Käufer, Verkäufer oder sonstige Vertragsparteien Gesellschaften mit Sitz im Ausland, sollten alle Vertragspartner frühzeitig vor der Beurkundung prüfen, welche Vertretungsnachweise für eine wirksame Beurkundung und Einreichung der Gesellschafterliste beim Handelsregister erforderlich sind. Da Art und Umfang der Einreichung ausländischer Urkunden von den Registergerichten auch durchaus unterschiedlich gehandhabt werden, empfiehlt sich eine vorherige Abstimmung mit dem beurkundenden Notar. Auch sollten mindestens zwei Wochen (bei einigen Ländern eher noch länger) eingeplant werden, um die entsprechenden Vollmachten und Vertretungsnachweise im Original rechtzeitig bei Vertragsschluss vorliegen zu haben.

(frei) **128, 129**

---

[245] BGBl. II 1965, 875.

[246] *Schaub* in: Ebenroth/Boujong/Joost/Strohn, Handelsgesetzbuch, Anhang zu § 12 Handelsregisteranmeldungen mit Auslandsbezug, Rn. 81; *Zeiser* in: Hügel, Beck'scher Online-Kommentar GBO, Internationale Bezüge, Q. Rn. 140; *Gebele* in: Göthel, Grenzüberschreitende M&A-Transaktionen, § 3 Rn. 49.

[247] Vgl. dazu ausführlich *Zeiser* in: Hügel, Beck'scher Online-Kommentar GBO, Internationale Bezüge, Q. Rn. 125 ff; *Schaub* in: Ebenroth/Boujong/Joost/Strohn, Handelsgesetzbuch, Anhang zu § 12 Handelsregisteranmeldungen mit Auslandsbezug, Rn. 69 ff.; *Spahlinger/Wegen,* Internationales Gesellschaftsrecht, Rn. 697.

[248] Vgl. *Zeiser* in: Hügel, Beck'scher Online-Kommentar GBO, Internationale Bezüge, Q. Rn. 142.

[249] Vgl. *Gebele* in: Göthel, Grenzüberschreitende M&A Transaktionen, § 3 Rn. 50.

[250] Siehe z. B. die sehr hilfreiche *Kurzübersicht des Deutschen Notarinstituts* unter www.dnoti.de „Arbeitshilfen 6.IPR und ausländisches Recht" (Kurzübersicht Apostille und Legalisation, Stand: 22.8.2019) sowie die tabellarische Übersicht bei *Schaub* in: Ebenroth/Boujong/Joost/Strohn, Handelsgesetzbuch, Anhang zu § 12 Handelsregisteranmeldungen mit Auslandsbezug, Rn. 153; *Spahlinger/Wegen,* Internationales Gesellschaftsrecht, Rn. 699.

IV. Vertragsstrukturierung mit und ohne gesondertes Closing

1. Schuldrechtlicher Kauf- und dinglicher Übertragungsvertrag

130   Von besonderer praktischer Relevanz für die Gestaltung des Unternehmenskaufvertrages ist freilich das im deutschen Zivilrecht geltende **Abstraktionsprinzip,** d. h. die Unterscheidung zwischen dem schuldrechtlichen Verpflichtungsgeschäft einerseits und dem zu Zwecken der Erfüllung dieses Verpflichtungsgeschäft zusätzlich abgeschlossenen dinglichen Vertrag zur Übertragung der verkauften Vermögenswerte. § 453 Abs. 1 BGB mit dem Verweis auf die §§ 433 ff. BGB erfasst dabei nur die schuldrechtliche Seite des Unternehmenskaufes. Allerdings wird der schuldrechtliche Kaufvertrag in der Praxis – auch nach der Schuldrechtsreform aus dem Jahre 2002 – in aller Regel nicht nach den gesetzlichen Vorschriften der §§ 433 ff. BGB, sondern durch spezielle und zum Teil äußerst umfangreiche Vertragswerke geregelt, in denen die Käufer- und Verkäuferpflichten abweichend von den kaufrechtlichen Regelungen des BGB festgelegt werden.

> **Praxishinweis:** Es ist zu beachten, dass ungeachtet dieser vielfach vorzufindenden doch recht pauschalen Gegenüberstellung des gesetzlichen Kaufrechts und des Kaufvertrages als eigenständigem Regelungssystem zahlreiche Regelungen des BGB die kaufvertraglichen Regelungen ergänzen und überlagern. In den zentralen Regelungsbereichen sollte daher das Augenmerk darauf gerichtet werden, welche Konsequenzen das BGB im Einzelnen vorsieht und wie diese ggf. im Kaufvertrag anzupassen sind. Dies betrifft nicht nur die Regelungen zur Auswirkung der Kenntnis des Käufers nach § 442 BGB und die Verpflichtung des Verkäufers, ggf. Nacherfüllung oder Schadensersatz nach §§ 249 ff. BGB zu leisten, sondern insbesondere auch der Modalitäten einer etwaigen Rückabwicklung des gesamten Unternehmensverkaufs, den die Parteien zwar regelmäßig nicht wollen und daher vertraglich ausschließen, der sich aber gleichwohl ergeben kann, z. B. im Falle des Vorwurfs arglistiger Täuschung[251] oder Nichtigkeit wegen einer sittenwidrigen Wettbewerbsklausel.[252]

131   Zudem ist beim Einsatz aufschiebender oder auflösender Bedingungen stets darauf zu achten, welche Rechtsfolgen der Eintritt oder Nichteintritt der Bedingung für sowohl das schuldrechtliche als auch das dingliche Geschäft haben.

> **Beachte:** Im Gegensatz zum schuldrechtlichen Kaufvertrag, für den grundsätzlich Vertragsfreiheit gilt, unterliegen die gesetzlichen Vorschriften für die dingliche Übertragung aufgrund des sachenrechtlichen Typenzwangs nicht der Vertragsfreiheit.

2. Gestaltungsmöglichkeiten im Hinblick auf den dinglichen Vollzug

a) Überblick

132   Bei vielen Unternehmenskaufverträgen fallen der schuldrechtliche Kaufvertrag (Signing) und der Vertrag über die dingliche Erfüllung (Closing/Completion) auseinander. Aus Sicht des Verkäufers ist ein solches Auseinanderfallen nicht wünschenswert, weil der Eintritt der Vollzugsvoraussetzungen (vor allem Gremienvorbehalte oder Finanzierungsvorbehalt) zumeist in der Risikosphäre des Käufers liegen, somit von ihm auch beeinflussbar sind und damit letztlich die für den Verkäufer wichtige Transaktionssicherheit gefährden können. In der vertraglichen Praxis kommen aber zahlreiche andere Bedingungen und Zustimmungs-

---

[251] Siehe dazu OLG München vom 19.9.2012 – 7 U 736/12, NZG 2013, 257.
[252] Vgl. dazu BGH vom 5.7.2006 – VIII ZR 172/05, NJW 2006, 2847.

erfordernisse in Betracht, die vom jeweiligen Einzelfall abhängen. Hierher gehören zum Beispiel:[253]

- kartellrechtliche Freigaben;
- Restrukturierungsmaßnahmen, um das Unternehmen veräußerbar zu machen;
- Verzicht auf Vorkaufsrechte und Erklärungen zu etwaigen satzungsmäßigen Mitverkaufs-rechten und -pflichten;
- Erteilung gesellschaftsrechtlicher Zustimmungen einschließlich solcher von etwaigen Gremien;
- Erteilung von Testaten zu den Jahresabschlüssen des zu verkaufenden Unternehmens;
- Abschluss bestimmter Verträge;
- Zustimmungen von Banken und Förderbanken/Bürgschaftsgemeinschaften;
- Nachweis der Fremdfinanzierung („Engagement Letter" oder auch „Debt Commitment Letter") sowie des Eigenkapitalanteils („Equity Commitment Letter");[254]
- Eintragung der Haftungsbeschränkungen nach § 176 Abs. 2 HGB oder § 25 Abs. 2 HGB im Handelsregister oder Eintragung des Erwerbers in der Gesellschafterliste (§§ 16 Abs. 1, 40 GmbHG).

> **Praxishinweis:** In den Kaufvertrag sollte eine Regelung aufgenommen werden, nach der die jeweils von der Bedingung begünstigte Vertragspartei einseitig durch schriftliche Er-klärung gegenüber der anderen Vertragspartei auf den Eintritt der Bedingung verzichten kann.

> **Formulierungsvorschlag:** *„Der Verkäufer ist berechtigt, auf einzelne oder alle der vorste-henden aufschiebenden Bedingungen ganz oder teilweise durch schriftliche Erklärung gegenüber dem beurkundenden Notar einseitig zu verzichten. Der Käufer bevollmächtigt hiermit den Notar unwiderruflich, diese Erklärung für ihn entgegen zu nehmen."* (Diese Formulierung kann auch auf die den Käufer begünstigenden aufschiebenden Bedingungen erweitert werden). *„Mit Eintritt aller aufschiebenden Bedingungen nach § [...], wobei für diesen Zweck der Verzicht auf eine Bedingung nach vorstehendem Absatz als Eintritt der Bedingung gilt, wird die Abtretung des Geschäftsanteils dinglich wirksam."*

Außerdem ist jeweils genau zu bedenken, ob sich die Bedingung auf die dingliche Über- **133** tragung beziehen (so der Regelfall) oder ob auch der zu Grunde liegende Kaufvertrag ggf. nicht wirksam werden soll. Häufig ist es passender, den Vertragsparteien für den Fall des Ausbleibens einer oder mehrerer Bedingungen dann ggf. ein **Rücktrittsrecht** ein-zuräumen, da andernfalls die vereinbarten kaufvertraglichen Pflichten für die weitere Um-setzung der Transaktion in der Schwebe wären oder bei Ausbleiben der Bedingung automa-tisch wegfielen.

Für den Fall, dass der Kaufvertrag selbst unter eine aufschiebende Bedingung gestellt wird oder ein Rücktrittsrecht besteht, sollten einzelne Regelungen ggf. auch nach Rück-abwicklung Bestand haben, und zwar insbesondere ein (eventuell nur verkürztes) Wettbe-werbsverbot, Abwerbeverbot, Verschwiegenheitsverpflichtung etc.

b) Vertragsmodell mit aufschiebenden Bedingungen

Jedenfalls aus Sicht des Verkäufers eines mittelständischen Unternehmens ist es vor- **134** zugswürdig, entsprechend dem in Deutschland verbreiteten Modell die Abtretung seiner Geschäftsanteile von dem Vorliegen bestimmter Bedingungen abhängig zu machen und dabei zugleich die Anzahl solcher Vollzugsvoraussetzungen auf ein Minimum zu reduzieren.

---

[253] Vgl. *Holzapfel/Pöllath,* Unternehmenskauf in Recht und Praxis, Rn. 1213 ff.
[254] Vgl. dazu *Leyendecker/Mackensen,* NZG 2012, 129; zur möglichen Beurkundungspflicht *Her-manns,* DNotZ 2013, 9, 16.

So können etwaige erforderliche Zustimmungen von Gremien des Käufers, aber auch des Verkäufers sowie eine Finanzierungszusage der den Kaufpreis finanzierenden Bank bzw. eine Zustimmung der Bank zur Übernahme der Finanzierung durch den Erwerber bereits im Vorwege eingeholt werden.

> **Praxishinweis:** In der Praxis kann sich ein Problem der fehlenden Nachvollziehbarkeit des genauen Zeitpunkts des dinglichen Rechtsübergangs ergeben. Dem kann aber dadurch begegnet werden, dass sich die Vertragsparteien im Kaufvertrag dazu verpflichten, sich nach Eintritt der letzten Bedingung wechselseitig schriftlich den Eintritt sämtlicher Bedingungen und damit den wirksamen dinglichen Rechtsübergang zu bestätigen (zu Dokumentationszwecken und nicht als Wirksamkeitsvoraussetzung). Die Wirksamkeit des dinglichen Rechtsübergangs tritt davon unabhängig ein. Diese Feststellung der Wirksamkeit kann im Falle eines Beurkundungserfordernisses hinsichtlich des Kaufvertrages auch der Notar verbindlich für die Parteien feststellen, sobald ihm die Vertragsparteien entsprechende Mitteilungen zum Eintritt der jeweiligen Bedingung bzw. dem Verzicht darauf durch den jeweiligen Begünstigten nachgewiesen haben. Dieses Prozedere hat den Vorteil, dass später im Streitfalle die Wirksamkeit der dinglichen Übertragung als Grundlage aller sonstigen Rechte und Pflichten eindeutig feststellbar ist.

135   Sowohl beim Share Deal als auch beim Asset Deal kann die dingliche Übertragung unter einer oder mehreren **aufschiebenden Bedingung(en)** (§ 158 Abs. 1 BGB) und/oder einer **Befristung** (§ 163 BGB) erfolgen, wodurch die dingliche Wirkung des Rechtsübergangs dann erst mit Eintritt der Bedingung bzw. Fristablaufs eintritt. In der Zwischenzeit ist das dingliche Rechtsgeschäft gemäß § 158 BGB voll gültig, doch besteht bis zum Bedingungseintritt oder -ausfall hinsichtlich der Wirksamkeit ein Schwebezustand.[255]

Bei der Übertragung unter einer **auflösenden Bedingung** (§ 158 Abs. 2) ist – genau umgekehrt – das Rechtsgeschäft zwar sofort voll wirksam, verliert aber seine Wirksamkeit mit dem Eintritt der Bedingung bzw. bleibt wirksam, wenn die Bedingung ausfällt.[256] Während der Phase bis zum Eintritt oder Ausbleiben der Bedingung besteht auch bei der auflösenden Bedingung ein Schwebezustand (vgl. § 161 Abs. 2 BGB).

> **Praxishinweis:** Der Eintritt der aufschiebenden bzw. auflösenden Bedingung hat keine rückwirkende Kraft,[257] so dass sich – weil gemäß § 159 BGB eine schuldrechtliche Rückbeziehung zulässig ist – regelmäßig eine schuldrechtliche Vereinbarung darüber empfiehlt, ab welchem Zeitpunkt welche Chancen und Risiken dem Käufer bzw. Verkäufer zugeordnet werden.[258]

136   **Verfügt der Verkäufer in der Schwebezeit** über den Kaufgegenstand, so ist diese Verfügung im Falle des Eintritts der Bedingung grundsätzlich nach § 161 BGB unwirksam. Trotz der an sich mit der Reform des GmbH-Rechts im Jahre 2008 eingeführten Möglichkeit eines gutgläubigen Erwerbs von GmbH-Anteilen kommt ein solcher – anders als bei Grundstücken oder beweglichen Sachen – in der Schwebezeit bis zum Eintritt oder Ausbleiben der Bedingung nicht nach § 161 Abs. 3 BGB in Betracht.[259]

> **Praxishinweis:** Zwar kann nicht ohne Zustimmung der jeweils anderen Vertragspartei der gesamte Kauf- und Übertragungsvertrag oder einzelne Pflichten daraus auf einen Dritten übertragen werden. Es können jedoch einzelne Ansprüche und Rechte wie das Anwart-

---

[255] BGH vom 21.9.1994 – VIII ZR 257/93, NJW 1994, 3228.
[256] *Ellenberger* in: Palandt, BGB, § 158 Rn. 2 f.
[257] BGH vom 21.5.1953 – IV ZR 192/52, NJW 1953, 1099.
[258] Siehe zur Abgrenzung und Stichtagsbilanzierung → Rn. 218 ff.
[259] BGH vom 20.9.2011 – II ZB 17/10, BeckRS, 2011, 24899; OLG Hamburg vom 12.7.2010 – 11 W 51/10, NZG 2010, 1157; OLG München, Beschl. vom 11.3.2011 – 31 Wx 162/10, NZG 2011, 473; vgl. dazu auch noch unten → Rn. 346 ff.

schaftsrecht oder auch das Vollrecht am Geschäftsanteil sowie die Gewährleistungs-ansprüche und sonstige Rechte durch den Käufer und der Kaufpreisanspruch durch den Verkäufer abgetreten werden. Will man dies verhindern, bedarf es im Kaufvertrag eines entsprechenden Verfügungsverbotes gemäß § 399 BGB. Ein solches rechtsgeschäft-liches Verfügungsverbot fällt grundsätzlich nicht unter den Anwendungsbereich des § 137 BGB, sondern nimmt der Forderung schon die Verkehrsfähigkeit.[260] Für die Abtretung des Kaufpreises würde aber in aller Regel § 354a HGB greifen, der für Geldforderungen bei beiderseitigem Handelsgeschäft das Verfügungsverbot des § 399 BGB ins Leere laufen lässt.

c) Vertragsmodell mit gesondertem Closing

Je komplexer die vertragliche Struktur ist und je umfangreicher Bedingungen und Zu- **137** stimmungserfordernisse für einen wirksamen Anteilsübergang und Vollzug des Kaufver-trages aufgestellt werden, umso mehr empfiehlt sich ein zweistufiges Modell mit getrenn-tem Signing (= Kaufvertrag) und Closing (= Übertragungsvertrag).[261] Sofern sich die Vertragsparteien dafür entscheiden, sollten zum einen die **Vollzugsvoraussetzungen** für das Closing sowie die einzelnen beim Closing vorzunehmenden **Vollzugshandlungen** bereits im Kaufvertrag möglichst präzise spezifiziert werden.

Beim Closing selbst geht es sodann insbesondere um folgende **Regelungsberei-che:**[262]

– *Abschluss notwendiger Verträge,* wie z.B. Mietverträge (bei Verbleib der Betriebsimmobilie bei dem Verkäufer) oder von Dienstleistungs- und Lizenzverträgen (z.B. soweit gewerbli-che Schutzrechte oder Urheberrechte beim Verkäufer verbleiben);
– *Erfüllung von Bedingungen,* wie beispielsweise Nachweis der Zustimmungen von Gremien oder Banken sowie Nachweis der Finanzierung;
– *Übergabe von Unterlagen* oder sonstige Abwicklung Zug um Zug;
– *Feststellung von Bilanzen* oder von Ergebnissen von Zwischenprüfungen;
– ggf. *Abberufung von Geschäftsführern* sowie *Neubestellung* der durch den Käufer benannten Geschäftsführer;
– Nachweis der *Zahlung des Kaufpreises* bzw. Zahlung beim Closing per Scheck etc.;
– und insbesondere für den Vollzug des Kaufvertrages: *dingliche Übertragung* (Eigentumserwerb bzw. Rechtinhaberschaft);
– soweit möglich bereits *tatsächliche Übergabe* des Unternehmens (Besitzwechsel).

> **Praxishinweis:** Zu Dokumentationszwecken empfiehlt sich dann ein Closing- und Ab-nahmeprotokoll,[263] das von den Vertragsparteien zu unterzeichnen ist und in dem sich der Käufer gegebenenfalls etwaige Rechte vorbehalten sollte.[264] Ferner ist zu beachten, dass ab jetzt die Beweislast gemäß § 363 BGB, dass noch keine Erfüllung eingetreten sei, auf den Käufer übergeht.

(frei) **138, 139**

---

[260] BGH vom 14.10.1963 – VII ZR 33/62, NJW 1964, 243; *Grüneberg* in: Palandt, BGB, § 399 Rn. 12.

[261] Vgl. zum US-amerikanischen Ursprung von getrenntem Signing und Closing und der Anwen-dung unter deutschem Recht auch *Göthel* in: Göthel, Grenzüberschreitende M&A-Transaktionen, § 2 Rn. 229 ff.; vgl. auch *Holzapfel/Pöllath,* Unternehmenskauf in Recht und Praxis, Rn. 1213 ff.; *Schrader/Seibt* in: Beck'sches Formularbuch Mergers & Acquisitions, C. II.1. Anm. 11.

[262] Vgl. *Holzapfel/Pöllath,* Unternehmenskauf in Recht und Praxis, Rn. 1218.

[263] Vgl. auch *Göthel* in: Göthel, Grenzüberschreitende M&A Transaktionen, § 2 Rn. 241.

[264] Siehe dazu noch → Rn. 384 f. sowie → Rn. 734.

V. Formfragen beim Unternehmenskaufvertrag

140   Es gibt keine Formvorschriften für den Unternehmenskaufvertrag als solchen,[265] dafür aber eine Reihe von Spezialvorschriften, die je nach Gegenstand der Übertragung die Form der notariellen Beurkundung erfordern. Folgende Aspekte sind bei der **Prüfung der Beurkundungspflicht des Kaufvertrages und sonstiger Abreden** zu bedenken, wobei Einzelfragen in Rechtsprechung und Schrifttum nicht ganz einheitlich behandelt werden:

- schuldrechtliches Verpflichtungsgeschäft und dingliches Verfügungsgeschäft,
- Gesamtbeurkundungsgrundsatz,
- Heilung einer Formunwirksamkeit,
- nachträgliche Änderungen zum Vertrag,
- Auslandsbeurkundung.

141   Bei der Komplexität eines Unternehmenskaufs wird der Käufer – wie oben in Teil → C., Rn. 70 ff. dargestellt – die nicht „Katze im Sack" kaufen, sondern in aller Regel vor Vertragsschluss eine Vielzahl von Unterlagen, Sachverhalten etc. prüfen wollen. Diese Informationen stellt der Käufer dem Verkäufer regelmäßig in einem (heute zumeist virtuellen) Datenraum für dessen Due-Diligence-Prüfung zur Verfügung.[266] Dabei hat der Verkäufer seinerseits – insbesondere auch aufgrund der ihm obliegenden Aufklärungspflichten sowie seiner diesbezüglichen Darlegungs- und Beweislast) – ein Interesse daran, die Erfüllung seiner Aufklärungspflichten sowie eine etwaige Kenntnis des Käufers nach § 442 BGB zu dokumentieren. Vor diesem Hintergrund tragen Verkäufer zunehmend an die Notare den Wunsch heran, **Datenträger (z. B. DVD, CD-ROM, Festplatte)** mit den im Rahmen der Due Diligence vom Verkäufer vorgelegten bzw. vom Käufer eingesehenen Unterlagen als Anlage zur notariellen Urkunde zu nehmen.[267] Umsetzbar ist dies **als Anlage zur notariellen Urschrift,** nicht jedoch als echte Verweisung im Sinne von § 9 Abs. 1 Satz 2 BeurkG, wenn also deren Inhalt Bestandteil der Niederschrift werden soll; alternativ kommt eine Verwahrung durch den Notar in Betracht.[268]

1. Formbedürftigkeit wegen Grundstücksgeschäften, § 311b Abs. 1 BGB

a) § 311b Abs. 1 BGB beim Asset Deal

142   Beim **Asset Deal** hat die Beurkundungspflicht nach § 311b Abs. 1 BGB Bedeutung, wenn Teil der verkauften Unternehmensgegenstände *auch* ein Grundstück (oder ein Erbbaurecht, § 11 Abs. 2 ErbbauRVO) ist. Ein Vertrag, durch den sich eine Partei zur Übertragung oder zum Erwerb eines Grundstücks oder grundstücksähnlichen Rechts verpflichtet, ist nämlich nach § 311b Abs. 1 Satz 1 BGB beurkundungspflichtig, wobei sich die Beurkundungspflicht auf den **Vertrag insgesamt mit allen Nebenabreden** erstreckt, die wirtschaftlich oder rechtlich Teil der vertraglichen Vereinbarungen sind.[269] Eine solche **Einheit** bilden die Verträge nach der Rechtsprechung, wenn sie nach dem Willen der Parteien derart voneinander abhängen, dass sie im Sinne einer „Verknüpfungsabrede"[270] **„miteinander stehen und fallen sollen",** wobei nicht zwingend eine **wechselseitige**

---

[265] Vgl. auch *Holzapfel/Pöllath,* Unternehmenskauf in Recht und Praxis, Rn. 1135.
[266] Siehe dazu im einzelnen Teil → C., Rn. 200 ff.
[267] Vgl. zur Zulässigkeit *Müller,* NJW 2015, 3271; vgl. auch *Hermanns,* DNotZ 2013, 9, 19.
[268] *Müller,* NJW 2015, 3271, 3275.
[269] Vgl. BGH vom 26.10.1973 – V ZR 194/72, NJW 1974, 271; BGH vom 20.12.1974 – V ZR 132/73, NJW 1975, 536 = BGHZ 63, 361; BGH vom 20.6.1980 – V ZR 84/79, NJW 1981, 222; vgl. auch *Weber* in: Hölters, Handbuch Unternehmenskauf, Kap. 9 Rn. 9.94.
[270] Vgl. dazu auch *Leutner/Stenzel,* NZG 2012, 1406, 1408.

Abhängigkeit gegeben sein muss, sondern auch eine **einseitige Abhängigkeit** aus-reichen kann.[271]

Beispiel: Im Hinblick auf die Beurkundungspflicht eines Bauvertrages hat der Bundesgerichts-hof entschieden, dass eine beurkundungspflichtige einseitige Abhängigkeit nur dann vorliegt, wenn der Grundstückserwerb nach dem Willen der Parteien von dem Bauvertrag abhängt,[272] wohingegen die einseitige Abhängigkeit des weiteren Geschäfts (hier der Bauvertrag) vom Grundstücksvertrag nicht genügt, eine rechtliche Einheit im Sinne des Formgebots zu be-gründen.[273]

Wird ein Grundstück zusammen mit einem Unternehmen verkauft, dürfte regelmäßig davon auszugehen sein, dass der Grundstücksverkauf von dem Verkauf des gesamten Un-ternehmens abhängig sein soll, sodass dann auch der gesamte Unternehmenskaufvertrag beurkundungspflichtig ist.

Beispiel: E möchte sein in der Rechtsform eines Einzelunternehmens geführtes Unternehmen verkaufen. Zum Unternehmen gehört ein im steuerlichen Betriebsvermögen gehaltenes Grund-stück, auf dem sich das Verwaltungsgebäude sowie eine Lagerhalle befinden. Daneben sollen das gesamte Anlage- und Umlaufvermögen, Verträge mit Kunden sowie immaterielle Wirt-schaftsgüter (eingetragene Marke des Unternehmens, Firmenwert und Goodwill) veräußert wer-den. Hier liegt die typische Konstellation vor, wonach die Veräußerung des Grundstücks und die Veräußerung der sonstigen Aktiva und Passiva untrennbar zusammenhängen und die Parteien nicht wollen, dass das eine ohne das andere verkauft wird. Der Unternehmenskaufvertrag ist insgesamt beurkundungspflichtig.

Im Falle von **Änderungen** eines beurkundungspflichtigen Asset Deals **vor Erklärung** **143** **der Auflassung** bedarf die Änderung grundsätzlich ebenfalls der notariellen Beurkundung. Eine Ausnahme von diesem Beurkundungserfordernis kommt nur dann in Betracht, wenn eine nachträgliche Vereinbarung lediglich zur Beseitigung unvorhergesehener Schwierigkei-ten der Vertragsabwicklung dient, ohne dass die beiderseitigen Vertragspflichten wesentlich geändert werden.[274]

Eine vollständige oder teilweise **Nichtigkeit des Unternehmenskaufvertrages** wegen **144** eines Formmangels gemäß § 125 BGB kann sich beispielsweise dann ergeben, wenn dieser trotz gebotener Beurkundungspflicht nur privatschriftlich geschlossen wurde oder **Neben-abreden** nicht mitbeurkundet wurden.[275]

Gemäß **§ 139 BGB** ist dann das ganze Rechtsgeschäft nichtig, wenn nicht anzunehmen **145** ist, dass es auch ohne den nichtigen Teil vorgenommen sein würde.[276] Da jedoch der Grundstückskaufvertrag vom restlichen Unternehmenskaufvertrag in aller Regel abhängig ist, tritt nach § 139 BGB Gesamtnichtigkeit ein.[277]

Die Nichtigkeit des Kaufvertrages – einschließlich etwaiger im Verpflichtungsgeschäft **146** enthaltener Nebenabreden[278] – wird nach § 311b Abs. 1 Satz 2 BGB **geheilt,** wenn die dingliche Übertragung des Grundstücks erfolgt ist (d. h. Auflassung und Eintragung des

---

[271] BGH vom 26.11.1999 – V ZR 251/98, NJW 2000, 951; BGH vom 12.2.2009 – VII ZR 230/07, NJW-RR 2009, 953 Tz. 13; BGH vom 22.7.2010 – VII ZR 246/08, ZfBR 2010, 776 = DNotZ 2011, 196. Vgl. dazu auch *Hermanns*, DNotZ 2013, 9, 15.

[272] BGH vom 22.7.2010 –VII ZR 246/08, ZfBR 2010, 776 = DNotZ 2011, 196.

[273] BGH vom 26.11.1999 –V ZR 251/98, NJW 2000, 951.

[274] BGH vom 26.10.1973 – V ZR 194/72, NJW 1974, 271; BGH vom 2.10.1987 – V ZR 42/86, DNotZ 1988, 548 = NJW 1988, 1734.

[275] BGH vom 14.12.2016 – IV ZR 7/15, NZG 2017, 476 Tz. 27.

[276] BGH vom 14.4.1986 – II ZR 155/85, ZIP 1986, 1046, 1048; ; BGH vom 20.10.2009 – VIII ZB 13/08, NZG 2010, 154 Tz. 18; BGH vom 14.12.2016 – IV ZR 7/15, NZG 2017, 476 Tz. 28.

[277] Vgl. zu Fragen des § 139 BGB sowie „salvatorischen Klauseln" noch unten ausführlich → Rn. 177.

[278] BGH vom 19.1.1987 – II ZR 81/86, NJW-RR 1987, 807; OLG Hamburg vom 26.1.2007 – 11 U 254/05, BB 2007, 398.

Käufers als neuem Eigentümer im Grundbuch). Notwendig ist allerdings, dass auch **im Zeitpunkt der Auflassung noch eine Willensübereinstimmung der Parteien** bezüglich der Grundstücksübertragung fortbesteht und auch sonst keine Mängel in Bezug auf die Wirksamkeit des Rechtsgeschäfts vorliegen.[279] Hingegen ist eine Willensübereinstimmung zwischen Auflassung und Eintragung des Eigentumswechsels im Grundbuch nicht erforderlich.

b) § 311b Abs. 1 BGB beim Share Deal

147   Beim **Share Deal** spielt § 311b Abs. 1 BGB im Grundsatz keine Rolle. Selbst dann, wenn es um die Anteile an einer Personengesellschaft geht, deren Vermögen im Wesentlichen aus Immobilien besteht, folgt daraus grundsätzlich nicht die Beurkundungspflicht der Anteilsübertragung nach § 311b Abs. 1 BGB.[280]

Beispiel: E hält diverse fremdvermietete Bürogebäude und Mehrfamilienhäuser in einer Immobiliengesellschaft, die in der Rechtsform einer Einheits-Kommanditgesellschaft organisiert ist. Wenn er im Wege eines Share Deals die Anteile an der Grundstücksverwaltungsgesellschaft veräußern möchte, ist dies nicht nach § 311b Abs. 1 BGB beurkundungspflichtig. Die Formvorschriften der §§ 15 Abs. 3 und 4 GmbHG spielen in diesem Fall ebenfalls keine Rolle, da bei der Einheits-Kommanditgesellschaft die KG selbst die Beteiligung an der Komplementär-GmbH hält. Der Share Deal ist insgesamt formfrei möglich. Eine Beurkundungspflicht kann sich aber im Fall der „normalen" GmbH & Co. KG ergeben.[281]

> **Praxishinweis:** Es ist bei etwaigen Gestaltungen zu beachten, dass der Bundesgerichtshof für Fälle einer bewussten Umgehung der Formvorschriften eine Beurkundungspflicht in Betracht gezogen hat, z. B. wenn etwa Grundstücksgesellschaften nur zu dem Zweck gegründet werden, um mithilfe der hier verfügbaren rechtlichen Konstruktionsmöglichkeiten Grundvermögen außerhalb des Grundbuches und ohne förmliche Zwänge beweglicher verlagern zu können.[282]

2. Übertragung des gesamten gegenwärtigen Vermögens (§ 311b Abs. 3 BGB)

148   Nach § 311b Abs. 3 BGB ist ein Vertrag auch dann notariell beurkundungspflichtig, wenn sich eine Partei darin verpflichtet, ihr **gesamtes gegenwärtiges Vermögen** oder einen **festen Bruchteil davon** zu übertragen oder mit einem Nießbrauch zu belasten. Diese Vorschrift betrifft nur den *obligatorischen Verpflichtungsvertrag*, nicht jedoch die ihn vollziehenden *Verfügungsgeschäfte*.[283] Zu beachten ist ferner, dass im Einzelfall auch **ergänzende** (z. B. das Beschlusserfordernis nach § 179a AktG)[284] **oder verdrängende Sondervorschriften** (z. B. so im Falle von Verschmelzung und Spaltung nach UmwG) zu § 311b Abs. 3 BGB bestehen.[285]

---

[279] BGH vom 17.3.1978 – V ZR 217/75, NJW 1978, 1577; *Grüneberg* in: Palandt, BGB, § 311b Rn. 49.

[280] BGH vom 31.1.1983 – II ZR 288/81, NJW 1983, 1110.

[281] Siehe dazu noch → Rn. 169 ff.

[282] BGH vom 31.1.1983 – II ZR 288/81, NJW 1983, 1110, 1111; zur Beurkundungspflicht bei Abtretung eines GbR-Anteils, die eine GmbH-Beteiligung hält: BGH vom 10.3.2008 – II ZR 312/06, NZG 2008, 377.

[283] *Ruhwinkel* in: Münchener Kommentar zum BGB, § 311b Rn. 115; *Grüneberg* in: Palandt, BGB, § 311b Rn. 64; *Morshäuser*, WM 2007, 337, 338.

[284] Vgl. ausführlich → Rn. 70 ff. sowie *Hüffer/Koch*, AktG, § 179a Rn. 15 ff.; *Eickelberg/Mühlen*, NJW 2011, 2476, 2479.

[285] Vgl. *Grüneberg* in: Palandt, BGB, § 311b Rn. 64; *Oppermann* in: Rotthege/Wassermann, Unternehmenskauf bei der GmbH, Kap. 5 Rn. 188.

Im Übrigen bietet sich zur Frage der Erforderlichkeit der Beurkundung beim Asset Deal **149** aufgrund von § 311b Abs. 3 BGB, der in den M&A Handbüchern zum Teil ein wenig stiefmütterlich abgehandelt wird, ein buntes und verwirrendes Bild unterschiedlicher Meinungen.[286] Dies führt dazu, dass vielfach die Empfehlung ausgesprochen wird, doch „auf Nummer sicher zu gehen" und den Unternehmenskaufvertrag zu beurkunden.[287] Andere Stimmen in der Literatur halten § 311b Abs. 3 BGB insgesamt auf den Asset Deal nicht für anwendbar.[288] Durch eine Entscheidung des Oberlandesgerichts Hamm[289] wurden die Unsicherheiten jedenfalls nicht beseitigt. Kontrovers diskutiert werden vor allem

– der **Adressatenkreis** der Norm (Anwendbarkeit des § 311b Abs. 3 BGB auf einen Unternehmensverkauf durch eine juristische Person[290] sowie Personengesellschaften),
– die Anwendbarkeit bei Übertragung des Vermögens **„in Bausch und Bogen"** bzw. aufgrund von **Catch-All-Klauseln oder Auffangklauseln** einerseits und die Einzelaufzählung andererseits sowie
– das Erfordernis eines **subjektiven Elementes.**[291]

> **Beachte:** Da – anders als im Fall der Übertragung eines Grundstücks oder von GmbH-Anteilen – durch den dinglichen Vollzug keine Heilung der Formunwirksamkeit bei § 311b Abs. 3 BGB eintritt,[292] ist die Prüfung und Beantwortung vorstehender Fragestellungen von erheblicher praktischer Relevanz.

a) Persönlicher Anwendungsbereich

Da weder der Wortlaut von § 311b Abs. 3 BGB noch der Sinn und Zweck dieser Vor- **150** schrift, den Verkäufer vor einer übereilten Entscheidung zu warnen, sich lediglich auf natürliche Personen beziehen, sondern ebenso den Gesellschafter-Geschäftsführer einer Einmann-GmbH betreffen, sind Adressaten des § 311b Abs. 3 BGB auch **juristische Personen.**[293] Im Hinblick auf die Veräußerung des gesamten Vermögens durch **Personengesellschaften** (oHG, KG, GbR) wird in der Fachliteratur teilweise die Auffassung vertreten, § 311b Abs. 3 BGB finde auf diese keine Anwendung, weil es sich dabei lediglich um die Veräußerung gesamthänderisch gebundener Teilvermögen der Gesellschafter handele.[294]

---

[286] *Müller,* NZG 2007, 201.
[287] Vgl. *Oppermann* in: Rotthege/Wassermann, Unternehmenskauf bei der GmbH, Kap. 5 Rn. 187; *Klöckner,* DB 2008, 1083, 1089; *Müller,* NZG 2007, 201; *Kiem,* NJW 2006, 2363, 2365; *Lips* in: Hettler/Stratz/Hörtnagel, Beck'sches Mandatshandbuch Unternehmenskauf, § 3 Rn. 315; vgl. auch *Böttcher/Grewe,* NZG 2005, 950, 951.
[288] *Beisel/Klumpp,* Der Unternehmenskauf, § 1 Rn. 107 f.
[289] OLG Hamm vom 26.3.2010 – 19 U 145/09, NZG 2010, 1189.
[290] Dafür z. B. RG vom 9.7.1932, RGZ 137, 324, 348; OLG Hamm vom 26.3.2010 – 19 U 145/09, NZG 2010, 1189; *Eickelberg/Mühlen,* NJW 2011, 2476, 2477; *Grüneberg* in: Palandt, BGB, § 311b Rn. 65, *Böttcher/Grewe,* NZG 2005, 950; gegen eine Anwendbarkeit auf Kapitalgesellschaften z. B. *Kiem,* NJW 2006, 2363; *Beisel/Klumpp,* Der Unternehmenskauf, § 1 Rn. 107 f.
[291] Vgl. dazu insgesamt *Heckschen,* NZG 2006, 772; *Eickelberg/Mühlen,* NJW 2011, 2476; *Müller,* NZG 2007, 201.
[292] BGH vom 2.2.1967 – III ZR 193/64, NJW 1967, 1128; 1131; OLG Hamm vom 26.3.2010 – 19 U 145/09, NZG 2010, 1189, 1190; *Ruhwinkel* in: Münchener Kommentar zum BGB, § 311b Rn. 121; *Grüneberg* in: Palandt, BGB, § 311b Rn. 68; *Böttcher/Grewe,* NZG 2005, 950, 951; *Palzer,* JURA 2011, 917, 920.
[293] So schon RG vom 11.11.1910, RGZ 76, 1, 3; ebenso OLG Hamm vom 26.3.2010 – 19 U 145/09, NZG 2010, 1189; zustimmend *Böttcher/Fischer,* NZG 2010, 1332, 1333; vgl. auch *Eickelberg/Mühlen,* NJW 2011, 2476, 2477; *Müller,* NZG 2007, 201, 202; *Morshäuser,* WM 2007, 337, 338; *Palzer,* JURA 2011, 917, 920.
[294] So *Weber* in: Hölters, Handbuch Unternehmenskauf, Kap. 9 Rn. 9.155, der allerdings vorsorglich die notarielle Beurkundung auch solcher Verträge von Personengesellschaften empfiehlt; kritisch bereits *Müller,* NZG 2007, 201, 202.

Richtigerweise – und nach nahezu einhelliger Auffassung der aktuell zu dieser Frage erschienenen Literatur – ist § 311b Abs. 3 BGB jedoch auch auf die Personenhandelsgesellschaften oHG und KG sowie seit Anerkennung der Teilrechtsfähigkeit der Außen-GbR grundsätzlich auch auf diese anwendbar.[295] Im Hinblick auf ein **einzelkaufmännisches Unternehmen** handelt es sich nach Auffassung der Rechtsprechung um ein **Sondervermögen** des Unternehmers, das bei Veräußerung – ebenso wie bei den Personengesellschaften – nicht das gesamte Vermögen des Unternehmers ausmache, so dass § 311b Abs. 3 BGB in diesen Fällen unanwendbar sein soll.[296] Diese Differenzierung der Rechtsprechung überzeugt m. E. nicht, denn es gibt in der Praxis durchaus eine Vielzahl von Fällen, in denen das unternehmerische Vermögen – egal ob in der Rechtsform der GmbH, der Personengesellschaft oder des Einzelunternehmens organisiert – das einzige Vermögen des Unternehmers darstellt, sodass nach dem Schutzzweck des § 311b Abs. 3 BGB[297] der Anwendungsbereich dieser Norm erfüllt sein dürfte.

b) Sachlicher Anwendungsbereich

151   **aa) Übertragung „in Bausch und Bogen".** Schon seit der Rechtsprechung des Reichsgerichts wird § 311b Abs. 3 BGB (vormals § 311 BGB) immer dann angewendet, wenn sich eine Partei verpflichtet, ihr Vermögen als Ganzes **„in Bausch und Bogen"** (gemeint ist das vollständige Vermögen unter einer **Pauschalbezeichnung**) zu übertragen.[298] Nach dieser Rechtsprechung, die der Bundesgerichtshof fortgesetzt hat, wird die Wirksamkeit von Rechtsgeschäften, welche die Veräußerung eines einzelnen Vermögensgegenstandes oder auch einer Mehrheit von solchen, die von den Beteiligten **speziell ins Auge gefasst und bezeichnet sind,** zum Gegenstand haben, durch die Bestimmung in § 311b Abs. 3 BGB nicht berührt, wobei dies selbst dann gilt, wenn die einzelnen veräußerten Gegenstände tatsächlich das ganze Vermögen des Veräußerers ausmachen und die Beteiligten sich dessen bewusst sind.[299] Dazu ist nicht unbedingt erforderlich, das die einzelnen Vermögensgegenstände namentlich benannt werden, sondern es genügt, wenn sich ihre konkrete Bestimmung aus dem Inhalt des Vertrages einwandfrei (z. B. aus einer Sammelbezeichnung „Allodialvermögen" oder „Hausrat")[300] ergibt.[301]

152   Den **klassischen Fall eines Asset Deals** hat indessen das Reichsgericht bereits im Jahre 1910 entschieden und eine Beurkundungspflicht bejaht. Eine GmbH hatte sämtliche der Gesellschaft gehörigen, in einem Verzeichnis einzeln aufgeführten Maschinen, Warenvorräte und Utensilien einschließlich der Firma sowie die sämtlichen vorhanden ausstehenden Forderungen, die gleichfalls in einem beigefügten Verzeichnis einzeln angegeben waren, übertragen, „so dass das gesamte Aktivvermögen der Gesellschaft übergeht".[302] Aufgrund dieses Nachsatzes wird die Entscheidung im Schrifttum dahingehend interpretiert, das Reichsgericht habe daraus geschlossen, dass der Erwerber etwaige unbekannte Vermögensgegenstände mit erwerben solle, so dass die vertragliche Aufzählung nur exemplarisch und nicht abschließend gewesen sei.[303] Mit Blick auf die spätere Entscheidung des Bundesgerichts-

---

[295] Vgl. *Heckschen*, NZG 2006, 772, 773; *Eickelberg/Mühlen*, NJW 2011, 2476, 2477; *Müller*, NZG 2007, 201, 202; *Böttcher/Grewe*, NZG 2005, 950, 952; *Morshäuser*, WM 2007, 337, 340; *Klöckner*, DB 2008, 1083, 1087; a. A. *Werner*, GmbHR 2008, 1135.

[296] RG vom 9.7.1932, RGZ 137, 324, 348; OLG Hamm vom 26.3.2010 – 19 U 145/09, NZG 2010, 1189, 1190; *Grüneberg* in: Palandt, BGB, § 311b Rn. 66.

[297] Vgl. dazu *Böttcher/Fischer*, NZG 2010, 1332.

[298] RG vom 12.11.1908, RGZ 69, 416; RG vom 3.2.1919, RGZ 94, 314; vgl. auch ausführlich zur Rechtsprechung mit weiteren Nachweisen *Kiem*, NJW 2006, 2363; *Müller*, NZG 2007, 201.

[299] RG vom 12.11.1908, RGZ 69, 416, 420; RG vom 3.2.1919, RGZ 94, 314, 315; BGH vom 19.6.1957 – IV ZR 214/56, NJW 1957, 1514.

[300] RG vom 3.2.1919, RGZ 94, 314, 316.

[301] BGH vom 19.6.1957 – IV ZR 214/56, NJW 1957, 1514.

[302] RG vom 11.11.1910, RGZ 76, 1, 3.

[303] *Morshäuser*, WM 2007, 337, 340.

hofes aus dem Jahre 1957,[304] die in eine andere Richtung weist, besteht gleichwohl eine gewisse Rechtsunsicherheit, ob die bei Unternehmensverkäufen – wie auch oben in der Entscheidung des Reichsgerichts aufgezeigt – häufig praktizierte Verfahrensweise der Einzelbezeichnung von Wirtschaftsgütern in Listen ausreicht, um das Beurkundungserfordernis des § 311b Abs. 3 BGB zu vermeiden.[305]

> **Praxishinweis:** Mit Blick auf das Gebot, dem Mandanten den sichersten Weg zu empfehlen, sollte dieser auf jeden Fall über die unsichere Rechtslage aufgeklärt und auf die drohende Nichtigkeitsfolge des § 125 BGB hingewiesen werden.[306]

bb) Catch-All-Klauseln bzw. Auffangklauseln. Im Hinblick auf die vom Bundesge- **153** richtshof als zulässig erachteten Sammelbezeichnungen[307] stellt sich die Frage, welche Auswirkung die Verwendung so genannter „Catch-All-Klauseln" oder von Auffangklauseln in einem Unternehmenskaufvertrag hat, die den Zweck haben, etwa übersehene Vermögensgegenstände einzubeziehen.[308] Einige Autoren sind der Meinung, dass mit diesen Klauseln lediglich „letzte Fugen abgedichtet" werden.[309] Andere sind der Auffassung, dass eine Catch-All-Klausel eine unter § 311b Abs. 3 BGB fallende Vermögensübertragung im Ganzen darstellt, weil die Einzelauflistung nicht lediglich der abschließenden Klarstellung darüber dient, welche als besonders wichtig angesehenen Vermögensgegenstände „*insbesondere*" übertragen werden, das heißt neben denjenigen, die ohnehin durch die Catch-All-Klausel erfasst sind.[310]

> **Praxishinweis:** Mit Blick auf die lebhafte und kontroverse Diskussion im Schrifttum zur Frage der Beurkundungspflichtigkeit eines Asset-Kaufvertrages bei Verwendung von „Catch-All-Klauseln" und Auffangklauseln sollte zunächst im Einzelfall geprüft werden, ob in dem Unternehmenskaufvertrag eine pauschale Verpflichtung zur Übertragung nicht näher bestimmter oder bestimmbarer Vermögensgegenstände begründet wird oder ob mithilfe einer bloßen Auffangklausel lediglich einzelne, eher untergeordnete Wirtschaftsgüter erfasst werden.[311] Je konkreter die Einzelauflistung ist, desto eher kann eine Beurkundungspflicht entfallen. Daher sollte bei der Vertragsgestaltung darauf geachtet werden, dass die Übertragung der namentlich in Listen zu bezeichnenden einzelnen Wirtschaftsgüter im Vordergrund steht, wohingegen die Catch-All-Klausel lediglich eine Auffangfunktion haben sollte.

Schließlich könnte überlegt werden, eine **Schriftform-Nachholklausel** – ggf. ergänzend – zu vereinbaren.[312]

cc) Stellungnahme. Der Bundesgerichtshof hat in seiner Entscheidung aus dem Jahre **154** 1957 geurteilt, dass eine die Beurkundungspflicht ausschließende, hinreichend bestimmte Einzelübertragung auch dann gegeben ist, wenn die einzelnen Vermögensgegenstände zwar

---

[304] BGH vom 19.6.1957 – IV ZR 214/56, NJW 1957, 1514.

[305] Vgl. auch *Eickelberg/Mühlen,* NJW 2011, 2476, 2477; kritisch gegenüber dem BGH auch *Palzer,* JURA 2011, 917, 921.

[306] *Eickelberg/Mühlen,* NJW 2011, 2476, 2478; *Heckschen,* NZG 2006, 772, 777.

[307] BGH vom 19.6.1957 – IV ZR 214/56, NJW 1957, 1514.

[308] Vgl. dazu *Eickelberg/Mühlen,* NJW 2011, 2476, 2478; *Müller,* NZG 2007, 201, 205; *Klöckner,* DB 2008, 1083, 1088; *Palzer,* JURA 2011, 917, 921.

[309] So z.B. *Müller,* NZG 2007, 201, 205; *Klöckner,* DB 2008, 1083, 1089; *Böttcher/Grewe,* NZG 2005, 950, 954.

[310] So beispielsweise *Eickelberg/Mühlen,* NJW 2011, 2476, 2478; *Heckschen,* NZG 2006, 772, 775; *Werner,* GmbHR 2008, 1135, 1138; *Morshäuser,* WM 2007, 337, 339 f. u.

[311] So auch *Klöckner,* DB 2008, 1083, 1088; *Oppermann* in: Rotthege/Wassermann, Unternehmenskauf bei der GmbH, Kap. 5 Rn. 189 ff.; *Palzer,* JURA 2011, 917, 921; ähnlich – offenbar gewichtend – OLG Hamm vom 26.3.2010 – 19 U 145/09, NZG 2010, 1189, 1190.

[312] Siehe dazu die weiteren Nachweise sowie den Formulierungsvorschlag bei Grundstücksgeschäften → Rn. 177.

nicht namentlich genannt werden, *sich ihre konkrete Bestimmung aber aus dem Inhalt des Vertrages einwandfrei ergibt,*[313] was jedenfalls bei einer Bezugnahme auf das gesamte Aktiv- bzw. Passivvermögen der Fall sein dürfte. Als rechtssicher kann dies angesichts des aktuellen Diskussionsstandes jedoch nicht angesehen werden. Zur Auslegung des § 311b Abs. 3 BGB erhellt ein Blick auf dessen **Schutzzweck,** dass nur derjenige mit Hilfe eines Beurkundungserfordernisses geschützt werden muss, der sich keinerlei (konkrete) Vorstellung über seine Verpflichtung zur Übertragung seines Vermögens macht. Werden jedoch die Bestandteile im Vertrag ausdrücklich bestimmt oder bestimmbar bezeichnet, so besteht bei den Parteien das Bewusstsein über die Tragweite des Geschäfts, sodass es des Schutzes einer notariellen Beurkundung nicht bedarf. In eben diesem Sinne hat auch schon das Reichsgericht in seinem Urteil vom 3.2.1919[314] ausgeführt: „Deshalb ist die Form nicht nötig, wenn zwar die übertragenen Gegenstände das gesamte Vermögen des Übertragenden bilden, diese aber im Vertrag im Einzelnen bezeichnet sind. Dann kann er über die Tragweite des Geschäfts nicht mehr im Unklaren sein."

155   Soweit dem entgegengehalten wird, dass der Schutzzweck von § 311b Abs. 3 BGB auch eine sachkundige **Beratung und Belehrung** im Rahmen der notariellen Beurkundung umfasse und dass Formvorschriften nicht zur Disposition der Parteien stünden,[315] hat bereits das OLG Hamm entschieden, dass es den Vertragsparteien freistehe, „das Formerfordernis zu umgehen, indem alle Vermögensgegenstände einzeln im Vertrag bezeichnet werden".[316] Bei der Auslegung von § 311b Abs. 3 BGB dürfte ferner zu berücksichtigen sein, dass – anders als im Falle einer Verfügung von Todes wegen oder im Falle von Schenkungen – der Veräußerer beim Asset Deal regelmäßig eine **Gegenleistung in Form des Kaufpreises** erhält. Dem tatsächlichen Abfluss seines Vermögens im Wege der den Kaufvertrag erfüllenden Verfügung steht somit in aller Regel der Zufluss des Kaufpreises gegenüber, sodass sich letztlich bei Licht betrachtet noch nicht die *bloße Verpflichtung* zur Übertragung des gesamten Vermögens als für den Veräußerer gefährlich darstellt, solange er einen entsprechenden Gegenwert erhält.[317] Weder eine Formvorschrift zur Beurkundung eines solchen Vertrages noch eine entsprechende Beratung oder Belehrung durch den Notar vermögen jedoch den Käufer davor zu schützen, dass er sein gesamtes Vermögen unter Wert aus den Händen gibt. So hat denn auch der historische Gesetzgeber den Schutzzweck der Norm darin gesehen, den Veräußerer vor übereilten Entscheidungen zu schützen und im Hinblick auf die Konstellation einer antizipierten Erbfolge eine Umgehung der Formvorschriften für die Verfügungen von Todes wegen zu verhindern.[318] Ungeachtet dessen wird darauf hingewiesen, dass es bei § 311b Abs. 3 BGB – anders als bei § 1365 BGB und dem inzwischen gestrichenen § 419 BGB – nicht um den wirtschaftlichen Wert der veräußerten Vermögensgegenstände, sondern allein um den formalen Gesichtspunkt gehe, die Vertragsschließenden vor Übereilung und der damit verbundenen fehlenden Überschaubarkeit ihres Handelns zu schützen.[319] Dagegen spricht allerdings, dass bereits das Reichsgericht in der grundlegenden „Bausch-und-Bogen-Entscheidung" im Zusammenhang mit dem Schutzzweck dieser Formvorschriften darauf verwiesen hat, dass es sich um ein „inhaltschweres" Geschäft handele, über dessen Bedeutung die Vertragsparteien sich klar werden müssten.[320] Dass es letztlich um den wirtschaftlichen Wert des (Rest-)Vermögens geht, zeigt

---

[313] BGH vom 19.6.1957 – IV ZR 214/56, NJW 1957, 1514.

[314] RGZ 94, 314, 316 f.; ebenso *Böttcher/Grewe,* NZG 2005, 950; *Müller,* NZG 2007, 201, 204; *Klöckner,* DB 2008, 1083, 1084; OLG Hamm vom 26.3.2010 – 19 U 145/09, NZG 2010, 1189.

[315] *Heckschen,* NZG 2006, 772.

[316] OLG Hamm vom 26.3.2010 – 19 U 145/09, NZG 2010, 1189, 1190.

[317] Vgl. dazu auch RG vom 12.11.1908, RGZ 69, 416, 420.

[318] Motive zum BGB, Band II, S. 188; ebenso RG vom 3.2.1919, RGZ 94, 314, 316, vgl. auch OLG Hamm vom 26.3.2010 – 19 U 145/09, NZG 2010, 1189; *Ruhwinkel* in: Münchener Kommentar zum BGB, § 311b Rn. 116; *Morshäuser,* WM 2007, 337, 339.

[319] Vgl. dazu *Morshäuser,* WM 2007, 337, 339.

[320] RG vom 3.2.1919, RGZ 94, 314, 316.

auch die Rechtsprechung des Reichsgerichts, nach der Verträge auch dann der Beurkundung bedürfen, wenn nur Gegenstände ausgenommen sind, die von verhältnismäßig untergeordneter Bedeutung sind.[321]

Rechtspolitisch ist sicherlich der Gesetzgeber aufgerufen, hier Klarheit zu schaffen.[322] **156** Insbesondere ist auch nicht nachvollziehbar, warum lediglich das Verpflichtungsgeschäft der Beurkundung bedarf, das für den Veräußerer gefährlichere Verfügungsgeschäft jedoch nicht. Zudem ist nach der Rechtsprechung zu § 311b Abs. 3 BGB der Unternehmensverkauf durch den zumeist schutzwürdigeren Einzelkaufmann nicht zu beurkunden, wohingegen der Verkauf eines Unternehmens durch Personen- oder Kapitalgesellschaften beurkundungspflichtig ist, was mit dem Zweck der Formvorschrift nur schwer in Einklang zu bringen ist.[323]

3. Verkauf und Übertragung von GmbH-Anteilen

Nach § 15 Abs. 3 GmbHG muss die *dingliche Abtretung* eines GmbH-Anteils beurkundet **157** werden. Zudem bedarf auch die *schuldrechtliche Verpflichtung* zur Abtretung von GmbH-Anteilen gemäß § 15 Abs. 4 GmbHG der notariellen Beurkundung. Die Beurkundungspflicht erstreckt sich grundsätzlich auch auf sämtliche **schuldrechtlichen Nebenabreden,** die nach dem Willen der Vertragsparteien zu dem schuldrechtlichen Veräußerungsgeschäft gehören,[324] z. B. eine Sicherungsabrede oder eine Schuldübernahme.[325] Aufgrund der unterschiedlichen Normzwecke von § 15 Abs. 4 GmbHG einerseits und § 311b Abs. 1 BGB andererseits gelten hier jedoch nicht uneingeschränkt die zu § 311b Abs. 1 BGB entwickelten Grundsätze zur Beurkundungspflicht bei **Einheitlichkeit des Rechtsgeschäfts.**[326] Die diesbezüglichen Einzelheiten sind streitig, doch jedenfalls die sich *unmittelbar auf die Abtretungsverpflichtung beziehenden Abreden* bedürfen nach herrschender Meinung der Beurkundung.[327] Formbedürftig ist demnach auch die vertragliche Begründung einer Verpflichtung zur Abtretung, sei sie auch lediglich **bedingt oder befristet** sowie die Einräumung eines **Vorkaufsrechts,** eines Verkaufs- oder Übernahmerechts **(Option),** nicht dagegen jedoch die spätere Erklärung, dieses Recht auszuüben.[328]

Beim **Asset Deal** sind die Formvorschriften der § 15 Abs. 3 bzw. Abs. 4 GmbHG dann **158** relevant, wenn sich im Unternehmensvermögen neben anderen Gegenständen auch GmbH-Anteile, z. B. von Tochtergesellschaften, befinden. Auch dann ist regelmäßig der gesamte Asset Deal-Kaufvertrag beurkundungspflichtig.

Hingegen unterliegt die Abtretung von Anteilen an **Personengesellschaften,** deren **159** einziges Vermögen GmbH-Anteile sind, grundsätzlich nicht der Beurkundungspflicht, wenn nicht eine Umgehung der Formvorschrift von den Parteien beabsichtigt ist.[329]

---

[321] Vgl. nur RG vom 9.7.1932, RGZ 137, 324, 349; insoweit widersprüchlich *Morshäuser,* WM 2007, 337, der einerseits das Abstellen auf den wirtschaftlichen Wert des Vermögens ablehnt (S. 339), andererseits bei Herausnahme von Gegenständen („Excluded Assets") auf den wirtschaftlichen Wert der ausgenommenen Gegenstände abstellen will (S. 344).

[322] So auch *Morshäuser,* WM 2007, 337; *Kiem,* NJW 2006, 2363, 2368.

[323] Vgl. auch *Morshäuser,* WM 2007, 337, 344.

[324] BGH vom 25.9.1996 – VIII ZR 172/95, DStR 1996, 1982; BGH vom 27.6.2001 – VIII ZR 329/99, NJW 2002, 142, 143; BGH vom 14.12.2016 – IV ZR 7/15, NZG 2017, 476 Tz. 27; OLG Hamburg vom 26.1.2007 – AZ 11 U 254/05, BB 2007, 398.

[325] *Bayer* in: Lutter/Hommelhoff, GmbHG, § 15 Rn. 57.

[326] *Bayer* in: Lutter/Hommelhoff, GmbHG, § 15 Rn. 5 f.

[327] BGH vom 8.5.2000 – II ZR 144-98, DStR 2000, 1272; *Servatius* in: Baumbach/Hueck, GmbHG, § 15 Rn. 30; *Holzapfel/Pöllath,* Unternehmenskauf in Recht und Praxis, Rn. 1140; *Weber* in: Hölters, Handbuch Unternehmenskauf, Kap. 9 Rn. 9.124 ff.

[328] Vgl. *Bayer* in: Lutter/Hommelhoff, GmbHG, § 15 Rn. 54; *Servatius* in: Baumbach/Hueck, GmbHG, § 15 Rn. 33.

[329] BGH vom 10.3.2008, NZG 2008, 377; vgl. auch ausführlich zu den Auswirkungen dieses Urteils auf eine Beteiligungs-GbR zur Management-Beteiligung bei Private Equity Transaktionen *Hohaus/Weber,* BB 2010, 2771.

160   Gemäß **§ 139 BGB** ist dann das ganze Rechtsgeschäft nichtig, wenn nicht anzunehmen ist, dass es auch ohne den nichtigen Teil vorgenommen sein würde.[330] (Siehe zu § 139 BGB auch noch ausführlich unten → Rn. 177).

a) Bedingungen im Kauf- und/oder Abtretungsvertrag, Änderungen, Verzicht

161   Nach Abschluss eines Unternehmenskaufvertrages sind die Vertragspartner zumeist an das schuldrechtliche Geschäft und die dingliche Einigung gebunden. Die Wirksamkeit der (beurkundeten) Abtretung hängt allerdings häufig von dem Eintritt verschiedener Bedingungen ab, z.b. Zahlung des Kaufpreises oder Zustimmung von Gremien auf Käufer- wie Verkäuferseite. Das aufschiebend bedingte Rechtsgeschäft ist tatbestandlich mit seiner Vornahme beendet und bindet somit die Parteien fortan; die Wirksamkeit tritt mit dem **Bedingungseintritt** (oder dem Verzicht auf die Bedingung durch den jeweils davon Begünstigten) automatisch (ipso iure) ein[331] und zwar ex nunc (ab jetzt); eine etwa vereinbarte Rückwirkung hat immer nur schuldrechtliche Wirkung (vgl. § 159 BGB).

162   Bereits das Reichsgericht hatte entschieden, dass nach **formgültig erfolgter Abtretung** eine nachträgliche Änderung schuldrechtlicher Vereinbarungen nicht mehr der **Beurkundung** bedarf.[332] Ist der Geschäftsanteil dinglich wirksam übertragen und hat sich damit der Handel, der verhindert oder erschwert werden sollte, gerade vollzogen, so ist der Formzweck zwar nicht erreicht, er hat sich aber erledigt.[333] Nachträgliche Änderungen, die hingegen vor **Wirksamkeit des dinglichen Rechtsgeschäfts** erfolgen, bedürfen der Beurkundung.[334]

> **Beachte:** Änderungen des Kaufvertrages können auch darin liegen, dass bereits vor dem Closing Mängel zu Tage treten, die der Käufer rügt und über die der Verkäufer und der Käufer bereits eine (den ursprünglichen Kaufvertrag ändernde) Vereinbarung vor dem Closing treffen oder über die sie noch verhandeln. In diesen Fällen muss mit Bedacht vorgegangen werden, da (i) einerseits der Käufer bei fehlendem Vorbehalt seiner Rechte im Zuge des Gefahrübergangs (also i.d.R. beim Closing) seine Rechte verlieren kann[335] und (ii) sich andererseits aufgrund der Änderung des Kaufvertrages dessen Formunwirksamkeit ergeben kann, die dann – eventuell mangels erforderlicher Willensübereinstimmung zum Zeitpunkt der dinglichen Erfüllung – auch nicht ohne weiteres durch die Beurkundung des Erfüllungsgeschäfts geheilt wird.[336] Dies gilt in verschärftem Maße, wenn die Parteien über Mängel vor dinglichem Anteilsübergang privatschriftliche Vereinbarungen treffen, die von dem (beurkundeten) Anteilskaufvertrag abweichen.

163   Bei einer aufschiebend bedingten *Abtretung* von GmbH-Anteilen kann der durch die Bedingung Begünstigte einseitig durch formfreie, empfangsbedürftige Erklärung, die keiner Annahme bedarf, auf die Bedingung **verzichten.**[337] Im Hinblick auf den schuldrechtlichen *Kaufvertrag* ginge dies nur durch beurkundete Erklärung, da es sich in diesem Fall um eine Vertragsänderung handelte.

---

[330]BGH vom 14.4.1986 – II ZR 155/85, ZIP 1986, 1046, 1048; ; BGH vom 20.10.2009 – VIII ZB 13/08, NZG 2010, 154 Tz. 18; BGH vom 14.12.2016 – IV ZR 7/15, NZG 2017, 476 Tz. 28.

[331] BGH vom 21.9.1994 – VIII ZR 257/93, BGHZ 127, 131 = NJW 1994, 3227.

[332] RG vom 28.1.1916, RGZ 88, 61, 65.

[333] BGH vom 21.9.1994 – VIII ZR 257/93, BGHZ 127, 129, 136.

[334] Siehe noch zum Eintritt von Veränderungen vor Eintritt der dinglichen Wirksamkeit → Rn. 734.

[335] Siehe dazu noch → Rn. 734.

[336] Siehe dazu sogleich sowie auch → Rn. 734.

[337] BGH vom 23.11.1988 – VIII ZR 262/87, NJW-RR 1989, 291; BGH vom 21.9.1994 – VIII ZR 257/93, BHGZ 127, 129; BGH vom 25.3.1998 – VIII ZR 185-96, BGHZ 138, 195 = NJW 1998, 2360, 2362.

> **Praxishinweise:** Es sollte im Anteilskaufvertrag sehr genau darauf geachtet werden, welche Teile des Rechtsgeschäfts (Kauf- und/oder Abtretungsvertrag) unter eine aufschiebende oder auflösende Bedingung gestellt werden. Zudem sollte ausdrücklich geregelt werden, ob und gegebenenfalls welche Partei unter welchen Voraussetzungen auf den Eintritt von Bedingungen verzichten darf.

Zudem ist zu beachten, dass erst ab dem Zeitpunkt des Bedingungseintrittes oder des Verzichts auf die Bedingung sowie Übergabe der Kaufsache die **Gefahr des zufälligen Untergangs oder einer Verschlechterung** der Kaufsache auf den Käufer übergeht (vgl. § 446 BGB). **164**

b) Heilung eines formnichtigen Anteilskaufvertrages

Ein Unternehmenskaufvertrag, der zur Übertragung eines GmbH-Geschäftsanteils verpflichtet und dennoch nur privatschriftlich geschlossen wird, wird nach § 15 Abs. 4 Satz 2 GmbHG geheilt und damit **ex-nunc** (also nicht rückwirkend) wirksam, wenn die dingliche Abtretung (d. h. der Vollzug des schuldrechtlichen Kaufvertrags) in Form der notariellen Beurkundung erfolgt. **165**

> **Beachte:** Für eine Heilung muss zurzeit des Wirksamwerdens des dinglichen Abtretungsgeschäfts noch Willensübereinstimmung zwischen den Parteien hinsichtlich aller Punkte des Verpflichtungsgeschäfts bestehen.[338]

Auf die Heilungswirkung durch nachfolgende Abtretung sollte man sich aber allenfalls in Ausnahmefällen verlassen. Die Abtretung nach § 15 Abs. 3 GmbH-Gesetz heilt nämlich nur denjenigen formnichtigen Verpflichtungsvertrag, in dessen Erfüllung sie erfolgt, so dass beispielsweise die Übertragung auf andere Personen auf der Erwerberseite zu anderen schuldrechtlichen Bedingungen keine Heilungswirkung herbeiführen kann.[339] Der Formwirksamkeit einer Abtretung eines Gesellschaftsanteils nach § 15 Abs. 3 GmbHG steht nach einer Entscheidung des OLG Frankfurt vom 21.2.2012 aber nicht entgegen, dass das in derselben Urkunde enthaltene Verpflichtungsgeschäft wegen Verstoßes gegen § 13 BeurkG unwirksam ist.[340]

Bei einer **aufschiebend bedingten Abtretung** sind die Parteien entsprechend den allgemeinen Grundsätzen bereits bei Abgabe der rechtsgeschäftlichen Erklärungen, also Angebot und Annahme, an das Verfügungsgeschäft gebunden.[341] Die Heilung erfolgt in diesem Falle ebenfalls nicht rückwirkend, sondern nur ab Eintritt der Bedingung/des Verzichts auf die Bedingung.[342] **166**

In der Praxis des Unternehmenskaufs verspricht der Verkäufer dem Käufer zuweilen nur **zum Schein ein Beratungshonorar,** das nach dem Willen der Parteien in Wirklichkeit ein Teil des Entgelts für die Übertragung eines GmbH-Anteils darstellen soll. In diesem Fall wird das formnichtige Verpflichtungsgeschäft durch die formwirksame Abtretung des Gesellschaftsanteils geheilt, und zwar einschließlich der nicht beurkundeten Teile des schuldrechtlichen Geschäfts.[343] **167**

---

[338] BGH vom 21.9.1994 – VIII ZR 257/93, BGHZ 127, 129, 131 = NJW 1994, 3227; *Holzapfel/Pöllath,* Unternehmenskauf in Recht und Praxis, Rn. 1142; *Servatius* in: Baumbach/Hueck, GmbHG, § 15 Rn. 36.

[339] BGH vom 27.6.2001 – VIII ZR 329/99, NJW 2002, 142, 143.

[340] OLG Frankfurt a. M. vom 21.2.2012 – 11 U 97/11, NZG 2012, 466; vgl. dazu auch *Hermanns,* DNotZ 2013, 9, 20.

[341] BGH vom 21.9.1994 – VIII ZR 257/93, BGHZ 127, 129, 137 f.

[342] BGH vom 25.3.1998 – VIII ZR 185-96, BGHZ 138, 195 = NJW 1998, 2360, 2362.

[343] BGH vom 23.2.1983 – IVa ZR 187/81, NJW 1983, 1843.

168 Aufgrund der Heilungswirkung einer formwirksamen Abtretung nach § 15 Abs. 4 Satz 2 GmbHG könnte man zur **Einsparung von Beurkundungskosten** für das Verpflichtungsgeschäft auf die Idee kommen, dieses lediglich privatschriftlich abzuschließen. Allerdings erhöhen sich die Kosten durch die gleichzeitige Beurkundung von schuldrechtlichem Kaufvertrag und dinglicher Abtretung nicht wesentlich, wenn beide Erklärungen in einer Notarurkunde beurkundet werden.

> **Praxishinweis:** Der Gefahrübergang setzt einen wirksamen Kaufvertrag voraus, was im Falle eines formnichtigen Kaufvertrages erst durch die Heilungswirkung der (formwirksamen) dinglichen Abtretung der Fall ist.[344] Ist der Kaufvertrag formnichtig und tritt somit der Gefahrübergang nicht ein, löst dies unter Umständen nicht vorhergesehene Gewährleistungsfragen hinsichtlich etwaiger Mängel nach allgemeinem Schuldrecht aus.[345] Im Kaufvertrag sollte daher nicht nur die kaufrechtliche Gewährleistung ausgeschlossen bzw. beschränkt werden, sondern ebenso die Ansprüche aus Leistungsstörung nach allgemeinem Schuldrecht. Auch sollten nach Möglichkeit die Rechtsfolgen einer etwaigen Unwirksamkeit des Kaufvertrages geregelt werden.

c) GmbH & Co. KG

169 Einen Spezialfall stellt die Übertragung von Kommanditanteilen an einer GmbH & Co. KG dar, bei der der Verkäufer gleichzeitig die Anteile an der Komplementär-GmbH überträgt. Dabei ist zu berücksichtigen, dass in der Regel die Verpflichtung zur Veräußerung der Komplementär-GmbH-Anteile die **Beurkundungspflicht des gesamten Kaufvertrages** nach sich zieht, weil die Veräußerung des Geschäftsanteils an der KG mit der Veräußerung des Geschäftsanteils an der GmbH im Regelfall derart miteinander verknüpft ist, dass das eine Veräußerungsgeschäft nicht ohne das andere abgeschlossen würde, diese also „miteinander stehen und fallen" sollen.[346] Dies gilt namentlich bei einer personenidentischen GmbH & Co. KG, bei der die Gesellschaftsverträge der Kommanditgesellschaft und der GmbH in der Regel so konzipiert bzw. auszulegen sind, dass die Kommanditanteile nur gemeinsam mit den GmbH-Anteilen übertragbar sind.[347] Nur in besonders gelagerten Ausnahmefällen, in denen die Vereinbarung über den Verkauf des KG-Anteils nach dem Willen der Parteien unabhängig von der Verpflichtung zur Übertragung des Geschäftsanteils an der Komplementär-GmbH sein soll, entfällt das Beurkundungserfordernis.[348] Gemäß **§ 139 BGB** ist dann das ganze Rechtsgeschäft nichtig, wenn nicht anzunehmen ist, dass es auch ohne den nichtigen Teil vorgenommen sein würde[349] (siehe zu § 139 BGB noch ausführlich unten → Rn. 177). Nach der Rechtsprechung des BGH kann allerdings das Rechtsgeschäft trotz eines solchen Formmangels wirksam sein und führt nicht zur Nichtigkeit von solchen Teilen der Vereinbarung, die für sich allein nicht formbedürftig gewesen wären und von denen anzunehmen ist, dass sie auch ohne die Verpflichtung zur Abtretung des Geschäftsanteils abgeschlossen worden wären.[350]

170 Da bei der typischen GmbH & Co. KG das Vermögen der Komplementär-GmbH in der Regel zu vernachlässigen ist, wird aus Kostengründen oft die Frage aufgeworfen, ob nicht

---

[344] BGH vom 25.3.1998 – VIII ZR 185/96, DNotZ 1999, 420.

[345] BGH vom 25.3.1998 – VIII ZR 185/96, DNotZ 1999, 420, 428.

[346] BGH vom 19.1.1987 – II ZR 81/86, NJW-RR 1987, 807; *Ettinger/Wolff*, GmbHR 2002, 890, 893; *Kraft/Ulrich*, DB 2006, 711, 712; *Gummert* in: Münchener Handbuch des Gesellschaftsrechts, Band 2, § 50 Rn. 56; *Binz/Sorg*, Die GmbH & Co. KG, § 6 Rn. 8 ff.

[347] *K. Schmidt* in: Münchener Kommentar zum HGB, Band 2, § 105 Rn. 213.

[348] Vgl. *Binz/Sorg*, Die GmbH & Co. KG, § 6 Rn. 7.

[349] BGH vom 14.4.1986 – II ZR 155/85, ZIP 1986, 1046, 1048; BGH vom 20.10.2009 – VIII ZB 13/08, NZG 2010, 154 Tz. 18; BGH vom 14.12.2016 – IV ZR 7/15, NZG 2017, 476 Tz. 28.

[350] BGH vom 14.12.2016 – IV ZR 7/15, NZG 2017, 476 Tz. 28; BGH vom 14.4.1986 – II ZR 155/85, ZIP 1986, 1046.

lediglich die Beurkundung der Anteilsübertragung bezüglich des GmbH-Anteils erfolgen könne, wohingegen die Abtretung von Anteilen an der KG privatschriftlich erfolgen soll.

> **Praxishinweis:** Nach dieser sog. „Praktiker-Methode" wird die Abtretung des GmbH-Anteils unmittelbar im Anschluss an die Unterzeichnung des privatschriftlichen (und damit formnichtigen) Abtretungsvertrages betreffend den KG-Anteil formwirksam erklärt. Auf diese Weise soll das gemäß § 15 Abs. 4 GmbHG i. V. m. § 125 BGB nichtige Verpflichtungsgeschäft durch die formwirksame Abtretung des GmbH-Anteils nach § 15 Abs. 3 GmbHG geheilt werden und dabei aufgrund des unmittelbaren zeitlichen Zusammenhangs der beiden Vertragsschlüsse die aus der Formunwirksamkeit folgenden Risiken praktisch ausgeschlossen werden.[351] Wollen die Parteien diese Gestaltungsmöglichkeit nutzen, sollten sie aber die Abtretung der Kommanditanteile unter der aufschiebenden Bedingung erklären, dass auch die Geschäftsanteile an der Komplementär-GmbH (formwirksam) abgetreten werden.[352]

Dieses bewusste Ausnutzen der Heilungswirkung findet auch durchaus Befürworter **171** im juristischen Schrifttum.[353] Notargebühren fielen dann nur für die wirtschaftlich unbedeutende Abtretung der Anteile an der Komplementär-GmbH an. Durch die Praktiker-Methode soll – so die Idee – nach § 15 Abs. 4 Satz 2 GmbHG die Formnichtigkeit des gesamten Kaufvertrags rechtssicher geheilt werden.

Nach der Rechtsprechung des BGH muss indessen ein Notar über diesen kostengünstigeren – aber nicht rechtssicheren und zunächst jedenfalls unwirksamen – Weg belehren, weil dieser nicht gleichwertig ist; er müsste dann sogar – so der BGH – seine Amtstätigkeit versagen.[354]

> **Praxishinweis:** Diese Vorschläge der Praxis zum Weg über eine Heilung ist im Ergebnis in besonders auch vor dem Hintergrund der BGH-Rechtsprechung zur Belehrungspflicht des Notars kritisch zu hinterfragen und nicht zuletzt für den beratenden Anwalt und Notar mit Haftungsrisiken verbunden. Sie birgt sowohl für den Käufer als auch den Verkäufer deutliche Gefahren, weil Unwirksamkeitsgründe der Abtretung auch sämtliche schuldrechtlichen Pflichten entfallen lassen. So könnten beispielsweise unbekannte Zwischenabtretungen der Geschäftsanteile oder unerkannte sonstige Abtretungshindernisse (wie z. B. der Nichteintritt von Bedingungen) zur Konsequenz haben, dass insgesamt keine wirksame Abtretung besteht, und zwar zum Teil, ohne dass die Parteien dies – zeitnah – erkennen. Der Käufer kann nicht einmal aus dem – bei Beurkundung des gesamten Vorgangs ansonsten jedenfalls wirksamen – schuldrechtlichen Vertrag Erfüllungs-, Gewährleistungs- und Schadenersatzansprüche herleiten und hat ggf. den Kaufpreis ohne Rechtsgrund und ohne Erlangung einer Leistung bezahlt.

Bei einer **Einheitsgesellschaft,** bei der die KG sämtliche Anteile an der Komplemen- **172** tär-GmbH hält, entfällt hingegen die Notwendigkeit der notariellen Beurkundung. Bei dieser Gesellschaftsform können die Vertragsparteien die Kommanditanteile beurkundungsfrei übertragen, wodurch die Anteile an der Komplementär-GmbH automatisch auf den Käufer mit übergehen.[355]

d) Rechtswahlklauseln und Auslandsbeurkundung

Den Parteien eines Unternehmenskaufvertrages steht es nach den Regelungen des **173** Internationalen Privatrechts auch grundsätzlich frei, eine Rechtswahl für das auf den

---

[351] Vgl. *Gummert* in: Münchener Handbuch des Gesellschaftsrechts, Band 2, § 50 Rn. 56 f.; *Binz / Sorg,* Die GmbH & Co. KG, § 6 Rn. 8; *Kraft / Ulrich,* DB 2006, 711, 712; *Binz / Rosenbauer,* NZG 2015, 1136, 1139.

[352] *Binz / Sorg,* Die GmbH & Co. KG, § 6 Rn. 10; *Binz / Rosenbauer,* NZG 2015, 1136, 1141.

[353] So z. B. *Binz / Rosenbauer,* NZG 2015, 1136, 1139.

[354] BGH vom 20.10.2009 – VIII ZB 13/08, NZG 2010, 154 Tz. 18 f.

[355] *Werner,* DStR 2006, 706; *Kraft / Ulrich,* DB 2006, 711, 712.

(schuldrechtlichen) **Kaufvertrag** anwendbare Recht (Art. 3 Abs. 1 Rom I-VO) einschließlich der Form für diesen Vertrag (Art. 11 Abs. 1 Rom I-VO) zu treffen.[356] Soweit es allerdings um die Übertragung des Unternehmens oder Teilen davon durch **dingliche Verfügungsgeschäfte** geht, ist

- im Hinblick auf Geschäftsanteile das Gesellschaftsstatut maßgebend und
- beim Asset Deal nach Art. 43 ff. EGBGB grundsätzlich das Recht der Belegenheit der Sache (lex rei sitae) sowie
- für Forderungen Art. 14 Abs. 1 Rom I-VO.

Wollen die Parteien eines mittelständischen Unternehmenskaufs den Kauf und die Übertragung des Unternehmens ausnahmsweise nach einem anderen als dem deutschen Recht abschließen, ist daher sehr genau für jedes Vertragsdetail einschließlich Stellvertretung und Vollmachten (vgl. dazu die Neuregelung in Art. 8 Abs. 1 EGBGB) zu prüfen, welche Rechtsfolgen sich im Einzelnen aus der jeweiligen Rechtswahl sowie dem Internationalen Privatrecht ergeben.

174   Wenn es um den Verkauf und die Abtretung von GmbH-Anteilen geht, wird für den Fall größerer Transaktionen eine **Beurkundung im Ausland** (insbesondere in der Schweiz) in Erwägung gezogen.[357] Nach bisheriger ständiger und im Jahr 2013 vom BGH nunmehr bestätigter höchstrichterlicher Rechtsprechung kann die Beurkundungsform des deutschen Rechts durch eine Auslandsbeurkundung dann erfüllt werden, wenn die **ausländische Beurkundung der deutschen gleichwertig** ist.[358] Gleichwertigkeit ist nach der Definition des BGH gegeben, wenn die ausländische Urkundsperson nach Vorbildung und Stellung im Rechtsleben eine der Tätigkeit des deutschen Notars entsprechende Funktion ausübt und für die Errichtung der Urkunde ein Verfahrensrecht zu beachten hat, das den tragenden Grundsätzen des deutschen Beurkundungsrechts entspricht.[359] Diese Voraussetzungen waren nach Auffassung der obergerichtlichen Rechtsprechung jedenfalls für die Beurkundung von GmbH-Anteilsabtretungen durch Notare im Kanton Basel und Basel-Stadt erfüllt.[360] Gleiches gilt für Notare in Zürich-Altstadt und Zug.[361] Die M&A-Praxis war indessen seit einem Urteil des *LG Frankfurt a. M.* aus dem Jahr 2009[362] stark verunsichert, weil das Gericht in einem obiter dictum die Gleichwertigkeit der Beurkundung in der Schweiz mit derjenigen in Deutschland unter Hinweis auf § 40 Abs. 2 GmbHG i. d. F. des MoMiG[363] angezweifelt hatte (Argument: Bei Mitwirkung eines Notars muss dieser die neue Gesellschafterliste einreichen, wozu einem ausländischem Notar die Amtsbefugnis fehle). Die streitige Frage, ob nach dem MoMiG auf eine Auslandsbeurkundung ganz verzichtet werden muss,[364] oder ob sie nach wie vor grundsätzlich möglich ist,[365] ist indessen nach wie vor nicht abschließend geklärt. Nach einer Entscheidung des *OLG Düsseldorf*

---

[356] Vgl. dazu *Göthel/Graminsky*, BB 2020, 514; *Robles y Zepf*, NZG 2019, 1250; *von Werder/Scheder-Bieschin*, BB 2019, 2632.

[357] Vgl. dazu z. B. *Weber* in: Hölters, Handbuch Unternehmenskauf, Kap. 9 Rn. 9.138 ff.; *Holzapfel/Pöllath*, Unternehmenskauf in Recht und Praxis, Rn. 1145 ff.; *Bayer* in: Lutter/Hommelhoff, GmbHG, § 15 Rn. 27 ff.; *Servatius* in: Baumbach/Hueck, GmbHG, § 15 Rn. 22a.

[358] BGH vom 16.2.1981 – II ZB 8/80, NJW 1981, 1160; BGH vom 17.12.2013 – II ZB 6/13, NJW 2014, 2026 = MittBayNot 2014, 256; vgl. auch OLG Düsseldorf vom 2.3.2011 – I-3 Wx 236/10, BB 2011, 785.

[359] BGH vom 16.2.1981 – II ZB 8/80, NJW 1981, 1160.

[360] OLG Frankfurt a. M. vom 25.1.2005 – 11 U 8/04, BeckRS 2005, 02597; OLG München vom 19.11.1997 – 7 U 2511/97, NJW-RR 1998, 758.

[361] *Peters*, DB 2010, 97.

[362] LG Frankfurt a. M. vom 7.10.2009 – 3–13 O 46/09, BB 2009, 2500.

[363] Gesetz zur Modernisierung des GmbH-Rechts und zur Bekämpfung von Missbräuchen vom 23.10.2008, BGBl. I, S. 2026 (Nr. 48).

[364] So etwa *Krause*, BB 2009, 2501.

[365] So z. B. *Peters*, DB 2010, 97, 100: Zur Sicherheit sollen auch die Geschäftsführer die Gesellschafterliste unterzeichnen.

ist ein in Basel residierender Schweizer Notar bei einer von ihm wirksam beurkundeten Abtretung von GmbH-Anteilen auch befugt, diese Änderung beim Handelsregister in Form der Gesellschafterliste einzureichen.[366] Diese Entscheidung war im juristischen Schrifttum aus verschiedenen Gründen auf Kritik gestoßen.[367] Der im Gegensatz zum OLG Düsseldorf vom *OLG München*[368] geäußerten Rechtsauffassung hat der Bundesgerichtshof eine Absage erteilt, so dass nunmehr höchstrichterlich – jedenfalls – auch geklärt ist, dass das Registergericht eine zum Handelsregister eingereichte Gesellschafterliste nicht schon deshalb zurückweisen darf, weil sie von einem Notar mit Sitz in Basel/Schweiz eingereicht worden ist.[369] Ungeachtet dessen wird in der Literatur auch nach dieser Entscheidung des BGH noch auf die Unsicherheiten hingewiesen, die daraus resultierten, dass nach der Reform des Schweizer Obligationenrechts für die Abtretung von Schweizer GmbH-Anteilen grundsätzlich kein Beurkundungsverfahren mehr zu beachten ist.[370]

Praxishinweis: Als „mutige" Alternative zur Beurkundung in Deutschland oder jedenfalls einer Beurkundung der GmbH-Anteilsabtretung unter Beachtung deutscher Beurkundungserfordernisse in der Schweiz kommt eine nur privatschriftliche Abtretung von GmbH-Anteilen in der Schweiz in Betracht, weil dies nach der Reform des Schweizerischen Obligationenrecht zum Jahresbeginn 2008 der dortigen Ortsform entspräche, die nach Art. 11 Abs. 1 EGBGB eine der Geschäftsform gleichwertige Formerfüllung darstellt.[371] Dann sind nach § 40 Abs. 1 GmbHG originär die Geschäftsführer zur Einreichung der Liste zuständig. Angesichts der Verpflichtung des Anwalts, dem Mandanten den sichersten Weg zu empfehlen, sollte der Berater dem Mandanten diese Variante allerdings nur mit deutlichem Warnhinweis vorstellen.[372]

Angesichts der inzwischen erfolgten **Deckelung der Notargebühren deutscher Notare** auf einen Gegenstandswert von EUR 60 Mio. und einer damit verbundenen maximalen Kostenfolge von ca. EUR 50000[373] dürfte sich die Frage der Auslandsbeurkundung – insbesondere bei mittelständischen Unternehmen – nur in Ausnahmefällen stellen, zumal diesen Beurkundungskosten auch noch die Reisekosten und Zeiten der Beteiligten rechtsanwaltlichen Berater gegenüberzustellen sein dürften. Nimmt man allerdings die gesonderten Gebühren des deutschen Notars bei einer Beurkundung in fremder Sprache, einer Rechtswahl im Kaufvertrag und einer häufig praktizierten Vorwegbeurkundung der Vertragsanlagen in einer Bezugsurkunde hinzu, können die Notargebühren durchaus auch auf den Betrag von Euro 100000 erreichen.[374]

Inzwischen hat das Kammergericht Berlin in einer Entscheidung vom 24.1.2018 die Beurkundung der Gründung einer GmbH durch einen **Schweizer Notar** mit dem Amtssitz in Bern für zulässig erachtet und dabei zwar nicht die Einhaltung der Ortsform i. S. v.

175

---

[366] OLG Düsseldorf vom 2.3.2011 – I-3 Wx 236/10, BB 2011, 785; ebenso *Mankowski,* NZG 2010, 201; zustimmend ebenfalls *Omlor/Spiess,* MittBayNot 2011, 353, 362.

[367] Z. B. *Süß,* DNotZ 2011, 414.

[368] OLG München vom 6.2.2013 – 31 Wx 8/13, NZG 2013, 340.

[369] BGH vom 17.12.2013 – II ZB 6/13, NJW 2014, 2026 = MittBayNot 2014, 256. Vgl. dazu auch mit sehr detaillierter und kritischer Analyse der bisherigen BGH-Rechtsprechung sowie Beurkundungsverfahren in ausgewählten Schweizer Kantonen *Müller,* NJW 2014, 1994.

[370] Vgl. z.B. *Link,* BB 2014, 579, 584, die als sichersten Weg weiterhin eine Beurkundung in Deutschland empfiehlt. Vgl. auch *von Werder/Scheder-Bieschin,* BB 2019, 2632.

[371] Mangels Rechtsprechung des BGH zu dieser Frage auch zur Vorsicht mahnend *Göthel/Graminsky,* BB 2020, 514, 519 f.

[372] Vgl. zur Anwaltshaftung mangels Aufklärung über Beurkundungspflichten auch das Urteil LG Oldenburg vom 22.5.2018 – 16 O 1648/17, RNotZ 2018, 500.

[373] Vgl. auch *von Werder/Scheder-Bieschin,* BB 2019, 2632, 2637.

[374] *von Werder/Scheder-Bieschin,* BB 2019, 2632, 2637.

Art. 11 EGBGB als auseichend, jedoch das alternativ zulässige Wirkungsstatut wegen einer „Gleichwertigkeit der Beurkundung" als gegeben erachtet.[375]

e) Beurkundungspflicht bei (Pflicht zur) Übertragung (auch) „ausländischer GmbHs"

176   In Rechtsprechung und Schrifttum ist die im Zuge fortschreitender Internationalisierung des (Transaktions-)Geschäfts auch im Mittelstand immer praxisrelevanter werdende Frage, ob und unter welchen genauen Voraussetzungen bei ausländischen Gesellschaften, die eine der deutschen GmbH strukturell und wesensmäßig vergleichbare Rechtsform haben (z.B. im Hinblick auf Minderheitenschutz, Kapitalerhaltung, Handelbarkeit), eine Pflicht zur Übertragung nach § 15 Abs. 4 GmbHG und/oder die dingliche Übertragung nach § 15 Abs. 3 GmbHG beurkundungspflichtig sind.[376]

Mit Blick auf ein Urteil des Landgerichts Oldenburg vom 22.5.2018[377] ist – ungeachtet der Kostenfolgen für den Mandanten – der „vorsichtige Berater" allerdings auch selbst gut beraten, den Mandanten im Hinblick auf die anwaltliche Pflicht zur Beratung des „sichersten Weges" nachweislich (!) nicht nur über die Frage der Beurkundungspflicht allgemein aufzuklären, sondern auch hinsichtlich der sich ggf. stellenden Frage einer etwaigen Pflicht zur Beurkundung von Kaufverträgen, bei denen Übertragungsgegenstand (auch) „ausländische GmbHs" sind.

4. Teil- oder Gesamtnichtigkeit nach § 139 BGB
sowie § 242 BGB

177   Werden nicht alle Vereinbarungen und Nebenabreden der Vertragsparteien nach näherer Maßgabe der oben näher dargestellten Beurkundungserfordernisse mitbeurkundet, ist gemäß § 139 BGB das ganze Rechtsgeschäft nichtig, wenn nicht anzunehmen ist, dass es auch ohne den nichtigen Teil vorgenommen sein würde.[378]

Allerdings enthalten die Unternehmenskaufverträge zumeist eine sogenannte **„salvatorische Klausel"**, nach der die Unwirksamkeit einzelner Bestimmungen die Wirksamkeit des Vertrages im Übrigen nicht berühren soll und nach der die Parteien verpflichtet sind, die ungültige Bestimmung durch eine dieser wirtschaftlich so weit wie möglich entsprechende gültige Regelung zu ersetzen. Zwar kann durch eine solche salvatorische Klausel die Vorschrift des § 139 BGB zulässig abbedungen werden, doch ist in diesen Fällen nicht ohne weiteres die Gesamtnichtigkeit des Vertrages ausgeschlossen.[379] Denn die salvatorische (Erhaltungs-)Klausel[380] verkehrt lediglich die Vermutung des § 139 BGB in ihr Gegenteil, wodurch die Darlegungs- und Beweislast umgekehrt wird, was jedoch nicht ausschließt,

---

[375] KG vom 24.1.2018 – 22 W 25/16, NJW 2018, 1828; ablehnend „mangels Gleichwertigkeit" *Hermanns*, RNotZ 2018, 267, 272f. sowie *Herrler*, NJW 2018, 1787, 1788f.; *Cramer*, DStR 2018, 746.

[376] Vgl. auch ausführlich zu den Fragen der Beurkundung im Ausland sowie unter Beteiligung „ausländischer GmbHs" *von Werder/Scheder-Bieschin*, BB 2019, 2632; *Göthel/Graminsky*, BB 2020, 514; BGH vom 4.11.2004 – III ZR 172/03, NZG 2005, 41 zur Anwendung von § 15 Abs. 4 GmbHG auf einen Treuhandvertrag über einen Geschäftsanteil an einer polnischen GmbH; OLG Celle vom 20.11.1991 – 20 U 26/91, NJW-RR 1992, 1126.

[377] LG Oldenburg vom 22.5.2018 – 16 O 1648/17, RNotZ 2018, 500.

[378] BGH vom 14.4.1986 – II ZR 155/85, ZIP 1986, 1046, 1048; BGH vom 20.10.2009 – VIII ZB 13/08, NZG 2010, 154 Tz. 18; BGH vom 14.12.2016 – IV ZR 7/15, NZG 2017, 476 Tz. 28. Vgl. im Zusammenhang mit Kartellrecht/Wettbewerbsrecht auch noch die Ausführungen in → Rn. 704 ff.

[379] BGH vom 11.10.1995 – VIII ZR 25/94, BB 1995, 2549.

[380] Vgl. zur Differenzierung nach Erhaltungsklausel und Ersetzungsklausel BGH vom 25.7.2007 – XII ZR 143/05, NJW 2007, 3202.

dass im Einzelfall die Nichtigkeit einer Bestimmung wegen ihrer besonderen Bedeutung den gesamten Vertrag erfasst.[381] So kann die Vertragsauslegung ergeben, dass die Aufrechterhaltung des Rechtsgeschäfts im Einzelfall trotz salvatorischer Klausel von dem Parteiwillen nicht mehr gedeckt ist.[382]

Praxishinweis: Da nach Auffassung des Bundesgerichtshofes die üblichen Formulierungen in einer salvatorischen Klausel nicht ohne weiteres die Gesamtnichtigkeit des Unternehmenskaufvertrages vermeiden, könnte überlegt werden, eine sog. Form-Nachholklausel aufzunehmen. Nach einer solchen Klausel ist es den Parteien untersagt, sich zur Herleitung von Rechten auf eine Formunwirksamkeit zu berufen. Ferner verpflichten sich die Parteien dazu, im Falle einer etwaigen Formunwirksamkeit des Kaufvertrages oder seiner Nebenabreden die entsprechenden Vereinbarungen in der erforderlichen Form nachzuholen. Im Hinblick auf die in § 550 BGB vorgeschriebene Schriftform hat der BGH allerdings inzwischen in mehreren Entscheidungen ausgesprochen, dass eine solche Schriftformheilungsklausel generell mit § 550 BGB unvereinbar und daher unwirksam ist.[383] Da der BGH allerdings seine Entscheidungen vor allem auf den Schutzzweck des (mietvertragsspezifischen) § 550 BGB gestützt hat, mag im Falle eines Unternehmenskaufs durchaus eine andere Sicht gerechtfertigt sein.

Zudem ist es stets denkbar, dass die Berufung einer Partei auf die Formunwirksamkeit gemäß § 242 BGB gegen Treu und Glauben verstößt, z. B. weil eine (nachträglich) getroffene und nicht beurkundete Abrede (z. B. zwischen Signing und Closing) allein zu ihrem Vorteil gereichte.[384]

Formulierungsvorschlag: *„Die Vertragsparteien gehen übereinstimmend davon aus, dass dieser Vertrag [nicht beurkundungspflichtig]/[grundsätzlich mit allen Nebenabreden beurkundungspflichtig] ist. Sie verpflichten sich hiermit gegenseitig, auf jederzeitiges Verlangen der anderen Vertragspartei alle Handlungen vorzunehmen und Erklärungen abzugeben, die erforderlich sind, um einem etwaigen Beurkundungserfordernis Genüge zu tun und sich bis zu diesem Zeitpunkt nicht auf eine Formnichtigkeit wegen Nichteinhaltung der Form zu berufen. Dies gilt nicht nur für den Abschluss dieses Kaufvertrages, sondern auch für Nachtrags-, Änderungs-, Ergänzungsvereinbarungen sowie Anlagen."*

(frei) **178, 179**

VI. Die Leistung des Käufers: Der Kaufpreis

1. Kaufpreisbestandteile und Kaufpreisklauseln

Der Kaufpreis ist für beide Parteien eine der wesentlichen Regelungen des Unternehmenskaufvertrags. Je nach Fallkonstellation wird diese Leistung des Käufers unterschiedlich ausfallen. Im Regelfall wird sich der Käufer eines Unternehmens zur Zahlung eines Kauf- **180**

---

[381] BGH vom 30.1.1997 – IX ZR 133/96, BB 1997, 646; BGH vom 11.10.1995 – VIII ZR 25/94, BB 1995, 2549.

[382] BGH vom 11.10.1995 – VIII ZR 25/94, BB 1995, 2549; vgl. auch *Holzapfel/Pöllath,* Unternehmenskauf in Recht und Praxis, Rn. 1000; BGH vom 14.4.1986 – II ZR 155/85, ZIP 1986, 1046, 1048; BGH vom 20.10.2009 – VIII ZB 13/08, NZG 2010, 154 Tz. 18; BGH vom 14.12.2016 – IV ZR 7/15, NZG 2017, 476 Tz. 28.

[383] BGH vom 27.9.2017 – XII ZR 114/16, NJW 2017, 3772 sowie BGH vom 11.4.2018 – XII ZR 43/17, NJW-RR 2018, 1101; vgl. auch vorher schon BGH vom 22.1.2014 – XII ZR 68/10, NJW 2014, 1087 sowie BGH vom 30.4.2014 – XII ZR 146/12, NJW 2014, 2102.

[384] Vgl. BGH vom 27.9.2017 – XII ZR 114/16, NJW 2017, 3772; *Weidenkaff* in: Palandt, BGB, § 550 Rn. 12.

preises verpflichten, dessen Höhe sich häufig – aber nicht zwingend – auf Grundlage einer **Unternehmensbewertung als Ausgangsbasis,** der im Rahmen der Due-Diligence-Prüfung gefundenen (potenziellen) Risiken sowie der sonstigen im Kaufvertrag von Käufer und Verkäufer übernommenen Rechte und Pflichten (zum Beispiel Wettbewerbsverbote, weitere Tätigkeit des Verkäufers im Unternehmen, Beratung etc.) zusammensetzt. Auch spielen – gegebenenfalls nicht weiter offen gelegte – **subjektive Überlegungen** eine Rolle, wie beispielsweise Zu- und Abschläge des Käufers für Synergien, Integrations- und Umstrukturierungskosten, Steuereffekte, soweit diese nicht bereits im Rahmen der Unternehmensbewertung Berücksichtigung gefunden haben.[385] Welcher Kaufpreis dann tatsächlich gezahlt wird, ist schließlich auch das **Ergebnis der individuellen Verhandlungssituation,** welche möglicherweise auch durch die wirtschaftlichen Lage der Branche, zu der das zu verkaufende Unternehmen gehört, sowie die gesamtwirtschaftliche Situation geprägt sind.

181   In wirtschaftlichen Krisenzeiten ist es auch durchaus denkbar, dass der **Kaufpreis negativ** ist, zum Beispiel dann, wenn der Käufer das Unternehmen (etwa bei Betriebsstilllegungen, Sozialplänen) erst unter erheblichem Aufwand rentabel machen kann.[386] Ein negativer Kaufpreis liegt vor, wenn der Kaufpreis den Wert der erworbenen Wirtschaftsgüter abzüglich der Verbindlichkeiten bzw. Rückstellungen unterschreitet, also geringer als das Eigenkapital ist.[387]

182   Weitere Aspekte, die sich wirtschaftlich wie ein Kaufpreis auswirken, sind – gerade in mittelständischen Unternehmen – beispielsweise **Gesellschafterdarlehen und sonstige Finanzierungen** des Unternehmers für sein Unternehmen, wie zum Beispiel durch den Unternehmer für Bankenkredite der Gesellschaft übernommene Sicherheiten (z.B. Bürgschaften oder Grundschulden auf Privatimmobilien).[388] Auch können dem Gesellschafter unter dem Gesichtspunkt der **§§ 30, 31 GmbHG, §§ 57 ff. AktG sowie §§ 129 ff. InsO Rückzahlungspflichten** in Krise und Insolvenz der Gesellschaft drohen, die im Zuge des Unternehmensverkaufs beseitigt werden müssen.

183   In der vertraglichen Praxis finden sich beim Unternehmensverkauf unterschiedliche **Kaufpreismodelle,** die zum Teil auch miteinander kombiniert werden. Ungeachtet der sich daraus ergebenden Vielgestaltigkeit lassen sich die Kaufpreismodelle im Wesentlichen auf drei grundlegende Regelungsmuster zurückführen, nämlich

– die Vereinbarung eines *Festkaufpreises,*
– die Vereinbarung eines *vorläufigen Kaufpreises* auf Grundlage einer Formel bzw. *mit einem Anpassungsmechanismus,*
– die Vereinbarung eines *variablen Kaufpreises,* der sich nicht (nur) an den aktuellen Gegebenheiten, sondern am zukünftigen Erfolg des Unternehmens *("Earn-Out")*[389] oder einem *Mehrerlös im Falle des Weiterverkaufs* durch den Erwerber[390] orientiert.

---

[385] Vgl. *Brück/Sinewe,* Steueroptimierter Unternehmenskauf, § 5 Rn. 132; vgl. auch speziell zum Post-Merger-Risikomanagement in den Bereichen Rechnungswesen, Steuern, Berichts- und Meldewesen sowie Corporate Governance *Zwirner/Boecker,* BB 2013, 2735.

[386] *Ernsting,* GmbHR 2007, 135; *Scheunemann/Mandelsloh/Preuß,* DB 2011, 201; vgl. auch *Weber* in: Hölters, Handbuch Unternehmenskauf, Kap. 9 Rn. 9.172; *Beisel/Klumpp,* Der Unternehmenskauf, § 11 Rn. 17 f.; *Hofer,* BB 2013, 972.

[387] *Scheunemann/Mandelsloh/Preuß,* DB 2011, 201, 202.

[388] Vgl. *Weber* in: Hölters, Handbuch Unternehmenskauf, Kap. 9 Rn. 9.172.

[389] Vgl. *Brück/Sinewe,* Steueroptimierter Unternehmenskauf, § 5 Rn. 133 ff.; *Müller/Meyer,* IRZ 2017, 261, 263; *Meyding/Sorg* in: Wilhelmi/Stürner, Post-M&A-Schiedsverfahren, 11, 23 ff.; auch *Seibt* in: Drygala/Wächter, Kaufpreisanpassungs- und Earn-Out-Klauseln bei M&A Transaktionen, S. 221 ff.; *Grub/Krispenz,* BB 2018, 235, 238 weisen zutreffend auf die besondere Bedeutung solcher Klauseln für den Erwerb von Unternehmen aus dem Bereich der digitalen Welt hin, wo noch nicht hinreichend absehbar ist, wie sich das zu kaufende Unternehmen entwickeln wird. Dies gilt allerdings ganz generell für alle Start-ups.

[390] Vgl. zu Mehrerlösklauseln *Schmidt-Hern/Behme,* NZG 2012, 81.

> **Praxishinweis:** Der Verkäufer sollte darauf drängen, nach Möglichkeit bereits im Letter of Intent (LoI) einen fixen, seinen Vorstellungen bestmöglich entsprechenden Kaufpreis festzulegen.[391] Im Gegensatz dazu sollte es der Verkäufer vermeiden, den Kaufpreis von unklaren Bedingungen abhängig zu machen. Die Praxis zeigt nämlich, dass sich der Kaufpreis nach Abschluss des LoI bei späteren Vertragsverhandlungen in der Tendenz nur noch nach unten bewegt. Durch eine frühzeitige Festlegung des Kaufpreises kann der Verkäufer dem verhandlungstaktisch entgegenwirken.

Während früher als **Kaufpreisanpassungsmechanismus** die „klassische" **Eigenkapi-** **184** **talgarantie** diente,[392] erhielten durch die Internationalisierung des Transaktionsgeschäfts zunehmend anglo-amerikanisch geprägte Kaufpreisformeln Eingang auch in die deutsche Vertragspraxis, insbesondere eine Ermittlung des Kaufpreises unter Zugrundelegung des **„cash and debt free"-Konzeptes** (auch **„Completion-Accounts-Konzept"** genannt).[393] Seit der Lehmann-Krise findet vermehrt auch – je nach den Bedürfnissen des Einzelfalls – das sogenannte **„Locked-Box-Modell"** Anwendung, welches dann in den 10 Jahren danach im Zuge der positiven Entwicklung des M&A-Marktes tendenziell eher wieder rückläufig war.[394]

Von besonderer praktischer Bedeutung für das Gelingen eines Unternehmenskaufs ist **185** auch die Frage nach dem **richtigen Zeitpunkt** für die Festlegung eines Kaufpreises. Da ein Erwerber typischerweise am Beginn einer Transaktion nicht sämtliche relevanten Faktoren für die Unternehmensbewertung, aber auch nicht für die Bepreisung sonstiger Risiken kennt, kann der Kaufpreis genau genommen erst am Ende der Transaktion festgelegt werden. Dies birgt allerdings für beide Seiten das Risiko, dass man sich über diese zentrale Größe schlussendlich nicht einigen kann und auf dem Weg dahin viel Zeit und Geld investiert hat. Denn je fortgeschrittener die Parteien mit den Verhandlungen sind, umso mehr sind die zu Tage getretenen Risiken im Kaufvertragsentwurf bereits der einen oder anderen Seite schon zugewiesen, ohne dass nunmehr noch die Möglichkeit besteht, einen etwa zu hohen oder zu niedrigen Kaufpreis im Wege der Zuweisung sonstiger Rechte und Pflichten zu adjustieren. Legt man andererseits gleich zu Anfang einen Kaufpreis fest, fällt es verhandlungspsychologisch schwer, den einmal zahlenmäßig fixierten Kaufpreis dann wieder grundsätzlich in Frage zu stellen.

> **Praxishinweis:** In der M&A-Praxis hat es sich als hilfreich erwiesen, relativ früh eine Abstimmung des (zunächst nur vorläufigen) Kaufpreises vorzunehmen, welcher dann – insbesondere nach durchgeführter Due-Diligence-Prüfung des Käufers – im Rahmen der weiteren Verhandlungen über den Kaufvertrag final festgelegt wird.

Im Falle eines **Bieter-Verfahrens** empfiehlt es sich, dass der Verkäufer den potenziellen **186** Kaufinteressenten die Art der Ermittlungsmethode für den Kaufpreis vorgibt, damit er die indikativen Kaufpreisangebote der einzelnen Bieter besser miteinander vergleichen kann. Zudem sollte der Verkäufer den Kaufinteressenten mit Beginn der Due Diligence den

---

[391] So auch *Brück/Sinewe*, Steueroptimierter Unternehmenskauf, § 5 Rn. 135.

[392] *Brück/Sinewe*, Steueroptimierter Unternehmenskauf, § 5 Rn. 145; vgl. dazu auch *Schöne/Uhlendorf* in: Drygala /Wächter, Kaufpreisanpassungs- und Earn-Out-Klauseln bei M&A Transaktionen, S. 140 f.

[393] Vgl. auch *Schrader/Seibt* in: Beck'sches Formularbuch Mergers & Acquisitions, C. II.1. Anm. 26; *Weber* in: Hölters, Handbuch Unternehmenskauf, Kap. 9 Rn. 9.174; *Weißhaupt*, BB 2013, 2947, 2948; *Gruhn/Swoboda* in: Drygala/Wächter, Kaufpreisanpassungs- und Earn-Out-Klauseln bei M&A Transaktionen, S. 109 ff.

[394] Vgl. zu den Vor- und Nachteilen von „cash and debt free" sowie „Locked-Box" *Koffka/Mackensen* in: Eilers/Koffka/Mackensen, Private Equity, Teil I.4. Rn. 19 ff.; *Müller/Meyer*, IRZ 2017, 261, 263. Vgl. auch zu den empirischen Befunden *Meyding/Sorg* in: Wilhelmi/Stürner, Post-M&A-Schiedsverfahren, 11, 18 ff.

Kaufvertragsentwurf mit der Bitte um Kommentierung übersenden. So kann er frühzeitig ausloten, welcher der Bieter grundlegende Änderungswünsche zum Kaufvertrag hat, insbesondere im Bereich der Garantien (die freilich dann später je nach Ausgang der Due Diligence noch einmal zu verhandeln sind).

a) Fester Kaufpreis/„Locked Box"

187   Ein vollständiges Offenlassen des Kaufpreises zum Zeitpunkt des Vertragsabschlusses unter Bezugnahme auf einen zukünftig von den Parteien oder einem Wirtschaftsprüfer zu bestimmenden Kaufpreis ist im Grundsatz nicht empfehlenswert. Denn keine Kaufpreisformel ist so genau, dass nicht doch später Unklarheit oder gar Streit entstehen kann.[395]

> **Praxishinweis:** Vorbehaltlich besonderer Einzelfälle sollte als Grundsatz im Kaufvertrag ein zahlenmäßig fester (Basis-)Kaufpreis vereinbart werden. Dies gilt jedenfalls für den Bereich kleinerer und mittlerer Unternehmen. Will man allerdings das Risiko möglicher, für den Käufer nachteiliger Manipulationen des Unternehmens durch den Verkäufer reduzieren, kommt man um Garantien des Verkäufers im Hinblick auf die Bilanz insgesamt sowie einzelne Bilanzpositionen und andere auch *nicht* bilanzrelevante Umstände nicht herum.

188   Als Festkaufpreismodell ist auch das sog. **Locked-Box-Modell** anzusehen, das bei Finanzinvestoren und in Zeiten verkäuferfreundlicher Märkte an Zuspruch gewinnt.[396] Grund dafür ist u. a., dass ein Kaufpreis mit einer Anpassung auf der Basis „cash and debt free" nebst „working capital adjustment"[397] recht zeitaufwändig und streitanfällig ist. Beim Locked-Box-Modell wird hingegen ein fester Kaufpreis verhandelt, der auf dem letzten testierten Jahresabschluss des zu verkaufenden Unternehmens basiert. Im Unternehmenskaufvertrag verzichten die Vertragsparteien auf einen Kaufpreisanpassungsmechanismus und die Aufstellung einer zusätzlichen Stichtagsbilanz. Der Käufer wird stattdessen einerseits dadurch abgesichert, dass engmaschige Regeln für die Führung der Zielgesellschaft seit dem letzten Bilanzstichtag aufgestellt werden. Zudem lässt sich der Käufer vom Verkäufer beispielsweise garantieren, dass er keine Ausschüttungen (**„Non-Leakage"**) oder ähnliche Leistungen an die Altgesellschafter vorgenommen sowie keine wesentlichen Anschaffungen außer den dem Käufer offengelegten getätigt hat und dass keine wesentlichen Änderungen in Bezug auf wesentliche Vertragsbeziehungen des Unternehmens eingetreten sind.[398] Dem Käufer wird hierbei regelmäßig bereits das **Ergebnis des laufenden Geschäftsjahres** zugewiesen. Der Käufer hat daher besonderes Augenmerk auf die Vermeidung von Mittelabflüssen (offene oder verdeckte Gewinnausschüttungen oder außergewöhnliche Zahlungen an Dritte) für die Zeit zwischen dem letzten Bilanzstichtag und der Übergabe des Unternehmens zu richten.[399] Im Ergebnis erfolgt hier also eine wirtschaftliche Zuweisung von Chancen und Risiken nicht auf Ebene der Kaufpreisanpassung, sondern auf der Garantieebene mit der Rechtsfolge Schadensersatz.

---

[395] Vgl. auch *Brück/Sinewe,* Steueroptimierter Unternehmenskauf, § 5 Rn. 135.

[396] *Schrader/Seibt* in: Beck'sches Formularbuch Mergers & Acquisitions, C. II.1. Anm. 26, C II.3.25; *Koffka/Mackensen* in: Eilers/Koffka/Mackensen, Private Equity, Teil I.4. Rn. 6 ff.; *Thümmel* in: Wilhelmi/Stürner, Post-M&A-Schiedsverfahren, 201, 203 f.

[397] Siehe dazu näher unten → Rn. 189 ff.

[398] Vgl. *Schrader/Seibt* in: Beck'sches Formularbuch Mergers & Acquisitions, C. II.3. Anm. 25; *Koffka/Mackensen* in: Eilers/Koffka/Mackensen, Private Equity, Teil I. 4. Rn. 9 ff.; *Weißhaupt,* BB 2013, 2947, 2949.

[399] *Müller/Meyer,* IRZ 2017, 261, 263.

b) Vorläufiger Kaufpreis mit Anpassung: Eigenkapitalgarantie, „Cash and debt free/Working Capital Adjustment"

In komplexen Unternehmenskauf-Transaktionen verzichten die Vertragsparteien zumeist **189** auf eine exakte Festlegung des Kaufpreises und verlegen die Feststellung der endgültigen Höhe des Kaufpreises auf einen späteren Zeitpunkt (meist das Closing/Completion). Grundlage für die Ermittlung des endgültigen Kaufpreises ist dann eine **Stichtagsbilanz** (die sog. „**Completion-Accounts**").[400]

Beim **Kauf aus der Insolvenz** ist hingegen der Insolvenzverwalter typischerweise daran interessiert, möglichst schnell eine feste Summe für die Masse zu vereinnahmen, ohne dabei weitere Garantieverpflichtungen zu übernehmen, sodass eine Kaufpreisanpassung in aller Regel nicht sinnvoll ist; gleiches gilt bei Verkäufen von Unternehmen durch die **öffentliche Hand**. Auch bei **Management-Buy-Outs** findet in der Regel keine Kaufpreisanpassung statt, weil von dem Management erwartet wird, dass es den Kaufpreis genau bestimmen kann.[401]

> **Praxishinweis:** Bei kleineren Unternehmenskäufen lohnt sich in aller Regel der Aufwand eines aufwändigen Kaufpreisanpassungsverfahrens nicht, da die dadurch verursachten Kosten nicht im Verhältnis zur Kaufpreissumme stehen.[402]

aa) Eigenkapitalgarantie. Wird die Unternehmensbewertung auf Basis der zukünfti- **190** gen Erträge ermittelt (so bei Ertragswertverfahren wie IDW S 1 oder DCF-Verfahren), wäre eine Kaufpreisanpassung auf einer Basis des vertraglich vereinbarten und des tatsächlich am Stichtag vorhandenen Eigenkapitals systemwidrig.[403] Die deutsche Vertragspraxis arbeitet aber traditionell mit einer **Kaufpreisanpassung auf Grundlage des Eigenkapitals,**[404] was im Schrifttum auf eine früher stärker verbreitete Unternehmensbewertung auf Basis der Substanzwertmethode und eines Netto-Reinvermögens zurückgeführt wird.[405] Das Zurückdrängen der „klassischen" Eigenkapitalgarantie in der vertraglichen Praxis ist aber wohl eher darauf zurückzuführen, dass insbesondere für die immer stärker im Markt für Unternehmensverkäufe tätigen Finanzinvestoren das bilanzielle Eigenkapital weniger im Vordergrund steht als vielmehr die konkreten aus der Zielgesellschaft dem Investor zufließenden Barmittel, weil damit die für den Unternehmenskauf aufgenommenen Fremdverbindlichkeiten bedient werden.[406] Tatsächlich findet die Eigenkapitalgarantie selbst bei rein deutschen Sachverhalten und kleineren Transaktionen nach meiner Erfahrung kaum noch Anwendung. Da es bei der Eigenkapitalgarantie um eine **Vermeidung von Wertverlusten** der vom Käufer zu übernehmenden Vermögenspositionen geht, ist deren Vereinbarung für den Käufer an sich günstig, da so sämtliche Aktiva gegen Wertverlust abgesichert sind und auch unerwartet hohe Passiva ausgeglichen werden.

> **Beachte:** Die Eigenkapitalgarantie schützt aber nicht davor, dass der Verkäufer noch vor Übergabe stille Reserven realisiert – zum Beispiel durch Verkauf bereits abgeschriebener Vermögensgegenstände – und so das Eigenkapital kurzfristig erhöht.[407]

---

[400] Vgl. *Witte/Mehrbrey,* NZG 2006, 241; *Bruski,* Special zu BB 2005, 3019; zur Kaufpreisanpassung ausführlich *Weißhaupt,* BB 2013, 2947.

[401] *Bruski,* Special zu BB 2005, 3019.

[402] *Bruski,* Special zu BB 2005, 3019.

[403] *Beisel/Klumpp,* Der Unternehmenskauf, § 11 Rn. 94; vgl. auch *Schrader/Seibt* in: Beck'sches Formularbuch Mergers & Acquisitions, C. II.1. Anm. 26.

[404] Vgl. zur Stichtagsbilanzierung und Eigenkapitalgarantie auch ausführlich *von Hoyenberg* in: Münchener Vertragshandbuch, Band 2, Wirtschaftsrecht I, I.5, Rn. 59, S. 160 ff. sowie *Mellert* in: Drygala/Wächter, Bilanzgarantien bei M&A Transaktionen, S. 11 ff.

[405] *Brück/Sinewe,* Steueroptimierter Unternehmenskauf, § 5 Rn. 145.

[406] Vgl. *Schrader/Seibt* in: Beck'sches Formularbuch Mergers & Acquisitions, C. II.1. Anm. 26.

[407] Vgl. auch *Brück/Sinewe,* Steueroptimierter Unternehmenskauf, § 5 Rn. 172.

191 Mit der Eigenkapitalgarantie sind über die Kaufpreisanpassung auch etwaige dem Käufer (und eventuell auch dem Verkäufer) **unbekannte Risiken** erfasst, und zwar auch solchen, die sich aus der Führung der Geschäfte in der **Zeit zwischen der letzten testierten Bilanz und dem Übergangsstichtag/Closing** ergeben. Dies gilt allerdings nur für solche Risiken, die auch bilanziell Berücksichtigung finden. So erfasst eine Kaufpreisanpassung über die Eigenkapitalgarantie nicht ohne weiteres die **zukünftige Ertragsfähigkeit,** welche die Kerngröße der ertragswertbasierten Unternehmensbewertungsmethoden ist. Denn die zukünftige Ertragsfähigkeit wird durch Barmittelabflüsse und Vermögensminderungen nicht zwangsläufig beeinflusst.[408] Die Eigenkapitalgarantie schützt auch nicht davor, dass die für die Erwirtschaftung zukünftiger Erträge erforderlichen **sachlichen, personellen und finanziellen Ressourcen** dem Käufer auch zukünftig ungeschmälert zur Verfügung stehen. Diese Aspekte sollten aber ohnehin Bestandteil des Garantiekataloges sein, wobei ein Nachteil der Absicherung solcher Risiken (nur) über Garantien sein kann, dass in diesem Haftungsregime meist Aufgreifschwellen, Haftungsfreibeträge und Haftungshöchstgrenzen (Cap) vereinbart werden, wohingegen eine Kaufpreisanpassung regelmäßig ab dem ersten Euro erfolgt.

> **Praxishinweise:** Die Eigenkapitalgarantie sollte auch durch Garantien über die spezifische Zusammensetzung des Aktivvermögens ergänzt werden.[409] Wird eine Eigenkapitalgarantie vereinbart, sind ferner Überschneidungen mit den Verkäufergarantien bei den Rechtsfolgen zu bedenken: Haben die Vertragsparteien eine Haftung des Verkäufers aufgrund von Garantien ausgeschlossen, soweit der Käufer die Mängel kennt (vgl. § 442 BGB),[410] sollte dieser Haftungsausschluss auch durch eine konkrete Bezugnahme auf die entsprechenden Regelungen zur Stichtagsbilanzierung erstreckt werden, da andernfalls der Verkäufer trotz Offenlegung von Mängeln aufgrund der Stichtagsbilanzierung und dem daraus resultierenden Eigenkapitalausgleich – ohne Haftungsbeschränkungen wie „Caps", „Baskets", kurze Verjährung etc.[411] – haften würde.

Haben die Parteien den Unternehmenswert auf Basis (eines Vielfachen) des Eigenkapitals ermittelt, können sie beispielsweise auch vereinbaren, dass eine Änderung des Eigenkapitals zu einer Kaufpreisanpassung in Höhe des x-fachen dieser Änderung führen soll.[412]

192 **bb) Debt and cash free/Working Capital Adjustment („Completion-Accounts").** Eine Kaufpreisanpassung auf Basis „cash and debt free" wird mitunter für den Verkauf eines mittelständischen Unternehmens als zu aufwändig angesehen, zumal dieses Konzept für die beteiligten Parteien wie auch die Berater schwerer nachvollziehbar sein wird als eine Eigenkapitalgarantie. Gleichwohl kommt man auch schon bei kleineren Transaktionen heute nicht mehr umhin, sich auch mit diesem Anpassungsmechanismus vertraut zu machen. Denn auch beim Verkauf mittelständischer Unternehmen werden in aller Regel ertragswertbasierte Bewertungsverfahren zu Grunde gelegt. Haben die Parteien beispielsweise eine Bewertung nach dem überwiegend verwendeten Bruttoverfahren (**„Entity-Methode"**) des Discounted-Cashflow-Verfahrens[413] durchgeführt, ist die Vereinbarung von „cash and debt free" der passende Ergänzungsmechanismus, um den Enterprise-Value (bei dem die Finanzierungsseite noch ausgeblendet wurde) zum **Equity-Value** (Wert der erworbenen

---

[408] Vgl. auch *Schrader/Seibt* in: Beck'sches Formularbuch Mergers & Acquisitions, C. II.1. Anm. 26.

[409] Vgl. auch *Beisel/Klumpp,* Der Unternehmenskauf, 11. Kap. Rn. 53.

[410] Siehe dazu näher → Rn. 445 ff.

[411] Siehe dazu noch unten → Rn. 584.

[412] Vgl. *Weber* in: Hölters, Handbuch Unternehmenskauf, Kap. 9 Rn. 9.179 sowie zu möglichen Regelungsmechanismen für den Fall der Verletzung einer Eigenkapitalgarantie *Hilgard,* BB 2013, 937, 942.

[413] Siehe dazu oben Teil → B., Rn. 53 ff. sowie *Weißhaupt,* BB 2013, 2947.

Anteile an dem Unternehmen) überzuleiten (sog. **„Equity-Bridge"**).[414] Dafür werden –
vereinfacht gesagt – die nicht betriebsnotwendigen Vermögenswerte in Form von liquiden
Mitteln (cash free) sowie die zinstragenden Fremdverbindlichkeiten (debt free) saldiert.[415]
Im Ergebnis wird so der Brutto-Unternehmenswert (Enterprise Value) um den Saldo aus
Finanzverbindlichkeiten und Barmittel (die sogenannten Netto-Finanzverbindlichkeiten)
gekürzt oder – falls die Cash-Positionen die Finanzverbindlichkeiten übersteigen – um
diesen Saldo erhöht.[416]

> **Beachte:** Aus der Vereinbarung von „cash and debt free" können sich zwei unterschiedli-
> che Auslegungen ergeben, nämlich einmal die bloße Vereinbarung eines *Bewertungs- und
> Kaufpreisanpassungsmodells* und zum anderen die Vereinbarung eines *tatsächlich her-
> zustellenden Zustands* in Form der Rückführung aller Fremdverbindlichkeiten sowie der
> Ausschüttung der gesamten freien Liquidität.[417]

Da sich für den Käufer durchaus das **Risiko der Manipulation durch den Verkäufer 193**
ergibt,[418] z. B. durch

- verspätete Erfüllung von Zahlungspositionen,
- Unterlassen von Investitionen,
- Eingehung von Verbindlichkeiten außerhalb des regelmäßigen Liefer- und Leistungs-
  verkehrs,
- Sale-und-Lease Back-Finanzierungen sowie
- Aktivtausch von Anlagevermögen gegen Barmittel

wird häufig die Vereinbarung von „Cash and Debt free" um ein **„Working-Capital-
Adjustment"**, also die Anpassung des Kaufpreises um Veränderungen im Netto-Umlaufvermögen, ergänzt.[419]

> **Praxishinweis:** Um möglichen Manipulationsmöglichkeiten des Verkäufers in der Phase
> zwischen Vertragsunterzeichnung und Closing (d. h. dem dinglichen Vollzug und Übergabe
> der Leitungsmacht) entgegenzuwirken, sollten zum Schutz des Käufers Regelungen
> („Covenants")[420] aufgenommen werden, wonach die Geschäfte während der Interimsphase
> (i) im Einklang mit der in der Vergangenheit geübten Praxis und (ii) mit der Sorgfalt eines
> ordentlichen Kaufmanns geführt werden.[421]

---

[414] Vgl. zu den Konsistenzerfordernissen zwischen dem „Cash-and-Debt-free"-Mechanismus und
den üblichen Bewertungsmethoden bei M&A Transaktionen Prengel/Wagner, Bewertungspraktiker
2017, Heft 1, Febr. 2017, S. 2.

[415] Vgl. *Schrader/Seibt* in: Beck'sches Formularbuch Mergers & Acquisitions, C. II.1. Anm. 26; vgl.
dazu auch *Ulrich/Schlichting* in: Rotthege/Wassermann, Unternehmenskauf bei der GmbH, Kap. 6
Rn. 9 ff.; *Weißhaupt*, BB 2013, 2947, 2948 f.; *Müller/Meyer*, IRZ 2017, 261, 263.

[416] Vgl. *Schrader/Seibt* in: Beck'sches Formularbuch Mergers & Acquisitions, C. II.1. Anm. 26 sowie
Schöne/Uhlendorf in: Drygala /Wächter, Kaufpreisanpassungs- und Earn-Out-Klauseln bei M&A Transaktionen, S. 133 ff.

[417] *Hilgard*, DB 2007, 559; *Bruski*, Special zu BB 2005, 3019, 3024 f.

[418] Vgl. zu einzelnen Manipulationsmöglichkeiten und den Folgen ausführlich *Hilgard*, DB 2007,
559 sowie *Bruski*, Special zu BB 2005, 3019, 3025 f.; *Brück/Sinewe*, Steueroptimierter Unternehmenskauf, § 5 Rn. 169.

[419] Vgl. *Ulrich/Schlichting* in: Rotthege/Wassermann, Unternehmenskauf bei der GmbH, Kap. 6
Rn. 15; *Bruski*, Special zu BB 2005, 3019, 3025; *Holzapfel/Pöllath*, Unternehmenskauf in Recht
und Praxis, Rn. 819 f.; *Schrader/Seibt* in: Beck'sches Formularbuch Mergers & Acquisitions, C. II.1.
Anm. 26.

[420] Vgl. dazu → Rn. 522 und → Rn. 544 ff.

[421] Siehe zu Regelungen für die Interimsphase zwischen Signing und Closing auch → Rn. 686 ff.
sowie ausführlich *Hilgard*, DB 2007, 559, 561 f.

> **Formulierungsvorschlag:** *„Der Verkäufer steht dafür ein, dass die Gesellschaft ihre Ge-*
> *schäfte bis zum Übergangsstichtag nur in Übereinstimmung mit der in der Vergangenheit*
> *geübten Praxis und im Rahmen der gewöhnlichen und ordnungsgemäßen Geschäftstätig-*
> *keit führt, soweit nicht der Käufer zuvor Ausnahmen hiervon schriftlich zugestimmt hat. Der*
> *Verkäufer steht dem Käufer ferner dafür ein, dass alle Maßnahmen unterlassen werden, die*
> *das Interesse des Käufers an der ordnungsgemäßen Fortführung des Geschäftsbetriebes*
> *der Gesellschaft beeinträchtigen könnten.*
> *Der Verkäufer steht dem Käufer ferner dafür ein, dass bis zum Übergangstichtag sämtliche*
> *Verträge und sonstigen Maßnahmen, die außerhalb der gewöhnlichen Geschäftstätigkeit der*
> *Gesellschaft liegen, sowie wesentliche Maßnahmen des Verkäufers oder mit ihm verbunde-*
> *ner Unternehmen mit Bezug zur Gesellschaft nur mit vorheriger schriftlicher Zustimmung*
> *des Käufers abgeschlossen bzw. durchgeführt werden. Hierzu zählen insbesondere Be-*
> *schlüsse der Gesellschafterversammlung, Änderungen der Organisationsstruktur oder des*
> *Geschäfts- und Finanzplans, wesentliche personelle Veränderungen, rechtsgeschäftliche*
> *Maßnahmen im Verhältnis zwischen der Gesellschaft einerseits und dem Verkäufer oder mit*
> *ihm verbundener Unternehmen andererseits, Erwerb oder Veräußerung von direkten oder*
> *indirekten Beteiligungen an anderen Unternehmen oder der Abschluss, Änderung oder Be-*
> *endigung von Wichtigen Verträgen im Sinne von § …. Für den Fall, dass eine unter diesen*
> *§ … fallende Maßnahme sich als erforderlich oder zweckmäßig im Interesse der Gesell-*
> *schaft erweisen sollte, steht der Verkäufer dem Käufer dafür ein, dass der Käufer unverzüg-*
> *lich informiert wird; der Käufer trifft dann unverzüglich eine Entscheidung über die Zustim-*
> *mung zu der fraglichen Maßnahme.*
> *Der Käufer hat ab dem Tag der Unterzeichnung dieses Vertrages das Recht auf Zugang zu*
> *etwaigen Betriebsgeländen und Mitarbeitern des Verkäufers und der Gesellschaft als auch*
> *den Anspruch auf umfassende Information, was insbesondere auch das Recht umfasst, die*
> *Vermögensgegenstände und (Buchhaltungs-)Unterlagen sowie Daten einzusehen, zu kopie-*
> *ren und/oder zu fotografieren.“*

194   Aber auch ohne gezielte Manipulation durch die Verkäuferseite besteht nicht selten ein
Bedürfnis des Käufers nach Anpassung des Kaufpreises auf der Grundlage von Veränderungen des Netto-Umlaufvermögens.[422] Die Schwierigkeit besteht freilich darin, die **Positionen des Netto-Umlaufvermögens zu definieren,** weil sich in der vertraglichen Praxis
dazu noch keine einheitlichen Standards herausgebildet haben.[423]

> **Praxishinweis:** Um hier zur Vermeidung von späteren Streitereien zwischen den Vertrags-
> parteien ein möglichst großes Maß an Klarheit zu schaffen, empfiehlt sich eine Bezugnahme
> auf die Definitionen des HGB bzw. von IFRS oder – besser noch – den konkreten Konten-
> rahmen der Zielgesellschaft.[424] Ferner sollte im Falle der Zuweisung eines Gewinnanteils an
> den Verkäufer eine doppelte Berücksichtigung (einmal als abgetretener Gewinnaus-
> zahlungsanspruch[425] und einmal als Kaufpreisanpassungsanspruch) ausdrücklich ausge-
> schlossen werden.

195   Darüber hinaus ist bei der Vereinbarung von „cash and debt free“ zu beachten, dass der
Käufer trotz der grundsätzlichen Zuweisung der liquiden Mittel (Cash) an den Verkäufer
zur Finanzierung des laufenden Geschäftsbetriebs zum Übertragungsstichtag/bei Übergabe

---

[422] Vgl. auch *Ulrich/Schlichting* in: Rotthege/Wassermann, Unternehmenskauf bei der GmbH, Kap. 6
Rn. 15 f.

[423] Vgl. auch *Brück/Sinewe*, Steueroptimierter Unternehmenskauf, § 5 Rn. 170; *Ulrich/Schlichting* in:
Rotthege/Wassermann, Unternehmenskauf bei der GmbH, Kap. 6 Rn. 11 f.; ausführlich dazu auch
Kästle in: Drygala /Wächter, Kaufpreisanpassungs- und Earn-Out-Klauseln bei M&A Transaktionen,
S. 119 ff.

[424] *Ulrich/Schlichting* in: Rotthege/Wassermann, Unternehmenskauf bei der GmbH, Kap. 6 Rn. 12;
vgl. auch *Schrader/Seibt* in: Beck'sches Formularbuch Mergers & Acquisitions, C. II.1. Anm. 31; *Müller/
Meyer*, IRZ 2017, 261, 263; *Meyding/Sorg* in: Wilhelmi/Stürner, Post-M&A-Schiedsverfahren, 11, 22.

[425] Siehe dazu → Rn. 205 ff.

eine gewisse Basis-Liquidität benötigt und meist auch einfordert, damit dieses „im eingeschwungenen Zustand" nahtlos fortgeführt werden kann, ohne dass der Käufer gleich am Tag eins ab Übergabe die Liquidität selber zur Verfügung stellen muss. Der Höhe nach beläuft sich diese Ziel-Liquidität in aller Regel mindestens auf die für einen Monat nötige Liquidität, wobei dieser Betrag dann bei der Kaufpreisanpassung zugunsten des Käufers herausgerechnet wird.

cc) Percentage of Completion – PoC-Methode. Besonders bei Unternehmen, die **196** im Projektgeschäft bzw. langfristiger Fertigung tätig sind (z. B. IT-Programmierung, Spezialmaschinenbau, Bauprojekte etc.) wäre es für den Verkäufer bei einer Abgrenzung auf den Stichtag allein nach HGB nachteilig, dass ein Ertrag aufgrund des Realisationsprinzips (§ 252 Abs. 1 Nr. 5 HGB), welches Ausfluss des Vorsichtsprinzips (§ 252 Abs. 1 Nr. 4 HGB) ist, nur berücksichtigt werden darf, wenn er auch durch den entsprechenden Umsatz (entgeltlich, am Markt) realisiert worden ist.[426] Mit anderen Worten: es gilt hier die „**Completed Contract Methode**" mit Gewinnrealisierung erst bei Fertigstellung bzw. Abnahme.[427] Im Gegensatz dazu findet nach dem für Geschäftsjahre ab dem 1. Januar 2018 geltenden Rechnungslegungsstandard **IFRS 15** die „**Percentage-of-Completion-Methode**" Anwendung. IFRS 15 basiert auf einer einheitlichen und prinzipien-orientierten Erfassung von Umsatzerlösen. Im Mittelpunkt steht ein 5-Schritte-Modell zur Bestimmung von Höhe und Zeitpunkt der Umsatzerlöse, die sich nach der Gegenleistung, die das Unternehmen vom Kunden erhält oder erhalten wird, bemessen (IFRS 15.47).[428]

In geeigneten Fällen könnte es sich daher für den Verkäufer anbieten, nicht lediglich eine **197** Kaufpreisanpassung bezogen auf Cash and Debt free zu vereinbaren, sondern sich darüber hinaus auch die in den schwebenden Auftragsverhältnissen schon „steckenden", aber an sich nach HGB noch nicht ergebniswirksam auszuweisenden Gewinne vergüten zu lassen – schließlich hat er ja die für diese erst nach dem Stichtag dann durch den Käufer realisierten Gewinne den (Personal-)Aufwand gewinnmindernd getragen. Anders als die Cash und Debt-Positionen, die auf Basis des Kontenrahmens des Ziel-Unternehmens nach HGB noch recht problemlos ermittelt werden können, sind die schwebenden Geschäfte nach der PoC-Methode nach IFRS 15 ein Systembruch in der Stichtags-Bilanz, weshalb sich hier eine **Pro-forma-Ergänzungsrechnung** zur Stichtags-Bilanz anbieten könnte.

Formulierungsvorschlag: „*Ferner ist noch der sich aus unfertigen Erzeugnissen und unfertigen Leistungen gemäß § 275 Abs. 2 Nr. 2 HGB ergebende Wert zwischen den Parteien auszugleichen, soweit dieser bei einer Bilanzierung nach HGB (noch) nicht ergebniswirksam auszuweisen wäre, bei einer Bilanzierung noch IFRS hingegen schon (der „Differenzbetrag PoC"). Es sind daher im Stichtags-Abschluss (vgl. § ___), der seinerseits nach HGB aufzustellen ist, zur Ermittlung des Differenzbetrages PoC als Vergleichsrechnung auch einmal die unfertigen Erzeugnisse und unfertigen Leistungen gemäß § 275 Abs. 2 Nr. 2 HGB nach IFRS durch die Percentage-of-Completion-Methode „at cost" („PoC") aufzustellen, d. h. die laufenden Projekte im Ziel-Unternehmen werden mit Wirkung auf den Stichtag nach Projektfortschritt bewertet, im Stichtags-Abschluss für Zwecke der Abgrenzung zwischen Käufer und Verkäufer nach PoC vergleichsweise ermittelt und zwischen Käufer und Verkäufer unter Berücksichtigung von [§ ___ {Anpassung nach cash/debt free} sowie § ___ {Stichtags-Bilanz}] abgerechnet. Für Zwecke der Abgrenzung und Ermittlung des Differenzbetrages PoC von HGB im Vergleich zu PoC ist bei der PoC-Ermittlung der Einsatz von Roh-, Hilfs- und Betriebsstoffen sowie bezogenen Leistungen gemäß § 275 Abs. 2 Nr. 5 HGB zu neutralisieren; aufwands- und ertragswirksam ist allein die Wertschöpfung auf Grundlage solcher tatsächlich erbrachter Arbeitsleistungen zu berücksichtigen, die im Einklang mit einer pflichtgemäßen Vorkalkulation stehen und zu einem proportionalen Zuwachs des Fertigstel-*

---

[426] Vgl. nur *Merkt* in: Baumbach/Hopt, HGB, § 252 Rn. 18.
[427] Vgl. *Störk/Büssow* in: Beck'scher Bilanz-Kommentar, § 252 Rn. 44; *Störk/Hummitzsch* in: Beisel/ Andreas, Beck'sches Mandatshandbuch Due Diligence, § 35 Rn. 28.
[428] Vgl. dazu auch *Schnurbohm-Ebneth/Ohmen*, IRZ 2016, 69.

lungsgrades geführt haben. Soweit aus laufenden Projekten zum Stichtag unter Berücksich-
tigung der Vorkalkulation, dem Fertigstellungsgrad sowie des noch zu erwartenden Auf-
wands bis zur Fertigstellung und Abnahme Verluste entstehen, trägt diese noch der Verkäu-
fer; die latente Gewährleistung für Projektleistungen bis zum Stichtag ist pauschal mit [5 %]
des Umsatzes gemäß Vorkalkulation für einen jeden Auftrag in Abzug zu bringen. Eine Bei-
spielsrechnung mit der weiteren Definition zur Ermittlung von unfertigen Erzeugnissen und
unfertigen Leistungen gemäß § 275 Abs. 2 Nr. 2 HGB zur Abgrenzung der laufenden Projek-
te nach PoC und Berücksichtigung in der HGB Stichtags-Bilanz ist als <u>Anlage___</u> *beige-*
fügt."

198   **dd) Verknüpfung von Kaufpreisanpassung, Unternehmensbewertung und Garantien.** Der Einsatz und die nähere Ausgestaltung der unterschiedlichen Kaufpreismodelle sowie der Garantien hängt stark von dem der Kaufpreisfindung zu Grunde liegenden
Modell zur Unternehmensbewertung ab, so dass ohne nähere Kenntnis der Unternehmensbewertung die Formulierung einer belastbaren Kaufpreisregelung schwer, wenn nicht
sogar unmöglich ist.[429]

> **Praxishinweis:** Um Anhaltspunkte für eine etwaige spätere Kaufpreisminderung oder einen
> Schadensersatzanspruch zu haben, empfiehlt es sich daher zunächst, eine Klarstellung
> aufzunehmen, wie der Kaufpreis ermittelt wurde.

Gibt der Verkäufer eine **Garantie auf den letzten Jahresabschluss** ab oder zeigen sich
später andere **Mängel, die auf die Ertragsfähigkeit des Unternehmens** durchschlagen,
wirkt auch ein sich daraus ergebender Schadensersatzanspruch des Käufers wie eine Kaufpreisanpassung. Ist der Kaufpreis sowie dessen Anpassung auf Grundlage eines Multiplikators ermittelt worden, birgt dies für den Verkäufer das Risiko, dass der Schaden ebenfalls auf
Basis dieses Multiplikators ermittelt wird.[430]

Andererseits: Erfolgt eine Anpassung des Kaufpreises über die Kaufpreisanpassungsklausel
nur im Verhältnis 1:1, kann auch nicht ohne weiteres die Unternehmensbewertungsmetho-
de für die Schadensberechnung herangezogen werden.[431] Denn diese wird nicht automatisch Vertragsinhalt oder –grundlage.

Im Hinblick auf eine Unternehmensbewertung nach Ertragswertverfahren oder DCF-
Verfahren ist zu berücksichtigen, dass der **Zinssatz spiegelbildlich zum Faktor** bei den
Multiplikator-Verfahren wirkt.

> **Praxishinweis:** Der Multiplikator stellt den reziproken Wert des um den Risikozuschlag er-
> höhten Kalkulationszinsfußes dar.[432] Das bedeutet, dass der in der Praxis häufig anzutref-
> fende Multiplikator von fünf einem – in der Praxis allerdings selten anzutreffenden – Kalkula-
> tionszinsfuß von 20 % entspricht.[433]

199   Sollte ein **Mangel des Unternehmens auf dessen Ertragskraft durchschlagen,**
könnte der Käufer auch ohne ausdrückliche Regelung im Kaufvertrag im Rahmen der
Schadensermittlung nach §§ 249 ff. BGB die Argumentation ins Feld führen, dass dieser
Schaden – ebenso wie die der Unternehmensbewertung zu Zwecken der Kaufpreisermittlung zugrundeliegenden Erträge – abgezinst werden muss. Dabei würde dann im Grundsatz
gelten, dass die Verpflichtung zum Schadensersatz umso höher ausfiele, je niedriger der Ba-

---

[429] *Bruski,* Special zu BB 2005, 3019, 1320.

[430] Siehe dazu noch → Rn. 575 ff.; vgl. auch *Hilgard,* ZIP 2005, 1813, 1816 unter Hinweis auf die
Schadensberechnung des BGH, NJW 1977, 13536; *Brück/Sinewe,* Steueroptimierter Unternehmenskauf, § 5 Rn. 145.

[431] Vgl. *von Braunschweig,* DB 2002, 1815 f.

[432] Vgl. *Löhnert/Böckmann* in: Peemöller (Hrsg.), Praxishandbuch der Unternehmensbewertung,
S. 570 f.; *Behringer,* Unternehmensbewertung der Mittel- und Kleinbetriebe, S. 148.

[433] Vgl. *Niehus,* BB 1993, 2241, 2247.

siszinssatz dann **im Zeitpunkt der letzten mündlichen Verhandlung** ist, welcher dann der Unternehmensbewertung zu Grunde zu legen ist.[434]

> **Praxishinweis:** Der Verkäufer sollte daher eine klarstellende Regelung in den Kaufvertrag aufnehmen, nach der eine Multiplikation oder Abzinsung des Schadens ausgeschlossen ist. Ferner sollte die Verknüpfung von Unternehmensbewertung, Kaufpreisanpassung sowie Garantiesystem sowohl im Hinblick auf die Tatbestände sowie die Rechtsfolgen in Einklang gebracht werden. Insbesondere sollte aus Verkäufersicht eine ausdrückliche Regelung aufgenommen werden, nach der eine doppelte Berücksichtigung von Sachverhalten bei seiner Haftung nicht stattfindet. Zudem sollte klargestellt werden, auf welche Tatbestände (nur Garantien oder auch Freistellungen, Covenants und Kaufpreisanpassung) Haftungsbeschränkungen sowie Multiplikatoren bei der Schadensberechnung oder Minderung gelten sollen.

c) Variable(r) Kaufpreis(-bestandteile): Earn out-Klauseln, Optionsrechte, Rückbeteiligung

Es kann auch Verkaufssituationen geben, in denen der Verkäufer auf jeden Fall verkaufen **200** will, der Erwerber aber das Risiko, den Kaufpreis aus den zukünftigen Erträgen des Unternehmens auch tatsächlich erwirtschaften zu können, nicht alleine (in Form eines fixen Kaufpreises) tragen will. Er kann dann den Verkäufer über die Vereinbarung eines variablen Kaufpreises am Risiko sowie Erfolg des Unternehmens beteiligen. Typische Fallkonstellationen sind z.B., dass sich das verkaufte Unternehmen in einer **Krisensituation** befindet oder **stark schwankende Erträge** aufweist oder wenn zwischen den Parteien nicht anders auflösbare **Differenzen bei der Einschätzung des Unternehmenswertes bzw. Kaufpreises** bestehen.[435] Gerade in Zeiten wie beispielsweise der Finanzmarktkrise 2008/09, in der z.B. Banken sich bei Finanzierungen eher zurückhalten, aber auch bei jungen Unternehmen, deren zukünftige Geschäftsentwicklung gar nicht oder nur unvollkommen aus Vergangenheitszahlen abgeleitet werden kann, können Earn out-Gestaltungen zur **Schließung von Finanzierungslücken bzw. Bewertungsdifferenzen** in Betracht kommen.[436] Dass die Preisvorstellungen von Verkäufer und Käufer in Krisenzeiten weit auseinander klaffen, liegt vor allem auch an unterschiedlichen subjektiven Einschätzungen der Parteien zur gesamtwirtschaftlichen Entwicklung einerseits und zur (zukünftigen) Ertragskraft des Zielunternehmens andererseits. Dabei wirkt sich die Asymmetrie der über das zu verkaufende Unternehmen verfügbaren Informationen zwischen Käufer und Verkäufer in Krisenzeiten stärker aus, weil dann die Gefahr versteckter Risiken aus Sicht des Käufers

---

[434] BGH vom 15.6.2005 – VIII ZR 271/04, NJW-RR 2005, 1534, 1536 zur Schadensermittlung auf den Zeitpunkt der letzten mündlichen Tatsachenverhandlung; siehe zur Schadensermittlung sowie den damit verbundenen Problemen noch ausführlich → Rn. 575 ff. Vgl. auch zur Schadensberechnung post M&A bei c.i.c. oder Delikt und bei Garantieverletzungen *Wächter/Wollny*, NZG 2019, 801.

[435] Vgl. *Ihlau/Gödecke*, BB 2010, 687; *Hilgard*, BB 2010, 2912; *Ulrich/Schlichting* in: Rotthege/Wassermann, Unternehmenskauf bei der GmbH, Kap. 6 Rn. 26 ff.; *Seibt* in: Drygala /Wächter, Kaufpreisanpassungs- und *Earn-Out*-Klauseln bei M&A Transaktionen, S. 221 ff.; vgl. ferner *Ewelt-Knauer/Knauer*, DStR 2011, 1918: Eine Analyse von 10 670 europäischen Unternehmenstransaktionen im Zeitraum von 2005–2009 (Transaktionsvolumen insgesamt: EUR 3 053 Mrd.) zeigt, dass variable Kaufpreisklauseln insbesondere dann vereinbart werden, wenn das Transaktionsobjekt aufgrund seiner spezifischen Eigenschaften für den Erwerber schwierig zu bewerten ist, was vor allem auf nicht börsennotierte, kleinere Zielobjekte mit einem hohen Bestand an immateriellem Vermögen zutrifft.

[436] Vgl. *Hilgard*, BB 2010, 2912; *Ihlau/Gödecke*, BB 2010, 687; *Werner*, DStR 2012, 1662; zu sich daraus ergebenden Gestaltungen mit Verkäuferdarlehen, Rückbeteiligung und Earn-Out siehe *von Braunschweig*, DB 2010, 713; *Ettinger/Schmitz*, GmbHR 2016, 966. Speziell auch zur fortschreitenden Digitalisierung und damit verbundenen Bewertungsunsicherheiten *Grub/Krispenz*, BB 2018, 235, 238.

höher ist.[437] Bei jungen Unternehmen erweist es sich regelmäßig als problematisch, dass in der Entwicklung befindliche Technologien oder noch nicht am Markt eingeführte Produkte zu sehr unterschiedlichen Planungsszenarien von Käufer und Verkäufer und demzufolge zu stark divergierenden Unternehmenswerten führen.[438] Um einerseits das Käuferrisiko im Hinblick auf die Werthaltigkeit des erworbenen Unternehmens zu reduzieren und andererseits den **Verkäufer an zukünftigen Entwicklungen zu beteiligen,** finden sich in der Praxis verschiedene Möglichkeiten. In Betracht kommen hier z. B.

- eine Beteiligung des Verkäufers an zukünftigen Erträgen im Wege eines sog. „**Earn-Outs**"[439]
- die Gestaltung durch (ggf. wechselseitige) **Optionsvereinbarungen,** auf deren Basis der Käufer einen Teil der Geschäftsanteile am Zielunternehmen erst später erwirbt[440], und/oder
- eine **Rückbeteiligung** des Verkäufers an der Ziel-Gesellschaft bzw. derjenigen Gesellschaft, die die Anteile an der Ziel-Gesellschaft erwirbt (ggf. kombiniert mit Optionsrechten sowie Mitverkaufsrechten und -pflichten des Verkäufers im Falle eines Weiterverkaufs des Unternehmens durch den jetzigen Käufer an Dritte).

Beispiel 1 (Option): Der Verkäufer überträgt zunächst nur 75 % seiner Anteile sofort und verbleibt mit 25 % Gesellschafter (und ggf. Geschäftsführer) für die Zeit des Earn-Outs von z. B. drei Jahren. Nach Ablauf dieser Earn-Out-Periode gehen die verbleibenden 25 % nach Ausübung seiner ihm eingeräumten Put-Option gegen Zahlung des variablen Kaufpreises über.

Beispiel 2 (Rückbeteiligung): Der Verkäufer überträgt 100 % der Anteile an der Ziel-Gesellschaft sofort und erwirbt zugleich 10 % der Geschäftsanteile an der Erwerbergesellschaft, welche er (i) entweder nur gemeinsam mit dem Käufer bei dessen Exit an einen Dritten veräußern kann und/oder (ii) nach Ablauf einer Haltefrist von z. B. 3 Jahren im Wege einer ihm zugleich eingeräumten Put-Option an den Käufer oder einen von diesem bestimmten Dritten veräußern kann.

201   Bei einer **Earn out-Gestaltung** kann es sich **vorteilhaft** auswirken, dass der Verkäufer unter Umständen einen besseren Preis – eventuell sogar aufgrund von Synergieeffekten auf der Käuferseite – erzielen kann und der Käufer eine höhere Sicherheit über die Angemessenheit des gezahlten Preises sowie eine Finanzierung aus den Cashflows des Zielunternehmens nebst Kaufpreisstundung erlangt.[441]

> **Praxishinweis:** Damit der Käufer nicht mit fällig werdenden Kaufpreisraten gegen inzwischen schon verjährte Gewährleistungsansprüche aufrechnen kann (vgl. § 215 BGB), sollte der Verkäufer auf eine Regelung zum Aufrechnungsverbot im Kaufvertrag achten.[442]

Andererseits ist eine **Earn out-Struktur** auch mit deutlichen **Nachteilen** behaftet. Denn dadurch wird die eigentlich gewollte klare Trennung der Einflusssphären von Verkäufer und Käufer im Hinblick auf das Zielunternehmen nicht erreicht, weil der Verkäufer dann weiterhin ein erhebliches Interesse an der Führung des Zielunternehmens hat und somit eine entsprechend engmaschige Kontrolle des Käufers anstrebt. Dies führt wiederum zu schwierigen Vertragsverhandlungen mit nicht unerheblichem Konfliktpotenzial.[443] Aus

---

[437] Vgl. *Ihlau/Gödecke,* BB 2010, 687; *von Braunschweig,* DB 2010, 713, 717 f.; *Fisseler/Weißhaupt,* DB 2006, 431.

[438] *Hilgard,* BB 2010, 2912, 2913; *Grub/Krispenz,* BB 2018, 235, 238.

[439] Siehe hierzu *von Braunschweig,* DB 2002, 1815; *ders.,* DB 2010, 713, 716; *Bruski,* Spezial BB 2005, 3019, 3027; *Hilgard,* BB 2010, 2912; *Ihlau/Gödecke,* BB 2010, 687; *Ulrich/Schlichting* in: Rotthege/Wassermann, Unternehmenskauf bei der GmbH, Kap. 6 Rn. 26 ff.

[440] Vgl. *Ihlau/Gödecke,* BB 2010, 687, 688; *Bruski,* Spezial BB, 2005, 3019, 3027.

[441] *Bruski,* Spezial BB, 2005, 3019, 3027; *Hilgard,* BB 2010, 2912, 2913.

[442] Vgl. *Hilgard,* BB 2012, 852, 855.

[443] *Bruski,* Spezial BB, 2005, 3019, 3027; *Hilgard,* BB 2010, 2912, 2917.

Käufersicht wird die Integration des Zielunternehmens in das eigene Unternehmen sowie die Ausschöpfung von Synergieeffekten erschwert.[444] Zu beachten ist dabei, dass weder in der handelsrechtlichen noch in der internationalen Rechnungslegung nach IFRS eindeutig geregelt ist, wie solche Kaufpreisklauseln bilanziell abzubilden sind.[445] Um die möglichen Nachteile auf das notwendige Maß zu reduzieren empfiehlt es sich, die **Earn-Out-Periode** auf einen möglichst kurzen Zeitraum zu begrenzen (maximal drei Jahre,[446] besser jedoch lediglich ein Jahr).[447]

Haben sich die Vertragspartner grundsätzlich auf eine Earn-Out-Struktur verständigt, bewegen sich die Interessenlagen zwischen **Manipulationsvermeidung**[448] auf Seiten des Verkäufers und **Leitung des Unternehmens in unternehmerischer Freiheit** auf Seiten des Käufers, sodass derartige Klauseln in der vertraglichen Gestaltung und der praktischen Umsetzung regelmäßig Schwierigkeiten bereiten.[449] Es ist dabei das zentrale Problem, eine Formel für den variablen Kaufpreisteil zu finden, die meist, aber nicht immer auf zukünftige GuVs und Bilanzen des verkauften Unternehmens abstellt.[450]

Wesentliche Parameter von Earn-Out-Vereinbarungen sind:[451]   202

– **Definition des Erfolgsindikators** finanziell (GuV/Bilanz) oder nicht finanziell (z.B. erfolgreiche Markteinführung eines neuen Produkts, Erreichung einer bestimmten Kundenanzahl, Produktionszahlen);
– **Rechnungslegungsgrundsätze** nach HGB, IFRS oder US-GAAP;
– Festlegung der genauen **Ermittlungsweise** der Indikatoren inklusive der Definition von zu bereinigenden Sonderfaktoren, wie beispielsweise Entwicklungskosten, Sonderabschreibungen, Bildung von Rückstellungen sowie Bereinigungspositionen („Normalisierungen") in der Berechnung der Erfolgsindikatoren;
– fixer, kumulativer oder variabler **Schwellenwert** des Erfolgsindikators; die Zielgröße kann auf Basis historischer Durchschnittswerte oder aufgrund der vorgelegten Planungsrechnungen bestimmt werden;
– Eventuell: **Deckelung** der variablen Kaufpreisbestandteile durch einen Cap;
– **Laufzeit** der Earn-Out-Vereinbarung;
– **Zahlung** periodisch oder am Ende der Laufzeit;
– Regelung des Einflusses von Geschäften zwischen dem gekauften Unternehmen und dem Käufer sowie den mit dem Käufer **verbundenen Unternehmen** auf die Bemessungsgrundlage;
– Regelungen für den Fall der **Restrukturierung** des Zielunternehmens sowie der Integration oder Fusion während der Earn-Out-Periode;
– **Besicherung und Finanzierung** der Earn-Out-Zahlungen sowie deren **Verzinsung;**
– Regelungen zur **Streitschlichtung** durch einen Schiedsgutachter (z.B.WP);
– Vorgehen bei sonstigen **Auseinandersetzungen** zwischen den Parteien während der Earn-Out-Periode.

---

[444] Vgl. *Hilgard,* BB 2010, 2912, 2913; *Ihlau/Gödecke,* BB 2010, 687, 689; *Ettinger/Schmitz,* GmbHR 2016, 966.

[445] *Ewelt-Knauer/Knauer,* DStR 2011, 1918; vgl. auch zur Frage der Bilanzierung *Ihlau/Gödecke,* BB 2010, 687, 690.

[446] *Ihlau/Gödecke,* BB 2010, 687, 689.

[447] Vgl. *von Braunschweig,* DB 2010, 713, 716; *Hilgard,* BB 2010, 2912, 2915 „oft zwei bis drei Jahre".

[448] Vgl. zu Manipulationsmöglichkeiten *Bruski,* Spezial BB, 2005, 3019, 3028 sowie *Hilgard,* BB 2010, 2912, 2916 f.; *Meyding/Sorg* in: Wilhelmi/Stürner, Post-M&A-Schiedsverfahren, 11, 26.

[449] Dazu *von Braunschweig,* DB 2010, 713, 717 f.; *Fisseler/Weißhaupt,* DB 2006, 431, 433 ff.

[450] Vgl. zu den Bestandteilen einer *Earn-Out*-Klausel *Ihlau/Gödecke,* BB 2010, 687, 688 ff.; *von Braunschweig,* DB 2010, 713, 716 f.

[451] Vgl. *Ihlau/Gödecke,* BB 2010, 687, 689; vgl. auch *Hilgard,* BB 2010, 2912, 2914 f.; *Brück/Sinewe,* Steueroptimierter Unternehmenskauf, § 5 Rn. 183; *von Braunschweig,* DB 2002, 1815, 1817 f.; *Werner,* DStR 2012, 1662, 1664; *Ettinger/Schmitz,* GmbHR 2016, 966.

> **Praxishinweis:** Aus Verkäufersicht empfiehlt sich für eine Earn-Out-Klausel die Bezugnahme auf Indikatoren „am oberen Ende" der Gewinn- und Verlustrechnung (insbesondere Umsatz),[452] da hier die Einflussmöglichkeiten des Käufers tendenziell geringer sind. Hingegen sollte der Käufer Indikatoren „am unteren Ende" der Gewinn- und Verlustrechnung bzw. cash-basierte Kennzahlen bevorzugen, um den tatsächlichen Erfolg nach Abzug der Kosten zu Grunde legen zu können.[453] In jedem Fall empfiehlt es sich, die Earn-Out-Klausel mit Berechnungsbeispielen zu versehen.[454]

203   Hat der Verkäufer das Unternehmen einmal aus der Hand gegeben, kann er die Aufstellung der zukünftigen GuVs und Bilanzen grundsätzlich nicht mehr beeinflussen.[455] Auch konkrete Vorgaben sowie **Auskunfts-, Mitwirkungs- und Überprüfungsrechte sowie Schiedsgutachterklauseln** bezüglich der maßgeblichen Bilanzen können nicht verhindern, dass beim Erwerber eine natürliche Tendenz bestehen wird, in der Zeit des Earn-Outs entsprechend niedrige Gewinne etc. auszuweisen und Periodenverschiebungen vorzunehmen.

> **Praxishinweis:** Der Verkäufer muss sicherstellen, dass er umfassende Auskunfts- und Informationsrechte – zum Beispiel in entsprechender Anwendung von § 51a GmbHG – und die entsprechenden Jahresabschlüsse erhält,[456] wobei diese Regelungen um Überprüfungsrechte mit einem Streitbeilegungsmechanismus ergänzt werden sollten. Soweit dem Auskunftsrecht nach § 51a GmbHG entgegensteht, dass der Verkäufer nicht mehr Gesellschafter ist, könnte dies gegebenenfalls durch eine aufschiebend bedingte Übertragung eines kleinen Restanteils oder diesbezüglich Put-/Call-Optionen gegen Zahlung des variablen Kaufpreises geregelt werden.[457] Noch besser abgesichert wäre die Position des Verkäufers, wenn er selbst auch weiterhin in der Geschäftsführung verbliebe,[458] was allerdings einerseits häufig aus Verkäufersicht nicht möglich und andererseits aus Käufersicht nicht gewünscht ist.

Trotz dieser Zielvorgaben hat sich angesichts der Komplexität der Regelungsbereiche und tatsächlichen Schwierigkeiten in der vertraglichen Praxis bislang noch kein Standard herausgebildet, der einen umfassenden Schutz des Verkäufers vor möglichen Manipulationen bieten könnte.[459]

> **Beachte:** Ungeachtet dessen sollte der Gestaltung der Earn-Out-Regelung oberste Aufmerksamkeit gewidmet werden, da der Kaufpreis zumindest bestimmbar sein sollte; andernfalls könnte die Wirksamkeit des Kaufvertrages insgesamt in Frage gestellt werden.[460]

2. Gewinnbezugsrecht und Anspruch auf Auszahlung des Gewinns

204   Neben dem Kaufpreis, dessen Bemessung auf der Zuweisung und dem Zufluss zukünftiger Gewinne an den Käufer basiert, stellt sich auch die Frage der Zuweisung der bis zum Stichtag erwirtschafteten Gewinne. Bis zum Stichtag erwirtschaftete „Gewinne der Vergan-

---

[452] Vgl. auch *Meyding/Sorg* in: Wilhelmi/Stürner, Post-M&A-Schiedsverfahren, 11, 27. Nach *Grub/Krispenz*, BB 2018, 235, 238 war in 2016 eine Zunahme der Bezugnahme auf einen umsatzbasierten Earn-Out zu verzeichnen.

[453] *Ihlau/Gödecke*, BB 2010, 687, 688.

[454] *Hilgard*, BB 2010, 2912, 2914.

[455] *von Braunschweig*, DB 2002, 1815, 1817.

[456] *Hilgard*, BB 2010, 2912, 2913; *Werner*, DStR 2012, 1662, 1665.

[457] Vgl. zum rein schuldrechtlichen und gesellschaftsrechtlichen Earn-Out auch *Fisseler/Weißhaupt*, DB 2006, 431, 432.

[458] Vgl. auch *von Braunschweig*, DB 2010, 713, 718.

[459] Vgl. auch *Ihlau/Gödecke*, BB 2010, 687, 688; *Hilgard*, BB 2010, 2912, 2917.

[460] Vgl. *Hilgard*, BB 2010, 2912, 2916.

genheit" sind dabei sämtliche Werte, die das Stammkapital übersteigen. Diese sind allerdings typischerweise nur zum Teil in Form liquider Mittel verfügbar und zum Großteil oftmals im Anlage- und Umlaufvermögen gebunden, weshalb es im Interesse des Käufers liegt, dass der Verkäufer nicht die Ausschüttung des bislang erzielten Gewinns durch Aufnahme von Krediten oder Verkauf von Anlagevermögen finanziert. Denn solche Maßnahmen des Verkäufers würden für den Käufer nicht nur eine völlig andere Bilanzstruktur bedeuten, sondern auch seine Annahmen für die Unternehmensbewertung zunichtemachen, wenn sich nach Übergabe des Unternehmens herausstellt, dass für ihn zukünftig anders als angenommen z. B. höherer (Zins-)Aufwand für Darlehen oder Anschaffungskosten/Leasingzahlungen für Anlagevermögen entstehen. Der Käufer sollte sich daher entweder ein entsprechend hohes Eigenkapital zum Übertragungsstichtag garantieren lassen oder im Falle einer Kaufpreisanpassung über „cash und debt free" darauf achten, dass er neben der Saldierung von cash und debt sämtliche Gewinne sowohl der Vergangenheit als auch der Zukunft kaufvertraglich zugewiesen erhält, wobei dann nur noch etwaige schon in der Vergangenheit vorgenommene sowie im Kaufvertrag ausdrücklich zugelassene Ausschüttungen an den Verkäufer zulässig sind.[461]

a) GmbH und AG

Im Recht der GmbH ist das mitgliedschaftliche **Gewinnbezugsrecht** vom Anspruch   **205** des Gesellschafters auf **Auszahlung seines Gewinnanteils** zu unterscheiden.[462] Der Anspruch eines Gesellschafters einer GmbH auf Auszahlung des Gewinns gemäß § 29 Abs. 1 GmbHG entsteht erst mit der Feststellung des Jahresabschlusses durch die Gesellschafterversammlung und mit der Beschlussfassung über die Verwendung des ausgewiesenen Gewinns, auf dessen Fassung jeder einzelne Gesellschafter einen Anspruch hat.[463] Anders als das Gewinnbezugsrecht, das als solches mit der Mitgliedschaft untrennbar verbunden und nur mit dieser, nicht jedoch getrennt übertragbar ist, kann der sich jeweils aufgrund Ergebnisverwendungsbeschluss daraus ergebende einzelne Anspruch als Gläubigerrecht abgetreten, verpfändet und gepfändet werden.[464]

Hat der Verkäufer eines GmbH-Geschäftsanteils mit Wirksamwerden der Abtretung seine   **206** Gesellschafterstellung verloren, nimmt er an der Beschlussfassung über die Verwendung des Gewinns nicht mehr teil. Mangels abweichender Abreden hat der seinen Geschäftsanteil veräußernde Gesellschafter aber einen **schuldrechtlichen Anspruch nach § 101 Nr. 2 Halbs. 2 BGB** gegen den Erwerber auf den während seiner Zugehörigkeit zur Gesellschaft entfallenden **anteiligen Gewinn,** sofern er ausgeschüttet wird.[465]

> **Praxishinweis:** Der Käufer hat also darauf zu achten, dass er nach der gesetzlichen Regelung zusätzlich zum Kaufpreis auch noch den anteiligen Gewinn an den Verkäufer zu zahlen hat, was sich dadurch vermeiden lässt, dass der Gewinnanteil mit verkauft und abgetreten wird.[466]

Da der Verkäufer bei unterjährigem Verkauf und Übertragung des Unternehmens für   **207** den Rest des Geschäftsjahres keinen Einfluss mehr auf dessen Geschäftsergebnis hat, dieses also auch durch den Käufer noch beeinflussbar ist, birgt die gesetzliche Regelung be-

---

[461] Siehe dazu noch unten → Rn. 214.

[462] *Hommelhoff* in: Lutter/Hommelhoff, GmbHG, § 29 Rn. 3; *Sinewe/Waitz,* GmbHR 2004, 1524.

[463] BGH vom 14.9.1998 – II ZR 172 – 97, NJW 1998, 3646; BGH vom 30.6.2004 – VIII ZR 349/03, NZG 2004, 912; *Hommelhoff* in: Lutter/Hommelhoff, GmbHG, § 29 Rn. 3.

[464] Vgl. nur *Kersting* in: Baumbach/Hueck, GmbHG, § 29 Rn. 48 f.

[465] BGH vom 30.1.1995 – II ZR 45/94, NJW 1995, 1027; vgl. auch *Gondert/Behrens,* GmbHR 1997, 682.

[466] Vgl. auch *Brück/Sinewe,* Steueroptimierter Unternehmenskauf, § 5 Rn. 28.

reits ein deutliches wirtschaftliches Risiko für den Verkäufer.[467] Sofern der Erwerber als Gewinnbezugsberechtigter einen Gewinnverwendungsbeschluss dahingehend fast, den Gewinn nicht auszuschütten, sondern diesen anderweitig zu verwenden (zum Beispiel zur Bildung einer offenen Rücklage), stünde dem Veräußerer an sich kein rechtlicher Anspruch auf Gewinnausschüttung zu.[468] Der Bundesgerichtshof hat insoweit jedoch im Jahr 2004 entschieden, dass der Erwerber als neuer Gesellschafter aufgrund des Spielraums des § 29 Abs. 2 GmbHG sich nicht nach Belieben über eine vertragliche Gewinnverteilungsabrede hinwegsetzen könne, sondern dass diese Vorrang gegenüber der Kann-Bestimmung des Gesetzes hat und jedenfalls im Verhältnis zum Altgesellschafter den Entscheidungsspielraum des Anteilserwerbers beschränkt.[469]

Beispiel: Der Verkäufer vereinbart im Kaufvertrag mit dem Käufer, dass ihm noch der Gewinn des laufenden Geschäftsjahres zusteht. Stichtag ist der 31.12., wobei auch zu diesem Zeitpunkt die Anteile auf den Käufer dinglich übergehen. Der Käufer stellt den Jahresabschluss auf, fasst aber sodann einen Gewinnverwendungsbeschluss, der keine Ausschüttung vorsieht, sondern Einstellung in die Rücklage. Diesen normalerweise bestehenden Entscheidungsspielraum dürfe der Käufer – so der BGH – nicht ausschöpfen. Vielmehr *muss* er dann die Ausschüttung beschließen (was der BGH aber auch von der wirtschaftlichen Situation der Gesellschaft abhängig macht).

208   Hat sich der Verkäufer die Auszahlung des für ein bestimmtes Geschäftsjahr zu erwartenden Gewinns vorbehalten, liegt darin eine rechtlich mögliche **Rückabtretung** des Anspruchs auf Auszahlung des Gewinns an ihn, welche von der – rechtlich unzulässigen – Abtretung des an den Geschäftsanteil zwingend gebundenen Gewinnstammrechts zu unterscheiden ist.[470]

> **Praxishinweis:** Es empfiehlt sich in jedem Fall eine klare Zuordnung des Anspruchs auf Auszahlung des Gewinns. Ferner sollte der Geschäftsführung der GmbH die Vorausabtretung angezeigt werden, damit diese nicht nach § 407 BGB mit befreiender Wirkung an den Käufer ausschütten kann.[471]

209   Ist die Zuweisung des Gewinnanspruchs, dessen Auszahlung und gegebenenfalls seine **Absicherung im Kaufvertrag** geregelt, bedarf es darüber hinaus klarer Regelungen dazu, wie dieser Anspruch sich im Verhältnis zu Kaufpreis, Kaufpreisanpassungsmechanismus und Berücksichtigung in der Stichtagsbilanz verhält.

> **Praxishinweis:** Will der Verkäufer nicht seinem Anspruch auf Gewinn „hinterherlaufen", bietet sich eine Vorabausschüttung auf den erwarteten Gewinn des laufenden Geschäftsjahres an, die sodann nach Ende des Geschäftsjahres mit dem tatsächlich auf den Verkäufer entfallenden Gewinn verrechnet wird.

> **Formulierungsvorschlag:** *„Die Übertragung der Geschäftsanteile nebst aller damit verbundener Rechte und Pflichten erfolgt mit schuldrechtlicher Wirkung zum Beginn des 1.1.2021 („Stichtag"). Das bis zum Ablauf des 31.12.2020 erwirtschaftete Jahresergebnis der Gesellschaft sowie etwaige bis dahin noch nicht ausgeschüttete Gewinne aus Vorjahren stehen*

---

[467] Vgl. *Weber* in: Hölters, Handbuch Unternehmenskauf, Kap. 9 Rn. 9.149.

[468] So ausdrücklich in BGH vom 30.1.1995 – II ZR 45/94, NJW 1995, 1027, 1029; vgl. auch *Sinewe/Waitz,* GmbHR 2004, 1524.

[469] BGH vom 30.6.2004 – VIII ZR 349/03, NZG 2004, 912, 913. Der BGH hat allerdings offen gelassen, ob unter besonderen Umständen ausnahmsweise auch etwas anderes gelten könne und der Gewinnauszahlungsanspruch des früheren Gesellschafters hinter die wirtschaftlichen Interessen der Gesellschaft zurücktreten muss.

[470] BGH vom 30.6.2004 – VIII ZR 349/03, NZG 2004, 912, 913.

[471] Vgl. auch *Gondert/Behrens,* GmbHR 1997, 682, 686.

im Hinblick auf die verkauften Geschäftsanteile dem Verkäufer zu und für Zeiträume ab dem Stichtag dem Käufer. Der Verkäufer wird den im Jahresabschluss zum 31.12.2019 ausgewiesenen Gewinnvortrag sowie den voraussichtlichen Jahresüberschuss 2020 noch vor dem Stichtag als (Vorab-)Dividende an sich ausschütten. Eine etwaige positive Differenz zwischen der Vorabausschüttung für das Geschäftsjahr 2020 und dem tatsächlich auf Grundlage des Jahresabschlusses zum 31.12.2020 ermittelten Jahresüberschuss gebührt als zusätzlicher Kaufpreis dem Verkäufer, der unmittelbar nach Feststellung zur Auszahlung an den Verkäufer fällig ist; im Falle einer negativen Differenz wird der Verkäufer der Gesellschaft den Differenzbetrag unverzüglich erstatten. Der Jahresabschluss 2020 ist unter Beachtung der gesetzlichen Vorschriften und der Grundsätze ordnungsgemäßer Buchführung unter Wahrung der Bilanz- und Bewertungskontinuität unverzüglich, spätestens aber bis zum Ablauf des [...] 2021 aufzustellen. Im Übrigen gelten im Hinblick auf die Erstellung des Jahresabschlusses die Regelungen des § [...] sinngemäß [Bezugnahme auf die Erstellung und Kontrolle der Stichtagsbilanz]."

Besteht allerdings – wie in einem Fall des Bundesgerichtshofes aus dem Jahre 1995 – ein **210** Fruchtziehungsrecht im Sinne von § 101 BGB erst gar nicht, weil die **GmbH eigene Geschäftsanteile erworben** hat und infolgedessen die damit verbundenen mitgliedschaftlichen Rechte nicht ausüben darf, kann die GmbH auch nicht Schuldnerin des obligatorischen Ausgleichsanspruch sein; der gesamte Jahresgewinn steht den verbliebenen Gesellschaftern zur Verteilung nach Gesetz und Satzung zu.[472]

Praxishinweis: In der Praxis des Unternehmenskaufs vereinbaren die Vertragspartner zuweilen – zum Beispiel zur Vermeidung von Beurkundungskosten oder aus steuerlichen Gründen[473] –, dass der Beteiligungserwerb durch einen Mitgesellschafter im Wege der Einziehung und Übernahme der Geschäftsanteile durch die GmbH selbst erfolgen soll. Dabei erhöht sich faktisch die Beteiligung des „Anteilserwerbers". Im Hinblick auf die oben genannte Rechtsprechung des Bundesgerichtshofs ist diese Struktur aus Sicht des Verkäufers mit Vorsicht zu genießen, da ihm dann nicht der gesetzliche Anspruch auf den Gewinn zusteht. Hatten die Vertragspartner jedoch ausdrücklich eine abweichende Vereinbarung von § 101 BGB im Kaufvertrag getroffen, kommt ein vertraglicher Schadensersatzanspruch des Verkäufers nach § 280 Abs. 1 BGB in Betracht, wenn der Erwerber die Gewinne lediglich an sich ausschüttet oder thesauriert.[474]

Bei der **Aktiengesellschaft** regeln die §§ 58, 174 AktG die materiellen und formellen **211** Voraussetzungen des Gewinnrechts. Gemäß § 58 Abs. 4 AktG haben Aktionäre Anspruch auf Bilanzgewinn, soweit seine Verteilung nicht ausgeschlossen ist.[475] Im Übrigen gelten die obigen Ausführungen sinngemäß.

b) oHG und KG

Anders als bei den Kapitalgesellschaften gibt es bei Personengesellschaften keinen Divi- **212** dendenanspruch, sondern eine **unmittelbare Zurechnung des Gewinnanteils** bei den Gesellschaftern. Von den gesetzlichen Vorschriften der §§ 120–123 HGB sowie §§ 167–169 HGB zur Gewinnermittlung und Gewinnverwendung wird allerdings in den meisten Gesellschaftsverträgen abgewichen. Der Gewinnanspruch des Gesellschafters einer Personengesellschaft gegenüber der Gesellschaft entsteht mit Feststellung des Jahresabschlusses.[476]

Nach der Übertragung eines Gesellschaftsanteils an einer Personengesellschaft, die unter **213** Zustimmung der Gesellschafter erfolgt, stehen im Interesse der Rechtssicherheit und -klarheit alle Rechte und Pflichten des bisherigen Gesellschafters dem neuen Gesellschafter zu,

---

[472] BGH vom 30.1.1995 – II ZR 45/94, NJW 1995, 1027, 1029.
[473] Vgl. dazu z. B. *Meegen/Boßmann*, DStR 2010, 262.
[474] Vgl. auch *Sinewe/Waitz*, GmbHR 2004, 1524.
[475] *Hüffer/Koch*, AktG, § 58 Rn. 26.
[476] BGH vom 6.4.1981 – II ZR 186/80, NJW 1981, 2563.

und zwar auch Geldansprüche gegen die Gesellschaft, sofern sie sich „*in dem Zeitpunkt des Vertragsschlusses bereits in dem Rechenwerk der Gesellschaft niedergeschlagen*" haben.[477] Etwas anderes kann nur dann gelten, wenn der Gesellschaftsvertrag oder – im Rahmen des rechtlich Zulässigen – der Übertragungsvertrag abweichende Bestimmungen enthalten oder sich aus den Umständen bestimmte Ausnahmen ergeben.[478] Aus diesem vom BGH aufgestellten Grundsatz folgt, dass auf dem Gesellschaftsvertrag beruhende **Forderungsrechte gegen die Gesellschaft** im Zweifel **auf den neuen Gesellschafter** übergehen und dass die Vertragspartei, die das Gegenteil behauptet (also der Verkäufer), hierfür **beweispflichtig** ist.[479]

> **Praxishinweis:** Da der Verkäufer bei der oHG und der KG – anders als bei der GmbH und der AG – mit der Abtretung des Gesellschaftsanteils im Zweifel auch sämtliche aus dem Gesellschaftsvertrag folgenden Rechte einschließlich des Anspruchs auf den anteiligen Jahresgewinn verliert, ist aus Verkäufersicht unbedingt eine ausdrückliche Regelung zu den einzelnen Gesellschafterkonten sowie sonstigen Rechten und Ansprüchen (und ggf. deren separate Vergütung) zu empfehlen.[480]

Gleiches gilt aus Käufersicht, wenn die Gesellschafterkonten des Verkäufers einen negativen Saldo aufweisen.

c) Gewinnanspruch bei Kaufpreisanpassung nach „Cash and Debt free" (Completion-Accounts)

214   Haben sich die Vertragsparteien auf einen vorläufigen **Kaufpreis mit Anpassung** auf Basis von „Cash and Debt-Free" geeinigt[481], müssen in Abweichung von § 101 Nr. 2 Hs. 2 BGB grundsätzlich (d. h. mit im Kaufvertrag zu definierenden Ausnahmen) sämtliche Gewinne der Vergangenheit bis zum Stichtag an den Käufer zugewiesen werden, da andernfalls (i) der Verkäufer Anspruch auch auf solche Gewinne der Vergangenheit hätte, die fest gebunden im Unternehmen stecken (z. B. dem Anlagevermögen) und (ii) die in den Cash-Positionen enthaltenen Gewinne zweimal bezahlt bekäme, nämlich einmal über die Kaufpreisanpassung und einmal über die Gewinnzuweisung nach Vertrag oder Gesetz (§ 101 BGB).

Soweit bei **Personengesellschaften** der laufende Gewinn sowie der Gewinn vergangener Jahre bereits auf Gesellschafterkonten verbucht ist, sollten die Parteien genau prüfen, ob es sich dabei um Eigenkapital- oder Fremdkapitalkonten handelt und inwieweit diese ebenfalls auf den Käufer übertragen werden sollen und / oder bei der Anpassung auf Basis von „Cash and Debt free" bereits berücksichtigt werden.

215–217 *(frei)*

3. Übergangsstichtag, (Abrechnungs-)Stichtag, Stichtagsbilanz

a) Übergangsstichtag

218   Die Festlegung eines (Abrechnungs-)Bilanzstichtags sowie eines Übergangsstichtags hat ausgehend von der schuldrechtlichen (wirtschaftlichen) Abgrenzung einerseits und der

---

[477] BGH vom 5.5.1986 – II ZR 163/85, NJW-RR 1987, 286, 287.

[478] BGH vom 5.5.1986 – II ZR 163/85, NJW-RR 1987, 286, 287.

[479] BGH vom 2.11.1987 – II ZR 50/87, NJW-RR 1989, 419.

[480] A. A. von *Falkenhausen/Schneider* in: Münchener Handbuch des Gesellschaftsrechts, Band 1, § 63 Rn. 41, sowie *Kraft/Ulrich*, DB 2006, 711, 712, die auf die – abdingbare – schuldrechtliche Regelung des § 101 Nr. 2 BGB verweisen, was aber gerade vom BGH dahingehend anders entschieden wurde, dass nämlich mangels Absprache zur Gewinnaufteilung zwischen Käufer und Verkäufer dem Käufer dieses Forderungsrecht gebührt.

[481] Siehe dazu → Rn. 192 ff.

dinglichen Übertragung andererseits unterschiedliche Bedeutung.[482] So ist der Übergangsstichtag derjenige Zeitpunkt, zu dem beim Share Deal die Geschäftsanteile an dem verkauften Unternehmen oder – beim Asset Deal – die einzelnen verkauften aktiven und passiven Vermögenswerte auf den Käufer dinglich übergehen. Sowohl beim Asset Deal als auch beim Share Deal können – je nach Lage des Einzelfalles – unterschiedliche vertragliche Konzepte Verwendung finden.[483] In einfach gelagerten Fällen werden Vertragsunterzeichnung sowie die Maßnahmen zum Vollzug des dinglichen Eigentumsübergangs zeitlich zusammenfallen können. In anderen Fällen mag ein Bedürfnis bestehen, den dinglichen Übergang des Zielunternehmens erst nach der Vertragsunterzeichnung zu vollziehen (Closing), wobei sodann mitunter auch erst die Kaufpreiszahlung Zug um Zug gegen Übertragung des Unternehmens, Abberufung der bisherigen Geschäftsführung etc. erfolgen.[484]

Steuerlich entspricht der Übergangsstichtag zumeist – aber nicht zwingend – dem **219** Übergang des rechtlichen (§ 39 Abs. 1 AO) oder zumindest wirtschaftlichen Eigentums (§ 39 Abs. 2 Nr. 1 AO) an den übertragenen Gegenständen bzw. an den übertragenen Gesellschaftsanteilen.

Einkommensteuerlich entsteht die Steuerschuld grundsätzlich in dem Zeitpunkt beim Verkäufer, zu dem die Anteile dinglich auf den Käufer übergehen, und zwar unabhängig davon, wann der Verkäufer den Kaufpreis erhält.

> **Praxishinweis:** Der Übergangsstichtag sollte daher durch eine klare vertragliche Regelung bestimmt werden, aus der sich in Folge dann auch ergibt, wann der Veräußerer seinen Veräußerungsgewinn realisiert (Formulierung „31.12., 24:00 Uhr" bedeutet Realisation noch im alten Jahr, Formulierung „1.1., 0:00 Uhr dagegen Realisation im neuen Jahr). Es verschafft daher dem Verkäufer einen Steuerstundungseffekt und damit Liquidität, wenn Stichtag für den Übergang nicht – wie meist vereinbart – der 31.12., 24:00 Uhr, ist, sondern der 1.1., 0:01 Uhr ist.[485]

b) Rückwirkung

Eine Rückwirkung z.B. bei Verkauf am 31.3. eines Jahres auf den 1.1. des Jahres ist **zivil-** **220** **rechtlich** nicht mit dinglicher Wirkung, wohl aber mit schuldrechtlicher, d.h. wirtschaftlicher Wirkung möglich (vgl. § 159 BGB). Das übertragene Unternehmen gilt dann ab dem in der Vergangenheit liegenden Stichtag als für Rechnung des Erwerbers geführt. Allerdings: Je mehr Zeit zwischen Stichtag und tatsächlicher Übertragung liegt, desto größer sind die Abgrenzungsschwierigkeiten und Unsicherheiten der zwischenzeitlichen Entwicklung. Eine längere Rückwirkung sollte daher vermieden werden, zumal eine **steuerliche Rückwirkung** auch nur in begrenztem Umfang von der Finanzverwaltung anerkannt wird.[486]

> **Praxishinweis:** Zu beachten ist, dass – anders das als die schuldrechtlichen Abreden – dingliche Verfügungen, also zum Beispiel die Abtretung von Gesellschaftsanteilen, immer erst frühestens ab dem Zeitpunkt des Abschlusses des Vertrages wirksam werden, was aus

---

[482] Vgl. auch *Weber* in: Hölters, Handbuch Unternehmenskauf, Kap. 9 Rn. 9.110 f. und zur Abrechnungsbilanz Rn. 9.181 ff.; ferner *Stiller*, BB 2002, 2619, 2622.

[483] Siehe zur Vertragsstrukturierung oben → Rn. 130 ff.

[484] Siehe auch zum Closing → Rn. 730 ff.; vgl. auch *Ulrich/Schlichting* in: Rotthege/Wassermann, Unternehmenskauf bei der GmbH, Kap. 6 Rn. 20; *Weber* in: Hölters, Handbuch Unternehmenskauf, Kap. 9 Rn. 9.110 f.

[485] Siehe zu steuerlichen Fragestellungen im Zusammenhang mit den Stichtagsregelungen auch ausführlich → Rn. 653 ff.

[486] Siehe zur steuerlichen Rückwirkung → Rn. 655.

der Natur dinglicher Rechtsverhältnisse folgt, die nicht durch nachträgliche Abmachungen für die Vergangenheit umgestaltet werden können.[487] Eine Beziehung des Wirksamwerdens dinglicher Verfügungen auf einen zukünftigen Zeitpunkt ist hingegen möglich.

Beachte: Bei aufschiebend bedingten Verfügungen tritt die Wirksamkeit ebenfalls nicht rückwirkend ein.[488]

Eine Rückbeziehung von Rechtswirkungen ist auch beim Asset Deal für **die gesetzlichen Haftungstatbestände** (z. B. § 25 HGB, § 613a BGB, § 75 AO) nicht möglich.[489] Die Vertragspartner können jedoch schuldrechtlich (§ 159 BGB) eine rückwirkende Freistellung oder Garantie vereinbaren. Auch hier sind die **steuerlichen Besonderheiten** hinsichtlich der Rückwirkung zu beachten.[490]

c) (Abrechnungs-)Stichtag

221   Neben dem Übergangsstichtag vereinbaren die Parteien oft zusätzlich einen **(Abrechnungs-)Stichtag,** der angibt, ab welchem Zeitpunkt die mit dem Unternehmen verbundenen **Chancen und Risiken** der übertragenen Unternehmensgegenstände (Asset Deal) bzw. der übertragenen Anteile einschließlich der dazu gehörenden Vermögenswerte (Share Deal) mit wirtschaftlicher Wirkung auf den Käufer übergehen. Da eine Rückbeziehung dinglicher Wirkungen nicht möglich ist, kann eine **Abgrenzung** zwischen den Parteien auf einen vor Vertragsunterzeichnung liegenden Zeitpunkt nur schuldrechtliche Wirkung haben.[491] Der Stichtag für die wirtschaftliche Abgrenzung kann sowohl bilanzielle Positionen (siehe dazu sogleich → Rn. 225 ff.) wie sonstige Positionen betreffen.

222   Dabei ist zu klären, **welche Vermögenspositionen,** seien sie aktiv oder passiv oder sonstiger Natur, übernommen werden und zwischen Käufer und Verkäufer abzugrenzen sind. Zudem geht es auch um die Abgrenzung der Erfolgsrechnung für das laufende Geschäftsjahr, also die Erfassung sowie Abgrenzung von **Gewinn und Verlust.**

Soweit eine **Kaufpreisanpassung** mit Completion-Accounts auf Basis von „cash and debt free" vereinbart ist, werden sich die Vertragsparteien auch darüber verständigen müssen, welche Positionen zur genauen Definition der „Equity Bridge" (also die Überleitung vom Enterprise Value zum Equity Value) unter die Definitionen von „Cash", „Debt" und ggf. auch „Working Capital (= Netto-Umlaufvermögen)" fallen sollen, zumal es hierbei auch darauf ankommt, ob der Enterprise Value auf Basis eines EBIT/EBITDA Multiples oder auf Basis des Brutto-DCF-Verfahrens ermittelt worden ist.[492]

223   Die **Abgrenzung** hat somit vor allem **für folgende Bereiche Relevanz** und sollte dementsprechend jeweils ausdrücklich geregelt werden:

– Kaufpreisanpassung über Eigenkapitalgarantie oder „cash and debt free"[493];
– Gewinnanspruch;[494]
– Besitz, Gefahr, Nutzen und Lasten;[495]
– Übergang von Verträgen und ggf. Aufteilung von Verträgen;

---

[487] BGH vom 19.1.1987 – II ZR 81/86, NJW-RR 1987, 807, 808.
[488] Siehe dazu → Rn. 161 ff.
[489] *Rotthege* in: Rotthege/Wassermann, Unternehmenskauf bei der GmbH, Kap. 7 Rn. 3.
[490] Siehe dazu → Rn. 655.
[491] Siehe noch zur steuerlichen Rückwirkung unten → Rn. 655.
[492] Vgl. zu den Definitionen von Cash und Debt sowie Working Capital sowie zur Abhängigkeit der Definition der „Equity Bridge" von der Vorgehensweise zur Bestimmung des Enterpris Value *Prengel/Wagner,* Bewertungspraktiker 2017, Heft 1, Febr. 2017, S. 2.; siehe ferner zu „cash and debt free" sowie „working capital adjustment" → Rn. 192 f.
[493] Siehe dazu → Rn. 189 ff.
[494] Siehe dazu → Rn. 205 ff.
[495] Siehe dazu → Rn. 384 ff.

– Ansprüche und Verpflichtungen aus der Vergangenheit, soweit diese (noch) nicht bilanziert sind;
– laufende Projekte, die vom Verkäufer begonnen wurden und vom Käufer fortgeführt werden;
– Rechnungstellung gegenüber und Forderungseinziehung bei Kunden;
– sonstige nicht bilanzierungspflichtige oder -fähige Haftungsrisiken.

> **Praxishinweis:** Bei der Abgrenzung ist zu beachten, dass nicht alle relevanten Bereiche, die für das Unternehmen Chance und Risiko darstellen, über eine Stichtagsbilanz erfasst werden und demzufolge gesondert geregelt werden müssen. Dabei ist darauf zu achten, dass beispielsweise eine Garantieverletzung, die sich zugleich in der Stichtagsbilanz niederschlagen würde, nicht doppelt berücksichtigt werden darf.

> **Beachte:** Die Abgrenzung hat nicht nur wirtschaftliche, sondern auch steuerliche Auswirkungen, die wiederum mal an die schuldrechtliche Absprache und mal an den dinglichen Rechtsübergang anknüpfen.[496]

Wer – Käufer oder Verkäufer – welche Chancen und Risiken des verkauften Unternehmens sowie einen entstandenen Gewinn oder Verlust erhält bzw. wie diese zwischen Veräußerer und Erwerber aufzuteilen sind, ergibt sich zum einen aus den **Regelungen zur Stichtagsbilanz** sowie den damit verbundenen Fragen der Aufstellung, Bewertung etc. sowie zum anderen aus denjenigen Regelungen im Kaufvertrag, die vor allem (aber nicht ausschließlich) **nicht bilanzierungsfähige Aspekte** regeln. **224**

d) Die Stichtags-/Abrechnungsbilanz (Completion-Accounts)[497]

Um die mit dem Unternehmen verbundenen (bilanzierungsfähigen) Chancen und Risiken abzugrenzen und ggf. auch die Werte der einzelnen aktiven und passiven Vermögenspositionen zu ermitteln, aber auch zu Zwecken der Kaufpreisanpassung oder -ermittlung wird in der Praxis zumeist eine Stichtags-/Abrechnungsbilanz (auch „Completion-Accounts" genannt) erstellt. Stichtag kann dann beispielsweise der Tag des letzten testierten Jahresabschlusses des Zielunternehmens (so beim **„Locked-Box-Konzept"**[498]), der Beginn des Tages der Übergabe des Unternehmens oder auch ein sonstiger in der Zukunft oder der Vergangenheit liegender Zeitpunkt sein. **225**

> **Praxishinweis:** Liegt der Stichtag in der Vergangenheit oder in der Zeit zwischen Unterzeichnung des Kaufvertrages und Übergabe des Unternehmens, trägt der Käufer das Risiko zwischenzeitlicher nachteiliger Veränderungen aufgrund der Geschäftsführung des Verkäufers in diesem Zeitraum, weshalb er sich vom Verkäufer eine Garantie im Hinblick auf die ordnungsgemäße Geschäftsführung bis zum Zeitpunkt der Übergabe geben lassen und zudem ab Vertragsunterzeichnung Zustimmungserfordernisse für außergewöhnliche Maßnahmen der Geschäftsführung vorbehalten sollte.[499] Vereinbaren die Parteien hingegen einen Stichtag, der nach Übergabe des Unternehmens an den Käufer liegt, gilt das vorstehende umgekehrt zur Absicherung des Verkäufers.

Die Regelung der Stichtagsbilanzierung im Kaufvertrag hat aufgrund zahlreicher definitorischer Schwierigkeiten und tatsächlicher Gestaltungsmöglichkeiten erhebliche praktische

---

[496] Siehe zu steuerlichen Aspekten der Stichtagsregelungen → Rn. 653 ff.

[497] Vgl. dazu ausführlich *von Hoyenberg* in: Münchener Vertragshandbuch, Band 2, Wirtschaftsrecht I, I.5, Rn. 59, S. 160 ff.

[498] *Ulrich/Schlichting* in: Rotthege/Wassermann, Unternehmenskauf bei der GmbH, Kap. 6 Rn. 22; vgl. zum Locked-Box-Konzept → Rn. 187.

[499] Siehe dazu mit einem Formulierungsvorschlag → Rn. 422 ff.

Bedeutung.[500] Zwar haben sich in der vertraglichen Praxis bestimmte Formulierungsmuster herausgebildet; diese können jedoch in zahlreichen Fällen zu Schwierigkeiten bei der Auslegung sowie der praktischen Umsetzung und infolgedessen zu Streit führen.[501]

226   Um das Risiko von Streitigkeiten über die Stichtagsbilanz zu reduzieren, sollten die Parteien nicht nur die **Art der Bilanzierung** nach HGB, IFRS oder US-GAAP, sondern auch die **Bilanzierungs- und Bewertungsgrundsätze** einvernehmlich festlegen, wobei zweckmäßigerweise auch der **Grundsatz der Bilanzkontinuität** vereinbart werden sollte.[502]

Ferner hat es erheblichen Einfluss, welche der Parteien die Stichtagsbilanz aufstellt, so dass es sich für die Partei, die lediglich die Stichtagsbilanz kontrolliert, empfiehlt, **bestimmte Verhaltenspflichten** für die die Stichtagsbilanz aufstellende Partei festzulegen.

> **Praxishinweis:** Aus Sicht des Verkäufers ist es wünschenswert, dass er selbst diese Stichtagsbilanz noch aufstellt. Erfolgt der Verkauf unterjährig, empfiehlt es sich, die Stichtagsbilanz auf ein Monatsende aufzustellen.

Der Kaufvertrag sollte ferner regeln, dass die Grundsätze ordnungsgemäßer Buchführung (GoB) eingehalten und der kontrollierenden Vertragspartei (in der Regel der Käufer) entsprechende **Einsichts-, Kontroll- und Teilnahmerechte** bei der Aufstellung des Stichtags-Abschlusses eingeräumt werden.[503] Ergänzend sollte vereinbart werden, innerhalb welcher Zeiträume die Stichtagsbilanz aufzustellen und die kontrollierende Partei etwaige **Einwände** geltend zu machen hat und ab welchem Zeitpunkt welche **Bindungswirkung** eintreten soll.[504]

227   Für den Fall, dass sich die Vertragsparteien nicht einvernehmlich auf die Werte in der Stichtagsbilanz einigen können, hat es sich in der vertraglichen Praxis bewährt, ein **Schlichtungsverfahren** durch einen neutralen Schiedsgutachter (zumeist ein vom Institut der Wirtschaftsprüfer benannter Wirtschaftsprüfer) vorzusehen, der dann gemäß §§ 317 ff. BGB die streitigen Punkte für beide Seiten verbindlich entscheidet.[505] Die Entscheidung des Schiedsgutachters gestaltet das Rechtsverhältnis zwischen Käufer und Verkäufer ohne Weiteres und unmittelbar um, so dass die Rechtsänderung keiner Vermittlung über weitere rechtsgeschäftliche Konstruktionen (Bedingungen, Änderungsvorbehalte und Ähnliches) bedarf.[506] Eine gerichtliche Nachprüfung der Entscheidung des Schiedsgutachters findet gemäß § 319 Abs. 1 BGB lediglich im Falle offenbarer Unbilligkeit statt.

> **Praxishinweis:** Der Streitbeilegungsmechanismus sollte auch eine Regelung dazu enthalten, auf welchen Zeitpunkt die schiedsgutachterliche Feststellung wirkt. Interessengerecht

---

[500] Vgl. *Habersack/Tröger*, DB 2009, 44, 46; *Weber* in: Hölters, Handbuch Unternehmenskauf, Kap. 9 Rn. 9.181 ff.

[501] Vgl. auch *Bruski*, Special zu BB 2005, 3019, 3024, der – sicherlich eher für größere Transaktionen – vorschlägt, Bilanzierung- und insbesondere Bewertungsprinzipien in einer Anlage zum Vertrag ausführlich zu erfassen; vgl. zu den Konsistenzerfordernissen zwischen dem „Cash-and-Debt-free"-Mechanismus und den üblichen Bewertungsmethoden bei M&A Transaktionen Prengel/Wagner, Bewertungspraktiker 2017, Heft 1, Febr. 2017, S. 2.

[502] Vgl. *von Hoyenberg* in: Münchener Vertragshandbuch, Band 2, Wirtschaftsrecht I, I.5, Rn. 63 f., S. 166 ff.; *Weber* in: Hölters, Handbuch Unternehmenskauf, Kap. 9 Rn. 9.176.

[503] *Brück/Sinewe*, Steueroptimierter Unternehmenskauf, § 5 Rn. 150.

[504] Vgl. *Ulrich/Schlichting* in: Rotthege/Wassermann, Unternehmenskauf bei der GmbH, Kap. 6 Rn. 35 f.

[505] Vgl. zur Abgrenzung von Schiedsgutachterklausel von der Schiedsrichterklausel *Witte/Mehrbrey*, NZG 2006, 241; vgl. auch *Habersack/Tröger*, DB 2009, 44; *Ulrich/Schlichting* in: Rotthege/Wassermann, Unternehmenskauf bei der GmbH, Kap. 6 Rn. 35 f. Vgl. auch zur Praktischen Bedeutung und Arten von Schiedsgutachten *Würdinger* in: Wilhelmi/Stürner, Post-M&A-Schiedsverfahren, 215 ff.

[506] *Habersack/Tröger*, DB 2009, 44, 45.

erscheint hier im Hinblick auf eine Verzinsung des Kaufpreises eine Rückwirkung auf den Zeitpunkt des Übertragungsstichtags.[507]

Beim Share Deal dient die Stichtagsbilanzierung zum einen der **Ermittlung des** **228** vor dem Übergangsstichtag erzielten **Ergebnisses** (Gewinn oder Verlust), welches dem Verkäufer oder Käufer zuzuordnen ist und zum anderen der **bilanziellen Bewertung des** am Übergangsstichtag wirtschaftlich auf den Käufer übergehenden **Vermögens.**[508]

Bei der Veräußerung von **Anteilen an Personengesellschaften** stellt sich die steuerli- **229** che Problematik der Abgrenzung des ggf. begünstigten Veräußerungsgewinns vom laufenden Gewinn. Auch hier wird deshalb eine Rückwirkung steuerlich nur für einen kurzen Zeitraum anerkannt.[509]

e) Besonderheiten der Abgrenzung beim Asset Deal

Anders als beim Share Deal, bei dem sämtliche rechtlichen Beziehungen des ver- **230** kauften Unternehmensträgers mit dinglicher Übertragung der Anteile daran „automatisch" auf den Erwerber übergehen, ist beim Asset Deal nicht nur der Übergang der einzelnen aktiven und passiven Vermögenswerte sowie der Verträge mit allen sonstigen Rechten und Pflichten zu regeln, sondern auch die **Abgrenzung dieser Positionen.** Dabei kann es sich als besonders schwierig erweisen, (Dauer-)Schuldverhältnisse (z.B. Mietverträge, Handelsvertreterverträge, Einkauf- und Lieferverträge etc.) und Projektverträge sowie die daraus erwachsenen Rechte und Pflichten im Einzelnen deutlich herauszuarbeiten, um sie anschließend dem Verkäufer bzw. dem Käufer – unter Berücksichtigung der Interessen des Kunden oder sonstigen Vertragspartners! – zuzuweisen. Zu nennen sind hier z.B.

– Zahlungen, die *nach dem Stichtag* beim Verkäufer eingehen oder bereits an den Käufer gezahlt werden, aber eigentlich dem jeweils anderen zustehen sollen;
– geleistete *Vorauszahlungen und Anzahlungen* des Verkäufers, aber auch des Kunden;
– *Gewährleistungsrechte* bzw. -pflichten des Verkäufers für Zeiten vor dem Stichtag;
– *Schadensersatzansprüche* Dritter und sonstige Haftung für Zeiten vor dem Stichtag;
– § 89b HGB (Ausgleichsanspruch) bei Handelsvertreterverträgen und solchen Verträgen, auf die diese Vorschrift entsprechende Anwendung findet;
– *Aufteilung von Lizenzen,* zum Beispiel bei Marken, die der Verkäufer zurückbehalten möchte;
– *Rechnungstellung* gegenüber dem Kunden und *Forderungseinzug* für bereits in Rechnung gestellte Leistungen.

> **Praxishinweis:** Besondere Probleme kann die Abgrenzung laufender und vom Verkäufer noch nicht abgeschlossener Projekte beinhalten. Hier sollte möglichst eindeutig geregelt werden, welche bereits entstandenen vertraglichen Leistungspflichten der Käufer aus dem jeweiligen Projekt übernimmt und wie mit etwaigen Ansprüchen aus Gewährleistung umzugehen ist. Auch bedarf es der Klärung, welche Vertragspartei dem Kunden etwaige noch nicht abgerechnete Leistungen in Rechnung stellt bzw. wie etwaige Vorauszahlungen, die der Verkäufer bereits erhalten hat, zu verrechnen sind.[510]

---

[507] Vgl. *Habersack/Tröger,* DB 2009, 44, 46.

[508] Vgl. *von Hoyenberg* in: Münchener Vertragshandbuch, Band 2, Wirtschaftsrecht I, I.5, Rn. 59, S. 160 ff.

[509] Wiederum nur maximal einige Wochen; vgl. dazu *Wacker* in: Schmidt, EStG, § 16 EStG, Rn. 443 m. w. N.; *Rödder/Hötzel/Müller-Thuns,* Unternehmenskauf/Unternehmensverkauf, § 7 Rn. 31.

[510] Vgl. hierzu auch die Abgrenzung nach der Percentage-of-Completion-Methode (PoC) in → Rn. 196 f.

f) Verzinsung

231   Liegt der Stichtag vor dem Zeitpunkt der Übergabe des Unternehmens, sollte der Verkäufer gegebenenfalls eine Verzinsung des Kaufpreises für diesen Zeitraum verlangen, weil das Unternehmen wirtschaftlich schon ab dem Stichtag dem Käufer „gehört", wohingegen der Verkäufer den Kaufpreis noch nicht erhält. Anders liegt es jedoch, wenn dem Verkäufer ausnahmsweise noch der anteilige Gewinn für den Zeitraum nach dem Stichtag zugewiesen wird.

232–234 *(frei)*

4. Kaufpreisfinanzierung und Absicherung

a) Finanzierung des Kaufpreises

235   Ein Unternehmenskäufer wird den Kaufpreis häufig nicht alleine mit Eigenkapital darstellen können oder wollen. Es stellt sich dann die Frage nach einer Finanzierung des Kaufpreises, insbesondere in Form einer **Bankenfinanzierung.** Nach einer eher großzügigeren Kreditvergabepraxis in den Jahren vor der Finanzmarktkrise 2008/2009 sind die Banken in den letzten Jahren dazu übergegangen, derartige Akquisitionskredite restriktiver zu vergeben und zumeist einen Eigenkapitalanteil des Kreditnehmers um die ca. 30–50% zu verlangen.[511] Insbesondere bei Privatpersonen oder mittelständischen Unternehmern als Käufer ist dabei zu bedenken, dass es diesen am erforderlichen Eigenkapital fehlen kann, sodass gegebenenfalls Eigenkapital Dritter erforderlich bzw. hilfreich ist.[512]

> **Praxishinweis:** Damit nicht möglicherweise nach wochen- oder monatelangen kostenintensiven Verhandlungen der Verkauf des Unternehmens daran scheitert, dass der Käufer den vereinbarten Kaufpreis nicht finanzieren kann, sollte der Verkäufer vom Käufer bereits frühzeitig einen Finanzierungsnachweis verlangen, zum Beispiel in Form eines so genannten „Engagement-Letters"[513] einer Bank, in dem diese dem Käufer bestätigt, dass sie grundsätzlich bereit ist, einen entsprechenden Kaufpreisanteil zu finanzieren. Zudem sollte der Verkäufer – falls ein Private Equity Investor beteiligt ist – sich einen sogenannten „Equity Commitment Letter"[514] geben lassen, in dem der Investor bestätigt, den erforderlichen Eigenkapitalanteil spätestens zum Closing zu zahlen.

236   Von nicht zu unterschätzender Tragweite für das Gelingen eines Verkaufs ist auch das **Problem der Betriebsmittelfinanzierung.** Will der Verkäufer noch „seine" Gewinne aus den Vorjahren vor dem Verkauf oder im Zuge des Verkaufs realisieren, führte eine Ausschüttung der häufig im Anlagevermögen, den Vorräten oder anderen Aktiva gebundenen Liquidität zu einem massiven Entzug von Eigenkapital. Dies wiederum würde zunächst eine höhere Fremdfinanzierung erfordern, was sich dann auch im **Rating** für das Unternehmen niederschlagen könnte, ja schlimmstenfalls sogar in einer Ablehnung der Finanzierung des Käufers.

> **Praxishinweis:** Will der Verkäufer im Zuge des Verkaufs Eigenkapital abziehen, sollte er sich bereits vor dem Verkauf mit seinen Banken darüber abstimmen, welche Konsequenzen dies für einen geplanten Verkauf hat. Besser könnte es möglicherweise (auch) aus diesem

---

[511] Vgl. zur Finanzierungbarkeit von Unternehmenskäufen *Jansen*, GWR 2009, 361; *Kilgus*, BKR 2009, 181, wonach die Eigenkapitalanforderungen unmittelbar nach der Krisenzeit sogar bei 50–80% lagen.

[512] Vgl. zu Private Equity Teil → E., Rn. 2 ff.

[513] Vgl. dazu *von Rosenberg* in: Eilers/Koffka/Mackensen, Private Equity, Teil I. 5. Rn. 17 ff.

[514] Vgl. dazu *von Rosenberg* in: Eilers/Koffka/Mackensen, Private Equity, Teil I. 5. Rn. 17; *Leyendecker/Mackensen*, NZG 2012, 129; zur möglichen Beurkundungspflicht *Hermanns*, DNotZ 2013, 9, 16.

Grund sein, die Gewinne mit zu verkaufen. Alternativ sollten Verkäufer und Käufer gemeinsam mit der Bank die Möglichkeiten einer Optimierung der Betriebsmittelfinanzierung ausloten.
Zur Ausschüttung von Eigenkapital/Gewinnen vgl. auch oben → Rn. 205 und 214.

Häufig wird der Käufer auch den **Verkäufer** in die Finanzierungsproblematik des **237** Unternehmenserwerbs in der einen oder anderen Form mit einbeziehen. Dies kann insbesondere auf folgende Weise geschehen:

- der Verkäufer gewährt dem Käufer im Hinblick auf einen Teil des fest vereinbarten Kaufpreises ein Darlehen (**„Vendor Loan“**)[515] und/oder er stundet dem Käufer auf andere Weise einen Teil des Kaufpreises, wobei die Tilgung des offenen Kaufpreises in Raten oder in Form einer Endfälligkeit vereinbart sein kann und/oder
- ein Teil des Kaufpreises wird variabel ausgestaltet (vgl. dazu oben → Rn. 200 ff. zum **„Earn–Out–Konzept“**),[516] was ebenfalls eine Form der Finanzierung durch den Verkäufer darstellen und/oder
- der Käufer begleicht den Kaufpreis oder einen Teil davon in Form von **wiederkehrenden Bezügen/Rentenzahlungen** zur Versorgung des Verkäufers.[517]

Hinsichtlich der **steuerlichen Behandlung** verweisen wir wie folgt:
- Verkäuferdarlehen: → B., Rn. 301,
- Earn-Out-Konzept: → B., Rn. 315,
- Wiederkehrende Bezüge/Rentenzahlungen: → B., Rn. 300 ff.

b) Absicherung des Verkäufers hinsichtlich seiner Kaufpreisforderung

Soweit die Zahlung des Kaufpreises im Falle der Finanzierung durch den Verkäufer **238** gestreckt erfolgen soll, stellt sich aus dessen Sicht die Frage der Absicherung seines Kaufpreisanspruchs.[518] Denn bei schlechter Bonität des Käufers oder bei Ausbleiben der Zahlungen aus sonstigen Gründen könnte der Verkäufer seinen Kaufpreiszahlungsanspruch möglicherweise nur unter erschwerten Bedingungen realisieren. Zur Absicherung des Kaufpreisanspruchs des Verkäufers und eines ihm ggf. noch zustehenden Gewinnanspruchs gibt es verschiedene Möglichkeiten, die in jedem Einzelfall anhand der Kriterien Sicherheit, Kosten und Praktikabilität ausgewählt werden sollten:

- **dingliche Sicherheiten** wie Eigentumsvorbehalt (speziell in Form der aufschiebenden Bedingung) sowie gegebenenfalls auch die Verpfändung der Anteile beim Anteilsverkauf oder von werthaltigen Wirtschaftsgütern beim Asset Deal, wie z.B. Grundschulden bei Grundvermögen;
- **schuldrechtliche Sicherungsmittel** wie (Bank-)Bürgschaft, Patronatserklärungen oder Zahlung auf ein Treuhandkonto oder gemeinsam verwaltetes Konto[519] sowie die Aufrechnung.

---

[515] Zur Kaufpreisstundung als nicht liquiditätswirksame Finanzierung siehe *Raupach,* in: Hölters, Handbuch Unternehmenskauf, Teil 3 Rn. 3.219 f; zum Vendor-Loan und sonstigen alternativen Finanzierungen vgl. *von Braunschweig,* DB 2010, 713; *Fisseler/Weißhaupt,* DB 2006, 431; *Koffka/Mackensen* in: Eilers/Koffka/Mackensen, Private Equity, Teil I. 4. Rn. 40 ff.

[516] Vgl. zum Earn-Out als Finanzierungsinstrument auch *Hasselbach/Rödding* in: Eilers/Rödding/ Schmalenbach, Unternehmensfinanzierung, Kap. I, Rn. 106 ff.; *Ulrich/Schlichting* in: Rotthege/Wassermann, Unternehmenskauf bei der GmbH, Kap. 6 Rn. 26 ff., 34; *von Braunschweig,* DB 2010, 713, 717; *Fisseler/Weißhaupt,* DB 2006, 431.

[517] Zu sonstigen Finanzierungsmöglichkeiten (sowohl der Innen- als auch der Außenfinanzierung) siehe *Raupach* in: Hölters, Handbuch Unternehmenskauf, Teil 3 Rn. 3.33 ff.

[518] *Weber* in: Hölters, Handbuch Unternehmenskauf, Kap. 9 Rn. 9.193 ff.; siehe auch *Stiller,* BB 2002, 2619, 2622.

[519] Vgl. *Beisel/Klumpp, Der Unternehmenskauf,* § 11 Rn. 58; *Ulrich/Schlichting* in: Rotthege/Wassermann, Unternehmenskauf bei der GmbH, Kap. 6 Rn. 41 ff.

239   **aa) Dingliche Sicherheiten.** Zunächst kommt als dingliches Sicherungsmittel die Vereinbarung einer **aufschiebenden Bedingung** in Betracht,[520] bei der der Verkäufer bis zur Kaufpreiszahlung rechtlich der Eigentümer des Unternehmens bleibt. Der Käufer ist durch § 161 Abs. 1 BGB vor Zwischenverfügungen des Verkäufers geschützt.[521]

> **Praxishinweis:** Da das Gewinnbezugsrecht dinglich immer dem jeweiligen Anteilsinhaber zusteht, ist bei Vereinbarung einer aufschiebenden Bedingung auch stets eine Regelung zum Gewinnbezugsrecht[522] erforderlich.[523]

Die aufschiebende Bedingung ist allerdings beim Unternehmenskauf nicht für längere Zeiträume zur Absicherung einer Finanzierung des Kaufpreises durch den Verkäufer geeignet. Wird der Kaufpreis nämlich nicht gezahlt, kann der Verkäufer zwar vom Vertrag zurücktreten, doch will er in aller Regel gerade keine Rückabwicklung des Kaufvertrages. Zudem würde der Käufer das Unternehmen über einen längeren Zeitraum führen, sodass im Falle eines Missmanagements durch den Käufer die Anteile an Wert verlieren oder bei Rückabwicklung gar wertlos sein könnten.

Wird dennoch eine aufschiebende Bedingung vereinbart oder der Kaufpreis gestundet, bedarf es dann auch einer Regelung zur Ausübung von Gesellschafterrechten (zum Beispiel über Stimmbindungsverträge) sowie über die Risikoverteilung bei Verschlechterung oder Untergang der dinglichen Sicherheiten.[524]

240   Des Weiteren können dingliche Sicherheiten am verkauften Unternehmen und dessen Vermögensgegenständen vereinbart werden, wofür vor allem **Grundschulden** bezüglich verkaufter Grundstücke, **Eigentumsvorbehalte** bezüglich verkaufter einzelner Maschinen/Waren etc. (diese bestehen aber zumeist schon für Banken und Lieferanten) sowie eine **Anteilsverpfändung** in Betracht kommen; hier sind aber in gesellschaftsrechtlicher Hinsicht die gesetzlichen Eigenkapitalschutzvorschriften der §§ 30 ff. GmbHG, §§ 57 ff. AktG zu beachten.[525]

241   Als problematisch erweist sich in diesem Zusammenhang der **Eigentumsvorbehalt am Umlaufvermögen,** dessen Veräußerung dem Unternehmenskäufer im laufenden Geschäftsbetrieb bis zum Vollzug der dinglichen Übertragung des Unternehmens möglich sein muss.[526] Zudem ist gerade in mittelständischen Unternehmen auch das Umlaufvermögen häufig bereits den kreditgebenden Banken oder Lieferanten in dinglicher Hinsicht vorbehalten.

> **Praxishinweis:** Die Praxis zeigt, dass der Verkäufer meist gut beraten ist, eine klare und vollständige Trennung vom verkauften Unternehmen durchzusetzen, auch u. U. um den Preis eines – an sich nur gefühlt – geringeren Kaufpreises.

242   **bb) Schuldrechtliche Sicherheiten.** Aus Sicht des Verkäufers sind zur Absicherung von Kaufpreisansprüchen **Bankbürgschaften** attraktiv, wobei der Käufer solche zum Teil aus Kostengründen nicht beibringen will oder mangels ausreichender Bonität schlicht nicht beibringen kann. Alternativ ist – wenn der Käufer durch eine zwischengeschaltete Holding-GmbH erwerben will – an eine **Gesamtschuld** sowie an eine Bürgschaft oder

---

[520] Vgl. aus der Rechtsprechung z. B. BGH vom 23.11.1988 – VIII ZR 262/87, NJW-RR 1989, 291.

[521] Siehe zur Gestaltung des Kaufvertrages mit Bedingungen auch → Rn. 134 ff.

[522] Siehe dazu → Rn. 205 ff.

[523] *Weber* in: Hölters, Handbuch Unternehmenskauf, Kap. 9 Rn. 9.193 ff.; *Brück/Sinewe,* Steueroptimierter Unternehmenskauf, § 5 Rn. 197.

[524] *Brück/Sinewe,* Steueroptimierter Unternehmenskauf, § 5 Rn. 197.

[525] Siehe dazu ausführlich Teil → E., Rn. 40 ff.

[526] *Weber* in: Hölters, Handbuch Unternehmenskauf, Kap. 9 Rn. 9.196; *Brück/Sinewe,* Steueroptimierter Unternehmenskauf, § 5 Rn. 197.

Patronatserklärung der dahinterstehenden Gesellschafter zu denken. Die im deutschen Recht nicht näher gesetzlich geregelte Patronatserklärung ist ein Vertrag sui generis und kann in Form einer eher lediglich moralischen Bindung („weiche Patronatserklärung") bis hin zu einer garantieähnlichen „harten Patronatserklärung" erteilt werden.[527] Durch eine harte, rechtsgeschäftliche Patronatserklärung übernimmt der Patron entweder im Innenverhältnis zu seiner Tochtergesellschaft oder im Außenverhältnis zu deren Gläubiger die Verpflichtung, die Tochtergesellschaft in der Weise auszustatten, dass sie stets in der Lage ist, ihren finanziellen Verbindlichkeiten zu genügen, wodurch sie sich in der Insolvenz der Schuldnerin in eine Pflicht zur Direktzahlung an den Gläubiger wandelt.[528]

Im Gegensatz zu anderen den Kaufpreis finanzierenden Gläubigern hat der Verkäufer als **243** zusätzliche Sicherheit die Möglichkeit, dass er gegen etwaige Schadensersatzansprüche des Käufers aus Garantieverletzungen des Verkäufers mit seinen bis dahin noch nicht erfüllten Kaufpreisansprüchen **aufrechnen** kann.[529]

> **Praxishinweis:** In wirtschaftlicher Hinsicht ist es ein Zugeständnis des Verkäufers an den Käufer, wenn der Verkäufer sich durch ein Vendor Loan an der Finanzierung des Kaufpreises beteiligt. Der Verkäufer sollte daher im Gegenzug darauf dringen, dass zu seinen Gunsten für den so gestundeten Kaufpreisteil ein Aufrechnungsverbot des Käufers vereinbart wird. Die Konsequenz davon wäre, dass der Käufer etwaige Garantieansprüche separat einklagen müsste, und er nicht einfach mit (bestehenden oder vielleicht nur vermeintlichen) Ansprüchen gegen den gestundeten Kaufpreisteil die Aufrechnung erklären kann.

Soweit der Verkäufer den Käufer bei der Finanzierung des Kaufpreises unterstützt, sind **244** auch die **Zinsansprüche** des Verkäufers zu regeln.

> **Praxishinweis:** Im Hinblick auf eine (vereinbarte oder verdeckte Verzinsung) von Kaufpreisraten bzw. gestundeten Kaufpreisen ist zu beachten, dass der Zinsanteil nicht von der Steuerbefreiung nach § 8b Abs. 2 und 3 KStG bzw. § 3 Nr. 40 EStG privilegiert ist, sondern vielmehr beim Verkäufer zu einem Ertrag führt, der vollständig steuerpflichtig ist. Im Gegensatz dazu könnte der (offene oder verdeckte) Zinsaufwand beim Erwerber abzugsfähig sein und steuerbilanziell einen möglichen fiktiven Abzinsungsgewinn bedeuten. Diese möglichen Auswirkungen sollten die Vertragspartner durch eine ausdrückliche Verzinsungsregelung vermeiden.[530]

c) Speziell: Absicherung (von Kreditgebern) durch Assets des Zielunternehmens

Soweit der Unternehmenskaufvertrag fremdfinanziert wird, geht es den Kreditgebern **245** zum einen um die Bedienung von Zins- und Tilgungsleistungen sowie zum anderen um die Verwertung von Sicherheiten für den Fall der Krise des Kreditnehmers. Zu Zwecken der Optimierung der Finanzierungs- und Steuerstruktur auf Seiten des Käufers ist zudem häufig ein so genannter **„Debt-Push-Down"** sinnvoll, bei dem im Wege der Verschmelzung, einer körperschaftssteuerlichen und gewerbesteuerlichen Organschaft oder auch einer Anwachsung der Zinsaufwand auf die Ebene der Zielgesellschaft verlagert wird, um so die Bedienung der Zinsen und Tilgung der gewährten Darlehen ohne Ausschüttung zu ermög-

---

[527] BGH vom 19.5.2011 – IX ZR 9/10, NZG 2011, 913; *von Rosenberg/Kruse,* BB 2003, 641; *Weber* in: Hölters, Handbuch Unternehmenskauf, Kap. 9 Rn. 9.194.

[528] BGH vom 19.5.2011 – IX ZR 9/10, NZG 2011, 913.

[529] Vgl. auch *Brück/Sinewe,* Steueroptimierter Unternehmenskauf, § 5 Rn. 182; *Ulrich/Schlichting* in: Rotthege/Wassermann, Unternehmenskauf bei der GmbH, Kap. 6 Rn. 40.

[530] Vgl. zum Abzinsungsgebot bei Kaufpreisraten als „steuerliches Minenfeld" *Stockum/Sälzer,* GmbHR 2011, 20, 24.

lichen und steuerlich die Gewinne der Zielgesellschaft mit dem Zinsaufwand verrechnen zu können.[531]

246   Da im Falle eines **Asset Deals** der Käufer unmittelbar alle Rechte an den Vermögenswerten des erworbenen Unternehmens einschließlich Eigentum am Anlage- und Umlaufvermögen sowie die Rechtsinhaberschaft an den Forderungen und sonstigen Rechten erhält, kann er in diesem Fall diese ohne weiteres zur Besicherung der aufgenommenen Kredite verwenden, soweit nicht Sicherungsrechte Dritter entgegenstehen.[532]

247   Zumeist erfolgen allerdings fremdfinanzierte Unternehmenskäufe sowohl in Form des **Management-Buy-Outs** („MBO") als auch in Form des **Leveraged-Buy-Outs** (LBO) schon aus steuerlichen Gründen in Form des Share Deals, sodass der Erwerber in diesen Fällen aus eigenem Recht lediglich die **Anteile an der Zielgesellschaft als Sicherheit verpfänden** kann.[533] Da diese Beteiligungsrechte jedoch gerade nicht das eigentliche Risiko der Finanzierung, nämlich die Insolvenz der Zielgesellschaft, absichern, reicht diese Sicherheit den finanzierenden Banken in aller Regel nicht aus.[534] Ein marktübliches Sicherheitenpaket umfasst deshalb zusätzlich die **Vermögenswerte der Zielgesellschaft** wie folgt:[535]

– *Sicherungsübereignung* von Anlage- und Umlaufvermögen
– Bestellung von *Grundpfandrechten* an Immobilienvermögen
– Sicherungsabtretung bzw. *Verpfändung* von Forderungen
– *Sicherungsabtretung* gewerblicher Schutzrechte
– *Verpfändung* von Konten bei Kreditinstituten
– *Garantien* der Zielgesellschaft und aller wesentlichen Tochtergesellschaften für die Erfüllung der Ansprüche aus den Finanzierungsverträgen.

248   Sinn und Zweck eines so umfassenden Sicherheitenpaketes ist es, der finanzierenden Bank vollständige und vorrangige Sicherheiten bieten zu können, um im Gegenzug günstigere Kreditzinsen vereinbaren zu können. Es ist allerdings zu beachten, dass je nach Ausgestaltung der Finanzierung sowohl die Bedienung von Zins und Tilgung der Fremdfinanzierung als auch die Besicherung der Kredite durch Vermögenswerte der Zielgesellschaft

– zu einem Verstoß gegen die **Kapitalerhaltungsvorschriften** (§§ 30 f. GmbHG, §§ 57 ff., 71a AktG),
– zu einem „**existenzvernichtendem Eingriff**" im Sinne der BGH-Rechtsprechung[536] gemäß § 826 BGB,
– zu einer **(Schadens-)Ersatzhaftung** der Geschäftsführer bzw. Vorstände und Aufsichtsräte[537] (§§ 43 Abs. 2 und 3, 31 Abs. 6, 64 Satz 3 GmbHG, §§ 93 Abs. 2 und 3, 92 Abs. 2 Satz 3, 116 AktG) sowie
– zu **strafrechtlichen Konsequenzen** (insbesondere Untreue gemäß § 266 StGB) für die Handelnden[538]

führen können.[539]

---

[531] Vgl. dazu ausführlich Teil → E., Rn. 60 ff. sowie *Hasselbach/Rödding* in: Eilers/Rödding/Schmalenbach, Unternehmensfinanzierung, Kap. I, Rn. 37 ff.; *Helios/Kloster/Tcherveniacki* in: Jesch/Striegel/Boxberger, Rechtshandbuch Private Equity, § 16 Rn. 57 ff. zu ausgewählten Debt-Push Dow Strukturen.

[532] Vgl. *Schäffler,* Special zu BB 2006, 1, 2.

[533] Vgl. *Hasselbach/Rödding* in: Eilers/Rödding/Schmalenbach, Unternehmensfinanzierung, Kap. I, Rn. 47.

[534] Vgl. *Schäffler,* Special zu BB 2006, 1, 2; *Schrell/Kirchner,* BB 2003, 1451, 1452.

[535] Vgl. *Schäffler,* Special zu BB 2006, 1, 2; *Hasselbach/Rödding* in: Eilers/Rödding/Schmalenbach, Unternehmensfinanzierung, Kap. I, Rn. 47; *Schrell/Kirchner,* BB 2003, 1451, 1452.

[536] BGH vom 16.7.2007 – II ZR 3/04 („Trihotel"), NJW 2007, 2689.

[537] Vgl. auch *Theusinger/Kapteina,* NZG 2011, 881.

[538] Dazu *Ehling/Kappel,* BB 2013, 2955.

[539] Vgl. *Rotthege* in: Rotthege/Wassermann, Unternehmenskauf bei der GmbH, Kap. 6 Rn. 82 ff.; *Hasselbach/Rödding* in: Eilers/Rödding/Schmalenbach, Unternehmensfinanzierung, Kap. I, Rn. 47.

Hinsichtlich der Einzelheiten für die Erfordernisse der Kapitalerhaltung und der Einlagenrückgewähr sowie dem Verbot des „existenzvernichtenden Eingriffs" verweisen wir auf den **Teil → E. Private Equity.**

(frei)   **249, 250**

VII. Vertragliche und gesetzliche Haftung des Käufers

1. Überblick

Auch wenn man beim Thema vertragliche und gesetzliche Haftung primär an den Ver- **251** käufer denkt, muss auch der Käufer beachten, dass sich neben der Zahlung des Kaufpreises für ihn sowohl die Übernahme bestimmter Freistellungsverpflichtungen (z. B. im Bereich Personal) und Garantien im Kaufvertrag als auch eine etwaige gesetzliche Haftung erheblich wirtschaftlich auswirken können. Der Käufer sollte daher einzelne feststehende Positionen bereits in seine Gesamtkalkulation einbeziehen und andere potentielle Haftungsrisiken gezielt ausschließen oder aber zumindest reduzieren. Aus Sicht des Käufers sind dabei vor allem die folgenden Themen relevant:

– vertragliche Haftung des Käufers, z. B. aufgrund der **Übernahme von Verbindlichkeiten** des Verkäufers oder der Zielgesellschaft im Kaufvertrag;
– vertragliche Haftung des Käufers aufgrund der Übernahme von **Garantien** oder **Freistellungsverpflichtungen** im Kaufvertrag;
– vertragliche Haftung des Käufers aufgrund sog. **Covenants** im Kaufvertrag (zumeist in Form der Übernahme von bestimmten Handlungs- oder Unterlassungspflichten, z. B. Führung der Geschäfte bei einem in der Zukunft liegenden Stichtag oder einem Abwerbeverbot betreffend Personal des Verkäufers);
– Haftung des Käufers im Falle eines (vertraglichen oder gesetzlichen) Rücktrittsrechts aus dem **Rückabwicklungsschuldverhältnis,** §§ 346 ff. BGB;
– Haftung des Käufers im Falle einer **bereicherungsrechtlichen Rückabwicklung** nach §§ 812 ff. BGB, z. B. bei Anfechtung des Kaufvertrages oder einer Nichtigkeit wegen Sittenwidrigkeit (§ 138 Abs. 1 BGB) oder einem Gesetzesverstoße (§ 134 BGB);
– gesetzliche (Mit-)Haftung des Käufers für Altverbindlichkeiten aufgrund der **akzessorischen Haftung nach §§ 128, 129 HGB;**
– gesetzliche (Mit-)Haftung des Käufers (nach den Vorschriften über die **Kapitalaufbringung und -erhaltung** (sowohl bei Kapitalgesellschaften als auch bei Personengesellschaften);
– gesetzliche (Mit-)Haftung des Käufers beim Asset Deal für **Steuerverbindlichkeiten** (§ 75 AO), Pflichten aus **Arbeitsverhältnissen** (§ 613a BGB) sowie für **Verbindlichkeiten bei Firmenfortführung** (§ 25 HGB);
– gesetzliche Haftung für **Altlasten und Kontaminationen,** § 4 BBodSchG.

2. Vertragliche Haftung des Käufers

Da den Käufer eines Unternehmens – anders als den Verkäufer – nicht bereits eine Haf- **252** tung aufgrund zahlreicher gesetzlicher Regelungen zur vorvertraglichen und vertraglichen Haftung trifft, ist sein Risiko einer vertraglichen Haftung im Vergleich zum Verkäufer deutlich geringer. Eine vertragliche Haftung kommt vor allem dann in Betracht, wenn der Käufer im Kaufvertrag ausdrücklich bestimmte **Käufer-Garantien oder Käufer-Freistellungen** sowie Handlungs- oder Unterlassungspflichten in Form sog. **Covenants** übernimmt, die im Fall der Verletzung zu Ansprüchen des Verkäufers führen können.

Teilweise wird im Unternehmenskaufvertrag auch ein **vertragliches Rücktrittsrecht** **253** vorgesehen, zum Beispiel für den Fall der Verletzung von Garantien durch den Verkäufer oder einer wesentlichen Verschlechterung des Unternehmens vor Übergabe (Fall des „*Material Adverse Change*"[540]). Dieses Recht steht zwar dann meistens dem Käufer selbst zu, kann aber auch durchaus dem Verkäufer eingeräumt werden, so dass der Rücktritt und die damit verbundenen Folgen für den Käufer nicht stets allein in seinem Ermessen stehen und für ihn eine Haftung aus dem Rückabwicklungsschuldverhältnis begründen können.[541]

Praxishinweis: Ein Rücktrittsrecht kann sich durchaus auch dann ergeben, wenn zwar der üblicherweise vereinbarte Garantiekatalog lediglich Minderung oder Schadensersatz vorsieht, das gesetzliche Gewährleistungssystem jedoch nicht eindeutig genug ausgeschlossen wurde und somit gegebenenfalls neben den Garantien zur Anwendung kommt.[542]

---

3. Gesellschaftsrechtliche Haftung beim Share Deal

254   Bei den Kapitalgesellschaften (GmbH und AG) sowie der GmbH & Co. KG und den Kommanditisten in einer KG besteht – von einigen Ausnahmefällen abgesehen – grundsätzlich keine Haftung der Gesellschafter für Verbindlichkeiten der Gesellschaft; es haftet ausschließlich die Gesellschaft mit ihrem Vermögen.[543] Dies setzt allerdings regelmäßig voraus, dass die jeweiligen Anteile des Gesellschafters bzw. die Einlagen des Gesellschafters voll eingezahlt und auch nicht an ihn zurückgezahlt wurden.

a) GmbH und AG

255   Für den Unternehmenskäufer kann sich insbesondere bei Kapitalgesellschaften das **Kapitalaufbringungs- und Kapitalerhaltungsgebot** nachteilig auswirken, weil Käufer und Verkäufer der Gesellschaft für rückständige Einlagen gemäß § 16 Abs. 2 GmbHG ab dem Zeitpunkt der Aufnahme des Anteilserwerbers in die Gesellschafterliste gemäß § 16 Abs. 1 GmbHG solidarisch haften. Allerdings hat der Verkäufer den Käufer im Innenverhältnis mangels abweichender vertraglicher Regelung freizustellen. Denn zum rechtlichen Bestand eines verkauften Gesellschafterrechtes gehört auch die Freiheit von Einlagenrückständen. Damit ist aber der Käufer jedenfalls mit dem **Bonitätsrisiko des Verkäufers** belastet. Haftungsrelevant sind dabei namentlich folgende Bereiche:[544]

– Nebenleistungen (vgl. § 3 Abs. 2 GmbHG),
– Differenzhaftung (§ 9 Abs. 1 GmbHG),
– Vorbelastungshaftung,[545]
– Unterbilanzhaftung (§ 31 Abs. 1 und 3 GmbHG),
– Einlagen, einschließlich verdeckter Sacheinlage (§ 19 GmbHG),
– Ausfallhaftung (§§ 24, 31 Abs. 3 GmbHG),
– Nachschüsse (§ 26 GmbHG).

---

[540] Siehe dazu noch → Rn. 693 f. sowie *Broichmann/Makos,* DB 2015, 2801; *Kindt/Stanek,* BB 2010, 1490; *Meyding/Sorg* in:Wilhelmi/Stürner, Post-M&A-Schiedsverfahren, 11, 34 ff.

[541] Siehe zum Rücktritt und dessen Folgen noch → Rn. 432 ff. und → Rn. 593.

[542] Siehe dazu auch noch den Formulierungsvorschlag in → Rn. 523.

[543] Vgl. auch *von den Steinen* in: Rotthege/Wassermann, Unternehmenskauf bei der GmbH, Kap. 9 Rn. 133 ff.

[544] Vgl. auch *von den Steinen* in: Rotthege/Wassermann, Unternehmenskauf bei der GmbH, Kap. 9 Rn. 135; vgl. auch *Servatius* in: Baumbach/Hueck, GmbHG, § 16 Rn. 23; *Bayer* in: Lutter/Hommelhoff, GmbHG, § 16 Rn. 55 f.

[545] Vgl. dazu *Fastrich* in: Baumbach/Hueck, GmbHG, § 11 Rn. 61 ff.

Die Haftung des Käufers nach § 16 Abs. 2 GmbHG ist **zwingend** und greift **unabhängig von seiner Kenntnis**.[546] Hingegen stellt sich der Anspruch nach § 31 Abs. 1 GmbHG im Falle der Anteilsabtretung nicht als „dingliche Last" des Anteils nach § 16 Abs. 2 GmbHG dar; es kommt aber eine Solidarhaftung des Anteilserwerbers nach § 31 Abs. 3 GmbHG in Betracht.[547]

> **Praxishinweis:** Nach der Rechtsprechung des Bundesgerichtshofs ist nach dem Grundsatz der realen Kapitalaufbringung ein automatisches Erlöschen der Haftung wegen einer anfänglichen Unterbilanz der Gesellschaft – ebenso wenig wie der Einlageanspruch oder der Erstattungsanspruch nach § 31 GmbHG – ausgeschlossen, und zwar auch dann, wenn der GmbH in der Folgezeit Vermögen zugeführt wird, das dann die Stammkapitalziffer wieder auffüllt.[548]

Die Vermögensbindung ist bei der **Aktiengesellschaft** weitreichender als bei der **256** GmbH, weil bei ihr gemäß § 57 Abs. 1 und 3 AktG das gesamte Gesellschaftsvermögen mit Ausnahme des ordnungsgemäß festgestellten Bilanzgewinns gebunden ist.[549] Hat ein Aktionär entgegen § 57 AktG Leistungen von der Gesellschaft erhalten, so hat er diese gemäß § 62 Abs. 1 AktG zurück zu gewähren. Dies gilt auch im Falle der Gesamtrechtsnachfolge in die Aktionärsstellung, nach herrschender Meinung jedoch nicht bei einem Aktienerwerb im Wege der Einzelrechtsnachfolge;[550] in diesem Fall kommen allerdings Ansprüche der AG gegenüber dem Käufer nach §§ 812 ff. BGB in Betracht.[551] Im Übrigen wird der Grundsatz der realen Kapitalaufbringung durch § 66 AktG abgesichert.

b) Kommanditistenhaftung

aa) §§ 171–173 HGB. Wer in eine bestehende Handelsgesellschaft als Kommanditist **257** eintritt, haftet gemäß § 173 Abs. 1 HGB nach Maßgabe der §§ 171 und 172 HGB für die vor seinem Eintritt begründeten Verbindlichkeiten der Gesellschaft, wobei eine entgegenstehende Vereinbarung Dritten gegenüber unwirksam ist. Hat der den Anteil veräußernde Kommanditist seine im Handelsregister eingetragene **Haftsumme nicht vollständig erbracht,** geht diese Verpflichtung aus § 171 HGB im Wege der Sonderrechtsnachfolge auf den Erwerber über, da dieser nicht eine neue Mitgliedschaft erhält, sondern die des Verkäufers übernimmt.[552] Insoweit haftet der Käufer-Kommanditist den Gläubigern der Gesellschaft bis zur Höhe der vom Verkäufer übernommenen Hafteinlage unmittelbar; sie ist nur ausgeschlossen, soweit die Einlage geleistet und nicht zurückgezahlt ist. Bei Kommanditgesellschaften kann es sein, dass der Kommanditist seine Hafteinlage zwar vollständig erbracht hat, dass diese jedoch (in der Praxis zuweilen unbemerkt) an ihn zurückgeflossen ist, wodurch die Haftung wieder auflebt (vgl. **§ 172 Abs. 4 HGB**).

Soweit die Einlage erst gar nicht geleistet oder später zurückgezahlt wurde, haften Käufer und Verkäufer gesamtschuldnerisch.[553]

> **Praxishinweis:** Als Rückzahlung der Hafteinlage kommen nicht nur Barzahlungen in Betracht, sondern auch andere Leistungen, wie beispielsweise die Bestellung von Sicherheiten durch die Gesellschaft für Darlehensverpflichtungen des Gesellschafters.[554]

---

[546] Vgl. auch *Bayer* in: Lutter/Hommelhoff, GmbHG, § 16 Rn. 58.

[547] *Bayer* in: Lutter/Hommelhoff, GmbHG, § 31 Rn. 7 u. 20 f.

[548] BGH vom 16.1.2006 – II ZR 65/04, NJW 2006, 1594, 1596.

[549] *Rieckers* in: Münchener Handbuch des Gesellschaftsrechts, Band 4, § 16 Rn. 1.

[550] *Rieckers* in: Münchener Handbuch des Gesellschaftsrechts, Band 4, § 16 Rn. 100.

[551] Vgl. *Hüffer/Koch,* AktG, § 62 Rn. 4.

[552] Vgl. dazu noch → Rn. 371 ff.

[553] BayObLG vom 10.12.1982 – BReg. 3 Z 98/82, BeckRS 1982, 31369929; *Roth* in: Baumbach/Hopt, HGB, § 173 Rn. 11.

[554] BGH vom 20.10.1975 – II ZR 214/74, NJW 1976, 751, 752.

258   Zu beachten ist auch, dass die ins Handelsregister einzutragende Haftsumme lediglich das Außenverhältnis betrifft und daneben im Innenverhältnis eine davon abweichende **Pflichteinlage** besteht,[555] die mangels anders lautender Vereinbarung durch den Erwerber mit übernommen wird.[556]

> **Praxishinweis:** Der Käufer sollte zum einen im Rahmen der Due-Diligence-Prüfung klären, ob sowohl die Hafteinlage als auch die Pflichteinlage mit Tilgungswirkung vollständig erbracht und nicht zurückgezahlt wurden. Diesbezüglich sollte er sich zusätzlich eine Garantie vom Verkäufer geben lassen. Zudem sollte im Kaufvertrag klargestellt werden, dass der Käufer mit Übernahme des Kommanditanteils nicht auch etwaige Verpflichtungen aus der Pflichteinlage übernimmt.

259   **bb) Haftung nach § 176 HGB.** Zwar findet nach heute nahezu einhelliger Meinung in der Literatur § 176 HGB ganz allgemein keine Anwendung auf die Übertragung eines Kommanditanteils im Wege der Einzelrechtsnachfolge.[557] Anders als beim Beitritt eines neuen Gesellschafters nach § 176 Abs. 2 HGB wird nämlich beim **derivativen Erwerb** eines Kommanditanteils durch Abtretung keine neue Mitgliedschaft begründet. Der Rechtsnachfolger übernimmt mit Wirksamwerden der Abtretung des Kommanditanteils – und nicht erst durch die Eintragung der Rechtsnachfolge im Handelsregister – genau die Rechtsposition, die sein Vorgänger innehatte. Da allerdings nach einer Entscheidung des BGH aus dem Jahr 1983[558] § 176 Abs. 2 HGB für alle Formen des Erwerbs der Kommanditistenstellung gilt und somit auch derjenige im Handelsregister nicht eingetragene Kommanditist unbeschränkt haftet, der seinen Anteil durch Abtretung erworben hat, sollte der Erwerb der Kommanditistenstellung in der Praxis auch weiterhin von der **aufschiebenden Bedingung** der Eintragung der Sonderrechtsnachfolge im Handelsregister abhängig gemacht werden.[559]

Wird die Anteilsabtretung unter der aufschiebenden Bedingung der Handelsregistereintragung der Sonderrechtsnachfolge vereinbart und ist dies aus der Anmeldung zum Handelsregister ersichtlich, kommt eine Haftung des Anteilserwerbers nach § 176 HGB nicht in Betracht.

> **Formulierungsvorschlag:** *„Die Wirksamkeit der dinglichen Übertragung des Kommanditanteils an den Käufer steht unter den aufschiebenden Bedingungen (i) der Zahlung des Kaufpreises gem. § [...] dieses Vertrages, (ii) [weitere Bedingungen] sowie (iii) der Eintragung im Handelsregister des Ausscheidens des Verkäufers aus der Gesellschaft sowie der Sonderrechtsnachfolge des Käufers in dessen Stellung als Kommanditist."*

Bei fehlendem Rechtsnachfolgevermerk ist lediglich der Verkäufer weiterhin im Handelsregister fehlerhaft mit seinem Namen als Kommanditist vermerkt.

> **Praxishinweis:** Nach der Rechtsprechung des BGH kann sich der Erwerber in diesem Fall auf die Leistung der Haftsumme berufen, wohingegen die eingetragene Haftsumme des Verkäufers als früheren Kommanditisten durch seine frühere Einlageleistung fortan nicht mehr gedeckt ist.[560] Der Verkäufer sollte also vor diesem Hintergrund auf die Eintragung eines Sonderrechtsnachfolgevermerks achten.[561]

---

[555] BGH vom 10.10.1994 – II ZR 220/93, NJW 1995, 197; *Roth* in: Baumbach/Hopt, HGB, § 171 Rn. 1.

[556] BGH vom 5.5.1986 – II ZR 163/85, NJW-RR 1987, 286, 287.

[557] Vgl. nur *K. Schmidt* in: Münchener Kommentar zum HGB, Band 3, § 176 Rn. 26.

[558] BGH vom 21.3.1983 – II ZR 113/82, NJW 1983, 2258.

[559] So auch *Brück/Sinewe*, Steueroptimierter Unternehmenskauf, § 5 Rn. 36.

[560] BGH vom 29.6.1981 – II ZR 142/80, NJW 1981, 2747, 2748.

[561] Siehe dazu noch → Rn. 374.

c) GbR, oHG sowie Komplementär in KG, §§ 128, 129 HGB

Die Gesellschafter einer oHG sowie die Komplementäre in einer Kommanditgesellschaft **260** – und nach Änderung der Rechtsprechung[562] zur beschränkten Rechtsfähigkeit der GbR auch deren Gesellschafter – haften für die Verbindlichkeiten der Gesellschaft **akzessorisch** nach §§ 128, 129 HGB. Wer in eine solche bestehende Gesellschaft eintritt oder im Wege der Anteilsabtretung deren Gesellschafter wird, haftet gemäß § 130 HGB gleich den anderen Gesellschaftern nach §§ 128, 129 HGB für die vor seinem Eintritt bzw. Anteilserwerb begründeten Verbindlichkeiten der Gesellschaft (bei der Kommanditgesellschaft aufgrund der Verweisung in § 161 Abs. 2 HGB).

> **Praxishinweis:** Da diese Haftung für den Anteilserwerber erhebliche (unübersehbare) Haftungsgefahren beinhaltet und er – wenn er nicht eine Gesellschaft mit beschränkter Haftung als Anteilserwerber dazwischen schaltet – mit seinem gesamten Vermögen unbeschränkt persönlich haftet, sollte gegebenenfalls eine vorherige Umwandlung der oHG bzw. GbR in eine GmbH & Co. KG oder eine GmbH oder auch eine Neugründung in Erwägung gezogen werden.

4. Haftung des Käufers beim Asset Deal

Während der Erwerber bei einem Share Deal sämtliche bekannten wie unbekannten **261** Risiken, seien sie vertraglicher, gesetzlicher oder tatsächlicher Natur, automatisch mit erwirbt, hat er beim Asset Deal den Vorteil, dass er **lediglich einzelne Vermögensgegenstände** erwirbt und Verträge sowie vertragliche Verpflichtungen übernimmt, die jedoch im Einzelnen zu definieren sind, so dass sein Risiko, für Unbekanntes zu haften, an sich niedriger ist. Dennoch gibt es eine Reihe von **gesetzlichen Haftungstatbeständen,** die erhebliche Haftungsrisiken für den Käufer beinhalten und die er daher im Blick haben sowie einer entsprechenden vertraglichen Regelung zuführen sollte.

a) Firmenfortführung bei Übernahme eines Handelsgeschäfts, § 25 HGB

aa) Voraussetzungen der Haftung. Gemäß § 25 Abs. 1 Satz 1 HGB haftet derjenige, **262** der ein unter Lebenden erworbenes Handelsgeschäft unter der bisherigen Firma mit oder ohne Beifügung eines das Nachfolgeverhältnis andeutenden Zusatzes fortführt, für alle im Betrieb des Geschäfts begründeten Verbindlichkeiten des früheren Inhabers. Gemäß Satz 2 dieser Vorschrift gelten die in dem Betrieb begründeten Forderungen den Schuldnern gegenüber als auf den Erwerber übergegangen, falls der bisherige Inhaber oder seine Erben in die Fortführung der Firma eingewilligt haben. Damit hat die Haftung nach § 25 Abs. 1 HGB zwei zentrale Voraussetzungen:[563]

– Erwerb eines Handelsgeschäfts sowie
– Fortführung der bisherigen Firma.

Von dem **Erwerb eines Handelsgeschäfts** im Sinne des § 25 Abs. 1 HGB geht der **263** maßgebliche Rechtsverkehr aus, wenn ein Betrieb von einem neuen Inhaber in seinem wesentlichen Bestand unverändert weitergeführt wird. Dies ist der Fall, wenn folgende Voraussetzungen gegeben sind:

– der gleiche Tätigkeitsbereich,
– die gleiche innere Organisation,
– die gleichen Räumlichkeiten,

---

[562] BGH vom 29.1.2001 – II ZR 331/00, BGHZ 146, 347 = NJW 2001, 1056.
[563] Vgl. auch BGH vom 16.9.2009 – VIII ZR 321/08, NJW 2010, 236, 237.

– die gleichen Rufnummern,
– die gleichen Kunden- und Lieferantenbeziehungen (jedenfalls im Kern) und/oder
– Teile des Personals werden übernommen.[564]

§ 25 Abs. 1 HGB erfasst jede Form eines abgeleiteten Erwerbs (also auch Pacht), wenngleich der Regelfall der Unternehmenskauf ist. Dabei kommt es auf die **bloße Tatsache der Geschäftsfortführung** an und nicht darauf, ob ihr ein rechtsgeschäftlicher, derivativer Erwerbsvorgang zu Grunde liegt,[565] so dass auch ohne (ausdrückliche) Einwilligung eine haftungsbegründende Firmenfortführung i. S. v. § 25 Abs. 1 HGB erfüllt sein kann.[566]

Eine Unternehmensfortführung i. S. v. § 25 Abs. 1 HGB liegt auch dann vor, wenn nur ein **Teilbereich** des Unternehmens fortgeführt wird, sofern es sich aus der Sicht des maßgeblichen Rechtsverkehrs um den – den Schwerpunkt des Unternehmens bildenden – wesentlichen Kernbereich handelt.[567] Für die Frage, ob der wesentliche Kernbereich eines Unternehmens fortgeführt wurde, kommt dem **Wert der Unternehmensteile maßgebliche Bedeutung** zu.[568] Der Annahme einer Unternehmensfortführung steht auch nicht entgegen, dass diese sukzessiv erfolgt.[569]

264   Die **Firmenfortführung** beim Wechsel des Inhabers ist die zweite Voraussetzung für die Haftung nach § 25 Abs. 1 Satz 1 HGB, weil in ihr die Kontinuität des Unternehmens nach außen in Erscheinung tritt, die der Grund für die Erstreckung der Haftung für früher im Betrieb des Unternehmens begründete Verbindlichkeiten des Vorgängers auf seinen Nachfolger ist.[570] Dabei ist nicht erforderlich, dass die alte Firma vollkommen unverändert fortgeführt wird; es genügt, dass der **prägende Teil der alten Firma** in der neuen Firma beibehalten wird.[571] Die Haftung greift nach Auffassung des BGH schon dann ein, wenn der Rechtsverkehr die neue Firma trotz vorgenommener Änderungen noch mit der alten identifiziert.[572] Eine zwischenzeitlich vorgenommene Umfirmierung steht der Firmenfortführung nicht entgegen, wenn diese nach außen nur für eine kurze Zeitspanne (im entschiedenen Fall: ca. zwei Monate) in Erscheinung tritt.[573] Die Fortführung nur einer **bloßen Geschäfts- oder Etablissementbezeichnung** löst dagegen keine Haftung nach § 25 HGB aus.[574]

265   **bb) Rechtsfolgen.** Rechtsfolge der Geschäfts- und Firmenfortführung ist zum einen ein **gesetzlicher Schuldbeitritt** des Erwerbers, aufgrund dessen er mit seinem ganzen Vermögen – und nicht etwa nur mit dem erworbenen Handelsgeschäft – neben dem Veräußerer für alle im Betrieb des Geschäfts begründeten Verbindlichkeiten haftet, und zwar **egal aus welchem Rechtsgrund** diese stammen.[575]

---

[564] BGH vom 28.11.2005 – II ZR 355/03, NJW 2006, 1001, 1002; BGH vom 24.9.2008 – VIII ZR 192/06, NJW-RR 2009, 820; BGH vom 16.9.2009 – VIII ZR 321/08, NJW 2010, 236, 238; vgl. zur Kritik an dieser Rechtsprechung *Kanzleiter,* DNotZ 2006, 590.

[565] BGH vom 28.11.2005 – II ZR 355/03, NJW 2006, 1001, 1002.

[566] Vgl. auch *von den Steinen* in: Rotthege/Wassermann, Unternehmenskauf bei der GmbH, Kap. 9 Rn. 111.

[567] BGH vom 4.11.1991 – II ZR 85/91, NJW 1992, 911; BGH vom 7.12.2009 – II ZR 229/08, NZG 2010, 112, 113; BGH vom 16.9.2009 – VIII ZR 321/08, NJW 2010, 236, 237.

[568] BGH vom 7.12.2009 – II ZR 229/08, NZG 2010, 112, 113.

[569] BGH vom 24.9.2008 – VIII ZR 192/06, NJW-RR 2009, 820.

[570] BGH vom 15.3.2004 – II ZR 324/01, NJW-RR 2004, 1173; BGH vom 28.11.2005 – II ZR 355/03, NJW 2006, 1001, 1002.

[571] BGH vom 15.3.2004 – II ZR 324/01, NJW-RR 2004, 1173, 1174; BGH vom 28.11.2005 – II ZR 355/03, NJW 2006, 1001, 1002.

[572] BGH vom 4.11.1991 – II ZR 85/91, NJW 1992, 911; BGH vom 28.11.2005 – II ZR 355/03, NJW 2006, 1002.

[573] BGH vom 16.9.2009 – VIII ZR 321/08, NJW 2010, 236, 237.

[574] BGH Hinweisbeschluss vom 17.12.2013 – II ZR 140/13, NZG 2014, 459 Tz. 8.

[575] *Hopt* in: Baumbach/Hopt, HGB, § 25 Rn. 10 f.

> **Beachte:** Rechtsfolge des § 25 Abs. 1 Satz 1 HGB ist infolgedessen u. a., dass der Erwerber eines Unternehmens auch für die bei der Errichtung oder dem Erwerb des Handelsgeschäfts begründeten Verbindlichkeiten, also insbesondere auch für eine etwaige Kaufpreisschuld,[576] für eine etwaige Abfindung eines ausgeschiedenen Gesellschafters[577] sowie für Verbindlichkeiten aus zur Zahlung des Kaufpreises aufgenommenen Darlehen[578] haftet.[579] Im Extremfall würde der Unternehmenskäufer also nicht nur seiner Bank für den durch ihn selbst finanzierten Unternehmenskaufpreis haften, sondern darüber hinaus auch dem ursprünglichen Verkäufer seines Verkäufers für den Kaufpreis sowie der Bank seines Verkäufers, welche seinerzeit diesen Kaufpreis finanziert hat.

Fraglich und sehr umstritten ist, ob § 25 HGB auch einen **Übergang von Verträgen** **266** des Unternehmens kraft Gesetzes anordnet, was insbesondere im Hinblick auf die bei Erwerb des Unternehmens noch **nicht fälligen Teilleistungen aus Dauerschuldverhältnissen** bedeutsam ist. Nach einer Auffassung ordnet § 25 Abs. 1 HGB nicht nur für Verpflichtungen des Verkäufers einen gesetzlichen Schuldbeitritt des Erwerbers an, sondern darüber hinaus eine **gesetzliche Vertragsübernahme** (und nicht bloß einen Vertragsbeitritt).[580] Begründet wird dies u. a. damit, dass der Dritte nach Ablauf der fünfjährigen Nachhaftung des Veräußerers (vgl. § 26 HGB) jeglichen Vertragspartner verlieren würde, woraufhin der Veräußerer für eine unerfüllte Schuld zwar nicht mehr haften würde, aber dennoch weiterhin Gestaltungsrechte (z. B. Kündigung, Anfechtung) ausüben könnte.[581] Der Erwerber hätte in der Tat mangels Vertrages mit dem Dritten lediglich schuldrechtliche Pflichten, nicht jedoch eigene Forderungsrechte oder Gestaltungsrechte, sofern diese nicht gesondert abgetreten wurden.

> **Praxishinweis:** Beim Asset Deal sollte der Käufer nicht einzelne vertragliche Pflichten übernehmen, ohne sich nicht auch sämtliche sonstigen diesbezüglichen Rechte des Verkäufers abtreten zu lassen, insbesondere die Forderungen und Gestaltungsrechte aus dem der Verpflichtung zugrunde liegenden Vertragsverhältnis.

Die (wohl herrschende) **Gegenmeinung** lehnt eine solche gesetzliche Vertragsübernahme (ebenso wie einen Vertragsbeitritt) strikt ab, was unter anderem damit begründet wird, dass dem Dritten kein neuer Vertragspartner kraft Gesetzes aufgedrängt werden dürfe, ohne dass er seine Zustimmung dazu erteilt habe.[582] In der Tat setzen sowohl eine Vertragsübernahme als auch eine Schuldübernahme im Sinne von §§ 415 ff. BGB für ihre Wirksamkeit die Zustimmung des Vertragspartners bzw. Gläubigers voraus. Insbesondere bei Verträgen mit einer persönlichen Verbundenheit (z. B. Gesellschaftsverhältnisse, Mietverhältnisse) spielt es nämlich schon eine deutliche Rolle, wer der Vertragspartner ist. Dies gilt zudem generell bei allen Verträgen (und somit nicht nur bei Kreditverträgen) hinsichtlich der Bonität des Schuldners, die nicht ohne Zustimmung des Dritten einfach ausgewechselt werden darf.

Der Bundesgerichtshof hat die Frage offen gelassen, ob die §§ 25, 28 HGB generell zu einem Vertragsübergang kraft Gesetzes führen können oder nicht, dies jedenfalls aber für **Mietverträge** unter Hinweis auf die besonderen Regeln des Mietrechts zur Gebrauchsüberlassung der Mietsache durch den Mieter an Dritte ausgeschlossen.[583] In einer anderen

---

[576] RG vom 4.6.1930 −V 429/29, RGZ 129, 186, 188.
[577] RG vom 20.4.1937 − II 233/36, RGZ 154, 334, 336.
[578] BGH vom 30.6.1954 − II ZR 82/53, BB 1954, 700.
[579] Vgl. auch dazu insgesamt *Reuschle* in: Ebenroth/Boujong/Joost/Strohn, Handelsgesetzbuch, § 25 Rn. 65 f.; *Hopt* in: Baumbach/Hopt, HGB, § 25 Rn. 11 jeweils m. w. N.
[580] *Thiessen* in: Münchener Kommentar zum HGB, Band 1, § 25 Rn. 81 ff. m. w. N.
[581] *Thiessen* in: Münchener Kommentar zum HGB, Band 1, § 25 Rn. 83.
[582] *Beuthien*, NJW 1993, 1737, 1738.
[583] BGH vom 25.4.2001 − XII ZR 43/99, NZG 2001, 843.

Entscheidung, hat der BGH – m. E. stringent – die **Übernahme eines Lizenzvertrages** nicht unter § 25 Abs. 1 Satz 1 HGB subsumiert, sondern als dreiseitigen Vertrag eigener Art eingestuft. Bei diesem wirken die ursprünglichen Vertragspartner und der den alten ersetzende neue Lizenznehmer zusammen, wobei die Zustimmung des Lizenzgebers ein notwendiger Bestandteil der Vertragsübertragung ist.[584] Zahlungsansprüche des Dritten aus einem Dauerschuldverhältnis können in Anwendung des § 25 Abs. 1 HGB für Zeiträume nach Geschäftsübergang nur dann in Frage kommen, wenn die Ansprüche *bereits vor Geschäftsübergang in dem Vertrag angelegt* sind[585] bzw. die die Ansprüche begründenden *Benutzungshandlungen vor Geschäftsübergang erfolgt* sind, nicht aber durch Handlungen des Geschäftsübernehmers nach Geschäftsübergang.[586]

Im Ergebnis ist aufgrund der bislang vorliegenden Rechtsprechung davon auszugehen, dass der Unternehmenskäufer bei Dauerschuldverhältnissen für nach dem Übergang des Unternehmens entstehende Teilansprüche nur aufgrund spezieller gesetzlicher Anordnung (z. B. §§ 566, 613a BGB) haftet und dass **Vertragsverhältnisse als Ganzes nicht nach § 25 Abs. 1 HGB kraft Gesetzes auf den Unternehmenserwerber übergehen,** sondern nur dann, wenn eine Vertragsübernahme mit (ausdrücklicher oder konkludenter) Zustimmung des Dritten vereinbart wurde.[587]

267   Als weitere Rechtsfolge gelten gemäß § 25 Abs. 1 Satz 2 HGB die in dem Betriebe begründeten **Forderungen** den Schuldnern gegenüber als auf den Erwerber übergegangen, falls der bisherige Inhaber oder seine Erben in die Fortführung der Firma eingewilligt haben. Da es sich bei § 25 Abs. 1 Satz 2 HGB um eine Schutzvorschrift für die Schuldner handelt, können diese mit befreiender Wirkung auch an den Erwerber leisten, auch wenn keine tatsächliche Abtretung der Forderung stattgefunden hat. Nach wohl herrschender Meinung führt § 25 Abs. 1 Satz 2 HGB aber nicht dazu, dass die Forderungen kraft Gesetzes auf den Erwerber übergehen.[588]

268   **cc) Vermeidung der Haftung.** Gemäß § 25 Abs. 2 HGB kann der Erwerber eines Handelsgeschäfts die Haftung wegen Firmenfortführung vermeiden, wenn Veräußerer und Erwerber einen **Haftungsausschluss** des Erwerbers vereinbaren und dies in das **Handelsregister** eingetragen und bekannt gemacht oder von dem Erwerber oder dem Veräußerer dem Dritten mitgeteilt worden ist. Veräußerer und Erwerber können die Haftung jedoch nicht schon durch bloße Vereinbarung im Innenverhältnis ausschließen.[589]

> **Praxishinweis:** Es sollte – sofern der Käufer i. S. v. § 25 HGB „ein Handelsgeschäft erwirbt" – in jedem Fall von der Möglichkeit Gebrauch gemacht werden, den Haftungsausschluss nach § 25 Abs. 2 HGB herbeizuführen. Dabei ist darauf zu achten, dass die Vereinbarung zwischen Veräußerer und Erwerber spätestens im Zeitpunkt der dinglichen Übertragung vorliegen muss und erst mit Eintragung im Handelsregister und Bekanntmachung wirksam wird.[590] Es sollte also vereinbart werden, dass die Übernahme des Geschäfts aufschiebend bedingt auf die Eintragung des Haftungsausschlusses im Handelsregister erfolgt.

---

[584] BGH vom 15.5.1990 – X ZR 82/88, NJW-RR, 1990, 1251. Diese Entscheidung wird fälschlicherweise im Zusammenhang mit der bisherigen Rechtsprechung zur gesetzlichen Vertragsübernahme angeführt. *Thiessen* in: Münchener Kommentar zum HGB, Band 1, § 25 Rn. 82 spricht insoweit wohl nicht ganz zutreffend von uneinheitlicher Rechtsprechung.

[585] So für Mietzinsansprüche BGH vom 25.4.2001 – XII ZR 43/99, NZG 2001, 843, 844.

[586] So für Nutzungsentschädigung bei Mietsache BGH vom 25.4.2001 – XII ZR 43/99, NZG 2001, 843, 844 und für Nutzungsentgelt bei Lizenzvertrag BGH vom 15.5.1990 – X ZR 82/88, NJW-RR, 1990, 1251, 1253.

[587] Vgl. auch *Reuschle* in: Ebenroth/Boujong/Joost/Strohn, Handelsgesetzbuch, § 25 Rn. 59 ff.; *Hopt* in: Baumbach/Hopt, HGB, § 25 Rn. 11.

[588] Vgl. zum Ganzen *Hopt* in: Baumbach/Hopt, HGB, § 25 Rn. 21 ff. sowie → Rn. 317.

[589] *Hopt* in: Baumbach/Hopt, HGB, § 25 Rn. 13.

[590] *Thiessen* in: Münchener Kommentar zum HGB, Band 1, § 25 Rn. 93.

Wer den Eindruck der Verlautbarung einer Unternehmenskontinuität und die an sie anknüpfende Rechtsfolge der Haftungskontinuität vermeiden und auch nicht auf die Möglichkeiten des § 25 Abs. 2 HGB zurückgreifen will, muss durch die **Wahl einer eindeutig anderen Firma** für den nötigen Abstand von der alten sorgen und darf sich nicht an diese „anhängen".[591]

b) Haftung für Steuerschulden, § 75 AO

Beim Asset Deal ist die Haftungsvorschrift des § 75 AO zu beachten. Danach übernimmt **269** der Erwerber beim Asset Deal kraft Gesetzes die Haftung für Betriebssteuern und Steuerabzugsbeträge des erworbenen Unternehmens. Dazu zählen insbesondere die Gewerbesteuer, die Umsatzsteuer sowie Lohnsteuerabführungsverpflichtungen. Die Haftung beschränkt sich zeitlich jedoch auf die Steuern, die seit dem Beginn des letzten, vor dem Vollzugsstichtag liegenden Kalenderjahres in dem erworbenen Betrieb entstanden sind und die innerhalb eines Jahres seit der Anmeldung des Betriebs durch den Erwerber festgesetzt oder angemeldet werden. Anmeldung meint hier die Anzeige nach § 138 Abs. 1 AO.

Maßgeblich für die Anwendbarkeit des § 75 AO ist, dass jedenfalls das wirtschaftliche Eigentum nach § 39 Abs. 2 Nr. 1 AO an dem übertragenen Unternehmen auf den Erwerber übergeht, d.h. für diese Vorschrift ist der dingliche Vollzugsstichtag (Closing) maßgeblich.

Zu vertragsgestalterischen Besonderheiten beim Asset Deal im Zusammenhang mit der Haftungsvorschrift des § 75 AO siehe → Rn. 678.

c) Übergang der Arbeitsverhältnisse bei Betriebsübergang, § 613a BGB

Von besonderer praktischer Relevanz ist beim **Asset Deal** die Vorschrift des § 613a **270** BGB, nach der im Fall eines **Betriebsübergangs** sämtliche Arbeitsverhältnisse einschließlich aller wechselseitigen Rechte und Pflichten kraft Gesetzes auf den Erwerber übergehen.

aa) Anwendungsbereich und Auslegung. Die Vorschrift des § 613a BGB geht auf **271** EG-Richtlinien zurück, welche durch die Richtlinie 2001/23/EG neu kodifiziert wurden. Gemäß Art. 1 Abs. 1a) dieser Richtlinie ist diese auf den Übergang von Unternehmen, Betrieben oder Unternehmens- bzw. Betriebsteilen auf einen anderen Inhaber durch vertragliche Übertragung oder durch Verschmelzung anwendbar. § 613a BGB wie auch Art. 3 Abs. 1 der Richtlinie ordnen dabei an, dass infolge des Betriebsübergangs sämtliche Rechte und Pflichten des Veräußerers aus den zum Zeitpunkt des Übergangs bestehenden Arbeitsverhältnissen – ohne Rücksicht auf den Willen des Veräußerers oder des Erwerbers – auf den Erwerber übergehen. Hierdurch soll die Kontinuität der im Rahmen einer wirtschaftlichen Einheit bestehenden Arbeitsverhältnisse unabhängig von einem Inhaberwechsel gewährleistet werden.[592] Damit ist es dem Erwerber bei einem Betriebsübergang grundsätzlich nicht nur verwehrt, Arbeitsverhältnisse nach seinem freien Willen zu übernehmen oder nicht, sondern auch wegen des Betriebsübergangs die Arbeitsbedingungen zu ändern.

Um die Regelung des § 613a BGB richtig zu verstehen, sind neben der Rechtsprechung des Bundesarbeitsgerichts immer auch die EU-Richtlinie und deren Auslegung durch den hierfür zuständigen EuGH zu beachten.[593] Der Rechtsprechung des EuGH kommt daher große Bedeutung zu. **Grundlegende Entscheidungen des EuGH** sind insofern
– „Christel Schmidt",[594]

---

[591] BGH vom 4.11.1991 – II ZR 85/91, NJW 1992, 911, 912.

[592] EuGH vom 20.11.2003 – Rs. C-340/01 (Abler u. a.), NJW 2004, 45.

[593] Vgl. *Franzen,* NZA-Beilage 2008 Heft 4, 139; vgl. auch zur richtlinienkonformen Auslegung *Forst,* RdA 2011, 228, 231.

[594] EuGH vom 14.4.1994 – Rs. C-392/92 (Christel Schmidt), NZA 1994, 545.

– „Ayse Süzen",[595]
– „Abler",[596]
– „Güney-Görres",[597]
– „Klarenberg",[598]
– „UGS–FSP",[599]

an denen sich wiederum die Rechtsprechung des BAG fortlaufend orientiert und fortentwickelt hat.

272   Im Gegensatz zum Asset Deal begründet ein **Share Deal** keinen Betriebsübergang, da sich hierbei für den Arbeitnehmer der Unternehmensträger als Arbeitgeber nicht ändert, sondern lediglich der Anteilsinhaber an dem Unternehmensträger. § 613a BGB und auch die Richtlinie 2001/23/EG finden somit beim Share Deal keine Anwendung.[600] Dies gilt selbst dann, wenn alle Gesellschafter ausscheiden und ihre Gesellschaftsanteile auf einen oder mehrere Erwerber übertragen.[601]

273   Ein Betriebsübergang im Sinne von § 613a BGB liegt ebenfalls nicht vor, wenn zuvor eine **Betriebsstilllegung** erfolgt ist, weil Betriebsübergang und Betriebsstilllegung sich gegenseitig ausschließen.[602] Um Umgehungsversuche zu vermeiden, stellt die Rechtsprechung an die Annahme einer Betriebsstilllegung jedoch strenge Anforderungen. Von einer Betriebsstilllegung ist danach nur auszugehen, wenn der Betrieb tatsächlich in der erkennbaren Absicht eingestellt wird, auch für die Zukunft bzw. jedenfalls für einen längeren Zeitraum die bisherige Tätigkeit zu beenden. Dafür ist eine Auflösung der vorhandenen Betriebsorganisation notwendig. Solange etwa der alte Betriebsinhaber mit Kaufinteressenten über die Übernahme des Betriebs verhandelt, kann keine Betriebsstilllegung angenommen werden.[603]

274   Ein Betriebsübergang wird nach der Rechtsprechung des BAG[604] hingegen nicht allein dadurch ausgeschlossen, dass der Betrieb bzw. Betriebsteil an einen **anderen Standort verlagert** wird, auch wenn sich dieser zukünftig im **Ausland** befindet. Ist die räumliche Entfernung zwischen alter und neuer Betriebsstätte erheblich kann dies jedoch Zweifel begründen, ob die wirtschaftliche Einheit im Rahmen der vorzunehmenden Gesamtbetrachtung weiter ihre Identität wahrt. Wann von einer erheblichen Entfernung auszugehen ist, ist in der Rechtsprechung nicht abschließend geklärt; eine Wegstrecke von weniger als einer Autostunde soll nach Auffassung des BAG jedenfalls noch nicht erheblich sein.[605]

275   Die (zwingende)[606] Vorschrift des § 613a BGB begründet beim Asset Deal wegen des mit ihr bezweckten Schutzes der Arbeitnehmer unter anderem einen gesetzlichen Über-

---

[595] EuGH vom 11.3.1997 – Rs. C-13/95 (Ayse Süzen/Zehnacker Gebäudereinigung GmbH Krankenhausservice), NJW 1997, 2039.

[596] EuGH vom 20.11.2003 – Rs. C-340/01 (C. Abler u. a./Sodexho MM Catering Gesellschaft mbH), BB 2004, 272.

[597] EuGH vom 15.12.2005 – Rs. C-232/04 und C-233/04 (Güney-Görres u. a.), BB 2006, 272.

[598] EuGH vom 12.2.2009 – Rs. C-466/07 (Dietmar Klarenberg/Ferrotron Technologies GmbH), NJW 2009, 2029.

[599] Vgl. EuGH vom 29.7.2010 – Rs. C-151/09, NZA 2010, 1014.

[600] BAG vom 27.4.2017 – 8 AZR 859/15, AP Nr. 469 zu § 613a BGB.

[601] BAG vom 14.8.2007 – 8 AZR 803/06, NJW 2008, 314.

[602] BAG vom 16.2.2012 – 8 AZR 693/10, DB 2012, 1817; BAG vom 6.4.2006 – 8 AZR 222/04, NZA 2006, 723, 725; vgl. auch *von Steinau-Steinrück/Thees* in: Hölters, Handbuch des Unternehmens- und Beteiligungskaufs, Kapitel 6 Rn. 63 ff.; *Hausch*, BB 2008, 1392, 1393.

[603] *Willemsen* in: Willemsen/Hohenstatt/Schweibert/Seibt, Umstrukturierung und Übertragung von Unternehmen, Teil G Rn. 74; *Holzapfel/Pöllath*, Unternehmenskauf in Recht und Praxis, Teil A. Rn. 1534.

[604] BAG vom 26.5.2011 – 8 AZR 37/10, BB 2012, 577.

[605] BAG vom 26.5.2011 – 8 AZR 37/10, BB 2012, 577.

[606] Vgl. *Weidenkaff* in: Palandt, BGB, § 613a Rn. 3.

gang sämtlicher Pflichten des Unternehmensverkäufers aus den bestehenden Arbeitsverhältnissen auf den Erwerber. Der **Begriff der Arbeitsverhältnisse** umfasst dabei auch[607]

- leitende Angestellte,
- Berufsausbildungsverhältnisse,
- gekündigte Arbeitsverhältnisse, solange die Kündigungsfrist läuft,
- Versorgungs- und Ruhegeldanwartschaften sowie
- Altersteilzeitarbeitsverhältnisse, und zwar auch in der Freistellungsphase.

§ 613a BGB erfasst jedoch **nicht etwaige Ruhestandsverhältnisse,**[608] so dass diese grundsätzlich beim Verkäufer verbleiben.

> **Beachte:** Eine Haftung des Käufers für Renten aus Ruhestandsverhältnissen kann sich aber aus § 25 HGB ergeben.[609]

Vom Anwendungsbereich des § 613a BGB sind in personeller Hinsicht mangels Qualifikation als Arbeitsverhältnis grundsätzlich (zu Ausnahmen siehe weiter unten) **nicht erfasst**

- freie Mitarbeiterverhältnisse,
- Anstellungsverhältnisse der Vertretungsorgane (Geschäftsführer oder Vorstandsmitglieder),
- arbeitnehmerähnliche Rechtsverhältnisse.

Will der Käufer auch diese Personen im Rahmen des Unternehmenskaufs übernehmen, müssen die (Anstellungs-)Verträge ausdrücklich im Wege einer Vertragsübernahme unter Zustimmung der betroffenen Personen übergeleitet werden.[610]

> **Praxishinweis:** Freie Mitarbeiterverhältnisse sind vielfach nur sehr schwer von Arbeitsverhältnissen abzugrenzen, insbesondere wenn die freien Mitarbeiter im Betrieb des Verkäufers wie eigenes Personal eingesetzt werden. Das Risiko einer möglichen Scheinselbstständigkeit dieser freien Mitarbeiter sollte daher bei einem Unternehmenskauf, vor allem wenn viele freie Mitarbeiterverhältnisse auf Verkäuferseite existieren, einer besonderen Prüfung unterzogen werden, denn auch Scheinselbstständige werden von einem Betriebsübergang erfasst. Besonderes Augenmerk sollte auch auf die von Unternehmen oftmals praktizierte „verdeckte Arbeitnehmerüberlassung" gelegt werden, bei der ein Unternehmen Fremdpersonal auf der Grundlage eines Werk- oder Dienstvertrages einsetzt, obgleich es sich in Wirklichkeit um eine Arbeitnehmerüberlassung im Sinne des AÜG handelt. Hier waren die Unternehmen früher vor negativen Rechtsfolgen geschützt, wenn das Verleihunternehmen vorsorglich eine Überlassungserlaubnis beantragt hatte, quasi als eine Art „Sicherheitsnetz". Mit der AÜG-Reform im April 2017 wurde diese sogenannte „Fallschirmlösung" vom Gesetzgeber jedoch durch die Einführung entsprechender Pflichten zur Kennzeichnung und Dokumentation ausgeschlossen.

Nach einem Urteil des EuGH in der Rs. ***Albron Catering***[611] können auch bei einer **276** **konzerninternen Arbeitnehmerüberlassung,** bei der die Arbeitnehmer in einer konzerneigenen Personalführungsgesellschaft angestellt und dauerhaft an ein anderes Konzernunternehmen verliehen werden, die bestehenden **Leiharbeitsverhältnisse** nach § 613a BGB auf den Erwerber des Betriebs, in dem diese Arbeitnehmer beschäftigt werden, übergehen. Dies obgleich der Veräußerer in diesem Fall selbst nicht Vertragarbeitgeber des Leih-

---

[607] Vgl. *Weidenkaff* in: Palandt, BGB, § 613a Rn. 5 m. w. N.
[608] BAG vom 24.3.1987 – 3 AZR 384/85, NZA 1988, 246; BAG vom 18.3.2003 – 3 AZR 313/02, NZA 2004, 848, 850.
[609] Siehe zu § 25 HGB ausführlich → Rn. 262 ff.
[610] Vgl. auch *Brück/Sinewe*, Steueroptimierter Unternehmenskauf, § 5 Rn. 63.
[611] EuGH vom 21.10.2010 – Rs. C-242/09 (Albron Catering BV/FNV Bondgenoten, John Roest), NJW 2011, 439.

arbeitnehmers ist, sondern die Personalführungsgesellschaft. Der EuGH hat dazu in seiner Entscheidung den Begriff des „nichtvertraglichen Arbeitgebers" geschaffen. In der Literatur wird im Nachgang zu dieser Entscheidung nun kontrovers diskutiert, ob die Auswirkungen dieses Urteils nur auf den Fall der konzerninternen Arbeitnehmerüberlassung beschränkt sind oder hiervon auch die „normale" Arbeitnehmerüberlassung erfasst wird, sofern diese – entgegen dem Wortlaut des § 1 Abs. 1 Satz 2 AÜG – nicht „vorübergehend" erfolgt.[612]

> **Praxishinweis:** Bei Unternehmensverkäufen im Wege des Asset Deals und Umstrukturierungen sollte mit Blick auf diese Entscheidung des EuGH in der Rs. „Albron Catering" sorgfältig geprüft werden, ob es sich bei Leiharbeitsverhältnissen tatsächlich um solche der vorübergehenden Entsendung handelt, oder ob die Leiharbeiter über Jahre hinweg dauerhaft beim Verkäufer eingesetzt wurden, da dann eine Anwendung des § 613a BGB in Betracht kommt.[613] Seit der AÜG-Reform im Jahr 2017 sind hier insbesondere die gesetzlichen Vorgaben in § 1 Abs. 1b AÜG zur Überlassungshöchstdauer zu beachten.

277   Im Nachgang zur Entscheidung des EuGH in der Rs. *Danosa,*[614] in der der EuGH die Geschäftsführerin einer lettischen Kapitalgesellschaft als „Arbeitnehmerin" im Sinne der Mutterschutzrichtlinie eingestuft hatte, wurde in der Literatur kontrovers diskutiert, ob diese Entscheidung auch für **Fremd- und Minderheitsgesellschafter-Geschäftsführer** einer deutschen GmbH gilt und welche Auswirkungen diese Entscheidung auf die Anwendung weiterer nationaler arbeitsrechtlicher Vorschriften hat. Der EuGH hat zwischenzeitlich in einer weiteren Entscheidung (Rs. *Balkaya*)[615] zur Massenentlassungsrichtlinie ausdrücklich klargestellt, dass auch der Fremdgeschäftsführer einer deutschen GmbH in der Regel Arbeitnehmer im Sinne des unionsrechtlichen Arbeitnehmerbegriffs ist. Entgegen vereinzelter Stimmen in der Literatur führt diese Rechtsprechung des EuGH jedoch **nicht** dazu, dass nunmehr auch **Anstellungsverhältnisses von Fremdgeschäftsführern** von einem **Betriebsübergang** nach § 613a BGB erfasst wären. Denn die Betriebsübergangs-Richtlinie 2001/23/EG stellt in Artikel 2 Buchst. d klar und deutlich auf den einzelstaatlichen und nicht den unionsrechtlichen Arbeitnehmerbegriff ab, so dass eine Anwendung des § 613a BGB auf Fremdgeschäftsführer auch in Zukunft nicht zu erwarten ist.[616]

278   § 613a BGB gilt grundsätzlich auch beim **Kauf vom Insolvenzverwalter,**[617] jedoch mit der Einschränkung, dass nach Verfahrenseröffnung die Vorschrift kraft teleologischer Reduktion eine Haftung des Erwerbers für solche Ansprüche von Arbeitnehmern ausschließt, die bei Insolvenzeröffnung bereits entstanden waren.[618] Diesbezüglich ist jedoch zu beachten, dass das BAG dem EuGH mit Beschluss vom 16.10.2018[619] die Frage zur Entscheidung vorgelegt hat, ob Art. 3 Abs. 4 der Richtlinie 2001/23/EG bei einem Betriebsübergang nach Eröffnung eines Insolvenzverfahrens über das Vermögen des Betriebs-

---

[612]Vgl. dazu die Urteilsanalysen von *Forst,* RdA 2011, 228, 232; *Kühn,* NJW 2011, 1408; *Willemsen,* NJW 2011, 1546; *Junker,* NZA 2011, 950, 952; *Gaul/Ludwig,* DB 2011, 298; *Bauer/von Medem,* NZA 2011, 20; *Mückl,* DB 2015, 2695, der darüber hinaus ein besonderes Augenmerk auf Arbeitnehmer legt, die in Matrix-Strukturen tätig sind.

[613]Vgl. zu den damit verbundenen schwierigen Abgrenzungsfragen *Willemsen,* NJW 2011, 1546, 1548 ff.; *Bauer/von Medem,* NZA 2011, 20; *Mückl,* DB 2015, 2695.

[614] EuGH vom 11.11.2010 – Rs. C-232/09 (Dita Danosa/LKB Lizzings SIA), NZA 2011, 143.

[615] EuGH vom 9.7.2015 – Rs. C-229/14 (Balkaya), BB 2015, 2554.

[616] *Arnold,* Anm. zu EuGH vom 9.7.2015, NJW 2015, 2481; *Commandeur/Kleinebrink,* NZA-RR 2017, 449.

[617]Vgl. auch zum Betriebsübergang in der Insolvenz BAG vom 25.10.2007 – 8 AZR 917/06, NZA-RR 2008, 367.

[618] *Holzapfel/Pöllath,* Unternehmenskauf in Recht und Praxis, Teil B Rn. 2388; *von Steinau-Steinrück/Thees* in: Hölters, Handbuch des Unternehmens- und Beteiligungskaufs, Kapitel 6, Rn. 278 ff.

[619] BAG vom 16.10.2018 – 3 AZR 139/17 A, WM 2018, 2199.

veräußerers eine Einschränkung dahingehend erlaubt, dass der Erwerber nicht für Anwartschaften haftet, die auf Beschäftigungszeiten vor der Insolvenzeröffnung beruhen. Sollte der EuGH diese Haftungseinschränkung des Erwerbers für europarechtswidrig halten, so würde dies weitreichende Folgen für den Erwerber haben.

Da die Regelung des § 613a BGB im Falle der Insolvenz als Sanierungshindernis ersten Grades wirkt, wollte der Gesetzgeber mit der Vorschrift des § 128 InsO die Schwierigkeiten des Erwerbers, die sich aus dem zwingenden Übergang aller Arbeitsverhältnisse auf einen Betriebserwerber ergeben, verringern.[620] Die bloße **Fortführung des Betriebes durch den Insolvenzverwalter** fällt hingegen schon gar nicht unter den Anwendungsbereich des § 613a BGB.[621]

Auch im Falle einer Verschmelzung, Spaltung und Vermögensübertragung bleiben gemäß § 324 UmwG die Regelungen des § 613a Abs. 1, 4 bis 6 BGB anwendbar. Die Regelung des § 324 UmwG enthält eine Rechtsgrundverweisung auf § 613a Abs. 1 BGB. Daher sind die Voraussetzungen eines Betriebsübergangs nach § 613a BGB in jedem der in § 324 UmwG genannten **Umwandlungsfälle** selbstständig zu prüfen.[622]

bb) Tatbestandsvoraussetzungen. Ein Betriebsübergang i.S.v. § 613a BGB sowie **279** der Richtlinie 2001/23/EG setzt voraus, dass eine bestehende wirtschaftliche Einheit unter Wahrung ihrer Identität von einem neuen Rechtsträger fortgeführt wird.[623] Um eine solche **wirtschaftliche Einheit** handelt es sich bei jeder hinreichend strukturierten und selbstständigen Gesamtheit von Personen und/oder Sachen zur auf Dauer angelegten Ausübung einer wirtschaftlichen Tätigkeit mit eigenem Zweck.[624]

Wann die erforderliche Identität der wirtschaftlichen Einheit gegeben ist, kann nicht generell beantwortet werden. Vielmehr müssen sämtliche den betreffenden Vorgang kennzeichnenden Tatsachen berücksichtigt werden, wozu im Anschluss an den EuGH[625] nach ständiger Rechtsprechung des BAG insbesondere die folgenden **sieben Teilaspekte** im Rahmen einer wertenden **Gesamtwürdigung** zu berücksichtigen sind:[626]

(1) die **Art** des betreffenden Unternehmens oder Betriebs,
(2) der etwaige Übergang der **materiellen Betriebsmittel,** wie Gebäude oder bewegliche Güter und Maschinen,
(3) der Wert der **immateriellen Aktiva** im Zeitpunkt des Übergangs,
(4) die etwaige Übernahme der **Hauptbelegschaft** durch den neuen Inhaber,
(5) der etwaige Übergang der **Kundschaft,**
(6) der Grad der Ähnlichkeit zwischen den vor und nach dem Übergang verrichteten **Tätigkeiten** und
(7) die Dauer einer eventuellen **Unterbrechung** dieser Tätigkeit.

Die Identität der wirtschaftlichen Einheit kann sich auch aus anderen Merkmalen er- **280** geben, wie zum Beispiel

---

[620] *Wolf* in: Braun, Insolvenzordnung, § 128 Rn. 1.

[621] Vgl. *Weidenkaff* in: Palandt, BGB, § 613a Rn. 8.

[622] BAG vom 12.6.2019 – 1 AZR 154/17, ZIP 2019, 1340; *Willemsen* in: Kallmeyer, Umwandlungsgesetz, § 324 Rn. 1 ff.

[623] BAG vom 19.3.2015 – 8 AZR 150/14, DB 2015, 2030; EuGH vom 27.2.2020 – Rs. C-298/18 (Grafe ua.), EuZW 2020, 294.

[624] EuGH vom 6.3.2014 – Rs. C-458/12 (Amatori ua.), NZA 2014, 423; BAG vom 21.5.2015 – 8 AZR 409/13, DB 2015, 2641.

[625] EuGH vom 11.3.1997 – Rs. C-13/95 (Ayse Süzen/Zehnacker Gebäudereinigung GmbH Krankenhausservice), NJW 1997, 2039; EuGH vom 15.12.2005 – Rs. C-232/04 und C-233/04 (Güney-Görres u.a.), BB 2006, 272.

[626] BAG vom 19.3.2015 – 8 AZR 150/14, DB 2015, 2030; BAG vom 22.8.2013 – 8 AZR 521/12, DB 2014, 848; vgl. auch *Weidenkaff* in: Palandt, BGB, § 613a Rn. 11 sowie detailliert zu den einzelnen Prüfungspunkten: *von Steinau-Steinrück/Thees* in: Hölters, Handbuch des Unternehmens- und Beteiligungskaufs, Kapitel 6, Rn. 33 ff.

– dem Personal der Einheit,
– ihren Führungskräften,
– ihrer Arbeitsorganisation,
– ihren Betriebsmethoden und
– gegebenenfalls den ihr zur Verfügung stehenden Betriebsmitteln.[627]

Den vorgenannten Kriterien kommt dabei je nach ausgeübter Tätigkeit sowie den jeweiligen Produktions- und Betriebsmethoden unterschiedliches Gewicht zu.[628] In dienstleistungsorientierten Branchen, in denen es z. B. im Wesentlichen auf die **menschliche Arbeitskraft** ankommt, kann dabei auch eine strukturierte Gesamtheit von Arbeitnehmern trotz des Fehlens nennenswerter materieller oder immaterieller Vermögenswerte eine wirtschaftliche Einheit darstellen. Die Wahrung der Identität der wirtschaftlichen Einheit ist in diesem Fall anzunehmen, wenn der neue Betriebsinhaber nicht nur die betreffende Tätigkeit weiterführt, sondern auch einen nach Zahl und Sachkunde wesentlichen Teil des Personals übernimmt, das sein Vorgänger gezielt bei dieser Tätigkeit eingesetzt hatte.[629] Haben die betreffenden Arbeitnehmer dabei einen **geringen Qualifikationsgrad,** muss eine sehr **hohe Anzahl** von ihnen weiterbeschäftigt werden, um auf einen Fortbestand der vom Veräußerer geschaffenen Arbeitsorganisation schließen zu können. Ist ein Betrieb hingegen stärker durch **Spezialwissen** und die **Qualifikation der Arbeitnehmer** geprägt, kann neben anderen Kriterien bereits ausreichend sein, dass **wesentliche Teile der Belegschaft** wegen ihrer Sachkunde übernommen werden. Entscheidend ist, ob der weiterbeschäftigte Belegschaftsteil insbesondere aufgrund seiner Sachkunde, seiner Organisationsstruktur und nicht zuletzt auch seiner relativen Größe im Grundsatz funktionsfähig bleibt.[630] Wesentliches Gewicht in der Gesamtbeurteilung kommt dabei auch dem Kriterium zu, ob die bisherige Leitung beibehalten wird oder wechselt.[631]

281   Die bloße Fortführung der Tätigkeit durch einen anderen Auftragnehmer stellt hingegen eine **reine Funktionsnachfolge** und somit ebenso wie die **reine Auftragsnachfolge** – so z. B. bei bloßer Neuvergabe eines Dienstleistungsauftrags – keinen Betriebsübergang dar.[632]

282   **In betriebsmittelgeprägten Betrieben** kann ein Betriebsübergang auch ohne Übernahme von Personal vorliegen. Entscheidendes Kriterium ist hier, ob der Einsatz der sächlichen Betriebsmittel bei einer wertenden Gesamtbetrachtung den eigentlichen Kern des zur Wertschöpfung erforderlichen Funktionszusammenhangs ausmacht, was insbesondere dann der Fall ist, wenn die Betriebsmittel unverzichtbar zur auftragsgemäßen Verrichtung der Tätigkeiten sind, auf dem freien Markt nicht erhältlich sind oder ihr Gebrauch vom Auftraggeber zwingend vorgeschrieben ist.[633] Die **Überlassung der Betriebsmittel** zur eigenwirtschaftlichen Nutzung ist dabei ebenso wenig Voraussetzung für die Feststellung

---

[627] BAG vom 25.8.2016 – 8 AZR 53/15, NZA-RR 2017, 123; BAG vom 22.8.2013 – 8 AZR 521/12, DB 2014, 848; BAG vom 22.1.2009 – 8 AZR 158/07, NZA 2009, 905, 906; EuGH vom 20.7.2017 – Rs. C-416/16 (Piscarreta Ricardo), NZA 2017, 1175.

[628] BAG vom 22.1.2015 – 8 AZR 139/14, NZA 2015, 1325; EuGH vom 27.2.2020 – Rs. C-298/18 (Grafe ua.), EuZW 2020, 294.

[629] EuGH vom 6.9.2011 – Rs. C-108/10 (Scattolon), NZA 2011, 1077; BAG vom 19.3.2015 – 8 AZR 150/14, DB 2015, 2030.

[630] BAG vom 24.1.2013 – 8 AZR 706/11, DB 2013, 1556.

[631] BAG vom 22.1.2015 – 8 AZR 139/14, DB 2015, 1608; BAG vom 22.5.2014 – 8 AZR 1069/12, NZA 2014, 1335.

[632] BAG vom 22.8.2013 – 8 AZR 521/12, DB 2014, 848; BAG vom 22.1.2009 – 8 AZR 158/07, NZA 2009, 905, 906; vgl. auch von *Steinau-Steinrück/Thees* in: Hölters, Handbuch des Unternehmens- und Beteiligungskaufs, Kapitel 6 Rn. 42.

[633] BAG vom 22.8.2013 – 8 AZR 521/12, DB 2014, 848; BAG vom 10.5.2012 – 8 AZR 434/11, NZA 2012, 905, 1161.

eines Betriebsübergangs,[634] wie der Umstand, dass der Erwerber kein **Eigentum an den Betriebsmitteln** erlangt hat, sondern diese vom Auftraggeber nur zur Verfügung gestellt werden.[635] Ausreichend sind auch (konkludente) Nutzungsvereinbarungen wie Pacht, Nießbrauch oder untypische Verträge.[636] Zu beachten ist, dass der EuGH in einer aktuellen Entscheidung vom 27.2.2020[637] (Rs. Grafe und Pohle) bei der Übernahme einer Tätigkeit, deren Ausübung nennenswerte Betriebsmittel erfordert (Betrieb von Buslinien) nun zusätzlich auch prüft, ob diesen Betriebsmitteln aufgrund ihrer Austauschbarkeit oder ihrer mangelnden Nutzungsmöglichkeit beim Erwerber überhaupt eine identitätsprägende Bedeutung für die wirtschaftliche Einheit zukommt.

> **Praxishinweis:** Die Reichweite des § 613a BGB ist im Einzelfall schwer abzugrenzen und bedarf stets sorgfältigster Prüfung im Rahmen der Due Diligence.[638]

Die Voraussetzung der **„organisierten Zusammenfassung von Ressourcen"** gemäß **283** Art. 1 Nr. 1b) der Richtlinie 2001/23/EG stellt dabei nicht so sehr auf die konkrete Organisation der verschiedenen Produktionsfaktoren ab als vielmehr auf den Zusammenhang der Wechselbeziehung und gegenseitigen Ergänzung, der die Produktionsfaktoren verknüpft, und dazu führt, dass sie bei der Ausübung einer bestimmten wirtschaftlichen Tätigkeit ineinander greifen.[639] Ein Betriebsübergang scheidet demnach aus, wenn die funktionelle Verknüpfung der Wechselbeziehung und gegenseitigen Ergänzung zwischen den Produktionsfaktoren beim Erwerber verloren geht. Bei einer **Eingliederung** der übertragenen Einheit **in die Struktur des Erwerbers** fällt der Zusammenhang dieser funktionellen Verknüpfung der Wechselbeziehung und gegenseitigen Ergänzung zwischen den für einen Betriebsübergang maßgeblichen Faktoren allerdings nicht zwangsläufig weg. Eine Beibehaltung der „organisatorischen Selbständigkeit" ist nach der aktuellen Rechtsprechung für die Annahme eines Betriebsübergangs nicht mehr erforderlich, wohl aber die Beibehaltung des Funktions- und Zweckzusammenhangs zwischen den verschiedenen übertragenen Faktoren, der es dem Erwerber erlaubt, diese Faktoren, auch wenn sie in einer anderen Organisationsstruktur eingegliedert werden, zur Verfolgung einer bestimmten wirtschaftlichen Tätigkeit zu nutzen.[640]

Dem Übergang des gesamten Betriebes steht, soweit die Voraussetzungen des § 613a **284** BGB erfüllt sind, der Übergang eines **Betriebsteils** gleich. Auch beim Erwerb eines Betriebsteils ist es daher erforderlich, dass die wirtschaftliche Einheit ihre Identität wahrt. Ein Betriebsteilübergang setzt demnach voraus, dass eine Teileinheit des Betriebes bereits beim früheren Betriebsinhaber die Qualität eines Betriebsteils gehabt hat, das heißt eine **selbstständig abtrennbare organisatorische Einheit** gebildet hat, mit der innerhalb des betrieblichen Gesamtzwecks ein Teilzweck (auch bloße Hilfsfunktionen) verfolgt wurde.[641] Inwieweit eine Teileinheit eine abtrennbare organisatorische Einheit bildet, richtet sich dabei auch nach Merkmalen wie ihrem Personal, ihren Führungskräften, ihrer Arbeitsorganisation, ihren Betriebsmethoden und gegebenenfalls den ihr zur Verfügung stehenden

---

[634] BAG vom 15.12.2011 – 8 AZR 197/11, NZA-RR 2013, 179; EuGH vom 15.12.2005 – Rs. C-232/04 und C-233/04 (Güney-Görres u. a.), BB 2006, 272, 275 (Tz. 42).

[635] BAG vom 22.1.2015 – 8 AZR 139/14, DB 2015, 1608; BAG vom 22.8.2013 – 8 AZR 521/12, DB 2014, 848.

[636] BAG vom 25.10.2007 – 8 AZR 917/06, NZA-RR 2008, 367, 370.

[637] EuGH vom 27.2.2020 – Rs. C-298/18 (Grafe und Pohle), NZA 2020, 443.

[638] Siehe auch den Rechtsprechungsüberblick bei *Hunold*, NZA-RR 2010, 281.

[639] EuGH vom 12.2.2009 – Rs. C-466/07 (Dietmar Klarenberg/Ferrotron Technologies GmbH), NJW 2009, 2029, 2031 (Tz 47 f.).

[640] BAG vom 22.8.2013 – 8 AZR 521/12, DB 2014, 848; BAG vom 23.5.2013 – 8 AZR 207/12, DB 2013, 2336.

[641] BAG vom 13.10.2011 – 8 AZR 455/10, BAGE 139, 309; BAG vom 27.1.2011 – 8 AZR 326/09, NZA 2011, 1162; *Willemsen*, NZA 2014, 1010.

Betriebsmitteln. Seit der Entscheidung des EuGH in der Rs. *Klarenberg*[642] ist es für einen Betriebsteilübergang hingegen nicht mehr ausschlaggebend, ob der Betriebsteil innerhalb der Struktur des Erwerbers seine Selbstständigkeit bewahrt oder nicht. Es genügt auch hier, wenn die funktionelle Verknüpfung zwischen den übertragenen materiellen und immateriellen Betriebsmitteln sowie den sonstigen Produktionsfaktoren wie etwa Kunden- und Lieferantenbeziehungen oder den Fertigungsmethoden beibehalten wird und dies dem Erwerber ermöglicht, diese verknüpften Faktoren zu nutzen, um derselben oder einer gleichartigen wirtschaftlichen Tätigkeit nachzugehen.[643]

Beispiele für einen Betriebsteilübergang sind
– Erwerb eines Auslieferungslagers,[644]
– Übertragung von Reinigungsarbeiten in einem Krankenhaus,[645]
– Übernahme eines Seeschiffes.[646]

285   Insbesondere dann, wenn nur ein Betriebsteil und nicht der gesamte Betrieb veräußert wird, stellt sich die Frage, welche Arbeitnehmer der zu **übertragenden Einheit zuzuordnen** sind. Ein Arbeitnehmer ist nämlich nur dann dem übertragenen Betriebsteil zuzuordnen, wenn er zum Zeitpunkt des Betriebsübergangs in dessen Struktur eingebunden, also **tatsächlich eingegliedert** ist. Es reicht hingegen nicht aus, dass er nur Tätigkeiten für den übertragenen Teil verrichtet hat, ohne in dessen Struktur eingebunden gewesen zu sein.[647] Bei Arbeitnehmern, die in mehrere Betriebsteile eingegliedert sind, kommt es für die Zuordnung zunächst auf den übereinstimmenden Willen der beteiligten Arbeitsvertragsparteien an, also den des Veräußerers und des betreffenden Arbeitnehmers. Liegt ein solcher einvernehmlicher Wille weder in ausdrücklicher noch in konkludenter Form vor, so erfolgt die Zuordnung grundsätzlich – ausdrücklich oder konkludent – durch den Arbeitgeber aufgrund seines Direktionsrechts.[648] Ist weder eine einvernehmliche noch eine einseitige Zuordnung eindeutig feststellbar, stellt das BAG darauf ab, wo der Schwerpunkt der Tätigkeit lag, also in welchem Betriebsteil der Arbeitnehmer vor dem Betriebs(teil)-übergang überwiegend tätig war.[649]

> **Praxishinweis:** Vereinbarungen zwischen dem Veräußerer und dem Erwerber bezüglich der Zuordnung von Arbeitnehmern zu Betrieben oder Betriebsteilen sind nach der Rechtsprechung des BAG zwar grundsätzlich unbeachtlich. Dies hindert den Veräußerer jedoch nicht daran, vor dem Betriebsübergang von seinem Direktionsrecht im Rahmen des Zulässigen Gebrauch zu machen und eine klare Zuordnung der Arbeitnehmer vorzunehmen.[650]

286   Nach der Rechtsprechung des BAG genügt die bloße Möglichkeit, den Betrieb unverändert fortführen zu können, noch nicht für die Annahme eines Betriebsüberganges; entscheidend ist vielmehr, dass der **Erwerber tatsächlich von der Möglichkeit der**

---

[642] EuGH vom 12.2.2009 – Rs. C-466/07 (Dietmar Klarenberg/Ferrotron Technologies GmbH), NJW 2009, 2029, 2031.

[643] BAG vom 22.1.2015 – 8 AZR 139/14, DB 2015, 1608.

[644] BAG vom 18.12.2003 – 8 AZR 621/02, NJW 2004, 2324.

[645] BAG vom 21.5.2008 – 8 AZR 481/07, NZA 2009, 144.

[646] BAG vom 2.3.2006 – 8 AZR 147/05, NZA 2006, 1105; BAG vom 18.3.1997 – 3 AZR 729/95, NZA 1998, 97.

[647] BAG vom 24.1.2013 – 8 AZR 706/11, DB 2013, 1556; BAG vom 24.8.2006 – 8 AZR 556/05, DB 2006, 2818.

[648] BAG vom 17.10.2013 – 8 AZR 763/12, NZA 2014, 392; BAG vom 21.2.2013 – 8 AZR 877/11, DB 2013, 1178; BAG vom 24.1.2013 – 8 AZR 706/11, DB 2013, 1556.

[649] BAG vom 17.10.2013 – 8 AZR 763/12, NZA 2014, 392; BAG vom 24.1.2013 – 8 AZR 706/11, DB 2013, 1556.

[650] Siehe zu den damit verbundenen Fragen einer rechtlichen Grenze der Zuordnungsentscheidung *Elking*, NZA 2014, 295.

Fortführung des Betriebs Gebrauch macht oder den Betrieb wieder aufnimmt.[651] Der Betriebsübergang tritt mit dem Wechsel in der Person des Betriebsinhabers ein, also mit dem Wechsel der Person, die für den Betrieb der übertragenen Einheit als Inhaber verantwortlich ist. Verantwortlich ist die Person, die den Betrieb im eigenen Namen führt und nach außen als Betriebsinhaber auftritt. Entscheidendes Kriterium für die Annahme eines Betriebsübergangs und demzufolge auch für den **Zeitpunkt des Betriebsübergangs** ist daher der Wechsel in der Person des Inhabers, also ab wann der neue Inhaber die Geschäftstätigkeit tatsächlich weiterführt oder wieder aufnimmt.[652]

> **Praxishinweis:** Eine im Kaufvertrag getroffene Vereinbarung, wonach der Erwerber den Betrieb zu einem bestimmten Zeitpunkt übernimmt, spricht zwar in Regel dafür, dass der Betriebsübergang auch zu diesem vereinbarten Zeitpunkt erfolgt. Die Vertragsparteien sollten jedoch zusätzlich darauf achten, dass keine Umstände eintreten, die der Annahme eines Betriebsübergangs zu dem vereinbarten Zeitpunkt widersprechen, etwa weil der Erwerber die Leitungsmacht vom Veräußerer – geplant oder ungeplant – bereits zu einem früheren Zeitpunkt übernommen hat.

Weitere Tatbestandsvoraussetzung des § 613a BGB ist ein Betriebsübergang **durch** **287** **Rechtsgeschäft,**[653] wodurch die Fälle der Gesamtrechtsnachfolge und der Übertragung aufgrund eines Hoheitsakts von der Anwendbarkeit des § 613a BGB ausgeschlossen werden sollen.[654] Der Begriff „durch Rechtsgeschäft" ist nach der Rechtsprechung des BAG weit zu verstehen.[655] § 613a BGB ist nicht nur dann anwendbar, wenn der Betrieb oder Betriebsteil als Ganzes, unmittelbar durch einheitliches Rechtsgeschäft von dem Veräußerer auf den Erwerber übertragen wird, sondern auch dann, wenn der Übergang von dem alten auf den neuen Betriebsinhaber rechtsgeschäftlich veranlasst wurde. Nicht von Bedeutung ist dabei, ob dies durch eine Reihe von verschiedenen Rechtsgeschäften oder durch rechtsgeschäftliche Vereinbarungen mit verschiedenen Dritten erfolgt, die ihrerseits Teile des Betriebsvermögens oder der Nutzungsbefugnis darüber von dem ehemaligen Inhaber des Betriebs erlangt haben; entscheidend ist nur, ob die unterschiedlichen Rechtsgeschäfte darauf gerichtet sind, eine funktionsfähige betriebliche Einheit zu übernehmen.[656] Der Begriff „Rechtsgeschäft" erfasst somit **alle Fälle einer Fortführung** der wirtschaftlichen Einheit **im Rahmen vertraglicher und sonstiger rechtsgeschäftlicher Beziehungen,** ohne dass unmittelbare Vertragsbeziehungen zwischen dem bisherigen Inhaber und dem Erwerber bestehen müssen, weshalb ein Betriebsübergang auch nicht daran scheitert, dass es nicht zum Abschluss eines bereits im Entwurf vorliegenden Kaufvertrages gekommen ist.[657]

Bei einem Unternehmenskaufvertrag ist diese Tatbestandsvoraussetzung daher im Ergebnis in aller Regel unproblematisch erfüllt.

cc) Rechtsfolgen des Betriebsübergangs. Wenngleich der Unternehmenskäufer **288** nicht immer die gesamte Belegschaft und schon gar nicht Haftungsrisiken der Vergangenheit aus Arbeitsverhältnissen übernehmen will, hat er dennoch in aller Regel ein Interesse daran, die für den Betrieb benötigten Mitarbeiter zu übernehmen.

---

[651] BAG vom 22.7.2004 – 8 AZR 350/03 (Gefahrstofflager), BB 2005, 216, 218.

[652] BAG vom 21.2.2008 – 8 AZR 77/07, NZA 2008, 825.

[653] Vgl. dazu auch ausführlich *von Steinau-Steinrück/Thees* in: Hölters, Handbuch des Unternehmens- und Beteiligungskaufs, Kapitel 6 Rn. 70 ff.

[654] BAG vom 25.10.2007 – 8 AZR 917/06, NZA-RR, 2008, 367, 369; vgl. aber auch zur „Scattolon-Entscheidung" des EuGH vom 6.9.2011 – Rs. C-108/10, NZA 2011, 1077 und die darin enthaltene Ausweitung des Begriffs „durch Rechtsgeschäft" auch auf Hoheitsakte *Steffan,* NZA 2012, 473.

[655] BAG vom 22.1.2015 – 8 AZR 139/14, DB 2015, 1608.

[656] BAG vom 22.7.2004 – 8 AZR 350/03 (Gefahrstofflager), BB 2005, 216, 221.

[657] BAG vom 25.10.2007 – 8 AZR 917/06, NZA-RR, 2008, 367, 369.

§ 613a BGB beinhaltet eine **gesetzlich angeordnete Vertragsübernahme. Rechtsfolge des Betriebsübergangs** nach § 613a BGB ist daher zunächst, dass alle bestehenden **Arbeitsverhältnisse**[658] des Betriebs oder Teilbetriebs mit allen Rechten und Pflichten auf den Erwerber übergehen.[659] Der Käufer als neuer Arbeitgeber tritt auch uneingeschränkt in sämtliche verfallbaren und unverfallbaren **Versorgungszusagen** aus den bestehenden, auf ihn übergehenden Arbeitsverhältnissen ein. Dabei ist jedoch zu beachten, dass die vom Verkäufer dafür **gebildeten Rückstellungen** nicht zugleich mit übergehen. Diese sind vielmehr beim Verkäufer aufzulösen und beim Käufer neu zu bilden.[660]

> **Praxishinweis:** Die mitunter ganz erheblichen Auswirkungen der Auflösung bzw. Neubildung von Rückstellungen auf den Gewinn sowie die damit verbundenen steuerlichen Konsequenzen sollten bei der Unternehmensbewertung und der Kaufpreisbestimmung berücksichtigt werden.

289   Eine weitere zentrale Rechtsfolge des Betriebsübergangs ist die nach § 613a Abs. 4 Satz 1 BGB angeordnete **Unwirksamkeit der Kündigung** eines Arbeitsverhältnisses **wegen eines Betriebsübergangs** durch den Veräußerer oder Erwerber. Eine Kündigung erfolgt dann „wegen eines Betriebsübergangs", wenn dieser der tragende Grund, nicht nur der äußere Anlass für die Kündigung ist.[661] Dies ist beispielsweise der Fall, wenn der neue Betriebsinhaber die Übernahme bestimmter Arbeitnehmer, deren Arbeitsplätze nach dem Übergang weiterhin erhalten bleiben, deswegen ablehnt, weil diese „ihm zu teuer sind".[662] Das Kündigungsverbot gilt hingegen nicht, wenn es neben dem Betriebsübergang einen sachlichen Grund gibt, der „aus sich heraus" die Kündigung zu rechtfertigen vermag. Der Arbeitgeber ist daher auch im Zusammenhang mit einer Veräußerung des Betriebes nicht daran gehindert, Rationalisierungsmaßnahmen durchzuführen, die zum Ausspruch von betriebsbedingten Kündigungen führen. Bei der Begründung einer Kündigung im Zusammenhang mit einem Betriebsübergang ist demzufolge darauf zu achten, dass diese auf einem eigenständigen, zumeist betriebsbedingten Grund beruht und nicht der Betriebsinhaberwechsel als alleiniges Motiv angeführt wird.

Alle **Umgehungsversuche** des Kündigungsverbotes in § 613a Abs. 4 BGB durch andere Beendigungstatbestände werden von Seiten der Rechtsprechung einer genauen Prüfung unterzogen und sind in aller Regel unwirksam gemäß § 134 BGB. Die gilt insbesondere für Absprachen zwischen Veräußerer, Erwerber und Arbeitnehmer, nach denen der Arbeitnehmer sein bisheriges Arbeitsverhältnis im Wege eines **Aufhebungsvertrages** beendet und unmittelbar im Anschluss mit dem Erwerber ein neues Arbeitsverhältnis begründet. Ist ein Aufhebungsvertrag zwischen dem Veräußerer und dem Arbeitnehmer hingegen auf das **endgültige Ausscheiden** des Arbeitnehmers aus dem Betrieb gerichtet, und wird demzufolge kein neuer Arbeitsvertrag mit dem Erwerber abgeschlossen oder dem Arbeitnehmer in Aussicht gestellt, so ist dieser auch im Rahmen des § 613a BGB zulässig.[663]

290   Als weitere Folge des Betriebsübergangs **haftet der Erwerber** für sämtliche Ansprüche des Arbeitsnehmers aus dem Arbeitsverhältnis, gleich ob diese vor oder nach dem Betriebsübergang entstanden sind.[664] Für Ansprüche des Arbeitnehmers, die vor dem Zeitpunkt des

---

[658] Siehe zur Definition dieses Begriffs oben → Rn. 275.

[659] Zum Übergang von Arbeitsverhältnissen im Rahmen des § 613a BGB siehe *von Steinau-Steinrück/Thees* in: Hölters, Handbuch des Unternehmens- und Beteiligungskaufs, Kapitel 6, Rn. 91 ff.; vgl. auch *Hausch*, BB 2008, 1392, 1394.

[660] Vgl. *Brück/Sinewe*, Steueroptimierter Unternehmenskauf, § 5 Rn. 78.

[661] BAG vom 20.9.2006 – 6 AZR 249/05, NZA 2007, 387.

[662] BAG vom 26.5.1983 – 2 AZR 477/81, NJW 1984, 627.

[663] BAG vom 25.10.2012 – 8 AZR 572/11, ZInsO 2013, 946.

[664] Hiervon besteht jedoch eine Ausnahme, wenn der Betriebsübergang in der Insolvenz nach Eröffnung des Insolvenzverfahrens erfolgt. In diesem Fall haftet der Erwerber nicht für Verbindlich-

Betriebsüberganges entstanden sind und die vor Ablauf eines Jahres nach diesem fällig werden, statuiert § 613a Abs. 2 Satz 1 BGB allerdings eine Mithaftung des Veräußerers, so dass insoweit Veräußerer und Erwerber als Gesamtschuldner haften. Dabei ist die **Haftung des Veräußerers** für erst nach dem Übergang fällig werdende Ansprüche, z. B. Jahressonderzahlungen, gemäß § 613a Abs. 2 Satz 2 BGB auf den bis zum Betriebsübergang anteilig entstandenen Anspruch beschränkt. Für Ansprüche, die vor dem Betriebsübergang entstanden und fällig geworden sind, haftet der Veräußerer hingegen in vollem Umfang mit. Zu beachten ist, dass das gesetzliche Haftungssystem des § 613a Abs. 2 BGB nur für Arbeitsverhältnisse gilt, die im Wege des Betriebsübergangs auf den Erwerber tatsächlich übergegangen sind. Ansprüche von Arbeitnehmern, deren Arbeitsverhältnis vor dem Betriebsübergang bereits geendet hat, werden hiervon hingegen nicht erfasst, so dass für diese Ansprüche (bspw. Ansprüche aus rückständiger Vergütung, Abfindungsansprüche aus Sozialplänen oder Versorgungsansprüche) ausschließlich der Veräußerer haftet.

Praxishinweis: Die Haftung des Erwerbers für Verbindlichkeiten und sonstige Pflichten aus und im Zusammenhang mit Arbeitsverhältnissen sowie die damit zusammenhängenden Fragen der ordnungsgemäßen Unterrichtung der Arbeitnehmer sollten im Unternehmenskaufvertrag eine eigenständige Regelung erfahren. Als Rechtsfolge kann sich eine Freistellungsverpflichtung des Verkäufers empfehlen, bei der nicht die Haftungsbegrenzungen des Garantiekatalogs eingreifen. Darüber hinaus empfiehlt es sich, in den Kaufvertrag Regelungen mitaufzunehmen, mit denen die Abwicklung von etwaig noch ausstehenden leistungsabhängigen Vergütungen der Arbeitnehmer geklärt wird. Ebenso sollte im Kaufvertrag geregelt werden, wer die Kosten für etwaig noch bestehende offene Urlaubs- bzw. Freizeitausgleichsansprüche übernimmt und wie diese zu berechnen sind.

Im Falle einer **Umwandlung** konkurriert das Haftungssystem des § 613a BGB mit den **291** umwandlungsrechtlichen Haftungsregelungen (**§§ 133, 134 UmwG** und **§ 22 UmwG**), wobei umstritten ist, wie die Konkurrenz dieser beiden Haftungssysteme zu lösen ist.[665]

Bezüglich der Fortgeltung von **Tarifverträgen** beim Erwerber nach einem Betriebs- **292** übergang ist danach zu unterscheiden, ob diese beim Veräußerer normativ, also aufgrund **beidseitiger Tarifgebundenheit** der Arbeitsvertragsparteien, gegolten haben oder aufgrund einer arbeitsvertraglichen Verweisungsklausel.

Haben die Tarifverträge beim Veräußerer **normativ** gegolten, so gelten diese beim Erwerber nach § 613a Abs. 1 Satz 2 BGB fort und werden kraft Gesetzes Inhalt des jeweiligen Arbeitsverhältnisses, d. h. sie werden transformiert. Die transformierten Tarifnormen behalten beim Erwerber aber ihren kollektiv-rechtlichen Charakter.[666] Sofern der Erwerber nicht aufgrund eigener Verbandsmitgliedschaft bereits an denselben Tarifvertrag gebunden ist, gelten die Normen des Tarifvertrages beim Erwerber allerdings nur **statisch** fort, also mit dem Regelungsbestand zum Zeitpunkt des Betriebsübergangs. Spätere Änderungen des Tarifvertrages wirken deshalb tarifrechtlich nicht mehr auf die übergegangenen Arbeitsverhältnisse ein. Eine bereits in der – statisch – fortgeltenden Norm selbst angelegte Dynamik bleibt jedoch aufrechterhalten.[667] Die nach § **613a Abs. 1 Satz 2 BGB** übergegangenen statischen Bedingungen können **vor Ablauf eines Jahres nach dem Betriebsübergang** nur unter bestimmten Voraussetzungen zulasten des Arbeitnehmers geändert werden, nämlich wenn der auf diese besondere Weise statisch weitergeltende Tarifvertrag insgesamt endet oder wenn die Parteien des Arbeitsverhältnisses sich darauf einigen, dass ein anderer

---

keiten, die im Zeitpunkt der Eröffnung des Insolvenzverfahrens bereits entstanden sind. Vgl. Teil → F., Rn. 85.

[665] Siehe hierzu von *Steinau-Steinrück/Thees* in: Hölters, Handbuch des Unternehmens- und Beteiligungskaufs, Kapitel 6, Rn. 269 ff.

[666] BAG vom 22.4.2009 – 4 AZR 100/08, BB 2010, 2116.

[667] BAG vom 21.4.2010 – 4 AZR 768/08, BB 2010, 2965; BAG vom 22.4.2009 – 4 AZR 100/08, BB 2010, 2116.

Tarifvertrag, dessen Geltungsbereich das Arbeitsverhältnis umfasst, auf dieses Anwendung finden soll (§ 613a Abs. 1 Satz 4 BGB). Sind die Arbeitsvertragsparteien nach dem Betriebsübergang hingegen bereits aufgrund beidseitiger Tarifbindung – also sowohl des Erwerbers als auch des Arbeitnehmers – an einen anderen Tarifvertrag gebunden, der dieselben Regelungsgegenstände betrifft, so gilt dieser Tarifvertrag ohnehin vorrangig gemäß § 613a Abs. 1 Satz 3 BGB.[668]

Galten die Tarifverträge beim Veräußerer hingegen aufgrund einer in den Arbeitsverträgen vorgesehenen **Verweisungsklausel,** mit der die Tarifverträge (statisch oder dynamisch) in Bezug genommen werden, so gelten die in Bezug genommenen Normen des Tarifvertrages nach einem Betriebsübergang beim Erwerber unverändert nach § 613a Abs. 1 Satz 1 BGB fort. Der Erwerber wird so gestellt, als hätte er die dem Arbeitsverhältnis zu Grunde liegenden Willenserklärungen, also auch die, ein bestimmtes Tarifwerk in seiner jeweiligen Fassung zum Inhalt des Arbeitsvertrags zu machen, selbst gegenüber dem übernommenen Arbeitnehmer abgegeben.[669] Dies hat zugleich zur Folge, dass die Verweisungsklauseln mit den dort genannten Tarifverträgen nicht der einjährigen Veränderungssperre unterliegen, sondern vom Erwerber jederzeit einvernehmlich und frei mit dem Arbeitnehmer – auch zu dessen Lasten – abgeändert werden können; eines sachlichen Grundes bedarf es hierfür nicht.[670]

293   Nach der aktuellen Rechtsprechung des BAG ist der Erwerber nach einem Betriebsübergang dabei auch an eine vom Veräußerer vereinbarte **dynamische Verweisung** auf einen Tarifvertrag gebunden.[671] Der Erwerber ist damit auch bei zukünftigen Änderungen des in Bezug genommenen Tarifvertrages, beispielsweise bei zukünftigen Lohnerhöhungen, automatisch an diese Regelungen des Tarifvertrages gebunden. Diese Dynamik entfällt nach der Rechtsprechung des BAG auch dann nicht, wenn der Erwerber auf die künftigen Tarifverhandlungen nicht selbst durch die Mitgliedschaft in der tarifschließenden Koalition Einfluss nehmen kann. Nur bei Verweisungsklauseln in **„älteren" Arbeitsverträgen,** die vor dem Inkrafttreten der Schuldrechtsreform am 1. Januar 2002 vereinbart worden sind, wendet die Rechtsprechung aus Gründen des **Vertrauensschutzes** weiterhin die frühere Rechtsprechung des BAG an, wonach eine arbeitsvertragliche Bezugnahmeklausel eines tarifgebundenen Arbeitgebers in der Regel als sog. **Gleichstellungsabrede** auszulegen ist. Geht in diesem Fall das Arbeitsverhältnis auf einen nicht tarifgebundenen Erwerber über, endet die Dynamik der Verweisung und die in Bezug genommenen Tarifverträge sind ab diesem Zeitpunkt nur statisch anzuwenden.[672]

Praxishinweis: Um das Risiko einer dynamischen Fortgeltung der einschlägigen Tarifverträge abzuschätzen, sollte der Erwerber die in den Arbeitsverträgen enthaltenen Bezugnahmeklauseln einer genauen Prüfung daraufhin unterziehen, ob es sich um statische oder dynamische Verweisungen handelt. Ist der Verkäufer tarifgebunden und ergibt sich aus der Personalliste, dass zahlreiche Mitarbeiter eine lange Betriebszugehörigkeit (> 20 Jahren) aufweisen, sollte sich der Erwerber dabei auch die älteren Arbeitsverträge sowie die zwischenzeitlich erfolgten Änderungsverträge anschauen.

In der (englischen) Rechtssache *„Alemo-Herron"*[673] hatte der EuGH im Jahr 2013 entschieden, dass Art. 3 der Richtlinie 2001/23 es einem Mitgliedstaat grundsätzlich verwehre,

---

[668] BAG vom 21.2.2001 – 4 AZR 18/00, NZA 2001, 1318; BAG vom 11.5.2005 – 4 AZR 315/04, NZA 2005, 1362.

[669] BAG vom 23.9.2009 – 4 AZR 331/08, NZA 2010, 513.

[670] BAG vom 7.11.2007 – 5 AZR 1007/06, NZA 2008, 530.

[671] BAG vom 23.9.2009 – 4 AZR 331/08, NZA 2010, 513; BAG vom 24.2.2010 – 4 AZR 691/08, NZA-RR 2010, 530.

[672] BAG vom 26.8.2009 – 4 AZR 285/08, DB 2010, 171; BAG vom 18.4.2007 – 4 AZR 652/05, NJW 2008, 102.

[673] EuGH vom 18.7.2013 – Rs. C-426/11 (Alemo-Herron), NZA 2013, 835.

vorzusehen, dass im Fall eines Unternehmensübergangs die Klauseln, die dynamisch auf nach dem Zeitpunkt des Übergangs verhandelte und abgeschlossene Kollektivverträge verweisen, gegenüber dem Erwerber durchsetzbar sind, wenn dieser nicht die Möglichkeit hat, an den Verhandlungen über diese nach dem Übergang abgeschlossenen Kollektivverträge teilzunehmen. Die Auswirkungen dieser Entscheidung auf das deutsche Recht wurden daraufhin in der Literatur kontrovers diskutiert.[674] Das BAG ist der Auffassung, dass diese vom EuGH getroffenen Aussagen auf privatautonom vereinbarte Verweisungsklauseln im deutschen Recht nicht übertragen werden können; gleichwohl hat das BAG[675] dem EuGH in einem Vorabentscheidungsersuchen die Frage gestellt, ob die von ihm bisher vorgenommene Auslegung des § 613a BGB zur Wirkung einer Verweisungsklausel im Arbeitsvertrag, die dynamisch auf einen beim Betriebsveräußerer geltenden Tarifvertrag verweist, noch mit dem Unionsrecht im Einklang steht. Der EuGH hat in seiner Entscheidung vom 27.4.2017[676] sodann die bisherige Rechtsprechung des BAG ausdrücklich bestätigt und klargestellt, dass die Dynamik einer vertraglichen Bezugnahme auf Tarifverträge nach einem Betriebsübergang nicht aus Gründen des europäischen Rechts entfällt.

Hinsichtlich der Fortgeltung von **Betriebsvereinbarungen**[677] nach einem Betriebs- **294** übergang ist danach zu differenzieren, ob die **betriebsverfassungsrechtliche Identität** des Betriebs im Zusammenhang mit dem Inhaberwechsel verloren geht oder nicht. Geht die Betriebsidentität verloren, ändert sich ihre Rechtsnatur und die in der Betriebsvereinbarung geregelten Rechte und Pflichten der Arbeitnehmer gehen nach § 613a Abs. 1 Satz 2 BGB als so genannte transformierte Normen in das Arbeitsverhältnis mit dem Betriebserwerber ein, es sei denn beim Erwerber bestehen bereits Betriebsvereinbarungen mit gleichem Regelungsgegenstand, die dann die beim Veräußerer bestehenden Betriebsvereinbarungen nach § 613a Abs. 1 Satz 3 BGB ablösen.[678] Bleibt die betriebsverfassungsrechtliche Identität durch eine Übertragung des Betriebs als Ganzes hingegen erhalten, so gelten die Betriebsvereinbarungen unverändert als Kollektivrecht fort.[679] Der Erwerber tritt dann in die betriebsverfassungsrechtliche Stellung des früheren Betriebsinhabers ein und ist an die im Betrieb geltenden Betriebsvereinbarungen jedenfalls so lange gebunden, bis sie ihr Ende finden, etwa dadurch, dass der Betrieb seine Identität verliert und deshalb aufhört zu bestehen.[680]

dd) Unterrichtung der Arbeitnehmer, Widerspruchsrecht und Verwirkung. 295 Nach § 613a Abs. 6 BGB können die auf den Betriebserwerber übergehenden Arbeitnehmer mit einer **Frist von einem Monat nach Zugang der Unterrichtung** über den Betriebsübergang schriftlich **widersprechen,** wobei der Widerspruch sowohl gegenüber dem Veräußerer als auch dem Erwerber erklärt werden kann. Übt der Arbeitnehmer sein Widerspruchsrecht aus, so wirkt der Widerspruch auf den Zeitpunkt des Betriebsübergangs zurück (sog. ex-tunc-Wirkung). Der Widerspruch führt dazu, dass das Arbeitsverhältnis mit dem Veräußerer ununterbrochen fortbesteht.

---

[674] *Kempter,* BB 2014, 1785; *Latzel,* RdA 2014, 110; *Wißmann,* RdA 2015, 301; *Kleinebrink/Commandeur,* BB 2014, 181; *Grau/Willemsen,* NJW 2014, 12; *Lobinger,* NZA 2013, 737 *Hartmann/Schiefer,* BB 2013, 2613.

[675] BAG vom 17.6.2015 – 4 AZR 61/14 (A), BB 2015, 1651.

[676] EuGH vom 27.4.2017 – Rs. C-680/15 (Asklepios Kliniken), NZA 2017, 571.

[677] Bzgl. der Fortgeltung von Gesamtbetriebsvereinbarung vgl. BAG vom 5.5.2015 – 1 AZR 763/13, NZA 2015, 1331 und BAG vom 24.1.2017 – 1 ABR 24/15, BB 2017, 1332. Zur Fortgeltung von Konzernbetriebsvereinbarung (str.) fehlt bislang eine höchstrichterliche Entscheidung.

[678] BAG vom 12.6.2019 – 1 AZR 154/17, BB 2020, 503. In dieser Entscheidung gibt das BAG auch wichtige Hinweise zur Geltung transformierter Betriebsvereinbarungen bei mehreren, aufeinanderfolgenden Betriebsübergängen.

[679] BAG vom 5.5.2015 – 1 AZR 763/13, NZA 2015, 1331.

[680] BAG vom 27.7.1994 – 7 ABR 37/93, BB 1995, 570.

Die Arbeitnehmer sind zu ihrem Schutz (d. h. zur Beurteilung der Frage, ob es sinnvoll erscheint, Widerspruch gegen den Übergang ihres Arbeitsverhältnisses einzulegen oder nicht) schriftlich vor dem Betriebsübergang gemäß § 613a Abs. 5 BGB zu **unterrichten** über

– den Zeitpunkt oder geplanten Zeitpunkt des Übergangs;
– den Grund für den Übergang;
– die rechtlichen, wirtschaftlichen und sozialen Folgen des Übergangs;
– die hinsichtlich der übergehenden Arbeitnehmer in Aussicht genommenen Maßnahmen.[681]

296 Das BAG stellt dabei **hohe Anforderungen** an eine ordnungsgemäße Unterrichtung, so dass bereits eine Vielzahl von Entscheidungen zu nicht ordnungsgemäßen Unterrichtungsschreiben ergangen ist.[682] Die Angaben im Unterrichtungsschreiben müssen vollständig und präzise sein und dürfen keine juristischen Fehler enthalten. Gerade bei der Unterrichtung der Arbeitnehmer über die **Identität des Betriebserwerbers** treten in der Praxis immer wieder vermeidbare Fehler auf. Zwar kann nach der Rechtsprechung des BAG diesbezüglich auf die im Handelsregister eingetragenen Tatsachen verwiesen werden, jedoch müssen dazu die Firma des Erwerbers, das zuständige Handelsregister und die den Betriebserwerber betreffende Nummer des Handelsregisters absolut fehlerfrei angegeben werden.[683] Insbesondere bei der Verwendung einer neu zu gründenden Gesellschaft sowie einer Vorratsgesellschaft ist daher besondere Vorsicht geboten.[684] Soweit im Zeitpunkt der Unterrichtung Angaben zum Betriebserwerber nicht gemacht werden können, weil dieser erst noch zu gründen ist, muss dies bei der Unterrichtung in jedem Fall offengelegt werden.[685] In der Zwischenzeit hat sich das BAG auch mit der Frage auseinandergesetzt, ob der Arbeitnehmer auch über die **mittelbaren Folgen** eines Betriebsübergangs zu unterrichten ist. Das BAG hat diese Frage bejaht, wenn die mittelbaren Folgen für einen möglichen Widerspruch des Arbeitnehmers bei objektiver Betrachtung relevant sein können.[686] Dies gilt nach der Rechtsprechung des BAG beispielsweise auch für eine Unterrichtung über ein bestehendes Sozialplanprivileg gemäß § 112a Abs. 2 Satz 1 BetrVG.[687] Bei komplexen Rechtsfragen verlangt das BAG vom Arbeitgeber, dass er nach einer angemessen Prüfung der Rechtslage, die ggf. die Einholung von Rechtsrat erfordert, eine rechtlich immerhin vertretbare Position einnimmt.[688]

297 Die **Unterrichtung der Arbeitnehmer** gemäß § 613a Abs. 5 BGB hat durch den Verkäufer, den Erwerber oder beide gemeinsam zu erfolgen; Verkäufer und Erwerber trifft diesbezüglich eine gesamtschuldnerische Verpflichtung. Der Inhalt der Unterrichtung richtet sich nach dem Kenntnisstand des Veräußerers und des Erwerbers zum Zeitpunkt der Unterrichtung. Um sicherzustellen, dass der Verkäufer auch tatsächlich alle notwendigen Informationen vom Erwerber für die Erstellung eines ordnungsgemäßen Unterrichtungs-

---

[681] Zu den einzelnen Anforderungen für eine ordnungsgemäße Unterrichtung vgl. BAG vom 10.11.2011 – 8 AZR 430/10, NZA 2012, 584 (im Übrigen einer der weniger BAG-Fälle mit einer ordnungsgemäßen Unterrichtung); *Lingemann*, NZA 2012, 546; *Gaul/Krause*, RdA 2013, 39.
[682] BAG vom 15.3.2012 – 8 AZR 700/10, NZA 2012, 1097; BAG vom 26.3.2015 – 2 AZR 783/13, NJW 2015, 866; BAG, vom 14.11.2013 – 8 AZR 824/12, BB 2014, 1341; BAG vom 15.12.2011 – 8 AZR 220/11, NJW 2012, 1677.
[683] BAG vom 14.11.2013 – 8 AZR 824/12, BB 2014, 1341.
[684] *Meyer/Rabe*, NZA 2016, 78.
[685] BAG vom 23.7.2009 – 8 AZR/08, NZA 2010, 89.
[686] Vgl. BAG vom 26.3.2015 – 2 AZR 783/13, NJW 2015, 866 bzgl. der Auswirkungen auf Überbrückungshilfen nach einem Tarifvertrag zur sozialen Sicherung.
[687] BAG vom 15.12.2016 – 8 AZR 613/15, GWR 2017, 268; sind seit dem Betriebsübergang allerdings mehr als 4 Jahre verstrichen, entfällt das Sozialplanprivileg für Neugründungen. In einem solchen Fall wird die ursprünglich fehlerhafte Unterrichtung nach der Rechtsprechung des BAG geheilt und die einmonatige Widerspruchsfrist läuft an.
[688] BAG vom 26.3.2015 – 2 AZR 783/13, NJW 2015, 866.

schreibens erhält, sollte er zur Absicherung in den Kaufvertrag eine entsprechende Klausel aufnehmen.[689]

Falls die Unterrichtung nicht oder unvollständig erfolgt, wird die **Monatsfrist für das** 298 **Widerspruchsrecht nicht in Gang gesetzt,** und die Arbeitnehmer können grundsätzlich zeitlich unbegrenzt – bis zur Grenze der Verwirkung (s. u.) – dem Übergang ihres Arbeitsverhältnisses widersprechen.[690] Erfolgt also z. B. zunächst keine Unterrichtung der Arbeitnehmer, und gerät das Unternehmen des Käufers später in die Insolvenz oder auch nur in wirtschaftliche Schwierigkeiten, können die Arbeitnehmer möglicherweise noch widersprechen und so zum alten Arbeitgeber, also dem Verkäufer, zurückkehren.

> **Praxishinweis:** Es liegt also insbesondere im Interesse des Verkäufers, die Information der Arbeitnehmer sorgfältig durchzuführen und zu dokumentieren, also z. B. sich am besten auch von jedem Arbeitnehmer schriftlich bestätigen zu lassen, dass die Unterrichtung erfolgt, also das Unterrichtungsschreiben zur Kenntnis genommen worden ist.

Ist eine Unterrichtung über den Betriebsübergang unvollständig oder fehlerhaft gewesen 299 oder liegt der Fall einer nachträglichen Sachverhaltsänderung vor, sollte der Arbeitgeber die Möglichkeit einer (vorsorglichen) **Nachunterrichtung** in Betracht ziehen, um die einmonatige Widerspruchsfrist wirksam in Gang zu setzen.[691] Inwieweit sogar eine Pflicht zur ergänzenden Unterrichtung aufgrund der arbeitgeberseitigen Fürsorgepflicht nach § 241 Abs. 2 BGB besteht, wenn sich die im Unterrichtungsschreiben niedergelegten tatsächlichen Umstände des Betriebsübergangs nachträglich verändern, ist von der Rechtsprechung noch nicht abschließend geklärt. Die Vornahme einer ergänzenden Aufklärung nach § 613a Abs. 5 BGB ist aber zumindest dann anzuraten, wenn es sich nicht mehr um denselben Betriebsübergang handelt, beispielsweise weil der Betrieb auf einen anderen Erwerber als ursprünglich vorgesehen übergeht, oder die veränderten Umstände noch vor dem geplanten Zeitpunkt des Betriebsübergangs bekannt werden.[692]

Da die Arbeitnehmer auch hinsichtlich der in Aussicht genommenen Maßnahmen unterrichtet werden müssen (z. B. Absicht des Käufers, durch Rationalisierungsmaßnahmen Arbeitsplätze einzusparen), ist der Verkäufer auf die Verfügbarmachung seriöser Informationen durch den Käufer angewiesen.

> **Praxishinweis:** Der Verkäufer muss sich also ggf. gegenüber dem Käufer durch entsprechende im Unternehmenskaufvertrag zu vereinbarende Garantien schützen (insbesondere Abreden über die Haftung des Käufers für falsche oder unvollständige Unterrichtung, soweit dies im Verantwortungsbereich des Käufers liegt).

Nach der Rechtsprechung des BAG[693] ist die **Rechtsfolge** einer unterbliebenen oder 300 unvollständigen Unterrichtung nach § 613a Abs. 5 BGB nicht nur, dass die Widerspruchsfrist nicht zu laufen beginnt. Die Verletzung der Unterrichtungsverpflichtung kann des Weiteren zu Schadenersatzansprüchen des Arbeitnehmers führen. Der Erwerber ist bei einer unterbliebenen Unterrichtung nach dem Grundsatz von Treu und Glauben (§ 242 BGB) in der Regel auch daran gehindert, sich gegenüber den übergegangenen Arbeitnehmern, die später Ansprüche auf Vergütungsnachzahlungen als Folge des Betriebsüber-

---

[689] *Bauer/Haußmann/Krieger,* Umstrukturierung, Handbuch für die arbeitsrechtliche Praxis, Teil 3 B Rn. 16.

[690] Zur Unterrichtungspflicht des Arbeitgebers siehe *von Steinau-Steinrück/Thees* in: Hölters, Handbuch des Unternehmens- und Beteiligungskaufs, Kapitel 6, Rn. 117 ff.; ferner *Hausch,* BB 2008, 1392, 1401 f.

[691] Vgl. dazu *Leßmann,* DB 2011, 2378; vgl. auch zur Unterrichtung und deren Vervollständigung BAG vom 23.7.2009 – 8 AZR 538/08, DB 2010, 58.

[692] BAG vom 13.7.2006 – 8 AZR 303/05, NZA 2006, 1273.

[693] BAG vom 24.5.2005 – 8 AZR 398/04, BB 2006, 105.

gangs geltend machen, darauf zu berufen, dass diese Arbeitnehmer die bei ihm geltenden Ausschlussfristen versäumt hätten.[694] Eine unterbliebene Unterrichtung hat hingegen nicht zur Folge, dass deshalb Kündigungen von Mitarbeitern, die dem Betriebsübergang widersprechen und denen deshalb vom Veräußerer gekündigt wird, nach § 242 BGB unwirksam wären.[695]

301 Das Recht des übergehenden Arbeitnehmers, dem Betriebsübergang bei falscher Belehrung auch nach Ablauf der Monatsfrist zu widersprechen, unterliegt jedoch der **Verwirkung**.[696] Voraussetzung ist, dass der Arbeitnehmer über einen längeren Zeitraum untätig geblieben ist (Zeitmoment) und hierbei den Eindruck erweckt hat, dass er sein Widerspruchsrecht nicht mehr geltend machen wolle, so dass der Veräußerer sich darauf einstellen durfte, nicht mehr in Anspruch genommen zu werden (Umstandsmoment). Zeitmoment und Umstandsmoment beeinflussen sich wechselseitig.[697] Je stärker das gesetzte Vertrauen oder die Umstände sind, die eine Geltendmachung für den Gegner unzumutbar machen, desto schneller kann ein Anspruch oder Recht verwirken. Umgekehrt gilt, je mehr Zeit seit dem Zeitpunkt des Betriebsübergangs verstrichen ist und je länger der Arbeitnehmer bereits für den neuen Inhaber gearbeitet hat, desto geringer sind die Anforderungen an das Umstandsmoment.[698] Es müssen letztlich besondere Verhaltensweisen sowohl des Berechtigten als auch des Verpflichteten vorliegen, die es rechtfertigen, die späte Geltendmachung des Rechts als mit Treu und Glauben unvereinbar und für den Verpflichteten als unzumutbar anzusehen. Nach der Rechtsprechung des BAG gibt es bezüglich des Zeitmoments keine feste Frist.[699] Das Umstandsmoment ist regelmäßig erfüllt, wenn der Arbeitnehmer über den Bestand seines Arbeitsverhältnisses gegenüber dem Betriebserwerber „disponiert" hat, z. B. durch den Abschluss eines Aufhebungsvertrages oder gerichtlichen Vergleiches mit dem Erwerber.[700] Die bloße widerspruchslose Weiterarbeit des Arbeitnehmers beim Erwerber reicht in der Regel nicht aus, auch wenn es dabei zu üblichen Anpassungen von Vertragsregelungen kommt, die den rechtlichen Bestand des Arbeitsverhältnisses jedoch nicht grundlegend ändern.[701] Hiervon macht das BAG nun aber jedenfalls dann eine Ausnahme, wenn der Arbeitnehmer zwar nicht ordnungsgemäß aber zumindest über den mit dem Betriebsübergang verbundenen Übergang seines Arbeitsverhältnisses unter Mitteilung des Zeitpunkts oder des geplanten Zeitpunkts sowie des Gegenstands des Betriebsübergangs und des Betriebsübernehmers (grundlegende Informationen) in Textform in Kenntnis gesetzt und über sein Widerspruchsrecht nach § 613a Abs. 6 BGB belehrt wurde.[702] Hat der Arbeitnehmer in diesem Fall bei dem neuen Inhaber widerspruchslos über einen Zeitraum von sieben Jahren weitergearbeitet, hat dies regelmäßig die Verwirkung des Widerspruchsrechts zur Folge. Das BAG ist vergleichsweise restriktiv in der Bejahung der Verwirkung (siehe instruktiv sechs Fälle, die durch das BAG am 23.7.2009[703] entschieden wurden: Verwirkung bejaht für einen Arbeitnehmer, der nach dem Betriebsübergang einen Aufhe-

---

[694] BAG vom 22.8.2012 – 5 AZR 526/11, NZA 2013, 376.

[695] BAG vom 24.5.2005 – 8 AZR 398/04, BB 2006, 105.

[696] Vgl. *Lingemann/Weingarth,* DB 2014, 2710; *Nebeling/Kille,* NZA-RR, 2013; *Kittner,* NJW 2012, 1180.

[697] BAG vom 17.10.2013 – 8 AZR 974/12, DB 2014, 666.

[698] BAG vom 22.6.2011 – 8 AZR 752/09, DB 2011, 2385 f.

[699] Bejaht nach Ablauf von *15 Monaten* (BAG vom 27.11.2008 – 8 AZR 174/07, NZA 2009, 552), *9 Monaten* (BAG vom 24.2.2011 – 8 AZR 699/09, AP Nr. 397 zu § 613a BGB), *7½ Monaten* (BAG vom 2.4.2009 – 8 AZR 220/07, DB 2009, 2214) und sogar knapp *6 Monaten* (BAG vom 17.10.2013 – 8 AZR 974/12, NJW 2014, 2461).

[700] BAG vom 26.5.2011 – 8 AZR 18/10, NZA 2011, 1448.

[701] BAG vom 15.3.2012 – 8 AZR 700/10, NZA 2012, 1097.

[702] BAG vom 24.8.2017 – 8 AZR 265/16, NZA 2018, 168.

[703] BAG vom 23.7.2009 – 8 AZR 538/08, BB 2010, 573; vgl. z. B. auch die Parallelsachen BAG vom 23.7.2009 – 8 AZR 540/08, BeckRS 2009, 74729; BAG vom 23.7.2009 – 8 AZR 541/08, BeckRS 2009, 74730; BAG vom 23.7.2009 – 8 AZR 558/08, BeckRS 2009, 74731.

bungsvertrag mit dem neuen Arbeitgeber geschlossen hatte und damit über sein Arbeitsverhältnis „disponiert" hatte; verneint für fünf andere Fälle, u. a. den Fall eines Arbeitnehmers, der sich selbst intern auf eine andere, besser dotierte Stelle beim neuen Arbeitgeber beworben hatte; das „Zeitmoment" betrug rd. 12 Monate).

Der Arbeitnehmer kann zwar grundsätzlich sowohl auf sein Widerspruchsrecht nach **302** § 613a Abs. 6 BGB als solches als auch zeitweilig auf dessen Ausübung **verzichten.** Ein Verzicht unterliegt nach der Rechtsprechung des BAG jedoch strengen Anforderungen und muss in jedem Fall eindeutig und zweifelsfrei zum Ausdruck gebracht werden.[704] Darüber hinaus ist auch im Fall eines möglichen Verzichts des Arbeitnehmers auf sein Widerspruchsrechts zu empfehlen, eine vorherige ordnungsgemäße Unterrichtung i. S. v. § 613a Abs. 5 BGB vorzunehmen, da das BAG in seiner Entscheidung vom 28.2.2019 ausdrücklich offengelassen hat, ob eine solche ordnungsgemäße Unterrichtung Voraussetzung für einen wirksamen Verzicht auf das Widerspruchsrecht ist. Des Weiteren ist zu beachten, dass das BAG in dieser Entscheidung ebenfalls noch nicht entschieden hat, ob von einem Arbeitnehmer in Allgemeinen Geschäftsbedingungen (wie z.B. einer Einverständniserklärung, deren Vordruck dem Unterrichtungsschreiben beigefügt ist) überhaupt wirksam ein kompensationsloser Verzicht auf sein Widerspruchsrecht erklärt werden kann.[705]

Liegt ein wirksamer **Widerspruch** des Arbeitnehmers gegen den Übergang seines Ar- **303** beitsverhältnisses vor, ist häufig eine **betriebsbedingte Kündigung** durch den Verkäufer – freilich abhängig von den dann in dessen (vorigen) Unternehmen vorherrschenden Umständen – zulässig und erfolgreich, da der entsprechende Arbeitsplatz durch den Betriebsübergang beim alten Arbeitgeber (= Verkäufer) weggefallen ist.[706] Die Kündigung scheitert in diesem Fall nicht an § 613a Abs. 4 BGB, weil sie nicht wegen des Übergangs des Betriebs, sondern wegen des Widerspruchs und des Wegfalls des Arbeitsplatzes beim Verkäufer erfolgt.

> **Praxishinweis:** Dem „alten" Arbeitgeber entstehen im Fall eines Widerspruchs dennoch Nachteile, weil mit der Beendigung der Arbeitsverhältnisse von zurückkehrenden Arbeitnehmern in der Praxis regelmäßig erhebliche Kosten verbunden sind, und weil Ansprüche aus Zusagen der betrieblichen Altersversorgung wieder bei ihm „anlanden", obwohl für deren Übernahme durch den – in diesen Fällen häufig insolventen – Käufer als neuem Arbeitgeber ein Kaufpreisabzug im Unternehmenskaufvertrag erfolgte.

ee) Gestaltungsmöglichkeiten. § 613a BGB ist **zwingendes Recht,** was bei allen **304** vertraglichen Gestaltungen in diesem Zusammenhang zu beachten ist.[707] Dennoch bestehen verschiedene Möglichkeiten zulässiger Gestaltungen.[708] Diese Gestaltungsmöglichkeiten bestehen zum einen darin, rechtsgestaltend auf die oben im Einzelnen dargelegten Voraussetzungen für einen Betriebsübergang gemäß § 613a BGB einzuwirken, um einen solchen insgesamt zu vermeiden. Zum anderen kann bei einem Betriebsübergang, der nicht zu vermeiden oder aber gewollt ist, auf die Rechtsfolgen des Betriebsübergangs derart eingewirkt werden, dass diese für bestimmte Arbeitnehmer oder eine abgrenzbare Gruppe

---

[704] BAG vom 28.2.2019 – 8 AZR 201/18, NZA 2019, 1279.

[705] BAG vom 28.2.2019 – 8 AZR 201/18, NZA 2019, 1279.

[706] Vgl. *von Steinau-Steinrück/Thees* in: Hölters, Handbuch des Unternehmens- und Beteiligungskaufs, Kapitel 6, Rn. 140 sowie ausführlich zu den Rechtsfolgen des Widerspruchsrechts bei Betriebsübergang *Klumpp/Jochums,* JuS 2006, 687.

[707] *Hausch,* BB 2008, 1392, 1392.

[708] Vgl. zu den verschiedenen Gestaltungsmitteln *Hausch,* BB 2008, 1392, 1394; ferner *von Steinau-Steinrück/Thees* in: Hölters, Handbuch des Unternehmens- und Beteiligungskaufs, Kapitel 6, Rn. 231 ff.; *Uhl* in: Hettler/Stratz/Hörtnagel, Beck'sches Mandatshandbuch Unternehmenskauf, § 9 Rn. 56 ff.; *Schiefer/Worzalla,* DB 2008, 1566; *Fuhlrott/Salamon,* BB 2012, 1793; *Meyer,* NZA-RR 2013, 225.

von Arbeitnehmern nicht eingreifen.[709] Als Ansatzpunkt für Gestaltungen im Vorfeld eines Asset Deal bietet sich dabei vor allem die beim Veräußerer bislang bestehende organisatorische Einheit an, gegebenenfalls verbunden mit einer Einflussnahme auf die Zuordnung der Arbeitnehmer zu dieser Einheit. Gestaltungsmöglichkeiten bestehen darüber hinaus in Bezug auf eine Änderung des Betriebszwecks sowie einer Auflösung der funktionellen Verknüpfung der Einheit beim Erwerber. Allen diesen Gestaltungsmöglichkeiten ist jedoch gemeinsam, dass sie nicht nur eine frühzeitige und vor allem gewissenhafte Prüfung und Umsetzung voraussetzen, sondern angesichts der komplexen und nicht immer vorhersehbaren Rechtsprechung, sowohl auf europäischer als auch nationaler Ebene, mit erheblichen Risiken verbunden sind. Die Vertragspartner sind daher gut beraten, ihre wirtschaftlichen Interessen in Bezug auf den Übergang der Arbeitsverhältnisse in Form von Garantien und Freistellungsvereinbarungen nebst ergänzenden Unterrichtungs- und Handlungspflichten der Beteiligten im Kaufvertrag detailliert zu regeln.

> **Praxishinweise:** Der Käufer sollte sich zum einen durch eine als Anlage zum Unternehmenskaufvertrag zu nehmende Liste garantieren lassen, welche Arbeitnehmer zum übertragenen Betrieb gehören und welchen Inhalt deren Arbeitsverhältnisse haben bzw. welche Pflichten auf ihn übergehen. Sodann werden im Unternehmenskaufvertrag häufig Regelungen für unerwartete Folgen (z. B. unerwartetes Ausbleiben des Übergangs von Arbeitnehmern aufgrund von Widersprüchen) getroffen (z. B. Freistellung des Veräußerers durch den Erwerber bzgl. Kosten für die Beendigung dieser Arbeitsverhältnisse).
> Umgekehrt wird z. T. geregelt, dass sich der Kaufpreis bei Nichtübergang von „Key Employees" um vorab festgelegte Beträge mindert oder gar ein Rücktrittsrecht des Erwerbers besteht.
> Zum Thema „Arbeitnehmerunterrichtung" sollten ebenfalls Regelungen getroffen werden, nämlich zum einen das Zusammenwirken beider Parteien und zum anderen die gegenseitige Information (da Widersprüche der Arbeitnehmer nach § 613a Abs. 6 Satz 2 BGB sowohl gegenüber dem Veräußerer wie dem Erwerber erklärt werden können).

305   Beim **Kauf vom Insolvenzverwalter** hatte sich als weiteres Gestaltungsmittel der Einsatz von sog. Beschäftigungs- und Qualifizierungsgesellschaften („BQG") oder auch Transfergesellschaften eingebürgert.[710] Im Rahmen der übertragenden Sanierung werden dabei vor dem Betriebsübergang zunächst die Arbeitsverhältnisse durch Aufhebungsverträge beendet und zugleich neue, befristete Arbeitsverhältnisse mit der BQG bzw. Transfergesellschaft begründet, die den Zweck hat, die berufliche Weiterbildung der Arbeitnehmer zu fördern und die die Arbeitnehmer teilweise durch Zeitarbeitsverträge an den Erwerber überlässt. Nachdem das BAG über längere Zeit recht großzügig solche Sanierungs-Modelle begleitet hat, hat das BAG in zwei Entscheidungen die Grenze einer unzulässigen Umgehung des § 613a BGB weiter gefasst.[711] Werde dem Arbeitnehmer ein **neues Arbeitsverhältnis mit dem Erwerber verbindlich in Aussicht gestellt** oder sei es für den Arbeitnehmer nach den gesamten Umständen zumindest klar gewesen, dass er von dem Betriebserwerber eingestellt werde, liegt nach Auffassung des BAG ein solcher Umgehungstatbestand vor mit der Rechtsfolge, dass der mit dem Veräußerer abgeschlossene Aufhebungsvertrag unwirksam ist. Die Bedeutung von BQG bzw. Transfergesellschaft hat in der Praxis daher etwas abgenommen.

---

[709] *Fuhlrott/Salamon*, BB 2012, 1793.

[710] Vgl. dazu auch *Fuhlrott*, NZA 2012, 549; *Willemsen*, NZA 2013, 242; *Krieger/Fischinger*, NJW 2007, 2289; *Arends/Hofert von Weiss*, BB 2009, 1538, 1542; *Holzapfel/Pöllath*, Unternehmenskauf in Recht und Praxis, Teil A. Rn. 1580 sowie Teil B. Rn. 2399 f.

[711] BAG vom 25.10.2012 – 8 AZR 575/11, DB 2013, 236; BAG vom 18.8.2011 – 8 AZR 312/10, DB 2011, 2850, 2851.

5. Haftung für Altlasten und Kontaminationen

Sowohl beim Asset Deal als auch beim Share Deal muss der Käufer bedenken, dass unter   **306** Umständen nicht nur das erworbene Unternehmen mit seinem Vermögen zur Gefahrenabwehr im Bereich Bodenveränderungen oder Altlasten nach **§ 4 BBodSchG** zur Verantwortung gezogen werden kann, sondern dass unter Umständen auch diejenigen Personen, die handelsrechtlich oder gesellschaftsrechtlich für eine juristische Person einzustehen haben, haften. Gemäß § 4 Abs. 3 BBodSchG sind der Verursacher einer schädlichen Bodenveränderung oder Altlast sowie dessen Gesamtrechtsnachfolger, der Grundstückseigentümer und der Inhaber der tatsächlichen Gewalt über ein Grundstück verpflichtet, den Boden und Altlasten sowie durch schädliche Bodenveränderungen oder Altlasten verursachte Verunreinigungen von Gewässern so zu sanieren, dass dauerhaft keine Gefahren, erhebliche Nachteile oder erhebliche Belästigungen für den Einzelnen oder die Allgemeinheit entstehen. Hierzu kommen bei Belastungen durch Schadstoffe neben Dekontaminations- auch Sicherungsmaßnahmen in Betracht, die eine Ausbreitung der Schadstoffe langfristig verhindern. Soweit dies nicht möglich oder unzumutbar ist, sind sonstige Schutz- und Beschränkungsmaßnahmen durchzuführen. Zur Sanierung ist auch verpflichtet, wer aus handelsrechtlichem oder gesellschaftsrechtlichem Rechtsgrund für eine juristische Person einzustehen hat, der ein Grundstück, das mit einer schädlichen Bodenveränderung oder einer Altlast belastet ist, gehört, und wer das Eigentum an einem solchen Grundstück aufgibt.

Praxishinweis: Die Haftung für Altlasten und Kontaminationen kann einen beträchtlichen Umfang annehmen, weshalb der Käufer bei dem Erwerb auch von Grundstücken entsprechende Garantien/Freistellungen einfordern sollte. In der Praxis hat es sich als sehr hilfreich erwiesen, solche Risiken über einen Zeitraum von zum Beispiel zehn Jahren prozentual zuzuordnen, d.h. im ersten Jahr trägt der Verkäufer das Risiko zu 90 % und der Käufer zu 10 %, im zweiten Jahr der Verkäufer zu 80 % und der Käufer zu 20 % usw.

(frei)   **307–309**

VIII. Die Leistung des Verkäufers: Lieferung des Unternehmens/der Anteile

Nach § 433 Abs. 1 BGB wird der Verkäufer einer Sache durch den Kaufvertrag verpflich-   **310** tet, dem Käufer die Sache zu übergeben und das Eigentum an der Sache zu verschaffen. Gemäß § 453 BGB gilt dies beim Kauf von Rechten und sonstigen Gegenständen entsprechend, wobei ein Unternehmen als solches nach ganz überwiegender Auffassung unter „sonstige Gegenstände" subsumiert wird.[712] Bevor der Verkäufer seine Verpflichtung zur Lieferung der zum Unternehmen gehörenden **Wirtschaftsgüter** bzw. der Anteile daran erfüllen kann, müssen diese **übertragungsfähig gemacht** werden. Hierzu empfiehlt es sich, bereits in Phase 1 des Verkaufsprozesses entsprechende Prüfungen sowie etwa erforderliche Restrukturierungen vorzunehmen.[713]

Praxishinweis: Gerade in eigentümergeführten, mittelständischen Unternehmen ist der unternehmerische mit dem privaten Bereich eng verwoben, so dass der Unternehmer beispielsweise Betriebsgrundstücke, Patente oder sonstige Vermögenswerte, die er persönlich oder über weitere Gesellschaften separat vom zu übertragenden Unternehmen hält, gegebenenfalls zunächst auf dieses übertragen muss.

---

[712] Vgl. nur *Beck/Klar,* DB 2007, 2819; *Faust* in: Bamberger/Roth/Hau/Poseck, Beck'scher Online-Kommentar BGB, § 453 Rn. 27 ff.

[713] Vgl. zu den (steuerlichen) Gestaltungsmöglichkeiten ausführlich oben Teil → B., Rn. 270 ff.

Im Übrigen sollte in dem Unternehmenskaufvertrag genauestens darauf geachtet werden, dass für die wirksame Verschaffung der Rechtsinhaberschaft im Hinblick auf **jede Rechtsposition** die dafür vorgesehenen gesetzlichen Übertragungstatbestände eingehalten werden.

1. Dingliche Erfüllung, Gewinne sowie Haftung/Garantien als Gesamtpaket

311 Es kann nicht deutlich genug darauf hingewiesen werden, dass die Leistung des Verkäufers nicht lediglich in der Lieferung des Unternehmens bzw. der Verschaffung der Anteile daran besteht, sondern dass er darüber hinaus häufig in erheblichem Umfang Haftungszusagen machen muss, die im Ernstfall nicht nur zur Rückzahlung des vom Käufer erhaltenen Kaufpreises verpflichten, sondern darüber hinaus auch das sonstige Vermögen des Verkäufers betreffen können.[714]

> **Praxishinweis:** Unabhängig davon, welche konkreten Haftungszusagen der Verkäufer gegenüber dem Käufer abgibt, ist zu beachten und von erheblichen wirtschaftlichen Auswirkungen insbesondere für den Verkäufer, dass sich verschiedene Regelungsbereiche im Kaufvertrag überschneiden, sich wechselseitig beeinflussen und von daher möglichst präzise aufeinander abgestimmt werden müssen.

Dies betrifft vor allem die folgenden Regelungsmaterien:

– Verpflichtung zur bzw. Anspruch auf *Zahlung eines (vorläufigen) Kaufpreises;*
– ggf. *Anpassung des Kaufpreises* über eine Eigenkapitalgarantie oder alternativ über „cash and debt free" nebst „working capital adjustment" auf Basis der *Stichtagsbilanz* mit spezifischen Vorgaben zur Bilanzierung und Bewertung sowie der *Berücksichtigung* von durch den Verkäufer dem Käufer *offen gelegten Umständen* bzw. dem Käufer sonst bekannten Umständen, die ja in der Regel auch keinen Anspruch auf Schadensersatz auslösen sollen;
– Zuweisung des *Gewinns/Verlusts* an den Käufer bzw. Verkäufer sowie Regelungen zur Berücksichtigung des Gewinns im Stichtagsabschluss sowie die Auswirkungen auf die Kaufpreisanpassung;
– *Vermeidung einer doppelten Erfassung* von Sachverhalten in den „allgemeinen" *Garantien* und der Eigenkapitalgarantie bzw. über „cash and debt free" nebst „working capital adjustment".

Verkäuferhaftung und Kaufpreis(-anpassung) werden jedoch in der vertraglichen Praxis nicht immer hinreichend klar abgegrenzt.[715]

2. Dingliche Übertragung beim Asset Deal

312 Erfolgt der Unternehmensverkauf durch Übertragung der einzelnen zum Unternehmen gehörenden Wirtschaftsgüter, ist sorgfältig darauf zu achten, dass die nachfolgend aufgeführten Grundsätze für eine wirksame Übertragung – und zwar im Hinblick auf jede einzelne Vermögensposition[716] – beachtet werden, wobei zweckmäßigerweise nach Aktiv- und Passivwerten sowie Positionen, die nicht bilanziell erfasst werden, zu differenzieren ist.

Zu beachten sind ferner die **Formvorschriften** für den Fall der Übertragung von Grundstücken (§ 311b Abs. 1 BGB), bei der Übertragung des gesamten Vermögens (§ 311b

---

[714] Vgl. auch *Hasselbach/Ebbinghaus,* DB 2012, 216; *Brück/Sinewe,* Steueroptimierter Unternehmenskauf, § 5 Rn. 131.
[715] Vgl. auch *Hilgard,* BB 2010, 2912, 2917.
[716] BGH vom 30.1.2013 – XII ZR 38/12, NZG 2013, 430.

Abs. 3 BGB, § 179a AktG) und bei der Übertragung von zum Unternehmen gehörenden Geschäftsanteilen an einer GmbH bzw. GmbH & Co. KG (§ 15 Abs. 3 GmbHG).[717]

Für die einzelnen Übertragungstatbestände gelten dann die folgenden Vorschriften.[718]

a) Übereignung von Sachen

Für die Übertragung von aktiven Vermögenswerten sollte zunächst dem sachenrechtli- **313** chen **Bestimmtheitsgrundsatz** Rechnung getragen werden. Danach muss die übereignete Sache im Übertragungsvertrag durch einfache äußere Merkmale so bestimmt bezeichnet sein, dass jeder Kenner des Vertrages sie zu dem Zeitpunkt, in dem das Eigentum übergehen soll, unschwer von anderen unterscheiden kann, wofür eine bloße **Bestimmbarkeit nicht ausreicht.**[719] Das Bestimmtheitserfordernis ist grundsätzlich gewahrt, wenn die Vermögensgegenstände einzeln im Kauf- und Übertragungsvertrag – gegebenenfalls in Anlagen – aufgeführt sind.[720] Bei Sachgesamtheiten (wie z.B. dem Warenlager) genügt für die notwendige Einzelübereignung eine **Sammelbezeichnung,** die den Übereignungswillen auf alle Sachen erstreckt und die gemeinten Einzelsachen klar erkennen lässt.[721] So können so genannte „**All-Formeln**" ausreichend sein, wenn beispielsweise „alle Waren in dem Lagerraum XY" übereignet werden. Die **Notwendigkeit einer räumlichen Abgrenzung von Sicherungsgut** besteht nach der Rechtsprechung nur dort, wo eine eindeutige Feststellung der zu übereignenden Gegenstände nicht auf andere Weise gewährleistet ist,[722] also z.B. bei Warenlagern mit wechselndem Bestand oder bei Beschränkung der Sicherungsübereignung auf eine nur quantitativ zu bestimmende Teilmenge der Sachgesamtheit.[723]

Die Übereignung von Sachen erfolgt grundsätzlich nach den sachenrechtlichen Vor- **314** schriften der §§ 854 ff. BGB, und speziell

- bei **Grundstücken und sonstigen unbeweglichen Sachen** gemäß §§ 873, 925 BGB: Einigung und Eintragung im Grundbuch;
- bei **beweglichen Sachen** gemäß §§ 929 ff. BGB: Einigung durch Angebot und Annahme sowie Übergabe bzw. Übergabesurrogate, wenn die Sache sich bereits im Besitz des Käufers oder im Besitz eines Dritten befindet.

Bei Grundstücken gehen dann regelmäßig auch die auf dem Grundstück errichteten Gebäude als **wesentliche Bestandteile** im Sinne der §§ 93, 94 BGB sowie im Zweifel auch das Eigentum an dem zur Zeit des Erwerbs vorhandenen **Zubehör** (§ 97 BGB) auf den Käufer gemäß § 926 Abs. 1 BGB über. Besser ist es allerdings, wenn die Parteien auch hinsichtlich des Zubehörs eine klare Regelung für den Verkauf und die Übertragung treffen und nicht auf die Zweifelsregelung vertrauen.

Praxishinweis: Der Käufer sollte sich auch Eigentümerrechte und Rückübertragungsansprüche betreffend etwaiger auf dem Grundvermögen lastender Grundschulden vom Verkäufer abtreten lassen.

Formulierungsvorschlag: *„Der Verkäufer tritt hiermit an den dies annehmenden Käufer im Hinblick auf [den Kaufgegenstand/die Immobilie] alle Eigentümerrechte und Rückübertragungsansprüche sowie alle Gewährleistungsansprüche, Ansprüche aufgrund sonstiger*

---

[717] Vgl. dazu ausführlich oben → Rn. 140 ff.

[718] Vgl. auch *Rotthege* in: Rotthege/Wassermann, Unternehmenskauf bei der GmbH, Kap. 7 Rn. 4 ff.

[719] *Herrler* in: Palandt, BGB, § 930 Rn. 2.

[720] *Rödder/Hötzel/Müller-Thuns,* Unternehmenskauf, Unternehmensverkauf, § 4 Rn. 4; *Holzapfel/Pöllath,* Unternehmenskauf in Recht und Praxis, Rn. 945.

[721] BGH vom 13.1.1992 – II ZR 11/91, NJW 1992, 1161; *Herrler* in: Palandt, BGB, § 930 Rn. 3.

[722] BGH vom 21.11.1983 – VIII ZR 191/82, NJW 1994, 803.

[723] BGH vom 4.10.1993 – II ZR 156/92, NJW 1994, 133, 134.

Pflichtverletzungen sowie alle sonstigen Rechte und Ansprüche ab, die er im Zusammenhang damit hat. "

315   Das **Anwartschaftsrecht** (z. B. bei unter Eigentumsvorbehalt erworbenem Anlage- und Umlaufvermögen) wird nach den Vorschriften des Vollrechts übertragen.[724] Alternativ kann auch die Zustimmung des Dritten Rechteinhabers zur Übertragung des Vollrechts eingeholt werden.[725]

316   Bei Veräußerung von Unternehmen besteht die Besonderheit, dass diese permanent ihr **Umlaufvermögen** (und zum Teil auch Anlagevermögen) verändern, so dass die bloße Erfassung dieser Positionen in Inventarlisten zum Zeitpunkt des Kaufvertrages nicht ausreicht, wenn nicht zum gleichen Zeitpunkt auch der dingliche Übergang erfolgt.[726]

> **Praxishinweis:** Im Kaufvertrag ist darauf zu achten, dass die Bestandsveränderungen sowohl schuldrechtlich vom Verkauf erfasst und auch dinglich wirksam übertragen werden. Hier könnten eine auf den Übertragungsstichtag durchgeführte, gemeinsame Inventur mit entsprechender (Nach-)Übereignung dieser Gegenstände vorgesehen werden.[727]

b) Forderungen und andere Rechte

317   Neben den zu einem Unternehmen gehörenden Sachen im Sinne des Sachenrechts werden dessen Wert und Brauchbarkeit auch von diversen sonstigen Vermögensrechten und sonstigen Rechtspositionen bestimmt, die nach den unterschiedlichsten Regelungen zu übertragen sind. Für die **Übertragung einer Forderung** ist die Einigung über die Abtretung gemäß § 398 erforderlich; auf diese Vorschrift wird in § 413 BGB für die Übertragung anderer Rechte verwiesen. „**Andere Rechte**" in diesem Sinne sind alle nicht unter § 398 BGB fallenden Rechte, die also weder einen Leistungsanspruch zum Inhalt haben oder aus einem nicht schuldrechtlichen Entstehungsgrund hervorgegangen sind (z. B. sachen-, körperschaft-, familien-, urheberrechtliche Tatbestände).[728]

> **Praxishinweis:** Soweit zum Teil unter Hinweis auf § 25 Abs. 1 HGB eine gesonderte Übertragung von Forderungen für nicht erforderlich gehalten wird,[729] ist Vorsicht geboten, da die Reichweite dieser Vorschrift stark umstritten ist. Nach wohl herrschender Meinung dient § 25 HGB allein dem Schuldnerschutz, indem er anordnet, dass der Schuldner von seiner Verbindlichkeit frei wird, wenn er irrtümlich (also in der falschen Annahme, die Forderungen seien auf den Erwerber übergegangen) an den Erwerber zahlt, obwohl dieser wegen des Fehlens einer Abtretung nicht Gläubiger geworden ist.[730]
> Auch müssten für einen gesetzlichen Forderungsübergang dann die Voraussetzungen des § 25 Abs. 1 HGB erfüllt sein, also der Erwerb eines Handelsgeschäfts und Fortführung der Firma, was bei vielen Asset Deals gar nicht der Fall ist.[731]

318   Bei der Übertragung von Forderungen und sonstigen Rechten genügt – anders als beim sachenrechtlichen Bestimmtheitsgrundsatz – die bloße **Bestimmbarkeit,** was die Recht-

---

[724] *Roth/Kieninger* in: Münchener Kommentar zum BGB, § 413 Rn. 4.

[725] *Brück/Sinewe,* Steueroptimierter Unternehmenskauf, § 5 Rn. 42.

[726] Vgl. *Rotthege* in: Rotthege/Wassermann, Unternehmenskauf bei der GmbH, Kap. 7 Rn. 6.

[727] Vgl. auch *Rotthege* in: Rotthege/Wassermann, Unternehmenskauf bei der GmbH, Kap. 7 Rn. 6.

[728] *Roth/Kieninger* in: Münchener Kommentar zum BGB, § 413 Rn. 2; vgl. auch *Rohe* in: Bamberger/Roth/Hau/Poseck, Beck'scher Online-Kommentar BGB, § 413 Rn. 2.

[729] So ausdrücklich *Brück/Sinewe,* Steueroptimierter Unternehmenskauf, § 5 Rn. 51; wohl auch *Rotthege* in: Rotthege/Wassermann, Unternehmenskauf bei der GmbH, Kap. 7 Rn. 10.

[730] Vgl. *Hopt* in: Baumbach/Hopt, HGB, § 25 Rn. 21 ff. m. w. N.; a. A. z. B. *Thiessen* in: Münchener Kommentar zum HGB, Band 1, § 25 Rn. 101, anders noch Vorauflage *Lieb.*

[731] Siehe zu den Voraussetzungen und Rechtsfolgen von § 25 HGB ausführlich oben → Rn. 262 ff.

sprechung bei Abtretung aller Forderungen aus einem bestimmten Geschäftsbetrieb oder auch aller Forderungen aus einer bestimmten Art von Rechtsgeschäften bejaht.[732]

> **Praxishinweis:** Bloß wertmäßige Festlegungen, wie zum Beispiel „X % der Kundenforderungen" oder „Forderungen bis zu einem Wert von EUR ...." genügen allerdings nicht dem Erfordernis der Bestimmbarkeit und führen zur Unwirksamkeit der dinglichen Übertragung dieser Forderungen.[733]

Der dinglichen Übertragung von Forderungen, Rechten und sonstigen Gegenständen **319** können auch **Abtretungsverbote** entgegenstehen, die zum Teil aus spezialgesetzlichen Regelungen (z. B. § 400 BGB, § 49b Abs. 4 BRAO) sowie allgemein aus **§ 399 BGB** folgen.[734] So kann eine Abtretung aufgrund des Leistungsinhalts oder aber durch Vereinbarung mit dem Schuldner ausgeschlossen sein. Für den Unternehmenskauf können sich hier unter anderem als relevante Fallgruppen herausstellen, dass Vorkaufsrechte (vgl. § 473 BGB) oder Ansprüche auf Dienstleistungen (§ 613 Abs. 1 Satz 2 BGB) nicht übertragbar sind. Soweit hingegen Abtretungsverbote zwischen dem Verkäufer und Dritten im Hinblick auf **Geldforderungen** vereinbart sind, lässt die Ausnahmevorschrift des **§ 354a HGB** dennoch die Abtretung wirksam werden, soweit es sich um ein **beiderseitiges Handelsgeschäft** von Verkäufer und dem Dritten und nicht um Darlehensforderungen eines Kreditinstituts handelt, was in den meisten Fällen gegeben sein wird.

> **Beachte:** Zu beachten ist aber, dass der Schuldner trotz § 354a HGB – und anders als in den Fällen der §§ 406, 407 BGB sogar bei Kenntnis von der Abtretung – mit befreiender Wirkung an den Zedenten (also den Unternehmensverkäufer) leisten kann.[735]

Als „andere Rechte", die nach der Vorschrift des **§ 413 BGB** zu übertragen sind, **320** kommen beispielsweise in Betracht:[736]
- die Übertragung der Rechte aus **Wertpapierdepots** (soweit es sich nicht ohnehin um Forderungen handelt);
- die Übertragung **gewerblicher Schutzrechte** und von **Urhebernutzungsrechten** nebst spezialgesetzlichen Vorschriften (siehe dazu näher unten);
- Rechte aus künftigen, ihrem Gegenstand nach hinreichend bestimmbaren **Erfindungen,**
- gewisse **Erbrechte;**
- **die Mitgliedschaft** (Ausnahme: § 38 BGB für die Vereinsmitgliedschaft, die aber gemäß § 40 BGB in der Satzung als übertragbar ausgestaltet werden kann);
- gewisse Gestaltungsrechte[737] und
- die **Firma** des Verkäufers (beachte die Rechtsfolgen des § 25 HGB).[738]

> **Praxishinweise:** Damit der Forderungsschuldner nicht mit schuldbefreiender Wirkung an den Verkäufer als Altgläubiger leisten kann (vgl. § 407 BGB), sollte der Käufer regeln, wann und in welcher Form die Schuldner von der Forderungsabtretung in Kenntnis gesetzt werden. Soweit der Verkäufer noch einzelne Forderungsrechte gegenüber Kunden zurückbehält, sollte auch ausdrücklich geregelt werden, wer gegenüber dem Kunden Rechnung stellt und wer die Forderung einziehen darf. Des Weiteren sollte der Garantiekatalog

---

[732] *Grüneberg* in: Palandt, BGB, § 398 Rn. 15 m. w. N.

[733] *Rotthege* in: Rotthege/Wassermann, Unternehmenskauf bei der GmbH, Kap. 7 Rn. 6.

[734] *Grüneberg* in: Palandt, BGB, § 399 Rn. 2.

[735] BGH vom 26.1.2005 – VIII ZR 275/03, NJW-RR 2005, 624, 626.

[736] *Roth/Kieninger* in: Münchener Kommentar zum BGB, § 413 Rn. 3 ff.

[737] Vgl. dazu *Rohe* in: Bamberger/Roth/Hau/Poseck, Beck'scher Online-Kommentar BGB, § 413 Rn. 4.

[738] Siehe zu den Voraussetzungen und Rechtsfolgen von § 25 HGB → Rn. 148 ff.

aus Käufersicht möglichst auch Angaben zur Werthaltigkeit und Einbringlichkeit von Forderungen enthalten.

321 **aa) Urheberrechte und gewerbliche Schutzrechte.** Die Übertragung gemäß §§ 398, 413 BGB wird im Bereich der Immaterialgüterrechte durch **Sondervorschriften** verdrängt bzw. ergänzt:[739] siehe z. B.

- für Patente § 15 PatG,
- für Marken § 27 MarkG,
- für Gebrauchsmuster §§ 8 Abs. 4, 22 Abs. 1 Satz 2 GebrMG,
- für eingetragene Designs § 29 DesignG.

Für die Übertragung eines **Urhebernutzungsrechts** (das Urheberrecht selbst ist nicht übertragbar, § 29 Satz 2 UrhG) sind die §§ 398 ff. BGB mit den Einschränkungen der §§ 34, 35 UrhG anwendbar.[740] Das Urheberrecht unterscheidet insoweit zwischen **Verwertungsrechten** (§§ 15 ff. UrhG) und **Nutzungsrechten** (§§ 31 ff. UrhG). Der Urheber erhält durch die Erschaffung des Werkes sämtliche Verwertungsrechte. Diese umfassen etwa das Recht zur Vervielfältigung, Verbreitung, Aufführung oder Einräumung von Nutzungsrechten für andere Personen. Das Verwertungsrecht als solches ist unübertragbar und kann nur beim Urheber oder dessen Rechtsnachfolger entstehen.[741] Wenn der Urheber einer anderen Person die Verwertungsbefugnis einräumt, spricht das Gesetz von einem „Nutzungsrecht" i. S. d. § 31 UrhG.[742]

> **Praxishinweis:** Da insbesondere Patente, Urheber- und Markenrechte, aber auch die sonstigen Immaterialgüterrechte mitunter erhebliche Auswirkungen auf das operative Geschäft und den Wert des Unternehmens haben, sollte im Rahmen der Due Diligence geklärt und ausdrücklich geregelt werden, ob die Übertragung des gesamten Schutzrechts benötigt wird oder ob die Einräumung eines (ausschließlichen oder nicht-ausschließlichen) Nutzungsrechts ausreichend ist.[743] Bei einer eventuell nötigen „Aufteilung" des Rechts zur Nutzung dieser Rechte könnte eine so genannte Abgrenzungsvereinbarung sinnvoll sein.[744]

322 Die Einräumung von Nutzungsrechten an Urheberrechten ist dabei grundsätzlich von der **Zustimmung der Urheber** abhängig, § 34 Abs. 1 Satz 1 UrhG. Freilich kann diese Zustimmung auch bereits bei der „ersten" Rechtseinräumung gegenüber dem Verkäufer erfolgen. Wenn also die Verträge des Verkäufers mit den Urhebern entsprechende Rechtseinräumungsklauseln vorsehen, die eine Weiterübertragung der Nutzungsrechte ermöglichen, so besteht keine Notwendigkeit, im Zuge der Transaktion nochmals an die Urheber heranzutreten. Der Verkäufer kann sich zur Weiterveräußerung dieser Nutzungsrechte auf die ursprünglich erteilte Zustimmung des Urhebers stützen.

Da aber eben nicht das gesamte Urheberrecht übertragen werden kann, sondern „nur" die daraus folgenden Nutzungsrechte, ist bei der Formulierung der Übertragungsklausel im Unternehmenskaufvertrag aus Käufersicht auf eine entsprechend **umfassende Definition des übertragenen Rechts** zu achten.

> **Formulierungsvorschlag:** *„Soweit die Übereignung bzw. Übertragung der Rechtsinhaberschaft des Kaufgegenstandes rechtlich nicht möglich ist, überträgt der Verkäufer hiermit unwiderruflich auf den dies annehmenden Käufer sämtliche ausschließlichen Nutzungsrechte an den zum Kaufgegenstand gehörenden Vermögenswerten und Positionen, und zwar*

---

[739] Vgl. *Grüneberg* in: Palandt, BGB, § 413 Rn. 2.
[740] *Roth/Kieninger* in: Münchener Kommentar zum BGB, § 413 Rn. 6.
[741] Vgl. dazu auch *Schulze* in: Dreier/Schulze Urheberrechtsgesetz, § 31 Rn. 3.
[742] Vgl. dazu auch *Ohly* in: Schricker/Loewenheim, Urheberrecht, § 29 Rn. 19.
[743] *Brück/Sinewe*, Steueroptimierter Unternehmenskauf, § 5 Rn. 44; vgl. auch ausführlich zu kennzeichenrechtlichen Verträgen *Bolt*, BB 2013, 2568.
[744] Vgl. dazu auch *Bolt*, BB 2013, 2568, 2571.

> *sachlich, örtlich und zeitlich unbegrenzt mit dem Recht der uneingeschränkten Nutzung einschließlich dem Recht zur uneingeschränkten Weiterübertragung. Soweit der Verkäufer nicht selbst Inhaber nicht übertragbarer Schutzrechte ist, wird er unverzüglich nach Abschluss dieses Vertrages die Zustimmung der Schutzrechtsinhaber zur Übertragung der übernommenen Nutzungsrechte an Schutzrechten einholen."*

Gemäß § 34 Abs. 3 S. 1 UrhG besteht ausnahmsweise keine Pflicht zur Einholung der **323** Zustimmung, wenn die Nutzungsrechte im Wege einer **Unternehmensveräußerung** an einen neuen Inhaber übertragen werden.[745] Daher ist die Einholung der **Zustimmung** der einzelnen Urheber nach § 34 Abs. 1 S. 1 UrhG bei der Gesamtveräußerung eines Unternehmens (Asset Deal) sowie bei der Veräußerung von Unternehmensteilen (Share Deal) **nicht erforderlich.**[746] Allerdings ist für die **Praxis** dringend anzuraten, sich nicht auf diesen Ausnahmetatbestand zu verlassen. Denn es können freilich nur diejenigen Rechte weiter übertragen werden, die dem Verkäufer von dem jeweiligen Urheber zuvor auch eingeräumt worden sind. Insofern sollte der Erwerber im Rahmen der Due Diligence vertieft prüfen, ob die Verträge mit etwaigen Entwicklern, Programmierern, Designern und sonstigen Urhebern die erforderlichen IP-Übertragungen vorsehen.

Soweit es um den Erwerb eines Unternehmens geht, dessen Geschäftsmodell auf **324** gewerblichen Schutzrechten und/oder Urheberrechten beruht, sollte der Käufer sicherstellen, dass er diese Rechte durch wirksame Übertragungs- bzw. Lizenzverträge auch tatsächlich erwerben kann bzw. ihm dauerhaft zu marktüblichen Konditionen zur Verfügung stehen.

Beispiel: Geht es beispielsweise um den Kauf einer „Softwareschmiede", sollte der Verkäufer auf Grundlage eines professionellen Rechtemanagements alle für den Geschäftsbetrieb und den Vertrieb der Software erforderlichen Schutzrechte rechtswirksam abgeschlossen haben und dokumentieren können.

Als typisches Beispiel für einen Asset Deal, bei dem Immaterialgüterrechte regelmäßig eine zentrale Rolle spielen, gilt z. B. der Erwerb eines **Online-Portals.** So ist bei der Veräußerung von Online-Portalen zu beachten, dass regelmäßig Inhalte zu übertragen sind, an denen Urheberrechte, Markenrechte, Persönlichkeitsrechte oder auch Leistungsschutzrechte bestehen.[747] Für einen wirksamen Rechtserwerb ist stets erforderlich, dass der Verkäufer tatsächlich Inhaber dieser Rechte ist, da diese nicht gutgläubig erworben werden können.[748] Dies bedeutet: Falls der Verkäufer es versäumt hat, z. B. im Verhältnis zu seinen Angestellten oder etwaigen Freelancern, die erforderlichen Rechte einzuholen, so geht eine Weiterveräußerung dieser Rechte an den Erwerber ins Leere.

Bei den gewerblichen Schutzrechten ist zu beachten, dass diese vielfach in öffentlichen **325** **Registern** (z. B. beim Deutschen Patent- und Markenamt in München oder beim HABM Harmonisierungsamt für den Binnenmarkt für Marken und Geschmacksmuster in Alicante) registriert sind. Im Zuge bzw. spätestens nach Durchführung des Unternehmensverkaufs sollte der Käufer die erworbenen Rechte in den jeweiligen Registern umschreiben lassen.

Praxishinweis: Aus Sicht des Käufers ist eine kaufvertragliche Regelung hilfreich, der zufolge der Verkäufer verpflichtet ist, den Käufer bei der Umschreibung der Rechte nach besten Kräften zu unterstützen und alle erforderlichen Erklärungen gegenüber den Registern abzugeben.[749]

---

[745] *Wandtke/Grunert* in: Wandtke/Bullinger, Urheberrecht, § 34 Rn. 17.
[746] *Baranowski/Glaßl,* BB 2017, 199, 204.
[747] *Baranowski/Glaßl,* BB 2017, 199, 203.
[748] *Baranowski/Glaßl,* BB 2017, 199, 204.
[749] *Brück/Sinewe,* Steueroptimierter Unternehmenskauf, § 5 Rn. 45.

> **Formulierungsvorschlag:** *„Nach dem Stichtag werden die Vertragsparteien unverzüglich gemeinsam die Umschreibung der gemäß diesem Vertrag verkauften gewerblichen Schutzrechte und Schutzrechtsanmeldungen bewirken. Der Verkäufer wird diesbezüglich alle erforderlichen Erklärungen abgeben und Maßnahmen ergreifen. Die Kosten für die Umschreibung trägt […]“.*

Die Registrierung hat allerdings jedenfalls bei **deutschen Schutzrechten** keine rechtskonstituierende, sondern lediglich deklaratorische Wirkung, weshalb auch ein gutgläubiger Erwerb solcher Rechte nicht möglich ist.[750] Maßgeblich ist also allein, ob die Schutzrechte im Rahmen des Unternehmenskaufvertrages wirksam übertragen worden sind, was im Übrigen keiner Form bedarf, also z. B. sogar auch mündlich erfolgen kann.

326   Ungeachtet dessen ist die Registereintragung auch wegen der mit ihr verbundenen **Legitimationswirkung** und deren Folgen für die Rechtswahrnehmung bedeutsam, weil beispielsweise der Erwerber im Verfahren vor dem Deutschen Patent- und Markenamt, dem Patentgericht oder dem Bundesgerichtshof zur Geltendmachung von Rechten nur befugt ist, wenn er den Antrag auf Umschreibung gestellt hat.[751]

Mitunter gehören zu dem verkauften Unternehmen auch gewerbliche Schutzrechte und Urheberrechte, die **in anderen Ländern registriert** sind oder dort benutzt werden. In diesem Fall muss der Käufer die Übertragung gesondert nach den Vorschriften des jeweiligen Landes klären und im Kaufvertrag regeln.

> **Beachte:** Äußerste Vorsicht ist immer dann geboten, wenn es um gewerbliche Schutzrechte oder Urheberrechte außerhalb Deutschlands geht, weil hier die Regelungen zur Begründung solcher Rechte und deren Übertragung – je nach Land – unterschiedlich sein können, sodass beispielsweise Registereintragungen konstitutive Wirkung haben können oder – auch bei nur deklaratorischer Wirkung der Eintragung – ein gutgläubiger Erwerb möglich ist. Hier ist für jedes Land gesondert der jeweilige Tatbestand gesondert zu prüfen.

Damit die gewerblichen Schutzrechte bzw. die Nutzungsrechte daran auch rechtswirksam übertragen werden, empfiehlt sich – ebenso wie bei den anderen Wirtschaftsgütern – eine **genaue Bezeichnung** und gegebenenfalls Auflistung in Anlagen.

Vorsicht ist allerdings bei der **Verwendung von Sammelbezeichnungen** geboten, da diese zu unbestimmt und damit unwirksam sein können (zum Beispiel „alle der Betriebseinheit XY zuzurechnenden Schutzrechte" oder „alle zum Unternehmen gehörenden gewerblichen Schutzrechte").

> **Praxishinweis:** Sofern der Verkäufer dem Erwerber nicht das Schutzrecht selbst übertragen will oder kann, sollte der Käufer darauf achten, dass ihm – gegebenenfalls in einem als Anlage zum Kaufvertrag beizufügenden Lizenzvertrag – unwiderruflich das ausschließliche sowie räumlich, sachlich und zeitlich unbeschränkte Nutzungsrecht übertragen wird, und zwar mit dem Recht, dieses Schutzrecht in gleichem Maße auf Dritte weiter zu übertragen.

327   **bb) Erschöpfungsgrundsatz und „UsedSoft".** Eine für die M&A-Praxis höchst relevante Frage ist, ob der Verkäufer im Rahmen eines Asset Deals berechtigt und in der Lage ist, die von ihm eingesetzte **Drittsoftware** an den Erwerber zu veräußern. Dies ist unkritisch möglich, wenn die Lizenzverträge mit den jeweiligen Anbietern der Drittsoftware entsprechende Übertragungsrechte ausdrücklich vorsehen. In der Regel ist genau dies aber gerade nicht der Fall. Denn die Softwarehersteller haben ein Interesse daran, den **Handel mit „Gebrauchtsoftware"** nach Möglichkeit zu untersagen.

---

[750] *Cohausz* in: Rotthege/Wassermann, Unternehmenskauf bei der GmbH, Kap. 7 Rn. 22; *Brück/Sinewe*, Steueroptimierter Unternehmenskauf, § 5 Rn. 45.

[751] Vgl. *Cohausz* in: Rotthege/Wassermann, Unternehmenskauf bei der GmbH, Kap. 7 Rn. 23.

In rechtlicher Hinsicht dreht sich diese Debatte um die Frage der urheberrechtlichen. „**Erschöpfung".** Kurz gesagt geht es dabei darum, dass der Inhaber eines Urheberrechts aus diesem Recht nicht mehr vorgehen kann, wenn er das von dem Recht geschützte Werk selbst auf den Markt gebracht hat. Wenn dieser Grundsatz eingreift, so sind vertraglich vereinbarte Weitergabe- bzw. Verkaufsverbote jedenfalls in Allgemeinen Geschäftsbedingungen in aller Regel unwirksam, und der Nutzer ist – vereinfacht gesagt – zur Weiterveräußerung der Drittsoftware berechtigt. Stark umstritten war allerdings lange Zeit, unter welchen Voraussetzungen dieser Erschöpfungsgrundsatz greift. Klärung – wenn auch nicht zu allen Detailfragen – hat die mittlerweile berühmte **„UsedSoft"-Entscheidung des EuGH** vom 3.7.2012 gebracht.[752] Die Entscheidung geht zurück auf eine Vorlagefrage des BGH aus dem Jahre 2009.[753] Geklagt hatte damals Oracle gegen den Anbieter von Gebrauchtsoftware UsedSoft.

U.a. hatte der BGH gefragt, ob der Erschöpfungsgrundsatz auch hinsichtlich derje- **328** nigen Nutzer gelte, welche die Software mit Zustimmung des Urhebers aus dem **Internet herunterladen** und auf einem Datenträger speichern. Konkret ging es also um die Frage, ob der Erschöpfungsgrundsatz auf Fälle der Überlassung der Software auf einem Datenträger (etwa per CD-ROM oder DVD) beschränkt sei oder auch „Downloadfälle" mit umfasse.

In der „UsedSoft"-Entscheidung beantwortete der EuGH die Frage dahingehend, dass auch in den Downloadfällen in der Tat ein „Erstverkauf von Programmkopien" vorliege, der den Erschöpfungsgrundsatz auslöse. Denn unter diesen Begriff seien alle Vereinbarungen zu fassen, nach der eine Person ihre Eigentumsrechte an einem ihr gehörenden körperlichen oder nicht-körperlichen Gegenstand gegen Zahlung eines Entgelts an eine andere Person abtrete.[754] Der EuGH entschied weiter, dass sich der Erschöpfungsgrundsatz **nicht nur auf verkörperte Werkstücke beziehe,** sondern auch auf die erste Kopie der aus dem Internet heruntergeladenen Computerprogramme.[755]

Allerdings gilt der Erschöpfungsgrundsatz nicht unbedingt, sondern ist an bestimmte **Voraussetzungen** gekoppelt. U.a. steht er nach dem EuGH unter dem Vorbehalt, dass der Ersterwerber beim Weiterverkauf alle vorhandenen Programmkopien auf seinen Rechnern löschen muss.[756]

Trotz dieser Grundsatzentscheidung sind diverse Rechtsfragen nach wie vor **umstritten.** **329** U.a. betrifft dies den Bereich der sog. **„Mehrfachlizenzen"** bzw. **„Unternehmenslizenzen".** Hier stellt sich dann die Frage, ob und unter welchen Voraussetzungen solche Lizenzen im Rahmen des Weiterverkaufs aufgespalten werden dürfen. Der EuGH hat sich zur Frage der Aufspaltung zurückhaltend positioniert. Dennoch hat das OLG Frankfurt a.M. den Weiterverkauf von nur wenigen Lizenzen aus einem Bündel von insgesamt 40 Lizenzen als zulässig angesehen.[757] Der BGH hat sich der EuGH-Entscheidung angeschlossen, allerdings noch mit einigen Klarstellungen.[758] Für die Praxis von ganz besonderer Bedeutung ist dabei der Umstand, dass **vertragliche Weiterverkaufsverbote dennoch wirk-**

---

[752] EuGH, vom 3.7.2012 – C-128/11 (UsedSoft GmbH/Oracle International Corp.), GRUR 2012, 904 – UsedSoft.

[753] BGH, vom 3.2.2011 – I ZR 129/08 (UsedSoft), GRUR 2011, 418 – UsedSoft I, m.Anm. Scholz = MMR 2011, 305 m.Anm. Heydn.

[754] EuGH, vom 3.7.2012 – C-128/11 (UsedSoft GmbH/Oracle International Corp.), GRUR 2012, 904, 905, Rn. 42 – UsedSoft.

[755] EuGH vom 3.7.2012 – C-128/11 (UsedSoft GmbH/Oracle International Corp.), GRUR 2012, 904, 906, Rn. 55 – UsedSoft.

[756] EuGH, vom 3.7.2012 – C-128/11 (UsedSoft GmbH/Oracle International Corp.), GRUR 2012, 904, 908, Rn. 78 f. – UsedSoft.

[757] OLG Frankfurt a.M. vom 18.12.2012 – 11 U 68/11, CR 2013, 148.

[758] BGH, vom 17.7.2013 – I ZR 129/08 (UsedSoft II), CR 2014, 168; OLG München, vom 2.3.2015 – 6 U 2759/07, MMR 2015, 397; siehe auch BGH, vom 11.12.2014 – I ZR 8/13 (UsedSoft III),GRUR 2015, 772.

sam sein können, wenn sie im Rahmen sog. Individualvereinbarungen vereinbart werden, also im Rahmen individuell ausgehandelter Verträge.[759] Demgegenüber sind solche Verbote im Rahmen von Allgemeinen Geschäftsbedingungen in der Regel unwirksam, weil sie dem Grundgedanken des Erschöpfungsgrundsatzes widersprechen.[760]

> **Praxishinweis:** Die vorstehenden Beispiele zeigen, dass im Bereich des Weiterverkaufs von Software viele Fragen noch ungeklärt sind und es ganz besonders auf die Details des Einzelfalles ankommt. Daher wäre es zu optimistisch, wenn man schlicht davon ausginge, dass der Verkäufer im Rahmen eines Asset Deals stets berechtigt sei, die von ihm genutzte Drittsoftware an den Erwerber zu veräußern. Vielmehr ist eine konkrete Prüfung des jeweiligen Einzelfalles erforderlich. Andererseits hat sich auch gezeigt, dass ein solcher Weiterverkauf nicht per se ausgeschlossen ist, und zwar auch dann nicht, wenn die einschlägigen Lizenzverträge Weiterverkaufsverbote enthalten sollten.

330   **cc) Sonstige Immaterialgüterrechte/Know-how/Domains.** Über die gewerblichen Schutzrechte und Urheberrechte hinaus gibt es noch diverse sonstige Immaterialgüterrechte, die zum Teil verkörpert sind, zum Teil aber auch lediglich auf nicht verkörpertem Erfahrungswissen etc. beruhen, welche aber gleichwohl häufig einen erheblichen wertbildenden Faktor des Zielunternehmens darstellen.[761] Beispielhaft seien folgende Positionen aufgeführt:[762]

– Know-how in Form von technischem, kaufmännischem und sonstigem Wissen,
– Rezepturen und Produktionsverfahren,
– Bezugsquellen und Einkaufskonditionen,
– Absatzmöglichkeiten, Belieferungsrechte,
– Kundenstamm,
– Konzessionen,
– Domains.

> **Formulierungsvorschlag:** *„Die hiermit vom Verkäufer dem Käufer verkauften und an ihn übertragenen Vermögensgegenstände umfassen auch sämtliche Rechte und Ansprüche betreffend das vom Verkäufer aus eigenem oder abgeleitetem Recht genutzten Know-how, das für die in Anlage […] aufgeführten Kunden und Lieferanten sowie die Nutzung des mit diesem Vertrag verkauften Kaufgegenstandes relevant ist. Als „Know-how" werden sämtliche Informationen (einschließlich solcher in Form von Formeln, Mustern, Listen, technischen Beschreibungen und Zeichnungen und unabhängig davon, ob und in welcher Weise sie verkörpert sind) bezeichnet, die sich auf die Aktivitäten des Verkäufers im Hinblick auf den Kaufgegenstand (insbesondere Einkauf, Forschung & Entwicklung, Produktion, Informationstechnologie, Qualitätsmanagement, Marketing, Logistik, Vertrieb sowie Verwaltung) beziehen und nicht allgemein bekannt sind, wobei dies auch kommerzielles Erfahrungsgut, Geschäftsgeheimnisse, Verwaltungs- und Vertriebsverfahren sowie Kunden- und Lieferantenbeziehungen, einschließlich aller Verkörperungen dieser Positionen/Gegenstände umfasst, und zwar insbesondere auch das, was zur Übernahme und zum weiteren Ausbau der Beziehungen zu den Kunden und Lieferanten erforderlich ist. Mitverkauft und übertragen sind daher auch sämtliche sich auf Kunden und Lieferanten gemäß Anlage […] sowie Verträge iSv § […] beziehenden Unterlagen und Dateien über Know-how, die Verwaltungs- und Vertriebsorganisation, einschließlich Lieferanten- und Kundenkarteien und -korrespondenz sowie sonstige Geschäftsunterlagen. Der Verkäufer verschafft dem Käufer spätestens binnen 14 Tagen nach dem Übergangsstichtag den Besitz an dem verkörperten Know-how."*

---

[759] *Scholz,* GRUR 2015, 142, 147 f.; *Busse,* CR 2018, 78, 80.

[760] LG Hamburg, vom 25.10.2013 – 315 O 449/12, MMR 2014, 102, 103.

[761] Vgl. auch *Rotthege* in: Rotthege/Wassermann, Unternehmenskauf bei der GmbH, Kap. 7 Rn. 43 ff.; *Bolt,* BB 2013, 2568.

[762] Vgl. auch Rödder/Hötzel/Müller-Thuns, Unternehmenskauf, Unternehmensverkauf, § 4 Rn. 10.

Soweit es sich nicht um (Forderungs-)Rechte oder absolute Rechtsgüter im Sinne von § 823 Abs. 1 BGB handelt, sind diese Positionen einem Rechtsübergang nicht zugänglich.[763] Nur wenn das Know-how einen so maßgeblichen Anteil des Betriebes ausmacht, dass mit der Verletzung das **Recht am eingerichteten und ausgeübten Gewerbebetrieb** in seiner Gesamtheit betroffen ist, kämen Ansprüche aus § 823 Abs. 1 BGB in Betracht.

> **Praxishinweis:** Auch wenn die Verpflichtung zur Verkörperung solchen Wissens (z.B. in Form eines Handbuchs) nebst Einweisung zu einer Wissensvermehrung beim Käufer führt,[764] so verbleibt gerade im Mittelstand bei dem verkaufenden Unternehmer ein erhebliches Wissen, so dass eine Geheimhaltungs- und Wettbewerbsvereinbarung unbedingt anzuraten ist.[765]

dd) Mitgliedschaftsrechte. Mitgliedschaftsrechte sowohl an Personengesellschaften als **331** auch an Kapitalgesellschaften sind grundsätzlich nach §§ 398, 413 BGB übertragbar.[766] Bei einer Personengesellschaft kann allerdings nicht der Anteil eines Gesellschafters am Vermögen übertragen werden, weil dieser gesamthänderisch gebunden ist (vgl. § 719 BGB).

Anders als bei Forderungen, für deren wirksame Abtretung die Bestimmbarkeit ausreicht, gilt bei Verfügungen über Geschäftsanteile – wie im Sachenrecht – der **Bestimmtheitsgrundsatz.**[767]

c) Übertragung von Verbindlichkeiten und sonstigen passiven Vermögenswerten

Für die wirksame Übertragung von Verbindlichkeiten ist die **Zustimmung des jewei-** **332** **ligen Gläubigers gemäß §§ 414ff. BGB** erforderlich. Aus Verkäufersicht ist darauf zu achten, dass die ihn belastenden Verbindlichkeiten, sonstigen passiven Vermögenswerte sowie sonstige Haftungsrisiken (soweit sie übergehen sollen) wirksam und vollständig unter seiner Schuldhaftentlassung auf den Käufer übergehen. Dagegen hat der Käufer ein Interesse daran, die von ihm zu übernehmenden Verbindlichkeiten und sonstigen Haftungsrisiken klar zu überblicken und bewerten zu können. Dies betrifft nicht nur Verbindlichkeiten gegenüber Lieferanten und Fremdkapitalgebern, sondern auch sonstige Verbindlichkeiten und Haftungsverhältnisse, die nicht aus dem Jahresabschluss ersichtlich sind, zumal dieser sich noch nachträglich als fehlerhaft herausstellen kann.

> **Praxishinweis:** Hier geht es zunächst darum, zwischen den Vertragsparteien eine wirksame dingliche Übertragung von Verbindlichkeiten und sonstigen passiven Vermögenswerten zu regeln. Aus wirtschaftlicher Sicht ist aber ferner auch zu bedenken, dass möglicherweise beiden Seiten unbekannt gebliebene Verbindlichkeiten über eine Erfassung in der Stichtagsbilanz zu einer Kaufpreisreduzierung sowie (möglicherweise zusätzlich) über eine Garantie den Verkäufer zum Schadensersatz verpflichten.

Gerade beim Verkauf von in der Krise befindlichen Unternehmen kann die Übernahme der Verbindlichkeiten durch den Käufer den alleinigen Kaufpreis ausmachen. Im Regelfall werden aber Kreditverträge mit Banken nebst dafür bestellten Sicherheiten des Verkäufers sowie etwaige Gesellschafterdarlehen des Verkäufers weder insgesamt als Vertrag noch die sich daraus ergebenden Schulden vom Käufer übernommen.

---

[763] Vgl. auch *Rotthege* in: Rotthege/Wassermann, Unternehmenskauf bei der GmbH, Kap. 7 Rn. 45.

[764] Vgl. zur Überleitung von Know-how auch *Lips/Stratz/Rudo* in: Hettler/Stratz/Hörtnagel, Beck'sches Mandatshandbuch Unternehmenskauf, § 3 Rn. 270 f.

[765] Siehe ausführlich zu Wettbewerbsverbot und Geheimhaltungsverpflichtung → Rn. 704 ff.; vgl. auch *Rotthege* in: Rotthege/Wassermann, Unternehmenskauf bei der GmbH, Kap. 7 Rn. 45.

[766] Vgl. dazu sogleich ausführlich beim Anteilskauf (Share Deal) → Rn. 345 ff.

[767] BGH vom 19.4.2010 – II ZR 150/09, NZG 2010, 908; *Bohrer*, DStR 2010, 1892, 1893.

333   Die Übertragung des Unternehmens im Wege des Asset Deals führt rechtsdogmatisch nicht zu einer Übernahme der **Verbindlichkeiten aus dem Steuerschuldverhältnis** des Verkäufers (vgl. **§ 75 AO**). Diese Vorschrift begründet lediglich unter bestimmten Voraussetzungen die **Mithaftung des Erwerbers** für Steuern des Verkäufers.[768]

334   Gleiches gilt für die Vorschrift des **§ 25 Abs. 1 HGB**, der im Falle der Firmenfortführung nicht zu einer den Verkäufer enthaftenden Schuldübernahme führt, sondern zum Zwecke des Gläubigerschutzes lediglich einen gesetzlichen **Schuldbeitritt** des Erwerbers begründet.[769]

d) Verträge und Vertragsrechte

335   Besonderheiten ergeben sich auch bei der Übertragung von Verträgen und Vertragspositionen, weil dies zum einen der Zustimmung des Vertragspartners bedarf und zum anderen unterschiedliche Rechte und Ansprüche (insbesondere Ansprüche auf Erfüllung, Gewährleistung, Schadensersatz sowie Gestaltungsrechte) beinhalten kann.[770] Die Vertragsübernahme ist keine Kombination von Abtretung und Schuldübernahme, sondern ein eigenes, einheitliches Rechtsgeschäft, das der Zustimmung aller Beteiligten bedarf[771] und auf das dann allerdings die §§ 398 ff., 414 ff. BGB entsprechende Anwendung finden.[772]

> **Praxishinweis:** Hinsichtlich der Übertragung von Verträgen sollte darauf geachtet werden, dass es entsprechende Rechte und Pflichten aus Zeiträumen vor dem Übergangsstichtag bzw. vor der Stichtagsbilanz und solche aus Zeiträumen danach geben kann, die möglichst präzise abgegrenzt und entweder dem Verkäufer oder dem Käufer zugewiesen werden sollten.[773]

Anders als beim Share Deal, bei dem sämtliche Verträge mit Kunden, Lieferanten und Kreditgebern – vorbehaltlich von so genannten „Change-of-Control-Klauseln" – grundsätzlich ohne weiteres übergehen, sollte sich der Erwerber beim Asset-Kauf genau überlegen, welche Verträge für den Betrieb des Unternehmens besonders wichtig sind und für diese vom Verkäufer **bereits vor Vertragsunterzeichnung die Zustimmung des Vertragspartners einholen** lassen.[774]

> **Praxishinweis:** Kann oder will der Verkäufer die Zustimmung des Vertragspartners nicht vor Vertragsunterzeichnung einholen (z. B. weil er im Hinblick auf einen möglichen, aber dann vielleicht scheiternden Verkauf seines Unternehmens keine Verunsicherung beim Vertragspartner erzeugen möchte), könnte die Wirksamkeit des Kaufvertrages an eine entsprechende aufschiebende Bedingung der Zustimmung geknüpft oder dem Käufer ein Rücktrittsrecht vom Vertrag vorbehalten werden.[775]

336   Eine ausdrückliche Regelung zur Vertragsübernahme ist auch hinsichtlich des **Geschäftsführer-Anstellungsvertrages** erforderlich, weil dieser nicht gemäß § 613a BGB kraft Gesetzes auf den Erwerber übergeht.[776]

---

[768] Vgl. dazu noch ausführlich → Rn. 678.

[769] *Hopt* in: Baumbach/Hopt, HGB, § 25 Rn. 10 ff.; vgl. zu § 25 HGB auch ausführlich → Rn. 262 ff.

[770] Vgl. auch zu Detailfragen *Schreier/Leicht*, NZG 2011, 121.

[771] BGH vom 30.1.2013 – XII ZR 38/12, NZG 2013, 430, 431; *Maurer*, BWNotZ 2005, 114.

[772] BGH vom 1.2.2012 – VIII ZR 307/10, NJW 2012, 1718 Tz. 33; *Grüneberg* in: Palandt, BGB, § 398 Rn. 41, 44; *Maurer*, BWNotZ 2005, 114, 117.

[773] Siehe zur Abgrenzung von Verträgen bei den Stichtagsregelungen → Rn. 230.

[774] Vgl. auch *Brück/Sinewe*, Steueroptimierter Unternehmenskauf, § 5 Rn. 56.

[775] Vgl. auch *Maurer*, BWNotZ 2005, 114, 118.

[776] Siehe dazu → Rn. 270 ff.

Von erheblicher praktischer Bedeutung für den ungestörten Ablauf des operativen Be- **337** triebes ist ferner die **Überleitung bestehender Lizenzverträge** im Hinblick auf gewerbliche Schutzrechte und Urheberrechte, und insbesondere auch für die im Unternehmen benutzte(n) **Software und Datenbanken.**

> **Praxishinweis:** Ähnlich wie beim Erwerb von Anteilen sollte hier sorgfältig bis zum ursprünglichen Rechteinhaber zurück die jeweils rechtswirksame (Weiter-)Lizenzierung geprüft werden.

Erhebliche wirtschaftliche Auswirkungen kann auch die Übernahme eines **Handels-** **338** **vertretervertrages oder vergleichbarer Verträge** haben, die den Vertragspartner möglicherweise zu für den Käufer sehr kostspieligen **Ausgleichsansprüchen nach § 89b** **HGB** berechtigen, so dass diesbezüglich tunlichst eine vorherige Einigung zwischen den Vertragsparteien herbeigeführt werden sollte.[777]

> **Praxishinweis:** Für den Fall, dass der Vertragspartner seine Zustimmung zur Überleitung des Vertrages auf den Käufer nicht erteilt, wird in Unternehmenskaufverträgen meist vereinbart, dass dann der Verkäufer im Außenverhältnis Vertragspartei bleibt und im Innenverhältnis ausschließlich für Rechnung und auf Weisung des Käufers tätig wird.[778]

> **Formulierungsvorschlag:** *„Verkäufer und Käufer sind sich einig, dass der Käufer die in Anlage [...] aufgeführten Verträge von dem Verkäufer übernimmt. Soweit die Zustimmungen zur Übertragung dieser Verträge noch nicht in rechtswirksamer Form vorliegen, werden sich die Parteien unverzüglich nach Abschluss dieses Kaufvertrages gemeinsam um die zur Übertragung der Verträge erforderlichen Zustimmungen nach besten Kräften mit dem Ziel bemühen, von den jeweiligen Vertragspartnern eine entsprechende Zustimmung bis zum Ablauf des [...] zu erhalten. Der Verkäufer ist verpflichtet, die jeweiligen Vertragspartner der Verträge unverzüglich nach [dem Unterzeichnungstag/Übertragungszeitpunkt/Closing] über den Vertragsschluss, die Art und Weise der Überleitung des Vertrages auf den Käufer sowie die damit verbundene Zuweisung von Rechten und Pflichten ab Stichtag allein an den Käufer (z. B. Stichtag, zukünftige Erfüllung der Leistungspflichten, Gewährleistung, Zahlungen durch den Vertragspartner/den Käufer, Ansprechpartner) nach dem Muster der Anlage [...] schriftlich zu informieren. Bis zur Erteilung der jeweiligen Zustimmung seitens des Vertragspartners bleibt der Verkäufer im Außenverhältnis Partei der betroffenen Vertragsverhältnisse und Verpflichtungen; Verkäufer und Käufer werden sich im Innenverhältnis jedoch so stellen, als wäre der betreffende Vertrag am Stichtag wirksam übertragen worden. Insbesondere ist der Verkäufer verpflichtet, (i) die Weisungen des Käufers hinsichtlich der Ausübung von Rechten und Erfüllung von Pflichten aus diesen Vertragsverhältnissen einzuholen und auch solche Verträge nach Weisung des Käufers zu beenden und dabei (ii) die Sorgfalt eines ordentlichen Kaufmanns walten zu lassen. Der Käufer wird hingegen den Verkäufer für die ab Stichtag aus diesen Vertragsverhältnissen entstehenden Verpflichtungen freistellen.“*

Gerade beim Verkauf mittelständischer Unternehmen kommt es jedoch dem Verkäufer darauf an, endgültig aus dem Unternehmen auszuscheiden. Alternativ wäre es daher auch denkbar, dass der Käufer mangels Zustimmung nicht Vertragspartner des Dritten wird, aber **als Subunternehmer** des Verkäufers für diesen die Leistungen erbringt, wobei dann allerdings im Rahmen der Due-Diligence-Prüfung geklärt werden sollte, ob diese Verträge ggf. die Erfüllung durch Subunternehmer verbieten.

Insbesondere bei schon **länger andauernden Vertragsverhältnissen** oder bei **Rahmenverträgen,** die jeweils durch Einzelaufträge ausgefüllt werden, kann unklar sein, welcher Vertragsinhalt im Einzelnen übergehen soll. Auch ist es im Mittelstand vielfach anzu-

---

[777] Vgl. auch *Holzapfel/Pöllath,* Unternehmenskauf in Recht und Praxis, Rn. 1016 ff.
[778] Vgl. *Schreier/Leicht,* NZG 2011, 121, 122.

treffen, dass **lediglich mündliche Verträge** existieren, die dann möglichst vor Vertragsschluss in eine schriftliche Form gebracht werden sollten.

> **Praxishinweis:** Hinsichtlich der wichtigen Verträge ist es empfehlenswert, diese nicht nur genau zu bezeichnen, sondern wenn möglich vollständig als Kopie dem Kaufvertrag beizufügen. Zusätzlich sollte der Käufer auf einer dahingehenden Garantie des Verkäufers bestehen, dass keine weiteren Vertragsverhältnisse und Verpflichtungen aus Verträgen von ihm übernommen werden und dass die übernommenen Verträge rechtswirksam bestehen, nicht gekündigt sind und dass keine weiteren Ansprüche des Vertragspartners als den aus dem Vertrag ersichtlichen bestehen und dass keine Gewährleistungs- und Schadensersatzrechte geltend gemacht wurden bzw. geltend gemacht werden können.

Wird keine ausdrückliche Regelung für den Fall getroffen, dass der dritte Vertragspartner seine Zustimmung verweigert, ist der Käufer entsprechend § 415 Abs. 3 Satz 2 BGB im Zweifel verpflichtet, den Verkäufer von Verbindlichkeiten aus dem mit ihm fortbestehenden Vertragsverhältnis freizustellen (Erfüllungsübernahme nach § 329 BGB).[779]

339 Besonderheiten ergeben sich auch, wenn – z.B. im Rahmen einer Carve-Out-Transaktion (dies bedeutet Herauslösung eines Geschäftsbereichs) – **Verträge und Vertragsrechte** zwischen übertragendem Unternehmen und dem Erwerber auf zwei oder mehrere Verträge **aufgeteilt** werden müssen, was aufgrund des erhöhten Aufwands beim Vertragspartner eine Anpassung von Konditionen zur Folge haben kann.[780]

e) Rechtsübergang kraft Gesetzes, insbesondere § 613a BGB, § 566 BGB und § 86 VVG

340 Zu beachten sind ferner die Tatbestände, aufgrund derer es bereits kraft Gesetzes zu einem **Übergang von Rechten und Verträgen** kommen kann, so zum Beispiel beim Verkauf eines Grundstücks hinsichtlich des **Übergangs von Mietverträgen** (§ 566 BGB), dem **Übergang von bestimmten Versicherungsverträgen** (§ 86 VVG) oder dem **Übergang von Arbeitsverhältnissen** im Fall eines Betriebsübergangs (§ 613a BGB).[781]

Die Themen aus und im Zusammenhang mit dem gesetzlichen Übergang der Arbeitsverhältnisse nach § 613a BGB sind ausführlich in → Rn. 270ff. behandelt.

Davon zu unterscheiden sind die **kraft Gesetzes angeordneten Haftungstatbestände,** die zumeist eine gemeinsame Haftung von Veräußerer und Erwerber im Wege des **gesetzlich angeordneten Schuldbeitritts** vorsehen (z.B. § 25 HGB oder § 75 AO),[782] die jedoch nicht einen gesetzlichen Übergang von Forderungen, Verbindlichkeiten oder gar des ganzen Vertrages bewirken.

f) Bestandsveränderungen zwischen Signing und Closing

341 Bei dem Verkauf eines Unternehmens liegt es in der Natur der Sache, dass sich sowohl die aktiven wie auch passiven Vermögenswerte permanent verändern. Dies kann bei einer größeren Zeitspanne zwischen Vertragsunterzeichnung und tatsächlicher Übergabe/tatsächlichem Wirksamwerden der Übereignung deutliche Auswirkungen haben.

> **Praxishinweis:** Es sollte eine Regelung in den Vertrag aufgenommen werden, der zufolge die im ordnungsgemäßen Geschäftsgang veräußerten Sachen, Forderungen und sonstigen Rechte sowie Immaterialgüterrechte nicht an den Käufer verkauft und übertragen werden,

---

[779] BGH vom 1.2.2012 – VIII ZR 307/10, NJW 2012, 1718; *Maurer,* BWNotZ 2005, 114, 118.

[780] Vgl. auch *Schreier/Leicht,* NZG 2011, 121, 123.

[781] Vgl. dazu *Hopt* in: Baumbach/Hopt, HGB, § 25 Rn. 20; *Rotthege* in: Rotthege/Wassermann, Unternehmenskauf bei der GmbH, Kap. 7 Rn. 42.

[782] Siehe zu § 25 HGB oben → Rn. 262ff. sowie zu § 75 AO → Rn. 678f.

> wohingegen die im ordnungsgemäßen Geschäftsgang erworbenen Vermögenswerte entsprechend mit verkauft und übertragen werden. Zudem empfiehlt sich eine Inventur auf den Stichtag.

(frei)
342–344

3. Dingliche Übertragung beim Share Deal

Beim sog. Share Deal, dem Anteilsverkauf, werden die Mitgliedschaftsrechte am Unter- **345** nehmensträger auf den Erwerber übertragen, wobei die Übertragbarkeit und Übertragung je nach Art der betreffenden Gesellschaftsform unterschiedlich ist. Wie bereits ausgeführt, gilt für die Übertragung von Mitgliedschaftsrechten der **Bestimmtheitsgrundsatz.**[783]

a) Übertragung und Erwerb von GmbH-Anteilen

Der Erwerb von Geschäftsanteilen an einer GmbH kann entweder im Wege der Abtre- **346** tung gemäß §§ 398, 413 BGB i. V. m. § 15 GmbHG[784] oder gutgläubig gemäß §§ 398, 413, 161 Abs. 3 BGB i. V. m. § 16 Abs. 3 GmbHG erfolgen. Die Eintragung in die Gesellschafterliste ist hingegen keine Wirksamkeitsvoraussetzung für den Erwerb des Geschäftsanteils.[785] Da die Anteile an einer GmbH nicht verbrieft werden können, besteht – anders als bei Aktien – nicht zusätzlich die Möglichkeit, Eigentum an diesen Gesellschaftsrechten nach §§ 929 ff. BGB zu erwerben.

aa) Form- und Zustimmungserfordernisse, Bedingungen. Zunächst ist zu be- **347** achten, dass die Abtretung eines GmbH-Anteils für ihre Wirksamkeit der notariellen Beurkundung bedarf (§ 15 Abs. 3 GmbHG).[786] Anders als die schuldrechtliche Verpflichtung zur Abtretung eines GmbH-Anteils, die ebenfalls gemäß § 15 Abs. 4 GmbHG beurkundungspflichtig ist, kann ein **Formmangel der Abtretung nicht geheilt** werden. Das Rechtsgeschäft wäre vielmehr erneut vorzunehmen.

Sofern die Abtretung von Geschäftsanteilen an der GmbH gemäß § 15 Abs. 5 GmbHG **348** durch den Gesellschaftsvertrag an weitere Voraussetzungen geknüpft ist (sog. **Vinkulierung**), müssen die spezifischen Vorgaben der Satzung eingehalten werden, da andernfalls die Abtretung unwirksam ist. Etwaige Genehmigungs- oder Zustimmungserfordernisse unterfallen den §§ 182 ff. BGB, so dass im Falle der (nachträglichen) Genehmigung eine Rückwirkung auf den Zeitpunkt der Vornahme der Abtretung eintritt (§ 184 Abs. 1 BGB). Ungeachtet dessen kann im Zuge der Anteilsabtretung eine **Teilung von Geschäftsanteilen** erforderlich werden,[787] wofür gemäß § 46 Nr. 4 GmbHG die „Bestimmung der Gesellschafter" Voraussetzung ist, was – genauer gesagt – einen Gesellschafterbeschluss meint.[788]

Verfügt der Verkäufer bei einer **aufschiebenden Bedingung**[789] in der **Schwebezeit** **349** über den Kaufgegenstand, so ist diese im Falle des Eintritts der Bedingung grundsätzlich nach § 161 BGB unwirksam. Trotz der an sich mit der Reform des GmbH-Rechts im Jahre 2008 eingeführten Möglichkeit eines gutgläubigen Erwerbs von GmbH-Anteilen kommt ein solcher – anders als bei Grundstücken oder beweglichen Sachen – in der

---

[783] Anders als bei der Übertragung von Forderungen, für die Bestimmbarkeit genügt; siehe oben → Rn. 317 ff.

[784] *Bayer* in: Lutter/Hommelhoff, GmbHG, § 15 Rn. 25.

[785] BGH vom 17.12.2013 – II ZB 6/13, NJW 2014, 2026; *Goette,* Einführung in das neue GmbH-Recht, Begründung RegE zu Nr. 15 (Neufassung von § 16), S. 234.

[786] Vgl. zur notariellen Form, Zustimmungserfordernissen sowie Vollmachten und Genehmigungen bereits ausführlich oben → Rn. 66 ff., → 122 ff. und → 157 ff.

[787] *Jasper* in: Münchener Handbuch des Gesellschaftsrechts, Band 3, § 24 Rn. 6 ff.

[788] *Zöllner/Noack* in: Baumbach/Hueck, GmbHG, § 46 Rn. 1.

[789] Siehe dazu noch → Rn. 161 ff.

Schwebezeit bis zum Eintritt oder Ausbleiben der Bedingung nicht nach § 161 Abs. 3 BGB in Betracht.[790]

350   **bb) Bedeutung der Gesellschafterliste.** Gemäß § 16 Abs. 1 GmbHG gilt im Verhältnis zur Gesellschaft für den Fall einer Veränderung in den Personen der Gesellschafter oder des Umfangs ihrer Beteiligung als Inhaber eines Geschäftsanteils nur, wer als solcher in der im Handelsregister aufgenommenen Gesellschafterliste (§ 40 GmbHG) eingetragen ist.[791] Danach wird unwiderleglich vermutet, dass der in die Gesellschafterliste Eingetragene im angegebenen Umfang auch Gesellschafter ist, sodass die Gesellschaft den durch die Liste Legitimierten sowohl hinsichtlich der Teilhabe- als auch der Vermögensrechte als Gesellschafter behandeln muss.[792]

Die Aufnahme in die Gesellschafterliste ist jedoch **keine materielle Wirksamkeitsvoraussetzung für Verfügungen** (Abtretung, Verpfändung, Nießbrauchbestellung) und dementsprechend nicht materieller Teil des Abtretungsgeschäfts.[793] Die Gesellschafterliste ist jedoch *Rechtsscheinsträger* im Hinblick auf einen gutgläubigen Erwerb gemäß § 16 Abs. 3 GmbHG.

Gemäß § 16 Abs. 1 Satz 2 GmbHG gilt eine vom Erwerber in Bezug auf das Gesellschaftsverhältnis vorgenommene Rechtshandlung als von Anfang an wirksam, wenn die Gesellschafterliste unverzüglich nach Vornahme der Rechtshandlung in das Handelsregister aufgenommen wird. Diese Vorschrift beinhaltet also eine **Fiktion,** um es dem Erwerber eines Geschäftsanteils auch bereits vor Aufnahme der Gesellschafterliste in das Handelsregister zu ermöglichen, bei einer Beschlussfassung zur Satzungsänderung oder der Abberufung und Neubestellung von Geschäftsführern mitwirken zu können.[794] Damit allerdings solche schwebend unwirksamen Maßnahmen auch tatsächlich mit Rückwirkung (ex tunc) wirksam werden, muss die Gesellschafterliste *unverzüglich* (also ohne schuldhaftes Zögern, § 121 BGB) beim Handelsregister aufgenommen werden. Als problematisch kann sich hier die – in der Praxis ja durchaus gängige – **Anteilsabtretung unter einer aufschiebenden Bedingung** erweisen, da der Notar die Gesellschafterliste erst nach Bedingungseintritt ändern und an das Handelsregister weiterleiten darf.[795]

351   Auf Mitteilung und Nachweis seitens der Gesellschafter haben die **Geschäftsführer** unverzüglich nach Wirksamwerden jeder Veränderung in den Personen der Gesellschafter oder des Umfangs ihrer Beteiligung eine von ihnen unterschriebene Liste der Gesellschafter **zum Handelsregister einzureichen** (40 Abs. 1 GmbHG). Hat – was in der Praxis der häufigere Fall sein dürfte – ein **Notar** an solchen Veränderungen mitgewirkt, so trifft ihn eine originäre Amtspflicht, und er hat unverzüglich die Einreichungspflicht zu erfüllen; dies entbindet jedoch die Geschäftsführer nicht vollständig von ihrer primären Verantwortlichkeit, sondern weist ihnen bei Untätigkeit des Notars wiederum subsidiär die Verantwortung zu.[796]

352   **cc) Gesellschafterliste und gutgläubiger Erwerb von GmbH-Anteilen.** Seit In-Kraft-Treten des MoMiG am 1.11.2008[797] kann der Erwerber unter bestimmten weiteren

---

[790] BGH vom 20.9.2011 – II ZB 17/10, BeckRS 2011, 24899 = BB 2011, 2832; OLG Hamburg vom 12.7.2010 – 11 W 51/10, NZG 2010, 1157; OLG München vom 11.3.2011 – 31 Wx 162/10, NZG 2011, 473; vgl. dazu auch noch unten → Rn. 356.

[791] Vgl. zu Praxisfragen im Hinblick auf die Gesellschafterliste *Blasche,* RNotZ 2014, 34.

[792] Vgl. *Omlor/Spiess,* MittBayNot 2011, 353.

[793] *Servatius* in: Baumbach/Hueck, GmbHG, § 16 Rn. 2.

[794] Vgl. *Bayer* in: Lutter/Hommelhoff, GmbHG, § 16 Rn. 48.

[795] BGH vom 20.9.2011 – II ZB 17/10, BeckRS 2011, 24899; OLG Hamburg vom 12.7.2010 – 11 W 51/10, NZG 2010, 1157, 1158; OLG München vom 8.9.2009 – 31 Wx 082/09, BB 2009, 2167; *Bayer* in: Lutter/Hommelhoff, GmbHG, § 16 Rn. 50.

[796] Vgl. *Zöllner/Noack* in: Baumbach/Hueck, GmbHG, § 40 Rn. 57.

[797] Gesetz zur Modernisierung des GmbH-Rechts und zur Bekämpfung von Missbräuchen vom 23.10.2008, BGBl. I, S. 2026 (Nr. 48).

Voraussetzungen gemäß § 16 Abs. 3 Satz 1 GmbHG einen Geschäftsanteil oder ein Recht daran durch Rechtsgeschäft wirksam auch vom Nichtberechtigten erwerben, wenn der Veräußerer als Inhaber des Geschäftsanteils in der im Handelsregister aufgenommenen Gesellschafterliste eingetragen ist. Der Gesetzgeber hatte diese Möglichkeit des gutgläubigen Erwerbs von GmbH-Anteilen aus Gründen des Verkehrsschutzes eingeführt. Er wollte das Risiko eines Fehlschlagens des Erwerbs mindern, das bislang zu umfangreichen Due-Diligence-Prüfungen über lückenlose Abtretungsketten seit Gründung der Gesellschaft zwang und teilweise äußerst problematische Rückabwicklungen von Unternehmenskäufen erforderte.[798] Anders als das Grundbuch, das einer strengen und objektiven Richtigkeitskontrolle unterliegt, ist die Gesellschafterliste allerdings privat geführt, so dass sich hinsichtlich eines gutgläubigen Erwerbs Unterschiede ergeben.[799] Die Vielzahl der bereits vor Inkrafttreten des MoMiG[800] und auch der Zeit danach veröffentlichten Beiträge[801] zu Fragen des gutgläubigen Erwerbs von GmbH-Anteilen belegt, dass viele Rechtsfragen noch ungeklärt sind.[802] Von daher sollte sich insbesondere der Käufer nicht ohne weiteres auf einen gutgläubigen Erwerb verlassen. Die **Grundvoraussetzungen für einen gutgläubigen Erwerb** sind:[803]

(1) Existenz des Geschäftsanteils;
(2) unrichtige Wiedergabe des Inhabers oder des Umfangs seiner Beteiligung in der ins Handelsregister aufgenommenen Gesellschafterliste;
(3) rechtsgeschäftlicher Erwerb eines Gesellschaftsanteils;
(4) Zurechenbarkeit der Unrichtigkeit beim Berechtigten oder Ablauf der 3-Jahres-Frist;
(5) der Gesellschafterliste ist kein Widerspruch zugeordnet;
(6) keine Kenntnis oder grob fahrlässige Unkenntnis des Erwerbers von der fehlenden Berechtigung.

§ 16 Abs. 3 GmbH-Gesetz **schützt** beim Erwerb des Geschäftsanteils sowie von beschränkt dinglichen Rechten sodann den **guten Glauben** an   **353**
– die Berechtigung des Veräußerers,
  • den Anteil veräußern zu können,
  • beschränkt dingliche Rechte daran bestellen zu können (Pfandrecht, Nießbrauch, aber – da nicht dinglich – nicht die Unterbeteiligung) sowie an
– die Anteilsgröße (streitig).

Nicht geschützt ist hingegen der gute Glaube an
– die **Existenz** des Geschäftsanteils,
– die uneingeschränkte **Verfügungsbefugnis** des Veräußerers (nur Anteilsinhaberschaft),
– eine möglicherweise bestehende oder nicht bestehende **Vinkulierung** sowie an
– das Bestehen oder Nichtbestehen von **beschränkt dinglichen Rechten** (Lastenfreiheit), da diese in der Gesellschafterliste nicht eintragungsfähig sind.[804]

[798] OLG München vom 11.3.2011 – 31 Wx 162/10; NZG 2011, 473; *Goette*, Einführung in das neue GmbH-Recht, Begründung RegE zu Nr. 15 (Neufassung von § 16), S. 236 f.; *Servatius* in: Baumbach/Hueck, GmbHG, § 16 Rn. 26.

[799] BGH vom 17.12.2013 – II ZB 6/13, NJW 2014, 2026; *Goette*, Einführung in das neue GmbH-Recht, Begründung RegE zu Nr. 15 (Neufassung von § 16), S. 237; OLG München vom 8.9.2009 – 31 Wx 082/09, BB 2009, 2167.

[800] Gesetz zur Modernisierung des GmbH-Rechts und zur Bekämpfung von Missbräuchen vom 23.10.2008, BGBl. I, S. 2026 (Nr. 48).

[801] Vgl. z. B. *Wicke*, DB 2011, 1037; *Osterloh*, NZG 2011, 495; *Omlor/Spiess*, MittBayNot 2011, 353; *Desch*, BB 2010, 3104; *Bohrer*, DStR 2010, 1892; *Bohrer*, MittBayNot 2010, 17; *Hellfeld*, NJW 2010, 411; *Schneider*, NZG 2009, 1167; *Herrler*, BB 2009, 2272; *Weigl*, NZG 2009, 1173.

[802] Vgl. auch *Bayer* in: Lutter/Hommelhoff, GmbHG, § 16 Rn. 63 sowie 74, 84.

[803] *Servatius* in: Baumbach/Hueck, GmbHG, § 16 Rn. 27.

[804] BGH vom 20.9.2011 – II ZB 17/10, BeckRS, 2011, 24899; OLG Hamburg vom 12.7.2010 – 11 W 51/10, NZG 2010, 1157; OLG München vom 11.3.2011 – 31 Wx 162/10, NZG 2011, 473;

Der nur lückenhafte Gutglaubensschutz wird insbesondere von der Transaktionspraxis kritisiert, weil infolgedessen nach wie vor auf eine sorgfältige Due-Diligence-Prüfung nicht verzichtet werden kann.[805] Können Probleme mit dem „Chain-of-Title" (lückenlose Kette der Anteilsabtretungen seit Gründung) nicht mit der hinreichenden Sicherheit behoben werden, wird eine Verschmelzung der Ziel-GmbH auf die Erwerber-Gesellschaft als Lösung diskutiert.[806]

Praxishinweis: Angesichts der nur sehr eingeschränkten Gutglaubenswirkung des § 16 Abs. 3 GmbHG, der sich vor allem auch nicht auf die Existenz des Geschäftsanteils erstreckt (so dass der Käufer das zentrale Recht der Inhaberschaft eventuell nicht erwirbt), muss im Rahmen einer Due-Diligence-Prüfung auch geklärt werden,[807] ob der jeweilige Anteil
- bei Gründung der Gesellschaft, bei Kapitalerhöhungen oder Umwandlungsmaßnahmen wirksam entstanden ist;[808]
- der Anteil nicht wieder durch Einziehung (§ 34 GmbHG) oder Umwandlungsmaßnamen untergegangen ist;[809]
- mit Pfandrechten, Nießbrauchsrechten oder Verfügungsbeschränkungen (z. B. aufschiebenden Bedingungen, Optionsrechten) belastet ist;
- frei veräußerbar ist oder einer Vinkulierung unterliegt;
- hinreichend bestimmt identifizierbar ist,[810] um dem Bestimmtheitsgrundsatz Genüge zu tun.[811]

---

354   Streitig ist ferner, ob bei einer fehlerhaften Teilung oder Zusammenlegung von Geschäftsanteilen ein gutgläubiger Erwerb **„so nicht existierender Geschäftsanteile"** aufgrund von § 16 Abs. 3 GmbHG möglich ist.[812] Da – anders als beim Grundbuch – der gute Glaube an die Existenz des Geschäftsanteils nicht geschützt ist und im Falle eines gutgläubigen Erwerbs völlig unklar wäre, welchen Anteil der Erwerber eigentlich gutgläubig erworben haben soll, muss ein gutgläubiger Erwerb bei unzutreffender Stückelung ebenfalls ausscheiden.[813] Allerdings mag die Auffassung, aus der bisherigen Rechtsprechung zur Nichtigkeit der Übertragung eines GmbH-Geschäftsanteils wegen Verstoßes gegen die Teilungsbestimmung der §§ 17 Abs. 4 i. V. m. 5 Abs. 3 GmbHG[814] ergebe sich auch eine *Nichtexistenz der ausgewiesenen Geschäftsanteile*,[815] nicht ohne weiteres zu überzeugen. Denn der Bundesgerichtshof weist zur Begründung dieser Rechtsprechung zur Nichtigkeit

---

OLG München vom 8.9.2009 – 31 Wx 082/09, BB 2009, 2167; *Bayer* in: Lutter/Hommelhoff, GmbHG, § 16 Rn. 74 ff.; *Servatius* in: Baumbach/Hueck, GmbHG, § 16 Rn. 27; *Rotthege* in: Rotthege/Wassermann, Unternehmenskauf bei der GmbH, Kap. 7 Rn. 75.

[805] Vgl. *Bayer* in: Lutter/Hommelhoff, GmbHG, § 16 Rn. 74 m. w. N.; auch *Rotthege* in: Rotthege/Wassermann, Unternehmenskauf bei der GmbH, Kap. 7 Rn. 75.

[806] Vgl. dazu *Schniepp/Hensel*, NZG 2014, 857.

[807] Vgl. auch *Mayer*, DNotZ 2008, 403, 427.

[808] Vgl. auch *Desch*, BB 2010, 3104, *Götze/Bressler*, NZG 2007, 894, 897.

[809] Vgl. *Desch*, BB 2010, 3104, die – wohl nicht ganz zutreffend – auch die Fälle der Kaduzierung (§ 21 GmbHG) und des Abandon (§ 27 GmbHG) als für den GmbH-Anteil existenzvernichtend ansieht.

[810] Vgl. dazu *Bohrer*, DStR 2010, 1892, 1893.

[811] Vgl. BGH vom 19.4.2010 – II ZR 150/09, NZG 2010, 908.

[812] *Bayer* in: Lutter/Hommelhoff, GmbHG, § 16 Rn. 73.

[813] So *Wachter*, GmbHR-Sonderheft 2008, 51, 59; *Bayer* in: Lutter/Hommelhoff, GmbHG, § 16 Rn. 73; *Mayer*, DNotZ 2008, 403, 418; *Wälzholz*, MittBayNot 2008, 425; 436; a. A. *Klöckner*, NZG 2008, 841, 844; wohl auch *Götze/Bressler*, NZG 2007, 894, 897; *Servatius* in: Baumbach/Hueck, GmbHG, § 16 Rn. 28 jedenfalls soweit entsprechender Geschäftsanteil existiert, jedoch anderem Gesellschafter gehört.

[814] BGH vom 20.7.2005 – VIII ZR 397/03, NJW-RR 2005, 1619, 1620 = NZG 2005, 927.

[815] So beispielsweise *Rotthege* in: Rotthege/Wassermann, Unternehmenskauf bei der GmbH, Kap. 7 Rn. 74.

bei fehlerhafter Teilung darauf hin, dass mit den Bestimmungen über die bei der Teilung einer Stammeinlage zulässigen Beträge eine Kapitalzersplitterung verhindert werden soll;[816] diesen Gesetzeszweck hat aber der Gesetzgeber mit dem MoMiG[817] ja gerade aufgegeben.[818]

Da ein gutgläubiger Erwerb nach § 16 Abs. 3 GmbHG auch zur Voraussetzung hat, dass **355** der Erwerber **keine Kenntnis oder grob fahrlässige Unkenntnis** von der fehlenden Berechtigung des Veräußerers hat, stellt sich auch in diesem Zusammenhang die Frage, ob das Unterlassen einer Due-Diligence-Prüfung, bei der die Unrichtigkeit entdeckt worden wäre, zur groben Fahrlässigkeit führt.[819] Dies wird teilweise unter der Voraussetzung angenommen, dass konkrete Verdachtsmomente vorliegen, aus denen sich Zweifel an der Inhaberschaft des Veräußerers ergeben[820] oder wenn das Käuferunternehmen erst überhaupt keine Due-Diligence-Prüfung durchführt und sich demzufolge gar nicht mit dieser Fragestellung beschäftigt.

> **Praxishinweis:** Der Käufer von GmbH-Anteilen kann sich trotz der Regelung in § 16 Abs. 3 GmbHG nicht darauf verlassen, dass er die Anteile gutgläubig lastenfrei erwirbt.[821] Daher sollte der Käufer die Anteilsinhaberschaft des Veräußerers und die Lastenfreiheit der Anteile nach wie vor im Rahmen einer Due Diligence unbedingt sorgfältig prüfen. Zudem wird dann zumindest der Vorwurf grober Fahrlässigkeit vermieden, der sowohl im Rahmen von § 442 BGB als auch im Hinblick auf § 16 Abs. 3 GmbHG zum Verlust der Gewährleistungsrechte bzw. des Gutglaubenserwerbs führen könnte.

Führt der Käufer *überhaupt keine Due Diligence* durch, ist das nach hier vertretener Auffassung regelmäßig grob fahrlässig und führt sowohl zum Verlust der Gewährleistungsrechte des Käufers nach § 442 Abs. 1 Satz 2 BGB (falls nicht selbständige Garantien oder Beschaffenheitsgarantien vereinbart worden sind) als auch zum Ausschluss eines gutgläubigen Erwerbs der Geschäftsanteile. Auch haften Geschäftsführer, Vorstände und Aufsichtsräte der kaufenden Gesellschaft für einen etwa daraus resultierenden Schaden, da hierfür die Business-Judgement-Rule mangels sorgfältiger Ermittlung der Entscheidungsgrundlagen von Vornherein nicht zur Anwendung kommt.[822] Wird hingegen *im Rahmen der Definition der Prüfungsgegenstände* oder mangels sich ergebender Verdachtsmomente *im Rahmen der Due-Diligence-Prüfung selbst* die Anteilsinhaberschaft nicht oder nur fehlerhaft geprüft, stellt dies in der Regel dann eher einfache Fahrlässigkeit dar. Diese kann zwar auch – soweit dem Management zurechenbar – zum Schadensersatz der Manager gegenüber ihrer Gesellschaft führen, nicht jedoch zum Verlust von Rechten des Käufers nach § 442 BGB oder zum Ausschluss eines gutgläubigen Erwerbs der Anteile nach § 16 Abs. 3 GmbHG. Denkbar – aber nach bisheriger Rechtsprechung wohl eher ausgeschlossen – ist auch die Berücksichtigung eines Mitverschuldens gemäß § 254 BGB bei Ansprüchen aus culpa in contrahendo.[823]

---

[816] BGH vom 20.7.2005 – VIII ZR 397/03, NJW-RR 2005, 1619, 1620.

[817] Gesetz zur Modernisierung des GmbH-Rechts und zur Bekämpfung von Missbräuchen vom 23.10.2008, BGBl. I, S. 2026 (Nr. 48).

[818] Vgl. *Jasper* in: Münchener Handbuch des Gesellschaftsrechts, Band 3, § 24 Rn. 14.

[819] *Bayer* in: Lutter/Hommelhoff, GmbHG, § 16 Rn. 88. Siehe zur grob fahrlässigen Unkenntnis im Zusammenhang mit § 442 BGB bereits ausführlich Teil → C., Rn. 215 ff. sowie im Zusammenhang mit der Managerhaftung im Hinblick auf die Business Judgement Rule Teil → C., Rn. 237 ff.

[820] *Götze/Bressler*, NZG 2007, 894, 898; *Mayer*, DNotZ 2008, 403, 422; *Bayer* in: Lutter/Hommelhoff, GmbHG, § 16 Rn. 67; *Klöckner*, NZG 2008, 841, 845; vgl. auch *Desch*, BB 2010, 3104, 3105.

[821] Vgl. nunmehr auch ausdrücklich BGH vom 20.9.2011 – II ZB 17/10, BeckRS 2011, 24899, Tz. 15.

[822] Vgl. auch zu diesem besonders wichtigen „Enthaftungskriterium" *Bücker/von Bülow* in: Krieger/Schneider, Handbuch Managerhaftung, § 25 Rn. 59.

[823] Siehe Teil → C., Rn. 140 f.

356 Heftig umstritten war bis vor kurzem, ob bei einer **aufschiebend oder auflösend bedingten Anteilsübertragung** ein gutgläubiger Erwerb eines Zwischenerwerbers nach §§ 398, 413, 161 Abs. 3 BGB i. V. m. § 16 Abs. 3 GmbHG möglich ist.[824] Das Oberlandesgericht Hamburg hatte mit Beschluss vom 12.7.2010 entschieden, dass eine aufschiebend bedingte Abtretung eines GmbH-Anteils keine „bereits eingetretene Veränderung" i. S. v. §§ 40 Abs. 1, 40 Abs. 2 GmbH und daher nicht eintragungsfähig ist. Die bisherige Gesellschafterliste ist bis zum Bedingungseintritt auch nicht unrichtig, sodass (erst) von diesem Zeitpunkt an ein gutgläubiger Erwerb gemäß § 16 Abs. 3 GmbHG möglich ist.[825] Der Bundesgerichtshof hat diese Auffassung des OLG Hamburg sowie des OLG München[826] bestätigt.[827]

> **Beachte:** Da eine Transaktionsstruktur mit getrenntem Signing und Closing einen ähnlichen Schwebezustand wie bei der Abtretung unter einer aufschiebenden Bedingung bewirkt, ist auch hier Vorsicht geboten.[828]

Dies gilt besonders dann, wenn beim Signing lediglich der schuldrechtliche Kaufvertrag abgeschlossen und das Closing mit Unterzeichnung eines entsprechenden Closing-Protokolls nicht zur aufschiebenden Bedingung für die schon beim Signing erklärte Abtretung gemacht wird. In diesem Fall könnte der Veräußerer sogar mehrmals wirksam an gutgläubige Erwerber veräußern: z. B. einmal kurz vor dem Closing, weil dann der Käufer mangels aufschiebender Bedingung nicht über § 161 BGB vor einem gutgläubigen Erwerb Dritter geschützt ist, und dann ebenso nach dem Closing, weil dann weder der erste Käufer noch der zweite, gutgläubig erwerbende Käufer, sondern nach wie vor bislang lediglich der Verkäufer in der Gesellschafterliste eingetragen ist und somit erneut an weitere gutgläubige Erwerber verfügen könnte.[829]

> **Praxishinweise:** Da der aufschiebend bedingt erwerbende Unternehmenskäufer nach dem Beschluss des Bundesgerichtshofes[830] seine Rechtsstellung nicht an einen gutgläubigen Erwerber verliert, aber der ohne eine aufschiebende Bedingung erwerbende Käufer seine Rechtsinhaberschaft in der Zeit zwischen Vertragsschluss mit dem Verkäufer und seiner Eintragung als neuer Gesellschafter in der Gesellschafterliste verlieren kann,[831] könnte die Anteilsübertragung – ähnlich wie beim Erwerb eines Kommanditanteils im Hinblick auf die Haftungsgefahren des § 176 HGB – unter die aufschiebende Bedingung der Eintragung des Käufers in der Gesellschafterliste gestellt werden.
> Alternativ könnte als Sicherungsmittel auch die (zusätzlich zur aufschiebend bedingten Abtretung erklärte) Verpfändung des Gesellschaftsanteils an den Käufer in Betracht kommen, da nach der ganz herrschenden Meinung in Rechtsprechung und Literatur ein gutgläubig lastenfreier Erwerb von Geschäftsanteilen nicht möglich ist.[832]
> Als weiteres Sicherungsmittel für den Erwerber gegen den gutgläubigen Erwerb eines Anteils kommt eine satzungsmäßige Vinkulierung in der Form in Betracht, dass eine Verfügung über einen bereits zuvor bedingt abgetretenen Geschäftsanteil (i) vor Bedingungseintritt

---

[824] Dafür z. B. *Omlor/Spiess*, MittBayNot 2011, 353, 361 f.; *Osterloh*, NZG 2011, 495, 496 f.; *Klöckner*, NZG 2008, 841, 842; *Schreinert/Berresheim*, DStR 2009, 1265, 1267; dagegen z. B. *Weigl*, NZG 2009, 1173, 1175; *Servatius* in: Baumbach/Hueck, GmbHG, § 16 Rn. 32.

[825] OLG Hamburg vom 12.7.2010 – 11 W 51/10, NZG 2010, 1157.

[826] OLG München vom 11.3.2011 – 31 Wx 162/10, NZG 2011, 473.

[827] BGH vom 20.9.2011 – II ZB 17/10, BeckRS 2011, 24899; zustimmend *Blasche*, RNotZ 2014, 34, 35.

[828] Vgl. auch *Wälzholz*, MittBayNot 2008, 425, 436 sowie zu diesen beiden Transaktionsvarianten → Rn. 132 ff.

[829] Vgl. auch *Wälzholz*, MittBayNot 2008, 425, 436.

[830] BGH vom 20.9.2011 – II ZB 17/10, BeckRS 2011, 24899.

[831] Vgl. auch *Osterloh*, NZG 2011, 495, 496.

[832] Vgl. *Schreinert/Berresheim*, DStR 2009, 1265, 1270; *Desch*, BB 2010, 3104, 3109.

oder Verzicht auf die Bedingung und (ii) vor Eintragung des Gesellschafterwechsels in der Gesellschafterliste ausgeschlossen ist.[833]

Schließlich wird die zwischenzeitliche, bedingungslose Übertragung der Geschäftsanteile auf eine zwischen dem Verkäufer und Käufer bestehende Gesellschaft bürgerlichen Rechts vorgeschlagen.[834]

Der vielfach im Schrifttum vorgeschlagenen Eintragung eines Widerspruchs in der Gesellschafterliste[835] hat der Bundesgerichtshof hingegen eine Absage erteilt.[836]

dd) Fehlerhafte Gesellschaft. Die zunächst zu den Personengesellschaften entwickel- **357** ten Grundsätze zur fehlerhaften Gesellschaft (früher: faktischen Gesellschaft)[837] wendet die Rechtsprechung sinngemäß auch auf die GmbH an.[838] Allerdings greifen diese Grundsätze im Hinblick auf die GmbH (ebenso wie bei der AG) nicht gleichermaßen, weil **im Verhältnis der Gesellschaft zu ihren Gesellschaftern** § 16 Abs. 1 GmbHG (bzw. § 67 Abs. 2 AktG) regelt, was in den Fällen gilt, in denen Gesellschaftsanteile fehlerhaft übertragen worden sind. Die bürgerlich-rechtlichen Nichtigkeits- und Anfechtungsvorschriften, die *kaufrechtlich* zur Anwendung kommen können, führen daher gerade nicht dazu, dass die Gesellschafter im Verhältnis zur Gesellschaft auch *gesellschaftsrechtlich* rückwirkend in ihre alte Rechtsposition eingesetzt werden.[839] Gemäß § 16 Abs. 1 GmbHG ist ein in der Gesellschafterliste eingetragener Gesellschafter so lange als solcher zu behandeln, bis eine Rechtsänderung bei ihr angemeldet und nachgewiesen ist. Eine Fehlerhaftigkeit des Anteilserwerbs und eine daran anknüpfende (kaufrechtliche) Rückwirkungsfolge der Anfechtung sind damit auf die Rechtsbeziehungen zwischen Gesellschaft und Gesellschafter ohne Einfluss.[840] Dagegen kommt allerdings für die **Rechtsbeziehungen zwischen Veräußerer und Erwerber** eine Rückwirkung in Betracht.[841]

Anders als bei den Personengesellschaften gelten die Grundsätze der fehlerhaften Gesell- **358** schaft im Verhältnis zwischen Käufer und Verkäufer des Unternehmens bzw. der Beteiligung nicht[842], so dass eine **rückwirkende Rückabwicklung des Kaufvertrages** – insbesondere Anfechtung wegen arglistiger Täuschung – **in Betracht kommt**,[843] und zwar auch dann, wenn eine Rückabwicklung im Unternehmenskaufvertrag ausgeschlossen war. Denkbare Anwendungsfälle der Rückabwicklung sind neben einer Anfechtung wegen arglistiger Täuschung nach § 123 Abs. 1 BGB bzw. vorsätzlicher Aufklärungspflichtverletzung nach c. i. c. eine Nichtigkeit des Kaufvertrages nach § 138 Abs. 1 BGB, wegen Sittenwidrigkeit (z. B. bei Verstoß gegen ein Wettbewerbsverbot) oder wegen Gesetzeswidrigkeit nach § 134 BGB (z. B. bei einem Verstoß gegen Geheimhaltungspflichten nach § 203 StGB, einer

---

[833] *Mayer,* DNotZ 2008, 403, 418; *Bohrer,* DStR 2007, 995, 996; *Schreinert/Berresheim,* DStR 2009, 1265, 1270; *Desch,* BB 2010, 3104, 3109.

[834] *Weigl,* MittBayNot, 2009, 116, 120; *ders.,* NZG 2009, 1173, 1176; *Reymann,* GmbHR 2009, 343, 347 f.; *Schreinert/Berresheim,* DStR 2009, 1265, 1271; *Desch,* BB 2010, 3104, 3109.

[835] Vgl. z. B. *Wicke,* DB 2011, 1037, 1039; *Schneider,* NZG 2009, 1167; *Schreinert/Berresheim,* DStR 2009, 1265; 1268; *Hellfeld,* NJW 2010, 411; *Herrler,* BB 2009, 2272.

[836] BGH vom 20.9.2011 – II ZB 17/10, BeckRS, 2011, 24899.

[837] Siehe dazu → Rn. 379.

[838] BGH vom 12.5.1954 – II ZR 167/53, NJW 1954, 1562; BGH vom 13.3.1975 – II ZR 154/73, WM 1975, 512, 514.

[839] Grundlegend BGH vom 20.7.2010 – XI ZR 465/07, NJW-RR 2010, 1402 Tz. 35 ff. „in Abstimmung mit dem II. Zivilsenat"; BGH vom 22.1.1990 – II ZR 25/89, NJW 1990, 1915, 1916; BGH vom 27.3.1995 – II ZR 3/94, NJW-RR 1995, 1182, 1183; BGH vom 17.1.2007 – VIII ZR 37/06, NJW 2007, 1058 Tz. 19; vgl. auch *Bayer* in: Lutter/Hommelhoff, GmbHG, § 15 Rn. 50.

[840] Vgl. BGH vom 17.1.2007 – VIII ZR 37/06, NJW 2007, 1058 Tz. 20.

[841] *Bayer* in: Lutter/Hommelhoff, GmbHG, § 15 Rn. 50.

[842] Vgl. BGH vom 20.7.2010 – XI ZR 465/07, NJW-RR 2010, 1402 Tz. 44 f.

[843] BGH vom 22.1.1990 – II ZR 25/89, NJW 1990, 1915, 1916; BGH vom 13.12.2004 – II ZR 409/02, NJW-RR 2005, 469; BGH vom 17.1.2007 – VIII ZR 37/06, NJW 2007, 1058, 1059.

Umgehung des Kündigungsverbotes nach § 613a Abs. 4 BGB) oder einem Verstoß gegen § 1 GWB sowie das kartellrechtliche Vollzugsverbot nach § 41 Abs. 1 Satz 2 GWB.[844]

b) Übertragung und Erwerb von Aktien

359   Bei der Übertragung und dem Erwerb von Aktien geht es um die Mitgliedschaft des Aktionärs an der Aktiengesellschaft, wobei die Modalitäten der Verfügung über die Aktie von ihrer **Verbriefung** sowie von der **Art ihrer Verwahrung** abhängig ist.[845] Gemäß § 10 Abs. 1 AktG können Aktien auf den Inhaber oder auf den Namen lauten, wobei es sich in beiden Fällen um **Wertpapiere im weiteren Sinne** handelt, weil die mitgliedschaftlichen Befugnisse nur von dem ausgeübt werden können, der Inhaber der Urkunde ist (Vorlegungserfordernis).[846] Inhaber- und Namensaktien sind darüber hinaus aber auch **Wertpapiere im engeren Sinne,** weil die Übertragung der Mitgliedschaft durch Übertragung der Urkunde erfolgen kann.[847] Die Entstehung von Aktien und damit der Mitgliedschaft setzt aber, wie sich aus § 214 Abs. 4 AktG ergibt, die Ausgabe von Aktienurkunden nicht voraus, so dass dann **unverkörperte Mitgliedschaftsrechte** entstehen, die ebenfalls übertragbar sind.[848]

360   Die **Verbriefung der Aktie** hat also lediglich **deklaratorische Bedeutung.**[849] Je nach Fallgestaltung können Übertragungsgegenstand sein:[850]

- unverbriefte Aktien
- verbriefte Aktien, nicht verwahrt in einem Depot
- verbriefte Aktien, verwahrt in Sonderverwahrung in einem Depot
- verbriefte Aktien, verwahrt in Girosammelverwahrung
- in Dauerglobalaktie verbriefte Aktien.

Die **Verbriefung von Aktien** ermöglicht zunächst – im Gegensatz zu unverbrieften Mitgliedschaften – einen **gutgläubigen Erwerb.** Zudem steigert sie die Verkehrsfähigkeit, indem sie es dem Aktieninhaber erleichtert, sich gegenüber Dritten und der AG zu legitimieren. Deshalb ist die Verbriefung bei Aktiengesellschaften mit großem Aktionärskreis die Regel, wohingegen bei Familiengesellschaften oder Gesellschaften mit einem überschaubaren Aktionärskreis von der Verbriefung häufig abgesehen wird.[851] Da der einzelne Aktionär nach herrschender Meinung einen mitgliedschaftlichen Anspruch auf Verbriefung hat, wird bei Ausschluss seines Anspruchs auf Verbriefung in der Satzung (vgl. § 10 Abs. 5 AktG) als unverzichtbares Minimum eine Globalurkunde ausgestellt, in der die Mitgliedsrechte aller Aktionäre gemeinsam verbrieft werden.[852]

Zur wertpapiermäßigen Verbriefung ist nach allgemeinen Wertpapiergrundsätzen die **Ausstellung der Aktienurkunde** und der **Abschluss eines Begebungsvertrages** zwischen der Gesellschaft und dem Aktionär erforderlich.[853]

---

[844] Siehe zur Nichtigkeit und Rückabwicklung auch ausführlich → Rn. 492 ff. und speziell zur Gesetzeswidrigkeit im Zusammenhang mit § 613a BGB → Rn. 289. Ferner zum Transaktionskartellrecht und Vollzugsverbot nach § 41 GWB → Rn. 13 ff.

[845] *Sailer-Coceani* in: Münchener Handbuch des Gesellschaftsrechts, Band 4, § 14 Rn. 1.

[846] *Hüffer/Koch,* AktG, § 10 Rn. 4.

[847] *Hüffer/Koch,* AktG, § 10 Rn. 4.

[848] *Sailer-Coceani* in: Münchener Handbuch des Gesellschaftsrechts, Band 4, § 14 Rn. 2.

[849] BGH vom 5.4.1993 – II ZR 195/91, NJW 1993, 1983, 1987; *Heider* in: Münchener Kommentar zum AktG, Band 1, § 10 Rn. 8.

[850] Vgl. den Überblick zu den einzelnen Übertragungsformen bei *Eder,* NZG 2004, 107 sowie *Mirow,* NZG 2008, 52.

[851] Vgl. auch *Hüffer/Koch,* AktG, § 10 Rn. 3.

[852] Vgl. *Hüffer/Koch,* AktG, § 10 Rn. 3a u. 12; *Bayer* in: Münchener Kommentar zum AktG, Band 1, § 68 Rn. 5.

[853] *Sailer-Coceani* in: Münchener Handbuch des Gesellschaftsrechts, Band 4, § 14 Rn. 4; vgl. auch *Heider* in: Münchener Kommentar zum AktG, Band 1, § 10 Rn. 9.

aa) Übertragung unverbriefter Aktien. Unverbriefte Aktien können allein durch **361** Abtretung des Mitgliedschaftsrechts gemäß §§ 413, 398 BGB übertragen werden, und zwar gleichviel ob es sich um Namens- oder Inhaberaktien handelt.[854] Sind die Aktien nicht wirksam verbrieft, ändert dies an der Entstehung der Aktien als Mitgliedschaftsrechte nichts, weil diese nicht erst durch die Ausgabe von Aktienurkunden oder Zwischenscheinen, sondern automatisch mit der Eintragung der Gründung bzw. Kapitalerhöhung im Handelsregister entstehen.[855] Die Übertragung kann zwar formlos erfolgen, doch **empfiehlt sich die Schriftform,** weil nach **§ 410 BGB** die Gesellschaft dem Aktionär gegenüber zu Leistungen nur gegen Aushändigung einer vom bisherigen Aktionär über die Abtretung ausgestellten Urkunde verpflichtet ist.[856] Ein **gutgläubiger Erwerb** der Mitgliedschaft ist bei Übertragung unverbriefter Aktien **nicht möglich.**[857]

> **Praxishinweis:** Bei einem Erwerb unverbriefter Mitgliedschaftsrechte sollte der Käufer äußerst sorgfältig prüfen und hinterfragen, ob er sich auf das (angeblich) tatsächlich bestehende Mitgliedschaftsrecht des Verkäufers verlassen will. Will er dieses Risiko nicht eingehen, sollte er auf einer Verbriefung der zu übertragenden Aktien bestehen.[858]

bb) Übertragung verbriefter Inhaber- oder Namensaktien ohne Depot. Verbrief- **362** te Aktien können sowohl wie Sachen gemäß §§ 929 ff. BGB als auch – nach umstrittener Auffassung – durch Abtretung der Mitgliedschaft nach §§ 413, 398 BGB übertragen werden.[859] Im Regelfall der **Inhaberaktie** erfolgt die Übertragung nach **§§ 929 ff. BGB.**[860] In diesem Fall „folgt das Recht aus dem Papier dem Recht am Papier". Wird hingegen die Übertragung der Mitgliedschaft im Wege der Abtretung nach **§§ 413, 398 BGB** bewirkt, „folgt das Recht am Papier dem Recht aus dem Papier" entsprechend § 952 Abs. 2 BGB.[861]

Namensaktien können gemäß § 68 Abs. 1 Satz 1 AktG „auch" durch **Indossament,** **363** also durch schriftliche Übertragungserklärung auf der Aktienurkunde (oder einem fest mit ihr verbundenen Anhang) übertragen werden.[862]

> **Beachte:** Anders als der Wortlaut vermuten lässt, bewirkt jedoch nach herrschender Meinung und Auffassung der Rechtsprechung[863] das Indossament allein noch keinen wirksamen Rechtsübergang. Vielmehr geht – ebenso wie bei allen sonstigen Orderpapieren – das Eigentum an der Namensaktie nur dann auf den Erwerber über, wenn sowohl die schriftliche Übertragungserklärung auf der Urkunde (Indossament) vorliegt als auch die Urkunde durch Begebungsvertrag übereignet wird, wozu die formlose (auch konkludente) Einigung über den Eigentumsübergang und die Übergabe nach § 929 Satz 1 BGB oder ein Übergabesurrogat (§§ 929 Satz 2, 930, 931 BGB) erforderlich sind.[864]

---

[854] *Mirow,* NZG 2008, 52, 53; *Sailer-Coceani* in: Münchener Handbuch des Gesellschaftsrechts, Band 4, § 14 Rn. 3; *Eder,* NZG 2004, 107, 108.

[855] BGH vom 5.4.1993 – II ZR 195/91, NJW 1993, 1983, 1987; BFH vom 7.7.2011 – IX R 2/10, BeckRS 2011, 96622.

[856] *Mirow,* NZG 2008, 52, 53; *Sailer-Coceani* in: Münchener Handbuch des Gesellschaftsrechts, Band 4, § 14 Rn. 3.

[857] *Sailer-Coceani* in: Münchener Handbuch des Gesellschaftsrechts, Band 4, § 14 Rn. 3; *Eder,* NZG 2004, 107, 108.

[858] Vgl. *Mirow,* NZG 2008, 52, 53.

[859] *Sailer-Coceani* in: Münchener Handbuch des Gesellschaftsrechts, Band 4, § 14 Rn. 5; *Eder,* NZG 2004, 107, 108.

[860] *Roth/Kieninger* in: Münchener Kommentar zum BGB, § 413 Rn. 10.

[861] *Mentz/Fröhling,* NZG 2002, 201, 202.

[862] *Hüffer/Koch,* AktG, § 68 Rn. 4.

[863] BGH vom 12.12.1957 – II ZR 43/57, NJW 1958, 302, 303; KG vom 20.12.2002 – 14 U 5141/00, NJW-RR 2003, 542.

[864] *Bayer* in: Münchener Kommentar zum AktG, Band 1, § 68 Rn. 3; *Sailer-Coceani* in: Münchener Handbuch des Gesellschaftsrechts, Band 4, § 14 Rn. 6; *Mirow,* NZG 2008, 52, 54.

364   Namensaktien können auch mit einem **Blankoindossament** (also der bloßen Unterschrift) versehen werden, wodurch sie Inhaberaktien angenähert sind und in entsprechender Anwendung von Art. 14 Abs. 2 Nr. 3 WG durch Übereignung gemäß §§ 929 ff. BGB übertragen werden können.[865]

365   Ebenso wie bei dem Erwerb von GmbH-Anteilen ist für einen wirksamen Erwerb von Namensaktien die Eintragung des Erwerbers in das **Aktienregister** keine Wirksamkeitsvoraussetzung, doch gilt gemäß § 67 Abs. 2 AktG im Verhältnis zur Gesellschaft nur derjenige als Aktionär, der als solcher im Aktienregister eingetragen ist.[866]

> **Praxishinweis:** Aus Käufersicht sollte die Übertragung der Aktien im Falle von Namensaktien nach Möglichkeit durch Indossament erfolgen. In diesem Fall erhält nämlich der Käufer den Schutz des erweiterten gutgläubigen Erwerbs nach Art. 16 WG i.V.m. § 68 Abs. 1 Satz 2 AktG, wonach er auch dann – also über die Fälle des gutgläubigen Eigentumserwerbs nach § 935 BGB hinaus – gutgläubig das Eigentum erwerben kann, wenn z.B. dem Veräußerer die Verfügungs- oder Vertretungsmacht fehlt, nach herrschender Meinung jedoch nicht, wenn ein Geschäftsunfähiger (str.) handelt.[867]

366   **cc) Übertragung verbriefter Inhaber- oder Namensaktien in Depot-Sonderverwahrung.** Inhaberaktien und Namensaktien sind depotfähig.[868] Bei der **Sonderverwahrung** (auch „**Streifbandverwahrung**" genannt), die aufwändiger und teurer ist als die Sammelverwahrung und heute nur noch vereinzelt vorkommt, werden die Aktien unter äußerlich erkennbarer Bezeichnung des Hinterlegers gesondert von den Beständen des Verwalters und denen Dritter verwahrt; sie erfolgt nur bei Wertpapieren, die nicht zur Sammelverwahrung zugelassen sind oder wenn der Hinterleger die gesonderte Aufbewahrung verlangt (§ 2 DepotG).[869] Da der Verwahrer unmittelbarer Fremdbesitzer und der Hinterleger mittelbarer Eigenbesitzer der eingelieferten Aktien wird, kann die neben der Einigung über den Eigentumsübergang erforderliche Übergabe der Aktienurkunden entweder durch Abtretung des Herausgabeanspruchs nach § 931 BGB oder gemäß § 929 Satz 1 BGB dadurch erfolgen, dass der Veräußerer mit Zustimmung des Erwerbers den Verwahrer anweist, die tatsächliche Gewalt für den Erwerber auszuüben.[870]

> **Praxishinweis:** Da nicht bereits die Anweisung an die Depotbank, sondern erst die tatsächliche Begründung des Besitzmittlungsverhältnisses durch Umbuchung des Depotbesitzes bzw. Umschreibung des Depotkontos den für den Eigentumserwerb erforderlichen Besitzübergang bewirkt, ist es aus Sicht des Unternehmenskäufers rechtssicherer, die Übergabe durch Abtretung des Herausgabeanspruchs zu ersetzen.[871]

367   Auch im Falle der Sonderverwahrung können Aktien im Wege der **Abtretung gemäß §§ 413, 398 BGB** erworben werden.

368   Soweit es sich um nicht blankoindossierte Namensaktien in Sonderverwahrung handelt, müssen diese für Zwecke der Übertragung aus der Sonderverwahrung entnommen werden, wenn die Übertragung nicht lediglich nach §§ 413, 398 BGB erfolgen soll.[872]

---

[865] *Hüffer/Koch,* AktG, § 68 Rn. 5; *Mentz/Fröhling,* NZG 2002, 201, 202; *Mirow,* NZG 2008, 52, 54; *Sailer-Coceani* in: Münchener Handbuch des Gesellschaftsrechts, Band 4, § 14 Rn. 8.

[866] Vgl. auch *Bayer* in: Münchener Kommentar zum AktG, Band 1, § 68 Rn. 4.

[867] Vgl. dazu näher *Mirow,* NZG 2008, 52, 54; *Eder,* NZG 2004, 107, 109; *Sailer-Coceani* in: Münchener Handbuch des Gesellschaftsrechts, Band 4, § 14 Rn. 11.

[868] *Hüffer/Koch,* AktG, § 68 Rn. 3 u. 5.

[869] *Mirow,* NZG 2008, 52, 54; *Mentz/Fröhling,* NZG 2002, 201, 203.

[870] Vgl. BGH vom 5.11.1985 – VI ZR 40/84, NJW 1986, 1166 f.; *Herrler* in: Palandt, BGB, § 929 Rn. 16; *Mirow,* NZG 2008, 52, 54; *Mentz/Fröhling,* NZG 2002, 201, 203.

[871] Vgl. *Mirow,* NZG 2008, 52, 55.

[872] *Sailer-Coceani* in: Münchener Handbuch des Gesellschaftsrechts, Band 4, § 14 Rn. 62; *Mirow,* NZG 2008, 52, 55; *Eder,* NZG 2004, 107, 110.

dd) Übertragung verbriefter Inhaber- oder Namensaktien in Girosammelver- 369
wahrung und bei Dauerglobalaktien. Bei der Sammelverwahrung gemäß § 5 DepotG, dem Regelfall der Verwahrung von Aktien, verliert der einzelne Aktionär das Eigentum an seinen Aktien und wird nach § 6 Abs. 1 DepotG kraft Gesetzes *in Bruchteilsgemeinschaft quotaler Miteigentümer* der zum Sammelbestand gehörenden Aktien.[873] Während die §§ 6 ff. DepotG die §§ 1008 ff. BGB über das Miteigentum verdrängen, werden die Vorschriften zur Bruchteilsgemeinschaft der §§ 741 ff. BGB nur modifiziert.[874] Dabei kann der Sammelbestand zwar auch bei einem Kreditinstitut als Verwahrer verwahrt werden (sog. **Haussammelverwahrung**), doch ist der Regelfall die **Girosammelverwahrung** bei der **Clearstream Banking AG,** bei der nur die jeweiligen Depotbanken, nicht jedoch der private Anleger Hinterleger sein kann (sog. Drittverwahrung).[875] Gegenstand der Girosammelverwahrung können allerdings nach § 5 Abs. 1 DepotG nur vertretbare Wertpapiere im Sinne von § 91 BGB sein, so dass Namensaktien nur dann sammelverwahrungsfähig sind, wenn sie mit einem Blankoindossament versehen sind.[876]

Sowohl sammelverwahrte als auch globalverbriefte Aktien sind Wertpapiere und **keine** 370 **bloßen Wertrechte,** so dass ihre Übertragung grundsätzlich nach § 929 Satz 1 BGB erfolgen kann.[877] Für die Übereignung von girosammelverwahrten Inhaber- oder Namensaktien ist danach zu unterscheiden, ob die Übertragung *innerhalb des Effektengiroverkehrs* (also unter Einschaltung der Depotbank als Verkaufskommissionär) oder *außerhalb des Effektengiroverkehrs* (also durch Vertragsschluss unmittelbar zwischen Veräußerer und Erwerber) erfolgt.[878] Sowohl innerhalb als auch außerhalb des Effektengiroverkehrs, der in einer stücklosen Lieferung besteht, werden die Aktien nach § 929 Satz 1 BGB übereignet, ohne dass die Aktienurkunde bewegt wird.[879]

Praxishinweis: Ist die Übertragung der Mitgliedschaft an einer Aktiengesellschaft sowohl durch Abtretung gemäß §§ 413, 398 BGB als auch durch eine Übereignung gemäß §§ 929 ff. BGB möglich, ist regelmäßig eine Übereignung gemäß § 929 Satz 1 BGB zu empfehlen, da mit der Übergabe der Aktienurkunde gemäß § 932 Abs. 1 Satz 1 BGB auch ein gutgläubiger Erwerb möglich ist; rein vorsorglich sollte jedoch – gerade auch bei der Verbriefung der Mitgliedschaft in einer Dauerglobalurkunde[880] – zusätzlich die Abtretung der Mitgliedschaft gemäß §§ 413, 398 BGB erklärt werden,[881] weil beispielsweise bei Unwirksamkeit des Begebungsvertrages die Mitgliedschaft in der AG nicht in der „Aktienurkunde verbrieft" ist und somit bei einer Übereignung nach §§ 929 ff. BGB nicht erworben werden kann,[882] und zwar auch nicht gutgläubig.

---

[873] *Sailer-Coceani* in: Münchener Handbuch des Gesellschaftsrechts, Band 4, § 14 Rn. 63; *Eder* NZG 2004, 107, 110; *Mentz/Fröhling*, NZG 2002, 201, 204.

[874] *Kumpan* in: Baumbach/Hopt, HGB, DepotG § 6 Rn. 1 f.; *Mentz/Fröhling*, NZG 2002, 201, 205.

[875] *Sailer-Coceani* in: Münchener Handbuch des Gesellschaftsrechts, Band 4, § 14 Rn. 63; *Mirow*, NZG 2008, 52, 55; *Mentz/Fröhling*, NZG 2002, 201, 204.

[876] *Bayer* in: Münchener Kommentar zum AktG, Band 1, § 68 Rn. 6; *Sailer-Coceani* in: Münchener Handbuch des Gesellschaftsrechts, Band 4, § 14 Rn. 64.

[877] BGH vom 16.7.2004 – IXa ZB 24/04, BB 2004, 1763; *Sailer-Coceani* in: Münchener Handbuch des Gesellschaftsrechts, Band 4, § 14 Rn. 65.

[878] *Mentz/Fröhling*, NZG 2002, 201, 206 ff.

[879] Vgl. ausführlich zu den Eigentums- und Besitzverhältnissen sowie den erforderlichen Maßnahmen für einen wirksamen Eigentumserwerb *Mentz/Fröhling*, NZG 2002, 201, 204 ff.; *Eder*, NZG 2004, 107, 110 ff.; *Mirow*, NZG 2008, 52, 55 ff.

[880] Vgl. zur Problematik bei der Dauerglobalurkunde *Mirow*, NZG 2008, 52, 55; *Mentz/Fröhling*, NZG 2002, 201, 208 ff.

[881] Vgl. auch *Holzapfel/Pöllath*, Unternehmenskauf in Recht und Praxis, Rn. 20 ff.

[882] *Eder*, NZG 2004, 107, 108.

c) Übertragung und Erwerb bei GbR, oHG und (GmbH & Co.) KG

371   Wenngleich der Erwerb von Anteilen an einer Personengesellschaft steuerrechtlich wie ein Kauf der einzelnen Wirtschaftsgüter betrachtet wird,[883] handelt es sich zivilrechtlich dennoch um einen Erwerb von Mitgliedschaftsrechten.[884]

372   **aa) Abtretung der Mitgliedschaft gemäß §§ 413, 398 BGB.** Im Recht der Personengesellschaften ist eine Anteilsübertragung eigentlich nicht vorgesehen, weshalb die Übertragung von Personengesellschaftsanteilen nach traditioneller Auffassung teils wegen §§ 717, 719 BGB und teils aus rechtsdogmatischen Gründen für unzulässig gehalten wurde.[885] Daher wurde in der älteren Praxis und Lehre der Gesellschafterwechsel durch einen kombinierten Ein- und Austritt geregelt (sogenannter **Doppelvertrag**), bei dem rechtstechnisch der Anteil des Verkäufers am Gesellschaftsvermögen zunächst diesem abwächst und den übrigen Gesellschaftern anwächst und sodann durch den Eintritt des Erwerbers der Anteil den übrigen Gesellschaftern abwächst und dem Eintretenden anwächst.[886] In der heutigen Praxis hat sich allerdings die Auffassung durchgesetzt, dass auch die Übertragung von Personengesellschaftsanteilen durch **Abtretung im Wege der Sonderrechtsnachfolge** (dazu sogleich) zulässig ist, wenn sie im Gesellschaftsvertrag zugelassen ist oder wenn alle Gesellschafter zustimmen.[887] Die Mitgliedschaft als Ausdruck sämtlicher Rechte und Pflichten des Gesellschafters an der Personengesellschaft wird dabei gemäß §§ 413, 398 BGB abgetreten; §§ 717, 719 BGB sind nach heute ganz herrschender Auffassung nicht einschlägig.[888] Während allerdings die Übertragung eines Anteils an einer GmbH oder AG grundsätzlich frei ist und gegebenenfalls in der Satzung vinkuliert werden muss, ist bei den Personengesellschaften zum Schutz der Mitgesellschafter der Anteil **von Gesetzes wegen vinkuliert.**[889] Anders als beim Beitritt eines neuen Gesellschafters durch Aufnahmevertrag, müssen die übrigen Gesellschafter für die Erteilung der Zustimmung zur Abtretung nicht selbst Vertragspartei werden.[890]

> **Praxishinweis:** Die Art und Weise der Anteilsübertragung macht insbesondere auch einen haftungsrechtlichen Unterschied, weil im Fall des Doppelvertrages eine Verdopplung der Haftungssumme dadurch eintritt, dass sowohl der ausgeschiedene Kommanditist nach §§ 161 Abs. 2, 160 Abs. 1 HGB wie auch der neu eingetretene Kommanditist gemäß § 173 HGB den Gläubigern gegenüber haften, wohingegen bei einem Kommanditistenwechsel im Wege der Sonderrechtsnachfolge lediglich die einmalige Möglichkeit der Inanspruchnahme der eingetragenen Haftsumme besteht.[891]

373   Im Hinblick auf die Übertragung von Gesellschaftsanteilen einer GbR, einer oHG oder KG ist zu beachten, dass der **Kapitalanteil lediglich eine Rechenziffer** darstellt und nicht dasselbe ist wie der Anteil am Gesellschaftsvermögen nach § 719 Abs. 1 BGB, weshalb rechtlich auch keine Verfügung über den Kapitalanteil im Wege der Abtretung möglich ist;

---

[883] Siehe dazu im Teil → B., Rn. 169 ff.

[884] Vgl. auch *Brück/Sinewe*, Steueroptimierter Unternehmenskauf, § 5 Rn. 33.

[885] *Binz/Sorg*, Die GmbH & Co. KG, § 6 Rn. 5; *K. Schmidt* in: Münchener Kommentar zum HGB, Band 2, § 105 Rn. 213; vgl. auch BGH vom 19.9.2005 – II ZB 11/04, NJW-RR 2006, 107, 108.

[886] *Schulte/Hushahn* in: Münchener Handbuch des Gesellschaftsrechts, Band 1, § 10 Rn. 113 f.; *K. Schmidt* in: Münchener Kommentar zum HGB, Band 2, § 105 Rn. 208.

[887] *K. Schmidt* in: Münchener Kommentar zum HGB, Band 2, § 105 Rn. 213; *Binz/Sorg*, Die GmbH & Co. KG, § 6 Rn. 5; *Schulte/Hushahn* in: Münchener Handbuch des Gesellschaftsrechts, Band 1, § 10 Rn. 116; *Roth* in: Baumbach/Hopt, HGB, § 105 Rn. 69 f.

[888] *Roth* in: Baumbach/Hopt, HGB, § 105 Rn. 69.

[889] *K. Schmidt* in: Münchener Kommentar zum HGB, Band 2, § 105 Rn. 213; *Schulte/Hushahn* in: Münchener Handbuch des Gesellschaftsrechts, Band 1, § 10 Rn. 116.

[890] *Schulte/Hushahn* in: Münchener Handbuch des Gesellschaftsrechts, Band 1, § 10 Rn. 115.

[891] BGH vom 19.9.2005 – II ZB 11/04, NJW-RR 2006, 107, 108.

gewollt sein kann aber eine **Verfügung über die ganze Mitgliedschaft und/oder den Gewinnanspruch.**[892]

> **Praxishinweis:** Bei der Übertragung der Mitgliedschaft an einer GbR, oHG oder KG sollte bei der Beschreibung des Kauf- und Abtretungsgegenstandes präzise definiert werden, welche (Eigenkapital-)Gesellschafterkonten – im Gegensatz zu reinen Darlehenskonten und sonstigen Sozialansprüchen[893] – die zu veräußernde Beteiligung abbilden und – möglichst unter Übernahme der im Gesellschaftsvertrag und der Bilanz verwandten Bezeichnung unter Fixierung der Kontenstände[894] – dementsprechend übertragen werden.[895]

Im Falle der rechtsgeschäftlichen Übertragung eines Kommanditanteils ist die (gesetzlich **374** nicht geregelte) Nachfolge in einen Kommanditanteil mittels Übertragung der Mitgliedschaft von dem im Gesetz normierten (gleichzeitigen) Austritt eines alten sowie Eintritt eines neuen Kommanditisten abzugrenzen. Dies geschieht im Wege der Kennzeichnung durch Eintragung eines – inzwischen gewohnheitsrechtlich anerkannten – **Sonderrechtsnachfolgevermerks** (vgl. § 162 Abs. 3 HGB) im Handelsregister.[896] Die Eintragung des Anteilserwerbers als Sonderrechtsnachfolger im Handelsregister ist jedoch nicht Wirksamkeitsvoraussetzung für den Anteilserwerb, sondern **lediglich deklaratorischer Natur.**[897]

> **Praxishinweis:** Wird der Rechtsnachfolgevermerk im Handelsregister nicht eingetragen, sondern lediglich das Ausscheiden des bisherigen und der Eintritt des neuen Gesellschafters, kann sich der Käufer auf die Leistung der Hafteinlage berufen, nicht jedoch der Verkäufer, der im Rahmen des § 160 HGB den Gläubigern der Gesellschaft haftet.[898]

In einer Entscheidung aus dem Jahre 2006 hat der Bundesgerichtshof auch das bereits **375** vom Reichsgericht aufgestellte Erfordernis der **(negativen) „Abfindungsversicherung"** als Beweismittel im Rahmen der registergerichtlichen Amtsprüfung der Sonderrechtsnachfolge in einen Kommanditanteil bestätigt.[899] Danach wird für die Anmeldung des Nachfolgevermerks zum Handelsregister die Versicherung gefordert, dass der Veräußerer keinerlei Abfindung von der Gesellschaft erhalten habe.[900]

> **Praxishinweis:** Der Erwerber einer (Mehrheits-)Beteiligung an einer Personengesellschaft sollte bedenken, dass mangels abweichender Regelungen im Gesellschaftsvertrag auch Gesellschafter mit einer Zwergbeteiligung entweder Rechte zur Geschäftsführung und Vertretung der Gesellschaft haben können oder aber im Falle der Kommanditgesellschaft sämtliche Kommanditisten ein Widerspruchsrecht nach § 164 HGB haben, wenn Handlungen der Geschäftsführung über den gewöhnlichen Betrieb des Handelsgewerbes der Gesellschaft hinausgehen. Ebenso bedürfen – wenn der Gesellschaftsvertrag dies nicht anders regelt – Änderungen des Gesellschaftsvertrages der Zustimmung sämtlicher Gesellschafter. Der Käufer sollte daher im Rahmen der Due-Diligence-Prüfung die Verhältnisse genauestens untersuchen und erforderlichenfalls das Wirksamwerden entsprechender Änderungen des Gesellschaftsvertrages gleichzeitig mit dem Kaufvertragsabschluss vereinbaren.

---

[892] *Roth* in: Baumbach/Hopt, HGB, § 120 Rn. 13; *Priester* in: Münchener Kommentar zum HGB, Band 2, § 120 Rn. 84.

[893] Siehe dazu sogleich unten.

[894] *Weber* in: Hölters, Handbuch Unternehmenskauf, Kap. 9 Rn. 9.117.

[895] Vgl. auch *Kraft/Ulrich*, DB 2006, 711, 713.

[896] BGH vom 19.9.2005 – II ZB 11/04, NJW-RR 2006, 107, 108; vgl. auch *Roth* in: Baumbach/Hopt, HGB, § 162 Rn. 8.

[897] *Roth* in: Baumbach/Hopt, HGB, § 162 Rn. 8.

[898] BGH vom 29.6.1981 – II ZR 142/80, NJW 1981, 2747, 2748; vgl. auch *Kraft/Ulrich*, DB 2006, 711, 715.

[899] BGH vom 19.9.2005 – II ZB 11/04, NJW-RR 2006, 107, 108.

[900] *Roth* in: Baumbach/Hopt, HGB, § 162 Rn. 8.

376   **bb) Übertragung schuldrechtlicher Ansprüche und Pflichten.** Von der Frage der Übertragung der Mitgliedschaft ist die Frage zu trennen, ob und inwieweit Sozialansprüche und Sozialverpflichtungen sowie sonstige Rechte und Pflichten aus und im Zusammenhang mit dem Gesellschaftsverhältnis auf den Erwerber übergehen bzw. übergehen sollen.[901] Von besonderer Bedeutung sind dabei die aus den einzelnen Gesellschafterkonten bei der Gesellschaft erwachsenen wechselseitigen Rechte und Pflichten im Verhältnis zwischen dem veräußernden Gesellschafter und der Gesellschaft. In der Praxis findet sich eine Vielzahl unterschiedlicher Bezeichnungen zu den **Gesellschafterkonten** (z. B. „Privatkonto", „Kapitalkonto I und II", „Verrechnungskonto", „Darlehenskonto", „Verlustkonto", „Rücklagekonto"), und für die Frage der richtigen Übertragungsform kommt es nicht so sehr auf die Bezeichnung, sondern entscheidend darauf an, ob und inwieweit sie aufgrund der gesellschaftsrechtlichen Vereinbarung Eigenkapitalcharakter haben oder lediglich schuldrechtliche Beziehungen zwischen dem Gesellschafter und der Gesellschaft begründen.[902] Sollen nach den Regelungen des Gesellschaftsvertrages die Mittel dem Unternehmen dauerhaft zur Verfügung stehen, mit künftigen Verlusten des Unternehmens verrechnet werden und im Insolvenzfall zumindest hinter die Forderungen der Gesellschaftsgläubiger zurücktreten, handelt es sich um ein **Konto mit Eigenkapitalcharakter.**[903] Mangels abweichender Vereinbarung im Kaufvertrag und/oder im Gesellschaftsvertrag gelten nach der Rechtsprechung im Interesse der Rechtssicherheit und -klarheit die aus dem Rechenwerk der Gesellschaft ersichtlichen Rechte und Pflichten als mitverkauft und zwar in dem Umfang, den sie zum Zeitpunkt der Abtretung haben.[904] Dagegen gehen **Ansprüche und Verbindlichkeiten aus reinen Drittgeschäften,** die ihre Rechtsgrundlage also nicht im Gesellschaftsverhältnis haben, sowie Ausgleichsansprüche der Gesellschafter nur dann auf den Käufer über, wenn dies ausdrücklich im Unternehmenskaufvertrag geregelt wurde.[905]

> **Praxishinweis:** Da etwaige Forderungsrechte aus Privat-/Darlehenskonten des Verkäufers gegen die Gesellschaft im Zweifel auf den neuen Gesellschafter übergehen und demzufolge den Verkäufer die Beweislast dafür trifft, dass die Darlehensforderung nicht auf den Erwerber übergegangen ist,[906] ist auf Verkäuferseite besonders darauf zu achten, dass etwaige Guthaben und andere Forderungsrechte bei ihm verbleiben oder aber über den Kaufpreis mit abgegolten werden.

377   **cc) Formfragen.** Die Übertragung von Mitgliedschaften an Personengesellschaften ist grundsätzlich formfrei möglich, und zwar selbst dann, wenn zu dem Vermögen der Gesellschaft Grundbesitz oder Geschäftsanteile an einer GmbH gehören.[907] Die Übertragung von Anteilen an einer Personengesellschaft wird jedoch beurkundungspflichtig, wenn daneben auch Grundbesitz, der sich zivilrechtlich im Privatvermögen des Gesellschafters befindet (steuerlich zumeist Sonderbetriebsvermögen) übertragen werden soll, und zwar auch dann, wenn die Übertragung in getrennten Verträgen geregelt wird und nach dem Willen auch nur eines Beteiligten ein Vertrag nicht ohne den anderen abgeschlossen werden soll.[908]

---

[901] Vgl. auch BGH vom 5.5.1986 – II ZR 163/85, NJW-RR 1987, 286, 287.

[902] Vgl. dazu auch *Kraft/Ulrich,* DB 2006, 711, 712; *Weber* in: Hölters, Handbuch Unternehmenskauf, Kap. 9 Rn. 9.117; *Brück/Sinewe,* Steueroptimierter Unternehmenskauf, § 5 Rn. 34.

[903] *Merkt* in: Baumbach/Hopt, HGB, § 264c Rn. 2.

[904] BGH vom 5.5.1986 – II ZR 163/85, NJW-RR 1987, 286.

[905] *Brück/Sinewe,* Steueroptimierter Unternehmenskauf, § 5 Rn. 34.

[906] Vgl. BGH vom 2.11.1987 – II ZR 50/87, NJW-RR 1988, 419.

[907] *K. Schmidt* in: Münchener Kommentar zum HGB, Band 2, § 105 Rn. 216; *Schulte/Hushahn* in: Münchener Handbuch des Gesellschaftsrechts, Band 1, § 10 Rn. 124; siehe zu Formfragen auch ausführlich oben → Rn. 140 ff.

[908] *Piehler/Schulte* in: Münchener Handbuch des Gesellschaftsrechts, Band 1, § 10 Rn. 122; siehe dazu auch schon ausführlich → Rn. 140 ff.

dd) Formerfordernisse bei GmbH & Co. KG als Zielgesellschaft. Ist die verkauf- **378** te und zu übertragende Zielgesellschaft eine GmbH & Co. KG, besteht in aller Regel eine Beurkundungspflicht.[909]

ee) Grundsätze der fehlerhaften Gesellschaft. Es ist zu beachten ist, dass der Ge- **379** sellschafterwechsel nach den Grundsätzen der fehlerhaften Gesellschaft zum **Schutze des Rechtsverkehrs und der übrigen Gesellschafter** im Regelfall selbst dann wirksam ist, wenn zwar die Gründung oder der Beitritt/die Anteilsübertragung[910] an einem Rechtsmangel leidet (z.B. Ausfall einer Bedingung, Anfechtung, Dissens), die Gesellschaft bzw. die Anteilsnachfolge aber **in Vollzug gesetzt** worden ist.[911] Allerdings ist für die Anwendung der Grundsätze über die fehlerhafte Gesellschaft zunächst auch Voraussetzung, dass – wie bei jeder anderen Gesellschaft – ein **Gesellschaftsvertrag** vorliegt, der von dem tatsächlichen, wenn auch rechtlich fehlerhaften Willen der Vertragsschließenden getragen ist. Dafür ist es ausreichend, wenn sich die Willensübereinstimmung der Parteien darauf bezieht, ihre Rechtsbeziehungen nach gesellschaftsrechtlichen Gesichtspunkten zu regeln.[912] Im Fall des Beitritts sowie der **Anteilsabtretung** gilt gleichermaßen, dass alle Gesellschafter sowie der Anteilserwerber an der – fehlerhaften – Rechtsnachfolge mitgewirkt haben müssen.[913] Auch hier greifen die Grundsätze der fehlerhaften Gesellschaft ein, wenn der Beitretende bzw. Anteilserwerber und die für den Beitritt bzw. Anteilserwerb stimmenden Gesellschafter in Unkenntnis des Mangels jenen für wirksam gehalten und vollzogen haben.[914]

> **Beachte:** Die Grundsätze über die fehlerhafte Gesellschaft gelten grundsätzlich in allen Fällen der Fehlerhaftigkeit des Gesellschaftsvertrages bzw. des Gesellschafterbeitritts, und zwar sogar bei einer (an sich nach Zivilrecht sonst wirksamen) Anfechtung wegen arglistiger Täuschung des Anteilserwerbs.[915] Lediglich bei Mitwirkung Minderjähriger oder Geschäftsunfähiger sowie in Fällen eines Verstoßes gegen ein gesetzliches Verbot (§ 134 BGB) oder gegen die guten Sitten (§ 138 BGB) räumt die Rechtsprechung Einzelinteressen Vorrang ein.[916]

Die Mitgliedschaft des fehlerhaft nachfolgenden Käufers und Anteilserwerbers kann dann **380** nur durch **außerordentliche Kündigung mit Wirkung ex nunc** (also nicht rückwirkend) beendet werden[917] oder anders herum dadurch, dass der Käufer aus Gründen der

---

[909] Siehe dazu ausführlich oben → Rn. 169 f.

[910] Vgl. BGH vom 20.7.2010 – XI ZR 465/07, NJW-RR 2010, 1402 Tz. 37; vgl. ferner BGH vom 12.5.1954 – II ZR 167/53, NJW 1954, 1562; BGH vom 6.2.1958 – II ZR 210/56, NJW 1958, 668.

[911] Grundlegend BGH vom 20.7.2010 – XI ZR 465/07, NJW-RR 2010, 1402 Tz. 35 ff. „in Abstimmung mit dem II. Zivilsenat"; BGH vom 18.1.1988 – II ZR 140/87, NJW 1988, 1324; BGH vom 11.5.2016, NJW 2016, 2492 Tz. 22; vgl. auch *Schulte/Hushahn* in: Münchener Handbuch des Gesellschaftsrechts, Band 1, § 10 Rn. 134a.

[912] BGH vom 14.10.1991 – AZ II ZR 212/90, BB 1992, 385; BGH vom 28.11.1953 – II ZR 188/52, NJW 1954, 231.

[913] BGH vom 12.10.1987 – II ZR 251/86, NJW 1988, 1321, 1322 f.

[914] BGH vom 12.10.1987 – II ZR 251/86, NJW 1988, 1321, 1323.

[915] BGH vom 12.5.1954 – II ZR 167/53, NJW 1954, 1562; BGH vom 6.2.1958 – II ZR 210/56, NJW 1958, 668, 669; BGH vom 5.5.2008 – II ZR 292/06, NZG 2008, 460, 462.

[916] Vgl. grundlegend BGH vom 29.6.1970 – II ZR 158/69, NJW 1971, 375, 377; sowie aus der neuen Rechtsprechung BGH, Vorlage-Beschluss zum EuGH vom 5.5.2008 – II ZR 292/06, NZG 2008, 460, 461 f.; EuGH vom 15.4.2010 – Rs. C-215/08 (E. Friz GmbH/Carsten von der Heyden), NJW 2010, 1511 sowie die im Anschluss ergangene Schlussentscheidung des BGH vom 12.7.2010 – II ZR 292/06, NJW 2010, 3096; vgl. dazu auch *Wagner*, NZG 2008, 447, 448; zustimmend auch *Kindler/Libbertz*, NZG 2010, 603.

[917] Grundlegend BGH vom 29.6.1970 – II ZR 158/69, NJW 1971, 375, 377; BGH vom 5.5.2008 – II ZR 292/06, NZG 2008, 460, 461 f.

fehlerhaften Nachfolge **aus der Gesellschaft ausgeschlossen** wird. Dies kann allerdings bei einer über einen längeren Zeitraum vollzogenen Mitgliedschaft gegen Treu und Glauben verstoßen.[918] Alternativ könnte(n) auch der wahre Anteilsinhaber die Rückübertragung seines Anteils sowie von den übrigen Gesellschaftern die Zustimmung hierzu fordern[919] oder auch alle Gesellschafter einschließlich Käufer und Verkäufer einvernehmlich entsprechende Regelungen zum Ausscheiden und zur Rückabwicklung treffen.[920]

Anders als bei der GmbH sowie der AG, bei denen eine rückwirkende Anfechtung des Kauf- und Abtretungsvertrages in Betracht kommt,[921] ist der Erwerber eines Anteils an einer Personengesellschaft nach der Rechtsprechung darauf verwiesen, außerordentlich zu kündigen. Ist nur das Verpflichtungsgeschäft fehlerhaft, so ist die Anteilsübertragung an sich nicht fehlerhaft, sondern der Anteil nach Bereicherungsrecht zurück zu übertragen.[922]

381   **Rechtsfolge der Kündigung bzw. Ausschließung** soll nach Auffassung des BGH in diesem Fall das Ausscheiden des Anteilskäufers aus der Gesellschaft gegen Abfindung sein, wobei dann auch Schadensersatzansprüche der Gesellschafter wegen der Vertragsmängel zu berücksichtigen seien.[923] Gegen die Lösung des BGH waren in der Literatur massive dogmatische Bedenken geäußert worden[924], mit denen sich der BGH in seiner grundlegenden Entscheidung vom 20.7.2010 auseinander gesetzt und sie anschließend zurückgewiesen hat.[925]

Bei der Betrachtung der **Rechtsfolgen einer fehlerhaften Anteilsübertragung** bzw. Anfechtung oder sonstigen Unwirksamkeit des Kaufvertrages spielen auch wirtschaftliche Überlegungen eine wichtige Rolle. So ist häufig die Abfindung im Gesellschaftsvertrag nicht eine solche zum Verkehrswert, sodass der ausscheidende „Gesellschafter" (also der Anteilskäufer) womöglich eine Abfindung unterhalb des von ihm gezahlten Kaufpreises erhielte, die zudem in aller Regel nur in Raten fällig ist. Etwaige dem Käufer infolge der arglistigen Täuschung oder aufgrund eines sonstigen Unwirksamkeitsgrundes entstandene Schäden oder ein Minderwert des Unternehmens, an dem der Käufer jetzt beteiligt ist, werden ebenfalls nicht auf diesem Wege kompensiert. Zudem führte das Ausscheiden des Käufers aus der Gesellschaft zwangsläufig zu einer Anwachsung des Anteils bei den übrigen Gesellschaftern (vgl. § 738 BGB).[926] Im Gegensatz dazu erhält der Verkäufer als „wahrer Inhaber" einen Anspruch auf Rückübertragung seines Anteils, was aber mit der Anwachsung nebst Abfindungslösung (§§ 738 ff. BGB), bei der die Gesellschaft die Zahlungslast trägt, nicht zusammenpasst.

382   Angesichts dieser Unstimmigkeiten bei einer etwaigen Fehlerhaftigkeit der Anteilsabtretung im Recht der **Personengesellschaften** kann es sich empfehlen, dass die Vertragsparteien (und zwar einschließlich der übrigen Mitgesellschafter) vorsorglich Regelungen für den Fall der Unwirksamkeit des Anteilserwerbs sowie einer etwaigen Rückabwicklung vereinbaren.[927]

---

[918] BGH vom 18.1.1988 – II ZR 140/87, NJW 1988, 1324, 1325; vgl. auch zur Rückabwicklung bei Sonderrechtsnachfolge *Balz/Ilina*, BB 2006, 2764.

[919] BGH vom 18.1.1988 – II ZR 140/87, NJW 1988, 1324, 1325.

[920] Sehr kritisch und mit überzeugenden Gründen gegen die Rechtsprechung des BGH zur Anwendung der Grundsätze über die fehlerhafte Gesellschaft beim Erwerb eines KG-Anteils im Wege der Abtretung *K. Schmidt*, BB 1988, 1053; ebenso *Schäfer* in: Münchener Kommentar zum BGB, § 705 Rn. 374; *Balz/Ilina*, BB 2006, 2764.

[921] Siehe dazu oben → Rn. 357 f.

[922] OLG Karlsruhe vom 5.2.2016 – 8 U 2/14, NZG 2016, 507 Tz. 22 f. unter Auswertung der dazu ergangen BGH Rechtsprechung.

[923] BGH vom 29.6.1970 – II ZR 158/69, NJW 1971, 375.

[924] Vgl. dazu ausführlich *K. Schmidt*, BB 1988, 1053.

[925] Vgl. BGH vom 20.7.2010 – XI ZR 465/07, NJW-RR 2010, 1402 Tz. 35 ff.

[926] Vgl. *K. Schmidt*, BB 1988, 1053, 1055.

[927] Siehe auch die Gestaltungsempfehlung zur Rückabwicklung in → Rn. 593.

d) Arbeitsrecht beim Share Deal

Beim Share Deal erfolgt ein Übergang des Unternehmens auf Anteilseignerebene. Das **383** Unternehmen selbst und seine vertraglichen Beziehungen werden davon nicht berührt. Deshalb bestehen bei einem Share Deal alle vom Unternehmen begründeten Arbeitsverhältnisse mit allen daraus folgenden Rechten und Pflichten unverändert weiter.[928] Dies gilt auch für sämtliche Nebenabreden wie insbesondere Pensions- und andere Versorgungszusagen, Pensionszahlungsverpflichtungen gegenüber ausgeschiedenen Arbeitnehmern, bestehende Betriebsvereinbarungen und tarifvertragliche Regelungen, soweit das Unternehmen tarifgebunden ist.

Neben den Arbeitsverhältnissen bestehen auch **alle Organverhältnisse** (Geschäftsführer) sowie die Geschäftsführer-Dienstverträge unverändert weiter. Einer besonderen Regelung bedarf es daher für deren Übergang nicht, sondern nur dann, wenn der Käufer bestimmte Verträge, Rechte und Pflichten von Geschäftsführern und/oder bestimmten Arbeitnehmern *nicht* übernehmen will. In diesem Fall wären gegebenenfalls Aufhebungsverträge etc. mit den Betroffenen abzuschließen.

> **Praxishinweis:** Auch wenn es beim Share Deal nicht zu einem Betriebsübergang im Sinne von § 613a BGB und den damit verbundenen, gegebenenfalls komplizierten Rechtsfragen kommt, muss der Käufer im Rahmen der Due-Diligence-Prüfung dennoch sehr sorgfältig die arbeitsrechtlichen Verhältnisse des Zielunternehmens untersuchen, um einschätzen zu können, welche Risiken mit der Fortführung der Arbeitsverhältnisse verbunden sind.

4. Tatsächliche Übergabe und Gefahrübergang gemäß § 446 BGB

Im Hinblick auf die Bedeutung des Gefahrübergangs gemäß § 446 BGB[929] ist zu be- **384** achten, dass nicht nur rein rechtlich eine Einigung und Übergabe des Unternehmens vereinbart, sondern dass die Übergabe auch tatsächlich vollzogen und dokumentiert wird. Von der Übergabe an trägt der Käufer die Gefahr des zufälligen Untergangs und der zufälligen Verschlechterung (§ 446 Satz 1 BGB); dagegen gebühren dem Käufer auch die Nutzungen und er trägt die Lasten der Sache (§ 446 Satz 2 BGB).

> **Beachte:** Ab Gefahrübergang trägt der Käufer auch gemäß § 363 BGB die Beweislast dafür, dass keine Erfüllung vorliegt. Er sollte sich also im Falle von Mängeln entsprechend die Geltendmachung von Nacherfüllung, Schadensersatz etc. vorbehalten.

Neben der tatsächlichen Übergabe trifft den Verkäufer auch eine spezielle **Einwei-** **385** **sungspflicht,** die sich vor allem auf immaterielle Positionen wie Know-how, Betriebsgeheimnisse, Kundenstamm etc. bezieht.[930] Die Einweisung umfasst auch die Einführung in Geschäftskontakte, die Information über Hintergründe sowie die Erläuterung tatsächlicher Verhältnisse etc.[931]

> **Praxishinweis:** Der Verkäufer sollte beachten, dass auch die Verjährung von Gewährleistungsansprüchen erst mit Übergabe des Unternehmens an den Käufer beginnt, und zwar bei Teilakten erst mit Übergabe des letzten Teils, so dass der Verjährungsbeginn möglichst mit konkretem Datum festgelegt und andernfalls die Übergabe in allen Teilakten dokumentiert werden sollten.[932]

---

[928] *von Steinau-Steinrück/Thees,* in: Hölters, Handbuch Unternehmenskauf, Kap. 5, Rn. 3.
[929] Vgl. dazu → Rn. 730 ff.
[930] Vgl. BGH, Urteil vom 11.10.1967 – I b ZR 144/65, NJW 1968, 392; *Thiessen* in: Münchener Kommentar zum HGB, Band 1, Anhang zu § 25 Rn. 4, 23.
[931] Vgl. auch *Holzapfel/Pöllath,* Unternehmenskauf in Recht und Praxis, Rn. 944.
[932] Vgl. auch *Hilgard,* BB 2012, 852, 854.

5. Key-Personal: Mitarbeiter-Retention und Acqui-Hire
als Teil des Kaufgegenstandes

386   Wie internationale Studien anschaulich belegen, sind zielgerichtete und strategisch ausgestaltete Retention-Maßnahmen in Unternehmenstransaktionen essenziell für den an-
haltenden Erfolg eines Deals[933]. Dies gilt umso mehr angesichts der in den letzten Jahren
verstärkt auftretenden Strategie von Unternehmen, sich das notwendige Spezial-Know-
How und die Innovationskraft für den digitalen Wandel gezielt durch Übernahme von
Startups mit entsprechenden Mitarbeitern, die über diese besonders relevanten Skills verfügen, zu verschaffen (sog. **„Acqui-Hire"**)[934].
    Die Bindung von Schlüsselmitarbeitern stellt dabei eine große Herausforderung dar. Der
Planung und Umsetzung von Retention-Maßnahmen sollte daher sowohl in der Due Dili-
gence-Phase als auch der späteren Post Merger-Integration besondere Beachtung geschenkt
werden, um zu vermeiden, dass die erfolgskritischen Mitarbeiter das Unternehmen frühzeitig wieder verlassen.
    Die finanziellen Maßnahmen bestehen dabei vorrangig aus sogenannten **Retention-
Boni,** bei denen der Mitarbeiter eine „Bleibeprämie" erhält, wenn er bis zu einem bestimmten Stichtag im Unternehmen bleibt, gefolgt von der Aufstellung **virtueller Aktienprogramme** und **reinen Gehaltserhöhungen.** Dabei steigt gerade im digitalen Startup-
Umfeld die Bereitschaft der Schlüsselpersonen, sich längerfristig an das Unternehmen zu
binden, wenn statt der Zahlung reiner Retention-Boni nach Ablauf einer bestimmten Zeitdauer, eine anteilsbasierte Vergütung am Unternehmen erfolgt.
    Dabei ist es wichtig, mit den erfolgskritischen Mitarbeitern bereits zu einem sehr frühen
Zeitpunkt die Kommunikation aufzunehmen und Retentionsvereinbarungen bereits vor
dem Signing abzuschließen.
    Um langfristige Bindungen der Schlüsselmitarbeiter zu erzielen, ist es wichtig, den
Mitarbeitern neben finanziellen Anreizen, Zukunftsvisionen und Entwicklungsmöglichkeiten aufzuzeigen und sie dadurch an das neue Unternehmen und die neue Kultur zu
binden. Vor allem bei der Übernahme von Startups sollte vor einer vollständigen Integration in die bestehenden Unternehmensstrukturen genau überlegt werden, wie weit das
Startup hierdurch seine Innovationskraft und die Mitarbeiter ihre Motivation und Kreativität verlieren könnten.

387–389 *(frei)*

IX. Weitere Leistung des Verkäufers:
Haftung für Mängel etc.

390   Sowohl der Verkäufer als auch der Käufer sollten sich beim Unternehmenskauf in jeder
Phase der Transaktion darüber bewusst sein, dass die Leistung des Käufers nicht bloß in der
Zahlung des Kaufpreises und die Leistung des Verkäufers nicht bloß in der Lieferung des
Unternehmens besteht, sondern dass darüber hinaus erhebliche wirtschaftliche Auswirkun-
gen mit der jeweiligen Gestaltung der Gewährleistung und der sonstigen Haftung des Ver-
käufers sowie deren Ausschluss bzw. Begrenzung verbunden sind.

1. Überblick vertragliche und gesetzliche Haftung des Verkäufers

391   Der Verkäufer sollte zweckmäßigerweise die verschiedenen Ebenen möglicher Haftungstatbestände wie folgt unterscheiden:

---

[933] Global M&A Retention Studien von Willis Towers Watson.
[934] Vgl. *Grub/Krispenz,* BB 2018, 235.

(i) Haftung **aufgrund ausdrücklicher Übernahme** im Kaufvertrag
   – Haftung aufgrund der Übernahme von *Gewährleistungen bzw. selbständigen Garantien;*
   – Haftung aufgrund der Übernahme von *Freistellungsverpflichtungen;*
   – vertragliche Haftung aufgrund der Übernahme sogenannter *Covenants;*[935]
(ii) Haftung **ohne ausdrückliche Übernahme** im Kaufvertrag
   – vertragliche Haftung des Verkäufers aufgrund der (gesetzlichen) kaufrechtlichen Gewährleistungsregelungen *ab Gefahrübergang* (§§ 434 ff. BGB);
   – vertragliche Haftung des Verkäufers aufgrund allgemeinen Leistungsstörungsrechts *vor Gefahrübergang* (§§ 275 ff. BGB);
   – quasivertragliche Haftung des Verkäufers auf der Grundlage der *culpa in contrahendo* (§§ 241 Abs. 2, 311 Abs. 2, 280 Abs. 1 BGB) oder einer *positiven Vertragsverletzung* (§ 280 Abs. 1 BGB);
   – gesetzliche Haftung, z.B. aus *Deliktsrecht* oder *Bereicherungsrecht* (z.B. bei Anfechtung wegen arglistiger Täuschung oder sonstiger Nichtigkeit des Kaufvertrages nach §§ 134 oder 138 Abs. 1 BGB);
   – im Falle eines (vertraglichen oder gesetzlichen) Rücktrittsrechts Haftung aus *Rückabwicklungsschuldverhältnis,* §§ 346 ff. BGB.

Für ein richtiges Verständnis und eine entsprechende sachgerechte Umsetzung der Haf-   **392**
tungsthemen im Kaufvertrag ist die Unterscheidung der verschiedenen Rechtsbegriffe Schuld, Haftung und Obliegenheit unerlässlich. Während eine **Schuld** eine Leistungspflicht begründet, bedeutet **Haftung** das Unterworfensein des Schuldnervermögens unter den Zugriff des Gläubigers, also die Durchsetzung der Leistungspflicht durch Klage und Zwangsvollstreckung.[936] Eine **Obliegenheit** begründet hingegen für den Berechtigten weder einen Erfüllungsanspruch noch bei deren Verletzung eine Schadensersatzforderung,[937] sondern führt zum Verlust von Rechten.

Aufgrund der erheblichen Auswirkungen der Regelungen zur Haftung von Verkäufer   **393**
und Käufer auf die Äquivalenz von Leistung und Gegenleistung können insbesondere die Geschäftsleitungsorgane des kaufenden Unternehmens bereits aus Haftungsgründen (§§ 43 Abs. 2 GmbHG, 93 Abs. 2 AktG) nicht auf die Vereinbarung marktüblicher Garantien und Freistellungen verzichten.[938] Aber auch die für das verkaufende Unternehmen Handelnden müssen zur Erfüllung ihrer Sorgfaltspflichten darauf achten, dass der Unternehmenskaufvertrag die möglichen Haftungsrisiken der Verkäuferseite in hinreichendem Maße begrenzt.

Praxishinweis: Für die Frage der Haftung des Verkäufers – und umgekehrt die Reichweite möglicher Ansprüche des Käufers – spielen in der Praxis vor allem auch folgende Punkte eine zentrale Rolle:
– Verschulden als Anspruchsvoraussetzung (so bei Schadensersatz im Falle gesetzlicher Gewährleistung) oder nicht (so bei selbstständigen Garantien nach § 311 Abs. 1 BGB);
– Darlegungs- und Beweislast für die Anspruchsvoraussetzungen;
– Anwendbarkeit von § 442 BGB (Kenntnis des Käufers vom Mangel) sowie ggf. § 254 BGB oder Ausschluss der Anwendbarkeit dieser Normen;
– Haftungsausschlüsse dem Grunde und der Höhe nach;
– Arglist/Vorsatz des Verkäufers (dann jegliche Haftungsausschlüsse gemäß §§ 276 Abs. 3 BGB unwirksam).

---

[935] Siehe dazu → Rn. 522 sowie → Rn. 544 ff.
[936] Vgl. *Grüneberg* in: Palandt, BGB, Vor § 241 Rn. 10.
[937] *Grüneberg* in: Palandt, BGB, Vor § 241 Rn. 13.
[938] Vgl. BGH vom 16.2.1981 – II ZR 49/80, GmbHR 1981, 191 zum Verkauf von Waren an ein unbekanntes Unternehmen, ohne dessen Bonität zu prüfen und ohne die Gesellschaft entsprechend zu sichern; vgl. auch *Brück/Sinewe*, Steueroptimierter Unternehmenskauf, § 5 Rn. 208. Siehe auch ausführlich zur Haftung des Managements oben Teil → C., Rn. 223 ff.

2. Gesetzliche Gewährleistungshaftung beim Unternehmenskauf

394   Angesichts des Hinweises in wohl jedem Handbuch zum Unternehmenskauf, dass die gesetzlichen Gewährleistungsregelungen auf den Unternehmenskauf nicht passten und die Vertragspraxis sich eines eigenständigen Regelungssystems mit selbständigen Garantien gemäß § 311 Abs. 1 BGB bedient, könnte man dem Trugschluss unterliegen, die gesetzliche Gewährleistung spielte demzufolge beim Unternehmenskauf keinerlei praktische Rolle. Gerade bei kleineren Unternehmensverkäufen aber, bei denen die mit einer professionellen Beratung verbundenen Kosten gescheut werden, begnügen sich sowohl Käufer als auch Verkäufer häufig mit knapp gehaltenen – und dann vermeintlich besser verständlichen – Verträgen, die entweder nur einzelne Punkte im Wege selbständiger Garantien unvollständig regeln und dabei entweder die gesetzliche Gewährleistung nicht ausschließen oder aber diese ohne Vereinbarung von selbständigen Garantien explizit für allein anwendbar erklären.[939] Doch auch bei größeren M&A-Transaktionen wird vielfach nicht hinreichend bedacht, dass die Regelungen der gesetzlichen Gewährleistung bzw. des Leistungsstörungsrechts insbesondere auf der Rechtsfolgenseite zur Anwendung kommen. Dass schließlich die Rückabwicklung eines Unternehmensverkaufs äußerst problematisch sein mag, ist nach Auffassung des Bundesgerichtshofs auch kein Grund dafür, diese als Rechtsfolge auszuschließen, was vor allem bei einer – auch in einem professionell erstellten Kaufvertrag wegen §§ 276 Abs. 3 BGB nicht abdingbaren – Anfechtung wegen arglistiger Täuschung relevant werden kann[940], aber auch in Fällen der Nichtigkeit des Kaufvertrages bei Sittenwidrigkeit nach § 138 Abs. 1 BGB (z.B. bei Verstoß gegen ein Wettbewerbsverbot) oder einer Gesetzeswidrigkeit i.S.v. § 134 BGB (z.B. bei Verstoß gegen die Verpflichtung zur Geheimhaltung nach § 203 StGB oder § 1 GWB).

a) Überblick

395   Mit Wirkung zum 1.1.2002 ist die Schuldrechtsreform in Kraft getreten, mit der das Leistungsstörungsrecht grundlegend geändert wurde. Zum einen wurde in § 433 Abs. 1 Satz 2 BGB neu geregelt, dass der Verkäufer dem Käufer die Sache frei von Sach- und Rechtsmängeln zu verschaffen hat, wodurch die **Lieferung einer mangelfreien Sache** nunmehr zu einer **Hauptleistungspflicht** des Verkäufers geworden ist.

> **Praxishinweis:** Wird im Kaufvertrag lediglich die gesetzliche Gewährleistung wegen Mängeln ausgeschlossen, umfasst dies nicht automatisch auch den Nacherfüllungsanspruch (§ 437 Ziff. 1 i.V.m. § 439 BGB). Dieser ist dem Erfüllungsanspruch zuzurechnen und könnte auch im Falle der Vereinbarung selbständiger Garantien zur Anwendung kommen, wenn er nicht ausdrücklich ausgeschlossen wird.

Auch nach neuem Recht ist, wenn keine vertraglichen Gewährleistungsregelungen bzw. Garantien unter Ausschluss der gesetzlichen Gewährleistung vereinbart werden, fraglich, wann bei einem Unternehmenskauf **Sach- bzw. Rechtsmängel** im Sinne der gesetzlichen Vorschriften vorliegen. Nach **§ 453 Abs. 1 BGB** neuen Rechts gelten zwar nunmehr die Vorschriften über den Kauf von Sachen auf den Kauf von Rechten und sonstigen Gegenständen entsprechend mit der Folge, dass § 434 BGB (Sachmängel) und § 435 BGB (Rechtsmängel) in allen Fällen eines Kaufs gleichermaßen Anwendung finden, wobei die Rechtsfolgen beider Arten von Mängeln einheitlich in § 437 BGB geregelt sind. Auch ist es im Hinblick auf den **Kauf eines Unternehmens** unstrittig, dass dieser – ebenso wie sonstige Güter (z.B. Know-How, Werbeideen, Herstellungsverfahren, Goodwill, Kundenbeziehungen) – unter den Kauf von „**sonstigen Gegenständen**" fällt, und zwar

---

[939] So zum Beispiel im Fall des OLG Köln vom 29.1.2009 – 12 U 20/08, DB 2009, 2259.
[940] Vgl. nur den Fall BGH vom 22.1.1990 – II ZR 25/89, NJW 1990, 1915, 1916 sowie BGH vom 20.11.1995 – II ZR 209/94, NJW 1996, 1051.

sowohl in der Form des Asset Deals als auch in der Form des Share Deals.[941] In welchen Fällen aber

– letztlich der Anteilsverkauf als bloßer Rechtskauf im Sinne von § 453 Abs. 1 BGB die Schwelle zum Unternehmenskauf überschreitet[942] und
– ab wann der Kauf einzelner Wirtschaftsgüter beim Asset Deal zugleich einen Unternehmenskauf darstellt und
– unter welchen Voraussetzungen dann jeweils die Mängel einzelner Wirtschaftsgüter auch einen Mangel des Unternehmens als Ganzes begründen,

ist von den rechtlichen Voraussetzungen her streitig und angesichts der Vielgestaltigkeit der Sachverhalte dann ohnehin eine Frage des Einzelfalles.[943]

Weitere **Veränderungen** hat die Schuldrechtsreform auch **im Bereich der zugesi- 396 cherten Eigenschaft bzw. Beschaffenheitsgarantie** gebracht. Das Gesetz differenziert jetzt folgendermaßen:

– Beschaffenheitsvereinbarung i. S. d. § 434 BGB (nach altem Schuldrecht „Fehler" i. S. d. § 459 Abs. 1 BGB a. F.);
– (unselbständige) Beschaffenheitsgarantie i. S. d. §§ 443, 444 BGB (nach altem Schuldrecht „zugesicherte Eigenschaft" i. S. d. § 463 Satz 1 BGB a. F.);
– selbständige Garantie i. S. d. § 311 Abs. 1 BGB (nach altem Schuldrecht bislang gem. § 305 BGB a. F.);
– bislang unklar, ob culpa in contrahendo oder Beschaffenheitsvereinbarung anwendbar hinsichtlich der Abgabe von Erklärungen zu Umständen, die nach bisheriger Rechtsprechung nicht die Qualität einer Beschaffenheit bzw. zugesicherten Eigenschaft i. S. v. § 459 BGB a. F. haben (Bsp.: Bilanz-, Umsatz- und Ertragsangaben).[944]

Diese Differenzierungen sollten daher auch bei der Vertragsgestaltung Berücksichtigung finden.

b) Voraussetzungen der gesetzlichen Gewährleistung

aa) Anwendbarkeit. Die Haftung des Verkäufers für Sach- und Rechtsmängel findet **397** erst **ab Gefahrübergang (§ 446 BGB),** also erst mit Übergabe der verkauften Sache und Einweisung in das Unternehmen Anwendung.[945] Vor Gefahrübergang gelten die Vorschriften des allgemeinen Leistungsstörungsrechts (§§ 275 ff. BGB).[946]

> **Praxishinweis:** Da häufig zwischen Abschluss des Kaufvertrages und Besitzübergang sowie Einweisung in das Unternehmen größere Zeiträume liegen, sollte aus Verkäufersicht darauf geachtet werden, auch die Anwendbarkeit des allgemeinen Leistungsstörungsrechts auszuschließen und auch insoweit eine etwaige zwischenzeitlich in Erscheinung tretende Mangelhaftigkeit ausschließlich dem vertraglichen Haftungsregime zu unterwerfen.

Im Übrigen wird für die **Abgrenzung** der kaufrechtlichen Gewährleistung von einer Haftung nach **culpa in contrahendo** auf die Ausführungen bei der vorvertraglichen Haftung sowie die Konkurrenzen verwiesen.[947]

---

[941] Vgl. *Weidenkaff* in: Palandt, BGB, § 453 Rn. 7; *Brück/Sinewe,* Steueroptimierter Unternehmenskauf, § 5 Rn. 214.
[942] Siehe dazu → Rn. 398 ff.
[943] Siehe zu den einzelnen Teilfragen sogleich nachfolgend → Rn. 401 ff.
[944] Siehe dazu im Einzelnen Teil → C., Rn. 118 ff.
[945] Siehe dazu → Rn. 384 f.
[946] *Weidenkaff* in: Palandt, BGB, Überblick vor § 433 Rn. 6; vgl. auch BGH vom 18.4.1984 –VIII ZR 46/83, DB 1984, 2292, 2293.
[947] Siehe oben Teil → C., Rn. 115 ff. sowie → Rn. 480 ff.

398 **bb) Übergang vom bloßen Rechtskauf zum Unternehmenskauf beim Share Deal.** Zwar sollen nach § 453 Abs. l BGB auf den Kauf von Rechten die Vorschriften über den Kauf von Sachen entsprechende Anwendung finden. In welchem Umfang der Käufer im Falle eines Share Deals Rechte wegen Sach- und Rechtsmängeln geltend machen kann, hängt somit davon ab, ob ein Unternehmenskauf oder ein bloßer Beteiligungskauf vorliegt.[948] Denn nach der Rechtsprechung und herrschender Meinung können nur **im Falle eines Unternehmenskaufs auch Rechts- oder Sachmängel des durch die Beteiligung vermittelten unternehmensbezogenen Vermögens** eine Haftung des Verkäufers begründen.[949] Nach der grundlegenden Entscheidung des BGH aus dem Jahre 1975 liegt ein *Unternehmenskauf* vor, wenn der Käufer alle[950] oder zwar nicht alle Geschäftsanteile erwirbt, die bei dem Verkäufer oder einem Dritten verbleibenden Anteile aber so geringfügig sind, dass sie die Verfügungsbefugnis des Erwerbers über das Unternehmen nicht entscheidend beeinträchtigen, sofern nur der Wille der Vertragspartner auf den Kauf des Unternehmens – als Ganzen – gerichtet ist.[951] Gegenstand der Entscheidung war der Kauf von Geschäftsanteilen an einer GmbH in Höhe von zusammen 49% des Stammkapitals, mithin der Erwerb von Mitgliedschaftsrechten an einer GmbH als eines sonstigen Rechts i. S. des § 437 Abs. 1 BGB a. F. (§ 453 Abs. 1 BGB n. F.), für den hinsichtlich der Gewährleistung grundsätzlich nicht die Vorschriften über die Sachmängelhaftung, sondern über die Rechtsmängelhaftung maßgebend sind.[952] Nach Auffassung des BGH beurteilt sich das Vorliegen eines Unternehmenskaufs maßgeblich danach, ob sich **sowohl nach der Vorstellung der Parteien als auch objektiv nach der Verkehrsauffassung** der käufliche Erwerb von Mitgliedschaftsrechten an einer GmbH als **Kauf des von der GmbH betriebenen Unternehmens darstellt,** was maßgeblich davon abhängig ist, ob der Käufer uneingeschränkt über das Unternehmen verfügen kann, ohne durch Befugnisse von Mitgesellschaftern beeinträchtigt zu sein.[953] Der Bundesgerichtshof musste in dieser Entscheidung nicht abschließend klären, wo die Grenze zum Unternehmenskauf im Einzelfall zu ziehen ist. Er hat aber in dem Urteil ausgeführt, dass für die Frage der Unternehmerstellung des Erwerbers etwaige sich **aus dem Gesellschaftsvertrag ergebende Besonderheiten** sowie die für die Ausübung der Minderheitsrechte (§ 50 Abs. 1 GmbHG) maßgebliche Grenze von 10% der Geschäftsanteile oder das Vorliegen einer fremden Sperrminorität von über 25% (§ 53 Abs. 2 GmbHG) eine Rolle spielen könnten.[954] Eine so postulierte „uneingeschränkte Verfügungsbefugnis über das Unternehmen" kann sich dann neben den vom BGH angesprochenen Kriterien vor allem einmal auch auf zukünftige **Verfügungen über (die aktuell erworbenen) Geschäftsanteile** dergestalt beziehen, dass z.B. im Falle einer Personengesellschaft mangels abweichender Vereinbarungen im Gesellschaftsvertrag eine Verfügungsbeschränkung schon kraft Gesetzes gilt, wohingegen im Falle der GmbH nach § 15 Abs. 1 GmbHG die Verfügung über einen Geschäftsanteil grundsätzlich zustimmungsfrei ist und nur bei Vinkulierung im Gesellschaftsvertrag (§ 15 Abs. 5 GmbHG) der Zustimmung bedarf, so dass häufig schon eine Zwergbeteiligung ausreichen wird, um die Verfügung eines Erwerbers von selbst 99% der Geschäftsanteile zu vereiteln;[955] ein Unternehmensverkauf käme dann nach den Kriterien der Rechtsprechung nicht in Betracht. Daneben kann die Verfügungsbefugnis des Erwerbers in ähnlicher Weise auch bei **Verfü-**

---

[948] Vgl. dazu bereits → Rn. 6 ff.

[949] Vgl. *Jaques,* BB 2002, 417 m. w. N.

[950] Vgl. dazu aus der jüngeren Rechtsprechung nur BGH vom 25.3.1998 – VIII ZR 185/96, NJW 1998, 2360, 2362.

[951] BGH vom 12.11.1975 – VIII ZR 142/74, NJW 1976, 236, 237 = BGHZ 65, 246; BGH vom 4.4.2001 –VIII ZR 32/00, DStR 2001, 901, 902.

[952] BGH vom 12.11.1975 –VIII ZR 142/74, NJW 1976, 236, 237.

[953] BGH vom 12.11.1975 –VIII ZR 142/74, NJW 1976, 236, 237.

[954] BGH vom 12.11.1975 –VIII ZR 142/74, NJW 1976, 236, 237.

[955] Siehe zu den Zustimmungserfordernissen bei Übertragung von Anteilen ausführlich → Rn. 66 ff.

gungen über das Vermögen der von ihm mehrheitlich erworbenen Gesellschaft eingeschränkt sein: bei der Aktiengesellschaft z. B. durch das Beschlusserfordernis des § 179a AktG (nach BGH nicht anwendbar auf die GmbH) sowie bei allen Gesellschaften durch die sogenannte „Holzmüller-/Gelatine-Rechtsprechung".[956]

Diese ständige Rechtsprechung hat der Bundesgerichtshof in einem Fall, in dem ein **399** Käufer, der bereits in Form eines Joint-Ventures 50% der Anteile an dem Unternehmen hält, die **weiteren 50% von dem Verkäufer erwirb und somit anschließend sämtliche Anteile in einer Hand vereinigt,** inzwischen ausdrücklich auf für Fälle nach Inkrafttreten des Schuldrechtsmodernisierungsgesetzes bestätigt.[957] Soweit das OLG Karlsruhe als Vorinstanz[958] bei seiner gegenteiligen Entscheidung darauf abgestellt hatte, dass sämtliche Anteile in der Hand des Käufers vereinigt worden seien und er als alleiniger Gesellschafter nunmehr die Geschicke der Gesellschaft allein bestimmt, hat der BGH dieser Auffassung unter Hinweis auf den tatsächlichen **„Kaufgegenstand 50% Geschäftsanteile"** eine klare Absage erteilt.[959] Damit steht auch fest, dass diejenigen Anteile, die ein Käufer bereits bei Abschluss eines Kauf- oder Beteiligungsvertrages hält, bei der Frage, ob ein Unternehmenskauf vorliegt, nicht mitgezählt werden dürfen, wohingegen der BGH in dieser Entscheidung offen gelassen hat, ob sich eventuell dann Abweichungen ergeben können, wenn mehrere Anteilskäufe als einheitliches Geschäft im Sinne von § 139 BGB anzusehen sein sollten.[960]

Ein Beteiligungserwerb des Käufers von mehr als 90% wird daher als regelmäßig ausrei- **400** chend angesehen, eine Quote von 50% und weniger regelmäßig nicht. Bei Beteiligungsquoten zwischen 50% und 90% entscheidet die Rechtsprechung je nach Beherrschungsgrad einzelfallbezogen.[961]

Es ist jedoch davor zu warnen, diese Beteiligungsquoten schematisch anzuwenden, weil sich insbesondere auch aus dem Gesellschaftsvertrag und sonstigen Gesellschaftervereinbarungen spezielle Rechte einzelner Minderheitsgesellschafter ergeben können, die dann tatsächlich – trotz einer Beteiligungsquote von 90% oder mehr – dennoch einem Unternehmenskauf entgegenstehen, weil der Erwerber aufgrund der Rechte von Minderheitsgesellschaftern im Ergebnis nicht wie ein Unternehmer frei verfügen kann.

> **Praxishinweis:** Auch wenn der Beteiligungserwerb im konkreten Fall mangels der erforderlichen Beteiligungshöhe und mangels Möglichkeit der Beherrschung nicht die Qualität eines Unternehmenskaufs haben sollte, kann sich eine Haftung des Verkäufers aus einer besonderen Garantieabrede nach § 311 Abs. 1 BGB, aus dem Vorwurf einer arglistigen Täuschung (§ 123 Abs. 1 BGB), einem Irrtum des Käufers über verkehrswesentliche Eigenschaften (§ 119 Abs. 2 BGB), einem Wegfall der Geschäftsgrundlage (§ 313 BGB) und insbesondere einer culpa in contrahendo ergeben.[962]

cc) Unternehmenskauf beim Asset Deal. Nach der gefestigten Rechtsprechung des **401** BGH ist im Fall eines Asset Deals ein Unternehmenskauf anzunehmen, wenn nicht nur einzelne Wirtschaftsgüter, sondern ein Inbegriff von Sachen, Rechten und sonstigen Vermögenswerten übertragen werden soll und der Erwerber dadurch in die Lage versetzt wird, das Unternehmen als solches weiterzuführen.[963] Auch beim Asset Deal handelt es sich dem-

---

[956] Siehe zu den Zustimmungserfordernissen bei Übertragung von Vermögen der Gesellschaft ausführlich → Rn. 66 ff.
[957] BGH vom 26.9.2018 – VIII 187/17, MittBayNot 2019, 376 Tz. 13, 20 und 25.
[958] OLG Karlsruhe vom 10.8.2017 – 13 U 44/15, BeckRS 2017, 152509 Tz. 87.
[959] BGH vom 26.9.2018 – VIII 187/17, MittBayNot 2019, 376 Tz. 27 f.
[960] BGH vom 26.9.2018 – VIII 187/17, MittBayNot 2019, 376 Tz. 29 unter Hinweis auf das Urteil des BGH vom 23.11.1979 – I ZR 166/77, WM 1980, 284 sowie OLG Hamm, GmbHR 1994, 48, 49.
[961] Vgl. *Jaques*, BB 2002, 417 m. w. N; *Weidenkaff* in: Palandt, BGB, § 453 Rn. 23.
[962] Vgl. BGH vom 12.11.1975 – VIII ZR 142/74, NJW 1976, 236, 237.
[963] BGH vom 28.11.2001 – VIII ZR 37/01, NJW 2002, 1042, 1043.

nach erst um einen Unternehmenskauf, wenn eine **Gesamtheit von Sachen, Rechten und immateriellen Gütern wie Goodwill, Know-how, Geschäftsgeheimnisse, Kundenstamm, Lieferantenbeziehungen etc.** an den Erwerber verkauft werden.[964] Die einzelnen zum Unternehmen gehörenden Wirtschaftsgüter werden dann nicht selbst Kaufgegenstand, sondern nur das Unternehmen in seiner Gesamtheit.[965] Dass die verschiedenen Gegenstände in dem Vertrag namentlich aufgeführt werden, führt ebenso wenig zum Ausschluss eines Unternehmenskaufs wie der Umstand, dass einzelne Güter von der Übertragung ausgeschlossen sein sollen. Ob nach diesen Kriterien ein Unternehmenskauf vorliegt oder nicht, lässt sich nicht abstrakt-formelhaft, sondern nur aufgrund einer wirtschaftlichen Gesamtbetrachtung beurteilen.[966]

402   **dd) Sachmangel des Unternehmens gemäß §§ 434, 453 BGB (Beschaffenheiten).**[967] Ist nach den vorstehenden Grundsätzen von einem Unternehmenskauf auszugehen, stellt sich sowohl beim Share Deal als auch beim Asset Deal dann die Frage, wann ein Mangel des Unternehmens insgesamt und wann **lediglich Mängel an einzelnen zum Unternehmen gehörenden Sachen oder Rechten** vorliegen und wie diese zu behandeln sind.[968]

Während nach dem bis zum 1.1.2002 geltenden Schuldrecht eine Sache mangelhaft war, wenn sie entweder fehlerhaft war oder nicht die zugesicherten Eigenschaften besaß (§ 459 BGB a. F.), ist mit der Schuldrechtsreform diese Differenzierung aufgegeben und durch einen einheitlichen Sachmangelbegriff ersetzt worden, der nur noch auf den Beschaffenheitsbegriff abstellt.[969] Nach neuem Recht kommt es daher primär darauf an, ob die verkaufte Sache bei **Gefahrübergang die vereinbarte Beschaffenheit** hat (§ 434 Abs. 1 Satz 1 BGB). Den **Begriff der „Beschaffenheit"** hat der Gesetzgeber allerdings bewusst nicht definiert.[970] Die Beschaffenheit des Unternehmens bestimmt sich aus den tatsächlichen und rechtlichen Umständen, die den gegenwärtigen Zustand des Unternehmens ausmachen, wobei die Abgrenzung zum Rechtsmangel schwierig sein kann, aber wegen der Hauptpflicht zur Lieferung einer mangelfreien Sache (§ 433 Abs. 1 Satz 2 BGB) im Ergebnis unerheblich ist.[971] Beim Unternehmenskauf können ebenso wie beim Sachkauf gemäß **§ 434 Abs. 1 Satz 1 BGB** „Beschaffenheiten des Unternehmens" vereinbart werden; dies gilt nach im Schrifttum verbreiteter Ansicht auch für Umsatz-, Ertrags- und Bilanzangaben sowie den Ruf des Unternehmens etc.[972] Der Bundesgerichtshof hat in einer neueren Entscheidung auf die mit dem Schuldrechtsmodernisierungsgesetz **bezweckte Erweiterung der Möglichkeiten privatautonomer Vereinbarungen** hingewiesen, aber bisher lediglich entschieden, dass **jedenfalls jede nach früherem Recht zusicherungsfähige Eigenschaft einer Sache** im Sinne von § 459 Abs. 2 BGB a. F. nunmehr eine Beschaffenheit im Sinne des § 434 Abs. 1 Satz 1 BGB sein kann.[973] Damit ist allerdings noch nicht ab-

---

[964] Vgl. *Faust* in: Bamberger/Roth/Hau/Poseck, Beck'scher Online-Kommentar BGB, § 453 Rn. 27; *Picot* in: Picot, Unternehmenskauf und Restrukturierung, § 4 Rn. 27.

[965] BGH vom 28.11.2001 – VIII ZR 37/01, NJW 2002, 1042, 1043; *Hopt* in: Baumbach/Hopt, HGB, Einl. vor § 1 Rn. 44; vgl. zur Definition der Primärleistungspflicht auch *Gomille,* JA 2012, 487, 488.

[966] BGH vom 28.11.2001 –VIII ZR 37/01, NJW 2002, 1042, 1043.

[967] Siehe hierzu bereits ausführlich Teil → C., Rn. 118 ff.

[968] Siehe zum Kaufgegenstand beim Asset Deal → Rn. 9 f.

[969] *Weitnauer,* NJW 2002, 2511, 2514 sowie ausführlich Teil → C., Rn. 118 ff.

[970] *Weidenkaff* in: Palandt, BGB, § 434 Rn. 9.

[971] *Weidenkaff* in: Palandt, BGB, § 434 Rn. 95a.

[972] Z. B. *Wolf/Kaiser,* DB 2002, 411, 414; *Triebel/Hölzle,* BB 2002, 521, 525; *Dauner-Lieb/Thiessen,* ZIP 2002, 108, 110; *Gronstedt/Jörgens,* ZIP 2002, 52, 55; *Amann/Brambring/Hertel,* Die Schuldrechtsreform in der Vertragspraxis, S. 105; *Gaul,* ZHR 166 (2002), 35, 46 f.

[973] BGH vom 5.11.2010 – V ZR 228/09, NJW 2011, 1217, 1218; so auch *Weidenkaff* in: Palandt, BGB, § 434 Rn. 2; ausdrücklich anders noch BGH vom 3.7.1992 – V ZR 97/91, NJW 1992, 2564, 2565.

schließend geklärt, ob auch im Hinblick auf den *Fehlerbegriff* des § 459 Abs. 1 BGB a. F. jetzt völlige Privatautonomie gegeben ist.

Praxishinweise: Die Auffassung, dass auch (vergangene)[974] Umsatz-, Ertrags- und Bilanzangaben eines Unternehmens, die sich nicht auf einen längeren Zeitraum beziehen und daher keinen Rückschluss auf die Ertragsfähigkeit[975] zulassen, als dessen Beschaffenheiten im Sinne von § 434 BGB vereinbart werden können, ist noch nicht höchstrichterlich bestätigt worden, sodass insoweit weiterhin Vorsicht geboten ist.[976] Rein vorsorglich sollte der Käufer zumindest hinsichtlich dieser Umstände auch weiterhin selbständige Garantievereinbarungen der Beschaffenheitsvereinbarung vorziehen. Erhält der Käufer vom Verkäufer insgesamt oder teilweise keine Garantien, sollte er darauf achten, dass sämtliche ihm wichtig erscheinenden Punkte zumindest in Form einer ausdrücklichen Beschaffenheitsvereinbarung Eingang in den Unternehmenskaufvertrag finden.

Andererseits sollte auch der **Verkäufer** vorsichtig sein, da seine Angaben zum Unternehmen leicht als (ggf. nur **konkludente**) **Beschaffenheitsvereinbarung** interpretiert werden könnten, ohne dass dies ausdrücklich im Kaufvertrag geschehen ist.[977] Daher sollte eine Regelung am Ende des Gewährleistungskatalogs wie folgt aufgenommen werden:

Formulierungsvorschlag: „Der Verkäufer erklärt bzw. übernimmt weder in diesem Kaufvertrag weitere Beschaffenheiten oder Garantien noch hat er solche vor Abschluss des Kaufvertrages erklärt bzw. übernommen, insbesondere auch nicht durch Angaben in dem am […] übermittelten Information-Memorandum".

Weitere **Einzelheiten des Beschaffenheitsbegriffs** sind **bereits** in Teil → C., Rn. 118 ff. im Zusammenhang mit der Abgrenzung der gesetzlichen Gewährleistung zur Haftung aus culpa in contrahendo dargestellt worden, insbesondere zur Frage von Bilanz-, Umsatz- und Ertragsangaben als Beschaffenheiten.[978]

Da der **Bundesgerichtshof**　　**403**

– in seiner bisherigen Rechtsprechung den über einen längeren Zeitraum erwirtschafteten Ertrag (neben der Ertragsfähigkeit) einer Eigenschaft – und damit (nur) bei Zusicherung einem Fehler des Unternehmens – „rechtlich gleichstellt" (Begründung: weil nur dann eine verschuldensunabhängige Haftung gerechtfertigt ist),[979]

– die bisherige Eigenschaftszusicherung im Sinne von § 459 Abs. 2 BGB a. F., § 463 BGB a. F. als durch die Beschaffenheitsvereinbarung in Verbindung mit entweder einer Beschaffenheitsgarantie gemäß § 443 Abs. 1 BGB bzw. i. V. m. einer Garantie nach § 276 Abs. 1 BGB ersetzt ansieht[980] und

– jedenfalls die Umstände, die bislang Gegenstand einer Eigenschaftszusicherung sein konnten, nunmehr als auch der Beschaffenheitsvereinbarung nach § 434 Abs. 1 BGB zugänglich betrachtet,[981]

---

[974] Zukünftige Umsatz- und Ertragszahlen sind schon nach bisheriger Rechtsprechung eine zusicherungsfähige Eigenschaft des Unternehmens gewesen, vgl. BGH vom 8.2.1995 – VIII ZR 8/94, NJW 1995, 1547, 1549.

[975] (Nur) diese kann nach Auffassung des BGH als Beschaffenheit vereinbart werden, siehe dazu Teil → C., Rn. 125 f.

[976] Vgl. auch *Hopt* in: Baumbach/Hopt, HGB, Einl. vor § 1 Rn. 46b.

[977] Siehe dazu OLG Karlsruhe vom 10.8.2017 – 13 U 44/15, BeckRS 2017, 152509 Tz. sowie die Vorinstanz LG Konstanz vom 27.2.2015 – 9 O 4/14 KfH, BeckRS 2015, 126194 Tz. 86, aufgehoben durch BGH vom 26.9.2018, MittBayNot, 2019, 376;

[978] Siehe Teil → C., Rn. 124 ff.

[979] BGH vom 25.5.1977 – VIII ZR 186/75, NJW 1977, 1536, 1537; so schon zuvor RG vom 15.11.1907, RGZ 67, 86, 87.

[980] BGH vom 29.11.2006 – VIII ZR 92/06, NJW 2007, 1346, 1348.

[981] BGH vom 5.11.2010 – V ZR 228/09, NJW 2011, 1217, 1218.

zeigt sich immer deutlicher, dass die **Begriffe „Beschaffenheit" und „Eigenschaft"** miteinander verschmelzen und zunehmend durch **privatautonome Vereinbarung** konkretisiert werden (können). Infolgedessen könnte man den Eindruck gewinnen, es gehe bei der *vereinbarten Mängelgewährleistung* nach § 434 Abs. 1 Satz 1 BGB – anders als bei den in § 434 Abs. 1 Satz 2 BGB geregelten Fällen – an sich nicht mehr um eine Definition des Beschaffenheits- bzw. Eigenschaftsbegriffs, sondern vielmehr um (i) die vertragliche Vereinbarung bestimmter sich auf den Kaufgegenstand beziehender Umstände und (ii) gegebenenfalls darüber hinaus die zusätzliche Vereinbarung, dass der Verkäufer dem Käufer für diese Umstände *verschuldensunabhängig* im Wege der Übernahme einer Garantie nach § 276 Abs. 1 BGB einsteht.[982]

Insoweit ist allerdings Vorsicht geboten. Wollte man nämlich auf Grundlage des subjektiven Fehlerbegriffes alle möglichen Umstände und Gegebenheiten als tauglichen Gegenstand möglicher Beschaffenheiten eines Kaufgegenstandes ansehen, würde der Begriff der Beschaffenheit jegliche Kontur verlieren[983] und die **Verknüpfung der Gewährleistung mit dem eigentlichen Kaufgegenstand** verloren gehen.[984] Das aber widerspricht dem in der Gewährleistung angelegten Äquivalenzprinzip.[985] Aus diesem Grunde ist meines Erachtens nicht damit zu rechnen, dass die Rechtsprechung alle Dämme öffnen und uneingeschränkt dem weiten Beschaffenheitsbegriff folgen wird, zumal dies dann gleichzeitig bislang nicht bedachte Auswirkungen auf den Begriff des Eigenschaftsirrtums hätte.[986] Vielmehr spricht einiges dafür, dass der BGH in den wesentlichen Aspekten die von ihm schon vor der Schuldrechtsreform ausgearbeiteten Grundpfeiler zur Haftung nach kaufrechtlicher Gewährleistung, culpa in contrahendo, Wegfall der Geschäftsgrundlage etc. sowie den Konkurrenzen auch in bislang von ihm noch offen gelassenen Punkten beibehalten wird.[987]

Allerdings hat der BGH inzwischen dem Beschaffenheitsbegriff nach der Schuldrechtsreform in anderen Bereichen (also nicht speziell beim Unternehmenskauf) weitere Konturen verliehen und beispielsweise geurteilt, dass nach der inzwischen ständigen Rechtsprechung des BGH an das Vorliegen einer Beschaffenheits**vereinbarung** i. S. v. § 434 Abs. 1 BGB Nr. 1 BGB strenge Anforderungen zu stellen seien und dies voraussetze, dass der Verkäufer in vertragsgemäß bindender Weise die Gewähr für das Vorhandensein einer Eigenschaft der Kaufsache übernimmt und damit seine Bereitschaft zu erkennen gibt, für alle Folgen des Fehlens dieser Eigenschaft einzustehen; unter der Geltung des neuen Schuldrechts kommt sie **nicht mehr im Zweifel, sondern nur noch in eindeutigen Fällen in Betracht.**[988] Angaben und Erklärungen eines Verkäufers in einer Auftragsbestätigung reichen danach nach Auffassung des BGH nicht.

404   Soweit die Vertragspartner danach keine *ausdrückliche* Vereinbarung über die Beschaffenheit der Sache getroffen haben, greifen **hilfsweise die Regelungen in § 434 Abs. 1 Satz 2 und 3 BGB,** wonach die Sache bei fehlender Vereinbarung über die Beschaffenheit frei von Sachmängeln ist, wenn sie sich entweder für die nach dem Vertrag vorausgesetzte Verwendung eignet oder sich für die gewöhnliche Verwendung eignet und eine Beschaf-

---

[982] Vgl. zur Differenzierung auch *Jaques,* BB 2002, 417, 418.

[983] BGH vom 21.9.2005 – XII ZR 66/03, NJW 2006, 899 Tz. 19; *Kindl,* WM 2003, 409, 411; zu den Grenzen des Beschaffenheitsbegriffs ebenso *Müller,* WM 2017, 981, 983; für einen weiten Beschaffenheitsbegriff allerdings *Picot* in: Picot, Unternehmenskauf und Restrukturierung, § 4 Rn. 213, 222.

[984] Der BGH hat mit Urteil vom 26.9.2018, MittBayNot 2019, 376 Tz. 28 inzwischen klargestellt, dass er diese Verknüpfung für unerlässlich ansieht.

[985] Vgl. auch speziell zur Äquivalenzsicherung beim Unternehmenskauf *Weißhaupt,* BB 2013, 2947.

[986] Ebenso zu den Grenzen des Beschaffenheitsbegriffs sowie zur Erweiterung des Anfechtungsvorschriften wegen eines Eigenschaftsirrtums nach § 119 BGB *Müller,* WM 2017, 981, 983, 986. Siehe dazu noch → Rn. 492 f.

[987] So auch *Nassall,* Anmerkung vom BGH vom 26.9.2018, NJW 2019, 150.

[988] BGH vom 20.3.2019 – VIII ZR 213/18, NJW 2019, 1937 Tz. 22 m. w. N. aus der ständigen Rspr.

fenheit aufweist, die bei Sachen der gleichen Art üblich ist und die der Käufer nach der Art der Sache erwarten kann.[989]

Nach der Rechtsprechung des BGH geht es bei der **nach dem Vertrag vorausgesetzten Verwendung** (§ 434 Abs. 1 Satz 2 Ziff. 1 BGB) um die konkrete Nutzung der Kaufsache durch den Käufer, die die Parteien zwar nicht vereinbart, aber übereinstimmend unterstellt haben.[990] Bei der Ermittlung dieser Verwendung sind neben dem Vertragsinhalt die Gesamtumstände des Vertragsabschlusses heranzuziehen und dabei zielt das Merkmal der „nach dem Vertrag vorausgesetzten Verwendung" nicht auf konkrete Eigenschaften der Kaufsache ab, die sich der Käufer vorstellt, sondern darauf, ob die **Sache für die dem Verkäufer erkennbare Verwendung (Nutzungsart) durch den Käufer geeignet ist.**[991]

Für den Unternehmenskauf ergeben sich daraus vielfältige Abgrenzungsprobleme: Was ist **405** in einem solchen Fall die „nach dem Vertrag vorausgesetzte Verwendung" und wann hat ein Unternehmen die „Eignung für die gewöhnliche Verwendung" oder die „zu erwartende Beschaffenheit"? Als **übliche Beschaffenheiten eines Unternehmens** im Sinne von § 434 Abs. 1 Satz 2 Nr. 2 BGB werden beispielsweise genannt bzw. diskutiert:[992]

– dass das Unternehmen im Wesentlichen dem Jahresabschluss entspricht;
– die Einhaltung der einschlägigen Rechtsvorschriften;
– Möglichkeit der Fortführung des Unternehmens in der bisherigen Weise;
– Vorhandensein eines **positiven Eigenkapitals** und die damit verbundene **Fortführungsfähigkeit der Gesellschaft** und spiegelbildlich das **Fehlen eines negativen Eigenkapitals** und somit auch **kein Vorliegen eines Insolvenzgrundes;**[993]
– keine Baupolizeiwidrigkeit des Gastwirtsbetriebs;[994]
– Bestehen eines Mietverhältnisses;[995]
– keine auf das Unternehmen durchschlagenden Mängel einzelner Gegenstände und Rechte.[996]

Nach Auffassung der Rechtsprechung sind es weniger die rechtlichen Verhältnisse selbst als ihre **tatsächlichen Auswirkungen auf den jeweiligen Kaufgegenstand,** die sie als Grundlage für die Sachmängelhaftung geeignet erscheinen lassen.[997] Hier ist allerdings auch zu bedenken, dass nach Auffassung der Rechtsprechung nicht sämtliche der vorstehenden Punkte überhaupt Gegenstand einer Beschaffenheit sein können.[998]

Praxishinweis: Der Käufer sollte sich hier nicht auf die Anwendung der gesetzlichen „Zweifelsregelung" zur Gewährleistung verlassen, sondern gezielt zu den ihm wichtigen Umständen Garantie- bzw. Beschaffenheits*vereinbarungen* treffen.

---

[989] *Gaul,* ZHR 166 (2002), 35, 48 weist darauf hin, dass es jedenfalls hinsichtlich der Umsätze und Erträge sowie der sonstigen Unternehmenskennzahlen keine „übliche Beschaffenheit" gebe.

[990] BGH vom 16.3.2012 – V ZR 18/11, NJW-RR 2012, 1078 Tz. 16; BGH vom 26.4.2017 – VIII ZR 80/16, NJW 2017, 2817 Tz. 16; BGH vom 20.3.2019 – VIII ZR 213/18, NJW 2019, 1937 Tz. 25.

[991] BGH vom 20.3.2019 – VIII ZR 213/18, NJW 2019, 1937 Tz. 24 ff.

[992] Vgl. dazu auch *Hopt* in: Baumbach/Hopt, HGB, Einl. vor § 1 Rn. 46 und *Weidenkaff* in: Palandt, BGB, § 434 Rn. 95b jeweils m.w.N.; *Palzer,* JURA 2011, 917, 924.

[993] Vgl. OLG Karlsruhe vom 10.8.2017 – 13 U 44/15, BeckRS 2017, 152509 Tz. 83 (Urteil allerdings aufgehoben durch BGH vom 26.9.2018, MittBayNot 2019, 376, wobei der BGH die Frage der Reichweite des Beschaffenheitsbegriffs weiterhin offengelassen hat); *Weidenkaff* in: Palandt, BGB, § 453 Rn. 23 ff.; *Hopt* in: Baumbach/Hopt, HGB, Einl. vor § 1 Rn. 46.

[994] RG vom 22.11.1932 – II 148/32, RGZ 138, 354, 356.

[995] BGH vom 7.1.1970 – I ZR 99/68, NJW 1970, 556.

[996] Siehe dazu → Rn. 413 f.

[997] BGH vom 7.1.1970 – I ZR 99/68, NJW 1970, 556; vgl. auch RG vom 22.11.1932 – II 148/32, RGZ 138, 354, 356.

[998] Vgl. dazu bereits oben im Rahmen der Abgrenzung zur Haftung aus culpa in contrahendo ausführlich Teil → C., Rn. 118 ff.

406   Von praktischer Relevanz für den Unternehmenskauf ist auch die Regelung in **§ 434 Abs. 1 Satz 3 BGB,** wonach zu der Beschaffenheit auch solche Eigenschaften gehören, die der Käufer nach **öffentlichen Äußerungen des Verkäufers oder seines Gehilfen** insbesondere in der Werbung oder bei der Kennzeichnung über bestimmte Eigenschaften der Sache im Regelfall erwarten kann. Ob dies auch für Angaben in einem Information-Memorandum gilt, das ein Verkäufer im Bieterverfahren den potentiellen Käufern zur Verfügung stellt, ist streitig und nach zutreffender Auffassung abzulehnen.[999]

407   **ee) Rechtsmängel bei Sachen und beim Unternehmenskauf gemäß §§ 435, 453 BGB.** Die Definition des Rechtsmangels (§ 435 BGB) hat sich durch die Schuldrechtsreform an sich nicht geändert: Ein Rechtsmängel liegt vor, wenn von Dritten aufgrund eines privaten oder öffentlichen Rechts das Eigentum, der Besitz oder der unbeschränkte Gebrauch des Kaufgegenstandes beeinträchtigt werden kann, was objektiv zu verstehen und unabhängig vom vereinbarten Verwendungszweck ist.[1000] Als Beispiele für eine **Rechtsmängelhaftung** sind beim Unternehmenskauf, bei dem über § 453 Abs. 1 BGB die Vorschrift des § 435 BGB Anwendung findet, Fälle fehlender Rechte wie die Unübertragbarkeit des Mietverhältnisses der Geschäftsräume,[1001] das Fehlen für den Geschäftsbetrieb notwendiger Genehmigungen oder eine nicht offengelegte Sicherungsübereignung von Anlage- oder Umlaufvermögen[1002] oder Leasing zu nennen. Im Falle des Unternehmenskaufs wird allerdings aus dem Umstand, dass Kaufgegenstand das Gesamtunternehmen ist, gefolgert, dass Rechtsmängel einzelner Unternehmensgegenstände allenfalls Sachmängel des Gesamtunternehmens darstellen.[1003]

> **Praxishinweis:** Bei der Abtretung von Forderungen, die zum Unternehmen gehören, ist im Hinblick auf die Zahlungsfähigkeit des Schuldners im Zweifel auf den Zeitpunkt der Abtretung abzustellen, so dass der Verkäufer nach der gesetzlichen Regelung dem Käufer nicht für die zukünftige Zahlungsfähigkeit des Schuldners haftet. Etwas anderes gilt nur, wenn im Kaufvertrag davon eine abweichende Regelung getroffen wird.[1004]

408   **ff) Rechtsmängel beim Kauf von Rechten, Anteilen und Unternehmen gemäß §§ 435, 453 BGB (Share Deal).** Beim Verkauf von Rechten, Geschäftsanteilen und Unternehmen in Form des Share Deals hat der BGH inzwischen klargestellt, dass – auch nach Inkrafttreten des Schuldrechtsmodernisierungsgesetzes – jedenfalls bei einem Erwerb von 50% der Geschäftsanteile und weniger Kaufgegenstand nicht das Unternehmen als solches, sondern lediglich die Geschäftsanteile als bloße Rechte sind, bei dem der Verkäufer **nur für die Verität des Rechts, nicht jedoch die Bonität** und dementsprechend ebenso wenig für die Güte des Gegenstandes, auf welchen sich das Recht bezieht, haftet.[1005] Rechtsmängel können dementsprechend in folgende Fallgruppen eingeteilt werden:[1006]

---

[999] Vgl. *Louven/Böckmann,* ZIP 2004, 445, 446; *Seibt/Raschke/Reiche,* NZG 2002, 256; zu § 434 Abs. 1 Satz 3 vgl. auch *Gaul,* ZHR 166 (2002), 35, 45 ff.; sowie OLG Hamm vom 29.4.2010 – 22 U 127/09, NJW-RR 2010, 1643 für Haftung nach § 434 Abs. 1 Satz 3 BGB bei Verkaufs-Exposé eines Maklers; siehe dazu auch bereits Teil → C., Rn. 180 ff.

[1000] *Weidenkaff* in: Palandt, BGB, § 435 Rn. 5.

[1001] BGH vom 7.1.1970 – I ZR 99/68, NJW 1970, 556, wonach darin zugleich ein Mangel des Unternehmens insgesamt liegt.

[1002] BGH vom 16.10.1968 – I ZR 81/66, NJW 1969, 184.

[1003] Vgl. *Faust* in: Bamberger/Roth/Hau/Poseck, Beck'scher Online-Kommentar BGB, § 453 Rn. 30.

[1004] Vgl. OLG Karlsruhe vom 14.8.2008 – 4 U 137/06, BeckRS 2009, 12091.

[1005] BGH vom 26.9.2018, MittBayNot 2019, 376 Tz. 32.

[1006] *Weidenkaff* in: Palandt, BGB, § 453 Rn. 17 ff.

- **Nicht bestehendes/erloschenes Recht,** z. B. wegen Unwirksamkeit des Vertrages, aus dem das verkaufte Recht abgeleitet wird; ist es hingegen dem Verkäufer unmöglich, dem Käufer das Recht zu verschaffen, ist der **Erfüllungsanspruch ausgeschlossen** (§ 275 Abs. I BGB), und dem Käufer stehen die Ansprüche aus **§§ 281, 283 bis 285, 311a und 326 BGB** zu. Eine Anwendung der §§ 437–441 BGB kommt dann wegen fehlender Übertragung nicht in Betracht.
- **Unübertragbares Recht,** insbesondere bei Forderungen aufgrund von **§§ 399, 400 BGB** sowie bei Geschäftsanteilen aufgrund einer **Vinkulierung** (§ 15 Abs. 5 GmbHG, § 68 Abs. 2 AktG, bei Personengesellschaften kraft Rechtsform);
- **Berechtigung Dritter** im Hinblick auf Inhaberschaft oder Belastungen (z. B. Pfandrecht, Nießbrauch, Stimmrechte).[1007]
- wenn Einlageschulden oder Nachschusspflichten bestehen.[1008]
- **Keine Rechtsmängel** des Geschäftsanteils hingegen nach BGH:
  - **Überschuldung und Insolvenzreife** der Gesellschaft, da diese den rechtlichen Bestand eines vom Verkäufer abgetretenen Geschäftsanteils gerade noch nicht beeinträchtigen, da Stimmrechte und Gewinnansprüche wie vor Eintritt der Überschuldung bestehen; sowie
  - **Gewinnerwartung** des Käufers und der **wirtschaftliche Wert** der Anteile, da keine Haftung des Verkäufers für die **Bonität des Anteils.**[1009]

> **Beachte:** Bisher haftete – falls nicht vertraglich ausgeschlossen – beim Rechtskauf gemäß § 437 BGB a. F. der Verkäufer für den Bestand des Rechts ohne Rücksicht auf ein Verschulden (Garantiehaftung). Nach der Neuregelung setzt ein Schadensersatzanspruch Verschulden voraus, wobei der Verkäufer gemäß § 280 Abs. 1 Satz 2 BGB nachweisen muss, dass er den Rechtsmangel nicht zu vertreten hat.[1010]

Besonders kontrovers wird diskutiert, unter welchen Voraussetzungen der **Kauf von** **409** **Mitgliedschaftsrechten/Anteilen** an einem Unternehmen wie ein Kauf des Unternehmens zu behandeln ist,[1011] weil dann zusätzlich die negative Abweichung der Ist-Beschaffenheit des Unternehmens von dessen Soll-Beschaffenheit zur Haftung des Anteilsverkäufers führt. Während beispielsweise bei bloßer Veräußerung eines Geschäftsanteils bei unabwendbar bevorstehender **Insolvenz** des Unternehmens der Verkäufer dem Käufer nicht für diesen Mangel haftet,[1012] trifft den Unternehmensverkäufer eine Haftung, wenn sich die Gesellschaft in Liquidation oder Insolvenz befindet, etc.[1013]

> **Praxishinweis:** Es ist hier zu beachten, dass nach der Rechtsprechung des BGH trotz Verkauf einer nicht dem Unternehmenskauf gleichzustellenden Beteiligung (und demzufolge Unanwendbarkeit der Sachmängelgewährleistung) den Verkäufer leicht eine gesteigerte Aufklärungspflicht mit einer Haftung aus culpa in contrahendo treffen kann, wobei dann an die anzuwendende Sorgfalt ein strenger Maßstab angelegt wird: Geht es um die Beteiligung des Erwerbers an einem lebensfähigen Unternehmen, dann erstreckt sich die Auf-

---

[1007] Vgl. dazu auch BGH vom 26.9.2018, MittBayNot 2019, 376 Tz. 40.

[1008] Vgl. *Weidenkaff* in: Palandt, BGB, § 453 Rn. 23; für Rechtsmangel bei Einlageschulden auch *Wälzholz,* DStR 2002, 500, 501; *Gomille,* JA 2012, 487, 492; a. A. für offene Einlage- und Nachschusspflichten *Grunewald,* NZG 2003, 372, 373.

[1009] BGH vom 26.9.2018 – VIII 187/17, MittBayNot 2019, 376 Tz. 41 unter Zurückweisung der gegenteiligen gesellschaftsrechtlichen Literatur.

[1010] Vgl. auch *Wälzholz,* DStR 2002, 500; *Triebel/Hölzle,* BB 2002, 521, 527.

[1011] Siehe dazu oben Rn. 239 und 242 f.

[1012] BGH vom 26.9.2018, MittBayNot 2019, 376 Tz. 41; BGH vom 2.6.1980 – VIII ZR 64/79, NJW 1980, 2408, 2409; vgl. auch *Grunewald,* NZG 2003, 372, 373.

[1013] OLG Karlsruhe vom 10.8.2017 – 13 U 44/15, BeckRS 2017, 152509 Tz. 83; *Weidenkaff* in: Palandt, BGB, § 453 Rn. 23 ff.; vgl. auch *Hopt* in: Baumbach/Hopt, HGB, Einl. vor § 1 Rn. 46.

> klärungspflicht des Käufers namentlich auch auf alle Umstände, welche die Überlebensfähigkeit ernsthaft gefährden, insbesondere also drohende oder bereits eingetretene Zahlungsunfähigkeit oder Überschuldung.[1014]

Liegt hingegen ein Unternehmenskauf vor, sind die Vorschriften zur Haftung aus culpa in contrahendo nur dann anwendbar, wenn kein Fehler im Sinne von § 434 BGB vorliegt.[1015]

410 Aufgrund der subjektiven Fassung von § 434 Abs. 1 Satz 1 BGB ist es – insbesondere für die Vertreter eines weiten Beschaffenheitsbegriffes[1016] – durchaus denkbar, dass auch **Vereinbarungen über die Beschaffenheit des Rechtes** getroffen werden können, die dann nicht Rechtsmangel, sondern „**Sachmangel des Rechts**" sind.[1017] Dies gilt namentlich für die Ertragsfähigkeit und die Werthaltigkeit des (einzelnen) Anteils, da es sich bei diesen nicht um „Rechte Dritter" handelt, die für einen Rechtsmangel i. S. v. §§ 453, 435 BGB vorausgesetzt werden. Eine solche Beschaffenheitsvereinbarung *über Erträge* der erworbenen Anteile wäre dann sowohl für die Vergangenheit als auch für die Zukunft denkbar. Damit würde mittelbar die Ertragsfähigkeit des Unternehmens Gegenstand der Beschaffenheitsvereinbarung. Darüber hinaus könnte mit dem weiten Beschaffenheitsbegriff auch die *Werthaltigkeit des Gesellschaftsvermögens* zum Gegenstand einer Beschaffenheitsvereinbarung beim Anteilskauf gemacht werden, was dann zur Gewährleistung führte, wenn der Wert des Aktivvermögens tatsächlich zu hoch oder der Wert des Passivvermögens zu niedrig angesetzt worden ist.[1018]

> **Beachte:** Häufig wird allerdings die Werthaltigkeit des Gesellschaftsvermögen bereits über die Eigenkapitalgarantie oder eine Kaufpreisanpassung auf Basis von „cash and debt free" erreicht.[1019]

Es wird sogar die Auffassung vertreten, dass die vorstehenden Grundsätze prinzipiell unabhängig davon gelten, wie groß die erworbene Beteiligung ist, sodass es auch nicht mehr auf die Frage ankommt, ob die erworbene Beteiligung auch einen „Unternehmenskauf" darstellt, auf den dann die Vorschriften über die Sachmängelhaftung Anwendung finden. Inwieweit diese Grundsätze allerdings auch dann zur Anwendung kommen, wenn nur eine Zwergbeteiligung (z. B. eine Aktie) verkauft wird, soll sich danach richten, ob eine Beschaffenheitsvereinbarung über die Ertragsfähigkeit und Werthaltigkeit des Anteils/des Unternehmens getroffen wurde oder dies zumindest über § 434 Abs. 1 Satz 2 BGB Vertragsinhalt geworden ist; dies sei letztlich eine Frage der Auslegung.[1020]

411 Gegen ein solch extensives Verständnis des subjektiven Beschaffenheitsbegriffes wird allerdings zu Recht eingewandt, dass beim Kauf eines Rechtes dieses selbst nicht an einem Sachmangel kranken kann und dass – da es der Sache nach um eine Haftung für die Wert-

---

[1014] BGH vom 4.4.2001 – VIII ZR 32/00, DStR 2002, 901, 902; vgl. dazu auch *Bergjan/Burgic* in: Drygala/Wächter, Verschuldenshaftung und Wissenszurechnung bei M&A Transaktionen, S. 18 ff. vgl. auch zu den Aufklärungspflichten ausführlich Teil → C., Rn. 10 ff.

[1015] Siehe dazu → Rn. 481 ff.

[1016] So inzwischen ausdrücklich nach eingehender Untersuchung des Meinungsstands in Rechtsprechung und Literatur OLG Karlsruhe vom 10.8.2017 – 13 U 44/15, BeckRS 2017, 152509 Tz. sowie die Vorinstanz LG Konstanz vom 27.2.2015 – 9 O 4/14 KfH, BeckRS 2015, 126194 Tz. 86; vgl. zum Streit hinsichtlich einer extensiven oder restriktiven Auslegung des Beschaffenheitsbegriffs auch *Fischer*, DStR 2004, 276, 277 f.

[1017] Vgl. *Grunewald*, NZG 2003, 372, 373; *Wolf/Kaiser*, DB 2002, 411, 416, *Gronstedt/Jörgens*, ZIP 2002, 52, 55; *Gomille*, JA 2012, 487, 493; wohl auch *Picot* in: Picot, Unternehmenskauf und Restrukturierung, § 4 Rn. 247; gegen einen solchen „Konstruktivismus" des Sachmangels bei einem Recht *Fischer*, DStR 2004, 276, 279 f.; dagegen auch *Palzer*, JURA 2011, 917, 918.

[1018] *Wolf/Kaiser*, DB 2002, 411, 416.

[1019] Siehe dazu oben → Rn. 189 ff.

[1020] Vgl. *Wolf/Kaiser*, DB 2002, 411, 417.

haltigkeit des Rechts geht – beim Rechtskauf eine etwaige fehlende **Werthaltigkeit/ Bonität des Schuldners** zum Wesen des Rechtskaufs gehört und deshalb der **Risikosphäre des Käufers** zuzuordnen ist.[1021] Auch ist gemäß § 453 Abs. 3 BGB der Verkäufer eines Rechts, das zum Besitz einer Sache berechtigt, verpflichtet, dem Käufer die Sache frei von Sach- und Rechtsmängeln zu übergeben. Daraus wird gefolgert, dass der Verkäufer bei dem Verkauf einer bloßen Beteiligung nicht – wie der Verkäufer eines Unternehmens – so haften müsse, als hätte er die zum Unternehmen gehörenden Sachen veräußert, weil andernfalls § 453 Abs. 3 BGB überflüssig wäre.[1022]

Da maßgeblicher Anknüpfungspunkt des Mängelgewährleistungsrechts der §§ 434ff. **412** BGB der jeweilige Kaufgegenstand ist, hat der **BGH** indessen in seiner **grundlegenden Entscheidung** vom 26.9.2018 ausdrücklich offen gelassen, ob er sich dem von der Vorinstanz OLG Karlsruhe vertretenen „weiten Beschaffenheitsbegriff" anschließt, weil sich für ihn, den BGH – anders als dem OLG, das einen Unternehmenskauf angenommen hatte – die Frage der Sachmängelhaftung der §§ 434ff. BGB bei dem vorliegenden bloßen Rechtskauf gar nicht stelle.[1023] Ferner hat der BGH dann die weitere Frage, ob durch die Verweisung in § 453 Abs. 1 BGB für den Rechtskauf auf die Vorschriften zum Sachkauf insoweit lediglich Rechtsmängel im Sinne von § 435 BGB in Betracht kommen oder darüber hinaus auch auf „(Sach-)Mängel des Rechts" gemäß § 434 BGB verwiesen ist, ebenfalls unbeantwortet gelassen mit dem nicht mehr stringenten und daher auch nicht überzeugenden Hinweis, nach beiden Auffassungen komme ein „Rechtsmangel" nicht in Betracht, weil sich die falschen Vorstellungen der Parteien zur Überschuldung und Insolvenzreife nicht auf den „Kaufgegenstand Geschäftsanteile" bezogen hätten, sondern allein auf die Gesellschaft bzw. das von dieser betriebene Unternehmen, welches gerade nicht Kaufgegenstand gewesen sei.[1024]

> **Praxishinweis:** Solange der BGH die Reichweite des Beschaffenheitsbegriffs nicht geklärt hat, sollte vorsichtshalber von der bisherigen Rechtsprechung mit einer restriktiven Auslegung des Beschaffenheitsbegriffs ausgegangen werden.

gg) Rechtsmangel/Sachmangel bzgl. einzelner Gegenstände. Unterliegt der **413** Kaufvertrag dem Regime der gesetzlichen Haftung, ist zweifelhaft, ob sich die Frage der Mangelhaftigkeit des Kaufgegenstandes nur auf das Unternehmen als Ganzes und/oder gegebenenfalls auch den mangelhaften Einzelgegenstand bezieht[1025] und dann sogar eventuell der gleiche Umstand Gewährleistungsrechte sowohl hinsichtlich des Einzelgegenstandes als auch hinsichtlich des Gesamtunternehmens begründen kann.[1026]

> **Beachte:** Hinsichtlich des Mangels an einem Einzelgegenstand kommt auch ein Nacherfüllungsanspruch gem. §§ 437 Nr. 1, 439 BGB in Betracht.

Handelt es sich aufgrund des Umfangs der erworbenen Beteiligung oder auch im Falle des Asset Deals um einen **Unternehmenskauf,** kann beispielsweise auch die Belastung

---

[1021] Vgl. *Fischer,* DStR 2004, 276, 279 m. w. N.; vgl. auch BGH vom 26.9.2018, MittBayNot 2019, 376 „nur Verität".
[1022] *Grunewald,* NZG 2003, 372, 373; *Palzer,* JURA 2011, 917, 918; *Schmitt,* WM 2019, 1871, 1875; *Müller,* WM 2017, 981, 991.
[1023] BGH vom 26.9.2018 – VIII 187/17, MittBayNot 2019, 376 Tz. 28.
[1024] BGH vom 26.9.2018 – VIII 187/17, MittBayNot 2019, 376 Tz. 40.
[1025] *Vgl. dazu Faust* in: Bamberger/Roth/Hau/Poseck, Beck'scher Online-Kommentar BGB, § 453 Rn. 29 f.
[1026] So entschieden von BGH vom 7.1.1970 – I ZR 99/68, BGH NJW 1970, 556; wohl auch BGH vom 18.4.1984 – VIII ZR 46/82, DB 2004, 2292, 2293. So auch – noch zum alten Recht – OLG Karlsruhe vom 14.8.2008 – 4 U 137/06, BeckRS 2009, 12091; vgl. zum Meinungsstand auch *Faust* in: Bamberger/Roth/Hau/Poseck, Beck'scher Online-Kommentar BGB, § 453 Rn. 29 f.

eines einzelnen Vermögensgegenstandes Rechtsmangel und/oder Sachmangel des Unternehmens sein.[1027] Nach der Rechtsprechung zum alten Recht war die Sachmängelhaftung allerdings nur dann anwendbar, wenn der **Mangel auf den Wert bzw. die Tauglichkeit des Unternehmens im Ganzen** durchschlug.[1028] Dies sollte dann der Fall sein, wenn durch den Mangel entweder die wirtschaftliche Grundlage des Unternehmens als Ganzem erschüttert oder wenn im sachlichen Substrat eine nicht unwesentliche Abweichung des tatsächlichen Zustandes vom vertraglich vorausgesetzten Zustand des Unternehmens herbeigeführt wurde.[1029] Dies entspricht letztlich dem für den Fehlerbegriff bislang geltenden Erheblichkeitsmaßstab des § 459 Abs. 1 Satz 2 BGB a. F.

414   Die neuere bislang zu dieser Frage veröffentlichte Rechtsprechung knüpft an die bisherige Rechtsprechung an, wie aus einer **Entscheidung des OLG Köln aus dem Jahr 2009** deutlich wird.[1030] Nach Auffassung des OLG Köln kommt es entsprechend der Rechtsprechung des BGH zum alten Schuldrecht bei Mängeln einzelner, zum Unternehmen gehörender Gegenstände darauf an, ob sich daraus ein Mangel des Unternehmens insgesamt ergibt; der Mangel eines Einzelgegenstandes müsse auf das Gesamtunternehmen durchschlagen.[1031] Kleinere Störungen seien – so das OLG Köln – bei der Veräußerung eines so komplexen Kaufgegenstandes wie einem Unternehmen nie auszuschließen und stellen danach keinen Mangel des Unternehmens dar. Nötig sei dafür vielmehr ein Einzelmangel, der die Grundlage des gesamten Unternehmens erschüttert und die normalen Betriebsabläufe stört (sog. **„Gesamterheblichkeitstheorie"**). Ein undichtes Flachdach am Betriebsgebäude stellt nach Auffassung des OLG Köln z. B. keinen Mangel des Unternehmens dar.

> **Beachte:** Bis zur Entscheidung durch den BGH bleibt weiterhin unklar, ob nach der Schuldrechtsreform möglicherweise alle einzelnen Gegenstände und Rechte (auch beim Kauf eines Unternehmens als Ganzen) Gegenstand der Beschaffenheitsvereinbarung werden (können), so dass – ohne anders lautende Vereinbarung – von einem Sachmangel auszugehen wäre.[1032]

> **Praxishinweis:** Da bei Anwendbarkeit der gesetzlichen Gewährleistung die Mangelhaftigkeit von Einzelgegenständen nur unter sehr unklaren Voraussetzungen zur Haftung des Verkäufers führt, sollte aus Käufersicht auch aus diesem Grunde der Vereinbarung von selbständigen Garantien nach § 311 Abs. 1 BGB der Vorzug gegeben werden, wobei dann die einzelnen Wirtschaftsgüter und deren Mangelfreiheit speziell adressiert werden sollten.[1033]

415   Anders als beim Unternehmenskauf in Form des Asset Deals sind **beim bloßen Share Deal** die zu übertragenden Vermögensgegenstände in der Regel nicht einzeln aufgeführt. Sie werden daher hier erst recht nicht selbst Gegenstand der vertraglichen Vereinbarung.[1034] Eine Haftung nach §§ 434, 435 BGB scheidet somit aus, wenn sich nicht im Einzelfall die

---

[1027] Vgl. BGH vom 18.4.1984 – VIII ZR 46/82, DB 2004, 2292, 2293.

[1028] BGH vom 14.7.1978 – I ZR 154/76, DB 1978, 2356; vgl. auch *Wolf/Kaiser*, DB 2002, 411, 414; *Gaul*, ZHR 166 (2002), 35, 40; zur Erheblichkeitsproblematik auch ausführlich *Schmitz*, RNotZ 2006, 561, 570.

[1029] BGH vom 14.7.1978 – I ZR 154/76, DB 1978, 2356; vgl. auch *Picot* in: Picot, Unternehmenskauf und Restrukturierung, § 4 Rn. 216.

[1030] Vgl. dazu auch ausführlich *Seibt/Schwarz*, JuS 2012, 43; *Palzer*, JURA 2011, 917, 925.

[1031] OLG Köln vom 29.1.2009 – 12 U 20/08, DB 2009, 2259; zustimmend *Weidenkaff* in: Palandt, BGB, § 453 Rn. 23; *Palzer*, JURA 2011, 917, 925.

[1032] So *Triebel/Hölzle*, BB 2002, S. 521, 525.

[1033] So auch *Göthel* in: Göthel, Grenzüberschreitende M&A Transaktionen, § 2 Rn. 113; vgl. auch *Picot* in: Picot, Unternehmenskauf und Restrukturierung, § 4 Rn. 218.

[1034] *Holzapfel/Pöllath*, Unternehmenskauf in Recht und Praxis, Rn. 15.

(konkludente) Vereinbarung einer Beschaffenheit der Einzelgegenstände feststellen lässt. Die **Erheblichkeitsschwelle** würde dabei nur für das Rücktrittsrecht (§ 323 Abs. 5 Satz 2 BGB) und den großen Schadensersatz (§ 281 Abs. 1 Satz 3 BGB) gelten, nicht jedoch für den kleinen Schadensersatz, das Nachbesserungsrecht und das Minderungsrecht.[1035]

> **Praxishinweis:** Werden statt einer Beschaffenheitsvereinbarung oder Beschaffenheitsgarantie im Sinne von § 443 BGB selbständige Garantien im Sinne von § 311 Abs. 1 BGB vereinbart, gelten hier bei deren Verletzung – falls die Vertragspartner keine abweichende Vereinbarung getroffen haben – ebenfalls die §§ 281 Abs. 1 Satz 3, 323 Abs. 5 Satz 2 BGB mit der Folge, dass zwar großer Schadensersatz und Rücktritt bei Unerheblichkeit des Mangels, nicht jedoch Nacherfüllung, kleiner Schadensersatz oder Minderung ausgeschlossen sind, soweit diese als Rechtsfolgen vereinbart werden und über die Erheblichkeitsgrenze nichts gesagt wird. Auch vor diesem Hintergrund empfiehlt sich die Vereinbarung von „Baskets".[1036]

hh) Stellungnahme zur Anwendung der Sachmängelgewährleistung beim Be- 416
teiligungskauf und Abgrenzung zur c. i. c. Es ist sehr bedauerlich, dass der BGH in seinem Urteil vom 26.9.2018[1037] so viele Jahre nach Inkrafttreten des Schuldrechtsmodernisierungsgesetzes diese sehr seltene und gute Gelegenheit hat verstreichen lassen, die Frage der Reichweite des Beschaffenheitsbegriffs für die Praxis des Unternehmens- und Beteiligungskaufs, aber auch für das sonstige Zivilrecht zu beantworten. Stattdessen hat der 8. Zivilsenat des BGH in seinem Urteil einen „Rechtsmangel" der verkauften Anteile mit der Begründung abgelehnt, alleiniger Bezugspunkt der falschen Vorstellungen der Vertragsparteien zur Gewährleistung im Allgemeinen und zur Überschuldung und Insolvenzreife im Besonderen sei hier die Gesellschaft bzw. das Unternehmen als Ganzes und nicht der *Kaufgegenstand Anteil*. Ob der 8. Senat des BGH mit dieser feinsinnigen Differenzierung von dem Urteil des 9. Senats des BGH vom 15.9.2016[1038] abweichen und den mit der Schuldrechtsreform erweiterten Möglichkeiten privatautonomer Vereinbarungen (subjektiver Fehlerbegriff) eine Absage erteilen wollte, ist zu bezweifeln. Denn warum sollte es den Parteien auch eines bloßen Anteilskaufvertrages verwehrt sein, privatautonom die vom Gesetz vorgesehene Risikoallokation den Parteivorstellungen anzupassen,[1039] was umso mehr gelten muss, als der BGH schon seit Jahrzehnten stets postuliert hat, die Parteien eines Unternehmenskaufvertrages könnten ja Regelungen im Wege selbständiger Garantien treffen; diese unterscheidet sich indessen bei Licht betrachtet dann nur von der Zusicherung des Garantiegebers, *auch verschuldensunabhängig* für die Garantieaussage einstehen zu wollen. Und es ist auch kein vernünftiger Grund ersichtlich, warum die Vertragsparteien nicht gemäß § 311 Abs. 1 BGB von dem gesetzlichen Regelungstypus der §§ 434 ff. BGB ganz oder punktuell abweichen können sollten, solange sie nicht die Grenzen indisponibler Regelungen sprengen (z. B. §§ 276 Abs. 3, 134, 138, 242 BGB). Dass der BGH sich der Anwendung eines weiten Sachmangelbegriffs womöglich am Ende doch nicht verschließt, könnte man aus der Entscheidung vom 26.9.2018 selbst folgern, wo der BGH unter Wiedergabe des Wortlauts von § 313 Abs. 1 BGB ausdrücklich die nur subsidiäre Anwendbarkeit von § 313 BGB bestätigt und eine Vertragsanpassung auf dieser Grundlage nur für sachgerecht hält, „[....] wenn unter Berücksichtigung aller Umstände des Einzelfalles, insbesondere der vertraglichen (!) oder gesetzlichen Risikoverteilung das Festhalten am unveränderten Vertrag nicht zugemutet werden kann." Und in Tz. 45: „Zwar ist § 313 BGB unanwendbar, wenn

---

[1035] Vgl. auch *Faust* in: Bamberger/Roth/Hau/Poseck, Beck'scher Online-Kommentar BGB, § 453 Rn. 29; *Schmitz*, RNotZ 2006, 561, 571.
[1036] Siehe zur Vereinbarung von „Caps" und „Baskets" → Rn. 585 ff.
[1037] BGH vom 26.9.2018 – VIII 187/17, MittBayNot 2019, 376.
[1038] BGH vom 15.9.2016 – IX ZR 250/15, DNotZ 2017, 144 Tz. 23.
[1039] So dann allerdings auch der BGH selbst in seinem Hinweis zur Zurückverweisung für das OLG, BGH vom 26.9.2018 – VIII 187/17, MittBayNot 2019, 376 Tz. 45.

sich durch die Störung der Geschäftsgrundlage ein Risiko verwirklicht, das nach den vertraglichen Vereinbarungen in den Risikobereich einer der Parteien fällt. [...] Der zwischen
den Parteien geschlossene Anteilkaufvertrag enthält aber gerade – wie auch das Berufungs-
gericht mehrfach hervorgehoben hat – keine näheren Angaben zur wirtschaftlichen Lage
der E-GmbH und trifft dementsprechend auch keine Aussage darüber, wer insoweit das
Risiko einer Störung des angestrebten Äquivalenzverhältnisses zwischen Leistung und Gegenleistung tragen sollte."[1040]

417   *Nassall* geht indessen davon aus, dass der BGH mit dieser Entscheidung der Vorstellung
des Gesetzgebers, durch die Einführung von § 453 BGB die Bewältigung von Mängeln
beim Unternehmenskauf allein dem Kaufgewährleistungsrecht zuzuweisen, nicht gefolgt sei
und „das alte Haftungsmodell beibehalte".[1041] Dies – so *Nassall* – sei sachgerecht, da andernfalls (i) auch der ahnungslose Kleinaktionär, der seine Aktien zufällig kurz vor dem
Bekanntwerden des Dahinschwindens der Ertragsfähigkeit der AG verkauft, haftete, wohingegen (ii) bei einer generellen Anwendung des Kaufgewährleistungsrechts auf alle Fälle von
Gesellschaftsanteilskaufverträgen andere Störungsregelungen wie c. i. c. und § 313 BGB
wegen des Vorrangs des Gewährleistungsrechts generell ausgeschlossen wären, so dass bei
einem Gewährleistungsausschluss der Käufer rechtlos dastünde.[1042]

Indessen hat *Weigl* zu Recht auf den sich aus dieser Entscheidung des BGH nun ergebenden Wertungswiderspruch hingewiesen, der darin liegt, dass ein Wegfall der Geschäftsgrundlage nach § 313 BGB bei dem vom BGH angenommenen Verkauf einer bloßen Beteiligung in Betracht kommt, nicht hingegen, wenn sogar *sämtliche* Geschäftsanteile verkauft
worden wären und dementsprechend ein Unternehmensverkauf vorgelegen hätte, der doch
gerade dann zu einer verstärkten Haftung des Verkäufers über § 434 ff. BGB führen soll.[1043]
Zudem ist *Weigl* und *Hübner* darin zuzustimmen, dass im vom BGH entschiedenen Fall
auch recht eindeutig erkennbar war, dass wegen des bloßen Rechtskaufs, bei dem die Wertlosigkeit nicht einmal einen Mangel darstellt, und dem Fehlen von (ja in vergleichbaren
Fällen durchaus sehr üblichen) Garantien zur Werthaltigkeit des Unternehmens nach den
Vorstellungen der Parteien das Risiko der Wertlosigkeit in die alleinige Sphäre des Käufers
fallen sollte, zumal dieser noch im Vorwege eine Wirtschaftsprüfungsgesellschaft mit der
Ermittlung des Unternehmenswerts beauftragt hatte, so dass im Wege ergänzender Ver-
tragsauslegung nach §§ 133, 157 BGB auch ein anderes Ergebnis möglich gewesen wäre.[1044]
Dass infolge (i) der auch weiterhin hohen Aufgreifschwelle für eine Transformation des
bloßen Anteils(rechts)kauf zum Unternehmens(sach)kauf und (ii) der Reduktion einer
Haftung beim Rechtskauf auf die Verität des Rechts (und nicht auch Bonität) für den Anwendungsbereich der nur subsidiär anwendbaren Institute der c. i. c. sowie des Wegfalls der
Geschäftsgrundlage nach § 313 BGB weite Spielräume eröffnet sind, die der normalerweise
von den Kaufvertragsparteien gewollten abschließenden Regelung zuwiderlaufen, ist für
die M&A-Praxis eher unbefriedigend.[1045]

418   Indessen hatte schon das **Reichsgericht** den Gedanken aus dem römischen Recht abgeleitet, dass die Vorschriften des Gewährleistungsrechts im BGB – anders als der starre
Grundsatz „caveat emptor" des englisch-amerikanischen Rechts[1046] – den **Interessenkonflikt** zwischen Käufer und Verkäufer hinsichtlich der **Risikozuweisung** bei verkehrsheb-

---

[1040] BGH vom 26.9.2018 – VIII 187/17, MittBayNot 2019, 376 Tz. 15 und 45 unter Hinweis auf
BGH vom 30.6.2017 V ZR 248/16, NJW-RR 2018 Tz. 8.

[1041] *Nassall*, Anmerkung zu BGH vom 26.9.2018, NJW 2019, 150; ebenso *Schmitt*, WM 2019,
1871, 1872; *Müller*, WM 2017, 929, 936 ff.

[1042] *Nassall*, a. a. O.

[1043] *Weigl*, Anmerkung zu BGH vom 26.9.2018, MittBayNot 2019, 381, 382.

[1044] *Weigl*, a. a. O., 383; *Hübner*, LMK 2019, 418487; ebenso *Grunewald*, BB 2019, 20 und *Bochmann/
Cziupka*, EWiR 2018, 679, 680.

[1045] Vgl. auch *Bochmann/Cziupka*, EWiR 2018, 679, 680.

[1046] Vgl. dazu auch *Fleischer*, BB 2001, 841, 842; *Weißhaupt*, WM 2013, 782; *Hilgard*, BB 2013,
963.

lichen **verborgenen Mängeln** positivrechtlich lösen und deshalb *auf alle Arten eines Kaufs* im Wege der Analogie – **ausdrücklich auch auf nicht körperliche Sachen** – erstreckt.[1047]

Wenn man sich sodann klar macht, dass es auch beim Kauf von Rechten bzw. Gesell- **419** schaftsanteilen (i) im ersten Schritt ggf. um die Gewährung von Informationen zur Aufklärung des Käufers und (ii) bei der Gewährleistung um die Herstellung des **Äquivalenzinteresses** geht,[1048] also die Entsprechung von Leistung und Gegenleistung, wird deutlich, dass der Kaufpreis eines Geschäftsanteils in aller Regel von dem ihm auf Grundlage der vorhandenen Informationen beigemessenen Wert beeinflusst wird. Diesen Aspekt betont auch der BGH in seinem Urteil vom 4.4.2001, wo es heißt (allerdings im Hinblick auf eine Haftung nach c. i. c.): „Beim Kauf eines Unternehmens oder von GmbH-Geschäftsanteilen ist im Hinblick auf den für den Kaufpreis im Regelfall erheblichen Ertragswert insbesondere zu berücksichtigen, dass der Kaufinteressent – für den Verkäufer erkennbar – sich ein einigermaßen zutreffendes Bild von den wertbildenden Faktoren in erster Linie nur an Hand der Bilanzen, der laufenden betriebswirtschaftlichen Auswertungen, sonstiger Buchführungsunterlagen und ergänzender Auskünfte des Inhabers oder Geschäftsführers machen kann."[1049]

Der Unternehmenswert ist zwar zunächst von der Beteiligungshöhe unabhängig; er kann jedoch im Hinblick auf etwaige vom Käufer erwartete Synergie-Effekte oder beispielsweise auch durch subjektiv geprägte Wünsche und Erwartungen des Käufers (z. B. selbst in einem Unternehmen entscheiden zu können oder die qualifizierte Mehrheit zu erlangen etc.) definiert sein.[1050] Es gibt aber keinen vernünftigen Grund (und auch keine Grundlage im Gesetz!), den Erwerber von nur 40 % eines Unternehmens schlechter zu stellen als denjenigen, der nahezu sämtliche Anteilsrechte erwirbt.[1051] Beide Fälle sind zunächst Rechtskauf und in beiden Fällen wirken sich Mängel des Unternehmens gleichermaßen nachteilig auf die Äquivalenz von Leistung und Gegenleistung aus. Für die Frage der Äquivalenz von Leistung und Gegenleistung geht es nach hiesiger Auffassung auch nicht um die Frage der Beherrschung eines Unternehmens im Wege einfacher Mehrheit oder qualifizierter Mehrheit oder gar aufgrund der Möglichkeit für den Erwerber, gegebenenfalls sämtliche Maßnahmen auf Gesellschafterebene und Geschäftsführungsebene selbst zu entscheiden,[1052] weil diese Aspekte sämtlich auf einen objektivierten Wert des Beteiligungsrechts keinen Einfluss haben.[1053]

Im Hinblick auf den Verkäufer, der sogar nur eine Zwergbeteiligung von wenigen Pro- **420** zentpunkten an dem Unternehmen verkauft, wird indessen darauf hingewiesen, dass diesem

---

[1047] RG vom 15.11.1907, RGZ 67, 86, 88 f.; vgl. auch *Schiffer/Bruß*, BB 2012, 847, 848; anders offenbar *Hasselbach/Ebbinghaus*, DB 2012, 216, 218, die darauf hinweisen, es sei Kernaussage der Rechtsprechung, dass der Käufer eines Unternehmens dieses selbst im notwendigen Umfang prüfen muss. Dieses Verständnis geht m. E. zu weit. Die „Untersuchungspflicht" folgt für das Kaufrecht vielmehr nur mittelbar aus § 442 Abs. 1 Satz 2 BGB, da dem Käufer grob fahrlässige Unkenntnis eines Mangels schadet sowie – nach hier vertretener Auffassung – aus § 254 BGB, soweit es um Ansprüche aus culpa in contrahendo geht; vgl. allerdings auch das Urteil LG Hamburg vom 13.3.2015, BeckRS 2015, 07608, wonach der Käufer wegen grober Fahrlässigkeit seine Rechte nach § 442 BGB verliert, wenn er Anlass zu konkreten Nachfragen hat und nicht darauf drängt, Klauseln in den Vertrag aufzunehmen, die ein derartiges Risiko des Käufers berücksichtigen; Urteils-Besprechung LG Hamburg *Broichmann/Makos*, GWR 2015, 279.

[1048] Vgl. *Weißhaupt,* BB 2013, 2947.

[1049] BGH vom 4.4.2001 – VIII ZR 32/00, DStR 2001, 901, 902.

[1050] Siehe zur Unternehmensbewertung und Kaufpreisfindung ausführlich Teil → B., Rn. 25 ff.

[1051] Für eine Gleichbehandlung von Unternehmens- und Beteiligungskauf auch *Huber,* AcP Bd. 202 (2002), 179, 211.

[1052] Vgl. zu den in der Rechtsprechung herangezogenen unterschiedlichen Kriterien *Faust* in: Bamberger/Roth/Hau/Poseck, Beck'scher Online-Kommentar BGB, § 453 Rn. 34.

[1053] Siehe zur Unterscheidung von subjektivem, objektivem und objektiviertem Unternehmenswert Teil → B., Rn. 25 ff. sowie zur Äquivalenzsicherung beim Unternehmenskauf *Weißhaupt,* BB 2013, 2947.

eine Haftung für Mängel des Unternehmens nicht zugemutet werden könne. Aber warum eigentlich nicht? Dem ist nämlich entgegenzuhalten, dass auch er als Gegenleistung einen äquivalenten Kaufpreis erhalten hat. Auch hier sollte der Grundsatz „gute Ware für gutes Geld" gelten. Der Käufer einer Beteiligung – egal in welcher Höhe – erwirbt diese eben nicht um der Beteiligung an sich Willen, sondern in aller Regel zu dem Zweck, an den laufenden Gewinnen und einer Wertsteigerung des in der Beteiligung verkörperten – mangelfreien – Unternehmens zu partizipieren.[1054]

421   Sofern das **Unternehmen,** an dem die Minderheitsbeteiligung veräußert wird, **zum Zeitpunkt des Gefahrübergangs mit Mängeln behaftet** ist und infolgedessen die Beteiligung nicht tatsächlich den anteiligen Unternehmenswert vermittelt, erscheinen die gewährleistungsrechtlichen Rechtsbehelfe Schadensersatz, Minderung und Rücktritt durchaus interessengerecht. Der Erwerber einer lediglich kleinen Beteiligung wird allerdings aus Kosten-/Nutzen-Überlegungen heraus abwägen müssen, ob er sodann das Risiko der Rechtsverfolgung sowie die damit verbundenen Kosten einschließlich der Kosten einer Unternehmensbewertung in Kauf nehmen will oder nicht. Insofern gilt nichts anderes als bei anderen Kaufverträgen. Nur soweit infolge der Mangelhaftigkeit des Unternehmens der **Wert nach Gefahrübergang gesunken** ist, trifft dieses Risiko – wie im Falle des Forderungsverkaufs die mangelnde Bonität des Schuldners – den Käufer, wenn er nicht im Kaufvertrag eine ausdrückliche Regelung für eine diesbezügliche Haftung des Verkäufers vereinbart hat.

422   Dem Verkäufer – zumindest beim Verkauf von GmbH-Anteilen und Anteilen an einer Personengesellschaft – steht es umgekehrt ja im Übrigen auch grundsätzlich frei, vertraglich seine Gewährleistung für Mängel des Unternehmens auszuschließen, was insbesondere dann angezeigt ist, wenn er nicht die Geschäftsführung im Unternehmen selbst innehatte (so häufig bei Minderheitsbeteiligungen) und/oder selbst keine hinreichenden Informationen über den Status des Unternehmens hat (so z.B. bei Aktiengesellschaften, in denen der Aktionär nicht die Auskunfts- und Einsichtsrechte wie ein GmbH-Gesellschafter oder Gesellschafter einer Personengesellschaft hat).[1055] Dass eine Ungleichbehandlung des lediglich eine kleine Beteiligung erwerbenden Käufers und des nahezu sämtliche Anteile erwerbenden Käufers ungerechtfertigt ist, zeigt auch der Fall, dass diese beiden zusammen insgesamt 100% der Gesellschaftsrechte erwerben: es wäre schlicht nicht erklärbar, warum demjenigen, der 98% der Anteile am Unternehmen erwirbt, bei Mängeln des Unternehmens Gewährleistungsrechte zustehen sollen, und demjenigen, der lediglich die restlichen 2% daran erwirbt, nicht.

423   Damit nähert hat man sich im Hinblick auf die **Abgrenzung der Gewährleistungsvorschriften von der Haftung nach culpa in contrahendo** dem Kern der eigentlichen Problematik.[1056] Obwohl das dem Unternehmenskauf vorgelagerte zentrale Rechtsproblem ein Informationsproblem ist,[1057] geht es im Hinblick auf den durch die Gewährleistungsvorschriften geregelten Interessenausgleich für verborgene (wesentliche) Mängel zur Herstellung des Äquivalenzverhältnisses beim Kauf selbst (i) nicht um die Frage der Beteiligungshöhe und (ii) im zeitlichen Ablauf der Transaktion auch nicht (mehr) primär um die Frage der Informationsbeschaffung durch den Verkäufer und Aufklärung des Käufers: Auch ohne Information, Aufklärung und ausdrücklich vereinbarte Beschaffenheiten wäre ein Unternehmenskauf mit kaufrechtlicher Gewährleistung (wieder) äquivalent. Nur wenn das Unternehmen mit Mängeln behaftet ist, ist das Äquivalenzverhältnis durch Nachbesserung, Minderung oder Schadensersatz wiederherzustellen, was nur dann ausgeschlossen ist, wenn der Käufer bei Abschluss des Kaufvertrags Kenntnis vom Mangel hatte.

[1054] In die gleiche Richtung *Wolf/Kaiser,* DB 2002, 411, 417.

[1055] Vgl. *Huber,* AcP Bd. 202 (2002), 179, 212 f.

[1056] Vgl. zur Grenzziehung zwischen Gewährleistungsrecht und Informationshaftung auch *Redeker,* NJW 2012, 2471.

[1057] Vgl. *Huber,* AcP Bd. 202 (2002), 179, 180.

Denn in diesem Fall scheidet eine Störung der Äquivalenz und eine Haftung des Verkäufers gemäß § 442 BGB aus.

Die **Information und Aufklärung** des Käufers durch den Verkäufer erfolgt hingegen   **424** regelmäßig vor Vertragsschluss und ist daher systematisch eine **Frage der vorvertraglichen Haftung** nach culpa in contrahendo, und zwar unabhängig davon, ob es sich um eine 100%-Beteiligung oder eine Minderheitsbeteiligung handelt.[1058] Bei offensichtlich für die Kaufentscheidung erheblichen Umständen obliegt dem Verkäufer bekanntlich eine (sowohl beim Anteils- wie beim Unternehmensverkauf gesteigerte)[1059] Aufklärungspflicht. Im Sinne des Caveat-Emptor-Grundsatzes ist – zumindest dem Käufer eines Unternehmens – (korrelierend zu der gesteigerten Aufklärungspflicht des Verkäufers) die ebenfalls gesteigerte Pflicht aufzuerlegen, im Zuge der Wahrnehmung seiner eigenen Interessen den Kaufgegenstand auch selbst sorgfältig zu prüfen bzw. die jenigen Fragen zu adressieren, hinsichtlich derer er Aufklärung benötigt.[1060] Der BGH hat indessen im Hinblick auf die Abgrenzung der **Haftung für Rechtsmängel** und eine Haftung nach culpa in contrahendo zu Recht darauf verwiesen, dass die Haftung für c. i. c. aus dem gesetzlichen Schuldverhältnis folgt, welches mit der Aufnahme von Vertragsverhandlungen begründet wird, und vom tatsächlichen Zustandekommen eines Vertrages und seiner Wirksamkeit weitgehend unabhängig ist.[1061] Der Verkäufer ist zur verkehrsüblichen Sorgfalt sowie zu loyalem und redlichem Verhalten gegenüber dem Käufer als Geschäftsgegner verpflichtet. Dieser Anspruch richtet sich daher nicht auf die ordnungsgemäße Vertragserfüllung, sondern auf den Ausgleich der Nachteile, die durch die Verletzung des bei der Vertragsanbahnung in den Vertragspartner gesetzten Vertrauens entstanden sind.[1062]

Im Ergebnis führt die bisherige Praxis zu Recht willkürlichen Ergebnissen. Zunächst ist   **425** das Überschreiten der Schwelle vom bloßen Beteiligungskauf (ohne Wertausgleich) zum Unternehmenskauf (mit Wertausgleich) für Käufer und Verkäufer nicht hinreichend rechtssicher abgegrenzt, wodurch einerseits bei dem (Unternehmens-)Käufer das Äquivalenzverhältnis gewahrt ist, bei dem (Beteiligungs-)Käufer nicht (und zwar in beiden Fällen ungeachtet von etwaigen Aufklärungspflichtverletzungen). Andererseits hat der Käufer eines Unternehmens wegen der Ausschlusswirkung der §§ 434 ff. BGB keine Ansprüche aus fahrlässiger culpa in contrahendo, wohingegen dem Käufer einer Minderheitsbeteiligung diese zwar zugesprochen würden, was aber in der Praxis des Unternehmens- und Beteiligungskaufs wenig hilft, weil eine sonstige Haftung (einschließlich der aus culpa in contrahendo) in aller Regel im Kaufvertrag ausgeschlossen wird. Es sollte daher besser wie folgt differenziert werden:

– der Käufer von Gesellschaftsanteilen sollte – **unabhängig von der Höhe des Beteiligungserwerbs** – grundsätzlich die **Rechte aus §§ 434 ff. BGB** haben, wobei sich der Mangel des Unternehmens und gegebenenfalls auch nur einzelner Vermögensgegenstände bei einer objektivierten Bewertung des Unternehmens und damit auch des Anteils niedergeschlagen haben muss (wenn nicht die Parteien auch die einzelnen Vermögensgegenstände ausdrücklich zum Kaufgegenstand gemacht haben);[1063] dies entspricht wertungsmäßig dem „**Durchschlagen**" eines mangelhaften Einzelgegenstandes auf das Gesamtunternehmen, geht aber hinsichtlich des Gesamtunternehmens darüber hinaus,

---

[1058] Vgl. *Huber,* AcP Bd. 202 (2002), 179, 182.

[1059] BGH vom 4.4.2001 – VIII ZR 32/00, DStR 2001, 901, 903.

[1060] Siehe zur grob fahrlässigen Pflichtverletzung des Käufers bei Unterlassung der Due Diligence oben Teil → C., Rn. 215 ff. sowie zur Pflichtverletzung des Managements Teil → C., Rn. 237 ff.

[1061] BGH vom 6.4.2001 – V ZR 394/99, NJW 2001, 2875.

[1062] BGH vom 6.4.2001 – V ZR 394/99, NJW 2001, 2875, 2876; für ein Nebeneinander von §§ 434 ff. BGB und culpa in contrahendo z. B. auch *Emmerich* in: Münchener Kommentar zum BGB, § 311 Rn. 79 f.

[1063] Siehe zur Notwendigkeit der Einbeziehung auch der Einzelgegenstände in den Kaufgegenstand oben → Rn. 9 ff.

weil nach hier vertretender Auffassung **auf das Maß der Beeinflussung der Ertrags-fähigkeit des Unternehmens abzustellen** ist;[1064]
- die kaufrechtlichen Gewährleistungsvorschriften betreffen das **Äquivalenzinteresse von Leistung und Gegenleistung,** was grundsätzlich unabhängig von der Informationsbe-schaffung durch den Verkäufer und der Verwertung etwaiger Informationen durch den Käufer gilt (Ausnahme: § 442 BGB). Käufer und Verkäufer können aber – auf Basis der im Vorfeld des Vertragsschlusses gewährten Informationen – Umstände, die Beschaffen-heiten sein können, zum Gegenstand der kaufvertraglichen Gewährleistung machen (für andere Umstände nur über Garantien);
- die Haftung aus **culpa in contrahendo** basiert auf einem Vertrauensschuldverhältnis zwischen Käufer und Verkäufer, das grundsätzlich nicht mit Abschluss des Kaufvertrages und auch nicht mit Gefahrübergang endet, wie etwaige nachvertragliche Pflichten zei-gen; die Grundsätze der culpa in contrahendo können bei Vorsatz unproblematisch neben die kaufrechtlichen Gewährleistungsvorschriften treten;[1065] im Falle **bloß fahrlässiger Falschangaben sollten Ansprüche** aus culpa in contrahendo grundsätzlich ebenso anwendbar sein und im Wege der Gesetzeskonkurrenz **neben die Gewährleistungs-vorschriften treten;**[1066]
- je nach Beteiligungshöhe und -wert wird der Käufer angesichts des von ihm eingesetz-ten Kapitals und der damit verbundenen Risiken seine eigenen Interessen (mit gesteiger-ter Sorgfaltspflicht) wahrzunehmen und gegebenenfalls eine **Due-Diligence-Prüfung** durchzuführen haben, wobei durch zielgerichtetes Fragen der Kreis der Aufklärungs-pflichten des Verkäufers erweitert und somit im Falle der Verletzung von Aufklärungs-pflichten ein zweckmäßiger Interessenausgleich in Form von Schadensersatz auf Grund-lage von culpa in contrahendo gefunden ist.

426   Eine **verschuldensabhängige Haftung für (Fehl-)Informationen** (nicht für die Be-schaffenheiten des Unternehmens) ist auch sachgerechter als eine Haftung auf Grundlage der Mängelgewährleistung, weil letztere zu einer Haftungsverschärfung für den Verkäufer führte, wenn er bei einem unbehebbaren Unternehmensmangel schon bei fahrlässiger Un-kenntnis Schadensersatz statt der Leistung schuldete.[1067]

Im Ergebnis hat die Schuldrechtsreform den Vertragsparteien Gestaltungsspielräume er-öffnet; mehr Rechtssicherheit ist jedoch – wie die zahlreichen und durchaus unterschied-lichen Auffassungen im Schrifttum zur Behandlung des Unternehmenskaufs zeigen – in den Fällen einer fehlenden ausdrücklichen Beschaffenheitsvereinbarung bzw. Garantie nicht festzustellen.[1068]

c) Rechtsfolgen bei Vorliegen von Rechts- und Sachmängeln

427   Liegt ein Rechts- oder Sachmangel vor, kommen primär Ansprüche nach §§ 437 ff. BGB in Betracht. Daneben können sich aber auch weitergehende Rechte aus anderen An-spruchsgrundlagen ergeben.

> **Praxishinweis:** Da die Mangelfreiheit und damit die vereinbarten Beschaffenheiten nach § 434 Abs. 1 Satz 1 BGB „bei Gefahrübergang" vorliegen müssen, ist darauf zu achten, dass bei einem Auseinanderfallen von „Signing" und „Closing" die vereinbarten Beschaf-

---

[1064] Vgl. in diesem Sinne auch *Seibt/Schwarz,* JuS 2012, 43, 45 f.; gegen eine Anwendung des Sach-mängelrechts auf Unternehmenswertbeeinträchtigungen *Wächter,* M&A Litigation, Rn. 7.64 ff.

[1065] So schon ohnehin der BGH, siehe dazu → Rn. 483.

[1066] So auch mit überzeugenden Argumenten *Faust* in: Bamberger/Roth/Hau/Poseck, Beck'scher Online-Kommentar BGB, § 437 Rn. 199; ebenso *Emmerich* in: Münchener Kommentar zum BGB, § 311 Rn. 82; *Kindl,* WM 2003, 409.

[1067] So auch *Hopt* in: Baumbach/Hopt, HGB, Einl. vor § 1 Rn. 46b.

[1068] So auch *Fischer,* DStR 2004, 276; ähnlich *Hopt* in: Baumbach/Hopt, HGB, Einl. vor § 1 Rn. 46b.

fenheiten tatsächlich auch noch zum Closing vorliegen und die Beschaffenheitsvereinbarungen unter Umständen als vereinbart gelten bzw. ggf. entsprechend modifiziert werden.[1069]

aa) Überblick §§ 437 ff. BGB. Die Rechtsfolgen der gesetzlichen Gewährleistungsregelungen, die nach neuer Rechtslage einheitlich für Sach- wie für Rechtsmängel gelten, sind in §§ 437 ff. BGB geregelt, die allerdings nicht auf den Unternehmenskauf zugeschnitten sind. Danach kann der Käufer unter den jeweiligen Voraussetzungen folgende Rechte geltend machen:[1070]   **428**

- Nacherfüllung (Mängelbeseitigung oder Lieferung einer mangelfreien Sache), §§ 437 Ziff. 1, 439 BGB;
- Rücktritt vom Vertrag, §§ 437 Ziff. 2, 440, 323, 326 Abs. 5 BGB;
- Kaufpreisminderung, §§ 437 Ziff. 2, 441 BGB;
- Schadenersatz und Aufwendungsersatz §§ 437 Ziff. 3, 440, 280, 281, 283, 311a, 284 BGB.

An sich bestehen die Rechte aus § 437 BGB unabhängig voneinander, jedoch muss der Käufer, wenn nicht einer der gesetzlich geregelten Ausnahmetatbestände eingreift, grundsätzlich zuerst Nacherfüllung verlangen[1071] – **grundsätzlicher Vorrang der Nacherfüllung** vor den Rechten auf Rücktritt, Minderung und Schadensersatz (§§ 281 Abs. 1, 323 Abs. 1 BGB). Von diesem **Subsidiaritätsprinzip** gibt es allerdings mehrere Ausnahmen. Gemäß § 440 BGB bedarf es der **Fristsetzung zur Nacherfüllung** nämlich **nicht,** wenn   **429**

- der Schuldner die Leistung **ernsthaft und endgültig verweigert** (§ 440 i. V. m. §§ 281 Abs. 2 BGB, § 323 Abs. 2 Ziff. 1 BGB);
- **besondere Umstände** vorliegen, die unter Abwägung der beiderseitigen Interessen die sofortige Geltendmachung des Schadensersatzanspruchs rechtfertigen (§ 440 i. V. m. §§ 281 Abs. 2, § 323 Abs. 2 Ziff. 3 BGB), wie zum Beispiel bei einem arglistigen Verschweigen eines Mangels;[1072]
- der Schuldner die Leistung zu einem im Vertrag **bestimmten Termin oder innerhalb einer bestimmten Frist nicht bewirkt** und der Gläubiger im Vertrag den Fortbestand seines Leistungsinteresses an die Rechtzeitigkeit der Leistung gebunden hat (§ 440 i. V. m. § 323 Abs. 2 Ziff. 2 BGB);
- der Verkäufer die Nacherfüllung verweigert, weil
  - die vom Käufer gewählte Art der Nacherfüllung für den Verkäufer mit einem **unverhältnismäßigen Kostenaufwand** verbunden ist (§ 440 i. V. m. § 439 Abs. 3 BGB);
  - dies einen Aufwand erfordert, der unter Beachtung des Inhalts des Schuldverhältnisses und der Gebote von Treu und Glauben in einem **groben Missverhältnis zu dem Leistungsinteresse des Käufers** steht, wobei auch zu berücksichtigen ist, ob der Verkäufer das Leistungshindernis zu vertreten hat (vgl. §§ 440, 439 Abs. 3, 275 Abs. 2 BGB);
  - er die **Leistung persönlich zu erbringen** hat und sie ihm unter Abwägung des seiner Leistung entgegenstehenden Hindernisses mit dem Leistungsinteresse des Käufers **unzumutbar** ist (vgl. §§ 440, 439 Abs. 3, 275 Abs. 3 BGB);
- die dem Käufer zustehende Art der **Nacherfüllung fehlgeschlagen** ist, was gemäß § 440 Satz 2 BGB nach dem erfolglosen zweiten Versuch gilt, wenn sich nicht insbe-

---

[1069] Siehe zu den zeitlichen Bezugspunkten von Garantien näher → Rn. 525 f.

[1070] Vgl. auch *Weber* in: Hölters, Handbuch Unternehmenskauf, Kap. 9 Rn. 9.218 ff.; *von den Steinen* in: Rotthege/Wassermann, Unternehmenskauf bei der GmbH, Kap. 9 Rn. 23 ff.

[1071] BGH vom 23.2.2005 – VIII ZR 100/04, NJW 2005, 1348; vgl. auch *Weidenkaff* in: Palandt, BGB, § 437 Rn. 4.

[1072] BGH vom 8.12.2006 – V ZR 249/05, NJW 2007, 835, 836 f.; BGH vom 9.1.2008 – VIII ZR 210/06, NJW 2008, 1371, 1372; BGH vom 12.3.2010 – V ZR 147/09, NJW 2010, 1805.

sondere aus der Art der Sache oder des Mangels oder den sonstigen Umständen etwas anderes ergibt;
– die dem Käufer zustehende Art der Nacherfüllung **dem Verkäufer unzumutbar** ist.

Nach der Rechtsprechung des Bundesgerichtshofes kommt dabei den §§ 281 Abs. 2 Alt. 2 und § 323 Abs. 2 Nr. 3 BGB gemessen an den anderen normierten Ausnahmetatbeständen des § 440 BGB Auffangcharakter zu, da sie den Gerichten Bewertungsspielräume eröffnen und Einzelfälle erfassen sollen.[1073]

Praxishinweis: Soweit die gesetzliche Gewährleistung zur Anwendung kommt – und das Gleiche gilt bei Vereinbarung selbstständiger Garantien – sollte der Verkäufer bedenken, dass er nach dem Verkauf und der Übertragung des Unternehmens im Falle von Mängeln für die Erfüllung seiner Gewährleistungspflichten grundsätzlich keinen Zugang mehr zum Betrieb sowie etwaigen Unterlagen etc. hat, sodass auf jeden Fall detaillierte Regelungen zur Anzeige von Mängeln durch den Käufer sowie dem Verfahren zur Mängelbeseitigung, dem Zugang des Verkäufers zum Unternehmen und dessen Unterlagen sowie den Auswirkungen fehlender Mitwirkung des Käufers bei der Schadensbeseitigung in den Kaufvertrag aufgenommen werden sollten.[1074]

---

430   **bb) Erfüllung und Nacherfüllung.** Den alten Streit, ob die Pflicht zur mangelfreien Lieferung der Kaufsache Gegenstand einer Gewährleistungspflicht („Gewährleistungstheorie") oder einer Erfüllungspflicht selbst ist („Erfüllungstheorie"), hat der Gesetzgeber in § 433 Abs. 1 Satz 2 BGB zugunsten der Erfüllungstheorie entschieden: Der Verkäufer hat seine vertragliche **Primärleistungspflicht zur Erfüllung** des Kaufvertrages erst dann erfüllt, wenn er dem Käufer den Kaufgegenstand *bei Gefahrübergang* (vgl. § 434 Abs. 1 Satz 1) frei von Sach- und Rechtmängeln verschafft hat.[1075] Zum Erfüllungsanspruch zu rechnen ist auch der **Nacherfüllungsanspruch** aus §§ 437 Ziff. 1, 439 BGB.

Praxishinweis: Wegen der vorstehend beschriebenen teilweisen Verlagerung der Gewährleistung in den Bereich der Erfüllungspflicht ist bei der Formulierung von Haftungsfreizeichnungen und der Verjährung darauf zu achten, dass sowohl der Erfüllungsanspruch als auch der Nacherfüllungsanspruch geregelt werden, und zwar auch im Falle der Vereinbarung selbständiger Garantien.

---

431   **Nacherfüllung** kommt allenfalls in Form von Mängelbeseitigung in Betracht, aufgrund der Einzigartigkeit des Unternehmens nicht aber durch Lieferung eines „mangelfreien Unternehmens".[1076] Ansprüche des Käufers auf Nacherfüllung können sich aber beispielsweise ergeben bei Fehlen oder Mängeln im Hinblick auf[1077]

– das Inventar,
– gewerbliche Schutzrechte,
– Konzessionen,
– Bezugs- und Lieferverträge,
– Ablösung nicht vereinbarter Verbindlichkeiten,
– das vereinbarte Eigenkapital,
– Befreiung von Rechten Dritter am erworbenen Beteiligungsrecht bzw. Unternehmen.

[1073] BGH vom 8.12.2006 – V ZR 249/05, NJW 2007, 835, 837.

[1074] Siehe dazu noch → Rn. 545.

[1075] Vgl. auch *Gaul*, ZHR 166 (2002), S. 35, 43; *Gronstedt/Jörgens*, ZIP 2002, 52, 54; *Wolf/Kaiser*, DB 2002, S. 411, 412; *Gomille*, JA 2012, 487.

[1076] *Fischer*, DStR 2004, 276; *Brück/Sinewe*, Steueroptimierter Unternehmenskauf, § 5 Rn. 217; *Weber* in: Hölters, Handbuch Unternehmenskauf, Kap. 9 Rn. 9.219; *Holzapfel/Pöllath*, Unternehmenskauf in Recht und Praxis, Rn. 650.

[1077] *Weber* in: Hölters, Handbuch Unternehmenskauf, Kap. 9 Rn. 9.219.

Hier wird man konsequenterweise voraussetzen müssen, dass diese Mängel dann zumindest auf den Kaufgegenstand „Unternehmen" durchschlagen,[1078] wenn nicht davon Gebrauch gemacht wurde, auch bestimmte Einzelgegenstände (zusätzlich zum Unternehmen) als Kaufgegenstand zu vereinbaren.[1079] Der Käufer muss dem Verkäufer jedoch – grundsätzlich[1080] – zunächst eine **angemessene Nachfrist** für die Nacherfüllung setzen (§§ 323 Abs. 1, 281 Abs. 1 BGB).[1081] Beseitigt der Käufer den Mangel selbst, ohne dem Verkäufer zuvor eine erforderliche Frist zur Nacherfüllung gesetzt zu haben, kann er auch nicht gem. § 326 BGB die Anrechnung der vom Verkäufer ersparten Aufwendungen für die Mangelbeseitigung auf den Kaufpreis verlangen oder den bereits gezahlten Kaufpreis in dieser Höhe zurückfordern.[1082]

cc) Rücktritt und Minderung. Rücktritt und Minderung (§ 437 Ziff. 2 BGB) – **432** ebenso wie Schadensersatz (§ 437 Ziff. 3 BGB) – kommen grundsätzlich erst dann zur Anwendung, wenn der Verkäufer nach Ablauf einer Nachfrist den (beim Nacherfüllungsanspruch modifizierten) Primäranspruch nicht erfüllt hat.[1083] Liegt eine der oben geschilderten Ausnahmen von dem Vorrang des Nacherfüllungsanspruches vor, kann der Käufer auch unmittelbar vom Vertrag zurücktreten oder Minderung des Kaufpreises verlangen. Sowohl Rücktritt als auch Minderung, die der Käufer nach seiner Wahl geltend machen kann (vgl. § 441 BGB „statt zurückzutreten"), werden als **Gestaltungsrechte** durch einseitige Erklärung des Käufers ausgeübt.

Der **Rücktritt** wirkt bloß schuldrechtlich (nicht dinglich)[1084] und gestaltet den ur- **433** sprünglichen Vertrag in ein **Rückgewährschuldverhältnis** um, wobei die beiderseitigen primären Erfüllungsansprüche erlöschen, ohne dabei jedoch den Kaufvertrag zu beseitigen.[1085] Im Falle eines Rücktritts hat der **Verkäufer die Pflicht**

– zur **Rückzahlung des Kaufpreises** (§§ 437 Nr. 2, 323, 346 Abs. 1 BGB);
– zur **Rücknahme des Unternehmens** (§§ 437 Nr. 2, 323, 346 Abs. 1 BGB);
– zur Erstattung notwendiger **Verwendungen** des Käufers (§§ 437 Nr. 2, 323, 347 Abs. 2 BGB);
– zum Ersatz der **sonstigen Bereicherung** (§§ 437 Nr. 2, 323, 347 Abs. 2 Satz 2 BGB).

Gemäß § 325 BGB wird das Recht, bei einem gegenseitigen Vertrag Schadensersatz zu verlangen, durch den Rücktritt nicht ausgeschlossen. Nach **Auffassung des Bundesgerichtshofs** kann der Käufer – trotz seiner Pflicht zur Herausgabe der Nutzungen – vom Verkäufer auch Ersatz seines Nutzungsausfallschadens verlangen, der dadurch entstanden ist, dass dem Käufer infolge des Mangels der Kaufsache deren Nutzung entgeht (also insbesondere auch entgangener Gewinn); dies gilt auch für einen infolge der Rückgabe der mangelhaften Sache entstandenen Nutzungsausfall.[1086]

Der **Käufer** ist hingegen beim Rücktritt **verpflichtet,**
– das **Unternehmen zurückzugeben** (§§ 437 Nr. 2, 323, 346 Abs. 1 BGB);
– im Falle einer Verschlechterung des Unternehmens oder Unmöglichkeit der Herausgabe **Wertersatz zu leisten** (§§ 437 Nr. 2, 323, 346 Abs. 2 BGB);

[1078] Siehe zu dieser Voraussetzung im Hinblick auf mangelhafte Einzelgegenstände → Rn. 413 f.

[1079] Siehe zum Unternehmen als Kaufgegenstand sowie den Einzelgegenständen → Rn. 11.

[1080] Vgl. BGH vom 12.3.2010 – V ZR 147/09, NJW 2010, 1805, wonach eine Nachfristsetzung beispielsweise entbehrlich ist, wenn das Vertrauen des Käufers aufgrund einer Täuschungshandlung des Schuldners in die Ordnungsmäßigkeit der Nacherfüllung zerstört ist.

[1081] Siehe oben Rn. 267. Vgl. auch OLG Karlsruhe vom 8.8.2019 – 9 U 79/19, BeckRS 2019, 26124.

[1082] BGH vom 23.2.2005 – VIII ZR 100/04, NJW 2005, 1348.

[1083] *Weidenkaff* in: Palandt, BGB, § 437 Rn. 4; OLG Karlsruhe vom 8.8.2019 – 9 U 79/19, BeckRS 2019, 26124 Tz. 36.

[1084] *Grüneberg* in: Palandt, BGB, Einf. vor § 346 Rn. 3.

[1085] BGH vom 28.11.2007 – VIII ZR 16/07, NJW 2008, 911.

[1086] BGH vom 28.11.2007 – VIII ZR 16/07, NJW 2008, 911.

- **Nutzungen herauszugeben,** die der Käufer aus dem Unternehmen gezogen hat (§§ 437 Nr. 2, 323, 346 Abs. 1 BGB) und die nicht Ergebnis seiner persönlichen Leistungen und Fähigkeiten sind;[1087]
- **Wertersatz für schuldhaft nicht gezogene Nutzungen** zu leisten (§§ 437 Nr. 2, 323, 347 Abs. 1 BGB).

> **Praxishinweis:** Aufgrund der erheblichen rechtlichen und praktischen Schwierigkeiten, die mit der Rückabwicklung eines Unternehmenskaufs verbunden sind, ist es wohl einhellige Auffassung, dass ein Rücktritt jedenfalls für die Zeit nach Vollzug des Vertrages ausgeschlossen oder zumindest erheblich eingeschränkt werden sollte.[1088]

434   Ein vertraglicher Ausschluss des Rücktrittsrechts sowie der Anspruch auf Rückabwicklung im Rahmen der Geltendmachung des „großen Schadensersatzanspruchs" schließt allerdings die **Möglichkeit der Anfechtung** des Kaufvertrages durch den Käufer **wegen arglistiger Täuschung** nach § 123 BGB mit Rückabwicklung nach Bereicherungsrecht oder die Geltendmachung eines „großen Schadensersatzes" (also einschließlich Rückabwicklung) nach den Grundsätzen der **vorsätzlichen culpa in contrahendo** nicht aus.[1089]

Der Rücktritt vom Kaufvertrag führt in folgenden Fällen **nicht zu einer Rückgewähr** der empfangenen Leistungen und Herausgabe der gezogenen Nutzungen:
- die Rückgewähr oder die Herausgabe ist **nach der Natur des Erlangten** ausgeschlossen (§ 346 Abs. 2 Satz 1 Nr. 1 BGB);
- der Kaufgegenstand ist **verbraucht, veräußert, belastet, verarbeitet oder umgestaltet** (§ 346 Abs. 2 Satz 1 Nr. 2 BGB);[1090]
- der empfangene Gegenstand hat sich **verschlechtert oder ist untergegangen,** wobei allerdings die durch die bestimmungsgemäße Ingebrauchnahme entstandene Verschlechterung außer Betracht bleibt;
- es liegt ein nur **unerheblicher Mangel** vor (vgl. § 323 Abs. 5 Satz 2 BGB).

435   Bei der ganz überwiegenden Zahl von Unternehmenskäufen wird aber gerade ein Fall der Veräußerung, Belastung (z. B. bei Fremdfinanzierung des Kaufpreises und Besicherung des Darlehens durch Assets des Zielunternehmens), Verarbeitung oder Umgestaltung[1091] (z. B. bei Maßnahmen der Post-Merger-Integration) gegeben sein. Auch sonst ist das Unternehmen als Kaufgegenstand fortwährend Veränderungen ausgesetzt. So werden permanent Anlage- und Umlaufvermögen ge- und verkauft, im Rahmen der Unternehmensfinanzierung Verbindlichkeiten begründet, durch Vermögenswerte des Unternehmens besichert und erfüllt, die geschäftliche Ausrichtung geändert oder sogar das gesamte Unternehmen umstrukturiert. Eine Rückabwicklung des Unternehmenskaufvertrages kann daher zum Beispiel ausscheiden, wenn das Unternehmen durch erhebliche Investitionen umgestaltet worden ist.[1092] Allerdings wird wohl noch nicht die bloße Fortführung der bisherigen Geschäftstätigkeit über einen kurzen Zeitraum den Rücktritt ausschließen.

436   (Auch) beim **Share Deal** ist die Rückabwicklung in den meisten Fällen nicht durch bloße Rückabtretung der Geschäftsanteile gegen Rückzahlung des Kaufpreises ohne weiteres möglich. Denn bei Vorliegen eines Unternehmenskaufs im Sinne von § 453 Abs. 1 BGB

[1087] BGH vom 12.5.1978 – V ZR 67/77, NJW 1978, 1578.

[1088] Vgl. *Weber* in: Hölters, Handbuch Unternehmenskauf, Kap. 9 Rn. 9.221; *Holzapfel/Pöllath,* Unternehmenskauf in Recht und Praxis, Rn. 1191 ff.

[1089] Vgl. zum unabdingbaren Anfechtungsrecht BGH vom 17.1.2007 – VIII ZR 37/06, NJW 2007, 1058.

[1090] LG Hamburg vom 21.12.2018 – 412 HKO 163/16, BeckRS 2018, 38252; dazu auch *Gaul,* ZHR 166 (2002), 35, 55 ff.

[1091] Vgl. dazu den Fall LG Hamburg vom 21.12.2018 – 412 HKO 163/16, BeckRS 2018, 38252.

[1092] LG Berlin vom 1.2.2005 – 5 O 176/04, juris Tz. 160.

werden nicht lediglich Anteilsrechte, sondern – ebenso wie beim Asset Deal – eine Gesamtheit von Sachen und Rechten erworben, welche nicht durch bloße Rückübertragung der Anteile unverändert zurückgewährt werden können. Beim Anteilskauf, der zugleich einen Unternehmenskauf darstellt, müssen daher auch im Falle der Rückabwicklung die gleichen Grundsätze wie beim Asset Deal gelten.

> **Praxishinweis:** Käufer und Verkäufer sollten daher auf eine ausdrückliche Regelung im Kaufvertrag zu den Rücktrittsmöglichkeiten achten.[1093] Es ist ferner zu beachten, dass dies nicht nur für den Rücktrittsanspruch nach § 437 Ziff. 2 BGB, sondern auch für den „großen Schadensersatzanspruch" gemäß §§ 437 Ziff. 3, 281 BGB gilt, da gemäß § 281 Abs. 5 BGB bei diesem Anspruch die Vorschriften der §§ 346 bis 348 BGB entsprechend zur Anwendung kommen.

Ist eine Rückgewähr der empfangenen Leistungen ausgeschlossen, hat der Käufer in den **437** Fällen des **§ 346 Abs. 2 BGB Wertersatz** zu leisten, für dessen Berechnung der vereinbarte Kaufpreis zugrunde zu legen ist (vgl. § 346 Abs. 2 Satz 2 BGB).[1094] Der bloße Wertersatz kann dann zu unangemessenen Ergebnissen führen, und zwar vor allem aus **Sicht des Käufers,** wenn er Wertersatz leisten muss und der Kaufpreis dem objektivierten (oder auch einem käuferseits subjektiv sogar noch höheren) Wert entspricht: dann erklärt der Verkäufer die Aufrechnung und kann damit den Kaufpreis (ggf. reduziert um den Wert des Mangels) behalten, wohingegen der Käufer das mangelhafte Unternehmen behalten muss. Zum anderen könnte es sich aus **Verkäufersicht** als nachteilig erweisen, wenn der Käufer aus strategischen Gründen einen Kaufpreis deutlich oberhalb eines objektivierten Unternehmenswertes gezahlt hatte, den der Verkäufer jetzt gegen einen Wertersatz herausgeben muss, der auf Basis eines objektivierten Unternehmenswertes ermittelt und um den Wert des Mangels reduziert ist.[1095]

Allerdings **scheidet ein Wertersatz gemäß § 346 Abs. 3 BGB** aus, wenn sich der Mangel – was wohl der Regelfall beim Unternehmenskauf sein dürfte – während der Umgestaltung zeigt oder der Gläubiger (hier: der Verkäufer des Unternehmens) die Verschlechterung zu vertreten hat, weil er nämlich bei *Abgabe selbständiger (verschuldensunabhängiger) Garantien* immer die Verschlechterung zu vertreten hat. Der Verkäufer wird ja im Regelfall gerade eine Garantie dergestalt abgegeben haben, dass der in Rede stehende Mangel (= „Verschlechterung") nicht vorliegt. In diesen Fällen hat der Käufer dann als Rückgewährschuldner gemäß § 346 Abs. 3 Satz 2 BGB (nur) die verbliebene *Bereicherung nach §§ 812ff. BGB herauszugeben* (Rechtsfolgenverweisung) einschließlich der Möglichkeit, sich auf eine Entreicherung nach § 818 Abs. 3 BGB zu berufen.

Alternativ zum Rücktritt kommt die **Minderung des Kaufpreises** in Betracht, für die **438** allerdings gemäß § 441 Abs. 1 BGB nicht die Erheblichkeitsschwelle des § 323 Abs. 5 Satz 2 BGB gilt. Bei der Minderung ist der Kaufpreis in dem Verhältnis herabzusetzen, in welchem zur Zeit des Vertragsschlusses der Wert des Unternehmens in mangelfreiem Zustand zu dem wirklichen Wert gestanden haben würde (§ 441 Abs. 3 BGB).

dd) Schadens- und Aufwendungsersatz. Im Falle der Mangelhaftigkeit des Unter- **439** nehmens kann der Käufer – vorbehaltlich eines etwaigen Vorrangs des Nacherfüllungsanspruches[1096] – gemäß §§ 437 Nr. 3, 440, 280, 281, 283 und 311a BGB Schadensersatz und gemäß § 284 BGB Aufwendungsersatz verlangen. Allerdings dürfte in vielen Fällen der Vorrang des Nacherfüllungsanspruches schon aufgrund der gesetzlichen Ausnahme-Regelungen[1097] nicht greifen oder aber ggf. aufgrund eines vertraglichen Ausschlusses nicht

---

[1093] Siehe dazu noch → Rn. 593.
[1094] Vgl. LG Hamburg vom 21.12.2018 – 412 HKO 163/16, BeckRS 2018, 38252 Tz 40.
[1095] Vgl. *Brück / Sinewe,* Steueroptimierter Unternehmenskauf, § 5 Rn. 218.
[1096] Siehe oben Rn. 267.
[1097] Siehe dazu bereits oben → Rn. 429.

anwendbar sein, so dass der Käufer (unter der zusätzlichen Voraussetzung des Verschuldens des Verkäufers) unmittelbar Schadensersatz geltend machen kann.[1098] Danach ergeben sich folgende unterschiedliche Ansatzpunkte der Schadensersatzhaftung des Verkäufers[1099]:

- „*Schadensersatz statt der Leistung*": der **Schadensersatzanspruch aus § 280 Abs. 3 i. V. m. § 281 BGB** (§ 326 a. F. BGB) erfasst diejenigen Schäden, die eine *(Haupt-) Leistungspflicht* betreffen und durch Nacherfüllung ausgeglichen werden können, wobei der Verkäufer, dem jetzt nach neuem Schuldrecht auch eine Hauptleistungspflicht zur Lieferung einer mangelfreien Sache obliegt, bei Verletzung dieser Pflicht auch im Falle einfacher Fahrlässigkeit vollen Schadensersatz, z. B. für Ersatzbeschaffung oder Reparatur und einen verbleibenden Minderwert leisten muss.[1100]

- „*Schadensersatz neben der Leistung*": der **Schadensersatzanspruch aus § 280 Abs. 1 BGB** wegen Pflichtverletzung (nach altem Recht „positive Vertragsverletzung – pVV"[1101]) erfasst hingegen alle Schäden, die durch die *(Neben-)Pflichtverletzung* endgültig entstanden sind und durch Nachbesserung oder Ersatzlieferung nicht beseitigt werden können,[1102] also **den nicht im Mangel der Sache selbst liegenden Schaden.** Ersatzfähig sind dabei ggf. auch die über das Erfüllungsinteresse des Käufers hinausgehenden Nachteile[1103], wie zum Beispiel ein Betriebsausfallschaden (str.),[1104] Körper- oder Vermögensschäden nach § 823 Abs. 1 BGB[1105] sowie sonstige Begleit- und Folgeschäden, wie z. B. auch entgangener Gewinn (§ 252 BGB)[1106] oder Prozesskosten,[1107] welche allerdings nach hier vertretener Auffassung gegebenenfalls einen Schaden des gekauften Unternehmens darstellen;[1108]

Mangelschaden ist dabei der Schaden, der darin liegt, dass der Kaufgegenstand infolge des Mangels, der durch Nacherfüllung beseitigt werden kann, den Käufer im Vergleich zu einem mangelfreiem Kaufgegenstand schlechter stellt. Der sog. **(Mangel-)Folgeschaden**[1109] ist hingegen der Schaden, der durch mangelfreie Nacherfüllung nicht beseitigt wird und den der Käufer an anderen Rechtsgütern als dem Kaufgegenstand infolge des Mangels erleidet, insbesondere an Körper, Eigentum, Besitz, Ersatzpflicht gegenüber Dritten, Nutzungsausfall und als *Schadensersatz neben der Leistung* gemäß § 280 Abs. 1 BGB, als *Schadensersatz statt der Leistung* gemäß § 281 BGB[1110] und auch als *Verzugsschaden* gemäß § 286 geltend gemacht werden kann.[1111] Auch im Falle der Verletzung von Nebenpflichten aus §§ 241 Abs. 2, 282 ist die Beweislastregelung des § 280 Abs. 1 Satz 2 BGB zu beachten.

[1098] A. A. *von Westphalen*, ZIP 2002, 545, 549.

[1099] Vgl. dazu auch grundlegend für die Neureglungen nach der Schuldrechtsreform BGH vom 28.2.2018 – VIII ZR 157/17, NJW 2018, 1746 Tz. 10 ff. sowie BGH vom 7.2.2019 – VII ZR 63/18, NJW 2019, 1867 Tz. 17 ff.

[1100] Vgl. BGH vom 28.2.2018 – VIII ZR 157/17, NJW 2018, 1746 sowie BGH vom 7.2.2019 – VII ZR 63/18, NJW 2019, 1867.

[1101] BGH vom 28.2.2018 – VIII ZR 157/17, NJW 2018, 1746 Tz. 16 u. Tz. 20.

[1102] BGH vom 19.6.2009 – V ZR 93/08, NJW 2009, 2674; BGH vom 28.2.2018 – VIII ZR 157/17, NJW 2018, 1746; BGH vom 7.2.2019 – VII ZR 63/18, NJW 2019, 1867; vgl. auch *Grüneberg* in: Palandt, BGB, § 280 Rn. 18.

[1103] BGH vom 28.2.2018 – VIII ZR 157/17, NJW 2018, 1746 Tz. 20.

[1104] Vgl. dazu auch *Lorenz*, NJW 2005, 1889, 1891.

[1105] BGH vom 28.2.2018 – VIII ZR 157/17, NJW 2018, 1746.

[1106] BGH vom 28.2.2018 – VIII ZR 157/17, NJW 2018, 1746 Tz. 31.

[1107] Vgl. *Weber* in: Hölters, Handbuch Unternehmenskauf, Kap. 9 Rn. 9.224; *Grüneberg* in: Palandt, BGB, § 280 Rn. 18.

[1108] Siehe dazu ausführlich → Rn. 575 ff.

[1109] Vgl. dazu BGH vom 7.2.2019 – VII ZR 63/18, NJW 2019, 1867 Tz. 17 ff.; vgl. zur Behandlung von Mangelfolgeschäden auch *H. P. Westermann* in: Münchener Kommentar zum BGB, § 437 Rn. 32 ff.

[1110] BGH vom 28.11.2007 – VIII ZR 16/07, NJW 2008, 911.

[1111] *Weidenkaff* in: Palandt, BGB, § 437 Rn. 35.

Der Käufer muss dem Verkäufer (nur) im Falle des § 281 BGB **für die (Nach-)-** 440
Erfüllung grundsätzlich eine angemessene Nachfrist zur Nacherfüllung setzen[1112];
bei Verletzung einer Nebenpflicht nach § 280 I BGB kann der Geschädigte hingegen
gleich auf Schadensersatz klagen und dabei nach seiner Wahl Naturalrestitution nach
§ 249 Abs. 1 BGB oder Schadensersatz in Geld nach § 249 Abs. 2 Satz 1 BGB verlangen.[1113] Ist die Frist erfolglos verstrichen oder entfällt der Vorrang des Nacherfüllungsanspruches aus den oben bereits dargestellten Gründen, kann der Käufer im Falle
des § 281 BGB wahlweise den Kaufgegenstand behalten und daneben den sogenannten „**kleinen Schadensersatz**" geltend machen oder aber im Wege des so genannten „**großen Schadensersatzes**" den Kaufgegenstand zurückgeben und Ersatz
seiner Schäden verlangen. Wie beim Rücktritt berechtigt jedoch ein nur unerheblicher Mangel des Unternehmens nicht zur Rückabwicklung des Kaufvertrages (vgl.
§ 281 Abs. 1 Satz 3 BGB). Auch gelten hier die gleichen Erwägungen wie beim Rücktritt im Hinblick auf die Probleme einer etwaigen Rückabwicklung des Unternehmenskaufs.[1114]

> **Praxishinweis:** Im Kaufvertrag sollte nicht lediglich der Rücktritt vom Kaufvertrag son-
> dern auch eine Rückabwicklung auf Grundlage des „großen Schadensersatzanspruchs"
> ausgeschlossen werden. Für den Fall, dass dieser Anspruch dennoch zum Tragen kommt
> (insbesondere bei Arglist), sollten die Rechtsfolgen der Rückabwicklung geregelt wer-
> den.[1115]

Für den **Aufwendungsersatzanspruch** des Käufers gemäß §§ 437 Ziff. 3, 284 BGB, 441
den der Käufer *anstelle des Schadensersatzes* statt der Leistung geltend machen kann, gelten die gleichen Voraussetzungen wie für den Schadensersatzanspruch statt der Leistung,
sodass insbesondere auch ein Verschulden des Verkäufers vorausgesetzt ist.[1116] Zu den er-
stattungsfähigen Aufwendungen zählen insbesondere auch die Vertrags-, Beratungs- und
Beurkundungskosten.[1117]

ee) Wahlrecht des Käufers. Der Käufer hat bei der gesetzlichen Gewährleistung 442
ein Wahlrecht, wobei er sehr sorgfältig die Vor- und Nachteile der einzelnen Rechtsbehelfe
abwägen sollte. Kommt – wie regelmäßig der Fall – die Nachlieferung eines „neuen"
Unternehmens nicht in Betracht und ist der Rücktritt vom Vertrag aufgrund der
Rückabwicklungsprobleme bei einem lebenden, weiter geführten Unternehmen nach
allgemeiner Auffassung regelmäßig unpraktikabel, verbleiben lediglich ein Anspruch auf
Nacherfüllung in Form der Nachbesserung, eine Minderung sowie Schadensersatz, wobei
der Schadensersatzanspruch dann – wenn nicht der Verkäufer eine Garantie übernommen
hat – ein Verschulden voraussetzt.

Zu bedenken ist dabei, dass der Anspruch des Käufers auf Nacherfüllung bei wirksamem
Rücktritt oder Erklärung der Minderung erlischt.[1118]

Sowohl das Recht des Käufers, gem. § 437 Nr. 2 BGB, vom Kaufvertrag zurückzutreten
oder den Kaufpreis zu mindern, als auch der Anspruch auf Schadensersatz statt der Leistung
gem. § 437 Nr. 3 BGB setzen, wenn nicht einer der gesetzlich geregelten Ausnahmetatbestände eingreift, voraus, dass der Käufer dem Verkäufer erfolglos eine angemessene Frist
zur Nacherfüllung bestimmt hat.[1119]

[1112] BGH vom 7.2.2019 – VII ZR 63/18, NJW 2019, 1867 Tz. 18.
[1113] BGH vom 28.2.2018 – VIII ZR 157/17, NJW 2018, 1746 Tz. 26.
[1114] Siehe → Rn. 432 ff.
[1115] Siehe zu einem Vorschlag → Rn. 593.
[1116] Vgl. *Grüneberg* in: Palandt, BGB, § 284 Rn. 4.
[1117] Vgl. *Grüneberg* in: Palandt, BGB, § 284 Rn. 5.
[1118] *Weidenkaff* in: Palandt, BGB, § 437 Rn. 27.
[1119] BGH vom 23.2.2005 – VIII ZR 100/04, NJW 2005, 1348.

d) Verschulden als Tatbestandsvoraussetzung (nur) bei Schadensersatz

443   Der Gesetzgeber des BGB hat das Risiko für versteckte Mängel – anders als bei dem Caveat-Emptor-Grundsatz nach anglo-amerikanischen Rechtsverständnis[1120] – für die Dauer der Verjährungsfrist von zwei Jahren dem Verkäufer (bis zur Schuldrechtsreform 2002 für die Dauer von sechs Monaten) und nach Ablauf der Verjährung dem Käufer zugewiesen. Dabei ist die kaufrechtliche Gewährleistung an sich sowohl nach der alten Rechtslage als auch seit der Schuldrechtsreform grundsätzlich (d. h. mit Ausnahme von Schadens- und Aufwendungsersatz) verschuldensunabhängig ausgestaltet. Infolge der Schuldrechtsreform hat sich die ursprüngliche Risikoverteilung also aufgrund der Verlängerung der Gewährleistungsfrist von sechs Monaten auf zwei Jahre zum Nachteil des Verkäufers verschoben.

Dies kann sich gerade beim Unternehmensverkauf als unangemessen darstellen, weil ein Verkäufer aufgrund der Komplexität eines Unternehmens und der Vielzahl denkbarer relevanter Nachteile mit einem besonders hohen Gewährleistungsrisiko konfrontiert ist.[1121] Anders als die verschuldensunabhängigen Ansprüche auf Nacherfüllung, Rücktritt und Minderung erfordern indessen der **Schadensersatz- und Aufwendungsersatzanspruch** nach § 437 Ziff. 3 BGB grundsätzlich ein Verschulden im Sinne von §§ 276, 278 BGB, was die Verursachung des Mangels sowie dessen Kenntnis oder fahrlässige Unkenntnis (Kennenmüssen) voraussetzt.[1122] Der Verkäufer kann sich sodann **nach § 280 Abs. 1 Satz 2 BGB exkulpieren,** wenn er nachweist, dass er den Mangel bzw. dessen (fahrlässige) Unkenntnis nicht zu vertreten hat. Als problematisch kann es sich hier erweisen, dass sich der Verkäufer sowohl gemäß § 278 BGB das Verhalten seiner Berater und Mitarbeiter als Erfüllungsgehilfen sowie nach Auffassung des BGH über § 166 BGB auch das im Verkäuferunternehmen sowie der Zielgesellschaft **„verfügbare Aktenwissen"** zurechnen lassen muss.[1123]

Praxishinweise: Im Hinblick auf ein etwaiges Verschulden sollte der Verkäufer darauf achten, egal ob die kaufrechtliche Gewährleistung oder ein eigenständiges Garantie-Haftungssystem vereinbart ist, Maßstäbe seines Verschuldens zu definieren. Hierfür bietet es sich an,
– den Kreis derjenigen Personen, auf deren Kenntnis oder Kennenmüssen es ankommen soll, möglichst eng zu definieren und zudem ein Verschulden des Verkäufers auszuschließen, wenn er nachweist, dass er seine Mitarbeiter sowie die Geschäftsführung und Mitarbeiter des Zielunternehmens zu sorgfältiger Informationsbeschaffung und -weiterleitung an das Verhandlungsteam angewiesen hat,[1124]
– die „eigenübliche Sorgfalt" i. S. v. § 277 BGB zu vereinbaren sowie
– die Haftung für Erfüllungsgehilfen auszuschließen, und zwar ggf. auch für Vorsatz (§ 276 Abs. 3 BGB), was gemäß § 278 Satz 2 BGB zulässig ist.[1125]

---

444   Nach altem Recht haftete der Verkäufer auf Schadensersatz in der Regel nur bei Vorliegen einer zugesicherten Eigenschaft (nach § 463 BGB a. F.) sowie bei vorsätzlichem Fehlverhalten des Verkäufers oder seiner Erfüllungs- und Verrichtungsgehilfen (dann aus culpa in contrahendo). Nicht auf Schadensersatz haftete der Verkäufer dagegen **für fahrlässige Falschangaben,** die nicht die Qualität einer Zusicherung/Garantie erreichten;[1126] insoweit kamen lediglich Wandlung und Minderung in Betracht.

[1120] Siehe dazu auch Teil → C., Rn. 2 sowie → Rn. 418.

[1121] *Schmitz,* RNotZ 2006, 561, 572.

[1122] *Weidenkaff* in: Palandt, BGB, § 437 Rn. 37.

[1123] Siehe dazu bereits ausführlich Teil → C., Rn. 56 ff.

[1124] Siehe hierzu noch → Rn. 528 ff. und → Rn. 547 ff.

[1125] Vgl. dazu auch *Wächter,* M&A Litigation, Rn. 8.224 ff.

[1126] BGH vom 15.7.2011 – V ZR 171/10, NJW 2011, 3640, 3641; vgl. auch *Lorenz,* LMK 2011, 323580; *Knott,* NZG 2002, 249, 250.

> **Beachte:** Beim Unternehmenskauf wurden und werden allerdings bislang regelmäßig selbständige Garantien i. S. v. § 311 BGB n. F. (§ 305 Abs. 1 BGB a. F.) vereinbart, sodass es auf ein Verschulden in diesen Fällen ohnehin nicht ankommt, es sei denn, dass diese „nach bestem Wissen des Verkäufers" nur subjektiviert abgegeben werden, weil in diesem Fall die Sorgfalt bei den Erkundigungspflichten relevant wird.

Werden im Gegensatz dazu auf der Grundlage des neuen Rechts **Beschaffenheitsvereinbarungen** getroffen (§ 434 Abs. 1 Satz 1 BGB) oder resultiert aus den sonstigen Regelungen in § 434 BGB ein Mangel der Kaufsache, ist der Verkäufer gemäß § 437 Ziff. 3 i. V. m. §§ 280, 276 BGB dem Käufer **bereits bei einfacher Fahrlässigkeit** zum Schadensersatz verpflichtet, ohne dass es der weiteren Garantieabrede (wie nach altem Recht) bedarf.[1127] Auch hier hat also die Schuldrechtsreform zu einer weiteren Verschiebung der Risikoverteilung zulasten des Verkäufers geführt.

e) Auswirkung der Kenntnis bzw. fahrlässigen Unkenntnis von Mängeln, § 442 BGB

Von erheblicher praktischer Relevanz ist auch die Frage der Auswirkungen einer et- **445** waigen Kenntnis oder fahrlässigen Unkenntnis des Käufers über Mängel des gekauften Unternehmens auf die ihm gegen den Verkäufer (an sich) zustehenden Rechte.[1128] Zentrale Vorschrift ist diesbezüglich § 442 Abs. 1 BGB:

> *„Die Rechte des Käufers wegen eines Mangels sind ausgeschlossen, wenn er bei Vertragsschluss den Mangel kennt. Ist dem Käufer ein Mangel infolge grober Fahrlässigkeit unbekannt geblieben, kann der Käufer Rechte wegen dieses Mangels nur geltend machen, wenn der Verkäufer den Mangel arglistig verschwiegen oder eine Garantie für die Beschaffenheit der Sache übernommen hat."*

§ 442 BGB ist identisch mit der bisherigen Regelung in § 460 BGB a. F., gilt aber **446** nunmehr auch für den **Rechtsmangel,** auf den bislang die Vorschrift des § 439 BGB a. F. Anwendung fand. Während beim Rechtsmangel dem Käufer nach § 439 BGB a. F. nur positive Kenntnis schadete, ist die Gewährleistung für Rechtsmängel der gekauften Sache oder des gekauften Rechts gemäß § 442 Abs. 1 Satz 2 nunmehr auch dann ausgeschlossen, wenn der **Käufer grob fahrlässig keine Kenntnis** hat,[1129] es sei denn, der Verkäufer hat eine Garantie für die Beschaffenheit übernommen oder den Käufer arglistig getäuscht.[1130] Die Verweisung in § 453 BGB begründet die Anwendbarkeit von § 442 BGB im Übrigen auch für Sach- und Rechtsmängel beim **Rechtskauf.**

Umstände, die ein Käufer bei Abschluss des Unternehmenskaufvertrags – nachweislich – **447** kennt, können nach § 442 BGB von ihm später nicht mehr dazu verwendet werden, Gewährleistungsansprüche gegen den Verkäufer geltend zu machen, es sei denn, der Verkäufer gibt Garantien ab, die (ausdrücklich) kenntnisunabhängig greifen sollen. Dies bedeutet zunächst einmal, dass es dem Verkäufer tendenziell nützt, wenn der Käufer möglichst viele Umstände im Rahmen der Due-Diligence-Prüfung erfährt oder bei entsprechender Prüfung der zur Einsicht vorgelegten/zur Verfügung gestellten Unterlagen hätte erfahren können.[1131]

[1127] *Gronstedt/Jörgens,* ZIP 2002, 52, 55; *Wolf/Kaiser,* DB 2002, 411, 418.

[1128] Vgl. dazu auch *Göthel* in: Göthel, Grenzüberschreitende M&A-Transaktionen, § 2 Rn. 96 ff.; *Wächter,* M&A Litigation, Rn. 9.1 ff.; *Hilgard,* BB 2013, 963.

[1129] Vgl. dazu LG Hamburg vom 13.3.2015, BeckRS 2015, 07608, wonach der Käufer wegen grober Fahrlässigkeit seine Rechte nach § 442 BGB verliert, wenn er Anlass zu konkreten Nachfragen hat und nicht darauf drängt, Klauseln in den Vertrag aufzunehmen, die ein derartiges Risiko des Käufers berücksichtigen; Urteils-Besprechung LG Hamburg *Broichmann/Makos,* GWR 2015, 279.

[1130] *Amann/Brambring/Hertel,* Die Schuldrechtsreform in der Vertragspraxis, S. 139.

[1131] Vgl. *Jaques,* BB 2002, 417, 423.

> **Praxishinweis:** Vor diesem Hintergrund sollte der Verkäufer deshalb sorgfältig festhalten und möglichst schriftlich dokumentieren, welche Informationen und Unterlagen der Käufer erhalten hat. Spätere Beweisprobleme lassen sich so von Vornherein vermeiden oder zumindest reduzieren. Allerdings sollte auch genau überlegt werden, ob aufgrund der Fragen oder der erkennbaren Bedeutung von Umständen diese auch offengelegt werden müssen, da andernfalls durch zu umfangreiche (freiwillige) Angaben – z.B. auch in einem Information-Memorandum[1132] – das Risiko der Pflichtverletzung steigt (werden Angaben freiwillig gemacht, müssen diese richtig und vollständig sein).[1133]

448   Diese Regelungen gelten freilich ohne weiteres, wenn die Vertragsparteien des Unternehmenskaufvertrages – was in der Praxis allerdings eher die Ausnahme bildet – das Gewährleistungsrecht der §§ 434 ff. BGB zur Anwendung bringen.[1134]

Werden hingegen unter Ausschluss der gesetzlichen Gewährleistungsregelungen **selbstständige Garantien** gemäß § 311 Abs. 1 BGB vereinbart, ist nach hier vertretener – jedoch umstrittener – Auffassung davon auszugehen, dass § 442 Abs. 1 BGB ebenfalls schon kraft Gesetzes und auch ohne ausdrückliche Vereinbarung anwendbar ist, weil es im Ergebnis treuwidrig wäre, wenn der Käufer die Garantieerklärung des Verkäufers, von der er (auch oder ggf. nur) der Käufer weiß, dass diese falsch ist, nun nutzt, um Rechte herzuleiten, obwohl er schon bei Vertragsschluss die Möglichkeit hatte, den Kaufpreis entsprechend zu mindern. Dem Verkäufer im Gegensatz dazu einen Willen zu unterstellen, er wolle für solche Umstände, die der Käufer doch schon bei Vertragsschluss kannte, ggf. bereits einen Tag nach Unterzeichnung des Vertrages infolge der Garantie haften, überzeugt hingegen nicht.[1135] Zudem hat der **BGH** nicht nur bereits **für den Bereich der c. i. c. entschieden,** dass § 442 Abs. 1 Satz 1 BGB auch dort unmittelbar anwendbar ist[1136], sondern dessen Anwendbarkeit jedenfalls **auch für eine Zusicherung** (= Garantie) von Eigenschaften angenommen,[1137] weshalb einen unmittelbare Anwendung von § 442 BGB wertungsmäßig auf selbständige Garantien auch von daher nahe liegt.

> **Praxishinweis:** Da die Anwendbarkeit von § 442 Abs. 1 BGB im Falle der Vereinbarung selbständiger Garantien umstritten ist, sollte aus Verkäufersicht darauf gedrungen werden, dass § 442 Abs. 1 BGB ausdrücklich für anwendbar erklärt wird. Umgekehrt wird der Käufer eher darauf dringen, § 442 Abs. 1 BGB ausdrücklich für unanwendbar zu erklären.[1138]

449   Sofern § 442 Abs. 1 BGB anwendbar ist, ist nach der Rechtsprechung des Bundesgerichtshofes „nach weitgehend typisierten und von der besonderen Lage des Einzelfalles losgelösten Maßstäben"[1139] für die Frage der Haftung des Verkäufers bei Abgabe von Garantien/Gewährleistungen des Verkäufers wie folgt zu differenzieren:

[1132] Vgl. auch *Swoboda* in: Drygala/Wächter, Verschuldenshaftung und Wissenszurechnung bei M&A Transaktionen, S. 52, 59.

[1133] Siehe zu den Aufklärungspflichten oben Teil → C., Rn. 10 ff.

[1134] Vgl. auch *Elfring*, JuS-Beil. 2007, 3, 12.

[1135] Siehe dazu auch ausführlich Teil → C., Rn. 99 sowie → Rn. 551 ff. Eine Anwendung von § 442 BGB ablehnend z.B. *Mellert*, BB 2011, 1667, 1671 und *Wächter*, M&A Litigation, Rn. 9.7 ff.

[1136] BGH vom 27.3.2009 – V ZR 30/08, NJW 2009, 2120, 2122 f.; *Bank* in: Drygala/Wächter, Verschuldenshaftung und Wissenszurechnung bei M&A Transaktionen, S. 92, 97. Vgl. zur Anwendung von § 442 BGB nach Abschluss des Kaufvertrages im Rahmen der kaufrechtlichen Gewährleistung → Rn. 445 ff.

[1137] BGH vom 28.6.1978 – VIII ZR 112/77, NJW 1978, 2240.

[1138] Vgl. auch zu unterschiedlichen Fallkonstellationen und Formulierungsvorschlägen *Hilgard*, BB 2013, 963, 964 ff.

[1139] BGH vom 28.6.1978 – VIII ZR 112/77, NJW 1978, 2240 unter Bezugnahme auf RG vom 26.6.1903, RGZ 55, 210.

- **positive Kenntnis des Käufers** vom Mangel schadet diesem selbst dann, wenn der Verkäufer eine Garantie abgegeben oder der Verkäufer den Käufer arglistig getäuscht hat (genau genommen scheidet nämlich bereits eine Täuschung des Käufers bei dessen positiver Kenntnis aus);[1140]

> **Praxishinweis:** Wird keine abweichende Vereinbarung getroffen, könnte der Verkäufer theoretisch jede Garantie abgeben, solange er nur Sorge dafür trägt, dass entweder bereits seine Garantieversprechen im Wege von Anlagen zum Kaufvertrag eingeschränkt werden (sog. „Disclosures") oder dass der Käufer auf sonstige Weise Kenntnis vom Mangel erhält[1141] und er (der Verkäufer) dies später auch beweisen kann.

Für den Nachweis der Kenntnis des Käufers vom Mangel dürfte es allerdings zumeist nicht genügen, darzulegen und zu beweisen, dass ein bestimmtes Dokument (z. B. ein wichtiger Vertrag) im Datenraum war.[1142] Damit wäre nämlich noch nicht bewiesen, dass der Käufer davon auch tatsächlich Kenntnis genommen hat. Zur Erleichterung dieses schwierigen Nachweises sollte der Verkäufer darauf dringen, eine Regelung in den Kaufvertrag aufzunehmen, nach der eine Kenntnis des Käufers hinsichtlich der im Datenraum vorhandenen Informationen (z. B. durch Beifügung eines Datenraum-Index oder einer CD/DVD mit sämtlichen Dokumenten zum Kaufvertrag) **fingiert** wird. Dabei wird sodann allerdings der Käufer sehr darauf Acht geben müssen, dass er bzw. seine Berater auch tatsächlich diese Unterlagen geprüft haben.

- **grob fahrlässige Unkenntnis des Käufers** vom Mangel schadet ihm nur dann nicht, wenn der Verkäufer eine Garantie abgegeben oder dieser den Käufer arglistig getäuscht hat (die Beweislast liegt also für die grob fahrlässige Unkenntnis des Käufers beim Verkäufer, wohingegen der Käufer die Beweislast für die Vereinbarung der Garantie, deren genauen Inhalt sowie die etwaige Arglist des Verkäufers trägt);

> **Praxishinweis:** Werden im Kaufvertrag lediglich Beschaffenheiten und keine Beschaffenheitsgarantien oder selbständige Garantien vereinbart, ist aus Käufersicht zu bedenken, dass ihm mangels abweichender Vereinbarung gemäß § 442 Abs. 1 Satz 2 auch grob fahrlässige Unkenntnis schadet.[1143]

Der Streit, ob im Falle der (gänzlich) unterlassenen Due Diligence grobe Fahrlässigkeit im Sinne von § 442 BGB vorliegt, ist irrelevant, wenn – was in der Praxis meistens der Fall ist – selbständige Garantien vereinbart werden. **Aber:** Gleichwohl können sodann die Manager wegen einer Sorgfaltspflichtverletzung persönlich schadensersatzpflichtig werden und ein gutgläubiger Erwerb von GmbH-Anteilen nach § 16 Abs. 3 wegen grober Fahrlässigkeit des Käufers scheitern.[1144]

- **leicht fahrlässige Unkenntnis des Käufers** vom Mangel schadet ihm generell nicht, d. h. der Käufer soll uneingeschränkt seine Ansprüche verfolgen können.[1145]

[1140] Vgl. RG vom 26.6.1903, RGZ 55, 210, 214; BGH vom 28.6.1978 – VIII ZR 112/77, NJW 1978, 2240; BGH vom 27.3.2009, V ZR 30/08, NJW 2009, 2120, 2122.

[1141] Vgl. auch *Weidenkaff* in: Palandt, BGB, § 444 Rn. 3.

[1142] Vgl. auch sehr detailliert zu Fragen der erforderlichen Inhalte der Kenntnisse des Käufers *Wächter*, M&A Litigation, Rn. 9.31 ff.

[1143] Siehe LG Hamburg vom 13.3.2015 – 315 O 89/13, BeckRS 2015, 07608.

[1144] Siehe zur Haftung der Manager Teil → C., Rn. 223 ff. sowie zum gutgläubigen Anteilserwerb → Rn. 352 ff.

[1145] Nach hier vertretener Auffassung kann sich aber im Rahmen eines Anspruchs aus culpa in contrahendo ein leicht fahrlässiges Mitverschulden des Käufers gem. § 254 BGB bei der Schadensentstehung anspruchsmindernd auswirken – siehe dazu Teil → C., Rn. 140 f.

> **Praxishinweis:** Aus Verkäufersicht ist es freilich hilfreich, wenn in einer entsprechenden Klausel des Kaufvertrages auch die leicht fahrlässige Unkenntnis des Käufers als zum Anspruchsverlust führend geregelt wird.

450   Die Anwendung des § 442 BGB schließt indessen die Möglichkeit aus, dem Käufer hinsichtlich der Kenntnis oder fahrlässigen Unkenntnis eines Mangels den Vorwurf eines **Mitverschuldens nach § 254 BGB** zu machen, und zwar auch für leicht fahrlässige Unkenntnis, weil ganz allgemein und ohne Prüfung einer Schutzwürdigkeit des Käufers diesem die Gewährleistungsansprüche zustehen sollen.[1146]

> **Praxishinweis:** Aus Käufersicht ist zudem darauf zu achten, dass im Kaufvertrag eng umgrenzt wird, auf wessen Kenntnis bzw. fahrlässige Unkenntnis es für den Ausschluss von Rechten ankommt.[1147]

f) Zurechnung von Informationen, Wissen und Verschulden, §§ 31, 278, 166 BGB sowie ggf. dadurch unterstellte Arglist[1148]

451   Die Frage der Zurechnung von Informationen, von Wissen und Verhalten Dritter ist bereits oben in Teil → C., Rn. 29 ff. ausführlich behandelt worden, weshalb hier darauf verwiesen wird. Insbesondere der Verkäufer muss bedenken, dass ihm eventuell (je nach Fallgestaltung) im großen Umfang nicht nur das Verhalten Dritter, insbesondere der Mitarbeiter im eigenen Unternehmen, der Geschäftsführung und ggf. Mitarbeiter im zu verkaufenden Unternehmen sowie sämtlicher im Zuge des Verkaufs, aber auch der im Vorwege mit der Zusammenstellung von Informationen (z. B. Erstellung von Jahresabschlüssen) betrauten Berater zugerechnet wird, sondern möglicherweise auch ein bloß **„typischerweise verfügbares Aktenwissen".**[1149]

> **Beachte:** Die fehlende Organisation und Informationsabfrage – an sich zumeist ein bloß fahrlässiges Verhalten – kann den Arglistvorwurf begründen, auf dessen Basis der Käufer sodann sämtliche Haftungsausschlüsse des Unternehmenskaufvertrages angreifen kann.[1150]

452   In ständiger Rechtsprechung stützt der BGH insbesondere auch (aber eben nicht nur hier, sondern generell auch bei jeder Privatperson, die ihre Angelegenheiten/Aufgaben von einem Dritten erledigen lässt[1151]) bei einer „organisationsbedingten Wissensaufspaltung" die Frage der Zurechnung von Wissen und Kenntnissen auf den Gedanken des **Verkehrsschutzes** und die daran anknüpfende **Pflicht des Verkäufers zur ordnungsgemäßen Organisation und Kommunikation.**[1152] Derjenige Vertragspartner, der einer juristischen

---

[1146] BGH vom 28.6.1978 – VIII ZR 112/77, NJW 1978, 2240; OLG Stuttgart vom 24.1.2011 – 13 U 148/10, BeckRS 2011, 02131; zum Ausschluss von § 254 BGB auch bei fahrlässiger Unkenntnis von einem *Rechtsmangel* BGH vom 31.1.1990 – VIII ZR 314/88, NJW 1990, 1106, 1108; vgl. auch *Grüneberg* in: Palandt, BGB, § 254 Rn. 2; *Göthel* in: Göthel, Grenzüberschreitende M&A-Transaktionen, § 2 Rn. 96 ff.

[1147] Siehe im Hinblick die Zurechnung von Verschulden und Kenntnissen der Erfüllungsgehilfen des Verkäufers Teil → C., Rn. 56 ff. sowie den Formulierungsvorschlag zur Wissenszurechnung im Zusammenhang mit § 442 BGB → Rn. 555.

[1148] Siehe zur Zurechnung des Verhaltens Dritter sowie zur Arglist ausführlich Teil → C., Rn. 29 ff.

[1149] Siehe auch Teil → C., Rn. 56 ff.

[1150] Siehe Teil → C., Rn. 56 f.

[1151] Vgl. auch *Koch,* ZIP 2015, 1757, 1759.

[1152] BGH vom 8.12.1989 – V ZR 246/87, BGHZ 109, 327 = NJW 1990, 975; BGH vom 24.1.1992 – V ZR 262/90, NJW 1992, 1099; BGH vom 2.2.1996 – V ZR 239/94, NJW 1996, 1339, 1340; BGH vom 12.11.1998 – IX ZR 145/98, NJW 1999, 284; BGH vom 13.10.2000 – V ZR

Person/einem Verband gegenübersteht, soll nicht schlechter (aber auch nicht besser) stehen, als derjenige, der es mit einer natürlichen Person zu tun hat (sogenanntes **„Gleichstellungsargument"**).[1153] Der Wissensvertreter braucht nach Auffassung der Rechtsprechung weder als solcher ausdrücklich bestellt, noch rechtsgeschäftlicher Vertreter zu sein.[1154] Es genügen dem BGH z.B. als Anknüpfungspunkt diejenigen Informationen, die **„typischerweise aktenmäßig oder in elektronischen Daten festgehalten"** werden.[1155] Ausgangspunkt der Überlegungen ist die Vermeidung eines Wissensverlusts bzw. einer Wissensverlagerung, welche mit der arbeitsteiligen Organisation bzw. Verlagerung von Aufgaben und Tätigkeiten auf Dritte verbunden sein kann.[1156] Daraus leitet der BGH sodann eine **Informationsspeicherungspflicht** (wohl insbesondere bei arbeitsteiligen Organisationen), eine **Informationsweiterleitungspflicht** der Wissenden und eine **Informationsabfragepflicht** für die nach außen (für den privaten Geschäftsherren wie für das Unternehmen) Handelnden ab.[1157] Diese Rechtsprechung eliminiert somit nicht nur faktisch jegliches Unwerturteil und die subjektiven Tatbestandsvoraussetzungen aus dem Arglisttatbestand[1158], sondern verzichtet inzwischen auch ausdrücklich auf ein Wollenselement[1159] (was dogmatisch nicht nur unhaltbar, sondern auch nicht nötig ist). Damit steht aber nach der Rechtsprechung des BGH fest, dass Bezugspunkt der Wissenszurechnung nicht die formale Stellung der handelnden Erfüllungsgehilfen im Unternehmen oder ein mit einer natürlichen Person verbundenes „Wissen" ist, sondern die **Information und ihre Verfügbarkeit als solche.**[1160]

Beachte: Wenngleich der Rechtsverkehr ebenso wie die im Rahmen einer M&A-Transaktion Beteiligten von den hergebrachten Denkmustern ausgehen, mit dem Arglistvorwurf müsse doch ein Unwerturteil, jedenfalls aber ein Wollenselement eines Geschäftsleiters oder Erfüllungsgehilfen vorliegen, welcher für die Verkäufergesellschaft etwas tut, unterlässt oder zumindest positiv weiß, sind diese nach der Konzeption der Wissenszurechnung nach BGH für die Zurechnungsnormen der §§ 278 S. 1 BGB wie § 166 Abs. 1 BGB überkommene An-

---

349/99, NJW 2001, 359; vgl. auch zur Kritik an dieser bis dahin ergangenen Rechtsprechung *Jaques,* BB 2002, 417; vgl. weiter aus der Rspr. danach; BGH vom 27.3.2001 – VI ZR 12/00, NJW 2001, 2535, 2536; BGH vom 14.5.2004 – V ZR 120/03, NJW-RR 2004, 1196, 1197 f.; BGH vom 15.12.2005 – IX ZR 227/04, NJW-RR 2006, 771; BGH vom 16.7.2009 – IX ZR 118/08, NZI 2009, 680; BGH vom 15.4.2010 – IX ZR 62/09, NJW 2010, 1806; BGH vom 10.12.2010 – V ZR 203/09, BeckRS 01685; BGH vom 30.6.2011 – Az. IX ZR 155/08, NJW 2011, 2791; OLG Schleswig vom 7.4.2009 – 3 U 159/07, BeckRS 2010, 02702; OLG München vom 21.11.2011 – 19 U 2039/09, BeckRS 2011, 26625; OLG Stuttgart vom 25.4.2017 – 6 U 146/16, BeckRS 2017, 108210.

[1153] BGH vom 2.2.1996 – V ZR 239/94, NJW 1996, 1339, 1340; siehe dazu mit kritischer Analyse z. B. *Jaques,* BB 2002, 417, 421; *Risse,* NZG 2020, 856, 859; ferner den Gleichstellungsgedanken für die dogmatisch richtige Grundlage der Zurechnung haltend *Armbrüster/Kosich,* ZIP 2020, 1494, 1500.

[1154] Vgl. dazu auch *Ehling/Kappel,* BB 2013, 2955, 2956.

[1155] BGH vom 2.2.1996 – V ZR 239/94, NJW 1996, 1339, 1340; BGH vom 10.12.2010 – V ZR 203/09, BeckRS 01685 Tz. 16.

[1156] *Schubert* in: Münchener Kommentar zum BGB, § 166 Rn. 52.

[1157] Vgl. insoweit die „Auflagen" des BGH für eine ordnungsgemäße bankeninterne Organisation des Informationsaustauschs BGH vom 15.12.2005 – IX ZR 227/04, NJW-RR 2006, 771, 772 sowie BGH vom 10.12.2010 – V ZR 203/09, BeckRS 01685 Tz. 16. Vgl. dazu auch *Armbrüster/Kosich,* ZIP 2020, 1494, 1496 ff.

[1158] Ebenso *Weißhaupt,* WM 2013, 782; *Karampatzos,* NZG 2012, 852 weist darauf hin, dass die Ratio über die Sanktionierung von Arglist nicht in der moralisch vorwerfbaren Gesinnung des Täuschenden, sondern dem Schutz der Entschließungsfreiheit des Getäuschten liege, wohingegen *Hoenig/Klingen,* NZG 2013, 1046, 1050, für „Arglist" aus dem Duden und einer allgemeinsprachlichen Ableitung das Erfordernis eines Unwertelements ableiten.

[1159] BGH vom 28.6.2016 – VI ZR 536/15, NJW 2017, 250 Tz. 23 ff. Vgl. auch zu den einzelnen Entwicklungsstufen der BGH-Rechtsprechung *Risse,* NZG 2020, 856.

[1160] Vgl. *Armbrüster/Kosich,* ZIP 2020, 1494, 1496 m. w. N.

knüpfungspunkte. Der zentrale Punkt ist nach BGH vielmehr (nur noch) ein „erwartbares Verbandswissen"[1161], das – mit Ausnahme des Organisationsverschuldens der Geschäftsleitung[1162] – nicht mehr ein Wissen oder Verhalten einer oder mehrerer Personen abstellt, welches „mosaikartig" zusammengefügt wird, sondern nur noch auf die Verfügbarkeit der relevanten Information bei pflichtgemäßer Speicherung, Abfrage durch die einen Vertrag verhandelnden Repräsentanten und deren Weiterleitung. Jeder auf einem Organisationsverschulden der Geschäftsleitung beruhende Fehler in dieser „Informationskette" wird dem Verband zugerechnet. *Guski* verweist hier auf den Gedanken, was der Verband selbst „weiß" i. S. v. *„systemintern verfügbarer Information".*[1163]

453   Wie bereits oben in Teil → C., Rn. 29 ff. ausführlich dargestellt und analysiert, ist diese ausufernde Rechtsprechung ein Hauptproblem bei der – wirksamen und belastbaren – Gestaltung von Haftungsausschlüssen und -begrenzungen für den Verkäufer. Mit Blick auf die im Normkontext Kaufrecht angelegte Risikoverteilung für sowohl die vorvertragliche sowie die vertragliche Phase und unter Berücksichtigung der Besonderheiten des Gebiets größerer Transaktionen beim Unternehmens- wie Immobilienkauf sollte folgendes zur Frage der Zurechnung von Wissen und Verschulden für den Bereich des Unternehmenskaufs überlegt werden[1164]:

Lösungsansatz:
(1) Die Rechtsprechung und Praxis sollte sich von den missverständlichen Begriffen der „Wissenszurechnung" und des „Wissensvertreters" lösen und durch Verwendung des Begriffs der „Informationspflichtverletzung" verdeutlichen, dass wegen der möglichen Zurechnung auf Grundlage eines solchen Organisationsverschuldens heute mehr denn je ein sorgfältiges Informationsmanagement als Teil unternehmerischer Tätigkeiten im Rechtsverkehr erforderlich ist.
(2) Es sollte klar zwischen den Fällen der zunächst nur internen Informationspflichtverletzung und einer anlassbezogenen (im Kaufrecht regelmäßig die Kontaktaufnahme vor Vertragsschluss), externen Aufklärungspflichtverletzung unterschieden werden, weil erst diese zu einer Täuschung des Käufers führen und auf seine freie Willensentschließung einwirken kann.
(3) Ausgehend von den internen Pflichten eines Geschäftsleiters nach der internen Business Judgement Rule könnte man – im Sinne einer Komplementarität die gleichen Maßstäbe auch für das externe Tun oder Unterlassen von natürlichen wie juristischen Personen als Pflichtenmaßstab in Form einer externen „Business Information Rule" anwenden, um die zu weit geratene Organisationspflichtverletzung einzugrenzen: soweit (zukünftige) Vertragspartner zur vorvertraglichen Verteilung der sich im konkreten Fall ergebenden Informations-Risiken keine abweichenden Vereinbarungen getroffen haben, haben sowohl natürliche wie juristische Personen als am Rechtsverkehr im Außenverhältnis teilnehmende Einheit die „Sorgfalt eines ordentlichen und gewissenhaften Teilnehmers am Rechtsverkehr" anzuwenden. Eine Pflichtverletzung liegt nicht vor, wenn die natürliche oder juristische Person bei einer Teilnahme am Rechtsverkehr vernünftigerweise nach Treu und Glauben annehmen durfte, dafür angemessen informiert zu sein und angemessen informiert zu haben." Schon *Bohrer,* auf den auch der BGH sich in seiner grundlegenden Entscheidung vom 2.2.1996[1165] zur Wissenszurechnung stützt, hat insoweit auf den Gedanken der „Wissensverantwortung als ein selbständiges Strukturelement des privaten Rechtsverkehrs" verwiesen, welcher – vergleichbar einer Verkehrssicherungspflicht – auf dem Gedanken beruht, dass jeder, der Gefahrenquellen schafft, die notwendigen Vorkehrungen zum Schutz Dritter zu treffen hat.[1166]

[1161] Vgl. *Guski,* ZHR 184 (2020), 363, 376.
[1162] Vgl. *Koch,* ZIP 2015, 1757, 1761.
[1163] Vgl. *Guski,* ZHR 184 (2020), 363, 377.
[1164] Siehe dazu ausführlich die Erläuterungen in Teil → C., Rn. 29 ff. sowie speziell die Vorüberlegungen zum Lösungsvorschlag in Teil → C., Rn. 93 ff.
[1165] BGH vom 2.2.1996 – V ZR 239/94, NJW 1996, 1339, 1340.
[1166] *Bohrer,* DNotZ, 1991, 124, 129, 131.

(4) Die aus der Business Information Rule folgende Pflicht könnte man de lege ferenda als Konkretisierung der Grundsätze von Treu und Glauben fassen, z. B. als Unterfall allgemeiner Schutzpflichten als neuen § 241 Abs. 3 BGB.[1167]

(5) Nach §§ 241 Abs. 2, 311 Abs. 2, 276 Abs. 1 BGB sind Vereinbarungen von Verkäufer und Käufer sowohl zum Umfang der Aufklärungspflichten des Verkäufers sowie der von ihm (und ggf. auch dem Käufer) anzuwendenden Sorgfalt (Verschuldensmaßstab) möglich.

(6) Neben den klaren Fällen einer vorsätzlichen Täuschung (z. B. durch Bilanzmanipulationen oder gezielt unwahren Behauptungen) sollten Fälle einer bloß fahrlässigen Informations- und Aufklärungspflichtverletzung nicht – wie bislang – zu einem Vorsatzvorwurf führen und § 276 III BGB keine Anwendung finden. § 444 BGB ist hingegen die Norm, die speziell für das Kaufrecht ebenfalls *grundsätzlich* bei Vorsatz bzw. Arglist einen Haftungsausschluss für unwirksam erklärt, durch die Formulierung mit dem Wort „soweit" aber *ausnahmsweise* nicht nur im Bereich von Garantien privatautonom vereinbarte Abweichungen zulässt, sondern auch für den Bereich – der normalerweise Arglist begründenden – unterlassenen Aufklärung.

(7) Sowohl die vorvertraglichen „Angaben ins Blaue hinein" als auch die Garantieversprechen des Verkäufers (gleich ob objektiv oder nur „nach bestem Wissen" abgegeben) sind zunächst bedingt vorsätzlicher Natur, weil der Verkäufer sorgfaltswidrig nicht die relevanten Informationen abgefragt und weitergeleitet hat. Ob für diese Fälle die Formulierung in § 444 BGB mit „soweit" hilft, nicht nur für die Garantieerklärung an sich, sondern auch dem bedingt vorsätzlichen Arglistfall die Haftung tatbestandlich und/oder auf der Rechtsfolgenseite einzugrenzen, ist offen, sollte aber vom Grundsatz her bejaht werden.

(8) Dabei erscheint mir dann auch eine Zurechnung über § 31 BGB analog passender zu sein als die in der Literatur vielfach zu Recht kritisierte Analogie zu § 166 Abs. 1 BGB.[1168]

(9) Auch mag hier der Regelung in § 278 S. 2 BGB der Rechtsgedanke entnommen werden, dass eine Vereinbarung mit dem Gläubiger zum Ausschluss einer Haftung für sogar vorsätzliches Verhalten von Erfüllungsgehilfen grundsätzlich zulässig sein soll und man vor diesem Hintergrund den Vorwurf der (eigenen) Organisationspflichtverletzung des Geschäftsleiters nach § 31 BGB analog dahingehend restriktiv verstehen sollte, dass bei pflichtgemäßer Abfrage und Anordnung der Weiterleitung etwaige Fehler auf Mitarbeiterebene nicht mehr als Verschulden zugerechnet werden.[1169]

g) Anteilsübergang / Closing: Rügeobliegenheit und Vorbehalt der Rechte

Bei vielen Unternehmenskaufverträgen fallen schuldrechtlicher Vertragsschluss **(Signing)** und Erfüllung **(Closing/Completion)** auseinander. Es stellt sich dann die Frage, ob nicht den Käufer eine Rügeobliegenheit nach § 377 HGB trifft und ob er sich nicht seine Rechte bei Abnahme/Übernahme des Unternehmens vorbehalten muss. Diese Vorschrift entspricht bei rechtssystematischer Wertung dem § 442 BGB.[1170]   **454**

Handelt es sich sowohl für den Käufer als auch den Verkäufer beim Unternehmenskauf um ein Rechtsgeschäft, das sie als Kaufmann im Rahmen des Betriebes ihres Handelsgewerbes vornehmen, gilt die Untersuchung- und Rügepflicht nach § 377 HGB, d. h. der Käufer hat das gekaufte Unternehmen unverzüglich nach der Ablieferung durch den Verkäufer, soweit dies nach ordnungsgemäßen Geschäftsgang tunlich ist, zu untersuchen und, wenn sich ein Mangel zeigt, dem Verkäufer **unverzüglich Anzeige** zu machen. Unterlässt der Käufer die Anzeige, verliert er im Hinblick auf erkennbare Mängel gemäß § 377

[1167] Im Ansatz mit einem Lösungsvorschlag über § 241 Abs. 2 de lege lata ähnlich *Risse,* NZG 2020, 856, 863 ff.

[1168] Offen gelassen von BGH vom 12.11.1998 – IX ZR 145/98, NJW 199, 284, 286; für eine analoge Anwendung von § 31 BGB u.a. auch *Fleischer* in: Beck OGK AktG, § 78 Rn. 53 m. w. N.; ders. NJW 2006, 3239, 3243 f.; *K. Schmidt,* Gesellschaftsrecht, 10 V 2b; *Koch* in: Hüffer/Koch, AktG § 78 Rn. 24 m. w. N.; vgl. auch die Darstellung zu den dogmatischen Grundlagen der Wissenszurechnung in der Literatur *Armbrüster/Kosich,* ZIP 2020, 1494, 1496 ff. und speziell zu § 31 BGB analog S. 1498 m. w. N.

[1169] In die gleiche Richtung argumentierend *Risse,* NZG 2020, 856, 862.

[1170] Vgl. *Fleischer/Körber,* BB 2001, 841, 844.

Abs. 2 HGB seine kaufrechtlichen Ansprüche gegenüber dem Verkäufer; bei verdeckten Mängeln muss eine solche Mängelanzeige unverzüglich nach der Entdeckung geltend gemacht werden (§ 377 Abs. 3 HGB). Ähnlich wie bei § 442 Abs. 1 Satz 2 BGB kann der Verkäufer sich nicht auf die Genehmigungsfiktion des § 377 HGB im Hinblick auf nicht gerügte Mängel berufen, wenn er den Mangel arglistig verschwiegen hat.

Für die Beurteilung des jeweiligen **Auswirkungen von Arglist des Verkäufers** und Kenntnis des Käufers vom Mangel ist nach der Rechtsprechung des Reichsgerichts und Bundesgerichtshofs[1171] einerseits auf den Zeitpunkt des Vertragsschlusses und andererseits auf den Zeitpunkt der Erfüllung wie folgt zu unterscheiden: **bei Abschluss des Kaufvertrages** wird die Erheblichkeit der Arglist durch Kenntnis des Käufers schlechthin ausgeschlossen; die Erklärung des Käufers, den Vertrag abzuschließen unter Vorbehalt seiner Rechte aus dem Mangel ist nach Auffassung des Reichsgerichts rechtlich bedeutungslos. Dagegen führt Arglist des Verkäufers **bei Erfüllung des Kaufvertrages** und Kenntnis des Käufers bei Annahme der Kaufsache nicht zum Verlust seiner Rechte, wenn er sich seine Rechte bei Annahme vorbehält.

> **Praxishinweis:** Um nicht der Genehmigungsfiktion des § 377 HGB hinsichtlich etwaiger Mängel des gekauften Unternehmens zu unterfallen und damit Gefahr zu laufen, seine Schadensersatzansprüche zu verlieren, sollte der Käufer darauf dringen, § 377 HGB im Kaufvertrag ausdrücklich auszuschließen.

455   § 464 BGB a. F., wonach der Käufer, der die Sache in Kenntnis des Mangels abnahm, sich seine **Rechte bei Abnahme vorzubehalten** hatte, wurde indessen im Zuge der Schuldrechtsreform ersatzlos gestrichen. Allerdings wird in der Gesetzesbegründung zur Aufhebung von § 464 BGB a. F. ausgeführt, dass im Einzelfall ohnehin mit der rügelosen Entgegennahme einer als mangelhaft erkannten Sache eine den ursprünglichen Vertrag ändernde Vereinbarung über die Beschaffenheit der Sache verbunden sein könne.[1172] Dies würde dann wohl analog auch bei Vereinbarung selbständiger Garantien gelten müssen.

> **Praxishinweis:** Im Falle des Erwerbs von GmbH-Anteilen oder Anteilen an einer GmbH & Co. KG wäre an sich ein Nachtrag zur schuldrechtlichen Verpflichtung vor Wirksamkeit der Abtretung nur wirksam, wenn dieser beurkundet wird.[1173] Auf der Grundlage des Gesamtbeurkundungsgrundsatzes könnte sich dann sogar u. U. die Unwirksamkeit der gesamten Vereinbarung ergeben. Eine Heilung des Formmangels käme nur bei fortdauernder Willensübereinstimmung zum Zeitpunkt des Wirksamwerdens des dinglichen Geschäfts möglich, was dann aber gerade fraglich sein kann.

Beim Erwerb von Aktien oder KG-Anteilen wären zwar für eine Änderung des Verpflichtungsgeschäftes (in der Regel) keine Formvorschriften zu beachten, doch empfiehlt sich auch hier bei der Übergabe des Unternehmens ein entsprechender Vorbehalt.

Um allerdings nicht auf die Zustimmung des Verkäufers/Käufers zur Änderung der bisherigen Vereinbarung angewiesen zu sein, könnte eine entsprechende Regelung bereits in den Kaufvertrag aufgenommen werden, nach der sich die Parteien einig sind, dass etwaige Rügen des Käufers und Verhandlungen darüber nicht zu einer (konkludenten) Änderung der kaufvertraglichen Vereinbarungen führen.

Soweit die Vertragsparteien allerdings im Zeitraum zwischen Signing und Closing aufgrund schon aufgetretener Mängel diesbezüglich Vereinbarungen treffen wollen, sollte die **Beurkundungspflichtigkeit** geprüft werden.

[1171] Vgl. RG vom 26.6.1903, RGZ 55, 210, 214; BGH vom 27.3.2009, V ZR 30/08, NJW 2009, 2120, 2122.

[1172] BT-Drs. 14/6040, 205.

[1173] Siehe zur Formbedürftigkeit von Änderungen zum Kaufvertrag und Heilung → Rn. 161 ff., → 734.

Da in diesen Fällen des gestreckten Erwerbs **mangels dinglichen Vollzugs noch kein** 456 **Gefahrübergang** stattfindet, trägt der Verkäufer das Risiko eines zwischenzeitlichen Untergangs und einer Verschlechterung.[1174]

> **Praxishinweis:** Es empfiehlt sich aus Verkäufersicht, sich eine Aktualisierung der von ihm (in der Regel auch auf den Zeitpunkt des dinglichen Vollzugs) abgegebenen Garantien vorzubehalten.[1175] Aus Käufersicht sollte für diesen Fall – je nach Schwere der zwischenzeitlich auftretenden Mängel – Rechtsfolgen vorgesehen werden, die sich in einer Kaufpreisanpassung oder Schadensersatz, schlimmstenfalls (insbesondere bei einem „Material Adverse Change") aber auch in einem Rücktritt ausdrücken können.

Auf der anderen Seite hat der Käufer ein Interesse daran, dass der Verkäufer den Zustand des Unternehmens auf den Zeitpunkt des dinglichen Vollzugs garantiert.

> **Praxishinweis:** Wird kein besonderes Closing-Verfahren vereinbart, sollte der Käufer beim Closing trotz Wegfall von § 464 BGB a. F. bei Auftreten von Mängeln einen entsprechenden (ggf. beurkundeten) Vorbehalt aller Rechte mit dem Verkäufer vereinbaren und mangels Zustimmung des Verkäufers zumindest einseitig erklären.

Der „**Material Adverse Change**",[1176] Art und Weise der Geschäftsführung in der Interimszeit[1177] sowie die Informationsrechte des Käufers sollten – sowohl aus Käufer- als auch aus Verkäufersicht – ebenso klar geregelt sein wie das Closing mit Abnahmeprotokoll.[1178]

h) Verjährung

Beim **Sachkauf** beginnt die Verjährung gemäß § 438 Abs. 2 BGB mit der Übergabe 457 bzw. Ablieferung der Kaufsache. Für den **Rechtskauf** gibt es hingegen keine ausdrückliche Regelung, sodass man wohl auf den Zeitpunkt der Abtretung abstellen muss.[1179]

Zwar sind die Grundsätze der vor der Schuldrechtsreform nicht ausdrücklich normierten 458 **positiven Vertragsverletzung (pVV)** nunmehr als Schadensersatz neben der Leistung in § 280 Abs. 1 BGB im Gesetz verankert, was gemeinsam mit der Regelung zum Schadensersatz statt der Leistung (§§ 280 Abs. 3, 281 BGB) zu einem nahtlosen Haftungsregime führt. Trotzdem hat die tradierte Unterscheidung zwischen Verletzung des *Äquivalenzinteresses* und des *Integritätsinteresses* dadurch nicht völlig an Bedeutung verloren:

Während im Falle der Verletzung des **Äquivalenzinteresses** des Käufers die **objektive Verjährungsregelung des § 438 BGB** (Verjährungsbeginn mit Übergabe des Grundstücks bzw. mit Ablieferung der Sache) eingreift, gelten bei Verletzung des **Integritätsinteresses** die allgemeinen **subjektiven Verjährungsregelungen der §§ 195, 199** von 3 Jahren, beginnend i. d. R. ab Kenntnis des Käufers von den anspruchsbegründenden Umständen.[1180]

aa) Erfüllungsanspruch. Der Erfüllungsanspruch sowohl beim Sachkauf als auch 459 beim Rechtskauf unterliegt nach neuem Recht – ebenso wie nach altem Recht – der regelmäßigen Verjährung. Diese beträgt gemäß § 195 BGB allerdings nunmehr nur noch 3 Jahre und nicht mehr – wie bisher – 30 Jahre, beginnt allerdings i. d. R. erst ab Kenntnis zu laufen, § 199 BGB.

[1174] *Gronstedt/Jörgens,* ZIP 2002, 52, 59.

[1175] Siehe zu den zeitlichen Bezugspunkten von Garantien → Rn. 525 f.

[1176] Siehe dazu → Rn. 693 f. sowie *Broichmann/Makos,* DB 2015, 2801; *Kindt/Stanek,* BB 2010, 1490; *Meyding/Sorg* in: Wilhelmi/Stürner, Post-M&A-Schiedsverfahren, 11, 34 ff.

[1177] Siehe dazu → Rn. 690 ff.

[1178] Siehe dazu → Rn. 730 ff.

[1179] *Weber* in: Hölters, Handbuch Unternehmenskauf, Kap. 9 Rn. 9.232.

[1180] Vgl. *Wagner,* JZ 2002, 475; *Knott,* NZG 2002, 249, 254; a. A. *Grüneberg* in: Palandt, BGB, § 280 Rn. 33: aufgrund der Verweisung in § 437 Nr. 3 gelte die Sondervorschrift des § 438 BGB.

460   **bb) Nacherfüllung, Schadens- und Aufwendungsersatz.** Die Ansprüche auf Nacherfüllung, auf Schadens- bzw. Aufwendungsersatz verjähren nach § 438 Abs. 1 Nr. 3 BGB grundsätzlich in zwei Jahren, und zwar auch im Hinblick auf Mängel eines Einzelgegenstands des Unternehmens, welche auf das Unternehmen durchschlagen.[1181]

461   **cc) Rücktritt und Minderung.** Rücktritt und Minderung sind als Gestaltungsrechte unverjährbar.[1182] Diese Rechte können aber nur solange ausgeübt werden, wie nicht der Anspruch auf die Leistung oder der Nacherfüllungsanspruch verjährt ist, sofern sich der Verkäufer hierauf beruft (vgl. §§ 438 Abs. 4 Satz 1, Abs. 5, 218 BGB).[1183]

462   **dd) Das Problem bei Rechtsmängeln.** Fraglich ist, welche Verjährungsregelung zur Anwendung kommt, wenn Mitgliedschaftsrechte wie GmbH-Anteile oder Aktien, aber auch Immaterialgüterrechte übertragen werden, ohne dass der Verkäufer Inhaber dieser Rechte war (oder diese Rechte mit Rechten Dritter belastet sind). Nach dem bis zum 31.12.2001 geltenden Schuldrecht verjährten Ansprüche wegen Rechtsmängeln der gekauften Sachen/Rechte in 30 Jahren. Oft findet sich in Unternehmenskaufverträgen auch eine Regelung hinsichtlich der Verjährung der Rechtsmängel. Gelegentlich wird aber lediglich für die Sachmängel eine Verjährungsregelung getroffen und für Rechtsmängel auf die gesetzlichen Vorschriften verwiesen. Gemäß § 453 Abs. 1 BGB finden nunmehr auf den Kauf von Rechten die Vorschriften über den Kauf von Sachen entsprechende Anwendung. Entweder gelten damit auch für den Kauf von Rechten in diesem Fall die Verjährungsregelungen des § 438 BGB (im Regelfall zwei Jahre) oder die allgemeine Verjährungsregelung des § 195 BGB (drei Jahre). Nach der Begründung zum Gesetz ist im Ergebnis unklar, ob – wie nach der alten Rechtslage – Rechtsmängel möglicherweise

- auf Grundlage von § 438 Abs. 1 Ziff. 1 BGB in 30 Jahren oder
- nach § 438 Abs. 1 Ziff. 3 nach zwei Jahren oder
- nach der allgemeinen Regelung des § 195 BGB nach drei Jahren verjähren.[1184]

Bei wörtlicher Auslegung kann § 438 Abs. 1 Ziff. 1 BGB keine Anwendung finden, denn die Herausgabe eines Rechtes kann nicht verlangt werden. Allerdings soll § 438 BGB nach § 453 BGB nur „entsprechend" Anwendung finden. Gegen diese Auslegung spricht aber die Gesetzesbegründung zu § 438 BGB selbst.[1185]

[1181] OLG Köln vom 29.1.2009, DB 2009, 2259, 2261; *Weber* in: Hölters, Handbuch Unternehmenskauf, Kap. 9 Rn. 9.230.

[1182] Vgl. zum Rücktritt *Grüneberg* in: Palandt, BGB, Einl. vor § 346 Rn. 2.

[1183] Vgl. auch *Weber* in: Hölters, Handbuch Unternehmenskauf, Kap. 9 Rn. 9.229.

[1184] Ein Blick in die Begründung zum Gesetzentwurf bietet keine klare Antwort auf diese Frage. Der Bundesrat hatte deshalb in seiner Stellungnahme zu § 453 BGB auf diese unklare Rechtslage hingewiesen und ausgeführt, dass bei Anwendung von § 438 BGB (also nicht der allgemeinen Regelung in § 195 BGB) „der Anspruch des Käufers wohl nur der kurzen zweijährigen Verjährung unterläge, da gegen den Käufer wegen des Rechtsmangels keine Herausgabeansprüche geltend gemacht werden können. Nicht geregelt wäre dann allerdings die Frage des Verjährungsbeginn." In der Gegenäußerung der Bundesregierung heißt es nur recht kurz und knapp: „Die Bundesregierung hält § 453 BGB auch nach ergänzender Prüfung für ausreichend. Die Bestimmung sieht die „entsprechende" Anwendung der Vorschriften über den Kauf von Sachen vor. Das bedeutet, dass die Vorschriften so angewendet werden müssen, dass sie den Besonderheiten insbesondere von Forderungen und Rechten gerecht wird. Dies betrifft insbesondere auch § 438 Abs. 2 BGB. Bei Sachen beginnt die Verjährung mit der Ablieferung der Sache. Diesem Zeitpunkt entspricht bei der Rechten der Zeitpunkt, zu dem das Recht oder die Forderung übergehen soll. Ob dieser Rechtsübergang eintritt oder – infolge eines Mangels im Recht – nicht, ist dabei gleichgültig. Eine ausdrückliche Regelung in der Vorschrift empfiehlt sich nicht, weil diese auch andere Gegenstände anspricht, bei denen die entsprechende Anwendung zu abweichenden Ergebnissen führt."

[1185] Nachdem nämlich zunächst keine Ausnahme für den Rechtsmangel „mangelndes Eigentum" vorgesehen war, wurde eine Sonderregelung für dingliche Ansprüche (namentlich den Herausgabeanspruch aus § 985 BGB) aufgenommen, weil diese Ansprüche gemäß § 197 Abs. 1 Ziff. 1 BGB erst in 30 Jahren verjähren. Die Begründung wörtlich: „Ohne den in Ziff. 1 herbeigeführten Fristengleichlauf

> **Praxishinweis:** Es muss daher davon ausgegangen werden, dass der Gesetzgeber beim Rechtskauf für alle Sach- und Rechtsmängel die zweijährige Verjährung für einschlägig hält. Ausgenommen von der 2jährigen Verjährung sind dagegen nur die sogenannten „Eviktions-fälle", die nach § 438 Abs. 1 Ziff. 1 BGB der 30jährigen Verjährung unterliegen sowie die Fälle des § 438 I Nr. 2 BGB.

Wegen der gleich gelagerten Interessenlage beim Asset Deal (dann § 438 I Nr. 1 BGB wohl anwendbar) und beim Share Deal (dann über § 453 nur § 438 I Nr. 3 BGB) spricht m. E. mehr dafür, § 438 Abs. 1 Nr. 1 BGB **jedenfalls in den Fällen eines Unterneh-menskaufes**[1186] **entsprechend** (wie es das Gesetz ja eigentlich anordnet) mit der 30-jähri-gen Verjährung anzuwenden.

Gemäß § 438 Abs. 3 BGB verjähren Gewährleistungsansprüche (erst) in der regelmäßi- **463** gen Verjährungsfrist, wenn der Verkäufer den **Mangel arglistig verschwiegen** hat. Diese beträgt zwar sodann nach § 195 BGB in der Tat (nur) drei Jahre,[1187] doch fängt die Frist gemäß § 199 BGB erst mit Kenntnis an zu laufen. Zudem gilt neben dieser dreijährigen Frist auch die Zehnjahresfrist des § 199 Abs. 3 Nr. 1 BGB[1188] sowie die **Dreißigjahres-frist** des § 199 Abs. 3 Nr. 2 BGB, so dass der Verkäufer dem Käufer möglicherweise für diesen Zeitraum unbeschränkt für ein Organisationsverschulden haftet, wenn der Käufer nicht vorher Kenntnis von den anspruchsbegründenden Umständen erlangt hat (siehe zur Haftung für Arglist ausführlich Teil → C., Rn. 24 ff.).

Zwar gibt es seit dem 1.1.2002 nicht mehr die **anfängliche objektive Unmöglich-** **464** **keit**, doch wurde mit § 311a Abs. 2 BGB eine eigenständige Anspruchsgrundlage für die Fälle geschaffen, bei denen das Leistungshindernis schon bei Vertragsschluss bestand, wenn also *das Recht* nicht bloß nicht wirksam übertragen wurde, sondern *überhaupt nicht existent war* (z. B. wegen fehlerhafter Gründung oder Kapitalerhöhung). In diesen Fällen wird es möglicherweise nicht zur Anwendung der kaufrechtlichen Verjährungsvorschriften, sondern zur Anwendung von § 195 BGB mit der dreijährigen Verjährung kommen.

Im Ergebnis ist davon auszugehen, dass Rechtsmängel bei Rechten der zweijährigen Verjährung unterliegen; die Frist beginnt mit dem *Zeitpunkt des Anteilsübergangs,* § 438 Abs. 2 BGB. Im Fall der Übertragung eines überhaupt nicht existenten Rechts ist wohl § 311a Abs. 2 BGB einschlägig, der dann der regelmäßigen Verjährung von § 195 BGB (drei Jahre) unterliegt, beginnend mit *Abschluss des Kaufvertrages.*

> **Praxishinweise:** Der Käufer sollte zunächst bedenken, dass sein Erfüllungsanspruch man-gels abweichender Vereinbarung der regelmäßigen Verjährung von drei Jahren unterliegt. Hier empfiehlt sich eine Verlängerung auf das gesetzlich zulässige Maß von 30 (zumindest aber 5) Jahren. Für den Zahlungsanspruch des Verkäufers sollte hingegen die Frist von drei Jahren ausreichend sein.

Da die Rechtslage hinsichtlich der Verjährung von **Rechtsmängeln beim Rechtskauf** **465** derzeit unklar ist, empfiehlt es sich, auch die Verjährung von Rechtsmängeln zu regeln. Dabei ist – mit Ausnahme der Haftung für Vorsatz – sowohl eine Verkürzung auf theo-retisch null Jahre als auch eine Verlängerung auf bis zu 30 Jahre zulässig (vgl. § 202 Abs. 2 BGB).

---

müsste der Käufer ansonsten das Risiko tragen, dass seine Ansprüche gegen den Verkäufer mit Ablauf der zweijährigen Verjährungsfrist nach der Nummer 3 verjähren, er jedoch noch weitere 28 Jahre dem Herausgabeanspruch eines Dritten ausgesetzt wäre. Weitere Ausnahmen für Rechtsmängel sind nicht geboten."

[1186] Siehe zum Überschreiten der Schwelle vom bloßen Beteiligungskauf zum Unternehmenskauf → Rn. 398 ff.

[1187] Vgl. dazu auch BGH vom 16.12.2009 – VIII ZR 38/09, NJW 2010, 858, 859; vgl. auch *Seibt/Schwarz,* JuS 2012, 43, 47.

[1188] Vgl. *Grüneberg* in: Palandt, BGB, § 438 Rn. 12.

Ferner ist – insbesondere aus Verkäufersicht – auch die Vereinbarung einer Regelung über die **Verjährungshemmung** (§ 203 BGB) sinnvoll, da nach neuem Recht der Verjährungsablauf bereits durch schwebende Verhandlungen über den Anspruch oder die anspruchsbegründenden Umstände gehemmt wird.

i) Beweislastverteilung

466 Für den **Erfüllungs- und den Nacherfüllungsanspruch** trägt der Käufer die Beweislast gemäß § 363 BGB, wenn er eine ihm als Erfüllung angebotene Leistung als Erfüllung angenommen hat und er sie deshalb nicht als Erfüllung gelten lassen will, weil sie eine andere als die geschuldete Leistung oder weil sie unvollständig gewesen sei.

> **Praxishinweis:** Diese Vorschrift zur Beweislastverteilung findet auch bei Vereinbarung selbständiger Garantien ohne weiteres Anwendung.

467 Hinsichtlich der Beweislast zum **Verschulden** für einen Schadensersatz- oder Aufwendungsersatzanspruch gilt Folgendes: Sowohl nach altem (§ 305 BGB a. F. oder § 463 Satz 1 BGB a. F.) wie nach neuem Recht (§ 311 Abs. 1 BGB oder § 276 Abs. 1 BGB) haftet der Verkäufer unabhängig von dem Nachweis eines weiteren Verschuldens, sofern er eine (selbständige oder unselbständige) **Garantie** für bestimmte Merkmale des Kaufgegenstandes übernommen hat. Allerdings musste *der Käufer* für den Schadensersatzanspruch nach § 463 Satz 1 a. F. BGB u. a. das Vorliegen der Zusicherung beweisen. Eines weiteren Nachweises von Verschulden bedurfte es bei kaufrechtlichen Gewährleistungsansprüchen nur im Falle von Ansprüchen auf Grundlage von culpa in contrahendo oder pVV, wobei im Grundsatz *dem Käufer* die Beweislast für das Verschulden oblag. Allerdings hat die Rechtsprechung insoweit zum Teil die Beweislast entsprechend § 282 a. F. BGB umgekehrt.

Wird nun auf der Grundlage des neuen Rechts eine Beschaffenheitsvereinbarung i. S. v. § 434 Abs. 1 Satz 1 BGB getroffen, bedürfen Schadensersatzansprüche zwar ebenfalls eines Verschuldens des Verkäufers. Für diese ist dann allerdings explizit in **§ 280 Abs. 1 Satz 2 BGB** die Beweislast dahingehend geregelt, dass jetzt *der Verkäufer* nachweisen muss, dass er **die Pflichtverletzung *nicht* zu vertreten** hat. Es ist indessen zu beachten, dass die bloße Lieferung einer mangelhaften Sache nicht ausreicht, um ein Verschulden des Verkäufers zu begründen. Vielmehr muss die Verletzungshandlung darüber hinaus die Anforderungen von § 276 BGB erfüllen.[1189]

> **Praxishinweis:** Werden Beschaffenheitsvereinbarungen getroffen, sollte der Verkäufer versuchen, § 280 Abs. 1 Satz 2 BGB abzubedingen.

468 Andererseits könnte der Käufer versuchen, ein **garantieähnliches Ergebnis** zu erreichen, indem man die ohnehin kraft Gesetzes bestehenden Aufklärungspflichten so weit ausdehnt, dass dies einer Garantiehaftung gleichkommt.

> **Formulierungsvorschlag:** *„Der Verkäufer ist verpflichtet, den Käufer über jeden Mangel (wie in § [...] definiert) vor [dem Beurkundungstag/Übergangszeitpunkt] in der Weise aufzuklären, dass dieser tatsächlich Kenntnis erlangt (die „Aufklärungspflichten"); hinsichtlich der Erfüllung der Aufklärungspflichten trifft den Verkäufer die Beweislast. Liegt ein Mangel vor und hat der Verkäufer den Käufer nicht in der vorstehend beschriebenen Weise aufgeklärt, wird das Verschulden des Verkäufers vermutet."*

Hinsichtlich der Darlegungs- und Beweislast bei (vom Käufer behauptetem) arglistigem Verhalten des Verkäufers bzw. des ihm über §§ 278, 166 BGB zuzurechnenden Verhaltens

---

[1189] Vgl. *Triebel/Hölzle,* BB 2002, 521, 527.

seiner Erfüllungsgehilfen, ist aus Verkäufersicht zu bedenken, dass ihn die **sekundäre Darlegungslast** trifft.[1190]

(frei)   **469–479**

3. (Sonstige) gesetzliche und vertragliche Haftung des Verkäufers

Neben der gesetzlichen Gewährleistungshaftung des Verkäufers gibt es weitere Tatbestände, die kraft Gesetzes zu einer vertraglichen, quasivertraglichen oder gesetzlichen Haftung des Verkäufers führen können.

a) Konkurrenzen

Da es sich bei der gesetzlichen Gewährleistungshaftung aus §§ 434 ff. BGB um spezial- **480** gesetzliche Regelungen handelt, stellt sich zunächst die Frage der Konkurrenz dieser Normen zu anderen Haftungstatbeständen. Ansprüche des Käufers aus **culpa in contrahendo** (§ 241 Abs. 2, 311 Abs. 2, 280 Abs. 1 BGB), den Grundsätzen vom **Wegfall der Geschäftsgrundlage** (§ 313 BGB) oder aufgrund einer **Anfechtung** sind im Anwendungsbereich der Gewährleistungshaftung, soweit sie sich um Merkmale handelt, die sich auf die Beschaffenheit des Kaufgegenstandes beziehen, grundsätzlich ausgeschlossen.[1191] Gleiches gilt für Ansprüche aus **Geschäftsführung** und **Auftrag.**[1192]

> **Beachte:** Gerade bei Vorsatz des Verkäufers sowie im Zeitraum zwischen Abschluss des Kaufvertrages bis zum Gefahrübergang kommen aber auch diese Rechtsbehelfe in Betracht.

Die Haftung aus **positiver Vertragsverletzung** (pVV) ist jetzt in § 280 Abs. 1 BGB verankert und ist über die Verweisung in § 437 Ziff. 3 BGB Teil der kaufrechtlichen Gewährleistungshaftung.

b) c. i. c., §§ 241 Abs. 2, 311 Abs. 2, 280 Abs. 1 BGB

Die Grundsätze der Haftung des Verkäufers aus culpa in contrahendo sowie deren An- **481** wendungsbereich beim Unternehmenskauf sind bereits oben umfassend dargestellt worden.[1193] An dieser Stelle sollen lediglich noch einmal die für die Kaufvertragsgestaltung relevanten Aspekte hervorgehoben werden, weil dies von besonderer praktischer Relevanz im Hinblick auf eine etwaige vorvertragliche Haftung und deren Ausschluss im Kaufvertrag ist.

aa) Aufklärung über Umstände, die einen Sachmangel begründen. Ein Aus- **482** schluss für andere als in dem Vertrag geregelte Ansprüche wegen einer Verletzung von Zusicherungen und Garantien erstreckt sich – jedenfalls nach der Gesetzeslage vor der Schuldrechtsreform zum 1.1.2002 – nicht ohne weiteres auf Ansprüche aus Verschulden bei Vertragsschluss (culpa in contrahendo), wenn diese Anspruchsgrundlage nicht ausdrücklich in der Regelung zum Gewährleistungsausschluss genannt wird.[1194]

> **Praxishinweis:** Die Ausschlussklausel sollte sich auch ausdrücklich auf eine etwaige Haftung aus culpa in contrahendo (§§ 280, 311 BGB) beziehen, freilich ohne dabei den Aus-

---

[1190] Siehe dazu Teil → C., Rn. 107 ff.

[1191] BGH vom 27.3.2009 – V ZR 30/08, NJW 2009, 2120, 2122; *Weidenkaff* in: Palandt, BGB, § 437 Rn. 51a; vgl. dazu auch ausführlich *Schmitz*, RNotZ, 561, 564.

[1192] LG Berlin vom 1.2.2005 – 5 O 176/04, juris, Tz. 172.

[1193] Vgl. Teil → C., Rn. 10 ff. sowie hinsichtlich der Konkurrenzen → Rn. 115 ff.

[1194] OLG München vom 26.7.2006 – 7 U 2128/06, DNotZ 2007, 712 sowie Anmerkung dazu von *Weigl*, S. 713.

schluss aller sonstigen vertraglichen, quasi-vertraglichen und gesetzlichen Rechte und Ansprüche des Käufers zu vergessen.[1195]

483 Inzwischen hat der Bundesgerichtshof seine bisherige Rechtsprechung bestätigt, wonach eine Haftung aus culpa in contrahendo grundsätzlich erst dann zur Anwendung kommt, wenn die kaufrechtlichen Gewährleistungsvorschriften als vorrangige Spezialregeln nicht einschlägig sind **(Grundsatz der Subsidiarität)** und wonach aber jedenfalls beim arglistigen (vorsätzlichen) Verhalten des Verkäufers kein Vorrang der kaufrechtlichen Gewährleistung gilt und Ansprüche aus culpa in contrahendo auch nach Gefahrübergang daneben zur Anwendung kommen.[1196]

484 Stützt der Käufer seinen Anspruch allerdings auf **Umstände, die nicht Gegenstand einer Beschaffenheitsvereinbarung sein können** und sich somit außerhalb des Anwendungsbereichs der §§ 434 ff. BGB bewegen (so insbesondere sich nur auf einen kürzeren Zeitraum beziehende Umsatz-, Ertrags- und Bilanzangaben der Vergangenheit), kommt hingegen eine Haftung aus culpa in contrahendo in Betracht.[1197] Damit ergibt sich nach der Rechtsprechung des BGH folgender **Anwendungsbereich der culpa in contrahendo neben der kaufrechtlichen Gewährleistung:**

Haftung aus culpa in contrahendo durch §§ 434 ff. BGB **ausgeschlossen:**
- **nach Gefahrübergang** (§ 446 BGB) bei *fahrlässiger* Aufklärungspflichtverletzung über Umstände, die Beschaffenheiten im Sinne der §§ 434 ff. BGB sein können,
- und zwar auch dann, wenn Umstände in Rede stehen, die zum Gegenstand einer Beschaffenheitsvereinbarung hätten gemacht werden können, aber nicht wurden **(potenzieller Sachmangel).**[1198]

Haftung aus culpa in contrahendo **anwendbar:**
- **vor Gefahrübergang** (§ 446 BGB) bei *fahrlässiger* Aufklärungspflichtverletzung über sämtliche Umstände, gleich ob Beschaffenheiten im Sinne der §§ 434 ff. BGB oder nicht, also auch bei solchen Umständen, die Beschaffenheiten im Sinne der §§ 434 ff. BGB sein können;
- **nach Gefahrübergang** (§ 446 BGB) bei *fahrlässiger* Aufklärungspflichtverletzung über Umstände, die **keine Beschaffenheiten** im Sinne der §§ 434 ff. BGB sein können,
- **stets (also vor und nach Gefahrübergang)** bei *vorsätzlicher* Aufklärungspflichtverletzung über sämtliche Umstände, gleich ob Beschaffenheiten im Sinne der §§ 434 ff. BGB oder nicht.

> **Beachte:** Nach der Rechtsprechung setzt § 444 BGB keine Kausalität der arglistigen Täuschung für die Kaufentscheidung voraus,[1199] sodass auch bei Ausschluss der kaufrechtlichen Gewährleistung diese dann doch – neben der Haftung aus culpa in contrahendo – zur Anwendung kommt.

Die Haftung aus culpa in contrahendo kann sodann in den Fällen von besonderer praktischer Relevanz werden, in denen die Haftung auf Grundlage der abgegebenen Garantien bzw. Beschaffenheitsvereinbarungen aufgrund der regelmäßig vergleichsweisen kurzen Verjährungsfristen verjährt sind.[1200]

[1195] Vgl. den Formulierungsvorschlag bei → Rn. 573.

[1196] BGH vom 27.3.2009 – V ZR 30/08, NJW 2009, 2120, 2122; LG Berlin vom 1.2.2005 – 5 O 176/04, juris; vgl. auch *Faust* in: Bamberger/Roth/Hau/Poseck, Beck'scher Online-Kommentar BGB, § 437 Rn. 197.

[1197] *Jaques*, BB 2002, 417, 418.

[1198] Vgl. dazu OLG Hamm vom 3.3.2005 – 28 U 125/04, BeckRS 2005, 05915; *Seibt/Schwarz*, JuS 2012, 43, 48.

[1199] BGH vom 15.7.2011 – V ZR 171/10, NJW 2011, 3640, 3641.

[1200] So im Fall OLG München vom 26.7.2006 – 7 U 2128/06, DNotZ 2007, 712, vgl. auch BGH vom 16.12.2009 – VIII ZR 38/09, NJW 2010, 858, 859.

Im Hinblick auf die Aufklärungspflichten des Verkäufers beim Unternehmenskauf ist zu **485** beachten, dass ihn nach der Rechtsprechung des Bundesgerichtshofes aufgrund der wirtschaftlichen Tragweite des Geschäftes sowie der regelmäßig erschwerten Bewertung des Kaufobjektes durch den Käufer eine **gesteigerte Aufklärungs- und Sorgfaltspflicht** trifft.[1201] Somit muss der Verkäufer den Käufer bereits über alle Umstände **ungefragt aufklären,** die erkennbar für den Kaufentschluss des Käufers von wesentlicher Bedeutung sind. Ferner hat der Verkäufer dem Käufer die von ihm gestellten Fragen richtig und vollständig zu beantworten.[1202]

bb) Fehlende Aufklärung über Umstände, die einen Rechtsmangel begründen. **486** Bei Verletzung vorvertraglicher Aufklärungspflichten durch den Verkäufer im Hinblick auf Umstände, die einen Rechtsmangel darstellen, hatte der BGH dem Käufer den Ersatz des Vertrauensschadens wegen Verschuldens bei Vertragsschluss zugesprochen und als nicht durch die Gewährleistungsansprüche wegen des Rechtsmangels als ausgeschlossen angesehen.[1203] Zur Begründung hatte der **BGH** ausgeführt, dass es sich − anders als bei der Sachmangelgewährleistung − bei den Bestimmungen über die Rechtsmängelgewährleistung **nicht um abschließende Sonderregelungen** handele, weil es nicht nur an einer vergleichbaren systematischen Geschlossenheit, sondern auch an einer dem § 477 BGB entsprechenden besonderen Verjährungsbestimmung fehle; überdies kenne die Rechtsmängelhaftung keine dem § 463 Satz 2 BGB vergleichbare, einschränkende Sonderregelung des Verschuldens bei Vertragsschluss.[1204] Aufgrund der Gleichstellung der Rechtsmängel mit den Sachmängeln in § 453 Abs. 1 BGB, der klaren systematischen Einbindung der Haftung für Rechtsmängel in das Gewährleistungsrecht im Wege der gleichen Rechtsfolgen (§ 437 BGB) und Verjährung (§ 438 BGB) sowie des Wegfalls des § 463 Satz 2 BGB, dürfte dieser Rechtsprechung allerdings die Grundlage entzogen sein.

Der BGH hat aber bislang lediglich entschieden, dass Rechtsmängel, die zur schwebenden Unwirksamkeit des Vertrages führen können, eine Haftung nach culpa in contrahendo begründen können, weil die **Gewährleistungsrechte wegen der schwebenden Unwirksamkeit des Kaufvertrages von Vornherein nicht zur Verfügung stünden.**[1205] Im Übrigen hat der Bundesgerichtshof ausdrücklich offen gelassen, ob er aufgrund der im Gewährleistungsrecht nunmehr aufgegeben Unterscheidung von Sach- und Rechtsmängeln seine bisherige Rechtsprechung zur Konkurrenz bei Rechtsmängeln des Kaufgegenstandes zur culpa in contrahendo ändern wird.

cc) Sonstige Gründe einer Haftung nach c. i. c. Soweit es nicht um die Infor- **487** mationspflichten des Verkäufers über den Kaufgegenstand geht, kommt eine Haftung des Verkäufers nach den Grundsätzen der culpa in contrahendo auch bei den folgenden Fallgruppen in Betracht:[1206]

− Abbruch von Vertragsverhandlungen ohne triftigen Grund,[1207]
− Verhinderung der Wirksamkeit des Vertrages,
− Verletzung von Beratungs- und Schutzpflichten.[1208]

[1201] BGH vom 28.11.2001 − VIII ZR 37/01, BB 2002, 428.

[1202] OLG Hamburg vom 3.6.1994 − 11 U 90/92, DStR 1994, 1019; siehe dazu auch näher Teil → C., Rn. 10 ff.

[1203] BGH vom 6.4.2001 − V ZR 394/99, NJW 2001, 2875.

[1204] BGH vom 6.4.2001 − V ZR 394/99, NJW 2001, 2875, 2876.

[1205] BGH vom 17.1.2008 − III ZR 224/06, NJW-RR 2008, 564, 565; *Grüneberg* in: Palandt, BGB, § 311 Rn. 17.

[1206] Vgl. auch *von den Steinen* in: Rotthege/Wassermann, Unternehmenskauf bei der GmbH, Kap. 9 Rn. 28 ff.

[1207] Siehe dazu Teil → C., Rn. 5.

[1208] BGH vom 23.7.1997 − VIII ZR 238/96, NJW 1997, 3227, 3228; vgl. auch *Faust* in: Bamberger/Roth/Hau/Poseck, Beck'scher Online-Kommentar BGB, § 437 Rn. 187; *Grüneberg* in: Palandt, BGB, § 311 Rn. 16.

c) pVV, §§ 241 Abs. 2, 280 Abs. 1 BGB

488   Bislang haftete der Verkäufer für die Verletzung von kaufvertraglichen Nebenpflichten (z. B. Abwerbung von Mitarbeitern, Verletzung von Verschwiegenheitspflichten) und für Mangelfolgeschäden nach den nicht ausdrücklich im BGB geregelten Grundsätzen der positiven Vertragsverletzung (pVV). Diese Haftung ist nun seit der Schuldrechtsreform in § 280 Abs. 1 BGB verankert, auf die für das Kaufrecht in § 437 Ziff. 3 BGB verwiesen wird. Hinsichtlich der Anspruchsvoraussetzungen und Rechtsfolgen wird auf die obigen Ausführungen verwiesen.[1209]

> **Praxishinweis:** Tatbestand und Rechtsfolgen der vertraglichen Nebenpflichten sollten ebenfalls klar im Kaufvertrag geregelt werden. Dies geschieht häufig durch sogenannte „Covenants".[1210]

d) Wegfall der Geschäftsgrundlage, § 313 BGB

489   Fragen der Haftung des Wegfalls der Geschäftsgrundlage nach § 313 BGB sowie aus culpa in contrahendo sind im Hinblick auf Konkurrenzen auch bereits oben dargestellt worden, weshalb hier ergänzend darauf verwiesen wird.[1211] Gemäß § 313 Abs. 1 BGB kann die Anpassung des Vertrages verlangt werden, wenn sich Umstände, die zur Grundlage des Vertrags geworden sind, nach Vertragsschluss schwerwiegend verändert haben und die Parteien den Vertrag nicht oder mit einem anderen Inhalt geschlossen hätten, wenn sie diese Veränderung vorausgesehen hätten, soweit einem Teil unter Berücksichtigung aller Umstände des Einzelfalls, insbesondere der vertraglichen oder gesetzlichen Risikoverteilung, das Festhalten am unveränderten Vertrag nicht zugemutet werden kann. Im Hinblick auf die Abgrenzung zur kaufrechtlichen Gewährleistung kann sich der Käufer aber nicht darauf berufen, dass eine bestimmte Eigenschaft für beide Teile Geschäftsgrundlage des Vertrages gewesen sei[1212] und somit eine Rückabwicklung oder Anpassung des Vertrages über die Grundsätze des Wegfalls der Geschäftsgrundlage erreichen. Dies gilt auch, soweit im Einzelfall eine Mängelhaftung nach §§ 434 ff. BGB nicht besteht, weil ihre Voraussetzungen nicht vorliegen oder die Haftung wirksam ausgeschlossen ist.[1213]

490   Allerdings kommt eine Anpassung des Kaufpreises nach den Grundsätzen des Wegfalls der Geschäftsgrundlage z. B. in Betracht, wenn bei Abschluss des Kaufvertrags über den Gesellschaftsanteil des Geschäftsführers für den Verkäufer erkennbar war, dass der Käufer aufgrund von Äußerungen des Verkäufers darauf vertraut, dass jener nach Vertragsschluss **keine Konkurrenztätigkeit in der Branche des verkauften Unternehmens** aufnehmen wird.[1214]

Besonders relevant für die M&A-Praxis sind auch die folgenden Ausführungen des BGH in seinem Urteil vom 26.9.2018:

> *„In diesem Zusammenhang weist der Senat außerdem darauf hin, dass vorliegend eine Anwendbarkeit des § 313 BGB auch nicht deshalb ausgeschlossen ist, weil die Parteien im streitgegenständlichen Kaufvertrag umfassend den Ausschluss gesetzlicher Gewährleistungsansprüche und stattdessen abschließend bestimmte Garantien betreffend die zu übertragenden Geschäftsanteile vereinbart haben."*[1215]

[1209] Siehe → Rn. 439 f.
[1210] Siehe dazu noch unten → Rn. 522, 544 ff. und 591 f.
[1211] Vgl. Teil → C., Rn. 135 ff.
[1212] BGH vom 16.3.1973 – V ZR 118/71, NJW 1973, 1234; im Hinblick auf den Vorrang mietrechtlicher Gewährleistung vgl. BGH vom 21.2.2008 – III ZR 200/07, NZM 2008, 462.
[1213] BGH vom 6.6.1986 – V ZR 67/85, NJW 1986, 2824; BGH vom 26.9.2018 – VIII ZR 187/17, NJW 2019, 145; vgl. auch *Weidenkaff* in: Palandt, BGB, § 437 Rn. 55 sowie *Grüneberg* in: Palandt, BGB, § 313 Rn. 12.
[1214] BGH vom 8.2.2006 – VIII ZR 304/04, NJW-RR 2006, 1037, 1038.
[1215] BGH vom 26.9.2018 – VIII 187/17, MittBayNot 2019, 376 Tz. 45; vgl. auch *Schmitt,* WM 1871, 1877, der diese Rspr. Ebenfalls als „beachtlich" einstuft.

Auch mit Blick auf § 313 BGB stellt sich also für die Praxis die weitere Aufgabe, das vertragliche Haftungssystem „wasserdicht" zu machen.[1216]

Auch sind die Gewährleistungsvorschriften erst ab Gefahrübergang im Sinne von § 446 **491** BGB, also beim Unternehmenskauf in der Regel erst ab dem Übergangsstichtag anwendbar, sodass **bei planwidrigen Entwicklungen zwischen Vertragsunterzeichnung und dem Closing** als dem in aller Regel für den Gefahrübergang maßgeblichen Zeitpunkt Ansprüche des Käufers gemäß § 313 Abs. 1 BGB auf Vertragsanpassung oder ggf. sogar Rückwicklung in Betracht kommen können.[1217]

e) Bereicherungsrecht, z. B. bei Anfechtung, Sittenwidrigkeit und Gesetzesverstoß

Eine bereicherungsrechtliche Rückabwicklung kommt in verschiedenen Fallkonstella- **492** tionen in Betracht, z. B. bei einer Irrtumsanfechtung nach § 119 BGB, einer Anfechtung wegen arglistiger Täuschung nach § 123 BGB, einer Sittenwidrigkeit nach § 138 BGB[1218] oder einem Gesetzesverstoß nach § 134 BGB (z. B. in Verbindung mit einem Verstoß von Freiberuflern gegen die Berufsverschwiegenheit nach § 203 StGB im Rahmen der Preisgabe von Mandanten- oder Patientendaten ohne Zustimmung der Betroffenen).[1219] Während die Fälle der Sittenwidrigkeit und Gesetzesverstöße nach §§ 138 und 134 BGB grundsätzlich unmittelbar zur Nichtigkeit des Rechtsgeschäfts im Ganzen führen (des Verfügungsgeschäfts allerdings nur, wenn auch dieses gegen ein Gesetzesverbot und/oder die guten Sitten verstößt), bedarf es bei den Anfechtungstatbeständen zur Beseitigung des (i. d. R. nur schuldrechtlichen, ggf. aber auch dinglichen) Vertrages noch der Anfechtungserklärung innerhalb der anwendbaren Anfechtungsfrist. Ansprüche aus ungerechtfertigter Bereicherung gemäß §§ 812 ff. BGB kommen dann im Anwendungsbereich der Sachmängelgewährleistung nur dann in Betracht, wenn der Kaufvertrag wirksam angefochten ist, eine Regelungslücke besteht oder der Käufer die Nachbesserung bezahlt, obwohl er einen Anspruch darauf gegen den Verkäufer hat.[1220]

aa) § 119 Abs. 2 BGB, Eigenschaftsirrtum. Im Hinblick auf das Konkurrenzverhält- **493** nis der kaufrechtlichen Gewährleistung zu den Anfechtungsregelungen ist zunächst zu bedenken, dass der **Eigenschaftsbegriff** der kaufrechtlichen Gewährleistung jetzt im Begriff der kaufrechtlichen Beschaffenheit aufgegangen ist, und dieser bis zur Schuldrechtsreform allerdings mit dem Eigenschaftsbegriff beim Irrtum über verkehrswesentliche Eigenschaften nach § 119 Abs. 2 BGB identisch definiert wurde.[1221] Daher schließen die kaufrechtlichen Gewährleistungsansprüche nach Auffassung des Bundesgerichtshofes ab Gefahrübergang das Anfechtungsrecht *des Käufers* wegen eines Irrtums über eine verkehrswesentliche Eigenschaft nach § 119 Abs. 2 BGB aus.[1222] Dagegen kann von einer „Konkurrenz" zwischen

---

[1216] Siehe hierzu auch die Formulierungsvorschläge in → Rn. 507 sowie 573.
[1217] Vgl. auch *Von den Steinen* in: Rotthege/Wassermann, Unternehmenskauf bei der GmbH, Kap. 9 Rn. 37 sowie zu Veränderungen zwischen Signing und Closing → Rn. 734 und → Rn. 693 f.
[1218] Vgl. z. B. zur bereicherungsrechtlichen Rückabwicklung eines Unternehmenskaufs (Steuerberaterpraxis) wegen Sittenwidrigkeit nach § 138 BGB BGH vom 5.7.2006 – VIII ZR 172/05, NJW 2006, 2847.
[1219] Vgl. zu einer Nichtigkeit nach § 134 BGB i. V. m. § 203 StGB BGH vom 10.07.1991 – VIII ZR 296/90, NJW 1991, 2955; BGH vom 11.12.1991 – VIII ZR 4/91, NJW 1992, 737; BGH vom 13.6.2001 – VIII ZR 176/00, NJW 2001, 2462; OLG Rostock vom 23.9.2005 – 8 U 91/04, NJOZ 2006, 1263; OLG Hamm vom 15.12.2011 – 2 U 65/11, NJW 2012, 1743; OLG Düss. vom 9.1.2014 – I-13 U 4/13, BeckRS 2016, 13442; OLG Düss. vom 9.1.2014 – I-13 U 66/13, BeckRS 2016, 8320.
[1220] *Weidenkaff* in: Palandt, BGB, § 437 Rn. 57.
[1221] Vgl. zum Eigenschaftsbegriff *Müller*, ZIP 2000, 817, 824.
[1222] BGH vom 14.12.1960, NJW 1961, 772; BGH vom 16.3.1973 – V ZR 118/71, NJW 1973, 1234; BGH vom 18.10.2007 – V ZB 44/07, NJW-RR 2008, 222, 223 im Hinblick auf den Ausschluss

den Sachmängelansprüchen und einem Anfechtungsrecht *des Verkäufers* gemäß § 119 Abs. 2 BGB keine Rede sein, weil dem Verkäufer Gewährleistungsrechte nie zustehen, was aber nicht bedeutet, dass der Verkäufer stets von einem Anfechtungsrecht nach § 119 Abs. 2 BGB Gebrauch machen könnte, weil er sich andernfalls durch Irrtumsanfechtung von seiner Gewährleistungspflicht entziehen könnte.[1223]

494   **bb) § 119 Abs. 1 BGB, Erklärungs- oder Inhaltsirrtum.** Eine Anfechtung des Kaufvertrages wegen eines Inhalts- oder Erklärungsirrtums gemäß § 119 Abs. 1 BGB ist hingegen zulässig.[1224]

495   **cc) § 138 Abs. 1 BGB, Sittenwidrigkeit.** Die Sittenwidrigkeit eines Unternehmens-kaufvertrages nach § 138 BGB kann sich insbesondere aus einem übermäßig langen oder gar unlimitierten Wettbewerbsverbot ergeben.[1225]

496   **dd) § 134 BGB, Gesetzeswidrigkeit.** Als speziellere Regelung zu § 138 BGB kann sich eine Nichtigkeit des Unternehmenskaufvertrages auch aus § 134 BGB bei einem Verstoß gegen ein gesetzliches Verbot ergeben.[1226] Hier ist insbesondere an Verstöße gegen die Pflichten zur Geheimhaltung nach § 203 StGB, einem Verstoß gegen das Verbot wett-bewerbsbeschränkender Maßnahmen nach § 1 GWB sowie speziellen berufsrechtlichen Pflichten zu denken, z. B. von Steuerberatern, Anwälten, Medizinern, Apothekern, Kran-ken-, Lebens- und Unfallversicherungen, welche verletzt werden, wenn Kunden-/Mandan-ten-/Patientenakten ohne die erforderliche Zustimmung weitergegeben werden, wobei hierfür auch genügt, dass die **EDV-Anlage mit Softwareverträgen und sämtlichen gespeicherten Mandantendaten schon vor Erteilung der Zustimmung übergeben** werden.[1227] Die erforderliche Zustimmung des Mandanten bzw. Patienten muss nach der Rechtsprechung des BGH eindeutig und in unmissverständlicher Weise vorliegen, wes-halb eine stillschweigende oder schlüssig erklärte Einwilligung im Regelfall ausscheidet.[1228] Einer ausdrücklichen Einverständniserklärung des Patienten bzw. Mandanten bedarf es allein dann nicht, wenn dieser seine Zustimmung **durch schlüssiges Verhalten** ein-deutig zum Ausdruck bringt, insbesondere wenn der Patient bzw. Mandant sich auch dem Übernehmer zur ärztlichen Behandlung oder steuerlichen bzw. anwaltlichen Beratung anvertraut.[1229]

> **Praxishinweis:** Will man dieses Risiko eines Gesetzesverstoßes minimieren, sollte ein glei-tender Übergang dergestalt angestrebt werden, dass schon vor dem Verkauf der Praxis eine (ggf. auch nur Außen-)Sozietät begründet wird, in die der Erwerber eintritt.[1230]

Ein Verstoß gegen ein Verbotsgesetz und damit die Nichtigkeitsfolge kann sich auch im Falle eines Verstoßes gegen handelsrechtliche Vorschriften ergeben, wie z. B.

---

von § 119 Abs. 2 BGB auch bei Gewährleistungsausschluss im Falle der Zwangsversteigerung; vgl. auch *Weidenkaff* in: Palandt, BGB, § 437 Rn. 53; *Ellenberger* in: Palandt, BGB, § 119 Rn. 28 auch für einen Ausschluss von § 119 Abs. 2 BGB **vor Gefahrübergang** sowie für eine „potentielle" Mängelhaftung.

[1223] BGH vom 8.6.1988 – VIII ZR 135/87, NJW 1988, 2597, 2598.

[1224] BGH vom 12.11.1975 – VIII ZR 142/74, NJW 1976, 236, 237; *Weidenkaff* in: Palandt, BGB, § 437 Rn. 53.

[1225] BGH vom 5.7.2006 – VIII ZR 172/05, NJW 2006, 2847.

[1226] BGH vom 10.7.1991 – VIII ZR 296/90, NJW 1991, 2955; BGH vom 11.12.1991 – VIII ZR 4/91, NJW 1992, 737; BGH vom 13.6.2001 – VIII ZR 176/00, NJW 2001, 2462; OLG Rostock vom 23.9.2005 – 8 U 91/04, NJOZ 2006, 1263; OLG Hamm vom 15.12.2011 – 2 U 65/11, NJW 2012, 1743; OLG Düss. vom 9.1.2014 – I-13 U 4/13, BeckRS 2016, 13442; OLG Düss. vom 9.1.2014 – I-13 U 66/13, BeckRS 2016, 8320.

[1227] OLG Düss. vom 9.1.2014 – I-13 U 66/13, BeckRS 2016, 8320.

[1228] BGH vom 11.12.1991 – VIII ZR 4/91, NJW 1992, 737, 739.

[1229] BGH vom 11.12.1991 – VIII ZR 4/91, NJW 1992, 737, 740.

[1230] Vgl. dazu die Konstellation bei BGH vom 13.6.2001 – VIII ZR 176/00, NJW 2001, 2462.

bei einem Gesellschafterbeschluss über die Genehmigung einer gegen Bilanzvorschriften verstoßenden Bilanz[1231] oder einem Eigentumsvorbehalt an Handelsbüchern.[1232]

ee) §§ 812 ff. BGB, Rechtsfolge, Bereicherungsrecht. Die bereicherungsrechtliche **497** Rückabwicklung ist zunächst auf eine **Herausgabe des Erlangten in Natur** an den Verkäufer gerichtet (vgl. § 812 Abs. 1 Alt. 1 BGB) und, falls dies dem Käufer unmöglich geworden sein sollte, im Wege der **Saldierung** der wechselseitigen Positionen auf (i) **Wertersatz in Form des Unternehmenswerts** (§ 818 Abs. 2 BGB)[1233] und ggf. zusätzlich (ii) **Nutzungsersatz** in Form des bis zur Unmöglichkeit der Herausgabe **erwirtschafteten Gewinns** (§§ 818 Abs. 1, 100 BGB)[1234], wohingegen der Käufer vom Verkäufer (iii) **Rückzahlung** etwa gezahlter Kaufpreisraten sowie (iv) nach § 818 Abs. I BGB ebenfalls Herausgabe der tatsächlich aus dem Kaufpreis gezogenen Nutzungen (z.B. in Form von Zinsen)[1235] und (v) Aufwendungsersatz für etwaige Investitionen und sonstige Aufwendungen aus und im Zusammenhang mit dem Unternehmen verlangen kann, allerdings nur, soweit diese nicht schon bei der Ermittlung des Wertersatzes berücksichtigt worden sind.[1236]

Bei der **Herausgabe in Natur** ist die betriebswirtschaftliche Einheit in der Gestalt an den Verkäufer zurück zu übertragen, in der sie sich zur Zeit der Herausgabe befindet[1237], und es ist unerheblich, ob das Unternehmen als Bereicherungsgegenstand an Wert gewonnen oder verloren hat, so dass der Käufer als Bereicherungsschuldner faktisch auch eine etwaige Wertsteigerung mit herausgeben muss, und zwar selbst dann, wenn eine solche Wertsteigerung insbesondere auch auf der Leistungsfähigkeit und dem Einsatz des Unternehmenskäufers beruht.[1238]

Ob eine **Unmöglichkeit der Herausgabe in Natur** vorliegt, richtet sich nach der Rechtsprechung des BGH danach, ob der Unternehmenskäufer – spiegelbildlich zur ursprünglichen Übertragung auf ihn – **zur Herausgabe des Unternehmens bzw. der Praxis als Einheit** in der Lage ist, wobei es nicht entscheidend auf Veränderungen in der Zusammensetzung der Vermögenswerte, die im Rahmen des gewöhnlichen Betriebsablaufs erfolgen, wie etwa durch die Erneuerung oder Ergänzung von Gegenständen des Inventars, einen Wechsel oder eine Veränderung der Räumlichkeiten, Änderungen im Personalbestand sowie durch Abwanderung von Kunden oder Mandanten ankommt, sondern vielmehr darauf, ob auch im Rahmen der Rückabwicklung die Übertragung eines *Inbegriffs an materiellen und immateriellen Vermögenswerten* möglich ist.[1239] Dabei kann sich eine Unmöglichkeit der Herausgabe z.B. daraus ergeben, dass das erworbene Unternehmen unter neuer Firma verschmolzen oder der ihm durch Aufgabe des Wettbewerbers zugefallene Kundenstamm seinem bisherigen oder von ihm neu begründeten Unternehmen eingegliedert[1240] oder das Unternehmen sonst wie nachhaltig umgestaltet worden ist.[1241] Im Hinblick auf einen Kundenstamm ist dann maßgeblich für die Frage der Unmöglichkeit

[1231] *Ellenberger* in: Palandt, BGB, § 134 Rn. 18; RG vom 15.10.1909, RGZ 72, 37; RG vom 05.11.1912, RGZ 80, 335.
[1232] KG vom 3.7.1972 – 16 U 192/72, RPfleger 1972, 441.
[1233] Vgl. BGH vom 5.7.2006 – VIII ZR 172/05, NJW 2006, 2847 Tz. 21 f.; BGH vom 13.11.1990 – KZR 2/89, NJW-RR 1991, 1002, 1004.
[1234] Vgl. BGH vom 5.7.2006 – VIII ZR 172/05, NJW 2006, 2847 Tz. 45 ff.
[1235] BGH vom 5.7.2006 – VIII ZR 172/05, NJW 2006, 2847 Tz. 51.
[1236] Vgl. BGH vom 5.7.2006 – VIII ZR 172/05, NJW 2006, 2847 Tz. 14, 44.
[1237] Vgl. BGH vom 5.7.2006 – VIII ZR 172/05, NJW 2006, 2847 Tz. 21.
[1238] Vgl. BGH vom 5.7.2006 – VIII ZR 172/05, NJW 2006, 2847 Tz. 37 f.
[1239] Vgl. BGH vom 5.7.2006 – VIII ZR 172/05, NJW 2006, 2847 Tz. 21 f.; BGH vom 13.11.1990 – KZR 2/89, NJW-RR 1991, 1002, 1004.
[1240] BGH vom 13.11.1990 – KZR 2/89, NJW-RR 1991, 1002, 1004; BGH vom 5.7.2006 – VIII ZR 172/05, NJW 2006, 2847 Tz. 29.
[1241] BGH vom 5.7.2006 – VIII ZR 172/05, NJW 2006, 2847 Tz. 33.

der Rückübertragung darauf abzustellen, ob die Kunden den Wechsel zurück zum Verkäufer mit vollziehen.[1242]

Ist nicht ein Unternehmen herauszugeben, sondern lediglich ein **Geschäftsanteil**, kann sich die Unmöglichkeit der Herausgabe u. a. auch aus gesellschaftsrechtlichen Hindernissen wie z. B. Abtretungsbeschränkungen aus Gesetz oder Gesellschaftsvertrag ergeben.[1243]

Soweit danach eine Herausgabe des Unternehmens unmöglich ist und somit gemäß **§ 818 Abs. 2 BGB Wertersatz** zu leisten ist, richtet sich dieser nach dem auf Basis von Vergangenheitszahlen zu ermittelnden **objektiven Verkehrswert**[1244] (in der Form eines Zukunftserfolgswerts).[1245] Soweit der ermittelte Unternehmenswert nicht nur auf dem gegenständlichen Bereich des Unternehmens, sondern auch auf den besonderen Leistungen und Fähigkeiten des Käufers beruht, ist es Sache des Tatrichters, den Anteil der beiden Faktoren zu schätzen (§ 287 ZPO), wobei dann im nächsten Schritt auf Grundlage des abziehbaren kalkulatorischen Unternehmerlohns der Leistungsbetrag des Käufers als Unternehmer Berücksichtigung finden kann.[1246] Maßgeblicher **Bewertungszeitpunkt** ist der Zeitpunkt des Eintritts der Unmöglichkeit der Herausgabe in Natur.[1247]

498, 499 *(frei)*

f) Betriebsübergang, § 613a BGB

500 Gemäß § 613a BGB tritt im Falle der Übernahme eines Betriebs oder Betriebsteils durch Rechtsgeschäft (was bei einem Unternehmenskauf im Wege des Asset Deals in aller Regel der Fall ist) der Erwerber im Wege der Vertragsübernahme kraft Gesetzes in sämtliche Rechte und Pflichten aus den im Zeitpunkt des Übergangs bestehenden Arbeitsverhältnissen ein.[1248] Bei einem Share Deal handelt es sich nicht um einen Betriebsübergang i. S. d. § 613a BGB, da hier keine Übernahme durch einen „neuen" Arbeitgeber erfolgt.[1249]

Allerdings sollte auch bei einem Unternehmenskauf im Wege des Share Deals eine sehr sorgfältige Due Diligence-Prüfung vorgenommen werden, da auch in diesem Fall im Hinblick auf die Fortführung sämtlicher Arbeitsverhältnisse ein erhebliches wirtschaftliches Risiko für den Käufer besteht. Der Käufer ist gut beraten, sich nicht nur eine möglichst umfassende Kenntnis von den Besitzständen der Belegschaft zu verschaffen, sondern ggfls. vom Verkäufer auch hinsichtlich des Personals und der auf den Käufer übergehenden Pflichten zahlreiche Garantien und Freistellungen zu verlangen.[1250]

> **Praxishinweis:** Käufer und Verkäufer sollten frühzeitig den komplexen Themenbereich Personal auf die Agenda setzen, da die damit verbundenen Prüfungen und auftretenden Fragestellungen erfahrungsgemäß sehr viel Zeit in Anspruch nehmen.

Sowohl Verkäufer als auch Käufer sollten insbesondere bedenken, dass aufgrund des Betriebsübergangs auch **sämtliche verfallbaren und unverfallbaren Versorgungsanwart-**

[1242] BGH vom 14.1.2002 – II ZR 354/99, NJW 2002, 1340, 1341; BGH vom 13.11.1990 – KZR 2/89, NJW-RR 1991, 1002, 1004; BGH vom 5.7.2006 – VIII ZR 172/05, NJW 2006, 2847 Tz. 18.

[1243] BGH vom 2.7.1990 – II ZR 243/89, NJW 1990, 2616.

[1244] Vgl. BGH vom 5.7.2006 – VIII ZR 172/05, NJW 2006, 2847 Tz. 39.

[1245] BGH vom 14.1.2002 – II ZR 354/99, NJW 2002, 1340, 1341; BGH vom 5.7.2006 – VIII ZR 172/05, NJW 2006, 2847 Tz. 49.

[1246] Vgl. BGH vom 5.7.2006 – VIII ZR 172/05, NJW 2006, 2847 Tz. 48.

[1247] BGH vom 5.7.2006 – VIII ZR 172/05, NJW 2006, 2847 Tz. 35.

[1248] Siehe dazu bereits ausführlich → Rn. 270 ff.

[1249] BAG vom 27.4.2017 – 8 AZR 859/15, AP Nr. 469 zu § 613a BGB.

[1250] Siehe dazu bereits oben → Rn. 290.

schaften auf den Käufer übergehen, nicht jedoch die dafür beim Verkäufer gebildeten **Rückstellungen,** die somit bei diesem gewinnerhöhend aufzulösen und beim Käufer neu zu bilden sind.[1251]

Auch hat der Verkäufer zu beachten, dass bei einem Asset Deal die **Ruhestandsverhältnisse** ausgeschiedener Arbeitnehmer bei ihm verbleiben, da sie nicht gemäß § 613a BGB auf den Käufer übergehen.[1252]

g) § 26 HGB bei Firmenfortführung

Der Veräußerer eines Unternehmens haftet im Falle der Firmenfortführung durch den **501** Erwerber gemäß § 25 Abs. 1 HGB für die früheren Geschäftsverbindlichkeiten nur, wenn sie vor Ablauf von fünf Jahren fällig und daraus Ansprüche gegen ihn in einer in § 197 Abs. 1 Nr. 3 bis 5 BGB bezeichneten Art festgestellt sind oder eine gerichtliche oder behördliche Vollstreckungshandlung vorgenommen oder beantragt wird (vgl. § 26 Abs. 1 HGB).

Dies gilt nach (umstrittener) Ansicht jedoch nicht, wenn zwischen Veräußerer und Erwerber eine wirksame Vertrags- und/oder Schuldübernahme des Erwerbers vereinbart wurde.[1253]

Praxishinweis: Beim Asset Deal sollte aus Verkäufersicht auf jeden Fall darauf geachtet werden, dass zum einen etwaige Verträge mit Dritten sowie sonstige Verpflichtungen im Wege der Schuld- und Vertragsübernahme unter Zustimmung des Dritten wirksam auf den Erwerber übergeleitet werden. Zudem sollte auch der Verkäufer darauf achten, dass die Übertragung des Unternehmens auf den Erwerber gemäß § 25 Abs. 2 HGB ins Handelsregister eingetragen und bekannt gemacht wird.[1254]

---

h) Unerlaubte Handlung

Schließlich kommen beim Unternehmenskauf auch Ansprüche des Käufers aus uner- **502** laubter Handlung nach §§ 823, 826 BGB in Betracht, welche nicht generell durch die §§ 434 ff. BGB ausgeschlossen werden, sondern nur dann, wenn sich der geltend gemachte Schaden mit dem Unwert, welcher der Sache wegen ihrer Mangelhaftigkeit von Anfang an anhaftete, deckt.[1255]

(frei)   **503, 504**

4. Gestaltung der Tatbestände vertraglicher Gewährleistung und Haftung

Da die Vertragsparteien in aller Regel die gesetzliche Gewährleistungshaftung sowie **505** die sonstigen gesetzlichen und vertraglichen Haftungstatbestände für den Unternehmenskauf als unpassend ansehen, sollen nach der Vorstellung der Parteien sämtliche Rechte und Pflichten einschließlich der Haftung des Verkäufers (aber auch des Käufers) im Kaufvertrag individualvertraglich gestaltet und eine sonstige vertragliche und gesetzliche Haftung umfassend ausgeschlossen werden. Wie bereits ausgeführt (Teil → C., Rn. 24 ff.), ist ein solcher Haftungsausschluss allerdings unwirksam, wenn dem Verkäufer **Vorsatz bzw. Arglist** zur Last fällt (§ 276 Abs. 3 BGB), was insbesondere auch im Wege der – recht ausufernden – Rechtsprechung des BGH zur Zurechnung von „typischerweise verfügbaren (Akten-)Informationen", von Wissen sowie einem Tun oder

---

[1251] Siehe bereits oben → Rn. 288.
[1252] Siehe zu § 613a BGB beim Asset Deal oben → Rn. 275.
[1253] *Hopt* in: Baumbach/Hopt, HGB, § 25 Rn. 12.
[1254] Siehe zu § 25 HGB ausführlich → Rn. 262 ff.
[1255] BGH vom 18.1.1983 – VI ZR 310/79, NJW 1983, 810.

Unterlassen von Mitarbeitern, Beratern, Geschäftsführern und sonstigen Dritten der Fall sein kann.[1256]

506 Fraglich und von besonderer Relevanz für die M&A-Praxis ist es daher in diesem Zusammenhang, ob und in welcher Hinsicht unter Einräumung eines **Vorrangs der Privatautonomie** Parteivereinbarungen möglich sind (wie z. B. über die Reichweite von Aufklärungspflichten oder die Vereinbarung einer Kenntnisfiktion) oder ob solche Vereinbarungen im Sinne von § 276 Abs. 3 BGB unzulässig sind.[1257] Da die Kenntnisfiktion dem Zweck der Beweiserleichterung dient und dem (lediglich von der Rechtsprechung der Arglist gleichgestellten) Vorwurf eines Organisationsverschuldens entgegenwirken soll, ist meines Erachtens hier dem Grundsatz der Vertragsfreiheit Vorrang vor dem Arglisteinwand einzuräumen, der lediglich dann durchgreifen kann, wenn es sich um ein von der Rechtsordnung zu missbilligendes Verhalten (also insbesondere §§ 138, 242 BGB[1258]) und nicht lediglich Fahrlässigkeit handelt.[1259] Auch sind nach hier vertretener Auffassung nach §§ 241 Abs. 2, 311 Abs. 2, 276 Abs. 1 BGB Vereinbarungen von Verkäufer und Käufer sowohl zum **Umfang der Aufklärungspflichten** des Verkäufers sowie der von ihm (und ggf. auch dem Käufer) anzuwendenden **Sorgfalt** (Verschuldensmaßstab gemäß § 276 Abs. 1 BGB) möglich.[1260]

507 Für die zielgerichtete Ausgestaltung der vertraglichen Gewährleistungen bzw. Garantieerklärungen empfiehlt sich aus Verkäufersicht auch eine (einleitende Klärung) zur Due Diligence Prüfung des Käufers sowie der von den Parteien auf deren Basis gewollten Risikoallokation (nur) die ausdrücklich vom Verkäufer abgegebenen Garantien zur Grundlage der Haftung des Verkäufers machen wollen.

Formulierungsvorschlag: *„Der Käufer bestätigt, dass er (bzw. seine Erfüllungsgehilfen) im Rahmen umfassender Due Diligence Prüfungen zu den Einzelheiten des Kaufgegenstandes (und dabei insbesondere auch hinsichtlich der Gesellschaft, des von ihr betriebenen Unternehmens sowie der Geschäftsanteile an der Gesellschaft) und den ihm für seine Kaufentscheidung sowie den Abschluss des vorliegenden Vertrages relevanten Umständen umfassend Gelegenheit hatte, alle für ihn relevanten Fragen zu stellen, dass deren Beantwortung durch den Verkäufer für ihn ausreichend war und dass er hierfür selbst alle ihm überlassenden Informationen mit der Sorgfalt eines gewissenhaften Kaufmanns geprüft und sich somit im Ergebnis ein eigenes, unabhängiges Urteil über den Kaufgegenstand gebildet und das Für und Wider abgewogen hat. Er hat in diesem Zuge insbesondere auch die Möglichkeit gehabt, die in der Anlage *** im Datenraumindex aufgeführten Dokumente im Rahmen der Due Diligence einzusehen und zu prüfen. Der Käufer hat die Ergebnisse seiner Prüfungen bei seiner Investitionsentscheidung sowie der Kaufpreisbemessung ebenso berücksichtigt wie die Möglichkeit unbekannter Risiken und erwirbt daher den Kaufgegenstand – mit Ausnahme der in diesem Kaufvertrag nachfolgend ausdrücklich von ihm zur Absicherung etwaiger Risiken verlangter und vom Verkäufer übernommenen Gewährleistungen – „gekauft wie besehen".*

---

a) Überblick zu den Eckpunkten der vertraglich gestalteten Gewährleistung

508 **aa) Vertragsfreiheit, zwingende Normen, ergänzende Normen.** Die gesetzlichen Gewährleistungsregelungen des BGB können durch vertragliche Vereinbarung zwischen Käufer und Verkäufer modifiziert werden (**Grundsatz der Vertragsfreiheit,** §§ 241 Abs. 1,

---

[1256] Siehe dazu oben Teil → C., Rn. 29 ff.

[1257] Vgl. dazu Teil → C., Rn. 93 ff. sowie → Rn. 547; vgl. auch *Rasner,* WM 2006, 1425, 1431.

[1258] Vgl. auch *Bank* in: Drygala/Wächter, Verschuldenshaftung und Wissenszurechnung bei M&A Transaktionen, S. 92, 110.

[1259] Ebenso *Karampatzos,* NZG 2012, 852; im Ergebnis ebenso *Hoenig/Klingen,* NZG 2013, 1046.

[1260] Siehe dazu sowie zur näheren Begründung bereits ausführlich Teil → C., Rn. 93 ff.

311 Abs. 1 BGB). Das Gesetz zieht den Vertragsparteien aber generelle Grenzen, und zwar in den Bereichen

– der Haftung für Vorsatz/Arglist in **§ 276 Abs. 3 BGB,**
– bei einem sittenwidrigen, gesetzeswidrigen oder gegen Treu und Glauben verstoßenden Kaufvertrag **(§§ 134, 138 Abs. 1, 242 BGB)** sowie
– der dinglichen Übertragung durch den sog. **„Typenzwang"**[1261] und den **Bestimmtheitsgrundsatz.**

Da sich das gesetzliche Gewährleistung- und Haftungssystem in mehrfacher Hinsicht als unpassend erweist, wird in nahezu jeder professionell durchgeführten Unternehmenskauf-Transaktion ein individualvertraglich, d.h. vor allem auch unter Ausschluss der gesetzlichen Gewährleistungsrechte, eigenes Konzept von Gewährleistungen bzw. Garantien ausgehandelt.[1262] Hier ist allerdings Vorsicht geboten, denn dieser in jedem Lehrbuch zu findende Hinweis täuscht darüber hinweg, dass nicht nur die vorstehenden zwingenden gesetzlichen Regelungen teils unbemerkt, teils zwangsläufig zur Anwendung gelangen, sondern beispielsweise darüber hinaus auch die folgenden Regelungsbereiche, was gerade auch bei unvollständigem Ausschluss oder fehlender ausdrücklicher Bezugnahme der Fall sein kann, und bei der Vertragsgestaltung zu berücksichtigen ist:[1263]

– den **Erfüllungs- und Nacherfüllungsanspruch,** §§ 433 Abs. 1 Satz 2, 437 Ziff. 1, 439 BGB;[1264]
– Anwendbarkeit diverser **ergänzender Regelungen** auch im Falle der Vereinbarung selbstständiger Garantien gemäß § 311 Abs. 1 BGB, zum Beispiel **§ 442 BGB** (Kenntnis des Käufers von Mängeln),[1265] **§ 446 BGB** (Gefahrübergang)[1266] sowie **§ 377 HGB** (Rügeobliegenheit);[1267]
– rügelose Entgegennahme der Sache ohne **Vorbehalt der Rechte** als Änderung der Beschaffenheitsvereinbarung bzw. Garantie (vormals § 464 BGB a. F.);[1268]
– **§ 441 BGB** (Berechnung der Minderung) als Rechtsfolge der Garantieverletzung;
– Rücktritt gemäß **§§ 346 ff. BGB;**[1269]
– bereicherungsrechtliche Rückabwicklung gemäß **§§ 812 ff. BGB bei §§ 119 Abs. 1, 123 Abs. 1, 134 und 138 Abs. 1 BGB;**
– Schadensersatz gemäß **§§ 280 ff., 249 ff. BGB**[1270] (Berechnung des Schadens sowie Grundsätze der Vorteilsausgleichung) bei Verletzung von Garantien sowie **bei arglistiger Täuschung;**[1271]
– Wegfall der Geschäftsgrundlage, **§ 313 BGB;**
– **§§ 133, 157 BGB** betreffend die Auslegung des Unternehmenskaufvertrages, und zwar natürlich auch im Hinblick auf das Gewährleistungs- und Haftungssystem;[1272]

[1261] „Typenzwang" bedeutet die zwingende Anwendung der gesetzlichen Vorschriften im Bereich des Sachenrechts sowie der dinglichen Übertragungsakte.

[1262] Vgl. *Weber* in: Hölters, Handbuch Unternehmenskauf, Kap. 9 Rn. 9.249; *von den Steinen* in: Rotthege/Wassermann, Unternehmenskauf bei der GmbH, Kap. 9 Rn. 44 ff.; siehe zu den Regelungsinhalten selbstständiger Garantien auch *Göthel* in: Göthel, Grenzüberschreitende M&A-Transaktionen, § 2 Rn. 187 ff.; *Hasselbach/Ebbinghaus*, DB 2012, 216, 217.

[1263] Vgl. auch *Schmitz*, RNotZ, 561, 563.

[1264] Siehe dazu → Rn. 433 ff.

[1265] Siehe dazu → Rn. 445 ff.

[1266] Siehe dazu → Rn. 384 f.

[1267] Siehe dazu → Rn. 454.

[1268] Siehe dazu → Rn. 455.

[1269] Siehe dazu → Rn. 432 ff.

[1270] Siehe dazu → Rn. 439 ff.

[1271] Siehe dazu Teil → C., Rn. 24 ff.

[1272] Vgl. zur Auslegung von Unternehmenskaufverträgen auch *Mehrbrey* in: Mehrbrey, Hdb. Streitigkeiten beim Unternehmenskauf, § 2 Rn. 289 ff.

– Unwirksamkeit vertraglicher Regelungen nach **AGB-Recht (§§ 305 ff. BGB)** auch im Hinblick auf nur einzelne Regelungen;[1273] in jüngerer Zeit hat sich auch die Literatur speziell mit dieser Frage beschäftigt und steht einer Unwirksamkeit tendenziell ablehnend gegenüber,[1274] wobei nach wie vor unter Hinweis auf die fehlende Rechtsprechung zu dieser Frage überwiegend auf die gleichwohl bestehenden Risiken und die Notwendigkeit einer Vermeidestrategie hingewiesen wird;[1275]

– **§§ 194 ff. BGB** Laufzeit und Berechnung der Verjährung einschließlich Hemmung gemäß **§§ 203 ff. BGB.**

Von einem vollständigen und abschließenden eigenen Konzept kann also bei einem Unternehmenskaufvertrag nicht die Rede sein, zumal die Regelungsmaterien so komplex und miteinander verwoben sind (zu erinnern ist hier nur an die Bereiche Kaufpreisfindung, Kaufpreisanpassung, Gewinnanspruch, Stichtagsbilanz und sonstige Garantien), dass in aller Regel Punkte übersehen oder unklar geregelt werden.

509   **bb) Vorvertragliche Informationen, Beschaffenheiten i. S. v. §§ 434 ff. BGB und Vereinbarungen zum Verschulden nach § 276 Abs. 1 BGB als „Garantie".** Zahlreiche Informationen, die der Käufer im Rahmen der Due Diligence-Prüfung erhalten hat, werden aus der vorvertraglichen Aufklärungsphase ggf. nebst zusätzlicher Aussagen in den Kaufvertrag zur näheren Beschreibung des Kaufgegenstandes (Erfüllung) sowie für die Frage der Rechtsfolgen bei Nicht- oder Schlechterfüllung übernommen, und somit „verrechtlicht". Dies geschieht entweder als Erklärung des Verkäufers in Form einer **Beschaffenheitsvereinbarung** i. S. v. § 434 BGB, einer **Zusicherung von Eigenschaften** (§ 463 S. 2 BGB a. F.), einem Versichern des Fehlens bestimmter Umstände/Zustände und/oder einem („nach Kenntnis" oder „nach bestem Wissen" qualifizierten oder in stärkster Form verschuldens<u>un</u>abhängigen) **Garantieversprechen.**[1276]

Der gesamte Themenkomplex Unternehmensverkauf mit sowohl der vorvertraglichen Phase der Aufklärung und Due Diligence als auch der Vertragsgestaltung mit entweder Beschaffenheitsvereinbarungen nach §§ 434 ff. BGB und/oder (selbständigen) Garantien beruht somit auf Informationen und Erklärungen des Verkäufers. Dabei ist das Risiko etwaiger Informationsfehler (egal ob vorvertraglich in Form der Aufklärungspflichtverletzung oder vertraglich in Form der Abweichung des Soll-Zustands von Beschaffenheiten oder Garantieerklärungen) in einer zweiten gedanklichen Stufe durch die Regelung der Verantwortlichkeit (= Risikotragung) gem. § 276 Abs. 1 BGB entweder vertraglich frei vereinbart oder nach § 276 Abs. 3 BGB zwingender Natur. Man sollte daher auch für die Frage der Gestaltung der Gewährleistung des Verkäufers zweckmäßigerweise verschiedene Schichten von Information/Aussagen im Kaufvertrag sowie den Erklärungsgehalt des Verkäuferverhaltens unter Berücksichtigung der Verkehrssitte (§§ 133, 157 BGB) wie folgt unterscheiden[1277]:

510   **(1) Vorvertragliche Informationen/Erklärungen und solche auf Kaufvertragsebene:** Ungeachtet der vorvertraglichen Informationsgewährung und Aufklärung durch

---

[1273] Vgl. auch *Weber* in: Hölters, Handbuch Unternehmenskauf, Kap. 9 Rn. 9.251.

[1274] Vor allem *Kästle,* NZG 2014, 288 der sich mit überzeugenden Argumenten gegen eine Anwendung von AGB-Recht auf Unternehmenskaufverträge ausspricht; *Maier-Reimer/Niemeyer,* NJW 2015, 1713, 1719; *Wittuhn/Quecke,* NZG 2014, 131; *Kirchner/Giessen,* BB 2015, 515. Vgl. aber auch die Entscheidung BGH vom 9.7.2013 – II ZR 9/12, NJW-RR 2013, 1255 Tz. 40 ff. zur AGB-rechtlichen Unwirksamkeit von Haftungsausschlussklauseln in Beitritts- und Treuhandverträgen zum Schutz der Investoren.

[1275] *Maier-Reimer/Niemeyer,* NJW 2015, 1713, 1719; *Wittuhn/Quecke,* NZG 2014, 131; *Kästle,* NZG 2014, 288.

[1276] Vgl. auch zu Aufklärungspflichten im Zusammenhang mit Garantien auch *Meyer-Sparenberg* in: Meyer-Sparenberg/Jäckle, Beck'sches M&A Handbuch, § 44 Rn. 118 ff.

[1277] Siehe dazu auch für den Bereich der vorvertraglichen Phase und den Aufklärungspflichten Teil → C., Rn. 18 ff.

den Verkäufer übernimmt der Verkäufer mit Abschluss des Kaufvertrages im deutschen Recht nach §§ 434 ff. BGB die Gewährleistungsrisiken dafür, dass (i) die Kaufsache ausdrücklich die mit dem Käufer vereinbarten Beschaffenheiten hat oder (ii) die Eignung der Kaufsache für die nach dem Vertrag vorausgesetzte oder (iii) übliche Verwendung gegeben ist. Will der Verkäufer dieses Risiko nicht ungeprüft übernehmen, kann er von sich aus selbst den Kaufgegenstand detaillierter Prüfungen und rechtlicher Bewertungen mit dem damit verbundenen Aufwand unterziehen. Verpflichtet ist er dazu aber nicht.

(2) Erklärungen/Informationen zur Sachverhaltsebene: Eine Information im **511** Kaufvertrag kann sich einmal auf die reine Sachverhaltsebene beziehen und im Kaufvertrag in Form von Erklärungen des Verkäufers (ggf. nebst Offenlegung von Sachverhalten in Vertragsanlagen) gegenüber dem Käufer aktiv kommuniziert werden.

Beispiel: Garantien zu Altlasten oder Zahlungen auf die Stammeinlage bei Erwerb von GmbH-Anteilen sind reine Erklärungen zum Sachverhalt und bedürfen i. d. R. keiner weiteren rechtlichen Bewertung durch den Verkäufer (aber je nach Inhalt der sonstigen Erklärungen – siehe unten bei Garantien – ggf. weiterer Sachverhaltsuntersuchungen).

(3) Bewertungs-/Prüfebene bei Erklärungen/Informationen im Kaufvertrag. **512** Während bei einem Unterlassen bereits die Information über den Sachverhalt fehlt, kann eine dem Käufer aktiv im Kaufvertrag gegenüber abgegebene Erklärung in Form von Beschaffenheitsvereinbarungen oder Garantien den weitergehenden Erklärungsgehalt haben, die Information sei auch in tatsächlicher und rechtlicher Hinsicht umfassend geprüft, so dass der Vertragsgegenstand dergestalt „umfassend rechtlich abgesichert" sei, dass z. B. der Verkäufer uneingeschränkter Inhaber des Rechts oder der Sache und diese nicht mit Rechten Dritter belastet sei, dass alle Genehmigungen für den Betrieb des Unternehmens wirksam bestehen oder ein Betriebsgebäude im Einklang mit allen bauordnungsrechtlichen Vorschriften errichtet wurde. Während ein solcher Erklärungsgehalt einer vorherigen zutreffenden Prüfung und juristischen Bewertung durch den Verkäufer m. E. im Rahmen der *vorvertraglichen Informationsgewährung* nicht einfach in die bloße Übergabe von Informationen/Unterlagen hineininterpretiert werden darf[1278], könnte sich je nach den gewählten Formulierungen *im Kaufvertrag* ein anderes Bild ergeben.[1279] Meist werden die Garantien käuferseits so präzise formuliert, dass auch eine zutreffende rechtliche Bewertung mit garantiert wird. Passt der Verkäufer hier nicht auf, könnte das Prüfungs- und Bewertungsrisiko der Due Diligence, welches eigentlich grundsätzlich beim Käufer liegen sollte, durch die Garantien „überschrieben" und damit dem Verkäufer zugewiesen.

Beispiel 1:[1280] Der Verkäufer eines Grundstücks nebst durch Grunddienstbarkeit gesicherter Zuwegung hatte den Käufer nicht darüber aufgeklärt, dass für das Grundstück nur eine – nicht übertragbare – *beschränkt persönliche* Dienstbarkeit bestand, obwohl dies aus den Akten aufgrund der Eintragungsbewilligung erkennbar war. Der Verkäufer – so das OLG Hamm – sei aber bei der Zurechnung des verfügbaren Aktenwissens nicht gehalten, dieses Wissen auch juristisch zu analysieren, und zwar selbst dann nicht, wenn es sich bei dem Verkäufer um eine Behörde mit juristischer Fachkunde handele, weil der Verkäufer bei diesem Zurechnungs-Wertungsmodell des BGH *auch nicht schlechter* stehen solle als die verkaufende natürliche Person, von der man eine solche juristische Prüfung auch nicht erwarte. Eine Haftung nach c. i. c. scheidet dann aus. Gibt der Verkäufer nun allerdings eine selbständige, verschuldensunabhängige Garantie dahingehend ab, „das Grundstück ist uneingeschränkt zugänglich", übernimmt er dieses Risiko im Verhältnis zum Käufer, der bei sorgfältiger Due Diligence diesen Mangel hätte erkennen können.

[1278] Siehe dazu auch oben Teil → C., Rn. 18 ff.
[1279] Vgl. dazu auch OLG Hamm vom 9.12.2010 – 22 U 83/10, NJW-RR 2011, 1146, 1147.
[1280] Fall des OLG Hamm vom 9.12.2010 – 22 U 83/10, NJW-RR 2011, 1146.

Beispiel 2: [1281] Der BGH hat für den – besonders praxisrelevanten – Fall der Übergabe von Jahresabschlüssen durch einen Minderheitsgesellschafter entschieden, dass auch dieser für Buchungsfehler des Steuerberaters nach c. i. c. i. V. m. § 278 BGB hafte, wenn er diese Informationen zum Gegenstand der Verhandlungen mache. Und das OLG Düsseldorf hat in seinem Urteil vom 16.6.2016 auf die „besondere Abhängigkeit des Käufers" von diesen Informationen hingewiesen und ebenfalls eine Haftung des Verkäufers nach c. i. c. bejaht.[1282] Selbst wenn es sich hier um für den Käufer leicht erkennbare Mängel des Jahresabschlusses gehandelt haben sollte, müsste jetzt der Verkäufer, der nicht selbst die Informationen überprüft hat, dafür bei Abgabe einer Jahresabschluss-Garantie einstehen, selbst wenn er seine Haftung für eine vorvertragliche Aufklärungspflichtverletzung wirksam ausgeschlossen hätte.

513   **(4) Qualifikation von Erklärungen/Informationen auf Garantieebene.**[1283] Erst wenn Art und Umfang der für die Aufklärung und Beschreibung des Kaufgegenstandes nötigen Informationen zwischen den Parteien festgelegt sind, stellt sich die Folgefrage, **welcher Verschuldensmaßstab** nach § 276 Abs. 1 BGB gilt, wenn Informationen/ Aussagen des Verkäufers sich später als unzutreffend herausstellen. Dabei sind zweckmäßigerweise die beiden Bereiche der c. i. c.-Haftung für vorvertraglich fehlerhafte Information und Informationen/Erklärungen im Kaufvertrag auseinanderzuhalten:

(a) **Vorsatz** gemäß § 276 Abs. 1 BGB in Form von Wissen und Wollen bezogen auf eine Information setzt entweder (i) positive Kenntnis darüber voraus, dass diese Information falsch ist plus aktive Mitteilung oder Unterlassen der Aufklärung („Handeln/Unterlassen trotz Wissen"[1284]) oder (ii) bei den „Angaben ins Blaue hinein" positive Kenntnis, dass eine Information auf unsicherer Tatsachengrundlage gleichwohl aktiv dem Käufer gegenüber erteilt wird, so dass eine (mögliche) Täuschung des Käufers billigend in Kauf genommen wird. Diese Fälle unterliegen – im Hinblick auf den vertraglich vereinbarten Umfang der Aufklärung – den Beschränkungen des § 276 Abs. 3 BGB.

(b) **Fahrlässigkeit** des Verkäufers gemäß § 276 Abs. 1 BGB im Hinblick auf solche Informationen, die er sorgfaltswidrig durch ein Tun als Falschinformation oder unvollständige Informationen erteilt oder ein sorgfaltspflichtwidriges Unterlassen nicht erteilt hat.

(c) **Übernahme einer Garantie** (§ 276 Abs. 1 1. Hs. BGB): Neben Vorsatz und Fahrlässigkeit als Verschuldensmaßstab können die Parteien darüber hinaus den Verschuldensmaßstab, der für das Schuldverhältnis gelten soll, durch Parteivereinbarung modifizieren, z. B. wie folgt:

– **verschuldensunabhängige Garantie:** in ihrer stärksten Ausprägung (und damit am meisten käuferfreundlich) verspricht der Verkäufer dem Käufer, verschuldensunabhängig für das (Nicht-)Vorliegen definierter Umstände, Zustände, unbekannter Risiken etc. einzustehen;

– **Garantie „nach Kenntnis des Verkäufers":** bei dieser Formulierung wird vom Wortlaut her nur auf die Kenntnis des Geschäftsherrn (natürliche Person) und bei juristischen Personen nur auf die Kenntnis des unmittelbar nach außen handelnden Organs abgestellt;

– **Garantie „nach bestem Wissen":** bei dieser Formulierung wird dem Verkäufer – haftungserweiternd – auch die fahrlässige Unkenntnis der Fehlerhaftigkeit der Garantieaussage des Repräsentanten zugerechnet.[1285] Der Verschuldensvorwurf umfasst dann auch die fehlende Abfrage und Organisation der Weiterleitung des verfügbaren Aktenwissens.

[1281] BGH vom 4.6.2003 – AZ VIII ZR 91/02, BB 2003, 1695, 1697.

[1282] OLG Düss. vom 16.6.2016 – I-6 U 20/15, NZG 2017, 152, 155 Tz. 36

[1283] Siehe hierzu noch ausführlich Tel C. Rn. 20c sowie D. Rn. 325 ff.

[1284] Vgl. dazu auch *Guski*, ZHR 184 (2020), 363, 378; *Grigoleit*, ZHR 181 (2917), 160, 177 ff.

[1285] Vgl. auch *Meyer-Sparenberg* in: Meyer-Sparenberg/Jäckle, Beck'sches M&A Handbuch, § 44 Rn. 44.

Beachte: Das OLG Düsseldorf hat in einer Entscheidung vom 3.7.2017 eine haftungsrelevante Täuschung durch den Verkäufer darin gesehen, dass über den Vorwurf *unterlassener* Aufklärung über bilanzrelevante Angaben in der vorvertraglichen Phase hinaus die Abgabe üblicher Garantien im Kaufvertrag (hier: zum insolvenzrechtlichen Status der Zielgesellschaft) zusätzlich ein *aktives* Täuschungsverhalten des Verkäufers enthalten ist.[1286]

Will oder kann der **Käufer** im obigen Beispiel die Jahresabschlussangaben auch im **514** Rahmen der **Due Diligence** nicht näher prüfen, ist eine objektive (harte) Garantie für ihn passend. Sieht sich der Verkäufer nicht in der Lage, eine solche verschuldensabhängige Garantie abzugeben, kann es sich anbieten, diese nur „nach Kenntnis" oder – etwas stärker – „nach bestem Wissen" abzugeben. Dabei sollte idealerweise auch definiert werden, was die Parteien unter dieser subjektiven Fassung der Garantie genau verstehen. Ist nichts weiter dazu geregelt, liegt bei einer Garantie „nach bestem Wissen" die Auslegung nahe, der Verkäufer habe sich sorgfältig bei denjenigen Dritten erkundigt, die zu dem relevanten Sachverhalt nähere Kenntnis haben (also z.B. beim Steuerberater). Wollte man im Gegensatz dazu noch weitergehend in diese Erklärung des Verkäufers hineinlesen, er habe dann auch alle Sachverhalte sowie die umfassende rechtliche Wirksamkeit geprüft, käme dies im Ergebnis der harten, objektiven Garantie gleich, was dem Zweck der Versubjektivierung zuwiderliefe.

b) Parameter zur Unterscheidung von Garantien, Beschaffenheitsgarantien, Freistellungen und Covenants

Käufer und Verkäufer haben indessen verschiedene Möglichkeiten, die wechselseitigen **515** Rechte und Pflichten im Kaufvertrag zu definieren. Dabei können sich die Vereinbarungen auf den **Kaufgegenstand selbst oder** aber auch auf andere **Umstände außerhalb des Kaufgegenstandes** beziehen. Auch können die Vereinbarungen bestimmte **Verhaltenspflichten** von Verkäufer und Käufer oder bestimmte Zustände betreffen. Je nach Parteiwille und Ausgestaltung dieser Verpflichtungen kann es sich um eine **Primärleistungspflicht** (Erfüllungsanspruch) oder um eine sekundäre Leistungspflicht mit jeweils unterschiedlichen Rechtsfolgen und unterschiedlicher Verjährung handeln.[1287] So will der Käufer typischerweise nur lediglich einen Schadensersatzanspruch gegen den Verkäufer haben, wenn es beispielsweise um die Einholung von Zustimmungen für die Wirksamkeit des Vertrages, ein Unterlassen von Wettbewerb oder die Abgabe bestimmter Erklärungen des Verkäufers gegenüber Dritten geht.[1288] Hier will der Käufer Erfüllung.

Sodann ergeben sich Unterschiede bei den weiteren Anspruchsvoraussetzungen im Falle **516** der Verletzung vertraglicher Pflichten. Soweit es sich um die Verletzung eines Erfüllungsanspruchs handelt, kann der Käufer auf Erfüllung klagen oder als **Sekundäranspruch** nach Setzung einer angemessenen Frist zur Leistung **Schadensersatz** verlangen (vgl. § 281 Abs. 1 BGB).

Im letzteren Fall wandelt sich der Erfüllungsanspruch in einen Schadensersatzanspruch, der dann ein **Verschulden** des Schuldners voraussetzt, für das dieser sich gemäß § 280 Abs. 1 Satz 2 BGB exkulpieren kann, wenn nicht der Verkäufer eine verschuldensunabhängige Garantie übernommen hat. Der Bundesgerichtshof hat inzwischen diesbezüglich klargestellt, dass die **„Zusicherung"** nach §§ 459 Abs. 2, 463 BGB a. F. einer „Garantie" entspricht, wobei es sich sowohl um die **Garantie für die Beschaffenheit** einer Sache

---

[1286] OLG Düss. vom 3.7.2017 – I-4 U 146/14, BeckRS 2017, 130307 Tz. 139 ff.

[1287] BGH vom 15.3.2006 – VIII ZR 120/04, NZG 2006, 590, 593; BGH vom 10.2.1999 – VIII ZR 70/98, NJW 1999, 1542, 1544.

[1288] Vgl. auch *Wächter*, NJW 2013, 1270, 1273, der allerdings eine zeitlich vorgelagerte Primärleistungspflicht ablehnt und im Falle der Verletzung der Garantieaussage ausschließlich auf Naturalrestitution gemäß § 249 BGB abstellt.

i. S. des § 444 Alt. 2 BGB oder um eine **Garantie i. S. d. § 276 Abs. 1 Satz 1 BGB** handeln kann.[1289] Im Gegensatz dazu kann es sich aber gerade auch beim Unternehmenskauf um eine **selbständige Garantie gemäß § 311 Abs. 1 BGB** handeln, wobei das Verhältnis dieser Vorschrift zu den Garantien nach § 276 Abs. 1 BGB und § 443 BGB noch nicht als abschließend geklärt erscheint;[1290] einen einheitlichen **Begriff der Garantie** gibt es jedenfalls nicht.[1291] Zudem werden die Begriffe „Gewährleistung", „Zusicherung" und „Garantie" in der Praxis recht unterschiedlich verwendet, sodass es letztlich Auslegungsfrage ist, was die Vertragsparteien vereinbaren wollten und wozu sich der Garantiegeber danach verpflichtet hat.[1292] Auch wenn die Begriffe **„unselbständige Garantie"** und **„selbständige Garantie"** leicht in die Irre führen können und für eine dogmatische Erfassung der unterschiedlichen Garantieformen nicht geeignet erscheinen mögen,[1293] sind sie in der vertraglichen Praxis und in der Literatur doch so deutlich verankert, dass mangels gesetzlicher Definition über eine andere Terminologie vermutlich keine Einigung und somit auch kein Mehr an Klarheit zu erzielen sein dürfte. Ausgehend von dem § 311 Abs. 1 BGB verankerten Grundsatz der Vertragsfreiheit und dem in **§ 276 Abs. 1 BGB** in Form der Ausprägung einer Garantie in Bezug genommenen **Verschuldensmaßstab** lassen sich die für einen Unternehmenskaufvertrag relevanten Fallgestaltungen wie nachfolgend dargestellt kategorisieren.[1294]

c) Beschaffenheitsvereinbarungen und Beschaffenheitsgarantie

517 Käufer und Verkäufer können beim Unternehmenskauf zahlreiche – aber eben nicht alle – Umstände,[1295] die insbesondere für den Käufer von Relevanz sein mögen, zum Gegenstand einer **Beschaffenheits*vereinbarung* gemäß § 434 Abs. 1 Satz 1 BGB** machen. Die Einzelheiten zu den Voraussetzungen und Rechtsfolgen dieses gesetzlichen Haftungsregimes wurden bereits ausführlich oben dargestellt, weshalb an dieser Stelle darauf verwiesen werden kann.[1296]

518 Wollen die Vertragsparteien den Kauf insgesamt im Rahmen des gesetzlichen Gewährleistungsrechts regeln, kommt zur Verstärkung der Rechte des Käufers auch die Vereinbarung von **Beschaffenheits*garantien*** in Betracht. Beschaffenheitsgarantie i. S. v. § 443 Abs. 1 BGB meint dabei – ebenso wie die Garantie gemäß § 276 Abs. 1 BGB – zumindest auch die Zusicherung einer Eigenschaft der Sache nach früherem Recht, so dass der Verkäufer in vertragsmäßig bindender Weise die Gewähr für das Vorhandensein der vereinbarten Beschaffenheit der Kaufsache übernimmt und damit seine Bereitschaft zu erkennen gibt, für alle Folgen des Fehlens dieser Beschaffenheit – **verschuldensunabhängig** – einzustehen, und zwar selbst dann, wenn der Mangel dem Käufer infolge grober Fahrlässigkeit unbekannt geblieben ist (§ 442 Abs. 1 Satz 2 BGB).[1297]

[1289] BGH vom 29.11.2006 – VIII ZR 92/06, NJW 2007, 1346, 1348; BGH vom 5.11.2010 – V ZR 228/09, NJW 2011, 1217, 1218.

[1290] Vgl. dazu *Jaques*, BB 2002, 417, 418; siehe zur Abgrenzung auch *Weidenkaff* in: Palandt, BGB, § 443 Rn. 9; *Fischer*, DStR 2004, 276, 280.

[1291] *Faust* in: Bamberger/Roth/Hau/Poseck, Beck'scher Online-Kommentar BGB, § 443 Rn. 6 ff. unter Nachweis der Entstehungsgeschichte der Beschaffenheitsgarantie; *Fischer*, DStR 2004, 276, 280.

[1292] Vgl. *Weber* in: Hölters, Handbuch Unternehmenskauf, Kap. 9 Rn. 9.252 ff.; vgl. auch *Faust* in: Bamberger/Roth/Hau/Poseck, Beck'scher Online-Kommentar BGB, § 443 Rn. 9 ff.

[1293] *Faust* in: Bamberger/Roth/Hau/Poseck, Beck'scher Online-Kommentar BGB, § 443 Rn. 17.

[1294] Vgl. auch zur Rechtsnatur und den Unterschieden selbständiger Garantien und Beschaffenheitsvereinbarungen *Meyer-Sparenberg* in: Meyer-Sparenberg/Jäckle, Beck'sches M&A Handbuch, § 44 Rn. 10 ff.

[1295] Siehe zur Abgrenzung von Beschaffenheiten, Eigenschaften und sonstigen Umständen ausführlich oben Teil → C., Rn. 118 ff.

[1296] Siehe → Rn. 394 ff.

[1297] Vgl. BGH vom 29.11.2006 – VIII ZR 92/06, NJW 2007, 1346, 1348; vgl. auch *Weber* in: Hölters, Handbuch Unternehmenskauf, Kap. 9 Rn. 9.252.

> **Beachte:** Die Beschaffenheitsgarantie kann sich nur auf Umstände beziehen, die auch Beschaffenheit sein können,[1298] weshalb sie in aller Regel von professionell beratenen Käufern nicht akzeptiert wird. Denn gerade die Angaben zu Umsätzen, zu Erträgen und zur Bilanz sind zentrale Kaufkriterien, jedoch nach bisheriger Rechtsprechung des BGH keine Beschaffenheiten des Unternehmens. Daher verlangt der Käufer zu diesen Umständen in aller Regel selbständige Garantien im Sinne von § 311 Abs. 1 BGB des Verkäufers.

Dem Käufer stehen bei der Beschaffenheitsgarantie unabhängig von den Rechten aus § 437 BGB und unabhängig von einem Verschulden die in der Garantie bestimmten Ansprüche zu, wobei Anspruchsgrundlagen in der Regel §§ 280, 281 BGB sind.[1299]

d) Garantie gemäß § 276 Abs. 1 BGB

Eine (unselbständige) Garantie kann sich indessen auch aus § 276 Abs. 1 BGB ergeben,   **519** wobei diese sich auf jede (Neben-)Pflicht beziehen kann und dabei lediglich das Verschuldenserfordernis entfallen lässt. Hierbei handelt es sich also lediglich um eine **spezielle Ausprägung** des in § 311 Abs. 1 BGB verankerten **Grundsatzes der Vertragsfreiheit,** der sich hier in dem **Wegfall des Verschuldenserfordernisses** erschöpft. Für einen Kaufvertrag entspricht dies der verschuldensunabhängigen Einstandspflicht des Verkäufers gemäß § 443 Abs. 1 BGB.[1300] Aufgrund der Stellung dieser Vorschrift im allgemeinen Teil gilt § 276 Abs. 1 – anders als § 443 BGB – aber für das gesamte BGB.

e) Einordnung von selbständigen Garantien, Covenants und Freistellungen gemäß § 311 Abs. 1 BGB

Eine selbständige Garantie i. S. v. § 311 Abs. 1 BGB ist nach der Definition der Recht-   **520** sprechung ein Vertrag eigener Art, nach dem der Garant für den Eintritt eines bestimmten Erfolges einzustehen hat oder die Gefahr eines künftigen Schadens übernimmt, wobei er auch für alle nicht typischen Zufälle haftet.[1301] Dabei kann der Inhalt der Garantie unterschiedlich ausgestaltet sein.[1302]

So kann eine (selbständige) Garantie einmal in Form einer **Primärleistungspflicht**[1303]   **521** ausgestaltet sein, die auf Erfüllung eines Tuns oder Unterlassens bzw. Verpflichtung zur Schadloshaltung bei Ausbleiben eines Erfolgs gerichtet ist und bei Nichteintritt des geschuldeten Leistungserfolges ggf. auf der Rechtsfolgenseite zu einem Anspruch des Käufers auf (Nach-)Erfüllung, hilfsweise – je nach Inhalt der vertraglichen Vereinbarungen – auf Schadensersatz in Form von Wertersatz, Rücktritt oder Minderung führen kann. Ist für die **Rechtsfolgen** der Garantie nichts weiter geregelt, kommt gemäß § 281 BGB nur

---

[1298] *Weidenkaff* in: Palandt, BGB, § 443 Rn. 9; *Faust* in: Bamberger/Roth/Hau/Poseck, Beck'scher Online-Kommentar BGB, § 443 Rn. 14.

[1299] *Weidenkaff* in: Palandt, BGB, § 443 Rn. 12; *Fischer*, DStR 2004, 276, 280; *Brück/Sinewe*, Steueroptimierter Unternehmenskauf, § 5 Rn. 226.

[1300] Vgl. dazu auch BGH vom 29.11.2006 – VIII ZR 92/06, NJW 2007, 1346, 1348; vgl. auch *Jaques*, BB 2002, 417.

[1301] BGH vom 13.6.1996 – IX ZR 172/95, NJW 1996, 2569, 2570; BGH vom 11.7.1985 – IX ZR 11/85, NJW 1985, 2941; BGH vom 15.3.2006 – VIII ZR 120/04, NZG 2006, 590, 592; *Sprau* in: Palandt, BGB, Einf. vor § 765 Rn. 16.

[1302] Vgl. auch ausführlich zur Struktur von Garantien *Wächter*, M&A Litigation, 5.8 ff.

[1303] Vgl. BGH vom 15.3.2006 – VIII ZR 120/04, NZG 2006, 590 Tz. 32; BGH vom 10.2.1999 – VIII ZR 70–98, NJW 1999, 1542, 1543 sowie BGH vom 11.7.1985– IX ZR 11/85, NJW 1985, 2941, 2942 zur Erfüllung einer Ankaufsgarantie; so auch generell für die selbständigen Garantien *Brück/Sinewe*, Steueroptimierter Unternehmenskauf, § 5 Rn. 224; *Rödder/Hötzel/Müller-Thuns*, Unternehmenskauf, Unternehmensverkauf, § 10 Rn. 2; *Weber* in: Hölters, Handbuch Unternehmenskauf, Kap. 9 Rn. 9.262; *Weidenkaff* in: Palandt, BGB, § 443 Rn. 13; *Sprau* in: Palandt, BGB, Einf. vor § 765 Rn. 16.

Schadensersatz und beim Schadensersatz statt der Leistung auch eine Rückgängigmachung des Vertrages in Betracht, nicht jedoch eine Minderung.

Beachte: Zwar können selbständige Garantien ebenso wie Covenants oder Freistellungen und deren jeweilige Reichweite (im Rahmen zwingender Vorschriften) grundsätzlich privatautonom vereinbart und die §§ 434 ff. BGB ausgeschlossen werden, doch bleibt sicherlich der Hauptvertrag ein Kaufvertrag i. S. v. § 433 BGB – die Garantien regeln jedenfalls nicht die Hauptleistung „Erfüllung". Die Garantien etc. beziehen sich daher nur auf die Frage der Nacherfüllung, Schadensersatz und sonstige ergänzend oder als Ersatz der gesetzlichen Gewährleistung vereinbarte Rechte und Ansprüche des Käufers. Dass es vor diesem Hintergrund „einhellige Auffassung in der Literatur sei, dass auch die Fragen der Kenntnis und Wissenszurechnung frei festgelegt werden könnten"[1304], ist gerade mit Blick auf die wechselseitigen Primärleistungspflichten sowie damit verbunden § 276 Abs. 3 BGB zu hinterfragen: liefert der Verkäufer die Anteile an dem Unternehmen z. B. gar nicht erst, und liegen beim Verkäufer die Informationen dafür vor, dass die Geschäftsanteile dem Verkäufer nicht gehören, liegt nach dem Konzept des BGH auch der Schluss nahe, dass ein Ausschluss der Wissenszurechnung nach § 276 Abs. 3 BGB unwirksam ist, zumal der BGH ja nicht an ein konkretes Wissen der an der Transaktion Beteiligten anknüpft. Zur Klarstellung: Ich halte dieses (mögliche) Ergebnis der Rechtsprechung ebenfalls nicht für sachgerecht, sondern würde den privatautonomen Vereinbarungen von Verkäufer und Käufer hier Vorrang einräumen.

---

522   Auf Erfüllung sind auch die sog. „**Covenants**" gerichtet, die ein **bestimmtes Handeln oder Unterlassen** des Verkäufers, zum Teil aber auch des Käufers zum Inhalt haben und die ebenso wie die selbständige Garantie als Vertrag sui generis auf § 311 Abs. 1 BGB basieren, jedoch – falls nicht anders vereinbart – ein **Verschulden voraussetzen.**[1305]

523   Die (selbständige) Garantie i. S. v. § 311 Abs. 1 BGB kann aber auch lediglich eine **Sekundärleistungspflicht** zum Inhalt haben, welche von Vornherein bei Verletzung einer Pflicht oder auch dem Eintritt oder Ausbleiben eines Ereignisses[1306] nur auf Schadensersatz und nicht auf Erfüllung eines Tuns oder Unterlassens gerichtet ist; teilweise wird diese – auch gerade beim Unternehmenskauf gebräuchliche – Form der Garantie als „**Risikogarantie**" bezeichnet.[1307]

In diese Kategorie fallen auch die **Freistellungen** (auch „Indemnifications" genannt) oder die auf Eintritt oder Ausbleiben eines bestimmten Erfolgs oder Zustands gerichtete Garantie, die kein bestimmtes Handeln oder Unterlassen des Verkäufers zum Gegenstand haben, sondern lediglich einen verschuldensunabhängigen Befreiungsanspruch bzw. Anspruch auf Schadloshaltung vorsehen, z. B. hinsichtlich des Anspruchs eines Dritten[1308] wie bei Steuer-, Umwelt- oder arbeitsrechtlichen Risiken.[1309]

Ein großer Vorteil der selbstständigen Garantien im Sinne von § 311 Abs. 1 BGB liegt sicherlich darin, dass jegliche Diskussion und Rechtsunsicherheit über den Begriff der Beschaffenheit sowie die Abgrenzung des Gewährleistungsrechts von culpa in contrahendo, Anfechtungsrechten etc. sowie Fragen des Gefahrübergangs im Hinblick auf die Konkurrenzen unterschiedlicher Anspruchsgrundlagen vermieden werden können.[1310]

[1304] *Bank* in: Drygala/Wächter, Verschuldenshaftung und Wissenszurechnung bei M&A Transaktionen, S. 92, 106 f.

[1305] Siehe dazu auch noch → Rn. 544 ff. mit Formulierungsvorschlag.

[1306] *Wächter*, M&A Litigation, Rn. 5.8 spricht von „Aussagegarantien".

[1307] So *Weidenkaff* in: Palandt, BGB, § 443 Rn. 9.

[1308] Vgl. *Link*, BB 2012, 856.

[1309] Siehe auch sehr ausführlich zum Thema Freistellungsanspruch beim Unternehmenskauf *Hilgard*, BB 2016, 1218.

[1310] Vgl. auch *Rödder/Hötzel/Müller-Thuns*, Unternehmenskauf, Unternehmensverkauf, § 10 Rn. 4.

> **Praxishinweis:** Solange nicht eindeutig geklärt ist, ob Umsatz-, Ertrags- und Bilanzangaben sowie sonstige für die Unternehmensbewertung und Kaufpreisfindung maßgebende Unternehmenskennzahlen Beschaffenheiten i. S. v. § 434 BGB sein können, sollten zumindest diese ausdrücklich zum Gegenstand einer selbständigen Garantie nach § 311 Abs. 1 BGB gemacht werden.[1311]

> **Formulierungsvorschlag:** *„Der Verkäufer garantiert dem Käufer verschuldensunabhängig i. S. v. § 311 Abs. 1 BGB in den Grenzen der in diesem Vertrag enthaltenen Erklärungen und Vereinbarungen und – soweit nicht ausdrücklich abweichend hierunter vereinbart – unter Ausschluss einer jeglichen sonstigen vertraglichen, quasi-vertraglichen und gesetzlichen Haftung (insbesondere auch des kaufrechtlichen Gewährleistungs- sowie des allgemeinen Leistungsstörungsrechts[1312]), dass die nachfolgenden Aussagen zum Zeitpunkt der Unterzeichnung dieses Vertrages („Beurkundungstag") sowie – soweit nicht ausdrücklich in einzelnen Garantien anders vermerkt – auch zum Übertragungszeitpunkt vollständig, richtig und nicht irreführend sind (die „Garantien"). Die Berufung auf eine etwaige Unwirksamkeit vertraglicher Vereinbarungen nach § 444 BGB ist ausdrücklich ausgeschlossen. Vielmehr stellen die Parteien mit Blick auf die Formulierung in § 444 BGB und das darin enthaltene Wort „soweit" hier klar, dass die Parteien sämtliche vorvertraglichen, vertraglichen sowie gesetzlichen Rechte und Ansprüche hierunter ausschließlich privatautonom regeln wollen. Die Parteien sind sich darüber einig, dass diese Garantien keine Beschaffenheitsvereinbarungen im Sinne von § 434 BGB und keine Beschaffenheitsgarantien im Sinne von §§ 443 Abs. 1 BGB darstellen."*

Freistellungspflichten können sich zudem auch **aus Gesetz** ergeben (z. B. die Erfül- **524** lungsübernahme gemäß § 329 im Fall der nicht oder noch nicht genehmigten Schuld- oder Vertragsübernahme) oder durch vertragliche Vereinbarung wie eine Erfüllungsübernahme ausgestaltet werden.[1313]

f) Zeitliche Bezugspunkte von Garantien

Fallen der Tag der Unterzeichnung des Unternehmenskaufvertrages und der Übertra- **525** gungszeitpunkt mit der Übergabe der Leitungsmacht zusammen, ist für die Garantiezusagen lediglich dieser eine Zeitpunkt maßgeblich. Anders liegt es jedoch, wenn die Unterzeichnung und der Übertragungszeitpunkt auseinanderfallen – und zwar gleich, ob aufgrund eines getrennten Signing und Closing oder ob aufgrund aufschiebender Bedingungen[1314] –, weil dann die in dieser Interimsphase entstehenden Risiken der einen oder anderen Vertragspartei zuzuweisen sind. Da der Verkäufer bis zur Übergabe des Unternehmens in aller Regel auch noch die Leitungsmacht innehat, wird ihm daher meist durch Abgabe der Garantien auch auf diesen zukünftigen Zeitpunkt der Übertragung das Risiko zugewiesen.[1315] Alternativ kommt auch die Vereinbarung von bestimmten Verhaltensweisen des Verkäufers in Betracht, die auf ein Tun oder Unterlassen gerichtet sein können („Covenants").[1316]

[1311] So zum alten Recht ausdrücklich BGH vom 12.11.1975 – VIII ZR 142/74, NJW 1976, 236 , 237; BGH vom 25.5.1977 – VIII ZR 186/75, NJW 1977, 1536, 1537; vgl. auch BGH vom 12.11.1975 – VIII ZR 142/74, NJW 1976, 236; 237; BGH vom 16.4.1997 – XII ZR 103/95, NJWE-MietR 1997, 150.

[1312] Wird die Anwendung der kaufrechtlichen Gewährleistung nicht ausdrücklich ausgeschlossen, bedeutet die Vereinbarung selbständiger (wie unselbständiger) Garantien nur eine Verstärkung der Haftung des Verkäufers, vgl. auch *Weidenkaff* in: Palandt, BGB, § 443 Rn. 12.

[1313] Vgl. z. B. den Fall BGH vom 1.2.2012 – VIII ZR 307/10, NJW 2012, 1718 Tz. 32 f.

[1314] Siehe dazu → Rn. 132 ff.; vgl. auch *Bisle*, DStR 2013, 364, 365.

[1315] Vgl. auch *Brück/Sinewe*, Steueroptimierter Unternehmenskauf, § 5 Rn. 230; dazu auch *Rödder/Hötzel/Müller-Thuns*, Unternehmenskauf, Unternehmensverkauf, § 10 Rn. 39 ff.

[1316] Siehe dazu → Rn. 522 und 544 ff. mit dem Formulierungsvorschlag.

526 Aus Sicht des Käufers ist ferner zu beachten, dass er bei Information durch den Verkäufer über nach dem Unterzeichnungstag auftretende Risiken Kenntnis erlangt, was möglicherweise gemäß § 442 BGB zum Verlust seiner Rechte führen kann, und zwar insbesondere dann, wenn er in Kenntnis dieser Mängel und Risiken die Sache rügelos entgegennimmt (vgl. § 377 HGB) und keinen Vorbehalt seiner Rechte am Übertragungszeitpunkt bzw. bei Übergabe des Unternehmens erklärt.[1317]

> **Praxishinweis:** Auch wenn § 464 BGB a.F., der einen Vorbehalt der Rechte bei Annahme zum Erhalt der Rechte vorsah, gestrichen wurde, sollte der Käufer sich die Rechte ausdrücklich vorbehalten und dies im Closing-Protokoll oder auf sonstige Weise dokumentieren. § 377 HGB ist dabei ebenso zu beachten, wenn er nicht wirksam abbedungen wurde.

Kann oder will der Verkäufer etwaige in der Interimsphase bis zum Closing auftretende Risiken nicht übernehmen (z.B. weil die wirtschaftliche Abgrenzung bereits auf einen davor liegenden Stichtag erfolgt und er auch demzufolge nicht mehr an etwaigen Gewinnen partizipiert), ist auch eine Modifikation dahingehend denkbar, dass dem Verkäufer das Recht eingeräumt wird, bestimmte Garantien außer Kraft zu setzen oder zu relativieren. Dazu muss dann der Verkäufer dem Käufer etwaige sich bis zum Übertragungsstichtag eintretende Veränderungen mitteilen bzw. seine Garantien aktualisieren (sog. **„Bring Down Certificate"**).[1318] Im Gegenzug wird dem Käufer bei entsprechendem Gewicht dieser Risikoänderungen das Recht zum Rücktritt vom Kaufvertrag oder eine Anpassung des Kaufpreises zugebilligt.[1319]

> **Praxishinweis:** Wählen Verkäufer und Käufer ein solches Verfahren, ist zu beachten, dass aufgrund der damit verbundenen Veränderung der Verpflichtungen aus dem Kaufvertrag gegebenenfalls eine Nachtragsbeurkundung angezeigt ist, wenn der ursprüngliche Vertrag beurkundungspflichtig war.[1320]

Eine weitere Kompromisslösung kann auch darin liegen, die zum Closing abzugebenden Garantien einzuschränken und die Leitungsmacht des Verkäufers an umfassende **Zustimmungs- oder sogar Mitwirkungsrechte des Käufers** im Hinblick auf wesentliche Geschäftsvorfälle festzulegen.[1321] Hierbei sind jedoch kartellrechtliche Vorgaben zu beachten (Vollzugsverbot).[1322]

527 Darüber hinaus empfiehlt es sich, bei einzelnen Garantieinhalten den zeitlichen Bezugspunkt auf den Stichtag und/oder das Signing und/oder das Closing festzuschreiben, um auf diese Weise frühere Zeiträume von der Garantieaussage und damit der Risikozuweisung an den Verkäufer herauszunehmen.[1323]

g) „Harte" und „weiche" bzw. objektive und subjektive Garantien

528 **aa) Haftungsmilderung bei Versubjektivierung.** In der Praxis werden die Erklärungen des Verkäufers – je nach ihrem Gegenstand – als „harte" Garantien (auch objektive

---

[1317] Vgl. → Rn. 454 f.; *Brück/Sinewe*, Steueroptimierter Unternehmenskauf, § 5 Rn. 231.

[1318] *Hoger/Baumann*, NZG 2017, 811, 813; *Meyer-Sparenberg* in: Meyer-Sparenberg/Jäckle, Beck'sches M&A Handbuch, § 44 Rn. 36.

[1319] Vgl. *von den Steinen* in: Rotthege/Wassermann, Unternehmenskauf bei der GmbH, Kap. 9 Rn. 50; vgl. auch *Brück/Sinewe*, Steueroptimierter Unternehmenskauf, § 5 Rn. 231; *Bisle*, DStR 2013, 364, 365. Siehe auch zu einem solchen „Material Adverse Change" (MAC) ausführlich → Rn. 693 f. sowie *Broichmann/Makos*, DB 2015, 2801.

[1320] Siehe dazu → Rn. 140 ff., → Rn. 734.

[1321] Vgl. *Holzapfel/Pöllath*, Unternehmenskauf in Recht und Praxis, Rn. 1186.

[1322] Siehe dazu → Rn. 15.

[1323] Siehe dazu LG Hamburg vom 13.3.2015 – 315 O 89/13, BeckRS 2015, 07608.

Garantien genannt) oder „weiche" Garantien (auch subjektive Garantien genannt) abgegeben, wobei dann zumeist eine Aussage zum Bestehen eines Zustands oder Eintreten eines Ereignisses (positive Garantie) oder gerade für deren Nichtbestehen oder Nichteintritt (negative Garantie) getroffen wird.[1324] Für den Verkäufer ist die Abgabe objektiver Garantien allerdings risikoreich, weil er dann möglicherweise für Umstände einstehen muss, die er gar nicht kennen oder einschätzen kann. Deshalb empfiehlt es sich für ihn, die Garantien unter der Einschränkung *„nach bestem Wissen"* oder schlicht *„nach Kenntnis"* oder „nach Wissen" abzugeben.[1325] Der Käufer wird naturgemäß daran interessiert sein, eine objektive Garantie zu erhalten, sodass sich im Ergebnis zumeist beide Formen von Garantien im Kaufvertrag wiederfinden. **Typische Inhalte subjektiver Garantien** sind z. B.

- Verletzung gewerblicher Schutzrechte Dritter durch das Zielunternehmen,
- Verletzung gewerblicher Schutzrechte des Zielunternehmens durch Dritte,
- Altlasten auf Grundstücken und Kontaminationen,
- Verletzung gesetzlicher Vorschriften (Compliance).

Bei der **Definition von „Kenntnis" bzw. des „besten Wissens"** stellen sich dann **529** weitere Fragen. So wird in der Literatur thematisiert, ob es sich bei dem „Wissen" um ein solches in Form von Vorsatz (also um Wissen mit einem zusätzlichen Wollenselement) oder bloßes Wissen in Form der Kenntnis im Sinne von § 442 BGB handelt.[1326] Ausgehend von der bereits oben erörterten Rechtsnatur selbständiger Garantien als verschuldensunabhängiger Einstandspflicht für ein Tun oder Unterlassen oder die Übernahme eines Risikos bei Vorliegen oder Nichtvorliegen bestimmter Zustände machte ein Vorsatzerfordernis keinen Sinn. Es geht vielmehr allein um die Relativierung der Garantieaussage, damit der Verkäufer nicht für Umstände haftet, die nicht in seinem Verantwortungsbereich liegen bzw. die er selbst nicht besser beurteilen kann als der Käufer.

Es sollte allerdings in der Definition des „besten Wissens" geregelt werden, ob dem Verkäufer lediglich positive Kenntnis schadet oder **auch grob fahrlässige Unkenntnis** oder sogar **fahrlässige Unkenntnis.**

Praxishinweis: Stellt die Formulierung auf „bestes Wissen des Verkäufers" ab, sollte eine Klarstellung erfolgen, dass es sich dabei um ein Wissen handelt, dass der Verkäufer bzw. sein Verhandlungsteam bei sorgfältiger Ermittlung der Informationsgrundlagen und Erkundigung erhalten hat, insbesondere aufgrund einer gezielten Befragung der im Zielunternehmen zu dem relevanten Fachbereich Verantwortlichen.[1327] Stellt sich heraus, dass der Verkäufer sorgfaltswidrig die relevanten Informationen nicht abgefragt hat, ist die Garantie verletzt, auch wenn er tatsächlich keine positive Kenntnis hatte. Da die Übernahme einer solchen Garantie nach „Best Knowledge" des Verkäufers im Ergebnis eine Offenlegungspflicht auslöst,[1328] kann sich im Ergebnis auch hier der Arglistvorwurf ergeben, wenn entgegen der Garantie keine entsprechenden Erkundigungen eingeholt werden.

Sodann stellt sich die Frage, auf **wessen Kenntnis** es bei einer solchen Subjektivierung **530** der Garantieversprechen ankommt.[1329] Denn in aller Regel handelt es sich nicht lediglich um *einen Verkäufer* bzw. Verhandlungsführer, der sämtliche Risiken des Zielunternehmens kennt und beurteilen kann, sodass der Kreis derjenigen, auf deren Kenntnis bzw. (grob) fahrlässige Unkenntnis es ankommt, zu definieren ist.[1330] Es liegt in der Natur der Sache,

---

[1324] Vgl. auch *Hilgard,* BB 2016, 1218, 1221.
[1325] Vgl. dazu auch *Rasner,* WM 2006, 1425, 1430.
[1326] Vgl. *Wächter,* M&A Litigation, Rn. 8.5 ff.
[1327] So auch *Weißhaupt,* WM 2013, 782 und *Hoenig/Klingen,* NZG 2013, 1046, 1051.
[1328] Vgl. auch *Hoenig/Klingen,* NZG 2013, 1046, 1047.
[1329] Vgl. *Schmitz,* RNotZ 2006, 561, 592. Siehe auch zur Zurechnung von Wissen und Verschulden Teil → C., Rn. 29 ff. sowie zum Problem der Definition von „Wissen" im Hinblick auf die unabdingbare Haftung für Arglist/Vorsatz → Rn. 547.
[1330] *Weber* in: Hölters, Handbuch Unternehmenskauf, Kap. 9 Rn. 9.245 u. 7.260 f.

dass der Käufer hier den Kreis weiter ziehen will, wohingegen der Verkäufer die hierfür maßgeblichen Personen zu begrenzen suchen wird.[1331]

> **Praxishinweis:** Sowohl der Haftungsmaßstab (nur positive Kenntnis oder auch – grobe oder sogar leichte – Fahrlässigkeit?) als auch der Personenkreis, auf deren Wissen es ankommt, sollte definiert werden.

531   Der Käufer sollte auch bedenken, dass er grundsätzlich **darlegungs- und beweisbelastet** für die Behauptung ist, der Verkäufer habe Kenntnis von dem Vorliegen bzw. Nichtvorliegen der die Garantieverletzung begründenden Umstände gehabt.[1332]

Dieser Beweis dürfte allerdings im konkreten Fall für den Käufer häufig nur schwer zu führen sein, weshalb subjektive Garantien von ihm möglichst nur dort akzeptiert werden sollten, wo die zu garantierenden Umstände tatsächlich außerhalb der Kenntnis- und Einflusssphäre des Verkäufers liegen.

> **Praxishinweis:** Da die Qualifikation der Garantien durch subjektive Elemente den Interessen des Verkäufers entgegenkommt, könnte dem Käufer eine Beweislastumkehr dahingehend helfen, wonach der Verkäufer nachweisen muss, dass er die Unrichtigkeit der Garantieaussage auch bei gehöriger Erkundigung und Instruktion der maßgeblichen Personen innerhalb des verkaufenden Unternehmens und der Zielgesellschaft nicht hätte erfahren können.

532   **bb) Haftungsverschärfung bei „Garantien ins Blaue hinein".** Wie bereits oben in Teil → C., Rn. 24 ff. ausführlich dargelegt, ist es ein nicht zu unterschätzendes Risiko für den Verkäufer, dass er nicht nur bei *tatsächlich* arglistiger Täuschung des Käufers, sondern auch bei „Angaben ins Blaue hinein" für Vorsatz zwingend haftet, weil die Rechtsordnung ein solches Verhalten rechtsethisch als gravierenden Verstoß gegen Treu und Glauben missbilligt und deshalb der Privatautonomie entzieht (vgl. § 276 Abs. 3 BGB). Dies gilt **vorvertraglich** im Hinblick auf solche Aufklärungspflichten, die (i) der Verkäufer entweder – ohne Parteieinbarung darüber – kraft Gesetz schuldet als auch (ii) für solche Informationen als Entscheidungsgrundlage über das „Ob" des Vertragsschlusses, hinsichtlich derer die Vertragspartner privatautonom die Frage des Informationsrisikos unter Reduzierung oder Ausweitung der Aufklärungspflichten des Verkäufers vereinbart haben.

Für im **Kaufvertrag** enthaltene Informationen/Erklärungen des Verkäufers gelten die Grundsätze zur Arglisthaftung mit der Maßgabe, dass es bei **verschuldensunabhängigen Garantien** auf keinerlei Kenntnis ankommt. Der Gesetzgeber stellt hier die Übernahme des Risikos einer für Vorsatz erforderlichen Kenntnis gleich.

Bei einer „Versubjektivierung" der Garantie (oder heute im Gesetz nicht mehr enthaltenen „Zusicherung/Versicherung") nur **„nach Kenntnis"** kommt es – wenn eine Auslegung nach §§ 133, 157 BGB keinen anderen Erklärungsgehalt ergibt – grundsätzlich nur auf die positive Kenntnis des handelnden Organs bzw. des den Vertrag abschließenden Verhandlungsführers nach § 166 Abs. 1 BGB an.

Bei einer „Versubjektivierung" der Garantie (oder „Zusicherung/Versicherung") **„nach bestem Wissen"** könnte die weitergehende Erklärung und damit Übernahme der Verantwortlichkeit des Verkäufers verbunden sein, er habe unter Anwendung gehöriger Sorgfalt auch die für die Abgabe einer solchen Garantieerklärung relevanten Information aktiv abgefragt und für eine Weiterleitung an ihn, den Vertreter des Verkäufers (gleich ob als organschaftlicher oder rechtsgeschäftlicher Vertreter) gesorgt (auch hier mit dem Vorbehalt, dass nicht eine Auslegung einer solchen Garantieerklärung nach §§ 133, 157 BGB einen anderen Erklärungsgehalt ergibt).

[1331] Vgl. *Rödder/Hötzel/Müller-Thuns,* Unternehmenskauf, Unternehmensverkauf, § 10 Rn. 33.
[1332] Vgl. *Rödder/Hötzel/Müller-Thuns,* Unternehmenskauf, Unternehmensverkauf, § 10 Rn. 31.

> **Hinweis:** Eine automatische Wissenszurechnung oder Wissenszusammenrechnung *aller* beim Verkäufer verfügbaren Informationen, die stets zum Arglistvorsatz führte erscheint wegen der oben in Teil → C., Rn. 29 ff. herausgearbeiteten Grundlagen im Normkontext des Kaufrechts und unter Berücksichtigung der Besonderheiten größerer Transaktionen im Bereich M&A sowie des Immobilienkaufs als nicht im Einklang mit dem Wertungsmodell des Gesetzes und weder aus Verkehrsschutzgründen nötig noch gerechtfertigt.[1333]

h) Einzelne Garantieinhalte

Die möglichen Inhalte von Garantien sind trotz Individualität eines jeden Unternehmens **533** in vielen Beziehungen ähnlich, weil unternehmerische Strukturen und Organisationsprozesse – insbesondere innerhalb der jeweiligen Rechtsformen – vergleichbar sind. Daher haben sich bestimmte Standardthemen herausgebildet, an denen sich sowohl Käufer als auch Verkäufer orientieren können. Gleichwohl ist den jeweiligen Besonderheiten des Einzelfalles sowohl im Hinblick auf das spezifische Unternehmen selbst als auch im Hinblick auf die konkrete Verhandlungssituation Rechnung zu tragen.

aa) Garantien betreffend Eigenkapital und Bilanzen. Während es bei der Eigen- **534** kapitalgarantie um einen Anpassungsmechanismus für den Kaufpreis in Form eines garantierten Reinvermögens als Unternehmenssubstanz geht,[1334] zielt die Bilanzgarantie auf Jahresabschlüsse der vergangenen Geschäftsjahre oder zumindest des letzten testierten Geschäftsjahres, welche Grundlage für die Unternehmensbewertung des Käufers und seiner Kaufentscheidung waren und welcher von daher erhebliches wirtschaftliches Gewicht zukommt.[1335]

> **Praxishinweis:** Fraglich kann sein, wer – neben dem Verkäufer – in welchem Umfang für die Richtigkeit der dem Käufer vor Vertragsschluss übergebenen Jahresabschlüsse und Bilanzen einsteht. Erstellt ein Steuerberater oder Wirtschaftsprüfer die maßgeblichen Jahresabschlüsse, ist zu beachten, dass er zunächst nur seinen Auftraggebern haftet, also in der Regel dem Veräußerer oder dem veräußerten Unternehmen, sodass es sich empfehlen kann, den Auftrag des Wirtschaftsprüfers bzw. Steuerberaters dahingehend auszuweiten, dass die Jahresabschlüsse auch zur Bestimmung des Kaufpreises unter Berücksichtigung des Kaufvertrages und der Interessen beider Vertragsteile zu erstellen sind. War Auftraggeber des Steuerberaters/Wirtschaftsprüfers das Ziel-Unternehmen, hätte dieses (und damit nach Vollzug des Verkaufs die Käuferseite) bei Fehlerhaftigkeit des Jahresabschlusses (Schadens-)Ersatzansprüche gegen den Steuerberater/Wirtschaftsprüfer.

Eine **Bilanzgarantie** schützt jedoch lediglich **vor (Substanz-)Wertbeeinträchti-** **535** **gungen** und ist daher nicht geeignet, die Beschaffenheit und Tauglichkeit einzelner Vermögensgegenstände des Unternehmens zu gewährleisten.[1336] Inhaltlich wird sich die Bilanzgarantie typischerweise auf folgende Bereiche beziehen, wobei auch zu regeln ist, ob das zu Grunde liegende Regelungssystem dem Handelsgesetzbuch oder den International Financial Reporting Standards (IFRS) folgt:[1337]

[1333] Sie zur Wissenszurechnung und Arglistfiktion ausführlich Teil → C., Rn. 56 ff.

[1334] Siehe dazu bereits oben → Rn. 190 f. sowie *Kleissler*, NZG 2017, 531, 536.

[1335] Vgl. auch *Kleissler*, NZG 2017, 531, 532; *Mohamed*, DNotZ 2019, 884, 886; ausführlich *Witte/Gerardy* in: Drygala/Wächter, Bilanzgarantien bei M&A Transaktionen, S. 23 ff.

[1336] Vgl. *Schmitz*, RNotZ 2006, 561, 594; zu Bilanzgarantien auch ausführlich *Wächter*, M&A Litigation, Rn. 5.118 ff. sowie allgemein zu Bilanzgarantien *Drygala/Wächter*, Bilanzgarantien bei M&A Transaktionen, Beck 2015.

[1337] Vgl. dazu auch *Weber* in: Hölters, Handbuch Unternehmenskauf, Kap. 9 Rn. 9.258 f.; *von den Steinen* in: Rotthege/Wassermann, Unternehmenskauf bei der GmbH, Kap. 9 Rn. 58 ff. *Müller/Meyer*, IRZ 2017, 261, 263.

– Anwendung der Grundsätze ordnungsgemäßer Buchführung – GoB,
– Art und Weise der Ausübung von Bilanzierungs- und Bewertungswahlrechten,
– Einhaltung der Bilanzkontinuität,
– Einfluss außerordentlicher Erträge auf die Ertragssituation,
– Abschreibungsmethoden,
– Wertberichtigung von Forderungen,
– Behandlung von Rückstellungen.

> **Praxishinweis:** Bilanzen selbst enthalten nur Aussagen des Erstellers über Sachverhalte/Umstände, wie sie von ihm ermittelt, wahrgenommen und bewertet wurden, sodass eine Bilanz- oder Jahresabschlussgarantie eine Aussage über solche Aussagen und nicht über die Wirklichkeit enthält.[1338] Folglich kann eine Bilanzgarantie z. B. wegen korrekter Erstellung der Bilanz richtig sein, obwohl Vermögenswerte oder Passivposten anders als vom Käufer erwartet vorhanden oder nicht vorhanden sind.[1339]

Zudem ist nach **objektiver und subjektiver Bilanzgarantie** zu differenzieren.[1340] Besondere Aufmerksamkeit hat das Thema Bilanzgarantien im juristischen Schrifttum und der M&A Praxis u. a. erlangt, nachdem das OLG Frankfurt a. M. sich in einer Entscheidung vom 7.5.2015[1341] mit der Frage der Auslegung einer Bilanzgarantie auseinandergesetzt hat, welche im Grunde nur das „True and Fair View Prinzip" des § 264 Abs. 2 Satz 1 HGB wiedergegeben hat und in der M&A Praxis sehr häufig so oder in etwas modifizierter Form anzutreffen ist. Die Klausel in dem vom OLG Frankfurt entschiedenen Fall lautete:

> „Der Jahresabschluss der [Gesellschaft] zum 31.12.2007 ist mit der Sorgfalt eines ordentlichen Kaufmanns unter Beachtung der Grundsätze ordnungsgemäßer Buchführung nach den gesetzlichen Vorschriften unter Wahrung der Bilanzierungs- und Bewertungskontinuität erstellt worden und vermittelt zu den jeweiligen Stichtagen gem. § 267 Abs. 2 HGB ein den tatsächlichen Verhältnissen entsprechendes Bild der Vermögens- Finanz- und Ertragslage der Gesellschaft. Die Verkäufer versichern ausdrücklich, dass nicht bilanzierte Pensionszusagen nicht bestehen.[1342]"

536   Nach Auffassung des OLG Frankfurt beschränkt sich die Garantieerklärung nicht nur auf die Erstellung des Jahresabschlusses unter Beachtung der Sorgfalt eines ordentlichen Kaufmanns unter Übereinstimmung mit den maßgeblichen gesetzlichen Vorschriften; sie sei vielmehr eine **„harte Garantie"** in dem Sinne, dass der Verkäufer damit erkläre, durch den Jahresabschluss werde die *tatsächliche* Vermögens-, Finanz- und Ertragslage der Zielgesellschaft zum Stichtag vollständig und richtig wiedergegeben.[1343]

Dieses Urteil ist im Schrifttum – jedenfalls in diesem Punkt – ganz überwiegend auf Ablehnung gestoßen, insbesondere weil das OLG über den eigentlichen Inhalt der Garantieaussage zum True and Fair View der Bilanz zum Bilanzstichtag hinaus auch für nicht erkennbare Eventualschulden einen Passivposten verlangt und somit der Sache nach eine Vermögensgarantie gewährt, die keine Bilanzgarantie mehr ist, sondern eine Einstandspflicht für sämtliche Risiken, die ein „allwissender Bilanzersteller" zum Zeitpunkt der Bilanzerstellung (also in Wahrheit bei einer Betrachtung ex-post) eingestellt hätte, was bilanz-

---

[1338] *Wächter,* M&A Litigation, Rn. 5.120.

[1339] Vgl. auch *Hennrichs,* NZG 2014, 1001, 1002.

[1340] Vgl. ausführlich *Witte/Gerardy* in: Drygala/Wächter, Bilanzgarantien bei M&A Transaktionen, S. 23 ff.

[1341] OLG Frankfurt a. M. vom 7.5.2015 – 26 U 35/12, BB 2016, 721 = NZG 2016, 435; siehe dazu noch → Rn. 579 sowie die Besprechungen von *König/Gießelmann,* GWR 2016, 155; *Kleissler,* NZG 2017, 531; *Schulz/Sommer,* NZG 2018, 50; vgl. zu Bilanz- und Eigenkapitalgarantien auch *Blunk/Rabe,* GmbHR 2011, 408 sowie *Drygala/Wächter,* Bilanzgarantien bei M&A Transaktionen.

[1342] Zitiert nach *Schulz/Sommer,* NZG 2018, 50, die diesen Wortlaut aus der nicht veröffentlichten Entscheidung der Vorinstanz Landgericht Limburg a. d. Lahn v. 19.3.2012 – 1 O 28 /20 herleiten.

[1343] OLG Frankfurt a. M. vom 7.5.2015 – 26 U 35/12, NZG 2016, 435 Tz. 54 und 65.

rechtlich dann sogar dazu führte, dass der Verkäufer selbst für solche Risiken einstehen müsste, die er nach Bilanzrecht seinerzeit noch nicht einmal einstellen durfte.[1344] Allerdings hatte auch schon zuvor das OLG München in seinem Urteil vom 30.3.2011 in gleicher Weise geurteilt, dass eine solche Bilanzgarantie nicht lediglich eine Garantie der subjektiven Richtigkeit der Bilanz im Sinne einer bloßen Beachtung der Grundsätze ordnungsgemäßer Buchführung sei; vielmehr beziehe sich der eindeutige Wortlaut der Garantie eines den „tatsächlichen Verhältnissen entsprechenden Bildes der Vermögens- Finanz- und Ertragslage der Gesellschaft" auf die objektive Richtigkeit des Jahresabschlusses.[1345]

Da einerseits für den Käufer die Jahresabschluss-/Bilanzgarantie für seine Unternehmensbewertung eine tragende Säule ist und andererseits der Verkäufer auf der Rechtsfolgenseite dementsprechend das Risiko trägt, dass etwaige **Bilanzfehler** nicht nur zu einer einmaligen Reduzierung des Jahresüberschusses mit „Bilanzauffüllung", sondern zu einer Multiplikation dieses Fehlers dergestalt führen, dass die Unternehmenswert-Differenz zu ersetzen sein könnte, ist für die Vertragspraxis von besonderer Bedeutung, (i) was bei einer Bilanzgarantie überhaupt Garantieinhalt wird und (ii) was im Falle einer Garantieverletzung auf der Rechtsfolgenseite daraus resultiert. Gerade mit Blick auf die für viele Praktiker schon recht überraschende Entscheidung des OLG Frankfurt wird daher auch vermehrt empfohlen, die bislang gängigen Formulierungen der Jahresabschluss-/Bilanzgarantie um Klarstellungen zu erweitern, z. B. um eine ausdrückliche Versubjektivierung in Form von „Best Knowledge" des Verkäufers[1346] oder Weglassen einer Bezugnahme auf die „tatsächlichen Verhältnisse der Vermögens-, Finanz- und Ertragslage".[1347]

Entgegen der Auffassung des OLG Frankfurt[1348] und des OLG München[1349] ist die Garantie-Aussage des Verkäufers „der Jahresabschluss für das Geschäftsjahr x ist in Übereinstimmung mit den gesetzlichen Vorschriften und den Grundsätzen ordnungsgemäßer Buchführung unter Wahrung der Bilanz- und Bewertungskontinuität erstellt" nicht eine solche über die tatsächlichen Verhältnisse (Seins-Ebene) im Sinne einer objektiven Realität, sondern nur eine solche über die von ihm beachteten Bilanzierungsnormen (Norm-Ebene), die notwendigerweise auch subjektive Elemente des Bilanzerstellers enthalten, ohne dass die Bilanz dadurch fehlerhaft wäre.[1350] Bilanziert beispielsweise der Verkäufer eine zum Bilanzstichtag als einbringlich einzuschätzende Forderung zutreffend zum Nennwert und wird die Forderung später tatsächlich uneinbringlich, bleibt die Bilanz und damit die Bilanzgarantie dennoch richtig. Denn nach den einschlägigen bilanzrechtlichen Normen kommt es auf die **Umstände am Bilanzstichtag** („zum Abschlussstichtag", § 252 Absatz I Nr. 3 HGB) und die Sicht des Kaufmanns bis zum „Tag der Aufstellung des Jahresabschlusses" an[1351] und eben nicht den kaufvertraglichen Abrechnungs- oder Übergangsstichtag. Will der Käufer also die Haftung des Verkäufers auch auf die Seins-Ebene ausweiten, muss er hierfür gesonderte Garantien des Verkäufers einfordern, und zwar insbesondere auch zu einzelnen Bilanzpositionen, was in der Praxis durchaus häufig vorkommt.[1352] Anders könnte der Fall allerdings dann zu beurteilen sein, wenn der Verkäufer – was gerade in kleineren

---

[1344] Vgl. *Hennrichs*, NZG 2016, 1255, 1258; *Wächter*, BB 2016, 711, 712; *Göthel/Fornoff*, DB 2017, 530, 531 f.; *Schulz/Sommer*, NZG 2018, 50, 51 f. sowie mit sehr guter Analyse *Kleissler*, NZG 2017, 531.

[1345] OLG München vom 30.3.2011 – 7 U 4226/10, BeckRS 2011, 07200 Tz. 27.

[1346] Vgl. z. B. *Göthel/Fornoff*, DB 2017, 530, 532; *Kleissler*, NZG 2017, 531, 533; *Schulz/Sommer*, NZG 2018, 50, 52.

[1347] *Schulz/Sommer*, NZG 2018, 50, 52.

[1348] OLG Frankfurt a. M. vom 7.5.2015 – 26 U 35/12, NZG 2016, 435.

[1349] OLG München vom 30.3.2011 – 7 U 4226/10, BeckRS 2011, 07200.

[1350] Vgl. *Kleissler*, NZG 2017, 531, 533 f.; *Wächter*, M&A Litigation, Rn. 5.118 ff.; *Hennrichs*, NZG 2014, 1001, 1002.

[1351] *Hennrichs*, NZG 2014, 1001, 1002; *Kleissler*, NZG 2017, 531, 533 f.

[1352] Vgl. *Weißhaupt*, BB 2013, 2947, 2952; *Hennrichs*, NZG 2014, 1001, 1002; *Kleissler*, NZG 2017, 531, 535.

mittelständischen Transaktionen durchaus nicht selten festzustellen ist – die Garantieaussage in zeitlicher Hinsicht auf den *Zeitpunkt des Signings* des Kaufvertrages (anstatt den Bilanzstichtag) und mit der ergänzenden Formulierung abgibt, dass der Jahresabschluss auch „ein den tatsächlichen Verhältnissen entsprechendes Bild der Vermögens-, Finanz- und Ertragslage der Gesellschaft" vermittele.[1353]

> **Praxistipp:** Als Verkäufer empfiehlt es sich, klar in den Kaufvertrag aufzunehmen, dass zeitlicher Bezugspunkt der Bilanzgarantie (nur) der Bilanzstichtag (und nicht der Tag der Unterzeichnung des Kaufvertrages oder gar des Closings) ist. Dem Käufer sollte hingegen bewusst sein, dass bei einer zeitlichen Bezugnahme der Garantie auf den (zurückliegenden) Bilanzstichtag seitdem eingetretene wesentliche Veränderungen nicht zu einer Verletzung der Bilanzgarantie führen,[1354] weshalb zusätzliche Garantien per Signing/Closing zu einzelnen Aktiv- und Passivposten aus seiner Sicht durchaus sinnvoll und wichtig sind.

537   Für die M&A Praxis könnte sich im Hinblick auf Fragen der Bilanzierung sowie die Abgabe von Bilanzgarantien auch eine **Entscheidung des Großen Senats des BFH vom 31.1.2013**[1355] auswirken, mit der die Finanzrechtsprechung den **„subjektiven Fehlerbegriff"** aufgegeben hat.[1356] Das Finanzamt – so der BFH – ist auch dann nicht an die vom Steuerpflichtigen aufgestellten Bilanzansätze gebunden, wenn diese aus (subjektiver) Sicht eines ordentlichen und gewissenhaften Kaufmanns im Zeitpunkt der Bilanzaufstellung vertretbar war; vielmehr ist allein die objektive Rechtslage maßgeblich.[1357] Ob diese Rechtsprechung auch für den handelsrechtlichen Jahresabschluss gilt, um den es im Rahmen einer M&A Transaktion geht,[1358] oder ob hier weiterhin der sogenannte **normativ-subjektive Fehlerbegriff** anzuerkennen ist, wird allerdings nicht einheitlich beurteilt.[1359]

> **Praxishinweis:** Vor diesem Hintergrund wird empfohlen, den relevanten Fehlerbegriff für die Frage der Bilanzierung im Vertrag festzuschreiben.[1360]

538   Ist die Bilanzgarantie verletzt, ist die typische **Rechtsfolge Schadensersatz gemäß §§ 249 ff. BGB,** wobei der Ersatzanspruch nach der Rechtsprechung des BGH[1361] und überwiegenden Auffassung im Schrifttum[1362] dann **nicht** auf die sog. **„Bilanzauffüllung"**[1363] (Auffüllung der Bilanz um den Betrag des Bilanzierungsfehlers, also Herstellung der Vermögenssubstanz), sondern **im Falle eines Festhaltens am Kaufvertrag**

[1353] Hier scheint *Hennrichs,* NZG 2014, 1001, 1002, der diese üblichen Formulierungen in M&A-Verträgen für redundant hält, nicht hinreichend genug zu differenzieren.

[1354] Vgl. auch *Weißhaupt,* BB 2013, 2947, 2952.

[1355] BFH vom 31.1.2013 GrS 1/10 (Vorlagebeschluss vom 7.4.2010 I R 77/08), DStR 2013, 633.

[1356] Vgl. dazu auch *Hennrichs,* NZG 2013, 681; *ders.,* zur Haftung auf Schadenersatz wegen unrichtiger Bilanzgarantien bei M&A-Transaktionen NZG 2014, 1001.

[1357] BFH vom 31.1.2013 GrS 1/10 (Vorlagebeschluss vom 7.4.2010 I R 77/08), DStR 2013, 633, 636 f. Tz. 56 und 61 f.

[1358] So *Schulze-Osterloh,* BB 2013, 1131, 1132.

[1359] Für eine Fortgeltung des normativ-subjektiven Fehlerbegriffs *Hennrichs,* NZG 2014, 1001, 1004; zustimmend *Göthel/Fornoff,* DB 2017, 530, 531; wohl zustimmend auch *Schulz/Sommer,* NZG 2018, 50, 51.

[1360] Vgl. *Hennrichs,* NZG 2014, 1001, 1005.

[1361] BGH vom 25.5.1977 – VIII ZR 186/75, NJW 1977,1536; BGH vom 2.6.1980 – VIII ZR 64/79, NJW 1980, 2408, 2410; ebenso OLG Frankfurt a. M. vom 7.5.2015 – 26 U 35/12, BB 2016, 721 = NZG 2016, 435.

[1362] Vgl. z. B. *Hilgard,* BB 2013, 937, 941; *Hennrichs,* NZG 2014, 1001, 1005; *Wächter,* M&A Litigation, Rn. 12.355 ff.; *ders.* NJW 2013, 1270, 1274; *Weißhaupt,* BB 2013, 2947, 2953.

[1363] So aber OLG München vom 30.3.2011 – 7 U 4226/10, BeckRS 2011, 07200 Tz. 32 f.

auf den Preisdifferenzschaden gerichtet ist,[1364] d. h. der Käufer ist so zu stellen, als wäre es ihm bei Kenntnis der wahren Sachlage gelungen, den Kaufvertrag zu einem günstigeren Kaufpreis abzuschließen.[1365] Im Falle einer Garantieverletzung ist nach Auffassung des BGH zur Ermittlung des auf Ersatz des positiven Interesses gerichteten Schadensersatzanspruchs ein Gesamtvermögensvergleich anzustellen: Der tatsächlichen Vermögensentwicklung ist die Vermögenssituation, die bei ordnungsgemäßer Erfüllung bestünde gegenüber zu stellen und die Differenz zu ersetzen.[1366]

Besonders aufschlussreich für die M&A Gestaltungspraxis, was sich „im Ernstfall" vor Gericht alles aus den vertraglichen Regelungen zur Bilanzgarantie, aber dann ebenso zu anderen Garantieaussagen entwickeln kann, sind auch die weiteren Ausführungen im Urteil des OLG München vom 30.3.2011: Der Ersatz des Wertes im Sinne eines Unternehmenspreis-Differenzschadens hat das OLG mit der Begründung abgelehnt, die Rechtsfolge der Garantieverletzung sei primär darauf gerichtet, dass der Käufer Naturalrestitution verlangen könne und müsse, so dass die Gesellschaft (und nicht der Käufer selbst) so zu stellen sei, als wären die Angaben im Jahresabschluss zutreffend gewesen; dabei handele es sich wiederum um einen **eigenen Anspruch des Käufers und nicht um einen Anspruch der Gesellschaft.**[1367] Auf der anderen Seite ist auch damit zu rechnen, dass sich – wie die beklagte Verkäuferseite in dem vom OLG München entschiedenen Fall – argumentiert hat, Naturalrestitution bedeute nur die Erstellung eines einwandfreien Jahresabschlusses[1368] oder bei einer Betrachtung nach der schadensrechtlichen Differenzhypothese hätte sich die Vermögenslage *der Gesellschaft* bei Licht betrachtet ja überhaupt nicht verändert; die des Käufers freilich schon.[1369]

Gegenstand der **Eigenkapitalgarantie** ist hingegen die Höhe eines bestimmten Eigenkapitals zu einem bestimmten Zeitpunkt (in der Regel der Stichtag, auf den die Vertragsparteien den Unternehmenskauf wirtschaftlich abgrenzen, der nicht notwendigerweise mit dem dinglichen Übertragungsstichtag identisch sein muss).[1370] Auch die Eigenkapitalgarantie dient allerdings dem Käufer zur **Absicherung gegen Wertbeeinträchtigungen,** und zwar nur hinsichtlich solcher Umstände, die bilanzielle Auswirkungen haben.[1371]

Eine Vielzahl von Umständen, die die Ertragsfähigkeit eines Unternehmens wesentlich beeinflussen können, fällt also dagegen nicht unter die Eigenkapitalgarantie, wie zum Beispiel[1372]

– Kunden- und Lieferantenbeziehungen,
– etwaige auf Grundlage schuldrechtlicher Vereinbarung genutzter Gegenstände des Anlagevermögens (Miete, Pacht, Leasing),

539

[1364] Vgl. dazu BGH vom 25.5.1977 – VIII ZR 186/75, NJW 1977, 1536, 1538; BGH, Urteil vom 6.4.2001 – V ZR 394/99, NJW 2001, 2875, 2877 sowie *Hennrichs,* NZG 2014, 1001, 1005; *Wächter,* NJW 2013, 1270, 1277; *Wächter* in: Drygala /Wächter, Kaufpreisanpassungs- und Earn-Out-Klauseln bei M&A Transaktionen, S. 11 ff.; *Mehrbrey/Hofmeister,* NZG 2016, 419; OLG Frankfurt a. M. vom 7.5.2015 – 26 U 35/12, NZG 2016, 435 Tz. 74 ff.; *Schulz/Sommer,* NZG 2018, 50, 53; a. A. OLG München vom 30.3.2011 – 7 U 4226/10, BeckRS 2011, 07200.

[1365] BGH vom 2.6.1980 – VIII ZR 64/79, NJW 1980, 2408, 2410; OLG Frankfurt a. M. vom 7.5.2015 – 26 U 35/12, BB 2016, 721 = NZG 2016, 435.

[1366] BGH vom 15.3.2006 – VIII ZR 120/04, NZG 2006, 590, 593; BGH vom 26.9.1997 – V ZR 29/96, NJW 1998, 302, 304.

[1367] OLG München vom 30.3.2011 – 7 U 4226/10, BeckRS 2011, 07200 Tz. 33 ff.

[1368] Vgl. OLG München vom 30.3.2011 – 7 U 4226/10, BeckRS 2011, 07200 Tz. 34.

[1369] Vgl. *Kleissler,* NZG 2017, 531, 536.

[1370] Siehe dazu → Rn. 221 ff.

[1371] *von den Steinen* in: Rotthege/Wassermann, Unternehmenskauf bei der GmbH, Kap. 9 Rn. 61 ff.; *Weber* in: Hölters, Handbuch Unternehmenskauf, Kap. 9 Rn. 9.179 sowie 9.265.

[1372] *Schmitz,* RNotZ 2006, 561, 594; *Rödder/Hötzel/Müller-Thuns,* Unternehmenskauf, Unternehmensverkauf, § 10 Rn. 23.

- immaterielle Wirtschaftsgüter wie Firmenwert, Ruf und Image, Know-How, gewerbliche Schutzrechte,
- organisatorische Gestaltungen,
- Personal,
- Steuerrisiken, für die keine Rückstellungen gebildet wurden,
- Sicherungsrechte Dritter an Vermögensgegenständen,
- Veränderungen der Werthaltigkeit von Forderungen nach dem Stichtag,
- Wirksamkeit und ordnungsgemäße Erfüllung langfristiger Verträge,
- Umstände, aufgrund derer Rechtsstreitigkeiten oder behördliche Verfahren drohen.

> **Praxishinweise:** Da es sich bei der Eigenkapitalgarantie systematisch um einen Anpassungsmechanismus für den Kaufpreis handelt, der sich im Einzelnen nach der auf den Stichtag zu erstellenden Abrechnungsbilanz richtet,[1373] sollte die Eigenkapitalgarantie im Zusammenhang mit dem Kaufpreis sowie dessen Anpassung und nicht bei den sonstigen Garantien geregelt werden, da auch zumeist die Rechtsfolgen jeweils unterschiedlich sein sollen.

Allerdings sollte der Verkäufer auch bei der Eigenkapitalgarantie darauf achten, dass **§ 442 BGB,** also eine entsprechende Kenntnis des Käufers von wertmindernden Sachverhalten, sich nicht kaufpreismindernd auswirken kann sowie eine **Verjährungsregelung treffen.**

540   **bb) Sonstiger Garantiekatalog.**[1374] Üblich ist, dass im Unternehmenskaufvertrag ein Katalog von umfassenden Garantien aufgenommen wird, der ggf. durch entsprechende Offenlegungen in Anlagen und Einschränkungen der Aussagen modifiziert wird.[1375] Hierunter fallen insbesondere Garantien darüber, dass

Gesellschafts- und Gesellschafterebene sowie Beteiligungen (jeweils mit Ergänzung um etwaige Ausnahmen und Einschränkungen)
- die Gesellschaft ordnungsgemäß errichtet ist und der Gesellschaftsvertrag in der als Anlage zum Kaufvertrag beigefügten Fassung ohne weitere Änderungen wirksam besteht;
- der Verkäufer uneingeschränkt veräußerungs- und verfügungsbefugt ist und die zum Verkauf stehenden Gesellschaftsanteile lastenfrei (ohne jedwede Rechte Dritter, wie z.B. Unterbeteiligungen, Nießbrauchsrechte, Vorerwerbsrechte, Optionsrechte) übertragen werden;
- kein Mitgesellschafter seine Gesellschafterstellung gekündigt oder Gesellschafterbeschlüsse angefochten hat;
- keine Ansprüche ausgeschiedener Gesellschafter oder Dritter gegenüber der Gesellschaft oder im Hinblick auf Rechte an den verkauften Anteilen oder den Anteilen anderer Gesellschafter bestehen;
- die Gesellschaft nicht an anderen Gesellschaften beteiligt und keine Joint-Venture-Verträge oder Kooperationsverträge (z.B. ARGE) eingegangen ist;
- keine Unternehmensverträge im Sinne der §§ 291 ff. AktG sowie keine Haftungsverpflichtungen aus solchen Verträgen bestehen;
- aus und im Zusammenhang mit der Beteiligung von oder der Beteiligung an anderen Unternehmen sowie etwaigen Kooperationsverträgen oder Joint-Ventures für die Gesellschaft keine Haftungsrisiken bestehen;
- die Firma ordnungsgemäß geführt wird und keine Rechte Dritter verletzt;

[1373] Siehe dazu bereits oben → Rn. 221 ff.

[1374] Siehe zu einzelnen Garantieinhalten auch *Meyer-Sparenberg* in: Meyer-Sparenberg/Jäckle, Beck'sches M&A Handbuch, § 44 Rn. 70 ff.

[1375] Vgl. auch die ausführlichen Kataloge möglicher Garantien bei *von Hoyenberg* in: Münchener Vertragshandbuch, Band 2, Wirtschaftsrecht I, I.5, Rn. 82, S. 192 ff. und *Holzapfel/Pöllath,* Unternehmenskauf in Recht und Praxis, Rn. 894 ff.

Kapital und Vermögen der Gesellschaft (jeweils mit Ergänzung um etwaige Ausnahmen und Einschränkungen)

– das Kapital ordnungsgemäß aufgebracht und nicht zurückgezahlt ist;
– keine verdeckten Gewinnausschüttungen getätigt wurden;
– die Gesellschaft nicht überschuldet und nicht zahlungsunfähig ist;
– die zurückliegenden Jahresabschlüsse nach deutschen Grundsätzen ordnungsgemäßer Buchführung und HGB bzw. ggf. nach IFRS oder US-GAAP ordnungsgemäß aufgestellt sind und ein den tatsächlichen Verhältnissen entsprechendes Bild der Vermögens-, Finanz- und Ertragslage der Gesellschaft vermitteln;
– das für den Geschäftsbetrieb notwendige Anlage- und Umlaufvermögen sowie die nötigen gewerblichen Schutzrechte im uneingeschränkten Eigentum (und ggf. auch lastenfrei) der Zielgesellschaft stehen oder auf Grundlage von Verträgen zu marktüblichen Konditionen genutzt werden können;
– das Anlage- und Umlaufvermögen in ein der zur Fortsetzung des reibungslosen Geschäftsbetriebs nötigen Menge sowie in einem betriebs- und funktionstüchtigen Zustand verfügbar sind;
– die Forderungen werthaltig und zum Zeitpunkt der Fälligkeit einbringlich sind;
– keine Verbindlichkeiten außer den im letzten Jahresabschluss ausgewiesenen und seitdem im ordnungsgemäßen Geschäftsgang begründeten Verbindlichkeiten bestehen;

Operativer Betrieb (jeweils mit Ergänzung um etwaige Ausnahmen und Einschränkungen)

– die zum Geschäftsbetrieb notwendigen Genehmigungen vorliegen und ein Widerruf oder eine Beschränkung weder angekündigt noch erkennbar sind;[1376]
– keine gerichtlichen oder behördlichen Beschränkungen des Geschäftsbetriebs bestehen noch zu erwarten sind;
– keine Verstöße gegen (i) öffentlich-rechtliche Gesetze, Verordnungen, Richtlinien, Anweisungen, (ii) Strafgesetze oder (iii) Ordnungswidrigkeiten vorliegen oder zu erwarten sind;
– keine Verpflichtungen aus Arbeitsverhältnissen oder Verträgen mit freien Mitarbeitern oder Leiharbeitsfirmen bestehen außer den vom Verkäufer dem Käufer offen gelegten (einschließlich Versorgungszusagen);
– die gemachten Angaben zu Betriebsrat und bestehenden Betriebsvereinbarungen vollständig sind;
– keine „Wichtigen Verträge" (was i. d. S. „wichtig" ist, sollte sodann wertmäßig definiert werden) bestehen außer den vom Verkäufer dem Käufer offen gelegten Verträgen;
– aufgrund des Gesellschafterwechsels keine Sonderkündigungsrechte im Hinblick auf „Wichtige Verträge" bestehen;
– keine Rechtsstreitigkeiten oder behördlichen Verfahren bestehen oder drohen;
– die für den Betrieb erforderliche Informationstechnologie und Software dem Stand der Technik entspricht und funktionstauglich verwendbar ist;
– alle Erklärungen zu Steuern und Sozialversicherungsbeiträgen in Übereinstimmung mit den einschlägigen Rechtsvorschriften zutreffend erstellt und ordnungsgemäß eingereicht wurden und keine Steuerrückstände oder sozialversicherungsrechtlichen Rückstände bestehen;

Typische Risiken aus Geschäftstätigkeit oder Zuständen (jeweils mit Ergänzung um etwaige Ausnahmen und Einschränkungen)

[1376] Vgl. auch zur Frage der Unterscheidung einer Garantie zu behördlichen Erlaubnissen bzw. Genehmigungen einerseits und Berechtigungen zur Nutzung gewerblicher Schutzrechte Dritter andererseits LG Hamburg vom 13.3.2015 – 315 O 89/13, BeckRS 2015, 07608 mit Besprechung *Broichmann/Makos,* GWR 2015, 279.

– im Hinblick auf etwaige erworbene Grundstücke keine Altlasten oder Kontaminationen bestehen und die Grundstücke im Übrigen lastenfrei erworben werden, ohne dass Dritte etwaige Ansprüche geltend machen können;[1377]
– von dem Betrieb keinerlei Umweltrisiken ausgehen[1378];
– keine Produkthaftungsrisiken bestehen;
– keine Währungs- oder Wechselkursrisiken bestehen;
– keine Verlustrisiken aus angenommenen und in der Abarbeitung befindlichen Aufträgen sowie aus abgegebenen Angeboten bestehen;
– außer der gesetzlichen Gewährleistung keinerlei Risiken aus der Übernahme von zusätzlichen Garantien bestehen.

Der Garantiekatalog fällt je nach den Bedürfnissen des Einzelfalles und mit unterschiedlichen Schwerpunktsetzungen zum Teil recht verschieden aus. Es können an dieser Stelle deshalb nicht sämtliche denkbaren Varianten dargestellt werden. Es finden sich aber typische Beispiele von in der Praxis verwendeten Formulierungen in den Musterverträgen in **Teil → G.**

541   **cc) Aufklärung und Vollständigkeit/keine Abgabe sonstiger Garantien oder Beschaffenheitserklärungen.** Macht der Verkäufer oder eine Person, derer er sich zur Erfüllung seiner vorvertraglichen Pflichten bedient,[1379] Angaben, die für den Kaufentschluss des anderen Teils von Bedeutung sein können, müssen **die erteilten Auskünfte** des Verkäufers, gleich ob freiwillig oder auf Nachfragen erteilt, in jedem Fall **zutreffen;** anderenfalls verletzt der Verkäufer Sorgfalts- und Aufklärungspflichten.[1380] Zudem müssen die Auskünfte **vollständig** sein.[1381]

Praxishinweis: Aus Sicht des Käufers empfiehlt sich eine Garantieerklärung dahingehend, dass alle gewährten Auskünfte „richtig, vollständig und nicht irreführend" sind, weil dadurch für einen etwaigen Schadensersatzanspruch das Verschuldenserfordernis entfällt. Ist eine solche Regelung nicht im Kaufvertrag enthalten, könnte sich der Verkäufer gegebenenfalls gemäß § 280 Abs. 1 Satz 2 BGB von einer Haftung befreien, wenn er nachweist, dass er die Pflichtverletzung nicht zu vertreten hat. Wird – wie üblich – die Haftung für culpa in contrahendo ausgeschlossen, führt eine solche Garantie faktisch wieder zu einer Haftung für eine Aufklärungspflichtverletzung. Andererseits kann eine solche Garantie für den Verkäufer zu einer nicht unerheblichen und nur schwer kontrollierbaren Ausweitung seiner Haftung führen, weil diese generalklauselartige Erklärung für ihn das Risiko mit sich bringt, die an anderer Stelle verhandelte Eingrenzung der Garantieversprechen zu konterkarieren.[1382]

Formulierungsvorschlag (Käufersicht): *Alle dem Käufer und seinen Beratern seitens des Verkäufers vor der Unterzeichnung dieses Vertrages zur Verfügung gestellten Informationen sind in jeder Hinsicht richtig, vollständig und nicht irreführend. Sie verschweigen keine Tatsachen in Bezug auf den Kaufgegenstand oder die übernommenen Verbindlichkeiten, Eventualverbindlichkeiten, Verpflichtungen, sonstigen Risiken oder Vertragsverhältnisse, die für*

[1377] Gerade im Hinblick auf den Erwerb von Grundstücken bestehen vielfältige Risiken, die im Rahmen der Garantien mit geregelt werden sollten, die hier jedoch nicht umfassend dargestellt werden können.

[1378] Siehe zum Umgang mit Umweltrisiken und zur Versicherbarkeit *Kiesewetter/Hoffmann,* BB 2016, 1798.

[1379] Siehe zur Zurechnung nach §§ 278, 166 BGB Teil → C., Rn. 29 ff.

[1380] BGH vom 15.7.2011 – V ZR 171/10, NJW 2011, 3640, 3641; BGH vom 26.9.1997 – V ZR 29/96, NJW 1998, 302 m. w. N. aus der Rechtsprechung; vgl. auch zur Haftung des Verkäufers für falsche Auskünfte über den Wert des Unternehmens *Müller,* ZIP 2000, 817; *Picot* in: Picot, Unternehmenskauf und Restrukturierung, § 2 Rn. 65.

[1381] Vgl. BGH vom 27.3.2009 – V ZR 30/08, NJW 2009, 2120.

[1382] Vgl. auch *Brück/Sinewe,* Steueroptimierter Unternehmenskauf, § 5 Rn. 235. Vgl. auch ausführlich zu Informationsgarantien *Burianski/Lang,* NZG 2020, 92.

> die konkret gegebene Information bedeutsam sind oder die der Käufer für seine Kaufent-
> scheidung kennen sollte. Es liegen nach bestem Wissen des Verkäufers sowie von Herrn
> [...] und Frau [...] keine wesentlichen Tatsachen oder Umstände vor, die in Zukunft einen
> wesentlichen nachteiligen Einfluss auf den Kaufgegenstand haben könnten, mit Ausnahme
> von allgemeinen konjunktur- oder marktbedingten Entwicklungen."

Aus **Verkäufersicht** sollte der Garantiekatalog am Ende eine Klarstellung enthalten, dass der Verkäufer gegenüber dem Käufer keine weiteren Garantien oder Beschaffenheitserklärungen abgibt oder abgegeben hat.

> **Formulierungsvorschlag:** „Der Verkäufer erklärt bzw. übernimmt weder in diesem Kauf-
> vertrag weitere Beschaffenheiten oder Garantien noch hat er solche vor Abschluss des
> Kaufvertrages erklärt bzw. übernommen, insbesondere auch nicht durch Angaben in dem
> am [...] übermittelten Information-Memorandum noch übernimmt er eine sonstige Haftung,
> die über die hier ausdrücklich abgegebenen Garantien hinausgehen".

i) Freistellungen („Indemnifications")

Die Verpflichtung zur Freistellung ist im BGB nicht geregelt, so dass sie – ebenso wie **542** eine selbstständige Garantie – eine spezielle Ausprägung der Vertragsfreiheit gemäß § 311 Abs. 1 BGB ist. Anders als bei einer selbstständigen Garantie übernimmt der Verkäufer mit einer Freistellung jedoch **keine Primärleistungspflicht** und gewährt dem Käufer demzufolge auch keinen Anspruch auf Nachbesserung.[1383] Die – ebenfalls **verschuldensunabhängige** – Freistellungsverpflichtung tritt vielmehr dann in Kraft, wenn bestimmte, von den Parteien näher zu definierende Umstände eintreten oder ausbleiben, wobei es sich in aller Regel um solche Umstände handelt, die weniger eine Verhaltenspflicht des Verkäufers zum Gegenstand haben, sondern **bestimmte Risikobeschreibungen** enthalten. Typische Anwendungsfelder von Freistellungsverpflichtungen sind die Bereiche Steuern, Umweltrisiken oder auch Risiken im Zusammenhang mit Arbeitsverhältnissen und gewerblichen Schutzrechten, Urheberrechten und Know-How. Soweit das erworbene Unternehmen in diesen Risikofeldern mit einer Verbindlichkeit eines Dritten belastet wird, geht der aus dem Freistellungsanspruch resultierende Schadensersatz nach § 249 Abs. 1 BGB **inhaltlich auf Schuldbefreiung,** wobei es dem Schuldner (hier dann der Verkäufer) überlassen ist, wie er den Befreiungsanspruch erfüllt (z. B. durch Erfüllung nach § 267 BGB, befreiende Schuldübernahme nach §§ 414, 415 oder auf andere Weise).[1384] Beim Share-Deal ist allerdings auch hier zu bedenken, dass der Schaden ja auf Ebene des Unternehmens eintritt, Inhaber des Freistellungsanspruchs gegenüber dem Verkäufer hingegen der Käufer ist, so dass noch der Käufer seinen Freistellungsanspruch in die Zielgesellschaft im Wege der Abtretung einlegen muss, damit bilanziell die Verbindlichkeit gegenüber dem Dritten durch den korrespondierenden Freistellungsanspruch ausgeglichen wird; auch steuerliche Auswirkungen sollten dabei in den Blick genommen werden. Die oftmals in den Unternehmens- und Beteiligungskaufverträgen enthaltenen Abtretungsbeschränkungen sollten für diese Zwecke idealerweise ausdrücklich ausgenommen werden.

Da sich die Freistellungsverpflichtungen in aller Regel nicht innerhalb des Garantie- **543** katalogs finden, sondern speziell im Kontext mit dem jeweiligen Risikobereich geregelt werden, ist zu bedenken, dass die Rechtsfolgen durchaus anders als bei den Garantien ausgestaltet sein können.

> **Praxishinweis:** Insbesondere der Verkäufer sollte darauf achten, dass er nicht über die
> Vereinbarung umfassender Freistellungen, die im Ergebnis durchaus den von ihm erhalte-
> nen Kaufpreis übersteigen können, ein nur schwer kalkulierbares Risiko eingeht. Auch hier

---

[1383] Vgl. *Rödder/Hötzel/Müller-Thuns,* Unternehmenskauf, Unternehmensverkauf, § 10 Rn. 62.
[1384] BGH vom 17.2.2011 – III ZR 144/10, NJW-RR 2011, 910, 912 Tz. 21.

> sollte der Verkäufer daher anstreben, entsprechende Haftungshöchstgrenzen sowie eine moderate Verjährung zu vereinbaren.[1385]

Auf der **Rechtsfolgenseite,** die sich – ebenso wie die Verletzung von Garantien – grundsätzlich nach §§ 249 ff. BGB richtet, wenn der Kaufvertrag keine abweichenden Vereinbarungen enthält, ist zu beachten, dass der Unternehmenskäufer u. U. nicht sofort einen Anspruch auf Geldzahlung hat, sondern erst wenn der **Freistellungsanspruch in einen Zahlungsanspruch übergegangen** ist, z. B. durch eigene Zahlung des Käufers/des Unternehmens gegenüber dem Dritten[1386] (Finanzamt, Arbeitnehmer, Vertragspartner etc.) oder in Fällen des § 250 Satz 2 BGB.[1387] Der Käufer hat zudem zu bedenken, dass eine nur außergerichtliche Aufforderung zur Zahlung an den Käufer bzw. das Unternehmen womöglich nicht den Anforderungen der nach § 250 Satz 1 BGB erforderlichen Fristsetzung mit Ablehnungsandrohung zur Freistellung (für diese primär geschuldete Naturalrestitution) genügt.[1388] Denn auch hier hat der Verkäufer – ebenso wie bei regulären Garantieverletzungen – durchaus ein Interesse, sich noch mit dem Drittgläubiger auseinandersetzen zu können.

> **Praxishinweis:** Der Verkäufer sollte auch hinsichtlich der Freistellungen ganz allgemein (und nicht nur für die Steuerfreistellung) darauf achten, dass er umfassende Rechte zur Information und Mitwirkung bei der Schadensabwehr erhält und dass der Käufer sowie das Unternehmen keine Ansprüche gegenüber dem Dritten anerkennen dürfen.

Soweit ein solcher Befreiungsanspruch noch nicht in einen einheitlichen Zahlungsanspruch übergegangen ist, können sich auch spezielle Fragen im Zusammenhang mit der **Verjährung** ergeben, wenn z. B. Verpflichtungen nur wiederkehrend zu erfüllen sind und die Verpflichtung zur Freistellung nach dem Unternehmenskaufvertrag vor vollständiger Erfüllung dieser Verpflichtungen gegenüber dem Dritten verjähren sollte.

j) Sonstige Handlungs- und Unterlassungspflichten („Covenants")

544   Als weitere Ausprägung des in § 311 Abs. 1 BGB enthaltenen Grundsatzes der Vertragsfreiheit können sowohl Verkäufer als auch Käufer zusätzliche **(Verhaltens-)Pflichten** übernehmen.[1389] Diese sind in aller Regel zukunftsgerichtet und betreffen zumeist das Verhalten des Verkäufers zwischen Signing und Closing. Von besonderer Bedeutung sind in diesem Zusammenhang beispielsweise

- die **ordnungsgemäße Geschäftsführung des Verkäufers** bis zur Übergabe des Unternehmens an den Käufer;[1390]
- die **ordnungsgemäße Unterrichtung der Arbeitnehmer** nach § 613a BGB durch den Verkäufer;
- die Mitwirkung des Verkäufers bei der **Umschreibung gewerblicher Schutzrechte** in den jeweiligen Registern;
- **Informations- bzw. Unterstützungspflicht** *des Verkäufers* bei laufenden Rechtsstreitigkeiten oder behördlichen Verfahren;

[1385] Vgl. auch *Bisle,* DStR 2013, 364, 367.

[1386] So im Fall des OLG Hamm vom 13.4.1999 – 27 U 278/98, NZV 1999, 377.

[1387] Vgl. BGH vom 17.2.2011 – III ZR 144/10, NJW-RR 2011, 910, 912 Tz. 22; BGH vom 13.1.2004, XI ZR 355/02, NJW 2004, 1868, 1869; BGH vom 10.2.1999 – VIII ZR 70–98, NJW 1999, 1542, 1544; BGH vom 31.1.1996, VIII ZR 243/94, NJW-RR 1996, 700; zum Übergang vom Freistellungsanspruch zum Zahlungsanspruch allgemein *Weber,* NJW 2015, 1841.

[1388] *Weber,* NJW 2015, 1841, 1843.

[1389] Vgl. zu Covenants auch *Weinheimer/Renner* in: Hölters, Handbuch Unternehmenskauf, Kap. 14 Rn. 14.66.

[1390] Siehe zu „Conduct-Of-Business-Klauseln" → Rn. 690 ff.

– Informations- bzw. Unterstützungspflicht *des Käufers* **bei Drittansprüchen** oder behördlichen Verfahren, für die der Verkäufer dem Käufer schadensersatzpflichtig ist oder werden kann.

> **Praxishinweis:** Der Käufer sollte im Unternehmenskaufvertrag regeln, dass ab Vertragsschluss das Unternehmen nur noch im ordentlichen Geschäftsgang weitergeführt werden darf, und dass bestimmte Maßnahmen – vorbehaltlich eines kartellrechtlichen Vollzugsverbots – der vorherigen Zustimmung durch den Käufer bedürfen.

Für den Fall, dass ein entsprechender Garantiefall oder eine Verpflichtung zur Freistellung **545** zur Diskussion steht, sollte der Verkäufer entsprechende **Mitwirkungspflichten des Käufers** sowie die für den Verkäufer erforderlichen **Zugangs- und Zugriffsberechtigungen** auf das Unternehmen sowie die Geschäftsunterlagen vertraglich festschreiben.[1391]

> **Formulierungsvorschlag:** *„Wird die Gesellschaft oder der Käufer verklagt oder droht einem von ihnen verklagt zu werden oder droht einem von ihnen ein Verwaltungsverfahren einschließlich von Prüfungen oder Untersuchungen der Finanzbehörden (nachfolgend „Drittanspruch"), welche Grundlage eines Käuferanspruchs sein können, so ist der Verkäufer berechtigt, dem Käufer und der Gesellschaft Weisungen hinsichtlich Maßnahmen oder Unterlassungen zu erteilen, welche diese im Zusammenhang mit einem Drittanspruch vornehmen oder unterlassen sollen. Der Käufer hat dem Verkäufer ausreichend Gelegenheit zu geben, alle die Gesellschaft/den Kaufgegenstand betreffenden Berichte, z. B. betreffend Steuern und Sozialversicherung, einzusehen und zu kommentieren sowie Kopien der jeweiligen Bescheide oder sonstigen Mitteilungen auf Kosten der Gesellschaft zu erhalten. Weder die Gesellschaft noch der Käufer sind befugt, eine etwaige Haftung anzuerkennen oder diesbezüglich Vergleiche zu schließen, ohne zuvor die schriftliche Zustimmung des Verkäufers eingeholt zu haben. Ferner ist der Verkäufer berechtigt, auch selbst im Namen und im Auftrag des Käufers und/oder der Gesellschaft alle Maßnahmen zu ergreifen oder die Gesellschaft sowie den Käufer anzuweisen, Maßnahmen vorzunehmen, die der Verkäufer für geeignet hält, Drittansprüche abzuwehren oder zu vermeiden; diese Befugnis des Verkäufers erstreckt sich auch auf Gegenansprüche oder sonstige Ansprüche des Käufers oder der Gesellschaft gegen Dritte. Darüber hinaus ist der Käufer selbst verpflichtet und wird die Gesellschaft ebenso verpflichten, dem Verkäufer alle diejenigen Informationen und Hilfestellungen – wie oben beschrieben – zu gewähren, einschließlich Zugang zu Grundstücken der Gesellschaft und Personal sowie einschließlich dem Recht, Vermögensgegenstände, Konten, Dokumente und Akten zu untersuchen, zu kopieren oder fotografieren, um Ansprüche gegen den Verkäufer und seine Berater abzuwehren oder zu vermeiden. Der Verkäufer darf diese vertraulichen Informationen nur für die vorstehend erwähnten Zwecke verwenden."*

Anders als die Garantie und die Freistellungsverpflichtung führt die Verletzung solcher **546** Covenants – falls nicht im Vertrag abweichend geregelt – gemäß § 281 BGB nur bei einem **Verschulden** des Schuldners zu einer Schadensersatzverpflichtung. Im Falle der Verletzung von Mitwirkungspflichten des Käufers zu Zwecken der Minimierung des Schadens, der gegebenenfalls von dem Verkäufer zu ersetzen wäre, könnte das pflichtwidrige Verhalten auch beim **Mitverschulden gemäß § 254 BGB** berücksichtigt werden.

> **Praxishinweis:** Der Verkäufer sollte darauf achten, dass die Rechtsfolgen auch im Hinblick auf die Verletzung der Käuferpflichten zur Abwehr von Drittansprüchen geregelt werden, z. B. in der Form, dass er nur zum Schadensersatz verpflichtet ist, wenn der Käufer diese Pflichten einhält. Alternativ käme eine Berücksichtigung vertragswidrigen Verhaltens des Käufers über § 254 BGB in Betracht.[1392]

[1391] Vgl. dazu auch speziell im Hinblick auf den Freistellungsanspruch beim Unternehmenskauf *Hilgard*, BB 1218, 1224 ff.

[1392] Vgl. dazu auch *Hasselbach/Ebbinghaus*, DB 2012, 216, 221 f., die (auch) auf diese Weise das Risiko des Verkäufers im Hinblick auf den Arglistvorwurf begrenzen wollen.

k) Zurechnung von Informationen, Wissen und Verschulden, §§ 31, 278, 166 BGB sowie ggf. dadurch unterstellte Arglist[1393]

547   Die Frage der Zurechnung von Informationen, von Wissen und Verhalten Dritter ist bereits oben in Teil → C., Rn. 29 ff. ausführlich behandelt worden, weshalb hier darauf verwiesen wird. Insbesondere der Verkäufer muss bedenken, dass ihm eventuell (je nach Fallgestaltung) im großen Umfang nicht nur das Verhalten Dritter, insbesondere der Mitarbeiter im eigenen Unternehmen, der Geschäftsführung und ggf. Mitarbeiter im zu verkaufenden Unternehmen sowie sämtlicher im Zuge des Verkaufs, aber auch der im Vorwege mit der Zusammenstellung von Informationen (z. B. Erstellung von Jahresabschlüssen) betrauten Berater zugerechnet wird, sondern **möglicherweise auch ein bloß „typischerweise verfügbares Aktenwissen"**.[1394]

> **Beachte:** Die fehlende Organisation und Informationsabfrage – an sich zumeist ein bloß fahrlässiges Verhalten – kann den Arglistvorwurf begründen, auf dessen Basis der Käufer sodann sämtliche Haftungsausschlüsse des Unternehmenskaufvertrages angreifen kann.[1395]

Gemäß **§ 278 Satz 2 BGB** findet § 276 Abs. 3 BGB auf Erfüllungsgehilfen keine Anwendung, so dass für diese (nicht aber für die Organe der verkaufenden juristischen Person)[1396] auch eine Enthaftung für Vorsatz kaufvertraglich vereinbart werden könnte.[1397] Die häufig anzutreffende Formulierung „Die vorstehenden Haftungsausschlüsse gelten nicht bei Vorsatz" geht daher aus Verkäufersicht unnötig weit.

> **Formulierungsvorschlag:** *„Die in diesem Vertrag enthaltenen Haftungsausschlüsse und -begrenzungen gelten nicht, soweit gesetzlich eine Haftung zwingend vorgeschrieben ist."*
> Oder noch deutlicher: *„Die in diesem Vertrag enthaltenen Haftungsausschlüsse und -begrenzungen gelten auch im Falle von Vorsatz von Erfüllungsgehilfen des Verkäufers."*
> Oder: *„Die Vertragspartner sind sich einig, dass alle der Käuferin aus und im Zusammenhang mit dem Erwerb des Kaufgegenstandes zustehenden Rechte und Ansprüche unabhängig von ihrem Rechtsgrund, ihrer Entstehung und ihrem Umfang allein in diesem Vertrag geregelt und im Übrigen im Rahmen des gesetzlich Zulässigen (einschließlich Anwendung von § 278 Satz 2 BGB) ausgeschlossen sind."*

548   Soweit es für eine Haftung des Verkäufers auf die Kenntnis von Umständen ankommt (insbesondere bei subjektiven/weichen Garantieaussagen sowie bei Arglist), sollte der **Kreis der relevanten Personen eingegrenzt werden.** Bei formaler Betrachtung nur der gesetzlichen Regelung wird zwar im Hinblick auf die Rechtsprechung des BGH zur Wissenszurechnung nicht ohne weiteres die Haftung für Vorsatz/Arglist im Sinne von § 276 Abs. 3 BGB ausgeschlossen.[1398] Allerdings könnte die extensive Definition der Recht-

---

[1393] Siehe zur Zurechnung des Verhaltens Dritter sowie zur Arglist ausführlich Teil → C., Rn. 24 ff.
[1394] Siehe auch Teil → C., Rn. 56 ff.
[1395] Siehe Teil → C., Rn. 24 f.
[1396] *Grüneberg* in: Palandt, BGB, § 278 BGB, Rn. 6, 42.
[1397] Vgl. auch *Wächter*, M&A Litigation, Rn. 8.225 f.; *von Rosenberg* in: Eilers/Koffka/Mackensen, Private Equity, Teil I. 9. Rn. 13.
[1398] Vgl. dazu ausführlich oben Teil → C., Rn. 29 ff. sowie *Wächter*, M&A Litigation, Rn. 8.132 ff. u. 8.142 ff., der die Frage der Verletzung von Wissensorganisationspflichten schon auf der Rechtswidrigkeits- bzw. Pflichtwidrigkeitsebene ansiedeln will und jedenfalls der Vertragsfreiheit Vorrang einräumen will, so dass dann in diesem Punkt § 276 Abs. 3 BGB nicht anwendbar wären; in dieselbe Richtung *Rasner*, WM 2006, 1425, 1431, der die Beschränkungen der §§ 276 Abs. 3, 444 BGB ohne weiteres für nicht anwendbar hält, sich aber dabei widerspricht, wenn es auf S. 1429 heißt: „Die Prinzipien der Wissenszurechnung sind daher im Bereich der §§ 444, 276 BGB einer vertraglichen Regelung nicht zugänglich."

sprechung von Arglist über die Wissenszusammenrechnung u. U. auch dazu führen, dass etwaige Regelungen im Kaufvertrag zur Kenntnis als unzulässige Haftungsbeschränkung für Vorsatz i. S. v. § 276 Abs. 3 BGB eingestuft werden.[1399] Ob die Rechtsprechung in den Fällen „aufwändiger" und im Einzelnen verhandelter Unternehmenskaufverträge dann dem Grundsatz der Vertragsfreiheit Vorrang einräumt oder dem Verkehrsschutz, bleibt abzuwarten. Jedenfalls hat die „Arglist" bei Wissenszusammenrechnung nichts gemein mit der gesetzlichen Wertentscheidung des § 276 Abs. 3 BGB, vorsätzliches bzw. arglistiges Verhalten von der Rechtsordnung zu missbilligen. Denn der sich eigentlich hinter der Wissenszurechnung verbergende Vorwurf mangelnder Organisation ist ein solcher der einfachen oder groben Fahrlässigkeit, über den vertragliche Regelungen getroffen werden dürfen.

> **Formulierungsvorschlag:** *„Soweit dieser Vertrag oder das Gesetz auf die Kenntnis, das Kennenmüssen oder das beste Wissen des Verkäufers abstellt, ist allein die tatsächliche Kenntnis (von Herrn [...]/der am Unterzeichnungstag bestellten organschaftlichen Vertreter des Verkäufers) maßgeblich. Eine haftungsrelevante tatsächliche Kenntnis wird nicht durch „verfügbares Aktenwissen" fingiert."*
>
> *„Sofern nicht ausdrücklich anders vereinbart, sind weder das Management noch Mitarbeiter noch Berater des Verkäufers oder des Unternehmens dazu ermächtigt oder ermächtigt gewesen, als Repräsentanten des Verkäufers zu handeln noch wird ein etwaiges Wissen oder Unterlassen dieser Personen den Verkäufer zugerechnet, so dass diese Personen insbesondere auch nicht befugt waren und sind, Erklärungen mit Wirkung für die Verkäufer abzugeben und er sich daher deren Verhalten und Kenntnisse auch nicht zurechnen lassen muss."*

Wie bereits oben in Teil → C., Rn. 29 ff. ausführlich dargestellt und analysiert, ist diese **549** ausufernde Rechtsprechung ein Hauptproblem bei der – wirksamen und belastbaren – Gestaltung von Haftungsausschlüssen und -begrenzungen für den Verkäufer. Mit Blick auf die im Normkontext Kaufrecht angelegte Risikoverteilung für sowohl die vorvertragliche als auch die vertragliche Phase und unter Berücksichtigung der Besonderheiten des Gebiets größerer Transaktionen beim Unternehmens- wie Immobilienkauf sollte folgendes zur Frage der Zurechnung von Wissen und Verschulden überlegt werden[1400]:

> **Lösungsansatz:**
> (1) Die Rechtsprechung und Praxis sollte sich von den missverständlichen Begriffen der „Wissenszurechnung" und des „Wissensvertreters" lösen und durch Verwendung des Begriffs der „Informationspflichtverletzung" verdeutlichen, dass wegen der möglichen Zurechnung auf Grundlage eines solchen Organisationsverschuldens heute mehr denn je ein sorgfältiges Informationsmanagement als Teil unternehmerischer Tätigkeiten im Rechtsverkehr erforderlich ist.
> (2) Es sollte klar zwischen den Fällen der zunächst nur internen Informationspflichtverletzung und einer anlassbezogenen (im Kaufrecht regelmäßig die Kontaktaufnahme vor Vertragsschluss), externen Aufklärungspflichtverletzung unterschieden werden, weil erst diese zu einer Täuschung des Käufers führen und auf seine freie Willensentschließung einwirken kann.
> (3) Ausgehend von den internen Pflichten eines Geschäftsleiters nach der internen Business Judgement Rule könnte man – im Sinne einer Komplementarität die gleichen Maßstäbe auch für das externe Tun oder Unterlassen von natürlichen wie juristischen Personen als Pflichtenmaßstab in Form einer externen „Business Information Rule" anwenden, um die zu weit geratene Organisationspflichtverletzung einzugrenzen: soweit (zukünftige) Vertragspartner zur vorvertraglichen Verteilung der sich im konkreten Fall ergebenden Informations-Risiken keine abweichenden Vereinbarungen getroffen haben, haben sowohl natürliche wie

---

[1399] Vgl. *Rasner*, WM 2006, 1425, 1429.
[1400] Siehe dazu ausführlich die Erläuterungen in Teil → C., Rn. 29 ff. sowie speziell die Vorüberlegungen zum Lösungsvorschlag in → Rn. 93 ff.

juristische Personen als am Rechtsverkehr im Außenverhältnis teilnehmende Einheit die „Sorgfalt eines ordentlichen und gewissenhaften Teilnehmers am Rechtsverkehr" anzuwenden. Eine Pflichtverletzung liegt nicht vor, wenn die natürliche oder juristische Person bei einer Teilnahme am Rechtsverkehr vernünftigerweise nach Treu und Glauben annehmen durfte, dafür angemessen informiert zu sein und angemessen informiert zu haben." Schon *Bohrer,* auf den auch der BGH sich in seiner grundlegenden Entscheidung vom 2.2.1996[1401] zur Wissenszurechnung stützt, hat insoweit auf den Gedanken der „Wissensverantwortung als ein selbständiges Strukturelement des privaten Rechtsverkehrs" verwiesen, welcher – vergleichbar einer Verkehrssicherungspflicht – auf dem Gedanken beruht, dass jeder, der Gefahrenquellen schafft, die notwendigen Vorkehrungen zum Schutz Dritter zu treffen hat.[1402]

(4) Die aus der Business Information Rule folgende Pflicht könnte man de lege ferenda als Konkretisierung der Grundsätze von Treu und Glauben fassen, z.B. als Unterfall allgemeiner Schutzpflichten als neuen § 241 Abs. 3 BGB.[1403]

(5) Nach §§ 241 Abs. 2, 311 Abs. 2, 276 Abs. 1 BGB sind Vereinbarungen von Verkäufer und Käufer sowohl zum Umfang der Aufklärungspflichten des Verkäufers sowie der von ihm (und ggf. auch dem Käufer) anzuwendenden Sorgfalt (Verschuldensmaßstab) möglich.

(6) Neben den klaren Fällen einer vorsätzlichen Täuschung (z.B. durch Bilanzmanipulationen oder gezielt unwahren Behauptungen) sollten Fälle einer bloß fahrlässigen Informations- und Aufklärungspflichtverletzung nicht – wie bislang – zu einem Vorsatzvorwurf führen und § 276 III BGB keine Anwendung finden. § 444 BGB ist hingegen die Norm, die speziell für das Kaufrecht ebenfalls *grundsätzlich* bei Vorsatz bzw. Arglist einen Haftungsausschluss für unwirksam erklärt, durch die Formulierung mit dem Wort „soweit" aber *ausnahmsweise* nicht nur im Bereich von Garantien privatautonom vereinbarte Abweichungen zulässt, sondern auch für den Bereich – der normalerweise Arglist begründenden – unterlassenen Aufklärung.

(7) Sowohl die vorvertraglichen „Angaben ins Blaue hinein" als auch die Garantieversprechen des Verkäufers (gleich ob objektiv oder nur „nach bestem Wissen" abgegeben) sind zunächst bedingt vorsätzlicher Natur, weil der Verkäufer sorgfaltswidrig nicht die relevanten Informationen abgefragt und weitergeleitet hat. Ob für diese Fälle die Formulierung in § 444 BGB mit „soweit" hilft, nicht nur für die Garantieerklärung an sich, sondern auch dem bedingt vorsätzlichen Arglistfall die Haftung tatbestandlich und/oder auf der Rechtsfolgenseite einzugrenzen, ist offen, sollte aber vom Grundsatz her bejaht werden.

(8) Dabei erscheint mir dann auch eine Zurechnung über § 31 BGB analog passender zu sein als die in der Literatur vielfach zu Recht kritisierte Analogie zu § 166 Abs. 1 BGB.[1404]

(9) Auch mag hier der Regelung in § 278 S. 2 BGB der Rechtsgedanke entnommen werden, dass eine Vereinbarung mit dem Gläubiger zum Ausschluss einer Haftung für sogar vorsätzliches Verhalten von Erfüllungsgehilfen grundsätzlich zulässig sein soll und man vor diesem Hintergrund den Vorwurf der (eigenen) Organisationspflichtverletzung des Geschäftsleiters nach § 31 BGB analog dahingehend restriktiv verstehen sollte, dass bei pflichtgemäßer Abfrage und Anordnung der Weiterleitung etwaige Fehler auf Mitarbeiterebene nicht mehr als Verschulden zugerechnet werden.[1405]

550   **Gestaltungsvorschläge.** Vor dem Hintergrund der Rechtsprechung des BGH sowie den damit verbundenen Unsicherheiten für die M&A Praxis kann versucht werden, mit verschiedenen organisatorischen Maßnahmen sowie Vereinbarungen in sowohl der vorver-

---

[1401] BGH vom 2.2.1996 – V ZR 239/94, NJW 1996, 1339, 1340.

[1402] *Bohrer,* DNotZ, 1991, 124, 129, 131.

[1403] Im Ansatz mit einem Lösungsvorschlag über § 241 Abs. 2 de lege lata ähnlich *Risse,* NZG 2020, 856, 863 ff.

[1404] Offen gelassen von BGH vom 12.11.1998 – IX ZR 145/98, NJW 199, 284, 286; für eine analoge Anwendung von § 31 BGB u.a. auch *Fleischer* in: Beck OGK AktG, § 78 Rn. 53 m.w.N.; *ders.* NJW 2006, 3239, 3243 f.; *K. Schmidt,* Gesellschaftsrecht, 10 V 2b; *Koch* in: Hüffer/Koch, AktG § 78 Rn. 24 m.w.N.; vgl. auch die Darstellung zu den dogmatischen Grundlagen der Wissenszurechnung in der Literatur *Armbrüster/Kosich,* ZIP 2020, 1494, 1496 ff. und speziell zu § 31 BGB analog S. 1498 m.w.N.

[1405] In die gleiche Richtung argumentierend *Risse,* NZG 2020, 856, 862.

traglichen Phase als auch im Kaufvertrag gegenzusteuern, um so insbesondere verkäufer-seitig die Haftungsrisiken zu reduzieren, z. B.

- **Verkäufer-Due-Diligence** zur gezielten Suche nach Schwachstellen, um sodann den Käufer ungefragt bzw. auf Fragen des Käufers hin über aufklärungspflichtige Tatsachen vollständig und richtig aufklären zu können;[1406]
- **Vereinbarungen** schon gleich zu Beginn der Transaktion (z. B. im LoI) zur Reichweite der **Aufklärungspflichten** sowie zum Kreis derjenigen **Personen,** deren Verhalten und Wissen dem Verkäufer (oder ggf. auch dem Käufer) zuzurechnen ist;[1407]
- **sorgfältige Organisation und Dokumentation** des Verkaufsprozesses nebst Erfüllung der Aufklärungspflichten[1408] bei sowohl der Zielgesellschaft als auch der Verkäufer-gesellschaft;
- Ausschluss der Haftung für vorsätzliches Verhalten der Erfüllungsgehilfen gemäß **§ 278 Satz 2 BGB;**
- präzise **Definition des Personenkreises,** auf dessen „**Kenntnis**" oder „**bestes Wis-sen**" es für die Abgabe von Garantien ankommt;[1409]
- präzise Definition, was die Parteien genau unter „Kenntnis" bzw. „bestem Wissen" ver-stehen;
- präzise Vereinbarung einer **Wissensfiktion** hinsichtlich der Umstände, die in den im Datenraum sowie der sonst im Rahmen der Due Diligence verfügbar gemachten Unter-lagen enthalten sind sowie Speicherung auf Datenträger und Beifügung zur Urkunde zu Beweiszwecken (Alt.: Dokumentenliste vom Käufer abzeichnen lassen).

l) § 442 BGB, § 377 HGB sowie § 254 BGB im System selbständiger Garantien

Wie bereits oben im Rahmen der Haftung des Verkäufers nach der gesetzlichen Ge- **551** währleistung näher ausgeführt, ist § 442 BGB integraler Bestandteil der Risikozuweisungen im System kaufrechtlicher Gewährleistung[1410]: Der Verkäufer haftet dem Käufer für die Ver-schaffung einer mangelfreien Sache verschuldensunabhängig auf Erfüllung, Nacherfüllung, Rücktritt und Minderung sowie (mit einem nach § 280 Abs. 1 Satz 2 BGB vermute-ten Verschulden und der Möglichkeit für den Verkäufer das Gegenteil zu beweisen) auf Schadens- und Aufwendungsersatz.

Umstritten ist allerdings, ob § 442 BGB auch ohne ausdrückliche Bezugnahme im **552** Kaufvertrag bei Vereinbarung selbstständiger Garantien gem. § 311 Abs. 1 BGB Anwen-dung findet.[1411] Der **BGH** hat indessen in Fortsetzung der Rechtsprechung des Reichs-gerichts[1412] nicht nur **für den Bereich der c. i. c.** entschieden, dass § 442 Abs. 1 Satz 1 BGB auch dort unmittelbar anwendbar ist[1413], sondern dessen Anwendbarkeit je-denfalls auch für eine **Zusicherung** (= Garantie) von Eigenschaften angenommen,[1414]

[1406] Vgl. speziell zu Maßnahmen für die Erfüllung der gesetzlichen Aufklärungspflichten *Koppmann,* BB 2014, 1673, 1677 f.

[1407] Siehe dazu auch die Formulierungsvorschläge in Teil → C., Rn. 187.

[1408] Vgl. *Koppmann,* BB 2014, 1673, 1677 f.

[1409] So auch *Hoenig/Klingen,* NZG 2013, 1046, 1051; *Weißhaupt,* WM 2013, 782, der bei Definition der Wissensträger in einer Anlage zum Kaufvertrag die analoge Anwendung von § 166 BGB von Vornherein für unanwendbar hält.

[1410] Siehe zur Anwendung von § 442 BGB auch bereits → Rn. 445.

[1411] Siehe dazu auch ausführlich Teil → C., Rn. 99 sowie → Rn. 551 ff. Eine Anwendung von § 442 BGB ablehnend z. B. *Mellert,* BB 2011, 1667, 1671 und *Wächter,* M&A Litigation, Rn. 9.7 ff.

[1412] RG vom 26.6.1903, RGZ 55, 210, 214.

[1413] BGH vom 27.3.2009 – V ZR 30/08, NJW 2009, 2120, 2122 f.; *Bank* in: Drygala/Wächter, Ver-schuldenshaftung und Wissenszurechnung bei M&A Transaktionen, S. 92, 97. Vgl. zur Anwendung von § 442 BGB nach Abschluss des Kaufvertrages im Rahmen der kaufrechtlichen Gewährleistung → Rn. 445 ff.

[1414] BGH vom 28.6.1978 – VIII ZR 112/77, NJW 1978, 2240.

weshalb einen unmittelbare Anwendung von § 442 BGB wertungsmäßig auf selbständige Garantien nahe liegt.

Es ist allerdings zuzugeben, dass das Kaufrecht die spezielle **Beschaffenheitsgarantie** enthält, sodass durchaus der Standpunkt vertretbar ist, dass sich § 442 BGB nur auf *diese* Form der Garantie bezieht. Diese Unterscheidung könnte insbesondere im Hinblick auf Bilanz-, Umsatz- und Ertragsangaben relevant werden, sofern der BGH diese – wie nach bisheriger Rechtsprechung – als Umstände ansieht, die nicht zu den möglichen Beschaffenheiten eines Unternehmens gehören. Auch das OLG Frankfurt hat in einer jüngeren Entscheidung ausgeführt, dass im Falle der Vereinbarung selbständiger Garantien nach § 311 Abs. 1 BGB die gesetzlichen Vorschriften über die Gewährleistung gerade nicht zur Anwendung kommen und der Verkäufer vielmehr allein nach Garantiegrundsätzen haften soll, wobei dann davon auszugehen sei, dass auch die Regelung des § 442 BGB in diesem Zusammenhang keine Geltung haben soll.[1415] Diese Auffassung verkennt m. E. aber, dass eine selbständige Garantie nicht den Kauf an sich ersetzt und auch nicht die generelle Auswirkung von positiver Kenntnis im Rahmen einer Risikozuweisung nach Treu und Glauben.

553   Indes: Die in Teil → C., Rn. 24 ff. sowie in → Rn. 509 ff. geschilderten Zusammenhänge von Informationen, Aufklärungspflichten, Beschaffenheiten und Garantien offenbaren, dass die streitige Frage, ob § 442 Abs. 1 Satz 1 BGB auch bei Abgabe selbständiger Garantien kraft Gesetzes Anwendung findet, dahingehend zu beantworten ist, dass dem Käufer auch hier – wie im Falle von Arglist des Verkäufers und Beschaffenheitsgarantien – Kenntnis schadet, weil es im Ergebnis treuwidrig wäre, wenn der Käufer die Garantieerklärung des Verkäufers, von der (auch oder ggf. nur) der Käufer weiß, dass diese falsch ist, nun nutzt, um Rechte auf der Sekundärebene herzuleiten, obwohl er schon bei Vertragsschluss die Möglichkeit hatte, den Kaufpreis entsprechend zu mindern. Dem Verkäufer im Gegensatz dazu einen Willen zu unterstellen, er wolle für solche Umstände, die der Käufer doch schon bei Vertragsschluss kannte, ggf. schon einen Tag nach Unterzeichnung des Vertrages infolge der Garantie haften, überzeugt hingegen nicht.[1416]

554   Da dem Käufer grundsätzlich auch eine **grob fahrlässige Unkenntnis** vom Mangel schadet, diese Haftungsmilderung für den Verkäufer aber ausscheidet, wenn er den Käufer arglistig über den Mangel täuscht „oder eine Garantie für die Beschaffenheit übernommen hat", spricht auch die Regelung in § 442 Abs. 1 S. 2 BGB dafür, dass § 442 BGB bei den häufig im Falle eines Unternehmenskaufs vereinbarten selbständigen Garantien auch ohne ausdrückliche Bezugnahme zur Anwendung kommt.

555   Hat der Käufer **positive Kenntnis** von dem Mangel, haftet der Verkäufer wegen § 442 Abs. 1 Satz 1 BGB hingegen nicht, und zwar nach der Rechtsprechung selbst dann nicht, wenn er arglistig gehandelt hat,[1417] so dass – mangels abweichender Vereinbarung – gleiches gelten muss, wenn der Verkäufer eine Garantie übernommen hat (arg. § 442 Abs. 1 Satz 2 BGB).[1418]

Praxishinweis: Der Verkäufer sollte zur Sicherheit darauf bestehen, dass § 442 BGB ausdrücklich für anwendbar erklärt wird.

[1415] OLG Frankfurt a. M. vom 7.5.2015 – 26 U 35/12, BB 2016, 721 mit Besprechung von *Wächter,* BB 2016, 711.

[1416] Siehe zur Frage der Anwendung von § 442 Abs. 1 BGB auf Ansprüche aus c. i. c. auch → C., Rn. 140 ff.

[1417] Vgl. RG vom 26.6.1903, RGZ 55, 210, 214; BGH vom 28.6.1978 – VIII ZR 112/77, NJW 1978, 2240; BGH vom 27.3.2009, V ZR 30/08, NJW 2009, 2120, 2122. Siehe auch oben zu § 442 BGB → Rn. 445 ff.

[1418] A. A. z. B. *Wächter,* M&A Litigation, Rn. 9.7 ff. Siehe zur Frage der Anwendung von § 442 Abs. 1 BGB auf selbständige Garantien auch Teil → C., Rn. 99 ff.

Formulierungsvorschlag: *„Die Vertragspartner sind sich einig, dass – soweit in diesem Vertrag auf die Kenntnis des Käufers abgestellt wird – die Vorschrift des § 442 BGB nach näherer Maßgabe der folgenden Regelungen entsprechende Anwendung findet, und zwar insbesondere auch für die in § [...] abgegebenen Garantieerklärungen. Rechte und Ansprüche des Käufers sind danach insbesondere dann ausgeschlossen, soweit die Unrichtigkeit bzw. die Unvollständigkeit einer Garantie oder die dies begründenden Tatsachen dem Käufer oder seinen Erfüllungs- und Verrichtungsgehilfen bekannt [oder grob fahrlässig unbekannt] waren. Die dem Käufer im Rahmen der Due Diligence von dem Verkäufer zur Verfügung gestellten Unterlagen ergeben sich aus der Anlage „Datenraumindex"; die sich daraus sowie dem Information-Memorandum ergebenden Sachverhalte gelten als dem Käufer bekannt."*

Hinsichtlich der weiteren Einzelheiten und zu Gestaltungsempfehlungen im Zusammenhang mit § 442 BGB wird auf die Ausführungen im Zusammenhang mit der gesetzlichen Gewährleistung verwiesen.[1419]

Da es für die Kenntnis vom Mangel auf den Zeitpunkt des Kaufvertragsabschluss ankommt, muss sich der Käufer bei Kenntniserlangung vor oder bei Übergabe seine **Rechte vorbehalten,** und zwar – soweit es sich um einen beiderseitigen Handelskauf handelt – unter Beachtung der **Rügeobliegenheit des § 377 HGB.** Auch insoweit wird auf die obigen Ausführungen verwiesen.[1420]   **556**

Wenngleich nach den gesetzlichen Regelungen weder die Kenntnis des Käufers noch seine fahrlässige Unkenntnis von einem Mangel ein Mitverschulden nach **§ 254 BGB** begründen können,[1421] so kann dies dennoch vertraglich vereinbart werden.[1422] Auf diese Weise können bestimmte Verhaltens- und Unterlassungspflichten des Käufers – gerade im Hinblick auf die Entstehung und Beseitigung von Schäden sowie diesbezügliche Mitwirkungspflichten – sanktioniert werden.   **557**

Formulierungsvorschlag: *„Der Verkäufer haftet im Übrigen nicht, soweit dem Käufer und seinen Erfüllungs- und Verrichtungsgehilfen ein Mitverschulden nach § 254 BGB an der Entstehung oder der Höhe des [Schadens/Käuferanspruchs] zuzurechnen ist".*

Ob allerdings diese für den Verkäufer **haftungsreduzierende Maßnahme** nicht auch unter die zwingende Vorschrift des § 276 Abs. 3 BGB fällt,[1423] könnte zweifelhaft sein. Zumindest im Hinblick auf eine positive Kenntnis des Käufers von Mängeln scheidet nach der Rechtsprechung eine Haftung des Verkäufers selbst bei Arglist aus. § 254 BGB ist zwar im Hinblick auf eine Kenntnis des Käufers an sich nicht anwendbar (Vorrang von § 442 BGB), könnte aber dann möglicherweise wieder eine Rolle spielen, wenn § 442 BGB vertraglich ausgeschlossen wurde, § 254 BGB jedoch nicht ausdrücklich ausgeschlossen oder sogar ausdrücklich als anwendbar vereinbart ist. Welche Gestaltungen hier mit Blick auf §§ 276 Abs. 3, 444 BGB möglich sind, muss allerdings als ungeklärt angesehen werden.   **558**

(frei)   **559–569**

5. Gestaltung der Rechtsfolgen bei Verletzung von Garantien

a) Ziel des Verkäufers: Haftungsbegrenzung

So wie der Käufer einerseits daran interessiert ist, im Wege der verschuldensunabhängigen selbstständigen Garantien konkrete Haftungszusagen des Verkäufers zu erhalten, ist der   **570**

[1419] Siehe oben → Rn. 445 ff.
[1420] Siehe → Rn. 454.
[1421] Siehe dazu → Rn. 450.
[1422] Vgl. dazu auch *Hasselbach/Ebbinghaus*, DB 2012, 216, 221 f.
[1423] So *Hasselbach/Ebbinghaus*, DB 2012, 216, 222.

Verkäufer daran interessiert, die für ihn daraus resultierenden Risiken auf der Rechtsfolgenseite in tatsächlicher und auf der Verjährungsseite in zeitlicher Hinsicht kalkulierbar zu machen.[1424] Kommt es zu einem Haftungsfall, ist es für den Verkäufer für die Frage der Nachbesserung, aber auch die Nachvollziehbarkeit und die Abwehr eines etwa geltend gemachten Schadens von erheblicher praktischer Relevanz, dass er mit Übertragung des Unternehmens den **Zugriff auf das Unternehmen sowie die Geschäftsunterlagen verliert,** so dass bereits die Sachverhaltsermittlung für ihn besonders schwierig und mit einem erheblichen Aufwand verbunden sein kann.[1425] Zudem kann es sich für den Verkäufer als besonders prekär herausstellen, wenn der Käufer sich im Haftungsprozess aufgrund der Haftungsausschlüsse im Kaufvertrag insbesondere auch auf eine arglistige Täuschung seitens des Verkäufers beruft und gleichzeitig gegen diesen Anzeige wegen Betrugs erstattet; hier erhält er aufgrund seines Einsichtsrechts in die Ermittlungsakten der Staatsanwaltschaft ggf. weitere Informationen über den Verkäufer.[1426]

> **Praxishinweis:** Der Verkäufer sollte auf der Rechtsfolgenseite möglichst Regelungen vereinbaren, nach denen er sich nur bei nennenswerter Schadensgröße mit dem Thema Nacherfüllung bzw. Schadensersatz „beschäftigen" muss.

Für den Fall der Verletzung von Garantien werden in aller Regel ein **Nachbesserungsrecht** sowie bei Fehlschlagen der Nachbesserung innerhalb einer bestimmten Frist (zumeist vier bis acht Wochen) **Schadensersatz oder Minderung** vereinbart.[1427]

Minderung betrifft nur den Minderwert des Unternehmens, Schadensersatz hingegen auch darüber hinausgehende Schäden, wie insbesondere den entgangenen Gewinn.

> **Formulierungsvorschlag:** „Stellt sich heraus, dass eine oder mehrere Garantien in § [...] nicht zutreffend ist bzw. sind, kann der Käufer verlangen, dass der Verkäufer innerhalb von acht Wochen nach Zugang eines entsprechenden schriftlichen Verlangens des Käufers, das den Anforderungen von § [...] genügen muss, den Mangel beseitigt, jedoch nicht, wenn dieser unwesentlich ist. Ein Anspruch des Käufers auf Lieferung eines mangelfreien Unternehmens kommt nicht in Betracht. Kommt der Verkäufer diesem Mangelbeseitigungsverlangen nicht fristgemäß nach oder ist die Beseitigung des Mangels nicht möglich oder dem Verkäufer unzumutbar, kann der Käufer vom Verkäufer [Minderung nach § 441 BGB/Schadensersatz gemäß §§ 249 ff., 280 ff. BGB) verlangen. [Fortsetzung siehe Rn. 360]
>
> „Verletzt der Verkäufer seine Pflichten nach diesem Vertrag, hat der Käufer ihn unverzüglich schriftlich über die Art der Verletzung und den Betrag zu informieren („Käuferanspruch"). Ungeachtet des tatsächlichen Bestehens des geltend gemachten Anspruchs ist der Käufer verpflichtet und hat die Gesellschaft ebenfalls zu verpflichten, dem Verkäufer und seinen Beratern zu gestatten, die Umstände, die behaupteter maßen zu dem Käuferanspruch führen, sowie den Umfang des Käuferanspruchs zu überprüfen. Dieses Prüfungsrecht des Verkäufers umfasst sowohl den Zugang zu etwaigen Betriebsgeländen und Mitarbeitern des Käufers und der Gesellschaft als auch den Anspruch auf umfassende Information, insbesondere das Recht, die Vermögensgegenstände und (Buchhaltungs-)Unterlagen sowie Daten einzusehen, zu kopieren und/oder zu fotografieren."

571   Aus Sicht des Verkäufers ist darauf zu bestehen, dass eine **Rückabwicklung** des gesamten Kaufvertrags – und zwar auch in Form des großen Schadensersatzanspruchs gemäß

[1424] Vgl. *Brück/Sinewe,* Steueroptimierter Unternehmenskauf, § 5 Rn. 243.
[1425] Vgl. *Hilgard,* BB 2004, 1233.
[1426] Vgl. *Ehling/Kappel,* BB 2013, 2955.
[1427] Vgl. auch *Von den Steinen* in: Rotthege/Wassermann, Unternehmenskauf bei der GmbH, Kap. 9 Rn. 84 f.

§ 281 Abs. 1 BGB – explizit ausgeschlossen wird.[1428] Nur für Extremfälle sollte bei Bedarf ein Rücktrittsrecht vorgesehen werden, zum Beispiel

- im Fall eines **Material Adverse Change**[1429] zwischen Signing und Closing,
- bei **Verletzung besonders grundlegender Garantien** (z. B. Rechte Dritter an den Anteilen, fehlende Genehmigungen oder zwingend notwendige Urheberrechte oder Schutzrechte für den ordnungsgemäßen Betrieb des Unternehmens) oder
- bei einer **Häufung von Garantiefällen nach Übergang** des Unternehmens mit einem dann zu definierenden Gesamtvolumen.[1430]

Wie oben dargestellt, können jedoch gesetzliche Rechte zur Rückabwicklung wegen **572** Nichtigkeit oder Gesetzeswidrigkeit des Kaufvertrages nach §§ 134 und 138 Abs. 1 BGB sowie im Falle wegen **arglistigen Verhaltens** des Verkäufers nicht ausgeschlossen werden. Bei Vorliegen einer arglistigen Täuschung kann ein Käufer insbesondere auch den Vertrag anfechten und dadurch insgesamt zu Fall bringen (§§ 123, 142 Abs. 1 BGB).

> **Praxishinweis:** Schließlich ist aus Verkäufersicht auch darauf zu achten, dass eine Vertragsanpassung oder gar Rückabwicklung nach den Grundsätzen des Wegfalls der Geschäftsgrundlage (§ 313 BGB) ebenfalls im Kaufvertrag ausgeschlossen wird.

Ferner ist zu bedenken, dass auch die Fragen der Geltendmachung von **Zurückbehal-** **573** **tungsrechten** (§ 273 BGB) sowie die Möglichkeiten der **Aufrechnung** (§§ 387 ff. BGB) und **Anfechtung** des Vertrages nach §§ 119 Abs. 1 und 119 Abs. 2 BGB einer Regelung zugeführt werden müssen. Andernfalls erhöht sich das Risiko, dass aus kleinen Ursachen durch wechselseitige Zurückhaltung weiterer Leistungen der Vertrag überhaupt nicht durchgeführt werden kann oder – soweit er vollzogen ist –, rückabgewickelt werden muss.

> **Formulierungsvorschlag:** „Es ist erklärtes Ziel und gemeinsames Verständnis der Vertragspartner, die aus und im Zusammenhang mit dem vorliegenden Kaufvertrag sowie den bis zum Vertragsschluss durchgeführten Prüfungen, der Gewährung von Informationen und den Verhandlungen sich insgesamt ergebenden Chancen und Risiken sowie die damit verbundenen wechselseitigen Rechte und Ansprüche so weit wie irgend möglich privatautonom und ohne Rückgriff auf gesetzliche Vorschriften und Auslegungsregelungen abschließend zu regeln, und zwar auch, soweit diese von den Gerichten bei der Auslegung von „normalen" Kaufverträgen als zwingend erachtet werden. Dies vorausgeschickt sind sich die Vertragspartner einig, dass alle dem Käufer aus und im Zusammenhang mit dem Erwerb des Kaufgegenstandes zustehenden Rechte und Ansprüche unabhängig von ihrem Rechtsgrund, ihrer Entstehung und ihrem Umfang allein in diesem Vertrag geregelt und im Übrigen im Rahmen des gesetzlich Zulässigen (einschließlich der Anwendung von § 278 Satz 2 BGB) ausgeschlossen sind. Soweit nicht ausdrücklich anders in diesem Kaufvertrag geregelt, betrifft dieser Ausschluss im Rahmen des gesetzlich Zulässigen insbesondere auch Rechte auf Anfechtung des Vertrages, Nacherfüllung, Rücktritt/Rückabwicklung des Vertrages (auch in Form des „Großen Schadensersatzes"), Minderung oder Rückzahlung des Kaufpreises, eine Vertragsanpassung sowie Aufrechnungs- und Zurückbehaltungsrechte. Der Haftungsausschluss umfasst insbesondere auch Rechte und Ansprüche aus Verletzung einer Pflicht aus dem Schuldverhältnis gemäß §§ 241 Abs. 2, 311 Abs. 2 BGB (einschließlich culpa in contrahendo) allgemeinem Leistungsstörungsrecht gemäß §§ 275 ff. BGB (einschließlich positiver Vertragsverletzung), Wegfall der Geschäftsgrundlage (§ 313 BGB) und Delikt (§§ 823 ff. BGB).

[1428] So auch *Schmitz*, RNotZ 2006, 561, 595; *Weber* in: Hölters, Handbuch Unternehmenskauf, Kap. 9 Rn. 9.267.

[1429] Siehe dazu noch sogleich → Rn. 693 f. sowie *Broichmann/Makos*, DB 2015, 2801; *Kindt/Stanek*, BB 2010, 1490; *Meyding/Sorg* in: Wilhelmi/Stürner, Post-M&A-Schiedsverfahren, 11, 34 ff.

[1430] Vgl. auch *Brück/Sinewe*, Steueroptimierter Unternehmenskauf, § 5 Rn. 238; *Schmitz*, RNotZ 2006, 561, 598.

> *Nur soweit ein Recht oder Anspruch des Käufers auf einer eigenen vorsätzlichen Hand-*
> *lung des Verkäufers beruht und trotz der sonst in diesem Vertrag enthaltenen speziellen*
> *Vereinbarungen unabdingbar ist, sind Haftungsausschlüsse unwirksam. Dabei sind sich die*
> *Parteien auch einig, dass ein bloß „verfügbares Aktenwissen" auf Seiten des Verkäufers*
> *bzw. der Gesellschaft nicht ausreichen soll, um eine „Arglist" des Verkäufers zu begründen.*
> *Im Übrigen soll für den Fall, dass ein hierunter gewollter, aber nach zwingenden gesetz-*
> *lichen Regelungen unwirksamer Haftungsausschluss nicht zum heutigen Tage wirksam*
> *vereinbart wurde, gleichwohl [Verweis auf salvatorische Klausel / § 139] gelten mit der Maß-*
> *gabe, dass keine Partei sich auf eine solche Unwirksamkeit beruft oder sonst wie für sich*
> *nutzt."*

574   Auch wenn es dem Verkäufer in aller Regel primär darum geht, seine Haftung zu beschränken und jedenfalls nicht Ersatz über den erhaltenen Kaufpreis hinaus leisten zu müssen, wird häufig übersehen, dass **auch die handelnden Personen selbst** einer Haftung gegenüber dem Käufer ausgesetzt sein können, sei es aufgrund einer Haftung aus **culpa in contrahendo** wegen Verschuldens bei Vertragsschluss oder bei mehreren Verkäufern einer **Rückgriffshaftung nach § 426 BGB auf Grundlage einer Gesamtschuldnerschaft.**

Im Falle sorgfaltswidriger Informationsbeschaffung beim Unternehmenskauf oder aber auch pflichtwidrigen Verhaltens des Managements der Zielgesellschaft, welches zu einem Schaden dort führt, kommen bei wirtschaftlicher Betrachtung dem Käufer als neuem Gesellschafter die **Schadensersatzansprüche der Gesellschaft** gegen den Geschäftsführer **gemäß § 43 Abs. 2 GmbHG** zugute, wohingegen der Verkäufer dem Käufer ebenfalls wegen derselben Ursache schadensersatzpflichtig sein kann und keinen Rückgriff gegen den pflichtwidrig handelnden Geschäftsführer (mehr) hat.[1431]

> **Formulierungsvorschlag:** *„Eine persönliche Haftung der auf Seiten von Käufer oder*
> *Verkäufer tätigen Personen aus und im Zusammenhang mit dem Abschluss und der*
> *Umsetzung dieses Vertrages sowie der vorvertraglichen Beziehungen kommt nicht in Be-*
> *tracht."*

> **Praxishinweise:** Je nachdem wie stark der Verkäufer auf ein pflichtgemäßes Handeln der
> Geschäftsführer des Zielunternehmens bei sowohl dem Verkauf an sich als auch der Voll-
> ständigkeit und Richtigkeit der abgegebenen Garantien angewiesen ist, könnte sich der
> Verkäufer (so wie es Käufer zuweilen tun) entsprechende Garantien des Managements in
> Form eines sog. **Management-Warranty-Letters** geben lassen.[1432] Zudem sollte in Er-
> wägung gezogen werden, dass entweder der Käufer zunächst das Management im Falle
> der Verletzung von Garantien in Anspruch nehmen muss oder alternativ der Käufer dem
> Verkäufer etwaige Ansprüche aus § 43 Abs. 2 GmbHG durch die Zielgesellschaft (unter Be-
> achtung der Kapitalerhaltungsvorschriften) abtreten lässt.

b) Schadensberechnung und Anspruchsberechtigter[1433]

575   In vielen Fällen ist die Höhe des Schadensersatzes nur schwer bestimmbar, zum Beispiel wenn Verträge mit Geschäftspartnern nicht fortbestehen, gewerbliche Schutzrechte keinen Bestand haben, besonders qualifizierte Mitarbeiter nicht im Unternehmen verbleiben oder

---

[1431] Vgl. dazu auch *Venroog*, GmbHR 2008, 1, 2 sowie → Rn. 622 mit Formulierungsvorschlag.

[1432] Siehe zum Management-Warranty-Letter → Rn. 620 f. siehe speziell dazu auch *Hohaus/ Kaufhold*, BB 2015, 709; ebenso *Weißhaupt*, ZIP 2016, 2447, 2456.

[1433] Vgl. hierzu auch die sehr umfassende und hervorragende Darstellung bei *Wächter*, M&A Litigation, Kap. 12.

entgegen des garantierten Zustandes Rechtsstreitigkeiten bzw. behördliche Verfahren bestehen, deren Ausgang ungewiss ist.[1434]

> **Praxishinweis:** Egal ob die gesetzliche Gewährleistung zur Anwendung kommt oder selbstständige Garantien vereinbart wurden, sollte der Verkäufer bedenken, dass er nach dem Verkauf und Übertragung des Unternehmens grundsätzlich keinen Zugang mehr zum Betrieb sowie etwaigen Unterlagen etc. hat, sodass auf jeden Fall detaillierte Regelungen zur Anzeige von Mängeln durch den Käufer sowie dem Verfahren zur Mängelbeseitigung, dem Zugang des Verkäufers zum Unternehmen und dessen Unterlagen sowie den Auswirkungen fehlender Mitwirkung des Käufers bei der Schadensminderung und -beseitigung in den Kaufvertrag aufgenommen werden sollten.[1435]

Damit angesichts der umfangreichen Haftungsausschlüsse und ausschließlichen Bezug- **576** nahmen allein auf die vertraglichen Regelungen keine Auslegungsschwierigkeiten entstehen, wird im juristischen Schrifttum teilweise empfohlen, der Einfachheit halber für die Schadensberechnung **auf die §§ 249 bis 254 BGB zu verweisen** und mit der Formulierung zu ergänzen „soweit in diesem Vertrag nichts anderes vereinbart ist".[1436] Diese Sicht ist im Ansatz zutreffend, greift m.E. jedoch zu kurz, da bei der Verletzung von selbständigen Garantien im Sinne von § 311 Abs. 1 BGB zunächst §§ 280, 281 BGB zur Anwendung kommen und bei bloßem Verweis auf die §§ 249 ff. BGB nicht eindeutig klar ist, ob auch die Schäden erfasst sein sollten, die nicht mit der Nachbesserung im Hinblick auf die verletzte Garantie deckungsgleich sind, also Schäden, die außerhalb der Garantieaussage liegen, wie z.B. der Nutzungsausfall und Gutachterkosten.[1437]

> **Beachte:** Rechtsfolge des Schadensersatzverlangens ist gemäß § 281 BGB auch, dass der Erfüllungsanspruch des Käufers aus der Garantie (nicht des Kaufvertrages) erlischt.[1438]

aa) Grundsatz: Prinzip der Totalreparation. Der Verkäufer hat ferner zu bedenken, **577** dass im Falle der Anwendung der §§ 249 ff. BGB das **Prinzip der Totalreparation** gilt,[1439] das heißt der Käufer als Geschädigter ist so zu stellen, wie er stünde, wenn der zum Ersatz verpflichtende Umstand nicht eingetreten wäre. Der Schadensbegriff ist nach BGH im Ansatz subjektbezogen.[1440] Enthält der Kaufvertrag keine abweichende Regelung, umfasst damit die Verpflichtung zum Schadensersatz **auch mittelbare Schäden** (Folgeschäden), und zwar insbesondere den entgangenen Gewinn (§ 252 BGB).[1441]

> **Praxishinweis:** Aus Käufersicht sollte auf die Anwendung der §§ 280, 281 BGB verwiesen werden, und zwar auf beide Vorschriften, da nur so sichergestellt ist, dass die gesamte Bandbreite möglicher Ansprüche zur Verfügung steht. Ergänzend sollte für die Schadensermittlung auf die §§ 249 ff. BGB verwiesen werden.

Der **Verkäufer** sollte hingegen versuchen, den Schadensumfang soweit wie möglich einzugrenzen und insbesondere die für ihn besonders belastenden Schadensersatzverpflichtungen für **mittelbare Schäden wie Nutzungsausfall und entgangenen Gewinn auszu-**

[1434] *Weber* in: Hölters, Handbuch Unternehmenskauf, Kap. 9 Rn. 9.262; vgl. auch speziell zur Berechnung des Schadens beim Unternehmenskauf *Hilgard,* ZIP 2005, 1813.

[1435] Siehe den Formulierungsvorschlag oben → Rn. 545.

[1436] Vgl. auch *Mellert,* BB 2011, 1667, 1669; *Brück/Sinewe,* Steueroptimierter Unternehmenskauf, § 5 Rn. 239.

[1437] Vgl. *Schmitz,* RNotZ 2006, 561, 595; *Grüneberg* in: Palandt, BGB, § 280 Rn. 18.

[1438] Vgl. *Grüneberg* in: Palandt, BGB, § 281 Rn. 52.

[1439] Vgl. *Grüneberg* in: Palandt, BGB, § 249 Rn. 1.

[1440] Vgl. nur BGH vom 25.5.2020 („Dieselskandal") –VI ZR 252/19, NJW 2020, 1962 Tz. 46.

[1441] Vgl. *Grüneberg* in: Palandt, BGB, vor § 249 Rn. 15; *Mellert,* BB 2011, 1667, 1670.

schließen. Mit Blick auf die Entscheidungen des OLG Frankfurt vom 7.5.2015[1442] sowie des OLG München vom 30.3.2011[1443] empfehlen sich zudem klare Regelungen zu den Rechtsfolgen der Verletzung der etwaigen Garantie zu vergangenen Jahresabschlüssen/Bilanzen, aus Sicht des Verkäufers vor allem dahingehend, dass er nur die Bilanz aufzufüllen hat.[1444]

578   **bb) Differenzhypothese und Wertermittlung.** Für die Schadensberechnung sind aber auch die **Besonderheiten des Unternehmenskaufs hinsichtlich der Wertermittlung und Kaufpreisgestaltung** zu berücksichtigen.[1445] Soweit sich nämlich die Mangelhaftigkeit des Unternehmens oder einzelner Teile davon in der **Verletzung von Substanzwerten** erschöpft, ohne dass sich die Mangelhaftigkeit auf den Ertrag des Unternehmens dauerhaft auswirkt, dürfte die Naturalrestitution oder Erstattung des Wertes dieses Gegenstandes (ggf. einschließlich eines entgangenen Gewinns gemäß § 252 BGB) ausreichend und zutreffend sein. **Schlägt allerdings der Mangel oder Schaden auf den Ertrag des Unternehmens dauerhaft durch,** ist der Schaden im Sinne von § 249 BGB richtigerweise nur dann restituiert, wenn der dauerhafte Ertragsausfall – entsprechend dem der Kaufpreisermittlung zugrunde liegenden Unternehmensbewertungsverfahren – abgezinst oder mit einem Multiplikator vervielfacht wird.[1446] Wird allerdings für die Schadensersatzpflicht bloß pauschal auf die Anwendung von §§ 249 ff. BGB verwiesen, müsste der Verkäufer dem Käufer nach den **Grundsätzen der Differenzhypothese** an sich dessen individuellen Schaden ersetzen, so dass die Unternehmenswertermittlung grundsätzlich **auf Basis einer subjektiven** (und nicht nur objektivierten) **Unternehmensbewertung** erfolgte, und zwar unter Einbeziehung von Synergien beim Käufer, besonderer Fähigkeiten des Käufers, etc.[1447] Der **BGH** legt allerdings grundsätzlich eine „von der Person des Klägers gelöste Bewertung" zugrunde und berücksichtigt das subjektive Erfüllungsinteresse nur, soweit es im „objektiven Unternehmenswert" nicht berücksichtigt ist.[1448] In einer späteren Entscheidung spricht der BGH dem Kläger unter Verweis auf seine vorstehend erwähnte Entscheidung aus 1984 den Wiederbeschaffungswert zu, den er mit dem objektiven (Verkehrs-)Wert gleichsetzt.[1449] *Wollny* hat mehrere Unstimmigkeiten in der Rechtsprechung des BGH im Zusammenhang mit der Unternehmensbewertung bei der Schadensermittlung herausgearbeitet,[1450] und es bleibt abzuwarten, ob die Rechtsprechung von ihrem ursprünglichen Ansatz einer Bewertung zum (offensichtlich nicht tragbaren) Substanzwert über den aktuell zugrunde gelegten „objektiven" Unternehmenswert sich zu einer subjektiven Unternehmensbewertung als Grundlage der Schadensermittlung weiterentwickelt.

> **Praxishinweis:** Sowohl Verkäufer als auch Käufer sollten sich über diese Ungewissheiten mit erheblichen wirtschaftlichen Auswirkungen Klarheit verschaffen und eine (klarstellende) Regelung zur Schadensberechnung für den Fall dauerhafter Ertragsminderung in den Kaufvertrag aufnehmen. Ähnliche Fragen stellen sich im Zusammenhang mit der Kaufpreisanpassung.[1451]

[1442] OLG Frankfurt a. M. vom 7.5.2015 – 26 U 35/12, NZG 2016, 435.
[1443] OLG München vom 30.3.2011 – 7 U 4226/10, BeckRS 2011, 07200.
[1444] Vgl. auch *Schulz/Sommer*, NZG 2018, 50, 54.
[1445] Vgl. dazu *Wollny*, DStR 2013, 2132.
[1446] Vgl. dazu auch *Hilgard*, ZIP 2005, 1813, der vorschlägt, zwischen Substanz- und Ertragswertgarantien zu unterscheiden.
[1447] Vgl. dazu *Wollny*, DStR 2013, 2132 ff.
[1448] BGH vom 29.2.1984, IVa ZR 188/82, NJW 1984, 2570.
[1449] BGH vom 18.4.2002, IX ZR 72/99, NJW 2002, 2787.
[1450] *Wollny*, DStR 2013, 2132.
[1451] Siehe dazu → Rn. 189 ff., → Rn. 198. Siehe zu den damit verbundenen Problemen *Weißhaupt*, BB 2013, 2947, 2950 ff.

cc) Speziell: Schaden bei Verletzung einer Bilanzgarantie. Gleiches gilt, wenn **579** der Verkäufer – wie üblich – eine Garantie auf den **Jahresabschluss bzw. Bilanzen** ab-gegeben hat.[1452] Auch hier kann ein Schadensersatzanspruch des Käufers erheblich höher ausfallen, wenn die fehlerhaften Bilanzangaben zu dauerhaft niedrigeren Erträgen führen und der Schaden aufgrund dieser Garantieverletzung sodann möglicherweise auf Grund-lage eines Multiplikators zu ermitteln bzw. (bei Ertragswert- und DCF-Verfahren) abzu-zinsen ist.[1453] Unlängst hat sich das OLG Frankfurt a. M. mit der Frage der Schadens-berechnung bei Verletzung einer „harten" Bilanzgarantie beschäftigt und dem Käufer den **Ersatz des negativen Interesses** zugesprochen; der Käufer sei bei einer Garantie-verletzung so zu stellen, als wäre es ihm bei Kenntnis der wahren Sachlage gelungen, den Unternehmenskaufvertrag zu einem günstigeren Kaufpreis abzuschließen.[1454] Diese Art der Schadensberechnung ist allerdings nicht neu, sondern im Einklang mit der bisherigen Rechtsprechung des BGH.[1455]

dd) Bewertungsstichtag und Informationsstichtag. Sofern die Vertragsparteien im **580** Kaufvertrag nicht festlegen, auf welchen Stichtag die Unternehmensbewertung zur Scha-densermittlung erfolgen soll, wäre dies grundsätzlich der **Tag der letzten mündlichen Verhandlung** in einem etwaigen Schadensersatzprozess wegen **Verletzung von Er-füllungs-, Garantie-, Freistellungs-, Covenant- oder Aufklärungsverpflichtungen,** was das Problem mit sich bringt, dass – entgegen der eigentlich bei der Unternehmens-bewertung geltenden Wurzeltheorie[1456] – auch weitere Entwicklungen (möglicherweise über Jahre seit dem schädigenden Ereignis) für die Bewertung zu berücksichtigen sind.[1457] *Wächter/Wollny* verwenden hier auch zur genaueren Differenzierung zwischen kaufver-traglichen (Garantie-)Pflichtverletzungen und Aufklärungspflichtverletzungen den Begriff des „Informationsstichtags", um stärker den Unterschied zu verdeutlichen, welche Informa-tionen im Gutachten zur Bewertung überhaupt berücksichtigt werden dürfen.[1458]

(1) Ersatz des positiven Interesses bei Garantieverletzungen. Im Falle von Garan- **581** tieverletzungen (und dies gilt dann gleichermaßen für sonstige auf Erfüllung/Freistellung/ Schadloshaltung gerichtete Pflichten) ist nach Auffassung des BGH zur Ermittlung des auf **Ersatz des positiven Interesses** gerichteten Schadensersatzanspruchs ein Gesamtvermö-gensvergleich anzustellen: Der tatsächlichen Vermögensentwicklung ist die Vermögenssitua-tion, die bei ordnungsgemäßer Erfüllung bestünde, gegenüber zu stellen und die Differenz zu ersetzen.[1459] Bewertungen der Parteien und insbesondere des Käufers bei den Kauf-preisverhandlungen (also historisch zurückliegende), in denen sich die Erwartungen und Hoffnungen des Käufers ausdrücken, sind dabei nicht identisch mit der im Rahmen der Schadensermittlung durch das Gericht anzustellenden Bewertung des tatsächlichen Zu-stands des Unternehmens zum Bewertungsstichtag.[1460]

[1452] Vgl. zu Fragen des Schadens bei Bilanzgarantien bereits oben → Rn. 538.

[1453] Vgl. *Ulrich/Schlichting* in: Rotthege/Wassermann, Unternehmenskauf bei der GmbH, Kap. 6 Rn. 8; *Hilgard,* ZIP 2005, 1813, 1816; *Brück/Sinewe,* Steueroptimierter Unternehmenskauf, § 5 Rn. 145; vgl. auch *Wächter,* M&A Litigation, Rn. 11.10 ff. sowie auch 12.251 ff., der im Hinblick auf die Mangelhaftigkeit des Kaufgegenstandes ebenfalls auf die dadurch bewirkte Reduzierung der Überschüsse hinweist.

[1454] OLG Frankfurt a. M. vom 7.5.2015 – 26 U 35/12, BB 2016, 721 mit Besprechung durch *Wächter,* BB 2016, 711 sowie *König/Gießelmann,* GWR 2016, 155 mit einem Formulierungsvor-schlag.

[1455] BGH vom 25.5.1977 – VIII ZR 186/75, NJW 1977, 1536; BGH vom 2.6.1980 – VIII ZR 64/79, NJW 1980, 2408, 2410.

[1456] Vgl. IDW S 1 Tz. 23.

[1457] Vgl. zur Schadensberechnung post M&A bei c. i. c. oder Delikt und bei Garantieverletzungen *Wächter/Wollny,* NZG 2019, 801; *Wollny,* DStR 2013, 2132, 2137.

[1458] *Wächter/Wollny,* NZG 2019, 801.

[1459] BGH vom 15.3.2006 – VIII ZR 120/04, NZG 2006, 590, 593.

[1460] Vgl. *Wächter/Wollny,* NZG 2019, 801, 802.

582 **(2) Ersatz des positiven/negativen Interesses nach c. i. c. oder Delikt bei Auf-klärungspflichtverletzungen.** Geht es hingegen um Ansprüche aus vorvertraglichen (Aufklärungs-)Pflichtverletzungen aus c. i. c. oder Delikt, ist schadensrechtlich zunächst nicht der Ersatz des positiven, sondern des negativen Interesses maßgeblich, bei dem der Käufer so zu stellen ist, wie er stünde, wenn die Erklärungen des Verkäufers, auf die er bei Abschluss des Kaufvertrages vertraut hat, richtig gewesen wären.[1461] Der **BGH differenziert** dann allerdings noch weiter, **ob der Käufer am Vertrag festgehalten hätte oder nicht.**[1462] Denn der Inhalt des Anspruchs auf Ersatz des Vertrauensschadens hängt nach Auffassung des BGH entscheidend davon ab, welche der beiden Möglichkeiten gegeben ist. Kann festgestellt werden, dass der Getäuschte auch bei richtiger Aufklärung gekauft und am Vertrag festgehalten hätte bzw. hat, es ihm aber bei Kenntnis der wirklichen Sachlage gelungen wäre, einen geringeren Kaufpreis durchzusetzen, dann besteht sein Schaden regelmäßig in diesem Preisunterschied **(„Preisdifferenzschaden").**[1463] Da er verlangen kann, so gestellt zu werden, als hätte er den Kauf zu einem günstigeren Preis abgeschlossen, müssen ihm dann die Vorteile des Kaufs in vollem Umfang verbleiben, so dass sich die Frage der Vorteilsanrechnung in diesem Zusammenhang nicht stellt; nach Auffassung des V. und VIII. Zivilsenats fehlt es insoweit am „inneren Zusammenhang" zwischen dem schadenstiftenden Ereignis und den Vorteilen, die dann vor allem in Form zukünftig vom Käufer erzielter Gewinne zu sehen wären.[1464]

Legt der Käufer hingegen dar und beweist er, dass er sich *nicht* **zum Kauf der Anteile entschlossen hätte,** bemisst sich der Schaden grundsätzlich danach, welche Aufwendungen der Geschädigte – unter beiderseitiger Rückabwicklung des Vertrages – im Vertrauen auf die Richtigkeit der von dem Schädiger erteilten Auskunft nutzlos erbracht hat.[1465]

Der **„Informationsstichtag"** ist dann der **Zeitpunkt des Signing** und nicht – wie beim Ersatz des positiven Interesses – der Zeitpunkt der letzten mündlichen Tatsachenverhandlung vor Gericht.[1466] Da allerdings der (wesentliche) Schaden bei einem Unternehmenskauf typischerweise in entgangenen zukünftigen Gewinnen besteht und diese – falls nicht vertraglich ausgeschlossen – sowohl beim Ersatz des Erfüllungsschadens (positives Interesse) als auch beim Ersatz des Vertrauensschadens (negatives Interesse) zu ersetzen sind, verliert diese Unterscheidung beim Unternehmenskauf an Bedeutung.[1467] Allerdings kann ein Schadensersatzanspruch aus c. i. c. bei einer Verpflichtung zum Ersatz des Vertrauensschadens auch über das Erfüllungsinteresse hinausgehen.[1468]

Für den **Käufer** könnte es sich daher beispielsweise als nachteilig erweisen, dass sich seine übermäßig positiven Annahmen für den Zukunftserfolgswert (z. B. um Gremien davon zu überzeugen, wie gut der Deal tatsächlich sei und/oder um im Bieterverfahren durch ein hohes Angebot den Zuschlag zu erhalten) später im Rahmen der objektivierten Unternehmensbewertung als unhaltbar herausstellen und infolgedessen der Schadensersatz niedriger ausfällt.[1469]

[1461] BGH, Urteil vom 6.4.2001 – V ZR 394/99, NJW 2001, 2875, 2876.

[1462] Vgl. auch *Schulz/Sommer,* NZG 2018, 50, 53.

[1463] BGH vom 18.3.1977 – I ZR 132/75, NJW 1977, 1538, 1539; BGH vom 25.5.1977 – VIII ZR 186/75, NJW 1977, 1536, 1538; BGH vom 2.6.1980 – VIII ZR 64/79, NJW 1980, 2408, 2409; BGH, Urteil vom 6.4.2001 – V ZR 394/99, NJW 2001, 2875, 2877.

[1464] BGH vom 18.3.1977 – I ZR 132/75, NJW 1977, 1538, 1539; BGH vom 25.5.1977 – VIII ZR 186/75, NJW 1977, 1536, 1538; BGH, Urteil vom 6.4.2001 – V ZR 394/99, NJW 2001, 2875, 2877.

[1465] BGH vom 25.5.1977 – VIII ZR 186/75, NJW 1977, 1536, 1537.

[1466] Vgl. BGH, Urteil vom 6.4.2001 – V ZR 394/99, NJW 2001, 2875, 2877; *Wächter/Wollny,* NZG 2019, 801, 804 ff.; *Wollny,* DStR 2017, 949, 952 f.

[1467] *Wollny,* DStR 2017, 949, 954; a. A. *Burianski/Lang,* NZG 2020, 92, 95

[1468] BGH vom 25.5.1977 – VIII ZR 186/75, NJW 1977, 1536, 1537; BGH vom 28.10.1971 – VII ZR 15/70, NJW 1972, 95, 96; BGH, Urteil vom 6.4.2001 – V ZR 394/99, NJW 2001, 2875, 2876.

[1469] Vgl. *Wächter/Wollny,* NZG 2019, 801, 803.

Und umgekehrt muss sich der **Verkäufer** klar machen, dass er im Falle des Schadensersatzes trotz Anwendung einer *objektivierten* Unternehmensbewertung bei der seinerzeitigen Kaufpreisermittlung zur Schadensermittlung die *subjektiven* Bewertungsparameter
des Käufers (wie z.B. Synergien oder Skalierungseffekte auf Käuferseite) dabei Berücksichtigung finden werden, weshalb *Wächter/Wollny* von einer „objektiven Feststellung eines
subjektbezogenen Unternehmenswertes" sprechen.[1470]

    ee) Anspruchsberechtigter. Schließlich ist zu bedenken, dass der Anspruch auf Nach-   **583**
besserung bzw. Schadensersatz im Falle der Garantieverletzung dem Erwerber und nicht
dem geschädigten Unternehmen selbst zusteht, weshalb sich ein entsprechendes **Wahlrecht
des Erwerbers** empfiehlt.[1471] Soweit das OLG München in einem Urteil vom 30.3.2011,
in dem es um den Schadensersatzanspruch wegen Verletzung einer Bilanzgarantie, ganz
selbstverständlich einen eigenen Anspruch des Käufers (und nicht der Gesellschaft) angenommen hat[1472], ist dies jedenfalls nicht ohne jegliche Bedenken (denn den Schaden hat
die Gesellschaft und den Anspruch gegen den Verkäufer der Käufer) und für Fälle anderer Schäden auf Ebene der Gesellschaft sicherlich nicht pauschal übertragbar. Um hier
nicht dem Unternehmen ohne klare Rechtsgrundlage Schadensersatzansprüche zuzuweisen, empfiehlt sich eine klarstellende Regelung dahingehend, dass dem Unternehmen und
dem Erwerber die Ansprüche auf Nachbesserung und Schadensersatz **als Gesamtgläubiger im Sinne von § 428 BGB** zustehen und dass der Verkäufer diese Schuld nach Wahl
des Erwerbers zu begleichen hat.

> **Praxishinweise:** Der Käufer sollte darauf achten, dass ihm im Hinblick auf die Nachbesse-
> rung und Schadensersatz ein Wahlrecht dahingehend zusteht, ob an ihn oder das Unter-
> nehmen selbst zu leisten ist. Ferner sollten die Vertragsparteien regeln, dass die Ansprüche
> aus der Verletzung von Garantien und Freistellungen dem Unternehmen und dem Käufer als
> Gesamtgläubiger zustehen. Darüber hinaus sollten die Parteien eine Regelung dazu treffen,
> ob der Verkäufer dem Käufer bzw. dem Unternehmen auch etwaige sich daraus für das Un-
> ternehmen ergebende Steuernachteile zu ersetzen hat oder nicht.

> **Formulierungsvorschlag:**[1473] *„Bewirkt der Verkäufer die [Nacherfüllung/Naturalrestitution]
> nicht innerhalb von acht Wochen nach Zugang der Anzeige des Käuferanspruchs gemäß
> § [...], kann der Käufer nach seiner Wahl an sich oder die [Zielgesellschaft] Schadensersatz
> in Geld verlangen. Die Verpflichtung des Verkäufers zum Schadensersatz ist beschränkt auf
> den Ersatz tatsächlich bei dem Käufer entstandener, unmittelbarer Schäden. Nicht aus-
> gleichspflichtig sind insbesondere mittelbare oder Folgeschäden (einschließlich infolge von
> Schadensersatzzahlungen anfallender oder zu erwartender zusätzlicher Steuerbelastungen),
> entgangener Gewinn, interne Verwaltungs- oder Fixkosten, eventuell infolge geleisteter
> Schadensersatzzahlungen anfallende oder erwartete zusätzliche Steuern sowie ein gemin-
> derter Unternehmenswert. Der Einwand, dass der Kaufpreis aufgrund unrichtiger Annahmen
> berechnet worden sei, ist ebenso ausgeschlossen wie eine Abzinsung oder Multiplikation
> von Schadensersatzpositionen."*

    ff) §§ 249 ff. BGB und Kaufpreisanpassung. Wenngleich eine Anpassung des Kauf-   **584**
preises über die *Kaufpreisanpassungsklausel* nur im Verhältnis 1:1 erfolgt, kommt bei gleich-
zeitiger Verletzung von Garantien durchaus die Geltendmachung eines weitergehenden
Schadensersatzanspruchs auf Basis der oben dargestellten schadensersatzrechtlichen Grund-

---

[1470] Vgl. BGH vom 26.9.1997 – V ZR 29/96, NJW 1998, 302, 304; BGH vom 21.12.2004 – VI ZR
306/03, NJW-RR 2005, 611, 612; *Wächter/Wollny*, NZG 2019, 801, 803; *Wollny*, DStR 2017, 949,
952. Dagegen *Burianski/Lang*, NZG 2020, 92, 96: nur objektivierter Unternehmenswert.

[1471] Vgl. *Schmitz*, RNotZ 2006, 561, 596.

[1472] OLG München vom 30.3.2011 – 7 U 4226/10, BeckRS 2011, 07200 Tz. 33.

[1473] In Anlehnung an *Schrader/Seibt* in: Beck'sches Formularbuch Mergers & Acquisitions, Muster
C. II.1; siehe auch bereits oben Rn. 351.

züge in Betracht. Dabei würde(n) dann im Rahmen der für die Schadensermittlung anzustellenden Unternehmensbewertung das EBIT/EBITDA mit einem marktüblichen Faktor multipliziert bzw. wohl eher (bei der Bewertung durch einen gerichtlich bestellten Sachverständigen) auf Basis eines Ertragswertverfahrens oder des DCF-Verfahrens die zukünftigen Jahresüberschüsse/Cash-Flows abgezinst werden, und zwar auch dann, wenn eine andere Bewertungsmethode bei der Kaufpreisermittlung zugrunde lag. Ob die der seinerzeitigen Ermittlung des Kaufpreises zu Grunde liegende Bewertungstechnik Vertragsinhalt geworden ist, dürfte somit im Rahmen der gerichtlichen Geltendmachung von Schadensersatz irrelevant sein[1474], wenn nicht die Parteien ausdrücklich auch auf der Rechtsfolgenseite Vereinbarungen zur Unternehmensbewertung für den Fall von Garantieverletzungen getroffen haben. Die Frage der genauen Schadensermittlung sollte daher idealerweise durch ausdrückliche Regelungen zur Haftung(-sbeschränkung) des Verkäufers Berücksichtigung finden.

> **Praxishinweis:** Da bei den heutigen Unternehmensbewertungsverfahren in aller Regel der Ertragswert zu Grunde gelegt wird, andererseits die sich auf einzelne Vermögenspositionen oder Zustände beziehenden Garantien nur einzelne Aspekte des Unternehmens betreffen, ist die Schadensberechnung auf Grundlage einer Unternehmensbewertung schwierig und für beide Seiten mit erheblichen Unsicherheiten verbunden. Es mag sich daher empfehlen, sich auf ein für Zwecke der Schadensberechnung vereinfachtes Unternehmensbewertungsverfahren zu einigen.[1475]

c) „De-Minimis", „Baskets" und „Caps"

585 In der vertraglichen Praxis haben sich zur Begrenzung der Haftung des Verkäufers verschiedene Mechanismen herausgebildet, die in Anlehnung an die anglo-amerikanische Vertragspraxis mit englischen Begriffen versehen sind. Dies sind insbesondere[1476]

- **Haftungsaufgreifschwellen für Einzelansprüche** („de-minimis Beträge"), ab denen einzelne Garantieansprüche überhaupt erst geltend gemacht werden können, sodass sich die Parteien nicht um Kleinigkeiten streiten müssen (auch „Bagatellgrenze" genannt);
- **Haftungsaufgreifschwellen für mehrere Einzelansprüche** („Baskets"), bei der die Frage geregelt wird, ob und unter welchen Voraussetzungen mehrere kleine Schadenspositionen die Gesamthaftungsaufgreifschwelle bzw. einen Haftungsfreibetrag insgesamt ausfüllen bzw. erreichen;
- **Haftungsobergrenzen** („Caps"), bei denen die Gesamthöhe des vom Verkäufer maximal zu leistenden Schadensersatzes festgelegt wird.

Mit der Vereinbarung von **de-minimis-Regelungen einschließlich Baskets** erkennen die Parteien an, dass es ein völlig mangelfreies Unternehmen nicht gibt und dass der mit der Rechtsverfolgung verbundene Aufwand auch gerade auf Käuferseite einen etwaigen zu erlangenden Schadensersatz ohnehin aufzehren würde.[1477] Die Höhe der Haftungsaufgreifschwellen variiert je nach Wert der Transaktion und Verhandlungsstärke der jeweiligen Vertragsparteien und sollte sich möglichst auch am Kaufpreis sowie einer etwaigen Haftungsobergrenze (Cap) orientieren.[1478] Für den Fall, dass die Aufgreifschwelle erreicht

---

[1474] Vgl. zur Frage, ob die Bewertungstechnik Vertragsgrundlage wird *von Braunschweig*, DB 2002, 1815 f.; *Mellert*, BB 2011, 1667, 1669 f.

[1475] Vgl. *Mellert*, BB 2011, 1667, 1670; *Weber* in: Hölters, Handbuch Unternehmenskauf, Kap. 9 Rn. 9.262 ff.

[1476] Vgl. dazu auch *Brück/Sinewe*, Steueroptimierter Unternehmenskauf, § 5 Rn. 245 ff.; *Mellert*, BB 2011, 1667, 1671; *von den Steinen* in: Rotthege/Wassermann, Unternehmenskauf bei der GmbH, Kap. 9 Rn. 88 f.

[1477] Vgl. *von den Steinen* in: Rotthege/Wassermann, Unternehmenskauf bei der GmbH, Kap. 9 Rn. 88.

[1478] *Schrader/Seibt* in: Beck'sches Formularbuch Mergers & Acquisitions, C. II. 1. Anm. 125.

wird, ist sodann klarzustellen, ob sich die Ersatzpflicht auf den gesamten Schaden (dann hat die Klausel den Sinn einer – käuferfreundlichen – **Freigrenze**) oder nur den die Aufgreifschwelle übersteigenden Betrag (dann hat die Klausel den Sinn eines – verkäuferfreundlichen – **Freibetrages**) erstreckt.[1479]

> **Formulierungsvorschlag:** *„Der Käufer kann Rechte oder Ansprüche gegen den Verkäufer nur geltend machen, wenn (i) der Wert der Ansprüche und/oder Rechte insgesamt EUR [...] (Gesamtfreibetrag) und (ii) bei einer Mehrzahl von Ansprüchen im Einzelfall jeweils einen Wert von EUR [...] übersteigt (Ansprüche unterhalb dieses Freibetrags für Einzelansprüche bleiben außer Betracht). Ist der Gesamtfreibetrag überschritten, haftet der Verkäufer nur für den diesen Freibetrag übersteigenden Betrag. Die Haftung des Verkäufers ist der Höhe nach auf insgesamt [15/30/50 %] des Kaufpreises begrenzt."*

Der Käufer sollte bedenken, dass er bei der Vereinbarung von Haftungsaufgreifschwellen im Hinblick auf die **Verjährung von Einzelansprüchen** in ein Dilemma geraten kann: Um die Verjährung kleinerer Einzelansprüche zu vermeiden, müsste er an sich Klage erheben, die jedoch mangels Erreichens der Aufgreifschwelle unbegründet wäre, sodass nur eine Feststellungsklage in Betracht käme; andererseits wären diese Einzelansprüche später verjährt, sodass sie bei Ermittlung des Gesamtwertes der verletzten Garantien, zu denen ja auch solche mit längerer Verjährungsfrist gehören können, keine Berücksichtigung finden könnten.[1480]

> **Praxishinweis:** Aus Sicht des Käufers empfiehlt sich eine Regelung, der zufolge die unter die Haftungsfreigrenze fallenden Einzelansprüche nicht verjähren, sondern gemäß § 203 BGB gehemmt sind, soweit der Käufer sie hinreichend spezifiziert schriftlich gegenüber dem Verkäufer innerhalb der Verjährungsfrist geltend gemacht hat und diese sodann spätestens innerhalb der längsten Verjährungsfrist gerichtlich geltend macht.

Die Vereinbarung eines **Caps als Haftungsobergrenze** wird zumeist als Prozentsatz **586** vom Kaufpreis angegeben, weil dies zugleich dem Verkäufer verdeutlicht, welcher Betrag ihm vom Kaufpreis nach einer intensiven Inanspruchnahme durch den Käufer noch verbleibt.[1481] Dabei sollte der Verkäufer allerdings auch eine mögliche Haftung aus Freistellungen und Covenants sowie deren Begleichung im Blick haben.

> **Praxishinweis:** Wird eine solche Haftungsobergrenze nicht vereinbart, könnte sich der Haftungsfall für den Verkäufer im Ernstfall wie ein negativer Kaufpreis auswirken, der nicht nur zum Verlust des erhaltenen Kaufpreises, sondern auch zu erheblichen weiteren Zahlungsverpflichtungen des Verkäufers führen könnte.

Da sich die einzelnen Garantieverletzungen in ihrer Bedeutung für den Käufer im Hinblick auf das erworbene Unternehmen durchaus unterschiedlich auswirken, macht es auch Sinn, **unterschiedliche Haftungsobergrenzen** für einmal sog. **operative Garantien** (zum Beispiel Bestehen von Kundenverträgen, Abwesenheit von Rechtsstreitigkeiten, Werthaltigkeit von Forderungen) und so genannten **Fundamentalgarantien** (insbesondere Rechtsinhaberschaft, Lastenfreiheit der Geschäftsanteile, Abwesenheit von Verfügungsbeschränkungen) vorzusehen.[1482]

[1479] Vgl. *Brück/Sinewe*, Steueroptimierter Unternehmenskauf, § 5 Rn. 249; *Mellert*, BB 2011, 1667, 1671; *Bisle*, DStR 2013, 364, 366.
[1480] Vgl. *Hilgard*, BB 2004, 1233, 1234.
[1481] Vgl. *von den Steinen* in: Rotthege/Wassermann, Unternehmenskauf bei der GmbH, Kap. 9 Rn. 89; *Brück/Sinewe*, Steueroptimierter Unternehmenskauf, § 5 Rn. 251.
[1482] Vgl. *Brück/Sinewe*, Steueroptimierter Unternehmenskauf, § 5 Rn. 251.

d) Vorteilsausgleichung/keine doppelte Berücksichtigung

587   Der Verkäufer sollte sich nicht darauf verlassen, dass im Rahmen der Schadensermittlung gemäß §§ 249 ff. BGB nach den Grundsätzen der Vorteilsausgleichung eine doppelte Berücksichtigung etwaiger Positionen ausgeschlossen ist.

Soweit der Kaufvertrag auch eine **Eigenkapitalgarantie** enthält, steht dem Käufer beispielsweise bei Unterschreiten des garantierten Eigenkapitals ein Kaufpreisanspruch auf Auffüllung durch den Verkäufer zu, der systematisch nichts mit der Garantieverletzung bzw. Gewährleistung zu tun hat. Der zum Unterschreiten des garantierten Eigenkapitals führende Umstand könnte somit unter Umständen zugleich auch zu einer Schadensersatzverpflichtung führen, so dass der Käufer einmal über den Weg der Kaufpreisanpassung und einmal über den Schadensersatzanspruch den Verkäufer in Anspruch nehmen würde.[1483]

588   Eine doppelte Berücksichtigung von Umständen mag sich ferner im Hinblick auf eine bereits erfolgte **bilanzielle Berücksichtigung des Risikos** stellen, wenn z. B. bereits in der Bilanz eine **Rückstellung** für das in Rede stehende Risiko gebildet oder aber eine **Abschreibung oder Wertberichtigung** bereits vorgenommen worden war.[1484]

589   Ferner sollte klargestellt werden, dass Umstände, die zur **Verletzung mehrerer Garantien** führen, nur einmal zum Ersatz des Schadens berechtigen und dass bei Erlangung einer **Ersatzleistung von Dritten** Schadensersatz ausscheidet (z. B. bei Ersatzansprüchen gegen eine Versicherung oder den Geschäftsführer nach § 43 Abs. 2 GmbHG, weil der Schaden durch seine Pflichtverletzung entstanden ist).[1485] Ergänzend hierzu ist aus Sicht des **Verkäufers, der – wie so oft im Mittelstand – selbst Geschäftsführer** ist, darauf zu achten, dass er nicht unbeschränkt persönlich über den Weg des § 43 Abs. 2 GmbHG in Anspruch genommen wird; die mühsam für den Kaufvertrag verhandelten Haftungsausschlüsse mit den zahlreichen Freigrenzen, Caps und sonstigen Ausschlüssen greifen hier nämlich nicht, sondern sind ein eigener Haftungsgrund.[1486]

590   Auch sollten Ansprüche ausgeschlossen sein, die daraus resultieren oder sich erhöhen, dass sich nach dem Tag der Unterzeichnung des Kaufvertrages **Gesetze, Verordnungen, Richtlinien, Verwaltungsanweisungen oder -praktiken oder die Rechtsprechung ändern,** einschließlich der Erhöhung oder Auferlegung von Abgaben oder Steuern sowie der Rücknahme von Steuerbefreiungen.

Praxishinweis: Der Verkäufer sollte darauf achten, dass eine Regelung in den Kaufvertrag aufgenommen wird, wonach ein zum Schadensersatz verpflichtender Umstand nicht zweimal Berücksichtigung finden darf, insbesondere auch nicht im Zuge einer etwaigen Kaufpreisanpassung, der schon erfolgten bilanziellen Berücksichtigung, der Ersatzleistung Dritter, der Änderung rechtlicher Rahmenbedingungen oder der Verletzung mehrerer Garantien durch denselben Umstand.[1487]

Formulierungsvorschlag: *„Soweit eine Haftung des Verkäufers auf mehrere Regelungen in diesem Vertrag gestützt werden kann, wird klargestellt, dass der Käufer nur einmal Leistung verlangen kann. Eine „doppelte" Haftung des Verkäufers kommt nicht in Betracht. Der Verkäufer haftet insbesondere nur, wenn und soweit die den [Schadensersatzanspruch/Käuferanspruch] begründenden Umstände (i) nicht bereits bei der Kaufpreisanpassung gemäß § [...] berücksichtigt worden sind, (ii) im [Jahresabschluss ...] im Wege der Rückstellung, der planmäßigen Abschreibung, der außerplanmäßigen Abschreibung oder der Abschreibung auf den niedrigeren beizulegenden Wert nicht berücksichtigt worden sind und/oder (iii) die Befriedigung des Käuferanspruchs von einer Versicherung, die am Stichtag*

[1483] Vgl. *Hilgard,* ZIP 2005, 1813, 1815; *ders.* BB 2013, 937, 942.

[1484] Vgl. *Schmitz,* RNotZ 2006, 561, 597; *Eilers/Beutel,* IStR 2010, 564, 565.

[1485] Siehe dazu → Rn. 622.

[1486] Siehe dazu → Rn. 622.

[1487] Vgl. auch *Weber* in: Hölters, Handbuch Unternehmenskauf, Kap. 9 Rn. 9.262 ff.

> *bereits wirksam bestand, oder einem sonstigen Dritten nicht erlangt wurde oder hätte erlangt werden können.*"[1488]

e) Unterschiede in den Rechtsfolgen bei Freistellungen und Covenants

Gerade im Bereich der unkalkulierbaren oder nicht bekannten Risiken (zum Beispiel **591** Steuern oder Umwelthaftungen) werden **Freistellungsklauseln** gewählt, nach denen der Verkäufer den Käufer von etwaigen sich daraus ergebenden Mehrbelastungen für Zeiträume bis zum Stichtag oder manchmal auch darüber hinaus freizustellen hat, was zumeist zur Unanwendbarkeit der für die Garantien vereinbarten Freibeträge und Verjährungsregelungen führt.[1489]

Soweit Käufer und Verkäufer neben den Garantien auch **Freistellungen und/oder** **592** **Covenants** vereinbart haben, können aber **die vorstehenden Regelungen** sowie die Verjährungsregelungen auch durchaus **sinngemäß** gelten. Denn auch hier wird es insbesondere dem Verkäufer darum gehen, sein Haftungsrisiko kalkulierbar zu halten, wohingegen der Käufer ein Interesse daran hat, möglichst jeden Schaden bzw. jede Pflichtverletzung uneingeschränkt geltend machen zu können.

> **Praxishinweis:** Der Verkäufer sollte darauf achten, dass nicht nur die Garantien auf der Rechtsfolgenseite zu einer beschränkten Haftung für ihn führen, sondern möglichst auch die Freistellungsverpflichtungen und etwaige Covenants. Auch diesbezüglich sollten aus Verkäufersicht die §§ 442, 254 BGB, § 377 HGB ausdrücklich für anwendbar erklärt werden. Ferner sollte der Verkäufer darauf hinwirken, dass ihm auch in diesem Kontext umfassende Mitwirkungs-, Einsichts- und Zutrittsrechte zustehen.[1490]

f) Rückabwicklung

Da eine Rückabwicklung[1491] zumindest im Falle einer arglistigen Täuschung/bei Vor- **593** satz nicht ausgeschlossen werden kann[1492], zudem auch in Fällen der Sittenwidrigkeit nach § 138 BGB[1493] oder einem Gesetzesverstoß nach § 134 BGB (z.B. bei Verstößen gegen berufliche Verschwiegenheitspflichten von Freiberuflerpraxen nach § 203 StGB[1494] oder einem Verstoß gegen das Verbot wettbewerbsbeschränkender Maßnahmen nach § 1 GWB[1495]) in Betracht kommt, aber im Einzelfall auch bei besonders gravierenden Garantieverletzungen oder einem Material Adverse Change *aufgrund Vereinbarung,* sollten die Vertragsparteien für diese Fälle auch eine – im Vergleich zur gesetzlichen Regelung vereinfachende – Regelung zur Rückabwicklung des Unternehmenskaufes in den Kaufvertrag aufnehmen.[1496] Da mitunter Monate, wenn nicht sogar Jahre seit Übernahme des Unternehmens durch den Erwerber verstrichen sein können, wäre eine auf den Zeitpunkt des

---

[1488] Vgl. auch zu den Überschneidungen bei Steuerfreistellungen, Steuergewährleistungen und Kaufpreisbemessung *Eilers/Beutel,* IStR 2010, 564.

[1489] Vgl. speziell zur Verjährung von Freistellungsansprüchen *Link,* BB 2012, 856 sowie *Hilgard,* BB 2016, 1218, 1232 f.

[1490] Siehe hierzu bereits oben → Rn. 545 mit Formulierungsvorschlag.

[1491] Siehe dazu bereits oben → Rn. 432 ff.

[1492] Siehe dazu beispielsweise OLG München vom 13.6.2012 – 20 U 5102/11, BeckRS 2013, 07076; LG Hamburg vom 20.9.2012 – 327 O 628/04, BeckRS 2013, 02261.

[1493] Vgl. z.B. zur bereicherungsrechtlichen Rückabwicklung eines Unternehmenskaufs (Steuerberaterpraxis) wegen Sittenwidrigkeit nach § 138 BGB BGH vom 5.7.2006 – VIII ZR 172/05, NJW 2006, 2847.

[1494] Vgl. zu einer Nichtigkeit nach § 134 BGB i.V.m. § 203 StGB z.B. OLG Rostock vom 23.9.2005 – 8 U 91/04, NJOZ 2006, 1263; OLG Hamm vom 15.12.2011 – 2 U 65/11, NJW 2012, 1743; OLG Düsseldorf vom 9.1.2014 – I-13 U 4/13, BeckRS 2016, 13442; OLG Düss. vom 9.1.2014 – I-13 U 66/13, BeckRS 2016, 8320.

[1495] Siehe dazu ausführlich → Rn. 704 ff.

[1496] Vgl. dazu *Broichmann/Makos,* DB 2015, 2801.

Kaufvertragsabschlusses rückwirkende Rückabwicklung (ex tunc)[1497] mit einem unvorstellbar großen Aufwand und zahlreichen Streitigkeiten verbunden, bei denen sicherlich nur beide Seiten verlieren können. Folgende Regelungen zur Rückabwicklung erscheinen daher sinnvoll:

– Zweckmäßig ist zunächst eine Regelung, nach der eine **Rückabwicklung ex nunc** ab dem Zeitpunkt des Monatsersten erfolgt, der auf den Tag des Zugangs des Rücktrittsverlangens, der Anfechtung etc. folgt.

– Als zweiter zentraler Punkt könnte geregelt werden, dass der Kaufpreis Zug um Zug gegen Rückübertragung des Unternehmens bzw. der Anteile daran **ohne Verzinsung** zurückzuerstatten ist und dass der **Käufer die bis dahin erwirtschafteten Gewinne oder Verluste zu tragen** hat, ohne eine Erstattung etwaiger von ihm getätigter **Verwendungen** verlangen zu können.

– Drittens könnte dann aus Vereinfachungsgründen geregelt werden, dass derjenige, der den Rücktritt vom Kaufvertrag erklärt, sämtliche mit der Rückabwicklung verbundenen **sonstigen Kosten** zu tragen hat, wenn nicht die Ursache für den Rücktritt vorsätzlich oder grob fahrlässig vom anderen Teil verschuldet wurde.

– Ferner empfiehlt sich viertens zum Schutz des Verkäufers, der nun das Unternehmen zurückerhält, ein zeitlich beschränktes **Wettbewerbsverbot des Käufers nebst Vertraulichkeitsabrede**[1498], weil nach Auffassung des BGH jedenfalls bei einer bereicherungsrechtlichen Rückabwicklung einer Steuerberatungspraxis die Unterlassung von Wettbewerb nicht von der Pflicht zur Herausgabe des Unternehmens umfasst ist.[1499]

Praxishinweis: Wollen die Vertragsparteien die sehr komplexe und streitanfällige Rückabwicklung nach den §§ 346 ff. BGB vermeiden, empfiehlt sich eine stark vereinfachende Regelung, die zwar an der einen oder anderen Stelle für eine Partei wirtschaftliche Nachteile mit sich bringen kann, die aber auf der anderen Seite eine zügige und kostensparende Rückabwicklung ermöglichen soll.

Formulierungsvorschlag: *„Sollte eine Vertragspartei berechtigt sein, von diesem Vertrag zurückzutreten oder die Rückabwicklung zu verlangen, ist der Rücktritt im Wege der schriftlichen Mitteilung an den Notar zu erklären, der unwiderruflich bevollmächtigt ist, diese Mitteilung namens der anderen Vertragspartei(en) anzunehmen. Ein Rücktrittsrecht sowie Recht zur Rückabwicklung kann nur innerhalb von [… Monaten] nach Kenntnis der zum Rücktritt bzw. zur Rückabwicklung berechtigenden Umstände ausgeübt werden. Rücktritt und Rückabwicklung erfolgen sodann mit Wirkung ab dem Monatsersten, der dem Zeitpunkt des Zugangs der Rücktrittserklärung beim Notar folgt, wenn sich die Parteien nicht einvernehmlich schriftlich auf einen anderen Zeitpunkt einigen („Rückabwicklungsstichtag").*
Der Kaufpreis ist Zug um Zug gegen Rückübertragung des Unternehmens ohne Verzinsung zurückzuerstatten. Dem Käufer steht der vom Stichtag bis zum Rückabwicklungsstichtag erwirtschaftete Gewinn oder Verlust zu, ohne dass ihm Verwendungen zu erstatten sind.
Der Käufer hat im Vertrag über die Rückabwicklung lediglich zu garantieren, dass er das Eigentum bzw. die Inhaberschaft an dem Unternehmen lastenfrei zurücküberträgt.
Im Falle der Rückübertragung des Unternehmens unterliegt der Käufer für die Dauer von … Monaten einem Wettbewerbsverbot, für das die Regelungen in § … entsprechend gelten.
Die mit der Rückabwicklung verbundenen Kosten trägt die Partei, die den Rücktritt erklärt, wenn nicht die andere Partei vorsätzlich oder grob fahrlässig die Ursache für den Rücktritt gesetzt hat. Ergänzend gelten die Regelungen der §§ 346 ff. BGB."

594–599 *(frei)*

[1497] Bei Personengesellschaften ist nach der Rechtsprechung zur fehlerhaften Gesellschaft nur ein Ausscheiden ex nunc möglich, siehe → Rn. 379 f.

[1498] Vgl. *Schmitz*, RNotZ 2006, 561, 598.

[1499] BGH vom 5.7.2006 – VIII ZR 172/05, NJW 2006, 2847, Tz. 26.

6. Vertragliche Gestaltung der Verjährung

Treffen die Vertragsparteien hinsichtlich der Verjährung von Ansprüchen aus dem Vertrag　**600**
keinerlei Regelung, würden **Ansprüche auf Erfüllung des Kaufes** gemäß § 433 Abs. 1
BGB (sowohl Eigentumsverschaffung als auch Kaufpreiszahlung) und auch **Ansprüche auf
Erfüllung der selbständigen Garantien** nach § 311 Abs. 1 BGB gemäß §§ 195, 199
Abs. 1 BGB der Regelverjährung unterliegen und somit in drei Jahren ab dem Schluss des
Kalenderjahres, in dem der Vertrag geschlossen wurde, verjähren.[1500] Im Hinblick auf die
Garantieverletzung besteht zumeist ein primärer Erfüllungs- bzw. Nachbesserungsan-
spruch des Käufers, der sich erst nach Fristablauf bzw. Fehlschlagen der Nachbesserung und
Geltendmachung in einen Schadensersatzanspruch umwandelt. Anders als beim Erfüllungsanspruch hinsichtlich des Kaufs, erlangt der Käufer von den den Erfüllungs- bzw. Schadensersatzanspruch begründenden Umständen der Garantieverletzung jedoch erst zu einem
späteren Zeitpunkt Kenntnis, sodass erst ab dann die Verjährungsfrist zu laufen beginnt (vgl.
§ 199 Abs. 1 Ziff. 2 BGB).

Im Hinblick auf den **Schadensersatzanspruch aus Garantieverletzung** ist zu beachten, dass dieser **grundsätzlich einheitlich** entsteht, sobald ein erster Teilbetrag durch
Leistungsklage geltend gemacht werden kann, sodass bereits ab diesem Zeitpunkt die Verjährungsfrist nach § 199 Abs. 1 BGB zu laufen beginnt.

Enthält aber der Vertrag keine deutliche Regelung dazu, ab wann der Anspruch auf
Erfüllung der Garantie erlischt, kommt es in diesem Fall bei der Pflichtverletzung nach
§ 281 BGB zu einer **Konkurrenz von Erfüllungs- und Schadensersatzanspruch.**

Erfüllungs- und Schadensersatzanspruch bestehen bis zur Ausübung des Schadensersatzes
im Wege der Erklärung durch den Käufer nebeneinander, so dass der Käufer trotz Fristablaufs weiterhin Erfüllung verlangen kann, ohne seinen Schadensersatzanspruch hierdurch
zu verlieren.[1501] Fraglich ist dann, ob der Käufer die Verjährung des Schadensersatzanspruchs verlängern kann, indem er den Schadensersatz vorläufig nicht geltend macht,
sondern bis kurz vor Verjährung des Erfüllungsanspruchs abwartet und dann durch Erklärung gegenüber dem Verkäufer den Schadensersatzanspruch mit dann erneuter dreijähriger
Verjährung in Gang setzen kann.

> **Praxishinweis:** Aufgrund der Bedeutung des Beginns der Verjährungsfrist nach § 199 BGB
> – gerade auch mit Blick auf die Unterschiede bei Erfüllungs- und Schadensersatzan-
> sprüchen – sollte eine vertragliche Verjährungsregelung auch stets die Frage des Ver-
> jährungsbeginns mitregeln und sich nicht lediglich auf die Regelung der Verjährungsdauer
> beschränken.[1502]

Gemäß § 202 BGB kann die Verjährung **vertraglich sowohl erleichtert** (nicht jedoch　**601**
bei einer Haftung für Arglist/Vorsatz) oder aber auch bis zu einer Verjährungsfrist von
30 Jahren **erschwert** werden. Neben der Ausgestaltung – und aus Verkäufersicht notwendigen Beschränkung – der Rechtsfolgen kommt indessen der Frage der Verjährung
von Ansprüchen eine zentrale haftungsbeschränkende oder aber auch haftungserweiternde
Funktion zu. Dabei kann die Verjährung von Ansprüchen nicht pauschal, sondern nur **differenzierend anhand der unterschiedlichen Gewährleistungsinhalte** und Bezugspunkte beantwortet werden.[1503] Es sollte insofern auch darauf geachtet werden, dass nicht
aufgrund des Kaufpreisanpassungsmechanismusses (z.B. aufgrund einer etwa abgegebenen

---

[1500] Vgl. zum Kauf *Ellenberger* in: Palandt, BGB, § 195 Rn. 3.
[1501] Vgl. im Hinblick auf ein in diesem Fall weiterbestehendes Rücktrittsrecht des Gläubigers BGH
vom 20.1.2006 – V ZR 124/05, NJW 2006, 1198; siehe auch *Grüneberg* in: Palandt, BGB, § 281
Rn. 49.
[1502] Vgl. auch *Picot* in: Picot, Unternehmenskauf und Restrukturierung, § 4 Rn. 319.
[1503] Vgl. auch *Schmitz,* RNotZ 2006, 561, 599.

Eigenkapitalgarantie) nach Ablauf der Gewährleistungsfrist noch Ansprüche geltend gemacht werden können.

> **Praxishinweis:** Die Regelungen zur Verjährung sollten auch explizit die Frage adressieren, bis zu welchem Zeitpunkt Ansprüche auf eine Kaufpreisanpassung, zum Beispiel auf Grundlage einer Eigenkapitalgarantie oder von „cash and debt free" geltend gemacht werden können.

---

602   Hinsichtlich der **wirksamen und lastenfreien Übertragung von Geschäftsanteilen** wird typischerweise von Käuferseite eine lange Verjährungsfrist (z. B. 10 Jahre) verlangt, da insoweit in der Regel trotz Due Diligence-Prüfung durch den Käufer eine Unsicherheit verbleibt, die substanzielle Auswirkungen hätte.

603   Hinsichtlich der **sonstigen Garantien** sollte aus Sicht des Verkäufers grundsätzlich auf eine insgesamt kurze Verjährungsfrist hingearbeitet werden (ein bis maximal zwei Jahre), wohingegen sich bei einer käuferfreundlichen Gestaltung durchaus auch Verjährungsfristen von bis zu vier Jahren finden. In jedem Fall kann bei Streitpunkten auch eine **je nach Art der Garantie differenzierende Regelung** hilfreich sein.[1504] So könnte für alle Umstände, die vom Verkäufer innerhalb kurzer Zeit nachgeprüft werden können, eine Verjährungsfrist von einem Jahr ausreichen.

Wichtig ist dann allerdings für den Käufer, dass er genug Zeit hat, um zumindest nach dem ersten vollen Geschäftsjahr unter seiner Führung den Jahresabschluss erstellen und prüfen zu können, ob sich daraus Gewährleistungsansprüche ergeben.[1505]

> **Praxishinweis:** Um zu der von dem Verkäufer gewünschten kurzen Verjährung zu gelangen, könnte man dem Käufer empfehlen, unverzüglich nach Übergabe des Unternehmens zusätzlich etwaige für ihn besonders risikoreiche Unternehmensbereiche im Wege einer ergänzenden Due-Diligence-Prüfung zu überprüfen. Auf diese Weise entgeht auch das Management dem Vorwurf, eventuell pflichtwidrig gehandelt zu haben. Denn soweit im Schadensfall Ansprüche verjährt sind oder aufgrund einer inzwischen eingetretenen Insolvenz des Verkäufers nicht realisiert werden können, könnte es mit Blick auf eine mögliche Haftung „eng" für das Management werden.[1506]

Für Umstände aber, die typischerweise nicht ohne weiteres – auch nicht durch weitere Due-Diligence-Prüfungen – erkennbar sind (z. B. Umweltaltlasten), kann dann ggf. eine längere Verjährungsfrist zugestanden werden.

> **Praxishinweis:** Denkbar ist auch eine im Verlauf der Jahre nach Übergabe des Unternehmens sich prozentual abschwächende Haftung des Verkäufers und umgekehrt steigende Risikoübernahme durch den Käufer, was gerade im Bereich Umwelthaftung hilfreich sein kann, eine ausgewogene Lösung zu vermitteln.[1507]

---

604   Hinsichtlich **steuerlicher oder sozialversicherungsrechtlicher Betriebsprüfungen** und daraus resultierender Mehrbelastungen wird typischerweise eine kurze Verjährungsfrist (z. B. sechs Monate) vereinbart, die aber erst nach Ergehen oder Bestandskraft entsprechender Berichtigungsbescheide anläuft.[1508]

605   Mit Blick darauf, dass nach **§ 203 BGB** die Verjährung gehemmt ist, solange zwischen dem Schuldner und dem Gläubiger **Verhandlungen über den Anspruch** oder die den Anspruch begründenden Umstände schweben, bis der eine oder der andere Teil die Fort-

---

[1504] Vgl. zu einem solchen Grundmuster auch *Holzapfel/Pöllath,* Unternehmenskauf in Recht und Praxis, Rn. 939.

[1505] Vgl. *Weber* in: Hölters, Handbuch Unternehmenskauf, Kap. 9 Rn. 9.269.

[1506] Siehe zur Managerhaftung oben Teil → C., Rn. 223 ff.

[1507] Siehe zu einer solchen „sliding scale" *Kiesewetter/Hoffmann,* BB 2016, 1798, 1803.

[1508] Vgl. *Weber* in: Hölters, Handbuch Unternehmenskauf, Kap. 9 Rn. 9.269.

setzung der Verhandlungen verweigert, empfiehlt sich auch eine Regelung dazu, ob diese Vorschrift gelten soll, modifiziert gelten soll oder abbedungen ist.[1509]

> **Beachte:** Das an vielen Stellen in diesem Buch angesprochene Risiko des Verkäufers, dem Käufer aufgrund eines bloßen Organisationsverschuldens wegen Arglist (im Grundsatz zwingend, vgl. §§ 276 Abs. 3 BGB, aber ggf. Ausnahme nach § 444 BGB denkbar[1510]) zu haften, betrifft auch die vereinbarten Verjährungsregeln. Infolgedessen ist der Verkäufer im Falle von Arglist einer Verjährung von bis zu 30 Jahren ausgesetzt, wenn der Mangel bei richtiger Organisation entdeckt worden wäre.[1511]

(frei)   **606–609**

7. (Beschaffenheits-)Garantien und § 444 BGB

a) Vereinbarungen zur Reichweite von Garantieversprechen

Gewisse Verunsicherung hatte der durch die Schuldrechtsreform im Jahr 2002 neu einge-   **610** führte § 444 BGB hervorgerufen. Nach dieser Vorschrift konnte sich der Verkäufer nicht auf eine Vereinbarung berufen, durch welche die Rechte des Käufers wegen eines Mangels ausgeschlossen oder beschränkt werden, *„wenn"* er den Mangel arglistig verschwiegen oder eine Garantie für die Beschaffenheit der Sache übernommen hat. Damit war eine erhebliche Unklarheit entstanden, ob die in Unternehmenskaufverträgen üblicherweise individuell ausgestaltete Gewährleistung in Form selbständiger Garantieversprechen i. S. d. § 311 Abs. 1 BGB nach wie vor frei geregelt werden konnte.[1512] Der Gesetzgeber hat diese Unsicherheit mittlerweile durch eine klarstellende Einfügung des Wortes *„soweit"* in § 444 BGB zu beseitigen versucht.[1513] Ungeachtet etwa anhaltender Diskussionen besteht aber wohl nunmehr im Schrifttum weitgehende Einigkeit, dass neben der Definition der inhaltlichen Reichweite insbesondere auch Garantiehöchstbeträge sowie „Erheblichkeitsschwellen" und andere Beschränkungen der Garantien vereinbart werden können.[1514] Ebenso kann das Recht auf Rücktritt vom Vertrag ausgeschlossen werden.

> **Praxishinweis:** Es ist möglich, die Garantieerklärungen im Kaufvertrag so zu formulieren, dass einmal deren inhaltliche Reichweite durch die offen gelegten Sachverhalte – idealerweise in Form von einzelnen Anlagen zu der jeweiligen Garantie – und zum anderen auf der Rechtsfolgenseite begrenzt wird.

Nach wie vor sind Gewährleistungsausschlüsse und -beschränkungen allerdings un-   **611** wirksam, soweit der Verkäufer arglistig handelt (§ 276 Abs. 3 BGB). Der Verkäufer kann aber die Haftung über § 444 BGB und damit einen Fall der Arglist dadurch ausschließen oder zumindest einschränken, dass er den Käufer über die den Mangel begründenden Tatsachen vollständig aufklärt und damit die Wirkung des § 442 BGB herbeiführt.[1515] Denn wer einen Mangel kennt, kann nicht getäuscht werden.[1516]

[1509] Vgl. dazu auch *Schmitz*, RNotZ 2006, 561, 599.

[1510] Siehe dazu Teil → C., Rn. 93 ff.

[1511] So zum Werkvertragsrecht BGH vom 11.10.2007 – VII 99/06, NJW 2008, 145.

[1512] Vgl. *Jaques*, BB 2002, 417; *Dauner-Lieb/Thiessen*, ZIP 2002, 108, 111 ff.; *Seibt/Reiche*, DStR 2002, 1135, 1181 f.

[1513] Vgl. dazu *Seibt*, NZG 2004, 801.

[1514] Vgl. zum Ganzen mit Empfehlungen für die M&A Praxis auch *Picot* in: Picot, Unternehmenskauf und Restrukturierung, § 4 Rn. 374 ff.

[1515] *Weidenkaff* in: Palandt, BGB, § 444 Rn. 3.

[1516] Vgl. RG vom 26.6.1903, RGZ 55, 210, 214; BGH vom 28.6.1978 – VIII ZR 112/77, NJW 1978, 2240; BGH vom 27.3.2009, V ZR 30/08, NJW 2009, 2120, 2122.

> **Praxishinweis:** Im Falle der Vereinbarung selbstständiger Garantien gemäß § 311 Abs. 1 BGB sollte dann die Anwendbarkeit oder Unanwendbarkeit des auf das Regelungssystem der gesetzlichen Gewährleistungsvorschriften zugeschnittenen § 444 BGB ausdrücklich im Kaufvertrag geregelt werden.

b) Vereinbarungen zur Reichweite von Aufklärungspflichten und Vorsatz (§ 444 BGB als lex specialis zu § 276 Abs. 3 BGB)

612   § 444 BGB ist aufgrund seiner Stellung im Kaufrecht sowie seines Wortlauts lex specialis zu § 276 Abs. 3 BGB. Diese Norm bezieht sich dabei ihrem Wortlaut allerdings nach nur auf „Mängel", also nur Umstände, die auch „Beschaffenheiten" der Kaufsache sein können, was aber nach traditioneller Auffassung des BGH gerade bei Angaben zu Umsatz und Ertrag i. d. R. nicht der Fall sein soll.[1517] Die Änderung der ursprünglichen Formulierung des § 444 BGB mit „*wenn* der Verkäufer den Mangel arglistig verschwiegen oder eine Garantie übernommen hat" auf „*soweit*", wirkt sich nach hier vertretener Auffassung auch auf die Frage der Haftung des Verkäufers für Arglist aus, weil der Gesetzgeber dadurch ersichtlich die Privatautonomie der Vertragsparteien für die – ohnehin schon auf Basis der Vertragsfreiheit nach §§ 241 Abs. 2, 311 Abs. 2 BGB mögliche – Vereinbarung über die Reichweite von Aufklärungspflichten und Flexibilität bei den Rechtsfolgen (anstatt des Alles oder Nichts) im Falle einer Verletzung ermöglichen wollte.

> **Hinweis:** Interessanterweise ist trotz der Formulierung in § 444 BGB mit „soweit" bislang – soweit ersichtlich – nicht die Auffassung vertreten worden, dann könnte durch Vereinbarung zum Umfang der Aufklärungspflichten auch die Reichweite des Vorsatzvorwurfs sowie die Rechtfolgen durch Caps, Baskets, Verjährungsverkürzung gleichermaßen wie bei Abgabe von Garantien wirksam vereinbart werden (und zwar ohne Verstoß gegen § 276 Abs. 3 BGB, weil gegen eine nicht bestehende Aufklärungspflicht nicht vorsätzlich verstoßen werden kann). Eine solche Gleichbehandlung dieser Fälle erscheint aber mit Blick auf den Wortlaut von § 444 BGB und die Interessenlage beim Unternehmenskauf gerechtfertigt, zumal das Gesetz auch sonst immer die arglistige Täuschung oder Abgabe eine Garantie „in einem Atemzug" gleichbedeutend verwendet (vgl. z. B. § 442 Abs. 1 Satz 2 BGB).

In einer der wenigen Entscheidungen zu § 444 BGB führt der BGH u. a. aus, dass diese Vorschrift den Käufer allein **vor einer unredlichen Freizeichnung des Verkäufers** von der Sachmängelhaftung **schützen soll** und dass eine solche unredliche Freizeichnung gegeben ist, wenn der Verkäufer arglistig handelt.[1518] Es wäre aber nach diesem Maßstab nicht unredlich, wenn Verkäufer und Käufer Vereinbarungen zum Umfang der Aufklärung sowie dem Verschuldensmaßstab treffen. Dafür spricht auch, dass § 242 BGB als „Grundgebot der Redlichkeit" zwar unabdingbar ist, dass die Parteien aber Regelungen treffen können, die für bestimmte Fallgestaltungen die an sich denkbare Anwendung des § 242 BGB ausschließen; auch können die Parteien Rechtsfolgen des § 242 BGB vertraglich mildern oder verschärfen.[1519] Etwas anderes könnte aber dann gelten, wenn der Verkäufer tatsächlich in Abweichung davon (unredlich) aktiv täuscht und/oder objektive Garantien oder solche „nach bestem Wissen abgibt, obwohl er positive Kenntnis davon hat, dass diese Garantien tatsächlich nicht zutreffen.

613   Haben die Parteien des Kaufvertrages einen Haftungsausschluss vereinbart, trägt der Käufer nach § 444 BGB grundsätzlich die **Darlegungs- und Beweislast** für das Vorliegen sämtlicher Umstände, die den Arglisttatbestand ausfüllen, wozu bei einer Täuschung durch Verschweigen auch die fehlende Offenbarung gehört. Da es sich dabei allerdings um eine

---

[1517] Siehe dazu noch ausführlich Teil → C., Rn. 124 ff.
[1518] BGH vom 15.7.2011 – V ZR 171/10, NJW 2011, 3640, 3641.
[1519] *Grüneberg* in: Palandt, BGB § 242 Rn. 20; *Schubert* in: Münchener Kommentar zum BGB, § 242 Rn. 92.

negative Tatsache handelt, **kommen dem Käufer Erleichterungen nach den Grundsätzen der sekundären Darlegungslast zugute.**[1520] Wendet der Verkäufer gegen die behauptete arglistige Täuschung also ein, der Käufer sei über den Mangel aufgeklärt worden, trifft ihn insoweit eine sekundäre Darlegungslast. Zudem trägt der Verkäufer die volle Darlegung- und Beweislast für die Behauptung, der Käufer habe ungeachtet von einer Aufklärung **Kenntnis von dem Mangel** erlangt.[1521]

(frei)   **614**

8. Absicherung von (Gewährleistungs-)Ansprüchen, W&I-Insurance

Schließlich ist – insbesondere aus Käufersicht – darauf zu achten, dass die vom Verkäufer **615** abgegebenen Garantieversprechen sowie sonstige Verpflichtungen des Verkäufers auch werthaltig sind. So könnte bei einem Asset Deal der zunächst an das verkaufende Unternehmen gezahlte Kaufpreis an den oder die dahinterstehenden Gesellschafter ausgeschüttet werden, so dass die Verkäufergesellschaft im Ergebnis als leere Hülle zurückbleiben würde. Auch ist es denkbar, dass die verkaufende Gesellschaft bei einem Share Deal lediglich mit einem geringen Kapital ausgestattet ist und im Ernstfall gar nicht über ausreichendes Vermögen verfügt, um die Käuferansprüche bedienen zu können.

> **Praxishinweis:** Der Käufer sollte darauf achten, dass bei Zweifelhaftigkeit über die Werthaltigkeit etwaiger gegen den Verkäufer gerichteter Ansprüche die dahinter stehenden Personen oder sonstige mit entsprechendem Vermögen ausgestattete Gesellschaften der Verkäuferseite dem Kaufvertrag als Gesamtschuldner beitreten oder aber zumindest im Hinblick auf die potentiellen Ansprüche des Käufers diesem gegenüber eine harte Patronatserklärung[1522] abgeben. Ferner kommen auch eine Bankbürgschaft oder ein Kaufpreiseinbehalt in Betracht.

Alternativ ist auch eine spezielle **Gewährleistungsversicherung** (sogenannte „**War-** **616** **ranty & Indemnity Insurance**") denkbar, mit der das Haftungsrisiko des Verkäufers teilweise auf den Versicherer abgewälzt werden kann, der infolgedessen in aller Regel eine eigene Due-Diligence-Prüfung durchführt.[1523] Im juristischen Schrifttum wurden früher solche Versicherungen wegen der von den Versicherern vorgesehenen Haftungsausschlüsse und Selbstbehalte sowie wegen der damit verbundenen nicht unbeträchtlichen Kosten und der durch Prüfungen der Versicherung bedingten zeitlichen Verzögerung als wenig hilfreich angesehen.[1524] Inzwischen setzt sich jedoch zunehmend die Überzeugung durch, dass eine solche Versicherung in zahlreichen Fallkonstellationen helfen kann, Einigungsprobleme gerade im Bereich der Zuweisung unbekannter Risiken zu überbrücken, und zwar insbesondere dann, wenn die hierfür anfallenden Kosten nicht einseitig dem Veräußerer zugewiesen werden.[1525] Ferner wird auch auf die zwischenzeitlichen Entwicklungen der diesbezüglichen Versicherungsprodukte hingewiesen, die maßgeschneidert dem Unternehmenskaufvertrag angepasst werden könnten und zu einem besseren Prämienniveau erhältlich seien.[1526]

[1520] BGH vom 12.11.2010 – V ZR 181/09, MittBayNot 2011, 133 = NJW 2011, 1279.

[1521] BGH vom 12.11.2010 – V ZR 181/09, MittBayNot 2011, 133 = NJW 2011, 1279; BGH vom 15.7.2011 – V ZR 171/10, NJW 2011, 3640, 3641 f.

[1522] Vgl. dazu BGH vom 19.5.2011 – IX ZR 9/10, NZG 2011, 913; *von Rosenberg/Kruse,* BB 2003, 641.

[1523] Vgl. dazu *Metz,* NJW 2010, 813; *Brück/Sinewe,* Steueroptimierter Unternehmenskauf, § 5 Rn. 261; *Kränzlin/Otte/Fassbach,* BB 2013, 2314; *Hoger/Baumann,* NZG 2017, 811; *Hensel/Namislo,* BB 2018, 1475.

[1524] *Brück/Sinewe,* Steueroptimierter Unternehmenskauf, § 5 Rn. 261; kritisch auch *Krüger/Pape,* NZI 2009, 870, 876.

[1525] *Metz,* NJW 2010, 813; *Hoger/Baumann,* NZG 2017, 811; *Hensel/Namislo,* BB 2018, 1475.

[1526] Vgl. dazu *Kränzlin/Otte/Fassbach,* BB 2013, 2314, 2315 f.; *Hensel/Namislo,* BB 2018, 1475.

Geraden in Zeiten eines „Verkäufermarktes", bei dem große Mengen an Finanzmitteln verfügbar sind (z. B. Niedrigzinsphase und erfolgreiches Fundraising durch Private Equity-Fonds, Family-Offices etc.) kann die Gewährleistungsversicherung für den Käufer eines Unternehmens sinnvoll sein, z. B. um sich im Rahmen eines Bieterverfahrens dadurch einen Vorteil gegenüber Mitbewerbern zu verschaffen, dass er auf die normalerweise vorgesehenen Garantien ganz oder teilweise verzichtet und sein dadurch steigendes Risiko überwiegend oder ausschließlich auf den Versicherer abwälzt.[1527]

Kommt eine Versicherungslösung grundsätzlich in Betracht, ist von den Parteien zu entscheiden, ob eine **Verkäuferpolice in Form einer Haftpflichtversicherung** i. S. d. §§ 100 ff VVG abgeschlossen werden soll, bei der dann u. a. bei Vorsatz des Verkäufers kein Versicherungsanspruch bestünde (vgl. § 103 VVG) oder eine **Käuferpolice in Form einer Eigenschadenversicherung,** bei der u. a. die eigenen Ansprüche des Käufers gegenüber der Versicherung auch bei Vorsatz des Verkäufers nicht entfallen.[1528] Wegen dieses Vorteils der Käuferpolice ist Versicherungsnehmer meist der Käufer.[1529]

9. Mehrere Verkäufer als Gesamt- oder Teilschuldner

617   Es kommt auch vor, dass auf Verkäuferseite mehrere Personen als Verkäufer auftreten, die zuweilen als Gesamtschuldner nach §§ 421 ff. BGB haften können. Hier ist es aus Verkäufersicht erstrebenswert, im Wege der Teilschuldnerschaft lediglich die eigene Beteiligung zu verkaufen und auch die Garantiezusagen lediglich im Hinblick auf die eigene Beteiligung abzugeben. Soweit es um Garantien geht, die sich auf den Geschäftsbetrieb und das Unternehmen an sich beziehen, erscheint es indes angemessen, etwaige Minderheitsgesellschafter aus einer Verantwortung zu entlassen und lediglich diejenigen Personen dafür einstehen zu lassen, die aufgrund ihrer Geschäftsführerqualifikation oder Mehrheitsbeteiligung die erforderliche Kenntnis über die der Garantie zu Grunde liegenden Umstände haben bzw. haben müssten.[1530]

> **Praxishinweis:** Mehrere Verkäufer müssen Obacht geben, dass sie nicht auch als Verkäufer und damit Gesamtschuldner für die Verpflichtungen anderer Verkäufer einstehen müssen.

10. Eingeschränkte Garantien bei MBO und Kauf vom Insolvenzverwalter

618   Es gibt bestimmte Sonderkonstellationen, in denen man als Käufer ausnahmsweise nicht auf den sonst üblich gewordenen – langen – Garantiekatalog bestehen kann. So wird in der Praxis und im juristischen Schrifttum vielfach beim Kauf des Unternehmens durch das Management selbst (sog. **„Management-Buy-Out" – MBO**) diesem nur eine begrenzte Gewährleistung zugebilligt. Denn – so die Argumentation – in diesem Fall habe bereits das Management bessere Kenntnis als der verkaufende Gesellschafter selbst. Die Garantieerklärungen des verkaufenden Gesellschafters sollen sich in dieser Konstellation hauptsächlich auf die uneingeschränkte Inhaberschaft der veräußerten Gesellschaftsrechte beschränken, welche frei von Rechten Dritter sein müssen.

> **Praxishinweis:** Verkäufer und der MBO- bzw. MBI-Käufer sollten aber auf jeden Fall bedenken, dass – und dies dürfte der Regelfall sein – sowohl beim fremdfinanzierten Unternehmenskauf als auch bei der Beteiligung von (Private Equity) Investoren selbstverständlich

---

[1527] Vgl. *Strauss,* BB 2018, Umschlagteil I.; *Hensel/Namislo,* BB 2018, 1475.

[1528] Vgl. *Hensel/Namislo,* BB 2018, 1475, 1476.

[1529] *Hensel/Namislo,* BB 2018, 1475, 1476; *Hoger/Baumann,* NZG 2017, 811.

[1530] Vgl. *von den Steinen* in: Rotthege/Wassermann, Unternehmenskauf bei der GmbH, Kap. 9 Rn. 100.

> sämtliche üblichen Gewährleistungen und sonstigen vertraglichen Rechte von ihnen selbst gefordert werden, um auch auf diesem Wege die Finanzierung abzusichern.

Auch beim **Kauf des Unternehmens vom Insolvenzverwalter** im Rahmen von   **619** übertragenden Sanierungen sind die Garantien in der Regel eingeschränkt.[1531] Typischerweise wird ein solcher (Asset Deal-)Kaufvertrag mit dem endgültigen Insolvenzverwalter nach Verfahrenseröffnung geschlossen, und der Insolvenzverwalter gibt stets nur Gewährleistungen zur uneingeschränkten Rechtsinhaberschaft, nicht aber operative Garantien ab.[1532] Dieser Umstand sollte sich dann aber im Kaufpreis entsprechend wiederspiegeln.

Ähnlich dem Verkauf in der Insolvenz sind die Fälle, in denen wieder die Altgesellschafter ein marodes Unternehmen für einen symbolischen Kaufpreis verkaufen, häufig nicht einmal aus eigenem Antrieb. Auch hier werden die Verkäufer regelmäßig nicht bereit sein, mehr als die Gewährleistungen zur uneingeschränkten Rechtsinhaberschaft abzugeben.

11. Management-Warranty-Letter

Ist der Verkäufer nicht zugleich Gesellschafter und Geschäftsführer des zu verkaufenden   **620** Unternehmens, kommt es zu einem Auseinanderfallen

– der **Verantwortlichkeit der Geschäftsführer** für (i) die Unternehmensführung und die damit verbundenen Risiken sowie für (ii) die Informationsbeschaffung und Weitergabe durch die Geschäftsführer im Rahmen der Due-Diligence-Prüfung einerseits und

– der **Verantwortlichkeit des oder der verkaufenden Gesellschafter(s)** für eine etwaige daraus resultierende Haftung gegenüber dem Käufer aufgrund culpa in contrahendo sowie der kaufvertraglichen Garantien andererseits.

In diesen Fällen kennen die verkaufenden Gesellschafter das Unternehmen viel schlechter und müssen sich bei der Abgabe ihrer Garantien auf die ordnungsgemäße Geschäftsführung sowie die Angaben der Geschäftsführung verlassen. Es kommt daher mitunter vor, dass seitens des Käufers oder auch seitens des Verkäufers der Wunsch an die Geschäftsführung herangetragen wird, sogenannte Managementgarantien (auch „**Management-Letter**" oder „**Representation-Letter**" genannt)[1533] abzugeben.[1534] Ziel solcher Garantieerklärungen ist es zunächst, das Management anzuhalten, die für den Abschluss des Unternehmenskaufvertrages relevanten Informationen vollständig und richtig aufzubereiten und so dem Käufer die Investitionsentscheidung aufgrund der Erkenntnis zu erleichtern, das Management werde nicht leichtfertig finanzielle Einbußen aufgrund unrichtiger Garantien in Kauf nehmen.[1535]

> **Beachte:** Als Berater der Geschäftsführung ist darauf hinzuweisen, dass diese rechtlich nicht verpflichtet ist, in der einen oder anderen Richtung entsprechende Erklärungen abzugeben.[1536] Zudem sollte die Geschäftsführung bei Abgabe eines Management-Warranty-Letters auch aus finanzieller Sicht äußerst kritisch abwägen, dass sich einerseits der Haf-

---

[1531] Siehe dazu noch Teil → F., Rn. 1 ff.

[1532] Vgl. dazu auch *Krüger/Pape,* NZI 2009, 870, 871 ff.

[1533] *Krüger/Pape,* NZI 2009, 870 f.

[1534] Vgl. dazu *Schaffner,* BB 2007, 1292; *von Rosenberg* in: Eilers/Koffka/Mackensen, Private Equity, Teil I. 9. Rn. 16.; *Koppmann,* BB 2014, 1673, 1678; *Hohaus/Kaufhold,* BB 2015, 709; *Koch-Schulte,* BB 2020,1131, 1133; vgl. zur Vermeidung einer Haftung des Verkäufers für Arglist aufgrund von „Angaben ins Blaue hinein" auch *Bank* in: Drygala/Wächter, Verschuldenshaftung und Wissenszurechnung bei M&A Transaktionen, S. 92, 120.

[1535] *Schaffner,* BB 2007, 1292; *Krüger/Pape,* NZI 2009, 870, 874; *von Rosenberg* in: Eilers/Koffka/Mackensen, Private Equity, Teil I. 9. Rn. 16; *Koch-Schulte,* BB 2020,1131, 1133; *Bank* in: Drygala/Wächter, Verschuldenshaftung und Wissenszurechnung bei M&A Transaktionen, S. 92, 120.

[1536] *Krüger/Pape,* NZI 2009, 870, 872.

tungsfall für das Management ruinös auswirken kann, ohne dass ihm der Kaufpreis zufließt, andererseits aber auch die Anstellung bei der Zielgesellschaft auf dem Spiel stehen kann.[1537] Hier können sowohl Verkäufer-Incentives (z. B. in Form eines sog. „Exit-Bonus" bei erfolgreichem Closing) und/oder Käufer-Incentives (z. B. in Form von Boni, virtuellen Beteiligungen oder Eigenkapitalbeteiligungen)[1538] geeignete Mittel sein, um das latente Haftungsrisiko des Managements zu kompensieren.

Als (rechtliches) Argument gegen die Abgabe von Managementgarantien wird angeführt, dass der gesellschaftsrechtliche Grundsatz der Innenhaftung des Managements gegenüber der Gesellschaft konterkariert werde und systemwidrig zu einer nicht gerechtfertigten Haftungserweiterung zu Gunsten des Begünstigten unter gleichzeitigem (potentiellem) Haftungsmassenentzug der Gesellschaft führe.[1539] Ein solcher Hinweis hilft allerdings nur begrenzt, wenn man sich klarmacht, dass Managementgarantien bei M&A-Transaktionen inzwischen nicht selten eingefordert werden.[1540] Denn ungeachtet des Fehlens einer rechtlichen Verpflichtung zur Abgabe von Garantien ist es häufig erforderlich, dass das Management – gerade wenn es zukünftig auch für den Käufer tätig sein will – als entsprechende vertrauensbildende Maßnahme oder auch zur Ermöglichung der Transaktion insgesamt entsprechende Erklärungen faktisch abgeben muss, da andernfalls die Transaktion scheitern würde.

> **Praxishinweis:** Sind Garantien des Managements erforderlich, sollten diese betragsmäßig vernünftig beschränkt und gegebenenfalls nur „nach bestem Wissen" abgegeben werden.[1541]

In bestimmten Fallkonstellationen kann ein Management-Warranty-Letter auch dazu führen, dass der Vorsatz des Managements der Verkäufergesellschaft ausgeschlossen ist, wenn das Management der Zielgesellschaft die Vollständigkeit und Richtigkeit der dem Käufer gewährten Informationen bestätigt hat.[1542] Insofern sollte man sich jedoch keine allzu großen Hoffnungen machen, denn die Rechtsprechung knüpft ja gerade für die Arglisthaftung nicht an ein vorsätzliches Element der Handelnden an. Vielmehr haftet das Verkäuferunternehmen allein wegen eines Organisationsverschuldens sowie einer Zurechnung von Wissen und Verschulden auch des Managements der Ziel-Gesellschaft.[1543]

621   *(frei)*

12. Ansprüche aus § 43 Abs. 2 GmbHG und D&O-Versicherung

622   Ungeachtet der Abgabe eines Management Warranty Letters stellt sich die Frage, welcher Partei des Kaufvertrages etwaige **Schadensersatzansprüche gemäß § 43 Abs. 2 GmbHG bzw. § 93 Abs. 2 AktG** (wirtschaftlich) gegen das Management der Zielgesellschaft zustehen (sollen). Nach diesen Vorschriften sind nämlich Geschäftsführer bzw. Vorstände der Gesellschaft für den – auch nur fahrlässig verursachten – Schaden zum Ersatz verpflichtet, wenn sie in den Angelegenheiten der Gesellschaft nicht die Sorgfalt eines ordentlichen Geschäftsmanns anwenden. Beim **Asset Deal** ist das verkaufende Unternehmen selbst Vertragspartei, sodass ein etwaiges pflichtwidriges Verhalten der Geschäftsführung (i) bei der Informationsbeschaffung und -weitergabe im Rahmen der Due-Diligence-Prüfung und/oder (ii) eine pflichtwidrige Geschäftsführung des Unternehmens, die einen

---

[1537] Vgl. *Schaffner,* BB 2007, 1292.

[1538] Vgl. dazu *Koch-Schulte,* BB 2020, 1131, 1133 ff.

[1539] So *Krüger/Pape,* NZI 2009, 870, 874.

[1540] So *Hohaus/Weber,* BB 2008, 2358, 2359.

[1541] Vgl. auch *Holzapfel/Pöllath,* Unternehmenskauf in Recht und Praxis, Rn. 1826 f.

[1542] So *Hasselbach/Ebbinghaus,* DB 2012, 216, 222 und im Anschluss daran ebenso *Bergjan/Burgic* in: Drygala/Wächter, Verschuldenshaftung und Wissenszurechnung bei M&A Transaktionen, S. 19, 30.

[1543] Siehe zu den Voraussetzungen zu Haftung wegen Arglist ausführlich oben Teil → C., Rn. 24 ff.

Mangel im Sinne des Kaufvertrages begründet, zu einer Haftung des verkaufenden Unternehmens auf Grundlage der kaufvertraglichen Gewährleistungen/Garantien oder aber nach den Grundsätzen der culpa in contrahendo führt. In diesem Fall hat das **Verkäuferunternehmen einen Schadensersatzanspruch gegen den Geschäftsführer** nach § 43 Abs. 2 GmbHG bzw. den Vorstand nach § 93 Abs. 2 AktG.

Probleme können sich jedoch aus Verkäufersicht beim **Share Deal** ergeben, wenn der **Geschäftsführer inzwischen beim Käufer tätig** ist und sodann im Zeitpunkt der Schadensrealisierung nicht mehr der Verkäufer, sondern der Käufer den Geschäftsführer aus § 43 Abs. 2 GmbHG und zudem den Verkäufer auf Grundlage der kaufvertraglichen Garantien in Anspruch nehmen könnte.[1544]

Hier gereicht dem Verkäufer eine Vereinbarung auf der Rechtsfolgenseite zum Vorteil, wonach eine Inanspruchnahme des Verkäufers aus den Garantien durch den Käufer nur dann in Betracht kommt, wenn er nicht von Dritten – hier also namentlich dem/den Geschäftsführern der Zielgesellschaft – Ersatz verlangen kann. Dies hilft dem Verkäufer freilich nicht weiter, wenn er selbst Geschäftsführer der verkauften Gesellschaft war.

Ansprüche gegen den Geschäftsführer können allerdings ausscheiden, wenn die Verjährungsfrist des § 43 Abs. 4 GmbHG von fünf Jahren abgelaufen oder im Anstellungsvertrag des Geschäftsführers verkürzt wurde, was durchaus nicht selten der Fall ist. Auch können die so genannten Nachlauffristen der D&O-Versicherung abgelaufen oder ausgeschlossen sein, so dass im Schadensfalle möglicherweise keine werthaltigen Ansprüche zur Verfügung stehen.

Praxishinweis: Gerade der sein Unternehmen verkaufende Gesellschafter-Geschäftsführer sollte sich auf den Zeitpunkt des Anteilsübergangs Entlastung bzw. Generalquittung erteilen, und zwar auch für etwaige unbekannte Pflichtverletzungen. Andernfalls bestünde für ihn neben der kaufvertraglichen Haftung mit den darin vereinbarten Beschränkungen durch „Caps", „Baskets" sowie einer abgekürzten Verjährung das Risiko einer zusätzlichen unbeschränkten persönlichen Haftung für Managementfehler gemäß § 43 Abs. 2 GmbHG bzw. § 93 Abs. 2 AktG. Diesen Vorgang der Entlastung sollte er auch gegenüber dem Käufer offenlegen.

Weil allerdings die Entlastung und Generalquittung lediglich bekannte Ansprüche erfassen und auch nicht als Vertrag zu Lasten Dritter gestaltet werden sollten, kann es durchaus Sinn machen, zusätzlich mit dem Käufer im Kaufvertrag eine Vereinbarung darüber zu treffen, dass dieser der Generalquittung zustimmt und keine Ansprüche gegenüber dem Geschäftsführer geltend macht.

Formulierungsvorschlag: „*Die Vertragsparteien sind sich einig, dass sich etwaige Ansprüche gegenüber dem Verkäufer ausschließlich auf Basis dieses Kaufvertrages und nicht aus sonstigen Gründen ergeben sollen, insbesondere auch nicht aus einer etwaigen (Gesellschafter-/Geschäftsführer-)Haftung gegenüber der Gesellschaft. Aufschiebend bedingt auf den Übertragungszeitpunkt (i) verzichtet die Gesellschaft daher hiermit gegenüber dem Verkäufer im Wege einer Generalquittung auf ihre sämtlichen Rechte und Ansprüche, gleich aus welchem Rechtsgrund und (ii) tritt rein vorsorglich etwaige von einem solchen Verzicht nicht erfassten Rechte und Ansprüche, gleich aus welchem Rechtsgrund, an den (potentiellen) Anspruchsgegner, den Verkäufer, ab, der diesen Verzicht und diese Abtretung hiermit annimmt. Der Käufer stimmt diesem Verzicht und diesen Abtretung hiermit zu. Soweit der Verkäufer dennoch für Zeiträume vor oder nach dem Stichtag in Anspruch genommen werden sollte, stellt der Käufer den Verkäufer von einer etwaigen Inanspruchnahme auf erstes Anfordern frei.*"*

Empfehlenswert ist es auch, dass sowohl der Verkäufer als auch der Käufer (und auch die **623** für sie handelnden Manager) im Hinblick auf einen etwaigen **D&O-Versicherungsschutz**

[1544] Vgl. dazu *Venroog,* GmbHR 2008, 1.

prüfen, welche Auswirkungen die Veräußerung des Unternehmens sowie der Wechsel zum Käufer bzw. das Ausscheiden oder der Eintritt in das Zielunternehmen haben, und zwar insbesondere dann, wenn es um ein größeres Transaktionsvolumen geht.[1545] Nachdem der BGH entschieden hat, dass auch die **geschädigte Gesellschaft „Dritter" i. S. v. § 108 Abs. 2 VVG** ist und etwaige Abtretungsverbote in den AGB der Versicherer unwirksam sind, mag es auch ein Lösungsansatz bei der Zuweisung von (Rest-)Risiken im Kaufvertrag sein, den **Freistellungsanspruch des Geschäftsführers aus der D&O Versicherung** der Zielgesellschaft, den diese zur Absicherung des Risikos von Pflichtverletzungen des Geschäftsführers als Versicherungsnehmer für diesen abgeschlossen hat, **an entweder den Käufer oder den Verkäufer – erfüllungshalber oder an Erfüllung statt – abzutreten.**[1546] Mit der Abtretung des Freistellungsanspruchs an das geschädigte Unternehmen wandelt sich dieser in einen unmittelbaren Zahlungsanspruch gegen den Versicherer.[1547] Wie der BGH weiter klargestellt hat, muss die geschädigte Gesellschaft auch insbesondere nicht erst den Geschäftsführer als Schädiger in einem Vorprozess in Anspruch nehmen und/oder die Vollstreckung versucht haben; ausreichend für die oft in AGB des Versicherers vorausgesetzte „vorherige Inanspruchnahme des Versicherten" ist z. B. auch ein bloßes Aufforderungsschreiben zum Schadensersatz, ohne dass die geschädigte Gesellschaft überhaupt in Erwägung gezogen haben muss, den Geschäftsführer persönlich durch Zugriff auf dessen privates Vermögen in Anspruch zu nehmen.[1548]

624   *(frei)*

12. „Lagerwechsel" von Geschäftsführung und Beratern

625   Es ist aus Verkäufersicht sicherlich nachteilig und sollte in den praktischen Konsequenzen nicht unterschätzt werden, dass mit dem Übergang des Unternehmens „sein" Geschäftsführer nunmehr „im Lager" des Käufers tätig sein wird und somit keinerlei Interesse mehr haben wird, die Ansprüche des Käufers gegen den Verkäufer abzuwehren. Ganz im Gegenteil ist es nahe liegend, dass der Käufer und der Geschäftsführer sich darauf verständigen, dass dieser seine Kenntnisse einsetzt, um Schadensersatzansprüche gegenüber dem Verkäufer effizient geltend machen zu können. Genau diese Besonderheit des „Lagerwechsels" des Managements von der Verkäuferseite zur Käuferseite spielte auch in der in diesem Zusammenhang sehr interessanten Entscheidung des OLG Düsseldorf vom 16.6.2016 eine zentrale Rolle. Das OLG Düsseldorf hat es in einer solchen Konstellation für richtig erachtet, die Kenntnisse bzw. das Verhalten des Managements *sowohl* der Verkäuferseite für eine Fehlinformation der Käuferseite zuzurechnen *als auch* der Käuferseite im Hinblick das Wissen des zum Käufer wechselnden Managements des Zielunternehmens.[1549] Ausreichend ist nach Auffassung des OLG Düsseldorf jedoch nicht allein die fortdauernde Stellung als Geschäftsführer. Entscheidend war, dass in diesem Fall darüber hinaus der beim MBO typische Anteilserwerb durch die Geschäftsführer der Zielgesellschaft schon ab Beginn der Transaktion längst beabsichtigt gewesen war und – dies ist nach Auffassung des OLG besonders prägend für die Wissenszurechnung beim Käufer – die Käuferseite ohne Kenntnis und Zustimmung des Verkäufers unmittelbare Gespräche mit den Geschäftsführern der Zielgesellschaft geführt hatte, und zwar nicht in deren Eigenschaft als Auskunftsperson, sondern als Mandanten des Käufers mit dem Ziel der Begleitung der Geschäftsführer bei dem beabsichtigten eigenen

---

[1545] Vgl. zur Gestaltung des D&O-Versicherungsschutzes in M&A Transaktionen *Bastuk/Stelmaszczyk,* NZG 2011, 241.

[1546] Vgl. zur jetzt grundsätzlich möglichen Abtretbarkeit eines Freistellungsanspruchs in Innenhaftungsfällen der D&O-Versicherung BGH vom 13.4.2016 – IV ZR 304/13, NJW 2016, 2184 sowie dazu *Harzenetter,* NZG 2016, 728.

[1547] BGH vom 13.4.2016 – IV ZR 304/13, NJW 2016 2184 Tz. 22.

[1548] BGH vom 13.4.2016 – IV ZR 304/13, NJW 2016 2184 Tz. 25 f.

[1549] OLG Düss. vom 16.6.2016 – I-6 U 20/15, NZG 2017, 152.

Erwerb der Anteile.[1550] Für den Käufer kann daher ein Verlust von Ansprüchen daraus resultieren, dass das von der Verkäuferseite zu ihm wechselnde Management Kenntnisse über Umstände hat, die den Anspruch aus Schadensersatz oder gar Rückabwicklung des Kaufvertrages an sich zwar begründen, aber anschließend nach § 442 Abs. 1 BGB (oder spezieller Kenntnisklauseln im Kaufvertrag) ausgeschlossen sein können.

Ähnlich kann es im Hinblick auf etwaige mit dem zu verkaufenden Unternehmen abgeschlossene **Beraterverträge** liegen, die im Falle des Share Deals mit dem verkauften Unternehmen auf die Käuferseite übergehen. Hier können sich Probleme im Zusammenhang mit der Erstellung von Jahresabschlüssen und den diesbezüglich verkäuferseits abgegebenen Garantien ergeben, weil die Berater nunmehr ebenfalls das Lager gewechselt haben. **626**

> **Praxishinweis:** Im Falle eines Share Deals sollte sich der Verkäufer zunächst Klarheit darüber verschaffen, welche Anspruchskonstellationen sich im Falle seiner Haftung auf Grundlage des Unternehmenskaufvertrages ergeben. Ggf. sollte er sich Ansprüche gegen seine(n) ehemaligen Geschäftsführer seitens des verkauften Unternehmens abtreten lassen oder im Garantiefalle eine vorrangige Inanspruchnahme dieses „Dritten" vorsehen (vgl. oben Rn. 589). Zu beachten sind dabei allerdings die §§ 30 ff. GmbHG sowie die Kapitalerhaltungsvorschriften des Aktienrechts. Hier könnte sich – wie im Falle der Besicherung von Verbindlichkeiten durch Vermögenswerte des Zielunternehmens – eine „Limitation Language" anbieten.[1551]

Soweit etwaige Beraterverträge bei der verkauften Gesellschaft verbleiben, bestehen möglicherweise ebenfalls Offenlegungs-, Treue- und andere Pflichten des Beraters sowie eine Haftung gegenüber dem Erwerber, nachdem dieser das Unternehmen erworben hat.[1552]

(frei) **627–649**

X. Steuerliche Regelungen im Unternehmenskaufvertrag

1. Allgemeines

Steuerliche Regelungen im Unternehmenskaufvertrag sollen die folgenden Ziele erreichen: **650**

- Herstellung einer vertraglichen Risikoverteilung zwischen Verkäufer und Käufer in Bezug auf **konkrete Steuerrisiken,** die bei der steuerlichen Due Diligence des Käufers identifiziert wurden;
- Schaffung einer vertraglichen Risikoverteilung für **abstrakte Steuerrisiken;**[1553]
- Festlegung, wie mit steuerlichen Wahlrechten, die in **Bezug auf die Unternehmenstransaktion** oder das verkaufte Unternehmen für den Verkäufer oder den Käufer bestehen, umgegangen werden soll, um spätere „Überraschungen" zu vermeiden;
- Statuierung von **Mitwirkungsrechten und Verhaltensregelungen,** insbesondere für spätere Betriebsprüfungen in Bezug auf das verkaufte Unternehmen.

[1550] OLG Düss. vom 16.6.2016 – I-6 U 20/15, NZG 2017, 152, 158 Tz. 60 ff.

[1551] Siehe dazu Teil → E., Rn. 41.

[1552] Vgl. dazu auch *Holzapfel/Pöllath,* Unternehmenskauf in Recht und Praxis, Rn. 1062 ff. sowie zur möglichen Haftung des Geschäftsführers der Zielgesellschaft gegenüber dem Käufer des Unternehmens Rn. 1108 ff.

[1553] Also das Risiko, dass auch bei im Grundsatz ordnungsgemäßer Erfüllung der gesetzlichen steuerlichen Pflichten nach der Lebenserfahrung eine spätere Betriebsprüfung in Bezug auf bisher noch nicht bestandskräftig veranlagte Veranlagungszeiträume häufig zu Mehrergebnissen führt.

Vertragsgestalterisch wird empfohlen, derartige **Steuerklauseln**[1554] abschließend an einer Stelle des Unternehmenskaufvertrages zu platzieren.[1555] Dies ist sicherlich sinnvoll, wenn auch nicht vergessen werden darf, dass im Unternehmenskaufvertrag typischerweise auch an anderen Stellen als nur „der" Steuerklausel Regelungen steuerlicher Art enthalten sind, die ebenfalls vom jeweiligen steuerlichen Berater der Parteien geprüft oder mitgestaltet werden müssen.

Beispiel: Wird eine Organgesellschaft aus einem Konzern „herausgekauft", finden sich neben der eigentlichen Steuerklausel meist umfangreiche Regelungen über die Beendigung einer Organschaft. Oder: Die Klausel des Unternehmenskaufvertrages, die den Stichtag regelt, ist aus steuerlicher Sicht daraufhin zu würdigen, wann das wirtschaftliche Eigentum im Sinne des Steuerrechts vom Verkäufer auf den Käufer übergeht und welche Folgen dies hat.[1556]

651   In der Vertragstechnik hat es sich bewährt, der Steuerklausel einen **speziellen Definitionsteil** voranzustellen, in dem steuerlich relevante Begriffe definiert werden. Der **Begriff der Steuern** sollte dabei nicht nur durch Bezugnahme auf § 3 Abs. 1 bis 3 AO definiert werden,[1557] sondern es sollten – jedenfalls aus Sicht des Unternehmenskäufers – steuerliche Nebenleistungen nach § 3 Abs. 4 AO (wie z. B. Zinsen und Säumniszuschläge) inkludiert werden. Gleichfalls sollten aus Sicht des Käufers Sozialversicherungsbeiträge oder Verbandsbeiträge (z. B. Berufsgenossenschaftsbeiträge) explizit den Regelungen für Steuern unterstellt werden, und es sollte ferner klargestellt werden, dass ausländische Steuern ebenfalls unter den Anwendungsbereich der Steuerklausel fallen.

> **Formulierungsvorschlag:** „Der Begriff Steuern umfasst sämtliche von der Zielgesellschaft geschuldeten in- und ausländischen Steuern im Sinne von § 3 Abs. 1 bis 3 AO und sämtliche steuerliche Nebenleistungen im Sinne des § 3 Abs. 4 AO sowie sämtliche Beiträge, Abgaben, Gebühren, Bußgelder, Zölle, Sozialversicherungsbeiträge, Beiträge an den Pensionssicherungs-Verein a. G. und Berufsgenossenschaftsbeiträge sowie Investitionszuschüsse und -zulagen (jeweils gleichgültig, ob diese als Steuer- oder als Haftungsschuldner zu zahlen sind), jedoch – zur Vermeidung von Missverständnissen – nicht latente Steuern und auch nicht fiktive Steuern (wie z. B. Verminderung von Verlustvorträgen oder Verringerung zukünftiger Abschreibungen)."

652   Differenzierte Steuerklauseln unterscheiden des Weiteren stringent zwischen **Steuergarantien** (sog. „Tax Warranties") auf der einen Seite und **Steuerfreistellungsregelungen** (sog. „Tax Indemnities") auf der anderen Seite.[1558] Dem folgt auch hier die Darstellung (siehe zu Steuergarantien unten → Rn. 667 ff. sowie zu Steuerfreistellungsregelungen unten → Rn. 670 ff.). In der Praxis wird diese Unterscheidung jedoch nicht immer konsequent getroffen. So trifft man auch Vertragsentwürfe an, die das Thema „Steuern" ausschließlich über Steuergarantien regeln wollen, ähnlich etwa wie allgemeine Gewährleistungsregelungen.

Der Unterschied zwischen Beidem liegt darin, dass Garantien typischerweise für Tatsachen oder Umstände abgegeben werden, die für den Käufer wesentlich sind und deren Vorliegen bzw. Nichtvorliegen vom Käufer bei der Bewertung der Zielgesellschaft unterstellt wurde. Freistellungen werden dagegen typischerweise gerade für Sachverhalte abgegeben, die ein immanentes Haftungsrisiko beinhalten, das auch beiden Parteien dem Grunde nach bekannt ist (wie z. B. das Risiko, dass bei einer späteren Betriebsprüfung für einen be-

---

[1554] Zur Definition des Begriffs der Steuerklausel siehe *Lagemann,* Die Steuerklausel, 1979, S. 5 m. w. N. Zu Steuerklauseln in der Rechtsprechung der Finanzgerichte siehe ebenfalls *Lagemann,* Die Steuerklausel, S. 5 ff.

[1555] *Balda/Kiegler* in: Kneip/Jänisch, Tax Due Diligence, S. 792.

[1556] Vgl. zu den Stichtagsregelungen aus steuerlicher Sicht unten → Rn. 653 ff. sowie zur Frage, wann das wirtschaftliche Eigentum aus steuerlicher Sicht übergeht, Teil → B., Rn. 326 f.

[1557] *Balda/Kiegler* in: Kneip/Jänisch, Tax Due Diligence, S. 793; *Bisle,* SteuK 2013, 204, 205.

[1558] *Bisle,* SteuK 2013, 204, 205.

stimmten Zeitraum der Vergangenheit nach der Lebenserfahrung typischerweise die reale Wahrscheinlichkeit besteht, dass vom Betriebsprüfer Mehrsteuern festgesetzt werden).[1559]

2. Stichtagsregelungen aus steuerlicher Sicht

a) Abgrenzung der in Frage kommenden zeitlichen Bezugspunkte

Ein Unternehmenskaufvertrag enthält in der Praxis regelmäßig Stichtagsregelungen.[1560] **653** Diese sind auch aus steuerlicher Sicht zu würdigen. Die in der Praxis vorzufindenden Klauseln verwenden hier eine **Fülle uneinheitlich verstandener Begriffe** (wie z.B. „Stichtag", „wirtschaftlicher Stichtag", „Übergangsstichtag", „Übertragungsstichtag", „Effective Date", „Closing", „Unterzeichnungsstichtag, „Vollzugstag", Vollzugsstichtag"). Bei der steuerlichen Würdigung darf – nicht anders als bei der Ermittlung des zivilrechtlichen Gehalts des verwendeten Begriffs – nicht primär auf den verwendeten Begriff abgestellt werden, sondern sind seine Funktion und sein ggf. durch Auslegung zu ermittelnder Inhalt im Vertragskontext zu berücksichtigen.[1561] Bei der Ausgestaltung der Steuergarantien und Steuerfreistellungen, insbesondere der periodengerechten Abgrenzung, ist auch der gewählte Mechanismus für die Kaufpreisgestaltung relevant (d.h. Verwendung der „Locked-Box-Methode" oder Abrechnung über „Closing Accounts").[1562]

Letztlich lassen sich anhand des Zeitstrahls drei verschiedene Bezugspunkte für Stichtagsbezeichnungen ausmachen:[1563]

– der **Unterzeichnungstag** (als derjenige Tag, an dem der Unternehmenskaufvertrag abgeschlossen, d.h. unterschrieben oder beurkundet wird, auch Signing genannt);
– der Tag, an dem nach dem Willen der Parteien die **wirtschaftlichen Chancen und Risiken** der übertragenen Unternehmensgegenstände (Asset Deal) bzw. der übertragenen Anteile (Share Deal) vom Verkäufer auf den Käufer übergehen sollen (oft wirtschaftlicher Übertragungsstichtag, Übertragungsstichtag oder Effective Date genannt);
– der **Tag des dinglichen Übergangs** des Eigentums und Besitzes an den übertragenen Unternehmensgegenständen (Asset Deal) bzw. des Anteilseigentums an den übertragenen Anteilen (Share Deal) (oft Vollzugsstichtag, Vollzugstag oder Closing genannt).

Siehe dazu nachfolgende Abbildung:

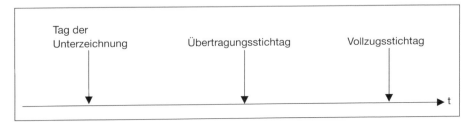

Steuerlich interessieren dabei im Wesentlichen die folgenden Fragen:
– Wann geht das rechtliche (§ 39 Abs. 1 AO) oder das wirtschaftliche (§ 39 Abs. 2 Nr. 1 AO) Eigentum an den übertragenen Gegenständen bzw. an den übertragenen Gesellschaftsrechten vom Verkäufer auf den Käufer über?[1564]

[1559] Vgl. die Parameter zur Unterscheidung von Garantien, Beschaffenheitsgarantien, Freistellungen und Covenants unter → Rn. 505 ff. sowie *Balda/Kiegler* in: Kneip/Jänisch, Tax Due Diligence, S. 791.
[1560] Vgl. zur zivil- bzw. gesellschaftsrechtlichen Seite von Stichtagsregelungen Rn. 115 ff. sowie *Goebel* in: Brück/Sinewe, Steueroptimierter Unternehmenskauf, § 5 Rn. 388 ff.
[1561] Vgl. allg. *Balda/Kiegler* in: Kneip/Jänisch, Tax Due Diligence, S. 790.
[1562] *Möller-Gosoge/Rupp*, BB 2019, 215, 218.
[1563] *Möller-Gosoge/Rupp*, BB 2019, 215, 218 f.
[1564] Vgl. Teil → B., Rn. 326 f.

– Kann oder soll der Übergang des rechtlichen und wirtschaftlichen Eigentums im steuerlichen Sinne ggf. hinausgeschoben oder vorgezogen werden?[1565]
– Wird ein wirtschaftlicher Übertragungsstichtag (Effective Date) der in der Vergangenheit (d. h. vor dem Unterzeichnungstag und vor dem dinglichen Vollzugsstichtag liegt), steuerlich anerkannt, und wenn nein, welche – ggf. negativen – steuerlichen Folgen ergeben sich hieraus?[1566]

654   Fest steht jedenfalls: Der Stichtag bzw. die Stichtage sollte(n) durch **klare vertragliche Regelungen** bestimmt werden, aus denen sich in der Folge auch ergibt, wann der Veäußerer seinen Veräußerungsgewinn steuerlich realisiert[1567] (Formulierung „31.12. 24:00 Uhr" für den Vollzugsstichtag/Closing bedeutet grundsätzlich Realisation noch im alten Jahr, Formulierung „1.1., 0:00 Uhr, dagegen grundsätzlich Realisation im neuen Jahr).[1568]

Beispiel: V ist Gesellschafter-Geschäftsführer der V-GmbH. Aus Altersgründen möchte er diese verkaufen. Er will danach weitgehend von Ersparnissen bzw. von den Erträgen des Veräußerungsgewinns leben. In dieser Situation kann es sich anbieten, so zu verkaufen, dass der Vollzugsstichtag (Übergang des wirtschaftlichen Eigentums an den Geschäftsanteilen an der V-GmbH) nicht auf ein Jahr gelegt wird, in dem V noch hohe Einkünfte aus einem Geschäftsführergehalt bei der V-GmbH bezieht, sondern auf das „neue Jahr" gelegt wird, in dem V deutlich geringere laufende Einkünfte bezieht. Hier könnte also z. B. der 1.1. des Folgejahres als Vollzugsstichtag festgelegt werden.

b) Stichtagsregelungen beim Asset Deal

655   Beim **Asset Deal,** d. h. bei der Veräußerung eines gesamten Unternehmens oder von Unternehmensteilen wie z. B. eines Teilbetriebs, muss durch die Festlegung eines Stichtags abgegrenzt werden, wer entstehende Verbindlichkeiten und laufende Kosten übernimmt sowie den aus der Unternehmensführung entstandenen Ertrag erhält bzw. wie dies zwischen Veräußerer und Erwerber in zeitlicher Hinsicht aufzuteilen ist.[1569] Hier wird in aller Regel[1570] eine **Stichtagsbilanz** aufgestellt werden.[1571] Aus Sicht des Verkäufers ist es wünschenswert, dass noch er selbst diese Stichtagsbilanz aufstellt. Erfolgt der Verkauf unterjährig, wird die Stichtagsbilanz praktikablerweise auf ein Monatsende aufgestellt.[1572]

Aus steuerlicher Sicht stellt sich auch die Frage nach einer **Rückwirkung,** d. h. die Frage, inwieweit Stichtage, die in der Vergangenheit liegen, steuerlich anerkannt werden. Eine Rückwirkung z. B. bei Unterzeichnung des Kaufvertrags am 31.3. eines Jahres auf den 1.1. des Jahres ist **zivilrechtlich** nicht mit dinglicher Wirkung, wohl aber mit schuldrechtlicher und damit wirtschaftlicher Wirkung möglich. Das übertragene Unternehmen gilt dann ab

---

[1565] Vgl. Teil → B., Rn. 325 ff. und 330 ff.

[1566] Vgl. dazu unten → Rn. 655 ff. und → Rn. 656 ff.

[1567] Vgl. *Holzapfel/Pöllath,* Unternehmenskauf in Recht und Praxis, Rn. 84; ferner Saarländisches FinMin vom 11.1.1991 – 1991-01-11 B/V-52/91-S 5100 A, juris. Dabei ist die Betonung auf dem Wörtchen „grundsätzlich" zu sehen, d. h. nur dann, wenn zum 31.12.24:00 Uhr eines Kalenderjahres auch das wirtschaftliche Eigentum übergeht, erfolgt die Realisierung noch im alten Jahr, andernfalls, z. B. wenn am 31.12.24:00 Uhr eines Jahres die Kartellfreigabe noch aussteht, erfolgt die steuerliche Realisierung zwingend im folgenden Jahr, da vor Erteilung einer erforderlichen Kartellfreigabe der Übergang des wirtschaftlichen Eigentums nicht erfolgen kann (vgl. dazu *Kleinheisterkamp/Schell,* DStR 2010, 833, 835 sowie BFH vom 25.6.2009 – IV R 3/07, DStR 2009, 2304).

[1568] *Wacker* in: Schmidt, EStG, § 16 EStG Rn. 441 m. w. N.

[1569] Zu den am Übergangsstichtag vorzunehmenden Handlungen im Rahmen eines Asset Deals vgl. *Goebel* in: Brück/Sinewe, Steueroptimierter Unternehmenskauf, § 5 Rn. 398 ff.

[1570] Also bei vertraglich vereinbarter Kaufpreisformel. Anders dagegen bei einem komplett feststehenden Kaufpreis.

[1571] Auch „Abrechnungsbilanz" genannt, vgl. *Holzapfel/Pöllath,* Unternehmenskauf in Recht und Praxis, Rn. 67 f.

[1572] Weil nämlich auf ein Monatsende in jedem Unternehmen typischerweise betriebswirtschaftliche Auswertungen (BWAs) oder Management Accounts vorliegen.

dem in der Vergangenheit liegenden Stichtag als wirtschaftlich für Rechnung des Erwerbers geführt. Dies bedeutet dann also z.B., dass Geschäfte des Unternehmens, die auf die Zeit ab dem 1.1. des Jahres fallen, wirtschaftlich bereits dem Erwerber zugerechnet werden, ebenso Kosten wie Mieten, Löhne und Gehälter etc.

Steuerlich gilt der Grundsatz, dass eine schuldrechtliche Rückbeziehung einer während des Wirtschaftsjahres getroffenen Übertragungsvereinbarung auf den Beginn des Wirtschaftsjahres nichts daran ändert, dass der Veräußerungsgewinn des Veräußerers erst mit dem rechtlichen bzw. wirtschaftlichen Unternehmensübergang verwirklicht ist, und dem Veräußerers noch sein Anteil an dem bis dahin erwirtschafteten laufenden Gewinn oder Verlust zuzurechnen ist und dem Erwerber nur sein Anteil an dem ab dem rechtlichen bzw. wirtschaftlichen Unternehmensübergang erwirtschafteten Gewinn oder Verlust zuzurechnen ist.[1573] In Ausnahme dazu wird eine Rückwirkung steuerlich für einen relativ kurzen Zeitraum zum Beginn eines neuen Geschäftsjahres anerkannt.[1574] Dies ist letztlich eine Vereinfachungsregelung, weil der reguläre Jahresabschluss auf das Ende des vorhergehenden Geschäftsjahres ohnehin aufgestellt werden muss. Steuerlich geht es u.a. darum, den ggf. nach den §§ 16, 34 EStG begünstigten Veräußerungsgewinn vom laufenden Gewinn, der dem Veräußerer noch zugerechnet wird, abzugrenzen, sowie darum, in welchem Veranlagungszeitraum ein Veräußerungsgewinn oder -verlust steuerlich realisiert wird. Finanzverwaltung und Rechtsprechung möchten durch die restriktive Anerkennung der Rückwirkung Manipulationen entgegenwirken. U.E. sollte dies genauso gelten, wenn rückwirkend auf den Bilanzstichtag einer Stichtagsbilanz/Zwischenbilanz veräußert wird, wenn damit kein besonderer steuerlicher Vorteil wie die Verlagerung von Teilen des Gewinns in den Bereich des tarifbegünstigten Veräußerungsgewinns erstrebt wird.

> **Praxishinweis:** Wird die Rückwirkung nicht anerkannt, ergibt sich die – zu vermeidende – Konsequenz, dass die ab dem wirtschaftlichen Übertragungsstichtag entstehenden Aufwendungen und Erträge sowie Gewinne und Verluste zivilrechtlich bereits dem Erwerber zugewiesen werden, dass diese steuerlich für Zwecke der Ertragsteuer aber noch dem Verkäufer zugerechnet werden. Liegt andererseits eine Ausnahmesituation vor, die es aus wirtschaftlichen Gründen erforderlich macht, dass die Erträge trotz auf der Hand liegender Nichtanerkennung in steuerlicher Hinsicht dem Erwerber zugeordnet werden sollen, sind im Unternehmenskaufvertrag entsprechende Regelungen zu treffen, die sicherstellen, dass der Käufer den Verkäufer von allen Steuern freistellt, die auf steuerliche Gewinne des verkauften Unternehmens im Rückwirkungszeitraum entfallen.[1575]

c) Stichtagsregelungen beim Share Deal hinsichtlich Anteilen an Personengesellschaften

Beim zivilrechtlichen Share Deal in Bezug auf **Anteile an Personengesellschaften 656 (= steuerlicher Asset Deal)** stellt sich dieselbe steuerliche Problematik der Abgrenzung des ggf. begünstigten Veräußerungsgewinns vom laufenden Gewinn wie oben → Rn. 655.[1576] Auch hier wird deshalb eine Rückwirkung steuerlich nur für einen kurzen Zeitraum anerkannt.[1577]

Beispiel: V verhandelt seit Ende des Jahres 2019 über den Verkauf seiner V-GmbH & Co. KG mit Erwerber E. Der Übergang ist mit Wirkung zum Jahreswechsel geplant. Die Vertragsverhand-

---

[1573] *Wacker* in: Schmidt, EStG, § 16 EStG Rn. 442.

[1574] Als möglicher, aus Vereinfachungsgründen anzuerkennender Rückwirkungszeitraum werden hier zum Teil vier Wochen, zum Teil sechs bis acht Wochen und zum Teil bis zu drei Monate vertreten; vgl. *Wacker* in: Schmidt, EStG, § 16 EStG Rn. 443 und *Schallmoser* in: Blümich, EStG, § 16 EStG Rn. 586 m.w.N.

[1575] Vgl. *Sinewe/Witzel* in: Brück/Sinewe, Steueroptimierter Unternehmenskauf, § 5 Rn. 325.

[1576] Zu den am Übergangsstichtag vorzunehmenden Handlungen im Rahmen eines Share Deals vgl. *Goebel* in: Brück/Sinewe, Steueroptimierter Unternehmenskauf, § 5 Rn. 397.

[1577] Siehe → Rn. 655.

lungen verzögern sich, der Notartermin (Unterzeichnungstag) findet erst Anfang Februar 2020 statt. In diesem Beispiel sollte ein rückwirkender Verkauf auf den 1.1.2020 steuerlich anerkannt werden. Dabei wird unterstellt, dass die V-GmbH & Co. KG ein dem Kalenderjahr entsprechendes Wirtschaftsjahr hat, d. h. auf den 31.12.2019 einen regulären Jahresabschluss aufstellt.

Bei einem unterjährigen Verkauf bietet sich auch hier die Aufstellung einer **Stichtagsbilanz** zur Abgrenzung des Ertrags zwischen Veräußerer und Erwerber an.

Beispiel: Wenn, in Fortsetzung des vorstehenden Beispiels, auch Anfang Februar noch kein Signing stattfinden kann, sondern sich die Vertragsverhandlungen bis in den April verzögern, kann es sich anbieten, bei einer Vertragsunterzeichnung Ende April eine Stichtagsbilanz z. B. auf den 31.3.2020 aufzustellen.

d) Stichtagsregelungen beim Share Deal hinsichtlich Anteilen an Kapitalgesellschaften

657   Beim zivilrechtlichen Share Deal von Anteilen an Kapitalgesellschaften wird der gesamte körperschaftsteuerliche Gewinn der verkauften Gesellschaft, unabhängig von dem Wechsel des Anteilseigners, der Kapitalgesellschaft selbst zugerechnet (Trennungsprinzip).[1578] Dasselbe gilt auch für die Gewerbesteuer. Eine Regelung muss hier also nur insoweit zwischen dem Unternehmensverkäufer und dem Unternehmenskäufer getroffen werden, als dass der Gewinn des laufenden Geschäftsjahres sowie ggf. nicht ausgeschüttete Gewinne der vorhergehenden Geschäftsjahre dem Veräußerer oder dem Erwerber zugewiesen werden müssen oder ggf. eine zeitanteilige Aufteilung erfolgt. Die übliche Regelung, dass der Gewinn des laufenden Geschäftsjahres, in das die Veräußerung fällt, bereits vollständig dem Erwerber zugewiesen wird, ist steuerlich nicht zu beanstanden.[1579]

e) Zeitliche Risikozuordnung in Steuerklauseln

658   Auch für die Frage der zeitlichen Zuordnung von steuerlichen Risiken muss eine Art „Stichtagsregelung" im Rahmen der Steuerklausel gefunden werden. Oft ist in der Praxis das Verhandlungsergebnis zwischen Käufer und Verkäufer am Ende so, dass steuerliche Risiken für die Zeit bis zum wirtschaftlichen Übertragungsstichtag (Effective Date), von dem an – ggf. rückwirkend – die Chancen des verkauften Unternehmens dem Erwerber zustehen, dem Veräußerer zugewiesen werden.[1580] Formulierungstechnisch werden diese Zeiträume, für die die Steuerklausel zu Gunsten des Erwerbers greift, oft als sog. „Vorstichtagszeiträume" bezeichnet.

Beispiel: Wird die X-GmbH mit notariellem Unternehmenskaufvertrag vom 7.3.2020 an den Erwerber E verkauft, und stehen E nach dem Unternehmenskaufvertrag bereits die Gewinne des laufenden Geschäftsjahres 2020 zu, dann könnte die Steuerklausel vorsehen, dass Veräußerer V den E für steuerliche Risiken für die Zeit bis einschließlich des Veranlagungszeitraums 2019 im Rahmen der Steuerfreistellungsklausel freizustellen hat.

Formulierungsvorschlag: *„Der Verkäufer ist verpflichtet, den Käufer von sämtlichen Vorstichtagssteuern freizustellen. Dies umfasst insbesondere Vorstichtagssteuern, die von der Zielgesellschaft nach dem Stichtag aufgrund bestandskräftiger Steuerbescheide oder bei Fälligkeit gezahlt werden oder zu zahlen sind. Vorstichtagszeitraum umfasst dabei alle Zeiträume, die vor oder am Stichtag enden, und der Begriff Vorstichtagssteuern umfasst alle Steuern, die für den Vorstichtagszeitraum erhoben werden und nach dem Vorstichtagszeitraum zu zahlen sind."*

[1578] Vgl. *Hummel* in: Gosch, KStG, § 1 KStG Rn. 20. Von diesem Grundsatz besteht als wesentliche Ausnahme die Einschränkung des Verlustabzugs bei Körperschaften aufgrund Beteiligungserwerben nach § 8c KStG (körperschaftsteuerliche Verluste) bzw. § 10a Satz 10 GewStG (gewerbesteuerliche Fehlbeträge).

[1579] Vgl. *Sinewe/Witzel* in: Brück/Sinewe, Steueroptimierter Unternehmenskauf, § 5 Rn. 331.

[1580] *Balda/Kiegler* in: Kneip/Jänisch, Tax Due Diligence, S. 790; vgl. auch *Streck/Mack*, BB 1992, 1398, 1398.

Aus Sicht des Erwerbers besteht ein über diesen Grundmechanismus hinausgehendes 659 Regelungsbedürfnis, Abweichungen vom normalen Geschäftsgang in der Zeit zwischen dem wirtschaftlichen Übertragungsstichtag (Effective Date) und dem dinglichen Vollzugsstichtag (Closing) (sog. „Straddle Period") auch in steuerlicher Hinsicht zu sanktionieren; dies geschieht üblicherweise über die Aufnahme entsprechender Steuergarantien oder Verhaltenspflichten (sog. „Covenants") für die Zeit zwischen dem wirtschaftlichen Übertragungsstichtag und dem dinglichen Vollzugsstichtag.[1581]

Beispiel: Im vorstehenden Beispiel würde E auf eine Regelung im Garantiekatalog drängen, wonach V auch noch im Jahr 2020 sämtliche Steuererklärungen und Steueranmeldungen, die bis zum Closing fällig sind, ordnungsgemäß erledigt und Steuern und sonstige Abgaben für die Zeit bis zum Closing fristgerecht bezahlt.

> **Formulierungsvorschlag:** *„In der Zeit zwischen dem heutigen Tag der Unterzeichnung dieses Vertrages und dem Vollzugsstichtag hat der Verkäufer dafür zu sorgen, dass sämtliche Steuererklärungen der Zielgesellschaft innerhalb der gesetzlichen oder innerhalb von mit der Finanzverwaltung vereinbarten verlängerten Fristen vollständig und korrekt vorbereitet und rechtzeitig abgegeben werden und sämtliche Steuern der Zielgesellschaft innerhalb der gesetzlichen oder von mit der Finanzverwaltung vereinbarten verlängerten Fristen rechtzeitig gezahlt werden."*

3. Regelungen zu Verkehrssteuern

a) Verkehrssteuern als Transaktionskosten

Verkehrssteuern wie Umsatzsteuer und Grunderwerbsteuer sind Transaktionskosten, die, 660 wenn sie den Verkäufer belasten, seinen Veräußerungsgewinn vermindern und die, wenn sie den Käufer belasten, grundsätzlich seine Anschaffungskosten als Anschaffungsnebenkosten erhöhen.

> **Beachte:** Es ist aus Beratersicht geboten, auf die Aufnahme von klaren Regelungen zur Frage, wer welche Verkehrssteuern trägt, und inwieweit ggf. mögliche Wahlrechte ausgeübt werden dürfen oder nicht, hinzuwirken.

Die Zuordnung solcher Kosten zur Zielgesellschaft selbst scheitert steuerlich, entweder weil es sich um eine Kapitalgesellschaft handelt, bei der dann eine verdeckte Gewinnausschüttung angenommen werden würde, oder weil es sich bei dem verkauften Unternehmen um eine Personengesellschaft handelt, bei der dies eine Entnahme darstellte.[1582]

> **Praxishinweis:** Bestimmte Kosten, die im weiteren Zusammenhang mit der Transaktion anfallen, einschließlich darauf bezogener Verkehrssteuern, können aber dann der Zielgesellschaft belastet bzw. gegenüber dieser abgerechnet werden, wenn klar ist, dass die entsprechenden Aufwendungen im eigenen Interesse der Zielgesellschaft erfolgt sind. Dies ist bei vielen Kostenpositionen letztlich eine Einzelfallabwägung. Je nach Einzelfall können hierunter Kosten wie z. B. Vorbereiten der Umstrukturierungen bei der Zielgesellschaft, Herausverkauf von einzelnen Vermögensgegenständen wie insbesondere Grundstücken aus der Zielgesellschaft vor Durchführung der Transaktion oder ähnliches fallen, einschließlich dann der hierauf bezogenen Verkehrssteuern. Kosten aus an die Zielgesellschaft erbrachten Beratungsleistungen müssen dann den Zusammenhang hiermit sauber dokumentieren, insbesondere dann, wenn die entsprechenden Berater auch gleichzeitig für die Veräußerer im Rahmen des Transaktionsprozesses beratend tätig werden, wie dies im Bereich mittelständischer Unternehmenstransaktionen nicht selten anzutreffen ist.

[1581] Vgl. *Balda/Kiegler* in: Kneip/Jänisch, Tax Due Diligence, S. 790 sowie allg. zur Risikoverteilung bei getrenntem Signing und Closing Rn. 418 ff.
[1582] *Balda/Kiegler* in: Kneip/Jänisch, Tax Due Diligence, S. 812.

b) Umsatzsteuer

661   Beim **Share Deal,** also wenn Gesellschaftsanteile veräußert werden, stellt § 4 Nr. 8 Buchst. f UStG den Vorgang **grundsätzlich umsatzsteuerfrei.**[1583] Zu den von der Vorschrift erfassten Anteilen an Gesellschaften gehören insbesondere die Anteile an Kapitalgesellschaften, z. B. GmbH-Geschäftsanteile, aber auch die Anteile an Personengesellschaften, z. B. OHG-Anteile.[1584] Wenn der Verkäufer jedoch Unternehmer im umsatzsteuerlichen Sinne ist, kann er nach § 9 Abs. 1 UStG die **Option** zur Umsatzsteuerpflicht ausüben.[1585] Dazu muss es sich jedoch um die Veräußerung von – im umsatzsteuerlichen Sinne – unternehmerisch gehaltenen Beteiligungen handeln, was nur ausnahmsweise der Fall ist, weil das bloße Erwerben, Halten und Veräußern von Beteiligungen für sich genommen keine unternehmerische Tätigkeit darstellt.[1586] Dies setzt weiter voraus, dass auch der Käufer Unternehmer im umsatzsteuerlichen Sinne ist und die Anteile für sein Unternehmen erwirbt. Für den Veräußerer ist die Option zur Umsatzsteuerpflicht dann interessant, wenn er hohe, mit Umsatzsteuer belastete Veräußerungskosten wie z. B. Beraterkosten hatte, weil er so die Vorsteuer auf diese Kosten geltend machen kann (vgl. § 15 Abs. 2 Satz 1 Nr. 1 UStG).

Aus Käufersicht ist jedoch oft nicht klar, ob eine dann beim Käufer entstehende Umsatzsteuerbelastung auch als Vorsteuer geltend gemacht werden kann. Zudem ergibt sich daraus eine Liquiditätsbelastung des Käufers. Zusätzlich ergibt sich aus Käufersicht das Risiko, dass der Vorgang eventuell als Geschäftsveräußerung im Ganzen nach § 1 Abs. 1a UStG qualifiziert werden könnte, obwohl es sich um einen Share Deal und damit grundsätzlich um einen Vorgang im Anwendungsbereich des § 4 Nr. 8 Buchst. f UStG handelt.[1587]

> **Praxishinweis:** Der Käufer wird daher typischerweise versuchen, im Vertrag eine Regelung durchzusetzen, die dem Verkäufer verbietet, ohne Zustimmung des Käufers die Option nach § 9 Abs. 1 UStG auszuüben. Wie die vereinbarte Regelung insoweit aber aussieht, ist am Ende Verhandlungssache zwischen Verkäufer und Käufer.[1588]

> **Formulierungsvorschlag:** *„Der Verkäufer darf zu einem Verzicht auf die Steuerbefreiung der Anteilsübertragung nach § 4 Nr. 8 Buchst. f) UStG i. V. m. § 9 UStG nur mit vorheriger, schriftlicher Zustimmung des Käufers optieren, wobei auf die Erteilung dieser Zustimmung kein Anspruch besteht."*

662   Wieder anders sieht die Situation umsatzsteuerlich beim **Asset Deal** aus. Hier ist zunächst vom Grundsatz auszugehen, dass die Veräußerung von einzelnen Wirtschaftsgütern durch einen umsatzsteuerlichen Unternehmer zu umsatzsteuerpflichtigen Lieferungen nach § 1 Abs. 1 Nr. 1 UStG führt. Ausnahmsweise ist ein Asset Deal jedoch dann nicht umsatzsteuerbar, wenn eine **Geschäftsveräußerung im Ganzen** nach § 1 Abs. 1a UStG vorliegt.[1589] Die Frage ist, wie im Rahmen von steuerlichen Regelungen mit Grenzfällen umgegangen werden soll, in denen nicht ganz klar ist, ob tatsächlich das ganze Unternehmen bzw. ein gesondert geführter Betrieb veräußert wird. Regelt der Kaufvertrag nichts, gilt der

---

[1583] Vgl. dazu *Wäger* in: Sölch/Ringleb, UStG, § 4 Nr. 8 UStG Rn. 170 ff.; ferner *Kloster/Reckordt* in: Brück/Sinewe, Steueroptimierter Unternehmenskauf, § 3 Rn. 196 sowie bereits oben Teil → B., Rn. 244 ff.

[1584] Vgl. BFH vom 29.10.1987 – X R 33–34/81, BStBl. II 1988, 92; *Balda/Kiegler* in: Kneip/Jänisch, Tax Due Diligence, S. 812; *Hahn* in Weymüller, BeckOK UStG, § 4 Nr. 8 Rn. 82.

[1585] Vgl. dazu auch *Holzapfel/Pöllath,* Unternehmenskauf in Recht und Praxis, Rn. 917.

[1586] Vgl. Teil → B., Rn. 244 ff.

[1587] Siehe dazu ausführlich in Teil → B., Rn. 244 ff.

[1588] Nach der Praxiserfahrung der Verfasser wird sich in solchen Situationen typischerweise der Käufer mit einer Regelung durchsetzen, die dem Verkäufer verbietet, ohne Zustimmung des Käufers zur Umsatzsteuer zu optieren, ähnlich *Gröger* in: Hölters, Handbuch Unternehmenskauf, S. 385.

[1589] Siehe dazu Teil → B., Rn. 235 ff.

vereinbarte Kaufpreis grundsätzlich als „Brutto-Preis", d. h. in diesem Fall trägt der Verkäufer das Risiko, bei einer späteren Behandlung des Vorgangs durch die Finanzverwaltung als umsatzsteuerpflichtig aus dem von ihm erzielten Kaufpreis Umsatzsteuer an das Finanzamt abführen zu müssen.[1590] Aus Sicht des Käufers stellt sich dagegen die umgekehrte Problematik, d. h. wird der Vorgang im Unternehmenskaufvertrag und seinem Vollzug von den Parteien irrtümlicherweise als umsatzsteuerpflichtig behandelt, könnte eine spätere Betriebsprüfung beim Erwerber dazu führen, dass ihm der Vorsteuerabzug insoweit aberkannt wird.

Praxishinweis: In der typischen Situation des Asset Deals, bei der die Parteien übereinstimmend grundsätzlich von einer fehlenden Umsatzsteuerbarkeit ausgehen, wird das Risiko einer abweichenden Beurteilung durch die Finanzverwaltung häufig so geregelt, dass dem Verkäufer das Recht gegeben wird, für den Fall, dass die Finanzverwaltung wider Erwarten den Vorgang später als umsatzsteuerpflichtig ansieht, nachträglich noch die Umsatzsteuer auf den Kaufpreis zu verlangen, allerdings gegen Vorlage einer Rechnung entsprechend den Anforderungen des § 14 UStG.[1591] Den Erwerber wird dies grundsätzlich nicht belasten, außer er ist nicht zum Vorsteuerabzug berechtigt, weil er etwa ganz oder teilweise umsatzsteuerfreie Ausgangslieferungen tätigt oder mit dem erworbenen Unternehmen bzw. dem gesondert geführten Betrieb tätigen will.[1592] Ergänzend bzw. absichernd kann es sich aus Veräußerersicht anbieten, dass der Verkäufer unbedingt aber bereits im Kaufvertrag für den Fall, dass die Finanzverwaltung wider Erwarten den Vorgang später als umsatzsteuerpflichtig ansieht, optiert (Abschnitt 9.1 Abs. 3 UStAE).

Formulierungsvorschlag: *„Die Parteien sind Unternehmer im Sinne des Umsatzsteuergesetzes. Der Veräußerer optiert hinsichtlich der im Rahmen der Betriebsveräußerung bewirkten Lieferungen vorsorglich, aber unbedingt nach § 9 Abs. 1 und Abs. 3 UStG zur Steuerpflicht. Da die Parteien jedoch davon ausgehen, dass es sich um eine nicht steuerbare Geschäftsveräußerung im Ganzen § 1 Abs. 1a UStG handelt, behandeln sie den Sachverhalt ungeachtet der erklärten Option als nicht steuerbaren Umsatz. Sollte die Finanzverwaltung dies abweichend beurteilen, erhöht sich der Kaufpreis um die darauf entfallende Umsatzsteuer, in der dann geltenden gesetzlichen Höhe. Der Verkäufer hat jedoch dem Käufer in diesem Fall eine Rechnung mit gesondertem Umsatzsteuerausweis entsprechend den dann geltenden Anforderungen für Rechnungen zu stellen. Der Käufer ist verpflichtet, diese Umsatzsteuer innerhalb einer Frist von 20 Bankarbeitstagen nach Vorlage der Rechnung zu bezahlen."*

Wenn zwischen Veräußerer und Erwerber eine solche Regelung vereinbart wird, die den **663** Veräußerer berechtigt, ggf. anfallende gesetzliche Umsatzsteuer nachträglich verlangen zu können, muss aus Sicht des Erwerbers darüber nachgedacht werden, auf eine Abtretungsklausel hinsichtlich des Vorsteuererstattungsanspruchs zu drängen.[1593] Eine solche Regelung sieht so aus, dass der Erwerber in dem Fall, dass der Veräußerer nachträglich eine Rechnung i. S. v. § 14 UStG mit Umsatzsteuerausweis vorlegt, die Umsatzsteuer nicht in Cash an den Veräußerer ausbezahlt, sondern seinen entsprechenden Vorsteuererstattungsanspruch an den Erwerber abtritt. Der Verkäufer andererseits, der nicht prüfen kann, inwieweit Vorsteuerabzugsberechtigung beim Erwerber auch tatsächlich vorliegt, wird eine solche Abtretung nur als Abtretung erfüllungshalber akzeptieren, d. h. mit dem zivilrechtlichen Vorbehalt, bei

---

[1590] Vgl. *Sinewe/Witzel* in: Brück/Sinewe, Steueroptimierter Unternehmenskauf, § 5 Rn. 318; ferner *Streck/Mack,* BB 1992, 1398, 1401; BGH vom 6.5.2020 – VIII ZR 44/19, BeckRS 2020, 10785; BGH vom 24.2.1988 – VIII ZR 64/87, BGHZ 103, 284, 287.

[1591] *Holzapfel/Pöllath,* Unternehmenskauf in Recht und Praxis, Rn. 914; *Gröger* in: Hölters, Handbuch Unternehmenskauf, S. 383 f.

[1592] Vgl. *Sinewe/Witzel* in: Brück/Sinewe, Steueroptimierter Unternehmenskauf, § 5 Rn. 318.

[1593] Vgl. *Holzapfel/Pöllath,* Unternehmenskauf in Recht und Praxis, Rn. 920; *Balda/Kiegler* in: Kneip/Jänisch, Tax Due Diligence, S. 821.

Nichtrealisierung des abgetretenen Erstattungsanspruchs gegenüber dem Finanzamt wieder auf den Erwerber zurückgreifen zu können. Eine solche Abtretung wird erst mit Anzeige an das Finanzamt auf amtlichem Vordruck (§ 46 Abs. 2 AO) wirksam. Die Abtretungsklausel muss eine Verpflichtung der Parteien zur Abgabe dieser Erklärung enthalten.

> **Formulierungsvorschlag:**[1594] *„Zur Bezahlung der ggf. auf den Kaufpreis entfallenden Umsatzsteuer tritt der Käufer hiermit seinen Anspruch auf Erstattung eines Vorsteuerüberhangs an den dies annehmenden Verkäufer ab, soweit wie rechtlich zulässig. Die Abtretung wird mit Eingang der Anzeige nach § 46 AO beim zuständigen Finanzamt wirksam. Die Abtretung erfolgt erfüllungshalber. Die Parteien verpflichten sich dazu, alle zur Durchführung dieser Abtretung ggf. notwendigen weiteren Maßnahmen unverzüglich und in der notwendigen Form vorzunehmen und die Abtretung ggf. nach Maßgabe der umsatzsteuerlichen Vorschriften so anzupassen bzw. zu wiederholen, dass sie das wirtschaftlich Gewollte soweit wie möglich im Rahmen des rechtlich Zulässigen umsetzt.“*

664   Die gesamte Konstruktion ist jedoch mit einer Reihe praktischer Hindernisse und Risiken verbunden. So kann beispielsweise nach der BFH-Rechtsprechung nicht ein bestimmter Umsatzsteuererstattungsanspruch aus einem bestimmten Vorgang abgetreten werden, sondern nur der Saldo aus allen geschuldeten Umsatzsteuern und abzugsfähigen Vorsteuern, die einer Voranmeldung oder einer Veranlagung zu Grunde liegen.[1595]

> **Praxishinweis:** Zusätzlich zu der Gefahr, dass die Finanzverwaltung den Vorgang des Unternehmenskaufs später umsatzsteuerlich anders als die Parteien beurteilt, ist auch noch die zeitliche Komponente zu berücksichtigen, nämlich der Zinslauf. Um diese Risiken zu minimieren kann es sich anbieten, unverzüglich nach Vollzug der Transaktion eine Umsatzsteuersonderprüfung anzuregen, um zumindest eine rasche Klärung durch das Finanzamt und damit Planungssicherheit für beide Parteien herbeizuführen.[1596]

c) Grunderwerbsteuer

665   Wenn beim **Share Deal** Anteile an einer Gesellschaft veräußert werden, die Grundbesitz hält, fällt bei der Übertragung von (derzeit) 95 % und mehr der Gesellschaftsanteile Grunderwerbsteuer an, und zwar unabhängig davon, ob es sich um eine grundbesitzende Kapitalgesellschaft oder um eine grundbesitzende Personengesellschaft handelt.[1597] Hier wird im Unternehmenskaufvertrag meist nur klargestellt, dass die Grunderwerbsteuer als Verkehrssteuer wirtschaftlich vom Erwerber zu tragen ist.

> **Praxishinweis:** Da bei der Anteilsvereinigung nach § 1 Abs. 3 Nr. 1 GrEStG Veräußerer und Erwerber als Gesamtschuldner nach § 13 Nr. 1 GrEStG gegenüber dem Finanzamt die Grunderwerbsteuer schulden, ist es sinnvoll und notwendig, im Unternehmenskaufvertrag entsprechende Regelungen zu treffen, wonach die Grunderwerbsteuer ausdrücklich vom Erwerber zu tragen ist und er den Veräußerer insoweit freizustellen hat. In „Normal“-Konstellationen reicht dies aus. In Ausnahmefällen, in denen der Veräußerer aber Bedenken hat, ob der Erwerber insoweit seine steuerlichen Pflichten erfüllen kann und wird, müssen aus Sicht des Veräußerers entsprechende Regelungen durchgesetzt werden (z. B. Absicherung von Freistellungsregelungen durch Bürgschaft der Gesellschafter der Erwerbergesellschaft oder andere Sicherungsmittel).

[1594] Nach *Holzapfel/Pöllath,* Unternehmenskauf in Recht und Praxis, Rn. 922.

[1595] BFH vom 24.3.1983 – V R 8/81, BB 1983, 1518; *Leipold* in: Sölch/Ringleb, UStG, § 16 UStG Rn. 14. Vgl. ferner *Holzapfel/Pöllath,* Unternehmenskauf in Recht und Praxis, Rn. 920.

[1596] Vgl. *Sinewe/Witzel* in: Brück/Sinewe, Steueroptimierter Unternehmenskauf, § 5 Rn. 319.

[1597] Siehe dazu Teil → B., Rn. 256. Vgl. auch *Balda/Kiegler* in: Kneip/Jänisch, Tax Due Diligence, S. 813 sowie *Kloster/Reckordt* in: Brück/Sinewe, Steueroptimierter Unternehmenskauf, § 3 Rn. 171 ff. (Kapitalgesellschaften) und § 4 Rn. 173 ff. (Personengesellschaften).

Beim **Asset Deal** fällt Grunderwerbsteuer an, wenn zum übertragenen Unternehmen auch Grundstücke im Sinne von § 2 GrEStG gehören.[1598] Auch hier sind Verkäufer und Käufer nach § 13 Nr. 1 GrEStG Gesamtschuldner der Grunderwerbsteuer gegenüber dem Finanzamt. Der vorstehende Praxishinweis gilt hier entsprechend.

Besonders aufzupassen ist, wenn bei einer **grundbesitzenden Personengesellschaft** 666 nicht sämtliche Anteile, sondern beispielsweise nur eine Beteiligung in Höhe von 20 % übertragen wird: Nach § 1 Abs. 2a GrEStG kann nämlich auch ein Anteilsübergang in geringer Höhe aufgrund der **Zusammenrechnung aller Anteilsübertragungen im Fünf-Jahres-Zeitraum** zur Grunderwerbsteuerpflicht führen.[1599] Die Grunderwerbsteuer wird in diesem Fall von der Personengesellschaft selbst geschuldet (§ 13 Nr. 6 GrEStG);[1600] hiervon ist aber jedenfalls auch der Erwerber wirtschaftlich betroffen, was zu willkürlichen Ergebnissen führen kann.

> **Praxishinweis:** In solchen Fällen müssen daher entsprechende Regelungen getroffen werden, insbesondere sollte der Erwerber sich hier vertraglich zusichern lassen, dass in den letzten fünf Jahren kein Gesellschafterwechsel in dem Umfang stattgefunden hat, der – mit dem nun anstehenden, weiteren Gesellschafterwechsel zusammengerechnet – schädlich wäre.[1601]

4. Steuergarantien

Steuerliche Garantien werden ebenso wie anderweitige Garantien meist als **selbständige** 667 **Garantieversprechen** nach § 311 Abs. 1 BGB formuliert,[1602] und zwar unter Ausschluss der gesetzlichen Vorschriften zu Beschaffenheitsgarantien im Sinne von § 444 BGB.[1603] Auch insoweit wird meist ein eigenständiges, vom allgemeinen Zivilrecht weitgehend abgekoppeltes vertragsrechtliches Haftungsregime geschaffen. Steuergarantien beziehen sich auf Tatsachen und Umstände, deren Vorliegen bzw. Nichtvorliegen vom Käufer bei der Ermittlung des Werts der Zielgesellschaft unterstellt wurde.[1604]

Für folgende Regelungsbereiche werden im Unternehmenskaufvertrag häufig Steuergarantien (an Stelle von Steuerfreistellungen) gegeben:[1605]

– Garantie, dass die von der verkauften Gesellschaft geschuldeten oder einzubehaltenden Steuern, die die Zeit bis zum dinglichen Vollzugsstichtag (Closing) betreffen, von der Gesellschaft pünktlich gezahlt worden sind bzw. werden;
– Garantie, dass Steuererklärungen und Steueranmeldungen, die die Zeit bis zum Vollzugsstichtag betreffen, fristgerecht und zutreffend abgegeben worden sind bzw. werden;
– Vorliegen bzw. Nichtvorliegen von verbindlichen Auskünften;
– Stand anhängiger (Einspruchs-, FG-, BFH-)Verfahren;
– (eher selten:) dem Bestand von steuerlichen Verlust- und Zinsvorträgen;
– Garantie, dass steuerlich relevante Unterlagen und Aufzeichnungen entsprechend den steuerlichen Vorschriften ordnungsgemäß geführt worden sind und entsprechende Unterlagen sich im Besitz der Gesellschaft befinden.

Wie auch bei sonstigen Garantien sind bei Steuergarantien die **Rechtsfolgen** präzise zu 668 regeln. Hier kann jedoch im Vertragstext meist auf die für die allgemeinen Garantien ge-

---

[1598] Vgl. dazu Teil → B., Rn. 255.
[1599] Vgl. zum Fünf-Jahres-Zeitraum *Fischer* in: Boruttau, GrEStG, § 1 GrEStG Rn. 886 f.
[1600] Vgl. *Viskorf* in: Boruttau, GrEStG, § 13 GrEStG Rn. 46.
[1601] *Rödder/Hötzel/Müller-Thuns*, Unternehmenskauf/Unternehmensverkauf, § 29 Rn. 18.
[1602] Zu Abgrenzungsfragen von Beschaffenheitsvereinbarungen bzw. -garantien und selbständigem Garantieversprechen siehe → Rn. 517 ff. sowie *Binz/Freudenberg*, DStR 1991, 1629.
[1603] *Balda/Kiegler* in: Kneip/Jänisch, Tax Due Diligence, S. 794. Vgl. dazu auch *Voß*, Warranties in Unternehmenskaufverträgen, S. 133 ff.
[1604] *Möller-Gosoge/Rupp*, BB 2019, 215, 218.
[1605] Vgl. *Bisle*, SteuK 2013, 204, 205.

troffenen Regelungen verwiesen werden, die typischerweise primär Naturalrestitution und sekundär Schadenersatz in Geld vorsehen.[1606] Der Schadensersatz als Rechtsfolge einer Verletzung von Steuergarantien umfasst regelmäßig nicht nur die Mehrsteuern, sondern – insoweit anders als üblicherweise im Rahmen der Steuerfreistellungsregelung vereinbart – auch die dem Erwerber aus der Verletzung erwachsende Beratungs- und Verfahrenskosten.[1607] Allgemeine Garantien unterliegen häufig einer **Haftungshöchstgrenze** („Cap").[1608] In Bezug auf die Steuergarantien stellt sich die Frage, ob auch hier eine Haftungshöchstgrenze vereinbart werden soll und wenn ja, in welcher Höhe.[1609]

> **Praxishinweis:** Dies ist letztlich Verhandlungssache. Nicht untypisch ist eine Beschränkung der Haftung des Veräußerers für Steuergarantien auf 100 % des Kaufpreises.[1610]

Des Weiteren stellt sich die Frage, ob die in Bezug auf allgemeine Garantien häufig vereinbarten Regelungen über betragsmäßige *de minimis*-Schwellen, die eine Inanspruchnahme der Verkäuferseite für Bagatellfälle ausschließen sollen,[1611] sowie die Regelung, dass auch die Mindestschwelle überschreitende Garantiefälle nur bei Übersteigen eines weiteren Mindestbetrages geltend gemacht werden dürfen (auch „Threshold" oder „Basket" genannt), auch auf die steuerlichen Garantien Anwendung finden sollen.[1612]

> **Praxishinweis:** Auch dies ist Verhandlungssache. Eine generelle Leitlinie dafür, was hier „richtig" oder „falsch" ist, gibt es nicht.

Auch bezüglich der Ansprüche des Erwerbers aus den Steuergarantien ist bei der Vertragsgestaltung über die Aufnahme von **Ausschlussgründen** nachzudenken und ggf. zu verhandeln. So hat die Verkäuferseite auch hier ein Interesse daran, eine Haftung für bekannte Umstände auszuschließen, oder die Übernahme von Steuergarantien für bestimmte Fälle nur nach „bestem Wissen" abzugeben, oder ein etwaiges Mitverschulden des Käufers ausdrücklich als (teilweisen) Ausschlussgrund festzulegen.[1613]

> **Praxishinweis:** Auch insoweit ist es Verhandlungssache, was am Ende im Unternehmenskaufvertrag insoweit festgelegt wird. Tendenziell ist es aber eher unüblich, im Bereich von Steuergarantien eine etwaige Kenntnis des Erwerbers als anspruchsausschließend zu vereinbaren.

669 Die typische Steuergarantie der rechtzeitigen und vollständigen Zahlung aller fälligen Steuern bis zum Vollzugstag ist vor dem Hintergrund der **Corona-Krise** zu hinterfragen. Aus Verkäufersicht sollte versucht werden, eine ergänzende Regelung aufzunehmen, dass Steuern noch als „rechtzeitig" und „vollständig" gezahlt gelten, soweit ein entsprechender

---

[1606] Siehe dazu oben → Rn. 570; ferner *Balda/Kiegler* in: Kneip/Jänisch, Tax Due Diligence, S. 801.
[1607] *Möller-Gosoge/Rupp,* BB 2019, 215, 219.
[1608] Dazu näher → Rn. 585 f. sowie *Gottgetreu/Petrikowski* in: Brück/Sinewe, Steueroptimierter Unternehmenskauf, § 5 Rn. 250 f.
[1609] Vgl. *Balda/Kiegler* in: Kneip/Jänisch, Tax Due Diligence, S. 803; *Bisle,* SteuK 2013, 204, 206.
[1610] *Balda/Kiegler* in: Kneip/Jänisch, Tax Due Diligence, S. 802.
[1611] Zu derartigen Haftungseingangsschwellen siehe ausführlich oben → Rn. 585 f. sowie *Gottgetreu/Petrikowski* in: Brück/Sinewe, Steueroptimierter Unternehmenskauf, § 5 Rn. 245 ff.
[1612] Siehe hierzu *Gottgetreu/Petrikowski* in: Brück/Sinewe, Steueroptimierter Unternehmenskauf, § 5 Rn. 248 f. sowie zu den Haftungsbeschränkungen insgesamt *Balda/Kiegler* in: Kneip/Jänisch, Tax Due Diligence, S. 802.
[1613] Siehe zum „besten Wissen" → Rn. 547 sowie zu § 254 BGB → Rn. 551 sowie *Balda/Kiegler* in: Kneip/Jänisch, Tax Due Diligence, S. 803.

Herabsetzungsantrag nach den einschlägigen BMF-Schreiben[1614] bis zum relevanten Stichtag (z. B. Vollzugstag) gestellt wurde.[1615] Aus Käufersicht sollten die üblichen Garantien erweitert werden; der Käufer hat z. B. das Interesse, sich garantieren zu lassen, dass etwaige dem Target auf Basis von Gesetzen oder Verwaltungsanweisungen gewährten steuerlichen Vorteile oder Vergünstigungen (insbesondere aber nicht ausschließlich: Stundungen, Zuschüsse, Soforthilfen, Sonderabschreibungen, spezielle Rücklagen, spezielle Verlustrücktragsmöglichkeiten) entsprechend den jeweiligen Voraussetzungen beantragt bzw. gewährt wurden und insoweit (ggf. einzuschränken auf „nach bester Kenntnis" des Verkäufers) keine Rückforderung oder sonstige Rückgängigmachung der Vorteile oder Vergünstigungen zu erwarten ist.

5. Steuerfreistellungsregelungen

Den Hauptregelungsbereich von Steuerklauseln in Unternehmenskaufverträgen bilden **670** die Regelungen zur Steuerfreistellung.[1616] Die Grundüberlegung ist hier, dass ggf. in späteren Betriebsprüfungen festgesetzte Mehrsteuern für die Vergangenheit noch den Veräußerer treffen sollen, weil er für diese Zeit auch die Gewinne des verkauften Unternehmens vereinnahmen konnte. Rückwirkend soll also ein Gleichlauf von Chancen und Risiken hergestellt werden. Meist wird die Regelung so formuliert, dass der Veräußerer den Erwerber, oder nach Wahl des Erwerbers die veräußerte Zielgesellschaft, von sämtlichen Steuern freizustellen hat, die sich für die Zeiträume ergeben, die vor oder am wirtschaftlichen Übergangsstichtag (Effective Date) enden. Typischerweise wird dem Erwerber vom Veräußerer also eine **Steuerfreistellung für die Vorstichtagszeiträume** versprochen.

Um zu vermeiden, dass etwaige spätere Zahlungen aufgrund der Steuerfreistellungsregelung bei Wahl der Zahlung an die Zielgesellschaft bei dieser als steuerpflichtige Betriebseinnahme behandelt werden, wird im Vertrag meist die Regelung aufgenommen, dass solche Zahlungen als rückwirkende **Anpassung des Kaufpreises** behandelt werden.[1617] Nach zutreffender Auffassung sind derartige Zahlungen, auch wenn sie an die Zielgesellschaft erfolgen, aber ohnehin keine steuerpflichtigen Betriebseinnahmen, denn sie haben ihren Rechtsgrund letztlich in einem Schaden, der dem Erwerber entstanden ist, weil er per Saldo „zu viel" Kaufpreis gezahlt hat. Es handelt sich bei Zahlungen aufgrund der Steuerklausel daher letztlich um nachträgliche Einlagen des Veräußerers als ehemaligem Gesellschafter.[1618]

Inhaltlich ist die Freistellungsklausel darauf gerichtet, dass der Veräußerer entsprechende **671** Mehrsteuern zu erstatten hat.[1619] Hierbei ist die Frage der **Fälligkeit** dieser Erstattungsverpflichtung genau zu regeln.[1620] Für den Erwerber nicht akzeptabel ist es, wenn die Klausel vorsieht, dass er die Erstattung vom Veräußerer erst nach formeller und materieller Bestandskraft entsprechender, Mehrsteuern festsetzender Steuerbescheide verlangen kann. Zweckmäßigerweise wird daher vereinbart, dass der Veräußerer dem Erwerber die Steuern zu erstatten hat, sobald sie vom Erwerber an die zuständige Behörde (z. B. Finanzamt) zu zahlen sind, da allein durch die Einlegung eines Einspruchs oder durch das Erheben einer

---

[1614] BMF vom 19.3.2020 – IV A 3 – S 0336/19/10007 :002, DStR 2020, 663; vom 9.4.2020 – IV C 4 – S 2223/19/10003 :003, DStR 2020, 795 sowie vom 23.4.2020 – IV A 3 – S 0261/20/10001 :005, DStR 2020, 883).

[1615] *Wegener/Krüger,* DStR 2020, 1083, 1088.

[1616] Vgl. zur Rechtsnatur und zu Details von Freistellungsreglungen im Unternehmenskaufvertrag ausführlich *Hilgard,* BB 2016, 1218.

[1617] *Balda/Kiegler* in: Kneip/Jänisch, Tax Due Diligence, S. 804.

[1618] *Rödder/Hötzel/Müller-Thuns,* Unternehmenskauf/Unternehmensverkauf, § 25 Rn. 86 i. V. m. § 29 Rn. 21.

[1619] *Balda/Kiegler* in: Kneip/Jänisch, Tax Due Diligence, S. 804.

[1620] Siehe hierzu auch *Balda/Kiegler* in: Kneip/Jänisch, Tax Due Diligence, S. 808; *Bisle,* SteuK 2013, 204, 206.

finanzgerichtlichen Klage die Vollziehung von Steuerbescheiden nicht ausgesetzt ist (§ 361 AO, § 69 FGO). Anders ist dies nur, wenn ein Antrag auf Aussetzung der Vollziehung eingereicht wird und diesem stattgegeben wurde. Dadurch werden jedoch Aussetzungszinsen in Höhe von 6 % p. a. fällig, sodass es jedenfalls beim derzeitigen Niedrigzinsniveau häufig wirtschaftlich keinen Sinn macht, in Anbetracht des Prozessrisikos, das sich ggf. typischerweise erst nach mehreren Jahren materialisiert, Aussetzung der Vollziehung zu beantragen.

> **Praxishinweis:** Häufig wird die Steuerklausel regeln, dass der Veräußerer den Erwerber dazu anweisen kann, außergerichtliche sowie gerichtliche Rechtsmittel in Bezug auf Vorsteuertagsteuern einzulegen und derartige Verfahren nach Weisungen des Veräußerers zu führen. Die Klausel hat in diesem Falle aus Erwerbersicht jedoch auch vorzusehen, dass etwaige sich daraus ergebende Kosten, einschließlich anfallender Zinsen, vom Veräußerer zu tragen sind.[1621] In diesem Fall kann die Regelung auch vorsehen, dass dann, wenn tatsächlich Aussetzung der Vollziehung gewährt wird, die Steuererstattung aufgrund der Steuerfreistellungsklausel erst nach Ende der Aussetzung der Vollziehung zu erfolgen hat.

672   Die Ansprüche des Erwerbers aus der Steuerfreistellung unterliegen meist auch speziellen **Verjährungsregeln.**[1622] Die in der Praxis am häufigsten anzutreffende Regelung geht dahin, dass Ansprüche des Erwerbers auf Steuerfreistellung innerhalb von sechs Monaten ab dem Zeitpunkt verjähren, zu dem der jeweilige, die Mehrsteuern festsetzende Bescheid formell und materiell bestandskräftig wird.

> **Praxishinweis:** Ob darüber hinaus eine absolute Verjährungsfrist, z. B. fünf Jahre nach einem im Vertrag festzulegenden Bezugspunkt (in Betracht kommen: wirtschaftlicher Übertragungsstichtag, dinglicher Vollzugsstichtag sowie Tag der Unterzeichnung des Unternehmenskaufvertrages), festzulegen ist, ist Verhandlungssache. Das Interesse des Veräußerers geht selbstverständlich dahin, durch eine solche absolute Verjährungsgrenze Klarheit zu schaffen, dass ab einem bestimmten Tag keine Steuerfreistellungsansprüche mehr gegen ihn erhoben werden können. Der Erwerber hat dagegen das gegenläufige Interesse, dass er festgesetzte Mehrsteuern – innerhalb der genannten Sechs-Monats-Frist – an den Veräußerer „weiterreichen" kann, unabhängig davon, wann das Finanzamt solche Mehrsteuern festsetzt; schließlich hat der Erwerber hierauf keinen Einfluss und der solchen Steuerfreistellungsregelungen immanente Grundgedanke – Mehrsteuern soll der zahlen, der die Gewinne für den entsprechenden Zeitraum vereinnahmt hat – greift ja auch unabhängig davon, wie viel Zeit seit dem entsprechenden Stichtag verstrichen ist.

673   Auch bzgl. der Steuerfreistellungsregelungen stellt sich die Frage, welche **Ausschlussgründe bzw. Haftungsbeschränkungen** im Unternehmenskaufvertrag festgelegt werden sollen.[1623] Folgende Regelungsbereiche werden hier typischerweise zwischen Verkäufer und Käufer kontrovers diskutiert:

– Sollen *de minimis*-Klauseln/Baskets auch für die Ansprüche des Erwerbers auf Steuerfreistellung gelten?
– Soll auch für die Ansprüche des Erwerbers auf Steuerfreistellung ein Haftungshöchstbetrag (Cap) vereinbart werden?[1624]
– Sollen die Regelungen zum Mitverschulden nach § 254 BGB analog für die Ansprüche des Erwerbers auf Steuerfreistellung vereinbart werden?
– Sollen Ansprüche des Erwerbers auf Steuerfreistellung entfallen, weil vom Erwerber nach dem Anteilsübergang veranlasste Maßnahmen (z. B. rückwirkende Umstrukturierungen,

---

[1621] *Rödder/Hötzel/Müller-Thuns,* Unternehmenskauf/Unternehmensverkauf, § 29 Rn. 23.

[1622] Dazu *Balda/Kiegler* in: Kneip/Jänisch, Tax Due Diligence, S. 808 f.; *Streck/Mack,* BB 1992, 1398, 1400; *Bisle,* SteuK 2013, 204, 207.

[1623] Vgl. dazu *Balda/Kiegler* in: Kneip/Jänisch, Tax Due Diligence, S. 805.

[1624] Hier gilt das oben unter → Rn. 668. Gesagte, d. h. wenn hier ein Haftungshöchstbetrag vereinbart wird, dann häufig in Höhe von 100 % des Kaufpreises.

Veräußerung von Anteilen oder Wirtschaftsgütern mit entsprechenden Steuerfolgen für die Vergangenheit) zu den Mehrsteuern geführt haben?

Sodann wird in der Steuerfreistellungsklausel typischerweise geregelt, dass **Umkehref-** **674** **fekte,** d.h. Mindersteuern, die in der Zukunft aufgrund gegenläufiger Steuerfolgen entstehen, vom Freistellungsanspruch des Erwerbers in Abzug zu bringen sind, da insoweit lediglich ein Zinsschaden des Erwerbers vorliegt.[1625]

Beispiel: Wird für einen Veranlagungszeitraum, für den die Steuerfreistellung greift („Vorstichtagszeitraum"), von der Betriebsprüfung eine Abschreibung auf ein Wirtschaftsgut nicht anerkannt, bedeutet dies eine Hinzuaktivierung auf dieses Wirtschaftsgut, was zukünftig, und damit im „Nachstichtagszeitraum", zu erhöhten Abschreibungen aufgrund eines entsprechend höheren Buchwertes führt. Der Gedanke des Vorteilsausgleichs spricht dafür, hier einen Ausgleich in Form eines entsprechenden Abzugspostens vom Freistellungsanspruch des Erwerbers zuzulassen. Dies ist aber, wenn so gewollt und so zwischen den Parteien verhandelt, explizit vertraglich zu regeln.

Hierzu finden sich in den in der Praxis verwendeten Vertragsmustern mehr oder weniger komplizierte Regelungen. Im Bereich mittelständischer Transaktionen ist es sinnvoll, **vereinfachende und typisierende Regelungen** zu treffen. So sollte z.B. der Abzinsungssatz des anzurechnenden künftigen Mindersteuerbetrages festgelegt werden (sei es mit dem gesetzlichen Abzinsungsfaktor von 5,5% nach § 6 Abs. 1 Nr. 3 Satz 1 EStG, oder sei es mit einem zwischen den Parteien anhand des aktuellen Zinsniveaus zu vereinbarenden Prozentsatz). Sodann sollte festgelegt werden, dass die Mindersteuern mit einem pauschalierten Steuersatz (Körperschaftsteuer und Gewerbesteuer zusammen z.B. 30%) zu ermitteln sind. Schließlich sollte der Zeitraum, für den Umkehreffekte berücksichtigt und zeitlich auf vier oder maximal fünf Jahre begrenzt werden.[1626]

Formulierungsvorschlag:[1627] *„Eine Freistellungsverpflichtung des Verkäufers besteht nicht, soweit die freizustellende Steuer zu Steuervorteilen bei der Zielgesellschaft in Gestalt einer Verringerung der steuerlichen Bemessungsgrundlage im Veranlagungszeitraum, in den der Stichtag fällt, sowie in vier darauffolgenden Veranlagungszeiträumen führt („steuerliche Umkehreffekte"). Dies gilt insbesondere dann, wenn es aufgrund der Änderung von Steuerbescheiden lediglich zu einer Verschiebung von steuerlich abzugsfähigem Aufwand in spätere Veranlagungszeiträume kommt („Phasenverschiebung"). Im Falle von steuerlichen Umkehreffekten wird der vom Verkäufer im Rahmen der Steuerfreistellung zu zahlende Betrag um den Barwert dieser künftigen steuerlichen Umkehreffekte reduziert. Der Barwert wird dabei pauschal unter Zugrundelegung eines Steuersatzes von 30% und einer Abzinsung mit einem Zinssatz von 2% p.a. ermittelt. Sämtliche zur Berechnung erforderlichen Unterlagen sind dem Verkäufer auf Verlangen vom Käufer bzw. der Zielgesellschaft zur Verfügung zu stellen."*

6. Regelung von Mitwirkungsrechten und Verfahrenspflichten

In diesem Regelungskomplex der Steuerklausel wird geregelt, wie Veräußerer und Erwerber in Bezug auf spätere Betriebsprüfungen oder noch fällige Steuererklärungen zusammenwirken müssen, um sonst vorprogrammiertem „Konfliktpotenzial" Rechnung zu tragen.

a) Mitwirkungsrechte des Veräußerers

Der Veräußerer behält sich typischerweise durch vertragliche Regelungen vor, an **Be-** **675** **triebsprüfungen,** die Vorstichtagszeiträume betreffen, für die er nach der Steuerfreistellung

---

[1625] Zu Umkehreffekten und korrespondierenden Mindersteuern siehe näher *Balda/Kiegler* in: Kneip/Jänisch, Tax Due Diligence, S. 806 f.; *Kaiser/Klinger/Pernegger,* WPg 2017, 966, 973.

[1626] So auch *Balda/Kiegler,* die für einen Zeitraum von fünf Jahren plädieren, siehe *Balda/Kiegler* in: Kneip/Jänisch, Tax Due Diligence, S. 807.

[1627] Vgl. dazu *Hilgard,* BB 2016, 1218, 1222.

ggf. haftet, teilzunehmen.[1628] Hier ist in der entsprechenden Mitwirkungsklausel genau zu regeln, wie die Teilnahme zu erfolgen hat, innerhalb welcher Fristen Informationen (insbesondere: Anordnung der Außenprüfung) mitgeteilt werden müssen und wie Äußerungen gegenüber der Finanzverwaltung ggf. zwischen Veräußerer- und Erwerberseite abzustimmen sind.[1629]

Des Weiteren wird hier typischerweise geregelt, dass der Veräußerer den Erwerber anweisen kann, auf Kosten des Veräußerers **Rechtsbehelfe und Rechtsmittel** gegen Steuerbescheide, die den Vorstichtagszeitraum betreffen, einzulegen.[1630]

Aus Sicht des Erwerbers ist hier zu regeln, dass der Veräußerer entsprechende **Unterlagen und Informationen,** die für eine Betriebsprüfung relevant werden, und die sich nicht ohnehin schon in den Akten des verkauften Unternehmens befinden, beizubringen hat.[1631] Sodann hat der Erwerber vertraglich sicherzustellen, dass der Veräußerer ggf. für Rückfragen, die sich aus der Betriebsprüfung ergeben, zur Verfügung steht und ggf. benötigte Erläuterungen abgibt.

Formulierungsvorschlag: *„Der Käufer ist verpflichtet, den Verkäufer unverzüglich zu informieren, sobald dem Käufer Maßnahmen der Finanzbehörden in Bezug auf die Zielgesellschaft bekannt werden, die für die Rechte und Pflichten (einschließlich Steuern) des Verkäufers betreffend nach diesem Vertrag freizustellende Steuern von Bedeutung sein können. Dies betrifft insbesondere die Verpflichtung, den Verkäufer von dem Bevorstehen von Betriebsprüfungen, die den Zeitraum bis zum Stichtag betreffen, unverzüglich und schriftlich zu informieren und spätestens innerhalb von zehn Bankarbeitstagen nach Zugang der schriftlichen Prüfungsanordnung dem Verkäufer eine Kopie der Prüfungsanordnung zu übersenden. Der Käufer hat dem Verkäufer sämtliche schriftlichen Prüferanfragen, Prüfungsfeststellungen und vorläufigen und endgültigen Betriebsprüfungsberichte jeweils innerhalb von zehn Bankarbeitstagen nach Eingang bei der Zielgesellschaft in Kopie zu übersenden. Der Verkäufer oder eine von ihm beauftragte, zur Berufsverschwiegenheit verpflichtete Person ist zudem berechtigt, an Zwischen- oder Schlussbesprechungen im Rahmen der Betriebsprüfung teilzunehmen; etwaige hieraus entstehende Kosten des Verkäufers oder seiner Berater trägt der Verkäufer. Der Käufer und, wofür der Käufer Sorge tragen wird, die Zielgesellschaft werden bei Besprechungen, Betriebsprüfungen, Rechtsbehelfsverfahren und sonstigem Schriftverkehr mit den Steuerbehörden nur in Abstimmung mit der Verkäuferin tätig werden, den Verkäufer rechtzeitig vorher informieren und eine Teilnahme des Verkäufers oder einer von ihm beauftragten zur Berufsverschwiegenheit verpflichteten Person auf Kosten des Verkäufers ermöglichen.*

...

Nach dem Vollzugstag ist der Käufer verpflichtet sicherzustellen, dass die Zielgesellschaft (i) nach schriftlicher Aufforderung des Verkäufers auf deren Kosten gegen jeden Steuerbescheid, der betreffend nach diesem Vertrag freizustellende Steuern von Bedeutung sein kann, Rechtsbehelfe und Rechtsmittel einlegt und außergerichtliche und gerichtliche Verfahren gemäß den Weisungen des Verkäufers durchführt sowie (ii) keiner Einigung in einem Steuerverfahren und in Bezug auf einen Steuerbescheid, der betreffend nach diesem Vertrag freizustellende Steuern von Bedeutung sein kann, ohne schriftliche Zustimmung des Verkäufers zustimmt (wobei die Zustimmung des Verkäufers nicht ohne sachlichen Grund verweigert werden darf).“

---

676   In den Vertragsverhandlungen meist sehr kontrovers und vielschichtig ist die Diskussion darüber, wie **Verstöße gegen Mitwirkungsverpflichtungen** sanktioniert werden sollen;[1632] den Veräußerer schlicht darauf hinzuweisen, dass er Mitwirkungsrechte ja ggf. im

---

[1628] Vgl. dazu *Streck/Mack,* BB 1992, 1398, 1400 f.; *Bisle,* SteuK 2013, 204, 206.
[1629] Siehe *Balda/Kiegler* in: Kneip/Jänisch, Tax Due Diligence, S. 810 f.
[1630] Vgl. *Balda/Kiegler* in: Kneip/Jänisch, Tax Due Diligence, S. 810 f.
[1631] Vgl. *Balda/Kiegler* in: Kneip/Jänisch, Tax Due Diligence, S. 811.
[1632] Zu einer möglichen, wenn auch u. U. etwas zu weitgehenden, Sanktion siehe *Balda/Kiegler* in: Kneip/Jänisch, Tax Due Diligence, S. 805.

Wege einer Zivilklage gerichtlich durchsetzen kann, ist zu kurz gegriffen. Der Erwerber darf nicht den Anreiz haben, sich keinerlei Nachteilen ausgesetzt zu sehen, wenn er seine Mitwirkungsverpflichtungen nicht ernst nimmt, weil sonst aus Sicht des Veräußerers die Gefahr besteht, dass im Rahmen der immer bestehenden Spielräume in den Verhandlungen mit dem Betriebsprüfer zu Lasten des Veräußerers „Verschiebungen" in Vorstichtagszeiträume drohen.

> **Praxishinweis:** Hier gibt es keine allgemein gängigen Regelungen. Die Bandbreite dessen, was man hier in der Praxis in Unternehmenskaufverträgen antrifft, ist groß. Sie reicht von Klauseln, die für den Fall einer Verletzung von Mitwirkungsverpflichtungen ein vollständiges Entfallen von Steuerfreistellungsansprüchen (jedenfalls insoweit) vorsehen, über Klauseln, die dies differenzierter über einen bestimmten Abschlag von z. B. 20 % auf die Steuerfreistellungsansprüche „bestrafen", bis hin zu Klauseln, die ein Entfallen der Steuerfreistellungsansprüche nur dann vorsehen, wenn und soweit die unzureichende Einbeziehung der Veräußererseite kausal für Mehrsteuern war (wobei das Beweislastthema und die Zuweisung der Beweislast hier entscheidend sind, da für beide Seiten die Beweisführung regelmäßig sehr schwer sein wird).

b) Regelungen zu Steuererklärungen und steuerlichen Wahlrechten

Sodann ist typischerweise noch zu regeln, welche Partei die **Steuererklärungen,** die   677 zum Zeitpunkt der Vertragsunterzeichnung oder des dinglichen Vollzugsstichtages noch ausstehen oder die den laufenden Veranlagungszeitraum, in den der dingliche Vollzugsstichtag fällt, betreffen, erstellt.[1633] Aus Sicht des Veräußerers ist jedenfalls zu regeln, dass solche Steuererklärungen, wenn sie nicht ohnehin von der Veräußererseite oder nach deren Weisung erstellt werden, mit der Veräußererseite abzustimmen sind.

Ähnlich wird in Bezug auf Steuererklärungen für Vorstichtagszeiträume, die bereits abgegeben sind, geregelt, dass der Käufer diese nur mit vorheriger Zustimmung des Veräußerers ändern darf, und dass dies auch für **steuerliche Wahlrechte** gilt.

> **Formulierungsvorschlag:** „Der Käufer wird die Zielgesellschaft dazu veranlassen, Steuererklärungen (einschließlich Steueranmeldungen), die sich auf vor oder am Stichtag endende Veranlagungszeiträume beziehen oder die in sonstiger Weise nach diesem Vertrag freizustellende Steuern betreffen, rechtzeitig (d. h. innerhalb der gesetzlichen oder der ggf. verlängerten Fristen) zu erstellen und abzugeben. Der Käufer wird dafür Sorge tragen, dass dem Verkäufer Entwürfe dieser Steuererklärungen spätestens sechs Wochen vor dem jeweiligen Abgabedatum übergeben werden. Die Abgabe dieser Steuererklärungen sowie alle Änderungen bereits abgegebener Steuererklärungen, die sich auf vor oder am Stichtag endende Veranlagungszeiträume beziehen oder in sonstiger Weise freizustellende Steuern betreffen können, bedürfen der vorherigen schriftlichen Zustimmung des Verkäufers. Die Zustimmung gilt als erteilt, wenn der Verkäufer dem Käufer nicht innerhalb von 20 Bankarbeitstagen seine Anmerkungen mitteilt."

7. Besonderheiten beim Asset Deal

Beim Asset Deal ist die **Haftungsvorschrift des § 75 AO** zu beachten.[1634] Danach   678 übernimmt der Erwerber beim Asset Deal kraft Gesetzes die Haftung für Betriebssteuern und Steuerabzugsbeträge des erworbenen Unternehmens. Dazu zählen insbesondere die Gewerbesteuer, die Umsatzsteuer sowie Lohnsteuerabführungsverpflichtungen.[1635] Die Haftung beschränkt sich zeitlich jedoch auf die Steuern, die seit dem Beginn des letzten,

---

[1633] *Bisle,* SteuK 2013, 204, 205.
[1634] Siehe *Balda / Kiegler* in: Kneip/Jänisch, Tax Due Diligence, S. 819 f.
[1635] *Rüsken* in: Klein, AO, § 75 AO Rn. 34; *Loose* in: Tipke/Kruse, AO, § 75 AO Rn. 38 ff.

vor dem Vollzugsstichtag liegenden Kalenderjahres in dem erworbenen Betrieb entstanden sind und die **innerhalb eines Jahres seit der Anmeldung des Betriebs** durch den Erwerber festgesetzt oder angemeldet werden.[1636] Anmeldung meint hier die Anzeige nach § 138 Abs. 1 AO.

> **Praxishinweis:** Die gesetzliche Haftung des § 75 AO kann nicht ausgeschlossen werden, und anders als bei der in Teilen parallelen Regelung des § 25 HGB gibt es hier auch nicht die Möglichkeit, durch Anmeldung zum Handelsregister der Haftung zu entgehen. Der Erwerber kann jedoch in gewissen Grenzen Einfluss auf die Geltung der Haftungsvorschrift nehmen: Zum einen kann er durch eine rasche Anmeldung des Betriebs den vorstehend beschriebenen Jahreszeitraum unverzüglich in Gang setzen.[1637] Zum anderen kann bei der Festlegung eines dinglichen Vollzugsstichtags z. B. auf den 1.1. eines Kalenderjahres die Haftung nach § 75 AO zeitlich gesehen minimiert werden.

Falls der Unternehmensverkauf nicht die Voraussetzungen des § 1 Abs. 1a UStG (als nicht steuerbarer Vorgang) erfüllt, ist auch die **Umsatzsteuer aus der Veräußerung** des Unternehmens selbst eine Betriebssteuer, für die der Erwerber haftet.[1638]

679   Maßgeblich für die Anwendbarkeit des § 75 AO ist, dass das wirtschaftliche Eigentum nach § 39 Abs. 2 Nr. 1 AO an den übertragenen Unternehmen auf den Erwerber übergeht, d. h. für diese Vorschrift ist der dingliche Vollzugsstichtag (Closing) maßgeblich.[1639]

Beispiel: V schließt mit K einen Unternehmenskaufvertrag über den Verkauf seines Einzelunternehmens. Der Kaufvertrag wird notariell beurkundet, da auch das Betriebsgebäude mit veräußert werden soll. Die notarielle Beurkundung findet am 21.6.2020 statt. Der Unternehmenskaufvertrag enthält noch bestimmte aufschiebende Bedingungen, die eintreten müssen, damit der dingliche Vollzug (dinglicher Übergang der Aktiva und Passiva laut Unternehmenskaufvertrag) wirksam wird. Es ist vereinbart, dass der Erwerber ein Rücktrittsrecht haben soll, wenn die Vollzugsbedingungen nicht bis spätestens zum 30.9.2020 eingetreten sind. Das Einzelunternehmen ist in wirtschaftlichen Schwierigkeiten; V muss Anfang September Insolvenzantrag stellen. Die aufschiebenden Bedingungen sind bis dahin nicht vollständig eingetreten. Lösung: Eine Haftung des Erwerbers nach § 75 AO kommt hier nicht in Betracht; das wirtschaftliche Eigentum war noch nicht übergegangen.

Der Erwerber wird sich typischerweise im Rahmen des Unternehmenskaufvertrages vom Veräußerer von einer Haftung nach § 75 AO **im Innenverhältnis** freistellen lassen.[1640] Bei zweifelhafter Bonität des Veräußerers hat sich der Erwerber hier jedoch entsprechende Sicherheiten (Bankbürgschaft, Bürgschaft der Gesellschafter des im Wege des Asset Deal verkaufenden Unternehmens) gewähren zu lassen, alternativ kann ein Risikoabschlag vom Kaufpreis erfolgen oder ein Kaufpreiseinbehalt (Treuhandkonto, Escrow) vereinbart werden.

Erfolgt der Unternehmenskauf im Wege des Asset Deals vom **Insolvenzverwalter,** entsteht die Haftung des Betriebsübernehmers nach § 75 Abs. 1 AO nicht (§ 75 Abs. 2 AO).[1641]

680   Die zivilrechtliche Haftungsvorschrift des **§ 25 HGB** gilt auch für Steuerverbindlichkeiten, soweit diese „Firmenverbindlichkeiten" darstellen. Darunter fallen Steuern wie die

---

[1636] Vgl. *Rüsken* in: Klein, AO, § 75 AO Rn. 36; *Sinewe/Witzel* in: Brück/Sinewe, Steueroptimierter Unternehmenskauf, § 5 Rn. 313.

[1637] *Gröger* in: Hölters, Handbuch Unternehmenskauf, Rn. 4.262.

[1638] BFH vom 6.10.1977 – V R 50/74, BB 1978, 538; *Holzapfel/Pöllath,* Unternehmenskauf in Recht und Praxis, Rn. 921.

[1639] BFH vom 27.11.1979 – VII R 12/79, BStBl. II 1980, 258.

[1640] *Balda/Kiegler* in: Kneip/Jänisch, Tax Due Diligence, S. 820. Zur Formulierung einer solchen Klausel siehe *Sinewe/Witzel* in: Brück/Sinewe, Steueroptimierter Unternehmenskauf, § 5 Rn. 314 f.

[1641] Siehe hierzu näher *Rüsken* in: Klein, AO, § 75 AO Rn. 45.

Kraftfahrzeugsteuer sowie Gewerbe- und Umsatzsteuer. Die Haftung erstreckt sich auch auf die betrieblich veranlassten Zölle, Säumnis- und Verspätungszuschläge.[1642] Ertragsteuern werden von der Haftung nach § 25 HGB dagegen nicht erfasst,[1643] denn diese Steuern sind nicht „im Betrieb" begründet werden, sondern sind dem Betriebsinhaber zuzurechnen und dem Umstand geschuldet, dass das gesamte steuerpflichtige Einkommen des Unternehmens bzw. des Unternehmers auf dieser gedanklich vom Betrieb zu trennenden Ebene besteuert wird. Das gilt für die ESt ebenso wie die KSt. auch für die Körperschaftsteuer. Eine darauf bezogene Haftung wäre mit dem die Rechtsnorm tragenden Gedanken der Kontinuität des Unternehmens kraft Firmenfortführung sowie des hieran anknüpfenden, dem Schutz des Rechtsverkehrs in diesem Umfang dienenden gesetzlichen Schuldbeitritts des Betriebserwerbers, nicht vereinbar.

8. Besonderheiten beim Erwerb von Personengesellschaften

Werden Anteile an Personengesellschaften (z. B. Kommanditanteile an einer GmbH & **681** Co. KG) veräußert, ist in Bezug auf die steuerlichen Regelungen den Besonderheiten dieser Rechtsform und ihrer steuerlichen Behandlung Rechnung zu tragen.

Erhält der Erwerber in den allgemeinen Garantien vom Veräußerer eine Eigenkapitalgarantie, sollte diese im Fall des Erwerbs von Personengesellschaftsanteilen um eine Garantie des Bestands und der Höhe sämtlicher Kapitalkonten, einschließlich solcher in Ergänzungs und Sonderbilanzen ergänzt werden, weil diese Rechenwerke allein für steuerliche Zwecke geführt werden, und daher möglicherweise nicht eindeutig von der allgemeinen Bilanzgarantie erfasst sind.[1644]

Sodann entsteht bei der Veräußerung von Anteilen an gewerblich tätigen oder gewerblich **682** geprägten Personengesellschaften Regelungsbedarf in Bezug auf die Gewerbesteuer, da diese nach § 5 Abs. 1 Satz 3 GewStG auf Ebene der Personengesellschaft anfällt, soweit nicht der Vorgang nach § 7 Satz 2 GewStG gewerbesteuerfrei ist.[1645] Da regelmäßig nicht der Erwerber – über die Steuerschuldnerschaft der Gesellschaft für die Gewerbesteuer – mit der Gewerbesteuer des Veräußerers belastet werden soll, muss hier in einer gesonderten Klausel die Übernahme einer ggf. durch die Veräußerung anfallenden Gewerbesteuer durch den Veräußerer geregelt werden.

> **Praxishinweis:** Dieses Ergebnis kann durch eine Freistellungsregelung erreicht werden, die im Unternehmenskaufvertrag zu vereinbaren ist.[1646] Danach verpflichtet sich der Veräußerer, den Käufer sowie die Gesellschaft sowie ggf., insoweit als echter Vertrag zugunsten Dritter nach § 328 BGB, weitere, nicht veräußernde Mitgesellschafter, von jeglicher Gewerbesteuerbelastung freizustellen, die sich aus dem Veräußerungsvorgang ggf. ergibt.

> **Formulierungsvorschlag:** *„Eine Freistellungsverpflichtung des Verkäufers besteht auch für die Gewerbesteuer, die von der Zielgesellschaft aufgrund des Abschlusses und der Durchführung dieses Vertrages zu zahlen ist."*

(frei) **683, 684**

[1642] Vgl. *Balda/Kiegler* in: Kneip/Jänisch, Tax Due Diligence, S. 820; *Gröger* in: Hölters, Handbuch Unternehmenskauf, Rn. 4.267. *Bruschke*, BB 2019, 2271, 2274; *Heeg*, DStR 2012, 2159.

[1643] So BFH vom 6.4.2016 – I R 19/14, BFH/NV 2016, 1491 für die KSt mit der u. E. auf die ESt übertragbaren Begründung, die KSt sei als „Personensteuer" nicht erfasst. Siehe auch *Bruschke*, BB 2019, 2271, 2274; *Heeg*, DStR 2012, 2159; anders offenbar zuweilen überschießende Ansätze der Finanzverwaltung, siehe den Sachverhalt zu BFH vom 6.4.2016 – I R 19/14, BFH/NV 2016, 1491 und Vorinstanz FG Köln vom 5.12.2013 – 13 K 636/09, EFG 2014, 713.

[1644] *Balda/Kiegler* in: Kneip/Jänisch, Tax Due Diligence, S. 815.

[1645] Dazu *Balda/Kiegler* in: Kneip/Jänisch, Tax Due Diligence, S. 815.

[1646] *Sinewe/Witzel* in: Brück/Sinewe, Steueroptimierter Unternehmenskauf, § 5 Rn. 320.

XI. Sonstige spezielle Regelungsbereiche des Kaufvertrages

685   Im Unternehmenskaufvertrag, egal ob Asset Deal oder Share Deal, sind noch eine Reihe weiterer Fragen zu regeln, die das Haftungssystem ergänzen und vielfach Verhaltenspflichten des Veräußerers betreffen.

Besonderheiten ergeben sich auch bei mittelständischen Unternehmen, bei denen in aller Regel der unternehmerische Bereich mit dem Privatbereich vielfältig vernetzt ist, sodass hier entsprechende Regelungen zur Entflechtung getroffen werden müssen. Nachfolgend sind – nicht abschließend – einige besonders praxisrelevante Bereiche angeführt.

1. Überblick zur Risikoverteilung bei getrenntem Signing und Closing

686   Nicht selten fallen der Abschluss des Kaufvertrages und der Übergangsstichtag (als der Zeitpunkt des dinglichen Vollzugs mit Übergabe der Geschäftsführung) auseinander, wobei das „Closing" – je nach Fallgestaltung – mit dem Übergangsstichtag zusammenfallen oder aber auch lediglich die Bedeutung haben kann, dass bestimmte Erfüllungshandlungen und Maßnahmen vorgenommen sowie bestimmte Erklärungen abgegeben werden.[1647] Häufigster Grund für ein solches Auseinanderfallen von Signing und Closing sind zumeist bestimmte Voraussetzungen/Bedingungen, die für einen Vollzug erfüllt sein müssen, z. B. Gremienvorbehalte sowie bei größeren Unternehmenskäufen auch ein **Kartellvorbehalt** für Fälle, bei denen für den Vollzug des Unternehmenskaufvertrages die Freigabe des Zusammenschlussvorhabens durch die zuständige Kartellbehörde erforderlich ist.[1648]

687   In mittelständischen Unternehmen dürfte sich allerdings eher die Fallgestaltung finden, dass ein Unternehmenskaufvertrag unter der Bedingung geschlossen wird, dass die das Unternehmen finanzierenden **Banken sowie etwaige Bürgschaftsgemeinschaften** dem geplanten Verkauf sowie der Ablösung der Finanzierung und Übernahme durch den Käufer zustimmen. Ebenso mag es sich auf Seiten des Käufers so darstellen, dass – gerade mit Blick auf die erhöhten Anforderungen des Eigenkapitalanteils seitens der Banken – die Finanzierung des Kaufpreises noch nicht steht, sodass auch dies zum Anlass genommen werden kann, die dingliche Übertragung und/oder den Kaufvertrag unter einer aufschiebenden Bedingung abzuschließen.

688   In all diesen Fällen gibt es eine **Übergangsphase/Interimsphase,** in der in aller Regel der Verkäufer die Geschäfte noch fortführen muss, deren wirtschaftliche Auswirkungen jedoch bereits den Käufer treffen können, wenn beispielsweise die Stichtagsbilanz zur Feststellung eines endgültigen Kaufpreises oder einer sonstigen Abgrenzung zwischen den Parteien auf einen Zeitpunkt vor dem Übergangsstichtag aufzustellen ist und/oder dem Käufer schon die Gewinne bzw. Verluste auch für den Zeitraum zwischen Unterzeichnung des Kaufvertrages und Übergabe des Unternehmens zugewiesen werden. Bewegen sich diese Veränderungen noch *innerhalb eines gewöhnlichen Geschäftsverlaufes,* ist dies für den Käufer an sich akzeptabel. Denn auch im Falle einer Geschäftsführung durch ihn würden sich diese Veränderungen bei ihm wirtschaftlich realisieren. Ergibt sich allerdings ein *außergewöhnlicher Geschäftsverlauf,* trifft den Käufer das Risiko, dass das Unternehmen bei Übergabe ein ganz anderes als bei Vertragsschluss ist. Auch wären solche Veränderungen nicht ohne weiteres über eine Kaufpreisanpassungsklausel erfasst, weil sich nicht alle für den Käufer nachteiligen Veränderungen betragsmäßig in der Stichtagsbilanz wieder finden.[1649] Um diesem Risiko

---

[1647] Vgl. dazu auch *Thiessen* in: Münchener Kommentar zum HGB, Band 1, Anhang zu § 25 Rn. 34 ff. Siehe zur Vertragsstrukturierung mit getrenntem Signing und Closing sowie zur Alternative mit aufschiebenden Bedingungen → Rn. 130 ff.

[1648] Vgl. *Kindt/Stanek,* BB 2010, 1490; *Mielke/Welling,* BB 2007, 277. Siehe zum Kartellrecht → Rn. 13 ff.

[1649] *Mielke/Welling,* BB 2007, 277.

entgegenzuwirken, haben sich in der Praxis zum einen so genannte „**Conduct-of-Business-Klauseln**" (zum Teil auch „**Going-Concern-Klausel**" genannt)[1650] und zum anderen so genannte „**Material-Adverse-Change-Klauseln**" („MAC-Klausel") entwickelt.

Während in Kaufverträgen mit getrenntem Signing und Closing zumeist eine Regelung **689** zur Art und Weise der Geschäftsführung enthalten ist, sind Regelungen zum „Material Adverse Change" lediglich dann relevant, wenn entweder der Zeitraum zwischen Signing und Closing vergleichsweise lang ist und/oder wenn der Käufer einen besonderen Anlass hat, auf einen solchen Vorbehalt zu drängen, z. B. wenn er noch in der Interimsphase ein Rücktrittsrecht haben möchte.

a) Art und Weise der Geschäftsführung (Conduct-of-Business-Klauseln)

Die Conduct-of-Business-Klauseln gibt es in unterschiedlichen Erscheinungsformen. So **690** ist es beispielsweise eine gängige Regelung, dass beim Asset Deal der Verkäufer bis zum Closing bestimmte Geschäftsführungsmaßnahmen zu unterlassen hat und im Falle eines Share Deals als Gesellschafter dafür Sorge zu tragen hat, dass die Zielgesellschaft in dieser Phase keine außergewöhnlichen Geschäfte tätigt **(Verbotsklausel)**.[1651] Was im Einzelnen unter „außergewöhnlichen Geschäften" zu verstehen ist, können die Vertragsparteien – ähnlich wie bei einem Katalog zustimmungsbedürftiger Geschäfte der Geschäftsführung in einer Satzung – weiter spezifizieren.

Derartige Verbotsklauseln können zu einer **Zustimmungsklausel** verdichtet werden. **691** Dann bedürfen solche außergewöhnlichen Maßnahmen der vorherigen Zustimmung des Käufers, wobei sich solche Zustimmungsvorbehalte – je nach Fallgestaltung – durchaus auch auf gewöhnliche Geschäftsführungsmaßnahmen erstrecken lassen.[1652]

Schließlich kommen auch **Weisungsklauseln** in Betracht, nach denen es dem Käufer **692** gestattet ist, dem Verkäufer in einem zu definierendem Rahmen Weisungen hinsichtlich der Geschäftsführung des Zielunternehmens zu erteilen bzw. bestimmte Geschäftsführungsmaßnahmen zu verlangen.[1653] Bei Formulierung solcher Klauseln sollten allerdings etwaige **gesellschaftsrechtliche Schranken** beachtet werden.

Praxishinweis: Als flankierende Maßnahme sollte der Käufer sich Rechte auf jederzeitige und umfassende Informationen über die Geschäftstätigkeit des Zielunternehmens sowie Zugang zu deren Geschäftsräumen, Geschäftsunterlagen und Mitarbeitern gewähren lassen.[1654]

Formulierungsvorschlag: „*Der Verkäufer steht dafür ein, dass die Gesellschaft ihre Geschäfte bis zum Übergangsstichtag nur in Übereinstimmung mit der in der Vergangenheit geübten Praxis und im Rahmen der gewöhnlichen und ordnungsgemäßen Geschäftstätigkeit führt, soweit nicht der Käufer zuvor Ausnahmen hiervon schriftlich zugestimmt hat. Der Verkäufer steht dem Käufer ferner dafür ein, dass alle Maßnahmen unterlassen werden, die das Interesse des Käufers an der ordnungsgemäßen Fortführung des Geschäftsbetriebes der Gesellschaft beeinträchtigen könnten.*
Der Verkäufer steht dem Käufer zudem dafür ein, dass bis zum Übergangsstichtag sämtliche Verträge und sonstigen Maßnahmen, die außerhalb der gewöhnlichen Geschäftstätigkeit der Gesellschaft liegen, sowie wesentliche Maßnahmen des Verkäufers oder mit ihm verbunde-

---

[1650] So *Schrader/Seibt* in: Beck'sches Formularbuch Mergers & Acquisitions, C. II.1. Anm. 127.

[1651] Vgl. *Schrader/Seibt* in: Beck'sches Formularbuch Mergers & Acquisitions, C. II.1. Anm. 127; *Mielke/Welling,* BB 2007, 277, 278.

[1652] Vgl. *Mielke/Welling,* BB 2007, 277, 278.

[1653] *Mielke/Welling,* BB 2007, 277, 278.

[1654] Vgl. *Mielke/Welling,* BB 2007, 277, 278.

ner Unternehmen mit Bezug zur Gesellschaft nur mit vorheriger schriftlicher Zustimmung des Käufers abgeschlossen bzw. durchgeführt werden. Hierzu zählen insbesondere Beschlüsse der Gesellschafterversammlung, Änderungen der Organisationsstruktur oder des Geschäfts- und Finanzplans, wesentliche personelle Veränderungen, rechtsgeschäftliche Maßnahmen im Verhältnis zwischen der Gesellschaft einerseits und dem Verkäufer oder der mit ihm verbundenen Unternehmen andererseits, der Erwerb oder die Veräußerung von direkten oder indirekten Beteiligungen an anderen Unternehmen oder Abschluss, Änderung oder Beendigung von Wichtigen Verträgen im Sinne von § .... Für den Fall, dass eine unter diesen § ... fallende Maßnahme sich als erforderlich oder zweckmäßig im Interesse der Gesellschaft erweisen sollte, steht der Verkäufer dem Käufer dafür ein, dass der Käufer unverzüglich informiert wird; der Käufer trifft dann unverzüglich eine Entscheidung über die Zustimmung zu der fraglichen Maßnahme, welche nach Ablauf von 14 Tagen als erteilt gilt, wenn nicht der Käufer dem Verkäufer zuvor eine gegenteilige schriftliche Mitteilung gemacht hat.
Der Käufer hat ab dem Tag der Unterzeichnung dieses Vertrages das Recht auf Zugang zu etwaigen Betriebsgeländen und Mitarbeitern des Verkäufers und der Gesellschaft als auch den Anspruch auf umfassende Information, was insbesondere auch das Recht umfasst, die Vermögensgegenstände und (Buchhaltungs-)Unterlagen sowie Daten einzusehen, zu kopieren und/oder zu fotografieren."

b) Material-Adverse-Change-Klausel

693   Zum zweiten können sich in dieser Interimsphase – die ja manchmal Monate andauern kann – Veränderungen im Markt, aber auch im verkauften Unternehmen selbst einstellen, die so gravierend sind, dass der Käufer den Kauf doch nicht vollziehen oder zumindest eine Kompensation des Minderwertes haben möchte. Dieser Sachverhalt wird – ebenfalls aus dem anglo-amerikanischen Sprachgebrauch stammend – mit dem Begriff „Material Adverse Change (MAC)" beschrieben.[1655]

694   Das Risiko dieser negativen Veränderungen des Kaufgegenstandes Unternehmen zwischen Vertragsschluss und Unternehmensübergang wird bei professionell beratenen Transaktionen mit MAC-Klauseln speziell geregelt, und zwar zum Teil auch in Abweichung von der Aufgreifschwelle des § 313 BGB (Wegfall der Geschäftsgrundlage).[1656] Infolgedessen können auch weniger schwerwiegende, vorhersehbare oder verschuldete Veränderungen eine „wesentlich nachteilige Veränderung" auslösen, die den Verkäufer zum Schadensersatz verpflichten oder den Käufer auch zur Preisanpassung oder zum Rücktritt vom Vertrag berechtigen.[1657] Die MAC-Klauseln lassen sich im Wesentlichen in drei Kategorien einteilen:[1658]

– wesentliche nachteilige **Veränderungen im Unternehmen** selbst,
– negative **Entwicklung im Markt** bzw. der Gesamtwirtschaft (gerade in Zeiten einer Finanzmarktkrise) sowie
– **Auswirkungen höherer Gewalt** auf das Unternehmen (zum Beispiel Streik, Krieg, Terrorattentate).

[1655] Vgl. dazu *Picot/Dugall*, DB 2003, 2635; *Hasselbach/Wirtz*, BB 2005, 842; *Borris*, BB 2008, 294; *Kuntz*, DStR 2009, 377; *Feißel/Gorn*, BB 2009, 1138; *Kindt/Stanek*, BB 2010, 1490; *Holzapfel/Pöllath*, Unternehmenskauf in Recht und Praxis, Rn. 63; *Broichmann/Makos*, DB 2015, 2801; *Meyding/Sorg* in: Wilhelmi/Stürner, Post-M&A-Schiedsverfahren, 11, 34 ff.

[1656] Vgl. zum Verhältnis von MAC Klauseln und §§ 242, 313 BGB *Zeyher* in: Wilhelmi/Stürner, Post-M&A-Schiedsverfahren, 279, 286 ff.

[1657] *Thiessen* in: Münchener Kommentar zum HGB, Band 1, Anhang zu § 25 Rn. 37; vgl. auch zu MAC-Klauseln *Picot/Duggal*, DB 2003, 2635; *Hasselbach/Wirtz*, BB 2005, 842; *Borris*, BB 2008, 294; *Kuntz*, DStR 2009, 377; speziell zu MAC-Klauseln in der Krise *Kindt/Stanek*, BB 2010, 1490; *Feißel/Gorn*, BB 2009, 1138; *Broichmann/Makos*, DB 2015, 2801.

[1658] *Kindt/Stanek*, BB 2010, 1490; *Meyding/Sorg* in: Wilhelmi/Stürner, Post-M&A-Schiedsverfahren, 11, 37; *Kästle/Haller*, NZG 2016, 926.

> **Praxishinweis:** Finanziert der Käufer den Kaufpreis mit Fremdkapital, ist zu prüfen, ob der Kreditvertrag ebenfalls eine MAC-Klausel enthält, die es der Bank ermöglicht, die Valutierung des Kredites zu verweigern oder zu verzögern; in diesem Fall muss sich der Käufer ein Rücktrittsrecht vom Unternehmenskaufvertrag vorbehalten.[1659]

Da die Frage, ob die Voraussetzungen eines Material Adverse Change vorliegen, wegen **695** deren Unbestimmtheit sehr streitanfällig ist und damit den weiteren Vollzug des Kaufvertrages blockieren könnte, wird zur zügigen Klärung des Sachverhaltes vorgeschlagen, auch hierzu (wie schon für etwaige Streitfragen im Zusammenhang mit der Stichtags-Bilanz)[1660] eine **Schiedsgutachtervereinbarung** zu treffen.[1661]

2. Ablösung von Pensionsverpflichtungen

In Deutschland werden Pensionszusagen traditionell häufig über die Bildung von Rück- **696** stellungen in der Bilanz geregelt. Insbesondere Großunternehmen bieten betriebliche Altersvorsorge im Durchführungswege einer rein internen Finanzierung über Pensionsrückstellungen an. Die langfristige Verfügbarkeit der Pensionsrückstellungen als eine günstige Innenfinanzierungsquelle stärkte bei den Großunternehmen in hohem Maße ihre Unabhängigkeit von Banken und anderen Kreditgebern. Im Gefolge der zunehmenden Internationalisierung und Globalisierung besteht heute jedoch eher die Intention, die Durchführungswege für die betriebliche Altersvorsorge an internationale Standards anzupassen und Pensionsverpflichtungen an rechtlich selbstständige Versorgungseinrichtungen auszulagern.[1662]

Sehr oft haben auch Gesellschafter-Geschäftsführer in mittelständischen Unternehmen ihre Altersversorgung (meist aus steuerlichen Gründen) ebenfalls mittels einer Pensionszusage geregelt. Bei der Errichtung wurde freilich nicht bedacht, dass ein zukünftiger Erwerber diese mit ziemlicher Sicherheit nicht wird übernehmen wollen. Die Beendigung von Pensionszusagen beim Gesellschafter-Geschäftsführer kann mitunter erhebliche steuerliche Auswirkungen bei sowohl dem Verkäufer als auch der Zielgesellschaft haben. Siehe zu den steuerlichen Auswirkungen der Ablösung von Pensionszusagen ausführlich Teil → B., Rn. 350 ff.

3. Ablösung von Gesellschafterdarlehen

Häufig haben Gesellschafter mittelständischer Unternehmen diesen Gesellschafterdarle- **697** hen gewährt. Insbesondere im Falle eines Share Deals sind dann besondere Regelungen zu treffen, mit der eine finale Trennung des verkauften Unternehmens vom Verkäufer vollzogen werden kann.[1663]

Ein **Stehenlassen von Darlehen** über den Verkaufszeitpunkt hinaus stellt aus Sicht des **698** Verkäufers eine **Kaufpreisstundung** dar, so dass an entsprechende Rückzahlungsregelungen und Besicherung gedacht werden muss.[1664] Alternativ könnte es sich aber auch als vorteilhaft erweisen, das Gesellschafterdarlehen vor dem Verkauf in das Unternehmen **einzule-**

[1659] *Zeyher* in: Wilhelmi/Stürner, Post-M&A-Schiedsverfahren, 279, 280 ff.

[1660] Siehe dazu → Rn. 227.

[1661] Vgl. dazu *Kästle/Haller*, NZG 2016, 926, 931 f., die diesen Weg als Alternative zur Durchführung eines „Fast Track Schiedsgerichts" vorschlagen.

[1662] *Boerger/Macke/Hauser*, Studie Institut für Mittelstandsforschung Bonn „Die größten Familienunternehmen in Deutschland", IfM-Materialien Nr. 192, Februar 2010, S. 42.

[1663] Siehe zu den steuerlichen Gestaltungsmöglichkeiten für die Ablösung von Gesellschafterdarlehen Teil → B., Rn. 332 ff.

[1664] Siehe zu den Möglichkeiten der Besicherung → Rn. 235 ff. vgl. zu Gesellschafterdarlehen in Krise und Insolvenz auch *Greven*, BB 2014, 2309, 2310; *Schniep/Hensel*, BB 2015, 777.

gen und es dadurch zu Eigenkapital zu machen.[1665] Bei Werthaltigkeit des Darlehens müsste sich dies freilich im Kaufpreis für das Unternehmen auswirken.

> **Praxishinweis:** Der Verkäufer sollte sehr frühzeitig gegenüber dem Käufer kommunizieren, dass und auf welche Weise Gesellschafterdarlehen abgelöst werden sollen. Andernfalls könnten entsprechende Missverständnisse auf Käuferseite entstehen, die seine Kalkulationsgrundlage für die Akquisition des Unternehmens grundsätzlich in Frage stellen.

699   Des Weiteren bestünde auch die Möglichkeit, dass der Gesellschafter auf das Darlehen **verzichtet,** was allerdings auf Ebene des verkauften Unternehmens – je nach Werthaltigkeit des Darlehens – unterschiedliche und zum Teil auch erhebliche steuerliche Auswirkungen haben kann, was daher im konkreten Fall näher zu prüfen ist.[1666]

700   Eine andere Möglichkeit besteht darin, das Gesellschafterdarlehen **auf den Erwerber durch Abtretung zu übertragen.**[1667] Ist das Darlehen werthaltig, wäre dafür ein separater Kaufpreis zu zahlen. Ist das Darlehen nicht werthaltig, könnte es für einen symbolischen Kaufpreis von EUR 1 übertragen werden.[1668]

701   Besonderheiten ergeben sich ferner bei **Gesellschafterdarlehen in Krise und Insolvenz,**[1669] weil dann eine Darlehensrückgewähr nach den insolvenzrechtlichen Regelungen anfechtbar sein kann.[1670] Durch das am 1.11.2008 in Kraft getretene MoMiG wurde die **Rechtsfigur des eigenkapitalersetzenden Darlehens aufgegeben,**[1671] weshalb die dazu intensiv geführte Diskussion über deren Tatbestand und Reichweite obsolet ist. So stellt § 30 Abs. 1 Satz 3 GmbHG ausdrücklich klar, dass die Kapitalerhaltungsvorschrift des § 30 Abs. 1 Satz 1 GmbHG auf die Rückgewähr eines Gesellschafterdarlehens und Leistungen auf Forderungen aus Rechtshandlungen, die einem Gesellschafterdarlehen wirtschaftlich entsprechen, nicht anzuwenden ist. Im Ergebnis befinden sich nunmehr **alle einschlägigen Bestimmungen** zur insolvenzrechtlichen Rückstufung bzw. Anfechtungsmöglichkeit von Gesellschafterdarlehen oder vergleichbaren Rechtshandlungen **in der Insolvenzordnung.**[1672]

Verschärfend wirkt sich allerdings für den Gesellschafter aus, dass im Gesetz auf die zusätzliche Tatbestandsvoraussetzung einer Krise verzichtet wurde, sodass es dem Gesellschafter nunmehr verwehrt ist, Darlehen oder wirtschaftlich vergleichbare Leistungen bei Eintritt der Kreditunwürdigkeit des Unternehmens noch zurückzuführen.

Nunmehr gilt im Falle der Insolvenz

– als Grundtatbestand die **Rückstufung von Gesellschafterdarlehen** und diesen wirtschaftlich entsprechenden Rechtshandlungen gemäß § 39 Abs. 1 Nr. 5 InsO sowie

– die **einheitliche Anfechtungsfrist von einem Jahr** des § 135 InsO für eine Darlehensrückzahlung oder vergleichbare Rückzahlungen.

Unsicherheiten für die M&A Praxis im Umgang mit Gesellschafterdarlehen in Krise und Insolvenz hat auch die Entscheidung des Bundesgerichtshofes vom 21.2.2013 verursacht.[1673]

[1665] Vgl. *Greven,* BB 2014, 2309, 2310.

[1666] Siehe dazu Teil → B., Rn. 332 ff.

[1667] Siehe *Greven,* BB 2014, 2309, 2310.

[1668] Siehe zu den damit verbundenen steuerlichen Auswirkungen Teil → B., Rn. 334 ff.

[1669] Siehe zum Unternehmenskauf in Krise und Insolvenz Teil → F., Rn. 1 ff.; vgl. dazu auch *Greven,* BB 2014, 2309.

[1670] Siehe dazu auch noch Teil → F., Rn. 1 ff.

[1671] Vgl. *Fastrich* in: Baumbach/Hueck, GmbHG, § 30 Rn. 2.

[1672] Vgl. dazu auch *Rotthege* in: Rotthege/Wassermann, Unternehmenskauf bei der GmbH, Kap. 12 Rn. 46 ff.

[1673] BGH vom 21.2.2013 – IX ZR 32/12, NJW 2013, 2282 = BB 2013, 1103.

4. Ablösung persönlicher Sicherheiten des Verkäufers einschließlich Förderbanken und Bürgschaftsgemeinschaften

Häufig wird der mittelständische Unternehmer private Sicherheiten für Unternehmenskredite gegeben haben (insbesondere persönliche Bürgschaften oder dingliche Sicherheiten an persönlich gehaltenen Immobilien, Wertpapierdepots, Lebensversicherungen). Aus Sicht des Verkäufers ist nicht nur mit dem Käufer, sondern auch mit den finanzierenden Banken eine Vereinbarung darüber zu treffen, ob und in welchem Umfang der Käufer entsprechende neue Sicherheiten stellen muss und kann und mit Vollzug des Unternehmenskaufs die durch den Verkäufer gewährten Sicherheiten erlöschen bzw. zurückgegeben werden. **702**

Besonderheiten ergeben sich auch dann, wenn – was gerade bei jüngeren mittelständischen Unternehmen anzutreffen ist – bei der Gründung **Förderbanken** (z.B. die KfW) oder **Bürgschaftsgemeinschaften** eingeschaltet wurden, um die Finanzierung mit der Hausbank darstellen zu können. Hier sollte ebenfalls frühzeitig das Gespräch gesucht werden, um eine entsprechende Ablösung bzw. Fortführung der Finanzierung des Unternehmens sicherzustellen. **703**

> **Beachte:** Der Abschluss des Kaufvertrages als auch der Vollzug des dinglichen Rechtsübergangs stehen häufig unter der aufschiebenden Bedingung der Zustimmung der das Unternehmen finanzierenden Banken einschließlich Förderbanken und Bürgschaftsgemeinschaften. Um die Transaktion nicht an einer fehlenden Zustimmung scheitern zu lassen bzw. diese auch nicht unnötig zu verzögern, sollten die Banken möglichst frühzeitig eingebunden und die Zustimmung oder deren Versagung vorab ausgelotet werden.

5. Wettbewerbsverbot, Kundenschutz, Abwerbeverbot, Geheimhaltung

a) Überblick

Der Unternehmenskäufer hat ein berechtigtes Interesse daran, den übertragenen Unternehmenswert nach dem Vollzug zu bewahren und zu verhindern, dass der Verkäufer den Erfolg der Transaktion nach Abschluss wirtschaftlich untergräbt, z.B. indem er unmittelbar nach Vollzug in Wettbewerb zu dem veräußerten Unternehmen tritt, Mitarbeiter abwirbt oder Betriebsgeheimnisse nutzt oder verwertet. Das gilt insbesondere dann, wenn der wirtschaftliche Erfolg des veräußerten Unternehmens in besonderem Maße an die Person des Veräußerers geknüpft ist, was bei mittelständischen Unternehmen häufig der Fall ist. **704**

Auch ohne explizite Regelung im Unternehmenskaufvertrag hat der Verkäufer beim Unternehmenskauf eine **ungeschriebene Nebenpflicht** zur entsprechenden Überleitung des Unternehmens und insbesondere des mitverkauften Goodwills bzw. Kundenstamms. Daraus ergibt sich grundsätzlich auch eine ungeschriebene Nebenpflicht, Maßnahmen zu unterlassen, die der Überleitung zuwiderlaufen würden.[1674] Umfang und Reichweite dieser Nebenpflichten sind aber nicht gesetzlich geregelt und daher durch Rechtsprechung auf den Einzelfall bezogen bzw. wegen gänzlich fehlender Rechtsprechung unklar. Vertraglich vereinbarte Wettbewerbsverbote überlagern sich gerade bei Veräußerungen mittelständischer Unternehmen, bei denen der Verkäufer zumeist auch Geschäftsführer des verkauften Unternehmens war, mit Wettbewerbsverbote verschiedener Rechtsgebiete. In Betracht kommen hier vor allem gesellschaftsrechtliche Wettbewerbsverbote sowie ein Wettbewerbsverbot aufgrund Anstellungsvertrages gegen Karenzentschädigung.[1675] **705**

[1674] BGH vom 18.12.1954 – II ZR 76/54, NJW 1955, 337, 338; vgl. auch *Rudersdorf,* RNotZ 2011, 509, 518.
[1675] Hierzu eingehend: *Kübler/Oest,* KSzW 2011, 47 ff.

> **Praxishinweis:** Es empfiehlt sich dringend, im Unternehmenskaufvertrag eine klare vertragliche Regelung zu treffen. Sofern mehrere Wettbewerbsverbote an sich anwendbar sind, sollte der Unternehmenskaufvertrag diese in einer einheitlichen Regelung zusammenführen und die Rechtsfolgen angleichen.[1676]

706   Vor diesem Hintergrund getroffene Nebenabreden zum Unternehmenskaufvertrag stehen jedoch in einem Spannungsverhältnis mit dem **Kartellverbot** nach § 1 GWB. bzw. Art. 101 AEUV, da sie naturgemäß die Handlungsspielräume der Marktteilnehmer im Wettbewerb begrenzen. Ihre Wirksamkeit bestimmt sich vorrangig nach Maßgabe des deutschen und europäischen Kartellrechts, das auf Transaktionen **unabhängig von der Frage der fusionskontrollrechtlichen Anmeldepflicht** des Zusammenschlussvorhaben **oder der Größe der beteiligten Unternehmen anwendbar** ist. Parallel können zu weitgehende Wettbewerbsverbote auch nach § 138 BGB sittenwidrig sein (siehe hierzu sowie zur bereicherungsrechtlichen Rückabwicklung noch → Rn. 593 ff.).

b) Grenzen des deutschen und europäischen Kartellrechts

707   Das deutsche (§ 1 GWB) und europäische Kartellverbot (Art. 101 Abs. 1 AEUV) untersagen Vereinbarungen, abgestimmte Verhaltensweisen und Beschlüsse von Unternehmensvereinigungen, sofern diese eine spürbare Beschränkung des Wettbewerbs bezwecken oder bewirken.

Deutsches und europäisches Kartellrecht sind grundsätzlich nebeneinander anwendbar, wobei die Anwendung europäischen Kartellrechts im Konfliktfalle vorgeht. Hat eine Verhaltensweise rein lokale Auswirkungen auf einen Mitgliedstaat der EU, fällt sie mangels Spürbarkeit der Beeinträchtigung des zwischenstaatlichen Handels nicht unter europäisches, sondern allein unter das nationale Kartellrecht.[1677] Die praktischen Auswirkungen sind jedoch vergleichsweise gering, da das deutsche Kartellrecht im Bereich der zweiseitigen Verhaltenskontrolle nahezu vollständig an das EU-Kartellrecht angepasst ist.

708   **aa) Anwendungsbereich des Kartellverbots.** Das Kartellverbot gem. § 1 GWB bzw. Art. 101 AEUV greift nicht, wenn es an einer **spürbaren Wettbewerbsbeschränkung**[1678] mangelt. Zur Frage, wann von einer „spürbaren" Wettbewerbsbeschränkung auszugehen ist, hat die Europäische Kommission im Jahr 2001 die sog. de-minimis-Bekanntmachung veröffentlicht, nach der sie Wettbewerbsbeschränkungen unterhalb bestimmter Marktanteilsschwellen nicht aufgreifen will. Für Vereinbarungen zwischen Nicht-Wettbewerbern liegt diese Marktanteilsschwelle bei 15 %, wobei jeder der Vertragsbeteiligten für sich unter dieser Schwelle liegen muss, für Vereinbarungen zwischen aktuellen oder potentiellen Wettbewerbern bei einem gemeinsamen Marktanteil von 10 %. Dies entspricht den Schwellenwerten, die auch das Bundeskartellamt in seiner **Bagatellbekanntmachung** als Mindestschwellen für ein behördliches Eingreifen nennt.[1679] Beide Bekanntmachungen sind in der Praxis jedoch mit erheblicher Vorsicht zu genießen: sie **gelten nicht, wenn in der Vereinbarung sogenannte Kernbeschränkungen** enthalten sind. Für Vereinbarungen zwischen Wettbewerbern sind dies: (i) Festsetzung der Preise beim Verkauf von Erzeugnissen an Drit-

---

[1676] Vgl. *Rudersdorf,* RNotZ 2011, 509, 522.

[1677] Zur Ermittlung der spürbaren Beschränkung des zwischenstaatlichen Handels: Bekanntmachung der Kommission, Leitlinien über den Begriff der Beeinträchtigung des zwischenstaatlichen Handels in den Art. 81 und 82 des Vertrages, ABl. EU C-101/81 vom 27.4.2004.

[1678] Hiervon zu unterscheiden ist die Frage der Spürbarkeit der Beeinträchtigung des zwischenstaatlichen Handels, die für die Anwendbarkeit des europäischen Kartellverbot nach Art. 101 AEUV von Relevanz ist.

[1679] Bekanntmachung Nr. 18/2007 des Bundeskartellamtes über die Nichtverfolgung von Kooperationsabreden mit geringer wettbewerbsbeschränkender Bedeutung (Bagatellbekanntmachung) vom 13.3.2007, Rn. 7 ff.

te, (ii) Beschränkung der Produktion oder des Absatzes und (iii) Aufteilung von Märkten oder Kunden. Im Transaktionskontext ist insbesondere der letzte Punkt relevant, da die in diesem Zusammenhang regelmäßig vereinbarten Wettbewerbsverbote im Ergebnis auf eine Marktaufteilung zwischen aktuellen oder potentiellen Wettwerbern gerichtet sind.

Ungeachtet der Frage der Spürbarkeit fehlt solchen Abreden der wettbewerbsbeschrän- **709** kende Charakter, bei denen die spezifische Beschränkung (z. B. in Form eines Wettbewerbsverbots) **objektiv notwendig** zum Abschluss einer im Übrigen **kartellrechtlich neutralen** – Vereinbarung (z. B. dem Unternehmenskaufvertrag) ist.[1680] Objektiv notwendig heißt in diesem Zusammenhang, dass die Beschränkung nicht lediglich von den Parteien zum Abschluss der Vereinbarung für notwendig erachtet wird, sondern für den Abschluss einer vergleichbaren Vereinbarung generell notwendig und angemessen ist. Es darf zudem keine weniger beschränkende Vereinbarung geben, mit der das gleiche Ziel erreicht werden kann. In diese Kategorie „objektiv notwendiger" Beschränkungen können auch Nebenabreden im Transaktionskontext fallen. Unter welchen Voraussetzungen derartige Klauseln vom Kartellverbot ausgenommen sind, hat die Europäische Kommission der sog. **Bekanntmachung Nebenabreden** nach Fallgruppen unterteilt zusammengefasst.[1681] Diese Grundsätze sind auf das deutsche Kartellrecht übertragbar.[1682]

bb) Legalausnahme, Mittelstandskartelle. Überschreiten die Parteien die Schwelle **710** des zur Durchführung der Transaktion objektiv Notwendigen, liegt eine Wettbewerbsbeschränkung im Sinne von § 1 GWB bzw. Art. 101 AEUV vor. Nach beiden Rechtsordnungen ist dennoch kein Verstoß gegen das Kartellverbot gegeben, wenn die Voraussetzungen für eine Legalausnahme vom Kartellverbot gemäß § 2 GWB, Art. 101 Abs. 3 AEUV gegeben sind. Dazu bedarf es des Nachweises, dass die wettbewerbsfördernden Auswirkungen einer Beschränkung die negativen Auswirkungen überwiegen.[1683] Die Beweislast trägt die Partei, die sich auf die Ausnahme beruft. Erforderlich ist:

- Die Wettbewerbsbeschränkung dient der Verbesserung der Warenerzeugung oder -verteilung oder der **Förderungen des technischen oder wirtschaftlichen Fortschritts;**
- die **Verbraucher werden am Gewinn angemessen beteiligt;**
- die **Wettbewerbsbeschränkung** ist für die Verwirklichung dieses Ziels **unerlässlich;**
- die Vereinbarung eröffnet den Parteien nicht die **Möglichkeit, für einen wesentlichen Teil der betreffenden Waren den Wettbewerb auszuschalten.**

Für die Bewertung von Nebenabreden zum Unternehmenskaufvertrag, die die wettbewerblichen Handlungsfreiheit einer Vertragspartei begrenzen, gilt in der Praxis: Halten sich die Transaktionsparteien an die Voraussetzungen, die das Kartellrecht an objektiv notwendige Nebenabreden i. S. d. Bekanntmachung Nebenabreden stellt, bedarf es keines Nachweises Voraussetzungen einer Legalausnahme nach § 2 GWB bzw. Art. 101 Abs. 3 AEUV, da die betroffenen Klauseln von vornherein aus dem Verbotstatbestand des Kartellverbotes ausgenommen und damit zulässig und durchsetzbar sind. Halten sich die Transaktionsparteien dagegen nicht an diese Voraussetzungen, sondern überdehnen die Möglichkeiten, Nebenabreden auszugestalten, zum Beispiel in zeitlicher, sachlicher oder räumlicher Hinsicht, fällt diese Vereinbarung unter das Kartellverbot. Eine individuelle Ausnahme nach den Ausnahmetatbeständen des § 2 GWB bzw. Art. 101 Abs. 3 AEUV wird regelmäßig

---

[1680] Bekanntmachung der Kommission, Leitlinien zur Anwendung von Art. 81 Abs. 3 EG-Vertrag, ABl. EU C-101/8, („Art. 81 Abs. 3-Leitlinien"), Rn. 29.

[1681] Bekanntmachung der Kommission über die Einschränkungen des Wettbewerbs, die mit der Durchführung von Unternehmenszusammenschlüssen unmittelbar verbunden und für diese notwendig sind, ABl. EU C-56/24 vom 5.3.2005 („Bekanntmachung Nebenabreden").

[1682] Die hierunter fallenden Nebenabreden gelten regelmäßig als nach der Immanenztheorie vom Tatbestand des § 1 GWB ausgenommen, *Krauß* in Langen/Bunte, Kartellrecht Band 1, Deutsches Kartellrecht, § 1 Rn. 152.

[1683] Art. 81 Abs. 3-Leitlinien, Rn. 35, Satz 4.

scheitern, da die Beschränkung dann auch als nicht „unerlässlich" im Sinne dieser Vorschriften gelten dürfte.

711   Das deutsche Kartellrecht kennt neben der Legalausnahme nach § 2 GWB mit § 3 GWB einen Sondertatbestand für die Rechtfertigung von **Mittelstandskartellen.** Wegen des Vorrangs des Europäischen Kartellrechts ist diese Ausnahme allein auf Absprachen zwischen kleinen und mittleren Unternehmen[1684] anwendbar, die wegen ihrer rein lokalen Bedeutung keinerlei Potential für grenzüberschreitende Wirkungen haben oder den grenzüberschreitenden Handel nicht spürbar beeinträchtigen. Außerdem dürfen diese Kooperationen den „**Wettbewerb nicht wesentlich beeinträchtigen**" und müssen der „**Rationalisierung wirtschaftlicher Vorgänge**" dienen.[1685] Erfüllt eine Vereinbarung diese Voraussetzungen, so gelten gleichzeitig die Freistellungsvoraussetzungen nach § 2 Abs. 1 GWB als erfüllt. Die auf die Steigerung der Wettbewerbsfähigkeit kleiner und mittlerer Unternehmen abzielende Vorschrift ist insbesondere anwendbar auf Absprachen betreffend die Bereiche Produktion, Forschung und Entwicklung, Finanzierung, Verwaltung, Werbung, Einkauf und Vertrieb.[1686] Voraussetzung ist, dass sich die Absprache auf ein **gemeinschaftliches Vorgehen** bezieht.[1687] Den die wettbewerbliche Handlungsfreiheit einschränkenden Nebenabreden zum Unternehmenskauf, wie etwa einem Wettbewerbsverbot zulasten des Veräußerers, fehlt in aller Regel das auf eine Rationalisierung wirtschaftlicher Vorgänge gerichtete kooperative Element, so dass diesbezüglich bereits der Anwendungsbereich von § 3 GWB nicht eröffnet ist. Die kartellrechtliche Zulässigkeit derartiger Vertragsklauseln bestimmt sich maßgeblich nach den zu objektiv erforderlichen Nebenabreden kartellrechtlich neutraler Vereinbarungen entwickelten Grundsätzen, ohne dass hierneben eine weitere Privilegierung aufgrund der Unternehmensgröße in Betracht kommt.

712   **cc) Kartellrechtlich zulässige Wettbewerbsverbote.** Nach deutschem und europäischem Kartellrecht sind Wettbewerbsverbote zulasten des Veräußerers nur dann wirksam vereinbar, wenn und soweit sie erforderlich sind, um den Hauptzweck des als solchen kartellrechtsneutralen Vertrages zu erfüllen, und das in **sachlicher, räumlicher und zeitlicher Hinsicht zwingende Maß nicht überschreiten**.[1688] Als Wettbewerbsverbot in diesem Sinne gilt jede unmittelbare oder mittelbare Verpflichtung, die die gebundene Partei veranlasst, keine Waren herzustellen oder Dienstleistungen anzubieten, die mit den Waren oder Dienstleistungen der Zielgesellschaft im Wettbewerb stehen. Das Verbot kann sich auf das Anbieten eines Produkts im Ganzen, in bestimmten Regionen oder lediglich gegenüber bestimmten Kunden- oder Kundengruppen beziehen **(Kundenschutz).** Vertragliche Wettbewerbsverbote sind wie folgt zu begrenzen:

– **Sachlich:** Das Wettbewerbsverbot muss auf den aktuellen Geschäftsgegenstand des übertragenen Unternehmens beschränkt sein.[1689] Das bedeutet für die Praxis, dass das Wettbewerbsverbot nur Waren und Dienstleistungen erfassen kann, die das Zielgeschäft bereits am Markt anbietet oder sich in einem fortgeschrittenen Entwicklungsstadium befinden. Dem Veräußerer kann hingegen nicht zulässig untersagt werden, Produkt- oder Dienst-

---

[1684] Das GWB geht – anders als das europäische Kartellrecht – von einem relativen Begriff des Kleinen und Mittleren Unternehmens („KMU") aus, der sich weniger an den Konzernumsätzen als vielmehr an der Größe der Wettbewerber und sonstigen Marktteilnehmer orientiert. Ein KMU liegt zumindest dann vor, wenn ein Unternehmen weniger als EUR 25 Mio. Gesamtumsatz (einschließlich Konzernunternehmen) erzielt, *Bechtold/Bosch,* GWB, § 3, Rn. 11.

[1685] Eingehend: Merkblatt des Bundeskartellamtes über Kooperationsmöglichkeiten für kleine und mittlere Unternehmen, März 2007, Rn. 26 f.

[1686] Merkblatt des Bundeskartellamtes über Kooperationsmöglichkeiten für kleine und mittlere Unternehmen, Rn. 29.

[1687] *Lübbig* in: Wiedemann, Handbuch des Kartellrechts, § 8 Rn. 90.

[1688] BGH vom 20.1.2015 – II ZR 369/13, Rn. 8; BGH vom 10.12.2008 – KZR 54/08, Rn. 15 ff.; Bekanntmachung Nebenabreden, Rn. 18.

[1689] Bekanntmachung Nebenabreden, Rn. 23.

leistungsmärkte zu erschließen, auf denen das Zielgeschäft vor der Übertragung noch nicht tätig war.[1690]

- **Räumlich:** Das Wettbewerbsverbot darf auch in räumlicher Hinsicht nicht weiter gehen als der räumliche Tätigkeitsbereich des Zielgeschäfts zum Zeitpunkt der Transaktion. Das heißt konkret: Räumlich kann ein Wettbewerb die Gebiete erfassen, in denen der Veräußerer mittels des Zielgeschäft zum Transaktionszeitpunkt bereits tätig war oder tätig zu werden plante, sofern diese Entscheidung bereits durch entsprechende Investitionen dokumentiert ist.[1691]
- **Zeitlich:** Nach der Rechtsprechung des BGH beträgt der zum Schutz der berechtigten Interessen anerkannte Zeitraum eines nachvertraglichen Wettbewerbsverbots in der Regel **zwei Jahre.** Nach der Bekanntmachung Nebenabreden der Europäischen Kommission sind Wettbewerbsverbote von **maximal drei Jahren** regelmäßig als noch zulässig anzusehen, sofern neben materiellen Vermögenswerten auch **Know-how** übertragen wird.[1692]

Beachte: Etwas anderes gilt, wenn sich die Transaktion allein auf materielle Vermögenswerte wie Grundstücke, Gebäude oder Maschinen oder auf ausschließliche Schutzrechte bezieht, gegen deren Verletzung der Erwerber sofort vorgehen könnte. In diesem Falle sehen die Kartellbehörden grundsätzlich keine Notwendigkeit für ein Wettbewerbsverbot, selbst wenn es sich innerhalb der oben aufgezeigten Grenzen halten würde.[1693]

Im Transaktionskontext sind im Zusammenhang mit der Ausgestaltung von Wett-   **713** bewerbsverboten – zumindest was die kartellrechtliche Zulässigkeit betrifft – zudem die folgenden Punkte zu beachten:

- Das Wettbewerbsverbot darf **nur gegenüber dem Verkäufer im Hinblick auf dessen Verhalten gegenüber dem Zielgesellschaft** ausgesprochen werden. Ein Wettbewerbsverbot mit umgekehrter Richtung, das der Zielgesellschaft Restriktionen gegenüber dem Veräußerer auferlegt oder das Verhalten des Erwerbers gegenüber dem Veräußerer betrifft, qualifiziert nie als Nebenabrede, sondern unterfällt stets dem Kartellverbot. Im Falle eines Wettbewerbsverhältnisses zwischen den Transaktionsparteien würde ein solches Wettbewerbsverbot als schwerwiegende Wettbewerbsbeschränkung angesehen.
- **Wettbewerbsverbote zulasten der gegenwärtigen Gesellschafter eines Gemeinschaftsunternehmens** sind **für die Dauer der Gesellschafterstellung** wirksam, soweit sie erforderlich sind, das im übrigen kartellrechtsneutrale Unternehmen in seinem Bestand und seiner Funktionsfähigkeit zu erhalten und davor zu schützen, dass ein Gesellschafter es von innen her **aushöhlt.**[1694] Das setzt voraus, dass der Gesellschafter qua seiner gesellschaftsrechtlichen Stellung hierzu überhaupt erst in der Lage ist, was anhand einer Gesamtwürdigung aller für das konkrete Gesellschaftsverhältnis wirksamen Umstände zu überprüfen ist. Voraussetzung ist, dass der gebundene Gesellschafter **maßgeblichen Einfluss** auf die Geschäftsführung nehmen kann und jedenfalls **in der Lage ist, strategisch wichtige Entscheidungen zu blockieren** (negative Kontrolle[1695]). Wettbewerbsverbote gegenüber Minderheitsgesellschaftern ohne bestimmenden Einfluss auf

---

[1690] Soll ein neu gegründetes (Gemeinschafts-)Unternehmen erst einen neuen Markt erschließen, so ist auf die konkret geplante Tätigkeit nach Gründungsvereinbarung abzustellen.

[1691] Bekanntmachung Nebenabreden, Rn. 22.

[1692] BGH vom 23.6.2009 – KZR 58/07 – *Gratiszeitung Hallo,* Rn. 18 ff. Länger laufende Wettbewerbsverbote von bis zu fünf Jahren kommen allenfalls in außergewöhnlichen Fallkonstellationen in Betracht in Betracht, vgl *Körber* in: Immenga/Mestmäcker, Wettbewerbsrecht, Band 3, Art. 8 FKVO, Rn. 54.

[1693] Bekanntmachung Nebenabreden, Rn. 21.

[1694] BGH vom 23.6.2009 – KZR 58/07 – *Gratiszeitung Hallo,* Rn. 17 ff.; OLG Düsseldorf vom 15.5.2019 – W (Kart) 4/19, Rn. 25; Bekanntmachung Nebenabreden, Rn. 36.

[1695] Zum Kontrollbegriff: BGH vom 23.6.2009 – KZR 58/07 – *Gratiszeitung Hallo,* Rn. 22.

die Geschäftsführung sind nicht zulässig.[1696] Das bedeutet im Transaktionskontext: Behält der Veräußerer nach der Transaktion Mitkontrolle über das Zielunternehmen, muss das Wettbewerbsverbot nicht auf zwei bzw. drei Jahre befristet sein, sondern kann so lange vereinbart werden, wie dessen mitkontrollierender Einfluss (entweder vermittelt durch Gesellschaftsanteile oder durch andere vertragliche Zustimmungsvorbehalte, Vetorecht etc.) besteht. **Nachvertragliche Wettbewerbsverbote zulasten ausscheidender Gesellschafter** sind dagegen für einen befristeten Zeitraum wirksam zu vereinbaren, soweit sie erforderlich sind, um die Partner des ausgeschiedenen Gesellschafters vor einer illoyalen Verwertung der Früchte der gemeinsamen Arbeit zu schützen.[1697] Mangels Einflussnahme des ausgeschiedenen Gesellschafters kommt es nicht (mehr) auf den Aushöhlungsgedanken an, sondern allein auf die Frage, ob das Wettbewerbsverbot im Einzelfall dem Erhalt des veräußerten Vermögenswertes dient und auf das hierfür erforderliche Maß beschränkt ist. Maßgeblich ist unter anderem, ob der ausscheidende Gesellschafter Zugang zu dem Kundenstamm, dem Know-How oder sonstigen Betriebsgeheimnissen des Zielgeschäfts hatte. Ist dies der Fall, kann ein Wettbewerbsverbot von zwei bzw. ausnahmsweise drei Jahren wirksam vereinbart werden. Das gilt abhängig vom Einzelfall auch dann, wenn der Veräußerer nur einen Minderheitsanteil ohne maßgeblichen Einfluss auf die Geschäftsführung behält.

— Die Zulässigkeit **nachvertraglicher Wettbewerbsverbote zu Lasten ausscheidender Geschäftsführer** misst die Rechtsprechung an **§ 138 BGB i.V.m. Art. 12 Abs. 1, Art. 2 Abs. 1 GG,** wobei die in **§§ 74 ff. HGB** niedergelegten Grundsätze zur Ausfüllung herangezogen werden.[1698] Ein Wettbewerbsverbot gilt hiernach als zulässig, wenn es dem Schutz eines berechtigten Interesses des Gesellschaftsunternehmens dient und entsprechend der zuvor ausgeführten Kriterien in zeitlicher, örtlicher und gegenständlicher Hinsicht auf das notwendige Maß beschränkt ist. Eine fehlende oder zu niedrig bemessen Karenzentschädigung kann die Berufsausübung und wirtschaftliche Betätigung des Geschäftsführers unbillig erschweren und damit zur Unerlässlichkeit des Wettbewerbsverbots führen. Einem Fremdgeschäftsführer wird bei entsprechender Anwendung von § 74 Abs. 2 HGB eine Entschädigung i.H.v. mindestens der Hälfte seiner zuletzt bezogenen Vergütung zu zahlen sein.[1699] Verzichtet die Gesellschaft auf das nachvertragliche Wettbewerbsverbot, wird sie analog §§ 75a HGB von ihrer Pflicht zur Karenzentschädigung frei.[1700]

— Dem Veräußerer kann nicht verboten werden, an Unternehmen, die zum Zielgeschäft im Wettbewerb stehen, eine **reine Finanzbeteiligung,** d. h. also eine Beteiligung ohne mitkontrollierenden Einfluss, zu halten oder zu erwerben.[1701] In der Praxis sollte dies durch eine entsprechende Bestimmung im Kaufvertrag abgebildet werden.

714 **dd) Abwerbeverbote und Vertraulichkeitsklauseln.** Diese werden von den Kartellbehörden in ihrer Wirkung Wettbewerbsverboten gleichgestellt und den gleichen Regeln unterworfen.[1702] In zeitlicher Hinsicht hat der Bundesgerichtshof ein auf zwei Jahre beschränktes Abwerbeverbot als zulässig erachtet.[1703]

[1696] BGH vom 23.6.2009 – KZR 58/07 – *Gratiszeitung Hallo,* Rn. 18.

[1697] OLG Düsseldorf vom 15. Mai 2019 – W (Kart) 4/19, Rn. 28. *Linsmeier,* BB 2011, 328, 329.

[1698] BGH vom 26.3.1984 – II ZR 229/83, BGHZ 91, 1, 5; während der Zeit seiner Anstellung unterliegt der Geschäftsführer bereits aus seiner Organstellung heraus einem Wettbewerbsverbot, ohne dass es einer vertraglichen Regelung Bedarf, *Kübler/Oest,* KSzW 2011, 47, 54.

[1699] *Beurskens* in: Baumbach/Hueck, GmbHG, § 37, Rn. 121.

[1700] BGH vom 28.4.2008 – II ZR 11/07, DStR 2008, 1394, 1395.

[1701] Bekanntmachung Nebenabreden, Rn. 25.

[1702] Bekanntmachung Nebenabreden, Rn. 26; zu Vertraulichkeitsklauseln: Europäische Kommission, Entscheidung vom 29. April 1998 – IV/1167 – ICI/WILLIAMS, Rn. 22.

[1703] BGH vom 30.4.2014 – I ZR 245/12, Rn. 37, allerdings mit Blick auf § 138 BGB, § 75f HGB.

ee) Weitere Nebenabrede. Weitere in diesem Zusammenhang in Betracht kommende **715** Nebenabreden sind **Lizenzvereinbarungen** oder **Liefer- bzw. Bezugsvereinbarungen.** Nach den erläuterten Grundsätzen sind diese kartellrechtlich zulässig vereinbar, sofern sie dazu dienen, dem Erwerber den vollen Wert des Zielgeschäfts zuzuführen. Bezugs- und Belieferungspflichten werden in diesem Zusammenhang als wirksam erachtet, sofern sie nicht unbegrenzt gelten oder auf das spezifische Abnahme- bzw. Angebotsvolumen des gebunden Abnehmers bzw. Lieferanten zugeschnitten sind und damit wie eine (unzulässige) Ausschließlichkeitsbindung wirken.[1704] Unzulässig sind ferner Klauseln, die den Status eines Vorzugslieferanten oder Vorzugsabnehmers begründen.

c) Rechtsfolgen bei Mängeln der Wettbewerbsklauseln

Wettbewerbsverbote und sonstige wettbewerbsbeschränkende Nebenabreden, die das **716** zur Ermöglichung der Transaktion erforderliche Maß in sachlicher, räumlicher oder zeitlicher Hinsicht überschreiten sind nach § 134 BGB i. V. m. § 1 GWB, Art. 101 AEUV bzw. § 138 BGB[1705] nichtig und können zusätzlich ein erhebliches Bußgeldrisiko für die Vertragsparteien bergen.

aa) Bußgeldrisiko. Stehen die Transaktionsparteien in einem Wettbewerbsverhältnis zu- **717** einander, kann insbesondere ein zu weites Wettbewerbsverbot eine **schwerwiegende Wettbewerbsbeschränkung** darstellen, die nicht nur unzulässig ist, sondern als Markt-/ Kundenaufteilung von den Kartellbehörden mit **empfindlichen Bußgeldern** geahndet werden kann. Der Sanktionsrahmen des deutschen[1706] und europäischen[1707] Kartellrechts ist vergleichbar: Nach beiden Rechtsordnungen können die Wettbewerbsbehörden Verstöße gegen das Kartellverbot mit Bußgeldern von bis zu 10% des weltweiten Konzernumsatzes ahnden. Bußgelder am oberen Rand des Bußgeldrahmens sind in der Praxis den schwersten Kartellverstößen, sog. Hard-Core-Kartellen, vorbehalten, die Wettbewerbsbehörden haben jedoch auch im Transaktionskontext in Fällen zu weitgehender Nebenabreden bereits empfindliche Bußgelder verhängt.

– *Die EU-Kommission verhängte am 23. Januar 2013 gegen die Telekommunikationsanbieter Telefónica aus Spanien und Portugal Telecom Bußgelder in Höhe von insgesamt EUR 79,2 Mio. Die Parteien hatten im Rahmen der Auflösung eines gemeinsamen Joint Ventures in Brasilien vertraglich vereinbart, ab September 2010 bis Ende 2011 in ihren jeweiligen Heimatmärkten Spanien und*

[1704] Bekanntmachung Nebenabreden, Rn. 34.

[1705] → Rn. 311 ff.

[1706] Das deutsche Bundeskartellamt verfügt gemäß § 81 Abs. 1, 2 Nr. 1, 4 GWB (§§ 81 Abs. 1, 2 Nr. 1 des RefE zur 10. GWB-Novelle, Stand. 23. Januar 2020) für Kartellverstöße über den gleichen maximalen Bußgeldrahmen gegenüber Unternehmen wie die Europäische Kommission. Das Bundeskartellamt kann für Kartellverstöße ein Bußgeld von bis zu EUR 1 Mio. und darüber hinaus insbesondere für Verstöße gegen das Kartell- und Missbrauchsverbot Bußgelder von bis zu 10% des weltweiten Konzernumsatzes im vorangegangenen Geschäftsjahr des Unternehmens verhängen. Gleiches gilt, wenn ein Unternehmen einer vollziehbaren Anordnung oder Auflage des Bundeskartellamtes zuwiderhandelt. Der Bußgeldrahmen halbiert sich im Falle der Fahrlässigkeit, § 17 Abs. 2 OWiG. Konkret bedient sich das Bundeskartellamt zur Bußgeldbemessung der Leitlinien für die Bußgeldzumessung im Kartellordnungswidrigkeitenverfahren, 25.6.2013, abrufbar unter www.bundeskartellamt.de (Bußgeldleitlinien BKartA).

[1707] Nach Art. 23 Abs. 2 Buchst. a VO 1/2003 kann ein vorsätzlicher oder fahrlässiger Verstoß gegen Art. 101 AEUV sowie 102 AEUV von der Kommission mit Bußgeldern von bis zu 10% des weltweiten Konzernumsatzes der an der Vereinbarung beteiligten Unternehmen belegt werden. Gleiches gilt, wenn ein Unternehmen einer einstweiligen Anordnung der Kommission zuwiderhandelt oder gegen eine Verpflichtungszusage verstößt (Art. 23 Abs. 2 Buchst. b und c VO 1/2003). Die Berechnung der konkreten Bußgelder im Falle eines Kartellverstoßes richtet sich nach den Leitlinien für das Verfahren zur Festsetzung von Geldbußen gemäß Art. 23 Abs. 2 Buchst. a der VO Nr. 1/2003, ABl. EU C-210/2 vom 1.9.2006 (Bußgeldleitlinien Kommission).

Portugal nicht miteinander in Wettbewerb zu treten.[1708] *Der Verstoß gegen Art. 101 Abs. 1 AEUV wurde im Februar 2011 beendet, nachdem die Kommission auf Hinweis der spanischen Wettbewerbsbehörde ein Kartellverfahren eingeleitet hatte. Das hohe Bußgeld erging, obwohl das Wettbewerbsverbot letztlich nur für vier Monate in Kraft war.*

718 **bb) Zivilrechtliche Konsequenzen.** Nebenabreden zum Unternehmenskaufvertrag, die gegen das Kartellverbot nach § 1 GWB bzw. Art. 101 AEUV verstoßen sind **gemäß § 134 BGB nichtig.** Eine **geltungserhaltende Reduktion** auf das noch zu billigende Maß – etwa auf Grundlage einer Umdeutungs- und Ersetzungsklausel im Unternehmenskaufvertrags – kommt nach der Rechtsprechung des Bundesgerichtshof allenfalls dann in Betracht, wenn das Wettbewerbsverbot das zeitlich zulässige Maß überschreitet, nicht aber, wenn die gegenständlichen Grenzen der Nebenabrede nicht eingehalten sind.[1709]

719 Zu weit gefasste Nebenabreden, insbesondere in Form von Wettbewerbsverboten, sind regelmäßig zudem als unzumutbare Beeinträchtigung der geschäftlichen Freiheit **gemäß § 138 BGB sittenwidrig** und damit nichtig. Die Beurteilungskriterien entsprechen grundsätzlich denjenigen des § 1 GWB, ohne dass es jedoch auf das Kriterium einer Spürbarkeit der Wettbewerbsbeschränkung ankommt.[1710]

720 Die Nichtigkeit betrifft grundsätzlich nur die wettbewerbsbeschränkenden bzw. sittenwidrigen Klauseln. Das Schicksal der restlichen Vereinbarung bestimmt sich auch bei einem Verstoß gegen Art. 101 AEUV nach nationalem Recht, d. h. **§ 139 BGB** (vgl. hierzu auch noch → Rn. 145). Gemäß § 139 BGB ist bei Nichtigkeit nur eines Teils des Rechtsgeschäfts das ganze Rechtsgeschäft nichtig, wenn nicht anzunehmen ist, dass es auch ohne den nichtigen Teil vorgenommen worden wäre. Das bedeutet, dass Gesamtnichtigkeit regelmäßig dann anzunehmen ist, wenn die wettbewerbsbeschränkende bzw. sittenwidrige Klausel nicht aus dem Vertrag gestrichen werden kann, ohne den Hauptzweck des Unternehmenskaufvertrages zu vereiteln, die Vertragsklauseln also in einem untrennbar engen rechtlichen und wirtschaftlichen Zusammenhang hiermit stehen.[1711] Die Vereinbarung einer salvatorischen Klausel führt in diesem Zusammenhang lediglich zu einer Beweislastumkehr zulasten desjenigen, der sich auf die Gesamtnichtigkeit beruft.[1712]

Rechtsfolge einer Nichtigkeit nach §§ 134 oder 138 Abs. 1 BGB ist eine **bereicherungsrechtliche Rückabwicklung nach §§ 812 ff. BGB** (siehe dazu ausführlich → Rn. 593 ff.).

d) Unterlassungsanspruch, Schadensersatz und Vertragsstrafen

721 Der Käufer hat bei Verletzung eines (zulässigen) Wettbewerbsverbots zunächst einen Unterlassungsanspruch und im Falle eines Verschuldens des Verkäufers zudem Anspruch auf Schadensersatz. Da der Nachweis eines Schadens des Käufers in Form von entgangenem Gewinn mitunter sehr problematisch sein kann, empfiehlt sich die Aufnahme einer Vertragsstraferegelung.[1713] Neben der Erleichterung des Schadensnachweises hat eine Vertragsstrafe zudem den Zweck, den Verkäufer von einem Verstoß gegen das Wettbewerbsverbot abzuhalten,[1714] weshalb eine solche Regelung für sämtliche Wettbewerbsverbote und damit im Zusammenhang stehenden Pflichten des Verkäufers zur Absicherung des Käufers Sinn macht.

[1708] Komm., Pressemitteilung vom 23.1.2013, IP/13/39. Die 116 Seiten lange Entscheidung ist auf der Webseite der Kommission veröffentlicht (Case No. 39839).

[1709] BGH vom 10.12.2008 – KZR 54/08 – *Subunternehmervertrag II*, Rn. 25.

[1710] BGH, Urteil vom 10. Dezember 2008, KZR 54/08 – *Subunternehmervertrag II*, Rn. 24; siehe auch oben → Rn. 712.

[1711] *Kübler/Oest*, KSzW 2011, 51.

[1712] BGH vom 24.9.2002 – KZR 10/01, WuW/DE-R 1031, unter Aufgabe seiner früheren Rspr. vom 8.2.1994 – KZR 2/93, WuW/E BGH 2909, 2913 (Pronuptia II), wonach der Rest des Vertrages grundsätzlich weiter wirksam sein sollte.

[1713] Vgl. *Rudersdorf*, RNotZ 2011, 509, 527.

[1714] Vgl. *Grüneberg* in Palandt, BGB, § 339 Rn. 1.

6. Fortsetzung der Tätigkeit des Verkäufers im verkauften Unternehmen

Manchmal wird ein praktisches oder operatives Bedürfnis für den Käufer bestehen, dass **722** der Verkäufer für eine Übergangszeit entweder als Fremdgeschäftsführer oder auf Grundlage eines **Beratervertrags** für das verkaufte Unternehmen tätig bleibt. Häufig ist der Verkäufer zwar wirtschaftlich nicht zwingend auf eine weitere Tätigkeit im verkauften Unternehmen angewiesen, doch möchte der Käufer aus steuerlichen Gründen einen Teil des Kaufpreises in Form einer „Beratervergütung" zahlen.[1715]

Im Zusammenhang mit der Frage, ob der bisher als Geschäftsführer des veräußerten Un- **723** ternehmens tätige Verkäufer vom Käufer noch weiter beschäftigt wird, steht die Frage einer **Behandlung seiner Pensionszusage.** Aus Verkäufersicht sollte darauf gedrungen werden, dass der Erwerber dem Veräußerer bestehende Pensionsanwartschaften ausbezahlt. Die dadurch erzielte Sicherheit sollte für den Verkäufer wertungsmäßig über allem anderen, insbesondere über dem steuerlichen Nachteil einer sofortigen Versteuerung als Arbeitslohn (§ 19 EStG) stehen. Ggf. ist alternativ aber auch über die steuerneutrale Übertragung einer Pensionszusage auf eine Unterstützungskasse oder andere Alternativen nachzudenken.[1716]

7. Aufhebung bisheriger Vereinbarungen, Ausschluss sonstiger Haftung

Der Kaufvertrag sollte auch eine klarstellende Regelung dahingehend enthalten, dass **724** sämtliche bisher zwischen den Vertragsparteien im Hinblick auf den Kaufgegenstand getroffenen Vereinbarungen mit Wirkung für die Zukunft ersatzlos aufgehoben sind.

> **Formulierungsvorschlag:** *„Dieser Kaufvertrag nebst Anlagen, die integraler Bestandteil dieses Kaufvertrages sind, ersetzt alle zwischen den Parteien bisher über den Kaufgegenstand getroffenen Vereinbarungen oder sonstigen Regelungen. Ergänzungen zu diesem Kaufvertrag bedürfen der Schriftform, falls nicht notarielle Beurkundung erforderlich ist. Dies gilt auch für einen Verzicht auf das Schriftformerfordernis."*

Zudem sollten jegliche sonstigen Haftungstatbestände, also solche außerhalb des kaufvertraglich vereinbarten Haftungsregimes, insbesondere aus der vorvertraglichen Phase, eine sonstige kaufvertragliche Haftung nach Gesetz (insbesondere §§ 275 ff. BGB, §§ 434 ff. BGB) und eine sonstige gesetzliche Haftung ausgeschlossen werden.[1717]

> **Formulierungsvorschlag:** *„Es ist erklärtes Ziel und gemeinsames Verständnis der Vertragspartner, die aus und im Zusammenhang mit dem vorliegenden Kaufvertrag sowie den bis zum Vertragsschluss durchgeführten Prüfungen, der Gewährung von Informationen und den Verhandlungen sich insgesamt ergebenden Chancen und Risiken sowie die damit verbundenen wechselseitigen Rechte und Ansprüche so weit wie irgend möglich privatautonom und ohne Rückgriff auf gesetzliche Vorschriften und Auslegungsregelungen abschließend zu regeln, und zwar auch, soweit diese von den Gerichten bei der Auslegung von „normalen" Kaufverträgen als zwingend erachtet werden. Dies vorausgeschickt sind sich die Vertragspartner einig, dass alle dem Käufer aus und im Zusammenhang mit dem Erwerb des Kaufgegenstandes zustehenden Rechte und Ansprüche unabhängig von ihrem Rechtsgrund, ihrer Entstehung und ihrem Umfang allein in diesem Vertrag geregelt und im Übrigen im Rahmen des gesetzlich Zulässigen (einschließlich der Anwendung von § 278 Satz 2 BGB) ausgeschlossen sind. Soweit nicht ausdrücklich anders in diesem Kaufvertrag geregelt, betrifft dieser Ausschluss im Rahmen des gesetzlich Zulässigen insbesondere auch Rechte und Anfechtung des Vertrages, Nacherfüllung, Rücktritt/Rückabwicklung des Vertrages (auch in Form des „Großen Schadensersatzes"), Minderung oder Rückzahlung des Kaufpreises, eine*

[1715] Siehe dazu Teil → B., Rn. 295.

[1716] Siehe dazu *Neufang,* Die steuerliche Betriebsprüfung 2008, 228. Siehe zu den einzelnen Fallgestaltungen zur Behandlung einer Pensionszusage Teil → B., Rn. 350 ff.

[1717] Zum Formulierungsvorschlag siehe auch oben → Rn. 570 ff.

Vertragsanpassung sowie Aufrechnungs- und Zurückbehaltungsrechte. Der Haftungsausschluss umfasst insbesondere auch Rechte und Ansprüche aus Verletzung einer Pflicht aus dem Schuldverhältnis gemäß §§ 241 Abs. 2, 311 Abs. 2 BGB (einschließlich culpa in contrahendo) allgemeinem Leistungsstörungsrecht gemäß §§ 275 ff. BGB (einschließlich positiver Vertragsverletzung), Wegfall der Geschäftsgrundlage (§ 313 BGB) und Delikt (§§ 823 ff. BGB).

Nur soweit ein Recht oder Anspruch des Käufers auf einer eigenen vorsätzlichen Handlung des Verkäufers beruht und trotz der sonst in diesem Vertrag enthaltenen speziellen Vereinbarungen unabdingbar ist, sind Haftungsausschlüsse unwirksam. Dabei sind sich die Parteien auch einig, dass ein bloß „verfügbares Aktenwissen" auf Seiten des Verkäufers bzw. der Gesellschaft nicht ausreichen soll, um eine „Arglist" des Verkäufers zu begründen. Im Übrigen soll für den Fall, dass ein hierunter gewollter, aber nach zwingenden gesetzlichen Regelungen unwirksamer Haftungsausschluss nicht zum heutigen Tage wirksam vereinbart wurde, gleichwohl [Verweis auf salvatorische Klausel / § 139] gelten mit der Maßgabe, dass keine Partei sich auf eine solche Unwirksamkeit beruft oder sonst wie für sich nutzt."

725 Wie bereits an mehreren Stellen ausgeführt, ist der Ausschluss einer Haftung für Arglist/Vorsatz gemäß § 276 Abs. 3 BGB unwirksam. Dieser Punkt ist jedoch insbesondere für den Verkäufer äußerst praxisrelevant, weil nach der Rechtsprechung des Bundesgerichtshofes bereits ein Organisationsverschulden des Verkäufers sowie ein etwa „verfügbares Aktenwissen" über Mängel genügen können, einen Arglistvorwurf zu begründen.[1718] Dies führt jedoch bei einem Unternehmenskauf zu völlig unangemessenen Ergebnissen, wollen die Parteien doch ans sich in dem Kaufvertrag eine abschließende Regelung zur Verteilung der Risiken vornehmen, und zwar auch im Hinblick auf etwaige unbekannte Risiken, solange diese nicht *tatsächlich* arglistig verschwiegen wurden und lediglich aufgrund von Fahrlässigkeit des Verkäufers unbekannt geblieben sind.

Praxishinweis: Ob es hier ein möglicher Ansatz sein könnte – wie im Zusammenhang mit der Gestaltung von Management-Lettern vorgeschlagen – statt selbstständiger Garantien Freistellungsverpflichtungen zu begründen,[1719] ist eher zu bezweifeln. Denn auch eine Freistellungsverpflichtung ist gleich der Garantie ein Vertrag sui generis gemäß § 311 Abs. 1 BGB, der bei Verletzung der entsprechenden Aussage im Kaufvertrag zunächst zwar verschuldensunabhängig greift, aber auf der Rechtsfolgenseite sowie der Verjährung keine Beschränkungen zulässt, wenn Vorsatz vorliegt.

726–729 *(frei)*

XII. Vertrag mit gesondertem Closing, Übergabe, Gefahrübergang

730 Die unterschiedlichen Gestaltungsmöglichkeiten zur Regelung des dinglichen Übergangs des Unternehmens oder von Anteilen daran (insbesondere durch Einsatz von Bedingungen anstatt Vertrag mit gesondertem Signing und Closing) sind bereits an anderer Stelle behandelt worden, weshalb an dieser Stelle darauf verwiesen wird.[1720] Nachfolgend geht es lediglich noch um die **Durchführung des Closings** sowie die **Übergabe des Unternehmens gemäß § 446 BGB,** dem sowohl im Hinblick auf den Beginn der kaufrechtli-

---

[1718] Siehe dazu Teil → C., Rn. 24 ff. nebst Stellungnahme sowie zur Kritik an dieser Rechtsprechung *Jaques*, BB 2002, 417, 421; vgl. auch zu den Problemen der Wissenszurechnung aufgrund von „Aktenwissen" *Bohrer*, DNotZ 1991, 124; *Rasner*, WM 2006, 1425.

[1719] So *Schaffner*, BB 2007, 1292, 1293.

[1720] Siehe oben bei Strukturierung des Kaufvertrages → Rn. 130 ff.

chen Gewährleistung und dem damit verbundenen Gefahrübergang sowie dem Übergang von Nutzungen eine zentrale Bedeutung zukommt.

1. Vertragsmodell mit gesondertem Closing

Je komplexer die vertragliche Struktur ist und je umfangreicher Bedingungen für einen **731** wirksamen Anteilsübergang und Vollzug des Kaufvertrages aufgestellt werden, umso mehr empfiehlt sich ein zweistufiges Modell mit getrenntem Signing und Closing.[1721] Sofern sich die Vertragsparteien dafür entscheiden, sollten zum einen die **Vollzugsvoraussetzungen** für das Closing sowie die einzelnen beim Closing vorzunehmenden **Vollzugshandlungen** bereits im Kaufvertrag möglichst präzise spezifiziert werden.

Beim Closing selbst geht es insbesondere um folgende **Regelungsbereiche:**

- **Abschluss notwendiger Verträge,** wie z. B. Mietverträge (bei Verbleib der Betriebs-immobilie bei dem Verkäufer) oder von Dienstleistungs- und Lizenzverträgen (z. B. soweit gewerbliche Schutzrechte oder Urheberrechte beim Verkäufer verbleiben);
- **Erfüllung von Bedingungen,** wie beispielsweise Nachweis der Zustimmungen von Gremien oder Banken sowie Nachweis der Finanzierung;
- **Übergabe von Unterlagen** oder sonstige Abwicklung Zug um Zug;
- **Feststellung von Bilanzen** oder von Ergebnissen von Zwischenprüfungen;
- ggf. **Abberufung von Geschäftsführern** sowie **Neubestellung** der durch den Käufer benannten Geschäftsführer;
- Nachweis der **Zahlung des Kaufpreises** bzw. Zahlung beim Closing per Scheck etc.;
- **dingliche Übertragung** (Eigentumserwerb bzw. Rechteinhaberschaft),
- soweit möglich bereits **tatsächliche Übergabe** des Unternehmens (Besitzwechsel).

> **Praxishinweis:** Zu Dokumentationszwecken empfiehlt sich ein Closing- und Abnahmeprotokoll,[1722] das von den Vertragsparteien zu unterzeichnen ist und in dem sich der Käufer gegebenenfalls etwaige Rechte vorbehalten sollte. Sofern dadurch eine den Kaufvertrag ändernde Vereinbarung vor dinglichem Übergang des Unternehmens begründet wird, sollte die Notwendigkeit einer Nachbeurkundung geprüft werden (siehe dazu → Rn. 734).

2. Tatsächliche Übergabe und Gefahrübergang gemäß § 446 BGB

Im Hinblick auf die Bedeutung des Gefahrübergangs gemäß § 446 BGB[1723] ist zu be- **732** achten, dass nicht nur rein rechtlich eine Einigung und Übergabe des Unternehmens vereinbart, sondern dass diese auch tatsächlich vollzogen und dokumentiert werden. Von der Übergabe an trägt der Käufer die Gefahr des zufälligen Untergangs und der zufälligen Verschlechterung (§ 446 Satz 1 BGB); dagegen gebühren dem Käufer auch die Nutzungen und er trägt die Lasten der Sache (§ 446 Satz 2 BGB).

> **Beachte:** Ab Gefahrübergang trägt der Käufer auch gemäß § 363 BGB die Beweislast dafür, dass keine Erfüllung vorliegt. Er sollte sich also im Falle von Mängeln entsprechend die Geltendmachung von Nacherfüllung, Schadensersatz etc. vorbehalten.

Neben der tatsächlichen Übergabe trifft den Verkäufer auch – als Hauptleistungspflicht – **733** eine spezielle **Einweisungspflicht,** die sich vor allem auf immaterielle Positionen wie Know-how, Betriebsgeheimnisse, Kundenstamm etc. bezieht.[1724] Die Einweisung umfasst

---

[1721] Vgl. *Seibt/Schrader* in: Beck'sches Formularbuch Mergers & Acquisitions, C. II.1. Anm. 11.

[1722] Vgl. *Göthel* in: Göthel, Grenzüberschreitende M&A-Transaktionen, § 2 Rn. 219.

[1723] Vgl. dazu bereits oben → Rn. 384 f.

[1724] Vgl. BGH vom 11.10.1967 – Ib ZR 144/65, NJW 1968, 392; *Thiessen* in: Münchener Kommentar zum HGB, Band 1, Anhang zu § 25 Rn. 4, 23.

auch die Einführung in Geschäftskontakte, die Information über Hintergründe sowie die Erläuterung tatsächlicher Verhältnisse etc.

3. Eintritt von Veränderungen bis zum dinglichen Rechtsübergang

734   Maßgeblicher Zeitpunkt für eine etwaige **Kenntnis des Käufers von Mängeln** nach § 442 BGB ist der Abschluss des Kaufvertrags.[1725] § 464 BGB a. F., wonach der Käufer, der die Sache in Kenntnis des Mangels abnahm, sich seine Rechte bei Abnahme vorzubehalten hatte, wurde indessen ersatzlos gestrichen. Allerdings wird in der Gesetzesbegründung zur Aufhebung von § 464 BGB a. F. ausgeführt, dass im Einzelfall ohnehin mit der rügelosen Entgegennahme einer als mangelhaft erkannten Sache eine den ursprünglichen Vertrag ändernde Vereinbarung über die Beschaffenheit der Sache verbunden sein könne.[1726] Dies würde dann wohl analog auch bei Vereinbarung selbständiger Garantien gelten.

> **Praxishinweis:** Damit beim Auftreten von etwaigen Mängeln des erworbenen Unternehmens zwischen Unterzeichnung des Kaufvertrages und Closing dem Käufer nicht der Einwand der rügelosen Entgegennahme einer als mangelhaft erkannten Sache entgegengehalten werden kann, sollte der Käufer rein vorsorglich beim Closing § 377 HGB beachten und zudem ausdrücklich den Vorbehalt entsprechender Rechte wegen zu spezifizierender Mängel erklären.[1727]

Im Falle des Erwerbs von *GmbH-Anteilen* oder Anteilen an einer *GmbH & Co. KG* sowie beim beurkundungspflichtigen Asset Deal[1728] wäre ein **Nachtrag zur schuldrechtlichen Verpflichtung** vor Wirksamkeit der Abtretung nur wirksam, wenn dieser beurkundet wird. Auf der Grundlage des Gesamtbeurkundungsgrundsatzes könnte sich dann sogar u. U. die Unwirksamkeit der gesamten Vereinbarung ergeben. Dagegen ist eine Änderung der schuldrechtlichen Vereinbarung nach Wirksamwerden der Abtretung unschädlich.[1729]

Beim Erwerb von *Aktien oder KG-Anteilen* (ohne Beteiligung einer GmbH als Kaufgegenstand) wären zwar für eine Änderung des Verpflichtungsgeschäftes (in der Regel) keine Formvorschriften zu beachten, doch empfiehlt sich auch hier beim Closing ein entsprechender Vorbehalt.

> **Praxishinweis:** Um nicht auf die Zustimmung der jeweils anderen Vertragspartei zur Änderung der bisherigen Vereinbarung angewiesen zu sein, könnte eine entsprechende Regelung bereits im Kaufvertrag enthalten sein, nach der sich die Parteien einig sind, dass etwaige Gespräche, Korrespondenz u. ä. keine Änderung der schuldrechtlichen Abreden darstellen sollen. Dies empfiehlt sich ohnehin bei jedem gestreckten Erwerb, da in diesen Fällen mangels dinglichen Vollzugs noch kein Gefahrübergang stattfindet, so dass der Verkäufer das Risiko einer zwischenzeitlichen Verschlechterung tragen würde.[1730] Auf der anderen Seite hat der Käufer ein Interesse daran, dass der Verkäufer den Zustand des Unternehmens auf den Zeitpunkt des dinglichen Vollzugs garantiert.

Ferner sollte der Kaufvertrag – sowohl aus Käufer- als auch aus Verkäufersicht – Regelungen zum „**Material Adverse Change**",[1731] Art und Weise der Geschäftsführung in der Interimszeit[1732] sowie die Informationsrechte des Käufers klar regeln.

[1725] BGH vom 21.2.1992 – V ZR 268/90, NJW 1992, 1500.

[1726] BT-Drs. 14/6040, 205

[1727] Vgl. *Jaques*, BB 2002, 417, 422.

[1728] Siehe ausführlich zu den Beurkundungserfordernissen → Rn. 140 ff.

[1729] RG vom 28.1.1916, RGZ 88, 61, 65; siehe zu Formfragen bei Bedingungen → Rn. 161 ff.

[1730] *Gronstedt/Jörgens*, ZIP 2002, 52, 59.

[1731] Siehe dazu oben → Rn. 693 f.

[1732] Siehe dazu oben → Rn. 690 ff.

Regelungsbedürftig ist schließlich auch der Fall, dass es **nicht zum Closing kommt,** z.B. weil Vollzugsvoraussetzungen nicht oder nicht vollständig erfüllt sind oder der Kaufpreis nicht gezahlt werden kann. Außer dem Recht, vom Kaufvertrag zurückzutreten kommen hier vor allem auch Schadensersatz sowie Aufwendungsersatz in Betracht.[1733]

[1733] Siehe dazu bereits oben → Rn. 432 ff. und → 439 ff.

E. Private Equity im Mittelstand

Gliederung

Vorbemerkung

1   Wie bereits in der Einführung (Teil → A.) dargestellt, gibt es unterschiedliche Verkaufskonstellationen, von denen neben dem Verkauf an einen Wettbewerber oder strategischen Investor und dem Verkauf an interne oder externe Führungskräfte (MBO und MBI) insbesondere der Verkauf in Krise und Insolvenz sowie die Private Equity-Transaktion bei mittelständischen Unternehmen eine besondere Relevanz haben.

2   Mittelstand ist nicht gleich Mittelstand und Private Equity ist nicht gleich Private Equity. Hier lohnt es sich sowohl für mittelständische Unternehmen als auch für den MBO- oder MBI-Kandidaten, aber auch für Investoren, einen genaueren Blick auf die unterschiedlichen Erscheinungsformen sowie die Stärken und Schwächen der jeweiligen potenziellen Partner zu werfen. Um die Funktionsweise von Private Equity besser zu verstehen und sodann auch die Vor- und Nachteile besser gegeneinander abwägen zu können, soll nachfolgend ein Überblick über dieses Thema gegeben werden, das mit seinen strukturellen Besonderheiten auch spezifische rechtliche und steuerliche Fragestellungen aufwirft.

3   Die durch das **„Gesetz zur Modernisierung der Rahmenbedingungen für Kapitalbeteiligungen" (MoRaKG)**[1] mit Wirkung ab dem 19.8.2008 eingeführten Neuerungen sollen die Rahmenbedingungen der Beteiligungsbranche regeln. Im Zuge der Neuregelung wurde u. a. das **Wagniskapitalbeteiligungsgesetz (WKBG)** neu geschaffen und das **Gesetz über Unternehmensbeteiligungsgesellschaften (UBGG)** geändert.[2] Diese gesetzlichen Rahmenbedingungen sind nicht Gegenstand dieses Buches.

I. Überblick

4   Gerade in Zeiten einer Finanzmarktkrise (oder wie der durch die Corona-Pandemie sich abzeichnenden globalen Wirtschaftskrise) können auch Formen privaten Eigenkapitals für den Mittelstand an Bedeutung gewinnen. Auch wenn die sich noch zu Beginn der Finanzmarktkrise äußerst restriktive Vergabe von Krediten entspannt hat, ist doch zu beobachten, dass die Banken im Zuge von „Basel II" und „Basel III" tendenziell höhere Anforderungen stellen und genauer prüfen müssen als in der Vergangenheit. Daher hat sich der Zugang zu Bankkrediten für mittelgroße und kleinere Unternehmen (unter

---

[1] BGBl. I 2008, 1672.

[2] Vgl. zu UBGG ausführlich *Feldhaus* in: Feldhaus/Veith, Frankfurter Kommentar zu Private Equity, Kap. 2 sowie zum WKBG *Veith* in: Feldhaus/Veith, Frankfurter Kommentar zu Private Equity, Kap. 3.

EUR 500 Mio. Umsatz) auch nach der Krise gleichwohl kaum gebessert.[3] Für Unternehmen mit unter 250 Mitarbeitern hat sich die Fremdfinanzierungssituation sogar verschlechtert.[4] Dagegen haben sich in den letzten Jahren die Möglichkeiten der Finanzierung mittelständischer Unternehmen durch Eigenkapital von Private Equity-Investoren spürbar verbessert.

1. Begriff „Private Equity" und strukturelle Unterschiede zum „normalen" Unternehmenskauf

Der Begriff **„Private Equity"** bedeutet wörtlich „privates Eigenkapital" (in Abgrenzung zum börslichen Eigenkapital) und umfasst sowohl das Venture Capital (in Form so genannter „Early Stage-Finanzierungen" und „Later Stage-Finanzierungen") als auch Buy-Outs und Mezzanine Finanzierungen.[5] Für den Bereich des Unternehmenskaufs und -verkaufs ist dabei vor allem der Bereich der **Buy-Outs** relevant, also der Kauf von oder die Beteiligung an nicht mehr in der Aufbauphase befindlichen Unternehmen. Für den Verkäufer eines Unternehmens ist es dabei weniger von Bedeutung, ob der Käufer den Kaufpreis mit Fremd- oder Eigenkapital finanziert. Wichtig ist für den Verkäufer an sich allein, dass die Kaufpreiszahlung gewährleistet ist. Allerdings muss der Verkäufer davon ausgehen, dass er bei der Beteiligung eines Private-Equity-Investors tendenziell mehr Garantien abgeben muss und damit ein höheres Risiko der Inanspruchnahme in Kauf nimmt als bei einer reinen Fremdfinanzierung. Auf der anderen Seite ist es für den Käufer eines mittelständischen Unternehmens von zentraler Bedeutung, genügend Eigenkapital mitzubringen, da er andernfalls die Fremdfinanzierung nicht darstellen kann.[6] **5**

Das Interesse der Private Equity-Unternehmen und das ihrer Kapitalgeber (vor allem Pensions- und Rentenfonds, Lebensversicherungen, Unternehmen, Banken, aber auch internationale Investoren) geht dahin, dass das eingesetzte Kapital mittelfristig eine möglichst hohe Rendite erwirtschaftet.[7] Der sog. **IRR („Internal Rate of Return"),** der früher bei ca. 20–40% und heute eher bei ca. 10-20% und weniger liegt, ist die zentrale Kennzahl für den Erfolg oder Misserfolg des Investments.[8] **6**

Beachte: Der Unternehmenskäufer, der die Finanzierung unter Einbeziehung eines Investors gestalten will, sollte sich klarmachen, dass dieser zahlreiche Maßnahmen verfolgen wird (z.B. Lagerabbau, Umschlagserhöhung, Liquiditätsmanagement, Verkauf nicht betriebsnotwendiger Wirtschaftsgüter), um das Renditeziel von ca. 20% zu erreichen,[9] wovon dann allerdings auch der Käufer profitieren kann. Liquiditätserhöhende Maßnahmen werden

---

[3] *PwC,* Studie „Transaktionen im Mittelstand – Bestandsaufnahme und Ausblick", August 2011, S. 21.

[4] *PwC,* Studie „Transaktionen im Mittelstand – Bestandsaufnahme und Ausblick", August 2011, S. 21.

[5] Vgl. *Weinheimer/Renner* in: Hölters, Handbuch Unternehmenskauf, Kap. 14 Rn. 14.1; zum Begriff „Private Equity" *Eilers/Koffka* in: Eilers/Koffka/Mackensen, Private Equity, Einführung Rn. 1; *Feldhaus* in: Feldhaus/Veith, Frankfurter Kommentar zu Private Equity, Kap. 1 Rn. 6 ff.

[6] Vgl. *PwC,* Studie „Transaktionen im Mittelstand – Bestandsaufnahme und Ausblick", August 2011, S. 25.

[7] Vgl. *Weinheimer/Renner* in: Hölters, Handbuch Unternehmenskauf, Kap. 14 Rn. 14.13 ff.

[8] Vgl. auch *Eilers/Koffka* in: Eilers/Koffka/Mackensen, Private Equity, Einführung Rn. 20 ff; *Ruthe,* StBp 2010, 301, 302; nach *Feldhaus* in: Feldhaus/Veith, Frankfurter Kommentar zu Private Equity, Kap. 1 Rn. 18 zwischen 15% und 25%.

[9] Vgl. auch *Ruthe,* StBp 2010, 301, 303; vgl. auch ausführlich zu den unterschiedlichen Renditezielen von Finanzinvestoren *Hoffelner,* Verfahren zur Bewertung mittelständischer Unternehmen aus Sicht eines Finanzinvestors, Diss. 2010, S. 52 ff.

> auch vor dem Hintergrund des typischerweise hohen Fremdfinanzierungsanteils erforderlich sein, da die Cashflows dann nötig sind, um Fremdverbindlichkeiten und Tilgung bedienen zu können.

Steht der Cashflow nicht mehr in ausreichender Höhe zur Verfügung, kann das Unternehmen schnell in eine Überschuldung, Zahlungsunfähigkeit oder sonstige Schwierigkeiten geraten.[10]

7   Die hohe Renditeerwartung soll auch durch den sog. „**Exit**" erfüllt werden, sodass der Ausstieg bereits bei Erwerb der Beteiligung zielgerichtet mit eingeplant wird.[11] Als Exit-Szenarien kommen vor allem ein Börsengang, der Verkauf der Beteiligung oder sämtlicher Assets des Unternehmens im Wege eines Trade-Sales oder eines Rückkaufs durch den Unternehmer oder das Management selbst in Betracht, hilfsweise auch die Liquidation.[12]

> **Praxishinweis:** Die Berücksichtigung dieser vielfältigen Exit-Varianten macht häufig die steuerliche Strukturierung und vertragliche Gestaltung der Private Equity-Transaktion deutlich aufwendiger als „normale" Verkäufe.[13]

8   Eine weitere grundlegende strukturelle Besonderheit ist der regelmäßig **hohe Fremdfinanzierungsanteil,**[14] der den sog. „**Leverage-Effekt**", also eine Art Hebelwirkung für die Rendite des für das Investment eingesetzten Eigenkapitals, zur Folge hat.[15]

9   Schließlich unterscheiden sich Private Equity-Deals im Vergleich zu herkömmlichen Unternehmenskäufen durch die Art der **Information des Investors** sowie die **Aufsicht und Kontrolle des Managements.**[16] Selbst wenn der Investor mit Rücksicht auf die mittelständische bzw. familiäre Struktur des Unternehmens oder aus sonstigen Gründen nur eine Minderheitsbeteiligung erwirbt, wird es ihm gleichwohl darum gehen, deutlich stärkere Informations-, Kontroll- und Mitspracherechte zu erlangen, als dies bei anderen Minderheitsgesellschaftern der Fall ist.[17]

10   Die bei der Beteiligung von Finanzinvestoren oder Family Offices angewandten Strukturen mit ihren finanziellen, rechtlichen und steuerlichen **Implikationen** beschränken sich indessen nicht auf den Finanzinvestor, sondern **betreffen auch den Käufer, den Verkäufer und das Management** sowie etwaige sonst an der Transaktion Beteiligte. Zwar führt eine Syndizierung des Fremdkapitalanteils zunehmend zu einer Standardisierung der Gestaltung und vertraglichen Ausformulierung der Transaktion, doch dürfte dies angesichts der Transaktionsvolumina mittelständischer Transaktionen eher selten durchschlagen.

---

[10] Vgl. *Weinheimer/Renner* in: Hölters, Handbuch Unternehmenskauf, Kap. 14 Rn. 14.24; *Eilers/Koffka* in: Eilers/Koffka/Mackensen, Private Equity, Einführung Rn. 22.

[11] Vgl. *Ruthe,* StBp 2010, 301, 302; *Weinheimer/Renner* in: Hölters, Handbuch Unternehmenskauf, Kap. 14 Rn. 14.13; *Eilers/Koffka* in: Eilers/Koffka/Mackensen, Private Equity, Einführung Rn. 18.

[12] Vgl. *Weinheimer/Renner* in: Hölters, Handbuch Unternehmenskauf, Kap. 14 Rn. 14.13; *Ellrott* in: Eilers/Koffka/Mackensen, Private Equity, Teil VIII.

[13] Vgl. auch *Eilers/Koffka* in: Eilers/Koffka/Mackensen, Private Equity, Einführung Rn. 18.

[14] Vgl. *Weinheimer/Renner* in: Hölters, Handbuch Unternehmenskauf, Kap. 14 Rn. 14.8.

[15] Vgl. *Eilers/Koffka* in: Eilers/Koffka/Mackensen, Private Equity, Einführung Rn. 20; *Weinheimer/Renner* in: Hölters, Handbuch Unternehmenskauf, Kap. 14 Rn. 14.23; vgl. zur Wertschöpfungskette bei LBO-Transaktionen ausführlich *Ruthe,* StBp 2010, 301, 302.

[16] Vgl. *Eilers/Koffka* in: Eilers/Koffka/Mackensen, Private Equity, Einführung Rn. 23; vgl. ausführlich zur Managementbeteiligung *Holzapfel/Pöllath,* Unternehmenskauf in Recht und Praxis, Rn. 1816 ff.

[17] Vgl. *Weinheimer/Renner* in: Hölters, Handbuch Unternehmenskauf, Kap. 14 Rn. 14.8.

2. Vor- und Nachteile von Private Equity aus Sicht des Mittelständlers bzw. Unternehmenskäufers

Private Equity war bei mittelständischen Unternehmern noch vor und mindestens **11** 5 Jahre nach der Lehman-Finanzmarktkrise aufgrund mangelnder Kenntnisse und Erfahrungen mit diesem Finanzierungsinstrument sowie der öffentlichen Debatte um die „Heuschrecken" eher verpönt bzw. schlicht kein Thema. So gaben in einer Studie von PwC aus dem Jahr 2011 noch 56 % der befragten Mittelständler an, nicht oder nicht genau zu wissen, was genau Private Equity bedeutet, wohingegen lediglich 9 % eine genaue Vorstellung von dieser Finanzierungsform hatten.[18] Ein weiterer Grund für die mangelnde Akzeptanz von Private Equity im Mittelstand als Finanzierungsform liegt meines Erachtens aber auch in der Sorge der Unternehmer, nicht mehr „Herr im eigenen Haus" zu sein, wenn er einen fremden Gesellschafter in sein Unternehmen aufnimmt, der „ihm in die Karten guckt" und eventuell dann auch noch „den Ton angeben" will.[19] Soweit jedoch Private Equity mit 25–35 Deals pro Jahr im Zeitraum 2005 bis 2017 im Mittelstand noch vergleichsweise selten genutzt wurde, ist angesichts billiger Kredite, einer auch sonst hohen (Eigenkapital-)Liquidität im Markt und des Anlagedrucks von Investoren eine deutliche Trendwende eingeleitet („die Nachfolgewelle rollt"): Im Jahr 2019 war weit mehr als jeder zweite Management-Buy-Out (MBO) im mittleren Segment des deutschen Buy-Out-Marktes ein Verkauf eines mittelständischen Unternehmens aus privater (Familien-)Hand an einen Finanzinvestor.[20]

Beachte: Die (früher großenteils auch auf Unkenntnis und Emotionen basierende) Zurückhaltung traf und trifft wohl eher auf den Bereich der Wachstumsfinanzierung zu, bei dem der „alte" Unternehmer auch weiterhin im Unternehmen bleibt. Im Gegensatz dazu liegen für die Finanzierung des Eigenkapitalanteils beim (Ver-)Kauf eines Unternehmens im Wege des MBO oder MBI die Dinge deutlich anders. Kann der Kaufinteressent – was häufig der Fall ist – den Kaufpreis nicht aus Eigenmitteln und Fremdkapital bestreiten und will er eventuell auch die deutlichen Vorteile des Engagements eines Private-Equity-Investors nutzen, sollte er daher frühzeitig Kontakt mit dem Investor aufnehmen und diesen in den Kaufprozess einbinden.

Es ist aber sicherlich auch nicht zu leugnen, dass das typische mittelständisch geprägte **12** Unternehmen auf der einen Seite und Finanzinvestoren auf der anderen „kulturell" auch weiterhin nicht ohne Weiteres zusammenpassen. Dabei sollte nicht verkannt werden – und diese Erkenntnis scheint sich zunehmend auch im Mittelstand Bahn zu brechen –, dass das mittelständische Unternehmen nicht nur allein von dem gewährten **Kapital** profitiert, sondern vor allem auch dem **Wissenstransfer** und einer gewissen **Professionalisierung,** zum Beispiel in Form eines neuen Beirats oder bei Strategieentscheidungen.[21] Von besonderer Bedeutung sind für das Unternehmen auch handfeste **Synergien,** die in Form von Kontakten und anderen Beteiligungen fruchtbar gemacht werden können.[22] Des Weiteren wird die Beteiligung eines Investors vom Markt grundsätzlich **als positives Signal** für das Unternehmen verstanden.

---

[18] Vgl. *PwC,* Studie „Transaktionen im Mittelstand – Bestandsaufnahme und Ausblick", August 2011, S. 22.

[19] Vgl. zu den einzelnen Gründen für die Zurückhaltung im Mittelstand *PwC,* Studie „Transaktionen im Mittelstand – Bestandsaufnahme und Ausblick", August 2011, S. 24 f.

[20] Vgl. Markt und Mittelstand, Die Trends bei Private Equity im Deutschen Mittelstand, 7.3.2019; Corporate Finance, Rekordjahr für Private Equity im Deutschen Mittelstand, 6.2.2020.

[21] Vgl. *Breuninger/Ernst,* FR 2008, 659, 660; *PwC,* Studie „Transaktionen im Mittelstand – Bestandsaufnahme und Ausblick", August 2011, S. 23; *Achleitner/Schraml/Tappeiner,* Stiftung Familienunternehmen, Studie „Private Equity in Familienunternehmen – Erfahrungen mit Minderheitsbeteiligungen", S. 22.

[22] Vgl. *Weinheimer/Renner* in: Hölters, Handbuch Unternehmenskauf, Kap. 14 Rn. 14.12.

3. Private-Equity-Angebote reiner Finanzinvestoren, von Family-Offices und (teil-)staatlichen Stellen

13   Wer sich für Private Equity als Finanzierungsform interessiert, ist gut beraten, sich zunächst Klarheit darüber zu verschaffen, für welchen Zweck das Kapital benötigt wird und welche spezifischen Interessen er als Nachfrager damit verfolgt. Davon ausgehend ergibt sich dann die Frage, ob sich diese Interessen mit denen reiner Finanzinvestoren in Einklang bringen lassen oder ob dies aufgrund deren typischer Interessenlage ausgeschlossen ist.

14   Im **Private-Equity-Markt** ist schon lange zu beobachten, dass Investoren die im Europäischen und insbesondere auch deutschen Mittelstand liegenden Chancen erkannt haben, wobei sich der Blick vor allem auf die „Hidden Champions" richtet.[23] Im Branchenfokus stehen Energie/Wasser/Umwelt, Software/IT/Internet und Biotechnologie/Pharma/Medizin, aber auch Maschinenbau und Automotive, wobei allerdings ein Drittel der befragten Private-Equity-Unternehmen angibt, keinen Branchenfokus zu haben.[24] Zudem hat in den vergangenen Jahren auch die Nachfolgeproblematik bei vielen Familien- und Mittelstandsunternehmen das Interesse von Private-Equity-Investoren geweckt.[25]

> **Praxishinweis:** Auch wenn die Investoren die „Finanzierung des Mittelstands" als interessante Investmentchance erkannt haben, sollte nicht verkannt werden, dass bestimmte Branchen schlicht und ergreifend nicht im Fokus der Investoren stehen, da die erforderliche Rendite dort nicht zu erzielen ist.[26]

15   Im Vergleich zu den „großen" Private-Equity-Transaktionen sind die Investoren offenbar auch zunehmend bereit, Abstriche zu machen, weshalb sie sich schon länger auch durchaus mit Minderheitsbeteiligungen begnügen.[27]

> **Praxishinweis:** Aufgrund der notwendigen Überwachung, Beratung und Kontrolle der unternehmerischen Tätigkeit sowie der mit einer Kauf- und Verkaufstransaktion verbundenen Kosten ist eine gewisse Mindestgröße der Transaktion für nahezu alle Investoren grundlegende Voraussetzung für eine Beteiligung. Diese Aufgreifschwelle bewegt sich in etwa bei einem Jahresumsatz von EUR 10 Mio. und einem Beteiligungskapital von EUR 1,5 Mio., besser jedoch EUR 5 Mio.[28]

16   Es gibt rund 300 Private-Equity-Unternehmen auf dem deutschen Markt, die zum Teil auch gerade auf den Mittelstand spezialisiert sind. Einen guten Überblick über die Kapitalbeteiligungsgesellschaften bietet der Bundesverband Deutscher Kapitalbeteiligungsgesellschaften (**www.bvkap.de**).

> **Praxishinweis:** Auf der Homepage www.bvkap.de findet sich eine sehr praktische Suchfunktion, nach der der kapitalsuchende Käufer sehr spezifisch unterteilt nach Beteiligungsanlass und -höhe, Branche und Region etc. mögliche Kapitalgeber suchen kann.

17   Es ist somit als **Zwischenergebnis** festzuhalten, dass in einer Vielzahl von Unternehmenskäufen und Wachstumsfinanzierungen, Private Equity durch reine Finanzinvestoren nicht oder allenfalls erschwert zu erhalten sein wird, insbesondere wenn

---

[23] Vgl. *Breuninger/Ernst,* FR 2008, 659, 663.

[24] Vgl. *Rödl & Partner,* Studie „Die deutsche Beteiligungsbranche 2011 – Trends, Schwerpunkte, Innenansichten", S. 21.

[25] Vgl. *Feldhaus* in: Feldhaus/Veith, Frankfurter Kommentar zu Private Equity, Kap. 1 Rn. 23.

[26] Vgl. *Grothe,* Private Equity im Mittelstand, 2007, S. 13.

[27] Vgl. *BVK,* Der Deutsche Eigenkapitalbeteiligungsmarkt 2019, Febr. 2020. S. 3, 13; *Cichy/McAllister,* BB 2012, 723 f.

[28] Vgl. *Grothe,* Private Equity im Mittelstand, 2007, S. 13.

– das Beteiligungsunternehmen zu einer **Branche** gehört, die nicht im Investmentfokus dieser Anbieter liegt;
– das **Beteiligungsvolumen zu klein** ist, weil sich dann die Transaktions- und Verwaltungskosten für den Private Equity-Investor „nicht rechnen";
– das Unternehmen **keine gute „Equity Story"** bieten kann.[29]

Es gibt auch eine Vielzahl von sog. **„Family Offices"**, die in der Regel viele Millionen **18** Euro für entweder eine einzige vermögende Familie („Single Family Office") oder mehrere Familien („Multi Family Office") verwalten. Gerade die Single Family Offices verzeichnen in den letzten Jahren einen deutlichen Zuwachs an Direktbeteiligungen. Zum Teil investieren die Family Offices ihrerseits aber auch nur in Private Equity-Fonds. Im Ergebnis dürfte aber auch ein Family Office nur bereit sein, eine Investition in ein mittelständisches Unternehmen zu tätigen, wenn sowohl die Branche als auch die „Equity Story" stimmen.

> **Praxishinweis:** Ein für den mittelständischen Unternehmer wichtiger Unterschied zu den bislang sehr stark finanziell orientierten Private-Equity-Investoren ist es, dass ein Family Office eher langfristig und strategisch ausgerichtet ist. Dies kann aus Sicht des Unternehmers gewünscht sein. Es kann aber auch genau anders herum liegen, dass nämlich für den Unternehmer der Private Equity-Investor gerade deshalb interessant ist, weil er die damit verbundene Professionalisierung ins Unternehmen holen möchte oder weil er eine gewisse Sicherheit hat, dass der Investor in überschaubarer Zeit aus dem Investment wieder aussteigen will. Die Haltedauer für ihre Beteiligungen beträgt zumeist zwischen 4 bis 7 Jahren.

Als vorteilhaft im Vergleich zu den Private Equity-Fonds kann es sich erweisen, dass die **19** Family Offices auch durchaus bei „kleineren Losgrößen" einsteigen. Problematisch ist allerdings die bislang eher geringe Transparenz über Family Offices und die Zugangsmöglichkeiten von Interessenten zu deren Kapital.

Soweit es um eine **Frühphasenfinanzierung** geht, kommen alternativ auch sogenannte **20** **Business Angels** in Betracht, die dem Unternehmen neben dem Kapital auch Know-How zur Verfügung stellen (vgl. dazu die Homepage des Business Angels Netzwerks e. V. www.business-angels.de).

Da Eigenkapital sowohl durch Private Equity von reinen Finanzinvestoren als auch von **21** Family Offices nicht annähernd in ausreichendem Maße für – insbesondere kleinere – mittelständische Unternehmen und Unternehmer zur Verfügung steht, sind schon seit mehreren Jahren in zunehmendem Maße sowohl **Sparkassen** als auch **Landesbanken** und **diverse staatliche Stellen** in wohl allen Bundesländern ebenfalls in diesem Bereich engagiert, um die Eigenkapitallücken des deutschen Mittelstands zu schließen.[30] Zwar gibt es schon seit Jahrzehnten Finanzierungsprogramme der KfW, die jedoch von ihrem klassischen Fremdfinanzierungsansatz her nur teilweise das erforderliche Risiko(eigen)kapital zur Verfügung stellt. Um durch Förderung der lokalen Wirtschaft Arbeitsplätze zu erhalten und zu schaffen, gibt es zahlreiche Angebote (teil-)staatlicher Förderinstitute, bei denen die oben skizzierten „strengen Anlagekriterien" reiner Finanzinvestoren nicht oder zumindest nicht gleichermaßen gelten.[31] So entfällt hier weitestgehend die starke Fokussierung auf nur besonders vielversprechende Branchen. Auch können die Beteiligungssummen deutlich kleiner ausfallen, sodass durchaus auch Investments von z.B. EUR 10 000 bis EUR 2,5 Mio. (so bei der MBG Schleswig-Holstein) keine Seltenheit sind. Die BTG Hamburg wiederum finanziert den Mittelstand mit Eigenkapital von bis zu EUR 500 000, und zwar auch den Unternehmenskauf. Häufig werden solche Angebote aber auch gemeinsam mit **Bürgschaftsbanken oder -gemeinschaften** finanziert.

---

[29] Vgl. *Feldhaus* in: Feldhaus/Veith, Frankfurter Kommentar zu Private Equity, Kap. 1 Rn. 176.
[30] Vgl. auch *Hoffelner*, Verfahren zur Bewertung mittelständischer Unternehmen aus Sicht eines Finanzinvestors, Diss. 2010, S. 37.
[31] Vgl. *Hoffelner*, Verfahren zur Bewertung mittelständischer Unternehmen aus Sicht eines Finanzinvestors, Diss. 2010, S. 37.

22   Die Beteiligung dieser (teil-)staatlichen Stellen erfolgt meist nicht in Form einer direkten Beteiligung, sondern **eher im Wege einer stillen Beteiligung**. Zwar haben auch solche Eigenkapitalgeber ein wachsames Auge auf die Ertragskraft und das Potenzial der Beteiligungsgesellschaft sowie dessen **stabile Cashflows**.[32] Gleichwohl ist der „Grad der Einmischung" nicht nur gefühlt deutlich niedriger. Auf der anderen Seite sollte der Kapitalsuchende bei dieser Form von Beteiligungskapital auch nicht auf die Vorteile der Beteiligung von Private-Equity-Investoren in Form von Professionalisierung und die Nutzung von Synergiepotentialen setzen.

> **Praxishinweis:** Die häufig anzutreffende Aussage, Private Equity sei erst ab den oben aufgeführten Aufgreifschwellen von ca. EUR 5 Mio. zu erhalten, trifft vielleicht für die reinen Finanzinvestoren zu. Für die (teil-)staatlichen Angebote sowie die Angebote der Sparkassen und Landesbanken, aber auch zum Teil einzelner spezialisierter Anbieter gilt dies jedenfalls nicht. Insbesondere der Unternehmenskäufer mit einem Mangel an Eigenkapital sollte daher außer den Finanzierungsangeboten der KfW, die zum Teil Eigenkapitalcharakter haben, auch die jeweils länderspezifischen Eigenkapitalangebote erfragen sowie beim Bundesverband der Kapitalanlagegesellschaften recherchieren.

Eine Liste mit den im jeweiligen Bundesland tätigen (teil-)staatlichen Beteiligungsgesellschaften ist in Teil G. XV. enthalten.

II. Rechtliche Unterschiede gegenüber dem „normalen" Unternehmensverkauf

23   Aus den strukturellen Unterschieden und aus der speziellen Interessenlage ergeben sich auch einige rechtliche Besonderheiten bei der Ausgestaltung des Unternehmenskaufs unter Beteiligung von Eigenkapitalgebern. Die „klassische" Finanzierung des Eigenkapitals über Private Equity erfolgt in der Weise, dass der Investor als Mitgesellschafter in die Gesellschaft durch Übernahme bestehender Kommandit- oder GmbH-Anteile oder Aktien eintritt, ggf. auch (zusätzlich) im Wege der Kapitalerhöhung, bei der dem Unternehmen frisches Kapital zufließt. Denkbar ist auch eine Kapitalzufuhr in Form von Darlehen, stillen Einlagen oder ähnlichen Finanzierungsinstrumenten. Im Vergleich zum „normalen" Unternehmens- und Beteiligungskauf ergeben sich vor allem in den folgenden Bereichen Unterschiede:
– Ausgestaltung des (Beteiligungs-)Kaufvertrages
– Abschluss einer Gesellschaftervereinbarung
– Absicherung der Fremdfinanzierung durch Vermögen der Zielgesellschaft
– Beteiligung des Managements
– Exit (also Ausstieg des Investors aus der Beteiligung).[33]

1. Besonderheiten des Beteiligungsvertrages

a) Unternehmensbewertung und Kaufpreis

24   Da Private Equity-Investoren zur Optimierung der Rendite (**„Internal Rate of Return – IRR"**) in aller Regel einen sehr hohen Fremdfinanzierungsanteil haben, ist es für den Erfolg des Investments unerlässlich, dass die Zielgesellschaft die für die Bedienung von Zins und Tilgung erforderlichen Cashflows generiert. Untersuchungen zufolge verwenden Finanzinvestoren in der Praxis oft mehrere Bewertungsverfahren, wobei ganz überwiegend die Multiplikator-Verfahren sowie DCF-Verfahren Anwendung finden.[34] Wird ein Kauf-

---

[32] Vgl. *Feldhaus* in: Feldhaus/Veith, Frankfurter Kommentar zu Private Equity, Kap. 1 Rn. 176.

[33] Siehe auch zum rechtssicheren Exit *Weitnauer*, GWR 2016, 413.

[34] Vgl. *Hoffelner*, Verfahren zur Bewertung mittelständischer Unternehmen aus Sicht eines Finanzinvestors, Diss. 2010, S. 186 ff.

preisanpassungsmechanismus vereinbart, folgt dieser häufig dem **„Cash and debt free-Modell"**, ggf. ergänzt um ein **„Working Capital Adjustment"**.[35]

Da beim Kaufpreisanpassungsmodell eine vergleichsweise streitanfällige und aufwändige **25** Stichtagsbilanz zu erstellen ist, wird auch alternativ ein Festkaufpreis auf Basis des **„Locked-Box-Modells"** vereinbart, bei dem die Vertragspartner den letzten Bilanzstichtag zu Grunde legen.[36]

b) Form der Beteiligung und Verwässerungsschutz

Je nach den Interessen von Investor, Management, Verkäufer und Zielgesellschaft kann **26** die Form der Beteiligung unterschiedlich ausfallen.[37] Für den hier interessierenden Fall des mittelständischen Unternehmenskäufers, der mithilfe eines Private Equity-Investors den erforderlichen Eigenkapitalanteil erbringt, kommt hauptsächlich eine Minderheitsbeteiligung in Betracht. Dies entspricht auch den Interessen des Unternehmenskäufers, der ja letztlich nicht nur das Management der Zielgesellschaft, sondern auch die Mehrheit der Anteile übernehmen will.

Bei der **direkten Beteiligung des Investors zur Wachstumsfinanzierung** kommt **27** normalerweise eine formelle Kapitalerhöhung gegen Zahlung einer Bareinlage (i. d. R. zzgl. Zahlung eines Agios) in Betracht.[38] Alternativ kann der Investor auch bestehende Anteile erwerben, dann meist ebenfalls gegen eine Zuzahlung in die Kapitalrücklage gemäß § 272 Abs. 2 Nr. 4 HGB. Eine vergleichbare Konstellation kann sich ergeben, wenn der Verkäufer der Gesellschaft Gesellschafterdarlehen gewährt hat, deren Rückführung die Vertragspartner quasi kaufpreisersetzend vereinbaren. Dann braucht die Zielgesellschaft frisches Geld, das auch im Wege einer direkten Zahlung des Investors oder der finanzierenden Bank an die Zielgesellschaft geleistet werden kann.

Geht es hingegen weniger um eine (Wachstums-)Finanzierung, sondern vorrangig um **28** einen Verkauf des Unternehmens (oftmals im Rahmen einer Unternehmensnachfolge eines typischen **Buy-Outs**) soll der Verkäufer den Kaufpreis erhalten, der dann im Grundfall außerhalb der Zielgesellschaft fließt. In dieser Konstellation wird der Investor unmittelbar dem Verkäufer den Kaufpreis für die Anteile zahlen.

Praxishinweis: Die den Fremdkapitalanteil finanzierende Bank wird auch selbst die Auswirkungen der Transaktion auf das Zielunternehmen prüfen und eine eigene Unternehmensbewertung vornehmen. Sollte z. B. der Verkäufer noch vor Übertragung des Unternehmens Gewinne (auch solche aus vorigen Jahren) entnehmen wollen, die eventuell sogar in den Betriebsmitteln stecken, kann dieser Eigenkapitalabfluss nicht nur zu einer Verschlechterung des Ratings führen. Auch wird die Bank möglicherweise die Auszahlung des Fremdkapitals daran knüpfen, dass der Investor zusätzlich zum Kaufpreis für die Anteile zusätzliche Mittel in das Zielunternehmen einzahlt (z. B. in Form von Darlehen oder einer Zuzahlung ins Eigenkapital).

Gerade wenn auch das Zielunternehmen weitere Mittel benötigt, kann der Investor diese **29** zusätzlich zum Anteilserwerb in Form einer **indirekten Beteiligung** zur Verfügung stellen. In Betracht kommen dann vor allem Gesellschafterdarlehen, für die entweder eine besondere Vergütung zu zahlen ist oder die der Investor im Wege einer Sachkapitalerhöhung zu einer Beteiligung umwandeln kann (sog. **„Debt Equity Swap"**).[39] Auch lassen

---

[35] Siehe zum Ganzen bereits oben Teil → D., Rn. 192 ff.

[36] Siehe zum Locked-Box-Modell Teil → D., Rn. 187.

[37] Vgl. dazu *Inhester* in: Jesch/Striegel/Boxberger, Rechtshandbuch Private Equity, § 14 Rn. 14 ff.

[38] Vgl. zu den Voraussetzungen der direkten Beteiligung *Weinheimer/Renner* in: Hölters, Handbuch Unternehmenskauf, Kap. 14 Rn. 14.42 ff.

[39] Siehe dazu *Meyer/Degener*, BB 2011, 846; *Scheunmann/Hoffmann*, DB 2009, 983; *Redeker*, BB 2007, 673; *Himmelsbach/Achsnick*, NZI 2006, 561; *Hirte/Knof/Mock*, DB 2011, 632, 636 ff.; *Hölzle*,

sich direkte und indirekte Beteiligungsformen in einer **hybriden Beteiligung** (z. B. mittels stiller Beteiligung oder Genussrechtskapitals) des Investors kombinieren.[40]

30   Für den Fall, dass das Zielunternehmen weitere Finanzierungsrunden benötigt (insbesondere in der Aufbauphase sowie bei der Wachstumsfinanzierung), wird der Investor auf einen **Schutz seiner Beteiligung vor Verwässerung** drängen.[41] Für die Co-Finanzierung des Unternehmenskaufs beim MBO oder MBI ist dieses Risiko eigentlich zu vernachlässigen, wenn nicht das Zielunternehmen tatsächlich absehbar weitere Mittel benötigt, die der Investor nicht selbst aufbringen will.

c) Beteiligung des Managements sowie Wissenszurechnung nach § 166 BGB

31   Eine weitere Besonderheit von Private-Equity-Transaktionen ist die **starke Einbeziehung des Managements.**[42] Dies liegt vor allem daran, dass der Investor selbst nicht die Geschäfte führt, andererseits aber seinen Kapitalgebern für eine möglichst optimale Rendite verantwortlich ist und deshalb über die Beteiligung von Geschäftsführern und Beiräten den Wert zu steigern sucht.[43]

Im diesen Fällen kommt oft dem Management des Zielunternehmens auch insofern eine besondere Bedeutung zu, als es sich noch zunächst im „Lager" des Verkäufers befindet und meist in erheblichem Maße an den Verhandlungen, jedenfalls aber an der Vorbereitung und Durchführung der Due Diligence beteiligt ist, anschließend dann jedoch in das Lager der Verkäuferseite wechselt und dabei eine Beteiligung am Zielunternehmen erhält.

31a   Wenngleich es in diesem Buch vielfach um die erhöhten Haftungsrisiken des Verkäufers geht, die ihre Ursache vor allem auch in einer etwaigen Aufklärungspflichtverletzung im Zusammenhang mit einer vorsätzlichen Täuschung oder auch nur fahrlässig falschen Informationsgewährung in der vorvertraglichen Phase haben, sollte der Käufer nicht unterschätzten, dass auch er seine dem Grunde nach bestehenden Ansprüche womöglich verliert, wenn er Kenntnis oder auch nur fahrlässige Unkenntnis von den anspruchsbegründenden Umständen bei Abschluss des Kaufvertrages hatte oder ihm die Kenntnis der für ihn im Rahmen der Transaktion tätigen Erfüllungsgehilfen über § 166 BGB zugerechnet wird.[44] Besonders interessant für die M&A Praxis ist hier die Entscheidung des OLG Düsseldorf vom 16.6.2016 („**Masterflex**"), wonach neben der Zurechnung des Verhaltens und Wissens des Managements der Zielgesellschaft *beim Verkäufer* auch eine Zurechnung des Wissens des Managements *beim Käufer* unter dem „**Aspekt vorzeitig übergegangener Loyalität**" grundsätzlich angenommen wurde, wobei nicht allein die fortdauernde Stellung als Geschäftsführer als ausreichend angesehen wurde, sondern insbesondere auch dem **beim MBO typischen Anteilserwerb** durch die Geschäftsführer der Zielgesellschaft, welcher schon ab Beginn der Transaktion längst beabsichtigt gewesen war, wobei zudem − und dies ist nach Auffassung des OLG besonders prägend für die Wissenszurechnung beim Käufer − die Käuferseite ohne Kenntnis und Zustimmung des Verkäufers unmittelbare Gespräche mit den Geschäftsführern der Zielgesellschaft geführt hatte, und zwar nicht in deren Eigenschaft als Auskunftsperson, sondern als Mandanten mit dem Ziel der Begleitung bei dem beabsichtigten eigenen Erwerb der Anteile.[45] Die mit der Klage geltend gemachten Ansprüche

---

NZI 2011, 124, 128 f.; *Trams,* NJW-Special 2011, 149, 150 und ausführlich *Westphal* in: Eilers/Koffka/Mackensen, Private Equity, S. 258 ff.; *Windhöfel/Ziegenhagen/Denkhaus* in: Unternehmenskauf in Krise und Insolvenz, Rn. 12 ff.

[40] Vgl. speziell zu flexiblen Beteiligungsformen an inhabergeführten Unternehmen *Breuninger/Ernst,* FR 2008, 659.

[41] Vgl. dazu *Martinius/Stubert,* BB 2006, 1977; *Weinheimer/Renner* in: Hölters, Handbuch Unternehmenskauf, Kap. 14 Rn. 14.57 ff.

[42] Vgl. dazu ausführlich *Mackensen* in: Eilers/Koffka/Mackensen, Private Equity, Teil VI.

[43] Vgl. *Ruthe,* StBp 2010, 301, 303.

[44] Siehe zur Anwendung von §§ 442 und 254 BGB Teil → C., Rn. 140 ff. und Teil → D., Rn. 445 ff. und 551 ff.

[45] OLG Düss. vom 16.6.2016 − I-6 U 20/15, NZG 2017, 152, 158 Tz. 60 ff.

entfielen im Ergebnis nur deshalb nach Auffassung des OLG Düsseldorf nicht, weil das Gericht die Regelungen des Kaufvertrages dahingehend ausgelegt und es als erwiesen angesehen hat, dass die vertraglich vereinbarte Zurechnung des Wissens der Geschäftsführer nur auf den Garantiekatalog des Verkäufers bezogen sei und nicht auf sonstige Ansprüche des Käufers wie denen aus culpa in contrahendo.[46] Dem Verkäufer sei es – so das OLG Düsseldorf – nach den Grundsätzen von Treu und Glauben (§ 242 BGB) auch verwehrt, sich darauf zu berufen, dass der Geschäftsführer der Zielgesellschaft zum Zeitpunkt der Due Diligence und dem Abschluss des Kaufvertrages noch nicht Geschäftsführer und Gesellschafter des gekauften Unternehmens gewesen sei.[47]

> **Beachte:** Mit Blick auf das Urteil des OLG Düsseldorf vom 16.6.2016[48], welches sich wohl als erstes Obergericht detailliert mit Fragen der Wissens- und Verhaltenszurechnung sowohl auf Seite des Verkäufers wie des Käufers befasst hat, sollte aus Käufersicht in Fällen einer geplanten Beteiligung des Managements (MBO) am Zielunternehmen eine Zurechnung dieses Wissens beim Käufer ausdrücklich ausgeschlossen werden.[49]

d) Haftung von Gründungs-/Altgesellschaftern für Aufklärungspflichtverletzungen von Erfüllungsgehilfen

Die Frage der Haftung für die Verletzung von Aufklärungspflichten nach den Grundsätzen der culpa in contrahendo (§§ 280 Abs. 1, 3, 282, 241 Abs. 2, 311 Abs. 2 BGB)[50] stellt sich nach einer Entscheidung des BGH vom 4.7.2017 auch für einen Gründungs- bzw. Altgesellschafter (häufig z.B. im Bereich von Schiffsfonds, Immobilienfonds, aber auch im Bereich Private Equity anzutreffen), der sich zu den vertraglichen Verhandlungen über einen Beitritt von Investoren eines Vertriebs bedient und diesem oder von diesem eingeschalteten Untervermittlern die geschuldete Aufklärung der Beitrittsinteressenten überlässt.[51] Die Gründungs-/Altgesellschafter müssen sich ein etwaiges Unterlassen der Aufklärung und erst Recht eine vorsätzliche/arglistige Täuschung von Investoren durch diese Erfüllungsgehilfen gemäß § 278 BGB wie eigene Pflichtverletzungen zurechnen lassen, denn diejenigen, die – wie ein Altgesellschafter mit dem beitretenden Gesellschafter – den Vertrag im eigenen Namen abschließen wollen, haften aus Verschulden bei Vertragsschluss (nach den Grundsätzen der Prospekthaftung im weiteren Sinne).[52] Es ist daher davon auszugehen, dass auch für die üblichen Fallgestaltungen im Bereich Private Equity/Venture Capital (egal ob Seed-Finanzierung, Wachstumsfinanzierung oder sonstige Finanzierung) diejenigen Gründungs- oder Altgesellschafter für die Verletzung von Aufklärungspflichten z.B. des Gesellschafter-Geschäftsführers haften, der oft maßgeblich die Verhandlungen führt und für die Informationsgewährung an Investoren verantwortlich ist, wohingegen die bisherigen Investoren (Altgesellschafter) oft nur im Hintergrund agieren.

31b

> **Praxishinweis:** Mit Blick auf die Rechtsprechung zur Zurechnung von Aufklärungspflichtverletzungen nach § 278 BGB sowie die Wissenszurechnung nach § 166 BGB analog ist Gründungs- wie Altgesellschaftern dringend zu raten, sich zur Vermeidung persönlicher Haftung auch selbst um das Thema Due Diligence zu kümmern und die Investoren ggf. selbst aufzuklären, zumal sich nicht nur das zu finanzierende Unternehmen naturgemäß oftmals am Rande der Zahlungsunfähigkeit und/oder Überschuldung befinden wird, sondern gerade auch die Gründer als Gesellschafter-Geschäftsführer die Zukunft „ihres" Unternehmens viel zu rosig sehen (müssen), wenn sie das Kapital bei den Investoren einsammeln wollen.

---

[46] OLG Düss. vom 16.6.2016 – I-6 U 20/15, NZG 2017, 152, 157 Tz. 63.

[47] OLG Düss. vom 16.6.2016 – I-6 U 20/15, NZG 2017, 152, 157 Tz. 59.

[48] OLG Düss. vom 16.6.2016 – I-6 U 20/15, NZG 2017, 152.

[49] Vgl. auch *Schwarzfischer*, GWR 2016, 422; *Schaefer/Ortner*, DStR 2017, 1710, 1714 sowie 1717.

[50] Siehe dazu ausführlich bereits oben Teil → C., Rn. 1 ff.

[51] BGH vom 4.7.2017 – II ZR 358/16, NJW-RR 2017, 1117. BGH vom 9.7.2013 – II ZR 9/12, NJW-RR 2013, 1255.

[52] BGH vom 4.7.2017 – II ZR 358/16, NJW-RR 2017, 1117 Tz 8; BGH vom 9.7.2013 – II ZR 9/12, NJW-RR 2013, 1255 Tz. 26 f.

e) Gewährleistungen/Garantien

32   Aus der Beteiligung des Investors neben dem MBO- oder MBI-Kandidaten ergeben sich zunächst keine spezifischen Besonderheiten für die Gewährleistungen bzw. Garantien, die vom Verkäufer verlangt werden.

> **Praxishinweis:** Der MBO-Kandidat sollte sich aber darauf einrichten, dass der Investor von ihm – quasi als vertrauensbildende Maßnahme – ggf. auch in gewissem Umfang Garantien in Form eines sogenannte **„Management-Warranty-Letters"** verlangen wird.[53]

33   Da der Investor bereits bei seiner Beteiligung an dem Unternehmen auch schon an seinen **Exit** denkt, wird er sich schon beim Ankauf bestimmte Regelungen ausbedingen, die er später für den Verkauf und die Übertragung seiner Beteiligung möglicherweise benötigt. Umgekehrt geben Private-Equity-Unternehmen ihrerseits allerdings bei Verkauf der Beteiligung nur in sehr eingeschränktem Umfang Garantien ab. Der Grund dafür ist, dass sie (i) während der beschränkten Haltedauer der Beteiligung und aufgrund des Managements durch Dritte meist nur in begrenztem Umfang Kenntnisse über den operativen Betrieb haben und (ii) die Erlöse aus dem Verkauf an die hinter ihnen stehenden Investoren ungeschmälert abführen müssen.[54] Ein Private-Equity-Unternehmen gibt daher in aller Regel nur die folgenden Garantien ab:[55]
– Existenz und Inhaberschaft der Beteiligung,
– gesellschaftsrechtliche Verhältnisse der Gesellschaft,
– ggf. auch eine (eingeschränkte) Bilanzgarantie,
– ordnungsgemäße Fortführung der Geschäfte (ggf. qualifiziert nach bestem Wissen).[56]

34   Quasi als Kompensation für diese vergleichsweise rudimentären Garantien wird der Investor dem in seine Beteiligung folgenden Käufer etwaige noch bestehende (und vor allem nicht verjährte) **Rechte und Ansprüche aus dem ursprünglichen Kauf- und Beteiligungsvertrag** übertragen (müssen).[57]

2. Abschluss einer Gesellschaftervereinbarung

35   Eine weitere Besonderheit von Private Equity-Transaktionen besteht darin, dass die Gesellschafter untereinander ihre Verhältnisse nicht lediglich im Gesellschaftsvertrag, sondern zusätzlich in einer Gesellschaftervereinbarung regeln.[58] Dabei wird vor allem den speziellen Interessen des Investors an einer gesicherten Rendite sowie einem gezielten Exit Rechnung getragen. Soweit nicht bereits im Beteiligungsvertrag geregelt, werden die Vertragspartner vor allem zu folgenden Punkten eine Vereinbarung treffen:[59]
– **Beteiligungs- und Erlösrechte:** Verwässerungsschutz, Liquidationspräferenz und Veräußerungserlöspräferenz;[60]

---

[53] Siehe dazu Teil → D., Rn. 620; vgl. speziell dazu auch *Hohaus/Kaufhold,* BB 2015, 709; *Weißhaupt,* ZIP 2016, 2447, 2456.

[54] Vgl. auch *Ellrott* in: Eilers/Koffka/Mackensen, Private Equity, Teil VIII. 1. Rn. 23 ff.

[55] Vgl. *Ellrott* in: Eilers/Koffka/Mackensen, Private Equity, Teil VIII. 1. Rn. 23 ff.

[56] Siehe zu subjektiven Garantien Teil → D., Rn. 528 ff.

[57] Vgl. *Ellrott* in: Eilers/Koffka/Mackensen, Private Equity, Teil VIII. 1. Rn. 28 zum sogenannten „Quick-Flip".

[58] Vgl. dazu auch ausführlich *Weinheimer/Renner* in: Hölters, Handbuch Unternehmenskauf, Kap. 14 Rn. 14.91 ff.; *Inhester* in: Jesch/Striegel/Boxberger, Rechtshandbuch Private Equity, § 14 Rn. 38 ff.

[59] Siehe dazu auch den Mustertext der Gesellschaftervereinbarung in Teil → G., IV.

[60] Vgl. *Weinheimer/Renner* in: Hölters, Handbuch Unternehmenskauf, Kap. 14 Rn. 14.121; *Martinius/Stubert,* BB 2006, 1977, 1978; zum Verwässerungsschutz *Inhester* in: Jesch/Striegel/Boxberger, Rechtshandbuch Private Equity, § 14 Rn. 36 f. sowie zur Erlösverteilungspräferenz § 14 Rn. 63 ff.

- **Finanzierung:** Mittelzuführung über Eigenkapital und/oder Fremdkapital;
- **Informations-, Mitwirkungs- und Kontrollrechte,**[61] z.B. durch Einrichtung eines Beirats mit Entsenderecht des Investors;
- **Verfügungen über Anteile:** Verfügungsbeschränkungen, Vorerwerbsrechte, Mitverkaufsrechte und Mitverkaufspflichten (Tag-Along- und Drag-Along-Rechte);[62]
- **Optionsrechte**
- **Vesting-Klauseln und Key-Man-Issues** für den Fall des Rückzugs des Managements aus der Geschäftsführung;[63]
- **Exit:** Börsengang (IPO), Einziehungsrechte des Investors und Recht auf Einleitung eines Verkaufsprozesses, Optionsrechte des Investors und/oder des Managements und/oder des Verkäufers;
- **Sonstiges:** z.B. Übertragung von Rechten/Rechtsnachfolge, Umwandlungen und Wettbewerbsverbote.

> **Praxishinweis:** Da – zumindest bei der GmbH und der AG – die Satzung jeweils beim Handelsregister einzureichen ist, empfiehlt es sich zur Wahrung der Vertraulichkeit der Absprachen, lediglich die gesetzlich zwingend notwendigen Regelungen in der Satzung zu verankern und den Rest in der Gesellschaftervereinbarung. Sofern die Gesellschaftervereinbarung auch **Optionsrechte, Vorkaufsrechte oder ähnliche Verpflichtungen** zum Erwerb von GmbH-Anteilen enthält, ist diese gemäß § 15 Abs. 4 GmbHG **insgesamt beurkundungspflichtig.**[64]

Einige der oben aufgeführten Regelungen werden freilich für die Beteiligung und den Exit des Investors eine untergeordnete Rolle spielen oder eventuell gar keine Relevanz haben. Die Einzelheiten sind daher auf den jeweiligen Fall anzupassen.

3. Absicherung (von Kreditgebern) durch Assets des Zielunternehmens

Soweit der Unternehmenskaufvertrag fremdfinanziert wird, geht es den Kreditgebern **36** zum einen um die Bedienung von Zins- und Tilgungsleistungen sowie zum anderen um die Verwertung von Sicherheiten für den Fall der Krise des Kreditnehmers. Zu Zwecken der Optimierung der Finanzierungs- und Steuerstruktur auf Seiten des Käufers ist zudem häufig ein sog. **„Debt-Push-Down"** sinnvoll, bei dem im Wege der Verschmelzung, einer körperschaftssteuerlichen und gewerbesteuerlichen Organschaft oder auch einer Anwachsung der Zinsaufwand auf die Ebene der Zielgesellschaft verlagert wird, um so die Bedienung der Zinsen und Tilgung der gewährten Darlehen ohne Ausschüttung zu ermöglichen und steuerlich die Gewinne der Zielgesellschaft mit dem Zinsaufwand verrechnen zu können.[65]

Da im Falle eines **Asset Deals** der Käufer unmittelbar alle Rechte an den Vermögens- **37** werten des erworbenen Unternehmens einschließlich Eigentum am Anlage- und Umlaufvermögen sowie die Rechtsinhaberschaft an den Forderungen und sonstigen Rechten erhält, kann er in diesem Fall diese ohne weiteres zur Besicherung der aufgenommenen Kredite verwenden, soweit nicht Sicherungsrechte Dritter entgegenstehen.[66]

Zumeist erfolgen allerdings fremdfinanzierte Unternehmenskäufe sowohl in Form des **38** **Management-Buy-Outs** („MBO") als auch in Form des **Leveraged-Buy-Outs** („LBO") schon aus steuerlichen Gründen in Form des Share Deals, sodass der Erwerber in

---

[61] Vgl. zum Informationsrecht des Kommanditisten *Hohaus/Weber,* BB 2012, 23.
[62] Vgl. *Martinius/Stubert,* BB 2006, 1977, 1978.
[63] Vgl. dazu *Weinheimer/Renner* in: Hölters, Handbuch Unternehmenskauf, Kap. 14 Rn. 14.114 f.
[64] Vgl. *Hohaus/Weber,* BB 2010, 2771, 2772.
[65] Vgl. dazu ausführlich unten Rn. 60 ff. sowie *Hasselbach/Rödding* in: Eilers/Rödding/Schmalenbach, Unternehmensfinanzierung, Kap. I, Rn. 36 ff.
[66] Vgl. *Schäffler,* Special zu BB 2006, 1, 2.

diesen Fällen aus eigenem Recht lediglich die **Anteile an der Zielgesellschaft als Sicherheit** verpfänden kann.[67] Da diese Beteiligungsrechte allerdings gerade nicht das eigentliche Risiko der Finanzierung, nämlich die Insolvenz der Zielgesellschaft, absichern, reicht diese Sicherheit den finanzierenden Banken in aller Regel nicht aus.[68] Ein marktübliches Sicherheitenpaket umfasst deshalb zusätzlich die **Vermögenswerte der Zielgesellschaft** wie folgt:[69]

– Sicherungsübereignung von Anlage- und Umlaufvermögen
– Bestellung von Grundpfandrechten an Immobilienvermögen
– Sicherungsabtretung bzw. Verpfändung von Forderungen
– Sicherungsabtretung gewerblicher Schutzrechte
– Verpfändung von Konten bei Kreditinstituten
– Garantien der Zielgesellschaft und aller wesentlichen Tochtergesellschaften für die Erfüllung der Ansprüche aus den Finanzierungsverträgen.

39   Sinn und Zweck eines so umfassenden Sicherheitenpaketes ist es, der finanzierenden Bank vollständige und vorrangige Sicherheiten bieten zu können, um im Gegenzug günstigere Kreditzinsen vereinbaren zu können. Es ist allerdings zu beachten, dass je nach Ausgestaltung der Finanzierung sowohl die Bedienung von Zins und Tilgung der Fremdfinanzierung als auch die Besicherung der Kredite durch Vermögenswerte der Zielgesellschaft

– zu einem Verstoß gegen die **Kapitalerhaltungsvorschriften** (§§ 30 f. GmbHG, §§ 57 f., 71a AktG),
– zu einem „**existenzvernichtendem Eingriff**" im Sinne der BGH-Rechtsprechung[70] gemäß § 826 BGB,
– zu einer **(Schadens-)Ersatzhaftung** der Geschäftsführer bzw. Vorstände und Aufsichtsräte[71] (§§ 43 Abs. 2 und 3, 31 Abs. 6, 64 Satz 3 GmbHG, §§ 93 Abs. 2 und 3, 92 Abs. 2 Satz 3, 116 AktG) sowie
– zu **strafrechtlichen Konsequenzen** (insbesondere Untreue gemäß § 266 StGB) für die Handelnden

führen können.[72]

a) Kapitalerhaltung bei GmbH und GmbH & Co. KG

40   Im Hinblick auf den Erwerb eines Unternehmens in der Rechtsform der GmbH ist zunächst zu bedenken, dass die Kapitalerhaltungsvorschrift des § 30 GmbHG nicht nur Geldzahlungen erfasst, sondern **Leistungen aller Art,**[73] also auch die Bestellung von Grundpfandrechten oder Übernahme von Bürgschaftsverpflichtungen.[74] Gleiches gilt mit Blick auf die persönlich haftende Komplementärin bei einer GmbH & Co. KG, wenn die Leistung der Kommanditgesellschaft an einen Kommanditisten zu einer Beeinträchtigung des gebundenen Vermögens der Komplementärgesellschaft führt, weil die GmbH zum Ausgleich der Passivposten verpflichtet ist, die sich aus ihrer Haftung für Verbindlichkeiten der KG ergibt.[75]

---

[67] Vgl. *Hasselbach/Rödding* in: Eilers/Rödding/Schmalenbach, Unternehmensfinanzierung, Kap. I, Rn. 47.

[68] Vgl. *Schäffler,* Special zu BB 2006, 1, 2; *Schrell/Kirchner,* BB 2003, 1451, 1452.

[69] Vgl. *Schäffler,* Special zu BB 2006, 1, 2; *Hasselbach/Rödding* in: Eilers/Rödding/Schmalenbach, Unternehmensfinanzierung, Kap. I, Rn. 44; *Schrell/Kirchner,* BB 2003, 1451, 1452.

[70] BGH vom 16.7.2007 – II ZR 3/04 („Trihotel"), NJW 2007, 2689.

[71] Vgl. auch *Theusinger/Kapteina,* NZG 2011, 881.

[72] Vgl. *Rotthege* in: Rotthege/Wassermann, Unternehmenskauf bei der GmbH, Kap. 6 Rn. 82 ff.; *Hasselbach/Rödding* in: Eilers/Rödding/Schmalenbach, Unternehmensfinanzierung, Kap. I, Rn. 47.

[73] BGH vom 14.12.1959 – II ZR 187/57, NJW 1960, 285.

[74] Vgl. *Schäffler,* Special zu BB 2006, 1, 3.

[75] BGH vom 19.2.1990 – II ZR 268/88, NJW 1990, 1725, 1729; BGH vom 27.3.1995 – II ZR 30/94, NJW 1995, 1960; vgl. auch *Schäffler,* Special zu BB 2006, 1, 3.

Allerdings sieht § 30 Abs. 1 GmbHG **drei Ausnahmen** vor, bei denen die Kapitalerhal- **41** tungsregeln nicht eingreifen: Gemäß § 30 Abs. 1 Satz 2 GmbHG ist eine Leistung zum einen zulässig bei Bestehen eines **Beherrschungs- oder Gewinnabführungsvertrages** (§ 291 AktG) und zum anderen wenn die Leistung durch einen **vollwertigen Gegenleistungs- oder Rückgewähranspruch** gegen den Gesellschafter gedeckt ist.[76] Im Falle eines Beherrschungs- oder Gewinnabführungsvertrages liegt allerdings ein Verstoß nach § 30 GmbHG vor, wenn der Verlustausgleichsanspruch nicht werthaltig ist.[77] Maßgeblicher Zeitpunkt für die Prüfung der Vollwertigkeit des Anspruchs ist die Vergabe des Darlehens bzw. Gewährung der Sicherheit.[78] Drittens ist die Leistung gemäß § 30 Abs. 1 Satz 3 GmbHG zulässig, wenn es sich um die **Rückgewähr eines Gesellschafterdarlehens** oder Leistungen auf Forderungen aus Rechtshandlungen handelt, die einem Gesellschafterdarlehen wirtschaftlich entsprechen; insofern gelten seit dem 1.11.2008 ausschließlich die insolvenzrechtlichen Vorschriften.

> **Praxishinweis:** Da in der Praxis noch ungeklärt ist, ob schon die Bestellung einer Sicherheit oder erst ihre Verwertung eine Auszahlung im Sinne von § 30 GmbHG darstellt, sollte – auch zur Vermeidung der persönlichen Haftung der Geschäftsführer der GmbH – in den Kreditvertrag eine Regelung aufgenommen werden (sog. **„Limitation-Language"**), nach der die Bank die ihr gewährten Sicherheiten nur insoweit verwerten darf, (i) wie es bei der Zielgesellschaft dadurch nicht zu einer Unterbilanz kommt und (ii) dass im Sicherungsfall keine Zahlung im Sinne von § 63 Satz 3 GmbHG gegeben wäre.[79]

b) Verbot von Einlagenrückgewähr und Finanzierung eigener Anteile bei AG

Bei der Aktiengesellschaft als Zielunternehmen gilt das Verbot der Einlagenrückgewähr **42** gemäß § 57 AktG, welches noch strenger als die Kapitalerhaltungsvorschrift des § 30 GmbHG konzipiert ist. Nach § 57 Abs. 1 AktG dürfen mit Ausnahme des Bilanzgewinns, des Liquidationserlöses sowie der gesetzlich ausdrücklich zugelassenen Ausnahmen keine Leistungen an die Aktionäre gewährt werden, sodass die Leistung von Sicherheiten zu Gunsten eines Aktionärs sowie die Ausreichung eines Darlehens an einen Aktionär grundsätzlich gegen § 57 Abs. 1 AktG verstoßen.[80]

Gemäß § 57 Abs. 1 Satz 3 AktG sind allerdings durch das am 1.11.2008 in Kraft getretene MoMiG[81] dem GmbH-Recht entsprechende **Ausnahmen** eingeführt worden, nämlich das Bestehen eines Beherrschungs- oder Gewinnabführungsvertrages (§ 291 AktG), Deckung der Auszahlung durch einen vollwertigen Gegenleistungs- oder Rückgewähranspruch gegen den Aktionär sowie die Rückerstattung von Aktionärsdarlehen und vergleichbaren Leistungen.[82] Die erste Ausnahme gilt ebenfalls nur dann, wenn der aus dem Beherrschungs- oder Gewinnabführungsvertrag folgende Verlustausgleichsanspruch der Zielgesellschaft voll werthaltig ist. Bedenken gegen das Vorliegen eines vollwertigen Rückzahlungs- oder Rückgriffsanspruchs könnten auch insoweit bestehen, als ja die Besicherung gerade das beim Aktionär bestehende Ausfallrisiko kompensieren soll.[83]

---

[76] Vgl. zur Konkretisierung der Vollwertigkeit *Theusinger/Kapteina*, NZG 2011, 881, 882 f.

[77] BGH vom 1.12.2008 – II ZR 102/07 („MPS"), DStR 2009, 234, 236; vgl. auch *Fastrich* in: Baumbach/Hueck, GmbHG, § 30 Rn. 44 f.

[78] BGH vom 1.12.2008 – II ZR 102/07 („MPS"), DStR 2009, 234, 236.

[79] Vgl. dazu ausführlich *Kollmorgen/Santelmann/Weiß*, BB 2009, 1818, 1819 ff.; vgl. auch *Theusinger/Kapteina*, NZG 2011, 881, 886 ff.

[80] Vgl. auch *Hüffer/Koch*, AktG, § 57 Rn. 27.

[81] Gesetz zur Modernisierung des GmbH-Rechts und zur Bekämpfung von Missbräuchen vom 23.10.2008, BGBl. I, S. 2026 (Nr. 48).

[82] Vgl. *Hüffer/Koch*, AktG, § 57 Rn. 22 ff.; zur GmbH siehe bereits oben.

[83] Vgl. *Hüffer/Koch*, AktG, § 57 Rn. 27.

43   Darüber hinaus ist im Falle der Aktiengesellschaft als Zielgesellschaft das **Verbot der Finanzierung des Erwerbs eigener Aktien nach § 71a AktG** zu beachten, wonach ein Rechtsgeschäft, das die Gewährung eines Darlehens oder die Leistung einer Sicherheit durch die Gesellschaft an einen anderen zum Zweck des Erwerbs von Aktien dieser Gesellschaft zum Gegenstand hat, nichtig ist. Dieser Tatbestand ist im Falle der Ausreichung eines Darlehens durch die Zielgesellschaft an die Akquisitionsgesellschaft bzw. bei Besicherung der Kaufpreisfinanzierung unstreitig erfüllt.

c) Existenzvernichtender Eingriff

44   Die Kapitalerhaltungs- und Schadensersatzvorschriften der §§ 30, 31 GmbHG, §§ 57, 117 AktG bestehen – soweit sie sich mit einer Haftung wegen existenzvernichtenden Eingriffs nach § 826 BGB überschneiden – neben der Haftung aus § 826 BGB.[84] Als eine Fallgruppe der unmittelbaren Haftung von Gesellschaftern hatte die Rechtsprechung zunächst die sog. „Haftung aus qualifiziert faktischem Konzern" entwickelt, welche der BGH jedoch inzwischen ausdrücklich aufgegeben hat. Stattdessen stellt die Rechtsprechung nunmehr auf eine „Haftung wegen existenzvernichtenden Eingriffs" ab, welche als **Innenhaftung gegenüber der Gesellschaft** ausgestaltet ist und als besondere Fallgruppe des § 826 BGB angesehen wird.[85] Hiernach hat der Gesellschafter einer GmbH (oder auch GmbH & Co. KG oder AG)[86] der Gesellschaft Schadensersatz zu leisten, wenn er auf die Zweckbindung des Gesellschaftsvermögens keine Rücksicht nimmt und der Gesellschaft durch offene oder verdeckte Entnahmen ohne angemessenen Ausgleich Vermögenswerte entzieht, die sie zur Erfüllung ihrer Verbindlichkeiten benötigt. Anders als die Haftung im qualifiziert faktischen Konzern gilt die Haftung wegen existenzvernichtenden Eingriffs allgemein für das Verhalten von Gesellschaftern gegenüber der Gesellschaft und knüpft nicht (mehr) an den Tatbestand des Konzerns an, so dass **auch Minderheitsgesellschafter** ohne beherrschenden Einfluss haften können. Reine Managementfehler führen indes nicht zur Haftung wegen existenzvernichtenden Eingriffs.

45   Die Existenzvernichtungshaftung soll wie eine das gesetzliche Kapitalerhaltungssystem (insbesondere §§ 30, 31 GmbHG) ergänzende, aber deutlich darüber hinausgehende **„Entnahmesperre"** wirken, indem sie die sittenwidrige, weil insolvenzverursachende oder – vertiefende „Selbstbedienung" des Gesellschafters zu Lasten der Gläubiger der Gesellschaft durch die repressive Anordnung der Schadensersatzpflicht in Bezug auf das beeinträchtigte Gesellschaftsvermögen ausgleicht.[87] So nimmt die Rechtsprechung eine sittenwidrige Schädigung und eine Haftung aus § 826 BGB insbesondere dann an, wenn der Gesellschafter der Gesellschaft planmäßig das Vermögen entzieht.[88] Trotz der offenbar zahlreichen Einfallstore möglicher Haftungsrisiken – gerade auch über eine Generalklausel wie § 826 BGB – ist festzuhalten, dass die Rechtsprechung die allgemeine zivilrechtliche Durchgriffshaftung nur in besonderen Ausnahmefällen zulässt, weil sonst die Rechtsform der juristischen Person und die damit bezweckte Haftungsbeschränkung der Gesellschafter entwertet würde.

46   Da die Haftung wegen existenzvernichtenden Eingriffs im Falle der Finanzierung des Unternehmenskaufes und Besicherung durch Vermögenswerte der Zielgesellschaft voraussetzt, dass die **Insolvenzreife** der Zielgesellschaft als unmittelbare Folge dieser Maßnahme eingetreten ist und der Gesellschafter vorsätzlich gehandelt hat, wird allerdings in vielen Fällen eine Existenzvernichtungshaftung ausscheiden.

---

84 Vgl. dazu *Hüffer/Koch*, AktG, § 1 Rn. 30 und § 117 Rn. 14.
85 BGH vom 16.7.2007 – II ZR 3/04 („Trihotel"), NJW 2007, 2689.
86 Vgl. *Hüffer/Koch*, AktG, § 1 Rn. 26.
87 BGH vom 16.7.2007 – II ZR 3/04 („Trihotel"), NJW 2007, 2689, 2692.
88 BGH vom 16.7.2007 – II ZR 3/04 („Trihotel"), NJW 2007, 2689, 2692.

4. Exit

Der Exit ist – wie bereits erwähnt – für den Investor von großer Bedeutung.[89] Daher **47** sollte derjenige Käufer, der das Unternehmen gemeinsam mit einem Private-Equity-Investor erwirbt, seine Rechte und Pflichten aus und im Zusammenhang mit dem Exit sorgfältig verhandeln. Bei größeren mittelständischen Unternehmen kommt durchaus ein Börsengang („IPO") in Betracht. Häufiger dürfte der Fall jedoch so liegen, dass der Investor an einen weiteren Investor oder strategischen Käufer veräußern wird.

> **Praxishinweis:** Der Käufer sollte darauf achten, dass er für den Exit des Investors maßgeblich das „Heft des Handelns" in die Hand bekommt oder dass ihm zumindest nicht gegen seinen Willen ein Käufer aufgedrängt werden kann. Denn andernfalls droht ihm dann der Einstieg anderer Investoren oder strategischer Erwerber, ohne dass er sich dagegen zur Wehr setzen kann.[90]

III. Steuerliche Besonderheiten gegenüber dem „normalen" Unternehmensverkauf

1. Allgemeines

a) Spezifische steuerliche Ziele und Problembereiche eines Private Equity-Investments aus steuerlicher Sicht

Typisch für einen Unternehmensverkauf an einen Private Equity-Fonds ist, dass der Pri- **48** vate Equity-Fonds – je nach aktueller Lage der Finanzmärkte – versuchen wird, einen substanziellen Teil des Gesamtinvestments nicht in Eigenkapital (= durch den Fonds verwaltete Gelder der Investoren), sondern in **Fremdkapital** (= insbesondere Bankdarlehen, aber auch Verkäuferdarlehen bzw. „Vendor Loan") darzustellen. Ein wesentliches steuerliches Ziel aus Sicht des Private Equity-Fonds ist es dann, die Transaktion so zu strukturieren, dass der **Zinsaufwand** im Rahmen der Akquisitionsfinanzierung möglichst vollständig mit operativen Erträgen der erworbenen Zielgesellschaft **verrechnet werden kann.**[91]

Daneben ist ein Private Equity-Fonds – wie jeder andere Unternehmenskäufer auch – daran interessiert, Verkehrssteuern wie Grunderwerbsteuern und Umsatzsteuern im Rahmen der Unternehmensübernahme möglichst zu minimieren.[92] Sodann ist es für einen Private Equity-Fonds als institutionellem Investor noch wichtiger als für einen privaten Investor oder einen strategischen Unternehmenskäufer, etwaige durch die Akquisition ausgelösten Steuerbelastungen ebenso wie die laufende weitere steuerliche Belastung für die Dauer des Investments schon im Vorhinein möglichst genau zu kalkulieren. Dies ist zum einen dann wichtig, wenn Fremdkapital bei der Finanzierung der Akquisition eine Rolle spielt, weil die Banken vollständige Transparenz auch über steuerbedingte Cash-Abflüsse erwarten.[93] Unabhängig davon muss der Fonds aber auch deshalb den genauen Finanzbedarf einschließlich etwaiger steuerlicher Transaktionskosten kalkulieren, um hierüber die Entscheidung des Investmentkomitees des Fonds herbeiführen zu können und um die

---

[89] Vgl. zu den mit dem Exit verbundenen Fragen ausführlich *Ellrott* in: Eilers/Koffka/Mackensen, Private Equity, Teil VIII.; *Inhester* in: Jesch/Striegel/Boxberger, Rechtshandbuch Private Equity, § 14 Rn. 57 ff.

[90] *Cichy/McAllister,* BB 2012, 723, 725.

[91] Siehe dazu unten → Rn. 60 ff., vgl. auch *Veith* in: Feldhaus/Veith, Frankfurter Kommentar zu Private Equity, Kap. 1 Rn. 66.

[92] Siehe dazu Teil → B., Rn. 107 ff. und → Rn. 255 ff.

[93] *Eilers* in: Eilers/Koffka/Mackensen/Paul, Private Equity, Abschnitt IV Rn. 3.

Höhe des nötigen Mittelabrufs („Capital Call") bei den Investoren des Fonds bestimmen zu können.

Häufig verlangen Private Equity-Fonds des Weiteren eine **„Rückbeteiligung"** (wg. „Roll-Over") bestimmter, im Management der Zielgesellschaft operativ tätiger Altgesellschafter, wobei dies meist durch Bündelung aller Anteile an der Zielgesellschaft in einer Akquisitionsgesellschaft, an der dann die sich rückbeteiligenden Altgesellschafter sowie der Fonds beteiligt sind, erfolgt.[94] In steuerlicher Hinsicht ist es insoweit das Ziel des Fonds, den sich rückbeteiligenden Altgesellschaftern eine steuerneutrale Strukturierung der Rückbeteiligung zu ermöglichen.[95]

Sollten während der Laufzeit des Investments Dividendenausschüttungen geplant sein, ist die Vermeidung von Quellensteuern sowie eine möglichst steuerneutrale Ausschüttung anzustreben.[96] Auch im Rahmen des Exits (= Ausstieg, Anteilsverkauf) des Finanzinvestors ist es das steuerliche Ziel, die Transaktion möglichst steuergünstig zu gestalten. Dabei spielt die Überlegung eine Rolle, auf welcher Ebene der Exit erfolgen soll, d. h. ob z. B. die Akquisitionsgesellschaft als Verkäufer auftritt oder ob die Anteile an der Akquisitionsgesellschaft selbst verkauft werden.[97] Schließlich implementieren Private Equity-Investoren regelmäßig Managementbeteiligungsprogramme für die wesentlichen Mitglieder des Managements der Zielgesellschaft. In steuerlicher Hinsicht soll hier natürlich zum einen – soweit möglich und praktikabel – den begünstigten Managern eine auch steuerlich interessante Beteiligungsmöglichkeit geboten werden.[98] Zum anderen sollen aber steuerliche Risiken, insbesondere Lohnsteuerrisiken aus der Vergabe von verdecktem Sachbezug, vermieden werden.

Auch im Rahmen des **Exits** des Finanzinvestors müssen solche Managementbeteiligungspläne in steuerlicher Hinsicht sorgfältig abgewickelt werden, d. h. möglichst ohne den Fonds als Verkäufer abwicklungstechnisch belastende nachlaufende (Steuer-)Risiken für die Verkäufer.[99]

b) Typische Grundstruktur eines Private Equity-Investments

49   Bei der steuerlichen Gestaltung der Private Equity-Investition durch den Fonds finden sich gerade aufgrund der steuerlichen Rahmenbedingungen Transparenz und Homogenität der „Branche" **typische, sich ähnelnde Strukturen.** Die eigentliche Zielgesellschaft, deren Anteile vom Fonds (meist mehrheitlich) übernommen werden sollen, wird typischerweise über eine zu diesem Zweck errichtete Akquisitionsgesellschaft (abgekürzt häufig „AkquiCo" genannt) als Holding-Gesellschaft erworben; bei großvolumigeren Transaktionen sowie beim Einsatz von Fremdkapitaltranchen unterschiedlicher Rangigkeit findet man in der Praxis meist **mehrstufige Holding-Strukturen.**[100] Die Fondsgesellschaft selbst ist i. d. R. als steuerlich transparente Personengesellschaft organisiert.[101]

Beispiel: Die M-GmbH ist ein mittelständischer Autozulieferer, der sich in der Hand der Familie M befindet. Familie M beschließt, eine Mehrheit von 80 % an den Private Equity-Fonds F zu veräußern. Die beiden auch in der Geschäftsführung aktiven Mitglieder der Familie M, die Brüder M, sollen sich mit den verbleibenden 20 % „rückbeteiligen". Die Struktur soll so aussehen, dass

---

[94] Siehe dazu unten → Rn. 72 f.

[95] Siehe dazu unten → Rn. 72 f.

[96] Siehe dazu unten → Rn. 83 f., vgl. dazu auch *Veith* in: Feldhaus/Veith, Frankfurter Kommentar zu Private Equity, Kap. 1 Rn. 66.

[97] Siehe dazu unten → Rn. 89.

[98] Siehe dazu unten → Rn. 79 ff.

[99] Siehe dazu unten → Rn. 93 ff.

[100] *Eilers* in: Eilers/Koffka/Mackensen/Paul, Private Equity, Abschnitt IV Rn. 9; *Gröger,* in: Hölters, Handbuch Unternehmenskauf, Rn. 4.277.

[101] Vgl. z. B. *Schnittker/Steinbiß,* IStR 2015, 760; *Eilers* in: Eilers/Koffka/Mackensen/Paul, Private Equity, Abschnitt IV Rn. 4; *Lorenz/Ulrich* in: Jesch/Striegel/Boxberger, Rechtshandbuch Private Equity § 4 Rn. 37 ff.

der Fonds eine deutsche GmbH als Akquisitionsgesellschaft etabliert, die nach Vollzug der Transaktion 100 % der Anteile an der M-GmbH hält, während die Brüder M und der Fonds zu den entsprechenden Verhältnissen an dieser Akquisitionsgesellschaft beteiligt sind. Für die verkauften 80 % wird ein Barkaufpreis von EUR 8 Mio. vereinbart, der i. H. v. EUR 3 Mio. von der B-Bank fremdfinanziert wird. Der Rest wird i. H. v. EUR 2 Mio. über einen Einschuss des Fonds in die Rücklagen der AkquiCo und i. H. v. weiteren EUR 3 Mio. durch Gesellschafterdarlehen des Fonds an die AkquiCo dargestellt.

Daraus ergibt sich folgende Konstellation:

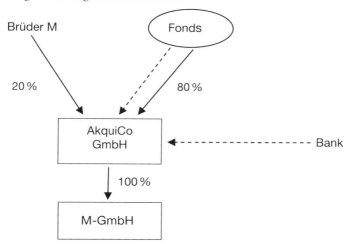

Steuerlich ist für die Rentabilität eines Private Equity-Fonds entscheidend, ob die mit **50** der Veräußerung von Portfolio-Beteiligungen realisierten Veräußerungsgewinne sowohl im Sitzstaat der veräußerten Beteiligung wie auch im Sitzstaat des Fondsvehikels steuerfrei bleiben oder jedenfalls nur ermäßigt besteuert werden, und ggf. auch der Liquidationsgewinn bei der Auflösung des Fonds nicht der Besteuerung unterliegt.[102] Steuerkonstruktives Ziel ist nämlich, dass letztlich jeder Fondsinvestor (nur) nach dem für ihn nach seinem Sitz geltenden Besteuerungsregime besteuert wird.

Als Fondsvehikel werden häufig **ausländische Personengesellschaften** (wie z. B. eine Limited Partnership angloamerikanischer Rechtsform oder eine Luxemburger SCSp) verwendet, wobei die Standortwahl von den steuerlichen Rahmenbedingungen und den regulatorischen Anforderungen determiniert wird.[103]

Handelt es sich um einen **deutsche Fonds,** trifft man als typische Rechtsform die vermögensverwaltende GmbH & Co. KG an. Die gewünschte Steuerneutralität auf Ebene des Fondsvehikels erfordert dann zum einen die Vermeidung der gewerblichen Prägung und Infektion durch Körperschaften im Gesellschafterkreis der Fonds-KG.[104] Neben dieser eher formalen Hürde besteht das wesentliche steuerliche Risiko in der Beantwortung der mit Unsicherheiten behafteten Frage, wann eine unternehmerische Einflussnahme auf die Port-

---

[102] *Levedag* in: Münchener Handbuch des Gesellschaftsrechts Band 2, Rn. 207.

[103] *Gröger,* in: Hölters, Handbuch Unternehmenskauf, Rn. 4.276. Häufig werden Off-Shore-Standorte wie die Bahamas, die britischen Kanalinseln, die Cayman Islands oder die British Virgin Islands genutzt.

[104] Siehe *Levedag* in: Münchener Handbuch des Gesellschaftsrechts Band 2, Rn. 208: Die gewerbliche Prägung nach § 15 Abs. 3 Nr. 2 EStG wird dadurch vermieden, dass nicht die Komplementär-GmbH und deren Organe ausschließlich vertretungsberechtigt und geschäftsführungsbefugt für die Fonds-KG sind. Durch die Einschaltung einer Management-GmbH, die zugleich Kommanditistin ist, und die die Geschäftsführung in der KG übernimmt, kann die gewerbliche Prägung des § 15 Abs. 3 Nr. 2 EStG nach h. M. ausgeschlossen werden.

folio-Unternehmen und die Investition der Fonds-KG in eine Vielzahl von Unternehmen mit der Absicht einer späteren gewinnbringenden Veräußerung der Beteiligung zu einer originär gewerblichen Betätigung nach § 15 Abs. 2 EStG führt.[105] Soll die Gewerblichkeit des Fonds vermieden werden, darf mit der durchgeführten Tätigkeit der Umfang der privaten Vermögensverwaltung nicht überschritten werden. Eine wesentliche Rechtsgrundlage für die steuerliche Würdigung und Strukturierung von Fonds mit deutschem Bezug[106] ist unverändert der sog. **Private Equity-Erlass** der Finanzverwaltung.[107] Welchen Einfluss die Entscheidung des BFH vom 24.8.2011[108] auf den durch die Finanzverwaltung im Private Equity-Erlass gesteckten Rechtsrahmen haben wird, ist noch nicht geklärt. Das **InvStG 2018** ist insoweit ohne Einfluss auf die steuerliche Transparenz eines Fondsvehikels:[109] AIF in der Rechtsform einer Personengesellschaft sind keine Investmentfonds i. S. d. InvStG 2018, sofern es sich nicht um OGAW oder um Altersvorsorgevermögenfonds nach § 53 InvStG 2018 handelt (§ 1 Abs. 3 S. 1 Nr. 2 InvStG 2018).

2. Spezifische Steuerfragen beim „Einstieg" eines Private Equity-Investors

a) Steuerfragen der Akquisitionsfinanzierung

51   Die häufig im Rahmen eines Private Equity-Investments anzutreffende teilweise **Fremdfinanzierung der Akquisition** führt in steuerlicher Hinsicht im Wesentlichen zu zwei Fragestellungen: Zum einen zur Problematik der Zinsabzugsbeschränkungen durch die sog. Zinsschranke und zum anderen zur Frage, inwieweit durch hohe Zinsen auf Gesellschafterdarlehen verdeckte Gewinnausschüttungen drohen. In jedem Fall kommt es für Zwecke der GewSt grundsätzlich zu einer Hinzurechnung von 25 % der (ansonsten abzugsfähigen) Zinsen bzw. sonstigen Vergütungen, d. h. gewerbesteuerlich abzugsfähig sind auch ohne Nichteingreifen der Zinsschranke nur 75 % der Zinsen bzw. sonstigen Vergütungen (vgl. § 8 Nr. 1 Buchst. a GewStG).[110]

52   **aa) Beschränkung des Zinsabzugs durch die Zinsschranke.** Nach § 4h Abs. 1 EStG i. V. m. § 8a Abs. 1 KStG **(Zinsschranke)** ist der Abzug von Zinsaufwendungen eines Betriebs grundsätzlich auf 30 % des steuerlichen EBITDA (= „Earnings before Interest, Tax, Depreciations and Amortisation" – Ergebnis vor Zinsen, Steuern und Abschreibungen) beschränkt.[111] Die Zinsschranke gilt dabei unabhängig von der Rechtsform der die Akquisitionsfinanzierung aufnehmenden Gesellschaft sowohl für Personengesellschaften wie auch für Kapitalgesellschaften.[112] Das Zinsabzugsverbot greift für den sog. **Schuldzinsen-**

---

[105] *Levedag* in: Münchener Handbuch des Gesellschaftsrechts Band 2, Rn. 210.

[106] Also Fonds, bei denen eines oder mehrere der folgenden Merkmale zutreffen: Sitz der Fondsgesellschaft in Deutschland, Sitz der Managementgesellschaft in Deutschland, Ansässigkeit der sog. „Carry-Berechtigten" in Deutschland oder Ansässigkeit von Investoren in Deutschland.

[107] BMF-Schreiben vom 16.12.2003 betreffend die einkommensteuerliche Behandlung von Venture Capital und Private Equity Fonds – Abgrenzung der privaten Vermögensverwaltung vom Gewerbebetrieb, IV A 6-S 2240-153/03, BStBl. I 2004, S. 40; einen guten Überblick findet sich bei *Levedag* in Münchener Handbuch des Gesellschaftsrechts Band 2, Rn. 213 ff.

[108] BFH vom 24.8.2011 – I R 46/10, BStBl. II 2014, 764 = BB 2011, 2977 mit Anmerkung *Mihm*. Siehe dazu auch *Süß/Mayer*, DStR 2011, 2276.

[109] *Lorenz/Ulrich* in: Jesch/Striegel/Boxberger, Rechtshandbuch Private Equity § 4 Rn. 42.

[110] *Ingenhofen* in: Jesch/Striegel/Boxberger, Rechtshandbuch Private Equity § 15 Rn. 84.

[111] Dazu näher *Loschelder* in: Schmidt, EStG, § 4h EStG Rn. 1 und 7 ff.; BMF vom 4.7.2008 – IV C 7-S2742-a/07/1001, BStBl. I 2008, 718; bundesweit abgestimmte Verfügung der OFD Karlsruhe betreffend Anwendungsfragen bei der Zinsschranke 10.10.2014 – S 274.2b/1/21-St 221, BeckVerw 312855.

[112] Vgl. BMF vom 4.7.2008 – IV C 7-S2742-a/07/1001, BStBl. I 2008, 718, Tz. 2 ff.; eine Ausnahme gilt für solche Personengesellschaften, die vermögensverwaltend tätig sind, was bei GmbH & Co. KGs nur dann eintritt, wenn keine gewerbliche Prägung nach § 15 Abs. 3 Nr. 2 EStG vorliegt. Dazu auch *Veith* in: Feldhaus/Veith, Frankfurter Kommentar zu Private Equity, Kap. 1 Rn. 71;

überhang, d. h. die Differenz zwischen (meist höherem) Zinsaufwand und (meist niedrigerem oder in solchen Situationen eher geringfügigen) Zinsertrag (§ 4h Abs. 1 Satz 1 EStG). Kann ein solcher Schuldzinsenüberhang aufgrund Übersteigens der Abzugsmöglichkeit i. H. v. 30% des EBITDA innerhalb eines Veranlagungszeitraums nicht abgezogen werden, kann er in die folgenden Wirtschaftsjahre vorgetragen werden und erhöht die Zinsaufwendungen in diesen Wirtschaftsjahren, soweit in diesen Jahren die Zinsschranke nicht greift (§ 4h Abs. 1 Satz 2 EStG) (**Zinsvortrag**).[113] Ist der Zinsüberschuss dagegen kleiner als 30% des steuerlichen EBITDA, kann ein nicht genutztes EBITDA-Volumen vorgetragen und später mit Zinsaufwendungen verrechnet werden (§ 4h Abs. 1 Satz 3 EStG) (**EBITDA-Vortrag**).[114] Zu beachten ist jedoch, dass der EBITDA-Vortrag auf maximal fünf Jahre befristet ist.

> **Beachte:** Die Frage der Verfassungswidrigkeit der Zinsschrankenregelung ist noch ungeklärt.[115]

Die Zinsschrankenregelungen sehen drei **Ausnahmevorschriften** vor:[116] **53**
- Freigrenze i.H.v. EUR 3 Mio. pro Wirtschaftsjahr nach § 4h Abs. 2 Satz 1 Buchst. a EStG;[117]
- der Betrieb gehört nicht zu einem Konzern, § 4h Abs. 2 Satz 1 Buchst. b EStG, wobei hier ein eigenständiger steuerlicher Konzernbegriff („erweiterter Konzernbegriff") gilt;[118]
- der Betrieb ist ein konzernzugehöriger Betrieb, es greift aber die Escape-Klausel nach § 4h Abs. 2 Satz 1 Buchst. c EStG ein, d. h. es wird nachgewiesen, dass die Eigenkapitalquote des Betriebs nachweislich nicht mehr als einen Prozentpunkt unter der des Gesamtkonzerns liegt.[119]

Die in der Praxis bedeutsamste Ausnahme von der Anwendbarkeit der Zinsschranke ist **54** im Bereich mittelständischer Strukturen die **Freigrenze.** Liegen die Nettozinsaufwendungen des die Akquisitionsfinanzierung aufnehmenden Akquisitionsvehikels (im vorstehenden Beispiel die Nettozinsaufwendungen der AkquiCo) innerhalb der Freigrenze, so ist die Zinsschranke insgesamt nicht anzuwenden. Wird der Betrag der Freigrenze dagegen überschritten, und wenn auch nur geringfügig, unterliegen die gesamten Zinsen der Zinsschranke, da es sich um eine Freigrenze (im Gegensatz zu einem Freibetrag) handelt.[120] Für die Ermittlung der Freigrenze ist im oben stehenden Beispiel sowohl der an die finanzierende Bank zu zahlende Zinsaufwand wie auch eine Verzinsung des Gesellschafterdarlehens

---

ferner *Gocksch,* Besteuerung Private Equity-Fonds, S. 97 ff. Zur Kritik der überschießenden Steuerwirkungen der Zinsschranke speziell bei Holding-Gesellschaften siehe *Kessler/Benke,* DB 2019, 2367.

[113] Zum Zinsvortrag siehe ausführlich *Schaden/Käshammer,* BB 2007, 2317 ff.; vgl. ferner *Heuermann* in: Blümich, EStG, § 4h EStG Rn. 49 f.

[114] Dazu *Loschelder* in: Schmidt, EStG, § 4h EStG Rn. 12; *Heuermann* in: Blümich, EStG, Loseblatt, § 4h EStG Rn. 45 ff.

[115] Der BFH hat am 18.12.2013 – I B 85/13, BStBl. 20II 2014, 947 in einem Verfahren zum vorläufigen Rechtsschutz entschieden, dass Zweifel an der Verfassungskonformität der Zinsschranke bestehen und hat deshalb die Aussetzung der Vollziehung eines Steuerbescheids nach § 69 Abs. 2 Satz 2 i. V. m. Abs. 3 Satz 1 FGO gewährt. Dagegen Nichtanwendungserlass des BMF vom 13.11.2014 – V C 2 – S 2742 – a/07/10001 :009, BStBl. I 2014, 1516. Der BFH hat das BVerfG angerufen (Beschluss vom 14.10.2015 – I R 20/15, DB 2016, 382; anhängig am BVerfG – Aktenzeichen: 2 BvL 1/16). Der BFH hat bereits vor seinem Vorlagebeschluss Aussetzung der Vollziehung gewährt (BFH vom 18.12.2013 – I B 85/13, BStBl. II 2014, 947).

[116] Zu den Ausnahmetatbeständen siehe allgemein *Ufer/Hölzer* in: Kneip/Jänisch, Tax Due Diligence, S. 219 ff.; *Holzapfel/Pöllath,* Unternehmenskauf in Recht und Praxis, Rn. 575; *Heuermann* in: Blümich, EStG, § 4h EStG Rn. 52 ff.

[117] BMF vom 4.7.2008 – IV C 7–S2742-a/07/1001, BStBl. I 2008, 718, Tz. 55 ff.

[118] BMF vom 4.7.2008 – IV C 7–S2742-a/07/1001, BStBl. I 2008, 718, Tz. 59 ff.

[119] BMF vom 4.7.2008 – IV C 7–S2742-a/07/1001, BStBl. I 2008, 718, Tz. 69 ff.

[120] Vgl. *Loschelder* in: Schmidt, EStG, § 4h EStG Rn. 15.

einzubeziehen.[121] Die Freigrenze bezieht sich auf das jeweilige Wirtschaftsjahr des Betriebs.[122]

> **Beachte:** Aufgrund des einschneidenden „Alles oder Nichts"-Prinzips der Freigrenze muss in steuerlicher Hinsicht eine sehr genaue Planung des Zinsaufwands erfolgen. Ferner ist bei der Bestimmung des Eigenkapital-Fremdkapitals-Mixes der Akquisitionsfinanzierung ein ausreichender „Puffer" einzuplanen, insbesondere dann, wenn die Bankfinanzierung nicht zu einem festen Zinssatz, sondern zu an der Marktzinsentwicklung gekoppelten veränderlichen Zinssätzen vereinbart wird.

55   Problematisch ist in Private Equity-Strukturen auch oft die Anwendung der **Escape-Klausel**[123] weil häufig unklar ist, welche Gesellschaft als Konzernspitze anzusehen ist, auf die bezogen dann die Ermittlung der Eigenkapitalquote im Gesamtkonzern erfolgt. Praktikabel erscheint hier, auf die vom Fonds und ggf. den sich rückbeteiligenden Alt-Gesellschaftern gehaltene Holding-Gesellschaft (oder, wenn mehrere Holding-Ebenen vorliegen: die oberste Holding-Gesellschaft) abzustellen.[124] Das BMF-Schreiben zur Zinsschranke[125] regelt hierzu nichts.

56   Soweit in einem Veranlagungszeitraum nicht sämtliche Zinsen abgezogen werden können, sind sie gemäß § 4h Abs. 1 Satz 2 EStG in die folgenden Wirtschaftsjahre vorzutragen und können daher in solchen Veranlagungszeiträumen, in denen die 30 %-EBITDA-Grenze nicht ausgenutzt wird, verrechnet werden. Dieser **Zinsvortrag** erfolgt zeitlich unbeschränkt und ist gemäß § 4h Abs. 4 Satz 1 EStG gesondert festzustellen.[126] Die Freigrenze bezieht sich auf das jeweilige Wirtschaftsjahr des Betriebs, also meist das Kalenderjahr.[127]

> **Praxishinweis:** In steuerlicher Hinsicht kann sich der Zinsvortrag insbesondere dann als vorteilhaft erweisen, wenn sich im Zuge der Laufzeit des Private Equity-Investments die Zielgesellschaft positiv entwickelt und deren operative Gewinne steigen, weil damit auch das steuerliche EBITDA und damit das Zinsabzugsvolumen steigen.

57   Aufgrund des begrenzten Investmenthorizonts eines Private Equity-Fonds ist zu beachten, dass die **effektive Nutzbarkeit** eines Zinsvortrags durch die **Investmentlaufzeit faktisch beschränkt** wird. Gemäß § 4h Abs. 5 EStG i. V. m. § 8c KStG kommt es nämlich bei einer Anteilsveräußerung von mehr als 50 % insgesamt zu einen Untergang des Zinsvortrags.[128] Dies ist aber bei einem Exit des Fonds regelmäßig der Fall.

> **Beachte:** Hierfür ist (mittelbar) auch die ausstehende Klärung der Verfassungskonformität des § 8c KStG zu beachten. Denn die Frage der Verfassungskonformität der Vorschrift in Bezug auf den vollständigen Verlustuntergang bei Überschreiten der 50 % Schwelle ist noch ungeklärt. Das FG Hamburg hat mit Beschluss vom 29.8.2017[129] das Verfahren nach § 100 Abs. 1 Satz 1 GG ausgesetzt, um die Entscheidung des Bundesverfassungsgerichts auch insoweit einzuholen. Bis zum Ergehen dieser Entscheidung sollten derartige Fälle auch in Bezug auf die Zinsschranke offengehalten werden.

---

[121] Vgl. *Loschelder* in: Schmidt, EStG, § 4h EStG Rn. 9 und 15.

[122] BMF vom 4.7.2008 – IV C 7-S2742-a/07/1001, BStBl. I 2008, 718, Tz. 58 ff.

[123] Zur Escape-Klausel siehe näher *Loschelder* in: Schmidt, EStG, § 4h EStG Rn. 17; *Ufer/Hölzer* in: Kneip/Jänisch, Tax Due Diligence, S. 220 f.

[124] So *Eilers* in: Eilers/Koffka/Mackensen/Paul, Private Equity, Abschnitt IV Rn. 24.

[125] BMF vom 4.7.2008 – IV C 7-S2742-a/07/1001, BStBl. I 2008, 718.

[126] Dazu *Loschelder* in: Schmidt, EStG, § 4h EStG Rn. 31.

[127] BMF vom 4.7.2008 – IV C 7-S2742-a/07/1001, BStBl. I 2008, 718, Tz. 58.

[128] Hierzu *Loschelder* in: Schmidt, EStG, § 4h EStG Rn. 32.

[129] FG Hamburg vom 29.8.2017 – 2 K 245/17, DStR 2017, 2377 mit Anmerkung *Kessler/Probst*; anhängig beim BVerfG unter dem Az. 2 BvL 19/17.

bb) Zinsen als verdeckte Gewinnausschüttungen. Da bei Private Equity-Struk- 58
turen – vgl. das oben stehende Beispiel in → Rn. 49 – typischerweise auch eine Darlehensgewährung durch den Private Equity-Fonds an die Erwerbergesellschaft erfolgt,
stellt sich die weitere steuerliche Frage, inwieweit **überhöhte, zugunsten des Fonds vereinbarte Zinsen** steuerlich als verdeckte Gewinnausschüttungen („vGA") einzuordnen
sind.

Verdeckte Gewinnausschüttungen sind jede Zuwendung von Vermögensvorteilen durch
eine Kapitalgesellschaft an einen Gesellschafter außerhalb der gesellschaftsrechtlichen Gewinnverteilung, die aber gesellschaftsrechtlich veranlasst ist.[130] Bei einem beherrschenden
Gesellschafter wird in einer Vorprüfung zunächst geprüft, ob der Leistungsaustausch im
Rahmen einer klaren und eindeutigen Weise im Vorhinein festgelegt und entsprechend
dieser Vereinbarung durchgeführt wurde (R 8.5 Abs. 2 KStR 2015). Ist dies nicht der
Fall, liegt in i. d. R. (= im Sinne einer schwer zu widerlegenden Vermutung) in voller Höhe
eine vGA vor, und es kommt dann auf die materielle Angemessenheit nicht mehr an. Es
ist anerkannt, dass überhöhte Zinsen an Gesellschafter dem Grunde nach zu verdeckten
Gewinnausschüttungen führen können.[131] Verdeckte Gewinnausschüttungen können allerdings nur in Bezug auf die Verzinsung von Gesellschafterdarlehen angenommen werden;
Zinszahlungen an die die Akquisition mitfinanzierenden Banken führen mangels gesellschaftsrechtlicher Verflochtenheit der Banken mit der Zielgesellschaft oder der Erwerbergesellschaft nicht zu verdeckten Gewinnausschüttungen. Die Frage, ob die Verzinsung zu
Gunsten des vom Fonds gewährten Gesellschafterdarlehens überhöht ist, beantwortet sich
danach, inwieweit die Verzinsung einem **Fremdvergleich** standhält.[132] Der Fremdvergleich
bezieht sich dabei jedoch auf sämtliche Konditionen der Darlehensgewährung, d. h. nicht
ausschließlich nur auf die Höhe des Zinssatzes.[133]

Die **Rechtsfolgen** bei Annahme einer vGA sind grundsätzlich auf den unangemessenen
Teil der Verzinsung beschränkt, d. h. bei überhöhter vereinbarter Verzinsung wird (nur)
der überhöhte Teil als vGA behandelt.[134] Es erfolgt dann eine Schätzung des angemessenen
Teils der Zinsen nach Maßgabe des Einzelfalls.[135]

Praxishinweis: Dies birgt in der Praxis Chancen, im Rahmen einer späteren Betriebsprüfung der Erwerbergesellschaft einen meist hohen Zinssatz auf das Gesellschafterdarlehen
des Fonds erfolgreich zu verteidigen. Während die finanzierende Bank regelmäßig Sicherheiten wie eine Verpfändung der Anteile an der Zielgesellschaft erhält, sind die Gesellschafterdarlehen des Private Equity-Fonds in der Regel unbesichert. Sie enthalten des Weiteren
typischerweise Rangrücktrittserklärungen und sind aufgrund der gesellschaftsrechtlichen
Akquisitionsstruktur schon strukturell nachrangig gegenüber etwaigen auf Ebene der Zielgesellschaft Betriebsmittelkredite gewährenden Banken, die sich ebenfalls meist direkte Sicherheiten wie Globalzessionen etc. von der Zielgesellschaft gewähren lassen. Während für
derartige Gesellschafterdarlehen früher Zinssätze von 8 bis 10 % anzutreffen waren, dürften
beim heutigen allgemeinen Niedrig-Zinsniveau eher Zinssätze um die 5 bis 6 % marktüblich
sein. Ein weiteres Argument für die Drittüblichkeit ist es in solchen Konstellationen, dass die
Minderheitsgesellschafter sich häufig nicht pari passu an der Gewährung der Gesellschafterdarlehen beteiligen, sodass diese ein vitales Interesse daran haben, dass keine überhöh-
ten Zinsen vereinbart werden. Die (steuerlichen) Berater der Erwerbergesellschaft sollten in

---

[130] *Levedag* in: Schmidt, EStG, § 20 EStG Rn. 42; *Ratschow* in: Blümich, EStG, Loseblatt, § 20 EStG
Rn. 112.
[131] Vgl. nur *Levedag* in: Schmidt, EStG, § 20 EStG Rn. 44; *Ratschow* in: Blümich, EStG, Loseblatt,
§ 20 EStG Rn. 120; *Holzapfel/Pöllath*, Unternehmenskauf in Recht und Praxis, Rn. 581.
[132] Vgl. *Levedag* in: Schmidt, EStG, § 20 EStG Rn. 42 und 46; *von Beckerath* in: Kirchhof, EStG, § 20
EStG Rn. 50.
[133] Vgl. *Levedag* in: Schmidt, EStG, § 20 EStG Rn. 46.
[134] Vgl. BFH vom 12.10.1995 – I R 27/95, BStBl. II 2002, 367.
[135] FG Baden-Württemberg vom 10.11.2005 – 3 K 353/01 (rkr.), DStRE 2006, 845.

solchen Konstellationen darauf drängen, dass zum Zeitpunkt der Darlehensvergabe – wenn möglich – anderweitige Angebote am Markt eingeholt werden, die bei derselben Absicherung und derselben strukturellen Einordnung Aufschluss über von dritter Seite für diese Finanzierungstranche zu erlangenden Zinssätze geben können. Entsprechende Nachweise sind für die Zwecke einer späteren Betriebsprüfung sorgfältig aufzubewahren.

59   Zusätzlich ist bei Vorgängen, die ertragsteuerlich eine verdeckte Gewinnausschüttung darstellen, immer auch noch zu prüfen, ob damit zugleich **Schenkungsteuer** ausgelöst wird. Nach mittlerweile gefestigter Rechtsprechung[136] kann ein Vorgang, der eine vGA ist, nicht gleichzeitig eine freigiebige Zuwendung nach § 7 Abs. 1 Nr. 1 ErbStG darstellen (und dies unabhängig davon, ob die vGA an alle Gesellschafter in gleicher Höhe erging oder nur an einzelne Gesellschafter, und ob die Leistung, die der vGA zugrunde liegt, an einen Gesellschafter oder – auf Gesellschafterveranlassung – an eine diesem nahestehende Person zugewendet wird). Dies gilt auch für Sachverhalte nach Einführung des § 15 Abs. 4 ErbStG (da der keinen Besteuerungstatbestand schafft, sondern nur die Frage der Steuerklasse regelt).[137] Auf einer anderen Ebene stellt sich dann jedoch Frage, inwieweit bei Zuwendungen an nahestehende Personen eine Schenkung des Gesellschafters an diese nahestehende Personen vorliegt.[138]

b) Verrechnung von Zinsaufwand mit operativen Erträgen der Zielgesellschaft (steuerlicher „Debt Push Down")

60   Im Zuge des Private Equity-Investments wird, wenn die Akquisition auch durch Fremdkapital wie insbesondere Bankdarlehen finanziert wird, in der Praxis nach Möglichkeiten gesucht, eine **Zusammenführung** der erwarteten positiven **operativen Ergebnisse** der Zielgesellschaft mit den **Finanzierungsaufwendungen** des Erwerber-Vehikels zu erreichen (sog. „**Debt Push Down**").[139] Debt Push Down-Gestaltungen sind von der durch den BFH anerkannten Finanzierungsfreiheit der Gesellschafter[140] gedeckt. Sie sind deshalb auch nicht als missbräuchlich zu qualifizieren (zumal ein Debt Push Down regelmäßig von einem Dritten, nämlich den Banken als Fremdkapitalgebern, verlangt wird.[141]

Die **Notwendigkeit** für einen Debt Push Down ergibt sich aus folgender einfacher Überlegung: Das Erwerber-Vehikel – im oben stehenden Beispiel der → Rn. 49 die AkquiCo – ist meist eine reine Holding-Gesellschaft, die vorbehaltlich von gruppenintern zu kreierenden Einkünften (z. B. aus Management- oder Serviceverträgen) grundsätzlich nur steuerfreie Beteiligungseinkünfte nach § 8b Abs. 1 KStG erzielt. Die Fiktion von nicht abziehbaren Betriebsausgaben i. H. v. 5 % solcher Bezüge nach § 8b Abs. 5 KStG führt zwar insoweit zu mit Zinsaufwendungen der AkquiCo steuerlich verrechenbarem Volumen, dies aber nicht in der Höhe der Zinsbelastungen. Würde man an dieser Struktur nichts ändern, würden über die Laufzeit des Investments auf Ebene der Erwerbergesellschaft steuerliche Verlustvorträge auflaufen, die dann beim späteren Exit nach § 8c KStG untergingen.

---

[136] BFH vom 13.9.2017 – II R 42/16, DStR 2018, 185; BFH vom 30.1.2013 – II R 6/12, ZEV 2013, 283; BFH vom 2.9.2015 – II B 146/14, DB 2015, 2602.

[137] *Crezelius*, ZEV 2013, 286, BFH vom 13.9.2017 – II R 42/16, DStR 2018, 185.

[138] Dies noch verneinend BFH vom 7.11.2007 – II R 28/06, DB 2008, 509 = mittlerweile überholt; denn: dies bejahend (als obiter dictum) BFH vom 13.9.2017 – II R 42/16, DStR 2018, 185 und ebenso gleichlautende Erlasse der obersten Finanzbehörden der Länder vom 20.4.2018, BeckVerw 434860, DB 2018, 1437, Tz. 2.6.2.

[139] Vgl. dazu *Gröger* in: Kneip/Jänisch, Tax Due Diligence, S. 547 f.; *Sinewe/Witzel* in: Brück/Sinewe, Steueroptimierter Unternehmenskauf, § 6 Rn. 17 ff.; *Holzapfel/Pöllath*, Unternehmenskauf in Recht und Praxis, Rn. 567.

[140] Siehe z. B. BFH vom 5.2.1992 – I R 127/90, BStBl. II 1992, 532; BFH vom 17.10.2001 – I R 97/00, GmbHR 2002, 169 mit Anmerkung *Schneider/Eilers*.

[141] *Eilers* in: Eilers/Koffka/Mackensen/Paul, Private Equity, Abschnitt IV Rn. 52.

Zur Umsetzung des Ziels einer Ergebnisverrechnung kommen im Bereich mittelständischer Transaktionen im Wesentlichen zwei Strategien zum Einsatz: Zum einen eine gesellschaftsrechtliche Zusammenführung der Zielgesellschaft und des Erwerber-Vehikels, insbesondere durch Verschmelzung beider Unternehmen[142] und zum anderen die Herstellung einer steuerlichen Organschaft zwischen der Zielgesellschaft als Organgesellschaft und dem Erwerber-Vehikel als Organträger. Bei komplexeren, großvolumigeren Transaktionen kommen daneben auch weitere Techniken zum Einsatz, die hier nicht weiter behandelt werden sollen.[143]

aa) Gesellschaftsrechtliche Zusammenführung von Zielgesellschaft und Er- 61 werbergesellschaft. Wesentlichstes Instrument der gesellschaftsrechtlichen Zusammenführung von Zielgesellschaft und Erwerbergesellschaft ist die **Verschmelzung.**[144] Gesellschaftsrechtlich wird dies typischerweise durch einen sog. **Up-Stream-Merger** strukturiert,[145] also als Verschmelzung der von der Erwerbergesellschaft übernommenen Zielgesellschaft „nach oben" auf diese. Im Beispiel der Rn. 49 würde also nach dem Closing der Transaktion die M-GmbH auf die AkquiCo verschmolzen werden. In der Folge entstehen dann operative Ergebnisse und Zinsaufwand beim selben Steuersubjekt, nämlich im Beispiel Rn. 49 bei der AkquiCo. Grundsätzlich kann eine solche Verschmelzung in Bezug auf die Wirtschaftsgüter der Zielgesellschaft als dem übertragenden Rechtsträger steuerlich **buchwertneutral** durchgeführt werden (vgl. § 11 Abs. 1 und 2 UmwStG).[146] Ein bei der Erwerbergesellschaft als übernehmendem Rechtsträger ggf. entstehender Übernahmegewinn ist im Ergebnis zu 95 % steuerfrei, wenn sowohl die Zielgesellschaft wie auch das Erwerber-Vehikel Kapitalgesellschaften sind (§ 12 Abs. 2 Sätze 1 und 2 UmwStG).[147] Oft wird in solchen Konstellationen aber ein **Übernahmeverlust** entstehen, nämlich weil mit dem Kaufpreis stille Reserven oder künftig erwartete Gewinn- und Ertragspotenziale der Zielgesellschaft abgegolten werden, so dass der Kaufpreis höher als das buchmäßige Eigenkapital der Zielgesellschaft ist.[148] Ein solcher Verschmelzungsverlust bleibt nach § 12 Abs. 2 Satz 1 UmwStG steuerlich außer Ansatz, d. h. er ist steuerlich irrelevant. Eine derartige Verschmelzung führt daher steuerlich zur Vernichtung von Anschaffungskosten, was aber dann, wenn ein späterer Veräußerungsvorgang nach dem Regime des § 8b Abs. 2, 3 KStG ohnehin nahezu steuerfrei ist, von wirtschaftlich geringerer Bedeutung ist.

Bei der Gestaltung ist allerdings auch zu bedenken, dass etwaige **Verlustvorträge** 62 der Zielgesellschaft, ebenso wie etwaige Zins- und EBITDA-Vorträge, infolge einer solchen Verschmelzung **verloren gehen** (§ 12 Abs. 3 i. V. m. § 4 Abs. 2 Satz 2 UmwStG).[149] Des Weiteren ist zu beachten, dass in den Fällen, in denen die Zielgesellschaft über Grundbesitz verfügt, der Up-Stream-Merger nach § 1 Abs. 3 GrEStG grundsätzlich **Grunderwerbsteuer** auslöst.

---

[142] Siehe zu den entsprechenden gesellschaftsrechtlichen Aspekten oben → Rn. 36 ff.

[143] Z. B. fremdfinanzierte Einlagenrückgewähr, fremdfinanzierte Ausschüttungen sowie fremdfinanzierte Anteilsrückkäufe, siehe dazu *Gröger* in: Hölters, Handbuch Unternehmenskauf, Rn. 4.194 ff.

[144] Siehe hierzu näher *Sinewe/Witzel* in: Brück/Sinewe, Steueroptimierter Unternehmenskauf, § 6 Rn. 27 f.

[145] Vgl. zum Up-Stream-Merger z. B. *Gröger* in: Hölters, Handbuch Unternehmenskauf, Rn. 4.176 ff.

[146] Zu Details siehe *Ettinger/Schmitz,* Umstrukturierungen im Bereich mittelständischer Unternehmen, Rn. 132 ff.; ferner *Gröger* in: Kneip/Jänisch, Tax Due Diligence, S. 549.

[147] Vgl. *Schmitt* in: Schmitt/Hörtnagl/Stratz, UmwG/UmwStG, § 12 UmwStG Rn. 41 ff.; *Ettinger/Schmitz,* Umstrukturierungen im Bereich mittelständischer Unternehmen, Rn. 136.

[148] *Gröger* in: Hölters, Handbuch Unternehmenskauf, Rn. 4.178.

[149] *Schmitt* in: Schmitt/Hörtnagl/Stratz, UmwG/UmwStG, § 12 UmwStG Rn. 93; vgl. auch *Gröger* in: Kneip/Jänisch, Tax Due Diligence, S. 549 f.

> **Praxishinweis:** In solchen Fällen sollte, sofern nicht eine Begünstigung nach § 6a GrEStG zum Tragen kommt,[150] ein Down-Stream-Merger in Betracht gezogen werden, weil die Erwerbergesellschaft nicht über Grundbesitz verfügt, und so vermieden wird, den Grundbesitz steuerlich „zu bewegen".[151]

63   Zu beachten ist, dass beim Up-Stream-Merger für handelsrechtliche Zwecke der Verkehrswertansatz gewählt und in einer **abweichenden Steuerbilanz** die Verschmelzung zu Buchwerten durchgeführt werden kann.[152] Gerade dann, wenn die Akquisition zu einem substanziellen Teil fremdfinanziert ist und mit dem Kaufpreis erhebliche stille Reserven der Zielgesellschaft bezahlt worden sind, kann durch den handelsrechtlichen Ansatz der Verkehrswerte der Vermögensgegenstände der Zielgesellschaft als übertragendem Rechtsträger, einschließlich der nicht bilanzierten Vermögensgegenstände und des Firmenwerts, ein „schöneres" Bilanzbild bei der Erwerbergesellschaft gezeigt werden, da sich das handelsbilanzielle Eigenkapital entsprechend erhöht.[153]

> **Beachte:** Zu beachten ist jedoch, dass dieser positive „Einmaleffekt" auf das Eigenkapital der Bilanz der Erwerbergesellschaft sich in den Folgejahren umkehrt, weil Abschreibungen auf immaterielle Vermögensgegenstände sowie Abschreibungen auf den Firmenwert das handelsrechtliche Ergebnis beeinträchtigen. Es ist daher der Vorteil, bilanziell ein hohes Eigenkapital zeigen zu können, gegen den Nachteil einer Belastung der GuV in den Folgejahren abzuwägen. Außerdem können bei einer nur handelsrechtlichen Aufdeckung stiller Reserven latente Steuern entstehen (§§ 274, 306 HGB).[154]

64   In Fällen, in denen durch Rückbeteiligung von Altgesellschaftern an der Erwerbergesellschaft **sperrfristbehaftete Anteile** nach § 22 Abs. 2 UmwStG an der Erwerbergesellschaft entstanden sind,[155] ist zu beachten, dass jede Verschmelzung – Up-Stream-Merger wie Down-Stream-Merger – die **Nachversteuerung** eines Einbringungsgewinns II nach § 22 Abs. 2 UmwStG auslösen kann.[156]

65   Handelt es sich bei der Zielgesellschaft um eine **Personenhandelsgesellschaft,** kommt alternativ zur Verschmelzung auch eine **Anwachsung** nach § 738 BGB in Betracht.[157]

Beispiel: Die Fonds-Gesellschaft X erwirbt durch die AkquiCo-GmbH von dem Veräußerer V 100 % der Kommanditanteile an der Ziel-GmbH & Co. KG sowie 100 % an der zugehörigen Komplementär-GmbH, die, wie meist, am Vermögen und Ertrag der Kommanditgesellschaft nicht beteiligt ist. Tritt nun die Komplementär-GmbH aus der Ziel-Kommanditgesellschaft aus, wächst deren Vermögen auf die AkquiCo-GmbH an, auf deren Ebene ggf. eine Bankfinanzierung gewährt wurde. Zinsaufwand und operative Erträge sind dann vereinigt.

Es handelt sich im vorstehenden Beispielsfall um eine Anwachsung in der Variante der sog. klassischen (= einfachen) Anwachsung.[158] Diese Form der Anwachsung führt dazu, dass

---

[150] Vgl. BFH vom 22.8.2019 – II R 18/19, NZG 2020, 429; *Linn/Pignot,* IStR 2019, 70; *Böing,* GmbH-StB 2019, 62.

[151] *Eilers* in: Eilers/Koffka/Mackensen/Paul, Private Equity, Abschnitt IV Rn. 55.

[152] Vgl. *Ettinger/Schmitz,* Umstrukturierungen im Bereich mittelständischer Unternehmen, Rn. 134.

[153] Vgl. *Gröger* in: Hölters, Handbuch Unternehmenskauf, Rn. 4.179.

[154] Vgl. *Ettinger/Schmitz,* Umstrukturierungen im Bereich mittelständischer Unternehmen, Rn. 134.

[155] Siehe dazu unten → Rn. 72 f.

[156] So BFH vom 24.1.2018 – I R 48/15, DStR 2018, 1366 für den Fall der Aufwärtsverschmelzung. Dies dürfte für die Abwärtsverschmelzung entsprechend gelten.

[157] *Eilers* in: Eilers/Koffka/Mackensen/Paul, Private Equity, Abschnitt IV Rn. 58; *Gröger* in: Hölters, Handbuch Unternehmenskauf, Rn. 4.185.

[158] Vgl. *Ettinger/Schmitz,* Umstrukturierungen im Bereich mittelständischer Unternehmen, Rn. 551.

im vorstehenden Beispiel die AkquiCo-GmbH nach der Anwachsung – zwingend – die Buchwerte der Zielgesellschaft fortführt.[159]

> **Praxishinweis:** Da die steuerliche Behandlung von Anwachsungen Gegenstand vielfältiger Abhandlungen in der steuerlichen Fachliteratur war und ist,[160] kann daran gedacht werden, in solchen Fällen nach wie vor vorsorglich eine verbindliche Auskunft einzuholen. Die Erwähnung der Anwachsung im neuen Umwandlungssteuererlass für die – hier gerade nicht vorliegenden – Fälle der erweiterten Anwachsung, bei denen die Buchwertneutralität auf die §§ 20, 24 UmwStG gestützt wird, steht der Erforderlichkeit einer solchen Auskunft u. E. nicht entgegen.[161]

Hält die Zielgesellschaft im Fall der Anwachsung Grundbesitz, fällt dennoch **keine Grunderwerbsteuer** an (§ 6 Abs. 2 GrEStG).

bb) Organschaft. Wenn es sich bei der Zielgesellschaft um eine Kapitalgesellschaft **66** handelt, kann auch alternativ zur Verschmelzung durch Abschluss eines Ergebnisabführungsvertrags eine gewerbesteuerliche und körperschaftsteuerliche Organschaft nach § 14 KStG sowie § 2 Abs. 2 Satz 2 GewStG hergestellt werden.[162] Auch so kann durch Hinzurechnung der operativen Ergebnisse der Zielgesellschaft zur Erwerbergesellschaft eine Verrechnung mit dem Finanzierungsaufwand auf Ebene der Erwerbergesellschaft erreicht werden. Auch hier stellt sich – wie allgemein – die Problematik, dass das steuerlich wirksame Herstellen einer Organschaft voraussetzt, dass die Mehrheit der Anteile an der Organgesellschaft während des gesamten Geschäftsjahres der Organgesellschaft ununterbrochen vom Organträger gehalten werden (§ 14 Abs. 1 Nr. 1 KStG – finanzielle Eingliederung). Hier muss **bei einem unterjährigen Erwerb** deshalb eine **Umstellung des Wirtschaftsjahres** der Zielgesellschaft als künftiger Organgesellschaft auf ein vom Kalenderjahr abweichendes Rumpfgeschäftsjahr erwogen werden. Auch insoweit ergeben sich jedoch keine Private Equity-spezifischen Besonderheiten, so dass auf Teil → B., Rn. 395 verwiesen werden kann.

c) Spezifische vGA-Risiken aus der Beteiligung eines Private Equity-Fonds

Der „Einstieg" eines Private Equity-Investors bringt wesentliche Besonderheiten mit **67** sich, die auch unter dem Gesichtspunkt einer **verdeckten Gewinnausschüttung** diskutiert werden können.

Eine verdeckte Gewinnausschüttung liegt vor bei der Zuwendung eines Vermögensvorteils durch eine Kapitalgesellschaft an einen Gesellschafter außerhalb der gesellschaftsrechtlichen Gewinnverteilung, die aber gesellschaftsrechtlich veranlasst ist.[163] Gesellschaftsrechtliche Veranlassung liegt vor für solche Vorteile, die ein ordentlicher und gewissenhafter Geschäftsführer unter sonst gleichen Umständen einem Nicht-Gesellschafter nicht zuge-

---

[159] Aufgrund des Umstandes, dass die Komplementärin mit 0 % am Vermögen und Ertrag der Kommanditgesellschaft beteiligt war, waren die Wirtschaftsgüter der Kommanditgesellschaft durch die Bruchteilsbetrachtung vor der Anwachsung steuerlich bereits der AkquiCo GmbH zuzurechnen, vgl. *Eilers* in Eilers/Koffka/Mackensen/Paul, Private Equity, Abschnitt IV Rn. 58; *Gröger* in Hölters, Handbuch Unternehmenskauf, Rn. 4.185. Es gilt der Rechtsgedanke des § 6 Abs. 3 EStG sowie das Transparenzprinzip der Personengesellschaft.

[160] Vgl. z. B. *Grube/Hummitzsch* in: Kneip/Jänisch, Tax Due Diligence, S. 291 ff.

[161] Vgl. die Erwähnungen der Anwachsung im Umwandlungssteuererlass (Fn. 147) Tz. 01.44 und 20.10.

[162] Vgl. dazu hinsichtlich § 14 KStG *Olbing* in: Streck, KStG, § 14 KStG Rn. 80 ff. und hinsichtlich § 2 Abs. 2 S. 2 GewStG *Güroff* in: Glanegger/Güroff, GewStG, § 2 GewStG Rn. 373 ff. Zur Begründung der ertragsteuerlichen Organschaft selbst siehe näher *Sinewe/Witzel* in: Brück/Sinewe, Steueroptimierter Unternehmenskauf, § 6 Rn. 21 ff.

[163] *Levedag* in: Schmidt, EStG, § 20 EStG Rn. 42.

wendet hätte, also solche, die nach den Kriterien der Angemessenheit, Üblichkeit und Ernsthaftigkeit einem **Fremdvergleich** nicht Stand halten.[164] Da sich das Thema der verdeckten Gewinnausschüttungen meist in Bezug auf den Finanzinvestor stellt, und dieser häufig **beherrschender Gesellschafter** ist,[165] sind die dafür geltenden zusätzlichen Voraussetzungen wie vorherige, klare und eindeutige Vereinbarungen und deren tatsächliche Durchführung einzuhalten.[166]

68   Zum einen fallen aufgrund der Tatsache, dass Private Equity-Fonds als institutionelle Investoren[167] gegenüber den hinter dem Fonds stehenden Investoren/Anlegern verpflichtet sind, deutlich höhere **Transaktionskosten** für die Due Diligence und das Aushandeln und Ausgestalten der vertraglichen Dokumentation an. Diese Kosten werden sodann von der Erwerbergesellschaft getragen. Eine verdeckte Gewinnausschüttung liegt hierin jedoch, unabhängig von der Höhe der Kosten, grundsätzlich nicht. Diese Kostenpositionen verteilen sich nämlich auf Fremd-Dienstleister wie Rechtsanwälte, Wirtschaftsprüfer, Steuerberater, und andere Berater wie z. B. M&A-Berater. Die Erlangung eines Vorteils durch die Fonds-Gesellschaft als Gesellschafterin der Erwerbergesellschaft, der durch das Gesellschaftsverhältnis veranlasst ist, scheidet hier regelmäßig aus. Mit der Gründung der Erwerbsgesellschaft entsteht eine abgeschirmte Vermögenssphäre mit eigener Leistungsfähigkeit, welche unabhängig von den hinter dieser Gesellschaft stehenden Personen zu beurteilen und zu besteuern ist.[168] Nach den oben in → Rn. 59 dargestellten Grundsätzen ergibt sich insoweit auch keine Schenkungsteuer.

> **Praxishinweis:** Dennoch erscheint es unter diesem Gesichtspunkt ratsam, dass die entsprechenden Berater sobald wie möglich im Fortgang der Transaktion klare Mandatsvereinbarungen mit der jedoch meist erst im Laufe des Prozesses etablierten Erwerbergesellschaft schließen und gegenüber dieser später mit ordnungsgemäßen und transparenten Rechnungen abrechnen und die erbrachten Leistungen klar zu dokumentieren.

69   Zum anderen sind Private Equity-Transaktionen häufig so strukturiert, dass eine den Fonds beratende Gesellschaft – dies ist eine vom Fonds zu unterscheidende, von den Investmentmanagern des Fonds gehaltene Beratungsgesellschaft – eine prozentual auf das Transaktionsvolumen bezogene **Akquisitionsprämie** erhält. Auch diese Akquisitionsprämie fließt aber nicht der Fonds-Gesellschaft oder den dahinter stehenden Anlegern und damit den Gesellschaftern zu. Zudem handelt es sich bei der Akquisitionsprämie um eine „At-Arm's-Length" mit den Investoren des Fonds, in Fällen von Rückbeteiligungen auch mit den Alt-Gesellschaftern, verhandelte Vergütung. Aus Sicht der Fonds-Gesellschaft stellt sich diese Prämie als eine M&A-Berater-Gebühr für die Dienstleistung „Finden und Zustandebringen der Transaktion" dar, für die eine Gegenleistung gezahlt wird.

> **Praxishinweis:** Auch hier gilt ähnliches wie in Bezug auf Beraterrechnungen, d. h. es sollten vorab klare und transparente Vereinbarungen getroffen werden und es sollte klar und transparent abgerechnet werden. Die Höhe solcher Transaktionsgebühren muss, damit sie unter dem steuerlichen Gesichtspunkt der vGA-Thematik nicht problematisch wird, an marktüblichen derartigen Erfolgsgebühren („Finder's Fees") etwa von M&A- und Corporate Finance-Beratern orientiert sein.

---

[164] *Levedag* in: Schmidt, EStG, § 20 EStG Rn. 42.

[165] Vgl. zum Begriff des beherrschenden Gesellschafters *Levedag* in: Schmidt, EStG, § 20 EStG Rn. 49; *Ratschow* in: Blümich, EStG, Loseblatt, § 20 EStG Rn. 123 f.

[166] *Levedag* in: Schmidt, EStG, § 20 EStG Rn. 50.

[167] Zu Private Equity-Fonds als institutionellen Investoren siehe *Thum/Timmreck/Keul,* Private Equity, S. 16 f.

[168] *Schaden/Wild,* Ubg 2011, 337, 338; *Eilers* in Eilers/Koffka/Mackensen/Paul, Private Equity, Abschnitt IV Rn. 75.

Sollte hier ausnahmsweise ertragsteuerlich eine verdeckte Gewinnausschüttung anzu- **70** nehmen sein, gelten die Ausführungen in → Rn. 59 sinngemäß zur Frage einer etwaigen **Schenkungsteuerproblematik.**

Sodann kann eine steuerliche verdeckte Gewinnausschüttung durch **Verletzung han-** **71** **delsrechtlicher Vorschriften über die Kapitalerhaltung** eintreten.[169] Eine solche Verletzung der Vorschriften über die Erhaltung des Stammkapitals kann z. B. dadurch entstehen, dass die mit hohem Fremdkapital ausgestattete Erwerbergesellschaft auf die Zielgesellschaft im Rahmen eines Down-Stream-Merger verschmolzen wird;[170] des Weiteren auch dadurch, dass im Rahmen der Akquisitionsfinanzierung Banken, die der Erwerbergesellschaft ein Darlehen für den Erwerb der Zielgesellschaft gewähren, Sicherheiten an Gegenständen des Zielunternehmens (z. B. Forderungszessionen, Sicherungsgrundschulden, IP-Sicherungsübereignung) eingeräumt bekommen, und nicht die gesetzlichen Ausnahmeregelungen des § 30 Abs. 1 GmbHG eingreifen.[171] Nach den oben in → Rn. 59 dargestellten Grundsätzen kommt insoweit jedoch grundsätzlich keine zusätzliche Schenkungsteuerpflicht in Betracht.

d) Rückbeteiligung der Veräußerer am Akquisitionsvehikel des Private Equity-Fonds

Kommt es nicht zu einem 100%igen „Ausstieg" der Altgesellschafter, sondern sollen sich **72** die Altgesellschafter – oder jedenfalls manche der Altgesellschafter – an der Erwerbergesellschaft „rückbeteiligen", so hat diese folgende steuerliche Konsequenzen:[172] Die Altgesellschafter bringen die nicht im Rahmen des Anteilskaufvertrages verkauften, ihnen zunächst verbliebenen Anteile an der Zielgesellschaft gegen Ausgabe neuer Anteile an der Erwerbergesellschaft im Rahmen einer Kapitalerhöhung bei der Erwerbergesellschaft in die Erwerbergesellschaft ein. Steuerlich liegen die Voraussetzungen eines **qualifizierten Anteilstauschs** nach § 21 Abs. 1 Satz 2 UmwStG vor,[173] weil die Erwerbergesellschaft in solchen Konstellationen nach Vollzug des Anteilskaufvertrags und der Rückbeteiligung grundsätzlich sogar über 100% der Anteile an der Zielgesellschaft verfügt.

Zu beachten ist, dass auch bei Vorliegen der Voraussetzungen eines qualifizierten Anteilstausches die eingebrachten Anteile bei der übernehmenden (Erwerber-)Gesellschaft **nur auf Antrag** mit dem Buchwert angesetzt werden können (§ 21 Abs. 1 Satz 2 letzter Halbsatz i. V. m. § 20 Abs. 2 Satz 3 UmwStG). Der Antrag ist vom übernehmenden Rechtsträger zu stellen und er ist zeitlich gesehen spätestens bis zur Abgabe der steuerlichen „Schlussbilanz" der Erwerbergesellschaft für das Wirtschaftsjahr zu stellen, in dem der Anteilstausch erfolgt.[174] Ferner ist zu beachten, dass beim Anteilstausch nach § 21 UmwStG keine steuerliche Rückwirkung möglich ist.[175] Zuständiges Finanzamt für diesen Antrag ist das für die Erwerbergesellschaft als übernehmende Gesellschaft zuständige Finanzamt.[176]

---

[169] *Ziegler,* BB 1997, 513; OFD Hannover vom 5.1.2007 – S 1978b-22-StO 243, DB 2007, 428; *Holzapfel/Pöllath,* Unternehmenskauf in Recht und Praxis, Rn. 581.

[170] *Holzapfel/Pöllath,* Unternehmenskauf in Recht und Praxis, Rn. 567.

[171] Insbesondere: Vorheriger Abschluss eines Beherrschungs- oder Gewinnabführungsvertrags, wenn der Verlustausgleichsanspruch voll werthaltig ist, siehe dazu näher oben → Rn. 40 f.

[172] Zur gesellschaftsrechtlichen Seite siehe oben → Rn. 36 ff.

[173] Vgl. zum qualifizierten Anteilstausch näher *Ettinger/Schmitz,* Umstrukturierungen im Bereich mittelständischer Unternehmen, Rn. 469; ferner *Schmitt* in: Schmitt/Hörtnagl/Stratz, UmwG/UmwStG, § 21 UmwStG Rn. 3.

[174] Unter dem Begriff der steuerlichen Schlussbilanz ist nach Auffassung der Rechtsprechung und der Finanzverwaltung diejenige reguläre Jahresbilanz für das Wirtschaftsjahr zu verstehen, in dem die eingebrachten Anteile erstmals bilanziert werden müssen (BFH vom 15.6.2016 – I R 69/15, BStBl. II 2017, 75 zu einem Anteilstausch i. S. d. § 21 Abs. 1 UmwStG; UmwStE Tz. 21.12 i. V. m. Tz. 20.21).

[175] Vgl. *Ettinger/Schmitz,* Umstrukturierungen im Bereich mittelständischer Unternehmen, Rn. 471: Maßgeblich ist hier steuerlich der Zeitpunkt, zu dem die Anteilsabtretung der Anteile an der Zielgesellschaft durch die sich rückbeteiligenden Altgesellschafter zivilrechtlich wirksam wird, was regelmä-

> **Praxishinweis:** Die sich rückbeteiligenden Verkäufer sollten in der vertraglichen Dokumentation (z. B. im Einbringungsvertrag) eine harte Verpflichtung des übernehmenden Rechtsträgers vorsehen, wonach dieser sich zur Ausübung des Antrags auf Fortführung der Buchwerte bzw. der fortgeführten historischen Anschaffungskosten verpflichtet. Sodann ist aus Sicht der Einbringenden erstrebenswert, sich vor steuerschädlichen Verfügungen i. S. d. § 22 Abs. 2 UmwStG hinsichtlich der eingebrachten Anteile, die sie ggf. aufgrund der Mehrheitsverhältnisse beim übernehmenden Rechtsträger nicht mehr beeinflussen können, zu schützen (z. B. Vetorechtsklauseln, Regelungen über ein Steuerdarlehen o. Ä.). Denn ansonsten kann es aus Sicht der Einbringenden bei Verfügungen über die eingebrachten Anteile ggf. zu „Dry Income" Effekten kommen.[177]

73   Des Weiteren sind in den dem steuerlichen Einbringungszeitpunkt folgenden **sieben Jahren** die **Anzeigepflichten des § 22 Abs. 3 Nr. 2 UmwStG** zu beachten, d. h. jährlich bis zum 31.5. ist dem Finanzamt anzuzeigen, dass die eingebrachten Anteile nach wie vor der Erwerbergesellschaft als dem übernehmenden Rechtsträger zuzurechnen sind. Hierüber sind entsprechende Nachweise zu erbringen (typischerweise: Gesellschafterliste der Zielgesellschaft).[178] Zuständiges Finanzamt, bei dem der Nachweis eingereicht werden muss, ist nach herrschender Meinung das für die Einbringenden örtlich zuständige Wohnsitzfinanzamt.[179] Wird der Nachweis nicht erbracht, gelten die eingebrachten Anteile als durch die Erwerbergesellschaft veräußert und es wird rückwirkend auf das Jahr der Einbringung zu Lasten der einbringenden Altgesellschafter der sog. „Einbringungsgewinn II" festgesetzt, der sich allerdings pro vollem, seit dem Einbringungszeitpunkt abgelaufenen Zeitjahr um 1/7 verringert (§ 22 Abs. 2 UmwStG).[180]

> **Beachte:** Es ist bei der Beratung der Altgesellschafter sicherzustellen, dass hier klare Zuständigkeiten sowohl für das Einreichen des Buchwertantrags wie auch für das Erfüllen der Nachweispflichten im Sieben-Jahres-Überwachungszeitraum geschaffen werden. Handelt es sich um mehrere Altgesellschafter, sollte diese Verantwortung zweckmäßigerweise nicht bei den einzelnen privaten Steuerberatern, sondern z. B. bei der Steuerkanzlei der Zielgesellschaft bzw. der Erwerbergesellschaft gebündelt werden. Ggf. haben die Altgesellschafter darauf zu drängen, dass die vertraglichen Vereinbarungen auf Ebene der Erwerbergesellschaft (Gesellschaftervereinbarung) entsprechende Regelungen enthalten.

e) Beteiligung des Managements

74   Die Beteiligung des Managements der Zielgesellschaft mit dem Ziel, diesem für den operativen Erfolg der Zielgesellschaft wesentlichen Personenkreis zusätzliche Anreize zu bieten und einen **Interessensgleichklang zwischen Management und Finanzinvestor** herzustellen, ist einer der wesentlichen „Werttreiber", die ein Private Equity-Investor im Zusammenhang mit der Übernahme einer Zielgesellschaft installiert.[181] Aus

---

ßig der Abschluss entsprechender Anteilsabtretungsverträge sein wird. Vgl. auch *Dürrschmidt* in BeckOK UmwStG, § 21 UmwStG Rn. 2109 ff.

[176] *Schmitt* in: Schmitt/Hörtnagl/Stratz, UmwG/UmwStG, § 20 UmwStG Rn. 311.

[177] So würde z. B. eine Aufwärtsverschmelzung der Zielgesellschaft auf die Erwerbergesellschaft entsprechend → Rn. 61 ff. eine steuerschädliche Verfügung darstellen (→ Rn. 64).

[178] *Ettinger/Schmitz*, Umstrukturierungen im Bereich mittelständischer Unternehmen, Rn. 489.

[179] *Dötsch/Pung*, DB 2006, 2763, 2767.

[180] Vgl. dazu *Schmitt* in: Schmitt/Hörtnagl/Stratz, UmwG/UmwStG, § 22 UmwStG Rn. 121 ff.

[181] Vgl. *Pönicke/Bünning*, BB 2014, 2717; *Frey/Schmid*, DStR 2015, 1094; *Holzapfel/Pöllath*, Unternehmenskauf in Recht und Praxis, Rn. 596 ff.; *Bender*, VentureCapital Magazin 12/2006, S. 42; *Hohaus/Weber*, BB 2006, 2089; *Hohaus/Weber*, BB 2007, 2582; *Hohaus/Weber*, BB 2008, 2358; *Hohaus/Weber*, BB 2012, 23.

diesem Grund möchte ein Private Equity-Fonds das Management, soweit es nicht schon vor der Transaktion beteiligt war und durch Rückbeteiligung beteiligt bleibt, über die variablen Vergütungsbestandteile von Anstellungs- und Geschäftsführerverträgen hinaus durch **Beteiligung am Wertzuwachs der Zielgesellschaft** motivieren. Hierfür werden in der Praxis vor allem zwei Möglichkeiten genutzt: Zum einen die Gewährung von Gesellschaftsanteilen an der Erwerbergesellschaft an das Management, und zum anderen die Einräumung virtueller, schuldrechtlicher „Phantom Stock"-Beteiligungen.

aa) Gesellschaftsrechtliche Beteiligung des Managements an der Erwerberge- 75
sellschaft. Ausgewählte Mitglieder des Top-Managements der Zielgesellschaft erhalten häufig gesellschaftsrechtliche Beteiligungen, z.B. GmbH-Geschäftsanteile, wenn die Erwerbergesellschaft – wie dies typischerweise der Fall ist – als GmbH errichtet wurde.[182] Steuerlich besteht hier die Notwendigkeit, das Management zu Konditionen zu beteiligen, die dem **Verkehrswert** der eingeräumten Beteiligung im Zeitpunkt der Einräumung der Beteiligung entsprechen. Andernfalls ergibt sich für den beteiligten Manager ein **lohnsteuerpflichtiger Sachbezug,** was mit der Problematik verbunden ist, dass Steuern auf etwas gezahlt werden müssen, das zu diesem Zeitpunkt weder fungibel ist noch in irgendeiner Form eine Sicherheit dafür bietet, dass der Manager die erworbenen Anteile später auch tatsächlich mit Gewinn oder auch nur zum „Einstandspreis" verkaufen kann.[183] Aus Sicht der Erwerbergesellschaft stellt sich ein entsprechendes **Lohnsteuerhaftungsrisiko.**[184] Zur Vermeidung eines solchen, als **„Sweet Equity"**[185] zu einem sofortigem steuerlichen Arbeitslohn führenden Sachbezugs muss gewährleistet sein, dass die Beteiligung des Managements nicht zu „Vorzugskonditionen" erfolgt, wobei die *Bedingungen* des Anteilserwerbs für das Management – verglichen mit denen, zu denen der Fonds sich beteiligt – durchaus unterschiedlich sein können (z.B. Ausgleich eines geringeren Cash-Investments der sich beteiligenden Manager durch Schaffung verschiedener Anteilsklassen, Liquidationspräferenz zugunsten des Fonds, Finanzierung der Erwerbergesellschaft durch den Fonds nicht (nur) mittels Einschuss in die Kapitalrücklage, sondern (auch) durch Gesellschafterdarlehen).[186]

Beispiel: Das Management erhält das Recht, sich an der Erwerbergesellschaft, deren Stammkapital EUR 25 000,00 beträgt, zu nominal zu beteiligen. Die Erwerbergesellschaft ist des Weiteren aber auch durch den Finanzinvestor I mit einer Kapitalrücklage von EUR 5 Mio. ausgestattet worden. Die sich beteiligenden Manager müssen jedoch keinen ihrer Beteiligung am Stammkapital entsprechenden Anteil an der Kapitalrücklage einbringen. In diesem Fall liegt der grundsätzlich anzunehmenden Veranlassung durch das Dienstverhältnis der Manager steuerpflichtiger Arbeitslohn vor.[187] Anders dagegen, wenn die Manager sich zwar auch zu nominal beteiligen, die Erwerbergesellschaft jedoch außer des Stammkapitals nicht über Eigenkapital verfügt, weil die übrigen zur Finanzierung der Akquisition benötigten Mittel durch Gesellschafterdarlehen des Fonds und/oder Bankfinanzierung dargestellt werden.[188] Je nach Einzelfall ist zu prüfen, ob auch durch Gestaltungen, die wirtschaftlich einem Gesellschafterdarlehen mehr oder weniger entsprechen, ein Lohnsteuerzufluss vermieden werden kann (was z.B. durch übliche Liquidationspräferenzen[189] und/oder Bildung quotenabweichender Kapitalrücklagen nur zu Gunsten

---

[182] Zur Inzentivierung des Managements durch Aktienoptionen siehe dagegen *Kutsch/Kersting,* BB 2011, 373, 378f.; *Riedel,* DB 2011, 1888; *Hohaus* in: Jesch/Striegel/Boxberger, Rechtshandbuch Private Equity § 13 Rn. 28ff.

[183] Vgl. *Riedel,* DB 2011, 1888.

[184] Vgl. *Holzapfel/Pöllath,* Unternehmenskauf in Recht und Praxis, Rn. 600.

[185] Vgl. zum – uneinheitlich verwendeten – Begriff des „Sweet Equity" etwa *Schimmelschmidt* in: Semler/Volhard, Arbeitshandbuch für Unternehmensübernahmen, Band 1, § 26 Rn. 550.

[186] Vgl. *Holzapfel/Pöllath,* Unternehmenskauf in Recht und Praxis, Rn. 604.

[187] Vgl. dazu *Eisgruber* in: Kirchhof, EStG, § 19 EStG Rn. 62. Zu „Incentives" als steuerpflichtiger Arbeitslohn vgl. auch *Barein* in: Littmann/Bitz/Pust, EStG, § 19 EStG Rn. 173.

[188] Vgl. zur parallelen schenkungsteuerlichen Problematik unten → Rn. 78.

[189] Vgl. *Holzapfel/Pöllath,* Unternehmenskauf in Recht und Praxis, Rn. 604, wonach eine einfache disquotale Erlösverteilungsabrede möglicherweise nicht ausreicht.

des Finanzinvestors grundsätzlich auch erreicht werden kann; gleichzeitig kann dadurch eine wirtschaftlich oft gewollte „Envy Ratio" von größer als 1,0 in Bezug auf den Anteilsbesitz des Managements gestaltet werden).[190] Ggf. kann vorab eine Lohnsteueranrufungsauskunft eingeholt werden.

76   Sodann ist zu beachten, dass ein sich beteiligender Manager im steuerlichen Sinne nur dann **wirtschaftlicher Eigentümer i. S. d. § 39 AO** der ihm eingeräumten gesellschaftsrechtlichen Beteiligung wird, und dann steuerlich laufende Dividenden bzw. später steuerlich einen Veräußerungsgewinn erzielen kann, wenn er ein Mindestmaß an wirtschaftlichem Risiko und gesellschaftsrechtlicher Mitsprache hat. Gegenpol dazu ist eine nur papiermäßige (Anteilsinhaber-)Position, die steuerlich gesehen nicht mehr als eine Option oder Anwartschaft auf eine Geldleistung darstellt, und die sich erst im Falle des Exits in Form des Zuflusses eines „Veräußerungserlöses" materialisiert und damit bei dem betroffenen Manager in diesem Zeitpunkt zu voll steuerpflichtigem Arbeitslohn führt.[191]

Generell ist anhand der Summe der Umstände des Einzelfalls in einer Gesamtwürdigung abzugrenzen, ob eine Managementbeteiligung in Form einer **steuerlich anzuerkennenden Sonderrechtsbeziehung** zu Einkünften aus echter Beteiligung (§§ 20, 17 EStG) führt, oder ob insoweit bloßer Arbeitslohn (§ 19 EStG) gegeben ist.[192] Maßgeblich ist das Veranlassungsprinzip.[193] In Grenzfällen ist entscheidend, welche Einkunftsart wertungsmäßig im Vordergrund steht.[194] Für das Vorliegen von steuerliche Arbeitslohn sprechen im Sinne einer Indizwirkung das Fehlen eigenen wirtschaftlichen Risikos, das Fehlen einer selbständig und vom Arbeitsverhältnis losgelöst verwertbaren Rechtsposition,[195] eine Verfallklausel die an die Beendigung des Arbeitsverhältnisses anknüpft,[196] ein Erwerb der Rechtsposition unter Marktwert sowie eine unübliche, überhöhte Erlösbeteiligung. Für das Vorliegen einer neben das Arbeitsverhältnis tretenden Sonderrechtsbeziehung als echter Gesellschafter sprechen dagegen indiziell insbesondere das Innehaben und Ausüben entsprechender Gesellschaftsrechte (wie z. B. Stimmrechte, Teilnahmerechte und Informationsrechte), der Erwerb der Rechtsposition zu Drittkonditionen (Marktpreis)[197] sowie das Eingehen entsprechender wirtschaftlicher Risiken.[198] Als solches neutral sind schließlich das Vereinbaren üblicher Regelungen im Gesellschaftsvertrag bzw. der Gesellschaftervereinbarung (wie z. B. Vorkaufsrechte, Mitverkaufsverpflichtungen/Drag-Along-Rechte, Anteilsvinkulierungen, Ausschlussklauseln bei Tod oder wichtigem Grund);[199] neutral ist auch der Umstand zu werten, dass eine gesellschaftsrechtliche Mitarbeiterbeteiligung natur-

---

[190] Vgl. dazu *Priester* in: Schön (Hrsg.), Gedächtnisschrift für Brigitte Knobbe-Keuk, 1997, S. 293, 300; *Müller,* FR 2010, 825.

[191] Vgl. *Holzapfel/Pöllath,* Unternehmenskauf in Recht und Praxis, Rn. 605; *Hohaus,* BB 2005, 1291, 1293 f.; FG Hamburg vom 8.12.2014 – 1 K 232/11, BeckRS 2016, 94704.

[192] Vgl. BFH vom 4.10.2016 – IX R 43/15, DStR 2017, 247; BFH vom 5.11.2013 – VIII R 20/11, DStRE 2014, 258; BFH vom 20.11.2008 – VI R 25/05, BStBl. II 2009, 382.

[193] Vgl. BFH vom 5.11.2013 – VIII R 20/11, DStRE 2014, 258.

[194] Vgl. BFH vom 5.11.2013 – VIII R 20/11, DStRE 2014, 258; BFH vom 28.6.2007 – VI B 23/07, BFH/NV 2007, 1870.

[195] Vgl. BFH vom 5.11.2013 – VIII R 20/11, DStRE 2014, 258. Ein negatives Indiz ist es daher, wenn eine Beteiligung so vinkuliert wird, dass sie vom Managementgesellschafter z. B. nur an den Mehrheitsgesellschafter verkauft werden darf.

[196] Eine Verfallklausel alleine führt jedoch nicht zur Annahme von Arbeitslohn, sie ist nur als eines von vielen Indizien zu bewerten, vgl. BFH vom 5.11.2013 – VIII R 20/11, DStRE 2014, 258.

[197] BFH vom 4.10.2016 – IX R 43/15, DStR 2017, 247.

[198] BFH vom 4.10.2016 – IX R 43/15, DStR 2017, 247.

[199] FG Münster vom 12.12.2014 – 4 K 1918/13 E (rechtskräftig) mit Anmerkung *Frey/Schmid,* DStR 2015, 1094.

gemäß nur Mitarbeitern, nicht aber Dritten angeboten wird,[200] sowie das Vereinbaren typischer „Leaver-Regelungen".[201]

Beispiel 1: Hat der Manager Dividenden- und Liquidationserlösansprüche zur Bedienung einer ihm vom Fonds zum Anteilserwerb eingeräumten Fremdfinanzierung an diesen abzutreten, handelt es sich dabei um eine sog. Non-Recourse-Finanzierung, bei der also beim Manager im Verlustfall kein Regress über den Wert der Anteile hinaus genommen werden kann, hat er eine unwiderrufliche Stimmrechtsvollmacht zu erteilen und werden die Anteile von ihm nicht selbst, sondern in einer für ihn in unkündbaren Treuhand gehalten, so hat der Manager kein wirtschaftliches Eigentum gemäß § 39 AO erworben.[202] Dieses Beispiel zeigt den Extremfall in der einen Richtung; in der Praxis muss befürchtet werden, dass die Finanzverwaltung auch dann, wenn nicht alle der vorgenannten „schädlichen" Elemente vorliegen, bei wertender Gesamtbetrachtung je nach Einzelfall unter Umständen den Managern wirtschaftliches Eigentum an den erworbenen Anteilen abspricht.

Beispiel 2: Hat der Manager dagegen einer dem Equity Value der Erwerbergesellschaft (relativ) entsprechenden und auch (absolut) mehr als symbolischen Betrag für seine Beteiligung aufgewendet, kann er seine Gesellschaftsrechte selbst oder zumindest durch einen Pool-Führer der Managementgesellschafter ausüben und stehen ihm – vorbehaltlich natürlich der Liquidationspräferenz des Fonds – seine Dividendenansprüche und Ansprüche auf einen Anteil am Liquidationserlös ungeschmälert zu, wird der Manager wirtschaftliches Eigentum an den Anteilen erwerben, selbst wenn er sich in der Beteiligungsvereinbarung mit dem Fonds typischen Regelungen wie Liquidationspräferenzen, Mitveräußerungsverpflichtungen („Drag Along") und Vorkaufsrechten unterwerfen muss.[203]

> **Praxishinweis:** Es muss in solchen Fällen erwogen werden, eine Lohnsteueranrufungsauskunft nach § 42e EStG einzuholen, die zwar die jeweiligen Wohnsitzfinanzämter der Manager nicht rechtlich bindet, aber doch auch insoweit gewisse faktische Wirkungen hat, und die zumindest die Geschäftsführung der Erwerbergesellschaft vor Haftungsrisiken (vgl. § 69 AO) schützt.[204]

Steuerlich ist die Einräumung derartiger Direktbeteiligungen für das Management interessanter, weil bei einer späteren Veräußerung das Teileinkünfteverfahren gilt, während virtuelle Anteile wie normale Gehaltsbestandteile als Arbeitslohn i. S. v. § 19 EStG, ggf. bis hin zum Spitzensteuersatz, besteuert werden.[205]

bb) Virtuelle Managementbeteiligungsprogramme. Virtuelle Managementbeteiligungsprogramme kommen in der Praxis unter den verschiedenartigsten Bezeichnungen vor („Phantom Stocks", „Stock Appreciation Rights", „VSOP") – gemeint ist immer dasselbe: Solche Programme vermitteln keine gesellschaftsrechtliche Beteiligung. Sie stellen vielmehr eine **schuldrechtliche Zusage** dar, bei der dem Teilnehmer ein Geldbetrag versprochen wird, der an den Eintritt bestimmter Bedingungen geknüpft ist (z. B. Auszahlung erst beim Exit des Finanzinvestors), und der Höhe nach oft an das Erreichen bestimmter Renditeziele des Finanzinvestors gekoppelt ist.[206] **77**

Der Akt der Einräumung solcher schuldrechtlichen Anreizinstrumente ist **einkommensteuerlich unkritisch;** es ergeben sich zum Zeitpunkt der Einräumung überhaupt

---

[200] BFH vom 5.11.2013 – VIII R 20/11, DStRE 2014, 258; BFH vom 4.10.2016 – IX R 43/15, DStR 2017, 247.

[201] BFH vom 4.10.2016 – IX R 43/15, DStR 2017, 247.

[202] Vgl. *Holzapfel/Pöllath*, Unternehmenskauf in Recht und Praxis, Rn. 605.

[203] Siehe FG Münster vom 12.12.2014 – 4 K 1918/13 E (rechtskräftig) mit Anmerkung *Frey/Schmid*, DStR 2015, 1094.

[204] Vgl. *Hohaus*, BB 2005, 1291, 1293; *Hohaus* in: Jesch/Striegel/Boxberger, Rechtshandbuch Private Equity § 13 Rn. 92 f.

[205] *Mackensen* in Eilers/Koffka/Mackensen/Paul, Private Equity, Abschnitt VI Rn. 10.

[206] Vgl. zu solchen virtuellen Managementbeteiligungsprogrammen *Schrade/Denninger*, DStR 2019, 2615; *Holzapfel/Pöllath*, Unternehmenskauf in Recht und Praxis, Rn. 605; *Kutsch/Kersting*, BB 2011, 373, 375; *Portner* in: Harrer, Mitarbeiterbeteiligungen und Stock-Option-Pläne, Rn. 276 ff.

keine Steuerfolgen. Es fehlt im Zeitpunkt der Einräumung nämlich am Zufluss (§ 11 Abs. 1 EStG) von Arbeitslohn. Erst ein etwaiger Zufluss aus derartigen Anreizinstrumenten führt zu steuerlichem Arbeitslohn.[207] **Für die begünstigten Manager** sind solche virtuellen Managementprogramme jedoch **steuerlich ungünstiger** als gesellschaftsrechtliche Beteiligungen.[208]

78   **cc) Schenkungsteuerproblematik.** Es entspricht einem Trend in der Finanzverwaltung, gesellschaftsrechtliche Vermögensverschiebungen in sehr weitgehender Weise auch unter der „schenkungsteuerlichen Brille" zu betrachten.[209] Ein Beispiel dieser Entwicklung stellt die Reaktion des Gesetzgebers auf die Rechtsprechung des BFH zur schenkungsteuerlichen Behandlung disquotaler Einlagen in das Vermögen von Kapitalgesellschaften dar.[210] Während nach der Rechtsprechung des BFH vor Einführung der neuen Vorschrift in § 7 Abs. 8 ErbStG disquotale Einlagen in die Kapitalrücklage einer GmbH, die nur reflexartig auch die übrigen Gesellschafter begünstigen, keinen schenkungsteuerlichen Vorgang darstellten,[211] wird nach § 7 Abs. 8 Satz 1 ErbStG in solchen Fällen nun eine Schenkung durch Werterhöhung der Anteile der keine entsprechende Einlage erbringenden Mitgesellschafter fingiert. Diese Entwicklung ist auch bei der Einräumung von gesellschaftsrechtlichen Managementbeteiligungen zu beachten.

Beispiel: Private Equity-Investor I hat die Zielgesellschaft Z für einen Kaufpreis von EUR 10 Mio. über die AkquiCo-GmbH als Erwerbergesellschaft zu 100 % übernommen. Die beiden langjährigen Fremdgeschäftsführer der Zielgesellschaft haben zur Incentivierung 2 % an der AkquiCo-GmbH erhalten. Es ist geplant, dass die AkquiCo-GmbH neben dem Stammkapital von EUR 25 000,00 durch Einschuss in die Kapitalrücklage durch den Private Equity-Fonds zur Finanzierung des Kaufpreises und der Transaktionskosten Mittel i. H. v. insgesamt EUR 11 Mio. erhalten soll. Die beiden Fremdgeschäftsführer, die in der – mittelständischen – Zielgesellschaft jeder ein für ihre Tätigkeit marktübliches Geschäftsführergehalt von EUR 120 000,00 brutto p. a. bezogen haben, haben aber mit dem Private Equity-Fonds vereinbart, dass sie nur einen Einschuss in die Kapitalrücklage der AkquiCo-GmbH von jeweils einem halben Jahresgehalt (d. h. je EUR 60 000,00) leisten müssen.

Das oben stehende Beispiel zeigt den „Paradefall", der nach § 7 Abs. 8 Satz 1 ErbStG nunmehr[212] im Wege der Fiktion[213] einen schenkungsteuerpflichtigen Vorgang darstellt. Da die Manager im Beispiel nicht – proportional – denselben Einschuss in die Kapitalrücklage erbringen, handelt es sich um eine Werterhöhung der von ihnen erworbenen Anteile. Die **Verschonungsregelungen für Betriebsvermögen nach den §§ 13a, 13b und 19a ErbStG** kommen hier wohl nicht in Betracht, da es sich nicht um eine schenkweise Anteilsübertragung handelt.[214] Es kommt grundsätzlich die **Steuerklasse III** nach § 15 Abs. 1

---

[207] *Schrade/Denninger,* DStR 2019, 2615, 2618.
[208] *Mackensen* in Eilers/Koffka/Mackensen/Paul, Private Equity, Abschnitt VI Rn. 10; *Hohaus,* BB 2005, 1291, 1292.
[209] Vgl. z. B. § 7 Abs. 7 ErbStG i. V. m. den durch das Erbschaftsteuerreformgesetz 2009 eingeführten verschärften Bewertungsregelungen für Betriebsvermögen, sowie die gleichlautenden Erlasse der Finanzverwaltung vom 20.4.2018, BStBl. I 2018, 632.
[210] Siehe zu dieser Thematik *Riedel,* DB 2011, 1888, 1889 f.
[211] BFH vom 9.12.2009 – II R 28/08, DB 2010, 990.
[212] Zur zeitlichen Anwendbarkeit der Neuregelung des § 7 Abs. 8 ErbStG siehe § 37 Abs. 7 ErbStG.
[213] *Borggräfe/Staud,* DB 2020, 77.
[214] So die Finanzverwaltung in Tz. 3.5 der gleichlautenden Erlasse der Finanzverwaltung vom 20.4.2018, BStBl. I 2018, 632 sowie die wohl h. L., siehe z. B. *Hannes/Holtz* in: Meincke/Hannes/Holtz, ErbStG, § 7 ErbStG Rn. 170; *Riedel,* DB 2011, 1888, 1890, unter Hinweis darauf, dass Besteuerungsgegenstand der Vorschrift allein die Werterhöhung der von den Managern bereits unabhängig davon erworbenen Anteile ist. Ebenso *Crezelius,* ZEV 2011, 393, 395. Anders *Schulte/Sedemund,* BB 2011, 2080, 2082, die auf der Grundlage einer wirtschaftlichen Betrachtungsweise der gesetzgeberischen Fiktion die §§ 13a, 13b ErbStG anwenden wollen.

ErbStG und damit ein Steuersatz von 30% nach § 19 Abs. 1 ErbStG zur Anwendung, denn „Zuwendende" der fiktiven Schenkung an das Management sind hier u.E. die regelmäßig erst am Ende einer entsprechend gestuften Beteiligungsstruktur stehenden, mit dem Management nicht familiär verbundenen natürlichen Personen (= Investoren des Private Equity Fonds). Die Steuerfolgen solcher Gestaltungen können durchaus als prohibitiv bezeichnet werden.

> **Praxishinweis:** Es sollte daher nach alternativen Gestaltungen gesucht werden. Zum einen kann ähnlich wie zur Vermeidung eines ertragsteuerlichen geldwerten Zuflusses gestaltet werden:[215] Gewährt nämlich der Private Equity-Fonds die über das Stammkapital hinausgehenden Mittel – weitestgehend – durch üblich verzinste Gesellschafterdarlehen, erfolgt bzgl. dieser Mittel zwar die Zuführung der insoweit durch die AkquiCo-GmbH benötigten Liquidität, es erfolgt jedoch keine Werterhöhung der Anteile der Manager, da sich der Equity Value der Beteiligung durch den Austausch von Rücklageneinschuss in Zuführung von Gesellschafterdarlehen entsprechend verringert. Sollte ein Gesellschafterdarlehen nicht gewollt sein, könnte die Mehrfinanzierung des Investors auch in der Weise erfolgen, das individuelle/disquotale Kapitalrücklagen (personengebundene Kapitalrücklagen) gebildet werden,[216] die mit entsprechenden Liquidationspräferenzen in der Gesellschaftervereinbarung verbunden werden. Denn in diesen Fällen dürfte der Finanzinvestor bei wertender Betrachtung „nichts aus seinem Vermögen herausgeben", es dürfte mithin an einer Vermögensverschiebung zu Gunsten der Mitgesellschafter fehlen. Dasselbe sollte auch gelten, wenn zugunsten des Finanzinvestors übliche, durch Gesellschaftervereinbarung abgesicherte Liquidationspräferenzen vereinbart werden, insbesondere, wenn sich die darin eingestellten Beträge zugunsten des Finanzinvestors verzinsen.[217]

Eine andere Gestaltungsalternative könnte darin bestehen, dass der Gründungsvorgang so gestaltet wird, dass der Private Equity-Fonds die Erwerbergesellschaft als Alleingesellschafter gründet, mit den nötigen Finanzmitteln (Stammkapital und Eigenkapital durch Rücklageneinschuss) ausstattet und erst dann die entsprechenden Beteiligungen (unentgeltlich) an die Manager überträgt, denn dann würde es sich zumindest abgesichert um die **schenkweise Übertragung von Betriebsvermögen nach §§ 13a, 13b, 19a ErbStG** handeln.[218] Denn der Fonds als Schenker ist zu mehr als 25% i.S.v. § 13b Abs. 1 Nr. 3 ErbStG beteiligt. Rechtsfolge wäre, dass im Rahmen der Regelverschonung bei einer Behaltensfrist von fünf Jahren eine anteilige, im Rahmen der Optionsverschonung bei einer Behaltensfrist von sieben Jahren eine komplette Schenkungssteuerfreiheit erreicht werden könnte.[219]

f) Due Diligence-Kosten

Kosten einer von der Erwerbergesellschaft vor Erwerb durchgeführten Prüfung können **79** entweder zu aktivierende **Anschaffungsnebenkosten** oder sofort abziehbare **Betriebsausgaben** sein.[220] Entscheidend ist, ob solche Kosten vor oder nach Fassung des grundsätzlichen Erwerbsentschlusses anfielen.[221] Nach Auffassung des FG Köln soll grundsätzlich bereits dann, wenn (i) ein Letter of Intent abgeschlossen oder (ii) eine Due Diligence durchgeführt wird, regelmäßig davon auszugehen sein, dass eine grundsätzliche Erwerbsent-

---

[215] Siehe oben → Rn. 75.

[216] Vgl. dazu *Priester* in: Schön (Hrsg.), Gedächtnisschrift für Brigitte Knobbe-Keuk, 1997, S. 293, 300; *Müller*, FR 2010, 825; *Kotzenberg/Riedel*, DB 2019, 2655.

[217] Vgl. Tz. 3.3.5 des gleichlautenden Erlasses der Finanzverwaltung vom 20.4.2018, BStBl. I 2018, 632.

[218] So *Riedel*, DB 2011, 1888, 1890.

[219] Vgl. *Wachter* in: Fischer/Jüptner/Pahlke/Wachter, ErbStG, § 13a ErbStG Rn. 40 ff.; RE 13a.4 Abs. 2 Satz 9 ErbStR.

[220] Ausführlich *Farwick*, BC 2016, 165.

[221] Vgl. BFH vom 20.4.2004 – VIII R 4/02, BStBl. II 2004, 597; BFH vom 27.3.2007 – VII R 62/05, DStR 2007, 1027.

scheidung bereits gefallen ist.[222] Diese Abgrenzung ist in der Praxis oft nicht eindeutig möglich.[223] Dagegen sind nach Auffassung des FG Köln erfolgsunabhängige Aufwendungen anlässlich eines Auftrags an eine Beratungsgesellschaft (z. B. Corporate Finance Beratung), der darauf abzielt, geeignete Zielobjekte genannt zu bekommen, hinsichtlich derer unklar ist, ob die Tätigkeit zu einer Beteiligung an einer Zielgesellschaft oder zu einem Abschluss von Pacht-, Nutzungs- oder Zusammenarbeitsverträgen etc. führen soll oder wird, sofort abziehbare Betriebsausgaben.[224]

Von einer Kapitalgesellschaft als Erwerbsinteressentin getragene **vergebliche Due Diligence-Kosten** für die Prüfung eines potentiellen Targets in der Rechtsform einer Kapitalgesellschaftsbeteiligung unterfallen bei gescheitertem Erwerb nicht dem Abzugsverbot des § 8b Abs. 3 KStG.[225] Im Fall der Anwendung des **Teileinkünfteverfahrens** werden die Beratungskosten für einen gescheiterten Beteiligungserwerb vom Teilabzugsverbot erfasst, wenn die Aufwendungen nach einer grundsätzlich gefassten Erwerbsentscheidung angefallen sind, denn § 3c Abs. 2 Satz 7 EStG setzt nur die Absicht einer Betriebsvermögensmehrung bzw. die Absicht zur Erzielung von Einnahmen voraus.[226]

3. Spezifische Steuerfragen während der Laufzeit des Private Equity-Investments

a) Gewerbesteuerliche Hinzurechnung des Zinsaufwands

80 Der Zinsaufwand aus einer von der Erwerbergesellschaft im Zuge der Akquisition aufgenommen Fremdfinanzierung führt gewerbesteuerlich zu einer anteiligen Hinzurechnung nach § 8 Nr. 1a GewStG, und zwar i. H. v. 25 % der Zinsen und zinsgleichen[227] Finanzierungsaufwendungen.

> **Beachte:** Dies ist im Rahmen der Steuerplanung von Anfang an entsprechend zu berücksichtigen.

Die Hinzurechnung gilt nicht nur für an Dritte wie etwa Banken gezahlte Zinsen, sondern in gleicher Weise auch für Zinsen, die an einen Gesellschafter z. B. aufgrund von Gesellschafterdarlehen zu bezahlen sind.[228] Dies gilt unabhängig davon, ob die Zinsen jährlich effektiv zu bezahlen sind oder, wie dies in Private Equity-Strukturen auch häufig anzutreffen ist, thesauriert werden (d. h. nur rechnerisch erfasst werden, und erst am Ende der Laufzeit des Darlehens oder beim Exit zu bezahlen sind).[229]

b) Quellensteuerabzug bei Zinszahlungen

81 Insbesondere dann, wenn ausländische Geldgeber der Erwerbergesellschaft eine Finanzierung zur Verfügung stellen, stellt sich die Frage, ob bei der Auszahlung von Zinsen von der Erwerbergesellschaft **deutsche Quellensteuern** einzubehalten und an das Finanzamt abzuführen sind.

---

[222] FG Köln vom 6.10.2010 – 13 K 4188/07, BB 2011, 174, rkr.

[223] Kritisch daher *Prinz/Ludwig*, DB 2018, 213 unter Hinweis auf die Unterschiedlichkeiten zwischen verschiedenen Formen von LOIs und ihrer Bindungswirkungen.

[224] FG Köln vom 6.10.2010 – 13 K 4188/07, BB 2011, 174, rkr.

[225] BFH vom 9.1.2013 – I R 72/11, BStBl. II 2013, 343; *Rengers* in: Blümich, KStG, § 8b KStG Rn. 283.

[226] *Farwick*, BC 2016, 170; *Pyszka*, DStR 2010, 1322.

[227] Siehe zum Begriff der den Zinsen gleichstehenden sonstigen Entgelte *Hofmeister* in Blümich, GewStG, § 8 GewStG Rn. 41 ff.

[228] Vgl. *Holzapfel/Pöllath*, Unternehmenskauf in Recht und Praxis, Rn. 577.

[229] Vgl. *Güroff* in: Glanegger/Güroff, GewStG, § 8 Nr. 1a GewStG Rn. 6 f.; *Köster* in: Lenski/Steinberg, GewStG, § 8 Nr. 1a GewStG Rn. 76 ff.

Beispiel: Die Erwerbergesellschaft, eine deutsche GmbH mit Sitz in Frankfurt am Main, erhält das für die Akquisition benötigte Fremdkapital zum einen über ein Bankdarlehen der englischen B-Bank Plc., und zum anderen durch ein Darlehen der niederländischen F-Finanz B.V., einer zum Finanzinvestor F gehörigen Finanzierungsgesellschaft. Es stellt sich die Frage, inwieweit bei der anstehenden Auszahlung von Zinsen deutsche Quellensteuer einbehalten werden muss.

Rechtsgrundlage ist § 43 EStG; danach gilt Folgendes: **82**
- Bei partiarischen Darlehen und (typischen) stillen Gesellschaften hat ein Quellensteuerabzug durch die auszahlende Gesellschaft zu erfolgen;[230]
- Gleiches gilt bei Wandeldarlehen;[231]
- Dagegen erfolgt bei der Zahlung von „normalen" Zinsen i.S.d. § 20 Abs. 1 Nr. 7 EStG durch die Erwerbergesellschaft kein Kapitalertragsteuerabzug, da es sich weder beim Darlehen um eine verbriefte oder registrierte Kapitalforderung noch beim Schuldner um ein inländisches Kreditinstitut oder ein inländisches Finanzdienstleistungsinstitut i.S.d. Gesetzes über das Kreditwesen handelt.[232]

Der Quellensteuerabzug beträgt jeweils 25% des tatsächlich ausgezahlten Betrags (§ 43a Abs. 1 Nr. 1 EStG). Dazu kommt der Solidaritätszuschlag, so dass der Quellensteuereinbehalt insgesamt **26,375%** beträgt.

c) Dividendenausschüttungen und andere Mittelrückführungen

Während der Laufzeit des Investments eines Private Equity-Fonds kommt es zuweilen **83** dazu, dass das in der Zielgesellschaft durch deren operative Erträge generierte Cash ausgeschüttet werden soll. Solche **Rückführungen von Cash aus der Zielgesellschaft** erhöhen den sog. IRR[233] des Private Equity-Fonds, da der IRR eines Investments auch von der Schnelligkeit der Rückführung der vom Fonds investierten Mittel abhängt.[234] Solche Mittelrückführungen können im Wesentlichen auf zweierlei Weise erfolgen: Zum einen durch Dividendenausschüttungen, zum anderen durch Rückzahlung gewährter Gesellschafterdarlehen.

Dividendenausschüttungen setzen zunächst handelsrechtlich einen ausschüttbaren **84** Bilanzgewinn voraus. Steuerlich stellt sich dabei als erstes die Frage, ob zunächst eine Ausschüttung der Zielgesellschaft an die Erwerbergesellschaft erfolgen muss, oder ob die Ergebnisse der Zielgesellschaft aufgrund einer Organschaft ohnehin schon unmittelbar der Erwerbergesellschaft zuzurechnen sind (vgl. die Konstellation im Beispiel → Rn. 49 oben).

Im **Organschaftsfall** kostet die Überführung von Cash von der Ebene der Zielgesellschaft auf die Ebene der Erwerbergesellschaft **keine Steuern.** Im **Nicht-Organschaftsfall** liegt dagegen eine **Dividendenausschüttung** von der Zielgesellschaft an die Erwerbergesellschaft vor, die – unter der Annahme, dass es sich jeweils um Kapitalgesellschaften handelt – zur 95%igen Steuerbefreiung nach § 8b Abs. 1, 5 KStG führt. Diese schlägt kraft Erfüllung des Schachtelprivilegs des § 9 Nr. 2a GewStG auch voll auf die Gewerbesteuer durch, sodass es bei einer gegriffenen Gesamtsteuerbelastung mit Körperschaft- und Gewerbesteuer von 30% zu einer Steuerbelastung auf solche Ausschüttungen von rd. **1,5%** kommt.

Erfolgt dann eine **(Weiter-)Ausschüttung von der Erwerbergesellschaft an den** **85** **Private Equity-Fonds,** ist zunächst auf § 27 Abs. 1 Satz 3 KStG hinzuweisen, d.h. auch dann, wenn der Fonds die Erwerbergesellschaft zum Teil mit Einschüssen in die Kapital-

---

[230] § 43 Abs. 1 Nr. 3 EStG, vgl. *Levedag* in: Schmidt, EStG, § 43 EStG Rn. 22, 24.

[231] § 43 Abs. 1 Nr. 2 EStG, vgl. *Levedag* in: Schmidt, EStG, § 43 EStG Rn. 22.

[232] Vgl. *Levedag* in: Schmidt, EStG, § 43 EStG Rn. 12.

[233] Internal Rate of Return, deutsch: Interner Zinsfuß, vgl. dazu die Definition in *Schäfer*, Wirtschaftswörterbuch, Band 1.

[234] Vgl. *Holzapfel/Pöllath*, Unternehmenskauf in Recht und Praxis, Rn. 519.

rücklage finanziert hat, wird durch Dividenden zunächst nicht das steuerliche Einlagenkonto gemindert, sondern der ausschüttbare Gewinn (**Verwendungsfiktion**).[235] Sodann ist zu beachten, dass auf Ebene der ausschüttenden Erwerbergesellschaft **Kapitalertragsteuer** nach den §§ 43 Abs. 1 Nr. 1, 43a Abs. 1 Nr. 1 EStG i. H. v. 25 %, zzgl. SolZ, also insgesamt 26,375 % einbehalten werden müssen. Im Nachgang zu solchen Ausschüttungen kommt es ggf. zur völligen oder teilweisen Erstattung aufgrund von Regelungen in Doppelbesteuerungsabkommen (§ 50d Abs. 1 EStG), soweit an Steuerausländer ausgeschüttet wird. Ist zwischen einer (deutschen) Erwerbergesellschaft, die Ausschüttungen vornimmt, und der eigentlichen – steuerlich meist transparent strukturierten – Fonds-Gesellschaft eine EU-Kapitalgesellschaft geschaltet, kann eine Kapitalertragsteuerbefreiung nach der EU-Mutter-Tochter-Richtlinie eingreifen (§ 43b EStG).[236] Ansonsten kann eine Quellensteuerreduktion durch ein einschlägiges DBA eingreifen.

86   Sowohl in Fällen der Quellensteuerreduktion durch DBA als auch in Fällen der Mutter-Tochter-Richtlinie ist die **Missbrauchsvorschrift des § 50d Abs. 3 EStG** zu beachten. Die in solchen Strukturen typischerweise verwendeten substanzarmen Zweckgesellschaften werden regelmäßig die strengen Anforderungen des § 50d Abs. 3 EStG nicht erfüllen können.[237]

Mit den EuGH-Urteilen in den Rechtssachen Juhler Holding und Deister Holding[238] hat der EuGH festgestellt, dass § 50d Abs. 3 EStG 2007[239] gegen die Niederlassungsfreiheit und die Mutter-Tochter-Richtlinie verstößt. Das BMF hat mit Schreiben vom 4.4.2018 auf diese EuGH-Rechtsprechung reagiert. Kurz nach Veröffentlichung des BMF-Schreibens stufte der EuGH in der Rechtssache GS[240] auch die Neuregelung des § 50d Abs. 3 EStG 2012[241] als europarechtswidrig ein. Grund dafür waren nach Auffassung des EuGHs die inadäquat hohen Hürden für die Erbringung der Gegenbeweismöglichkeit des § 50d EStG. Die bloße Reaktion durch BMF-Schreiben zur Vorgängerfassung, ohne gesetzgeberische Nachbesserung, erscheint jedenfalls nach Ergehen der weiteren EuGH-Entscheidung als ungenügend; dies insbesondere auch hinsichtlich der Beschränkung des BMF-Schreibens auf Sachverhalte nach der Mutter-Tochter-Richtlinie sowie der damit einhergehenden Ausblendung der DBA-Konstellationen innerhalb der EU/des EWR und der nicht berücksichtigten Anwendung der Kapitalverkehrsfreiheit in Drittstaatensachverhalten.[242]

Praxishinweis: Im Vorfeld, d. h. beim Aufsetzen entsprechender Strukturen, kann es sich anbieten, eine gewerblich (z. B. entgeltliche Erbringung von Managementleistungen) tätige Organträger-GmbH & Co. KG als weitere Zwischenholding zwischen einer im Ausland ansässigen Gesellschaft und der deutschen GmbH einzuziehen, um auf Ebene dieser Personengesellschaft eine inländische Anrechnungsmöglichkeit für deutsche Kapitalertragsteuer zu kreieren.[243] In Fällen, in denen die Voraussetzungen des § 50d Abs. 3 EStG nicht erreicht werden können, ist ggf. unter Hinweis auf die EuGH-Rechtsprechung, der Finanzrechtsweg

---

[235] Vgl. dazu *Bauschatz* in: Gosch, KStG, § 27 KStG Rn. 48 ff.

[236] Vgl. dazu *Ufer* in: Kneip/Jänisch, Tax Due Diligence, S. 344 ff.

[237] Vgl. zur Vorschrift *Loschelder* in: Schmidt, EStG, § 50d EStG Rn. 45 ff.; ferner BMF vom 24.1.2012 – IV B 3 – S 2411/07/10016, BStBl. I 2012, 171 und BMF vom 4.4.2018 – IV B 3 – S 2411/07/10016-14, DStR 2018, 744; Geiger, DStR 2019, 850, 853.

[238] EuGH vom 20.12.2017 – C-504/16 und C-613/16, *Juhler Holding und Deister Holding,* DStR 2018, 119.

[239] In der Fassung BGBl. I 2006, 2878.

[240] EuGH vom 14.6.2018 – C-440/17, *GS,* DStR 2018, 1479.

[241] In der Fassung BGBl. I 2011, 2592.

[242] *Beutel/Oppel,* DStR 2018, 1469; *Ernst/Farinato/Würstlin,* IStR 2019, 6, 9 ff.

[243] *Helios/Kloster/Tcherveniacki* in: Jesch/Striegel/Boxberger, Rechtshandbuch Private Equity, § 16 Rn. 111; *Kollruss,* IStR 2007, 870 ff. Die deutsche Personengesellschaft muss dabei eine Betriebsstätte im Inland vermitteln, vgl. BMF vom 26.9.2014 IV B 5 – S 1300/09/10003, BStBl. I 2014, 1258, Tz. 2.2.1., 2.3.1, 2.3.3, d. h. eine bloße gewerbliche Prägung reicht nicht aus.

zu beschreiten. Des Weiteren ist bei der Repatriierung von Veräußerungsgewinnen ggf. nach Ausweichgestaltungen zu suchen. In Betracht kommen insbesondere Transaktionen, die im wirtschaftlichen Ergebnis Ausschüttungen entsprechen, wie z. B. Ankauf eigener Anteile durch die AkquiCo,[244] gruppeninterne Veräußerungen[245] oder gezielte „Vernichtung" von ausschüttbaren Gewinnen zur steuerfreien Repatriierung eines steuerlichen Einlagenkontos.[246]

Erfolgt dagegen eine Mittelrückführung durch teilweise (ggf. vorzeitige) **Tilgung** ent-　**87** sprechender, vom Fonds an die Erwerbergesellschaft gewährter Gesellschafterdarlehen, liegt hierin ein aus Sicht des deutschen Steuerrechts grundsätzlich steuerneutraler Vorgang, bei dem grundsätzlich auch kein deutscher Quellensteuereinbehalt zu erfolgen hat.[247] Steuerlich gesehen ist somit eine Repatriierung von Exit-Erlösen durch Rückzahlung von Gesellschafterdarlehen ideal.

> **Praxishinweis:** Steuerlich problematisch könnte diese Art der Cash-Rückführung allenfalls dann sein, wenn der Darlehensvertrag nicht die Möglichkeit vorzeitiger Tilgungen durch die Erwerbergesellschaft vorsieht, und der Fonds als beherrschender Gesellschafter durch seinen Einfluss die Erwerbergesellschaft dazu bringt, in Abänderung der Bestimmungen des Darlehensvertrags eine vorzeitige Tilgung vorzunehmen. Es sollte im Gesellschafterdarlehensvertrag daher die jederzeitige Möglichkeit der Erwerbergesellschaft, vorzeitige Tilgungen vornehmen zu können, vorgesehen werden.

d) Laufende vGA-Risiken

Typische laufende vGA-Risiken in Private Equity-Konstruktionen ergeben sich dann,　**88** wenn von der Erwerbergesellschaft oder auch der Zielgesellschaft **laufende Zahlungen** an den Private Equity-Fonds, aber auch an diesem nahestehende Personen oder Beratungsgesellschaften getätigt werden, die einem **Fremdvergleich nicht Stand halten** oder denen keine wertentsprechenden Leistungen im Interesse der Erwerbergesellschaft oder der Zielgesellschaft gegenüberstehen.

Beispiel 1: Finanzinvestor X hat sich mehrheitlich an der Y-AG beteiligt. Er setzt durch seine gesellschaftsrechtlichen Mehrheitsverhältnisse durch, dass ein Beratungsvertrag über laufende Beratungsleistungen (Beratungsgegenstand laut Vertrag, „Corporate Finance, strategische Geschäftsentwicklung, Optimierung interner Abläufe") über eine Mindest-Jahresvergütung i. H. v. EUR 500 000,00 zwischen der Zielgesellschaft und der B-GmbH abgeschlossen wird. Die B-GmbH ist eine Management- und Beratungsgesellschaft, die den Finanzinvestor berät. Handelt es sich hier – und dies wird spätestens in der Betriebsprüfung der Zielgesellschaft diskutiert werden – wirtschaftlich nicht um eine adäquate, von der Zielgesellschaft benötigte oder dieser

---

[244] Gestaltungsidee: Auf Gesellschafterebene entsteht ein Veräußerungsgewinn, der nicht unter § 50d Abs. 3 EStG fällt (*Köhler*, DB 2011, 15; *Käshammer/Schümmer*, IStR 2011, 410, 411). Dies funktioniert jedoch dann nicht, wenn ein den Beteiligungsverhältnissen entsprechender Ankauf von *allen* Gesellschaftern erfolgen soll, weil dann nach der BFH-Rechtsprechung von einer Gewinnausschüttung auszugehen ist (BFH vom 27.3.1979 – VIII R 95/76, BStBl. II 1979, 553).

[245] Siehe dazu *Käshammer/Schümmer*, IStR 2011, 410, 411 f.; Gestaltungsidee ist es auch hier, einen nicht unter § 50d Abs. 3 EStG fallenden Veräußerungsgewinn zu erreichen.

[246] In den Fällen, in denen bei Implementierung der Erwerbsstruktur die AkquiCo von der Fondsgesellschaft mit substanziellen Einlagen in die Kapitalrücklage ausgestattet worden war, ergibt sich steuerlich ein entsprechendes Volumen an steuerfrei rückführbaren Beträgen des steuerlichen Einlagenkontos. Sind jedoch ausschüttbare Gewinne vorhanden, greift die Verwendungsfiktion des § 27 Abs. 1 Satz 3 und 5 KStG und es gelten zunächst diese als ausgeschüttet (mit der Folge, dass dann ggf. doch wieder § 50d Abs. 3 EStG zum Zuge kommt). Gestaltungsidee ist hier, durch Verschmelzungsvorgänge Verschmelzungsverluste herbeizuführen, die mit ausschüttbaren Gewinnen der Obergesellschaft (AkquiCo) zu verrechnen sind. Vgl. dazu *Käshammer/Schümmer*, IStR 2011, 410, 414.

[247] Siehe dazu oben Teil → B., Rn. 333.

zumindest entsprechend nützliche Dienstleistung, liegt eine verdeckte Gewinnausschüttung an den Finanzinvestor in Form einer Zuwendung an diesem nahestehende Personen vor.

Beispiel 2: Private Equity-Fonds Y hat die Mehrheit an der mittelständischen G-GmbH übernommen. Bei dieser besteht ein fakultativer Aufsichtsrat aus drei Personen. Kraft Beteiligungsvertrag stehen dem Private Equity-Fonds nach der Übernahme zwei Sitze im Aufsichtsrat zu, während Unternehmer U, der mit 23 % weiterhin an der G-GmbH beteiligt geblieben ist, einen Sitz erhält. Der Fonds hat in den Beteiligungsverträgen durchgesetzt, dass die von ihm benannten Mitglieder des fakultativen Aufsichtsrats wegen der von ihnen zu erwartenden besonderen Beiträge bei der Entwicklung des Geschäfts der Gesellschaft jeweils eine Jahresvergütung von EUR 75 000,00 erhalten, während U nur – wie zuvor auch – Sitzungsgelder i. H. v. maximal EUR 15 000,00 pro Jahr erhält. Auch hier besteht die überwiegende Wahrscheinlichkeit, dass dies von der Finanzverwaltung als verdeckte Gewinnausschüttung angesehen werden wird.

Darüber hinaus sind auch in diesem Zusammenhang die schenkungsteuerlichen Auswirkungen zu prüfen, vgl. dazu Rn. 59.

4. Spezifische Steuerfragen beim „Exit" des Private Equity-Investors

a) Strukturierung des Exits aus steuerlicher Sicht

89   Die Strukturierung des Exits aus steuerlicher Sicht erfolgt unter Berücksichtigung der spezifischen Situation des Private Equity-Investors als dem Mehrheitsgesellschafter der Erwerbergesellschaft. Abhängig von der Strukturierung des Fonds sowie der konkreten Erwerbsstruktur sind von steuerlichen Beratern folgende Fragen zu klären:
– Auf **welcher Ebene** soll aus Sicht des Private Equity-Fonds der Exit erfolgen? Soll die Erwerbergesellschaft zunächst zu 95 % steuerfrei die Anteile an der Ziel-Kapitalgesellschaft veräußern? Oder sollen die Anteile an der Erwerbergesellschaft von dem Private Equity-Fonds und ggf. dessen Mitgesellschaftern (z. B. sich rückbeteiligenden Alt-Gesellschaften) veräußert werden?
– Sollen vom Fonds gewährte **Gesellschafterdarlehen** an den Erwerber mitveräußert werden oder sollen sie zuvor in Kapitalrücklagen bei der Erwerbergesellschaft, an welche die Gesellschafterdarlehen gewährt worden sind, umgewandelt werden?
– Für den Fall, dass Cash-Weiterreichungen an den Private Equity-Fonds (und ggf. dessen Mitgesellschafter) nötig sind, z. B. weil ausnahmsweise ein Asset Deal auf Ebene der Zielgesellschaft stattfindet, oder weil nicht auf der obersten Gesellschafterebene der Erwerbsstruktur ein Exit in Form eines Share Deals erfolgt: Fällt deutsche **Quellensteuer** an? Ist eine Freistellung oder Erstattung möglich?
– Wie ist die steuerliche Auswirkung von „Sonderthemen" wie Bedienung von Managementbeteiligungen, Zahlung von Transaktionsprämien sowie ggf. disproportionale Verteilung des Veräußerungserlöses aufgrund zwischen den Gesellschaftern getroffener Gesellschaftervereinbarungen (insbesondere Liquidationspräferenz zugunsten des Private Equity-Fonds)?
Allgemein gültige Antworten können für die vorstehenden Fragen nicht gegeben werden, weil es auf die Struktur des jeweiligen Einzelfalls ankommt.

b) Verkehrssteuern

90   Bei der „Übernahme" einer Zielgesellschaft durch einen Private Equity-Fonds sowie beim „Ausstieg" des Fonds sind in Bezug auf Verkehrssteuern (insbesondere **Umsatzsteuer, ggf. auch Grunderwerbsteuer**) im Grundsatz dieselben Überlegungen wie auch bei sonstigen Transaktionen anzustellen (vgl. dazu bereits ausführlich oben Teil → B., Rn. 235 ff. sowie Teil → D., Rn. 661 ff.).

91   Der **Einstieg** des Finanzinvestors führt **umsatzsteuerlich** zu der in Teil → B., Rn. 383 dargestellten Fragestellung, nämlich inwieweit der Vorsteuerabzug für Akquisitionskosten (insbesondere aus Beraterrechnungen) erreicht werden kann. Dieser – auch bei „normalen" Unternehmenstransaktionen relevante – Problembereich erhält im Bereich von Private Equity-Transaktionen eine wirtschaftlich vielleicht noch stärker akzentuierte Bedeutung, da die hier entstehenden Beraterkosten aufgrund der Tatsache, dass Private Equity-Fonds als institutionelle Investoren höheren Anforderungen an eine professionelle Herangehensweise unterliegen,[248] meist höher ausfallen als bei „normalen" Unternehmenstransaktionen.

Beim **Exit** des Finanzinvestors stellt sich **umsatzsteuerlich** regelmäßig die Frage, in-   **92** wieweit die vom Finanzinvestor bei seinem Einstieg implementierte Struktur umsatzsteuerliche Risiken birgt. So wird vom Erwerber in der Regel geprüft und hinterfragt, inwieweit eine umsatzsteuerliche Organschaft zwischen der Erwerbergesellschaft und der Zielgesellschaft bestand, und ob der Vorsteuerabzug auf die Transaktionsnebenkosten beim Einstieg des Fonds umsatzsteuerlich zutreffend behandelt werden oder ob sich hieraus noch Steuerrisiken für den Erwerber ergeben.[249] Für den Umsatzsteuerabzug bzgl. Transaktionskosten des Exits, also insbesondere Beraterkosten in Bezug auf die Veräußerung der Zielgesellschaft oder der Erwerbergesellschaft, stellt sich ebenfalls die Frage nach einem Vorsteuerabzug. Siehe hierzu in Teil → B., Rn. 248.

c) Steuerliche Behandlung von Managementbeteiligungen im Rahmen des Exits

Für die Frage, wie ein durch den Private Equity-Fonds implementiertes Management-   **93** beteiligungsprogramm im Rahmen des Exits steuerlich zu behandeln ist, ist wiederum zu unterscheiden, in welcher Form das Management beteiligt wurde (d.h. ob es sich um gesellschaftsrechtliche Beteiligungen oder um schuldrechtliche, virtuelle Beteiligungen handelt).

Wurde das Management **gesellschaftsrechtlich beteiligt,** ist für die steuerliche Be-   **94** handlung danach zu unterscheiden, in welcher Form bzw. auf welcher Ebene dies erfolgte: Wurde das Management **direkt an der Erwerbergesellschaft beteiligt,** und wurde diese in der Rechtsform einer GmbH geführt, erzielt das veräußernde Management nach dem Teileinkünfteverfahren zu versteuernde Veräußerungsgewinne (§§ 17, 3 Nr. 40 Buchst. b EStG).[250] War das Management unter 1% beteiligt, unterliegt der Veräußerungsgewinn dagegen grundsätzlich der Abgeltungsteuer (§§ 20 Abs. 2 Nr. 1, 32d Abs. 1 EStG).[251]

Die **disquotale Kaufpreisverteilung** des für 100% der Anteile der verkauften Zielgesellschaft vom Drittkäufer erzielten Kaufpreises auf das beteiligte Management einerseits und Finanzinvestoren andererseits, namentlich im Rahmen üblicher **Liquidationspräferenzen,** wird steuerlich dann anerkannt, wenn dafür vernünftige wirtschaftliche Gründe bestehen, insbesondere wenn die zugrunde liegenden Vereinbarungen (d.h. regelmäßig die Abreden in der beim Einstieg des Finanzinvestors geschlossenen Gesellschaftervereinbarung) das Ergebnis kaufmännischer Verhandlungen, die bei im Lichte eines Interessensgegensatz geführt wurden, sind.[252] Dies dürfte in den hier interessierenden Konstellationen regelmäßig der Fall sein.

Erhalten Management-Gesellschafter beim Exit neben ihrem regulären, ihnen entsprechend ihrer Beteiligungsquote und ggf. nach Anwendung bestehender Liquidationspräferenzen zustehenden Anteil am Veräußerungserlös *zusätzlich* noch einen Mehrbetrag aus dem Gesamt-Veräußerungserlös (sog. **„Exit-Bonus"**), ist zu prüfen, wodurch dieser Mehrbetrag steuerlich veranlasst ist. Während die Finanzverwaltung regelmäßig dazu ten-

---

[248] Siehe oben → Rn. 48.

[249] Vgl. dazu *Alzuhn/Wipfler* in: Kneip/Jänisch, Tax Due Diligence, S. 372 f. sowie die Checkliste zur Umsatzsteuer, S. 885.

[250] Siehe zu Details oben Teil → B., Rn. 156 ff.

[251] Siehe zu Detail oben Teil → B., Rn. 171, ebenso zur Ausnahme für Alt-Anteile.

[252] Vgl. FG München vom 22.4.2013 – 7 K 2604/10, BeckRS 2013, 95969.

dieren wird, insoweit Arbeitslohn (§ 19 EStG) anzunehmen, wenn die Empfänger nicht nur Gesellschafter, sondern auch noch Geschäftsführer oder leitende Angestellte der Zielgesellschaft sind, sieht die Finanzrechtsprechung dies differenzierter, scheint aber auch dazu zu tendieren, solche Bestandteile des „Management-Pakets" nicht als Anteilsveräußerungsgewinn, sondern als Tätigkeitsvergütung (§§ 18 oder 19 EStG) erfassen zu wollen.[253]

95 War das Management **nicht direkt, sondern über eine Management-Pool-Gesellschaft** beteiligt, ist für die Besteuerung des Veräußerungsgewinns danach zu unterscheiden, welche Rechtsform diese Pool-Gesellschaft hatte. Handelte es sich dabei um eine **vermögensverwaltende Gesellschaft** wie z. B. eine GbR oder eine gewerblich entprägte GmbH & Co. KG, greift einkommensteuerlich die Bruchteilsbetrachtung, d. h. es werden solche Gesellschaften als steuerlich transparent angesehen.[254] Die veräußernden Manager werden dann ebenso besteuert, wie wenn sie direkte Beteiligungen an der zu veräußernden Erwerbergesellschaft gehalten hätten. Handelt es sich bei der Pool-Gesellschaft dagegen um eine **gewerblich geprägte Gesellschaft** i. S. d. § 15 Abs. 3 Nr. 2 EStG, wird die Beteiligung aus dem steuerlichen Betriebsvermögen heraus verkauft, und es findet wiederum das Teileinkünfteverfahren Anwendung (§ 3 Nr. 40 Buchst. a EStG). Wurde die Pool-Gesellschaft – das ist der in der Praxis seltenere Fall – in der Rechtsform einer **Kapitalgesellschaft** wie z. B. einer GmbH geführt, erzielt diese zunächst einen im Ergebnis zu 95 % steuerfreien Veräußerungsgewinn nach § 8b Abs. 2, 3 KStG. Die Zwischenschaltung einer Kapitalgesellschaft macht aber in solchen Konstellationen meist wenig Sinn, weil der Veräußerungserlös nach Closing der Transaktion an die einzelnen Manager bis auf die Ebene der natürlichen Personen ausgeschüttet werden soll, weil unwahrscheinlich ist, dass diese aus einem gemeinsamen Vehikel als „Spardosen-GmbH" heraus künftig weitere Investments tätigen oder Kapitalanlagen halten möchten. Die Weiterausschüttung kostet wiederum Abgeltungsteuer, und die Gesamtsteuerbelastung ist dann leicht höher als im Grundfall einer direkten Beteiligung.

96 Wurde dagegen eine **virtuelle Beteiligung** (Phantom Stocks, am Wertzuwachs bzw. Veräußerungsgewinn anknüpfende Bonuszusagen etc.) gewährt, gilt Folgendes: Während die Einräumung solcher schuldrechtlichen Zusagen ein steuerliches Nullum dargestellt, führt die Auszahlung auf solche Anreiz-Instrumente beim Exit zu steuerlichem Arbeitslohn i. S. d. § 19 EStG beim jeweiligen Empfänger, wobei die **Progressionsmilderung nach § 34 Abs. 2 Nr. 4 EStG** (Vergütungen für mehrjährige Tätigkeiten) in Betracht kommt.[255] Da solche schuldrechtlichen, an den Exit anknüpfenden Beteiligungszusagen meist nicht von den Gesellschaftern (= Fonds, ggf. sich rückbeteiligende Altgesellschafter) selbst, sondern entweder von der Zielgesellschaft oder der Erwerbergesellschaft (im Beispiel in Rn. 49 der AkquiCo) zugesagt werden, entsteht auf dieser Ebene grundsätzlich auch entsprechender Aufwand. Die für die Begünstigten „ungünstigere" steuerliche Behandlung als Arbeitslohn führt daher im Gegenzug bei der Gesellschaft zu einem **Steuerminderungseffekt** durch das Vorliegen von entsprechenden Betriebsausgaben. Zu prüfen ist jedoch, inwieweit nach Struktur der Zusagen, Teilnehmerkreis und Höhe der Zusagen noch eine Leistung im Interesse der zusagenden Gesellschaft vorliegt, oder ob die Gefahr droht, dass eine spätere Betriebsprüfung – jedenfalls teilweise – **verdeckte Gewinnausschüttungen** annimmt. Ist die Zusage der virtuellen Beteiligung durch eine Gesellschaft erfolgt, die z. B. im Wege eines Share Deals Teil des Verkaufsgegenstandes beim Exit des Private Equity-Investors ist, wird der Käufer vermutlich die sich aus dem virtuellen Managementbeteiligungsprogramm ergebenden Belastungen kaufpreismindernd berücksichtigen wollen. Es ist dann Verhandlungssache, inwieweit der sich aus der Qualifi-

---

[253] Siehe FG Münster vom 12.12.2014 – 4 K 1918/13 E (rechtskräftig) mit Anmerkung *Frey/Schmid,* DStR 2015, 1094.

[254] Siehe z. B. den Sachverhalt FG Köln vom 20.5.2015 – 3 K 3253/11, DStRE 2016, 209.

[255] Vgl. *Wacker* in: Schmidt, EStG, § 34 EStG Rn. 40.

kation als Arbeitslohn ergebende Betriebsausgabenabzug ganz oder teilweise als korrespondierender Vorteil gegengerechnet werden soll.

Praxishinweis: Im Unternehmenskaufvertrag sollte die entsprechende steuerliche Behandlung und die Abführung der Steuern auf solche Auszahlungen im Interesse beider Parteien klar geregelt werden. Aus Sicht des Unternehmenskäufers stellt sich hier die Frage nach der Gewährung entsprechender Steuerfreistellungen durch die Veräußererseite. Es kann sich je nach Einzelfall anbieten, die Auszahlungen aus dem Managementbeteiligungsplan einschließlich der darauf entfallenden Steuern und Sozialabgaben im Unternehmenskaufvertrag konkret vertraglich zu fixieren und die entsprechenden Auszahlungen am Tag des Closings unmittelbar zulasten des Kaufpreises vorzunehmen.

F. Unternehmenskauf und –verkauf in Krise und Insolvenz

I. Rahmenbedingungen beim Unternehmenskauf in Krise und Insolvenz

1. Einleitung

1   Der Verkauf von Unternehmen in Krise und Insolvenz hat nach wie vor eine erhebliche Bedeutung, da es i.d.R. die Verwertungsart mit den höchsten Erlösen für die Gläubiger darstellt und zunehmend Käufer die Chancen eines Erwerbs aus der Insolvenz wahrnehmen.[1]

Die bis 2019 anhaltende gute Konjunkturlage ist beendet. Damit steigen nach langer Zeit wieder die Fallzahlen von Unternehmensinsolvenzen.[2] Viel spricht dafür, dass allein schon daher mit einer steigenden Anzahl von Unternehmensinsolvenzen zu rechnen ist.[3]

Vor allem aber die von der **COVID-19-Pandemie** Anfang 2020 ausgelöste globale **Marktstörung** wirkt sich mit ihren häufig desaströsen Auswirkungen auf Geschäftsmodelle und fehlender Planbarkeit negativ auf Dealappetit und Finanzierung aus. Gleichzeitig wird die Krise auch als **Chance zum günstigen Einstieg** wahrgenommen, insbesondere wenn Wettbewerber oder Finanzinvestoren durch die Dauer der Krise gezwungen werden, Geschäftsbereiche oder Beteiligungen zur Liquiditätsbeschaffung zu verkaufen.[4] Damit scheinen derzeit alle Voraussetzungen für ein Füllhorn an Transaktionen in Krise und Insolvenz vorzuliegen.

Die **Ursachen von Unternehmensinsolvenzen** sind vielschichtig und sollen hier nicht ausführlich erörtert werden. Unabhängig von der Konjunkturlage können unternehmerische Fehlentscheidungen auftreten und die Energiewende und Digitalisierung **unternehmerischer Prozesse** einen Wettbewerbsdruck erzeugen, der es vielen Mittelständlern schwer macht, Schritt zu halten. Konnten solche unternehmerischen Fehlentscheidungen und eine nur mangelnde Anpassung an die „Gesetze des Marktes" in früheren Zeiten noch eher durch andere Stärken kompensiert werden, werden Schwächen im Unternehmen heutzutage nur noch selten verziehen. Aufgrund der zunehmenden Transparenz und Kontrolle im Unternehmensbereich sowie der den Banken im Zuge von **„Basel II"** und **„Basel III"** auferlegten strikten Beurteilung ihrer Kreditnehmer können etwaige Schwächen des Unternehmens zu schlechten Ratings und damit zu **Finanzierungsschwierigkeiten** führen. Krise und Insolvenz sind dann nicht selten die Folge.

> **Beachte:** Schätzungen zufolge sind bei mittelständischen Unternehmen Managementfehler zu 95 % die Ursache der Unternehmenspleite oder dafür mitverantwortlich.[5] Diese Schätzung wird dadurch bestätigt, dass die Mehrzahl mittelständischer Unternehmen den Vorteil der Beteiligung von Private Equity-Investoren in einer Professionalisierung des Managements und der unternehmerischen Prozesse sieht.[6]

Häufig werden insolvente Unternehmen nicht zerschlagen, sondern im Wege der **2** „übertragenden Sanierung" (siehe dazu näher unten → Rn. 12) veräußert,[7] oder – sofern Größe und Gestaltung des Unternehmens dies erfordern und ermöglichen – im Rahmen eines **Insolvenzplanverfahrens** restrukturiert (z. B. IVG, PROKON). Daher bieten sich – unabhängig von Zeiten guter oder schlechter Konjunktur – für Finanz- wie für strategische Investoren Chancen beim Erwerb von Unternehmen in der Krise oder Insolvenz.

Dies gilt insbesondere für Branchen, die besonders von der COVID-19-Pandemie betroffen sind, wie insbesondere Einzelhandel, Tourismus einschließlich Gastronomie und Hotellerie, Automobil- und Luftfahrtindustrie, aber auch Branchen, die durch Digitalisierung oder Strukturwandel ohnehin schon unter Druck standen wie z. B. (Print-)Medien, Werbebranche, Krankenhäuser und die Modebranche.[8]

---

[1] Vgl. *Morshäuser/Falkner,* NZG 2010, 881; *Freitag/Kiesewetter/Narr,* BB 2015, 1484 ff.
[2] Creditreform Pressemitteilung vom 10.12.2019, abrufbar unter: https://www.creditreform.de/footer/creditreform/presse/show/insolvenzen-in-deutschland-jahr-2019.
[3] Creditreform Pressemitteilung vom 10.12.2019.
[4] *Feldhaus,* BB 2020, 1546.
[5] Vgl. *Buchta* in: Hölters, Handbuch des Unternehmenskaufs, Kapitel 16, Rn. 16.3.
[6] Siehe dazu Teil → E., Rn. 12.
[7] Vgl. *Menke,* BB 2003, 1133; *Vallender,* NZI 2010, 838, 841; *Reuther,* InsbürO 2016, 137.
[8] Vgl. *Reuter,* INDAT Report 9/2015, S. 11.

Gerade auch Finanzinvestoren haben **Unternehmen in Krise und Insolvenz als Investitionsklasse** entdeckt,[9] weil in diesem Marktsegment durchaus günstig gekauft werden kann – und im Einkauf steckt bekanntlich der Gewinn.

3 Gemäß § 1 InsO dient das Insolvenzverfahren dazu, die Gläubiger eines Schuldners gemeinschaftlich zu befriedigen, indem das Vermögen des Schuldners verwertet und der Erlös verteilt oder in einem Insolvenzplan eine abweichende Regelung, insbesondere zum Erhalt des Unternehmens (also der Sanierung), getroffen wird. Das 2012 in Kraft getretene **„Gesetz zur weiteren Erleichterung der Sanierung von Unternehmen (ESUG)"**[10] hat die für die Sanierung von Unternehmen erforderliche Rechtsgrundlage geschaffen bzw. erweitert. Damit wird die Sanierungsfunktion des Insolvenzrechts als ein Mittel des Verwertungs- und Verteilungsverfahrens betont[11] sowie insbesondere die **(vorläufige) Eigenverwaltung gestärkt.** Zugleich soll das ESUG einen Anreiz schaffen, bereits in einem frühen Stadium Insolvenzantrag zu stellen, und nicht erst wenn sich die Krise bereits manifestiert hat.[12]

Durch das ESUG hat die Zahl der Eigenverwaltungen erheblich zugenommen. Zwar ist der Anteil von Eigenverwaltungsverfahren mit unter 3 % aller Insolvenzverfahren absolut betrachtet niedrig. Bei **größeren Unternehmensinsolvenzen** und Fortführungsfällen hat sich die Eigenverwaltung aber fast zum **Regelfall** gemausert. Bereits im Jahr 2016 wurde mehr als die Hälfte der 50 größten Unternehmensinsolvenzen in Eigenverwaltung durchgeführt.[13]

4 Der Erwerb bzw. Verkauf eines Unternehmens in der Krise und Insolvenz ist im Vergleich zum Erwerb eines lebenden Unternehmens von einer Vielzahl wirtschaftlicher, aber gerade auch rechtlicher Besonderheiten geprägt. Die rechtlichen Besonderheiten beschränken sich dabei nicht auf die (vor)insolvenzlichen Rechtsfragen, sondern umfassen u. a. arbeits-, steuer- und gesellschaftsrechtliche Fragestellungen.

Je nachdem, in welcher Phase der Unternehmenskauf erfolgt, gelten unterschiedliche Spielregeln. Dabei gibt es besondere Rahmenbedingungen, die generell bei einem Unternehmenskauf in Krise und Insolvenz bedacht und geregelt werden müssen:

– Krise und **Insolvenzreife;**
– die **Vielfalt** der Beteiligten und deren **divergierende Interessen,** die erhebliche Auswirkungen auf den Kaufprozess haben können;
– Faktor **Zeit(not):** in allen Phasen relevant;
– die Struktur der Transaktion (Asset oder Share Deal, Bieterverfahren);
– Übernahme- und **Sanierungskonzept** (denn die Krise bzw. Insolvenz muss beseitigt werden);
– die Minimierung der **gesetzlichen Haftungsrisiken** (§§ 25 HGB, 75 AO, 613a BGB).

Die vorstehenden Aspekte sollen nachfolgend unter Ziffer 2. als Erstes „vor die Klammer gezogen" werden, um im Anschluss daran die in den unterschiedlichen Phasen auftretenden Besonderheiten beim Unternehmenskauf in Krise und Insolvenz abzuhandeln.

2. Allgemeine Rahmenbedingungen

a) Krise und Insolvenzreife

5 In der Regel tritt zunächst eine betriebswirtschaftliche Krise beim Unternehmen ein. Die Arten von Krisen sind vielfältig und reichen (u. a.) von der Stakeholderkrise über die

---

[9] Vgl. *Buchta* in: Hölters, Handbuch des Unternehmenskaufs, Kapitel 16 Rn. 16.4; vgl. *Rhein* in: Eilers/Koffka/Mackensen, Private Equity, S. 222.

[10] BGBl. I 2011, 2582; allgemein vgl.: *Göb,* NZG 2012, 371.

[11] Vgl. *K. Schmidt,* in: K. Schmidt, Insolvenzordnung, § 1 Rn. 9.

[12] *Denkhaus/von Kaltenborn-Stachau,* in: A. Schmidt, Sanierungsrecht, Einf. zu §§ 1–9, Rn. 3; *Ehlers,* BB 2014, 131, 134.

[13] *Reus/Höfer/Harig,* NZI 2019, 57.

Produkt- und Absatzkrise hin zur Liquiditätskrise, die in der Insolvenzreife und damit der insolvenzrechtlichen Krise mündet.[14]

Eine insolvenzrechtliche Krise des Unternehmens liegt vor, wenn **Zahlungsunfähig- 6 keit** im Sinne des § 17 InsO oder **Überschuldung** im Sinne von § 19 InsO vorliegt. Zwischen (rein) betriebswirtschaftlicher und insolvenzrechtlicher Krise liegt der Zeitpunkt der drohenden Zahlungsunfähigkeit, ab dem das Sanierungsprivileg für Gläubiger, die eine Beteiligung zum Zweck der Sanierung erwerben, gilt.[15]

> **Praxishinweis:** Das Management sollte beachten, dass schon im Vorfeld der Insolvenz verschiedene (Sorgfalts-)Pflichten bestehen, bei deren Verletzung Schadensersatzpflichten drohen. So hat beispielsweise der Vorstand einer AG gemäß § 91 Abs. 2 AktG geeignete Maßnahmen zu treffen, insbesondere ein Risikofrüherkennungs- und Überwachungssystem einzurichten, damit den Fortbestand der Gesellschaft gefährdende Entwicklungen früh erkannt werden.[16] Diese Verpflichtung gilt auch für die Geschäftsleiter anderer Gesellschaftsformen,[17] wenn die Unternehmensgröße bzw. die Unternehmensstrukturen dies erfordern.

b) Interessenvielfalt

Neben der Möglichkeit, in der Krise eines Unternehmens günstig an dessen Markt- 7 anteile, Produktionsmittel, Know-how oder Lieferanten und Kundenbeziehungen zu kommen, kann ein Erwerb in der Krise auch für eine **Marktbereinigung** durch die Liquidation eines Wettbewerbers genutzt werden. Während im ersten Fall der Erwerber die Sanierungsfähigkeit des Unternehmens prüfen muss, müssen für den zweiten Fall die Kosten der (in der Regel außerinsolvenzlichen) Liquidation berechnet und für deren Deckung gesorgt werden.

Noch größere Motivvielfalt herrscht auf Verkäufer- und Stakeholderseite. Seitens des 8 Unternehmens ist die objektive Interessenlage von Geschäftsführung (Haftungsvermeidung), Gesellschaft (Gläubigerschutz) und Gesellschaftern (Werterhalt) schon potentiell diametral. Hinzu treten die beteiligten Gläubiger (vor allem Banken, Finanzamt, Sozialversicherungsträger, Arbeitnehmer, Lieferanten und Kunden), die häufig extrem unterschiedliche Interessen verfolgen.

> **Praxishinweis:** Ein potentieller Erwerber sollte sich im Vorfeld mit den möglichen Interessen der Beteiligten auseinanderzusetzen und diese in seine Erwerbsüberlegungen einbeziehen und in Abhängigkeit von Unternehmensgegenstand und Branche wesentliche Stakeholder – in Abstimmung mit dem Käufer – ansprechen. Automobilhersteller z. B. haben häufig genaue Vorstellungen davon, in welche Hände ein Zulieferbetrieb übergehen soll.

c) Faktor Zeit

Der Faktor Zeit spielt in vielerlei Hinsicht eine herausragende Rolle, und zwar so- 9 wohl vor, als auch nach Eröffnung des Insolvenzverfahrens. Zunächst ist es für den Erwerber von hoher Relevanz für seine Transaktionssicherheit und seine Haftungsrisiken, in

---

[14] Vgl. auch *Ziegenhagen/Denkhaus* in: Unternehmenskauf in Krise und Insolvenz, Rn. 1126 ff., sowie sehr ausführlich zu den Grundlagen einer Unternehmenskrise, den empirischen Untersuchungen dazu sowie zur Krisenfrüherkennung *Baetge/Schmidt/Hater* in: Thierhoff/Müller/Illy/Liebscher, Unternehmenssanierung, 2. Kap. Rn. 11 ff.

[15] Vgl. dazu *Rhein* in: Eilers/Koffka/Mackensen, Private Equity, S. 263, Rn. 20; S. 550, Rn. 31.

[16] Vgl. dazu auch ausführlich *Müller/Liebscher* in: Thierhoff/Müller/Illy/Liebscher, Unternehmenssanierung, 8. Kap. Rn. 1 ff.

[17] *Fleischer*, in: Münchener Kommentar GmbHG, § 43 Rn. 61; *Hauschka/Moosmayer/Lösler*, Corporate Compliance, § 5 Rn. 40; Zur Pflicht des faktischen Geschäftsführers, vgl. BGH GmbHR 1990, 298; *Flore/Lewinski*, GmbH-StB 2001, 178, 179 f.

welchem Stadium einer Unternehmenskrise er erwirbt (vgl. dazu nachfolgend unter Ziffern II bis IV).

Auch für den Unternehmer sind Zeitpunkt und Zeitablauf bis zur Vollendung eines Verkaufs von besonderer Bedeutung, weil einerseits bei länger dauernder Krise die Gefahr besteht, dass der im Unternehmen verkörperte Wert rapide sinkt,[18] andererseits der Pflichtenkatalog und damit einhergehend das Haftungsrisiko für die Geschäftsführung sich mit zunehmender Krisendauer erhöht.[19]

Praxishinweis: Der Unternehmenskauf bzw. -verkauf in der Krise des Unternehmens ist ein „Kampf gegen die Zeit". Denn in Krisenzeiten und Insolvenz steigt das Risiko rasch an, dass sich nicht nur viele Kunden und Lieferanten von dem Unternehmen abwenden, sondern dass auch besonders qualifizierte Mitarbeiter abwandern.[20] Auch sind den Geschäftsführern mit Fortschreiten der Krise zunehmend die Hände gebunden, wobei insbesondere der Insolvenzeröffnungsbeschluss eine Zäsur darstellt:[21] ab diesem Zeitpunkt verliert das Management – wenn nicht eine Eigenverwaltung angestrebt wird – die Verfügungsbefugnis über das Unternehmen vollständig an den Insolvenzverwalter (vgl. § 80 Abs. 1 InsO). Das Management sollte daher durch ein zügiges und strukturiertes Vorgehen den Wertverfall sowie den zunehmenden Verlust von Handlungsspielräumen verhindern.

---

10 Dabei hängt die Ausgestaltung des Unternehmenskaufs davon ab, zu welchem Zeitpunkt der Abschluss des Kaufvertrags und die Übertragung des Unternehmens erfolgt. Die möglichen Zeitpunkte eines Unternehmenskaufs in Krise und Insolvenz werden klassischerweise **drei unterschiedlichen Phasen** zugeordnet:
– Phase 1: Zeitraum bis zur Stellung eines Insolvenzantrags
– Phase 2: Zeitraum zwischen Insolvenzantrag und Insolvenzeröffnung
– Phase 3: Zeitraum ab Insolvenzeröffnung

Vor allem die Schnelligkeit des Handelns ist von entscheidender Bedeutung: Ein Käufer, der sich proaktiv beim vorläufigen Insolvenzverwalter oder der Eigenverwaltung meldet und nicht auf Entscheidungen seiner Gremien und seiner Finanziers warten muss, ist deutlich flexibler und hat insbesondere beim Erwerb aus der Insolvenz wesentlich höhere Chancen, zum Zuge zu kommen.

Praxishinweis: Käufer, die bereits häufiger in Krisensituationen erworben haben, und/oder Berater engagieren, die erfahren in der typischen Vorgehensweise in solchen Situationen sind, haben einen erheblichen Wettbewerbsvorteil, da sie mit dem nötigen Pragmatismus und der gebotenen Geschwindigkeit wesentlich schneller als andere Wettbewerber agieren.

---

d) Transaktionsstruktur

11 Ein lebendes Unternehmen ist in der Regel mehr wert als seine Einzelteile. Daher wird ein Verkäufer eines notleidenden Unternehmens grundsätzlich bestrebt sein, das **Unternehmen als Ganzes** zu veräußern, und eine Zerschlagung durch Verkauf der einzelnen

---

[18] Vgl. auch *Rotthege* in: Rotthege/Wassermann, Unternehmenskauf bei der GmbH, 2020, Kap. 12 Rn. 2; *Classen*, BB 2010, 2898 f.

[19] Vgl. *Ziegenhagen/Denkhaus* in: Unternehmenskauf in Krise und Insolvenz, Rn. 3.

[20] Vgl. *Safran*, Steueroptimierter Unternehmenskauf, § 7 Rn. 3; Vgl. *Denkhaus/von Kaltenborn-Stachau,* in: A. Schmidt, Sanierungsrecht, Einf. zu §§ 1–9, Rn. 3; *Rotthege* in: Rotthege/Wassermann, Unternehmenskauf bei der GmbH, 2011, Kap. 12 Rn. 2; *Buchta* in: Hölters, Handbuch des Unternehmenskaufs, Kapitel 16, Rn. 16.7, 14.29; *Vallender,* GmbHR 2004, 543, 544.

[21] Vgl. *Buchta* in: Hölters, Handbuch des Unternehmenskaufs, Kapitel 16, Rn. 16.7; *Mönning/Schweizer* in: Nerlich/Römermann, Insolvenzordnung, § 27 Rn. 12; OLG Stuttgart vom 26.3.2015 – 2 U 102/14, ZIP 2015, 781; AG Konstanz vom 11.8.2015 – 40 IN 408/14, NZI 2015, 959.

Vermögensgegenstände vermeiden.[22] Als Transaktionsform kommen dabei sowohl ein Share Deal, als auch ein Asset Deal in Betracht.[23]

Der Käufer eines notleidenden Unternehmens will in der Regel lediglich die für ihn **12** wertvollen Vermögensgegenstände (Assets), nicht jedoch auch die Verbindlichkeiten und Risiken erwerben. Kommt es zu einem Unternehmensverkauf, bei dem die Aktiva unter Verbleib der Verbindlichkeiten beim notleidenden Unternehmen auf eine bestehende oder für diesen Zweck gegründete Gesellschaft im Rahmen eines sogenannten **Asset Deals** übertragen werden, wird dies auch als „**übertragende Sanierung**" bezeichnet.[24] Es handelt sich um eine Sanierung des Unternehmens ohne die Sanierung des Unternehmensträgers.[25] Sie kann sowohl vor Insolvenz, als auch im Rahmen eines eröffneten Insolvenzverfahrens erfolgen.[26]

Ihre besondere Attraktivität ist in der Möglichkeit zu sehen, im Wege des Asset Deals (nur attraktive) Vermögenswerte ohne die Verbindlichkeiten zu erwerben; diese bleiben bei dem notleidenden Unternehmen zurück und (müssen) aus dem Verkaufserlös bedient werden.

> **Beachte:** Der Attraktivität des Asset Deals stehen jedoch – insbesondere bei einem Erwerb vor Insolvenzeröffnung – einige potentielle Nachteile gegenüber, u. a. die gesetzlichen Haftungstatbestände der §§ 25 HGB, 613a BGB und § 75 AO sowie insbesondere die Risiken der Anfechtung und Erfüllungsverweigerung durch den Insolvenzverwalter.

Da der Käufer im Gegensatz dazu beim **Share Deal** auch sämtliche Verbindlichkeiten **13** und sonstigen Risiken miterwirbt und somit die Zahlungsunfähigkeit bzw. Überschuldung weiterhin bestehen bliebe, wird er im Regelfall weitere Eigenmittel einbringen und/oder die Gläubiger zu Zugeständnissen in Form von Forderungsverzichten o. ä. Zugeständnissen bewegen müssen.[27] Der Share Deal kann sich insbesondere in den Fällen anbieten, in denen eine Vielzahl von Vertragsverhältnissen auf den Käufer übergehen soll, für die man bei Strukturierung in Form eines Asset Deals die jeweilige Zustimmung der einzelnen Vertragspartner einholen müsste, oder wenn die Übertragung wichtiger Genehmigungen oder gewerblicher Schutzrechte anders nicht sichergestellt ist.[28] Der Share Deal ist regelmäßig nur in der Phase vor Insolvenzantragsstellung oder im Rahmen eines Insolvenzplanverfahrens attraktiv, weil der Käufer andernfalls auch alle Verbindlichkeiten aus und im Zusammenhang mit der Insolvenz miterwerben würde.[29]

---

[22] Vgl. *Ziegenhagen/Denkhaus* in: Unternehmenskauf in Krise und Insolvenz, Rn. 1046f; *Schüppen/Schlösser* in: Münchener Kommentar zur Insolvenzordnung, Band 3, Rn. 387; *Freitag/Kiesewetter/Narr,* BB 2015, 1484 ff.; *Reuther,* InsbürO 2016, 137; *Arends/Hofert von Weiss,* BB 2009, 1538; *Classen,* BB 2010, 2898, 2899.

[23] Vgl. *Aleth,* DStR 2010, 1186, 1192; *Buchta* in: Hölters, Handbuch des Unternehmenskaufs, Teil 14, Rn. 14.34; *Ziegenhagen/Denkhaus* in: Unternehmenskauf in Krise und Insolvenz, Rn. 3; *Picot* in: Römermann, Münchener Anwaltshandbuch GmbH-Recht, § 21, Rn. 80 ff.

[24] *K. Schmidt,* ZIP 1980, 328, 336 f.; *Rhein* in: Eilers/Koffka/Mackensen, Private Equity, S. 232, Rn. 18; vertiefend zur übertragenden Sanierung *Wellensiek,* NZI 2002, 233.

[25] Vgl. *Safran,* Steueroptimierter Unternehmenskauf, § 7 Rn. 4; *Buchta* in: Hölters, Handbuch des Unternehmenskaufs, Kapitel 16, Rn. 16.6; *Rhein* in: Eilers/Koffka/Mackensen, Private Equity, 2012, S. 228, 232 f.; *Bernsau/Höpfner/Riegel/Wahl,* Handbuch der übertragenden Sanierung, S. 3 f.; vgl. auch *Wellensiek,* NZI 2005, 603.

[26] Vgl. *Rhein* in: Eilers/Koffka/Mackensen, Private Equity, S. 232.

[27] Vgl. *Heckschen* in: Reul/Heckschen/Wienberg, Insolvenzrecht in der Gestaltungspraxis, § 4 Abschnitt I, Rn. 1350 ff.; *Primozic,* NJW 2016, 679; *Menke,* BB 2003, 1133; *Arends/Hofert von Weiss,* BB 2009, 1538.

[28] Vgl. auch *Classen,* BB 2010, 2898, 2900; *Ziegenhagen/Denkhaus* in: Unternehmenskauf in Krise und Insolvenz, Rn. 9 ff.

[29] Vgl. detailliert *Ziegenhagen/Denkhaus* in: Unternehmenskauf in Krise und Insolvenz, Rn. 23 ff, 1073 ff; *Henkel,* in: A. Schmidt, Sanierungsrecht, Einführung § 207 Rn. 3 ff.

Daneben kommen weitere Gestaltungsmöglichkeiten, vor allem durch **umwandlungsrechtliche Maßnahmen** in Betracht, die im Einzelfall besondere Vorteile bieten können.[30]

> **Praxishinweise:** Sofern der Erwerb des insolventen Unternehmensträgers ausschlaggebend sein sollte, bietet sich ein Insolvenzplanverfahren an, in dem die andernfalls zwingend miterworbenen Verbindlichkeiten gegenüber den Gläubigern in einem ganzheitlichen Sanierungskonzept abschließend geregelt und der Unternehmensträger so finanziell saniert werden können.[31]

14   Trotz des in Krise und Insolvenz erhöhten Zeitdrucks sollte aus Verkäufersicht der Verkauf des Unternehmens im Wege eines **Bieterverfahrens** (strukturierter M&A-Prozess) immer in Betracht gezogen werden. Im Rahmen eines Insolvenzverfahrens ist es für mittelgroße und große Unternehmen bereits zum Standard geworden und kommt nur bei kleineren Unternehmen aus Effizienzgründen nicht in Betracht.[32] Auch wenn „Insider", wie Gesellschafter oder Geschäftsführer des Schuldnerunternehmens, die die „wahren Werte" des Unternehmens kennen, bereits zu einem sehr frühen Zeitpunkt ein Angebot zum Erwerb unterbreiten,[33] ist die Durchführung eines Bieterverfahrens Garant dafür, den Marktwert des Unternehmens erzielt zu haben. Dies dient dem Insolvenzverwalter als Nachweis dafür, die Insolvenzmasse bestmöglich verwertet zu haben; bei einem vorinsolvenzlichen Verkauf kann ein Bieterverfahren ein Beleg dafür sein, dass der Verkauf keine (unmittelbare) Gläubigerbenachteiligung darstellt und eine spätere Anfechtung des Verkaufs erschweren.

e) Übernahme- und Sanierungskonzept

15   Der Erwerb eines notleidenden Unternehmens setzt (von Marktbereinigungswünschen abgesehen), dessen Sanierung voraus, unabhängig davon, aus welchem Krisenstadium (vor oder aus der Insolvenz) erworben wird. Ein Käufer muss sich daher vor dem Erwerb Klarheit über die stadiengerechte Bewältigung der Unternehmenskrise verschaffen. Das Institut der Wirtschaftsprüfer Deutschland e. V. stellt für solche Sanierungskonzepte den Standard IDW S 6 zur Verfügung.[34]

Eine finanzwirtschaftliche Sanierung außerhalb des Insolvenzverfahrens wird, sofern institutionelle Gläubiger (v. a. Banken) betroffen sind, nicht ohne ein von sachverständiger Seite erstelltes Sanierungskonzept möglich sein.

> **Praxishinweis:** Sanierungskonzepte nach vollständigem IDW S 6 sind sehr umfangreich und damit sehr kostenintensiv. Häufig wird sich die Bank – gerade bei kleineren oder mittelgroßen Unternehmen – mit der Erstellung eines Sanierungsgutachtens „in Anlehnung an IDW S 6" einverstanden erklären.

16   Will der Erwerber den Unternehmenskauf fremdfinanzieren bzw. die zukünftige Finanzierung des Unternehmens (auch) durch Mittel Dritter leisten, wird er auf Basis der Ergebnisse der Due Diligence sowie der Risiko- und Ursachenanalyse ein Übernahme- und Sanierungskonzept erstellen müssen, da ein solches für die Einwerbung von Geldern – gleich ob Fremd- oder Eigenkapital – heutzutage unerlässlich ist.[35]

---

[30] *Ziegenhagen/Denkhaus* in: Unternehmenskauf in Krise und Insolvenz, Rn. 461 ff.

[31] Vgl. *Henkel* in: A. Schmidt, Sanierungsrecht, Einführung § 207 Rn. 3 ff.

[32] *Ziegenhagen/Denkhaus* in: Unternehmenskauf in Krise und Insolvenz, Rn. 1040 ff.

[33] Vgl. *Vallender*, GmbHR 2004, 543, 544.

[34] Vgl. IDW S 6 (in der Fassung vom 20.8.2012), FN-IDW 2012, 719 ff.

[35] Vgl. zum Übernahme- und Sanierungskonzept *Buchta* in: Hölters, Handbuch des Unternehmenskaufs, Kapitel 16, Rn. 16.50 ff.; *Aleth,* DStR 2010, 1186, 1191.

> **Praxishinweis:** Ein schlüssiges Sanierungskonzept ist auch zur Reduzierung des Anfechtungsrisikos erforderlich, weil Käufer und Verkäufer damit einen etwaigen vom Insolvenzverwalter später vorgetragenen Vorwurf der Gläubigerbenachteiligungsabsicht entkräften können.[36]

Typische **Bestandteile** eines solchen **Übernahme- und Sanierungskonzepts** 17 sind:[37]
- Beschreibung und *Analyse der Ausgangssituation* des Unternehmens;
- *Beschreibung des Unternehmens* mit seinen Produkten sowie der Stellung im Markt;
- Darstellung der *Ausgangslage des Unternehmens* (mit Finanzanalyse, Potential- und Ressourcenanalyse, Wertkettenanalyse, Stärken-Schwächen-Analyse, Konkurrenten-Analyse, Benchmarking, Produktzyklus-Analyse und Kostenanalyse);
- Darlegung unternehmensinterner und -externer *Krisenursachen;*[38]
- Erstellung eines *Leitbilds* des sanierten Unternehmens;
- Mögliche *Maßnahmen zur Sanierung;*
- *Beseitigung der Führungskrise* sowie der Managementfehler;
- Identifizierung und Beseitigung der *Verlustursachen;*
- Verbesserung der *Kostenstruktur;*
- Darstellung der *Restrukturierungsmaßnahmen* einschließlich einer etwa erforderlichen Schließung oder Verkauf unrentabler Betriebsteile;
- Analyse der bisherigen Finanzierung und *Darstellung der zukünftigen Finanzierungsstruktur* sowie Sicherstellung der Liquidität;
- *Definition von Sofortmaßnahmen* zur Beseitigung der Krise/Insolvenz und vor allem Verbesserung der Liquidität (z.B. Leasing statt Kauf, schnellere Rechnungsstellung, Investitionsstopp, Sonderverkäufe, Kurzarbeit und Einstellungsstopp, Verkauf nicht betriebsnotwendigen Vermögens, Kapitalerhöhung, Aufnahme von Überbrückungskrediten, Moratorium der Gläubiger, etc.).

> **Praxishinweis:** Damit das Übernahme- und Sanierungskonzept auch zum Erfolg führt, sollte darauf geachtet werden, dass die Maßnahmen und Strategieprogramme auch mit den im Sanierungskonzept formulierten Zielen in Einklang gebracht werden.[39] Zudem ist die Einhaltung der Zeit- und Kostenbudgets von erheblicher Bedeutung für das Gelingen der Sanierung. Wird das Sanierungskonzept bereits inhaltlich an den Vorgaben auch eines Sanierungsplans im Sinne von §§ 217 ff. InsO ausgerichtet, hat dies bei Scheitern der Sanierungsverhandlungen mit den Gläubigern den Vorteil, dass dieser später als Insolvenzplan genutzt werden kann.[40] Tritt nämlich erst die Zahlungsunfähigkeit ein, ist dies in aller Regel auch mit deutlich reduzierten Sanierungschancen verbunden.[41]

Damit das Unternehmen sowohl das Stadium der Zahlungsunfähigkeit, als auch der 18 Überschuldung überwinden kann, wird neben dem Zufluss neuer Mittel seitens des Unternehmenskäufers häufig auch ein **Sanierungsbeitrag der Gläubiger** des (nahezu) insolventen Unternehmens erforderlich sein. Mögliche Sanierungsbeiträge von Gläubigern sind z.B.[42]

---

[36] Vgl. zur Widerlegung des durch eine inkongruente Deckung entstehenden Beweisanzeichens einer Gläubigerbenachteiligungsabsicht BGH vom 12.11.1992 – IX ZR 236/91, NJW-RR 1993, 238, 241; vgl. auch OLG Schleswig vom 30.12.2015 – 9 U 7/15, BeckRS 2016, 04865.

[37] Vgl. zu Sanierungsprüfung und -konzept ausführlich *Pfitzer* in: WP-Handbuch, Band II, F Rn. 104 ff.; *Beck/Stannek* in: Thierhoff/Müller/Illy/Liebscher, Unternehmenssanierung, 10. Kap. Rn. 10 ff.

[38] Vgl. die ausführliche Auflistung möglicher Ursachen bei *Pfitzer* in: WP-Handbuch, Band II, F 118 f.

[39] Vgl. *Pfitzer* in: WP-Handbuch, Band II, L Rn. 113 f.

[40] *Rhein* in: Eilers/Koffka/Mackensen, Private Equity, S. 233.

[41] Vgl. *Richter/Pernegger,* BB 2011, 876, 877; *Antoni,* NZI 2013, 236, 239.

[42] Vgl. *Buchta* in: Hölters, Handbuch des Unternehmenskaufs, Kapitel 16, Rn. 16.42a, 16.53.

- (teilweiser) **Forderungsverzicht** gemäß § 397 Abs. 1 BGB (ggf. mit Besserungsschein);
- **Sicherheitenpool** der Gläubiger zur Verwertung von Sicherheiten mit der Vereinbarung, den Kaufpreis untereinander zu verteilen und den Verkäufer freizustellen;
- **Debt Equity Swap,** also die Umwandlung von Forderungsrechten der Gläubiger in Gesellschaftsbeteiligungen, was mit Einführung des § 225a InsO auch gegen den Willen einzelner Gesellschafter, nicht jedoch gegen den Willen des Gläubigers erfolgen kann;[43]
- **Stundung** der Verbindlichkeiten;
- **Stillhalteabkommen.**

> **Praxishinweis:** Soweit für die Sanierung auch Beiträge Dritter, z.B. von Banken, Lieferanten oder sonstigen Gläubigern erforderlich sind, sollten diese Zusagen möglichst vor Abschluss des Unternehmenskaufvertrages vertraglich abgesichert,[44] zumindest aber als Closing-Condition vereinbart sein.[45]

f) Gesetzliche Haftungstatbestände

19   In Abhängigkeit von der Phase des Erwerbs – vor oder nach einem Insolvenzantrag sowie nach Insolvenzeröffnung – kommt eine Haftung des Erwerbers nach den gesetzlichen Haftungstatbeständen, insbesondere gemäß § 25 HGB, § 75 AO und § 613a BGB in Betracht.

20   **aa) § 25 HGB.** Ob den Käufer eine Haftung nach § 25 HGB wegen Geschäftsfortführung unter derselben Firma trifft, hängt von der Art der Transaktion sowie der Phase ab, in der das Unternehmen erworben wird. Während den Käufer bei einem Vertragsschluss vor Insolvenzeröffnung diese Haftung trifft, findet § 25 HGB auf den Verkauf durch den Insolvenzverwalter nach einhelliger Auffassung keine Anwendung. Gleiches gilt für den Erwerb vom eigenverwalteten Insolvenzschuldner.[46] Zur Begründung führt die Rechtsprechung an, dass andernfalls eine Veräußerung des Unternehmens mit all seinen Schulden nur in den seltensten Fällen erreichbar wäre.[47]

> **Beachte:** Erwirbt der Käufer vom Insolvenzverwalter nicht das gesamte Unternehmen, sondern nur einige bewegliche Gegenstände, kann § 25 HGB nach obergerichtlicher Rechtsprechung anwendbar sein.[48]

Für die **Voraussetzungen und Rechtsfolgen von § 25 HGB** verweisen wir auf die diesbezüglichen Ausführungen in Teil → D. dieses Buches.[49]

---

[43] Siehe dazu *Meyer/Degener,* BB 2011, 846; *Scheunmann/Hoffmann,* DB 2009, 983; *Redeker,* BB 2007, 673; *Himmelsbach/Achsnick,* NZI 2006, 561; *Hirte/Knof/Mock,* DB 2011, 632, 636 ff.; *Hölzle,* NZI 2011, 124, 128 f.; *Trams,* NJW-Special 2011, 149, 150 und ausführlich *Westphal* in: Eilers/Koffka/Mackensen, Private Equity, 2. Aufl. 2012, S. 255 ff.; *Ziegenhagen/Denkhaus* in: Unternehmenskauf in Krise und Insolvenz, Rn. 12 ff.

[44] Vgl. *Buchta* in: Hölters, Handbuch des Unternehmenskaufs, Kapitel 16, Rn. 16.54.

[45] Vgl. *Ziegenhagen/Denkhaus* in: Unternehmenskauf in Krise und Insolvenz, Rn. 26, wobei dann allerdings bei der Ausformulierung darauf Bedacht zu nehmen ist, dass die Entstehung eines Anwartschaftsrechts gemäß § 140 Abs. 3 InsO nicht konterkariert wird.

[46] BGH vom 3.12.2019 – II ZR 457/18, ZIP 2020, 263 zu § 25 HGB; bejahend auch zu § 75 AO: *Heckschen,* GWR 2020, 121 sowie *Neuberger* ZIP 2020, 606, 609.

[47] BGH vom 11.4.1988 – II ZR 313/87, NJW 1988, 1912, 1913; vgl. auch *Arends/Hofert von Weiss,* BB 2009, 1538, 1541.

[48] OLG Stuttgart vom 23.3.2010 – 8 W 139/10, NZG 2010, 628, 630; vgl. dazu *Paulus,* ZInsO 2011, 162; kritisch zum Beschluss des OLG *Heinze/Hüfner,* NZG 2010, 1060; *dies.* GWR 2010, 428.

[49] Siehe zur Haftung des Käufers gemäß § 25 HGB Teil → D., Rn. 262 ff. sowie für die Haftung des Verkäufers Teil → D., Rn. 317, 501.

> **Praxishinweis:** Um die Haftung nach § 25 HGB zu vermeiden, empfiehlt sich ein entsprechender Ausschluss der Haftungsübernahme im Unternehmenskaufvertrag nebst Anmeldung dieser Vereinbarung zum Handelsregister (vgl. § 25 Abs. 2 HGB).

bb) § 75 AO. Ungeachtet der Befreiungsvorschrift des § 75 Abs. 2 AO greift die Haf- 21
tung nach § 75 Abs. 1 AO des Unternehmenskäufers bis zur Stellung eines Insolvenzantrags
nach wie vor ein.[50]

Zu den **Voraussetzungen und Rechtsfolgen von § 75 AO** vergleiche die Ausführungen in Teil → D., Rn. 678 sowie → Rn. 269 ff.

cc) Betriebsübergang, § 613a BGB. Da § 613a BGB mit der Rechtsfolge des 22
Übergangs sämtlicher Arbeitsverhältnisse auch in der Krise uneingeschränkt gilt, kann dies
bei Krisenunternehmen mit hohem Personalbestand ein Hindernis für die Sanierung und
den Erwerb darstellen.[51]

dd) Haftung für rechtswidrige Beihilfen. Nach Art. 108 AEUV sind Beihilfen 23
nach Feststellung der Rechtswidrigkeit ihrer Gewährung vom Beihilfeempfänger zurück
zu gewähren.[52] Diese Haftung kann auch einen Erwerber eines Unternehmens treffen, das
rechtswidrige Beihilfen empfangen hat, und zwar gerade auch beim Erwerb im Rahmen
eines Asset Deals.[53] Eine Haftung scheidet nur dann aus, wenn das Unternehmen zum
Marktpreis erworben und damit die Wettbewerbsverzerrung durch die rechtswidrige Beihilfe kompensiert wurde. Dies kann durch ein Bieterverfahren, in dem die rechtswidrig
gewährte Beihilfe offengelegt wird, erreicht werden.[54]

g) Haftung der handelnden Geschäftsführer auf Verkäuferseite

Gerade die Geschäftsführer des in der Krise befindlichen Unternehmens sind vielfäl- 24
tigen (Sorgfalts-)Pflichten und Zahlungsverboten unterworfen, deren Nichtbeachtung erhebliche zivil- und strafrechtliche Sanktionen nach sich zieht.[55] Die speziellen Haftungsrisiken der Geschäftsführer und Vorstände in der Insolvenz sind zu umfangreich, als das sie
hier dargestellt werden können. Insofern wird auf die einschlägige Literatur verwiesen.[56]

h) Besonderheiten bei der Due Diligence

Aufgrund der besonderen Risikolage beim Kauf eines Unternehmens in Krise und In- 25
solvenz muss der Erwerber geradezu zwingend eine Due Diligence-Prüfung durchführen.[57]
Diese Verpflichtung gilt insbesondere für das Management, da es andernfalls seine Sorgfaltspflichten verletzen und der erwerbenden Gesellschaft zum Schadensersatz verpflichtet sein
könnte (vgl. § 43 Abs. 2 GmbHG, §§ 93 Abs. 2, 116 AktG).[58]

Anders als bei einem regulären Unternehmenskauf stellt sich allerdings für den Käufer
zusätzlich die Frage, unter welchen Voraussetzungen er das Unternehmen wieder lebensfähig machen und in die Gewinnzone führen kann.

---

[50] Vgl. *Bruschke,* BB 2019, 2074 sowie BB 2019, 2139.

[51] Vgl. *Buchta* in: Hölters, Handbuch des Unternehmenskaufs, Kapitel 16, Rn. 16.64. sowie
Rn. 14.113 ff.

[52] *Jüchser,* NZI 2015, 596.

[53] EuGH vom 28.1.2003 – Rs. C-334/99, Slg. 2003, I-1139; Beschluss der Kommission vom
15.10.2014 – SA. 33797 – NCHZ – C(2014) 7359; *Jüchser,* NZI 2015, 596 m. w. N.

[54] Vgl. *Ziegenhagen/Denkhaus* in: Unternehmenskauf in Krise und Insolvenz, Rn. 432 f.; einschrän-
kend.

[55] Vgl. zur Haftung auch *Rhein* in: Eilers/Koffka/Mackensen, Private Equity, S. 215 sowie ausführlich *Müller/Schmidt/Liebscher* in: Thierhoff/Müller/Illy/Liebscher, Unternehmenssanierung, 8. Kap.
Rn. 5 ff.

[56] Vgl. insbesondere *Bauer,* Die GmbH in der Krise, § 9.

[57] Vgl. *Aleth,* DStR 2010, 1186, 1191; *Arends/Hofert von Weiss,* BB 2009, 1538.

[58] Siehe zu den persönlichen Haftungsrisiken der Manager Teil → C., Rn. 221 ff.

> **Praxishinweis:** Der Unternehmenskäufer sollte im Rahmen der Due Diligence auch eine eingehende Risiko- und Ursachenanalyse (z. B. Produkt-, Absatz-, Kosten-, Finanzierungs-, Personal- und/oder Führungskrise) vornehmen, um die Erfolgschancen sowie die Kosten der Sanierung belastbar prognostizieren und einen entsprechenden Übernahme- und Sanierungsplan erstellen zu können.[59] Sofern aufgrund der Eilbedürftigkeit nur eine eingeschränkte Due Diligence durchgeführt werden kann, empfiehlt es sich, dies bei der Preisfindung zu berücksichtigen – unter Umständen auch auf die Gefahr hin, bei der Transaktion nicht zum Zuge zu kommen.

26   Von besonderer Bedeutung beim Unternehmenskauf in der Krise und Insolvenz sind auch die **Anfechtungs- und Haftungsrisiken,** sodass die zugrunde liegenden Sachverhalte ebenfalls im Rahmen der Due Diligence grundsätzlich sorgfältig untersucht und bewertet werden müssen.[60]

> **Praxishinweis:** Wie gezeigt, kommt im Falle der Insolvenz des Unternehmens der Kenntnis des Käufers von der Zahlungsunfähigkeit des Verkäufers eine besondere Rolle bei den Anfechtungstatbeständen zu. Auf der anderen Seite muss der Verkäufer die Erfüllung seiner Aufklärungspflichten zur Vermeidung eines Arglistvorwurfs und von Schadensersatzansprüchen nachweisen. Vor diesem Hintergrund kann es sinnvoll erscheinen, dass die Vertragspartner sowohl den genauen Zeitpunkt als auch die einzelnen vom Käufer eingesehenen Unterlagen im Kaufvertrag dokumentieren.[61] Andererseits: Da dem Käufer auf jeden Fall auch gerade die Kenntnis über eine drohende Zahlungsunfähigkeit sowie die gläubigerbenachteiligende Wirkung der Rechtshandlung schadet, sollte der Käufer und das Verhandlungsteam den Prüfungsumfang der Due Diligence genauestens überlegen und abstimmen (siehe zu Gestaltungsüberlegungen zur Minimierung des Anfechtungsrisikos unten → Rn. 104 ff.).

i) Kartellrecht

27   Auch bei einem Verkauf in Krise oder Insolvenz sind die kartellrechtlichen Maßgaben zu beachten, insofern gelten die Ausführungen oben Teil → D. Rn. 13 ff.

II. Verkauf in der Phase vor einem Insolvenzantrag

28   Wie oben (→ Rn. 12 f.) dargestellt, kann der Verkauf des Unternehmens vor Insolvenzantragsstellung sowohl als Asset Deal durch das Unternehmen selbst oder als Share Deal durch dessen Gesellschafter erfolgen. In dieser Phase ist der **Verkäufer noch vollumfänglich verfügungsbefugt.** Dies kann sich allerdings schnell ändern, denn mit Insolvenzantragsstellung kann das Insolvenzgericht gemäß **§ 21 InsO** bereits **vorläufige Sicherungsmaßnahmen** anordnen und insbesondere einen vorläufigen Insolvenzverwalter bestellen und dem Schuldner (also dem Verkäufer) ein allgemeines Verfügungsverbot auferlegen oder anordnen, dass seine Verfügungen nur mit Zustimmung des vorläufigen Insolvenzverwalters wirksam sind.

---

[59] Vgl. *Buchta* in: Hölters, Handbuch des Unternehmenskaufs, Kapitel 16, Rn. 14.44. sowie Rn. 16.51.

[60] Vgl. *Buchta* in: Hölters, Handbuch des Unternehmenskaufs, Kapitel 16, Rn. 16.44.

[61] Vgl. auch *Rhein* in: Eilers/Koffka/Mackensen, Private Equity, S. 244; *Buchta* in: Hölters, Handbuch des Unternehmenskaufs, Kapitel 16, Rn. 16.105.

> **Praxishinweis:** Bevor der Käufer in eine umfangreiche und kostenintensive Due Diligence Prüfung sowie die Erstellung eines Übertragungs- und Sanierungskonzepts einsteigt, sollte das Fehlen von Insolvenzgründen belastbar geklärt sein. Sollten bereits zwingende Insolvenzgründe (Zahlungsunfähigkeit oder Überschuldung) eingetreten sein, sollte von einem vor-insolvenzlichen Erwerb abgesehen werden. Liegt „lediglich" drohende Zahlungsunfähigkeit vor, die zur Antragstellung berechtigt, aber nicht verpflichtet, ist genau abzuwägen, ob die Risiken eines vor insolvenzlichen Erwerbs in Kauf genommen werden sollen.

1. Anfechtung und Erfüllungsverweigerung, §§ 129 ff., 103 InsO

Wird nach dem Unternehmensverkauf die Insolvenz über das Vermögen des Verkäufers **29** oder des verkauften Unternehmens eröffnet, gelten sämtliche Tatbestände der §§ 129 ff. InsO zur Anfechtbarkeit des Unternehmenskaufvertrages oder von Teilen davon sowie das Rechts des Insolvenzverwalters, die Erfüllung gemäß § 103 InsO zu verweigern.

a) Erfüllungsverweigerung durch den Insolvenzverwalter und Wahlrecht nach § 103 Abs. 2 Satz 1 InsO

Lehnt der Insolvenzverwalter die Erfüllung des vor Insolvenzeröffnung abgeschlossenen **30** Kaufvertrages gemäß § 103 Abs. 2 Satz 1 InsO ab, kann der Käufer seine Forderung wegen Nichterfüllung nur als Insolvenzgläubiger geltend machen.

> **Praxishinweis:** Der Käufer sollte darauf achten, dass er möglichst keinerlei Leistungen erbringt, bevor der Verkäufer ihm nicht das Unternehmen übertragen hat. Da der Insolvenzverwalter aber nur dann ein Wahlrecht nach § 103 InsO hat, wenn zur Zeit der Insolvenzeröffnung beide Seiten den Vertrag noch nicht vollständig erfüllt haben, könnte zur Vermeidung dieses Wahlrechts zumindest eine Seite ihre vertraglichen Pflichten schon vollständig erfüllen.[62] Nach höchstrichterlicher Rechtsprechung erfasst das Wahlrecht des Insolvenzverwalters nur auf die im Gegenseitigkeitsverhältnis (Synallagma) stehenden Hauptleistungspflichten des Vertrages.[63] Umgekehrt begründen unerfüllte Nebenpflichten kein Wahlrecht.[64]

Besondere Probleme können sich bei **Dauerschuldverhältnissen** ergeben, weil diese **31** erst mit Ende der Vertragslaufzeit vollständig erfüllt sind. Der Insolvenzverwalter könnte also beispielsweise die Erfüllung bestimmter Verträge verweigern, wodurch der Unternehmenskäufer lediglich einen Schadensersatzanspruch zur Tabelle anmelden könnte.[65]

Praktisch relevant ist dies bei einem Unternehmenskauf vor Insolvenzeröffnung ins- **32** besondere bei der Einordnung von Gewährleistungsansprüchen. Unerfüllte **Gewährleistungsansprüche des Käufers** können – je nach Ausgestaltung – die vollständige Erfüllung verhindern.[66] Um das Erfüllungswahlrecht zu vermeiden, müsste dann der Käufer entweder den vollständigen Kaufpreis zahlen, dessen Rückforderung im Falle wirksamer Anfechtung durch den Insolvenzverwalter meist nur als Insolvenzforderung zur Tabelle geltend gemacht werden kann, oder auf die Mängelgewährleistung verzichten und das mangelhafte Unternehmen als ordnungsgemäße Erfüllung anerkennen. Wird der gesetzliche

---

[62] Vgl. *Wegener* in: Uhlenbruck, InsO, § 103 Rn. 57 ff.; *Rhein* in: Eilers/Koffka/Mackensen, Private Equity, S. 237 f.; *Ziegenhagen/Denkhaus* in: Unternehmenskauf in Krise und Insolvenz, Rn. 27 ff.

[63] *Swierczok*, ZInsO 2019, 1931.

[64] BGH vom 16.5.2019 – IX ZR 44/18, ZInsO 2019, 1364 Rn. 27 ff.; *Swierczok*, ZInsO 2019, 1931 m. w. N.

[65] Vgl. *Buchta* in: Hölters, Handbuch des Unternehmenskaufs, Kapitel 16, Rn. 16.68 ff.; *Rhein* in: Eilers/Koffka/Mackensen, Private Equity, S. 238.

[66] BGH vom 16.5.2019 – IX ZR 44/18, ZInsO 2019, 1364 Rn. 14; vgl. *Huber* in: Münchner Kommentar zur Insolvenzordnung, Band 2, § 103 Rn. 138 ff.; *Wessels*, ZIP 2004, 1237, 1241.

Gewährleistungsanspruch vertraglich erweitert (z. B. durch Verlängerung der Gewährleistungsfrist), handelt es sich bei dem Anspruch um eine Hauptleistungspflicht[67], was ein Wahlrecht nach § 103 InsO begründet.

> **Praxishinweis:** Da bei einem späteren Erwerb des Unternehmens vom Insolvenzverwalter dieser in aller Regel allenfalls nur die auf die Rechtsinhaberschaft bezogenen Garantien abgibt, führt der Verzicht auf weitere Gewährleistungs- oder Garantieansprüche in der Regel nicht zu einer wirtschaftlichen Schlechterstellung des Käufers.

b) Anfechtbarkeit von Rechtshandlungen durch den Insolvenzverwalter

33   Erfolgt der Verkauf einzelner Wirtschaftsgüter oder des gesamten Unternehmens im Wege eines **Asset Deals** vor Insolvenzeröffnung, kann der Insolvenzverwalter die zugrundeliegenden Rechtshandlungen nach den §§ 129 ff. InsO anfechten, wenn diese die Insolvenzgläubiger benachteiligen.[68] Beim **Share Deal** kommt eine Anfechtung aber nur in Betracht, wenn der Verkäufer selbst insolvent ist.[69] Wegen des insolvenzrechtlichen **Grundsatzes der Gleichbehandlung aller Gläubiger** enthalten die §§ 129 ff. InsO mehrere Anfechtungstatbestände, die es dem Insolvenzverwalter ermöglichen, eine Rechtshandlung, die die Insolvenzgläubiger objektiv benachteiligt, rückgängig zu machen.[70]

> **Beachte:** Die insolvenzrechtliche Anfechtung ist nicht gleichbedeutend mit einer Anfechtung im zivilrechtlichen Sinne, und ihre dogmatische Einordnung sowie die Rechtsfolgen sind umstritten.[71] Rechtsfolge der Anfechtung ist ein schuldrechtlicher Anspruch auf Rückgewähr des Erlangten zur Insolvenzmasse, § 143 InsO.

34   **aa) Anfechtung bei kongruenter Deckung nach § 130 InsO.** Hat der Unternehmenskäufer lediglich das erhalten, was er nach dem Unternehmenskaufvertrag vom Schuldner verlangen konnte, besteht eine sog. „**kongruente Deckung**". In diesem Fall kann der Insolvenzverwalter gemäß § 130 Abs. 1 InsO nur eine Rechtshandlung anfechten, die dem Unternehmenskäufer eine Sicherung oder Befriedigung gewährt oder ermöglicht hat,
– wenn sie in den *letzten drei Monaten vor dem Antrag auf Eröffnung* des Insolvenzverfahrens vorgenommen worden ist,
– wenn zur Zeit der Handlung der Schuldner *zahlungsunfähig* war und
– wenn der Unternehmenskäufer zu dieser Zeit die *Zahlungsunfähigkeit kannte.*
Alternativ kommt eine Anfechtung nach § 130 InsO in Betracht,
– wenn die Rechtshandlung *nach dem Eröffnungsantrag* vorgenommen worden ist und
– wenn der Unternehmenskäufer zur Zeit der Handlung die *Zahlungsunfähigkeit oder den Eröffnungsantrag kannte.*

> **Praxishinweis:** Die für eine Anfechtung erforderliche Kenntnis des Käufers wird dieser in aller Regel aufgrund der Due Diligence-Prüfung erlangen, wodurch er einem doppelten Anfechtungsrisiko ausgesetzt ist: einmal wenn Leistung und Gegenleistung sich entsprechen für den Zeitraum von 3 Monaten vor dem Eröffnungsantrag und einmal ggf. wegen einer Absichtsanfechtung nach § 133 InsO für die Dauer von 10 Jahren[72] (siehe zu § 133 InsO auch unten → Rn. 40 f.).

---

[67] FG Baden-Württemberg vom 15.4.2015 – 1 K 1195/13, DStRE 2016, 1511.

[68] Vgl. *Safran,* Steueroptimierter Unternehmenskauf, § 7 Rn. 7.

[69] Vgl. *Ziegenhagen/Denkhaus* in: Unternehmenskauf in Krise und Insolvenz, Rn. 25.

[70] Vgl. *Primozic/Doetsch,* NJW 2010, 2922.

[71] Vgl. zum Streitstand *Dauernheim* in: Wimmer (Hrsg.), Frankfurter Kommentar zur Insolvenzordnung, § 129 Rn. 3 ff.; *de Bra* in: Braun, Insolvenzordnung, § 129 Rn. 5 ff.

[72] Vgl. *Wessels,* ZIP 2004, 1237, 1244 f.; *Ziegenhagen/Denkhaus* in: Unternehmenskauf in Krise und Insolvenz, Rn. 40 ff.

bb) Anfechtung bei inkongruenter Deckung nach § 131 InsO. Hat der Käufer 35
nicht lediglich das erhalten, was er aufgrund des Unternehmenskaufvertrages vom Unternehmensverkäufer und Schuldner verlangen konnte, handelt es sich um eine sogenannte
„inkongruente Deckung". In diesem Fall ist eine Rechtshandlung anfechtbar, die dem
Unternehmenskäufer eine Sicherung oder Befriedigung gewährt oder ermöglicht hat, die
er **nicht** oder **nicht in der Art** oder **nicht zu der Zeit** zu beanspruchen hatte,
– wenn die Handlung **im letzten Monat vor dem Antrag auf Eröffnung** des Insolvenzverfahrens oder nach diesem Antrag vorgenommen worden ist,
– wenn die Handlung innerhalb des **zweiten oder dritten Monats vor dem Eröffnungsantrag** vorgenommen worden ist und der Schuldner zur Zeit der Handlung
zahlungsunfähig war oder
– wenn die Handlung innerhalb des **zweiten oder dritten Monats vor dem Eröffnungsantrag** vorgenommen worden ist und dem Käufer zur Zeit der Handlung
bekannt war, dass sie die Insolvenzgläubiger benachteiligte, oder Umstände kannte, die
zwingend darauf schließen ließen.
Die Anfechtung nach § 131 InsO erfordert somit – anders als die Anfechtungstatbestände der §§ 130, 132, 133 InsO – **keine Kenntnis des Käufers von der Zahlungsunfähigkeit des Schuldners.**

> **Beachte:** Nach Auffassung des BGH gibt das Ausmaß der Inkongruenz von Leistung und
> Gegenleistung ein Beweisanzeichen für die Benachteiligungsabsicht des Unternehmens-
> verkäufers,[73] so dass ein (übertriebenes) Ausnutzen der Zwangslage des Verkäufers durch
> den Käufer (z. B. durch überzogene Kaufpreisabschläge) das Anfechtungsrisiko erhöht.

cc) Anfechtung bei unmittelbarer Gläubigerbenachteiligung nach § 132 InsO. 36
Von besonderer praktischer Bedeutung für den Erwerb eines Unternehmens vor Insolvenzeröffnung ist die mögliche Anfechtung nach § 132 InsO,[74] welche als **Auffangtatbestand**
zu §§ 130, 131 InsO fungiert.[75] Im Unterschied zu den §§ 130, 131 InsO genügt es für
§ 132 InsO nämlich, wenn die Rechtsbeziehungen zu dem Anfechtungsgegner gerade
durch das anfechtbare Rechtsgeschäft begründet werden.[76]

Nach § 132 InsO ist ein Rechtsgeschäft des Schuldners anfechtbar, das die Insolvenz- 37
gläubiger **unmittelbar benachteiligt,**
– wenn es in den letzten *drei Monaten vor dem Antrag auf Eröffnung* der Insolvenz vorgenommen worden ist, wenn zur Zeit des Rechtsgeschäfts der Schuldner *zahlungsunfähig*
war und wenn der Unternehmenskäufer zu dieser Zeit die *Zahlungsunfähigkeit kannte*
oder
– wenn das Rechtsgeschäft *nach dem Eröffnungsantrag* vorgenommen ist und der Unternehmenskäufer zu diesem Zeitpunkt die *Zahlungsunfähigkeit oder den Eröffnungsantrag
kannte.*

> **Beachte:** Gerade eine im Rahmen der Due Diligence gewonnene detaillierte Kenntnis des
> Käufers von der wirtschaftlichen Situation kann sich wegen der bei § 132 Abs. 1 Ziff. 1 InsO
> für eine Anfechtung erforderlichen Kenntnis als nachteilig herausstellen.[77]

---

[73] BGH vom 12.11.1992 – IX ZR 236/91, NJW-RR 1993, 238, 241; zuletzt BGH vom 8.12.2011
– IX ZR 156/09, NZI 2012, 142.

[74] Vgl. *Vallender,* GmbHR 2004, 543, 546; *Ziegenhagen/Denkhaus* in: Unternehmenskauf in Krise
und Insolvenz, Rn. 18.

[75] Vgl. *Dauernheim* in: Wimmer (Hrsg.), Frankfurter Kommentar zur Insolvenzordnung, § 132 Rn. 2;
Ziegenhagen/Denkhaus in: Unternehmenskauf in Krise und Insolvenz, Rn. 47.

[76] *de Bra* in: Braun, Insolvenzordnung, § 132 Rn. 1.

[77] Vgl. *Menke,* BB 2003, 1133, 1134; *Ziegenhagen/Denkhaus* in: Unternehmenskauf in Krise und
Insolvenz, Rn. 24 und 40.

38   Der **Abschluss des Kaufvertrages selbst** ist keine den Käufer befriedigende oder sichernde kongruente oder inkongruente Rechtshandlung im Sinne von §§ 130, 131 InsO. Vielmehr kann der Insolvenzverwalter gemäß **§ 132 InsO den Kaufvertrag selbst beseitigen,** welcher die Grundlage der Rechtshandlungen ist, die dann – mangels Kaufvertrages – nach §§ 130, 131 InsO erleichtert angefochten werden können.[78]

39   **dd) Zulässige Bargeschäfte gemäß § 142 InsO.** Gemäß § 142 InsO ist eine Leistung des Schuldners, für die unmittelbar eine gleichwertige Gegenleistung in sein Vermögen gelangt, nur anfechtbar, wenn die Voraussetzungen des § 133 Abs. 1 InsO gegeben sind.[79] Selbst bei komplexeren Unternehmenskäufen kann ein Bargeschäft im Sinne von § 142 InsO vorliegen, das dann nur anfechtbar wäre, wenn die erhöhten Anforderungen des § 133 Abs. 1 InsO erfüllt sind.[80] Allerdings ist der **Unternehmenskäufer** als Anfechtungsgegner mit dem Vortrag, es handele sich um ein Bargeschäft, **darlegungs- und beweisbelastet.**[81]

40   **ee) Anfechtung wegen vorsätzlicher Benachteiligung nach § 133 InsO.** Des Weiteren besteht für den Unternehmenskäufer vor Insolvenzeröffnung für die Dauer von bis zu 10 Jahren das Risiko der **Absichtsanfechtung** gemäß § 133 InsO.[82] Nach dieser Vorschrift ist eine Rechtshandlung anfechtbar, die der Schuldner in den **letzten zehn Jahren vor dem Antrag auf Eröffnung** des Insolvenzverfahrens oder nach diesem Antrag mit dem **Vorsatz, seine Gläubiger zu benachteiligen,** vorgenommen hat, wenn der Unternehmenskäufer zur Zeit der Handlung den Vorsatz des Schuldners kannte. Diese Kenntnis wird vermutet, wenn der Käufer wusste, dass die Zahlungsunfähigkeit des Schuldners drohte und dass die Handlung die Gläubiger benachteiligte.

Erfüllungshandlungen (also z. B. Übereignung von zuvor verkauften Vermögensgegenständen) sind dabei nur in den letzten vier Jahren vor Insolvenzantrag anfechtbar, vgl. § 133 Abs. 2 InsO. Kongruente Deckungs-(Erfüllungs-)handlungen werden dabei durch erhöhte Tatbestandsanforderungen zusätzlich privilegiert.

41   Gerade weil in diesem Fall auch ein ansonsten zulässiges Bargeschäft anfechtbar wäre, kann § 133 InsO mit seiner bis zu 10-jährigen Anfechtungsfrist unliebsame Überraschungen bergen. Zum einen genügt für die Gläubigerbenachteiligungsabsicht des Verkäufers bereits **bedingter Vorsatz,** also ein Fürmöglichhalten und eine billigende Inkaufnahme der Benachteiligung der Gläubiger.[83] Ein solcher Vorsatz kann sich beispielsweise dann ergeben, wenn sich herausstellt, dass andere Kaufinteressenten das Unternehmen zu einem höheren Kaufpreis erworben hätten.[84] Zudem wird gemäß § 133 Abs. 1 Satz 2 InsO die darüber hinaus für eine Absichtsanfechtung erforderliche **Kenntnis des Käufers widerleglich vermutet,** wenn dieser wusste, dass die Zahlungsunfähigkeit des Schuldners drohte bzw. eingetreten ist und dass die Handlung die Gläubiger benachteiligte.

> **Praxishinweis:** Ein von der Insolvenz bedrohter Unternehmensverkäufer, der ohne schlüssiges Sanierungskonzept in bloßer Hoffnung auf eine Sanierung Umsatzgeschäfte tätigt, handelt nach der Rechtsprechung des BGH mit Benachteiligungsabsicht.[85]

---

[78] Vgl. *Ziegenhagen/Denkhaus* in: Unternehmenskauf in Krise und Insolvenz, Rn. 45 ff.; vgl. auch *Knecht/Jesch* in: Jesch/Striegel/Boxberger, Rechtshandbuch Private Equity, S. 656.

[79] Vgl. dazu auch ausführlich *Wessels,* ZIP 2004, 1237, 1245 f.

[80] Vgl. *Primozic/Doetsch,* NJW 2010, 2922, 2925; *Ziegenhagen/Denkhaus* in: Unternehmenskauf in Krise und Insolvenz, Rn. 42; *Classen,* BB 2010, 2898, 2900; *Vallender,* GmbHR 2004, 543, 546.

[81] BGH vom 1.10.2002 – IX ZR 360/99, NJW 2003, 360, 362, zuletzt BGH vom 11.6.2015 – IX ZR 110/13, NJW-RR 2015, 1182.

[82] Vgl. *Classen,* BB 2010, 2898, 2900.

[83] BGH vom 12.11.1992 – IX ZR 236/91, NJW-RR 1993, 238, 241; vgl. zum Vorsatz auch *Dauernheim* in: Wimmer (Hrsg.), Frankfurter Kommentar zur Insolvenzordnung, § 133 Rn. 34; *Kayser/Freudenberg* in: Münchener Kommentar zur Insolvenzordnung, Band 2, § 133 Rn. 12 ff.

[84] Vgl. *Vallender,* GmbHR 2004, 543, 547; *Classen,* BB 2010, 2898, 2900.

[85] BGH vom 12.11.1992 – IX ZR 236/91, NJW-RR 1993, 238, 241; zuletzt BGH vom 8.12.2011 – IX ZR 156/09, NZI 2012, 142; vgl. auch *Wessels,* ZIP 2004, 1237, 1246.

Hat der Käufer – wie im Regelfall – eine **Due Diligence durchgeführt,** wird er in aller Regel auch Kenntnis von der (drohenden) Zahlungsunfähigkeit des zu verkaufenden Unternehmens Kenntnis erlangen.[86]

> **Beachte:** Weist der Verkäufer den Käufer nicht auf die (drohende) Zahlungsunfähigkeit hin, verletzt dieser zumindest seine Aufklärungspflichten, wobei auch schnell die Schwelle zum Vorwurf der arglistigen Täuschung überschritten ist.[87]

ff) Gesellschafterdarlehen, Nutzungsüberlassung und vergleichbare Rechts- 42 **handlungen des Gesellschafters.** Gerade in mittelständischen Unternehmen ist das Unternehmen häufig mit dem privaten Bereich des Unternehmers in Form von **Finanzierungen** (z.B. Darlehen oder Sicherheiten) oder der **Überlassung von Wirtschaftsgütern** (z.B. Immobilien oder gewerblichen Schutzrechten) eng verflochten. Werden Gesellschafterdarlehen oder vergleichbare Rechtshandlungen in Krise und Insolvenz zurückgeführt, können diese Maßnahmen nach den insolvenzrechtlichen Regelungen anfechtbar sein. Durch das am 1.11.2008 in Kraft getretene MoMiG[88] wurde allerdings die **Rechtsfigur des eigenkapitalersetzenden Darlehens aufgegeben,**[89] weshalb die dazu intensiv geführte Diskussion über deren Tatbestand und Reichweite obsolet ist. So stellt § 30 Abs. 1 Satz 3 GmbHG ausdrücklich klar, dass die Kapitalerhaltungsvorschrift des § 30 Abs. 1 Satz 1 GmbHG auf die Rückgewähr eines Gesellschafterdarlehens und Leistungen auf Forderungen aus Rechtshandlungen, die einem Gesellschafterdarlehen wirtschaftlich entsprechen, nicht anzuwenden ist. Im Ergebnis befinden sich nunmehr alle einschlägigen Bestimmungen zur insolvenzrechtlichen Rückstufung bzw. Anfechtbarkeit von Gesellschafterdarlehen oder vergleichbaren Rechtshandlungen in der **Insolvenzordnung.**

> **Beachte:** Verschärfend wirkt sich allerdings für den Gesellschafter und Verkäufer aus, dass auf die zusätzliche Tatbestandsvoraussetzung einer Krise verzichtet wird, so dass es dem Gesellschafter nunmehr generell verwehrt ist, Darlehen oder wirtschaftlich vergleichbare Leistungen innerhalb der Jahresfrist vor Insolvenzeröffnung noch zurückzuführen.[90]

Nunmehr gilt im Falle der Insolvenz 43
- als Grundtatbestand die *Rückstufung von Gesellschafterdarlehen* und diesen wirtschaftlich entsprechenden Rechtshandlungen gemäß § 39 Abs. 1 Nr. 5 InsO sowie
- die *einheitliche Anfechtungsfrist von einem Jahr* des § 135 InsO für eine Darlehensrückzahlung oder vergleichbare Rückzahlungen.

Mit Ende der Gesellschafterstellung endet auch das Interesse eines Verkäufers an einer Fi- 44 nanzierung der Gesellschaft. Um eine insolvenzrechtliche Anfechtung auszuschließen, verbietet sich in der Regel eine Rückführung des Gesellschafterdarlehens aus den vorgenannten Gründen. Ein Verkäufer sollte daher nicht nur seine Geschäftsanteile, sondern auch etwaige Gesellschafterdarlehen an einen Erwerber übertragen. Allerdings kommt nach der Rechtsprechung des BGH bei einer Rückführung eines Gesellschafterdarlehens eine Anfechtung nach § 135 Abs. 1 InsO nicht nur gegenüber dem Neugesellschafter als Darlehensgeber in Betracht, sondern auch gegenüber dem Altgesellschafter als ehemaligen Darlehensgeber.[91]

---

[86] Vgl. *Ziegenhagen/Denkhaus* in: Unternehmenskauf in Krise und Insolvenz, Rn. 38.

[87] Siehe dazu Teil → C., Rn. 14 ff.

[88] Gesetz zur Modernisierung des GmbH-Rechts und zur Bekämpfung von Missbräuchen vom 23.10.2008, BGBl. I, S. 2026.

[89] Vgl. *Fastrich* in: Baumbach/Hueck, GmbHG, § 30 Rn. 2; *de Bra* in Braun, Insolvenzordnung, § 135 Rn. 7; der Gesetzgeber hat dies bewusst aufgegeben, vgl. Begründung RegE, BR-Drs. 16/6140, 56.

[90] *Hueck/Fastrich* in: Baumbach/Hueck, GmbHG, § 30 Anh. Rn. 8.

[91] BGH vom 30.4.2015 – IX ZR 196/13, NJW-RR 2015, 944; BGH vom 21.2.2013 – IX ZR 32/12, NJW 2013, 2282.

> **Praxishinweis:** Der Verkäufer sollte darauf achten, dass der Kaufvertrag Regelungen vorsieht, die – über eine schuldrechtliche Regelung hinaus – Tilgungen des verkauften Darlehens im Jahreszeitraum nach Übertragung ausschließen, etwa durch eine aufschiebend bedingte Übertragung.[92]

45   **gg) Rechtsfolgen der Anfechtung, §§ 143 ff. InsO.** Wird der Unternehmenskaufvertrag erfolgreich angefochten, hat der Käufer als Rechtsfolge der Anfechtung das Erlangte, beim Asset-Deal i. d. R. also das gesamte Unternehmen zur Insolvenzmasse zurück zu gewähren.[93] Vor allem wegen des sachenrechtlichen Bestimmtheitsgrundsatzes kann der Käufer allerdings nicht das Unternehmen als Gesamtheit von Sachen und Rechten auf den Insolvenzverwalter übertragen, sondern nur – wie beim ursprünglichen Erwerb vom Verkäufer – durch Übertragung der einzelnen Rechtspositionen.[94]

> **Beachte:** Nach der Rechtsprechung des BGH kann der Insolvenzverwalter die Anfechtung auch nur auf einzelne Aktiv- oder Passivwerte oder auch nur die Herstellung einer Aufrechnungslage beschränken (keine einheitliche Betrachtung sämtlicher Vor- und Nachteile, sondern Einzelbetrachtung).[95] Dies kann sich bei so komplexen Vertragsgeflechten wie einem Unternehmenskauf äußerst nachteilig für den Käufer auswirken, weil der Insolvenzverwalter sich dann die „Rosinen" herauspickt und eventuell für den Käufer nicht brauchbare Vermögenswerte bei diesem belässt.[96]

46   Zwar ist es aus Sicht des Käufers attraktiv, auch die einzelnen Sachen und Rechte zum Gegenstand des Kaufvertrages zu machen, um auch diesbezüglich Gewährleistungsrechte zu erhalten.[97] Auch mag es aus steuerlicher Sicht sinnvoll sein, den Kaufpreis gezielt auf einzelne Gegenstände zu verteilen. Aus insolvenzrechtlicher Sicht erhöhte sich dadurch jedoch das Risiko der Anfechtung einzelner Übertragungen.[98]

47   Der Käufer hat dann im Gegenzug einen **Anspruch auf Rückzahlung des Kaufpreises** als Masseforderung, wenn dieser noch – z. B. auf einem gesonderten Konto des Schuldners – in der Masse unterscheidbar vorhanden ist oder die Masse noch um diesen Wert bereichert ist (vgl. § 144 Abs. 2 Satz 1 InsO).[99] Eine Entreicherung liegt z. B. bei Zahlungen des Kaufpreises auf ein debitorisches Konto oder bei Verwendung des Kaufpreises für die Befriedigung von (künftigen) Insolvenzgläubigern.[100] Daher trägt der Käufer das Risiko, dass der Kaufpreis ganz oder teilweise gar nicht mehr im Vermögen des insolventen Rechtsträgers vorhanden ist, so dass der Käufer seinen Rückzahlungsanspruch nur noch zur Insolvenztabelle anmelden kann.[101] Etwas anderes gilt dann, wenn der Kaufpreis zur Ablösung

---

[92] Vgl. *Primozic,* NJW 2016, 679, 681 f.

[93] Vgl. *Vallender,* GmbHR 2004, 543, 546 sowie ausführlich zum Erstattungsanspruch des Insolvenzverwalters und Wertersatz *Ziegenhagen/Denkhaus* in: Unternehmenskauf in Krise und Insolvenz, Rn. 49 ff.

[94] Vgl. *Kirchhof/Piekenbrock* in: Münchener Kommentar zur Insolvenzordnung, § 143 Rn. 62.

[95] BGH vom 2.6.2005 – IX ZR 263/03, NJW-RR 2005, 1641, 1642 f.; BGH vom 9.7.2009 – IX ZR 86/08, NZI 2009, 644.

[96] Vgl. zum Wechsel der Rechtsprechung zur Einzelbetrachtung *Primozic/Doetsch,* NJW 2010, 2922.

[97] Siehe zur Definition des Kaufgegenstandes und den Konsequenzen Teil → D., Rn. 4 ff.

[98] Vgl. *Primozic/Doetsch,* NJW 2010, 2922, 2924.

[99] Vgl. *Wessels,* ZIP 2004, 1237, 1238; *Ziegenhagen/Denkhaus* in: Unternehmenskauf in Krise und Insolvenz, Rn. 62.

[100] *Jacoby* in: Kübler/Prütting/Bork, InsO Stand: 83. EL Februar 2020, § 144 Rn. 28 f.

[101] Vgl. *Menke,* BB 2003, 1133, 1134; *Aleth,* DStR 2010, 1186, 1192; *Classen,* BB 2010, 2898, 2900; *Vallender,* GmbHR 2004, 543, 546.

besicherter Gläubiger eingesetzt wurde (z. B. Ablösung von Grundpfandrechten auf dem erworbenen Grundstück).[102]

> **Beachte:** Der Anspruch auf Rückzahlung des Kaufpreises besteht nur in dem Fall, dass der Insolvenzverwalter auch den Kaufvertrag nach § 132 InsO erfolgreich angefochten hat. Im Falle der Anfechtung der Verfügungsgeschäfte nach §§ 130, 131 InsO lebt die (schuldrechtliche) Forderung des Käufers aus dem Unternehmenskaufvertrag auf Übertragung des Unternehmens wieder auf.[103] Diese ist nur einfache Insolvenzforderung und zur Tabelle anzumelden.

2. Sanierungsprivileg, § 39 Abs. 4 Satz 2 InsO

In der Phase vor Insolvenzeröffnung kann ein Erwerb eines Unternehmens in der Krise **48** zumindest dann sinnvoll sein, wenn der Erwerber von dem Sanierungsprivileg gemäß § 39 Abs. 4 Satz 2 InsO Gebrauch machen will.

Mit dem Sanierungsprivileg werden Darlehen eines Darlehensgebers privilegiert, der bei **49** drohender oder eingetretener Zahlungsunfähigkeit oder bei Überschuldung des Darlehensnehmers zum Zweck der Sanierung eine Beteiligung an dem Darlehensnehmer erwirbt.[104] Dies gilt sowohl für bereits gewährte als auch für neu zu gewährende Darlehen.[105] Dabei wird ein – grundsätzlich von § 39 Abs. 1 Nr. 5 und Abs. 4 Satz 1 InsO erfasstes – Gesellschafterdarlehen der Anfechtung nach § 135 und dem Nachrang entzogen.[106]

Dabei kommt es auf die Höhe der Beteiligung nicht an, allerdings wird der Anwen- **50** dungsbereich des Sanierungsprivilegs erst eröffnet, wenn die Beteiligungshöhe die nichtunternehmerische Kleinbeteiligung aus § 39 Abs. 5 InsO übersteigt.[107] Ob dem Darlehensnehmer neue Liquidität zufließt oder ob die Finanzierungsleistung vor oder nach dem Anteilserwerb erfolgt, spielt keine Rolle.[108] Privilegiert sind nur Neugesellschafter. Ob diese neue Geschäftsanteile übernehmen oder bestehende erwerben, ist dabei unerheblich.[109]

3. Gesetzliche Haftungstatbestände, §§ 613a BGB, 25 HGB, 75 AO

Unabhängig davon, ob eine Krise droht, bereits eingetreten ist oder sogar Insol- **51** venzgründe vorliegen, gelten bei einem Erwerb vor Insolvenzantrag dieselben allgemeinen Haftungsregelungen wie bei dem Erwerb eines lebenden Unternehmens. Dies gilt insbesondere für die gesetzlichen Haftungstatbestände nach § 25 HGB, § 75 AO und § 613a BGB.[110]

Da **§ 613a BGB** mit der Rechtsfolge des Übergangs sämtlicher Arbeitsverhältnisse **52** uneingeschränkt auch in der Krise gilt, kann dies bei Krisenunternehmen mit hohem Personalbestand ein Hindernis für die Sanierung und den Erwerb darstellen.[111]

Hinsichtlich der **Haftung nach § 25 HGB** wegen Firmenfortführung ergeben sich in **53** der Phase vor Insolvenzantragsstellung keine Besonderheiten, so dass auf die obigen Ausführungen verwiesen werden kann.[112]

---

[102] *Jacoby* in: Kübler/Prütting/Bork, InsO Stand: 83. EL Februar 2020, § 144 Rn. 28 f; *Heckschen* in: Reul/Heckschen/Wienberg, Insolvenzrecht in der Gestaltungspraxis, § 4 Abschnitt H, Rn. 1368.

[103] Vgl. *Ziegenhagen/Denkhaus* in: Unternehmenskauf in Krise und Insolvenz, Rn. 67 f.

[104] *Diem*, Akquisitionsfinanzierungen, § 50 Rn. 29.

[105] *Diem*, Akquisitionsfinanzierungen, § 50 Rn. 34.

[106] *Schmidt/Herchen*, in: K. Schmidt, Insolvenzordnung, § 39 Rn. 44.

[107] *Diem*, Akquisitionsfinanzierungen, § 50 Rn. 29.

[108] *Schmidt/Herchen*, in: K. Schmidt, Insolvenzordnung, § 39 Rn. 44.

[109] *Schmidt/Herchen*, in: K. Schmidt, Insolvenzordnung, § 39 Rn. 45.

[110] Vgl. oben Teil → D., Rn. 261 ff.

[111] Vgl. *Buchta* in: Hölters, Handbuch des Unternehmenskaufs, Kapitel 16, Rn. 16.64.

[112] Vgl. oben → Rn. 20.

54 Ebenso gilt die Haftung für Steuern nach § 75 AO ohne Einschränkung vor Insolvenzantragstellung.

4. Fazit

55 Ein Erwerb in der Phase vor Stellung eines Insolvenzantrags sollte daher nur durchgeführt werden, wenn das Risiko einer Folgeinsolvenz des Verkäufers als gering eingestuft werden kann oder die vorstehend geschilderten Risiken angesichts der sich bietenden Opportunität bewusst in Kauf genommen werden. Bei der Risikoabwägung kann die Möglichkeit des Sanierungsprivilegs eine entscheidende Rolle spielen.

III. Verkauf in der Phase des Insolvenzeröffnungsverfahrens

56 Mit Insolvenzantragsstellung wird das Insolvenzgericht gemäß § 21 Abs. 2 Nr. 1 InsO einen vorläufigen Insolvenzverwalter bestellen und ggf. weitere Sicherungsmaßnahmen oder die Eigenverwaltung gem. § 270 InsO anordnen und einen vorläufigen Sachwalter bestellen. Bei Bestellung eines vorläufigen Insolvenzverwalters hat das Insolvenzgericht zwei Möglichkeiten: Entweder entzieht es dem Schuldner (also beim Unternehmenskauf dem Verkäufer) die Verfügungsbefugnis vollständig und überträgt diese damit gemäß § 22 Abs. 1 InsO auf den **„starken" vorläufigen Insolvenzverwalter,** dessen Stellung dann derjenigen des endgültigen Insolvenzverwalters vergleichbar ist. Alternativ kann das Insolvenzgericht dem Schuldner die Verfügungsbefugnis belassen und deren Wirksamkeit von der Zustimmung des vorläufigen Insolvenzverwalters abhängig machen (sog. **„schwacher" Insolvenzverwalter**). Bei Anordnung der Eigenverwaltung bleibt der Schuldner uneingeschränkt verfügungsbefugt, vgl. § 270 Abs. 1 S. 1 InsO.

> **Praxishinweis:** Da nicht immer ohne weiteres klar ist, mit welchen Befugnissen der vorläufige Insolvenzverwalter ausgestattet ist, sollte sich der Käufer beim Insolvenzgericht oder unter www.insolvenzbekanntmachungen.de genauestens erkundigen, welche Beschlüsse im Einzelnen im Hinblick auf die Stellung des vorläufigen Insolvenzverwalters ergangen sind.[113]

1. Verkauf des Unternehmens durch „starken" vorläufigen Insolvenzverwalter

a) Wirksamkeit von Verfügungen und Zustimmungserfordernisse

57 Die Bestellung eines „starken" vorläufigen Insolvenzverwalters ist in der Praxis selten. Der „starke" vorläufige Insolvenzverwalter hat gemäß § 22 Abs. 1 Nr. 2 InsO ein Unternehmen des Schuldners bis zur Entscheidung über die Eröffnung des Insolvenzverfahrens fortzuführen, soweit nicht das Insolvenzgericht einer Stilllegung zustimmt, um eine erhebliche Verminderung des Vermögens zu vermeiden. Aufgrund des mit der Einsetzung des vorläufigen Insolvenzverwalters verfolgten Sicherungs- und Erhaltungsinteresses ist dieser nach Auffassung der Rechtsprechung grundsätzlich **nicht zum Verkauf von Vermögen als Verwertungsmaßnahme berechtigt.**[114] Der Gesetzgeber hat diese Auffassung mit der Begründung bestätigt, dem Schuldner würde sein Unternehmen zu einem Zeitpunkt entzogen, zu dem keine Berechtigung für einen derart schwerwiegenden Eingriff in das Eigentum existiert.[115]

---

[113] Vgl. *Böhm* in: Braun, Insolvenzordnung, § 22 Rn. 53.

[114] BGH vom 14.12.2000 – IX ZB 105/00, NJW 2001, 1496, 1497; BGH vom 20.2.2003 – IX ZR 81/02, BB 2003, 866, 868; BGH vom 11.4.1988 – II ZR 313/87, NJW 1988, 1912, 1913; vgl. zum Meinungsstreit auch *Menke*, BB 2003, 1133, 1135 ff.

[115] BT-Drs. 16/3227, S. 10 f.; ebenso *Arends/Hofert von Weiss*, BB 2009, 1538, 1539.

Soweit es allerdings um die **Verwertung von nicht zum Kernbereich des Unter-** 58
nehmens gehörenden Vermögens geht, können solche Maßnahmen, bei denen sodann
die §§ 156 ff. InsO zu beachten sind, zur Liquiditätssicherung erlaubt sein.[116]

Dabei sollte, sofern ein solcher bestellt ist, die Zustimmung des vorläufigen Gläubiger- 59
ausschusses eingeholt werden.

Soll das vom Schuldner betriebene **Unternehmen stillgelegt werden,** bedarf dies 60
gemäß § 22 Abs. 1 Nr. 2 InsO der Zustimmung des Insolvenzgerichts. Um sich nicht
schadensersatzpflichtig zu machen, wird der vorläufige Insolvenzverwalter in der Praxis
aber auch bei der Veräußerung wesentlicher Vermögenswerte die vorherige Zustimmung
des Insolvenzgerichts und des Schuldners einholen.[117]

b) Anfechtungsrisiken und Erfüllungsverweigerung

Hat ein „starker" Insolvenzverwalter zulässigerweise einzelne Vermögenswerte veräußert, 61
kann er diese Rechtshandlungen später als endgültiger Insolvenzverwalter weder anfechten
noch deren Erfüllung verweigern.[118]

2. Verkauf des Unternehmens
durch „schwachen" vorläufigen Insolvenzverwalter

a) Wirksamkeit von Verfügungen und Zustimmungserfordernisse

Bei Einsetzung eines „schwachen" vorläufigen Insolvenzverwalters verbleibt die Verfü- 62
gungsbefugnis grundsätzlich beim Schuldner, so dass die Geschäftsführung das Unternehmen **mit Zustimmung des vorläufigen Insolvenzverwalters** auf den Käufer übertragen kann.

> **Beachte:** Die Beschränkung der Verfügungsbefugnis gemäß § 21 Abs. 1 Nr. 2 InsO betrifft
> nicht den Abschluss von Verpflichtungsgeschäften wie den Unternehmenskaufvertrag,
> sondern nur die dinglichen Verfügungen.[119]

Die vom Käufer aufgrund des Unternehmenskaufvertrages erworbenen Forderungen 63
sind im Falle der Insolvenzeröffnung **nur ungesicherte Insolvenzforderungen** und
nicht wie beim „starken" vorläufigen Insolvenzverwalter Masseverbindlichkeiten im Sinne
von § 55 Abs. 2 InsO.[120]

> **Praxishinweis:** Der Käufer könnte versuchen, beim Insolvenzgericht den „schwachen" vor-
> läufigen Insolvenzverwalter zum „starken" vorläufigen Insolvenzverwalter zu machen, indem
> ein allgemeines Verfügungsverbot des Schuldners oder die Zustimmung des Insolvenzge-
> richts zu Einzelmaßnahmen erwirkt wird.[121]

b) Anfechtungsrisiken und Erfüllungsverweigerung

Der Käufer eines Unternehmens ist im Insolvenzeröffnungsverfahren mit einem „schwa- 64
chen" vorläufigen Insolvenzverwalter grundsätzlich den Anfechtungsrisiken sowie dem

---

[116] Vgl. *Buchta* in: Hölters, Handbuch des Unternehmenskaufs, Kapitel 16, Rn. 16.109 ff., *Menke,*
BB 2003, 1133, 1137.

[117] Vgl. auch *Menke,* BB 2003, 1133, 1136 f.

[118] Vgl. BGH vom 20.10.2014 – IX ZR 164/13, NJW 2014, 1737, 1738; *Vallender,* GmbHR 2004,
543, 547; *Buchta* in: Hölters, Handbuch des Unternehmenskaufs, Kapitel 16, Rn. 116.

[119] Vgl. *Vallender,* GmbHR 2004, 543, 545, 547.

[120] BGH vom 18.7.2002 – IX ZR 195/01, NZI 2002, 543, 544; vgl. auch *Menke,* BB 2003, 1133,
1134; *Morshäuser/Falkner,* NZG 2010, 881, 882; *Arends/Hofert von Weiss,* BB 2009, 1538, 1540.

[121] Vgl. *Arends/Hofert von Weiss,* BB 2009, 1538, 1540.

Risiko der Erfüllungsverweigerung[122] ausgesetzt, und zwar im Falle einer Absichtsanfechtung sogar für die Dauer von bis zu 10 Jahren (vgl. § 133 InsO).[123]

Auch kann zwar nach heute wohl einhelliger Meinung ein endgültiger Insolvenzverwalter Rechtshandlungen nach den §§ 130, 131 InsO anfechten, an denen er selbst als „schwacher" Insolvenzverwalter beteiligt war.[124]

Dies gilt allerdings nicht, wenn der schwache vorläufige Insolvenzverwalter durch eine gerichtliche Einzelermächtigung zum Abschluss bzw. Vollzug des Unternehmenskaufvertrags ermächtigt war.[125]

Ohne Einzelermächtigung scheidet eine Anfechtung aus, wenn der vorläufige schwache Insolvenzverwalter durch vorbehaltlose Zustimmung zum Unternehmenskaufvertrag gegenüber dem Erwerber einen Vertrauenstatbestand geschaffen hat.[126]

3. Verkauf des Unternehmens in der vorläufigen Eigenverwaltung

a) Wirksamkeit von Verfügungen und Zustimmungserfordernisse

65   Auf Antrag des Schuldners kann das Insolvenzgericht die vorläufige Eigenverwaltung gemäß §§ 270a und 270b InsO anordnen. In diesem Fall behält der Schuldner die Verwaltungs- und Verfügungsbefugnis. Anstelle eines vorläufigen Insolvenzverwalters bestellt das Insolvenzgericht einen vorläufigen Sachwalter. Befugnisse und Kompetenzen des vorläufigen Sachwalters sind weniger umfangreich als die eines vorläufigen Insolvenzverwalters. Dem Sachwalter stehen die Überwachung- und Mitwirkungsrechte gemäß §§ 274 ff. InsO zu. Hauptaufgabe des Sachwalters ist die Überwachung der wirtschaftlichen Lage und damit im Wesentlichen der Geschäftsführung des Schuldners im Insolvenzeröffnungsverfahren. Verbindlichkeiten außerhalb des gewöhnlichen Geschäftsbetriebs soll der Schuldner nur mit Zustimmung des Sachwalters eingehen, § 275 Abs. 1 InsO. Darüber hinaus steht dem Sachwalter ein Widerspruchsrecht und ein umfassendes Information-, Auskunfts- und Eintrittsrecht zu.

b) Anfechtungsrisiken und Erfüllungsverweigerung

Rechtshandlungen des Schuldners im Insolvenzeröffnungsverfahren sind grundsätzlich gemäß den §§ 129 ff. InsO anfechtbar. Eine etwaige Insolvenzanfechtung in der Eigenverwaltung obliegt ab Eröffnung des Insolvenzverfahrens dem Sachwalter, vgl. § 280 InsO. Sofern eine Ermächtigung zur Begründung von Masseverbindlichkeiten (§§ 270b Abs. 3 InsO) oder eine Einzelermächtigung des Insolvenzgerichts gegenüber dem Schuldner vorliegt, scheidet eine spätere Insolvenzanfechtung des auf dieser Grundlage vorgenommenen Rechtsgeschäfts aus. Im Rahmen der Eigenverwaltung soll eine spätere Anfechtbarkeit ausscheiden, wenn der Sachwalter der Begründung von Verbindlichkeiten die nicht zum gewöhnlichen Geschäftsbetrieb gehören, zustimmt.[127]

4. Gesetzliche Haftungstatbestände

a) Haftung des Käufers nach § 25 HGB

66   Die Haftung des Unternehmenskäufers für die **Firmenfortführung** gemäß § 25 HGB gilt nach Auffassung des BGH bei einem Unternehmenskauf im Insolvenzeröffnungsver-

---

[122] Vgl. *Morshäuser/Falkner,* NZG 2010, 881, 882.

[123] Siehe zur Anfechtung und Erfüllungsverweigerung → Rn. 30 ff., 33 ff.

[124] BGH vom 9.12.2004 – IX ZR 108/04, NZI 2004, 218, 219; vgl. auch *Menke,* BB 2003, 1133, 1135; *Kesseler,* ZInsO 2006, 530.

[125] BGH vom 20.2.2014 – IX ZR 164/13, NZI 2014, 321.

[126] BGH vom 13.3.2003 – IX ZR 56/02, NJOZ 2003, 1757; zuletzt BGH vom 9.12.2004 – IX ZR 108/04, NJW 2005, 1118.

[127] *Zipperer,* in: Uhlenbruck, Insolvenzordnung, 15. Aufl. 2019, § 270a Rn. 23.

fahren jedenfalls auch dann uneingeschränkt, wenn sich nicht die Eröffnung des Insolvenzverfahrens anschließt.[128]

b) Haftung des Käufers nach § 613a BGB

Den Käufer eines Unternehmens im Insolvenzeröffnungsverfahren trifft auch die **volle** **67** **Haftung** aus § 613a BGB.[129] Die §§ 113, 120 bis 128 InsO sowie die sonstigen Haftungserleichterungen, die nach Insolvenzeröffnung gelten, finden vor diesem Zeitpunkt keine Anwendung.[130]

c) Keine Haftung des Käufers nach § 75 AO

Die Haftung nach § 75 Abs. 1 AO für Steuern trifft den Unternehmenskäufer im Insol- **68** venzeröffnungsverfahren aufgrund der Befreiungsvorschrift des § 75 Abs. 2 AO nicht, wenn der Erwerb des Unternehmens **im Einvernehmen mit dem Insolvenzgericht** erfolgt und sich die Insolvenzeröffnung anschließt.[131]

5. Fazit

Die Risiken für den Unternehmenskäufer im Insolvenzeröffnungsverfahren sind beson- **69** ders hoch, weil die Insolvenzeröffnung und die damit verbundenen Risiken schon sehr wahrscheinlich sind.[132] Zugleich greifen viele Privilegien, die ab Eröffnung gelten, noch nicht. Häufig ist es daher besser, die Insolvenzeröffnung abzuwarten und die Zeit bis zur Eröffnung für eine Due Diligence-Prüfung und die Verhandlung des Kaufpreises zu nutzen.[133] Sprechen bestimmte Umstände dennoch für einen Unternehmenskauf bereits in der Eröffnungsphase, sollten die Zustimmungen des vorläufigen Insolvenzverwalters des Insolvenzgerichts sowie des Gläubigerausschusses, hilfsweise der Gläubigerversammlung, sowie eine Bestätigung des Kaufvertrages durch den Insolvenzverwalter bzw. die Eigenverwaltung nach Verfahrenseröffnung als aufschiebende Bedingungen in den Kaufvertrag aufgenommen werden.

IV. Verkauf nach Insolvenzeröffnung

Mit dem Insolvenzeröffnungsbeschluss geht das Recht des Schuldners, über das zur In- **70** solvenzmasse gehörende Vermögen zu verwalten und über es zu verfügen, vollständig auf den Insolvenzverwalter über (§ 80 Abs. 1 InsO) bzw. verbleibt im Fall der Eigenverwaltung beim Schuldner (§ 270 Abs. 1 S. 1 InsO).

Nach § 160 InsO haben der Insolvenzverwalter bzw. die Eigenverwaltung die Zustim- **71** mung des Gläubigerausschusses, und wenn ein solcher nicht bestellt ist, der **Gläubigerversammlung,** einzuholen, wenn er/sie Rechtshandlungen vornehmen will, die für das Insolvenzverfahren von besonderer Bedeutung sind. Gemäß § 160 Abs. 2 Nr. 1 InsO ist die Zustimmung insbesondere erforderlich, wenn das Unternehmen oder ein Betrieb, das Warenlager im Ganzen, eine unbeweglicher Gegenstand aus freier Hand oder die Beteili-

---

[128] BGH vom 11.4.1988 – II ZR 313/87, NJW 1988, 1912, 1913; BGH vom 4.11.1991 – II ZR 85/91, NJW 1992, 911.

[129] Vgl. *Morshäuser/Falkner,* NZG 2010, 881, 882.

[130] Vgl. *Arends/Hofert von Weiss,* BB 2009, 1538, 1542.

[131] BFH vom 23.7.1998 – VII R 143–97, DStR 1998, 1600, 1602.

[132] Vgl. auch BT-Drs. 16/3227, 11; *Rhein* in: Eilers/Koffka/Mackensen, Private Equity, S. 248 Rn. 46.

[133] Vgl. auch BT-Drs. 16/3227, 11; *Morshäuser/Falkner,* NZG 2010, 881, 882; *Menke,* BB 2003, 1133, 1134; *Buchta* in: Hölters, Handbuch des Unternehmenskaufs, Kapitel 16, Rn. 16.121.

gung des Schuldners an einem anderen Unternehmen veräußert werden soll. Eine Verletzung dieses Zustimmungserfordernisses führt gemäß § 164 InsO zwar nicht zur Unwirksamkeit im Außenverhältnis, kann aber die Haftung des Insolvenzverwalters bzw. der Eigenverwaltung nach § 60 InsO nach sich ziehen.[134]

72   Die übertragende Sanierung kann aber auch dergestalt erfolgen, dass eine neue **(Auffang-)Gesellschaft** gegründet wird, auf die der Schuldner bzw. Insolvenzverwalter die den Käufer interessierenden Vermögenswerte überträgt.[135] Im Anschluss überträgt sodann der Verkäufer die Anteile an der Auffanggesellschaft auf den Käufer.[136]

Die Zielsetzung einer Eigenverwaltung wird häufig eine Sanierung des Unternehmens im Rahmen eines Insolvenzplans unter Erhalt der bisherigen Eigentümerstruktur sein. In der Regel wird dabei aber parallel ein strukturierter M&A-Prozess durchgeführt (sog. Dual Track). Der M&A-Prozess hat auktionsähnlichen Charakter und bietet so die Chance, einen Verkehrswert des Unternehmens und damit den Mindestbeitrag im Rahmen eines Insolvenzplans zu bestimmen. Der so ermittelte Unternehmenswert bildet dann den Vergleichsmaßstab für das Schlechterstellungsverbot gemäß § 245 Abs. 1 Nr. 1 InsO. Das Dual-Track-Verfahren ist mittlerweile als Branchenstandard anerkannt.[137]

1. Maßgaben für die Verhandlung mit dem Verwalter

a) Interessen des Verwalters

73   Um seinen wesentlichen Zielvorgaben nachzukommen – Erlösmaximierung, Minimierung der eigenen Risiken – wird ein Insolvenzverwalter immer einen zügigen Verkauf unmittelbar nach Eröffnung des Insolvenzverfahrens anstreben. Aufgrund der Besonderheiten des Kaufs aus der Insolvenz und der Enge der Zeit haben professionell aufgestellte und beratene Käufer hier einen erheblichen Wettbewerbsvorteil. Kurze Entscheidungswege (ohne langatmige Gremienvorbehalte), gesicherte Finanzierung und pragmatische Lösungsorientiertheit sind Eigenschaften, die einem potentiellen Erwerber den entscheidenden Vorsprung vor Wettbewerbern geben können.

b) Kaufpreisermittlung

74   Abweichend von den Methoden, die zur Ermittlung des Kaufpreises bei lebenden Unternehmen zur Verfügung stehen, erfolgt die Kaufpreisfindung bei insolventen Unternehmen in der Regel anhand der Werte der einzelnen verkauften Unternehmensgegenstände. Wesentlich dabei sind das Anlage- und Umlaufvermögen, für das der Insolvenzverwalter den Liquidations- und den Fortführungswert ermitteln lässt, wobei die Fortführungswerte den potentiellen Erwerbern offengelegt werden. Für nicht bilanzierte immaterielle Unternehmenswerte (Know-how und Kundenbeziehungen) werden meist nur symbolische Beträge gezahlt.

Die Kaufpreisbemessung ist dabei Verhandlungssache, wobei ein Unterschreiten der Liquidationswerte nur in Betracht kommt, wenn die Insolvenzmasse mindestens in gleicher Höhe von Verbindlichkeiten freigestellt wird.

---

[134] Zur Haftung der Geschäftsleitung in der Eigenverwaltung analog §§ 60, 61 InsO vgl. BGH NZI 2018, 519; allgemein zur Haftung in der Eigenverwaltung siehe *Taras/Jungclaus* NJW-Spezial 2018, 405.

[135] Vgl. *Vallender,* GmbHR 2004, 543, 544 sowie ausführlich zu der Möglichkeit der Sanierung mittels einer Auffanggesellschaft *Brete/Thomsen,* NJOZ 2008, 4159; *Nerlich/Rohde,* Münchener Anwaltshandbuch Insolvenz und Sanierung, § 4 Rn. 133 ff.

[136] Vgl. *Classen,* BB 2010, 2898, 2900; *Ziegenhagen/Denkhaus* in: Unternehmenskauf in Krise und Insolvenz, Rn. 8.

[137] *Reus/Höfer/Harig,* NZI 2019, 57, 60; *Fröhlich/Eckhardt,* ZInsO 2015, 925

2. Besonderheiten beim Erwerb aus der Insolvenz

a) Verkauf vor und nach dem Berichtstermin – Zustimmungserfordernisse

Der Insolvenzverwalter hat gemäß § 156 InsO **im Berichtstermin** den Gläubigern u. a. **75** über die wirtschaftliche Lage des Schuldners und ihre Ursachen zu berichten und darzulegen, ob Aussichten bestehen, das Unternehmen des Schuldners im Ganzen oder in Teilen zu erhalten, welche Möglichkeiten für einen Insolvenzplan bestehen und welche Auswirkungen jeweils für die Befriedigung der Gläubiger eintreten würden. Sodann beschließt die Gläubigerversammlung gemäß § 157 InsO, ob das Unternehmen des Schuldners stillgelegt oder vorläufig fortgeführt werden soll.

Will der Insolvenzverwalter das Unternehmen vor dem Berichtstermin veräußern, hat er gemäß § 158 InsO die **Zustimmung des Gläubigerausschusses** einzuholen, wenn ein solcher bestellt ist.

> **Beachte:** Vor der Beschlussfassung des Gläubigerausschusses, oder wenn ein solcher nicht besteht, vor Veräußerung des Unternehmens, hat der Insolvenzverwalter den Schuldner zu unterrichten (vgl. § 158 Abs. 2 InsO). Daraufhin kann der Schuldner eine Untersagung der Veräußerung durch das Insolvenzgericht erwirken, wenn diese ohne eine erhebliche Verminderung der Insolvenzmasse bis zum Berichtstermin aufgeschoben werden kann.[138]

Der Zustimmung der Gläubigerversammlung, welche in diesem Fall zwingend zuständig **76** ist,[139] bedarf auch die Betriebsveräußerung an **„besonders interessierte Erwerber"** gemäß § 162 InsO, zu denen auch solche Personen zählen, die zu mindestens 20 % an dem Unternehmen beteiligt sind. Zum Personenkreis der „besonders interessierten Erwerber" zählen dem Schuldner nahe stehende Personen im Sinne von § 138 InsO sowie besondere absonderungsberechtigte Personen (vgl. § 162 Abs. 1 Nr. 2 InsO).

> **Praxishinweis:** Durch einen Verstoß gegen die Zustimmungserfordernisse nach §§ 160 bis 163 InsO wird gemäß § 164 InsO die Wirksamkeit der Handlungen des Insolvenzverwalters grundsätzlich nicht berührt, so dass insbesondere der Käufer das Unternehmen oder die Unternehmensteile wirksam erwerben kann.[140] Handelt der Insolvenzverwalter allerdings „evident insolvenzrechtswidrig" gegen das Prinzip der gleichmäßigen Gläubigerbefriedigung und musste sich dies dem Erwerber aufgrund der Umstände des Einzelfalls aufdrängen, könnte sich eine Unwirksamkeit des Unternehmenskaufvertrages ergeben.[141]

> **Beachte:** Im eröffneten Insolvenzverfahren ist ein wirksamer Verkauf nicht noch zusätzlich von gesellschaftsrechtlichen Zustimmungserfordernissen abhängig, weil diese von den insolvenzrechtlichen Vorschriften überlagert werden.[142]

b) Auswirkungen der Insolvenz auf bestimmte Übertragungsgegenstände

Gemäß § 35 InsO umfasst das Insolvenzverfahren das gesamte Vermögen, das dem **77** Schuldner gehört oder das er während des Verfahrens erlangt. Für die Übertragung der einzelnen Aktivposten bestehen keine generellen Unterschiede im Vergleich zum „normalen" Unternehmenskauf im Wege des Asset Deals.

---

138 Vgl. *Vallender,* GmbHR 2004, 642, 643.
139 Vgl. *Morshäuser/Falkner,* NZG 2010, 881, 882.
140 BGH vom 5.1.1995 – IX ZR 241/93, DtZ 1995, 169; so auch *Berger/Frege,* NZI 2010, 321, 329.
141 Vgl. BGH vom 25.4.2002 – IX ZR 313/99, NZI 2002, 375, 376; vgl. auch *Morshäuser/Falkner,* NZG 2010, 881, 882.
142 Vgl. auch *Buchta* in: Hölters, Handbuch des Unternehmenskaufs, Kapitel 16, Rn. 16.124.

78   **aa) Sicherungsrechte und Eigentum Dritter.** Allerdings ergibt sich hinsichtlich der **Sicherungsrechte Dritter am beweglichen Anlage- und Umlaufvermögen** des Schuldners die Besonderheit, dass der Insolvenzverwalter solche Gegenstände gemäß §§ 166, 167 InsO verwerten darf und dass die Sicherungsrechte mit Übertragung des Gegenstandes erlöschen;[143] Rechte der Pfandrechtsbegünstigten und Sicherungseigentümer setzen sich an dem Erlös fort, vgl. §§ 170, 50, 51 InsO.[144]

> **Praxishinweis:** Sicherungsrechte Dritter an Grundstücken, Forderungen und sonstigen Rechten im Sinne von § 413 BGB (z. B. Gesellschaftsanteile, gewerbliche Schutzrechte) werden nicht kraft Gesetzes bei einem Erwerb vom Insolvenzverwalter beseitigt, so dass es hier der ausdrücklichen Zustimmung des jeweiligen Sicherungsberechtigten bedarf.[145] Diese sollten als Vollzugsbedingungen in den Kaufvertrag aufgenommen werden.

79   Soweit allerdings Gegenstände im **Eigentum Dritter** stehen (einschließlich Eigentumsvorbehalte), haben diese ein Aussonderungsrecht gemäß § 47 InsO.

> **Praxishinweis:** Der Unternehmenskäufer sollte zum einen Eigentums- und Sicherungsrechte Dritter sorgfältig im Rahmen der Due Diligence prüfen und seine etwaige Zahlungs-/Herausgabepflicht im Hinblick auf die Kaufpreisermittlung berücksichtigen oder den Insolvenzverwalter im Kaufvertrag verpflichten, die offenen Zahlungen noch zu begleichen.[146]

80   **bb) Die Firma in der Insolvenz.** Die Firma ist grundsätzlich Bestandteil der Insolvenzmasse, so dass der Insolvenzverwalter auch über sie verfügen kann. Nach einer jüngsten Entscheidung des BGH soll der Insolvenzverwalter – entgegen der bisherigen Praxis – allerdings nicht berechtigt sein, die Firma der schuldnerischen Gesellschaft zu ändern. Dies obliege allein deren Gesellschafter.[147] In Ermangelung einer gesetzlichen Regelung wird es den handelnden Parteien obliegen, praktisch handhabbare Lösungen zu finden, z. B. den Gesellschafter – ggf. mit finanziellen Zugeständnissen – zu einer Zustimmung zu bewegen.

Weitere Besonderheiten können sich ergeben , wenn – wie oft bei mittelständischen Unternehmen – die Firma auch den **Familiennamen** enthält. Sowohl bei der GmbH als auch bei der GmbH & Co. KG hätte der Unternehmer auch eine Sachfirma wählen können, so dass er freiwillig über seinen Namen disponiert hat.[148] In diesem Fall geht nach der Rechtsprechung das Verwertungsinteresse des Insolvenzverwalters dem Persönlichkeitsrecht des Schuldners bzw. Gesellschafters vor. Aufgrund der Neuregelungen zum Firmenrecht seit dem Handelsrechtsreformgesetz aus dem Jahr 1998 gehen zahlreiche Stimmen im Schrifttum davon aus, dass nunmehr auch bei Einzelkaufleuten den Gläubigerinteressen dem Interesse des Schuldners an seinem Namen Vorrang einzuräumen ist.[149]

c) Eingeschränkte Risiken des Käufers beim Erwerb in der Insolvenz

81   Im eröffneten Insolvenzverfahren gewährt das Gesetz dem Käufer einige **Haftungsprivilegien,** da andernfalls ein Verkauf in den meisten Fällen ausscheiden dürfte und die Mög-

---

143 *Scholz,* in: Hamburger Kommentar, InsO, § 166 Rn. 8.
144 Vgl. *Morshäuser/Falkner,* NZG 2010, 881, 887.
145 Vgl. *Morshäuser/Falkner,* NZG 2010, 881, 888.
146 Vgl. *Morshäuser/Falkner,* NZG 2010, 881, 887.
147 BGH vom 26.11.2019 – II ZB 21/17, NZI 2020, 234 (m. Anm. *Primozic).*
148 BGH vom 14.12.1989 – I ZR 17/88, NJW 1990, 1605, 1607.
149 Vgl. BGHZ 85, 221; BGH ZIP 1983, 193; *Beisel/Klumpp,* Der Unternehmenskauf, 5. Kap. Rn. 19; *Arends/Hofert von Weiss,* BB 2009, 1538, 1543; *Hölzle,* DStR 2004, 1433, 1436.

lichkeiten des Insolvenzverwalters auf die Stilllegung beschränkt wären. Diese gelten auch bei Anordnung der Eigenverwaltung.[150]

aa) Keine Anfechtung und Erfüllungsverweigerung bei Geschäften des Insol- **82** **venzverwalters.** Veräußert der Insolvenzverwalter das Unternehmen oder Teile davon, bestehen für den Unternehmenskäufer nicht mehr – wie in der Krise vor Insolvenzantragsstellung und im Insolvenzeröffnungsverfahren – die Anfechtungsrisiken nach §§ 129 ff. InsO sowie das Risiko der Erfüllungsverweigerung nach § 103 Abs. 2 InsO.[151]

bb) Unanwendbarkeit von § 75 AO und § 25 HGB. Nach Eröffnung des Insol- **83** venzverfahrens findet eine Haftung des Erwerbers für Steuern gemäß **§ 75 Abs. 2 AO** nicht statt.

Bei einem Verkauf des Unternehmens durch den Insolvenzverwalter findet **§ 25 HGB** nach bislang einhelliger Auffassung keine Anwendung, weil eine Veräußerung des Unternehmens mit all seinen Schulden nur in den seltensten Fällen erreichbar wäre.[152]

d) § 613a BGB und Restrukturierung der Arbeitnehmersituation als Teil der Sanierung

Gerade in mittelständischen Unternehmen sind die Personalkosten meist mitursächlich **84** für die Insolvenz.[153] Der Übergang von Arbeitsverhältnissen einschließlich der betrieblichen Altersversorgung stellt außerhalb der Insolvenz jedoch häufig ein Sanierungshindernis dar, weil eine Restrukturierung und der damit verbundene Personalabbau oft auf heftigen Widerstand stoßen und mit erheblichen Kosten verbunden sind.[154]

aa) Arbeitsrechtliche Erleichterungen in der Insolvenz. Auch in der Insolvenz gel- **85** ten grundsätzlich die arbeitsrechtlichen und betriebsverfassungsrechtlichen Vorschriften.[155] Ab Eröffnung des Insolvenzverfahrens greifen die Erleichterungen der §§ 113, 120–128 InsO in Verbindung mit der höchstrichterlicher Rechtsfortbildung, die zahlreiche Möglichkeiten zur Restrukturierung im Personalbereich bieten. Dem Erwerber bietet sich hier die Chance, unter erleichterten Bedingungen das zu erwerbende Unternehmen auch arbeitsrechtlich auf wettbewerbsfähige Füße zu stellen.

Wie aus der Klarstellung in § 128 InsO folgt, ist **§ 613a BGB grundsätzlich anwendbar.**[156] Allerdings ergeben sich für den Unternehmenskäufer im Falle des Erwerbs nach Eröffnung des Insolvenzverfahrens im Wege des Asset Deals **Haftungserleichterungen,** weil die Verbindlichkeiten aus der Zeit vor Insolvenzeröffnung nach der ständigen Rechtsprechung des Bundesarbeitsgerichts nicht auf ihn übergehen.[157] Dies gilt auch für den Teil der Betriebsrentenansprüche, der vor Insolvenzeröffnung erdient wurde.[158] Diese Ansprüche sind allerdings, soweit sie bei Eröffnung des Insolvenzverfahrens bereits unverfallbar

---

[150] BGH vom 3.12.2019 – II ZR 457/18, NZI 2020, 285 zum Ausschluss der Haftung nach § 25 HGB; bejahend auch zu § 75 AO: *Heckschen,* GWR 2020, 121 sowie *Neuberger* ZIP 2020, 606, 609.

[151] Vgl. *Ziegenhagen/Denkhaus* in: Unternehmenskauf in Krise und Insolvenz, Rn. 123.

[152] BGH vom 11.4.1988 – II ZR 313/87, NJW 1988, 1912, 1913; vgl. auch *Arends/Hofert von Weiss,* BB 2009, 1538, 1541.

[153] Vgl. auch *Hölzle,* DStR 2004, 1433, 1437; vgl. zum Fixkostenblock der betrieblichen Altersversorgung und den diesbezüglichen Restrukturierungsmöglichkeiten *Schnitker/Grau,* NZA-Beil. 2010, 68.

[154] Vgl. *Arends/Hofert von Weiss,* BB 2009, 1538, 1542; zur arbeitsrechtlichen Restrukturierung ausführlich *Göpfert* in: Thierhoff/Müller, Unternehmenssanierung, 10. Kap. Rn. 122 ff.

[155] *Köhler-Ma/Witt,* in: Göpfert, Handbuch Arbeitsrecht in Restrukturierung und Insolvenz, § 1 Rn. 38; vgl. auch *Menke/Wolf,* BB 2011, 1461.

[156] Zur Frage, wann ein Betriebsübergang vorliegt vgl. oben Teil → D., Rn. 279 ff.

[157] BAG vom 19.12.2006 – 9 AZR 230/06; BAG vom 20.6.2002 – 8 AZR 459/01; BAG vom 17.1.1980 – 3 AZR 160/79, NJW 1980, 1124.

[158] BAG vom 30.10.2008 – 8 AZR 54/07, NZA 2009, 432, 434; BAG vom 17.1.1980 – 3 AZR 160/79, NJW 1980, 1124, 1125.

sind, zum Schutz der Arbeitnehmer über den Pensionssicherungsverein abgesichert.[159] Urlaubsansprüche sind von dieser Privilegierung hingegen nicht erfasst, soweit sie nicht einem Zeitpunkt vor Insolvenzeröffnung zugeordnet werden können.[160] Die Haftungserleichterungen für den Erwerber greifen hingegen nicht ein, wenn der Betriebsübergang nach § 613a BGB bereits vor der Eröffnung des Insolvenzverfahrens erfolgt ist oder das Insolvenzverfahren mangels Masse gar nicht erst eröffnet wird. Der Erwerber haftet in diesem Fall unbeschränkt.

> **Praxishinweis:** Diese Privilegierung greift nur, wenn die betriebliche Leitungsmacht erst nach Insolvenzeröffnung auf den Erwerber übergeht. Da der Zeitpunkt des Betriebsübergangs nicht zwangsläufig identisch mit dem im Kaufvertrag festgelegten Vollzugszeitpunkt sein muss, besteht die Gefahr, dass der Erwerber bereits vorzeitig (schleichend) die faktische Leitungsmacht im Unternehmen übernimmt und damit einen Betriebsübergang nach § 613a BGB herbeiführt. Dies kann insbesondere dann zu bösen Überraschungen für den Erwerber führen, wenn dieser vorzeitige Betriebsübergang noch vor Eröffnung des Insolvenzverfahrens liegt, mithin der Erwerb von einem vorläufigen Insolvenzverwalter erfolgt. Denn dann genießt der Erwerber insbesondere nicht die insolvenzrechtlichen Haftungsprivilegien, da diese erst nach Insolvenzeröffnung eingreifen.[161] Der Kaufvertrag sollte daher den Übergang der betrieblichen Leitungsmacht eindeutig regeln.

86   Trotz der bestehenden Haftungserleichterungen ist dem Erwerber das Risiko der Personalkosten mit Blick auf die zukünftige Planung vielfach zu hoch, so dass der Insolvenzverwalter verschiedene Möglichkeiten der Restrukturierung – in der Regel gemeinsam mit dem Erwerber – in Betracht ziehen muss. **§ 113 Satz 1 InsO** ermöglicht es dem Insolvenzverwalter, Arbeitsverhältnisse ohne Rücksicht auf eine vereinbarte Vertragsdauer (Befristung) oder einen vereinbarten Ausschluss des Rechts zur **ordentlichen Kündigung** ordentlich zu kündigen. Die **Kündigungsfrist** beträgt gemäß **§ 113 Satz 2 InsO** höchstens drei Monate zum Monatsende, wenn nicht eine kürzere Frist maßgeblich ist. Kündigt der Verwalter, so kann der Mitarbeiter wegen der vorzeitigen Beendigung des Dienstverhältnisses als Insolvenzgläubiger Schadenersatz verlangen. Zu beachten ist, dass allein die Insolvenzeröffnung eine Kündigung sachlich noch nicht rechtfertigt und die Regelung in § 113 InsO kein gesondertes Kündigungsrecht des Insolvenzverwalters begründet.[162] Der Insolvenzverwalter hat daher sowohl die **Vorgaben des Kündigungsschutzgesetzes** als auch einen möglichen Sonderkündigungsschutz des betroffenen Arbeitnehmers bei Ausspruch einer Kündigung zu beachten. Des Weiteren hat auch der Insolvenzverwalter das **Anhörungsrecht des Betriebsrats** gemäß § 102 BetrVG zu beachten.

87   Handelt es sich bei den vom Insolvenzverwalter geplanten Maßnahmen um **Betriebsänderungen,** ist der Insolvenzverwalter verpflichtet, die Beteiligungsrechte des Betriebsrats nach §§ 111 ff. BetrVG zu beachten, wobei dem Insolvenzverwalter die Sonderbestimmungen der §§ 121, 122, 125 InsO die Arbeit erleichtern sollen. Insbesondere kann der Insolvenzverwalter mit dem Betriebsrat gemäß § 125 InsO einen **Interessenausgleich mit Namensliste** abschließen, in dem die zu kündigenden Mitarbeiter in einer Namensliste aufgeführt sind, womit weitere Erleichterungen verbunden sind, insbesondere die Vermutung, dass die Kündigungen durch ein dringendes betriebliches Erfordernis bedingt sind, und die Sozialauswahl nur auf grobe Fehlerhaftigkeit überprüfbar ist.[163] Im Falle eines Betriebsübergangs erstreckt § 128 Abs. 2 InsO die Vermutungswirkung des § 125 Abs. 1 Satz 1 Nr. 1 InsO auch darauf, dass die Kündigung des Arbeitsverhältnisses nicht wegen des Betriebsübergangs

---

[159] Vgl. *Morshäuser/Falkner,* NZG 2010, 881, 886.

[160] BAG vom 18.11.2003 – 9 AZR 347/03, NZA 2004, 654.

[161] BAG vom 22.8.2012 – 5 AZR 526/11, NZA 2013, 376; *Bauer/Haußmann/Krieger,* Umstrukturierung, Handbuch für die arbeitsrechtliche Praxis, Teil 3 A Rn. 38 u. Teil 4 G Rn. 52; *Rhein* in: Eilers/Koffka/Mackensen, Private Equity, S. 252.

[162] BAG vom 20.9.2006 – 6 AZR 249/05, NZA 2007, 387.

[163] Vgl. dazu *Wisskirchen/Bissels,* BB 2009, 2142 f.

erfolgt ist, also das Verbot des § 613a Abs. 4 BGB nicht greift. In einem **Sozialplan,** der nach der Eröffnung des Insolvenzverfahrens aufgestellt wird, sind die Abfindungen gemäß § 123 InsO auf einen Gesamtbetrag von bis zu zweieinhalb Monatsverdiensten der von einer Entlassung betroffenen Arbeitnehmer beschränkt. Darüber hinaus darf für Sozialplanforderungen höchstens ein Drittel der Masse verwendet werden, die ohne einen Sozialplan für die Verteilung an die Insolvenzgläubiger zur Verfügung stehen würde.

> **Praxishinweis:** Der Erwerber haftet gesamtschuldnerisch mit dem Insolvenzverwalter für Arbeitsentgeltansprüche, die zwischen Insolvenzeröffnung und Betriebsübergang auf den Erwerber begründet werden. Insbesondere wenn der Insolvenzverwalter bereits vor Abschluss des Kaufvertrages auf der Personalebene Restrukturierungsmaßnahmen eingeleitet hat, sollten die Vertragsparteien daher eine Regelung in den Kaufvertrag aufnehmen, wer das Risiko (einschließlich der Arbeitnehmervergütung) trägt, wenn Arbeitnehmer diese Maßnahmen angreifen.[164] Diese Regelung sollte auch etwaige Prozesskosten umfassen, da diese im Arbeitsprozess selbst bei Obsiegen von jeder Partei selbst zu tragen sind.

bb) Beschäftigungs- und Qualifizierungsgesellschaft/Transfergesellschaft. Ein **88** zulässiges Mittel zur Restrukturierung des Personals und von erheblicher praktischer Bedeutung ist die Umstrukturierung mit Hilfe von Beschäftigungs- und Qualifizierungsgesellschaften (**„BQG"**)/Transfergesellschaften.[165] Damit die Arbeitsverhältnisse des insolventen Unternehmens nicht gemäß § 613a BGB auf den Käufer übergehen, werden diese nach Aufhebung des bisherigen Arbeitsverhältnisses und Abschluss eines neuen Arbeitsvertrages mit der BQG in diese ausgegliedert, um es so dem Käufer zu ermöglichen, gezielt diejenigen Arbeitnehmer aussuchen zu können, die er übernehmen möchte.[166] Damit diese Konstruktion funktioniert, ist es wichtig, dass mit Abschluss des Aufhebungsvertrages das **Arbeitsverhältnis tatsächlich beendet** wird und der jeweilige Arbeitnehmer dessen Abschluss als Risikogeschäft ansieht, weil er keine Sicherheit hat, bei dem Erwerber weiterbeschäftigt zu werden.[167] In zwei jüngeren Entscheidungen hat das BAG das Konzept der BQG zwar grundsätzlich erneut bestätigt, in den zugrundeliegenden Fallgestaltungen jedoch eine **Umgehung von § 613a BGB** und damit eine Unwirksamkeit des Aufhebungsvertrages angenommen, weil dem Arbeitnehmer ein **neues Arbeitsverhältnis mit dem Erwerber verbindlich in Aussicht gestellt** worden war oder es für den Arbeitnehmer nach den gesamten Umständen klar gewesen ist, dass er von dem Betriebserwerber eingestellt werde.[168]

> **Praxishinweis:** Die Belastbarkeit des BQG-Modells und damit das Risiko des Erwerbers, eventuell doch nach § 613a BGB zu haften, hängt ganz maßgeblich von der Wirksamkeit der Aufhebungsverträge ab.[169] Gerade in den letzten Jahren haben sich die Anforderungen der Rechtsprechung an die Anerkennung der Transfergesellschaft aber sichtlich verschärft, so dass es nicht mehr ganz so eindeutig ist, unter welchen Bedingungen dieses Modell rechtssicher umzusetzen ist.[170]

---

[164] Vgl. *Morshäuser/Falkner,* NZG 2010 S. 881, 885.

[165] Vgl. dazu *Krieger/Fischinger,* NJW 2007, 2289; *Arends/Hofert von Weiss,* BB 2009, 1538, 1542 sowie ausführlich *Bringezu* in: Thierhoff/Müller, Unternehmenssanierung, 10. Kap. Rn. 192 ff.; *Morshäuser/ Falkner,* NZG 2010, 881, 885; *Wellensiek,* NZI, 2005, 603; *Wisskirchen/Bissels,* BB 2009, 2142, 2145.

[166] Vgl. *Krieger/Fischinger,* NJW 2007, 2289; *Wisskirchen/Bissels,* BB 2009, 2142, 2145.

[167] BAG vom 18.8.2005 – 8 AZR 523/04, NZA 2006, 145, 147; vgl. auch *Morshäuser/Falkner,* NZG 2010, 881, 885.

[168] BAG vom 25.10.2012 – 8 AZR 575/11, DB 2013, 236; BAG vom 18.8.2011 – 8 AZR 312/10, DB 2011, 2850, 2851.

[169] Vgl. *Krieger/Fischinger,* NJW 2007, 2289, 2290.

[170] Als Reaktion auf die restriktivere Rechtsprechung zum BQG-Modell wurde von Praktikern bei der Sanierung eines Unternehmens zuletzt ein neuer Weg – die sog. **Widerspruchslösung** – zur Verringerung des Risikos eines Betriebsübergangs entwickelt, vgl. *Willmer/Fuchs/Berner,* NZI 2015, 263.

Da das Aufsetzen einer BQG erhebliche Mittel für die Finanzierung der Löhne und der Fortbildungsmaßnahmen sowie der Verwaltungskosten erfordert, die nicht vollständig durch Transferkurzarbeitergeld und andere Zuschüsse der Bundesagentur für Arbeit gedeckt werden können, kommt dieses Modell in der Regel nur bei entsprechend großen Insolvenzverfahren zur Anwendung.

89   Das sog. **„Lemgoer Modell"**, bei dem Arbeitnehmer mit dem Hinweis auf die geplante Betriebsveräußerung und Arbeitsplatzgarantien des Erwerbers veranlasst wurden, ihre Arbeitsverhältnisse mit dem Betriebsveräußerer selbst zu kündigen oder Auflösungsverträge abzuschließen, wird hingegen schon länger als unzulässig angesehen.[171]

90   **cc) Kündigung nach Erwerberkonzept.** Eine weniger kostenintensive Gestaltungsalternative zur BQG ist die Kündigung des Insolvenzverwalters auf Grundlage eines verbindlichen Erwerberkonzepts.[172] Häufig erfolgen die Kündigungen durch den Insolvenzverwalter erst zu einem Zeitpunkt, zu dem der zukünftige Erwerber des Unternehmens und dessen Planungen feststehen.[173] Zur sozialen Rechtfertigung der kurz vor dem Vollzug ausgesprochenen Kündigungen kann sich der Insolvenzverwalter dann für die Rationalisierungsmaßnahmen auch auf das Sanierungskonzept des Unternehmenskäufers berufen.[174] Aus Sicht des Erwerbers hat die Kündigung durch den Insolvenzverwalter nach (s)einem Erwerberkonzept erhebliche Vorteile gegenüber einer durch ihn erst nach dem Betriebsübergang ausgesprochenen Kündigung.[175]

> **Praxishinweis:** Um die erforderliche Verbindlichkeit des Erwerberkonzepts zu dokumentieren, sollte der Kaufvertrag regeln, dass der Erwerber dem Insolvenzverwalter sein verbindliches Erwerberkonzept übergeben und vorgestellt hat, der Insolvenzverwalter sich dies zu eigen gemacht und auf dieser Grundlage die Kündigungen erklärt hat.

e) Besonderheiten bei der Vertragsgestaltung

91   Auch wenn die Wirksamkeit des Vertragsschlusses durch den Insolvenzverwalter nicht von der **Zustimmung der Gläubiger** abhängig ist (s. o.), wird diese in der Praxis meist **zur aufschiebenden Bedingung** gemacht.[176]

92   Für den Insolvenzverwalter ist die Transaktionssicherheit von besonderer Bedeutung. Er wird daher typischerweise bei Abschluss des Kaufvertrages vom Käufer eine **Sicherheit für den Kaufpreis** verlangen.[177]

93   Aus Sicht des Insolvenzverwalters soll der Kaufpreis in aller Regel ein **Festkaufpreis** sein, bei dem hinsichtlich der Sicherheiten, die verschiedenen Gläubigern an den Vermögensgegenständen bestellt wurden, möglichst eine **Allokation** des Kaufpreises erfolgen sollte.[178]

---

[171] BAG vom 28.4.1987 – 3 AZR 75/86, NZA 1988, 198; vgl. auch *Hölzle,* DStR 2004, 1433, 1437.

[172] Vgl. BAG vom 20.3.2003 – 8 AZR 97/02, NJW 2003, 3506.

[173] Vgl. *Morshäuser/Falkner,* NZG 2010, 881, 885.

[174] BAG vom 20.3.2003 – 8 AZR 97/02, NJW 2003, 3506, 3507; vgl. auch *Wellensiek,* NZI 2005, 603, 605; *Morshäuser/Falkner,* NZG 2010 S. 881, 885; *Wisskirchen/Bissels,* BB 2009, 2142, 2144; siehe zu den praktischen Gestaltungsmöglichkeiten: *Bauer/Haußmann/Krieger,* Umstrukturierung, Handbuch für die arbeitsrechtliche Praxis, Teil 4 G Rn. 56 ff.

[175] Zu den einzelnen Vorteilen und praktischen Problemen der Kündigung nach Erwerberkonzept vgl. *Willemsen* in: Willemsen/Hohenstatt/Schweibert/Seibt, Umstrukturierung und Übertragung von Unternehmen, Teil H Rn. 107 ff.; *Schmädicke,* NZA 2014, 515.

[176] Vgl. auch *Classen,* BB 2010, 2898, 2902.

[177] Vgl. *Morshäuser/Falkner,* NZG 2010, 881, 886.

[178] Vgl. *Morshäuser/Falkner,* NZG 2010, 881, 886.

Die Bereitschaft des Insolvenzverwalters, **Gewährleistungen und Freistellungs-** 94
verpflichtungen einzugehen, ist mit Blick auf seine persönliche Haftung nach § 60 InsO
bei schuldhafter Masseverkürzung in der Regel ausgeschlossen.[179] Insofern ist die Interessenlage durchaus mit dem eines Private-Equity-Verkäufers an einem Clean Exit vergleichbar.[180]

3. Insolvenzplanverfahren, Eigenverwaltung, Schutzschirm, Debt Equity Swap

Mit den seit 2012 geltenden Änderungen der Insolvenzordnung besteht ein **modernes,** 95
auf Sanierung ausgerichtetes Insolvenzrecht[181], das neben der klassischen übertragenden Sanierung auch das Insolvenzplanverfahren (§§ 217 ff. InsO) und die Eigenverwaltung
(§§ 270 ff. InsO) einschließlich der Möglichkeit des Schutzschirmverfahrens (§ 270b InsO)
bietet.

Das **Insolvenzplanverfahren** bietet im Vergleich zum herkömmlichen Insolvenzverfah- 96
ren verschiedene Vorteile:[182]
– Erhalt und Sanierung des Rechtsträgers;
– flexible Behandlung der Gläubigerinteressen statt feste Quote;
– Befriedigung von Gläubigern durch Anteilsgewährung am schuldnerischen Unternehmen;
– Entschädigung von Lieferanten durch günstige Bedingungen für die Zukunft;
– Mehrheitsentscheidung möglich, u. U. auch gegen den Willen einzelner Gläubiger, solange dadurch keine Schlechterstellung im Vergleich zum Regelinsolvenzverfahren erfolgt;
– wird zudem die Eigenverwaltung beantragt, kann das Management das Unternehmen
  fortführen und die Sanierungsmaßnahmen selbst umsetzen.

Dabei kann ein Insolvenzplanverfahren nicht nur zur Eigensanierung, sondern auch
für die Durchführung eines Unternehmensverkaufs, sei es im Rahmen einer übertragenden Sanierung oder im Rahmen der Eigensanierung und anschließenden Veräußerung der
Geschäftsanteile genutzt werden.[183]

In der jüngeren Vergangenheit wurde zunehmend von der Möglichkeit Gebrauch 97
gemacht, gemäß § 270a InsO bereits im Insolvenzeröffnungsverfahren eine **Eigenver-**
waltung zu installieren.[184] Die Handlungen der die Schuldnerin verwaltenden Un-
ternehmensorgane werden dabei anstelle eines vorläufigen Insolvenzverwalters von
einem vorläufigen Sachwalter überwacht, der allerdings hinsichtlich seiner Befugnisse
und Kompetenzen nicht mit Ersterem vergleichbar ist. Nur im Falle von nicht zum
normalen Geschäftsbetrieb gehörenden Rechtsgeschäften bedarf es einer Zustimmung
des vorläufigen Sachwalters. Außerdem stehen dem Sachwalter zur Erfüllung seiner Aufgaben umfassende Informations-, Auskunfts- und Einsichtsrechte zu. Grundsätzlich behält
der Schuldner dennoch im Rahmen der vorläufigen Eigenverwaltung die Verwaltungs- und
Verfügungsbefugnis.[185]

Nach den bisherigen Erfahrungen in der Praxis ist jedoch vor einem Antrag auf
Eigenverwaltung zu berücksichtigen, dass die meisten Unternehmer bzw. Geschäftsführer nur wenig Erfahrung mit der Durchführung eines Insolvenzverfahrens in Eigen-

---

[179] Vgl. *Arends/Hofert von Weiss,* BB 2009, 1538, 1543; *Morshäuser/Falkner,* NZG 2010, 881, 888;
Classen, BB 2010, 2898, 2902.

[180] Vgl. *Ellrott* in: Eilers/Koffka/Mackensen, Private Equity, VIII Rn. 10.

[181] Vgl. *Simon/Merkelbach,* NZG 2012, 121; *K. Schmidt,* BB 2011, 1603.

[182] Vgl. *Buchta* in: Hölters, Handbuch des Unternehmenskaufs, Kapitel 16, Rn. 16.137 ff.

[183] Vgl. *Ziegenhagen/Denkhaus* in: Unternehmenskauf in Krise und Insolvenz, Rn. 1079.

[184] Vgl. *von Buchwaldt,* BB 2015, 3017.

[185] Vgl. *Ziegenhagen/Denkhaus* in: Unternehmenskauf in Krise und Insolvenz, Rn. 108 ff.

verwaltung haben und daher auf die – idealerweise bereits vorinsolvenzliche – Unterstützung eines erfahrenen Sanierungsberaters oder Sanierungsgeschäftsführers angewiesen sein dürften. Dies auch im Hinblick darauf, dass das Sanierungsziel bereits vor dem Antrag definiert und der Weg dahin vorbereitet sein sollte. Andernfalls droht das Risiko, dass das Insolvenzgericht den Eigenverwaltungsantrag ablehnt.[186] Insbesondere vor dem Hintergrund der Unanfechtbarkeit einer Ablehnung ist eine sorgfältige Vorbereitung des Antrags unerlässlich.[187] Sollte eine (vorläufige) Eigenverwaltung angeordnet werden, ist ein potentieller Unternehmensverkauf Aufgabe der Unternehmensführung.

98   Das sog. **Schutzschirmverfahren** gem. §§ 270, 270b InsO stellt dabei eine weitere Verfahrensart in der Eigenverwaltung dar, die jedoch nur gewählt werden kann, wenn der Schuldner zum Zeitpunkt der Antragstellung noch nicht zahlungsunfähig ist und dieser Umstand durch einen in Insolvenzsachen erfahrenen Steuerberater, Wirtschaftsprüfer, Rechtsanwalt oder sonstigen Person mit entsprechender Qualifikation bescheinigt wird. Ferner muss die Bescheinigung die begründete Annahme enthalten, dass die angestrebte Sanierung nicht offensichtlich aussichtslos ist.[188] Sind diese Voraussetzungen bei Antragstellung erfüllt, ordnet das Insolvenzgericht die Eigenverwaltung an und bestimmt zeitgleich eine Frist zur Vorlage eines Insolvenzplans durch den eigenverwalteten Schuldner. Ziel dieses Verfahrens ist immer die Sanierung mittels eines Insolvenzplans.[189] In der Praxis zeigt sich, dass Gläubigergruppen im Rahmen der angestrebten Plansanierung von den Schuldnern die zeitgleiche Einleitung eines M&A-Prozesses (Dual Track) fordern, um neben dem eigentlichen Plansanierungsziel eine Ausweichlösung für den Fall der Versagung der Zustimmung der Gläubiger zu dem Insolvenzplan und einen Markttest für den Unternehmenswert zu haben.[190] Im Rahmen des M&A-Prozesses kann die Grundlage für die erforderliche Vergleichsrechnung im Rahmen eines Insolvenzplanverfahrens transparent und mit Marktnähe ermittelt werden.[191]

99   Durch das ESUG wurde ebenfalls der sog. **Debt Equity Swap** gem. § 225a Abs. 2 InsO eingeführt. Dabei erfolgt ein Tausch der Verbindlichkeit gegenüber einem Gläubiger mit einer Beteiligung an dem Unternehmen des Schuldners. Der Tausch wird durch Regelungen im gestaltenden Teil des Insolvenzplans vollzogen.[192] Ziel ist die Umwandlung von Fremd- in Eigenkapital[193] um das in der Krise befindliche Unternehmen so von Verbindlichkeiten zu entlasten und eine Fortführung des Unternehmens zu ermöglichen.[194] Die Insolvenzplanregelungen können insbesondere eine Kapitalherabsetzung oder -erhöhung, die Leistung von Sacheinlagen, den Ausschluss von Bezugsrechten oder die Zahlung von Abfindungen an ausscheidende Anteilsinhaber vorsehen.[195] Diese Möglichkeiten ergeben sich jedoch nur im Rahmen eines Insolvenzplans. Da es sich hierbei um komplexe und für alle Beteiligten risikobehaftete Mechanismen handelt, sollte ein potentieller Unternehmenskäufer frühzeitig durch die den Schuldner eigenverwaltende Geschäftsführung unter Anleitung eines professionellen Sanierungsberaters einbezogen werden.

---

[186] Vgl. *von Buchwaldt*, BB 2015, 3017, 3019.

[187] Vgl. *Uhlenbruck*, ZInsO 2003, 821 f m. w. N.

[188] Vgl. *Paul/Rudow*, NZI 2016, 385, 386; *Commandeur/Hübler*, NZG 2016, 340, 342.

[189] Vgl. *von Buchwaldt*, BB 2015, 3017.

[190] Vgl. *Buchalik/Schröder*, ZInsO 189.

[191] Vgl. *Ziegenhagen/Denkhaus* in: Unternehmenskauf in Krise und Insolvenz, Rn. 108 ff.

[192] Vgl. *Römermann*, NJW 2012, 645, 650.

[193] Vgl. zur Umwandlung stiller Beteiligungen in GmbH-Geschäftsanteile, *K. Schmidt*, NZG 2016, 4.

[194] Vgl. *Cahn/Hutter/Kaulamo/Meyer/Weiß*, WM 2014, 1309.

[195] Vgl. *Römermann*, NJW 2012, 645, 650.

V. Zusammenfassung von Entscheidungsparametern beim Unternehmenskauf in Krise und Insolvenz

Das grundlegende Dilemma des Kaufinteressenten eines in der Krise befindlichen Unternehmens ist, dass die verschiedenen Erwerbsmöglichkeiten von sehr unterschiedlichen Vor- und Nachteilen geprägt sind.[196] Einige der wesentlichen Entscheidungsparameter sind nachfolgend zusammengefasst: **100**

1. Erwerb des Unternehmens vor Insolvenzantragsstellung

Für einen Erwerb des Unternehmens vor Insolvenzantragsstellung spricht, **101**
- dass damit der durch Abwandern von Kunden und Lieferanten und ggf. auch wichtigen Mitarbeitern sehr *dramatische Werteverfall weitestgehend vermieden* werden kann;
- dass der *Wettbewerb* von Käufern um ein solches Unternehmen meist tendenziell *geringer ausgeprägt* ist, weil die Insolvenz noch nicht veröffentlicht und damit nicht ohne weiteres im Markt bekannt ist;
- dass der Erwerber in den Genuss des Sanierungsprivilegs des § 39 Abs. 4 S. 2 InsO für (zu gewährende) Gesellschafterdarlehen kommen kann.

Gegen einen Erwerb des Unternehmens vor Insolvenzantragsstellung spricht,
- dass aufgrund des *immensen Zeitdrucks* und einer gerade bei Krisenunternehmen häufig anzutreffenden schlechten Datenlage das *Risiko einer Fehlinvestition* erhöht ist;
- dass der Käufer infolgedessen versucht sein wird, die Risiken im Wege einer *Reduzierung des Kaufpreises* aufzufangen, was wiederum das *Anfechtungsrisiko erhöht;*[197]
- dass der Käufer im Vergleich zu einem normalen Unternehmenskauf zusätzlich die *Anfechtung gemäß §§ 129 ff. InsO* sowie die spätere Erfüllungsverweigerung des Insolvenzverwalters gemäß § 103 Abs. 2 InsO riskiert;
- dass der Käufer zur *Minderung des Risikos der Erfüllungsverweigerung* die vollständige Vertragserfüllung herbeiführen und dafür (i) entweder – unter Verzicht auf übliche Kaufpreisanpassungsmechanismen – den vollständigen Kaufpreis zahlen müsste, der im Falle wirksamer Anfechtung meist nur als Insolvenzforderung zur Tabelle angemeldet werden kann, oder (ii) auf die Mängelgewährleistung verzichten und das mangelhafte Unternehmen als ordnungsgemäße Erfüllung anerkennen müsste;

> **Praxishinweis:** Da bei einem späteren Erwerb vom Insolvenzverwalter dieser in aller Regel allenfalls nur die auf die Rechtsinhaberschaft bezogenen Garantien abgibt, würde der Verzicht auf weitere Mängelansprüche keine gravierende wirtschaftliche Schlechterstellung des Käufers bedeuten, wenn im Wege der Due Diligence sicher gestellt werden kann, dass die zu übertragenden Rechte tatsächlich rechtswirksam und unbelastet erworben werden.

- dass die gesetzlichen *Haftungsrisiken gemäß § 25 HGB, 75 AO sowie § 613a BGB vollen Umfangs gelten,* wobei allerdings die Haftung aus § 25 HGB durch eine Vereinbarung zum Haftungsausschluss sowie dessen Eintragung im Handelsregister vermieden werden kann.

---

[196] Vgl. auch zum richtigen Einstiegszeitpunkt *Rhein* in: Eilers/Koffka/Mackensen, Private Equity, S. 227.

[197] Vgl. *Rhein* in: Eilers/Koffka/Mackensen, Private Equity, S. 227.

> **Praxishinweis:** Um nicht zu viel Zeit (und Werte) zu verlieren, könnte der Kaufinteressent bereits im Insolvenzeröffnungsverfahren eine Due Diligence-Prüfung durchführen und nach Insolvenzeröffnung den Kaufvertrag abschließen, was ihm dann die Haftungserleichterungen im Hinblick auf die §§ 25 HGB, 75 AO und 613a BGB einbringen würde.[198] Alternativ könnte auch der Kaufvertrag im Eröffnungsverfahren unter den aufschiebenden Bedingungen (i) der Insolvenzeröffnung, (ii) der Bestellung des vorläufigen Insolvenzverwalters zum endgültigen Insolvenzverwalter und (iii) der Zustimmung des Gläubigerausschusses bzw. der Gläubigerversammlung abgeschlossen werden.[199]

2. Erwerb des Unternehmens im Insolvenzeröffnungsverfahren

102 Der Unternehmenskauf im Insolvenzeröffnungsverfahren wird aufgrund seiner besonderen Risikolage in den meisten Fällen eher nicht zu empfehlen sein und allenfalls im Wege eines Beteiligungserwerbs in Betracht kommen.[200]

3. Erwerb des Unternehmens nach Insolvenzeröffnung

103 **Für einen Erwerb** nach Eröffnung des Insolvenzverfahrens spricht, dass der Käufer
- nur die interessanten Vermögensgegenstände erwerben kann,
- *rechtssicher* erwerben kann,
- die Risiken aus Anfechtung und Erfüllungsverweigerung vermeiden kann,
- eine *Haftung nach § 25 HGB* wegen einer Firmenfortführung sowie eine Haftung aus *§ 75 AO abschütteln* kann, da diese Haftungstatbestände bei Erwerb vom Insolvenzverwalter nach Insolvenzeröffnung entfallen und dass
- der Käufer im Hinblick auf *§ 613a BGB deutliche Haftungserleichterungen und erhebliche Gestaltungsmöglichkeiten* in Anspruch nehmen kann.

Gegen einen Erwerb nach Eröffnung des Insolvenzverfahrens spricht vor allem, dass der Käufer
- das Unternehmen möglicherweise nicht oder nur zu einem erhöhten Preis erwerben kann, weil durch mehrere Kaufinteressenten nun *Wettbewerb* entstanden ist oder sich verstärkt hat,[201]
- einen (möglicherweise massiven) *Wertverlust* hinnehmen muss, weil bereits zahlreiche Kunden, Lieferanten und wichtige Mitarbeiter dem Unternehmen den Rücken gekehrt haben.

4. Vertragsgestaltung beim Unternehmenskauf in Krise und Insolvenz

a) Abwarten der Insolvenzeröffnung, Gestaltung als Share Deal

104 Die Risiken für den Unternehmenskäufer im Insolvenzeröffnungsverfahren sind besonders hoch, weil die Insolvenzeröffnung und die damit verbundenen Risiken zu diesem Zeitpunkt schon sehr wahrscheinlich sind.[202] Häufig ist es daher besser, die Insolvenzeröffnung abzuwarten.[203]

---

[198] Vgl. BT-Drs. 16/3227, S. 11; *Brück/Sinewe,* Steueroptimierter Unternehmenskauf, 2. Aufl. 2010, § 7 Rn. 25; *Menke,* BB 2003, 1133, 1134.

[199] Vgl. *Brück/Sinewe,* Steueroptimierter Unternehmenskauf, § 7 Rn. 25.

[200] Vgl. auch *Rhein* in: Eilers/Koffka/Mackensen, Private Equity, S. 248.

[201] Vgl. *Knecht/Jesch* in: Jesch/Striegel/Boxberger, Rechtshandbuch Private Equity, S. 660.

[202] Vgl. auch BT-Drs. 16/3227, 11; *Rhein* in: Eilers/Koffka/Mackensen, Private Equity, S. 248.

[203] Vgl. auch BT-Drs. 16/3227, 11; *Morshäuser/Falkner,* NZG 2010, 881, 882; *Menke,* BB 2003, 1133, 1134; *Buchta* in: Hölters, Handbuch des Unternehmenskaufs, Kapitel 16, Rn. 16.121.

Um die Anfechtungsrisiken zu reduzieren, könnte die Transaktion auch im Wege eines **105** **Share Deals** gestaltet werden,[204] bei der eine Anfechtung grundsätzlich nicht in Betracht kommt, wenn nicht der Verkäufer selbst in die Insolvenz fällt.[205]

b) Vorverlegung des Rechtsgeschäfts – Anwartschaftsrecht

Eine weitere Möglichkeit zur Reduzierung von Anfechtungsrisiken besteht darin, das **106** **Rechtsgeschäft zeitlich vorzuverlegen,** weil gemäß § 140 Abs. 3 InsO der Eintritt der Bedingung oder Befristung für die Berechnung der Anfechtungsfrist außer Betracht bleiben.[206] Voraussetzung dafür ist allerdings, dass auch **tatsächlich ein Anwartschaftsrecht entsteht,** das vom Verkäufer nicht mehr einseitig zerstört werden kann.[207]

> **Praxishinweis:** Ist das Anwartschaftsrecht des Käufers noch von Gremienzustimmungen des Verkäufers oder Zustimmungen von Banken abhängig, kann der Käufer noch bis zum Entstehen des Anwartschaftsrechts bösgläubig im Sinne der Anfechtungtatbestände werden.[208] Sofern der Käufer vor Entstehung des Anwartschaftsrechts und dem Schutz von § 140 Abs. 3 InsO hinsichtlich der Zahlungsunfähigkeit sowie der Gläubigerbenachteiligung bösgläubig wird, sollte er die vertragliche Möglichkeit haben, den weiteren Vollzug zu stoppen und sich vom Vertrag zu lösen.[209]

c) Kaufpreis und Zahlungsmodalitäten

Zur weiteren Reduzierung der Anfechtungsrisiken könnten die Vertragsparteien die **107** Kaufpreisfindung im Kaufvertrag hinreichend dokumentieren, weil eine transparente Vertragsgestaltung helfen kann, den Vorwurf einer Gläubigerbenachteiligungsabsicht zu entkräften.[210]

Um seine (Gewährleistungs-)Ansprüche vor den Folgen einer etwaigen Insolvenz ab- **108** zusichern, hat der Käufer verschiedene Möglichkeiten, die **Zahlungsmodalitäten** zu regeln, z. B.[211]

– Kaufpreiseinbehalt bis zum Ablauf der dreimonatigen Anfechtungsfrist des § 132 Abs. 1 InsO;
– Einzahlung des Kaufpreises auf ein Treuhandkonto;
– Ratenzahlung.

> **Praxishinweis:** Braucht der Verkäufer den Kaufpreis zur Abwendung der Zahlungsunfähigkeit, wird er sich mit den vorstehenden Zahlungsmodalitäten schwer tun. Gelingt es dem Käufer, die vorstehenden Zahlungsmodalitäten mit dem Verkäufer zu verhandeln, sollte er auch darauf achten, dass die Modalitäten der Zahlung nicht selbst zu einer Inkongruenz im Sinne von § 131 oder § 142 InsO führen, weshalb sich eine Verzinsungsregelung und/oder eine Sicherheitsleistung empfehlen.[212]

---

[204] Vgl. auch *Knecht/Jesch* in: Jesch/Striegel/Boxberger, Rechtshandbuch Private Equity, S. 655.

[205] Vgl. *Ziegenhagen/Denkhaus* in: Unternehmenskauf in Krise und Insolvenz, Rn. 25.

[206] Vgl. *Wessels*, ZIP 2004, 1237, 1239; *Ziegenhagen/Denkhaus* in: Unternehmenskauf in Krise und Insolvenz, Rn. 43.

[207] Vgl. *Nerlich* in: Nerlich/Römermann, Insolvenzordnung, § 140 Rn. 19; *Wessels,* ZIP 2004, 1237, 1239 sowie zur Definition des Anwartschaftsrechts BGH vom 30.4.1982 – V ZR 104/81, NJW 1982, 1939, 1940.

[208] Vgl. *Wessels*, ZIP 2004, 1237, 1240.

[209] Vgl. auch *Wessels,* ZIP 2004, 1237, 1246.

[210] Vgl. *Buchta* in: Hölters, Handbuch des Unternehmenskaufs, Kapitel 16, Rn. 16.94.

[211] Vgl. *Buchta* in: Hölters, Handbuch des Unternehmenskaufs, Kapitel 16, Rn. 16.95 f.; *Wessels,* ZIP 2004, 1237, 1240.

[212] Vgl. auch *Buchta* in: Hölters, Handbuch des Unternehmenskaufs, Kapitel 16, Rn. 16.96; *Rhein* in: Eilers/Koffka/Mackensen, Private Equity, S. 243.

109   Durch die beiderseitige Nichterfüllung des Kaufvertrages bei Kaufpreiseinbehalt etc., hat der Insolvenzverwalter das **Wahlrecht gemäß § 103 Abs. 2 InsO** mit den bereits oben geschilderten Folgen.[213]

> **Beachte:** Der Käufer sollte möglichst keine Vereinbarung zu den Zahlungsmodalitäten treffen, der zufolge der Kaufpreisanspruch des Verkäufers mit der Einzahlung des Kaufpreises auf das Treuhandkonto erfüllt ist. Dann könnte nämlich der Insolvenzverwalter nach § 103 InsO auch den Betrag auf dem Treuhandkonto zur Insolvenzmasse ziehen.[214]

110   Zum anderen könnten die Vertragspartner den Kauf auch als **Bargeschäft im Sinne von § 142 InsO** gestalten.[215] Voraussetzung dafür ist allerdings, dass sich gleichwertige Leistungen gegenüberstehen und der Leistungsaustausch **im engen zeitlichen Zusammenhang** erfolgt (in der Regel maximal vier Wochen).[216] Zu beachten ist, dass sich hierdurch nicht die Risiken einer Anfechtung nach § 131 InsO reduzieren lassen.[217]

> **Praxishinweise:** In der Krise – also vor Insolvenzeröffnung – sollte ein Unternehmenskauf im Wege des Asset Deals möglichst nur dann erfolgen, wenn dieser als sofort umsetzbares Bargeschäft im Sinne von § 142 InsO mit unmittelbar gleichwertigem Leistungsaustausch erfolgen kann.[218]

Da sich im Falle eines Bargeschäfts Kaufpreisanpassungen, Sicherungseinbehalte und Treuhänderabwicklungen verbieten und außerhalb eines Bieterverfahrens eine objektive Gleichwertigkeit von Kaufpreis und Unternehmen selten gegeben sein wird, empfiehlt sich für den Kaufvertrag eine **Verkehrswertklausel,** nach der im Falle einer Insolvenzanfechtung dem Gericht, das auch für den Anfechtungsprozess zuständig ist, die Ermittlung bzw. Korrektur des Kaufpreises gemäß § 317 BGB überlassen wird.[219]

d) Kaufgegenstand

111   Der Käufer sollte wegen des Anfechtungsrisikos möglichst **keine ungesicherten Verbindlichkeiten** des Schuldners übernehmen.[220]

Der Unternehmenskäufer sollte zum einen **Eigentumsrechte Dritter** sorgfältig im Rahmen der Due Diligence prüfen und seine etwaige Zahlungs- und Herausgabepflicht im Hinblick auf die Kaufpreisermittlung berücksichtigen oder den Insolvenzverwalter im Kaufvertrag verpflichten, die offenen Zahlungen noch zu begleichen.[221]

e) Gewährleistung

112   Anders als bei regulären Unternehmenskäufen kommt der Gewährleistung bzw. der Abgabe von Garantien keine überragende Rolle zu.

---

[213] Vgl. auch *Buchta* in: Hölters, Handbuch des Unternehmenskaufs, Kapitel 16, Rn. 16.97.
[214] Vgl. auch *Buchta* in: Hölters, Handbuch des Unternehmenskaufs, Kapitel 16, Rn. 16.97.
[215] Vgl. dazu auch *Rhein* in: Eilers/Koffka/Mackensen, Private Equity, S. 243 f.
[216] Vgl. *Bork,* FS Kirchof, 2003, S. 9.
[217] BGHZ 150, 122, 130.
[218] Vgl. *Ziegenhagen/Denkhaus* in: Unternehmenskauf in Krise und Insolvenz, Rn. 70.
[219] Vgl. *Wessels,* ZIP 2004, 1237, 1247.
[220] Vgl. *Ziegenhagen/Denkhaus* in: Unternehmenskauf in Krise und Insolvenz, Rn. 39.
[221] Vgl. *Morshäuser/Falkner,* NZG 2010, 881, 887.

> **Praxishinweis:** Auch wenn der Verkäufer keine umfangreichen Garantien abgeben wird, hat dieser gleichwohl zu bedenken, dass ihn gerade in der Krise und beim Unternehmenskauf gesteigerte Aufklärungspflichten treffen.[222] Kommt es beim Asset Deal im Anschluss an den Unternehmensverkauf zur Insolvenz, wären die Garantien – ebenso wie etwaige Ansprüche aus einer Aufklärungspflichtverletzung – faktisch wertlos.[223] Dagegen würde beim Share Deal der Verkäufer selbst leicht in die persönliche Haftung „rutschen" können, wenn er den Käufer nicht umfassend aufgeklärt hat.

f) Sanierungsbeiträge von Gläubigern

Die Sanierungsbeiträge der Gläubiger, der Arbeitnehmer und des Verkäufers (z.B. auch **113** als negativer Kaufpreis) sollten ggf. als Closing-Condition in den Vertrag aufgenommen werden,[224] wobei hier darauf zu achten ist, dass damit möglichst nicht die Entstehung des Anwartschaftsrechts mit der gewünschten Folge des § 140 Abs. 3 InsO konterkariert wird.

> **Praxishinweis:** Um die Entstehung eines Anwartschaftsrechts (siehe dazu oben) nicht zu verhindern, ist es besser, die Sanierungszusagen der einzelnen oben aufgeführten Stakeholder schon bei Abschluss des Kaufvertrages rechtsverbindlich vorliegen zu haben.

5. Weitere Maßnahmen
zur Minimierung des Anfechtungsrisikos

Darüber hinaus könnte der Käufer versuchen, beim Insolvenzgericht den **„schwachen"** **114** **vorläufigen Insolvenzverwalter zum „starken" vorläufigen Insolvenzverwalter** zu machen, indem ein allgemeines Verfügungsverbot des Schuldners oder die Zustimmung des Insolvenzgerichts zu Einzelmaßnahmen erwirkt wird.[225]

Da dem Käufer auf jeden Fall Kenntnis über drohende Zahlungsunfähigkeit sowie die **115** gläubigerbenachteiligende Wirkung der Rechtshandlung schadet, sollte der **Prüfungsumfang der Due Diligence** genauestens überlegt werden. Beschränkt sich die Prüfung auf den letzten Jahresabschluss mit einem uneingeschränkten Testat eines Wirtschaftsprüfers, könnte der Käufer auf seine Gutgläubigkeit verweisen. Im Gegensatz dazu dürfte dem Insolvenzverwalter bei tieferen Einblicken des Käufers in die wirtschaftlichen Verhältnisse und die Liquiditätsplanung des (insolventen) Unternehmens der Nachweis der Kenntnis des Käufers von Zahlungsunfähigkeit und Gläubigerbenachteiligung deutlich erleichtert sein.[226]

Um bei einem Unternehmenskauf vor Insolvenzeröffnung das Anfechtungsrisiko weiter **116** zu minimieren, empfiehlt es sich, zum Nachweis der Angemessenheit von Leistung und Gegenleistung ein Bewertungsgutachten eines Wirtschaftsprüfers (**„Fairness Opinion"**) einzuholen.[227]

---

[222] Siehe zu den Aufklärungspflichten des Verkäufers oben Teil → C., Rn. 11 ff.
[223] Vgl. *Buchta* in: Hölters, Handbuch des Unternehmenskaufs, Kapitel 16, Rn. 16.91.
[224] Vgl. *Ziegenhagen/Denkhaus* in: Unternehmenskauf in Krise und Insolvenz, Rn. 26.
[225] Vgl. *Arends/Hofert von Weiss,* BB 2009, 1538, 1540.
[226] Vgl. *Wessels,* ZIP 2004, 1237, 1238.
[227] Vgl. *Aleth,* DStR 2010, 1186, 1192.

VI. Steuerliche Besonderheiten des Unternehmenskaufs und -verkaufs in Krise und Insolvenz

1. Erwerb von insolventen Unternehmen nach Eröffnung des Insolvenzverfahrens

117   Wird ein Unternehmen, über das ein Insolvenzverfahren eröffnet wurde, vom Insolvenzverwalter erworben, wird die Transaktion häufig als Asset Deal strukturiert (siehe oben → Rn. 12 ff.).[228] Steuerlich besteht hier gegenüber dem „normalen" Asset Deal die Besonderheit, dass nach § 75 Abs. 2 AO die ansonsten beim Asset Deal bestehende Haftung des Erwerbers als Betriebsübernehmer aus § 75 AO nicht eingreift.[229] Nach h.M. gilt dies auch beim Erwerb vom vorläufigen Insolvenzverwalter, und dies selbst dann, wenn das Insolvenzverfahren später ggf. gar nicht eröffnet wird.[230]

Zu beachten ist allerdings, dass dann, wenn im Rahmen des Asset Deals auch ehemalige Organgesellschaften z. B. einer insolventen Konzernobergesellschaft erworben werden, eine Haftung nach § 73 AO in Betracht kommt; eine Sonderregelung für Insolvenzen besteht hier nicht.[231]

Des Weiteren ist zu beachten, dass typische Steuergarantien und Steuerfreistellungen, wie sie üblicherweise in Unternehmenskaufverträgen vereinbart werden (siehe Teil → D., Rn. 667 ff.), vom Insolvenzverwalter regelmäßig nicht oder nur sehr eingeschränkt gewährt werden.

118   Umsatzsteuerlich kann eine übertragende Sanierung im Rahmen eines Insolvenzverfahrens je nach Einzelfall als nicht steuerbarer Vorgang nach § 1 Abs. 1a UStG einzustufen sein,[232] sei es in Form einer Geschäftsveräußerung im Ganzen oder in der Form der Übertragung eines in der Gliederung des Unternehmens gesondert geführten Betriebs. Insoweit gelten jedoch keine insolvenzspezifischen Besonderheiten; es gelten die Ausführungen in Teil → B., Rn. 235 ff.

2. Erwerb eines Krisenunternehmens im Vorfeld eines Insolvenzverfahrens

119   Ist Zielgesellschaft ein Unternehmen, das sich in der Krise befindet, aber noch nicht insolvent ist, kommen in der Praxis sowohl Transaktionen in der Form eines Share Deals wie auch Transaktionen in der Form eines Asset Deals zur Anwendung.

120   Im Falle eines **Asset Deals** gilt zu Lasten des Erwerbers – anders als beim Erwerb aus der Insolvenzmasse – uneingeschränkt die Haftung des Betriebsübernehmers nach § 75 AO.[233]

> **Praxishinweis:** Die Anwendbarkeit des § 75 AO in dieser Situation führt beim Erwerb des gesamten Unternehmens zur Übernahme aller sachlich und zeitlich unter § 75 AO fallenden Steuerrisiken. Wird dagegen nur ein im Unternehmen gesondert geführter Betrieb erworben, bezieht sich die Haftung auch nur auf die diesem Betriebsteil zuzuordnenden Steuerrisiken.[234]

---

[228] Regelfall ist ein Asset Deal im Sinne einer „übertragenden Sanierung", vgl. etwa *Classen,* BB 2010, 2898, 2899.

[229] Dazu *Holzapfel/Pöllath,* Unternehmenskauf in Recht und Praxis, Rn. 779; *Classen,* BB 2010, 2898, 2901 sowie *Rödder/Hötzel/Mueller-Thuns,* Unternehmenskauf/Unternehmensverkauf, 2003, § 17 Rn. 50; *Rüsken* in: Klein, AO, § 75 AO Rn. 45 f.

[230] BFH vom 23.7.1998 – VII R 143/97, BStBl. II 1998, 765; *Intemann* in: Koenig, AO, § 75 AO Rn. 62; *Rüsken* in: Klein, AO, § 75 AO Rn. 45.

[231] *Mayer,* DStR 2011, 109 sowie *Rüsken* in: Klein, AO, § 73 AO Rn. 1 ff.

[232] Vgl. *Boochs,* BB 2011, 857, 861.

[233] *Mayer,* DStR 2011, 109; siehe auch Teil → D., Rn. 678.

[234] Vgl. *Rüsken* in: Klein, AO, § 75 AO Rn. 11 u. Rn. 41.

Erfolgt der Erwerb dagegen in der Form eines **Share Deals,** gehen sämtliche Steuerrisi- **121** ken der erworbenen Gesellschaft (also insbesondere auch die ertragsteuerlichen Risiken der Vergangenheit) mit der erworbenen Gesellschaft über. Zwar kann hier der Erwerber von dem veräußernden Altgesellschafter grundsätzlich übliche Steuergarantien und Steuerfreistellungserklärungen verlangen.[235] Die Frage ist aber, inwieweit dies in der Praxis realistisch ist: Häufig veräußern die Altgesellschafter ein Krisenunternehmen an einen leistungsfähigeren Wettbewerber oder einen Neuinvestor im Rahmen eines „Ein-Euro-Deals" und sind dann regelmäßig nicht bereit, besonders ausgeprägte Garantien oder Steuerfreistellungen zu gewähren.[236] Auch sollte der Erwerber die Bonität des Veräußerers kritisch hinterfragen, da die ggf. von Seiten des Veräußerers gewährten Steuergarantien und Steuerfreistellungserklärungen dann auch häufig einen ökonomisch zweifelhaften Wert haben. Der **steuerlichen Due Diligence-Prüfung** kommt hier also eine besonders hohe Bedeutung zu.[237] Besonderer Wert bei der steuerlichen Due Diligence ist hier darauf zu legen, welche Sanierungsmaßnahmen in dem zu erwerbenden Unternehmen im Vorfeld bereits getroffen wurden und welche nachteiligen steuerlichen Konsequenzen diese evtl. noch haben können.[238]

Des Weiteren stellt sich in diesen Situationen beim Share Deal regelmäßig die Frage, **122** inwieweit im veräußerten Unternehmen vorhandene **Verlustvorträge** mit übergehen bzw. durch entsprechende Gestaltung letztmalig genutzt werden können. Hier gelten die in Teil → B., Rn. 220 ff. dargestellten Überlegungen.

Im Zuge derartiger, insolvenznaher Transaktionen spielen des Weiteren meist Themen **123** wie **Forderungsverzichte** (mit oder ohne Besserungsschein), **Mitveräußerung wertgeminderter Darlehen** auf den Erwerber sowie eine „Bereinigung" der Bilanz durch vor der Transaktion durchgeführte **Debt Equity Swaps** eine Rolle (siehe hierzu Teil → B., Rn. 345). Das Gesetz zur weiteren Erleichterung der Sanierung von Unternehmen **(ESUG)**[239] hat dabei keine steuerlichen Besonderheiten mit sich gebracht.[240]

---

[235] Siehe zu solchen Regelungen vgl. Teil → D., Rn. 667 ff.

[236] Vgl. *Classen,* BB 2010, 2898, 2902; *Arends/Hofert-von Weiss,* BB 2009, 1538, 1543.

[237] Vgl. *Gröger* in: Hölters, Handbuch Unternehmenskauf, Teil 4, Rn. 4.103 ff.

[238] Vgl. *Gröger* in: Hölters, Handbuch Unternehmenskauf, Teil 4, Rn. 4.290.

[239] Gesetz zur weiteren Erleichterung der Sanierung von Unternehmen vom 7.12.2011, BGBl. 2011, Teil 1 Nr. 64, 2582; vgl. auch im Überblick *Göb,* NZG 2012, 371.

[240] Vgl. *Boochs,* BB 2011, 857.

G. Mustertexte

Beabeiter: Dr. David **Haubner**

Gliederung

I. Letter of Intent

1. Ausgangssituation

Die Situation betrifft den Abschluss eines sog. „Letter of Intent" (= Absichtserklärung), mit dem ein potenzieller Erwerber sein Interesse an dem Erwerb eines Unternehmens dem Veräußerer gegenüber bekunden möchte. Obwohl der Letter of Intent bereits konkrete Inhalte und Verfahrensschritte enthält, ist er dennoch rechtlich unverbindlich. Dieses Musterbeispiel eines Letter of Intent ist das Beispiel für eine sehr kurze, nur die wesentlichen Eckpunkte wiedergebenden Absichtserklärung; siehe zu einer etwas ausführlicheren Variante das Term Sheet (unten II.). Zu beachten ist, dass es zwischen den für Absichtserklärungen verwendeten Begriffen (Letter of Intent, Memorandum of Understanding, Term Sheet, Eckpunktepapier etc.) grundsätzlich keine inhaltlichen Unterschiede gibt; grundsätzlich sind dies allesamt rechtlich unverbindliche Absichtserklärungen; vgl. Teil C. Rn. 57 f. Die in diesem Musterbeispiel eines Letter of Intent beschriebene Situation stellt sich so dar, dass B, der potenzielle Kaufinteressent, langjähriger Geschäftsführer der Zielgesellschaft war, weshalb er vom verkaufenden Gesellschafter A nur sehr rudimentäre Gewährleistungen erhalten soll.

Schaubild: Situation **vor der geplanten Transaktion:**

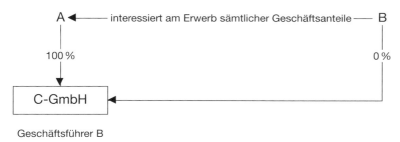

Schaubild: Situation **nach Abschluss der geplanten Transaktion:**

2. Mustertext

ABSICHTSERKLÄRUNG

Parteien dieser Vereinbarung sind Herr A, der sämtliche Geschäftsanteile an der C-GmbH mit Sitz in [...] (**„Gesellschaft"**) hält, sowie Herr B, der an der Übernahme sämtlicher Geschäftsanteile interessiert ist. Nach ersten Gesprächen zwischen A und B soll der Stand der Verhandlungen wie folgt zusammengefasst werden:

1. Eckpunkte des beabsichtigten Verkaufs

1.1 B möchte sämtliche Geschäftsanteile an der Gesellschaft von A erwerben.

1.2 Der Kaufpreis wird voraussichtlich EUR [...] betragen.[1]

1.3 Als Übertragungsstichtag ist der [...] vorgesehen.

1.4 Gewährleistungen: In Anbetracht der Tatsache, dass B langjähriger Geschäftsführer der Gesellschaft war, wird es nur Rechtsgewährleistungen für den Bestand und den lastenfreien Übergang der Geschäftsanteile, nicht dagegen Bilanzgarantien und Zusicherungen bez. des Unternehmens der Gesellschaft, geben.

2. Due Diligence

Herr B kennt das Unternehmen im Einzelnen, eine Due Diligence wird nicht durchgeführt werden.

3. Vertraulichkeit

Die Parteien dieser Absichtserklärung verpflichten sich, gegenüber Dritten keinerlei Verlautbarungen über Inhalt und Art der Gespräche hinsichtlich dieser Absichtserklärung und etwaiger nachfolgender Verträge zu geben. Mitteilungen an die Öffentlichkeit werden die Parteien bis zum Abschluss einer Transaktion nur in Abstimmung und – für den Fall einer gesetzlichen Verpflichtung zur Mitteilung – nach vorheriger Information der jeweiligen anderen Partei vornehmen.

4. Nächste Schritte

4.1 Der Abschluss endgültiger und formwirksamer Verträge („Signing") soll bis zum [...] erfolgen.

4.2 Die von Herrn B zu beschaffende Finanzierung für den Anteilserwerb soll bis zum [...] vorliegen.

4.3 Die Veröffentlichung der Transaktion soll erst mit Signing erfolgen, soweit keine frühere gesetzliche Pflicht zur Veröffentlichung besteht.

5. Sonstiges

A und B sind sich darüber einig, dass A bis zum [...] keine Gespräche mit Dritten über den Verkauf der Gesellschaft führen wird (Exklusivität).[2] Beide Parteien sind sich darüber einig, dass jede Partei die von Kosten der von ihr eingeschalteten (insbesondere anwaltlichen) Berater trägt.

6. Schlussbestimmungen

6.1 Diese Vereinbarung unterliegt deutschem Recht. Ausschließlicher Gerichtsstand ist [...], soweit gesetzlich zulässig.

6.2 Mündliche Abreden bestehen nicht. Änderungen und Ergänzungen dieser Absichtserklärung einschließlich dieser Bestimmung selbst bedürfen der Schriftform.

6.3 Die Vereinbarungen dieser Absichtserklärung sind nicht in dem Sinne bindend, als dass sie zur Durchführung einer späteren Transaktion verpflichten; sie sollen nur den derzeitigen Diskussionsstand festhalten. Schadensersatzfolgen bei Scheitern der Verhandlungen sind ausgeschlossen. Jedoch können sich Ansprüche auf Schadensersatz bei Verletzung der Vertraulichkeitsverpflichtung gemäß Ziffer 3. ergeben.

---

[1] Die Fixierung des Kaufpreises im LoI ist aus Verkäufersicht empfehlenswert, Teil → D., Rn. 183.

[2] Bei Vereinbarung von Exklusivität kann es ggf. in beiderseitigem Interesse sein, eine Vertragsstrafe oder Break-up Fee zu vereinbaren, bspw.: *„Werden die Verhandlungen aus Gründen beendet, welche eine der Parteien zu vertreten hat, so hat diese Partei die der anderen Partei im Zusammenhang mit den Vertragsverhandlungen und der Due Diligence entstandenen Aufwendungen zu tragen, höchstens jedoch bis zu einer Summe von EUR [...]."*

6.4 Die etwaige Unwirksamkeit einzelner Bestimmungen dieser Absichtserklärung berührt nicht die Wirksamkeit der anderen Bestimmungen. Sollten Teile der vorstehenden Regelungen unwirksam sein oder werden, so verpflichten sich die Parteien, die unwirksame Bestimmung durch eine wirksame Bestimmung zu ersetzen, die dem wirtschaftlichen Zweck der unwirksamen Bestimmung möglichst nahe kommt.

[…], den […]   […], den […]

....
(Unterschrift A)   (Unterschrift B)

II. Termsheet

1. Ausgangssituation

Das Termsheet betrifft die Situation des Kaufs eines größeren mittelständischen Unternehmens durch private Investoren. Die Zielgesellschaft befindet sich in einer seit einigen Jahren andauernden Krise, weshalb der Anteilskaufpreis EUR 1,00 betragen soll. Aufgrund der Tatsache, dass nur ein symbolischer Kaufpreis angesetzt wird, fallen die Gewährleistungen entsprechend „dünn" aus. Eine weitere Besonderheit der Situation besteht darin, dass die Gesellschaftsanteile, die verkauft werden sollen, dinglich erst mit dem Nachweis der benötigten Finanzierung, die der Käufer zu beschaffen beabsichtigt, übergehen sollen. Dieser Mustertext eines Termsheet stellt, ebenso wie der Letter of Intent im Mustertext I., eine rechtlich noch unverbindliche Absichtserklärung dar, die die wesentlichen Eckpunkte der geplanten Transaktion zur Vorbereitung der weiteren Verhandlungen und der nächsten Schritte (Due Diligence, Entwerfen der definitiven Verträge) festhalten soll. Dieses Muster fällt jedoch etwas detaillierter aus als das Muster I (Letter of Intent). Besonderheit der Beispielsituation dieses Termsheets ist es, dass von dem bisherigen Gesellschafterkreis (Herrn A, M1 und M2), die bisher sämtliche Anteile an der operativen Obergesellschaft (A-GmbH) über eine Zwischen-Holding (V-GmbH) hielten, A im Zuge der Transaktion komplett ausscheidet, während M1 und M2 zusammen mit (mittelbar) 24,9% an der A-GmbH beteiligt bleiben sollen. Die Manager M1 und M2 sind im operativen Unternehmen als Geschäftsführer tätig und sollen auch künftig Geschäftsführer bleiben.

Schaubild: Situation **vor der geplanten Transaktion:**

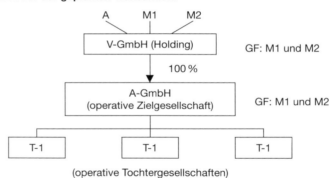

(operative Tochtergesellschaften)

Schaubild: Situation **nach Abschluss der geplanten Transaktion:**

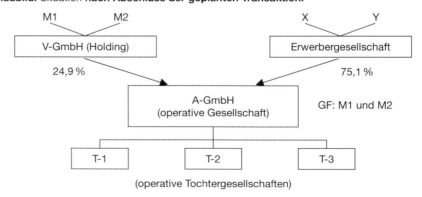

(operative Tochtergesellschaften)

2. Mustertext

TERMSHEET
ZUR GEPLANTEN VERÄUßERUNG VON ANTEILEN AN DER A-GMBH

Die nachfolgend dargestellten Eckpunkte geben den Verhandlungsstand der Parteien wieder mit der Absicht, aus diesen Eckpunkten kurzfristig einen bindenden, notariell zu beurkundenden Unternehmenskaufvertrag zu entwickeln. Der Käufer wird unverzüglich nach Unterzeichnung dieses Termsheets eine auf wesentliche Bereiche zu beschränkende Kurz-Due Diligence durchführen. Parallel dazu werden die Anwälte des Käufers den Entwurf eines Unternehmenskaufvertrages ausarbeiten, damit dieser kurzfristig mit dem Verkäufer und dessen Anwälten abgestimmt werden kann.

Präambel

(A) Die Verhandlungen, die zum Abschluss dieses Termsheets geführt haben, sind das Ergebnis einer Wiederaufnahme der schon vor einem Jahr geführten Verhandlungen durch die Verkäuferseite; dies vor dem Hintergrund, dass die eigenen Versuche der Verkäuferseite, die A-Gruppe zu restrukturieren, aufgrund fehlender Finanzierung/Liquiditätsschwierigkeiten bislang nicht ausreichend erfolgreich waren. Die derzeitige Liquiditätssituation ist vor dem Hintergrund des saisonalen Geschäftsverlaufs kritisch.

(B) Der Käufer zielt darauf ab, gemeinsam mit dem Verkäufer bzw. dem Managementteam der A-Gruppe den Turnaround zu schaffen; der Käufer beabsichtigt, zu diesem Zweck operatives und konzeptionelles Know-how einzubringen sowie die für einen erfolgreichen Turnaround notwendige Finanzierung zu beschaffen, inklusive des nötigen Eigenkapitalanteils.

Nr.	Thema	Wesentliche Regelungspunkte
1.	**Käufer**	Eine noch zu bestimmende Erwerbergesellschaft, deren Anteile von den Herren X und Y sowie ggf. weiteren Investoren gehalten werden (bis diese Erwerbergesellschaft im Handelsregister eingetragen und gegenüber dem Verkäufer unter Übermittlung einer Kopie des Handelsregisterauszugs benannt ist, sind die Herren X und Y selbst aus diesem Termsheet berechtigt und verpflichtet)
2.	**Verkäufer**	V-GmbH mit Sitz in […] (Käufer und Verkäufer werden zusammen als **„Parteien"** bezeichnet.)
3.	**Kaufgegenstand**	Mehrheitsbeteiligung von 75,1 % am Stammkapital der A-GmbH (dieses beträgt insgesamt EUR 100 000, der Käufer wird Geschäftsanteile im Gesamtnennbetrag von EUR 75 100 erwerben)
4.	**Kaufpreis**	Fester Kaufpreis von EUR 1,00 für den Kaufgegenstand.
5.	**Zeitplan**	Die Parteien streben an, dass der Käufer innerhalb von einer Woche nach Unterzeichnung dieses Termsheets einen ersten Entwurf des Unternehmenskaufvertrags vorlegt und dass innerhalb von zwei weiteren Wochen der bindende Unternehmenskaufvertrag beurkundet werden kann (**„Signing"**).
6.	**Due Diligence**[3]	In Anbetracht des engen Zeitplans werden die Käufer nur eine eingeschränkte Due Diligence durchführen. Der Verkäufer ist verpflichtet, unverzüglich alle wesentlichen Unterlagen vorzulegen und auch ungefragt über alle Umstände aufzuklären, die objektiverweise aus Sicht des Käufers für die Kaufentscheidung relevant sein können.

[3] Vgl. Teil → C., Rn. 187.

Nr.	Thema	Wesentliche Regelungspunkte
7.	Aufschiebende Bedingung	Die Abtretung der Anteile am Kaufgegenstand erfolgt aufschiebend bedingt dadurch, dass die A-Gruppe schnellstmöglich eine Finanzierung in einem Volumen von mindestens EUR [...] erhält, wobei klargestellt wird, dass diese Finanzierung in Form von Fremd- und/oder Eigen-kapital oder eigenkapitalähnlichen Instrumenten, gleich welcher Art, erfolgen kann, und dass die Belassung der-zeitiger Linien insoweit ebenfalls mitzählt. Die Zuführung von Eigenkapitalmitteln oder die Schaffung neuer Kredite oder Kreditlinien sowie Lieferantenkredite zählen ebenfalls mit. Von wem oder auf wessen Veranlassung die Finanzierung erbracht wird, spielt ebenfalls keine Rolle, d. h. diese kann durch den Käufer oder durch Dritte erfolgen. Die Bedingung gilt dann als eingetreten, wenn über einen Betrag von mindestens EUR [...] in der Summe ent-sprechende bindende Finanzierungszusagen vorliegen.
8.	Übertragungsstich-tag und Vollzugstag („Closing")	Der Vollzugstag entspricht dem Übertragungsstichtag und ist der Tag, an dem die aufschiebende Bedingung gemäß vorangehender Ziffer 7 eingetreten ist.
9.	Zeitraum zwischen Signing und Closing	Der Verkäufer ist verpflichtet dafür zu sorgen, dass in der Zeit zwischen Signing und Closing keine wesentlichen Geschäftsführungsmaßnahmen erfolgen, ohne dass diese zuvor von dem Käufer genehmigt wurden. Der Käufer ist ab Signing entsprechend einem noch zu vereinbarenden, detaillierten und rollierenden Reporting zu informieren und hat ab Signing volle Einsichtsrechte, so wie wenn er bereits Gesellschafter wäre.
10.	Garantien	Der Verkäufer wird Gewährleistungen in einem für einen sol-chen Verkauf üblichen Umfang abgelten. Der Verkäufer ga-rantiert daneben, dass die A-Gruppe ab 1.1.2020 im ord-nungsgemäßen Geschäftsgang weitergeführt wurde bzw. wird und dass ab dem 1.1.2020 keine Ausschüttungen, Ent-nahmen oder ähnliche Abflüsse, vorbehaltlich üblicher Ge-schäftsführergehälter, aus der A-Gruppe erfolgt sind.
11.	Steuern	Es wird von dem Verkäufer keine Steuerfreistellung für Steuern für die Zeit vor dem Übertragungsstichtag gewährt; der Verkäufer ist jedoch verpflichtet dafür zu sorgen, und garantiert dies, dass in der Zeit ab Signing alle steuerlichen Pflichten, wie auch in der Vergangenheit, ordnungsgemäß erfüllt werden.
12.	Gegenseitige Abstimmung bei den Finanzierungs-bemühungen	Die Parteien werden sich gegenseitig in Bezug auf die Bemühungen, die nötige Finanzierung für die A-Gruppe zu beschaffen, informieren und alle wesentlichen Schritte untereinander abstimmen.
13.	Unterrichtung Dritter	Gegenseitige Abstimmung der Parteien hinsichtlich der Unterrichtung der Arbeitnehmer sowie der Presse erfolgt erst nach Closing. Der Käufer ist jedoch berechtigt, im Rahmen seiner Finanzierungsbemühungen auf den Abschluss des Unter-nehmenskaufvertrags hinzuweisen.
14.	Abtretungs-beschränkung	Die Abtretung von Ansprüchen und anderen Rechten aus oder in Zusammenhang mit diesem Vertrag darf nur mit vorheriger Zustimmung der anderen Partei erfolgen.

Nr.	Thema	Wesentliche Regelungspunkte
15.	**Kosten**	Die Notarkosten für den Übergang des Kaufgegenstands trägt der Käufer. Jede Partei trägt die Kosten der von ihr eingeschalteten Berater in Bezug auf den Verkauf. Die A-Gruppe wird nicht mit derartigen Kosten belastet und zahlt auch keine Provisionen etc. in Bezug auf den Verkauf der Anteile.
16.	**Exklusivität**	Der Verkäufer ist verpflichtet, für einen Zeitraum von vier Wochen ab Unterzeichnung dieses Termsheets in Bezug auf einen Verkauf des Kaufgegenstands oder einer Beteiligung Dritter am Kaufgegenstand Gespräche ausschließlich mit dem Käufer und dessen Repräsentanten zu führen und in dieser Zeit auch keine Verhandlungen mit anderen Eigenkapital- oder Fremdkapitalgebern zu führen, weiterzuverfolgen oder vorzubereiten. Bei Verletzung dieser Klausel oder dem Abbruch der Verkaufsgespräche seitens des Verkäufers innerhalb der Exklusivitätsfrist, ohne dass eine Angebotsverschlechterung seitens des Käufers vorliegt, ist der Verkäufer verpflichtet, dem Käufer bzw., im Sinne eines echten Vertrags zu Gunsten Dritter, den Herren X und Y, als Schadenersatz alle im Zusammenhang mit der beabsichtigten Transaktion entstandenen nachgewiesenen Kosten, insbesondere für externe Berater, zu ersetzen, maximal jedoch i. H. v. EUR [...] (netto).
17.	**Bindungswirkung**	Dieses Termsheet entfaltet keine rechtliche Bindung für die Parteien mit Ausnahme der Abschnitte 1., 13., 15., 16., 17. und 18., die bereits jetzt rechtsverbindliche Wirkung haben.
18.	**Anwendbares Recht**	Deutsches Recht, Gerichtsstand: [...]

[...], den [...]

....
V-GmbH

[...], den [...]

....
Für den Käufer
X und Y

III. Vertraulichkeitsvereinbarung

1. Ausgangssituation

Ausgangssituation ist, dass ein Kaufinteressent und ein Verkaufsinteressent in Verhandlungen über die Veräußerung von Anteilen an einer Zielgesellschaft treten möchten. Insbesondere möchte der potentielle Verkäufer dem Interessenten Gelegenheit zu einer Due Diligence Prüfung bei der Zielgesellschaft geben. Dadurch sind schutzwürdige Interessen sowohl des Verkaufsinteressenten wie auch der Zielgesellschaft selbst in Bezug auf die Vertraulichkeit der Geschäftsgeheimnisse der Zielgesellschaft tangiert. Vor diesem Hintergrund wird in der Praxis in aller Regel vor Austausch vertraulicher Informationen, jedenfalls aber vor Beginn einer Due Diligence Prüfung, eine Vertraulichkeitsvereinbarung abgeschlossen (englisch auch „NDA", also „Non Disclosure Agreement" genannt). Das nachfolgende Musterbeispiel gibt die üblichen Regelungsinhalte einer solchen Vertraulichkeitsvereinbarung wieder. Die im Mustertext vorgesehene Vertragsstrafenverpflichtung im Falle des Verstoßes (Ziffer 4. des Mustertextes) ist aus Verkäufersicht bzw. aus Sicht der Zielgesellschaft wünschenswert; die Praxis zeigt jedoch, dass die Aufnahme einer solche Vertragsstrafenregelung in den Verhandlungen über den Inhalt der Vertraulichkeitsvereinbarung sehr häufig nicht durchsetzbar ist. Generell ist festzuhalten, dass es aus Sicht des Verkäufers bzw. der Zielgesellschaft nicht lege artis wäre, keine Vertraulichkeitsvereinbarung abzuschließen; es ist jedoch auch festzuhalten, dass ein Verstoß meist nur sehr schwer nachzuweisen sein wird, und vor einer erfolgreichen Durchsetzung von Sanktionen wie Schadensersatzansprüchen oder Unterlassungsansprüchen erhebliche Nachweisprobleme überwunden werden müssen.

2. Mustertext

VERTRAULICHKEITSVEREINBARUNG

Zwischen

Herrn A [Adresse]

– nachfolgend **„Verkäufer"** genannt –

und

Herrn B [Adresse]

– nachfolgend **„Interessent"** genannt –

andererseits wird die nachfolgende Vertraulichkeitsvereinbarung geschlossen.

Der Verkäufer hält […] % der Geschäftsanteile an der C-GmbH, [Ort] („Gesellschaft"). Der Interessent und der Verkäufer stehen in Verhandlungen über einen möglichen Erwerb der Anteile des Verkäufers an der Gesellschaft durch den Interessenten. Voraussetzung für die Weiterführung der Gespräche und insbesondere die Bekanntgabe weiterer Informationen über die Gesellschaft im Rahmen der geplanten Due Diligence-Prüfung ist die strikte Wahrung der Vertraulichkeit.

Die Vertragspartner vereinbaren daher Folgendes:

1. Die dem Interessenten vom Verkäufer bzw. auf dessen Veranlassung von der Gesellschaft oder von eingeschalteten Beratern oder von Mitgesellschaftern des Verkäufers vor oder nach Abschluss dieser Vereinbarung zur Verfügung gestellten Informationen und Unterlagen über die Gesellschaft und ihren Geschäftsbetrieb sind vertraulich. Nicht vertraulich sind nur solche Informationen und Unterlagen, die

   a) bereits öffentlich bekannt sind oder während der Gespräche und Verhandlungen öffentlich bekannt werden, ohne dass der Interessent, seine Mitarbeiter oder Berater dies zu vertreten hätten, oder

b) dem Interessenten bereits bekannt sind oder während der Gespräche ohne Verletzung einer Vertraulichkeitsvereinbarung, gesetzlicher Vorschriften oder behördlicher Anordnungen anderweitig bekannt werden.

Der Interessent wird die ihm zur Verfügung gestellten Informationen und Unterlagen ausschließlich für die Prüfung des Erwerbs von Anteilen der Gesellschaft nutzen und innerhalb des eigenen Unternehmens nur der Geschäftsleitung und solchen Mitarbeitern bzw. solchen Beratern offenbaren, die in diesen Prüfungsprozess eingeschaltet sind und beruflich zur Verschwiegenheit verpflichtet sind oder eine gesonderte Verschwiegenheitsverpflichtung unterzeichnet haben, wobei eine im Rahmen des Arbeitsvertrages abgegebene Verschwiegenheitserklärung für ausreichend angesehen wird. Er wird die ihm überlassenen Informationen und Unterlagen nicht zu anderen Zwecken, insbesondere nicht zu Wettbewerbszwecken, verwerten und auch nicht an Dritte weitergeben oder öffentlich bekannt machen. Der Interessent wird dem Verkäufer eine Liste sämtlicher von ihm mit Informationen und Unterlagen der Gesellschaft befassten Personen übergeben und diese auf Anforderung des Verkäufers aktualisieren.

Für den Fall, dass die Gespräche nicht zum Erwerb von Anteilen der Gesellschaft durch den Interessenten bzw. mit ihm verbundener Unternehmen führen, verpflichtet sich der Interessent, alle ihm zur Verfügung gestellten schriftlichen Informationen und/oder Unterlagen und jegliche davon angefertigten Kopien an den Verkäufer zurückzugeben sowie seine auf Grundlage der ihm überlassenen Informationen und Unterlagen gemachten Aufzeichnungen bzw. erarbeiteten Unterlagen zu vernichten. Die Verpflichtung, die überlassenen Informationen und Unterlagen vertraulich zu behandeln, wird durch die ergebnislose Beendigung der Gespräche und die Rückgabe bzw. Vernichtung schriftlicher Informationen und Unterlagen nicht berührt.

2. Der Interessent wird hinsichtlich des Erwerbs der Gesellschaft nur diejenigen der Mitarbeiter und Berater der Gesellschaft ansprechen, deren Namen ihm von dem Verkäufer für diesen Zweck in der Anlage 1 zu dieser Vereinbarung genannt werden. Der Verkäufer oder sein anwaltlicher Vertreter RA Dr. X können die Anlage 1 von Zeit zu Zeit aktualisieren.

Mit den in Teil II der Anlage 1 genannten Mitarbeitern der Gesellschaft wird der Interessent nur nach Abstimmung der einzelnen Kontaktaufnahme mit Herrn A oder einem der in Teil I der Anlage 1 genannten Mitarbeiter oder Berater Kontakt aufnehmen und diese nur zu den in Teil II bei ihnen jeweils genannten Themenbereichen befragen.

Der Interessent wird für den Zeitraum von […] Jahren ab Unterzeichnung dieser Vereinbarung alles unterlassen, was das Ausscheiden eines der Mitarbeiter der Gesellschaft mit dem Ziel zur Folge haben könnte, jenen bei dem Interessenten oder einem mit ihm verbundenen Unternehmen zu beschäftigen (Abwerbungsversuche); diese Beschränkung entfällt, wenn es zu dem wirksamen Erwerb von Anteilen an der Gesellschaft durch den Interessenten kommt.

3. Der Interessent gewährleistet, dass die Verpflichtungen aus dieser Vertraulichkeitsvereinbarung auch von seinen Konzernunternehmen und den von ihm eingeschalteten Mitarbeitern und Beratern beachtet wird.

4. Für den Fall, dass der Interessent oder einer seiner Mitarbeiter oder Berater die aus dieser Vertraulichkeitsvereinbarung folgenden Pflichten verletzt, verpflichtet sich der Interessent, an den Verkäufer eine Vertragsstrafe in Höhe von EUR […] zu zahlen. Handelt es sich bei diesem Verstoß gegen diese Vertraulichkeitsvereinbarung um einen andauernden Verstoß, verpflichtet sich der Interessent, für jeden Monat, den dieser Verstoß andauert, zu einer weiteren Zahlung in Höhe von EUR […]. Die Zahlung der Vertragsstrafe lässt die Geltendmachung eines weiteren Schadens durch den Verkäufer, die weiteren Gesellschafter oder die Gesellschaft unberührt.

5. Die Vertragspartner sind sich darüber einig, dass keiner der Vertragspartner die Haftung für das Zustandekommen eines Kaufvertrages übernimmt; aus dem eventuellen Scheitern der Vertragsverhandlungen können daher keinerlei Ansprüche gegen die Vertragspartner, die Gesellschaft oder die anderen Gesellschafter geltend gemacht werden.

Ebenso wenig übernimmt der Verkäufer oder die Gesellschaft durch diese Vereinbarung die Verantwortung für die Richtigkeit und Vollständigkeit der zur Verfügung gestellten Informationen. Mündlich oder schriftlich zur Verfügung gestellte Informationen gelten aufgrund dieser Vereinbarung nicht als Grundlage für eine eventuelle Kaufvereinbarung; der Verkäufer sowie die Gesellschaft haften nur für solche Garantien, Gewährleistungen und sonstige Abreden, die gegebenenfalls im verbindlichen Kauf- und Übertragungsvertrag vereinbart werden. Auch im Übrigen wird jede Haftung des Verkäufers bis zum Wirksamwerden eines etwaigen Kaufvertrages im Rahmen des gesetzlich Zulässigen ausgeschlossen.[4]

6. Wenn und soweit ein Vertragspartner konkrete Anhaltspunkte für die Verletzung einer der vorstehenden Verpflichtungen hat, so teilt er dies dem anderen Vertragspartner schriftlich mit.

7. Aus dieser Vereinbarung ist neben dem Verkäufer auch die Gesellschaft berechtigt, der hieraus in vollem Umfang eigene Ansprüche zustehen (Vertrag zugunsten Dritter, § 328 Abs. 1 BGB).[5]

8. Sollte eine Bestimmung dieser Vereinbarung unwirksam oder undurchführbar sein oder werden, so wird die Wirksamkeit der übrigen Bestimmungen nicht berührt. Die Vertragspartner verpflichten sich, die unwirksame oder undurchführbare Bestimmung durch eine wirksame und durchführbare Bestimmung zu ersetzen, die dem wirtschaftlichen Ziel der Vereinbarung am nächsten kommt.

Nicht-ausschließlicher Gerichtsstand ist […], soweit dies zulässigerweise vereinbart werden kann.

[…], den […]   […], den […]

....
(Unterschrift A)[6]   (Unterschrift B)

Anlage 1 zur Vertraulichkeitsvereinbarung

Mitarbeiter/Berater	Eingrenzung Zuständigkeit
Teil I	
[…]	
[…]	
[…]	
RA Dr. X	
Teil II	
[…]	

---

[4] Vgl. Teil → C., Rn. 122, 130.

[5] Vgl. Teil → C., Rn. 163.

[6] Da es sich um eine Vereinbarung handelt ist die Annahmeerklärung durch den Verkäufer erforderlich. Deshalb ggf. Ergänzung: *„Der Interessent verzichtet hiermit auf den Zugang der Annahmeerklärung"*; vgl. Teil → C., Rn. 163.

IV. Due Diligence-Checkliste

1. Ausgangssituation

Es soll eine Due Diligence bei einem Unternehmen, das verkauft werden soll, durchgeführt werden. Das nachfolgende Muster ist eine Due Diligence-Checkliste, anhand derer entweder die Verkäuferseite den Datenraum zusammenstellen kann oder mit der die Berater der Käuferseite ihre Anforderungen im Hinblick auf die Daten, die geprüft werden sollen, kommunizieren können. Die Due Diligence-Checkliste betrifft primär die rechtliche Due Diligence („Legal Due Diligence"), auch wenn unter den Ziffern 39. bis 44. auch steuerliche Unterlagen, zur Vervollständigung des Bildes, angefragt werden. Für Zwecke der steuerlichen Due Diligence würde hier eine eigenständige, speziell auf steuerliche Bedürfnisse zugeschnittene Liste erstellt werden. Gleiches gilt für die Financial Due Diligence und andere Prüfungsgegenstände.

2. Mustertext

DUE DILIGENCE-CHECKLISTE

betreffend die
[...] GmbH
und deren Tochter- und Beteiligungsgesellschaften

– Stand [...] –

Grundsätzlich werden folgende Dokumente und Informationen bezüglich und in Verbindung mit den Gesellschaften einschließlich deren unmittelbaren und mittelbaren Tochter- und Beteiligungsgesellschaften, getrennt nach den jeweiligen Gesellschaften, benötigt. Im Verlauf der Due Diligence können mehr Informationen benötigt werden, insbesondere auf der Grundlage der bereits erhaltenen Dokumente und Informationen. Die in der nachstehenden Auflistung in Bezug genommenen Informationen, Unterlagen, Vereinbarungen und Verträge umfassen auch nicht schriftlich vorliegende Informationen etc., insbesondere mündlich getroffene Vereinbarungen etc.

Nr.	Punkt	liegt bereits vor	hiermit vorgelegt	gibt es nicht
1.	aktueller Handelsregisterauszug	☐	☐	☐
2.	aktueller Gesellschaftsvertrag und noch nicht eingetragene Handelsregisteranmeldungen	☐	☐	☐
3.	Gründungsurkunde, Urkunden über Kapitalmaßnahmen, insbesondere Kapitalerhöhungen; Nachweise über die jeweiligen Einlagenerbringungen und -verwendungen	☐	☐	☐
4.	Dokumente über Einlagenrückgewähr und über Rückzahlung kapitalersetzender Leistungen	☐	☐	☐
5.	Geschäftsführungs-Richtlinien und Geschäftsordnung für die Geschäftsführung, ggf. Geschäftsordnung des Beirats	☐	☐	☐
6.	aktuelle Liste der Gesellschafter einschließlich Adressen und Anzahl der Geschäftsanteile und deren Nennwerte; zugehörige Abtretungsurkunden, die eine lückenlose Kette bis hin zur Gründung erkennen lassen	☐	☐	☐

Nr.	Punkt	liegt bereits vor	hiermit vorgelegt	gibt es nicht
7.	Verträge betreffend die Gesellschaftsanteile bzw. Gesellschafterrechte (Nießbrauch, Verpfändung, Optionsrechte, Verfügung, Sicherheitsübertragung, Unterbeteiligung, Treuhandschaften etc.)	☐	☐	☐
8.	Bestehende Gesellschaftervereinbarungen (insbesondere über Vorzugsliquidations- bzw. -veräußerungsrechte, Mitnahme- bzw. Mitveräußerungsrechte, Verwässerungsschutzrechte, Stimmbindungsvereinbarungen) sowie sonstige Absprachen zwischen den Gesellschaftern	☐	☐	☐
9.	Beteiligungsverträge mit zugehörigen Anlagen und Unterlagen	☐	☐	☐
10.	Liste sämtlicher Geschäftsführer, einschließlich Namen und Adressen	☐	☐	☐
11.	Liste sämtlicher Prokuristen der Gesellschaft, einschließlich Namen und Adressen	☐	☐	☐
12.	Liste sämtlicher Beirats-/Aufsichtsratsmitglieder einschließlich Namen, Adressen und Geschäftsbereichen	☐	☐	☐
13.	Protokolle der Gesellschafter- und Geschäftsführerversammlungen sowie ggf. der Beirats-/Aufsichtsratssitzungen der letzten zwei Jahre	☐	☐	☐
14.	Liste der Zweigniederlassungen	☐	☐	☐
15.	Liste der Tochtergesellschaften und Unternehmen, an denen die Gesellschaft beteiligt ist	☐	☐	☐
16.	Dokumente über Verkauf oder Kauf von wesentlichem Vermögen, Geschäftsbereichen, Zweigniederlassungen, Niederlassungen, Tochtergesellschaften und Beteiligungen in der Vergangenheit	☐	☐	☐
17.	Vereinbarungen mit Gesellschaftern, Tochtergesellschaften oder Unternehmen, an denen die Gesellschaft, Gesellschafter bzw. Angehörige beteiligt sind, oder mit der Geschäftsführung oder Parteien, die mit diesen Personen und Gesellschaften verbunden sind	☐	☐	☐
18.	Beteiligungsverträge mit zugehörigen Anlagen	☐	☐	☐
19.	Unternehmensvereinbarungen, wie Gewinnabführungsverträge, Betriebspachtverträge, etc.	☐	☐	☐
20.	Verträge über Gemeinschaftsunternehmen und Kooperationen	☐	☐	☐
21.	Vereinbarungen über mögliche Einschränkungen der Geschäftstätigkeiten oder des Geschäftsumfangs	☐	☐	☐
22.	Mietverträge- und Leasing-Vereinbarungen	☐	☐	☐

Haubner

Nr.	Punkt	liegt bereits vor	hiermit vorgelegt	gibt es nicht
23.	Rahmenverträge, Musterverträge, Geschäftsbedingungen und sonstige allgemeine Vereinbarungen mit Kunden und Abnehmern; Liste aller Kunden und Abnehmer, mit denen ein Jahresumsatz von mindestens EUR […] erzielt wird	☐	☐	☐
24.	Rahmenverträge und sonstige allgemeine Vereinbarungen mit Lieferanten/Zulieferern, Liste der wichtigsten Lieferanten/Zulieferer (Jahresumsatz von mindestens EUR […])	☐	☐	☐
25.	Vertriebsabsprachen, Vertriebspartnerschaften und Handelsvertreterverträge	☐	☐	☐
26.	Liste aller Beschäftigten einschließlich ihrer jeweiligen Funktion, Hauptbestandteile der Arbeitsverträge (Gehalt, Nebenleistungen, Kündigungsfristen) und persönliche Daten (Alter, Betriebszugehörigkeit) sowie Muster der Standardanstellungsverträge	☐	☐	☐
27.	Anstellungsverträge der Geschäftsführer und aller Mitarbeiter mit einem Gesamtjahresgehalt von mindestens EUR […] einschl. Zusagen für die Zukunft (geordnet nach: a) Gesamtvergütung p. a. EUR […] und mehr bzw. b) übrige)	☐	☐	☐
28.	Verträge über gegenwärtige und frühere freie Mitarbeit, Beraterverträge	☐	☐	☐
29.	Vereinbarungen über die Nutzung bzw. rechtliche Zuordnung von Schutzrechten, Know-how u. a. einschließlich Vereinbarungen über Ansprüche für Erfindungen und Verbesserungsvorschläge nach dem Arbeitnehmererfindergesetz sowie nachvertragliche Wettbewerbsverbote und Geheimhaltungsvereinbarungen zwischen der Gesellschaft und Mitarbeitern, Geschäftsführern, Beratern, soweit außerhalb der Anstellungsverträge geregelt	☐	☐	☐
30.	Dokumentation, welche früheren und gegenwärtigen angestellten und freien Mitarbeiter an der Entwicklung und Erstellung von Produkten beteiligt waren unter Angabe von Namen, Tätigkeitsdauer und Aufgabengebiet der jeweiligen Mitarbeiter	☐	☐	☐
31.	Vereinbarungen betreffend betriebliche Altersversorgung, Pensionsplan, Gewinnbeteiligungen, und Bonusabkommen, individuell oder allgemein	☐	☐	☐
32.	Tarifverträge, Betriebsvereinbarungen und betriebliche Übungen	☐	☐	☐
33.	Vereinbarungen und Zusagen betreffend Mitarbeiterbeteiligungen, insbesondere über Optionsrechte auf Gesellschaftsanteile (auch künftige)	☐	☐	☐

Nr.	Punkt	liegt bereits vor	hiermit vorgelegt	gibt es nicht
34.	Liste der Betriebsratsmitglieder und anderer Arbeitnehmervertretungen einschließlich Position, Namen und Adressen	☐	☐	☐
35.	Darlehen (einschließlich Gesellschafterdarlehen), Sicherheiten, Gewährleistungen und ähnliche Verpflichtungen, die an die oder von der Gesellschaft gegeben werden	☐	☐	☐
36.	Dokumente über Bankverbindungen und Bankkredite, insbesondere Liste der aktuellen Bankverbindlichkeiten einschließlich Avalen und Liste aller Kreditlinien	☐	☐	☐
37.	andere Dokumente betreffend Verschuldung, insbesondere Liste der Eventualverbindlichkeiten (von Gesellschaftern oder der Gesellschaft erteilte Bürgschaften, Garantien, etc.) und Liste der Wechsel und Schuldscheinverbindlichkeiten	☐	☐	☐
38.	Dokumente über Mietverträge	☐	☐	☐
39.	(Geprüfte) Jahresabschlüsse und Zwischenabschlüsse sowie spezielle Berichterstattung der Wirtschaftsprüfer (management letter) und Reaktionen darauf sowie (ungeprüfte) vorläufige Jahres- und Zwischenabschlüsse der letzten fünf Jahre sowie Planung/Prognose für die weitere Geschäftsentwicklung	☐	☐	☐
40.	Letzter Betriebsprüfungsbericht der Steuer- und Finanzbehörden einschließlich Lohn- und Umsatzsteuer	☐	☐	☐
41.	Kopie der Steuer- und Abgabebescheide der letzten zwei Jahre	☐	☐	☐
42.	Aufstellung der Steuern, öffentlichen Abgaben, Gebühren und Beiträge, die im letzten Jahresabschluss nicht vollständig berücksichtigt wurden	☐	☐	☐
43.	Aufstellung aller geplanten Steuerzahlungen für rückständige Steuern	☐	☐	☐
44.	Letzte Debitoren- und Kreditorenliste, Mahnliste, Summen- und Saldenliste, betriebswirtschaftliche Auswertung	☐	☐	☐
45.	Liste über eingetragene oder gegenwärtig angemeldete aus- und inländische Patente, Gebrauchs- und Geschmacksmuster, Warenzeichen, Markenbezeichnungen, Dienstleistungsmarken oder Copyrights, entsprechende Unterlagen über die Eintragung	☐	☐	☐
46.	Liste aller Softwarerechte, Urheberrechte, Datenbankrechte	☐	☐	☐

Nr.	Punkt	liegt bereits vor	hiermit vorgelegt	gibt es nicht
47.	Liste und Anmeldungs- bzw. Registrierungsunterlagen bezüglich aller von der Gesellschaft bzw. verbundener Unternehmen genutzten Internet-Domains einschließlich Angabe, für wen die jeweilige Domain registriert ist	☐	☐	☐
48.	Sämtliche Verträge und Unterlagen (Termsheets) betreffend Technologie, Know-how, gewerbliche Schutzrechte, insbesondere Lizenzverträge, Forschungskooperationen, Forschungsaufträge, Geheimhaltungsvereinbarungen	☐	☐	☐
49.	Dokumente bezüglich ungeklärter Ansprüche von Mitarbeitern, insbesondere in Bezug auf Arbeitnehmererfindungen und Verbesserungsvorschläge	☐	☐	☐
50.	Unterlagen und Schriftwechsel von und an Dritte bezüglich möglicher Verletzungen des geistigen Eigentums der Gesellschaft oder Anderer	☐	☐	☐
51.	Dokumente betreffend Streitigkeiten, schwebende oder anhängige Verfahren	☐	☐	☐
52.	Informationen und Unterlagen bezüglich anderer Prozesse, in denen die Gesellschaft Partei ist oder sein kann, einschließlich Verwaltungsverfahren sowie Regierungsuntersuchungen und -ermittlungen	☐	☐	☐
53.	Versicherungsverträge und -policen	☐	☐	☐
54.	Liste von allen Vollmachten und Bankvollmachten einschließlich Namen und Adressen der bevollmächtigten Parteien und den Umfang der Vollmacht	☐	☐	☐
55.	Liste und zugehörige Unterlagen betreffend Grundvermögen u. ä. der Gesellschaft, insbesondere Grundbuchauszüge, Verkehrswertgutachten, sowie betreffend Bauvorhaben und Baugenehmigungsverfahren	☐	☐	☐
56.	Andere Dokumente oder Informationen die, nach Beurteilung der Gesellschafter oder Geschäftsführung, bedeutend sind in Bezug auf die Geschäftstätigkeit der Gesellschaft, insbesondere alle weiteren Verträge von wirtschaftlicher Bedeutung (Bindung für die Gesellschaft von mindestens fünf Jahren oder Jahresbelastung von mindestens EUR [...])	☐	☐	☐
57.	Unterlagen über etwaige Restitutionsverfahren oder Investitionsvorrangverfahren	☐	☐	☐
58.	Altlastengutachten und Unterlagen über Ansprüche nach dem Umweltrahmengesetz; Unterlagen über Asbestbelastungen	☐	☐	☐

Haubner

Nr.	Punkt	liegt bereits vor	hiermit vorgelegt	gibt es nicht
59.	Unterlagen über Betriebserlaubnisse, gewerberechtliche Genehmigungen und behördliche Auflagen; Gewerbeanmeldung(en)	☐	☐	☐
60.	Liste der Länder, in denen die Gesellschaft Geschäfte tätigt	☐	☐	☐

V. Share Deal-Vorlage

GESCHÄFTSANTEILSKAUFVERTRAG
(BEURKUNDUNGSPFLICHTIG)

zwischen

1. [...]

– nachfolgend auch „**Veräußerin**" genannt –

2. [...]

– nachfolgend auch „**Erwerber**" genannt –

und

3. [...]

– nachfolgend auch „**Gesellschaft**" genannt –

Präambel

Der Erwerber beabsichtigt, von der Veräußerin deren Geschäftsanteile an der Gesellschaft zu erwerben; die Veräußerin ist bereit, ihre Geschäftsanteile an den Erwerber zu verkaufen.

Dies vorausgeschickt, vereinbaren die Parteien was folgt:

1. **Beteiligungsverhältnisse, Kapitalrücklage**

Die Gesellschaft hat ein Stammkapital in Höhe von EUR [...], eingeteilt in [...] Geschäftsanteile mit den laufenden Nummern [...] bis [...] im Nennbetrag von je EUR [...]. Das Stammkapital ist in voller Höhe einbezahlt. Ohne Rücksicht darauf, ob Anzahl, Nennbeträge und laufende Nummerierung der Geschäftsanteile oder das Stammkapital der Gesellschaft mit den vorstehenden Angaben übereinstimmen, werden sämtliche Geschäftsanteile, die die Veräußerin an der Gesellschaft hält, in diesem Vertrag zusammen die Geschäftsanteile genannt (die „Geschäftsanteile").

2. **Verkauf von Geschäftsanteilen**

2.1 Die Veräußerin verkauft hiermit mit schuldrechtlicher Wirkung zum Stichtag ihre in Ziffer 1. bezeichneten Geschäftsanteile sowie zudem die sämtlichen zu diesem Unternehmen gehörenden einzelnen Sachen, Rechte und Rechtspositionen an der Gesellschaft an den Erwerber, der den Verkauf hiermit annimmt. Nicht mitverkauft sind Sachen und Rechte, die im Eigentum Dritter stehen.[7]

2.3 Der Verkauf der Geschäftsanteile erfolgt nebst aller Nebenrechte, insbesondere aller Ansprüche aus zum Stichtag nicht ausgeschütteten Gewinnen und den Gewinnbezugsrechten ab dem Stichtag.[8]

---

[7] Auf die Ergänzung der Definition des Kaufgegenstandes um die einzelnen Sachen, Rechte und Rechtspositionen sollte der Käufer mit Blick auf die Geltendmachung von Rechts- und Sachmängeln achten, vgl. Teil → D., Rn. 4.

[8] Sofern anders als in diesem Vertrag vorgesehen kein „*cash and debt free*"-Kaufpreis vereinbart wird, sollte noch folgendes ergänzt werden, vgl. Teil → D., Rn. 209: „*Die Veräußerin wird den im Jahresabschluss zum [...] ausgewiesenen Gewinnvortrag sowie den voraussichtlichen Jahresüberschuss [...] noch vor dem Stichtag als Vorabdividende an sich ausschütten. Eine etwaige positive Differenz zwischen der Vorabausschüttung für das Geschäftsjahr [...] und dem tatsächlich auf Grundlage des Jahresabschlusses zum [...] ermittelten Jahresüberschuss gebührt als zusätzlicher Kaufpreis der Veräußerin, der unmittelbar nach Feststellung zur Auszahlung an die Veräußerin fällig ist; im Falle einer negativen Differenz wird die Veräußerin der Gesellschaft den Differenzbetrag unverzüglich erstatten. Der Jahresabschluss [...] ist unter Beachtung der gesetzlichen Vorschriften und der Grundsätze ordnungsgemäßer Buchführung unter Wahrung der Bilanz- und Bewertungskontinuität unverzüglich, spätes-*

3. Abtretung von Geschäftsanteilen

3.1 Die Veräußerin tritt hiermit jeweils ihre gemäß Ziffer 2.1 und 2.2 veräußerten Geschäftsanteile an der Gesellschaft nebst aller Nebenrechte an den Erwerber ab, der diese Abtretungen der Geschäftsanteile nebst aller Nebenrechte hiermit annimmt. Das bis zum Ablauf des [...] erwirtschaftete Jahresergebnis der Gesellschaft sowie etwaige bis dahin noch nicht ausgeschüttete Gewinne aus Vorjahren stehen im Hinblick auf die verkauften Geschäftsanteile der Veräußerin zu und für Zeiträume ab dem Wirtschaftlichen Stichtag dem Erwerber.

3.2 Die in Ziffer 3.1 erklärte Abtretung steht unter den folgenden aufschiebenden Bedingungen nach Ziffer 3.3. Die Verkäuferin ist berechtigt, auf einzelne oder alle der vorstehenden aufschiebenden Bedingungen ganz oder teilweise durch schriftliche Erklärung gegenüber dem beurkundenden Notar einseitig zu verzichten. Der Erwerber bevollmächtigt hiermit den Notar unwiderruflich, diese Erklärung für ihn entgegen zu nehmen.[9]

3.3 Die Abtretung der Geschäftsanteile ist aufschiebend bedingt durch den Erhalt des Endgültigen Kaufpreises gemäß Ziffer 5 durch die Veräußerin. Die Veräußerin wird nach Erhalt des Endgültigen Kaufpreises dem diesen Vertrag beurkundenden Notar und der Käuferin eine Zahlungsbestätigung entsprechend Anlage 3.3 übermitteln.

4. Stichtage

Wirtschaftlicher Stichtag ist der [...], 00:01 Uhr.[10] Übergangsstichtag ist der Zeitpunkt des Eintritts der aufschiebenden Bedingungen nach Ziffer 3.2.

5. Kaufpreis[11]

5.1 Grundlage des Kaufpreises für den Geschäftsanteil ist aus Sicht der Parteien ein Basiswert in Höhe von EUR [...] (der „Basiswert").

5.2 Der endgültige Kaufpreis wird auf Grundlage einer auf den Wirtschaftlichen Stichtag aufzustellenden Stichtagsbilanz der Gesellschaft ermittelt. Dabei wird ausgehend vom Basiswert entsprechend der Berechnungsvorlage in Anlage 5.2 und unter Berücksichtigung der darin genannten Methodik und der dann gemäß der Stichtagsbilanz GmbH maßgeblichen Bilanzpositionen der „Endgültige Kaufpreis" ermittelt.

5.3 Der „Vorläufige Kaufpreis GmbH", ermittelt entsprechend Ziffer 5.2 und auf Grundlage der Zahlen [...], beträgt EUR [...].

5.4 Die Stichtagsbilanz ist durch die Veräußerin unter Mitwirkung des Erwerbers und entsprechend den in Anlage 5.4 festgelegten Grundsätzen[12] zu erstellen zusammen mit einer darauf basierenden Berechnung des Endgültigen Kaufpreises. Ferner ist noch der sich aus unfertigen Erzeugnissen und unfertigen Leistungen gemäß § 275 Abs. 2 Nr. 2 HGB ergebende Wert zwischen den Parteien auszugleichen, soweit dieser bei einer Bilanzierung nach HGB (noch) nicht ergebniswirksam auszuweisen wäre, bei einer Bilanzierung nach IFRS hingegen schon (der „Differenzbetrag PoC"). Es sind daher in der Stichtagsbilanz die ihrerseits nach HGB aufzustellen ist, zur Ermittlung des Differenzbetrages PoC als Vergleichsrechnung auch einmal die unfertigen Erzeugnisse und unfertigen Leistungen gemäß § 275 Abs. 2 Nr. 2 HGB nach IFRS durch die Percentage-of-Completion-

---

tens aber zum Ablauf des [...] aufzustellen. Im Übrigen gelten im Hinblick auf die Erstellung des Jahresabschlusses die Regelungen der Ziff. [...] sinngemäß.

[9] Eine Ergänzung um einen Verzicht auf die den Erwerber begünstigenden aufschiebenden Bedingungen ist möglich. Bei der Verwendung aufschiebender Bedingungen sollte über ein Rücktrittsrecht nachgedacht werden, um den Schwebezustand zu beenden, vgl. Teil G. VI Ziff. 6.2. Um den Zeitpunkt der Wirksamkeit der Abtretung zu dokumentieren, kann der Notar eingeschaltet werden, der eine verbindliche *„Closing-Bestätigung"* erstellt. Bei aufwändigeren Bedingungen bzw. Zustimmungserfordernissen empfiehlt sich ein zweistufiges Modell von Signing und Closing, vgl. Teil → D., Rn. 137.

[10] Die wirtschaftliche Übertragung zum 1.1. eines Jahres (statt zum 31.12. des Vorjahres) kann für den Verkäufer zur Steuerstundung vorteilhaft sein, vgl. Teil → D., Rn. 219.

[11] Der Kaufpreis wird in diesem Fall nicht exakt festgelegt, sondern ergibt sich aus einer noch aufzustellenden Stichtagsbilanz (*„cash and debt free"* vgl. Teil → D., Rn. 189). Zur Absicherung des Verkäufers könnte noch eine Auszahlung des vorläufigen Kaufpreises in ein Escrow-Konto vorgesehen werden, vgl. dazu Teil G. XII Ziff. 4.4 und Ziff. 5. Für die Vereinbarung eines sog. *„Locked-Box"*-Modells vgl. Teil G.VI und Teil → D., Rn. 187.

[12] Vgl. Teil → D., Rn. 225.

Methode „at cost" („PoC") aufzustellen, d.h. die laufenden Projekt der Gesellschaft werden mit Wirkung auf den Wirtschaftlichen Stichtag nach Projektfortschritt bewertet, in der Stichtagsbilanz für Zwecke der Abgrenzung zwischen Erwerber und Veräußerin nach PoC vergleichsweise ermittelt und zwischen Erwerber und Veräußerin abgerechnet. Für Zwecke der Abgrenzung und Ermittlung des Differenzbetrages PoC von HGB im Vergleich zu PoC ist bei der PoC-Ermittlung der Einsatz von Roh-, Hilfs- und Betriebsstoffen sowie bezogenen Leistungen gemäß § 275 Abs. 2 Nr. 5 HGB zu neutralisieren; aufwands- und ertragswirksam ist allein die Wertschöpfung auf Grundlage solcher tatsächlich erbrachter Arbeitsleistungen zu berücksichtigen, die im Einklang mit einer pflichtgemäßen Vorkalkulation stehen und zu einem proportionalen Zuwachs des Fertigstellungsgrades geführt haben. Soweit aus laufenden Projekten zum Wirtschaftlichen Stichtag unter Berücksichtigung der Vorkalkulation, dem Fertigstellunggrad sowie des noch zu erwartenden Aufwands bis zur Fertigstellung und Abnahme Verluste entstehen, trägt diese noch die Veräußerin; die latente Gewährleistung für Projektleistungen bis zum Wirtschaftlichen Stichtag ist pauschal mit [5 %] des Umsatzes gemäß Vorkalkulation für einen jeden Auftrag in Abzug zu bringen. Eine Beispielrechnung mit der weiteren Definition zur Ermittlung von unfertigen Erzeugnissen und unfertigen Leistungen gemäß § 275 Abs. 2 Nr. 2 HGB zur Abgrenzung der laufenden Projekte nach PoC und Berücksichtigung in der Stichtagsbilanz ist in Anlage 5.4 beigefügt.[13] Dem Erwerber und den Beauftragten ist auf Verlangen uneingeschränkt Auskunft sowie uneingeschränkt Einsicht in alle Geschäftsunterlagen in alle elektronisch gespeicherten Daten mit der Berechtigung zur Erstellung von Kopien zu gewähren. Dies gilt auch hinsichtlich solcher Geschäftsvorgänge, die nach dem Wirtschaftlichen Stichtag angefallen sind, soweit diese für die Stichtagsbilanz von Bedeutung sein können. Nach Vorlage der endgültigen Stichtagsbilanz und der Kaufpreisberechnung durch die Veräußerin, welche spätestens zwei Wochen nach dem Unterzeichnungstag erfolgen muss, hat der Erwerber ein zweiwöchiges Widerspruchsrecht gegenüber der Veräußerin, welches schriftlich auszuüben ist. Übt der Erwerber sein Widerspruchsrecht nicht aus, werden die Stichtagsbilanz und der sich aus der Kaufpreisberechnung ergebende Endgültige Kaufpreis verbindlich. Können sich Veräußerin und Erwerber nicht innerhalb von zwei Wochen nach Zugang des schriftlichen Widerspruchs bei der Verkäuferin über den Inhalt der Stichtagsbilanz und/oder der Kaufpreisberechnung einigen, ist jede Partei berechtigt, die Angelegenheit einem von der Veräußerin und dem Erwerber gemeinsam bestimmten neutralen Wirtschaftsprüfer einer deutschen Wirtschaftsprüfungsgesellschaft – nachfolgend „Neutraler Wirtschaftsprüfer" genannt – zur Entscheidung vorzulegen. Können sich Veräußerin und Erwerber nicht innerhalb von sieben Bankarbeitstagen nach Aufforderung zur entsprechenden Benennung durch die jeweils andere Partei auf einen Neutralen Wirtschaftsprüfer einigen, wird dieser von dem Institut der Wirtschaftsprüfer eV nach Anhörung der Vorschläge der Parteien bestellt.

6. Fälligkeit Kaufpreis

Der Endgültige Kaufpreis ist innerhalb von zehn (10) Bankarbeitstagen nach Verbindlichwerden des Endgültigen Kaufpreises zur Zahlung fällig. Sofern der Erwerber sein Widerspruchsrecht ausgeübt hat und ein Neutraler Wirtschaftsprüfer nach Ziffer 5.4 eingeschaltet wird, gilt der Endgültige Kaufpreis rückwirkend zwei Wochen nach dem Unterzeichnungstag als fällig.[14]

7. Due Diligence und Garantien

7.1 Due Diligence

Der Erwerber bestätigt, dass er (bzw. seine Erfüllungsgehilfen) im Rahmen umfassender Due Diligence Prüfungen zu den Einzelheiten des Kaufgegenstandes (und dabei insbesondere auch hinsichtlich der Gesellschaft, des von ihr betriebenen Unternehmens sowie der Geschäftsanteile an der Gesellschaft) und den ihm für seine Kaufentscheidung sowie den Abschluss des vorliegenden Vertrages relevanten Umstände umfassend Gelegenheit hatte, alle für ihn relevanten Fragen zu stellen, dass deren Beantwortung durch die Ver-

---

[13] Vgl. Teil → D., Rn. 197.
[14] Vgl. Teil → D., Rn. 225.

äußerin für ihn ausreichend war und dass er hierfür selbst alle ihm überlassenen Informationen mit der Sorgfalt eines gewissenhaften Kaufmanns geprüft und sich somit im Ergebnis ein eigenes, unabhängiges Urteil über den Kaufgegenstand gebildet und das Für und Wider abgewogen hat. Er hat in diesem Zuge insbesondere auch die Möglichkeit gehabt, die im Datenraumindex aufgeführten Dokumente im Rahmen der Due Diligence einzusehen und zu prüfen. Der Erwerber hat die Ergebnisse seiner Prüfungen bei seiner Investitionsentscheidung sowie der Kaufpreisbemessung ebenso berücksichtigt wie die Möglichkeit unbekannter Risiken und erwirbt daher den Kaufgegenstand – mit Ausnahme der in diesem Kaufvertrag nachfolgend ausdrücklich von ihm zur Absicherung etwaiger Risiken verlangter und vom Verkäufer übernommenen Gewährleistungen – „gekauft wie besehen".[15]

7.2   *Garantien*
       Die Veräußerin garantiert hiermit in den Grenzen der in diesem Vertrag enthaltenen Erklärungen und Vereinbarungen und – soweit nicht ausdrücklich abweichend hierunter vereinbart – unter Ausschluss einer jeglichen sonstigen vertraglichen, quasi-vertraglichen und gesetzlichen Haftung[16] gegenüber dem Erwerber in der Form eines selbständigen und verschuldensunabhängigen Garantieversprechens im Sinne von § 311 Abs. 1 BGB, bei dem es sich nicht um eine Beschaffenheitsvereinbarung im Sinne des § 434 Abs. 1 BGB oder eine Garantie für die Beschaffenheit der Sache im Sinne der §§ 443, 444 BGB handelt, dass die in Anlage 7 enthaltenen Angaben (diese Angaben einzeln die „Verkäufergarantie" und gemeinsam die „Verkäufergarantien") richtig, vollständig und nicht irreführend sind[17]. Die Verkäufergarantien beziehen sich dabei (i) sowohl auf den Unterzeichnungstag als auch den Übertragungsstichtag.[18] Die Veräußerin erklärt bzw. übernimmt weder in diesem Kaufvertrag weitere Beschaffenheiten oder Garantien noch hat sie solche vor Abschluss des Kaufvertrages erklärt bzw. übernommen.[19] Die Berufung auf eine etwaige Unwirksamkeit vertraglicher Vereinbarungen nach § 444 BGB ist ausdrücklich ausgeschlossen. Vielmehr stellen die Parteien mit Blick auf die Formulierung in § 444 BGB und das darin enthaltene Wort „soweit" hier klar, dass die Parteien sämtliche vorvertraglichen, vertraglichen sowie gesetzlichen Rechte und Ansprüche hierunter ausschließlich privatautonom regeln wollen.

8.   Haftung

8.1   *Allgemeines*
       Die Veräußerin hat dem Erwerber und – gemäß Ziffer 8.6 nach dessen Wahl – der Gesellschaft alle wirtschaftlichen Nachteile zu ersetzen, die sich aus einer etwaigen Unrichtigkeit oder Unvollständigkeit der in diesem Vertrag abgegebenen Erklärungen, insbesondere der Zusicherungen und Garantien in Anlage 7, ergeben sollten.[20] Die Vertragspartner sind sich einig, dass – soweit in diesem Vertrag auf die Kenntnis des Erwerbers abgestellt wird – die Vorschrift des § 442 BGB nach näherer Maßgabe der folgenden Regelungen entsprechende Anwendung findet, und zwar insbesondere auch für die Garantieerklärungen. Rechte und Ansprüche des Erwerbers sind danach insbesondere dann ausgeschlossen, soweit die Unrichtigkeit bzw. die Unvollständigkeit einer Garantie oder die dies begründenden Tatsachen dem Erwerber oder seinen Erfüllung- und Verrichtungsgehilfen bekannt [oder grob fahrlässig unbekannt] waren. Die dem Erwerber im Rahmen der Due Diligence von der Veräußerin zur Verfügung gestellten Unterlagen ergeben sich aus der Anlage „Datenraumindex"; die sich daraus ergebenden Sachverhalte gelten als dem Erwerber be-

---

[15] Vgl. Teil → D., Rn. 98.
[16] Vgl. Teil → C., Rn. 122.
[17] Vgl. Teil → D., Rn. 414.
[18] Vgl. Teil → D., Rn. 427.
[19] Vgl. Teil → D., Rn. 402.
[20] Alternativ könnten die Erwerber versuchen, die Aufklärungspflichten auszudehnen: „*Die Veräußerin ist verpflichtet, die Erwerber über jeden Mangel (wie in Ziff. […] definiert) vor dem Übergangszeitpunkt in der Weise aufzuklären, dass dieser tatsächlich Kenntnis erlangt (die „Aufklärungspflichten"); hinsichtlich der Erfüllung der Aufklärungspflichten trifft den Verkäufer die Beweislast. Liegt ein Mangel vor und hat die Veräußerin die Erwerber nicht in vorstehend beschriebener Weise aufgeklärt, wird das Verschulden der Veräußerin vermutet.*", vgl. Teil → D., Rn. 468.

kannt.[21] Eine persönliche Haftung der auf Seiten der Erwerber oder der Veräußerin tätigen Personen aus und im Zusammenhang mit dem Abschluss und der Umsetzung dieses Vertrages sowie den vorvertraglichen Beziehungen kommt nicht in Betracht.[22]

8.2 *Bestes Wissen, Maßgebliche Personen*

Soweit Verkäufergarantien nach „Bestem Wissen" abgegeben werden, haften die Verkäufer nur, wenn und soweit mindestens einer der Verkäufer zum Unterzeichnungstag die jeweiligen Umstände für die Unrichtigkeit der jeweiligen Verkäufergarantie kannte, kennt oder kennen muss oder die Kenntnis von anderen Personen mindestens einem der Verkäufer nach den anwendbaren gesetzlichen Regeln zuzurechnen ist. „Kennenmüssen" im Sinne der vorstehenden Sätze umfasst insbesondere auch solche Umstände, (i) von denen bei sorgfältiger Auswahl, Anleitung und Befragung der jeweiligen Mitarbeiter Kenntnis erlangt hätte werden können, oder auf die (ii) Akten, Aufzeichnungen oder sonstige Dokumente oder gespeicherte Daten (gleich in welcher Form), die der maßgeblichen Person bestimmungsgemäß zur Einsicht zur Verfügung standen oder stehen, hinweisen.[23]

8.3 *Gesetzliche Ansprüche*

Es ist erklärtes Ziel und gemeinsames Verständnis der Parteien, die aus und im Zusammenhang mit dem vorliegenden Kaufvertrag sowie den bis zum Vertragsschluss durchgeführten Prüfungen, der Gewährung von Informationen und den Verhandlungen sich insgesamt ergebenden Chancen und Risiken sowie die damit verbundenen wechselseitigen Rechte und Ansprüche so weit wie irgend möglich privatautonom und ohne Rückgriff auf gesetzliche Vorschriften und Auslegungsregelungen abschließend zu regeln, und zwar auch, soweit diese von den Gerichten bei der Auslegung von „normalen" Kaufverträgen als zwingend erachtet werden. Dies vorausgeschickt sind sich die Parteien einig, dass alle dem Erwerber aus und im Zusammenhang mit dem Erwerb des Kaufgegenstandes zustehenden Rechte und Ansprüche unabhängig von ihrem Rechtsgrund, ihrer Entstehung und ihrem Umfang allein in diesem Vertrag geregelt und im Übrigen im Rahmen des gesetzlich Zulässigen (einschließlich der Anwendung von § 278 Satz 2 BGB) ausgeschlossen sind. Soweit nicht ausdrücklich anders in diesem Kaufvertrag geregelt, betrifft dieser Ausschluss im Rahmen des gesetzlich Zulässigen insbesondere auch Rechte auf Anfechtung des Vertrages, Nacherfüllung, Rücktritt/Rückabwicklung des Vertrages (auch in Form des „Großen Schadensersatzes"), Minderung oder Rückzahlung des Kaufpreises, eine Vertragsanpassung sowie Aufrechnungs- und Zurückbehaltungsrechte. Der Haftungsausschluss umfasst insbesondere auch Rechte und Ansprüche aus Verletzung einer Pflicht aus dem Schuldverhältnis gemäß §§ 241 Abs. 2, 311 Abs. 2 BGB (einschließlich culpa in contrahendo) allgemeinem Leistungsstörungsrecht gemäß §§ 275 ff. BGB (einschließlich positiver Vertragsverletzung), Wegfall der Geschäftsgrundlage (§ 313 BGB) und Delikt (§§ 823 ff. BGB). Nur soweit ein Recht oder Anspruch des Erwerbers auf einer eigenen vorsätzlichen Handlung der Veräußerin beruht und trotz der sonst in diesem Vertrag enthaltenen speziellen Vereinbarungen unabdingbar ist, sind Haftungsausschlüsse unwirksam. Dabei sind sich die Parteien auch einig, dass ein bloß „verfügbares Aktenwissen" auf Seiten der Veräußerin bzw. der Gesellschaft nicht ausreichen soll, um eine „Arglist" der Veräußerin zu begründen. Im Übrigen soll für den Fall, dass ein hierunter gewollter, aber nach zwingenden gesetzlichen Regelungen unwirksamer Haftungsausschluss nicht zum heutigen Tage wirksam vereinbart wurde, gleichwohl Ziff. 11.6 gelten mit der Maßgabe, das keine Partei sich auf eine solche Unwirksamkeit beruft oder sonst wie für sich nutzt.[24] Die Parteien sind sich weiter einig, dass insbesondere auch keine Gesellschafter-/Geschäftsführerhaftung der Veräußerin gegenüber der Gesellschaft besteht. Aufschiebend bedingt auf den Übergangsstichtag (i) verzichtet die Gesellschaft daher

---

[21] Vgl. Teil → D., Rn. 555. Aus Sicht des Erwerbers sollte hingegen verhandelt werden, dass § 442 Abs. 1 BGB und §§ 377 ff. HGB abbedungen werden.

[22] Vgl. Teil → D., Rn. 574.

[23] Alternativ: „*Soweit dieser Vertrag oder das Gesetz auf die Kenntnis, das Kennenmüssen oder das beste Wissen der Veräußerin abstellt, ist allein die tatsächliche Kenntnis (von Herrn […]/der am Unterzeichnungstag bestellten organschaftlichen Vertreter der Veräußerin) maßgeblich. Eine haftungsrelevante tatsächliche Kenntnis wird nicht durch „verfügbares Aktenwissen" fingiert*", vgl. Teil → D., Rn. 548.

[24] Vgl. Teil → D., Rn. 573.

hiermit gegenüber der Veräußerin im Wege einer Generalquittung auf ihre sämtlichen Rechte und Ansprüche, gleich aus welchem Rechtsgrund und (ii) tritt rein vorsorglich etwaige von einem solchen Verzicht nicht erfassten Rechte und Ansprüche, gleich aus welchem Rechtsgrund, an den (potentiellen) Anspruchsgegner, die Veräußerin, ab, die diesen Verzicht und diese Abtretung hiermit annimmt. Der Erwerber stimmt diesem Verzicht und diesen Abtretungen hiermit zu. Soweit die Veräußerin dennoch für Zeiträume vor oder nach dem Wirtschaftlichen Stichtag in Anspruch genommen werden sollte, stellt der Erwerber die Veräußerin von einer etwaigen Inanspruchnahme auf erstes Anfordern frei.[25]

8.4 *Steuern*

Der Begriff Steuern umfasst sämtliche von der Gesellschaft geschuldeten in- und ausländischen Steuern im Sinne von § 3 Abs. 1 bis 3 AO und sämtliche steuerliche Nebenleistungen im Sinne des § 3 Abs. 4 AO sowie sämtliche Beiträge, Abgaben Gebühren, Bußgelder, Zölle, Sozialversicherungsbeiträge, Beiträge an den Pensions-Sicherungs-Verein a. G. und Berufsgenossenschaftsbeiträge sowie Investitionszuschüsse und -zulagen (jeweils gleichgültig, ob diese als Steuer- oder als Haftungsschuldner zu zahlen sind), jedoch – zur Vermeidung von Missverständnissen – nicht latente Steuern und fiktive Steuern (wie z. B. Verminderung von Verlustvorträgen oder Verringerung zukünftiger Abschreibungen).[26]

Die Veräußerin ist verpflichtet, den Erwerber von sämtlichen Vorstichtagssteuern freizustellen. Dies umfasst insbesondere Vorstichtagssteuern, die von der Gesellschaft nach dem Wirtschaftlichen Stichtag aufgrund bestandskräftiger Steuerbescheide oder bei Fälligkeit gezahlt werden oder zu zahlen sind. Vorstichtagszeitraum umfasst dabei alle Zeiträume, die vor oder am Wirtschaftlichen Stichtag enden, und der Begriff Vorstichtagssteuern umfasst alle Steuern, die für den Vorstichtagszeitraum erhoben werden und nach dem Vorstichtagszeitraum zu zahlen sind In der Zeit zwischen dem Unterzeichnungstag und dem Wirtschaftlichen Stichtag hat die Veräußerin dafür zu sorgen, dass sämtliche Steuererklärungen der Gesellschaft innerhalb der gesetzlichen oder innerhalb von mit der Finanzverwaltung vereinbarten verlängerten Fristen vollständig und korrekt vorbereitet und rechtzeitig abgegeben werden und sämtliche Steuern der Gesellschaft innerhalb der gesetzlichen oder von mit der Finanzverwaltung vereinbarten verlängerten Fristen rechtzeitig gezahlt werden.[27] Steuernachzahlungen für die Zeit vor dem Wirtschaftlichen Stichtag, die sich erst nachträglich (z. B. nach einer Außenprüfung) ergeben, sind, soweit sie nicht in dem Jahresabschluss zum […] und in dem Zwischenabschluss zum […] als Steuerrückstellung ausgewiesen sind, in voller Höhe von der Veräußerin zu tragen und dem Erwerber zu ersetzen. Dies gilt nicht, soweit die Steueränderung auf einer Periodenverschiebung der Bemessungsgrundlage beruht, welche sich bis zum Stichtag mit demselben Steuersatz bereits wieder ausgeglichen hat. Die Veräußerin darf zu einem Verzicht auf die Steuerbefreiung der Anteilsübertragung nach § 4 Nr. 8 lit. f) UStG i. V. m. § 9 UStG nur mit vorheriger, schriftlicher Zustimmung des Erwerbers optieren, wobei auf die Erteilung dieser Zustimmung kein Anspruch besteht.[28] Der Erwerber ist verpflichtet, die Veräußerin unverzüglich zu informieren, sobald Maßnahmen der Finanzbehörden in Bezug auf die Gesellschaft bekannt werden, die für die Rechte und Pflichten (einschließlich Steuern) der Veräußerin betreffend nach diesem Vertrag freizustellende Steuern von Bedeutung sein können. Dies betrifft insbesondere die Verpflichtung, die Veräußerin von dem Bevorstehen von Betriebsprüfungen, die den Zeitraum bis zum Wirtschaftlichen Stichtag betreffen, unverzüglich und schriftlich zu informieren und spätestens innerhalb von zehn Bankarbeitstagen nach Zugang der schriftlichen Prüfungsanordnung der Veräußerin eine Kopie der Prüfungsanordnung zu übersenden. Der Erwerber hat der Veräußerin sämtliche schriftlichen Prüferanfragen, Prüfungsfeststellungen und vorläufigen und endgültigen Betriebsprüfungsberichte jeweils innerhalb von zehn Bankarbeitstagen nach Eingang bei der Gesellschaft in Kopie zu übersenden. Die Veräußerin oder eine von ihr beauftragte, zur Berufsverschwiegenheit verpflichtete Person ist zudem berechtigt, an Zwischen- oder

---

[25] Vgl. Teil → D., Rn. 622.
[26] Vgl. Teil → D., Rn. 651.
[27] Vgl. Teil → D., Rn. 659.
[28] Vgl. Teil → D., Rn. 661.

Schlussbesprechungen im Rahmen der Betriebsprüfung teilzunehmen; etwaige hieraus entstehende Kosten der Veräußerin oder ihrer Berater trägt die Veräußerin. Der Erwerber und, wofür der Erwerber Sorge tragen wird, die Gesellschaft werden bei Besprechungen, Betriebsprüfungen, Rechtsbehelfsverfahren und sonstigem Schriftverkehr mit den Steuerbehörden nur in Abstimmung mit der Veräußerin tätig werden, die Veräußerin rechtzeitig vorher informieren und eine Teilnahme der Veräußerin oder einer von ihr beauftragten zur Berufsverschwiegenheit verpflichteten Person auf Kosten der Veräußerin ermöglichen.[29]

8.5 *Ansprüche Dritter*

Wird die Gesellschaft oder die Erwerber verklagt oder droht einer von ihnen verklagt zu werden oder droht einem von ihnen ein Verwaltungsverfahren („Drittanspruch"), welche Grundlage eines Anspruchs der Erwerber gegen die Veräußerin sein können, so ist die Veräußerin berechtigt, dem Erwerber und der Gesellschaft Weisungen hinsichtlich Maßnahmen oder Unterlassungen zu erteilen, welche diese im Zusammenhang mit einem Drittanspruch vornehmen oder unterlassen sollen. Der Erwerber hat der Veräußerin ausreichend Gelegenheit zu geben, alle die Gesellschaft/den Kaufgegenstand betreffenden Berichte einzusehen und zu kommentieren sowie Kopien der jeweiligen Bescheide oder sonstigen Mitteilungen auf Kosten der Gesellschaft zu erhalten. Weder die Gesellschaft noch der Erwerber sind befugt, eine etwaige Haftung anzuerkennen oder diesbezüglich Vergleiche zu schließen, ohne zuvor die schriftliche Zustimmung des Verkäufers eingeholt zu haben. Ferner ist die Veräußerin berechtigt, auch selbst im Namen und im Auftrag der Erwerber und/oder der Gesellschaft alle Maßnahmen zu ergreifen oder die Gesellschaft sowie den Erwerber anzuweisen, Maßnahmen vorzunehmen, die die Veräußerin für geeignet hält, Drittansprüche abzuwehren oder zu vermeiden; diese Befugnis der Veräußerin erstreckt sich auch auf Gegenansprüche oder sonstige Ansprüche des Erwerbers oder der Gesellschaft gegen Dritte. Darüber hinaus ist der Erwerber selbst verpflichtet und wird die Gesellschaft ebenso verpflichten, der Veräußerin alle diejenigen Informationen und Hilfestellungen – wie oben beschrieben – zu gewähren, einschließlich Zugang zu Grundstücken der Gesellschaft und Personal sowie einschließlich dem Recht, Vermögensgegenstände, Konten, Dokumente und Akten zu untersuchen, zu kopieren oder zu fotografieren, um Ansprüche gegen die Veräußerin und ihre Berater abzuwehren oder zu vermeiden. Die Veräußerin darf diese vertraulichen Informationen nur für die vorstehend erwähnten Zwecke verwenden.[30]

8.6 *Rechtsfolge von Garantieverletzungen*

Stellt sich heraus, dass eine oder mehrere Garantien nicht zutreffend ist bzw. sind, kann der Erwerber verlangen, dass die Veräußerin innerhalb von acht Wochen nach Zugang eines entsprechenden schriftlichen Verlangens des Erwerbers den Mangel beseitigt, jedoch nicht, wenn dieser unwesentlich ist. Ein Anspruch des Erwerbers auf Lieferung eines mangelfreien Unternehmens kommt nicht in Betracht. Kommt die Veräußerin diesem Mangelbeseitigungsverlangen nicht fristgemäß nach oder ist die Beseitigung des Mangels nicht möglich oder der Veräußerin unzumutbar, kann der Erwerber von der Veräußerin [Minderung nach § 441 BGB/Schadensersatz gemäß §§ 249 ff., 280 ff. BGB] verlangen. Bewirkt die Veräußerin nicht innerhalb von acht Wochen nach Zugang der Anzeige des Käferanspruchs gemäß dieser Ziff. 8.6 die [Nacherfüllung/Naturalrestitution] kann der Erwerber nach seiner Wahl an sich oder die Gesellschaft Schadensersatz in Geld verlangen. Die Verpflichtung der Veräußerin zum Schadensersatz ist beschränkt auf den Ersatz tatsächlich bei dem Erwerber entstandener, unmittelbarer Schäden. Nicht ausgleichspflichtig sind insbesondere mittelbare oder Folgeschäden (einschließlich infolge von Schadensersatzzahlungen anfallender oder zu erwartender zusätzlicher Steuerbelastungen), entgangener Gewinn, interne Verwaltungs- oder Fixkosten, eventuell infolge geleisteter Schadensersatzzahlungen anfallender oder zu erwartender zusätzlicher Steuern sowie ein geminderter Unternehmenswert. Der Einwand, dass der Kaufpreis aufgrund unrichtiger Annahmen berechnet worden sei, ist ebenso ausgeschlossen wie eine Abzinsung oder Multiplikation von Schadensersatzpositionen.[31]

---

[29] Vgl. Teil → D., Rn. 676.
[30] Vgl. Teil → D., Rn. 545.
[31] Vgl. Teil → D., Rn. 570, 583.

8.7   *Informationspflicht*
Verletzt die Veräußerin ihre Pflichten nach diesem Vertrag, hat der Erwerber sie unverzüglich schriftlich über die Art der Verletzung und den Betrag zu informieren (*„Käuferanspruch"*). Ungeachtet des tatsächlichen Bestehens des geltend gemachten Anspruchs ist der Erwerber verpflichtet und hat die Gesellschaft ebenfalls zu verpflichten, der Veräußerin und ihren Beratern zu gestatten, die Umstände, die behauptetermaßen zu dem Käuferanspruch führen, sowie den Umfang des Käuferanspruchs zu überprüfen. Dieses Prüfungsrecht der Veräußerin umfasst sowohl den Zugang zu etwaigen Betriebsgeländen und Mitarbeitern des Erwerbers und der Gesellschaft als auch den Anspruch auf umfassende Information, insbesondere das Recht, die Vermögensgegenstände und (Buchhaltungs-)Unterlagen sowie Daten einzusehen, zu kopieren und/oder zu fotografieren.

8.8   *De Minimis*
Der Erwerber kann Rechte oder Ansprüche gegen die Veräußerin nur geltend machen, wenn (i) der Wert der Ansprüche und/oder Rechte insgesamt EUR [...] (Gesamtfreibetrag) und(ii) bei einer Mehrzahl von Rechten oder Ansprüche im Einzelfall jeweils einen Wert von EUR [...] übersteigt (Ansprüche unterhalb dieses Freibetrags für Einzelansprüche bleiben außer Betracht). Ist der Gesamtfreibetrag überschritten, haftet die Veräußerin nur für den diesen Freibetrag übersteigenden Betrag. Die Haftung der Veräußerin ist der Höhe nach auf insgesamt [15/30/50 %] des Kaufpreises begrenzt.[32]

8.9   *Konkurrenz*
Soweit eine Haftung der Veräußerin auf mehrere Regelungen in diesem Vertrag gestützt werden kann, wird klargestellt, dass der Erwerber nur einmal Leistung verlangen kann. Eine „doppelte" Haftung der Veräußerin kommt nicht in Betracht. Die Veräußerin haftet insbesondere nur, wenn und soweit die den [Schadensersatzanspruch/Käuferanspruch] begründenden Umstände (i) nicht bereits in der Stichtagsbilanz im Wege der Rückstellung, der planmäßigen Abschreibung, der außerplanmäßigen Abschreibung oder der Abschreibung auf den niedrigeren beizulegenden Wert berücksichtigt worden sind und/oder (ii) die Befriedigung des Käuferanspruchs von einer Versicherung, die am Stichtag bereits wirksam bestand oder einem sonstigen Dritten nicht erlangt wurde oder hätte erlangt werden können.[33]

8.9   *Rückabwicklung*[34]
Sollte eine Vertragspartei berechtigt sein, von diesem Vertrag zurückzutreten oder die Rückabwicklung zu verlangen, ist der Rücktritt im Wege der schriftlichen Mitteilung an den Notar zu erklären, der unwiderruflich bevollmächtigt ist, diese Mitteilung namens der anderen Vertragspartei anzunehmen. Ein Rücktrittsrecht sowie Recht zur Rückabwicklung kann nur innerhalb von [...] Monaten nach Kenntnis der zum Rücktritt bzw. zur Rückabwicklung berechtigenden Umstände ausgeübt werden. Rücktritt und Rückabwicklung erfolgen sodann mit Wirkung ab dem Monatsersten, der dem Zeitpunkt des Zugangs der Rücktrittserklärung beim Notar folgt, wenn sich die Parteien nicht einvernehmlich schriftlich auf einen anderen Zeitpunkt einigen (*„Rückabwicklungsstichtag"*). Der Kaufpreis ist Zug um Zug gegen Rückübertragung der Gesellschaftsanteile ohne Verzinsung zurückzuerstatten. Dem Erwerber steht der vom Stichtag bis zum Rückabwicklungsstichtag erwirtschaftete Gewinn oder Verlust zu, ohne dass ihm Verwendungen zu erstatten sind. Der Erwerber hat im Vertrag über die Rückabwicklung lediglich zu garantieren, dass er das Eigentum bzw. die Inhaberschaft an dem Unternehmen lastenfrei zurückübertragen wird. Im Falle der Rückübertragung des Unternehmens unterliegt der Erwerber für die Dauer von [...] Monaten einem Wettbewerbsverbot. Die mit der Rückabwicklung verbundenen Kosten trägt die Partei, die den Rücktritt erklärt, wenn nicht die andere Partei vorsätzlich oder grob fahrlässig die Ursache für den Rücktritt gesetzt hat. Ergänzend gelten die Regelungen der §§ 346 ff. BGB.

8.10 *Verjährung*
Ansprüche des Erwerbers gegen die Veräußerin verjähren – vorbehaltlich nachfolgender Regelungen – nicht vor Ablauf von 36 Monaten, sämtliche Ansprüche des Erwerbers we-

---

[32] Vgl. Teil → D., Rn. 585.
[33] Vgl. Teil → D., Rn. 590.
[34] Vgl. Teil → D., Rn. 593.

gen Unrichtigkeit der Garantien gemäß Anlage 7 Ziffer [...] und im Zusammenhang mit Ziffer 8.5 nicht vor Ablauf von 10 Jahren nach Abschluss dieses Vertrages[35], letztere Ansprüche jedoch frühestens 12 Monate nach Verjährung des Anspruchs des Dritten. Davon abweichend verjähren Ansprüche des Erwerbers gegen die Veräußerin im Zusammenhang mit Steuerverbindlichkeiten, Verbindlichkeiten für Zölle, Gebühren, Sozialversicherungsbeiträge oder andere öffentliche Abgaben oder Lasten jeweils frühestens 12 Monate nach der endgültigen rechtskräftigen Feststellung der entsprechenden Schuld. Die schriftliche Geltendmachung von Ansprüchen durch die Erwerber oder die Gesellschaft gilt als Beginn von Verhandlungen gemäß § 212 BGB.

9. Zustimmungen

Die Gesellschaft und die Veräußerin als alleinige Gesellschafterin der Gesellschaft stimmen hiermit insbesondere im Hinblick auf [...] des Gesellschaftsvertrages der Gesellschaft diesem Vertrag und seiner Durchführung, insbesondere dem Verkauf und der Übertragung der Geschäftsanteile zu, und sie verzichten hiermit rein vorsorglich auf eventuell bestehende Vorkaufs- oder Andienungsrechte; die Gesellschaft und die Veräußerin nehmen hiermit jeweils die jeweiligen Verzichtserklärungen an.

10. Überleitung des Geschäftsbetriebes[36]

Die Veräußerin steht dafür ein, dass die Gesellschaft ihre Geschäfte bis zum Übergangsstichtag nur in Übereinstimmung mit der in der Vergangenheit geübten Praxis und im Rahmen der gewöhnlichen und ordnungsgemäßen Geschäftstätigkeit führt, soweit nicht der Erwerber zuvor Ausnahmen hiervon schriftlich zugestimmt hat. Die Veräußerin steht dem Erwerber ferner dafür ein, dass alle Maßnahmen unterlassen werden, die das Interesse des Erwerbers an der ordnungsgemäßen Fortführung des Geschäftsbetriebes der Gesellschaft beeinträchtigen könnten. Der Veräußerer steht dem Erwerber ferner dafür ein, dass bis zum Übergangsstichtag sämtliche Verträge und sonstigen Maßnahmen, die außerhalb der gewöhnlichen Geschäftstätigkeit der Gesellschaft liegen, sowie wesentliche Maßnahmen der Veräußerin oder mit ihr verbundener Unternehmen mit Bezug zur Gesellschaft nur mit vorheriger schriftlicher Zustimmung des Erwerbers abgeschlossen bzw. durchgeführt werden. Hierzu zählen insbesondere Beschlüsse der Gesellschafterversammlung, Änderungen der Organisationsstruktur oder des Geschäfts- und Finanzplans, wesentliche personelle Veränderungen, rechtsgeschäftliche Maßnahmen im Verhältnis zwischen der Gesellschaft einerseits und der Veräußerin oder mit ihr verbundener Unternehmen andererseits, Erwerb oder Veräußerung von direkten oder indirekten Beteiligungen an anderen Unternehmen oder der Abschluss, Änderung oder Beendigung von Wichtigen Verträgen, insbesondere der in Anlage 10 aufgeführten. Für den Fall, dass eine unter diese Ziff. 10 fallende Maßnahme sich als erforderlich oder zweckmäßig im Interesse der Gesellschaft erweisen sollte, steht die Veräußerin dem Erwerber dafür ein, dass der Erwerber unverzüglich informiert wird; der Erwerber trifft dann unverzüglich eine Entscheidung über die Zustimmung zu der fraglichen Maßnahme. Der Erwerber hat ab dem Unterzeichnungstag das Recht auf Zugang zu etwaigen Betriebsgeländen und Mitarbeitern der Veräußerin und der Gesellschaft als auch den Anspruch auf umfassende Information, was insbesondere auch das Recht umfasst, die Vermögensgegenstände und (Buchhaltungs-)Unterlagen sowie Daten einzusehen, zu kopieren und/oder zu fotografieren.

11. Schlussvorschriften

11.1 Alle nach diesem Vertrag zwischen den Parteien abzugebenden Mitteilungen, Erklärungen, Anfragen und dergleichen bedürfen der Schriftform und sind per Einschreiben/Rückschein an die jeweilige Partei unter der jeweils im Eingang dieses Vertrages aufgeführten Adresse bzw. einer anderen, entsprechend mitgeteilten Adresse zu senden.

11.2 Dieser Vertrag nebst Anlagen, die integraler Bestandteil dieses Vertrages sind, ersetzt alle zwischen den Parteien bisher über den Kaufgegenstand getroffenen Vereinbarungen oder sonstigen Regelungen. Ergänzungen zu diesem Vertrag bedürfen der Schriftform, falls nicht notarielle Beurkundung erforderlich ist. Dies gilt auch für einen Verzicht auf das Schriftformerfordernis.

---

[35] Vgl. Teil → D., Rn. 464.
[36] Vgl. Teil → D., Rn. 193.

11.3 Alle diesem Vertrag beigefügten Anlagen sind Bestandteil dieses Vertrages.

11.4 Die Kosten der Beurkundung dieses Vertrages und seiner Übersetzung werden von der Veräußerin getragen. Beraterkosten trägt jede Partei selbst.

11.5 Dieser Vertrag unterliegt dem Recht der Bundesrepublik Deutschland. Ausschließlicher Gerichtsstand für alle Streitigkeiten aus und im Zusammenhang mit diesem Vertrag ist – soweit rechtlich vereinbar – das Landgericht [...]. Die Erwerber und die Gesellschaft sind jedoch berechtigt, die übrigen Parteien an deren allgemeinen Gerichtsständen zu verklagen.

11.6 Sind oder werden einzelne Bestimmungen dieses Vertrages unwirksam, so bleiben die übrigen Bestimmungen gleichwohl wirksam. Unwirksame Bestimmungen sind einvernehmlich durch solche zu ersetzen, die dem angestrebten wirtschaftlichen Erfolg möglichst nahe kommen. Entsprechendes gilt für die Ausfüllung etwaiger Lücken.

11.7 Von dieser Urkunde erhalten eine beglaubigte Abschrift:
- der Erwerber,
- die Veräußerin,
  die Gesellschaft
- das für die Gesellschaft, Steuer-Nr. [...], zuständige Finanzamt [...] – Körperschaftsteuerstelle.

Samt Anlagen vorgelesen vom Notar, von den Beteiligten genehmigt und von ihnen und dem Notar eigenhändig unterschrieben.

VI. Share Deal I

1. Ausgangssituation

Ausgangssituation ist, dass drei natürliche Personen (B, C und D), die einen deutschen mittelständischen Betrieb in der Rechtsform einer GmbH & Co. KG aufgebaut haben, eine Mehrheit an dieser Gesellschaft an einen Investor (I) zu veräußern planen, der für diese Zwecke eine Holdinggesellschaft, die A-Holdings GmbH, aufgesetzt hat. Das Muster zeigt die Besonderheiten eines Share-Deals, wenn es sich bei der Zielgesellschaft um eine Personengesellschaft handelt und zudem den Regelungsmechanismus eines Locked-Box Verfahren.

Schaubild: Situation **vor der Transaktion:**

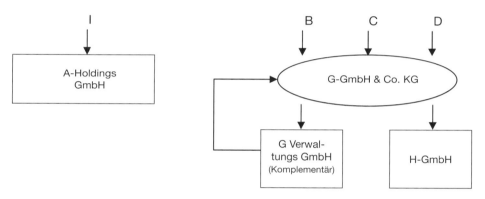

Schaubild: Situation **nach Abschluss der Transaktion:**

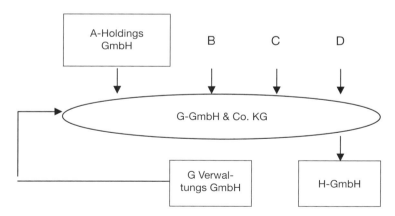

2. Mustertext

KOMMANDITANTEILSKAUFVERTRAG

zwischen

I. B, wohnhaft in [...], geb. am [...]

– nachfolgend auch **„Verkäufer 1"** –

II. C, wohnhaft in [...], geb. am [...]

– nachfolgend auch **„Verkäufer 2"** –

III. D, wohnhaft in [...], geb. am [...]

– nachfolgend auch **„Verkäufer 3"** –
– zusammen mit Verkäufer 1 und Verkäufer 2 auch die **„Verkäufer"** –

IV. A-Holdings GmbH mit dem Sitz in [...], eingetragen im Handelsregister des Amtsgerichts [...] unter HRB [...]

– nachfolgend auch **„Käuferin"** –

V. G-GmbH & Co. KG mit dem Sitz in [...], eingetragen im Handelsregister des Amtsgerichts [...] unter HRA [...],

– nachfolgend auch **„Gesellschaft"** –

VI. G Verwaltungs GmbH mit dem Sitz in [...], eingetragen im Handelsregister des Amtsgerichts [...] unter HRB [...]

– nachfolgend auch **„Komplementärin"** –

– die Käuferin, die Verkäufer, die Gesellschaft und die Komplementärin nachfolgend gemeinsam auch die **„Parteien"** und jeweils einzeln auch die **„Partei"** –

Präambel

A. Die Verkäufer sind die alleinigen Kommanditisten der Gesellschaft. Die Gesellschaft ist die Alleingesellschafterin der Komplementärin (Einheits-KG). Der satzungsmäßige Unternehmensgegenstand der Gesellschaft ist [...].

B. Die Verkäufer beabsichtigen, 60 % der von ihnen gehaltenen Kommanditanteile an der Gesellschaft an die Käuferin zu veräußern, die Käuferin beabsichtigt, diese von den Verkäufern gehaltenen Kommanditanteile an der Gesellschaft von den Verkäufern zu erwerben. Der Verkauf und die Abtretung dieser Kommanditanteile an der Gesellschaft an die Käuferin sowie die zukünftige Zusammenarbeit gemäß den Bestimmungen dieses Vertrages werden nachfolgend auch als die „Transaktion" bezeichnet.

Dies vorausgeschickt vereinbaren die Parteien Folgendes:

1. Aktuelle Gesellschaftsverhältnisse

1.1 *Gesellschaft, Kommanditanteile*

Die Verkäufer sind an der Gesellschaft als Kommanditisten wie folgt beteiligt:

a) Der Verkäufer 1 mit einer als Haftsumme ins Handelsregister eingetragenen Einlage von EUR 3000 (der „Kommanditanteil 1");

b) Der Verkäufer 2 mit einer als Haftsumme ins Handelsregister eingetragenen Einlage von EUR 2000 (der „Kommanditanteil 2");

c) Der Verkäufer 3 mit einer als Haftsumme ins Handelsregister eingetragenen Einlage von EUR 1000 (der „Kommanditanteil 3").

1.2   *Beteiligungen*

Die Gesellschaft hält die 100 %-Beteiligung an der Komplementärin sowie eine 100 %-Beteiligung an der H-GmbH mit dem Sitz in München, eingetragen im Handelsregister des Amtsgerichts [...] unter HRB [...] („H-GmbH") deren Unternehmensgegenstand [...] ist; die Komplementärin und die H-GmbH nachfolgend auch die „Tochtergesellschaften". Weitere Beteiligungen an in- und ausländischen Gesellschaften hält die Gesellschaft nicht. Seitens der Gesellschaft bestehen keine (auch Teil-) Beherrschungs- und Gewinnabführungsverträge und auch keine sonstigen Unternehmensverträge.

1.3   *Grundbesitz*

Die Gesellschaft hielt weder in der Vergangenheit noch hält sie gegenwärtig Grundbesitz.

1.4   *Entnahmen*

Der Stand der Rücklagenkonten, Darlehens- und Verrechnungskonten der Verkäufer bei der Gesellschaft zum Ablauf des 31.12.2019 ergibt sich aus Anlage 1.4.a. Die Verkäufer sind berechtigt, davon die aus Anlage 1.4.b ersichtlichen Beträge zu entnehmen, soweit dies nicht bereits erfolgt ist (die „Erlaubte Entnahme"). Darüber hinausgehende Beträge dürfen von den vorgenannten Konten nur nach Maßgabe von Ziffer 5.4 entnommen werden.

1.5   *Vereinbarungen mit Nahestehenden Personen*

Anlage 1.5 enthält eine vollständige und abschließende Liste sämtlicher Vereinbarungen, Rechtsbeziehungen, Organstellungen etc. (mit Angabe der Parteien, des Datums, des Gegenstandes und der Höhe der sich daraus gegenüber der Gesellschaft ergebenden Forderungen und Verbindlichkeiten sowie mit Angabe aller Nachträge, Nebenabreden, Ergänzungsvereinbarungen etc.) zum Wirtschaftlichen Stichtag und zum Unterzeichnungstag zwischen einerseits der Gesellschaft und andererseits den Verkäufern und diesen nahestehenden Personen.

2.   Verkauf und Abtretung Kommanditanteil

2.1   *Verkäufe*

Der Verkäufer 1 verkauft hiermit von seinem Kommanditanteil 1 einen Teilkommanditanteil 1 in Höhe von EUR 1800 (der „Kaufanteil 1") mit Wirkung zum Wirtschaftlichen Stichtag gemäß Ziffer 2.4 an die Käuferin.

Der Verkäufer 2 verkauft hiermit von seinem Kommanditanteil 2 einen Teilkommanditanteil in Höhe von EUR 1200 (der „Kaufanteil 2") mit Wirkung zum Wirtschaftlichen Stichtag gemäß Ziffer 2.4 an die Käuferin.

Der Verkäufer 3 verkauft hiermit von seinem Kommanditanteil 3 einen Teilkommanditanteil in Höhe von EUR 600 (der „Kaufanteil 3" und zusammen mit dem Kaufanteil 1 und dem Kaufanteil 2 die „Kaufanteile") mit Wirkung zum Wirtschaftlichen Stichtag gemäß Ziffer 2.4 an die Käuferin.

Die Käuferin nimmt diese Verkäufe hiermit an.

2.2   *Abtretungen*

Die Verkäufer treten hiermit jeweils ihren jeweiligen Kaufanteil an die Käuferin ab. Diese Abtretungen sind jedoch jeweils aufschiebend bedingt auf die jeweilige Eintragung der Sonderrechtsnachfolge an den Kaufanteilen 1, 2 und 3 im Handelsregister.[37] Die Käuferin nimmt diese aufschiebend bedingten Abtretungen der Kaufanteile hiermit jeweils an.

Weiter treten die Verkäufer hiermit jeweils bereits höchstvorsorglich eventuelle weitere Kommanditanteile unter der gleichen Bedingung an die Käuferin ab, die diese Abtretungen hiermit annimmt.

2.3   *Nebenrechte, Gewinn- und Gewinnbezugsrecht*

Der Verkauf und die Abtretung der Kaufanteile umfassen sämtliche Ansprüche und sonstigen bzw. Nebenrechte aus und im Zusammenhang mit den Kaufanteilen, einschließlich insbesondere des Gewinnanteils an sämtlichen Gewinnen des laufenden Geschäftsjahres und einschließlich des anteiligen Guthabens an den gesamthänderisch gebundenen Rücklagenkonten und allen sonstigen Konten, nicht jedoch die in Anlage 1.4.a ausgewiesenen Konten und Beträge (diese allerdings gemindert durch die Erlaubte Entnahme gemäß Anlage 1.4.b).[38]

---

[37] Vgl. Teil → D., Rn. 374.
[38] Vgl. Teil → D., Rn. 212, 373, 376.

2.4 *Stichtage*

Schuldrechtlich erfolgt der Verkauf auf den Beginn des 1.1.2020 (der „Wirtschaftliche Stichtag"). „Unterzeichnungstag" ist der Tag, an dem dieser Vertrag unterzeichnet wird bzw. wurde. „Vollzugsstichtag" ist der Tag, an dem die Abtretungen gemäß Ziffer 2.2 durch Bedingungseintritt wirksam werden.

3.   Zustimmungen, Verzichtserklärungen

Rein vorsorglich stimmen hiermit die Verkäufer und die Gesellschaft der Transaktion und dem Abschluss und der Durchführung dieses Vertrags zu und verzichten hiermit unbedingt und unwiderruflich auf die ihnen möglicherweise zustehenden Vorerwerbs-, Vorkaufs- und/oder Mitveräußerungsrechte und/oder Ähnliches, auch gemäß § […] des Gesellschaftsvertrages der Gesellschaft.

4.   Kaufpreis und Zahlungsbedingungen

4.1 *Kaufpreis*

Der von der Käuferin zu zahlende Kaufpreis für die Kaufanteile ist ein Festkaufpreis. Er beträgt EUR 1 200 000,00 (in Worten: Euro eine Million und zweihundert tausend) (der „Kaufpreis"). Der Kaufpreis teilt sich dabei wie folgt auf die Verkäufer auf:
a)   An den Verkäufer 1 EUR 600 000,00
b)   An den Verkäufer 2 EUR 400 000,00
c)   An den Verkäufer 3 EUR 100 000,00

4.2 *Fälligkeit*

Der Kaufpreis ist zur Zahlung fällig innerhalb von 15 Bankarbeitstagen nach Eintritt der Vollzugsbedingungen gemäß Ziffer 6 auf die nachfolgend aufgeführten Bankkonten der Verkäufer: […]. Die Verkäufer sind jeweils verpflichtet, der Käuferin den Eingang des Kaufpreises unverzüglich zu bestätigen.

5.   Locked-Box und Liquiditätsabflüsse

5.1 *Locked-Box*

Die Transaktion erfolgt maßgeblich auf Basis des in der Unteranlage 10.1 zur Anlage 7.1 beigefügten geprüften Abschlusses der Gesellschaft zum 31. Dezember 2019. Die Käuferin übernimmt damit die Kaufanteile mit den seit dem Wirtschaftlichen Stichtag verbundenen Chancen und Risiken – jedoch ausdrücklich mit Ausnahmen solcher Risiken, die mit etwaigen Unzulässigen Liquiditätsabflüssen gemäß Ziffer 5.3 seit dem Wirtschaftlichen Stichtag oder mit Garantien oder Freistellungen gemäß Ziffern 7, 9 oder 10 verbunden sind.

5.2 *Locked-Box-Garantie*

Die Verkäufer garantieren gegenüber der Käuferin in der Form eines selbständigen, verschuldensunabhängigen Garantieversprechens im Sinne von § 311 Abs. 1 BGB, bei dem es sich nicht um eine Beschaffenheitsvereinbarung im Sinne des § 434 Abs. 1 BGB oder eine Garantie für die Beschaffenheit der Sache im Sinne der §§ 443, 444 BGB handelt, und als Gesamtschuldner zum Vollzugsstichtag Folgendes (die „Locked-Box-Garantie"):
Der Geschäftsbetrieb der Gesellschaft ist, soweit nicht in diesem Vertrag oder Anlage 5.2 ausdrücklich anders offengelegt, vom Wirtschaftlichen Stichtag bis zum Vollzugsstichtag im Rahmen des gewöhnlichen Geschäftsbetriebs mit der Sorgfalt eines ordentlichen Kaufmanns, in Übereinstimmung mit vorsichtiger, einem Drittvergleich standhaltender Geschäftspraxis, in Übereinstimmung mit den jeweils anwendbaren Gesetzen sowie in Übereinstimmung mit der in der Vergangenheit bei der Gesellschaft geübten Praxis geführt worden. Es haben sich keine nachteiligen Änderungen hinsichtlich des Geschäftsbetriebs bzw. der Vermögens-, Finanz- und Ertragslage oder in Hinsicht auf wichtige Vermögensgegenstände oder Verträge ergeben. Es wurden keine Geschäfte oder Maßnahmen vorgenommen, die geeignet sind, die Substanz der Gesellschaft zu berühren bzw. die Geschäftsgrundlage für die Transaktion zu verändern. Es sind außer im Rahmen des gewöhnlichen Geschäftsbetriebs keine stillen Reserven aufgelöst oder entzogen worden.
Weder bei der Gesellschaft noch bei Nahestehenden Personen oder Dritten, jeweils für Rechnung der Gesellschaft, wurden seit dem Wirtschaftlichen Stichtag bis zum Vollzugsstichtag Unzulässige Liquiditätsabflüsse (wie in Ziffer 5.3 definiert) außer den ausdrücklich Erlaubten Liquiditätsabflüssen (wie in Ziffer 5.4 definiert) vorgenommen noch besteht zu solchen eine Verpflichtung.

5.3   *Unzulässige Liquiditätsabflüsse*

    „Unzulässige Liquiditätsabflüsse" im Sinne dieses Vertrages sind jegliche Zahlungen oder andere geldwerte oder sonstige Leistungen seitens der Gesellschaft an eine oder zu Gunsten einer Nahestehenden Person oder die Übernahme einer Verpflichtung, Haftung oder Verbindlichkeit gegenüber oder für eine Nahestehende Person oder der Verzicht auf eine Haftung oder Verbindlichkeit einer Nahestehenden Person oder der Abschluss oder die Änderung von Verträgen mit einer Nahestehenden Person jeweils durch die Gesellschaft, soweit nicht ausdrücklich in Ziffer 5.4 als Erlaubter Liquiditätsabfluss definiert.

5.4   *Erlaubte Liquiditätsabflüsse*

    „Erlaubte Liquiditätsabflüsse" sind a) die Erlaubte Entnahme gemäß Ziffer 1.4; b) laufende Zahlungen an Nahestehende Personen aus bereits vor dem Wirtschaftlichen Stichtag bestehenden und seitdem (betreffend insbesondere Umfang und Höhe) unverändert gebliebenen, in Anlage 1.5 aufgeführten Verträgen, höchstens jedoch in der Summe EUR [...] (in Worten: Euro [...]) pro Monat, c) Zahlungen an Nahestehende Personen oder betreffend außerordentliche Geschäftsführungsmaßnahmen, denen die Käuferin nach dem Unterzeichnungstag vorab ausdrücklich schriftlich zugestimmt hat.

5.5   *Rechtsfolge bei Unzulässigem Liquiditätsabfluss*

    Im Falle der Verletzung einer Locked-Box-Garantie oder eines Unzulässigen Liquiditätsabflusses – jedoch nur, soweit nicht vorab eine ausdrückliche anderweitige schriftliche Zustimmung der Käuferin vorlag – verpflichten sich die Verkäufer als Gesamtschuldner, unverzüglich an die Käuferin (oder, nach Wahl der Käuferin, an die Gesellschaft) zu zahlen Euro-für-Euro (i) einen Betrag in Höhe der entgegen Ziffer 5.2 bzw. Ziffer 5.3 geleisteten Zahlung oder (ii) des Werts der sonstigen, entgegen Ziffer 5.2 bzw. Ziffer 5.3 erbrachten Leistung sowie (iii) eines etwaigen weiteren, im Zusammenhang mit der Verletzung einer Locked-Box-Garantie bzw. einem Unzulässigen Liquiditätsabfluss entstandenen Schadens, einschließlich hieraus resultierender Steuernachteile. Ferner sind die Verkäufer verpflichtet, auf entgegen Ziffer 5.2 bzw. Ziffer 5.3 bestehende Ansprüche gegen die Gesellschaft zu verzichten und die Gesellschaft von solchen Ansprüchen von Nahestehenden Personen und/oder Dritten frei zu stellen. Es ist der Käuferin ausdrücklich erlaubt, mit Ansprüchen nach dieser Ziffer 5 gegen Ansprüche der Verkäufer auf den Kaufpreis aufzurechnen bzw. insofern ein Zurückbehaltungsrecht geltend zu machen.

6.   Vollzugsbedingungen

6.1   *Vollzugsbedingungen*

    Der Kaufpreis gemäß Ziffer 4.2 wird erst fällig, wenn folgenden Bedingungen (die „Vollzugsbedingungen") zuvor erfüllt sind, oder die Käuferin hierauf ausdrücklich schriftlich verzichtet hat:

a)   Es liegt keine einstweilige Verfügung oder anderweitige gerichtliche oder behördliche Anordnung vor, welche den Vollzug der Transaktion ganz oder teilweise verbietet;

b)   Die Verkäufer und die Käuferin haben eine notariell beglaubigte Handelsregisteranmeldung betreffend die Eintragung der Sonderrechtsnachfolge hinsichtlich der Abtretung der Kaufanteile an die Käuferin unterzeichnet und der Notar hat diese Handelsregisteranmeldung zum Handelsregister eingereicht;[39]

c)   Der Geschäftsführerdienstvertrag des Verkäufers 1 wurde gemäß Anlage 6.1c) neu gefasst mit der Maßgabe, dass eine Änderung der vorherigen Zustimmung der Käuferin bedarf;

d)   Die Parteien verpflichten sich hiermit, die vorstehend genannten Handlungen unverzüglich nach Unterzeichnung dieses Vertrages vorzunehmen und ohne Zustimmung der Käuferin nicht wieder aufzuheben, zu widerrufen oder sonst rückgängig zu machen. Die Parteien sind verpflichtet, sich wechselseitig jeweils unverzüglich nach Kenntnis des Eintritts oder auch des endgültigen Ausfalls einer Vollzugsbedingung per formloser Email zu informieren. Sollte die Käuferin auf eine Vollzugsbedingung verzichten, hat dies ausschließlich Auswirkungen auf und im Sinne dieser Ziffer 6.1, nicht hingegen z. B. auf die weiterhin fortbestehende Verpflichtung der Verkäufer, eine entsprechende Handlung vorzunehmen.

---

[39] Vgl. Teil → D., Rn. 259.

6.2 *Rücktritt*

Falls nicht innerhalb von drei (3) Monaten nach dem Unterzeichnungstag die Vollzugsbedingungen erfüllt wurden oder von der Käuferin auf deren Erfüllung verzichtet wurde, hat die Käuferin das Recht, von diesem Vertrag zurückzutreten. Eine Rücktrittserklärung ist nur vor dem Vollzugsstichtag zulässig und muss durch schriftliche Mitteilung an die Verkäufer erfolgen. Im Falle eines Rücktritts gemäß dieser Ziffer 6.2 entfallen alle Verpflichtungen zwischen den Parteien aus diesem Vertrag mit Ausnahme der Verpflichtungen aus Ziffer 14 (Mitteilungen), Ziffer 15 (Kosten), Ziffer 17 (Sonstiges). Die Verkäufer haben der Käuferin jedoch alle Kosten und Auslagen zu ersetzen, die der Käuferin im Zusammenhang mit der Vorbereitung, Verhandlung, Beurkundung und Durchführung dieses Vertrages entstanden sind.

7. Garantien der Verkäufer

7.1 *Verkäufergarantien*

Die Verkäufer garantieren hiermit als Gesamtschuldner gegenüber der Käuferin in der Form eines selbständigen und verschuldensunabhängigen Garantieversprechens im Sinne von § 311 Abs. 1 BGB, bei dem es sich nicht um eine Beschaffenheitsvereinbarung im Sinne des § 434 Abs. 1 BGB oder eine Garantie für die Beschaffenheit der Sache im Sinne der §§ 443, 444 BGB handelt und als Gesamtschuldner, dass die in Anlage 7.1 enthaltenen Angaben (diese Angaben einzeln die „Verkäufergarantie" und gemeinsam die „Verkäufergarantien") richtig, vollständig und nicht irreführend sind. Die Verkäufergarantien beziehen sich dabei (i) sowohl auf den Unterzeichnungstag als auch den Vollzugsstichtag und (ii) sowohl auf die Verkäufer als auch auf die Gesellschaft als auch auf die Tochtergesellschaften (insofern jeweils im Sinne eines echten Vertrages zu Gunsten Dritter mit eigenem Forderungsrecht).

7.2 *Bestes Wissen, Maßgebliche Person*

Soweit Verkäufergarantien nach „Bestem Wissen" abgegeben werden, haften die Verkäufer nur, wenn und soweit mindestens einer der Verkäufer zum Unterzeichnungstag die jeweiligen Umstände für die Unrichtigkeit der jeweiligen Verkäufergarantie kannte, kennt oder kennen muss oder die Kenntnis von anderen Personen mindestens einem der Verkäufer nach den anwendbaren gesetzlichen Regeln zuzurechnen ist. „Kennenmüssen" im Sinne der vorstehenden Sätze umfasst insbesondere auch solche Umstände, (i) von denen bei sorgfältiger Auswahl, Anleitung und Befragung der jeweiligen Mitarbeiter Kenntnis erlangt hätte werden können, oder auf die (ii) Akten, Aufzeichnungen oder sonstige Dokumente oder gespeicherte Daten (gleich in welcher Form), die der maßgeblichen Person bestimmungsgemäß zur Einsicht zur Verfügung standen oder stehen, hinweisen.[40]

8. Rechtsfolgen von Garantieverletzungen

8.1 *Garantieverletzung, Naturalrestitution, Schadensersatz*

Sollte sich herausstellen, dass eine oder mehrere Angaben der Verkäufer in Anlage 7.1 nicht zutreffend oder nicht vollständig ist/sind (eine „Garantieverletzung"), kann die Käuferin verlangen, dass die Verkäufer den Zustand herstellen, der bestehen würde, wenn die entsprechende Verkäufergarantie beziehungsweise entsprechenden Verkäufergarantien zutreffend und vollständig wären *(Naturalrestitution)*. Stellen die Verkäufer nicht innerhalb von einem (1) Monat nach Empfang der seitens der Käuferin übermittelten Benachrichtigung von der Garantieverletzung den vertragsgemäßen Zustand her oder ist dies fehlgeschlagen oder ist die Herstellung des vertragsgemäßen Zustandes nicht möglich oder verweigern die Verkäufer endgültig die Herstellung des vertragsgemäßen Zustands, so ist die Käuferin berechtigt, Leistung von Schadensersatz in Geld für alle Schäden nach §§ 249 ff. BGB an die Käuferin oder nach Wahl der Käuferin an die Gesellschaft zu verlangen.

Ansprüche der Käuferin nach dieser Ziffer 8 i. V. m. Ziffer 7 werden einzeln als „Garantieanspruch" und gemeinsam als „Garantieansprüche" bezeichnet.

8.2 *De Minimis, Freigrenze, Haftungshöchstbetrag*

Die Verkäufer haften nur für eine Garantieverletzung, wenn der Betrag des Garantieanspruchs im Einzelfall einen Betrag in Höhe von EUR [...] (in Worten: Euro fünftausend)

---

[40] Vgl. Teil → D., Rn. 529.

vor Umsatzsteuer übersteigt (der „De Minimis"). Serienschäden, d.h. Schadensfolgen, die auf derselben Ursache bzw. demselben Verstoß oder auf gleichartigen Ursachen bzw. Verstößen mit einem rechtlichen, wirtschaftlichen, technischen oder anders faktischen Zusammenhang beruhen (die „Serienschäden"), werden zu diesem Zweck zusammengerechnet.

Die Verkäufer haften nicht für Garantieverletzungen, wenn der Gesamtbetrag aller Garantieansprüche EUR [...] (in Worten: Euro zwanzigtausend) vor Umsatzsteuer (die „Freigrenze") nicht übersteigt, wobei hierfür Garantieansprüche einzurechnen sind, die den De Minimis nicht übersteigen. Wenn die Freigrenze überschritten wird, kann die Käuferin Zahlung des gesamten Betrages fordern, d.h. ab dem ersten Euro, soweit die einzelnen Garantieansprüche jeweils den De Minimis übersteigen. Vorbehaltlich der nachstehenden Regelungen haften die Verkäufer im Falle von Garantieverletzungen maximal bis zur Höhe eines Betrags, der dem Kaufpreis entspricht (der „Haftungshöchstbetrag"). Der De Minimis, die Freigrenze und der Haftungshöchstbetrag gelten nicht für eine Garantieverletzung der Garantien in Anlage 7.1 Ziffern 1 bis 7 (Title etc.) und Ziffer 13 (die „Steuergarantien") (sämtliche vorstehend genannten Garantien die „Fundamentalgarantien") sowie für Ansprüche nach Ziffern 5, 9, 10 und 11. Der De Minimis, die Freigrenze und der Haftungshöchstbetrag gelten ferner nicht für Ansprüche aus Verkäufergarantien, welche die Verkäufer vorsätzlich oder grob fahrlässig unvollständig oder unzutreffend abgegeben haben. In diesem Fall sind die Garantieansprüche stets in voller Höhe zu ersetzen, die Verkäufer haften in jedem Einzelfall ohne Rücksicht auf die Höhe des Garantieanspruchs, und die Freigrenze reduziert sich um den Betrag solcher Garantieansprüche.

8.3 *Verjährung*

Garantieansprüche verjähren wie folgt:

a) Ansprüche der Käuferin aus Fundamentalgarantien unterliegen einer Verjährung von zehn (10) Jahren ab dem Vollzugsstichtag;

b) Ansprüche der Käuferin aus Steuergarantien verjähren nach Ablauf einer Frist von sechs (6) Monaten, nachdem der Bescheid für die betreffenden Steuern und den betroffenen Veranlagungszeitraum formell und materiell bestandskräftig oder rechtskräftig geworden und nicht mehr abänderbar ist;

c) sämtliche weiteren Garantieansprüche der Käuferin verjähren innerhalb von drei (3) Jahren ab dem Vollzugsstichtag.

Die Verjährungsfrist beginnt mit Zugang einer Mitteilung über die Garantieverletzung bei den Verkäufern oder mit schriftlichem Anerkenntnis der Garantieverletzung durch die Verkäufer neu. Ergänzend finden §§ 203 bis 213 BGB Anwendung.

8.4 *Ausschluss der Geltendmachung*

Die Käuferin kann Garantieansprüche nicht geltend machen, wenn und soweit

a) der sich aus der Garantieverletzung ergebende Schaden im Jahresabschluss der Gesellschaft für das Geschäftsjahr 2019 durch eine Einzelwertberichtigung, eine Verbindlichkeit oder eine Rückstellung berücksichtigt worden ist, jedoch nur, soweit dabei ein ausdrücklicher Bezug zu der spezifischen Garantieverletzung bestand;

b) diese in diesem Vertrag oder dessen Anlagen und Unteranlagen an der richtigen Stelle, an der es ein ordentlicher Kaufmann in Übereinstimmung mit vorsichtiger, einem Drittvergleich standhaltender Geschäftspraxis erwarten würde, offengelegt sind und daraus ohne zusätzliche Informationen eindeutig erkennbar ist, dass und inwieweit ein Garantieanspruch eingeschränkt oder ausgeschlossen sein soll;

c) die Gesellschaft infolge der Garantieverletzung tatsächlich Schadensersatz von einem Dritten (einschließlich einer Versicherung) erhalten hat, insofern jedoch unter Berücksichtigung etwaiger negativer Prämien-Erhöhungen oder Steuer-Folgen.

Im Übrigen finden die Bestimmungen der § 377 HGB und § 442 BGB und die darin enthaltenen Rechtsgedanken keine Anwendung.

8.5 *Ausschluss sonstiger Rechtsmittel*

Soweit rechtlich zulässig, werden hiermit sämtliche sonstigen Ansprüche und Rechtsmittel im Zusammenhang mit Garantieverletzungen außer den in diesem Vertrag ausdrücklich Genannten ausgeschlossen, und zwar unabhängig von ihrer Rechtsnatur, ihrem Betrag oder ihrer rechtlichen Grundlage. Dies gilt insbesondere im Hinblick auf vorvertragliche Pflichtverletzungen (§ 311 Abs. 2 und 3 BGB), Pflichtverletzungen aus dem Schuldverhältnis, Minderung und Rücktritt oder sonstige Rückabwicklung, es sei denn, der An-

spruch beruht auf einer vorsätzlichen Handlung oder arglistigen Täuschung durch die Verkäufer, eine Nahestehende Person oder einen Berater der Verkäufer.

8.6 *Kumulative Geltung von Ansprüchen, Überschneidungen, keine doppelte Inanspruch-*
nahme
    Alle Ansprüche der Käuferin aus diesem Vertrag, einschließlich des Anspruchs auf Er-
füllung, bestehen nebeneinander und nicht alternativ, soweit dieser Vertrag keine abweichende Regelung vorsieht. Soweit sich der Anwendungsbereich von Ansprüchen gemäß
Ziffer 5 (Locked Box) und/oder Garantieansprüchen in diesem Vertrag überschneidet, gehen Ansprüche gemäß Ziffer 5 vor. Soweit ein Sachverhalt bei einer Inanspruchnahme der
Verkäufer aus einer Verkäufergarantie Berücksichtigung findet und zur Naturalrestitution
bzw. zum Schadensersatz führt, darf er betragsmäßig bei einer anderen Inanspruchnahme
der Verkäufer wegen einer Garantieverletzung nicht nochmals entsprechend berücksichtigt werden („Keine Doppelte Inanspruchnahme"). Das Gleiche gilt für das Verhältnis zwischen Garantieansprüchen sowie sonstigen Zahlungsansprüchen nach diesem Vertrag.

8.7 *Informationspflichten bei Ansprüchen Dritter*
    Die Käuferin wird die Verkäufer informieren, wenn sie oder die Gesellschaft von einem
Dritten (einschließlich Behörden) verklagt oder sonst gerichtlich in Anspruch genommen
werden, sofern der Käuferin im Fall eines Unterliegens ein Garantieanspruch gegen die
Verkäufer zustehen würde („Haftungsrelevanter Drittanspruch").

9.   Steuerfreistellung und Steuern

9.1 *Steuerfreistellung*
    Die Verkäufer als Gesamtschuldner stellen die Käuferin und/oder nach deren Wahl die
Gesellschaft hiermit frei (insgesamt sowie jeweils die „Steuerfreistellungsverpflichtung")

a)   von allen in- und ausländischen Steuern, soweit diese sich auf den Zeitraum bis ein-
     schließlich zum Wirtschaftlichen Stichtag beziehen bzw. irgendeiner Zeitperiode, einer
     Handlung, einem Ereignis oder anderen Umständen bis einschließlich zum Wirtschaft-
     lichen Stichtag zugeordnet werden können, insbesondere also für abgeschlossene
     Veranlagungszeiträume geschuldet werden, und nicht im Jahresabschluss für das Ge-
     schäftsjahr 2019 der Gesellschaft als Steuerverbindlichkeiten oder Steuerrückstellun-
     gen erfasst sind;

b)   von der Haftung der Gesellschaft für Steuerschulden der Verkäufer;

c)   von etwaigen Steuern auf Schadensersatzzahlungen der Verkäufer, die aufgrund die-
     ses Vertrages zu leisten sind;

d)   Steuern infolge von Verstößen gegen Ziffer 5 (Verletzung einer Locked-Box-Garantie
     oder Unzulässiger Liquiditätsabfluss) oder Ziffer 10 (Überleitung des Geschäftsbe-
     triebs).

    Eine Freistellungsverpflichtung der Verkäufer besteht nicht, soweit die freizustellen-
de Steuer zu Steuervorteilen bei der Zielgesellschaft in Gestalt einer Verringerung der
steuerlichen Bemessungsgrundlage im Veranlagungszeitraum, in den der Wirtschaftliche
Stichtag fällt, sowie in vier darauffolgenden Veranlagungszeiträumen führt („steuerliche
Umkehreffekte"). Dies gilt insbesondere dann, wenn es aufgrund der Änderung von Steuerbescheiden lediglich zu einer Verschiebung von steuerlich abzugsfähigem Aufwand in
spätere Veranlagungszeiträume kommt („Phasenverschiebung"). Im Falle von steuerlichen
Umkehreffekten wird der vom Verkäufer im Rahmen der Steuerfreistellung zu zahlende Betrag um den Barwert dieser künftigen steuerlichen Umkehreffekte reduziert. Der Barwert
wird dabei pauschal unter Zugrundelegung eines Steuersatzes von 30 % und einer Abzinsung mit einem Zinssatz von 5 % p. a. ermittelt. Sämtliche zur Berechnung erforderlichen
Unterlagen sind den Verkäufern auf Verlangen von der Käuferin bzw. der Gesellschaft zur
Verfügung zu stellen.[41]

9.2 *Verjährung, entsprechende Geltung*
    Ziffern 8.3.b) und 8.4 gelten entsprechend.

10.   Fortführung des Geschäftsbetriebs bis zum Vollzugsstichtag

10.1 *Fortführung des Geschäftsbetriebs bis zum Vollzugsstichtag*
    Die Verkäufer stehen hiermit dafür ein, dass auch vom Unterzeichnungstag bis ein-
schließlich zum Vollzugsstichtag – soweit nicht in diesem Vertrag ausdrücklich anders of-

---

[41] Vgl. Teil → D., Rn. 674.

fengelegt oder vorab durch die Käuferin ausdrücklich schriftlich zugestimmt – (i) die Gesellschaft ihren Geschäftsbetrieb im Rahmen des gewöhnlichen Geschäftsgangs mit der Sorgfalt eines ordentlichen Kaufmanns, in Übereinstimmung mit vorsichtiger, einem Drittvergleich standhaltender Geschäftspraxis, in Übereinstimmung mit den jeweils anwendbaren Gesetzen sowie in Übereinstimmung mit der in der Vergangenheit bei der Gesellschaft geübten Praxis führen wird, (ii) keine Geschäfte oder Maßnahmen vorgenommen werden, die geeignet sind, die Substanz der Gesellschaft nachteilig zu berühren bzw. die Geschäftsgrundlage für die Transaktion nachteilig zu verändern, (iii) außer im Rahmen des gewöhnlichen Geschäftsbetriebs keine stillen Reserven aufgelöst oder entzogen werden, (iv) keine der in Ziffern 5.2 oder 5.3 erwähnten und aufgelisteten Handlungen vorgenommen werden, (v) kein Unzulässiger Liquiditätsabfluss erfolgt und (vi) der neu zu fassende Gesellschaftsvertrag der Gesellschaft gemäß Ziffer 13.1 und die neu zu fassende Geschäftsordnung für die Geschäftsführung der Komplementärin gemäß Ziffer 13.2 seitens der Verkäufer und der Geschäftsführung der Gesellschaft bzw. der Komplementärin eingehalten und nicht geändert werden, auch wenn diese im Außenverhältnis erst mit Vollzugsstichtag wirksam werden, und dass insoweit die Käuferin bereits eingebunden wird, wie wenn sie bereits Gesellschafterin der Gesellschaft wäre.

10.2 *Informationspflicht bis zum Vollzugsstichtag*

    Die Verkäufer sind verpflichtet, die Käuferin vom Unterzeichnungstag an bis einschließlich zum Vollzugsstichtag unverzüglich nach Kenntniserlangung, spätestens innerhalb von drei (3) Bankarbeitstagen, schriftlich über jeden Umstand zu informieren, der (i) den Vollzug dieses Vertrages gefährden, beeinträchtigen oder verhindern könnte, (ii) die Verletzung einer Verkäufergarantie begründen könnte oder (iii) einen Verstoß gegen die Vorgaben in Ziffer 5 und dieser Ziffer 10 bedeuten könnte. Die Verkäufer haben dafür Sorge zu tragen und die Gesellschaft anzuweisen, dass auch die Gesellschaft die Verpflichtungen nach Satz 1 einhält.

    Vorbehaltlich zwingender gesellschaftsrechtlicher Vorschriften werden die Verkäufer ab dem Unterzeichnungstag bis zum Vollzugsstichtag der Käuferin und ihren Beratern während der normalen Geschäftszeiten uneingeschränkten Zugang zu dem Geschäftsbetrieb und den Gebäuden der Gesellschaft geben und Bücher, Steuererklärungen, Verträge, Genehmigungen und sonstige Informationen zugänglich machen und solche Informationen und Unterlagen zur Verfügung stellen, die die Käuferin vernünftigerweise verlangt. Die Verkäufer verpflichten sich ferner, der Käuferin alle Auskünfte zu erteilen und, soweit bei den Verkäufern vorhanden, Unterlagen zur Verfügung zu stellen, die zur Durchführung dieses Vertrages und zur Fortführung des Geschäftsbetriebes der Gesellschaft erforderlich sind.

10.3 *Rechtsfolge bei Verstoß*

    Bei einer Verletzung von Verpflichtungen aus dieser Ziffer 10 gilt Ziffer 5.5 entsprechend.

11. Weitere Maßnahmen und Zusammenarbeit vor bzw. nach dem Vollzugsstichtag

11.1 *Verträge mit Nahstehenden Personen nach dem Vollzugsstichtag*

    Nur die in Anlage 11.1 aufgeführten Verträge mit Nahestehenden Personen werden nicht über den Vollzugsstichtag hinaus fortgesetzt. Soweit in der genannten Anlage bei den jeweiligen Verträgen aufgeführt, werden die Verkäufer (i) auf Verlangen der Käuferin dafür sorgen, dass die entsprechenden Verträge mit Wirkung bis zum darin genannten Zeitpunkt ohne Kosten oder Verpflichtungen für die Gesellschaft beendet werden, sowie (ii) unverzüglich dafür sorgen, dass die Mietkonditionen (insbesondere die Miete pro Quadratmeter und die Übernahme der Nebenkosten) der in Anlage 11.1 bezeichneten Untermietverträge nicht besser bzw. für den Untermieter günstiger sind als die aus den Mietverträgen für die Gesellschaft als Mieterin geltenden Konditionen.

11.2 *Verhalten der Verkäufer vor und nach dem Vollzugsstichtag*

    Die Verkäufer sind verpflichtet, ohne vorherige schriftliche Zustimmung der Käuferin bzw. soweit nicht im Rahmen der Transaktion ausdrücklich vorgesehen zwischen Unterzeichnungstag und Vollzugsstichtag keine Gesellschafterbeschlüsse der Gesellschaft und der Tochtergesellschaften zu fassen. Die Verkäufer verpflichten sich, der Käuferin und den von ihr beauftragen Personen über die Angelegenheiten der Gesellschaft aus der Zeit vor dem Vollzugsstichtag auf Verlangen uneingeschränkt Auskunft zu erteilen und der Käuferin und den von ihr beauftragten Personen zu gestatten, Unterlagen, die einen Bezug zu der Gesellschaft haben, einzusehen und von diesen Unterlagen Kopien zu machen und der Käuferin sämtliche Unterlagen betreffend und im Zusammenhang mit den Kaufanteilen zur Verfügung zu stellen.

12. Abtretung

Ohne schriftliche Zustimmung der anderen Partei ist keine Partei zur Abtretung von Rechten oder Ansprüchen aus diesem Vertrag berechtigt; das gilt nicht für die Käuferin bezüglich verbundener Unternehmen nach §§ 15 ff. AktG bzw. nahestehender Personen nach § 138 InsO.

13. Gesellschaftsvertrag, Geschäftsordnung Geschäftsführung

13.1 *Neufassung Gesellschaftsvertrag*

Die Verkäufer, die Käufer und die Komplementärin schließen hiermit den Gesellschaftsvertrag der Gesellschaft gemäß Anlage 13.1 neu ab, und zwar im Außenverhältnis mit Wirkung ab dem Vollzugsstichtag und im Innenverhältnis mit Wirkung ab dem Unterzeichnungstag. Die Parteien sind sich einig, dass der neue Gesellschaftsvertrag gemäß Anlage 13.1 ab dem Beginn des Vollzugsstichtags für die Gesellschaft gilt, alle bis dahin bestehenden gesellschaftsvertraglichen Regelungen ersetzt und stets und dauerhaft nur mit Zustimmung der Käuferin geändert werden kann.

13.2 *Geschäftsordnung Geschäftsführung*

Die Verkäufer und die Käuferin beschließen hiermit für die Komplementärin die Geschäftsordnung für die Geschäftsführung gemäß Anlage 13.2, und zwar im Außenverhältnis mit Wirkung ab dem Vollzugsstichtag und im Innenverhältnis mit Wirkung ab dem Unterzeichnungstag. Die Parteien sind sich einig, dass diese neue Geschäftsordnung für die Geschäftsführung der Komplementärin gemäß Anlage 13.2 ab dem Beginn des Vollzugsstichtags für die Geschäftsführung der Komplementärin gilt, alle bis dahin bestehenden vergleichbaren Regelungen ersetzt und stets und dauerhaft nur mit Zustimmung der Käuferin geändert werden kann.

14. Mitteilungen

14.1 *Schriftform*

Alle Erklärungen, Anzeigen und Mitteilungen im Zusammenhang mit diesem Vertrag einschließlich Anlagen und Unteranlagen haben schriftlich oder per E-Mail an eine der nachfolgenden Adressen zu erfolgen.

14.2 *Adressen*

Alle Anzeigen und Mitteilungen gelten als der jeweils anderen Partei bzw. dem jeweils anderen Beteiligten zugegangen, wenn sie an folgende Adresse zugehen:
a) Für die Verkäufer und für die Gesellschaft an:
   [...]
b) Für die Käuferin an:
   [...]

14.3 *Adressänderungen*

Die Parteien haben Änderungen ihrer in Ziffer 14.2 genannten Anschriften den jeweils anderen Parteien und deren in Ziffer 14.2 genannten Beratern unverzüglich schriftlich mitzuteilen. Bis zu dieser Mitteilung gilt die bisherige Anschrift als maßgeblich.

15. Kosten

Jede Partei trägt die ihr im Zusammenhang mit diesem Vertrag und seinen Anlagen entstandenen Kosten selbst.

16. Gesamtschuldner

Soweit nicht in diesem Vertrag oder seinen Anlagen ausdrücklich anders geregelt übernehmen die Verkäufer sämtliche Verpflichtungen, Leistungspflichten und Haftungen aus diesem Vertrag als Gesamtschuldner.

17. Sonstiges

17.1 *Gesamte Vereinbarung*

Dieser Vertrag einschließlich Anlagen und Unteranlagen enthält sämtliche Vereinbarungen zwischen den Parteien zum Gegenstand dieses Vertrages. Frühere mündliche und schriftliche Vereinbarungen oder Angebote zwischen den Parteien im Hinblick auf den

Vertragsgegenstand oder Teile davon treten mit Abschluss dieses Vertrages außer Kraft. Nebenabreden bestehen nicht.

17.2 *Anlagen und Definitionen*

Sämtliche Anlagen und Unteranlagen sind wesentlicher Bestandteil dieses Vertrages. Definitionen gelten in sämtlichen Dokumenten entsprechend.

17.3 *Vertragsänderungen*

Änderungen und Ergänzungen oder die Aufhebung dieses Vertrages einschließlich dieser Bestimmung bedürfen der Schriftform, soweit nicht eine andere Form gesetzlich zwingend vorgeschrieben ist.

17.4 *Rechtswahl und Gerichtsstand*

Dieser Vertrag unterliegt dem Recht der Bundesrepublik Deutschland unter Ausschluss der Verweisungsnormen des deutschen internationalen Privatrechts. Gerichtsstand ist, soweit gesetzlich zulässig, München. Die Parteien sind sich einig, dass rechtlich bindend die deutsche Fassung dieses Vertrags ist und die englische Übersetzung nur der Information dient.

17.5 *Salvatorische Klausel*

Sollten einzelne Bestimmungen dieses Vertrages einschließlich Anlagen und Unteranlagen ganz oder teilweise unwirksam oder undurchführbar sein oder werden, berührt dies die Wirksamkeit und Durchführung aller übrigen Bestimmungen nicht. In diesem Fall werden die Parteien eine wirksame und durchführbare Bestimmung vereinbaren, die dem wirtschaftlichen Zweck der unwirksamen oder nicht durchführbaren Bestimmung, den die Parteien bei Vertragsabschluss verfolgt haben bzw. verfolgt hätten, sofern sie diesen Punkt beim Abschluss dieser Urkunde bedacht hätten, am nächsten kommt. Entsprechendes gilt für Lücken in diesem Vertrag.

VII. Share Deal II

1. Ausgangssituation

Ausgangssituation ist, dass ein international tätiger Konzern (D-Gruppe) einen Teil seiner deutschen Aktivitäten, nämlich die G-GmbH, im Wege eines Anteilsverkaufs (Share Deal) verkaufen will. Da die G-GmbH verlustreiche Jahre hinter sich hat, muss die D-Gruppe noch einen größeren Betrag, vor Durchführung der Veräußerung, in die Kapitalrücklage der Gesellschaft einschießen (siehe Ziffer 1.2 des Mustervertrags). Dennoch werden die Anteile für nur einen Euro veräußert.

Die Erwerber lassen sich eine bestimmte Höhe des Eigenkapitals garantieren, mit „Auffüllungspflicht", wenn zum entsprechenden Stichtag das Eigenkapital nicht die garantierte Höhe erreicht (siehe Ziffer 8.2 des Mustervertrags).

Des Weiteren finden sich in diesem Vertragsmuster typische Regelungen, die beim Herauslösen einer Konzerngesellschaft verwendet werden (Anpassung eines Untermietvertrags, Ziffer 8.4 des Mustervertrags, Beendigung der Teilnahme der Zielgesellschaft an dem Cash-Pooling-System der D-Gruppe, vgl. Ziffer 8.6.2 des Mustervertrags, sowie Beendigung eines konzerninternen Service-Vertrags, Ziffer 8.6.3 des Mustervertrags).

Sodann ist die Veräußerin dazu bereit, ein der Zielgesellschaft gewährtes Gesellschafterdarlehen, zu zwischen Veräußerin und Erwerberin verhandelten Konditionen, weiter zu belassen (Ziffer 9. des Mustervertrags). Die Veräußerin bleibt daher insoweit im wirtschaftlichen Risiko, was aus Sicht der Veräußerin nicht optimal ist, aber der wirtschaftlich schlechten Lage der G-GmbH geschuldet ist.

Schaubild: Situation **vor der Transaktion:**

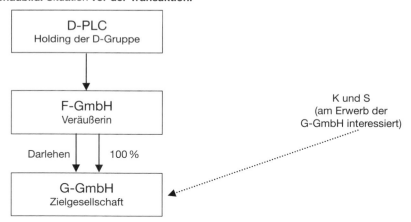

Schaubild: Situation **nach Abschluss der Transaktion:**

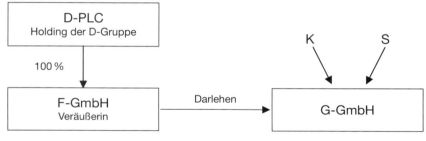

2. Mustertext

URNr. …/20[…]

UNTERNEHMENSKAUFVERTRAG
GESCHÄFTSANTEILSABTRETUNGEN

Heute, am […],

– […] zweitausendund[…] –

erschienen vor mir,

[…]

Notar mit dem Amtssitz in […] in der Geschäftsstelle […]:

1.   Herr Q,
   geb. am […],
   wohnhaft […],
   ausgewiesen durch seinen amtlichen Lichtbildausweis,
   der Erschienene zu 1. hier handelnd nicht in eigenem Namen, sondern als einzelver-
   tretungsberechtigter und von den Beschränkungen des § 181 BGB befreiter Vertreter für die
   F-GmbH,
   [Adresse],
   Amtsgericht […], HRB […]

                        – nachfolgend auch „**Veräußerin**" genannt –

   sowie für die
   D-PLC,
   [Adresse]
   [registriert unter …]
   einer börsennotierten Aktiengesellschaft nach englischem Recht,

                        – nachfolgend auch „**D**" genannt –

   jeweils aufgrund Vollmacht, die dieser Urkunde nebst Vertretungsbescheinigungen im
   Original beigefügt sind.

2.   Herr M,
   geb. am […],
   wohnhaft […],
   ausgewiesen durch seinen amtlichen Lichtbildausweis,
   hier handelnd sowohl in eigenem Namen wie auch als von § 181 BGB befreiter einzelver-
   tretungsberechtigter Geschäftsführer für die
   G-GmbH,
   [Adresse],
   Amtsgericht […], HRB […]

                        – nachfolgend auch „**Gesellschaft**" genannt –

3.   Herr K,
   geb. am […],
   wohnhaft […],
   ausgewiesen durch seinen amtlichen Lichtbildausweis,

4.   Herr S,
   geb. am […],
   wohnhaft […],
   ausgewiesen durch seinen amtlichen Lichtbildausweis,
   hier handelnd in eigenem Namen,

                   – die Erschienenen zu 3. und 4. gemeinsam
                   nachfolgend auch „**Erwerber**" genannt –.

Auf Frage des Notars erklären die Erschienenen: Eine Vorbefassung des Notars oder Notarver-
treters im Sinne des § 3 Abs. (1) Nr. 7 des Beurkundungsgesetzes liegt nicht vor.
Die Erschienenen baten um Beurkundung des folgenden Unternehmenskaufvertrages:

Präambel

Geschäftsgegenstand der Gesellschaft ist die Entwicklung, Herstellung und der Vertrieb von [...] aller Art, insbesondere [...]. Die Veräußerin ist alleinige Gesellschafterin der Gesellschaft. Die Erwerber beabsichtigen, von der Veräußerin deren Geschäftsanteile an der Gesellschaft zu erwerben; die Veräußerin ist bereit, ihre Geschäftsanteile an die Erwerber zu verkaufen.

Dies vorausgeschickt, vereinbaren die Parteien was folgt:

1.   Beteiligungsverhältnisse, Kapitalrücklage

1.1   Die Gesellschaft hat ein Stammkapital in Höhe von EUR [...], eingeteilt in
a) einen Geschäftsanteil mit der lfd. Nr. [...] im Nennbetrag von EUR [...],
b) einen Geschäftsanteil mit der lfd. Nr. [...] im Nennbetrag von EUR [...],
c) einen Geschäftsanteil mit der lfd. Nr. [...] im Nennbetrag von EUR [...],
d) einen Geschäftsanteil mit der lfd. Nr. [...] im Nennbetrag von EUR [...] und
e) einen Geschäftsanteil mit der lfd. Nr. [...] im Nennbetrag von EUR [...],
die sämtlich von der Veräußerin gehalten werden.
Das Stammkapital ist in voller Höhe einbezahlt.

1.2   Die Veräußerin hat vor Abschluss dieses Vertrages einen Betrag von EUR [...] gemäß § 272 Abs. 2 Nr. 4 HGB als sonstige Zuzahlung in die Kapitalrücklage der Gesellschaft gemäß dem als Anlage A beigefügten Gesellschafterbeschluss einbezahlt.

2.   Verkauf von Geschäftsanteilen

2.1   Die Veräußerin verkauft hiermit mit schuldrechtlicher Wirkung zum Stichtag ihre in Ziffer 1.1a), b), c) und e) bezeichneten Geschäftsanteile an der Gesellschaft an Herrn K, der den Verkauf hiermit annimmt.

2.2   Die Veräußerin verkauft hiermit mit schuldrechtlicher Wirkung zum Stichtag ihren in Ziffer 1.1d) bezeichneten Geschäftsanteil an der Gesellschaft an Herrn S, der den Verkauf hiermit annimmt.

2.3   Der Verkauf der Geschäftsanteile gemäß Ziffer 2.1 und 2.2 erfolgt nebst aller Nebenrechte, insbesondere aller Ansprüche aus zum Stichtag nicht ausgeschütteten Gewinnen und den Gewinnbezugsrechten ab dem Stichtag.

3.   Abtretung von Geschäftsanteilen

Die Veräußerin tritt hiermit jeweils ihre gemäß Ziffer 2.1 und 2.2 veräußerten Geschäftsanteile an der Gesellschaft nebst aller Nebenrechte mit sofortiger dinglicher Wirkung an Herrn K und Herrn S ab, die diese Abtretungen der Geschäftsanteile nebst aller Nebenrechte hiermit annehmen.

4.   Stichtag

Stichtag ist der [...], 24:00 Uhr.

5.   Kaufpreis

Der Kaufpreis für die gemäß Ziffer 2. veräußerten Geschäftsanteile beträgt für Herrn K EUR 1,00 und für Herrn S EUR 1,00 und ist jeweils sofort in bar zur Zahlung fällig.

6.   Jahresabschluss und Steuererklärung 2019, Prüfung

Die Veräußerin und D werden den Jahresabschluss der Gesellschaft zum 31.12.2019 entsprechend den in Anlage B Ziffer 2.2 festgelegten Grundsätzen bis zum 31.3.2020 auf ihre Kosten, ggf. unter Zuziehung von I, erstellen lassen und alle erforderlichen Steuererklärungen zum 31.12.2019 bis spätestens zum 30.6.2020 vorbereiten und für die Gesellschaft bei den Steuerbehörden einreichen. Sie werden ferner binnen drei Wochen von heute den Zwischenabschluss zum Stichtag erstellen und den Erwerbern vorlegen. Dabei werden die bisherigen Buchhaltungs- und Bilanzierungsgrundsätze von D angewandt.

Die Erwerber sind berechtigt, auf Kosten der Gesellschaft den Jahresabschluss zum 31.12.2019 sowie den nach den bisherigen Buchhaltungs- und Bilanzierungsgrundsätzen der D erstellten Zwischenabschluss durch eine von ihnen beauftragte Wirtschaftsprüfungsgesellschaft ganz oder teilweise prüfen zu lassen. Dabei wird insbesondere das Eigenkapital der Gesellschaft (vgl. Anlage B Ziffern 2.2.5) geprüft, welches zum 31.12.2019 mindestens EUR [...] Mio. (unter Außerachtlassung der Einzahlungen gemäß Ziffer 1.2 und eines etwaigen Firmenwerts) betragen muss. Jegliche Prüfung und ggf. Neubewertung des Vorratsvermögens, der Forderungen und der Verbindlichkeiten (gegenüber Dritten) führt jedoch zu keiner Anpassung des Kaufpreises, der Einzahlungsverpflichtung der Veräußerin gemäß Ziffer 1.2 oder des Darlehens gemäß Ziffer 9.

Soweit im Übrigen zwischen der Veräußerin einerseits und den Erwerbern andererseits Uneinigkeit hinsichtlich des Jahresabschlusses zum 31.12.2019 und des Zwischenabschlusses zum Stichtag, insbesondere über die Höhe des Eigenkapitals, besteht, werden sich die Veräußerin und die Erwerber bemühen, diese einvernehmlich bis zum […] zu klären. Sofern und soweit eine Einigung nicht zu Stande kommen sollte, sind die Veräußerin und die Erwerber jeweils berechtigt, die […] Wirtschaftsprüfungsgesellschaft, [Adresse], als Schiedsgutachter gemäß § 317 BGB zur Stellungnahme zu den Punkten, über die Uneinigkeit besteht, zu beauftragen. Deren Stellungnahme ist für die Parteien verbindlich; deren Kosten verteilen sich auf die Parteien entsprechend dem Obsiegen und werden vom Schiedsgutachter nach billigem Ermessen mit verbindlicher Wirkung zwischen den Parteien verteilt.

7. Garantien

Die Erwerber verlassen sich bei Abschluss und Vollzug dieses Vertrages auf die Richtigkeit und Vollständigkeit der in diesem Vertrag und insbesondere in Anlage B gemachten Angaben. Die Veräußerin und D sind sich bewusst, dass die in diesem Vertrag und seinen Anlagen, insbesondere in Anlage B, enthaltenen Informationen Grundlage für den Erwerb der Geschäftsanteile der Gesellschaft durch den Erwerber sind. Die Veräußerin und D versichern und garantieren im Sinne einer selbständigen Garantieerklärung i. S. v. § 311 Abs. 1 BGB ohne Rücksicht auf Verschulden, dass die in Anlage B gemachten Angaben zum heutigen Tage und zum Stichtag vollständig und richtig sind. Soweit Anlage B auf Kenntnis und/oder Kennenmüssen der Veräußerin und/oder der D Bezug nimmt, erfasst das auch die Kenntnis oder das Kennenmüssen der X-GmbH (Amtsgericht […], HRB […]), der Y-GmbH (Amtsgericht […], HRB […]) und der Z-GmbH (Amtsgericht […], HRB […]), – nachfolgend und zuvor insgesamt „I" genannt – sowie sämtlicher Mitarbeiter, Angestellter und Organmitglieder der Veräußerin, der D und der I sowie mit ihnen verbundenen Unternehmen.

8. Haftung

8.1 Allgemeines

Unabhängig von den gesetzlichen Ansprüchen, insbesondere aus Vertrag, unerlaubter Handlung und aus § 311 Abs. 2 und 3 BGB, die dadurch unberührt bleiben, haben die Veräußerin und D den Erwerbern und – gemäß Ziffer 8.8 nach deren Wahl – der Gesellschaft alle wirtschaftlichen Nachteile zu ersetzen, die sich aus einer etwaigen Unrichtigkeit oder Unvollständigkeit der in diesem Vertrag abgegebenen Erklärungen, insbesondere der Zusicherungen und Garantien in Anlage B, ergeben sollten. § 442 Abs. 1 BGB sowie §§ 377 ff. HGB sind ausgeschlossen.

8.2 Eigenkapital

Wird der Mindestbetrag des Eigenkapitals entgegen Anlage B Ziffer 2.2.5, ermittelt anhand der Grundsätze aus Anlage B Ziffer 2.2.1, nicht erreicht, ist die Differenz zwischen dem tatsächlichen Eigenkapital und dem Mindestbetrag gemäß Anlage B Ziffer 2.2.5 in voller Höhe von der Veräußerin und D zu erstatten und den Erwerbern zu ersetzen.

8.3 Steuern

Steuernachzahlungen für die Zeit vor dem Stichtag, die sich erst nachträglich (z. B. nach einer Außenprüfung) ergeben, sind, soweit sie nicht in dem Jahresabschluss zum 31.12.2019 und in dem Zwischenabschluss zum 1.3.2020 als Steuerrückstellung ausgewiesen sind, in voller Höhe von der Veräußerin und D zu tragen und den Erwerbern zu ersetzen. Dies gilt nicht, soweit die Steueränderung auf einer Periodenverschiebung der Bemessungsgrundlage beruht, welche sich bis zum Stichtag mit demselben Steuersatz bereits wieder ausgeglichen hat.

Soweit sich Änderungen (z. B. durch eine Außenprüfung) ergeben, welche nicht bereits nach der vorstehenden Regelung zu einer Erstattungspflicht führen, sind Änderungen im verwendbaren Eigenkapital gemäß Anlage B Ziffer 2.9.3 Anlage […] einschließlich Körperschaftsteuererhöhungen zulasten der Erwerber von der Veräußerin und D in voller Höhe zu tragen und den Erwerbern zu erstatten.

8.4 Untermietvertrag [...]
Der Unter-Mietvertrag zwischen der Veräußerin und der Gesellschaft vom [...] über einen Teil des Grundstücks [...], wird hiermit mit Wirkung ab dem Stichtag durch den als Anlage C beigefügten Nachtrag insbesondere dahingehend geändert, dass die untervermietete Fläche auf [...] m², der Untermietzins auf EUR [...] pro Jahr (ggf. zzgl. Umsatzsteuer) und die Nebenkosten auf EUR [...] pro Jahr verringert werden. Soweit es seit dem Stichtag zu einer Überzahlung der geschuldeten (angepassten) Untermietzinsverpflichtungen der Gesellschaft gekommen ist, ist die Gesellschaft zu einer Verrechnung mit der nächsten Monatsmiete berechtigt.
Soweit Ansprüche der Gesellschaft gegen die Veräußerin aus oder im Zusammenhang mit diesem Unter-Mietvertrag entstehen, haftet D hierfür im Sinne einer selbständigen Garantie i. S. v. § 311 Abs. 1 BGB. Für den Fall, dass die Gesellschaft von der Veräußerin zur Erfüllung von Mietzinsverpflichtungen aus diesem Unter-Mietvertrag ungeachtet dieses Nachtrages in Anspruch genommen wird, hat D die Gesellschaft von derartigen Mietzinsforderungen freizustellen.

8.5 Haftung für Produkte
8.5.1 Vertragliche oder gesetzliche Ansprüche der I oder von Dritten gegen die Gesellschaft aus originären oder aus übergegangenen Verpflichtungen, die aus den Gesichtspunkten der kaufrechtlichen Gewährleistung, Produkthaftung, unerlaubter Handlung oder ähnlichen Ansprüchen für oder im Zusammenhang mit Produkten stehen, die von der I oder der Gesellschaft vor dem [...] hergestellt oder veräußert worden sind, sind in voller Höhe von der Veräußerin und von D zu tragen oder der Gesellschaft und den Erwerbern zu ersetzen, soweit sie nicht bereits gemäß Ziffer 8.6.2 von der Veräußerin oder D getragen wurden. Dies gilt insbesondere für Mangel- und Mangelfolgeschäden, Aufwendungsersatz u. Ä. und insbesondere für
– Kosten eines Austauschprodukts,
– Werklohn und Materialkosten für den Austausch und Ausbau der Produkte mit allen Folgearbeiten,
– Fahrtkosten und sonstige Auslagen sowie
– vorstehende Ausgaben, auch soweit die Leistung nicht von der Gesellschaft, sondern von einem Dritten im Auftrage der Gesellschaft durchgeführt wird.
– Overhead- und sonstige Gemeinkosten von pauschal 15 % der nachgewiesenen Kosten.
8.5.2 Hinsichtlich der [...] und der [...] werden die Veräußerin und D die Gesellschaft von sämtlichen Ansprüchen freistellen und diese insbesondere in die Lage versetzen, unverzüglich die ihr in Rechnung gestellten Beträge sowie die ihr entstehenden (Overhead-) und sonstige Gemeinkosten von pauschal 15 % der nachgewiesenen Kosten bezahlen zu können.
Zur Begleichung der zukünftig fällig werdenden derartigen Kosten werden die Veräußerin und D einen Betrag von EUR [...] unverzüglich nach Abschluss dieses Vertrages auf ein Treuhandkonto einer deutschen Großbank oder auf ein von der Gesellschaft angegebenes Treuhandkonto überweisen, auf das bis zum vollständigen Austausch aller vor dem [...] eingebauten [...] Maschinen ausschließlich der oder die Geschäftsführer der Gesellschaft unbeschränkten Zugriff hat/haben, und das demgemäß bis dahin gegen Verfügungen von D oder anderen Personen geschützt ist. Die Veräußerin und D werden jeweils zum Ersten eines nachfolgenden Kalendermonats durch Auffüllung des Treuhandkontos dafür sorgen, dass der Betrag von EUR [...] jeweils zum Monatsersten der Geschäftsführung der Gesellschaft zur Verfügung steht.
Die Gesellschaft wird über die für die Zwecke gemäß Ziffer 8.5.1 hieraus in Anspruch genommenen Beträge monatlich gegenüber D Rechnung legen.

8.6 Verbindlichkeiten gegenüber der Veräußerin zum Stichtag, Cash-Pooling, Service-Vertrag I
8.6.1 Die zum Stichtag den Betrag von EUR [...] übersteigende Verbindlichkeit der Gesellschaft gegenüber der Veräußerin in Höhe von EUR [...] wird durch die Gesellschaft binnen zwei Bankarbeitstagen getilgt. Soweit die Gesellschaft von der D, der Veräußerin oder von mit dieser verbundenen Unternehmen aus Verbindlichkeiten, die vor dem Stichtag begründet wurden, in Anspruch genommen wird, werden die Veräußerin und D die Gesellschaft davon freistellen.
8.6.2 Das Cash-Pooling von Gesellschaften der D-Gruppe, in das die Gesellschaft einbezogen ist, wurde mit Wirkung zum [...] beendet. Ein sich danach zugunsten der Veräußerin oder

der Gesellschaft ergebender Saldo ist innerhalb von einer Woche nach Abschluss dieses Vertrages durch die begünstigte Vertragspartnerin auszugleichen. Soweit aufgrund des Cash-Poolings Verbindlichkeiten der Gesellschaft zum Stichtag gegenüber der Deutschen Bank oder anderen Kreditinstituten bestehen, werden die Veräußerin und D diese mit befreiender Wirkung für die Gesellschaft übernehmen.

8.6.3. Die Veräußerin und D stehen dafür ein und sorgen dafür, dass der Service-Vertrag zwischen der Gesellschaft und der I mit Wirkung zum […] aufgehoben und die Überleitung der Buchhaltung (auch auf elektronischem Weg) sichergestellt ist, ohne dass aus dem Vertrag selbst, seiner Aufhebung oder der Überleitung der Buchhaltung der Gesellschaft nach dem Stichtag Kosten entstehen.

8.7 *Personalkosten*

Etwaige Gerichts-, Beratungs- und ähnliche Kosten aus und im Zusammenhang mit der Beendigung des Geschäftsführervertrages mit der Gesellschaft und der Organstellung als Geschäftsführer der Gesellschaft mit Herrn M sowie sämtliche Lohnkosten, Gehalts-/Lohnnebenkosten und etwaige Abfindungen für Herrn M seit dem […] sind in voller Höhe von der Veräußerin und D zu tragen und der Gesellschaft zu ersetzen, sofern diese nicht vor dem Stichtag bezahlt wurden.

8.8 *Naturalrestitution*

Die Erwerber können auf den Ersatz des wirtschaftlichen Nachteils ganz oder teilweise verzichten und stattdessen von der Veräußerin und D verlangen, dass die Gesellschaft so gestellt wird, wie sie stehen würde, wenn die abgegebenen Erklärungen, insbesondere die Garantien gemäß Anlage B, richtig gewesen wären.

8.9 *Verjährung*

Ansprüche der Erwerber gegen die Veräußerin und D aus Ziffern 8.1, 8.2, 8.6 und 8.7 verjähren – vorbehaltlich nachfolgender Regelungen – nicht vor Ablauf von 36 Monaten, sämtliche Ansprüche der Erwerber wegen Unrichtigkeit der Garantien gemäß Anlage B Ziffer 2.1 und im Zusammenhang mit Ziffer 8.5 nicht vor Ablauf von 10 Jahren nach Abschluss dieses Vertrages, letztere Ansprüche jedoch frühestens 12 Monate nach Verjährung des Anspruchs des Dritten gemäß Ziffer 8.5.1. Davon abweichend verjähren Ansprüche der Erwerber gegen die Veräußerin und D aus Ziffer 8.4 nicht vor einem Jahr nach Beendigung des Unter-Mietvertrages und im Zusammenhang mit Steuerverbindlichkeiten, Verbindlichkeiten für Zölle, Gebühren, Sozialversicherungsbeiträge oder andere öffentliche Abgaben oder Lasten gemäß Ziffer 8.3 i.V.m. Anlage B Ziffer 2.9 jedoch jeweils frühestens 12 Monate nach der endgültigen rechtskräftigen Feststellung der entsprechenden Schuld. Die schriftliche Geltendmachung von Ansprüchen durch die Erwerber oder die Gesellschaft gilt als Beginn von Verhandlungen gemäß § 203 BGB.

9. Langfristige Darlehen der Veräußerin an die Gesellschaft

Von den zum Stichtag bestehenden Verbindlichkeiten der Gesellschaft gegenüber der Veräußerin bleiben nach der Rückzahlung durch die Gesellschaft gemäß Ziffer 8.6.1 EUR […] als langfristiges Darlehen stehen.

Das Darlehen ist für eine Laufzeit von 24 Monaten ab dem Stichtag zinslos. Nach Ablauf von 24 Monaten ist es mit 3 % p.a., fällig zum jeweiligen Jahresende, zu verzinsen. Das Darlehen ist die ersten zwei Jahre ab dem Stichtag tilgungsfrei, von da an ist es jeweils mit einer jährlichen Rate von EUR […] fällig jeweils zum […] und […] sowie einer Rate von EUR […] zu tilgen. Als Sicherheit wird die Gesellschaft der D Maschinen, Werkzeug, fertige und halbfertige Produkte gemäß Anlage D sicherungsübereignen.

10. Zustimmungen

Die Gesellschaft und die Veräußerin als alleinige Gesellschafterin der Gesellschaft stimmen hiermit insbesondere im Hinblick auf § 6 Abs. 2 des Gesellschaftsvertrages der Gesellschaft diesem Vertrag und seiner Durchführung, insbesondere dem Verkauf und der Übertragung der Geschäftsanteile zu, und sie verzichten hiermit rein vorsorglich auf eventuell bestehende Vorkaufs- oder Andienungsrechte; die Gesellschaft und die Veräußerin nehmen hiermit jeweils die jeweiligen Verzichtserklärungen an. Die Veräußerin als Gesellschafterin der Gesellschaft befreit hiermit Herrn M als Geschäftsführer der Gesellschaft für den Abschluss und die Durchführung dieses Vertrages von den Beschränkungen des § 181 BGB.

11.   Firmenfortführung

Die Veräußerin stimmt hiermit unwiderruflich der Fortführung der Firma der Gesellschaft, insbesondere der Fortführung des Bestandteiles „G", und zwar auch in anderen Formen jetzt und auch zukünftig zu. Die Veräußerin und D verpflichten sich hiermit, auch mittelbar durch Tochter- oder Beteiligungsgesellschaften, zukünftig jegliche Maßnahmen gegen die Fortführung solcher Firmen zu unterlassen.

12.   Wettbewerbsverbot, Geheimhaltung, Abwerben von Mitarbeitern

12.1   Während der Dauer von zwei Jahren nach Abschluss dieses Vertrages ist es der Veräußerin und D jeweils nicht gestattet, für eigene oder fremde Rechnung, selbständig oder unselbständig einen Betrieb zu betreiben, der dem der Gesellschaft gleichartig ist oder mit ihm im Wettbewerb steht oder stehen könnte. In gleicher Weise ist es der Veräußerin und D jeweils untersagt, sich an einem solchen Betrieb mittelbar oder unmittelbar zu beteiligen oder einen solchen Betrieb zu beraten oder in anderer Weise zu fördern, auch nicht vorübergehend oder gelegentlich oder unentgeltlich.

12.2   Die Veräußerin und D verpflichten sich hiermit, Betriebs- und Geschäftsgeheimnisse und ähnliche rechtlich nicht schutzfähige oder schutzfähige, aber nicht geschützte Kenntnisse und Erfahrungen (Know-how) im Zusammenhang mit der Tätigkeit der Gesellschaft, die Angestellten, Mitarbeitern oder Organmitgliedern von ihnen oder von ihren derzeitigen oder vormaligen Tochter- oder Beteiligungsgesellschaften zur Kenntnis gelangt sind, insbesondere auch Informationen betreffend den Kundenstamm der Gesellschaft, geheim zu halten und an der Offenlegung solchen Know-hows an Dritte weder unmittelbar noch mittelbar mitzuwirken oder eine solche zu fördern. Sie werden diese Angestellten, Mitarbeiter und Organmitglieder einer Verschwiegenheitsvereinbarung unterwerfen, die bei Verstößen mit einer Vertragsstrafe von mindestens einem Brutto-Monatsgehalt versehen ist, soweit diese noch bei mit ihnen oder mit ihnen verbundenen Unternehmen beschäftigt oder sonst für diese tätig sind.

12.3   Die Veräußerin und D verpflichten sich hiermit, für die Dauer von zwei Jahren nach Abschluss dieses Vertrages keinerlei Maßnahmen zu ergreifen und zu unterstützen, die darauf gerichtet oder die geeignet sind, Mitarbeiter oder Arbeitnehmer der Gesellschaft zum Verlassen der Gesellschaft zu veranlassen.

12.4   Die Parteien sind sich darüber einig, dass das Wettbewerbsverbot, die Geheimhaltungspflicht und das Abwerbungsverbot wesentliche Grundlage im Rahmen des Erwerbs der Gesellschaft durch den Erwerber darstellen. Die Veräußerin und D stehen daher dafür ein, dass die vorgenannten Verpflichtungen auch von mit ihnen verbundenen Unternehmen sowie von der I und der mit dieser verbundenen Unternehmen eingehalten werden.

12.5   Für jeden Fall der Zuwiderhandlung gegen die Bestimmungen gemäß Ziffer 12.1 bis 12.3 seitens der Veräußerin oder seitens D, sei es auch durch die mit diesen verbundenen Unternehmen und/oder die I, ist von der Veräußerin oder von D unabhängig vom Verschulden eine Vertragsstrafe in Höhe von EUR [...] an die Erwerber oder – nach deren Wahl – an die Gesellschaft zu zahlen. Bei Fortdauer der Verletzung wird die Vertragsstrafe nach Ablauf von 14 Tagen erneut fällig; die Geltendmachung eines Fortsetzungszusammenhanges ist ausgeschlossen. Ansprüche auf Ersatz eines weitergehenden Schadens und auf Unterlassung künftigen verbotswidrigen Verhaltens bleiben unberührt.

13.   Vertragsüberleitung, Vertragsdurchführung, Vertraulichkeit

13.1   Sind Verträge oder sonstige Rechtsbeziehungen hinsichtlich ihres weiteren Fortbestandes an die Voraussetzungen oder Bedingungen geknüpft oder auch nur davon abhängig, dass die Veräußerin alleinige Gesellschafterin oder Mitarbeiter von ihr, der D oder Tochter- oder Beteiligungsgesellschaften von diesen Geschäftsführer der Gesellschaft sind oder bleiben, so verpflichten sich die Veräußerin und D, eine Überleitung bzw. Fortführung solcher Verträge oder Rechtsbeziehungen herbeizuführen.
Die Parteien werden sich in vertrauensvoller Zusammenwirkung bei der Durchführung dieses Vertrages und damit der Überleitung des Geschäftsbetriebs der Gesellschaft auf die Erwerber unterstützen.

13.2   Die Parteien sind verpflichtet, sich gegenseitig alle Auskünfte und Informationen zu erteilen und in allen Geschäften und/oder Rechtshandlungen mitzuwirken, die zur Durchführung des Vertrages erforderlich sind. Soweit sich Unterlagen oder Dokumente im Zusammenhang mit der Gesellschaft im Besitz der Veräußerin oder D oder Tochter- oder Beteiligungsgesellschaften von ihnen befinden, die für die Überleitung und die ordnungsgemäße Fortführung der Gesellschaft notwendig sind, werden die Veräußerin und D diese an die Erwerberin und die Gesellschaft herausgeben bzw. dafür einstehen, dass diese herausgegeben werden.

13.3 Die Parteien werden sich hinsichtlich der Unterrichtung der Öffentlichkeit und der Mitarbeiter der Gesellschaft über die in diesem Vertrag vorgesehenen Transaktionen im Einzelnen über Art und Weise der Information abstimmen. Einzelheiten dieses Vertrages, insbesondere der Kaufpreis, sind vertraulich zu behandeln.

14. Gegenansprüche, Sicherheit

14.1 Gegen Ansprüche aus diesem Vertrag, aufgrund dieses Vertrages oder in Vollzug dieses Vertrages sind die Veräußerin und D nur dann zur Aufrechnung berechtigt, wenn Bestand und Höhe der Forderung, mit der aufgerechnet werden soll, zwischen den Parteien unstreitig oder rechtskräftig festgestellt sind.

14.2 Die Veräußerin und D sind nicht berechtigt, Leistungsverweigerungsrechte oder Zurückbehaltungsrechte, gleich aus welchem Rechtsgrund, gegenüber Ansprüchen der Erwerberin aus diesem Vertrag, aufgrund dieses Vertrages oder in Vollzug dieses Vertrages geltend zu machen.

15. Gesamtschuld

Die Veräußerin und D sind hinsichtlich aller Verpflichtungen aus oder im Zusammenhang mit diesem Vertrag, für die sie gemeinsam haften, Gesamtschuldner.

16. Schlussvorschriften

16.1 Alle nach diesem Vertrag zwischen den Parteien abzugebenden Mitteilungen, Erklärungen, Anfragen und dergleichen bedürfen der Schriftform und sind per Einschreiben/Rückschein an die jeweilige Partei unter der jeweils im Eingang dieses Vertrages aufgeführten Adresse bzw. einer anderen, entsprechend mitgeteilten Adresse zu senden.

16.2 Änderungen und Ergänzungen dieses Vertrages bedürfen der Schriftform, sofern nicht gesetzlich eine strengere Form vorgeschrieben ist. Das Erfordernis der Schriftform kann nur durch eine schriftliche Vereinbarung aller Parteien aufgehoben werden.

16.3 Nebenvereinbarungen bezüglich des Gegenstandes dieses Vertrages bestehen zwischen den Parteien nicht. Etwaige frühere Vereinbarungen zwischen den Parteien bezüglich des Gegenstands dieses Vertrages werden mit Wirksamkeit dieses Vertrages aufgehoben, insbesondere der Letter of Intent bzw. die Vertraulichkeitserklärung vom […].

16.4 Alle diesem Vertrag beigefügten Anlagen sind Bestandteil dieses Vertrages.

16.5 Die Kosten der Beurkundung dieses Vertrages und seiner Übersetzung werden von der Veräußerin getragen. Beraterkosten trägt jede Partei selbst. Die Beraterkosten der Erwerber werden jedoch von der Veräußerin bis zur Höhe von EUR […] zuzüglich Umsatzsteuer getragen.

16.6 Dieser Vertrag unterliegt dem Recht der Bundesrepublik Deutschland. Ausschließlicher Gerichtsstand für alle Streitigkeiten aus und im Zusammenhang mit diesem Vertrag ist – soweit rechtlich vereinbar – das Landgericht […]. Die Erwerber und die Gesellschaft sind jedoch berechtigt, die übrigen Parteien an deren allgemeinen Gerichtsständen zu verklagen.

16.7 Sind oder werden einzelne Bestimmungen dieses Vertrages unwirksam, so bleiben die übrigen Bestimmungen gleichwohl wirksam. Unwirksame Bestimmungen sind einvernehmlich durch solche zu ersetzen, die dem angestrebten wirtschaftlichen Erfolg möglichst nahe kommen. Entsprechendes gilt für die Ausfüllung etwaiger Lücken.

16.8 Von dieser Urkunde erhalten eine beglaubigte Abschrift:
   – jeder der beiden Erwerber,
   – die Veräußerin,
   – das für die Gesellschaft, Steuer-Nr. […], zuständige Finanzamt […] – Körperschaftsteuerstelle.

Samt Anlagen vorgelesen vom Notar, von den Beteiligten genehmigt und von ihnen und dem Notar eigenhändig unterschrieben.

VIII. Share Deal III

1. Ausgangssituation

Es geht in diesem Muster darum, dass ein größerer Mitbewerber (U-Gruppe) das in der Rechtsform einer Kommanditgesellschaft geführte Einzelhandelsunternehmen eines kleineren Wettbewerbers aufkauft. Der verkaufende Gesellschafter-Geschäftsführer, Herr X, soll noch für eine Übergangszeit zur Einarbeitung eines neuen Geschäftsführers zur Verfügung stehen. Neben der operativen Gesellschaft (L-GmbH & Co. KG) gibt es eine Grundstücksgesellschaft (K-GmbH & Co. KG), die nach der bisherigen Konstruktion nicht nur die Immobilien an die operative Gesellschaft überlassen hat, sondern im Rahmen eines Betriebspachtvertrages das gesamte Unternehmen. Dies soll so geregelt werden, dass nach Vollzug des Anteilskaufvertrages die Grundstücke durch einen neu abzuschließenden Mietvertrag weiterhin an die operative Gesellschaft überlassen werden. Die Anteile an der Grundstücksgesellschaft selbst bleiben dagegen bei den verkaufenden Gesellschaftern Gesellschaft.

Schaubild: Situation **vor der Transaktion:**

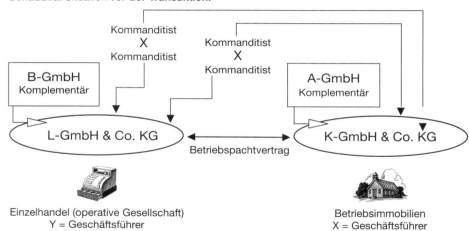

Schaubild: Situation **nach Abschluss der Transaktion:**

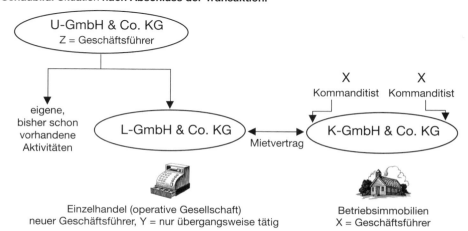

2. Mustertext

URNr. [...][42]

ANTEILSKAUF- UND ABTRETUNGSVERTRAG

Heute, am [Datum]

erschienen vor mir,

...

Notar mit dem Amtssitz in ..., in der Geschäftsstelle ...,

1.   Herr   X,
    geboren   am   [...],
    wohnhaft   [...],
    ausgewiesen durch seinen amtlichen Lichtbildausweis,
    a) für sich selbst und
    b) als alleinvertretungsberechtigter und von den Beschränkungen des § 181 BGB befreiter Geschäftsführer für die A-GmbH mit Sitz in [...], eingetragen im Handelsregister des Amtsgerichts [...] unter HRB [...], diese wiederum handelnd für die K-GmbH & Co KG als deren persönlich haftende Gesellschafterin.

2.   Herr Y,
    geboren am [...],
    wohnhaft [...],
    ausgewiesen durch amtlichen Lichtbildausweis
    a) für sich selbst und
    b) als alleinvertretungsberechtigter und von den Beschränkungen des § 181 BGB befreiter Geschäftsführer für die B-GmbH mit Sitz in [...], eingetragen im Handelsregister des Amtsgerichts [...] unter HRB [...], diese wiederum handelnd für die L-GmbH & Co. KG mit Sitz in [...], eingetragen im Handelsregister des Amtsgerichts [...] unter HRA [...].

                      – Herr X und Herr Y werden nachfolgend auch zusammenfassend **„die Veräußerer"** und einzeln **„Veräußerer"** genannt –

3.   Herr Z,
    geboren am [...],
    wohnhaft [...],
    ausgewiesen durch seinen amtlichen Lichtbildausweis.
    Der Erschienene zu 3. hier handelnd nicht für sich, sondern als alleinvertretungsberechtigter Geschäftsführer für die C-GmbH mit Sitz in [...], eingetragen im Handelsregister des Amtsgerichts [...] unter HRB [...], diese wiederum handelnd für die zur U-Gruppe gehörende U-GmbH & Co. KG mit Sitz in [...], eingetragen im Handelsregister des Amtsgerichts [...] unter HRA [...] als deren persönlich haftende Gesellschafterin.
                      – nachfolgend auch **„Erwerberin"** genannt –

Auf Frage des Notars erklärten die Beteiligten: Eine Vorbefassung des Notars im Sinne des § 3 Abs. (1) Nr. 7 des Beurkundungsgesetzes liegt nicht vor.

Auf Ansuchen der Erschienenen beurkunde ich ihren Erklärungen gemäß, was folgt:

Kauf und Übertragung von Gesellschaftsanteilen

Vorbemerkungen
(A)   Die U-GmbH & Co. KG beabsichtigt, von Herrn X und Herrn Y deren Gesellschaftsanteile an der L-GmbH & Co. KG mit dem Sitz in [...] (nachfolgend: „Gesellschaft") und an der B-

---

[42] Zur Frage der Formbedürftigkeit bei der Übertragung sowohl von Kommanditanteilen als auch Geschäftsanteilen bei einer GmbH & Co. KG vgl. Teil → D., Rn. 169 ff.

Mustertexte

GmbH mit dem Sitz in […] (nachfolgend „Komplementärin") zu erwerben; die Veräußerer sind bereit, ihre Gesellschaftsanteile an die Erwerberin zu verkaufen.

(B) Das von der Gesellschaft genutzte Betriebsgrundstück steht im Eigentum der K-GmbH & Co. KG mit dem Sitz in […] (nachfolgend „Grundstücksgesellschaft"). Zwischen der Gesellschaft und der Grundstücksgesellschaft besteht bisher noch ein Betriebspachtvertrag, der zukünftig durch einen (bloßen) Mietvertrag über das Betriebsgrundstück ersetzt werden soll.

(C) Die Grundstücksgesellschaft hat an die Gesellschaft zwei Darlehen gewährt:
– ein als Verrechnungskonto bezeichnetes Darlehen in Höhe von EUR […] und
– ein Darlehen in Höhe von EUR […].

Dies vorausgeschickt, vereinbaren die Parteien, was folgt:

1. Beteiligungsverhältnisse

1.1 Herr X und Herr Y sind die alleinigen Kommanditisten der L-GmbH & Co. KG. Die Gesellschaft ist beim Handelsregister des Amtsgerichts […] unter HRA […] eingetragen. Einzige weitere Gesellschafterin ist die B-GmbH als Komplementärin ohne Kapitalanteil. Die Gesellschaft hat ein festes Kommanditkapital in Höhe von EUR […]. Herr X und Herr Y halten je einen Kommanditanteil in Höhe von nominal EUR […].

1.2 Herr X und Herr Y sind die alleinigen Gesellschafter der B-GmbH. Die Gesellschaft ist beim Handelsregister des Amtsgerichts […] unter HRB […] eingetragen. Das Stammkapital der Gesellschaft beträgt EUR […]. Herr X und Herr Y halten je einen Geschäftsanteil im Nennbetrag von EUR […].

2. Verkauf von Geschäftsanteilen, Ausgleich der Verrechnungskonten

2.1 Die Veräußerer verkaufen hiermit jeweils mit schuldrechtlicher Wirkung zum Zwischenabschlussstichtag nach Ziffer 5. ihre in Ziffer 1.1 bezeichneten Kommanditanteile an der Gesellschaft und ihre in Ziffer 1.2 bezeichneten GmbH-Geschäftsanteile an der Komplementärin an die Erwerberin, die den Verkauf hiermit annimmt.

2.2 Der Verkauf der Kommanditanteile und der GmbH-Geschäftsanteile gemäß Ziffer 2.1 erfolgt nebst allen Nebenrechten und Pflichten, insbesondere der zugehörigen Gewinnbeteiligung und dem Stimmrecht. Mitverkauft sind jeweils sämtliche auf die Veräußerer entfallenden positiven Salden auf allen Kapitalkonten, insbesondere dem Kapitalkonto und dem Verlustsonderkonto, die bei der Gesellschaft geführt werden sowie etwaige gesamthänderisch gebundenen Kapitalrücklagen. Für den Saldo des für jeden Veräußerer bei der Gesellschaft geführten Kontokorrent-Verrechnungskontos gilt das in Ziffer 2.3 Geregelte. Für den Verkauf und Übertragung von sonstigen gesellschaftsrechtlichen Ansprüchen wird auf Ziffer 5. (Zwischenabschlussstichtag, Abgrenzungsregelungen) verwiesen.

2.3 Der Stand der für jeden Veräußerer bei der Gesellschaft bestehenden Kontokorrent-Verrechnungskonten ist auf den Zwischenabschlussstichtag nach Ziffer 5.1 zu ermitteln. Negative Salden des Kontokorrent-Verrechnungskontos bzw. der Verrechnungskonten, die sich nach Berücksichtigung des den Veräußerern nach Ziffer 5.2 zustehenden Anteils am Jahresergebnis […] der Gesellschaft ergeben, sind von dem jeweiligen Veräußerer innerhalb von zehn Werktagen nach Mitteilung des negativen Saldos durch die Gesellschaft durch Zahlung an die Gesellschaft auszugleichen. Positive Salden sind von der Erwerberin innerhalb von zehn Werktagen nach Mitteilung des Saldos durch die Gesellschaft durch Zahlung an die Veräußerer auszugleichen.

3. Übertragung der Anteile

3.1 Die Veräußerer treten die gemäß Ziffer 2 verkauften Kommanditanteile an die Erwerberin ab, die diese Abtretung hiermit annimmt. Die Abtretung erfolgt dinglich im Wege der Sonderrechtsnachfolge aufschiebend bedingt auf den Zeitpunkt der Eintragung der Sonderrechtsnachfolge in das Handelsregister.

Die Veräußerer bevollmächtigen hiermit die Erwerberin unwiderruflich, aufschiebend bedingt auf die vollständige Zahlung des Kaufpreises, für sie die Gesellschafterrechte als Kommanditisten auszuüben. Sie verpflichten sich gegenüber der Erwerberin, ihre Gesellschafterrechte ab diesem Zeitpunkt nicht mehr auszuüben.

3.2 Die Veräußerer treten hiermit die gemäß Ziffer 2 verkauften Geschäftsanteile an der Komplementärin an die Erwerberin ab, die diese Abtretung hiermit annimmt.

Haubner

3.3 Die Wirksamkeit der vorgenommenen Abtretungen steht unter der aufschiebenden Bedingung der vollständigen Zahlung des nach Ziffer 5. geschuldeten Kaufpreises sowie zusätzlich unter der in Ziffer 4.1 geregelten aufschiebenden Bedingung.

4. Zusammenschlusskontrolle

4.1 Die Übertragung der Gesellschaftsanteile nach Ziffer 3. steht unter der zusätzlichen aufschiebenden Bedingung, dass

– entweder eine schriftliche Mitteilung des Bundeskartellamts vorliegt, nach der das Zusammenschlussvorhaben nicht der Anmeldepflicht nach § 39 GWB unterliegt oder die Untersagungsvoraussetzungen von § 36 GWB nicht gegeben sind, oder

– die Einmonatsfrist gemäß § 40 Abs. 1 GWB nach Eingang der vollständigen Anmeldung beim Bundeskartellamt abgelaufen ist, ohne dass eine Mitteilung über den Eintritt in die Prüfung nach § 40 Abs. 1 Satz 1 GWB zugestellt wurde, oder

– trotz Zustellung einer Mitteilung gemäß vorstehender Nr. 2 die Viermonatsfrist nach § 40 Abs. 2 Satz 2 GWB verstrichen ist, ohne dass eine Untersagung oder eine mit Bedingungen oder Auflagen verbundene Freigabe erfolgt ist.
Der Zeitpunkt des Eintritts der aufschiebenden Bedingung wird auch als „Vollzugsstichtag" bezeichnet.

4.2 Die Erwerberin und die Veräußerer haben das beabsichtigte Zusammenschlussvorhaben beim Bundeskartellamt nach § 39 GWB angemeldet. Die Parteien sind verpflichtet, ihren Mitwirkungspflichten nachzukommen, damit die beizubringenden Angaben und Auskünfte gemäß § 39 Abs. 3 GWB rechtzeitig, vollständig und richtig vorgenommen bzw. mitwirkungspflichtige Dritte zur rechtzeitigen, vollständigen und richtigen Auskunftserteilung veranlasst werden können. Die im Zusammenhang mit dem Kartellverfahren anfallenden Kosten (Gebühr der Anmeldung, Anwaltskosten) tragen die Parteien je zur Hälfte.

4.3 Sofern der Vollzugsstichtag nicht bis spätestens sechs Monate nach Unterzeichnung dieses Vertrages eingetreten ist, ist jede der Parteien berechtigt, von diesem Vertrag zurückzutreten, ohne dass daraus der anderen Partei irgendwelche Ansprüche erwachsen mit Ausnahme der in Ziffer 4.2 geregelten Kostentragung.

4.4 Tritt der Vollzugsstichtag nicht ein oder wird dieser Vertrag aus anderen Gründen nicht wirksam, so sind die Vertragsparteien verpflichtet, alle Kenntnisse, die sie im Zusammenhang mit dem Abschluss dieses Vertrages und dem Verfahren vor dem Bundeskartellamt über die Verhältnisse der anderen Vertragspartei und die mit ihr verbundenen Unternehmen erlangt haben, gegenüber Dritten geheim zu halten.

5. Zwischenabschlussstichtag, Abgrenzungen, Stichtagsabschluss

5.1 „Zwischenabschlussstichtag" ist der letzte Tag des Monates in den der Vollzugsstichtag nach Ziffer 4.1 fällt.

5.2 Im Einzelnen wird die Ertrags- und Vermögenslage der Gesellschaft zwischen Veräußerern und Erwerberin wie folgt abgegrenzt:
a) Die Übernahme erfolgt wirtschaftlich zum Zwischenabschlussstichtag, 24.00 Uhr. Das Jahresergebnis des laufenden Geschäftsjahres […] steht den Veräußerern bis zum Zwischenabschlussstichtag zu.
b) Von der Veräußerung umfasst ist das gesamte Eigenkapital der Gesellschaft zum Zwischenabschlussstichtag als Saldo von Festkapital, Verlustsonderkonten und Kapitalrücklage in Höhe von […].

5.3 Die Gesellschaft hat zum Zwischenabschlussstichtag einen Zwischenabschluss (nachfolgend „Zwischenabschluss" genannt) unter Mitwirkung von […] aufzustellen. Der von […] aufgestellte Zwischenabschluss ist für alle Beteiligten verbindlich.

6. Kaufpreis

6.1 Der Kaufpreis für die Veräußerung der Kommanditanteile der sonstigen in diesem Abschnitt veräußerten Rechte und der Geschäftsanteile an der Komplementärin beträgt EUR […].

6.2 Der vorstehende Kaufpreis stellt einen Mindestkaufpreis dar. Er erhöht sich gegebenenfalls nach folgender Besserungsklausel:
Es ist der Durchschnitt der handelsbilanziellen Jahresüberschüsse der Gesellschaft vor Ertragsteuern für die Geschäftsjahre […] bis […] zu errechnen. Von diesem Wert sind

EUR […] abzuziehen, da die dem Mindestkaufpreis nach Ziffer 5.1 zu Grunde liegende Unternehmensbewertung auf einem nachhaltigen Jahresüberschuss von EUR […] p. a. basiert. Die danach verbleibende Differenz wird halbiert und mit dem Faktor sieben multipliziert. Das sich hieraus ergebende Ergebnis stellt die Kaufpreiserhöhung dar, die unverzüglich nach Feststellung und Prüfung des Jahresabschlusses […] an die Veräußerer auszubezahlen ist.

7.   Fälligkeit des Kaufpreises

Der Kaufpreis ist spätestens zum Vollzugsstichtag und frühestens mit Unterzeichnung dieses Vertrages zur Zahlung fällig. Die Zahlung hat innerhalb von fünf Bankarbeitstagen nach Fälligkeit zu erfolgen.

8.   Tätigkeit von Herrn X für die Gesellschaften

Herr X steht der Gesellschaft für die Zeit der Einarbeitung eines neuen Geschäftsführers übergangsweise und auf Anforderung der Erwerberin ab dem Vollzugsstichtag für einen Zeitraum von drei Monaten bei einem Tagessatz von EUR […] ggf. zzgl. gesetzlicher Mehrwertsteuer, zur Verfügung. Hauptaufgabe von Herrn X in dieser Zeit ist es, den neuen, von dem Erwerber zu stellenden, Geschäftsführer einzuarbeiten und für eine geordnete Übergabe gegenüber Kunden, Lieferanten und Mitarbeitern der Gesellschaft zu sorgen. Die Kommunikation des Unternehmensverkaufs gegenüber den Mitarbeitern erfolgt voraussichtlich gemeinsam, jedenfalls in Abstimmung mit der Erwerberin.

9.   Beendigung Betriebspachtvertrag, Abschluss Mietvertrag

9.1   Zwischen der Gesellschaft und der Grundstücksgesellschaft bestehen ein Darlehensvertrag über einen Betrag in Höhe von EUR […] und ein als „Verrechnungskonto" bezeichneter Vertrag, nach dem die Grundstücksgesellschaft der Gesellschaft einen Betrag in Höhe von EUR […] darlehensweise überlassen hat. Die vorgenannten Darlehen sind mit […] bzw. […] % p. a. verzinst. Die Erwerberin verpflichtet sich, die vorbezeichneten Verbindlichkeiten der Gesellschaft innerhalb von acht Wochen nach dem Stichtag zurückzuführen.

9.2   Der zwischen der Grundstücksgesellschaft und der Gesellschaft bestehende Betriebspachtvertrag vom […] mit Nachträgen vom […] wird mit Wirkung zum Zwischenabschlussstichtag hiermit aufgehoben. Diese Aufhebung steht unter der aufschiebenden Bedingung, dass der Vollzugsstichtag nach Ziffer 4.1 eintritt und der Kaufpreis gemäß Ziffer 6.1 vollständig bezahlt wurde. Sämtliche zum Unternehmen der Gesellschaft gehörigen Wirtschaftsgüter sowie sonstige Vermögensgegenstände oder Rechte gleichgültig ob immateriell oder materiell, die an zum Unternehmen der Gesellschaft gehörigen Gegenständen bestehen, werden spätestens mit Wirkung zum Zwischenabschlussstichtag von der Grundstücksgesellschaft auf die Gesellschaft übertragen. Ein gesondertes Entgelt über den nach Ziffer 6 zu bezahlenden Kaufpreis hinaus, ist weder von der Erwerberin, noch von der Gesellschaft geschuldet.

9.3   Der dieser Urkunde als Anlage […] beigefügte Mietvertrag wird hiermit zwischen der Gesellschaft und der Grundstücksgesellschaft mit Wirkung zum Monatsersten, der dem Zwischenbilanzstichtag folgt, abgeschlossen. Der Abschluss des Mietvertrages steht unter der aufschiebenden Bedingung des Eintritts des Vollzugsstichtages nach Ziffer 4.1 und der vollständigen Bezahlung des Kaufpreises nach Ziffer 6.1.

9.4   Die Grundstücksgesellschaft hat nachfolgende Sicherheiten für Verbindlichkeiten der Gesellschaft bestellt.
       – eine Grundschuld in Höhe von bis zu DM […] an dem Betriebsgrundstück […] sowie
       – eine Bürgschaft zu Gunsten der Sparkasse […] in Höhe von bis zu EUR […] (Bürgschaftsvertrag vom […]);
       – darüber hinaus hat die Grundstücksgesellschaft zu Gunsten der [Bank] auf ihr Verpächterpfandrecht nach den §§ 592, 562 BGB verzichtet.
       Die Grundstücksgesellschaft verpflichtet sich für einen Übergangszeitraum von bis zu sechs Monaten nach dem Vollzugsstichtag, auf Wunsch der Erwerberin, die vorgenannten Sicherheiten ohne gesondertes Entgelt weiter zu gewähren. Im Falle der Inanspruchnahme einer Sicherheit verpflichtet sich die Erwerberin, die Grundstücksgesellschaft freizustellen.

9.5 Die Grundstücksgesellschaft stimmt einer Aufrechnung durch die Gesellschaft gegen ihre Ansprüche aus dem nach Ziffer 9 abzuschließenden Mietvertrag auf Zahlung von Mietzins mit eventuellen Gewährleistungsansprüchen der Erwerberin nach Ziffer 10 und/oder Ziffer 11 in Verbindung mit Ziffer 17.2 zu.

10. Garantien

10.1 Die Veräußerer garantieren im Wege eines selbständigen Garantieversprechens im Sinne von § 311 BGB bezüglich der Gesellschaft und ihrer Komplementärin ohne Rücksicht auf Verschulden das Vorliegen der in Anlage […] aufgeführten Eigenschaften und Umstände bezüglich der Gesellschaft und der Komplementärin zum Vollzugsstichtag bzw. zum jeweiligen anderen in Anlage […] abweichend genannten Zeitpunkt.

10.2 Bei jeder für die Veräußerer nachteiligen Abweichung des tatsächlichen Zustandes der Gesellschaft oder der Komplementärin von den in der Anlage […] garantierten Eigenschaften und Umständen stellen die Veräußerer als Gesamtschuldner die Erwerberin oder auf deren Verlangen die Gesellschaft oder die Komplementärin so, wie die Erwerberin oder die Gesellschaft oder die Komplementärin wirtschaftlich stünden, wenn die in der Anlage […] garantierten Eigenschaften und Umstände zuträfen. Rücktritt ist ausgeschlossen, es sei denn, aufgrund einer Abweichung ist der Erwerberin nicht zumutbar, weiterhin an diesem Vertrag festgehalten zu werden. Ein Rücktritt kommt ferner in Betracht bei einer Abweichung von den in Abteilung [IV.] von Anlage […] enthaltenen Garantien zur Führung des von der Gesellschaft betriebenen Unternehmens bis zum Stichtag.

10.3 Die Ansprüche der Erwerberin wegen der Verletzung einer der in Anlagen […] aufgeführten Garantien verjähren drei Jahre nach dem Vollzugsstichtag, falls die Frist nicht vorher durch schriftlich begründete Geltendmachung eines Anspruchs wegen Verletzung einer Garantie gehemmt wird.

11. Freistellungen

11.1 Die Veräußerer übernehmen die Haftung für jede Mehrbelastung der Gesellschaft und ihrer Komplementärin im Sinne von § 271 HGB aufgrund steuerlicher Prüfungen, insbesondere Außenprüfungen, und Prüfungen von Sozialversicherungsträgern für den Zeitraum bis zum Zwischenbilanzstichtag.

11.2 Ansprüche gemäß Ziffer 11.1 verjähren sechs Monate nach Bestandskraft eines Steuerbescheids, der eine solche steuerliche Belastung feststellt bzw. eines Bescheides eines Sozialversicherungsträgers, der eine solche sozialversicherungsrechtliche Belastung feststellt. Die Verjährung wird durch schriftliche Geltendmachung unterbrochen.

12. Zustimmungen

12.1 Die Gesellschafter der Gesellschaft haben den dieser Urkunde als Anlage […] beigefügten Gesellschafterbeschluss gefasst, mit dem sie der Veräußerung der Gesellschaftsanteile zustimmen.

12.2 Die Gesellschafter der Komplementärin haben den dieser Urkunde als Anlage […] beigefügten Gesellschafterbeschluss gefasst, mit dem sie der Veräußerung der Geschäftsanteile zustimmen.

12.3 Die Gesellschaft, die Veräußerer und die Komplementärin als Gesellschafter der Gesellschaft und der Komplementärin sowie die Grundstücksgesellschaft stimmen hiermit diesem Vertrag und seiner Durchführung, insbesondere dem Verkauf und der Übertragung der Geschäftsanteile zu, und sie verzichten hiermit rein vorsorglich auf eventuell bestehende Vorkaufs- oder Andienungsrechte.

13. Firmenfortführung

Die Veräußerer stimmen hiermit der Fortführung der Firma der Gesellschaft, insbesondere der Fortführung der Bestandteile […], jetzt und auch zukünftig zu und verpflichten sich hiermit, zukünftig jegliche Maßnahmen gegen die Fortführung solcher Firmen zu unterlassen.

14. Wettbewerbsverbot, Geheimhaltung, Abwerben von Mitarbeitern

14.1 Während der Dauer von drei Jahren nach Abschluss dieses Vertrages ist es den Veräußerern jeweils nicht gestattet, für eigene oder fremde Rechnung, im Geschäftsfeld der Gesellschaft tätig zu werden.

14.2 Die Veräußerer verpflichten sich hiermit, für die Dauer von zwei Jahren nach Abschluss dieses Vertrages keinerlei Maßnahmen zu ergreifen und zu unterstützen, die darauf gerichtet oder die geeignet sind, Mitarbeiter der Gesellschaft zur Kündigung ihres Arbeitsverhältnisses mit der Gesellschaft zu veranlassen.

15. Hersteller-Zustimmung

Den Parteien ist bewusst, dass die Änderung des Gesellschafterbestandes bei der Gesellschaft bzw. der Komplementärin nach den Bezugsverträgen über die [...]-Produkte mit der W-AG der Zustimmung dieses Herstellers bedarf. Die Veräußerer und der Erwerber werden unverzüglich nach der heutigen Beurkundung alles Erforderliche tun, um die Zustimmung der vorgenannten Gesellschaften alsbald zu erreichen.

16. Vertragsdurchführung, Zahlungen an die Veräußerer, Vertraulichkeit

16.1 Die Parteien werden sich in vertrauensvollem Zusammenwirken bei der Durchführung dieses Vertrages und damit der Überleitung des Unternehmens der Gesellschaft auf die Erwerberin unterstützen.

16.2 Alle an die Veräußerer nach diesem Vertrag zu leistenden Zahlungen werden jeweils zur Hälfte an Herrn X und zur Hälfte an Herrn Y auf deren nachfolgend angegebene Konten überwiesen:
[Kontoverbindung X]
[Kontoverbindung Y]

16.3 Die Parteien sind verpflichtet, sich gegenseitig alle Auskünfte und Informationen zu erteilen und bei allen Geschäften und/oder Rechtshandlungen mitzuwirken, die zur Durchführung des Vertrages erforderlich sind. Soweit sich Unterlagen oder Dokumente im Zusammenhang mit der Gesellschaft im Besitz der Veräußerer befinden, die für die Überleitung und die ordnungsgemäße Fortführung der Gesellschaft notwendig sind, werden die Veräußerer diese an die Erwerberin und die Gesellschaft herausgeben. Die Parteien verpflichten sich, alle zur Erfüllung der gegenseitigen Pflichten erforderlichen und zweckmäßigen Maßnahmen vorzunehmen sowie Erklärungen abzugeben, bzw. entgegenzunehmen.

16.4 Die Parteien werden sich hinsichtlich der Unterrichtung der Öffentlichkeit und der Mitarbeiter der Gesellschaft über die in diesem Vertrag vorgesehenen Transaktionen im Einzelnen über Art und Weise der Information abstimmen. Einzelheiten dieses Vertrages, insbesondere der Kaufpreis, sind vertraulich zu behandeln.

17. Gesamtschuld, Mithaftung der K-KG

17.1 Die Veräußerer sind hinsichtlich aller Verpflichtungen aus oder im Zusammenhang mit diesem Vertrag Gesamtschuldner.

17.2 Die Grundstücksgesellschaft haftet für alle Verbindlichkeiten der Veräußerer aus oder im Zusammenhang mit diesem Vertrag mit.

18. Allgemeines

18.1 Alle nach diesem Vertrag zwischen den Parteien abzugebenden Mitteilungen, Erklärungen, Anfragen und dergl. bedürfen der Schriftform.

18.2 Änderungen und Ergänzungen dieses Vertrages bedürfen der Schriftform, sofern nicht gesetzlich eine strengere Form vorgeschrieben ist. Das Erfordernis der Schriftform kann nur durch eine schriftliche Vereinbarung aller Parteien aufgehoben oder abgeändert werden.

18.4 Die Kosten der Beurkundung dieses Vertrages und seiner Durchführung werden von den Veräußerern einerseits und der Erwerberin andererseits jeweils zur Hälfte getragen. Beraterkosten trägt jede Partei selbst.

18.5 Dieser Vertrag unterliegt dem Recht der Bundesrepublik Deutschland. Ausschließlicher Gerichtsstand für alle Streitigkeiten aus und im Zusammenhang mit diesem Vertrag ist – soweit zulässigerweise vereinbar – [...]. Die Erwerberin ist jedoch auch berechtigt, die übrigen Parteien an deren allgemeinen Gerichtsständen zu verklagen.

18.6 Sind oder werden einzelne Bestimmungen dieses Vertrages unwirksam, so bleiben die übrigen Bestimmungen gleichwohl wirksam. Unwirksame Bestimmungen sind einvernehmlich durch solche zu ersetzen, die dem angestrebten wirtschaftlichen Erfolg möglichst nahe kommen. Entsprechendes gilt für die Ausfüllung etwaiger Lücken.

18.7 Von dieser Urkunde erhalten eine beglaubigte Abschrift:
– [...]

IX. Asset Deal–Vorlage

KAUFVERTRAG ÜBER EINZELWIRTSCHAFTSGÜTER

Zwischen der

A-GmbH
mit dem Sitz in […]

— nachfolgend **„der Verkäufer"** genannt —

und der
B-OHG
mit dem Sitz in […]

— nachfolgend **„der Käufer"** genannt —

wird nachfolgender Unternehmenskaufvertrag geschlossen.[43]

Vorbemerkungen

Der Verkäufer betreibt ein Unternehmen unter der Firma […] mit dem Sitz in […] („Unternehmen").

Der Verkäufer verkauft an den Käufer das Unternehmen im Wege des sogenannten Asset Deals (Übertragung von einzelnen Wirtschaftsgütern).

Zu diesem Unternehmen gehören das Sachanlagevermögen, die […] und das Umlaufvermögen, speziell die Ersatzteile und das Zubehör, die Vertriebsrechte, die bestehenden Dauerschuldverhältnisse, die Kundenbeziehungen, der Standort (die angemietete Immobilie), sonstige immaterielle Vermögensgegenstände sowie der Mitarbeiterstamm des Verkäufers am Standort in […].

Dies vorausgeschickt, treffen die Parteien folgende Vereinbarungen zur Übertragung der einzelnen Wirtschaftsgüter:

1. Kaufgegenstand, Verkauf

1.1 Der Verkäufer verkauft dem Käufer das gesamte Unternehmen mit allen Aktiva und Passiva und dem Recht, die Firma fortzuführen mit Wirkung zum Ablauf des […] („Stichtag").

1.2 Verkaufsgegenstand sind sämtliche Vermögensgegenstände im Sinne des § 266 Abs. 2 HGB, die am Stichtag wirtschaftlich dem Unternehmen zuzurechnen sind, insbesondere:
- alle immateriellen Vermögensgegenstände, insbesondere die in Anlage 1.1 aufgeführten, d. h. Patente, Urheber- und Markenrecht sowie sonstige gewerbliche Schutzrechte, Konzessionen, Lizenzen an solchen Rechten und Werten, der Geschäfts- oder Firmenwert (goodwill), Domain-Namen, das Recht zur Nutzung der Firma;
- Sachanlagen, insbesondere die in Anlage 1.2 aufgeführten, d. h. technische Anlagen und Maschinen, andere Anlagen, die Betriebs- und Geschäftsausstattung, geleistete Anzahlungen auf Anlagen im Bau;
- sämtliche Vorräte (Roh-, Hilfs- und Betriebsstoffe, unfertige und fertige Erzeugnisse, unfertige Leistungen sowie geleistete Anzahlungen), insbesondere die in Anlage 1.3 aufgeführten, die sich zum Stichtag im Unternehmen befinden;
- alle Forderungen und Rechte aus schwebenden Geschäften einschließlich der Forderungen aus Lieferungen und Leistungen sowie sonstige Gegenstände, insbesondere die in Anlage 1.4 aufgeführten;

---

[43] Auch bei einem Asset-Deal ist eine Formbedürftigkeit (Beurkundungspflicht) denkbar, insbesondere wenn Grundstücke mitveräußert werden oder aufgrund einer Übertragung des gesamten gegenwärtigen Vermögens, § 311b Abs. 3 BGB, vgl. Teil → D., Rn. 142.

– die zum Unternehmen gehörenden Bücher und Geschäftsunterlagen (unabhängig vom Medium, auf dem sie gespeichert sind), einschließlich technischer Zeichnungen, Handbücher, Verkaufsunterlagen, Geschäftskorrespondenz sowie Lieferanten- und Kundenlisten, insbesondere die in Anlage 1.5 aufgeführten.

1.3   Die Anlagen 1.1 bis 1.5 haben den in ihnen jeweils bezeichneten Stand. Die Vertragsparteien sind verpflichtet, diese gegebenenfalls nach Unterzeichnung dieses Vertrages auf den Stichtag zu aktualisieren.

1.4   Die Übernahme des Unternehmens erfolgt aufschiebend bedingt auf die Eintragung des Haftungsausschlusses nach § 25 Abs. 2 HGB.[44]

1.5   Der Verkäufer tritt hiermit an den dies annehmenden Käufer im Hinblick auf das Unternehmen alle Eigentümerrechte und Rückübertragungsansprüche sowie alle Gewährleistungsansprüche, Ansprüche aufgrund sonstiger Pflichtverletzungen sowie alle sonstigen Rechte und Ansprüche ab, die er im Zusammenhang damit hat.[45]

1.6   Soweit die Übereignung bzw. Übertragung der Rechtsinhaberschaft des Kaufgegenstandes rechtlich nicht möglich ist, überträgt der Verkäufer hiermit unwiderruflich auf den dies annehmenden Käufer sämtliche ausschließlichen Nutzungsrechte an den zum Kaufgegenstand gehörenden Vermögenswerten und Positionen, und zwar sachlich, örtlich und zeitlich unbegrenzt mit dem Recht der uneingeschränkten Nutzung einschließlich dem Recht zur uneingeschränkten Weiterübertragung. Soweit der Verkäufer nicht selbst Inhaber nicht übertragbarer Schutzrechte ist, wird er unverzüglich nach Abschluss dieses Vertrages die Zustimmung der Schutzrechtsinhaber zur Übertragung der übernommenen Nutzungsrechte an Schutzrechten einholen.[46]

1.7   Die vom Verkäufer an den Käufer verkauften und an ihn übertragenen Vermögensgegenstände umfassen auch sämtliche Rechte und Ansprüche betreffend das von dem Verkäufer aus eigenem oder abgeleitetem Recht genutzte Know-how, das für die in Anlage 1.5 aufgeführten Kunden und Lieferanten sowie die Nutzung des mit diesem Vertrag verkauften Unternehmens relevant ist. Als „Know-how" werden sämtliche Informationen (einschließlich solcher in Form von Formeln, Mustern, Listen, technischen Beschreibungen und Zeichnungen und unabhängig davon, ob und in welcher Weise sie verkörpert sind) bezeichnet, die sich auf die Aktivitäten des Verkäufers im Hinblick auf den Kaufgegenstand (insbesondere Einkauf, Forschung & Entwicklung, Produktion, Informationstechnologie, Qualitätsmanagement, Marketing, Logistik, Vertrieb sowie Verwaltung) beziehen und nicht allgemein bekannt sind, wobei dies auch kommerzielles Erfahrungsgut, Geschäftsgeheimnisse, Verwaltungs- und Vertriebsverfahren sowie Kunden- und Lieferantenbeziehungen, einschließlich aller Verkörperungen dieser Positionen/Gegenstände umfasst, und zwar insbesondere auch das, was zur Übernahme und zum weiteren Ausbau der Beziehungen zu den Kunden und Lieferanten erforderlich ist. Mitverkauft und übertragen sind daher auch sämtliche sich auf Kunden und Lieferanten gemäß Anlage 1.5 sowie laufende Verträge beziehenden Unterlagen und Dateien über Know-how, die Verwaltungs- und Vertriebsorganisation, einschließlich Lieferanten- und Kundenkarteien und -korrespondenz sowie sonstige Geschäftsunterlagen. Der Verkäufer verschafft dem Käufer spätestens binnen 14 Tagen nach dem Stichtag den Besitz an dem verkörperten Know-how.

2.   Kaufpreis

2.1   Der Kaufpreis für das Unternehmen beträgt EUR [...].

2.2   Die Parteien sind Unternehmer im Sinne des Umsatzsteuergesetzes. Der Verkäufer optiert hinsichtlich der im Rahmen der Betriebsveräußerung bewirkten Lieferungen vorsorglich, aber unbedingt nach § 9 Abs. 1 und Abs. 3 UStG zur Steuerpflicht. Da die Parteien jedoch davon ausgehen, dass es sich um eine nicht steuerbare Geschäftsveräußerung im Ganzen nach § 1 Abs. 1a UStG handelt, behandeln sie den Sachverhalt ungeachtet der erklärten Option als nicht steuerbaren Umsatz. Sollte die Finanzverwaltung dies abweichend beurteilen, erhöht sich er Kaufpreis um die darauf entfallende Umsatzsteuer in der dann geltenden gesetzlichen Höhe. Die Veräußerin hat jedoch den Erwerbern in diesem Fall eine Rechnung mit gesondertem Umsatzsteuerausweis entsprechend den dann gelten-

---

[44] Vgl. Teil → D., Rn. 268.
[45] Vgl. Teil → D., Rn. 314.
[46] Vgl. Teil → D., Rn. 322.

den Anforderungen für Rechnungen zu stellen. Die Erwerber sind verpflichtet, diese Umsatzsteuer innerhalb einer Frist von 20 Bankarbeitstagen nach Vorlage der Rechnung zu bezahlen.[47]

3. Besitz, Nutzen, Lasten

Besitz, Nutzen und Lasten am Kaufgegenstand sowie die Gefahr des zufälligen Untergangs und der von den Parteien unverschuldeten Verschlechterung gehen mit Übergabe, die am Übergabestichtag erfolgt, auf den Käufer über.

4. Arbeitnehmer

4.1 Der Käufer übernimmt sämtliche Arbeitnehmer (Arbeiter, Angestellte, sonstige Dienstverpflichtete) gemäß Anlage 4.1 mit Wirkung zum Übergabestichtag mit allen Rechten und Pflichten. Der Verkäufer erklärt, dass derzeit lediglich die in der Arbeitnehmerliste (Anlage 1) abschließend aufgezählten Arbeitnehmer beschäftigt sind.

4.2 Der Verkäufer wird, soweit möglich, Sorge dafür tragen, dass alle Lohn- und Gehaltsansprüche der Arbeitnehmer bis zum Stichtag sowie alle sonstigen hiermit verbundenen Lasten (Lohnsteuer, Zuschlagsteuer, Sozialversicherungsabgaben etc.) ordnungsgemäß erfüllt sind bzw. zum jeweiligen Fälligkeitstag erbracht werden.

4.3 Der Verkäufer versichert, dass die vorgelegten schriftlichen Arbeitsverträge alle Rechte und Pflichten aus diesen Arbeitsverhältnissen, soweit diese nicht direkt auf einem Gesetz beruhen, richtig und vollständig wiedergeben, den tatsächlichen Verhältnissen entsprechen und ein richtiges Bild über die Verhältnisse vermitteln. Die Beschäftigungszeiten beim Verkäufer sind dem Arbeitnehmer durch den Käufer ebenfalls anzurechnen, soweit dies arbeitsrechtlich vorgeschrieben ist.

4.4 Soweit weitere Arbeitsverhältnisse, die nicht in Anlage 4.1 aufgeführt sind, übergehen sollten und der Käufer aus ungewollt übergegangenen Arbeitsverhältnissen in Anspruch genommen wird oder Zahlungen (insbesondere Gehalts- und Abstandszahlungen) zu leisten hat, wird der Käufer dies unverzüglich dem Verkäufer anzeigen. Der Verkäufer wird dann anstelle des Käufers leisten und den Käufer insoweit freistellen. Der Verkäufer versichert, dass keine arbeitsrechtlichen Streitigkeiten aus Anlass der Kündigung von Anstellungsverhältnissen bestehen. Vom Verkäufer gekündigte Anstellungsverhältnisse werden von diesem vollständig abgewickelt; insbesondere wird der Verkäufer auf seine Kosten die Mitarbeiter bis zur vollständigen Beendigung des Anstellungsverhältnisses entlohnen.

4.6 Der Käufer wird den Verkäufer über alle ungewollt übergegangenen Arbeitsverhältnisse unterrichten, soweit ihm solche bekannt oder ihm gegenüber geltend gemacht werden. Der Käufer und der Verkäufer werden einvernehmlich auf eine Beendigung der Arbeitsverhältnisse hinarbeiten. Alle hieraus anfallenden Kosten (Gerichtskosten, Anwaltskosten, sonstige Zahlungsansprüche) werden jedoch von dem Verkäufer getragen.

4.7 Der Verkäufer hat die Arbeitnehmer, deren Arbeitsverhältnisse gemäß § 613a BGB auf den Käufer übergehen, schriftlich über den Übergang der Arbeitsverhältnisse und die Auswirkungen des Übergangs auf deren Arbeitsverhältnisse zu informieren. Die Unterrichtung der Arbeitnehmer hat folgende Informationen zu enthalten:
– den Zeitpunkt oder den geplanten Zeitpunkt des Übergangs;
– den Grund für den Übergang;
– die rechtlichen, wirtschaftlichen und sozialen Folgen des Übergangs für die Arbeitnehmer;
– die hinsichtlich der Arbeitnehmer in Aussicht genommenen Maßnahmen einschließlich aller Pläne der Käuferin für Restrukturierungen des Geschäftsbetriebs, Schließungen und Entlassungen.

Der Käufer hat den Verkäufer spätestens innerhalb von fünf Tagen nach Unterzeichnung dieses Vertrages sämtliche Informationen zur Verfügung zu stellen, die diese von dem Käufer benötigt, um eine den gesetzlichen Anforderungen entsprechende Unterrichtung der Arbeitnehmer durchzuführen.

Der Käufer stellt den Verkäufer von sämtlichen Verbindlichkeiten und Verpflichtungen, Schäden und Kosten frei, die sich aus oder als Folge einer unrichtigen oder unvollständigen oder sonst den Anforderungen des § 613a Abs. 5 BGB nicht genügenden Unterrichtung der Arbeitnehmer ergeben, soweit die Unrichtigkeit oder Unvollständigkeit der

---

[47] Vgl. Teil → D., Rn. 661.

Unterrichtung der Arbeitnehmer auf Handlungen oder Unterlassungen des Käufers, insbesondere auf den von dem Käufer zur Verfügung gestellter Informationen oder dem Fehlen von durch den Käufer zur Verfügung zu stellender Informationen, beruht.

5. Verbindlichkeiten

Der Käufer übernimmt zum Übergabestichtag von dem Verkäufer im Wege der befreienden Schuldübernahme sämtliche dem Unternehmen am Übergabestichtag zuzuordnenden Verbindlichkeiten unter Ausschluss der in Anlage 5 aufgeführten. Geht eine hiermit nicht übernommene Verbindlichkeit oder Eventualverbindlichkeit von Gesetzes wegen (zB gemäß § 25 HGB, § 75 AO oder § 613a BGB) oder durch diesen Vertrag auf den Käufer im Außenverhältnis über, ist der Verkäufer im Innenverhältnis verpflichtet, die betreffende Verbindlichkeit oder Eventualverbindlichkeit zu erfüllen und stellt er den Käufer von jeglichen daraus entstehenden Ansprüchen und Nachteilen frei.

6. Fortführung der Geschäfte bis zum Übergabestichtag

Der Verkäufer steht dafür ein, dass die Geschäfte des Unternehmen bis zum Übergabestichtag nur in Übereinstimmung mit der in der Vergangenheit geübten Praxis und im Rahmen der gewöhnlichen und ordnungsgemäßen Geschäftstätigkeit ausgeführt werden, soweit nicht der Käufer zuvor Ausnahmen hiervon schriftlich zugestimmt hat. Der Verkäufer steht dem Käufer ferner dafür ein, dass alle Maßnahmen unterlassen werden, die das Interesse des Käufers an der ordnungsgemäßen Fortführung des Geschäftsbetriebes der Gesellschaft beeinträchtigen könnten. Der Verkäufer steht dem Käufer zudem dafür ein, dass bis zum Übergabesstichtag sämtliche Verträge und sonstigen Maßnahmen, die außerhalb der gewöhnlichen Geschäftstätigkeit liegen, sowie wesentliche Maßnahmen des Verkäufers oder mit ihm verbundener Unternehmen mit Bezug zum Unternehmen nur mit vorheriger schriftlicher Zustimmung des Käufers abgeschlossen bzw. durchgeführt werden. Hierzu zählen insbesondere Änderung der Organisationsstruktur oder des Geschäfts- und Finanzplans, wesentliche personelle Veränderungen, oder Abschluss, Änderung oder Beendigung von den in Anlage 13 aufgeführten Verträgen. Für den Fall, dass eine unter diese Ziff. 6 fallende Maßnahme sich als erforderlich oder zweckmäßig im Interesse des Unternehmen erweisen sollte, steht der Verkäufer dem Käufer dafür ein, dass der Käufer unverzüglich informiert wird; der Käufer trifft dann unverzüglich eine Entscheidung über die Zustimmung zu der fraglichen Maßnahme, welche nach Ablauf von 14 Tagen als erteilt gilt, wenn nicht der Käufer dem Verkäufer zuvor eine gegenteilige schriftliche Mitteilung gemacht hat. Der Käufer hat ab dem Tag der Unterzeichnung dieses Vertrages das Recht auf Zugang zum Betriebsgelände und Mitarbeitern des Verkäufers.[48]

7. Kaufpreisfälligkeit, Zahlung, Verzinsung

7.1 Der Kaufpreis wird am […] fällig, soweit die Anlagen vollständig vorliegen und übergeben sind.

7.2 Der Kaufpreis ist mit schuldbefreiender Wirkung auf das nachfolgend genannte Konto zu überweisen:

Kreditinstitut: […]
BLZ: […]
Konto-Nr.:   […]

7.3 Ab Fälligkeit zzgl. einer Karenzzeit von drei Werktagen ist der offene Kaufpreis mit 6 % über dem Basiszinssatz der Deutschen Bundesbank gemäß § 247 BGB p. a. zu verzinsen. Die Geltendmachung eines weitergehenden Verzugsschadens ist hierdurch nicht ausgeschlossen. Die Karenzzeit von drei Werktagen wird nur gewährt, wenn die pünktliche Veranlassung der Zahlung nachgewiesen wird.

8. Eigentumsvorbehalt

8.1 Der Verkäufer behält sich bis zur vollständigen Bezahlung des Kaufpreises das Eigentum an den gemäß Ziff. 1 verkauften Gegenständen vor. Die Vertragsparteien sind sich einig, dass mit der Bezahlung des Kaufpreises das Eigentum auf den Käufer übergeht.

8.2 Der Käufer ist berechtigt, die erworbenen Gegenstände im ordnungsgemäßen Geschäftsverkehr zu veräußern bzw. zu verarbeiten. Der Käufer tritt jedoch bereits jetzt alle Forde-

---

[48] Vgl. Teil → D., Rn. 692.

rungen an den dies annehmenden Verkäufer ab, die ihm aus der Weiterveräußerung bzw. Verarbeitung gegen Dritte erwachsen. Zur Einziehung dieser Forderungen ist der Käufer nach deren Abtretung ermächtigt. Die Befugnis des Verkäufers, die Forderungen selbst einzuziehen, bleibt hiervon unberührt. Der Verkäufer verpflichtet sich jedoch, die Forderungen nicht einzuziehen, solange der Käufer seinen Zahlungsverpflichtungen ordnungsgemäß nachkommt und nicht in Zahlungsverzug ist. Sofern sich der Käufer jedoch in Zahlungsverzug befindet, kann der Verkäufer verlangen, dass der Käufer dem Verkäufer die abgetretenen Forderungen und deren Schuldner bekannt gibt, alle zum Einzug erforderlichen Angaben macht, die dazugehörigen Unterlagen aushändigt und den Schuldnern die Abtretung mitteilt.

8.3 Bei vertragswidrigem Verhalten des Käufers, insbesondere bei Zahlungsverzug, ist der Verkäufer berechtigt, den Kaufgegenstand zurückzunehmen und zu verwerten; der Käufer ist zur Herausgabe verpflichtet. In der Zurücknahme des Kaufgegenstandes durch den Verkäufer liegt kein Rücktritt vom Vertrag. Nimmt der Verkäufer alle oder einzelne Kaufgegenstände wieder an sich, so sind sich Verkäufer und Käufer darüber einig, dass der Verkäufer dem Käufer den erzielten Verkaufspreis des Kaufgegenstandes im Zeitpunkt der Rücknahme vergütet. Die noch offenstehende Kaufpreisforderung wird mit dem bereits bezahlten Kaufpreis und dem erzielten Verkaufspreis für die zurückgenommenen Kaufgegenstände verrechnet.

8.4 Der Käufer trägt sämtliche Kosten der Rücknahme und der Verwertung des Kaufgegenstands. Der Käufer hat sich diese Kosten auf den erzielten Kaufpreis anrechnen zu lassen.

8.5 Bei Zugriff Dritter auf das Warenlager oder die sonstigen veräußerten Gegenstände wird der Käufer auf das Eigentum des Verkäufers hinweisen und diesen unverzüglich benachrichtigen. Kosten und Schäden trägt der Käufer.

9. Übergabestichtag

Übergabestichtag für die verkauften Gegenstände und die Übernahme von Rechten und Pflichten ist der […], 00.00 Uhr.

10. Gewährleistung des Verkäufers

10.1 Der Verkäufer leistet dafür Gewähr, dass die mit diesem Vertrag verkauften Gegenstände und Rechte gemäß den Anlagen vorhanden sind, diesbezüglich keine Rechte Dritter bestehen und diese sich in seinem uneingeschränkten Eigentum befinden, soweit in diesem Vertrag nicht ausdrücklich etwas anderes erklärt ist. Im Übrigen werden sämtliche Gegenstände und Rechte unter Ausschluss jeglicher Gewährleistung und Garantie verkauft, soweit in diesem Vertrag keine Besonderheiten geregelt sind und soweit gesetzlich zulässig.

10.2 Die Parteien sind sich einig, dass alle dem Käufer aus und im Zusammenhang mit dem Erwerb des Unternehmen zustehenden Rechte und Ansprüche unabhängig von ihrem Rechtsgrund, ihrer Entstehung und ihrem Umfang allein in diesem Vertrag geregelt und im Übrigen im Rahmen des gesetzlich Zulässigen (einschließlich der Anwendung von § 278 Satz 2 BGB) ausgeschlossen sind. Soweit nicht ausdrücklich anders in diesem Vertrag geregelt, betrifft dieser Ausschluss im Rahmen des gesetzlich Zulässigen insbesondere auch Rechte auf Anfechtung des Vertrages, Nacherfüllung, Rücktritt/Rückabwicklung des Vertrages (auch in Form des „Großen Schadensersatzes"), Minderung oder Rückzahlung des Kaufpreises, eine Vertragsanpassung sowie Aufrechnungs- und Zurückbehaltungsrechte. Der Haftungsausschluss umfasst insbesondere auch Rechte und Ansprüche aus Verletzung einer Pflicht aus dem Schuldverhältnis gemäß §§ 241 Abs. 2 311 Abs. 2 BGB (einschließlich culpa in contrahendo), allgemeinem Leistungsstörungsrecht gemäß §§ 275 ff. BGB (einschließlich positiver Vertragsverletzung), Wegfall der Geschäftsgrundlage (§ 313 BGB) und Delikt (§ 823 ff. BGB), es sei denn, das Recht oder der Anspruch beruht auf einer vorsätzlichen Handlung des Verkäufers.[49]

11. Eigentumsvorbehalte, Verpfändungen

Der Verkäufer versichert, dass keine Eigentumsvorbehalte, Verpfändungen, Sicherungsübereignungen etc. hinsichtlich der verkauften Gegenstände und Rechte bestehen, die verkauften Gegenstände in seinem alleinigen Eigentum stehen und er in der Verfügung über diese Gegenstände und Rechte nicht beschränkt ist.

---

[49] Vgl. Teil → D., Rn. 724.

12.   Forderungen und Verbindlichkeiten

12.1   Zahlungen auf Forderungen des Verkäufers, die beim Käufer eingehen, sind an den Verkäufer ohne Abzug von Gebühren unverzüglich weiterzuleiten.

12.2   Entsprechendes gilt, soweit Zahlungen, die dem Käufer zustehen, dem Verkäufer zugehen.

13.   Eintritt in Verträge, Abgrenzungen, Ausschluss der Übernahme

13.1   Verkäufer und Käufer sind sich einig, dass der Käufer die in Anlage 13.1 aufgeführten Verträge von dem Verkäufer übernimmt. Soweit die Zustimmungen zur Übertragung dieser Verträge noch nicht in rechtswirksamer Form vorliegen, werden sich die Parteien unverzüglich nach Abschluss dieses Kaufvertrages gemeinsam um die zur Übertragung der Verträge erforderlichen Zustimmungen nach besten Kräften mit dem Ziel bemühen, von den jeweiligen Vertragspartnern eine entsprechende Zustimmung bis zum Ablauf des […] zu erhalten. Der Verkäufer ist verpflichtet, die jeweiligen Vertragspartner der Verträge unverzüglich nach dem Unterzeichnungstag über den Vertragsschluss, die Art und Weise der Überleitung des Vertrags auf den Käufer sowie die damit verbundene Zuweisung von Rechten und Pflichten ab Stichtag allein an den Käufer (z. B. Stichtag, zukünftige Erfüllung der Leistungspflichten, Gewährleistung, Zahlung durch den Vertragspartner/den Käufer, Ansprechpartner) nach dem Muster der Anlage 13.1 schriftlich zu informieren. Bis zur Erteilung der jeweiligen Zustimmung seitens des Vertragspartners bleibt der Verkäufer im Außenverhältnis Partei der betroffenen Vertragsverhältnisse und Verpflichtungen; Verkäufer und Käufer werden sich im Innenverhältnis jedoch so stellen, als wäre der betreffende Vertrag am Stichtag wirksam übertragen worden. Insbesondere ist der Verkäufer verpflichtet, (i) die Weisungen des Käufers hinsichtlich der Ausübung von Rechten und Erfüllung von Pflichten aus diesen Vertragsverhältnissen einzuholen und auch solche Verträge nach Weisung des Käufers zu beenden und dabei (ii) die Sorgfalt eines ordentlichen Kaufmanns walten zu lassen. Der Käufer wird hingegen den Verkäufer für die ab Stichtag aus diesen Vertragsverhältnissen entstehenden Verpflichtungen freistellen.

13.2   Soweit in diesem Vertrag nichts Abweichendes vereinbart ist, werden Leistungen, welche der Verkäufer im Rahmen der übergehenden Vertragsverhältnisse für einen Zeitraum nach dem Übergabestichtag bereits erbracht hat, nach bilanzrechtlichen Grundsätzen abgegrenzt und vom Käufer an den Verkäufer zurückvergütet. Entsprechendes gilt für Leistungen, die der Käufer für einen Zeitraum vor dem Übergabestichtag erbringt.

13.3   Außer den ausdrücklich geregelten Tatbeständen übernimmt der Käufer keine weiteren Gegenstände, Rechte und Verbindlichkeiten des Verkäufers. Insbesondere wird klargestellt, dass Gegenstand dieses Vertrags nicht die Übertragung von Grundeigentum oder die Begründung der Verpflichtung zur Übertragung von Grundeigentum im Sinne des § 311b Abs. 1 BGB ist. Käufer und Verkäufer werden sich gegenseitig von allen Ansprüchen Dritter, die aufgrund dieses Vertrages von der jeweils anderen Partei nicht zu erfüllen sind, unverzüglich freistellen.

13.4   Nach dem Stichtag werden die Vertragsparteien unverzüglich gemeinsam die Umschreibung der gemäß diesem Vertrag verkauften gewerblichen Schutzrechte und Schutzrechtsanmeldungen bewirken. Der Verkäufer wird diesbezüglich alle erforderlichen Erklärungen abgeben und Maßnahmen ergreifen. Die Kosten für die Umschreibung trägt der Käufer.[50]

14.   Information, Geschäftsunterlagen

14.1   Unterlagen und Dokumente im Zusammenhang mit den erworbenen Wirtschaftsgütern (Kundenlisten, Rechnungen Versicherungen etc.) sind dem Käufer am Übergabestichtag zu übergeben. Soweit Aufbewahrungsfristen gelten, werden diese vom Käufer gewahrt durch Verwahrung aller Unterlagen/Dokumente in den Räumen des Käufers.

14.2   Unterlagen, Personalakten etc. der vom Käufer übernommenen Arbeitnehmer sind dem Käufer am Übergabestichtag auszuhändigen.

15.   Kosten

Jede Partei trägt die Kosten der von ihr eingeschalteten Berater selbst.

---

[50] Vgl. Teil → D., Rn. 326.

16. Schlussbestimmungen

16.1 Dieser Kaufvertrag nebst Anlagen, die integraler Bestandteil dieses Kaufvertrages sind, ersetzt alle zwischen den Parteien bisher über den Kaufgegenstand getroffenen Vereinbarungen oder sonstigen Regelungen.[51]

16.2 Änderungen und Ergänzungen dieses Vertrages einschließlich dieses Schriftformerfordernisses bedürfen der Schriftform, soweit nicht notarielle Beurkundung erforderlich ist. Mündliche Nebenabreden zu diesem Vertrag bestehen nicht.

16.3 Die Unwirksamkeit einzelner Bestimmungen dieses Vertrages berührt die Geltung dieses Vertrages im Übrigen nicht. Im Falle der Unwirksamkeit einzelner Bestimmungen gilt eine der unwirksamen Bestimmung dem Sinn und Zweck und der wirtschaftlichen Bedeutung nach möglichst nahe kommende Bestimmung als vereinbart. Das Gleiche gilt im Falle einer Vertragslücke.[52]

16.4 Gerichtsstand und Erfüllungsort für alle Verbindlichkeiten aus diesem Vertrag ist […].

[…], den […]   […], den […]

. . . .
A GmbH   B OHG

---

[51] Vgl. Teil → D., Rn. 724.

[52] Bei einem privatschriftlichen Asset-Deal kann unter Umständen noch ergänzend eine Schriftform-Nachholklausel eingefügt werden, vgl. Teil → D., Rn. 177.

X. Asset Deal I

1. Ausgangssituation

Eine mittelständische Unternehmensgruppe, die überregional im Bereich des Vertriebs von Konsumgütern tätig ist (A-Firmengruppe) möchte einen selbständig geführten Teilbetrieb im Wege des Asset Deals verkaufen. Der zu veräußernde Betriebsteil ist in einer eigenen Betriebsstätte vollkommen selbständig organisiert, und bedient einen eigenen, regionalen Kundenstamm. Grundbesitz wird nicht übertragen; der Verkäufer schließt jedoch mit dem Käufer parallel zum Unternehmenskaufvertrag einen Mietvertrag über das Betriebsgrundstück ab, damit der Käufer die Geschäftsräumlichkeiten unverändert nutzen kann.

Schaubild: Situation **vor der Transaktion:**

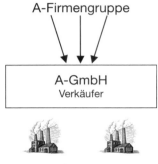

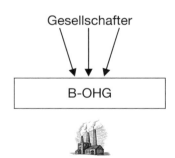

Schaubild: Situation **nach Abschluss der Transaktion:**

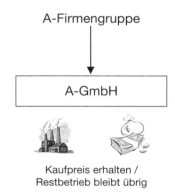

2. Mustertext

KAUFVERTRAG ÜBER EINZELWIRTSCHAFTSGÜTER

Zwischen der

A-GmbH
mit dem Sitz in […]

– nachfolgend **„der Verkäufer"** genannt –

und der
B-OHG
mit dem Sitz in […]

– nachfolgend **„der Käufer"** genannt –

wird nachfolgender Unternehmenskaufvertrag geschlossen.

Vorbemerkungen

Der Verkäufer verkauft an den Käufer seinen Teil-Betrieb in […] im Wege des sogenannten Asset Deals (Übertragung von einzelnen Wirtschaftsgütern).

Zu diesem […]-Betrieb gehören das Sachanlagevermögen, die […] und das Umlaufvermögen, speziell die Ersatzteile und das Zubehör, die Vertriebsrechte der C-AG, die bestehenden Dauerschuldverhältnisse, die Kundenbeziehungen, der Standort (die angemietete Immobilie), sonstige immaterielle Vermögensgegenstände sowie der Mitarbeiterstamm der Firma A-GmbH am Standort in […].

Dies vorausgeschickt, treffen die Parteien folgende Vereinbarungen zur Übertragung der einzelnen Wirtschaftsgüter:

1. Kaufgegenstand, Verkauf

1.1 Der Verkäufer verkauft und überträgt an den Käufer nach Maßgabe dieses Vertrags einen Teil seines Geschäftsbetriebs.

1.2 Im Einzelnen sind folgende Wirtschaftsgüter, Gegenstände, materielle und immaterielle Rechte verkauft und werden hiermit auf den Zeitpunkt des Übergabestichtags (siehe Ziff. 11) übertragen, soweit sie zum Geschäftsbetrieb des Verkäufers gehören und dem Teilbetrieb zuzuordnen sind:

   a) Wirtschaftsgüter des beweglichen Anlagevermögens (Maschinen und technische Anlagen samt geringwertigen Wirtschaftsgütern sowie die Betriebs- und Geschäftsausstattung),

   b) immaterielle Wirtschaftsgüter (Firmenwert, Kundenstamm),

   c) Originalersatz-, Austausch- und Zubehörteile der Marke […] und der Marke […] der C-AG bzw. der D-AG,

   d) fabrikatsfremde Zubehör- und Ersatzteile, Roh-, Hilfs- und Betriebsstoffe,

   e) Unterlagen und Dokumente im Zusammenhang mit den erworbenen Wirtschaftsgütern (Kundenliste Ersatzteile, Kundendienst, Kaufverträge; Rechnungen, Versicherungen etc.) sowie Unterlagen, Personalakten etc. der vom Käufer übernommenen Arbeitnehmer,

   f) Mit Wirkung zum Übergabestichtag (siehe Ziff. 11) tritt der Käufer mit schuldbefreiender Wirkung für den Verkäufer in die folgenden Verträge mit allen Rechten und Pflichten des Verkäufers ein:

     aa) in die Verträge mit den in Anlage 1 aufgeführten Arbeitnehmern,

     bb) in alle Dauerschuldverhältnisse und sonstigen Verträge einschließlich der Werbeverträge, die in der Anlage 2 aufgelistet sind, mit Ausnahme des Überwachungsvertrages (geschätzte Vertragssumme EUR […]).

     cc) Darüber hinaus werden auch die sonstigen, in diesem Vertrag aufgeführten Pflichten des Verkäufers Dritten gegenüber vom Käufer übernommen.
Soweit der Eintritt in Verträge und Verpflichtungen aufgrund der fehlenden Zustimmung von dritten Vertragspartnern nicht möglich ist, tritt der Verkäufer hiermit alle Rechte aus dem Vertragsverhältnis an den dies annehmenden Käufer ab. Der Käufer wird den Verkäufer von allen Verpflichtungen freistellen.

Haubner   755

g) Bezüglich aller laufenden Kaufverträge über die Produkte [...] verpflichten sich die Parteien, jeden Vertrag individuell zu regeln und eine Einigung zu erzielen. Soweit keine Einigung hinsichtlich der Vertragsübernahme erzielt werden kann, wird der Vertrag vom Käufer abgewickelt.

1.3 Die unter Ziffer 1.2a) genannten Gegenstände sind in den als Anlage 3 und Anlage 4 zu diesem Vertrag beigefügten Listen aufgeführt:

a) sämtliche Gegenstände der Anlage 3 zzgl. eines nicht im Anlageverzeichnis befindlichen, aber Betrieb des Verkäufers eingesetzten Schleppfahrzeuges,

b) in der Anlage 4 sämtliche Gegenstände der Hauptkonten [...], [...], [...] sowie vom Hauptkonto [...] die Gegenstände [...] und [...]. Der Käufer ist berechtigt, die in Anlage 4 aufgeführten Gegenstände bis [...] in dem Objekt in XY ohne Gegenleistung zu belassen, soweit nicht vorher der Käufer das Objekt in XY veräußert oder vermietet.

Diese Listen sind wesentlicher Bestandteil dieses Vertrages.

1.4 Hinsichtlich des Kundenstamms (Ziffer 1.2b)) wird der Verkäufer dem Käufer die [...] bezogenen Daten – unter Einschluss des Betriebsteils Z –

a) für Ersatzteile und Kundendienst mittels Datenübertragung und

b) für [...] entweder mittels Datenübertragung (soweit möglich) oder in Papierform

übergeben.

1.5 Die unter Ziffer 1.2c) genannten Gegenstände werden in einer gesonderten, von der Verkäuferseite zwischen dem [...] bis [...] durchzuführenden ordnungsgemäßen Inventuraufnahme und einer dabei aufzustellenden Liste mit Fortschreibung erfasst, die ebenfalls wesentlicher Bestandteil dieses Vertrages wird (als Anlage 5).

1.6 Die unter Ziffer 1.2d) genannten Gegenstände werden in einer gesonderten, von der Verkäuferseite zwischen dem [...] bis [...] durchzuführenden ordnungsgemäßen Inventuraufnahme und einer dabei aufzustellenden Liste mit Fortschreibung erfasst, die ebenfalls wesentlicher Bestandteil dieses Vertrages wird (als Anlage 6).

1.7 Der Verkäufer wird dem Käufer einen funktionsfähigen Betrieb am Übergabestichtag (siehe Ziff. 11) übergeben. Bei Übergabe noch nicht erfüllte und bekannte behördliche Auflagen hinsichtlich Arbeitsschutz- und Gewerbevorschriften sind auf Kosten des Verkäufers zu erfüllen.

1.8 Die Vertragsparteien sind sich – vorbehaltlich der Regelung der Ziffer 10 – Eigentumsvorbehalt – über den Übergang des Eigentums an den gemäß Ziffer 1.2 verkauften Wirtschaftsgütern und Gegenständen einig. Die Übergabe der verkauften Gegenstände erfolgt am [...]. Soweit die verkauften Gegenstände am Übergabestichtag nicht im unmittelbaren Besitz des Verkäufers stehen, tritt dieser seine Ansprüche auf Herausgabe hiermit an den Käufer ab.

Der Käufer nimmt hiermit die Abtretung an.

1.9 Der Verkäufer erklärt die Abtretung der in Ziffer 1.2 aufgeführten materiellen und immateriellen Rechte.

Der Käufer nimmt hiermit die Abtretung an.

2. Anlagen, Inventur

2.1 Die gemäß dieses Vertrages zu erstellenden Anlagen werden von den Vertragsparteien gemeinsam erstellt. Hierbei wird auch der Zustand der verkauften Gegenstände, soweit er nicht vertragsgemäß ist, festgehalten.

2.2 Abweichend von Ziffer 2.1 erfolgt eine ordnungsgemäße Inventuraufnahme für die Ersatzteile, Austausch- und Zubehörteile zwischen dem [...] und [...]. Der Käufer ist berechtigt, am [...] Stichproben zur Ermittlung des Bestandes zu nehmen. Sind diese ohne Beanstandung, so wird für den Bestand der fortgeschriebene Bestand zugrunde gelegt, andernfalls erfolgt unverzüglich eine neue Inventur.

2.3 Die gemeinsam erstellten und unterzeichneten Anlagen erkennen die Vertragsparteien als ordnungsgemäß an.

Die gemäß Ziffer 2.2 zu erstellenden Inventurlisten (Anlage 5 und 6) werden am Unterschriftstag, dem [...], bereits als vorläufige Inventurlisten von den Vertragsparteien unterzeichnet und entsprechend Ziffer 2.2 gegebenenfalls nach der Strichprobenentnahme nochmals geändert. Erst anschließend erfolgt für diese beiden Anlagen die Anerkennung als ordnungsgemäß.

3. Kaufpreis

3.1 Der Kaufpreisteilbetrag für die unter Ziffer 1.2a) aufgeführten Vermögensgegenstände beträgt EUR […].

3.2 Der Kaufpreisteilbetrag für die insbesondere auch immateriellen Wirtschaftsgüter gemäß Ziffer 1.2b), e) und f) ist in dem Gesamtkaufpreis enthalten.

3.3 Der Kaufpreisteilbetrag für die unter Ziffer 1.2c) und d) aufgeführten Vermögensgegenstände entspricht:

a) für die Originalersatzteile und Originalaustauschteile der Wertigkeitsgruppen […] dem Netto-Einkaufspreis; für Originalersatzeile und Originalaustauschteile der Wertigkeitsgruppen […] wird keine Vergütung geschuldet. Die vorgenannten Wertigkeitsgruppen beruhen auf einer Einteilung des Verkäufers,

b) für die Original- und Fremdzubehörteile dem fortgeschriebenen Bestand der Inventur zu Netto-Einkaufspreisen abzgl. eines Abschlags von 20 %; gleiches gilt für die Fremdaustauschteile,

c) für […] dem fortgeschriebenen Bestand der Inventur zu Netto-Einkaufspreisen abzüglich eines Abschlags von 10 %,

d) der Bestand an […] in der Fernölanlage zum […] wird mit dem letzten Einkaufspreis des Verkäufers je Ölsorte abzüglich Boni bewertet.

3.4 Die vorgenannten Kaufpreisteilbeträge ergeben zusammen den Gesamtkaufpreis. Dieser versteht sich als Nettobetrag, zu dem die gesetzliche Umsatzsteuer hinzukommt. Der Verkäufer verpflichtet sich zu einer den umsatzsteuerlichen Vorschriften entsprechenden Rechnungsstellung.

4. Besitz, Nutzen, Lasten

Besitz, Nutzen und Lasten am Kaufgegenstand sowie die Gefahr des zufälligen Untergangs und der von den Parteien unverschuldeten Verschlechterung gehen mit Übergabe, die am Übergabestichtag erfolgt, auf den Käufer über.

5. Arbeitnehmer

5.1 Der Käufer übernimmt sämtliche Arbeitnehmer (Arbeiter, Angestellte, sonstige Dienstverpflichtete) gemäß Anlage 1 sowie selbständige Verkaufsberater der Firma A-GmbH jedoch nur, soweit sie aus Anlage 1 zu diesem Vertrag ersichtlich sind, mit Wirkung zum Übergabestichtag mit allen Rechten und Pflichten.

Der Verkäufer erklärt, dass derzeit lediglich die in der Arbeitnehmerliste (Anlage 1) abschließend aufgezählten Arbeitnehmer beschäftigt sind.

5.2 Klarstellend wird festgehalten, dass der Geschäftsführer, Herr G, nicht mit übernommen wird.

Herr G wird den Betrieb des Verkäufers auf Wunsch des Käufers in dem Zeitraum ab Übergabe bis […] wie bisher weiterführen; der Verkäufer wird dem Käufer hierfür einen Betrag von monatlich EUR […] zzgl. gesetzlicher Umsatzsteuer berechnen.

5.3 Die Kosten für etwaige noch bestehende offene Urlaubsansprüche sind vom Verkäufer zu übernehmen bzw. dem Käufer zu erstatten. Bei der Berechnung des Anspruchs ist von dem am Übergabestichtag gültigen monatlichen Festgehalt auszugehen, wobei für jeden Monat 21,5 Arbeitstage festgelegt werden. Für jeden Urlaubstag sind zusätzlich 21 % für die vom Arbeitgeber zu tragenden Sozialversicherungsbeiträge einschließlich Umlagen zu entrichten.

5.4 Der Verkäufer wird, soweit möglich, Sorge dafür tragen, dass alle Lohn- und Gehaltsansprüche der Arbeitnehmer bis zum Stichtag sowie alle sonstigen hiermit verbundenen Lasten (Lohnsteuer, Zuschlagsteuer, Sozialversicherungsabgaben etc.) ordnungsgemäß erfüllt sind bzw. zum jeweiligen Fälligkeitstag erbracht werden. Soweit die Höhe leistungsabhängiger Vergütungen erst nach dem Übergabestichtag feststeht, übernimmt der Käufer deren Abwicklung und wird dem Verkäufer bis zum […] eine endgültige Abrechnung vorlegen. Der Käufer ist berechtigt, innerhalb dieser Frist (…) gegen Vorlage der endgültigen Lohnabrechnung und aller sonstiger hiermit verbundenen Lasten diesen Betrag mit dem Kaufpreisteilbetrag gemäß Ziffer 3.3 – Kaufpreis – für die dort genannten Wirtschaftsgüter aufzurechnen.

5.5 Der Verkäufer versichert, dass die vorgelegten schriftlichen Arbeitsverträge alle Rechte und Pflichten aus diesen Arbeitsverhältnissen, soweit diese nicht direkt auf einem Gesetz beruhen, richtig und vollständig wiedergeben, den tatsächlichen Verhältnissen entsprechen und ein richtiges Bild über die Verhältnisse vermitteln.

Die Beschäftigungszeiten beim Verkäufer sind dem Arbeitnehmer durch den Käufer ebenfalls anzurechnen, soweit dies arbeitsrechtlich vorgeschrieben ist.

5.6   Soweit weitere Arbeitsverhältnisse, die nicht in Anlage 1 aufgeführt sind, übergehen sollten und der Käufer aus ungewollt übergegangenen Arbeitsverhältnissen in Anspruch genommen wird oder Zahlungen (insbesondere Gehalts- und Abstandszahlungen) zu leisten hat, wird der Käufer dies unverzüglich dem Verkäufer anzeigen. Der Verkäufer wird dann anstelle des Käufers leisten und den Käufer insoweit freistellen.

Der Verkäufer versichert, dass keine arbeitsrechtlichen Streitigkeiten aus Anlass der Kündigung von Anstellungsverhältnissen bestehen.

Vom Verkäufer gekündigte Anstellungsverhältnisse werden von diesem vollständig abgewickelt; insbesondere wird der Verkäufer auf seine Kosten die Mitarbeiter bis zur vollständigen Beendigung des Anstellungsverhältnisses entlohnen.

5.7   Der Käufer wird den Verkäufer über alle ungewollt übergegangenen Arbeitsverhältnisse unterrichten, soweit ihm solche bekannt oder ihm gegenüber geltend gemacht werden. Der Käufer und der Verkäufer werden einvernehmlich auf eine Beendigung der Arbeitsverhältnisse hinarbeiten. Alle hieraus anfallenden Kosten (Gerichtskosten, Anwaltskosten, sonstige Zahlungsansprüche) werden jedoch von dem Verkäufer getragen.

5.8   Der Verkäufer hat die Arbeitnehmer, deren Arbeitsverhältnisse gemäß § 613a BGB auf den Käufer übergehen, schriftlich über den Übergang der Arbeitsverhältnisse und die Auswirkungen des Übergangs auf deren Arbeitsverhältnisse zu informieren. Die Unterrichtung der Arbeitnehmer hat folgende Informationen zu enthalten:
– den Zeitpunkt oder den geplanten Zeitpunkt des Übergangs;
– den Grund für den Übergang;
– die rechtlichen, wirtschaftlichen und sozialen Folgen des Übergangs für die Arbeitnehmer;
– die hinsichtlich der Arbeitnehmer in Aussicht genommenen Maßnahmen einschließlich aller Pläne der Käuferin für Restrukturierungen des Geschäftsbetriebs, Schließungen und Entlassungen.

Der Käufer hat den Verkäufer spätestens innerhalb von fünf Tagen nach Unterzeichnung dieses Vertrages sämtliche Informationen zur Verfügung zu stellen, die diese von dem Käufer benötigt, um eine den gesetzlichen Anforderungen entsprechende Unterrichtung der Arbeitnehmer durchzuführen.

Der Käufer stellt den Verkäufer von sämtlichen Verbindlichkeiten und Verpflichtungen, Schäden und Kosten frei, die sich aus oder als Folge einer unrichtigen oder unvollständigen oder sonst den Anforderungen des § 613a Abs. 5 BGB nicht genügenden Unterrichtung der Arbeitnehmer ergeben, soweit die Unrichtigkeit oder Unvollständigkeit der Unterrichtung der Arbeitnehmer auf Handlungen oder Unterlassungen des Käufers, insbesondere auf den von dem Käufer zur Verfügung gestellter Informationen oder dem Fehlen von durch den Käufer zur Verfügung zu stellender Informationen, beruht.

6.   Gewährleistungsrisiken aus dem laufenden Geschäftsbetrieb des Verkäufers

6.1   Der Käufer übernimmt anstelle des Verkäufers sämtliche Garantie- und Gewährleistungsverpflichtungen aus den vom Verkäufer bis zum Übergabestichtag getätigten […]-Verkäufen und Reparaturen, sofern sie durch den Hersteller gedeckt sind. Garantie- und Gewährleistungsansprüche gegen den Hersteller tritt der Verkäufer an den Käufer ab. Der Käufer nimmt die Abtretung an.

6.2.   Der Verkäufer haftet für die bis zum Übergabestichtag getätigten […]-Verkäufe und Reparaturen nach den gesetzlichen Bestimmungen. Sofern eine Garantie des Verkäufers vorliegt, übernimmt der Käufer die entsprechenden Reparaturen bis zu einem Betrag von netto EUR […] ohne Rücksprache mit dem Verkäufer; bei Reparaturen über netto EUR […] erfolgt die Reparatur nur nach Rücksprache und Freigabe durch den Verkäufer. Die Abrechnung und der Ansatz der Kosten erfolgen zu den normalen Stundenverrechnungssätzen des Käufers.

6.3   In den Ziffern 6.1 und 6.2 nicht genannte Garantie- und Gewährleistungsverbindlichkeiten und sonstige Risiken verbleiben beim Verkäufer. Bezüglich der Abwicklung dieser Verbindlichkeiten vereinbaren die Parteien Folgendes:

G

Die Abwicklung geltend gemachter Ansprüche (z. B. Rücktritt, Schadenersatz etc.) verbleibt beim Verkäufer. Soweit die Ansprüche Dritter auf Reparatur gerichtet sind, wird der Käufer diese Reparaturen auf Anweisung des Verkäufers und in Absprache mit diesem ordnungsgemäß vornehmen. Die Abrechnung und der Ansatz der Kosten erfolgen zu den normalen Stundenverrechnungssätzen des Käufers.

7. Fortführung der Geschäfte bis zum Übergabestichtag

Der Verkäufer wird bis zum Übergabestichtag die Geschäfte wie bisher mit der Sorgfalt eines ordentlichen und gewissenhaften Geschäftsmannes weiterführen und hierbei auch die berechtigten Interessen des Käufers berücksichtigen. Der Verkäufer wird keine Handlungen, Maßnahmen, Rechtsgeschäfte etc. tätigen, die über den Rahmen des laufenden Geschäftsverkehrs hinausgehen.

8. Firmenfortführung

Der Käufer ist nicht berechtigt, die Firma des Verkäufers für den verkauften Teilbetrieb in […], die „[…]" lautet, weiterzuführen. Dies gilt auch für sämtliche Firmenbestandteile. Der Käufer ist verpflichtet, die Firmenschilder an den Betriebsgebäuden bis spätestens […] entsprechend zu ändern.

9. Kaufpreisfälligkeit, Zahlung, Verzinsung

9.1 Der Kaufpreis ist wie folgt zur Zahlung fällig:
Der Gesamtkaufpreis für die Wirtschaftsgüter gemäß Ziffer 3.4 – Kaufpreis – wird am […] fällig, soweit die Anlagen vollständig vorliegen und die Kundenlisten (Ziffer 1.4) übergeben sind.

9.2 Der Kaufpreis ist mit schuldbefreiender Wirkung auf das nachfolgend genannte Konto zu überweisen:
Kreditinstitut: […]
BLZ: […]
Konto-Nr.:   […]

9.3 Ab Fälligkeit zzgl. einer Karenzzeit von drei Werktagen ist der offene Kaufpreis mit 6 % über dem Basiszinssatz der Deutschen Bundesbank gemäß § 247 BGB p. a. zu verzinsen. Die Geltendmachung eines weitergehenden Verzugsschadens ist hierdurch nicht ausgeschlossen. Die Karenzzeit von drei Werktagen wird nur gewährt, wenn die pünktliche Veranlassung der Zahlung nachgewiesen wird.

10. Eigentumsvorbehalt

10.1 Der Verkäufer behält sich bis zur vollständigen Bezahlung des Kaufpreises das Eigentum an den gemäß Ziffer 1.2a), c) und d) – Kaufgegenstand Verkauf – verkauften Gegenständen vor. Die Vertragsparteien sind sich einig, dass mit der Bezahlung des Kaufpreises das Eigentum auf den Käufer übergeht.

10.2 Der Käufer ist berechtigt, die erworbenen Gegenstände im ordnungsgemäßen Geschäftsverkehr zu veräußern bzw. zu verarbeiten. Der Käufer tritt jedoch bereits jetzt alle Forderungen an den dies annehmenden Verkäufer ab, die ihm aus der Weiterveräußerung bzw. Verarbeitung gegen Dritte erwachsen. Zur Einziehung dieser Forderungen ist der Käufer nach deren Abtretung ermächtigt. Die Befugnis des Verkäufers, die Forderungen selbst einzuziehen, bleibt hiervon unberührt. Der Verkäufer verpflichtet sich jedoch, die Forderungen nicht einzuziehen, solange der Käufer seinen Zahlungsverpflichtungen ordnungsgemäß nachkommt und nicht in Zahlungsverzug ist. Sofern sich der Käufer jedoch in Zahlungsverzug befindet, kann der Verkäufer verlangen, dass der Käufer dem Verkäufer die abgetretenen Forderungen und deren Schuldner bekannt gibt, alle zum Einzug erforderlichen Angaben macht, die dazugehörigen Unterlagen aushändigt und den Schuldnern die Abtretung mitteilt.

10.3 Bei vertragswidrigem Verhalten des Käufers, insbesondere bei Zahlungsverzug, ist der Verkäufer berechtigt, den Kaufgegenstand zurückzunehmen und zu verwerten; der Käufer ist zur Herausgabe verpflichtet. In der Zurücknahme des Kaufgegenstandes durch den Verkäufer liegt kein Rücktritt vom Vertrag. Nimmt der Verkäufer alle oder einzelne Kaufgegenstände wieder an sich, so sind sich Verkäufer und Käufer darüber einig, dass der Verkäufer dem Käufer den erzielten Verkaufspreis des Kaufgegenstandes im Zeitpunkt der Rücknahme vergütet. Die noch offen stehende Kaufpreisforderung wird mit dem bereits bezahlten Kaufpreis und dem erzielten Verkaufspreis für die zurückgenommenen Kaufgegenstände verrechnet.

10.4 Der Käufer trägt sämtliche Kosten der Rücknahme und der Verwertung des Kaufgegenstands. Der Käufer hat sich diese Kosten auf den erzielten Kaufpreis anrechnen zu lassen.

10.5 Bei Zugriff Dritter auf das Warenlager oder die sonstigen veräußerten Gegenstände wird der Käufer auf das Eigentum des Verkäufers hinweisen und diesen unverzüglich benachrichtigen. Kosten und Schäden trägt der Käufer.

11. Übergabestichtag

Übergabestichtag für die verkauften Gegenstände und die Übernahme von Rechten und Pflichten ist der […], 00.00 Uhr.

12. Gewährleistung des Verkäufers

Der Verkäufer leistet dafür Gewähr, dass die mit diesem Vertrag verkauften Gegenstände und Rechte gemäß den Anlagen vorhanden sind, diesbezüglich keine Rechte Dritter bestehen und diese sich in seinem uneingeschränkten Eigentum befinden, soweit in diesem Vertrag nicht ausdrücklich – insbesondere in Ziffer 13. – etwas anderes erklärt ist. Im Übrigen werden sämtliche Gegenstände und Rechte unter Ausschluss jeglicher Gewährleistung und Garantie verkauft, soweit in diesem Vertrag keine Besonderheiten geregelt sind und soweit gesetzlich zulässig.

13. Eigentumsvorbehalte, Verpfändungen

Der Verkäufer versichert, dass keine Eigentumsvorbehalte, Verpfändungen, Sicherungsübereignungen etc. hinsichtlich der verkauften Gegenstände und Rechte bestehen, die verkauften Gegenstände in seinem alleinigen Eigentum stehen und er in der Verfügung über diese Gegenstände und Rechte nicht beschränkt ist.

14. Forderungen und Verbindlichkeiten

14.1 Zahlungen auf Forderungen des Verkäufers, die beim Käufer eingehen, sind an den Verkäufer ohne Abzug von Gebühren unverzüglich weiterzuleiten.

14.2 Entsprechendes gilt, soweit Zahlungen, die dem Käufer zustehen, dem Verkäufer zugehen.

15. Leasingverträge

15.1 Der Käufer tritt in die bestehenden Leasingverträge des Verkäufers ein und übernimmt hieraus alle Rechte und Pflichten. Die sich aus dem Verkauf dieser […] ergebenden Vor- und Nachteile gehen zu Lasten des Käufers. Eine Vergütung oder Belastung an den Verkäufer erfolgt nicht.

15.2 Die Parteien verpflichten sich, bis zum […] die Anlage 7, die die in Satz 1 maßgeblichen Leasingverträge umfasst, zu erstellen.

16. Eintritt in Verträge, Abgrenzungen, Ausschluss der Übernahme

16.1 Soweit der Eintritt in Verträge und/oder die Übernahme von Verträgen vereinbart ist, verpflichten sich die Vertragsparteien gegenseitig zur schuldbefreienden Übernahme der Verträge und auf die Zustimmung der jeweiligen Vertragspartner – soweit erforderlich – nach besten Kräften hinzuwirken. Sollte eine erforderliche Zustimmung von dritten Vertragspartnern nicht erteilt werden, werden hiermit sämtliche Rechte – soweit möglich – aus dem jeweiligen Vertragsverhältnis zum Übergabestichtag an den Käufer abgetreten. Der Käufer verpflichtet sich gegenüber dem Verkäufer zur ordnungsgemäßen Erfüllung der betreffenden Verträge und zur Freistellung von allen Verpflichtungen.

16.2 Soweit in diesem Vertrag nichts Abweichendes vereinbart ist, werden Leistungen, welche der Verkäufer im Rahmen der übergehenden Vertragsverhältnisse für einen Zeitraum nach dem Übergabestichtag bereits erbracht hat, nach bilanzrechtlichen Grundsätzen abgegrenzt und vom Käufer an den Verkäufer zurückvergütet. Entsprechendes gilt für Leistungen, die der Käufer für einen Zeitraum vor dem Übergabestichtag erbringt.

16.3 Außer den ausdrücklich geregelten Tatbeständen übernimmt der Käufer keine weiteren Gegenstände, Rechte und Verbindlichkeiten des Verkäufers. Insbesondere wird klargestellt, dass Gegenstand dieses Vertrags nicht die Übertragung von Grundeigentum oder die Begründung der Verpflichtung zur Übertragung von Grundeigentum im Sinne des § 311b Abs. 1 BGB ist. Käufer und Verkäufer werden sich gegenseitig von allen Ansprüchen Dritter, die aufgrund dieses Vertrages von der jeweils anderen Partei nicht zu erfüllen sind, unverzüglich freistellen.

17. Information, Geschäftsunterlagen

17.1 Unterlagen und Dokumente im Zusammenhang mit den erworbenen Wirtschaftsgütern (Kundenlisten gemäß Ziffer 1.4, Rechnungen Versicherungen etc.) sind dem Käufer am Übergabestichtag zu übergeben. Soweit Aufbewahrungsfristen gelten, werden diese vom Käufer gewahrt durch Verwahrung aller Unterlagen/Dokumente in den Räumen des Käufers.

17.2 Unterlagen, Personalakten etc. der vom Käufer übernommenen Arbeitnehmer sind dem Käufer am Übergabestichtag auszuhändigen.

18. Wettbewerbsverbot

18.1 Der Verkäufer verpflichtet sich auf die Dauer von zwei Jahren ab dem Übergabestichtag, mit dem Käufer im bisherigen räumlichen und sachlichen Tätigkeitsbereich der Firma A-GmbH jeden Wettbewerb mit dem Käufer zu unterlassen, insbesondere sich an Konkurrenzunternehmen weder unmittelbar noch mittelbar zu beteiligen, in die Dienste eines Konkurrenzunternehmens zu treten oder ein solches Unternehmen auf sonstige Weise unmittelbar oder mittelbar durch Rat und Tat zu fördern.
Ausgenommen von dem Wettbewerbsverbot sind Lackier- sowie Blechinstandsetzungsarbeiten.

18.2 Der Verkäufer verpflichtet sich, seinen Gesellschaftern und verbundenen Unternehmen die Bestimmungen dieses Wettbewerbsverbotes zu gleichen Bedingungen verbindlich aufzuerlegen.

18.3 Räumlicher Tätigkeitsbereich im Sinne dieses Wettbewerbsverbots ist der Regierungsbezirk [...]. Sachlicher Tätigkeitsbereich in diesem Sinne ist der Vertrieb von [...] und [...].

18.4 Bisherige bereits ausgeübte sowie zukünftige überregionale Tätigkeiten von anderen Gesellschaften der A-Firmengruppe (überregionale Verkaufsanzeigen mit Ausnahme des Erscheinens in regionalen Zeitungen, Internetauftritt etc.) sind von dem Wettbewerbsverbot ausgenommen.

19. Wechselseitigkeit der Verträge

Neben diesem Vertrag ist vorgesehen, dass der Verkäufer zur Fortführung des [...]-Betriebes in [...] mit dem Käufer einen Mietvertrag zum [...] über das Betriebsgrundstück abschließt. Der abzuschließende Mietvertrag ist wiederum abhängig von der Wirksamkeit dieses Kaufvertrages (wechselseitige Abhängigkeit zum Übergabestichtag). Sofern einer der Verträge nicht zu Stande kommen sollte, ist auch der andere Vertrag nicht abzuschließen bzw. wieder aufzuheben und rückabzuwickeln. Im Übrigen handelt es sich jedoch bei dem abzuschließenden Mietvertrag und diesem Kaufvertrag um zwei rechtlich selbständige Verträge.

20. Kosten

Jede Partei trägt die Kosten der von ihr eingeschalteten Berater selbst.

21. Schlussbestimmungen

21.1 Änderungen und Ergänzungen dieses Vertrages einschließlich dieses Schriftformerfordernisses bedürfen der Schriftform, soweit nicht notarielle Beurkundung erforderlich ist. Mündliche Nebenabreden zu diesem Vertrag bestehen nicht.

21.2 Die Unwirksamkeit einzelner Bestimmungen dieses Vertrages berührt die Geltung dieses Vertrages im Übrigen nicht. Im Falle der Unwirksamkeit einzelner Bestimmungen gilt eine der unwirksamen Bestimmung dem Sinn und Zweck und der wirtschaftlichen Bedeutung nach möglichst nahe kommende Bestimmung als vereinbart. Das Gleiche gilt im Falle einer Vertragslücke.

21.3 Gerichtsstand und Erfüllungsort für alle Verbindlichkeiten aus diesem Vertrag ist [...].

22. Auflösende Bedingung

Dieser Kaufvertrag steht unter der aufschiebenden Bedingung der schriftlichen Vorlage einer Finanzierungsbestätigung zu Gunsten des Käufers bis zum [...].

[...], den [...]   [...], den [...]

....
A GmbH   B GmbH

XI. Asset Deal II

1. Ausgangssituation

Eine deutsche Gesellschaft beabsichtigt, ihren gesamten operativen Geschäftsbetrieb mit allen Aktiva und Passiva im Wege eines Asset Deals an eine englische Gesellschaft, die in derselben Branche tätig ist, zu veräußern. Bei der veräußernden Gesellschaft bleibt danach nur noch eine an Dritte fremdvermietete Büroräumlichkeit zurück. Beide Gesellschaften sind auf Gesellschafterebene miteinander verflochten; beide Gesellschaften sind Teil einer kleineren mittelständischen Unternehmensgruppe im Dienstleistungssektor. Aufgrund des grenzüberschreitenden Elements der Transaktion sind aus steuerlichen Gründen jedoch Fremdvergleichsgrundsätze einzuhalten.

Schaubild: Situation **vor der Transaktion:**

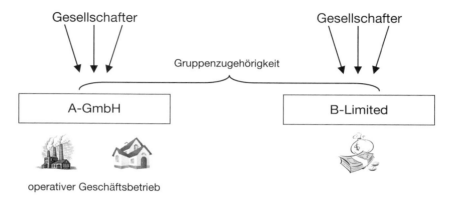

Schaubild: Situation **nach Abschluss der Transaktion:**

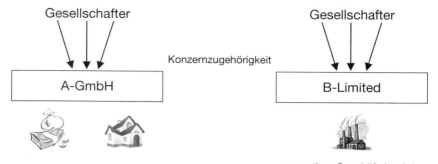

2. Mustertext

KAUFVERTRAG ÜBER DEN ERWERB
DES OPERATIVEN GESCHÄFTSBETRIEBS DER A-GMBH
IM WEGE DES VERKAUFS VON EINZELWIRTSCHAFTSGÜTERN

zwischen

A-GmbH,
eingetragen im Handelsregister des AG […] unter HRB […],
vertreten durch ihre einzelvertretungsberechtigte Geschäftsführerin
Frau […]

– im folgenden auch **„Verkäufer"** genannt –

und

B-Limited,
Company number […]
vertreten durch Herrn […]

– im folgenden auch **„Käufer"** genannt –

Vorbemerkung

Der Käufer beabsichtigt, den operativen Geschäftsbetrieb des Verkäufers durch Erwerb der nachstehend aufgeführten Aktiva und Passiva zu übernehmen.

Dies vorausgeschickt vereinbaren die Parteien, was folgt:

1. Anlagevermögen

Der Verkäufer veräußert hiermit an den dies annehmenden Käufer alle in seinem Eigentum befindlichen Gegenstände des beweglichen Anlagevermögens, wie es in dem als Anlage 1 zum Vertrag beigefügten Inventarverzeichnis aufgeführt ist. Mitveräußert sind alle immateriellen und materiellen Vermögensgegenstände, die dem operativem Geschäftsbetrieb dienen oder zu dienen bestimmt sind, einschließlich eines etwaigen Firmenwerts sowie der Nutzung der Firma „A-GmbH", auch soweit diese vom Verkäufer bis zum Stichtag im Rahmen des gewöhnlichen Geschäftsbetriebes erworben werden. Mitveräußert sind auch alle geringwertigen Wirtschaftsgüter, die dem operativen Geschäftsbetrieb dienen und sich in den vom Verkäufer genutzten Räumen oder bei Vertragspartnern befinden. Sollten einzelne Gegenstände des beweglichen Anlagevermögens, die im Eigentum des Verkäufers stehen und dem operativen Geschäftsbetrieb des Verkäufers dienen, in der Anlage 1 nicht aufgeführt sein, werden diese ebenfalls an den Käufer veräußert.
Nicht veräußert sind jedoch die in Anlage 2 aufgeführten Vermögensgegenstände des Verkäufers.
Nicht veräußert ist auch die fremdvermietete Immobilie in der […] Straße, eingetragen im Grundbuch für […], Band […], Blatt […], Flurnummern […] und […].

2. Geschäftsunterlagen, noch nicht abgerechnete Leistungen, Forderungen aus Lieferungen und Leistungen

2.1 Der Verkäufer veräußert hiermit an den dies annehmenden Käufer alle zum operativen Geschäftsbetrieb des Verkäufers gehörenden Unterlagen (einschließlich sämtlicher Unterlagen und Verkörperungen für gewerbliche Schutzrechte und/oder Anmeldungen von gewerblichen Schutzrechten, Erfindungen, Know-how, Geschäfts- und Betriebsgeheimnissen, Formeln und sonstigen immateriellen Vermögensgegenständen nebst schriftlichen Beschreibungen, Mustern, Zeichnungen, Plänen etc.). Mitveräußert sind alle mit dem operativen Geschäftsbetrieb des Verkäufers zusammenhängenden Geschäfts- und Auftragsbücher, Interessenten-, Kunden- und Lieferantenlisten, Listen über die Zuordnung von Kunden und Produkten, Preislisten, Produktunterlagen, Unterlagen über Verkaufs- und Betriebsorganisation, Marketing und Produktbeschaffung.

2.2 Der Verkäufer veräußert hiermit weiter an den dies annehmenden Käufer sämtliche in Anlage 3 aufgeführten Forderungen und noch nicht abgerechneten Leistungen (einschließlich ggf. zahlungshalber entgegengenommener Schecks und Wechsel) des operativen
Geschäftsbetriebs, die sich auf Dienstleistungen beziehen, die frühestens mit Beginn des
Stichtags begonnen wurden, auch soweit sie nicht in Anlage 3 aufgeführt sind.

2.3 Darüber hinaus veräußert der Verkäufer schließlich hiermit an den dies annehmenden
Käufer alle in Anlage 4 aufgeführten sonstigen Forderungen.

3. Verbindlichkeiten

3.1 Der Käufer übernimmt hiermit – im Innenverhältnis mit befreiender Wirkung – sämtliche in
Anlage 5 aufgeführten Verbindlichkeiten des operativen Geschäftsbetriebs.

3.2 Darüber hinaus übernimmt der Käufer hiermit – im Innenverhältnis mit befreiender Wirkung für den Verkäufer – alle in Anlage 6 aufgeführten sonstigen Verbindlichkeiten.

3.3 Weitere Verbindlichkeiten übernimmt der Käufer nicht. Der Käufer übernimmt insbesondere nicht die Finanzierungsverbindlichkeiten bei der […] Bank in Bezug auf die bei dem
Verkäufer zurückbleibende Immobilie in der […] Straße.

4. Verträge, Bestellobligo

4.1 Der Käufer tritt anstelle des Verkäufers – im Innenverhältnis mit befreiender Wirkung – in
die in Anlage 7 aufgeführten Miet- und Leasingverträge mit Wirkung zum Stichtag ein.
Nicht übernommen werden jedoch die in Anlage 8 aufgeführten Versorgungsverträge. Die
Parteien sind sich darüber einig, dass es im Außenverhältnis für den Eintritt des Käufers in
bestehende Verträge der Zustimmung der jeweiligen Vertragspartner bedarf. Die Parteien
verpflichten sich gegenseitig, diese Zustimmung alsbald nach besten Kräften herbeizuführen. Sollten Vertragspartner dem Eintritt des Käufers nicht zustimmen, wird der Verkäufer
diese Verträge im Außenverhältnis auf Rechnung des Käufers nach den Regeln des Auf-
tragsrechts fortführen bzw. abwickeln, wobei sich die Parteien im Innenverhältnis so
stellen werden, als sei der Eintritt des Käufers zum Stichtag bewilligt worden. Ebenfalls
mit Wirkung zum Stichtag stellt der Käufer den Verkäufer bereits jetzt von Ansprüchen der
jeweiligen Vertragspartner frei.

4.2 Der Käufer verpflichtet sich ferner, zum Stichtag in das Bestellobligo (bestellte, jedoch
noch nicht gelieferte Gegenstände des Anlage- und Vorratsvermögens) des Verkäufers
einzutreten. Ziffer 4.1 des Vertrages gilt entsprechend.

5. Eigentumsübertragung, Eigentumsvorbehalt und Abtretung

5.1 Verkäufer und Käufer sind sich hiermit einig, dass das Eigentum sowie Besitz, Nutzen und
Lasten an den gemäß vorstehenden Ziffern 1 bis 4 an den Käufer verkauften Wirtschaftsgütern zum Stichtag auf den Käufer übergeht. Dieser Übergang ist jedoch aufschiebend
bedingt durch die vollständige Zahlung des Kaufpreises gemäß nachfolgender Ziffer 9
(Eigentumsvorbehalt i.S.d. § 449 BGB).

5.2 Der Verkäufer tritt hiermit mit Wirkung zum Stichtag und aufschiebend bedingt auf den
Erhalt der vollständigen Kaufpreiszahlung durch den Verkäufer alle gemäß vorstehenden
Ziffern 1 bis 4 verkauften Rechte und Forderungen an den Käufer ab, der die Abtretung
hiermit annimmt.

5.3 Bei Übergabe vor dem Stichtag besitzt der Käufer die Wirtschaftsgüter für den Verkäufer
unentgeltlich nach den Regeln über die Verwahrung (§§ 688 ff. BGB) bis zum Stichtag. Bei
Übergabe nach dem Stichtag wird die Übergabe mit Ablauf des Stichtags durch die Abrede der unentgeltlichen Verwahrung durch den Verkäufer für den Käufer ersetzt. Soweit
sich verkaufte Wirtschaftsgüter im Besitz Dritter befinden, tritt der Verkäufer hiermit mit
Wirkung zum Stichtag seine Herausgabeansprüche gegen solche Dritte dem Käufer ab,
der die Abtretung hiermit annimmt.

6. Sicherungsrechte

6.1 Dem Käufer ist bekannt, dass die verkauften Vermögensgegenstände mit Sicherungsrech-
ten Dritter belastet sein können. Der Verkäufer verpflichtet sich hiermit, solche Vermögensgegenstände auf Ersuchen des Käufers an die Berechtigten herauszugeben, sofern
es dem Verkäufer nicht gelingt, etwaige Fremdrechte abzulösen.

6.2 Sofern aus den vorgenannten Gründen Vermögensgegenstände herauszugeben sind, ist
der auf den betreffenden Vermögenswert entfallende Kaufpreisanteil unverzüglich zurückzuerstatten. Dies gilt unabhängig davon, ob der Käufer die Vermögensgegenstände tat-

sächlich herausgibt oder die Gegenstände durch Leistungen an die Inhaber der Sicherungsrechte ablöst.

6.3 Sollte der Käufer einen Gegenstand aufgrund von Sonderrechten Dritter wieder herausgeben müssen und zu deren Ablösung einen höheren Betrag aufwenden, als in diesem Vertrag anteilig vereinbart wurde, so können hieraus gegenüber dem Verkäufer keine Ansprüche – welcher Art auch immer – hergeleitet werden.

7. Übergang von Arbeitsverhältnissen, Arbeitnehmer, Pensionsverpflichtungen

Der Käufer übernimmt keine Mitarbeiter des Verkäufers. Er hat mit den in Anlage 9 aufgeführten ehemaligen Mitarbeitern des Verkäufers neue Anstellungsverträge abgeschlossen. Sollte dies als Betriebsübergang i. S. d. § 613a BGB qualifiziert werden, stellt er den Verkäufer von jeglichen Ansprüchen der in Anlage 9 aufgeführten ehemaligen Mitarbeiter (mit Ausnahme der nachfolgend vom Verkäufer übernommenen Pensionsverpflichtungen) frei. Der Verkäufer stellt den Käufer von etwaigen Pensionsansprüchen der in Anlage 9 aufgeführten ehemaligen Mitarbeiter frei, soweit diese auf der Zeit der Beschäftigung beim Verkäufer beruhen. Der Verkäufer stellt den Käufer weiter von etwaigen, vor oder nach dem Stichtag geltend gemachten Ansprüchen von Arbeitnehmern, die nicht in Anlage 9 aufgeführt sind, frei.

8. Stichtag, Anlagen

8.1 Die Übertragung des operativen Geschäftsbetriebs des Verkäufers an den Käufer gemäß vorstehenden Ziffern 1 bis 7 erfolgt mit schuldrechtlicher Wirkung zum [Datum], 00:01 Uhr (Stichtag).

8.2 Die diesem Vertrag beigefügten Anlagen 1–9 haben den in ihnen jeweils bezeichneten Stand. Die Vertragsparteien sind verpflichtet, diese gegebenenfalls nach Unterzeichnung dieses Vertrages auf den Stichtag zu aktualisieren.

9. Kaufpreis, Fälligkeit, Rücktrittsrecht des Verkäufers

9.1 Der Kaufpreis für sämtliche übertragenen Vermögensgegenstände inklusive eines etwaigen Firmenwerts beträgt EUR […] (in Worten: EUR […]) und errechnet sich wie folgt:

9.1.1 […]

9.1.2 […]

9.1.3 […]

9.2 Der Käufer ist berechtigt, den Kaufpreis nach Maßgabe der folgenden Regelung zu mindern:

Wird im Wirtschaftsjahr X vom Käufer aus den erworbenen Kundenbeziehungen ein geringerer Buchungsumsatz erzielt als vom Verkäufer im Wirtschaftsjahr Y und beruht dieser Minderumsatz nicht auf allein vom Käufer zu verantwortenden geringeren Leistungspreisen oder auf Währungsschwankungen, mindert sich der Kaufpreis um 0,1 % für jede 0,1 % Minderung des Buchungsumsatzes. Die Kaufpreisminderung verteilt sich anteilig auf die übertragenen Wirtschaftsgüter und mindert die am [Datum] fällige Kaufpreisrate.

9.3 Der Kaufpreis gemäß Ziffer 9.1 ist in drei gleichen Raten zu je einem Drittel am [Datum], [Datum] und [Datum] zur Zahlung an den Verkäufer fällig. Der noch nicht bezahlte Kaufpreis wird jedoch sofort und in voller Höhe zur Zahlung an den Verkäufer fällig, sobald über einen Verkauf von mindestens 5 % der Anteile am Käufer konkret verhandelt wird und ein Geschäftsführer oder ein mit mindestens 5 % beteiligter Gesellschafter des Käufers dem Verkäufer dies schriftlich anzeigt. Der jeweils ausstehende Betrag ist mit 2 Prozentpunkten p. a. über dem jeweiligen Basiszinssatz nach § 247 BGB zu verzinsen. Die Zinsen sind jeweils nachschüssig mit der jeweils als nächste nachfolgenden Kaufpreisrate zur Zahlung fällig, spätestens jedoch mit vollständiger Kaufpreiszahlung.

9.4 Werden Kaufpreisraten bei Fälligkeit nicht oder nicht vollständig bezahlt, ist der Verkäufer zum Rücktritt von diesem Vertrag berechtigt. Ein entstandenes, aber noch nicht ausgeübtes Rücktrittsrecht erlischt mit vollständiger Zahlung der rückständigen Kaufpreisrate.

10. Gewährleistung

10.1 Sämtliche Kaufgegenstände sind dem Käufer bekannt. Der Verkäufer übernimmt deshalb nur nachfolgende Gewährleistung:

Die vorstehend an den Käufer verkauften immateriellen und materiellen Vermögensgegenstände stehen im vollen, unbeschränkten Eigentum der Veräußerin, sodass die Erwerberin mit Unterzeichnung dieses Vertrages und Übertragung gemäß Ziffer 5 das volle, unbeschränkte und unbelastete Eigentum an allen diesen immateriellen und materiellen Vermögenswerten erwirbt, jedoch vorbehaltlich üblicher Eigentumsvorbehalte und Sicherungsabtretungen sowie Verpfändungen.

Die in Anlage 1 aufgeführten gewerblichen Schutzrechte und Schutzrechtsanmeldungen sind die einzigen eingetragenen oder angemeldeten gewerblichen Schutzrechte des Verkäufers, die den Teilbetrieb betreffen. Der Verkäufer ist der alleinige, unbeschränkte Inhaber dieser Schutzrechte und Anmeldungen. Alle diese gewerblichen Schutzrechte und Anmeldungen sind nach Kenntnis des Verkäufers frei von Rechten Dritter und keines dieser gewerblichen Schutzrechte und Anmeldungen wird von Dritten verletzt.

10.2 Im Übrigen ist die Gewährleistung ausgeschlossen und der Verkäufer übernimmt keine Garantien. Der Verkäufer tritt jedoch an den dies annehmenden Käufer alle etwaigen Gewährleistungsansprüche und sonstigen Ansprüche gegenüber Kunden, Lieferanten und sonstigen Vertragspartnern in Bezug auf das übertragene Anlage- und Umlaufvermögen ab.

10.3 Die Gewährleistungsfrist für die vorstehend übernommenen Garantien und Gewährleistungen beträgt ein Jahr ab Unterzeichnung dieses Vertrages.

11. Freistellung, Aufrechnungsverbot

11.1 Der Käufer stellt den Verkäufer von allen Ansprüchen Dritter im Zusammenhang mit dem in diesem Vertrag übertragenen Geschäftsbetrieb frei, die sich auf Dienstleistungen beziehen, die vor dem Stichtag durchgeführt wurden.

Im Innenverhältnis übernimmt der Verkäufer die Haftung des Käufers nach §§ 25 f. HGB und § 75 AO.

11.2 Die Aufrechnung des Käufers gegen Ansprüche des Verkäufers auf Zahlung des Kaufpreises und der Zinsen gemäß Ziffer 9 ist unzulässig.

12. Verpflichtungen des Verkäufers

Der Verkäufer verpflichtet sich, dem Käufer alle Auskünfte zu erteilen und an allen Geschäften und Rechtshandlungen mitzuwirken, die zur Durchführung dieses Vertrages erforderlich sind. Der Verkäufer verpflichtet sich insbesondere, dem Käufer alle zum operativen Geschäftsbetrieb gehörenden Geschäftspapiere und -unterlagen auszuhändigen und dem Käufer über die Angelegenheiten dieses Betriebes aus der Zeit vor dem Übergangsstichtag auf Verlangen uneingeschränkt Auskunft zu erteilen, soweit dies im Interesse des Betriebes und des Käufers erforderlich ist. Diese Verpflichtung besteht auch soweit sich die betreffenden Unterlagen bei Dritten befinden.

13. Schlussbestimmungen

13.1 Sollten einzelne Bestimmungen dieses Vertrages ganz oder teilweise unwirksam sein oder werden, so wird die Wirksamkeit der übrigen Bestimmungen hiervon nicht berührt. Die Parteien verpflichten sich, die betreffende Bestimmung durch eine wirksame Bestimmung zu ersetzen, die dem angestrebten wirtschaftlichen Zweck möglichst nahe kommt. Das Gleiche gilt im Falle einer Vertragslücke.

13.2 Änderungen und Ergänzungen dieses Vertrages bedürfen, ebenso wie die Änderung dieser Schriftformklausel, der Schriftform, soweit nicht eine andere Form gesetzlich vorgeschrieben ist.

13.3 Dieser Vertrag unterliegt dem deutschen Recht (unter Ausschluss des deutschen internationalen Privatrechts). Erfüllungsort und ausschließlicher Gerichtsstand ist [...].

13.4 Die Kosten dieses Vertrages trägt der Verkäufer. Im Übrigen trägt jede Partei ihre im Zusammenhang mit diesem Vertrag angefallenen Kosten selbst.

13.5 Die folgenden Anlagen sind wesentliche Bestandteile dieses Vertrages:

Anlage 1:	Inventar
Anlage 2:	Nicht mitveräußerte Vermögensgegenstände des Verkäufers
Anlage 3:	Forderungen aus Events ab dem [Datum]
Anlage 4:	Sonstige Forderungen
Anlage 5:	Verbindlichkeiten des operativen Geschäftsbetriebes
Anlage 6:	Sonstige Verbindlichkeiten
Anlage 7:	Übernommene Miet- und Leasingverträge
Anlage 8:	Nicht übernommene Versorgungsverträge
Anlage 9:	Dienst- und Arbeitsverhältnisse

XII. Private Equity-SPA

1. Ausgangssituation

In der Ausgangssituation gibt es eine operativ tätige A-GmbH, die letztlich die Zielgesellschaft ist. Diese wird – mittelbar über die B-GmbH & Co. KG als Holding – von vier verschiedenen Gesellschaftern (die Herren X, Y und Z sowie die D-GmbH zusammen auch die „X-Gesellschafter") gehalten. Die X-Gesellschafter sind quasi die „Alt-Gesellschafter" der operativen Einheit. Der Private Equity Fonds F, hier als GmbH & Co. KG strukturiert (F-GmbH & Co. KG) hat in derselben Branche bereits ein Unternehmen aufgebaut (C-GmbH). Der Fonds verfolgt eine „Buy and Build"-Strategie, d. h. er möchte innerhalb einer Branche eine größere Unternehmensgruppe aufbauen, sei es durch organisches Wachstum und/oder durch Zukäufe im Rahmen von Unternehmenskauftransaktionen. Die beiden Geschäftsführer der C-GmbH, die Herren D und E, sind, wie in Private Equity-Strukturen häufig anzutreffen, mit Minderheitsbeteiligungen an der C-GmbH beteiligt. Der Fonds beabsichtigt, durch die C-GmbH im Rahmen eines Anteilskaufvertrags Anteile an der A-GmbH zu erwerben sowie der A-GmbH im Wege einer Kapitalerhöhung sowie einer Darlehensgewährung weitere Mittel zuzuführen. Nach Durchführung des Anteilskaufvertrags und der Kapitalerhöhung soll die C-GmbH insgesamt rund 70 % des Nennkapitals der Zielgesellschaft (A-GmbH) halten. Die restlichen 30 % werden von der B-GmbH & Co. KG, und damit mittelbar den X-Gesellschaftern, gehalten. Das Geschäftsmodell der A-GmbH besteht, ebenso wie das der C-GmbH, im stationären Einzelhandel.

Schaubild: Situation **vor der Transaktion:**

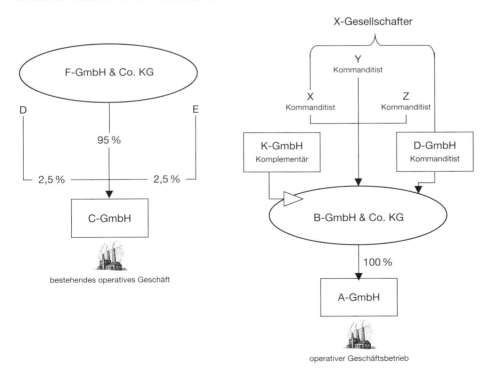

Schaubild: Situation **nach Abschluss der Transaktion:**

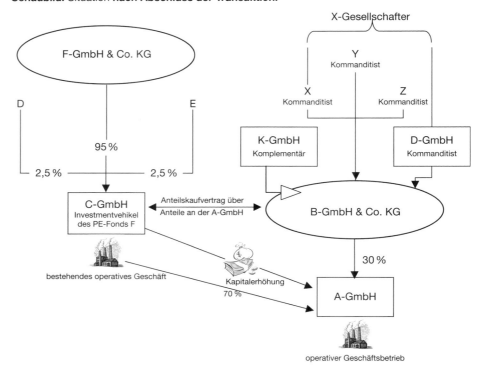

2. Mustertext

UNTERNEHMENSKAUFVERTRAG
über den Verkauf
und die
Abtretung von Geschäftsanteilen
an der

A-GmbH
[Datum]

Definitionsverzeichnis

Begriff	Definition
Alte Geschäftsführer	Ziffer 11a.1
Anteilskauf	Präambel Abschnitt (D)
Barkaufpreis	Ziffer 4.2a)
Beteiligungsvereinbarung/Gesellschaftervereinbarung	Präambel Abschnitt (E)
Einbehaltsfrist	Ziffer 5.2
Escrow-Betrag	Ziffer 4.2b)
Filial-Deckungsbeitrag	Ziffer 15.2
Garantie	Ziffer 6.1

Begriff	Definition
Garantien	Ziffer 6.1
Garantieanspruch	Ziffer 6.3
Garantieansprüche	Ziffer 6.3
Gesellschaft	Rubrum Ziffer 3.
Haftungshöchstbetrag	Ziffer 9.1
Kapitalerhöhung	Präambel Abschnitt (E)
Kaufpreis	Ziffer 4.1
Kaufvertrag	Präambel Abschnitt (F)
Käuferin	Rubrum Ziffer 2.
Kündigungsfall	Ziffer 15.2
Ladenmietvertrag	Ziffer 15.1
Mitteilung	Ziffer 20.1
Mitteilungen	Ziffer 20.1
Parteien	Rubrum nach Ziffer 3.
Phasenverschiebung	Ziffer 10.7
Steuer	Ziffer 10.1
Steuerforderung	Ziffer 10.6
Stichtag	Ziffer 10.1
Transaktion	Präambel Abschnitt (E)
Treuhandkonto	Ziffer 5.1
Unterzeichnungstag	Ziffer 2.7
Veräußerungszeitpunkt	Ziffer 1.3
Verbundforderungen	Präambel Abschnitt (B)
Verjährungsfristen	Ziffer 12.1
Verkaufter Geschäftsanteil	Ziffer 1.3
Verkäuferin	Rubrum Ziffer 1.
Vollzugstag	Ziffer 2.7
Vorstichtagssteuern	Ziffer 10.1
Vorstichtagszeitraum	Ziffer 10.1

UNTERNEHMENSKAUFVERTRAG

zwischen

1. der B-GmbH & Co. KG,
    eingetragen im Handelsregister des Amtsgerichts [...] unter HRB [...]

    – „Verkäuferin" –

2. C-GmbH,
    eingetragen im Handelsregister des Amtsgerichts [...] unter HRB [...]

    – „Käuferin" –

3. A-GmbH,
    eingetragen im Handelsregister des Amtsgerichts [...] unter HRB [...]

    – „Gesellschaft" –
    – sämtliche vorstehend aufgeführten Personen
    gemeinsam die „Parteien" –

Präambel

(A) Die Gesellschaft ist eine nach dem Recht der Bundesrepublik Deutschland errichtete und im Handelsregister des Amtsgerichts [...] unter HRB [...] eingetragene Gesellschaft mit beschränkter Haftung. Die Gesellschaft hat ihren Sitz in [...].

(B) Das Stammkapital der Gesellschaft beträgt EUR [...], ist nach Angabe der Verkäuferin voll eingezahlt und wird wie folgt gehalten:

Gesellschafter	Geschäftsanteile mit den lfd. Nrn. zu EUR
Verkäuferin	[...]
Summe	[...]

In Anlage [...] sind mit Stand jeweils zum [Datum] zu Informationszwecken die zwischen der Gesellschaft und der Verkäuferin oder mit der Verkäuferin i. S. v. § 15 AktG verbundener Unternehmen oder der Verkäuferin oder deren Gesellschaftern i. S. v. § 15 AO nahestehender Personen bestehenden wechselseitigen Forderungen und Verbindlichkeiten unter Angabe des jeweiligen Gläubigers, des jeweiligen Schuldners sowie des der Forderung bzw. Verbindlichkeit zu Grunde liegenden Rechtsgeschäfts (gemeinsam „Verbundforderungen") per [Datum] aufgelistet. Die Verkäuferin gibt an, dass alle Verbundforderungen zum heutigen Tage vollständig ausgeglichen und damit erledigt sind, mit Ausnahme der seit dem [Datum] im ordnungsgemäßen Geschäftsgang aus der regulären Lieferbeziehung zwischen der Verkäuferin und der Gesellschaft entstandenen Verbundforderungen.

(C) Die Gesellschaft betreibt in [...] Filialen den Einzelhandel mit [...]-Produkten im Großraum [...]. Einen Großteil der in den Filialen der Gesellschaft veräußerten Waren bezieht die Gesellschaft von der Verkäuferin.

(D) Die Verkäuferin ist daran interessiert, einen Teil der von ihr gehaltenen Beteiligung an der Gesellschaft an die Käuferin zu veräußern. Die Käuferin ist daran interessiert, auf diese Weise eine Beteiligung an der Gesellschaft zu erwerben (der „Anteilskauf").

(E) Außerdem beabsichtigt die Käuferin die Zeichnung einer bei der Gesellschaft durchzuführenden Kapitalerhöhung und die Gewährung eines Gesellschafterdarlehens mit einem Gesamtfinanzierungsvolumen von zusammen EUR [...] (die „Kapitalerhöhung"; der Anteilskauf und die Kapitalerhöhung gemeinsam die „Transaktion"). Dabei ist die Kapitalerhöhung (i) in Höhe von EUR [...] in Form von Nennkapital und Einzahlung in die Kapitalrücklagen sowie (ii) in Höhe von weiteren EUR [...] in Form eines Gesellschafterdarlehens zu leisten.

(F) Dies vorausgeschickt, schließen die Parteien folgenden Unternehmenskaufvertrag (der „Kaufvertrag").

1.   Zusammenlegung (Vereinigung) und Nummerierung von Geschäftsanteilen, Teilung von Geschäftsanteilen, Verkauf, Gewinnberechtigung

1.1 Sämtliche bestehenden Geschäftsanteile der Verkäuferin an der Gesellschaft, egal in welcher Stückelung diese bestehen mögen, werden hiermit (vorsorglich) zu einem einheitlichen Geschäftsanteil im Nennbetrag von EUR [...] zusammengelegt. Die Verkäuferin stimmt dieser Zusammenlegung hiermit ausdrücklich zu. Der Geschäftsanteil im Nennbetrag von EUR [...] erhält die Nr. 1.

1.2 Der Geschäftsanteil der Verkäuferin im Nennbetrag von EUR [...] mit der Nr. 1 wird hiermit in einen Geschäftsanteil mit einem Nennbetrag von EUR [...], der die Nr. 1 behält, und einen weiteren Geschäftsanteil im Nennbetrag von EUR [...], der die Nr. 2 erhält, geteilt. Die Verkäuferin stimmt dieser Teilung hiermit ausdrücklich zu.

1.3 Die Verkäuferin verkauft hiermit den von ihr nach Teilung gehaltenen Geschäftsanteil im Nennbetrag von EUR [...] mit der Nr. 2 (der „Verkaufte Geschäftsanteil") einschließlich aller Nebenrechte mit schuldrechtlicher Wirkung zum 1. Januar 2020, 0:00 Uhr (der „Veräußerungszeitpunkt") an die Käuferin. Die Käuferin nimmt den Verkauf hiermit an.

1.4 Das mit dem Verkauften Geschäftsanteil verbundene Gewinnbezugsrecht für das Geschäftsjahr 2020 und spätere Geschäftsjahre sowie noch nicht ausgeschüttete auf den verkauften Geschäftsanteil entfallende Gewinne der Vergangenheit werden von der Verkäuferin an die Käuferin mitverkauft.

2. Abtretung, Aufschiebende Bedingungen

2.1 Die Verkäuferin tritt hiermit den Verkauften Geschäftsanteil an die Käuferin ab. Die Käuferin nimmt diese Abtretung hiermit an. Die Abtretung erfolgt unter den aufschiebenden Bedingungen gemäß Ziffern 2.2, 2.3, 2.4 und 2.5.

2.2 Die in Ziffer 2.1 erklärte Abtretung steht unter der aufschiebenden Bedingung der vollständigen Zahlung (i) des Barkaufpreises im Sinne von Ziffer 4.2a) und (ii) des Escrow-Betrags im Sinne von Ziffer 4.2b).

2.3 Die in Ziffer 2.1 erklärte Abtretung steht unter der weiteren aufschiebenden Bedingung der Freigabe des Erwerbs des Verkauften Geschäftsanteils durch die Käuferin durch das Bundeskartellamt. Diese Bedingung gilt als eingetreten, wenn

   a) das Bundeskartellamt den beabsichtigten Erwerb gemäß § 40 Abs. 2 Satz 1 GWB freigegeben hat; oder
   b) das Bundeskartellamt den Zusammenschlussbeteiligten schriftlich mitgeteilt hat, dass die Voraussetzungen für eine Untersagung nach § 36 GWB nicht vorliegen; oder
   c) die Einmonatsfrist gemäß § 40 Abs. 1 GWB verstrichen ist, ohne dass das Bundeskartellamt den Zusammenschlussbeteiligten den Eintritt in das Hauptprüfungsverfahren nach § 40 Abs. 1 Satz 1 GWB mitgeteilt hat; oder
   d) die viermonatige Untersagungsfrist gemäß § 40 Abs. 2 Satz 1 GWB verstrichen ist, ohne dass das Bundeskartellamt (i) das Zusammenschlussvorhaben untersagt hat oder (ii) mit den Zusammenschlussbeteiligten gemäß § 40 Abs. 2 Satz 3 Ziffer 1 GWB eine Fristverlängerung vereinbart hat; oder
   e) eine vereinbarte Fristverlängerung abläuft, ohne dass eines in lit. (d) (i) oder (ii) dieser Ziffer 2.3 genannten Ereignisse eingetreten ist; oder
   f) wenn die Verkäuferin und die Käuferin übereinstimmend feststellen, dass der Erwerb der verkauften Geschäftsanteile durch die Käuferin nicht anmeldepflichtig ist.
   Weder die Verkäuferin noch die Käuferin werden mit dem Bundeskartellamt eine Fristverlängerung ohne die vorherige schriftliche Zustimmung der jeweils anderen beteiligten Partei vereinbaren. Die Parteien verpflichten sich, unverzüglich nach dem Eintritt eines der in Ziffer 2.3 lit. a) bis e) genannten Ereignisse der jeweils anderen Partei gegenüber den Eintritt der Kartellbedingung schriftlich anzuzeigen.

2.4 Die in Ziffer 2.1 erklärte Abtretung steht unter der weiteren aufschiebenden Bedingung, dass die Parteien einen neuen Geschäftsführer für die Gesellschaft finden. Die Käuferin erklärt, dass sie bereits entsprechende Anzeigen geschaltet hat und Gespräche mit Kandidaten führt. Die aufschiebende Bedingung nach dieser Ziffer 2.4 gilt jedenfalls dann als eingetreten, wenn die Parteien sich dies durch schriftliche Erklärung untereinander bestätigen.

2.5 Die in Ziffer 2.1 erklärte Abtretung steht unter der weiteren aufschiebenden Bedingung, dass hinsichtlich der Filiale Nr. [...] die Zustimmung des Vermieters gemäß § 5 des Mietvertrags hinsichtlich dieser Filiale in schriftlicher Form vorliegt.

2.6   Jede Partei hat das Recht, durch schriftliche Erklärung gegenüber den anderen Parteien von diesem Kaufvertrag zurückzutreten, wenn die aufschiebende Bedingung gemäß Ziffer 2.3 nicht spätestens am [Datum] eingetreten ist. Jede Partei hat das Recht, durch schriftliche Erklärung gegenüber den anderen Parteien von diesem Kaufvertrag zurückzutreten, wenn die aufschiebenden Bedingungen gemäß Ziffern 2.4 und 2.5 nicht spätestens am [Datum] eingetreten sind. Im Falle eines Rücktritts von diesem Kaufvertrag entfallen alle Verpflichtungen zwischen den Parteien mit Ausnahme der Verpflichtungen aus Ziffern 17. 18., 19., 20. und 21. Die jeweiligen Rücktrittsrechte erlöschen nach […] Monaten.

2.7   Der Tag, an dem die letzte der in dieser Ziffer 2. genannten aufschiebenden Bedingungen – mit Ausnahme der in Ziffer 2.2 geregelten aufschiebenden Bedingung der Kaufpreiszahlung – eintritt, wird als „Vollzugstag" bezeichnet. Der heutige Tag, an dem dieser Kaufvertrag beurkundet wurde, ([…].05.2020), ist der „Unterzeichnungstag".

3.   **Zustimmungen**

        Die Gesellschafterversammlung der Gesellschaft hat dem Verkauf an die Käuferin und der Abtretung des Verkauften Geschäftsanteils an die Käuferin zugestimmt. Der Zustimmungsbeschluss ist als Anlage […] beigefügt.

4.   **Kaufpreis, Kaufpreiszahlung**

4.1   Der Gesamtkaufpreis für den Verkauften Geschäftsanteil beträgt EUR […] (der „Kaufpreis").

4.2   Der Kaufpreis ist wie folgt zur Zahlung fällig:

        a) Ein Teilbetrag des Kaufpreises in Höhe von insgesamt EUR […] ist von der Käuferin innerhalb von zehn Bankarbeitstagen nach dem Vollzugstag an die Verkäuferin auf das in Ziffer 4.3 aufgeführte Konto der Verkäuferin zu bezahlen (der „Barkaufpreis").

        b) Ein Teilbetrag des Kaufpreises in Höhe von insgesamt EUR […] ist von der Käuferin innerhalb von zehn Bankarbeitstagen nach dem Vollzugstag auf das in Ziffer 4.4 aufgeführte Treuhandkonto zu zahlen (der „Escrow-Betrag").

4.3   Für Zahlungen an die Verkäuferin nach diesem Kaufvertrag gilt die nachfolgende Bankverbindung (kosten- und spesenfrei):

        Kontonummer: […]
        bei   *[Bank]*
        BLZ: […]
        IBAN: […]
        SWIFT-ID: […]

4.4   Der Escrow-Betrag ist auf folgendes Treuhandkonto einzuzahlen:

        Kontonummer: […]
        Kontobezeichnung: […]
        bei   *[Bank]*
        BLZ: […]
        IBAN: […]
        SWIFT-ID: […]

4.5   Die Käuferin hat bei jeder Überweisung jeweils den Verwendungszweck […] anzugeben.

4.6   Der Kaufpreis verzinst sich nach dem jeweiligen Fälligkeitstermin gemäß § 288 Abs. 2 BGB.

5.   **Treuhandkonto**

5.1   Die Parteien werden dafür sorgen, dass das in Ziffer 4.4 erwähnte Treuhandkonto in Form eines UND-Kontos bei der [Bank] oder einer anderen deutschen Bank, auf die sich die Parteien verständigen, vor dem Vollzugstag eingerichtet wird (das „Treuhandkonto"). Die Verkäuferin und die Käuferin werden nur gemeinsam über den auf das Treuhandkonto einzuzahlenden Sicherheitseinbehalt nach Maßgabe dieser Ziffer 5. verfügen können. Alle Kosten für das Treuhandkonto werden diesem belastet. Auf dem Treuhandkonto anfallende Zinsen werden dem Treuhandkonto gutgeschrieben.

5.2 Der Escrow-Betrag verbleibt bis zum Ablauf von sechs Wochen nach Vorliegen des festgestellten und mit einem uneingeschränkten Bestätigungsvermerk des Wirtschaftsprüfers der Gesellschaft versehenen Jahresabschlusses der Gesellschaft für das Geschäftsjahr 2021 (die „Einbehaltsfrist") auf dem Treuhandkonto. Nach Ablauf der Einbehaltsfrist haben die Parteien, soweit nachfolgend nicht anders bestimmt, durch gemeinsame schriftliche Erklärung die kontoführende Bank anzuweisen, den Escrow-Betrag (abzüglich anteiliger Kosten und zuzüglich anteiliger Zinsen) an die Verkäuferin, und zwar auf das in Ziffer 4.3 genannte Konto der Verkäuferin auszukehren.

5.3 Die Käuferin ist zur Anweisung gemäß Ziffer 5.2 nicht verpflichtet,
a) soweit die Käuferin gegenüber der Verkäuferin vor dem Ablauf der Einbehaltsfrist (i) einen Anspruch aus Ziffer 6. oder Ziffer 10. dieses Vertrages geltend machen kann und (ii) durch schriftliche Erklärung gemäß Ziffer 20. angezeigt hat, dass sie einen Anspruch gegen die Verkäuferin aus diesem Vertrag geltend macht, und
b) soweit die Verkäuferin den geltend gemachten Anspruch nicht anerkennt, wenn und soweit die Käuferin binnen einer Frist von sechs Monaten ab dem Zugang der Anzeige bei der Verkäuferin das schiedsgerichtliche Verfahren gemäß Ziffer 16. eingeleitet hat.

5.4 Wenn und soweit ein von der Käuferin angezeigter Anspruch von der Verkäuferin anerkannt oder der Käuferin von einem zuständigen Gericht rechtskräftig zugesprochen worden ist, haben die Verkäuferin und die Käuferin durch gemeinsame schriftliche Erklärung die kontoführende Bank anzuweisen, einen dem entsprechenden Betrag vom Escrow-Betrag (abzüglich anteiliger Kosten und zuzüglich Zinsen) an die Käuferin auszuzahlen.

5.5 Unter der Voraussetzung, dass die Einbehaltsfrist abgelaufen ist und soweit ein zuständiges Gericht rechtskräftig entschieden hat, dass der Käuferin ein von ihr angezeigter Anspruch nicht zusteht, haben die Verkäuferin und die Käuferin durch gemeinsame schriftliche Erklärung die kontoführende Bank anzuweisen, den entsprechenden Betrag vom Escrow-Betrag an die Verkäuferin auszuzahlen, es sei denn, die Käuferin kann die Anweisungen unter Berufung auf Ziffer 5.3 wegen eines anderen, von ihr angezeigten Anspruchs verweigern, wofür die vorstehenden Regelungen der Ziffern 5.3 und 5.4 entsprechend gelten.

6. Selbständige Garantieversprechen der Verkäufer, Kenntnis der Käuferin

6.1 Die Verkäuferin versichert und garantiert gegenüber der Käuferin im Wege selbständiger Garantieversprechen i. S. v. § 311 Abs. 1 BGB, dass die in Anlage […] gemachten Angaben (zusammen die „Garantien", einzeln eine „Garantie") zutreffend, vollständig und nicht irreführend sind. Die Garantien werden dabei sowohl zum Unterzeichnungstag als auch zum Vollzugstag abgegeben, soweit nicht in Anlage […] ein anderer Bezugszeitpunkt bestimmt ist.

6.2 Die Bestimmungen des § 442 Abs. 1 BGB findet im Hinblick auf anspruchsausschließende Kenntnis zu Lasten der Käuferin entsprechende Anwendung, soweit sich entsprechende Kenntnis unmittelbar aus einer Anlage (einschließlich der Unteranlagen) zu diesem Vertrag ergibt. Im Übrigen finden §§ 442 BGB und 377 HGB keine entsprechende Anwendung.

6.3 Ansprüche der Käuferin nach Ziffer 6.1 in Verbindung mit Anlage […] werden zusammen als „Garantieansprüche" und einzeln als „Garantieanspruch" bezeichnet.

7. Rechtsfolgen der Verletzung einer Garantie

7.1 Die Parteien sind sich darüber einig, dass die Garantien weder Beschaffenheitsvereinbarungen im Sinne von § 434 Abs. 1 BGB, noch Garantien für die Beschaffenheit der Sache im Sinne der §§ 443, 444 BGB darstellen.

7.2 Sofern und soweit die in Ziffer 6.1 in Verbindung mit Anlage […] abgegebenen Garantien unzutreffend sind, hat die Verkäuferin – nach freier Wahl der Käuferin – die Käuferin, und/oder die Gesellschaft so zu stellen, wie sie stehen würde(n), wenn die Garantien zutreffend gewesen wären.

7.3 Ist die Herstellung des vertragsgemäßen Zustandes nicht möglich, oder nicht genügend, hat die Verkäuferin an die Käuferin oder, nach Wahl der Käuferin, an die Gesellschaft Schadensersatz in Geld zu leisten.

7.4   Führt die Verkäuferin den vertragsgemäßen Zustand nicht innerhalb von 25 Bankarbeitstagen, nachdem ihr die Verletzung der Garantie von der Käuferin mitgeteilt wurde, herbei, kann die Käuferin verlangen, dass die Verkäuferin an die Käuferin und/oder, nach deren Wahl an die Gesellschaft, den zur Herstellung des vertragsgemäßen Zustands erforderlichen Geldbetrag leisten.

7.5   Zahlungen der Verkäuferin nach dieser Ziffer 7. gelten als Anpassung des Kaufpreises.

8.   Ausschluss der gesetzlichen Gewährleistung, Verhältnis Freistellung/Garantie

8.1   Die Parteien sind sich einig, dass der Kaufvertrag die Rechtsfolgen der Verletzung einer Garantie nach Ziffer 6.1 in Verbindung mit Anlage […] abschließend regelt und der Käuferin wegen der Verletzung einer Garantie nur die in diesem Kaufvertrag geregelten Ansprüche mit den in diesem Kaufvertrag geregelten Rechtsfolgen zustehen, soweit sich nicht aus zwingenden gesetzlichen Bestimmungen etwas anderes ergibt.

8.2   Die Parteien sind sich einig, dass abgesehen von Ansprüchen nach diesem Kaufvertrag alle anderen Ansprüche der Käuferin aufgrund einer gegebenenfalls auch impliziten Gewährleistung, seien sie gesetzlicher oder vertraglicher Natur, soweit jeweils rechtlich zulässig ausgeschlossen sind. Die in diesem Vertrag enthaltenen Haftungsausschlüsse und -begrenzungen gelten auch im Falle von Vorsatz von Erfüllungsgehilfen der Verkäuferin.[53]

8.3   Alle Ansprüche der Käuferin aus diesem Kaufvertrag bestehen nebeneinander und nicht alternativ, soweit dieser Kaufvertrag keine abweichende Regelung vorsieht. Soweit ein Sachverhalt vorliegt, der unter eine Garantie fällt, treten die Regelungen aus Ziffer 7. an die Stelle der entsprechenden Erfüllungsverpflichtungen. Soweit wirtschaftlich ein und derselbe Schaden betroffen ist, kann, auch wenn mehrere Garantiefälle vorliegen, die Käuferin nur einmal Schadensersatz verlangen.

8.4   Soweit sich der Anwendungsbereich von Freistellungs- und Garantieregelungen in diesem Vertrag überschneidet, gehen Freistellungsregelungen vor.

9.   Haftungshöchstbetrag, Informationspflicht

9.1   Die Verkäuferin haftet aus Garantieansprüchen insgesamt höchstens bis zu einem Betrag von EUR […] (der „Haftungshöchstbetrag")]. Der Haftungshöchstbetrag gilt nicht (i) für Garantieansprüche aus den Garantien in Anlage […] Ziffern […], […] und […], und auch nicht (ii) für Ansprüche aus Freistellungsverpflichtungen nach diesem Kaufvertrag, für welche die Verkäuferin in jedem Einzelfall unbeschränkt haftet. Der Haftungshöchstbetrag gilt weiterhin nicht für Garantieansprüche aus vorsätzlich oder grob fahrlässig unvollständig oder unzutreffend abgegebenen Garantien.

9.2   Die Käuferin wird die Verkäuferin mit angemessener Frist informieren, wenn sie oder die Gesellschaft von einem Dritten (einschließlich Behörden) verklagt oder sonst gerichtlich in Anspruch genommen wird, sofern der Käuferin im Fall eines Unterliegens ein Garantieanspruch gegen die Verkäuferin zustehen würde. Soweit es nach dem Ermessen der Käuferin unter Berücksichtigung der Interessen der Verkäuferin der Abwehr eines solchen Anspruches dienlich ist, wird die Käuferin die Verkäuferin bei der Abwehr des Anspruchs einbeziehen. Im Rahmen des vorhergehenden Satzes wird die Käuferin der Verkäuferin insbesondere Gelegenheit zu einer rechtlichen und tatsächlichen Würdigung der Umstände geben. Soweit die Verkäuferin selbst gegenüber dem Dritten tätig ist, hat sie hierbei nach den Vorgaben der Käuferin zu handeln. Die Parteien gehen hierbei übereinstimmend davon aus, dass die Verletzung einer Informations- und Mitwirkungspflicht der Käuferin aus dieser Ziffer 9.2 einen Garantieanspruch der Käuferin grundsätzlich unberührt lässt, jedoch nur soweit die Käuferin kein Mitverschulden im Sinne von § 254 BGB trifft.

10.   Steuerfreistellung

10.1   Für Zwecke dieses Vertrages gilt:

    – „Steuer" umfasst sämtliche Steuern, Beiträge, Berufsgenossenschaftsbeiträge, Gebühren, Zölle (insbesondere jegliche von § 3 Abs. 1 bis 3 AO umfassten Belastungen), Sozialversicherungsbeiträge sowie Investitionszuschüsse und -zulagen (jeweils gleichgültig, ob als Steuer- oder Haftungsschuldner zu zahlen) und steuerliche Nebenleis-

---

[53] Vgl. Teil → D., Rn. 547.

tungen im Sinne des § 3 Abs. 4 AO, jedoch – zur Vermeidung von Missverständnissen – nicht latente Steuern.
- „Stichtag" ist der 31.12.2019.
- „Vorstichtagszeitraum" umfasst die Zeitperiode, die vor oder am Stichtag endet.
- „Vorstichtagsteuern" umfasst jede Steuer, die irgendeiner Zeitperiode, einer Handlung, einem Ereignis, einer Eigentümerstruktur oder anderen Umständen innerhalb des Vorstichtagszeitraums zugeordnet werden kann und ist, soweit ein Geschäfts- oder Wirtschaftsjahr vor dem Stichtag beginnt und nach dem Stichtag endet und/oder der Stichtag vom Ende eines Kalenderjahres abweicht, so zu berechnen, als ob das betreffende Geschäfts- oder Wirtschaftsjahr und der betreffende Veranlagungszeitraum am Stichtag enden.

10.2 Die Verkäuferin wird, auch wenn Umstände unter Ziffer […] der Anlage […] offengelegt wurden, die Käuferin entschädigen für und freistellen von

a) Vorstichtagsteuern, die von der Gesellschaft oder ihrer jeweiligen Rechtsnachfolgerin nach dem Stichtag gezahlt werden oder zahlbar sind (einschließlich im Wege der Verrechnung oder des Abzugs); und

b) Steuern, von denen die Gesellschaft oder ihr jeweiliger Rechtsnachfolger einen Dritten auf Basis einer zivil- oder gesellschaftsrechtlichen Anspruchsgrundlage zu entschädigen oder freizustellen hat, auch wenn es keine Vorstichtagsteuern sind, der Anknüpfungspunkt für die betreffende Steuer aber im Vorstichtagszeitraum liegt; und

c) steuerliche Nebenleistungen (insbesondere Zinsen) für Vorstichtagsteuern, auch wenn sie für Zeiträume erhoben werden, die nach dem Stichtag liegen; und

d) Nachteilen (einschließlich Steuern) die entstehen, weil eine der in Ziffer […] der Anlage […] gegebenen Garantien ganz oder teilweise unzutreffend ist oder verletzt wird; und

e) Steuern auf Freistellungs- oder Schadensersatzzahlungen der Verkäuferin, die aufgrund dieses Vertrages zu leisten sind; und

f) Steuern auf zwischen Stichtag und Vollzugstag erfolgte Vorgänge, die steuerlich als offene oder verdeckte Ausschüttungen der Gesellschaft zu qualifizieren sind.

10.3 Die Verpflichtung der Verkäuferin zur Freistellung gemäß Ziffer 10.2 besteht insofern und insoweit nicht, als die freizustellende Steuer bereits in der Bilanz zum 31.12.2019 der Gesellschaft durch eine Steuerverbindlichkeit oder eine Steuerrückstellung erfasst worden ist und in der Kaufpreisberechnung berücksichtigt worden ist.

10.4 Jede Freistellungs- oder Entschädigungszahlung, die von der Verkäuferin gemäß dieser Ziffer 10. zu leisten ist, ist innerhalb von zehn Bankarbeitstagen fällig und zahlbar, nachdem die Verkäuferin schriftlich von der Käuferin über die Entstehung der Freistellungs- oder Entschädigungsverpflichtung der Verkäuferin informiert worden ist. Weder die Käuferin, noch die Gesellschaft, noch einer ihrer Rechtsnachfolger ist verpflichtet, irgendeine Art von Sicherheit oder Garantie zu leisten, selbst wenn dies zu einem Hinausschieben einer Steuerzahlungsverpflichtung führen würde.

10.5 Jede Zahlung, die nach dieser Ziffer 10. zu leisten ist, soll als Anpassung des Kaufpreises behandelt werden.

10.6 Sofern und soweit eine in der Bilanz der Gesellschaft zum 31.12.2019 aktivierte Steuer (die „Steuerforderung") nach dem Stichtag mit einem Betrag festgesetzt oder erstattet wird, der niedriger als der aktivierte Betrag ist, hat die Verkäuferin der Käuferin und/oder – nach dem völlig freien Ermessen der Käuferin – der Gesellschaft den Differenzbetrag innerhalb von zehn Bankarbeitstagen zu erstatten, nachdem die Verkäuferin schriftlich von der Käuferin über den Differenzbetrag informiert worden ist. Ziffer 10.4 und 10.5 gelten entsprechend.

10.7 Sofern und soweit eine Vorstichtagsteuer, die tatsächlich von der Verkäuferin in Übereinstimmung mit Ziffer 10.2 entschädigt wurde, mit einer Steuerminderung korrespondiert, die aus einer Verlängerung oder Erhöhung des Abschreibungsvolumens stammt (die „Phasenverschiebung"), hat die Käuferin an die Verkäuferin den Betrag einer solchen Steuerminderung zu zahlen, die die Gesellschaft tatsächlich auf Basis einer formell und materiell bestandskräftigen Veranlagung für Zeiträume bis einschließlich des fünften auf das Jahr des Vollzugstages folgenden Kalenderjahres erhalten hat, allerdings der Höhe nach begrenzt auf den von der Verkäuferin tatsächlich erhaltenen Entschädigungsbetrag für die betreffende Vorstichtagsteuer und dann vermindert um Steuern und Kosten im Zusammenhang mit der Zahlung an die Verkäuferin.

10.8 Der Betrag, der gemäß Ziffer 10.7 an die Verkäuferin zu zahlen ist, ist innerhalb von zehn Bankarbeitstagen zu zahlen, nachdem die Gesellschaft die Entschädigung für die Vorstichtagsteuer und die Steuerminderung tatsächlich erhalten hat und die betreffenden Veranlagungen formell und materiell bestandskräftig geworden sind. Die Käuferin ist verpflichtet, die Verkäuferin über vorstehend genannte Zahlungseingänge bei der Gesellschaft innerhalb von fünf Bankarbeitstagen nachdem die Käuferin von solchen Zahlungseingängen Kenntnis erlangt hat, zu informieren.

11. Steuererklärungen, Steuerverfahren nach dem Vollzugstag

11.1 In der Zeit zwischen Unterzeichnungstag und Vollzugstag wird die Verkäuferin dafür sorgen, dass sämtliche Steuererklärungen der Gesellschaft innerhalb der mit der Finanzverwaltung vereinbarten Fristen vollständig und korrekt vorbereitet und rechtzeitig abgegeben und sämtliche Steuern der Gesellschaft innerhalb der mit der Finanzverwaltung vereinbarten Fristen rechtzeitig gezahlt werden.

11.2 Nach dem Vollzugstag wird die Käuferin jede Steuererklärung, mit Ausnahme von monatlichen Steueranmeldungen, für eine Vorstichtagsteuer an die Verkäuferin senden, bevor sie bei der Finanzbehörde eingereicht wird. Es wird unterstellt, dass die Verkäuferin insoweit ihre Zustimmung zu dem Inhalt einer jeden Steuererklärung erteilt hat, soweit sie nicht innerhalb von zwanzig Bankarbeitstagen nach Erhalt der betreffenden Steuererklärung schriftlich (i) im Detail (unter Angabe des strittigen Punktes, der Beträge und der Gründe) darlegt, in welchen Punkten sie nicht zustimmt und (ii) einen detaillierten Gegenvorschlag unterbreitet.

11.3 Die Käuferin wird die Verkäuferin in angemessener Frist über angekündigte Betriebsprüfungen informieren, die sich auf die Vorstichtagsteuern der Gesellschaft beziehen. Die Mitteilung soll schriftlich erfolgen.

11.4 Die Gesellschaft wird der Verkäuferin Gelegenheit geben, an Betriebsprüfungen teilzunehmen, die sich auf Vorstichtagsteuern erstrecken. Auf schriftlichen Antrag der Verkäuferin und auf deren Kosten wird die Gesellschaft Rechtsmittel gegen Steuerfestsetzungen oder Finanzgerichtsentscheidungen einlegen, soweit es sich um die Festsetzung von Vorstichtagsteuern handelt jedoch nur, sofern (i) nicht die Gesellschaft gegenüber der Verkäuferin wichtige, die Arbeitnehmer betreffende Gründe darlegt, warum keine Rechtsbehelfe oder -mittel eingelegt werden sollen, und (ii) sofern die Verkäuferin im Voraus schriftlich gegenüber der Käuferin erklärt hat, dass sie (a) für die angefochtenen Steuern nach Ziffer 10.2 haftet und (b) die Käuferin und/oder – nach dem freien Ermessen der Käuferin – die Gesellschaft von sämtlichen Kosten und Schäden freistellt oder entsprechend entschädigt, die durch die Einlegung der Rechtsmittel entstehen.

11.5 Selbst, wenn die Käuferin einen Umstand kennt oder kennen könnte, der zu einer Freistellungs- oder Entschädigungsverpflichtung der Verkäuferin gemäß Ziffer 10.2 führt oder führen könnte, wird die Verkäuferin nicht von ihrer Verpflichtung nach Ziffer 10.2 frei. § 442 BGB und § 377 HGB finden insoweit keine Anwendung.

11a. Übergang Geschäftsführung

11a.1 Sobald die in Ziffer 2.4 genannte aufschiebende Bedingung eingetreten ist, haben die Parteien unverzüglich die Amtsniederlegung durch die Geschäftsführer M und N (sowie zu diesem Zeitpunkt ggf. vorhandener weiterer Geschäftsführer der Gesellschaft) (die „alten Geschäftsführer") herbeizuführen, wobei die Amtsniederlegungsschreiben so zu formulieren sind, dass die jeweilige Amtsniederlegung auf den Zeitpunkt der Handelsregistereintragung der Amtsniederlegung zu beziehen ist. Für eine etwaige Entlastung der alten Geschäftsführer hat ausschließlich die Verkäuferin zu sorgen; die Käuferin ist nicht verpflichtet, hieran mitzuwirken. Die Parteien werden dann unverzüglich den neuen Geschäftsführer bestellen und das Ausscheiden der alten Geschäftsführer sowie die Bestellung des neuen Geschäftsführers zur Eintragung in das Handelsregister anmelden.

11a.2 Die Verkäuferin stellt die Käuferin von allen Ansprüchen frei, die seitens der alten Geschäftsführer für Zeiträume nach dem Datum des Bestellungsbeschlusses des neuen Geschäftsführers gegenüber der Gesellschaft beansprucht werden könnten. Insbesondere

ist es in wirtschaftlicher Hinsicht allein Sache der Verkäuferin, mit den alten Geschäftsführern entsprechende Aufhebungsvereinbarungen zu treffen und diesen ggf. entsprechende Abfindungen für die Restlaufzeit ihrer jeweiligen Geschäftsführeranstellungsver-
träge zu bezahlen oder diese bei der Verkäuferin oder mit der Verkäuferin im Sinne von
§ 15 AktG verbundenen Unternehmen oder bei einer Rechtsnachfolgerin der Verkäuferin
ggf. weiter zu beschäftigen. Gleiches gilt für etwaige Ansprüche der alten Geschäftsführer
aus diesen etwa zugesagten Versorgungsbezügen, Versicherungsleistungen, Dienstwa-
genregelungen oder sonstigen Zusagen oder Bezügen. Eine etwaige den alten Geschäftsführern zugesagte variable Jahresvergütung ist insgesamt von der Verkäuferin zu bedienen oder abzufinden, ohne dass die Gesellschaft hieraus belastet werden darf. Es wird
jedoch klargestellt, dass ungeachtet der vorstehenden Regelungen zur wirtschaftlichen
Lastenverteilung alle Parteien dazu verpflichtet sind, bei der rechtlichen Abwicklung im
Zusammenhang mit dem Ausscheiden der alten Geschäftsführer bei der Gesellschaft mitzuwirken.

11a.3 Die Verkäuferin hat dafür zu sorgen, dass die alten Geschäftsführer nicht zur Gesellschaft
in Wettbewerb treten, solange diese jeweils bei der Verkäuferin oder bei mit der Verkäuferin im Sinne von § 15 AktG verbundenen Unternehmen oder bei einer Rechtsnachfolgerin
der Verkäuferin beschäftigt sind. Räumlich ist dieses Wettbewerbsverbot auf das Gebiet
der Bundesrepublik Deutschland und sachlich auf den Geschäftsgegenstand „Einzelhandel mit […]" beschränkt. Etwaige hieraus entstehende Kosten, wie z. B. Karenzentschädi-
gungen, sind ebenfalls Sache der Verkäuferin, und die Verkäuferin hat die Käuferin auch
insoweit vollumfänglich freizustellen.

11b. Freistellung im Zusammenhang mit den Verbundforderungen
Die Verkäuferin wird nach Wahl der Käuferin diese oder die Gesellschaft entschädigen für
und freistellen von sämtlichen Verbindlichkeiten, die ggf. entgegen den Angaben in Abschnitt (B) der Präambel aus Verbundforderungen zum Unterzeichnungs- oder Vollzugstag
zulasten der Gesellschaft bestehen sollten, wiederum mit Ausnahme der seit dem [Datum]
im ordnungsgemäßen Geschäftsgang aus der regulären Lieferbeziehung zwischen der
Verkäuferin und der Gesellschaft entstandenen Verbundforderungen.

12. Verjährung

12.1 Ansprüche der Käuferin aus Ziffer 6.1 verjähren mit Ablauf von sechs Wochen nach Vorliegen des festgestellten und mit einem uneingeschränkten Bestätigungsvermerk des
Wirtschaftsprüfers der Gesellschaft versehenen Jahresabschlusses der Gesellschaft für
das Geschäftsjahr 2021. Abweichend davon verjähren
a) Garantieansprüche der Käuferin aus Garantien in Unteranlage […] mit Ablauf von fünf
   Jahren ab dem Vollzugstag.
b) Ansprüche der Käuferin aus Ziffer 10.2 verjähren nach Ablauf von sechs Monaten nach
   formeller und materieller Bestandskraft der jeweiligen Steuerfestsetzung, aber nicht vor
   Ablauf von sechs Monaten nach dem Vollzugstag und – falls die Steuer gegenüber einer anderen Person als der Gesellschaft festgesetzt wird – nicht früher als sechs Monate, nachdem die Käuferin eine Zahlungsaufforderung oder ein ähnliches Dokument
   von der zuständigen Steuerbehörde erhalten hat; entsprechendes gilt für Forderungen
   der Verkäufer nach Ziffer 10.7.
c) Ansprüche der Käuferin aus Ziffer 11a. und 11b. verjähren nach Ablauf von sechs Monaten nach etwaiger Geltendmachung von in Ziffer 11a. bzw. 11b. freigestellten Ansprüchen gegenüber der Gesellschaft.
d) Ansprüche der Käuferin, die auf einer vorsätzlichen Verletzung einer Pflicht der Verkäuferin aus diesem Vertrag beruhen, gemäß §§ 194 ff. BGB, sofern sich aus vorstehenden
   Unterabsätzen a) und b) keine längere Verjährungsfrist ergibt.
   Die vorstehend unter lit. a) bis d) aufgeführten Fristen zusammen die „Verjährungsfristen".

12.2 Macht die Käuferin einen Anspruch aus diesem Vertrag durch schriftliche Erklärung gegenüber der Verkäuferin geltend, ist dessen Verjährung gehemmt. Die Hemmung endet
nach Ablauf von sechs Monaten, sofern die Käuferin nicht vor Ablauf dieser Frist das
schiedsgerichtliche Verfahren gemäß Ziffer 16. eingeleitet hat.

13. Fusionskontrollverfahren

13.1 Die Käuferin hat den in diesem Kaufvertrag vereinbarten Zusammenschluss bei den zuständigen Kartellbehörden anzumelden. Die Käuferin verpflichtet sich, nach besten Kräften darauf hinzuwirken, dass das Bundeskartellamt den Zusammenschluss gemäß § 40 Abs. 2 Satz 1 GWB freigibt. Die Käuferin wird die Verkäuferin unverzüglich über ihre entsprechenden Bemühungen und Ergebnisse unterrichten.

13.2 Die Verkäuferin verpflichtet sich, der Käuferin unverzüglich nach dem Unterzeichnungstag dieses Kaufvertrages alle Dokumente, Daten und sonstigen Informationen zur Verfügung zu stellen, die nach vernünftiger Beurteilung der Käuferin und deren Beratern notwendig sind, um die kartellrechtliche Anmeldung zu erstellen, zu ändern oder zu ergänzen.

13.3 Sofern und soweit die zuständigen Kartellbehörden die Erteilung der Freigabe des in diesem Vertrag vereinbarten Zusammenschlusses von Bedingungen oder Auflagen abhängig machen, die von der Käuferin, einem mit der Käuferin verbundenen Unternehmen oder der Gesellschaft zu erfüllen sind, ist die Käuferin nicht verpflichtet, diese Bedingungen oder Auflagen zu erfüllen oder deren Erfüllung sicherzustellen.

13.4 Sofern und soweit die zuständigen Kartellbehörden den in diesem Vertrag vereinbarten Zusammenschluss untersagen, ist die Käuferin berechtigt, aber nicht verpflichtet, Rechtsmittel gegen die Untersagung einzulegen. Das Rücktrittsrecht in Ziffer 2.5 bleibt von der Regelung in dieser Ziffer 13.4 unberührt.

14. Schlüsselmitarbeiter

Die Parteien sind sich darüber einig, dass Frau F und Herr H Schlüsselmitarbeiter der Gesellschaft sind. Die Verkäuferin verpflichtet sich dazu, im Rahmen des ihnen jeweils Möglichen darauf hinzuwirken, dass diese Mitarbeiter auch nach dem Unterzeichnungstag und nach dem Vollzugstag unverändert für die Gesellschaft tätig bleiben.

15. Mietverhältnisse

15.1 Die Verkäuferin stellt die Käuferin oder, nach deren Wahl, die Gesellschaft von sämtlichen Verbindlichkeiten, Schäden, Aufwendungen und sonstigen Nachteilen frei, die sich daraus ergeben, dass ein Mietvertrag über ein Ladenlokal der Gesellschaft („Ladenmietvertrag") als solcher oder einzelne, in dem jeweiligen Ladenmietvertrag enthaltene Bestimmungen unwirksam oder nicht durchsetzbar sind.
Vorstehende Freistellungsverpflichtung endet mit Ablauf des [...].

15.2 Unabhängig von der Freistellung in Ziffer 15.1 ist die Verkäuferin verpflichtet, der Käuferin im Falle der vorzeitigen Erklärung der Kündigung eines Ladenmietvertrages durch den jeweiligen anderen Vertragspartner (der „Kündigungsfall") pro Kündigungsfall ein Mehrfaches des Filial-Deckungsbeitrags nach Maßgabe von Ziffer 15.2 zu zahlen. Ziffer 9.1 findet auf diese Ziffer 15.2 insofern keine Anwendung. Als vorzeitige Kündigung ist dabei jede Kündigung, sei es eine ordentliche oder außerordentliche Kündigung, zu verstehen, die zu einer vorzeitigen Beendigung des Ladenmietvertrags gegenüber der regulären Laufzeit führt, egal aus welchem Grund eine solche Kündigung erfolgt. Der „Filial-Deckungsbeitrag" ist dabei ausgehend von dem jeweiligen monatlichen normalisierten Filialergebnis zu bestimmen und ergibt sich aus der als Anlage [...] beigefügten Aufstellung.

15.3 Der im jeweiligen Kündigungsfall von der Verkäuferin an die Käuferin nach Maßgabe von Ziffer 15.2 zu zahlende Betrag ergibt sich wie folgt:

Filial-Deckungsbeitrag
× Restlaufzeit in Monaten pro jeweiligen Kündigungsfall,

maximal jedoch EUR [...] pro Kündigungsfall, wobei die „Restlaufzeit" definiert wird als Grundlaufzeit des jeweiligen Mietvertrags zzgl. Optionszeit abzüglich der bereits abgelaufenen Mietzeit.

15.4 Im Falle eines negativen Filialdeckungsbeitrags besteht keine Zahlungsverpflichtung und zwar weder von der Verkäuferin noch von der Käuferin. Ebenso entfällt die Verpflichtung der Verkäuferin nach Ziffer 15.3, wenn innerhalb von drei Monaten nach der Schließung der vom Kündigungsfall betroffenen Filiale entweder innerstädtisch in einem Umkreis von

[…] Metern oder außerstädtisch in einem Umkreis von […] Metern um den alten Standort der geschlossenen Filiale eine neue vergleichbare Filiale von der Gesellschaft oder einem anderen mit der Käuferin verbundenen Unternehmen eröffnet wird.

15.5 Die Regelungen dieser Ziffer 15 finden keine Anwendung auf Ladenlokale, die gemäß Gesellschafterbeschluss bei der Gesellschaft unter Mitwirkung der Käuferin nach dem Vollzugstag geschlossen werden.

16. Anwendbares Recht, Schiedsgericht

16.1 Die Parteien gehen davon aus, dass dieser Kaufvertrag einschließlich der Frage seines Zustandekommens und seiner Wirksamkeit sowie alle Rechte, Pflichten und Ansprüche aus und im Zusammenhang mit ihm, dem Recht der Bundesrepublik Deutschland, unter Ausschluss der Verweisungsnormen des deutschen internationalen Privatrechts, unterliegen.

16.2 Alle Streitigkeiten zwischen Gesellschaftern oder zwischen der Gesellschaft und ihren Gesellschaftern im Zusammenhang mit diesem Gesellschaftsvertrag oder über seine Gültigkeit werden nach der Schiedsgerichtsordnung (DIS-SchO) und den Ergänzenden Regeln für gesellschaftsrechtliche Streitigkeiten (DIS-ERGeS) der Deutschen Institution für Schiedsgerichtsbarkeit e. V. (DIS) unter Ausschluss des ordentlichen Rechtswegs endgültig entschieden. Die Wirkungen des Schiedsspruchs erstrecken sich auch auf die Gesellschafter, die fristgemäß als Betroffene benannt werden, unabhängig davon, ob sie von der ihnen eingeräumten Möglichkeit, dem schiedsrichterlichen Verfahren als Partei oder Nebenintervenient beizutreten, Gebrauch gemacht haben (§ 11 DIS-ERGeS). Die fristgemäß als Betroffene benannten Gesellschafter verpflichten sich, die Wirkungen eines nach Maßgabe der Bestimmungen in den DIS-ERGeS ergangenen Schiedsspruchs anzuerkennen. Ausgeschiedene Gesellschafter bleiben an diese Schiedsvereinbarung gebunden. Die Gesellschaft hat gegenüber Klagen, die gegen sie vor einem staatlichen Gericht anhängig gemacht werden und Streitigkeiten betreffen, die gemäß Ziffer 1 der Schiedsvereinbarung unterfallen, stets die Einrede der Schiedsvereinbarung zu erheben. Ort des Schiedsgerichts ist […]. Die Verfahrenssprache ist Deutsch.

17. Vertraulichkeit, Presseerklärungen

17.1 Die Parteien verpflichten sich, das Bestehen und den Inhalt dieses Kaufvertrages, die Verhandlungen und seine Ausführung und Abwicklung sowie seine Parteien (einschließlich der mit ihnen verbundenen Unternehmen) streng vertraulich zu behandeln, es sei denn, die Informationen sind öffentlich und bekannt, werden ohne Verletzung des Kaufvertrages öffentlich bekannt oder die Offenlegung ist aufgrund zwingender gesetzlicher Vorschriften oder Formularien erforderlich. In einem solchen Fall sind die Parteien jedoch verpflichtet, die jeweils anderen Parteien vor der Offenlegung zu informieren und die Offenlegung auf das nach dem Gesetz oder der behördlichen Anordnung erforderliche Mindestmaß zu beschränken.

17.2 Die Verkäuferin ist berechtigt, Dritten alle gemäß Ziffer 17.1 geschützten Informationen zugänglich zu machen, soweit dies zur Durchführung dieses Vertrages und der hierin vereinbarten Rechtsgeschäfte oder sonst zur Wahrnehmung ihrer berechtigten Interessen notwendig ist. Die Käuferin ist berechtigt, den mit ihr im Sinne von § 15 AktG verbundenen Unternehmen sowie Dritten alle nach Ziffer 17.1 geschützten Informationen zugänglich zu machen, soweit dies zur Durchführung dieses Kaufvertrags und der hierin vereinbarten Rechtsgeschäfte oder sonst zur Wahrnehmung ihrer berechtigten Interessen notwendig ist. Offenlegungen gegenüber beruflichen Verschwiegenheitspflichten unterliegenden Beratern der Parteien (z. B. Rechtsanwälten, Wirtschaftsprüfern oder Steuerberatern) bleiben in jedem Fall zulässig. Es wird klargestellt, dass die Käuferin sowie die an der Käuferin mehrheitlich beteiligte F-GmbH & Co. KG im üblichen Umfang deren Fondsanleger über die mit diesem Unternehmenskaufvertrag durchgeführte Transaktion informieren dürfen, ohne dass dies ein Verstoß gegen diese Verschwiegenheitsvereinbarung darstellt.

17.3 Die Parteien werden sich über Form und Inhalt jeder Pressemitteilung oder ähnlicher freiwilliger Verlautbarung zu diesem Kaufvertrag, seinem Zustandekommen und seiner Durchführung vor deren Veröffentlichung abstimmen. Sofern Veröffentlichungen durch gesetz- oder kapitalmarktbezogene Regularien vorgeschrieben sind, werden sich die Parteien um eine vorherige Abstimmung bemühen.

18. Abtretung von Rechten und Pflichten

18.1 Rechte und Pflichten aus diesem Vertrag können ohne vorherige schriftliche Zustimmung der anderen Parteien weder ganz, noch teilweise abgetreten oder übertragen werden.

18.2 Tritt ein Schaden bei der Gesellschaft oder einer Rechtsnachfolgerin ein, deren Anteile die Käuferin auf einen Dritten übertragen hat, und hätte die Käuferin wegen dieses Schadens einen Anspruch gegen die Verkäuferin aus diesem Kaufvertrag, wenn sie noch Inhaber der veräußerten Anteile wäre, ist die Käuferin berechtigt, den Schaden des Dritten oder der veräußerten Gesellschaft oder ihres Rechtsnachfolgers im eigenen Namen gegenüber der Verkäuferin geltend zu machen. Die Verkäuferin ist verpflichtet, in einem etwaigen gerichtlichen Verfahren alle erforderlichen Erklärungen abzugeben, um der Käuferin die Geltendmachung des Schadens gemäß Satz 1 zu ermöglichen.

19. Kosten

Sowohl die Verkäuferin wie auch die Käuferin tragen ihre eigenen Kosten und Auslagen im Zusammenhang mit der Vorbereitung, Verhandlung und Durchführung dieses Kaufvertrags einschließlich der Honorare, Kosten und Auslagen ihrer jeweiligen Berater; die Gesellschaft wird insoweit nicht mit Kosten belastet. Die Kosten der notariellen Beurkundung dieses Vertrages sowie die Gebühren der zuständigen Kartellbehörde werden von der Käuferin getragen.

20. Mitteilungen

20.1 Alle (rechtsgeschäftlichen) Erklärungen, Anzeigen und Mitteilungen (zusammen, die „Mitteilungen", einzeln, eine „Mitteilung") im Zusammenhang mit diesem Kaufvertrag bedürfen der Schriftform, soweit nicht notarielle Beurkundung oder eine andere Form durch zwingendes Recht vorgeschrieben ist. Der Schriftform genügt eine Übermittlung per Telefax oder durch Brief. Die elektronische Form (z. B. E-Mail) ersetzt die Schriftform nicht. Ist eine Mitteilung innerhalb einer Frist vorzunehmen, so wird die Einhaltung der Frist durch eingeschriebenen Brief oder durch Telefax nachgewiesen.

20.2 Mitteilungen an die Verkäuferin
Alle Mitteilungen an die Verkäuferin im Zusammenhang mit diesem Kaufvertrag sind zu richten an:

B-GmbH & Co. KG,

sowie nachrichtlich an ihren Berater:

Rechtsanwalt R.

20.3 Alle Mitteilungen an die Käuferin im Zusammenhang mit diesem Vertrag sind zu richten an:

C-GmbH,

sowie nachrichtlich an ihre Berater:

Rechtsanwalt F.

20.4 Alle Mitteilungen an den beurkundenden Notar im Zusammenhang mit diesem Vertrag sind zu richten an:

[Kontaktdaten Notar]

20.5 Die Parteien haben Änderungen ihrer in Ziffer 20.2 und 20.3 genannten Anschriften den anderen Parteien unverzüglich schriftlich mitzuteilen. Bis zum Zugang dieser Mitteilung gilt die bisherige Anschrift als wirksam.

20.6 Der Empfang von Mitteilungen im Zusammenhang mit diesem Vertrag durch die Berater der Parteien begründet oder ersetzt nicht den Zugang der Mitteilungen an die Parteien selbst. Für den Zugang einer Mitteilung bei einer Partei ist es unerheblich, ob die Mitteilung auch dem Berater dieser Partei oder dem beurkundenden Notar (nachrichtlich) zugegangen ist, und zwar unabhängig davon, ob dieser Vertrag im Einzelfall eine (nachrichtliche) Mitteilung an den jeweiligen Berater oder den beurkundenden Notar vorsieht.

21. Allgemeine Bedingungen

21.1 Frühere Abreden zwischen den Parteien (insbesondere das Term Sheet vom [Datum]) sind durch Abschluss dieses Kaufvertrags erledigt und begründen keine Rechte und Pflichten mehr.

21.2 Hinsichtlich des Gegenstandes dieses Kaufvertrags bestehen keine mündlichen Nebenabreden zwischen den Parteien.

21.3 Sämtliche Anlagen und Unteranlagen zu diesem Kaufvertrag sind integrale Bestandteile dieses Vertrags.

21.4 Änderungen, Ergänzungen oder die Aufhebung dieses Vertrages einschließlich der Abänderung dieser Bestimmungen selbst bedürfen der Schriftform, soweit nicht nach zwingendem Recht eine strengere Form (z. B. notarielle Beurkundung) erforderlich ist. Ziffer 20. gilt entsprechend.

21.5 Sollte eine Bestimmung dieses Vertrages ganz oder teilweise nichtig, unwirksam oder undurchführbar sein oder werden, wird die Wirksamkeit und Durchsetzbarkeit aller übrigen verbleibenden Bestimmungen davon nicht berührt. Die Parteien verpflichten sich, die nichtige, unwirksame oder undurchführbare Bestimmung, soweit gesetzlich zulässig, durch diejenige wirksame und durchführbare Bestimmung zu ersetzen, die dem der nichtigen, unwirksamen oder nicht durchsetzbaren Bestimmung verfolgten wirtschaftlichen Zweck nach Gegenstand, Maß, Zeit, Ort und/oder Geltungsbereich am nächsten kommt. Entsprechendes gilt für etwaige Lücken in diesem Vertrag.

21.6 Erfüllungsort ist […]. Unbeschadet der Schiedsvereinbarung ist Gerichtsstand für staatliche Gerichte soweit rechtlich zulässig das Landgericht […]. Die Parteien gehen davon aus, dass dieser Vertrag vollumfänglich dem deutschen materiellen Recht unterliegt.
[*notariell zu beurkunden*]

XIII. Private Equity-Garantien

1. Ausgangssituation

Die Ausgangssituation ist dieselbe wie im Muster XII. Private Equity SPA. Diese Liste der Garantien bildet einen Anhang zu dem unter XII. abgedruckten Beispielsunternehmenskaufvertrag einer Private Equity Transaktion. Die Garantien, die der Private Equity Fonds als institutioneller Investor erwartet, sind ausführlich und umfassend. Typische Diskussionspunkte bei den Verhandlungen zwischen den Parteien sind in Bezug auf den Garantienkatalog zum einen dessen Umfang, und zum anderen auch der zeitliche Bezugspunkt der einzelnen Garantien (also die Frage, ob die Garantien nur auf den Zeitpunkt der Unterzeichnung des Unternehmenskaufvertrags abgegeben werden, oder ob sich diese auch auf einen erst später folgenden Übergang der Anteile – Closing – beziehen sollen). Des Weiteren sind die Garantien zu den Jahresabschlüssen/Bilanzen (im nachfolgenden Muster die Ziffer 2.) meist Gegenstand längerer Diskussionen zwischen den Parteien.

2. Mustertext

GARANTIEN DER VERKÄUFERIN

Die nachfolgend aufgeführten Umstände treffen zu:

1.   Gesellschaftsrechtliche Verhältnisse und Anteile der Verkäuferin

1.1   Die in der Präambel des Kaufvertrages gemachten Angaben sind zutreffend. Die Gesellschaft ist ordnungsgemäß gegründet worden und besteht wirksam. Unteranlage [...] enthält Kopien der aktuellen Satzung und des Handelsregisterauszugs der Gesellschaft. Alle anmeldepflichtigen Vorgänge sind beim Handelsregister angemeldet worden; es existieren keine darüberhinausgehenden Gesellschafterbeschlüsse oder sonstige Vorgänge, die dem Handelsregister zur Kenntnis gebracht werden müssten. Die Gesellschaft verfügt derzeit über keinen Aufsichtsrat, Beirat, Verwaltungsrat oder ein ähnliches Gremium oder ist zur Schaffung eines solchen Gremiums verpflichtet.

1.2   Die von der Verkäuferin übernommene Einlageverpflichtung auf den Verkauften Geschäftsanteil ist vollständig erbracht und weder offen noch verdeckt zurückgezahlt worden. Die auf den Verkauften Geschäftsanteil zu leistende Einlage ist nicht durch Verluste gemindert oder aufgezehrt worden. Es besteht keine Nachschusspflicht.

1.3   Die Verkäuferin ist unbeschränkt berechtigt, über den Verkauften Geschäftsanteil zu verfügen. Der Verkaufte Geschäftsanteil besteht wirksam und ist frei von jeglichen Rechten und Ansprüchen Dritter. Es bestehen insbesondere keine Vorerwerbsrechte, Mitnahme- und Mitveräußerungsrechte, Optionen, Vorkaufsrechte, Gesellschaftervereinbarungen, Treuhandverhältnisse, Unterbeteiligungen oder sonstige Abreden im Hinblick auf den Verkauften Geschäftsanteil.

1.4   Die Gesellschaft hält keine Anteile oder sonstigen Beteiligungen (einschließlich stiller Beteiligungen) an anderen Gesellschaften und ist nicht verpflichtet, solche Anteile oder Beteiligungen zu halten, zu erwerben oder eine Gesellschaft zu gründen. Die Gesellschaft ist nicht Partei eines Jointventures, Konsortiums oder einer Innengesellschaft und ist auch nicht dazu verpflichtet, dies zu werden.

1.5   Weder über das Vermögen der Verkäuferin noch über das Vermögen der Gesellschaft ist die Eröffnung eines Insolvenzverfahrens beantragt bzw. ist ein Insolvenzverfahren eröffnet worden; Zwangsvollstreckungsmaßnahmen wurden weder in das Vermögen oder einzelne Vermögensgegenstände der Verkäuferin noch der Gesellschaft beantragt oder eingeleitet. Weder die Verkäuferin noch die Gesellschaft ist überschuldet oder zahlungsunfähig. Sie drohen auch nicht, überschuldet oder zahlungsunfähig zu werden.

1.6 Zwischen der Gesellschaft und der Verkäuferin bzw. den mit der Verkäuferin verbundenen Unternehmen oder Personen im Sinne des § 15 AO bestehen keine Vertragsbeziehungen mit Ausnahme der in Unteranlage [...] offen gelegten.

1.7 Durch den Abschluss und die Durchführung des Kaufvertrages verletzt die Verkäuferin weder Rechte Dritter noch sonstige Verpflichtungen, gleich welcher Art, insbesondere aus Verträgen oder sonstigen Schuldverhältnissen oder Vertragsangeboten unterstellt, das jeweilige Angebot wäre bereits angenommen worden.

1.8 Dieser Vertrag begründet wirksame und durchsetzbare Verpflichtungen der Verkäuferin. Mit Ausnahme der in Anlage [...] des Kaufvertrages beigefügten Zustimmung und vorbehaltlich Ziffer [...] (Kartellfreigabe) des Kaufvertrages ist die Verkäuferin nicht verpflichtet, die Zustimmung Dritter zum Abschluss oder zur Durchführung des Kaufvertrages einzuholen oder solchen Dritten den Abschluss oder die Durchführung des Kaufvertrages mitzuteilen.

2. Jahresabschlüsse[54]

2.1 Die als Unteranlage [...] beigefügten und mit dem üblichen Bestätigungsvermerk des Steuerberaters der Gesellschaft versehenen Jahresabschlüsse der Gesellschaft für die Geschäftsjahre X, Y und Z (die „Jahresabschlüsse") sind nach dem Kenntnisstand der Geschäftsführung zum Zeitpunkt ihrer Aufstellung vollständig und richtig und wurden mit dieser Maßgabe in Übereinstimmung mit den jeweils anwendbaren Vorschriften und insbesondere den Grundsätzen ordnungsmäßiger Buchführung sowie, in deren Rahmen, unter Wahrung formeller und materieller Bilanzkontinuität erstellt (subjektive Bilanzgarantie). Insbesondere sind alle Bewertungsmethoden beibehalten worden sowie alle Aktivierungs- und Passivierungswahlrechte unverändert ausgeübt worden. Die Jahresabschlüsse vermitteln nach dem Kenntnisstand der Geschäftsführung zum Zeitpunkt ihrer Aufstellung ein den tatsächlichen Verhältnissen entsprechendes Bild der Vermögens-, Finanz- und Ertragslage der Gesellschaft für die jeweiligen Geschäftsjahre.

2.1 *[alternativ, als harte Bilanzgarantie:]*
Die als Unteranlage [...] beigefügten und mit dem üblichen Bestätigungsvermerk des Steuerberaters der Gesellschaft versehenen Jahresabschlüsse der Gesellschaft für die Geschäftsjahre X, Y und Z (die „Jahresabschlüsse") sind vollständig und richtig und wurden mit dieser Maßgabe in Übereinstimmung mit den jeweils anwendbaren Vorschriften und insbesondere den Grundsätzen ordnungsmäßiger Buchführung sowie, in deren Rahmen, unter Wahrung formeller und materieller Bilanzkontinuität erstellt. Insbesondere sind alle Bewertungsmethoden beibehalten worden sowie alle Aktivierungs- und Passivierungswahlrechte unverändert ausgeübt worden. Die Jahresabschlüsse vermitteln ein den tatsächlichen Verhältnissen entsprechendes Bild der Vermögens-, Finanz- und Ertragslage der Gesellschaft für die jeweiligen Geschäftsjahre. Die Gesellschaft hat am [...] keine Verbindlichkeiten, die nicht in dem Jahresabschluss X ausgewiesen und für die auch nicht in voller Höhe Rückstellungen gebildet sind. Vorstehendes gilt nicht für Erfüllungsverpflichtungen aus beiderseits noch nicht erfüllten Verträgen (schwebende Geschäfte), soweit diese nicht bilanzierungsfähig sind. Soweit nicht auf der Passivseite der Bilanz der Gesellschaft auszuweisen, sind alle Eventualverbindlichkeiten im Anhang zum Jahresabschluss X ausgewiesen. Sämtliche in den Bilanzen der Gesellschaft aktivierte Forderungen sind zutreffend bewertet. Sämtliche Leasingverpflichtungen sind in den Bilanzen der Gesellschaft vollständig aufgezeigt.

2.2 Die Bücher und Unterlagen der Gesellschaft sind vollständig und richtig und im Einklang mit den jeweils anzuwendenden Rechtsvorschriften ordnungsgemäß geführt. Insbesondere hat die Gesellschaft ihre Aufbewahrungspflichten stets vollständig und ordnungsgemäß erfüllt.

3. Working Capital

3.1 Das Working Capital (siehe unten), dessen Höhe sich aufgrund der Angaben im Jahresabschluss zum [...] ergibt, ist ausreichend, um den Geschäftsbetrieb der Gesellschaft als ein „at arm's length" geführtes Unternehmen nach Art und Umfang nach dem Vollzugstag unverändert fortzuführen. Das „Working Capital" wird definiert als Umlaufvermögen ohne

---

[54] Vgl. Teil → D., Rn. 534 ff.

liquide Mittel und ohne Wertpapiere abzüglich Verbindlichkeiten aus Lieferung und Leistung und abzüglich sonstiger Verbindlichkeiten.

3.2   Das Working Capital ist gegenüber dem Working Capital zum […] nicht wesentlich gemindert.

4.   Grundbesitz

4.1   Die Gesellschaft hat kein Grundeigentum.

4.2   Unteranlage […] enthält eine Aufstellung aller Grundstücke und Gebäude, die am Unterzeichnungstag von der Gesellschaft genutzt werden (die „Betriebsgrundstücke").

4.3   Soweit nicht in Unteranlage […] offen gelegt, ist die Gesellschaft berechtigt, die Betriebsgrundstücke auf der Grundlage wirksamer Pacht- und Mitverträge zu nutzen. Soweit nicht in Unteranlage […] offen gelegt, ist keiner dieser Miet- und Pachtverträge gekündigt oder in sonstiger Weise beendet, und es bestehen keinerlei Anhaltspunkte dafür, dass die Gesellschaft die Betriebsgrundstücke nicht bis zum Ende der Laufzeit der jeweiligen Miet- und Pachtverträge nutzen kann.

4.4   Soweit Miet- bzw. Untermietverträge zwischen der Verkäuferin und der Gesellschaft oder zwischen der Gesellschaft und mit der Verkäuferin im Sinne von § 15 AktG verbundenen Unternehmen oder der Gesellschaft im Sinne von § 15 AO nahestehenden Personen bestehen, entsprechen diese in Bezug auf die Mietzinsen sowie die sonstigen Konditionen im Wesentlichen dem Drittvergleichsmaßstab.

5.   Anlage- und Umlaufvermögen

5.1   Unteranlage […] (Anlagespiegel) enthält eine Aufstellung aller zum […] mit Fortschreibung bis zum Unterzeichnungstag im Eigentum der Gesellschaft stehenden Vermögensgegenstände des Anlagevermögens.

5.2   Die Gesellschaft ist die Eigentümerin und Besitzerin bzw. Inhaberin sämtlicher Vermögensgegenstände des in Unteranlage […] aufgelisteten Anlagevermögens, der Gegenstände des Anlagevermögens, die in den Jahresabschlüssen und dem Zwischenabschluss der Gesellschaft ausgewiesen wurden, soweit sie nicht nach dem […] im Rahmen des gewöhnlichen Geschäftsgangs veräußert wurden, sowie der Gegenstände des Umlaufvermögens, das am Unterzeichnungstag vorhanden ist. Diese Vermögensgegenstände sind frei von jeglichen Belastungen zugunsten Dritter sowie Ansprüchen und anderen Rechten Dritter und bilden die Grundlage des Betriebsergebnisses der vergangenen zwei Geschäftsjahre der Gesellschaft vor dem Unterzeichnungstag. Ausgenommen von den beiden vorstehenden Sätzen sind Sicherungsübereignungen, Eigentumsvorbehalte und gesetzliche Pfandrechte, die im Rahmen des gewöhnlichen Geschäftsgangs der Gesellschaft begründet worden sind.

5.3   Die in Unteranlage […] bezeichneten Vermögensgegenstände des Anlagevermögens sind in einem der betriebsgewöhnlichen Nutzungen entsprechenden Zustand und erlaubten der Gesellschaft, den Geschäftsbetrieb nach dem Vollzugstag in Art und Umfang unverändert fortzuführen. Alle Erhaltungsmaßnahmen an diesen Vermögensgegenständen sind rechtzeitig durchgeführt und Investitionen sind nicht aufgeschoben worden.

6.   Gewerbliche Schutzrechte, Know-how

6.1   Unteranlage […] enthält eine vollständige Aufstellung aller Patente, Marken und anderen gewerblichen Schutzrechten und Internetdomains, deren Inhaberin die Gesellschaft ist oder die an diese lizenziert sind (zusammen „IP"). Soweit nicht in Unteranlage […] aufgeführt, bestehen keine Rechte Dritter an den IP und die Gesellschaft ist auch nicht zur Gewährung solcher Nutzungsrechte verpflichtet. Soweit eine Lizenz von einem Dritten vertraglich eingeräumt wurde, ist der entsprechende Vertrag wirksam und durchsetzbar.

6.2   Die IP bestehen wirksam und sind durchsetzbar. Andere gewerbliche Schutzrechte werden und wurden von der Gesellschaft nicht genutzt und werden auch nicht benötigt, um den Geschäftsbetrieb in Art und Umfang unverändert und entsprechend der bestehenden Zukunftsplanung fortzuführen. Die Gesellschaft hat in der Vergangenheit keine gewerblichen Schutzrechte verletzt und verletzt solche auch gegenwärtig nicht.

6.3   Die Gesellschaft ist uneingeschränkt berechtigt, über das Know-how zu verfügen, das sie benötigt, um den Geschäftsbetrieb in Art und Umfang unverändert fortzuführen. Als

„Know-how" werden sämtliche Informationen (einschließlich solcher in Form von Rezepten, Formeln, Mustern, Listen, technischen Beschreibungen und Zeichnungen, unabhängig davon, ob und in welcher Weise sie verkörpert sind) verstanden, die sich auf den Geschäftsbetrieb der Gesellschaft (einschließlich Einkauf, Produktentwicklung, Produktion, Informationstechnologie, Qualitätsmanagement, Marketing, Logistik, Vertrieb und Kundenbeziehungen) beziehen und nicht allgemein bekannt sind. Die Gesellschaft hat das Know-how zu jeder Zeit als Geschäftsgeheimnis behandelt und im geschäftsüblichen Umfang sowie in geschäftsüblicher Art und Weise wirksam gegen eine Kenntnisnahme durch Dritte geschützt. Dritten sind keine Lizenzen oder andere Nutzungsrechte an dem Know-how gewährt worden. Kein Dritter nutzt Know-how widerrechtlich oder hat derartiges Know-how widerrechtlich genutzt.

6.4 Die gesamte Hard- und Software, alle Kommunikationssysteme und Netzwerke sowie sonstige Informationstechnologie, die von der Gesellschaft genutzt oder benötigt werden, um den Geschäftsbetrieb in Art und Umfang unverändert fortzuführen (zusammen „IT"), steht im Eigentum der Gesellschaft oder wird aufgrund von Verträgen genutzt, die in Unteranlage […] aufgelistet sind.

7. Wesentliche Verträge

7.1 Unteranlage […] enthält eine Aufstellung aller noch nicht beiderseits vollständig erfüllten Verträge, die von der Gesellschaft ausdrücklich oder stillschweigend, schriftlich, mündlich, oder in sonstiger Form geschlossen worden sind und die mindestens unter eine der nachfolgenden Kategorien fallen (zusammen die „Wesentlichen Verträge", einzeln ein „Wesentlicher Vertrag"), jeweils mit zutreffenden Angaben zu den Vertragspartnern, wesentlichen Vertragsleistungen und -gegenleistungen (insbesondere zur Höhe von Zahlungsverpflichtungen), Laufzeit und Kündigungsfristen:

a) Verträge mit den wichtigsten Lieferanten;
b) Verträge über den Erwerb, die Veräußerung oder die Belastung von Vermögensgegenständen des Anlagevermögens, die einen Wert von jeweils mindestens EUR […] haben;
c) Verträge über den Erwerb, die Veräußerung oder die Belastung von Grundstücken oder grundstücksgleichen Rechten;
d) Miet-, Pacht-, Nießbrauch- und Leasingverträge, insbesondere Mietverträge über Ladenlokale (siehe Unteranlage […]);
e) Darlehens- oder sonstige Kreditverträge, die von der Gesellschaft als Kreditgeber oder Kreditnehmer geschlossen worden sind (mit Ausnahme handelsüblicher und im Rahmen des gewöhnlichen Geschäftsgangs vereinbarter Stundung), sowie Factoring-Verträge;
f) Garantien, Bürgschaften, Schuldübernahmen, Schuldbeitritte, Patronatserklärungen und ähnliche von der Gesellschaft übernommene Verpflichtungen;
g) Vertragshändler- und Handelsvertreterverträge;
h) Anstellungsverträge, sonstige Dienstverträge, die zu einer jährlichen Gesamtvergütung von mindestens EUR […] berechtigen, sowie Beraterverträge, die einzeln eine jährliche Gesamtvergütung von mindestens EUR […] vorsehen;
i) Gewinn- oder Umsatzbeteiligungen, Mitarbeiterbeteiligungen sowie ähnliche Verträge;
j) Tarifverträge (einschließlich Firmentarifverträge) auch durch Allgemeinverbindlichkeitserklärungen, sowie Betriebsvereinbarungen und betriebliche Übungen;
k) Joint-Venture, Konsortial-, Kooperations- und ähnliche Verträge mit Dritten sowie alle Verträge oder Vereinbarungen, die wettbewerbsbeschränkende Wirkung haben können;
l) Verträge oder Verpflichtungen, die außerhalb des gewöhnlichen Geschäftsgangs eingegangen worden sind;
m) Verträge zwischen der Gesellschaft einerseits und der Verkäuferin und/oder anderen Verkäufergesellschaften oder mit Personen im Sinne des § 15 AO andererseits (siehe Unteranlage […]);
n) Verträge über Lizenzen oder sonstige Nutzungsrechte an IP sowie über IT (siehe Unteranlage […]).

7.2 Alle Wesentlichen Verträge sind zum Zeitpunkt des jeweiligen Abschlusses zu Bedingungen vereinbart worden, die ein ordentlicher Kaufmann akzeptiert hätte und begründen wirksame und durchsetzbare Rechte der Gesellschaft. Soweit nicht in Unteranlage [...] offen gelegt, ist kein Wesentlicher Vertrag beendet worden oder steht am Tag vor dem Unterzeichnungstag vor der Beendigung. Insbesondere ist keiner der Wesentlichen Verträge ordentlich oder außerordentlich gekündigt worden. Es bestehen keine Umstände, aufgrund der einer der wesentlichen Verträge vom jeweiligen Vertragspartner der Gesellschaft aus wichtigem Grund gekündigt oder in sonstiger Art und Weise außerordentlich beendet werden könnte.

7.3 Weder hat die Gesellschaft am Vollzugstag, noch haben ihre jeweiligen Vertragspartner bis zu dem Tag vor dem Unterzeichnungstag eine Pflicht aus einem Wesentlichen Vertrag verletzt oder sind mit der Erfüllung einer solchen in Verzug.

7.4 Soweit nicht in Unteranlage [...] offen gelegt, (i) geben die in diesem Vertrag enthaltenen Bestimmungen und ihre Durchführung keinem Vertragspartner eines Wesentlichen Vertrages ein Recht zur Kündigung oder Abänderung eines Wesentlichen Vertrages, (ii) lösen die in diesem Vertrag enthaltenen Bestimmungen und ihre Durchführung in keinem der Wesentlichen Verträge einen Zustimmungsvorbehalt des jeweiligen Vertragspartners aus und (iii) führen die in diesem Vertrag enthaltenen Bestimmungen und ihre Durchführung nicht dazu, dass die Gesellschaft eine Verpflichtung aus einem Wesentlichen Vertrag verletzt.

7.5 Für alle von der Gesellschaft genutzten Räumlichkeiten existieren am Unterzeichnungstag wirksame Mietverträge, die in Unteranlage [...] vollständig und zutreffend aufgelistet sind. In der Unteranlage [...] sind auch die jeweiligen Laufzeiten der Mietverträge und die jeweiligen Kündigungsfristen vollständig und zutreffend beschrieben. Es bestehen keinerlei Anhaltspunkte oder sonstige Informationen, die auf eine vorzeitige Kündigung von Mietverträgen durch den jeweiligen Vermieter hindeuten. Hierzu ist der Verkäuferin oder der Geschäftsführung der Gesellschaft nichts bekannt oder aufgrund von Fahrlässigkeit unbekannt.

8. Fortführung des Geschäftsbetriebs

8.1 Seit dem [...] bis zum Vollzugstag des Kaufvertrages ist bzw. wird der Geschäftsbetrieb der Gesellschaft ausschließlich im Rahmen des gewöhnlichen Geschäftsgangs mit der Sorgfalt eines ordentlichen Kaufmanns und in Übereinstimmung mit der bisherigen Geschäftspraxis geführt. Eine wesentlich nachteilige Änderung hinsichtlich des Geschäftsbetriebs, der Finanz- oder Geschäftslage, wesentlicher Vermögensgegenstände oder wesentlicher Verträge der Gesellschaft ist mit Ausnahme der in Unteranlage [...] bezeichneten Sachverhalte bis zum Unterzeichnungstag des Kaufvertrages nicht eingetreten und wird bis zum Vollzugstag nicht eintreten. Insbesondere wurden von der Gesellschaft außer im Rahmen des gewöhnlichen Geschäftsgangs und mit Ausnahme der in Unteranlage [...] bezeichneten Geschäfte und Handlungen

a) keine Vermögensgegenstände sicherungsübereignet oder -abgetreten, verpfändet oder in sonstiger Weise belastet, verkauft, vermietet, verpachtet, übertragen, erworben oder sich jeweils hierzu verpflichtet;

b) keine Verbindlichkeiten (einschließlich bedingter, zurückgestellter und zurückzustellender Verbindlichkeiten) begründet, die den Betrag von EUR [...] im Einzelfall bzw. EUR [...] insgesamt übersteigen;

c) gegenüber einem Organmitglied, leitenden Angestellten, Arbeitnehmer, Berater, Handelsvertreter oder Vertragshändler keine Änderungen bei Gehältern oder anderen (auch erfolgsabhängigen) Vergütungen oder sonstigen Vertragsbedingungen vorgenommen oder Boni bezahlt oder sonstige Sonderzahlungen, Pensionen oder Abfindungen gezahlt oder sich (auch bedingt) zu solchen Zahlungen verpflichtet oder einer dieser Personen ein Darlehen eingeräumt;

d) keine Investitionen in das Anlagevermögen getätigt oder sich hierzu verpflichtet, die den Betrag von EUR [...] übersteigen;

e) keine Verträge geschlossen, aus denen sich Verpflichtungen oder Verbindlichkeiten von über EUR [...] p.a. ergeben, oder die nicht spätestens bis zum [...] kündbar sind;

    f) keine Verträge zwischen der Gesellschaft einerseits und der Verkäuferin oder mit der Verkäuferin im Sinne von § 15 AktG verbundenen Unternehmen oder mit Personen im Sinne des § 15 AO andererseits abgeschlossen;

    g) keine Ausschüttungen, sei es offen oder verdeckt, oder sonstige Zuwendungen an Gesellschafter der Gesellschaft vorgenommen. Insbesondere wurde bei der Gesellschaft kein Beschluss über eine Ausschüttung des Bilanzgewinns X gefasst;

    h) keine Verträge über Factoring, Sale and Lease Back oder ähnliche Gestaltungen abgeschlossen.

8.2 Darüber hinaus hat die Gesellschaft seit dem […] bis zum Unterzeichnungstag des Kaufvertrages, soweit nicht in Unteranlage […] offen gelegt,

    a) keine Kapitalerhöhung oder -herabsetzung vorgenommen oder Anteile ausgegeben, übertragen oder sich zu solchen Maßnahmen verpflichtet oder Bezugsrechte, Optionen oder andere Rechte auf den Erwerb von Anteilen gewährt oder veräußert oder sich zu solchen Maßnahmen verpflichtet;

    b) keine Gesellschaft oder ein Unternehmen oder eine offene oder stille Beteiligung an einer Gesellschaft ge- bzw. begründet, erworben oder veräußert oder ist eine hierauf gerichtete Verpflichtung eingegangen;

    c) nicht das von ihr betriebene Unternehmen oder Teile davon veräußert, keine Maßnahmen nach dem Umwandlungsgesetz vorgenommen oder Unternehmensverträge abgeschlossen;

    d) keinen Firmentarifvertrag abgeschlossen;

    e) keine Pensionszusagen oder ähnliches erteilt.

9. Steuern

Soweit nichts Gegenteiliges in Unteranlage […] offen gelegt wurde

    a) hat die Gesellschaft sämtliche Steuererklärungen im Einklang mit den Steuergesetzen vollständig und korrekt erstellt und fristgerecht abgegeben sowie sämtliche fällige Steuern im Sinne von Ziffer […] des Kaufvertrages rechtzeitig gezahlt; und

    b) sind sämtliche nach steuerlichen und handelsrechtlichen Regelungen aufzubewahrenden Unterlagen bei der Gesellschaft vorhanden; und

    c) sind bei der Gesellschaft zur Zeit keine allgemeine Außenprüfung, keine umsatzsteuerliche Sonderprüfung durch die Finanzbehörden und keine Prüfung durch die Sozialversicherungen angekündigt; und

    d) musste die Gesellschaft bisher keine von der Handelsbilanz abweichenden Steuerbilanzen aufstellen; und

    e) bestanden bzw. bestehen keine umsatzsteuerlichen Organschaften unter Beteiligung der Gesellschaft.

10. Arbeitsrecht

10.1 Unteranlage […] enthält eine per […] hinsichtlich sämtlicher Angaben vollständige und zutreffende Aufstellung aller Organmitglieder und Arbeitnehmer (einschließlich leitender Angestellter, Auszubildender und Teilzeitbeschäftigter) der Gesellschaft, jeweils mit Angabe zu Position/Tätigkeit, Geburtsdatum, Eintrittsdatum, Bruttomonatsgehalt unter Angabe variabler Gehaltsbestandteile, Ansprüche aus Entgelt, Umwandlung, Kündigungsfristen, sowie Teilzeit. Arbeitnehmer mit besonderem Kündigungsschutz sind unter Angabe des Rechtsgrundes (z. B. Mutterschutz, Elternzeit, Schwerbehinderung) entsprechend gekennzeichnet.

10.2 Unteranlage […] enthält eine Auflistung der leitenden Angestellten der Gesellschaft (die „leitenden Angestellten"). Keiner der leitenden Angestellten hat sein Anstellungsverhältnis gekündigt und es bestehen am Vollzugstag nach Kenntnis der Verkäuferin auch keine Anhaltspunkte dafür, dass ein leitender Angestellter sein Anstellungsverhältnis zu kündigen oder sonst zu beenden beabsichtigt.

10.3 Seit […] haben weder Streiks noch andere Arbeitskampfmaßnahmen bei der Gesellschaft stattgefunden oder sind angedroht worden.

10.4 Die Gesellschaft hat keinen Betriebsrat bzw. sonstige Arbeitnehmervertretungen. Es bestehen auch keine Anhaltspunkte dafür, dass Arbeitnehmervertretungen eingerichtet werden sollen.

10.5 Unteranlage [...] enthält eine zum Unterzeichnungstag vollständige und zutreffende Aufstellung aller Tarifverträge, betrieblicher Übungen, Gesamtzusagen und Betriebsvereinbarungen, die auf die Arbeitsverhältnisse der Mitarbeiter der Gesellschaft Anwendung finden, sowie aller Pensionszusagen und sonstiger Vereinbarungen, aus denen sich Verpflichtungen der Gesellschaft aus betrieblicher Altersversorgung ergeben, und zwar in jedem Fall unabhängig davon, ob die jeweiligen Tarifverträge, Zusagen, Vereinbarungen oder Regelungen kraft kollektivrechtlicher Geltung, Allgemeinverbindlichkeitserklärungen, individualvertraglicher Verweisung oder in Folge eines Betriebsübergangs Anwendung finden.

10.6 Die Gesellschaft hat alle Zahlungs- und sonstige Verpflichtungen gegenüber ihren Beschäftigten, die aus gesetzlichen Vorschriften, vertraglichen Vereinbarungen, Tarifverträgen, betrieblichen Übungen, Gesamtzusagen oder sonstigen Vereinbarungen resultieren, bei Fälligkeit ordnungsgemäß und vollständig erfüllt, sowie Sozialversicherungsbeiträge bei Fälligkeit ordnungsgemäß abgeführt. Ferner hat die Gesellschaft sämtliche Beiträge an Berufsgenossenschaften sowie Einrichtungen der Tarifvertragsparteien gemäß § 4 Abs. 2 TVG, wie etwa Zusatzversorgungskassen, Lohnausgleichskassen, Urlaubskassen und Förderwerken sowie sonstigen sozialen Einrichtungen an die die Gesellschaft kraft Gesetz, Tarifvertrag oder sonstigen Vereinbarungen Beiträge zu leisten hat, bei Fälligkeit geleistet.

10.7 Soweit bei der Gesellschaft befristete Arbeitsverhältnisse bestehen, ist die jeweilige Befristung stets wirksam, insbesondere schriftlich und vor Beginn der Arbeitsaufnahme, vereinbart worden.

10.8 Die Gesellschaft hat weder Arbeitnehmern noch Geschäftsführern Leistungen der betrieblichen Altersversorgung (wie insbesondere Pensionszusagen) zugesagt.

10.9 Die Urlaubsansprüche der Arbeitnehmer, insbesondere auch diejenigen der sogenannten Aushilfskräfte, sind für die Zeit bis zum Vollzugstag vollständig erfüllt.

10.10 Die Abführung von Sozialversicherungsbeiträgen wurde von den Versicherungsträgern für die Zeit bis zum [...] geprüft und nicht beanstandet.

10.11 Die Gesellschaft beschäftigt [...] Schwerbehinderte und [...] den Schwerbehinderten gleichgestellte Arbeitnehmer.

10.12 Zahlungen an die Berufsgenossenschaft sind jeweils vollständig und pünktlich erfolgt.

11. Versicherungen

11.1 Unteranlage [...] enthält eine vollständige und zutreffende Aufstellung der zugunsten der Gesellschaft, ihrer Vermögensgegenstände oder ihres Geschäftsbetriebs abgeschlossenen Versicherungen. Diese Versicherungsverträge sind wirksam; die jeweilige Versicherungsnehmerin hat alle fälligen Verpflichtungen (einschließlich aller Prämien) aus den Versicherungsverträgen rechtzeitig, vollständig und ordnungsgemäß erfüllt.

11.2 Seit dem [...] sind keine Ereignisse eingetreten, welche die Verkäuferin oder die Gesellschaft zu Leistungen aus Betriebsunterbrechungs- sowie Feuerversicherung berechtigt haben oder berechtigen oder aufgrund derer solche Leistungen geltend gemacht worden sind. Seit dem [...] sind keine Ereignisse eingetreten, die die Verkäuferin oder die Gesellschaft zu Leistungen aus Kfz-Versicherung oder Betriebshaftpflichtversicherung sowie allen weiteren Versicherungen berechtigt haben oder berechtigen oder aufgrund derer solche Leistungen geltend gemacht worden sind, die über das Maß normaler Risikoverwirklichung hinausgehen.

12. Öffentliche Förderungen

Der Gesellschaft wurden keine öffentlichen Förderungen, insbesondere keine staatlichen Beihilfen im Sinne von Art. 107 ff. AEUV gewährt, mit Ausnahme von gewährten Förderungen für Langzeitarbeitslose.

13. Rechtsstreitigkeiten

Mit Ausnahme der in Unteranlage [...] aufgeführten Streitigkeiten existieren keine Streitigkeiten oder sonstigen gerichtlichen, schiedsgerichtlichen oder behördlichen Verfahren (zusammen die „Rechtsstreitigkeiten"), an denen die Gesellschaft unmittelbar oder mittelbar beteiligt ist oder die auf andere Weise zu einer Verbindlichkeit oder anderen Verpflichtungen (auch durch Rückgriff Dritte) der Gesellschaft führen können, noch sind Rechtsstreitigkeiten rechtshängig oder seit dem [...] rechtshängig gewesen, drohen nach Kenntnis der Verkäuferin am Unterzeichnungstag oder stehen nach Kenntnis der Verkäuferin am Unterzeichnungstag bevor oder sind von der Gesellschaft beabsichtigt. Die in Unteranlage [...] enthaltenen Angaben zu den jeweiligen Parteien, dem Streitgegenstand, den zugrunde liegenden Tatsachen, dem Streitwert und dem Stand der jeweiligen Rechtsstreitigkeiten sind vollständig und zutreffend. Streitigkeiten über Geldforderungen oder unmittelbar in Geld bezifferbare Sachverhalte mit einem Streitwert von bis zu EUR [...] bleiben unberücksichtigt.

14. Produkthaftung

Die Gesellschaft hat keine Produkte hergestellt, veräußert, sonst in Verkehr gebracht oder Dritten zur Nutzung zur Verfügung gestellt oder Dienst- oder sonstige Leistungen erbracht, die zu Verbindlichkeiten oder anderen Verpflichtungen aus Produkthaftung, Gewährleistung oder einem anderen Rechtsgrund führen könnten und es bestehen auch keine derartigen Verbindlichkeiten oder andere Verpflichtungen. Dritte haben keine Ansprüche gegen die Gesellschaft aus Produkthaftung, Gewährleistung oder einem anderen Rechtsgrund im Zusammenhang mit der Herstellung, Veräußerung, dem In-Verkehr-Bringen oder der Nutzungsüberlassung von Produkten oder dem Erbringen von Diensten oder sonstigen Leistungen geltend gemacht. In den vergangenen [...] Jahren vor dem Unterzeichnungstag dieses Vertrages hat die Gesellschaft freiwillig oder in Folge einer gesetzlichen Verpflichtung kein Produkt zurückgerufen oder vom Markt genommen oder im Rahmen einer Rückrufaktion nachgebessert oder eine Produktwarnung an Kunden herausgegeben.

15. Erlaubnisse und Genehmigungen

15.1 Die Gesellschaft hat stets sämtliche erforderlichen öffentlich rechtlichen und privatrechtlichen Erlaubnisse, Zustimmungen und Genehmigungen jeglicher Art für den Bau und Betrieb aller von ihr genutzten Gebäude und Anlagen sowie die Führung des Geschäftsbetriebs im Übrigen eingeholt. Die Gebäude und Anlagen und der Geschäftsbetrieb sind in Übereinstimmung mit diesen Genehmigungen errichtet und betrieben bzw. geführt worden. Keine der die gegenwärtigen Gebäude und Anlagen oder eine die Gesellschaft betreffenden Genehmigungen ist widerrufen, aufgehoben, geändert oder eingeschränkt worden, weder im Ganzen noch teilweise, noch existieren nach Kenntnis der Verkäuferin Anhaltspunkte dafür, dass sie künftig widerrufen, aufgehoben, geändert oder eingeschränkt werden könnten.

15.2 Die Gesellschaft unterliegt keinem Wettbewerbsverbot oder einer Wettbewerbsbeschränkung, gleich ob vertraglich oder auf sonstiger Grundlage.

16. Einhaltung von Rechtsvorschriften

16.1 Der Geschäftsbetrieb der Gesellschaft ist stets unter Beachtung aller anwendbaren Rechtsvorschriften (auch den Umweltschutz, die Betriebssicherheit und die Arbeitssicherheit betreffend) geführt worden. Weder der Geschäftsbetrieb der Gesellschaft noch die von der Gesellschaft hergestellten, veräußerten oder sonst in Verkehr gebrachten Produkte, noch die von ihr erbrachten Dienst- oder sonstigen Leistungen verstoßen gegen Rechtsvorschriften.

16.2 Die Gesellschaft hat im Zusammenhang mit der Geschäftstätigkeit der Gesellschaft keinen rechtswidrigen Vorteil gewährt, versprochen oder in Aussicht gestellt oder gewährt, versprochen oder in Aussicht gestellt erhalten. Es bestehen auch keine Anzeichen oder Anhaltspunkte dafür, dass ihre Arbeitnehmer oder Vertreter einen rechtswidrigen Vorteil gewährt, versprochen oder in Aussicht gestellt oder gewährt, versprochen oder in Aussicht gestellt erhalten haben.

17. Richtigkeit der Informationen

Alle der Käuferin oder deren jeweiligen Beratern seitens der Verkäuferin, der Gesellschaft oder deren jeweiligen Beratern vor dem Unterzeichnungstag des Kaufvertrages zur Verfügung gestellten oder zugänglich gemachten Informationen sind vollständig und zutreffend. Die zur Verfügung gestellten Informationen verschweigen keine Risiken in Bezug auf den

Kaufgegenstand oder die übernommenen Verbindlichkeiten, Eventualverbindlichkeiten, Verpflichtungen, sonstigen Risiken oder Vertragsverhältnisse, die für die konkret gegebene Information bedeutsam sind oder die die Käuferin für ihre Kaufentscheidung kennen sollte. Es liegen nach bestem Wissen der Verkäuferin keine wesentlichen Tatsachen oder Umstände vor, die in Zukunft einen wesentlichen nachteiligen Einfluss auf den Kaufgegenstand haben könnten, mit Ausnahme von allgemeinen Konjunktur- oder marktbedingten Entwicklungen.[55]

---

[55] Vgl. Teil → D., Rn. 541. Aus Verkäufersicht sollte ggf. noch ergänzt werden: *„Die Verkäuferin erklärt bzw. übernimmt weder in dem Kaufvertrag weitere Beschaffenheiten oder Garantien noch hat sie solche vor Abschluss des Kaufvertrages erklärt bzw. übernommen noch übernimmt sie eine sonstige Haftung, die über die hier ausdrücklich abgegebenen Garantien hinausgehen. "*

XIV. Private Equity-Gesellschaftervereinbarung

1. Ausgangssituation

Die Ausgangssituation entspricht der unter Ziffer XII. (Muster Private Equity SPA) dargestellten Ausgangssituation.

Nach Durchführung des Anteilskaufvertrags gemäß Muster XII. und der Kapitalerhöhung soll die C-GmbH insgesamt 70 % des Nennkapitals der Zielgesellschaft (= A-GmbH) halten. Die restlichen 30 % werden von der B-GmbH & Co. KG, und damit mittelbar den X-Gesellschaftern, also den „Altgesellschaftern", gehalten. Das Geschäftsmodell der A-GmbH besteht, ebenso wie das der C-GmbH, im stationären Einzelhandel.

Im Zusammenhang mit dieser Transaktion wird auf Ebene der A-GmbH zur Regelung der wechselseitigen Rechte und Pflichten als Gesellschafter der A-GmbH eine Gesellschaftervereinbarung abgeschlossen. Auf Ebene des Fonds wird das Investment-Vehikel des Fonds für dieses Branchen-Investment, die C-GmbH, Partei der Gesellschaftervereinbarung. Für die Alt-Gesellschafter wird die B-GmbH & Co. KG Partei der Gesellschaftervereinbarung, wobei jedoch für bestimmte weitere Verpflichtungen auch die X-Gesellschafter der Vereinbarung beitreten (siehe Ziffer 11. des Mustertextes -Wettbewerbsverbot und Abwerbeverbot).

Die Gesellschaftervereinbarung, die der notariellen Beurkundung bedarf, enthält typische Regelungen, die ein institutioneller Investor zur Absicherung seines Investments benötigt, namentlich Regelungen zu Ankaufsrechten (Ziffer 6. des Mustertexts), Mitverkaufsrechten (Ziffer 7. des Vertragsmusters), Mitverkaufspflichten (Ziffer 8. des Vertragsmusters) und zu einer Liquidationspräferenz zu Gunsten des Fonds-Vehikels (Ziffer 9. des Vertragsmusters).

Schaubild: Situation **vor der Transaktion:**

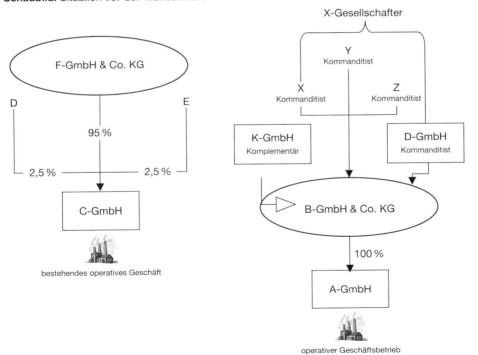

Schaubild: Situation **nach Abschluss der Transaktion:**

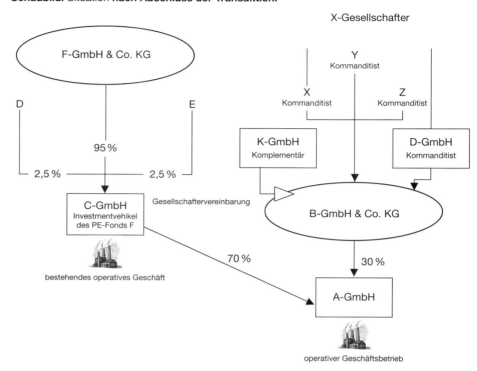

2. Mustertext

BETEILIGUNGSVEREINBARUNG
und
GESELLSCHAFTERVEREINBARUNG
bei der
A-GmbH
vom [Datum]

zwischen
1. C-GmbH,

– nachfolgend „**C**" –

2. B-GmbH & Co. KG

– nachfolgend „**B**" –

3. A-GmbH,

– nachfolgend „**die Gesellschaft**" –

4. Herrn X
5. Herrn Y
6. Herrn Z
7. D-GmbH

– die Parteien zu 1. und 2. werden nachfolgend
zusammen auch die „**Gesellschafter**" genannt –
– die Parteien zu 4. bis 7. werden nachfolgend
zusammen auch „**X-Gesellschafter**" genannt –
– Die Parteien zu 1. bis 7. werden nachfolgend
zusammen auch „Parteien" und einzeln „Partei" genannt –

Präambel

(A) Die C mit Sitz in […] ist im Handelsregister des Amtsgerichts […] unter HRB […] eingetragen. Die Geschäftsanteile an C werden von der F-GmbH & Co. KG mit Sitz in […], Amtsgericht […], HRA […], sowie Herrn D und Herrn E gehalten.

(B) Die B mit Sitz in […] ist im Handelsregister des Amtsgerichts […] unter HRA […] eingetragen. Die X-Gesellschafter sind die alleinigen Kommanditisten von B. Alleinige persönlich haftende Gesellschafterin ohne Beteiligung am Ergebnis oder Vermögen der B ist die K-GmbH mit Sitz in […], Amtsgericht […], HRB […].

(C) Die C wird von der B […]% der Geschäftsanteile an der Gesellschaft mit Sitz in […], eingetragen beim Handelsregister des Amtsgerichts […] unter HRB […] erwerben (der „Anteilskauf"), und zwar in Vollzug des Geschäftsanteilskauf- und Abtretungsvertrages zwischen C und B vom heutigen Tag (das „SPA"). Nach dem SPA ist C verpflichtet, einen Kaufpreis von EUR […] (der „Anteilskaufpreis C") zu bezahlen.

(D) Die C wird durch Kapitalerhöhung bei der Gesellschaft weitere […] % an der Gesellschaft erwerben (die „Kapitalerhöhung"; der Anteilskauf und die Kapitalerhöhung gemeinsam die „Transaktion"). Der Gesellschaft werden Eigenmittel in Höhe von insgesamt EUR […] zugeführt, von denen EUR […] als Eigenkapital (Nennkapital und Zuzahlung in die Kapitalrücklagen) und weitere EUR […] durch langfristige Gesellschafterdarlehen (siehe nachfolgend (F)) erbracht werden sollen.

(E) Nach Durchführung der Transaktion werden die Geschäftsanteile an der Gesellschaft wie folgt gehalten werden:

Partei	Laufende Nr. der Geschäftsanteile	Nominalwert der Geschäftsanteile in EUR	Beteiligungsquote in %
B	1	EUR […]	30%
C	2 und 3	EUR […]	70%

Partei	Laufende Nr. der Geschäftsanteile	Nominalwert der Geschäftsanteile in EUR	Beteiligungsquote in %
		EUR [...]	
Gesamt	1 bis 3	EUR [...]	100 %

(F)   Die C wird der Gesellschaft ein Gesellschafterdarlehen in Höhe von insgesamt EUR [...] zur Verfügung stellen (das „Gesellschafterdarlehen").

(G)   Im Hinblick auf ihre zukünftige Gesellschafterstellung bei der Gesellschaft schließen die Gesellschafter diese Gesellschaftervereinbarung (die „Gesellschaftervereinbarung"). Die Gesellschaft tritt den Regelungen dieser Gesellschaftervereinbarung zustimmend bei. Die X-Gesellschafter wirken an dieser Urkunde insbesondere im Hinblick auf die Regelungen in den Ziffern 11. und 12. mit.

Dies vorausgeschickt, vereinbaren die Parteien was folgt:

1.   Kapitalerhöhung, Gesellschafterdarlehen

1.1   B und C werden innerhalb einer Frist von 15 Bankarbeitstagen nach dem Vollzugstag gemäß Ziffer 2.7 des SPA (der „Vollzugstag") eine Gesellschafterversammlung bei der Gesellschaft abhalten, auf der nach näherer Maßgabe der Anlage 1.1a (i) eine Kapitalerhöhung bei der Gesellschaft von EUR [...] um EUR [...] auf EUR [...], (ii) die Zulassung von C zur Übernahme der Kapitalerhöhung sowie (iii) die Neufassung des Gesellschaftsvertrages von der Gesellschaft gemäß Anlage 1.1b beschlossen wird.

1.2   C wird unmittelbar nach Beendigung der Gesellschafterversammlung gemäß Ziffer 1.1, spätestens aber am nächsten Bankarbeitstag, ihre Beteiligung an der Kapitalerhöhung übernehmen.

1.3   Die Gesellschafter werden dafür sorgen, dass die Gesellschafterbeschlüsse gemäß Ziffer 1.1 unverzüglich in das Handelsregister der Gesellschaft eingetragen und die neue Gesellschafterliste unverzüglich durch den Notar zum Handelsregister der Gesellschaft eingereicht werden. Wenn dies vom Handelsregister gefordert oder nach Meinung von C die Eintragung beschleunigen wird, werden die Gesellschafter die Beschlüsse und/oder die Übernahmeerklärung soweit möglich und den Vereinbarungen dieser Gesellschaftervereinbarung inhaltlich entsprechend abändern. Unabhängig von der Eintragung der Beschlüsse in das Handelsregister der Gesellschaft werden sich die Gesellschafter und die Gesellschaft im Innenverhältnis mit Wirkung ab dem Vollzugstag so stellen und behandeln, als seien die Beschlüsse (gegebenenfalls in der nach Satz 2 abgeänderten Form) wirksam.

1.4   Innerhalb einer Frist von 15 Bankarbeitstagen nach Eintragung der Beschlüsse in das Handelsregister wird C der Gesellschaft das Gesellschafterdarlehen auf der Grundlage des in Anlage 1.4 beigefügten Entwurfs zur Verfügung stellen. Der „Darlehensbetrag" in Höhe von EUR [...] wird mit 5 % p. a. (thesaurierend) verzinst. Der Darlehensbetrag darf von der Gesellschaft nur für Investitionsausgaben im Rahmen des ordentlichen Geschäftsbetriebs, einschließlich der Finanzierung der geplanten Expansion, verwendet werden.

2.   Kooperation, Sicherheitenbestellung

2.1   Die Gesellschafter verpflichten sich als Mitgesellschafter der Gesellschaft zur partnerschaftlichen Kooperation in allen die Gesellschaft betreffenden Angelegenheiten.

2.2   Die Gesellschafter verpflichten sich überdies, alle Erklärungen abzugeben und alle Maßnahmen zu ergreifen, die zur Durchführung dieses Vertrages notwendig und erforderlich sind und ihre Gesellschafterrechte in der Gesellschaft stets in der Weise auszuüben, dass die Bestimmungen dieses Vertrages und der Satzung der Gesellschaft effektiv umgesetzt werden. Die Parteien sind insbesondere dazu verpflichtet, soweit erforderlich ihre Geschäftsanteile an der Gesellschaft im Rahmen von Finanzierungsvereinbarungen als Sicherheit zu verpfänden.

3.   Gesellschafterrechte

3.1   Die Gesellschafterrechte der Parteien bestimmen sich, soweit nicht in diesem Vertrag oder der Satzung der Gesellschaft ausdrücklich anders geregelt, nach der Beteiligung am Stammkapital der Gesellschaft.

3.2 Für die in § 7 der neugefassten Satzung (Anlage 1.1b) aufgeführten Maßnahmen bedarf die Geschäftsführung der Gesellschaft der vorherigen Zustimmung der Gesellschafterversammlung der Gesellschaft. Der Katalog der zustimmungsbedürftigen Geschäfte kann durch Beschluss der Gesellschafterversammlung der Gesellschaft jederzeit erweitert, eingeschränkt oder abgeändert werden.

4. Künftige Umstrukturierung

4.1 Die Parteien sind sich darüber einig, dass kurz- bis mittelfristig ein Re-Branding der von der Gesellschaft betriebenen Ladenlokale auf „C-Einzelhandel" sinnvoll ist. B ist verpflichtet, auf Verlangen von C bei allen dazu erforderlichen Maßnahmen mitzuwirken und entsprechenden Gesellschafterbeschlüssen zuzustimmen.

4.2 Die Gesellschafter sind sich des Weiteren darüber einig, dass es mittelfristig und nach einer Übergangszeit sinnvoll sein kann, zur Kostenersparnis und zur Verschlankung der Over-Head-Strukturen der Gesellschaft diese auf die C zu verschmelzen. Im Zuge einer solchen Verschmelzung würde B im entsprechenden Umtauschverhältnis für ihre Anteile an der Gesellschaft neue Geschäftsanteile an der C erhalten. B verpflichtet sich, im Wege des echten Vertrags zugunsten Dritter auch zugunsten der Gesellschafter der C-GmbH dazu, einer solchen Verschmelzung zuzustimmen und an allen dazu erforderlichen Maßnahmen und Beschlüssen mitzuwirken sowie alle erforderlichen Erklärungen abzugeben. Die Parteien werden das einer solchen Verschmelzung zugrundeliegende Umtauschverhältnis einvernehmlich festlegen. Kommt eine Einigung über das Umtauschverhältnis nicht zu Stande, soll ein von den Geschäftsführungsorganen der an der Verschmelzung beteiligten Rechtsträger gemeinschaftlich, ansonsten durch den Präsidenten der IHK Region […] bestimmter Wirtschaftsprüfer das Umtauschverhältnis mit für die Parteien bindender Wirkung festlegen, soweit nach § 1 Abs. 3 Satz 2 UmwG zulässig. Im Übrigen bleiben die Regelungen des Umwandlungsgesetzes unberührt.

5. Zukünftige Finanzierungsrunden

5.1 Soweit im Rahmen einer Expansionsstrategie zusätzliches Kapital benötigt wird, soll dieses Kapital zuerst im Rahmen des wirtschaftlich Sinnvollen durch Banken in der Form von Fremdkapital bereitgestellt werden. Die Gesellschaft kann zu diesem Zweck entsprechende übliche Finanzierungen aufnehmen. Sämtliche Gesellschafter haben an allen hierzu erforderlichen Maßnahmen mitzuwirken.

5.2 Soweit bei der Gesellschaft weiteres Kapital benötigt wird, kann die Finanzierung im Wege der Kapitalerhöhung bei der Gesellschaft, durch Zahlung in die Kapitalrücklage der Gesellschaft oder mittels weiterer Gesellschafterdarlehen erfolgen. Dabei haben C und B ein pro-rata Zeichnungsrecht. B ist nicht verpflichtet, sich an Kapitalerhöhungen zu beteiligen. Eine Nichtbeteiligung seitens B führt zu einer entsprechenden Verwässerung ihrer Anteile, die den prozentualen Anteil an der Gesellschaft verändert, nicht aber den Wert ihrer Beteiligung. Bei Kapitalerhöhungen sind etwaige bei der Gesellschaft vorhandene stille Reserven im Rahmen der pre-money-Bewertung der Gesellschaft durch die Festlegung eines Agios oder einer Zuzahlung in die Kapitalrücklagen der Gesellschaft zu berücksichtigen. Falls B sich an einer künftigen Kapitalerhöhung beteiligt, wird dies zu denselben Konditionen geschehen, wie eine zusätzliche Beteiligung der C. Falls B sich an künftigen Kapitalerhöhungen nicht beteiligt, hat B diesen jedoch zuzustimmen und an allen hierzu erforderlichen Maßnahmen mitzuwirken.

6. Ankaufsrecht

6.1 Bevor B ihre Geschäftsanteile an der Gesellschaft oder Teile dieser Geschäftsanteile (jeweils der „Andienungsanteil") veräußert, hat B dies C schriftlich und unter Angabe des Namens des Kaufinteressenten und der vorgesehenen Verkaufskonditionen (Gegenleistung, Fälligkeit der Gegenleistung und Regelung über das Gewinnbezugsrecht) mitzuteilen (die „Veräußerungsanzeige"). C ist berechtigt, nach Maßgabe der nachfolgenden Bestimmungen den Andienungsanteil zu den in der Veräußerungsanzeige mitgeteilten Konditionen zu erwerben (das „Vorerwerbsrecht").

6.2 Das vorstehende Vorerwerbsrecht kann nur innerhalb von acht Wochen nach Empfang der Veräußerungsanzeige durch schriftliche Erklärung gegenüber B ausgeübt werden (die

„Ausübungsfrist"). In diesem Fall sind B und C zum unverzüglichen Abschluss eines entsprechenden Kauf- und Abtretungsvertrages verpflichtet.

6.3   Wird das Vorerwerbsrecht hinsichtlich eines Andienungsanteils nicht innerhalb der Ausübungsfrist ausgeübt, ist B berechtigt, den Andienungsanteil an den in der Veräußerungsanzeige genannten Kaufinteressenten binnen weiterer drei Monate zu den in der Veräußerungsanzeige genannten Konditionen zu veräußern. In diesem Fall ist C verpflichtet, der Anteilsübertragung durch Gesellschafterbeschluss zuzustimmen. Sollte B den Andienungsanteil nicht innerhalb der vorstehend genannten dreimonatigen Frist an den in der Veräußerungsanzeige genannten Kaufinteressenten zu den in der Veräußerungsanzeige genannten Konditionen veräußern, so hat B den Andienungsanteil der C erneut nach Maßgabe dieser Ziffer 6. unter Beachtung der in Ziffer 6.2 und Ziffer 6.3 genannten Fristen zum Erwerb anzudienen.

6.4   Der im Falle einer Veräußerung nach dieser Ziffer 6. zu zahlende Kaufpreis ist unter den Gesellschaftern entsprechend der Erlösverteilungsregelung gemäß Ziffer 9. („Liquidationspräferenz") zu verteilen. Zum Zwecke der Anwendung der Liquidationspräferenz wird dabei zunächst fingiert, dass sämtliche Anteile an der Gesellschaft zu der in der Veräußerungsanzeige genannten Gegenleistung veräußert wurden; hiernach wird dann wieder auf den tatsächlich veräußerten Prozentsatz der Anteile an der Gesellschaft heruntergerechnet.

7.   Mitverkaufsrecht

7.1   Beabsichtigt ein Gesellschafter, insgesamt 25 % oder mehr seiner Geschäftsanteile an der Gesellschaft an ein nicht mit ihm i. S. v. § 15 AktG verbundenes Unternehmen zu veräußern (ein „Dritter"), so hat dieser Gesellschafter die Verpflichtung, dem anderen Gesellschafter eine pro-rata Mitveräußerung (d. h. eine anteilige Mitveräußerung, die dem von dem jeweiligen Gesellschafter veräußerten prozentualen Anteil am Stammkapital der Gesellschaft entspricht) seiner Geschäftsanteile zu denselben Bedingungen zu ermöglichen. Werden durch die Veräußerung eines Gesellschafters insgesamt mehr als 50 % der Geschäftsanteile an der Gesellschaft an einen Dritten verkauft, so hat der andere Gesellschafter das Recht, sämtliche von ihm gehaltenen Geschäftsanteile an der Gesellschaft zu denselben Bedingungen mit zu veräußern.

7.2   Der im Falle einer Veräußerung nach dieser Ziffer 7. zu zahlende Kaufpreis ist unter den Gesellschaftern entsprechend der Liquidationspräferenz zu verteilen. Zum Zwecke der Anwendung der Liquidationspräferenz wird dabei zunächst fingiert, dass sämtliche Anteile an der Gesellschaft zu der in der Veräußerungsanzeige genannten Gegenleistung veräußert wurden; hiernach wird dann wieder auf den tatsächlich veräußerten Prozentsatz der Anteile an der Gesellschaft heruntergerechnet.

8.   Mitverkaufspflicht

8.1   Beabsichtigt C, insgesamt 30 % oder mehr der von ihr gehaltenen Geschäftsanteile an der Gesellschaft zu veräußern, kann C von B verlangen, dass B dem Käufer die Geschäftsanteile von B an der Gesellschaft pro-rata zu den Bedingungen (d. h. insbesondere auf derselben Bewertungsgrundlage, z. B. EBIT-Multiple) zum Kauf anbietet, zu denen C die Geschäftsanteile an diesen Käufer veräußert. Für den Fall, dass C beabsichtigt, Geschäftsanteile an der Gesellschaft zu veräußern, die mehr als 50 % des Stammkapitals der Gesellschaft entsprechen, kann C von B verlangen, dass B dem Käufer sämtliche von B gehaltenen Geschäftsanteile an der Gesellschaft zu den Bedingungen zum Kauf anbietet, zu denen C die Geschäftsanteile an einen solchen Käufer veräußert. C kann von B auch dann verlangen, dass B sämtliche von B gehaltenen Geschäftsanteile an der Gesellschaft einem Käufer zum Kauf anbietet, wenn in einer einheitlichen Transaktion an denselben Käufer auch mehr als 50 % des Stammkapitals von C veräußert werden. B ist in Fällen dieser Ziffer 8. auch verpflichtet, für die Zustimmung zur Übertragung der zu übertragenden Geschäftsanteile an der Gesellschaft durch C zu stimmen.

8.2   Der im Falle einer Veräußerung nach dieser Ziffer 8. zu zahlende Kaufpreis ist unter den Gesellschaftern entsprechend der Liquidationspräferenz gemäß Ziff. 9 zu verteilen. Zum Zwecke der Anwendung der Liquidationspräferenz wird dabei zunächst fingiert, dass sämtliche Anteile an der Gesellschaft zu der in der Veräußerungsanzeige genannten Gegenleistung veräußert wurden; hiernach wird dann wieder auf den tatsächlich veräußerten Prozentsatz der Anteile an der Gesellschaft heruntergerechnet.

9. Liquidationspräferenz

9.1 In dieser Gesellschaftervereinbarung wird der Nennbetrag der von C derzeit gehaltenen Geschäftsanteile an der Gesellschaft zusammen mit allen zukünftigen Einzahlungen durch C in das Stammkapital oder die Kapitalrücklage der Gesellschaft als die „Eigenmittel C" bezeichnet. Die Summe der von C an die Gesellschaft gewährten Gesellschafterdarlehen sowie aller künftigen Gesellschafterdarlehen von C an die Gesellschaft werden als „Gesellschafterdarlehen C" bezeichnet. Die Eigenmittel C und die Gesellschafterdarlehen C werden gemeinsam als die „Mittelzuführungen C" bezeichnet. Der Nennbetrag der von B derzeit gehaltenen Geschäftsanteile an der Gesellschaft zusammen mit allen etwaigen zukünftigen Einzahlungen durch B in das Stammkapital oder die Kapitalrücklage der Gesellschaft werden als „Eigenmittel B" bezeichnet. Die von B etwaig künftig an die Gesellschaft gewährten Gesellschafterdarlehen werden als „Gesellschafterdarlehen B" bezeichnet. Die Eigenmittel B und die Gesellschafterdarlehen B werden gemeinsam als die „Mittelzuführungen B" bezeichnet.

9.2 Im Fall eines Verkaufs von Geschäftsanteilen an der Gesellschaft, der Auflösung und Liquidation der Gesellschaft, jeglichen Ausschüttungen (inklusive der möglichen Ausschüttung von Gewinnvorträgen) oder sonstigen Zahlungen an Gesellschafter der Gesellschaft (jeweils ein „Exit") wird der Erlös aller Gesellschafter nach Abzug von ggf. bestehenden Bankverbindlichkeiten und nach Abzug aller im Zusammenhang mit dem Exit entstandenen angemessenen Kosten inklusive angemessener Beraterkosten und angemessener Erfolgsprämien (ein solcher Verkaufs- bzw. Liquidationserlös der „Liquidationserlös") unter den Gesellschaftern wie folgt verteilt:

a) Zunächst erhält C einen Betrag in Höhe des Gesellschafterdarlehens im Sinne von Abschnitt (F) der Präambel (einschließlich der jeweils ausstehenden Zinsen).

b) Im Anschluss daran erhalten C und B jeweils proportional Beträge in Höhe der von C und B gewährten (weiteren) Gesellschafterdarlehen C und Gesellschafterdarlehen B (einschließlich der jeweils ausstehenden Zinsen).

c) Im Anschluss daran erhalten C und B jeweils proportional Beträge in Höhe der Eigenmittel C und Eigenmittel B (ohne Berücksichtigung von Zinsen).

d) Der nach Abzug der Beträge nach vorstehender Ziffer 9.2a) bis c) verbleibende Betrag wird an die Gesellschafter der Gesellschaft im Verhältnis ihrer Beteiligung am Stammkapital der Gesellschaft ausgeschüttet (vorbehaltlich anderweitiger Regelungen in Bezug auf einen Managementbeteiligungsplan auf Ebene der Gesellschaft nach Ziffer 10.4).

9.3 Solange bei der Gesellschaft Gesellschafterdarlehen bestehen, erfolgen keine Ausschüttungen aus der Gesellschaft. Soweit Tilgungen von Gesellschafterdarlehen unabhängig von einem Exit erfolgen, erfolgen diese proportional auf die von den Gesellschaftern gewährten Gesellschafterdarlehen nebst aufgelaufenen Zinsen. Sobald diese Gesellschafterdarlehen getilgt sind, erfolgen auf Verlangen von B oder C nach Feststellung des jeweiligen Jahresabschlusses und nach Maßgabe des jeweiligen Ergebnisverwendungsbeschlusses Gewinnausschüttungen. Zunächst erfolgen solche Ausschüttungen bis zur vollständigen Bezahlung der Beträge nach vorstehender Ziffer 9.2a) und b) nur an C, hiernach nach dem Verhältnis der Beteiligung von B und C am Stammkapital der Gesellschaft.

10. Geschäftsführung der Gesellschaft; Management-Beteiligungs-Plan

10.1 Die Parteien sind sich darüber einig, dass einvernehmlich ein neuer Geschäftsführer für die Gesellschaft gesucht werden soll. Die Parteien sind sich weiter darüber einig, dass der neue Geschäftsführer bis mindestens zum […] Geschäftsführer der Gesellschaft sein soll und dass er einen Geschäftsführervertrag entsprechend dem in Anlage 10.1 beigefügten Entwurf erhalten wird; alles hierzu erforderliche wird unverzüglich nach dem Vollzugstag veranlasst werden.

10.2 Zur zusätzlichen Anreizgestaltung (Incentivierung), Loyalitätssicherung und Förderung kann das Management der Gesellschaft am Management-Beteiligungsplan der C beteiligt werden.

10.3   Die Gesellschafterversammlung der Gesellschaft wird hier zu gegebener Zeit entsprechende Vorschläge an die C unterbreiten; die Entscheidung über das Ob und die Höhe der Einbeziehung obliegt in letzter Entscheidung den zuständigen Organen bei der C (derzeit Beirat der C).

10.4   Der Management-Beteiligungsplan der C wird Zahlungen an die Teilnehmer nach einem Exit (definiert entsprechend Ziffer 9.2) auf Ebene von C vorsehen. Die Parteien werden einvernehmlich diejenigen Mitarbeiter der Gesellschaft festlegen, die als Teilnehmer in den Management-Beteiligungsplan einzubeziehen sind. Sofern in einem solchen Fall zugleich auch ein Exit auf Ebene der Gesellschaft erfolgt, kann C eine Behandlung der auf das Management der Gesellschaft entfallenden Leistungen aus dem Management-Beteiligungsplan als Eigenmittel C i. S. v. Ziffer 9.2 lit. b) verlangen. C hat solche Zahlungen entsprechend nachzuweisen.

11.   Wettbewerbsverbot; Abwerbeverbot

11.1   B sowie die X-Gesellschafter verpflichten sich gegenüber der Gesellschaft und C, für die Dauer ihrer jeweiligen Gesellschafterstellung bei der Gesellschaft bzw. B innerhalb des Gebiets der Bundesrepublik Deutschland keine Ladenlokale zum Vertrieb von [...]-Produkten zu eröffnen, zu erwerben oder zu betreiben oder sich an Unternehmen, die dies tun, zu beteiligen, sei es direkt oder indirekt, sei es durch Treuhandschaften oder Unterbeteiligungen, sei es für eigene oder für fremde Rechnung („Wettbewerbsverbot") oder derartige Unternehmen zu beraten. Das Wettbewerbsverbot gilt auch nach dem jeweiligen Ausscheiden als Gesellschafter der Gesellschaft oder als Gesellschafter von B auf die Dauer von einem Jahr fort. Eine Entschädigung für die Einhaltung des Wettbewerbsverbots ist nicht geschuldet.
Ausgenommen von diesem Wettbewerbsverbot ist der Erwerb von bis zu 2,5 % der Aktien an börsennotierten Gesellschaften, sofern jeglicher Einfluss der Verkäuferin auf die Leitungsorgane dieser Gesellschaften ausgeschlossen ist.

11.2   Im Falle einer Zuwiderhandlung gegen eine Verpflichtung aus Ziffer 11.1 hat die C die gegen das Wettbewerbsverbot verstoßende Person oder Gesellschaft („der Verletzer") zunächst schriftlich unter Setzung einer angemessenen Frist aufzufordern, die Zuwiderhandlung zu unterlassen. Nach fruchtlosem Ablauf der Frist gemäß Satz 1 hat der Verletzer an die C, oder nach Wahl der C, an die Gesellschaft für jeden folgenden Fall der Zuwiderhandlung eine Vertragsstrafe in Höhe von [EUR 100 000,00] zu zahlen. Im Falle eines fortgesetzten Verstoßes ist die Vertragsstrafe für jeden angefangenen Monat, in dem der Verstoß anhält, erneut zu zahlen. Eine Abmahnung gemäß Satz 1 ist entbehrlich, wenn der jeweilige Verletzer das Unterlassen der Zuwiderhandlung ernsthaft und endgültig verweigert.

11.3   Im Falle einer Zuwiderhandlung gegen eine Verpflichtung aus Ziffer 11.1 kann die C darüber hinaus vom Verletzer verlangen, dass die C oder, nach Wahl der C, die Gesellschaft so gestellt wird, als wäre das gegen Ziffer 11.1 verstoßende Geschäft auf ihre Rechnung geführt worden; dabei sind der C bzw. der Gesellschaft alle Vorteile herauszugeben, die der Verletzer im Zusammenhang mit der Zuwiderhandlung erlangt hat.

11.4   Vorbehalten bleibt der Ersatz weitergehender Schäden, die der C, der Gesellschaft und/oder einem anderen Unternehmen der Gruppe der C durch das verbotswidrige Verhalten entstehen.

11.5   B sowie die X-Gesellschafter verpflichten sich für die Zeit ihrer jeweiligen Stellung als Gesellschafter bei der Gesellschaft oder als Gesellschafter bei B sowie für den Zeitraum von zwei Jahren hiernach jeweils dazu, keine Personen abzuwerben, die in den letzten zwei Jahren vor dem Vollzugstag für die Gesellschaft als Organmitglied oder leitende Angestellte tätig waren. Die B sowie die X-Gesellschafter werden solchen Personen auch keine Anstellungs- oder Beraterverträge anbieten oder mit ihnen schließen. Vorstehende Verpflichtung hindert B sowie die X-Gesellschafter jedoch nicht daran, ein Organ oder einen leitenden Angestellten der Gesellschaft, das bzw. der sich mit B oder den X-Gesellschaftern aus eigenem Antrieb in Verbindung setzt, ohne hierzu von diesen angehalten oder ermutigt worden zu sein, einzustellen, oder Stellenanzeigen in Medien zu publizieren oder Personalberater einzusetzen, vorausgesetzt, diese Personalberater sind nicht angewiesen worden, ein Organ oder einen bestimmten leitenden Angestellten der Gesellschaft zu kontaktieren.

12. Lieferbeziehung

B verpflichtet sich, die Gesellschaft in Bezug auf die am Vollzugstag bestehenden Ladenlokale für einen Zeitraum von drei Jahren ab dem Vollzugstag weiter zu den bisher geltenden Bedingungen mit dem zum Zeitpunkt des am Unterzeichnungstag angebotenen Produktsortiment, wie aus Anlage 12.1a ersichtlich, zu beliefern (die „Belieferungsverpflichtung"). Die Gesellschaft und B werden hierzu unverzüglich nach dem Vollzugstag die in Anlage 12.1b beigefügte Rahmenliefervereinbarung (die „Rahmenliefervereinbarung") abschließen.

13. Schiedsverfahren

Alle Streitigkeiten zwischen Gesellschaftern oder zwischen der Gesellschaft und ihren Gesellschaftern im Zusammenhang mit diesem Gesellschaftsvertrag oder über seine Gültigkeit werden nach der Schiedsgerichtsordnung (DIS-SchO) und den Ergänzenden Regeln für gesellschaftsrechtliche Streitigkeiten (DIS-ERGeS) der Deutschen Institution für Schiedsgerichtsbarkeit e. V. (DIS) unter Ausschluss des ordentlichen Rechtswegs endgültig entschieden. Die Wirkungen des Schiedsspruchs erstrecken sich auch auf die Gesellschafter, die fristgemäß als Betroffene benannt werden, unabhängig davon, ob sie von der ihnen eingeräumten Möglichkeit, dem schiedsrichterlichen Verfahren als Partei oder Nebenintervenient beizutreten, Gebrauch gemacht haben (§ 11 DIS-ERGeS). Die fristgemäß als Betroffene benannten Gesellschafter verpflichten sich, die Wirkungen eines nach Maßgabe der Bestimmungen in den DIS-ERGeS ergangenen Schiedsspruchs anzuerkennen. Ausgeschiedene Gesellschafter bleiben an diese Schiedsvereinbarung gebunden. Die Gesellschaft hat gegenüber Klagen, die gegen sie vor einem staatlichen Gericht anhängig gemacht werden und Streitigkeiten betreffen, die gemäß Ziffer 1 der Schiedsvereinbarung unterfallen, stets die Einrede der Schiedsvereinbarung zu erheben. Ort des Schiedsgerichts ist […]. Die Verfahrenssprache ist Deutsch.

14. Wirksamkeit; Kündigung

14.1 Diese Vereinbarung steht unter der aufschiebenden Bedingung der Übertragung der in der Präambel (C) genannten Beteiligung von B auf C. Jede Partei hat das Recht, durch schriftliche Erklärung gegenüber der jeweils anderen Partei von dieser Gesellschaftervereinbarung zurückzutreten, wenn die aufschiebende Bedingung (Kartellfreigabe) gemäß Ziffer 2.3 des SPAs nicht spätestens innerhalb von sechs Monaten ab dem Tag der heutigen Beurkundung eingetreten ist. Darüber hinaus ist eine Partei zum Rücktritt von dieser Vereinbarung berechtigt, wenn ihr ein Rücktrittsrecht im Hinblick auf das SPA zusteht. Im Falle eines Rücktritts nach dieser Klausel entfallen alle Verpflichtungen zwischen den Parteien mit Ausnahme der Verpflichtungen aus Ziffer 15. (Wirkungen eines Rücktritts), Ziffer 16. (Kosten) und Ziffer 17. (Schlussbestimmungen). Im Falle eines Rücktritts haben die Parteien den Zustand herzustellen, der vor Abschluss dieser Vereinbarung sowie vor Abschluss der in den Anlagen zur Vereinbarung geregelten Rechtsgeschäfte herrschte. Sie werden alle dazu erforderlichen Erklärungen abgeben und alle dazu erforderlichen Maßnahmen durchführen.

14.2 Diese Vereinbarung ist auf die Dauer von 15 Jahren fest abgeschlossen. Sie kann frühestens zum [Datum] mit einer Frist von sechs Monaten ordentlich gekündigt werden. Erfolgt keine ordentliche Kündigung, verlängert sich die Laufzeit dieser Vereinbarung sich um jeweils ein weiteres Jahr, wenn sie nicht mit einer Frist von sechs Monaten zum Ablauf des Verlängerungszeitraums gekündigt wird. Das Recht zur Kündigung aus wichtigem Grund bleibt unberührt.

15. Wirkung eines Rücktritts

15.1 Die Parteien halten übereinstimmend fest, dass ein Rücktritt von dieser Vereinbarung auch als Rücktritt für und gegen die Parteien des Geschäftsanteilskauf- und Abtretungsvertrages (URNr. […]) des Notars […] in […] gilt.

15.2 Die Parteien erklären ihre ausdrückliche Zustimmung dazu, dass ein Rücktritt von dem Geschäftsanteilskauf- und Abtretungsvertrag (URNr. […]) des Notars […] in […] auch als Rücktritt für und gegen die Parteien dieser Vereinbarung gilt.

16. Kosten

B bzw. die X-Gesellschafter einerseits und C andererseits tragen ihre eigenen Kosten und Auslagen im Zusammenhang mit der Vorbereitung, Verhandlung und Durchführung dieser Vereinbarung, einschließlich der Honorare, Kosten und Auslagen ihrer jeweiligen Berater. Die Kosten der notariellen Beurkundung dieser Vereinbarung sowie die Gebühren der zuständigen Kartellbehörden werden von der Gesellschaft getragen. Die Gebühren der zuständigen Kartellbehörden werden von C getragen.

17. Schlussbestimmungen

17.1 Die Parteien gehen davon aus, dass diese Gesellschaftervereinbarung und ihre Auslegung dem Recht der Bundesrepublik Deutschland unter Ausschluss der Verweisungsnormen des deutschen internationalen Privatrechts unterliegen.

17.2 Im Verhältnis zwischen den Parteien hat diese Gesellschaftervereinbarung Vorrang vor der Satzung der Gesellschaft, soweit ein Gegenstand hierin ausdrücklich geregelt ist. Soweit rechtlich zwingend erforderlich, verpflichten sich die Parteien entsprechend, dem Vorrang dieser Gesellschaftervereinbarung Rechnung tragende, satzungsdurchbrechende Beschlüsse der Gesellschaft zu fassen und umzusetzen. Diese Gesellschaftervereinbarung und die darin erwähnten Anlagen enthalten alle Vereinbarungen zwischen den Parteien bezüglich des Gegenstandes dieser Gesellschaftervereinbarung.

17.3 Jede Änderung oder Ergänzung dieser Vereinbarung bedarf der Schriftform, sofern nicht eine strengere Form erforderlich ist. Dies gilt auch für die Änderung dieser Ziffer 17.3.

17.4 Keine Partei darf Rechte oder Verpflichtungen aus dieser Vereinbarung ohne die vorherige schriftliche Zustimmung der anderen Parteien auf einen Dritten übertragen.

17.5 Die Parteien verpflichten sich, alle ihnen im Zuge der Transaktion zugänglich gemachten Informationen sowie den Inhalt dieser Gesellschaftervereinbarung vertraulich zu behandeln und, soweit gesetzlich nicht anders vorgeschrieben, nur ihren zur Berufsverschwiegenheit verpflichteten steuerlichen und rechtlichen Beratern zugänglich zu machen.

17.6 Sollte eine Bestimmung dieses Vertrages vollständig oder in Teilen unwirksam sein oder werden, so wird die Wirksamkeit sämtlicher anderer Bestimmungen oder des wirksamen Teils der unwirksamen Bestimmungen davon nicht berührt. Soweit dies rechtlich möglich ist, gilt als an Stelle der unwirksamen Bestimmung diejenige wirksame Bestimmung vereinbart, die, soweit wie möglich, Sinn und Zweck dieses Vertrages und seiner wirtschaftlichen Intention widerspiegelt. Das Vorstehende gilt gleichermaßen für Lücken dieses Vertrages, die sich bei der Umsetzung des Vertrages ergeben können.

17.7 Werden durch künftige Anteilsübertragungen Gesellschafter in die Gesellschaft aufgenommen, so sind diese zuvor zu verpflichten, die Verpflichtungen des übertragenden Gesellschafters aus dieser Vereinbarung durch notarielle Erklärung zu übernehmen.

Anlagen

Anlage 1.1a	Entwurf Beschluss Kapitalerhöhung etc.
Anlage 1.1b	Entwurf Gesellschaftervereinbarung
Anlage 1.4	Entwurf Gesellschafterdarlehensvertrag
Anlage 10.1	Entwurf Geschäftsführerdienstvertrag
Anlage 12.1a	Auflistung derzeitiges Produktsortiment der Lieferbeziehung B an Gesellschaft
Anlage 12.1b	Entwurf Rahmenliefervereinbarung

Anlage 1.1a
[Notarielle Beurkundung notwendig]

GESELLSCHAFTERVERSAMMLUNG

Unter Verzicht auf alle durch Gesetz und Gesellschaftsvertrag vorgeschriebenen Form- und Fristerfordernisse für die Einberufung und Durchführung halten die C-GmbH und die B-GmbH & Co. KG hiermit eine

Gesellschafterversammlung

der A-GmbH (die „Gesellschaft") ab und beschließen was folgt:

1.   Das Stammkapital der Gesellschaft wird von EUR […] um EUR […] auf EUR […] erhöht.
2.   Zur Übernahme des neuen Geschäftsanteils wird ausschließlich die C-GmbH zugelassen.
3.   Die Einlage auf den neuen Geschäftsanteil ist in bar zu erbringen. Zusätzlich zur Einlage auf das Nennkapital ist eine Zuzahlung in die Kapitalrücklage der Gesellschaft in Höhe von EUR […] zu leisten.
4.   Der neue Geschäftsanteil nimmt am Gewinn der Gesellschaft ab Beginn des laufenden Geschäftsjahres teil. Er erhält die Nr. […].
5.   Der Gesellschaftsvertrag der Gesellschaft wird völlig neu gefasst und erhält den aus der Anlage ersichtlichen Wortlaut.
6.   Die Geschäftsführung wird beauftragt und ermächtigt, alle Handlungen vorzunehmen und Erklärungen abzugeben, die zur Durchführung der vorstehenden Gesellschafterbeschlüsse notwendig und erforderlich sind.
7.   Die notariellen Kosten dieser Urkunde sowie die Kosten ihrer Durchführung, einschließlich der Kosten der Handelsregisteranmeldung, der Eintragung im Handelsregister sowie der Veröffentlichung trägt die Gesellschaft.

Weitere Beschlüsse wurden nicht gefasst und die Gesellschafterversammlung wurde daraufhin geschlossen.

Anlage 1.1b zur Gesellschaftervereinbarung

GESELLSCHAFTSVERTRAG
der
A-GmbH

§ 1   Firma

     Die Firma der Gesellschaft lautet A-GmbH.

§ 2   Sitz

     Die Gesellschaft hat ihren Sitz in […].

§ 3   Gegenstand des Unternehmens

3.1   Gegenstand des Unternehmens ist der Einzelhandel mit […].
3.2   Die Gesellschaft ist berechtigt, alle Geschäfte zu tätigen und Maßnahmen zu treffen, die dem vorstehenden Geschäftszweck dienlich und förderlich sind.
3.3   Die Gesellschaft ist ferner berechtigt, im In- und Ausland ähnliche oder andere Gesellschaften zu gründen, zu erwerben und sich an solchen zu beteiligen sowie Vertretungen und Zweigniederlassungen zu errichten.

§ 4   Dauer der Gesellschaft und Geschäftsjahr

4.1   Die Dauer der Gesellschaft ist nicht auf eine bestimmte Zeit beschränkt.
4.2   Geschäftsjahr ist das Kalenderjahr.

§ 5   Stammkapital

Das Stammkapital der Gesellschaft beträgt EUR [...]. Es ist in [...] Geschäftsanteile zu je EUR 1 mit den laufenden Nrn. [...] bis [...] eingeteilt.

§ 6   Geschäftsführer und Vertretung

6.1   Die Gesellschaft hat einen oder mehrere Geschäftsführer.

6.2   Falls nur ein Geschäftsführer bestellt ist, wird die Gesellschaft von diesem allein vertreten.

6.3   Sind mehrere Geschäftsführer bestellt, wird die Gesellschaft durch zwei Geschäftsführer gemeinschaftlich oder durch einen Geschäftsführer in Gemeinschaft mit einem Prokuristen vertreten.

6.4   Die Gesellschafterversammlung kann einem, mehreren oder allen Geschäftsführern die Befugnis zur Einzelvertretung einräumen und/oder ganz oder teilweise eine Befreiung von den Beschränkungen des § 181 BGB erteilen.

6.5   Die Gesellschafterversammlung kann ferner einen, mehrere oder alle Geschäftsführer von etwaigen Wettbewerbsverboten gegenüber der Gesellschaft und/oder den mit ihr verbundenen Gesellschaften befreien.

6.6   Die Geschäftsführung ist an die Weisungen der Gesellschafterversammlung, die nach Maßgabe dieser Satzung erfolgen, gebunden.

§ 7   Zustimmungsbedürftige Geschäfte

7.1   Für die nachfolgend aufgeführten Maßnahmen bedarf die Geschäftsführung der vorherigen Zustimmung durch die Gesellschafterversammlung:

a) Spätestens einen Monat vor Ende des Geschäftsjahres: Verabschiedung des Budgets (Bilanz, Gewinn- und Verlustrechnung, Cash Flow, Personalplanung, Investitionsplanung, Umsatz- und Absatzplanung) für das Folge-Geschäftsjahr auf Monatsbasis sowie ein Mittelfrist-Budget (Bilanz, Gewinn- und Verlustrechnung, Cash Flow, Personalplanung, Investitionsplanung, Umsatz- und Absatzplanung) für die zwei auf das Folge-Geschäftsjahr folgenden Geschäftsjahre auf Jahresbasis;

b) Wesentliche Änderungen im Geschäftsverteilungsplan oder in der Organisation des Unternehmens;

c) Vornahme oder Verpflichtung zu Investitionen von mehr als EUR [...];

d) Wesentliche Veränderungen der Organisations-, Produktions- oder Vertriebsstruktur, namentlich Stilllegung, Verlagerung, Erwerb oder Veräußerung wesentlicher Betriebe oder Betriebsteile, Aufnahme oder Aufgabe wesentlicher Geschäftszweige, Fabrikationsprogramme, Produkte oder Märkte;

e) Erwerb, Veräußerung, Belastung oder Verpfändung von Grundstücken, Gebäuden oder grundstücksgleichen Rechten;

f) Übernahme oder Erwerb von Beteiligungen oder Unternehmen; Erhöhung oder Verminderung einer Beteiligung einschließlich einer Änderung der Beteiligungsquote, Veräußerung von Beteiligungen;

g) Errichtung und Aufhebung von Zweigniederlassungen, direkten oder indirekten Tochtergesellschaften;

h) Verabschiedung oder Änderung von Gesellschaftsverträgen von direkten oder indirekten Tochtergesellschaften;

i) Verschmelzung oder Zusammenführung wesentlicher Teile des Vermögens von direkten oder indirekten Tochtergesellschaften;

j) Änderung der Rechtsform von direkten oder indirekten Tochtergesellschaften;

k) Aufnahme von Anleihen, Ausgabe von Schuldverschreibungen oder ähnlichen Finanzierungsinstrumenten, Gewährung oder Aufnahme von Darlehen oder Krediten, Übernahme von Bürgschaften oder ähnlichen Gewährleistungen oder Haftungen außerhalb des gewöhnlichen Geschäftsverkehrs, jeweils sofern das Geschäft nicht mit verbundenen Unternehmen (ausgenommen Joint Ventures) abgeschlossen werden soll und soweit nicht im verabschiedeten Budget genehmigt, Abschluss von Leasingverträgen mit einem Volumen von mehr als EUR [...];

l) Abschluss, Änderung und Aufhebung von Unternehmensverträgen oder strategisch bedeutsamen Kooperationsverträgen;

m) Vornahme oder Abschluss von Geschäften oder Vereinbarungen (oder mehreren, wirtschaftlich zusammengehörigen Vereinbarungen oder Geschäften) im gewöhnlichen Geschäftsgang im Gesamtwert von mehr als EUR [...] (berechnet auf die Gesamtdauer des Geschäftes oder der Vereinbarung) oder die Änderung derartiger Geschäfte oder Vereinbarungen (oder zusammengehöriger Geschäfte oder Vereinbarungen), insbesondere durch Abänderungsvereinbarung (oder mehrerer Vereinbarungen), die aufgrund der Abänderung einen Wert von EUR [...] über die Dauer des Geschäftes oder der Vereinbarung überschreiten;

n) Abschluss oder wesentliche Änderung von Verträgen über

(i) die Gewährung oder Übernahme von Lizenzen, Gebrauchsmustern und ähnlichen Rechten mit einer Laufzeit von mehr als zwei Jahren;

(ii) Miet- oder Pachtverhältnisse mit einer Bindung von mehr als drei Jahren oder einem jährlichen Miet- oder Pachtzins von mehr als EUR [...];

o) Einstellung und Anhebung von Bezügen von Beschäftigten mit Gesamtjahresbezügen (einschließlich Zielbonus etc.) von über EUR [...]; Anhebung solcher Bezüge von Beschäftigten der Gesellschaft auf einen Betrag oberhalb dieser Grenze;

p) Gewährung und Erhöhung von Pensionszusagen sowie betrieblichen Altersversorgungsleistungen;

q) Erteilung von Generalvollmachten oder Prokuren;

r) Abschluss von wesentlichen Betriebsvereinbarungen sowie Aufnahme von Verhandlungen über Haustarifverträge;

s) Einleitung und Erledigung von Rechtsstreitigkeiten mit einem Streitwert von über EUR [...];

t) Zusage oder Gewährung von Spenden sowie Unterstützungen mit einem Betrag von über EUR [...] im Einzelfall oder EUR [...] per anno insgesamt;

u) Verträge, die die Gesellschaft mit Gesellschaftern oder Mitgliedern der Geschäftsführung oder mit den Ehegatten oder Abkömmlingen von Mitgliedern der Geschäftsführung oder von Gesellschaftern oder mit Gesellschaftern i. S. v. § 15 AO nahestehenden Personen schließen will;

v) Entlastung der Geschäftsführer von direkten Tochter- und Beteiligungsgesellschaften;

w) Erlass oder Veränderung einer Geschäftsordnung für die Geschäftsführer von Tochter- und Beteiligungsgesellschaften sowie Erteilung von Zustimmungen zu Geschäftsführungsmaßnahmen der in diesem § 7.1 genannten Art an die Geschäftsführer von Tochter- und Beteiligungsgesellschaften bzw. Erteilung von Zustimmungen zu Zustimmungen der vorgenannten Art;

x) alle sonstigen Geschäfte und Maßnahmen, die über den Rahmen des normalen laufenden Geschäftsbetriebes wesentlich hinausgehen.

7.2 Die Gesellschafterversammlung kann die vorgenannte Liste jederzeit durch Beschluss erweitern, einschränken oder abändern.

§ 8 Gesellschafterversammlung und Beschlüsse der Gesellschafter

8.1 Gesellschafterversammlungen werden von einem oder mehreren Geschäftsführern unabhängig von deren Vertretungsmacht, einberufen. Die ordentliche Gesellschafterversammlung ist jährlich abzuhalten.

8.2 Beschlüsse der Gesellschafter werden in Versammlungen gefasst. Gesellschafterbeschlüsse ohne Einberufung und Abhaltung einer Gesellschafterversammlung durch mündliche oder schriftliche Stimmabgabe sowie per Telefax, E-Mail oder andere elektronische Kommunikationsmittel sind zulässig, wenn sämtliche Gesellschafter zustimmen.

8.3 Gesellschafterbeschlüsse bedürfen der einfachen Mehrheit (= mehr als 50 %) der abgegebenen Stimmen, soweit nicht dieser Gesellschaftsvertrag oder das Gesetz zwingend eine größere Mehrheit vorschreibt. Stimmenthaltung gilt als Ablehnung einer Beschlussvorlage.

8.4 Die nachfolgenden Beschlussgegenstände bedürfen der Zustimmung von 75 % der abgegebenen Stimmen:

a) Änderung des Gesellschaftsvertrags der Gesellschaft, einschließlich Kapitalerhöhungen;

b) Auflösung der Gesellschaft;

c) Sitzverlegung der Gesellschaft ins Ausland;

d) Abschluss von Unternehmensverträgen;

e) alle Beschlussangelegenheiten nach dem Umwandlungsgesetz, in denen als gesetzliches Minimum jeweils eine qualifizierte Mehrheit oder Einstimmigkeit verlangt wird.

8.5 Bei Gesellschafterbeschlüssen gewährt je nominal EUR 1,00 eines Geschäftsanteils eine Stimme. Geschäftsanteile zählen nicht für die Beschlussfähigkeit und bei Abstimmungen, wenn und soweit fällige Einlagen noch nicht eingezahlt sind.

8.6 Die Gesellschafter können sich in Gesellschafterversammlungen sowie bei Beschlussfassungen ohne Abhaltung einer Gesellschafterversammlung durch schriftlich Bevollmächtigte vertreten lassen.

8.7 Die Gesellschafter sind – soweit zulässig – von den Beschränkungen des § 47 Abs. 4 GmbHG befreit.

§ 9 Informationsrechte

Die Geschäftsführer sind verpflichtet, solange die C-GmbH Gesellschafterin ist, diese unaufgefordert über die wesentlichen Ereignisse und die Wettbewerbssituation der Gesellschaft zu informieren. Die gesetzlichen Auskunfts- und Einsichtsrechte jedes Gesellschafters nach § 51a GmbHG bleiben unberührt.

§ 10 Jahresabschluss

10.1 Der Jahresabschluss (Jahresbilanz sowie die Gewinn- und Verlustrechnung nebst Anhang) und der Lagebericht sind von der Geschäftsführung innerhalb der gesetzlichen Fristen nach Abschluss eines Geschäftsjahres aufzustellen.

10.2 Der Jahresabschluss und der Lagebericht sind – auch soweit nicht kraft Gesetzes erforderlich – durch einen unabhängigen Abschlussprüfer, der durch die Gesellschafterversammlung bestimmt wird, zu prüfen, bevor sie der ordentlichen Gesellschafterversammlung zur Feststellung vorgelegt werden.

10.3 Die Gesellschafterversammlung beschließt über den Jahresabschluss und die Gewinnverwendung. Im Beschluss über die Verwendung des Ergebnisses können die Gesellschafter Beträge in Rücklagen einstellen oder als Gewinn vortragen.

10.4 Die Gesellschafterversammlung kann, soweit gesetzlich zulässig, Vorab-Ausschüttungen beschließen.

§ 11 Zusammenlegung; Verfügungen über Geschäftsanteile

11.1 Geschäftsanteile eines Gesellschafters können von diesem ohne Zustimmung der übrigen Gesellschafter geteilt und zusammengelegt werden. Teilung und Zusammenlegung sind der Geschäftsführung unverzüglich schriftlich mitzuteilen. Sie werden wirksam mit Aufnahme der geänderten Gesellschafterliste in das Handelsregister.

11.2 Die Gesellschafterversammlung kann die Einziehung eines Geschäftsanteils oder eines Teiles desselben mit Zustimmung des betroffenen Gesellschafters jederzeit beschließen. Im Rahmen der Einziehung eines Geschäftsanteils kann das Stammkapital herabgesetzt werden. Ebenso können durch Mehrheitsbeschluss neue Geschäftsanteile gebildet oder bestehende andere Geschäftsanteile aufgestockt werden. Neu gebildete Geschäftsanteile können der Gesellschaft als eigene Geschäftsanteile oder Mitgesellschaftern bzw. Dritten zugewiesen werden.

11.3 Verfügungen über Anteile an der Gesellschaft (darunter fallen Veräußerungen, Verpfändungen, Begründung von Treuhandschaften oder Unterbeteiligungen oder sonstige Belastungen) und schuldrechtliche Geschäfte jeglicher Art über Geschäftsanteile bedürfen der vorherigen Zustimmung der Gesellschafterversammlung, bei der auch der veräußerungsbzw. verfügungswillige Gesellschafter stimmberechtigt ist.

§ 12 Einziehung von Geschäftsanteilen

12.1 Die Einziehung von Geschäftsanteilen ist statthaft, wenn

a) der Gesellschafter, der von der Einziehung betroffen ist, der Einziehung zustimmt;

b) über das Vermögen eines Gesellschafters das Insolvenzverfahren eröffnet oder die Eröffnung des Insolvenzverfahrens mangels Masse abgelehnt wird;

c) der Geschäftsanteil eines Gesellschafters gepfändet und die Pfändung nicht binnen einer Frist von einem Monat aufgehoben wird;

d) ein wichtiger Grund vorliegt, insbesondere ein Gesellschafter seine Gesellschafterpflichten nachhaltig und grob verletzt.

12.2 Die Einziehung erfolgt gegen Entgelt. Die Höhe des Entgelts bestimmt sich nach § 13. Kann das Entgelt nicht aus freiem Vermögen der Gesellschaft geleistet werden, sind die anderen Gesellschafter berechtigt, in die Gesellschaft einen Betrag in der Höhe einzuzahlen, der erforderlich ist, um das Entgelt aus freiem Vermögen leisten zu können.

12.3 Die Einziehung erfolgt durch Beschluss der Gesellschafter. Die Einziehung wird mit Fassung des Beschlusses wirksam. Besteht die Gesellschaft nur aus zwei Gesellschaftern, so erfolgt die Einziehung durch Erklärung gegenüber dem betroffenen Gesellschafter.

12.4 Steht ein Geschäftsanteil mehreren Berechtigten gemeinschaftlich zu, so ist die Einziehung auch zulässig, wenn die Voraussetzungen nach Ziffer 12.1 nur in der Person eines der Mitberechtigten vorliegen.

12.5 Soweit die Einziehung eines Geschäftsanteils zulässig ist, kann die Gesellschafterversammlung – ohne Stimmrecht des betroffenen Gesellschafters – statt dessen verlangen, dass der Geschäftsanteil an die Gesellschaft oder eine von ihr bezeichnete Person, bei der es sich um einen Gesellschafter handeln kann, abgetreten wird, und zwar auch dergestalt, dass der Geschäftsanteil teilweise eingezogen wird und im Übrigen an die Gesellschaft oder die von ihr bezeichnete Person abzutreten ist. Soweit die Gesellschaft statt der Einziehung des Geschäftsanteils dessen Abtretung an sich oder eine von der Gesellschaft bezeichnete Person verlangt, gelten die Bestimmungen dieses Paragraphen entsprechend mit der Maßgabe, dass die Vergütung für den abzutretenden Geschäftsanteil von dem Erwerber des Geschäftsanteils geschuldet wird und die Gesellschaft für deren Zahlung wie ein Bürge haftet. § 30 Abs. 1 GmbHG bleibt unberührt.

§ 13 Bewertung von Geschäftsanteilen

13.1 In allen Fällen, in denen ein Gesellschafter durch Einziehung, Ausschluss oder dadurch aus der Gesellschaft ausscheidet, dass er berechtigt oder verpflichtet ist, seinen Geschäftsanteil (seine Geschäftsanteile) zu übertragen, erhält er für diesen (diese) eine Gegenleistung. Die Gegenleistung ist aufgrund einer Abfindungsbilanz zu ermitteln. Abfindungsbilanz ist, soweit dem nicht zwingende gesetzliche Bestimmungen entgegenstehen, die auf das Ende des dem Ausscheiden vorangegangenen Geschäftsjahres errichtete Bilanz. Stille Reserven, ein Firmenwert und nach den Grundsätzen ordnungsgemäßer Buchführung nicht aktivierungspflichtige Gewinne aus schwebenden Geschäften bleiben, soweit dem nicht zwingende gesetzliche Bestimmungen entgegenstehen, unberücksichtigt.

13.2 Die Gegenleistung (Abfindung) des ausscheidenden Gesellschafters entspricht seinem prozentualen Anteil – im Verhältnis seines Geschäftsanteils (seiner Geschäftsanteile) zum Stammkapital der Gesellschaft – am Stammkapital, Rücklagen, Bilanzgewinn und Jahresüberschuss der Gesellschaft (gekürzt um einen etwaigen Bilanzverlust und Jahresfehlbetrag der Gesellschaft).

13.3 Dem ausscheidenden Gesellschafter steht die Gegenleistung – vorbehaltlich einer abweichenden Vereinbarung oder zwingender gesetzlicher Bestimmungen – nur in fünf gleichen jährlichen Raten zu, wobei die erste Rate innerhalb eines Monats nach Feststehen der Gegenleistung fällig wird, die weiteren Raten jeweils ein Jahr später. Die Gegenleistung ist vom Zeitpunkt ihrer Entstehung unter Anwendung der Zinsstaffel mit 2 % über dem Basiszinssatz i. S. v. § 247 BGB zu verzinsen.

13.4 Der ausscheidende Gesellschafter ist an einem etwaigen Gewinn des im Zeitpunkt seines Ausscheidens laufenden Geschäftsjahres nicht beteiligt.

13.5 Soweit den in oben stehenden Ziffern 13.1 und 13.2 getroffenen Regelungen zwingende gesetzliche Bestimmungen entgegenstehen sollten, so ist die Gegenleistung gleichwohl nicht der Verkehrswert (anteiliger Unternehmenswert) des Geschäftsanteils (der Geschäftsanteile) des ausscheidenden Gesellschafters. In diesem Fall entspricht die Gegenleistung vielmehr einem angemessenen Betrag, den der Abschlussprüfer bzw. der zur Errichtung der der Abfindung zugrunde zu legende Bilanz hinzugezogene Angehörige der wirtschaftsprüfenden und steuerberatenden Berufe unter Berücksichtigung der Belange der Gesellschaft, der verbleibenden Gesellschafter und des ausscheidenden Gesellschafters nach billigem Ermessen gemäß § 315 BGB festsetzt. In keinem Fall darf die sich hieraus ergebende Abfindung einen Betrag von 55 % des tatsächlichen Verkehrswertes übersteigen.

§ 14 Verschiedenes

14.1 Bekanntmachungen der Gesellschaft erfolgen ausschließlich im Bundesanzeiger.

14.2 Mitteilungen an die Gesellschafter erfolgen an die letzte der Gesellschaft bekannte Anschrift.

14.3 [Vorschrift aus der Ursprungssatzung über Gründungskosten.]

Anlage 1.4

GESELLSCHAFTERDARLEHEN

zwischen

1. C-GmbH

– der **„Darlehensgeber"** –

2. A-GmbH,

– der **„Darlehensnehmer"** –
– Darlehensgeber und Darlehensnehmer
nachfolgend gemeinsam auch **„Parteien"** und einzeln **„Partei"** –

Präambel

(A) Der Darlehensgeber ist Gesellschafter des Darlehensnehmers.

(B) Der Darlehensgeber beabsichtigt, dem Darlehensnehmer zur Erweiterung des Geschäftsbetriebs des Darlehensnehmers ein Darlehen entsprechend den nachfolgenden Bedingungen zu gewähren. Deshalb vereinbaren die Parteien Folgendes:

1. Darlehensbetrag und Auszahlung des Darlehensbetrages; Fälligkeitsdatum

1.1 Der Darlehensgeber verpflichtet sich hiermit dem Darlehensnehmer ein Darlehen im Gesamtbetrag von EUR [...] (der „Darlehensbetrag") bis zum [Datum] (das „Fälligkeitsdatum") zu gewähren.

1.2 Der Darlehensbetrag gilt als an den Darlehensnehmer ausgezahlt, wenn und soweit der Darlehensgeber den Darlehensbetrag entweder an den Darlehensnehmer direkt oder an einen von dem Darlehensnehmer bestimmten Dritten ausgezahlt hat.

2. Verzinsung

2.1 Der Darlehensbetrag wird mit einem Zinssatz von [...] % p.a. verzinst. Sämtliche auf den Darlehensbetrag während der Vertragslaufzeit anfallenden Zinsen sind endfällig. Die jeweils anfallenden Darlehenszinsen erhöhen dabei nicht den Darlehensbetrag; eine Kapitalisierung der Zinsen findet nicht statt.

2.2 Die erste Zinsperiode beginnt mit der Auszahlung des Darlehensbetrags und endet datumsmäßig mit dem Beginn der Zinsperiode entsprechenden Tag des Folgejahres. An diesem Tag beginnt zugleich die sich anschließende Zinsperiode.

3. Rückzahlung und vorzeitige Rückzahlung

3.1 Der Darlehensnehmer hat den Darlehensbetrag einschließlich der aufgelaufenen Zinsen unverzüglich und vollständig zurückzuzahlen, nachdem entweder (i) ein Verkauf von Anteilen am Stammkapital des Darlehensnehmers erfolgt ist, der mehr als 50 % des Stammkapitals des Darlehensnehmers umfasst, oder (ii) die Zulassung von mindestens 20 % der Aktien des Darlehensnehmers (im Falle einer Umwandlung des Darlehensnehmers in eine Aktiengesellschaft) oder sonstiger vom Darlehensnehmer begebener Wertpapiere zum Handel an einer Wertpapierbörse erfolgt ist, oder (iii) eine sonstige Verfügung über den Geschäftsbetrieb des Darlehensnehmers (z.B. Asset Deal) erfolgt ist oder (iv) das Fälligkeitsdatum eingetreten ist.

3.2 Der Darlehensgeber ist für den Fall der Vermögensverschlechterung im Vermögen des Darlehensnehmers berechtigt, diesen Darlehensvertrag außerordentlich ohne Frist zu kündigen und die sofortige Rückzahlung des ausstehenden Darlehensbetrages (einschließlich ausstehender Zinsen) zu verlangen.

3.3 Der Darlehensnehmer kann den gesamten Darlehensbetrag einschließlich ausstehender Zinsen in einem oder mehreren Teilbeträgen nach einer Ankündigung drei Monate im Voraus zurückbezahlen. Jeder Teilbetrag muss mindestens EUR […] betragen. Jede vorzeitige Rückzahlung des Darlehensbetrages ist zunächst als eine Zahlung der zu diesem Zeitpunkt ausstehenden Zinsen zu behandeln.

4. Abtretbarkeit

Der Darlehensgeber darf sämtliche Rechte und Verpflichtungen nach diesem Darlehensvertrag abtreten und auf Dritte übertragen.

5. Allgemeine Bestimmungen

5.1 Dieser Vertrag und alle sich daraus ergebenden Rechtsstreitigkeiten zwischen den Parteien unterliegen deutschem Recht unter Ausschluss der Verweisungsnormen des deutschen internationalen Privatrechts.

5.2 Sollte eine Bestimmung dieses Vertrages ganz oder teilweise unwirksam sein oder ihre Wirksamkeit später verlieren, so soll hierdurch die Gültigkeit der übrigen Bestimmungen nicht berührt werden. An Stelle der unwirksamen Bestimmungen soll, soweit rechtlich zulässig, eine andere angemessene Regelung gelten, die wirtschaftlich dem am nächsten kommt, was die Vertragsparteien gewollt haben oder gewollt haben würden, wenn sie die Unwirksamkeit der Regelung bedacht hätten. Das Gleiche gilt im Falle einer planwidrigen Regelungslücke.

5.3 Änderungen oder Ergänzungen dieses Vertrages bedürfen der Schriftform soweit nicht notarielle Form vorgeschrieben ist. Änderungen dieses Schriftformerfordernisses sind ebenfalls nur schriftlich wirksam.

Anlage 10.1

GESCHÄFTSFÜHRERVERTRAG

zwischen

1. Herrn […]

– nachfolgend **„der Geschäftsführer"** –

sowie der

2. A-GmbH, vertreten durch die Gesellschafterversammlung

– nachfolgend **„die Gesellschaft"** –

Präambel

(A) Der Geschäftsführer wurde zum Geschäftsführer der Gesellschaft bestellt.

(B) Sein Dienstverhältnis mit der Gesellschaft soll durch den nachfolgenden Geschäftsführerdienstvertrag geregelt werden.

1. Tätigkeit

1.1 Der Geschäftsführer ist derzeit alleiniger Geschäftsführer der Gesellschaft und somit für sämtliche Geschäftsführungsaufgaben zuständig. Soweit ein weiterer Geschäftsführer gefunden und bestellt ist, wird die Gesellschafterversammlung die Zuständigkeitsbereiche der Geschäftsführer durch eine Geschäftsordnung für die Geschäftsführung regeln.

1.2 Der Geschäftsführer hat die Geschäfte der Gesellschaft mit der Sorgfalt eines ordentlichen Kaufmanns gewissenhaft zu führen und die ihm durch Gesetz, Satzung, Geschäftsordnung, Vertrag oder Beschlüssen und Weisungen der Gesellschafterversammlung übertragenen Obliegenheiten verantwortungsbewusst wahrzunehmen.

1.3 Die Tätigkeit des Geschäftsführers besteht insbesondere in der verantwortlichen Führung und Überwachung des Unternehmens einschließlich der Veranlassung, Abstimmung und

Durchführung aller hierfür erforderlichen Maßnahmen, soweit nach Gesetz, Satzung, Gesellschafterbeschlüssen, Geschäftsordnung oder sonstiger Weisungen und Vereinbarungen zulässig.

1.4 Der Geschäftsführer hat sich bei seiner Tätigkeit kollegial mit etwaigen weiteren Geschäftsführern abzustimmen.

2. Rechte und Pflichten

Die Rechte und Pflichten des Geschäftsführers ergeben sich aus dem Gesetz und der Satzung sowie einer gegebenenfalls bestehenden Geschäftsordnung.

3. Dauer, Kündigung

3.1 Dieser Dienstvertrag tritt am [Datum] in Kraft und hat eine feste Laufzeit von […] Jahren. Dieser Dienstvertrag ersetzt, mit Wirkung zum [Datum] den derzeitigen Dienstvertrag des Geschäftsführers nebst allen etwaigen Nachträgen oder Nebenabreden.

3.2 Für den Fall der einvernehmlichen Verlängerung der in Ziffer 3.1 vereinbarten Amtszeit gilt dieser Anstellungsvertrag für die vereinbarte Amtsperiode fort, es sei denn, dass die Parteien im Zusammenhang mit der Verlängerung abweichende oder ergänzende Vereinbarungen treffen. Die Vertragsparteien werden spätestens 12 Monate vor Vertragsablauf Verhandlungen über eine etwaige Verlängerung der Amtszeit und einer Fortsetzung des Anstellungsvertrages aufnehmen und sich entsprechend abstimmen.

3.3 Das Recht zur Kündigung dieses Vertrages aus wichtigem Grund bleibt unberührt. Ein wichtiger Grund für die Gesellschaft liegt insbesondere vor, wenn der Geschäftsführer substanziell zum Nachteil der Gesellschaft gegen die Bestimmungen dieses Vertrages oder die ihm im Innenverhältnis auferlegten Beschränkungen hinsichtlich der Geschäftsführung verstößt.

4. Freistellung

In jedem Fall der Kündigung kann die Gesellschaft den Geschäftsführer unabhängig von der Wirksamkeit der Kündigung und vorbehaltlich seiner sonstigen Rechte freistellen.

5. Geschäftsführungs- und Vertretungsbefugnis

5.1 Der Geschäftsführer vertritt die Gesellschaft neben den übrigen Geschäftsführern (falls vorhanden) gerichtlich und außergerichtlich nach Maßgabe seiner Bestellung und der Satzung.

5.2 Der Geschäftsführer hat die ihm durch diesen Vertrag, das Gesetz, die Satzung, eine gegebenenfalls bestehende Geschäftsordnung oder durch Beschlüsse oder Weisungen der Gesellschafterversammlung auferlegten Beschränkungen zu beachten.

6. Vergütung

6.1 Der Geschäftsführer erhält als Vergütung seiner Tätigkeit ein fixes Jahresgehalt von brutto EUR […] p. a., zahlbar in 12 gleichen Monatsbeträgen jeweils am Ende des Monats, abzgl. der gesetzlichen Abzüge. Für das Jahr […] wird dieses Jahresgehalt zeitanteilig gezahlt, erstmals für den Monat […].

6.2 Durch die Vergütung entsprechend vorstehender Ziffer 6.1 ist die gesamte Tätigkeit des Geschäftsführers für die Gesellschaft einschließlich etwaiger Tätigkeiten an Sonn- und Feiertagen und sonstigen Überstunden abgegolten.

6.3 Die Höhe des Jahresgehaltes wird regelmäßig auf Drittüblichkeit überprüft und entsprechend der Geschäftsentwicklung der Gesellschaft ggf. entsprechend angepasst (grundsätzlich alle zwei Jahre).

6.4 Der Geschäftsführer erhält weiterhin ab dem Kalenderjahr […] einschließlich eines Bonus von bis zu EUR […] brutto bei Zielerreichung bestimmter Unternehmensziele. Diese Unternehmensziele werden durch die Gesellschafterversammlung jeweils zum Ende eines jeden Kalenderjahres mit Wirkung für den 1.1. des Folgejahres entsprechend neu festgelegt, erstmalig Ende […] für das Kalenderjahr […].

7. Spesen, Nebenleistungen

7.1 Die Gesellschaft ist dem Geschäftsführer zum Ersatz notwendiger und angemessener Auslagen verpflichtet. Die Auslagen sind im Einzelfall nach den steuerlichen Vorschriften zu belegen, sofern nicht nach den steuerlichen Vorschriften zulässige Pauschalbeträge abgerechnet werden.

7.2 Der Geschäftsführer hat Anspruch auf einen Dienstwagen des Typs […] oder ein vergleichbares Modell. Es ist ihm gestattet, dass Dienstfahrzeug auch für private Zwecke zu nutzen. Der in der Privatnutzung liegende geldwerte Vorteil wird dem Geschäftsführer neben seinen Bezügen gewährt. Für die Lohnversteuerung wird ein monatlicher Pauschalbetrag in der steuerlich jeweils geltenden Höhe zu Grunde gelegt. Die hierauf anfallenden Steuerabzugsbeträge trägt der Geschäftsführer. Soweit bei der Gesellschaft eine Firmenwagenregelung besteht, gilt diese in ihrer jeweiligen Fassung.

7.3 Bei Beendigung dieses Dienstvertrages ist der Dienstwagen an die Gesellschaft an deren Geschäftssitz zurückzugeben, ohne dass dem Geschäftsführer ein Zurückbehaltungsrecht zusteht.

8. Urlaub

8.1 Der Geschäftsführer hat Anspruch auf einen jährlichen Urlaub von 30 Arbeitstagen, wobei Samstage nicht mitgerechnet werden.

8.2 Der Zeitpunkt des Urlaubs ist mit der Gesellschafterversammlung unter Wahrung der Belange der Gesellschaft abzustimmen.

8.3 Kann der Geschäftsführer aus geschäftlichen oder in seiner Person liegenden Gründen den Urlaub nicht oder nicht vollständig bis zum Jahresende nehmen, so bleibt ihm der Anspruch auf Urlaub insoweit bis zum 30. Juni des Folgejahres erhalten. Kann aus geschäftlichen Gründen auch bis zu diesem Zeitpunkt der Urlaub nicht oder nicht vollständig genommen werden, so ist er dem Geschäftsführer abzugelten. Kann der Urlaub wegen Beendigung des Anstellungsverhältnisses nicht oder nicht vollständig gewährt werden, so ist er dem Geschäftsführer abzugelten.

9. Gehaltsfortzahlung im Krankheitsfall

9.1 Für die Zeit der Erkrankung oder sonstigen unverschuldeten Arbeitsunfähigkeit wird die monatliche Vergütung für die Dauer von sechs Monaten fortgezahlt.

9.2 Verstirbt der Geschäftsführer während der Dauer dieses Dienstvertrages, so haben seine Witwe sowie seine Kinder, soweit diese das 25. Lebensjahr noch nicht vollendet haben und noch in der Berufsausbildung stehen, als Gesamtgläubiger Anspruch auf Fortzahlung des Gehalts gemäß Ziffer 6. für den Sterbemonat und die drei folgenden Monate.

10. Pflichten, Nebentätigkeiten

10.1 Der Geschäftsführer hat seine gesamte Arbeitskraft und deren Ergebnisse sowie alle Erfahrungen und Kenntnisse allein der Gesellschaft zur Verfügung zu stellen.

10.2 Jede auf Erwerb gerichtete andere Beschäftigung bedarf der vorherigen schriftlichen Zustimmung durch die Gesellschafterversammlung. Der Geschäftsführer verpflichtet sich, jede tatsächlich oder möglicherweise zustimmungsbedürftige Nebenbeschäftigung im Voraus schriftlich anzuzeigen. Dem Geschäftsführer ist jegliche Wettbewerbstätigkeit, auch über das in Ziffer 14.1 und 14.2 beschriebene Verbot hinaus, für die Dauer dieses Anstellungsvertrages untersagt.

10.3 Der Geschäftsführer ist verpflichtet, bei Beendigung des Dienstverhältnisses – im Falle der vorzeitigen Freistellung zum Zeitpunkt der Freistellung – alle Mandate niederzulegen, die er aufgrund seiner Tätigkeit und auf Wunsch und im Interesse der Gesellschaft oder im Zusammenhang mit seiner Tätigkeit bei der Gesellschaft übernommen bzw. wahrgenommen hat.

11. Geschäfts- und Betriebsgeheimnisse

Der Geschäftsführer verpflichtet sich zur unbeschränkten und vollständigen Geheimhaltung aller Geschäfts- und Betriebsgeheimnisse sowie aller sonstigen vertraulichen, die Gesellschaft bzw. ihr Unternehmen betreffenden, Informationen oder Angaben. Die Geheimhaltungspflicht des Geschäftsführers unter dieser Ziffer 11. gilt über die Beendigung des Vertragsverhältnisses hinaus. Die besonderen Vorschriften über die Strafbarkeit der Verletzung von Geschäfts- und Betriebsgeheimnissen nach § 17 des Gesetzes gegen unlauteren Wettbewerb sind dem Geschäftsführer bekannt. Die Geheimhaltungspflicht gilt nicht, soweit der Geschäftsführer gegenüber Behörden auskunftspflichtig ist.

12. Herausgabe von Unterlagen und Daten

Bei Beendigung dieses Dienstvertrages (im Falle der früheren Freistellung im Zeitpunkt der Freistellung) ist der Geschäftsführer verpflichtet, alle Gegenstände, Unterlagen, Aufzeichnungen, Daten, Datenträger und sonstigen Materialien, die mit seiner Tätigkeit als Geschäftsführer im Zusammenhang stehen, unaufgefordert an die Gesellschaft zurückzugeben ohne Kopien zurückzubehalten.

13. Erfindungen, Urheberrechte, Rechte an Arbeitsergebnissen

13.1 Der Geschäftsführer wird alle Erfindungen und technischen Verbesserungsvorschläge, die er während der Dauer seines Dienstverhältnisses macht, unverzüglich und schriftlich der Gesellschaft melden.

13.2 Sämtliche Arbeitsergebnisse, die der Geschäftsführer während der Dauer seines Dienstverhältnisses innerhalb seines Aufgabengebietes oder unter Zuhilfenahme betrieblicher Einrichtungen, Erkenntnisse oder Informationen schafft oder die maßgeblich auf Erfahrungen oder Arbeiten der Gesellschaft beruhen, stehen der Gesellschaft zu.

13.3 Soweit solche Arbeitsergebnisse Urheberrechtsschutz genießen, räumt der Geschäftsführer der Gesellschaft für die Laufzeit dieses Vertrages bereits jetzt und unwiderruflich das unentgeltliche, ausschließliche und das räumlich, sachlich und zeitlich uneingeschränkte Nutzungsrecht für alle bekannten Nutzungsarten ein. Das Nutzungsrecht umfasst auch die Berechtigung, dieses in gleichem Umfang auf Dritte weiter zu übertragen. Hinsichtlich etwaiger während der Vertragslaufzeit neu bekannt werdender Nutzungsarten verpflichtet sich der Geschäftsführer auch hierfür ein ausschließliches und unbeschränktes Nutzungsrecht einzuräumen. Die Einräumung dieses Nutzungsrechts ist mit der vereinbarten Vergütung abgegolten.

13.4 Die Verwertung von technischen und organisatorischen Verbesserungsvorschlägen des Geschäftsführers steht ohne besondere Vergütung ausschließlich der Gesellschaft zu.

13.5 Das Gesetz über Arbeitnehmererfindungen in der jeweiligen Fassung sowie die hierzu ergangenen Richtlinien für die Vergütung von Arbeitnehmererfindungen im privaten Dienst finden unmittelbar oder, falls dies aus Rechtsgründen nicht möglich sein sollte, analog Anwendung mit der Maßgabe das Maßstab für zu entrichtende Lizenz- und Nutzungsvergütungen marktgerechte Konditionen sind.

14. Wettbewerbsverbot

14.1 Der Geschäftsführer verpflichtet sich für die Dauer von einem Jahr nach Beendigung seiner Anstellung bei der Gesellschaft, gleichgültig aus welchem Grunde diese ihr Ende gefunden hat, der Gesellschaft und den mit ihr verbundenen Unternehmen im räumlichen Geltungsbereich des Wettbewerbsverbots keine Konkurrenz zu machen („Konkurrenztätigkeit").

14.2 Räumlicher Geltungsbereich des Wettbewerbsverbots sind die Länder [...], [...] und [...]. Als Konkurrenztätigkeit gilt jede Tätigkeit, mit der der Geschäftsführer unmittelbar oder mittelbar auf eigene oder auf fremde Rechnung für ein Konkurrenzunternehmen tätig wird, insbesondere innerhalb eines Dauerschuldverhältnisses (z.B. Dienst-, Arbeits- oder Beratungsverhältnis), an der Gründung oder dem Betrieb eines Konkurrenzunternehmens mitwirkt, oder sich über eine bloße Vermögensanlage im Umfang von bis zu 10 % der stimmberechtigten Anteile hinaus an einem Konkurrenzunternehmen beteiligt.

14.3 Für die Dauer des nachvertraglichen Wettbewerbsverbots zahlt die Gesellschaft dem Geschäftsführer eine Entschädigung, die für jedes Jahr des Verbots 50 % der vom Geschäftsführer zuletzt bezogenen vertragsmäßigen Leistungen beträgt.

14.4 Die Gesellschaft ist bei einem Verstoß gegen das Wettbewerbsverbot berechtigt, die vertraglichen und gesetzlichen Ansprüche, wie z.B. auf Unterlassung und Ersatz eines Schadens, geltend zu machen.

14.5 Ergänzend gelten, soweit vorstehend nicht abweichend geregelt, die gesetzlichen Vorschriften (§§ 74 bis 75c HGB).

15. Nebenabreden, Änderungen, Schriftform

15.1 Dieser Vertrag enthält alle Abreden der Parteien. Es bestehen, soweit diese nicht gesondert erwähnt sind, keine Nebenabreden.

15.2 Vertragsänderungen bedürfen in jedem Fall der Schriftform. Dies gilt auch für den Verzicht auf die Schriftform.

15.3 Der Geschäftsführer bestätigt mit seiner Unterschrift, eine von allen Parteien unterschriebene Ausfertigung dieses Vertrages erhalten zu haben.

16. Salvatorische Klausel

Sollten einzelne Bestimmungen dieses Vertrages unwirksam oder undurchführbar sein oder werden, so berührt dies die Wirksamkeit der übrigen Bestimmungen nicht. Anstelle der unwirksamen oder undurchführbaren Bestimmung ist eine Regelung zu vereinbaren, die der wirtschaftlichen Zwecksetzung der Parteien am nächsten kommt. Dasselbe gilt für den Fall, dass der Vertrag Lücken enthält.

17. Erfüllungsort und Gerichtsstand

Erfüllungsort und Gerichtsstand für alle sich möglicherweise aus oder im Zusammenhang mit diesem Vertrag ergebenden Streitigkeiten ist der Sitz der Gesellschaft.

[…], den […]   […], den […]

....
Geschäftsführer   A-GmbH,
                                          vertreten durch die Gesellschafter

XV. Adressen (teil-)staatlicher mittelständischer
Beteiligungsgesellschaften

BayBG Bayerische Beteiligungsgesellschaft mbH
Königinstr. 23
80539 München
Telefon: +49 89 122280-100
Fax: +49 89 122280-101
E-Mail: info@baybg.de
Internet: http://www.baybg.de

Mittelständische Beteiligungsgesellschaft Bremen mbH
Am Wall 187–189
28195 Bremen
Telefon: +49 421 3352-342
Fax: +49 421 3352-355
E-Mail: info@mb-bremen.de
Internet: http://www.mb-bremen.de

BTG Beteiligungsgesellschaft Hamburg mbH
Besenbinderhof 39
20097 Hamburg
Telefon: +49 40 611700-38
Fax: +49 40 611700-49
E-Mail: b.karstens@btg-hamburg.de
Internet: http://www.btg-hamburg.de

**Kapitalbeteiligungsgesellschaft für die mittelständische Wirtschaft
in Nordrhein-Westfalen mbH -KBG-**
Hellersbergstr. 18
41460 Neuss
Telefon: +49 2131 5107-0
Fax: +49 2131 5107-333
E-Mail: info@kbg-nrw.de
Internet: http://www.kbg-nrw.de

MBG H Mittelständische Beteiligungsgesellschaft Hessen mbH
Gustav-Stresemann-Ring 9
65189 Wiesbaden
Telefon: +49 611 949176-0
Fax: +49 611 949176-76
E-Mail: info@mbg-hessen.de
Internet: http://www.mbg-hessen.de

MBG Mittelständische Beteiligungsgesellschaft Baden-Württemberg GmbH
Werastr. 13–17
70182 Stuttgart
Telefon: +49 711 1645-6
Fax: +49 711 1645-777
E-Mail: info@mbg.de
Internet: http://www.mbg.de

Mittelständische Beteiligungsgesellschaft
Mecklenburg-Vorpommern mbH
Ludwig-Bölkow-Haus
Graf-Schack-Allee 12
19053 Schwerin
Telefon: +49 385 39555-0
Fax: +49 385 39555-36
E-Mail: info@mbm-v.de
Internet: http://www.mbm-v.de

MBG Mittelständische Beteiligungsgesellschaft Schleswig-Holstein mbH
Lorentzendamm 21
24103 Kiel
Telefon: +49 431 66701-3586
Fax: +49 431 66701-3590
E-Mail: info@mbg-sh.de
Internet: http://www.mbg-sh.de

Mittelständische Beteiligungsgesellschaft Berlin-Brandenburg GmbH
Schwarzschildstr. 94
14480 Potsdam
Telefon: +49 331 64963-0
Fax: +49 331 64963-21
E-Mail: info@mbg-bb.de
Internet: http://www.mbg-bb.de

Mittelständische Beteiligungsgesellschaft Niedersachsen (MBG) mbH
Hildesheimer Str. 6
30169 Hannover
Telefon: +49 511 33705-23
Fax: +49 511 33705-55
E-Mail: info@mbg-hannover.de
Internet: http://www.mbg-hannover.de

Mittelständische Beteiligungsgesellschaft Rheinland-Pfalz mbH (MBG)
Holzhofstr. 4
55116 Mainz
Telefon: +49 6131 985-0
Fax: +49 6131 985-499 oder -378
Internet: http://www.mbg-rlp.info

Mittelständische Beteiligungsgesellschaft Sachsen mbH
Anton-Graff-Str. 20
01309 Dresden
Telefon: +49 351 4409-0
Fax: +49 351 4409-355
E-Mail: info@mbg-sachsen.de
Internet: http://www.mbg-sachsen.de

Mittelständische Beteiligungsgesellschaft Sachsen-Anhalt mbH
Große Diesdorfer Str. 228
39108 Magdeburg
Telefon: +49 391 73752-0
Fax: +49 391 73752-15-35
E-Mail: info@bb-mbg.de
Internet: http://www.bb-mbg.de

Mittelständische Beteiligungsgesellschaft Thüringen mbH
Bonifaciusstr. 19
99084 Erfurt
Telefon: +49 361 2135-0
Fax: +49 361 2135-100
E-Mail: info@mbg-thueringen.de
Internet: http://www.mbg-thueringen.de

Saarländische Kapitalbeteiligungsgesellschaft mbH
Atrium Haus der Wirtschaftsförderung
Franz-Josef-Röder-Str. 17
66119 Saarbrücken
Telefon: +49 681 3033-0
Fax: +49 681 3033-100
E-Mail: info@kbg-saar.de
Internet: http://kbg-saar.de

Die Autoren

Prof. Dr. Stefan Behringer leitet seit 2019 das Kompetenzzentrum Controlling am IFZ Institut für Finanzdienstleistungen Zug der Hochschule Luzern. Vor seinem Wechsel in die Schweiz leitete er als Präsident die NORDAKADEMIE – Hochschule der Wirtschaft in Elmshorn und Hamburg. Er ist Autor zahlreicher Fachbücher und Aufsätze auf den Gebieten Mergers & Acquisitions, Unternehmensbewertung, Compliance und Corporate Governance. Prof. Behringer war als Leiter des europäischen Konzerncontrollings für die Übernahmen der Olympus-Gruppe in Europa zuständig. Seit 2009 berät er nationale und internationale Unternehmen auf den Gebieten Compliance-Management, Unternehmensbewertung und Mergers & Acquisitions.

Dominik Demisch ist Rechtsanwalt in Hamburg. Er ist Partner bei BRL Boege Rohde Luebbehuesen Partnerschaft von Rechtsanwälten, Wirtschaftsprüfern, Steuerberatern mbB (www.brl.de) und verantwortet dort den Bereich Restrukturierung und Distressed Mergers & Acquisitions. Herr Demisch berät mittelständische und internationale Mandanten bei Restrukturierungen und Transaktionen in Krise und Insolvenz. Zu seinen Mandanten zählen auch Insolvenzverwalter im Rahmen von Unternehmensverkäufen aus der Insolvenz.

Dr. Jochen Ettinger ist Rechtsanwalt, Steuerberater und Fachanwalt für Steuerrecht in München. Er ist Partner bei der Dissmann Orth Rechtsanwaltsgesellschaft Steuerberatungsgesellschaft GmbH, München (www.dolaw.de). Er berät vorwiegend mittelständische Unternehmen und Unternehmer sowie vermögende Privatpersonen in den Bereichen Unternehmenskauf und Unternehmensverkauf, Vermögensnachfolge, Gesellschaftsrecht und nationales wie internationales Steuerrecht. Herr Dr. Ettinger ist Autor zahlreicher Fachbeiträge auf den Gebieten des Gesellschafts- und Steuerrechts und trägt regelmäßig zu diesen Themen vor.

Dr. David Haubner ist Referent für die Besteuerung von Personengesellschaften und Umwandlungssteuerrecht im Bundesministerium der Finanzen in Berlin. Zuvor war er als Rechtsanwalt und Steuerberater bei der Dissmann Orth Rechtsanwaltsgesellschaft Steuerberatungsgesellschaft GmbH, München (www.dolaw.de) tätig und beriet dort vorwiegend mittelständische Unternehmen und Unternehmer sowie vermögende Privatpersonen in den Bereichen Unternehmenskauf, Vermögensnachfolge, Gesellschaftsrecht und Steuerrecht.

Dr. Henning Jaques ist Rechtsanwalt in Hamburg und seit 1997 in den Bereichen Corporate und M&A tätig; zunächst bei Freshfields Bruckhaus Deringer sowie bei Latham & Watkins und seit Mitte 2003 in eigener Kanzlei (www.jaques-law.com). Er hat sowohl große, internationale Transaktionen begleitet als auch in den letzten Jahren vermehrt mittelständische Unternehmen und Unternehmer sowie vermögende Privatpersonen mit ganzheitlichem Ansatz in den Bereichen Unternehmenskauf und Unternehmensverkauf, Private Equity, Vermögensnachfolge/Erbrecht sowie Gesellschaftsrecht beraten. Herr Dr. Jaques ist Autor zahlreicher Fachbeiträge im Bereich M&A sowie im Gesellschaftsrecht und ist bundeweit zu diesen Themen als Referent tätig.

Dr. Stephanie Pautke ist Rechtsanwältin in Frankfurt a. M. Sie ist Partnerin der auf das deutsche und europäische Kartellrecht spezialisierten Kanzlei Commeo LLP (www.commeo-law.com). Dr. Stephanie Pautke berät nationale und internationale Mandanten in allen Fragen des deutschen und europäischen Kartellrechts.

Autoren

Dr. Kai-Uwe Plath ist Rechtsanwalt in Hamburg. Er ist Partner der Kanzlei KNPZ Rechtsanwälte (www.knpz.de) und spezialisiert auf die Bereiche IP/IT und Datenschutz. Auf diesen Gebieten berät er schwerpunktmäßig im Rahmen von M&A Transaktionen sowie bei Private Equity und Venture Capital Investments.

Christoph Weinert ist Rechtsanwalt in Frankfurt a. M. Für die Kanzlei Commeo berät er in allen Bereichen des deutschen und europäischen Kartellrechts. Der Schwerpunkt seiner Tätigkeit liegt auf der Beratung in Fusionskontrollverfahren und kartellrechtlichen Ermittlungsverfahren vor dem Bundeskartellamt und der Europäischen Kommission sowie im Hinblick auf kartellrechtliche Schadensersatzansprüche.

Dr. Andreas Wolff ist Rechtsanwalt und Fachanwalt für Arbeitsrecht in München. Er ist Gründungspartner der auf Arbeitsrecht spezialisierten Kanzlei WOLFF SCHULTZE KIEFERLE Fachanwälte für Arbeitsrecht (ww.wsk-arbeitsrecht.com). Herr Dr. Wolff berät Unternehmen sowie Vorstandsmitglieder, Geschäftsführer und Führungskräfte in allen Bereichen des Arbeitsrechts. Seit 2012 ist er Lehrbeauftragter für Arbeitsrecht an der Hochschule Fresenius.

Stichwortregister

Die Buchstaben beziehen sich auf die Kapitel, die Zahlen auf die Randziffern.

Arbeitnehmer

Besserungsschein

Ergebnisverrechnung

Gesellschafterkonten

Kenntnis

Schutzrechte

Übertragung des gesamten Vermögens